UNIVERSUM DER ASTROLOGIE

Die praktische Enzyklopädie der astrologischen Wissenschaft. Inhalt: Astrologie im Altertum und heute; Erstellung und Deutung Ihres eigenen Geburtshoroskops; Aspekte; Progressionen; Planetenstellungen und Tabellen; ein astrologischer Atlas in Farbe mit Erläuterung der Geheimnisse kosmischer Wirkungszusammenhänge.

Neue Ausgabe für das 21. Jahrhundert. Vollständig überarbeitet, auf den neuesten Stand gebracht und erweitert.

Derek und Julia Parker.

Mit über 400 farbigen Abbildungen, graphischen Darstellungen und astrologischen Tabellen

UNIVERSUM DER ASTROLOGIE

Die Originalausgabe erschien unter dem Titel «The New Compleat Astrologer» im Verlag Mitchell Beazley International Limited, Artists House, 14–15 Manette Street, London WIV 5LB

Leitender Herausgeber: Susan Egerton-Jones
Herausgeber: Maggie Ramsay
Art Director: Tony Cobb
Gestaltung: Jill Raphaeline

Danksagungen

Die Autoren und der Verlag danken den vielen Personen und Institutionen, die an der ursprünglichen Ausgabe sowie am vorliegenden Werk mitgearbeitet haben. Besonderen Dank schulden wir dem Council of the Faculty of Astrological Studies und der Astrological Association of Great Britain, deren Unterlagen uns freundlicherweise zur Verfügung gestellt wurden. Besondere Unterstützung wurde uns von Charles Harvey, DS Astrol S, dem Präsidenten der Gesellschaft, und dem verstorbenen John Addey, AA Astrol S, zuteil, ebenso von John Filbey, FF Astrol S, der eine völlig neue Planetentabelle entworfen und die Erstellung der anderen astrologischen Tabellen am Ende des Buches überwacht hat. Bei der Ausarbeitung der Tabellen stützten wir uns auf die offiziellen Werke von Her Majesty's Stationery Ofice. Die astronomischen Daten stammen aus dem Nautical Alamanac, mit freundlicher Genehmigung des Leiters von Her Majesty's Stationery Office. Besonderer Dank geht auch an die W. Foulsham & Co. Ltd., deren breite Palette astrologischer Werke allen Interessierten empfohlen wird. Auch Roger Elliot. DF Astrol S., Clifford L. Brettelle, DF Astrol S., Herrn und Frau Paul Lethbridge, Frau Hazel Casimir und dem verstorbenen David Blair sei hiermit ganz besonders gedankt.

Der stark visuelle Charakter des vorliegenden Bandes wurde durch das Zusammenwirken vieler Talente erreicht. An der graphischen Gestaltung waren besonders Peter Bailey, Nick Bantock, Chris Keppie und Kim Sayer (Fotografie) beteiligt; bei der Gestaltung der ursprünglichen Ausgabe haben mitgewirkt: Barry Evans, Justin Todd, Paul Webb, Paul Harbutt, Diagram, Roger Bristow, Janine Kirwan, Grodon Cramp, Gilchrist Studios, Cecil Misstear und Richard Curthoys.

Bildquellennachweis

Betty Addey; Aldus Books, London; Associated Press; Chris Barker; Barnabys Picture Library; W. M. Baxter; BBC Hulton Picture Library; Bibliothèque Nationale, Paris; Bodleian Library, Oxford; Boston Museum of Fine Arts; British Museum; BPC Library; Camera Press; Central Press; Culver Pictures; Robert Cundy; Geoffrey Dean; C. M. Dixon; R. Estall; Mary Evans Picture Library: Fox Photos; P. Glaser; E. P. Goldschmidt & Co. Ltd.; Sonia Halliday; Hamlyn Group Library; Hirmer Verlag, München; Michael Holford; Keystone Press Agency; G. P. Kniper; A. Küng; R. D. Küplich; Lincoln Laboratory, MIT; Herbert List; Tony Loftas; Mansell Collection; A. Michaelis; Patrick Moore; Musée du Louvre; NASA; National Gallery, London; National Portrait Gallery, London; Palomar Observatories; Picturepoint; Petit Format et Guigoz, Paris; Pix, New York; Popperfoto; Ronan Picture Library; Royal Astronomical Society; Scala; Science Museum, London Crown Copyright; Science Photo Library, London; Archivo di Stato di Siena; Snark International/Bibliothèque Nationale, Paris; Syndication International; US Naval Observatory; Victoria and Albert Museum, London; Roger Viollet; Zentral-Bibliothek, Zürich.

Die Diagramme auf Seite 178 sind mit freundlicher Genehmigung der L. N. Fowler & Co. Ltd. aus ‹Harmonics in Astrology› wiedergegeben.

Häusertabelle für nördliche Breiten mit freundlicher Genehmigung der © W. Foulsham & Co. Ltd.

Umschlaggestaltung: Lutz Kober, St. Goarshausen
Printed in Italy
ISBN: 3-88199-311-8

INHALT

ASTROLOGIE IM MENSCHENLEBEN

1

In diesem einleitenden Teil unserer Schilderung des astrologischen Kosmos führen wir den Leser an die Quellen astrologischen Wissens. Wir lassen ihn die allmähliche Heranbildung der Astrologie erleben, die von den weißen Priestern der Zikkurats im königlichen Babylon ihren Ausgang nahm, von den scharfsinnigen Mathematikern des alten Griechenland verfeinert und von Ptolemäus aus Alexandrien in gültige Form gebracht wurde. Indem wir uns an die Ursprünge der Astrologie erinnern, werden wir vielleicht den Weg zur Vereinigung von intuitivem Wissen und beobachtender Wissenschaft bereiten.
Ungeachtet ihres in der Geschichte gewachsenen Systems von Wahrheiten sollte sich die Astrologie in Neuland wagen. Sie sollte die neuesten Erkenntnisse kosmischer Wirkungszusammenhänge in ihr Lehrgebäude aufnehmen und sich dem Studium der biologischen Uhren, elektromagnetischen Schwingungen und Strahlungen zuwenden. So wird sie zu einer neuen Erklärung des kosmischen Geschehens fortschreiten können. Unsere Darlegung der Astrologie im Leben des Menschen gilt aber nicht nur vergangenen, gegenwärtigen und zukünftigen Wahrheiten, sondern auch dem ursächlich Verbundenen und dem Geheimnis des nicht ursächlich Verbundenen. Nicht zuletzt beschreiben wir auch, wie die Wahrheiten der Astrologie im Leben jedes Menschen Platz finden und sein Wohl in der Familie oder im Beruf fördern können. Gleichzeitig vertiefen diese Wahrheiten aber auch unsere wissenschaftlich-medizinischen Kenntnisse.

Die erste Ausgabe des Werkes ‹Universum und Astrologie› erschien im Jahr 1971. Damit wurde in einem Band die Geschichte der Astrologie dargestellt, ferner untersuchten die Autoren, wieweit die moderne Wissenschaft begann, sich ernsthaft mit ihr auseinanderzusetzen, und schließlich enthielt es eine vollständige Anleitung zur Erstellung und Deutung von Horoskopen. Es war das erste wirklich umfassende populäre und moderne Lehrbuch der Astrologie.

Das Buch stieß auf außerordentlich lebhaftes Interesse, wurde in viele Sprachen übersetzt und wurde nicht nur in Europa, sondern auch in Amerika und Japan verlegt. Inzwischen steht fest, daß eine ganze neue Generation von Astrologen ihre Studien mit dem Buch ‹Universum und Astrologie› begann.

Das Buch war also ein Erfolg. Doch welche Erfolge hat die Astrologie selbst in den letzten zehn Jahren zu verzeichnen?

Es hat viele aufregende neue Entwicklungen gegeben. Darunter betrachten einige Experten die Theorie von den Harmonien, die von John Addey entwickelt und 1976 veröffentlicht wurde, als einen bedeutenden Beitrag zur modernen Astrologie. Zu den ersten Berufsgruppen, die die Astrologie als nützliches Werkzeug begrüßten, gehörten die Psychoanalytiker, doch in der letzten Zeit begannen auch aufgeschlossene Wissenschaftler aus anderen Bereichen, die Astrologie nicht mehr als eine archaische Kuriosität zu betrachten, sondern als ein mögliches Mittel, ihre Kenntnis von den Abläufen im Universum zu erweitern und die Astrologie als einen Schlüssel zu den unerklärten physikalischen Aspekten des Lebens innerhalb des Sonnensystems zu begreifen. Auch einige Astronomen unserer Zeit beginnen langsam, sich dafür zu interessieren. Auf internationalen Kongressen in England und Amerika, Italien, Israel und Japan begann man, sich der Astrologie als einem möglichen Mittel zum Verständnis des Universums zuzuwenden.

Diese Tatsache spielt für die Suche nach Frieden in der Welt eine große Rolle. In den vergangenen zehn Jahren ist man diesem Ziel nicht nähergekommen; die Diplomatie endete zu oft in politischem Hickhack, Mißverständnisse und Unvermögen führten in vielen Teilen der Welt zu bewaffneten Konflikten, und selbst internationale Friedenstruppen gerieten unter Beschuß. Die verschiedenen religiösen Führer der Welt haben oft an den Friedenswillen appelliert, haben jedoch selbst keine praktischen Beiträge in dieser Richtung geleistet. Einige Sekten schreckten selbst vor Gewalt nicht zurück, um ihre Ziele und Vorstellungen zu verbreiten. Auch im Hinblick auf die Umweltverschmutzung, die die Erde unbewohnbar zu machen droht, ist auf internationaler Ebene kein Fortschritt bei der Lösung dieses drängenden Problems zu verzeichnen. Das herrschende Mißtrauen zwischen den Völkern hat zu einer geradezu perversen Verbreitung von Atomwaffen in Ost und West geführt.

Es ist nicht absurd zu behaupten, daß die Astrologie eine der wenigen potentiellen Waffen der Friedensmacher sein könnte, da sie eine festumrissene Charakteristik der menschlichen Persönlichkeit liefert, die es den erbittertsten Feinden ermöglicht, sich ein klares Bild voneinander zu machen, das frei ist von politischer Heuchelei, religiösen und rassischen Vorurteilen. Sie überwindet die Grenzen, macht keine Unterschiede zwischen den Nationen oder zwischen alt und jung. Im persönlichen Bereich kann jeder einzelne mit Hilfe der Astrologie seine eigene Persönlichkeit kennenlernen. Darüber hinaus gibt es jedoch noch den größeren Zusammenhang einer ganzen Generation, und hier bietet die Astrologie Anlaß zu berechtigten Hoffnungen für die Zukunft, die von anderen Disziplinen überwiegend düster gesehen wird.

Die zwischen 1972 und heute geborenen Kinder werden vor allem unter dem Einfluß der Sternbilder Waage und Schütze stehen, was auf eine eher unpraktische, mehr philosophisch ausgerichtete Generation von Philosophen schließen läßt. Gegenwärtig bewegen wir uns jedoch auf den Einfluß von Skorpion und Steinbock zu, was wiederum auf eine Generation von größerer Entschlußkraft und Handlungsbereitschaft hoffen läßt, eine Generation, die die lebensnotwendige Notwendigkeit erkennen wird, daß gehandelt werden muß, um das internationale Mißtrauen zu überwinden, und die sich diesem Ziel und den Aufgaben des Umweltschutzes mit großer Energie zuwenden wird. Dieser Generation und einer neuen Generation von Astrologen widmen wir die vorliegende überarbeitete und erweiterte Ausgabe des ‹Universum der Astrologie›.

Derek und Julia Parker

DER AUFBRUCH DER ASTROLOGIE

Den Geist der Menschen, die vor zehntausend Jahren in Mesopotamien lebten, beherrschte eine obere Welt scheinbar unbegrenzter Möglichkeiten mit Donner, Blitz, Hitze und Sonnenfinsternissen. Was der Himmel tat, konnte niemand vorhersagen, seine Großartigkeit und zerstörerische Kraft überstieg alles, was der Mensch ersann. Bald wurde die Vorstellung von der Übermacht des Himmels und das Aufblicken zum Himmel in der Hoffnung auf Führung zum Bestandteil des Alltags.

Der primitive Mensch faßte nichts als Zufall auf, alle Geschehnisse wurden von einer absichtsvollen Kraft in Gang gesetzt. Denn alles, was die Erklärungsmöglichkeiten durch die begrenzte Erfahrung des Menschen überstieg, mußte auf eine physikalische Ursache zurückgehen, benannt werden und einen Verhaltensspielraum zugewiesen bekommen.

Ein Stern ist das alte sumerische Symbol für Göttlichkeit. Die Sterne über dem Zweistromland waren die eigentlichen Gründer der Astrologie. Obwohl ihre Rolle damals wie heute im wesentlichen passiv gesehen wurde, gaben sie einen höchst eindrucksvollen Hintergrund ab für die Wechselwirkung anderer Himmelskörper. Sogar noch heute erkennen wir ganz natürlich den starken physikalischen Einfluß, den Sonne und Mond auf unser Leben ausüben. Für unsere Vorfahren mußte dieser Einfluß mächtige und geheimnisvolle Bedeutung besitzen. Die Sonne wärmte sie, Tag und Nacht wechselten regelmäßig, das Meer kam und ging mit den Gezeiten. Die frühe Menschheit, deren Sinne die geheimnisvollen Vorgänge von Wachstum und Verfall – Ebbe und Flut der Natur – bestürmten, neigten von Anfang an zu einer physikalischen Erklärung des Universums.

Von der Erde aus gesehen drehen sich die Sterne um uns in einer scheinbar von Jahr zu Jahr gleichbleibenden Ordnung. Natürlich ergeben sich ständig Veränderungen, aber sie sind so geringfügig, daß sie den ersten Beobachtern wenig oder nichts besagten. Was ihnen auffiel, war die relativ schnelle Bewegung von sieben größeren Himmelskörpern. Sonne und Mond haben wir schon erwähnt. Die anderen waren die fünf sichtbaren Planeten, oft als «Wanderer» oder «Ziegenböcke» bezeichnet, die wir heute Merkur, Venus, Mars, Jupiter und Saturn nennen.

In den ersten Schriftzeugnissen stoßen wir auf die Vorstellung, daß Sonne, Mond und die Planeten machtvolle Götter seien, die das Leben des Menschen lenken oder beeinflussen könnten. Jeder Gott besaß Macht über einen bestimmten Bereich der menschlichen Erfahrung. Zum Beispiel wurde Merkur, einem schnellen, schlauen und zwitterhaften Gott, eine gewisse berechnende Klugheit zugeschrieben. Mars war der Herr über Gewalttätigkeit und Krieg; Jupiter beherrschte wie ein König die Menschen; Saturn, eine entfernte, sich abkühlende Sonne, wurde als reizbar und grausam aufgefaßt. Als sich diese Gedankenverbindungen allmählich durchsetzten, wurden sie zur Grundlage der astrologischen Überlieferung.

VOR DEM TIERKREIS

Erst kürzlich abgeschlossene Untersuchungen von Knochenzeichnungen aus der Eiszeit legen nahe, daß die Menschen schon vor 32 000 Jahren die Mondperioden kannten. Wesentlich jünger sind Bruchstücke von Aufzeichnungen aus der Regierungszeit des Sargon von Akkad (um 2400 v. Chr.). Sie zeigen, daß aus den Positionen der Sonne, des Mondes, der fünf bekannten Planeten und einer Fülle anderer Erscheinungen (wie Kometen und Blitzen) Vorhersagen getroffen wurden. Uns sind altägyptische Sternkarten überliefert, die verläßlich auf ungefähr 4000 v. Chr. datiert werden können. Obwohl im letzten Fall einige Gelehrte annehmen, daß die Karten ausschließlich für astronomische Zwecke hergestellt wurden, ist es doch schwierig, ihnen überhaupt keine astrologische Bedeutung zuzumessen.

Die Chaldäer waren scharfsinnige Beobachter und Mathematiker. Sie erkannten, daß die Geschehnisse am Himmel nach einem Schema abliefen: Die Sterne bewegten sich in einer festen Ordnung über den Himmel, und die Planeten wanderten auf exzentrischen Bahnen, aber in annähernd gleicher Ebene vor dem Sternenhintergrund. Offensichtlich liefen daher auch die Planeten auf individuellen, aber regelmäßigen Bahnen. So konnte man die ersten Ephemeriden oder Tafeln der Planetenbewegungen aufstellen. Die ersten uns bekannten Ephemeriden wurden um die Mitte des 7. Jahrhunderts v. Chr., zur Zeit des assyrischen Königs Assurbanipal, auf Tontafeln geschrieben. Als die Chaldäer ihr kosmologisches System aufstellten, benutzten sie die zwölf Hauptsternbilder, die von Sonne und Mond regelmäßig durchlaufen wurden. Sie waren die Vorläufer des Tierkreises. In zwei Stunden wanderten die Sternbilder am Himmel um 30 Grad oder ein Zwölftel des ganzen Kreises. Jahrhundertelang orientierten sich alle astronomischen Beobachtungen nach diesem Schema am Aufgang und Untergang der Himmelskörper.

Neben dieser Unterteilung existierte eine zweite, von ihr unabhängige Unterteilung in zwölf «Häuser». Die Häuser wurden im Osten beginnend nach Norden gezählt und symbolisierten Bereiche des Lebens: 1. Haus: Leben; 2. Haus: Armut/Reichtum; 3. Haus: Brüder; 4. Haus: Eltern; 5. Haus: Kinder; 6. Haus: Krankheit/Gesundheit; 7. Haus: Ehefrau/Ehemann; 8. Haus: Tod; 9. Haus: Religion; 10. Haus: Würden; 11. Haus: Freundschaft; 12. Haus: Feindschaft. Die Planeten wurden nach den Häusern beschrieben, die sie besetzten, und nach den Aspekten, in denen sie zueinander standen. Der von der Erde aus gemessene Winkel zwischen den Planeten enthüllte die Art des Einflusses, den sie wahrscheinlich ausübten.

Zu Anfang bezog sich die babylonische Astrologie nicht direkt auf Personen. Sie beschäftigte sich vielmehr mit Ereignissen von großer Tragweite, wie Kriegen, Überschwemmungen und Finsternissen, und versuchte die mögliche Wirkung auf den König abzuschätzen, der den Staat verkörperte und für das Wohlergehen des Volkes verantwortlich war.

Die Aufteilung des Himmels (unten)
Die frühen Astrologen unterteilten den Himmel vom Standpunkt des Beobachters (A) aus in zwölf gleiche Abschnitte.

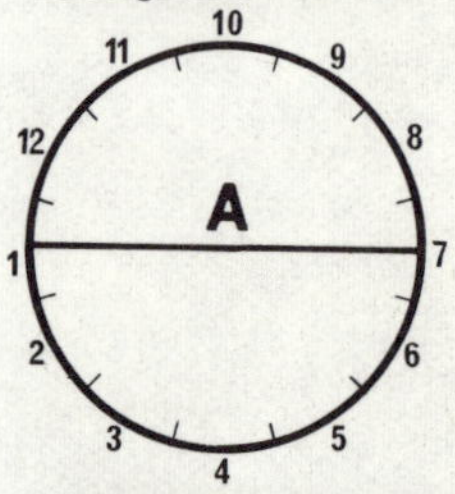

Der Sonnengott Schamasch (oben)
Das assyrische Siegel (um 2400 v. Chr.) stellt den Sonnengott Schamasch dar. Er war der Herr des Jahres. Sein Vater, der Mondgott Sin, fuhr in einem Boot über den Himmel. Beide beherrschten den Götterhimmel der assyrisch-babylonischen Religion.

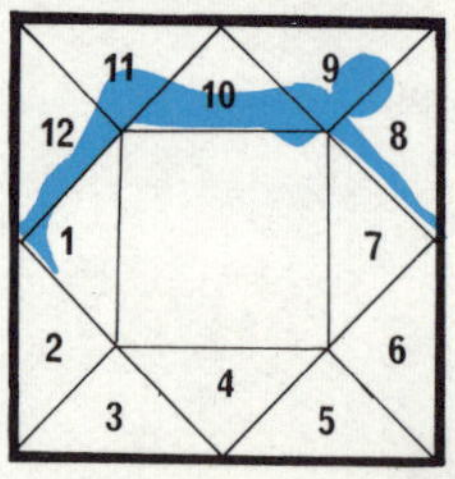

Die Ober- und die Unterwelt (oben)
Die ägyptische Kosmologie unterschied zwischen dem Erdgott Geb und der Himmelsgöttin Nut. Diese Trennung spiegelt sich auch in dem quadratischen Horoskop (links).

Assyrisches Astrolabium (unten)
Eine Schrifttafel mit astrologischen Berechnungen.

Ramses II. und Hathor (rechts)
Der ägyptische Pharao Ramses II. (1290–1223 v. Chr.) sorgte für die Einführung der vier Kardinalzeichen des Tierkreises: Widder, Waage, Krebs und Steinbock. Für seine Beschäftigung mit der Astrologie zeugen die astrologischen Symbole auf dem Deckel seines Sarkophags. Das Relief aus dem Amun-Tempel von Karnak stellt den Pharao dar, wie er der Himmelsgöttin Hathor die Hand reicht.

Ischtar (links und unten)
Ischtar war in der babylonisch-assyrischen Mythologie die Tochter des Mondgottes Sin. Sie wurde mit dem Planeten Venus identifiziert und beschützte als Abendstern die Liebe und die Fruchtbarkeit. Als Morgenstern beherrschte sie den Kampf. Die Statuette der Göttin ist ein relativ spätes Werk aus dem 3. Jahrhundert v. Chr. Der Stern, das Symbol der Göttin Ischtar, wird auf ungefähr 1120 v. Chr. datiert. Das Zeichen stammt von einem babylonischen Grenzstein.

Der Zikkurat von Ur (unten)
Die Zikkurate oder Wachttürme waren mächtige Stufentürme, die in Babylon, Uruk und Ur eine Höhe von hundert Meter erreichten. Ihre fünf oder sieben Stockwerke entsprachen den fünf Planeten oder den sieben Himmelslichtern (Sonne, Mond und Planeten). Sie sollten die Verbindung zwischen Himmel und Erde herstellen. Von ihrer Spitze aus beobachteten die Astrologen den Himmel und berechneten mit erstaunlicher Genauigkeit die Bewegungen der Himmelskörper. Der abgebildete Zikkurat von Ur wurde von König Urnammu, dem Gründer der dritten Dynastie von Ur (2079 bis 1960 v. Chr.), begonnen. Im Flügelbau, den König Nebukadnezar II. um 600 v. Chr. errichtete, fand der Archäologe Sir Leonard Woolley Spuren eines bootsförmigen Schreins, der wohl das Boot der Mondgöttin Sin darstellte, mit dem sie über den Himmel fuhr.

DIE ERSTEN RECHENMASCHINEN

Für die Bedeutung, die die frühe Menschheit den Bewegungen von Sonne, Mond, Planeten und Sternen zumaß, sprechen auch die Megalithstätten im westlichen Europa. Die Forschungen der letzten Jahre haben immer mehr Beweise für die Deutung erbracht, daß die geheimnisvollen Steinkreise und Steinalleen hauptsächlich dazu dienten, die jährlichen Bewegungen der Himmelskörper zu berechnen.

Stonehenge in England ist die eindruckvollste dieser Stätten. Vor kurzem durchgeführte C-14-Datierungen zeigen, daß Stonehenge um 2500 v. Chr. angelegt wurde, also die mykenische Kultur an Alter übertrifft. In Stonehenge gipfeln die Leistungen einer frühbronzezeitlichen Kultur in West- und Mitteleuropa, die die Archäologen «Glockenbecherkultur» nennen. Soweit wir wissen, besaß diese Kultur zwar keine Mittel, ihre Erkenntnisse aufzuzeichnen, aber sie entwickelte eine höchst komplizierte Methode, genaue Kalender zu berechnen, Sonnenwenden festzulegen und Sonnenfinsternisse vorherzusagen.

Unter den «Glockenbecherleuten», die Stonehenge bauten, gab es also Astrologen-Astronomen mit erstaunlichen technischen Fähigkeiten. Noch sind viele Fragen ungelöst, vor allem die Frage, wie diese Astronomen ihre Kenntnisse praktisch anwendeten. Vielleicht berechneten sie schon die Gezeiten für gefährdete Küstenstriche oder sagten günstige Zeiten für Aussaat oder Opferhandlungen vorher. Auch ihre astrologischen Schlußfolgerungen kennen wir nicht.

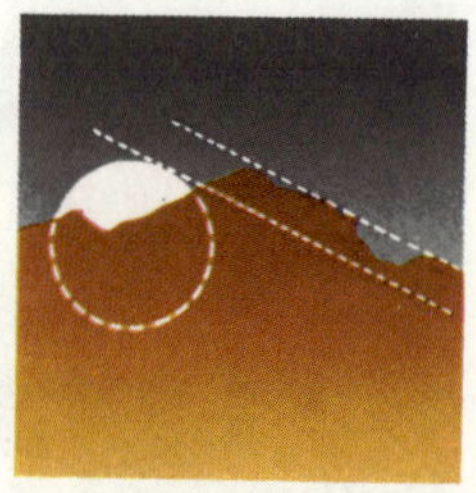

Megalithische Markierungen (links)
Prof. Alexander Thom rekonstruierte, wie Menhire als Markierungen bei der Beobachtung bedeutsamer astronomischer Geschehnisse verwendet wurden. In dieser Abbildung ist ein Landschaftspunkt das Visierkorn (A). Nur wenn der Mond in seiner nördlichsten Position stand, erschien er in der Kimme.

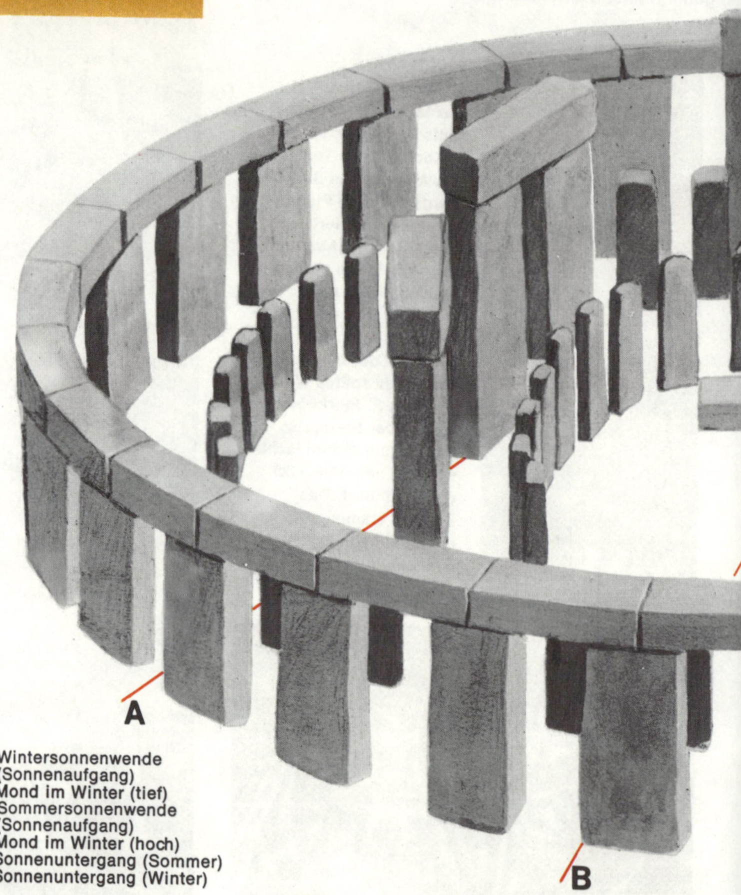

A: Wintersonnenwende (Sonnenaufgang)
B: Mond im Winter (tief)
C: Sommersonnenwende (Sonnenaufgang)
D: Mond im Winter (hoch)
E: Sonnenuntergang (Sommer)
F: Sonnenuntergang (Winter)

Die Pyramiden

Die Pyramiden sind immer noch die stolzesten Schaustücke der alten Astronomie. Sie sind auf den Nordpol des Himmels ausgerichtet, der heute nahe dem Polarstern liegt, aber damals bei dem schwächeren Stern Thuban (Alpha Draconis) lag. Die Pyramiden dienten als Grabmäler der Pharaonen und zugleich als astrologische und astronomische Recheninstrumente.

Die Pyramiden von Giseh (links)
Am Geheimnis der Pyramiden hat sich immer wieder ein Gelehrtenstreit entzündet. Im Mittelpunkt stand dabei die noch heute nicht ganz gelöste Frage, ob die Pyramiden nur als Grabmäler dienten oder ob sich im Pyramidenbezirk Stätten geistiger und wissenschaftlicher Betätigung entwickelten. Heute wissen wir, daß die geneigten Gänge, die von den Seiten der Pyramide ins Innere führen, als «Fernrohre» benutzt wurden und erstaunlich genaue astronomische Beobachtungen erlaubten.

Astrologie im Alten Amerika

Zeit- und Kalenderberechnungen waren vor allem für die Maya in Mexiko und Guatemala wichtig. Die Maya besaßen zwei Kalender: einen Sonnenkalender von 365 Tagen, nach dem sich die Aussaat und die ländlichen Tätigkeiten richteten, und einen rituellen Kalender von 260 Tagen. Beide waren mit einem astrologischen System verbunden.

Die Priester-Seher der Maya und der Azteken, die später das System der Maya übernahmen, entwickelten sich zu einer mächtigen Organisation. Fünf Tage nach der Geburt eines Jungen stellten sie sein Horoskop und bestimmten seinen Beruf: Soldat, Priester, Sklave oder rituelles Opfer. Diese Himmelstheorie und der Glaube an die Vorbestimmung festigte ihre Macht.

Die Menhire von Carnac (rechts)
Die mehrere Kilometer langen Steinreihen von Carnac (Bretagne) bestehen aus ungefähr 2750 Menhiren in halbrunden oder rechteckigen Setzungen. Die Abbildung zeigt die Steinreihe (Alignement) von Kermario bei Sonnenuntergang. Diese Gruppe besaß sicher Bedeutung im Zusammenhang mit dem Sonnenkult und der Sommersonnenwende. Die astrologische Bedeutung von Carnac wird jetzt erforscht.

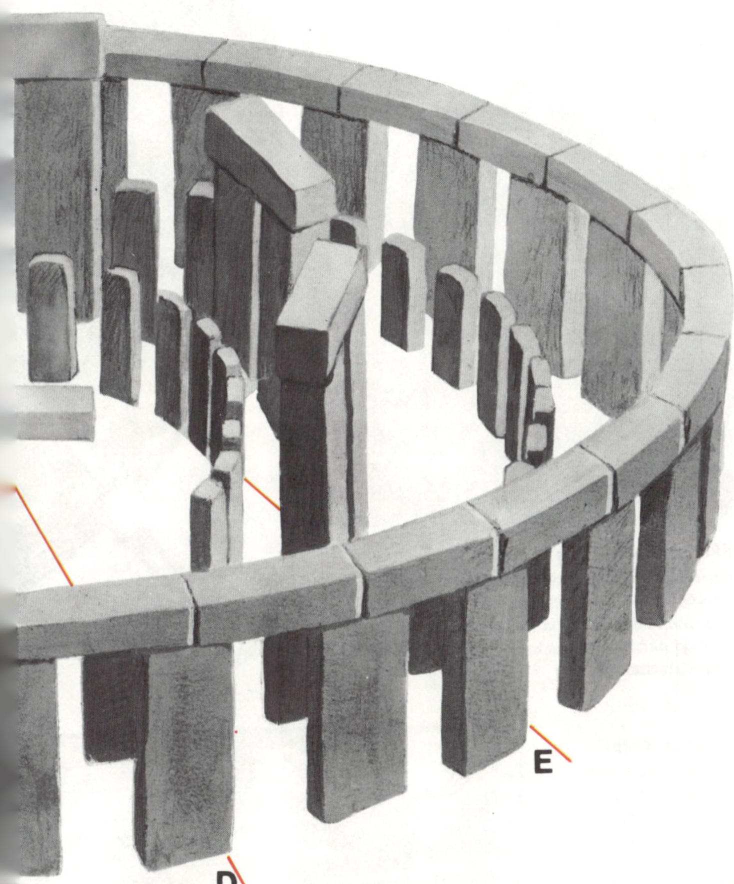

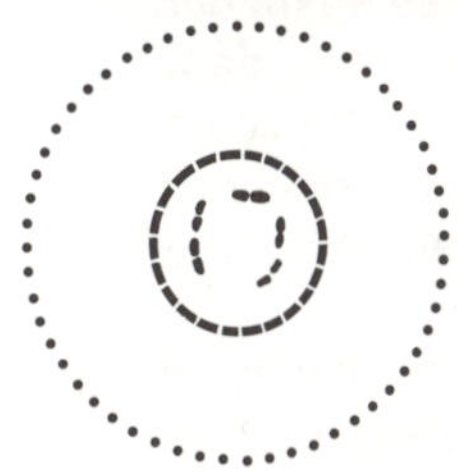

«Aubreys Löcher» in Stonehenge (links)
Um den äußeren Steinkreis in Stonehenge liegt ein Ring von 56 Löchern, die nach dem Wiederentdecker John Aubrey (1627—1697) benannt wurden. Prof. Hawkins hat vor kurzem nachgewiesen, daß mit Hilfe von vier beweglichen Markierungssteinen, die in die Löcher gesteckt wurden, Fehler korrigiert und Sonnen- oder Mondfinsternisse exakt vorausberechnet werden konnten.

Stonehenge (links und oben)
Prof. G. S. Hawkins ließ den Plan von Stonehenge mit Hilfe eines Computers analysieren. Der Computer entdeckte eine ungeahnte Menge von Ausrichtungen und Fluchtlinien, die den Schluß nahelegten, Stonehenge sei nichts anderes als eine riesige megalithische Rechenmaschine.

Heute in Stonehenge (oben)
Die Reste des ersten astronomischen Computers.

Der Transport der Megalithe (rechts)
Die fünf Tonnen schweren Sandsteinblöcke von Stonehenge wurden in den Prescilly Mountains (Wales) gebrochen und 390 Kilometer weit transportiert.

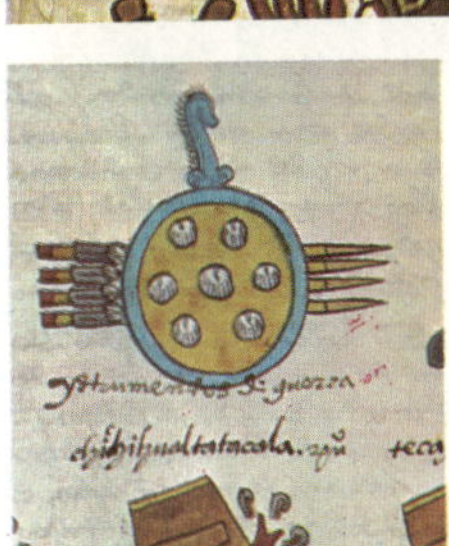

Astrologie der Maya
Die beiden Abbildungen aus altmexikanischen Codices zeigen die Heirat eines Stadthäuptlings, der zugleich ein berühmter Astrologe war (oben). Ein Stern erscheint in der Gabel eines Stabes. Die Abbildung links zeigt die Darstellung einer Sonnenfinsternis.

Das Observatorium Karakol (rechts)
Am Beispiel des Observatoriums Karakol in der alten Mayastadt Chichen Itzá (Mexiko) läßt sich ausgezeichnet der Stand der astrologischen und astronomischen Kenntnisse demonstrieren, über die diese hochentwickelte Kultur im Tiefland von Petén und auf der Halbinsel Yucatán verfügte. Eine Wendeltreppe im Inneren des zentralen Rundturms führt zu Fensteröffnungen, die entsprechend den Planetenpositionen zu bestimmten Zeiten eines Jahres angeordnet sind. Nur Priester durften das Gebäude betreten.

ÄGYPTEN UND DIE ANTIKE WELT

Von der Mitte des 7. Jahrhunderts v. Chr. an veränderten sich die astrologischen Vorstellungen nur unwesentlich. Die Planeten wurden als bestimmende Lebenskräfte angesehen, ihre Bewegungen erlaubten, Zukünftiges vorherzusagen und Gegenwärtiges zu erforschen und zu deuten.

Astrologie in Ägypten

In sehr alter Zeit hingen die Ägypter einer mystischen Form der Astrologie an, die von ihrer Religion und vom Nil, der Lebensader ihrer Kultur, abhängig war. Sie glaubten, daß die Überschwemmungen des großen Flusses, die das sonst unfruchtbare Land fruchtbar machten, von der vereinigten Kraft der Sonne und des Sirius bewirkt würden. Dieser helle Stern spielte folglich eine bedeutsame Rolle.

Auf dem Sarkophag Ramses VI., eines Pharao der zwanzigsten Dynastie (1200 bis 1085 v. Chr.), erscheint eine bemerkenswerte Sternkarte in der Form eines sitzenden Mannes. Nach Dr. Margaret Murray können dieser Karte die Kulminationspunkte der Sterne für alle Nachtstunden eines Jahres entnommen werden.

Ägyptischer Sarkophag (oben)
Tierkreiszeichen schmücken den bemalten Deckel eines Sarkophags aus der Ptolemäer-Zeit. Diese Zeichen stellen den alten chaldäischen Tierkreis oder «Lebensweg» dar, allerdings in der Form, die ihm später die Griechen gaben.

Astrologie in Griechenland und Rom

Die Astrologie fand erst relativ spät in Griechenland Verbreitung. Die Schriften des babylonischen Astrologen Berossus (um 260 v. Chr.) hatten die antike Welt beeindruckt, und unter seiner Leitung entstand eine Astrologenschule auf der Insel Kos. Im Laufe der nächsten vier Jahrhunderte übernahmen die Griechen die babylonische Astrologie, paßten sie ihrer eigenen Tradition an und entwickelten ein immer komplizierter werdendes astrologisches System.

Das erste moderne astrologische Lehrbuch, der ‹*Tetrabiblos*›, wird dem großen Astronomen, Mathematiker und Geographen Claudius Ptolemäus aus Alexandria zugeschrieben. Ptolemäus, einer der führenden Köpfe seiner Zeit, formulierte die Prinzipien der kosmischen Einflüsse, die heute noch den Kern der astrologischen Praxis bilden.

Die Griechen, besonderes Ptolemäus, brachten die Wirkungen der Planeten, der Häuser und der Tierkreiszeichen in ein vernünftiges System, das sich bis heute erstaunlich wenig gewandelt hat.

Im Rom der Kaiserzeit waren Astrologen äußerst beliebt. Ihr Auskommen hing jedoch stark von den Launen des Kaisers ab: Tiberius wurde bei seiner Geburt ein «glänzendes Schicksal» vorhergesagt, und er umgab sich mit Astrologen, die der Satiriker Juvenal «seine Chaldäerherde» nannte. Kaiser Claudius begünstigte dagegen die Auguren und verbannte die Astrologen. Das Ansehen, das die Astrologie in der römischen Gesellschaft genoß, läßt sich aus den Worten Juvenals ablesen, der um 100 n. Chr. schrieb, daß «es Leute gibt, die weder in der Öffentlichkeit erscheinen noch essen, noch ins Bad gehen, ohne vorher die Ephemeriden befragt zu haben».

Ptolemäus (rechts)
Claudius Ptolemäus (um 120–180) aus Alexandria in Ägypten, der in seinem «Tetrabiblos» die Beobachtungen und Erkenntnisse der babylonischen Astrologen zusammentrug, war der bedeutendste Astronom, Mathematiker und Geograph seiner Zeit. Im ersten Buch des «Tetrabiblos» bekennt Ptolemäus seinen Glauben an die physikalischen Wirkungen der Planeten auf die Erde und sagt, daß «sie Hitze, Winde und Stürme verursachen, denen die irdischen Dinge unterworfen sind». Das «Große Astronomische System», in dem Ptolemäus sein astronomisches Weltbild niederlegte, erreichte Europa auf dem Umweg über Arabien unter dem Namen «Almagest». Der Holzschnitt (15. Jahrh.) zeigt Ptolemäus mit einem Quadranten.

Der ägyptische Tierkreis (oben)
Die früheste bildliche Darstellung des Tierkreises findet sich auf zwei Deckenreliefs aus dem Tempel von Dendera in Oberägypten. Dieser Tempel war der Haupttempel der Göttin Hathor. Die stark griechisch beeinflußten Werke stammen aus der Spätzeit und werden heute auf ungefähr 100 v. Chr. datiert. Der bedeutendere Tierkreis der beiden demonstriert die Präzession der Tagundnachtgleichen. Die Frühlings-Tagundnachtgleiche lag damals im Sternbild der Fische, heute liegt sie im Wassermann. Der Einfluß der griechischen Astrologie auf die Ägypter verstärkte sich rasch nach der Gründung von Alexandria (322 v. Chr.), das zum geistigen Zentrum des Mittelmeerraums aufstieg.

Aphrodite (oben)
Die griechische Göttin Aphrodite wurde mit der römischen Göttin Venus gleichgestellt – und mit dem Planeten Venus. Diese Statue der Aphrodite ist das Werk des Menephilos aus Myrina, entstanden um 20 n. Chr.

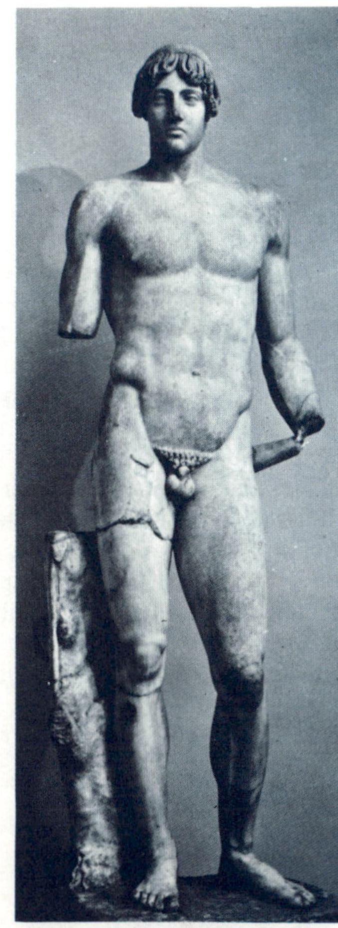

Apollon (oben)
Diese Statue ist die Kopie eines berühmten griechischen Werks aus der Zeit um 460 v. Chr. Apollon, der die Sonne, den mächtigsten der astrologischen Planeten, verkörperte, war der Gott der Fruchtbarkeit der Erde.

Neptun (oben)
Ein Mosaik des 2. Jahrhunderts n. Chr. aus Chebba (Tunesien) zeigt den römischen Gott Neptun, wie er aus seinem Element, dem Wasser, emporsteigt. Neptun und sein griechisches Gegenstück Poseidon wurden mit dem Dreizack dargestellt. Mit ihm wühlten sie bei Sturm das Meer auf. Als der Planet, den wir Neptun nennen, 1846 festgestellt wurde, nahm man den Dreizack als Planetenzeichen.

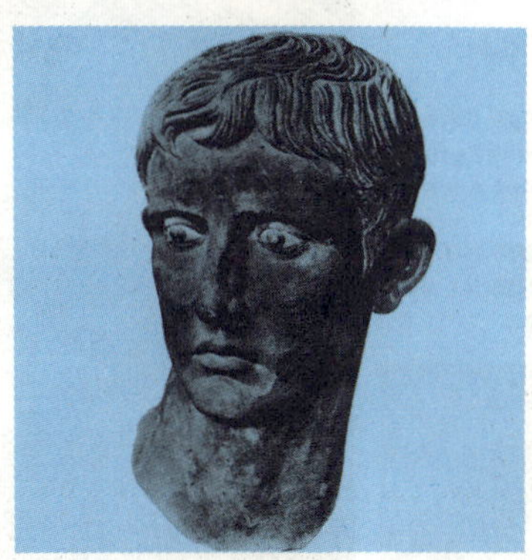

Kaiser Augustus (oben)
Augustus, der Großneffe und Adoptivsohn von Julius Caesar, veröffentlichte sein Horoskop und gab so sein Todesjahr bekannt. Um Attentate gegen sich zu vereiteln, versuchte er die Ausübung der Astrologie einzuschränken.

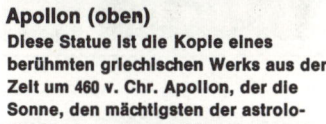

Das Zeichen Ziegenfisch (oben)
Augustus wurde im Zeichen des Steinbocks geboren. Nach Sueton «vertraute der Kaiser so sehr der Astrologie, daß er sein Geburtshoroskop veröffentlichte und Silbermünzen mit dem Zeichen des Steinbocks schlagen ließ».

DAS HIMMLISCHE BESTIARIUM

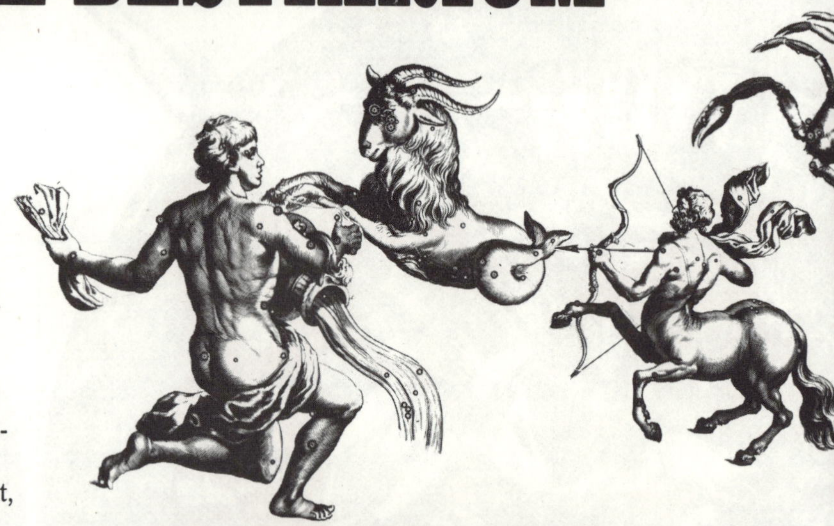

Die Tiere und menschlichen Gestalten, die den Tierkreis bevölkern, erscheinen immer wieder in der antiken Mythologie. Die Karte und die Abbildungen auf diesen Seiten vergegenwärtigen den tiefen Eindruck, den sie auf die Menschen machten, und zeigen ihre weite Verbreitung im Mittelmeerraum.

Die Tierkreiszeichen wurden festgelegt, als die assyrisch-babylonischen Astrologen ihre Kenntnisse des Himmels vertieften. Zuerst teilten sie die Sterne in Gruppen ein. Besondere Aufmerksamkeit wurde dem «Weg des Anu» geschenkt, dem Sin und Schamasch (Mond und Sonne) über den Himmel folgten, und daher den Sterngruppen, die sie durchliefen.

Die Sternzeichen und die Konstellationen, die sie vertreten, dienen hauptsächlich als Markierungspunkte für die Planetenbewegungen. Sie sind selbst ohne Einfluß. Die Namen, die ihnen die Chaldäer gaben, entstammten dem Alltagsleben. In ihnen verbanden sich irdische Ängste vor Stieren, Skorpionen und Löwen mit den lebensbeherrschenden Kräften des Himmels. Ursprünglich benannten sie nur 36 helle Sterne. Aus diesen wählten sie zwölf Hauptsterne der Sternbilder aus, die mit geringen Änderungen beibehalten wurden, bis die Griechen dem Tierkreis die heute gebräuchliche Form gaben.

1

Steinzeitlicher Stier (links)
Dieser Stier wurde vor ungefähr 14 000 Jahren an die Wand der Höhle von Altamira (Nordspanien) gemalt. Wahrscheinlich besaß er magische Bedeutung als Jagd- oder Fruchtbarkeitszauber. Die Höhle war nicht bewohnt, sondern diente vielleicht als Heiligtum.

2

Löwe aus Karthago (links)
Der Tierkreis hat sieben «tierische» und vier «menschliche» Zeichen, dazu die Waage als «menschliches» Symbol der Gerechtigkeit. Der Löwe war in Karthago Zeichen der Königswürde.

3

Zwillinge (links)
Zwei ägyptische Wassernymphen.

Heilige Widder (rechts)
Widderköpfige Darstellungen des ägyptischen Gottes Amon.

Totenwaage (unten)
Ägyptische Götter mit Waagschalen.

4

Minoischer Stier (rechts)
Der Stiergott von Knossos (Kreta) symbolisierte Stärke und Schöpferkraft.

Die Fische (unten)
Wandgemälde aus Knossos (um 1600 v. Chr.). Delphine sollten den Seeleuten Glück bringen.

7

Römische Fische (links)
Fischer und Fische von einem römischen Mosaik. Der eigentümlich geformte Bug des Bootes weist auf ägyptischen Einfluß hin. Zu Beginn des Zeitalters der Fische wurde der Fisch mit dem Aufstieg des Christentums identifiziert. Zugleich war er ein Symbol für Christus.

5

Der hilfreiche Widder (unten)
Homers Held Odysseus flieht aus der Höhle des Kyklops, an den Bauch eines Widders gebunden.

Griechischer Krebs (oben)
Krebs mit dem Seeungeheuer Skylla.

Zentaur (links)
Die Zentauren, halb Mensch, halb Pferd, sollten wahrscheinlich die Thessalier verkörpern. Die Griechen fürchteten dieses harte und kriegerische Volk von berittenen Bogenschützen. Die Plastik vom Parthenon in Athen, Teil der berühmten «Elgin-Marbles», zeigt einen Ausschnitt aus dem Kampf zwischen Zentauren und Lapithen. Ein erschöpfter Lapith wird von einem Zentaur zu Tode getrampelt.

6

Assyrische Ziegen und Löwe
Die Reliefplatten entstanden ungefähr 740 v. Chr., zur Zeit Tiglatpilesers III. Links treiben die siegreichen Assyrer Schafe und Ziegen ihrer Feinde fort; oben ein verwundeter Löwe von der Darstellung einer Löwenjagd.

Krebs (oben)
Krebs im Fluß, assyrisch, um 650 v. Chr.

Babylonischer Skorpion (oben)
Symbol der Liebesgöttin Ischtar.

Sumerische Ziege (oben)
Ziegenbock an einem Baum.

Der Wasserausgießer (links)
Diese Einlegearbeit mit Elfenbein aus dem Königreich Sumer am unteren Euphrat stammt vielleicht aus der Zeit um 3000 v. Chr. Sie zeigt eine der täglichen Arbeiten: das Füllen der Becher des Königs mit dem kostbaren Wasser. Für die großen bauchigen Amphoren mußten besondere Haltevorrichtungen geschaffen werden.

DIE ASTROLOGIE IM VORDEREN ORIENT

Die klassische Ära der antiken Wissenschaft und der Astrologie ging mit Ptolemäus zu Ende. Die Kunst der astronomischen Beobachtung und Berechnung verfiel und löste den Niedergang der Astrologie aus. Als das Römische Reich zusammenbrach, sank die Astrologie für lange Jahrhunderte zum verderblichen Aberglauben herab.

Der korrupte Zustand der Astrologie lieferte einen der Gründe, warum das frühe Christentum mit allen verfügbaren Mitteln astrologische Praktiken angriff – wie auch die übrigen Reste heidnischer Vorstellungen. Dies geschah, obwohl das Neue Testament Hinweise auf die Astrologie enthält. Ein Beispiel dafür ist der Magier im Lukas-Evangelium, andere lassen sich in der Offenbarung finden. Nicht alles astrologische Wissen ging verloren, die Ostkirche brach die Verbindung zur wissenschaftlichen Astrologie nie ganz ab.

Der erfolgreichste christliche Kämpfer gegen die Astrologie war der heilige Augustinus (354–430). In seiner Jugend hing er zwar der Astrologie an, aber nach seiner Bekehrung zum Christentum verdammte er sie völlig. Die Astrologie, so erklärte er, sei bestenfalls Betrug. Wenn Astrologen mit ihren Vorhersagen recht behielten, dann nur, weil sie mit bösen Geistern im Bunde seien, die immer danach trachteten, den Geist der Menschen zu besitzen.

Das Überleben eines großen Teils der antiken Wissenschaft und Philosophie verdanken wir der arabischen Kultur, die vom 8. Jahrhundert an in Nordafrika und im östlichen Mittelmeerraum aufblühte und bis Mitteleuropa ausstrahlte.

Besonders als Ärzte und Astronomen entfalteten die Araber bald außergewöhnliches Geschick. Zentren der Wissenschaft entstanden in Bagdad und Damaskus. Der Kalif Almansor von Bagdad – ein Sohn Harun-Al-Raschids – errichtete dort ein großes Observatorium und eine Bibliothek, die Bagdad zur Hauptstadt der Astronomie aufsteigen ließ. Die astronomischen Studien der Araber bezogen jedoch immer die Astrologie ein.

Die Araber entwickelten eine neue Form der praktischen Astrologie, deren Wert allerdings zweifelhaft ist. Diese Astrologie hielt für alle Situationen des täglichen Lebens Weissagungen bereit und erlaubte es, günstige Zeitpunkte für Reisen und Geschäfte zu bestimmen. Trotzdem trug die Betonung von «günstigen» und «ungünstigen» Anzeichen in der arabischen Astrologie viel zur allmählichen Anerkennung der Astrologie in der westlichen Welt bei.

Albumasar oder Abu Maschar (um 790–886) war der bedeutendste arabische Astrologe. Sein astrologisches Werk, das zwischen 1130 und 1140 unter dem Titel ‹*Introductorium in Astronomiam*› übersetzt wurde, ist ohne die Kenntnis der Werke des Aristoteles nicht denkbar. «Wie die Bewegungen der Wandelsterne niemals unterbrochen werden», schrieb er, «so folgt eine Generation von Menschen auf die andere, und die irdischen Dinge verändern sich ohne Ende. Nur wenn wir die große Unterschiedlichkeit der Planetenbewegungen beobachten, begreifen wir die unzähligen Formen der Veränderung auf der Erde.»

Arabischer Tierkreis (oben)
Dieser frühe arabisch Tierkreis entstand unte persischem Einfluß.

Albumasar (rechts)
Der bedeutendste Astrologe der arabischen Welt mißt den Himmel.

Arabische Astrologen (unten)
Die arabischen Astrologen benutzten astronomische Instrumente, um ihre Vorhersagen auszuarbeiten.

Die Konjunktion von Mars und Jupiter (rechts)
Eine Abschrift (13. Jahrhundert) von Albumasars Traktat zeigt Mars (oben) in Konjunktion mit Jupiter in Widder. Unten sind Merkur, Venus, Mars und Jupiter dargestellt.

Arabische Wasseruhr (unten)
Wasseruhr mit aufgesetztem arabischen Tierkreis.

Die Hauptplaneten des Christentums (rechts)
In diesem Manuskript aus dem 11. Jahrhundert flankieren Sonne und Mond die Hand Gottes.

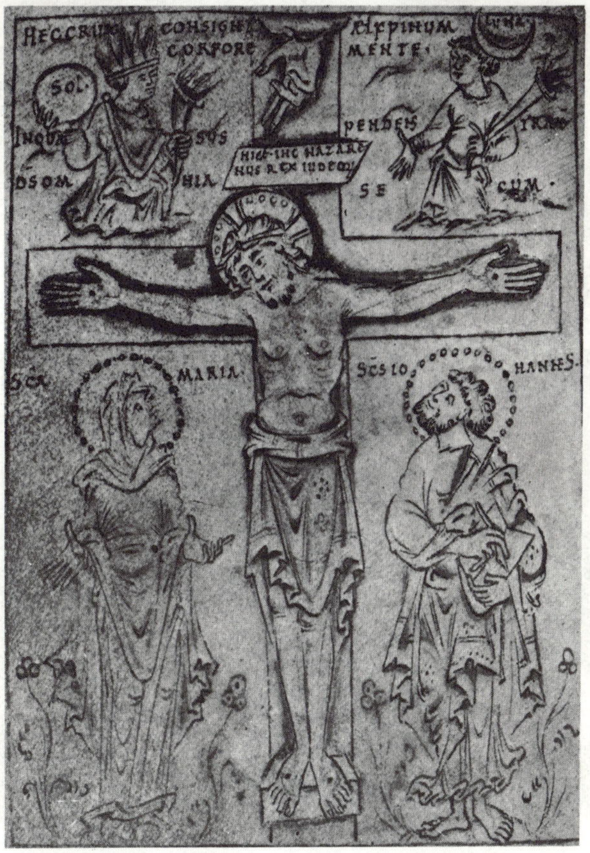

Der heilige Augustinus (rechts außen)
Augustinus glaubte zuerst selbst an die Astrologie, später verdammte er sie als teuflische Magie.

Arabisches Astrolabium (unten)
Dieses planisphärische Astrolabium der Planeten wurde 1236 von Abd al-Karim Misri hergestellt.

MITTELALTER-LICHE KALENDER

Die Römer schafften als erste den Mondkalender ab, in dem der Mondumlauf die Monatslänge bestimmte. Mit Hilfe von Astronomen aus Alexandria führte Julius Caesar 46 v. Chr. den nach ihm benannten Julianischen Kalender ein, der im 16. Jahrhundert immer noch gebräuchlich war. Der Julianische Kalender richtete sich nach dem Sonnenjahr und legte die Länge des Jahres auf 365 1/4 Tage fest – mit einem Schaltjahr von 366 Tagen alle vier Jahre. Im Mittelalter wurde das Jahr dann noch nach den Sternzeichen unterteilt. Diese Monate stimmten jedoch nicht genau mit den Monaten des Sonnenjahres überein, sie gingen von der Frühjahrs-Tagundnachtgleiche um den 21. März aus und wurden zum bäuerlichen Jahr gerechnet, was die besondere Bedeutung der Landwirtschaft im Mittelalter beleuchtet. Die Bilder um die Sonnenuhr stammen aus einem französischen Stundenbuch. Sie zeigen die Monate und mit den Zeichen verbundenen Arbeiten.

Cancer, der Krebs
Ungefähr 21. Juni bis 22. Juli. Die Abbildung zeigt einen Bauern bei der Heuernte. An seinem Gürtel hängt ein Wetzstein.

Gemini, die Zwillinge
22. Mai bis 21. Juni. Die Beizjagd auf Vögel und kleine Tiere war ein Lieblingszeitvertreib der aristokratischen Gesellschaft des 15. Jahrhunderts.

Taurus, der Stier
21. April bis 21. Mai. Der Brauch, Zweige zu sammeln und damit Straßen und Häuser zu schmücken, hat sich an manchen Orten bis heute erhalten.

Aries, der Widder
21. März bis 20. April. Dies ist die Zeit, in der die Rebstöcke zurückgeschnitten und der Weinberg vorbereitet wurde.

Leo, der Löwe
23. Juli bis 23. August. Das Getreide wurde mit kleinen Sicheln geschnitten, zu Garben gebunden und zusammengestellt, um ganz durchzutrocknen.

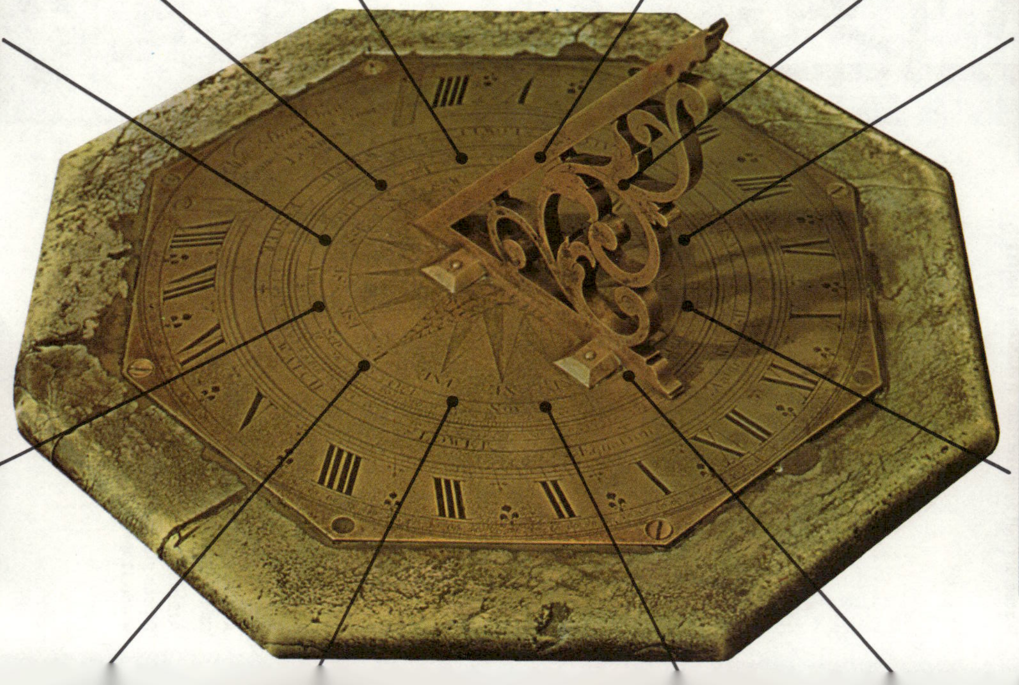

Pisces, die Fische
20. Februar bis 21. März. Eine friedliche Zeit für den Bauern, der seine Füße behaglich zum Feuer streckt und sich von den Arbeiten des Jahres ausruht.

Virgo, die Jungfrau

Aquarius, der Wassermann
21. Januar bis 19. Februar. Eine Zeit der Lustbarkeiten.

Libra, die Waage
24. September bis 23. Oktober. Die geernteten Weintrauben wurden in große flache Bottiche geschüttet und zerstampft, um den Saft herauszuziehen.

Scorpio, der Skorpion
24. Oktober bis 22. November. Dies ist die beste Zeit zur Aussaat, vor allem auf lehmigem Boden. Tiefe Furchen und hohe Balken waren früher beim Ackern üblich.

Sagittarius, der Schütze
23. November bis 21. Dezember. Es war durchaus üblich, Schweine im Wald zu weiden und sie mit Eicheln und Eßkastanien zu mästen.

Capricornus, der Steinbock
22. Dezember bis 20. Januar. Wenn das Futter im Winter knapp wurde, behielt man nur die besten Tiere zur Weiterzucht, der Rest wurde geschlachtet.

Die Entwicklung des Kalenders

Die Landbestellung gab den Hauptanstoß für die Einrichtung von Kalendern. Fast alle Arbeiten des Bauern müssen der Reihe nach zur richtigen Zeit abgeschlossen sein. Nur so lassen sich das Wetter und die Eigenschaften der Pflanzen nutzen. Es ist sinnlos, im Juni Weizen zu säen, da er vor dem Winter nicht mehr reif wird. Die geregelte Zeiteinteilung wurde besonders notwendig, als sich die ersten Menschen als Ackerbauern niederließen. Die Anregung kam aus den sichtbaren, festen Zyklen der Natur – aus dem Sonnenjahr, dem Sonnentag und dem Mondmonat. Ursprünglich richtete sich in Sumer und Assyrien das Jahr nach zwölf Mondumläufen – 354 Tage –, die einem Sonnenumlauf von 365 Tagen nahe kamen. Jedoch erzwang die allmählich zunehmende Differenz beider Jahre eine Korrektur. Daher fügten die Babylonier einen Monat hinzu. Auch der ägyptische Kalender mußte berichtigt werden. Das Jahr fing an mit dem Aufgang des Sirius und ging zu Ende mit der Fruchtbarkeit spendenden Überschwemmung des Niltals. Aber das System geriet in Unordnung, da der Sirius nach jeweils vier Jahren einen Tag später aufging. Die Griechen fügten zur Korrektur ihres Mondkalenders offiziell drei zusätzliche Monate ein, wenn die Mondzyklen zu stark abwichen. Trotzdem hielten viele Griechen eigensinnig an einem abweichenden Privatkalender fest, der aus Pflöcken und einem Brett bestand. Die Römer gingen als erste das Problem ernsthaft an und führten im Jahre 46 v. Chr. den «Julianischen Kalender» ein, der auf dem Sonnenumlauf beruhte und bis zur Kalenderreform Papst Gregors XIII. gültig war.

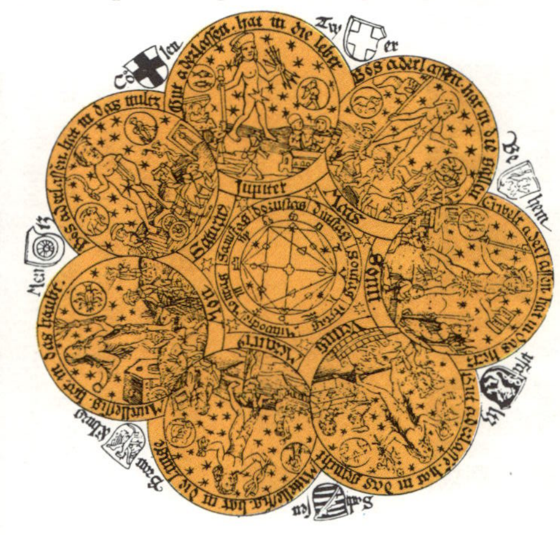

Uhr mit Tierkreiszeichen (oben)
Diese Uhr zeigt die Stunden an, die Monate und die Tierkreiszeichen. Die Mondphasen erscheinen im Strahlenkranz der Sonne.

Der Gregorianische Kalender (Mitte)
Das Julianische Kalenderjahr war gegenüber dem genauen Sonnenjahr 11 Minuten 14 Sekunden zu lang. Nach 128 Jahren beträgt die Abweichung also einen Tag. Als dieser Unterschied bemerkt wurde und sich der Wunsch nach einer exakten Festlegung von Ostern erhob, berief Papst Gregor XIII. 1582 ein Konzil ein und verfügte, daß die zehn Tage zwischen 4. und 14. Oktober ausfallen sollten. Darüber hinaus wurde der Schalttag für alle vollen Jahrhunderte, deren erste Ziffern nicht durch 4 teilbar sind, aufgehoben. Der «Verlust» von zehn Tagen war sehr unpopulär. So wurde der neue Kalender in Großbritannien 1752 und in Rußland erst 1918 offiziell eingeführt. Als letztes Land in Europa entschloß sich Griechenland sogar erst 1923 zur Übernahme des Gregorianischen Kalenders.

Deutscher Kalender (oben)
Dieser Kalender aus dem 15. Jahrhundert verdeutlicht die Beziehung zwischen den sieben Tagen der Wochen (Bildmitte), den Planeten und ihren Attributen.

ASTROLOGIE IM MITTELALTER

«Jeder Astrologe ist des Ruhmes und der Ehre wert, denn er hat vor Gott, seinem Schöpfer, Gnade gefunden. Durch eine Lehre wie seine Astronomie kennt er wahrscheinlich viele Geheimnisse Gottes und weiß Dinge, die nur wenige wissen», heißt es im ‹*Liber Introductorius*› des schottischen Gelehrten Michael Scotus (gest. vor 1235), der für Kaiser Friedrich II. die Übersetzung des Aristoteles aus dem Arabischen überwachte.

Im frühen Mittelalter standen die Theologen vor dem Problem, ob sie die Astrologie als rechtmäßige Wissenschaft pflegen oder als verbotene Zauberkunst verdammen sollten. Johannes von Salisbury (ca. 1115–1180) entschied, daß die Astrologie durch ihren Anspruch vorherzusagen und ihre Verneinung des freien Willens ein Vorrecht des Schöpfers der Sterne sich widerrechtlich aneigne. Erst Albertus Magnus (um 1200–1280) reinigte die Astrologie von allem Tadel.

Albertus Magnus erkannte als erster die theologische Bedeutung der griechischen und arabischen Philosophie und Naturwissenschaft. Er vermittelte dem christlichen Abendland dieses Wissen, besonders die Lehren des Aristoteles und ihren Kern, daß das irdische Geschehen von den Sternsphären gelenkt werde. Obwohl die Sterne nicht die Seele des Menschen beeinflussen könnten, so schloß Albertus Magnus, besäßen sie doch Einfluß auf Körper und Wille.

Thomas von Aquin (1225/26–1274), vielleicht der größte christliche Theologe, verlieh den Ansichten des Albertus Magnus feste Form: Solange die Astrologie sich von der Geisterbeschwörung fernhielte, sei sie ein würdiger Gegenstand des Studiums und könnte zudem die Lehren der Kirche durch ihre kosmischen Vorstellungen ergänzen.

Die akademische Anerkennung, der sich die Astrologie nun erfreute, zeigte sich auch an den neuen großen Universitäten Europas, an denen Astrologie als Lehrfach eingerichtet wurde. Die Universität Bologna, an der Dante und Petrarca studierten, besaß seit 1125 einen Lehrstuhl für Astrologie.

Die Astrologen fingen jedoch bald an, ihre Kompetenzen ungehörig auszuweiten. Guido Bonatti, vielleicht der bekannteste Astrologe des 13. Jahrhunderts, stand im Dienst des Grafen Guido de Montefeltro. Beim Aufbruch des Grafen zu einem Kriegszug gab Bonatti der Armee nach einer Befragung der Sterne mit einer Glocke das Zeichen zum Wappnen, dann zum Aufsitzen und endlich zum Galopp. Dante stellte Michael Scotus und Guido Bonatti im ‹*Inferno*› der ‹*Göttlichen Komödie*› an den Pranger. Aber Dante beklagte sich nur, daß sie Geisterbeschwörung und Wissenschaft vermischten. In den folgenden Büchern der ‹*Göttlichen Komödie*› gab er der Astrologie ihre Würde zurück.

Als 1327 Cecco d'Ascoli, Professor der Astrologie in Bologna, verbrannt wurde und damit zu einem der wenigen Märtyrer der Astrologie aufstieg, geschah dies wegen seiner ketzerischen Ansichten und nicht wegen seines Berufs. Die anbrechende Renaissance tat der Volkstümlichkeit der Astrologie keinen Abbruch, ein gewisses Maß an Unterstützung wurde ihr vom Papsttum zuteil.

Philosophen und Astronomen (oben)
Orthodoxe Kleriker betrachteten die Wissenschaft und die Astrologie mit Mißtrauen. Diese Abbildung aus einem Manuskript des 12. Jahrhunderts geißelt die Anmaßung der Philosophen und Astronomen.

Sixtus IV. (links)
Eine Reihe von Päpsten waren begeisterte Anhänger der Astronomie. Sixtus IV. (1414–1484), von Tizian porträtiert, war der erste Papst, der ein Horoskop aufstellte und deutete.

Julius II. (oben)
Schon zu Beginn der Renaissance gewann die Astrologie eine ungeheure Gefolgschaft in ganz Europa, besonders aber in Rom. Von dem gelehrten Papst Julius II. (1443–1513) wird berichtet, er habe einen Astrologen damit beauftragt, den günstigsten Tag für seine Krönung ausfindig zu machen.

Mittelalterlicher Hirte (links)
Der Hirte auf dem Holzschnitt aus dem 15. Jahrhundert benutzt ein Seil als Senkblei, um nachts die ungefähre Zeit durch die Verbindung zur Position eines ihm bekannten Sterns festzustellen.

«Die Himmelskörper sind Ursache aller Geschehnisse auf der Erde.»
Thomas von Aquin (1225/26—1274)

Die Frau aus Bath (oben)
Die Frau aus Bath, eine der lebensvollsten Figuren in Geoffrey Chaucers «Canterbury-Geschichten» (um 1347) würzte ihre Geschichte mit astrologischen Angaben: «Frau Venus gab mir Lust und Üppigkeit, / Und Mars hartnäckige Verschwiegenheit; / Mars in dem Stiere war mein Aszendent. / Weh, wehe, daß man Lieben Sünde nennt!»

Eine mittelalterliche Kosmologie (rechts)
Auf dieser Darstellung des Universums bemüht sich ein mittelalterlicher Astrologe, in die Geheimnisse des Unbekannten einzudringen.

Thomas von Aquin (rechts)
Der heilige Thomas war der bedeutendste Fürsprecher der Astrologie im Mittelalter.

Sonnen- und Mondwagen (unten)
Diese Darstellung aus einem Manuskript des 12. Jahrhunderts zeigt die Sonne von vier Pferden (= vier Jahreszeiten) und den Mond von zwei Ochsen gezogen.

Vespucci (rechts)
Der Entdecker Amerigo Vespucci (1451–1512) benutzte auf seinen Reisen nach Amerika ein Astrolabium, um die Position des Kreuzes des Südens festzustellen. Dieses auffällige Sternbild aus vier Sternen am Südhimmel wurde schon von Dante im «Inferno» beschrieben.

Die Planeten (oben)
Diese Buchmalerei aus dem 12. Jahrhundert zeigt die fünf damals bekannten Planeten und die Sonne: In der oberen Reihe stehen Mars, Saturn und Jupiter, unten Venus, Mond und Merkur.

DER TIERKREIS UND ANATOMIE

Seit undenklichen Zeiten wurde jedem Tierkreiszeichen eine besondere Beziehung zu bestimmten Körperteilen zugeschrieben, vom Widder (Kopf) bis zu Fischen (Füße). Die astrologisch ausgerichtete Medizin der jüngeren Zeit hat auf Beziehungen zwischen den Tierkreiszeichen und den Drüsen- und Nervensystemen hingewiesen. Hierbei handelt es sich oft um Polaritäten: So kann der Widder von Krankheiten befallen werden, die die unter dem Einfluß des entgegengesetzten Tierkreiszeichens, der Waage, stehenden Körperteile betreffen, das heißt, seine Kopfschmerzen können unmittelbar mit seiner Nierenfunktion zusammenhängen, die unter Waage-Einfluß steht.

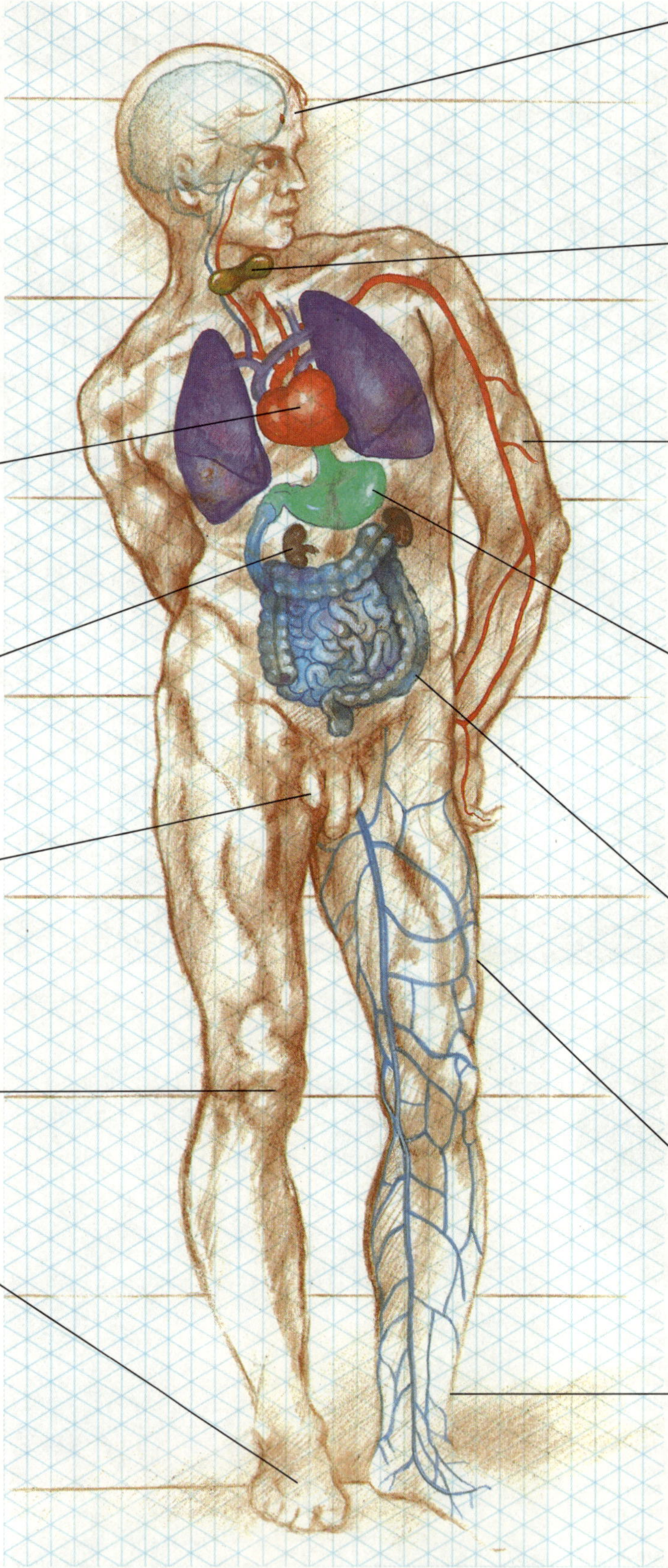

Widder–Waage
Widder beherrscht den Kopf. Daher leiden Widdergeborene oft unter Kopfschmerzen. Die widderbestimmten Drüsen sind die Nebennieren, die bei Bedarf – z. B. bei einem Anflug von Ärger oder einem Ausbruch von Energie – Adrenalin in den Blutstrom ausschütten. Hieraus beziehen die Widdergeborenen ihren Ruf, von ungestümem Temperament zu sein.

Stier–Skorpion
Stier beeinflußt Kehle und Hals. Das macht die «Stiere» besonders anfällig für Erkältungskrankheiten. Die vom Stier bestimmte Drüse ist die Schilddrüse. Deren Fehlfunktionen können zu ernsthaften Gewichtsproblemen führen.

Zwillinge–Schütze
Zwillinge beherrschen die Nerven, Arme und Schultern. Zwillingsgeborene neigen daher dazu, sich das Schlüsselbein und die Arme zu brechen. Dieses Zeichen beeinflußt ebenfalls die Lungen, und Erkältungen können sich oft zur Bronchitis ausweiten. «Zwillinge» sind ruhelos und leicht erregbar.

Krebs–Steinbock
Krebs beherrscht den Magen und den Verdauungskanal. Bei ihrer Neigung, sich aufzuregen und sich mehr Sorgen zu machen als andere, sind die «Krebse» anfällig für Verdauungsschwierigkeiten und Geschwüre, was ihnen den Ruf einbringt, von zarter Gesundheit zu sein. Die Brustdrüsen werden dem Bereich des Krebses, dem Zeichen der Mutterschaft, zugerechnet.

Löwe–Wassermann
Löwe beherrscht das Herz, die Wirbelsäule und den Rücken. Angesichts der Neigung des Löwengeborenen, das Leben voll auszukosten, sollte er besonders darauf achten, in der Mitte des Lebens etwas langsamer zu treten; es besteht das Risiko von Herzanfällen.

Jungfrau–Fische
Jungfrau beherrscht das Nervensystem und die Eingeweide. Die unter diesem Tierkreiszeichen Geborenen leiden unter denselben Magen- und Darmkrankeiten wie «Krebse». Ebenso neigen auch sie dazu, sich Sorgen zu machen, obwohl das in ihrem Fall eng mit nervöser Anspannung zusammenhängt. Eine ausgewogene Diät ist wichtig, «Jungfrauen» sind häufig Vegetarier.

Waage–Widder
Waage beherrscht die Nieren. Jede Störung der normalerweise sensiblen und wohlausgewogenen Lebensführung der Waagegeborenen durch einen Unfall oder Streit wird sich bald in ernsthaften Nierenstörungen auswirken.

Skorpion–Stier
Skorpion beherrscht die Geschlechtsorgane. Die in diesem Tierkreiszeichen Geborenen sind mit der stärksten Sexualität unter allen Tierkreiszeichen ausgestattet, und bei ihrer Neigung, nichts Halbes zu machen, kann jede Unterdrückung seiner sexuellen Energie zu unerfreulichem Verhalten führen. In extremen Fällen können sie grausam und gewalttätig werden.

Schütze–Zwillinge
Schütze beeinflußt die Leber, Hüften und Oberschenkel. Von Natur aus aktiv, stagnieren «Schützen», wenn sie sich nicht einer beträchtlichen geistigen und physischen Disziplin unterziehen. Sie neigen zur Gewichtszunahme, die, vor allem bei Frauen, hauptsächlich in die Hüften und Oberschenkel geht.

Steinbock–Krebs
Steinbock beeinflußt die Knie, Knochen und Zähne. Störungen im Bewegungsapparat und Probleme mit den Zähnen kommen allgemein vor, sowie generell alles, was die Bewegung einschränkt, zum Beispiel Rheuma.

Wassermann–Löwe
Wassermann beherrscht den Blutkreislauf. Menschen, in deren Horoskopen Wassermann eine starke Stellung einnimmt, leiden unter Krampfadern und Verhärtung der Arterien; kaltes Wetter ist besonders beschwerlich für sie. Wassermann beeinflußt ebenfalls Schienbeine und Knöchel.

Fische–Jungfrau
Fische sind für die Füße maßgeblich. Wenn sie betroffen sind, auch durch geringere Störungen wie schlecht passende Schuhe, scheint das allgemeine Wohlbefinden von «Fischen» zu leiden. «Fische» sprechen oft nicht günstig auf Medikamente an, die daher immer sorgfältig verabreicht werden sollten, da das einfachste Medikament eine ungünstige Wirkung haben kann.

PLANETEN UND ANATOMIE

Im Mittelalter nahm man an, daß jeder Planet mit einem bestimmten Körperteil in Verbindung stehe. Die moderne Medizin hat eine ganze Reihe kleiner, äußerst wichtigter endokriner Drüsen entdeckt, die Hormone ins Blut abgeben. Diese Hormone steuern so gegensätzliche Körperfunktionen wie Atmung und sexuelle Reaktion. Die Astrologen haben zwischen diesen Drüsen und den einzelnen Planeten besondere Verbindungen nachgewiesen. Die drei äußeren Planeten waren damals allerdings noch unbekannt. Obwohl sie meist nur «Generationseinflüsse» ausüben, hat man auch ihnen Einfluß auf bestimmte Körperteile zugeschrieben.

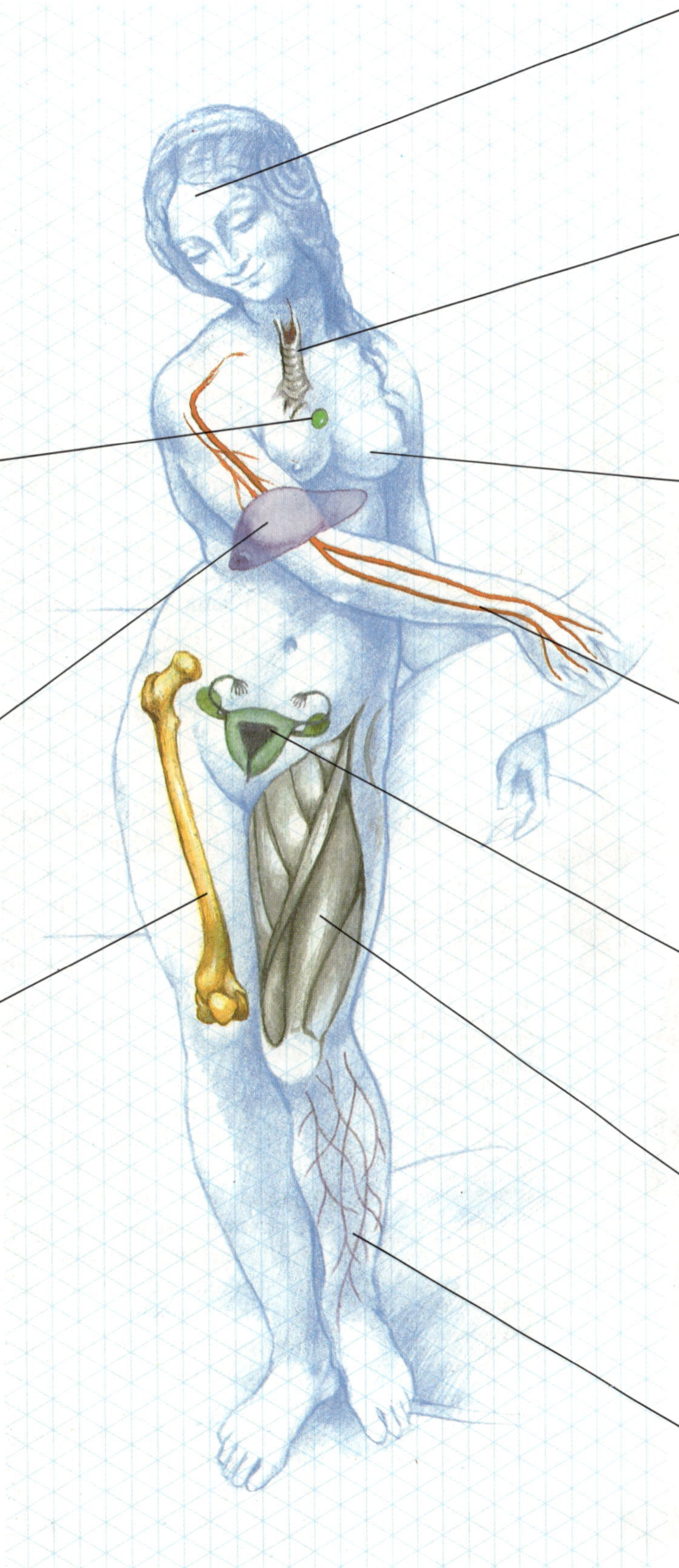

Merkur
Merkur wird mit der Atmung, dem Gehirn und dem Nervensystem als Ganzem in Verbindung gebracht. Er beeinflußt die komplizierten, feinen Beziehungen zwischen den einzelnen Körperteilen.

Venus
In der Tradition wird die Venus mit Kehle, Nieren und Lendenregion verbunden. Heute spricht man ihr Einfluß auf die Nebenschilddrüsen zu, die den Kalkspiegel der Körpersäfte steuern.

Sonne
Die Sonne regiert traditionell das Herz, den Rücken und die Wirbelsäule. Heute wird sie mit der Thymusdrüse in Verbindung gebracht, die unter dem oberen Ende des Brustbeins liegt und für die frühe Kindheit und Pubertät wichtig ist. Wahrscheinlich ist sie maßgeblich an der Immunisierung des Körpers gegen Bakterien beteiligt.

Mond
Der Mond wird mit den Brüsten und dem gesamten Verdauungstrakt verbunden: Speiseröhre, Magen, Leber, Gallenblase, Gallengänge, Bauchspeicheldrüse und Därme.

Jupiter
Der Planet wurde schon immer mit der größten Drüse des menschlichen Körpers, der Leber, und ihrer Reinigungsfunktion in Verbindung gebracht. Heute wird ein bedeutender Einfluß auf die Hypophyse angenommen. Diese wichtige ‹Hauptdrüse› reguliert die Hormonausschüttung und steuert das körperliche Wachstum.

Uranus
Der Planet steht in Beziehung zum Blutkreislauf, den Gonaden und der Zirbeldrüse – ein Bereich im Gehirn, der für Tiere der Urzeit wichtig war, dessen Bedeutung für den Menschen allerdings umstritten ist. Man spricht von ihr manchmal als vom Rest des ‹dritten Auges›.

Saturn
Der Planet wird mit Gallenblase, Milz, Haut, Zähnen und Knochen verbunden. Sein Einfluß auf den Vorderlappen der Hypophyse, der die Geschlechtsdrüsen und die Knochen- und Muskelstruktur reguliert, verstärkt noch die Wirkung auf die Knochen.

Pluto
Pluto und Mars beeinflussen beide die Gonaden. Pluto ist besonders mit der Zellbildung und der Fortpflanzungsfunktion selbst verbunden.

Mars
Mars wirkt auf das Muskel- und Urogenitalsystem sowie auf die Gonaden oder Geschlechtsdrüsen (Ovarien und Hoden). Diese Funktion ist eine Erweiterung der allgemeinen Verbindung des Planeten mit dem körperlichen Ausdruck der Sexualität.

Neptun
Neptun wirkt auf das allgemeine Nervensystem und besonders auf den Thalamus – ein Gehirnteil, der bei der Übermittlung der Reize zwischen den Sinnesorganen eine besondere Rolle spielt.

ASTROLOGIE UND GESUNDHEIT

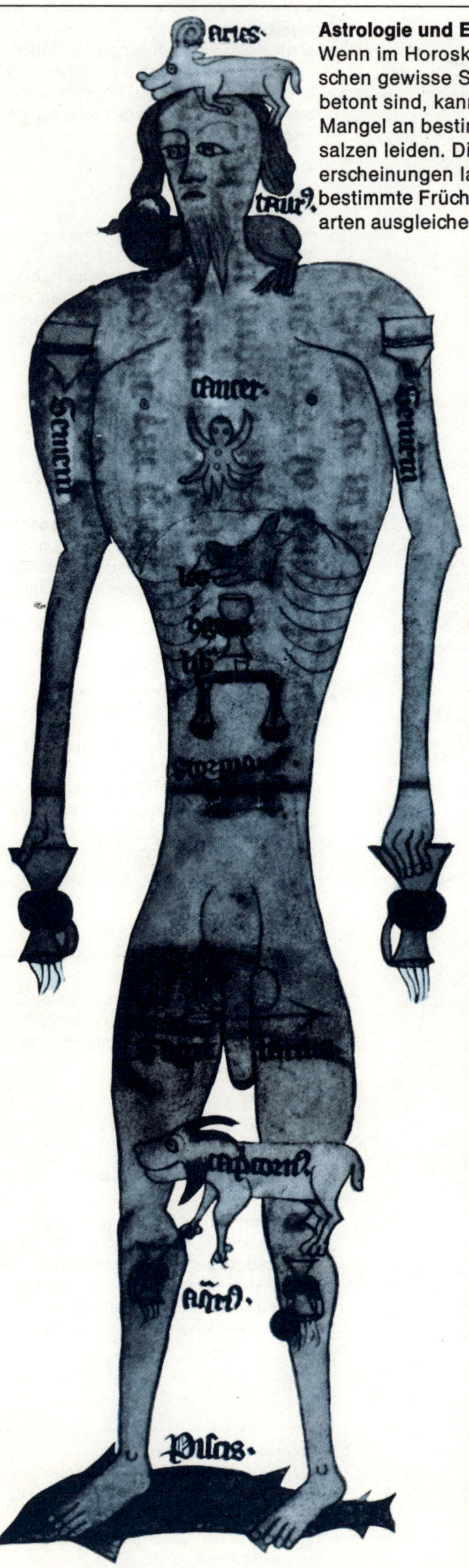

Astrologie und Ernährung
Wenn im Horoskop eines Menschen gewisse Sternzeichen stark betont sind, kann er unter dem Mangel an bestimmten Mineralsalzen leiden. Diese Mangelerscheinungen lassen sich durch bestimmte Früchte- und Gemüsearten ausgleichen.

Widder. Tomaten enthalten viel Kaliumphosphat; Mangel daran verursacht Kopfschmerzen.

Stier. Sellerie kann übermäßig belastete Körperteile kräftigen.

Zwillinge. Spinat, Blumenkohl und Ananas stärken die Widerstandskraft gegen Bronchitis und Katarrh.

Krebs. Für Krebsgeborene sind besonders kalziumreiche Gerichte empfehlenswert. Kalkmangel verursacht spröde Haut und schlechte Zähne.

Löwe. Pflaumen, Erbsen und Orangen mildern die Belastung des Herzens.

Jungfrau. Zitronen beugen Schuppen und Hautausschlag vor.

Waage. Erdbeeren enthalten die Mineralsalze, die das Gleichgewicht von Säuren und Körpersäften erhalten.

Skorpion. Skorpion-Menschen erliegen oft der Verlockung eines überreichlichen Mahls. Sie sollten gedörrte Pflaumen essen.

Schütze. Spargel und Gurken enthalten Silikate, die Haut und Haare schön erhalten.

Steinbock. Kohl sollte fest zur Mahlzeit gehören. Er beugt Rheumatismus und Rückenverkrümmung vor.

Wassermann. Granatäpfel enthalten einen alkalischen Wirkstoff, der bei Wassermann-Menschen fehlen kann.

Fische. Wer in diesem Zeichen geboren wurde, neigt zur Anämie. Trauben, Datteln und Getreide enthalten alle schützenden Eisenphosphate.

Medizin und Astrologie waren bis zum 18. Jahrhundert eng miteinander verbunden: Das Studium der Astrologie gehörte zur Ausbildung des Arztes, Diagnose und Behandlung einer Krankheit stützten sich auf astrologische Angaben. Dem Kranken wurde ein Horoskop gestellt, aus dem der Zeitpunkt der Krisis und die Art der Arznei abgelesen wurden. Von den verschiedenen Körperteilen nahm man an, sie ständen unter der Herrschaft verschiedener Sternzeichen (s. S. 26) und Planeten (s. S. 30), denen wiederum die verschiedenen Krankheiten zugeordnet wären. Die Gesundheit eines Menschen werde durch sein Geburtshoroskop beeinflußt, aber mit richtiger Pflege und Aufmerksamkeit könne er gewisse Krankheiten vermeiden.

Die ‹*Hermetischen Schriften*› faßten als erste die astrologische Medizin zusammen. Ihren Namen erhielten sie von den Griechen, die den ägyptischen Gott der Schrift und der Gelehrsamkeit, Toth, der als Verfasser der Schriften galt, Hermes Trismegist nannten. Die hermetischen Lehren verkündeten, daß der Mensch im kleinen (als Mikrokosmos) die Ordnung des Universums (Makrokosmos) widerspiegle. Seine Krankheiten entsprächen den verschiedenen Dekanen oder 10°-Einteilungen der Sternzeichen.

Die vier Temperamente

Der griechische Arzt und Philosoph Hippokrates (um 460 bis 377? v. Chr.) war der Ansicht, der Charakter des Menschen sei Ergebnis des Zusammenspiels von vier «Säften»: Blut, Schleim (Phlegma), schwarze und gelbe Galle. Diese «Säfte» verband man locker mit den Triplizitäten, den vier Sternzeichengruppen, die den Elementen Feuer, Wasser, Erde und Luft zugeordnet sind. Diese Verbindungen sind allerdings in sehr vielen Fällen widersprüchlich: Das Zeichen der Zwillinge ist zum Beispiel ein «luftiges» Zeichen und daher «sanguinisch». Aber das melancholische Temperament (schwarze Galle) ist mit Merkur, dem Herrscher über Zwillinge, verbunden, und sicher sind Sorgen, Langsamkeit und Schwäche keine Attribute des Merkur.

Die Araber bezogen als erste die heilende Wirkung gewisser Pflanzen auf bestimmte Sternzeichen oder Planeten. Es gab verschiedene Zuordnungssysteme, nach denen die über Heilpflanzen herrschenden Planeten bestimmt wurden. Der Mars, von dem man annahm, er sei heiß und trocken, herrschte über scharf schmeckende Pflanzen wie Tabak, Senf und Nieswurz. Das ‹*Complete Herbal*› des Nicholas Culpeper (1616–1654) ordnete die Kräuter nach den Krankheiten, die sie heilten: Der Gemeine Odermennig (Agrimonia eupatoria) wirkt lindernd bei Leberschmerzen, Jupiter herrscht über die Leber, also herrscht Jupiter auch über den Gemeinen Odermennig. Die Planeten «regierten» zudem bestimmte Tage (Sonne/Sonntag, Mond/Montag), und Heilkräuter, die am Tage «ihres» Planeten zwischen der ersten und der achten Stunde gesammelt wurden, besaßen die größte Wirksamkeit.

«Ein Arzt, der nichts von Astrologie versteht,
hat kein Recht, sich Arzt zu nennen.»
Hippokrates (um 460—377? v. Chr.)

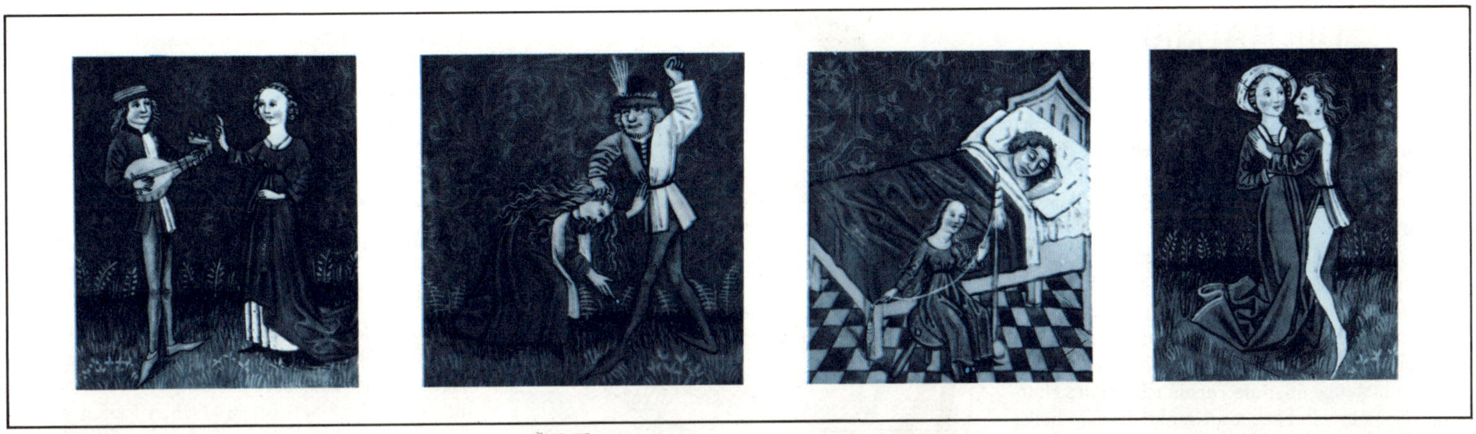

Die vier Temperamente
Die Abbildungen oben stellen die vier Temperamente oder «Säfte» in der Sicht des 15. Jahrhunderts dar. Diese Säfte — Blut, Phlegma (Schleim), gelbe und schwarze Galle — und ihre Mischungen im Körper legten nach der Lehre von den Temperamenten die Persönlichkeit fest. So wurde jemand, bei dem das Blut überwog, Sanguiniker genannt (Abb. rechts außen). Mit diesem Temperament verband man Lebhaftigkeit, Liebe zum Angenehmen, aber auch Schwachheit und Wankelmut. Der Phlegmatiker (Mitte rechts) wurde als langsam, wenig lebhaft, aber ruhig und stark geschildert, der Choleriker mit gelber Galle (Mitte links) als aufbrausend, gefühlsbetont und stark; der Melancholiker mit schwarzer Galle (links) als traurig und schwach.

Culpepers Pflanzenbuch

Nach Culpeper sollte das Horoskop einer Krankheit für den Zeitpunkt gestellt werden, an dem die ersten Symptome auftraten. Danach wurden die Behandlung festgelegt und die Heilkräuter am rechten Tag zur rechten Stunde gesammelt. Manchmal wurden sie äußerlich angewendet, manchmal pulverisiert oder destilliert.

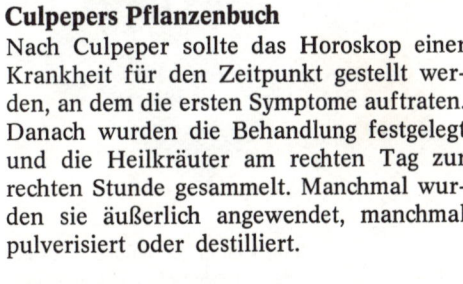

Widder. Zaunrübe (purgiert; Krämpfe, Stiche) (1); Hahnenfuß (Blasenziehen); Geißblatt (Gallenbeschwerden) (2); Nesseln (Rippenfellentzündung, Sodbrennen); Rhabarber (mildes Abführmittel).
Stier. Arrak (Halsschwellungen); Bohnen (Bohnenwasser für den Teint, eine halbe Bohne stillt Blutungen bei Schnittwunden); Hollunder (Wurzeln gegen Schlangenbiß, gekochte Blüten gegen Sonnenbrand) (3).
Zwillinge. Karotten (fördert Empfängnis). Farn (Milzschwellung, gibt Salbe für Schnittwunden) (4); Ackerklee (Durchfall, Ruhr); Lavendel (Kopfweh, Zahnweh, Ohnmacht) (5).
Krebs. Flachs (Entzündungen, Tumore, Brust- und Lungenleiden); Liguster (Mundfäule, Entzündungen); Steinbrech (Magenschwäche, Krämpfe, Konvulsionen) (6).
Löwe. Lorbeer (Beeren gegen Erkältungen und Rheumatismus, fördern die Darmwinde); Schöllkraut (Hämorrhoiden) (7).
Jungfrau. Kümmel (hilft der Verdauung; schärft das Auge) (8); Weißer Andorn (Seitenstechen, Gelbsucht) (9); Myrte (gegen Blutspucken, Durchfall und Ruhr).
Waage. Spargel (treibt Steine aus, wirkt sexuell anregend); Nüsse (Husten), Gänseblümchen (Rippenfell- und Lungenentzündung) (10); Gartenminze (lindert den Schluckauf).
Skorpion. Besenginster (befreit die Brust) (11); Stechginster (Gelbsucht, reinigt die Nieren); Hopfen (reinigt das Blut, gegen Geschlechtskrankheiten) (12); Tabak (rheumatische Schmerzen, Zahnweh; pulverisiert gegen Läuse).
Schütze. Zehrkraut (entfernt Pusteln vom Gesicht und den Händen) (13); Borretsch (klärt das Blut, stärkt); Löwenzahn (säubert die Harnwege); Moos (gegen Entzündungen).
Steinbock. Amarant (gegen alle Arten von Blutungen) (14); Steckrübe (Verbrennungen, Schwielen); Gefleckter Schierling (geröstet gegen Gicht und Entzündungen — sehr gefährlich) (15); Zwiebeln (gegen Husten und Ohrenschmerzen).
Wassermann. Wildes Stiefmütterchen (gegen Konvulsionen bei Kindern) (16); Hanf (löst Darmwinde, macht aber impotent, tötet Würmer); Mispel (verhindert Fehlgeburten); Quitte (Mundgeruch).
Fische. Schwanzrübe (säubert das Blut, stärkt die Leber) (17); Feige (entfernt Warzen und Frostbeulen); Salbei (färbt das Haar schwarz, heilt Kopfschmerzen); Weiße Zichorie (vertreibt die Cholera) (18).

DIE HÄUSER DER GESUNDHEIT

Von den Häusern des Geburtshoroskops enthalten drei für uns die deutlichsten Hinweise auf die Gesundheit eines Horoskopträgers. In der Reihenfolge ihrer Bedeutung sind dies das Sechste, Erste und Zwölfte Haus.

Nach der Tradition weist das Sechste Haus auf mögliche Schwächen und Empfänglichkeit für Krankheiten hin, je nach dem Sternzeichen über der Hausmitte und den Planeten innerhalb des Hauses. Auch das Erste Haus ist besonders zu beachten, da es eine Menge über die Persönlichkeit des Horoskopträgers im Hinblick auf Krankheiten enthüllen kann, besonders bei den Elementen, die auf Streß hindeuten. Das Zwölfte Haus, das traditionell mit Leiden und möglicherweise mit Perioden der Bettlägerigkeit – entweder zu Hause oder im Krankenhaus – verbunden ist, wird mit der körperlichen und seelischen Gesundheit in Verbindung gebracht.

Genauso wichtig ist es, die Merkmale des Sonnenzeichens in Betracht zu ziehen, ebenso die Reaktionen auf Situationen, wie sie vom Mondzeichen verdeutlicht werden. Wenn Sie diese mit allen Hinweisen kombinieren, die sich aus einer Überprüfung der ‹Gesundheits›-Häuser und der betroffenen Sternzeichen und Planeten ergeben, haben Sie eine Grundlage, von der Sie ausgehen können. (Die Überschriften für Planeten und Sternzeichen auf S. 26–27 sind hier eine Hilfe).

GESUNDHEIT UND DAS GEBURTSHOROSKOP

Wenn man ein Geburtshoroskop auf Hinweise zur Gesundheit eines Menschen hin untersucht, sollten die folgenden Punkte berücksichtigt werden:

Bei der Betrachtung des Sonnenzeichens sollte man immer auch das polare oder gegenüberliegende Zeichen anschauen, das ebenfalls wichtig ist und eine große Aussagekraft besitzt.

Gehen Sie sorgfältig vor. Denken Sie daran, daß drei Zeichenpaare betroffen sein können, wenn Sie die Sonnen-, Mond- und aufsteigenden Zeichen betrachten; damit kann die Hälfte aller Zeichen ins Spiel gebracht werden. Dann sind noch die Planetenpositionen zu berücksichtigen: Jeder von uns hat alle Planeten in seinem Geburtshoroskop. Schließlich sind noch die drei ‹Gesundheitshäuser› zu beachten.

Alle diese Erwägungen werden eine Menge an Informationen ergeben; doch lassen Sie sich davon nicht entmutigen. Beachten Sie besonders einige möglicherweise starke Hinweise, die im folgenden zusammengefaßt werden.

Ein Planet mit starken und belastenden Aspekten kann eine gesundheitliche Gefährdung darstellen. Wenn er sich im Ersten Haus befindet, ist dies mit Sicherheit ein zuverlässiger Hinweis auf mögliche Krankheit. Dies gilt auch, wenn er sich im Sechsten

Haus befindet – dann sollten Sie jedoch ebenfalls auf die Merkmale des aufsteigenden Zeichens achten. Zum Beispiel wird jemand mit aufsteigendem Krebs Schütze im Sechsten Haus haben, und wenn ein Planet in diesem Zeichen belastende Aspekte aufweist, wird die Anspannung und Sorge, die sich oft in stark krebsbestimmten Menschen aufbaut, noch verstärkt, und es kann sein, daß der einzelne an Magen- und Verdauungsstörungen oder auch an irgendwelchen nervösen Spannungszuständen – vielleicht Migräne (eine Kombination aus Empfindlichkeiten des ‹Krebses› und des Sechsten Hauses) leidet.

Ein Planet mit ungünstigen Aspekten in jeder Position sollte auf seinen Einfluß auf den Gesundheitszustand hin untersucht werden. So kann jemand mit sehr ungünstig aspektiertem Mars beträchtlich zu Unfällen neigen, die allzuoft ein Gesundheitsrisiko darstellen. Andererseits kann jemand mit einem engen Trigon zwischen Sonne oder Mond und Saturn eine außerordentlich vorsichtige und gesundheitsbewußte Einstellung haben. Ein ungünstig aspektierter Mond kann eine mögliche Quelle für eine besorgte Haltung sein, die das körperliche und seelische Wohlbefinden stören kann. Auch sehr gespannte Aspekte zwischen z. B. Mars und Merkur im Quadrat zu Uranus deuten auf belastende Elemente hin.

Je mehr Fortschritte Sie in Ihren astrologischen Bemühungen machen, desto mehr werden Ihnen die Hinweise möglicher Gesundheitsrisiken in einem Horoskop auffallen. Denken Sie daran, daß spannungsgeladene Planetenpositionen und -aspekte auf körperliche Leiden hinweisen können. Lösen Sie solche Probleme, und die Schmerzen werden wahrscheinlich mit ihnen verfliegen.

DER PROGRESSIVE MOND UND DIE GESUNDHEIT

Aspekte zwischen dem progressiven Mond und der Sonne im Radix oder in progressiver Position.

Obgleich diese Aspekte in anderer Hinsicht sehr wichtige Hinweise auf Entwicklung und mögliche Veränderung sind, befindet sich die Vitalität, was die Gesundheit betrifft, in solchen Zeiten oft auf einem Tiefpunkt, auch wenn der Aspekt selbst ein Trigon oder ein Sextil ist. Das könnte darauf zurückzuführen sein, daß der einzelne stark mit anderen wichtigen Lebensbereichen beschäftigt ist und so leichter ‹abschlafft›. Diese Menschen sollten ermutigt werden, zu versuchen, sich auszuruhen, wann und wo immer das möglich ist. Auch die Ernährungsweise sollte sorgfältig beachtet und notfalls geändert werden.

Aspekte zwischen progressivem Mond und Saturn im Radix oder progressiver Position

Diese Progression ist fast immer genau. Progressionen zwischen diesen beiden Planeten bedeuten meistens, daß dem Horoskopträger eine starke Erkältung oder Grippe bevorsteht. Die jeweilige Jahreszeit oder das Klima scheinen wenig oder nichts damit zu tun zu haben. Machen Sie diesem Menschen klar, daß er oder sie besonders anfällig für Infektionen sein wird und zu solchen Zeiten belebte Orte meiden soll. Sie sollten zusätzliche warme Kleidung anziehen, da sie plötzlich zu frieren beginnen. Manchmal helfen auch besondere Vitamingaben, besonders Vitamin C.

Wenn der Horoskopträger zu Depressionen neigt oder Mond und Saturn entweder zusammen oder einzeln im Geburtshoroskop ungünstige Aspekte aufweisen, können diese Aspekte Hinweise auf eine schwierige Zeit in dieser Hinsicht sein. Sagen Sie nie, ‹Sie werden zu einem bestimmten Zeitpunkt wahrscheinlich eine Depression bekommen›: das wird die Depression geradezu provozieren! Fordern Sie den Klienten vielmehr auf, sich auf erholsame Beschäftigungen zu konzentrieren, vielleicht Yoga, Bücher oder Musik. In solchen Momenten wird der Astrologe zusätzlich Hilfestellung leisten müssen, je nach den Bedürfnissen des betroffenen Horoskopträgers.

Aspekte zwischen progressivem Mond und Uranus im Radix und in progressiver Position.

Denken Sie daran, daß unter diesen Aspekten leicht Spannung entsteht, die sich ungünstig auf die Gesundheit auswirken kann, unabhängig vom jeweiligen Aspekttyp. Aber auch hier könnte das Leben wiederum in anderer Hinsicht ereignisreich sein, was die Ursache der Angespanntheit sein kann.

SEKUNDÄRE PROGRESSIONEN UND TRANSITE

Langfristige sekundäre Progressionen beeinflussen natürlich einen Zeitraum von etwa drei Jahren und wirken am stärksten während des mittleren Jahres, wenn der progressive Aspekt exakt ist. Bei Gesundheitsfragen wie auch allen anderen Hinweisen werden diese wahrscheinlich dann am meisten aktiviert, wenn es sich um Mondprogressionen zu den progressiven Aspekten handelt, oder wenn Planeten im Transit in Berührung mit den Geburtspositionen von Planeten kommen, die im Geburtshoroskop aspektiert sind. Dies sind ‹Schlüsselperioden›, für die äußerste Vorsicht empfohlen werden sollte; am besten sollte man vor ihrem Eintreffen zu einer Generaluntersuchung raten.

Einige Planeten können einen Hinweis auf die Reaktion eines Menschen auf solche Zeiträume geben. Sollte es zum Beispiel einen positiven oder sekundären Aspekt zwischen etwa Merkur und Jupiter oder einen Transit Jupiters zum Merkur im Geburtshoroskop geben, wird der Horoskopträger zu seiner Krankheit wahrscheinlich eine optimistische und positive Einstellung haben. Wenn es ungünstige Transite von Saturn gibt und die Aussichten düster sind, wird es Ihrem Klienten nicht helfen, wenn Sie ihn aufmuntern wollen – das wird die Sache nur noch schlimmer machen. Überzeugen Sie ihn, daß es ihm guttun würde, eine vernünftige, konstruktive Haltung einzunehmen. Die Zeit der Krankheit, die mögliche Operation – das mag alles schwierig, unangenehm oder auch nur einfach langweilig sein, doch es wird der Mühe wert sein.

Vielleicht werden Sie gebeten, einen guten Zeitpunkt für eine Operation vorzuschlagen. Es gibt eine Grundregel, die von manchen medizinischen Fachleuten unterstützt wird: Blutungen treten bei Vollmond am wahrscheinlichsten auf, auch die unmittelbar vorhergehenden und folgenden Tage können noch schwierig sein. Es ist also sinnvoll, diese Tage möglichst zu meiden.

In anderen Bereichen ist es unmöglich, allgemeine Regeln aufzustellen. Was einen Menschen stärkt und ihm hilft, braucht anderen nicht unbedingt förderlich zu sein; das, was den einen stabilisiert, kann sich für den anderen als hinderlich erweisen. Die Phasen des Neumonds im persönlichen Sonnen-, Mond- oder aufsteigenden Zeichen können günstig sein; Sonnentransite (Sonne in Konjunktion mit Aszendenten) können ebenso positiv sein, vorausgesetzt, die Sonne war zum Zeitpunkt der Geburt nicht beeinträchtigt. Dies sind jedoch vorläufige Anregungen, und wer sich mit Astrologie befaßt, sollte seine eigenen Forschungen durch rückblikkende Astrologie auf der Grundlage von Geburtshoroskopen ihm bekannter Menschen betreiben, die einige ernste Operationen erfolgreich überstanden haben. Behalten Sie dabei immer im Blick, daß die Planeten auf uns alle individuell einwirken und daß nur ein ausführliches Studium jedes Geburtshoroskops das persönliche Muster jedes einzelnen Menschen aufdeckt, von dem aus alle Ableitungen gemacht werden sollten.

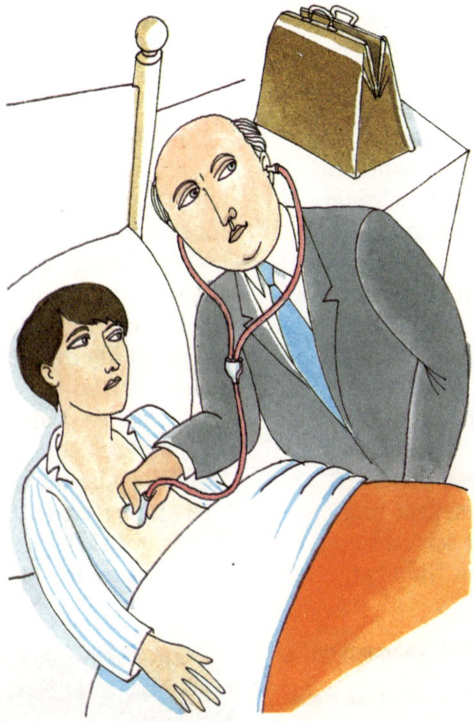

GESUNDHEIT UND DIE HOROSKOPE VON KINDERN

Dies ist einer der positivsten und nützlichsten Bereiche der Astrologie. Prüfen Sie jedes Kinderhoroskop, an dem Sie arbeiten, auf Gesundheitsrisiken und Empfänglichkeit für Krankheiten, so daß sie im frühestmöglichen Moment eine vorbeugende Behandlung empfehlen können.

Zum Beispiel kann ein Säugling mit Löwe im Aszendenten oder Sonnenzeichen eine schwache Wirbelsäule haben, besonders, wenn es beim Aszendenten oder der Sonne ‹ungünstige› Aspekte gibt. Ermutigen Sie die Eltern, mit dem Kind Übungen zu machen, die die Wirbelsäule kräftigen. Jemand mit betonter Zwillingeposition könnte Atmungsprobleme haben, die sich durch Atmungsübungen erheblich bessern lassen.

Ermitteln Sie die verletzlichen Teile des Körpers, die durch das Sonnenzeichen und aufsteigende Zeichen angedeutet sind, und teilen Sie den Eltern das Ergebnis mit. Dadurch kann viel späteres Leid verhindert werden.

Denken Sie daran, daß Anspannung und Sorgen, die im wesentlichen zum Problemkreis des Erwachsenen gehören, auch einem kleinen Kind viel zu schaffen machen können, vor allem, wenn es Schwierigkeiten in der Schule hat.

WESENTLICHE ZELLSALZE

Für eine ausgewogene Gesundheit braucht der menschliche Körper eine ausreichende Menge an Mineral- und Zellsalzen. Minerale wie zum Beispiel Kalzium (für den Knochenbau), Eisen (für die roten Blutkörperchen), Kupfer und Kobalt (für den Muskeltonus) sind wichtig. Aber das sind auch die physiologischen Zellsalze – nichtmetallische Mineralstoffe – wie z. B. Phosphat (für Knochen und Zähne), Jod (für die Schilddrüse), Schwefel (für Haar, Haut und Fingernägel) und Fluoride (wiederum für Zähne und Knochen).

Der jeweilige Bedarf an diesen Zellsalzen schwankt, und es scheint, daß dort, wo ein besonderes Sternzeichen im Geburtshoroskop betont ist, oft ein Bedarf an einem bestimmten Salz vorhanden ist. Sie sollten jedoch immer erst Ihren Arzt befragen, bevor Sie zusätzliche Salze einnehmen; Sie sollten sie (oder irgendwelche Ersatzstoffe) auch nie in größeren Mengen zu sich nehmen. Der folgenden Tabelle können Sie entnehmen, welches Salz traditionell mit den einzelnen Sternzeichen verbunden ist und Ihnen möglicherweise guttun würde. Die Salze sind in Apotheken mit homöopathischem Sortiment erhältlich.

Widder
Kaliumphosphat und Natriumphosphat

Stier
Natriumsulfat und Kalziumsulfat

Zwillinge
Kaliumchlorid und Kieselsäure

Krebs
Kalziumfluorid und Kalziumchlorid

Löwe
Magnesiumphosphat und Natriumchlorid

Jungfrau
Kaliumsulfat und Eisenphosphat

Waage
Natriumphosphat und Kaliumphosphat

Widder
Kalziumsulfat und Natriumsulfat

Schütze
Kieselsäure und Kaliumchlorid

Steinbock
Kalziumphosphat und Kalziumfluorid

Wassermann
Natriumchlorid und Magnesiumphosphat

Fische
Eisenphosphat und Kaliumsulfat

ASTROLOGIE UND ABERGLAUBE

So alt wie die Menschheit ist auch ihr Wunsch, Zeichen zu deuten, die einen kurzen Blick aus der Gegenwart in die Zukunft zu erlauben scheinen. Tatsächlich ist aber unsere Fähigkeit, zukünftige Geschehnisse vorherzusagen, sehr beschränkt: Wir kennen unsere Welt nur unvollkommen, wir wissen nicht genau, welche Kräfte aus dem Universum auf die Erde und uns einwirken, wir vermögen den Spielraum der freien Entscheidung, etwas zu tun oder nicht zu tun, ebenfalls nur annähernd zu bestimmen.

Ernsthafte Astrologen haben diese Grenzen immer anerkannt. Sie sagen eher allgemeine Entwicklungen als einzelne Ereignisse voraus und arbeiten lieber mit großen Zeitspannen als mit festen Daten. Es gibt jedoch so viele unehrliche Formen der Wahrsagerei wie es unehrliche Wahrsager gibt. Wahrsager aller Schattierungen können sich immer auf ein neugieriges, oft unwissendes und ganz sicher abergläubisches Publikum verlassen. Viele Betrüger und Verfälscher haben in der Vergangenheit nicht schlecht von menschlicher Schwachheit und Furcht vor dem Unbekannten gelebt. Einige haben mit dem Namen der Astrologie ihre Tätigkeit bemäntelt, andere haben neue Mittel gegen die Ungewißheit angepriesen, wieder andere haben den Aberglauben vergangener Zeiten aufgegriffen und weiter verbreitet. Einige jedoch – die Anhänger der Theorie des Makrokosmos-Mikrokosmos zumal – haben versucht, Ordnung in ein widerspenstiges Universum zu bringen. Sie sind jedoch an ihrer eigenen falschen Beweisführung gescheitert.

Wer Einblick in die Zukunft haben will, kann sich Auskünfte und Führung von außerirdischen oder überirdischen Kräften erhoffen. Das Medium in Trance, das die Botschaften der Toten überbringt, und der Wahrsager, der die Zukunft in einer Kristallkugel zu erkennen meint, stehen nur am Ende einer langen okkulten Tradition. Sie beginnt mit den griechischen Orakeln und der römischen Wahrsagekunst aus dem Vogelflug oder den Eingeweiden geschlachteter Opfertiere.

Die griechischen Orakel wußten auf alles eine Antwort, allerdings fiel sie oft etwas unklar aus. Dem Fragenden wurde durch den Mund des Priesters die Antwort des Got-

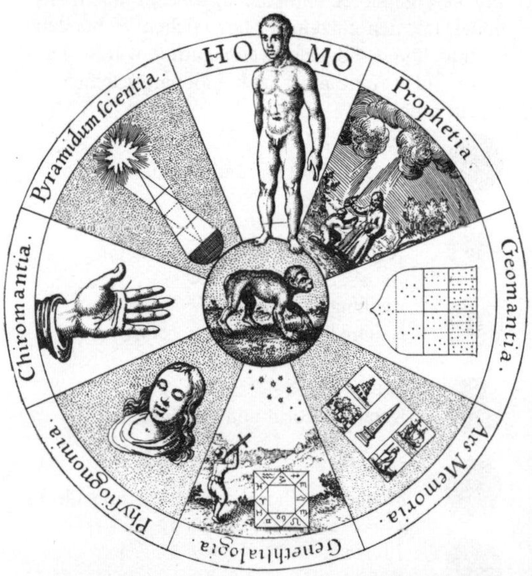

Die Wahrsagerin (rechts)
Dieses Bild von Pietro Longhi (1702–1785) zeigt ein junges Mädchen, dem eine Wahrsagerin aus der Hand liest. Die Handlesekunst oder Chiromantie wurde schon vor 5000 Jahren in China ausgeübt. In Europa hielt sie im späten Mittelalter Einzug. In der Renaissance nahm sie einen großen Aufschwung, die Aufklärung verdrängte sie jedoch auf die Jahrmärkte.
Die alte Handlesekunst bot einen weiteren verlockenden Zugang zum Okkulten und zur Lehre der Harmonie von Makrokosmos und Mikrokosmos.

Die Kunst der Wahrsager (oben)
Die synoptische Zusammenstellung der gebräuchlichsten wahrsagenden Künste – darunter Astrologie, Handlesekunst und Punktierkunst (Geomantie) – stammt aus Robert Fludds «History of the Microcosm» (1617 bis 1619).

Omen (rechts)
Dieser Teil einer griechischen Inschrift des 6. Jahrhunderts stammt aus Ephesus, über das König Krösus von Lydien herrschte. Die Inschrift überliefert Wahrsagungen aus dem Vogelflug.

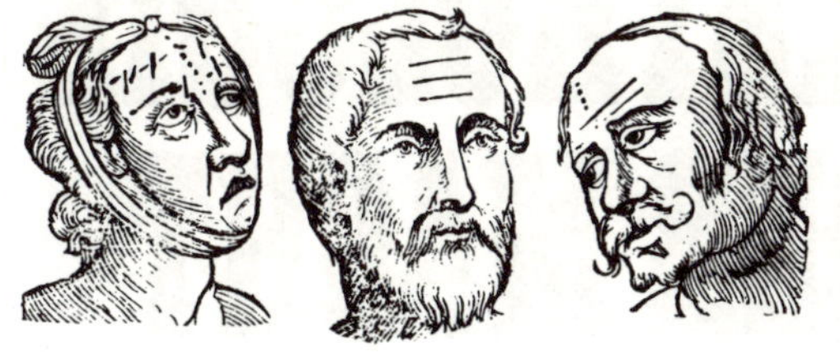

Physiognomik
Ein kompliziertes System unterschied zum Beispiel zwischen der Stirn einer lasterhaften Frau (links), eines kranken (Mitte) und eines intelligenten Mannes (rechts).

tes zuteil, die genauso einen verlorenen Edelstein wie wichtige Staatsgeschäfte oder Kriegserklärungen betreffen konnte.

Makrokosmos und Mikrokosmos

Die Vorstellung, der Mensch sei ein Mikrokosmos, der den Makrokosmos (das Universum) spiegelte, geht auf die Zeit vor Sokrates (470/469–399 v. Chr.) zurück. Die Hermetischen Texte gaben diese Lehre an die Renaissance weiter. Wenn man von der ungesicherten Annahme ausgeht, daß der Mensch tatsächlich ein Mikrokosmos *ist*, gehört nicht viel Einbildungskraft zu dem Schritt, seinen Verstand, seine Phantasie und seine Sinne mit Einflüssen der Sterne zu verbinden. Daraus entstand die Wahrsagekunst der Physiognomik, die das Schicksal des Menschen aus seinen Gesichtszügen ablesen wollte. So verwandelte sich die falsche, aber ehrenwerte Lehre vom Menschen als Abbild des Kosmos in eine Pseudowissenschaft, die bestenfalls für Gesellschaftsspiele taugt.

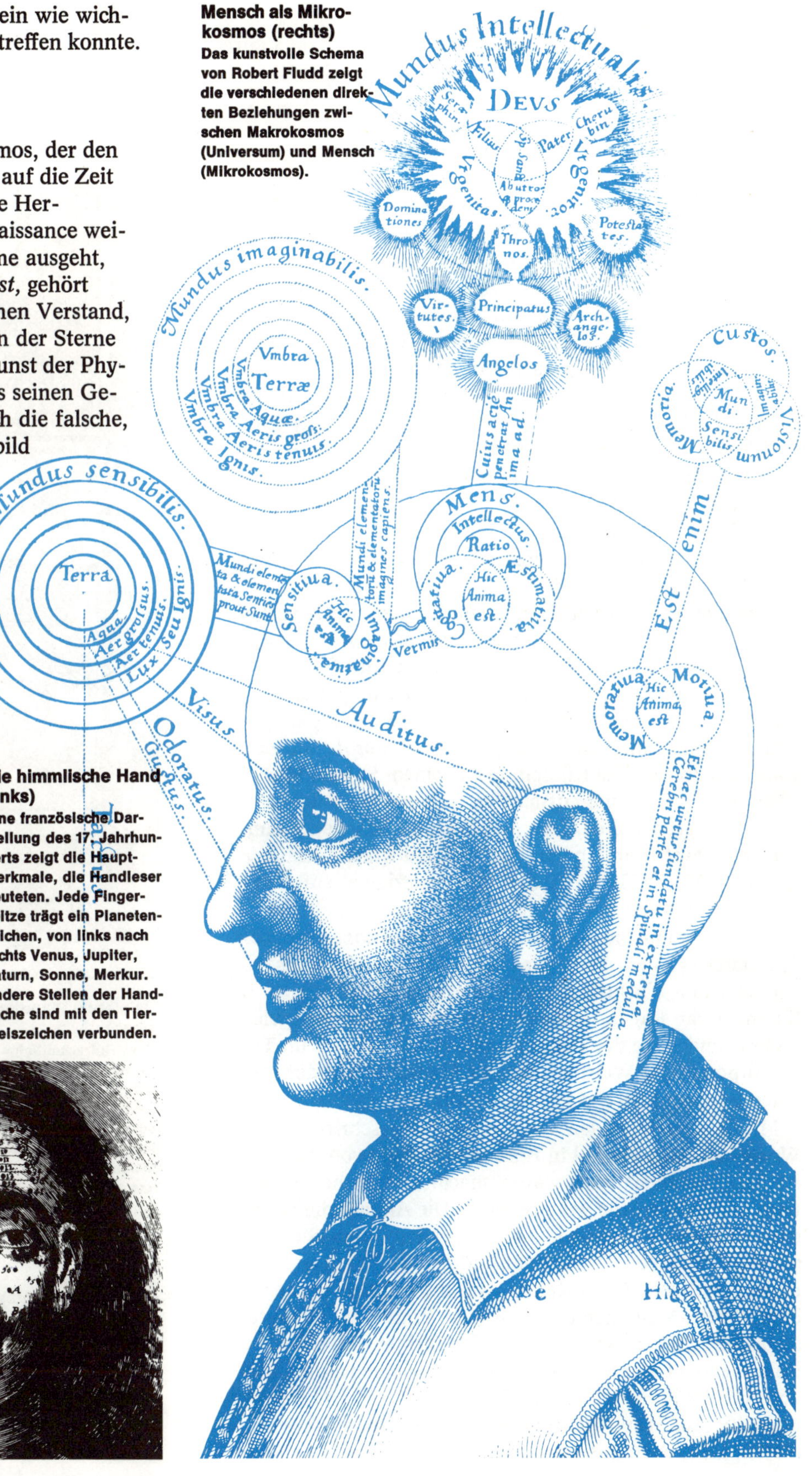

Mensch als Mikrokosmos (rechts)
Das kunstvolle Schema von Robert Fludd zeigt die verschiedenen direkten Beziehungen zwischen Makrokosmos (Universum) und Mensch (Mikrokosmos).

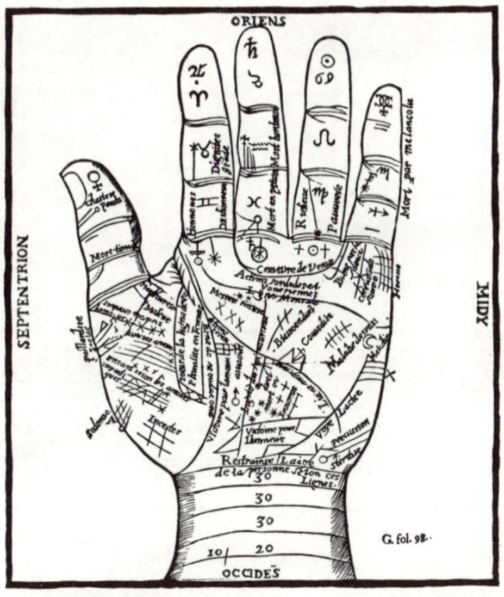

Die himmlische Hand (links)
Eine französische Darstellung des 17. Jahrhunderts zeigt die Hauptmerkmale, die Handleser deuteten. Jede Fingerspitze trägt ein Planetenzeichen, von links nach rechts Venus, Jupiter, Saturn, Sonne, Merkur. Andere Stellen der Handfläche sind mit den Tierkreiszeichen verbunden.

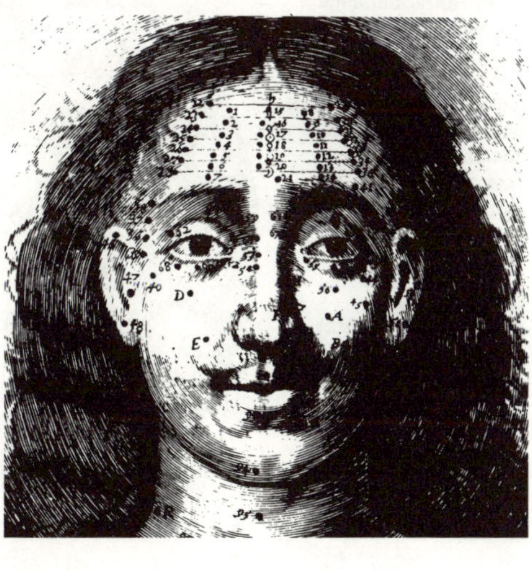

Metoposkopie (rechts)
Stirnlinien und Muttermale im Gesicht oder am Körper wurden von den Anhängern der Metoposkopie (Stirnschau) «als Sterne des Körpers» betrachtet, die den Charakter des Menschen erschließen lassen. Auf diesem Kupferstich (17. Jahrhundert) setzt sich das Gesicht ganz aus Kreisen und Kreissegmenten zusammen, vielleicht eine Anspielung auf den Menschen, der die Sonne und damit den Mittelpunkt der kreisförmigen Planetenbahnen symbolisiert.

DIE ASTROLOGIE AN DER MACHT

Die Astrologie verdankte ihre Blüte in der Renaissance mindestens zum Teil der Kirche und der Unterstützung durch einige Päpste. Man hat behauptet, daß Luthers schroffe Ablehnung der Astrologie nicht zuletzt darauf zurückgehe, daß sie im Vatikan so in Mode gekommen sei.

Die ersten Päpste, die sich intensiv mit der Astrologie beschäftigten, waren Sixtus IV. und Julius II. Mit Julius' Nachfolger Leo X. zog im Vatikan ein ganzer Schwarm von Astrologen ein. Paul III. (1468–1549), der erste Papst der Gegenreformation, beriet sich mit Astrologen, um die Stunden seiner Konsistorien festzulegen. Urban VIII. (1568–1644) erließ zwar eine Bulle gegen etliche Auswüchse der Astrologie, er blieb jedoch Schutzherr einiger Astrologen, die ihm bei seinen privaten politischen Intrigen halfen.

Die führenden europäischen Höfe standen dem Vatikan nicht nach. Elisabeth I. von England (1533–1603) ließ sich täglich von dem außergewöhnlichen Dr. Dee beraten. Christian IV. von Dänemark (1577–1648), Sigismund III. von Schweden (1566–1632) und der Winterkönig Friedrich V. (1596–1632) beschäftigten alle Hofastrologen.

Ein französischer Arzt, Nostradamus (1503–1566), stieg zum Propheten seiner Zeit auf, als er den Tod des französischen Königs Heinrich II. in einem Turnier richtig vorhersagte. Katharina von Medici, die Witwe des Königs, holte Nostradamus an ihren Hof. Er war jedoch eher Geisterbeschwörer als Astrologe und soll mit der Königin eine Séance von 45 Nächten durchgeführt haben. Schließlich gelang es ihm, einen Geist zu beschwören, der ihr die Zukunft offenbarte. Die Königin sah in einem Spiegel kurz jeden ihrer drei Söhne auftauchen – einmal für jedes Jahr, das sie regieren sollten. Dann erschien ihr Schwiegersohn, der Protestant Heinrich von Navarra und spätere König Heinrich IV. (1553–1610), dreiundzwangzigmal auf dem Spiegel. Katharina brach daraufhin die Sitzung plötzlich ab.

Der volkstümliche ‹*Kalender and Compost of Shepherds*›, der zuerst 1493 erschien, wies der Astrologie einen beherrschenden Einfluß auf das Leben aller Menschen zu. Der Kalender gab Rat für alle Lebenslagen – Gesundheit wie Liebe – und sagte die Zukunft voraus. Die Schäfer im Titel verkörperten die Weisheit, die den Menschen aus der ständigen Beobachtung des Himmels zufließt.

Mit der zunehmenden Verbreitung des geschriebenen Wortes erschien überall in Europa eine Fülle von Almanache. Obwohl sie teuer waren, machten viele die Runde, und ihr Inhalt wurde weitererzählt. Die Almanache richteten sich an ein vorwiegend bäuerliches Publikum. Sie gaben günstige Zeiten an für Aussaat und Ernte, aber auch für Bäder, Hochzeiten und Reisen. Auf diese Weise lernten immer mehr Menschen die Astrologie kennen und konnten die astrologischen Anspielungen der Dichter verstehen. Kaum jemand würde damals dem Satz widersprochen haben, den eine der Personen in John Websters Stück ‹*The Duchess of Malfi*› (1623) spricht: «Wir sind nur Spielbälle der Sterne, sie spielen mit uns nach ihrem Willen.»

Die sieben Planeten (oben)
Diese Holzschnittfolge von Hans Beham, datiert 1531, stellt die einzelnen Lebensbereiche mit den regierenden Planeten dar: links die Sonne; in der oberen Reihe von links nach rechts: Mond, Merkur, Venus; in der unteren Reihe: Mars, Jupiter, Saturn.

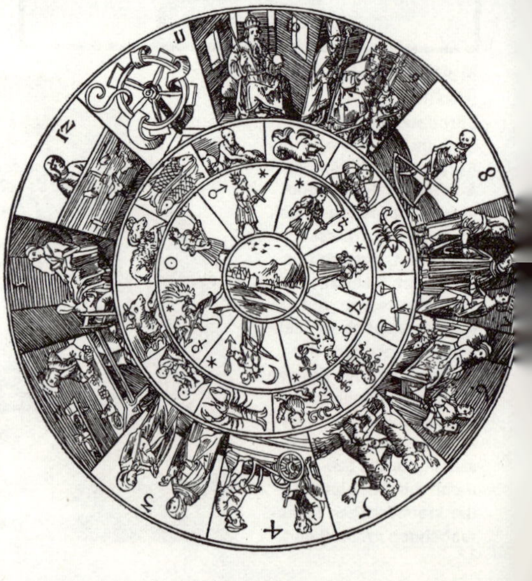

Das Rad des Astrologen (rechts)
Titelholzschnitt eines astrologischen Traktats (1515) des Astronomen Georg von Peuerbach (1423–1461). Die Planeten, Sternzeichen und Häuser drehen sich um die Erde als Nabe.

Cesare Borgia (1457–1507) (oben)

Der berühmte Rivale Papst Julius II.

Nostradamus (links)

Katharina von Medici erblickt die zukünftigen Könige.

Das Zeitalter der Alchimie (rechts)

Illustration aus dem «Splendor Solis»

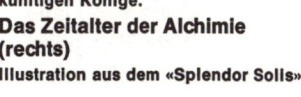

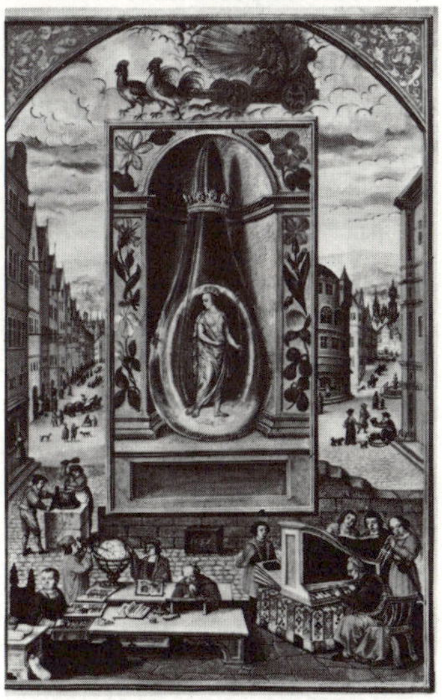

ASTROLOGIE UND NEUE KOSMOLOGIE

Die Astrologen der Renaissance vertieften sich in die mystischen Geheimnisse ihrer Kunst. Ihre Ausflüge in die Alchimie, Metoposkopie, Zahlenkunde und andere Geheimwissenschaften weckte den Hunger des Publikums nach übersinnlichen Offenbarungen. Aber ihre Erfindungsgabe ließ den Hauptstrom astrologischen Denkens in zahlreiche abwegige und immer schwächere Rinnsale zerfließen.

Im Jahre 1543 veröffentlichte der Domherr und Astronom Nikolaus Kopernikus ein Werk, in dem er Gründe für die Annahme aufführte, daß die Sonne und nicht die Erde den Mittelpunkt des Sonnensystems bilde. Diese heliozentrische Theorie war den Gelehrten der Renaissance genauso bekannt wie schon den griechischen Mathematikern – vor allem Aristarch – einige Jahrhunderte früher. Aber sie schien nur eine andere Denkmöglichkeit zu sein, nicht die Wirklichkeit. Kopernikus hatte erkannt, daß er mit seiner Behauptung den Zorn der Kirche auf sich ziehen würde und daher immer wieder eine Veröffentlichung seiner Schrift abgelehnt. Seine Angst war berechtigt: Die Kirche fühlte sich nicht von den verschlüsselten Prophezeiungen der Astrologen bedroht, sondern von den neuen astronomischen Denkern.

Im Jahre 1600 wurde der italienische Philosoph Giordano Bruno, ein Anhänger des Kopernikus, von der Kongregation des Heiligen Offiziums verurteilt und bei lebendigem Leibe verbrannt. Mehr als hundert Jahre nach Kopernikus zwang die Kirche den berühmten Astronomen und Mathematiker Galileo Galilei (1564–1642), seine Lehren öffentlich zu widerrufen. Erst 1835 wurden seine Werke vom Index gestrichen.

Nicht alle Behauptungen des Kopernikus erwiesen sich als richtig. Obwohl er keine Möglichkeiten besaß, seinen Grundgedanken durch Beobachtungen zu erhärten, ließ der Beweis nicht lange auf sich warten. Er kam von einem Astrologen, der die Lehren des Kopernikus leidenschaftlich ablehnte: Tycho Brahe. Sein Stern ging in der Übergangszeit auf, als Astrologie und mechanistische Astronomie noch Seite an Seite leben konnten. Tycho Brahe wurde 1546, drei Jahre nach dem Tod des Kopernikus, geboren. 1566 war er bereits begeisterter Astrologe und verkündete, daß eine Mondfinsternis den Tod des türkischen Sultans im voraus anzeige.

1572 erschien plötzlich ein neuer Stern, den man am hellen Tag mit bloßem Auge ausmachen konnte. Wie wir heute wissen, war es eine Supernova – die Explosion einer fernen Sonne. Tycho Brahe schloß damals aus dem unerklärlichen Erscheinen eines neuen Sterns, daß der traditionelle Lehrsatz von der Unveränderlichkeit des Himmels falsch sei. Aber er sah auch eine astrologische Bedeutung: «Der Stern glich zuerst Venus und Jupiter, die angenehme Wirkungen haben, aber da er dann wie Mars aussah, wird bald eine Zeit der Kriege, der Aufstände, der Gefangenschaft und des Todes von Fürsten kommen.»

Die Erscheinung der Supernova bestimmte Tycho Brahe, sein Leben der Astronomie zu widmen. Der König von Dänemark baute ihm ein Observatorium auf der Insel Ven nahe Helsingborg. Dort arbeitete er von 1576 bis 1596, stellte einen

Die kopernikanische Planisphäre (oben)
In seinem revolutionär wirkenden Weltbild stellte Kopernikus die Sonne in den Mittelpunkt des Universums. Für die Astrologie blieb die Erde das symbolische Zentrum, von dem aus die Planetenbewegungen gemessen und festgelegt werden.

Robert Burton (links)
Der Gelehrte Robert Burton (1597–1640), Verfasser der berühmten «Anatomy of Melancholy» (1621), vertrat die aufgeklärte Ansicht, daß «die Sterne lenken, aber nicht zwingen» und ließ mit dieser Formulierung den freien Willen des Menschen gelten. Trotzdem sagte er seinen Todestag genau vorher.

Tycho Brahes Globus (oben)
Der Himmelsglobus (1584) des berühmten Astronomen.

Der Eintritt ins Leben (rechts)
Auf dem Holzschnitt von 1587 bereiten zwei Astrologen das Horoskop eines Kindes vor.

genauen Sternkatalog auf und beobachtete die Planetenpositionen, besonders die des Mars. Kaiser Rudolf II. holte ihn 1599 als kaiserlichen Mathematiker an seinen Hof in Prag. Sein Gehilfe und Nachfolger wurde der junge Mathematiker Johannes Kepler.

Johannes Kepler, der nach dem Tod Tycho Brahes 1601 zum Hofastronom und kaiserlichen Mathematiker ernannt wurde, lehnte die Astrologie nicht völlig ab. Im Unterschied zu Tycho Brahe war er jedoch Anhänger des Kopernikus und benutzte Brahes genaue Beobachtungen für den *Beweis*, daß sich die Erde und die anderen Planeten um die Sonne bewegen, allerdings nicht auf Kreisbahnen, sondern auf leicht elliptischen.

Keplers Werk versetzte dem Ptolemäischen System den Todesstoß, obwohl die Kirche ihre Gegnerschaft nicht aufgab und das Buch des Kopernikus bis 1835 auf dem päpstlichen Index beließ. Die Ablösung des geozentrischen Weltbilds wirkte sich kaum auf die Astrologie aus. Die Einflüsse auf den Menschen würden sich nicht verändern, ob nun die Sonne oder die Erde den Mittelpunkt des Universums einnähmen. Die Astrologen fühlten sich jedenfalls nicht betroffen. Zur gleichen Zeit verfiel jedoch ihre Kunst. Den Astrologen fehlte die intellektuelle Kraft, die das Werk der Astronomen auszeichnet.

Als 1675 das königliche Observatorium in Greenwich bei London gegründet wurde, übergab man es dem ersten Königlichen Astronomen John Flamsteed. Er stellte das Horoskop des Observatoriums auf, beschloß es aber mit den Worten: «Risum teneatis amici?» (Meine Freunde, solltet ihr da nicht lachen?) Flamsteeds Kommentar betont die wachsende Entfremdung zwischen der Wissenschaft Astronomie und der mathematisch-intuitiven Kunst Astrologie.

Sir Isaac Newton (1643–1727) legte mit seinem Werk ‹*Philosophiae naturalis principia mathematica*› (1687) den Grundstein der modernen Astronomie. Man hat sein Werk als die bedeutendste intellektuelle Leistung gepriesen, die jemals ein Mensch vollbrachte. Obwohl Newton der materialistischen Naturwissenschaft den Weg bereitete, hatte er als junger Mann die üblichen astrologischen Kenntnisse erworben. Später widmete er sich alchimistischen Experimenten. Er verlor niemals seine Achtung von den Wahrheiten der Astrologie.

Newtons eigene Suche nach den verborgenen Kräften, die die Vorgänge im Kosmos gestalten, entspricht nicht mehr ganz heutigen Untersuchungen. Aber der neue Geist des Rationalismus zögerte nicht, die Astrologie aufzugeben. Die Rationalisten vergaßen jedoch dabei die astrologischen Beiträge von Männern, die sie für sich beanspruchten, vor allem Kopernikus und Kepler, die – wie auch Newton – in den Geschichtsbüchern gewöhnlich als die Häupter des Aufstands gegen die Astrologie genannt werden. Der bis zur Mitte des 19. Jahrhunderts andauernde Niedergang der Astrologie bleibt trotzdem unbestritten. Aber seltsam, gerade die scheinbar für den Verfall der Astrologie verantwortlichen Männer waren eher auf die harmonischen Kräfte der ernsthaft betriebenen Astrologie eingestimmt als die Verleumder der Astrologie.

Die Weisheit des Galilei (oben)
Der alte, erblindete und in sein Haus verbannte Astronom Galileo Galilei (1564–1642) erklärt seinem Sohn die neue Wissenschaft.

Das Horoskop (links)
Ein Astrologe trägt den Planetenstand in ein quadratisches Geburtshoroskop ein. Aus Robert Fludds «History of Microcosm».

Die neue Kosmologie (unten)
Ein Astrologe im neuen Zeitalter der Fernrohre deutet ein quadratisches Geburtshoroskop, das er gerade fertiggestellt hat.

DIE WEGE TRENNEN SICH

Heute faszinieren uns Bilder von Menschen auf dem Mond oder Aufnahmen der Marssonden. Die Menschen des 18. Jahrhunderts erregte ebenso stark eine beispiellose Reihe von Triumphen der astronomischen Beobachtung. In relativ kurzer Zeit lösten die europäischen Astronomen viele Rätsel des Universums. Das öffentliche und das wissenschaftliche Interesse an der Astronomie hielten sich die Waage, so daß sich bei der Entdeckung der neuen Planeten Uranus und Neptun in den Jahren 1781 und 1846 die Aufmerksamkeit der Welt fast ausschließlich auf die Fähigkeiten der Astronomen konzentrierte. Der Astrologie fehlte damals diese öffentliche Unterstützung, von ihrem Niedergang hat sie sich erst seit kurzem erholt.

Die Entdeckung der neuen Planeten Uranus und Neptun blieb zunächst ohne Wirkung auf die Kosmologie als Ganzes. Erst sehr viel später begannen Astrologen, die Einflüsse

Newtons Reflektor (links)
Newton entwickelte um 1670 das Spiegelteleskop.

Galileis Refraktor (rechts)
Galileo Galilei baute 1609/10 ein Linsenteleskop für seine astronomischen Beobachtungen.

Spiegelteleskop (links)
Um 1845 ließ Lord Rosse einen Reflektor mit einer Öffnung von 1,82 Meter bauen. Die Abbildung zeigt ein früheres Teleskop mit 1,22 Meter.

Cassini (unten)
Der Astronom G. D. Cassini (1625–1712) berechnete als erster genau die Entfernung Sonne–Erde.

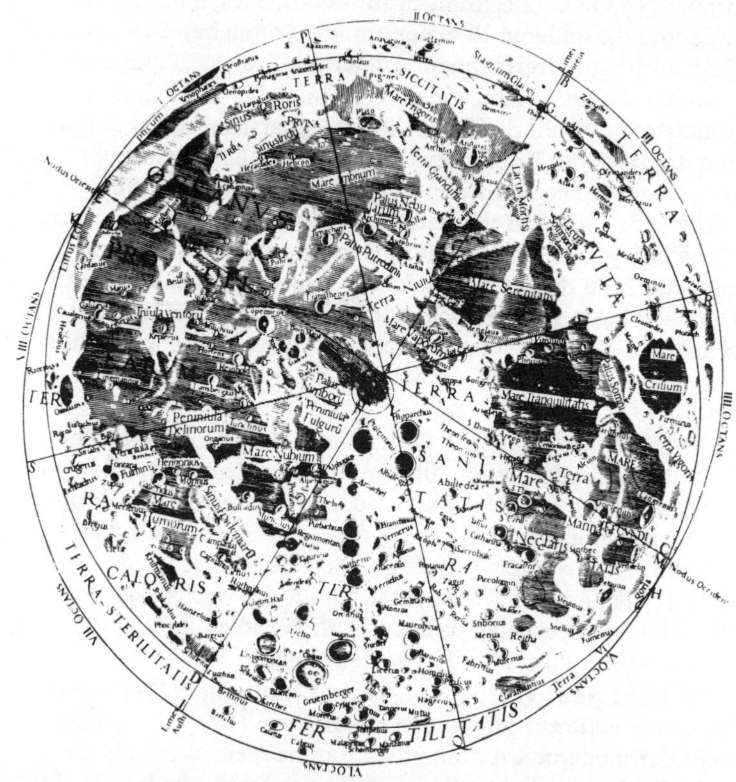

Ricciolis Mondkarte (oben)
Die Mondkarte, die 1651 der italienische Jesuit und Astronom G. B. Riccioli (1598–1671) zeichnete, führte die Namen der Oberflächenformen des Mondes ein. Einen Krater benannte Riccioli in verständlichem Stolz nach sich selbst.

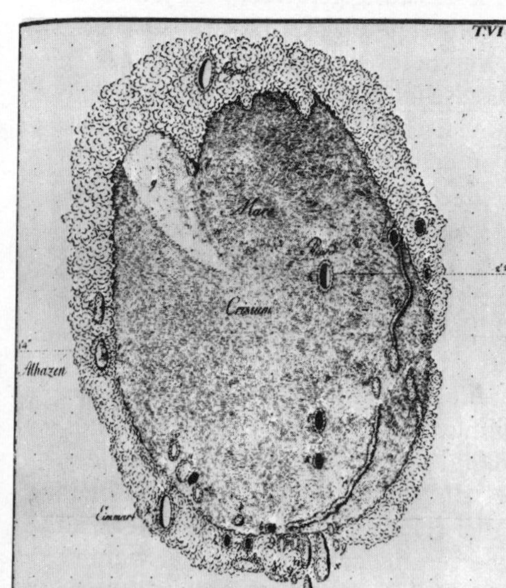

Mare Crisium (links)
Diese Zeichnung des Mare Crisium stammt von dem Amateurastronomen J. H. Schröter (1745 bis 1816), der in Lilienthal bei Bremen eine große Privatsternwarte unterhielt. In den Jahren zwischen 1778 und 1814 fertigte Schröter Hunderte von Zeichnungen einzelner Gebiete des Mondes an.

«Die Astrologie bringt die Astronomie auf die Erde und wendet sie auf die menschlichen Dinge an.»
Ralph Waldo Emerson (1803—1882)

der beiden Planeten allgemein zu beschreiben und zu untersuchen, wie sie auf geschichtliche Ereignisse gewirkt hatten.

Dies ist trotz aller historischen Mißverständnisse schon immer die wahre Bestimmung der Astrologie angesichts der irdischen Geschäfte gewesen. Jedoch im 18. und 19. Jahrhundert verloren sich ihre wirklichen Ziele in einem Gestrüpp von Banalitäten und Geschäftemachereien. Die populären astrologischen Zeitschriften, die auf der Straße angeboten wurden, verbreiteten gefährliches Halbwissen. Erst gegen Ende des 19. Jahrhunderts zeichnete sich eine Wende ab, als einige Anhänger der Theosophin Helena Blavatsky die Astrologie wiederentdeckten. Madame Blavatsky war zwar keine Astrologin, aber sie glaubte an den «übersinnlichen und geheimnisvollen Einfluß der Sterne». Später legten Alan Leo und seine Nachfolger das Fundament, auf dem die modernen astrologischen Theorien gründen.

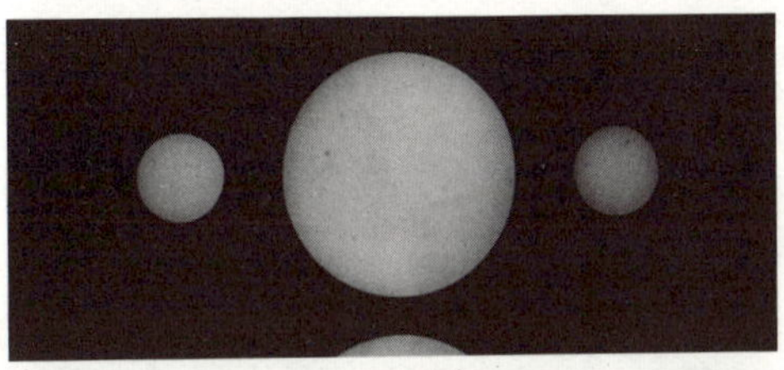

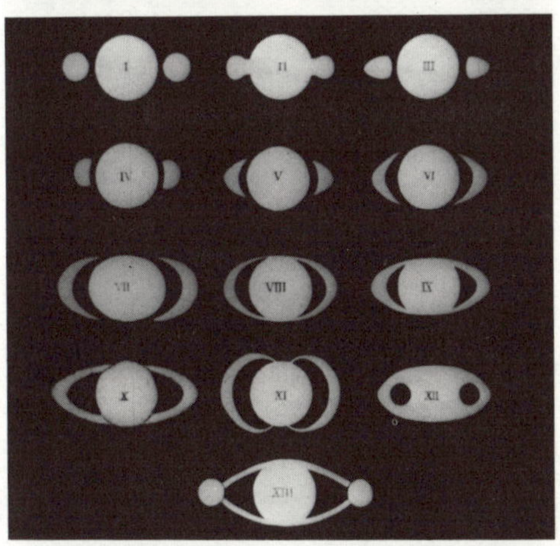

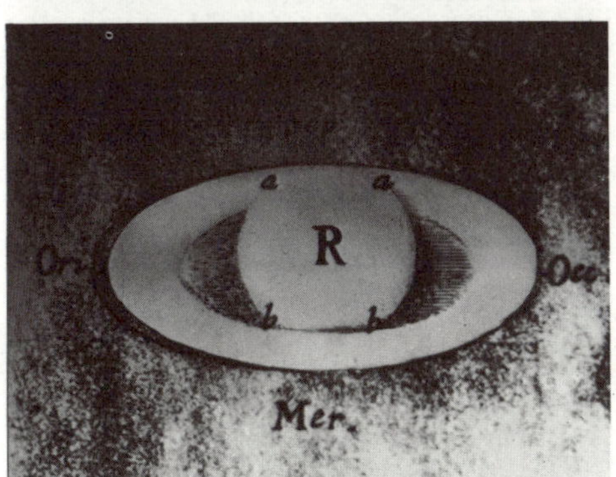

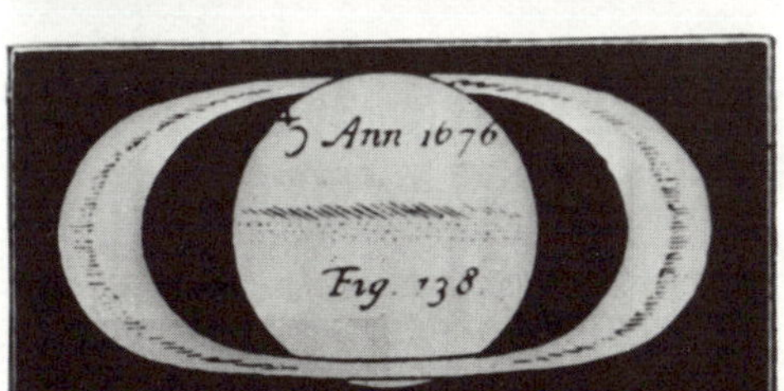

Die Beobachtung des Saturn (links)
Die Beobachtungen dieses Planeten durchliefen eine besonders interessante Entwicklung. Die Natur des Saturn wurde erst klarer erkannt, als sich die technische Ausrüstung der Astronomen im Laufe des 17. Jahrhunderts entscheidend verbesserte. Galileo Galileis Instrumente waren noch nicht scharf genug, um die Ringe deutlich sichtbar zu machen. Seine Versuche, das Gesehene zu verstehen, dokumentieren die beiden oberen Abbildungen nach Zeichnungen Galileis aus der Zeit um 1620. Zeitweilig glaubte er, Saturn sei ein dreifacher Planet (Abb. ganz oben), aber dann verschwanden die zwei begleitenden Körper aus seinem Gesichtsfeld, da der dünne Ring fast in der Ebene der Beobachtungsrichtung lag. Wenige Jahre nach dem Tod Galileis stellte 1659 der holländische Astronom Christiaan Huygens (1629 bis 1695) als erster die Behauptung auf, die seltsame Erscheinung sei «ein dünner, flacher Ring, der den Planeten nirgends berührt». Aber die Astronomen seiner Zeit lehnten diese These sofort ab, obwohl er sie durch Beobachtungen stützen konnte. Um 1665 lieferten die Beobachtungen von Robert Hooke (1635—1703), von dem die dritte Zeichnung stammt, und Giovanni Domenica Cassini, der die vierte schuf, den unwiderlegbaren Beweis, daß ein Ring den Saturn umgibt.

Edmund Halley (links)
Edmund Halley (1656—1742), der Nachfolger Flamsteeds als Königlicher Astronom, bewegte Newton zur Veröffentlichung der «Principia».

Halleys Komet (unten)
Halley berechnete die Bahn des Kometen, der seinen Namen trägt. Die Zeichnung zeigt die Bahn des Kometen um die Sonne und relativ zur Erde. Die Fotografien (untere Reihe) entstanden 1910.

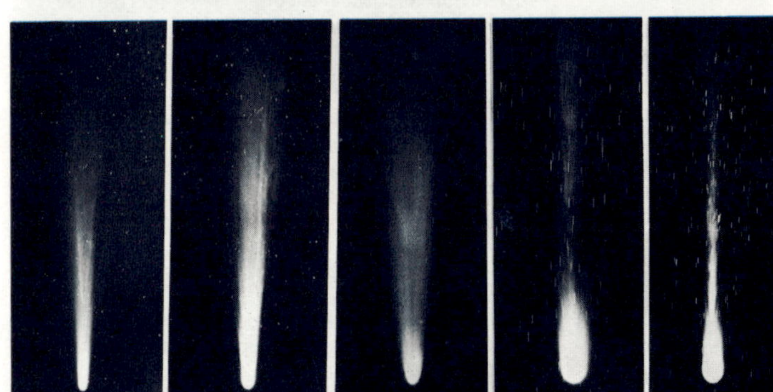

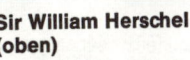

Sir William Herschel (oben)
Herschel (1738—1822), in Hannover geboren, baute selbst ein Teleskop und entdeckte mit ihm 1781 den Uranus — den achten Planeten der Astrologen. 1789 fand er den sechsten Saturnmond.

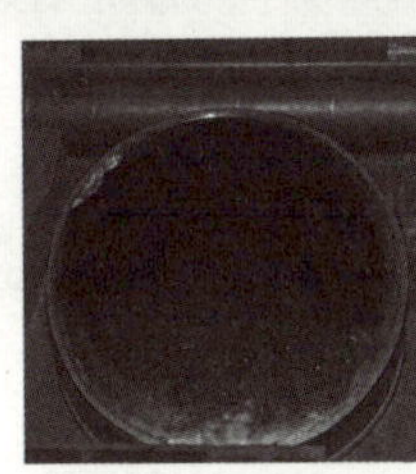

Herschels Spiegel (oben)
1789 baute Herschel das damals größte Spiegelteleskop, ausgerüstet mit einem Spiegel von 1,22 Meter Durchmesser. Die Abbildung zeigt ein frühes Beispiel mit 20 Zentimeter Durchmesser.

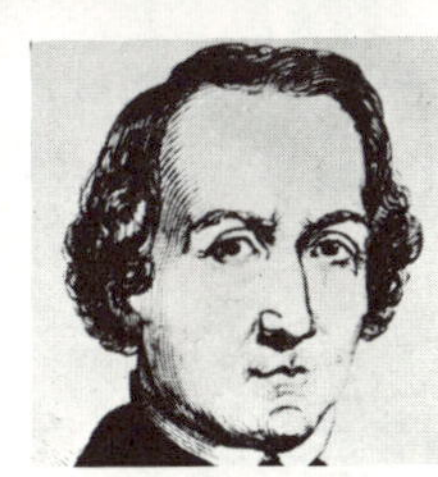

Le Verrier (oben)
Die neuen Planeten wurden in das astrologische Wissen fest eingefügt. Der französische Astronom Le Verrier (1811—1877) berechnete 1846 die Stellung des Neptun, des neunten astrologischen Planeten.

DIE ASTROLOGIE IN DER GESCHICHTE

Die Tabellen auf diesen beiden Seiten zeigen die Entwicklung der Astrologie (rechte Spalte) vom Jahr 3000 v. Chr. bis heute in der Gegenüberstellung mit den allgemeinen geschichtlichen Entwicklungen (linke Spalte). Auf den ersten Blick wird klar, daß der Mensch in seiner Auseinandersetzung mit der unmittelbaren Umwelt – ganz zu schweigen von Mustern, die ihren Ursprung im weiteren Kosmos hatten – nicht gleichmäßig fortschritt. Einzelne Epochen intensiver Anstrengungen, z. B. zwischen 1400 und 1600, scheinen die Kräfte der Menschheit für einige Zeit erschöpft zu haben und münden in einen manchmal zwei bis drei Jahrhunderte dauernden scheinbaren Stillstand, in dem neue Kräfte gesammelt werden. Den großen Fortschritten des frühen Römischen Reiches folgte eine Periode, in der es nicht nur keine neuen Beiträge gab, sondern noch viel von dem, was erreicht worden war, zerstört wurde und verlorenging. Dann brach jedoch das große Zeitalter der Renaissance an, in dem wieder große Fortschritte gemacht wurden. Was für die politische Geschichte und die Kulturgeschichte gilt, hat Parallelen in der Astrologie. Die frühe Epoche in Babylon und Griechenland, in der der Grundstein für die Entwicklung der Wissenschaft gelegt wurde, war außerordentlich fruchtbar. Danach finden sich dann jedoch bis etwa 1400 – zumindest in Europa – kaum Zeugnisse einer Weiterentwicklung. Wie in der Kunst folgt dann eine Renaissance, die von den dürren Jahren des Skeptizismus und den beginnenden exakten Naturwissenschaften abgelöst wurde. Erst heute gewinnt die Astrologie wieder die ihr zustehende Bedeutung, gestützt durch ernsthafte Studien von Wissenschaftlern, Statistikern und Psychologen.

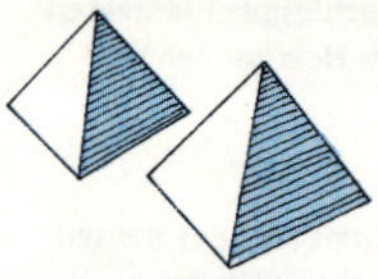

2600 v. Chr., König Snofru aus der vierten ägyptischen Dynastie baut die erste Pyramide.
1728–1686 v. Chr., Hammurabi vergrößert das Babylonische Reich.
1650–1125 v. Chr., Mykenische Kultur in Griechenland.

753 v. Chr., Gründung Roms.
356–323 v. Chr., Alexander der Große gründet sein Weltreich, das von Athen bis Indien reicht.
27 v. Chr. Mit Augustus, dem ersten römischen Kaiser, beginnt eine Zeit großer Expansion des Römischen Reiches, besonders im Osten.

Um 150. Bau des Pantheon in Rom, das schönste Beispiel eines frühen Kuppelbaus.
330. Gründung Konstantinopels durch Konstantin den Großen.

4. Jahrhundert. Die Westgoten überrennen die östlichen Teile des Römischen Reiches.

476. Odoaker setzt den letzten römischen Kaiser ab. Ende des Weströmischen Reiches.
6.–11. Jahrhundert. Frühromanik und Romanik in der europäischen Architektur.
Um 570–632. Mohammed, Prophet und Stifter des Islam.
743–813. Karl der Große, erster Kaiser des Heiligen Römischen Reiches.
747. Die Abbasiden-Dynastie der Kalifen besiegt die Omaijaden und verlegt die Hauptstadt des Islam von Damaskus nach Bagdad.

8.–9. Jahrhundert. Das Arabische Reich bricht den Handel mit Europa ab. Hauptursache für das dunkle Mittelalter.
9.–10. Jahrhundert. Die weltliche Macht der Päpste entsteht.
10.–11. Jahrhundert. Einfälle der Wikinger in Mittel-, Westeuropa und Rußland. Waräger-(Wikinger-)Garde in Konstantinopel gegründet.

1066. Die Normannen, in Nordfrankreich seßhaft gewordene Wikinger, erobern England.
1099. Einnahme Jerusalems auf dem ersten Kreuzzug.
1162–1227. Dschingis-Khan erobert ein riesiges Reich von China bis Mitteleuropa.
12.–13. Jahrhundert. Entstehung der Blütezeit der Gotik in Kunst und Architektur.

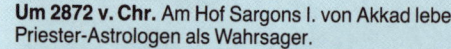

Um 2872 v. Chr. Am Hof Sargons I. von Akkad leben Priester-Astrologen als Wahrsager.

Um 1300–1236 v. Chr. Ramses II. setzt die Kardinalzeichen Widder, Waage, Krebs und Steinbock fest.
Um 668 v. Chr. Erstes erhaltenes Horoskop.
Um 280 v. Chr. Berossos gründet seine Astrologenschule auf Kos, wo griechische Astrologen ausgebildet werden.
63 v. Chr.–14 n. Chr. Kaiser Augustus. Er läßt Münzen mit seinem Sternzeichen, dem Steinbock, schlagen. Geburt Christi durch die Weisen angekündigt, Astrologen, die einem Stern folgten.

Um 120–180. Claudius Ptolemäus, Autor des ‹Tetrabiblos›, des bedeutendsten astrologischen Grundlagenwerks.

204–270. Plotin, Gründer des Neuplatonismus. Er erkennt die Gültigkeit der Astrologie an, besteht aber auf dem freien Willen.

354–430. Augustinus. In seiner Jugend Anhänger der Astrologie, dann ein erbitterter Gegner. Seine Gegenargumente werden heute noch von der katholischen Kirche gebilligt.

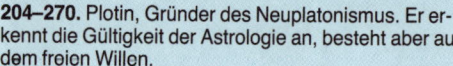

Um 400. Die große Bibliothek von Alexandria wird aufgelöst, dabei gehen viele astrologische Texte verloren.
410–485. Proclus, platonischer Philosoph. Er schreibt eine Paraphrase des ‹Tetrabiblos›.

Um 450. Gaius Julius Solinus schreibt eine umfangreiche Deutung des Horoskops von Rom.
Um 550. Horapollon veröffentlicht die ‹Hieroglyphica›, die die Übereinstimmung des Lebens der heiligen Skarabäen mit der astrologischen Theorie beschreiben.

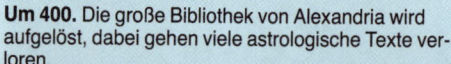

700–800. Arabische Wissenschaftler und Astrologen übernehmen das Erbe der Antike.
8. Jahrhundert. Ibrahim Al-Fasari erfindet das Astrolabium.

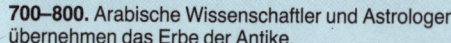

10. Jahrhundert. Ibn Junus, moslemischer Astronom, stellt in Kairo die Hakemitischen Planetentafeln zusammen.
940–1020. Ferdausi (Abol Ghasem Mansur), persischer Dichter. Sein Nationalepos, ‹Schah Name› (Buch der Könige), enthält viele astrologische Hinweise.

Um 978. Murasaki Schikibu, japanische Dichterin. Ihr Roman ‹Geschichte des Prinzen Genji› gibt Einblick in die japanische Astrologie.
1125. An der Universität Bologna wird ein Lehrstuhl für Astrologie eingerichtet.
1125–1274. Thomas von Aquin. Er akzeptiert die Astrologie zur Erklärung der Naturerscheinungen: «Die himmlischen Körper wirken indirekt auf die Erkenntnisbedingungen.»

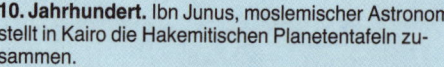

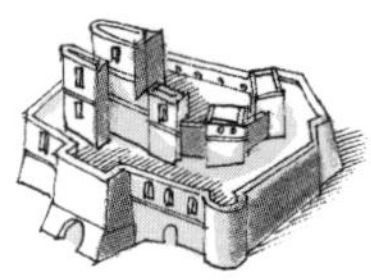

1259. Die Chinesen stellen die erste Kanone her und benutzen das Pulver.
1291. Der ägyptische Sultan erobert Akka (Israell), den Hauptsitz der Kreuzfahrer und die letzten Reste der christlichen Fürstentümer im Vorderen Orient.

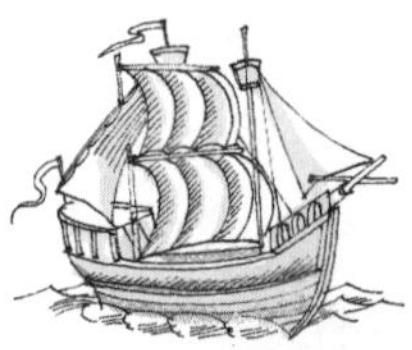

1400–1500. Entwicklung der Renaissance in Italien.
1438. Der erste Habsburger wird Kaiser des Deutschen Reiches.
1453. Einnahme Konstantinopels durch die ottomanischen Türken. Damit geht der letzte Rest des Römischen Reiches unter.
1455. Gutenberg gibt seine Bibel in Mainz heraus.
1483–1536. Martin Luther. Er führt die protestantische Bewegung in Deutschland gegen die Korruption der Päpste an.
1492. Christoph Kolumbus entdeckt Amerika. Anfänge des spanischen Weltreichs.
1538. Gerhardus Mercator veröffentlicht seine berühmte Weltkarte, mit der die moderne Karthographie beginnt.

1564–1642. Galileo Galilei benutzt als erster Astronom das Fernrohr.
1577. Sir Francis Drake segelt um die Welt.
16.–17. Jahrhundert. Barock als Kunst und Architektur der Gegenreformation.

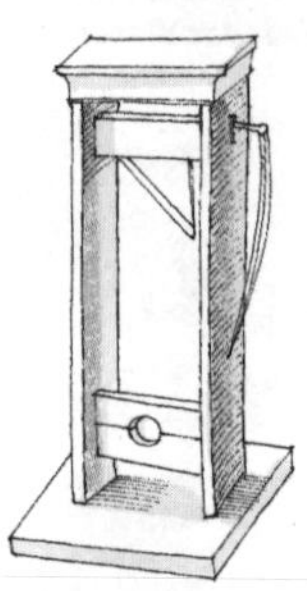

1620. Die «Pilgerväter» segeln von Plymouth ab.
1642–1721. Sir Isaac Newton, der große Physiker, Mathematiker und Astronom. 1687 veröffentlicht er seine ‹Principia›.
1712–1778. Jean Jacques Rousseau, Autor des ‹Contrat Social›.
1738–1822. Sir William Herschel, Begründer der modernen Kosmologie und Entdecker des Planeten Uranus.
1789. Ausbruch der Französischen Revolution.

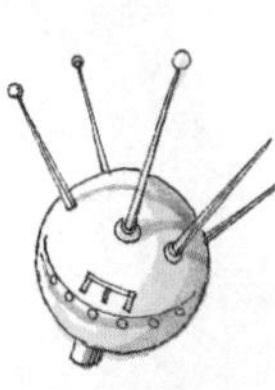

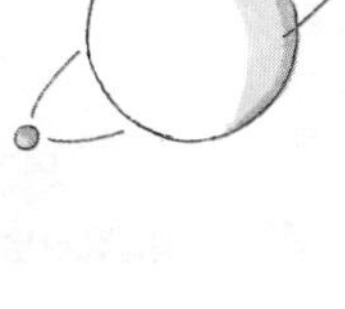

1846. Entdeckung des Planeten Neptun.
1879–1955. Albert Einstein, Schöpfer der speziellen und allgemeinen Relativitätstheorie, die zu einem Umdenken im Hinblick auf die Gesetze des Universums führt.
1930. Entdeckung des Planeten Pluto.
1957. Der russische Satellit Sputnik macht den ersten Raumflug.
1969. Die Amerikaner bringen die ersten Menschen zum Mond.
1972. Entdeckung eines starken Magnetfeldes um den Jupiter.
1974. Entdeckung des dreizehnten Trabanten des Jupiter.
1975. Rendezvous von russischen und amerikanischen Astronauten im Weltraum.
1977. Entdeckung der Ringe des Uranus.
1978. Mond des Pluto entdeckt.
1979. Russische Astronauten verbringen 175 Tage im Weltraum. Ring des Jupiter entdeckt.
1980. Nahaufnahmen vom Saturn.
1982. Entwicklung der Weltraumlabor-Technologie.

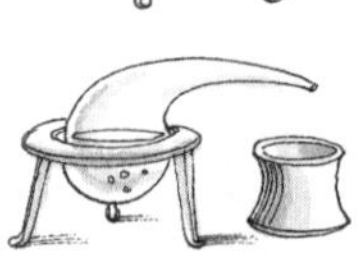

13. Jahrhundert. John of Holywood, genannt Sacrobosco, schreibt die ‹Sphaera Mundi›, ein frühes Werk der sphärischen Astrologie.
Um 1214–1294. Roger Bacon, Philosoph und Physiker. Er rühmt die neue Kunst der Mathematik als wesentlichen Teil der astrologischen Praxis.
1225–1230. Gründung der Universität Cambridge. Von 1250 an wird dort Astrologie gelehrt.
Um 1254–1324. Marco Polo, Entdecker aus Venedig, schätzt, daß allein in Chinca 5000 Astrologen arbeiten.
1265–1321. Dante Alighieri, Dichter der ‹Göttlichen Komödie›, benutzt in seinen Werken astrologische Metaphern.
Um 1280. Johannes Campanus, Mathematiker und Kaplan von Papst Urban IV., entwirft eine neue Methode, die astrologischen Häuser zu unterteilen.
1340–1400. Chaucer, der erste bedeutende englische Dichter. Sein Werk enthält mehr direkte Anspielungen auf die Astrologie als alle anderen bedeutenden Werke.
1414–1484. Papst Sixtus IV., der erste der Päpste, die sich mit Astrologie beschäftigen.
1473–1543. Nikolaus Kopernikus. Er begründet die Theorie, daß sich die Erde um die Sonne dreht. Sein Hauptwerk widmet er dem astrologiebegeisterten Papst Paul III.
1480–1519. Lucrezia Borgia. Sie unterhält mit ihrem Vater, Papst Alexander VI., einen Hofstaat von Astrologen.
1527–1608. John Dee, eine geheimnisvolle und faszinierende Figur, wird mit Astrologie, Alchimie und dem Okkulten sowie Spionage in Verbindung gebracht. Er galt als Spion der Königin Elisabeth I. und war mit Sicherheit ihr astrologischer Ratgeber.
1546–1601. Tycho Brahe, Astronom und Hofastrologe. Erbringt den Beweis der physikalischen Wirkung der Planeten auf die Erde.
1564–1616. William Shakespeare. In fast allen seinen Stücken finden sich astrologische Bezüge.
1568–1630. Tommaso Campanella. Er führt magische und astrologische Zeremonien für Papst Urban VIII. vor.
1571–1630. Johannes Kepler. Er behauptet, daß sich die Astrologie «von der Erfahrung herleitet, und nur Menschen, die die Erfahrung nicht geprüft haben, können die Astrologie leugnen».

1602–1681. William Lilly, der berühmteste Astrologe seiner Zeit, wurde von allen politischen Richtungen im damaligen England unterstützt.
1603–1668. Placidus, Mönch und Professor der Mathematik in Padua. Sein System der Häuserunterteilung ist das bekannteste, wird jedoch heute weithin als unpraktisch angesehen.
1749–1832. Johann Wolfgang von Goethe. Er schien der astrologischen Theorie geneigt zu sein.
1781. Uranus, der achte astrologische Planet, wird entdeckt.
1795–1873. Richard James Morrison (‹Zadkiel›) und Robert Cross Smith (‹Raphael›) sind die bekanntesten Astrologen ihrer Zeit. Die populäre astrologische Presse breitet sich aus.

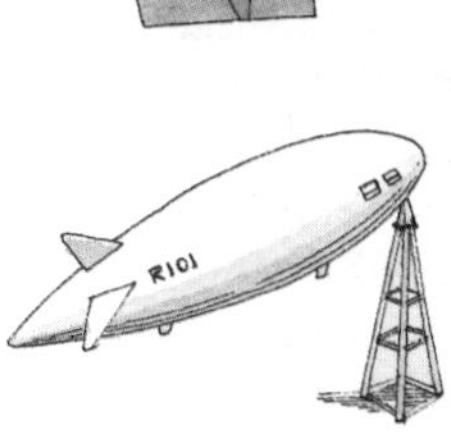

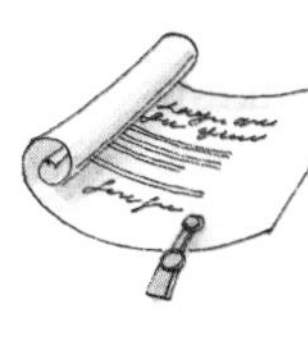

1831–1891. Helena Blavatsky. Sie gründet 1875 die «Theosophische Gesellschaft», die zur Wiedererwekkung der Astrologie beiträgt.
1875–1961. C. G. Jung. Der Psychologe bringt als erster astrologische Erkenntnisse in die Psychoanalyse ein.
1920–1982. John Addey, britischer Astrologe. Er entwickelt die Theorie von den Harmonien kosmischer Phasen.
1948. Charles Carter gründet die ‹British Faculty of Astrological Studies›.
1950. Michel und Françoise Gauquelin, französische Statistiker und Psychologen, beginnen mit einer Prüfung der astrologischen Theorie.
1960er Jahre. Wissenschaftliche Erforschung der kosmischen Rhythmen.
1974. Astrologenkongreß mit 3000 Teilnehmern in Kalifornien.
1976. Veröffentlichung des Werks ‹Harmonics in Astrology›.
1977. Veröffentlichung des Werks ‹Recent Advances in Natal Astrology›.

ASTROLOGIE IN INDIEN UND CHINA

Die früheste uns bekannte astrologische Schrift aus Indien entstand um 3000 v. Chr. in der Hochkultur des Indus-Tals. Ein Teil des astrologischen Wissens der Inder ist durch die ständigen Einfälle westlicher Völker bis nach Europa gelangt. Von den Ariern an, die um 1500 v. Chr in Indien eindrangen und babylonische Vorstellungen mitbrachten, über die Griechen, die unter Alexander dem Großen das nördliche Indien eroberten und eine griechisch-indische Mischkultur schufen, ist der Ideenaustausch mit dem Westen nie ganz unterbrochen worden. Die heiligen Schriften der Hindu, die Weden, reichen bis ins 13. Jahrhundert v. Chr. zurück und enthalten astrologische Hinweise. In ihnen finden sich auch Entsprechungen zur griechischen hermeneutischen Vorstellung des Katasterismos, nach der sich die Seelen der Toten in Sterne verwandeln. Schon im 3. Jahrhundert n. Chr. hatte sich die Astrologie in Indien als volkstümliche Macht durchgesetzt.

Ihre Volkstümlichkeit verdankt sie nicht zuletzt der Tatsache, daß sich astrologische Vorstellungen dem Begriff des «Karma» unterordnen lassen. Dieser Begriff, den die meisten philosophischen Strömungen des Ostens kennen, bedeutet im weitesten Sinn die Wanderung der Seele durch aufeinanderfolgende Reinkarnationen bis zur letztlichen Vereinigung mit dem Unendlichen. Das Verhalten des Menschen im einen Leben bestimmt den Ausgangspunkt des nächsten. Der Astrologie fällt die Aufgabe zu, festzustellen, welche Stufe die Seele auf ihrer Wanderung erreicht hat.

Die indische Astrologie unterscheidet sich in einem wesentlichen Punkt von der westlichen: Sie betrachtet die Planeten ausschließlich vor dem Hintergrund der Tierkreis-Stern*bilder*. Ihre Position in den Tierkreis*zeichen*, die die Ekliptik in 30°-Abschnitte einteilen, wird nicht berücksichtigt. Jedoch finden westliche Astrologen auch Vertrautes. Die Sternzeichen regieren einzelne Körperteile wie in der Theorie des Westens. Parallelen bieten sich beispielsweise bei der Beziehung des Krebses zu den Brüsten, des Skorpions zu den Genitalien und des Steinbocks zu den Knien. Auch die Attribute der Planeten gleichen einander. Jedem Monat einer Schwangerschaft wird ein Planet zugeschrieben, nur den achten Monat regiert das ganze Horoskop.

Im täglichen Leben ist die Astrologie zu bestimmten Zeiten von großem Einfluß. Die Horoskope eines zukünftigen Ehepaares werden nach Anzeichen für Geistesstörungen oder Körperschwäche durchsucht – genauso wie nach Beweisen für Intelligenz und Entsprechungen im Temperament –, bevor die Eltern ihre Einwilligung zur Ehe geben. Wer ein Haus bauen will, besorgt sich nicht nur einen Architekten und einen Bauunternehmer, sondern auch einen Astrologen. Der Zeitpunkt der Grundsteinlegung und des Einzugs muß genau berechnet werden. Von jedem natürlichen Gegenstand nimmt man an, daß er eine Art kosmischer Wellen ausstrahlt, und die verschiedenartigen Materialien müssen im richtigen Augenblick zusammenkommen, um nicht ungünstig aufeinander zu wirken.

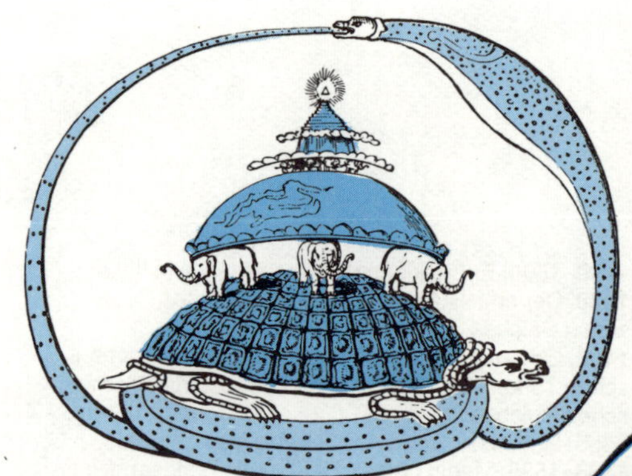

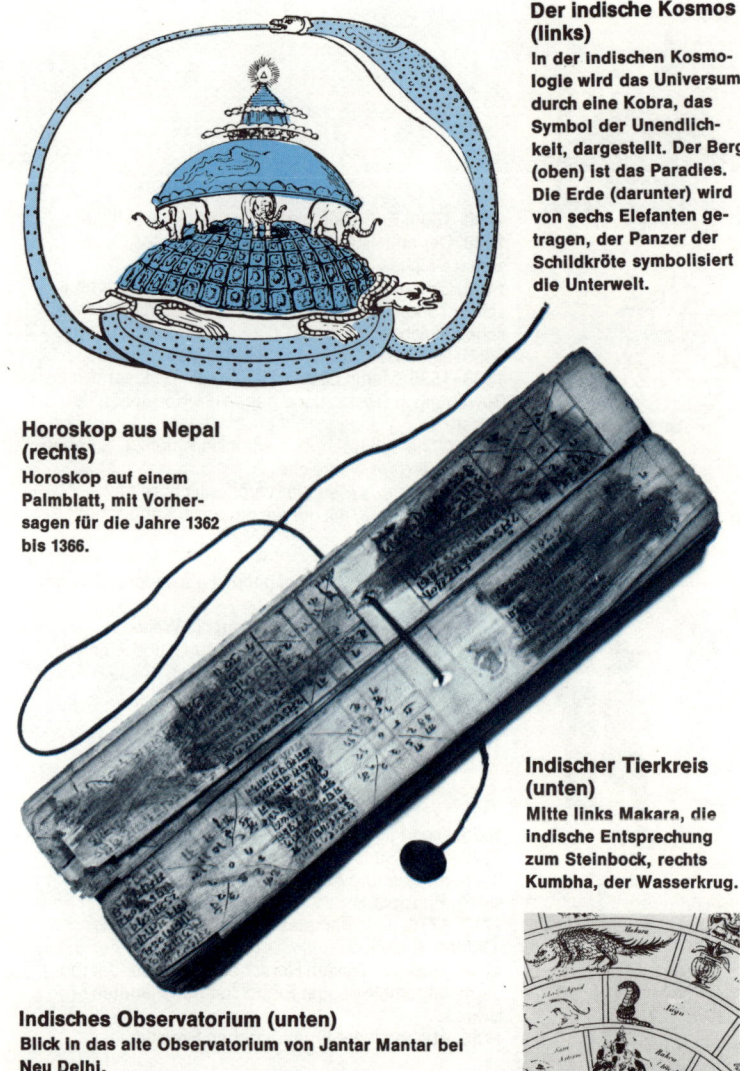

Der indische Kosmos (links)
In der indischen Kosmologie wird das Universum durch eine Kobra, das Symbol der Unendlichkeit, dargestellt. Der Berg (oben) ist das Paradies. Die Erde (darunter) wird von sechs Elefanten getragen, der Panzer der Schildkröte symbolisiert die Unterwelt.

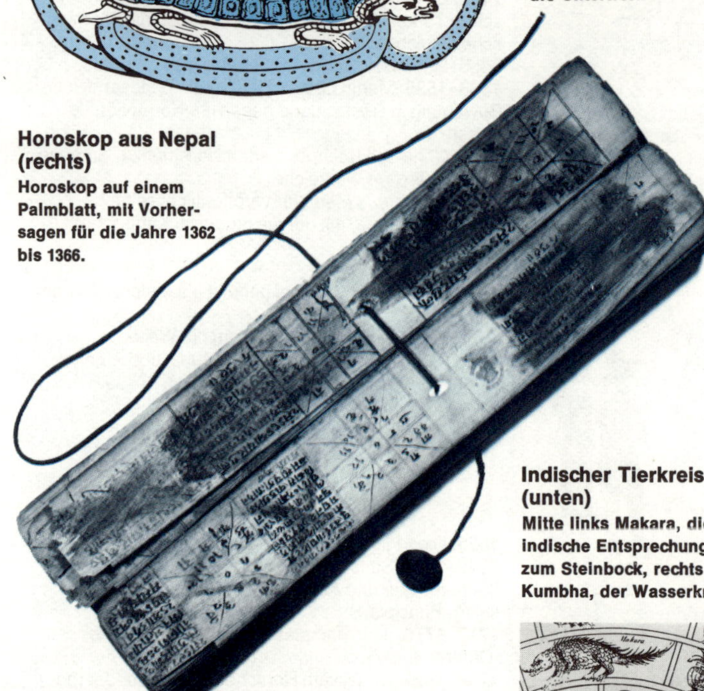

Horoskop aus Nepal (rechts)
Horoskop auf einem Palmblatt, mit Vorhersagen für die Jahre 1362 bis 1366.

Indischer Tierkreis (unten)
Mitte links Makara, die indische Entsprechung zum Steinbock, rechts Kumbha, der Wasserkrug.

Indisches Observatorium (unten)
Blick in das alte Observatorium von Jantar Mantar bei Neu Delhi.

Tsu Jen, der berühmte chinesische Astrologe, schrieb um 300 v. Chr.: «Wenn eine neue Dynastie kommen wird, zeigt der Himmel dem Volk glückverheißende Anzeichen.» Die Astrologie drang wohl im 3. Jahrtausend v. Chr. entlang der alten Handelsstraßen Mittelasiens nach China vor. Der Philosoph Konfuzius (551–479? v. Chr.) achtete astrologische Vorhersagen: «Der Himmel schickt gute und schlechte Vorzeichen, und Weise handeln nach ihnen.»

Im Laufe der Jahrhunderte entwickelte die chinesische Astrologie ihr höchst eigenständiges Gepräge. Die Vorstellungen vom Aufbau und den Gesetzmäßigkeiten des Universums verbanden sich mit der Astrologie zu einem äußerst komplizierten, verschachtelten System. Das Universum wurde in fünf «Paläste» (Zentrum und vier Hauptgegenden) unterteilt, denen fünf Elemente (Holz, Feuer, Erde, Metall, Wasser) und fünf Planeten (dazu noch Sonne und Mond) entsprachen. Alle Teile dieser Konstruktion standen miteinander in Verbindung, so daß alle natürlichen Erscheinungen – Farben, Planeten, Sternbilder, Gefühle, Elemente usw. – in ein System von vielfältigen Beziehungen eingebettet waren. Über die Dinge des Himmels und der Erde herrschten die gegensätzlichen, aber sich ergänzenden Urkräfte Yang und Yin, aus denen die Elemente hervorgingen. Yang ist männlich, bewegend, licht und warm, aus ihm bildete sich der runde Himmel. Yin ist dagegen weiblich, dunkel, feucht und ruhig, aus ihm entstand die Erde. Die zwölf Tierkreiszeichen wurden von Tieren dargestellt: Ratte, Ochse, Tiger, Hase, Drache, Schlange, Pferd, Schaf, Affe, Huhn, Hund und Schwein. Diese Zeichen teilen jedoch nicht den Himmel auf, sondern den Himmelsäquator. Ihnen entsprach je eine der zwölf Doppelstunden des Tages oder «Wachen» und je ein Monat des Jahres. Neben dem solaren Tierkreis gab es noch einen lunaren.

Kaiser und Kriegsherren holten den Rat ihrer Astrologen ein, wenn es galt, günstige Zeiten für Zeremonien oder Feldzüge festzusetzen. Das äußerst verwickelte astrologische System enthielt viele Fehlerquellen, und da den Geschehnissen am Himmel große Bedeutung zugemessen wurde, war die Stellung des Hofastrologen entsprechend gefährlich. Diese Tatsache illustriert die bekannte Geschichte von zwei Astrologen, die enthauptet wurden, da sie eine Sonnenfinsternis nicht vorhergesagt hatten.

Zur Grundausstattung der chinesischen Astrologen gehörte bis vor kurzem die magische Scheibe Lo-king, ein in sechs Kreise unterteiltes Horoskop mit allen Angaben über Zukunft und jenseitiges Leben eines Menschen. Marco Polo, der venezianische Kaufmann und Reisende, sah eine dieser Scheiben während seines vierjährigen Aufenthalts in China am Hof des Großkhans Kublai. Sie wurden benutzt, so berichtet er, um den Zeitpunkt für die Einäscherung toter Würdenträger festzulegen. Die Zeremonie konnte erst vollzogen werden, wenn die Geburtsplaneten des Toten im Aszendenten standen, und so blieb der einbalsamierte Leichnam manchmal Monate in einem versiegelten Sarg.

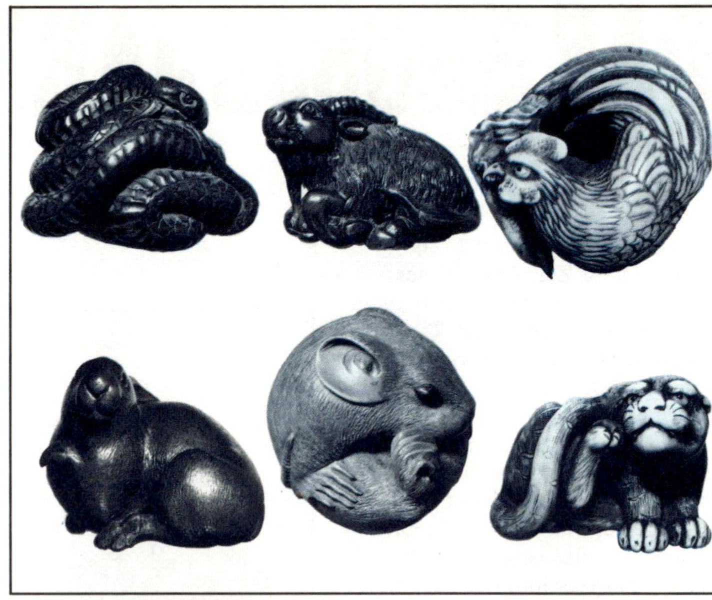

Der japanische Tierkreis (oben)
Alle Zeichen des Tierkreises in Japan und China sind Tiere. Die Abbildung zeigt sechs Zeichen – Hahn, Hase, Tiger, Ziege, Ratte und Schlange – in der Form der Netsuke (Knöpfe) eines japanischen Kimonos, an denen Schlüssel oder Schreibkasten hingen.

Horoskop (links)
Beispiel der komplizierten Form eines chinesischen Horoskops.

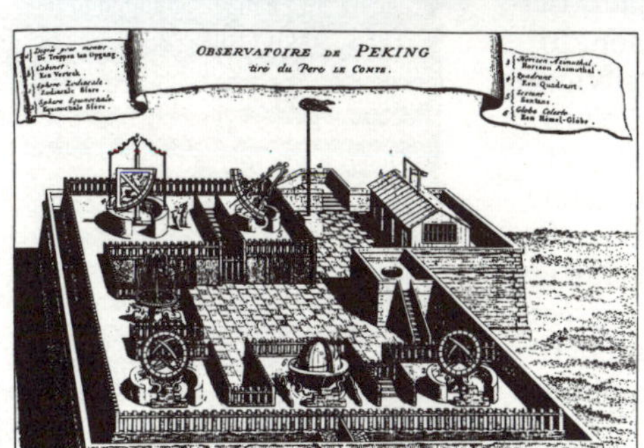

Das Universum (oben)
Ein Spiegel (um 730 n. Chr.) zeigt Tiere und Elemente, verbunden mit den vier Hauptgegenden, die die Erde umgeben.

Observatorium in Peking (links)
Der Kupferstich von 1698 gibt das 1279 gebaute Observatorium und seine kunstvollen Instrumente (Himmelsglobus, Sextant, Quadrant) wieder.

DAS GROSSE JAHR

Das Große Jahr dauert 25 868 Jahre. Diese Zeit braucht der Frühlingspunkt, um nacheinander den Einfluß aller zwölf Tierkreiszeichen zu durchwandern. Jeder Große Monat in einem Zeichen dauert ungefähr 2000 Jahre. Der griechische Astronom Hipparch von Nizäa (um 190 bis 125 v. Chr.) war der erste, der das Grundprinzip dieser Theorie entdeckte – das langsame Vorrücken (Präzession) der Tagundnachtgleichen (Äquinoktien) durch die Sternbilder. Durch eine leichte Unregelmäßigkeit in der Erdrotation und die Kreiselbewegung der Erdachse (Nutation) wechseln im Laufe der Jahrhunderte die Sternbilder, die bei den Tagundnachtgleichen hinter der Sonne stehen.

Die Polaritäten

Der Einfluß eines Zeichens verbindet sich mit dem des im Tierkreis gegenüberliegenden Zeichens. Diese Paarung trägt den Namen *Polarität.*

Der erste Große Monat, von dem wir annähernd gesichertes Wissen besitzen, ist der des Löwen (10 000 bis 8000 v. Chr.): Die Höhlenmalereien von Lascaux zeigen den schöpferischen Einfluß des Löwen, aber die gedankliche Motivation entspricht dem Geist des Wassermanns. Im Zeitalter des Krebses (8000 bis 6000 v. Chr.) liegen die Anfänge des seßhaften Bauerntums und des Wohnbaus – beide wesentlich dem Steinbock entsprechend. Unter der Herrschaft der Zwillinge (6000 bis 4000 v. Chr.) wurden die ersten Bibliotheken im Geist des Schützen angelegt. Vielleicht die überzeugendste Polarität bietet die Ära des Stiers (4000 bis 2000 v. Chr.) mit dem Totenkult und starken Jenseitsglauben der Ägypter: Beides weist auf den Skorpion. In der kriegerischen Zeit des Widders (2000 v. Chr. bis Christi Geburt) entstand unter dem Einfluß der Polarität zur Waage die elegante und ausgewogene griechische Architektur. Christliche Lehre und Kunst sind typisch für die ersten 2000 Jahre nach Christus unter dem Zeichen der Fische mit der Polarität zur Jungfrau.

10 000 v. Chr.

8000 v. Chr.

6000 v. Chr.

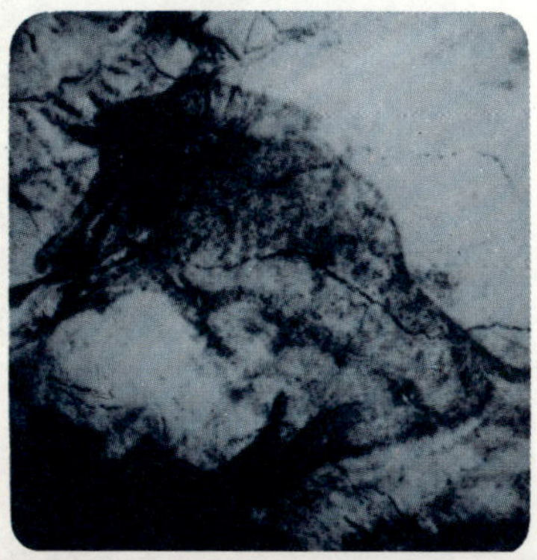

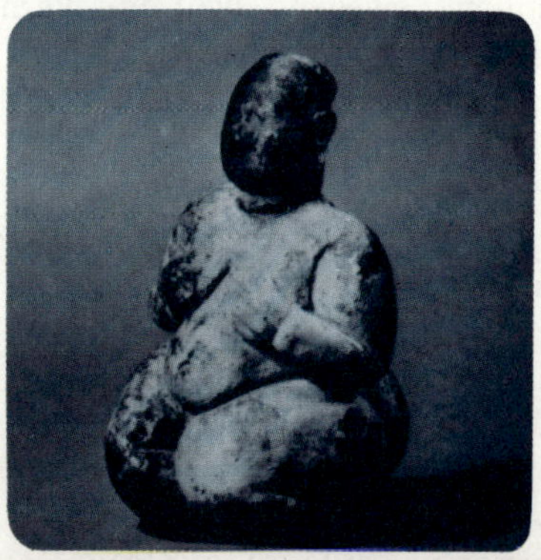

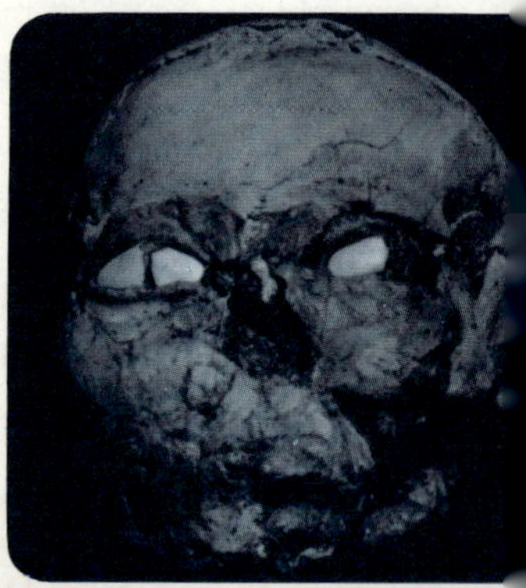

Das Zeitalter des Löwen
Obwohl die Erde schon viele Male das Große Jahr durchwandert hat, läßt sich die Wirkung der Tierkreiszeichen auf die Großen Monate nur an der politischen, kulturellen, sozialen und technologischen Geschichte der Menschheit ablesen. Die erste Zeit, über die wir mit einiger Gewißheit etwas aussagen können, ist die des Löwen (etwa 10 000 bis 8000 v. Chr.). Die Sonne, so wichtig für die frühe Menschheit, regierte in dieser Zeit das Sternzeichen des Löwen. Eines seiner Schlüsselwörter ist «Kreativität». Sie zeigt sich nicht nur in den vielen «primitiven» Erfindungen der Steinzeit, sondern auch in den kunstvollen Knochenschnitzereien und den herrlichen, kraftvollen Fels- oder Höhlenmalereien im westlichen Europa und in Nordafrika. Die Abbildung zeigt eine Tierdarstellung aus der Höhle von Altamira (Nordspanien).

Das Zeitalter des Krebses
Als am Ende der Eiszeit (um 9000 v. Chr.) die Sonne im Zeichen des Löwen ihre größte Wirkung entfaltete, kündigte sich der Große Monat des Krebses bereits an. Die Menschen in klimatisch begünstigten Gebieten begannen ihr unstetes Leben als Jäger und Sammler aufzugeben.
In China, Ägypten und Mesopotamien wurden die ersten festen Siedlungen und Städte gegründet, das Ackerbauerntum entwickelte sich. Die Fruchtbarkeitsriten und die vielen geschnitzten weiblichen Fruchtbarkeitssymbole bezeugen den starken Einfluß des Krebses, des Zeichens der Mutterschaft und des Heimes, und seines regierenden Planeten Mond. Typisch sind für diese Zeit die runden, mondförmigen Schnitzereien der Leute von Lepenski Vir (Jugoslawien) und die Darstellung der Fruchtbarkeitsgöttin aus Catal Hüyük in der Türkei (Abbildung).

Das Zeitalter der Zwillinge
Der lebhafte, intellektuelle, wendige u kommunikative Einfluß der Zwillinge wird im Wunder des Großen Monats di ses Zeichens sichtbar – in der Ausbildung der Schrift. Diese wichtige Stufe in der Entwicklung des menschlichen Geistes manifestiert das Bedürf Kenntnisse aufzuzeichnen und so zu bewahren. Die rohen Symbole, die in Keramikgefäße eingekratzt wurden, ve feinerten sich um 4000 v. Chr. zur Keilschrift Assyriens und zu den Bilderschriften Chinas und Ägyptens. Die Re gionen begannen feste Form anzunehmen, und erste Gruppen von Menschen kamen zusammen, um ihre Kenr nisse auszutauschen. Die Vorliebe der Zwillinge für Bewegung und Begegnur mit anderen Menschen führte zur schne Verbreitung des Rades. Die Abbildung zeigt einen Tonschädel aus Jericho.

4000 v. Chr.

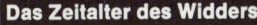

s Zeitalter des Stiers

Stier – das Sternzeichen der Schön-
t und der Festigkeit, zugleich ein
tvolles Erdzeichen – beeinflußte
sonders die ersten ägyptischen Dyna-
n. Von seiner Wirkung zeugen die
ssiven, aber anmutigen Tempel
ptens, in denen sich luftige Schwere-
gkeit mit Dauerhaftigkeit vereinte.
Polarität Stier–Skorpion betonte die
schäftigung der Ägypter mit dem Tod,
Totenkult und der Mumifizierung. Die
en Darstellungen von Stiergöttern
len zu den augenfälligsten Zeugnissen
ser Zeit. Die Terrakottafigur eines
rs (oben) stammt aus Knossos auf
ta, wo zur Zeit der minoischen Kultur
Stierkult blühte. Diese Zeit war eine
scheidende Epoche in der Geschichte
Astrologie unter dem klaren Himmel
sopotamiens. Dort bildeten sich die
ndlagen unserer Astrologie.

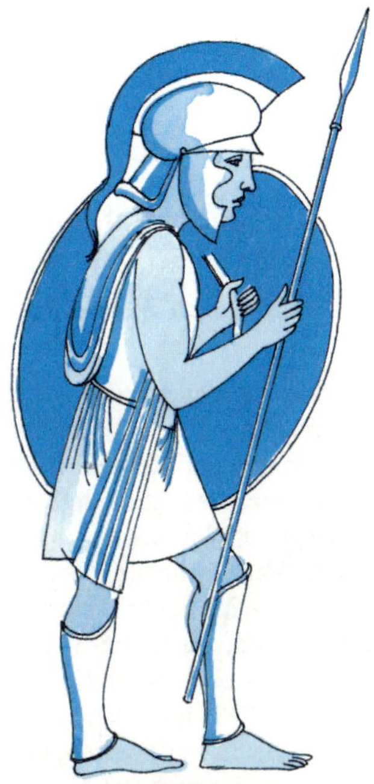

2000 v. Chr.

Das Zeitalter des Widders

Es ist unmöglich, das Jahrzehnt oder auch nur das Jahrhundert zu bestimmen, in dem ein Zeitalter zu Ende geht und ein neues anbricht. Ein möglicher Schlüssel ist jedoch der Wandel der Architekturstile. Für den Übergang der Frühjahrs-Tagundnachtgleiche vom Sternzeichen des Stiers in das des Widders läßt sich eine Parallele in der Architektur wiederfinden. Der Gegensatz zwischen der erdverbundenen, massiven Architektur Ägyptens und der feinen, ausgewogenen Eleganz der griechischen Architektur bezeichnet deutlich die Veränderung und das Wirken eines neuen Einflusses. Der Widder wurde von den wandernden, kriegerischen Stämmen Israels verehrt, die ebenso blutdürstig wie religiös waren. Die griechische Vasenmalerei (oben) scheint die Summe eines kriegliebenden Zeitalters zu ziehen.

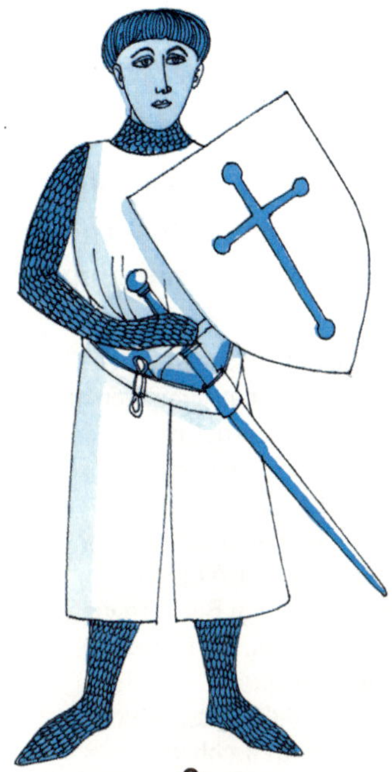

0

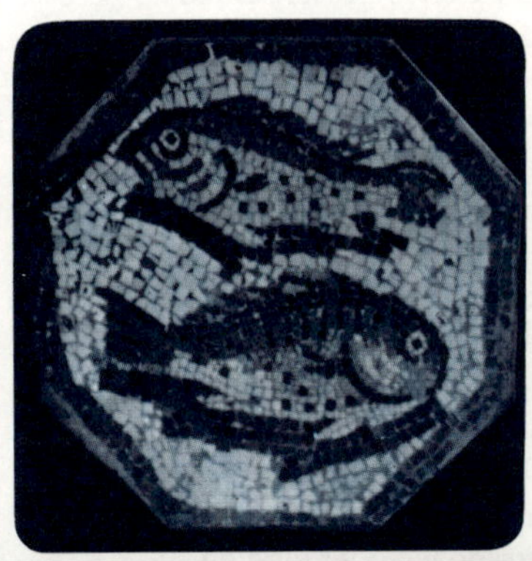

Das Zeitalter der Fische

Diese Epoche zeichnet wohl kaum Bewegung besser aus als das Christentum. Kein zentraleres Symbol läßt sich in der Geschichte des frühen Christentums finden als das Symbol der Fische. Fische wurden als Geheimzeichen in die Wände der Katakomben von Rom eingeritzt. In diesen unterirdischen Gängen und Kammern bestatteten die ersten Christen ihre Toten. Christus sprach von seinen Aposteln als «Menschenfischern». Die Polarität zur Jungfrau verstärkte die Beziehung des Sternzeichens Fische zum Christentum, da Jungfrau mit Demut und Mildtätigkeit verbunden wird.
Es beruht sicherlich nicht auf einem Zufall, daß die Jungfrau Maria im Mittelpunkt des christlichen Glaubens steht. Die Abbildung (oben) zeigt ein spätrömisches Mosaik mit zwei Fischern, gefunden in einer Thermenanlage.

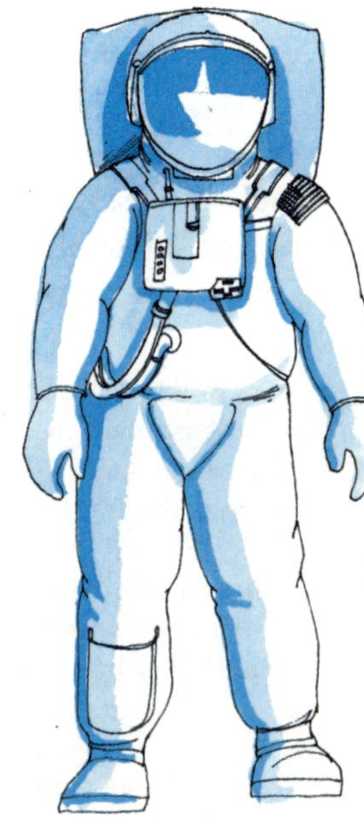

2000

Das Zeitalter des Wassermanns

Dieses Sternzeichen fördert vor allem die Beschäftigung mit der empirischen Wissenschaft, die seit dem Beginn des 19. Jahrhunderts das Leben des Menschen verändert hat. Obwohl Wissenschaft und Technik unsere Kultur immer mehr beherrschen, ist «Menschlichkeit» das Schlüsselwort des Wassermanns. Vielleicht erfüllt sich in der Zukunft die Hoffnung, daß die Menschlichkeit den übermächtigen Einfluß der Wissenschaft bricht und die wissenschaftliche Forschung ausschließlich dem Wohl der Menschheit dienstbar macht. Der mäßigende Einfluß aus der Polarität Wassermann–Löwe könnte auch die Gefahren einer Revolution abwenden und das Streben nach Frieden fördern. Das Bild einer Rakete symbolisiert die Grundtendenz dieser Epoche, den neuen Aufbruch der Menschheit.

DAS ZEITALTER DES WASSERMANNS

Das Schlüsselwort dieser Epoche wird «Menschlichkeit» sein. In den kommenden Jahren hoffen wir, die Versöhnung der Wissenschaft mit der Menschlichkeit zu erleben. Die wissenschaftliche Forschung wird sich vielleicht wieder auf den nie alternden Strom unbewußter Wahrheiten im Menschen besinnen.

Die Theorie der Großen Jahre beschäftigt sich mit so langen Zeitspannen, daß der Anspruch eines neuen Großen Monats nicht genau bestimmt werden kann. Die Wirkungen des Zeitalters der Fische halten sicher noch in unserer Dekade an. Jedoch ebenso sicher spürt die Welt schon den Einfluß des Wassermanns. Ein faszinierendes Zeichen des anbrechenden Morgens ist das plötzliche Interesse der Jugend an der Astrologie. Alan Leo, der berühmte astrologische Schriftsteller des 19. Jahrhunderts, beschrieb in seinen Büchern viele Merkmale der im Wassermann geborenen Menschen. Sie treffen überraschend gut auf die heutige junge Generation zu.

«Sie neigen zum Unkonventionellen und sind daher ausgezeichnete Reformer ... Sie sind immer freundlich und menschlich ... begeistern sich für Kunst, Musik und Literatur ... sie lieben alle der Menschlichkeit dienenden Vorhaben, die vielen Menschen einen harmonischen Ausgleich geben ... Wenn sie vollkommen sich selbst überlassen bleiben, sind sie chaotisch, weitschweifig, unzuverlässig, verschlagen und verfolgen geschickt ihre eigenen Ziele. Sie können entweder aus egoistischen Gründen bereit sein, ihren unbeugsamen Willen in den Dienst ihrer eigenen geistigen Bedürfnisse zu stellen, oder unentschlossen schwanken ... Licht und Leben erwartet sie, wenn sie mit ihrer Persönlichkeit brechen und in der Individualität ihres Sternzeichens leben. Die innere Natur und das Schicksal des Zeichens läßt sich in dem einen Wort Menschlichkeit ausdrücken.»

Ganz sicher treffen diese Worte auf die Studenten in Südamerika, den USA, Japan, Frankreich, England, Deutschland, Skandinavien und anderen Ländern zu. Sie haben begriffen, daß sie soziale Verantwortung tragen. Mit friedlichen Demonstrationen oder offenen Rebellionen treten sie für den Frieden der Welt, die Abschaffung von Hunger und Armut und das Mitbestimmungsrecht an ihrer eigenen Erziehung ein. Wenn die Menschlichkeit der jungen Generation sich einerseits in sozialer Aktivität ausdrückt, so treten andererseits auch chaotische und egoistische Züge hervor, obwohl sie meist der Enttäuschung durch den Status quo der Gesellschaft und dem Fehlen positiver Ziele entspringen.

Dies sind die Extrempositionen im Zeitalter des Wassermanns. Aber wenn man die «Persönlichkeit» eines Zeichens auf 2000 Jahre zukünftige Geschichte überträgt, muß man notwendigerweise im Allgemeinen bleiben. Den kräftigsten Nachdruck wird das anbrechende Zeitalter auf die Wissenschaft legen. Davon zeugen die wissenschaftlichen Bemühungen, den Rest der vom Menschen schon fast zerstörten natürlichen Umwelt zu schützen und eine biologische Katastrophe zu verhindern. Gerade das Gefühl der Verantwortung für die Umwelt ist eine der guten Eigenschaften des Wassermanns. Auch das polare Zeichen des Löwen trägt zum Bild des neuen Zeitalters bei. Es kann sogar in gewissem Maß rettende Kraft besitzen, denn die Löwegeborenen erreichen praktische Ziele mit warmherziger Großzügigkeit. Das Sternzeichen verleiht Führerqualitäten besonderen Nachdruck: Verbinden sie sich mit dem Verantwortungsbewußtsein und der Menschlichkeit des Wassermanns, dann kann eine wirksame internationale Überwachung entstehen. Dieses Überwachungssystem könnte sogar die Idee einer Weltregierung retten, von deren Verwirklichung wir allerdings noch fern sind.

Jeder Große Monat hat seine spezifischen Nachteile. Eine der Gefahrenzeiten, die auf uns in den nächsten fünfzig Jahren zukommt, entsteht aus der Konjunktion von Uranus und Pluto, die von 1963 bis 1969 im Zeichen der Jungfrau auftrat. Diese Konjunktion ist vergleichsweise selten, und Kinder, die in dieser Zeit geboren wurden, unterliegen ihrem Einfluß ebenso wie dem des kommenden Großen Monats im Zeichen des Wassermanns. Diese Kinder werden die Hoffnung oder die Verzweiflung ihrer Zeit sein: Sie können die Erde retten oder zerstören. In ungefähr zwanzig Jahren, wenn sie sich in der Gesellschaft bemerkbar machen, werden wir Zeugen der ersten weltweiten Wirkung des Wassermanns sein, denn diese Kinder wachsen in China, Indien, Amerika und Europa auf, in verschiedenen politischen Systemen und in unterschiedlichen sozialen und kulturellen Umwelten.

Diese Individualität des Menschen macht jede exakte astrologische Vorhersage zunichte. Jedes Kind hat sein eigenes Geburtshoroskop und wird seinen freien Willen als Kind und Erwachsener entfalten. Sicher wird die Wissenschaft das kommende Zeitalter beherrschen. Der Mensch, der schon den Mond erobert hat, wird bald zu den Planeten aufbrechen und hat vielleicht schon vor dem Ende des Zeitalters das anscheinend unlösbare Problem der Reise zu anderen Sonnensystemen technisch gelöst.

«Der Wassermann hat mehr Erfindungen zum Wohle der Menschheit bewirkt als irgendein anderes Zeichen.»
Alan Leo (1860–1917)

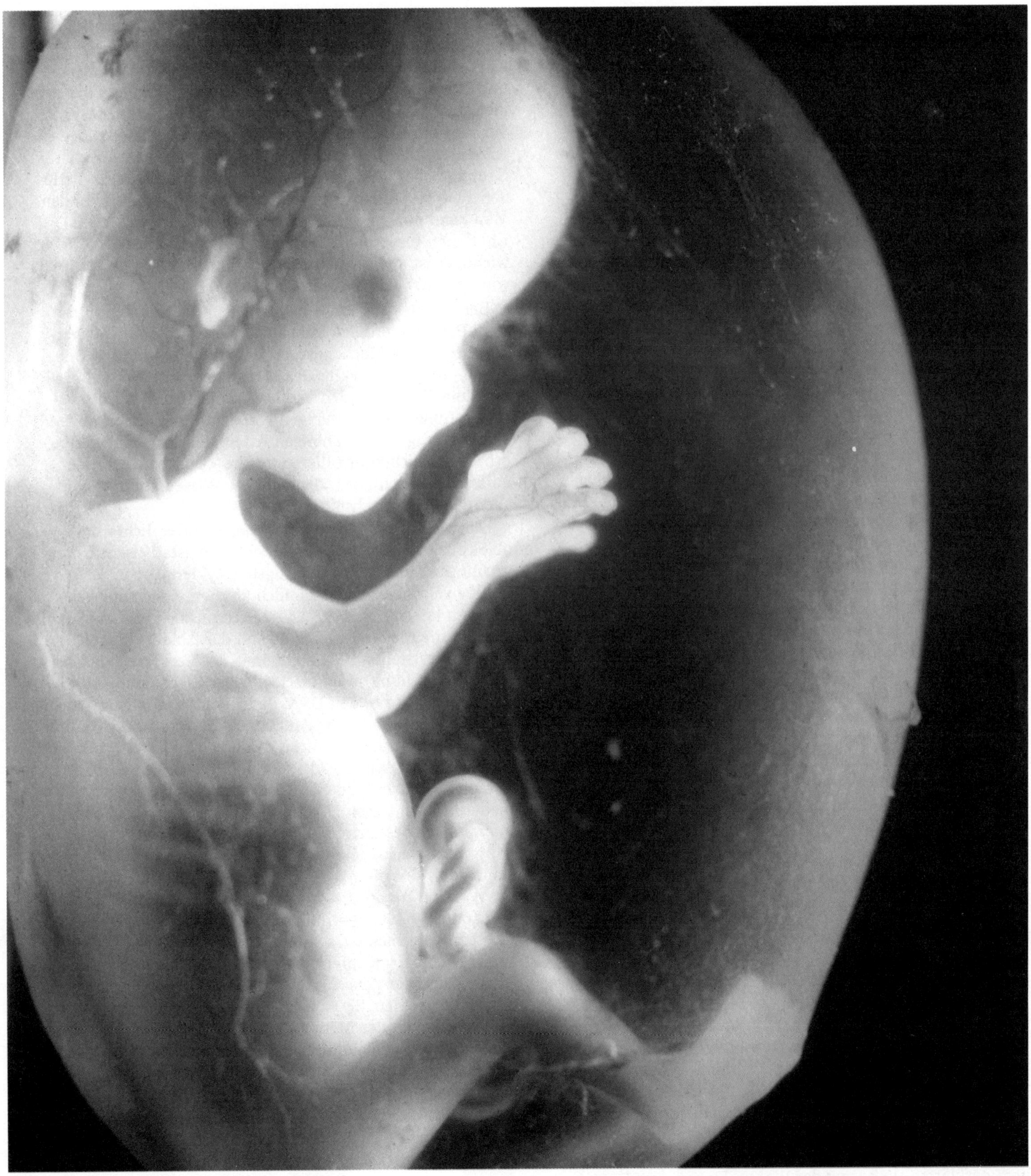

WISSENSCHAFT UND NEUE ASTROLOGIE 1

Allzu lange haben Laien und Wissenschaftler die Astrologie als «unwissenschaftlich» abgetan. Sie haben sie als Glaubenssystem betrachtet, angesiedelt irgendwo zwischen Hobby und Kult mit Wurzeln in der mystischen und abergläubischen Vergangenheit der Menschheit. Welcher Anteil an diesen Vorbehalten der Engstirnigkeit orthodoxer Wissenschaftler einerseits und der Verteidigungsstellung der Astrologen andererseits zukommt, bleibt ungewiß. Wahrscheinlich hatten beide Seiten gleichermaßen unrecht, und der Beweis dafür gelingt leicht. Das wirkliche Schisma zwischen der Astrologie und ihrer Schwesterwissenschaft Astronomie kam mit dem stürmischen Aufschwung der Astronomie nach Kopernikus. Die Teleskope der Astronomen enthüllten, daß die einzelnen Körper im Sonnensystem geheimnisvollen, aber *voraussagbaren* Gesetzen gehorchten. Das Schlüsselwort ist hier «voraussagbar», denn die Stärke einer Wissenschaft liegt auch in ihrer Fähigkeit, die Zukunft zu erkennen.

Die Astronomie bewies ihre Stärke bald im immer genaueren Begreifen der einfacheren mechanischen Gesetzmäßigkeiten des Sonnensystems. Die Erklärung der Wirkungen von Sonne und Mond, der Planetenbewegungen und der Jahreszeitenwechsel im Gefolge der kopernikanischen Revolution bereiteten den Weg für Newtons großartige Einsichten und mathematische Theorien. Die Astrologie hingegen machte keinerlei spürbare Fortschritte. Ernsthafte Astronomen waren damals – wie heute – der Ansicht, daß es auf dem Weg zur allgemeinen Anerkennung der Astrologie zwei große Hürden zu überwinden gilt.

Die erste und auffälligste ist, daß sich die Astrologie der Forderung nach Voraussagbarkeit stellen muß. Ihre Prognosen müssen der kritischen Prüfung skeptischer Beobachter aus anderen Wissenschaftszweigen standhalten und nicht nur den Ansprüchen der Astrologen selbst genügen. Die zweite Hürde ist schwieriger zu überwinden: Die Astrologie muß logisch konsistent sein, jedoch nicht nur in sich, sondern auch im Rahmen einer allgemeinen Theorie der Wissenschaften. Es sollte also nicht nur einsichtig sein, *daß* die Astrologie Ergebnisse erzielt, sondern auch *warum*.

Die Rhythmen des Lebens

In den letzten zwei Jahrzehnten hat sich das Interesse der Biologen und anderer Wissenschaftler der Untersuchung faszinierender zyklischer oder rhythmischer Abläufe oder Verhaltensmuster bei Mensch und Tier zugewandt. Die meisten Menschen erkennen bis zu einem gewissen Grad die im Wesen rhythmische Struktur der Naturereignisse: den Tag- und Nachtzyklus, die komplizierte Abfolge von Ebbe und Flut, die monatliche Progression des Mondes. Aber nur wenige sind sich bewußt, wie tief die Rhythmen nicht nur die Ereignisse am Himmel, sondern auch die alltäglichen Lebensabläufe durchdringen. Das Gehirn sendet äußerst vielfältige, rhythmische Ströme aus, die in irgendeiner bisher unerklärten Weise von der Wahrnehmung, dem Lernen oder Denken gesteuert werden. Neben der offensichtlich zyklischen Atembewegung und Herztätigkeit kennt der Körper die immer wiederkehrenden Muster von Müdigkeit und Erholung, Nervenanspannung und Lockerung oder vermehrter und verminderter Hormonausschüttung. Auch Soziologen, Anthropologen, Ökologen und Wirtschaftswissenschaftler haben bei der Untersuchung von sozialen Gruppen oder Gesellschaften Zyklen entdeckt, deren Perioden zwischen Stunden und Jahrzehnten schwanken können. Man kann nur schwer den Schluß vermeiden, daß diese Rhythmen funktionale Bedeutung besitzen und – was noch wichtiger ist – von einer äußeren Kraft in Gang gesetzt und von einer Art «Uhr» gesteuert werden.

Bei den elektrischen Schwingungen, die das Gehirn mit zehn Perioden pro Sekunde aussendet, wird heute die verborgene Uhr in biochemischen Reaktionen vermutet. Der Schlaf- und Wachzyklus des Menschen wird, wie wir wissen, zum Teil durch den Wechsel von Tag und Nacht ausgelöst. Ebbe und Flut hängen von den Mondphasen ab, und der Vogelzug wird bei einigen Arten von der Sonne gesteuert. Vermutlich kontrollieren andere «Uhren» die vielen natürlichen Rhythmen, denen heute Wissenschaftler auf allen Gebieten nachspüren.

Die angesehene Zeitschrift *Cycles* veröffentlicht nur objektive wissenschaftliche Berichte über statistische Untersuchungen der verschiedenartigsten Zyklen. Die meisten Zyklen zeichnen sich erstaunlich klar ab, jedoch nur bei wenigen lassen sich die Auslösemechanismen und die Schrittmacher, die für die Regelmäßigkeit der Abläufe sorgen, ohne weiteres feststellen. Wie sollte man auch erklären, daß bei der Untersuchung so unterschiedlicher Erscheinungen wie der Aktienkurse in den USA, des Planktongehalts im Michigan-See, der Wanderung der Schnee-Eulen und der Häufigkeit der Polarfüchse deutliche Zyklen mit «Gipfeln» alle vier Jahre gefunden wurden? In *The Bulletin* vom August 1970 schrieb E. R. Dewey, daß die Menschheit wirksamen Kräften, vielleicht kosmischen Ursprungs, unterworfen ist, die ihre Handlungen bestimmen: «Diese Kräfte entscheiden über Wirtschaftswachstum oder Rezession, zunehmenden Wohlstand oder Verarmung. Sie kontrollieren im großen Maßstab das Auf und Ab der Produktion in Landwirtschaft, Bergbau und Industrie. Sie kontrollieren nicht nur das Auf und Ab der Preise im allgemeinen, sondern auch bei einzelnen Produktionen wie Mais, Kupfer oder Baumwolle. Sie bestimmen den Zinsfuß und die Versicherungsprämien sowohl allgemein als auch im einzelnen. Sie steuern oder beeinflussen mindestens die Anfälligkeit des Menschen für bestimmte Krankheiten. Sie verschieben die politische Meinung von rechts nach links und links nach rechts.»

Eine wachsende Zahl von Wissenschaftlern akzeptiert die Existenz solcher Zyklen bei einzelnen Lebewesen und in sozialen oder geschichtlichen Zusammenhängen als unumstößliche Tatsache. Zwei Fragen müssen jedoch in diesem Zusammenhang beantwortet werden:

Diese Liste führt einige Zyklen im menschlichen Körper auf, die in die Wahrnehmung, Atmung, Fortpflanzung usw. eingreifen und von sehr schnellen Gehirnrhythmen bis zum 200-Tage-Zyklus der Kalkerneuerung unserer Knochen reichen.

Neuronen im Gehirn: 1000 Perioden/Sekunde
Die Nervenzellen in einem Nerv geben Informationen durch schnelle elektrische Impulse weiter, die mit einer Geschwindigkeit von mehreren Metern pro Sekunde wandern.

Langsamere Gehirnrhythmen: 50 Perioden/Sekunde
In jeder Nervenzelle liegen langsamere Rhythmen vor. Der Wechsel zwischen schnellen (oben) und langsamen Wellen bestimmt unsere Wahrnehmung.

Beta-Rhythmen: 18 bis 22 Perioden/Sekunde
Sie kommen im Stirnlappen des Großhirns vor, in dem die höheren und komplexeren Funktionen der Persönlichkeit und des Urteils ihren Sitz haben.

Alpha-Rhythmen: 8 bis 13 Perioden/Sekunde
Dieser Rhythmus kommt bei geschlossenen Augen vor, nicht bei offenen. Er wird unterbrochen, wenn sich die Aufmerksamkeit auf etwas richtet.

Theta-Rhythmen: 4 bis 7 Perioden/Sekunde
Sie laufen im Schläfenlappen des Großhirns, dem Gedächtnis, ab, ebenso auf der Gehirnoberfläche bei einsetzender Müdigkeit.

Delta-Rhythmen: 1 bis 3 Perioden/Sekunde
Diese Rhythmen kommen nur auf der Gehirnoberfläche im Tiefschlaf oder bei Krankheit mit tiefer Bewußtlosigkeit vor.

Herz-Rhythmus: 76 Schläge in der Minute
Das Herz besitzt zwei natürliche Schrittmacher: einen in der ersten Kammer (76 Schläge/Minute), den anderen in der zweiten Kammer (40 bis 50 Schläge/Minute).

Atemrhythmus: 22 Züge in der Minute
Alle drei Sekunden weiten sich die Lungen und ziehen sich wieder zusammen. Die genaue Frequenz wird vom Kohlendioxidspiegel im Blut geregelt.

Magen und Därme: 3 Kontraktionen und 1 Kontraktion in der Minute
Der Magen zieht sich dreimal in der Minute zusammen, die Därme einmal in der Minute.

Nieren: 24-Stunden-Rhythmus
Nach diesem Rhythmus sondern die Nieren tagsüber und am frühen Abend Urin ab, in der Nacht geht die Ausscheidung zurück.

Muskel-Zyklus: 12 Tage
Wichtigste chemische Komponenten der Muskeln sind die Proteine. Sie werden im 12-Tage-Rhythmus auf- und abgebaut.

Eierstöcke: Menstruationszyklus mit 28 Tagen
Die Eierstöcke stoßen alle 28 Tage ein Ei ab. Wenn es nicht befruchtet wird, stirbt es ab und löst sich mit Teilen der Gebärmutterschleimhaut.

Zyklus der roten Blutkörperchen: 128 Tage
Das Knochenmark bildet rote Blutkörperchen und gibt sie an das Blut ab. Die Körperchen leben ungefähr 128 Tage.

Knochenkalk-Zyklus: 200 Tage
Die Knochen bestehen zum großen Teil aus Kalkverbindungen, die dem Blut entzogen wurden. Dieser Kalk wird im Turnus von 200 Tagen ersetzt.

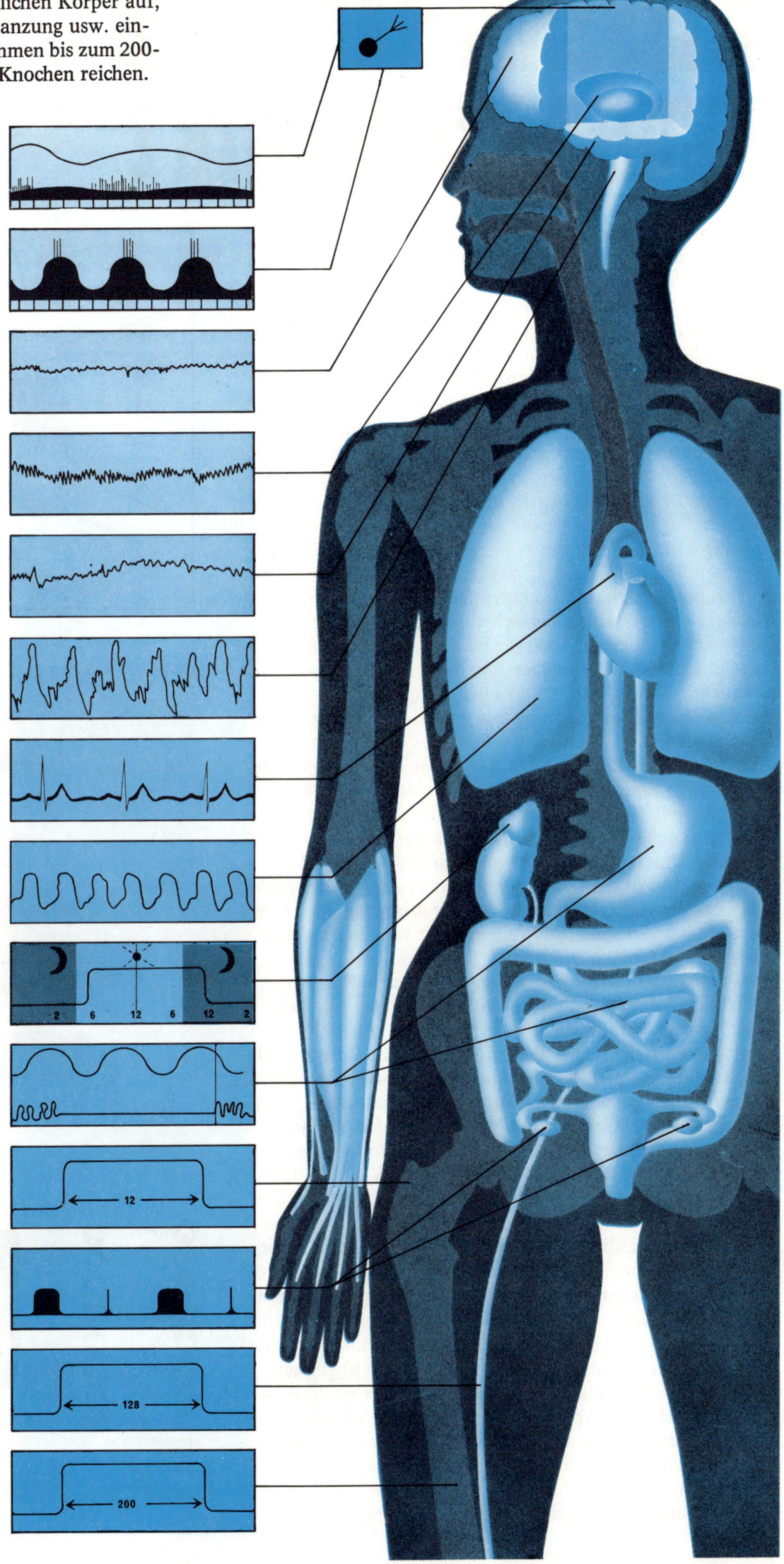

WISSENSCHAFT UND NEUE ASTROLOGIE 2

1. Welche Funktion haben diese Rhythmen und 2. welche Art Uhr oder Steuermechanismus treibt sie an und kontrolliert sie? Viele Astrologen sehen bei diesen Fragen Möglichkeiten für die Astrologie, einen bedeutsamen Beitrag zu leisten. Schließlich haben die Astrologen seit Jahrhunderten doch nichts anderes untersucht als die Beziehung zwischen den Planeten- oder Stern-Konstellationen und den Verhaltensmustern der Menschen auf der Erde.

Einer der wichtigsten Vertreter dieser neuen Richtung der astrologischen Forschung ist der englische Astrologe John Addey, Präsident der «Astrological Association» und Herausgeber ihrer Zeitschrift. Im Laufe seiner Forschungsarbeit hat er sich immer mehr von der traditionellen Auffassung entfernt, nach der zwischen Sternzeichen, Planetenaspekten und bestimmten Charakterzügen oder Verhaltensweisen des Menschen eine eindeutige Beziehung herrscht. Bei einem interessanten Versuch mit tausend Neunzigjährigen – die Angaben zur Person entnahm er *Who's Who* – fand er keine Bestätigung der Annahme, daß der Aspekt von Sonne und Saturn, dem Langlebigkeit zugeschrieben wird, bei den Versuchspersonen überwog. Auch das Sternzeichen des Steinbocks war nur den Gesetzen des Zufalls entsprechend vertreten. Ein ähnlicher Versuch mit tausend gelähmten Kindern brachte ebenfalls keine Bestätigung für die dominierende Rolle gewisser Zeichen und Aspekte, wie sie die traditionelle astrologische Lehre vorhergesagt hätte. Eine genauere Untersuchung zeigte aber ein außergewöhnliches Wellenmuster in der schematischen Darstellung der Ergebnisse, wie es vorher niemals in der astrologischen Forschung bemerkt worden war. Das Wellenmuster veränderte sich deutlich von Gruppe zu Gruppe. Addey entdeckte später bei Ärzten und Geistlichen andere bedeutsame Harmonien. Man kann Addeys Analysen auf die Formel bringen, daß astrologische Wirkungen aus der Harmonie kosmischer Perioden entstehen. Die Wellenformen, die er als Merkmal gewisser Berufe usw. nachgewiesen hat, entsprechen einer harmonischen Beziehung zu den fernen Planeten und ihren Bewegungen. Mit anderen Worten, die kosmischen, biologischen oder molekularen Vorgänge bilden ein Netz von Wellenmustern. Die Perioden der einzelnen Vorgänge können zwischen einem Bruchteil einer Sekunde und Millionen von Jahren schwanken. Gegenstände, Ereignisse, Menschen, Völker, ja sogar Planetensysteme hängen vielleicht in einem System zusammen, das die traditionelle Astronomie und die Physik nicht erklären kann, aber von der wissenschaftlichen Astrologie nachgewiesen und erforscht werden kann.

Eine zweite «kopernikanische Wende» steht uns mit Sicherheit bevor, wenn die Untersuchung natürlicher Rhythmen fortschreitet und endlich der Astrologie den längst benötigten statistischen Rückhalt liefert, damit sich die astrologischen Vorstellungen sinnvoll in den Rahmen der heutigen Naturwissenschaft einfügen können. Aber immer noch suchen wir Antwort auf die Frage, welche Mechanismen räumlich und maßstäblich so verschiedene Vorgänge wie

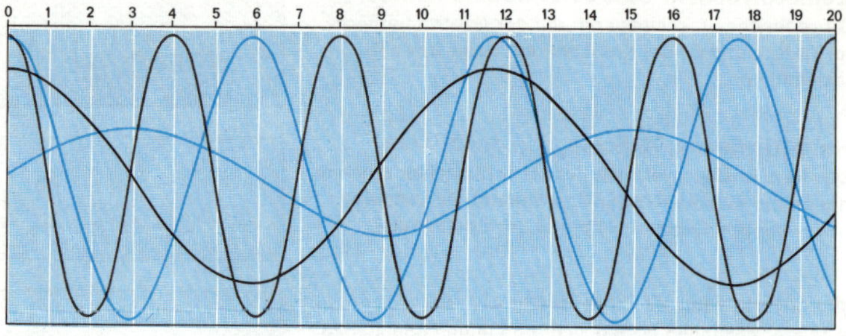

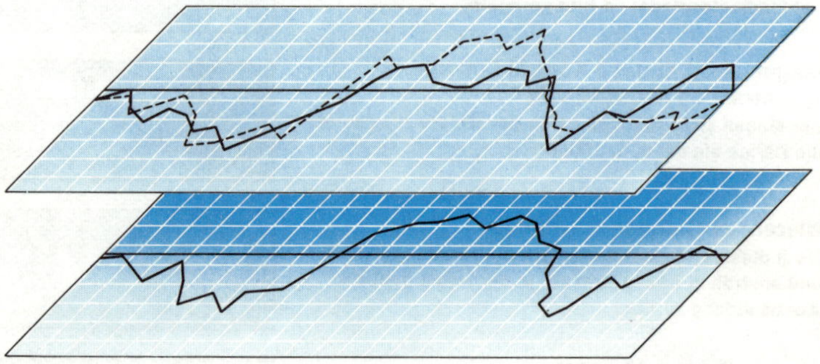

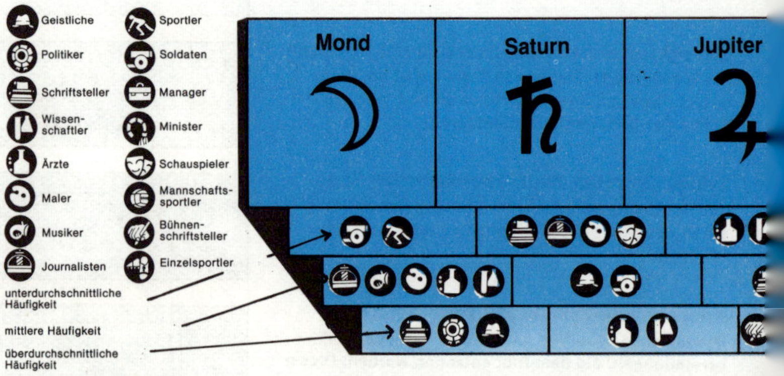

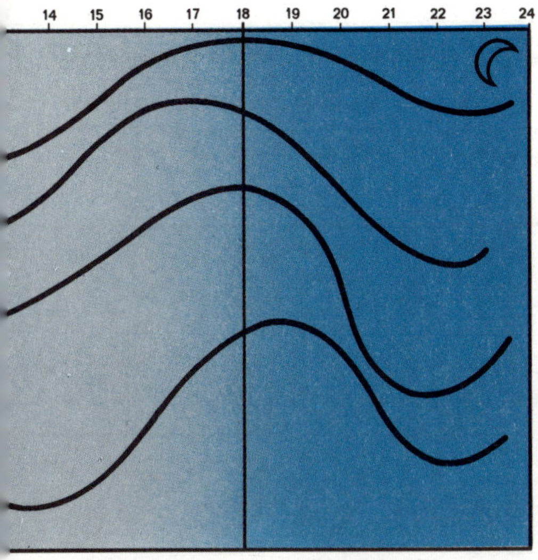

Macht des Mondes (links)
Der Stoffwechsel vieler Pflanzen und Tiere wird von den Bewegungen des Mondes beeinflußt. Die Zeichnung (nach F. A. Brown jr.) stellt schematisch die Ergebnisse seiner Messungen des Sauerstoffverbrauchs von Kartoffeln, Tang, Karotten und Wassermolchen dar. Diese Rhythmen setzte Brown in Beziehung zu den Mondphasen. Auch wenn der Mond nicht sichtbar war, blieben die Abläufe bemerkenswert stabil.

Aktivitätszyklen
Die amerikanische Zeitschrift «Cycles» berichtet über Rhythmen, die sich bei vielen Erscheinungen deutlich abzeichnen. Die wissenschaftlich untersuchten Rhythmen erreichten Spitzenwerte (links) in genau festgelegten Intervallen – alle 4, 5, 9 usw. Jahre. Rechts eine Liste der Vier-Jahres-Zyklen.

Erscheinung	Beobachtungszeitraum in Jahren	Zeitpunkt der Höchstwerte
Aktienkurse, USA, 1837–1958	122	1968,5
Moodys Index der Industrieobligationen, USA, 1919–1963	45	1968,75
Planktonvorkommen, Michigan-See, 1926–1942	17	1969,5
Käse-Verbrauch, 1867–1953	87	1970,5
Sonnenflecken, 1749–1954	206	1970,25
Vorkommen von Polarfüchsen, Kanada, 1873–1951	60	1970,5
Schweinepreise, Deutschland, 1896–1930	35	1970,5
Vorkommen von Feldmäusen, 1863–1936	74	1971–72
Industrieproduktion, USA, 1944–1958	15	1972–75

Wellenanalyse (links)
John Addeys Untersuchung der Geburtshoroskope von Gruppen (tausend Neunzigjährige, tausend Kindergelähmte usw.) ergab für jede Gruppe besondere Wellen. Die obere Zeichnung zeigt die Wellenmuster von Gelähmten in zwei verschiedenen Krankenhäusern; unten ein kombiniertes Diagramm.

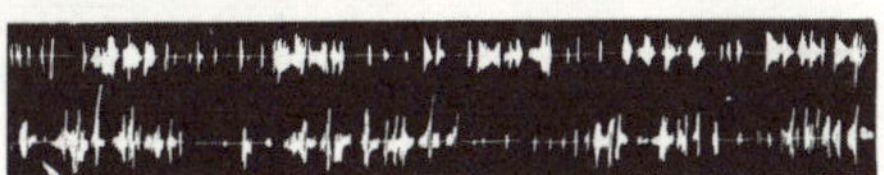

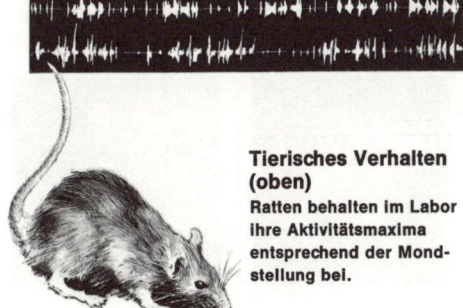

Tierisches Verhalten (oben)
Ratten behalten im Labor ihre Aktivitätsmaxima entsprechend der Mondstellung bei.

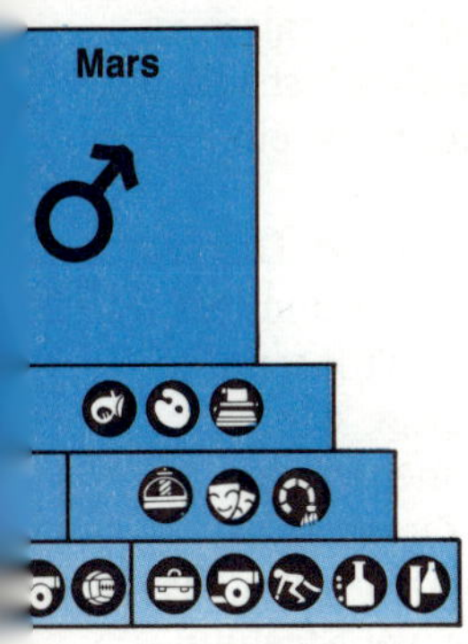

Planeten und Berufe (links)
Der französische Forscher Michel Gauquelin fand bemerkenswerte Zusammenhänge zwischen den Horoskopen von Angehörigen bestimmter Berufsgruppen. Der aufgehende oder im Zenit stehende Saturn kam häufig im Geburtshoroskop von Wissenschaftlern und Ärzten vor. Die Zeichnung zeigt die Resultate Gauquelins in Verbindung mit den vier Planeten Mond, Saturn, Jupiter und Mars.
Die Berufe, die in der untersten Spalte des Diagramms aufgeführt werden, traten überdurchschnittlich häufig auf, Berufe in der mittleren Reihe mit durchschnittlicher Häufigkeit, die in der oberen Reihe waren wenig vertreten.

zum Beispiel die relative Bewegung zweier Planeten zueinander und die Geburt eines Kindes verbinden. Vom Standpunkt der exakten Naturwissenschaft aus gilt der Einwand nicht, man wisse zwar nicht genau, *wie* etwas funktioniert, aber man wisse, *daß* es funktioniert. Sicher ist die präzise Darstellung der Mechanik eines funktionierenden Systems der entscheidende Schritt zum Verständnis des Systems.

Eines der Hauptargumente gegen die Astrologie geht von der Voraussetzung aus, daß ihre Gesetzmäßigkeiten entweder gänzlich unbekannt oder schlichtweg unglaubwürdig seien. So stellt man oft die Frage: «Wie können die Planeten eigentlich ganz alltägliche Vorgänge auf der Erde beeinflussen?» Wenige Astrologen werden behaupten, auf diese Frage eine bündige Antwort zu wissen, auch wenn sie auf Addeys These verweisen, daß die Lebensvorgänge auf der Erde von molekularen oder kosmischen «Uhren» in Gang gesetzt und kontrolliert werden.

Die Herausforderung der Astrologie

Sieht man sich die Frage näher an, so stellt man fest, daß sie von der Annahme ausgeht, eine kausale Beziehung zwischen voneinander entfernten Gegenständen könne nur dann vorliegen, wenn die Gegenstände physikalisch nachweisbar verbunden sind. Dieser Punkt wird klarer, wenn wir das Argument umformulieren: Das Universum besteht aus Materieteilchen oder elektromagnetischen Schwingungen, die sich in der Form von Planeten, Sonnen, Menschen usw. bündeln. Vorgänge oder Zustandsänderungen treten nur dann auf, wenn in diesen Materiebündeln ein Teilchen (Atom) auf das andere wirkt. Nach der klassischen Physik stößt das energiereichere Atom das weniger energiereiche etwas beiseite. Wir sagen, das Atom A hat die Bewegung von Atom B «verursacht», oder die elektromagnetische Energie ist von A auf B übergegangen. Dieser Begriff der Kausalität, auf dem die ganze heutige Naturwissenschaft aufbaut, ist wahrscheinlich nicht so unantastbar, wie manche glauben. Trotzdem wollen wir ihn in unserer Argumentation weiter benutzen. Die Gegner der Astrologie betonen, daß eine Beziehung zwischen zwei benachbarten, physikalisch verbundenen Gegenständen begreiflich, aber zwischen zwei durch leere Räume getrennten Gegenständen sinnlos sei.

Selbst wenn wir einmal von der sonderbaren Erscheinung der Schwerkraft absehen, die scheinbar ohne direkten physikalischen Träger auch im leeren Raum wirkt, wird das Argument in mehr als einer Hinsicht hinfällig. Zum einen berücksichtigt es nicht die Wirkung des Sonnenlichts – nicht die Wirkung der Wärme – auf irdisches Leben, zum anderen beharrt es auf der naiven Annahme, daß die einzig möglichen Kausalbeziehungen zwischen weit entfernten Himmelskörpern und unserem Planeten die seien, die wir mit unseren normalen Sinnen entdecken können. Bevor wir die Wirkung des Lichts auf das Leben betrachten, wollen wir die Möglichkeit anderer Formen der «Fernwirkung» erwägen.

KOSMISCHE ENERGIESYSTEME 1

Auf unserer Suche nach den Verbindungen zwischen dem Menschen und den Vorgängen in der «oberen Welt» betrachten wir die Frage «Warum funktioniert die Astrologie?» zuerst aus der Sicht der traditionellen Wissenschaft. Beeinflussen uns die Positionen von Planeten und anderen Himmelskörpern, das Licht, unsichtbare Strahlen oder andere, uns gänzlich unbekannte Wellen?

Es gibt anscheinend keine rein logischen Gründe für die Annahme, daß in den Planetenpositionen selbst die ganze Antwort liegt. Wahrscheinlich müssen wir doch irgendeine Art von Strahlung in Betracht ziehen. Es wäre jedoch eine schwerwiegende Einschränkung, wenn wir unsere Aufmerksamkeit auf das sichtbare Licht beschränkten, denn das Licht, das wir sehen, ist nur ein sehr kleiner Teil des ganzen elektromagnetischen Spektrums. Unter der kurzwelligen Grenze des sichtbaren Lichts finden wir die kurzwelligen Ultraviolettstrahlen, die Röntgenstrahlen und Gammastrahlen, über der langwelligen Grenze die Infrarotstrahlen zusammen mit Mikrowellen und allen möglichen Arten von Radiowellen. Das Diagramm (rechts) verdeutlicht die ungeheure Bandbreite. Wir sollten im Gedächtnis behalten, daß unsere Augen nur die mittlere Oktave wahrnehmen und daß die Erdatmosphäre ziemlich undurchlässig ist. Nur das sichtbare Licht und eine bestimmte Menge infraroter und Radiowellen durchdringt diese schützende Hülle.

Kosmische Strahlung und Gravitation

Wir sollten ebenfalls nicht vergessen, daß im Universum Energie vorkommt in Form von kosmischer Strahlung, das heißt von Teilchenströmen. Unser Wissen darüber ist unzulänglich. Diese Energie könnte aus Sternexplosionen (Supernovae) stammen. Noch wichtiger ist das Auftreten der Gravitation, allerdings können wir diese schwache, aber wichtige Kraft nicht erklären. Wir wissen, wie sie wirkt, aber wir wissen nicht, warum.

Zudem liegen deutliche Hinweise auf eine weitere Kraft vor. Die äußeren Milchstraßen entfernen sich von uns mit großer Geschwindigkeit, einige erreichen mehr als die halbe Lichtgeschwindigkeit. Wenn man den modernen Theorien glaubt, entfernen sich die seltsamen, rätselhaften Objekte, die man Quasare genannt hat, sogar mit 90 Prozent der Lichtgeschwindigkeit. Wäre die Schwerkraft (Gravitation) die einzige universell wirkende Kraft, würde sich alles im Weltraum stetig auf ein Zentrum zubewegen. Da dies aber nicht der Fall ist, muß eine Kraft wirksam sein, die wir noch nicht erklären können. Sie wird «kosmische Abstoßung» genannt, und wir wissen nichts über sie, außer daß sie existiert.

Wichtig ist in unserem Zusammenhang allein die Tatsache, daß wir nicht behaupten können, die verschiedenen Strahlungen im Universum zu kennen. Erst in letzter Zeit wurden neue Arten entdeckt. Die Radioastronomie, heute ein wichtiger Zweig der Naturwissenschaft, entstand 1931. Bis 1954 war nicht bekannt, daß der Planet Jupiter eine Strahlenquelle ist. Röntgenstrahlen und Gammastrahlen aus dem Universum wurden sogar noch später entdeckt. Vor diesen Entdeckungen war es nur allzu leicht, die Astrologie als falsch zu verwerfen, da man keine Strahlungen oder Wellen feststellen konnte, die zu ihren Gunsten sprachen. Heute wäre ein solcher Versuch höchst unklug.

Die Erde selbst besitzt ein schützendes Magnetfeld. Der sogenannte Sonnenwind trifft die Grenzen des Feldes und löst eine Stoßwelle aus, die das Magnetfeld in einen Tropfen umformt, dessen «Schwanz» von der Sonne wegzeigt. Die meisten elektrisch geladenen Teilchen des Sonnenwindes prallen an der Magnethülle ab. Die Teilchen, die sie meist in der Nähe der magnetischen Pole durchdringen, stoßen bis in den Van-Allen-Gürtel vor, eine Zone intensiver Strahlungen, die 1958 entdeckt wurde.

Das elektromagnetische Spektrum (unten)
Elektromagnetische Wellen bewegen sich als gleichmäßige Schwingung durch den Raum. Sie können Radiowellen mit niedriger Frequenz im Langwellenbereich oder kurzwellige Röntgenstrahlen mit hoher Frequenz sein. Das Diagramm unten zeigt vereinfacht das Spektrum der elektro-

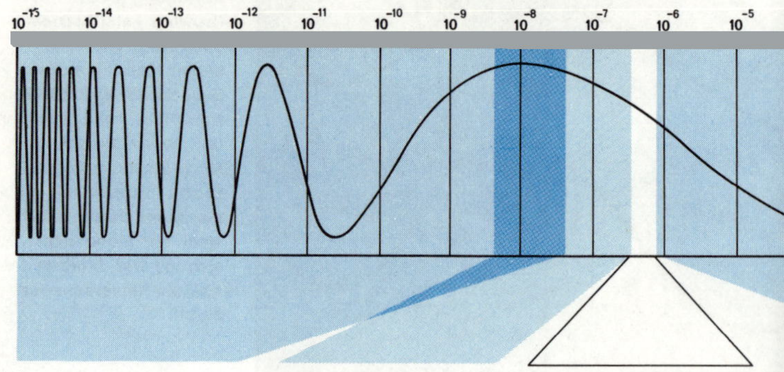

Gamma- und Röntgenstrahlen
Beide Strahlentypen sind kurz und energiereich. Quellen von Gammastrahlen wurden am Himmel festgestellt, aber ihre physikalische Natur ist noch unklar. Der Crabnebel (unten) ist eine der vielen bekannten Röntgenquellen. Da Gamma- und Röntgenstrahlen in der oberen Atmosphäre absorbiert werden, trug die Raketentechnik viel zu ihrer Kenntnis bei.

Ultraviolette Strahlung
Auch bestimmte Bereiche dieser Strahlung werden in der oberen Atmosphäre absorbiert. Alle Sterne senden ultraviolette Strahlung aus, allerdings sind die heißeren Sterne kräftigere Quellen. Durch die Absorption wird die astrophysikalische Auswertung des aufschlußreichen Ultraviolettspektrums eingeengt. Unten eine Ultraviolettaufnahme des Planeten Mars.

Sichtbares Licht
Das sichtbare Licht nimmt einen so engen Frequenzbereich ein, daß die Astronomen mit optischen Teleskopen nie über fragmentarisches Wissen hinauskommen werden. Trotz der hohen Durchlässigkeit der Erdatmosphäre für sichtbares Licht sind die Möglichkeiten der optischen Astronomie gegenüber der Radioastronomie gering. Unten eine Aufnahme des Mars in sichtbarem Licht.

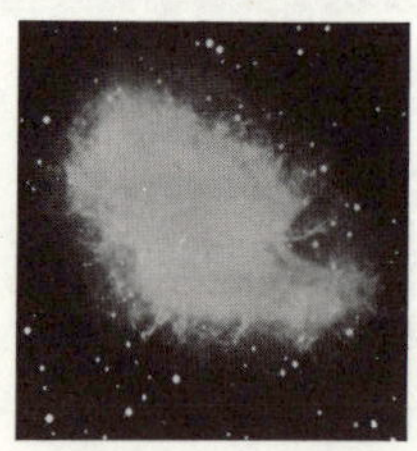

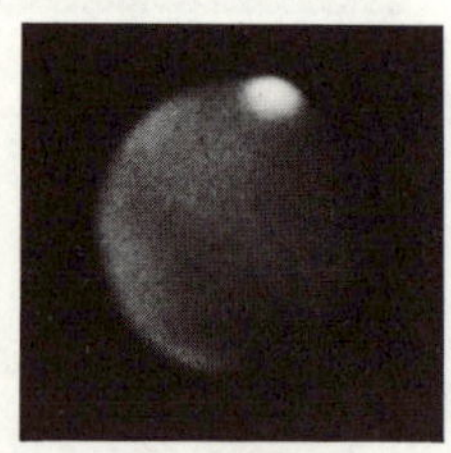

magnetischen Wellen von kurzen Wellen mit hoher Frequenz (links) zu langen Wellen mit niedriger Frequenz (rechts). Nur Wellen aus schmalen Frequenzbereichen gelangen durch die «Fenster» in der Atmosphäre auf die Erdoberfläche. Die dunkler getönten Stellen in der Zeichnung verdeutlichen die Bereiche, wo sich zwei Frequenzbänder überschneiden.

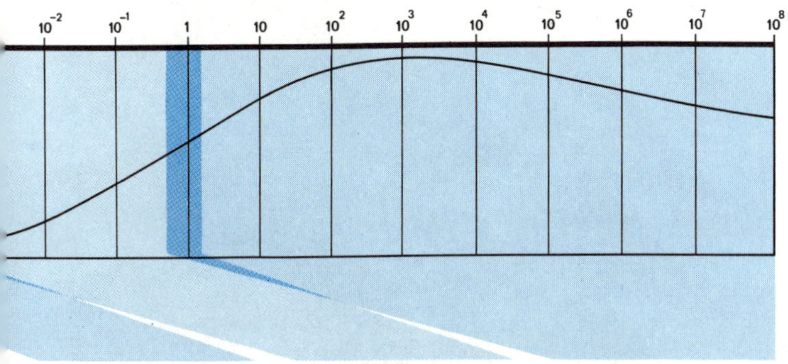

Infrarotstrahlung
Über dem Frequenzbereich des sichtbaren Lichts liegt das Band der Infrarotstrahlung, das bis zum Frequenzband der Zentimeterwellen reicht. Nur durch eine kleine Lücke gelangt infrarotes Licht einer bestimmten Wellenlänge auf die Erdoberfläche, der größere Teil wird in der oberen Atmosphäre absorbiert. Alle Sterne senden Infrarotstrahlung aus. Unten eine Infrarotaufnahme des Mars.

Mikrowellenstrahlung
Sie erreicht die Erde durch das «Radiofenster». Diese Strahlung im Bereich der Millimeter- bis Dezimeterwellen wird von den Radioteleskopen gesammelt und gebündelt. Die Sonne, Jupiter und Reste einer Supernova in unserer Milchstraße zum Beispiel senden Mikrowellen aus. Heute ist man im Besitz genauer «Radiokarten» des Himmels. Unten eine konturierte Karte der solaren Mikrowellenstrahlung.

Langwellige Strahlung
Die Reflexion an den elektrisch leitenden Schichten der Ionosphäre verhindert fast völlig das Durchdringen der Langwellen (15 m bis mehrere Kilometer) bis zur Erdoberfläche. Nur für den Bereich zwischen 3 Zentimeter und 15 Meter Wellenlänge existiert ein Fenster. Unten eine schematische Karte einer mächtigen Radioquelle, des Quasars 3 C–47.

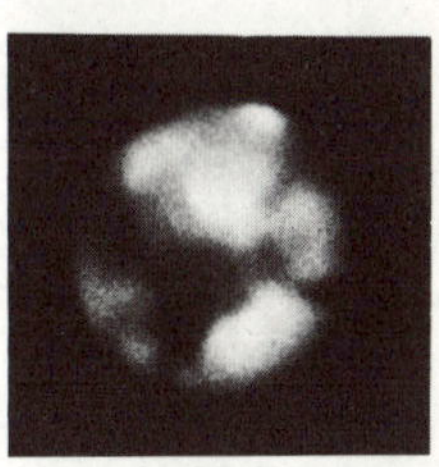

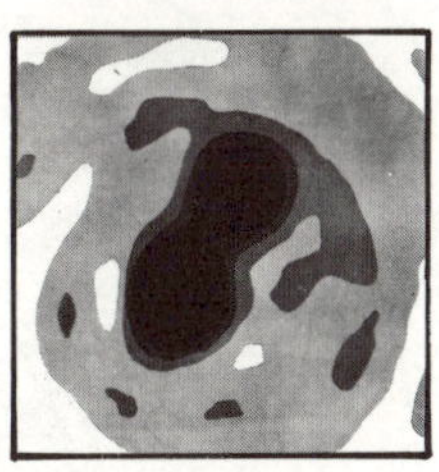

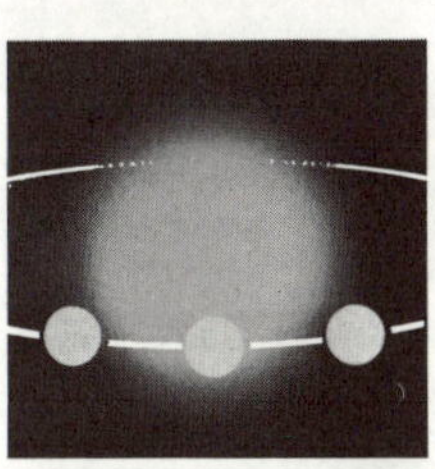

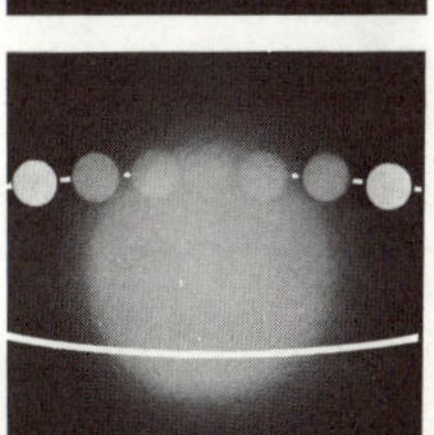

Sternriesen (links)
Das im Modell dargestellte Sternpaar ist als Zeta Aurigae bekannt. Der größere Partner hat einen Durchmesser von 290 Millionen Kilometer. Der kleinere Stern vor der Scheibe des Überriesen mißt 30 Millionen Kilometer im Durchmesser. Die obere Abbildung zeigt ihn in drei Mal vor der Scheibe des großen; auf der unteren scheint das Licht des kleineren, verfinsterten Sterns durch die Atmosphäre des großen.

Das Magnetfeld des Jupiter (rechts)
1954 wurden intensive Ausbrüche von Radiostrahlung auf dem Jupiter festgestellt. Die Ursachen dafür sind nicht klar, als Erklärung vorgeschlagen wurden vulkanische Stoßwellen oder chemische Explosionen. Die Zeichnung veranschaulicht eine mögliche Erklärung. A, B = Zirkular- und eben polarisierte Strahlung; C, D = Rotations- und Magnetachse; E = magnetische Feldlinien; F = eingefangene Partikel.

Tabelle der universellen Abläufe (unten)
Der Gedanke des zyklischen Ablaufs (s. S. 49) kann auf jede Form kosmischer Abläufe übertragen werden. Die Tabelle (unten) reicht von 0,001 Ångström (der Maßeinheit für die Wellenlänge des Lichts und anderer elektromagnetischer Wellen) bis zu den Jahrmillionen, die die Sonne für einen Umlauf um die Milchstraße braucht.

Wellenlänge	Frequenz (Perioden/sec)	
0,001 Ångström	3×10^{21}	kosmische Strahlen
1 Å.	3×10^{18}	Gammastrahlen
500 Å.	6×10^{15}	Röntgenstrahlen
3000 Å.	1×10^{15}	Ultraviolette Strahlung
6000 Å.	5×10^{14}	sichtbares Licht
10 000 Å.	3×10^{14}	Infrarotstrahlen
Millimeter	3×10^{11}	Kurzwellen
Meter – 1000 Meter	3×10^{8}	Langwellen
	10^{4}	Gehirn- und Muskelströme
	1 Periode/ Perioden/Sec.	langsamere Rhythmen im menschlichen Körper
	1 Tag	Erdumdrehung
	1 Periode/ 1 Monat	Umlauf des Mondes um die Erde
	1 Periode/ 1 Jahr	Umlauf der Erde um die Sonne
	1 Periode/ 100 Jahre	Umlauf der langsamen Planeten um die Sonne
	1 Periode/ 1 Million Jahre	Rotation von Sternhaufen
	1 Periode/ 100 Millionen Jahre	Umlauf der Sonne um den Kern der Milchstraße

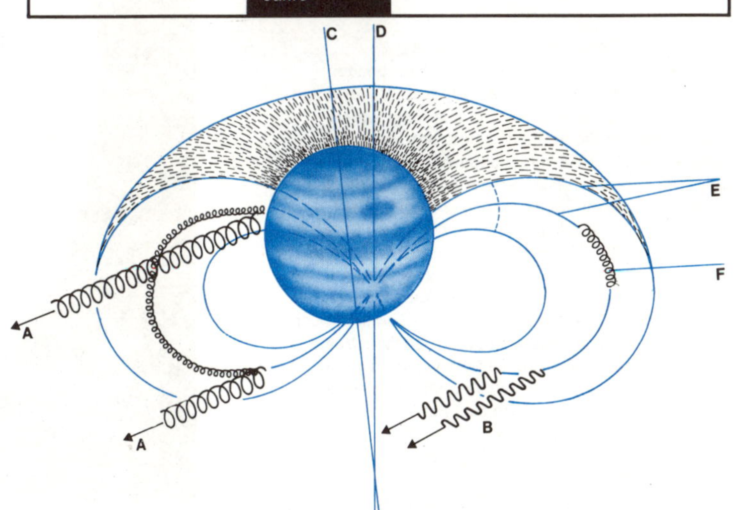

KOSMISCHE ENERGIESYSTEME 2

Mit der Atmosphäre besitzt die Erde noch eine weitere schützende Hülle. Die ionisierten Schichten in der Ionosphäre zwischen 50 und 300 Kilometer Höhe halten wirksam die ganzen kurzwelligen Strahlungen ab, die sonst auf der Erde alles Leben vernichten würden. Auch die meisten langwelligen Strahlungen werden von der Ionosphäre reflektiert, die auch kleine feste Partikel, wie Meteoriten, abbremst.

So leben wir auf der Erde in gewissem Maße beschützt. Meteoriten und tödliche Strahlung aus dem Weltraum erreichen uns nicht. Die Schwerkraft durchdringt allerdings die Schutzschichten, ob als Welle oder in anderer Form.

Die verschiedenartigen kosmischen Strahlungen, die uns treffen, werden von den unterschiedlichen Stellungen der Himmelskörper beeinflußt. Wenn die Sonne unter dem Horizont steht, erreichen uns weder Röntgenstrahlen noch ultraviolette oder Radiowellen, die sie aussendet. Die Radiowellen

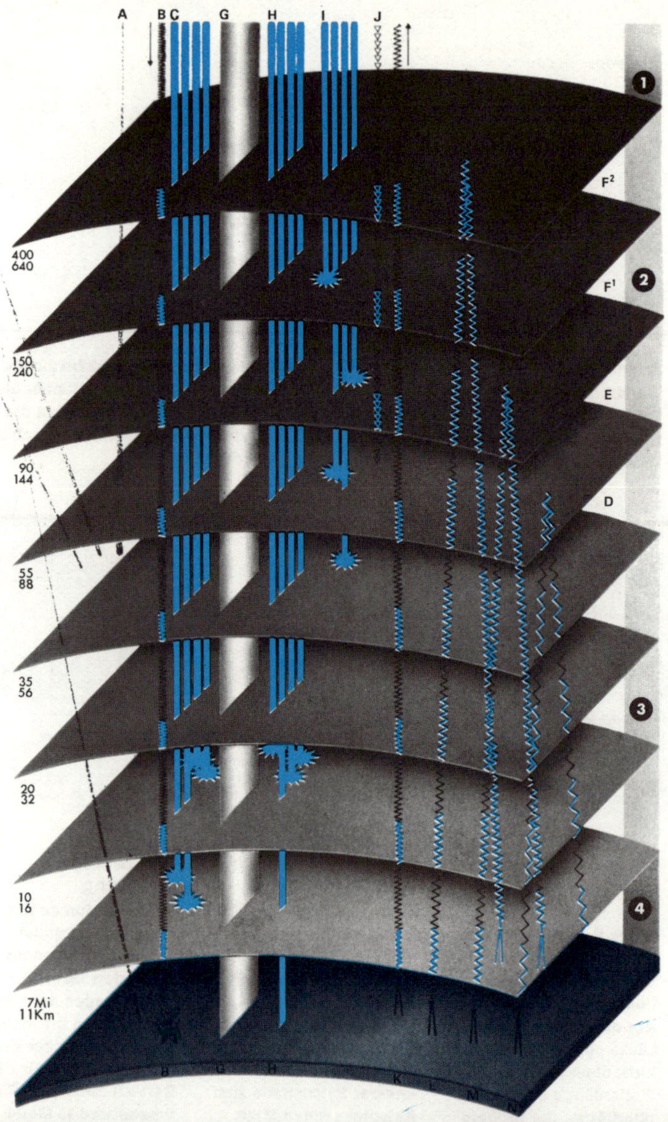

Die schützende Atmosphäre der Erde (rechts)
Die in hoher Verdünnung ungefähr bis zu einer Höhe von 600 Kilometern reichende Erdatmosphäre wirkt wie ein Filter für kosmische Strahlung und Partikel. Sie gliedert sich in vier Stockwerke: die Exosphäre als äußerste Schicht; die Ionosphäre, in der alle Radiowellen, bis auf Wellen aus schmalen Frequenzbereichen absorbiert oder reflektiert werden, die Stratosphäre (bis 55 Kilometer Höhe), deren Ozon vor der tödlichen Kurzwellenstrahlung aus dem Weltraum schützt, und schließlich die Troposphäre, in der sich das normale Wettergeschehen abspielt.

1 = Exosphäre; 2 = Ionosphäre; 3 = Stratosphäre; 4 = Troposphäre; **A** = Meteore; **B** = Radiowellen; **C** = Infrarotstrahlung; **D** = D-Schicht; **E** = E-Schicht; **F** = F-Schicht; F_2 = F_2-Schicht; **G** = sichtbares Licht; **H** = Ultraviolette Strahlen durchdringen die Atmosphäre; **I** = Ultraviolette Strahlung schaffen ionisierte Schichten: **J** = Röntgenstrahlen werden von der Ionosphäre absorbiert; **K, L, M, N** = Lang-, Mittel- und Kurzwellensender.

Polarlicht (rechts)
Das vorhangartige Polarlicht kommt durch solare Korpuskularstrahlung zustande, die Moleküle in den höchsten Schichten der Erdatmosphäre ionisiert und Leuchtprozesse anregt.

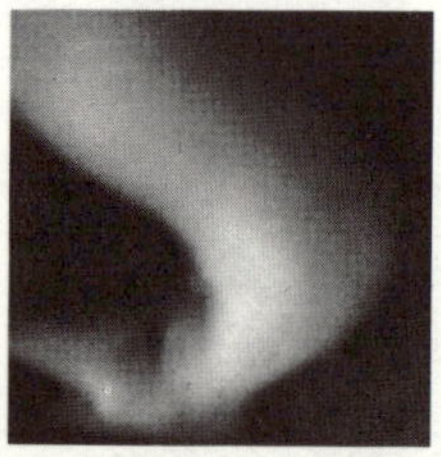

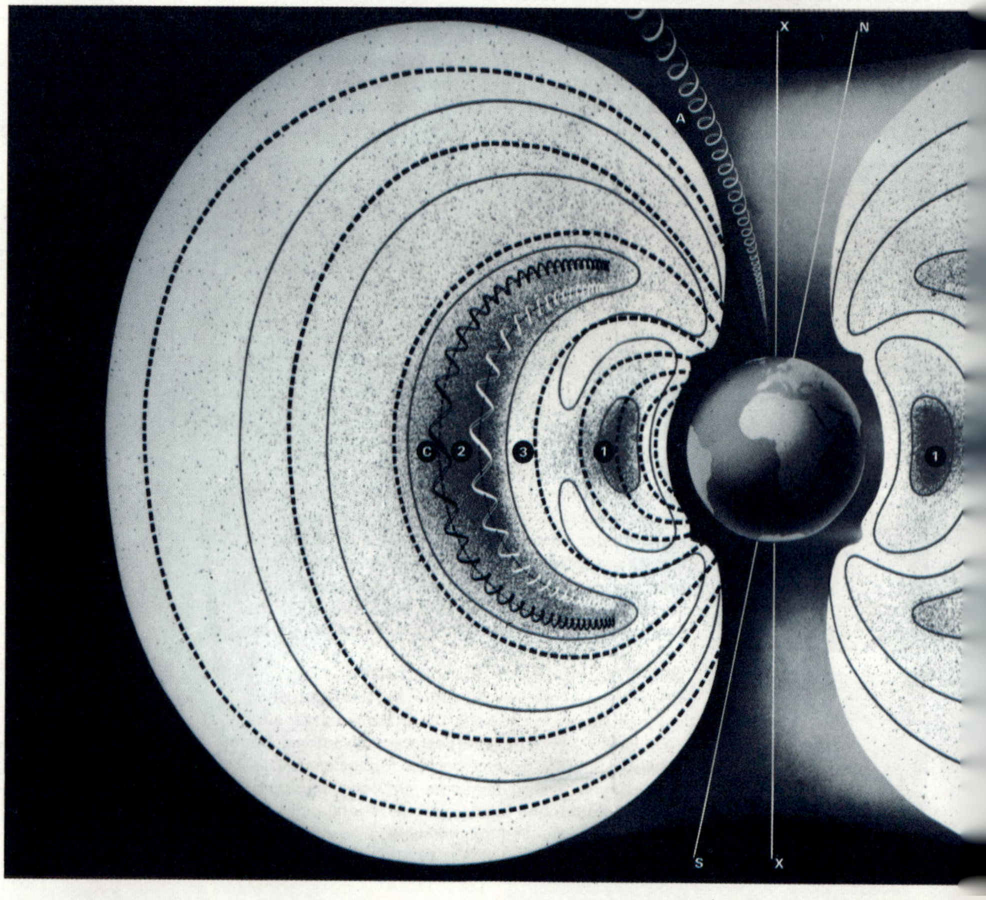

Das Magnetfeld der Erde (rechts)
Das Magnetfeld schützt die Erde vor einer breiten Skala intensiver kosmischer Strahlungen. Es reflektiert einen Teil der geladenen Partikel und fängt andere ein. So entsteht die Strahlungszone des Van-Allen-Gürtels, der erst 1958 von dem amerikanischen Satelliten Explorer I entdeckt wurde. Der Van-Allen-Gürtel kann in zwei Zonen unterteilt werden: die innere (1) und die äußere Zone (2). Die innere Zone, ungefähr in 4500 Kilometer Höhe, besteht aus Protonen, die von der kosmischen Strahlung erzeugt werden (A). Die äußere Zone in ungefähr 15000 Kilometer besteht aus Elektronen (C), die aus den Sonnenwinden (B) stammen. Diese Zone wird durch Teilchenströme von der Sonne gestört, die die Polarlichter verursachen. Zwischen den zwei Zonen des Van-Allen-Gürtels liegt in etwa 12000 Kilometer Höhe eine Zone verminderter Intensität, die «Schlitz» genannt wird. Die Zeichnung stellt schematisiert den Aufbau des Magnetfeldes dar. Die magnetischen Pole (X und X) fallen nicht mit den geographischen Polen (N und S) zusammen.

vom Jupiter können nur festgestellt werden, wenn der Planet sichtbar ist, ebenso wie die Hochfrequenzstrahlungen des Crabnebels und einer sternförmigen Quelle, dem sogenannten Crab-Pulsar. Wir können daher logisch schließen, daß andere uns unbekannte Strahlungen in gleicher Weise beeinflußt werden. Vielleicht sind gerade sie die Ursache astrologischer Wirkungen?

Diese Annahme mag höchst spekulativ klingen, und sie tut es auch. Aber ein Astronom, der im Jahre 1920 behauptet hätte, daß Sonne oder Jupiter Radiostrahlung aussenden, wäre ausgelacht worden. Wenn wir die Möglichkeit von unbekannten, unsichtbaren Strahlungen oder Wirkungen der Schwerkraft anerkennen, können wir bereits einen Schritt zur Lösung unseres Problems getan haben. Ob es überhaupt gelöst werden kann, wird sich erst erweisen.

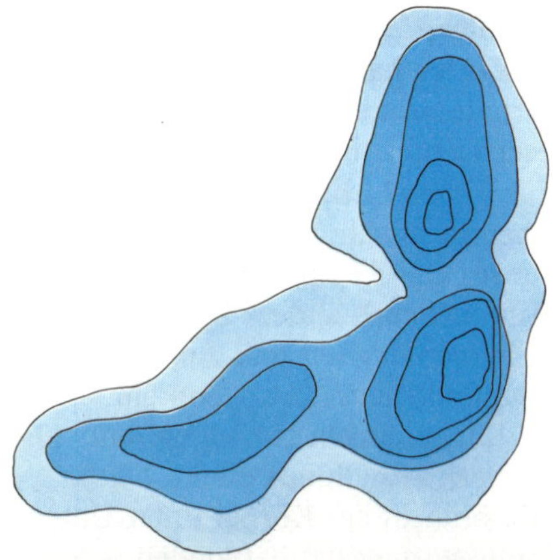

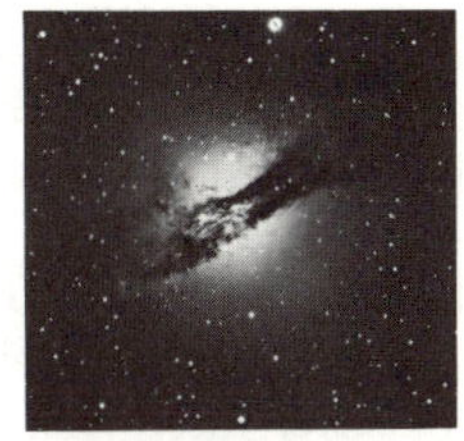

Der Radiohimmel
Die Radiohelligkeit des Sternsystems Centaurus A (links) erstreckt sich über eine größere Fläche als ihr optisches Gegenstück (oben).

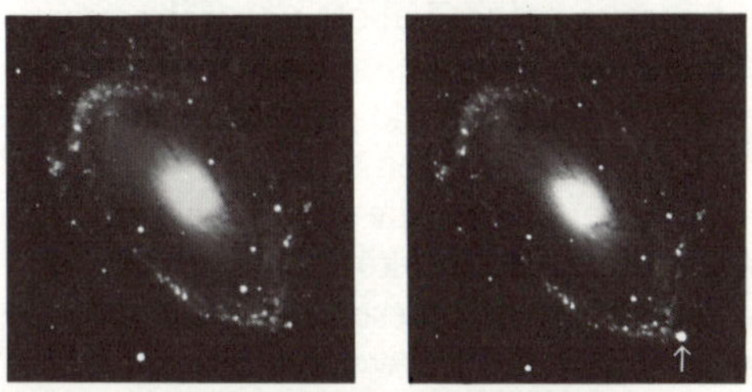

Supernova in einem Spiralnebel (oben)
Der Pfeil in der Abbildung links oben zeigt auf einen explodierenden Stern, der vorher nicht sichtbar war.

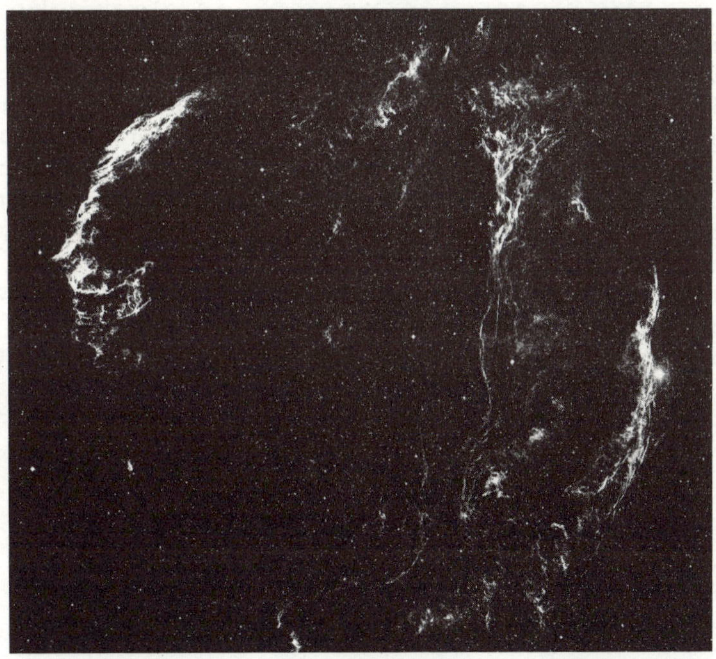

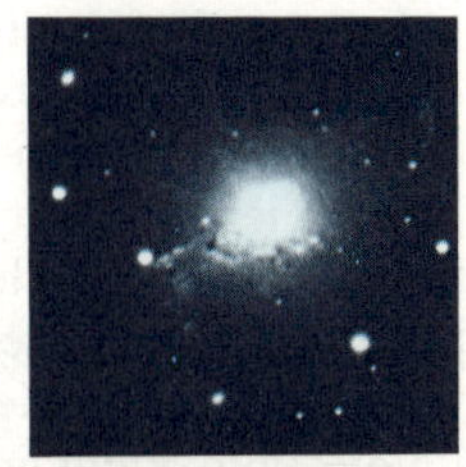

Radiostern (oben)
Ein Energie-«Strahl» dringt aus der Hauptradioquelle im Sternbild des Perseus. Bisher sind über 2500 Radioquellen im Weltraum bekannt.

Schleier-Nebel (links)
Diese sich ständig weiter ausdehnende Gaswolke im Sternbild Vela am Südhimmel ist wahrscheinlich der Rest einer Supernova, die vor über 50 000 Jahren explodierte.

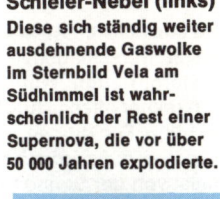

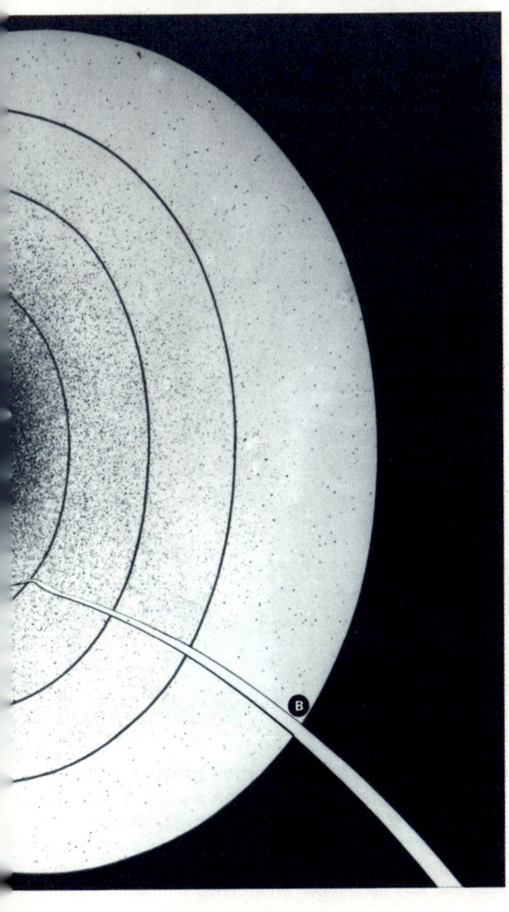

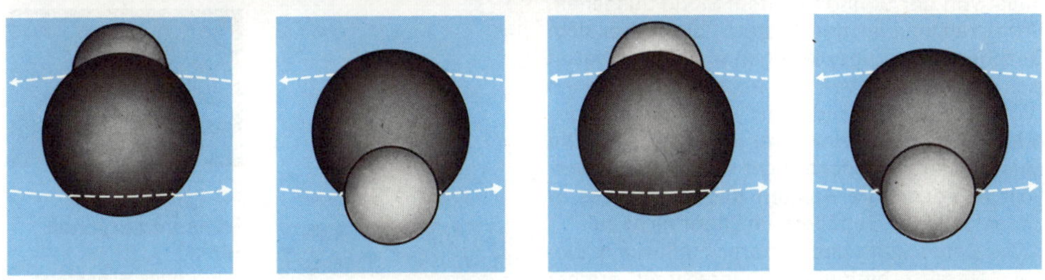

Kosmische Variationen (oben)
Die Kurve unten zeigt den Lichtwechsel des Doppelsterns oder Sternpaars Algol im Sternbild Perseus, der regelmäßig alle 2½ Tage abläuft. Der Wechsel erklärt sich aus der Stellung des lichtschwächeren Partners, der mit dem lichtstärkeren um einen gemeinsamen Schwerpunkt kreist. Im Primärminimum verdeckt der dunklere den helleren Stern (1 und 3), im Nebenminimum steht der hellere vor dem dunkleren Stern (2 und 4).

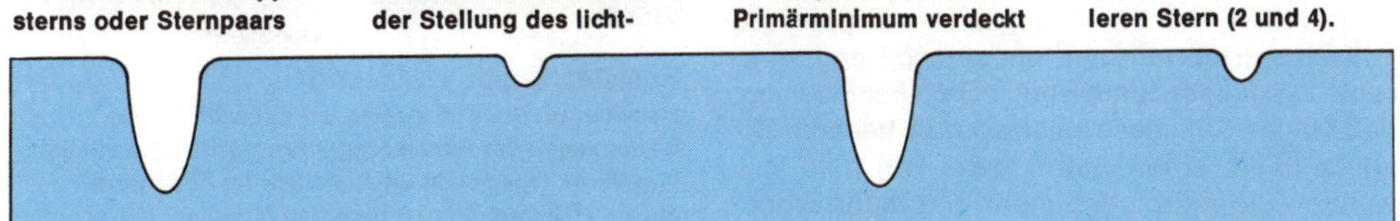

BIOLOGISCHE UHREN

Neue Entdeckungen der Naturwissenschaft haben die Sache der Astrologie entscheidend unterstützt. Die Erforschung biologischer Rhythmen oder Zyklen hat die Erkenntnis der Astrologie bestätigt, daß Verhaltensmuster von einer Art kosmischer Uhr in Gang gesetzt und kontrolliert werden.

Das einfachste Beispiel für diese «Licht-Kontrolle» biologischer Rhythmen ist der bereits erwähnte Wechsel von Licht und Dunkelheit, der unser Gefühl für Wachheit steuert. Dieser Wechsel beeinflußt auch andere Körperfunktionen wie Verdauung, Nierentätigkeit und Appetit. Diese Funktionen werden empfindlich gestört, wenn ein Mensch in kurzer Zeit große Entfernungen zurücklegt und plötzlich einen anderen Tag-Nacht-Rhythmus erlebt. Nach einem Flug über den Atlantik braucht der Körper unter Umständen Tage, um die Rhythmusstörung zu überwinden.

Seit der Einführung des elektrischen Lichts kann die Menschheit nach ihrem Belieben die Lichtuhr kontrollieren und den natürlichen Wechsel von Tag und Nacht verändern. In der Tierwelt zeigt sich jedoch noch ganz eindeutig die überraschend vielfältige Beziehung zu Himmelskörpern oder anderen regelmäßigen Abläufen in der Natur. Obwohl man sich vor allzu direkten Rückschlüssen auf die Astrologie hüten sollte, kann man die wissenschaftliche Unterscheidung zwischen Sonnenlicht und Sonnenwärme als Triebkräfte irdischer Geschehnisse akzeptieren. Die Wärmestrahlung der Sonne löst meßbare physikalische Veränderungen in der Welt der Lebewesen aus, aber nur ihr Licht kann das Verhalten der höheren Tiere und der Menschen als eine Art Uhr oder Zeitmesser steuern.

Mondrhythmen

Der kleine, im Pazifik lebende Wurm Palolo viridis schwärmt zum Beispiel einmal im Jahr zu einem Zeitpunkt aus, der nicht nur einfach dem Neumond entspricht, sondern genau einem bestimmten Neumond im Jahr. Eine andere Wurmart, Convoluta roscoffensis, benutzt anscheinend Ebbe und Flut als Zeitmesser. Bei Ebbe erscheinen die Würmer in so ungeheuren Mengen an den Stränden von Kalifornien, daß sich auf Kilometer der Sand grün zu färben scheint, aber sie verschwinden schnell in tieferen Sandschichten, wenn die Flut kommt. Ebbe und Flut erklären die Erscheinung jedoch nur unzulänglich; als Triebkraft für die Wanderung der Würmer muß eher eine Art der Schwerkraft oder geotaktische Kraft angenommen werden, die die Wissenschaftler noch nicht genau kennen. Seltsamerweise halten Würmer der Spezies Convoluta im Aquarium eines Labors ungefähr eine Woche an ihrem Rhythmus fest, auch wenn keine mechanische Kraft wie Ebbe und Flut auf sie wirkt. Aus dem Verhalten dieser einfach gebauten Lebewesen schlossen die Wissenschaftler auf eine «innere Uhr», die von Ebbe und Flut in Gang gesetzt wird. Ein Astrologe könnte hier mit guten Gründen darauf hinweisen, daß diese Erklärung des zyklischen Verhaltens der Würmer nicht weniger Fragen offen läßt, als sein eigener Glaube an die Beziehung zwischen planetarischen Gesetzmäßigkeiten und bestimmten Rhythmen beim Menschen.

Andere Beispiele rhythmischen Verhaltens lassen sich beim Ausschwärmen von Feuerfliegen, Grashüpfern, Wanderheuschrecken usw. feststellen, auch beim bemerkenswerten

Die kosmischen Auslöser

Bei so verschiedenen Spezies wie Kartoffeln, Austern, Ratten, Würmern und Menschen zeigt sich immer offensichtlicher, daß auf viele lebenswichtige Funktionen – Atmung, Fortpflanzung usw. – außerirdische Kräfte einwirken, die meist von der Sonne und dem Mond ausgehen. Verhaltensmuster der Austern, die früher dem Gezeitenstrom zugeschrieben wurden, erwiesen sich als abhängig von den wechselnden Phasen (Vollmond, Neumond) und Positionen (über oder unter dem Horizont) des Mondes. Die Muster hängen jedoch nicht direkt vom Mondlicht ab, denn die Austern gaben sie auch in geschlossenen Behältern im Labor nicht auf.

Die Entdeckung unsichtbarer Einflüsse in diesem Bereich biologischer Forschung erregte Aufsehen, denn sie bestätigte genau die Art des Einflusses, die die Astrologen schon lange für die Planeten in Anspruch nahmen. Es scheint so, als ob beide Seiten, Astrologen und Wissenschaftler, die Bedeutung dieser Ergebnisse kritisch werten müssen, um sinnvoll und wirksam zusammenzuarbeiten. Die Feststellung, daß Mäuse Gammastrahlen spüren, beeindruckt heute kaum einen Astrologen. Trotzdem verwenden die Astrologen mehr und mehr Ergebnisse der kosmischen Forschung.

Die Monduhr der Würmer (unten)
Der Zeitpunkt für das Schwärmen der im Pazifik lebenden Art Palolo viridis entspricht genau einem bestimmten Neumond. Die Stunde ihres Eintreffens an der Küste kann mit einem Kalender ohne Schwierigkeiten festgestellt werden.

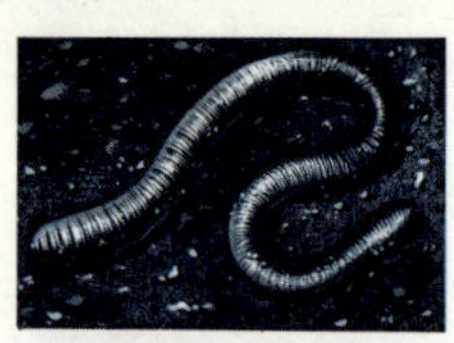

Der Einfluß des Mondes auf Plattwürmer (rechts)
F. A. Brown Jr. stellte fest, daß Plattwürmer auf Mondphasen reagieren. Beim Verlassen ihrer Höhlen wenden sie sich bei Neumond (schwarze Scheibe) im Winkel von 10° nach links, bei Vollmond (weiße Scheibe) wenden sie sich im gleichen Winkel nach rechts.

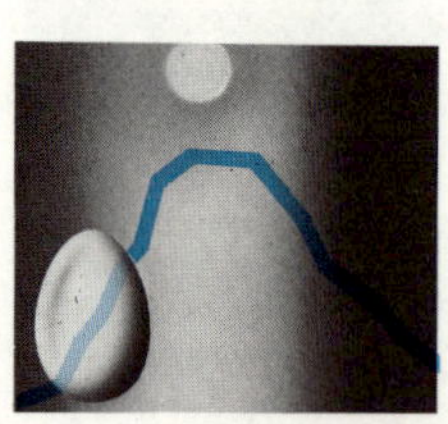

Hühnerembryonen (links)
Befruchtete Hühnereier reagieren auf die scheinbare Bewegung der Sonne. Diese Uhr funktioniert auch, wenn der Zeitgeber selbst nicht sichtbar ist.

Hamster, Sonne und Mond
Hamster, die normalerweise auf die scheinbaren Bewegungen der Sonne reagieren, wurden gezwungen, ihre Verhaltensmuster umzustellen. Im Käfig gewöhnten sie sich zwar an den längeren Mondtag, fielen aber ab und zu in den Sonnenrhythmus zurück.

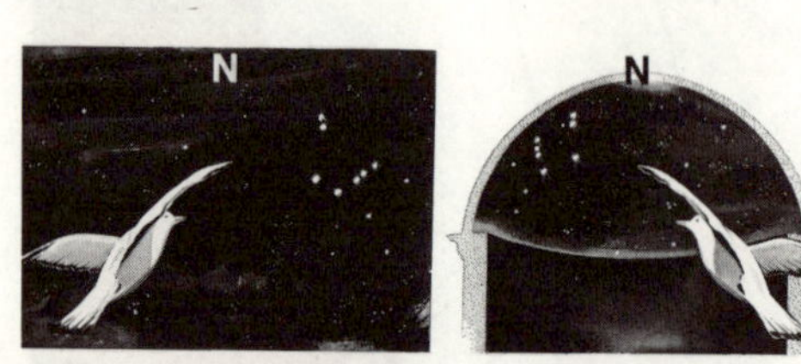

Orientierung nach den Sternen (oben)
Bei einem kürzlich durchgeführten Versuch wurde ein Vogelschwarm in einem Planetarium freigelassen. Sie flogen in die «richtige» Richtung, die zwar den Sternen, aber nicht dem Kompaß entsprach, da sie sich nach den Konstellationen orientierten.

«Der Mond füttert die Austern,
füllt die Seeigel und sorgt
für Fleisch bei Fischen und Vieh.»
Lucilius (180—102 v. Chr.)

Gruppenverhalten von Fischschulen, die wie Soldaten paradieren und völlig gleichmäßig anhalten, umkehren und sich wieder in Bewegung setzen. Diese Beispiele mögen mit der traditionellen Astrologie wenig zu tun haben, aber wir sollten uns daran erinnern, daß wir hier Antrieb und Steuerung des menschlichen Verhaltens durch äußere Kräfte aus unserer unmittelbaren Umgebung oder aus den Tiefen des Weltraums untersuchen.

Selbst die Sternbilder, die uralten Navigationsinstrumente des Menschen, dienen gewissen Tierarten, vor allem Vögeln, als Orientierungshilfen. Diese erstaunliche Feststellung ist durch wissenschaftliche Experimente abgesichert. Tauben finden zum Beispiel bei Nacht ihren Weg zum heimischen Schlag ohne Schwierigkeiten. Wer hier eine Erklärung durch Erscheinungen der Schwerkraft versuchen sollte, sei darauf hingewiesen, daß Vögel, die in einem Planetarium freigesetzt wurden, in die «richtige» Richtung flogen. Damit wurde deutlich, daß sie sich nach einzelnen Sternen, Sterngruppen oder Sternbildern orientierten.

Die Kräfte der Dunkelheit und des Lichts

Für den Menschen hat, wie gesagt, die Verwendung von künstlichem Licht den naturgegebenen Zyklus von Tag und Nacht in gewisser Weise überspielt und gestört. Dr. E. M. Dewan hat in Amerika vor kurzem Experimente durchgeführt, die das Ausmaß der Störung erschreckend deutlich erkennen lassen. Der Physiker Dewan, ein Spezialist für linear-polarisierte Wellen, stellte die These auf, daß der Menstruationszyklus der Frau mit dem Mondzyklus von 29 Tagen in Verbindung steht oder stehen sollte. Warum klagten dann so viele Frauen über unregelmäßige Perioden? Dewan behauptete, daß die künstliche, unregelmäßige Beleuchtung das Mondlicht ersetzt und so die Wirksamkeit der Monduhr beeinträchtigt hätte. Offensichtlich sind die Fruchtbarkeitszyklen vieler Tierarten mit dem Vollmond verknüpft. Nach Dewans Ansicht regelte die Uhr des Vollmonds zu Beginn der Evolution des Menschen den Fruchtbarkeitszyklus. Um diese Hypothese zu prüfen, führte Dewan mit dem Psychiater Dr. John Rock einen bemerkenswerten Versuch durch. Er verpflichtete zwanzig Frauen mit chronischen Menstruationsunregelmäßigkeiten, vom vierzehnten Tag nach ihrer Periode an das Licht in ihren Schlafzimmern drei Nächte lang brennen zu lassen. Die Ergebnisse waren überraschend: Bei allen Frauen wurde der Menstruationszyklus wieder regelmäßig. Seine Ergebnisse wurden in dem angesehenen *American Journal of Obstetrics and Gynaecology* veröffentlicht. Diese und zahlreiche andere Versuche verdeutlichen wohl ausreichend, daß der Grundgedanke der Astrologie – die bedeutsame und sinnvolle Beziehung zwischen Vorgängen am Himmel und irdischem Leben in allen seinen Formen – wieder aus jahrhundertealter philosophischer Verwilderung auftaucht und langsam immer mehr Anerkennung durch die Naturwissenschaften erfährt. Dieser Gedankenaustausch zwischen den Naturwissenschaften und der Astrologie wird beiden Disziplinen zugute kommen.

Die Ovulation der Seeigel
Schon zur Zeit des Aristoteles war bekannt, daß die Gonaden eßbarer Seetiere wie Seeigel und Muscheln zur Zeit des Vollmonds am meisten Eier enthielten. Nicht bekannt war jedoch der Grund – das Mondlicht als Motor des Fruchtbarkeitszyklus.

Winkerkrabbe (rechts)
F. A. Brown jr. wies experimentell nach, daß die Winkerkrabbe entsprechend der Mondposition die Farbe verändert.

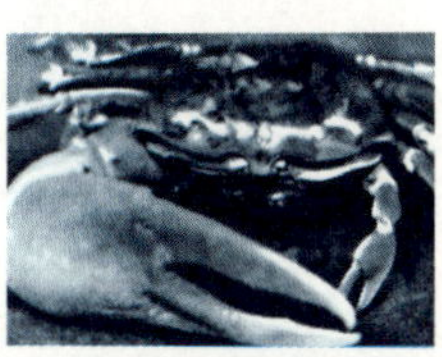

Fruchtbarkeitsuhren (unten)
Der Physiker Dr. Dewan forderte zwanzig Frauen mit chronischen Störungen des Menstruationszyklus auf, ab dem vierzehnten Tag nach der Menstruation drei Nächte lang eine Schlafzimmerlampe brennen zu lassen. Dieser «Mondersatz» hatte bei allen Frauen Erfolg, der Zyklus wurde regelmäßig. Im Diagramm unten steht A für den Beginn des Menstruationszyklus.

Die Bewegungen der Austern (rechts)
Vor F. A. Browns jr. Versuchen mit Austern war bereits bekannt, daß die Austern im festen Rhythmus, vermutlich dem der Gezeiten, ihre Schalen öffnen und schließen. Brown verpflanzte nun Austern aus ihrer gewohnten Umgebung in eine neue. In geschlossenen Behältern ließ er eine Anzahl von Austern in sein Labor an der Northwestern University in Evanston (Illinois) bringen, 1500 Kilometer vom Meer und der «Heimat» der Austern entfernt. Dort verhielten sich die Austern zuerst wie erwartet: Sie öffneten und schlossen ihre Schalen im Gezeitenrhythmus ihrer alten Heimat. Nach zwei Wochen zeigten sich die ersten Unregelmäßigkeiten: Die Austern begannen einen neuen Rhythmus zu übernehmen, der nicht den Gezeiten, sondern den Mondphasen für Evanston entsprach. Damit war die direkte Steuerung durch den Mond und nicht durch Ebbe und Flut bewiesen.

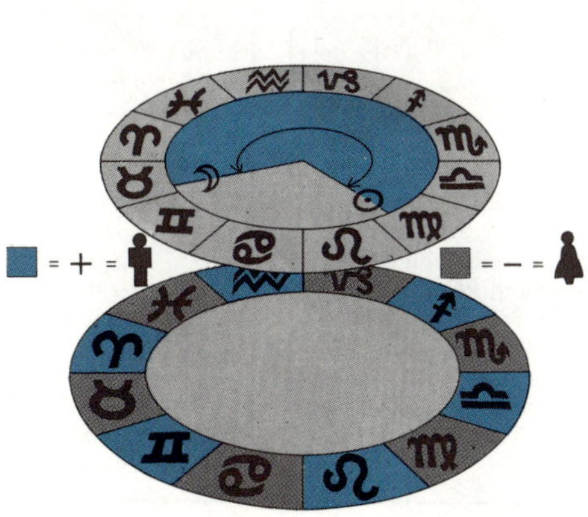

Fruchtbarkeit und Sonne-Mond-Achse (links)
Der tschechische Psychiater Dr. Eugen Jonas wies mit einer Treffsicherheit von 87 Prozent nach, daß Frauen fruchtbar waren, wenn Sonne und Mond genau zu der Winkelbeziehung zurückkehrten, die sie im Geburtshoroskop der Patienten einnahmen.

Vorgeburtliche Geschlechtsbestimmung (links)
Dr. Jonas war überzeugt, daß die Mondposition zum Zeitpunkt der Empfängnis das Geschlecht des Kindes bestimmte: Der Mond in einem positiven Sternzeichen ließe einen Jungen erwarten, der Mond in einem negativen Zeichen dagegen ein Mädchen.

DIE ZWEI ARTEN DES KOSMOS

Die Kausalkette

Nach einer astronomischen Theorie bildeten die Sonne und die Planeten ursprünglich einen einzigen Himmelskörper, der später explodierte. Diese Theorie mag richtig oder falsch sein. Auf jeden Fall betrachten die Astrologen allgemein die «aktiven» Körper des Sonnensystems als Summenglieder einer einzigen treibenden Kraft. Etliche Astrologen nehmen daher an, daß die Planeten nicht direkt wirken: Ihre vorhersagbaren Bewegungen symbolisieren, was wir denken und wie wir handeln. Andere Astrologen neigen unter dem Eindruck wissenschaftlicher Erkenntnisse dazu, ein Kausalsystem anzunehmen.

☉ **Die Sonne.** Ohne die Sonne gäbe es kein Leben auf der Erde. Die Sonne ist aktiv, sie wird in der Astrologie mit Macht, Energie und Selbstausdruck verbunden. Sie ist so wirkungsvoll, daß die Menschentypen von Merkmalen der Sonne geprägt werden. Die Sonnenflecken erzeugen starke Magnetfelder; die leuchtenden «Flares», die Protuberanzen und die chromosphärischen Strahlungsausbrüche senden kurzwellige Strahlungen aus, die auf der Erde Magnetstürme verursachen und Radiosendungen stören. Im Zweiten Weltkrieg, als unser Wissen wesentlich lückenhafter war, wurden diese Störungen für Aktionen der deutschen Seite gehalten.

☽ **Der Mond.** Er steht an zweitwichtigster Stelle in der Astrologie und wird mit der Veränderung und der Reaktion auf Dinge verbunden. Der Mond ist unser nächster Nachbar, er gehört eng zur Erde, und ihr gemeinsamer Schwerpunkt (Baryzentrum) liegt innerhalb der Erde. Die Astrologie bringt ihn in Verbindung mit den Körperflüssigkeiten, die Naturwissenschaft mit den Wassermassen der Erde – den Meeren –, da seine Anziehungskraft die Gezeiten auslöst. Die von der Sonne bewirkten Gezeiten sind merklich schwächer. Der Mond steuert zyklische Abläufe bei vielen Lebewesen auf der Erde, darunter auch Fruchtbarkeitszyklen.

☿ **Merkur.** Der Merkur liegt im äußersten Bereich der Sonnenkorona. Auf den nichtstarren Planetenkörper wirken die Gezeitenkräfte der Sonne zwanzigmal stärker ein als auf die Erde. Die Astrologie verbindet ihn mit Mentalität und nervlicher Reaktion eines Menschen. Von allen Planeten bewegt sich der Merkur am schnellsten. Er verändert rasch seine Deklination, das heißt seinen Winkelabstand vom Himmelsäquator. In unterer Konjunktion, wenn der Merkur sich zwischen Sonne und Erde befindet, lenkt sein Magnetfeld den Strom geladener Teilchen ab, der von der Sonne ausgeht. Diese Teilchen besitzen Einfluß auf das Nervensystem des Menschen.

♀ **Venus.** Ob wir nun die Planeten als Quellen kosmischer Aktivität oder als Symbole ansehen – die astrologische Bedeutung der Venus ist leicht verständlich. Dieser Planet symbolisiert Harmonie und Gleichklang. Diese Qualitäten ergeben sich aus ihrer physikalischen Konstanz: Die Venus beschreibt die am wenigsten exzentrische Bahn aller Planeten, und ihre Entfernung zur Sonne bleibt nahezu konstant bei 108,2 Millionen Kilometer. Die Welt der Venus ist warm, aber abgeschlossen, das Kohlendioxid in ihrer Atmosphäre bindet wahrscheinlich die Wärmestrahlung der Sonne. Der Planet rotiert wahrscheinlich im Gegensinn zur Erde um seine Achse.

♂ **Mars** ist in der Astrologie der Planet der Willensstärke, Tatkraft und positiven Einstellung zum Leben. Im Gegensatz zur Erde und Venus besitzt er eine meist durchsichtige, sehr dünne Atmosphäre, die Sonnen- und kosmischer Strahlung kein Hindernis bietet. Die rötliche Farbe des Planeten hat man früher in der Astrologie mit «Feuer» assoziiert. Die Astronomie hat allerdings nachgewiesen, daß die Röte nichts mit Temperatur zu tun hat, sondern mit hellen, rötlich gefärbten Gesteinen. Auf dem Mars herrschen relativ niedrige Durchschnittstemperaturen, obwohl eine neuere Theorie unter der Marskruste hohe Temperaturen annimmt.

♃ **Jupiter.** Zwischen der astrologischen Rolle des Planeten als expandierender Kraft und seiner Massigkeit besteht eine deutliche Parallele. Vor 1923 nahmen gewisse Astronomen an, der Planet sei eine Miniatursonne, die selbst Wärme ausstrahlt. Aber später wurde bewiesen, daß die Masse des Planeten bei weitem nicht für nukleare Reaktionen ausreicht, in denen Energie freigesetzt werden könnte. Der Planet ist eine wichtige Radioquelle; die Strahlung im Meter-Wellenlängenbereich, die 1954 entdeckt wurde, stammt aus heftigen «Bursts» (Strahlungsausbrüchen), sonst sendet er eine ziemlich stetige Strahlung mit kleineren Wellenlängen aus.

♄ **Saturn.** Der Planet wird zum Problem durch seinen Satelliten Titan, dessen Durchmesser von 2500 Kilometer fast dem des Merkur nahe kommt. Die Astrologie schreibt den Planetensatelliten bisher keine Bedeutung zu. Der Saturn wird mit Begrenzung und dem Drang nach Grenzen verbunden, lange bevor sein Ring von Galilei gesehen und von Huygens 1655 richtig gedeutet wurde. Der Ring besitzt wenig Masse und geringe Dicke. Je nach dem Winkel des Rings zur Erde entzieht der Ring oft für lange Zeit Teile des wolkenverhüllten Planeten dem Blick. Zehn Monde umkreisen den Planeten, der zehnte wurde 1966 festgestellt.

♅ **Uranus,** astrologisch mit der Unberechenbarkeit verknüpft, wurde 1781 entdeckt. Von den anderen Planeten unterscheidet er sich mindestens in einer Hinsicht: Die Achse des Planeten liegt fast genau in der Bahnebene, so daß die «Jahreszeiten» auf ihm außergewöhnlich sein müssen. Zuerst umfängt den einen, dann den anderen Pol eine Nacht von 21 Erdjahren. Die Astrologen haben den Planeten, in dessen Atmosphäre freier Wasserstoff und Methan nachgewiesen wurden, als außergewöhnliche, unabhängige Einheit betrachtet und ihm eher Macht über Generationen als über einzelne Menschen zugeschrieben.

♆ **Neptun** wurde 1846 entdeckt. Seine astrologische Wirkung ist ziemlich vollständig bekannt. Seine physikalischen Eigenschaften sind nahezu unbekannt, sie dürften denen des Uranus im wesentlichen ähnlich sein. Der Neptun wurde nicht direkt entdeckt, sondern zuerst indirekt nachgewiesen durch seine Störwirkung auf die Bahn des Uranus. Durch seine Beschaffenheit dürfte der Riesenplanet eine schwer faßbare, fast unmerkliche Wirkung auf uns haben. Erst Sonden, die auf die lange Reise zu dem Planeten an der Grenze des Sonnensystems geschickt werden, können dazu beitragen, seine physikalische Natur völlig zu klären.

♇ **Pluto** ist der entfernteste bekannte Planet. Er wurde 1930 entdeckt. Der kleine, relativ schwere Planet war vielleicht ursprünglich ein Satellit des Neptun. Mit ihm hat er die negativen astrologischen Merkmale gemein. Aber Pluto ist so weit von der Erde entfernt, daß sein Einfluß meist als unpersönlich angesehen wird, es sei denn, er steht im Geburtstagshoroskop an einer wichtigen Stelle. Die Verbindungen zu Gewalttätigkeit, Zerstörung und Wiederaufbau, die ihm in den späten dreißiger Jahren zugeschrieben wurden, sind eher zeitgenössische Anspielungen als gesicherte astrologische Feststellungen.

Die nichtkausale Theorie

Die Theorie, das Universum sei ein ungeheures «Supergeschehen» von eng verknüpften Wellenformen und Harmonien, deren Wechselbeziehungen und Gesetzmäßigkeiten die Astrologie erforscht, könnte sowohl Astrologen als auch Astronomen annehmbar erscheinen. Wer einen etwas engen technischen Verstand besitzt, könnte allerdings daran zweifeln, ob sich die Theorien der Astrologie mit der traditionellen Auffassung des Universums als Ansammlung kausal verknüpfter Atombewegungen vereinbaren lassen. Mit anderen Worten, man kann also noch einmal die alte Frage stellen: «Kann ein Planet wie der Saturn trotz seiner ungeheuren Entfernung von der Erde irgendeine nachweisbare Wirkung auf das Leben eines Menschen ausüben, der an einem bestimmten Tag auf unserem Planeten geboren wird?» Dem Fragesteller dürfte die Antwort genügen, daß eine Kausalbeziehung nachgewiesen, aber nicht *erklärt* wurde. Aber es gibt auch einen Seitenweg, der den etwas verdächtigen Begriff der Kausalität umgeht. Wir verdanken ihn dem bedeutenden Philosophen und Psychologen C. G. Jung (1875–1961), dessen suchender Geist Tiefen ausgelotet hat, vor denen orthodoxere Wissenschaftler zurückschrecken. Für viele Menschen bedeutet C. G. Jungs Interesse an der Astrologie und seine Beschäftigung mit den Prinzipien der Astrologie – wenn nicht gar mit der astrologischen Praxis – das erste Zeichen wiedererwachenden wissenschaftlichen Interesses an der Astrologie.

Die Erforschung des menschlichen Geistes

Man sollte sich daran erinnern, daß Jung, der Schöpfer einer dynamischen, persönlichen Variante der Psychoanalyse, sein Interesse für das Problem der geistigen Natur des Menschen und der Stellung des Menschen im Kosmos nie verborgen hat. Besonders beeindruckte ihn der Nachweis sogenannter paranormaler Fähigkeiten wie Telepathie, Hellsehen, Vorahnung usw. Die ersten Untersuchungsergebnisse lieferte damals die gerade entstehende Wissenschaft der Parapsychologie, die auch die Existenz dieser Fähigkeiten gegen die herrschende Meinung verteidigte. Noch heute sind Telepathie und Hellsehen, deren Untersuchung sich eine Reihe angesehener Forschungsinstitute in den USA, der Bundesrepublik Deutschland und der Sowjetunion widmen, Gegenstand erbitterter wissenschaftlicher Kontroversen. Auf Grund seiner eigenen Erfahrungen als praktizierender Psychoanalytiker und der experimentellen Arbeit anderer Wissenschaftler war Jung von der Existenz dieser Erscheinungen überzeugt. Nach seiner Meinung mußte jede theoretische Erklärung der Funktionsweise des Universums und jedes nützliche Modell des Kosmos diese Tatsachen berücksichtigen. Aber wie viele Wissenschaftler bemerkte auch er einen offensichtlichen Widerspruch in den Berichten von übersinnlichen Wahrnehmungen: Diese Wahrnehmungen schienen gegen die allgemeinsten Gesetze der Physik und Mechanik zu verstoßen. Die Entfernung zwischen zwei Menschen in «telepathischem Kontakt» schien ohne Bedeutung zu sein, der Kontakt konnte über Tausende von Kilometern oder nur über wenige Meter hergestellt werden. Die Telepathie setzte sich auch über Zeit und Raum hinweg, denn es gab genug wissenschaftlich geprüfte Belege für das Erkennen zukünftiger Ereignisse. Jung war ein Mann des logischen, aber auch kühnen Verstands. Er kam zu dem zwingenden Schluß, daß ähnliche Vorgänge (Denkprozesse), die im Verstand von zwei Menschen gleichzeitig oder in bedeutungsvollem Zeitbezug abliefen, nicht auf dem üblichen Weg der Informationsübermittlung ausgelöst werden könnten. Mit anderen Worten: Telepathie wäre demnach kein Beispiel für Kommunikation, wie die meisten annahmen, sondern beruhe auf einer Art nichtkausaler, aber höchst bedeutungsvoller Beziehung, die physikalisch unverbundene, aber gleichzeitige Ereignisse miteinander verknüpft.

Auf diesen Ausgangspunkt baute C. G. Jung die Hypothese, daß die Kausalität nicht das einzig wirkende Prinzip im Universum sei, sondern daß das Prinzip der Gleichzeitigkeit ebenso wirkende Kraft besitze. Bis zu seinem Tod sammelte Jung kritisch geprüfte Beispiele für offensichtlich gleichzeitige Ereignisse, deren Gleichzeitigkeit nicht dem Zufall zugeschrieben werden konnte. Seine Beschäftigung mit parapsychologischen Erscheinungen bereitete den Boden für seine Untersuchungen der Astrologie. Um die Richtigkeit astrologischer Theorien zu überprüfen, führte er einen umstrittenen Versuch mit Ehepaaren durch.

Für diesen Versuch analysierte Jung statistisch die Horoskope von fast fünfhundert Ehepaaren, also fast tausend Horoskope. Er ordnete sie in verschiedene Gruppen und verglich die Horoskope einzelner Personen sowohl mit dem ihrer Ehepartner als auch mit denen anderer Gruppenmitglieder. Jung untersuchte nun die Horoskope der verheirateten und «unverheirateten» Paare und fand eine Reihe interessanter Entsprechungen. Vor allem stellte er eine bedeutsame Tendenz in den Horoskopen der Verheirateten fest, wo häufig der Mond bei der Frau in Konjunktion zur Sonne beim Mann stand. Scheinbar vertrat Jung die Argumentation der Astrologiegegner mit der Behauptung, derartige Entsprechungen wiesen nicht auf einen Kausalzusammenhang hin, aber anders als die Skeptiker verfocht er den Standpunkt, daß diese Entsprechungen nicht einfach ignoriert werden dürften, sondern auf irgendeiner Weise erklärt werden müßten.

Wichtig ist in unserem Zusammenhang, daß ein anerkannter und berühmter Wissenschaftler wie Jung Ergebnisse der Astrologie für interessant genug erachtete, um nicht nur mit ihnen zu experimentieren, sondern sie sogar in seine eigene kosmologische Theorie einzufügen.

Jungs Interesse für die Astrologie und sein Glaube an ihre Möglichkeiten, Verborgenes zu erkennen, förderte die Sache der ernsten Astrologen und weckte zugleich das Interesse der Öffentlichkeit.

DIE ANWENDUNG DER ASTROLOGIE

Was verbindet die Astrologie mit dem täglichen Leben in unserer Zeit? Die Antwort ist einfach: Es gibt keinen Bereich der menschlichen Erfahrung, auf den sich die Astrologie nicht anwenden ließe. Die Wahrheit dieser Aussage wird sich auf den folgenden Seiten dieses Buches immer klarer erweisen. Es wird sich aber auch herausstellen, daß die Astrologie gewisse Dinge nicht kann: Sie ist keine Methode der «Zukunftsschau», denn «die Sterne zwingen nicht», wie der alte Satz besagt. Viele Menschen befürchten zu Unrecht, daß die Astrologen ihnen Ereignisse, Unfälle oder sogar die Todesstunde voraussagen werden.

Kein ernsthafter Astrologe wird einem Ratsuchenden für einen bestimmten Tag einen Unfall vorhersagen. Der Astrologe kann sagen, daß sein Klient zu einer bestimmten Zeit mehr zu Unfällen neigen könnte als sonst. Auch Ärzte stellen heute fest, daß Frauen kurz vor der Menstruation besonders häufig Unfälle haben. Keine astrologische Vorhersage kann vollkommen genau sein, auch die zukünftigen Ereignisse, die sie allgemein beschreiben kann, sind nicht unvermeidlich. Das gleiche trifft auf die Medizin, die Meteorologie und andere Wissensgebiete zu, die sich mit relativ wenig greifbaren Gegenständen beschäftigen.

Erkenne dich selbst

Goethe soll gesagt haben, daß er davonliefe, wenn er sich wirklich selbst kennen würde. Aber der Mensch ist grenzenlos neugierig auf sich selbst. Unser Leben spiegelt vielfältig, was wir zu sein glauben, und unser alltägliches Verhalten spiegelt die Person, die wir zu sein meinen. Der Nachdruck liegt hier auf Glauben und Meinen, denn wir sind der Selbsttäuschung nur allzu fähig.

Die Astrologie sagt dem Menschen die Wahrheit. Sie kann es tun, denn sie richtet sich als empirisches Urteilssystem nach den Faktoren, die die Persönlichkeit bilden. Ein Astrologe, der einem Klienten gegenübersitzt, mag ihn instinktiv für einen Realisten halten. Sein Horoskop kann ihn jedoch als unheilbaren Romantiker ausweisen. Er kann seinen Klienten für sorglos und zerstreut halten, das Horoskop kann ihn als sorgfältigen Menschen mit gutem Gedächtnis enthüllen.

Der Leser, der sein eigenes Horoskop nach den Anleitungen in diesem Buch stellt und deutet, wird dies für sich selbst entdecken. Er wird vieles erfahren, was er schon weiß. Wenn das so ist, sollte es ihn zu einem Blick auf sich selbst bewegen. Vielleicht kann er dann Wahrheiten einsehen, die er nur schwer verdaulich findet.

Wie der Leser seine Selbsterkenntnis gebraucht, bleibt ihm überlassen. Besitzt Selbsterkenntnis überhaupt praktischen Wert? Ist die biblische Aufforderung «Erkenne dich selbst» tatsächlich sinnvoll? Die Autoren glauben daran, denn, wie La Rochefoncauld sagte: «Wer seinen Verstand kennt, erkennt noch lange nicht sein Herz.»

Kinder

Viele Berufsastrologen beschäftigen sich

intensiv mit dem Geburtshoroskop gerade geborener Kinder. Für die Eltern enthält das Horoskop ihres Kindes Gefühlswerte. Aber eine astrologische Auskunft kann auch praktische Hilfe geben. Sie kann besonders auf die Beziehung zwischen Eltern und Kind eingehen. Das heranwachsende Kind fühlt sich bei gewissen Dingen mehr zum Vater als zur Mutter hingezogen, bei anderen Dingen trifft dann das Gegenteil zu. Der Astrologe kann den Eltern sagen, wo und in welchem Maß jeder Teil auf das Kind überzeugend oder gebietend wirken kann. Er kann der Mutter sagen, wann das Kind wahrscheinlich für Kinderkrankheiten anfällig sein wird, welche Spielzeugarten und Spiele es am liebsten haben wird. Er kann das beste Alter für den Kindergarten empfehlen und den Schultyp nennen, der dem Kind entspricht.

«Progressionen» (der astrologische Name für das, was man gemeinhin «Vorhersagen» nennt) sind bei einem Kind natürlich nur von beschränktem Nutzen. Ein Anzeichen dafür, daß dreißig Jahre später Eheschwierigkeiten zu erwarten sind, wird für das Leben eines Fünfjährigen nicht viel bedeuten. Aber bei einem Jungen oder Mädchen von zwölf oder vierzehn Jahren wird der Astrologe bereits in der Lage sein, erste Liebesgeschichten, Zeiten intensiven Lernens oder besonderer Faulheit vorherzubestimmen. Nahe dem zwanzigsten Lebensjahr beginnt die astrologische Analyse genau zu werden.

In der Entwicklung des kindlichen Verstandes treffen bereits verschiedene Faktoren zusammen, die sich vielleicht als spätere Vorliebe für einen bestimmten Beruf äußern. Der Vergleich von kommentierten Schulzeugnissen, Berufsempfehlungen und astrologischen Aussagen hat erwiesen, daß die Astrologie sehr wohl verläßlichen Rat zu geben vermag.

Beruf

Auch wer schon etliche Jahre in einem Beruf gestanden hat, kann plötzlich die Notwendigkeit eines Wechsels spüren. Ein Bankier kann sich instinktiv wünschen, seinen Beruf fahrenzulassen, um Bauer zu werden, und ein Kaufmann fühlt vielleicht den Drang, nur noch Jachtrennen zu segeln. Der Astrologe kann feststellen, ob es sich um eine vorübergehende Laune handelt, die zur Freizeitbeschäftigung entwickelt werden sollte, oder ob eine radikale Veränderung des Lebens notwendig ist, die vielleicht zu Erfüllung und Erfolg führt. Die Astrologie hat für jeden Beruf praktischen Wert: Sie kann günstige Zeitpunkte für Geschäfte oder neue Projekte ermitteln.

Sexualität und Liebe

Aussagen wie «Ein Krebs sollte niemals einen Löwen heiraten» sind natürlich glatter Unsinn. Ein ernsthafter Astrologe würde niemals sagen, A solle B nicht heiraten. Das ist nicht seine Aufgabe. Er kann allerdings sagen, daß A und B in gewissen Lebensbereichen besonders gut zueinander passen, in anderen Bereichen dagegen ihr Zusammenleben belastend finden werden. Nur sehr selten wird ein Vergleich der Horoskope so unvereinbare Persönlichkeiten ans Licht bringen, daß die Heirat allein auf körperlicher Anziehung beruhen würde. In diesem Fall wird der Astrologe einen der Klienten zu sich bitten und ihm empfehlen, seine Gefühle sorgfältig zu überprüfen.

Das Geburtshoroskop enthüllt Sexualität und Gefühlslage eines Menschen – ganz abgesehen von der Fähigkeit, Beziehungen zu anderen zu knüpfen. Der Horoskopvergleich bei einem Liebespaar kann helfen, die Art der Beziehung zu durchschauen. Bewertet der Mann vielleicht zu stark das Aussehen des Mädchens? Verläßt sich

«Die Astrologie erfreut uns, da sie die Zukunft enthüllt, gleichzeitig aber stärkt sie uns gegen das Böse.»
Lukian von Samosata (um 120—180 n. Chr.)

das Mädchen zu stark auf den guten Charakter des Mannes? Passen sie sexuell zueinander? Liebende, die sich gegenseitig entdecken, werden in der Astrologie einen wertvollen Abkürzungsweg finden, der ihnen augenblicklich verborgene Wesenszüge des Partners offenbart.

Der Astrologe wird zu einem günstigen Tag (oder sogar zu einer günstigen Stunde!) für die Heirat raten. In der Ehe kann der Astrologe vor allem in Krisenzeiten helfen. Er sollte ein taktvoller und vorsichtiger Eheberater sein. Er hat allerdings den Vorteil, daß keiner der Ehepartner, deren Horoskope er kennt, Geheimnisse vor ihm haben kann. Oft genug hat sich gezeigt, daß eine Frau, die sich über das Verhalten ihres Mannes beklagte, selbst in einem besonders schwierigen und spannungsreichen Lebensabschnitt stand. Der Astrologe weiß dies und kann erkennen, ob sich die Situation bessern wird. Er kann einer verlassenen Frau sagen: «Die Affäre Ihres Mannes scheint nur vorübergehend zu sein. Der Transit, der ihn zu der anderen Frau hinzieht, schwächt sich in ungefähr einer Woche ab, und Sie werden sehen, daß zu diesem Zeitpunkt für eine Versöhnung gute Aussichten bestehen.»

Auch hier sagt der Astrologe dem Klienten nicht, was er tun soll. Der Astrologe klärt nur die Situation und bietet eine Wahl an. Jedermann muß im Leben seine Entscheidungen selbst treffen, kein Astrologe sollte sie ihm abnehmen.

Geschäftsleben

«Geschäftsastrologie» ist ein hochspezialisierter Zweig der Astrologie. Spezialisierte Astrologen können günstige Zeitpunkte für Geschäfte und Verträge ermitteln, sie können feststellen, ob und wann Firmenzusammenschlüsse sinnvoll sind und ob sich Geschäftsführer verstehen werden. Dies ist wirklich kein Feld für Amateure, denn der Astrologe muß ein gutes Grundwissen volkswirtschaftlicher Zusammenhänge besitzen und sollte möglichst an der Börse oder in einer Bank gearbeitet haben. Trotzdem wird auch der Anfänger die Anwendungsmöglichkeiten der Astrologie im Geschäftsleben einsehen.

Finanzielle Ratschläge werden am besten Experten überlassen. Wer sich einem nicht besonders ausgebildeten Astrologen anvertraut und von ihm Angaben erwartet, in welchen Aktien er sein Geld am günstigsten anlegt, wird in seinem Horoskop vielleicht den Hinweis auf Leichtsinn in Geldangelegenheiten entdecken. Ein Astrologe kann die *Art* der wahrscheinlich dem Klienten am meisten entsprechenden Geldanlage feststellen – vielleicht Öl- oder Maschinenindustrie oder Vergnügungsindustrie. Der Rest geht den Börsenmakler an. Der Astrologe kann jedoch Zeiten angeben, die für Geldanlagen besonders ungünstig sind.

Gesundheit

Der Astrologe besitzt gegenüber dem Arzt einen Vorteil: Er kann sagen, *wann* und *wie* die Gesundheit seines Patienten wahr-

scheinlich leiden wird. Er kann seinem Klienten sagen, wann er Zeiten körperlicher oder seelischer Belastung durchmachen wird, wann er wohl mit Erkältungen, Bandscheibenschäden oder verstauchten Knöcheln rechnen muß, und wann er auf seinen Blutdruck achten sollte. Er kann vor besonderen Anfälligkeiten warnen. Ärzte, die astrologische Angaben als diagnostisches Hilfsmittel benutzen, beeindruckt ihre Richtigkeit.

Wetter

Vielleicht wird eines Tages die astrologische Wettervorhersage fest zum täglichen Leben gehören. Die Astrologen entdecken ständig neue Zusammenhänge zwischen Planetenzyklen und irdischem Wetter. Einige Astrologen konnten bemerkenswerte Erfolge verzeichnen, andere experimentieren noch. Ein eigentliches Regelwerk für Wettervorhersagen gibt es allerdings noch nicht.

Reisen

In Indien würde ein Astrologe seinen Klienten davor warnen, an einem bestimmten Tag nach Norden oder an einem anderen nach Osten zu fahren. Die westliche Astrologie geht nicht so weit, aber sie würde vor Verzögerungen und Aufenthalten zu gewissen Zeiten warnen. Wenn Ihr Urlaub nicht mit einem Tag Warten auf dem Flughafen beginnen soll, ist astrologischer Rat wichtig. Ein Astrologe kann Ihnen sagen, wann ein erholsamer Familienurlaub ohne Zank und Streit stattfinden sollte. Viele Menschen fühlen sich besonders in Städten oder Ländern wohl, über die in ihrem Horoskop betonte Zeichen gebieten.

Sicherheit

Wir haben schon erwähnt, mit welcher Zuverlässigkeit ein Astrologe Zeiten der Anspannung oder Schwierigkeiten «vorhersagen» kann. Kein Astrologe wird Ihnen erzählen, daß Sie am 14. Juli, genau 16 Uhr 32 auf einer Treppe ausrutschen werden und sich den Knöchel brechen. Ein Astrologe kann Ihnen sagen, daß Sie um den 14. Juli herum unfallgefährdeter sind als sonst. Die Art des Unfalls ist nicht notwendigerweise vorhersagbar – für kleinere Schnittwunden und Verbrennungen sprechen zum Beispiel dieselben Anzeichen. Diese Vorhersagen sollte man wie Wettervorhersagen betrachten: Wenn Regen vorhergesagt wurde, nimmt man einen Schirm mit, wenn die Anzeichen für Unfälle sprechen, nimmt man sich in acht.

Pensionierung

Unglückliche Pensionäre langweilen sich meist. Die Astrologie kann sie davor bewahren, weil sie neue, oft unerwartete Interessensphären aufzeigen kann. Auch wer noch nie über die Vergangenheit nachgedacht hat, kann die Archäologie als faszinierende Beschäftigung seines Alters entdecken; wer immer in der Stadt gelebt hat, findet vielleicht an der Gartenarbeit sein Vergnügen. Im Ruhestand kann man auch die Dinge weiterführen, die man in der Jugend dem Beruf opfern mußte.

Astrologie macht Spaß

Zum guten Schluß kann die Astrologie auch noch als Gesellschaftsspiel dienen. Wenn Sie Gäste zum Abendessen haben und ihre Horoskope (oder sogar nur die dürrsten astrologischen Fakten) kennen, dann servieren Sie ihnen dem Horoskop entsprechende Gerichte. Mit der Astrologie finden Sie für jedermann das geeignete Geschenk, selbst für den schwierigsten Onkel und die reizbarste Tante.

So wie Wissenschaftler Spielzeug für Erwachsene austüfteln, Architekten alle Energien für den Entwurf sinnreicher Gartenpavillons mobilisieren, können die Astrologen ihr Wissen auch in den Dienst der angenehmen Seite des Lebens stellen.

HIMMELSMECHANIK UND EINFLÜSSE

2

Dieser neuartige, einzig sachkundige Bericht erzählt, wie die Astrologen aller Zeiten eine so fein ausgewogene und unerhört bedeutsame Kosmologie entwarfen, daß der Verstand jedes fortschrittlichen Menschen entzückt sein muß. Der einleitende Teil (S. 64–77) dieses Atlas schildert vorurteilsfrei eine Folge erwiesener Tatsachen und gewagter Hypothesen, betreffend die Bewegungen und Einflüsse der Himmelskörper, die Planetenbahnen und die Astrolosphäre, so wie sie im ersten Zeitalter sternwissenschaftlicher Entdeckungen gefaßt und, als die Menschen das Teleskop besser zu benutzen lernten, verfeinert wurden. Von dieser ungewöhnlichen Schilderung der himmlischen, unser Schicksal formenden Kräfte ausgehend, schreitet der Atlas fort zu einer neu entwickelten Zusammenfassung der verschiedenen Aspekte des Geburtshoroskops (S. 78 bis 81). Er bietet in der Folge einen sorgsam mit Belegen ausgestatteten Führer, mit dessen Hilfe der Leser sein eigenes Horoskop erstellen kann. Er lernt es auch zu deuten und erlangt somit ein erhellendes Abbild seines Charakters, seiner Gewohnheiten und Neigungen. Um dieses Wissen abzurunden, sollte er die darauffolgenden Seiten zu Rate ziehen. Die Seiten 82 und 83 beschreiben die zwölf Häuser der Astrologie und ihren Einfluß auf besondere Lebensbereiche des Menschen. Die Seiten 84–103 beschreiben sowohl die Mythologie als auch den Einfluß der Planeten. Die Seiten 104–129 beschreiben die zwölf Tierkreiszeichen und die verschiedenen Verhaltensformen, die sie jeweils entsprechend ihrem Platz im Geburtshoroskop vertreten. Darauf erfährt der Leser alles Wissenswerte über die Aspektlehre, die eine weitere Anwendung astrologischer Weisheit bedeutet.

FRÜHE HIMMELSKARTEN

Als der Mensch den Himmel zu beobachten begann, wurde sein Interesse vor allem von den beweglichen Himmelskörpern im Sonnensystem gefesselt. Er beobachtete, wie sie sich vor dem Hintergrund der Sterne bewegten, er zeichnete ihre Wege auf und verband sie mit den irdischen Ordnungen. Bald entwickelte er ein System der Geschehnisse am Himmel, das direkte Parallelen zum irdischen Geschehen aufzuweisen schien: die Sonne mit den Ernten, der Mond mit den Gezeiten, die bei Flut sein Land bedrohten. Die Stellung des roten Planeten Mars schien sein Kriegsglück zu beeinflussen, in der Venus sah er eine Kraft der Harmonie und Liebe.

Um diesen Begriffskern herum entwarfen die Astrologen ihr kosmisches Vorstellungsschema. Es entwickelt sich noch heute, vielleicht sogar schneller als jemals zuvor, da unsere Kenntnisse des Universums immer genauer werden.

Aus der Sicht der Astrologen

Die Astrologie beschäftigt sich nicht mit «den Sternen», obwohl die volkstümliche Meinung es so will, sondern mit den beweglichen Körpern des Sonnensystems. Der Winkel der Planeten zueinander, wie er sich von der Erde aus ergibt, ist von herausragender Bedeutung. Daher ergibt sich auch die Notwendigkeit, genau den Aufbau des Sonnensystems zu kennen.

Die Astrologie ist die älteste Himmelswissenschaft, viele Jahrhunderte war sie von der Astronomie untrennbar. Erst der Rationalismus des 17. Jahrhunderts machte beide zu feindlichen Brüdern: Die Astronomie entwickelte sich zur materialistischen Wissenschaft, die nichts glaubte, was nicht durch Messen beweisbar war. Die Vorstellungen der früheren Menschheit über die Natur des

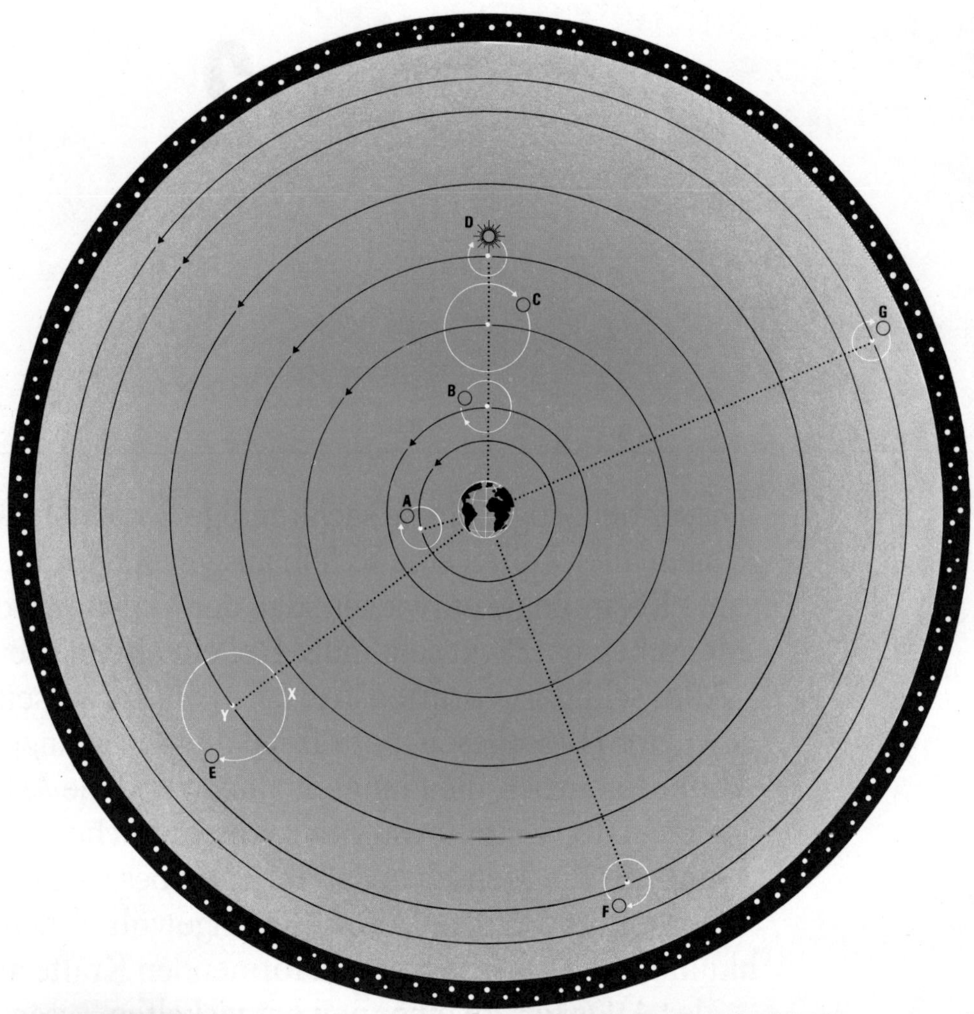

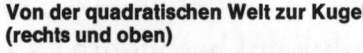

Das Weltbild des Ptolemäus (oben)

Im geozentrischen Weltbild, das Ptolemäus als Summe der Kenntnisse seiner Zeit entwarf, ruhte die Erde im Mittelpunkt. Um sie herum bewegten sich der Mond (A), die Planeten Merkur (B), Venus (C), Mars (E), Jupiter (F), Saturn (S) und die Sonne (D) auf ihren Bahnen. Jenseits des Saturn waren die Fixsterne angeordnet. Um beobachtete und berechnete Planetenbewegung in Einklang zu bringen, lief jeder Planet zusätzlich auf dem Epizykel (X) mit dem Mittelpunkt (Y).

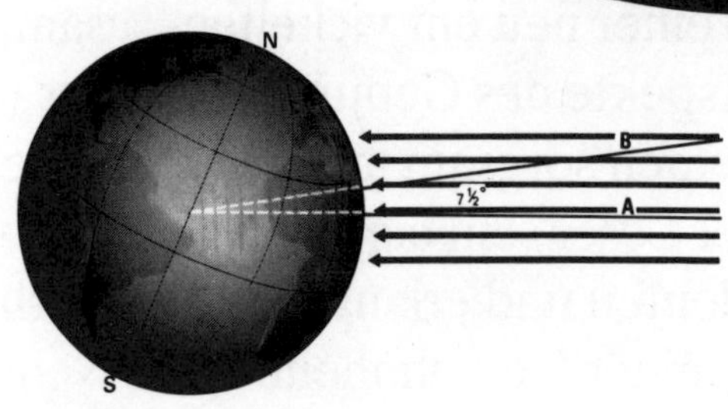

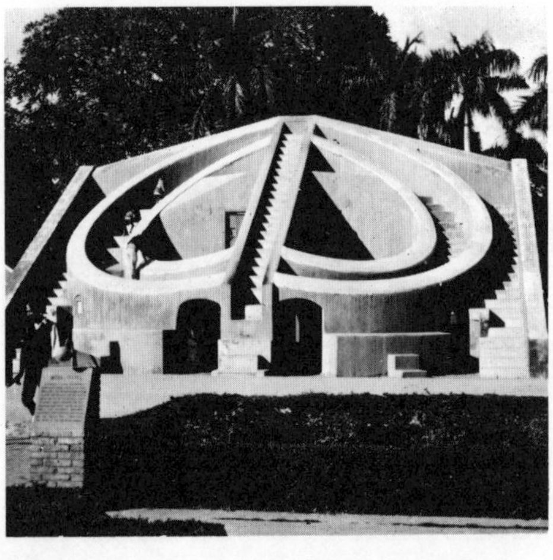

Von der quadratischen Welt zur Kugel (rechts und oben)

Das quadratische Horoskop hielt sich noch, nachdem die Griechen die Kugelform der Erde bewiesen hatten. Eratosthenes gelang sogar die Berechnung des Erdumfangs: Er verglich die Stellung der Sonne im Zenith in Syene (A, oben) mit ihrer Stellung zur gleichen Zeit in Alexandria, 7¼° vom Zenith (B). Bei 360° des Erdumfangs ergab die in Grad ausgedrückte Entfernung zwischen beiden Punkten ein genaueres Ergebnis, als es Kolumbus benutzte.

Das Observatorium in Jaipur (links)

Das Observatorium wurde von dem Fürsten und Astronomen Jai Singh II. in der ersten Hälfte des 18. Jahrhunderts erbaut. Es diente zur Zusammenstellung eines Sternkatalogs.

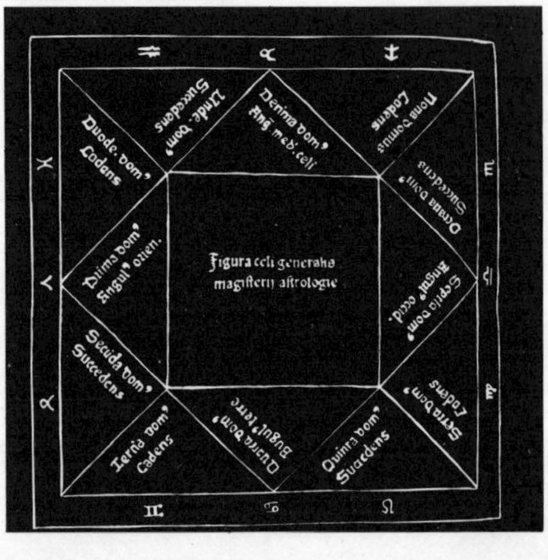

«Wer den Einfluß der Planeten abstreitet, wendet sich
gegen den klaren Augenschein. Ihm zu widersprechen, ist für gebildete Menschen
mit gesundem Urteil nicht ratsam.»
Tycho Brahe (1546—1601), «De Disciplinus Mathematicis»

Galileo Galilei (links)
Der italienische Wissenschaftler Galileo Galilei benutzte als erster Astronom im Jahre 1609 ein Teleskop. Er begründete auch die experimentelle Mechanik als Wissenschaft.

Universums waren alles andere als physikalisch genau. Man glaubte, daß die Himmelskörper viel kleiner als die Erde wären und das Universum selbst Grenzen hätte. Ptolemäus (120–180 n. Chr.), der Astrologe und Mathematiker aus Alexandria, schuf ein Weltbild, das Jahrhunderte lang galt.

Tycho Brahes Weltbild (unten)
In seinem Weltbild bewegten sich die Planeten um die Sonne (A), die Sonne selbst umlief die Erde (B) in einer Kreisbahn.

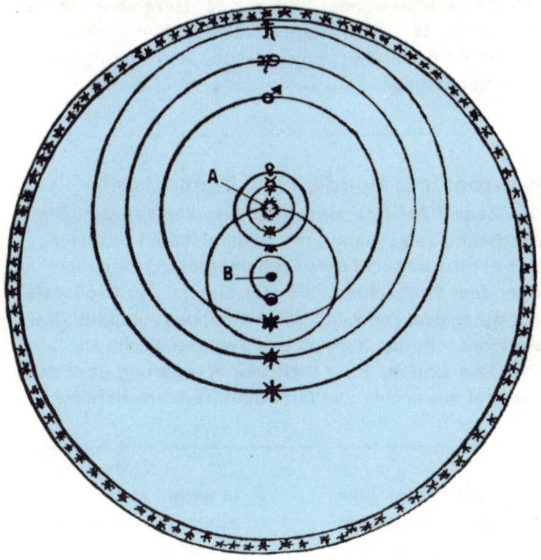

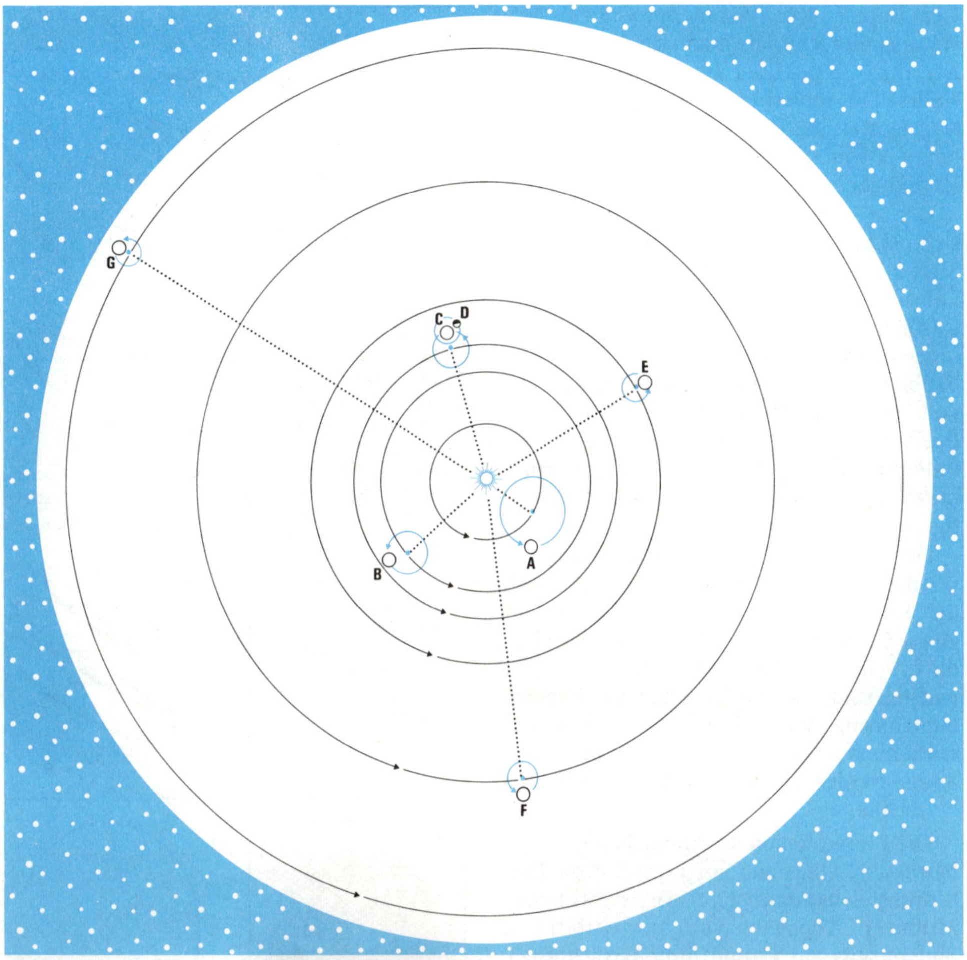

Das Kopernikanische System (oben)
Kopernikus widerlegte 1543 das Ptolemäische System. Er erschreckte seine Zeitgenossen, als er die Sonne zum Mittelpunkt des Sonnensystems machte, um den sich die Planeten bewegten: Merkur (A), Venus (B), Erde (C), Mars (E), Jupiter (F) und Saturn (G). Nur der Mond behielt seine Umlaufbahn um die Erde, die bis zur Zeit des Kopernikus im Zentrum des kosmischen Geschehens gesehen wurde. Wie Ptolemäus hielt Kopernikus an der irrigen Vorstellung von kreisförmigen Bahnen und Epizyklen fest.

Sir Isaac Newton (rechts)
1687 veröffentlichte Sir Isaac Newton seine «Principia», in denen er die Gesetze der Schwerkraft aufstellte. Neben vielen anderen Erscheinungen erklärte er dort auch die Ursachen von Ebbe und Flut und die Natur des Lichts.

Der Triumph der Ketzerei

Im Jahre 1543 erschreckte Kopernikus das Abendland mit der Behauptung, nicht die Erde, sondern die Sonne läge im Mittelpunkt der Welt. Der nächste bedeutende Beobachter mit astrologischen Interessen, Tycho Brahe (1546–1601), nahm den kopernikanischen Ansatz, der die Erde aus dem Mittelpunkt aller Dinge entfernte, nicht an. Wie die meisten hielt er ihn für Ketzerei. Johannes Kepler (1571–1630) benutzte Brahes Beobachtungen zum Beweis der Theorie des Kopernikus. Endlich war das Ptolemäische System aus den Angeln gehoben.

Das astrologische Weltbild (rechts)
Die Zeichnung rechts innen zeigt die Planetenbahnen von der Erde aus gesehen und verdeutlicht die Winkelbeziehung, die in der Astrologie verwendet wird. Auf der Zeichnung rechts außen nehmen die Planeten die entsprechende Stellung ein in einem symbolischen, geozentrischen Geburtshoroskop.

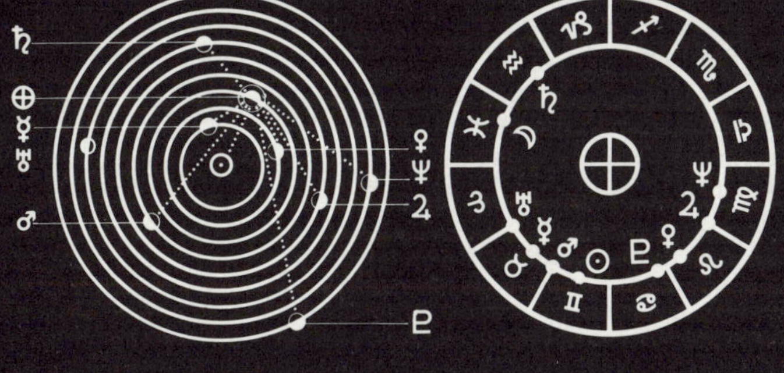

DAS HIMMELSGEWÖLBE

Der Begriff des «Himmelsgewölbes» entstand zu der Zeit, als man sich den Himmel wie eine Kuppel über der flachen Erde vorstellte. Die ionischen Philosophen, die die Kugelgestalt der Erde erkannt hatten, glaubten, der Himmel umgebe die Erde wie eine Hohlkugel.

Das Himmelsgewölbe selbst dachte man sich als harte kristalline Schale, auf der die Sterne befestigt wären. Der Bequemlichkeit halber kann diese Vorstellung für gewisse astronomische und astrologische Berechnungen weiterverwendet werden. Zudem bleibt die Vorstellung einer Himmelskugel von Bedeutung, da sie die Bezugsnorm für Positionsmessungen abgibt, bei denen die unterschiedlichen Entfernungen der Himmelskörper von der Erde nicht berücksichtigt werden müssen.

Der Himmel scheint sich einmal am Tag um die Erde zu drehen. Natürlich dreht sich die Erde, aber diese Tatsache kann mit guten Gründen außer acht gelassen werden, da für die Astrologie allein die Positionen wichtig sind, die die Planeten am Himmel einnehmen. Von diesen Positionen aus wirken sie auf die Erde ein, und *in diesem Sinne* werden sie als wirkliche Positionen betrachtet.

Die Sterne haben scheinbar keine Eigenbewegung, einerseits auf Grund ihrer Entfernung – der nächste Stern ist Millionen Millionen Kilometer von uns entfernt –, andererseits auf Grund ihrer tatsächlichen, geringen Eigenbewegung. Dagegen scheinen sich die relativ nahen Planeten schnell zu bewegen. Man sollte allerdings nicht dem Glauben verfallen, daß «die Sterne» irgend etwas mit der Astrologie zu tun hätten – bedeutsam sind allein die Planeten.

Neuere Forschungen zum Wesen astrologischer Einflüsse haben uns die Wirkungsweise der Planeten einsichtig gemacht. Wenn wir ein System von Kausalbeziehungen annehmen, wie wir es im ersten Teil skizziert haben, können wir begründet folgern, daß die Erde ihrerseits auf andere Planeten unseres winzigen Sonnensystems Einfluß haben muß. Wenn es sich als möglich erweisen sollte, daß der Mensch andere Planeten kolonisiert, dann müßte ein Horoskop der Bewohner dieses anderen Planeten natürlich den Planeten Erde enthalten. Der Mittelpunkt der Himmelskugel fiele dann mit dem Mittelpunkt des anderen Planeten zusammen. Wir können den astrologischen Einfluß der Erde unmöglich abschätzen, viele Jahre genauer Beobachtung wären dazu notwendig.

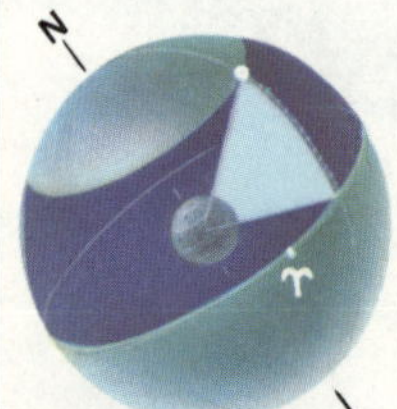

Deklination
Genauso wie der Äquator die Erde in zwei Hemisphären trennt, teilt der Himmelsäquator den Himmel. Der Himmelsäquator hat eine «Deklination von 0°». Die Deklinationen der Himmelskörper ergeben sich aus dem Winkelabstand vom Äquator nach N (= +) oder S (= –). Die Deklination entspricht den Breitengraden auf der Erde. Nur Gestirne mit Eigenbewegung ändern ihre Deklination.

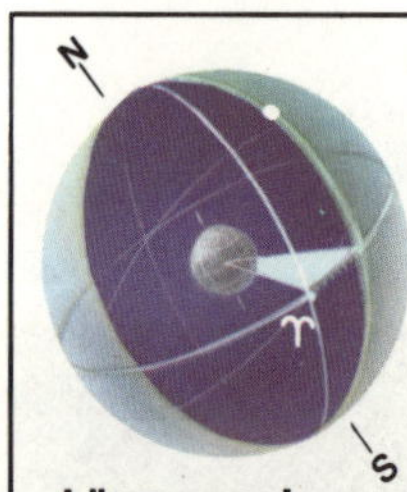

Längengrade am Himmel (Rektaszension)
Da sich die Erde einmal in 23 Stunden 56 Minuten relativ zu den Sternen um ihre Achse dreht, ist der «Sterntag» etwas kürzer als der auf 24 Stunden festgelegte bürgerliche Sonnentag, der auf der Bewegung der Erde um die Sonne beruht. Der Längengrad eines Gestirns ist bestimmt durch seinen Winkelabstand vom 0°-Punkt (Widderpunkt), nach Osten auf den Himmelsäquator gemessen. Dieser Winkel erscheint im Horoskop.

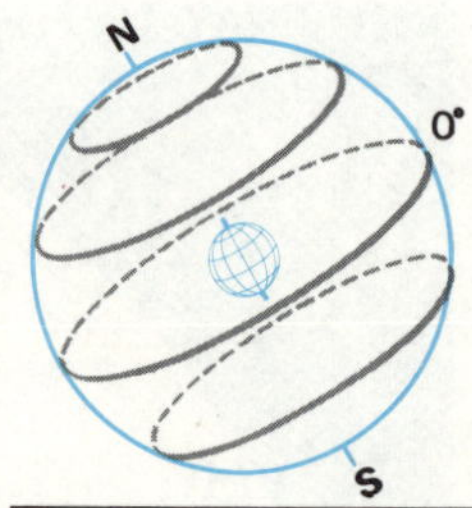

Pole und Himmelsäquator
Die Projektion des Erdäquators auf die Himmelskugel ergibt den Himmelsäquator (Deklination 0°). Die verlängerte Erdachse zeigt auf die Himmelspole (Deklination 90° N bzw. 90° S). In unmittelbarer Nähe des Himmelsnordpols steht der Polarstern (Alphae Ursae Minoris) mit einer Deklination von +89°. In der Nähe des Himmelssüdpols findet sich kein auffällig heller «Polarstern».

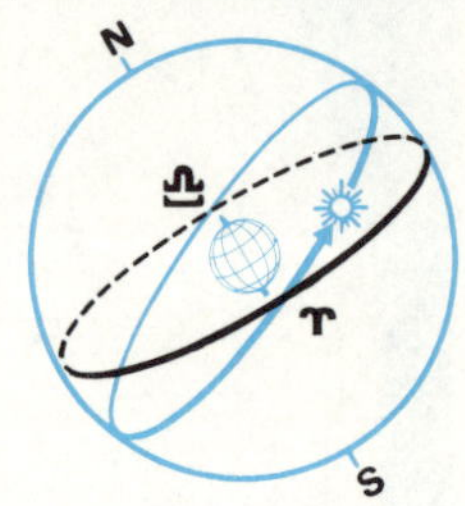

Ekliptik und Äquinoktien
Der scheinbare jährliche Weg der Sonne am Himmel wird Ekliptik genannt. Die Ekliptik kann auch als Projektion der Ebene der Erdbahn auf die Himmelskugel definiert werden. Auf Grund der Schiefe der Erdachse von 23°27′ beträgt der Winkel zwischen Ekliptik und Himmelsäquator ebenfalls 23°27′, beide schneiden sich in den Tagundnachtgleichen (Äquinoktien) im Frühling (0° Widder) und Herbst (0° Waage).

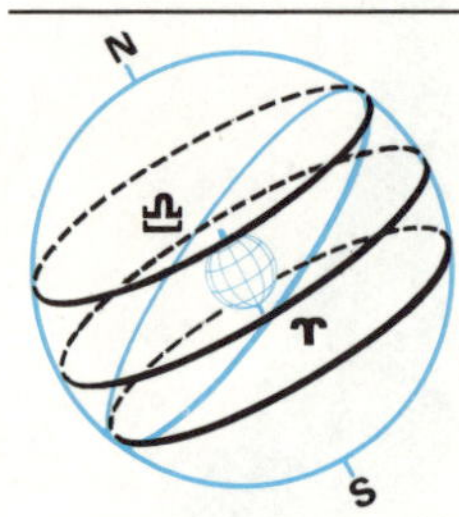

Die Sonnenwenden (Solstitien)
Die Zeitpunkte größter Deklination der Sonne nördlich oder südlich des Himmelsäquators werden als «Sonnenwenden» bezeichnet. Diese Zeitpunkte sind für die Nordhalbkugel der Erde heute ungefähr der 22. Juni (Sommersonnenwende) und der 22. Dezember (Wintersonnenwende). Beide Tage besaßen schon in den Kalendern der ersten babylonischen Astrologen besondere Bedeutung.

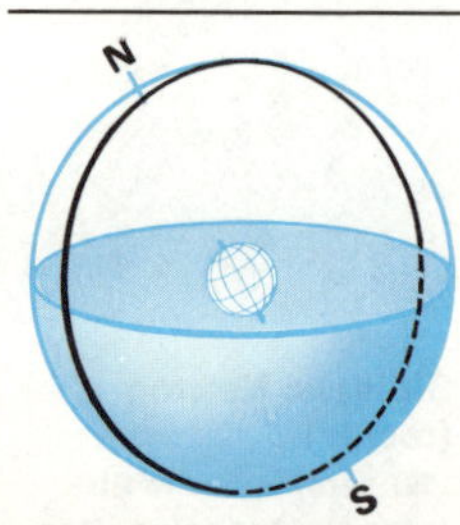

Horizont und Meridian des Beobachters
Der Begriff des Horizonts ist jedermann vertraut. Die Zeichnung zeigt ihn auf die Himmelskugel projiziert. Der Zenit entspricht dem Firmamentpunkt senkrecht über dem Beobachter, sein Meridian ist der Großkreis, der durch den Zenit und beide Himmelspole läuft. Der Horizont teilt das Horoskop in Tag und Nacht. Die Planeten sind auf ihrer täglichen Wanderung über den Himmel nur nachts und über dem Horizont sichtbar.

Der Weg der Sonne
Die Erde umkreist einmal im Jahr die Sonne. Für einen Beobachter auf der Erde scheint dagegen die Sonne jedes Jahr einmal die Ekliptik zu durchlaufen. Am Tag durchläuft die Sonne 1° eines Tierkreiszeichens, in einem Monat also eines der auf 30° festgelegten Zeichen. Im März steht sie beispielsweise heute in Fische.

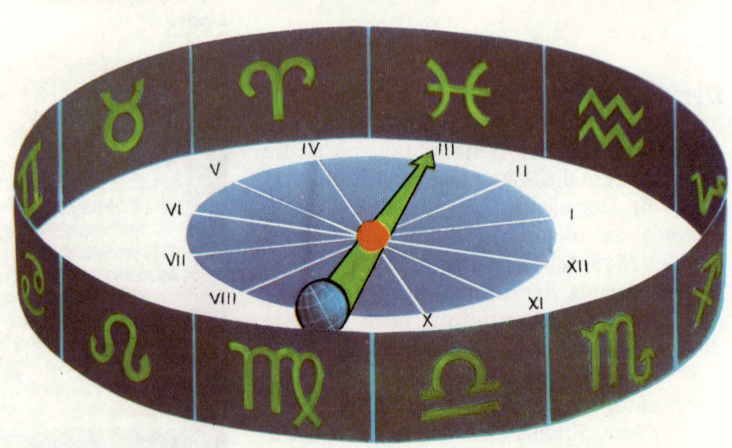

«Wir brauchen keinen Menschen in den interplanetarischen Raum zu schießen, wir müssen ihn nicht einmal aus dem Haus holen, um ihn dem Einfluß des Kosmos auszusetzen. Der Mensch steht immer im Mittelpunkt des Universums, denn das Universum ist überall.»
Prof. Giorgio Piccardi

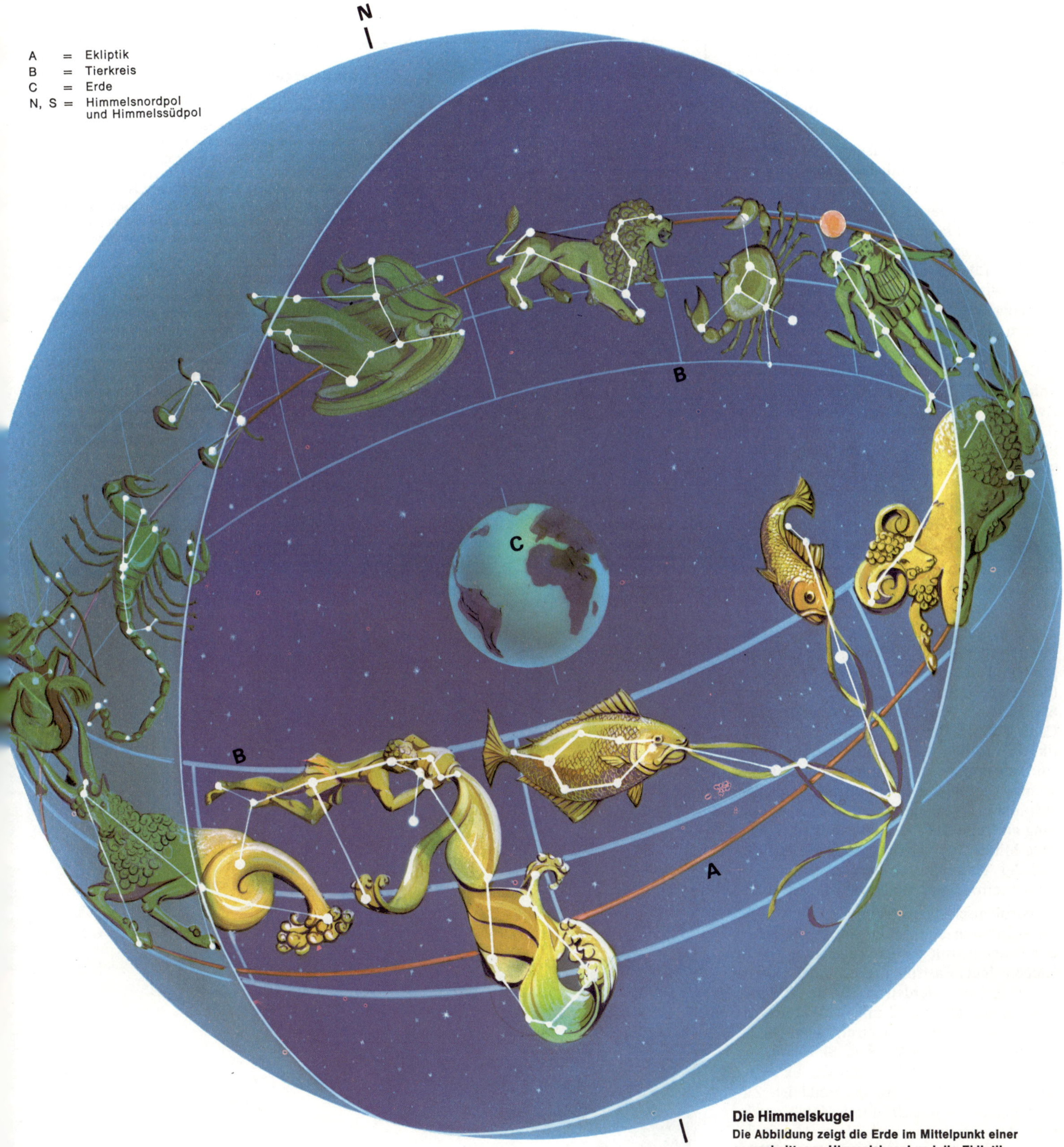

Die Himmelskugel
Die Abbildung zeigt die Erde im Mittelpunkt einer angeschnittenen Himmelskugel und die Ekliptik (scheinbare Sonnenbahn). Das Tierkreisband besitzt in der Astrologie nur symbolischen Wert: Im Unterschied zu den Sternbildern nimmt jedes astrologische Zeichen genau 30° des gesamten Kreises ein.

DER TIERKREIS

Die meisten Planeten unseres Sonnensystems laufen auf Bahnen, deren Ebene nur wenig von der Ebene der Erdbahn abweicht. Der Unterschied zum Merkur beträgt 7°, zur Venus 3° und weniger als 2° für alle übrigen, mit Ausnahme des Pluto, der eine außergewöhnliche Bahn mit einer Neigung von 17° zur Erdbahn beschreibt.

Auf Grund dieser Übereinstimmung der Ebenen durchlaufen die Planeten (wieder mit der Ausnahme Pluto) nur eine bestimmte Region unseres Himmels. Dieser Gürtel wird Tierkreis genannt und liegt als schmaler Streifen um die Ekliptik, die Projektion der Erdbahn auf die Himmelskugel.

Der Tierkreis wird in zwölf Sternbilder unterteilt: Widder (Aries), Stier (Taurus), Zwillinge (Gemini), Krebs (Cancer), Löwe (Leo), Jungfrau (Virgo), Waage (Libra), Skorpion (Scorpio), Schütze (Sagittarius), Steinbock (Capricornus), Wassermann (Aquarius) und Fische (Pisces). Alle Sternbilder sind seit dem Altertum bekannt, lange bevor sie Ptolemäus in seinem Sternkatalog aufführte. Sie unterscheiden sich allerdings hinsichtlich Größe und Helligkeit der Sterne.

Zwei Sternbilder, die nicht offiziell zum Tierkreis gerechnet werden, erscheinen im Streifen der zwölf Zeichen: Ein ziemlich großer Teil des Sternbildes Ophiuchus (Schlangenträger) drängt sich zwischen Skorpion und Schütze, und das Sternbild Cetus (Wal) nähert sich so weit der Ekliptik, daß es die Planeten durchlaufen. Beide sind ebenfalls alte, schon Ptolemäus bekannte Sternbilder. Die Astrologen haben sich darauf geeinigt, ihnen keine Bedeutung als Teile des Tierkreises zuzusprechen. Eine Minderheit vertritt jedoch die Ansicht, daß der Tierkreis um diese zwei auf vierzehn Sternzeichen erweitert werden sollte.

Astrologisch bedeutsam sind nun nicht die sichtbaren Sternbilder selbst. Sie gaben den festen astrologischen Zeichen nur ihren Namen. Jedem astrologischen (oder ekliptischen) Zeichen werden je 30° der Ekliptik zugewiesen, beginnend mit 0° Widder. Allein diese Zeichen besitzen symbolische Kräfte. So sind die Zeichen Skorpion und Krebs gleich wichtig, obwohl der Skorpion das weitaus auffälligere Sternbild ist. Zudem entsprechen sich durch das Vorrücken der Tagundnachtgleichen (Äquinoktien) astrologische Zeichen und wirkliche Sternbilder nicht mehr: Heute liegt der Frühlingspunkt (0° Widder) im Sternbild der Fische.

Der Widderpunkt (rechts)
Dieser Punkt ist der Nullpunkt, von dem aus die Stellung eines Gestirns gemessen wird. Im Widderpunkt schneiden sich Ekliptik und Himmelsäquator.

Die Bewegung des Widderpunkts (rechts)
Die vier Zeichnungen zeigen drei Stadien der Wanderung des Widderpunkts durch den Tierkreis. Zur Zeit der Entstehung astronomischer Theorien befand er sich tatsächlich im Widder, die Abbildung links außen zeigt ihn fast im Zentrum des Widders, wo er ungefähr 900 v. Chr. stand. 1970 stand er im Zeichen der Fische (mittlere Abbildung), um 3300 wird er mitten im Wassermann stehen. Die astronomischen Sternbilder weisen im Gegensatz zu den astrologischen Zeichen erhebliche Größenunterschiede auf.

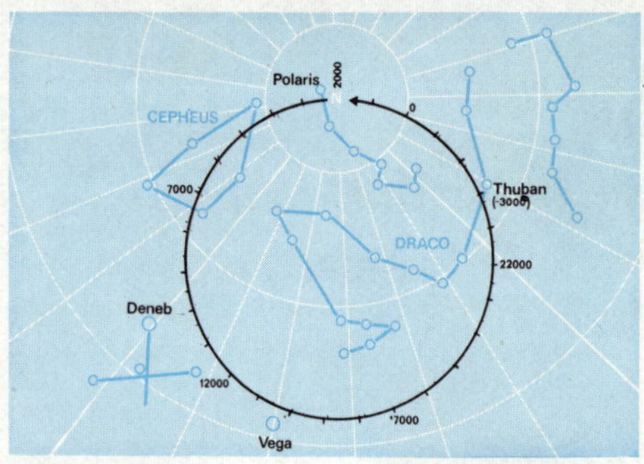

Die Präzession (links)
Die Anziehungskraft der Sonne, des Mondes und der Planeten verursachen eine leichte Schlingerbewegung der Erdachse wie bei einem langsam werdenden Kreisel. Daher verändern die Himmelspole, der Himmelsäquator und der Widderpunkt ihre Lage. In 25 800 Jahren beschreibt die Erdachse um die auf der Ekliptebene senkrechte Richtung einen Kegelmantel. Die Himmelspole bewegen sich an der Sphäre in einem Kreis von 47° Durchmesser. Die Zeichnung zeigt den Präzessionskreis für den Himmelsnordpol. Vor 3000 Jahren lag er beim Stern Thuban im Sternbild Draco (Drache), heute liegt er nahe dem Polarstern, in 14 000 Jahren wird der helle Stern Wega in der Leier (Lyra) «Polarstern» sein.

Die Sternbilder
1 Wassermann (Aquarius)
2 Steinbock (Capricornus)
3 Schütze (Sagittarius)
4 Skorpion (Scorpio)
5 Waage (Libra)
6 Jungfrau (Virgo)
7 Löwe (Leo)
8 Krebs (Cancer)
9 Zwillinge (Gemini)
10 Stier (Taurus)
11 Widder (Aries)
12 Fische (Pisces)
A Ekliptik

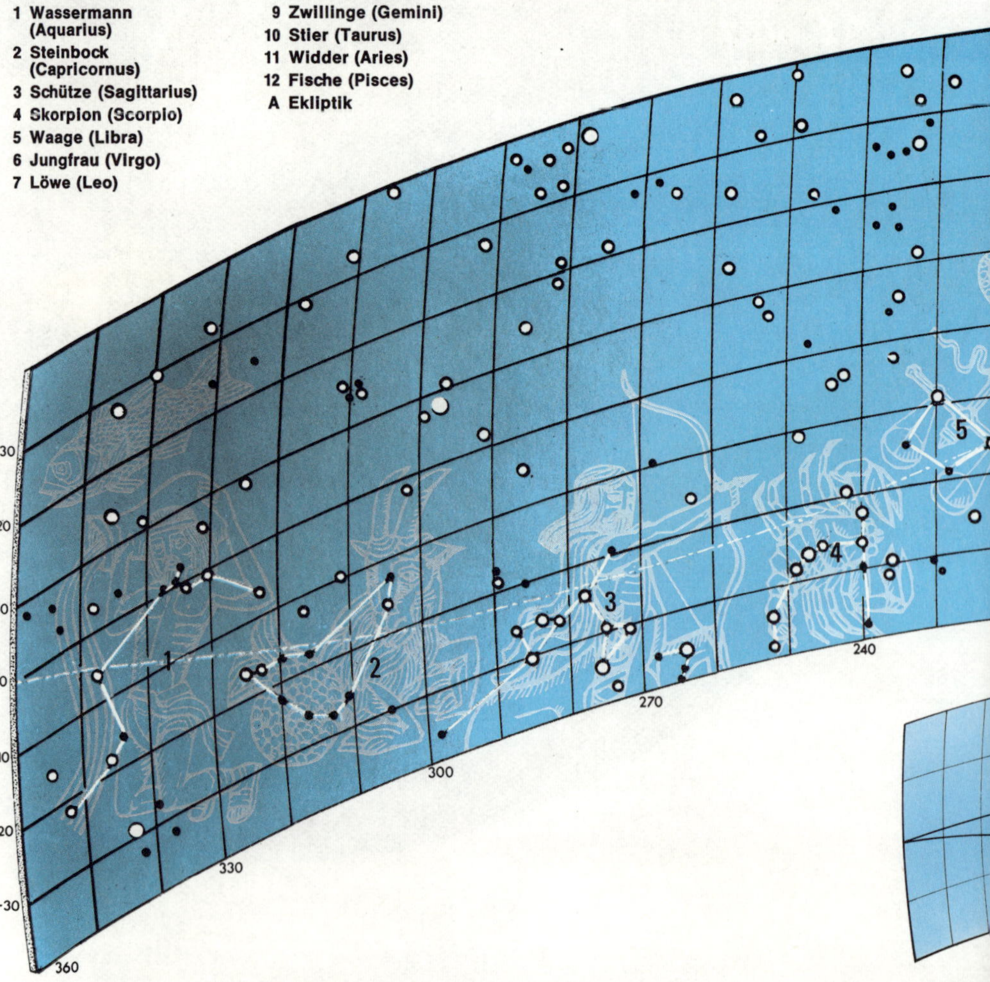

«Es geschieht nichts am sichtbaren Himmel, das nicht in einem verborgenen Augenblick von den Kräften der Erde und der Natur gefühlt wird.»
Johannes Kepler (1571–1630), «De Stella Nova»

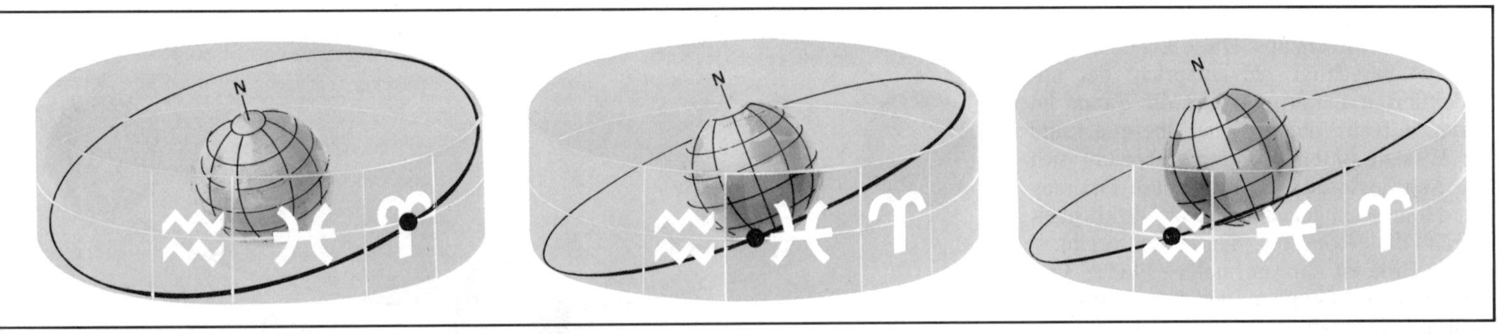

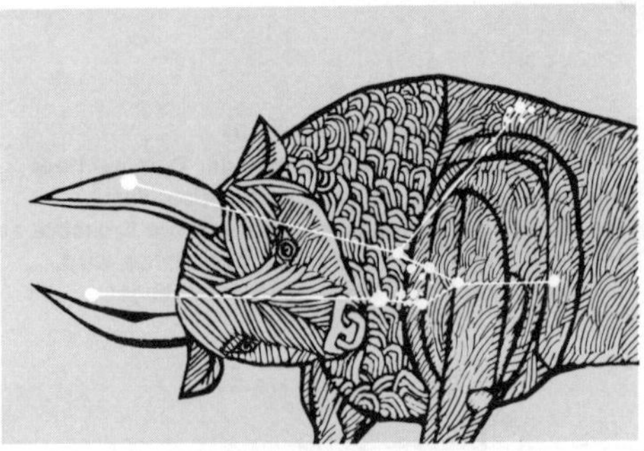

Das Sternbild Stier und seine Tiefenerstreckung

Die Zeichnung links zeigt den Sternhaufen der Hyaden um den hellen Stern Aldebaran in Taurus (Stier). Das Diagramm rechts stellt die wirklichen Entfernungen verschiedener Sterne des Sternbildes Stier voneinander und von der Erde («Nullpunkt») in Lichtjahren dar.

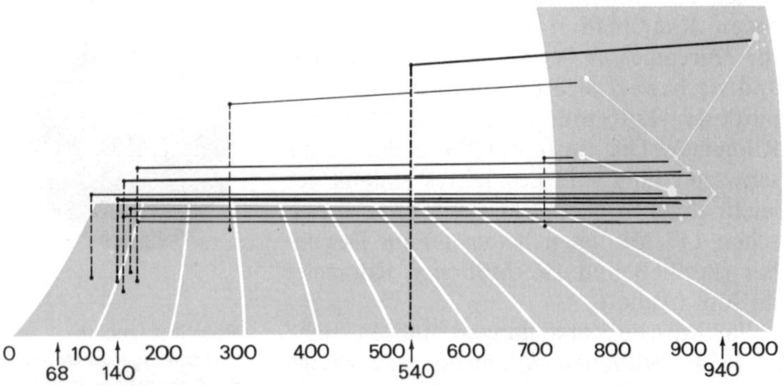

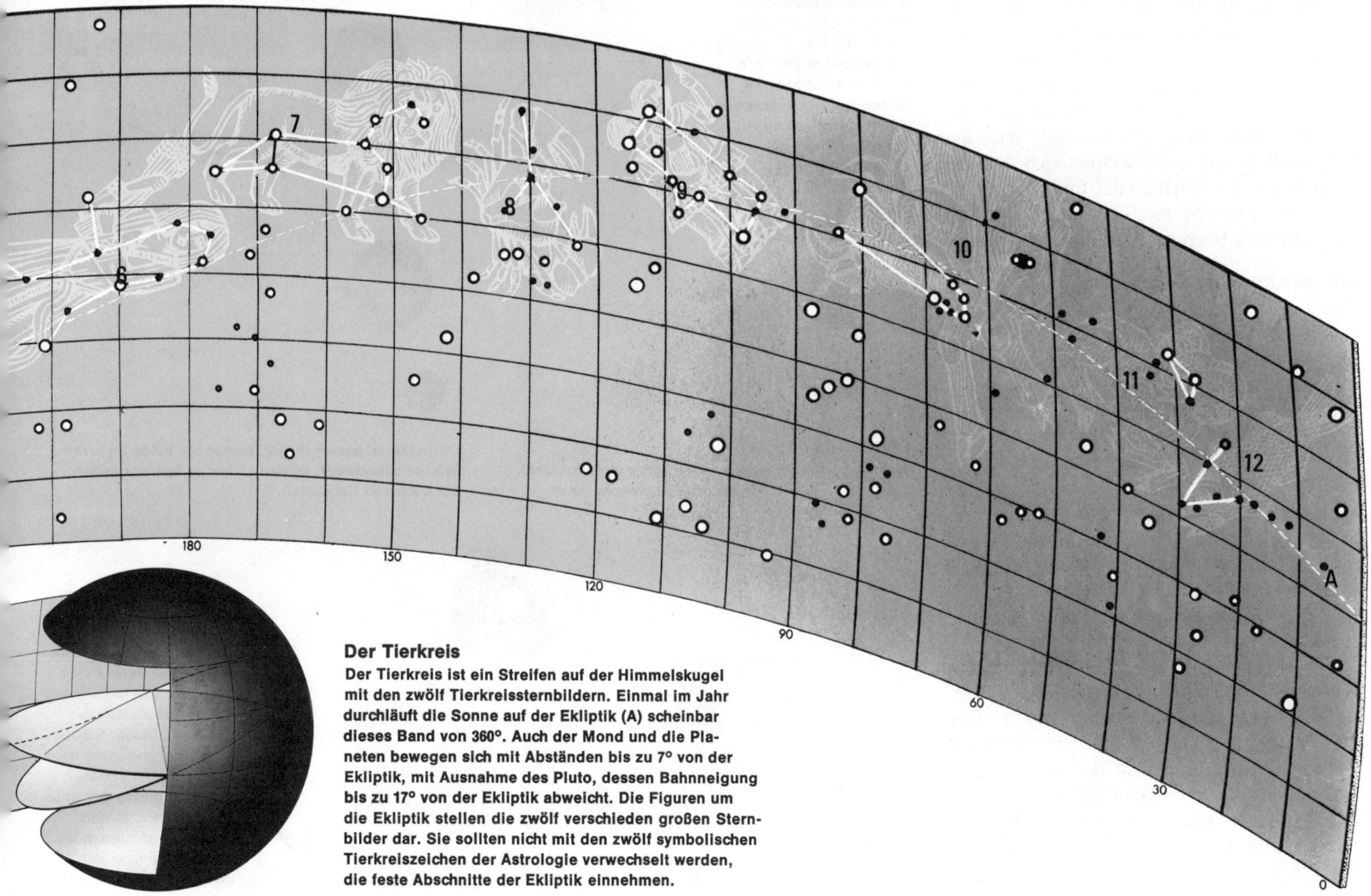

Der Tierkreis

Der Tierkreis ist ein Streifen auf der Himmelskugel mit den zwölf Tierkreissternbildern. Einmal im Jahr durchläuft die Sonne auf der Ekliptik (A) scheinbar dieses Band von 360°. Auch der Mond und die Planeten bewegen sich mit Abständen bis zu 7° von der Ekliptik, mit Ausnahme des Pluto, dessen Bahnneigung bis zu 17° von der Ekliptik abweicht. Die Figuren um die Ekliptik stellen die zwölf verschieden großen Sternbilder dar. Sie sollten nicht mit den zwölf symbolischen Tierkreiszeichen der Astrologie verwechselt werden, die feste Abschnitte der Ekliptik einnehmen.

DAS ERDE-MOND-SYSTEM

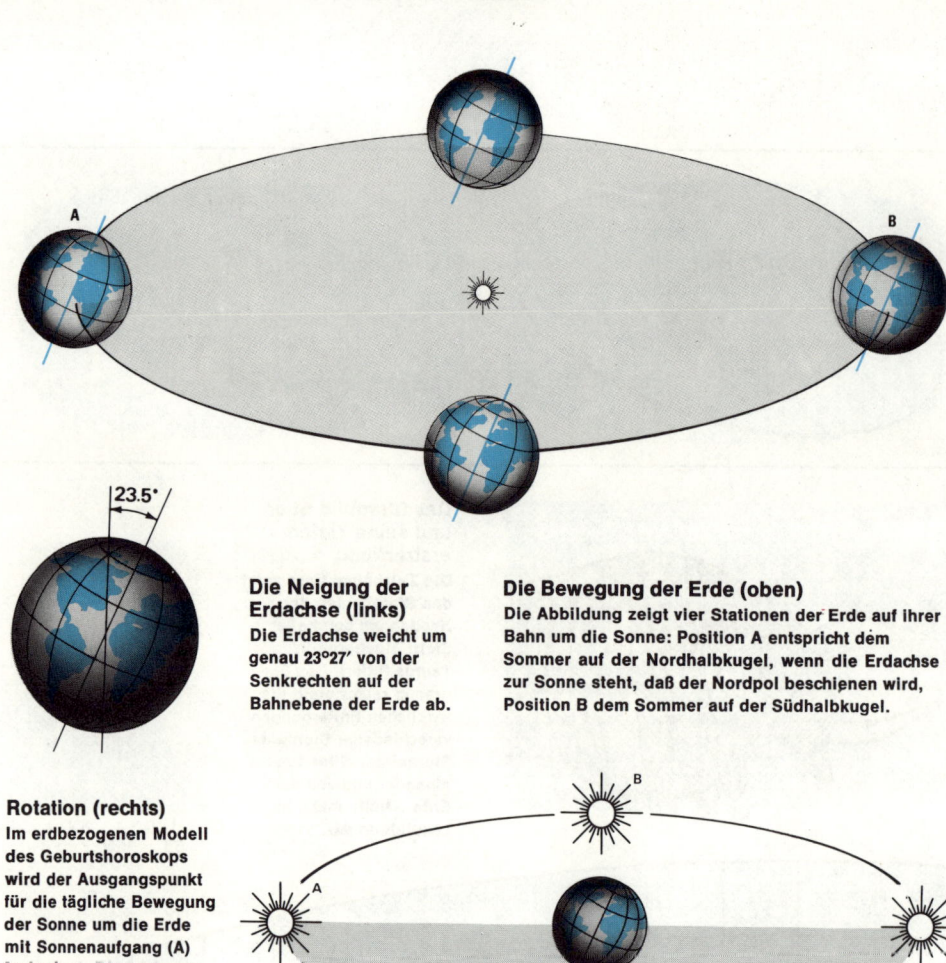

Die Astrologie stellt die Erde in den Mittelpunkt des Universums. Diese Eigenmächtigkeit ist berechtigt, sie entspricht der unreflektierten Erfahrung, daß die Sonne im Osten aufgeht, den Himmel überquert und im Westen untergeht. Immer bezieht sich die Astrologie auf die scheinbare Drehung der Himmelskugel, die sich in Wirklichkeit durch die Rotation der Erde ergibt.

Die Erde ist ein «normaler» Planet. Von den anderen Planeten des Sonnensystems unterscheidet sie nur, daß sich auf ihr Leben entwickeln konnte dank einer günstigen Kombination bestimmter Faktoren. Ihr Durchmesser beträgt 12 700 Kilometer, und sie bewegt sich um die Sonne in einer mittleren Entfernung von 149 Millionen Kilometer. Die Entfernung von der Sonne schwankt im Laufe des Jahres – dank der leicht exzentrischen Bahn der Erde – zwischen 147 Millionen Kilometer im Dezember (Perihel) und 152 Millionen Kilometer im Juni (Aphel).

Für irdische Vorstellungen und Maßstäbe sind 149 Millionen Kilometer eine riesige Entfernung. Denkt man jedoch einen Augenblick an die fast unvorstellbaren Entfernungen im Universum, so schrumpft unser Sonnensystem zu einem winzigen Stecknadelkopf. Die Astrologie unserer Zeit betrachtet ihren Gegenstand fast wie die Molekularbiologie: Sie widmet sich der Untersuchung von Verhaltens- und Wirkungsmustern zwischen relativ kleinen Körpern in einem eng begrenzten Raum.

Die Wirkung des Mondes

Die Erde reist in Begleitung des Mondes durch den Raum. Der Mond besitzt Planetengröße, und daher sollten Erde und Mond eigentlich nicht als Planet und Trabant, sondern als Doppelplanet bezeichnet werden. Für den irdischen Beobachter und den Astrologen erscheint der Mond als unabhängiger Körper. Wer will, kann darüber spckulieren, ob ein Astrologe der Zukunft auf dem Merkur derselben Meinung sein wird Vielleicht müßte er tatsächlich Erde und Mond als Einheit betrachten, obwohl beide unverwechselbare Merkmale in astrologischer Hinsicht aufweisen werden.

Die Bewegungen der Erde werden spürbar vom Mond beeinflußt, und beide Körper bewegen sich um einen gemeinsamen Schwerpunkt. Dieser Punkt, Baryzentrum genannt, liegt in der Erde, da die Masse der Erde ungefähr achtzigmal größer ist als die des Mondes. Die Massenanziehungskraft des Mondes löst auf der Erde den Wechsel von Ebbe und Flut aus.

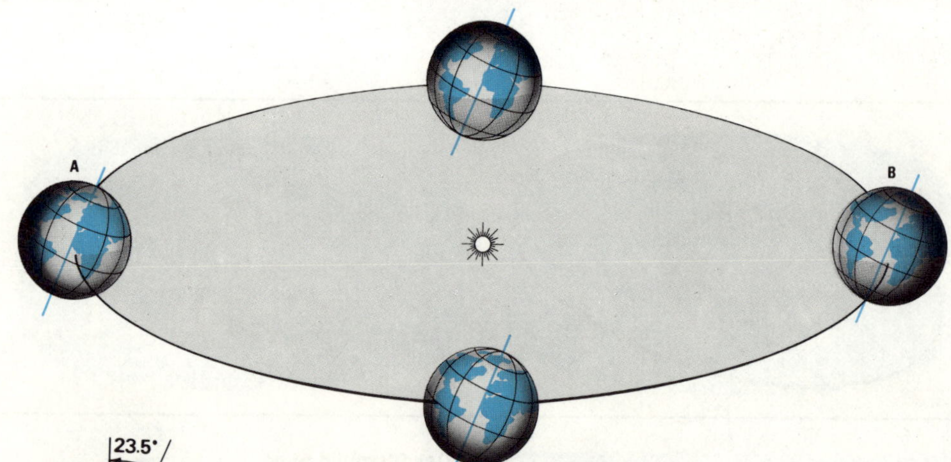

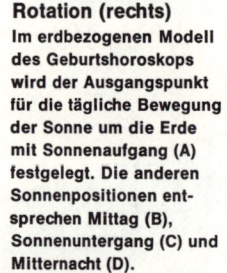

Die Neigung der Erdachse (links)
Die Erdachse weicht um genau 23°27′ von der Senkrechten auf der Bahnebene der Erde ab.

Die Bewegung der Erde (oben)
Die Abbildung zeigt vier Stationen der Erde auf ihrer Bahn um die Sonne: Position A entspricht dem Sommer auf der Nordhalbkugel, wenn die Erdachse so zur Sonne steht, daß der Nordpol beschienen wird, Position B dem Sommer auf der Südhalbkugel.

Rotation (rechts)
Im erdbezogenen Modell des Geburtshoroskops wird der Ausgangspunkt für die tägliche Bewegung der Sonne um die Erde mit Sonnenaufgang (A) festgelegt. Die anderen Sonnenpositionen entsprechen Mittag (B), Sonnenuntergang (C) und Mitternacht (D).

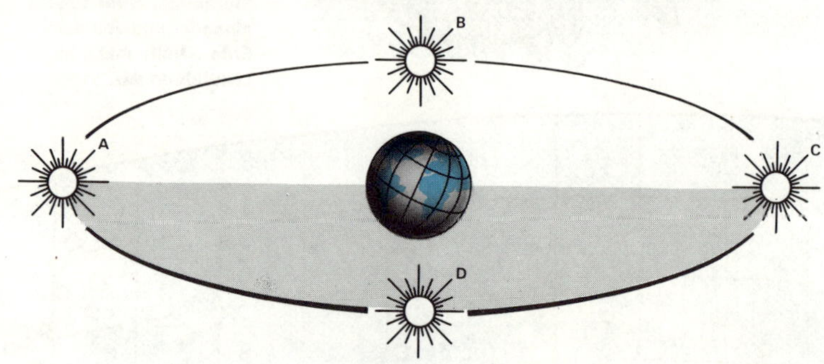

Die Gezeiten (oben)
Wenn Mond und Sonne in einer Achse stehen, rufen sie durch die Summierung ihrer Anziehungskraft Springfluten hervor (links); stehen sie beide im rechten Winkel zueinander, kommt es nur zu den wesentlich schwächeren Nippfluten.

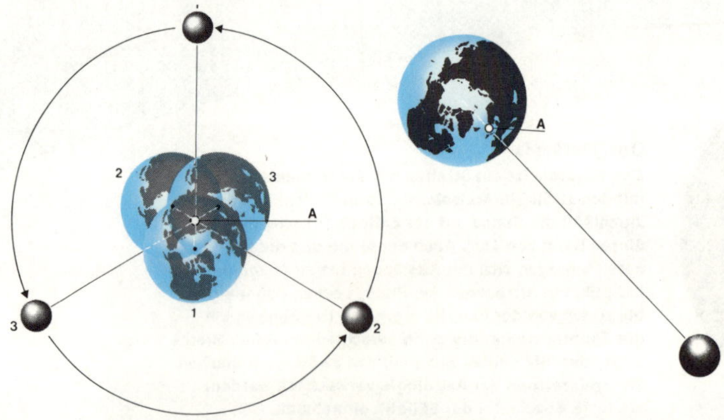

Der gemeinsame Schwerpunkt (links)
Der Mond umkreist nicht einfach die Erde. Beide bewegen sich um einen gemeinsamen Schwerpunkt (A). Dieser Schwerpunkt (Baryzentrum) liegt auf Grund der 81mal größeren Masse der Erde im Erdinnern. In den beiden Zeichnungen ist das Baryzentrum mit A markiert.

Die Erde im Raum

Die Aufnahme der Erde, die den Astronauten von Apollo 11 auf dem Rückflug vom Mond gelang, enthüllt das wahre Gesicht unseres Planeten. Die blau schimmernde Atmosphäre, die bewegten Wolken, die Kontinente und Meere bieten ein faszinierendes, belebtes Bild. Die Mondphasen (unten) beginnen mit dem Neumond (1), wenn der Mond seine unbeleuchtete Seite der Erde zuwendet, und laufen über den Vollmond (5) zum nächsten Neumond (9) nach 29,53 Tagen.

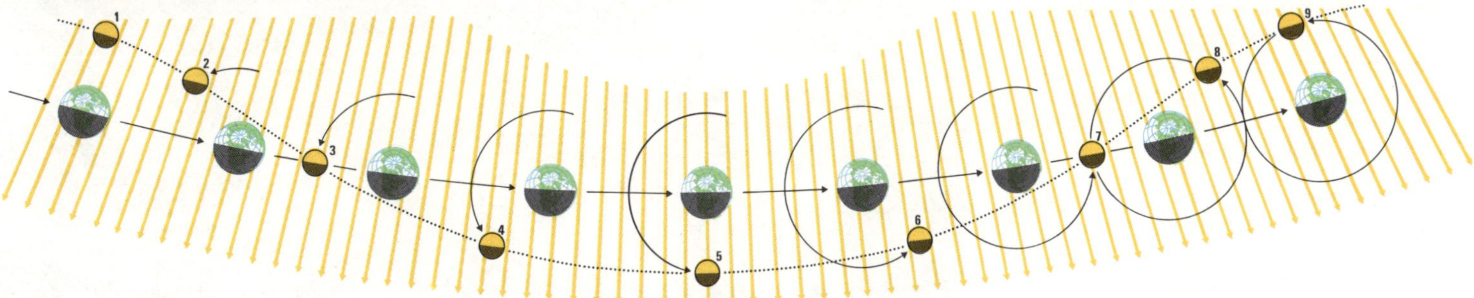

DAS SONNENSYSTEM

Dieses Schema des Sonnensystems veranschaulicht die Bahnen der Planeten um die Sonne. Die Zahlen an den Rändern geben die Entfernungen in Meilen (obere Zahl) und Kilometern (untere Zahl) an.

Die Planeten laufen auf fast regelmäßigen Kreisbahnen – mit Ausnahme von Pluto, dessen Bahn die des Neptun schneidet, so daß er im Perihel der Sonne näher steht als Neptun und Neptun für einige Jahre zum «äußersten Planeten» wird.

Der größte Teil der Planeten umkreist die Sonne auf Bahnen, deren Ebene nur bis zu 4° von der Bahnebene der Erde abweicht. Ausnahmen machen Merkur mit 7° und Pluto, dessen Bahnneigung von 17° eine Kollision mit Neptun ausschließt.

Trotz der riesigen Entfernungen im Sonnensystem bewegen sich die Planeten nicht vollkommen unabhängig voneinander. Jeder Körper übt eine Massenanziehungskraft aus: Je größer die Masse, desto größer die Anziehungskraft. Jeder Planet zieht die anderen an und verursacht Unregelmäßigkeiten ihrer Bewegung (Störungen). Diese Bahnstörungen müssen neben anderen Faktoren berücksichtigt werden, wenn Astrologen oder Astronomen die Planetenpositionen berechnen.

Kleinere und hypothetische Körper

In unserem Sonnensystem kreisen jedoch außer Sonne, Mond und Planeten noch andere Körper: Satelliten großer Planeten, Kometen, Meteoriten und Asteroiden, die sich als Schwarm «kleiner Planeten» zwischen den Bahnen von Jupiter und Mars bewegen. Die größten, Ceres und Pallas, haben einen Durchmesser von 768 bzw. 492 Kilometer, die kleinsten erreichen gerade einen Durchmesser von 20 Kilometer. Die gesamte Masse der bisher bekannten 1700 Planetoiden beträgt etwa fünf Hundertstel der Erdmasse. Alle zusammen besitzen vielleicht astrologische Bedeutung, obwohl bisher nichts darauf hinzuweisen scheint.

Einige Astronomen und Astrologen vermuten, daß ein unbekannter Planet in der Nähe des Merkur kreist. Seine astrologische Bedeutung ist allerdings mindestens so zweifelhaft wie seine Existenz. Noch etwas zweifelhafter sind die Spekulationen über einen Erdtrabanten namens Lilith, der ein Viertel der Größe des Mondes haben soll.

Zeichenerklärung

A Asteroiden
♂ Mars
⊕ Erde
♀ Venus
☿ Merkur
♃ Jupiter
♄ Saturn
♅ Uranus
♆ Neptun
♇ Pluto

«Vielleicht ist das Universum nicht nur seltsamer als wir vermuten, sondern auch seltsamer als wir vermuten können.»
J. S. Haldane (1860—1936)

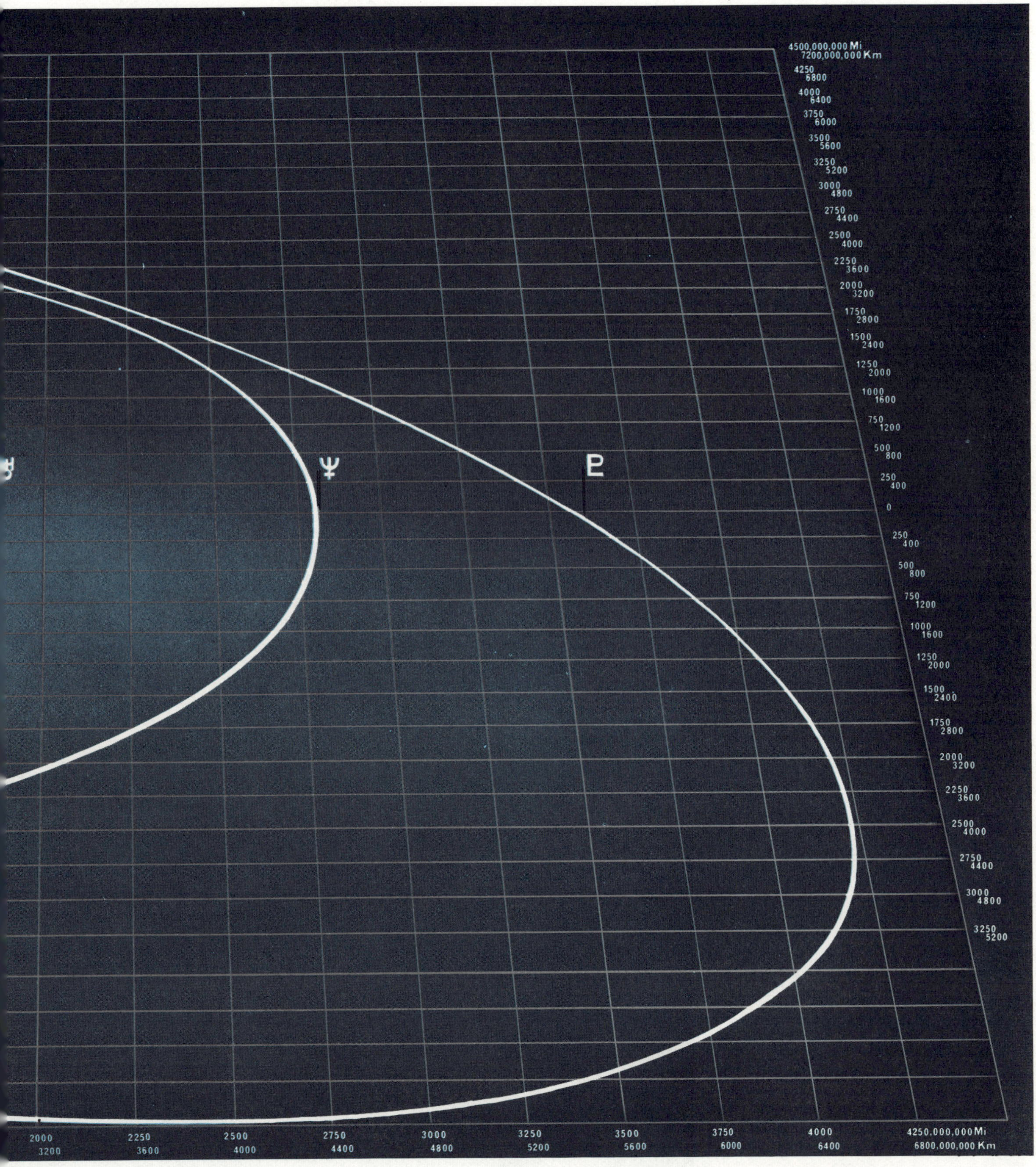

DIE SPHÄRE DER ASTROLOGIE

Astrologen, die ihre Theorien lieber auf empirisch prüfbare Annahmen gründen als auf okkulte Spekulationen, neigen mehr und mehr zu der Behauptung, daß die Astrologie nur auf dem Fundament physikalischer Einflüsse gedeihen könne. Die Einflüsse der Planeten müssen im Wettergeschehen und im Leben der Pflanzen und Tiere nachweisbar sein.

Wenn das richtig ist, erscheint die Annahme begründet, daß die räumlichen Beziehungen im Sonnensystem bedeutsam sind. Diese Beziehungen demonstriert das Vorstellungsmodell der «Astrolosphäre» auf der gegenüberliegenden Seite. Im Mittelpunkt des Systems befindet sich die Sonne, in wachsender Entfernung von ihr die Planeten. Wie Newton in seinem Gravitationsgesetz nachwies, nimmt die Anziehungskraft zweier Körper im umgekehrten Quadrat zu ihrer Entfernung ab. Man würde erwarten, daß sich astrologische Einflüsse ähnlich abschwächen. Einige wenige Tatsachen sprechen für diese Annahme: Nach Zahlen, die für den Zeitraum zwischen 1883 und 1941 zusammengetragen wurden, scheint der Merkur proportional zu seiner jeweiligen Entfernung die Temperaturen auf der Erde zu beeinflussen.

Nach den Gesetzen der Schwerkraft hängt die Wirkung eines Himmelskörpers nicht nur von der Entfernung, sondern auch von der Masse ab: je geringer die Entfernung und je größer die Masse, desto größer die Wirkung. Der Mond ist offensichtlich von ungeheurer Bedeutung: Seine Erdnähe (mittlere Entfernung = 384 000 km) wiegt seine geringe Masse auf. Jupiter besitzt eine größere Masse als alle übrigen Planeten zusammen, dann folgen Saturn, Uranus und Neptun.

Der französische Wissenschaftler Prof. Philippe Lebas hat schon vor vielen Jahren die Idee einer Astrolosphäre vertreten. Er wies darauf hin, daß die Planeten physikalisch aufeinander wirken und direkt Einfluß auf die Erdatmosphäre nehmen, folglich auch Lebenabläufe auf der Erde beeinflussen. Wahrscheinlich können die Planetenpositionen noch mit anderen Naturerscheinungen in Verbindung gebracht werden. Der bekannte deutsche Geophysiker Dr. R. Tomaschek hat die Planetenstellungen bei 134 Erdbeben über Stärke 7, die sich in den Jahren 1904 bis 1906 ereigneten, untersucht und dabei eine bedeutungsvolle Position des Uranus festgestellt, die auch bei den Erdbeben von Tokio (1924), Assam (1950), Agadir und Chile (1960) eintrat.

Die Milchstraße (unten)
Die Milchstraße, unser lokales Sternsystem, umfaßt ungefähr 100 Millionen Sterne und hat einen größten Durchmesser von 100 000 Lichtjahren. Der Ort der Sonne (A) liegt am Rand eines der Spiralarme, 30 000 Lichtjahre vom Zentrum der Milchstraße entfernt.

Die Astrolosphäre (rechts)
Die Erde, der dritte Planet von der Sonne aus, befindet sich in der Mitte zwischen Kern und äußerer Energiezone der Astrolosphäre. Die langsameren Planeten von Jupiter bis Pluto liegen in einer kälteren, ferneren Region des Sonnensystems.

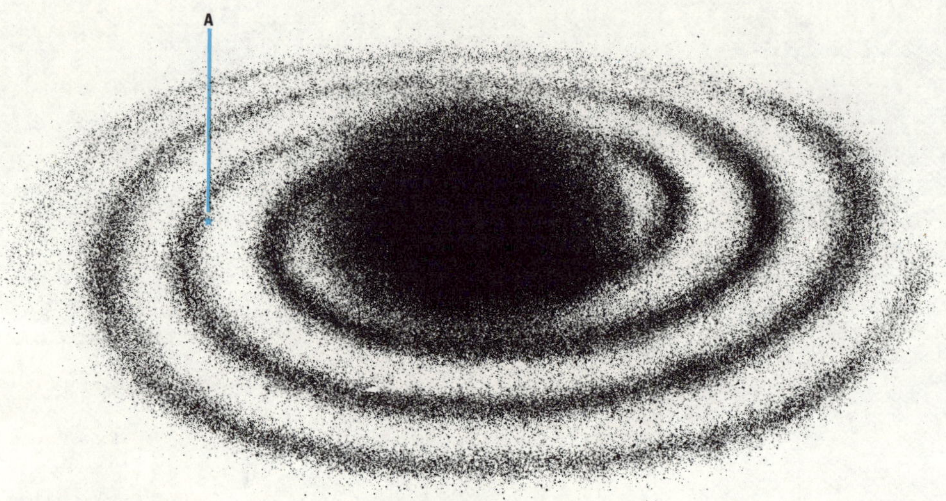

Bahngeschwindigkeiten (rechts)
Die Planeten bewegen sich mit unterschiedlicher Geschwindigkeit entlang der Ekliptik. Der Mond durchläuft sie dreizehnmal im Jahr, Pluto bewegt sich pro Jahr um 1°.

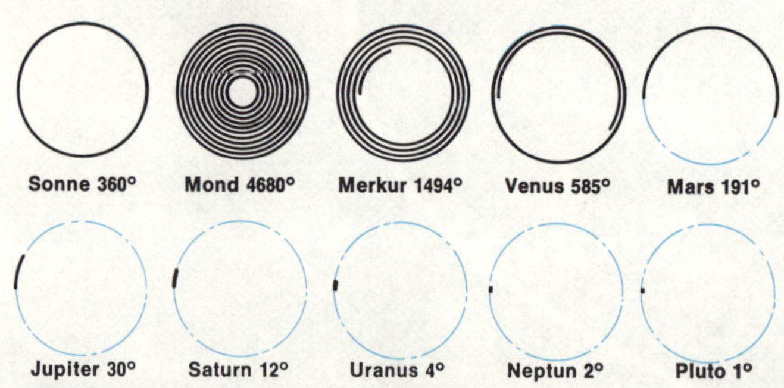

Planetengrößen (unten)
Proportionsgetreue Darstellung der Planeten (ohne Mond) vor einem Segment der Sonne.

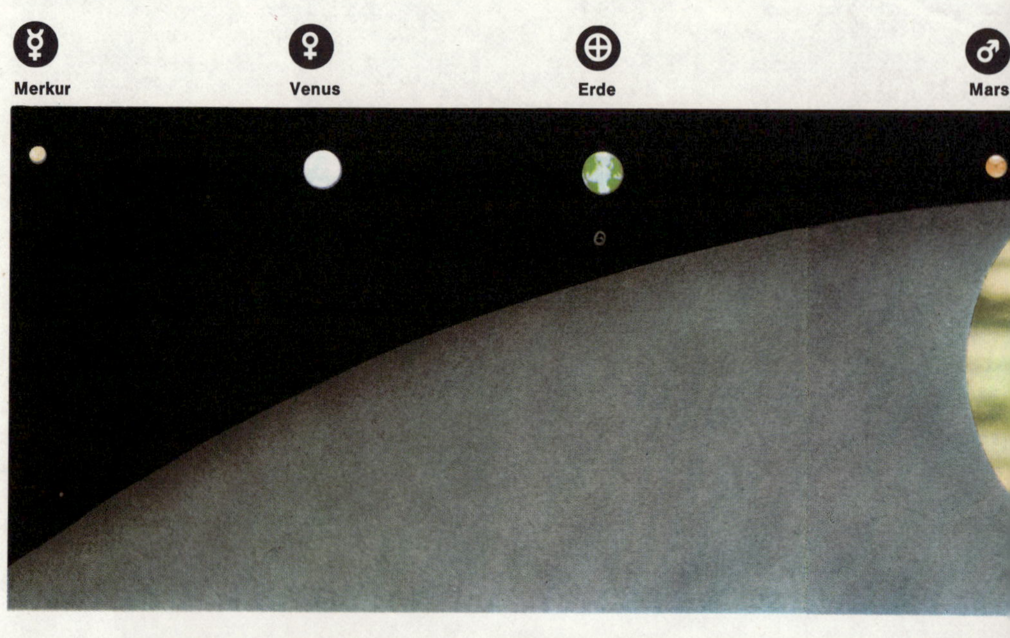

Jupiter Saturn Uranus Neptun Pluto

DIE PLANETENBEWEGUNGEN

Die Positionen der Planeten in den Abschnitten der Ekliptik bedeuten den Astrologen alles. Schon die Astrologen-Astronomen des Altertums untersuchten die Planetenbewegungen mit der ihnen möglichen Sorgfalt und Genauigkeit. Ihre Ausrüstung mutet heute primitiv an, doch die Ergebnisse, die sie ohne Hilfe von Teleskopen erzielten, waren bemerkenswert verläßlich.

Zuerst nahm man an, alle Himmelskörper liefen auf Kreisbahnen, denn der Kreis war eine vollkommene Form, und am Himmel mußte notwendigerweise alles vollkommen sein. Dies war der Fehlschluß in der Kompromißlösung des Ptolemäus.

Nach Kopernikus erkannten die Astronomen bald, daß sich die Planeten unregelmäßig bewegten. Manchmal schienen sie anzuhalten und rückwärts zu laufen, bevor sie ihre gewohnte Bewegung wiederaufnahmen.

Johannes Kepler gelang 1609 der Nachweis, daß sich die Planeten nicht auf exakt kreisförmigen, sondern auf elliptischen Bahnen bewegen. Die Ellipsen sind allerdings annähernd kreisförmig, die Exzentrizität der Erdbahn macht zum Beispiel nur 0,017 aus. Allein die Bahnen des Merkur und des Pluto sind etwas offensichtlicher elliptisch. Auch die Bahngeschwindigkeit der Planeten weist Unterschiede auf: Die Planeten in der Nähe der Sonne sind am schnellsten, zudem benehmen sich die inneren Planeten Merkur und Venus etwas seltsam im Vergleich zu den anderen Planeten des Sonnensystems. Die Besonderheiten des Merkur spiegeln sich in den Merkmalen seines astrologischen Einflusses.

Die Astrologen des Altertums vermuteten, daß ein rückläufiger Planet – ein Planet, der sich plötzlich rückwärts bewegt, mindestens zu bewegen scheint – gegen die natürliche Ordnung verstoße. Noch heute achten einige Astrologen ganz besonders auf «retrograde Planeten» in einem Horoskop. Sie leiten daraus einen direkten ungünstigen Einfluß des Planeten ab oder nehmen an, daß die Rückläufigkeit eines Planeten seine positive Wirkung aufheben kann.

Diese negative Bewertung der rückläufigen Planeten ist nicht gerade glänzend abgesichert. Aber trotzdem scheint sich der Einfluß eines zum Zeitpunkt der Geburt rückläufigen Planeten besonders stark auszuwirken, wenn er, wieder rückläufig, den Grad und die Minute überschreitet, die er bei der Geburt einnahm.

In den progressiven Horoskopen der Astrologen kann allerdings nur der Mond alle 30 Jahre zur Stellung im Geburtshoroskop zurückkehren. Der Merkur kehrt nach 90 Jahren zur Position im Geburtshoroskop zurück, die Sonne nach 360.

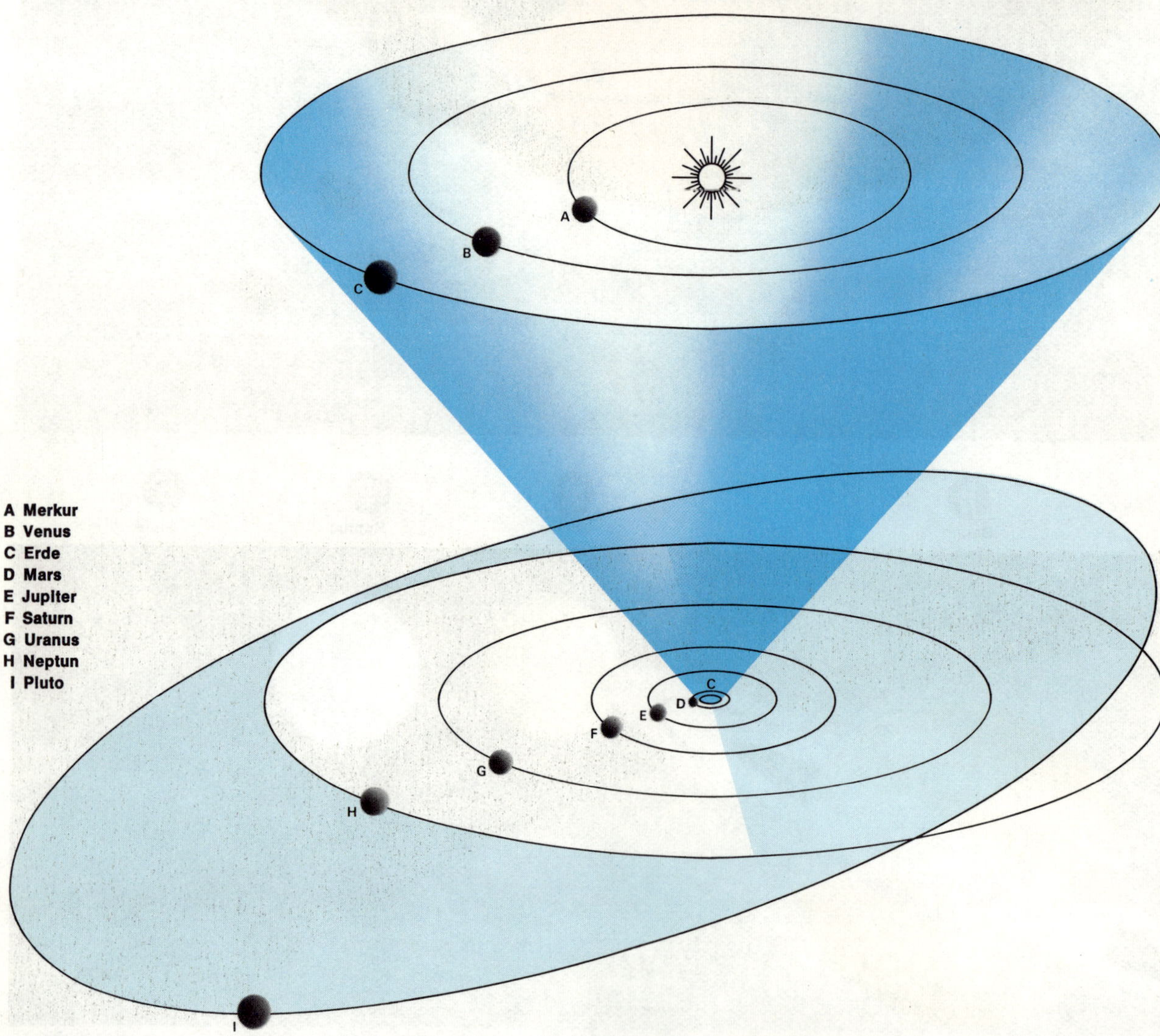

A Merkur
B Venus
C Erde
D Mars
E Jupiter
F Saturn
G Uranus
H Neptun
I Pluto

Die inneren Planeten (links)
Der Merkur (A) bewegt sich in einer mittleren Entfernung von 57 910 000 Kilometer um die Sonne, die Venus (B) in einer mittleren Entfernung von 108 210 000 Kilometer. Sie umkreisen die Sonne in 88 bzw. 224,7 Erdtagen. Die Bahn der Venus ist so gut wie kreisförmig, die des Merkur relativ exzentrisch. Nur die Venus ist als heller Stern mit bloßem Auge sichtbar. Der sonnennahe Merkur kann nur in der Abend- oder Morgendämmerung astronomisch beobachtet werden.

Die äußeren Planeten (links)
Mit «äußere Planeten» bezeichnet man alle Planeten im Sonnensystem jenseits der Erde. Es wäre allerdings genauso sinnvoll, die Planeten in zwei andere Gruppen zu unterteilen: erdähnliche Planeten (Merkur bis Mars) und Riesen (Jupiter bis Neptun). Pluto, wahrscheinlich einst Trabant des Neptun, paßt anscheinend nicht richtig in diese Einteilung. Die Bahnexzentrizität der äußeren Planeten ist so gering, daß sie auch im Perihel der Sonne nur wenig näher kommen.

«Die Kontrollen des Lebens sind als Formen und Atomanordnungen aufgebaut
und stehen in Beziehung zu den Bewegungen des Universums.»
Louis Pasteur (1822–1895)

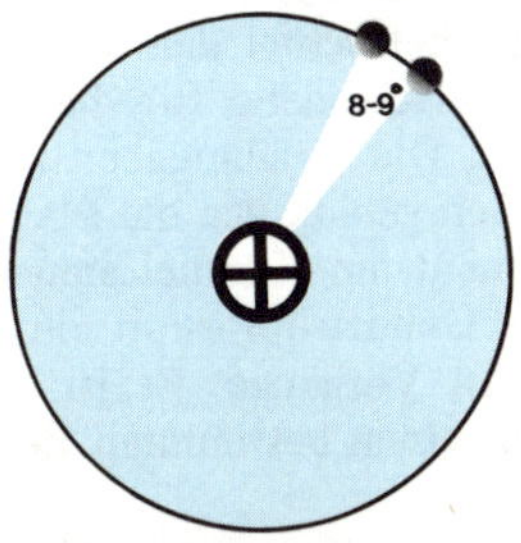

Astrologische Konjunktionen

«Astrologische Konjunktion» bezeichnet das Beieinanderstehen zweier oder mehrerer Planeten auf der Ekliptik, wie es von der Erde aus gesehen wird. Konjunktionen von Planeten werden dann im Horoskop eingetragen, wenn die Planeten innerhalb eines Wirkungsumkreises (Orbis) von 8 bis 9° stehen. Die Konjunktion ist ein Brennpunkt des Horoskops. Sie verstärkt die Merkmale der Häuser und Zeichen, in denen sie auftritt.

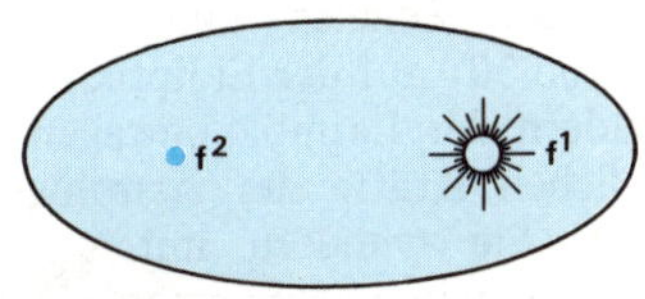

Keplers Gesetze

Keplers erstes Gesetz (oben) besagt, daß die Planetenbahnen Ellipsen sind, mit der Sonne im einen Brennpunkt. Nach dem zweiten Gesetz (unten) überstreicht der Leitstrahl des Planeten in gleichen Zeiten gleiche Flächen; das dritte Gesetz verbindet Umlaufzeiten der Planeten und Sonnenferne.

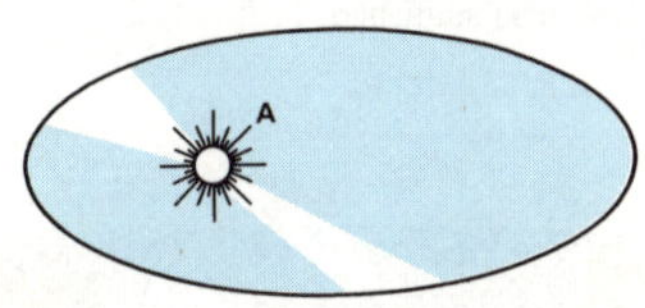

Rückläufige Planeten

Scheinbar rückläufige Bewegungen der Planeten treten auf, wenn ein innerer (schnellerer) Planet die Erde überholt oder wenn ein äußerer (langsamerer) von der Erde überholt wird. In der astrologischen Tabelle der Planetenpositionen (unten) läuft zum Beispiel Merkur von 11° Schütze am ersten Tag des Monats zurück und nimmt erst bei 3° Schütze (neunter Tag des Monats) seine «Vorwärtsbewegung» wieder auf. Die Rückläufigkeit wird durch «R» bezeichnet.

	1	2	3	4	5	6	7	8	9	10	11	12	13	14
☉	♐ 8	9	10	11	12	13	14	15	16	17	18	19	20	21
☿	♐ 11 R	10	9	7	6	5	4	3	3D	3	3	4	5	6
♀	♎ 22	23	24	25	26	27	28	29	29 0	♏ 1	2	4	5	6
♂	♎ 0	1	1	2	3	3	4	4	5	5	6	6	7	7

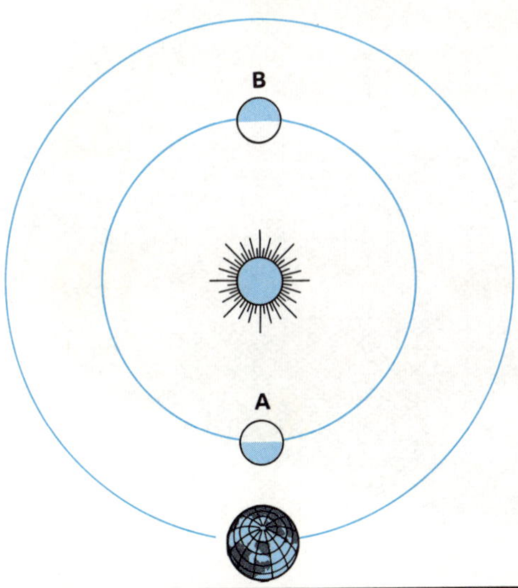

Untere und obere Konjunktion (links)

Dieses Schema gilt für Merkur und Venus, die beiden inneren Planeten. Es zeigt den Planeten in unterer Konjunktion (A) zwischen Erde und Sonne und in oberer Konjunktion (B), wenn er von der Erde aus gesehen hinter der Sonne steht.

Scheinbare Bahn eines inneren Planeten (rechts)

Die Planeten Venus und Merkur legen mit verschiedener Geschwindigkeit einen annähernd gleichen scheinbaren Weg zurück. Der Weg der Venus erscheint als weiße Linie auf der Projektionsfläche. Die Zahlen geben die einander zeitlich entsprechenden Stellungen von Venus (A) und Erde (B) an.

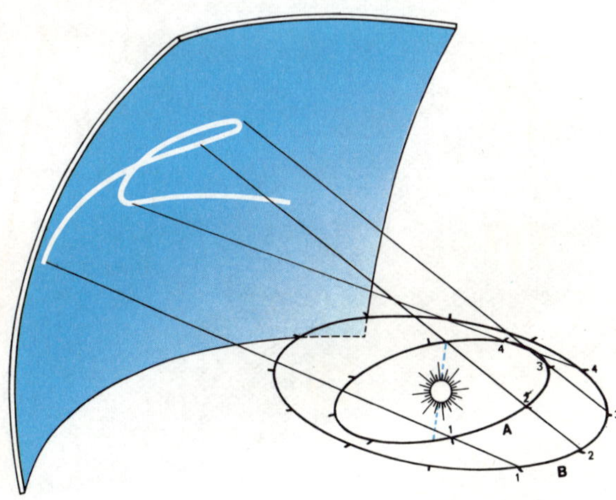

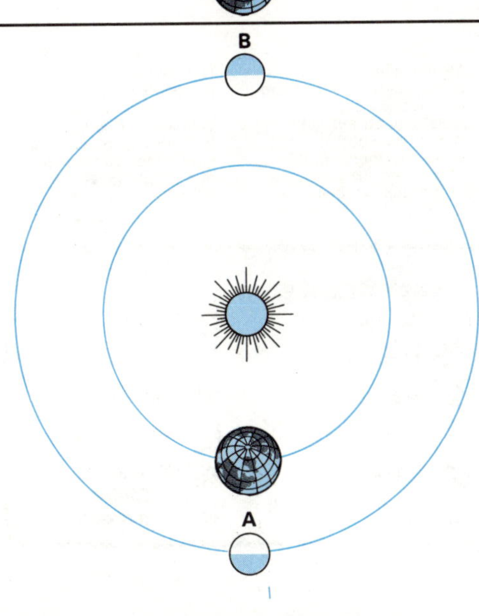

Obere Konjunktion und Opposition (links)

Das Schema zeigt die Opposition eines äußeren Planeten (A). In der Opposition steht der Planet in Erdnähe und bietet die günstigsten Bedingungen für astronomische Beobachtungen. In der oberen Konjunktion ist der Planet (B) in Erdferne und hinter der Sonne unsichtbar.

Scheinbare Bahn eines äußeren Planeten (rechts)

Der äußere Planet (D) scheint nahe der Opposition in einer Art Schleife «zurückzulaufen» – immer von der Erde aus gesehen. Die Zahlen geben die einander zeitlich entsprechenden Stellungen der Erde und des Planeten an. Manche Astrologen sprechen den Planeten, wenn sie rückläufig sind, besondere Wirkung zu.

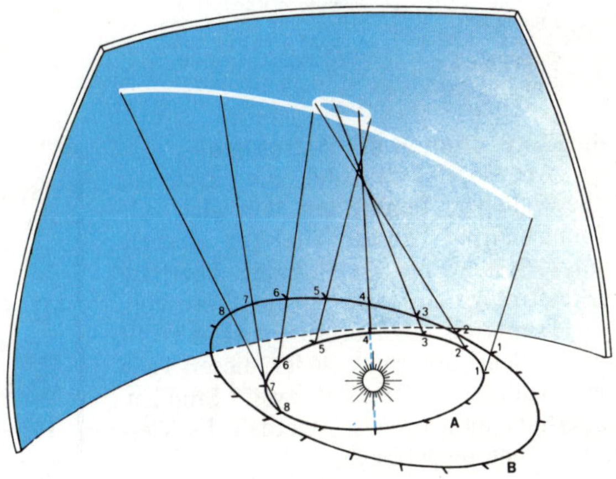

DAS GEBURTSHOROSKOP

Wie man ein Horoskop berechnet, stellt und deutet

Das Geburtshoroskop ist eine Karte des Himmels, wie ihn ein neugeborenes Kind im Augenblick der Geburt über seinem Geburtsort sehen würde. Allerdings umschließt diese Karte auch den «unsichtbaren» Teil des Himmels unter dem Horizont. Im Symbolsystem der Astrologie bedeutet der kleine Kreis im Mittelpunkt des Horoskops die Erde. Im Geburtshoroskop schlingt sich um die Erde das Band der zwölf Tierkreiszeichen entlang der Ekliptik. Jedes Zeichen nimmt einen Abschnitt von 30° auf der Ekliptik ein. In diesen Feldern der Ekliptik bewegen sich die wesentlichen Kräfte der Astrologie – die Planeten. Sie wandern mit unterschiedlichen Geschwindigkeiten von einem Tierkreiszeichen zum nächsten.

Die Winkel, in denen die Planeten zur Erde stehen, können für jeden beliebigen Zeitpunkt und Ort bestimmt werden. Die Astrologie betrachtet den Moment der Geburt als entscheidend für das Leben eines Menschen. Die Gradangaben im Horoskop verzeichnen genau, wie die Planeten in diesem Moment am Himmel standen. So enthüllt das Geburtshoroskop ein Muster der kosmischen Vorgänge. Es ist einmalig, da es nur für einen bestimmten Zeitpunkt und Ort gilt.

Aszendent
Der Aszendent ist das Zeichen, das am östlichen Horizont zur Zeit der Geburt aufgeht, hier 24° Fische.

Spitze des Ersten Hauses
Der innere Kreis des Horoskops wird in zwölf Felder von je 30° unterteilt. Das Erste Haus besetzt ein Feld von 30° unter dem östlichen Horizont.

Mondknoten
Die Knoten sind die Nord- und Südpunkte, in denen die Bahn des Mondes die Ekliptik schneidet. Der nördliche Mondknoten liegt dem südlichen gegenüber.

Planetensymbole
Die Planetensymbole (z. B. Saturn, wie in der Abbildung) werden im Horoskop mit exakten Gradangaben eingetragen.

MC oder Medium Coeli
Das MC (Himmelsmitte) ist der Punkt, an dem sich zur Geburtszeit die Ekliptik mit dem Meridian des Neugeborenen schneidet.

Symbole
Die Symbole für die Sternzeichen, wie zum Beispiel das des Skorpion, werden nach der Errechnung des Aszendenten in das Geburtshoroskop eingetragen.

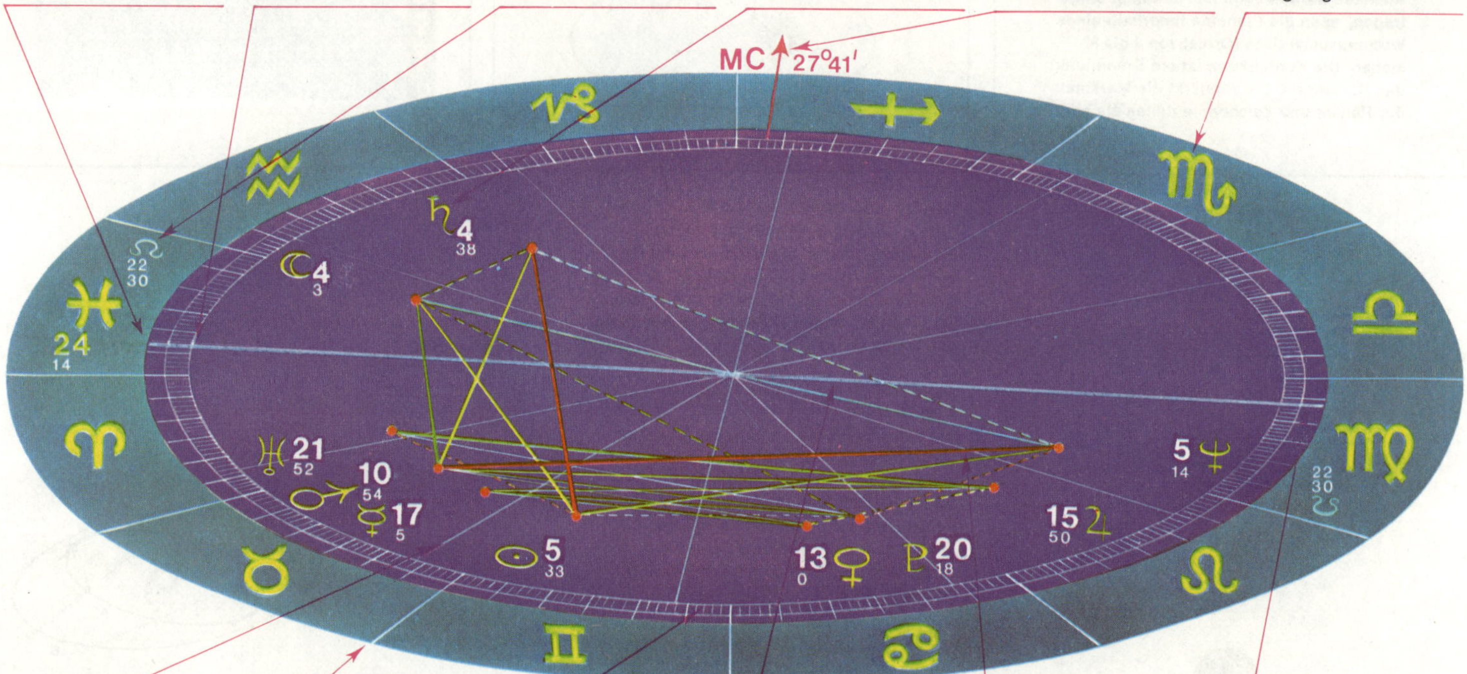

Häusereinteilung
Die zwölf Häuser beziehen sich auf bestimmte Lebensbereiche: Besitz, Beruf, Familie usw. Andere Häusereinteilungen sind ebenfalls gebräuchlich.

Zeichenspitze
Die Zeichenspitze markiert den Anfangspunkt eines neuen Zeichens. Ein Planet an der Zeichenspitze wird dem neuen Zeichen zugerechnet.

IC oder Imum Coeli
Das IC ist der dem MC entgegengesetzte Punkt, das heißt der Himmelspunkt, der zur Geburtszeit «unter den Füßen» liegt (Nadir).

Die Horizontlinie
Diese Linie teilt das Geburtshoroskop: Planeten erscheinen entweder über dem Horizont (obere Hälfte des Horoskops) oder darunter.

Aspektlinien
Die Aspektlinien im Horoskop lenken die Aufmerksamkeit auf gewisse Winkelbeziehungen zwischen Planeten, wie sie von der Erde aus beobachtet werden.

Deszendent
Deszendent heißt der gegenüber dem Aszendenten am westlichen Horizont untergehende Grad eines Sternzeichens, hier 24° Jungfrau.

Die Konventionen der Astrologie

Der Astrologe betrachtet die Erde als unbeweglichen Punkt, um den sich alle Himmelskörper einmal am Tag drehen. Dieses System von 24 Stunden überträgt der Astrologe auf das Geburtshoroskop. Der Hauptkreis des Horoskops ist in zwölf gleiche Teile unterteilt. Jeder dieser Teile oder Häuser entspricht zwei Stunden. Außerhalb dieses Kreises werden die Tierkreiszeichen eingetragen.

Symbole der Sternzeichen

♈ Widder	♎ Waage
♉ Stier	♏ Skorpion
♊ Zwillinge	♐ Schütze
♋ Krebs	♑ Steinbock
♌ Löwe	♒ Wassermann
♍ Jungfrau	♓ Fische

Planetenzeichen

☉ Sonne	♄ Saturn
☽ Mond	♅ Uranus
☿ Merkur	♆ Neptun
♀ Venus	♇ Pluto
♂ Mars	☋ Mondknoten: Süden
♃ Jupiter	☊ Norden

1 Vorbereitung des Geburtshoroskops

Bei der Berechnung, Zeichnung und Deutung eines Geburtshoroskops können Fehler oder Auslassungen natürlich zu Irrtümern führen. Daher raten wir zu folgendem Schema:

Auf ein Blatt Papier zeichnen Sie einen Kreis mit mindestens zehn Zentimeter Durchmesser. In diesen Kreis wird ein weiterer mit einem ungefähr zwei Zentimeter kleineren Durchmesser eingezeichnet. Teilen Sie den Umfang des Kreises in zwölf gleiche Teile von je 30°, die Sie in 5°-Segmente unterteilen.

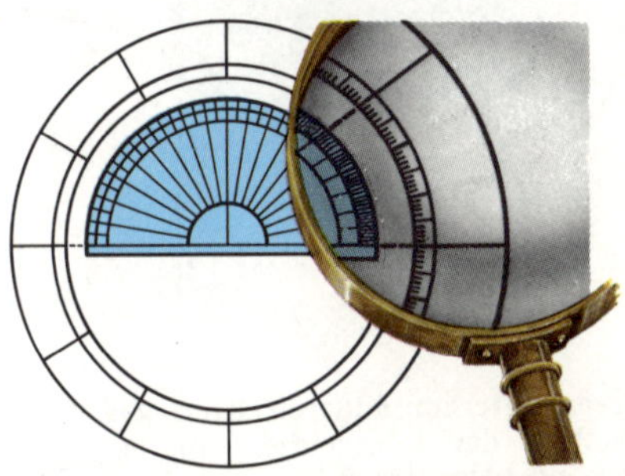

2

Zeichnen Sie ein Aspektnetz (s. Abb. S. 133) und legen Sie die unten folgende Liste an.

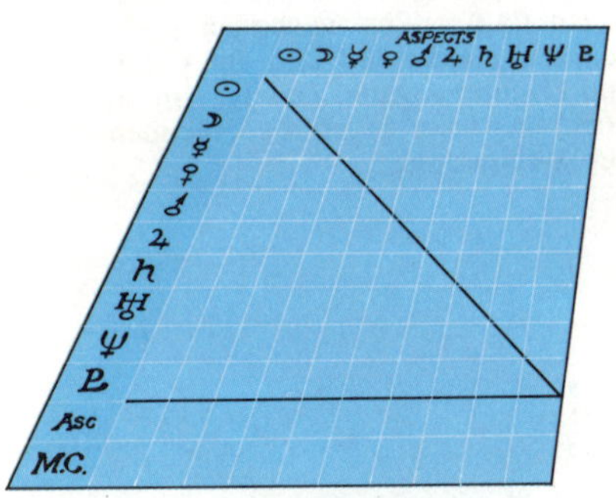

Tabelle der traditionellen Faktoren

Geburtsgebieter	Planeten
Aufsteigender Planet	im eigenen Zeichen
Haus des Geburtsgebieters	Planeten in Erhöhung
	Planeten im Exil
Männliche Zeichen	Planeten im Fall
Weibliche Zeichen	Planeten in den Eckfeldern
Triplizitäten:	Quadruplizitäten:
Planeten in:	Planeten in:
Feuerzeichen	Kardinalzeichen
Erdzeichen	Veränderlichen Zeichen
Luftzeichen	Fixen Zeichen
Wasserzeichen	Planeten in Rezeption

3

Ermitteln Sie Tag, Zeit und Geburtsort. Wenn der genaue Zeitpunkt der Geburt nicht bekannt ist, nehmen Sie den nächsten bekannten Zeitpunkt. Steht keine genauere Zeitangabe zur Verfügung, geht man von zwölf Uhr mittags aus. In diesem Fall können weder Aszendent noch Himmelsmitte, noch die Positionen der Planeten in den Häusern sicher angegeben werden.

4

Berechnen Sie den Aszendenten und die Himmelsmitte (MC)

Die Methoden der Berechnung unterscheiden sich für östliche oder westliche Länge des Geburtsorts und für Geburtszeiten vor bzw. nach Mittag. Das Beispiel unten gilt für Horoskopträger, die um vier Uhr vormittags (a.m.) oder nachmittags (p.m.) an Orten östlich oder westlich von Greenwich geboren wurden.

Wer in südlichen Breitengraden geboren wurde, folgt der Anweisung bis zur Berechnung der örtlichen Sternzeit und richtet sich dann nach der Anmerkung unten.

Zuerst wird die Ortszeit in Mittlere Greenwich-Zeit (Weltzeit) umgerechnet. Man sollte sich sorgfältig vergewissern, ob zur Geburtszeit eine oder zwei Stunden zur Ortszeit zugegeben wurden (Sommerzeit), wie es heute noch in einigen Ländern üblich ist. Dieser Betrag muß von der Geburtszeit abgezogen werden.

Westliche Länge

Geburt in New York City, 74°00′ westl. Länge, 40°45′ nördl. Breite um

4 Uhr a.m.	4 Uhr p.m.

Zur Umrechnung dieser Ortszeiten auf Mittlere Greenwich-Zeit (WZ) benutzt man die Tabelle Seite 282. Die Differenz zwischen Eastern Standard Time und WZ beträgt danach fünf Stunden und muß zugezählt werden.

4 Uhr a.m.	4 Uhr p.m.
4 Uhr a.m. Eastern Standard Time + 5h = 9 Uhr a.m. WZ	4 Uhr p.m. Eastern Standard Time + 5h = 9 Uhr p.m. WZ

Östliche Länge

Geburt in Frunse in der UdSSR, 74°00′ östl. Länge, 42°00′ nördl. Breite um

Zur Umrechnung dieser Ortszeiten auf Mittlere Greenwich-Zeit (WZ) benutzt man die Tabelle Seite 282. Die Differenz zwischen Ortszeit und WZ beträgt danach fünf Stunden und muß abgezogen werden.

4 Uhr a.m.	4 Uhr p.m.
4 Uhr a.m. Ortszeit — 5h = 11 Uhr p.m. WZ des vorhergehenden Tages	4 Uhr p.m. Ortszeit — 5h = 11 Uhr a.m. WZ

Um festzustellen, welche Sternzeit der Weltzeit entspricht, muß noch einmal umgerechnet werden. Die Sternzeit bezieht sich auf die tatsächliche Zeit, die die Erde für eine Umdrehung braucht – im Gegensatz zu der angenäherten Einteilung in 24 Stunden, die wir aus Bequemlichkeit benutzen.

Aus der Tabelle auf Seite 262 erhalten wir die Sternzeit für Mittag des Geburtstages, bezogen auf Greenwich (WZ). Nehmen wir an, der Geburtstag sei der 23. November 1944. Aus der Tabelle ergibt sich für 12 Uhr mittags an diesem Tag die Sternzeit 16h 09m 20s. Nun wird die Zeitdifferenz zwischen der in WZ ausgedrückten Geburtszeit und Mittag ausgerechnet.

Westliche Länge: Wenn die Umrechnung von Ortszeit in Weltzeit den **folgenden** Tag ergibt, muß die Zeitdifferenz zwischen WZ und Mittag **dieses** Tages und **nicht** des Geburtstages ausgerechnet werden.

a.m.	p.m.
9 Uhr a.m. WZ vorwärts gerechnet bis Mittag = 3h	9 Uhr p.m. WZ rückwärts gerechnet bis Mittag = 9h

Östliche Länge: Wenn die Umrechnung von Ortszeit in Weltzeit den **vorhergehenden** Tag ergibt, muß die Zeitdifferenz zwischen WZ und Mittag **dieses** Tages und **nicht** des Geburtstages ausgerechnet werden.

a.m.	p.m.
11 Uhr p.m. WZ rückwärts gerechnet bis Mittag = 11h	11 Uhr a.m. WZ vorwärts gerechnet bis Mittag = 1h

Wir besitzen nun die Sternzeit WZ für den Mittag des Geburtstages. Nun muß die Sternzeit WZ für Geburtszeit und -tag festgestellt werden. Sie addieren oder subtrahieren jetzt die zwischen Geburtszeit (WZ) und Mittag von der Sternzeit 16h 9m 20s: a.m. = subtrahieren, p.m. = addieren.

Anmerkung: Wenn Ihre Umrechnung den folgenden oder vorhergehenden Tag ergeben hat, müssen Sie mit der Sternzeit **dieses** Tages weiterrechnen.

Westl. a.m.	Westl. p.m.	Östl. a.m.	Östl. p.m.
Sternzeit für den Mittag des Geburtstages = 16h 9m 20s, a.m., also ziehen sie 3h ab: 13h 9m 20s.	Sternzeit für den Mittag des Geburtstages = 16h 9m 20s, p.m., also addieren Sie 9h: 25h 9m 20s. **NB:** Auch wenn die Addition mehr als 24 Stunden ergibt, wird die Endrechnung **nicht** betroffen.	Die Berechnungen haben den vorhergehenden Tag, den 22. November 1944, ergeben. Die Tabelle Seite 262 enthält für Mittag dieses Tages die Sternzeit 16h 5m 23s, p.m., also addieren Sie 11h = 27h 5m 23s.	Sternzeit für Mittag des Geburtstages 16h 9m 20s, a.m., also ziehen Sie 1h ab = 15h 9m 20s.

Bei der genauen Berechnung der auf Weltzeit bezogenen Sternzeit für den Zeitpunkt der Geburt benutzen wir nun eine Einheit, die «Akzeleration der Zeitdifferenz» genannt wird. Dieses Maß gleicht noch einmal den Unterschied zwischen bürgerlicher Zeit und Sternzeit aus. Die Akzeleration findet man durch Addition oder Subtraktion von 10s für jede Stunde und 1s für 6m der Zeitdifferenz. Nochmals: a.m. = subtrahieren; p.m. = addieren.

a.m. – subtrahieren	p.m. – addieren	p.m. – addieren	a.m. – subtrahieren
Zeitdifferenz = 3h. 10s pro h = 30s. 13h 9m 20s - 30s = 13h 8m 50s.	Zeitdifferenz = 9h. 10s pro h = 1m 30s. 25h 9m 20s + 1m 30s = 25h 10m 50s.	Zeitdifferenz = 11h. 10s pro h = 1m 50s. 27h 5m 23s + 1m 50s = 27h 7m 13s.	Zeitdifferenz = 1h. 10s pro h = 10s. 15h 9m 20s - 10s = 15h 9m 10s.

Wir besitzen nun die auf Greenwich (WZ) bezogene Sternzeit für den Zeitpunkt der Geburt. Wir müssen sie jetzt umwandeln in die Sternzeit zum Zeitpunkt der Geburt am **Geburtsort.** Diese örtliche Sternzeit hängt von der Entfernung zwischen Geburtsort und Greenwich ab und ist als zeitliche Entsprechung der geographischen Länge bekannt. Zur Umwandlung werden die Längengrade des Geburtsorts mit 4 multipliziert und in Stunden, Minuten und Sekunden ausgedrückt.

Länge von New York = 74°00′ westl. Länge.
Multipliziert mit 4 = 296′; geteilt durch 60 = 4h 56m.

Länge von Frunse = 74°00′ E östl. Länge.
Multipliziert mit 4 = 296′; geteilt durch 60 = 4h 56m.

Zur Greenwich-Sternzeit für den Geburtszeitpunkt wird die Zeitentsprechung für die Längengrade bei östlicher Länge addiert, bei westlicher Länge von ihr abgezogen.

Westl. a.m.	Westl. p.m.	Östl. a.m.	Östl. p.m.
Sternzeit in Greenwich 13h 8m 50s. Westl. Länge, daher 4h 56m abziehen = 8h 12m 50s = ÖRTLICHE STERNZEIT BEI DER GEBURT.	Sternzeit in Greenwich = 25h 10m 50s. Westl. Länge, daher 4h 56m abziehen = 20h 14m 50s = ÖRTLICHE STERNZEIT BEI DER GEBURT.	Sternzeit in Greenwich = 27h 7m 13s. Östl. Länge, daher 4h 56m addieren = 32h 3m 13s. Summe ist bei mehr als 24h das Äquivalent von 8h 3m 13s = ÖRTLICHE STERNZEIT BEI DER GEBURT.	Sternzeit in Greenwich = 15h 9m 20s. Östl. Länge, daher 4h 56m addieren = 20h 5m 10s = ÖRTLICHE STERNZEIT BEI DER GEBURT.

Die örtliche Sternzeit für den Zeitpunkt und Ort der Geburt ist der wichtigste Bestimmungsteil für Aszendenten und Himmelsmitte. Beide können jetzt einfach aus der Häusertabelle auf Seite 274 ermittelt werden. Sie enthält den Aszendenten und die Himmelsmitte für jede Minute örtlicher Sternzeit auf verschiedenen Breitengraden. Die Tabelle führt allerdings nicht alle Breitengrade auf, daher muß der nächstliegende verwendet werden. In unserem Fall finden wir:

Westl. a.m.	Westl. p.m.	Östl. a.m.	Östl. p.m.
8h 12m 50s ergibt: Aszendent: Waage 26°17′, Himmelsmitte: Löwe 1°	20h 14m 50s ergibt: Aszendent: Stier 23°14′, Himmelsmitte: Wassermann 1°	8h 3m 13s ergibt: Aszendent: Waage 24°21′, Himmelsmitte: Krebs 29°	20h 5m 10s ergibt: Aszendent: Stier 20°28′, Himmelsmitte: Steinbock 29°

Südliche Breite

Wenn jemand auf der Südhalbkugel der Erde geboren wurde, kann nach der Errechnung der örtlichen Sternzeit für den Geburtszeitpunkt ebenfalls die Häusertabelle benutzt werden. Allerdings ist ein kleiner Zwischenschritt notwendig. Zuerst addieren Sie zur örtlichen Sternzeit zwölf Stunden. Läge New York auf einem südlichen Breitengrad, müßten Sie bei einer Geburtszeit von 4 Uhr a.m. und einer Sternzeit von 8h 12m 50s zwölf Stunden addieren, also 20h 12m 50s. Die Häusertabelle gibt für diese Zeit und Länge als Aszendenten Stier 23°14′ und als Himmelsmitte Wassermann 1°. Da wir es aber mit südlicher Breite zu tun haben, müssen die Zeichen entsprechend ihrer Reihenfolge im Horoskop umgekehrt werden: Stier, das zweite Zeichen, wird zu Skorpion, dem achten; Wassermann, das elfte Zeichen, wird zu Löwe, dem fünften. Das Ergebnis lautet also: Aszendent: Skorpion 22°14′, Himmelsmitte: Löwe 1°.

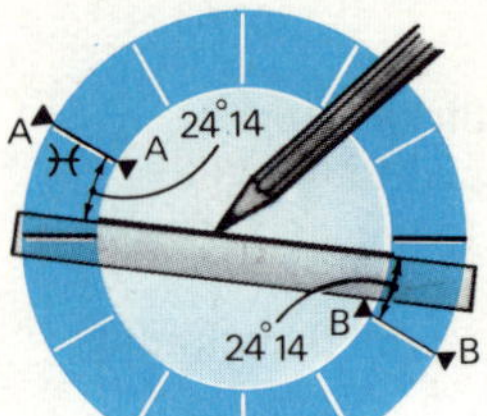

Zeichnen Sie die Horizontlinie in das Geburtshoroskop ein. Bei einem Aszendenten von 24°14′ tragen sie 24° von Punkt A (Zeichenspitze) aus nach unten ab und von Punkt B aus 24° nach oben. Verbinden Sie beide Punkte mit einem roten Strich. Setzen Sie Symbol, Grade und Minuten des aufgehenden Sternzeichens ein.

5 Sehen Sie sich die Tabelle auf Seite 214 an und stellen Sie die Planetenstände am Tag der Geburt fest. Notieren Sie die Angaben auf einem Blatt Papier. Die traditionelle Methode zur Errechnung von Planetenpositionen – auf Grad, Minute und Sekunde genau – wird im folgenden dargestellt. Für diese etwas schwierige Rechnung brauchen Sie die besonderen astrologischen Ephemeriden des Geburtsjahres.
Die Methode, der wir folgen, ist die «Direktmethode» der English Faculty of Astrological Studies.
Man sollte darauf achten, daß sich die verwendeten Ephemeriden auf 12 Uhr WZ beziehen.
Unser Klient wurde zum Beispiel am 27. Mai 1932, 2 Uhr 50 Minuten a.m. oder p.m. Englischer Sommerzeit geboren. Der genaue Geburtsort ist nicht wichtig. Zuerst sollte man sich versichern, daß die Zeitangabe WZ entspricht. Da die Englische Sommerzeit eine Stunde vorgeht, ist die Geburtszeit in WZ also 1 Uhr 50 Minuten a.m. oder p.m. Ausgangspunkt für die Berechnung der Planetenpositionen ist der **Mittag des Geburtstages.** Sollte die Umwandlung von Ortszeit in WZ den vorhergehenden oder folgenden Tag ergeben, so benutzen Sie den Mittag **dieses** Tages. In unserem Beispiel ergibt sich aus den Ephemeriden: Sonne 5°57′ Zwillinge; Mond 9°18′ Fische; Merkur 17°501.026 Stier; Venus 13°10′ Krebs; Mars 11°13′ Stier; Jupiter 16°3′ Löwe; Saturn 4°38′ Wassermann (rückläufig); Uranus 21°53′ Widder; Neptun 5°14′ Jungfrau; Pluto 20°14′ Krebs.
Die weiteren Schritte unterscheiden sich nun bei einer Geburt vor Mittag (a.m.) oder nach Mittag (p.m.)

a.m.
Um die Position der Sonne um 1 Uhr 50 Minuten a.m. WZ am 27. Mai festzustellen, geht man von ihrer Mittagsposition am 26. Mai aus. Bei allen Geburten vor Mittag muß die Sonnenposition des vorhergehenden Tages benutzt werden.
Sonnenposition, 26. Mai, Mittag WZ: 5°00′ Zwillinge.
Ziehen Sie diesen Wert von dem der Sonne am 27. Mai, Mittag WZ, ab: 5°57′ — 5°00′. Die Sonne hat sich also um 0°57′ Himmelslänge zwischen dem 26. Mai, Mittag, und dem 27. Mai, Mittag, bewegt.
Errechnen Sie die Differenz zwischen Geburtsstunde und Mittag des Geburtstages. In unserem Beispiel:
12 Uhr — 1 Uhr 50 Minuten = 10h 10m Differenz. In der Logarithmentafel (S. 281) finden Sie den Logarithmus der Differenz: Log. von 10. 10h = 0.3730. In derselben Tafel finden Sie auch den Log. der Sonnenbewegung: Log. von 0°57′ = 1.4025. Beide Logarithmen werden addiert zum Log. 1.7755. Suchen Sie nun in der Logarithmentafel den zugehörigen Numerus: Sie suchen in der Tafel den nächsten Wert und lesen am oberen Rand die Grade und Minuten ab: Numerus zum Log. 1.755 = 0°24′.
Für eine Geburtszeit vor Mittag ziehen Sie diesen Wert von der Sonnenposition am Mittag des Geburtstages ab: 5°57′ (Sonnenposition) — 0°24′ (Numerus) = 5°33′ Zwillinge: Sonnenposition der Geburtszeit.

p.m.
Um die Position der Sonne um 1 Uhr 50 Minuten p.m. WZ am 27. Mai festzustellen, geht man von ihrer Mittagsposition am 28. Mai aus. Bei allen Geburten nach Mittag muß die Sonnenposition des folgenden Tages benutzt werden.
Sonnenposition, 28. Mai, Mittag WZ: 6°55′ Zwillinge.
Ziehen Sie diesen Wert von dem der Sonne am 27. Mai, Mittag, ab: 6°57′ = 0°58′. Die Sonne hat sich also um 0°58′ Himmelslänge zwischen dem 27. Mai, und dem 28. Mai, Mittag, bewegt.
Errechnen Sie die Differenz zwischen Geburtsstunde und Mittag des Geburtstages. In unserem Beispiel:
12 Uhr bis 1 Uhr 50 Minuten = 1h 50m Differenz.
In der Logarithmentafel (S. 281) finden Sie den Logarithmus der Differenz: Log. von 1.50h = 1.1170.
In derselben Tafel finden Sie auch den Logarithmus der Sonnenbewegung: Log. von 0°57′ = 1.4025. Beide Logarithmen werden addiert zum Log. 2.5195. Suchen Sie nun in der Logarithmentafel den zugehörigen Numerus: Sie suchen in der Tafel den nächsten Wert und lesen am oberen Rand die Grade und Minuten ab: Numerus zum Log. 2.5195 = 0°04′.
Für eine Geburtszeit nach Mittag addieren Sie diesen Wert zu der Sonnenposition am Mittag des Geburtstages: 5°57′ (Sonnenposition) + 0°04′ (Numerus) = 6°01′ Zwillinge: Sonnenposition zur Geburtszeit.

Denselben Vorgang wiederholen Sie für die Position von Mond, Merkur, Venus und Mars)vgl. Beispiele unten). Wenn ein Planet rückläufig ist, erscheint in den Ephemeriden ein «R», und der Numerus wird zur Mittagsposition am Geburtstag bei einer Geburt a.m. addiert, bei einer Geburt p.m. subtrahiert.
Anmerkung: Wenn ein Planet das Zeichen wechselt, wird die errechnete Zahl von 30° (der Gradzahl pro Zeichen) abgezogen und das Ergebnis zu der Position am Mittag des Geburtstages bei einer Geburt vor Mittag oder zur Position am folgenden Tag (Mittag) bei einer Geburt nach Mittag addiert.

	Mond	Merkur	Venus	Mars
Mittagsposition, 27. Mai	9°18′ Fische	17°50′ Stier	13°10′ Krebs	11°13′ Stier
Mittagsposition, 26. Mai	26°53′ Wasserm.	16°05′ Stier	12°47′ Krebs	10°29′ Stier
Tagesbewegung	12°25′	1°45′	0°23′	0°44′
Log. d. Zeitdiff.	0.3730	0.3730	0.3730	0.3730
Log. d. Bewegung	0.2862	1.1372	1.7966	1.5149
Summe der Log.	0.6592	1.5102	2.1696	1.8879
Numerus	5°15′	0°43′	0°10′	0°19′
Abziehen von Mittagsposition, 27. Mai	9°18′	17°50′	13°10′	11°13′
Position d. Planeten zur Geburtszeit	4°03′ Fische	17°05′ Stier	13°00′ Krebs	10°54′ Stier

Jupiter bewegte sich nach den Ephemeriden vom 26. zum 27. Mai in 24 Stunden von 15°55′ Löwe bis 16°03′ Löwe, also 0°08′ Längengrade. Die Differenz zwischen Geburtsstunde und Mittag des Geburtstags beträgt mit 10h 10m fast einen halben Tag. Daher zieht man die Hälfte von der Bewegung ab – also 0°04′ – und erhält die Jupiterposition zur Geburtszeit mit 15°59′ Löwe. Nach derselben Methode ergeben sich für Saturn 4°38′ Wassermann (rückläufig), für Uranus 21°52′ Widder, für Neptun 5°14′ Jungfrau und für Pluto 20°18′ Krebs.

	Mond	Merkur	Venus	Mars
Mittagsposition, 28. Mai	21°27′ Fische	19°37′ Stier	13°33′ Krebs	11°57′ Stier
Mittagsposition, 27. Mai	9°18′ Fische	17°50′ Stier	13°10′ Krebs	11°13′ Stier
Tagesbewegung	12°09′	1°47′	0°23′	0°44′
Log. d. Zeitdiff.	1.1170	1.1170	1.1170	1.1170
Log. d. Bewegung	0.2956	1.1290	1.7960	1.5149
Summe der Log.	1.4126	2.2460	2.9136	2.6319
Numerus	0°56′	0°08′	0°02′	0°03′
Addieren z. Mittagsposition, 27. Mai	9°18′	17°50′	13°10′	11°13′
Position d. Planeten zur Geburtszeit	10°14′ Fische	17°58′ Stier	13°12′ Krebs	11°16′ Stier

Jupiter bewegte sich nach den Ephemeriden vom 27. zum 28. Mai in 24 Stunden von 16°03′ Löwe bis zu 16°11′ Löwe – also um 0°08′ Längengrade.
Die Differenz zwischen Geburtsstunde und Mittag des Geburtstages beträgt 1h 50m. In dieser Zeit haben sich die langsamen Planeten kaum bewegt, so daß die Positionen für Mittag auch für die Geburtszeit gelten können. Beträgt die Zeitdifferenz aber 6 bis 10 Stunden, muß ein entsprechender Bewegungsbetrag addiert werden: ein Viertel der Bewegung in 24 Stunden für 6 Stunden, die Hälfte für 10 Stunden.

Berechnung der Mondknoten
Mondknoten berechnen Sie mit den Ephemeriden, in denen sie für verschiedene Tage aufgeführt sind. Die Bewegung ist gering und **immer rückläufig.** Verfahren Sie wie bei den langsamen Planeten.
Deklination der Planeten
Auch für die Berechnung der Deklination benutzen Sie die Ephemeriden; dort sind sie unter «Dec», aufgeführt. Außer beim Mond sind die Bewegungsbeträge gering. Auch die Deklination kann wie die Bewegung der langsamen Planeten berechnet werden. Für den Mond braucht man – wie oben – Logarithmen.

6 Im Horoskop tragen Sie nun vom Aszendenten ausgehend im inneren Kreis jeweils 30°-Beträge ab. Verbinden Sie jede 30°-Marke mit dem Gegenpol. Diese Segmente, die den zwölf Häusern entsprechen, werden (wieder gegen den Uhrzeigersinn) von 1 bis 12 durchnumeriert. Das Erste Haus beginnt mit dem Aszendenten.

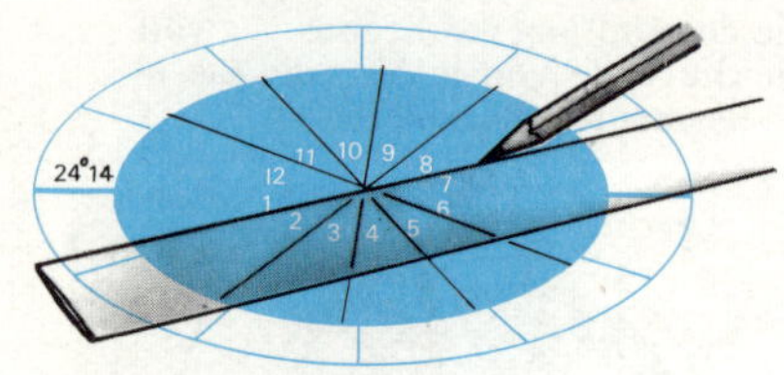

7 Tragen Sie im äußeren Kreis die Symbole der Sternzeichen ein, beginnend beim Aszendenten und gegen den Uhrzeigersinn.

8 Die Himmelsmitte markieren Sie mit einem nach außen zeigenden Pfeil, den Buchstaben MC und der Grad- und Minutenangabe. Das IC (Imum Coeli) wird am gegenüberliegenden Punkt eingetragen.

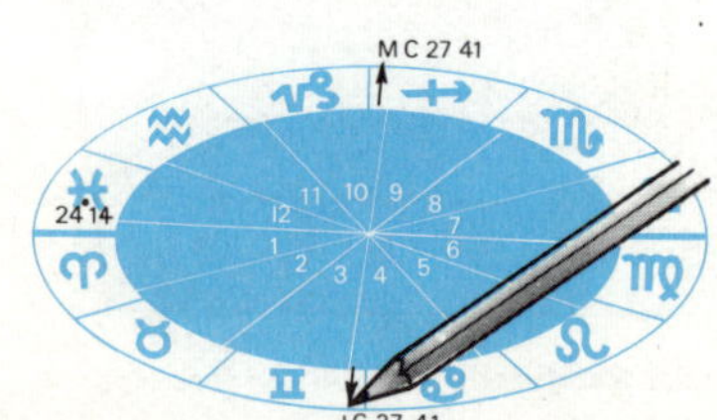

9 Im inneren Kreis markieren Sie jetzt die errechneten oder abgelesenen Planetenpositionen und setzen die Planetenzeichen und Gradangaben ein.

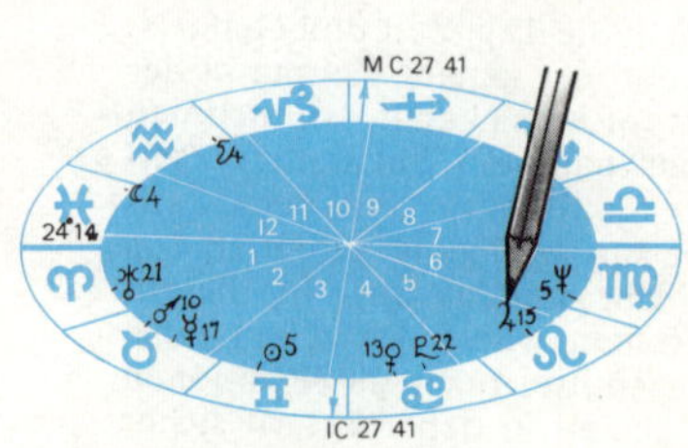

10 Achten Sie auf die Aspekte (s. S. 132), die Sie im Aspektschema mit ihren Symbolen eintragen. Dann zeichnen Sie im inneren Kreis des Horoskops eine Reihe von Punkten nahe bei den Planetenpositionen ein. Dies gilt nicht für die Himmelsmitte und den Aszendenten.

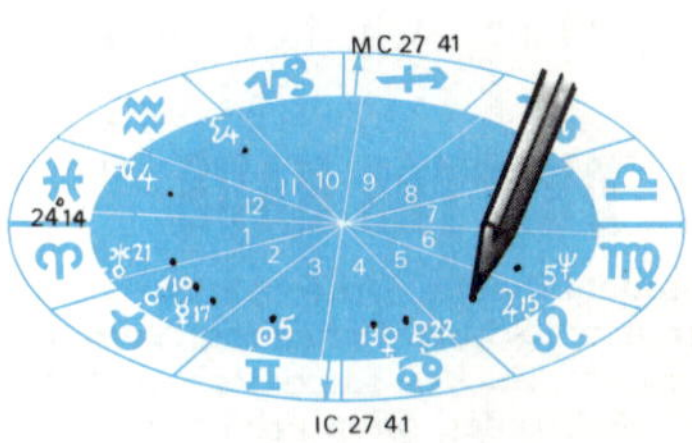

11 Stehen zwei Planeten in einem Aspekt zueinander, werden die entsprechenden Punkte verbunden. Oppositionen oder Quadrate sollten mit einem dicken schwarzen Strich angezeigt werden, weniger wichtige Aspekte mit einem dünnen, unterbrochenen. Trigone und Sextile werden mit einem dicken roten Strich ausgezeichnet. Konjunktionen werden nicht besonders markiert, die Nähe zweier Planeten fällt ohnehin auf.

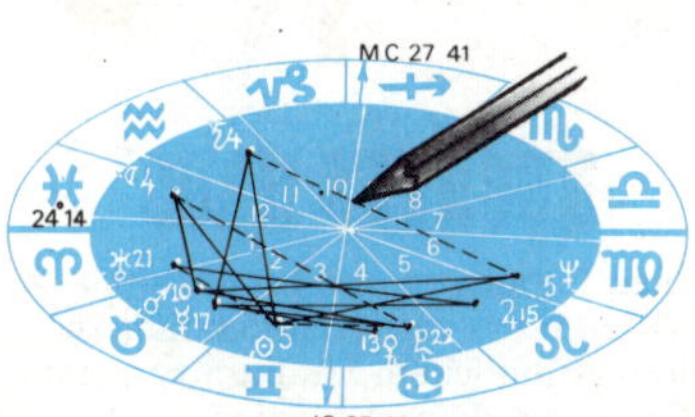

12 Füllen Sie die Liste der traditionellen Faktoren aus (s. S. 79).

13 Tragen Sie nach der Tabelle auf Seite 278 die Mondknoten ein.

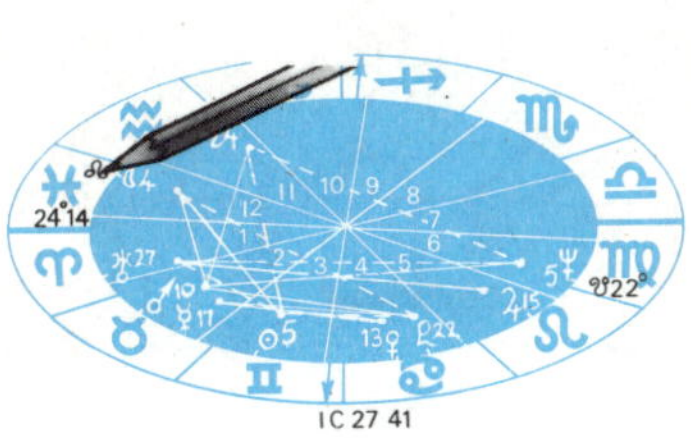

14 **Deutung des Horoskops**

Das Horoskop ist nun vollständig und kann gedeutet werden. Lesen Sie zuerst die Beschreibung der Merkmale des aufgehenden Zeichens (Aszendent) und des Zeichens, in dem die Sonne steht. Schreiben Sie die wichtigsten Merkmale auf. Dann beachten Sie das Haus der Sonne (S. 86) und ihre Aspekte zu anderen Planeten, dem Aszendenten und der Himmelsmitte (S. 132). Diesen Vorgang wiederholen Sie für den Mond und die einzelnen Planeten.

Die Positionen von Sonne und Mond sind besonders bedeutsam, danach folgt als wichtiger Faktor der Herrschende Planet, das heißt der Planet, der über das aufgehende Zeichen gebietet (S. 84 bis 105). Wenn die Geburtszeit genau bekannt ist, sollten die Aspekte zum Aszendenten und zur Himmelsmitte sorgfältig geprüft werden. Wenn die Geburtszeit nur annähernd bekannt ist, sollte die Deutung nicht auf diesen Aspekten beharren.

Sie besitzen nun eine beträchtliche Anzahl von Auskünften über den Horoskopträger. Die Kunst des Astrologen liegt im Ausgleich und der Verbindung scheinbar unzusammenhängender Einzelheiten. Um dem Anfänger zu helfen, hat Margaret E. Hone eine systematische «Kurzschrift» von Schlüsselwörtern für jeden Planeten und jedes Zeichen ausgearbeitet.

Beispiel:
Merkur im Löwen im Elften Haus.
Schlüsselwörter: Merkur = Vermittlung; Löwe = schöpferisch, mächtig; Elftes Haus = Klubs, Vereine.

Deutung:
«Sie haben die Fähigkeit, Ihre Ideen durchzusetzen. Ihre Ideen sind schöpferisch und werden von Menschen, deren Interessen Sie teilen, anerkannt.»

Die Schlüsselwörter für die Planeten geben ihre Grundkräfte und Motivierungen an, die für die Zeichen zeigen, wie diese Grundkräfte angewendet werden. Die Schlüsselwörter beziehen sich ebenfalls auf die Charakteristika der Häuser, in denen die Planeten und Sternzeichen stehen. Wer als Anfänger die Schlüsselwörter benutzt, schlägt den schnellsten und lohnendsten Weg zur meisterlichen Deutung eines Horoskops ein.

DIE ZWÖLF HÄUSER

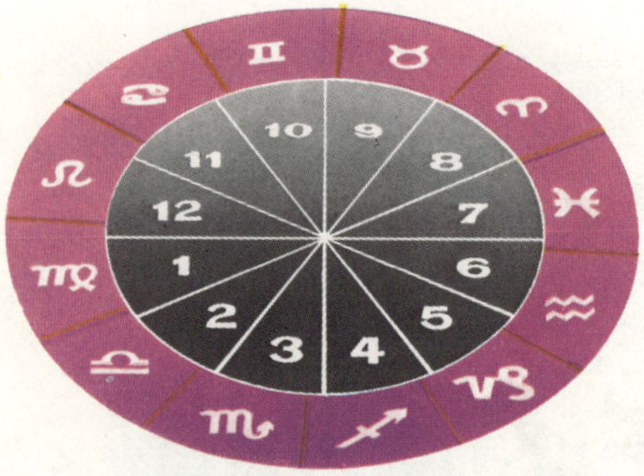

Der innere Kreis des Horoskops ist in zwölf Abschnitte, die Häuser, aufgeteilt. Häuser sind eine eigene astrologische Kategorie. Sie sind mit den Dingen des täglichen Lebens verbunden: das Erste Haus mit physischer Erscheinung und Temperament; das Zweite mit Hab und Gut usw. Die Planeten geraten je nach ihrer Position in den Einflußbereich eines Hauses. Sie «stehen dann im Siebten Haus» und ihr Einfluß wirkt sich in dem Bereich aus, mit dem das Siebte Haus verbunden ist – emotionale und geschäftliche Beziehungen.

Ein Planet, der im Horoskop in einem bestimmten Haus steht, beeinflußt den Lebensbereich, den das Haus symbolisiert, in einer für ihn charakteristischen Weise. Steht in einem Haus kein Planet, dann bedeutet dies nicht, daß der mit dem Haus verbundene Lebensbereich unwichtig oder uninteressant ist. Das Haus muß im Zusammenhang mit dem Zeichen, in das die Hausspitze fällt, betrachtet werden.

In diesem Abschnitt wird einige Male der Ausdruck «ungünstige Konstellation» fallen. Ein Planet steht in einer ungünsti-

ERSTES HAUS

Persönlichkeit, Anlagen, Gesundheit, Temperament, Körperbau und Aussehen. Dieses Haus zeigt den Menschen, wie er anderen erscheint. Es wirkt auf Sitten und erlernte Verhaltensformen. Ein Planet im Ersten Haus erhält starken Einfluß.

ZWEITES HAUS

Besitz aller Art und Einstellung des Menschen dazu; äußere Hilfsquellen, die den Körper unterstützen. Das Zeichen an der Hausspitze kann gute Einkommensquellen anzeigen. Das Zweite Haus ist auch mit Gefühlen verbunden, besonders in Beziehung zu einem Planeten, der in diesem Haus steht.

DRITTES HAUS

Familienbindung, Brüder, Schwestern, Vettern usw., Schule, Erziehung; Verbindungen, Briefe, Bücher. Kurze Reisen, Autos, Fahrräder, öffentliche Verkehrsmittel. Auch der Verstand und das Sprachvermögen sind mit diesem Haus verbunden, ebenso die Beziehung eines Menschen zu seiner Umwelt und seine Selbstdarstellung im täglichen Leben.

SIEBTES HAUS

Wie sich das Erste Haus auf die Persönlichkeit bezieht, so das Siebte auf Menschen, mit denen wir emotional oder geschäftlich eng verbunden sind. Das Zeichen an der Hausspitze zeigt oft den Ehepartner an – was sich im Horoskop des Partners allerdings deutlicher ausdrücken kann.

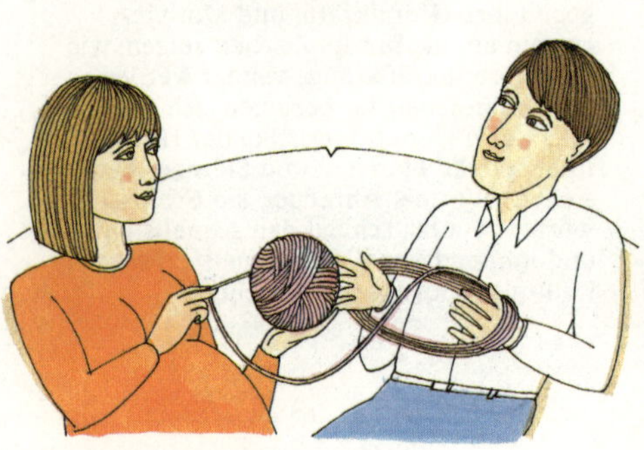

ACHTES HAUS

Das Zweite Haus regiert den Besitz; das Achte Haus steht für Geld aus Erbschaften, geteilte Gefühle, Sexualität, Geburt und Tod, Einstellung zum Tod und zum Leben nach dem Tod. Dazu kommen große Geschäfte, die Börse und Versicherungen. Dieses Haus ist auch das des Verbrechens.

NEUNTES HAUS

Die Themen Erziehung und Intelligenz aus dem Dritten Haus vertiefen sich hier zu Fortbildung, gründlichem Studium «ernster» Gegenstände und geistigem Wagemut. Dazu kommen lange Reisen, Auslandsverbindungen, Freunde, Sprachen. Das Haus beeinflußt auch moralische Ideale, das Gewissen und die Träume.

gen Konstellation, wenn er negative oder Spannungsaspekte besitzt, das heißt, wenn er in einem besonderen Winkel zu einem oder mehreren anderen Planeten im Geburtshoroskop erscheint.

Diese beiden Seiten stellen die Lebensbereiche dar, mit denen die zwölf Häuser verbunden sind. Zwischen den ersten sechs und den zweiten sechs Häusern besteht eine traditionelle Verwandtschaft.

Die Himmelsmitte

Die Himmelsmitte ergibt sich aus dem Schnittpunkt der Ekliptik mit dem Meridian über dem Geburtsort. Im Horoskop bezeichnet die Himmelsmitte den Mittagspunkt der Sonne. Das Zeichen, in das dieser Punkt fällt, beeinflußt wirkungsvoll die Art, wie sich ein Mensch in der Welt ausdrückt – in seiner Arbeit, seinem Beruf und seinem Lebensstil. Es wirkt aber auch auf die Ereignisse, die er nicht direkt kontrolliert oder die ihm zustoßen.

Die Himmelsmitte vertritt auch das Ich des Menschen. Sie verstärkt äußerlich die Eigenschaften des Zeichens, in das sie fällt.

DIE HIMMELSMITTE

Der Einfluß der Himmelsmitte (MC) auf den Ausdruck der Individualität und auf die Darstellung des Ich sollte nicht mit dem des Zehnten Hauses verwechselt werden. Die Einflüsse des Zehnten Hauses und der Himmelsmitte können in einer Linie liegen, aber fallen nicht immer zusammen. Die Himmelsmitte ist besonders bei beruflichen Problemen wichtig.

VIERTES HAUS

Lebensanfang und Lebensende; das Heim als Stützpunkt. Dieses und das Zehnte Haus haben eine gewisse Beziehung zu den Eltern – besonders zu ihrem Verhalten –, da Persönlichkeitsentwicklung und Familienleben von ihnen abhängen. Häuser, Landbesitz und Privatleben stehen mit ihm in Verbindung.

FÜNFTES HAUS

Kreativität, Kinder; Vergnügungen, Ferien; geschäftliche Unternehmungen. Spekulationen, Glücksspiele, Sport. Liebesgeschichten, Gegenstände instinktiver Zuneigung (Menschen und Tiere). Wenn ein Planet ernsthaft beschädigt ist, können leicht lockere Sitten und Genußsucht auftreten.

SECHSTES HAUS

Dieses Haus gebietet über die Arbeit, auch über Untergebene und die Einstellung zu Dienern oder – etwas zeitgemäßer – Elektrikern, Verkäufern, Installateuren und Putzfrauen. Dies ist auch das Haus der Gesundheit, obwohl körperliches Wohlbefinden ihm nicht ganz zugeschrieben werden kann.

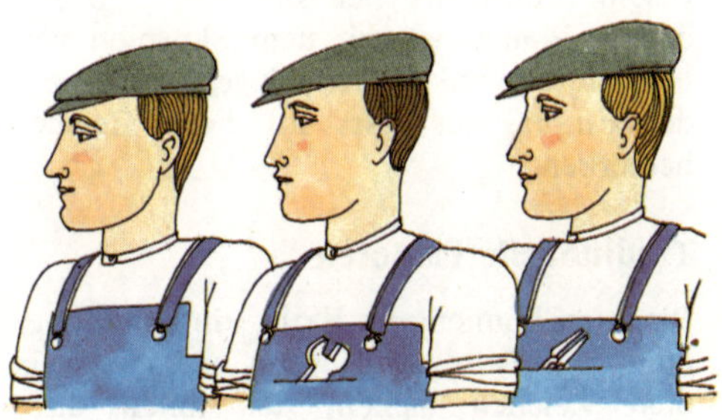

ZEHNTES HAUS

Von den «Wurzeln» im Vierten Haus kommen wir im Zehnten zu Sehnsüchten, Ehrgeiz, öffentlichem Ansehen und allen Dingen außerhalb der häuslichen Sphäre: Karriere oder Beruf, sozialer Status und Verantwortlichkeiten, Gefühl für Disziplin und Sorge um den äußeren Eindruck.

ELFTES HAUS

Das Fünfte Haus betont persönliche Freuden, dieses Haus beeinflußt Freude und Bekannte, Vereine und Gesellschaften, Wünsche, Hoffnungen und lose Kontakte des Alltags. Dazu kommt noch das intellektuelle Vergnügen im Gegensatz zu eher sportlichen Formen der Entspannung.

ZWÖLFTES HAUS

Bedürfnis nach Abgeschlossenheit; Dienst am Nächsten, Selbstaufopferung – oft als Ergebnis der Krankheit des Partners –, Wirklichkeitsflucht, das Unbewußte. Stehen viele Planeten in diesem Haus, zeigt es in unserer Zeit negative Wirklichkeitsflucht an, die den Menschen für Rauschgifte empfänglich machen kann.

DIE PLANETEN

Einfluß und Mythologie

Der Tierkreis und die Mythen, die sich um ihn ranken, bedeuten der Astrologie nicht allzuviel. Beide bilden nur den passiven Hintergrund, vor dem die Bewegungen der Planeten ablaufen. Die Positionen und Bewegungen der Planeten entlang der Ekliptik, wie wir sie von der Erde aus beobachten, beherrschen die astrologischen Deutungen und Vorhersagen.

Im Altertum wurde jedem Planeten eine feste Beziehung zu mindestens einem Tierkreiszeichen zugewiesen. Die antike Vorstellung von der Herrschaft der Planeten war klar und bequem: Sonne und Mond beherrschten je ein Sternzeichen, die Planeten je zwei.

Der Einfluß des Uranus, den Herschel 1781 als ersten der drei «neuen» Planeten entdeckte, wurde erst allmählich von den Astrologen erkannt. Nach langen Kontroversen hat man sich allgemein darauf geeinigt, das Prinzip des Uranus – Unterbrechung und plötzliche Veränderung – mit dem Wassermann zu verbinden. Neptun, 1846 entdeckt, wurde dem empfänglichen, diffusen Zeichen der Fische zugesellt. Pluto, der neueste, erst 1930 entdeckte Planet, ist mit dem Skorpion verbunden, obwohl die Astrologen heute noch den Einfluß des Mars auf dieses Zeichen bemerken.

Traditionelle Faktoren

Planeten können «im Exil», «in Erhöhung» oder «im Fall» sein, wenn sie gerade in dem Zeichen stehen, das ihnen diese Eigenschaften verleiht. Ein *erhöhter* Planet ist gut placiert, allgemein positiv, er sollte günstig auf den Menschen wirken. Ein Planet *im Exil* steht an einer schlechten Stelle und neigt dazu, seine Kraft einzubüßen. Auch ein Planet *im Fall* verliert viel von seiner Wirkung.

Rezeption

Ein Planet steht mit einem anderen in *Rezeption*, wenn jeder in dem vom anderen beherrschten Zeichen steht. Zwei Planeten in dieser Stellung tragen zum Wohl der Menschen bei, da sie gegenseitig ihre Wirkung verstärken.

Planeten «im Winkel»

Ein Planet steht «im Winkel» oder an einer «Horoskopecke», wenn er innerhalb der ersten 8° des Aszendenten, Deszendenten, MC oder IC erscheint. Diese Position verstärkt seine Wirkung.

Orrery-Planetarium (links)
Orrery-Planetarien sind kunstvolle mechanische Instrumente, die die Bewegung der Sonne, der Erde, des Mondes und der Planeten darstellen. Sie kamen im 18. Jahrhundert auf und wurden nach dem 4. Earl of Orrery, dem Mäzen des Londoner Instrumentenmachers John Rowley, benannt. Das abgebildete Miniaturplanetarium wurde um 1800 von Edward Troughton gebaut. Merkur und Venus (kleine weiße Kugeln) umlaufen die Sonne, die von einer Messingkugel im Mittelpunkt des Planetariums dargestellt wird. Die Erde kreist um die Sonne, ihre Achse ist um 23°27′ gegen die Ekliptik geneigt. Eine kleine Elfenbeinkugel stellt den Mond dar, der die Erde umkreist.

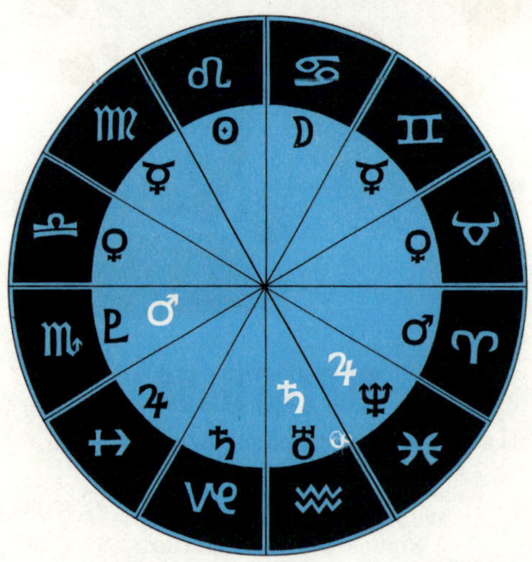

Die Planeten und ihre Sternzeichen (links)
Nach der astrologischen Tradition herrscht jeder Planet über mindestens ein Sternzeichen, wie zum Beispiel die Sonne über den Löwen: Die Sonne ist eine schöpferische Kraft, und Löwe ist ein schöpferisches Sternzeichen. Die herrschenden Planeten (schwarze Symbole im Schema), sind heute: Sonne (Löwe), Mond (Krebs), Merkur (Zwillinge, Jungfrau), Venus (Stier, Waage), Mars (Widder), Jupiter (Schütze), Saturn (Steinbock), Uranus (Wassermann), Neptun (Fische), Pluto (Skorpion). Für die drei früheren Herrschaften des Mars (Skorpion), Jupiter (Fische) und Saturn (Wassermann) erscheinen weiße Symbole.

Die Macht der Planeten (unten)
Das Schema zeigt die zehn Planeten von der Sonne bis Pluto. Seit ältester Zeit wurde die Sonne als das beherrschende Energiesystem des Himmels angesehen. Im Geburtshoroskop folgen als nächstwichtige Planeten der Mond, dann Merkur, Venus, Mars, Jupiter und Saturn. Die Macht der «neuen» Planeten Uranus, Neptun und Pluto über den Menschen ist weniger unmittelbar. Außer in starken Aspekten werden ihnen Einflüsse auf Zeitströmungen zugeschrieben.

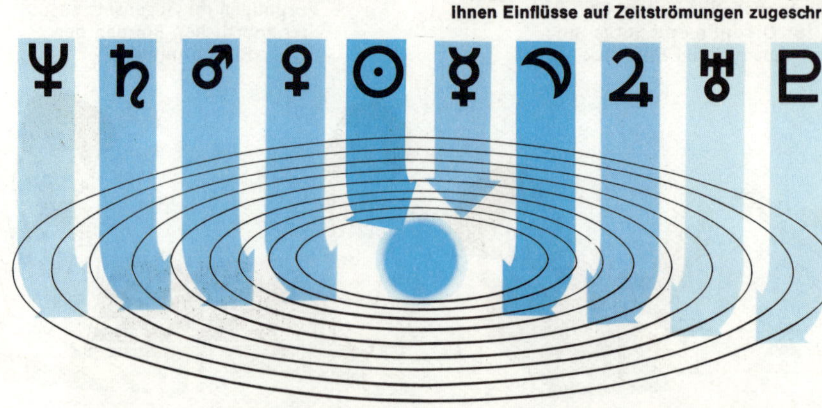

DIE TIERKREISZEICHEN

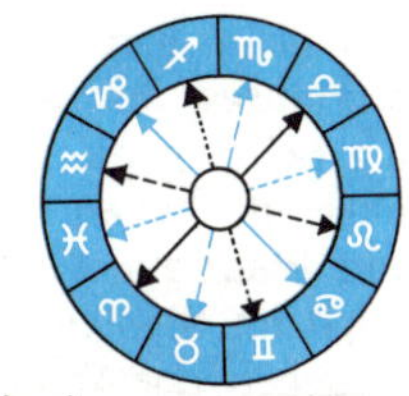

Polaritäten *(oben)*
Polarität ist in diesem Zusammenhang die starke Beziehung zwischen den zwei einander gegenüberliegenden Zeichen des Tierkreises. Die Merkmale eines Zeichens sind mit denen des gegenüberliegenden Zeichens verbunden. So wird zum Beispiel Widder, das erste Zeichen, als Zeichen betrachtet, das die Persönlichkeit besonders stark betont. Menschen, auf die dieses Zeichen stark einwirkt, sind oft ich bezogen und neigen dazu, sich immer in den Vordergrund zu spielen. Dagegen sind Menschen mit starken Waage-Merkmalen (Waage, das siebente Zeichen, liegt Widder direkt gegenüber) oft durch ihre Zuwendung zum Mitmenschen charakterisiert. Stier hat mit Geld und persönlichem Besitz zu tun, der gegenüberliegende Skorpion mit geerbtem Geld oder großen Geschäften usw. Die Polarität ist vor allem wichtig für Fragen der Gesundheit.

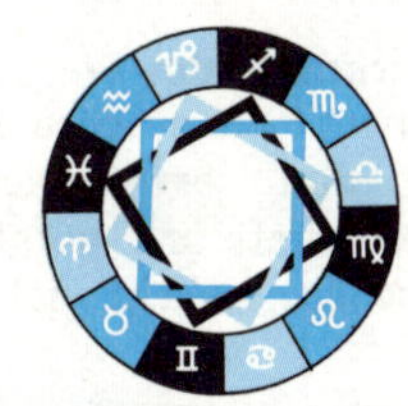

Quadruplizitäten oder Qualitäten *(oben)*
Schlüsselwörter: Kardinalzeichen = unternehmend, extravertiert; Fixe Zeichen = widersteht der Veränderung; Veränderliche Zeichen = anpassungsfähig, bereit für Veränderungen. Jedes Zeichen in diesen Gruppen drückt seine Eigenschaft verschieden aus, da es in einer anderen Triplizität steht, z. B. sind Widder und Krebs Kardinalzeichen, doch Widder gehört zur Feuertriplizität, Krebs zu der des Wassers. Beide drücken Unternehmungsgeist aus, aber bei Widder mit spontaner Begeisterung, bei Krebs mit Gefühlen und Intuition gepaart. Auch hier sind die Gruppierungen im Zusammenhang mit dem ganzen Horoskop zu betrachten.

Männliche und weibliche Zeichen *(oben)*
Schlüsselwörter: männlich = direkt; weiblich = empfänglich. Von alters her wurden die Zeichen in Gruppen unterteilt. Die erste ist männlich und weiblich, manchmals auch als positiv-negativ bekannt (hier mit Plus- und Minuszeichen kenntlich gemacht). Die traditionelle astrologische Theorie behauptete, Introvertiertheit und Extravertiertheit eines Menschen aus der Anzahl der Planeten in männlichen bzw. weiblichen Zeichen zu erkennen. Dies ist zwar eine Vereinfachung, doch kann die Einteilung in diese Gruppen nützlich sein.

Triplizitäten oder Elemente *(oben)*
Schlüsselwörter: Feuer = begeistert; Erde = praktisch, fest; Luft = intellektuell, mitteilsam; Wasser = emotional, intuitiv.
Diese Einteilung ist traditionell. Ein Horoskop, in dem zum Beispiel mehr Planeten in Feuerzeichen als in anderen stehen, zeigt eine starke Begeisterungsfähigkeit an.

Wenn der Leser die Charakteristik seines Sonnenzeichens durchliest und eine Beschreibung seiner Persönlichkeitsmerkmale erwartet, wird er wohl enttäuscht werden. Viele wichtige Faktoren fehlen tatsächlich. Im wesentlichen ist jeder Mensch die Summe der Einflüsse seines Sonnenzeichens, seines Aszendenten-Zeichens und aller sonstigen astrologischen Einflüsse in seinem Geburtshoroskop. Wenn er ungefähr bei Sonnenaufgang geboren wurde, fallen das Zeichen am Osthorizont (der Aszendent) und das Sonnenzeichen zusammen, was den Einfluß dieses Zeichens noch verstärkt. Er könnte auch bei Sonnenaufgang und bei Neumond (der dann ‹im› selben Zeichen steht) geboren sein und zudem könnten noch mehrere Planten im aufsteigenden Zeichen stehen. Aber auch dann wird nur ein Teil der Persönlichkeit durch die Planetenpositionen in einem Zeichen deutlich. Aus diesem Grund werden die Sonnenzeichen auf den folgenden Seiten durch fiktive Charaktere illustriert. Keine wirkliche Person entspricht ganz der Charakteristik eines Zeichens, auch bei literarischen Figuren ist die Analogie unvollkommen.

Ganz allgemein zeigt das Sonnenzeichen die Persönlichkeit eines Menschen, so wie sie sich anderen darstellt – sein ‹Image›. Der Aszendent enthüllt sein wahres Ich. Zwar kann man oft sagen, jemand wirke wie ein «echter Wassermann» oder ein «echter Löwe», doch wenn sein Aszendent weder das eine noch das andere Zeichen ist, sondern beispielsweise Krebs, dann unterscheidet sich sein wahres Wesen deutlich von seiner Wirkung auf andere.

Die Beschreibungen der Zeichen sollten vom Leser, der sich ernsthaft mit der Astrologie beschäftigen will, auf verschiedene Arten benutzt werden. Zuerst einmal sollte er sie einfach durchlesen, um eine allgemeine Vorstellung ihrer Merkmale zu bekommen, anschließend sollten sie auf ihre Polaritätsbeziehungen unter Beachtung der Triplizitäten und Quadruplizitäten geprüft werden. Der Leser, der wissen möchte, wie die verschiedenen Zeichen zum Beispiel den Geist beeinflussen, sollten alle diese Abschnitte im Zusammenhang lesen usw.

Die Schlüsselwörter für jedes Zeichen sind eine wichtige Gedächtnisstütze; es empfiehlt sich, sie auswendig zu lernen. Zur Vereinfachung werden die Attribute der Zeichen auf den folgenden Seiten sprachlich nur in der maskulinen Form wiedergegeben, sie gelten aber für beide Geschlechter. Manchmal findet sich in einem Horoskop eine Gruppe von drei oder mehr Planeten in einem Zeichen (Stellium). Ist die Sonne nicht darunter, so bedeutet diese Gruppierung keine Betonung des betreffenden Zeichens. Die individuellen Positionen jedes Planeten sollten beachtet werden. Die Gruppe insgesamt besitzt dann eine positive oder negative Wirkung, je nach der allgemeinen Tendenz des Horoskops.

DIE SONNE

Herrscht im Löwen, erhöht im Widder;
Exil im Wassermann, im Fall in der Waage
Schlüsselwörter: Macht, Vitalität, Selbstbewußtsein

Die Sonne verstärkt ganz erheblich die Wirkung des Hauses, in dem sie steht. Wahrscheinlich nehmen die Angelegenheiten dieses Hauses im Leben des Menschen einen wichtigen Platz ein. Ganz allgemein beziehen sie sich im Siebten bis Zwölften Haus auf das Leben des Erwachsenen, in Horoskopen von Kindern Entwicklungsmöglichkeiten.

Verbindungen

Die Sonne ist mit dem Herzen verbunden, der Wirbelsäule und dem Rücken; mit Staatsoberhäuptern oder Königen, Vaterschaft und Kindern; mit Kreativität, besonders auf dem Theater, und Spielen.

Positive Merkmale der Sonne

Kreativ; freigebig; lebensbejahend; organisatorisches Talent; kinderfreundlich; gefühlvoll; würdevoll; großmütig.

Negative Merkmale der Sonne

Protzig, arrogant; herrschsüchtig; überschwenglich und extravagant; herablassend; angeberhaft und aufgebläht; verantwortungsscheu; «macht viel Wind».

Der Sonnenfaktor (links)
Im Horoskop von Königin Viktoria und Richard Wagner stand die aufgehende Sonne in Zwillinge. Diese Stellung verlieh Wagner die Doppelbegabung als Schriftsteller und Komponist, die sich in seinem Werk spiegelt. Sein überschwenglicher Charakter läßt sich dem Einfluß der Sonne zuschreiben, denn sie stand zur Zeit seiner Geburt im Ersten Haus. Königin Viktoria fühlte ebenfalls den Zwang zum Schreiben, aber die Sonne, die in ihrem Horoskop im Zwölften Haus stand, machte sie scheu und introvertiert, so daß sie sich nach dem Tod ihres Mannes lange Zeit zurückzog.

Die Sonne in den Häusern

1 Bei guten oder schlechten Aspekten der Sonne neigt der Mensch immer dazu, den Blick auf sich selbst zu richten, je nach dem betroffenen Sternzeichen auch mit egoistischen Motiven. Wenn die Sonne in einer ungünstigen Konstellation steht, kann die Gesundheit leiden (entsprechend dem aufgehenden Zeichen), in günstigen Konstellationen sollte die Gesundheit gut sein. Die Sonne im Ersten Haus bedeutet üblicherweise, daß Aszendent und Sonnenzeichen zusammenfallen. Daher werden alle Merkmale dieses Zeichens verstärkt. Überbetonung eines Zeichens kann manchmal jedoch zur Unausgeglichenheit führen.

2 Die Konzentration auf Geldgeschäfte wird stark ausgeprägt sein. Die Gefühle sind stark, aber das Besitzdenken beherrscht sie. Kinder mit dieser Stellung sollten zu sozialem Verhalten ermutigt werden.

3 Stärkung der Kommunikationsbedürfnisse: ein guter Redner; besitzt schriftstellerische Fähigkeiten, wenn die Sonne in einem kreativen oder den Verstand betonenden Zeichen steht. Diese Stellung ist günstig für die Schulzeit. Wenn die Sonne bei Kindern in diesem Haus steht, sind sie sehr lebhaft, manchmal fehlen Geduld und Zähigkeit.

4 Glückliches Familienleben mit Zufriedenheit und Erfüllung, wenn die Sonne nicht in ungünstiger Konstellation steht. Kinder mit dieser Stellung der Sonne im Horoskop kümmern sich gern um ihre Geschwister. Manchmal müssen sie ermutigt werden, sich von ihrer Familie zu lösen.

5 In diesem Haus ist die Sonne mächtig. Lebensfreude und der Wunsch, das Leben mit vollen Zügen zu genießen. Interesse, vielleicht auch kreative Begabung für Kunst. Freude an Kindern. Ein Hang zum Risiko kann vorhanden sein. Kinder mit dieser Stellung sind energisch und freundlich. Ihr Ungestüm, ihre Rechthaberei und ihre Arroganz muß jedoch kontrolliert werden. Ausgezeichnet für Künstler.

6 Wenn die Sonne mit günstigen Aspekten in diesem Haus steht, sollte diese Stellung gute Gesundheit garantieren, aber trotzdem muß das ganze Horoskop berücksichtigt werden. Diese Stellung zeigt gewöhnlich einen guten, fähigen Arbeiter in seinem Beruf an. Gute Organisationsgabe, die das berufliche Weiterkommen sichert, und gute Beziehungen zu Untergebenen. Kinder mit dieser Stellung haben viele Interessen.

7 In diesem Haus weist die Sonne auf eine erfolgreiche Ehe hin. Ebenfalls sehr günstig für Geschäftspartnerschaften ohne Reibereien. Der Horoskopträger sollte dabei dominieren, sonst könnte ihn ein Gefühl der Enttäuschung quälen.

8 In diesem Haus zeigt die Sonne oft mystische und übersinnliche Interessen an. Die Gefühle sitzen tief. Manchmal Beschäftigung mit den finanziellen Angelegenheiten anderer. Erbschaften sind häufig. Gedanken an den Tod und an das Leben nach dem Tod verschwinden nie ganz.

9 Oft bedeutet die Sonne im Neunten Haus, daß der Horoskopträger eine lange Zeit im Ausland verbringt. Weiterbildung sollte besonders erfolgreich sein, da sie normalerweise gewünscht wird. Manchmal Sprachbegabung. Der Horoskopträger ist verständnisvoll.

10 Das Interesse an einer Karriere beansprucht mehr Platz als üblich, die Karriere könnte nicht nur erfolgreich sein, sondern auch die ganze Persönlichkeit absorbieren. Vielleicht ein echtes Gefühl der Berufung. Bei dieser Stellung der Sonne kann es leicht passieren, daß andere Lebensbereiche vernachlässigt werden: Freundschaften und die Ehe könnten leiden, besonders dann, wenn die Sonne in einem sehr starken oder impulsiven Zeichen (Steinbock, Löwe) steht.

11 Klare Ziele, die auch erreicht werden. Wahrscheinlich wird der Horoskopträger viel Zeit für Gesellschaften und Vereinsaktivitäten aufwenden, vielleicht erhält er auch ein Amt in diesem Bereich, da er zu organisieren versteht.

12 Psychisches Bedürfnis, sich zurückzuziehen. Der Arbeitsplatz kann oft ein Studierzimmer oder ein Büro zu Hause sein. Die Arbeit selbst ist wahrscheinlich «Hintergrundsarbeit». Eine gute Stellung für medizinische Berufe. Ehepartner sollten nicht darauf beharren, an allem teilzuhaben.

Partielle Sonnenfinsternis (oben)
Aufnahme einer partiellen Sonnenfinsternis. Nur ein schmales, sichelförmiges Segment der hellen Sonnenscheibe bleibt hinter dem Neuen Mond sichtbar, der zwischen Erde und Sonne vorüberzieht.

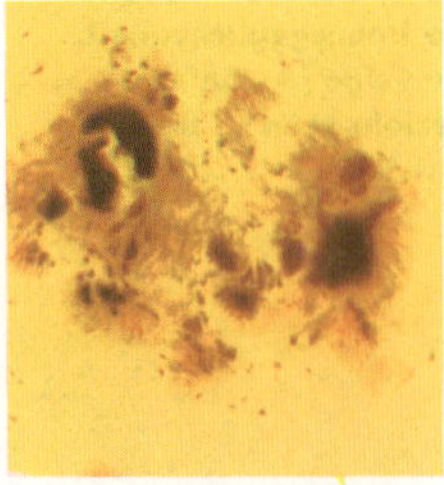

Sonnenflecken (oben)
Sonnenflecken, die von starker magnetischer Aktivität begleitet werden, treten alle elf Jahre besonders häufig auf.

Die Sonne (rechts)
Die Sonne ist ein Stern. Ihr Durchmesser ist 109mal größer als der der Erde. Ihre Masse und ihr Energiepotential machen sie zur Schlüsselkraft der Astrologie, die sie mit Stärke, Vitalität und Schöpferkraft verbindet.

Totale Sonnenfinsternis (rechts)
Die Sonnenscheibe wird ganz vom Mond verdunkelt. Die zwei Sonnenfinsternisse 1914 wurden astrologisch mit dem Ausbruch des Weltkriegs in Zusammenhang gebracht.

Protuberanzen (rechts außen)
Protuberanzen sind Ansammlungen von glühenden Gasmassen, die mit großen Geschwindigkeiten von der Sonnenoberfläche aufsteigen oder sich im Raum über der Chromosphäre bilden.

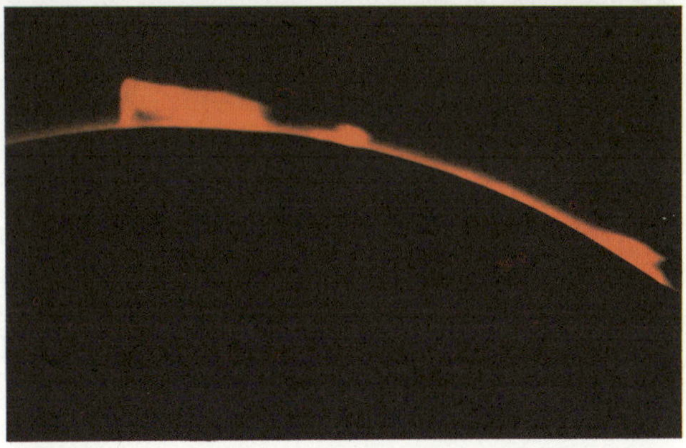

DER MOND

Beherrscht den Krebs; erhöht im Stier; Exil im Steinbock; im Fall in Skorpion Schlüsselwörter: Reaktion, Instinkt, Schwankung

Nach der Sonne ist der Mond der wichtigste Himmelskörper im Geburtshoroskop. Die Merkmale des Zeichens, in dem er steht, bilden einen festen Teil der Persönlichkeit. Sie besitzen direkten Einfluß auf instinktives und erlerntes Verhalten eines Menschen. Die Vererbung von Anlagen ist mit ihm und seiner Position verbunden.

Verbindungen

Der Mond wird verbunden mit Geburt und Mutterschaft; dem Verdauungstrakt; mit dem sympathischen Nervensystem; den Körperflüssigkeiten, der Ernährung, emotionalen Störungen und persönlichem Verhalten und mit Heim, Familie, Vorfahren; mit Reaktion und Gedächtnis.

Positive Merkmale des Mondes

Passiv; geduldig; hartnäckig; phantasievoll; empfindsam; mütterlich; mitfühlend; geschäftstüchtig; gutes Gedächtnis.

Negative Merkmale des Mondes

Stimmungsabhängig; Sippschaftsdenken; wankelmütig; schwache Urteilskraft; leichtgläubig; engstirnig; nachtragend.

Der Mondfaktor (links)

In Arturo Toscaninis Horoskop steht der Mond im Zehnten Haus in Skorpion. Diese Stellung wird in der astrologischen Tradition mit Ruhm und Karriere verbunden, auch mit der Gabe, andere zu beeinflussen und zu lenken. Toscanini besaß diese Fähigkeit und verstand sie bei seiner Arbeit als Dirigent zu nutzen.

In Lord Byrons Horoskop stand der Mond in seinem eigenen Zeichen, dem Krebs. Er verlieh Byron die Empfindsamkeit und die Unausgeglichenheit, die seine persönlichen Beziehungen so belastete.

Der Mond in den Häusern

1 Im Ersten Haus verstärkt der Mond die positiven und negativen Eigenschaften des aufgehenden Zeichens, besonders Verhaltensweisen und Reaktionen. Wenn der Mond in ungünstiger Konstellation steht, kann dies eine enge Mutter-Kind-Beziehung bedeuten.

2 Möglich sind unsichere Einkommensverhältnisse, aber Geschäftstüchtigkeit; eine instinktive Fähigkeit zu sparen.

3 Schwankende Ansichten; wenig gefestigte Erziehung. Diese Stellung ist günstig für ältere Geschwister.

4 Instinktive, ausgeprägte Mütterlichkeit. Gute Stellung für Hausfrauen, aber häusliche Veränderungen sind zu erwarten. In ungünstiger Konstellation zu starke Bindung an Kinder. Interesse für Geschichte.

5 Günstige Stellung für eine Kindergärtnerin, deren kreative und künstlerische Neigungen die Kinder schnell ansprechen. Günstig für Sportler.

6 Interesse für Hygiene und Sauberkeit, vor allem zu Hause. Schlechte Gesundheit in der Jugend.

7 Unbeständige emotionale Bindungen. Männer können mütterliche Frauen wählen. Beide Geschlechter bevorzugen den Umgang mit Frauen. Geschickt bei Geschäften, aber zur Unbeständigkeit neigend.

8 Mögliche Fixierung auf Sexualität, Tod und Weiterleben nach dem Tod. Günstig für Beschäftigung mit Übersinnlichem.

9 Fähigkeit zu ausdauernder, ernster Forschung: anziehend wirken Alte Geschichte oder tote Sprachen. Vielleicht Emigration.

10 Karriereinteressen bis zu öffentlichem Auftreten; vielleicht schnell vergängliche oder dauernde Berühmtheit, die das Privatleben einschränkt.

11 Neigung zu gelehrten Gesellschaften und Vorträgen. Verschiedene, schnell wechselnde Lebensziele.

12 Psychisches Bedürfnis, sich zurückzuziehen, um sich wieder zu besinnen. Ausgeprägte Einbildungskraft und Intuition.

Der Mond in den Zeichen

Widder. Wenn der Mond «in» diesem Zeichen steht, verstärkt er oft die Neigung des Widders zum «Ich zuerst», vor allem in Eltern-Kind-Beziehungen. Eine schnelle, aber sprunghafte Intelligenz ist wahrscheinlich, das Temperament kann unausgeglichen sein. Viel natürliche und ehrliche Begeisterung, die Geduld sollte aber bewußt gefördert werden. Das Ungestüm kann die Neigung zu Unfällen verstärken. Verbrennungen und Schnittwunden sind häufig. Leichte Anfälligkeit für Fieber. Abgelehnt wird konventionelles Betragen. Meist handelt es sich um dickköpfige Menschen, die sich nur ungern der Disziplin unterwerfen.

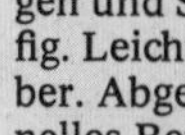

Stier. In diesem Zeichen ist der Mond am ausgeglichensten, die impulsiven Merkmale des Mondes werden durch die Beharrlichkeit und Bestimmtheit des Zeichens aufgewogen. Hoffnungsvolle und positive Ansichten, ehrgeizig und verläßlich im aktiven Leben. Der Mond begünstigt hier oft finanzielle Interessen. Gewöhnlich gern in Gesellschaft, empfänglich und humorliebend, kann auch besitzgierig sein – oft wird dieser Zug von der Mutter geerbt und kann in ungünstiger Konstellation zum ernsten Problem werden. Neigt zu Halsschmerzen. Künstlerische Fähigkeiten oder Interessen (besonders Musik).

Zwillinge. Wenn an anderen Stellen des Horoskops ein Ausgleich fehlt, müssen Unentschlossenheit, Unbeständigkeit und Ruhelosigkeit bekämpft werden. Im günstigsten Fall besteht eine Dualität, die erkannt und akzeptiert werden sollte. Die Neigung, sogar das Bedürfnis, mehrere Dinge gleichzeitig zu tun, kann zum psychischen Wohlbefinden beitragen. Die intellektuellen Momente dieser Stellung ergeben oft gierige Leser oder geschickte Handwerker. Spaziergänge und Ausflüge sind besonders wohltuend. In ungünstiger Konstellation sind nervöse Spannungen häufig. Durchhaltevermögen, Überlegung und Entschlußkraft sollten bewußt gefördert werden. Zu Kindern meist verstandesbetonte, lebendige Beziehung.

Krebs. Die positiven Merkmale des Mondes

Mond und Erde im Vergleich (oben)
Die Erde hat 81mal mehr Masse als der Mond, aber seine Nähe verstärkt den Einfluß.

Der Mond (rechts)
Auf dem Vollmond zeichnen sich dunkel die Ebenen ab, die immer noch Meere genannt werden, hell die Bergländer und Kraterränder. Zahlreiche Wirkungen werden von der Tradition dem Mond zugeschrieben – darunter Geisteskrankheiten und erbliche Persönlichkeitszüge. Neuere Forschungen verbinden seine Position mit dem Fruchtbarkeitszyklus der Frau.

Die Mondoberfläche (oben)
Die Abbildung zeigt die Krater der Fra-Mauro-Gruppe. Ihre oberen Durchmesser erreichen achtzig Kilometer.

werden stark betont. Besonders treten das Bedürfnis, zu verwöhnen und zu schützen, und ein kräftiger Familiensinn hervor. In zwischenmenschlichen Beziehungen sollte eine natürliche Hartnäckigkeit nicht negativ oder besitzergreifend werden. Häufig sind Sympathie für die Gefühle anderer und Empfänglichkeit für die Umgebung. Diese Stellung ist günstig für Eltern, die aber oft zu autoritär sind. Kraftvolle Phantasie und hochgespannte Gefühle.

Löwe. Hervorstechend ist die organisatorische Begabung, aber sie kann in Besserwisserei ausarten. Der Horoskopträger ist freundlich, vergnügt und selbstvertrauend. In ungünstiger Konstellation treten oft Selbstgefälligkeit, Geltungssucht und gespreiztes Gehabe auf. Die Gefühle sind stark, mit Zuneigung wird nicht gegeizt. Meist werden intellektuelle Vergnügungen bevorzugt. Loyalität und Liebe zum Luxus betont.

Jungfrau. Diese Stellung fördert allzuoft eine starke Neigung, sich Sorgen zu machen. Manchmal kommen auch Ängstlichkeit und Nervosität vor. Guter Geschäftssinn und peinliche Genauigkeit in Details. Ein analytischer, praktischer Verstand und ein gutes Gedächtnis unterstützen die Fähigkeit, hart in Studium und Beruf zu arbeiten, obwohl auch hier dem Detail zuviel Aufmerksamkeit geschenkt werden kann.

Waage. Mit dieser Stellung verbinden sich oft natürliche Höflichkeit, Charme, diplomatisches Auftreten und der Wunsch zu gefallen. Menschen mit diesem Einfluß sind oft freundlich, umgänglich und beliebt; in ungünstiger Konstellation aber launisch, unbeständig und oft überkritisch. Ihr Selbstvertrauen muß bewußt gestärkt werden. Diese Stellung ist für diplomatische Berufe sehr günstig, sie wirkt sich vorteilhaft auf Teamarbeit oder direkte Partnerschaft aus, bei der Entscheidungen gemeinsam gefällt werden.

Skorpion. Hochgespannte Gefühle, die eine feste und positive Ausrichtung brauchen. Mit dieser Stellung sind persönliche Anziehungskraft und Bestimmtheit eines Menschen verbunden. Er sollte hart arbeiten, aber auch das Leben genießen. Stolz und Hartnäckigkeit kommen vor; in ungünstiger Konstellation Niedergeschlagenheit, Unwille, Ärger und Besitzgier, die positive Merkmale anderer Stellen des Horoskops aufheben. Manchmal erscheint oberflächlich ein Hang zur Introvertiertheit, die aber innere Unruhe überdeckt.

Schütze. Oft ruhelos, aber allgemein optimistisch, freudig und beredt. Streben nach Unabhängigkeit und Freiheit. Das Bedürfnis nach körperlicher Übung drückt sich meist in sportlicher Betätigung aus. Außergewöhnliche intuitive Gaben, die manchmal an Hellseherei grenzen. Sorglosigkeit, oft Leichtsinn, sind Negativa.

Steinbock. Reserviertheit, Vorsicht, Klugheit – diese Eigenschaften herrschen vor. Gesunder Menschenverstand und praktische Begabung können allerdings zu Übervorsichtigkeit, Strenge und Trübsinn führen. Diese Menschen sind fleißige Arbeiter, sie übernehmen Verantwortung und können durch stetige Anstrengung eine bedeutende Stellung erreichen.

Wassermann. Bevorzugung des Unkonventionellen und Wertschätzung der persönlichen Freiheit. Freundlichkeit und Menschlichkeit sind betont. Verbohrtheit und Überspanntheit können vorkommen, aber sie werden anderen niemals unangenehm. Originalität, Erfindungsgabe und Talent zu wissenschaftlicher Arbeit sind wahrscheinlich, oft auch eine Neigung zur Astrologie. Die Freiheitsliebe kann zur Einsamkeit und zum bedenkenlosen Abbrechen emotionaler Beziehungen führen. In ungünstiger Konstellation kann nervliche Anspannung auftreten. Unstetigkeit und Reserviertheit brauchen bewußte Kontrolle.

Fische. Der Horoskopträger ist oft sehr empfänglich, freundlich und liebenswert, bei ungünstiger Konstellation des Mondes aber faul, leichtgläubig, unpraktisch, unentschlossen und beeinflußbar. Die Vorstellungskraft ist gut ausgebildet, oft sind künstlerische Fähigkeiten vorhanden, denen allerdings der konsequente Ausdruck fehlt. Die Neigung, schnell entmutigt zu sein, sollte erkannt und bekämpft werden. Starke Gefühle, aber auch Genußsucht.

MERKUR

Herrscht in den Zwillingen und der Jungfrau; erhöht in der Jungfrau; Exil im Schützen; im Fall in den Fischen
Schlüsselwort: Kommunikation (geistig und physisch)

Merkur ist der sonnennächste Planet, er steht auf der Ekliptik nie mehr als 28° von ihr entfernt. Im Horoskop erscheint er daher im selben Zeichen wie die Sonne, im vorhergehenden oder folgenden.

Verbindungen

Merkur wird verbunden mit dem Intellekt, dem Gehirn, der Koordination im Nervensystem; mit der Atmung; der Wahrnehmung, der Schilddrüse; mit Fahrten und Fahrzeugen (Auto, Motorrad, Fahrrad).

Positive Merkmale des Merkur

Der Drang, Wissen zu erwerben und anderen zu vermitteln; gutes Urteilsvermögen; Auffassungsgabe; Geschick; Wendigkeit; Begabung für Diskussion; intellektuell; sorgfältig im Detail.

Negative Merkmale des Merkur

Unbeständig; überkritisch; bohrend; fehlende Zielvorstellung; unkontrollierte nervliche Energie führt zu geistiger Belastung und Stagnation; diskussionssüchtig; aalglatt; beißend sarkastisch; zynisch.

Der Merkurfaktor (links)
Im Geburtshoroskop von Jules Verne stand Merkur in Konjunktion mit der Himmelsmitte in Wassermann. Diese Konjunktion ist ein klassisches Anzeichen für Interesse an utopischer Literatur und für kreative Begabung in diesem Bereich. Fast hundert Jahre vor dem Beginn der Raumfahrt beschrieb Verne die Methoden der Weltraumforschung unserer Tage. Seine prophetische Gabe verrät eine geistige Verbindung mit dem anbrechenden Zeitalter des Wassermanns.

Merkur in den Häusern

1 Merkur im Ersten Haus verstärkt die geistige Energie, die ohne Kontrolle allerdings zur Unbeständigkeit führt. Das Bedürfnis nach intellektueller Herausforderung ist ausgeprägt; oft sehr egozentrisch.

2 Das Interesse an finanziellem Vorwärtskommen kann zur Überlastung führen. Guter Sinn für Käufe.

3 Betonung der Erziehung, der Geschwister. Das Nervensystem kann Sorgen verursachen, aber nur wenn der Planet in ungünstiger Konstellation steht. Der Verstand wendet sich den Dingen zu, die das entsprechende Zeichen anzeigt. Redselig.

4 Sehr wahrscheinlich Tätigkeit in häuslicher Umgebung. Vielleicht zu häuslich. Vorsorgend, rationale Einstellung zur Mutterschaft.

5 Hang zu intellektuellen Spielen wie Schach. Geschick im Umgang mit Kindern und Jugendlichen. Interesse für Liebesaffären und Vergnügen.

6 Sorgt sich leicht um die Gesundheit, vielleicht Störungen der Verdauungsorgane. Alltägliche Probleme am Arbeitsplatz werden überschätzt.

7 Vitaler Ehe- und Geschäftspartner. Die Partner müssen allerdings geistig anregend sein.

8 Intellektuelle Fähigkeiten, vielleicht geeignet für Führungsposition in der Wirtschaft. Geheimlehren können anziehend wirken, mögliche Beschäftigung mit dem Problem des Todes.

9 Nachdruck auf spezialisierten Studien, Sprachen, Weiterbildung; Fleiß ist zur Ausbildung der Fähigkeiten notwendig. Allgemein guter Einfluß.

10 Karriere muß geistig anregend sein, sonst verhindert Ruhelosigkeit den Fortschritt. Wirtschaft, Handel, Zeitungen – eine Karriere im Informationswesen kann reizen.

11 Viele Bekanntschaften; günstig für gesellschaftliche Ambitionen. Freundschaft aus geistiger Verwandtschaft.

12 Neigung zur Verschlossenheit, von der Mystik angezogen; wahrscheinlich intuitiv begabt. Die Einbildungskraft braucht festen äußeren Halt.

Merkur in den Zeichen

Widder. Schneller Denker, entschlossen, manchmal schlagfertig, witzig und ironisch. Der Hang zur Anmaßung sollte kontrolliert werden. Aus einer ungünstigen Konstellation des Merkur können sich Gedankenlosigkeit und Streitsucht ergeben. Geistige Ermüdung oder Ruhelosigkeit können die Folge fehlender Anregung sein. Impulsives Wesen, hastiges Sprechen und ungenügende Planung können Fortschritte vereiteln. Nur wenn Merkur günstig steht, ist die erste Entscheidung gewöhnlich richtig.

Stier. Praktischer, gerader Verstand. Man muß ihm Zeit lassen, um Neues zu verdauen, andere Meinungen zu verarbeiten und beweglichere Ansichten auszubilden, denn Starrheit und feste Meinungen können negative Züge werden. Allgemein gut gelaunt, kunstbegeistert, liebt das Schöne. Wenn die Sonne in Zwillinge steht, ist Merkur in Stier oft ein glänzender Ausgleich, der die Ruhelosigkeit der Zwillinge mildert. Steht die Sonne in Stier, dominieren Eigensinn und Starrheit, andere Stellen des Horoskops müssen dann ausgleichen.

Zwillinge. Große Wendigkeit und Dualismus, wechselt laufend die Meinung. Erfindungsreicher und lebhafter Geist, meist ohne Vorurteile. Der Wunsch nach breitem Wissen wird nur teilweise erfüllt. Obwohl der Eindruck gesicherter Kenntnisse entstehen kann, ist vieles nur oberflächlich angelernt. Ein guter, ausdauernder Redner, wenn auch wortverliebt und oft ohne Gefühl.

Krebs. Ausgezeichnetes Gedächtnis und ausgeprägte Phantasie, die sich kreativ äußern sollte, aber eine starke Bindung an die Vergangenheit. Ziemlich hartnäckig auf einer Meinung beharrend, in alltäglichen Dingen jedoch flexibel. Äußerst freundlich und nachdenklich. Intuitiv, manchmal etwas verträumt, kann Lyrik und Musik lieben, mit ausgebildetem Sinn für Rhythmus. Irrationale Sorgen, Abneigungen und Engstirnigkeit sollten kontrolliert werden. Taktvoll und diplomatisch, aber manchmal nachtragend bei Ungerechtigkeiten, die ihm widerfahren.

Merkur und Erde im Vergleich (oben)
Der kleine Merkur besitzt die höchste Bahngeschwindigkeit aller Planeten (47,8 km/sec). Sein Durchmesser von 4840 Kilometer übertrifft den des Mondes nur um 500 Kilometer.

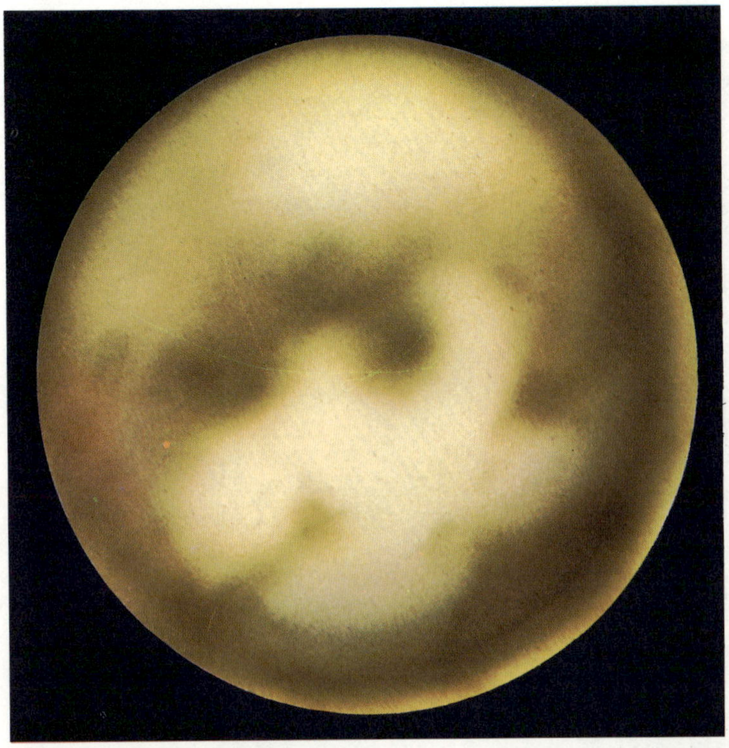

Merkur (links)
Die Oberfläche des Merkur, der dem Quecksilber (= Mercurium) den Namen gab, zeigt helle und dunkle Stellen. Die schnelle Bewegung des Planeten haben die Astrologen auf Geschwindigkeit und geistige Beweglichkeit bezogen.

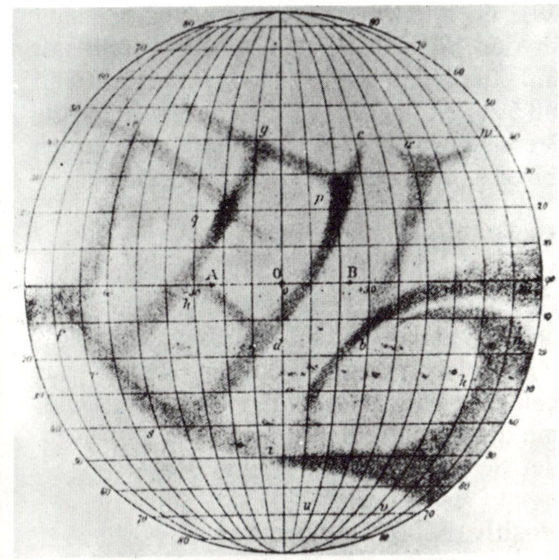

Karte des Merkur (oben)
Bisher sind die Oberflächenmerkmale des Merkur nur unvollkommen bekannt. Der Planet ist klein und schwer zu beobachten, da er immer nahe der Sonne steht. Die abgebildete Karte wurde 1888 von G. V. Schiaparelli gezeichnet. Sie steht modernen Karten des Merkur nicht nach, obwohl sie nur undeutlich sichtbare Details übertreibt. Weltraumsonden werden wohl in naher Zukunft unserer Kenntnis der Merkur-Oberfläche entscheidend fördern. Heute nimmt man an, daß die Oberflächenformen mondähnlich sind.

Löwe. Heiter und optimistisch, aber oft eigensinnig und dogmatisch; sowohl starrköpfig als auch weichherzig. Liebt das Vergnügen, trägt gern Verantwortung und besitzt gute organisatorische Fähigkeiten. Die negativen Eigenschaften können Grobheit, Eitelkeit und Voreingenommenheit sein. Diese Stellung des Merkur zeigt oft Intuition, Kreativität und Kunstverständnis an, auch Hang zu Kindern und Fähigkeiten im Umgang mit ihnen. Eine gute Stellung für Lehrer.

Jungfrau. Wendig, intellektuell und scharfsinnig, aber kann bei Beanspruchung überkritisch sein. Analytische, hartnäckige Beschäftigung mit Problemen. Peinliche Genauigkeit, die zwanghaft werden kann. Lernt leicht und kann wissenschaftliche oder schriftstellerische Begabung haben. Beträchtliches Interesse für Gesundheit, Hygiene und Ernährung, vielleicht Vegetarier. Merkur in ungünstiger Konstellation in diesem seinem eigenen Zeichen kann übertriebene Geschäftigkeit, Verlust einer allgemeinen Linie und bei Männern altjüngferliche Eigenschaften bewirken.

Waage. Gute Verstandeskraft; Fähigkeit, Alternativlösungen zu erkennen, aber langsam bei Entscheidungen, wartet gern ab und verschiebt. Manchmal fehlt es an geistiger Unternehmungslust, ein geeigneter Partner kann mit Anregungen ausgleichen. In ungünstiger Konstellation schwacher Wille und wenig Feingefühl.

Skorpion. Ein scharfer Verstand, der bis zu den Wurzeln eines Problems vorstößt. Intuitive Begabung und ausgezeichnete Konzentrationsfähigkeit; witzig, manchmal aber sarkastisch, reizbar und argwöhnisch, sogar intellektuell grausam. Eine allgemeine Bewunderung für Verbrechen, die Unterwelt, Mysterien, «die Kräfte der Dunkelheit» kann sich besonders dann einstellen, wenn die Sonne auch in Skorpion steht. Fähigkeit, schwierige Probleme praktisch zu lösen.

Schütze. Dies ist oft die Stellung des «ewigen Studenten», der immer nach neuen intellektuellen Herausforderungen sucht. Er ist meist großzügig, begreift schnell eine Situation. Aber wenn Merkur in ungünstiger Konstellation steht, kann die Konzentration fehlen, oft stellt sich dann geistige Ruhelosigkeit ein. Aufrichtigkeit und natürlicher Gerechtigkeitssinn sind gewöhnlich ausgeprägt, oft auch schriftstellerische Fähigkeiten. Die Begabung zeigt sich meist nicht in der Schule. Dualismus und Beweglichkeit.

Steinbock. Ein rationaler, ernster Geist, etwas kühl und berechnend. Ehrgeizig, geduldig, sorgfältig und praktisch, und wenn die ganze Persönlichkeit nicht von anderen Stellen des Horoskops her negativ geprägt wird, besonderen Lebenszielen zugewandt. Methodisch und förmlich, besonders bei Entscheidungen. Manchmal können sich auch Härte und eine egoistische Haltung offen zeigen. Wissenschaftliche und mathematische Begabung kann ausgebildet sein. Logische Fähigkeiten und gutes Gedächtnis sind nicht selten; in ungünstiger Konstellation aber auch Beschränktheit und Zögern.

Wassermann. Oft originell, erfinderisch, intuitiv. Obwohl sehr zukunftsorientiert, häufig einmal gebildeten Ansichten verhaftet. Interesse an und Talent für moderne Wissenschaften (speziell Kommukationsmittel, wie zum Beispiel Fernsehen); Astronomie und Astrologie können anziehen, manchmal der Metaphysik zugetan. Absonderlichkeiten können vorkommen. Die intellektuelle Suche kann etwas ziellos sein, die Menschenkenntnis ist gewöhnlich ausgezeichnet. Wenig gefühlvoll, aber aufrichtig; mitfühlend und freundlich, allerdings auf eine unverbindliche Art.

Fische. Freundlich und hilfreich, oft beweglicher und leicht zu beeindruckender Verstand. Vergeßlichkeit und geistige Abwesenheit können zu Stolpersteinen werden. Die Einbildungskraft kann sich überraschend kreativ ausdrükken. Die Intuition sollte allerdings gezügelt werden, wenn sie den intellektuellen Fähigkeiten davonzulaufen droht. Neigung zur Verschlossenheit. Die hochgepannten Gefühle müssen sich positiv verwirklichen – vielleicht in der Dichtung oder im Tanz. Oft gute Komiker, allgemein erfolgreiche Unterhalter. Vorlieben sind Medizin und Religion.

VENUS

Herrscht in Stier und in der Waage; erhöht in den Fischen;
Exil im Widder; im Fall in der Jungfrau
Schlüsselwörter: Harmonie, Übereinstimmung

Wie der Merkur, so steht die Venus immer in der Nähe der Sonne und überschreitet auf der Ekliptik niemals einen Abstand 48° zur Sonne. Im Horoskop erscheint die Venus entweder im Sonnenzeichen, in den beiden vorhergehenden oder folgenden.

Verbindungen

Venus wird verbunden mit der Liebe, den Gefühlen, der Lendengegend, Hals und Nieren, den Nebenschilddrüsen; mit Partnerschaften, dem weiblichen Einfluß auf beide Geschlechter, mit Besitz und Geld; mit den Künsten, dem Gesellschaftsleben, der Schönheit, Kleidern und Mode.

Positive Merkmale der Venus

Drang nach harmonischer Verbindung; sanftes, freundliches Wesen; Takt; Erfahrung in der Liebe und in geselligen Künsten; anpassungsfähig; empfänglich für Schönheit; gelassen; kultiviert.

Negative Merkmale der Venus

Faul; überschwenglich; unentschieden; unerträglich romantisch; willensschwach; unpraktisch; abhängig; parasitär.

Der Venusfaktor (links)
Im Horoskop von Isadora Duncan, der berühmten amerikanischen Tänzerin, stand die aufgehende Venus im Zwölften Haus in Widder. Sie zeigte dort die Sensibilität an, die Isadora Duncans Kunst, ihr öffentliches Auftreten und ihr Privatleben durchdrang. Der Einfluß der Venus gab ihrer Idee des «freien Tanzes» Form. In diesem Tanzstil wurde die Bewegung vom Atemrhythmus und dem Herzschlag gelenkt. Isadora Duncan gründete Schulen in Moskau und Berlin, die ihre Ideen weitertragen sollten.

Venus in den Häusern

1 Im Ersten Haus verleiht Venus Charme und gutes Aussehen, macht aber manchmal faul und süchtig nach gesellschaftlichem Ansehen.

2 Starker Drang nach Geld und Besitz; fähig, Geldquellen zu erschließen. Kunstinteresse; gewisse Vorliebe für ästhetische Beschäftigung.

3 Gute Beziehungen zu den Geschwistern, liebt gesellschaftliche Zirkel. Lernt gut.

4 Häusliche Umgebung muß sowohl das Auge ansprechen als auch gemütlich sein. Freude an manchmal extravaganter Innendekoration.

5 Zahlreiche Liebesaffären. Schätzt Kreativität und die Künste, hat Spaß an Spielen und an Geselligkeit.

6 Gute Gesundheit und angenehme Arbeitsbedingungen, aber wenn der Planet in ungünstiger Konstellation steht, können venerische Leiden auftreten, und die Arbeitsbedingungen werden als unerträglich empfunden. Scheut schmutzige oder körperlich harte Arbeit.

7 Wenn die Venus gute Aspekte hat und in einem wesensverwandten Zeichen steht, ist dies eine günstige Stellung für Ehe und geschäftliche Partnerschaft. In ungünstiger Konstellation können durch unerfülltes Leben Vorurteile und Verfolgungswahn entstehen.

8 Kann Geld erben. Harmonische Sexualbeziehungen. In ungünstiger Konstellation können die sexuellen Bedürfnisse unbefriedigt bleiben.

9 Gute Beziehungen zu Fremden, sogar Heirat und Wohnort im Ausland. Reist und studiert gern.

10 Glück und Erfolg im Beruf. Diplomatische Art, oft gute Beziehungen zu den Eltern; bei ungünstiger Konstellation Enttäuschungen.

11 Auffälliges Geschick beim Anknüpfen und Pflegen guter Beziehungen in Vereinen und Gesellschaften; freundlich und diplomatisch.

12 Hang zur Mystik und zum Okkultismus. Schweigt sich über Liebesaffären aus. Bedürfnis nach Zurückgezogenheit. Ausgeglichenes Gefühlsleben.

Venus in den Zeichen

Widder. Verliebt sich schnell und leidenschaftlich unter starkem erotischem Zwang. Idealistisch und phantasiereich, auch gefühlvoll und überzeugend bei emotionalen Beziehungen, sollte aber sein egoistisches Moment kontrollieren. Eine natürliche und gefällige Art, Freundschaften zu schließen. Impulsiv in Gelddingen mit starker Tendenz, sich Extravaganzen zu leisten. Macht den Menschen, die er liebt, gern kleine, überraschende Geschenke. In ungünstiger Konstellation der Venus stören Streitlust und Ruhelosigkeit dauernd die emotionalen Beziehungen.

Stier. Obwohl gefühlsstark und leidenschaftlich, Neigung zum Besitzdenken in der Liebe, das den Partner abstoßen kann. Der Wunsch nach Luxus, physischem Vergnügen, gutem Essen und Süßigkeiten kann vorhanden sein. Manchmal kunstinteressiert, vor allem musikbegeistert und gern gut gekleidet. Versteht es, mit Geld umzugehen, obwohl Luxusbedürfnis und Kauflust groß sind.

Zwillinge. In diesem Zeichen bedeutet Venus Flirtbereitschaft. Ehen und emotionale Bindungen werden leichtherzig eingegangen; eheliche Verpflichtungen lassen den Horoskopträger kühl. Es besteht ein Bedürfnis nach intellektuellem Kontakt mit dem Partner, und manchmal kann der Dualismus der Zwillinge vorhanden sein. Oft wirken Verwandte anziehend. Gefühle können bezaubernd ausgedrückt werden, aber die Unbeständigkeit kann Bindungen stören oder vereiteln. Positive Stellung für Spekulation, das Geld kann allerdings verschwendet werden.

Krebs. Echte Zuneigung und Sympathie; sorgt sich in der Liebe um seinen Partner wie um ein Kind. Die Liebe ist manchmal beharrlich, im besten Fall zärtlich. Gefühlvolle Bindung an das Zuhause und Pflege der guten Küche. Die Emotionen können überschäumend sein und brauchen Kontrolle. Neigung, sich über den Partner Sorgen zu machen. Bevorzugung sicherer Geldanlagen. Unbeständige finanzielle Lage kann erwartet werden.

Venus und Erde im Vergleich (oben)
Beide Planeten besitzen fast gleiche Größe. Auch ihre Massen weichen nicht stark voneinander ab. Der Durchmesser der Venus ist mit 12 400 Kilometer nur 350 Kilometer kleiner als der der Erde.

Venus (rechts)
Die Planetenoberfläche liegt ständig unter einer dichten Wolkendecke. Die Rotationsperiode von ungefähr 249 Erdtagen ist abnorm lang: ein Tag auf der Venus dauert also länger als das Venusjahr von 225 Erdtagen. Der Planet rotiert im Gegensinn zur Erdrotation.

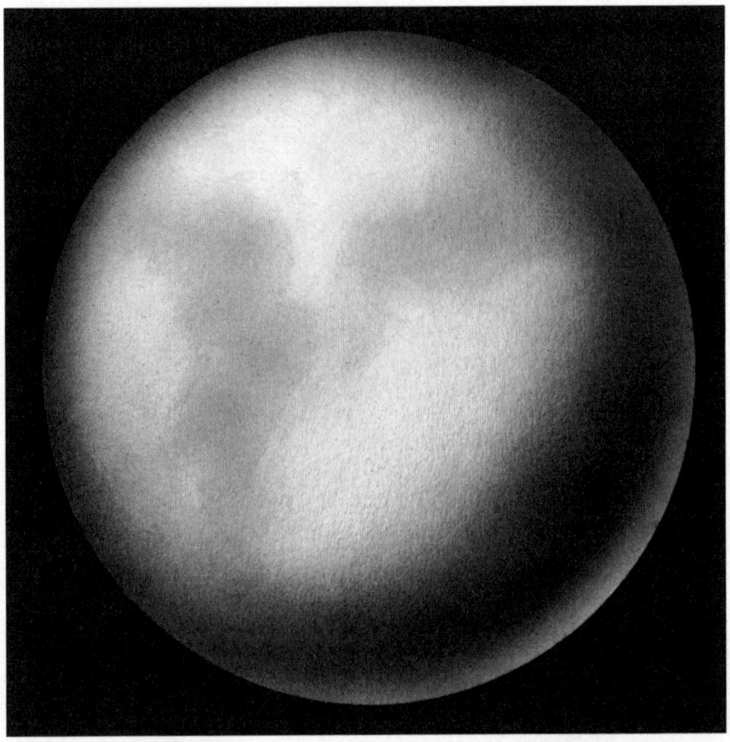

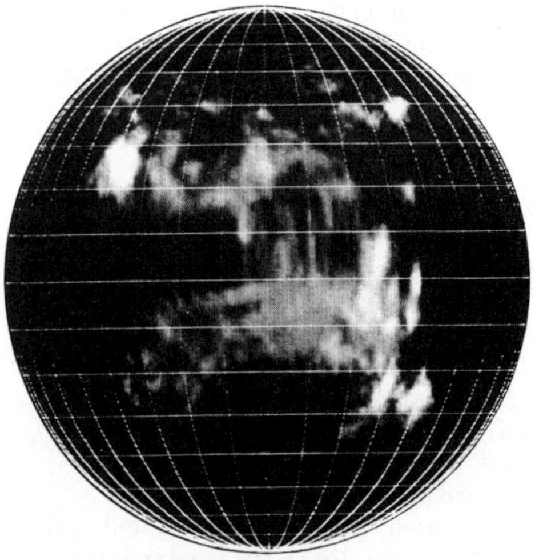

Karte der Venus (oben)
Da wir die Oberfläche der Venus nicht direkt beobachten können, lassen sich bisher nur aus Radarmessungen Karten herstellen. Mit Hilfe der Radarsignale wurden zwei lange, gebirgsähnliche Höhenzüge auf der Venus festgestellt. Die Karte oben zeigt die Ergebnisse amerikanischer Astronomen. Von der Erde aus ist der Planet als schöner, heller Stern sichtbar. Seine Erscheinung inspirierte die Griechen zur Verbindung mit Aphrodite, der Göttin der Liebe, die aus dem Schaum des Meeres geboren wurde.

Löwe. Ein starker Drang, den Partner in einer Liebesbeziehung anzubeten, aber auch zu beherrschen. Treue, Warmherzigkeit und Zuneigung sind vorhanden. Verschwenderisch gegenüber dem Partner, auch wenn es die Finanzen strapaziert. Liebt gute Kleidung, Edelsteine, Pelze, teure Theaterplätze und das Leben aus dem vollen. Ein Hang zum Dramatisieren kann zu häuslichen Szenen führen. Kinder machen oft glücklich. Künstlerische Beschäftungen gleichen das Gefühl aus, von der Familie eingesperrt zu werden; häufig ausgeprägte kreative Fähigkeiten.

Jungfrau. Auch gegenüber dem Partner wird die kritisch-analytische Einstellung, die mit diesem Zeichen verbunden ist, nicht aufgegeben. Sie kann emotionale Bindungen ernstlich stören oder Romanzen ziemlich schnell beenden. Unbedeutende Charaktermerkmale des Partners werden als große Fehler gesehen, manchmal ist eine vorgefaßte Meinung von Jungfräulichkeit oder Reinheit die Ursache. Oft ausgezeichneter Sinn für Geschäfte.

Waage. Geschäftliche und emotionale Beziehungen sind stark betont und bringen persönliche Befriedigung. Liebt manchmal die Liebe und hält dies für Liebe. Bindungen sollten nicht unüberlegt eingegangen werden, da sie leicht zerstört werden können. Wahrscheinlich zeigen sich Voreingenommenheiten, aber meist nur in ungünstiger Konstellation. Gewöhnlich bedeutet Venus in Waage Glück und Erfüllung in emotionalen Beziehungen. Großzügigkeit kann zur Verschwendung führen.

Skorpion. Venus in diesem Zeichen bedeutet starkes sexuelles Interesse, der Planet zeigt hier ein leidenschaftliches und befriedigendes Sexualleben an. Emotionale Beziehungen sind mit hochgespannten Gefühlen beladen, Eifersucht ist üblich und wird manchmal durch Besitzdenken verstärkt. Die extremen Gefühlslagen erschweren eine Kontrolle. Ruhigere Stellen des Horoskops zeigen Ausgleichsmöglichkeiten. Verbindungen zur Wirtschaft sind wahrscheinlich. Hemmungslose Genußsucht kann zu Fettleibigkeit führen.

Schütze. Hier herrscht die Neigung, lange frei und ungebunden zu bleiben. Obwohl der Horoskopträger zu idealistischer Liebe fähig ist, gedeihen Bindungen am besten auf dem grundsätzlichen Einverständnis, daß die persönliche Freiheit nicht ganz geopfert werden muß. Nachdruck auf das Zeichen Skorpion an anderer Stelle des Horoskops kann Konflikte heraufbeschwören: Freiheitsliebe, Eifersucht und Besitzanspruch kommen sich in die Quere. Finanzieller Leichtsinn.

Steinbock. Dies ist eine ziemlich kühle Stellung der Venus. Häufig zeigt sie beträchtliche Opfer für den Partner an, vielleicht Trennung, Enttäuschung und Einsamkeit. Gefühle drücken sich zurückhaltend aus, aber Treue ist üblich. Die Einstellung zur Liebe ist meist sehr konventionell. Die finanziellen Merkmale der Venus sind in diesem Zeichen sehr ausgeprägt und verleihen Glück in Geldgeschäften. Es besteht eine Tendenz zum sozialen Aufstieg durch Heirat; das Vorwärtskommen wird über Beziehungen versucht. Als Elternteil oft anspruchsvoll.

Wassermann. Freundlich, uneigennützig und menschlich. In diesem Zeichen ist die Venus nicht gefühlsbetont; oft ein Drang zu vollständiger Freiheit in der Freundschaft. Tut alles für andere, aber hält einen gewissen unpersönlichen Abstand. In der Ehe werden freie Selbstverwirklichung und persönliche Unabhängigkeit als wichtig empfunden und müssen vom Partner toleriert werden. Die Beziehungen sind nie konventionell. Gutes Aussehen ist wahrscheinlich, die persönliche Anziehungskraft wird allerdings durch eine wenig engagierte Haltung abgeschwächt. Gewöhnlich vernünftig in Gelddingen.

Fische. Die Gefühle beherrschen vollkommen jede Beziehung. Zeitweise zu sentimental, besitzt aber die große Gabe, echte Gefühle auszudrücken. Ist zu beträchtlichen Opfern für den Partner bereit, geht bis zur Selbstaufgabe. Hilft gern den Zukurzgekommenen und identifiziert sich mit dem Leiden. Tut sich mit rationalen Ansichten schwer, wenn sich im Horoskop nicht an anderer Stelle eine Beziehung zu praktischem Handeln zeigt.

MARS

Herrscht im Widder und, nach der Tradition, im Skorpion, der heute Pluto zugeschrieben wird; erhöht im Steinbock; Exil in der Waage; im Fall in Krebs Schlüsselwörter: Energie, Tatkraft

Mars ist der erste «äußere» Planet. Seine Stellung im Horoskop ist nicht wie die der «inneren» Planeten eng mit der Sonne verbunden. Mars durchläuft in ungefähr zweieinhalb Jahren einmal den Tierkreis.

Verbindungen
Mars wird verbunden mit den Muskeln und dem Urogenitalsystem, der Nebennierenrinde, den roten Blutkörperchen; mit Schnittwunden und Verbrennungen; mit maskulinem Einfluß auf beide Geschlechter; mit der Aggression, der Hitze, der Tat, den Waffen und scharfen Werkzeugen.

Positive Merkmale des Mars
Entschlossen; freiheitsliebend; Pioniergeist; geht Probleme direkt an; starker Führer in Krisenzeiten; Verteidiger der Schwachen; starker Geschlechtstrieb; positive und spontane Reaktionen.

Negative Merkmale des Mars
Aggressiv; jähzornig; brutal; tollkühn; ohne Voraussicht; egoistisch; streitsüchtig; zu voreilig; gleichgültig gegenüber Einzelheiten; grob; angeberisch.

Der Marsfaktor (links)
Ein äußerst mächtiger Mars im Zeichen der Fische, der in Konjunktion zur Himmelsmitte steht, beherrschte das Horoskop von Vincent van Gogh. Diese Stellung des Mars beeinflußte seine Kunst. Seine Bilder drücken Kraft, Sensibilität und tiefe Gefühle aus.

Im Horoskop des britischen Admirals Lord Nelson stand der aufgehende Mars in Skorpion und verlieh ihm erstaunliche Ausdauer und große emotionale Energie. Auf See errang er bemerkenswerte Erfolge, obwohl er ein Auge und einen Arm verlor. Auf dem Land galt seine Leidenschaft der schönen in der Astrologie bewanderten Lady Hamilton, der Frau des englischen Gesandten in Neapel.

Mars in den Häusern

1 Alle Merkmale des Mars verstärken sich im Ersten Haus. Bei günstigen Aspekten dominiert das Positive, in ungünstiger Konstellation das Negative. Neigt zu Unfällen, überschätzt seine Kraft; impulsiv und ungeduldig.

2 Geldhungrig, gibt viel aus. Kann eine kräftige, laute Stimme haben.

3 Gern in der Schule; braucht Kontrolle, damit die Energie und der brennende Wunsch, Erster zu sein, nicht zu aggressiv werden. Kämpft für seine Geschwister. Risikobereitschaft.

4 Arbeitet zäh für Heim und Herd. Seine Energie braucht viele Ventile, vielleicht handwerkliche Arbeiten. In ungünstiger Konstellation zu Hause streitsüchtig.

5 Ver- und entliebt sich ständig, genießt diese Erfahrung. Sportbegeistert, bewährt sich bei rauhen Mannschaftsspielen. Kommt gut mit Kindern aus.

6 Entzündungskrankheiten wahrscheinlich; die anderen Krankheiten hängen von den beteiligten Sternzeichen ab. Ein fleißiger Arbeiter, der von seinen Mitarbeitern viel verlangt.

7 Energische und vitale Einstellung zu Ehe und Partnerschaften; in ungünstiger Konstellation sind Streit und Enttäuschung möglich.

8 Angezogen von Chirurgie, Psychiatrie, Forschung; hat mit anderer Leute Geld zu tun. Sehr starker Geschlechtstrieb.

9 Sehnsucht nach Reisen und Abenteuern, eine gute Stellung für Sportler. Geistige Energie, wenn genug Interesse für den Gegenstand vorliegt.

10 Viel Kraft wird in die tägliche Arbeit investiert. Will im gewählten Beruf an die Spitze kommen, benutzt dabei manchmal skrupellose Methoden.

11 Hilft gern und energisch seinen Freunden, aber macht sich so schnell Freunde, wie er sie verliert. Unternehmungsgeist.

12 Sehr schweigsam; unbewußte Tendenz zum Masochismus. Das Energiepotential des Mars kann die Kraft verleihen, anderen zu helfen.

Mars in den Zeichen

Widder. Wenn Mars in diesem Zeichen steht, drängt er mächtig zur Initiative. Große, oft intellektuelle Energie; liebt geistige Leistungen und überanstrengt sich vielleicht dabei. Ist gern unabhängig. Offenheit. Neigt zu Unfällen durch Hast. Impulsives und aggressives Verhalten, das kontrolliert werden sollte. Dies könnte schwerfallen, wenn Mars in ungünstiger Konstellation steht. Schnittwunden und Verbrennungen sind häufig. Starker Geschlechtstrieb.

Stier. Diese Stellung verleiht Festigkeit bis zum Starrsinn. Ein zäher Arbeiter mit beträchtlichen praktischen Fähigkeiten. Gerät nur langsam aus der Ruhe, kann sich dann aber nur selten beherrschen, und seine Gefühlsausbrüche können anderen unangenehm werden. In ungünstiger Konstellation Tendenz zur Heftigkeit. Neigt zu Halskrankheiten. Diese Stellung des Mars hat einen starken finanziellen Einfluß: Geld wird mit harter Arbeit verdient, aber ungern ausgegeben. Sinnlich und liebevoll, aber besitzergreifend.

Zwillinge. Gewöhnlich fällt die intellektuelle Energie auf, aber Ruhelosigkeit und ein Hang zur Verzettelung der Kräfte können vorkommen. Die Konzentrationsfähigkeit muß sorgfältig gefördert werden. Manchmal schriftstellerische Fähigkeiten oder mindestens Bewunderung dafür. Geistig und physisch rege; auch gesprächig. Der Horoskopträger pflegt oft einen intensiven Briefwechsel. Er liebt die Abwechslung, auch im Beruf, doch kann es ihm an Geduld fehlen, und ungelöste Aufgaben können den Fortschritt hemmen. Zielstrebiges Arbeiten sollte gelernt werden. In ungünstiger Konstellation nervliche Anspannung.

Krebs. Diese Stellung sorgt oft für hochgespannte Gefühle, die bewußte Festigung verlangen. Mars in ungünstiger Konstellation führt leicht zu Aufgeregtheit und schlechter Laune. Beharrlichkeit und Ehrgeiz sind vorhanden, manchmal fehlt aber Geradlinigkeit. Spannungen lösen sich oft nur schwer und führen zu Magen- und Nervenleiden. Originalität, Unabhängigkeit und Sinnlichkeit sind ausgeprägte

Mars und Erde im Vergleich (oben)
Trotz seiner geringen Größe ist Mars der erdähnlichste Planet. Sein Durchmesser ist etwa halb so groß wie der der Erde, und seine Masse entspricht etwa einem Zehntel der Erdmasse. Alle 15 Jahre nähert sich der Mars der Erde bis auf 55 Millionen Kilometer.

Mars (rechts)
Große Teile der Oberfläche erscheinen in hellem Rot. Die dunkel gefärbten Gebiete könnten vielleicht mit niederem Pflanzenwuchs bedeckt sein.

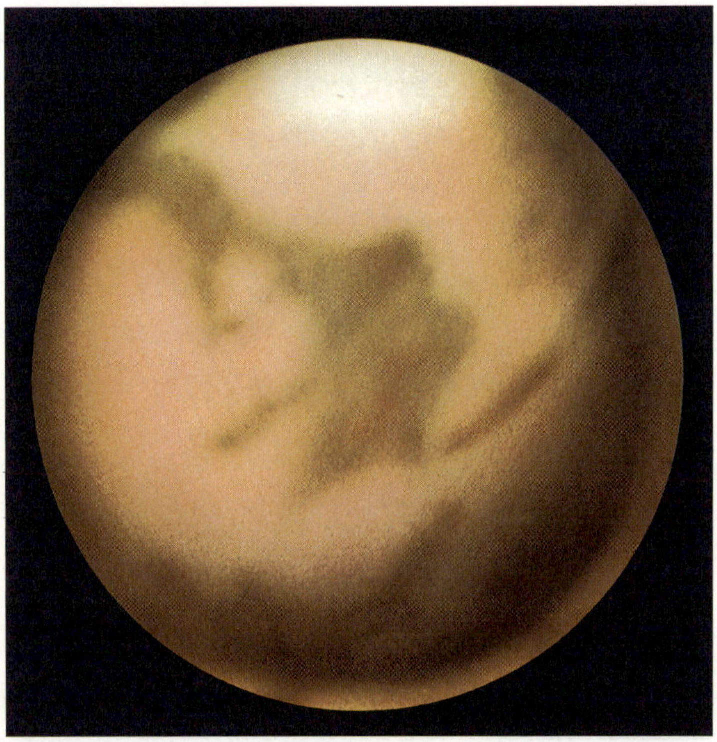

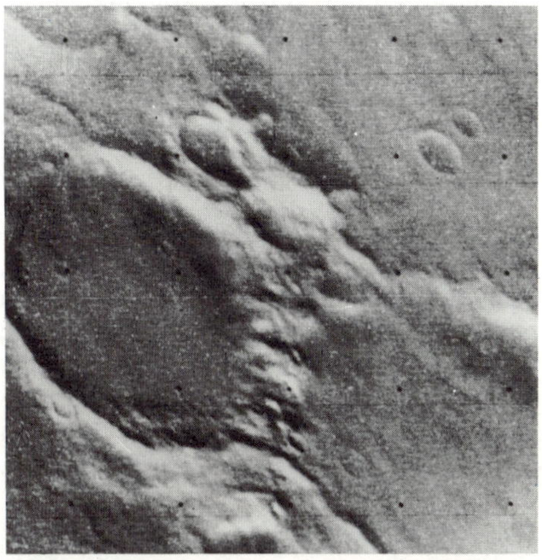

«Giant's Footprint» (oben)
In den Jahren 1965 und 1969 fotografierten amerikanische Mariner-Sonden den Mars aus geringer Entfernung. Wie die Mondoberfläche weist auch die des Mars zahlreiche Krater auf. Eine dieser Kraterformationen, «Giant's Footprint» (Fußstapfe des Riesen) getauft, liegt in der Nähe des Marspols und wurde von Mariner 7 aufgenommen. Ob der Mars tatsächlich niederes pflanzliches Leben trägt, ist nach den Ergebnissen der Marssonden weniger wahrscheinlich geworden.

Eigenschaften. Oft starke Sehnsucht nach eigenem Heim und eigener Familie. Sehr intuitiv.

Löwe. Begeisterungsfähigkeit und Entschlußkraft sind die besten Eigenschaften des Mars in diesem Zeichen. Viel Ehrgeiz, der mit der unvermeidlichen Begeisterung zur starken Kraft verschmelzen kann. Negative Anzeichen sind maßloser Enthusiasmus und Neigungen zum Bombastischen. Großzügigkeit, Zuneigung und eine echte Abneigung gegen Kleinlichkeit und Engstirnigkeit sind üblich. Gesellige Natur, die sich in Gesellschaft anderer wohl fühlt. Gefühle drücken sich künstlerisch und in leidenschaftlicher Liebe aus. Verantwortung wird gern übernommen.

Jungfrau. Ausgezeichnete Arbeiter, die aber stetige Führung brauchen. Sie sind oft ehrgeizig, empfinden aber Verantwortung als schwere Last. Daraus können sich quälende Sorgen ergeben, die vielleicht zu Magen- und Hautkrankheiten führen. Geben sich viel Mühe bis zum letzten Detail, obwohl sie manchmal vor lauter Einzelheiten den Zusammenhang vergessen. Praktische Fähigkeiten im Überfluß, meist mit Erfindungsgeist verbunden. Mischen sich leicht ein, oft Hang zur «Geschaftlhuberei».

Waage. Wenn Mars in diesem Zeichen steht, zeigt sich oft ein gewisses Schwanken der Energie zwischen Erschöpfung und Begeisterung. Beim Anknüpfen von Verbindungen wird keine Anstrengung gescheut, und alle Überredungskünste werden aufgeboten. Eine Neigung zum Streit beruht oft auf dem Drang, andere zu überzeugen. Verlieben sich unversehens und allzuoft, die negativen Erfahrungen daraus werden allerdings nicht immer beherzigt. Die Auffassungsgabe kann gefördert werden.

Skorpion. Diese Stellung verleiht starke Gefühle. Wenn sie sich positiv auswirken können, bilden sie die Persönlichkeit, aber wenn Energie und Gefühl von anderen Stellen des Horoskops aus gestaut werden, kann die negative Seite gefährlich werden und zu Grausamkeit, Eifersucht und Rachsucht führen. Hang zum guten Essen und Trinken, vielleicht als Kompensation für Enttäuschungen und nicht ausgedrückte Gefühle.

Schütze. Oft lärmend, mit der Energie eines Schuljungen und von überschäumender geistiger Aktivität; begeistert sich für neue Vorhaben. Manchmal scheinen die Ideen maßlos und übersteigen das Fassungsvermögen anderer. Energie und Begeisterung arbeiten Hand in Hand, wenn Mars in diesem Zeichen steht. Die Ansichten sind oft unkonventionell, Skepsis und moralischer Mut sind verbreitet. In ungünstiger Konstellation Hang zu Übertreibungen.

Steinbock. Die Energie richtet sich ganz auf die angestrebten Lebensziele, besonders wenn an anderer Stelle des Horoskops ein Anzeichen für Ehrgeiz vorliegt. Der persönliche, finanzielle oder öffentlich anerkannte Erfolg wird vorrangiges Ziel. Die Energie wird meist überlegt und konstruktiv eingesetzt. Verschwendung und Inkompetenz werden nicht geduldet. Hang zur Autorität und zur Macht. Eine kühle, schnelle Gereiztheit ist möglich.

Wassermann. Obwohl impulsiv und manchmal hastig, ist der Horoskopträger meist entschlossen, persönliche Ziele zu erreichen. Freiheit ist wichtig; die intellektuellen Fähigkeiten tendieren zur Wissenschaft. Unvorhersehbare Handlungen sind häufig, und sie können zu Auseinandersetzungen mit Freunden führen. In einem Notfall sind die Reaktionen schnell und hilfreich. Der Pioniergeist des Mars kann sich im Kampf für die Freiheit anderer manifestieren. Die emotionale Seite des Mars ist der Rationalität des Wassermanns wenig förderlich; emotionaler Mißklang ist wahrscheinlich.

Fische. Ein starker emotionaler Wunsch, etwas für andere zu tun, auch wenn es zur Selbstaufopferung führt. Die Tatkraft des Mars in Fische kann dabei ihre besten Ergebnisse erzielen, nur sollte an anderer Stelle des Horoskops der Hinweis auf praktische Fähigkeiten nicht fehlen, damit die Energien wirksam eingesetzt werden können. Bei ungünstiger Konstellation des Mars können Trägheit und Entschlußlosigkeit vorkommen.

JUPITER

Herrscht im Schützen und, nach der Tradition, in den Fischen, die heute Neptun zugeschrieben werden; erhöht im Krebs; Exil in den Zwillingen; im Fall in Steinbock. Schlüsselwort: Ausdehnung

Der Jupiter durchläuft in zwölf Jahren einmal den Tierkreis. Seine Umlaufbahn ist leicht exzentrisch, er bleibt also eine unterschiedlich lange Zeit in den einzelnen Zeichen. Jupiter ist der größte Planet im Sonnensystem.

Verbindungen

Jupiter wird verbunden mit dem Wissen, der wissenschaftlichen Forschung, dem philosophischen und spekulativen Denken; mit der Religion; mit der Leber und der Hypophyse; mit Universitäten, der Fortbildung und fremden Ländern; mit den Sprachen; mit Verlagen und dem Glück.

Positive Merkmale des Jupiter

Optimistisch; großzügig; rechtschaffen; heiter und freundlich; Sinn für Gerechtigkeit; Mitgefühl; Weitblick; gebraucht seinen Verstand; Sprachbegabung; sportlich.

Negative Merkmale des Jupiter

Blinder Optimismus; extremistisch; verschwenderisch; ein Glücksspieler; extravagant; gesetzlos; eingebildet; unausgeglichene Ansichten.

Der Jupiterfaktor (links)
Im Horoskop von Albert Einstein stand der Jupiter günstig in Wassermann im Neunten Haus. Diese Stellung trug zu seiner genialen Begabung für abstraktes wissenschaftliches Denken bei. Einsteins berühmte Relativitätstheorie brach mit der mehr als zwei Jahrhunderte alten Mechanik Newtons.

In Mata Haris Horoskop wirkte der Jupiter ganz anders. Ihre exotische Karriere als Spionin stand wohl kaum unter dem Einfluß des aufgehenden Jupiter in Skorpion, aber sein Einfluß wurde spürbar, als sie dem Offizier dankte, der ihre Hinrichtung befehligte.

Jupiter in den Häusern

1 Eine heitere, aufgeschlossene Persönlichkeit, oft vom Glück begünstigt. Gute Aspekte des Jupiter betonen die positiven Eigenschaften. In ungünstiger Konstellation sind die negativen Züge ausgeprägt; Leberkrankheiten sind dann wahrscheinlich.

2 Versteht es, leicht Geld zu machen. In ungünstiger Konstellation finanzielle Sorglosigkeit.

3 Erfolgreicher Schüler. Gute Beziehungen zu Geschwistern. Vorliebe für kommunikative Tätigkeiten.

4 Gute Beziehungen zu den Eltern; angenehmes und gemütliches Zuhause. In ungünstiger Konstellation fehlt den Beziehungen zu den Eltern der eigentliche Sinn.

5 Freude an Sport und Kunst, eventuell Begabung für beides. Fähiger Spekulant; finanzielle Risiken können eingegangen werden, wenn Jupiter gute Aspekte hat. In ungünstiger Konstellation Glücksspieler.

6 Heiter und zufrieden im Beruf. Es fehlt nie an besonders lukrativer Arbeit. In ungünstiger Konstellation oft dic typischen Jupiter-Krankheiten.

7 Sehr günstig für Ehe und Geschäftspartnerschaft. In der Ehe sollte besonders auf die Aspekte geachtet werden, da sich extrem schwer kontrollierbare Tendenzen entwickeln können.

8 Gute Aussichten, Geld oder Besitz zu erben. Vernünftige Einstellung zum Tod.

9 Sprachbegabung; möglicherweise Arbeit im Ausland oder mit Ausländern. Freude an weiten Reisen. Erfolg bei Weiterbildung; günstig für Lehrer.

10 Eine erfolgreiche und lukrative Karriere. Sehr günstig für Politik oder Geschäfte. In ungünstiger Konstellation eine «Hol's-der-Teufel»-Einstellung und das Bedürfnis, anzugeben.

11 Viele gute Freunde und Bekannte und selbst gut Freund mit vielen. Erreicht oft hochgesteckte Ziele.

12 In der Zurückgezogenheit sinnvolle geistige Arbeit. Erfolgversprechend sind Tanz, Dichtung, Psychologie. Günstig für medizinische Berufe.

Jupiter in den Zeichen

Widder. Diese Stellung verleiht Großzügigkeit und Begeisterung. Der Horoskopträger kommt meist allein zurecht, er verkörpert die freiheitliebenden Tendenzen von Widder und Jupiter. In ungünstiger Konstellation tyrannisch, extravagant und überoptimistisch; Risiken sollten vermieden werden. Jupiter in Widder gibt im günstigsten Fall echten Pioniergeist, Ehrgeiz und positive Lebensauffassung.

Stier. Liebe zum Wohlleben, gutem Essen und Komfort. Meist vernünftiges Urteil; verläßlich und gutherzig. Nachdruck auf materialistische Anschauungen und der Anhäufung von Geld für die Annehmlichkeiten des Lebens. Reichtum wird meist großzügig verteilt. Aufrichtig und gut gelaunt ohne selbstsüchtige Ziele. Diese Stellung kann Einfallslosigkeit anzeigen. In ungünstiger Konstellation Genußsucht.

Zwillinge. Diese Stellung weist auf Vielseitigkeit und Weitherzigkeit. Ein Hang zur Oberflächlichkeit kann geistige Fortschritte erschweren. Die Interessen können verzettelt sein. Skepsis und Leichtgläubigkeit wechseln ab; meist vielseitige Begabung. Diese Stellung ist äußerst günstig für Lehrer im höheren Schuldienst. In ungünstiger Konstellation kann Verschlagenheit, Indiskretion, Ruhelosigkeit auftreten.

Krebs. Sehr freundlich, gut gelaunt und großzügig. Beschützerinstinkt und Sinn für Wohltaten sind stark entwickelt. Die Haltung in wichtigen Fragen – wie Glaubensfragen – kann oft schwanken. In ungünstiger Konstellation herrscht die Tendenz, sich an Personen zu klammern, die für das Gefühlsleben bedeutsam sind. Intuition und Phantasie sind ausgeprägt, sie sollten bewußt entwickelt werden. Liebe zu gutem Essen, seiner Zubereitung und allgemein zur häuslichen Atmosphäre. Ein guter Geschäftssinn ist wahrscheinlich.

Löwe. Hilfsbereit, hochherzig, gefühlvoll und großzügig; intelligent und ehrgeizig. Hang zur Pracht; die Liebe zur Schaustellung, Macht und

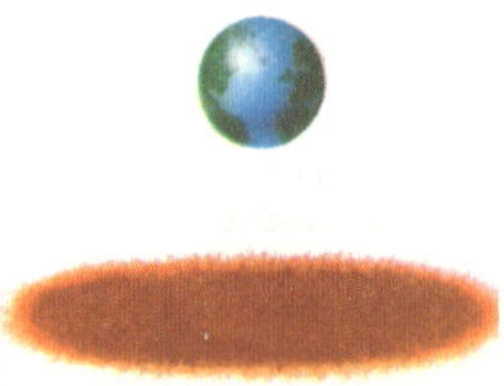

Jupiter und Erde im Vergleich (oben)
Jupiter ist bei weitem der größte Planet. Der große Rote Fleck (A) dehnt sich bis zu einer Länge von maximal 45 000 Kilometer aus. Er ist auf der unteren Abbildung rechts außen sichtbar. Der Durchmesser des Planeten beträgt 142 000 Kilometer.

Jupiter (rechts)
Die Oberfläche des Planeten wird von einer dichten, streifigen Wolkendecke verborgen. Jupiter hat zwölf Satelliten, vier sind durch einen guten Feldstecher sichtbar.

Würde verbinden sich mit dem Sinn für Schauspiel und dramatische Auftritte – oft schon in der Wahl der Kleidung sichtbar. In ungünstiger Konstellation des Jupiter oft aufgeblasen, intolerant, extravagantes Auftreten, schwülstig und snobistisch. Die kreative Begabung kann sich auf dem Theater ausdrücken, in der Beschäftigung mit Kindern und Jugendlichen (Lehrer); Talente zum Anführer und Organisator.

Jungfrau. Diese Stellung zeigt eine kritische, wirklichkeitsnahe Lebensauffassung an. Freundlich und gewissenhaft, aber auch skeptisch, manchmal im Extrem. In ungünstiger Konstellation kann die praktische Begabung durch Selbstgefälligkeit, Zynismus, Zerstreutheit und Sorglosigkeit verschüttet werden. In diesem Zeichen könnte Jupiter zu Darm-, Leber- und Verdauungsbeschwerden führen. Kleinlichkeit und übertriebene Detailliebe sollten konstruktiv ausgeglichen werden. Technische und wissenschaftliche Fähigkeiten.

Waage. Die positiven und negativen Züge des Jupiter unterscheiden sich deutlich in diesem Zeichen: Bei günstigen Aspekten herrschen Sympathie, Gastfreundschaft, Nächstenliebe und künstlerische Begabung; bei ungünstigen Aspekten dagegen Faulheit, Genußsucht und Selbstgefälligkeit. Meist gesellige Menschen, sehr beliebt, fürchten sich jedoch vor der Einsamkeit und brauchen irgendeine Art der Partnerschaft, auch im Geschäftsleben. Unabhängigkeit ist kein starker Charakterzug, sie sollte entschieden gefördert werden.

Skorpion. Diese Stellung verleiht Willenskraft, analytisches Geschick und die Fähigkeit zu tiefen Empfindungen. Intensiver Lebenshunger. Die antreibenden Kräfte des Jupiter können nervöse Erschöpfung durch übermäßige geistige Belastung und durch Genußsucht verursachen. In ungünstiger Konstellation können Stolz, Selbstgefälligkeit und Aggressivität auftreten, dazu eine Neigung zum Argwohn. Das schriftstellerische Talent entfaltet sich am erfolgversprechendsten in Kriminalgeschichten. Großzügigkeit, Ausdauer, Schlauheit (besonders in Geldgeschäften) und Entschiedenheit sind charakteristische Persönlichkeitszüge.

Schütze. Die positiven Züge des Jupiter werden verstärkt. Die intellektuellen Fähigkeiten können sich voll entwickeln. Diese Stellung ist besonders günstig für Literatur, philosophische oder historische Studien, Sprachen und Recht. Optimismus, philosophische Lebensauffassung und weiter, geistiger Horizont. Liebe zu Sport und zu Tieren, besonders zu Pferden, ist häufig. In ungünstiger Konstellation Sorglosigkeit, Prahlerei, Willkür, Hang zum Glücksspiel.

Steinbock. Erfinderisch, starkes Gefühl für Verantwortlichkeit. Der Erfolg stellt sich oft allmählich als Ergebnis harter, gewissenhafter Arbeit ein. Zurückhaltung und Selbstkontrolle kommen manchmal der Steifheit nahe; konventionelle Lebensauffassung und orthodoxe Ansichten. Oftmals fehlen Lebensfreude und Heiterkeit, die Grundeinstellung ist schwermütig und negativ. Die Sparsamkeit grenzt an Geiz. Beharrlich und praktisch mit außergewöhnlicher Konzentrationsfähigkeit. In ungünstiger Konstellation Bigotterie, Eigensinn, Selbstgerechtigkeit.

Wassermann. Menschenfreundlich, unparteiisch, sozial engagiert, kein Mangel an Einbildungskraft und Originalität. Gerechtigkeitssinn und Interesse für Rechtsfälle sind ausgeprägt. Die guten Verstandeskräfte werden oft positiv verstärkt durch Philantropie, Wissenschaft und Musik. Toleranz, Sympathie und geistige Unabhängigkeit sind nicht selten. In ungünstiger Konstellation taktlos, intolerant, nicht voraussagbare Ansichten und Zielvorstellungen. Pflegt die Geselligkeit und schließt nützliche, meist oberflächliche Freundschaften.

Fische. Eine außerordentlich günstige Stellung des Planeten für Geistliche und alle, die sich für Religion interessieren, auch für Ärzte, Krankenschwestern und Tierärzte. Mitleid, Wohlwollen und gute Laune dominieren. Die ganze Persönlichkeit strömt Freundlichkeit und Unbeschwertheit aus, obwohl Ruhelosigkeit und Unentschlossenheit unter Umständen ein Gegengewicht brauchen. Einbildungskraft und Gefühle sind stark; empfänglicher Geist. In ungünstiger Konstellation oft unzuverlässig.

SATURN

Herrscht im Steinbock und, nach der Tradition, im Wassermann, der heute Uranus zugeschrieben wird; erhöht in der Waage; Exil im Krebs; im Fall in Widder
Schlüsselwort: Begrenzung

Bis zum 18. Jahrhundert war Saturn der äußerste bekannte Planet. Sein Ringsystem, das Bindung und Begrenzung anzeigt, ist mit dem unbewaffneten Auge nicht zu sehen. Die Vorstellung, daß Saturn «Begrenzung» bedeutet, war schon lange vor der Entdeckung der Ringe Teil des astrologischen Wissens.

Verbindungen

Saturn wird verbunden mit der Haut, Zähnen, Knochen, der Gallenblase, der Milz und dem Vagus, mit der Verhärtung der Gelenke, mit dem Alter, der Ausdauer, der Kälte, mit der unaufhaltsamen, langsamen Veränderung, mit Hemmung, Beschränkung.

Positive Merkmale des Saturn

Praktisch; vorsichtig; konstruktiv; verantwortlich; geduldig; ehrgeizig; sparsam; zuverlässig; ausdauernd und diszipliniert.

Negative Merkmale des Saturn

Kleinlich; egoistisch; verzagt; engherzig; streng; zurückhaltend; gewinnsüchtig; dogmatisch; herzlos; grausam; depressiv; leidet unter Sorgen und schlechter Gesundheit.

Der Saturnfaktor (links)
In Pablo Picassos Horoskop findet sich im Zehnten Haus eine Planetenansammlung, in der Saturn in Stier eine beherrschende Rolle einnimmt. Den Einfluß des Planeten spiegeln am deutlichsten seine Werke aus den dreißiger Jahren, vor allem «Guernica». Saturn kann auch Picassos Talent als Bildhauer gefördert haben.

Im Horoskop von George Gershwin ging der Saturn in Schütze im Ersten Haus auf. Dies kann Anzeichen für schlechte Gesundheit sein und erklärt den relativ frühen Tod des populären Komponisten, zwei Jahre nach der Vollendung seiner Oper «Porgy and Bess».

Saturn in den Häusern

1 Hemmungen verkrampfen die Persönlichkeit und können nur langsam überwunden werden. Alle Züge des Saturn sind stark betont: Entwicklung kann nur aus der Förderung positiver Züge kommen. Schlechte Gesundheit oder ständige Belastung möglich.

2 Geld wird nur mit zäher Arbeit verdient. Die finanzielle Verbesserung stellt sich jedoch nicht ohne Kampf ein.

3 Kurze Ausbildung oder konstruktive und ernste Einstellung zur Schule. Oft schon früh für Geschwister verantwortlich.

4 Unglückliches und ärmliches Familienleben; vielleicht psychische oder physische Entbehrungen im Kindesalter.

5 Ein dominierender, strenger oder schwieriger Vater; kann humorlos sein. Diese Stellung kann Unfruchtbarkeit bedeuten. Kinder können als Last empfunden werden.

6 Arbeitet gut und sorgfältig, auch wenn die Arbeit nicht anzieht. Krankheiten des Saturn.

7 Späte Heirat; bei dieser Stellung wahrscheinlich beträchtlicher Altersunterschied der Partner. Einschränkungen und Enttäuschungen in der Ehe, aber nur in ungünstiger Konstellation.

8 Wahrscheinlich für die Geldgeschäfte anderer verantwortlich. Sexuelle Hemmungen. Geschäftliche Sorgfalt.

9 Ernst, gedankenvoll, besonders bei philosophischen oder Glaubensfragen. Gute Konzentrationsfähigkeit, aber geistige Erschöpfung kann eintreten. Enttäuschungen und Nachteile durch weite Reisen.

10 Ehrgeizig, verlangt Anerkennung. Positive Züge des Saturn verstärkt. In ungünstiger Konstellation skrupellos. Wahrscheinlich einsame, verantwortliche Position.

11 Tendenz, ältliche Freunde zu haben, die einem weiterhelfen, aber wenig wahre Freunde, da egoistisch auf die eigenen Ziele konzentriert.

12 Sondert sich gern ab, auch aus psychischer Notwendigkeit. Behält Sorgen und Unglück für sich; wenig Lebensfreude.

Saturn in den Zeichen

Widder. Wechsel zwischen Stärke und Schwäche; psychische Probleme, vielleicht Hemmungen, können den Unternehmungsgeist blockieren. Dies kann der Ursprung von Konflikten sein. In ungünstiger Konstellation kann Unverantwortlichkeit die Vorsicht ersetzen. Bestenfalls verbinden sich Ehrgeiz mit Findigkeit, Selbstvertrauen mit Hartnäckigkeit. In ungünstiger Konstellation kann deutlich ein grausamer Zug hervortreten. Trotz eines destruktiven Elements sind gediegene Leistungen möglich.

Stier. Vorsicht und Geduld sind hervorstechende Eigenschaften; der starke Wille grenzt an Starrsinn. Methodisch, auf dem Boden der Tatsachen stehend und praktisch. In ungünstiger Konstellation des Saturn oft mürrisch und habgierig. Die Gefühle sind ausgeglichen und werden gut kontrolliert, nur fehlt manchmal der warmherzige Ausdruck.

Zwillinge. Diese Stellung verleiht oft gute Anlagen zu geistiger, besonders wissenschaftlicher Arbeit. Im günstigsten Fall ein ausgeglichener und unvoreingenommener Verstand; Starrsinn und Unfreundlichkeit können jedoch auftreten. Die negativen Züge des Saturn bringen Sprach- und Ausdruckshemmungen mit sich. Schwierigkeiten oder Krankheiten in der Kindheit können die Entwicklung verzögern. In ungünstiger Konstellation sind übertriebene Skepsis und Gefühlskälte möglich. Gute Stellung für erzieherische Arbeit; Herzlichkeit und Sinn für Humor sollten jedoch kultiviert werden.

Krebs. Der starke Wunsch nach Sicherheit kann übermächtig werden. Scharfsinn, Ehrgeiz und Zähigkeit sind vorhanden, aber Pessimismus, Argwohn, Selbstmitleid und Melancholie sind negative Eigenschaften, die bekämpft werden müssen. Ungewöhnlich gute Fähigkeit, Aufgaben zu durchschauen und befriedigend zu lösen. Schüchternheit und Familienabhängigkeit können die Gefühle hemmen.

Löwe. Mit dieser Stellung sind beherrschende

Der Planet Saturn (oben)
Von allen ohne Fernrohr sichtbaren Planeten scheint sich Saturn am langsamsten zu bewegen. Sein schwaches gelbliches Licht wurde im Altertum allgemein als unheilvoll angesehen. Sein Ringsystem besteht aus Schwärmen kleiner Partikel — vielleicht Eiskristalle —, die sich als winzige Satelliten um die Planetenkugel bewegen. Die Atmosphäre des Saturn gleicht wohl der des Jupiter, die streifigen Wolkenformationen entziehen die Oberfläche des Planeten unserem Blick.

Die Saturnmonde (oben)
Saturn besitzt fünfzehn Monde. Der größte, Titan, erreicht fast die Größe des Merkur, die übrigen sind viel kleiner. Die Aufnahme zeigt die inneren Satelliten; Saturn erscheint auf ihr überbelichtet.

Die Saturnringe (links)
Die Ebene der Saturnringe liegt in der Aufnahme fast in der Blickebene. Die Ringe besitzen nur geringe Masse und sind kaum über 15 Kilometer dick.

Charakterzüge verbunden: Willensstärke, Sinn für Ehre, Selbstsicherheit, Organisationstalent, Autorität, aber wenig Sinn für Humor. Von den negativen Zügen kann in sehr ungünstiger Konstellation Größenwahn vorkommen. Die Erkenntnis der Grenzen anderer Menschen sollte bestärkt werden. Überheblichkeit ist häufig, auch Eifersucht und verdrängter Neid. Die angenehmeren Seiten des Lebens werden unterdrückt; Starrheit, sogar Impotenz (in ungünstiger Konstellation), können die positiven Züge überlagern.

Jungfrau. In diesem Zeichen verleiht Saturn Genauigkeit, Vorsicht, methodisches Vorgehen und praktische Fähigkeiten. Gewissenhaftigkeit und Pflichtgefühl beherrschen das Berufsleben. Ordnungsliebe ist üblich, keine Scheu vor harter Arbeit, auf Details wird viel Mühe verwendet. In Autorität verleihender Stellung resultiert die Strenge mit Untergebenen aus der eigenen hohen Arbeitsauffassung. Hang zum Fehlerfinden.

Waage. Freundlich, angenehm, unbekümmert und liebenswert. Traditionell steht Saturn in diesem Zeichen günstig. Geduld, Geistigkeit und vernünftige Lebensauffassung treten oft stark hervor. Gutes Urteilsvermögen, Unparteilichkeit und genug Wendigkeit, um die Unentschlossenheit in Zaum zu halten. In ungünstiger Konstellation kann Intoleranz zusammen mit Unaufrichtigkeit und Widerspenstigkeit vorkommen. Der Wunsch nach Partnerschaft kann unterdrückt werden, Die Einsamkeit führt oft zu Depressionen.

Skorpion. Die positivsten Züge des Saturn in diesem Zeichen sind die Eignung zur Führungskraft und der Geschäftssinn, dazu kommen Zweckdenken und große Kraftreserven. Mangelnde Wendigkeit, Hang zum dumpfen Brüten und Verschlossenheit sind häufig. Eine grimmige Laune kann unerwartet in dämliche Witzeleien umschlagen. In ungünstiger Konstellation können Barschheit und Grausamkeit vorhanden sein. Die Gefühle sind tief, werden aber unterdrückt. Diese Stellung verleiht der Persönlichkeit Stärke und Kraft. Der Sexualität fehlt oft positiver Ausdruck.

Schütze. Widmet sich mit Eifer ausgedehnten Studien; langfristige Pläne, die auch befolgt werden; Ernst, Würde und Hang zum Moralisieren; philosophische Fragen ziehen an. Gewöhnlich finden sich auch Ehrlichkeit, offene Sprache, häufig Furchtlosigkeit. Manchmal liegen Popularität und das Bedürfnis, sich zurückzuziehen, im Widerstreit. Die intellektuellen Fähigkeiten sind oft beträchtlich. Prahlerei, Zynismus, Taktlosigkeit und Unaufrichtigkeit sind Negativa.

Steinbock. Praktische Begabung, Ausdauer, der Wille zu dienen, Sinn für Disziplin, Geduld und alle positiven Merkmale des Saturn treten gewöhnlich hervor. Der Ehrgeiz kann dominieren, ihm werden viele persönliche Opfer gebracht. In ungünstiger Konstellation sind Pessimismus, Härte und Egoismus möglich. Die Sparsamkeit kann zur Knickerei werden, erlauben die Umstände Luxus, dann herrscht Unmäßigkeit. Liebe zur Macht; Verantwortung wird gern übernommen, aber extreme Tendenzen können die positiven Züge der Persönlichkeit überspielen.

Wassermann. Saturn steht günstig in diesem Zeichen, er beherrscht es in der Tradition. Lebensziele spielen eine wichtige Rolle, sie werden zäh verfolgt. Origineller Geist; Studien bieten keine Hindernisse, obwohl auf Hemmungen und Verkrampfungen geachtet werden sollte. Der Drang nach Unabhängigkeit kann Einsamkeit mit sich bringen. Neigung zur Wissenschaft und zu humanitären Idealen. In ungünstiger Konstellation Starrsinn und Verschlagenheit.

Fische. Trotz einer negativen Lebenseinstellung verleiht Saturn in Fische ausgezeichnete Eigenschaften, darunter die Fähigkeit, der Intuition und Einbildungskraft konkrete Form zu geben. Mitgefühl, Anpassungsfähigkeit und Selbstaufopferung sind ausgeprägt. Der Horoskopträger ist allerdings selbst sein schlimmster Feind, es fehlen ihm oft Mut oder Hoffnung. Das Selbstvertrauen sollte bewußt gestärkt werden. Unordentlichkeit und Anfälligkeit für Sorgen sind kaum zu vermeiden. Andere Stellen des Horoskops sollten für Kraft sorgen.

URANUS

Herrscht im Wassermann; erhöht in Skorpion; Exil im Löwen; im Fall in Stier Schlüsselwort: Veränderung (auflösend oder plötzlich)

Der Uranus braucht etwa 84 Jahre, um einmal die Sonne zu umkreisen, und bleibt daher sieben Jahre in jedem Tierkreiszeichen. Sein Einfluß sollte bei der Deutung des Geburtshoroskopes insgesamt nicht überschätzt werden. Wenn jedoch das Sonnenzeichen, Mondzeichen oder aufsteigende Zeichen Wassermann ist oder sich in der Nähe der Himmelsmitte befindet, ist sein Einfluß erheblich stärker (siehe auch S. 177, Die Wiederkehr des Uranus).

Verbindungen
Uranus wird mit dem Blutkreislauf, den körperlichen Veränderungen, den sexuellen Perversionen und Abweichungen verbunden; mit Lähmung, Krampf; mit plötzlichen Nervenzusammenbrüchen; mit den modernen Wissenschaften – Luftfahrt, Radio und Fernsehen und Weltraumflügen; mit utopischen Romanen.

Positive Merkmale des Uranus
Humanitär, freundlich, unabhängig, originell, erfinderisch, willensstark, mit starkem Widerstand gegenüber Einengung.

Negative Merkmale des Uranus
Reizbar, exzentrisch, entschlossen ‹anders zu sein›, pervers, abnorm, rebellisch, unberechenbar.

Der Uranusfaktor (links) Bei Franklin D. Roosevelt stand der aufsteigende Uranus in Jungfrau und trug zur dynamischen Persönlichkeit dieses herausragenden Politikers bei. Uranus ist jedoch auch mit Lähmungen verbunden, und Roosevelt litt jahrelang an einer Lähmung. Die Position des Uranus im Horoskop von Karl Marx, wo er in Konjunktion zur Himmelsmitte in Schütze stand, verlieh ihm die radikalen, humanitären Triebkräfte, die seine Suche nach einer neuen Gesellschaftsordnung leiteten.

Uranus in den Häusern

1 Der aufsteigende Uranus im Ersten Haus ist ein starker Brennpunkt im Horoskop. Viele Merkmale des Planeten werden stark hervortreten und die Eigenschaften des aufsteigenden Zeichens selbst beeinflussen. Besondere Aufmerksamkeit ist den Aspekten des Uranus zu schenken, um herauszufinden, ob sein Einfluß positiv oder negativ ist. In diesem Haus wirkt er als ganz persönlicher Planet, nicht nur als Generationseinfluß.

2 Plötzliche finanzielle Veränderungen; bei günstigen Aspekten sind diese positiv und dauerhaft.

3 Veränderungen im Schulleben; findig, originell und lebhaft in der Schule.

4 In ungünstiger Konstellation zersetzender Einfluß; hält die Familie in Atem.

5 Diese Stellung läßt sexuelle Perversion vermuten; möglicherweise ein unbeständiges Liebesleben. Wahrscheinlich kluge, originelle Kinder.

6 Eine mögliche Quelle für Spannungen. Unberechenbar bei der Arbeit und Empfänglichkeit für Uranus-Krankheiten.

7 Im Partner wird Originalität gesucht, ungewöhnliche Eheverhältnisse. Richtet sich gut auf veränderte Umstände ein. In ungünstiger Konstellation möglicherweise ein zerstörerischer, ja grausamer Einfluß. Der Betroffene mag Schwierigkeiten haben, eine dauerhafte Verbindung mit einem Partner einzugehen.

8 Geld womöglich aus ungewöhnlichen Quellen. Unkonventionelles Sexualleben und ungewöhnliche Einstellung zum Tod. In ungünstiger Konstellation finanzielle Verluste bei großen Geschäften.

9 Nicht zielstrebig im Studium, doch originelle intellektuelle Arbeitsmethoden; mögliches Bedürfnis nach dauernder Aufregung und Herausforderung, zufrieden bei ungewöhnlichen Reiseerlebnissen im Ausland. In sehr ungünstiger Konstellation eine mögliche Quelle für Spannungen.

10 Mit Weitblick, Ablehnung von Routinearbeit; unerwartete Veränderungen in der Karriere wahrscheinlich. Im besten Fall gute Führungseigenschaften; in ungünstiger Konstellation zerstörerischer Einfluß, der auf einen Machtkampf deutet.

11 Das Wassermannhaus des Horoskops, also mit starkem Einfluß. Lebendige und interessante Lebensziele, viel Spaß an Vereinen und Gesellschaften. Wenige starke emotionale Bindungen.

12 Von Ungewöhnlichem angezogen, in ungünstiger Konstellation exzentrisch. Möglicherweise ernsthafte verdrängte Konflikte, Verschlossenheit.

Uranus in den Zeichen

Widder. Eine zusätzliche Quelle nervöser Energie, die nutzbringend auf größere Ziele und Motivationen gelenkt werden kann, obwohl Impulsivität und Ungeduld verstärkt werden können, wenn sie an anderer Stelle des Horoskops vorliegen, und Risiken eine große Anziehungskraft ausüben. Zuweilen werden sich Pioniergeist und Führungsqualitäten bemerkbar machen, und der einzelne ist in der Lage, andere zur Handlung zu inspirieren. Die Zuversicht wird bei Menschen gestärkt, denen sie sonst fehlt.

Stier. Diese Stellung verstärkt die Tendenz zur Hartnäckigkeit, zuweilen sind die Meinungen des Betroffenen ziemlich starr. Die Originalität des Uranus und die Bindung des Stiers an Konventionen sind schwierige Partner, doch wenn die Möglichkeit des Konflikts erkannt wird, besteht die Chance, einen Ausgleich zu erreichen, und das mit ausgezeichneten Ergebnissen – Originalität, gemildert durch praktische Ansichten, Erfahrung und Achtung der Tradition. Es könnte eine starke Vorliebe zu stets wechselnden, ungewöhnlichen Besitztümern geben; die Einstellung zum Geld kann etwas sprunghaft sein.

Zwillinge. Hier ist ein ausgezeichnetes Potential vorhanden, und die Stellung wird sowohl die Originalität als auch die Erfindungsgabe verstärken. Wenn literarische Fähigkeiten an anderen Stellen des Horoskops betont sind, werden sie durch Uranus in Zwillinge noch gesteigert. Der Horoskopträger verfügt oft über eine rasche Denkfähigkeit und wird in seine Karriere und Freizeitinteressen originelle Ideen einbringen. Wenn die Konstellation jedoch ungünstig ist, ist dies eine Quelle nervöser Anspannung, und es ist manchmal schwer, sich einfach fallenzulassen.

Krebs. Die Unberechenbarkeit des Uranus könnte hier betont werden, und wenn das Horoskop an anderer Stelle auf Launenhaftigkeit, Unruhe und Unentschiedenheit hinweist, ist die Stimmung des betreffenden Menschen ziemlich wechselhaft und unvorhersehbar. Diese Stellung bietet jedoch andererseits eine zusätzliche Quelle der Originalität und gesteigerter Phantasie. Uranus in diesem Zeichen wird wohl weniger die Zuversicht steigern als in den anderen Zeichen, doch wirken Nächstenliebe und Freundlichkeit des Krebses günstig auf die humanitären Qualitäten des Uranus, so kann die Arbeit oder in karitativen Organisationen sehr befriedigend sein.

Größe und physikalische Eigenschaften des Uranus (rechts)
Das große astronomische Ereignis im Jahr 1977 war die Entdeckung, daß der Planet Uranus ein System von Ringen besitzt: Astronomen in verschiedenen Teilen der Welt kamen beinahe gleichzeitig bei ihren Beobachtungen zu diesem Schluß, als Uranus vor dem hellen Stern SAO 158687 vorbeizog. Mindestens fünf enge Ringe wurden erkannt, jeder etwa 96 km breit und zwischen 42 000 und 53 000 km vom Mittelpunkt des Planeten entfernt. Obwohl diese Ringe auch durch das stärkste Teleskop, das wir heute haben, nicht gesehen werden können, glaubte William Herschel, der den Uranus 1781 entdeckte, 1787 und 1789 zwei Ringe um den Planeten gesehen zu haben; zehn Jahre später gestand er allerdings ein, daß er sich wahrscheinlich geirrt habe.

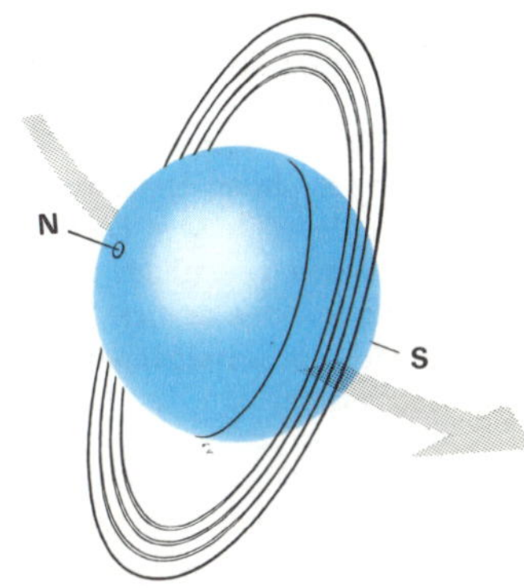

Verglichen mit der Neigung der Erdachse, die lediglich 23,5° beträgt, hat der Uranus eine Achsenneigung von nicht weniger als 98° (oben).

Löwe. Die autokratischen Eigenschaften des Löwen werden hier betont; der einzelne kann einen Machtkomplex haben, besonders, wenn im kompletten Horoskop die Feuerzeichen stark betont sind. Auch eine Tendenz zum Eigensinn wird deutlich. In der positiven Richtung wird Begeisterungsfähigkeit und Tatkraft gestärkt. Das Selbstvertrauen wird enorm gestärkt, und wenn der einzelne insgesamt ausgeglichen ist, können sich erstklassige Führungsqualitäten ergeben. Schöpferische und künstlerische Menschen werden von der Originalität des Uranus profitieren.

Jungfrau. Wenn das Gesamthoroskop auf Spannung hindeutet, wird sie durch diese Plazierung noch verstärkt; es gibt jedoch auch einiges Potential für phantasiereiche Beschäftigungen, besonders, wenn eine schöpferische Ader oder wissenschaftliche Interessen und Begabungen vorhanden sind. Die Originalität sollte nicht erstickt werden, auf eine Tendenz zu überspannten Gewohnheiten ist zu achten. Die Tendenz zur harten Kritik sollte bekämpft werden. Es müßte die Fähigkeit vorliegen, Probleme sehr eingehend und detailliert anzugeben. Menschen mit nervöser Disposition könen bei dieser Stellung zu Geschwätzigkeit neigen.

Waage. Waagegeborene brauchen ständige Beziehungen mit anderen. Uranus ist unabhängig, und obwohl er den allgemeinen Charakter unterstützen wird, kann es zu Konflikten kommen. Das kann einen Bruch in persönlichen Beziehungen bedeuten, besonders bei ungünstiger oder heikler Konstellation des Uranus im gesamten Horoskop. Die Originalität des Uranus kann einen feinen Instinkt verleihen und jede Art des Selbstausdrucks attraktiv machen. Hier kommt es oft zu wahrhaft guten und selbstlosen Freundschaften.

Skorpion. In ungünstiger Konstellation kann die Fähigkeit, Gefühle auszudrücken, eingeengt sein, was zu erheblichem Streß führen kann. Wenn Fixe Zeichen oder Erdzeichen im Gesamthoroskop dominieren, kann eine Tendenz zur übertriebenen Disziplin gegenüber sich selbst und anderen vorliegen. Auch ist sicherlich ein Element der Halsstarrigkeit, doch auch viel Energie und Durchhaltevermögen vorhanden, mit denen man schwierige Situation meistern kann. Intensität und Entschlußkraft können verstärkt sein; ist dies der Fall, so ist es für den einzelnen wichtig, anspruchsvolle, mit dem Leben verbundene Interessen zu pflegen. Jede Beschäftigung mit unheimlichen Dingen sollte sorgfältig gesteuert werden.

Schütze. Hier ist das Verlangen des Schützen nach Herausforderungen vorhanden; der einzelne kann eine ungestüme Begeisterungsfähigkeit an den Tag legen, besonders wenn er dabei ist, neue Konzepte und Ideen zu entwickeln. Auch die mit Uranus verbundenen humanitären Züge werden zutage treten, und die intellektuellen Fähigkeiten erhalten durch Originalität eine erregende Dimension. Diese Placierung ist besonders günstig für Menschen mit starken Feuerzeichen in ihren Horoskopen, und bei günstiger Konstellation, die zwar Spannung anzeigt, ist sie doch auch eine zusätzliche Quelle der Energie.

Steinbock. Diese Stellung trägt zu einer kühlen, rationalen, logischen Lebenshaltung bei, es können mathematische oder wissenschaftliche Begabungen vorliegen. Bei einem ‹schöpferischen› Horoskop kann die Musik dominieren. Konflikte können zwischen der Vorliebe für Tradition und Konventionen einerseits und der Experimentierfreude und dem Hang zum Unkonventionellen entstehen. Gemäß der Stärke des Uranus könnte dies eine ganze Reihe von Einstellungen und Meinungen umfassen. Uranus in Steinbock wird die Emotionen dämpfen. Viele in dieser Stellung Geborene sind außerordentlich ehrgeizig und können Spitzenpositionen gut bewältigen.

Wassermann. Menschen mit Uranus in diesem, seinem eigenen Zeichen haben das Flair des Wassermanns an sich, was am deutlichsten wird, wenn im Gesamthoroskop Luftzeichen vorherrschen. Wo freundliche, humanitäre Züge und eine besorgte Haltung charakteristisch sind, werden diese verstärkt; doch es wird auch Sturheit und Unberechenbarkeit geben. Diese Menschen sollten ermutigt werden, ihre Originalität und Erfindungskraft zu verwirklichen, die dem persönlichen Potential eine weitere Dimension verleihen.

Fische. Inspiration, Idealismus und visionäre Anschauungen werden verstärkt. Wenn die Veränderlichen Zeichen stark vertreten sind, kann eine skeptische Einstellung gegenüber der herkömmlichen Religion vorliegen. Die Vorstellungskraft des einzelnen wird gestärkt und wird eine positive Umsetzung und Kanalisierung brauchen. Eine Tendenz zum negativen Eskapismus kann verstärkt werden, Belastung und Anspannung vergrößern sich. Wenn das Horoskop jedoch insgesamt eine positive Einstellung und Führungsvermögen anzeigt, wird dies durch geistige Qualität bereichert, und der Betreffende könnte einen großen Beitrag zum Wohlergehen derer leisten, die weniger vom Glück begünstigt sind.

NEPTUN

Herrscht in den Fischen; erhöht im Löwen; Exil in der Jungfrau; im Fall in Wassermann Schlüsselwort: Verschwommenheit

Der Einfluß des Neptun ist sehr schwach, und bei den meisten Menschen werden seine Einflüsse viele Jahre verborgen bleiben. Materialistische Menschen werden wohl nicht bewußt von diesem Planeten profitieren, obwohl er in ihrem Unterbewußtsein wirksam werden wird. Sensible Menschen werden jedoch von dem Planeten beeinflußt, besonders, wenn er in Übergangsaspekten zu den Ecken, der Sonne, dem Mond und dem herrschenden Planeten des Geburtshoroskops steht.

Verbindungen

Neptun ist verbunden mit dem Rückenmark, den geistigen und nervösen Prozessen, dem Thalamus; mit Drogen und Giften; mit Gas und Narkosemitteln; mit der Schiffahrt, Gefängnissen, Institutionen, Krankenhäusern; mit künstlerischer und religiöser Inspiration; mit der Verstellung, der Dichtung und dem Tanz; mit Photographie und Filmkunst.

Positive Merkmale des Neptun

Idealistisch; vergeistigt; phantasievoll; sensibel; fein; künstlerisch begabt.

Negative Merkmale des Neptun

Hinterlistig; sorglos; sentimental; unbestimmt; unentschlossen; täuscht sich selbst; unpraktisch; weltfremd; kriegslüstern.

Der Neptunfaktor (links) Marilyn Monroes Karriere führte sie vom Sexsymbol zur beliebtesten Filmschauspielerin von Hollywood. In ihrem Geburtshoroskop stand der Neptun aufsteigend in Löwe im Ersten Haus. Das Horoskop als Ganzes zeigt viele Elemente der Spannung und Belastung. Der Neptunfaktor verschärfte die Unausgeglichenheit ihrer Persönlichkeit; sie beging 1962 Selbstmord. Der impressionistische Maler Edgar Degas hatte Neptun im Zwölften Haus in Wassermann. Der Planet war teilweise für seine Neigung zur Abgeschiedenheit verantwortlich, gleichzeitig war er jedoch eine Quelle der Inspiration, die in seinen wunderbaren Zeichnungen und Gemälden mit Ballettänzerinnen deutlich wird.

Anfang der achtziger Jahre begann der Neptun, das Zeichen Wassermann zu durchqueren. Bis jetzt gibt es noch keine Forschungen über einen lebenden Menschen, der mit Neptun in diesem Zeichen geboren ist. Es wird erst mit der Zeit und nach Studium der Horoskope von Menschen mit dieser Placierung möglich sein.

Neptun in den Häusern

1 Neptun innerhalb von 8° im Aszendenten in diesem Haus beeinträchtigt die Entfaltung der Persönlichkeit, besonders wenn der Planet in Krebs oder Waage steht; wenn er in Skorpion ist, können die Intensität dieses Zeichens und seine mächtigen Gefühlsreserven durcheinandergeraten oder fehlgeleitet werden. Neptun in Schütze zeigt eine idealistische Einstellung und Weltfremdheit an.

2 Es kann Unsicherheit in Geldgeschäften geben und einen zu freizügigen Umgang mit Geld.

3 Intuitiv und phantasievoll, läßt sich der Horoskopträger gern treiben und sollte sich bewußt um Konzentrationsfähigkeit und Fleiß bemühen.

4 Ein phantasievoller Elternteil mit idealistischen Vorstellungen vom Familienleben; zu Hause kann er zu Unordentlichkeit neigen.

5 Spaß an Kino und Theater. Neigung, nahe Freunde und Verwandte durch eine rosarote Brille zu sehen.

6 In ungünstiger Konstellation fehlende Konzentrationsfähigkeit, Faulheit, was sich auf seine Arbeitskraft verheerend auswirken kann. Alle Medikamente, auch wenn sie ärztlich verordnet sind, können nachteilige Auswirkungen haben.

7 Braucht einen künstlerisch interessierten oder religiösen Partner. Unbestimmtheit in Beziehungen.

8 Ausgeprägte Intuition und Phantasie, vielleicht jedoch Verwirrung in finanziellen Angelegenheiten.

9 Neptun wirkt sich positiv aus, wenn das Gesamthoroskop philosophische, geistige oder religiöse Interessen anzeigt, die jedoch der konstruktiven Lenkung bedürfen.

10 Es kann viele Veränderungen der allgemeinen Lebensausrichtung geben.

11 Idealistisch, suchen sich hochgesteckte Ziele.

12 Der Einfluß des Neptun wird sich hier bis in die tiefsten Schichten der Persönlichkeit auswirken, was bei ungünstiger Konstellation zu tiefgreifenden Problemen führt. Günstig für Menschen, die schöpferisch arbeiten, jedoch dazu neigen, im Hintergrund zu bleiben.

Neptun in den Zeichen

Heute lebt niemand mehr, in dessen Geburtshoroskop der Neptun in Widder, Steinbock, Wassermann oder Fische steht; es gibt noch einige alte Leute mit Neptun in Zwillinge. In den nachstehend aufgeführten Jahreszahlen sind manchmal mehr als zwei Daten bei einem einzigen Zeichen angegeben. Das erklärt sich daraus, daß Neptun und Pluto scheinbar rückläufig waren und für eine Zeitlang in ein neues Zeichen eintraten, um dann in das vorige zurückzukehren, bevor sie endgültig das neue Zeichen durchliefen.

Zwillinge (1888/89–1902). Obwohl mit Einfühlungsvermögen ausgestattet, haben viele dieser Generation einen Mangel an Weitblick. Neugier und eine gewisse Kleinlichkeit sowie Neigung zum Klatsch sind vertreten.

Krebs (1901/02–1915). Viele Menschen mit Neptun in Krebs wurden geboren, als ihre Eltern auf Grund von Kriegseinwirkungen getrennt waren; dann gerieten sie selber in die Wirren des Kriegs. Der Krebseinfluß auf das häusliche Leben ist sehr deutlich. Auf einer persönlicheren Ebene gibt es eine Tendenz, vor der Wirklichkeit davonzulaufen, und eine Neigung zur Träumerei. Es kann eine überdurchschnittliche Realitätsflucht geben.

Löwe (1915–1928/29). Der vorherrschende Einfluß scheint die Entwicklung und die Auswirkungen des Films während dieser Jahre betont zu haben – eine mächtige schöpferische Kraft, die einen starken Einfluß auf die Gesellschaft ausgeübt hat, wobei der Glanz des Löwen dem Leben Farbe gab und eine herrliche Fluchtmöglichkeit aus der düsteren Realität der damaligen Zeiten bot. Auch das Ballett – der Natur nach durch Löwe- und Neptun-Einflüsse bestimmt – übte einen gewaltigen Einfluß auf die westliche Kultur dieser Zeit aus. Im persönlichen Bereich ist diese Placierung sehr günstig für Menschen, die schöpferisch tätig sind – die durch Neptun bewirkte Inspiration und Phantasie wird mit Hilfe dieses am meisten mit der Kunst verbundenen Zeichens in positive Richtungen gelenkt werden. Neptun hat beträchtliche Beständigkeit, wenn er in Löwe steht, und Begeisterung, die sich auf die Inspiration auswirkt.

Jungfrau (1928/29–1942/32). In diesem Zeichen ist Neptun in mitteilsamer Stimmung: der wachsende Einfluß des Rundfunks in den dreißiger und frühen vierziger Jahren ist ein deutliches Zeichen seines vorherrschenden Einflusses. In dieser Zeit sendete die BBC das erste regelmäßige Fernsehprogramm der Welt (1935). Es ist interessant, daß zu der Zeit, als Neptun von Löwe zu Jungfrau wanderte, sich die

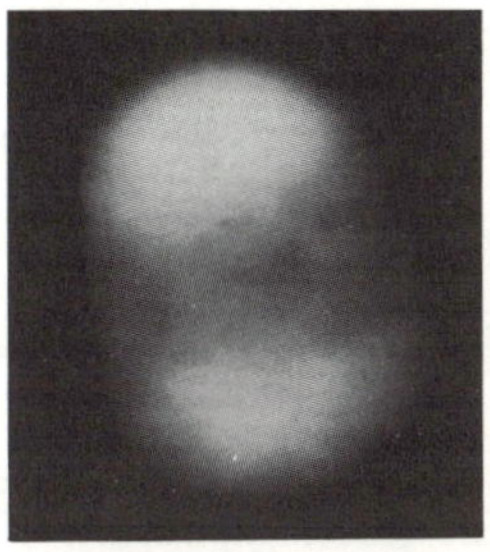

Die Existenz eines ‹neuen›, weitentfernten Planeten nachzuweisen ist schwierig. Die Brechnungen Le Verriers über die vorausgesagte Position des Neptun, bevor er ihn überhaupt gesehen hatte, wichen um 2½° ab; die Entdeckung des Planeten beruhte auf ebensoviel Glück wie Urteilsvermögen. Es ist wahrscheinlich ebenso schwierig, die Position von Planeten irgendeines weitentfernten Sonnensystems, die noch nicht entdeckt sind, zu bestimmen; ihre Existenz muß durch die Beobachtung bestätigt werden.

Größe und physikalische Eigenschaften des Neptun (links)
Neptun wurde 1846 aufgrund seiner Schwerkraftwirkungen auf Uranus entdeckt. Er wurde von Astrologen allmählich Fischen zugeschrieben (womit Jupiter, der dieses Zeichen traditionell beherrschte, nur der Einfluß auf Schütze blieb). Für einen vollständigen Umlauf um die Sonne durch alle 12 Zeichen des Tierkreises braucht Neptun 146 Jahre; in jedem Zeichen bleibt er 14 Jahre. Er ist vielleicht der mächtigste aller ‹Generationen›-Planeten, da er ganzen Gruppen von Menschen deutliche Züge verleiht. Wir finden Elemente seines Einflusses in der vorherrschenden Atmosphäre, wenn er durch jedes Zeichen wandert, und auf persönlicher Ebene drücken die betreffenden Menschen die Wesenszüge ihres von Neptun bestimmten Zeichens allgemein aus, wenn sie erwachsen werden.

Ein Amateurastronom, der Pfarrer T. J. Hussey, versuchte 1834 die unregelmäßige Bewegung des Uranus durch das Vorhandensein eines unbekannten Planeten zu erklären. Diese Theorie wurde von J. C. Adams in England und Urbain le Verrier in Frankreich weiterentwickelt. Schließlich wurden le Verriers Berechnungen von dem Berliner Observatorium aufgegriffen, und Neptun wurde 1946 entdeckt. Mit einem Durchmesser von etwa 50 000 km ist er deutlich größer als Uranus und hat mehr Masse als dieser. 1982 wurde entdeckt, daß er ein Ringsystem besitzt. Er hat zwei Trabanten, Triton, der größer ist als unser Mond, und Nereid, der klein und unbedeutend ist. Neptuns außerordentliche Größe und seine Ferne stimmen gut mit seinen astrologischen Kräften eines starken, doch oft weltfremden Idealismus überein.

Richtung der Filmkunst mit dem Beginn der Tonfilme radikal änderte. Diese Generation ist sehr kritisch, was überkommene Normen betrifft, besonders im Hinblick auf die Religion, sie stellt Konventionen mehr in Frage, als dies später der Fall sein sollte. Bei einzelnen kann Neptun in ungünstiger Konstellation zu Spannungen führen, wenn sie sich zu sehr auf unwesentliche oder eingebildete Sorgen konzentrieren.

Waage (1942/43–1956/57). Viele in diesen Jahren – als die Welt vom Krieg erschüttert wurde – geborenen Kinder stellten Ende der sechziger und Anfang der siebziger Jahre die Generation der ‹Hippies›. Das Atomzeitalter hatte begonnen, und es ist nicht verwunderlich, daß sich diese Generation dem Frieden verpflichtete und auf einer extremeren Ebene einen Hang zum Drogenkonsum entwickelte. Diese Züge drängen sich in den Vordergrund bei Sonnen- oder aufgehendem Zeichen in Waage. Viele führende Vertreter dieser Generation haben Waage und Neptun in der Himmelsmitte. Viele Menschen, die in dieser Zeit geboren sind, müssen auf ihr positives Potential aufmerksam gemacht und zum Handeln veranlaßt werden, um ihre persönlichen Qualitäten am besten zu entfalten. Sich auf den Standpunkt des geringsten Widerstands zurückzuziehen, mag seine Reize haben, doch ist diese Einstellung meist für die Betreffenden selbst verheerender als für andere.

Skorpion (1956/57 bis 1970/71). Menschen, die mit Neptun in Skorpion geboren sind, sind das genaue Gegenteil zur vorherigen Generation. Ihre Kleidung besteht oft aus schwarzem Leder und ist mit Ketten geschmückt; ihre wilden Haare, ihr hartes, beinahe erschreckendes Make-up und ihre Vorliebe für punkige Rockmusik stellen eine Manifestation ihrer gefühlsmäßigen Veranlagung dar und reichen bis in alle Schichten der Gesellschaft. Diese Generation hätte eine sorgsame, strenge Disziplin während der Kindheit gebraucht, die ihnen allerdings von den Eltern, die im allgemeinen sanft und unbeschwert mit ihnen umgingen, nicht vermittelt wurde. Es ist eine Generation mit besonders starker Energie (siehe auch die Aspekte zwischen Uranus und Pluto, S. 147, die hier von Bedeutung sind), die fähig sein wird, viele langwährende Weltprobleme zu überwinden. Wenn diese Kraft jedoch im negativen Sinne benutzt wird, könnte sie sich als sehr zerstörerisch erweisen. Es ist Aufgabe der anderen Generationen, sowohl der älteren als auch der jüngeren, ihnen zu gegebener Zeit klarzumachen, daß ihre Kräfte sorgfältige Anleitung brauchen. Menschen, bei denen Neptun sehr günstig steht, sind außergewöhnlich phantasievoll, allerdings mit einem hohen emotionalen Anteil, der positiv zum Ausdruck gebracht werden muß.

Schütze (1970/71–1984/85). Dies ist eine erfreuliche Generation mit einer natürlich-philosophischen Einstellung und einem liebenswerten Sinn für Humor (den Sie beobachten können, wenn die Kinder sich entwickeln!). Es kann jedoch auch ein gewisser Mangel an Prägnanz, eine Tendenz, in den Wolken zu leben, vorherrschen. Es ist eine optimistische Altersgruppe, und wenn ihre Mitglieder, bis sie erwachsen sind, von der vorigen Generation positiv beeinflußt worden sind, werden sie zu ausgewogenen und gefestigten Menschen, die in der Lage sind, das Ruder zu übernehmen und eine andere und bessere Welt zu schaffen. Führende Persönlichkeiten der Generation haben wahrscheinlich ein Sonnenzeichen oder die Himmelsmitte in Schütze, während solche mit aufsteigendem Schütze ihre Neptun-Merkmale eher positiv zum Ausdruck bringen, wenn der Planet sich im Zwölften oder Neunten Haus befindet. Sie müßten allgemein große intellektuelle Fähigkeiten haben und könnten sich zu Naturphilosophen entwickeln. Sie werden sich zu utopischen Gedanken hingezogen fühlen.

Steinbock (1984/85–1998). Bei dieser Generation sollte sich Inspiration und Intuition mit praktischen Anlagen verbinden. Die höchsten Steinbock-Ideale werden durch die sanfteren Eigenschaften des Neptun gemildert, daraus sollte sich eine größere Antriebs- und Entschlußkraft ergeben. Die praktischen, erdverbundenen Qualitäten des Steinbocks müßten dazu beitragen, daß diese Generation viele Veränderungen für das öffentliche Wohl bewirken wird. Dies könnte noch vor der Jahrhundertwende eintreffen, da der Einfluß des Neptun die ganze Atmosphäre unserer Zeit färben wird und ein Interesse an Ökologie, der Erhaltung der Bodenschätze und der Verwendung alternativer Brennstoffe verstärken wird, wenn die Zeit kommt, daß die fossilen Brennstoffvorräte erschöpft sein werden. Über den vollen Einfluß dieses Planeten im Steinbock, seinen Einfluß im Wassermann in den Jahren der kommenden Jahrhundertwende und danach in Fische können wir nur spekulieren. Denken Sie über die Möglichkeiten nach, und diskutieren Sie sie mit astrologisch bewanderten Freunden: Es ist ein anregendes Thema. Denken Sie daran, wofür Wassermann steht, und vergessen Sie nicht, daß Neptun Fische beherrscht. Wie werden diese Kombinationen zukünftige Generationen beeinflussen?

PLUTO

Herrscht im Skorpion; Exil im Stier; Erhöhung und Fall konnten bisher nicht verläßlich festgestellt werden Schlüsselwort: Ausmerzung

Für einen Umlauf um die Sonne braucht Pluto 246 Jahre; wegen seiner exzentrischen Bahn bleibt er in einem Zeichen zwischen 13 und 32 Jahre. Wenn er von einem Zeichen in das nächste gelangt, scheint es, als können bedeutende Weltereignisse und Veränderungen eintreten. So trat er in Krebs ein, als der Erste Weltkrieg ausbrach, und trat in Löwe zur Zeit der Münchener Krise kurz vor dem Ausbruch des Zweiten Weltkriegs ein. 1984 war bestimmt durch Pluto, wie er in Skorpion eintrat.

Verbindungen

Pluto wird verbunden mit den schöpferischen und Regenerationskräften des Körpers; mit den Keimdrüsen; mit dem Unterbewußtsein; mit aufgezwungenen Veränderungen; ebenfalls mit der Unterwelt, Vulkanausbrüchen und Erdbeben; mit der großen Geschäftswelt; mit Anfang und Ende von Lebensabschnitten.

Positive Merkmale des Pluto

Fähigkeit zum Neuanfang in ungünstigen Umständen; geschäftlicher Spürsinn; finanzielle Sicherheit; analytisches Denken.

Negative Merkmale des Pluto

Störungen im Unterbewußtsein; heimtückische, kriminelle Neigungen; grausam, sadistisch.

Der Plutofaktor (links)
In Greta Garbos Geburtshoroskop steht Pluto in Zwillinge im Zwölften Haus: Dieser Einfluß, der alle Lebensäußerungen einschränkt, verstärkte bei Greta Garbo das Bedürfnis, ihre glänzende Karriere aufzugeben. Obwohl sie zwischen 1926 und 1941 in 24 Filmen mitwirkte, war nur wenig über die «göttliche Garbo» bekannt. Der berühmte deutsche Astrologe Reinhold Ebertin wies darauf hin, daß die Konjunktion von Pluto und Himmelsmitte die Fähigkeit zur Selbstbehauptung im Leben und wahrscheinlich auch Ruhm anzeigt. Bei Marlene Dietrich findet sich diese Konjunktion in Zwillinge im Neunten Haus. Diese Position bewirkte vielleicht auch ihre große Beliebtheit. Als einer der gefeiertsten Stars in der Filmgeschichte verbindet sich bei ihr Künstlertum mit Charakterstärke.

Im Jahr 1984 begann Pluto seine Bahn durch Skorpion. Seit der Entdeckung des Planeten 1930 hat es niemanden gegeben, der mit Pluto in diesem Zeichen gelebt hat, daher gibt es auch keine Forschungen über den Einfluß Plutos auf einzelne Menschen. Die Deutungen müssen daher spekulativen Charakter haben, doch die Kenntnisse darüber, wie der Planet sich in anderen Zusammenhängen auswirkt, und ein gründliches Wissen der Zeichen und Häuser haben Astrologen ermutigt, mögliche Auswirkungen anzuregen. Erst mit der Zeit und nach gründlichem Studium der Geburtshoroskope von Menschen mit dieser Placierung wird es möglich sein herauszufinden, welchen Einfluß der Planet von Skorpion aus hat.

Pluto in den Häusern

1 Die Züge des Pluto sind verstärkt, besondere Aufmerksamkeit sollte jedoch den Aspekten gewidmet sein. Einige Bereiche der Persönlichkeit werden blockiert sein, und es können psychologische Probleme auftauchen. Ende der vierziger Jahre und um 1982/83 trat jeweils eine Konjunktion von Saturn und Pluto auf, während diese Planeten in Löwe standen und Waage durchliefen. Wenn die Konjunktion im Ersten Haus auftritt, können körperliche und seelische Probleme verstärkt werden.

2 Geschäftssinn und Antriebskräfte, wahrscheinlich Begehrlichkeit, wenn Pluto in Krebs steht.

3 Bei starken Aspekten neurotische Konzentrationsfähigkeit; ansonsten zusammenhanglose geistige Aktivitäten.

4 Starke Emotionen in Familienangelegenheiten; Neigung zu Ausbrüchen im Familienkreis.

5 Viele Liebesaffären und die Neigung, diesen übertriebenen Wert beizumessen.

6 Verstopfungen können zur Last werden. Fähigkeit zu konzentriertem Arbeiten.

7 Bei günstigen Aspekten ausgezeichnete Voraussetzungen für geschäftliche Partnerschaften. In Löwe zu selbstherrlich.

8 Analytische Fähigkeit und ein starker Sinn für Logik und Intuition.

9 Geistige Belastung kann eintreten, und der Horoskopträger kann zu ungestüm sein.

10 Von dynamischer Kraft, die sich positiv auswirkt, wenn sie auf die Karriere und Lebensziele gerichtet ist, wenn auch manchmal unbarmherzig.

11 Bei ungünstiger Konstellation fixe Ideen ohne wirkliche Ziele.

12 Bei sehr ungünstiger Konstellation tiefverwurzelte seelische Störungen. Bei günstiger Konstellation gibt das Unbewußte positive Anstöße.

Pluto in den Zeichen

Nur Hundertjährige haben Pluto in Stier, und es gibt heute niemanden mit Pluto in Schütze, Steinbock, Wassermann, Fische oder Widder. Das kommt daher, daß Pluto sich in rückläufiger Bewegung befand, für eine Weile in ein Zeichen eintrat, dann zum vorigen Zeichen zurückkehrte, bevor er sich endgültig anschickte, das neue Zeichen zu durchqueren.

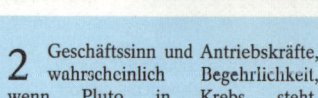

Zwillinge (1883/84 bis 1912/13). Ein deutliches Merkmal dieser Epoche war die Veränderung; besonders stark war die Abkehr von alten Lehren und Vorstellungen. Viele unangefochtene Traditionen und Tabuvorstellungen wurden in Frage gestellt und verworfen. Im persönlichen Bereich kann Pluto in diesem Zeichen zur Ruhelosigkeit führen, zu einer ausgeprägten Neigung, von einer Beschäftigung zur anderen zu springen. Mit den Jahren kann diese Ruhelosigkeit größere Opfer als im Durchschnitt gefordert haben, da die betreffenden Menschen, die inzwischen alt geworden sind, besonders wechselhafte Zeiten durchgemacht haben und Plutos ruheloser Einfluß diese Tendenz noch verstärkt, andererseits aber auch zur Tiefgründigkeit des Charakters beigetragen hat.

Krebs (1913/14 – 1937/38). Die zerstörerischen Momente des Pluto in diesem Zeichen werden in Unruhen und Veränderungen der allgemeinen Formen des Familienlebens sichtbar. Viele Menschen dieser Generation haben in den beiden Weltkriegen Verluste von Angehörigen erlitten. Im persönlichen Bereich verleiht Pluto den intuitiven und emotionalen Schichten der Persönlichkeit eine neue Dimension. Es ist ein Element der Intensität vorhanden, und Menschen mit seelischer Stärke profitieren von dieser Stellung, die allgemein allen Betroffenen helfen wird, zu den Wurzeln von Problemen – emotionalen und intellektuellen – vorzudringen; bei Berührung mit der Sonne, dem Mond, Aszendenten oder herrschenden Planeten wird der Horoskopträger sehr wahrscheinlich in der Lage sein, persönlichen psychischen Problemen eine konstruktive Perspektive zu geben, ohne die Hilfe professioneller Berater in Anspruch nehmen zu müssen. Manchmal treten Verstimmungen und Eifersucht auf, besonders wenn Stier oder Skorpion Einfluß haben oder andere Aspekte vorliegen, die darauf hindeuten. Die Zähigkeit des Krebses, gepaart mit der Intensität des Pluto, kann leicht einen Hang zu fixen Ideen hervorrufen, der bekämpft werden sollte.

Größe und physikalische Eigenschaften des Pluto (rechts)
Im Jahr 1930 wurde Pluto in Zusammenhang mit Beobachtungen über Unregelmäßigkeiten der Bahnen von Uranus und Neptun entdeckt. 39½mal weiter von der Sonne entfernt als die Erde ist Pluto ein kleiner Planet; die letzten Schätzungen sprechen von einem Durchmesser von nur 3 600 km, obwohl seine Dichte zehnmal so groß ist wie die der Erde. Er durchläuft eine exzentrische Bahn, die an ihn an ihrem sonnen nächsten Stand näher an die Erde heranführt als Neptun. Man hat angenommen, daß der Planet einmal ein Trabant des Neptun gewesen ist; sicher haben sie astrologische Gemeinsamkeiten in ihrem schöpferischen Einfluß. Kürzlich wurde entdeckt, daß Pluto einen Mond hat, der wahrscheinlich einen Durchmesser von 2 600 km aufweist.

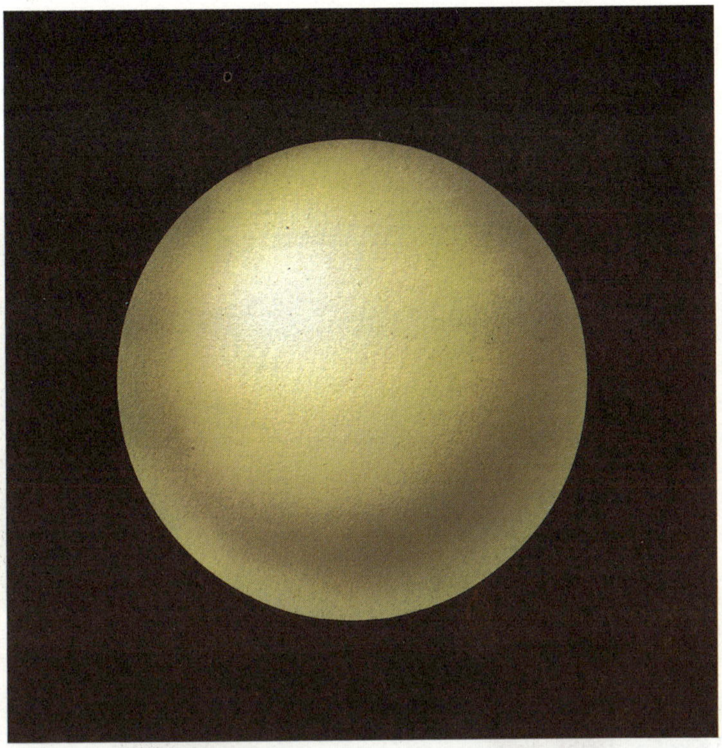

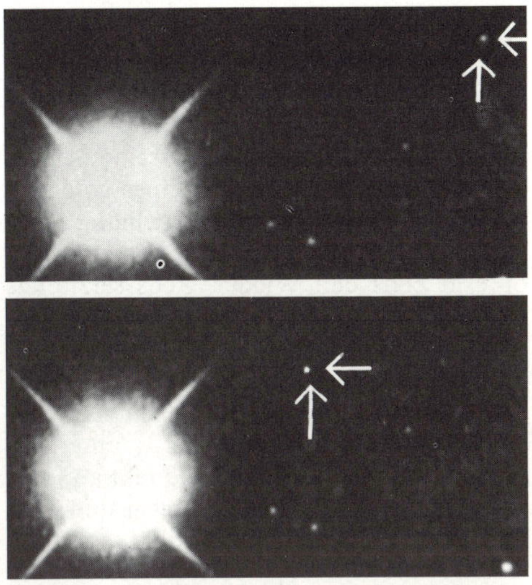

Diese Fotos (oben) von D. Tombaugh führten zur Entdeckung des Pluto im März 1930. Pluto (durch einen Pfeil markiert) veränderte während der drei Tage zwischen den beiden Bildern deutlich seine Position in bezug auf den hellen Stern Delta Geminorum.

Löwe (1937/38–1957). Wenn man sich dem Einfluß des Pluto bei seiner Durchquerung des Löwezeichens beschäftigt, fallen als erstes Unruhe und der Hang zum Herrschen auf. Im günstigsten Fall hätte Pluto in diesem Zeichen einen sehr positiven Einfluß auf die Bewegung in Richtung einer Weltregierung haben können. Eine der vielleicht interessantesten Auswirkungen der Stellung des Pluto in Löwe auf das Leben vieler von uns ist in der Entwicklung der Computer-Technologie zu sehen; bei vielen Fachleuten, die in dieser Branche arbeiten, liegt diese Stellung in ihren Geburtshoroskopen vor. Interessanterweise ergänzt sie das Machtsyndrom des Pluto, da die Macht der Computer von ihrem menschlichen Bediener überwacht, geführt und kontrolliert (beherrscht) werden muß, der, falls die Maschine außer Kontrolle zu geraten droht, diese einfach abstellen kann, indem er den Stecker herauszieht. Im persönlichen Bereich ist ein starker Geschäftssinn ausgeprägt. Eine starke Stellung, zum Beispiel in Himmelsmitte, zeigt ein starkes Bedürfnis nach Macht an, der Horoskopträger kann eine ausgeprägte Liebe zur Macht und Selbstverherrlichung aufweisen. Wenn Löwe das Sonnen-, Mond- oder aufsteigende Zeichen ist, wird das «Sonnige» des Löwen von einer Tiefgründigkeit und Intensität überdeckt werden, die im Gesichtsausdruck deutlich werden können. Bei ungünstiger Konstellation verursacht Pluto in diesem Zeichen ein Element der Perversion, was sich auf das Sexualleben und die Vorstellungswelt auswirkt.

Jungfrau (1958/59–1971). Die kritischen und analytischen Eigenschaften der Jungfrau gedeihen unter dem Einfluß des Pluto außerordentlich und tauchen sowohl im persönlichen als auch universellen Bereich auf. Selbstkritik und das Bedürfnis, zu den Wurzeln von Problemen vorzudringen, müßte sich bei denen einstellen, die geboren wurden, als Plutos Stellung durch Progressionen von der Sonne, dem Mond, Merkur, Venus und Mars oder von Durchquerungen der langsamen Planeten aktiviert wurde. Immer mehr Horoskopträger mit dieser Placierung werden ihren Platz in der Welt der Erwachsenen und Machtpositionen in ihren jeweiligen Berufen einnehmen. Es sollte nicht außer acht gelassen werden, daß viele, die geboren wurden, als Pluto in Jungfrau stand, auch Uranus in diesem Zeichen hatten – und daß diese beiden Planeten eine Konjunktion bildeten, die zwischen 1963 und 1969 im Wirkungsumkreis war. Dazu kommt noch, daß diese Menschen Neptun in Skorpion haben, eine Kombination, die eine mächtige Energiequelle ist. Im persönlichen Bereich ist Pluto in Jungfrau von besonders intensiver Stimmung, und der Hang zu fixen Ideen wird beträchtlich sein, wenn der Planet empfindlich placiert ist. Eine Konjunktion von Mond und Pluto in Venus zum Beispiel würde diese Züge verstärken. Falls Pluto in ungünstiger Konstellation zu einem «persönlichen» Planet steht, könnte es beträchtliche psychologische Hemmungen geben.

Waage (1971–1983/84). Da Pluto ein aggressiver Planet ist, wird er bei Menschen mit starken Waage-Merkmalen vielleicht dazu führen, daß ihre Neigung zu kleineren Familienstreitigkeiten verstärkt wird, um einen Partner dazu zu bringen, Zuwendung als Entschuldigung auszudrücken. Menschen mit Pluto in Waage im Geburtshoroskop sind jedoch noch jung, und wenn sich Pluto in dieser Hinsicht stark auswirkt, werden seine Wirkungen durch Neptun in Schütze gegengesteuert – eine erfreuliche Placierung. Wenn Pluto eine günstige Wirkung haben soll, so theoretisch am besten, wenn er in Waage steht; das wird der Waage-Neigung, die Dinge auf die leichte Schulter zu nehmen, entgegenwirken. Wenn der Planet stark placiert ist oder von einem Sonnenzeichen, Mondzeichen oder aufsteigenden Zeichen in Wf2ge beeinflußt wird, leidet der Horoskopträger möglicherweise unter Eifersucht.

Skorpion 1983/84–1995). Plutos Bahn durch Skorpion wird bis 1995 dauern, und er wird eine Quelle großer Energie darstellen, besonders für diejenigen, auf die die Fixen Zeichen in ihrem Geburtshoroskopen eine starke Wirkung haben. Hier vereinigen sich die Skorpion- und Plutoprinzipien in einer Weise, die noch unerforscht ist. Erst im Lauf der Zeit wird es möglich sein herauszufinden, welche Auswirkungen der Planet haben wird, obwohl im Hinblick auf den einzelnen als auch auf die vorherrschende Atmosphäre der gesamten Generation. Es erscheint sehr wahrscheinlich, daß Menschen mit Neptun in Skorpion interessante, bedeutende und vielleicht schwierige Phasen erleben werden, während Pluto eine vorübergehende Konjunktion mit Neptun bildet, so wie es an ihrem genauen Geburtszeitpunkt der Fall war. Einige werden bemerkenswerte Ereignisse erleben, wenn vieles in psychologischer oder geistiger Hinsicht in Ordnung kommt. Dies ist ein interessanter Bereich, von dem alle Astrologen viel lernen können. Diejenigen, die früh in der Phase des Neptun in Skorpion geboren werden, werden natürlich die ersten sein, die den Einfluß in voller Stärke fühlen werden, und sollten von Astrologen als ergiebige Forschungsobjekte betrachtet werden, von denen eine Menge Kenntnisse bezogen werden können.

WIDDER

Männlich Feuer Kardinalzeichen
Herrschender Planet: Mars
Schlüsselwörter: Bestimmend, drängend

Der Mythos. Gegen Phrixos, den Sohn der Nephele, erhob seine Tante Biadike fälschlich die Anklage, er habe sie vergewaltigt. Er wurde zum Tode verurteilt, doch entflohen er und seine Schwester Helle auf dem Rücken eines goldenen Widders. Helle wurde schwindlig und stürzte ab, Phrixos erreichte Kolchis und opferte Zeus den Widder. Zeus setzte das Ebenbild des Widders an den Himmel.

Positive Merkmale. Ein abenteuerlustiger, bahnbrechender Geist; unternehmend; mutig; geht Probleme direkt an; sehr energisch; haßt Einschränkungen und liebt die Freiheit; begeisterungsfähig.

Negative Merkmale. Ichbezogen; spielt sich in den Vordergrund; impulsiv; kämpferisch; ein Satiriker; leicht erregt; ungeduldig; will alles *jetzt* haben.

Charakter. Menschen mit starkem Einfluß des Widders sind lebhaft, großzügig und begeisterungsfähig. Sie verstehen schnell das Wesentliche einer Situation, verfallen aber manchmal der Tücke eines Problems, da sie wenig auf die Einzelheiten achten. Auch sonst sind sie schnell – zum Beispiel erregen sie schnell Ärgernis. Manchmal stürzen sie sich so begierig auf ein Argument, daß sie barsch oder aggressiv sprechen. Diplomatisch sind sie nie.

Sie können leicht erregt sein und sind im schlimmsten Fall äußerst egozentrisch. Aber trotz aller Ichbezogenheit ist er Vernunftgründen zugänglich: Wird ihm sein Egoismus dargestellt, dann sieht er ihn ein und versucht, die Situation zu retten.

Der Widdergeborene ist scharfsinnig und ruhelos: Er wird in Situationen, die ihm mißfallen, schnell ungeduldig. Mit unangenehmen Situationen findet er sich nur dann ab, wenn er darauf vertrauen kann, daß er doch noch zu *seinem* Recht kommt. Vielleicht treibt ihn der Wunsch, seine Ziele zu erreichen, zur Risikobereitschaft. Er mißachtet Gefahren, und vielleicht rührt daher seine sprichwörtliche Tapferkeit. Der «Widder» nimmt aber nicht nur bei Gefahr ein Risiko auf sich. Er kann sowohl eine Tapferkeitsmedaille gewinnen als auch den Ruf erwerben, der unvorsichtigste und gefährlichste Autofahrer der ganzen Stadt zu sein. Weniger bedenklich ist meist die Tendenz des «Widders», sich

Sonnenzeichen
vom 21. März
bis 20. April

Tarzan, der Widder

Das typische Gesicht des energischen «Widders» ist scharf geschnitten und kräftig. Hohe Stirn und hohe Backenknochen, starkes Kinn und fester Mund geben ihm ein energisches Aussehen. Die Augenbrauen sind schwer, die Nase ist lang, und die Augen haben einen offenen, forschenden Blick. In der Literatur könnte es keine bessere Verkörperung des «Widders» geben als Tarzan aus der volkstümlichen Romanserie von Edgar Rice Burrough. Der geborene Kämpfer Tarzan, dessen geschickte Hände so sicher mit Waffen umgehen können, schwelgt im aufregenden Dschungelleben. Er ist ungeduldig und launenhaft, doch Jane, seiner Gefährtin, begegnet er mit kindlicher Anbetung und Begeisterung.

Schnitt- oder Brandwunden zu holen. Öfter als andere leidet er an Kopfschmerzen.

Verstand. Der «Widder» mag oft schwierig erscheinen und ist nicht immer ein angenehmer Freund. Er verfügt über einen erstaunlichen Energievorrat und findet sich mit Beschränkungen oder Eintönigkeit nicht ab. Bei der Arbeit und in persönlichen Beziehungen zeigt er sich nur dann von seiner besten Seite, wenn ihm genügend Freiheit zugestanden wird.

Wie anstrengend ein «Widder» auch sein mag, fast immer rettet ihn sein schneller, oft satirischer Witz. Man kann sich auf ihn verlassen: Auch in den unwahrscheinlichsten Augenblicken bringt er seine Freunde zum Lachen. Aber diese Schnelligkeit kann gefährlich werden, denn sein Verstand arbeitet oft sprunghaft, seine Gedanken flattern eher herum, als daß sie sich einer logischen Entwicklung fügen. Bei Blitzentscheidungen trifft er allerdings nur selten daneben.

Die Planetenpositionen im Horoskop verdienen eine sorgfältige Auswertung, denn sie können die Arbeitsweise des Verstandes beeinflussen. Wenn Widder zum Beispiel das Sonnenzeichen ist, steht Merkur oft in Fische. Diese Stellung kann sogar den Vorteil des schnellen Denkers zunichte machen: Er reagiert vielleicht noch schnell genug, aber verwirrt sich leicht und wird vergeßlich. Manchmal ist es auch schlichte Dummheit. Merkur in Fische beeinträchtigt auch die Fähigkeit zur richtigen Blitzentscheidung.

Etwas intellektuellere astrologische Typen mögen über den impulsiven, sprunghaften «Widder» lächeln, aber seine ursprünglichen, ungeordneten Impulse wirken auf andere belebend.

Emotionale Beziehungen. Der «Widder» muß seine Sexualität stärker als andere ausdrücken. Wenn das Zeichen im Aufgang ist, wird der Sexualtrieb durch einen kräftigen Schuß Romantik gemildert, zugleich verstärkt sich aber auch der Egoismus. Wenn die Sonne im Widder aufsteigt, stellt ihn (und seine Freunde) diese Anlage vor ein schwieriges Problem.

Beruf. Psychologe; Psychiater, Chirurg; Schlachter; Gießereiarbeiter; Metallarbeiter; Forschungsreisender; Ingenieur; Maschinenführer; Feuerwehrmann; Gewerkschaftler; Mechaniker; Zahnarzt, professioneller Sportler.

Ein langweiliger und sicherer Arbeitsplatz ist genau das, was der «Widder» *nicht* will. Am besten arbeitet er im Wettbewerb mit anderen in einer lauten, geschäftigen Umgebung, wo er die Aufsicht führt und seine Initiative entfalten kann. Auf jeden Fall sollte er vom Schreibtisch ferngehalten werden. Wenn er nicht vor lauter Energie platzen soll, braucht er ein geeignetes Betätigungsfeld. Herausforderungen bedeuten ihm viel, sie spornen ihn an.

Der «Widder» besitzt Pioniergeist. Wenn er schon nicht Forschungsreisender sein kann, dann fühlt er sich als solcher und findet neue Wege, Situationen und Probleme zu behandeln.

In seiner Freizeit widmet er sich kampfbetonten Sportarten, die seinem Energiepotential entsprechen.

Schnitzen befriedigt sein Bedürfnis nach scharfen Werkzeugen, Autorennen kommen seinem Wunsch nach Schnelligkeit, Gefahr und Krach entgegen.

Eltern und Kind. «Ich komme zuerst» schreit der Widdergeborene. Der Satz könnte auch «Mein Kind kommt zuerst» lauten. Das Kind des Widdergeborenen soll in der Schule glänzen, und daher behandelt es der «Widder» manchmal zu streng. Sein Mangel an Geduld ist wenig hilfreich. Die Neigung, sein Kind «anzutreiben», ist der schlimmste Fehler des «Widders», vor allem der «Widder»-Mutter. Trotzdem sind Widdergeborene meist gute Väter oder Mütter, vor allem bei extravertierten Kindern. Aber sie sollten die körperliche und geistige Entwicklung des Kindes nicht ständig antreiben.

Das «Widder»-Kind steckt voller Tatkraft, und Eltern, die sein Leben nicht entsprechend zu steuern versuchen, können mit beträchtlichen Unannehmlichkeiten rechnen. Disziplin ist notwendig, obwohl man sich daran erinnern sollte, daß das «Widder»-Kind darunter leidet und bei strenger Disziplin mit Rebellion und Halsstarrigkeit reagiert. In seinen Schulzeugnissen wird immer über Faulheit, Sorglosigkeit und mangelndes Interesse Klage geführt. Das stimmt dann, wenn ihm ein Unterrichtsfach nicht paßt. Hat das «Widder»-Kind erst einmal sein Interessengebiet gefunden, kennt sein Eifer keine Grenzen.

STIER

Weiblich Erde Fixes Zeichen
Herrschender Planet: Venus
Schlüsselwörter: Besitzgierig, beständig

Der Mythos. Tauros hieß der schneeweiße Stier, der Europa umwarb und auf seinem Rücken entführte. Diese Gestalt hatte sich Zeus gewählt, und als der Gott sich zurückverwandelte, setzte er den Stier an den Himmel.

Positive Merkmale. Praktisch; verläßlich; geduldig; geschickter Geschäftsmann; große Ausdauer; ein sicherer Sinn für Werte, besonders Kunstwerte; liebt Bequemlichkeit, Luxus und gutes Essen; beharrlich; fest; entschlossen; willensstark; zärtlich; warmherzig; vertrauenswürdig.

Negative Merkmale. Besitzgierig; faul; stur; genußsüchtig; ein potentieller Langweiler; unverrückbare Ansichten; kann geistige Beweglichkeit und Originalität vermissen lassen; gefräßig; eigensinnig; voller Vorurteile; routinebesessen.

Charakter. Wie eine Eiche fest zu den Merkmalen einer Landschaft gehört, so will der «Stier» zu einer festen Einrichtung in seiner Umgebung werden. Zu diesem Zweck zeigt er der Welt eine solide, gleichbleibende und verläßliche Fassade. Wie die Eiche in der Erde wurzelt, ist der Stiergeborene in seinen Meinungen verankert – äußerst eigensinnig und jedem Widerspruch verschlossen.

Wichtig ist für ihn das Gefühl der Sicherheit: Er fordert es im Beruf, zu Hause und in der Ehe, obwohl er es durch plötzliche Zornesausbrüche manchmal selbst unterminiert. Er regt sich nur langsam auf, aber wenn es soweit ist, benimmt er sich wie ein Berserker. In der Ehe entzündet die Eifersucht seine Gefühlsausbrüche. Die Eifersucht ihrerseits ist das Ergebnis seines wahrscheinlich schlimmsten Fehlers – des Besitzdenkens.

Der «Stier» kann jedoch auch sehr geduldig sein und besitzt oft beträchtlichen Charme, viel Wärme und Zärtlichkeit, obwohl er leicht langweilig wirkt. Man kann ihn nicht antreiben, und er geht kein Risiko ein, dazu ist sein Selbsterhaltungstrieb viel zu gut entwickelt. Seine Mitmenschen müssen ihn öfters einmal etwas herausfordern, um sein schlummerndes Temperament zu wecken.

Die «Stiere» haben einen ausgezeichneten Geschäftssinn, sie besitzen die Gabe,

Sonnenzeichen
vom 21. April
bis 21. Mai

Falstaff, der Stier

Das Gesicht des Stiers hinterläßt den allgemeinen Eindruck der Massigkeit. Alles an ihm ist voll und erdverbunden: der kräftige Haarwuchs, der etwas starre Blick der vortretenden Augen, die fleischige Nase, die ausgeprägte Kinnpartie und der Stier-Nacken. Trotz aller Schwere zeigt sich keine Schwäche, denn der Mund und das Kinn sind fest. Shakespeares Sir John Falstaff, der Erzieher und Saufkumpan des jungen Prinzen Hal, entspricht genau diesem Typ. Der faule, gefräßige und eigensinnige alte Ritter personifiziert die schlechte Seite des Stiers. Alle positiven Eigenschaften – Geduld, Zuneigung, Ausdauer und praktischer Sinn – dienen nur einem Ziel: ihm selbst.

Geld zu machen, und sie hängen am Geld. Wenn sie großzügig ihre Freunde einladen, dann meist, weil sie gern eine gute Entschuldigung für ein üppiges Gelage haben und Freunde der beste Grund sind.

Der Stier fühlt sich auf dem Land glücklicher als in der Stadt. Gewöhnlich pflegt er mit Liebe seinen Garten und empfindet dabei Befriedigung. Wenn er sich auf dem taufeuchten Rasen eine Erkältung holt, führt sie wahrscheinlich zu Halsschmerzen.

Verstand. Fragen Sie einen «Stier», was er denkt, und er wird es ihnen erzählen. Wenn er alles gesagt hat, ist der Fall für ihn abgeschlossen, man sollte erst gar nicht versuchen, seine Ansichten zu ändern. Eigensinn ist eines der Hauptmerkmale des Zeichens. Nur allzuoft werden die eingefahrenen Gleise sichtbar, in denen sich der Verstand des «Stiers» bewegt.

Sein Verstand arbeitet wahrscheinlich langsam und unoriginell, dafür jedoch konstruktiv. Brillante Ideen sind nicht zu erwarten, auch keine originellen. Wie üblich können die Planetenpositionen das Bild verbessern oder verschlimmern: Wenn Merkur und Sonne in Stier stehen, wird der «Stier» noch reaktionärer, und seine Ideen verfestigen sich noch mehr. Ist Stier das Sonnenzeichen und Merkur steht in Zwillinge, kann man seinen starren Ansichten etwas leichter mit Gegenargumenten beikommen.

Der Stier arbeitet zweifellos am besten nach seinen eigenen, sorgfältig geplanten Richtlinien. Allerdings regen ihn bereits winzige, unwichtige Abweichungen vom normalen Gang der Dinge unnötig auf. Anpassungsfähigkeit ist nicht seine Stärke.

Emotionale Beziehungen. Der leidenschaftliche Filmstar, der seine Geliebte an sich preßt und «Du bist *mein*» haucht, ist zweifellos ein «Stier», in dessen Horoskop Venus in Stier steht und seine Gefühle mobilisiert. Das Besitzdenken des «Stiers» macht allzuoft weder vor der Freundin noch vor der eigenen Frau halt – als ob sie ein Garten oder ein Satz silberne Teelöffel wäre. Nicht daß der «Stier» ohne Charme oder Gefühle wäre – eine emotionale Beziehung bringt diese Eigenschaften wunderbar ans Licht –, nur kreist sein Leben um seinen *Besitz*. Entdeckt er, daß ihm weder Frau noch Freundin ausschließlich und ganz gehören, leidet er heftig und die Gegenseite auch.

Beruf. Bauer; Gärtner, Geschäftsmann; Architekt; Bauunternehmer; Bildhauer; Sänger; Juwelier; Beamter; Buchhalter; Auktionator; Immobilien- oder Kunsthändler; Finanzberater; Bankberuf.

Der «Stier» liebt weder die Hektik der Großstadt noch das Büroleben. Andererseits zieht ihn aber die Sicherheit eines herkömmlichen Büroberufs an, und er arbeitet am besten, wenn er weiß, daß ihn zu jedem Monatsende eine feste Gehaltsüberweisung erwartet. Erfolgreich wird eine Karriere sein, die mit Geld zu tun hat.

Eine andere Seite seiner Persönlichkeit mutet wie ein Widerspruch in sich an: Der Stier besitzt oft starke künstlerische Neigungen, die sich allerdings eher konventionell äußern. Der kommerzielle, festangestellte Künstler liegt ihm näher als der freie, sich in Neuland wagende Maler, Bildhauer oder Musiker. Viele erfolgreiche Bildhauer und Architekten sind «Stiere». Auch Sänger werden oft von diesem Zeichen beeinflußt. In ihrer Freizeit finden viele «Stiere» Befriedigung beim Musizieren oder Musikhören, genauso wie bei kunsthandwerklichen Arbeiten. Ihrer Neigung zur Lethargie sollten die Stiere durch körperliche Ertüchtigung entgegenwirken.

Eltern und Kind. Der ausgesprochen konservative «Stier» findet nur schwer Kontakt zur jüngeren Generation. Bei seiner Vorliebe für Disziplin sieht er leicht darüber hinweg, daß seine Kinder mit seinen Ideen nicht sympathisieren. Er neigt zur Strenge und zur starren Disziplin. Er läßt sich die Erziehung seiner Kinder Geld kosten, versorgt sie mit allem, was gut und teuer ist, aber er möchte dafür Ergebnisse sehen. Er sollte sich anstrengen, nicht allzu dogmatisch zu sein und sein Besitzdenken etwas zügeln, sonst wird sein Leben trostlos, wenn die Kinder das Haus verlassen wollen.

Dem «Stier»-Kind sollte bereits in früher Jugend das Besitzdenken abgewöhnt werden. Seine natürliche Vorliebe für Disziplin prädestiniert es zum glücklichen Schüler, der sich mit Freude an Regeln hält.

Man sollte das «Stier»-Kind nicht zwingen: Es ist ein «Arbeitstier», macht langsam Fortschritte, aber was in es hineingeht, bleibt auch drin.

ZWILLINGE

Männlich Luft Veränderliches Zeichen
Herrschender Planet: Merkur
Schlüsselwörter: Mitteilsam, anpassungsfähig, vielseitig

Der Mythos. In Ägypten war das Sternbild als «Die zwei Sterne» bekannt und wurde durch zwei Kinder dargestellt. Die griechische Sage berichtet, daß Zeus das Bild des Zwillingspaares Kastor und Polydeukes als Lohn für ihre Bruderliebe an den Himmel gesetzt habe.

Positive Züge. Anpassungsfähig; vielseitig; umsichtig; intellektuell; witzig; logisch denkend; geschäftig; spontan; lebhaft; gesprächiger und amüsanter Unterhalter; Sinn für Schriftstellerei und für Sprachen; immer jugendlich und flott.

Negative Züge. Unbeständig; ruhelos; schlau; neugierig; launisch; sprunghaft und undurchsichtig; unfähig, die nervliche Energie zu kontrollieren; oberflächlich; ein Schwätzer.

Charakter. Der Zwillinggeborene hat *immer* recht und ändert niemals seine Meinung – bis zum nächstenmal, wenn die gleiche Debatte wieder aufkommt und der «Zwilling» eine völlig andere Meinung vertritt, aber bestreitet, jemals eine andere Meinung in Umlauf gesetzt zu haben. Dies bringt seine Diskussionspartner zur Raserei, vor allem weil er sein beträchtliches rhetorisches Talent auszuspielen versteht, von allem ein wenig weiß und dieses Wenige so geschickt anbringt, daß er als gut informiert erscheint.

Seine schlimmsten Fehler sind Unbeständigkeit und Oberflächlichkeit. Es sollte einen vielleicht nicht verwundern, daß die besten und populärsten Zeitungs-, Rundfunk- und Fernsehjournalisten meist «Zwillinge» sind. Allen «Zwillingen» gemeinsam ist das drängende Mitteilungsbedürfnis: Sie tratschen stundenlang am Telefon, wenn sie etwas intellektuellere Ambitionen haben, schreiben sie ständig Leserbriefe, halten Vorträge oder erscheinen im Fernsehen, um ihre Meinung abzugeben.

Der «Zwilling» ist immer auf dem Sprung, und meist bedeutet ihm Sprechen mehr als nur eines. Die Dualität ist ein wichtiger Teil seines Wesens, und der Versuch, sie zu unterdrücken, wäre unklug. Der «Zwilling» braucht viel Abwechslung, sonst langweilt er sich. Wenn ihn etwas langweilt, gibt er sofort auf und geht zu etwas Interessanterem über. Da der «Zwil-

Sonnenzeichen
vom 22. Mai
bis 21. Juni

Don Juan, der Zwilling
Das Gesicht des «Zwillings» ist lebhaft und intellektuell, das sanfte Oval besitzt wenig übertrieben hervorstechende Züge. Die Augenbrauen sind gewölbt, die Nase ist schmal und die Backenknochen sind hoch, die untere Gesichtspartie und Kinn laufen leicht spitz zu. Der Mund, obgleich breit, wirkt oft wenig entschlossen. Ein typisches Beispiel für den «Zwilling» in der Literatur sind der Don Juan von Byron und Mozarts Don Giovanni. Ihre Unruhe und Gewandtheit drückte sich darin aus, daß sie allen Frauen alles sein wollten. Don Juan hatte zwei Gesichter, er war wankelmütig und inkonsequent, aber Lebhaftigkeit und Witz milderten seine negativen Eigenschaften.

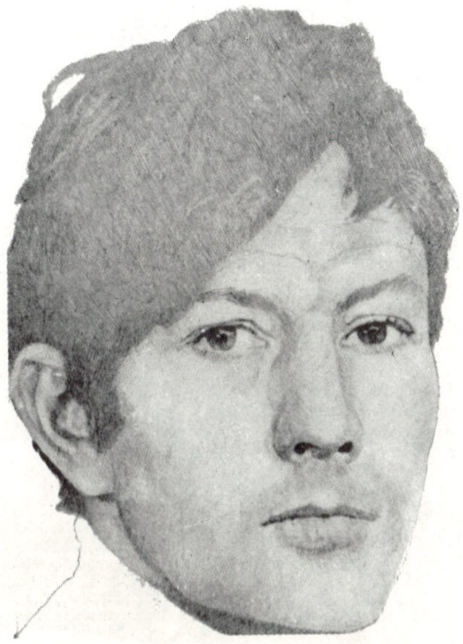

ling» seine Nerven strapaziert, sollte er sich vor nervlicher Überbelastung hüten, sein angespanntes Nervensystem kann unter Druck zusammenbrechen. Sein Körper steht ihm jedoch bei, denn Zwillinge gilt als jugendlichstes aller Zeichen.

Verstand. Dem «Zwilling» mangelt es nie an Interessengebieten, wahrscheinlich wird er im Laufe seines Lebens mehrere Berufe ausüben. Er sollte sich einer oder zwei Hauptaufgaben widmen, die ihn sein ganzes Leben beschäftigen. Auch hier helfen oder verschlimmern die Planeten: Wenn Zwillinge das Sonnenzeichen ist und Merkur in ihm steht, verstärkt sich die Ruhelosigkeit. Der «Zwilling» gibt dann halbfertige Dinge auf, er bricht sein Studium ab, um ein neues zu versuchen, lernt hier etwas und dort etwas. Für einen Journalisten mag das Vorteile bringen, bei anderen Beschäftigungen sind die Arbeitgeber weniger froh. Merkur in Stier kann die Ruhelosigkeit besänftigen, er verleiht besseren Sinn für die praktische Seite des Lebens, er macht das Denken etwas weniger zufällig und gibt ihm Folgerichtigkeit. Merkur in Krebs steigert dagegen die Reizbarkeit.

Emotionale Beziehungen. «Zwillinge» sind nicht gerade allzu gefühlvoll. Ihrer Leidenschaft wird zum Beispiel von Venus in Krebs etwas nachgeholfen.

Wie zu erwarten, drückt sich der «Zwilling» in der Liebe gut aus, und seine Liebesbriefe lohnen das Aufbewahren. Seine Neigung zum Flirt (verstärkt, wenn Venus in Zwillinge steht) verleiht seinen Affären und seiner Ehe Lebendigkeit. Manchmal verspürt er auch ein echtes Bedürfnis nach einer Doppelbeziehung.

Beruf. Journalist; Radioreporter; Kommentator; Lehrer; Hochschullehrer; Schriftsteller; Sprachwissenschaftler; Sekretär; Reisefachmann; Chauffeur; Vertreter; Verkäufer; Handwerker oder Arbeiter für körperlich leichte Arbeiten; Postbote; Navigator oder Steuermann.

Der Journalismus (Zeitung, Radio, Fernsehen) bietet sich als Karriere für den «Zwilling» fast von allein an, da sie seinem Sprachgefühl, seinem Mitteilungsbedürfnis und seinem Drang nach Veränderung und Abwechslung am meisten entsprechen. Aber auch andere Berufe sind möglich: Sein Hang zum Reden und Reisen machen ihn beispielsweise zum erfolgreichen Vertreter. Auch als Lehrer kann er sich auszeichnen.

Der «Zwilling» sollte sich vor einen Beruf hüten, der Arbeit in einer gleichbleibenden Umgebung oder monotone, ermüdende Tätigkeiten verlangt. Er sollte seine Interessensphäre stetig erweitern und sich immer wieder Neuem zuwenden.

«Zwillinge» haben meist einen leichten, drahtigen Körperbau. Sie bewegen sich rasch, und sie tun gut daran, ihren Körper zu üben. Die Sportart, die sie wählen, sollte sie jedoch körperlich nicht zu stark beanspruchen – zum Beispiel also Skifahren, Tennis, Tischtennis, Bogenschießen. Auch der literarisch ungebildetste «Zwilling» greift wahrscheinlich eines Tages zur Feder. Aber er sollte sich auch an die Nachteile der Schnelligkeit erinnern: Wer als «Zwilling» einen Roman zu schreiben beginnt, handelt klug, wenn er jedes Kapitel im voraus plant.

Eltern und Kind. «Zwillinge» können ausgezeichnete Väter oder Mütter sein: Ihre eigenen vielseitigen Interessen fördern die erwachenden Interessen des Kindes. Aber «Zwillinge» neigen leicht zu einer überkritischen Einstellung. Wenn ihnen das Kind seine erste Zeichnung oder sein erstes Gedicht zeigt, sagen sie: «Ja, ganz schön, *aber* ...»

Das «Zwillinge»-Kind braucht viel geistige Anregung; es verschlingt Bücher und Ideen so schnell und gierig wie seine Freunde Süßigkeiten. Der Hang der «Zwillinge», nur die Oberfläche anzukratzen, sollte beobachtet werden: Man sollte das Kind anhalten, etwas Angefangenes zu beenden. Ruhelosigkeit oder Spannung sollten früh festgestellt und ausgeglichen werden. «Zwillinge» begrüßen die Disziplin in der Schule nicht gerade begeistert, vor allem, wenn der Lehrer die Kühnheit besitzen sollte, ihren Redefluß zu unterbrechen. Das «Zwillinge»-Kind ist vernünftig – wenn es verstanden wird. Reglementierung erstickt seine Ansätze. Obwohl sein Verstand gezähmt und in geordnete Bahnen gelenkt werden sollte, wird es immer lebhaft und empfänglich für geistige Anregung bleiben. Eines ist sicher: Wer mit einem «Zwilling» zusammen lebt, wird nie unter Langeweile leiden.

KREBS

Weiblich Wasser Kardinalzeichen
Herrschender Planet: Mond
Schlüsselwörter: Beschützend, sensibel

Der Mythos. Die Bezeichnung des Sternbildes als «Krebs» stammt aus der babylonischen Tradition. In Ägypten wurde das Sternbild als «Zwei Schildkröten», als die «Sterne des Wassers» oder als «Allul», ein nicht identifiziertes Tier, gedeutet.

Positive Merkmale. Freundlich; sensibel; mitfühlend; starke Phantasie; betonter Mutterinstinkt; helfend und schützend; vorsichtig und patriotisch; hartnäkkig; gewitzt; sparsam; reiches Gefühlspotential; führen gern einen Haushalt.

Negative Merkmale. Überschwengliche Gefühle; überempfindlich; leicht gekränkt; übelnehmerisch; bissig; launisch; wankelmütig; eine harte Schale verbirgt den weichen Kern; Hang zum Selbstmitleid; nachtragend; unbeständig; fallen auf Schmeicheleien herein; unordentlich.

Charakter. Zweifellos ist der Charakter des «Krebses» weder leicht zu verstehen noch leicht zu ertragen. Im günstigsten Fall ist er freundlich, liebenswürdig, hilfreich, nachdenklich und einsichtig, aber er kann auch ohne erkennbaren Grund schlecht gelaunt, kurz angebunden und eingeschnappt sein. Manchmal hört er sich voller Mitgefühl die Probleme anderer an und hilft, wo er kann, manchmal findet er es aber äußerst anstrengend, geduldig anderen Leidensgeschichten als der eigenen zuzuhören.

Der «Krebs» erscheint oft hart, und er ist auch tatsächlich in vieler Hinsicht hart. Er kann jegliche Großmütigkeit vermissen lassen und zum Beispiel immer auf einer einzigen Ungerechtigkeit herumhacken, die ihm angetan wurde. Er bringt seine Freunde schnell durch harte Worte und unbedachte Kommentare gegen sich auf, reagiert aber selbst überempfindlich auf Kritik. Hinter diesem harten und uneinnehmenden Äußeren verbirgt sich jedoch das weiche, verletzliche Innere. Da er manchmal furchtsam und gehemmt ist, benutzt er die harte Schale als Schutz.

Der «Krebs» hat eine sentimentale Ader: Er kommt immer wieder auf «die guten alten Zeiten» zurück und kann leicht in der Vergangenheit leben. (Merkur in Krebs unterstützt diesen Charakterzug.) Aber er hält sich auch an die Gegenwart: Er ist hartnäckiger als alle anderen und gibt nie-

Sonnenzeichen
vom 22. Juni
bis 22. Juli

Madame Butterfly, der Krebs

«Krebse» machen sich Sorgen, und ihre Gesichter zeigen es: rund, vielleicht fleischig, mit ausgeprägten Falten und heruntergezogenen Mundwinkeln. Der starke Hals und die volle untere Gesichtspartie drücken Geduld, Sympathie und Mütterlichkeit aus. Der gefühlvolle Blick, die Stupsnase und die ziemlich flachen Wangen runden den Eindruck ab. Ein gutes Beispiel für «Krebs»-Frauen ist Madame Butterfly aus der berühmten Oper Puccinis. Ihre Hartnäckigkeit und ihre Treue enthüllen den wahren «Krebs» ebenso wie ihre Anflüge von Launenhaftigkeit.

mals seine Vorhaben auf. Er klammert sich auch an eine persönliche Beziehung bis zum bitteren (oder süßen) Ende.

Verstand. «Krebse» machen sich dauernd Sorgen, und sie bringen es dabei zu hoher Kunst. Sie neigen dazu, Kummer und Sorgen in sich zu begraben und weisen die Erleichterung zurück, die ein Gespräch mit Freunden bringen könnte. Die Anspannung, unter der sie stehen, bringt ihr äußerst empfindliches Verdauungssystem in Unordnung.

Ihre Phantasie ist ausgeprägt, sie kann sowohl ihre Neigung zur Sorge bestärken, aber auch als befreiende Kraft wirken.

Die positiven Merkmale des Zeichens deuten auf ein ausgezeichnetes Gedächtnis. Der «Krebs» erinnert sich nicht nur sehr genau an seine Kindheit, er erinnert sich schlichtweg an alles. Er kann sich meist sehr gut einfühlen, und seine instinktiven Reaktionen erweisen sich gewöhnlich als richtig. Manchmal denkt der «Krebs» allerdings zu wenig selbst, sondern übernimmt die Ansichten anderer und verkauft sie als eigene. Steht Merkur in Zwillinge und Krebs ist das Sonnenzeichen oder steht Merkur in Wassermann, wenn Krebs aufsteigt, dann verbessert sich die Situation etwas.

Emotionale Beziehungen. Eine Neigung zur Effekthascherei kann das Sexualleben des «Krebses» schillernd machen. Allerdings fühlt sich die «Krebs»-Frau mit ihrem Haushalt verwachsen, sie genießt das Leben auch dann nicht, wenn sich die Gelegenheit bietet. Sie wird häusliche Arbeiten vorschützen, um Einladungen auszuschlagen. Ihre wahren Gründe sind jedoch Zurückhaltung und Schüchternheit. Der «Krebs»-Ehemann ist ein fürsorglicher Beschützer.

Beruf. Geschäftsmann; Krankenschwester; Koch; Hotelier; Fischer; Bootsbauer; Hausfrau; Kindergärtnerin; Einrichtungsfachmann; Seemann; Antiquitätenhändler; Museumskurator; Historiker.

Der natürliche Trieb des «Krebses», andere zu beschützen, und sein ausgezeichnetes Gedächtnis helfen ihm nicht nur die Interessen seiner Kunden wahrzunehmen, sondern auch ihre Namen, Gesichter und persönliche Eigenheiten im Gedächtnis zu behalten. Diese Eigenschaften und seine Gewandtheit machen ihn zum hervorragenden Geschäftsmann. Seine Eigenschaften kommen bei der Betreuung von Gästen in einem Hotel oder in einer Pension zur Geltung, ein natürliches Kochtalent fehlt selten, und er kann es im Hotelfach weit bringen. Ein ruhiges Arbeitsklima ist allerdings wichtig.

Die «Krebs»-Frauen haben vor allem Talent zur Krankenpflege und zum Umgang mit Kleinkindern oder Jugendlichen.

Unter den Historikern gibt es viele «Krebse», denen ihr Gefühl für Geschichte und ihr Gedächtnis für Daten und Fakten zugute kommt. Die Arbeit im Museum macht dem kulturbewußten «Krebs» Spaß. Auch Berufe, die mit dem Meer zu tun haben, ziehen ihn an.

Eltern und Kind. In der astrologischen Tradition ist «Krebs» das Zeichen der Mutterschaft – aber diese scheinbar so schöne Beziehung kann sich für die armen Kinder übel auswirken, denn die «Krebs»-Mutter weigert sich nur allzuoft, die Tatsache anzuerkennen, daß ihre Kinder heranwachsen. Wenn ihre Kinder rebellieren, wird sie stolz sagen: «Als *ich* jung war, habe ich so etwas nicht getan, *damals* war alles ganz anders ...»

Die hartnäckigen Versuche des «Krebs»-Elternteils, die Familie zusammenzuhalten, können sogar zum Bruch führen. «Krebse» sind nicht notwendigerweise besitzergreifend, aber die *Familie* kommt immer zuerst. Jeder schwache Versuch, den magischen Kreis zu durchbrechen, erfüllt sie mit schlimmen Vorahnungen und Schrekken. Man sollte allerdings die überdurchschnittlich ausgeprägte Sorge des «Krebses» für die Familie nicht verachten.

Das «Krebs»-Kind läßt sich am besten durch einen Appell an seinen Familiensinn steuern. Man sollte es nicht barsch ausschimpfen, sondern eher sagen: «Es macht mich traurig, wenn du das tust», und diese Worte werden Zerknirschung und Tränen auslösen. Das Kind ist meist sehr gefühlvoll und leicht verletzt. In der Schule erweist sich sein Gedächtnis als gute Hilfe, vor allem in Geschichte – wahrscheinlich sein Lieblingsfach. Tanzen, Schwimmen – vielleicht schon in außergewöhnlich jungen Jahren – und einige rauhere Sportarten ziehen das Kind an. Sie können die schützende Schale des «Krebses» härter machen. Seine Hobbies sollten neben Sport auch das Sammeln irgendwelcher Dinge einschließen.

LÖWE

Männlich Feuer Fixes Zeichen
Herrschender Planet: Sonne
Schlüsselwörter: Schöpferisch, eindrucksvoll, mächtig

Der Mythos. Dieses Sternbild erinnert an den Nemeischen Löwen. Herakles' erste Arbeit war es, diesen Löwen zu töten. Da sein Fell gegen Eisen, Bronze und Steine gefeit war, begann Herakles mit ihm zu ringen und erwürgte ihn.

Positive Merkmale. Hochherzig; großzügig; schöpferisch; begeisterungsfähig; guter Organisator; liberal; mitteilsam; Sinn für Effekte und das Theater.

Negative Merkmale. Dogmatisch; tyrannisch; bombastisch; ein Snob; intolerant; starre Ansichten; gönnerhaft; machtsüchtig; verschlagen; eingebildet.

Charakter. Nichts am «Löwen» ist schwierig: Er ist einfach der König, der Chef, der Anführer. Er weiß, daß er das Leben anderer weit besser einrichten könnte als sie selbst. Wenn sie seine Anweisungen akzeptieren, steht alles zum Besten. Das Zeichen hat augenfällige Fehler: Der «Löwe» mischt sich dauernd ein, er ist intolerant, bombastisch und dogmatisch bis zum Exzeß. Er sollte es sich daher angewöhnen, seine Ansichten so oft wie möglich zu überprüfen und seinen natürlichen, spontanen und warmherzigen Charme sinnvoll anwenden.

Im günstigsten Fall ist der «Löwe» liebevoll, begeisterungsfähig, gut gelaunt und optimistisch. Er heitert dann das Leben anderer Menschen auf, und genau darin kann seine Lebensaufgabe bestehen.

Überraschenderweise sind die «Löwen» oft sensibel und leicht verletzt. Nicht daß sie es zeigen: Auch wenn ein «Löwe» ungerecht behandelt wird, bleibt er großmütig. Wenn ihn etwas wirklich ärgert, besinnt er sich auf seine Rolle als König und weist dem Narren, der es wagte, sich mit ihm zu messen, in die Schranken.

«Löwen» haben eine ausgeprägte Neigung zum Theatralischen. Manche machen eine Szene, um sich in den Mittelpunkt der Aufmerksamkeit zu rücken. Aber ihre Liebe zu Theatralik kann sich auch positiver und angenehmer äußern: Sie kleiden sich aufwendig, tun Dinge im großen Stil, organisieren und helfen anderen nach besten Kräften. Sie sind äußerst verschwenderisch, das Geld rinnt ihnen durch die Finger.

«Löwen» organisieren nicht nur, sie sind

Sonnenzeichen
vom 23. Juli
bis 23. August

El Cid, der Löwe

Das Gesicht des «Löwen» hinterläßt den Eindruck der Kraft. Die Augen, der auffallendste Teil seines Gesichts, haben einen eindringlichen, offenen Blick. Die Stirn ist frei, die Augenbrauen sind geschwungen und die Nase ist oft gebogen. Der breite und feste Mund verrät den Herrscher, aber auch den Autokraten. Für den «Löwen» könnte es kein besseres Beispiel geben als den Cid aus Pierre Corneilles Drama «Le Cid». Tapfer und großmütig sieht er einem ehrenhaften Tod entgegen. Nach seinem Sieg über die Mauren gewinnt er die Hand der geliebten Chimène.

selbst harte Arbeiter und können als gutes Beispiel dienen. Dieser Zug ihrer Persönlichkeit verstärkt sich, wenn Löwe Sonnenzeichen ist.

Verstand. Die Ansichten, die sich ein «Löwe» in der Jugend bildet, werden ihn bis ins Alter begleiten. Seine Ansichten mögen zuerst fortschrittlich erscheinen, aber er hält zu eigensinnig an ihnen fest. Er kann Überblick und Vorstellungsvermögen besitzen, sofort das Wesentliche eines Plans, Entwurfs oder Projekts erfassen, aber manchmal fehlt ihm der Blick für Details. (Merkur in Jungfrau gleicht hier aus.) Der «Löwe» hat großartige Ideen, manchmal zu großartige, aber sie sind ein wichtiger Bestandteil seiner Persönlichkeit. Er macht sich nicht allzu viele Sorgen. Er läßt sich gern in Diskussionen ein und versteht es, auch in intellektuell anspruchsvoller Gesellschaft besser informiert zu erscheinen, als er es tatsächlich ist.

Der «Löwe» ist selten deprimiert, wenn ihn aber eine Depression überfällt, wirft sie ihn zuerst um. Seine Spannkraft und seine Regenerationsfähigkeit lassen ihn den Schlag schnell überwinden. Seine persönliche Sonne scheint bald wieder so hell wie zuvor. Wenn er künstlerische Neigungen hat, kann er seine Vorstellungen entwickeln und konkrete Form annehmen lassen. Sein Denken ist konstruktiv, manchmal aber etwas langsam.

Emotionale Beziehungen. Von den «Löwen» behauptet man, die Ehe mache ihnen Schwierigkeiten, besonders wenn Löwe im Aufsteigen ist. Bei Löwe-Aszendent sollten sie besonders vorsichtig sein, wenn sie dauerhafte Beziehungen anknüpfen. Die «Löwen» wollen zu dem Menschen, dem ihre Gefühle gelten, aufsehen und ihn bewundern. Sie sind treu, gefühlvoll und halten mit ihren Gefühlen nicht hinter dem Berg. «Löwe»-Frauen sollten ihre Neigung bekämpfen, die Rolle des Mannes zu übernehmen.

Beruf. Schauspieler; Tänzer; Lehrer; Betreuer von Jugendlichen; Geschäftsführer; professioneller Sportler; Astrologe; Juwelier; jeder Beruf, der Publizität verspricht und den Rahmen für eine kleine Show bietet.

Der ehrgeizige, aber nicht skrupellose «Löwe» ist ein williger Arbeiter, aber nur, wenn er zu seinem Herrn respektvoll aufblicken kann, und die Arbeit seinem Wesen entspricht. Unter Arbeiten, die er stumpfsinnig oder langweilig findet, leidet er furchtbar. Ist sein Vorgesetzter dumm, kleinlich oder ein schlechter Organisator, muß entweder er oder der «Löwe» gehen. Die «Löwen» müssen ihre natürliche Überschwenglichkeit und ihre Lebensfreude in ihrer Arbeit ausdrücken können und identifizieren sich daher mit ihr. Arbeit und Muße vermischen sich, besonders bei künstlerischen Berufen. Das Berufsleben kann so stark dominieren, daß keine Zeit für Hobbies oder Erholung übrigbleibt. Der «Löwe» haßt Laienhaftigkeit in jeder Form, er will nur auf höchster Ebene arbeiten – obwohl ihn sein Sinn für das Theater oft zu Laienbühnen führt. Dort spielt er dann nur wichtige Rollen. «Löwen» sind ausgezeichnete Lehrer, wahrscheinlich eher für ältere Kinder als für jüngere. Trotzdem sollten sie einige Zeit mit kleinen Kindern arbeiten, denn «Löwen» verfügen oft über die Gabe, andere aus der Reserve zu locken.

Eltern und Kind. Ein «Löwe» erwartet von seinem Kind, was er von sich erwartet. Wenn sich sein Kind den Idealvorstellungen nicht gewachsen zeigt, ist er maßlos enttäuscht. Ein «Löwe»-Vater – die astrologische Tradition betrachtet Löwe als Zeichen des Vaters – kann seine Kinder beherrschen, aber «Löwen» machen sich in der Regel nicht viel aus der Vaterrolle.

Sie sind entsetzlich stolz auf ihre Kinder. Wenn die Kinder lebhaft und begeisterungsfähig sind, herrscht meist eitel Freude in der Familie. Wenn das Kind schüchtern und scheu ist, sollte es der «Löwe»-Elternteil nicht mit seiner eigenen Überschwenglichkeit ersticken.

Das «Löwe»-Kind sollte vorsichtig behandelt werden. Es ist sehr von sich eingenommen und braucht daher Führung. Man sollte ihm klarmachen, daß es weder das einzige noch das klügste Kind auf der Welt ist. Die Kritik sollte jedoch sorgfältig dosiert werden, denn sobald man seine Begeisterung für etwas dämpft, verliert es wahrscheinlich gleich ganz das Interesse an einer Sache. Wenn es sich zu leicht nach einer kleinen Anstrengung zufriedengibt, sollte man es nicht ausschimpfen, sondern ihm vormachen, wie man mit mehr Anstrengung ein besseres Ergebnis erzielt.

JUNGFRAU

Weiblich Erde Veränderliches Zeichen
Herrschender Planet: Merkur
Schlüsselwörter: Kritisch, analytisch

Der Mythos. Nach dem griechischen Dichter Hesiod war die Jungfrau (auch Astraid genannt) die Tochter des Zeus und der Themis. Sie herrschte als Göttin der Gerechtigkeit bis zum Ende des Goldenen Zeitalters. Als die Menschen ihre Herrschaft bedrohten, zog sie sich voller Abscheu in den Himmel zurück.

Positive Merkmale. Scharfsinnig; analytisch; peinlich genau; bescheiden; gepflegt; sauber und ordentlich.

Negative Merkmale. Übertrieben umständlich; macht sich Sorgen; überkritisch; verwöhnt; unerträglich konventionell; verrennt sich in winzige Einzelheiten.

Charakter. Als zähe, äußerst praktische und detailbesessene Arbeiter sind die in diesem Sternzeichen Geborenen im günstigsten Fall vorsichtige und eifrige Helfer ihrer Mitmenschen. Sie sind dauernd aktiv und verfügen über eine erstaunliche Nervenkraft. Nur können sie sich kaum selbst bremsen: Ihre Vorstellungen von Erholung lassen andere harte Arbeit ahnen. Wenn Merkur, der herrschende Planet, in Waage steht, ist die Fähigkeit, sich zu erholen, besser ausgebildet.

Die Liebe zum Detail kann den Jungfrau-Menschen beherrschen: Auf seiner Suche nach minuziöser Vollkommenheit kann er allzu leicht die größeren Zusammenhänge aus den Augen verlieren. Merkur beeinflußt diese Anlage. Wenn Jungfrau das Sonnenzeichen ist und Merkur in Löwe steht, wird die Gesamtsituation besser als sonst im Auge behalten.

Die treibende Kraft dieses Typs ist der Wille, gefällig zu sein, und auf irgendeine Weise wird er dabei Befriedigung finden. Genauigkeit und Ordentlichkeit sind ihm angeboren, sie vereinigen sich oft mit einer Reinheit, die der Jungfräulichkeit verwandt ist. In einigen Fällen können diese Eigenschaften eine schwierig zu überwindende Barriere aufbauen, die den Jungfrau-Menschen besonders distanziert erscheinen läßt. Wenn diese Eigenschaften in einem harmonischen Verhältnis zueinander stehen, können Jungfrau-Menschen oft selbstlose und hilfsbereite Freunde werden. Ihre natürliche Zurückhaltung nimmt dann jeden für sie ein. Vielleicht liegt es an der «Reinheit», die mit dem Zeichen verbunden ist, daß

Sonnenzeichen
vom 24. August
bis 23. September

Alice im Land der Jungfrau

Das Gesicht des «Jungfrau»-Menschen hinterläßt den Eindruck der Intelligenz und der Freundlichkeit. Die Stirn ist hoch, die Nase dünn und das Kinn spitz. Der Mund ist schön geformt, die Backenknochen treten deutlich hervor. Das Gesicht wirkt fein und vornehm. Diese Eigenschaften verkörpert Alice in Lewis Carrols Roman «Alice im Wunderland». Alice ist sauber, ordentlich, genau, sie erkennt Details mit einem Blick. Zugleich besitzt sie kritischen Verstand und ärgert sich über ihre Vergeßlichkeit.

sich die «Jungfrau»-Menschen besonders für Hygiene und Gesundheit interessieren.

Verstand. «Jungfrau»-Menschen zählen meist nicht zur intellektuellen Elite, wenn ihnen auch nur die Weite des geistigen Horizonts fehlen kann. Aber besser als alle anderen Zeichentypen sind sie zur kritischen Aufnahme von Fakten fähig. Wenn sie mit einem Problem konfrontiert werden, versuchen sie instinktiv, es zu zerlegen und zu analysieren, ohne einen Aspekt oder ein Detail aus den Augen zu verlieren. Es fördert ihr Wohlbefinden, wenn sie wissen, wie, warum, wann und wo etwas geschehen ist. So ist der Jungfrau-Mensch meist ein erfolgreicher Forscher: Sein Scharfsinn und sein logisches Denken leisten ihm gute Dienste, nur darf er sich nicht im Gestrüpp hemmender, unwichtiger Details verlieren.

Das Zeichen der Jungfrau bringt innere Unruhe. «Jungfrau»-Menschen leiden oft an Hemmungen und Einschränkungen, die sich als Nervosität oder Reizbarkeit äußern. Länger anhaltende nervliche Belastung greift ihre Gesundheit an und verursacht Verdauungsbeschwerden, Hautausschläge und Magengeschwüre.

Emotionale Beziehungen. Die Beziehung zwischen dem Sternzeichen der Jungfrau und der Reinheit ist so deutlich, daß man kaum darauf hinweisen muß. Aber es ist eine direkte Beziehung, die emotionale Bindungen problematisch machen kann. Dem «Jungfrau»-Menschen fällt es nicht immer leicht, sich in der Liebe so ganz und leidenschaftlich auszudrücken, wie er gern möchte. Hier wird die Position der Venus wichtig. Wenn Jungfrau das Sonnenzeichen ist und Venus ebenfalls in diesem Zeichen steht, verstärken sich oft die Hemmungen, und die Probleme werden drängender. Steht Venus dagegen in Waage, dann wird es der «Jungfrau»-Mensch leichter haben, seine Gefühle ungehemmt zu äußern.

Beruf. Sekretärin; Wissenschaftler; Kritiker; Statistiker; Gärtner; Buchhalter; Lehrer; Berufe, die mit Gesundheit und Hygiene zu tun haben; Bauer.

Sekretärin ist der ideale Beruf für Mädchen aus diesem Sternzeichen, und vielleicht werden sie tatsächlich ideale Sekretärinnen – adrett gekleidet, an einem aufregend ordentlichen Schreibtisch, immer bereit, genau das auszuführen, was ihnen ihr Chef aufgetragen hat. Dieses Bild ist für «Jungfrau»-Menschen typisch. Sie lieben die Routine und eine Arbeit, bei der sie sich mit winzigen, heiklen Einzelheiten herumschlagen und ihre Meisterschaft auf diesem Gebiet entfalten können. Am meisten liegt ihnen «Zuträgerarbeit». Zum guten Abteilungsleiter fehlt ihnen das Organisationstalent. Am wirkungsvollsten arbeiten sie im Hintergrund, sie sind verläßliche Stützen des Betriebs und helfen allen, die mit ihnen arbeiten.

Wenn Jungfrau aufsteigendes Zeichen ist, steht Zwillinge, das andere Merkur-Zeichen, oft an der Himmelsmitte: die Beziehung zu den für Zwillinge typischen Berufen kann dann bedeutsam werden. Mit Unterstützung des Merkur kann aus dem «Jungfrau»-Menschen ein ausgezeichneter Literaturkritiker werden. Ist die Beziehung zu Zwillinge noch enger, kann das Mitteilungsbedürfnis ausgeprägt sein und eine Karriere als Reporter wäre erfolgreich.

Eltern und Kind. Die Vorliebe des «Jungfrau»-Menschen für Sauberkeit und Ordnung macht sie (besonders aber die Frauen) zu schwierigen Vätern oder Müttern. Die «Jungfrau»-Mutter gerät in Zeiten nervlicher Belastung außer Rand und Band, wenn ihre Kinder schmutzig nach Hause kommen und auf dem vor wenigen Minuten gesäuberten Fußboden Spuren hinterlassen. Trotz einer Neigung zur Kritik macht es ihr Freude, ihre Kinder zu sinnvoller und praktischer Beschäftigung zu ermutigen, besonders hilft sie gern bei Schulaufgaben. Väter und Mütter aus diesem Sternzeichen sollten ihre Beziehung zu Kindern überprüfen: Oft sind sie etwas zu distanziert, in krassen Fällen fehlen ihnen wirkliche Wärme und Zuneigung.

Lehrer haben «Jungfrau»-Kinder gern: Saubere Schulhefte, immer die richtigen Antworten, ordnungsbeflissen ... alle diese Eigenschaften entfalten sich, wenn sich diese Kinder mit der Schulatmosphäre und der Routine abgefunden haben. Das «Jungfrau»-Kind braucht Routine so nötig wie Disziplin. Zwar übernimmt es diese Disziplin nicht widerstandslos oder ohne Kritik (dazu ist sein Verstand zu kritisch), aber es benimmt sich vernünftig, wenn man erklärt, was man von ihm verlangt. Außerhalb der Schule sollte das Kind zu schöpferischen Tätigkeiten angeleitet werden.

WAAGE

Männlich Luft Kardinalzeichen
Herrschender Planet: Venus
Schlüsselwörter: Harmonie, Gemeinsamkeit

Der Mythos. Anscheinend existiert kein antiker Mythos für das Sternbild Waage. Um 2000 v. Chr. wurde in der assyrisch-chaldäischen Religion das Sternbild mit dem Gericht über Lebende und Tote verbunden. Zibanitu, die Waagschalen, wogen die Seelen.

Positive Merkmale. Reizend; schätzt harmonische, glückliche und angenehme Lebensumstände; unbeschwerter Mensch; romantisch; diplomatisch; idealistisch; verfeinert.

Negative Merkmale. Unentschlossen; empfindlich; leichtfertig; unbeständig; kokett; leicht zu beeinflussen und leicht zu täuschen; schwankt zwischen Extremen.

Charakter. Der «Waage»-Mensch muß sich in allen Lebenslagen mit anderen Menschen verbunden fühlen und sich ihnen mitteilen. Die anderen müssen diese Verbundenheit dankbar annehmen, denn sonst ist seine Lieblingsklage zu hören: «Er behandelt mich wirklich nicht gut, und *ich habe doch alles für ihn getan!*» Natürlich hat «er» nichts weiter getan als etwas zurückhaltend reagiert. Aber der «Waage»-Mensch kann Zurückhaltung nur schwer akzeptieren. Immer ist für ihn eine emotionale Beziehung mit wohlausgewogenem Geben und Nehmen die Vorbedingung zum Glück und zur Entwicklung der eigenen Persönlichkeit.

Der «Waage»-Mensch besitzt natürliche Anziehungskraft und gewinnendes Wesen. Er haßt nichts mehr als Streit. Diese Neigung enthüllt seinen charakteristischen Wunsch, allen alles zu sein.

Sein schlimmster Fehler ist die Unentschlossenheit. «Abwarten» ist seine Parole, und er folgt ihr getreulich: Er verschiebt eine Entscheidung bis zum letzten Moment und geht einer etwas unangenehmeren Arbeit so lange wie möglich aus dem Weg. «Waage»-Menschen stehen im Ruf der Faulheit, aber so weich und nachgiebig, wie sie oft erscheinen, sind sie in Wirklichkeit gar nicht: Gewöhnlich sind sie eifrig hinter dem her, was sie wollen. Nur ihrer Unentschlossenheit verdanken sie den Ruf der Faulheit. Ein «Waage»-Mensch kann die Pose liebenswerter Untätigkeit annehmen. Mit dieser Pose überbrückt er entweder nur die Zeit zwischen zwei Tätigkeiten,

Sonnenzeichen
vom 24. September
bis 23. Oktober

Emma Bovary, der einseitige «Waage»-Mensch
Vom weichen Haar bis zum eleganten Schwung des Halses drückt das Gesicht des «Waage»-Menschen Ausgeglichenheit und Verfeinerung aus. Es hat keine groben Züge: Der Blick ist sanft, die Nase ist meist etwas spitz, der Mund breit und gut geformt. Madame Bovary aus Gustave Flauberts klassischem Roman verkörpert die Sanftheit der «Waage»-Menschen, aber auch alle negativen Seiten: Leichtgläubigkeit, Frivolität, Unzufriedenheit und Oberflächlichkeit. Die negativen Charaktereigenschaften sind an ihrem Unglück schuld.

oder er spielt sie bewußt und setzt sie geschickt ein. Wenn sich der angeblich unentschlossene «Waage»-Mensch entschlossen hat, daß er etwas will, dann bekommt er es meist auch auf die eine oder andere Art. Wenn er sein Ziel nicht erreicht, dann ganz sicher nicht aus Faulheit, obwohl sie Teil seines Schlachtplans sein kann.

«Waage»-Menschen sind ausgezeichnete Gastgeber. Ihre Wohnungen sind gemütlich und «hübsch», Gäste werden herzlich begrüßt und genießen die entspannte, erfrischende Atmosphäre.

Verstand. Einer der Gründe für die Unentschlossenheit der «Waage»-Menschen folgt aus ihrer Fähigkeit, alle Seiten eines Problems zu erkennen und gegeneinander abzuwägen. Daher fällen sie nur schwer Entscheidungen. Ihr Gerechtigkeitssinn ruht nicht, bis sie ihr Bestes gegeben haben, daß Gerechtigkeit herrscht – allerdings ziehen sie es vor, sich nicht persönlich einzumischen.

Der «Waage»-Mensch sollte immer versuchen, sich eigene Meinungen zu bilden, denn er schließt sich leicht den Ansichten anderer an und verläßt sich oft auf stärkere Persönlichkeiten, die ihm die Mühe der Meinungsbildung abnehmen. Dies kann ihn so nachhaltig verwirren, daß er anscheinend überhaupt nicht mehr selbständig denken kann. Merkur in Jungfrau schärft seinen Verstand, aber Merkur in Waage verschlimmert noch das Problem des «Waage»-Menschen – Unentschlossenheit.

Die heiteren, optimistischen «Waage»-Menschen können Einsamkeit nicht ertragen. Daher suchen sie stets Partner, nicht nur für Beruf oder Privatleben, sondern auch für ihre geistigen Interessen. Wenn sie zu einem Menschen (Künstler oder Schriftsteller) geistige Verwandtschaft spüren, gleichen sie diese Sympathie durch Ablehnung eines anderen Menschen aus. So halten sie die Waagschalen ihres Sternzeichens stets im Gleichgewicht.

Emotionale Beziehungen. «Verliebt in die Liebe» ist ein Problem des jungen «Waage»-Menschen, der darauf dringt, sein Leben mit einem anderen Menschen zu teilen und deshalb Beziehungen anknüpft, für die er noch nicht reif ist. Es wird ihm nicht leichtfallen, hinter einer romantischen Zuneigung die Realität zu sehen. Ein schwieriger Partner kann daher der Verlockung erliegen, aus den angenehm unbestimmten Qualitäten des «Waage»-Menschen Vorteile für sich herauszuschlagen. Die Stellung von Venus ist in dieser Hinsicht äußerst wichtig.

Beruf. Kosmetikerin; Modeschöpfer(in); Friseuse; Handel mit Luxusartikeln; Diplomat; Sozialarbeiter; Empfangschef; Seiltänzer oder Jongleur; jede Arbeit in angenehmer Umgebung, wenn sie schöpferische Fähigkeiten oder Kunstverstand voraussetzt.

«Waage»-Menschen arbeiten besser kollegial als auf sich allein gestellt. Wenn sie in die Wirtschaft gehen wollen (und sie haben einen guten Geschäftssinn, auch wenn sie ihre Rivalen zu freundlich behandeln), sollten sie sich bald nach einem Partner umsehen.

Der «Waage»-Mensch geht schwierigen, schmutzigen und unangenehmen Geschäften oder Arbeitsbedingungen aus dem Weg. Er besitzt schöpferische Fähigkeiten und einen Sinn für Formgebung, mindestens die Vorstellung davon, «was gut aussieht» oder zueinander paßt.

Sein Taktgefühl und sein diplomatisches Auftreten prädestinieren ihn zum idealen «Aushängeschild».

Eltern und Kind. Der liebevolle «Waage»-Mensch hat gern ein zärtliches Kind, und er wird es ganz sicher zur Höflichkeit erziehen. Seine Kinder sollen nach etwas aussehen, und die «Waage»-Mutter verwendet überdurchschnittlich viel Geld und Mühen darauf, ihr(e) Kind(er) gut anzuziehen. Ihr Unglück sind wilde und ausgelassene Kinder. «Waage»-Eltern behaupten, auf Gehorsam Wert zu legen, aber sie führen ihre Drohungen nur selten aus.

Das «Waage»-Kind benutzt sein gewinnendes Wesen zu seinem eigenen Vorteil. Es ist freundlich, angenehm und manierlich, wahrscheinlich braucht es keine strenge Disziplin. Es sollte vor allem angehalten werden, eigene Entscheidungen zu fällen und sich nicht auf die Unterstützung der Eltern und Geschwister verlassen. Die Eltern sollten es auch zu konsequenter Arbeit ermutigen, denn allzu schnell sagt es, daß ihm nicht nach Arbeit zumute ist. Das «Waage»-Kind paßt sich meist dem Schulleben gut an, obwohl es unter dem Verhalten rücksichtsloser Kinder leidet.

SKORPION

Weiblich Wasser Fixes Zeichen
Herrschender Planet: Pluto (traditionell: Mars)
Schlüsselwörter: Intensiv, leidenschaftlich

Der Mythos. Auf Apollos Befehl sollte ein riesenhafter Skorpion den Jäger Orion töten. Orion entkam dem Skorpion, aber die von Apollo getäuschte Artemis schoß ihm einen Pfeil durch den Kopf. Als Artemis voller Verzweiflung ihren Irrtum erkannte, setzte sie Orion an den Himmel, ewig verfolgt vom Skorpion.

Positive Merkmale. Sehr gefühlsbetont; Zweckdenken; phantasievoll; scharfsinnig; subtil; ausdauernd; entschlossen.

Negative Merkmale. Eifersüchtig; leicht verärgert; eigensinnig; nachtragend; widerspenstig; verschlossen; argwöhnisch.

Charakter. Fast jede Beschreibung der «Skorpione» hebt ihre Fähigkeit zu leidenschaftlicher, sexueller Liebe hervor. Aber der «Skorpion» setzt sich auch in anderen Lebensbereichen leidenschaftlich ein, in der Politik wie bei der Arbeit oder im Spiel. Eine besondere Intensität durchzieht seine ganze Persönlichkeit. Sie verleiht ihm einen außerordentlich starken Sinn für Ziele im Leben und bestärkt ihn in seinem Entschluß, nichts halb zu tun.

Der «Skorpion» kann sehr eifersüchtig sein, nicht nur in der Liebe. Wer eine Stellung einnimmt, die der Skorpion für sich beansprucht, ist sein Feind, und der «Skorpion» bekämpft ihn zuweilen sogar grausam. Wenn er seine großen Energiereserven richtig einsetzt, wird er ausdauernder und geduldiger als andere.

Der Adler, der manchmal als Symbol dieses Zeichens benutzt wurde, unterstreicht nicht nur die harten, grausamen Charakterzüge des «Skorpions», sondern auch die Fähigkeit, sich über Schwierigkeiten zu erheben und aus dem irdischen Getümmel zu entfliehen. Diese Seite seines Charakters führt den «Skorpion» zur Rebellion gegen prosaische und langweilige Beschäftigungen, die er fast zu leicht erledigt. Wendepunkte seines Lebens akzeptiert er schnell: Es überrascht ihn nicht, daß ein Weg endet und ein neuer beginnt. Er kann sich sogar zwingen, einen Weg zu verlassen und einen anderen einzuschlagen. Er baut sich eine Karriere auf, zerstört dann aus Gründen, die anderen verschlossen bleiben, was er aufgebaut hat, und beginnt wieder von vorne.

«Skorpione» verfügen über eine starke

Sonnenzeichen
vom 24. Oktober
bis 22. November

James Bond, der Skorpion
Das Gesicht des «Skorpions» drückt Leidenschaft, Entschlossenheit und Energie aus. Diesen allgemeinen Eindruck verstärkt der durchdringende, manchmal etwas dämonisch wirkende Blick. Stirn und Augenbrauen sind schwer, die Backenknochen springen wenig hervor und sind fleischig. Der Mund ist fest und das Kinn entschlossen, fast eckig. James Bond, die Romanfigur Ian Flemings, bietet ein typisches Beispiel: Sexualität, Gewalttätigkeit und Liebe zum Leben machen James Bond fast etwas zu charakteristisch. Skrupellos verfolgt er die Frauen und führt jeden Befehl aus, den ihm «M» gibt. Auch diese Eigenschaften widersprechen nicht dem Charakterbild des «Skorpions».

Anziehungskraft. Sie umgibt immer etwas Aufregendes, Dynamisches, Faszinierendes und nicht zuletzt Geheimnisvolles.

Verstand. Dem «Skorpion» fehlen weder Urteilsvermögen, Vorstellungskraft noch analytische Fähigkeiten, die ihn ein Problem vollständig durchdringen lassen. Darüber hinaus besitzt er noch die Gabe der Einfühlung.

Seine Methode, mit Problemen fertig zu werden, läßt sich jedoch nicht leicht klären. Das liegt weniger an den Problemen selbst als an seinen Schwierigkeiten, die eigene Reaktion auf Probleme zu verstehen. Daher konzentriert er sich oft eher auf die Analyse seiner eigenen Reaktion als auf die Analyse des Problems. In gewissen Fällen kann er dabei unnötigerweise Gefühle des Unmuts und der Eifersucht in sich wecken, die er durch unbegründete Streitereien loszuwerden versucht.

Emotionale Beziehungen. Die starken Gefühle des «Skorpions» konzentrieren sich zum großen Teil auf das positive Ziel der Sexualität. Aber auch hier kann er unter seinem schlimmsten Fehler, der unbegründeten Eifersucht, leiden. Er liebt leidenschaftlich und ausdauernd. Sollte ihn sein Sexualleben nicht befriedigen, dann fällt es ihm schwer, diese Lücke in seinem Leben und seiner Persönlichkeit auszufüllen.

Beruf. Psychiater; Psychologe; Chirurg; Detektiv; Polizist; Schlachter; Leichenbestatter; Pathologe, Kanalisationsarbeiter; Apotheker; Medium; Heilkundiger; Verbrecher; Arbeit bei Versicherungen, in der Wirtschaft oder beim Militär.

Der «Skorpion» ist am glücklichsten, wenn er von der Wichtigkeit seiner Arbeit überzeugt sein kann; Trivialitäten lassen ihn kalt. Er arbeitet am besten, wenn er die Wurzeln persönlicher oder sachlicher Probleme untersuchen darf, so wie ein Psychologe die Probleme seines Klienten entdeckt, analysiert und lösen hilft oder wie ein Detektiv Licht in dunkle Fälle bringt. Am anderen Ende der Skala steht der Verbrecher, der im geheimen plant und arbeitet. Der Verbrecher verkörpert die Neigungen des «Skorpions» zur Heimlichkeit. Diese Neigung rührt vielleicht von seinem undifferenzierten Haß auf die Gesellschaft her, eher jedoch von seinem Haß auf die Mächtigen, Privilegierten und Reichen, die den Platz besetzen, der ihm zusteht.

Der «Skorpion» lernt schnell. Studien bereiten ihm wenig Schwierigkeiten, vor allem, wenn sie eher mit empirischer Forschung als mit theoretischer Arbeit verknüpft sind. Als zäher Arbeiter konzentriert er seine ganze Energie auf die akademische Laufbahn und nimmt bereitwillig lange Studiengänge in Kauf, besonders in speziellen Zweigen der Medizin (Chirurgie, Psychiatrie). «Skorpione» sind gute Soldaten und Seeleute: Sie lieben Gehorsam und fügen sich, vielleicht mit dem Hintergedanken, zu gegebener Zeit auszubrechen. Dadurch lassen sie etwas von ihren wenig ausgeprägten masochistischen und sadistischen Zügen erkennen, die Teil ihrer psychischen Grundausstattung sind.

Eltern und Kind. Wie nicht anders zu erwarten, nimmt der «Skorpion» seine Elternrolle bitter ernst und führt ein straffes Regiment. Seine Gabe, das Leben zu genießen, macht ihm aber auch die Gesellschaft seiner Kinder zum Vergnügen, und er beschäftigt sie mit Ausflügen und Besuchen. Allgemein ist der «Skorpion» eigensinnig und verrennt sich oft in seine Ansichten. Diese Neigung ermutigt ihn natürlich nicht dazu, seinen Kindern ohne weiteres nachzugeben, wenn sie ihn um einen Gefallen bitten. Er sollte von Zeit zu Zeit seine Ansichten überprüfen, vor allem bei zeitbedingten, strittigen Fragen, sonst verliert er jede Möglichkeit, die Kluft zwischen den Generationen zu überbrücken.

Das «Skorpion»-Kind sollte beschäftigt werden, seine Energien und Gefühle sollten sich frei entfalten können. Spielzeugburgen, Rittergeschichten und Kriminalromane begeistern die «Skorpion»-Kinder. Sie sollten früh schwimmen lernen und Sport treiben. Wahrscheinlich sind sie ziemlich aggressiv: Boxen ist hier das geeignete Mittel, um Aggressionen abzureagieren.

Der Hang des «Skorpions» zur Verschwiegenheit sollte schon bei den «Skorpion»-Kindern beobachtet und positiv gesteuert werden. Sie sollten sich Überraschungen für die ganze Familie ausdenken dürfen. Man sollte sie anleiten, anderen zu helfen. Ihrer Neigung zur Eifersucht, besonders auf jüngere Geschwister, kann man entgegenwirken, wenn man sie rechtzeitig und vollständig über die bevorstehende Geburt einer Schwester oder eines Bruders informiert.

SCHÜTZE

Männlich Feuer Veränderliches Zeichen
Herrschender Planet: Jupiter
Schlüsselwort: Großzügig, freimütig, forschend

Der Mythos. Der Schütze – halb Mensch, halb Pferd – war der Kentaur Cheiron, der Iason, Asklepios, Achilleus und Aeneas erzog. Der berühmte Arzt, Seher und Weise war durch Philyra Sohn des Kronos, der, als er bei Philyra ertappt wurde, sich in einen Hengst verwandelte und floh. Philyra verabscheute ihr Kind und betete darum, in eine Linde verwandelt zu werden.

Positive Merkmale. Gutmütig; optimistisch; vielseitig; aufgeschlossen; anpassungsfähig; gutes Urteilsvermögen und philosophische, freiheitsliebende Ansichten; offen und ehrlich; zuverlässig.

Negative Merkmale. Übertreibt leicht; extreme Ansichten; taktlos; ruhelos; sorglos; blind optimistisch; laut; unverantwortlich; launenhaft.

Charakter. Die Jugend des «Schützen» ist sorglos, sie gehört schnellen Autos und dem aufregenden Gefühl, ohne viel Rücksicht auf Sicherheit zu rasen. Aber der «Schütze» lernt eher aus seinen Fehlern als die anderen Sternzeichen-Typen. Obwohl er immer seine persönliche Freiheit genießen wird, beginnt er bald seinen außergewöhnlich guten Verstand zu gebrauchen.

In seinen jungen Jahren ist er etwas unkonventionell: Zu einer Abendgesellschaft kommt er im Pullover, während die übrigen Gäste förmlich angezogen sind. Er erweckt den Eindruck, sich mehr für Sport und andere Tätigkeiten im Freien zu interessieren als für das intellektuelle Training, das ihm wirklich nottut.

Besonderes Vergnügen bereitet ihm die Erforschung neuer Wissensbereiche, vor allem Sprachen sind sein Interessengebiet. Er speichert sein Wissen, um es später sinnvoll einzusetzen. Oft orientiert er sich an einem Ziel, das er scheinbar niemals erreichen kann. Wenn er es fast erreicht hat, sucht er sich ein neues, noch höheres Ziel und beginnt, auf es hinzuarbeiten, noch ehe er ganz bei seinem alten Ziel angelangt ist. Der «Schütze» muß sich immer frei fühlen; er haßt die physische Einengung durch vermeintlich belastende Ehepflichten. Als Attribut wird dem Schützen ein spitzer Pfeil beigegeben, der direkt auf das Ziel weist, und der Mythos verleiht ihm einen Pferdekörper. Pfeil und Pferdekörper sind bedeutsam: Oft ist der «Schütze» leiden-

Sonnenzeichen
vom 23. November
bis 21. Dezember

Henry Higgins, der Schütze
Das meist ovale Gesicht des «Schützen» wirkt aristokratisch und fein. Das Haar ist oft blond und lockig, die Augenbrauen sind geschwungen. Die Nase ist lang und gerade, sie paßt harmonisch zu den ausdrucksvollen, mandelförmigen Augen. Der Mund ist schön geformt, und das Kinn ist leicht spitz. Manchmal sieht das Gesicht scharf geschnitten aus. Henry Higgins, die berühmte Figur aus Bernard Shaws «Pygmalion» und dem Musical «My Fair Lady» vertritt den charakteristischen «Schützen»: Der reizbare Professor ist idealistisch anpassungsfähig und unvoreingenommen. Seine Taktlosigkeit und seine Übertreibungen prägen sich ein als typische Chrakterzüge des erbarmungslos unkonventionellen «Schützen».

schaftlicher Reiter, aber er widmet sich auch anderen Sportarten, die Bewegung im Gelände erfordern. Das Unbekannte, das ihn lockt, kann er sowohl physisch als auch intellektuell erforschen. Auf ihn trifft die Redewendung zu: «Hoffnungsvoll reisen ist besser als gut ankommen.» Sein Leben muß irgendeine Art Herausforderung enthalten.

Der «Schütze» ist vielseitig und braucht wie der «Zwilling» immer mehr als eine Aufgabe zur gleichen Zeit. Es ist gar nicht ungewöhnlich, daß er zwei Berufe ausübt. Er braucht viel geistige, aber auch überdurchschnittlich viel körperliche Übung.

Verstand. Der «Schütze» übersieht gern Details, aber sein Sinn für Planung ist bewundernswert. Wenn sein Verstand ausgebildet und diszipliniert ist, leistet er überraschend viel, vor allem wenn er alte Probleme auf neuen Wegen angeht. Jede Schwierigkeit prüft er aus verschiedenen, auch ungewöhnlichen Blickwinkeln, und die Resultate geben seiner Betrachtungsweise unweigerlich recht.

Der «Schütze» freut sich auf Probleme: Sie fordern ihn heraus, steigern sein Vergnügen am Erforschen des Unbekannten und treiben seine Intelligenz zu höheren Leistungen an. Ob er einem verdächtigen Geräusch im Motor seines Autos nachspürt oder eine geheimnisvolle Sprache zu entziffern sucht, immer reizt ihn die *Herausforderung* durch das Problem, weniger das Problem selbst.

Er gehört nicht zu denen, die sich Sorgen machen, eher läuft er Gefahr, blind optimistisch zu sein. Im fortgeschrittenen Alter überkommt ihn oft die Neigung zum Moralisieren, da er zu leicht vergißt, was es bedeutete, jung zu sein.

Emotionale Beziehungen. Der «Schütze» braucht ein vitales und abwechslungsreiches Sexualleben. Aber er interessiert sich nicht nur für den Körper seines Partners, der Partner muß ihn auch intellektuell ansprechen. Er findet sich nicht ohne weiteres mit einer Beziehung ab, in der er intellektuelle Unterschiede berücksichtigen muß. Um sich wohl zu fühlen, braucht er mindestens das Gefühl, Freiheiten zu haben. Eifersucht und Besitzdenken lassen seine Zuneigung verkümmern, und wenn seine Ehe in dieser Weise leidet, überträgt sich die Verkümmerung bald auf andere Lebensbereiche. Wahrscheinlich wird er dann versuchen, diese doppelte Last abzuschütteln, um wieder frei zu sein.

Beruf. Gymnasiallehrer; akademischer Lehrer; Philosoph; Richter; Rechtsanwalt; Dolmetscher; Tierarzt; Pferdetrainer; Reiseleiter; Forscher; Sportler; Jokkey; Geistlicher; Verleger; Schriftsteller; Bibliothekar; Buchhändler.

Natürlich sind viele «Schützen» ihr Leben lang zu aufreibender, langweiliger Arbeit im Büro oder in der Fabrik verdammt. Aber sie werden ihre Lage nicht einfach akzeptieren, auch wenn sie ursprünglich keine Möglichkeit zur höheren Schulbildung hatten. Sie werden etwas für die Förderung ihrer Intelligenz tun und Abendschulen oder Fortbildungskurse besuchen. Sie setzen ihren Verstand aber auch ein, wenn sie für einen Mann arbeiten, dessen Intelligenz sie anzieht und neugierig macht.

Das Bedürfnis nach Herausforderung läßt den «Schützen» besonders im Berufsleben nicht ruhen, sein Ehrgeiz muß Früchte tragen. Um ungünstigen Arbeitsbedingungen zu entfliehen, widmet er sich oft dem Sport.

Eltern und Kind. Auch hier ist das Schlüsselwort «Herausforderung». Sein natürlicher Optimismus unterstützt den Glauben des «Schützen» an seine Kinder. Er empfindet seine Elternrolle als Herausforderung. Manchmal erwartet er zuviel Intelligenz von seinen Kindern. Er sorgt sich so sehr um ihre Fortschritte, daß er sie beispielsweise mit Lektüre vollstopft, die ihrem Alter bei weitem noch nicht entspricht. Aber er hat seinen Spaß an Kindern, und sie machen oft zu Hause ebenso große Fortschritte wie in der Schule, da die häusliche Atmosphäre sie ständig anregt.

«Schütze»-Kinder geraten oft etwas wild, auch die Mädchen. Sie sind gute Sportler und zeichnen sich bei allen Spielen aus. Dazu kommt ihre natürliche Intelligenz. Einengender Disziplin fügen sie sich nur widerwillig, sie werden gehemmt, wenn ihr Freiheitsraum zu stark beschnitten wird. Lehrer und Eltern müssen dann oft zusammen Schwierigkeiten ausbügeln. In ihrer Freizeit reiten «Schütze»-Kinder gern, sie lernen Sprachen oder spielen rauhe Spiele. Dank ihrer guten Konstitution und ihrer Körperkraft nehmen sie wenig Schaden.

STEINBOCK

Weiblich Erde Kardinalzeichen
Herrschender Planet: Saturn
Schlüsselwörter: Vernünftig, strebsam, berechnend

Der Mythos. Die mythologischen Verbindungen des Sternbilds Steinbock sind nicht genau bekannt, obwohl ein schwacher Hinweis auf Pan gegeben scheint. Die Babylonier besaßen einen Gott Ea, «die Antilope des unterirdischen Ozeans», der auch Kusarikku, «der Ziegenfisch», genannt wurde.

Positive Merkmale. Verläßlich; entschlossen; ehrgeizig; sorgfältig; vernünftig; Sinn für Humor; Sinn für Disziplin; geduldig; ausdauernd.

Negative Merkmale. Starre Ansichten; zu anspruchsvoll, pessimistisch; konventionell; geizig; eigennützig; ein Miesmacher.

Charakter. Die zwei Möglichkeiten des «Steinbocks» kann am besten ein Vergleich zwischen zwei Ziegenarten illustrieren: Die flinken Bergziegen bewegen sich sicher in den Felswänden und klettern auf der Suche nach frischem, würzigem Gras immer höher. Die Hausziegen haben nur den kleinen Spielraum, den ihnen Pflock und Kette gewähren.

Im allgemeinen sind die «Steinböcke» ehrgeizig, sie halten immer Ausschau nach Beförderung und höherem Gehalt. «Steinböcke» sind meist glänzende Geschäftsleute, die fast immer erreichen, was sie vorhaben. «Steinbock»-Ehefrauen kümmern sich aktiv darum, daß ihre Männer (und sie selbst) in der sozialen Hierarchie aufsteigen.

Das betrifft allein die Bergziegen aus unserem Vergleich. Die Hausziege an der Kette im Tal ist dagegen schlechter dran. Sie hat zwar auch Ehrgeiz, aber wie sehr sie sich auch anstrengt – und sie strengt sich an –, die Last des Wettbewerbs ist einfach zu schwer für sie. Wenn sie einsichtig ist, findet sie einen ruhigen, sicheren Platz mit einer einfachen Arbeit, die sie ruhig und gelassen erledigen kann.

«Steinböcke» machen nie viel Worte, aber ihre trockenen, meist etwas verdrießlichen Kommentare sind oft äußerst witzig. Häufig ist ihr Lächeln ein «umgedrehtes» Lächeln: «Steinböcke» ziehen die Mundwinkel nach unten und stoßen manchmal einen tiefen Grunzlaut aus. Sie sind verläßlich, geduldig, vorsichtig – manchmal übervorsichtig – und können beträchtliche Ent-

Sonnenzeichen
vom 22. Dezember
bis 20. Januar

Père Grandet, der Steinbock

Das Gesicht des «Steinbocks» wirkt streng, oft grimmig. Diese Wirkung verstärken die tiefen Runzeln auf der Stirn und die scharfblickenden Augen mit den schweren Lidern. Der Mund ist manchmal dünn, mit leicht hängenden Mundwinkeln. Père Grandet, der Vater von Eugénie Grandet in Honoré de Balzacs Roman verkörpert den typischen «Steinbock». Père Grandet verlangt Gehorsam, er ist streng und so geizig, daß er in seinem Haus nur eine einzige Kerze duldet. Die Großzügigkeit seiner Tochter Eugénie versteht er nicht. Als er auf dem Totenbett liegt, greift er nach dem Kreuz des Priesters, um das Gold zu fühlen.

behrungen ertragen, wenn es die Umstände verlangen sollten. Ihre Neigung zum Konventionellen macht es ihnen schwer, sich mit der emotionalen Freiheit und dem zwanglosen Verhalten ihrer jüngeren Zeitgenossen abzufinden.

«Steinböcke» sind meist eigenständige, unabhängige Persönlichkeiten. Ihr Sinn für Disziplin und ihr reines Zweckdenken kann sie in Extremfällen etwas unmenschlich erscheinen lassen.

Verstand. Der «Steinbock» ist ein ernster Rationalist. Seine Gedanken sind konstruktiv, er versteht es, in seinen Plänen jede Einzelheit zu berücksichtigen.

Er ist in der Lage, alles zurückzuweisen, was nicht seinen Maßstäben für Richtigkeit entspricht. Wenn er einmal einen Schritt nach vorn gemacht hat, geht er nie mehr zurück. Die Formulierung «kühl und berechnend» trifft wahrscheinlich genau den Kern seiner geistigen Einstellung. Neue Situationen erfaßt er nicht sehr schnell, genauso wie beim Lernen muß er sich abplagen. Aber wenn er dann etwas gelernt und ganz begriffen hat, vergißt er es nie wieder. Der «Steinbock» macht sich Sorgen; von allen Sternzeichentypen ist er am ehesten depressiv veranlagt. Wenn Merkur in Skorpion steht, ist sein Verstand feiner und tiefgründiger. Merkur in Wassermann verleiht ihm mehr Aufgeschlossenheit.

Emotionale Beziehungen. Dem «Steinbock» fallen menschliche Beziehungen manchmal nicht leicht, vor allem die Intimität liegt ihm wenig. Schuld daran ist oft seine Hemmung, sich mitzuteilen, oder die Vorrangigkeit, die er den Geschäften beimißt. Er neigt dazu, sich einsam zu fühlen.

Wenn Steinbock aufsteigt, sind diese Tendenzen weniger spürbar, und der «Steinbock» ist ein liebevoller, besorgter Ehepartner. Wenn Steinbock Sonnenzeichen ist, sollte die Position der Venus berücksichtigt werden, da sie möglicherweise ungünstige Einflüsse ausübt.

Beruf. Staatsbeamter; Mathematiker; Politiker; Wissenschaftler; Lehrer; Ingenieur; Mineraloge; Musiker; Bauunternehmer; Architekt; Geometer; Zahnarzt; alle Verwaltungsposten.

Der «Steinbock» braucht Sicherheit und jeden Monat eine Gehaltsüberweisung. Daran sollte er bei der Berufswahl denken. Der Versuch, schnell reich zu werden, zieht ihn wahrscheinlich nicht an; wenn er ihn trotzdem unternimmt, endet er mit einer Enttäuschung. Er sollte versuchen, stetige Fortschritte zu machen, auf die Dauer kommt er so oder so in seinem Beruf hoch. «Steinböcke» lieben Ruhm und Öffentlichkeit. Ihre Karriere kann ihnen so wichtig sein, daß sie alles andere vergessen. Irgendwann im Laufe seines Lebens zieht den «Steinbock» die Politik an. Sein Zeichen verleiht Musikalität, vor allem wenn Stier und Waage im Horoskop betont sind, oder wenn Venus günstig placiert ist.

Wenn der «Steinbock» ehrgeizlos ist – wenn er also der «Hausziege» gleicht – sollte er sich nach einem sicheren und nicht allzu anspruchsvollen Beruf umsehen. Er ist ein Gewohnheitstier. Kleine Dinge, das Gefühl der Dauer und Unveränderlichkeit stellen ihn bereits zufrieden.

Eltern und Kind. Der «Steinbock» sorgt sich oft übermäßig um den Erfolg seines Kindes. Er (oder die «Steinbock»-Mutter) beherrscht oft die Kinder. Sein Sinn für Humor sollte ihn bei seinen Kindern niemals verlassen, er sollte nicht mit Lob geizen und seine Kinder ermutigen, sich wie er anzustrengen, um etwas zu erreichen. Der «Steinbock» sollte sich bewußt bemühen, seinen Kindern Freude zu machen, da er viel zu oft dazu neigt, in die Rolle des «gestrengen Vaters» zu schlüpfen. Wenn er ganz in seinen geschäftlichen Interessen aufgeht, gibt er leicht alle Verantwortung für sein Kind ab. Die «Steinbock»-Mutter sollte ihre Berufsarbeit erst wiederaufnehmen, wenn die Kinder älter sind, obwohl sie den Haushalt ermüdend finden wird. Sonst identifiziert sie sich zu stark mit ihrem Beruf und ihren Kindern fehlen Zuneigung und Wärme.

Das Interesse der «Steinbock»-Kinder für Musik, Naturgeschichte, Archäologie und Bergsteigen sollte unterstützt werden. Die Kinder werden gute Sportler, aber fügen sich nicht leicht in eine Mannschaft ein. Durch Sport kann ihre Fähigkeit zur Eigeninitiative geübt und gestärkt werden.

Das langsame «Steinbock»-Kind kann in der Schule durch Kommentare wie «könnte bei etwas Anstrengung besser sein» zur Aktivität angeregt werden. Wenn es sich tatsächlich anstrengt, wird das nächste Schulzeugnis «stetige Fortschritte» bescheinigen.

WASSERMANN

Männlich Luft Fixes Zeichen
Herrschender Planet: Uranus (traditionell: Saturn)
Schlüsselwörter: Unabhängig, menschenfreundlich

Der Mythos. Für das Sternbild Wassermann existiert kein bestimmter Mythos. Der ägyptische Gott Hapi, der aus zwei Krügen Wasser goß, ist ein uraltes Symbol des Nils. In Babylon wurde das Sternbild zuerst mit der Göttin der Geburt und der Heilung verbunden.

Positive Merkmale. Menschlich; unabhängig; freundlich; willig; fortschrittlich; originell; erfinderisch; Reformgeist; treu; ergeben; idealistisch; intellektuell.

Negative Merkmale. Unberechenbar; überspannt; rebellisch; widerspenstig; taktlos; starre Meinungen; launisch; gewollt unkonventionell.

Charakter. Freundlich, menschlich, ziemlich distanziert und oft unberechenbar: der erste Eindruck, den der «Wassermann» hinterläßt, ist sympathisch, und der «Wassermann» ist tatsächlich auch sympathisch. Aber er bleibt immer etwas persönlich unbeteiligt, obwohl er anderen spontan hilft.

Der «Wassermann» hält seine persönliche Freiheit für äußerst wichtig, und er opfert ihr viel, wenn es sein muß, sogar Intimbeziehungen. Etwas konventioneller denkende Menschen fühlen sich daher von dem unberechenbaren «Wassermann» befremdet. Seine Aktivitäten werden ihnen so ganz «anders», sogar unsympathisch vorkommen, obwohl er nur Kriegsdienstverweigerer oder freiwilliger Sozialhelfer zu sein braucht. Den «Wassermann» stört diese Einstellung nicht, er zuckt nur die Schultern. Er besitzt immer einen Anflug von Originalität. Seine Originalität drückt sich in der Suche nach neuen Formen der Kunst ebenso aus wie in der Bevorzugung unkonventioneller wissenschaftlicher Arbeit. Manchmal liebt er auch die Originalität um jeden Preis, er verfällt dann der Verschrobenheit, dem Pseudokünstlertum oder bizarren Formen von Zerstreutheit.

Obwohl Reformen, Veränderungen und die Verbesserung der allgemeinen Lebensbedingungen hoch in seiner Gunst stehen, kann er auch eigensinnig sein. Seine modernen Anschauungen und seine fortschrittliche Lebensauffassung sind dann genauso starr wie die Meinungen eines Konservativen. Wenn er unrecht hat, läßt er sich nicht leicht überzeugen. Viele Menschen stört diese Mischung von gewin-

Sonnenzeichen
vom 21. Januar
bis 19. Februar

Aljoscha, der Wassermann
Das Gesicht des «Wassermanns» ist hübsch, jedoch nicht sehr ausgeprägt. Die regelmäßigen Gesichtszüge, die lebhaften Augen, die starke Nase und der breite Mund geben ihm einen Anflug von Vornehmheit. Die Kinnpartie ist jedoch fleischig und nicht sehr fest. Aljoscha, einer der Brüder Karamasow in Fjodor Dostojewskis Roman «Die Brüder Karamasow», ist ein typischer «Wassermann». Er fühlt sich der Humanität verpflichtet, besitzt Reformgeist und die zurückhaltende Ausstrahlung des «Wassermanns», allerdings mangelt es ihm nicht an Gefühl.

nender Freundlichkeit und eigensinnigem Festhalten an der eigenen Meinung. Der «Wassermann» nimmt zwar durch seine strahlende Erscheinung und seine dynamische Persönlichkeit jedermann für sich ein, aber er ist nie warmherzig oder zärtlich.

Verstand. Der «Wassermann» kümmert sich nicht darum, was andere tun oder denken. Er macht sich nicht einmal die Mühe, das Verhalten anderer Menschen zu beurteilen. Es fehlt ihm nicht an Vorstellungsvermögen: Sein Denken eilt oft der Zeit voraus, es ist scharf, zwingend, vernünftig, oft einfühlend. Der «Wassermann» ist liberal, obwohl sich hinter dem Liberalen häufig der Gleichgültige versteckt.

Der «Wassermann» besitzt wissenschaftlichen Verstand, er nähert sich analytisch einem Problem. Die Position des Merkur zeigt das Gleichgewicht seiner Verstandeskräfte an. Wenn Wassermann im Aufsteigen ist, stabilisiert Merkur in Stier, Jungfrau oder Steinbock die unberechenbare Seite seiner Persönlichkeit. Wenn Wassermann das Sonnenzeichen ist, steht der Merkur häufig in Steinbock: Die stabilisierende Wirkung wird dann durch härtere und sprödere Charakterzüge aufgewogen. Allerdings sind diese Eigenschaften beim «Wassermann» ohnehin auffällig genug.

Emotionale Beziehungen. Der verheiratete «Wassermann» braucht ziemlich viel Freiheit, auch wenn er Kinder hat. Sein Freiheitsdrang macht das Familienleben nicht gerade leicht. Er verlangt von seinem Partner ein hohes Maß an Verständnis und Toleranz, allerdings wäre es auch unklug, in einem «Wassermann» das Gefühl aufkommen zu lassen, seine Familie hielte ihn gefangen. Vielleicht ist es tatsächlich wahr, daß sich der «Wassermann» am ehesten in seinem Element fühlt, wenn er allein lebt und in jeder Hinsicht frei sein kann. Die gute Ehe des «Wassermanns» ist allerdings dauerhaft. Der «Wassermann» ist anhänglich und treu, obwohl seine wenig leidenschaftliche Natur Konflikte auslösen kann.

Beruf. Wissenschaftler; Schriftsteller; Soziologe; Sozialarbeiter; Astrologe; Astronom; Archäologe; Industriearbeiter (besonders Fernsehtechnik); Röntgentechniker; Erfinder; Pilot; Arbeit bei internationalen Organisationen.

Wenn der «Wassermann» bei seiner Arbeit glücklich sein soll, muß sie ihm Unabhängigkeit lassen, seiner Originalität entsprechen und seine Erfindungsgabe herausfordern. Routine langweilt ihn. Seine Qualitäten setzt er am besten für humanitäre Ziele ein. Er leistet sein Bestes als Entwicklungshelfer. Natürlich hält er auch eine langweilige Arbeit aus, aber sie verschleißt ihn mehr als andere.

Der «Wassermann» ist ein geborener Wissenschaftler. Entweder beschäftigt er sich mit dem Allerneuesten und Modernsten – Weltraumforschung, Biochemie und Radioastronomie – oder mit der entferntesten Vergangenheit, zum Beispiel mit der Vor- und Frühgeschichte der Menschheit. Sollte er Schauspieler sein, dann zieht ihn sicher das avantgardistische Theater an.

Den «Wassermann» beschäftigen Wissenschaft und Erfindungen auch in seiner Freizeit. Er lernt gern fliegen oder organisiert archäologische Ausgrabungen.

Eltern und Kind. Der «Wassermann» will sein Kind so unabhängig machen wie er es selbst ist. Er unterstützt die neuesten pädagogischen Methoden. Vielleicht versucht er auch, einen alten Kopf auf junge Schultern zu setzen. Mit seinen Kindern diskutiert er offen alle Streitpunkte, enger Kontakt zu ihnen fällt ihm leicht. Obwohl er selbst nur ungern seine Ansichten ändert, will er wissen, was in den Köpfen seiner Kinder vorgeht.

Wenn er zu idealistisch redet, sollte man sich erinnern, daß er sehr oft zu wirklicher Zuneigung unfähig ist. Wenn andere Mitglieder seiner Familie ihre Liebe zu Kindern etwa offener zeigen, merkt der «Wassermann»-Elternteil, daß seine Beziehung zu Kindern nicht so vollkommen ist, wie er es manchmal meint. Auf keinen Fall läßt er sich zu Szenen hinreißen, das entspricht nicht seinem Charakter.

Das «Wassermann»-Kind sollte über natürliche Geschicklichkeit verfügen. Man sollte bereits in frühester Jugend seine Erfindungsgabe fördern. Chemie-Experimentierkästen und Bücher über Astronomie ziehen das «Wassermann»-Kind an. Es kann musikalisch sein und gern ein etwas außergewöhnliches Instrument spielen wollen. Es lernt schnell, und seine Schulzeugnisse sind ermutigend. Allerdings neigt es zur Sprunghaftigkeit, man sollte ihm daher helfen, möglichst regelmäßig zu arbeiten.

FISCHE

Weiblich Wasser Veränderliches Zeichen
Herrschender Planet: Neptun
Schlüsselwörter: Verschwommen, beeindruckbar

Der Mythos. Von dem ungeheuren und gräßlichen Typhon erschreckt, stürzten sich Aphrodite und Adonis in den Nil und verwandelten sich in Fische. Pallas Athene wollte ewig an das Ereignis erinnern und setzte die Fische an den Himmel. Die Babylonier nannten das Sternbild «Kun» oder «die Schwänze», es war auch als «die Leine» bekannt, an die die zwei Fischgöttinnen Anunitum und Simmat gebunden waren.

Positive Merkmale. Bescheiden; mitfühlend; mitleidig; gefühlvoll; weltfremd; sensibel; anpassungsfähig; leicht zu beeindrucken; einfühlend; empfänglich.

Negative Merkmale. Zerstreut; sorglos; verschlossen; leicht verwirrt; unfähig, mit der praktischen Seite des Lebens fertig zu werden; willensschwach; unentschlossen.

Charakter. Von allen Sternzeichentypen sind die «Fische» wahrscheinsich am leichtesten Einflüssen zugänglich. Sie sind sehr sensibel, äußerst weltfremd und unpraktisch. Sie sind immer darauf aus, der Realität zu entfliehen. Andere Stellen des Horoskops zeigen, wie diese möglicherweise negativen Tendenzen ausgeglichen werden können.

Auf der positiven Seite stehen das Mitgefühl der «Fische» und ihre Gabe, die Leiden ihrer Mitmenschen zu lindern. Sie tun es entweder praktisch durch Krankenpflege oder in etwas weiterem Sinn durch Fürsprache. Aber sie können nicht zuviel Realität ertragen. Wenn sie klug sind, entrinnen sie ihr positiv durch die Kunst und entwickeln ihre Begabung für Dichtung, Theater, Pantomime und Tanz, wenn sie unklug sind, suchen sie bei Rauschgiften Zuflucht, die ihre Lage nur verschlimmern.

Der Gefühlsstrom der Fische ist so tief und reißend, daß er sie oft verwirrt und ängstigt. Je besser die «Fische» ihre Gefühle schöpferisch auszudrücken lernen, um so mehr steigen die Aussichten, daß sie ihre Gefühle psychisch bewältigen können. Aber durch geistige Verwirrung, Unentschlossenheit und Ziellosigkeit können sich die Gefühle des «Fisches» auf ihn selbst richten, und alles ist verloren.

«Fische» passen sich nicht leicht an, sie finden sich nur ungern mit Disziplin und alltäglichen Pflichten ab. Am liebsten hal-

Sonnenzeichen
vom 20. Februar
bis 21. März

Aschenputtel – das Fische-Mädchen
Die sensible und liebenswürdige Art des «Fisches» zeigt sich auch im sanften Oval seines Gesichts. Die Stirn ist klar, und die Augenbrauen wölben sich über großen, runden Augen. Kleine Nase, volle Wangen und zarter Hals betonen das ätherische Aussehen. Der Mund ist manchmal sinnlich. Eine typische Vertreterin dieses Sternzeichens ist das sich aufopfernde, geduldige und leidende Aschenputtel. Es dürfte allerdings Schwierigkeiten gehabt haben, sich mit dem aufwendigen Lebensstil einer Königin abzufinden.

ten sie sich aus Reglementierung und Routine heraus. Ihre natürliche Freundlichkeit, ihr Mitgefühl und ihre echte «Weichheit» inspirieren ihre Freunde, und ihr gewinnendes Auftreten läßt wahrscheinlich die Freunde nicht einmal das Chaos bemerken, das allzuoft in ihrer Wohnung herrscht.

Die Gefühlsseligkeit der «Fische» kann manchmal praktischere, erdverbundenere Menschen ärgern. Aber ihre Hilfsbereitschaft und Hingabe machen diesen Fehler wett und sollten materialistischere Menschen vielleicht zum Nachdenken anregen.

Verstand. Wenn der «Fisch» seine Ideen oder Entschlüsse tatsächlich einmal zusammenhängend vorlegt, weiß er wahrscheinlich gar nicht, wie es dazu kam. An Ideen fehlt es ihm ganz sicher nicht, nur gelingt es ihm nicht immer, den Weizen von der Spreu zu trennen. Viele seiner Ideen sind ziemlich unpraktisch, und irgend jemand muß es ihm schonend beibringen. «Oh», wird er höflich sagen, «so herum habe ich die Sache gar nicht betrachtet. Natürlich haben Sie recht.»

Der «Fisch» braucht einen Helden. Wenn er Künstler ist, sucht er sich ein leuchtendes Vorbild in den höchsten Regionen der Kunst. Wahrscheinlich ist er für Religion empfänglicher als andere, aber auch seine Arbeit kann für ihn zur Religion werden. Er muß sich für irgend etwas einsetzen; er braucht dringend eine Quelle der Inspiration – seinen eigenen Gott, vielleicht auch nur jemanden, den er liebt.

«Fische» besitzen in der Regel eine außerordentlich starke Intuition. Sie können hellseherische und mediale Fähigkeiten entwickeln. Diesen Bereichen sollten sie sich jedoch nie ohne Skepsis nähern.

Emotionale Beziehungen. Der «Fisch» sollte sich niemals Hals über Kopf verlieben oder unvorsichtig Gefühlsbindungen eingehen. Er läßt sich sehr leicht hinreißen und entdeckt dann zu spät, daß die wunderbaren Eigenschaften, die er an seiner Freundin zu entdecken glaubte, einfach nicht existieren. Auch mit der praktischen Seite der Ehe wird er nur schwer fertig. Er ist ein wunderbarer Liebhaber mit viel Sinn für Romantik. Wenn Fische im Aufsteigen ist, besitzt er eine überraschend kritische Einstellung zum Partner, die seine sonst etwas nebelhaften Ansichten abklärt. Seine romantische Schwärmerei verstärkt sich, wenn Venus in Fische steht.

Beruf. Schauspieler; Tänzer; Schriftsteller oder Dichter; Fischhändler; Schuhmacher; Schiffahrt; Krankenpflege und alle medizinischen Berufe; Hypnotiseur; Trickkünstler; Fotograf; Priester.

«Fische» sollten sich prinzipiell vor Berufen hüten, die Disziplin verlangen oder mit Lärm verbunden sind. Sie würden jedoch die Disziplin eines pflegerischen Berufs akzeptieren, da sich in ihm die positive Seite ihrer psychischen Grundausstattung nützlich ausdrücken kann.

In der Regel konzentriert sich das Interesse der «Fische» auf die Künste. Sie scheinen ihrer Persönlichkeit am besten zu entsprechen. Die Wissenschaft zieht sie meist wenig an. Manchmal fällt es ihnen schwer, ihre künstlerischen Ambitionen rational zu erkennen. Daher bleiben sie häufig Freizeitkünstler, in deren Beruf künstlerische Elemente keine Rolle spielen. Wenn sie jedoch ihre Ideen bewußt zu verwirklichen gelernt haben, steht ihnen manchmal der Weg zu künstlerischem Ruhm offen.

Eltern und Kind. «Fische» korrigieren nur ungern die Fehler anderer. Daher kann es den «Fischen» leicht passieren, daß sie ihre Kinder verziehen. Es ist schwierig, ihnen einen Rat zu geben, wie sie dieser Neigung entgegenwirken können. Wenn Fische Sonnenzeichen ist, kann die Position des Mondes im Geburtshoroskop weiterhelfen. Wenn das Sternzeichen im Aufsteigen ist, gleicht eine etwas kritischere Einstellung die große Nachgiebigkeit aus.

Der «Fische»-Elternteil bietet seinen Kindern glänzende künstlerische Anregungen. Er sollte nur seine Unzulänglichkeit in praktischen Dingen einsehen (Unordentlichkeit, Unpünktlichkeit usw.) und seine Kinder davor behüten, ihn nachzuahmen.

Das «Fische»-Kind paßt in keine strenge oder übertrieben pedantische Schule. Es mag keine Fakten, außer in Geschichte, wo sie seine Phantasie anregen. Wahrscheinlich ist es sprachbegabt und hat keine Schwierigkeiten mit der Aussprache. Es sollte zum Malen angeregt werden, Ballettunterricht oder Eislauf sollte ihm erlaubt werden. Von kampfbetonten Sportarten zieht es sich zurück. Wenn es künstlerische Begabung besitzt und seinen Neigungen folgen darf, wird es am glücklichsten sein.

DEUTUNGEN DES GEBURTS-HOROSKOPES

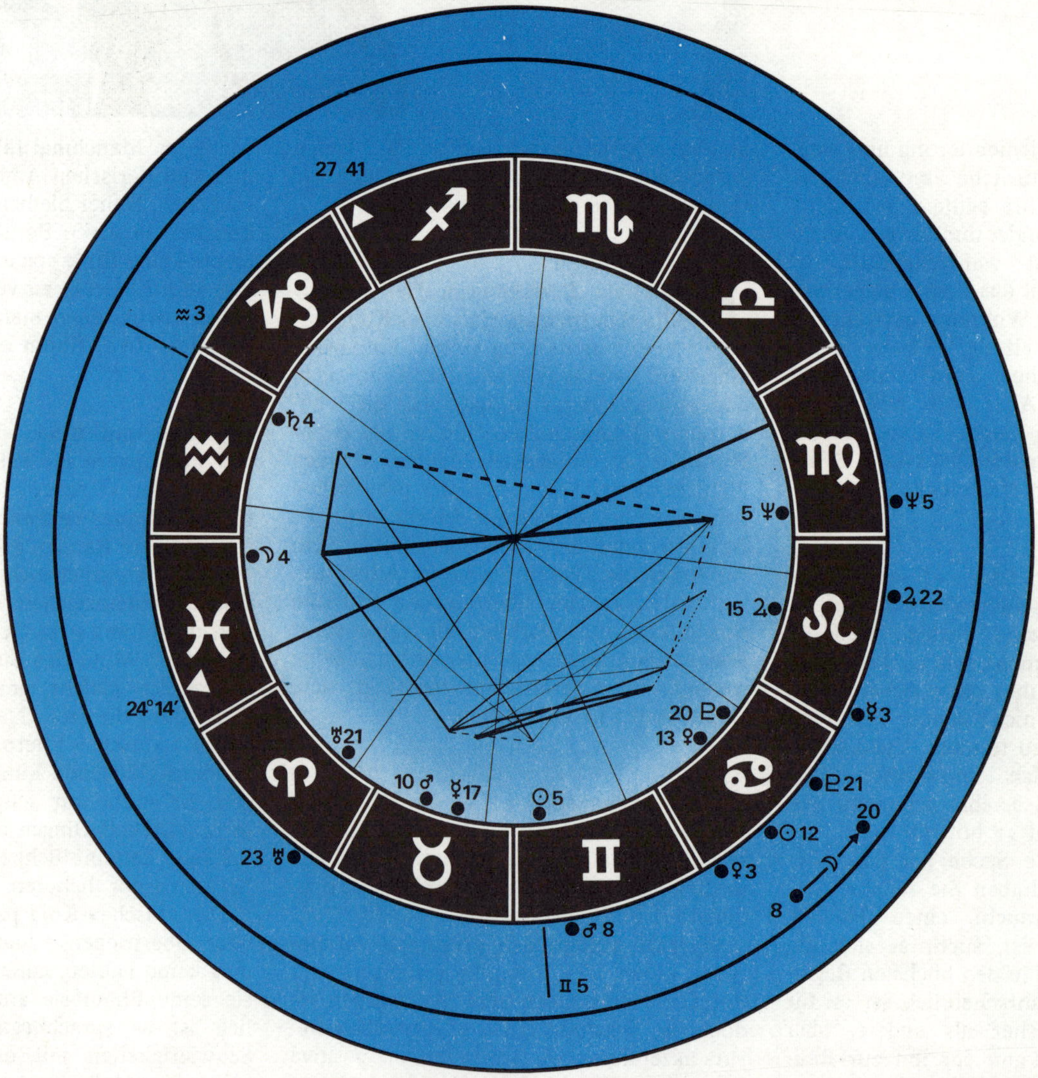

3

Hier wird der Leser selbst zum Astrologen, der wohl bewandert ist auf den Wegen der äußeren Welt. Er lernt seine schon beträchtliche Kenntnis der himmlischen Bewegungen anzuwenden auf eine subtilere Beurteilung dessen, was diese Bewegungen für uns alle bedeuten. Indem er mit den Feinheiten der astrologischen Wissenschaft vertraut wird, steigt er zu der Erkenntnis auf, daß sich im menschlichen Leben die Gesetzmäßigkeiten des Universums widerspiegeln. Im dritten Teil dieses Buches werden die Geheimnisse der Planetenpositionen enthüllt, insbesondere werden ihre Aspekte gründlich erforscht, wenn sie in bestimmten Winkelbeziehungen zueinander stehen. Die Aspekte und ihre Einflüsse werden in klar faßlicher, deutender Erzählung dargeboten und zusätzlich noch erhellt durch besondere Einblicke in das Leben großer Menschen aus allen Zeiten. Durch das Gesetz der astrologischen Progression werden zukünftige wie vergangene Ereignisse im Licht der bekannten Planetenpositionen und ihrer Bedeutung gesehen. Der Leser lernt hier, die Progression eines Horoskops vorzunehmen und einen Teil der Zukunft zu entschleiern. Von den Progressionen führt unsere Darstellung weiter zur Sphäre des praktizierenden Astrologen, dessen tägliche Arbeit im Lösen von Schwierigkeiten jeglicher Art besteht. Des weiteren zeigen wir dem Leser, wie er selbst zur Meisterschaft aufsteigen kann, wenn er sein astrologisches Wissen vervollkommnet und damit die Fähigkeit erlangt, die menschlichen Dinge in ihrem Grund zu erkennen. Aber astrologische Meisterschaft verlangt Besonnenheit und vorsichtiges Abwägen, um nicht in Wahrsagerei zu verfallen.

DIE ASPEKTE

Wie man die Aspekte der Planeten im Horoskop entdeckt und deutet

Der nächste Schritt bei der Berechnung eines individuellen Geburtshoroskops ist die Feststellung der Planetenaspekte.

Planeten haben dann «Aspekte», wenn zwischen ihren Positionen auf der Ekliptik bestimmte Winkelabstände vorliegen. Die Beziehungen der Planeten zueinander enthüllen die Teile der Persönlichkeit, wo sich Eigenschaften vollständig und positiv entwickeln und ausdrücken können. Sie zeigen aber auch an, wo psychische Beanspruchungen und Belastungen wahrscheinlich die Entfaltung der Persönlichkeit beeinträchtigen, Aspekte gehören demnach zu den wichtigsten Faktoren eines Horoskops.

Berechnung

Zur Berechnung der Aspekte braucht man keine allzu große Geschicklichkeit. Man sollte sich nur vergewissern, daß man keinen Aspekt übersehen hat, denn einige sind unauffällig. Wie aus der Darstellung unten ersichtlich wird, bezeichnet man die einzelnen Aspekte mit Symbolen. Sie bilden den dritten und letzten Teil der astrologischen «Kurzschrift».

Aspekte beruhen also auf gewissen Winkelabständen der Planeten zueinander. Eine exakte *Konjunktion* ergibt sich, wenn die Planeten denselben Grad auf der Ekliptik einnehmen, ein exaktes *Quadrat,* wenn zwei Planeten genau 90° voneinander stehen (z. B. Sonne 15° Widder; Mond 15° Krebs). Ein exaktes *Trigon* liegt vor, wenn der Winkelabstand zwischen zwei Planeten 120° beträgt (z. B. Venus 27° Stier; Jupiter 27° Steinbock).

Aber wir müssen auch den «Wirkungsumkreis» (Orbis) der Planeten berücksichtigen. «Wirkungsumkreise» umfassen eine gewisse Anzahl von Graden und Minuten um den exakten Aspekt. Der tolerierte Wirkungsumkreis verändert sich nach der Stärke des Aspekts: Starken Aspekten wie Konjunktion, Opposition und Trigon kann ein größerer Wirkungsumkreis zugespro-

Starke Aspekte

Konjunktionen sind Brennpunkte im Geburtshoroskop. Sie wirken positiv oder negativ verstärkend, je nach den Positionen der Planeten in den Zeichen und Häusern.

Oppositionen akzentuieren die Polarität im Horoskop. Sie können auch ein starkes Bindeglied bilden.

Quadrate können je nach ihrer Position Spannung anzeigen oder der Persönlichkeit Antrieb und Kraft geben.

Trigone helfen starken Persönlichkeiten, sie können sich auf schwache Menschen sehr schädlich auswirken.

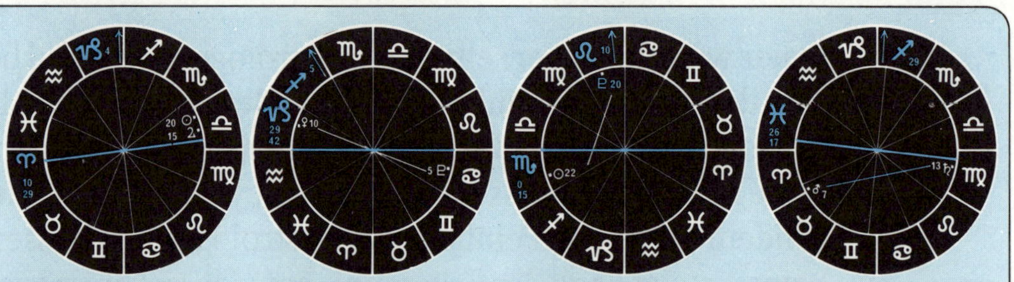

Konjunktion
Exakter Aspekt: 0°
Wirkungsumkreis: 8°–9°

Opposition
Exakter Aspekt: 180°
Wirkungsumkreis: 8°–9°

Quadrat
Exakter Aspekt: 90°
Wirkungsumkreis: 8°–9°

Trigon
Exakter Aspekt: 120°
Wirkungsumkreis: 8°–9°

Weniger starke Aspekte

Anderthalbquadrate zeigen Belastungen an, sie sollten besonders beachtet werden, wenn sie zwischen zwei wichtigen Planeten vorkommen.

Sextile können wie die Trigone die guten Eigenschaften verstärken, obwohl ihre Wirkung schwächer ist.

Die Wirkung des **Quincunx** läßt sich schlecht vorhersagen. Obwohl es zu den weniger starken Aspekten gehört, sind seine Einflüsse in gewissem Maß ungewöhnlich und unbeständig. Seine Kraft ist manchmal ziemlich groß, so daß es nicht unterschätzt werden sollte.

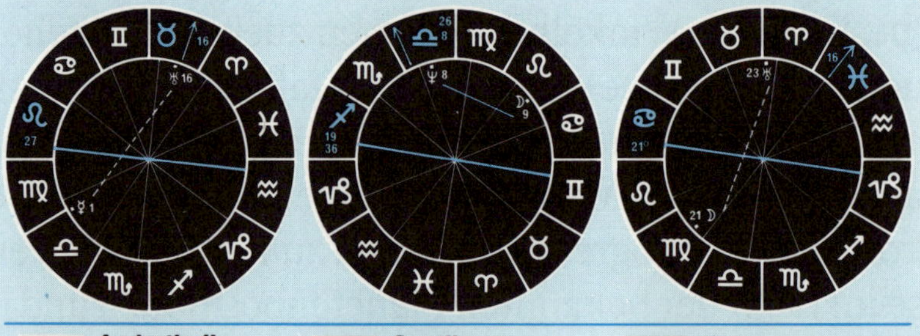

Anderthalbquadrat
Exakter Aspekt: 135°
Wirkungskreis: 2°

Sextil
Exakter Aspekt: 60°
Wirkungsumkreis: 5°–6°

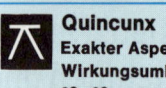

Quincunx
Exakter Aspekt: 150°
Wirkungsumkreis: 2°–3°

Schwache (kleine) Aspekte

Halbsextile und **Halbquadrate** sind weniger wirksam, sie verraten jedoch Spannungen, wenn wichtige Planeten betroffen sind. Zwischen zwei «langsamen» Planeten in wenig betonten Häusern oder Zeichen ist ihre Wirkung gering. Der Astrologe kann sie dann bei der Deutung des Horoskops vernachlässigen. Ältere Lehrbücher der Astrologie führen weitere Aspekte auf (Quintil, Decil, Biquintil usw.). Die moderne Astrologie verwendet sie kaum mehr, da ihre Wirkung zu schwach und unbestimmt ist, um sinnvolle Deutungen zu erlauben.

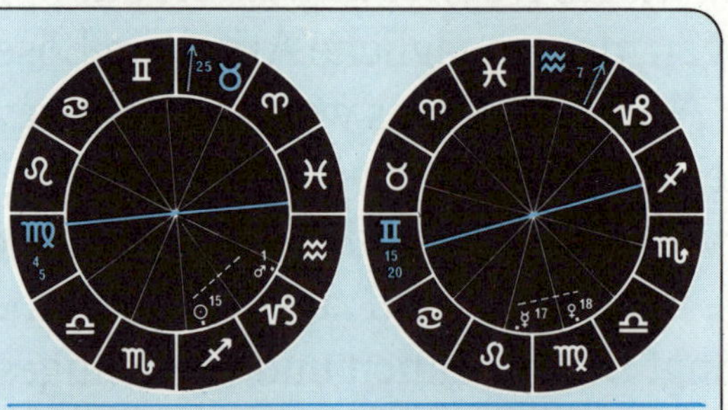

Halbquadrat
Exakter Aspekt: 45°
Wirkungsumkreis: 2°

Halbsextil
Exakter Aspekt: 30°
Wirkungsumkreis: 2°

Anmerkung

Wie Konjunktionen oder Oppositionen wirken auch die **Parallelen** (P). Dieser Aspekt ergibt sich, wenn zwei Planeten auf demselben Grad der Deklination stehen, nördlich oder südlich vom Äquator. Da Planeten mit paralleler Deklination ohnehin oft in Aspekten auf der Ekliptik erscheinen, wurden die Tabellen mit der Deklination der Planeten nicht aufgenommen. Für diesen Aspekt gilt ein Wirkungsumkreis von 1°30' bis 2°. Die modernere Astrologie vernachlässigt allerdings die Parallelen.

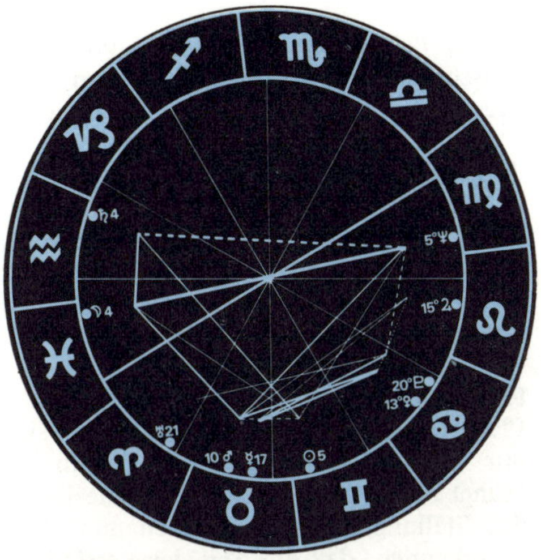

Darstellung der Aspekte (oben)
Die Aspektlinien im Geburtshoroskop gehen von den Punkten aus, mit denen die Planetenpositionen markiert wurden. Oppositionen und Quadrate werden durch schwarze Linien, Trigone und Sextile durch rote, unbedeutende Aspekte durch schwarze Punktlinien gekennzeichnet. Konjunktionen werden nicht besonders ausgezeichnet, da die Position der Planeten innerhalb des Wirkungsumkreises von 9° oder auf demselben Grad sofort auffällt.

Aspektschema (rechts)
Formulare dieser Art erscheinen gewöhnlich auf den vorgedruckten Horoskopblättern oder liegen ihnen bei. Der Ausgangspunkt für die Berechnung der Aspekte ist die Sonne, dann folgen Mond, Merkur usw. bis zum äußersten Planeten, dem Pluto. Für jeden Aspekt setzt man in das entsprechende Feld das Symbol des Aspekts ein. Die Felder ohne Aspekt werden zur Kontrolle mit einem Punkt markiert. Die Buchstaben A und MC stehen für Aszendent und Himmelsmitte.

	☉	☽	☿	♀	♂	♃	♄	♅	♆	♇
☉		□	·	·	·	·	△	·	□	·
☽			·	·	✱	·	⊻	·	☍	⧉
☿				✱	☌	□	·	·	·	✱
♀					✱	⊻	·	□	·	☌
♂						□	□	·	△	·
♃							·	△	·	·
♄								·	⊼	·
♅									·	□
♆										∟
♇										
A	·	·	·	·	·	·	·	·	·	△
MC	·	·	·	·	·	·	·	△	·	·

chen werden als schwachen. So muß eine Konjunktion auch dann berücksichtigt werden, wenn die Planeten 7° voneinander entfernt stehen (z. B. Zwillinge 13°: Zwillinge 21°). Die Konjunktion ist dann zwar nicht mehr exakt, aber noch wirksam. Das oben aufgeführte Quadrat von Sonne und Mond ist noch ein gültiger Aspekt, wenn die Sonne in 15° Widder und der Mond in 22° Krebs stehen, bei 24° Krebs wäre der Wirkungsumkreis jedoch überschritten.

Manchmal müssen bei der Berechnung von Aspekten auch die Bogenminuten beachtet werden. Aber im wesentlichen reichen für die Feststellung der äußeısten Grenze von Wirkungsumkreisen die Gradzahlen in unserer Tabelle aus.

Wenn wir die Tabelle vereinfachen, stehen Planeten in Aspekten bei Abständen von 0°, 30°, 45°, 60°, 90° 120°, 135°, 150° oder 180° auf der Ekliptik. Ein Toleranzbereich ist dabei erlaubt, die Toleranzen zeigt die Darstellung auf Seite 132.

Methode
Wenn man von einem Horoskop ausgeht, für das die Positionen des Aszendenten, der Himmelsmitte und der Planeten schon berechnet wurden, hält man sich an folgendes Verfahren:

Beginnen Sie mit der Sonne, da ihre Aspekte die bedeutsamsten im Horoskop sind. Verbinden Sie dann die Positionen von Sonne und Mond, von Sonne und Merkur, Sonne und Venus. Dann folgen die Verbindungen der Sonne mit Mars, Jupiter, Saturn, Uranus, Neptun, Pluto, Aszendent und Himmelsmitte. Dieselbe Technik wenden Sie für den Mond an, dann folgen Planeten vom innersten (Merkur) zum äußersten (Pluto). Natürlich nimmt mit fortschreitender Entfernung von der Sonne die Zahl der möglichen Verbindungen einzelner Positionen ab. Für Pluto muß nur noch die Verbindung zum Aszendenten und zur Himmelsmitte festgestellt werden.

Wenn Sie alle Planeten berücksichtigt haben, tragen Sie die entsprechenden Zeichen für die Aspekte in die Kästchen des Aspektschemas ein. Wenn Sie ins Zentrum jedes Kästchens einen Punkt malen, können Sie kontrollieren, ob Sie alle wichtigen Aspekte berücksichtigt haben.

Nun zeichnen Sie im Horoskop die Aspektlinien ein, die die einzelnen Planetenaspekte kenntlich machen. Nur die Konjunktionen brauchen nicht markiert zu werden, da sie ohnehin durch die Nähe der Planeten zueinander auffallen.

Bevor Sie die Aspektlinien ziehen, stechen Sie mit einem Zirkel genau im Mittelpunkt des Horoskops ein und tragen im gleichen Abstand vom Mittelpunkt des Horoskops kleine Punkte bei den entsprechenden Planetenzeichen und Gradangaben ein. Quadrate und Oppositionen werden üblicherweise durch schwarze Linien, Trigone und Sextile durch rote und die unbedeutenderen Aspekte durch Punktlinien gekennzeichnet.

DEUTUNG DER ASPEKTE 1

Die wichtigen Aspekte
Die ältere Astrologie unterschied zwischen guten, schlechten und neutralen Aspekten. Neutral war zum Beispiel die Konjunktion. Als «gute» Aspekte galten Trigon und Sextil, als «schlechte» Opposition und Quadrat. Bis zu einem gewissen Grade wird diese Trennung noch akzeptiert. Aber die moderne Aspektlehre entwickelt sich stetig weiter, und heute wird allgemein angenommen, daß das Quadrat einer Persönlichkeit Kraft, Energie und Durchsetzungsvermögen verleihen kann, besonders wenn der Aspekt die übrigen Planetenverbindungen gut ergänzt.

Oppositionen verschärfen die Polaritäten im Horoskop. Manchmal stellen Sie aber auch feste Bindeglieder dar – gerade diese müssen jedoch besonders sorgfältig geprüft werden. Die Opposition zwischen Sonne in Löwe und Saturn in Wassermann kann in einem Horoskop, in dem die äußerst lebhaften Feuer- und Wasserzeichen betont sind, die Persönlichkeit etwas besser verankern und die überschäumende Begeisterung dämpfen. Dagegen kann die Opposition zwischen Mond und Uranus im Horoskop einer Frau, in dem die Wasser-Zeichen betont sind, auf Zeiten ernster Spannung und Belastung hinweisen.

Konjunktionen betonen die positiven oder negativen Merkmale, je nachdem, in welchem Haus und Zeichen sie stehen. Manchmal ergeben sich Konjunktionen, wenn ein Planet am Ende eines Zeichens, ein anderer am Beginn des nächsten Zeichens steht. Auch hier sollte nicht übersehen werden, daß Zeichen und Häuser die Wirkung der Konjunktion modifizieren.

Trigone und *Sextile* sind schon von der Astrologie des Altertums als hilfreich erkannt worden. Beide verstärken die angenehmen Charakterzüge, die im Horoskop durch auffallend gut placierte Planeten angezeigt werden. Aber man sollte sich nicht von einem glänzenden Horoskop täuschen lassen! Eine Schar von Trigonen und Sextilen kann einen der angenehmsten Menschen auf Erden anzeigen, aber er selbst mag darunter leiden, daß ihm alles viel zu leicht in den Schoß fällt. Die frühen Astrologen hielten eine auffällige Häufung von Trigonen für ein Zeichen des Bösen.

Die schwächeren Aspekte
Der wichtigste Aspekt dieser Gruppe ist der unberechenbare *Quincunx*. Er kann belastend wirken, besonders wenn ihn ungünstige Direktionen aktivieren. Daher sollte er nicht unterschätzt werden.

Semiquadrate, Halbsextile und Sesquiquadrate (135°) sollten beachtet werden, da sie belastend sein können. Wenn sie zwischen zwei wichtigen Planeten vorliegen, sind sie meist ziemlich einflußreich.

Aspektmuster
Manchmal bilden die Aspekte eines der drei grundlegenden Muster: Großes Kreuz, Großes Trigon und T-Quadrat. Die Muster ergeben sich aus den Beziehungen zwischen den Positionen einer Gruppe von Planeten.

Planeten ohne Aspekt
Planeten ohne Aspektbeziehung finden sich nur sehr selten im Horoskop. Wenn ein Planet ohne Aspekt steht, gibt seine jeweilige Stellung in einem Zeichen und Haus zu erkennen, daß ein Teil der Persönlichkeit nicht gut integriert ist. Beispielsweise bedeutet Venus ohne Aspekte im Siebten Haus, daß der Horoskopträger verzweifelt menschliche Beziehungen aufnehmen und pflegen möchte, jedoch auf ungewöhnlich große Schwierigkeiten stößt.

Deutung
Die folgenden Beschreibungen der Aspekte sind durch «Konjunktionen», «Positiv» und «Negativ» untergliedert. Man sollte jedoch nicht vergessen, daß oft die negativen Aspekte auf die «Grundausstattung» eines Menschen hinweisen.

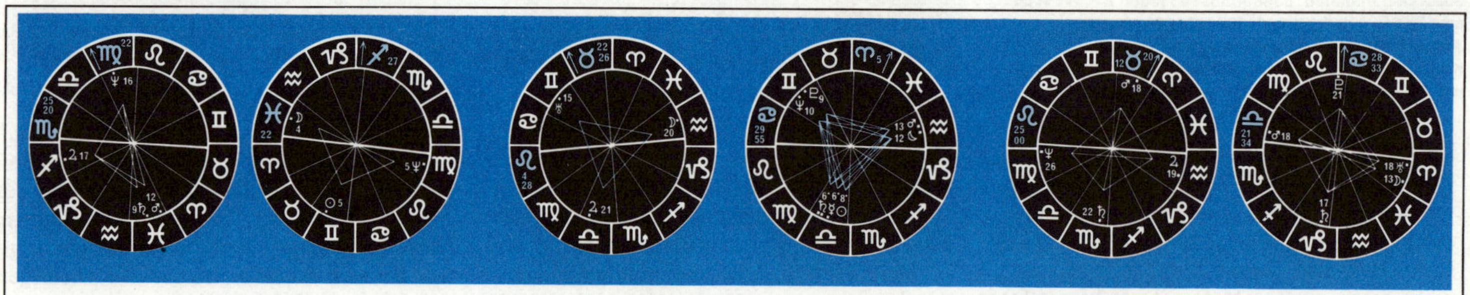

Das T-Kreuz
Das T-Kreuz ist die häufigste Aspektform: Eine Opposition zweier Planeten wird durch einen dritten erweitert, der den Abstand zwischen ihnen halbiert und daher mit beiden im Quadrat steht. Wie alle anderen Aspektmuster ist auch dieses nur ein halber Segen. Die drei Planeten, die sich feindlich gegenüberstehen, können die Ursache von Spannungen sein; wenn andere Stellen des Horoskops ausgleichen, kann aus diesem Muster eine Quelle der Energie werden. Jedoch ist es oft ein Hindernis, besonders wenn die Ecken des Horoskops betroffen sind. Wer in seinem Horoskop ein T-Quadrat findet, sollte an anderen Stellen des Horoskops nach einem Gegengewicht Ausschau halten, da das T-Quadrat normale Verhaltensmuster stören kann. Wenn das Muster an empfindlicher Stelle steht, zeigt es eine Abweichung vom normalen Verhalten an.

Das Große Trigon
Dieses Muster wird von drei Planeten gebildet, die jeweils in einem Trigon zueinander stehen. Es zeigt in jedem Falle an, daß der Horoskopträger «angepaßt» ist. Aber das Übergewicht von Trigonen im Horoskop einer schwachen Persönlichkeit kann ihr das Leben zu einfach machen: Sollte sie einmal richtig in Schwierigkeiten geraten, wird sie ganz sicher versagen. Wenn einem Großen Trigon ein T-Kreuz oder Quadrate und Oppositionen entgegenwirken, besteht gute Aussicht, daß sich das Gleichgewicht wieder herstellt.

Anmerkung. Sollte der Fall eintreten, daß eine größere als die genannte Zahl von Planeten bei T-Kreuzen, Großen Trigonen und Großen Kreuzen beteiligt ist, so verstärkt sich die Wirkung des betreffenden Musters ganz erheblich.

Das Große Kreuz
Dieses Muster aus zwei Oppositionen bzw. aus vier über kreuzstehenden Planeten ist äußerst selten. Seine Bedeutung ist häufig als «geht's gut oder geht's schief?» beschrieben worden, und diese Charakterisierung trifft sicherlich zu. Ob es gutgeht oder schiefgeht, darüber entscheiden die Lage des Großen Kreuzes im Horoskop und die beteiligten Planeten. Wer dieses Kreuz in seinem Horoskop feststellt, trägt wahrhaftig ein Kreuz, ganz abgesehen davon, ob er Erfolg oder Mißerfolg hat, unter psychischen Problemen leidet oder einigermaßen ausgeglichen ist.

Das Muster wirkt am nachteiligsten, wenn die Planeten in fixen Zeichen stehen. Hier kann man aber seinen Schwierigkeiten etwas ruhiger entgegensehen, als wenn sich das Muster zwischen Planeten in veränderlichen oder Kardinalzeichen ergibt, wo seine Wirkung besonders belastend ist.

1 ASPEKTE DER SONNE

Die Sonne beeinflußt das Ich des Menschen, sein aktives Leben, seine Vitalität und seinen Selbstausdruck.

SONNE MOND

Konjunktion
Sie verstärkt noch einmal die Merkmale des Zeichens, in dem die Sonne steht. Die Persönlichkeit des Horoskopträgers kann dadurch so nachhaltig beeinflußt werden, daß er zur Einseitigkeit neigt. Vielleicht trägt die Konjunktion dazu bei, tiefsitzende und unausrottbare Gewohnheiten zu schaffen, den geistigen Horizont zu verengen und die Anpassungsfähigkeit zu verringern. Oft stehen Merkur, Venus und Sonne in einem Zeichen. Wenn diese starke Betonung eines Zeichens eintritt, besteht die Tendenz zur Unausgeglichenheit. Eigenwilligkeit und Eigensinn sind oft die Folgen. Andere Stellen des Horoskops müssen dann auf ausgleichende Einflüsse hin untersucht werden. Vor allem sollte auf das Zeichen und das Haus geachtet werden, deren Wirkung diese bedeutungsvolle Konjunktion verstärkt. Extremere Tendenzen werden gemildert, wenn sich die Konjunktion auf das Ende des einen und den Anfang des nächsten Zeichens verteilen sollte. Dieser Umstand bewirkt eine manchmal heilsame Schwächung der Eigenschaften beider Zeichen.

Positive Aspekte
Aspekte zwischen Sonne und Mond sind in der Regel äußerst günstig. Wenn beide Gestirne nicht ungünstig aspektiert sind, schaffen sie vor allem ein glänzendes Bindeglied zwischen Bewußtsein und Unbewußtem des Menschen. Das Trigon zeigt besonders das Fehlen von inneren Widersprüchen an. Wer diesen Aspekt im Horoskop hat, ist meist ruhig und oft beliebt, er wird leicht zufriedengestellt sein. Vielleicht besitzt er wenig Ehrgeiz, denn er dürfte mehr auf ein Leben in Ruhe und Frieden erpicht sein, als auf harten Konkurrenzkampf im Beruf oder in der Gesellschaft. Wenn diese Neigung sehr ausgeprägt ist, gerät der Horoskopträger in die Gefahr, sich in seinem Beruf verschleißen und von seinen Freunden ausnutzen zu lassen. Die allgemeine Harmonie der Persönlichkeit wird jedoch von den positiven Aspekten unterstützt.

Königin Juliana (links)
Das Trigon aus Sonne und Mond bekräftigt ihre ausgewogene Persönlichkeit.

Émile Zola (unten)
Bei dem Romancier Émile Zola standen Sonne, Mond, Merkur, Mars und Pluto in Widder.

Negative Aspekte
Diese Aspekte enthüllen meist einen Konflikt, der die Persönlichkeit ernsthaft bedrohen kann. Gewöhnlich ist irgend etwas «faul»: Vielleicht ist der Horoskopträger an einen Beruf gebunden, für den er sich nicht wirklich interessiert, oder er leidet unter familiären Problemen. Selbst wenn alles scheinbar zum besten steht, kann ein heftiger Generationskonflikt die Familienmitglieder trennen. Manchmal besteht ein Hang zur Arroganz, zeitweilig sogar zu herrischem Auftreten. Die Aspekte können jedoch zum Erreichen des Lebensziels, besonders des beruflichen Ziels, anstacheln, oft als Kompensation für innere Konflikte.

SONNE MERKUR

Konjunktion
Der Abstand zwischen Sonne und Merkur auf der Ekliptik beträgt nie mehr als 28°, da Merkur der Sonne am nächsten steht. Beide Planeten können im Horoskop nur durch einen einzigen Aspekt, die Konjunktion, verbunden sein. Manche Astrologen behaupten, daß eine enge Konjunktion von weniger als 5° Abstand die geistigen Fähigkeiten des Horoskopträgers beeinträchtigen kann. Jedoch scheint eher die geistige Beweglichkeit zu leiden als die natürliche Begabung oder der Intelligenzquotient. Sehr oft sind Menschen mit einer «verbrannten» Konjunktion – wenn weniger als 5° Wirkungsumkreis die Planeten trennen – eigensinnig, dogmatisch und verfallen leicht Vorurteilen. Wahrscheinlich löst sich ihr Verstand nie von persönlichen Gefühlen. Diese Tendenz schwächt sich natürlich ab, wenn die Konjunktion die Grenze zwischen zwei Zeichen «überschreitet», das heißt am Ende eines Zeichens und am Beginn des nächsten erscheint.

SONNE VENUS

Der Abstand zwischen beiden Planeten auf der Ekliptik beträgt nie mehr als 48°. Ihre Möglichkeiten, Aspekte zu bilden, sind daher auf Konjunktion, Halbsextil und Halbquadrat eingeschränkt.

Konjunktion
Diese Planetenverbindung ist positiv und erfreulich. Sie trägt zur Warmherzigkeit, Großzügigkeit und persönlichen Anziehungskraft bei. Menschen mit diesem Aspekt im Horoskop haben oft künstlerische Neigungen, wahrscheinlich zieht sie vor allem die Musik an. Ihr Geschmack ist verfeinert und ansprechend, er orientiert sich allerdings eher an der Tradition als an der modernen Kunst. Man darf jedoch nicht übersehen, daß eine gewisse Empfindlichkeit das Erfreuliche dieser Planetenbeziehung trüben kann. Wenn sich die Konjunktion an empfindlicher Stelle (Waage, Stier oder Siebtes Haus) findet, kann der Horoskopträger von Zeit zu Zeit an einer Art Verfolgungskomplex leiden.

Halbsextil
Dieser Aspekt scheint eine schwächere Ausgabe der Konjunktion zu sein. Bei der Deutung sollte er berücksichtigt, aber nicht allzu stark hervorgehoben werden.

Halbquadrat
Dieser Aspekt zeigt im Horoskop einer Frau die Neigung an, sich leicht aufzuregen. Er kann zusätzliche Gefühle bewirken und fördert die künstlerischen Ambitionen, vor allem für Musik oder Tanz. Erstaunlicherweise haben die Autoren diesen Aspekt häufig bei zerstrittenen Ehepartnern oder Geschiedenen festgestellt. Hier scheint sich seine hauptsächliche Wirkung abzuzeichnen. Wer diesen Aspekt im Horoskop besitzt, braucht besonders dann viel Rat und Hilfe, wenn Direktionen das Halbquadrat verstärken.

SONNE MARS

Sonne und Mars besitzen ähnliche Wirkungen. Mars wirkt besonders auf die Energie des Menschen, er ist allerdings aggressiver und handelt ungestümer als die Sonne. Beide verbindet die «Erhöhung» der Sonne in Widder, dem von Mars regierten Zeichen.

DEUTUNG DER ASPEKTE 2

Konjunktion
Sie macht zum zähen Arbeiter. Wenn sie in ein «entschlossenes» Zeichen (wie Steinbock) fällt, kann sie auch einen Zusammenbruch durch physische Erschöpfung bedeuten. In einem etwas «gefühlvolleren» Zeichen (wie Fische) wird sich die Energie mehr emotional als praktisch auswirken. Man gerät dann vor Begeisterung schnell außer Rand und Band. Schnittwunden, Verbrennungen und Kopfverletzungen können reichlich vorkommen. Wenn die zusätzliche Energie gut eingesetzt wird, ist die Wirkung des Aspekts sehr positiv.

Positive Aspekte
Gewöhnlich Hinweis auf Kraft und Gesundheit. Menschen mit diesen Aspekten besitzen oft die Fähigkeit, schnelle und sichere Entscheidungen zu treffen.

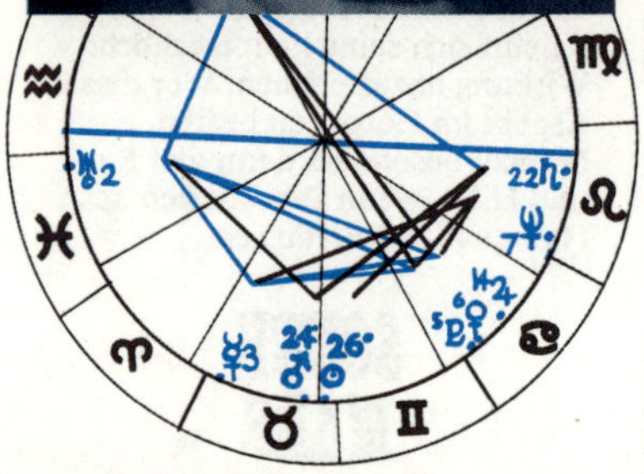

Dame Margot Fonteyn (oben)
Die Konjunktion von Sonne und Mars im Horoskop von Margot Fonteyn gibt ihr die Energie, die sie für ihren anstrengenden Beruf braucht. Die Konjunktion von Venus und Pluto zeigt ihre geheimnisvolle Anziehungskraft und ihren Wunsch nach Zurückgezogenheit.

Negative Aspekte
Anzeichen für zu großen, belastenden Energieaufwand. Die Tatkraft kann in Verbindung mit nachteiligen Charakterzügen zur Freude am Risiko umschlagen. Die Neigung, sich zu überarbeiten, sollte ernst genommen werden. Streitereien brechen überdurchschnittlich häufig aus. Wahrscheinlich glänzender Redner.

SONNE JUPITER

Konjunktion
Ein äußerst günstiger Einfluß, der Optimismus und Großzügigkeit schenkt. Wenn die Konjunktion nicht ungünstig beeinflußt wird, kann sie einen gutentwickelten, kultivierten Verstand und echten Sinn für Humor bewirken.

Positive Aspekte
Diese Aspekte sollen nach der herkömmlichen Meinung Reichtum, Erfolg und Glück bewirken. Erfolg und Glück bleiben vielleicht nicht aus, aber der Reichtum ist allerdings meist nicht materieller Wohlstand, sondern geistige Fülle, Gelassenheit und Güte.
Diese Aspekte haben direkte Beziehung zu Berufen wie Verleger, Richter und Geistlicher.

Negative Aspekte
Ruhelosigkeit ist vielleicht der belastendste Zug. Blinder Optimismus und Vertrauen auf den Zufall können sich daraus ergeben. Dazu können sich noch Anmaßung und gesundheitliche Schäden durch die Vorliebe für gutes Essen gesellen. Die Devise «Schnell reich werden» und Pseudo-Religionen können anziehend wirken. Negative Züge des Jupiter können durch die Position des Saturn ausgeglichen werden.

SONNE SATURN

Diese Aspekte können die Persönlichkeit verankern und festigen, obwohl Beschränkungen und enttäuschte Hoffnungen spürbar werden, da Sonne und Saturn so gut wie nichts gemein haben.

Konjunktion
Sie kann beträchtlichen, aber hart erkämpften Erfolg bringen, kurz, sie zeigt den Selfmademan an. Das Leben kann kein «Spaß» sein, da große Opfer gebracht werden müssen. Das mit Energie und Anstrengungen verfolgte Ziel richtet sich nach dem Haus, in dem die Konjunktion steht.

Sir Winston Churchill (oben)
Positive Aspekte von Sonne und Saturn können Langlebigkeit andeuten. Das Horoskop von Sir Winston Churchill zeigte ein Sextil von Sonne und Saturn.

David Forster (links)
Die Konjunktion von Sonne und Saturn im Horoskop von David Forster enthüllt seinen äußeren Erfolg. Dieser Aspekt ist auch der des Selfmademans.

Positive Aspekte
Gewöhnlich zu geordnetem, sittenstrengem Leben fähig. Erfolge wahrscheinlich durch harte Arbeit und Geduld. Wie bei allen Aspekten von Sonne und Saturn ist meist überdurchschnittlich viel Verantwortung zu tragen. Positive Aspekte verleihen oft Langlebigkeit und wenig Lust zum Risiko.

Negative Aspekte
Die Opposition von Sonne und Saturn ist dank ihrer Polarität oft weniger nachteilig als das Quadrat. Sie kommt häufig bei erfolgreichen Menschen vor und betont auch hier die Selbstdisziplin. Opposition und Quadrat sind ein steter Unstern: Der Ehrgeiz kann an Unfähigkeit oder bloßem Unglück scheitern. Hier prägt sich auch die Schlüsseldeutung aus: eingeschränkte Selbstverwirklichung. Die Befangenheit und das Gefühl eigener Unzulänglichkeit sind oft betont. Die Gesundheit kann infolge mangelnder Vitalität leiden.

SONNE URANUS

Konjunktion
Sie steht für eine gute Portion Eigensinn und Launenhaftigkeit, daneben aber auch für beträchtliche Originalität. Mit dieser Konjunktion sind Streben nach Unabhängigkeit, aber auch dramatische Veränderungen verbunden. Schablonenhaftigkeit ist kein Charakteristikum der Konjunktion, sie kann Quelle großer Talente sein, vorausgesetzt, die Ruhelosigkeit kann kontrolliert werden. Neigung besteht oft für wissenschaftliche und «moderne» Berufe.

Positive Aspekte
Befähigung zur Führerschaft, liberale Anschauungen und Originalität sind zu finden, besonders bei gut aspektiertem Jupiter. Mangelndes Taktgefühl stört manchmal, sonst herrschen Freundlichkeit und humanitäre Grundsätze. Die Gefühlsreserven sind groß, der unverfälschte Sinn für das Theater äußert sich positiv.

Negative Aspekte
Sie belasten ziemlich stark und können erheblich nervliche Beanspruchung anzeigen, jedoch eher bei Männern als bei Frauen. Eine gewisse eigenwillige Verschrobenheit kann außer Kontrolle geraten. Wenn wirkliche Talente vorhanden sind, kann der Horoskopträger die Ergebnisse seiner Arbeit selbst zerstören. Der Drang nach «etwas anderem» kann genauso ausgeprägt sein wie die Überspanntheit. Menschen mit diesen Aspekten im Horoskop versuchen mitunter, anderen ihre moralischen und religiösen Ansichten aufzuzwingen. Ihre Gesundheit kann leiden, da sie sich nicht entspannen können.

SONNE NEPTUN

Oft Hinweis auf den Standort des einzelnen in seiner Generation und auf die Übereinstimmung mit dem Denken dieser Generation. Aus diesen Gründen muß die Deutung hier einen anderen Weg einschlagen. Trotzdem ist es möglich, Rückschlüsse auf den einzelnen zu ziehen, wie sie die folgenden Abschnitte umreißen. Der Generationseinfluß des Neptun wurde bereits oben beschrieben. Dieser Planet wirkt nachhaltig, und sein Generationseinfluß wird stark spürbar, wenn er nahe den Ecken des Horoskops steht oder mit der Sonne oder dem regierenden Planeten starke Aspekte hat.

Konjunktion
Kann für künstlerische Kreativität sehr günstig sein, besonders in Beziehung auf Ballett, Dichtung, Theater, Film. Der Einfluß ist besonders ausgeprägt, wenn die Konjunktion durch «konkretere» und «praktischere» Aspekte gestützt wird.

Positive Aspekte
Sie brauchen Unterstützung durch andere Planeten im Horoskop – vor allem durch günstige Saturn-Aspekte – und zeigen dann die Fähigkeit an, Ideen und künstlerische Anlagen erfolgreich fruchtbar zu machen.

Negative Aspekte
Wie bei den anderen langsamen Planeten können diese Aspekte sehr belastend sein: Unverhältnismäßig viel psychische Störungen, Charakterschwäche, besonders bei stark emotionalen Menschen, sind die Folge.

SONNE PLUTO

Auch Pluto übt einen Generationseinfluß aus, da er lange Zeit in einem Zeichen steht. Diesen Einfluß verstärken die Aspekte des Planeten mit der Sonne.

Konjunktion
Wenn eine Konjunktion von Sonne und Pluto im Zehnten Haus eines Horoskops festgestellt wird, kann der Horoskopträger an einem Machtkomplex leiden, den nur die außerordentliche Stabilität anderer Horoskopbereiche ausgleichen kann. Bei einer Konjunktion in Löwe sollte man sich vor dem gefährlich dominierenden Einfluß der Konjunktion hüten, die das Horoskop an dieser Stelle äußerst «gehaltvoll» macht. Ruhigere Persönlichkeitszüge sollten gefördert werden, damit der Einfluß der Konjunktion aufgewogen werden kann. Wird die Konjunktion durch Direktionen aktiviert, dann sind plötzliche, radikale Veränderungen und Unruhe zu erwarten.

Positive Aspekte
Sie sollten im Unbewußten ausgleichend wirken, obwohl die Autoren bezweifeln, daß sie es immer tun. Der Einfluß des Pluto hängt von seiner Hausposition im Horoskop ab: Im eigenen Haus, dem Achten, liegen bei einem Trigon oder einem Sextil mit der Sonne günstige Wirkungen vor.

Negative Aspekte
Zusätzliche Spannungen und Belastungen: Hier kann die Anteilnahme von Freunden und Bekannten wertvolle Hilfe leisten. Wichtige Persönlichkeitsbereiche sind oft ernsthaft durch negative Aspekte gehemmt.

SONNE ASZENDENT

Konjunktion
Wer diesen Aspekt im Horoskop hat, ist bei oder um Sonnenaufgang geboren. Wenn die Sonne im Ersten Haus steht, kann die Konjunktion eine Tendenz zur Ichbezogenheit andeuten. Steht die Sonne über dem Horizont im Zwölften Haus, kommt vielleicht ein Hang zur Zurückgezogenheit zum Ausdruck. Der Horoskopträger wird sich auf die Angelegenheiten dieses Hauses konzentrieren. Die Merkmale des aufsteigenden Zeichens sind immer stark betont und beeinflussen alle Bereiche der Persönlichkeit.

Positive Aspekte
Gute, ergänzende Einflüsse, die oft die positiven Merkmale der Sonne und des aufsteigenden Zeichens unterstützen.

Negative Aspekte
Opposition: Im Sechsten Haus werden die Beziehungen der Sonne und des Aszendenten zur Gesundheit betont. Steht sie im Siebten Haus, dann stärkt die Polarität zum Aszendenten dauerhafte Beziehungen wie Ehen oder Geschäftspartnerschaften. *Quadrate* verstärken je nach dem Haus, in dem die Sonne steht, Belastungen, Anspannungen oder Triebkräfte: im Zehnten Haus den Beruf, im Vierten Haus Heim und Familie.

SONNE HIMMELSMITTE

Konjunktion
Dieser Aspekt zeigt ein grundlegendes psychisches Bedürfnis an, sich mit etwas zu identifizieren. Im günstigsten Fall schafft er Menschen, die in ihrer Arbeit aufgehen; in extremen Fällen enthüllt er einen Karrieremacher.

Positive Aspekte
Harmonie von Persönlichkeit und Lebenszielen. Positive Aspekte der Sonne zur Himmelsmitte fördern die Erkenntnis der eigenen Grenzen und unterstützen eine vernünftige Einstellung zum gesellschaftlichen Ehrgeiz.

Negative Aspekte
In extremen Fällen Schwierigkeiten, Lebensziele zu erreichen; «geschrumpftes» Ich.

2 ASPEKTE DES MONDES

Der Mond beeinflußt Instinkte und Gefühle des Menschen. Der Mond ist der Planet der Schwankung und der emotionalen Reaktion. Die Mondaspekte zeigen, daß der Planet von anderen eher «empfängt» als selbst «gibt». Seine Wirkungen werden von den Planeten, die Aspekte zu ihm bilden, modifiziert.

Mahatma Gandhi (oben)
Sein Horoskop zeigte den Mond in Löwe im Zehnten Haus, stark aspektiert von sieben Planeten. Dies weist nachdrücklich auf seine ungeheure Beliebtheit und sein großes Ansehen in Indien.

MOND MERKUR

Konjunktion
Dieser Aspekt kommt häufig im Horoskop hochintelligenter Menschen vor, ebenso bei äußerst sensiblen und phantasiereichen Menschen; Überspanntheit und Absonderlichkeiten können dabei auftreten. Bei guter Aspektierung der Konjunktion sollte das Nervensystem gestärkt werden.

Positive Aspekte
Gesundes Urteilsvermögen und nervliche Energie. Scharfsinn und Intuition verbinden sich mit Ehrlichkeit und logischem Denkvermögen. Die Angelegenheiten des Dritten und Vierten Hauses entwickeln sich positiv, die Gesundheit sollte ausgezeichnet sein. Nervliche Anspannungen sind kaum zu erwarten, es sei denn, andere Stellen des Horoskops sprechen dafür.

Negative Aspekte
Der scharfe und schnelle Verstand neigt zu Verschlagenheit und Klatschsucht. Vielleicht Ruhelosigkeit, Nervosität und Inkonsequenz. Menschen mit diesen Aspekten sind meist sehr loyal und verteidigen oft ihre Freunde oder schwächere Menschen.

DEUTUNG DER ASPEKTE 3

MOND VENUS

Konjunktion
Die Eigenschaften der Venus verstärken sich; Liebe zur Kunst und zum Luxus. Gefühle und Ansichten sind ruhig und ausgeglichen. Die Konjunktion scheint insgesamt für Männer günstiger zu sein als für Frauen. Natürliche Freundlichkeit führt zu Beliebtheit, aber die Eigenliebe kann groß sein. Ausgezeichneter Aspekt für Diplomaten.

Positive Aspekte
Scharfsinn und vernünftige Ansichten. Das Familienleben und die Ehe werden unterstützt, Frauen zeigen eine außergewöhnliche Gabe, die Tätigkeiten und Interessen ihrer Männer zu fördern. Schönheitssinn und künstlerische Neigungen drücken sich praktisch aus. Gute Aspekte für Politiker und Sportler.

Negative Aspekte
Die Unfähigkeit, Gefühle auszudrücken, kann zu Unglück und Leid führen. Launenhaftigkeit und Beeinflußbarkeit können sich mit schwacher Unteilskraft verbinden. In der Ehe können sich Unverträglichkeiten zeigen. Menschen mit diesen Aspekten sind wahrscheinlich beliebt, obwohl manchmal ein zu selbstbewußtes Auftreten Schüchternheit überspielen kann.

MOND MARS

Konjunktion
Große Energie und Risikobereitschaft. – Wenn die Konjunktion selbst ungünstig ist, da sie im Quadrat oder Opposition zur Sonne oder zum Uranus steht, kann finanzielle Sorglosigkeit eintreten. Der Mut kann in kopflosen Tatendrang umschlagen. Wahrscheinlich ist auch Launenhaftigkeit, obwohl allgemein eher Fröhlichkeit und Gesundheit herrschen sollten, vor allem wenn andere Stellen des Horoskops beruhigend einwirken.

Positive Aspekte
Sie zeigen gewöhnlich robuste Gesundheit und offene Wesensart an. Positive Merkmale des Mars und des Widder sind verbreitet, ihr Kennzeichen ist genaue Einschätzung seiner selbst und der anderen. Eine gewisse sorglose Einstellung gegenüber der Zukunft.

Benito Mussolini (oben)
Sein Horoskop zeigte eine doppelte Konjunktion des Mondes mit Mars und Saturn. Die erste Konjunktion verlieh ihm Willenskraft und Energie, die leichtsinnigeren Neigungen wurden durch die grausamere Konjunktion Mars–Saturn zurückgedrängt. Sie war schuld an seinen überspitzten, egozentrischen Ansichten und seinem Mißtrauen.

Negative Aspekte
Ungünstig für die Gesundheit. Zu starke Belastung durch Gefühle. Wenn die Neigung zu Streitereien und die Reizbarkeit nicht durch andere Horoskopstellen ausgeglichen werden, können sie Probleme verursachen. Genußsucht, Alkoholismus und Promiskuität können auftreten, wahrscheinlich wenn beide Planeten aufgehen, in Krebs oder Fische stehen. Selbstachtung und Selbstkontrolle müssen vorsichtig entwickelt werden.

MOND JUPITER

Konjunktion
Bis auf die Tendenz zur Eitelkeit und zur Selbstüberschätzung besitzt diese Konjunktion einen ausgezeichneten Einfluß, der Großzügigkeit und Beschützerinstinkt verleiht. Die Vergnügungssucht erfordert einen hohen Lebensstandard. Das Bedürfnis nach Veränderung wird oft durch Reisen befriedigt. Die großen Energiereserven werden oft für Geschäfte eingesetzt.

Positive Aspekte
Beliebter und angenehmer Mensch, sympathisch, tierlieb und geschickter Geschäftsmann. Reist gern und zieht eventuell Gewinn aus einem längeren Auslandsaufenthalt, besonders wenn das Neunte Haus oder Schütze betont sind.

Negative Aspekte
Beliebtheit und gute Laune, aber auch innere Konflikte religiöser Natur. Die Urteilsfähigkeit kann schwach ausgebildet sein, manchmal Neigung zur Faulheit. Krankheiten können vor allem von der Leber ausgehen. Diese Aspekte sind oft im Horoskop erfolgreicher Menschen festgestellt worden. Es hängt dann vom Einfluß des Saturn ab, inwieweit sich der Charakter festigt.

MOND SATURN

Konjunktion
Eine einflußreiche Konjunktion; Selbstbeherrschung und Egoismus sind häufig, auch die Fähigkeit zu harter Arbeit, oft mit einem Drang nach Perfektion. Das Pflichtgefühl ist äußerst stark, allerdings kann manchmal Unzufriedenheit ausbrechen. Sparsam mit Lob, manchmal überkritisch.

Positive Aspekte
Organisationstalent und Verantwortungsbewußtsein. Leichte Neigung zur Prahlerei, zusammen mit Gefallen an Publikum. Etwas beschränkt, aber gewissenhaft.

Negative Aspekte
Sie wirken oft depressiv. Bei diesem Aspekt erscheint das Leben schwierig. Eine problematische Mutter-Kind-Beziehung führt gewöhnlich zu einem Mangel an Selbstvertrauen. Ehepartner sind oft viel älter.

MOND URANUS

Konjunktion
Diese einflußreiche Konjunktion führt zu einer angespannten Gefühlslage, zur Verachtung von Konventionen oder Anpassung. Menschen mit diesem Aspekt im Horoskop sind oft schwierig: Sie sind meistens ausgesprochen originell, sollten aber etwas weniger exzentrische Eigenschaften fördern, um extreme Tendenzen kontrollieren zu können. Sexuelle Abnormität kann vorkommen.

Positive Aspekte
Festigkeit und Entschlossenheit treten deutlich hervor, dazu Pflichtgefühl und Ehrgeiz. Plötzliche Stimmungsumschwünge sind häufig; ausgeprägte Intuition. Diese Aspekte treten oft im Horoskop von Astrologen auf. Wenn eine Neigung zur Astrologie besteht, sollten extremere Tendenzen kontrolliert werden: die Intuition kann nie den Verstand ersetzen.

Negative Aspekte
Eigensinn und Fanatismus verbinden sich oft mit wirklichem Talent und glänzenden Geistesgaben. Die positivsten Züge sollten an anderer Stelle des Horoskops unterstützt werden, um die unvermeidliche Ruhelosigkeit, Reizbarkeit und Halsstarrigkeit aufzuwiegen. Es besteht auch die Neigung, Probleme überzubewerten und Ratschläge zu mißachten.

MOND NEPTUN

Konjunktion
Sympathisch, warmherzig und freundlich, besonders wenn die Konjunktion in Löwe oder Krebs steht; setzt sich für Menschen ein, die weniger glücklich sind als er und hilft ihnen oft. Im Zwölften Haus kann die Konjunktion den Wunsch nach Zurückgezogenheit, fast nach Realitätsflucht, verstärken. Besonders in Krebs oder Skorpion ist das Gefühlsleben stark entwickelt und manchmal unausgeglichen.

Positive Aspekte
Die allgemeine Neigung, etwas Besonderes und Ungewöhnliches zu tun, kann in Extremfällen bizarre Formen annehmen. Der Wunsch nach Erweiterung des geistigen Horizonts wird durch Unfähigkeit gehemmt; die eigenen Grenzen werden nur widerwillig akzeptiert. Die starke Phantasie kommt manchmal visionärer Begabung nahe.

Negative Aspekte
Hoher Grad der Selbsttäuschung, die praktischeren Anlagen müssen ausgleichen. Gefühlsbindungen komplizieren sich oft. Der Vorliebe für Methoden, schnell reich zu

werden, folgt immer das Scheitern auf dem Fuß. Die emotionale Spannung kann bei Frauen mit negativen Mond–Neptun-Aspekten fast übermächtig werden.

MOND PLUTO

Konjunktion
Die Neigung zu impulsivem Handeln ist ausgeprägt, besonders bei einer Konjunktion in Krebs oder Löwe. Stimmungen können plötzlich und explosiv umschlagen, ohne Rücksicht auf frühere Anstrengungen. Dies geschieht am häufigsten, wenn die Konjunktion in die Nähe der Himmelsmitte fällt.

Positive Aspekte
Die Gefühle sind wahrscheinlich stark und neigen zu Ausbrüchen, aber die positiven Aspekte können helfen, diese Kraft nach außen zu projizieren. Geschäftssinn ist wahrscheinlich, besonders wenn Pluto in Krebs oder Jungfrau steht.

Negative Aspekte
Gehemmte Gefühle, Tendenz zur Unruhe. Eifersucht ist verbreitet; Geschäftssinn ist vorhanden, aber die Neigung zu impulsivem Handeln sollte kontrolliert werden.

Albert Schweitzer (unten)
Die Konjunktion von Mond und Neptun in Widder im Siebten Haus trug bei zu Albert Schweitzers Freundlichkeit, Güte und Hilfsbereitschaft.

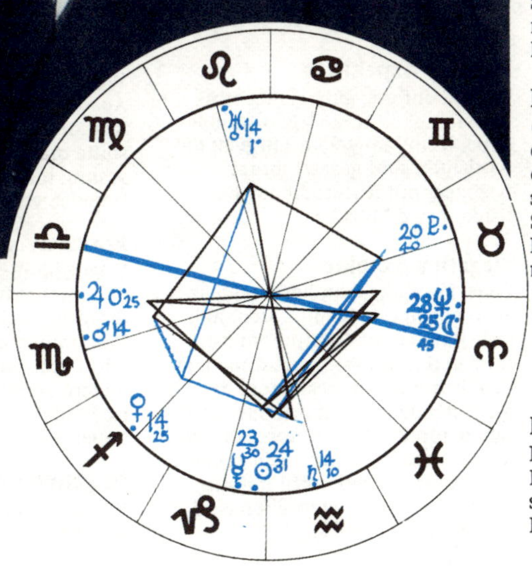

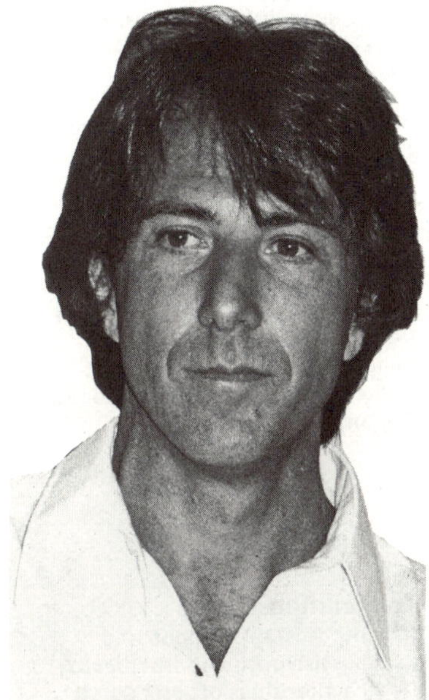

Dustin Hoffmann
Ein Quadrat von Mond und Pluto in seinem Horoskop verrät plötzliche Veränderung der Lebensumstände.

MOND ASZENDENT

Konjunktion
Im Ersten Haus werden alle Charakteristiken des Mondes verstärkt, entsprechend dem aufgehenden Zeichen. Mutter-Kind-Beziehungen sind besonders eng. Vielleicht eine ausgeprägte Neigung, sich Sorgen zu machen, dazu noch Ruhelosigkeit. Im Zwölften Haus kann sich ein Bedürfnis nach Zurückgezogenheit manifestieren.

Positive Aspekte
Sie bringen die positiven Merkmale des Zeichens, in dem der Mond steht, zur Geltung.

Negative Aspekte
Opposition: Im Sechsten Haus beeinträchtigt sie die Gesundheit eines Kindes und kann Familienstreitigkeiten mit sich bringen, im Siebten wirkt sie negativ auf Ehen. Alle Aspekte zeigen emotionale Dissonanzen an.

MOND HIMMELSMITTE

Konjunktion
Beträchtliche Schwierigkeiten beim Einleben in einen Beruf. Entsprechend dem Zeichen Neigung zu Hotelberufen. Wenn das Horoskop medizinische Begabung anzeigt, kann die Gynäkologie interessieren.

Positive Aspekte
Ausdruck von und Reaktion auf Merkmale des Mondes.

Negative Aspekte
Die *Opposition* verrät widersprüchliche, unausgeglichene Gefühle, deren Ursache vielleicht in gestörten Familienverhältnissen oder Entwurzelung zu suchen ist. Die emotionalen Widersprüche können mit dem Haus, in dem der Mond steht, verbunden sein.

3 ASPEKTE DES MERKUR

Merkur gilt üblicherweise als «neutraler» Planet, der weder das Gute noch das Schlechte bewirkt. Wie der Mond läßt er sich allerdings von jedem Planeten beeinflussen, der ihn aspektiert. Merkur wirkt auf Intelligenz, Nervensystem und Kontakt- und Mitteilungsfähigkeit.

MERKUR VENUS

Da Merkur und Venus auf der Ekliptik nie mehr als 76° voneinander entfernt stehen, sind zwischen ihnen nur Konjunktion, Halbsextil, Halbquadrat und Sextil möglich. Beide Planeten sind harmlos, auch die beiden negativen Aspekte belasten nur wenig.

Konjunktion
Dieser Aspekt verleiht gewöhnlich glänzende Ausdrucksgabe, sicheren Verstand und ausgewogene Ansichten. Wenn die Merkur-Zeichen Zwillinge und Jungfrau oder die Venus-Zeichen Stier und Waage betont sind, wirkt die Konjunktion noch günstiger und stärker. Das Sextil von Merkur und Venus besitzt ungefähr den Einfluß der Konjunktion; die beteiligten Zeichen können jedoch die Wirkung verstärken oder abschwächen, da beide Planeten wenig kräftig sind. Künstlerische Begabung, die sich an anderen Stellen des Horoskops zeigt, wird auf jeden Fall gefördert. Wer sich mit Kunsthandwerk, Mode und Handarbeiten, die etwas Schönes hervorbringen, beschäftigt, kann vom

DEUTUNG DER ASPEKTE 4

Sextil und der Konjunktion günstige Einflüsse erwarten. *Halbsextil* und *Halbquadrat* verleihen Merkur und Venus etwas mehr Kraft, aber trotzdem bleiben sie schwach. Merkur in Waage und Venus in Jungfrau oder umgekehrt stehen in Rezeption und nehmen mehr Einfluß.

MERKUR MARS

Konjunktion

Verleiht kräftigen und lebhaften Geist. Der ziemlich scharfe satirische Einschlag kann amüsant sein. Fähigkeit, anstrengende, geistige Arbeit zu leisten. Eine gestörte Konjunktion kann Streit oder Arbeit bis zum psychischen Zusammenbruch verursachen. Die Konjunktion ist am günstigsten in Zwillinge oder Jungfrau.

Positive Aspekte

Fördern die Intelligenz und kräftigen besonders das Nervensystem. Gesundes Urteilsvermögen und schriftstellerische Fähigkeiten. Menschen mit diesen Aspekten sind gute Diskussionsredner, sichere Autofahrer und begeisterte Spaziergänger. Manchmal besitzen sie Mut, wenn Widder betont ist auch Tollkühnheit. Obwohl sie gut mit Kindern auskommen, bleiben sie selbst oft kinderlos. Auge und Gehör sind meist sehr gut.

Edward Kennedy (oben)
Die Konjunktion von Merkur und Mars in Wassermann verlieh Edward Kennedy einen lebhaften, elastischen Geist, obwohl er zu impulsivem Handeln neigte.

Negative Aspekte

Die Erregbarkeit braucht bewußte Kontrolle, die Tendenz, sich zu überarbeiten kann gefährlich werden. Die Fehler anderer und die eigene Wichtigkeit werden übertrieben, wenn die geistige Energie kein schöpferisches Betätigungsfeld findet. Andere Stellen des Horoskops zeigen, wie sich die geistige Energie positiv auswirken kann. Manchmal kriminelle Neigungen.

MERKUR JUPITER

Konjunktion

Sie sorgt für Optimismus und überdurchschnittliche Intelligenz, die sich allerdings oft erst durch Fortbildung entwickelt. Gutmütig, manchmal jedoch eingebildet, auch eigensinnig. Die kraftvolle Konjunktion besitzt philantropische und philosophische Eigenschaften. Die künstlerische Begabung kann wahrscheinlich zum Erfolg führen, gute Aussichten bei Berufen, die mit dem Recht oder der Religion zu tun haben.

Positive Aspekte

Aktiver Verstand, manchmal jedoch wenig Ehrgeiz. Besonders wenn Waage betont ist, gibt man sich leicht mit kleinen Anstrengungen zufrieden. Kontroversen werden gern vermieden. Die Aspekte zeigen keinen großen Erfolg an, da die notwendige Energie fehlt, aber sie helfen, finanzielle Probleme zu überwinden. Oft ausgezeichneter Sinn für Humor.

Negative Aspekte

Sollte sich stets vor Indiskretionen und zu großen Erwartungen hüten. Die Aspekte verleihen Originalität und einen fruchtbaren Geist, aber auch die Neigung zur Geistesabwesenheit (besonders wenn Fische betont ist). Am bedenklichsten ist das schlechte Urteilsvermögen. Künstlerische oder literarische Fähigkeiten.

MERKUR SATURN

Konjunktion

Bei guten Aspekten in Steinbock oder Jungfrau und wenn andere Bereiche des Horoskops keinen Mangel an Energie oder Initiative anzeigen, kann die Konjunktion die Fähigkeit zu methodischer und

Igor Strawinski (oben)
Die wenig das Gefühl ansprechenden Elemente in der Musik Igor Strawinskis stehen in Beziehung zu dem Merkur–Saturn-Quadrat in seinem Horoskop.

geduldiger Arbeit verleihen. In ungünstiger Konstellation wird die geistige Entwicklung gehemmt verlaufen. Häufig können Depressionen auftreten. Bei Kindern stellen sich schulische Erfolge nur zögernd ein; Tendenz zum Starrsinn, besonders, wenn das Sternzeichen Stier betont ist.

Positive Aspekte

Gedankentiefe, gute Konzentrationsfähigkeit und Organisationsgabe. Kein Mangel an Ehrgeiz; die Ansichten sind gesetzt, praxisbezogen, mit Rücksicht auf Ehrlichkeit und Moral.

Negative Aspekte

Hart, kurz angebunden, Tendenz zu Intrigen und Komplotten, hält sich starr an die Routine. Angst, Sorgen und Einsamkeit können bedrohlich werden, besonders bei aufgehendem Steinbock oder deutlich betontem Krebs. Sorgfalt und Verläßlichkeit fehlen nicht immer; die Schüchternheit wird mit ungehobeltem Auftreten überspielt, das Freunde abstößt.

MERKUR URANUS

Konjunktion

Unabhängigkeit, Eigenwilligkeit und Originalität verbinden sich oft mit Überspanntheit und Starrsinn. Der Horoskopträger kann gegenüber neuen Strömungen wissenschaftlichen Denkens aufgeschlossen sein und echte Begabung zeigen. Man sollte ihm erlauben, sein Leben frei zu gestalten. Wenn sich seine Gaben nicht ungehemmt entwickeln können, führen sie leicht zu Selbstüberschätzung und mangelnder Anpassungsfähigkeit.

Positive Aspekte

Erfinderisch, wendiger Verstand, Sinn für Theater. Intuition und Scharfsinn sind häufig, obwohl manchmal durch Einseitigkeit der Eindruck von Dummheit entstehen kann. Gewöhnlich ist eine gute Portion Selbstvertrauen da; das Gedächtnis ist meist ausgezeichnet.

Negative Aspekte

Taktlosigkeit ist verbreitet; große Talente verkommen oft, da sich Menschen mit diesen Aspekten gern für etwas ganz besonderes oder für «erwählt» halten. Überspanntheit und Schroffheit werden anderen äußerst unangenehm. Die Energien werden oft verzettelt.

MERKUR NEPTUN

Konjunktion

Starke, schöpferische Phantasie, freundlich und sanft; die Bewertung ergibt sich aus dem betroffenen Zeichen: zum Beispiel betont Krebs die Phantasie, vielleicht auch die Sensibilität, Löwe die künstlerischen Talente, Jungfrau die schriftstellerischen Fähigkeiten, Waage die Suche nach leichten Auswegen. In welches Zeichen die Konjunktion auch fällt, immer sollte man sich gegen Selbsttäuschung und unkontrollierte Impulse wappnen.

Positive Aspekte

Ungewöhnlich starke Phantasie und intellektuelle Empfänglichkeit, die sich durch Dichtung, Tanz, Pantomime und Schauspiel (Film) leicht entwickeln. Schnell durch andere verletzt, aber nicht nachtragend. Liebt das angenehme Leben.

Negative Aspekte

Intrigant und Betrüger, vor allem, wenn Krebs oder Skorpion betont

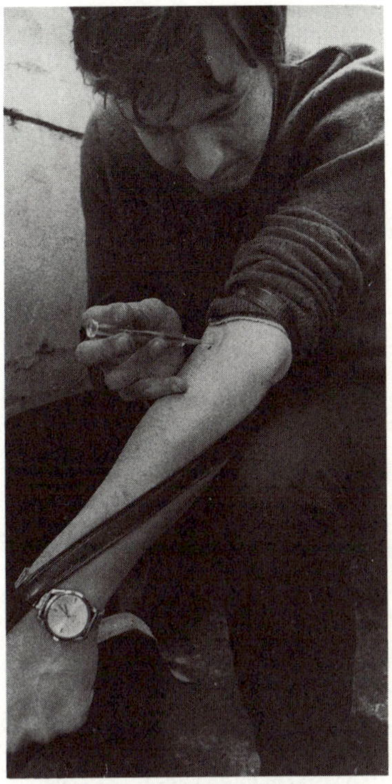

Im Horoskop eines Rauschgiftsüchtigen verstärkt die ungünstige Konjunktion von Merkur und Neptun in Waage im Zwölften Haus die Tendenz zur Introversion, von der sein Zustand negativ beeinflußt wird.

sind. Fruchtbare Phantasie und gutes Unterscheidungsvermögen werden nicht immer positiv genutzt. Sorgen, mangelndes Selbstvertrauen und Selbstquälerei sind verbreitet.

MERKUR PLUTO

Konjunktion

Eine Art Machtkomplex kann herrschen, besonders wenn die Konjunktion in Löwe steht. Er kann sich durch Schriften – vielleicht zündende Artikel – zu erkennen geben. Wenn die Konjunktion gut aspektiert ist, sollte sich eine natürliche Begabung zeigen, mit Sorgen fertig zu werden – nur muß das betroffene Zeichen beachtet werden. In Krebs bleiben die Sorgen im Unterbewußtsein begraben, in Jungfrau führen sie wahrscheinlich zu psychischen Störungen, da das Zeichen für Sorgen disponiert.

Positive Aspekte

Wahrscheinlich ruheloses Denken. Plötzliche Meinungswechsel und Verschlagenheit können vorkommen, die nervliche Anspannung wird jedoch leicht abgebaut.

Negative Aspekte

Der Horoskopträger bedenkt Probleme oft nur oberflächlich, bevor er seine Meinung äußert. Seine Fähigkeit, etwas im größeren Rahmen zu betrachten, ist beschränkt. Die üblichen Kommunikationsstränge sind oft unterbrochen, so daß Spannungen nur mit psychiatrischer Hilfe abgebaut werden können.

MERKUR ASZENDENT

Konjunktion

Im Ersten Haus ist geistige Aktivität zu erwarten; dem aufgehenden Zeichen entsprechend sollte die Ruhelosigkeit kontrolliert werden. Dualität ist wahrscheinlich, sie sollte jedoch akzeptiert werden. Im Zwölften Haus ist natürliche Verschwiegenheit häufig, die bei Jugendlichen sorgfältig gesteuert werden sollte. In ungünstiger Konstellation kann sie zum negativen Zug, zur Geheimniskrämerei, ausarten.

Positive Aspekte

Ausgezeichnete Übereinstimmung von Intellekt und Persönlichkeit. Talent für den Umgang mit Kindern, Freude an intellektuellen Spielereien. Wenn Merkur im Neunten Haus steht, ist Sprachbegabung wahrscheinlich.

Negative Aspekte

Opposition: Im Sechsten Haus können Sorgen zu gesundheitlichen Schädigungen führen; Hypochondrie und psychosomatische Krankheit treten häufig auf. Im Siebten Haus kritische, aber lebendige Einstellung zum Partner. Die Möglichkeit von nervösen Störungen begleitet die Opposition und alle anderen negativen Merkur-Aszendent-Aspekte.

MERKUR HIMMELSMITTE

Konjunktion

Die «Merkur-Berufe» – Journalismus, Rundfunk, Fernsehen – ziehen besonders an. Allerdings sind Schwierigkeiten und Berufswechsel zu erwarten. Viel Energie und Einsatz für intellektuelle und pädagogische Ziele.

Positive Aspekte

Begünstigen allgemein Berufsziele und persönliche Pläne.

Negative Aspekte

Ehrgeizige berufliche und andere Pläne werden aufgehalten, vor allem durch die Opposition. Hemmungen und nervöse Spannungen sind möglich.

4 ASPEKTE DER VENUS

Die Aspekte der Venus besänftigen und machen empfindsam. Sie wirken auf die Gefühle, auf die Fähigkeit, dauerhafte emotionale Bindungen einzugehen und auf geschäftliche Beziehungen.

VENUS MARS

Konjunktion

Wichtig ist hier die Entscheidung, welcher Planet stärker wirkt: Wenn es Venus ist, kann man mit einem empfindlichen Gefühlsleben und leichter Verletzlichkeit, aber auch mit ausgeprägtem Sinn für Vergnügen rechnen. Wirkt Mars stärker, dann wächst die Gefahr, sich über Kleinigkeiten zu ärgern, und das Verhalten kann ungeschliffener werden. Allgemein ist ein aktives Sexualleben, obwohl es nicht allzu ernst genommen wird. Meist harmonische Verbindung von «weiblichen» und «männlichen» Eigenschaften der Venus und des Mars.

Positive Aspekte

Warmherzigkeit und Zuneigung; Gefühle äußern sich lebhaft. Die Begeisterung für Liebesaffären ist ausgeprägt, sie kann an Promiskuität grenzen. Notwendig ist die Freiheit des Selbstausdrucks. Im Horoskop eines Mannes deuten diese Aspekte auf ausgezeichnete Beziehungen zu Frauen.

Negative Aspekte

Oft überempfindlich, belastete emotionale und familiäre Beziehungen. Aus Unzufriedenheit hegt der Horoskopträger zu große Erwartungen und ist dann enttäuscht. Trotz zärtlicher Gefühle werden die intensiven Sexualbeziehungen oft durch Streit beeinträchtigt.

Gloria Swanson (unten)
Das sexuell orientierte Quincunx zwischen Venus in Wassermann und Mars in Krebs, der Gloria Swansons Horoskop beherrscht, beflügelte ihre denkwürdige Filmkarriere als verführerische Frau und Liebhaberin.

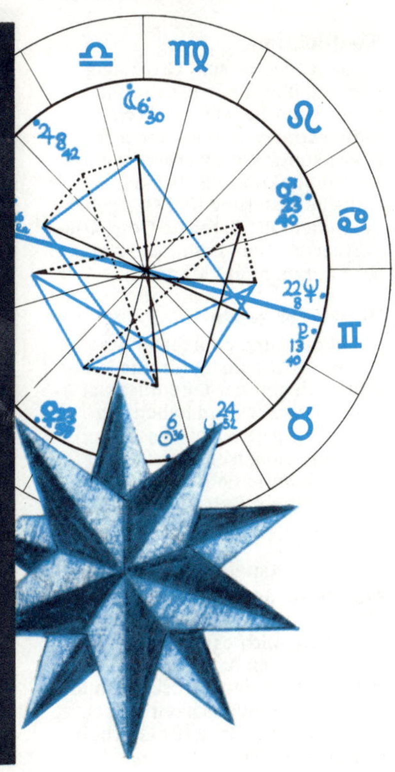

DEUTUNG DER ASPEKTE 5

VENUS JUPITER

Elizabeth Taylor (oben)
Im Horoskop von Elizabeth Taylor steht Venus in Konjunktion mit Uranus und im Trigon mit Jupiter: Die Konjunktion zeigt Glanz und Ruhm der gefeierten Filmschauspielerin an, das Trigon steht für finanziellen Erfolg.

Konjunktion
Anziehendes Wesen, Großzügigkeit und überfließende Gefühle garantieren Beliebtheit. Wenn diese extravertierten Tendenzen etwas kontrolliert werden, verleiht die Konjunktion Zärtlichkeit, Kunstbegeisterung und Gastgeberqualitäten. Erfolgreiche Geschäftspartnerschaften, besonders zwischen Frauen und Männern.

Positive Aspekte
Beliebtheit und einnehmendes Wesen. Sehr günstig für alle Menschen, die mit der Öffentlichkeit, Kunden usw. zu tun haben. Abneigung gegen Wagnisse, die Unfallneigung ist äußerst gering. Partnerschaften aller Art lohnen sich. Hang zur Extravaganz ist nicht auszuschließen.

Negative Aspekte
Möchte ein angenehmes Leben führen; zu viele Liebesaffären. Wahrscheinlich extreme Gefühle und Verlangen nach Luxus. An anderen Stellen des Horoskops muß eine Kontrollmöglichkeit erscheinen. Ungünstig für Geschäftspartnerschaften.

VENUS SATURN

Konjunktion
Alle Aspekte zwischen Venus und Saturn schränken die Gefühle ein und zeigen Opfer an. Die Konjunktion weist auf eine starke Hemmung, die Kontakte erschwert und den normalen Ausdruck von Zuneigung verhindert. Schuld daran sind oft psychische Faktoren – vor allem, wenn die Sonne oder der Aszendent im Aspekt zur Konjunktion stehen. In einigen Fällen siegt das ausgeprägte Pflichtgefühl über persönliche Gefühle, die dann vielleicht aus Rücksicht auf einen Elternteil oder Verwandten sublimiert werden.

Positive Aspekte
Die Einsamkeit kann ein beherrschendes Moment des Lebens werden, eheliches Glück bleibt meistens versagt. Der Einfluß des Saturn auf Venus ist eisig und läßt die Lebensbereiche verkümmern, über die Venus herrscht. Im günstigsten Fall machen diese Aspekte den Menschen erfolgreich, aber allzu praktisch orientiert. Wenige oder nicht ausfüllende gesellschaftliche Kontakte; Partnerbeziehungen machen selten Vergnügen. Dieser Einfluß bietet nur einen guten Nährboden für betont sachliche Geschäftspartnerschaften.

Mao Tse-tung (oben)
Einsamkeit und eingeschränkte soziale Kontakte kennzeichnen die Aspekte von Venus und Saturn. In Maos Horoskop verbindet ein Trigon beide Planeten.

Negative Aspekte
Dem Ehrgeiz und dem materiellen Fortschritt werden Opfer gebracht. Enttäuschungen, Unglück, manchmal auch Unverträglichkeit in der Ehe oder in emotionalen Beziehungen. Egoismus und Gedankenlosigkeit können dazu beitragen. Üblich ist eine gewisse geistige Beschränktheit, aus der heraus kleinen Fehlern übertriebene Wichtigkeit beigemessen wird. Das Lebensthema «persönliche Opfer aus Pflichtgefühl» bleibt beherrschend. Oft führen diese Aspekte dazu, daß ein älterer Ehepartner gewählt wird.

VENUS URANUS

Konjunktion
Bedürfnis nach Frieden und Harmonie; innere Spannung und Reizbarkeit lösen sich durch Beschäftigung mit der Kunst. Wenn sie keine positive Äußerungsmöglichkeit finden, können sie sich häufig in unkontrollierten Gefühlsausbrüchen entladen. Wenn andere Teile des Horoskops künstlerische Begabung anzeigen, steuert die Konjunktion Originalität bei, besondere Vorliebe für neue Formen und experimentelle Strömungen der Kunst. Emotionale Freiheit ist notwendig, Freude am Risiko, Eigensinnigkeit und etwas wenig gesunder Menschenverstand.

Positive Aspekte
Sie beziehen sich oft auf künstlerische Begabung. Das Tätigkeitsfeld sollte Vereine, Gesellschaften, Klubs usw. sein. Wahrscheinlich sehr romantisch und empfindsam; überdurchschnittlich viele Bekanntschaften, Freundschaften und Liebesbeziehungen.

Negative Aspekte
Oft äußern sich die Gefühle ungewöhnlich, manchmal unkontrolliert. Das Verlangen nach persönlicher Freiheit dominiert, Einschränkungen durch emotionale Beziehungen werden abgelehnt. Freundlichkeit und Güte verbinden sich oft mit Eigensinn und starren Ansichten. Bei der Wahl von Freunden oder Geschäftspartnern sollte Vorsicht walten.

VENUS NEPTUN

Konjunktion
Freundlich, empfänglich und sehr sensibel, oft unrealistisch; Liebe zu Tieren. Die Anteilnahme am Leid anderer bleibt oft unwirksam, da praktische Fähigkeiten fehlen, wenn nicht andere Stellen des Horoskops für einen Ausgleich sorgen. Sind wirkliche Kraft und Selbstbeherrschung vorhanden, dann verleiht diese Konjunktion künstlerische Begabung. Emotionale Beziehungen sind oft durch Ängstlichkeit belastet oder enden unglücklich. Gesundheitliche Risiken sollten um jeden Preis vermieden werden.

Positive Aspekte
Gewöhnlich künstlerisch talentiert, die Begabung sollte auf jeden Fall gefördert werden, sonst mündet sie in etwas affektiertes Getue. Vieles an Menschen mit diesen Aspekten ist flüchtig und weltfremd. Sie sind jedoch immer sensibel und zart besaitet. Gewöhnlich hassen sie harte Arbeit und Routine, sie behalten sich immer viele Möglichkeiten der Selbstverwirklichung vor.

Negative Aspekte
Unzufriedenheit ist verbreitet; hohe Ideale, zu denen eine kritische Einstellung entwickelt werden muß. Entscheidungen bereiten meist Schwierigkeiten. Die Unzuverlässigkeit läßt emotionale Beziehungen oft in Enttäuschung enden. Geschäfte und Geld sollten vorsichtig behandelt werden.

VENUS PLUTO

Konjunktion
Gut aspektiert kann die Konjunktion günstig auf die finanziellen Möglichkeiten wirken, besonders wenn sie in Krebs, Jungfrau oder in das Achte Haus fällt: Sie kann Fanatismus in der Liebe bewirken, aber die häufigste Wirkung ist eine ernste Hemmung des normalen Gefühlsflusses. Es besteht die Neigung, sich plötzlich und heftig, aber unausgesprochen zu verlieben. Wenn die Konjunktion ungünstig steht, ist eine Verdrängung der Sexualität möglich.

Positive Aspekte
Talent im Umgang mit Geld, verstärkt, wenn die Himmelsmitte in Skorpion, Waage oder Stier liegt. Wahrscheinlich intensive, manchmal sogar übertriebene Lebensfreude und Genußsucht, aus der gesundheitliche Schäden folgen können. Meist leidenschaftlich, besonders wenn Skorpion betont ist.

Negative Aspekte
Starker Sexualtrieb und unbe-

herrschte Sinnlichkeit, obwohl oft Hemmungen den Ausdruck der Sexualität stören. Finanzielle Schwierigkeiten können sich als Folge unbedachter Geldanlagen ergeben. Finanzgeschäfte sollten mit Mäßigung betrieben werden.

VENUS ASZENDENT

Konjunktion
Im Ersten Haus verleiht sie anziehendes Wesen, gutes Aussehen und die Fähigkeit, andere zu beeinflussen. Aber diese Gaben können zur Untätigkeit führen, da nichts Schwierigkeiten bereitet. Der Hang zum bequemen Leben kann maßlos werden. Die Merkmale der Venus sind stark ausgeprägt, sie beeinflussen den Horoskopträger entsprechend dem aufgehenden Zeichen. Wenn Venus ungünstig steht, können sich Nierenstörungen einstellen. Kinder mit diesen Aspekten sollten zu harter Arbeit angehalten werden; ihre schöpferischen Interessen sollte man fördern. Im Zwölften Haus kann sich die Neigung verstärken, Schwierigkeiten aus dem Weg zu gehen. Liebe zur Literatur.

Positive Aspekte
Die Merkmale der Venus drücken sich positiv aus, vor allem in Liebesbeziehungen und Geselligkeit. Wenn Venus im Neunten Haus steht, stammt der Ehepartner häufig aus dem Ausland. Das Sextil zum Aszendenten fördert Charme und Eleganz.

Negative Aspekte
Eine *Opposition* im Sechsten Haus kann Nierenstörungen verursachen, Kopfschmerzen können überdurchschnittlich häufig auftreten. Dieser Aspekt bedeutet insgesamt schwankende Gesundheit. Im Siebten Haus weist die Opposition auf eine glückliche Heirat und günstige Geschäftspartnerschaften. Die *anderen negativen Aspekte* zeigen gehemmten Ausdruck der Gefühle und Sorglosigkeit bei Geschäften an.

VENUS HIMMELSMITTE

Konjunktion
Wahrscheinlich erfolgreiche Geschäftspartnerschaften, beträchtliche künstlerische Fähigkeiten, besondere Eignung für Mode und Innendekoration. Mit der Venus verbundene Beschäftigungen sind am aussichtsreichsten. Der Aspekt ist ungünstig für Selbständige.

Positive Aspekte
Der Ausdruck von Gefühlen fällt leicht; Interesse für Kunst; glückliches Liebesleben.

Negative Aspekte
Möglicherweise Hemmungen, Gefühle zu äußern. Eine Opposition deutet auf wenig Zuneigung in der Kindheit.

Yehudi Menuhin (oben)
Das Trigon zwischen Venus (in Stier) und Steinbock verursacht die Musikalität und den Charme von Yehudi Menuhin.

5 ASPEKTE DES MARS

Mars ist ein energiegeladener und selbstsicherer Planet. Wenn er im Aspekt mit einem anderen Planeten verbunden ist, verstärkt sich seine Wirkung. Bei negativen Aspekten wirkt er oft übersteigernd.

MARS JUPITER

Konjunktion
Offen und frei; kann seine Energien auf ein Ziel konzentrieren. Der Aspekt ist günstig für Geldgeschäfte. Das Fällen von Entscheidungen wirft keine Probleme auf. Der Horoskopträger konkurriert gern mit anderen und läßt sich leicht in Diskussionen verwickeln. Wenn Widder oder Schütze betont sind, brauchen Sorglosigkeit und Lebhaftigkeit bewußte Kontrolle.

Positive Aspekte
Willenskraft, Optimismus, Begeisterungsfähigkeit und die Gabe, das Leben zu genießen. Der Horoskopträger liebt die Freiheit, er besitzt Organisationstalent, manchmal auch schöpferische Fähigkeiten. Verbreitet ist Sportbegeisterung. Das große Energiepotential sollte durch sinnvolle intellektuelle und körperliche Betätigung genutzt werden.

Negative Aspekte
Voreiligkeit und impulsives Wesen sind verbreitet; Sorgfalt und Voraussicht sollten entwickelt werden, obwohl dies sicher nicht leichtfällt. Die Begeisterung überschlägt sich oft und führt zu blindem Optimismus. Menschen, die mit diesen Aspekten geboren sind, neigen manchmal zu übertriebener Aufsässigkeit. Die große Tatkraft findet nur schwer positiven Ausdruck. Ruhelos und unmäßig.

General de Gaulle (oben)
Im Horoskop von Charles de Gaulle steigt die energische, leicht kriegerische Konjunktion von Mars und Jupiter in Wassermann auf. Ihr waren sein Mut, seine Kühnheit und seine Streitlust zuzuschreiben.

MARS SATURN

Dorothy Hamill (oben)
Das Trigon zwischen Mars und Saturn im Horoskop von Dorothy Hamill hilft ihr, schwierige Bedingungen zu überwinden und sich gegenüber ihren Konkurrenten zu behaupten.

Konjunktion
Diese äußerst kraftvolle Konjunktion zeigt oft ein Leiden an – manchmal ergeben sie sich aus einer körperlichen Benachteiligung oder einer Disposition für Unfälle. Eine möglicherweise gefahrvolle Zeit zeichnet sich ab, wenn Mars im Transit die Geburtskonjunktion überwandert. Oft muß der Konflikt zwischen Hemmung und Tatendrang überwunden werden.

Positive Aspekte
Ausdauer und Fähigkeit, sehr ungünstige Bedingungen durchzustehen. Entbehrungen und Gehorsam werden willig akzeptiert. Ausgezeichnete Aspekte für Ingenieure und ähnliche Berufe. Die Organisationsgabe ist beträchtlich. Der Horoskopträger wird möglicherweise in einer Gewerkschaft mitarbeiten oder eine Tätigkeit bevorzugen, die Kontrolle über Menschen erlaubt.

Negative Aspekte
Bei diesen Aspekten ist meist der gleichmäßige Fluß der Energien gestört: Tatkraft und Tatenlosigkeit wechseln periodisch. Im ungünstigsten Fall herrschen Ziellosigkeit und Treibenlassen.

DEUTUNG DER ASPEKTE 6

MARS URANUS

Konjunktion
Diese äußerst wirkungsvolle Konjunktion trägt immer große Energien bei, die jedoch sehr oft bis zum Zerreißen angespannt sind. Äußerst eigenwillig, manchmal intolerant und unfallgefährdet. Der Horoskopträger kann meist alle aufgezeigten Möglichkeiten entwickeln. Er bewährt sich vor allem in Krisenzeiten. Eine ungünstig aspektierte Konjunktion zeigt Nervenzusammenbrüche an.

Positive Aspekte
Die Fähigkeit, sich schnell zu entschließen, verbindet sich mit einem großen Energievorrat, der von einem Moment zum anderen aktiviert werden kann. Wer diese Aspekte besitzt, arbeitet sich hoch; Körperkraft fehlt ihm selten. Andere Stellen des Horoskops sollten geprüft werden, ob genug Urteilsfähigkeit vorhanden ist, um die Energieimpulse zu steuern. Nervliche Belastungen und Spannungen können leicht auftreten; Disziplin wird nur widerwillig akzeptiert.

Negative Aspekte
Streitsüchtig, überspannt, neigt zum Widerspruch; Intoleranz und Disposition für Unfälle sind verbreitet. Militante Bewegungen können positive Betätigungsfelder bieten, aber die Neigung, gewalttätig zu handeln, sollte bekämpft werden. Nervosität.

Rudolf Nurejew (unten)
Die Konjunktion von Mars und Uranus in seinem Horoskop verlieh ihm die notwendige Kühnheit, Energie, Intensität und Willenskraft, um seine Begabung zum Tänzer voll auszubilden.

MARS NEPTUN

Konjunktion
Die Liebe zu Farben und die romantische Ader unterstützen die Neigung zu den affektiven Elementen in der Kunst, vor allem in der Musik, im Tanz und in der Dichtung. Meist wird viel Begeisterung aufgebracht, aber sie ist oft etwas ziellos und sprunghaft. Der Horoskopträger kann eitel sein, sein Ehrgeiz richtet sich oft auf zu hohe Ziele. Der Energievorrat ist nicht groß, Enttäuschungen stellen sich häufig ein, entsprechend dem Haus, in dem die Konjunktion steht. Sehr lebhafte Phantasie.

Positive Aspekte
Äußerst starke, aber kontrollierte Gefühle. Im günstigsten Fall verleihen diese Aspekte Mitgefühl und Hilfsbereitschaft, die sich auch ohne Zögern zum Wohl anderer äußern. Fruchtbare Phantasie, dazu das Naturtalent, den Gedanken und Handlungen anderer immer einen Schritt voraus zu sein. Sehr günstige Aspekte für seemännische Berufe (Funker, Nautiker).

Negative Aspekte
Tendenz zur Realitätsflucht durch Alkohol oder Rauschgifte, am wahrscheinlichsten, wenn einer der beiden Planeten in Krebs oder im Zwölften Haus steht. Leicht erregbare Einbildungskraft, die auf negative Reize stark anspricht. Ein positiver Ausweg, vielleicht Theaterspielen, kann die negativen Züge ausgleichen. Sorgen können die Gesundheit schädigen, empfindlich gegen Medikamente, Fisch und verschmutztes Wasser.

MARS PLUTO

Konjunktion
Die Gefühle sind hochgespannt, sie müssen sich auf möglichst vielen Gebieten ausdrücken. Wenn die Konjunktion ungünstig steht, sind die Gefühlsäußerungen so gehemmt, daß ernste psychische Störungen auftreten können. Die emotionale Energie sucht dann vielleicht grausame oder sogar kriminelle Auswege. Das rasche, heftige Temperament kann nur mit Mühe kontrolliert werden.

Positive Aspekte
Emotionale und körperliche Energien können positiv genutzt werden. Fähigkeit, neu anzufangen; kein Mangel an Selbstvertrauen oder Ehrgeiz. Harter Arbeiter aus Leidenschaft.

Negative Aspekte
Ziele können zu Zwangsvorstellungen werden; trotz aller Bemühungen, Hindernisse zu überwinden, scheinen sie nur immer drohender aufzuragen. Wenn sie überwunden werden, geschieht es oft zum Schaden anderer und ohne Rücksicht auf ihre Gefühle.

MARS ASZENDENT

Konjunktion
Im Ersten Haus verstärken sich alle Merkmale des Mars. Egoismus, Ungestüm und Anfälligkeit für Schnittwunden und Verbrennungen sind wahrscheinlich. Der physische Energievorrat ist groß, die Spontaneität und der Eifer des Horoskopträgers wirken anstekkend. Im Zwölften Haus tritt oft Verschlossenheit auf, die bewußt gelockert werden sollte. Vielleicht existiert ein Hang zur Mystik oder zur Hellseherei, der den Charakter verdüstert, wenn der Planet nicht im Ersten Haus steht.

Negative Aspekte
Die *Opposition* bringt im Sechsten Haus Belastung durch Überarbeitung, da der Horoskopträger die Grenzen seiner Leistungsfähigkeit nicht erkennt. Im Siebten Haus führt sie dazu, daß Partnerschaften mit ungewöhnlich viel Energie und Begeisterung eingegangen werden, wobei ein Hang zur Streiterei kontrolliert werden muß. Die *anderen negativen Aspekte* beeinflussen ungünstig die Eigenschaften des Mars.

MARS HIMMELSMITTE

Konjunktion
Günstiger Aspekt für die Energie, die auf die tägliche Arbeit verwandt wird. Schwierige Aufgaben werden gelassen angepackt und erfolgreich abgeschlossen. Möglicherweise technische Begabung, aber das Zeichen an der Himmelsmitte muß sorgfältig beachtet werden.

Positive Aspekte
Im Ausdruck des Ichs überwiegen die lebhaften Elemente des Mars.

Negative Aspekte
Die *Opposition* zeigt eine nicht zusagende Arbeit an. Die Eltern können zu einem Beruf ihrer Wahl

zwingen. *Andere negative Aspekte* deuten auf zusätzliche Belastung aus der Berufsarbeit.

6 ASPEKTE DES JUPITER

Die Aspekte zwischen Jupiter, Saturn, Uranus und Pluto bleiben lange Zeit erhalten, auf Grund der geringen scheinbaren Bahngeschwindigkeit der äußeren Planeten. Daher muß ihre Wirkung im Zusammenhang mit den wichtigeren Aspekten von Sonne, Mond oder beherrschendem Planet gesehen werden. Nahe dem Aszendenten oder der Himmelsmitte wird der Einfluß der genannten Planeten persönlich, sonst üben sie eher einen Generationseinfluß aus.

JUPITER SATURN

Konjunktion

Sie ereignet sich alle 21 Jahre. – Diese Konjunktion verleiht die Fähigkeit, hohe Ziele durch harte Arbeit zu erreichen. Ihre Wirkung ist stark, sie sorgt für ein großes Kräftepotential, für Zielstrebigkeit und physische Ausdauer. Ihre volle Kraft entfaltet diese Konjunktion an der Himmelsmitte. Unzufriedenheit kann durch den Drang nach Arbeit aufgefangen werden, der den Horoskopträger seine Ziele erreichen läßt.

Peter Ustinov (oben)
Ein Jupiter–Saturn-Quadrat trug zur Ruhelosigkeit seines Lebens bei.

John Glenn (oben)
Eine exakte Konjunktion von Jupiter und Saturn in Stier deutet auf John Glenns Ehrgeiz und eine gewisse Unzufriedenheit hin, die ihn zum Ruhm führte.

Positive Aspekte

Sehr günstig: Fortschritte im Leben ergeben sich durch den gleichmäßigen Einsatz konstruktiver Fähigkeiten. Sie sind am nützlichsten, wenn einer der beiden Planeten in positivem Aspekt zur Sonne steht. Die eigenen Grenzen werden immer erkannt. Ausgeprägter Weitblick. Erfolge wahrscheinlich, entsprechend den im Horoskop betonten Zeichen.

Negative Aspekte

Enttäuschungen, die sich aus dem Verkennen der eigenen Grenzen ergeben. Oft ruhelos, vor allem, wenn dieser Charakterzug schon an anderer Stelle des Horoskops angezeigt ist. Persönliche Einschränkungen werden mit Resignation akzeptiert. Diese negativen Aspekte finden sich oft im Horoskop von Berufssoldaten.

JUPITER URANUS

Konjunktion

Diese Konjunktion ereignet sich alle vierzehn Jahre. Sie verleiht vor allem den Drang nach Unabhängigkeit, aber auch Ruhelosigkeit, Voreingenommenheit und oft Eigensinn. Wenn im Horoskop die Konjunktion in oder nahe dem Aszendenten, der Himmelsmitte oder im Aspekt zur Sonne steht, dann werden ungewöhnliche, unkonventionelle und progressive Ideen und Ziele von vordringlichem Interesse sein. Sie fördert auch auffällige äußerliche Merkmale, zum Beispiel überdurchschnittliche Körpergröße.

Positive Aspekte

Originalität, Führungsqualitäten und Menschenfreundlichkeit verbinden sich harmonisch miteinander. Die Mischung ist wahrscheinlich am wirkungsvollsten, wenn Wassermann, Fische oder Krebs betont sind. Alles Konventionelle wird zurückgewiesen.

Negative Aspekte

Die Ruhelosigkeit kann zum ernsten Problem werden, besonders wenn sie auch an anderen Stellen des Horoskops angezeigt ist. Eigensinn und manchmal unerträgliche Freimütigkeit können persönliche Beziehungen belasten. Oft besteht die Neigung, über Kleinigkeiten zu nörgeln.

JUPITER NEPTUN

Konjunktion

Sie ereignet sich alle dreizehn Jahre. Idealismus, Unterscheidungsvermögen und Intuition sind gut ausgebildet. Musikalische und künstlerische Fähigkeiten, manchmal philosophische oder religiöse Neigungen. Diese Konjunktion bietet ausgezeichnete Möglichkeiten; damit sie ganz realisiert werden können, muß an anderer Stelle Ausdauer angezeigt sein.

Positive Aspekte

Wille und Fähigkeit, Unterprivilegierten zu helfen und praktische Nächstenliebe zu üben, sind ausgeprägt. Oft besteht das Bedürfnis, sich zurückzuziehen, um Kräfte zu sammeln. Der Horoskopträger hat manchmal Schwierigkeiten, selbst den eigenen Ansprüchen zu genügen. Eine ungewöhnliche oder seltsame Schwierigkeit kann auftreten, vielleicht ein Partner, der eine bestimmte Art Hilfe braucht.

Negative Aspekte

Wenn im Horoskop Kraft und praktische Fähigkeiten angezeigt sind, können diese Aspekte hilfreich sein. Die überempfindliche Reaktion auf Leiden kann zu tätiger Hilfe führen. Religiöse Probleme und der Hang zu Geheimkulten können jedoch zerstörerisch wirken, besonders wenn Waage betont ist. Bei finanziellen Dingen sollten Fachleute um Rat gefragt werden.

JUPITER PLUTO

Konjunktion

Sie ereignet sich alle dreizehn Jahre. Bemerkenswert ist die Fähigkeit, mit der Vergangenheit zu brechen und neu anzufangen. Sie ist wahrscheinlich am wenigsten ausgeprägt, wenn die Konjunktion in Krebs steht. Bei einer Konjunktion in Löwe, im Zehnten Haus oder an der Himmelsmitte sind besonders Führungsqualitäten ausgebildet.

Positive Aspekte

Verbreitet sind Organisationstalent und ausgeprägte intellektuelle Fähigkeiten. Wunsch nach Neuanfängen und die Fähigkeit, sie durchzustehen.

Negative Aspekte

An empfindlicher Stelle können sie Fanatismus anzeigen, auch den Wunsch, andere auszunutzen. Diese Neigung erfordert bewußte Kontrolle, obwohl sie erst dann stark in Erscheinung tritt, wenn Pluto nahe der Himmelsmitte, vielleicht noch im Quadrat zu Jupiter im Ersten Haus steht. Verschwendungssucht ist verbreitet; oft drückt sich eigene Unfähigkeit in Zerstörungswut aus.

Mike Jagger (oben)
Eine exakte Konjunktion von Jupiter und Pluto in Löwe gibt Mike Jagger die persönliche Dynamik und seine Fähigkeit Massen zu begeistern und eine Führungsrolle zu spielen.

DEUTUNG DER ASPEKTE 7

JUPITER ASZENDENT

Konjunktion
Wenn sie ohne ungünstige Aspekte im Ersten Haus steht, verleiht sie dem Horoskopträger eine muntere, unbekümmerte Wesensart. Er wird ebenso großzügig wie begeisterungsfähig sein. Manchmal führt diese Stellung allerdings auch zu blindem Optimismus und Vergnügungssucht. Wenn an anderer Stelle im Horoskop Anzeichen für praktische Fähigkeiten und Selbstkontrolle vorliegen, dann tritt die «höhere» Seite des Jupiter in den Vordergrund: ausgezeichneter Verstand, weiter geistiger Horizont, Sprachbegabung und philosophische Neigungen. Alle Merkmale des Planeten werden dann positiv verstärkt. Im Zwölften Haus sind die philosophischen Komponenten des Jupiter besonders ausgebildet, aber es besteht auch Sehnsucht nach Zurückgezogenheit, in der Forschungsarbeiten geleistet werden. – Die Konjunktion ist günstig für Geistliche. Manchmal neigen die Horoskopträger allerdings zur Verschlossenheit. Wenn Jupiter ungünstig steht, kann diese Eigenschaft sich schnell zuspitzende Konflikte auslösen, besonders in der Ehe.

Positive Aspekte
Sie beleben alle Bereiche der Persönlichkeit, besonders wenn Steinbock, Krebs oder Jungfrau aufgehen. Kann mit Kindern gut umgehen; vielleicht spekulative Fähigkeiten, denen mit vernünftiger Zurückhaltung nachgegeben werden kann.

Negative Aspekte
Opposition: Im Sechsten Haus können Funktionsstörungen der Leber die Gesundheit beeinträchtigen. Eine etwas sorglose oder übertriebene optimistische Einstellung zur Arbeit und zu Mitarbeitern kann deutlich sichtbar werden. Im Siebten Haus leidet möglicherweise die Ehe unter dem Bedürfnis nach Freiheit und Selbstverwirklichung. *Andere negative Aspekte:* ebenfalls Tendenz zu übertriebenem Optimismus.

JUPITER HIMMELSMITTE

Konjunktion
Dieser Aspekt bedeutet Erfolg im Leben, er verleiht eine realistische Einstellung zum Beruf und zu allgemeinen Lebenszielen. Die für Jupiter typischen Berufe und das Theater wirken anziehend. Der Horoskopträger nimmt den Beruf nie tierisch ernst.

Positive Aspekte
Bejahende Einstellung zum Beruf, optimistische Lebensauffassung.

Negative Aspekte
Die *Opposition* zeigt Großspurigkeit, Einbildung und überbetontes Ich an. Vielleicht wurde die kindliche Neigung, sich aufzuspielen, von den Eltern bestärkt, anstatt kontrolliert. Auch Erfolge in der Schule können sich sehr schnell nachteilig auf den Charakter auswirken, wenn sie nicht in richtigem Verhältnis gesehen werden. Die anderen *negativen Aspekte* zeigen ebenfalls ein überbetontes Ich an, auch übertriebenes Gehabe.

7 ASPEKTE DES SATURN

Die Saturn-Aspekte beeinträchtigen die Wirkung der anderen Planeten, aber sie können Vorsicht, praktische Fähigkeiten und verläßliche Stützen des Charakters anzeigen und tragen oft zur Stabilität der Persönlichkeit bei.

SATURN URANUS

Konjunktion
Sie ereignet sich alle 91 Jahre. Ehrgeiz, Selbstvertrauen und Entschlußkraft sind wesentliche Charakterzüge. Depressionen und Nervosität wechseln einander ab. Wenn die Konjunktion an empfindlicher Stelle steht, können diese Schwankungen nur schwer kontrolliert werden.

Positive Aspekte
Initiative und Willenskraft, dazu noch Geduld und Vorsicht. Wenn an anderer Stelle Konzentrationsfähigkeit angezeigt ist, verstärken die positiven Aspekte diese Eigenschaft.

Negative Aspekte
Seelische Spannungen und Depressionen treten häufig auf, sie verursachen wahrscheinlich Schwierigkeiten, die nicht in kurzer Zeit gelöst werden können. Die Planetenpositionen sind sorgfältig zu beachten, da sie wie andere Saturn-Uranus-Aspekte Generationseinflüsse bewirken.

SATURN NEPTUN

Konjunktion
Sie ereignet sich ungefähr alle 36 Jahre. Wenn der Rest des Horoskops künstlerische Begabung oder Idealismus anzeigt, trägt diese günstige Konstellation viel zur Verwirklichung von schöpferischen Vorstellungen bei. Der Sinn für Planung ist ausgezeichnet, und der Horoskopträger setzt sich bei seiner Arbeit voll ein. Da materielle wie ideelle Interessen deutlich hervortreten, können Konflikte entstehen. Der Saturn kann jedoch die Verschwommenheit des Neptun klären. Geschäftssinn und politische Begabung können auffällig sein.

Positive Aspekte
Gesundes Urteilsvermögen, Fähigkeit zu harter Arbeit und Organisationstalent. Starke Phantasie und Intuition, die aber kontrolliert und sinnvoll eingesetzt werden können. Gesteigerter Selbsterhaltungstrieb, oft eine instinktive Abneigung dagegen, anderen den Vortritt zu lassen.

Negative Aspekte
Emotionale Belastung, nervliche Spannungen und Hemmungen. Ungewöhnlich viele Enttäuschungen; manchmal Argwohn und Neigung, sich zurückzuziehen. Der sehr eigensinnige Horoskopträger läßt sich manchmal in großartige, nicht realisierbare Pläne verwickeln.

SATURN PLUTO

Konjunktion
Sie ereignet sich alle 92 Jahre. Diese Konjunktion bewirkt meist Frustrationen, die tiefsitzende Zwangsvorstellungen verursacht – am wahrscheinlichsten tritt dies ein, wenn die Konjunktion nahe dem Aszendenten steht. Daher kann das Verhalten von Zeit zu Zeit völlig unberechenbar sein. Es liegt hier allerdings eher ein Generationseinfluß vor, deswegen sind die Stellung der Konjunktion und ihre Aspekte zu anderen Planeten äußerst bedeutsam.

Positive Aspekte
Fähigkeit, die widersprüchlichen Merkmale der beiden Planeten auszugleichen: So können Frustrationen und Einschränkungen überwunden werden.

Negative Aspekte
Ihre Wirkungen entsprechen denen der Konjunktion, sie verstärken sich jedoch, wenn einer der Planeten noch in Konjunktion mit der Sonne, dem Mond oder dem Aszendenten steht.

SATURN ASZENDENT

Konjunktion
Im Ersten Haus müssen die anderen Aspekte des Saturn berücksichtigt werden: Ein Trigon von Sonne und Saturn kann gesunden Menschenverstand und eine praktische, kühle Persönlichkeit verleihen, die vom Ehrgeiz getrieben wird. Die Gesundheit leidet vor allem unter Hautkrankheiten und rheumatischen Schmerzen. Wenn Saturn ungünstig steht, können Hemmungen und Schüchternheit auftreten; die positiven Merkmale des aszendierenden Zeichens werden abgeschwächt. Im Zwölften Haus zeigen sich Schüchternheit und die Tendenz, vor anderen Menschen zu fliehen. Das Verlangen nach selbstgewählter Einsamkeit sollte respektiert werden.

Positive Aspekte
Ein fester Halt, der gesunden Verstand und praktische Fähigkeiten beisteuert. Sehr ehrgeizig; wenn Saturn im Fünften Haus stehen sollte, können sich Schwierigkeiten mit Kindern ergeben, vielleicht weil der Horoskopträger zu ehrgeizige Pläne mit ihnen hat.

Negative Aspekte
Die *Opposition* im Sechsten Haus kann die Bewegungsfreiheit durch Krankheiten einschränken. Im Siebten Haus, das oft einen älteren Ehepartner anzeigt, können sich Partnerbeziehungen als langweilig und lästig erweisen. Die *anderen negativen Aspekte* deuten auf eine Tendenz zu Hemmungen und zur Befangenheit.

SATURN HIMMELSMITTE

Konjunktion
Wenn Saturn im Zehnten Haus günstig zu anderen Planeten steht, kann die Konjunktion ihre volle Kraft entfalten: Wer sie besitzt, lebt seinen Ehrgeizen, ohne viel Zeit für Vergnügen oder emotionale Beziehungen zu opfern (obwohl das betroffene Sternzeichen diese Einstellung mildern kann). Der Horoskopträger ist

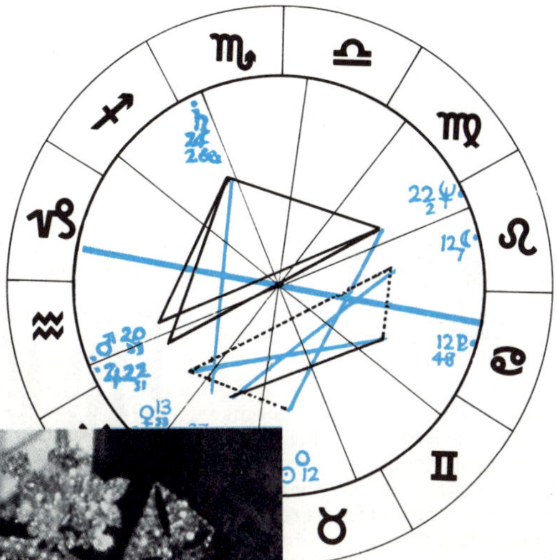

Königin Elisabeth II. (oben)
In ihrem Horoskop steht der Saturn als Geburtsgebieter in Konjunktion zur Himmelsmitte und im Quadrat zur Mars- und Jupiter-Konjunktion in Wassermann. Diese Aspekte zeigen Verantwortlichkeit und Entschlußkraft an.

kühl, er nimmt oft eine einsame, verantwortliche Stellung ein. In anderen Häusern sind diese Merkmale weniger stark. Vorliebe für Disziplin ist ganz sicher gegeben.

Positive Aspekte
Sie verleihen Ehrgeiz und eine praktische Einstellung zum beruflichen Aufstieg. Die Karriere beansprucht meist viel Aufmerksamkeit, wird aber nicht überbewertet.

Negative Aspekte
Opposition: Dem Ehrgeiz wirken Hemmungen entgegen. Trotz aller Anstrengungen werden die Wunschziele nicht erreicht. Schuld daran könnte der Einfluß eines schwierigen, ungeliebten Vaters sein. Die *anderen negativen Aspekte* deuten auf Enttäuschungen im Beruf.

8 ASPEKTE DES URANUS

Seine Aspekte üben eine dynamische und magnetische Anziehungskraft auf den Planeten aus, mit dem er sich verbindet.

URANUS NEPTUN

Konjunktion
Sie ereignet sich alle 171 Jahre, die letzte stand um 1820 am Himmel. Ihr Einfluß ist bemerkenswert: Sie trägt zur Geburt bedeutender Menschen bei. Eigenwilligkeit ist ein hervorstechender Charakterzug, ebenso Originalität.

Positive Aspekte
Sie bleiben lange Zeit wirksam. Wenn sich eine spürbare Wirkung ergeben soll, muß einer der beiden Planeten mit einem weiteren wichtigen Planeten, dem Aszendenten oder der Himmelsmitte, Aspekte haben. Die Aspekte verleihen üblicherweise Freundlichkeit, Einfühlungsgabe und Empfindsamkeit. Diese Eigenschaften werden verstärkt durch die Placierung der Planeten an wichtigen Stellen des Horoskops.

Negative Aspekte
Sie tragen gewöhnlich intensives Gefühlsleben bei, aber auch leichte Erregbarkeit und Nachlässigkeit. Wenn der Aspekt an wichtiger Stelle steht oder einer der beiden Planeten betont ist, dann sollte auf positiven Ausdruck der Gefühle ganz besonders geachtet werden. Das Interesse an der Kunst, Tanz, Literatur sollte unterstützt werden.

URANUS PLUTO

Konjunktion
Sie ereignet sich alle 115 Jahre. Die letzte stand ungefähr von 1963 bis 1969 in Jungfrau. Ihre Auswirkungen sind erstaunlich: Kinder, in deren Horoskop diese Konjunktion nahe der Himmelsmitte steht, werden in ihrer Generation führend sein. Sie haben sowohl starke positive als auch starke negative Energien. Sie besitzen die Kraft, die Menschheit von vielen Übeln zu befreien und eine dynamische, befreite und soziale Gesellschaft zu schaffen, aber auch die Gegenkraft, alles und jeden zu zerstören. Alle Anzeichen sprechen dafür, daß sie ihre Kraft positiv einsetzen werden, da sie vieles mit dem «Wassermann-Zeitalter» gemeinsam haben. Kinder, die unter diesem Aspekt geboren werden, brauchen eine feste, sorgfältige Erziehung. Die Unabhängigkeit wird ihnen äußerst wichtig sein, daher müssen sie beizeiten ihre Verpflichtung und Verantwortung kennenlernen. Auf Grund des starken Generationseinflusses wird sich der Konflikt zwischen den Generationen verschärfen.

Positive Aspekte
Große Energien werden dynamisch und nachdrücklich eingesetzt.

Negative Aspekte
Sie können zerstörerische Neigungen fördern; innere Spannungen entladen sich wahrscheinlich in plötzlichen Gefühlsausbrüchen.

URANUS ASZENDENT

Konjunktion
Im Ersten Haus sorgt sie für Originalität, persönliche Anziehungskraft und unabhängiges Verhalten, aber wahrscheinlich auch für nervöse Spannungen. Menschen mit dieser Konjunktion sind unberechenbar. Sie neigen zu Unfällen und Kreislaufschwächen. Im Zwölften Haus sind Spannungen und Störungen im Unbewußten zu erwarten. Oft wirken Geheimkulte sehr anziehend.

Positive Aspekte
Sie steuern Erfindungsgabe und Vorliebe für Ungewöhnliches bei. Im Fünften Haus können Unabhängigkeitsstreben, Einstellung zu Kindern und Liebesleben möglicherweise abnorme Züge annehmen.

Negative Aspekte
Die *Opposition* im Sechsten Haus kann arthritische Beschwerden und Kreislaufstörungen verursachen. Sprunghaft und unberechenbar bei der Arbeit. Im Siebten Haus wird in emotionalen Beziehungen oft Ungewöhnliches gesucht, häufig mit unglücklichem Ausgang. *Andere negative Aspekte* bringen schwer lösbare nervliche Spannungen.

URANUS HIMMELSMITTE

Konjunktion
Plötzliche Veränderungen der beruflichen Laufbahn sind wahrscheinlich. Produktive Originalität, aber Überspanntheit und Aufsässigkeit können das Fortkommen erschweren, besonders wenn dazu noch die Vorliebe für Ungewöhnliches tritt. Für den Uranus typische Interessengebiete ziehen an.

Positive Aspekte
Starke Vorliebe für Originalität und Unabhängigkeit, vor allem, wenn die Selbstverwirklichung im Beruf betroffen ist. Guter Blick für die Bedeutung von Dingen.

Negative Aspekte
Die *Opposition* fördert die Befangenheit und Furcht vor dem Beruf und der Berufssphäre überhaupt. Diese Spannungen können nicht leicht überwunden werden. In der Kindheit oft Unsicherheit und plötzliche Rebellion. *Andere negative Aspekte* zeigen den Aufbau von Spannungen aus äußeren Ursachen an.

DEUTUNG DER ASPEKTE 8

9 ASPEKTE DES NEPTUN

Neptun mildert und verfeinert die Wirkung der Planeten, mit denen er in Aspekten steht; er kann ihre Kräfte auch zersplittern.

NEPTUN PLUTO

Ihre Aspekte sind von extrem langer Dauer, und ihre Wirkung konzentriert sich auf kaum spürbare, halbverdeckte Strömungen. Wenn die Aspekte den einzelnen beeinflussen sollen, muß einer der Planeten aufsteigen, nahe der Himmelsmitte stehen, oder Skorpion und Fische müssen im Horoskop betont sein. Phantasie, hellseherische Fähigkeiten und zweites Gesicht könnten gefördert werden.

Konjunktion
Zwischen 1887 und 1897 ereignete sie sich in Zwillinge. Sie regte die intellektuelle Beschäftigung mit den oben genannten okkulten Fähigkeiten an.

Positive Aspekte
Positiver Gebrauch übersinnlicher Fähigkeiten.

Negative Aspekte
Zwangsvorstellungen, Phantasterei und Verworrenheit. Beschäftigung mit Hellseherei, vielleicht Neigung zur schwarzen Magie und Sadismus, jedoch nur, wenn der Aspekt an empfindlicher Stelle steht.

Prinz Charles (unten)
Das Horoskop des Prinzen Charles zeigt ein betontes Sextil zwischen Neptun und Pluto, da Pluto aufsteigt. **Dieser Aspekt verleiht ihm sympathisches Einflußvermögen auf seine Zeitgenossen.**

NEPTUN ASZENDENT

Konjunktion
Im Ersten Haus führt die Konjunktion zu Charakterschwäche und unklaren, schwankenden Ansichten. Andere werden nie wissen, woran sie mit dem Horoskopträger wirklich sind, so sehr schillert seine Persönlichkeit. Im Zwölften Haus herrscht trotz einer Tendenz zur Realitätsflucht (vor allem bei Neptun und Sonne in Waage) oft echte künstlerische Begabung. Horoskopträger mit dieser Konjunktion in Waage sind gelegentlich für Rauschgifte anfällig. Sie leiden darunter und sollten vor Haltlosigkeit und Kräfteverlust gewarnt werden.

Positive Aspekte
Sie steuern Grazie, Feinheit und Sensibilität des Neptun bei; künstlerische Fähigkeiten oder Liebe zur Kunst sind vorhanden.

Negative Aspekte
Bei einer *Opposition* im Sechsten Haus können sich Arzneimittel als gefährlich erweisen. Schwierigkeiten mit den Füßen; kein ausdauernder oder ordentlicher Arbeiter. Im Siebten Haus herrscht eine selbstgefällige Einstellung zur Ehe. Stehen entweder der Aszendent oder Neptun in anderen negativen Aspekten, werden emotionale Beziehungen wahrscheinlich enttäuschen. Ungünstig für geschäftliche Partnerschaften. *Andere negative Aspekte* können Charakterschwäche und Hang zu Betrügereien hervorrufen.

NEPTUN HIMMELSMITTE

Konjunktion
Häufige Berufswechsel, das Ergebnis ist möglicherweise ein «Hans Dampf in allen Gassen». Ambitionen und Ziele können entweder ziemlich verschwommen oder zu hoch sein. Alle künstlerischen Beschäftigungen sind wahrscheinlich.

Positive Aspekte
Wird vom Künstlerischen und Schönen angezogen; Vorliebe für Kino, Theater und Ballett.

Negative Aspekte
Opposition: Unsicherheit und wenig klare Berufsverhältnisse, kann vor lauter Bäumen den Wald nicht sehen. *Andere negative Aspekte* wirken ähnlich, nur verstärken sie die Tendenz zur Selbsttäuschung.

10 ASPEKTE DES PLUTO

Jeder Planet, der in Aspekt zu Pluto steht, erhält von ihm Tiefe, Kraft und Ungestüm.

PLUTO ASZENDENT

Konjunktion
Im Ersten Haus intensiviert Pluto die Merkmale des aufsteigenden Zeichens. In Krebs verstärkt er wahrscheinlich die Neigung, sich Sorgen zu machen. Wenn die Kon-

Zwangsvorstellungen (oben)
Die Konjunktion von Pluto und Aszendent kann zu fixen Ideen oder Manien führen. Sie können das tägliche Leben des Horoskopträgers empfindlich stören und belasten.

junktion in Löwe fällt, verleiht er Dynamik, oft gutes Aussehen, aber auch herrische Persönlichkeitszüge. In Jungfrau sind fixe Ideen möglich, die analytischen Züge werden oft übermäßig gefördert. In allen drei genannten Zeichen herrscht durch seinen Einfluß Intensität, Gradlinigkeit und der Hang, alte Lebensformen zugunsten neuer zu zerstören. Im Zwölften Haus bleiben diese Tendenzen unbewußt und können psychische Konflikte auslösen.

Positive Aspekte

Helfen dem Horoskopträger, Veränderungen zu akzeptieren und sich in neuen Lebensabschnitten zurecht zu finden.

Negative Aspekte

Opposition: Im Sechsten Haus können aus psychischen Schwierigkeiten schwer faßbare Krankheiten entstehen. Im Siebten Haus kann die Gefahr grausamen Verhaltens in der Ehe gegeben sein; schwieriger Ehepartner; harter, geldgieriger Geschäftsmann. *Andere negative Aspekte* führen zu psychischen Belastungen und Verbohrtheit.

PLUTO HIMMELSMITTE

Konjunktion

In Krebs oder Jungfrau sichert sie oft den geschäftlichen Erfolg. Wenn Löwe betroffen ist, entwickeln sich die Horoskopträger manchmal zu echten Plutokraten. Wahrscheinlich werden sie Gelegenheit haben, ihren Hunger nach Ruhm zu stillen. Sie erreichen ihre ehrgeizigen Ziele, wenn es sein muß auch mit Brutalität.

Positive Aspekte

Organisationstalent; gutes Vorstellungsvermögen; Fähigkeit, mit der Vergangenheit zu brechen und neu anzufangen.

Negative Aspekte

Opposition: Draufgängertum und Tollkühnheit; überaktives Sexualleben – wahrscheinlich als Ergebnis repressiver Erziehung. Die *anderen negativen Aspekte* zeigen diese Merkmale weniger stark. Auf jeden Fall entstehen psychische Belastungen. Plötzliche, unverschuldete Rückschläge führen zu unvorhergesehenen Schwierigkeiten und halten das Fortkommen auf. Im Beruf können Aufstiegsmöglichkeiten ähnlich blockiert werden.

DIE MONDKNOTEN

Der scheinbare Weg der Sonne um die Erde schneidet den Himmelsäquator in den Äquinoktien. Ähnlich schneidet die Bahn des Mondes die Ekliptik auf der Knotenlinie: Der nördliche (aufsteigende) Knoten markiert den Punkt, wo der Mond von Süden nach Norden die Ekliptik überschreitet, der südliche (absteigende) Knoten ergibt sich, wenn der Mond von Norden nach Süden die Ekliptik überschreitet. Die Knoten bewegen sich Jahr für Jahr um 19°3′ rückläufig auf der Ekliptik durch die Tierkreiszeichen. Diese Bewegung gleicht der Präzession (s. S. 68), aber während das Fortschreiten der Tagundnachtgleichen 25 800 Jahre dauert, durchlaufen die Mondknoten den Tierkreis in etwa 19 Jahren.

Die Tabelle auf Seite 278 gibt die Position der Mondknoten für die Jahre 1910 bis 2001 an. Die Angaben beziehen sich auf den Tag, den dem der nördliche Knoten eine Gradgrenze überschreitet. Der südliche Knoten steht dem nördlichen auf der Ekliptik genau gegenüber: Wenn der nördliche Knoten in 23° Widder liegt, befindet sich der südliche in 23° Waage.

Die Astrologie wertet die Knoten als empfindliche Stellen. Der aufsteigende Knoten neigt dazu, in der Art des Jupiter günstig zu wirken, der absteigende besitzt eher die ungünstige Wirkung des Saturn. Trotzdem ist ihre Wirkung bedeutend schwächer als die der Planeten. So kann der nördliche Knoten im wesentlichen Vorteile bringen, der südliche Behinderungen.

Wenn die Knotenlinie – der astronomische Begriff für die Verbindungslinie der Mondknoten – im Horoskop fast mit der Linie zwischen Aszendent und Deszendent zusammenfällt, kann der äußeren Erscheinung eines Menschen etwas Ungewöhnliches anhaften. Vielleicht ist er auffällig groß gewachsen.

Viele Astrologen nehmen eine Beziehung zwischen der Position der Mondknoten und dem sozialen Verhalten eines Menschen an: Die Knoten können soziales oder antisoziales, angepaßtes oder unangepaßtes Verhalten anzeigen. Die beiden Zeichen und Häuser, in denen die Knoten liegen, beeinflussen die Art dieser Beziehung. Jedoch unterstützen die Knoten nur bereits vorhandene Charakterzüge.

Im Horoskop werden die Knoten mit Gradangabe in den Kreis mit den Sternzeichen eingetragen. Das Zeichen für den nördlichen Knoten gleicht dem Symbol für Löwe, Anfänger sollten beide nicht verwechseln.

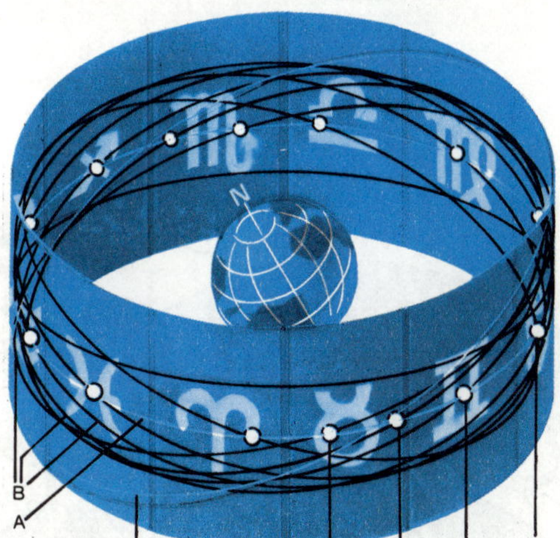

Präzession der Mondknoten (links)
Die Schnittpunkte der Ekliptik (A) und der Mondbahn (B) bewegen sich in 18,6 Jahren einmal durch den Tierkreis. Die Schnittpunkte werden Mondknoten (C) genannt. Himmelsäquator = D.

Die Mondknoten im Horoskop (rechts)
In diesem stilisierten Horoskop erscheint der nördliche Mondknoten in 23° Widder. Der südliche Knoten liegt auf der Ekliptik gegenüber in 23° Waage. Die Zeichen symbolisieren Aufstieg (Nord) und Abstieg (Süd).

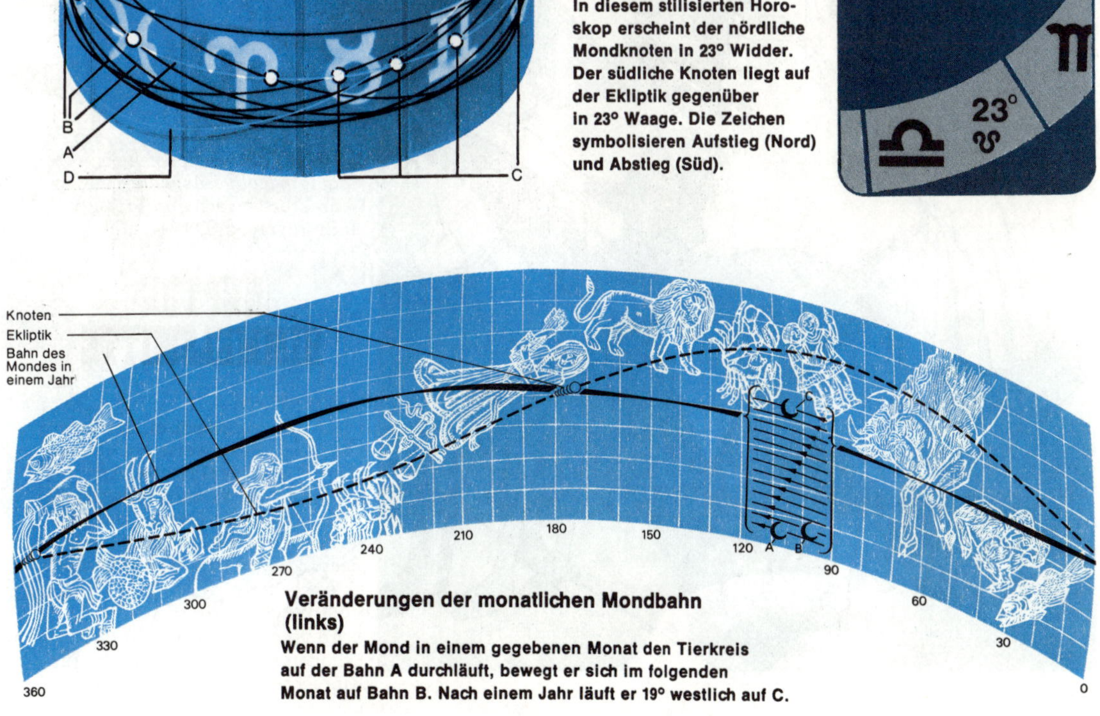

Veränderungen der monatlichen Mondbahn (links)
Wenn der Mond in einem gegebenen Monat den Tierkreis auf der Bahn A durchläuft, bewegt er sich im folgenden Monat auf Bahn B. Nach einem Jahr läuft er 19° westlich auf C.

PROGRESSIONEN 1

Wie man zukünftige Entwicklungen im Geburtshoroskop feststellt

Die Astrologen benutzen Progressionen, um *Entwicklungstendenzen* im Leben eines Menschen festzustellen.

Es gibt zahlreiche Methoden, um durch Progressionen Entwicklungen im Leben eines Menschen zu entdecken. Wir verwenden hier die Methode «Ein Tag für ein Jahr». Die Positionen der Planeten am Tag nach der Geburt beziehen sich danach auf das erste Lebensjahr, die des zehnten Tages nach der Geburt auf das zehnte Lebensjahr usw. Korrekterweise müßte man für jeden Tag nach der Geburt die Planetenpositionen neu berechnen. Diese mühselige Arbeit kann man jedoch durch die Verwendung des «immerwährenden Mittagsdatums» umgehen. Dieses Datum bezieht sich direkt auf den Tag und die Zeit der Geburt, es trifft nur auf diese besondere Zeit zu.

Von den Planetenpositionen, die für den Mittag eines bestimmten Tages (dem ein Jahr entsprechen soll), berechnet werden, wird angenommen, daß sie sich auf den Mittag des immerwährenden Mittagsdatums und auf die Lebensbedingungen in den folgenden zwölf Monaten beziehen. Die Beziehung zwischen dem immerwährenden Mittagsdatum und der Geburtszeit entspricht der Zeitspanne zwischen Geburtszeit und Mittag (WZ) des Geburtstages.

Wie man ein progressives Horoskop aufstellt

Wir empfehlen, der unten angegebenen Methode zu folgen. Sorgfalt schützt vor falschen Deutungen.

1

Zeichnen Sie das bereits existierende Geburtshoroskop ab. Um das Horoskop herum werden zwei Kreise gezogen.

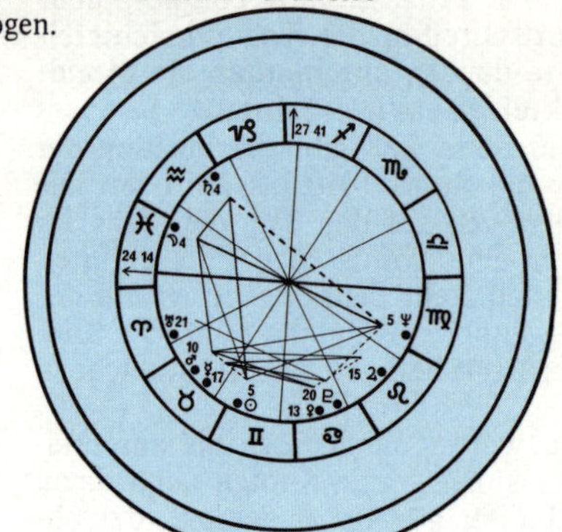

2

Zeichnen Sie ein Aspektschema und ein Schema für die Progressionen und Transite des Mondes.

3

Berechnen Sie das immerwährende Mittagsdatum

Dazu wird die Differenz zwischen der Geburtszeit vor Mittag oder nach Mittag und Mittag in Tage umgerechnet.

Für alle Zeitangaben ist die Weltzeit (WZ) verbindlich

Zwei Fallstricke sollten beachtet werden, aber normalerweise verläuft die Berechnung so glatt wie bei unserer exemplarischen Geburtszeit von 1 Uhr 50 Minuten a. m. (WZ) am 27. Mai 1932. Die Differenz zwischen Geburtszeit und Mittag beträgt 10h 10m. Nach der Tabelle auf Seite 251 entsprechen 10 Stunden 152,1 Tage; 10 Minuten entsprechen 2,5 Tage. Zählen Sie zusammen:

$$\begin{array}{r} 152{,}1 \\ +\ 2{,}5 \\ \hline 154{,}6 \end{array}$$

Diese Zahl wird aufgerundet (oder abgerundet); in unserem Beispiel rechnen wir mit 155 Tagen weiter. In derselben Tabelle suchen Sie nun die Zahl, die dem Geburtstag im Jahr entspricht. Die Tage sind von 1 bis 365 durchnumeriert, Schaltjahre können vernachlössigt werden. Der 27. Mai ist der 147. Tag. Da die Geburt vor *Mittag* stattfand, addieren Sie diese Zahl zu 155 und erhalten 302.

Stellen Sie jetzt den 302. Tag im Jahr fest: Dieser Tag ist der 29. Oktober. Damit haben Sie das immerwährende Mittagsdatum für 1 Uhr 50 Minuten a. m. (WZ) am 27. Mai.
Für 1 Uhr 50 Minuten *p. m.* (WZ) am 27. Mai ändert sich nichts an der Methode; nur wird die Zeitdifferenz in Tagen von der dem Geburtstag entsprechenden Zahl *abgezogen*.
Differenz bis Mittag: 1 Stunde 50 Minuten

1 Stunde 50 Minuten = 15,2 Tage
+ 12,7 Tage
27,9 Tage
(= 28 Tage)

Von 147 wird die Zahl 28 abgezogen, es bleiben 119. Der 119. Tag des Jahres ist der 29. April. Er ist das immerwährende Mittagsdatum, das dem 27. Mai, 1 Uhr 50 Minuten p. m. entspricht.

Ein Jahr gewinnen
Nehmen Sie an, die Geburtszeit sei 11 Uhr 50 Minuten p. m. (WZ) am 27. Mai 1932. Die Differenz bis Mittag beträgt dann 11h 50m.
11 Stunden = 167,3 Tage
50 Minuten = 12,7 Tage
180,0 Tage
Wenn notwendig, wird diese Summe auf- oder abgerundet. Der 27. Mai ist der 147. Tag des Jahres, allerdings kann 180 nicht von 147 abgezogen werden. So «entleihen» Sie ein Jahr, das heißt, Sie zählen zu 147 noch 365 dazu und erhalten 512 für den 27. Mai. Von dieser Zahl subtrahieren Sie 180 und erhalten 332. Dieser Zahl entspricht der 28. November als immerwährendes Mittagsdatum.
Aber: Da man im Lauf der Rechnung in das Jahr 1931 zurückgegangen ist (das «entliehene Jahr»), muß man bei unserer Progressionsmethode immer einen Tag *addieren:* Nicht der zehnte Tag nach der Geburt entspricht also dem zehnten Lebensjahr, sondern der *elfte* Tag nach der Geburt. In unserem Beispiel oben entspricht also der 7. Juni dem zehnten Lebensjahr (1942).

Ein Jahr verlieren
Nehemn Sie an, die Geburtszeit sei 1 Uhr 23 Minuten a. m. (WZ) am 16. September 1932. Die Differenz bis Mittag beträgt 10h 37m.

10 Stunden = 152,1 Tage
37 Minuten = 9,3 Tage
161,4 Tage
(= 161 Tage)

Der 16. September ist der 259. Tag des Jahres, dazu kommen 161 Tage = 420 Tage. Da das Jahr nur 365 Tage zählt, wird diese Zahl von 420 abgezogen, zurückbleiben 55 Tage. Der 55. Tag des Jahres ist der 24. Februar; er ist das immerwährende Mittagsdatum. *Aber:* Da im Lauf der Rechnung auf das nächste Jahr 1933 vorgegriffen wurde, muß man bei unserer Progressionsmethode einen Tag *abziehen:* Nicht der zehnte Tag nach der Geburt entspricht dem zehnten Lebensjahr, sondern der *neunte* Tag. In unserem Beispiel entspricht also der 25. September dem zehnten Lebensjahr (1942).

Muster für Progressionen
Nehmen wir an, Sie wollen die Entwicklungen im Leben eines Menschen für das Jahr 1970 herausfinden. Die Geburtszeit ist die gleiche wie bei unserem Horoskop auf Seite 80, nämlich der 27. Mai 1932, 1 Uhr 50 Minuten a. m. (WZ)
Zuerst stellen Sie das der Geburtszeit entsprechende immerwährende Mittagsdatum fest, wie im Beispiel oben der 29. Oktober.

PROGRESSIONEN 2

4 Berechnen Sie das progressive Datum

Schlagen Sie die Ephemeriden für 1932 auf oder benutzen Sie die Tabelle in diesem Buch auf den Seiten 194 ff. Die Differenz von 1932 bis 1970 beträgt 38 Jahre. Daher addieren Sie zum 27. Mai 38 Tage und erhalten den 4. Juli. Berechnen Sie die progressiven Positionen für den 4. Juli. Die Progression des Mondes wird gesondert berechnet.

Sonne 12°6′ Krebs
Neptun 5°50′ Jungfrau
Uranus 23°9′ Widder
Saturn 2°52′ R Wassermann
Jupiter 22°15′ Löwe
Mars 8°34′ Zwillinge
Venus 3°59′ R Krebs
Merkur 3°34′ Löwe

Diese Positionen werden in das Progressionshoroskop eingetragen (s. u.).

5 Berechnen Sie die Progression des Aszendenten und der Himmelsmitte. Wenn der Geburtszeitpunkt exakt bekannt ist, schlagen Sie die Sternzeit für Mittag nach, die Sie in der Tabelle auf Seite 234 finden. Wir erhalten für den 4. Juli in unserem Beispiel die Sternzeit von 6h 49m 8s. Den Aszendenten berechnen Sie wie beim Geburtshoroskop. Sie benutzen dabei die Sternzeit von 6h 49m 8s *anstatt* der für Mittag.

Sternzeit für Mittag (WZ) (Prog)	6h 49m 8s
Differenz bis Mittag (a.m.)	10h 10m 0s
Subtraktion	20h 39m 8s
Akzeleration des Intervalls	1m 40s
Subtraktion	20h 37m 28s
Längenäquivalent (W)	17m 44s
Subtraktion	20h 19m 44s

= Progressive Sternzeit

Die Häusertabelle ergibt für den progressiven Aszendenten 5°6′ Zwillinge und für die progressive Himmelsmitte 3° Wassermann.

6 Im ersten Kreis außerhalb des Geburtshoroskops tragen Sie den Aszendenten und die Himmelsmitte ein.

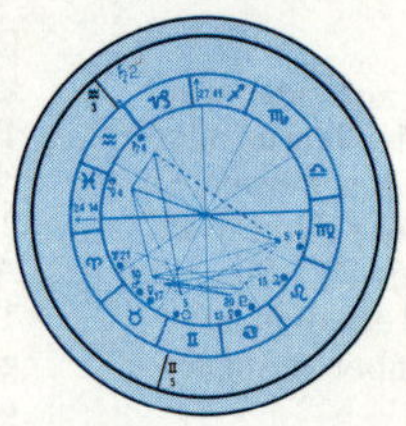

7 Im selben Kreis tragen Sie die progressiven Planetenpositionen ein. Der Mond muß noch berechnet werden.

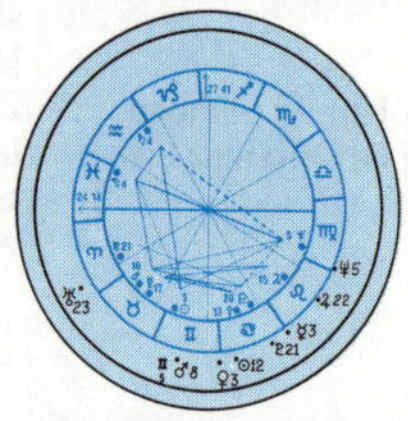

8 In das Aspektschema tragen Sie nun die Aspekte ein, die sich von den Planeten im Geburtshoroskop zu Planeten, Aszendent und Himmelsmitte in der Progression ergeben. Darauf folgen die Aspekte der progressiven Planeten.

Die Sonnenaspekte sind am wichtigsten. Sie werden unter der Rubrik «Sonnenaspekte» aufgeführt.

Wenn die Geburtszeit nicht exakt bekannt ist, läßt man die Progressionen des Aszendenten und der Himmelsmitte aus.

9 Berechnen Sie nun die Progression des Mondes. Da sich der Mond schneller als alle anderen Planeten bewegt – er durchläuft pro Tag ungefähr 14° –, muß seine progressive Position exakt bestimmt werden. Beim Mond muß die exakte Position für jeden Monat des progressiven Jahres ausgerechnet werden.

Um im oben aufgeführten

9 Beispiel die Progression des Mondes für 1970 zu bestimmen, beginnen Sie mit seiner Position am Mittag des progressiven Datums 4. Juli. Für diesen Zeitpunkt ergibt die Tabelle 19°1′ Krebs. Dieser Wert gilt gleichzeitig auch für die Mondposition am immerwährenden Mittagsdatum, dem 29. Oktober. Am 3. Juli (der dem 29. Oktober 1969 entspricht) stand der Mond in 6°14′ Krebs. Ziehen Sie diesen Wert von 19°1′ Krebs ab: 12°47′ Krebs. Der Mond hat sich also vom Mittag des 3. Juli bis zum Mittag des 4. Juli um 12°47′ im Sternzeichen Krebs weiterbewegt. Diesem Wert entspricht die Bewegung zwischen Oktober 1969 und Oktober 1970 im progressiven Horoskop.

Die monatliche Bewegung ergibt sich, wenn man den Betrag durch 12 teilt. Man erhält so einen Wert von annähernd 1°4′ pro Monat. Der Einfachheit halber rechnet man mit einer Bewegung von 1°4′ für alle Monate außer einem, für den nur 1°3′ bleiben. Für die Mondbewegungen ergibt sich also folgende Liste:

Länge des Mondes 1969

29. Oktober	6°14′
29. November	7°17′
(Differenz 1°3′)	
29. Dezember	8°21′

Länge des Mondes 1970

29. Januar	9°25′
29. Februar	10°29′
29. März	11°33′
29. April	12°37′
29. Mai	13°41′
29. Juni	14°45′
29. Juli	15°49′
29. August	16°53′
29. September	17°57′
29. Oktober	19° 1′

Um die Liste bis Dezember fortzusetzen, berechnen Sie die Mondbewegung zwischen 4. und 5. Juli (= Oktober 1970 bis Oktober 1971).

9 Der Mond stand am 4. Juli (= 29. Oktober 1970) in 19°1′ Krebs, am 5. Juli (= 29. Oktober 1971) in 2°0′ Löwe. Wenn man den Übergang von einem Zeichen zum nächsten berücksichtigt, betrug die Bewegung 12°59′. Durch 12 geteilt ergibt 1°4′ mit einem Rest von 11′. Die Bewegung beträgt demnach für elf Monate 1°5′ und für einen Monat 1°4′.

10 Im äußeren Kreis des Progressionshoroskops tragen Sie nun die Mondpositionen des Jahres ein, für das Sie das Horoskop berechnen. In die erste Spalte des Aspektschemas sollten dann die Positionen für jeden Monat eingetragen werden, in die zweite die Planetenaspekte zum Geburts- und Progressionshoroskop.

11 Schlagen Sie in den gekürzten Ephemeriden (S. 250) unter dem Jahr nach, für das Sie das Progressionshoroskop aufstellen, und prüfen Sie, ob nicht ein Planet an irgendeinem Tag dieses Jahres an derselben Stelle steht wie im Geburtshoroskop. Notieren Sie diesen Aspekt im Transitschema.

In unserem Schema auf Seite 153 oben steht Uranus zum Beispiel vom 15. April bis zum 14. Mai im Trigon zur Sonne, vom 15. Mai bis zum 9. Juli steht er im Quincunx zum Mond und Trigon zum Saturn.

12 Tragen Sie im äußeren Kreis des Horoskops die Stände der langsamen Planeten ein, die sie am «Mittagsdatum» des Jahres innehaben, für das Sie das Progressionshoroskop aufstellen. Bei den Planeten Mars, Merkur und Venus werden *nur* die Konjunktionen und Oppositionen gedeutet. Für *alle* Planeten gilt, daß Semisextile und Semiquadrate nicht berücksichtigt werden. Die Wirkung des Quincunx ist schwach, aber beachtenswert.

Deutung des progressiven Horoskops

Schlagen Sie die progressiven Aspekte nach und schreiben Sie die dort genannten Tendenzen auf. Bei den progressiven Mondaspekten und den Transiten verfahren Sie ebenso.

Progressive Aspekte zeigen allgemeine Tendenzen im Leben eines Menschen an. Sie sind ein Jahr lang wirksam. Die Mondaspekte nehmen zwei oder drei Monate Einfluß auf das Leben, die Transite wirken wenige Wochen oder wenige Tage, entsprechend der Schnelligkeit der Planetenbewegung.

Das „Ein-Grad-System"

Das «Ein-Grad-System» kann mit dem System der Sekundär-Direktionen, das eben beschrieben wurde, in Einklang gebracht werden. Nach diesem System bewegen sich die Planeten von den Positionen zum Zeitpunkt der Geburt aus für jedes Lebensjahr einen Grad weiter. Wichtig sind dann die Aspekte zu den Geburtsplaneten.

In beiden Systemen treten für die Sonne nur geringe Unterschiede auf, da sie sich ungefähr 1° pro Tag weiterbewegt. Für den Mond, der sich sehr schnell bewegt, und für die langsamen Planeten kann das «Ein-Grad-System» hilfreich sein.

Wir raten jedoch nicht dazu, alle Aspekte aus dem «Ein-Grad-System» festzustellen, sondern sie mit den einflußreicheren der Sekundär-Direktionen zu verbinden.

Oft treten im System der Sekundär-Direktionen Planeten als wichtig hervor, die auch im «Ein-Grad-System» an bedeutsamen Stellen erscheinen. Dadurch kann dem progressiven Horoskop mehr Gewicht zukommen.

Allgemein hält die Ein-Grad-Direktion ein Jahr an, ihr Einfluß setzt langsam ein und klingt ein weiteres Jahr nach. Ein Beispiel: Wenn im Geburtshoroskop eines Menschen Venus in 23° Löwe und Neptun in 0° Waage stehen, bildet die progressive Venus im 37. Lebensjahr eine Konjunktion mit Neptun. Diese Konjunktion ist dann in diesem Jahr, aber auch im vorhergehenden und folgenden wirksam.

Sonnentransite in Konjunktion zu den Winkeln, zum Mond und zu den herrschenden Planeten sind Zeiten, die positiv zu nutzen sind – zum Beispiel, um andere Leute auf neue Ideen zu bringen oder um besondere Ereignisse zu planen. Solche Dinge lassen sich normalerweise gut verwirklichen, wenn diese regelmäßig jährlich wiederkehrenden Transite wirksam sind. Sie dauern immer nur etwa einen Tag.

Dies sind Zeitabschnitte, in denen der Neumond in Konjunktion zu den Planeten im Geburtshoroskop steht. Die Zeit des Neumondes ist in den meisten Ephemeriden enthalten; in unseren Tabellen ist sie angegeben, wenn Sonne und Mond in dasselbe Zeichen fallen. Die genaue Position geht aus dem Grad der Sonne in diesem Zeichen hervor. Diese Abschnitte eignen sich hervorragend für die Aufnahme einer neuen Arbeit, und diese kurzen Einflüsse (die etwa zwei Tage anhalten) betonen häufig die Wirkung des Mondes und des Planeten, den er im Geburtshoroskop aspektiert.

Einige Transite erscheinen mehrmals in der Liste. Die Ursache dafür ist die rückläufige Bewegung der Planeten.

Mondprogressionen bleiben etwa drei Monate lang wirksam.

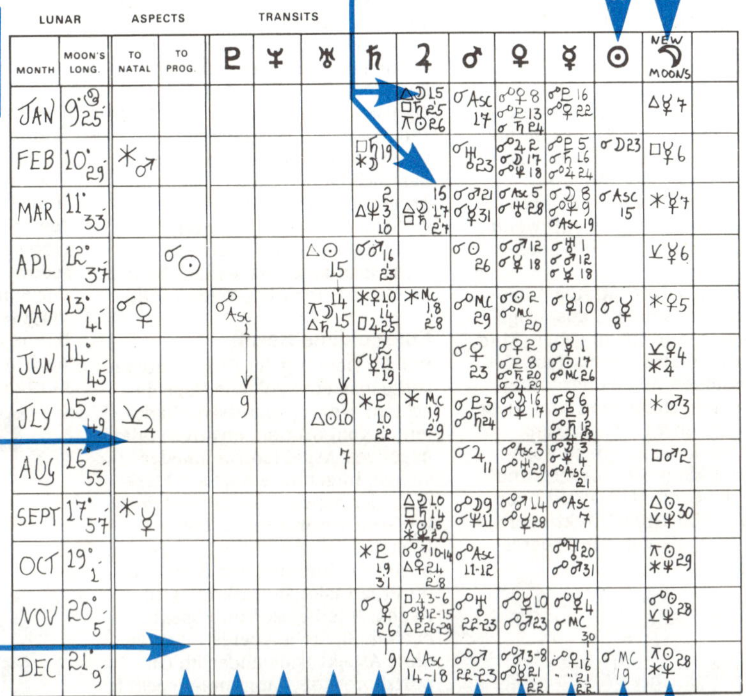

Tragen Sie in diese Spalte die Aspekte des progressiven Mondes zu den Geburtsplaneten ein.

In diese Spalte werden die Aspekte des progressiven Mondes zu den progressiven Planeten eingetragen.

Tragen Sie hier die Aspekte von transitierenden Planeten zu den Geburtsplaneten ein. Die Positionen von Transiten ergeben sich entweder aus den Ephemeriden des Jahres oder aus den Tabellen ab S. 214.

Die Feststellung von Transiten wird erleichtert, wenn die Planeten des Geburtshoroskops numerisch aufgeführt sind.

Tragen Sie hier die Aspekte der progressiven Sonne zu den Geburts- und progressiven Planeten ein.

Progressive Aspekte

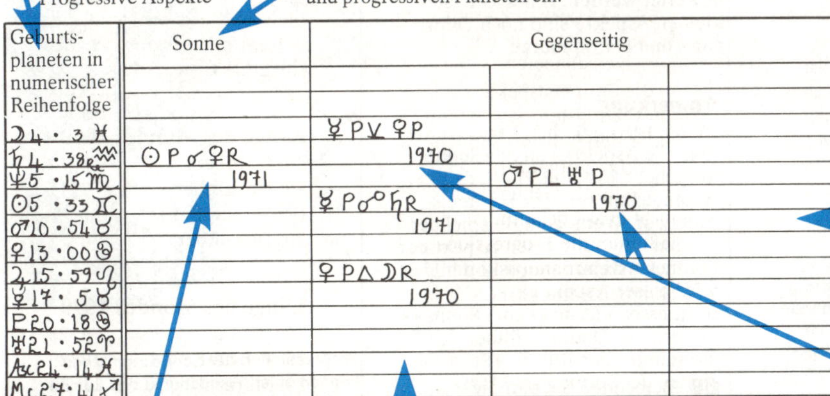

Hier werden die langfristigen Progressionen aufgeführt, die einen Hintergrund für das Jahr als ganzes bilden. Verwechseln Sie nicht R = Radix (Geburtsplaneten) mit Re = retrograd (rückläufig).

Diese beiden Aspekte sind sehr schwach. Ihre Wirkung kann erwähnt werden, sollte jedoch bei der Deutung nicht betont werden.

Tragen Sie hier alle Aspekte ein, die von allen anderen progressiven Planeten zu Geburtsplaneten oder zueinander eingenommen werden.

Obwohl diese Progression für 1970 nicht exakt ist, werden ihre Auswirkungen früher spürbar sein. Progressive Aspekte sind normalerweise am stärksten, wenn sie exakt sind; die progressiven Aspekte der Sonne wirken auch im Jahr vor und nach dem exakten Aspekt.

Liste der Transite (oben)

Transite werden wie im Schema oben oder wie folgt zusammengestellt:

♃T △ ☽ : Jupiter Transit Trigon zum Mond.

♂T ☌ A : Mars Transit Konjunktion zum Aszendenten.

Transite werden nur in Beziehung zu den Geburtsplaneten und nicht zu den Planeten des progressiven Horoskops festgestellt.

Liste der Progressionen (Mitte)

Um mit Progressionen sicher umzugehen, muß der Leser noch etwas astrologische Kurzschrift lernen: p steht für progressiv; r (oder R) für Radix oder Geburtstagshoroskop. Zwei Beispiele aus den Spalten «Sonne» und «Gegenseitig».

☉p ☌ ♀R : Progressive Sonne Konjunktion mit Venus Radix.

☿p ⚺ ♀p : Progressiver Merkur Halbsextil mit progressiver Venus.

DEUTUNG DER PROGRESSIONEN 1

Ernsthafte Astrologen sagen keine Ereignisse vorher, sie stellen Entwicklungstendenzen fest. Wenn der Astrologe günstige Zeitabschnitte oder risikoreiche Tage im Horoskop erkennt, sollte er behutsam darauf hinweisen. Auf keinen Fall darf er sagen: «Am 21. des Monats haben Sie einen Unfall.» Er kann sagen: «Am 21. des Monats könnten Sie vielleicht zu Unfällen neigen, also passen Sie auf, wenn sie ein Messer in die Hand nehmen.«

Natürlich setzen sich die Astrologen so dem Vorwurf aus, Allgemeinplätze von sich zu geben. Man sollte jedermann klarmachen, daß Progressionen mit Wettervorhersagen vergleichbar sind und auch so verstanden werden sollten.

Progressionen scheinen abgestuft zu wirken. Im Vordergrund stehen die Sekundär-Direktionen (und die «Ein-Grad-Direktionen» von S. 153), die von den Progres-

Astrologen sind keine Zauberer. Sie sollten die Vorhersage von Ereignissen unterlassen. Sie sollten darauf achten, daß kein Kunde verletzt ist, wenn er ihren Rat zu wörtlich nimmt.

sionen der Sonne angeführt werden. Dann kommen die gegenseitigen Aspekte der progressiven Planeten, die eine Art von Hintergrund des Jahres bilden.

Der Mond

Man sollte im Gedächtnis behalten, daß eventuelle Aspekte des Mondes zu den Planeten im Geburts- oder Progressionshoroskop anzeigen, zu welcher Zeit gewisse Wirkungen eintreten.
Ein Beispiel: Bildet in einem Horoskop die Sonne ein Quadrat zum Saturn, und sollte der progressive Mond im Quadrat zum Radix- oder progressiven Saturn stehen, wird in dieser Zeit das Quadrat Sonne-Saturn wirksam.

Wenn Mondprogressionen die Sekundär-Direktionen hervorheben, kommen wahrscheinlich ereignisreiche Monate auf den Horoskopträger zu. Dasselbe gilt in gewissem Grade für die Transite der wichtigen Planeten: Steht die progressive Sonne im Quadrat zu Saturn, wird die «Hintergrundwirkung» verstärkt, wenn Saturn im Transit einen Aspekt zur Sonne im Geburtshoroskop bilden sollte.

Eine goldene Regel

Bei der Deutung der Progressionen sollte man eine goldene Regel beachten: Wenn progressive Planeten in Konjunktion, positiven oder negativen Aspekten zueinanderstehen, tragen ihre Aspekte Merkmale der Aspekte dieser Planeten im Geburtshoroskop. Bilden zwei Planeten den Aspekt A im Geburtshoroskop und den Aspekt B im Progressionshoroskop, wird Aspekt B teilweise von Aspekt A beeinflußt. Stehen beide Planeten ohne Aspekt zueinander im Geburtshoroskop, dann muß Aspekt B allein betrachtet werden.

Steht ein Planet ungünstig aspektiert im Geburtshoroskop, dann ist auch von den positiven Direktionen zu ihm nichts Gutes zu erwarten.

Schwächere Aspekte sollten im Progressionshoroskop nicht überbewertet werden. Die wichtigsten kleinen Aspekte sind noch Quincunx und Halbquadrat.

Anmerkung

In der astrologischen Praxis führt man die Aspekte von der Sonne ausgehend bis zum Pluto, dem Aszendenten und der Himmelsmitte auf. Wenn zum Beispiel der progressive Mars einen Aspekt zur Sonne im Geburtshoroskop bildet, wird dieser Aspekt unter «Mars progressiv – (Aspekt zur) Sonne» – notiert. Die Deutung findet sich dann unter der Rubrik «Progressionen der Sonne zum Mars». Gewöhnlich unterscheiden sich die Auswirkungen nicht, doch übt der Planet, der den Aspekt bildet, einen stärkeren Einfluß aus. Daher findet sich die Konjunktion von progressiver Venus und Merkur unter «Progressionen des Merkur zur Venus (Konjunktion)», und das Trigon von progressivem Merkur und Mond unter den positiven Aspekten des progressiven Mondes zum Merkur. Beim letzten Beispiel sollte man sich daran erinnern, daß die Wirkung des Aspektes ein Jahr anhält und nicht nur die für Mondprogressionen üblichen drei Monate.

PROGRESSIONEN DER SONNE

Die Aspekte der progressiven Sonne sind die wichtigsten Aspekte, obwohl oft längere Lebensabschnitte nicht unter ihrem Einfluß stehen. Wenn starke Transite fehlen, wird das Leben wohl ereignislos verlaufen. Man sollte jedoch nie Aspekte und Stellung der Sonne im Geburtshoroskop vergessen. Das Jahr, in dem die Sonne aus dem Geburtszeichen ins nächste wandert, ist auf jeden Fall ein Jahr der Entscheidungen.

PROGRESSIONEN DER SONNE ZUM MOND

Progressionen der Sonne zum Mond können einen Wendepunkt des Lebens bewirken, wenn die Planeten im Geburtshoroskop gut aspektiert erscheinen.

Konjunktion

Eine wichtige, wahrscheinlich schwierige Zeit mit entscheidenden Veränderungen. Wenn die Geburtsplaneten günstige Aspekte haben, besonders für Männer sehr förderlich.

Positive Aspekte

Günstige Zeit mit geschäftlichen oder gesellschaftlichen Erfolgen. Sie sollte genutzt werden, zum Beispiel für Hausbau.

Negative Aspekte

Wahrscheinlich familiäre Schwierigkeiten, schwankende Gesundheit. Ärger im Beruf und Streitereien.

PROGRESSIONEN DER SONNE ZUM MERKUR

Im Geburtshoroskop kann die Sonne nur in Konjunktion oder weitem Halbsextil zu Merkur stehen. Durch die Progression ist im hohen Alter des Horoskopträgers ein Trigon von Sonne und Merkur möglich. Da Merkur ein harmloser Planet ist, können diese Aspekte zusammengefaßt werden. Möglich sind vor allem Veränderungen im Beruf und Wechsel des Wohnorts. Sollte ein Quadrat oder ein Halbquadrat vorliegen, können nervliche Belastungen auftreten, allgemein kann eine recht lebhafte Zeit anbrechen.

PROGRESSIONEN DER SONNE ZUR VENUS

Konjunktion

Sie sollte die Finanzen, das gesellige und das Liebesleben begünstigen; wenn andere Anzeichen nicht ungünstig sind, spricht alles für eine äußerst angenehme Zeit. Wenn beide Planeten im Geburtshoroskop durch ein Halbsextil verbunden sind, können außer-

Die Konjunktion von Sonne und Venus ist ein gutes Zeichen für die Liebe; für außereheliche Beziehungen stehen in dieser Zeit die Zeichen weniger günstig.

eheliche Affären die Ehe gefährden, vor allem bei einer Konjunktion der Venus mit der Sonne im Geburtshoroskop. Während dieser Zeit muß mit Empfindlichkeit gerechnet werden.

Positive und negative Aspekte
Positive Aspekte sorgen für angenehmes Leben, negative Aspekte können zur Genußsucht führen.

PROGRESSIONEN DER SONNE ZUM MARS

Konjunktion
Zeigt wahrscheinlich eine Zeit harter Arbeit an. Gesteigerte Energien, die nicht leicht zu kontrollieren sind, die Gesundheit sollte jedoch gut sein. Eher für Unfälle disponiert als sonst. Vorsicht ist geboten, wenn Mars im Transit in Konjunktion oder Opposition zu Planeten des Geburtshoroskops steht.

Positive Aspekte
Ähnliche Wirkung wie Konjunktion, aber ausgeprägter und antreibender. Bei einem Trigon können Ereignisse eintreten, die das ganze Leben verändern und lange in Erinnerung bleiben werden.

Negative Aspekte
Oft Gefahren für die Gesundheit – Entzündungen, Fieber, körperliche Erschöpfung. Der Astrologe sollte seinen Rat nachdrücklich formulieren, da nur widerwillig zugehört wird.

PROGRESSIONEN DER SONNE ZUM JUPITER

Konjunktion
Sie sollte sehr günstig sein. Zeit des Fortschritts im Beruf. Vorsicht vor Vertrauensseligkeit.

Positive Aspekte
Ein Trigon der progressiven Sonne zum Jupiter ist einer der günstigsten Aspekte überhaupt. Der Horoskopträger sollte seine Möglichkeiten voll entfalten können. Finanzielle und gesellschaftliche Lage verbessern sich entscheidend.

Negative Aspekte
Keine gute Urteilsfähigkeit. Übertriebener Optimismus kann zu kleineren Schwierigkeiten und Enttäuschungen führen. Keine günstige Zeit für Geldanlagen; Tendenz zur Hinterlist.

Die Aspekte von Sonne und Jupiter können zum Höhepunkt der Berufslaufbahn führen, aber sie führen vielleicht auch zu Enttäuschungen und Krankheit.

PROGRESSIONEN DER SONNE ZUM SATURN

Konjunktion
Kritische Phase, wahrscheinlich mit zusätzlicher Verantwortung. Schwierigkeiten stärken die Persönlichkeit; der Horoskopträger wird nicht auf Rosen gebettet sein. Kreislaufstörungen.

Positive Aspekte
Oft so kritisch wie Konjunktion, aber «zusätzliche Verantwortung» kann hier Beförderung, vielleicht auch isolierte Stellung bedeuten. Ansichten und allgemeine Lebensweise werden gesetzter.

Negative Aspekte
Wahrscheinlich häusliche und gesundheitliche Schwierigkeiten. Sollte sich an ruhige Lebensweise ohne Veränderungen gewöhnen. Vorsicht vor finanziellen Risiken.

PROGRESSIONEN DER SONNE ZUM URANUS

Konjunktion
Dynamische und ereignisreiche Zeit, wahrscheinlich mit lange anhaltenden beruflichen und persönlichen Veränderungen. Aufnehmen und Abbrechen persönlicher Beziehungen können betont sein.

Positive Aspekte
Möglicherweise unerwartete finanzielle Erfolge; Energien und Interessen werden nachhaltig gefördert.

Negative Aspekte
Nervöse Spannungen, sogar Nervenzusammenbrüche, wenn das Geburtshoroskop sie anzeigt. Keine günstige Zeit für bedeutsame Veränderungen.

PROGRESSIONEN DER SONNE ZUM NEPTUN

Konjunktion
Künstlerisch begabte Horoskopträger können zusätzlich Inspiration erhoffen. Wenn Neptun aktiviert ist, muß die künstlerische Inspiration jedoch positiv geleitet werden, um Verschwommenheit und Realitätsflucht zu vermeiden.

Positive Aspekte
Ähnlich der Konjunktion, aber bessere Aussichten, die Einflüsse des Neptun zu steuern. Die schöpferische Seite der Sonne und des Planeten sollten bei günstigen Aspekten gut harmonieren und für Glück sorgen.

Negative Aspekte
Wenn das Horoskop Sensibilität, aber wenig innere Stärke anzeigt, können neurotische Störungen auftreten, besonders wenn Neptun im Geburtshoroskop beschädigt ist. Gleichen praxisbezogene Aspekte im Progressions- oder Geburtshoroskop aus, fehlt es nicht an schöpferischer Kraft und Inspiration.

PROGRESSIONEN DER SONNE ZUM PLUTO

Konjunktion
Wahrscheinlich ereignisreiche Zeit; Erfolge kündigen sich nur an und treten erst nach der Progression ein. Wahrscheinlich starke Betonung der finanziellen Angelegenheiten. Möglichkeit, einen neuen Lebensabschnitt einzuleiten, vielleicht radikale Neuorientierung.

Positive Aspekte
Ähnlich der Konjunktion, aber wahrscheinlich weniger belastend. Plutos Tendenz, «gründlich aufzuräumen» kann hervortreten. Wichtige geschäftliche Vorhaben können begonnen werden.

Negative Aspekte
Vereitelung von Plänen durch unerwartete Stolpersteine. Eine mühsame, schwierige Zeit. Andere Bereiche des Horoskops können Erleichterung bringen.

Die negativen Aspekte der Sonne zu Pluto können das Fortkommen aufhalten. Richtungsänderungen fallen schwerer als gewöhnlich.

PROGRESSIONEN DER SONNE ZUM ASZENDENTEN

Voraussetzung ist die Kenntnis der exakten Geburtszeit. Ein Fehler von vier Minuten in der einen oder anderen Richtung macht im Horoskop ein Jahr aus. Die Wirkungen der Aspekte müssen also sorgfältig erwogen werden.

Konjunktion
Wenn die progressive Sonne mit dem Aszendenten des Geburtshoroskops in Konjunktion steht, wird diese Zeit nicht unbemerkt verstreichen, sie wird seelische Reife und bessere Gesundheit bringen. Diese Konjunktion zeigt oft Heirat an.

Positive Aspekte
Ähnliche Wirkungen wie die Konjunktion, nur wesentlich schwächer.

Negative Aspekte
Möglicherweise Zeit psychischer Konflikt; lernt aus Erfahrungen.

DEUTUNG DER PROGRESSIONEN 2

PROGRESSION DER SONNE ZUR HIMMELSMITTE

Sie setzen ebenfalls eine genau bekannte Geburtszeit voraus.

Konjunktion
Ein Spitzenjahr für Karriere und öffentliches Ansehen. Möglich sind Beförderung, Heirat oder Kinder.

Positive Aspekte
Günstig für berufliches Fortkommen.

Negative Aspekte
Möglicherweise Probleme im Beruf, mit Kindern oder im Familienleben.
Anmerkung. Aspekte der Sonne zu ihrem eigenen Platz im Geburtshoroskop ergeben sich für jedermann gleich: mit 30 Jahren der Semisextil, mit 45 das Semiquadrat und mit 60 der Sextil. In diesen Jahren können die Eigenschaften der Sonne etwas stärker wirken.

PROGRESSIONEN DES MERKUR ZUR VENUS

Im Geburtshoroskop können beide Planeten nicht mehr als 76° voneinander stehen; der weiteste Aspekt ist daher das Sextil. Im Progressionshoroskop kann sich ihr Abstand vergrößern. Beide Planeten sind jedoch so harmlos, daß nicht einmal ungünstige Aspekte viel Schaden anrichten können. Progressive Aspekte verstärken allgemein die Grundanlagen. Wenn den Horoskopträger Handwerk oder Kunsthandwerk anziehen, beginnt er unter dem Einfluß eines Sextils vielleicht mit Töpferei, Zeichnen oder Schneidern. Sollte er schriftstellerische Fähigkeiten besitzen, greift er jetzt zur Feder. Wenn die Progressionen von Merkur und Venus durch Mondprogressionen und Mondtransite aktiviert werden, stellen sich gesellschaftliche Erfolge ein.

PROGRESSIONEN DES MERKUR ZUM MARS

Konjunktion
Verleiht zusätzliche geistige Energien. Wahrscheinlich Neigung zum

Bei einer Konjunktion von Merkur und Mars kann ein Ausbruch übereilter Betriebsamkeit den Horoskopträger sehr wohl in eine heikle Lage bringen.

Schreiben; vielleicht Sinn für Satire. Allerdings können die plötzlich erwachten Neigungen zum impulsiven Reden und Schreiben ein übersteigertes Selbstbewußtsein verursachen. Die Progression verleiht optimistische Ansichten und fördert die Möglichkeiten, gute Arbeit zu leisten – vorausgesetzt, die charakterlichen Unausgeglichenheiten werden kontrolliert.

Positive Aspekte
In der Wirkung der Konjunktion ähnlich, aber eher kontrollierbar. Befähigt zum Studium oder zur Fortbildung und verleiht die Gabe, Ideen oder Pläne in Taten umzusetzen. Tatkraft; die intellektuellen Bedingungen begünstigen die Verwirklichung von Wunschzielen.

Negative Aspekte
Verursachen wahrscheinlich Reizbarkeit, Unfreundlichkeit und Sarkasmus. Die Hilfe anderer Menschen sollte angenommen werden, wenn die Schwierigkeiten zu nervösen Spannungen und belastenden Sorgen führen.

PROGRESSIONEN DES MERKUR ZUM JUPITER

Konjunktion
Sehr vorteilhaft wirkende Progression. Der geistige Horizont wird weiter; günstige Bedingungen für Studien und Prüfungen, alle mit Jupiter und Merkur verbundenen Tätigkeiten werden gefördert (Schreiben, Reisen, Sprachen lernen). Gute Nerven.

Positive Aspekte
Wirken ähnlich wie die Konjunktion, aber wahrscheinlich weniger stark. Urteilskraft und finanzielle Lage sollten begünstigt werden; dauerhafte Freundschaften. Vielleicht Interesse für Philosophie; für Merkur und Jupiter: typische Beschäftigungen gedeihen.

Negative Aspekte
Häufig falsche Urteile, möglicherweise schwere Fehler. Ungünstige Zeit für langfristige Planungen oder ausgedehnte Reisen. Heuchelei und Ängstlichkeit können ausgeprägt sein.

PROGRESSIONEN DES MERKUR ZUM SATURN

Konjunktion
Pessimistische Grundeinstellung, die vielleicht zu Depressionen führt. Wenn dagegen angekämpft

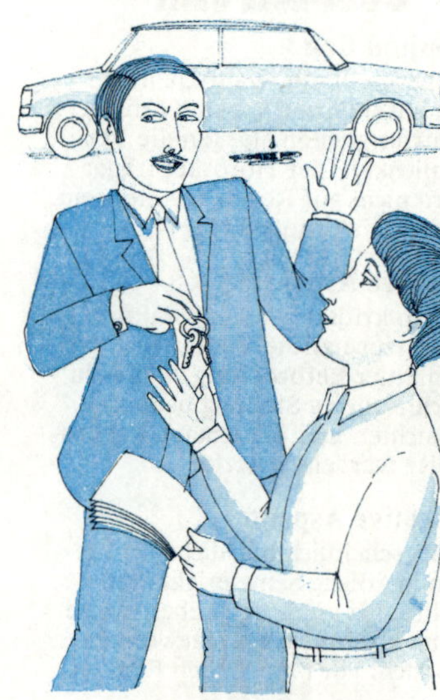

Die negativen Aspekte von Merkur und Saturn bewirken nur allzu wahrscheinlich Enttäuschungen.

wird, sollte die Konzentrationsfähigkeit ausreichen, um schwierige Probleme konstruktiv zu lösen. Keine entscheidenden, schnellen Fortschritte. Die Gesundheit kann leiden, am häufigsten durch nervöse Störungen und Kreislaufbeschwerden.

Positive Aspekte
Die Hinweise auf konstruktiven Einfluß der Aspekte stehen im Vordergrund. Allgemein erhöhte Verantwortlichkeit. Der Horoskopträger läßt Besonnenheit walten, seine Pläne machen gute Fortschritte. Der Einfluß trägt dazu bei, einen etwas ungestümen Charakter zu ernüchtern.

Negative Aspekte
Ein allgemein deprimierender Einfluß macht sich bemerkbar, der Horoskopträger erlebt Enttäuschungen. Er sollte seine ganze Spannkraft aufbieten und versuchen, konstruktiv zu arbeiten.

PROGRESSIONEN DES MERKUR ZUM URANUS

Konjunktion
Originalität und Schärfe des Verstandes zeichnen sich deutlich ab, dazu eine gewisse «Bissigkeit». Sie sollte kontrolliert werden. Neue und interessante Menschen könnten von Einfluß sein, aber Vorsicht vor Leuten mit fixen Ideen.

Positive Aspekte
Neue Ideen könnten die Pläne für Beruf und Freizeit fördern. Unter diesem Einfluß, der den Horoskopträger anziehend wirken läßt, entstehen oft neue Freundschaften, die beide Teile beflügeln.

Negative Aspekte
Neigung zu extremen Ansichten und Taten; Spannungen können zu Nervenzusammenbrüchen führen, wenn das Geburtshoroskop diese Möglichkeit anzeigt. In diesem Fall sollte dem Horoskopträger zu einer ruhigen Lebensweise geraten werden. Verhaltensmuster werden manchmal negativ beeinflußt, Überspanntheiten können auftreten.

PROGRESSIONEN DES MERKUR ZUM NEPTUN

Konjunktion
Ein verfeinernder Einfluß, der wahrscheinlich eine plötzliche Sehnsucht nach Ruhe und Frieden bewirkt, vielleicht auch zur Dichtung führt. Möglicherweise Schärfung des ästhetischen Empfindens.

Positive Aspekte
Wie bei der Konjunktion, aber

Die Konjunktion von Merkur und Neptun schärft den Sinn für ästhetische Werte im Alltag. Alles Unschöne wird abgelehnt.

schwerer zu umreißen. Eingebungen können übermächtig werden, sie verschlingen viel Energie.

Negative Aspekte
Ungewöhnliche Abneigungen und Ängste, der Horoskopträger kann das Opfer eines Betrugs oder einer Selbsttäuschung werden. Er könnte in dieser Zeit eine helfende Hand gebrauchen und sollte Rat nicht ausschlagen.

PROGRESSIONEN DES MERKUR ZUM PLUTO

Alle Aspekte lösen wahrscheinlich eine Zeit innerer Unruhe aus. Neue Ansichten werden entwickelt, alte Vorstellungen aufgegeben. Bei einem Trigon oder Sextil könnte diese Entwicklung weniger turbulent verlaufen. Konjunktion und negative Aspekte verschärfen oft die Konflikte. Um tiefwurzelnde Probleme aufzuspüren, sollte die Konsultation eines Psychoanalytikers empfohlen werden. Diese Aspekte können zu einer vollständigen Änderung des Verhaltens führen.

PROGRESSIONEN DES MERKUR ZUM ASZENDENTEN

Vorteilhafte Zeit für Studien und typische Merkur-Beschäftigungen, gewürzt mit etwas Leichtsinn. Bei negativen Aspekten können kleinere Schwierigkeiten unvermeidlich sein. Eine gewisse Anspannung kann durch zusätzliche Erholungspausen überwunden werden.

PROGRESSIONEN DES MERKUR ZUR HIMMELSMITTE

Ein Wunsch nach mehr Kontakt mit der breiten Öffentlichkeit kann sich bemerkbar machen, der vielleicht zum Schreiben von Leserbriefen animiert. Der Horoskopträger spürt ein Bedürfnis nach neuen Unternehmungen, er erlebt eine geschäftige, aktive und interessante Zeit. Die negativen Aspekte können nervliche Belastungen durch übertriebene Aktivität erzeugen.

Die Progression des Merkur zur Himmelsmitte kann sich am spürbarsten im plötzlich erwachenden Mitteilungsbedürfnis manifestieren.

PROGRESSIONEN DES MERKUR ZU SEINER EIGENEN POSITION

Verstärkt die Eigenschaften des Zeichens und des Hauses, in dem Merkur bei der Geburt stand. Wenn diese Aspekte vorkommen, werden sie am besten genutzt, um der Deutung von Merkur in diesem Sinne Nachdruck zu verleihen (s. Teil 2, Himmelsmechanik und Einflüsse).

PROGRESSION DER VENUS ZUM MARS

Konjunktion
Möglich ist eine «Liebe auf den ersten Blick», Hast und übereilte Entschlüsse liegen nahe. Die Zeit der Konjunktion kann aufregend sein, Gefühle dominieren. Wenn Venus stärker ist, kann sich ein Hang zur Romantik zeigen.

Die Progression der Venus zum Mars kann die Erdverbundenheit vergessen machen, vor allem in romantischen Situationen.

Positive Aspekte
Ähnlich der Konjunktion, allerdings größeres Bedürfnis nach Harmonie in allen zwischenmenschlichen Beziehungen. Glückliches Gefühlsleben.

Negative Aspekte
Sie verleihen überempfindliche Gefühle; Gedankenlosigkeit oder Taktlosigkeit können das Liebesleben stören. Der Horoskopträger kann durch romantische Bindungen den Boden unter den Füßen verlieren. Er sollte die Progression verstreichen lassen, bevor er folgenschwere Verpflichtungen eingeht.

PROGRESSIONEN DER VENUS ZUM JUPITER

Konjunktion
Anzeichen für großes Glück. Finanzieller und gesellschaftlicher Erfolg sind wahrscheinlich. Diese Progression macht sensibel und ausgeglichen; sie verleiht Sinn für Schönheit und fördert esoterische, wahrscheinlich philosophische Interessen.

Positive Aspekte
Sehr vorteilhaft; die finanzielle Lage sollte sich verbessern, die Lebensfreude steigen. Wahrscheinlich Großzügigkeit und Mitgefühl. Das Körpergewicht kann zunehmen, da plötzlich die Vorliebe für gutes Essen entdeckt werden kann.

Negative Aspekte
Allgemein nicht zu schwerwiegend, da beide Planeten wohltätig sind. Die Großzügigkeit kann sich allerdings in Extravaganz verkehren, der Hang zu gutem Essen in Schwelgerei. Auch bei Zeichen für Stabilität im Geburtshoroskop fällt eine vernünftige Einstellung zum Geld schwer.

PROGRESSIONEN DER VENUS ZUM SATURN

Konjunktion
Das positive Anzeichen spricht wahrscheinlich für eine Beziehung zu einem wesentlich älteren Menschen. Sie braucht nicht notwendigerweise romantischer Natur zu sein. Andererseits können finanzielle Belastungen spürbar werden,

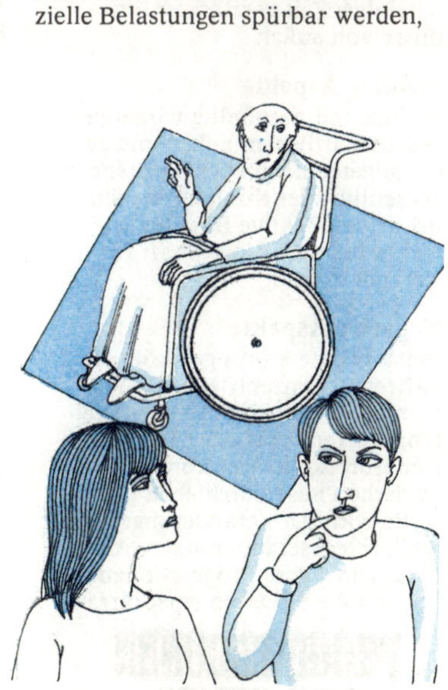

Unter dem negativen Einfluß von Venus und Saturn entpuppen sich ältere Verwandte oft als Heimsuchung.

DEUTUNG DER PROGRESSIONEN 3

die vielleicht zum Geiz führen. Der Ausdruck von Gefühlen ist gehemmt.

Positive Aspekte
Die Gefühle werden wahrscheinlich etwas beständiger; finanzielle Vorteile sind möglich. Günstige Zeit, um eine verläßliche finanzielle Basis zu schaffen. Wenn Mondaspekte unterstützen, sollte alles zum Besten stehen.

Negative Aspekte
Keine glückliche Zeit für die Liebe; Enttäuschungen sind wahrscheinlich, und persönliche Beziehungen können in ein belastendes Stadium eintreten. Der Horoskopträger sollte vor Übervorteilung auf der Hut sein. Ältere Freunde oder Verwandte können ziemlich unzumutbare Forderungen erheben. Positivere Aspekte an anderer Stelle müssen diesen Lebensabschnitt etwas leichter machen, wenn das Leben überhaupt leicht sein sollte.

PROGRESSIONEN DER VENUS ZUM URANUS

Konjunktion
Möglicherweise eine unerwartete, lebendige und romantische Beziehung, vielleicht auch Abbruch einer derartigen Beziehung. Wahrscheinlich Zeit verstärkter Einflüsse von außen.

Positive Aspekte
Periode mit nachhaltig wirkendem gesellschaftlichem Leben und guten allgemeinen Lebensumständen. Wesentlich der Konjunktion ähnlich; eine affektive Bindung ist wahrscheinlich. Vorteilhaft für Veränderungen.

Negative Aspekte
Beträchtliche Störungen können auftreten, konzentriert auf die Familie: allgemeine Schwierigkeiten, Entfremdung oder Trennung. Der Horoskopträger könnte eine kritische Phase durchleben und sollte wichtige Veränderungen wie Stellenwechsel unterlassen. Andere, günstigere Progressionen können die Situation entschärfen.

PROGRESSIONEN DER VENUS ZUM NEPTUN

Konjunktion
Diese Progression fördert romantische Gefühle und dauerhaftes Glück: Platonische Freundschaften können Erfüllung und gegenseitiges Verständnis bringen. Der Einfluß verfeinert die Gefühle und verleiht emotionale Reife.

Positive Aspekte
Sie zeigen eine glückliche Zeit romantischer Beziehungen an. Der Horoskopträger wird sich immer sehnsüchtig an diese Epoche erinnern.

Negative Aspekte
Möglicherweise Tendenz zur Realitätsflucht, besonders wenn eine Liebesbeziehung abgebrochen wird – wie üblich unter diesen Aspekten. Der Horoskopträger kann seine Gefühle nur mühsam beherrschen, er kann unerwünschten Einflüssen unterliegen. Solange die Aspekte wirken, fällt es ihm schwer, Betrug und Täuschung zu erkennen.

PROGRESSIONEN DER VENUS ZUM PLUTO

Konjunktion
Sie kann eine äußerst problematische Zeit anzeigen. Der Horoskopträger kann sich plötzlich und leidenschaftlich verlieben, seine Gefühle aber nicht zeigen, da ihn zum Beispiel eine Ehe hemmt. Erst wenn sich der Aspekt auflöst, kann er sich befreien.

Positive Aspekte
Sie sollten sich finanziell günstig auswirken, zum Beispiel als gute Gelegenheit für den Abschluß langfristiger Versicherungen. Das Sexualleben wird wichtiger als sonst. Aber auch bei einem Trigon oder Sextil können sich Störungen im täglichen Leben zeigen.

Negative Aspekte
Ähnlich der Konjunktion, aber wahrscheinlich mit mehr Nachdruck auf finanzielle Dinge. Plötzlich und unerwartet auftauchende Hindernisse müssen überwunden werden.

PROGRESSIONEN DER VENUS ZUM ASZENDENTEN

Konjunktion
Sehr günstige Zeit. Sie bringt finanzielle Vorteile, vielleicht eine dauerhafte Freundschaft oder Ehe. Anzeichen für den Erwerb von Grundbesitz.

Positive Aspekte
Wie Konjunktion, aber mit stärkerer Betonung der Lebensfreude.

Negative Aspekte
Führen selbst nicht zu Schwierigkeiten, aber Verschwendungssucht kann die Ursache finanzieller Rückschläge sein. Das Zurschaustellen von Besitz oder plötzliche Gefühlsausbrüche stören die Beziehungen zu anderen.

PROGRESSIONEN DER VENUS ZUR HIMMELSMITTE

Konjunktion
Günstige Aussichten auf finanzielle Verbesserungen; vielleicht beträchtliche Gehaltserhöhung. Allgemeine Beliebtheit. Anzeichen für Heirat, auch für Wohlstand, allerdings nicht als Ergebnis eigener Anstrengungen.

Positive Aspekte
Wie bei der Konjunktion; die guten Dinge des Lebens stellen sich ohne große Anstrengung fast von selbst ein.

Negative Aspekte
Vielleicht Enttäuschungen oder Eifersucht in persönlichen Beziehungen; Extravaganzen des Partners können zu finanziellen Schwierigkeiten führen.

Venus an der Himmelsmitte kündigt manchmal finanzielle Erfolge an.

PROGRESSIONEN DES MARS ZUM JUPITER

Konjunktion
Wenn diese Konjunktion wirksam ist – ihr Einfluß ist mindestens drei Jahre lang spürbar – kann viel für den gesellschaftlichen Aufstieg getan werden. Zusätzliche Energien und Unternehmungslust fließen dem Horoskopträger zu, aber er könnte zu verschwenderisch werden. Wenn das Geburtshoroskop konstruktive Eigenschaften anzeigt, kann er glänzende Fortschritte machen. Sprechen die Anzeichen für Lebhaftigkeit, lassen sich Überschwenglichkeit und impulsive Züge oft nur schwer kontrollieren.

Positive Aspekte
Günstige Gelegenheiten ergeben sich mit großer Wahrscheinlichkeit, sie sollten ergriffen werden. Zeit der Initiative und Energie; harte Arbeit, die Vergnügen macht.

Negative Aspekte
Der Horoskopträger kann sich zu extremen Handlungen hinreißen lassen. Verluste durch Glücksspiel, zu hohe Investitionen und Kredite sind möglich. Schwierige Zeit, aber die Fähigkeiten, sich zu erholen, sind gut. Überspitzte Gefühle und blinde Begeisterung.

PROGRESSIONEN DES MARS ZUM SATURN

Konjunktion
Kein Aspekt von Mars und Saturn macht das Leben leicht oder angenehm, da sie den Horoskopträger in zwei Richtungen ziehen. Er wird Pläne mit Energie verwirklichen wollen, aber Fortschritte stellen sich nicht ein. Wahrscheinlich wird seine Gesundheit leiden. Sportliche Betätigungen überanstrengen schnell und führen zu Verletzungen. Er sollte eine goldene Mitte finden.

Positive Aspekte
Ähnlich der Konjunktion. Unternehmungslust, Begeisterung und gesunder Menschenverstand gehen eine erfolgversprechende Verbindung ein. Aber Fortschritte zeigen sich auch dann nicht ohne belastende Anstrengung.

Negative Aspekte
Spannungen wahrscheinlich; sie können zu voreiligen, impulsiven

Während der Konjunktion von Mars und Saturn halten Hindernisse wahrscheinlich das reibungslose Vorwärtskommen auf.

Handlungen und gelegentlich auch zu Depressionen führen. Wahrscheinlich eine turbulente Zeit, die der Horoskopträger nur schwer verstehen wird. Er braucht Mitgefühl, aber verdient oder bekommt es nicht.

PROGRESSIONEN DES MARS ZUM URANUS

Konjunktion
Wahrscheinlich eine wichtige und ereignisreiche Zeit, die Unerwartetes und Aufregendes bringen kann. Die Folgen werden lange spürbar bleiben. Vorsicht bei neuen Freundschaften und Bekanntschaften, ihr Einfluß kann negativ sein. Im Ganzen eine interessante Zeit.

Positive Aspekte
Sie verleihen außergewöhnliche Unternehmungslust, Originalität und rasche Auffassungsgabe. Sehr günstig, auch wenn die Fortschritte etwas sprunghaft sein sollten; gesteigerte persönliche Anziehungskraft.

Negative Aspekte
Eine sehr schwierige Zeit mit folgenreichen Affekthandlungen. Disposition für Unfälle; während der ganzen Zeit sollte Vorsicht walten, besonders wenn Mars durch Transite aktiviert wird. Wahrscheinlich wird vieles, was in dieser Periode unternommen wurde, nachher bitter bereut.

PROGRESSIONEN DES MARS ZUM NEPTUN

Konjunktion
Weckt den Sinn des Horoskopträgers für alles Farbenfrohe. Wenn er ohnehin künstlerische und praktische Fähigkeiten besitzt, wird ihm diese belebende Progression große Vorteile bringen.

Positive Aspekte
Im wesentlichen der Konjunktion ähnlich, aber auch vorteilhaft für Geschäfte. Gesellschaftliche Verpflichtungen machen mehr Spaß als sonst.

Negative Aspekte
Können gefährlich sein, besonders bei einer Tendenz zur Realitätsflucht durch Rauschgift und Alkohol. Befriedigung durch künstlerische Tätigkeiten; betonte Sinnlichkeit.

Der Anziehungskraft von religiösen Sekten oder seltsamen Kulten kann man kaum entfliehen, wenn sich die verwirrende Progression des Mars zum Neptun ankündigt.

PROGRESSIONEN DES MARS ZUM PLUTO

Konjunktion
Beide Planeten sind durch die Regentschaft in Skorpion verbunden, und ihr Einfluß gleicht sich etwas aus. Aber die möglicherweise von Mars aktivierte Tatkraft und der hemmende Einfluß des Pluto können Schwierigkeiten heraufbeschwören, die nur mit reiner Kraft überwunden werden. Ein brutaler Machthunger kann sich plötzlich bemerkbar machen. Die Konjunktion führt sicher zu sozialem Aufstieg, aber auch zu Unbeliebtheit.

Positive Aspekte
Fortschritt wahrscheinlich, da der hemmende Einfluß des Pluto weniger ausgeprägt ist. Ein Neuanfang kann gewagt werden. Der Drang zur Macht ist spürbar, aber für andere wenig gefährlich.

Negative Aspekte
Schwierig und anstrengend, mit der Neigung, bis zum Zusammenbruch zu arbeiten. Erfolg nur nach intensiver Bemühung.

PROGRESSIONEN DES MARS ZUM ASZENDENTEN

Konjunktion
Verbesserte Gesundheit und erhöhte Tatkraft können dazu verleiten, sich zu überarbeiten. Egoistische Ziele. Kopfschmerzen beeinträchtigen die Gesundheit. Tendenz zur Hast und schnellem Autofahren.

Positive Aspekte
Energisch und gesund, vielleicht mit wachsender Neigung zu sportlicher Betätigung, die allerdings dem Alter entsprechend dosiert werden sollte. Bei Kontrolle ein guter Einfluß.

Negative Aspekte
Disposition zu Unfällen und Überarbeitung; möglich sind fiebrige Erkrankungen. Der Horoskopträger kann übertrieben impulsiv sein oder schnell ärgerlich werden. Für diese Zeit empfiehlt sich ein ruhiges Leben.

PROGRESSION DES MARS ZUR HIMMELSMITTE

Konjunktion
Zeigt oft die geschäftigste und arbeitsreichste Zeit des Lebens an. Wer mit dem Strom schwimmt, kann hier gute Fortschritte machen, sollte sich aber vor Überängstlichkeit und Ungestüm hüten.

Positive Aspekte
Wie Konjunktion, aber weniger gespannt.

Negative Aspekte
Eine anstrengende, schwierige Zeit im Beruf. Man sollte keine Entscheidungen erzwingen.

PROGRESSIVE ASPEKTE VON JUPITER, SATURN, NEPTUN UND PLUTO

Da sich diese Planeten sehr langsam bewegen, sind progressive Aspekte äußerst selten. Die Aspekte dieser Planeten im Geburtshoroskop werden durch die Progression genauer oder entlastet. Auch die Aspekte zu den Horoskopecken verändern sich nur sehr langsam, bis sie exakt werden. Das Ergebnis einer Progression hängt von der Natur des betreffenden Planeten ab.

Im «Ein-Grad-System» können die Planeten natürlich in allen möglichen Aspekten stehen. Sollten Aspekte eintreten, müssen die Eigenschaften und Wirkungen der betreffenden Planeten auf die anderen, dann gültigen Progressionen abgestimmt werden.

PROGRESSIONEN DES MONDES

Bei der Deutung der Mondprogressionen sollte man nicht vergessen, daß die Aspekte des Mondes zu den Planeten des Geburts- oder Progressionshoroskops zwar nur einen Monat lang exakt und besonders kräftig sind, aber insgesamt drei Monate lang wirken.

Die Wirkungen der Mondprogressionen sind unberechenbar und ungleichmäßig. Einige Menschen spüren schon den Einfluß schwacher Aspekte, andere sprechen nur auf starke Aspekte (Quadrat, Konjunktion) an. Auch die Astrologen streiten sich über die Bedeutung dieser Einflüsse. Tatsächlich scheinen die Mondprogressionen nur bei bestimmten Menschen und unter bestimmten Voraussetzungen Wirkung zu entfalten:

1. Krebs ist Sonnenzeichen oder aufsteigendes Zeichen, oder der Mond steht in Konjunktion zum Aszendenten im Ersten Haus.

DEUTUNG DER PROGRESSIONEN 4

2. Der Mond steht in Krebs.
3. Der Mond steht in Stier.

Weniger bedeutsam ist die Position des Mondes im Vierten Haus.

Der progressive Mond hält sich ungefähr zweieinhalb Jahre in einem Zeichen auf. Bei wem das Sternzeichen Krebs betont ist, merkt vor allem dann einen Eingriff in sein Leben, wenn der progressive Mond die Zeichen wechselt. Besonders psychische Reaktionen, Vorlieben und Abneigungen scheinen sich einem Rhythmus von dreißig Monaten anzupassen. Man sollte in der Regel nur die Aspekte deuten, die sich durch die Progressionen ergeben, und nicht die Zeichen betonen, in denen sich der progressive Mond aufhält. Manchmal können allerdings neue Interessen, ungewöhnliche Erkrankungen, plötzliche Vorlieben für Orte und Dinge zu den Merkmalen der Zeichen selbst zurückverfolgt werden.

PROGRESSIONEN DES MONDES ZUR SONNE

Konjunktion

Möglicherweise Veränderungen und sozialer Aufstieg. Unter dem Einfluß der Konjunktion lassen sich oft ehrgeizige Pläne und Wunschträume verwirklichen. Nicht immer für die Gesundheit günstig, fiebrige Erkrankungen können auftreten.

Positive Aspekte

Eine erfolgreiche Epoche, wahrscheinlich mit günstigen Möglichkeiten. Gute Gesundheit. Die richtige Zeit, um bei anderen Hilfe zu suchen, wenn es nötig sein sollte. Das gesellige Leben gedeiht.

Negative Aspekte

Keine Zeit der Fortschritte, wenig Vitalität. Enttäuschungen können sich einstellen, allgemein belasten können vor allem negative oder schwächende, gespannte Aspekte zwischen Sonne und Mond im progressiven Horoskop.

PROGRESSIONEN DES MONDES ZU SEINER POSITION

Die Aspekte des progressiven Mondes zu seiner Position betonen die Angelegenheiten, die für das Haus typisch sind, das der Mond im Geburtshoroskop einnimmt. Der Einfluß richtet sich nach dem Aspekt: Steht der progressive Mond in Konjunktion zum Mond im Geburtshoroskop, treten oft Familienangelegenheiten spürbar in den Vordergrund. Vielleicht kündigt sich auch ein neuer Zyklus an. Unter diesem Einfluß kann der Horoskopträger auch zu seinem Geburtsort oder in sein Heimatland zurückkehren. Heimweh ist ein Merkmal der Konjunktion.

PROGRESSIONEN DES MONDES ZUM MERKUR

Konjunktion

Vorteilhafte Zeit, um Neues zu lernen, da die geistige Regsamkeit wächst. Auch günstig für Reisen oder Autokauf. Die Konzentrationsfähigkeit sollte gefördert werden.

Positive Aspekte

Im wesentlichen wie die Konjunktion; positive Zeiten für Geschäfte und literarische Interessen. Sehr günstig für langfristige Arbeiten, die erst in der Zukunft Gewinn bringen werden.

Die negativen Aspekte der Progression des Mondes zum Merkur können Krisen in der Familie auslösen.

Negative Aspekte

Wahrscheinlich häusliche und familiäre Schwierigkeiten; keine günstige Zeit für Urlaub mit der Familie oder für schnelle Geschäftsabschlüsse.

PROGRESSIONEN DES MONDES ZUR VENUS

Konjunktion

Sie zeigt normalerweise eine günstige Zeit für geselliges Leben an, ebenso vorteilhaft wirkt sie auf Gefühle und Liebesleben. Gefühle werden leicht ausgedrückt und offen gezeigt. Dieser Aspekt verheißt glückliche Ehen, wenn andere Einflüsse nicht stören. Die Möglichkeit dauerhafter Bindungen bietet sich an.

Positive Aspekte

Wie bei der Konjunktion, oft jedoch Wirkung auf Finanzielles. In dieser Richtung sollten sich auch Fortschritte ergeben.

Negative Aspekte

Persönliche Angelegenheiten könnten leiden. Keine günstige Zeit für Heiratsabsichten oder den Beginn dauerhafter Beziehungen, da Enttäuschungen drohen. Der Horoskopträger ist leicht verletzt.

PROGRESSIONEN DES MONDES ZUM MARS

Konjunktion

Zufluß neuer physischer und geistiger Energien. Man sollte diese Konjunktion für anspruchsvolle Vorhaben nutzen. Wenn der Horoskopträger nicht viel zu tun hat, kann er ruhelos werden; impulsive Handlungen sollten vermieden werden. Die Anfälligkeit für fiebrige Erkrankungen kann zunehmen. Vorsicht ist notwendig, aber gute Entwicklungen zeichnen sich ab.

Positive Aspekte

Sexuelle Begierden können stärker spürbar werden, aber auch die Unternehmungslust nimmt zu, und der Ehrgeiz kann erwachen. Werden die zusätzlichen Energien sinnvoll eingesetzt, können diese Aspekte zum Fortschritt beitragen.

Negative Aspekte

Übernimmt gern Risiken, beim Autofahren ist besondere Vorsicht angeraten. Wahrscheinlich widersprüchliches Verhalten; gewöhnlich keine gute Zeit für Liebesbeziehungen. Nervliche Anspannung und Eigensinn können sich einstellen, auch Kopfschmerzen. Eine vernünftige, ruhige Tageseinteilung ist ratsam.

Dem Einfluß der negativen Aspekte des progressiven Mondes zum Mars begegnet man am wirkungsvollsten, wenn man ruhig lebt und das Autofahren vermeidet.

PROGRESSIONEN DES MONDES ZUM JUPITER

Konjunktion

Äußerst vorteilhafte Zeit; die finanziellen Möglichkeiten sollten sich verbessern. Vorteile sollten wahrgenommen werden. Dieser Aspekt fördert Pläne und Ideen, die anderen vorgetragen werden. Das gesellschaftliche Leben sollte erfreulich sein. Reisen verlaufen angenehm, die Zeit ist für einen langen Urlaub so günstig wie für Geschäfte. Der Horoskopträger kann die Zeit zu seinem Vorteil nutzen, gute Gelegenheiten werden sich bieten.

Positive Aspekte

Der Konjunktion ähnlich: Ziele werden allerdings mit weniger Anstrengung erreicht. Geschäfte wenden sich oft zum Besseren. Manchmal kommt Interesse für philosophische oder religiöse Fragen auf. Eine konstruktive Periode.

Negative Aspekte

Allgemein ungünstig für Finanzgeschäfte und gesellschaftliches Leben. Tendenz, vor nichts zurückzuschrecken. Übertrieben üppiges Essen kann zu Leberstörungen führen. Die negativen Aspekte des Jupiter schwächen die Urteilskraft, wichtige Entscheidungen sollten daher möglichst vertagt werden.

PROGRESSIONEN DES MONDES ZUM SATURN

Konjunktion
Allgemein lähmender Einfluß. Steht Saturn gut aspektiert im Geburtshoroskop – zum Beispiel im Trigon zum Mond – dann können sich gleichmäßige Fortschritte einstellen. Oft werden sie allerdings erst spürbar, wenn die Konjunktion nicht mehr wirksam ist. Keine gute Position für die Gesundheit, wenig Vitalität. Man sollte sich auf ein ruhiges, vielleicht auch zurückgezogenes Leben einstellen. Geschäfte sollten nicht überstürzt werden.

Positive Aspekte
Sie verleihen zusätzliche Konzentrationsfähigkeit; oft Anerkennung harter Arbeit. Die Zeit ist sehr günstig für langfristige Planungen, der Horoskopträger sollte jedoch nicht sofort Ergebnisse erwarten.

Negative Aspekte
Anfälligkeit für Erkältungskrankheiten. Sie werden unvermeidlich, sollte der Aspekt im Winter erscheinen. Drepressionen; alles kann schieflaufen. Finanzielle Schwierigkeiten können drohen, manchmal Schwermut. Ungünstig für Pläne und Ideen.

PROGRESSIONEN DES MONDES ZUM URANUS

Konjunktion
Der Horoskopträger sollte «Unerwartetes erwarten». Veränderungen können belebend und kraftspendend erscheinen – vielleicht auch tatsächlich sein. Der Horoskopträger sollte jedoch vor nachteiliger Übereilung gewarnt werden. Eine neue, interessante und romantische Beziehung kann angeknüpft werden, meist ist sie jedoch nur von kurzer Dauer.
Oft plötzliche Einfälle und originelle Ideen; aus ihnen kann etwas werden, wenn sie ein festigender und praktischer Transit unterstützt – wie zum Beispiel der Trigon von Sonne und Saturn, der die impulsiven Tendenzen des Mondes abschwächt.

Positive Aspekte
Sie besitzen «reformerische» Qualität, sie betonen Intuition und Originalität. Neue Freundschaften können sich ergeben, manchmal unerwartete finanzielle Gewinne. Dieser belebende, dynamische Einfluß sorgt für eine allgemeine Verbesserung der Lebensumstände.

Negative Aspekte
Diese Aspekte können Spannungen auslösen. Obwohl die Arbeitsergebnisse ausgezeichnet sein können, fördert der intensive Zufluß nervlicher Energien die Möglichkeit von plötzlichen Zusammenbrüchen. Zeiten wirklicher Erholung sollten eingeplant werden, da mit einer starken Neigung gerechnet werden muß, bis zur totalen Erschöpfung zu arbeiten. Hindernisse stellen sich in den Weg; wenn sie mit großer Anstrengung genommen werden, zeigen sich Fortschritte, allerdings auf Kosten nervlicher Belastung.

PROGRESSIONEN DES MONDES ZUM NEPTUN

Konjunktion
Ein äußerst schwacher Einfluß, den viele nicht wahrnehmen werden. Im günstigsten Fall kann er zusätzliche schöpferische Impulse – vor allem in der Kunst – verleihen, aber aktivere Einflüsse müssen für die Verwirklichung der Ideen sorgen. Tendenzen zur Realitätsflucht im Geburtshoroskop verstärken sich unter diesem Aspekt, der Rückfälle in alte, schlechte Gewohnheiten auslösen kann.

Der Künstler sollte sich ganz auf seine Ziele konzentrieren, wenn er von der kaum spürbaren Konjunktion von Mond und Neptun profitieren will.

Positive Aspekte
Der Konjunktion sehr ähnlich. Der Horoskopträger sollte mit beiden Beinen fest auf dem Boden der Tatsachen bleiben. Nachhaltig wirkende romantische Erlebnisse sind möglich.

Negative Aspekte
Sie machen den Horoskopträger vergeßlich und verwirrt. Im ungünstigsten Fall verleiten sie ihn zur Realitätsflucht. Er läßt sich leicht täuschen und sollte in Gelddingen vorsichtig sein. Möglicherweise hat er seltsame und unerklärliche Erlebnisse. Wenn ihn die Hellseherei ohnehin anzieht, sollte er vor blindem Zutrauen gewarnt werden.

PROGRESSIONEN DES MONDES ZUM PLUTO

Konjunktion
Sehr wahrscheinlich wird der normale Lauf der Dinge aufgehalten. Ein hemmender Eingriff kann die Entwicklung neuer Pläne oder neuer Bekanntschaften beeinträchtigen. Alle Aspekte von Mond und Pluto stören gewohnte Abläufe. Manchmal hilft nur Abwarten, bis der Einfluß schwindet.

Positive Aspekte
Sie zeigen gute Möglichkeiten für Neuanfänge und Geschäftsabschlüsse an. Häusliche Tätigkeiten werden ebenfalls gefördert. Die «aufräumende» Wirkung des Pluto kann sich auch psychisch manifestieren: Der Horoskopträger kann sich von negativen, belastenden Einflüssen lösen und einen Zustand seelischer Ausgeglichenheit erreichen.

Negative Aspekte
In der Art der Konjunktion, ebenfalls mit fortschrittshemmender Wirkung. Keine günstige Zeit für geschäftliche Pläne; oft deutlich spürbare Verkrampfung und Frustration.

PROGRESSIONEN DES MONDES ZUM ASZENDENTEN

Konjunktion und positive Aspekte
Sie zeigen einen neuen Lebensabschnitt an, oft Veränderungen in der häuslichen Sphäre, vielleicht durch Geburt eines Kindes oder Heirat. Günstige Zeit für Wohnungssuche oder Hauskauf.

Negative Aspekte
Häusliche Schwierigkeiten: manchmal, vor allem bei der Opposition, Scheidung oder Lösung einer persönlichen Beziehung. Wenn möglich, sollten Änderungen vermieden werden.

PROGRESSIONEN DES MONDES ZUR HIMMELSMITTE

Konjunktion und positive Aspekte
Eine vorteilhafte Zeit für das Familienleben, wahrscheinlich Geburt von Kindern. Manchmal hat ein Ereignis dauerhafte, günstige Auswirkungen. Oft Anzeichen für «öffentliche Beachtung». Die günstigen Bedingungen dieser Aspekte können das Selbstbewußtsein des Horoskopträgers stärken.

Negative Aspekte
Erzwungene Veränderungen im Familienleben oder berufliche Veränderungen können sich als nachteilig erweisen. Schwierigkeiten in der Familie; die Eltern können übertriebene Forderungen stellen.

Bei einer Progression des Mondes zur Himmelsmitte winkt dem Horoskopträger unter Umständen ein öffentlicher Auftritt.

DEUTUNG DER TRANSITE

Wir haben versucht, die Sekundär-Direktionen und Ein-Grad-Direktionen zu deuten, die sich zwischen den progressiven Planeten untereinander oder zwischen progressiven Planeten und den Geburtsplaneten ergaben. Auch die Progressionen des Mondes und seine Aspekte haben wir ausgewertet. Das Bild, das wir von den Bedingungen und Entwicklungseinrichtungen im Leben eines Menschen geben wollen, sollte nun schon deutlichere Konturen gewonnen haben. Man sollte im Gedächtnis behalten, daß die Aspekte des progressiven Mondes zu den progressiven Planeten die Zeit anzeigen, in der ihre Aspekte am wirksamsten sind.

Mit «Transiten» bezeichnen die Astrologen die Planetenstände in einem bestimmten Zeitraum. Die Positionen der Planeten lassen sich mit Hilfe der Planetentafeln am Schluß des Buches berechnen.

DIE TRANSITE DER «LANGSAMEN» PLANETEN

Transite verraten Entwicklungstendenzen. Die Transite der «langsamen» Planeten Saturn, Uranus, Neptun und Pluto halten lange an, vor allem, wenn ein Planet rückläufig wird, wieder zur direkten Bewegung zurückkehrt und dabei wiederholt einen Grad überschreitet, auf dem im Geburtshoroskop ein Planet steht. Auf diese Weise kann ein Planet im Geburtshoroskop dreimal beeinflußt werden.

Der Einfluß der Transite nimmt wie der der kräftigen Progressionen langsam zu und wieder ab. Daher läßt sich kein genauer zeitlicher Rahmen ihrer Wirkung abstecken. Die meisten Schwierigkeiten bereitet hier der Saturn, vielleicht auf Grund seiner allgemein «verzögernden» Eigenschaften. Das Geburtshoroskop sollte geprüft werden, ob zwei Planeten, die im Transit verbunden sind, nicht schon dort im Aspekt zueinander stehen. Wenn mehrere Transite in dieselbe Zeit fallen, kann das Leben des Horoskopträgers ungewöhnlich ereignisreich sein, obwohl in einigen Fällen «Ereignis» auch bedeuten kann, daß Pläne vereitelt werden oder Entwicklungen abbrechen. Bei der Deutung der Transite sollte man nicht vergessen, daß die Aspekte des Planeten im Geburtshoroskop bedeutungsvoll sind.

DIE TRANSITE DES JUPITER

Sie sind günstig und zeigen eine Zeit des Fortkommens an. Gewöhnlich fördern sie Tätigkeiten und Reisen.

Transite des Jupiter zu Sonne, Mond und Aszendent

Konjunktion: Sehr günstig für Reisen im Ausland (mit Familie, wenn der Mond beteiligt ist). Die finanzielle Lage könnte sich verbessern.
Positive Aspekte: Wie bei der Konjunktion; allerdings Neigung zur Genußsucht und Verschwendung.
Negative Aspekte: Blinder Optimismus, Überspanntheit und Genußsucht.

Transite des Jupiter zum Merkur

Konjunktion und positive Aspekte: Sehr günstig für Studien, Reisen und für Merkur/Jupiter-Beschäftigungen.
Negative Aspekte: Vergeßlichkeit oder schlechte Urteilsfähigkeit.

Transite des Jupiter zur Venus

Konjunktion und positive Aspekte: Wahrscheinlich viel Vergnügen. Sehr günstig für Unternehmungen, Geldanlagen und Zukunftspläne.
Negative Aspekte: Ausschweifungen, Vergnügungssucht.

Transite des Jupiter zum Mars

Konjunktion und positive Aspekte: Günstig, verleihen Tatkraft; eine Zeit, in der die herrschenden Umstände zum Vorteil genutzt werden können.
Negative Aspekte: Erregbarkeit und Ungestüm sollten kontrolliert werden.

Transite des Jupiter zur eigenen Position

Wohltätig, je nach der Art des Hauses und Zeichens, in dem Jupiter im Geburtshoroskop steht.

Transite des Jupiter zum Saturn

Konjunktion und positive Aspekte: Eine spürbare Verlangsamung von Entwicklungen, die wohl zum Besten des Horoskopträgers eintritt.
Negative Aspekte: Wahrscheinlich problematische Zeit.

Transite des Jupiter zum Uranus

Konjunktion und positive Aspekte: Die Ereignisse können sich überstürzen; interessante finanzielle Angebote.
Negative Aspekte: Unerwartete Vorteile stellen sich bei näherem Zusehen als weniger günstig heraus. Nervliche Anspannung.

Transite des Jupiter zum Neptun

Konjunktion und positive Aspekte: Eine fruchtbare, ideenreiche Zeit; allerdings droht die Gefahr, sich in Träumereien und Realitätsflucht zu verlieren.
Negative Aspekte: Unentschlossenheit, vielleicht Weltfremdheit.

Transite des Jupiter zum Pluto

Konjunktion und positive Aspekte: Wahrscheinlich vorteilhaft für Geldanlagen, die Planeten im Geburtshoroskop sollten jedoch sorgfältig beachtet werden.
Negative Aspekte: Ungünstig für Geldanlagen; zu große finanzielle Verpflichtungen.

Transite des Jupiter zur Himmelsmitte

Konjunktion und positive Aspekte: Beruflicher Aufstieg; mehr Geld, vielleicht unerwartet. Alle Beziehungen des Jupiter sind nachdrücklich verstärkt.
Negative Aspekte: Das Fortkommen entspricht nicht den Erwartungen; überoptimistische Einschätzung der Berufsaussichten.

DIE TRANSITE DES SATURN

Transite des Saturn zu Sonne, Mond und Aszendent

Konjunktion: Es sollte Zurückhaltung geübt werden. Pläne können zwar gemacht, aber nicht verwirklicht werden. Wahrscheinlich beeinträchtigte Gesundheit.
Positive Aspekte: Wie Konjunktion, aber konstruktiver.
Negative Aspekte: Anfälligkeit für Erkältungskrankheiten und Grippe; vielleicht längere Krankheit.

Transite des Saturn zum Merkur

Konjunktion und positive Aspekte: Konzentrationsfähigkeit verbessert. Günstige, konstruktive Zeit.
Negative Aspekte: Niedergeschlagenheit ohne offensichtliche Gründe. Freunde und Verwandte können zum Problem werden.

Transite des Saturn zur Venus

Konjunktion und positive Aspekte: Ernste Beziehung zu älteren Menschen.
Negative Aspekte: Eine Beziehung kann sich lösen. Keine günstige Zeit für Unternehmungen.

Transite des Saturn zum Mars

Konjunktion und positive Aspekte: Ein ungleichmäßiger Einfluß. Sprunghafte Fortschritte, die Energie kann nachlassen. Die Wirkung des Saturn führt zu enttäuschenden Verzögerungen.
Negative Aspekte: Man sollte etwas abenteuerliche Freizeitbetätigungen (Skifahren, Bergsteigen) aufgeben, da Verletzungsgefahr durch Stürze besteht. Die Arbeit wird unter Druck und ohne Anerkennung geleistet.

Transite des Saturn zum Jupiter

Siehe Transite des Jupiter zum Saturn.

Transite des Saturn zur eigenen Position

Betont das Haus und Zeichen des Saturn im Geburtshoroskop. Konstruktiver Einfluß, wenn Saturn nicht unbeschädigt ist.

Transite des Saturn zum Uranus

Konjunktion und positive Aspekte: Können zu neuen, besseren Lebensumständen führen. Man sollte Unvorhergesehenes entschlossen nutzen. Beide Planeten beherrschen den Wassermann.
Negative Aspekte: Anstrengend, nervtötend. Möglicherweise Zusammenbruch unter extremen Bedingungen. Harte Arbeit und zähes Hochkämpfen könnten auf lange Sicht Vorteile bringen.

Transite des Saturn zum Neptun

Konjunktion und positive Aspekte: Sehr günstig, Ideen nehmen konkrete Form an, jeder Einfall sollte ernsthaft geprüft werden.
Negative Aspekte: Inspiration, aber innere Konflikte, besonders bei künstlerischen oder wissenschaftlichen Neigungen. Möglicherweise Zeit des Schwankens, der Verwirrung und Sorgen.

Transite des Saturn zum Pluto

Alle Aspekte: Äußerst einschränkend. Geldanlagen sind nicht ratsam, es sei denn, beide Planeten stehen gut oder bilden im Geburtshoroskop ein Trigon.

Transite des Saturn zur Himmelsmitte

Konjunktion und positive Aspekte: Im günstigsten Fall langsame Beförderung. Schwierigkeiten, die nicht kontrolliert werden können.
Negative Aspekte: Unerwartete Rückschläge; der Unternehmungsgeist sollte bis zum Abklingen der Aspekte gebremst werden.

DIE TRANSITE DES URANUS

Transite des Uranus zu Sonne, Mond und Aszendent
Konjunktion: Wichtig und wahrscheinlich belebend. Plötzliche tiefgreifende Veränderungen sind möglich. Vorsicht vor impulsiven Handlungen.
Positive Aspekte: Wie Konjunktion, jedoch weniger belastend. Interessante und denkwürdige Zeit.
Negative Aspekte: Die Opposition kann Unbehagen zu Hause und im Beruf auslösen; trotz allem kein Mangel an originellen Ideen.

Transite des Uranus zum Merkur
Konjunktion und positive Aspekte: Überfülle guter Ideen, sie sollten jedoch nüchtern betrachtet werden. Neigung, Hals über Kopf etwas zu tun.
Negative Aspekte: Anspannung, möglicherweise durch geistige Zersplitterung und Übereifer.

Transite des Uranus zur Venus
Konjunktion und positive Aspekte: Neue, anregende Bekanntschaften; das Leben ist wahrscheinlich bewegt und amüsant. Unerwartete finanzielle Gewinne.
Negative Aspekte: Möglicherweise plötzliche Veränderungen im Beruf und in der Liebe.

Transite des Uranus zum Mars
Konjunktion und positive Aspekte: Energie und Originalität; Situationen werden schnell erkannt und genutzt. Ereignisreiches Leben.
Negative Aspekte: Beträchtliche Anstrengungen und exzentrisches Verhalten sind wahrscheinlich.

Transite des Uranus zum Jupiter
Siehe Transite des Jupiter zum Uranus.

Transite des Uranus zum Saturn
Siehe Transite des Saturn zum Uranus.

Transite des Uranus zum Neptun
Konjunktion und positive Aspekte: Wahrscheinlich eine äußerst interessante Zeit. Eine Abkehr von alten Ansichten ist möglich. Günstige Zeit für neue Interessengebiete, vor allem, wenn sie für Uranus (Astronomie, Astrologie, Archäologie) oder Neptun (Tanz, Literatur) charakteristisch sind.
Negative Aspekte: Unsicherheit bei religiösen Problemen oder Eingebungen.

Transite des Uranus zum Pluto
Konjunktion und positive Aspekte: Drastische Veränderungen mit erzwungenen Neuanfängen.
Negative Aspekte: Wie bei der Konjunktion.

Transite des Uranus zur Himmelsmitte
Konjunktion und positive Aspekte: Plötzliche, vielleicht drastische Veränderungen der Lebensumstände, die sich aber als günstig erweisen kann.
Negative Aspekte: Unerwartete Ereignisse stören.

DIE TRANSITE DES NEPTUN

Transite des Neptun zu Sonne, Mond und Aszendent
Konjunktion: Kaum spürbarer Einfluß. Wenn das Geburtshoroskop schöpferische Begabung anzeigt, verleiht die Konjunktion künstlerische Fähigkeiten.
Positive Aspekte: Wie Konjunktion, aber verschwommener.
Negative Aspekte: Wirklichkeitsflucht durch Rauschgift oder Alkohol möglich, besonders wenn Neptun verletzt ist.

Transite des Neptun zum Merkur
Konjunktion und positive Aspekte: Sehr günstiger Einfluß; die Inspiration verbindet sich mit den kritischen Elementen des Merkur und könnte Vorteile bringen.
Negative Aspekte: Der kaum merkliche Einfluß könnte Geistesabwesenheiten verursachen, aber keine ernsthaften Schwierigkeiten.

Transite des Neptun zur Venus
Konjunktion und positive Aspekte: Romantische Gefühle und Harmonie.
Negative Aspekte: Schwierige Liebesbeziehung, obwohl das Leben angenehm sein kann. Tendenz zur Realitätsflucht, vor allem, wenn Neptun in Waage steht.

Transite des Neptun zum Mars
Konjunktion und positive Aspekte: Die künstlerische, bunte Seite des Lebens wirkt anziehend; betont romantische Züge und Einfallsreichtum. Eine glückliche Zeit.
Negative Aspekte: Gefahr von Vergiftungen durch Fisch, Wasser, Gas oder Arzneimittel. Das Geburtshoroskop entscheidet, ob mit ernsten Gefährdungen zu rechnen ist. Überschwengliche Gefühle und Unvorsichtigkeit sind aber wahrscheinlicher.

Transite des Neptun zum Jupiter
Siehe Transite des Jupiter zum Neptun

Transite des Neptun zum Saturn
Siehe Transite des Saturn zum Neptun.

Transite des Neptun zum Uranus
Siehe Transite des Uranus zum Neptun.

Transite des Neptun zum Pluto
Gefühlsbetontes Sexualleben. Bei negativen Aspekten wird der Ausdruck der Gefühle gehemmt.

Transite des Neptun zur Himmelsmitte
Konjunktion und positive Aspekte: Wahrscheinlich kaum spürbare Änderung der Lebensrichtung.
Negative Aspekte: Verletzt durch Enttäuschungen. Belastende und verwirrende Zeit.

DIE TRANSITE DES PLUTO

Transite des Pluto zu Sonne, Mond und Aszendent
Konjunktion: Wahrscheinlich dramatische Veränderung des Lebens mit neuer Orientierung.
Positive Aspekte: Ebenso Umbruch, allerdings weniger anstrengend.
Negative Aspekte: Erzwungene, anstrengende Veränderungen.

Transite des Pluto zum Merkur
Konjunktion und positive Aspekte: Pluto wirkt auf das Denken und die Ansichten, wahrscheinlich Wechsel der Geisteshaltung.
Negative Aspekte: Psychische Störungen, wenn beide Planeten im Geburtshoroskop in ungünstiger Konstellation stehen.

Transite des Pluto zur Venus
Konjunktion und positive Aspekte: Plötzliche Verliebtheit ohne Gelegenheit, die Beziehung zu vertiefen. Finanziell günstige Zeit.
Negative Aspekte: Spannungen in Liebesbeziehungen.

Transite des Pluto zum Mars
Konjunktion und positive Aspekte: Sie verstärken die ohnehin schon etwas explosiven Tendenzen des Pluto. Das Leben kann ungleichmäßig werden. Mars und Pluto sind sich so wesensähnlich, daß zwischen positiven und negativen Transiten nicht unterschieden werden kann.

Transite des Pluto zum Jupiter
Siehe Transite des Jupiter zum Pluto.

Transite des Pluto zum Saturn
Siehe Transite des Saturn zum Pluto.

Transite des Pluto zum Uranus
Siehe Transite des Uranus zum Pluto.

Transite des Pluto zum Neptun
Siehe Transite des Neptun zum Pluto.

Transite des Pluto zur Himmelsmitte
Konjunktion und positive Aspekte: Anzeichen für Berufswechsel; vielleicht Kündigung.
Negative Aspekte: Ähnlich.

DIE TRANSITE DES MARS

Mars besitzt antreibende Wirkung. Als goldene Regel ist zu beherzigen, daß der Mars jedem Planeten oder den Ecken des Horoskops Energie verleiht. Sie kann den Horoskopträger frisch und tatkräftig machen, aber sie fördert auch die Disposition für Unfälle. Vorsicht vor allem bei Oppositionen oder Konjunktionen mit der Sonne oder dem Aszendenten.

DIE TRANSITE DER VENUS

Die Venus-Transite dauern meist zwei Tage. Sie zeigen gewöhnlich Zeiten harmonischer Geselligkeit oder erfüllten Liebeslebens an. Manchmal begünstigen sie auch Gelddinge: Wenn der Planet in Beziehung zu einem anderen (mit Ausnahme des Saturn) oder zu einer Ecke steht, weist er auf günstige Zeiten für den Kauf von Kleidern (Sonne, Aszendent) oder Haushaltsgegenständen (Mond).

DIE TRANSITE DES MERKUR

Seine Transite dauern nur einen oder zwei Tage. Oft können mehrere Transite in einen Monat fallen. Sie regen das gesellschaftliche Leben an, bringen Korrespondenzen wieder in Schwung und begünstigen Besuche oder kurze Reisen.

PROBLEMANALYSE

Wer einen Astrologen konsultiert, hat meist einen bestimmten Grund dafür. Selbst wenn dem Astrologen dieser Grund vorenthalten wird, kann er aus dem progressiven Horoskop ersehen, ob sein Klient Probleme hat oder eine anstrengende Zeit durchmacht. Trifft dies zu, dann sollte ihn der Astrologe überzeugen, so offen wie bei einem Arzt oder Psychiater zu reden. Wenn der Astrologe außer dem Geburtsdatum keine weiteren Angaben zur Person besitzt, kann er natürlich auch «blind» arbeiten. Seine Lage ist dann so beneidenswert wie die eines Arztes, der eine Diagnose stellen soll, ohne den Patienten auf Symptome zu untersuchen. Daher sollte man nicht den Stab über einem Astrologen brechen, der nur mit einer «Fallgeschichte» arbeiten will.

Das Schlüsselwort bei der Analyse eines Problems ist immer «Vorsicht». Der Astrologe sollte sich nicht die Kompetenzen eines Psychiaters, Geistlichen, Anwalts oder Arztes anmaßen, auch wenn es seine Klienten manchmal von ihm erwarten. So verlockend diese Erwartungen oft sind, der Astrologe sollte die Grenzen seiner Kunst nicht überschreiten. Er dient der Gemeinschaft besser, wenn er Klienten mit besonderen Problemen an qualifizierte Spezialisten verweist.

Dem beratenden Astrologen kann daher die Bekanntschaft mit einem Psychiater, einem Arzt und einem Eheberater nur nützen. So kann er eine Kette von Spezialisten aufbauen, von denen jeder auf einem besonderen Gebiet Hilfe leisten kann. Wenn er glaubt, daß seine Klienten Hilfe annehmen, kann er sie weiterempfehlen.

Der Astrologe wird meist mit vier Problemarten konfrontiert: emotionale oder Eheprobleme; geschäftliche oder berufliche Probleme; finanzielle Probleme; gesundheitliche Probleme, manchmal auch Probleme der Rauschgiftabhängigkeit.

Rauschgiftabhängige suchen Astrologen auf, um sich bei der Entziehung helfen zu lassen. Die Deutungen in diesem Buch lassen erkennen, wann die Gefahr von Rauschgiftabhängigkeit droht: Oft ist das Zwölfte Haus maßgeblich beteiligt, ebenso beschädigte Planeten (Neptun, Sonne), vor allem, wenn sie in Waage stehen. Die Progressionen der Venus oder negative Transite können diese Tendenzen verstärken. Der Astrologe kann im Horoskop eines Rauschgiftabhängigen feststellen, wann die negativen Einflüsse so schwach sein werden, daß er die Hilfe eines Psychiaters annimmt.

Die gefährdete Ehe oder Die hilfreiche Astrologie

Oft werden dem Astrologen spezielle Probleme vorgetragen. Wenn eine Ehe bedroht ist, weil einer der Partner «ausbricht» oder «fremd geht», wendet sich der verletzte Partner nicht selten ratsuchend an einen Astrologen.

Unsere unglückliche Ehefrau erzählt der Astrologin ihre Geschichte. Die Astrologin hört zu und notiert sich die Geburtsdaten der Ehefrau. Wenn sie einen vollständigen Bericht ausarbeiten will, braucht sie allerdings auch die Geburtszeit der Freundin des Mannes. Diese wichtige Information kann beschafft werden.

Die Astrologin geht an die Arbeit. Bald zeichnet sich ein erstes Ergebnis ab: Der progressive Mond der Frau steht im Quadrat zum Radixmars des Mannes. Daher also seine Ruhelosigkeit. Seine progressive Venus steht in Konjunktion mit dem Uranus seiner Freundin (plötzliche Anziehung!). Dieser Einfluß läßt aber schnell nach.

Die Astrologin berichtet der Klientin. Sie sagt ihr, daß sich in Kürze alles zum Guten wenden und in wenigen Tagen ihre trübe Stimmung verflogen sein wird. Die Ehefrau überdenkt die Auskunft, und bald erkennt sie, daß ihre Lage noch nicht so hoffnungslos ist. Sie kauft sich ein neues Kleid. Ihr Mann kommt am Abend nach Hause, seine Affäre ist aus. Er bittet sie um Verzeihung, und sie gewährt sie voller Glück. Erleichtert stellt sie fest, daß die Astrologin sie vor übereilten Schritten bewahrt hat.

Die unglückliche Ehe

Der Astrologe sucht zuerst in den Horoskopen der Eheleute nach Faktoren, die Eheprobleme verursachen. Zum Beispiel können progressive Aspekte anzeigen, daß die Frau eine Zeit der Ruhelosigkeit durchmacht und ihrem (langweiligen?) Mann dafür die Schuld zuschiebt. Vielleicht ist der Mann im Augenblick einfach müde, oder er fühlt sich zu einer anderen Frau hingezogen. Das progressive Horoskop kann entscheiden, ob es sich hier um dauerhafte oder vorübergehende Probleme handelt.

Selbstverständlich sollte der Astrologe unparteiisch und taktvoll vorgehen. Die Einmischung in das Leben anderer Menschen ist eine ernste Sache. Der Astrologe sollte daher nicht nur das Horoskop, sondern auch seinen Rat gewissenhaft prüfen. Oft kann der Astrologe bei emotionalen Problemen schon allein deswegen gute Hilfe leisten, weil er darauf vorbereitet ist, dazusitzen und zuzuhören. Auf jeden Fall sollen die Betroffenen selbst entscheiden: Der Astrologe kann ihnen nur Lösungsmöglichkeiten anbieten. Wenn das Horoskop deutlich anzeigt, daß eine bestimmte Tendenz sich fruchtbar entwickeln kann, sollte er nachdrücklich darauf hinweisen.

Der träge Ehemann: Warum geht er nie mit ihr aus?

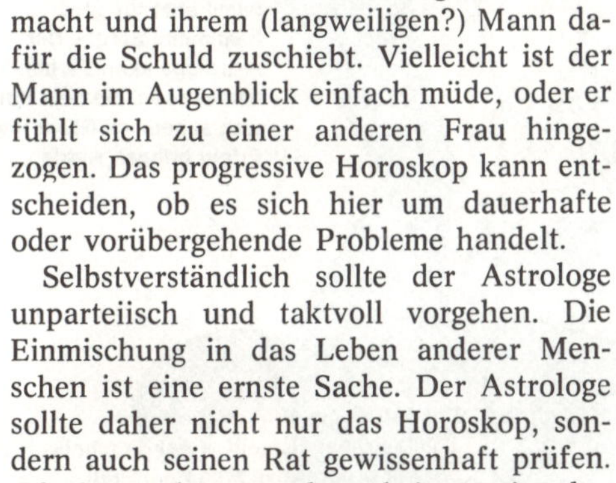

Das Berufsproblem

Viele Menschen denken an einen Stellenwechsel, wenn sie einen Astrologen bei geschäftlichen oder beruflichen Problemen um Rat fragen. Ihr progressiver Aszendent wechselt vielleicht gerade das Zeichen. Wenn sich dies im Horoskop bestätigt, wirkt sich eine Veränderung meist günstig aus – es sei denn, schwierige Progressionen sind erkennbar.

Tritt die Sonne in ein neues Zeichen ein, kann sie dieselbe Wirkung auslösen. Wenn jemandem plötzlich eine neue Stelle angeboten wird, wandert möglicherweise seine progressive Himmelsmitte gerade in ein anderes Zeichen. Wenn keine ungünstigen Progressionen im Weg stehen, ist auch hier die Zeit für eine Veränderung reif.

Wenn sich in unmittelbarer Zukunft schwierige Progressionen abzeichnen, sollte dem Klienten gesagt werden, daß sein Stellenwechsel etwas anstrengend sein kann: Eine ungünstige Mondprogression oder ein wenig vorteilhafter Transit des Saturn können Verzögerungen oder Krankheiten bedeuten. Andererseits können sich aber auch Fortschritte abzeichnen. Wenn der Jupiter die Himmelsmitte im Geburtshoroskop transitiert, steht alles zum Besten.

Der Mann, der den falschen Beruf zu haben glaubt.

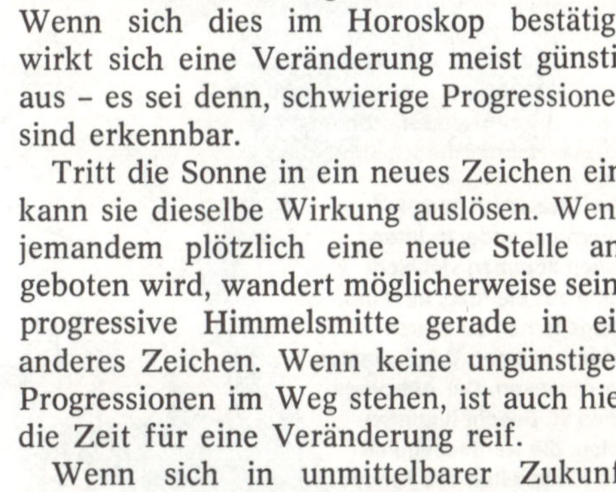

Astrologie und Gesundheit

Manche Klienten fragen den Astrologen ganz unverblümt, wann sie oder ein Verwandter sterben werden. Auch wenn der Astrologe keine moralischen Bedenken gegen eine Antwort hätte, ließe sich der Todestag nur äußerst schwer vorhersagen, denn die astrologischen Anzeichen des Todes sind vieldeutig. Er kann sich hinter Hinweisen auf Ruhe und sogar Freude verbergen, oder sich als große Einschränkungen und Schwierigkeiten ankündigen. Auf jeden Fall ist der Astrologe bei dieser Frage weniger frei als der Arzt – er sollte *niemals* versuchen, eine Antwort zu geben, auch wenn ihn ein Klient dringlich bittet.

Der Astrologe kann jedoch seine Klienten auf Zeiten gesundheitlicher Gefährdung oder Anfälligkeiten für bestimmte Krankheiten hinweisen. Er kann ihnen praktische Vorsichtsmaßregeln empfehlen, die sie vor gesundheitlichen Risiken bewahren.

Die Rauschgiftabhängigkeit ist eines der ernstesten Probleme, mit dem sich ein Astrologe in unserer Zeit beschäftigen muß. Junge Leute suchen ihn auf, um sich aus Schwierigkeiten helfen zu lassen, und besorgte Eltern erkundigen sich bei ihm, ob ihre Kinder zu Rauschgiften neigen.

Wer stirbt zuerst, sie oder ich?

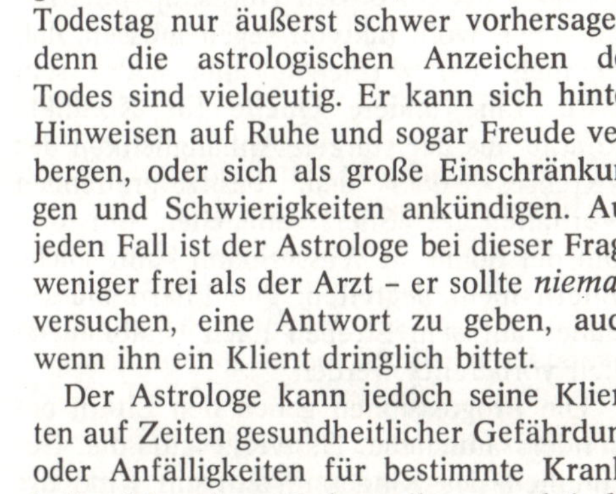

DAS HOROSKOP DES KINDES

Berufsastrologen widmen einen großen Teil ihrer Zeit der faszinierenden Aufgabe, Horoskope von Kindern auszuarbeiten. Auch hier ist natürlich die Geburtszeit – ganz genau: der Zeitpunkt des ersten Schreis – von größter Bedeutung. Wichtig ist aber auch die Geburtszeit der Eltern und Geschwister, da sich die Beziehungen eines Kindes zum einen Elternteil oder einem Bruder fast immer von den Beziehungen zum anderen Elternteil oder einer Schwester unterscheiden. Die kräftigsten Aspekte im Horoskop der Eltern finden sich manchmal auch in dem des Kindes: Eine Opposition von zwei starken Planeten im Horoskop eines Elternteils taucht unter Umständen im Horoskop des Kindes als Konjunktion wieder auf. Ähnlichkeiten im Horoskop drücken sich zweifellos auch in der Persönlichkeit aus. Der Astrologe wird einem Vater, in dessen Horoskop Jungfrau aufsteigt, wohl taktvoll sagen müssen, daß er nicht der zärtlichste aller Väter sein wird. Eine andere Quelle für Konflikte könnte aus der starken Anhänglichkeit des «Krebses» oder dem besitzergreifenden Verhalten des «Stiers» entstehen. Ein Kind mit der Sonne in Wassermann kann solche Eltern nicht begreifen. Die Eltern müssen daher auf sein Streben nach Unabhängigkeit vorbereitet werden.

Die Progressionen geben den Eltern besonders nützliche Hinweise auf die Gesundheit des Kindes. Wann ein Kind die üblichen Kinderkrankheiten durchmachen wird, läßt sich ohne Schwierigkeit aus den Progressionen ablesen; die Aspekte der progressiven Sonne können die Leistungen eines Kindes in der Schule anzeigen. Auch die Mondprogressionen sind nützlich: Steht der Mond sehr beschädigt im Geburtshoroskop, dann bringen die Mondprogressionen über den Aszendenten sicher Gefahren für seine Gesundheit.

Die Progression des Sonnenzeichens oder der Wechsel des Aszendenten zeigen Veränderungen an. Wenn die progressive Himmelsmitte in ein anderes Zeichen wandert, stehen Veränderungen in der Familie bevor. Diese und andere Anhaltspunkte sollten beachtet, aber nie dramatisiert werden.

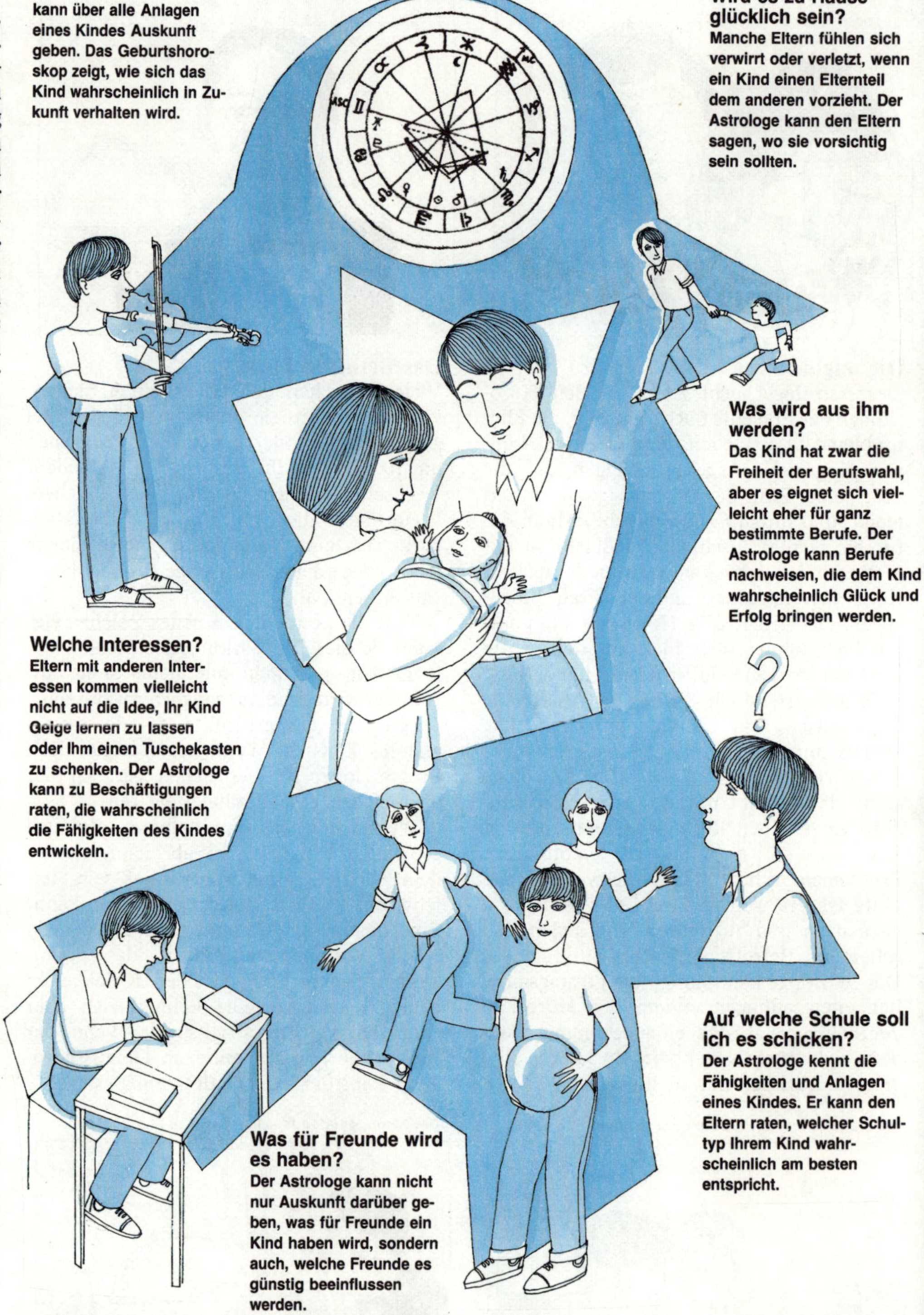

Der kompetente Astrologe kann über alle Anlagen eines Kindes Auskunft geben. Das Geburtshoroskop zeigt, wie sich das Kind wahrscheinlich in Zukunft verhalten wird.

Wird es zu Hause glücklich sein?
Manche Eltern fühlen sich verwirrt oder verletzt, wenn ein Kind einen Elternteil dem anderen vorzieht. Der Astrologe kann den Eltern sagen, wo sie vorsichtig sein sollten.

Was wird aus ihm werden?
Das Kind hat zwar die Freiheit der Berufswahl, aber es eignet sich vielleicht eher für ganz bestimmte Berufe. Der Astrologe kann Berufe nachweisen, die dem Kind wahrscheinlich Glück und Erfolg bringen werden.

Welche Interessen?
Eltern mit anderen Interessen kommen vielleicht nicht auf die Idee, Ihr Kind Geige lernen zu lassen oder Ihm einen Tuschekasten zu schenken. Der Astrologe kann zu Beschäftigungen raten, die wahrscheinlich die Fähigkeiten des Kindes entwickeln.

Auf welche Schule soll ich es schicken?
Der Astrologe kennt die Fähigkeiten und Anlagen eines Kindes. Er kann den Eltern raten, welcher Schultyp Ihrem Kind wahrscheinlich am besten entspricht.

Was für Freunde wird es haben?
Der Astrologe kann nicht nur Auskunft darüber geben, was für Freunde ein Kind haben wird, sondern auch, welche Freunde es günstig beeinflussen werden.

Eltern und Kind

Widder
Der «Widder»-Elternteil verlangt oft zuviel von seinem Kind; das «Widder»-Kind braucht Anleitung, um seine überschüssigen Energien sinnvoll loszuwerden.

Stier
Der «Stier»-Elternteil liebt die Disziplin, aber sein Kind vielleicht nicht. Treiben Sie niemals ein «Stier»-Kind an, es ist langsam, aber ausdauernd.

Zwillinge
Eltern aus diesem Zeichen sind oft überkritisch, sie fördern aber die Phantasie des Kindes. Das «Zwillinge»-Kind muß ermutigt werden, etwas zu Ende zu führen.

Krebs
Krebsgeborene sind sensibel und machen sich leicht Sorgen. Sie hängen an ihren Kindern. Das «Krebs»-Kind ist sehr gefühlsbetont und überempfindlich.

Löwe
«Löwen» erwarten von ihren Kindern Glanzleistungen und sind daher zu schnell enttäuscht. «Löwe»-Kinder können hochmütig sein; sie sollten nicht verletzt werden.

Jungfrau
Der ordentliche «Jungfrau»-Elternteil findet unordentliche Kinder widerlich, seine Zuneigung ist dann nicht stark. «Jungfrau»-Kinder sind zurückhaltende, gute Schüler.

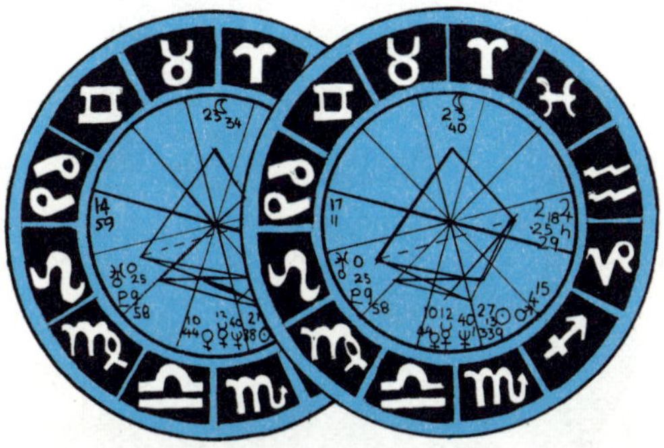

Die Zwillingsbrüder

Die Zwillinge Piers und Crispin wurden im Abstand von zehn Minuten geboren. Diese minimale Differenz verursacht aber schon Unterschiede an einigen Stellen der Geburtshoroskope. Der Astrologe schloß daraus, daß Crispin wohl der willensstärkere und entschlossenere der Brüder sei und oft die Führungsrolle übernehmen werde. Piers dagegen mache sich etwas leichter Sorgen als Crispin, dafür sei er aber nicht so anfällig für nervöse Störungen.

Das Beispiel zeigt, daß Astrologen auch im Geburtshoroskop von Menschen, die fast zur gleichen Zeit und am gleichen Ort geboren wurden, Unterschiede feststellen können: Ein Planet, der im Horoskop von A nahe einer Ecke steht, kann bei B noch näher gerückt sein und daher stärker wirksam werden. Manchmal wechseln die Planeten zwischen den Geburten auch das Haus. Unterschiede im Aussehen hängen oft mit aufsteigenden Planeten zusammen.

Astrologie und Vererbung

Wer sich als Astrologe für Familiengeschichte interessiert, sollte einmal seinen Familienstammbaum astrologisch untersuchen. (Vor allem Krebsgeborene werden dank ihres natürlichen Sinns für Geschichte an dieser Arbeit Spaß haben.)

Auf jeden Fall sollte der Astrologe mit seinem eigenen Horoskop beginnen. Wenn seine Eltern noch leben, kann er vielleicht ihre exakte Geburtszeit erfahren. Bei den Großeltern wird es schon schwieriger, aber Familiendokumente können manchmal Auskunft geben.

Der Vergleich von Horoskopen aus mehreren Generationen einer Familie enthüllt die interessantesten astrologischen Zusammenhänge. Manchmal «überspringt» ein betontes Zeichen eine Generation und erscheint in starker Stellung im Horoskop eines Enkels oder einer Enkelin. In manchen Familien spielen fünf bestimmte Zeichen immer wieder eine wichtige Rolle.

Astrologische Zwillinge

Wenn Sie großes Glück haben, finden Sie sogar Ihren «astrologischen Zwilling». Jedoch ist die Wahrscheinlichkeit gering, daß zwei Kinder genau zur selben Zeit und am selben Ort geboren wurden. Sollte Ihnen der Fund glücken, dann werden Sie bemerkenswerte Parallelen feststellen.

Julia Parker, Autorin dieses Buches, und David Blair wurden fast zur selben Zeit etwa 175 Kilometer voneinander entfernt geboren. Beide Kinder nahmen Ballettunterricht. Beide wurden zur selben Zeit und bemerkenswert früh auf besondere Schulen geschickt. Beide gaben Ballettunterricht, heirateten nur sechs Wochen nacheinander und leben heute fast als Nachbarn in London.

Wer das Leben astrologischer Zwillinge vergleicht, wird überall auf Ähnlichkeiten stoßen. Vielleicht ähneln sich die persönlichen Eigenheiten oder die Ehepartner, vielleicht sogar die Berufe oder Hobbies.

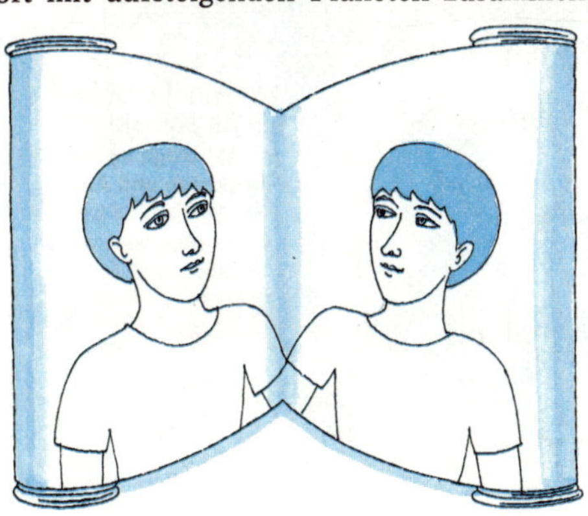

Waage

«Waage»-Eltern lieben adrette, höfliche Kinder; sie halten nicht viel von Disziplin. «Waage»-Kinder sollten zu eigenen Entscheidungen ermutigt werden.

Skorpion

«Skorpion»-Eltern neigen zur Strenge. «Skorpion»-Kinder können schweigsam sein, sie haben rauhe Spiele gern und sind oft eifersüchtig auf jüngere Geschwister.

Schütze

«Schütze»-Eltern sehen ihre Rolle als Herausforderung. Sie haben Spaß an Kindern, verlangen aber oft zuviel. «Schütze»-Kinder können undiszipliniert sein.

Steinbock

«Steinbock»-Eltern messen dem Erfolg ihrer Kinder zuviel Wert bei. «Steinbock»-Kinder sind sehr sportlich. Sie wollen gelobt, aber auch angeregt werden.

Wassermann

Ein «Wassermann»-Elternteil will Unabhängigkeit für sein Kind, er wird vielleicht etwas kühl sein. «Wassermann»-Kinder sind geschickt, aber sprunghaft.

Fische

«Fische»-Eltern lehnen Strafen ab, die Disziplin ist ihr Sorgenkind. «Fische»-Kinder fühlen sich am wohlsten, wenn sie ihren künstlerischen Neigungen folgen dürfen.

HOROSKOPVERGLEICH 1

Immer wieder hört der Astrologe die Frage: «Welche Sternzeichen passen zusammen?» Jüngere Leute sagen meist: «Ich bin Widder. In wen verliebe ich mich wahrscheinlich?»

Diese Fragen locken den Astrologen oft auf Glatteis. Viele astrologische Werke enthalten lange Listen von angeblich harmonischen Zeichenkombinationen. Alle diese Zeichenverbindungen beruhen so lange auf gefährlichen Verallgemeinerungen, als die Charakterzüge eines Menschen, die sein Horoskop zu erkennen gibt, nicht gebührend berücksichtigt werden. Nur wer die Horoskope von zwei Menschen genau gedeutet hat, sollte darüber befinden, ob sie zueinander passen. Der Weg führt dabei von der Ausarbeitung der Geburtshoroskope beider Partner über die Deutung der Progressionen zum Vergleich der Anlagen und Grundtendenzen der Partner.

Auf der Besucherliste des Astrologen stehen die Heiratskandidaten an der Spitze. Zahlreiche andere Klienten möchten sich über die Aussichten für geschäftliche Verbindungen informieren. Manchmal muß sich der Astrologe auch mit emotionalen Konflikten wie dem «ewigen Dreieck» beschäftigen. Mit welchem dieser drei Probleme sich der Astrologe auch auseinandersetzt, Grundlage seiner Arbeit bleibt der Vergleich von Horoskopen.

Der Horoskopvergleich sollte die Grundvoraussetzungen und treibenden Kräfte einer Verbindung klären. Er sollte aufdecken, welcher Art Beziehung vorliegt, und ob sie Aussicht auf Erfolg oder Dauer hat.

Wenn ein heiratslustiges Paar seine «astrologische Verträglichkeit» feststellen will, sollte der Astrologe mit der Ausarbeitung der Geburtshoroskope beginnen. Je genauer der Astrologe die Geburtszeit kennt, desto verläßlicher sind seine Deutungen. Oft kommt auch nur einer der Partner zum Astrologen. Sie oder er bringt zwar eine Fülle von Angaben zur Person mit, kennt aber unter Umständen nur den Geburtstag des Partners. Wenn die genaue Angabe der Geburtszeit fehlt, sind natürlich die Möglichkeiten des Astrologen eingeschränkt. Er sollte trotzdem auch in diesem begrenzten Rahmen sein Bestes tun. Im Horoskop fehlen freilich der wichtige Aszendent und das Zeichen an der Himmelsmitte, nur die Planetenpositionen am Geburtstag können interpretiert werden. Der Astrologe sollte den Klienten auf die Unvollständigkeit der Interpretation hinweisen, bevor er seine Auskünfte gibt.

Wie ein Liebespaar zur Astrologie fand

Paul und Pat waren verlobt. Wie die meisten Leute kannten sie ihre Sonnenzeichen. Bei ihm war es Widder, bei ihr Stier. In einem astrologischen Werk lasen sie: «Widder und Stier passen nur selten zusammen. Eine Heirat führt ganz sicher zu Schwierigkeiten.» Erschreckt und unglücklich suchten sie einen Astrologen auf.

Glücklicherweise gerieten sie an eine qualifizierte Astrologin. «Alles Unsinn», verkündete sie den beiden, «diese Behauptung ist unverantwortlich. Wichtig sind allein Ihre Geburtshoroskope als Ganzes.»

Die Astrologin arbeitete die Geburtshoroskope von Pat und Paul aus. «Diese populären Astrologen sind so unzuverlässig», sagte sie zu sich selbst. «Die Horoskope der beiden zeigen deutlich, daß sie in der Ehe glänzend miteinander auskommen werden.»

Pat und Paul freuten sich über das Urteil der Astrologin. In ihrem Bericht schrieb die Astrologin: «Natürlich gibt es bestimmte Bereiche, wo sie nicht einer Meinung sein werden, aber ich zweifle nicht daran, daß Sie glücklich werden.» Auf der nächsten Doppelseite stellen wir die Analyse beider Horoskope zusammen mit den Ergebnissen des Horoskopvergleichs vor.

Wichtige Anzeichen

Wenn beide Horoskope gestellt sind, müssen viele Faktoren berücksichtigt werden. Einige sind freilich wichtiger als andere. Mit drei Fragen sollte man sich zuerst beschäftigen:

Ist das Sonnenzeichen bei A aufsteigendes Zeichen bei B?

Entspricht das Sonnenzeichen bei A auch dem Zeichen an der Spitze des Siebten Hauses bei B?

Steht die Sonne im Horoskop der Frau im gleichen Zeichen wie die Himmelsmitte beim Mann?

Die letzte Kombination zeigt an, daß sich die Frau für die Lebensziele ihres Mannes einsetzen wird. Sie wird ihren Mann unauffällig, aber wirksam unterstützen.

Die drei aufgezählten Fragen sind deshalb wichtig, weil die Antworten sofort erkennen lassen, ob eine Ehe für beide Partner wahrscheinlich befriedigend, vielleicht sogar erfolgreich verlaufen wird. Die Fragen betreffen jeweils Parallelen zwischen der Stellung der Sonne und den Ecken in den beiden Horoskopen. Eine Beziehung kann aber auch dann erfolgreich sein, wenn einander entgegengesetzte Zeichen beteiligt sind, zum Beispiel kann das aufsteigende Zeichen bei A Schütze sein, während bei B die Sonne in Zwillinge steht.

Andere Faktoren

Nach den drei wichtigsten Faktoren sollte der Astrologe noch andere Anzeichen in den Geburtshoroskopen der Partner prüfen. Sechs der häufigsten Merkmale für die Harmonie eines Paares sind:

1. Sonne und Aszendent stehen im gleichen Zeichen. Diese Kombination spricht für beträchtliche Ähnlichkeit des Verhaltens und der psychischen Disposition. Diese Übereinstimmung kann Probleme abschwächen, die eine Verbindung sonst belasten würden.

2. Sonne und Aszendent stehen in Opposition. Dieser Aspekt wirkt ebenfalls günstig. Er zeigt eine enge Beziehung zwischen den Partnern an.

3. Sonne und Aszendent stehen im Quadrat. Die Beziehung kann etwas gespannt sein. Dieser Aspekt kann einer Verbindung Auftrieb und Schwung verleihen, allerdings nur, wenn in beiden Horoskopen harmonische, ausgleichende Merkmale vorliegen.

4. Sonne und Aszendent stehen im Trigon oder Sextil. Gewöhnlich verläuft eine Beziehung unter solchen Aspekten angenehm und reibungslos, sie kann vielleicht etwas langweilig werden. Im Grunde ist sie wahrscheinlich das genaue Gegenstück zu einer Beziehung unter dem Einfluß des Quadrats. Es hängt allein von den Partnern ab, ob ihre Beziehung Schiffbruch erleidet oder zum Glück führt.

5. Sonne und Aszendent stehen im Halbsextil. Dieser Aspekt kann ein negatives Vorzeichen sein. Benachbarte Sternzeichen unterscheiden sich so vollständig, daß auch die oberflächlichsten Gemeinsamkeiten fehlen können. Die Partner brauchen nicht einmal daran interessiert zu sein, sich zu streiten. Sollte sich dieser Aspekt zwischen den Horoskopen ergeben, dann müssen die anderen Aspekte besonders genau untersucht werden. Vor allem ist darauf zu achten, in welches Zeichen die Himmelsmitte fällt: Wenn sie in beiden Horoskopen im gleichen Sternzeichen steht, entspannt sich die Situation erheblich, auch wenn kraftvolle Planeten im Horoskop von A harmonisch zur Himmelsmitte im Horoskop von B stehen. Trotzdem dürften Partner aus benachbarten Zeichen sich kräftig auf die Nerven fallen, wenn nicht sehr günstige Faktoren an anderen Stellen des Horoskops ausgleichend wirken. Beide Partner müssen auf jeden Fall eine große Willensanstrengung auf sich nehmen: Sie sollten realistisch erkennen, daß ihre Verbindung unter diesen Umständen nicht glücklich sein kann. Die Beziehung abzubrechen wäre die beste, aber auch die schwierigste Lösung.

Es gibt nur eine wirkliche *Ausnahme* von dieser Regel des Halbsextils: die Beziehung zwischen Steinbock und Wassermann. Saturn herrscht über Steinbock und traditionell auch über Wassermann. Er könnte daher die Harmonie und den Ausgleich der Gegensätze fördern. Die Beziehung zwischen den Partnern kann zwar etwas kühl bleiben, da «Steinbock»-Menschen meist entsetzlich konventionell sind und die zeitgemäßeren, progressiven Ansichten des «Wassermann»-Partners ablehnen. Trotz ihrer eher distanzierten Art wird das Paar stark genug sein, um Kämpfe zu bestehen. Jedenfalls sollte man sich beim Horoskopvergleich nie auf Verallgemeinerungen verlassen. Die Zahl der glücklichen Ehen zwischen Partnern aus benachbarten Sonnenzeichen ist sicher größer als man meint: Die Wirkung anderer Faktoren im Horoskop hat die Unvereinbarkeit der Sonnenzeichen ausgeglichen.

6. Sonne und Aszendent stehen im Quincunx. Dieser Aspekt wirkt ungünstig, allerdings mit bemerkenswerten Ausnahmen. «Widder» und «Skorpione» eignen sich unter Umständen ausgezeichnet für eine Partnerschaft, da beide Sternzeichen von Mars beherrscht werden. Die Beziehung ist sicher sehr gefühlsintensiv und stürmisch, wahrscheinlich spielt die Sexualität eine bedeutende Rolle. Für beide Teile gleicht die Beziehung meist einem Wechselbad. Eine andere Ausnahme findet sich bei den Venus-Zeichen Waage und Stier. Bei dieser Beziehung kehren sich die Vorzeichen, unter denen das Mars-Paar angetreten ist, ins Gegenteil um. Alles spricht für eine friedliche Beziehung, die Partner finden sich in der gemeinsamen Vorliebe für gutes Essen und eine behaglich eingerichtete Wohnung. Ihre Freunde kommen gern zu Besuch, da sie viel Wert auf Gastlichkeit und angenehme Atmosphäre legen.

Eine dritte Ausnahme von der Regel, daß durch den Quincunx verbundene Zeichen meist belasten, ist die Kombination von Löwe und Fische. Die Merkmale dieser Zeichen könnten sich schwerlich noch mehr unterscheiden, aber beide sind im Grunde «schöpferische» Zeichen, oft sogar betont «künstlerische». Der «Löwe» kann unter Umständen den «Fisch» bewußt und konstruktiv unterstützen, er kann den Partner formen, da der «Löwe» mit seinen organisatorischen Fähigkeiten den «Fisch» ergänzt. Beide lieben oft das Theater, und obwohl die Zeichen psychologisch entgegengesetzte Eigenschaften fördern, sind sie gefühlsbetont. Oft führt gerade diese Kombination zum Glück.

Planetenbeziehungen

Auf die Interpretation der Beziehung zwischen den Ecken und Sonnenpositionen in beiden Horoskopen sollte als nächste Stufe die Betrachtung der Planetenbeziehungen folgen. Die Deutung der starken Aspekte beantwortet die Fragen nach der Dauer und den Feinheiten einer Beziehung. Wenn die Grundlagen und die Verbindungen zwischen Sonnenpositionen und Ecken schwach oder spärlich sind, dann besitzen wir schon einen deutlichen Hinweis darauf, daß eine Ehe weder gut noch dauerhaft sein kann.

Wenn wir die Aspekte auswerten, müssen wir auch die *Wirkungsumkreise* berücksichtigen, die wir bei der Sonne und dem Aszendenten vernachlässigt haben. Für Horoskopvergleiche wird allgemein ein Wirkungsumkreis (Orbis) von 5° als ausreichend empfohlen. Zudem sollte man nur die wichtigsten Aspekte und den Quincunx benutzen.

Auch beim Vergleich der Horoskope gelten für die Planeten dieselben Merkmale und Wirkungen wie sonst. Aspekte sollten nicht außerhalb des Gesamthoroskops gedeutet werden: Aspekte zwischen den Monden in den Geburtshoroskopen zeigen zum Beispiel, wie die Partner auf das Verhalten und die Gefühle des anderen reagieren. Eine Konjunktion, ein Trigon oder ein Sextil zeigen Sympathie an, obwohl bei einer Konjunktion die Gefahr lauern kann, daß einer der Partner die Stimmungen des anderen einfach übernimmt. Aus den Aspekten des Mars im Horoskop des Mannes zur Venus der Frau läßt sich die Intensität der sexuellen Anziehung erschließen. Aspekte des Merkur stehen für geistige Bande. Ein Aspekt von Merkur und Mars läßt sich entweder als Zeichen für die Lebendigkeit einer Beziehung oder für eine Neigung zu Streitereien werten. In diesem Fall sollte man nach etwas weniger mißtönenden Beziehungen urteilen wie denen zwischen Jupiter, Venus und Neptun. Sind deren Aspekte günstig, kann eine Ehe glücklich sein.

Die langsamen Planeten

Viele Ehewillige sind ungefähr gleich alt. Kein oder ein geringer Altersunterschied kann bedeuten, daß die langsamen Planeten in beiden Geburtshoroskopen im gleichen Zeichen stehen. Saturn bleibt zum Beispiel ungefähr zweieinhalb Jahre in einem Zeichen. Nur wenn die langsamen Planeten in einem der beiden Horoskope betont sind, sollte man ihren Aspekten besondere Aufmerksamkeit widmen. Umgekehrt kann man sie aber auch nicht einfach vernachlässigen: Die Sonne des Mannes im Quadrat zum Saturn im Horoskop der Frau kann wie eine kalte Dusche wirken und die Beziehung sehr schnell abkühlen lassen. Andererseits könnte der aufsteigende Steinbock aus der Frau eine wertvolle Hilfe und Zuflucht in schwierigen Zeiten machen.

Ein großer Altersunterschied zwischen den Partnern kann die Beziehungen der langsamen Planeten untereinander aufwerten. Uns ist der Fall bekannt, daß sich ein vierzigjähriger Mann und eine zwölf Jahre jüngere Frau unter den unwahrscheinlichsten Begleitumständen verliebten. In ihren Geburtshoroskopen stand Jupiter genau auf demselben Grad im Tierkreis. Wer würde schon bei heftigem Verliebtsein an die Wirkung des Jupiter denken? Er verlieh jedoch dem Paar die Fähigkeit, aufeinander einzugehen. Beide haben diese Gabe benutzt, um ihr Leben auszuweiten.

HOROSKOPVERGLEICH 2

Dies ist eine wahre Geschichte. Pat und Paul heirateten am 8. März 1970. Im ersten Ehejahr reisten sie fast 20 000 Kilometer im Fernen Osten und Westindien. Als dieses Buch geschrieben wurde, befand sich Paul gerade auf dem Weg in den Fernen Osten. Pat hatte wieder ihre Arbeit als Krankenschwester aufgenommen. Mit dem Problem einer Trennung für etliche Zeit sind sie bemerkenswert gut fertig geworden. Alle Anzeichen sprechen dafür, daß die Behauptung der Astrologin, ihre Ehe werde dauerhaft sein, in Erfüllung geht. Auf dieser und der nächsten Seite geben wir Auszüge aus dem Bericht der Astrologin.

PAUL

Sonne in Widder; Aszendent in Löwe; Merkur in Fische; Sonne in Opposition zu Neptun

«Er ist selbstbewußt, besitzt ein gut entwickeltes Organisationstalent. Bei unwichtigeren Dingen führen kleinere Schwächen zur Unordnung.»

Mars in Wassermann; Himmelsmitte in Stier

«Er haßt Beschränkungen, aber gleichzeitig braucht er Sicherheit.»

Aszendent in Löwe; Mars in Wassermann

«Obwohl in vielen Dingen konventionell, können ihm ungewöhnliche Umstände Spaß machen. Dann kommt der natürliche Pioniergeist des ‹Widders› zur Geltung.»

Mars in Wassermann im Sechsten Haus; Mond in Jungfrau

«Sein Beruf als Funk-Techniker ist deutlich angezeigt. Diese Tätigkeit befriedigt seinen Sinn für Organisation und Mitteilung.»

Mond in Konjunktion zum Neptun; Sonne in Opposition zum Neptun in Widder

«Sein größter Fehler ist der Egoismus, seine natürliche Freundlichkeit gleicht aber aus.»

Mond in Jungfrau, Sonne in Opposition zu Mond und Neptun; Himmelsmitte in Stier

«Er neigt zu Sorgen und läßt sich leicht durch Probleme verwirren.»

Venus in Widder, Siebtes Haus in Wassermann; Venus im Neunten Haus

«Leidenschaftlich, liebt unkonventionelle Beziehungen. Er heiratet vielleicht ein Mädchen aus Übersee und lebt wahrscheinlich im Ausland.»

PAT

Sonne und Aszendent in Stier; Venus in Zwillinge

«Sie ist praktisch und gefestigt, braucht aber Sicherheit. Ihre Persönlichkeit ist strahlend, manchmal könnte sie etwas leichtfertig sein.»

Venus im Trigon zu Jupiter, Sonne und Aszendent; Venus im Zweiten Haus

«Sie ist lebenslustig; finanzielle Probleme löst sie praktisch. Sie wird ihre Wohnung gemütlich einrichten, aber sich auch private Wünsche erfüllen. Manchmal ist sie etwas extravagant.»

Sonne und Aszendent in Stier; Mond in Skorpion

«Sie muß sich vor Besitzdenken hüten, das unter bestimmten Umständen zur Eifersucht führen könnte.»

Mond und Jupiter im Sechsten Haus; Himmelsmitte in Wassermann; «schüsselförmiges» Horoskop

«Ihr Beruf als Krankenschwester entspricht ihrer ausgeprägten Menschenfreundlichkeit. Da sie aus Erfahrungen Lehren zieht, wird sie im Laufe der Zeit unabhängiger und gesetzter werden.»

Merkur in Konjunktion zum Aszendenten, Merkur in Stier; Mond in Skorpion

«Ihr Sinn für Rationalität sollte ihre Ansichten prägen. Sie sollte ihrer Neigung zur Versponnenheit und zum Eigensinn vorbeugen.»

Mond in Skorpion; Venus in Zwillinge

«Sie ist leidenschaftlich und wird wahrscheinlich ihren Partner gut verstehen.»

PAUL UND PAT ZUSAMMEN

Seine Himmelsmitte in Konjunktion mit ihrem Aszendenten; sein Löwe-Aszendent im Quadrat zu ihrem Mond und in Opposition zu ihrem MC; sein Mond im Trigon zu ihrer Sonne

«Da sich beide leicht in die Person des anderen einfühlen können, sollte eine ausgezeichnete und feste Grundlage der Verbindung gegeben sein.»

Sein Merkur im Quadrat zu ihrer Venus; seine Venus in Konjunktion zu ihrem Merkur

«Kameradschaft und Freundschaft entwickeln sich rasch; bei Problemen des täglichen Lebens wird eine rationale Lösung versucht.»

Sein Mars in Opposition zu ihrem Mars und Pluto; seine Venus in Konjunktion zu ihrem Merkur

«Beide besitzen ausgeprägten Kampfgeist und verstehen es, sich energisch füreinander einzusetzen. Ihr Leben wird nicht geruhsam verlaufen, aber ich bin zuversichtlich, daß beide so viel Mut besitzen, spontan ihr ganzes Leben neu zu orientieren, wenn sie der Meinung sind, daß es zu ihrem Besten geschieht.»

Sein Mars in Opposition zu ihrem Mars; sein Jupiter im Quadrat zu ihrem Jupiter

«Blitz und Donner werden in ihrer Ehe nicht fehlen, aber beide Horoskope verraten überdurchschnittlichen Sinn für Humor, der die Partner zusammenhält. Streitereien werden häufiger mit Gelächter als mit Tränen enden.»

Seine Sonne in Widder, ihre Sonne und ihr Aszendent in Stier

«Ihre schlimmsten Fehler könnte man mit Pauls unausgesprochenem ‹Ich zuerst!› und Pats ‹Er gehört mir!› angeben. Beide sollten versuchen, diese negativen Charakterzüge rational zu kontrollieren.»

Seine Sonne und sein Merkur in Widder; ihr Mond in Skorpion; ihre Sonne und ihr Aszendent in Stier

«Beide sind gefühlsbetont und leidenschaftlich. Gefühl und Leidenschaft werden in ihrer Ehe sicher nicht verkümmern.»

DIE PLANETEN IM HOROSKOPVERGLEICH

Diese Zusammenstellung soll in allgemeinen Begriffen die Rolle der Planeten im Horoskopvergleich erläutern.
Sonne: Selbstausdruck.
Mond: Verhalten, Stimmungen.
Merkur: Intellektuelle Bindungen, Ansichten.
Venus: Wahre Zuneigung, Einigung, Einstellung zum Partner und zur Partnerschaft.
Mars: Sexualleben, aggressivere Verhaltensweisen der Person, Streitsucht.
Jupiter: Sinn für Humor; geteilte Freuden.
Saturn: Konstruktiver Fortschritt, aber auch Frustration, Ehrgeiz, Unglücklichsein, sogar Geiz, Gefühlskälte, Frigidität.
Uranus: Originalität, dynamische Teile der Persönlichkeit, das Unerwartete, allgemeine Anspannung.
Neptun: Eingebung, Idealismus, Romantik, Realitätsflucht, Enttäuschung, Heimlichkeit.
Pluto: Fähigkeit zu Neuanfängen, Vergessen der Vergangenheit.

Ein Planet im einen Horoskop kann zum selben Planeten im anderen Horoskop bestimmte Aspekte bilden. Allgemein sind jedoch die Aspekte zwischen verschiedenen Planeten der beiden Horoskope interessanter.

Besonders günstige Planetenbeziehungen zwischen den Horoskopen:

Beide Sonnen bilden eine enge Konjunktion, das heißt, die Geburtstage liegen nicht mehr als eine Woche auseinander.
Sonne der Frau in Konjunktion zum Mond des Mannes.
Mond der Frau in Konjunktion zur Sonne des Mannes.
Herrschende Planeten in starken und günstigen Aspekten.
Herrschende Planeten des einen Horoskops in starken Aspekten zu Sonne und Mond des anderen.

Auch die Position der Planeten in den Häusern sollte nicht vergessen werden. Zum Beispiel kann die Venus im Horoskop der Frau in Stier stehen, dem Zeichen an der Spitze des Vierten Hauses beim Mann. Diese Stellung weist darauf hin, daß die Frau Wert auf ein gepflegtes und gemütliches Heim legt. Praktische Dinge – Geld, Kinder, berufliche Interessen – können wie bei der Interpretation eines einzigen Horoskops festgestellt werden, nur sollten die Deutungen *immer* vom *Vergleich* der Horoskope ausgehen.

Auf die Berechnung der beiden Geburtshoroskope und die einzelnen Stufen des Vergleichs (Sonnenzeichen, Planetenaspekte) folgt die Berechnung der Progressionen. Wenn sie abgeschlossen ist, sollten vier Listen für Aspekte angelegt werden. Die Aspekte müssen in jedem Fall *exakt* sein, Wirkungsumkreise gelten beim Horoskopvergleich nicht. In die Listen werden eingetragen:

Anmerkung
Wenn man für die kommenden Jahre Angaben wünscht, sollte eine Liste der noch nicht ganz exakten Aspekte aufgestellt werden. Steht zum Beispiel die Sonne des Mannes 4° vom Mond der Frau, wirkt der Aspekt in vier Jahren.

1: Die progressiven Planeten beim Mann in Beziehung zu den Planeten im Geburtshoroskop der Frau;
2: Die progressiven Planeten beim Mann in Beziehung zu den progressiven Planeten bei der Frau;
3: Die progressiven Planeten bei der Frau in Beziehung zu den Planeten im Geburtshoroskop des Mannes;
4: Die progressiven Planeten bei der Frau in Beziehung zu den progressiven Planeten beim Mann.

Die Progression der Ecken des Horoskops sollte ebenfalls berücksichtigt werden, da sie wichtige Anzeichen ergeben kann. Wenn der progressive Aszendent des Mannes denselben Grad wie der Aszendent im Geburtshoroskop der Frau erreicht hat, liegt ein günstiges Merkmal vor, das eine starke, harmonische Bindung erwarten läßt.

Wenn die progressive Venus der Frau den Platz der Sonne im Geburtshoroskop des Mannes erreicht, ist sie wahrscheinlich in ihn vernarrt gewesen. Wenn der Mars des Mannes im Aspekt zur Venus der Frau steht, wird sich die intensive sexuelle Beziehung harmonisch entwickeln.

Der Uranus deutet oft auf eine lebhafte und plötzliche Anziehung hin. Wenn beispielsweise der progressive Mars einen starken Aspekt zum Uranus im anderen Geburtshoroskop einnimmt und dazu das Fünfte Haus noch betroffen ist, fliegen mindestens die Funken. Andere Faktoren zeigen dann, ob die Beziehung von Dauer sein wird oder ob nur ein kurzes Feuerwerk abbrennt.

Manchmal ergeben sich nur Aspekte zwischen progressiven Planeten, wie zum Beispiel eine Konjunktion von Sonne und Mars. Wenn diese Konjunktion eintritt, sollte man den Heiratslustigen eine Wartezeit empfehlen, da ihre Beziehung wahrscheinlich abkühlen wird.

Bei plötzlich aufflammender Verliebtheit spielen vor allem die Beziehungen von Venus zu Pluto eine wichtige Rolle. Da sie den natürlichen Lauf der Dinge aufhalten, sollte man sie besonders beachten. Wenn diese Beziehungen im Horoskopvergleich festgestellt werden, existiert wahrscheinlich irgendein Hindernis, das eine normale, glückliche Verbindung scheitern lassen kann.

Da sich der Mond in der Progression sehr schnell bewegt, sollte er anders als die übrigen Planeten behandelt werden. Wenn zum Beispiel in einem Horoskop der progressive Mond im Sonnenzeichen des anderen Horoskops steht, kann dies ein interessanter und günstiger Hinweis sein. Aber er ist so nebensächlich, daß das Paar sicher nach ein paar Wochen auseinandergeht, wenn dies der einzige Aspekt sein sollte.

Eine Warnung
Es kann niemals Aufgabe des Astrologen sein, eine Heirat zu empfehlen oder von ihr abzuraten. Die Entscheidung sollten immer die Partner selbst treffen, niemand kann sie ihnen abnehmen.

SIEBEN ASTROLOGISCHE TYPEN

Der amerikanische Astrologe Marc Edmund Jones hat die Theorie entwickelt, daß sich in Geburtshoroskopen sieben Typen von Planetenanordnungen unterscheiden lassen.

Die Form der Planetenanordnung zeigt nach seiner Auffassung Wesensmerkmale des Horoskopträgers an.

Wenn man diese Idee weiterführt, scheint es möglich zu sein, bestimmte Planetengruppierungen mit bestimmten Sternzeichen zu verbinden, obwohl Jones seine Theorie ausschließlich auf das «Arrangement» der Planeten bezogen hat. Die Planetengruppierungen unterstreichen möglicherweise bestimmte Merkmale der Sternzeichen. Der Träger eines Horoskops, in dem Waage kräftig betont ist und die Planeten in der Form einer «Wippe» stehen, wird vielleicht noch vorsichtiger das Für und Wider eines Problems abwägen.

Die Merkmale des «Schießscharten»-Typs sind ausgeprägt, wenn Wassermann betont ist. Die «Schüssel» paßt am besten zu Steinbock, das «Bündel» zu Krebs und die «Lokomotive» zu Widder. Der «Spritzer» braucht festigende Planetenbeziehungen, wenn Zwillinge oder Fische betroffen sind. Die Gruppierung entspricht freilich den Merkmalen beider Zeichen.

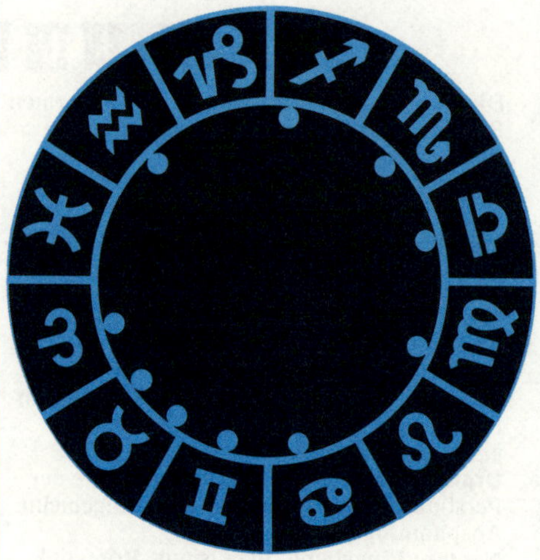

Der Spritzer

Die Anordnung ist leicht erkennbar. Hauptkriterium des «Spritzers» ist, daß die Planeten so viele Sternzeichen wie möglich besetzen. Im Unterschied dazu hat die «Schießscharte» mindestens ein Stellium oder kleine Planetengruppe. Diese genügt schon zur Unterscheidung vom Spritzer. «Spritzer»-Menschen haben im günstigsten Fall weitgefächerte Interessen, ihr Ziel ist enzyklopädisches Wissen. Im ungünstigsten Fall verzetteln sie ziellos ihre Energien und gleichen dem berühmten «Hans Dampf in allen Gassen».

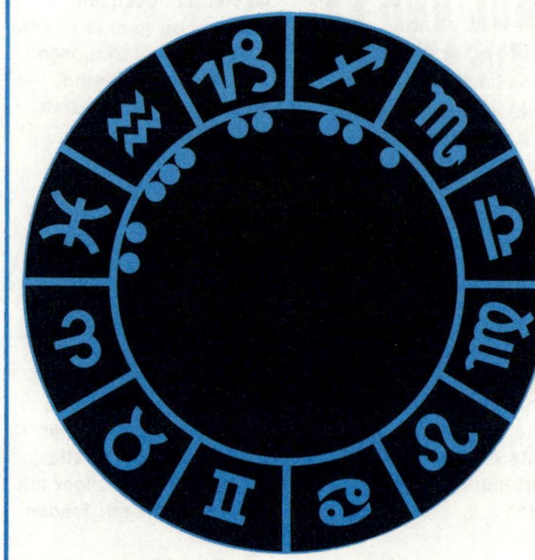

Das Bündel

Nach Marc Edmund Jones' Theorie ist das «Bündel» die seltenste Form der Anordnung. Beim «Bündel» verteilen sich die Planeten auf mehrere direkt benachbarte Zeichen. Diese Anordnung zeigt einen Spezialisten an, einen Menschen, der sehr entschieden dazu neigt, innerhalb enger Grenzen zu leben und zu denken. Wer ein «Bündel» in seinem Horoskop findet, sollte sich intensiv mit einem einzigen Gegenstand beschäftigen und nicht versuchen, möglichst vielfältige Interessen zu pflegen. «Bündel»-Typen arbeiten oft wissenschaftlich.

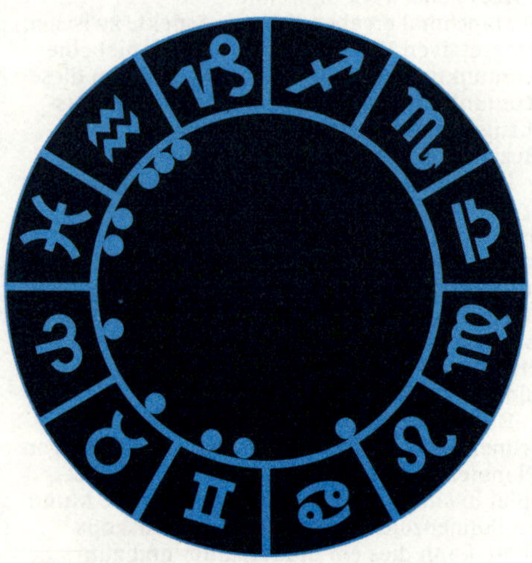

Die Schüssel

Die «Schüssel»-Anordnung besitzt besonders dann Gewicht, wenn die Planeten entweder alle über oder unter der Horizont-Linie oder alle in der östlichen (links) oder westlichen (rechts) Horoskophälfte stehen. «Schüssel»-Menschen sind äußerst selbstgenügsam, sie neigen dazu, Erfahrungen anzuhäufen. Bei dieser Gruppierung kommt es auf den führenden Planeten an. Jupiter kann in einem zu ihm passenden Zeichen helfen, dagegen könnte ein ungünstig aspektierter Saturn hemmen.

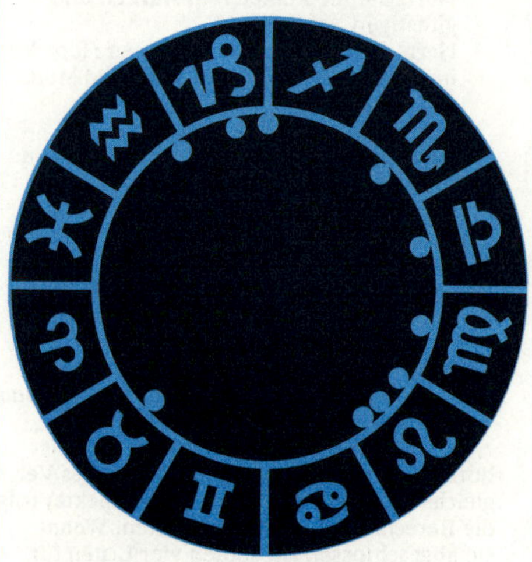

Der Korb

Beim «Korb» stehen neun Planeten im Halbkreis beieinander und einer, der «Einzelgänger», bildet den Henkel. Menschen mit dieser Planetenanordnung im Horoskop setzen ihre Kraft für ein einziges Ziel ein. Der einzelgängerische Planet zeigt oft an, welche Art von Ziel verfolgt wird. Der «Korb»-Typ will seine Ziele erreichen, weil sonst sein psychisches Wohlbefinden leidet. Der Selbsterhaltungstrieb ist bei diesem Typ nur schwach entwickelt.

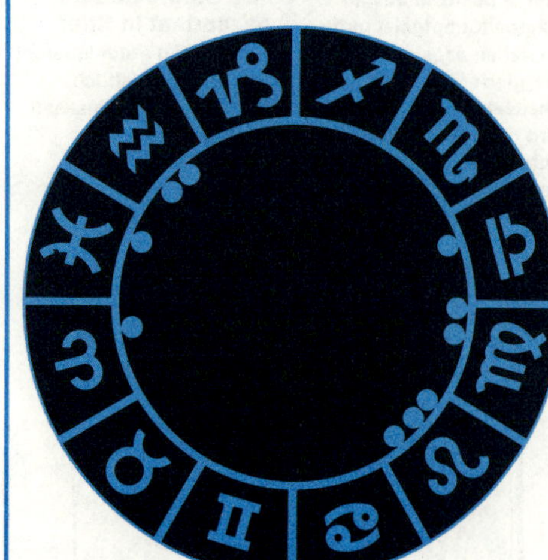

Die Wippe

Bei der idealen «Wippe» sollten sich zwei Gruppen von je fünf Planeten gegenüberstehen. Jedoch kann die Anzahl der Planeten zwischen zwei und acht pro Seite variieren. Jedoch sollte der freie Raum zwischen den Gruppen niemals auf weniger als 60° zurückgehen, also mindestens ein Halbsextil oder zwei Zeichen umfassen. Der «Wippe»-Typ wägt meist gegensätzliche Ansichten und Meinungen sorgfältig ab. Er neigt dazu, das Leben durch zwei verschiedene Brillen zu sehen.

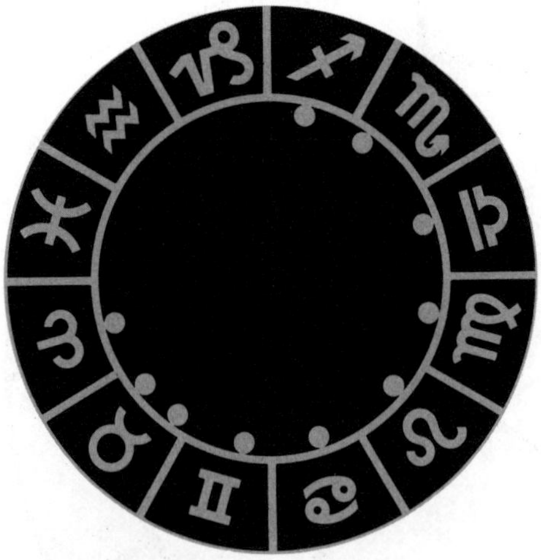

Die Lokomotive
Die Bezeichnung «Lokomotive» spielt auf das extra schwere Treibrad der Lokomotive an, im Gegensatz zur ausgleichenden Treibstange. «Lokomotive»-Menschen stürzen sich mit Schwung auf Probleme und Aufgaben, sie besitzen ein außergewöhnlich großes Energiepotential. Der Planet, der die anderen im Uhrzeigersinn anführt, ist besonders bedeutungsvoll. Er akzentuiert das ganze Horoskop. Bei der Deutung muß vor allem darauf geachtet werden, daß seine Hausposition die Gesamtbedeutung des Horoskops beeinflußt.

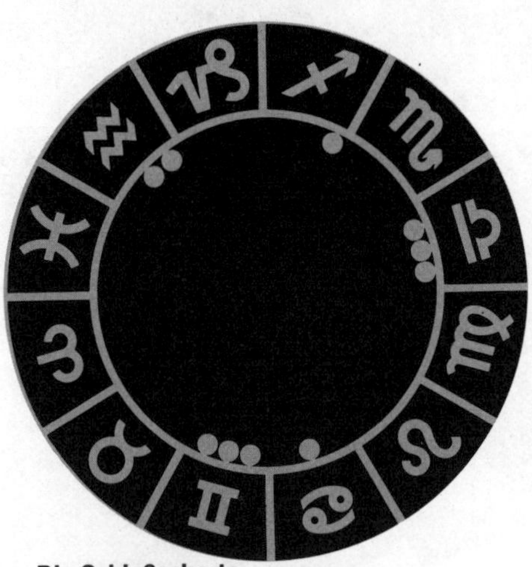

Die Schießscharte
Diese Anordnung ist nicht immer klar erkennbar. Manchmal deutet ein Großes Trigon auf sie hin. Das «Schießscharten»-Horoskop verrät den Individualisten, der keinen Wunsch nach einem reglementierten oder durchorganisierten Leben spürt. Er wird immer versuchen, sich jeglicher Art von Routine zu entziehen. Er nimmt es übel, wenn man ihn als etwas abstempelt und in eine gängige Kategorie von Menschen einordnet. Sein «Temperament» führt ihn ständig zu neuen Erfahrungen.

Die exakte Berechnung des Aszendenten und der Himmelsmitte

Für jeden, der zum erstenmal ein Geburtshoroskop berechnet, reicht die Anleitung auf den Seiten 78 bis 81 völlig aus. Aber man kann auch etwas genauer vorgehen. Greifen wir die Zeitangabe aus unserem Beispiel wieder auf: Die örtliche Sternzeit betrug 17h 49m 54s. Wenn wir in der Häusertabelle beim entsprechenden Längengrad nachsehen, erhalten wir als nächste örtliche Sternzeit 17h 46m 55s. Der Aszendent ist danach 22°32′ Fische, die Himmelsmitte 27° Schütze.

Diese Angaben sind normalerweise ausreichend. Da die Geburtszeit in unserem Beispiel aber exakt bekannt ist, können die Positionen noch präziser bestimmt werden.

1: Zuerst wird die Differenz zwischen der früheren und der späteren Sternzeit aus der Tabelle ermittelt. Die Stunden werden nicht berücksichtigt.

	51m 17s
	—46m 55s
	4m 22s

Das Resultat wird in Sekunden umgerechnet: 4m 22s = 272s. Dieser Wert wird A genannt.

2: Darauf wird die Differenz zwischen der örtlichen Sternzeit und der früheren Sternzeit errechnet, wieder ohne Stunden:

Örtliche Sternzeit	49m 54s
Frühere Sternzeit	—46m 55s
	2m 59s

Umrechnung in Sekunden: 2m 59s = 179s. Dieser Wert wird B genannt.

3: Notieren Sie Grad und Minuten des Aszendenten für die Zeitpunkte vor und nach der örtlichen Sternzeit aus der Häusertabelle:

Aszendent danach	25m 1s Fische
Aszendent davor	22m 32s Fische
	2m 29s Fische

Umrechnung in Sekunden: 2m 29s = 149s. Dieser Wert wird C genannt.

4: Notieren Sie Grad und Minute der Himmelsmitte vor und nach der örtlichen Sternzeit aus der Häusertabelle:

Himmelsmitte danach	28° Schütze
Himmelsmitte davor	—27° Schütze
	1°

Rechnen Sie diesen Wert in Bogenminuten um: 1° = 60′. Dieser Wert wird D genannt.

5: Multiplizieren Sie B mit C und teilen durch A:

$$\frac{B \cdot C}{A}$$

179 · 149 = 126 671 : 262 = 102

Dieser Wert wird 102′ genannt und in Grad umgerechnet: 102′ = 1°42′. Addieren Sie 1°42′ zum früheren Wert für den Aszendenten:

früherer Wert	22°32′ Fische
	+ 1°42′
Exakter Aszendent:	24°14′ Fische

Für die exakte Himmelsmitte multiplizieren Sie B mit D und teilen durch A:

$$\frac{B \cdot D}{A}$$

179 · 60 = 10 740 : 262 = 40

Dieser Wert wird 40′ genannt und zum früheren Wert für die Himmelsmitte addiert:

	27°00′ Schütze
	+ 40′
Exakte Himmelsmitte	27°40′ Schütze

Berichtigung der Geburtszeit

Nur die wenigsten Menschen kennen ihre genaue Geburtszeit. Die Bürger der USA und einiger europäischer Länder haben den Vorteil, daß ihre Geburtszeit in die Geburtsurkunde eingetragen wird, meist jedoch zur nächsten Viertelstunde ab- oder aufgerundet.

Wenn eine Geburtszeit oder ein Geburtshoroskop «berichtigt» werden sollen, muß auf fünf Punkte besonders geachtet werden.

1: Wenn keine genaue Geburtszeit bekannt ist, sollte man nicht versuchen, eine zu finden. Sehr oft ist es besser, die Planetenstände für Mittag, Ortszeit, zu berechnen. Man sollte darauf hinweisen, daß auf dieser Basis natürlich kein vollständiges Horoskop ausgearbeitet werden kann. Die Planeten, ihre Zeichen und Aspekte können angegeben werden, aber nicht die Häuser. Manchmal läßt sich das Zeichen, in dem der Mond steht, nicht feststellen, da er im Lauf eines Tages das Zeichen wechseln kann. Die Möglichkeiten für Progressionen sind sogar noch etwas eingeschränkter, da weder Aszendent, Himmelsmitte noch Mond berechnet werden können. Einzig die Transite lassen sich mit ausreichender Genauigkeit bestimmen. Die Progressionen der Sonne gelten nur für längere Zeitabschnitte.

2: Wenn die Geburtszeit mit «Morgen», «nach Mittag» oder «Abend» angegeben wird, ist dies schon eine kleine Hilfe. Kann die Geburtszeit auf zwei Stunden genau fixiert werden, läßt sich manchmal schon ein Geburtshoroskop berichtigen.

3: In diesem Fall sollten zuerst Horoskope für die früheste und für die späteste Geburtszeit aufgestellt werden. Wenn ein Planet dann nur wenige Grad vom Aszendenten oder von der Himmelsmitte steht, so ist es möglich, daß durch die Progression des Aszendenten und der Himmelsmitte zum Planeten ein Ereignis bewirkt wurde, das der Natur des Planeten entspricht. Wenn zum Beispiel im ersten Horoskop die Himmelsmitte in 10° Skorpion liegt und Saturn 29° Skorpion steht, läßt sich wahrscheinlich im 19. Lebensjahr des Horoskopträgers ein Ereignis aufspüren, das für Saturn charakteristisch ist: Vielleicht starb sein Vater, oder die Familie wurde vom Unglück heimgesucht. Überschreitet der progressive Mond den Aszendenten, dann kann sich im Leben des Horoskopträgers ein neuer Abschnitt nachweisen lassen.

4: Manchmal kann ein Horoskop durch «Ein-Grad-Direktionen» berichtet werden (s. S. 153). Hierbei ist vor allem die Bewegung eines Planeten zu den Ecken wichtig. Nehmen wir an, der Aszendent sei 15° Schütze, der Mond stände in 3° Zwillinge, und als das Kind 12 Jahre alt war, hätten sich seine Eltern getrennt. Der Mond wäre in den ersten zwölf Lebensjahren um 12° Richtung Deszendent oder in eine Opposition zum Aszendenten gewandert.

5: Wenn die Geburtszeit von beispielsweise 3 Uhr 15 auf 3 Uhr 12 oder 3 Uhr 9 berichtigt wird, können der progressive Aszendent und die progressive Himmelsmitte verläßlicher festgestellt werden.

SCHNITTPUNKTE HÄUSEREINTEILUNG

Schnittpunkte
Schon im 13. Jahrhundert beschäftigten sich Astrologen mit dem Problem, welche besondere Bedeutung der Grad der Ekliptik hat, der die Entfernung zweier Planeten voneinander, vom Aszendenten oder der Himmelsmitte halbiert. In seinem Umkreis überlagern sich die Einflüsse.

Die Bedeutung eines Schnittpunktes kann durch Transite und Progressionen des Mondes oder andere wichtige Progressionen verstärkt werden. Steht zum Beispiel ein Planet in 1° Löwe und ein zweiter in Opposition zum ersten in 1° Wassermann, liegt der Schnittpunkt in 1° Stier. Dieses Beispiel ist zwar einfach, aber die Berechnung von Schnittpunkten stellt niemanden vor unbillige Schwierigkeiten. Die wahre Kunst beginnt auch hier erst bei der Deutung.

Ein Planet an der Spitze eines T-Kreuzes steht ohnehin in der Nähe des Schnittpunktes der beiden opponierten Planeten. Dieser Punkt kann entweder durch Transite, Mond- oder andere wichtige Progressionen aktiviert werden, beispielsweise durch einen Planetentransit über den im Horoskop gegenüberliegenden Grad.

In einem Horoskop können sich eine ganze Reihe Schnittpunkte ergeben: Zwischen zwei Planeten, zwischen einem Planet und einer Ecke und zwischen den Ecken selbst. Der Anfänger sollte bei der Auswahl der bedeutsamen Schnittpunkte Vorsicht walten lassen. Er sollte vielleicht mit dem sensitiven Schnittpunkt zwischen Aszendent und Himmelsmitte beginnen.

Die Abbildung oben rechts zeigt, wie man die Position des Schnittpunktes berechnet. Die 87° zwischen Aszendent und Himmelsmitte werden durch 2 geteilt und auf 43° abgerundet. Wenn diese Zahl von der Himmelsmitte abgezogen wird, erhält man den Schnittpunkt in 10° Wassermann. Er wird als Asc/MC = 10° Wassermann notiert. Dann wird der Schnittpunkt im Hinblick auf die Wirkung der Planeten, der Transite und Progressionen bewertet.

Wie die Mondknoten sollte auch der Schnittpunkt als Achse betrachtet werden. Seine Polarität ist daher genauso wichtig wie der Schnittpunkt selbst. Für unser Beispiel heißt dies: 10° Löwe ist ebenfalls ein sensitiver Punkt, der seinerseits bei einer Direktion oder einem Transit den Schnittpunkt von Aszendenten und Himmelsmitte aktiviert.

Oft besitzen die Schnittpunkte ganz besonderen Aufschlußwert: Unerwartete und nicht im Horoskop direkt ablesbare Ereignisse kündigen sich durch den Transit eines einflußreichen Planeten über den Schnittpunkt an. Allerdings erfordert das Problem der Schnittpunkte intensive Beschäftigung. Der Anfänger sollte sich vergewissern, daß er die Grundlagen der Progressionen und Transite ganz beherrscht, bevor er sich auf das Gebiet der Schnittpunkte vorwagt.

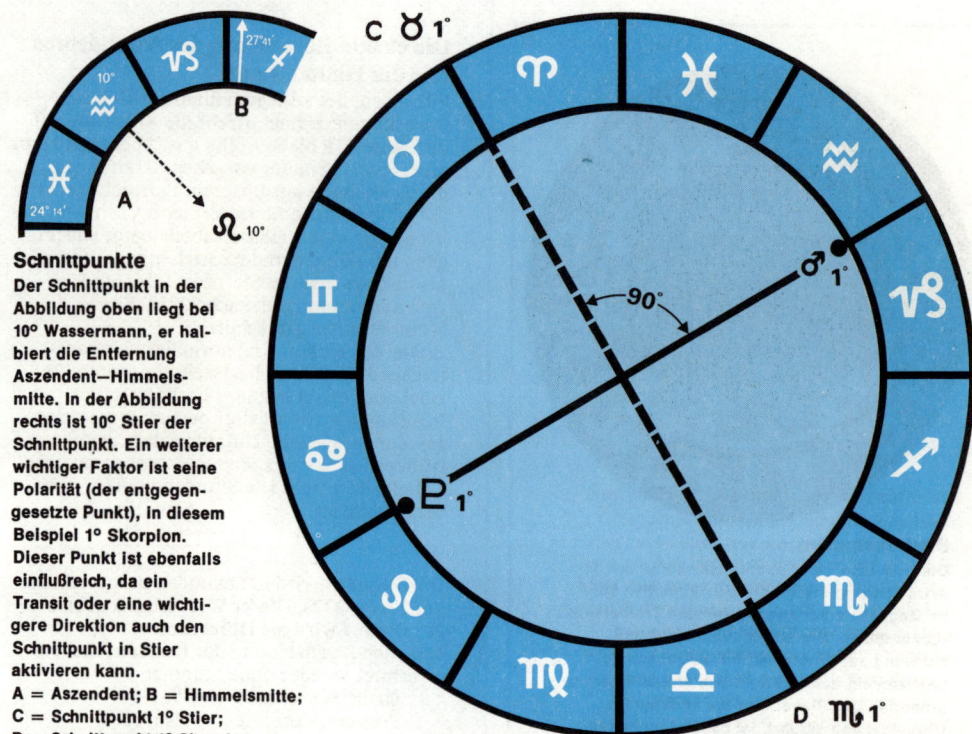

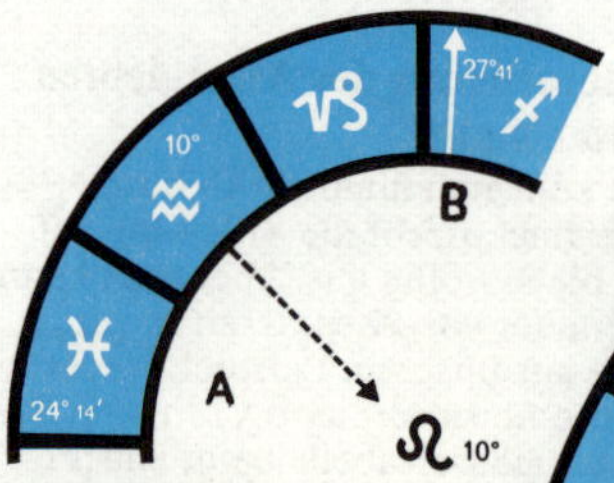

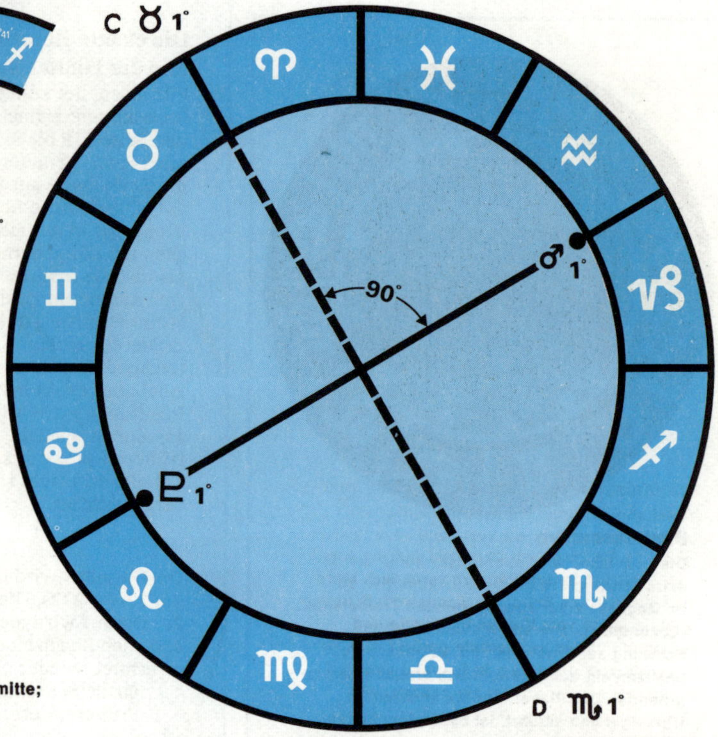

Schnittpunkte
Der Schnittpunkt in der Abbildung oben liegt bei 10° Wassermann, er halbiert die Entfernung Aszendent–Himmelsmitte. In der Abbildung rechts ist 10° Stier der Schnittpunkt. Ein weiterer wichtiger Faktor ist seine Polarität (der entgegengesetzte Punkt), in diesem Beispiel 1° Skorpion. Dieser Punkt ist ebenfalls einflußreich, da ein Transit oder eine wichtigere Direktion auch den Schnittpunkt in Stier aktivieren kann.
A = Aszendent; B = Himmelsmitte;
C = Schnittpunkt 1° Stier;
D = Schnittpunkt 1° Skorpion.

Stundenastrologie
Wer sich mit Astrologie beschäftigt, begegnet irgendwann sicher der Stundenastrologie. Zwar gibt es Astrologen, die auch dieses Sondergebiet der Astrologie ernst nehmen, aber im Grunde trivialisiert es die Astrologie und rückt sie in die gefährliche Nähe der Wahrsagerei.

Die Stundenastrologie gibt dem Kunden auf die verschiedensten Fragen Antwort. Der Astrologe stellt das Horoskop für den Zeitpunkt, zu dem er befragt wird. Die Vorstellung, daß Ereignisse von der Zeit geprägt werden, in der sie sich abspielen, wird kein Astrologe abstreiten. Aber die Behauptung, daß die Planetenpositionen Antwort auf jede, auch die banalste Frage geben, ist so absurd, daß niemand sie ernsthaft erwägen wird. Ernsthafte Astrologen können durch die Anwendung dieser Methode nur in Verruf geraten.

Astrologie als Frage- und Antwortspiel (oben)
Einem Stundenastrologen werden meist Fragen gestellt wie: «Wo habe ich letzte Woche meine Brieftasche verloren?» oder «Welches Pferd gewinnt das Rennen um 4 Uhr?» Die Antwort wird aus dem Horoskop für den Zeitpunkt der Befragung abgelesen.

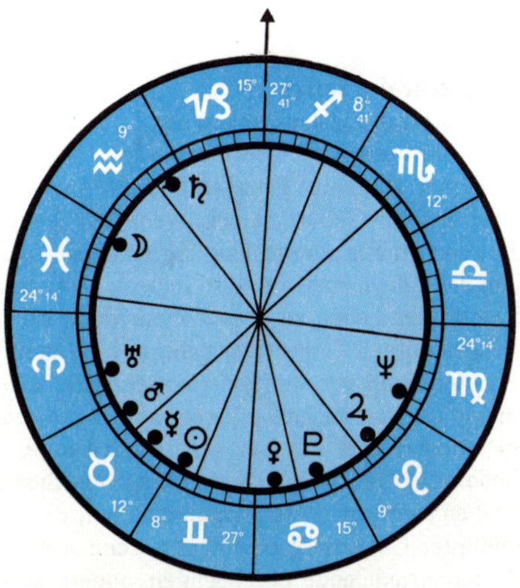

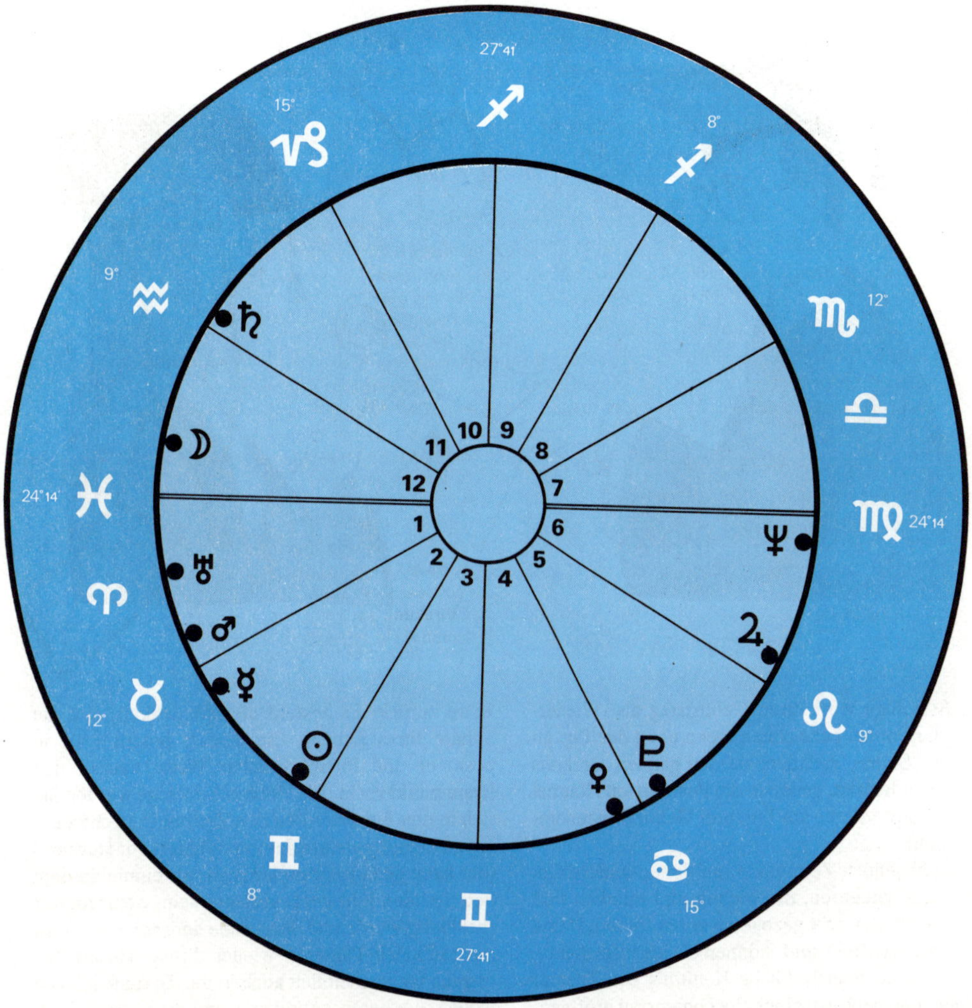

Placidianische Horoskope (oben und rechts)
Die zwei abgebildeten Horoskope wurden für denselben Zeitpunkt errechnet – wie unser Beispiel auf Seite 78. Im Vergleich damit hat sich die Stellung einiger Planeten in den Häusern verändert: Mars ist vom Zweiten ins Erste, die Sonne vom Dritten ins Zweite, Pluto vom Vierten ins Fünfte und Jupiter vom Fünften ins Sechste gerückt. Das Horoskop rechts entspricht dem in England und den USA verbreiteten Typ dieser Horoskope; das Beispiel oben hat die in Europa (außer England) gebräuchliche, klarere Form. Die Häuser sind hier verschieden groß, und die Planeten lassen sich leichter und genauer placieren.

Die Häusereinteilung

Kaum ein astrologisches Problem wurde eifriger diskutiert als das System der Häusereinteilung.

Das System, das wir in diesem Buch benutzen, ist zugleich das älteste und das einfachste. Die Einteilung in zwölf gleich große Häuser war einige Jahre nicht mehr gebräuchlich, sie wird heute nicht nur von der international anerkannten Faculty of Astrological Studies in England propagiert.

Welches System man auch benutzt, immer ist es ein von Menschen gemachtes System. Es hat sich im Laufe von Jahrhunderten aus den verschiedensten Erkenntnissen der Mathematik heraus entwickelt und verfeinert. Im Gegensatz dazu ist die Ekliptik, der scheinbare Weg der Sonne um die Erde, in deren Ebene die Planeten laufen und Einflüsse ausüben, nicht vom Menschen abhängig. Das «System der äqualen Manier» bezieht diese Tatsache ein. Astrologen, die den Häusern übersteigerte Bedeutung zumessen, benutzen freilich meist andere Systeme. Eines der bekanntesten ist sicher das System des Placidus de Titis. Dieses System taugt vor allem für südliche Breitengrade. Je näher der Geburtsort am Äquator liegt, desto geringer werden Größenunterschiede der einzelnen Häuser dieses Systems. Je weiter wir uns allerdings nach Norden bewegen, desto mehr wächst die Verzerrung und damit auch die Ungenauigkeit.

Schon bei einem Geburtsort in Schottland oder Norwegen sind die Größenunterschiede der Häuser hinderlich. Wenn ein Geburtshoroskop für einen Ort nördlich des Polarkreises gestellt werden soll, funktioniert das placidianische System nur noch mit sehr großen Schwierigkeiten. Allgemein lassen sich für bestimmte Tageszeiten bei extrem nördlichen (oder südlichen) Breitengraden keine Horoskope mehr berechnen.

Das placidianische System beruht auf der Zeit, die jeder Grad der Ekliptik braucht, um parallel zur Deklination aufzusteigen, vom unteren Meridian zum Horizont und vom Horizont zum oberen Meridian. Die Bögen, die die Grade bei dieser Bewegung beschreiben, werden dreigeteilt und bilden die Hausspitzen. In hohen nördlichen Breiten sind aber gewisse Grade zirkumpolar, das heißt, sie berühren niemals den Horizont. Planeten, die auf ihnen stehen, können nicht im Geburtshoroskop erscheinen. Ebensowenig können diese fehlenden Grade Häuserspitzen bilden. Daher läßt sich auch kein vollständiges Horoskop erstellen. Die Anhänger des «Systems der äqualen Manier» meinen, daß es unlogisch wäre, ein System mit solch offensichtlichen Lücken anzuwenden.

Andere Systeme der Häusereinteilung sind mit den Namen Regiomontanus (1436 bis 1476) und Johannes Campanus (um 1130) verbunden. Beide Systeme gingen von räumlichen Bezugspunkten aus: Das System des Regimontanus beruhte auf dem Himmelsäquator, das des Campanus auf dem rechtwinklig zum Himmelsmeridian liegenden Kreis.

WIEDERKEHR VON JUPITER, SATURN UND URANUS

Ein Astrologe wird Ihren Geburtstag als ‹Wiederkehr der Sonne› bezeichnen, denn er ist der Tag, an dem die Sonne, nachdem sie den ganzen Tierkreis durchwandert hat, genau in die Position am Himmel zurückkehrt, die sie am Tag Ihrer Geburt eingenommen hat.

Es gibt jedoch Zeitpunkte, an denen andere Gestirne zurückkehren, die wichtig und nützlich sind und auch in Betracht gezogen werden sollten. Da sie leicht zu ermitteln sind, können sie auch für Leute, die nur eine oberflächliche Kenntnis des Themas haben, eine neue astrologische Dimension eröffnen.

Wiederkehr des Jupiter

Jupiter braucht 12 Jahre für eine Umlaufbahn durch alle 12 Zeichen des Tierkreises und kehrt daher alle 12 Jahre genau in die Position zurück, die er im Augenblick Ihrer Geburt hatte. Das ist mit «Wiederkehr des Jupiter» gemeint. Wenn sich der Planet auch nur etwa eine Woche in der Geburtsposition befindet, kann sich sein Einfluß auf ein ganzes Jahr erstrecken. Sofern wir nicht unter dem Einfluß ungünstiger, langfristiger Hintergrundprogressionen oder außerordentlich gespannten oder einengenden Transiten leben, wird das Jahr der Wiederkehr des Jupiter ein gutes Jahr sein. So werden wir zum Beispiel ein solches Jahr meist unter besseren finanziellen Umständen abschließen, als sie bei Beginn des Jahres vorlagen; auch in anderen Richtungen werden wir Fortschritte machen – vielleicht durch Beförderung oder durch das Ergreifen sich bietender günstiger Gelegenheiten. Manchmal machen wir auch längere Reisen als in der Vergangenheit. Ein anderes Mal bringen wir auch Verträge zum Abschluß, die unsere Position für die Zukunft stärken.

Bei der Wiederkehr des Jupiter ist es leicht, der eigene Astrologe zu sein. Denken Sie einfach 12 Jahre zurück: Es besteht die Möglichkeit, daß die Sphäre Ihres Lebens, die damals betont war, in positiver und fortschrittlicher Weise neu in den Brennpunkt rückt. Als Hobby-Astrologe werden Sie sich in den Ephemeriden den Zeitpunkt nachschauen, an dem Ihre letzte Jupiter-Wiederkehr stattfand (das kann genaugenommen mehr als einmal in dem betreffenden Jahr vorgekommen sein, wenn Jupiter rückläufig wurde und dann nahe dem genauen Grad des radikalen Planeten wieder direkt wurde). Sie werden wahrscheinlich auch in die Zukunft blicken wollen, um herauszufinden, wann die nächste Jupiter-Wiederkehr stattfinden wird.

Als allgemeine Richtschnur sollte man sich daran erinnern, daß Jupiter nichts mehr liebt als einen sanften Stoß in die richtige Richtung. Sein Einfluß wird wirklich zur Blüte gelangen, wenn Sie normalerweise etwas zurückhaltend sind, das heißt, auch wenn Sie normalerweise etwas zurückhaltend sind, sollten Sie jetzt daran denken, sich in den Mittelpunkt zu rücken, den Leuten zu zeigen, was Sie können, Ihre Vorstellungen im Hinblick auf die Zukunft zu äußern und die Richtung einzuschlagen, in die Sie gehen möchten. Anstrengungen, die jetzt unternommen werden, sind selten umsonst, und Gelegenheiten sind da, um ergriffen zu werden. Es wird Sie jedoch wahrscheinlich ein Stück Arbeit kosten, um aus diesem wunderbaren Einfluß das Beste zu machen.

Ermutigen Sie interessierte Freunde, für sich selbst über diese Möglichkeit nachzudenken. Ermitteln Sie die Position des Jupiter am Tag ihrer Geburt (der Planet wandert pro Tag nur einige Minuten weiter, Sie brauchen daher keine komplizierten Berechnungen anzustellen). Teilen Sie ihnen mit, wann ihre nächste Jupiter-Wiederkehr stattfindet, und überlassen Sie ihnen selbst alles weitere!

Wiederkehr des Saturn

Saturn braucht für den Umlauf um die Sonne durch alle 12 Tierkreiszeichen etwa 29½ Jahre. Also kehrt der Planet zu seiner genauen Position zum Zeitpunkt unserer Geburt zurück, wenn wir uns dem Alter von dreißig oder sechzig Jahren nähern. Auch Menschen, die nichts von Astrologie wissen, neigen oft dazu, ihr Leben zu überdenken, wenn sie sich dem dreißigsten Geburtstag nähern – sie nehmen Veränderungen vor, treffen wichtige Entscheidungen und übernehmen neue Verantwortung. Astrologen bringen dies mit der sehr wichtigen ersten Wiederkehr des Saturn in Verbindung. Manche Leute gehen sehr ernste Verpflichtungen ein, wenn ihr dreißigster Geburtstag bevorsteht – einige werden eine unbefriedigende Ehe beenden, andere wieder werden eine Ehe nach einer Beziehung eingehen, die schon einige Jahre gedauert hat. Viele Menschen, besonders Männer, gründen in diesem Alter eine Familie, andere kaufen ihr erstes Haus. In ihrer Arbeitsumgebung werden viele ihre berufliche Laufbahn überdenken und ihre bisherigen Fortschritte in Frage stellen. Wenn sie wichtige Veränderungen vornehmen wollen, ist dies ein günstiger Zeitpunkt dafür, denn meistens sind sie dann noch nicht zu alt für eine neue Ausbildung, oder, wenn sie meinen, daß eine zusätzliche Qualifikation ihnen nützlich sein könnte, ist dies ein ausgezeichneter Zeitpunkt, für eine Zeitlang ein niedrigeres Gehalt in Kauf zu nehmen und ein Studium zu beginnen.

Der Einfluß ist keineswegs leicht zu nehmen. Oft

erleben wir eine schwierige Zeit bei der ersten Wiederkehr des Saturn, doch erweisen sich Entscheidungen und Veränderungen, die jetzt getroffen bzw. eingeleitet werden, auf die lange Sicht als günstig und haben einen mächtigen Einfluß auf die Zukunft. Astrologen des Altertums hielten den Saturn für einen Planeten des Weltuntergangs; heute jedoch sehen wir in ihm eine Ermutigung, uns vorwärts zu bewegen, unsere Ambitionen zu verwirklichen und uns noch größere Ziele zu setzen.

Wenn wir uns dem Alter von sechzig Jahren nähern, erleben wir unsere zweite Wiederkehr des Saturn. Zu diesem Zeitpunkt machen wir uns Gedanken über den nächsten Lebensabschnitt und denken vielleicht daran, unsere Arbeitszeit einzuschränken. Wir überlegen, ob wir nicht die Interessen weiterentwickeln wollen, die wir unserer Arbeit und der Kinder wegen vernachlässigt haben. Wieder kündigen sich Veränderungen an. Die zweite Wiederkehr des Saturn wirkt sich nicht so schwerwiegend aus wie die erste, denn inzwischen sind wir erfahrener geworden und haben die Dinge mehr im Griff. Auch jetzt können jedoch wieder Schwierigkeiten auftreten. Manche Menschen werden sich im Ruhestand sehr langweilen und unruhig werden; andere wieder werden das Gefühl haben, daß ihr Leben so gut wie vorbei ist. Ermutigen Sie also Ihre Klienten oder Freunde, wenn ihre zweite Wiederkehr des Saturn bevorsteht, neue Interessen zu entwickeln oder zumindest vorhandene Interessen auszubauen. Versichern Sie ihnen, daß die Entscheidungen, die sie jetzt treffen, sich als gut erweisen werden, da Saturn sie dazu bringt, der Wirklichkeit ins Auge zu sehen, und sie beim praktischen, konstruktiven Handeln unterstützt.

Wiederkehr des Uranus

Uranus braucht für den kompletten Umlauf durch alle 12 Zeichen etwa 84 Jahre, und einer seiner wichtigsten Einflüsse auf uns macht sich bemerkbar, wenn wir etwa vierzig Jahre alt sind, das heißt, wenn er die Hälfte seines Umlaufs hinter sich hat. Wenn Uranus in Krebs stand, als Sie geboren wurden, wird die Halbzeit seiner Wiederkehr eintreten, wenn er in Steinbock steht. Denken Sie jedoch daran, daß der Planet etwa 7 Jahre braucht, um ein Zeichen zu durchqueren, und Sie die Auswirkungen nicht die ganze Zeit spüren werden. Uranus wirkt am stärksten, wenn er sich genau im entgegengesetzten Grad des Tierkreises zu der Position befindet, die er bei Ihrer Geburt eingenommen hat.

«Das Leben beginnt mit vierzig», ist ein geflügeltes Wort; doch glauben leider viele Menschen zu diesem Zeitpunkt, daß sie sich auf der Schwelle des Alters befinden. Frauen, besonders solche mit heranwachsenden Kindern, die dabei sind, das Haus zu verlassen, meinen vielleicht, daß ihnen das Leben nicht mehr viel bieten wird. Einige Frauen werden ähnliche Symptome wie in den Wechseljahren an sich erleben, und die vieldiskutierte «männliche Menopause» kann sich bemerkbar machen. Langdauernde und erfolgreiche Dauerbeziehungen können durch

leichtsinnige Flirts, die außer Kontrolle geraten, aufs Spiel gesetzt werden.

Der Einfluß ist anstrengend und anspannend; er setzt jedoch auch Energien frei, und wenn er richtig gesteuert und positiv genutzt wird, kann er wunderbar sein. Ermutigen Sie Ihre Freunde und Klienten, sich in dieser Zeit mit neuen Augen anzuschauen. Wenn sie übergewichtig sind, raten Sie ihnen, sich sportlich zu betätigen oder eine Diät zu machen, um wieder in Form zu kommen. Wenn ihr Leben seit Jahren zur Routine geworden ist, ermutigen Sie sie, Experimente zu machen. Es ist an der Zeit, neue Interessen aufzunehmen und den Geist zu bemühen. Hüten Sie sich jedoch vor Extremen: die sportliche Betätigung sollte sich in Grenzen halten; Experimente mit einem neuen Stil sollten nicht übers Ziel hinausschießen (probieren Sie zuerst einmal eine nicht so teure Mode aus, um zu sehen, ob sie Ihnen steht, bevor Sie Ihre ganze Garderobe auf einmal austauschen).

Wenn Sie jemanden kennen, dessen volle Wiederkehr des Uranus bevorsteht – dieser Mensch wird fast 84 Jahre alt sein – bestehen Chancen, wenn es sich um relativ gesunde Menschen handelt, daß in ihnen ein neues und lebhaftes Interesse am Leben erwacht, und Uranus verhilft ihnen zu neuen Leistungen. Viele wunderbare Werke wurden von Menschen geschaffen, die ihre zweite Uranus-Wiederkehr schon hinter sich hatten: Denken Sie nur an Verdis Oper «Falstaff» und Picassos viele späte Bilder.

Es kann vorkommen, daß ältere Leute, vielleicht durch einen Ruhestand frustriert, der aus irgendeinem Grund enttäuschend für sie ist, meinen, daß ihr Leben vorüber sei, daß es nichts gibt, worauf sie sich freuen können. Diese Leute sollte man darauf hinweisen, daß die Wiederkehr des Uranus eine Gelegenheit bieten kann, ihrem Leben eine neue Richtung zu geben, auch wenn sie bereits das biblische Alter von achtzig Jahren erreicht haben.

Einige alte Menschen werden ruhelos und sehnen sich nach neuen und anderen Erfahrungen. Eine alte Dame begleitete Jacques Cousteau in einem Unterseeboot, um das Wrack eines Schiffes zu besichtigen, auf dem sie fuhr, als es vor vielen Jahren torpediert wurde. Lassen Sie sich von alten Freunden aus ihren Erinnerungen berichten: Sie werden spannende Geschichten zu erzählen haben.

Da Neptun für einen vollen Umlauf durch alle Zeichen 146 Jahre und Pluto sogar 248 Jahre braucht, wird wohl niemand je eine Wiederkehr des Neptun oder Uranus erleben. Achten Sie jedoch auf den Einfluß dieser Planeten, wenn Sie Leute treffen, bei denen Neptun oder Pluto ihre eigenen Positionen in Sextil-, Quadrat- oder Trigon-Aspekten durchqueren. Dann stehen die individuellen Einflüsse der Planeten im Brennpunkt. Sie können auch die Wiederkehr des winzigen Merkur, von Venus und Mars als lohnend ansehen; sie dauern nur einen oder zwei Tage, wenn nicht einer von ihnen ‹Station› macht, wenn er auf dem Grad, den er im Geburtshoroskop einnimmt, von der direkten Bewegung in die rückläufige übergeht oder umgekehrt.

HARMONIEN KOSMISCHER PERIODEN

1976 veröffentlichte John Addey sein Buch «Harmonics in Astrology» (Harmonien in der Astrologie). Es war schon seit einiger Zeit bekannt, daß er an einer neuen Theorie arbeitete, und als er sie erläutert hatte, waren viele Astrologen der Ansicht, daß er damit den weitreichendsten Beitrag zur Technik der Astrologie seit Jahrhunderten geleistet habe.

Er begründet seine Theorie auf den astrologischen ‹Aspekten› – den Winkelabständen zwischen den Planeten im Kreis des Geburtshoroskops. Addey erkannte, daß die Aspekte auf den Wellenlängen von ‹Harmonischen› oder ‹Oberwellen›, wie sie in der Musiktheorie bekannt sind, aneinandergereiht werden können. Wenn man die Saite eines Instruments zupft und in ihrer ganzen Länge schwingen läßt und sie dann genau in der Hälfte der Gesamtlänge berührt, schwingen die beiden Hälften der Saite in zwei getrennten Wellen; dies bezeichnet man als erste Oberwelle. Die musikalische Analogie sollte hier jedoch nicht weiterverfolgt werden, denn was Addey machte, bestand darin, die Wellen der verschiedenen Harmonien auf den Kreis des Geburtshoroskops zu legen, so daß die Zahl der Oberwelle die Zahl ist, durch die der Kreis geteilt wird: Die dritte Harmonie hat drei Wellen, jede mit 120° in der Länge; die vierte hat vier Wellen von 90°; die zwölfte 12 Wellen von je 30° usw. Die Aspekte oder Winkelbeziehungen zwischen den Planeten werden im Zusammenhang dieser Wellen gesehen.

Um ein Beispiel zu erhalten, wie dies funktionieren kann, griff Addey als erstes auf die statistischen Arbeiten von Michel und Françoise Gauquelin (s. S. 51 u. 188) zurück, die bei ihren Analysen von Hunderttausenden von Geburtshoroskopen auch die von 3647 berühmten Physikern und Wissenschaftlern prüften und herausfanden, daß der Planet Saturn zum Zeitpunkt ihrer Geburt sich meist in einer von vier Positionen am Himmel befand. Abbildung 1 zeigt das Muster, wenn man die Statistiken bildlich darstellt: Die Ausbuchtungen stellen die Spitzen dar, als Wissenschaftler mit Saturn nahe dem Aszendenten, der Himmelsmitte (MC), Deszendenten und IC geboren wurden. Man erkennt sofort, daß die ‹Ausbuchtungen› in etwa mit den Ausbuchtungen übereinstimmen, wenn eine vierte Harmonische Welle auf den Kreis gelegt wird (Abbildung 2).

Wenn wir Addeys Theorie folgen, wird deutlich, daß die drei traditionell «schwierigen» Aspekte – die Opposition (bei der ein Planet die halbe Kreisstrecke des Horoskops von einem anderen entfernt ist), das Quadrat (bei dem er einen Viertelkreis entfernt ist) und das Halbquadrat (drei Achtel des Kreisumfangs) eine Beziehung zu der zweiten Oberwelle haben (da vier und acht jeweils durch zwei teilbar sind). Der astrologische Trigon-Aspekt – ein ‹leichter› Aspekt, bei dem ein Planet ein Drittel des Kreisumfangs von einem anderen entfernt ist – ist offensichtlich mit der dritten Oberwelle verbunden. Die letzte Gruppe von Aspekten, der Sextil, Halbsextil und Quincunx, die jeweils ein Sechstel, ein Zwölftel und fünf Zwölftel darstellen, passen offenbar weniger in die Theorie, da es sowohl zur zweiten als auch dritten Ober-

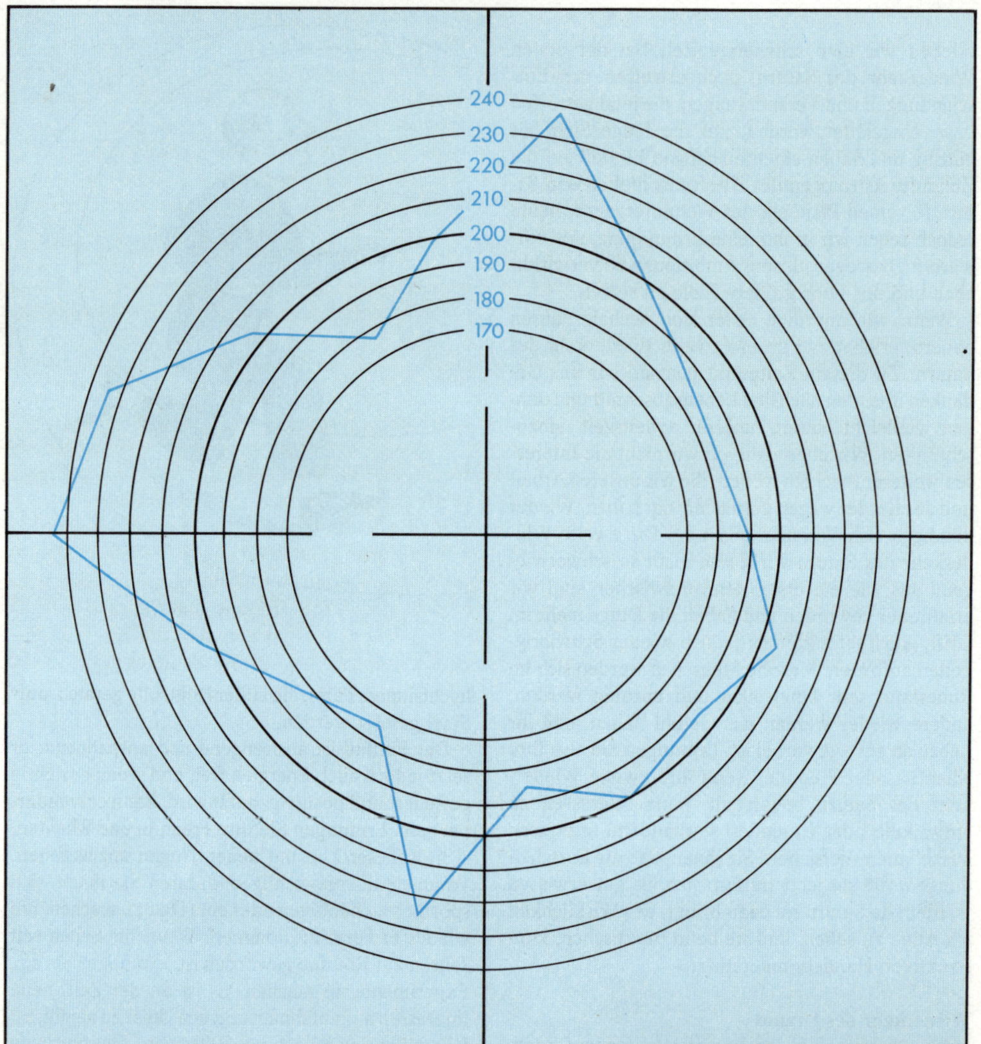

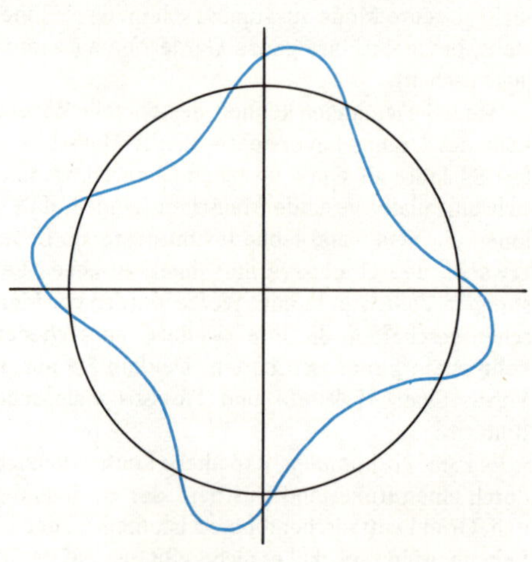

John Addey, oben, einer der bedeutendsten Astrologen des zwanzigsten Jahrhunderts brachte Objektivität, klares Denkvermögen und Humor in dieses Thema ein.

welle eine Beziehung gibt. In der jüngsten Zeit haben Astrologen mit Quintilen und Biquintilen (einem Fünftel und zwei Fünfteln) gearbeitet, und es ist natürlich möglich, auf das Horoskop so viele ‹Wellen› wie möglich aufzulegen. Wie jede andere Theorie ist die Harmonietheorie offen für endlose Versuche und Experimente. Es besteht natürlich die Gefahr, daß der Astrologe versucht ist, immer mehr Wellenmuster auf das Horoskop zu legen, in der Hoffnung, das Muster den Erwartungen entsprechend «hinzubiegen», was dann in totalem Durcheinander enden kann. Addey versichert zweifellos aus diesem Grund immer wieder, daß das Wellenmuster als Beigabe zum ‹radikalen› Muster verwendet werden und dieses keineswegs ersetzen sollte.

Praktisch betrachtet wird in der Oberwellenkarte der Kreis des Horoskops in gleiche Ausschnitte (zwei im Fall der zweiten Oberwelle, drei bei der dritten usw.) eingeteilt. Jedes Segment wird dann so behandelt, als wäre es ein ganzer Kreis. So wird zum Beispiel in der Aufzeichnung der dritten Oberwelle der Kreis von 360° in drei gleiche Ausschnitte eingeteilt, von denen der erste Abschnitt von 0° Widder bis 0° Löwe, der zweite von 0° Löwe zu 0° Schütze und der dritte von 0° Schütze wieder zu 0° Widder reicht.

Jetzt wird jedoch jeder Ausschnitt so behandelt wie ein ganzer Tierkreis mit 360°. Das bedeutet, daß wir die Winkelabstände innerhalb jedes Ausschnittes mit drei malnehmen müssen. Ein Planet bei 0° Widder bleibt bei 0° Widder, doch einer bei 1° Widder steht jetzt bei 3° Widder und einer bei 5° Widder ist jetzt bei 15° Widder. Jeder der Ausschnitte und die Planeten, die in ihm stehen, werden auf dieselbe Art behandelt. Daraus ergeben sich neue Beziehungen, denn wenn Venus zum Beispiel in 1° Widder auf der dritten Oberwelle steht, befindet sie sich in Konjunktion mit einem Planeten, der in 1° Löwe im herkömmlichen Horoskop steht, denn beide erscheinen auf der dritten Oberwelle in 3° Widder.

Die Oberwellenkarte hat wirklich etwas mit der Natur der Zahlen in der Astrologie zu tun. Die Zahl Zwei, die sich auf die Opposition, das Quadrat und Halbquadrat bezieht, wird von den meisten Astrologen – in östlichen wie auch westlichen Systemen – mit Spannung, Konflikt, Anstrengung und Herausforderung in Zusammenhang gebracht. Die Drei wiederum (Trigon, Halb-Sextil und Quincunx) ist angenehmer und entspannter. Im Grunde kann man mit einer Oberwellenkarte diese ‹numerische› Eigenschaft abtrennen und sie unbeeinflußt von dem komplexen Gefüge des übrigen, konventionellen Horoskops untersuchen.

Die Oberwellen, die bisher am eingehendsten von Astrologen, die diese Theorie vertreten, untersucht worden sind, sind die vierte, fünfte, siebente und neunte Welle.

Die vierte Harmonie
Schlüsselwörter: Vorwärtsstreben, Ausgewogenheit, Persönlichkeitsentfaltung.
Die vierte Harmonische Welle scheint etwas über die Beziehung des Horoskopträgers zu seiner Umwelt auszusagen: Über Probleme mit Menschen und Orten und das Bewältigen von äußeren Situationen und Geschehnissen.

Die Vier hat natürlich eine Verbindung zur Zwei und scheint auf eine gewisse Leere in einem Lebensbereich des Horoskopträgers hinzuweisen: eine Lücke, die der oder die Betreffende schließen sollte. Die Art dieser Lücke kann manchmal von zwei Planeten angedeutet werden, die in der Oberwelle in Konjunktion stehen (was im radikalen Plan Quadrat, Opposition oder Konjunktion bedeutet). Wenn sie im radikalen Plan im Quadrat stehen, stellen sie vielleicht entgegengerichtete Kräfte dar, die nach Ausgleich verlangen. Oppositionen in der vierten Harmonischen Welle können wiederum anzeigen, daß es dem Horoskopträger an der Eigenschaft mangelt, die man von ihm erwarten könnte, wenn die beiden betreffenden Planeten zusammenwirken würden. Quadrate können auf ein Hindernis hinweisen, das den Horoskopträger von weltlichem Fortschritt fernhält. Trigone und Sextile scheinen Lebensbereiche anzuzeigen, die dem Horoskopträger mehr bedeuten könnten, als sie es gegenwärtig tun.

Die fünfte Harmonie
Schlüsselwörter: schöpferische Kraft.
Die fünfte Harmonische Welle bleibt ziemlich geheimnisvoll. John Addey vermutete, daß sie etwas zu tun hat mit Kunst, mit dem ‹Zusammenfügen von Form und Materie›. Auch ein Zusammenhang mit Macht wurde vermutet. David Hamblin meint in seinen ‹Harmonic Charts› (1983), daß sie mit der reinen Wissenschaft und Mathematik verbunden ist, unterstreicht jedoch, daß Mozart ‹eine außerordentlich starke fünfte Harmonische Welle› hat, ebenso wie mehrere Maler.

Zwei Planeten, die auf der fünften Harmonischen Welle in Konjunktion stehen, können die Richtung anzeigen, in der sich künstlerisches Talent ausdrükken wird oder sollte. Zwei Planeten in Opposition könnten ebenfalls diese Bedeutung haben, doch wird es hier einen größeren Kampf beim Streben nach künstlerischer Erfüllung geben. Im Fall von Quadraten mag dieser Kampf gar noch intensiver sein, mit großer Kraft und Gewalt des künstlerischen Ausdrucks. Trigone können eine besonders angenehme Form des künstlerischen Ausdrucks anzeigen, eine ‹leichte›, vielleicht auch gefällige Form.

Die siebte Harmonie
Schlüsselwörter: Ausdruckskraft, Scharfblick
Wenn es stimmt, daß die fünfte Harmonische Welle die Form andeutet, in der jemand künstlerisches Talent ausdrückt, könnte die siebte Harmonische Welle etwas über seine gefühlsmäßigen Triebkräfte aussagen, und da die meisten Menschen sich heutzutage davor scheuen, ihre Gefühle auszudrücken, ergibt sich häufig eine Verbindung mit dem Innenleben, dem Unbewußten. Es mag von Bedeutung sein, daß von allen Zahlen die Sieben schon immer mit Magie und dem Okkulten in Verbindung gebracht worden ist. Das soll nicht heißen, daß sie eine ‹magische› Zahl ist – sie scheint einfach für männliche und weibliche Personen gleichermaßen eine tiefe psychologische Bedeutung zu haben.

Konjunktionen auf einer siebenten Harmonischen scheinen zwei Aspekte oder Lebensbereiche (je nachdem natürlich, welche beiden Planeten beteiligt sind) anzuzeigen, die der Horoskopträger miteinander zu verbinden sucht. Zwei Planeten in Opposition scheinen ihm Inspiration zu verheißen, doch wird eine Vereinigung schwieriger sein. Quadrate bieten sogar noch größere Gegenkräfte; Trigone deuten eine leichtere Erfüllung an, die jedoch wieder weniger vollkommen sein wird. Das von der siebten Harmonischen angedeutete Muster mag seltener vorkommen als das der fünften Harmonischen; es kann seinen Platz eher in einer Phantasie- oder Traumwelt als im wirklichen Leben finden.

Die neunte Harmonie
Schlüsselwörter: Freude, Spaß, Frieden
Die neunte Harmonische Welle scheint viel mit ‹Inspiration› zu tun zu haben: Hamblin sieht in ihr einen Hinweis auf die ‹Art und Weise, in der eine Person ihr Glück findet›. Er hält diese Welle für sehr geheimnisvoll und verbindet sie mit den Schlüsselwörtern Freude, Glück und Frieden.

Die Konjunktion scheint Lebensbereiche anzuzeigen, die, wenn sie erfolgreich zusammengebracht werden, große Freude und Erfüllung bringen können, vielleicht als Ergebnis seelischer Erfahrungen. Oppositionen deuten auf das Streben nach einem solchen Ziel, und Quadrate zeigen Hindernisse auf dem Weg zu seiner Erfüllung an. Quadrate deuten wie gewöhnlich auf größeren Kampf hin. Trigone weisen auf eine völlige Entspannung in Richtung Vergnügen – vielleicht die totale Erfüllung dessen, was die Konjunktion verheißt.

Anwendung der Harmonien
Wie wir dargelegt haben, sollten die Harmonischen Wellen mit Vorsicht angewendet werden, vor allem von Anfängern. Vor einer Verknüpfung mit der Zahlensymbolik sollte man sich hüten, ebenso vor jeder Versuchung, das System zu verwenden, um eine größere Zahl von Möglichkeiten zu schaffen, aus denen man sich das Ergebnis aussuchen könnte, das dem erwünschten am nächsten kommt.

Dagegen ist dieses System – nicht zuletzt wegen seiner relativen Unkompliziertheit und da es mehr die wissenschaftliche als die emotionale und intuitive Seite der menschlichen Natur anspricht – für Fachleute attraktiv und kann sich als nützliches Korrektiv für manche Astrologen auswirken. Kein Astrologe sollte dieses System einfach ignorieren, und es gibt sicherlich keine astrologische Ausbildungsstätte, die es heute unterlassen würde, es in sein Kursprogramm aufzunehmen.

BERECHNUNG DES HARMONISCHEN HOROSKOPS

Tabelle I	Tabelle II	Tabelle III
Widder 0°	Sonne – 65° 33′	Sonne – 22° 12′ Schütze
Stier 30°	Mond – 334° 3′	Mond – 16° 12′ Schütze
Zwillinge 60°	Merkur – 47° 5′	Merkur – 8° 20′ Waage
Krebs 90°	Venus – 103° 00′	Venus – 22° 00′ Stier
Löwe 120°	Mars – 40° 54′	Mars – 13° 36′ Jungfrau
Jungfrau 150°	Jupiter – 135° 50′	Jupiter – 3° 20′ Waage
Waage 180°	Saturn – 304° 38′	Saturn – 18° 32′ Löwe
Skorpion 210°	Uranus – 21° 32′	Uranus – 26° 38′ Zwillinge
Schütze 240°	Neptun – 155° 14′	Neptun – 20° 56′ Schütze
Steinbock 270°	Pluto – 110° 18′	Pluto – 21° 12′ Zwillinge
Wassermann 300°	Aszendent 354° 14′	Aszendent – 6° 56′ Fische
Fische 330°	Himmelsmitte – 267° 4′	Himmelsmitte – 18° 16′ Fische

Um ein Harmonisches Horoskop zu erstellen, müssen alle Planetenpositionen zum Zeitpunkt der Geburt in absolute Längengrade umgewandelt werden – das ist notwendig, da der Tierkreis natürlich 360° umfaßt und wir die Position jedes Planeten in diesem Kreis anstelle seiner Position innerhalb des Segments von 30° eines einzelnen Tierkreises kennen müssen. Unserem Beispiel legen wir das auf Seite 79–80 berechnete und erläuterte Geburtshoroskop zugrunde und wandeln die Planetenpositionen sowie die Positionen von Aszendent und Himmelsmitte in absolute Längengrade um.

Beispiel: Die Sonne steht im Geburtshoroskop in 5° 33′ Zwillinge. Schauen Sie in der Tabelle I nach, die den Grad des Tierkreises enthält, in dem jedes Zeichen beginnt. 0° Zwillinge bedeutet 60° absoluter Länge, also:

$$5^\circ 33' + 60^\circ = 65^\circ 3'$$

Der Mond steht im Geburtshoroskop in 4° 3′ Fische. Schauen Sie in Tabelle 1 nach: 0° Fische bedeutet 330° absolute Länge, also:

$$4^\circ 3' + 330^\circ = 334^\circ 3'$$

Fahren Sie so fort und berechnen Sie die Positionen der anderen Planeten, von Aszendent und Himmelsmitte in absoluter Länge; überprüfen Sie Ihre Ergebnisse anhand Tabelle II.

Erstellen wir nun die vierte Harmonische Karte mit Hilfe dieser Planetenpositionen. Das bedeutet die Multiplikation der absoluten Längenpositionen der Planeten mit vier (bei der dritten Harmonie natürlich mit drei usw.).

Beispiel: Die Sonne steht nun in 65° 3′. Also:

$$65^\circ \times 4 = 260^\circ$$
$$33' \times 4 = 132' = 2^\circ 12'$$
$$260^\circ + 2^\circ 12' = 262^\circ 12' \text{ absolute Länge.}$$

(Es ist zu beachten, daß die Resultate in Minuten natürlich durch 60 dividiert werden müssen, um Ergebnisse in Grad und Minuten zu erhalten.)

Schauen Sie jetzt in Tabelle I nach und suchen Sie die Gradanzahl und das Zeichen, das der absoluten Längenposition, die Sie errechnet haben, am nächsten kommt (der nächste Wert unterhalb dieses Wertes). In unserem Fall ist für 262° 12′ der nächstliegende Grad 240° – Schütze. Ziehen Sie die 240° von 262° 12′ ab:

$$262^\circ 12' - 240^\circ = 22^\circ 12'$$

Die Sonne steht also im Horoskop der vierten Harmonischen Welle in 22° 12′ Schütze.

Beispiel: Der Mond steht jetzt in 334° 3′. Also:

$$334^\circ \times 4 = 1336^\circ$$
$$3' \times 4 = 12'$$

In diesem Fall beträgt die Anzahl von Minuten weniger als 60, also ist keine Konversion notwendig. Die Anzahl der Grade beträgt jedoch mehr als die 360° des Tierkreises, und wir müssen sie daher durch 260° teilen:

$$1336 : 360 = 3, \text{ Rest } 256$$

Mit anderen Worten, innerhalb der 1336° gibt es drei vollständige Kreise, die zusammen 1080° ergeben; wenn Sie diese Zahl von 1336 abziehen, erhalten Sie 256°.

$$256^\circ + 12' = 256^\circ 12'.$$

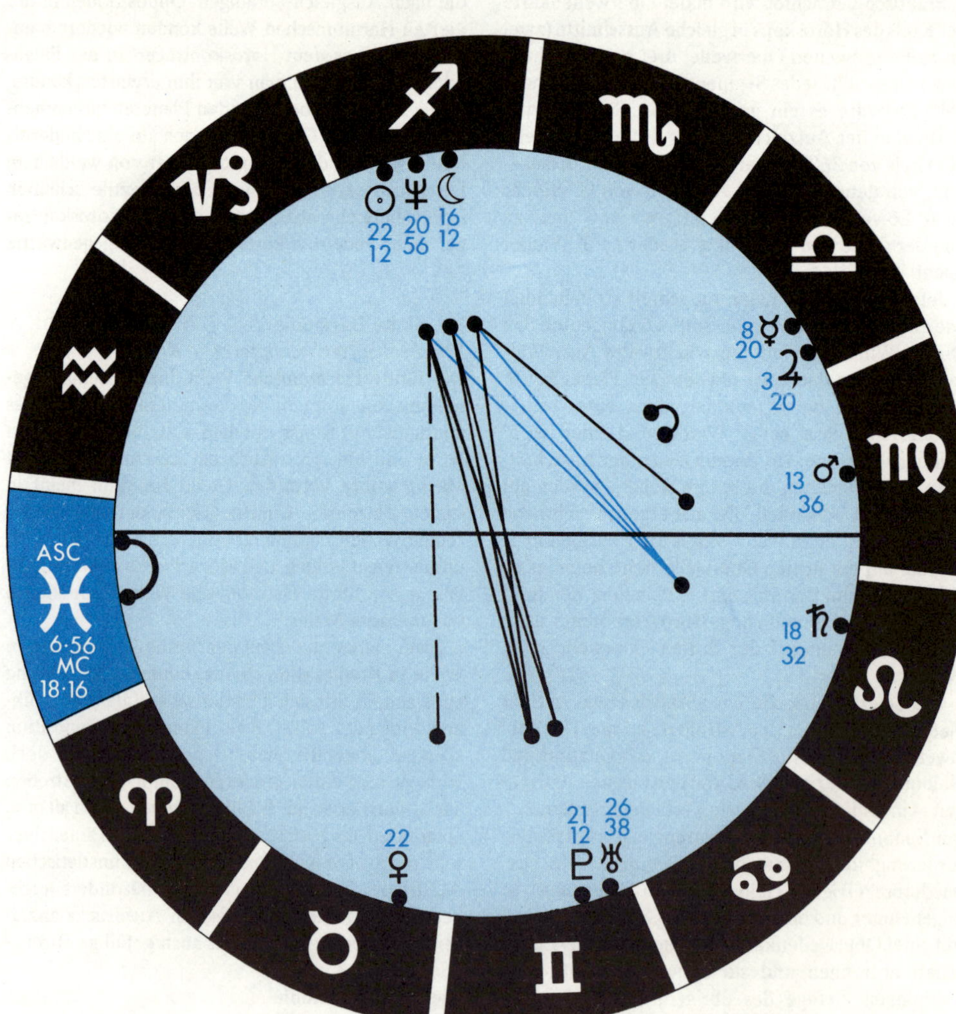

Nun schauen Sie noch einmal in Tabelle I die nächstniedrige Gradzahl unterhalb der Gesamtsumme nach. In diesem Fall ist es 240° – wieder Schütze, der in 240° beginnt. Also:

$$256^\circ 12' - 240^\circ = 16^\circ 12'$$

So steht der Mond im Horoskop der vierten Harmonischen in 16° 12′ Schütze. Jetzt berechnen Sie die Positionen der anderen Planeten, von Aszendent und Himmelsmitte und überprüfen Sie Ihre Ergebnisse anhand Tabelle III.

Planeten	Aspekte	☉	☽	☿	♀	♂	♃	♄	♅	♆	♇
SONNE	☉		☌	•	⚻	•	•	△	☍	☌	☍
MOND	☽			•	•	□	•	△	•	☌	☍
MERKUR	☿				•	•	☌	•	•	•	•
VENUS	♀					•	•	•	•	•	⚺
MARS	♂						•	•	•	•	•
JUPITER	♃							•	•	•	•
SATURN	♄								•	△	•
URANUS	♅									☍	☌
NEPTUN	♆										☍
PLUTO	♇										
ASC.	A										
MC	MC										

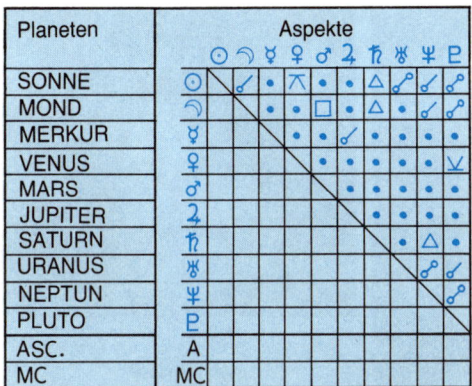

Das Aspektschema oben, ähnlich dem auf S. 133, zeigt die Positionen und Aspekte für jeden Planeten im Horoskopschema der vierten Harmonischen Welle. Wenn Sie die harmonischen Schemata, die Sie deuten wollen, berechnet haben, wird Ihnen ein solches Aspektschema gute Dienste tun.

BERECHNUNG DER ASPEKTE

Bei der Berechnung der Aspekte in einem harmonischen Schema geht man genauso vor wie beim Geburtshoroskop. Man muß sich nur immer bewußt sein, daß die verwendeten Wirkungsumkreise verschieden sind: Wir müssen jetzt Harmonische Wirkungskreise zugrunde legen, die man erhält, wenn man den normalerweise verwendeten Wirkungskreis proportional zur Zahl der Harmonischen Welle verkleinert.

Das ist nicht so kompliziert, wie es klingt. In der Astrologie gilt allgemein, daß ein Aspekt um so stärker ist, je genauer er ist, daher gilt: je kleiner der Wirkungsumkreis, desto besser. Dies ist beim Gebrauch des Harmonischen Horoskops besonders wichtig. Wir empfehlen zwr bei der Berechnung der Aspekte im Geburtshoroskop (S. 133) Wirkungsumkreise von 8°/9° für Konjunktion, Opposition, Quadrat und Trigon, 2°/3° für Quincunx usw., doch ist dies weitgehend eine Angelegenheit der persönlichen Erfahrung und Neigung. Beim Harmonischen Horoskop ist es vielleicht ratsam, den Vorschlag John Addeys zu übernehmen, einen Wirkungsumkreis von 12° für die Konjunktion anzuwenden. Das bedeutet, daß Sie einen Wirkungsumkreis von 6° für die Opposition (12 geteilt durch 2) gelten lassen sollten, da die Opposition der Aspekt der zweiten Harmonischen Welle ist und sich aus der Teilung des Tierkreises durch 2 ergibt. Bei der Betrachtung des Trigon nehmen Sie einen Wirkungsumkreis von 4°: 12 wird diesmal durch 3 geteilt, da der Trigon der Aspekt der dritten Harmonischen ist und sich aus der Teilung des Kreises durch 3 ergibt.

Es ergeben sich nun die folgenden Wirkungsumkreise für die einzelnen Aspekte im Harmonischen Horoskop:

Konjunktion – 12°
Opposition – 6°
Trigon – 4°
Quadrat – 3°
Sextil – 2°
Halbsextil – 1° 3′
Halbsextil und Quincunx – 1°

Planetenpositionen in den Zeichen in Harmonischen Horoskopen

Bei der Deutung Harmonischer Horoskope verlassen wir uns grundlegend auf die Aspekte, die zwischen den Planeten in ihnen gebildet werden. Wenn wir erst am Anfang der Beschäftigung mit dieser Theorie stehen, ist es wahrscheinlich am sichersten, diese mit ihren Stellungen im Geburtshoroskop in Verbindung zu bringen. Wenn Sie schon mehr Erfahrung haben, möchten Sie sicher auch die Placierung der Planeten im Harmonischen Horoskop in Betracht ziehen – doch sind diese nur im Zusammenhang mit diesem Schema von Bedeutung. Vergessen Sie nicht, daß das Harmonische Horoskopschema eine zusätzliche Dimension bietet, die die im Geburtshoroskop enthaltenen Informationen erläutert und vielleicht erweitert; die Positionen der Planeten im Harmonischen Schema sind nicht ‹wirklich› – sie entsprechen nicht den tatsächlichen Stellungen am Himmel zum Zeitpunkt der Geburt der Person, mit deren Horoskop Sie befaßt sind.

Grundlegende Deutung

Wie bei einem Geburtshoroskop kann die Deutung eines Harmonischen Horoskops in diesem Buch nur bis zu einem bestimmten Punkt gehen. Bevor Sie mit der Deutung beginnen, schlagen Sie den Abschnitt über die Deutung der Aspekte nach (S. 134–148) und sehen Sie sich noch einmal die Schlüsselwörter für die Planeten an (S. 86–105). Setzen Sie diese mit dem Harmonischen Horoskop in Beziehung, das Sie gerade untersuchen.

Wir wollen weiterhin das Schema der vierten Harmonischen als Beispiel verwenden, das wir eben berechnet haben (S. 180). In ihm finden wir eine Konjunktion zwischen Sonne und Mond. Im Geburtshoroskop (S. 78) erscheint dies als Sonne im Quadrat zum Mond, wodurch die Merkmale der Zeichen, in die sie fällt, erheblich betont werden. Im Harmonischen Horoskop ist es ein Bindeglied, da die beiden Planeten im Tierkreis zusammenstehen und daher zwei Schichten der Persönlichkeit vereinigen. Wenden Sie dies auf das Schlüsselwort der vierten Harmonischen an, und man könnte diese Konjunktion als Anzeichen für ein Bedürfnis und Streben nach psychologischer Integration und Balance deuten. Das T-Quadrat zwischen Sonne, Mond und Neptun im Geburtshoroskop wird im Horoskop der vierten Harmonischen zu einer doppelten Konjunktion und einem dynamischen Brennpunkt.

Ich habe den Stand der Sonne im Trigon zu Saturn (S. 136) so beschrieben, daß er ‹ein geordnetes und sittenstrenges Leben› anzeige, von Erfolg gekrönt, der mit harter Arbeit und Geduld erreicht wird. Dieser Aspekt wird dadurch belegt, daß der Horoskopträger wirklich ein harter Arbeiter war; das Sonnenzeichen in Zwillinge deutet jedoch auch darauf hin, daß es um seine Geduld nicht so gut bestellt ist. Im Schema der vierten Harmonischen bleibt der Aspekt derselbe und zeigt das Streben nach Geduld an.

Im Geburtshoroskop steht der Mond im ruhigen, empfänglichen und poetischen Fische-Zeichen, der Mars hingegen im verläßlichen Stier. Im Schema der vierten Harmonischen bildet der Mond zum Mars ein Quadrat. Die Schlüsselwörter des Mondes sind Reaktion und Instinkt, während für Mars Energie und Initiative stehen. In beiden Horoskopen zeigen die Quadrataspekte an, wo die Notwendigkeit zum Kampf, zur Auseinandersetzung am stärksten ist. Das Quadrat im Harmonischen Schema deutet darauf hin, daß die von den betreffenden Planeten angezeigten Charakterzüge stärker ins Leben einbezogen werden müssen.

Im Schema der vierten Harmonischen stehen Sonne und Pluto zueinander in Opposition. Die Sonne zeigt Macht, Vitalität, Selbstbewußtsein an, Pluto jedoch steht für Ausmerzung. Es scheint also, daß die Macht und Vitalität der Sonne dazu benutzt wird, die Opposition auszulöschen, was auf eine gewisse Härte schließen läßt. Die Deutung kann auch so ausgerichtet werden, daß das strebende Element der vierten Harmonischen in Betracht gezogen wird. In seiner Interpretation der Aspekte zwischen Sonne und Pluto meint David Hamblin (in seinem oben zitierten Werk): «. . . . zur Härte gegenüber sich selbst neigend, nie gewillt, auf seinen Lorbeeren auszuruhen, da man immer meint, man müßte sich noch weiter vorantreiben.»

Die in den Positionen von Aszendent und Himmelsmitte im Harmonischen Horoskop enthaltenen Hinweise sollten mit der größten Vorsicht behandelt werden, denn jede Ungenauigkeit der Geburtszeit wird zu beträchtlichen Verzerrungen führen. Die Geburtszeit in unserem Beispiel beruht auf zuverlässigen, sehr genauen Angaben, also können Sie in diesem Fall der Tatsache besondere Aufmerksamkeit widmen, daß Aszendent und Himmelsmitte im vierten Harmonischen Horoskop eine Konjunktion bilden. Das läßt vermuten, daß, was auch immer der Horoskopträger tut, sein Selbstbewußtsein ihn zur psychologischen Erfüllung führt – er arbeitet nicht einfach nur für seinen Lebensunterhalt oder materielle Güter. Er genießt zwar den Luxus oder wenigstens einen angenehmen Lebensstil, doch fände er es unerträglich, einem Beruf nachzugehen, der ihm keine Freude und Erfüllung brächte. Die Verwirklichung seiner Möglichkeiten im täglichen Leben erweist sich für ihn ständig sowohl in psychologischer als auch materieller Sicht als lohnend.

Für die praktische Arbeit sollten Sie alle Aspekte in diesem vierten Harmonischen Schema in derselben Art auflisten und betrachten. Es wird nicht leicht sein, zu Deutungen zu gelangen; doch mit Hilfe verfügbarer Lehrbücher werden Sie sicher allmähliche Fortschritte machen, und die Verwendung der Harmonien wird sich sicher als faszinierend und lohnend erweisen.

ASTROLOGIE UND SEXUALITÄT

Seit mindestens 2000 Jahren – wahrscheinlich schon viel länger – sagt man Mars und Venus einen erheblichen Einfluß auf die menschliche Sexualität und das sexuelle Verhalten nach. In jüngster Zeit sind auch die anderen Planeten auf ihre Auswirkungen auf unsere sexuellen Bedürfnisse hin untersucht worden, und ihre Positionen in den einzelnen Geburtshoroskopen lassen bestimmte Einflüsse erkennen, die sowohl einzeln als auch insgesamt betrachtet eine interessante Wirkung auf diesen Bereich unseres Lebens ausüben.

Der Einfluß von Mars und Venus (die Symbole dieser Planeten stellen das männliche bzw. weibliche Geschlechtsorgan dar) wird durch die Positionen anderer Planeten im Horoskop sowohl betont als auch modifiziert. Die Sonne, die Vitalität und Selbstbewußtsein verleiht, steht in einer Wechselbeziehung zum Mars, was darauf hindeutet, auf welche Weise wir unsere Energie einsetzen. Der Mond mit seinem so wichtigen Einfluß auf unsere Stimmungen, Instinkte und Reaktionen auf viele verschiedene Situationen ist von seiner Natur her der Liebe zugeneigt, wie sie von Venus verkörpert wird. Das Zeichen, in dem der Mond fällt, wird dem Astrologen ebenfalls eine Hilfe sein, wenn er versucht, die Beziehung des Horoskopträgers zu seiner Mutter zu beurteilen, da es eine Menge darüber aussagt, wie sich die Mutter ihren Kindern darstellt – oft ein entscheidender Faktor für ihre Sexualität.

Uranus ist sehr wichtig. Er wird symbolisch, aber auch in der modernen astrologischen Forschung mit sexueller Abweichung in Verbindung gebracht. Interessanterweise übt dieser Planet auch einen starken Einfluß auf unsere Unabhängigkeit und Originalität aus und drängt uns zu Veränderungen und neuen Ufern. Dies kann man ebensogut auf unser Sexualleben beziehen; wenn es schiefgeht, können sich Schwierigkeiten und Ärger ergeben. Auch die Phantasie spielt in unserem Sexualleben eine große Rolle – in diesem Bereich hat Neptun eine gewisse Aussagekraft. Der Einfluß des Saturn wiederum ist von lebenswichtiger Bedeutung, da er einschränkend und hemmend wirken und damit eine Ursache zur Entbehrung sein kann; er darf nicht außer acht gelassen werden.

Auch Pluto kann in diesem Zusammenhang sehr wichtig sein, doch sollte er unter Berücksichtigung der Aspekte, in denen er steht, und seiner Placierung in den Häusern betrachtet werden. Wenn er im individuellen Horoskop ‹personalisiert› wird (da Skorpion sein Sonnen-, Mond- oder aufsteigendes Zeichen ist), wird sein Einfluß offensichtlich wesentlich verstärkt. Da er in jedem Zeichen recht lange verweilt, sollte Pluto nicht allein nach seinem jeweiligen Zeichen beurteilt werden – dies gilt natürlich auch für Uranus und Neptun.

Jupiter sollte im Zusammenhang mit ‹Eroberung› gesehen werden, er kann auch wirksam sein, wenn wir beschließen, uns in unserer Sache nach sexuellem Vergnügen auf ein Glücksspiel irgendeiner Art einzulassen. Er kann auch Ruhelosigkeit andeuten. Merkur, wahrscheinlich der unbedeutendste Planet in diesem Zusammenhang, kann uns vielleicht ein wenig dabei helfen, wie in anderen Angelegenheiten unseres Lebens auch in diesem Bereich Pläne zu schmieden und Entscheidungen zu treffen.

Die Häuser des Geburtshoroskops sollten in diesem Bereich sorgfältig untersucht werden, obwohl nicht alle einen Einfluß auf diese Sphäre unseres Lebens ausüben. Die wichtigen Häuser sind:

Erstes Haus. Die Merkmale des aufsteigenden Zeichens und der Planeten in diesem Haus sind sehr sorgfältig zu prüfen.

Fünftes Haus. Dies ist traditionell das Haus der Freude und der Liebe; hier liegen Hinweise, die sich auf die reine Freude einer sexuellen Verbindung auswirken. Sehen Sie sich das Zeichen und alle im Haus stehenden Planeten an, ebenso alle Aspekte, die es selbst bildet und die andere Planeten zu ihm einnehmen.

Siebtes Haus. Das Haus der Partnerschaften. Unsere persönliche Nachforschung und lebhafte Diskussionen mit Kollegen lassen erkennen, daß das Zeichen auf der Spitze dieses Hauses für die Reaktion des einzelnen auf seinen oder ihren Partner maßgeblich sein wird. Mit anderen Worten, unabhängig davon, wie sehr die Merkmale des aufsteigenden Zeichens betont werden, werden die Merkmale seines polaren Zeichens – des Zeichens im Tierkreis gegenüber dem Aszendenten – dem Partner gegenüber auf subtile und einzigartige Weise zum Ausdruck gebracht.

Achtes Haus. Das Skorpionhaus. Planeten und Zeichen, die in diesem Haus stehen, ermöglichen oft eine Vorstellung von den tiefliegenden Obsessionen und Bedürfnissen des Horoskopträgers. Trotzdem bleibt es in vieler Hinsicht ein geheimnisvoller Bereich des Geburtshoroskops.

Zwölftes Haus. Das Unbewußte, die Phantasie, Vorstellungskraft – alles, was nicht nach außen dringt – sind hier vertreten, und die in dieser Position befindlichen Planeten können in dieser Richtung ausgelegt werden.

Himmelsmitte. Es sollte nicht unerwähnt bleiben, daß unser Himmelsmitte-Zeichen, das unsere Bestrebungen verdeutlicht, auch für den sexuellen Bereich Aussagekraft haben kann. So wird zum Beispiel jemand mit der Himmelsmitte in Waage sich nach liebevoller, friedlicher und romantischer Sexualität sehnen.

OSCAR WILDE
(1854–1900)
Dublin, Irland, 16. Oktober, 3.00 Uhr mittlere Ortszeit.
Mit aufsteigender Jungfrau, Sonne und Venus in Waage, Jupiter im Fünften Haus und Mars in Schütze zeigt das Horoskop von Oscar Wilde viele grundsätzliche sexuelle Einflüsse, die sein Leben entscheidend prägen sollten. Jahrelang war er ein liebevoller, zärtlicher Ehemann (mit aufsteigender Jungfrau war sein Verhältnis zu seiner Frau von Fische-Merkmalen charakterisiert, gleichzeitig waren Sonne und Venus waagebestimmt). Schließlich ging er jedoch sowohl sexuelle als auch gefühlsmäßige Bindungen zu seinen männlichen Liebhabern ein. Ein Bedürfnis nach Herausforderung in seinem Geschlechtsleben könnte auf Jupiter im Fünften Haus (mit Sicherheit eine Quelle wirklichen Vergnügens) und auf den ungestümen, ruhelosen Mars in Schütze zurückzuführen sein. Hier sollten wir auch Pluto im Achten Haus in Betracht ziehen; es könnte jedoch auch sein, daß Wilde abgesehen von einfacher sexueller Befriedigung im Grunde von Ruhelosigkeit und dem Bedürfnis, neue Bereiche zu erobern, getrieben wurde und sich damit über die Konventionen seiner Zeit hinwegsetzte.

JIMI HENDRIX
(1942–1970)
Seattle, Washington, USA, 27. November, 10.15 Uhr pazifische Zeit.
Sonne, Merkur, Venus und Aszendent in Schütze, Mond in Konjunktion mit Jupiter in Krebs und Saturn und Uranus in Zwillinge – all dies weist auf Unzufriedenheit hin. Diese Konfigurationen, außerdem ein äußerst mächtiger Mars in Skorpion und Mond und Pluto ungünstig aspektiert im Achten Haus lassen auf einen Menschen mit extremem Verhalten schließen. Hätte sich Hendrix auf eine Zweierbeziehung beschränkt, wären die Anforderungen an diesen anderen Menschen unerträglich gewesen; die Mond-Jupiter-Konjunktion in Krebs könnte bestenfalls auf ein unbewußtes Sehnen nach einer stabilen und lohnenden sexuellen und emotionalen Partnerschaft deuten. Die verheerende Konjunktion von Saturn und Uranus, der Schütze als Sonnenzeichen und Merkur und Venus vom Zwölften Haus gegenüberstehen, lassen einen Extremismus ahnen, der in Verbindung mit Spannungen zu exzessivem Verhalten beitrug, das noch durch seine Drogenabhängigkeit verstärkt wurde (die selbst durch die Stärke der Planeten im Zwölften Haus, dazu noch Neptun in Waage, hoch am Himmel angezeigt wird). Sein exzentrisches und wechselhaftes Verhalten verbarg wahrscheinlich eine übersteigerte Unzufriedenheit; kein Wunder, daß er einen Ausweg suchte.

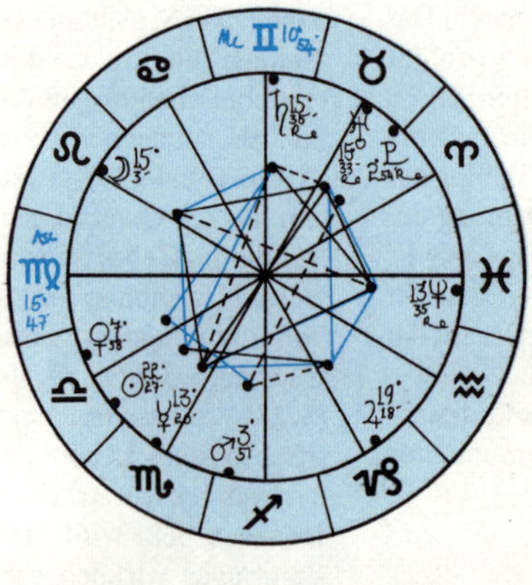

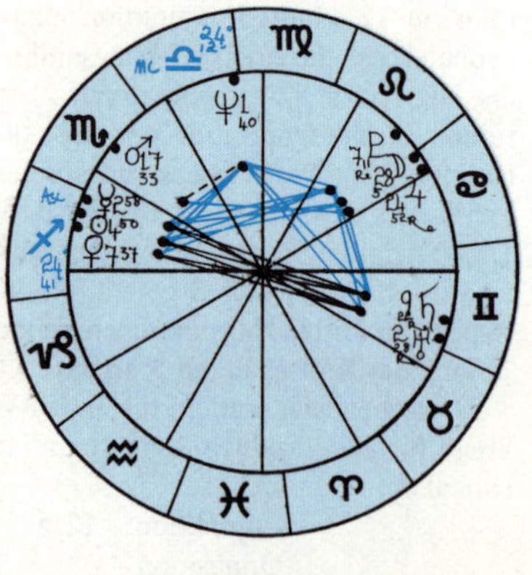

JOHN F. KENNEDY
1917–1963)
Brookline, Mass., USA,
29. Mai, 15.00 Ortszeit

Mit aufsteigender Waage war vorauszusehen, daß John F. Kennedy erst dann seine psychologische Integrität erlangte, als er eine ständige Bindung einging. Mit Sonne und Venus in Zwillinge und einem stark bevölkerten Achten Haus könnte man eine zwillingshafte Dualität, ausgedrückt durch Promiskuität in seinem Geschlechtsleben, erwarten; sein sexueller Appetit war in der Tat unersättlich. Wenn wir uns weiter mit seinem Horoskop befassen, können wir eine beträchtliche Unruhe entdecken, angezeigt durch den Mond in Jungfrau, der ein enges Quadrat mit Venus bildete; diese Konfiguration zeigt ebenfalls verborgene Enttäuschung und Unzufriedenheit an. Mars in Stier deutet auf den ersten Blick auf heftige, doch dann gesetztere Leidenschaft hin. Allerdings ist Uranus im Fünften Haus äußerst schwierig aspektiert, und dies ist wahrscheinlich der wichtigste Brennpunkt in seinem Horoskop, soweit Kennedys Geschlechtsleben betroffen ist, denn der Planet fällt in seinem eigenen Zeichen – Wassermann –, der durch Unabhängigkeit, Fortschrittlichkeit und kühlen Intellekt gekennzeichnet ist.

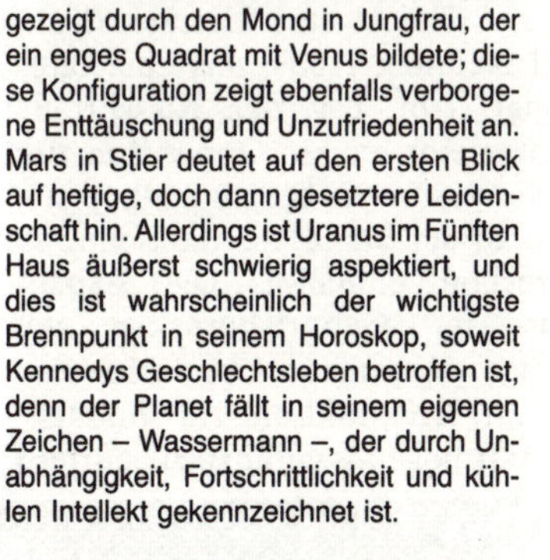

COLETTE
(1873–1954)
St.-Sauveur-en-Puisaye, Frankreich
28. Januar, 22.00 Uhr Ortszeit

Im Geburtshoroskop der berühmten französischen Schriftstellerin gibt es ein äußerst spannungsgeladenes T-Quadrat zwischen der Sonne in Wassermann und Saturn in Steinbock, in Opposition zu Uranus in Löwe und im Quadrat zu Mars in Skorpion. Colette konnte diese Energie sowohl als Schriftstellerin als auch durch eine lebhafte Sexualität umsetzen. Außerhalb ihrer drei Ehen pflegte sie ihr Leben lang intensive Beziehungen zu Frauen; anscheinend war ihre Bisexualität mit dem Bedürfnis nach Unabhängigkeit und Originalität verbunden. Saturn mit starker Placierung in seinem eigenen Zeichen wird ihr wohl die Anforderungen der Gesellschaft bewußt gemacht haben, doch mit einem so mächtigen Drang zum Unkonventionellen (Wassermann und Uranus) folgte sie geradezu zwangsläufig ihrem Streben nach Unabhängigkeit und einem unkonventionellen Lebensstil. Dies wurde durch den stark sexuell getönten Mars in Skorpion in Sexualität umgesetzt. Pluto im Achten Haus hat ebenfalls sexuelle Anklänge, während ein romantischer Aszendent in Waage und Neptun im Siebten Haus in Widder sowie die in den reizenden Büchern wie den «Claudine»- und «Chérie»-Bänden und in «Gigi» zum Ausdruck kommen. Beachten Sie den Mond in Wassermann in Konjunktion zur Sonne, der jedoch nicht am T-Quadrat beteiligt ist.

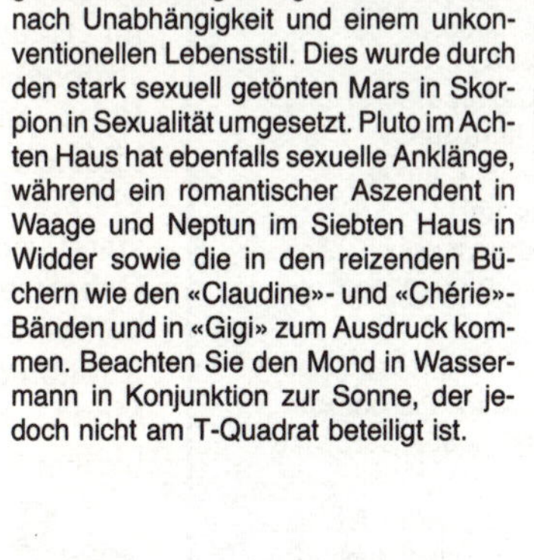

PABLO PICASSO
(1881–1973)
Malaga, Spanien, 25. Oktober
23.15 Uhr Ortszeit

Die schöpferische Kraft und Energie, die in Picassos Geburtshoroskop durch den Aszendent im schöpferischen Leo und die Sonne in Skorpion auffallend betont sind, kommen in seinem vitalen und ausgedehnten Sexualleben mit einer Reihe von Frauen, von Fernande Olivier (in seinen Zwanzigern) bis zu Jacqueline Rocque (in seinen Achtzigern) zum Ausdruck. Die Gruppierung von Planeten im sinnlichen Stier, dazu ein ebenfalls sexuell ausgerichteter Mars in Krebs trugen ebenso zu einem lebendigen und positiven Ausdruck der Sexualität bei. Beachten Sie auch, daß der Mond in Schütze im Fünften Haus steht. Wie bei seinen zahlreichen Beziehungen war er auch in seinem Schaffen von Vielseitigkeit und der dauernden Suche nach neuen Ausdrucksformen geprägt.

Er war ein besessener Arbeiter, und die alles bestimmende dynamische Stärke des Horoskops unterstützte den Ausdruck sexueller Energie ein ganzes langes Leben lang, häufig in erotisch gefärbten Kunstwerken.

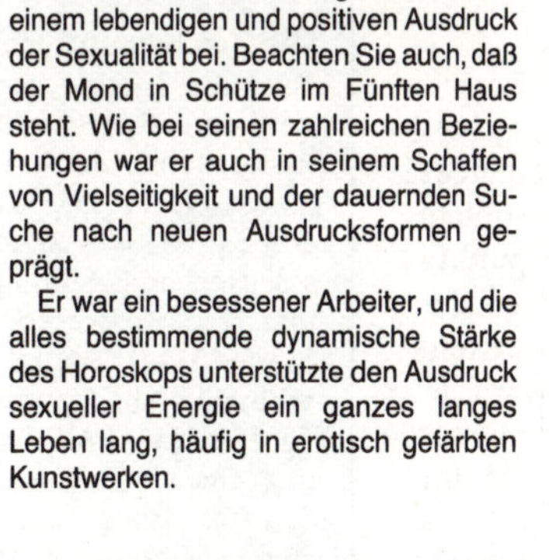

Einige Hinweise zur Deutung

Aspekte mit Uranus zwischen Sonne und Mond
Diese sind häufig in den Horoskopen von Homosexuellen beider Geschlechter vorhanden. Es gibt Theorien, daß Sonne/Uranus-Aspekte auf männliche Homosexualität hinweisen, während Mond/Uranus lesbische Veranlagung anzeigt. Sie sollten Ihre eigenen Forschungen anstellen; meist ist die Situation nicht so deutlich.

Aspekte zwischen Venus und Mars
Die Positionen von Venus und Mars und ihre Aspekte zueinander geben oft wichtige Hinweise auf die Haltung gegenüber der Sexualität und sexuellen Bedürfnissen, auch auf die Fähigkeit, Liebe zu geben und zu empfangen.

Aspekte zwischen Venus und Saturn
Diese – besonders Quadrate und Oppositionen – weisen häufig auf eine besessene Einstellung zur Sexualität hin. Die vorherrschende Beschäftigung damit und eine gewisse ‹Schwerfälligkeit› können den einzelnen dazu bringen, daß er von der Sexualität in negativer Weise beherrscht wird.

Aspekte zwischen Venus und Uranus
Die Wirkungen sind denen von Venus in Wassermann oder einem Wassermanneinfluß mit Venus-Obertönen (etwa Wassermann im Siebten Haus) nicht unähnlich. Die betreffenden Menschen üben normalerweise auf das andere Geschlecht eine große Anziehungskraft aus – sie sind einfach ‹sexy› –, oft werden sie sich jedoch nur schwer auf eine Bindung einlassen. Sie genießen Sex, bleiben jedoch innerlich frei. Manchmal sind sie exzentrisch, und es gibt Konflikte zwischen sexuellen Wünschen und der Fähigkeit, mit dem Partner eine Beziehung herzustellen.

Aspekte zwischen Mars und Uranus
Diese setzen Energien frei, bringen jedoch oft Spannung; denken Sie daran auch im Zusammenhang mit Sexualität.

Die Elemente und Sexualität
Menschen mit dem Feuerelement, betont durch aufsteigendes oder Sonnenzeichen, haben normalerweise eine starke sexuelle Begeisterungsfähigkeit; bei Ausgewogenheit der Elemente sollten diese Menschen ein glückliches Sexualleben führen. Menschen mit Sonnenzeichen im Element Erde werden größere Sicherheit als der Durchschnitt brauchen, sind jedoch sinnlich. Menschen mit betonten Luftzeichen sind romantisch veranlagt und haben Spaß am Experiment, während Menschen mit Wasserzeichen aufgrund ihres emotionalen Gehalts starke Bedürfnisse haben und außergewöhnlichen Erfolg als Liebhaber haben dürften.

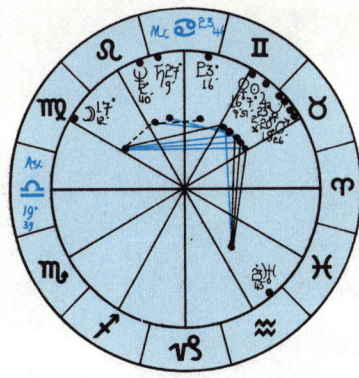

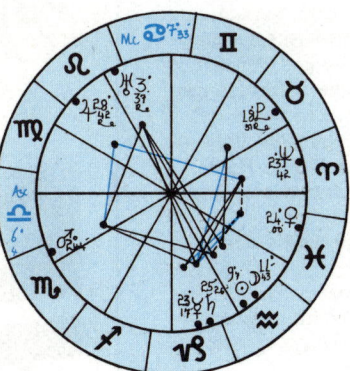

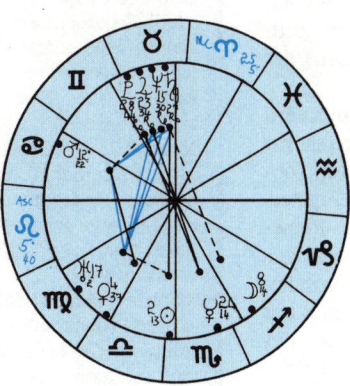

POLITISCHE ASTROLOGIE

Die politische Astrologie (oder Mundanastrologie) beschäftigt sich mit den Horoskopen von Häusern, Städten, Ländern und von Regierungen, politischen Parteien oder Vereinen.

Wer das Horoskop eines Landes ausarbeiten will, muß zuerst den geeigneten Zeitpunkt bestimmen, für den das Horoskop gestellt wird. Für das Horoskop Englands gingen die meisten Astrologen vom Mittag des Weihnachtstags 1066 aus, an dem Wilhelm der Eroberer zum König von England gekrönt wurde. Andere Astrologen richteten ihr Horoskop nach Mitternacht des 1. Mai 1707, als der Zusammenschluß von England und Schottland vollzogen wurde, wieder andere verwandten Mitternacht des 1. Januar 1801, den Zeitpunkt der Vereinigung von Großbritannien mit Irland. Man könnte lange darüber streiten, wer hier Recht hat.

Der Zeitpunkt der «Geburt» eines Landes oder Staates läßt sich nur schwer fixieren. Bei Staatsgründungen unserer Zeit kennen wir allerdings in vielen Fällen den genauen Zeitpunkt.

Auch bei Parteien und anderen Vereinigungen läßt sich manchmal eine genaue Gründungszeit feststellen. Die Astrologuers' Guild of America wurde zum Beispiel am Mittag des 9. April 1927, Eastern Standard Time, gegründet.

Der Geburtstag eines Autos

Wenn ein Astrologe das Horoskop eines Autos, eines Schiffes oder eines Gebäudes ausarbeitet, muß er sich mit dem Problem beschäftigen, welcher «Geburtszeitpunkt» zum Beispiel für ein Auto gilt. Ist es der Moment, in dem sich das Auto zum erstenmal aus eigener Kraft bewegt? Wird es «geboren», wenn es sein erster Eigentümer in Besitz nimmt, oder wenn er den Motor zum erstenmal laufen läßt? Die «Geburt» eines Schiffes könnte vielleicht der Stapellauf sein. Aber was bedeutet dann der Zeitpunkt der Kiellegung oder des Beginns der Entwurfsarbeiten?

Ein Horoskop für einen Gegenstand wird nach den Regeln ausgewertet, die auch für das Horoskop eines Menschen gelten, obwohl die Astrologen besonders auf Finsternisse und Konjunktionen wichtiger Planeten achten. Astrologen, die sich mit zukünftigen Ereignissen in einem bestimmten Land beschäftigen, prüfen jeden Monat zur Zeit des Neumonds das Horoskop des Landes. Drei Beispiele sollen demonstrieren, was die Mundanastrologie leistet.

Himmlische und irdische Einflüsse

In seinem Werk ‹*An Introduction to Political Astrology*› (1951) schlug der englische Astrologe Charles E. O. Carter bestimmte Beziehungen und Wirkungsbereiche für Planeten, Häuser und Sternzeichen vor.

Die Planeten

Sonne: Oberste Staatsgewalt; Sonnenfinsternisse sind wirksam.
Mond: Staatsvolk; Landwirtschaft.
Merkur: Presse, Literatur, Erziehungswesen; Post und Kommunikationsmittel; Reden der Politiker.
Venus: Kunst, Gesellschaft; nationaler Wohlstand; Kriegsglück.
Mars: Streitkräfte; Gewaltverbrechen; in Verbindung mit Uranus Explosionen, mit Neptun Verbrechen und Verrat; Interessengegensätze in der Gesellschaft.
Jupiter: Geistliche und Kirchen, Richter, das Gesetz; Banken und Versicherungen; obere Gesellschaftsschichten; philantropische Einrichtungen.
Saturn: Eigentum.
Uranus: Verwaltung; Energieversorgung.
Neptun: Krankenhäuser, Wohlfahrtseinrichtungen; die Marine; in ungünstiger Stellung verbunden mit Unordnung, Verbrechen und Skandalen; Brauereien und Alkohol; Chemikalien, Schuhe, Öl; Kunst.
Pluto: Bergbau und Bodenschätze; in ungünstiger Konstellation die Unterwelt.

Die Zeichen und Häuser

Nach der Theorie von Carter haben auch Zeichen und Häuser Bedeutung.
Erstes Haus: Die Nation als Ganzes.
Zweites Haus: Die Wirtschaft.
Drittes Haus: Erziehungswesen; Zeitschriften und Zeitungen; Post, Rundfunk und Transportwesen.
Viertes Haus: Boden und Häuser; Landwirtschaft; die Opposition im Parlament.
Fünftes Haus: Alle Formen der Zerstreuung; Gesellschaft; Kinder.
Sechstes Haus: Die arbeitende Klasse, «linke» Organisationen; öffentliches Gesundheitswesen; Streitkräfte; Verwaltung.
Siebtes Haus: Auswärtige Angelegenheiten im allgemeinen; Krieg und Verträge.
Achtes Haus: Finanzielle Verbindungen mit dem Ausland; öffentliche Sicherheit.
Neuntes Haus: Gesetz; Religion; Philosophie; Wissenschaft (auch Drittes Haus).
Zehntes Haus: Staatsoberhaupt; Regierung, internationales Ansehen.
Elftes Haus: Parlamente und Gemeindeverwaltungen.
Zwölftes Haus: Gefängnisse, Krankenhäuser, Altersheime, Wohlfahrtsvereinigungen; Geheimgesellschaften, Klöster und anerkannte Religionen.

Der erste Fall: Die «Titanic»

Die «Titanic» der White Star Line war zu ihrer Zeit das größte Schiff. Sie sollte unsinkbar sein, doch auf ihrer Jungfernfahrt über den Atlantik kollidierte sie am 15. April 1912 mit einem Eisberg und sank. Die astrologische Geschichte des Schiffs ist voll von düsteren Vorzeichen. Als die «Titanic» vom Stapel lief, stand Mars in Opposition zum Aszendenten (Anzeichen für Gefahr), Merkur in Konjunktion mit Saturn und beide in Opposition zu Jupiter. Als sie am 10. April 12 Uhr mittags auslief, befand sich der Aszendent – das Schiff selbst – in Opposition zum Uranus (Katastrophe) und zum Mond (Reisende); Neptun, der Herrscher der Meere, befand sich im Zwölften Haus (Unglück) im Quadrat

zur Sonne (gefährlicher Aspekt). Im Geburtshoroskop des Kapitäns stand Neptun im Haus des Todes und Uranus (Katastrophe) im Neunten Haus, das eine lange Reise anzeigt. Am Tag der Katastrophe bildete Uranus eine exakte Opposition zum Platz des Mondes im Geburtshoroskop und stand genau an der Stelle, die die Sonne im Geburtshoroskop einnahm. Die Aspektkombination im Geburtshoroskop von Kapitän Smith – Uranus in Opposition zum Mond und in Konjunktion zur Sonne – hätte jeder Astrologe als gefährlich beurteilt.

Die unsinkbare «Titanic» (links und oben)
Die Abbildung links zeigt die verhängnisvolle Kollision des riesigen Schiffs mit dem Eisberg. Von 2207 Passagieren und Mannschaftsmitgliedern verloren über 1500 das Leben. Oben: Ein überfülltes Rettungsboot, das von der sinkenden «Titanic» freikam.

John F. Kennedy in Dallas (unten)
John F. Kennedy und seine Frau winken Anhängern zu, einige Augenblicke bevor die tödlichen Schüsse auf den Präsidenten abgegeben wurden. Mehrere amerikanische Astrologen hatten die Tragödie vorhergesagt.

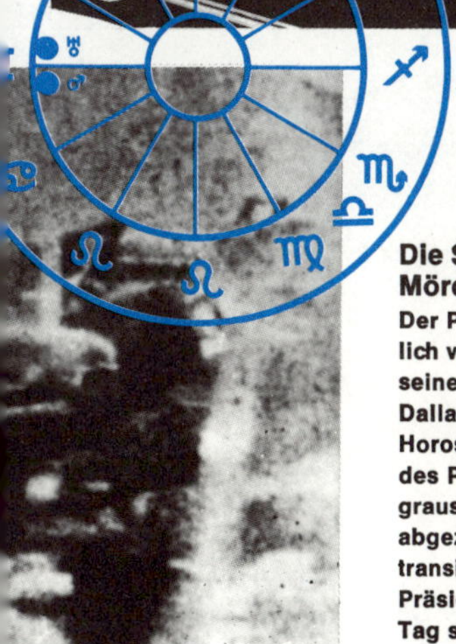

Die Schüsse des Mörders (links)
Der Präsident sinkt tödlich verwundet gegen seine Frau. Der Mord von Dallas hatte sich in den Horoskopen der USA und des Präsidenten mit grausamer Deutlichkeit abgezeichnet. Ein Marstransit im Horoskop des Präsidenten fiel auf den Tag seiner Ermordung.

Frankreich trauert um de Gaulle (oben)
Am 9. November 1970 starb der ehemalige französische Staatspräsident Charles de Gaulle. 40 000 Menschen säumten bei seiner Beerdigung in Colombey-les-deux-Églises die Straßen. Nach seinem Rücktritt hatte eine Ära innerer Reformen begonnen, und die französische Außenpolitik war in Bewegung geraten.

Der Sarg des Präsidenten (links)
Zwölf junge Männer aus Colombey-les-deux-Églises trugen den Sarg des ehemaligen Staatspräsidenten Charles de Gaulle von der Kirche zum Friedhof. An der Spitze des Zuges schritt sein Sohn Philippé de Gaulle. Eine Sonnenfinsternis zeigte nach Meinung einiger Astrologen den Tod de Gaulles unmißverständlich an.

Der zweite Fall: John F. Kennedy

Sechs Monate vor der Ermordung des amerikanischen Präsidenten schrieb der amerikanische Astrologe Leslie McIntyre in der Zeitschrift *American Astrology,* daß bestimmte Konfigurationen im progressiven Horoskop der USA «mit persönlicher Gefährdung unseres Staatsoberhauptes zusammentreffen könnten». Im progressiven Horoskop des Präsidenten stand am Tag seiner Ermordung Mars in 20° Zwillinge in Konjunktion mit Aszendent und Mars im Horoskop der USA. Transite des Mars aktivierten dazu noch den Grad.

Der dritte Fall: Charles de Gaulle

Einige Astrologen glauben, daß die Sonnenfinsternis im März 1970 ein Vorzeichen für den Tod de Gaulles gewesen sein könnte.

Die «Vierte Republik» wurde «astrologisch» um 2.40 Uhr am 10. Oktober 1946 in Paris geboren. In den Jahren 1970 bis 1971 wechselte die Sonne im progressiven Horoskop der Republik von Skorpion nach Schütze. Am Ende des Jahres 1970 stand sie in Konjunktion zu Merkur in 0° Schütze. Diese Konjunktion deutete auf größere Gesprächsbereitschaft mit den Nachbarn.

EINE ASTROLOGISCHE WELTKARTE

Von 1900 an hat das Interesse an der Astrologie in vielen Ländern sprunghaft zugenommen. Allerdings verlief die Bewegung nicht gleichmäßig. Die indische Astrologie war zum Beispiel nie von einem so drastischen Niedergang betroffen, wie ihn Newtons Entdeckungen und der Beginn des Rationalismus in Europa auslösten. Kurz nach der Wende des 19. zum 20. Jahrhundert begann sich sehr schnell das Interesse an der Astrologie in Europa wieder zu beleben, nicht zuletzt durch die ermutigende Sympathie, die ihr einflußreiche Denker wie C. G. Jung entgegenbrachten. Aber auch in Nord- und Südamerika, Asien und Australien gewann die Astrologie immer mehr Anhänger. Die Karte demonstriert das weltweite astrologische Interesse in unseren Tagen.

A Um 4000 v. Chr. entstand in Assyrien und Babylon die Astrologie, gleichzeitig wohl auch in Indien und China.

B Die Ägypter benutzten die Astrologie für Weissagungen (um 2000 v. Chr.).

C Die Griechen begannen um 800 v. Chr., Astrologie zu lehren. Ober Ägypten drang die Astrologie nach Rom vor (um 100 v. Chr.).

D 300–1100 n. Chr.: Im Oströmischen Reich breiteten sich Christentum und Astrologie gleichzeitig aus. Im Mittelalter wurde sie wieder in Europa heimisch.

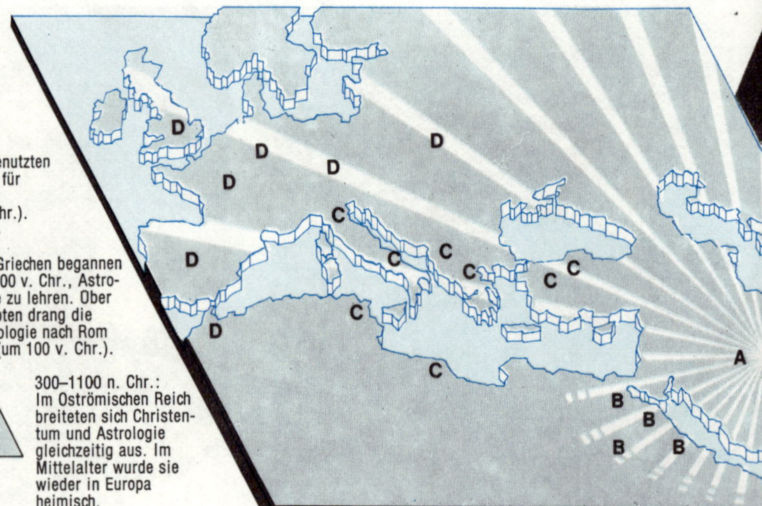

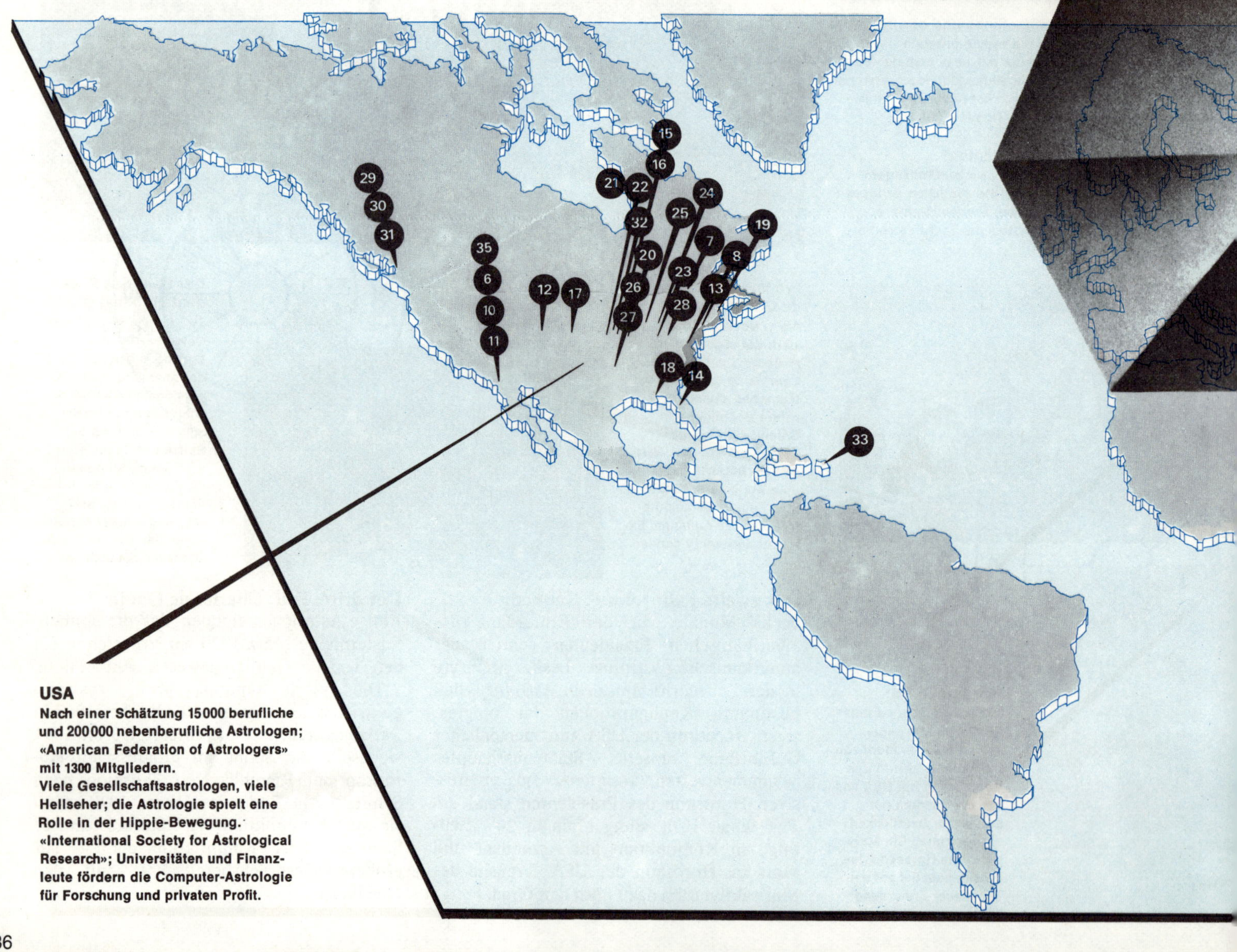

USA
Nach einer Schätzung 15000 berufliche und 200000 nebenberufliche Astrologen; «American Federation of Astrologers» mit 1300 Mitgliedern.
Viele Gesellschaftsastrologen, viele Hellseher; die Astrologie spielt eine Rolle in der Hippie-Bewegung.
«International Society for Astrological Research»; Universitäten und Finanzleute fördern die Computer-Astrologie für Forschung und privaten Profit.

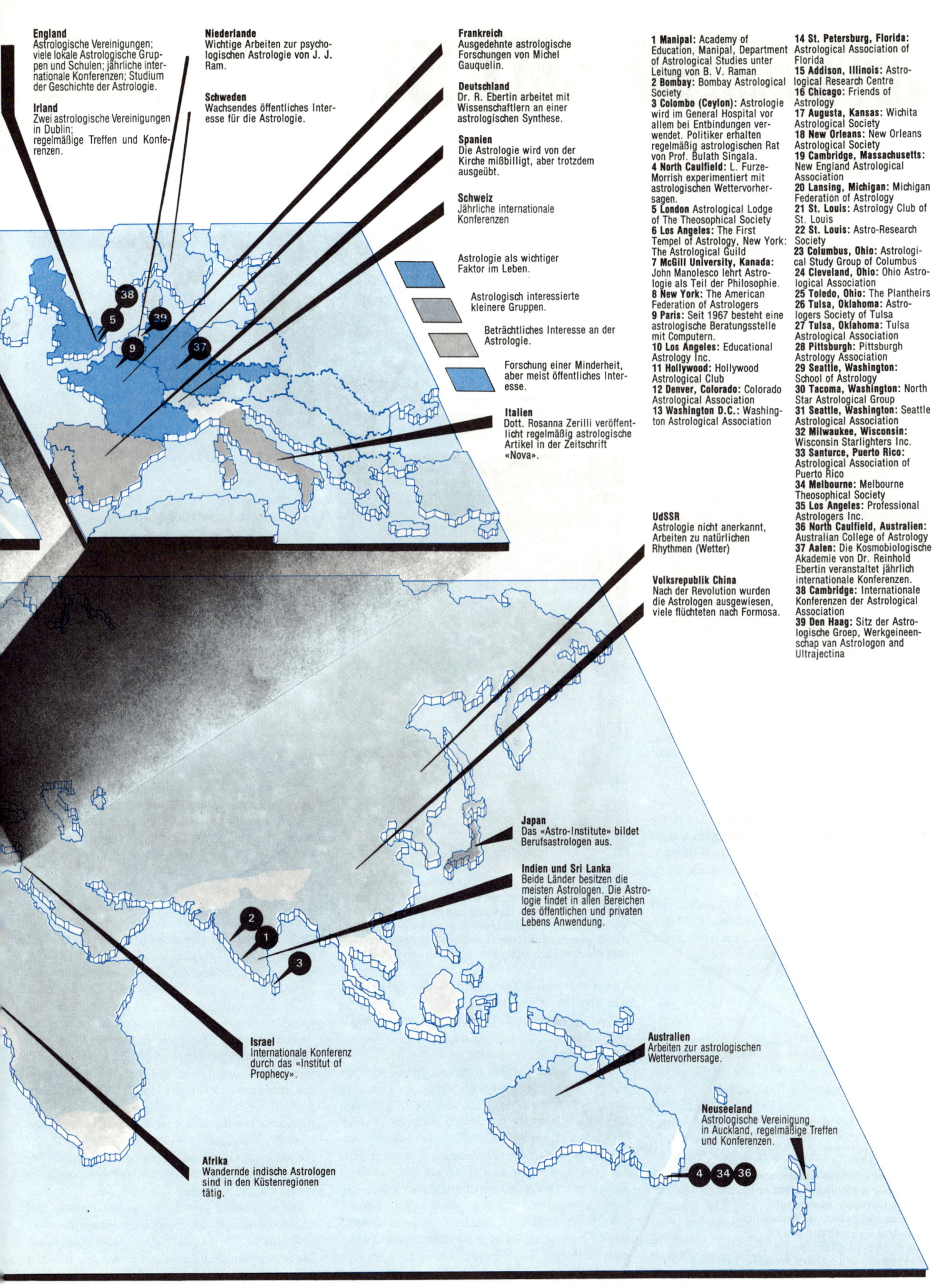

England
Astrologische Vereinigungen; viele lokale Astrologische Gruppen und Schulen; jährliche internationale Konferenzen; Studium der Geschichte der Astrologie.

Irland
Zwei astrologische Vereinigungen in Dublin; regelmäßige Treffen und Konferenzen.

Niederlande
Wichtige Arbeiten zur psychologischen Astrologie von J. J. Ram.

Schweden
Wachsendes öffentliches Interesse für die Astrologie.

Frankreich
Ausgedehnte astrologische Forschungen von Michel Gauquelin.

Deutschland
Dr. R. Ebertin arbeitet mit Wissenschaftlern an einer astrologischen Synthese.

Spanien
Die Astrologie wird von der Kirche mißbilligt, aber trotzdem ausgeübt.

Schweiz
Jährliche internationale Konferenzen

Astrologie als wichtiger Faktor im Leben.

Astrologisch interessierte kleinere Gruppen.

Beträchtliches Interesse an der Astrologie.

Forschung einer Minderheit, aber meist öffentliches Interesse.

Italien
Dott. Rosanna Zerilli veröffentlicht regelmäßig astrologische Artikel in der Zeitschrift «Nova».

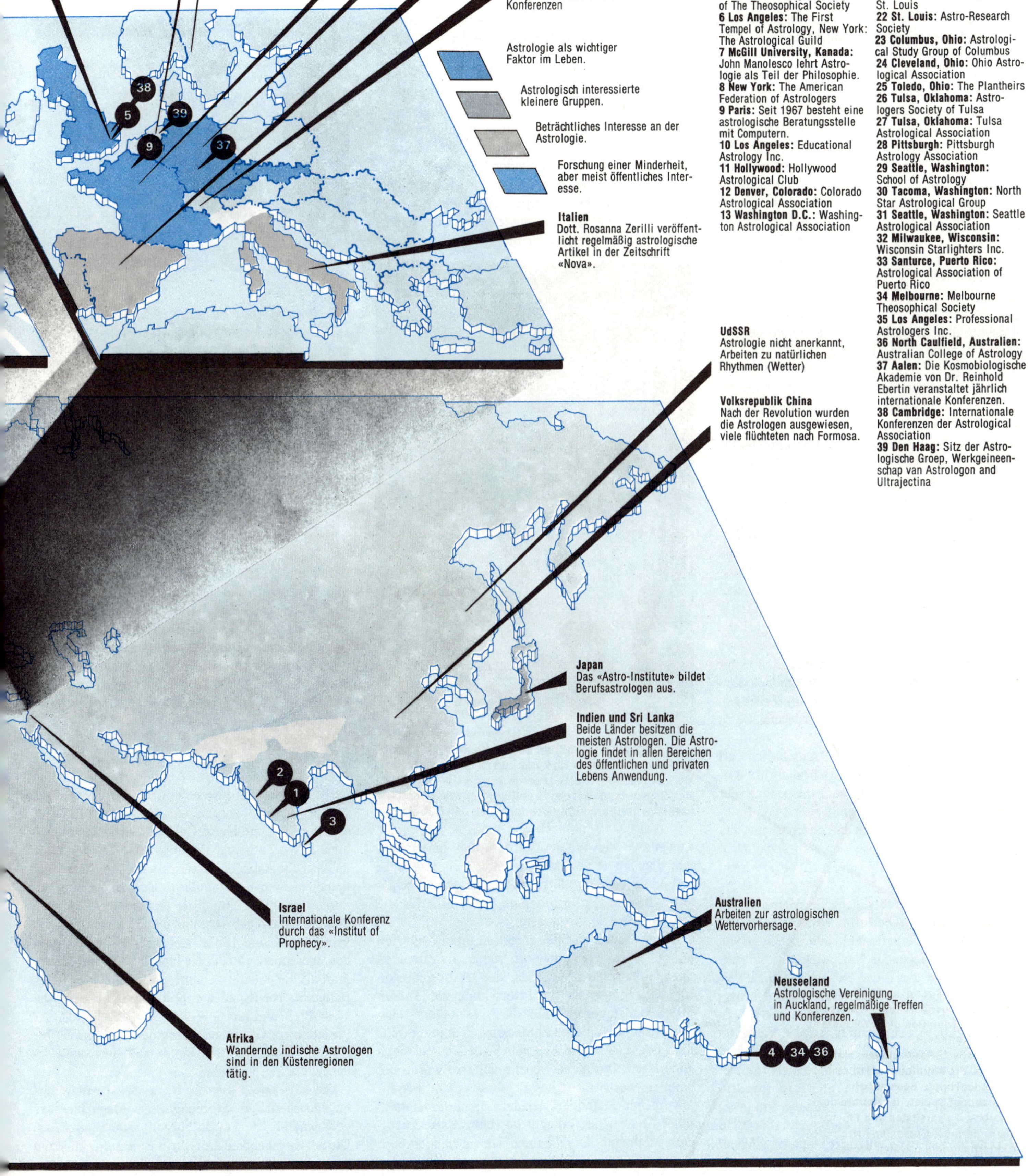

UdSSR
Astrologie nicht anerkannt, Arbeiten zu natürlichen Rhythmen (Wetter)

Volksrepublik China
Nach der Revolution wurden die Astrologen ausgewiesen, viele flüchteten nach Formosa.

Japan
Das «Astro-Institute» bildet Berufsastrologen aus.

Indien und Sri Lanka
Beide Länder besitzen die meisten Astrologen. Die Astrologie findet in allen Bereichen des öffentlichen und privaten Lebens Anwendung.

Israel
Internationale Konferenz durch das «Institut of Prophecy».

Afrika
Wandernde indische Astrologen sind in den Küstenregionen tätig.

Australien
Arbeiten zur astrologischen Wettervorhersage.

Neuseeland
Astrologische Vereinigung in Auckland, regelmäßige Treffen und Konferenzen.

1 Manipal: Academy of Education, Manipal, Department of Astrological Studies unter Leitung von B. V. Raman
2 Bombay: Bombay Astrological Society
3 Colombo (Ceylon): Astrologie wird im General Hospital vor allem bei Entbindungen verwendet. Politiker erhalten regelmäßig astrologischen Rat von Prof. Bulath Singala.
4 North Caulfield: L. Furze-Morrish experimentiert mit astrologischen Wettervorhersagen.
5 London Astrological Lodge of The Theosophical Society
6 Los Angeles: The First Tempel of Astrology, New York: The Astrological Guild
7 McGill University, Kanada: John Manolesco lehrt Astrologie als Teil der Philosophie.
8 New York: The American Federation of Astrologers
9 Paris: Seit 1967 besteht eine astrologische Beratungsstelle mit Computern.
10 Los Angeles: Educational Astrology Inc.
11 Hollywood: Hollywood Astrological Club
12 Denver, Colorado: Colorado Astrological Association
13 Washington D.C.: Washington Astrological Association
14 St. Petersburg, Florida: Astrological Association of Florida
15 Addison, Illinois: Astrological Research Centre
16 Chicago: Friends of Astrology
17 Augusta, Kansas: Wichita Astrological Society
18 New Orleans: New Orleans Astrological Society
19 Cambridge, Massachusetts: New England Astrological Association
20 Lansing, Michigan: Michigan Federation of Astrology
21 St. Louis: Astrology Club of St. Louis
22 St. Louis: Astro-Research Society
23 Columbus, Ohio: Astrological Study Group of Columbus
24 Cleveland, Ohio: Ohio Astrological Association
25 Toledo, Ohio: The Plantheirs
26 Tulsa, Oklahoma: Astrologers Society of Tulsa
27 Tulsa, Oklahoma: Tulsa Astrological Association
28 Pittsburgh: Pittsburgh Astrology Association
29 Seattle, Washington: School of Astrology
30 Tacoma, Washington: North Star Astrological Group
31 Seattle, Washington: Seattle Astrological Association
32 Milwaukee, Wisconsin: Wisconsin Starlighters Inc.
33 Santurce, Puerto Rico: Astrological Association of Puerto Rico
34 Melbourne: Melbourne Theosophical Society
35 Los Angeles: Professional Astrologers Inc.
36 North Caulfield, Australien: Australian College of Astrology
37 Aalen: Die Kosmobiologische Akademie von Dr. Reinhold Ebertin veranstaltet jährlich internationale Konferenzen.
38 Cambridge: Internationale Konferenzen der Astrological Association
39 Den Haag: Sitz der Astrologische Groep, Werkgeineenschap van Astrologon and Ultrajectina

ASTROLOGIE SEIT 1970

Die Annäherung zwischen der Astrologie und der modernen Wissenschaft macht langsame, doch stetige Fortschritte, und es ist nicht zu übersehen, daß in den vergangenen 10 bis 12 Jahren der Standard erheblich gestiegen ist, was die systematische Überprüfung der Astrologie als Theorie sowie die Veröffentlichung von wohlbegründeten astrologischen Aussagen und Daten betrifft.

Manchen Astrologen ist nicht wohl dabei, daß ihre Disziplin der wissenschaftlichen Prüfung unterzogen werden sollte. Für diesen Vorbehalt gibt es mehrere Gründe; die meisten sind jedoch auf die herablassende Haltung einiger Wissenschaftler zurückzuführen, die die Astrologie als Pseudowissenschaft betrachten, die kein geeignetes Objekt für wissenschaftliche Studien darstellt. Das ist eine Meinung, die häufig aus Unwissenheit geäußert wird und bevor überhaupt der Versuch unternommen wird, die Theorie zu verstehen oder die vorhandenen Beweise zu prüfen. Es gibt ehrenwerte Ausnahmen, doch im allgemeinen nehmen die Vertreter der westlichen Wissenschaft der Astrologie gegenüber eine bedauernswerte Haltung ein.

Da ist zum Beispiel der berühmte Vorfall im Jahr 1975, als die amerikanische Zeitschrift ‹Humanist› 186 führende Wissenschaftler, darunter 18 Nobelpreisträger, dazu überredete, eine Erklärung mit dem Titel ‹Einwände gegen die Astrologie› zu unterzeichnen. In dieser Erklärung wurde die Öffentlichkeit – zu Recht – vor ‹der bedingungslosen Annahme der Voraussagen und Ratschläge, die privat und öffentlich von Astrologen gemacht werden›, gewarnt. Dann wurde jedoch behauptet, daß die Astrologie ihren Ursprung in Aberglaube und Magie habe und daß ‹diejenigen, die an Astrologie glauben möchten, sich darüber klar sein sollten, daß es für ihre Lehren keine wissenschaftliche Grundlage gibt.› Diese Erklärung wurde an Tausende von Zeitungen in der westlichen Welt mit der Aufforderung, sie zu drucken, verschickt.

Der bekannte Astronom und Wissenschaftler Carl Sagan, der sich weigerte, die Erklärung zu unterzeichnen, wies darauf hin, daß auch die Anfänge der Chemie, Medizin und Astronomie zuerst von Aberglaube umgeben waren, doch daß ‹die Tatsache, daß wir uns die Wirkungsweise der Astrologie nicht vorstellen können, relevant, aber nicht überzeugend ist›.

Heute steht fest, daß die große Mehrheit der Unterzeichner nur nebelhafte Vorstellungen von moderner Astrologie hatte und viele von ihnen von der Existenz vorliegender Nachweise, die sie stützen, gar nichts wußten. Die Tatsache, daß sie ihre Namen hergaben, ohne überhaupt zu versuchen, sich mit dem Thema, das sie angriffen, vertraut zu machen, wirkte sich sehr abträglich aus. Viele von ihnen weigerten sich später, Interviews zu diesem Thema zu geben, da sie darüber gar nichts wußten! Das ist zwar eine menschliche, aber kaum wissenschaftliche Reaktion. Vielleicht war das Vorgehen der 187 Wissenschaftler angemessener, die 1976 eine Erklärung in der Zeitschrift ‹Aquarian Agent› veröffentlichten, nach der die Astrologie zumindest ein gültiger Forschungsbereich sei und es wichtig sei, zwischen ‹Sonnenzeichen-Betrügern› und ernsthaften Astrologen zu unterscheiden, die mit dem vollständigen Geburtshoroskop arbeiten.

Einige Wissenschaftler übten auf Kollegen eine gewisse Zensur aus, die sich ernsthaft mit Astrologie beschäftigen wollten. Als J. Allen Hynek, der Leiter der Fakultät für Astronomie der Nordwestern University und Mitglied der Kommission für Astrologie in Harvard, das Observatorium, an dem er arbeitete, um Erlaubnis bat, die Ergebnisse einiger Forschungsarbeiten zu veröffentlichen, die er über die Assoziationen zwischen Wissenschaftlern und den Positionen von Sonne und Merkur zum Zeitpunkt ihrer Geburt durchgeführt hatte, bekam er einen abschlägigen Bescheid, obwohl seine Ergebnisse für die Astrologie ungünstig waren!

John Addey (1920-1982) wurde in Yorkshire, England geboren. Nachdem er für kurze Zeit als astrologischer Berater gearbeitet hatte, brachte ihm die Überarbeitung des Gegenstands auf der Grundlage seiner eigenen statistischen Forschungen internationalen Ruhm ein.

Einige Wissenschaftler gingen in ihren Angriffen auf die Astrologie sogar noch weiter. Es gab einen Skandal, als einige Mitglieder der US-Kommission für die wissenschaftliche Erforschung von Thesen über das Paranormale (CSICOP) versuchten, eine von Michel Gauquelins Entdeckungen über die Wirkung des Mars auf die menschliche Persönlichkeit zu widerlegen. Ihre negativen Ergebnisse, wurde behauptet, waren nicht das Ergebnis echter wissenschaftlicher Methoden, sondern frisierter statistischer Analyse und bewußt falscher wissenschaftlicher Methoden. Der Skandal führte zu mehreren Rücktritten vom CSICOP. In England ist es vorgekommen, daß Wissenschaftler und Astronomen in dem Versuch, Astrologen zu überführen oder sie lächerlich zu machen, öffentlich Nachweise fälschten.

Michel und Françoise Gauquelin (oben) sind Psychologen, die sich für mögliche statistische Nachweise für die Astrologie interessiert haben. Ihre Forschungen haben neue Theorien hervorgebracht.

Dieses entschieden unwissenschaftliche Vorgehen hat natürlich einige Astrologen davon überzeugt, daß sie besser daran täten, ihren eigenen traditionellen Pfad weiterzuverfolgen, als sich mehr auf anerkannten wissenschaftlichen Methoden zu verlegen. Andere entschiedene Astrologen haben jedoch ein umfangreiches, nachdenklich stimmendes Material veröffentlicht, das erprobt und gut dargestellt war, doch eine kritische Einstellung gegenüber den Astrologen erkennen ließ, die nicht bereit sind, ihre Forschungen und Theorien einer Nachprüfung auszusetzen.

Das Buch ‹Recent Advances in Natal Astrology› (Neue Fortschritte in der Geburtsastrologie), das im Jahr 1977 von der UK Astrological Association veröffentlicht wurde und von Geoffry Dean und Arthur Mather zusammengestellt worden war, sprach sich gegenüber so vielen Bereichen der Astrologie kritisch aus und stellte so viele Mythen bloß, daß manche Astrologen meinten, der Titel hätte eher lauten müssen ‹Der moderne Rückzug in die Geburtsastrologie›. Gründlich recherchiert, auf den neuesten Stand gebracht und unter Verwendung der Erfahrungen und Daten vieler moderner Astrologen, einschließlich Charles Harvey, Chester Kemp, Frank Hyde und der verstorbene John Addey (UK), Baldur Ebertin (Bundesrepublik Deutschland) sowie Nona Press und James Williamsen (USA), stellt dies für jeden ein Grundlagenwerk dar, der bemüht ist, den gegenwärtigen Stand der Astrologie in der westlichen Welt zu verstehen.

Die ernsthaften astrologischen Zeitschriften verhalten sich zu den «Sternengucker»-Magazinen wie etwa analytische Finanzjournale zum Einmaleins. Die hervorragendste Zeitschrift ist unserer Meinung

Dr. Gauquelin (oben) hat die täglichen Planetenpositionen von vielen Tausenden von Menschen analysiert und Geburtszeiten und berufliche Erfolge analysiert.

nach ‹Correlation: A Journal of Research into Astrology›, die von Simon Best für die englische Astrologische Gesellschaft herausgegeben wird. Sie erscheint zweimal im Jahr und enthält die neuesten kritischen Auswertungen moderner astrologischer Arbeiten, einschließlich solcher Themen wie planetarische Einflüsse auf die Aktivität von Metallionen, ausgezeichnete Überblicke über neues Material und spekulative Artikel in allen Bereichen des Themas. Das ‹Journal of Research› der amerikanischen astrologischen Gesellschaft, das Anfang der achtziger Jahre zu erscheinen begann, wies zu der Zeit nicht denselben hohen redaktionellen Standard auf und war auch der Allgemeinheit nicht zugänglich.

Der ‹Skeptical Enquirer›, die Zeitschrift der SCICOP, war in den frühen achtziger Jahren der Hauptgegner der modernen Astrologie; sie hatte es bitter nötig, sich nach dem Skandal einer ziemlich unwissenschaftlichen Behandlung von Gaugelins Werk zu rechtfertigen. Ernsthafte Arbeit wird von ihrer astrologischen Unterkommission unter der Leitung von Ivan Kelly geleistet, einem Psychologen, der an der Universität von Saskatchewan arbeitet. Der ‹Zetetic Scholar›, die Zeitschrift des Center for Scientific Anomallies Research (US) wurde als eine seriöse und ausgewogene Veröffentlichung gegründet, die sich unter anderem mit Astrologie befaßt. Zeitschriften mit allgemeinerer Ausrichtung wie zum Beispiel ‹The Journal of Interdisciplinary Cycle Research› und ‹The Journal of Chronobiology› befassen sich häufig ernsthaft mit der Astrologie, ebenso Gruppen wie das UK Cycles Network, ein informelles Gremium von Geschäftsleuten, die sich für Zyklen interessieren und sich regelmäßig treffen, jedoch keine Zeitschrift herausgeben. Man beschäftigt sich weiterhin ernsthaft mit Marktzyklen, und in den achtziger Jahren wurden in den USA spektakuläre Erfolge bei der Vorhersage der Fluktuationen des Gold- und Silberpreises verzeichnet.

Es ist heute nicht so einfach zu behaupten, daß die besten modernen Astrologen ihrer Wissenschaft unkritisch gegenüberstehen. Innerhalb der letzten paar Jahre sind viele Thesen in Zusammenhang mit diesem Thema diskreditiert oder sorgfältig überprüft worden. Ein interessantes Beispiel war der Fall, der in den siebziger Jahren viel Publizität fand und die Arbeiten von Dr. Eugen Jonas, einem tschechischen Psychiater, betraf, der behauptete, eine 98prozentig sichere Methode der astrologischen Geburtenkontrolle gefunden zu haben. Eine Zeitlang wurde diese Behauptung ziemlich unkritisch aufgenommen; erst Anfang der achtziger Jahre wurde darauf hingewiesen, daß, da diese Methode implizit auf dem Augenblick der Empfängnis beruhte und dieser außer unter

Die Anzahl seriöser astrologischer Zeitschriften in der westlichen Welt hat in den letzten zwanzig Jahren enorm zugenommen (oben). Im Gegensatz zu den populären «Sonnenzeichen»-Zeitschriften befassen sich diese auf seriöser Basis mit der Astrologie.

Laborbedingungen unmöglich festzustellen ist, seine Behauptung keine Gültigkeit haben konnte. Auf die Kritiken an der wissenschaftlichen ‹Methode› des Dr. Jonas haben die Tschechen bisher nicht reagiert.

Ein berühmter Anspruch auf astrologisch begründete Wettervorhersage wurde in den siebziger Jahren von Dr. John Nelson vertreten, der 25 Jahre für die RCA-Kurzwellenstationen gearbeitet hatte. Er sicherte eine Genauigkeit von 93% bei der Vorhersage von Funkströmungen durch die Beobachtung der Planetenpositionen und ihrer Korrelation mit Sonnenflecken zu. In einer Ausgabe von ‹Correlation› (Mai 1983) veröffentlichte Geoffrey Dean einen langen, kritischen Artikel über Nelsons Arbeiten und kam zu dem Schluß, daß es keinen Nachweis für seine These einer Wechselbeziehung zwischen Planetenpositionen und der HF-Radioqualität gebe. Dr. Nelson gab jedoch nicht nach, und die Auseinandersetzung ging weiter.

Auf einem populären, doch seriösen Niveau erregte die Herausgabe des Buches ‹Astrology: Science or Superstition› (Astrologie: Wissenschaft oder Aberglaube) der britischen Psychologen Professor Hans J. Eysenck und D. K. B. Nias 1982 Aufmerksamkeit. Obwohl die Autoren keine speziellen Kenntnisse der Astrologie oder ihrer modernen Anwendung hatten, stellt ihr Buch einen mutigen Versuch seriöser Schriftsteller dar, dem Thema gerecht zu werden. Sie kommen zu dem Schluß, daß, wenn auch viele Nachweise, die zugunsten der Astrologie erbracht werden, von zweifelhaftem Wert seien, ‹es klar erwiesene Tatsachen gibt, die sich der rationalen Erklärung nach heutigen Theorien entziehen und die in Frage zu stellen oder hinwegzuerklären die Fähigkeiten der größten Skeptiker auf die Probe stellen würde.›

Sie kommen ebenfalls zu dem Schluß, daß zumindest teilweise die von Astrologen zugewiesenen Sonnenzeichen-Merkmale statistisch begründet werden können. Diese Schlußfolgerung schränkte Professor Eysenck später durch seine Vermutung ein, daß die meisten Menschen sich der Sonnenzeichen-Merkmale, die man bei ihnen erwarten könne, bewußt seien und sie also bewußt oder unbewußt zum Ausdruck bringen könnten. Professor Alan Smithers von der Universität Manchester glaubt, daß der Sonnenzeichen-Test richtig und wissenschaftlich ausgewertet werden könne, und arbeitet an einem System, mit dem er dies zu verwirklichen hofft.

Die zunehmende Bereitschaft mancher Astrologen, ihre Entdeckungen der wissenschaftlichen Prüfung zur Verfügung zu stellen, und, was noch wichtiger ist, sich mit statistischen Methoden vertraut zu machen und sie auf ihre Arbeiten strikt anzuwenden, ist eine der erfreulichsten Entwicklungen der Astrologie im 20. Jahrhundert.

Es gibt auch Astrologen, die einen eigenen Weg gehen: das Werk «Expanding Astrology's Universe» (1983) des amerikanischen Astrologen Zipporah Dobyns ist ganz klar das Zeugnis eines individuellen Geistes, der die Astrologie vom Standpunkt des Anthropologen und klinischen Psychologen, mit einem tiefgehenden Interesse an der Psyche, angewendet. Das in England erschienene Buch «Astrological Counselling» (1982) von Christina Rose ist eine Richtschnur für Astrologen, die sich hauptsächlich mit den persönlichen Beziehungen befassen; in «Synastry» (1982) prüft Penny Thornton die Methode, wie der Vergleich der Geburtshoroskope zweier Menschen, die in einer Beziehung zueinander stehen, bei der Lösung von Problemen hilfreich sein kann. Darüberhinaus werden immer mehr Bücher über medizinische Astrologie, über die Wirkung des Mondes auf das Pflanzenwachstum und die Astrologie im täglichen Leben auf immer höherem Niveau veröffentlicht, als das seit dem 17. Jahrhundert je der Fall war.

DIE ERWEITERUNG DES SONNENSYSTEMS

Von Astrologen werden die Entwicklungen der mit dem Sonnensystem befaßten Astronomie mit großem Interesse verfolgt. Bisher ist über die Beschaffenheit der Kraft, die der Astrologie zugrundeliegt, noch nichts bekannt, und es ist immer möglich, daß neue Entdeckungen der Astronomie im Sonnensystem eines Tages einen Schlüssel liefern.

Im Verlauf der siebziger und achtziger Jahre haben die Flüge verschiedener Raumschiffe eine ganze Anzahl von Fakten über die Planeten des Sonnensystems erbracht, die Astrologen viel Material für Spekulationen lieferten. 1974 zum Beispiel sandte Pioneer II die Information zur Erde, daß das Magnetfeld des Jupiter viel stärker ist, als man das jemals angenommen hatte (das Vierhundertmillionenfache der gespeicherten Energie des Erdfeldes). Auch bei Merkur wurde ein ausgedehntes Magnetfeld vorgefunden, von dem man vorher keine Ahnung hatte. Jupiter, so entdeckte man, sendet das Zweieinhalbfache der Energie aus, die er von der Sonne empfängt, was auf eine interne Wärmequelle hindeutet. Diesselbe Erscheinung fand man dann bei Saturn vor. 1974 wurde auch der 13. Trabant des Jupiter, Leda, entdeckt, ein vierzehnter im Jahr 1975, beide von ziemlich kleinem Umfang.

Astrologen haben sich immer besonders für Asteroiden und ihre möglichen Auswirkungen interessiert. 1975 wurde die Größe eines Asteroiden zum erstenmal gemessen: Eros stellte sich als zusammengedrückte Sphäre von etwa 19 km Länge und nicht viel mehr als 1,6 km Breite heraus.

Im März 1977 entdeckten Astronomen zu ihrer Überraschung eine Reihe von Ringen um den Uranus – mindestens fünf-, von denen jeder weniger als 96 km breit ist. Es ist interessant, daß schon Herschel meinte, Ringe um den Uranus zu sehen, als er ihn entdeckte. Im weiteren Verlauf des Jahres 1977 wurde ein winziger Planet entdeckt, der die Sonne zwischen den Umlaufbahnen von Saturn und Uranus umkreiste. Mit einem Durchmesser von etwa 483 km ist er der kleinste astronomische Körper, der bisher in einem so weiten Sonnenumlauf (2,4 Milliarden km von der Sonne entfernt) gefunden worden ist.

1978 wurden noch mehr Sonnenkörper entdeckt, darunter ein Mond, der Pluto umkreist – ein Trabant von etwa 2600 km Durchmesser und etwa 19.000 Meilen von seinem Mutterplaneten entfernt. Außerdem wurden in diesem Jahr zwei neue Asteroiden entdeckt, einer von ihnen, der einen Durchmesser von nur drei Kilometern hat, umkreist die Sonne in neun Monaten – schneller als jeder andere bekannte Asteroid.

Die amerikanischen Raumschiffe Voyager 1 und Voyager 2 funkten viele neue Erkenntnisse über Jupiter zur Erde, als sie im März und Juli 1979 relativ nahe an ihm vorbeiflogen. Seine Atmosphäre wurde analysiert, und es wurde ein Ring von nur 30m Dicke entdeckt. Auch über die physikalische Beschaffenheit der vier größten Satelliten des Planeten wurden aufregende Entdekkungen gemacht.

Inzwischen enthüllte Pioneer II einen zusätzlichen Wassereisring um den Saturn und fotografierte seinen Mond Titan. Die vom Magnetfeld des Saturn eingefangene kosmische Strahlung erwies sich als so intensiv wie die der Van-Allen-Gürteln der Erde. Zu dieser Zeit wurden noch mehr Monde entdeckt: Pioneer II entdeckte seinen 13. (oder vieleicht 14.) Mond des Saturn, dem Voyager 1 noch einen zufügte. Fotos vom Saturn enthüllten ein komplexes System von größeren und kleineren Ringen, von denen

Am 5. September 1977 wurde die amerikanische Raumsonde Voyager 1 gestartet (links), die neben Pioneer II Hunderte von Fotos vom Saturn übermittelte und seinen fünfzehnten Mond entdeckte; später wurde der vierzehnte Mond des Jupiter fotografiert. Die Daten, die Voyager 1 zur Erde funkte, enthüllten andere vorher unbekannte Merkmale der beiden Planeten, ihrer Monde, Magnetfelder und Ringsysteme.

Jupiter (unten) hat schon immer die Beobachter fasziniert, und es hat viele Spekulationen über die Beschaffenheit seiner Oberfläche gegeben – wenn er überhaupt eine feste Oberfläche hat. Diese Fotomontage von Bildern, die Voyager 1 1979 machte, zeit das Wolkensystem, enthüllt aber nicht das wesentliche Geheimnis des Planeten.

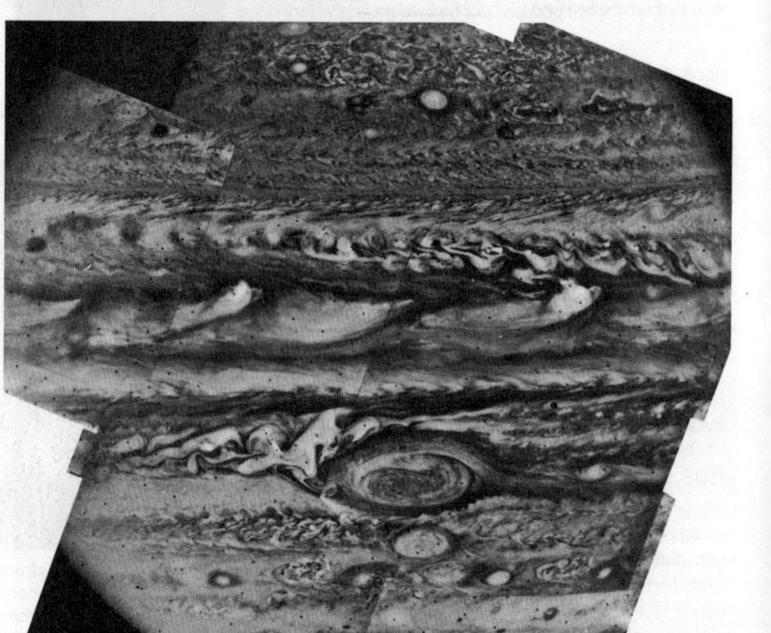

Die Ringe des Saturn (links) sind schon immer charakteristisch für die Erscheinung dieses Planeten gewesen; Fotos von Voyager 2 zeigten, daß es Hunderte, ja vielleicht Tausende dieser Ringe gibt anstelle der zwei oder drei Ringe, die durch das stärkste Teleskop von der Erde aus wahrgenommen werden können. Einige eigenartige Merkmale deuten darauf hin, daß sie von elektromagnetischen Kräften gebildet wurden.

Dieses eigenartige Bild von Neptun (rechts) erhielt man, indem man ihn durch Filter fotografierte, die auf die Methanabsorptionsstreifen des Spektrums gerichtet waren. (Von Titan, dem Trabanten des Neptun, nimmt man an, daß er eine Methanatmosphäre hat.) 1982 wurde entdeckt, daß dieser Planet wie die anderen gasförmigen Planeten ein Ringsystem besitzt.

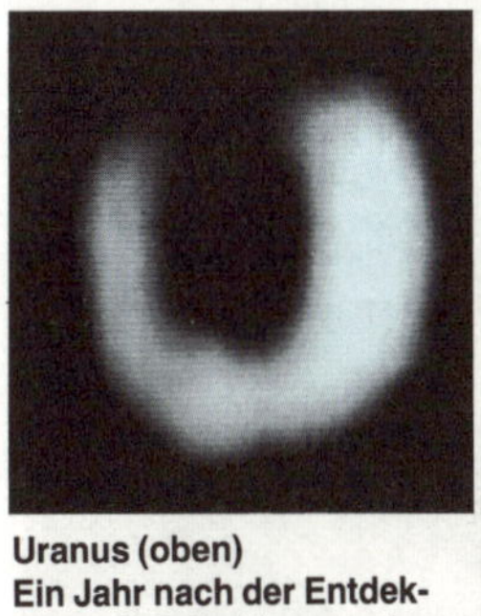

Uranus (oben)
Ein Jahr nach der Entdekkung, daß der Uranus ein Ringsystem hat, erhielt man diese grobe, vergrößerte Aufnahme durch Infrarot-Fotografie durch das Teleskop von Mount Palomar.

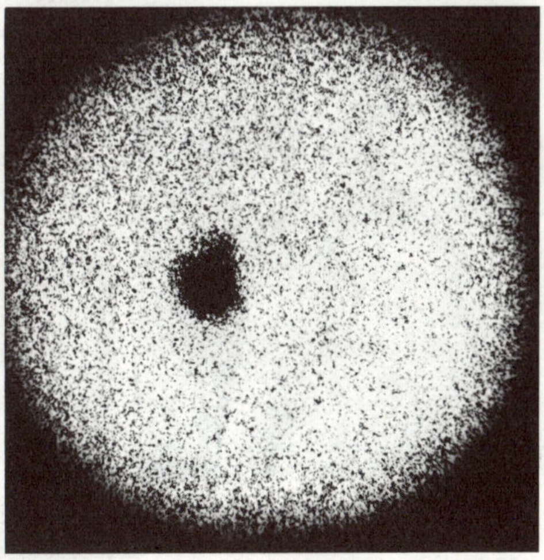

Pluto (oben)
Die Existenz von Charon wurde 1978 fotografisch bestätigt. Der beinahe nicht mehr zu erkennende Ausbuchtung oben rechts in diesem Bild des Pluto ist sein Trabant.

Jupiters Ring (links), aufgenommen von Voyager 2. Da der Planet immer mindestens 600 km entfernt ist, blieb die Existenz eines Ringes von nur 48 km Breite bis 1979 verborgen.

zwei offenbar miteinander verflochten sind und einer aus ca. 90 cm dicken Eisbrocken besteht.
Bei ihren weiteren Flügen entdeckten die Pioneer-Raumschiffe einen 14. Mond des Jupiter, ein 15. (24 km Durchmeeser) wurde später nach der Vergrößerung der Fotos im Labor entdeckt.

Bevor Pluto durch Raumfahrzeuge näher untersucht werden kann, werden noch einige Jahre vergehen; äußerst verfeinerte Teleskopbeobachtungen im Jahr 1980 führten jedoch schon zu einer zuverlässigeren Schätzung – 3600 km Durchmesser – und einer Dichte, die etwa das Zehnfache der Erddichte beträgt.

1981 wurde Titan, der Mond des Saturn, genauer vermessen und stellte sich überraschend als etwas kleiner als Jupiters Ganymed heraus; seine Atmosphäre – flüssiger Stickstoff, der in großen Flächen an den Polen konzentriert ist, stieß die für eine Zeitlang vertretene Theorie um, daß Titan einer der wahrscheinlichsten Orte im Sonnensystem sei, auf dem es Leben geben könnte. Weder Rhea, Enceladus, Dione oder Mimas – andere größere Trabanten – erwiesen sich als gastfreundlicher. Voyager 2 funkte sensationelle Fotos von den Ringen des Saturn auf die Erde, aus denen hervorging, daß es tatsächlich Hunderte, vielleicht sogar Tausende von ihnen gibt, möglicherweise durch magnetische Kräfte gebildet. Die seltsamen speichenartigen Strukturen, die von Saturn abstehen und die Ringe durchschneiden, waren auffallend. Die Entdeckung von Ringen um den Neptun im Jahr 1982 kam nicht überraschend, da man sie bei allen anderen riesigen gasförmigen Planeten vorgefunden hatte.

Im Oktober 1982 warf ein Astronom mit Hilfe des Riesenteleskops von Mount Palomar den ersten Blick auf einen winzigen Punkt, den Halleyschen Kometen, auf seinem Weg in Richtung Erde. Die ausgefeilte Technologie, die heute zur Verfügung steht, ermöglicht zum erstenmal die eingehende Beobachtung des Kometen und eine Aufzeichnung seiner Flugbahn.

MYTHOLOGIE DER PLANETEN

Die Mythen, die sich über die Jahrhunderte hinweg um die Planeten ranken, haben wenig odere gar nichts mit Astrologie zu tun – außer daß einige der Eigenschaften, die den Göttern zugeschrieben wurden, in alter Zeit auch auf die Planeten übertragen wurden, die ihre Namen tragen und sich auf ihre ‹Herrschaft› über bestimmte Tierkreiszeichen beziehen.

Die Sonne

In der ganzen Welt hat es schon immer viele Sonnengötter gegeben. In Europa war es vor allem der Apoll, Sohn des Zeus, der im fünften Jahrhundert vor Christus mit Stärke, Licht und Reinheit der Sonne identifiziert wurde. Er mag ursprünglich ein asiatischer Gott gewesen sein oder ist vielleicht von den Griechen aus nördlicheren Ländern in ihr Land eingeführt worden. Er herrschte über die Jahreszeiten, er war der Gott des Ackerbaus und der Hüter der Schaf- und Rinderherden. Von vollkommener Schönheit, war er der unbestrittene Sieger der ersten Olympischen Spiele und hat für viele Künstler die höchsten Errungenschaften des Menschen symbolisiert. Er war auch der Gott der Weissagung und Prophetie.

Apoll wurde immer als auffallend schöner junger Mann dargestellt, von geschmeidiger und kräftiger Gestalt, bartlos, aber mit dichtem, langem Haar und normalerweise nackt oder mit einem einfachen Umhang bekleidet. Schwan, Geier, Hahn, Habicht, Zikade, Wolf und Schlange waren die Tiere, die unter seinem besonderen Schutz standen; seine Lieblingspflanzen waren der Lorbeer, die Palme, der Ölbaum und die Tamariske.

Der Mond

In Anbetracht seiner Schönheit und seiner Herrschaft über die Nacht ist die Seltenheit von Mondmythen auffallend. In anderen Sprachbereichen heute allgemein als weiblich angesehen, war die Mondgottheit in der assyrisch-babylonischen Mythologie männlich – Sin, Vater von Shamash (Sonne) und Ishtar (Venus). Sin war ein alter, bärtiger Mann, der weise, unerbittliche Feind der Übeltäter und das Maß der Zeit.

Vertrauter ist uns der Mond als schöne Frau. Circe war die Mondgöttin der erniedrigten Liebe – eine Giftmischerin, bekannt für schlimme Zauber. Sie verwandelte die Seeleute des Odysseus in Schweine, bevor sie ihn verführte. Auch Hekate war ursprünglich eine Mondgöttin, eine sympathischere Gestalt, die den Menschen Reichtum, Sieg und Weisheit brachte. Eine dritte Mondgöttin, Selene, badete jede Nacht im Ozean, bevor sie in prächtigen Gewändern mit ihrem Wagen über den Himmel zog. Der Mond allgemein wurde mit Schwangerschaft, aber auch mit Jungfräulichkeit und Reinheit in Verbindung gebracht. In jeder Gestalt haftet dem Mond jedoch eine gewisse Grausamkeit an, und es wurden ihm oft blutige Opfer gebracht.

Merkur

Merkur war kein sehr bedeutender römischer Gott. Er erschien in der Hauptstadt des Reiches im fünften Jahrhundert vor Christus als Gott der Kaufleute, der über ihre Gewinne wachte. Er war jedoch ein echter Abkömmling des griechischen Gottes Hermes, in dessen Gestalt er den Charakter hatte, den wir mit dem Planeten der Zwillinge verbinden. Hermes/Merkur war der Gott der Reisenden; neben anderen Pflichten war es seine Aufgabe, die Seelen der Toten in die Unterwelt zu führen. Er war ebenfalls mit Handel und Geschäftsleben verbunden, und man schrieb ihm eine schnelle Zunge zu – Logios, der Gott der Beredsamkeit. Geistreich und hinterhältig, war er der Bote des Zeus und eilte zwischen Himmel und Erde hin und her, oft in delikaten Missionen. Er galt als Erfinder der Leier, aber auch des Faustkampfes und Pferderennens und war Gott aller Athleten. Seine Statuen zeigen einen schlanken Jüngling, nur mit einem geflügelten Helm und Sandalen bekleidet, der einen mit Flügeln und Schlangen geschmückten Stab trägt.

Venus

Venus war eine wenig beachtete römische Göttin des Frühlings; in ihrer griechischen Gestalt, als Aphrodite, hatte sie die Eigenschaften, die wir mit der Göttin der Liebe verbinden. Ursprünglich war sie die Göttin der Fruchtbarkeit, der drei Wesensarten zugeschrieben wurden: Aphrodite Urania herrschte über die reine, ideale Liebe, Aphrodite Genetrix über die Liebe unter Verheirateten und Aphrodite Porne über die Lust. Sie hatte berühmte Opferstätten in Knidos in Karien und auf der Insel Kos (wo es auch eine berühmte Akademie für Astrologie gab). Auf Kos waren ihre Statuen so üppig, daß sie manche Bürger schockierten, doch an anderen Orten wurde sie als schön, aber bescheiden dargestellt. Ihre Priesterinnen waren oft Prostituierte, und viele Frauen, die den Künstlern Modell für Venusdarstellungen standen, waren berühmte Kurtisanen. Darunter befand sich auch Cambyse, die Geliebte Alexanders des Großen.

Von Zeus gezeugt, entstieg Aphrodite/Venus dem Schaum des Meeres und stieg auf der Insel Zypern ans Land. Es gibt zahllose Legenden über die Wirrnisse, die sie unter Göttern und Menschen stiftete, als sie die Freuden der Liebe in die Welt brachte. Sie war ebenfalls die Quelle für Qual und Raserei der Sehnsucht.

Mars

Mars, der römischste aller Götter und Vater von Romulus und Remus, war Gott der Landwirtschaft, nahm jedoch bald seine vertraute Gestalt als Kriegsgott an, dem alle Soldaten die Ehre erwiesen, bevor sie in die Schlacht zogen und wenn sie einen Sieg errungen hatten. Ähnlichkeit mit ihm hat man auf den Schlachtfeldern der jüngeren Vergangenheit gesehen (General Haig, Feldmarschall Montgomery und Corporal Spike Milligan). In Rom wurde ihm auf dem Palatin ein Tempel errichtet, wo seine heiligen Speere und Schilde während der Wintermonate aufbewahrt wurden. Im Sommer, zu Beginn eines neuen Feldzuges, pflegte der Konsul die Neuigkeiten zu proklamieren, indem er die Speere schüttelte und den Ruf erschallen ließ ‹Mars erwache!›. Normalerweise wurde Mars in seinen Statuen als beherrschende Gestalt in der Blüte seines Lebens dargestellt, bärtig, in Harnisch und Helm.

In der Astrologie herrscht Mars über Widder; in der Mythologie war er mit dem griechischen Gott Ares verbunden, dem unglaublich kühnen Gott des Zornes und des Krieges, der einen Tempel in Athen hatte und besonders bei den Thrakern und Skythen verehrt wurde. Zeus, der Vater von Ares, beschuldigte ihn, nichts als den Krieg zu lieben und von Natur aus schlecht zu sein. Die Zornesausbrüche des Ares waren sprichwörtlich, und seine beiden Söhne – Angst und Furcht – begleiteten ihn überall hin. Selten in der Schlacht triumphierend, bleibt ihm auch in der Liebe der Erfolg versagt – ein wütender Hahnrei.

Jupiter
Der römische Gott Jupiter war ursprünglich der Gott des Lichts – von Sonne und Mond – und des Wetters. Bald wurde er jedoch zum Hauptbeschützer der Stadt Rom und des gesamten römischen Staates – ein Krieger, der für Gerechtigkeit und Ehre eintrat und besonders die Jugend der Nation unter seinen Schutz stellte. Unter dem Namen Optimus Maximus herrschte er über die Stadt mit Hilfe von Juno und Minverva; unter seinen Augen versammelten sich die Senatoren, um Kriege zu erklären. Vor ihren Feldzügen erwiesen ihm die Generäle ihre Ehrerbietung und überbrachten ihm, wenn sie im Triumph zurückkehrten, eine goldene Krone und einen Teil ihrer Beute. Die römischen Spiele – sportliche Wettkämpfe und Wagenrennen – wurden ihm zu Ehren abgehalten, während das einfache Volk ihn mit den ‹ludi plebeii› ehrten, mit Wettlauf, Gesang, Tanz und Schauspiel.

Der etruskische Jupiter aus noch früherer Zeit hatte die Macht und die Aufgabe,

die Menschen zu bestrafen, was er durch das Herabschleudern von Blitzen tat, und zwar den ersten als Warnung, den zweiten mit der Zustimmung von 12 Nebengöttern und den dritten, der tödlich war, nur mit Zustimmung der höchsten Autorität im Pantheon. Ein solcher heiliger Donnerstein oder ‹palta› stand unter einer Aussparung im Dach des Jupitertempels in Rom, der sorgsam als Symbol des Wohlstands bewacht wurde.

Saturn
Saturn war ein alter Gott des Ackerbaus, der fleißig in seinen eigenen Weinbergen arbeitete; er soll während des Goldenen Zeitalters König von Italien gewesen sein, bevor er durch Jupiter aus dem Himmel vertrieben wurde. Er wurde mit Wohlstand und Überfluß in Verbindung gebracht, und die Saturnalien, Feierlichkeiten zu seinen Ehren, die während der sieben Tage nach dem 17. Dezember gefeiert wurden, waren die fröhlichsten Feste im römischen Kalender – ein großes Vergnügen, das mit einer religiösen Zeremonie begann und sich dann zu einem pompösen öffentlichen Fest entwickelte. Als Rom das Christentum annahm, waren die Römer nicht bereit, auf die Saturnalien zu verzichten, und wandelten sie in die Feier der Geburt Christi um. Daher feiern wir noch immer Weihnachten gegen Ende Dezember.

Die Entschlossenheit der Römer, die Saturnalien beizubehalten, wurde dadurch zum Ausdruck gebracht, daß man das Abbild des Saturn in seinem Tempel am Kapitol mit Wollbändern umwickelte, um ihn daran zu hindern, Rom zu verlassen. Saturn wurde auch mit dem Schutz des Staatsschatzes und der Standarten der römischen Legionen betraut.

Uranus
Uranus, dessen Name später auch ‹Himmel› bedeutete, wurde von Mutter Erde geboren, als sie zu Beginn der Welt aus dem Chaos erwachte. Er ließ dann den Regen auf sie fallen, und aus ihrer inzestuösen Beziehung entstanden alle Lebewesen, darunter auch außerordentlich häßliche und unerfreuliche Halbwesen. Als er seine rebellischen Söhne, die Zyklopen, in die bodenlosen Tiefen des Tartarus warf, stachelte die Erde die Titanen, seine anderen Söhne, gegen Uranus auf. Von Cronos, später Saturn genannt, angeführt, erhoben sie sich gegen Uranus und kastrierten ihn mit Cronos' Sichel. Aus seinen Genitalien, die ins Meer geworfen wurden, wurde Aphrodite gezeugt.

Dieser Mythos stammt wahrscheinlich von den Kadmäern aus Kleinasien. Robert Graves weist darauf hin, daß die Galla-Krieger in Nordafrika kleine Sicheln mit in die Schlacht nahmen, um damit ihre Feinde zu kastrieren – ein Brauch, der entfernte Anklänge an diesen Mythos hat. In der Kunst wird Uranus oft als ziemlich verwirrter alter Mann dargestellt.

Neptun
In seiner ursprünglichen römischen Verkörperung war Neptun völlig unbedeutend, er war keine besondere Persönlichkeit und hatte wenige Aufgaben. Im Lauf der Zeit wurden ihm jedoch die Persönlichkeit und Pflichten des griechischen Poseidon übertragen, der eine ganz andere unsterbliche Gestalt darstellte. Griesgrämig und streitsüchtig kämpfte Poseidon neben Zeus und mit Hades gegen die Titanen und Giganten und wurde zum Dank zum Herr der Meere gemacht. (Für sich selbst nahm Zeus den Himmel, und Hades bekam die Unterwelt.)

Poseidon/Neptun herrschte nicht nur über die Meere, sondern auch über Flüsse und Seen: er war der Gott des frischen Wassers und wurde anscheinend auch als hervorragender Landschaftsgestalter angesehen. Während des Krieges mit den Giganten spaltete er die Berge mit seinem Dreizack und rollte die Brocken ins Meer, wo sie die ersten Inseln bildeten. Er wohnte in einem Unterwasserpalast in der Ägäis, aus dem er hervorkam, um in goldener Rüstung in einem von Hengsten mit goldener Mähne gezogenen Wagen, begleitet von Kraken und anderen Meeresungeheuern, über das Meer zu ziehen. Der Wagen flog mit solcher Leichtigkeit über das Wasser, daß er nicht einmal vom Schaum bespritzt wurde. Neptun soll das Pferd erfunden und den Pferderennsport eingeführt haben – vielleicht im Gedenken an sein Werben um Demeter, die er, als sie sich in eine Stute verwandelte, in Gestalt eines Hengstes verfolgte.

Pluto

Pluto, Sohn des Cronos, war der Herrscher der Unterwelt und Gott des Ackerbaus und der Ernten. Auch als Hades bekannt, wurde ihm von seinem Bruder Zeus die Herrschaft über die Unterwelt sowie das Recht auf alle Juwelen und Edelmetalle unter der Erde übertragen. Wenn man zu ihm beten wollte, mußte man mit bloßen Händen oder einer Stange auf die Erde schlagen und Schwüre und Flüche ausstoßen. Er ging äußerst streng mit seinen Opfern um, und niemand entkam seiner Herrschaft im Tartarus. Seine Lieblingsopfertiere waren ein schwarzes Schaf oder ein Bock, doch kein Opfer hätte ihn dazu gebracht, eine einzige Seele aus dem Land der Toten jenseits des Schrekkensflusses Styx entfliehen zu lassen. Als Pflanzen wurden die Zypresse und die Narzisse mit Pluto in Verbindung gebracht.

Glücklich in den Höllenregionen, wo er kein Interesse an irdischen Neuigkeiten bekundete, verließ Hades/Pluto die Unterwelt nur gelegentlich – um seine verfallenen Tempel in Griechenland oder seine Rinderherde auf der Insel Erytheia aufzusuchen. Dank seiner glänzenden Erscheinung (wenn er seinen Helm abnahm, der ihn unsichtbar machte) gelang es ihm, beinahe jeden zu verführen.

GESCHICHTE DES TIERKREISES UND VERBINDUNGEN DER ZEICHEN

Der große Tierkreis wurde von frühen Astronomen ursprünglich als Mittel der Zeitmessung eingeführt. Die Sonne braucht etwas mehr als 365 Tage, um den Kreis, die Ekliptik, zu umrunden. Aus diesem Grund kamen die Astronomen in Babylon, Ägypten und China unabhängig voneinander auf die Idee, den Kreis in 360 Grade einzuteilen, die wiederum in zwölf Abschnitte von jeweils 30 Grad zerfielen.

Die Ursprünge der zwölf Tierkreiszeichen, wie wir sie kennen, liegen im dunkeln. Die meisten von ihnen haben sehr wenig mit dem Muster der Sterne innerhalb der Ekliptik zu tun – es wäre schwierig, beim Anblick der Sternbildes Stier die Umrisse eines Stiers zu entdecken, obwohl es in einigen anderen Fällen wenigstens Spuren eines Zusammenhangs der Sternenkonstellation mit dem Symbol zu geben scheint. In anderen Fällen wiederum kann es andere Gründe für die Erfindung des betreffenden Symbols gegeben haben: Wenn der Mond zum Beispiel voll in Jungfrau stand, konnten die Babylonier erwarten, daß das junge Korn am prächtigsten stand – ist doch Jungfrau das Symbol der Jugend, die kurz vor ihrer Erfüllung steht.

Auf jeden Fall wurden die Symbole bereits 1000 v. Chr. zu einem Tierkreis zusammengestellt; einen babylonischen Tierkreis mit 18 Zeichen gab es zwischen dem 6. und 3. Jahrhundert v. Chr. Ein Tierkreis mit 12 Zeichen wurde erst im 5. Jahrhundert n. Chr. in Babylon und im 3. Jahrhundert n. Chr. in Ägypten eingeführt.

Die Zeichen entstanden nicht alle an einem Ort. Ursprünglich nahm man an, daß sie alle babylonischen Ursprungs waren, doch ist man heute der Ansicht, daß einige in Ägypten entstanden sind. Obwohl es daher keine historische Gewißheit gibt, wird allgemein angenommen, daß die zwölf Zeichen die folgenden Ursprünge haben. Seit undenklichen Zeiten haben Astrologen bestimmte Farben, Steine, Tiere und Pflanzen mit den verschiedenen Tierkreiszeichen in Verbindung gebracht. Manchmal liegt der Grund dafür auf der Hand, während es in anderen Fällen einfach eine willkürliche Entscheidung gegeben haben mag, die unter Astrologen umstritten ist.

Die alten griechischen Astrologen zum Beispiel schrieben den Zeichen die folgenden Pflanzen zu:

Widder: Salbei und Schafgarbe; **Stier:** Verbene und Klee; **Zwillinge;** Eisenkraut und wilde Gladiole; **Krebs:** Schwarzwurz und Alraun; **Löwe:** Zyklamen; **Jungfrau:** Bergminze; **Waage:** Rittersporn; Nadelpflanze; **Skorpion:** Hundszunge; **Schütze:** Pimpernelle; **Steinbock:** Sauerampfer und Stinkendes Konradskraut (das ihrer Meinung nach nach Ziege roch); **Wassermann:** Natterwurz, Fenchel und Butterblume; **Fische:** Osterluzei. Mit Saturn verbinden sie Affodil, weißen Heliotrop und Dachwurz, mit Jupiter Ackermenning, mit Mars Wegerich, Pestwurz, Saufenchel, mit der Sonne Zichorie, mit Venus Verbene, weiße Rose und Frauenhaarfarn, mit Merkur Wollkraut und Fünffingerkraut und mit dem Mond Pfingstrose und Helenium.

Die ersten Hinweise auf eine Zuordnung von Edelsteinen zu einigen Zeichen erscheinen in zwei Passagen der Bibel (Exodus XXVIII, 17–20 und XXXIX, 10–13) wo zu lesen ist, daß die Juwelen auf dem Brustschild des Hohenpriesters in astrologischer Reihenfolge angebracht sind: Rubin, Topas, Granat, Smaragd, Saphir, Diamant, Türkis, Achat, Amethyst, Beryll, Karneol und Jaspis.

Es gibt noch andere faszinierende Verbindungen, die von den Astronomen der Antike geknüpft wurden: Einige unter ihnen sprachen den Zeichen Symbole zu, die in Wirklichkeit zu Göttern und Göttinnen gehörten, so wurde Juno mit Steinbock verbunden, und ihre Lampe wurde bei einigen Astrologen zum Symbol des Steinbocks, ähnlich wurde die Taube der Venus Attribut des Stier, den Korb der Ceres bekam die Jungfrau, Hermes' Schildkröte wurde mit dem Krebs assoziiert und der Wolf des Mars mit Skorpion.

Widder
Im babylonischen Tierkreis gab es den Schafbock noch nicht. In Ägypten, wo das Symbol zum erstenmal auftauchte, wechselte sich der Schafbock mit dem Kopf der Gans als Symbol für die Konstellation des Widders ab; es gibt aber keinen Beweis, daß das Widdersymbol aus Ägypten stammt, sein Ursprung bleibt im dunkeln.

Verbindungen
Die Farbe der Widdergeborenen stand nie in Zweifel: unfallgefährdet, mögliche kriegerische Eigenschaften ... was könnte besser dazu passen als Rot?

Körperteil: Kopf – Farbe: Rot – Metall: Eisen – Stein: Diamant – Pflanzen: Geranie, Distel, Geißblatt, Zaubernuß – Bäume: alle dornigen Bäume und Sträucher – Länder: England, Frankreich, Deutschland, Polen – Städte: Neapel, Florenz, Krakau.

Zwillinge
Das Sternbild Zwillinge wurde wahrscheinlich so genannt, weil es am Himmel zwei helle Sterne gab, Castor und Pollux. Es ist sehr wahrscheinlich, daß das Symbol der Zwillinge von Ägypten ausging, wo sie die Zwei Sterne hießen. Die Zwillinge waren auch bei den Babyloniern die ‹Großen Zwillinge›, Mastabbagalgal.

Verbindungen
Fragen Sie einmal einen Zwillinggeborenen nach seiner Lieblingsfarbe. Er nennt vielleicht Zitronengelb, vielleicht auch andere Farben – Zwillinge sind sehr vielseitig!

Körperteil: Ohren, Brust, Arme, Hände, Lunge – Farbe: alle, besonders Gelb – Metall: Quecksilber – Stein: Achat – Pflanzen: Maiglöckchen, Lavendel – Bäume: Nußbäume – Länder: USA, Wales – Städte: London, Plymouth, Melbourne, San Francisco

Stier
Bei den Ägyptern hieß Saturn ‹Horus›, der Stier des Himmels. Der babylonische Gud. an.na, der Himmelsstier, war eins der achtzehn Zeichen ihres Tierkreises und kommt im Gilgamesch-Epos vor. Auch Adad, Hadad oder Ramman, der babylonische Gott des Donners und des Blitzes, wurde von einem weißen Stier dargestellt, der bei Sonnenuntergang am fünften Tag des babylonischen Neujahrsfestes geopfert wurde.

Verbindungen:
Der Stiergeborene liebt die ländliche Ruhe; wenn er aufgebracht ist, geht sein Temperament mit ihm durch.

Körperteil: Hals – Farben: Rosa und Hellblau – Metall: Kupfer (das Metall der Venus) – Stein: Saphir – Pflanzen: Rose, Mohn, Veilchen, Fingerhut, Weinstock – Bäume: Esche, Zypresse, Apfelbaum – Länder: Irland, Schweiz, Persien, Schweden – Städte: Dublin, Luzern, Leipzig, St. Louis.

Krebs
Das Symbol des Krebses entstand wahrscheinlich in Babylon, wo er als bulag, Garnele, bekannt war (obwohl er auch den Namen al-lul, oder ‹der Böse› trug). Es scheint auch eine Verbindung mit den zwei Schildkröten der Ägypter zu bestehen. Der ägyptische Gott Toth (später der griechische Hermes, noch später der römische Merkur) beherrschte als Gott der Astronomie die Konstellation und den Aufgang des Sirius.

Verbindungen
Krebs-Menschen sammeln oft antikes Silber. Aufgrund ihres Sammlerinstinkts fühlen sie sich zu diesem Metall, ihrem Lieblingsmetall, hingezogen.

Körperteil: Brüste – Farben: rauchige Grautöne, Grüntöne – Metall: Silber – Stein: Perle – Pflanzen: Akanthus, wilde Blumen – Bäume: saftreiche Bäume – Länder: Schottland, Holland, Neuseeland – Städte: Amsterdam, New York, Venedig, Manchester.

Löwe
Der Löwe ist wieder ein Symbol, das wahrscheinlich aufgrund seiner Ähnlichkeit mit dem Sternenbild entstanden ist. Mit Sicherheit kann man annehmen, daß es ägyptischen Ursprungs ist und aus dem dritten Jahrtausend stammt; in Babylon war das Symbol der Konstellation der Große Hund, nicht unähnlich dem Löwen, wie wir ihn kennen.

Verbindungen
In Italien wird die heiße Sonne in Juli und August ‹Löwensonne› genannt, da sie zu dieser Zeit im Zeichen des Löwen steht.
Körperteil: Wirbelsäule, Herz, Rücken – Farben: Goldgelb, Orange – Metall: Gold – Stein: Rubin – Pflanzen: Sonnenblume, Ringelblume, Rosmarin – Bäume: Orangen- und alle Zitrusbäume, Lorbeerbaum, Palme – Länder: Frankreich, Italien, Rumänien – Städte: Rom, Prag, Damaskus, Los Angeles, Chicago, Philadelphia.

Waage
Es ist vermutet worden, daß dieses Zeichen in Babylon um ca. 2000 v. Chr. mit dem Urteil über die Lebenden und die Toten zu tun hatte. Die Jahreszeit Zibanitu, die Waage der babylonischen Konstellation, fiel mit der Jahreszeit in Ägypten zusammen, in der die Ernte gewogen, die Steuern geschätzt wurden und der Mond voll im Zeichen Waage stand.

Verbindungen
Die Liebe des Waage-Menschen zur Musik und Eleganz macht Wien, die oft besungene Stadt der Dreiheit Wein, Weib und Gesang, zu seinem Lieblingsort.
Körperteil: Nieren – Farben: Blaßblau, Rosa – Metall: Kupfer – Stein: Saphir – Pflanzen: mit blauen Blüten, große üppige Rosen, Weinstock – Bäume: Esche – Länder: Österreich, Burma, Japan, Tibet – Städte: Wien, Antwerpen, Lissabon, Kopenhagen, Frankfurt.

Schütze
Auch Schütze ist babylonischen Ursprungs und wurde in den frühesten Zeiten verwirrenderweise mit Skorpion in Verbindung gebracht; Skorpionmänner (Zentauren mit Skorpionschwänzen) erscheinen auf vielen babylonischen Grenzsteinen; aus diesem Grund sind vielleicht frühere Schützegestalten manchmal mit zwei Köpfen abgebildet.

Verbindungen:
Der Stein des Schützegeborenen ist der Topas; eigentlich sollte er aus Spanien stammen, das unter Schütze-Einfluß steht.
Körperteil: Hüften, Schenkel – Farben: Purpur, dunkles Königsblau – Metall: Zinn – Stein: Topas – Pflanzen: Spargel, Nelken, Löwenzahn, Tomate – Bäume: Linde, Maulbeerbaum, Esche, Eiche, Buche – Länder: Spanien, Australien, Ungarn, Madagaskar – Städte: Toledo, Budapest, Köln.

Wassermann
Der ägyptische Gott Hapi, der dargestellt wird, wie er die Erde aus zwei Krügen bewässert, ähnelt dem babylonischen Gott Ea, der auch Gott der Ströme genannt wird und aus dessen Fingerspitzen Wasser floß. Die Babylonier nannten den Wassermann GU.LA, ‹Konstellation des großen Mannes›, womit sie wahrscheinlich Ea meinten.

Verbindungen
Der Uranus-Mythos berichtet von einem Mann, der Wasser ausgießt. Warum ist Wasserman dann ein Luft-Zeichen? Vielleicht symbolisieren die Wasserströme die Luft oder Einflüsse aus dem Weltraum.
Körperteil: Gelenke – Farben: grelles Blau – Metall: Uran oder Platin – Stein: Amethyst – Pflanzen: Orchideen, Goldregen – Bäume: die meisten Obstbäume – Länder: UdSSR, Schweden – Städte: Hamburg, Bremen, Moskau.

Jungfrau
Die Jungfrau geht wahrscheinlich auf die ägyptische Göttin des Getreides, Nidaba, zurück. In Ägypten begann die Ernte, wenn der Mond voll im Zeichen der Jungfrau stand. Das Symbol hat aber auch einen babylonischen und sumerischen Zusammenhang. Dort war die Gestalt die der großen Mutter, die in Eleusis immer mit ihrer Tochter Kore zusammengestellt wurde, die über das Saatkorn und den sprießenden Weizen herrscht.

Verbindungen
Die mythologische ‹Jungfrau› war ein hübsches Mädchen von etwa 15 Jahren, ohne die altjüngferlichen Assoziationen, die das Zeichen enthält.
Körperteil: Därme, Eingeweide – Farben: Marineblau, dunkle Grautöne, Brauntöne – Metall: Quecksilber – Stein: Sardonyx – Pflanzen: kleine, leuchtende Blumen – Bäume: Nußbaum – Länder: Griechenland, Türkei, Westindische Inseln – Städte: Paris, Boston, Heidelberg.

Skorpion
Im babylonischen Gilgamesch-Epos (vor 200 v. Chr.) wird der Held von einem Skorpion-Mann erschreckt; das Symbol erschien in seiner Konstellation in Mesopotamien tausend Jahre bevor es auf den Tierkreisen in Dendera und Esna in Ägypten abgebildet wurde. In Ägypten gibt es eine Skorpion-Göttin in den Himmeln, jedoch weit von der Konstellation des Skorpion entfernt.

Verbindungen
Ursprünglich beherrschte Mars den Skorpion, doch Pluto in seiner Verbindung zur Unterwelt wirkt stärker auf die Skorpiongeborenen.
Körperteil: Geschlechtsorgane – Farben: Dunkelrot, Kastanienbraun – Stein: Opal – Pflanzen: mit dunkelroten Blüten, z. B. Rhododendron – Bäume: buschige Bäume, Schwarzdorn – Länder: Norwegen, Syrien – Städte: Liverpool, New Orleans, Washington (D. C).

Steinbock
In Babylon symbolisierte der Steinbock das Doppelleben des Ea, eines Gottes, der oft in einem fischähnlichen Umhang mit einem Fischkopf über seinem eigenen Haupt erscheint und dessen Schwanz bis zu den Fersen herunterhängt (er soll aus dem Meer gestiegen sein, um die Menschen das Leben zu lehren). Einer der Titel des Ea war ‹Antilope des Meeres›, ein deutlicher Hinweis auf die Gestalt einer fischschwänzigen Ziege, die den Tierkreis um 650 v. Chr. betrat.

Verbindungen
Steinbock-Menschen übernehmen gern Ämter in der Verwaltung: Sie fühlen sich besonders wohl in den Verwaltungsbereichen von Ländern oder Städten.
Körperteile: Knie, Schienbein – Farben: Schwarz, Dunkelgrau, tiefes Dunkelgrün – Metall: Blei – Stein: Türkis – Pflanzen: Stiefmütterchen, Zwiebeln, Schierling, Efeu – Bäume: Fichte, Weide, Ulme, Pappel – Länder: Indien, Mexiko, Afghanistan – Städte: Oxford, Delhi, Brüssel.

Fische
In der frühen babylonischen Tierkreisgeschichte wurde das Fischezeichen die Konstellation der Schwänze genannt, und die älteste Bezeichnung, KUN, bedeutet Schwanz. Die beiden Fische, die immer durch eine Schnur an ihren Mäulern zusammengebunden sind und in entgegengesetzte Richtungen schwimmen, stellten die Göttinnen Anunitum und Simmah dar, von denen die eine den Fluß Tigris, die andere den Euphrat symbolisierte. Bei den Ägyptern wurde das Symbol als kaum von Bedeutung angesehen.

Verbindungen
Der moderne Herrscher über Fische ist Neptun, obwohl die explosiven Eigenschaften des Neptun kaum zum sanften Fische-Menschen zu passen scheinen.
Körperteil: Füße – Farben: sanftes Meergrün – Metall: Zinn – Stein: Mondstein, Blutstein – Pflanzen: Seerose – Bäume: Feige, Weide, Bäume am Wasser – Länder: Portugal, Sahara – Städte: Alexandria, Sevilla.

BIOGRAPHIEN BERÜHMTER ASTROLOGEN

4

Im vierten Teil dieses Werks findet der Leser nun die Lebensbeschreibungen der berühmtesten Astrologen. Aus den kurzen Berichten über Umstände und Besonderheiten ihres Lebens möge der Leser entnehmen, welcher Strom astrologischen Wissens durch die Zeitläufte zu ihm dringt und welche Einsichten er dem rastlosen Wirken und entsagungsvollen Forschen großer Männer und Frauen aller Zeiten verdankt: Ramses II. (Ozymandias, König der Könige), Pharao von Ägypten; Assurbanipal, König von Assyrien; Claudius Ptolemäus, der erste, der die Himmel erforschte; Regiomontanus, päpstlicher Astrologe; Nikolaus Kopernikus, der unser Weltbild schuf; Paracelsus, der die Lehre vom Menschen als Mikrokosmos im Makrokosmos vertiefte; Nostradamus oder Michel de Notredame, der außergewöhnliche Seher; Tycho Brahe, der Hofastrologe und astronomische Beobachter; Francis Bacon, der Philosoph als Astrologe; Tommaso Campanella, Priester, Philosoph und Astrologe; John Dee, der Vertraute und Berater der Großen Königin; Johannes Kepler, der die Planetenbahnen beschrieb und die Harmonie der Welten entdeckte; William Lilly, Meister der Astrologie; Alan Leo, der die Astrologie zu neuem Leben erweckte; Evangeline Adams, die erste berühmte Astrologin der Neuen Welt; Charles E. O. Carter, der Techniker der Astrologie; Margaret E. Hone, Autorin und Übersetzerin astrologischer Werke; Dane Rudhyar, der berühmte Praktiker der Astrologie; Reinhold Ebertin, der Kosmobiologe; Louis de Wohl, der das englische Kriegskabinett astrologisch beriet; John Addey, der anerkannte astrologische Philosoph und Experimentator.

DIE ASTROLOGEN 1

RAMSES II.

Regierte 1290 bis 1223 v. Chr.
Pharao Ramses II., der 67 Jahre über sein Land herrschte, wird große Tapferkeit nachgerühmt. Der König beschäftigte sich mit Fragen der Astrologie. Er gründete die erste und berühmteste der frühen ägyptischen Bibliotheken im Ramesseum, dem Totentempel des Königs in Theben. Auf seine Veranlassung hin wurden die Kardinalzeichen Widder, Waage, Krebs und Steinbock festgelegt. Ramses II. ließ den Tempel von Abu Simbel nach astrologischen Regeln erbauen und fügte dem Tempelkomplex des Ammon in Karnak eine zweite große Säulenhalle hinzu, die sogenannte Hypostylehalle. Diese Halle mit 134 Säulen war auf bestimmte Punkte am Himmelsgewölbe ausgerichtet.

ASSURBANIPAL

König der Assyrier von 669 bis 627 v. Chr.
Assurbanipal, einer der wenigen gebildeten Herrscher Assyriens, besiegte seine zahlreichen Feinde durch eine Mischung von politischer Schlauheit und militärischer Macht. Er stellte die Einheit des Assyrischen Reiches wieder her, das sein Vater Asarhaddon zwischen ihm und seinem Bruder geteilt hatte. In Ninive legte Assurbanipal eine große Bibliothek von Keilschrifttäfelchen an. Er sammelte dort astrologische, historische, mythologische und naturwissenschaftliche Texte. Obwohl die Behauptung, daß diese Bibliothek Texte aus der Zeit um 3800 v. Chr. aufbewahrt habe, jeder Grundlage entbehrt, kann doch angenommen werden, daß viele Texte Kopien von Inschriften aus dem 3. Jahrtausend waren. Die angesehenen Hofastrologen des Königs benutzten die Bibliothek, um sich in ihrer Kunst zu vervollkommnen. Einige von ihnen – Rammanu-sumausar, Nabu-musisi und Marduk-satinsumi zum Beispiel – lasen so geschickt Wahrsagungen aus den Bewegungen der Planeten, daß sich ein System regelmäßiger astrologischer Berichte einbürgerte. Assurbanipal erhielt genaue Darstellungen «aller Geschehnisse am Himmel und auf Erden» und die Deutungen, die ihnen seine Astrologen gaben. Er benutzte sie als politische Waffe und in den alltäglichen Regierungsgeschäften. Nach seinem Tod vernichteten die Meder und Babylonier das Assyrische Reich, die Bibliothek von Ninive wurde im Jahre 612 v. Chr. zerstört.

Ramses II. (oben)
Die Wandmalerei aus dem von Ramses erbauten Felstempel von Beit El Wali verherrlicht seinen Sieg über die Nubier.

Assurbanipal (oben)
Der König auf seinem Thron in Ninive; Ausschnitt von einem Relief des 5. Jahrhunderts v. Chr.

Ochsengespann (unten)
Das Holzmodell aus der Zeit Ramses' II. zeigt ein pflügendes Ochsengespann.

CLAUDIUS PTOLEMÄUS

100–um 180 n. Chr.

Über das Leben dieses bedeutenden Astronomen, Astrologen, Geographen und Mathematiker ist kaum mehr bekannt als die Tatsache, daß er zur Zeit der römischen Kaiser Hadrian und Antoninus Pius in Alexandria den Himmel beobachtete. Lange Zeit betrachtete man ihn als Autor des ‹*Tetrabiblos*›, des ersten wichtigen astrologischen Werks. Stilistische Untersuchungen des Textes legen jedoch den Schluß nahe, daß der ‹*Tetrabiblos*› eine Anthologie früher astrologischer Texte aus Ägypten, Griechenland und Babylonien ist. Ptolemäus' astronomisches Werk, das im Mittelalter in einer Übersetzung aus dem Arabischen nach Europa kam, faßte die Kenntnisse seiner Zeit zusammen und entwarf ein System der Welt, in dem die Erdkugel als Mittelpunkt ruhte, umkreist von den verschiedenen Planeten, der Sonne und dem Mond. Ptolemäus stellte einen umfassenden Sternkatalog auf.

Ptolemäus (links)
Spätmittelalterliche Darstellung des bedeutenden Astronomen und Astrologen. Seine astrologischen Untersuchungen, die eine lateinische Übersetzung des 15. Jahrhunderts bekanntmachte, beeinflußten die astrologischen Theorien der Renaissance.

REGIOMONTANUS

Johannes Müller, 1436–1476

Der deutsche Astronom Regiomontanus bereiste 1462 Italien auf der Suche nach authentischen astrologischen Manuskripten des Ptolemäus. 1471 ließ er sich in Nürnberg nieder und richtete zusammen mit seinem Schüler und Gönner Bernhard Walther die erste Sternwarte in Europa ein. Viele seiner Werke, darunter auch Ephemeriden für dreißig Jahre, ließ er in seiner eigenen Druckereiwerkstatt drucken. Papst Sixtus IV. rief ihn 1475 nach Rom, um eine Kalenderreform vorzubereiten. Wahrscheinlich suchte der Papst jedoch auch seinen astrologischen Rat für den Krieg der Kurie gegen Florenz. Ein Jahr nach seiner Ankunft in Rom starb er dort an der Pest. Regiomontanus entwickelte eine Häusereinteilung, die noch heute verwendet wird. Seine astronomischen Arbeiten verfeinerten das Ptolemäische System.

Der Himmelsglobus (oben)
Holzschnitt von Erhard Schön, 1515 in Nürnberg als Titelblatt des Horoskops von Leonhard Reymann entstanden. Dieser Holzschnitt stellt die Himmelssphäre nach dem Ptolemäischen System dar: die Planeten und alle anderen Himmelskörper beschreiben Kreisbahnen um die Erde, die bewegungslos im Mittelpunkt der Himmelskugel ruht. Rechts im Bild erscheint Ptolemäus, wie er einen Stern anvisiert. Die Personifizierung der Astrologie deutet mit dem Finger auf ihn und weist mit dieser Geste den Astrologen, der gerade ein Horoskop ausarbeitet, auf seinen großen Lehrmeister hin.

DIE ASTROLOGEN 2

NIKOLAUS KOPERNIKUS

1473–1543

Kopernikus begann 1491 an der Universität Krakau seine mathematischen und astronomischen Studien. In Italien, an den Universitäten von Bologna, Padua und Ferrara, studierte er von 1493 bis 1506 beide Rechte und Medizin. Nach seiner Rückkehr diente er als Sekretär des Bischofs von Ermland, später als Kanzler des Domkapitels und Bistumverweser. In seinem Todesjahr erschien in Nürnberg sein Hauptwerk ‹*De revolutionibus orbium coelestium*›. In ihm trug Kopernikus seine auf Beobachtungen gegründete Lehre vor, daß die Erde nicht den Mittelpunkt der Welt bildet, sondern wie die anderen Planeten um die Sonne kreist. Sein Freund und Schüler Rheticus (1514–1576), der von 1539 bis 1541 bei Kopernikus in Frauenburg arbeitete, veranlaßte den Druck des Werks und fügte einen langen astrologischen Exkurs ein. Den Gegnern der Astrologie, die Kopernikus ganz für die Astronomie beanspruchen, fällt allerdings eine Erklärung schwer, warum Kopernikus diesen Exkurs in seinem Werk erlaubte. Wahrscheinlich schrieb Rheticus einen Teil der astrologischen Zusätze unter der Anleitung des Kopernikus in Frauenburg. Kopernikus hatte erkannt, daß sein neues Weltbild das traditionelle Gebäude der Astronomie zerstören, aber die Astrologie unberührt lassen würde.

Kopernikus (oben)
Die Lehren des Kopernikus lösten einen wissenschaftlichen Streit aus, der sich über mehr als ein Jahrhundert hinzog. Sein Werk blieb bis 1835 auf dem Päpstlichen Index.

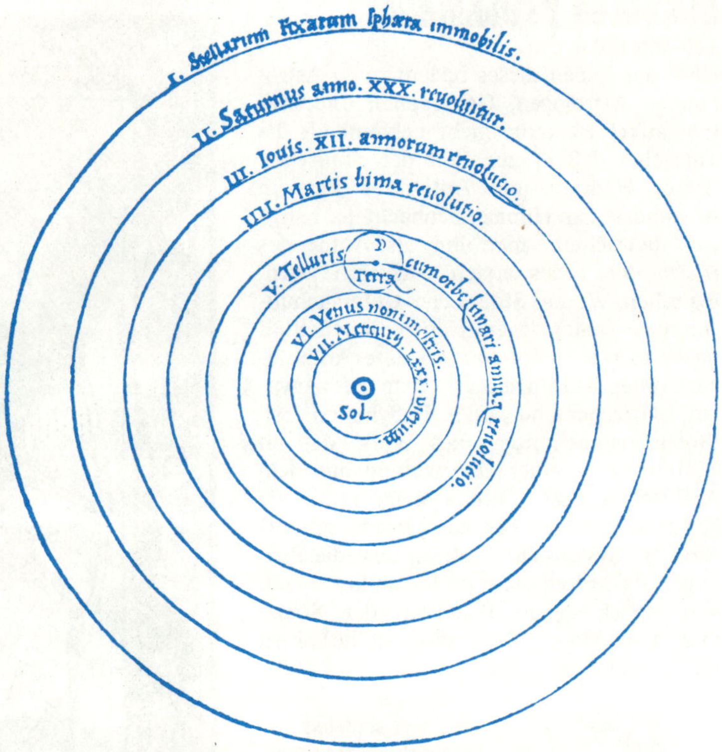

Das kopernikanische System (rechts)
Ursprünglich wollte Kopernikus sein berühmtes Werk «De revolutionibus» Papst Paul III. widmen. Galilei unterstützte später die Lehren des Kopernikus.

PARACELSUS

Theophrast Bombast von Hohenheim
1493?–1541

Der berühmte Arzt und Naturforscher Paracelsus war von 1526 bis 1528 Professor in Basel, bevor er sein unruhiges Wanderleben durch Süddeutschland begann. Paracelsus erkannte die Bedeutung physikalischer und chemischer Grundlagen für die Medizin. Diese Grundlagen versuchte er in einer allgemeinen Lehre von den Lebensvorgängen einzubetten, zu deren Erklärung neben den Naturwissenschaften auch die Theologie und die Astrologie entscheidend beitragen sollten. So empfahl Paracelsus bei Blutarmut kleine Mengen Eisen, da die mit dem Mars verbundene Aktivität des Metalls den körperlichen Mangel ausgleichen könne. In seiner Untersuchung des freien Willens schrieb Paracelsus: «Die Sterne zwingen uns zu nichts, was wir nicht wollen, sie bewegen uns zu nichts, was wir nicht wünschen.»

Paracelsus (links)
Paracelsus erkannte, daß alle Lebensvorgänge chemische und physikalische Grundlagen haben. Trotzdem maß er der Astrologie große Bedeutung bei und glaubte, daß «alle Einflüsse, die von der Sonne, den Planeten und den Sternen kommen, unsichtbar auf den Menschen wirken. Wenn diese Einflüsse verderblich sind, dann haben sie auch verderbliche Wirkung.» Allerdings war Paracelsus nie praktizierender Astrologe, er stellte seinen Kranken keine Horoskope. Sein ganzes Leben beschäftigte ihn das Problem der Beziehungen zwischen Mensch und Kosmos. Nach seiner Anschauung wirkten die Himmelskörper als freie Kräfte, denen der Mensch nicht ohnmächtig unterworfen sei: «Die Sterne besitzen ihre eigene Freiheit, und wir besitzen unsere eigene Freiheit.»

NOSTRADAMUS

Michel de Notredame
1503–66

Nostradamus war zuerst Arzt in einer kleinen Stadt bei Aix-en-Provence. Man behauptete, er habe ein Mittel gegen die Pest gefunden, und dieses Gerücht lenkte die Aufmerksamkeit seiner Zeitgenossen und des französischen Hofes auf ihn. Sein Ruhm wuchs, als er im Jahre 1555 die *‹Centuries›* herausgab, eine Sammlung unverständlicher Weissagungen, aus denen findige Interpreten alle bedeutenden Ereignisse der europäischen Geschichte herausgelesen haben.

Ein Jahr später holte Katharina von Medici Nostradamus an ihren Hof. Sie beauftragte ihn, die Horoskope ihrer Kinder auszuarbeiten. Als sich die Weissagung des Nostrodamus erfüllte, König Heinrich II. werde in einem Turnier sterben, verdächtigte man ihn der Hexerei. Trotz aller Anfeindungen begünstigte ihn Katharina von Medici bis zu seinem Tod. Auf das Epitaph für Nostradamus ließ seine Frau die Inschrift setzen, daß er «als einziger unter allen Sterblichen für würdig befunden wurde, mit fast göttlicher Feder unter dem Einfluß der Sterne von zukünftigen Geschehnissen auf der ganzen Erde zu schreiben». Diesen Anspruch hat wohl kaum die Bescheidenheit diktiert.

TYCHO BRAHE

1546–1601

Zu Tycho Brahes Lebzeiten ließen sich wissenschaftliche Erkenntnisse und traditionelle Glaubenssätze nicht trennen. Obwohl Tycho Brahe die Vorstellung aufgab, die Planeten seien an Kristallsphären befestigt, verschloß er sich der Erkenntnis, daß sich auch die Erde im Raum bewegt. Aus dem Erscheinen eines Kometen im Jahre 1577 sagte er die Geburt eines Prinzen in Finnland vorher, der Deutschland verwüsten und 1632 sterben würde. König Gustav II. Adolf von Schweden, der «Löwe aus dem Norden» erfüllte die Prophezeiung Tycho Brahes.

Brahe war überzeugt, daß sich ein empirisches System der Astrologie ausarbeiten ließe. 1574 sagte er in einer Vorlesung, das gesunde Urteil des gebildeten Menschen könne die offensichtlichen Einflüsse der Planeten nicht leugnen. «Wir behaupten, daß der Himmel nicht nur auf die Atmosphäre einwirkt, sondern auch unmittelbar auf den Menschen.»

Nostradamus (links)
«Wahrhaftiges und bemerkenswertes Konterfei des berühmten und geehrten Astrologen Michael Nostradamus»; Paris, 16. Jahrhundert.

Tycho Brahe (unten)
Links: Porträt des Tycho Brahe, 1586; rechts: Ein Raum in seinem Observatorium Uranienborg, das ihm der dänische König Friedrich II. 1576 auf der Insel Ven bei Kopenhagen errichten ließ. Im Vordergrund der große Quadrant. Brahes Ruhm als sorgfältiger astronomischer Beobachter bleibt unbestritten. Zwischen 1575 stellte er einen Sternkatalog zusammen, der bei weitem reichhaltiger und exakter war als alle früheren Kataloge. Daneben gelangen ihm bemerkenswert exakte Positionsbestimmungen der Planeten. Er führte in die Astrologie eine bis dahin unbekannte Genauigkeit ein. Als er 1601 in Prag starb, übernahm sein letzter Assistent, Johannes Kepler, seine Beobachtungen und benutzte sie zur Berechnung der Planetenbahnen. Tycho Brahe war ein sonderlicher und oft schwieriger Mann. In seinem großen Observatorium ließ er zum Beispiel eine Gefängniszelle für seine säumigen Mieter einbauen.

DIE ASTROLOGEN 3

FRANCIS BACON

1561–1626

Der Philosoph und Staatsmann Francis Bacon, den König Jakob I. 1618 zum Lordkanzler ernannte, war ein hervorragend begabter, eitler und ehrgeiziger Mann. Seine glänzende Karriere war zu Ende, als ihn 1621 das Parlament der passiven Bestechung für schuldig befand und zu einer hohen Geld- und Gefängnisstrafe verurteilte. Beide Strafen wurden ihm auf Betreiben des englischen Königs erlassen.

Francis Bacon war ein Meister des Experiments, der induktiven Logik und der exakten Beobachtung als Mittel der Prüfung von Theorien. Als einer der ersten Gelehrten verlangte er, die empirische Erfahrung an die Stelle der scholastischen Spekulation zu setzen. Er forderte, daß die wissenschaftliche Erkenntnis dem Wohl des Menschen dienen müsse.

In seinem Essay *‹Astrologia sana›* warf er zwar der elisabethanischen Astrologie vor, sie stecke voller Aberglauben, aber trotzdem schlug er vor, ihre Behauptungen gründlich und wissenschaftlich nachzuprüfen. Was sich danach als wahr erweise, könne anerkannt werden. Bacon war «sicher, daß die Himmelskörper bestimmte Einflüsse ausüben können, neben Wärme und Licht». Er glaubte daran, daß sich nicht nur Ereignisse am Himmel – wie Kometen und Meteore –, sondern auch Ereignisse auf der Erde – wie Überschwemmungen, Erdbeben, Revolutionen und Völkerwanderungen – vorhersagen ließen.

TOMMASO CAMPANELLA

1568–1639

Der Dominikanermönch und Philosoph Tommaso Campanella erzürnte seine Ordensoberen durch freimütige Äußerungen und «magische Praktiken». Im Jahre 1599 wurde er angeklagt, einen Aufstand gegen die spanische Herrschaft in Neapel angezettelt zu haben, und zu lebenslänglichem Kerker verurteilt. Papst Urban VIII. verwendete sich für ihn und erreichte seine Auslieferung an die Kurie. 1629 ließ ihn der Papst frei. 1634 flüchtete Tommaso Campanella nach Paris; Richelieu und König Ludwig XIII. schätzten ihn als Astrologen und Gelehrten, der es verstanden hatte, Astrologie und Christentum zu versöhnen. Im «Sonnenstaat» («La Città del Sole») entwickelte er die Idee eines christlich-gemeinschaftlichen Staates unter der Führung von Priesterphilosophen.

JOHN DEE

1527–1608

John Dee, der Sohn eines wenig bedeutenden Höflings König Heinrichs VIII., fiel an der Universität Cambridge durch seine Begabung auf. Mit 19 Jahren trat er in das Trinity College ein und wurde bald Dozent für Griechisch. Seine Leidenschaft für mechanische Erfindungen kam ihm zustatten, als er für eine Aufführung der Komödie *‹Friede›* von Aristophanes einen realistischen fliegenden Käfer baute, der allerdings so gut gelang, daß er der Zauberei beschuldigt wurde.

Schon in Cambridge interessierte sich John Dee für Magie, Alchimie und Astrologie. König Eduard VI. wurde sein Gönner. Nach dessen frühem Tod forderte ihn Königin Maria auf, ihr und ihrem Bräutigam Philipp von Spanien Horoskope zu stellen. Dee folgte dem Befehl, aber der politisch kluge Mann stand schon in Verbindung mit der jüngeren Schwester der Königin, Prinzessin Elisabeth, die in halber Gefangenschaft gehalten wurde. Er war allerdings so unvorsichtig, mit ihr das Horoskop der Königin zu besprechen. Die Königin erhielt davon Nachricht und ließ Dee des Verrats und der Ketzerei anklagen. Seine Kenntnis der Heiligen Schrift verwirrte die Richter, er wurde freigesprochen.

Als 1588 Königin Elisabeth an die Regierung kam, befahl sie Dee, einen günstigen Tag für ihre Krönung vorherzusagen. Er erfüllte den Wunsch der Königin und genoß mehrere Jahre ihr Vertrauen und ihre Freundschaft.

Die Königin drängte ihn, in der Nähe ihrer Londoner Paläste Wohnung zu nehmen. Nach ihren Ausritten im Richmond Park kam sie oft in sein Haus, um seine neueste Erfindung zu betrachten oder um mit ihm über ein seltenes Buch zu sprechen, das er für seine Bibliothek erworben hatte. Königin Elisabeth scheint ihm auch in Staatsgeschäften vertraut zu haben, denn er unternahm lange Reisen ins Ausland, manchmal für die Königin, aber auch im Auftrag von Sir Francis Walsingham, dem der «geheime Nachrichtendienst» der Königin unterstand. Im Laufe der Zeit wuchs John Dees Interesse am Okkultismus: Er glaubte, er könne Gold machen, den Stein der Weisen und das Lebenselixier finden. Er und sein Freund Edward Kelley – ein wenig zuverlässiger, reizbarer Sonderling – führten lange Gespräche mit Geistern.

Den Rest seines Lebens verbrachte er größtenteils mit ausgedehnten Reisen durch Europa – wie man allgemein annahm als Spion der Königin. Wenn das stimmen sollte, war seine Belohnung gering: Als er nach England zurückkehrte, schien sich die Königin seiner nicht mehr zu erinnern.

Die Geschichtsschreibung unterschätzt immer noch die Bedeutung der astrologischen Ratschläge, die er der Königin gab. John Dee schrieb über sich: «Wenn meine gehorsamen Dienste Ihrer Majestät wohlgefallen haben, bin ich dem allmächtigen Gott zu Dank verpflichtet.»

John Dee nur als Astrologen, Magier oder Spion zu beurteilen, wäre ungerecht. Er war daneben ein nüchterner Mathematiker, der das Interesse an der Mathematik in England entscheidend förderte.

John Dee (links)
Das Porträt zeigt Dee bei astrologischen Berechnungen. Königin Elisabeth I. von England ließ sich von ihm astrologisch beraten.

Die jungfräuliche Königin (unten)
Königin Elisabeth vertraute ihrem Astrologen John Dee nicht nur persönliche Probleme an, sie besprach mit ihm auch politische Entscheidungn.

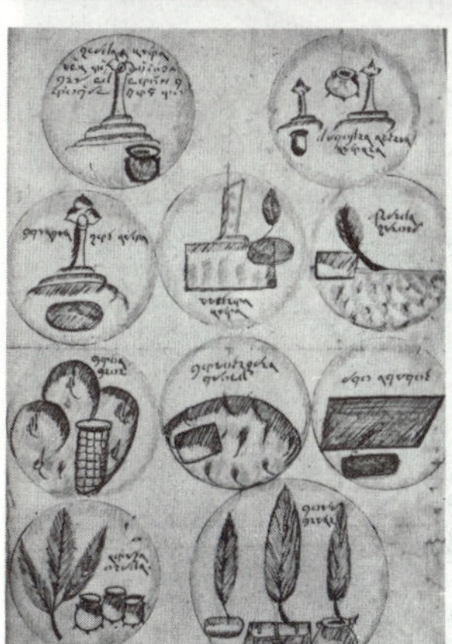

Geisterbeschwörung (oben)
Dee und Kelley befragen einen Leichnam.

Zeichnungen der Engel (links)
Dee behauptet, Engel hätten ihm diese symbolischen Zeichnungen eingegeben.

Geometrie der Engel (rechts)
Nach seinen Unterhaltungen mit den Engeln legte Dee komplizierte Berechnungen an.

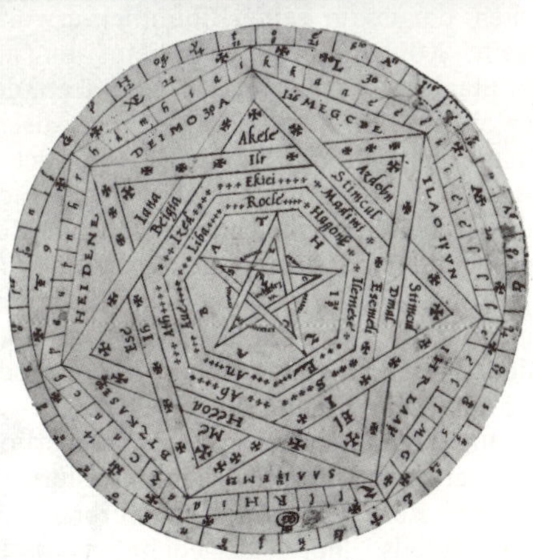

WILLIAM SHAKESPEARE

1564–1616

William Shakespeare, der Sohn eines angesehenen Bürgers in Stratford-upon-Avon, schloß sich um 1588 einer Schauspieltruppe in London an. Dort schrieb er zwischen 1590 und 1592 sein erstes Stück, das dreiteilige Königsdrama ‹*Heinrich VI.*›.

In Shakespeares Stücken und Sonetten finden sich natürlich viele Belegstellen für das Interesse seiner Zeit an der Astrologie. Nur wenige Stücke kommen ganz ohne astrologische Anspielungen aus. Ob Shakespeare selbst an die Astrologie glaubte, ist nicht vollkommen sicher, aber ein Umstand deutet darauf hin: Kritik an der Astrologie legt er immer nur den Personen in den Mund, die negativ gezeichnet sind. Den berühmtesten Angriff auf die Astrologie trägt der Bastard Edmund in ‹*König Lear*› vor.

«Das ist die ausbündige Narrheit dieser Welt, daß, wenn wir an Glück krank sind, – oft durch die Übersättigung unseres Wesens – wir die Schuld unserer Unfälle auf Sonne, Mond und Sterne schieben, als wenn wir Schurken wären durch Notwendigkeit; Narren durch himmlische Einwirkung; Schelme, Diebe und Verräter durch die Übermacht der Sphären; Trunkenbolde, Lügner, Ehebrecher durch erzwungene Abhängigkeit von planetarischem Einfluß; (...) Meine Nativität fiel unter ursa major; und so folgt denn, ich müsse rauh und verbuhlt sein. Ei was, ich wäre geworden, was ich bin, wenn auch der jungfräulichste Stern am Firmament auf meine Bastardisierung geblinkt hätte.»

DR. SIMON FORMAN

um 1560–1620

Dr. Forman, der Sohn eines Kerzenmachers, reiste 1580 nach Holland, um dort die Astrologie von Grund auf zu erlernen. Nach seiner Rückkehr ließ er sich als Arzt und Astrologe in Lambeth nieder. Seine Praxis blühte schnell auf, bald drängten sich Arm und Reich vor seiner Tür. Die Herzogin von Essex, der Graf von Somerset und Sir Thomas Overbury holten sich bei ihm Rat. Sein jüngerer Zeitgenosse William Lilly vermerkte schadenfroh jeden Fehlschlag des Kollegen. Aus seinem eigenen Horoskop schloß Forman, daß er in zwei Jahren geadelt würde. Am Ende dieser Frist fand er sich jedoch im Gefängnis Newgarte wieder. Als er 1620 starb, hinterließ er 1200 Pfund, damals eine stolze Summe.

DIE ASTROLOGEN 4

Mr. Evans, der Zauberer aus Wales
Dr. Evans, der Lehrmeister William Lillys, war Pfarrer in Wales gewesen. Er mußte aber wegen «bestimmter, äußerst anrüchiger Vergehen» seine Gemeinde verlassen. Sein Schüler Lilly beschrieb ihn als Mann «von mittlerer Statur, mit breiter Stirn, buschigen Augenbrauen, gesenktem Blick, schwarzem, lockigem Haar und einem Klumpfuß ... Er liebte Ausschweifungen, war dann sehr beleidigend und streitlustig, nur selten kam er ohne ein blaues Auge oder irgendein anderes Unglück davon.» Lilly verließ seinen Lehrer, als er merkte, daß Mr. Evans zwar sehr wohl ein Horoskop richtig deuten konnte, aber seinen Klienten lieber das erzählte, was sie hören wollten.

JOHANNES KEPLER

1571–1630
Johannes Kepler, der berühmte Astronom und Naturphilosoph, war der Sohn eines Schankwirts. Mit 17 Jahren bezog er die Universität Tübingen, um Theologie zu studieren, allerdings wendete er sich bald der Astronomie und Mathematik zu. 1594 ging er als Landschaftsmathematiker und Lehrer nach Graz. Tycho Brahe holte ihn im Jahre 1600 nach Prag. Ein Jahr später starb Tycho Brahe, und Johannes Kepler wurde sein Nachfolger als kaiserlicher Mathematiker und Hofastronom Rudolfs II. Seine Gesetze der Planetenbewegungen, die er mit Hilfe nachgelassener Beobachtungen und Berechnungen Brahes aufstellte, erklären die Bahngeschwindigkeit der Planeten und die Natur ihrer Bahnen. Die Not zwang Kepler, Horoskope zu stellen und zu deuten, aber er sah diese Tätigkeit als nebensächlich an. Erbittert nannte er die Astrologie «törichte und übel beleumundete Tochter der Astronomie, ohne die jedoch die weise alte Mutter Hungers stürbe!»

Trotzdem glaubte er an die Möglichkeit eines empirischen Systems der Astrologie. «Nichts ist oder geschieht am sichtbaren Himmel», so schrieb er, «was nicht in einer uns verborgenen Weise von den Kräften der Erde und der Natur gefühlt würde.» Als er gegen Ende seines Lebens Hofastrologe Wallensteins geworden war, bekannte er, daß «der Glaube an die Wirkung der Sternbilder zuerst auf der Erfahrung beruht, die so zwingend ist, daß sie nur von Menschen abgelehnt werden kann, die sie nicht geprüft haben».

Mr. Evans (links)
Der mißgestaltete Astrologe aus Wales, nach einem Kupferstich von 1776, dem eine zeitgenössische Porträtzeichnung zugrunde lag. Das Porträt bestätigt die Schilderung, die der scharfzüngige Lilly von Evans hinterließ.

Johannes Kepler (links)
Das Porträt entstand während Keplers Aufenthalt in Graz. Von den astrologischen Einflüssen auf sich schrieb er: «Auf mich wirken Sonne und Saturn. So kommt es, daß mein Körper knorrig, trocken und klein ist.»

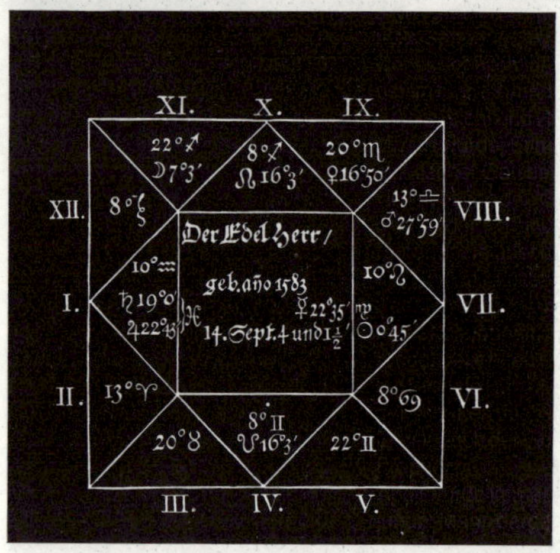

Wallensteins Horoskop (links)
Im Jahre 1608 stellte Kepler dem Feldherrn Albrecht von Wallenstein das Geburtshoroskop. Kepler sah im Horoskop Anzeichen «furchtbarer Unordnungen», die das Land im März 1634 überziehen sollten. Die Ereignisse gaben Keplers Vorhersage fast auf den Tag recht. Am 25. Februar 1634 wurde Wallenstein in Eger ermordet. Sein Tod ließ den Dreißigjährigen Krieg noch einmal mit aller Heftigkeit aufflammen.

Die himmlische Geometrie (unten)
Johannes Kepler war nicht nur ein bedeutender Mathematiker und Astronom. Seine naturphilosophischen Werke zeigen ihn als Anhänger neuplatonischer Ideen. Er glaubte, daß sich die Himmelskörper in einer klingenden Harmonie bewegen. Aber er versuchte auch, ihre Bahnen zu berechnen und mit Hilfe der abgebildeten Konstruktion darzustellen. Nach seiner Vorstellung kann man die Bahnen aller Planeten in regelmäßige stereometrische Körper einschreiben, die sich ineinanderfügen lassen.

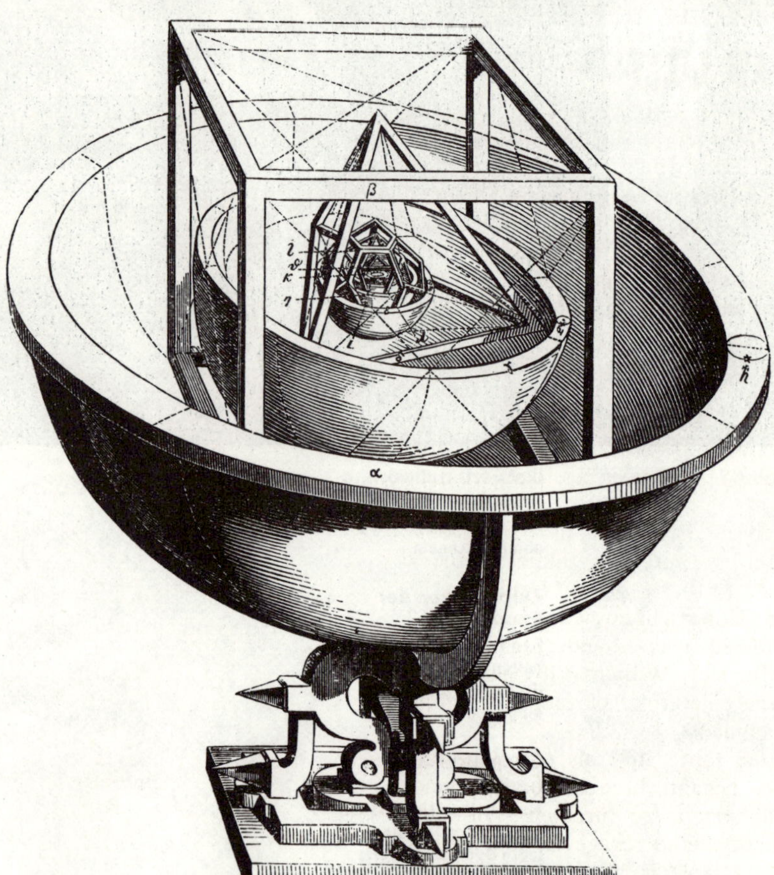

JEAN BAPTISTE MORIN

1591–1659

Von Jean Baptiste Morin, dem gelehrtesten katholischen Schriftsteller des 17. Jahrhunderts, wird behauptet, er habe die Astrologie bei dem Schotten Davison gelernt.

Morin verließ nur zweimal Frankreich: Das erste Mal begleitete er die Prinzessin Henriette Marie nach England, das zweite Mal reiste er nach Rom, wo ihn der astrologiebegeisterte Papst Urban VIII. freundschaftlich empfing. Aber auch seine wohlbegründeten theologischen Werke konnten Morins Schrift ‹*Astrologica Gallica*› nicht vor der Verdammung retten. Seine Kritik an verschiedenen Mißständen in der kirchlichen Verwaltung lieferte den Vorwand, um die meisten seiner umfangreichen Schriften zu unterdrücken. Jean Baptiste Morin war der Privatastrologe des Kardinals Richelieu; er sagte den Tod König Ludwigs XII. und mehrerer berühmter Zeitgenossen richtig vorher. Man nimmt allgemein an, daß Morin der Astrologe war, den Kardinal Richelieu hinter einem Vorhang versteckte, als Ludwig XIV. geboren wurde.

WILLIAM LILLY

1602–1681

William Lilly wurde im letzten Jahr der Regierung Elisabeths I. von England geboren. Der Sohn eines leibeigenen Bauern glaubte, «er könne nicht das Land bebauen, pflügen oder irgendeine andere bäuerliche Arbeit aushalten». So machte er sich mit 18 Jahren auf, um in London sein Glück zu versuchen. Er wurde Sekretär und Diener des ungebildeten, aber reichen Gilbert Wright. Als Wright sieben Jahre später starb, hinterließ er Lilly eine Rente von 20 Pfund im Jahr. Lilly machte der Witwe Wright einen Heiratsantrag, den sie nicht ausschlug.

Nach dieser Erlösung aus dem Dienstbotenstand erwachte sein Interesse für die Astrologie. Er hatte genug Geld, um bei Mr. Evans Unterricht zu nehmen. Nachdem sie in Unfrieden auseinandergegangen waren, kaufte sich William Lilly vom Geld seiner Frau eine große astrologische Bibliothek zusammen.

Als er im Jahre 1633 als Astrologe tätig zu werden begann, brauchte er in London keine Konkurrenz zu fürchten. Vor allem war kein Rivale so redegewandt wie Lilly. Dazu war er anscheinend von Natur aus prozeßsüchtig: Er führte mehrere Prozesse

Papst Urban VIII. (links)
Papst Urban (1568–1644) war ein Freund der Astrologen. Er hieß Jean Baptiste Morin in Rom willkommen und befreite Tommaso Campanella aus dem Gefängnis. Er ließ sich von Campanella bei der Ausarbeitung von Horoskopen helfen und holte seinen politischen Rat ein.

William Lilly (links)
Das Porträt zeigt William Lilly mit astrologischen Instrumenten. Über der Landschaft im Hintergrund schwebt ein Geburtshoroskop.

Das Große Feuer (unten)
Das Sinnbild, das William Lilly 1651 herausgab, wurde als Prophezeiung des großen Brandes von London 1666 gedeutet.

DIE ASTROLOGEN 5

um sein ständig wachsendes Vermögen, wurde aber auch von verärgerten Klienten, mißtrauischen Parlamentsmitgliedern und Beamten zur Rechenschaft gezogen.

Nach dem großen Brand von London 1666 wurde William Lilly vor den parlamentarischen Untersuchungsausschuß gebeten, der die Ursachen der verheerenden Feuersbrunst untersuchte. Lilly hatte das Feuer vorhergesagt und einen Holzschnitt publiziert, auf dem er eine Stadt in Flammen darstellen ließ. Dank seiner Rednergabe überzeugte er den Ausschuß, daß er weder für den Brand noch die Pestepedemie kurz davor persönliche Verantwortung trage. Man gestattete ihm, nach Hause zu gehen.

Lilly war ein sorgfältiger und kritischer Astrologe. Er kannte die Schwächen seiner Kunst, und der Rat, den er einem jungen Astrologen gab, ist noch so vernünftig wie zu seiner Zeit. Den Absolventen der British Faculty of Astrology wird er heute als eine Art Eid des Hippokrates vorgelegt. Er beginnt mit den Worten: «Da du täglich mit den Himmeln redest, unterweise und forme deinen Verstand nach dem Vorbild Gottes; lerne alle Zierden der Tugend, erwerbe genügend Kenntnisse daran; sei menschlich, höflich, freundlich zu allen und sprich mit jedermann; erfülle nicht den Unglücklichen mit Schrecken durch ein hartes Urteil, weise sie an, daß sie Gott bitten, er möge das Urteil abwenden, das er über sie verhängt hat; sei gesittet, nüchtern, begehre keinen Besitz; gib großzügig den Armen Geld und Rat; laß dich nicht durch weltlichen Reichtum verleiten, einen falschen Rat zu geben oder einen Rat, der die Kunst entehrt.»

In seiner Autobiographie beschrieb Lilly einige Astrologen, die in der ersten Hälfte des 17. Jahrhunderts in London praktizierten. Selbst wenn man vom Neid unter Kollegen absieht, bleibt ein armseliges Häuflein. Aus der Masse von Scharlatanen heben sich zwei ernsthafte Astrologen heraus: John Booker aus Manchester, ein ehemaliger Kurzwarenhändler, der anscheinend mit seinen Vorhersagen sehr erfolgreich war, und Nicholas Fiske, Doktor und Universitätslehrer, dazu noch Astronom und Mathematiker.

ALAN LEO

1860–1917

Alan Leo, mit bürgerlichem Namen W. F. Allen, war der erfolgreichste Astrologe des viktorianischen Zeitalters. Als Pseudonym wählte er den Namen seines aufsteigenden Sternzeichens. Im Alter von ungefähr 25 Jahren begann er sich für Astrologie zu interessieren. Kurz nachdem er sich in London niedergelassen hatte, begegnete er Walter Richard Old, der später als «Seraphial» bekannt wurde. Old war Anhänger der theosophischen Bewegung und Vertrauter von Madame Blavatsky, die die Theosophische Gesellschaft gegründet hatte. Er führte Alan Leo bei den Theosophen ein. Zusammen mit dem Astrologen F. W. Lacey gründete Leo die astrologische Zeitschrift *The Astrologer's Magazine*. Harte Arbeit und das Angebot, neuen Abonnenten kostenlos ein Horoskop zu stellen, führten die Zeitschrift rasch zum Erfolg und die Herausgeber tauften sie in *Modern Astrology* um. Nach seiner Heirat mit einer reichen Frau widmete sich Allan Leo ganz der Astrologie und schrieb heute noch gebräuchliche Lehrbücher.

EVANGELINE ADAMS

1865–1932

Auf der Höhe ihres Ruhms wurde die amerikanische Astrologin Mrs. George E. Jordan – oder Evangeline Adams, wie sie sich selbst nannte – von fast allen konsultiert, die in der amerikanischen Gesellschaft Rang und Namen besaßen. Ihre Karriere begann, als sie einem Hotelbesitzer in New York sagte, er stehe «unter dem Einfluß einer der ungünstigsten Planetenkombinationen überhaupt, die erschreckende Umstände mit sich brächte». In der folgenden Nacht brannte sein Hotel vollständig ab, seine Frau und mehrere Verwandte kamen im Feuer um. Miss Adams Ruf war gemacht.

In den folgenden dreißig Jahren blühte ihr Geschäft. Vor allem eine Anklage wegen Wahrsagerei im Jahr 1914 erwies sich als förderlich. Während des Prozesses wurde ihr das Horoskop eines Unbekannten zur Deutung übergeben. Der Richter verkündete später, daß es das Horoskop seines Sohnes sei, und Miss Adams in allem Recht gehabt habe.

Zwei Jahre vor ihrem Tod, den sie übrigens genau vorhersagte, begann Evangeline Adams mit regelmäßigen, äußerst populären Radiosendungen. Als sie krank wurde, wollten sie Tausende ihrer Kunden besuchen, und die *New York Times* sprach davon, «daß die Astrologie und das Radio Hand in Hand zum Sieg tanzen».

Alan Leo (links)
Alan Leos Einfluß trug entscheidend zur Popularität der Astrologie im England der Jahrhundertwende bei. Seine Bücher und seine Zeitschrift «The Astrologer's Magazine» bereiteten die Wiedergeburt der Astrologie im 20. Jahrhundert vor.

Evangeline Adams (oben)
Die Kunden von Evangeline Adams zählten zu den oberen Zehntausend Amerikas. Wer reich und berühmt war, mußte sich von ihr beraten lassen. Ihre regelmäßigen Radiosendungen weckten das Interesse weiter Kreise an der Astrologie.

CHARLES E. O. CARTER

1887–1968

Charles Carter war vielleicht der bedeutendste englische Astrologe der ersten Hälfte unseres Jahrhunderts. In der Theosophischen Gesellschaft führte er die Arbeit Alan Leos fort und wurde 1922 deren Präsident. Er gründete die Zeitschrift *Astrology* und war der erste Vorsitzende der Faculty of Astrological Studies.

Der glänzende astrologische Fachschriftsteller Charles Carter kommentierte und erweiterte vor allem ältere Lehrbücher der Astrologie. 1955 schrieb er einem Freund und Kollegen, daß er wahrscheinlich nicht mehr die erste Landung eines Menschen auf dem Mond erleben werde, da bestimmte astrologische Anzeichen darauf hinweisen, daß er 1968 sterben würde. Wie bei vielen berühmten Astrologen erfüllte sich diese Prophezeiung.

MARGARET HONE

1892–1969
Margaret Hone schloß sich kurz vor dem Zweiten Weltkrieg der Londoner Loge der Theosophischen Gesellschaft an. Sie beteiligte sich aktiv an der Gründung der Faculty of Astrological Studies und verfaßte zwei Lehrbücher, die noch heute als grundlegende Werke von der Faculty verwendet werden. Viele Jahre leitete sie diese Astrologenschule, die heute Schüler in über achtzig Ländern der Erde hat.

DANE RUDHYAR

geboren 1895
Dane Rudhyar begann seine Laufbahn als Musiker. Im Alter von 21 Jahren schloß er sich in Amerika der Musiker- und Komponistenavantgarde an. Er interessierte sich für orientalische Musik und Philosophie und kam so zur Astrologie. Ziel seiner Arbeit ist es, die Astrologie «auf eine Höhe des Denkens zu heben, auf der sie der geschulte Verstand voll und ganz annehmen kann, und sie zugleich als symbolische Sprache darzustellen». Dane Rudhyar glaubt, daß «der Mensch durch den Gebrauch dieser Sprache - einer Art Algebra des Lebens - die Ordnungsmuster aufspüren kann, die ihn sowohl seine Persönlichkeit als auch sein Schicksal in den oder durch die scheinbar chaotischen und bestürzenden Ereignisse des täglichen Lebens erkenen lassen». Sein Buch *‹The Planetarization of Consciousness›* (1970) zieht die Summe seiner Lebensphilosophie und legt zugleich das Fundament, von dem aus Rudhyar die brennenden Probleme der westlichen Gesellschaft behandeln will.

KARL ERNST KRAFFT

1900–1945
Der Schweizer Astrologe Krafft sympathisierte mit den Nationalsozialisten und sagte den Anschlag auf Hitler im Münchner Bürgerbräukeller am 8. November 1939 richtig vorher. Die Gestapo verhaftete ihn als mutmaßlichen Mitwisser des Attentäters, ließ ihn aber wieder frei.

Als Rudolf Heß 1941 nach England geflogen war, verhaftete die Gestapo auch Krafft als einen der vielen Sündenböcke. Heß, so wurde behauptet, sei von Astrologen verrückt gemacht worden. Eine Zeitlang arbeitete Krafft astrologisches Propagandamaterial aus. Er starb wahrscheinlich auf der Fahrt nach Buchenwald an Typhus.

REINHOLD EBERTIN

geboren 1901
Reinhold Ebertin, der Sohn der bekannten Astrologin Elspeth Ebertin, gründete einen Verlag für moderne astrologische Literatur. 1928 begann er die Zeitschrift *Kosmobiologie* herauszugeben und organisierte 1932 einen Kongreß der «astrologischen Pioniere».

Ebertin hat seine Theorien in einer ganzen Reihe von Büchern vertreten, das bedeutendste ist vielleicht *‹Die Kombination der Gestirneinflüsse›* (1940). Mit seinem Sohn Dr. Baldur Ebertin und einer Gruppe von Ärzten, Neurologen, Physikern, Mathematikern und Chemikern arbeitet er zur Zeit am Problem der Gehirnstrukturen und der Krankheitszeichen, mit dem Ziel, eine Methodik der Astrologie zu entwickeln.

LOUIS DE WOHL

1903–1961
Der aus Berlin stammende Ludwig von Wohl ließ sich 1935 in England nieder. Im Zweiten Weltkrieg überzeugte de Wohl die englische Regierung davon, daß Karl Ernst Krafft für Hitler arbeitete. Louis de Wohl bekam eine Offiziersstelle, mit dem Auftrag, herauszufinden, was Hitlers Astrologe sage. Bis zum Kriegsende blieb er bei der Armee. Er war zum Teil dafür verantwortlich, daß Fälschungen deutscher astrologischer Zeitschriften hergestellt wurden, die von englischen Agenten nach Deutschland geschmuggelt wurden, um durch falsche Vorhersagen Unruhe und Entmutigung zu verbreiten.

JOHN ADDEY

geboren 1920 – 1982
Ein Besuch bei der Astrologischen Loge der Theosophischen Gesellschaft und die Begegnung mit Charles Carter brachten John Addey 1946 zur Astrologie. Er erwarb das Diplom der Faculty of Astrological Studies. Von 1951 bis 1958 war er Vizepräsident der Astrologischen Loge, 1958 gründete er mit Brigadier Roy Firebrace und Joan Rodgers die Astrological Association, deren Präsident er heute ist. Er gab auch ihre Zeitschrift *Astrological Journal* heraus.

John Addey widmete sich vor allem den philosophischen Problemen der Astrologie. Nach seiner Auffassung «beruht die ganze Astrologie auf den Harmonien der kosmischen Zyklen».

Margaret Hone (links)
Margaret Hone war die bekannteste Lehrerin moderner astrologischer Techniken. Sie war lange Zeit Direktorin der Faculty of Astrological Studies. Ihre Lehrbücher gelten heute noch als Standardwerke.

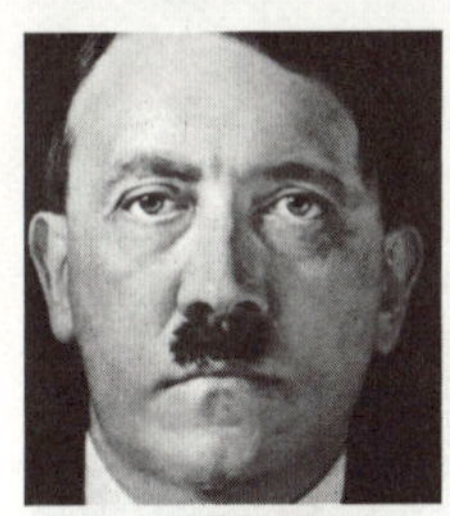

Das Attentat auf Hitler (oben und links)
Hitler entging nur durch einen Zufall dem Attentat im Bürgerbräukeller. Oben die Säule, in der die Zeitbombe verborgen war. Krafft hatte das Attentat vorhergesagt und wurde der Mitwisserschaft bezichtigt.

Louis de Wohl (oben)
De Wohl wurde von den Engländern als «Kriegsastrologe» beschäftigt.

John Addey (links)
Der englische Astrologe John Addey genießt internationale Anerkennung als Theoretiker der kosmischen Zyklen.

DER ASTROLOGE BEI DER ARBEIT

Trotz der Fortschritte, die in unserer Zeit in Richtung auf eine Versöhnung der Astrologie mit der Naturwissenschaft gemacht worden sind, wird sie von manchen Menschen immer noch als eine ‹okkulte› Beschäftigung angesehen.

Nichts könnte von der Wahrheit weiter entfernt sein. Ein moderner Astrologe sitzt bei der Arbeit wahrscheinlich sogar am Computer; er oder sie besitzt sicher eine umfangreiche Sammlung von Nachschlagewerken, astronomischen Tabellen, einen Taschenrechner, eine Schreibmaschine und ein Tonbandgerät. Mit anderen Worten, sein Arbeitsplatz unterschiedet sich wohl nicht von einem modernen Büro.

Astrologen sind ganz normale Menschen: Einige mögen an der Psyche interessiert sein; andere sind vielleicht Anhänger der Theorie von der Wiedergeburt; wieder andere praktizieren vielleicht Naturheilkunde oder Akupunktur; es gibt Christen, Juden, Buddhisten und Agnostiker unter ihnen. Manche werden zur Astrologie andere Disziplinen hinzuziehen, um ihren Klienten zu helfen – vielleicht die Psychologie. Astrologen mit einer ordentlichen Ausbildung nehmen die Astrologie natürlich ernst. Weder brauchen noch verlassen sie sich auf irgend etwas Geheimnisvolles oder Unerklärliches.

Beim Studium der Horoskope ihrer Klienten müssen Astrologen nicht nur auf ihre eigene Erfahrung, sondern auf die Erfahrung von Jahrhunderten der Astrologie vor ihnen zurückgreifen. Al Gordon (oben) schlägt in seiner Bibliothek von Lehrbüchern nach, bevor er seine Schlüsse zieht. Diese Schlußfolgerungen können aufgezeichnet, niedergeschrieben oder auch nur einfach mit dem Kunden besprochen werden. Die gewählte Methode hängt einesteils vom Astrologen selbst ab, andererseits auch von den Wünschen des Klienten.

Die Ausbildung von Astrologen

Wie sieht nun die Ausbildung von Astrologen aus? In früheren Zeiten gab es verschiedene Lehrmethoden. Einige Astrologen nahmen Lehrlinge an, die sie aus ihrer eigenen Erfahrung sowie aus der enormen Anzahl von Lehrbüchern ihrer Vorgänger unterrichteten. Doch die Astrologie wurde auch an den meisten europäischen Universitäten gelehrt, zum Beispiel gab es von 1692 bis 1770 einen Lehrstuhl für Astrologie an der Universität von Salamanca.

Als um 1900 ein ernsthaftes Interesse an der Astrologie wiedererwachte, gab es zuerst nur ein paar Lehrbücher, auf die man sich stützen konnte – einige von ihnen waren jahrhundertealt (z. B. ‹Christian Astrology› von William Lilly aus dem Jahr 1647). Nach und nach erschienen zeitgemäßere Werke, vor allem von Alan Leo (Pseudonym für W. F. Allen), dessen Bücher noch immer verlegt werden. Dann entstanden auch allmählich Organisationen von Astrologen, die ihre Disziplin zu einem ordentlichen Lehrfach machen wollten. In England wurde 1948 die Faculty of Astrological Studies eingerichtet, die Interessenten in den meisten Ländern der Welt ausgebildet hat.

Wie suche ich mir einen Astrologen?

Der sicherste Weg besteht darin, sich die Liste der Diplominhaber der Fakultät zu besorgen. In Amerika kann man sich bei der Federation of Astrologers beraten lassen, und in den meisten westlichen Ländern gibt es heutzutage Astrologenverbände, die Ihnen weiterhelfen können.

Aus dem Anzeigenteil von Zeitungen und Zeitschriften sollte man auf keinen Fall einen Astrologen aussuchen – auch nicht aus astrologischen Zeitschriften. Natürlich werben auch einige Astrologen mit guten Ruf auf diese Weise, doch gibt es viele ‹Quacksalber›, die nur darauf warten, den Interessenten zu übervorteilen. Ein Anhaltspunkt sind die billigen Honorare, die sie erheben: der erfahrenste Astrologe braucht mehrere Stunden, um ein Geburtshoroskop zu berechnen und zu erstellen, und noch mehr, um es zu studieren und zu deuten. Es ist daher unmöglich, für ein paar Mark seriös bedient zu werden. Das Honorar für professionellen astrologischen Rat entspricht etwa denen anderer freier Berufe, etwa von Ärzten oder Zahnärzten, Rechtsanwälten oder Psychologen. Je niedriger das Honorar, desto unzuverlässiger ist die Arbeit. Dabei sollte jedoch nicht unerwähnt bleiben, daß das Gegenteil nicht unbedingt der Fall sein muß: Ein sehr hohes Honorar braucht hier – ebenso wie bei anderen Berufen – nicht zu bedeuten, daß der beste Rat erteilt wird. Das Zeugnis eines guten Berufsverbandes und persönliche Empfehlungen sind die zuverlässigste Basis für die Auswahl eines Astrologen.

Astrologische Computerdienste schießen wie Pilze aus dem Boden, sind jedoch nicht ernst zu nehmen. Ein Computerhoroskop besteht aus einer Masse unverdauter und unverdaubarer Informationen, derartig vernebelt und allgemein, daß sie außer für belanglose Gespräche nichts taugen.

Phyllis Gordon (unten) nimmt ihre astrologischen Analysen gern auf Band auf und schickt sie in dieser Form an ihre Klienten.

Wie kann mir ein Astrologe helfen?

Ein Astrologe ist kein Zauberer. Jeder, der Ihnen erzählt, er könne alle Geschehnisse in der Zukunft vorhersagen, der Ihnen in der Art der früheren Wahrsagerinnen auf dem Jahrmarkt erzählt, daß Sie einen großen, dunkelhaarigen, gutaussehenden Fremden treffen, ihn heiraten und drei Kinder haben werden, ist kein richtiger Astrologe.

Viele Leute erwarten immer noch von einem Astrologen, daß er die Zukunft voraussagt; andere wieder scheuen sich, einen Astrologen zu Rate zu ziehen, da sie glauben, er werde ihnen die Zukunft vorhersagen. Was tun also die Astrologen wirklich, und wie helfen sie denen, die zu ihnen kommen? Die Antwort ist, daß es keinen Lebensbereich gibt, in dem gründliche praktische Kenntnisse der Astrologie nicht nützlich wären und in dem ein professioneller Astrologe nicht hilfreich sein könnte.

Heute besteht eine gesunde Beziehung zwischen Psychotherapeuten, -analytikern und Astrologen, und bei einigen Analytikern gilt eine Ausbildung in den Grundzügen astrologischen Wissens durchaus als vorteilhaft. Umgekehrt unterziehen sich Astrologen manchmal einer analytischen Ausbildung. Diese Disziplinen stehen in einer Wechselwirkung zueinander und rücken näher zusammen.

Die herkömmliche Methode der Klientenberatung ist allgemein das persönliche Interview. Christina Rose (links) spricht mit einem Klienten in der informellen Umgebung ihrer eigenen Wohnung. Es hat sich oft als richtig herausgestellt, daß eine persönliche Begegnung – besonders bei einem sensiblen oder emotional gestörten Menschen – der leichteste und beste Weg ist, auf dem ein Astrologe seine Hilfe anbieten kann. Der Astrologe wird sicherlich Notizen aus den Geburtshoroskopen des Klienten und anderer betroffener Personen zu Hilfe nehmen, kann aber die Situation oder das Problem, das den Klienten zu ihm geführt hat, durchsprechen. Für diese Art von Begegnung ist dem Astrologen eine gewisse Beratungserfahrung von größtem Nutzen.

Julia Parker (oben) benutzt für die Erstellung ihrer astrologischen Analysen, die im Durchschnitt etwa 7000 Wörter umfassen, ein Textverarbeitungssystem. Sie ist der Meinung, daß die Disziplin beim Niederschreiben ihrer Auswertungen ihr hilft, sie genauer darzustellen als im mündlichen Gespräch. Allerdings trifft sie sich hinterher immer mit ihren Klienten, um den Bericht zu erörtern und notfalls weiterzuführen.

Grenzen und Sinn der Astrologie

Kein Mensch sollte sein Leben nach der Astrologie ausrichten – genausowenig, wie er sich ausschließlich auf den Rat eines Psychiaters, eines Sozialarbeiters oder eines Geistlichen verlassen wollte. Richtig angewandt verhilft einem die Astrologie zu einem gesunden Selbstvertrauen und eröffnet gleichzeitig neue und oft ungeahnte Aspekte im Leben – Bereiche des Innenlebens sowie des täglichen Lebens –, die erforscht und angewandt werden können.

Ein Astrologe sollte, wie gesagt, nicht als Zauberer angesehen werden. Ein guter Astrologe ist einfach ein Mitmensch, der sich eine unermeßlich alte Disziplin zunutze macht und sie mit seiner Erfahrung als Berater und einer beträchtlichen Portion Sympathie für andere Menschen verbindet.

Schließlich wird Ihnen ein guter Astrologe nichts erzählen, was Sie erschrecken wird. Er oder sie macht kein Geschäft damit, Ihnen Sorgen oder Angst vor der Zukunft zu machen. Sie wissen nicht mehr als Sie – soweit die Voraussage betroffen ist –, was die Zukunft für Sie bereithält! Ihre Aufgabe besteht darin, Ihnen mögliche Gelegenheiten aufzuzeigen, die Sie nutzen sollten, Ihnen dabei zu helfen, das Beste aus sich, Ihren Möglichkeiten und Ihrem Leben zu machen.

Was will ich?

Wenn Sie an der Astrologie und an dem, was sie zu bieten hat, interessiert sind und zuerst einmal einfach Ihr Wissen über sich selbst erweitern wollen, wäre für Sie eine Charakteranalyse nützlich. Das ist ein Querschnitt Ihrer Persönlichkeit und enthält oft einen Satz von ‹Progressionen› für die 12 Monate, die vor Ihnen liegen – das ist keine Vorhersage kommender Ereignisse, sondern eine Reihe monatlicher Zusammenfassungen möglicher Trends in Ihrem Leben, Zeiten, in denen Sie zum Beispiel besonders beschäftigt sein werden oder anfällig für Erkältungen oder Unfälle sein können. Diese direkte Auseinandersetzung mit einem individuellen Horoskop wird ebenfalls vorgenommen, wenn Sie sich Rat für Ihr Kind, seine Schulprobleme und eine mögliche Karriere holen wollen.

Wenn Sie jedoch ein besonders Problem haben und meinen, Sie brauchten Hilfe, sollten Sie eine Problemanalyse verlangen. Der Astrologe wird Ihnen auf der Grundlage Ihres Geburtshoroskops den bestmöglichen Rat geben. Ein Problem zum Beispiel, das persönliche Beziehungen betrifft, kann den detaillierten Vergleich von zwei oder drei Horoskopen erforderlich machen. Dieser Vorgang ist der Horoskopvergleich, der auf die Beziehung zwischen Ihnen angewandt werden kann.

Konsultation eines Astrologen

Der Astrologe braucht Ihr Geburtsdatum, dazu den genauen Geburtszeitpunkt, möglichst auf die Minute, und den genauen Ort. Wenn Sie nur Ihren Geburtstag kennen, kann Ihnen der Astrologe nur in Grenzen weiterhelfen. Vergewissern Sie sich also, bevor Sie einen Vertrag machen. Wenn Sie ein Problem haben, das andere Menschen betrifft, sollten Sie auch deren Geburtszeitpunkt und -ort kennen.

Die Arbeitsweise der einzelnen Astrologen ist unterschiedlich. Einige legen Wert darauf, daß sie ihre Klienten erst persönlich kennenlernen, nachdem sie ihr Geburtshoroskop berechnet und gedeutet haben. Damit wollen sie ausschließen, daß sie eventuell von persönlichen Eindrücken und Äußerlichkeiten beeinflußt werden. Andere wieder ziehen eine persönliche Vorstellung vor Aufnahme der Arbeit vor. Die meisten werden Sie auch nach den Geburtsdaten Ihrer Eltern fragen und ein oder zwei wichtige Ereignisse in Ihrem Leben sowie die Daten.

Wenn die Arbeit getan ist, werden einige Astrologen einen Bericht darüber verfassen, andere schicken Ihnen vielleicht eine besprochene Kassette, wieder andere werden einfach lieber mit Ihnen ihre Ergebnisse besprechen. Fragen Sie die Astrologen nach ihrer Methode und treffen Sie entsprechend Ihre Wahl.

ASTROLOGIE UND PSYCHOTHERAPIE

Viertausend Jahre lang gingen Astrologie und Astronomie Hand in Hand – in einigen Sprachen wurde beides mit dem gleichen Begriff bezeichnet, und in der westlichen Welt wurde bis zum 18. Jahrhundert zwischen den beiden Disziplinen kein Unterschied gemacht. Seit Beginn des sogenannten Zeitalters der Aufklärung hielten es die meisten Astronomen für angebracht, jedes Interesse an ihrer Schwesterwissenschaft zu leugnen, und die Entfremdung zwischen Astronomie und Astrologie beginnt gerade erst wieder nachzulassen. Enttäuscht von der Haltung einiger Wissenschaftler (siehe S. 188) haben die Astrologen das Interesse des 20. Jahrhunderts an Psychologie sehr begrüßt.

Auf das Interesse C. G. Jungs an Astrologie ist es hauptsächlich zurückzuführen, daß heutzutage die Astrologie und Psychologie einander nähergekommen sind. Während Psychologen der Schule Jungs oft etwas zurückhaltend mit ihrem Eingeständnis sind, daß die Astrologie nützlich sein kann, haben die meisten Astrologen, die als Berater arbeiten, entweder Grundkurse in Psychologie absolviert oder sich wenigstens mit der Arbeit vertraut gemacht, die zur Zeit auf diesem Gebiet läuft.

Carl Gustav Jung (1875–1961) (oben) glaubte, daß die Ziele und Bestrebungen eines Menschen sein Verhalten genauso beeinflussen wie die Konflikte innerhalb seiner Persönlichkeit.

Die Jungsche Psychotherapie

Diese Richtung sagt Astrologen besonders zu, da sie sich nicht allein auf die Neurosen und Psychosen ernsthaft gestörter Menschen konzentriert, sondern auf die Erweiterung des Lebensgefühls ‹normaler› Menschen, die einfach das Gefühl haben, daß ihnen eine gewisse Lebensdimension fehlt.

Jung beschäftigte sich nicht einfach damit, wie ein einzelner Mensch zu dem geworden ist, was er ist, sondern mit seiner Zukunft – in welche Richtung er ging und warum. Viele Astrologen machen die Erfahrung, daß ihre Klienten gerade daran interessiert sind, daß sie nicht einfach fragen ‹Warum bin ich, wie ich bin?›, sondern ‹Wie kann ich mich weiterentwickeln?› Jung schrieb über seine Arbeit in Begriffen, die die meisten Astrologen auch auf ihre Arbeit anwenden könnten:

> ‹Die moderne Psychotherapie besteht aus vielen Schichten entsprechend der Verschiedenheiten der Patienten, die eine Behandlung brauchen. Die einfachsten Fälle sind die, die nur gesunden Menschenverstand und guten Rat erfordern. Mit etwas Glück können sie in einer einzigen Konsultation gelöst werden. Das bedeutet jedoch nicht, daß Fälle, die einfach aussehen, immer so einfach sind; es können sich auch unerfreuliche Entdeckungen ergeben. Es gibt Patienten, denen ein ausführliches Geständnis ausreicht. Ernstere Neurosen erfordern meist eine reduktive Analyse ihrer Symptome und Zustände.

Mit ‹reduktiver Analyse› meinte Jung den Versuch, irgendein Problem oder Komplex bis auf seine Wurzeln zurückzuverfolgen. Ähnlich kann es der Astrologe in einem schweren Fall als notwendig erachten, auf die Kindheit eines Klienten zurückzugreifen und seinen Klienten zu ermutigen, sich bestimmten Tatsachen, die sich aus seinem Geburtshoroskop oder dem seiner Eltern ergeben, zu stellen.

Wie bei Jung und seinen Schülern besteht die Aufgabe von Astrologen oft darin, das, was der große Psychologe das ‹Selbst› nannte, aufzuspüren – den Ruhepunkt in einer Person, in dem sich alle Gegensätze versöhnen. Es wäre dumm zu behaupten, daß sich dies immer aus dem ersten Studium des Geburtshoroskops ergibt; es gibt jedoch normalerweise starke Hinweise, und das Horoskop ist (wie Jung wußte) ein ausgezeichneter Ausgangspunkt für eine Entdeckungsreise ins eigene Selbst.

Wegen der gegenseitigen Sympathie zwischen der Jungschen Psychotherapie und der Astrologie wird es denen, die sich für Astrologie interessieren, empfohlen, sich eingehend mit der Theorie Jungs vertraut zu machen. Es gibt natürlich noch viele andere moderne Theorien der Psychotherapie, zu denen sich der einzelne vielleicht mehr hingezogen fühlt.

Die Geschichte der Psychotherapie

Die Behandlung von emotionaler Instabilität und Unausgewogenheit geht weiter zurück, als wir normalerweise annehmen: der Primitive verwendete einen ‹Zauber›, um den ‹Verlust der Seele› oder ‹die Heimsuchung durch Geister› zu behandeln. Sowohl Hippokrates (um 460–357 v. Chr.) und Galen (130–200 n. Chr.) schrieben über psychiatrische Probleme, und besonders Galen riet dazu, daß jeder, der sich durch die Leidenschaften beunruhigt fühlte, den Rat eines Weisen suchen sollte.

Es dauerte allerdings bis zum 18. Jahrhundert, bis mit dem Werk Johann Gassners (1727–1779) und Franz Anton Mesmers (1734–1815) eine mehr wissenschaftlich begründete Psychiatrie in den Vordergrund trat. Gassner spezialisierte sich auf die Teufelsaustreibung, während Mesmer die Theorie vom ‹animalen Magnetismus› begründete, der auf der Herstellung einer tiefgehenden Beziehung zwischen ihm und seinen Patienten beruhte. Mesmer und seine Nachfolger erkannten, daß in den Köpfen ihrer Patienten eine unbekannte Kraft wirksam war, ohne sich jemals tiefer über das Wesen dieser Kraft auszulassen.

Die Anwendung der Hypnose in der ersten Hälfte des 19. Jahrhunderts führte zu Meinungsverschiedenheiten, und gegen Ende dieses Jahrhunderts begann Sigmund Freud (1856–1939) in Wien mit seiner epochemachenden Arbeit als Begründer der modernen Psychoanalyse. Seine Bücher ‹Die Traumdeutung› (1900) und ‹Drei Abhandlungen zur Sexualtheorie› (1905) legten den Grundstein zu seinem Gesamtwerk; in seiner Abhandlung ‹Das Ich und das Es› (1923) führt er seine Theorie von der menschlichen Seele am weitesten; hier postuliert er drei Bereiche der Seele – das Es (eine unbewußte Quelle aller Triebe), das Ich (der rationale Bereich) und das Über-Ich (das Gewissen).

Zwei seiner Schüler brachen mit ihm, um ihre eigenen Theorien zu entwickeln. Der eine war Jung, der andere Alfred Adler (1879–1937), der die Theorie des Minderwertigkeitskomplexes entwickelte.

Einige Astrologen fanden die Gestalt-Psychologie, die in den dreißiger Jahren entstand, von besonderem Interesse. Diese Theorie ist auf der Ganzheit begründet, der gesamten Wahrnehmungserfahrung, die ebenfalls in den dreißiger Jahren in England und Amerika entstand.

Nach einer Zeit der gegenseitigen Zerfleischung und Verachtung suchen die Psychologen heute nach einer gemeinsamen Sprache in der Erkenntnis, daß es besser für die Zukunft der Psychologie ist, wenn die verschiedenen Schulen zusammenarbeiten, anstatt sich dauernd gegeneinander abzugrenzen. Wie die Astrologen sind Psychologen und Psychiater bemüht, ihre Methoden zu verbessern und ihre Forschungen zu vertiefen. In den vergangenen Jahren sind viele populärwissenschaftliche Bücher veröffentlicht

Sigmund Freud (1856–1939), oben, ist der Begründer der Psychoanalyse als Weg zu Erkenntnissen über die menschliche Seele.

Alfred Adler (1878–1937), links, glaubte an die Beziehungen innerhalb der Familie, durch die ein Kind, das anfänglich hilflos ist, zu einem eigenständigen Lebensstil findet.

Franz Anton Mesmer (1734–1815), unten, glaubte, daß die Planeten die Menschen durch ein feines, unsichtbares Fluidum beeinflußten.

worden, die ohne langwieriges Studium einen leichteren Zugang zu diesem Thema bieten. Es gibt jedoch einige Astrologen, die die Psychologie intensiv studiert und eine ordentliche Ausbildung genossen haben.

Astrologen und ihre Klienten seien jedoch vor angeblichen Qualifikationen gewarnt. Rudimentäre Kenntnisse der Astrologie und Psychologie können äußerst gefährlich sein. Leider kann zur Zeit niemand daran gehindert werden, sich als beratender Astrologe niederzulassen, ohne mehr als ein Taschenbuch über die Sonnenzeichen gelesen zu haben. Auch wenn ein Astrologe ordentlich ausgebildet ist und ein Diplom der Faculty of Astrological Studies erworben hat und ein Psychotherapeut eine vollständige psychoanalytische Ausbildung hinter sich hat, sollte man sich doch vorher genau über ihre Referenzen Gewißheit verschaffen.

Eine beunruhigte oder emotional gestörte Person, die bei einem Astrologen Hilfe sucht, befindet sich wahrscheinlich nicht in der Verfassung, sich näher mit den Methoden des Astrologen zu befassen. Es ist zwar wichtig, sich der Qualifikationen des Astrologen genau zu vergewissern, doch ist es noch viel schwieriger, im Verlauf eines kurzen Gesprächs herauszufinden, was der Astrologe über Psychotherapie denkt und weiß – ob er Psychologie studiert hat oder ob er sich lediglich aus der Lektüre eines einzigen Taschenbuches über eine der vielen Richtungen der Psychoanalyse ein Halbwissen angeeignet hat.

Es ist also die Pflicht des Hobbyastrologen und um so mehr des Berufsastrologen, bei der Einbeziehung der Psychoanalyse und der Verwendung ihrer Erkenntnisse besondere Vorsicht walten zu lassen. Es sollte selbstverständlich sein, daß sich der ausgebildete Berufsastrologe nach besten Kräften bemühen wird, jedem, der ihm emotional oder geistig ernsthaft gestört erscheint, zu raten, einen Psychiater aufzusuchen. Wenn er dabei keinen Erfolg hat, sollte er bei dem Versuch, diesem Patienten auf der Grundlage allgemeiner Erkenntnisse zu helfen, mit allergrößter Sorgfalt vorgehen.

Die Anwendung der Psychologie durch den Astrologen

Psychologen, die sich für Astrologie interessieren, gehen natürlich ganz anders an dieses Thema heran als Astrologen selbst. Jung bediente sich des Geburtshoroskops als Mittel zur Überbrükkung der ersten schwierigen Distanz zwischen ihm und seinem Patienten, und Psychologen der heutigen Zeit verwenden es oft in der gleichen Weise – indem sie das Geburtshoroskop des Patienten mit ihrem eigenen vergleichen und Bereiche suchen, in denen sich eine Sympathie zwischen ihnen offenbart, um das Vertrauen aufzubauen, das so wichtig für die therapeutische Arbeit ist.

Aus dem Geburtshoroskop des Klienten müßten sehr frühzeitig die möglichen Quellen irgendwelcher Probleme hervorgehen, deretwegen der Astrologe konsultiert werden soll. Gerade in dieser Hinsicht – der korrekten Analyse des Horoskops – kann ein guter Astrologe für sich beanspruchen, daß im Verlauf eines ersten Gesprächs sein Klient oder seine Klientin die gleichen Fortschritte macht wie bei einem Psychologen im Verlauf von drei psychotherapeutischen Sitzungen.

Gute Grundkenntnisse der Psychologie und Psychotherapie werden dem Astrologen dabei helfen herauszufinden, wie er die Probleme seines Klienten am besten angeht. Es ist für einen Astrologen – so wohlmeinend er auch ist – natürlich sinnlos, sich blindlings in die empfindlichsten Bereiche eines Klienten zu vertiefen. ‹Tritt vorsichtig auf, denn du trittst auf meine Träume›, sagte Yeats – dies sollte man beherzigen, wenn man sich mit den sensibleren Bereichen des menschlichen Lebens befaßt.

Wie dem auch sei, ein guter Astrologe wird sich wohl zutrauen, das Problem eines Klienten schneller erkennen zu können, und wird versuchen, diesen so rasch wie möglich von seinen Ratschlägen unabhängig zu machen. Das bedeutet jedoch nicht, daß er den Klienten nach einer kurzen Besprechung so schnell wie möglich loswerden will; der Astrologe wird vielmehr die Schwere des Problems schnell erkennen und entweder feststellen, daß eine unabhängige Psychotherapie erforderlich ist, und den Klienten dorthin schicken, oder aber wird einen nach seinem Urteil einigermaßen wirksamen Weg vorschlagen, an die Wurzeln des Problems vorzudringen.

Hier erweist sich die praktische Erfahrung mit Psychologie als wertvoll. Es wäre dumm, ja sogar gefährlich, wenn ein Astrologe ein tiefsitzendes Problem übersehen würde, wenn er ihm begegnete, und es wäre gleichermaßen gefährlich, wenn er, indem er es halbwegs erkennt, sich von der Überzeugung leiten ließe, daß er allein den Klienten aus einem Irrgarten herausführen könne, in dem dieser sich seit seiner Geburt befunden hat.

Insgesamt gesehen wird der Astrologe so arbeiten, daß der Klient möglichst bald von ihm unabhängig wird. Falls ein Klient ihn dauernd telefonisch mit Fragen bombardiert, kann dies ein Zeichen des Versagens seitens des Astrologen sein, daß er entweder ein Problem nicht völlig gelöst hat oder nicht klar genug gemacht hat, daß es bestimmte Dinge gibt, die der Astrologe nicht tun kann. Einen Kunden, der immer wieder auftaucht und nach zukünftigen Ereignissen fragt, ist nicht deutlich genug gesagt worden, daß die Zukunft nicht vorausgesagt werden kann.

ASTROLOGISCHE TABELLEN 1910-2001

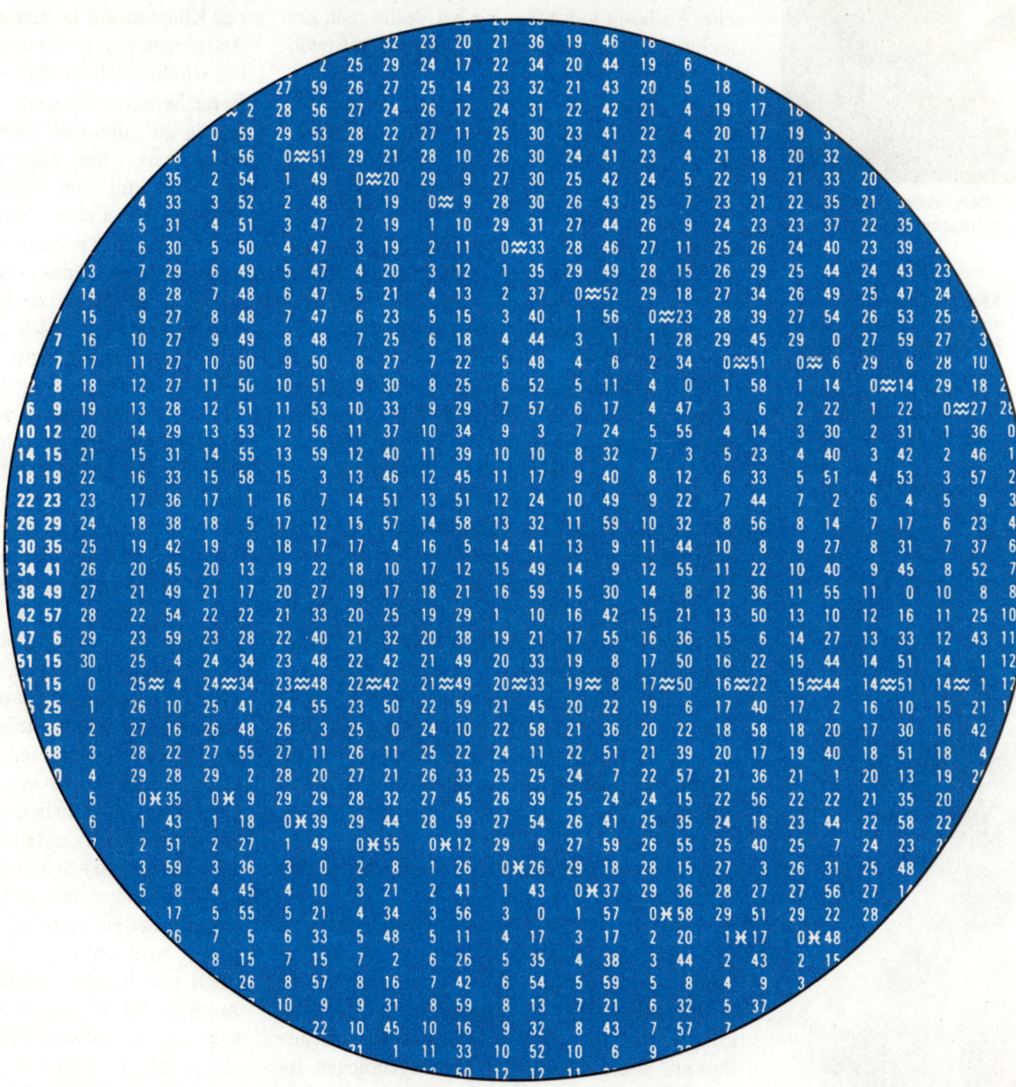

5

Die Tabellen auf den folgenden Seiten enthalten alle astrologisch relevanten Informationen über die Planeten für die Zeit vom 1. Januar 1910 bis zum 31. Dezember 2001 für alle Horoskopträger, die innerhalb dieses Zeitraums irgendwo auf der Welt geboren wurden oder werden, die für die Erstellung des Geburtshoroskops unerläßlich sind.
Eine zusätzliche, abgekürzte Tabelle enthält die zukünftigen Positionen des äußeren Planeten – von Mars bis Pluto – für den ersten Tag des Monats von Januar 2000 bis Dezember 2020.

1 Planetenpositionen 1910–2001

Diese Tabelle führt für jeden Tag die Positionen aller bekannten Planeten so genau wie möglich auf. Wer für einen bestimmten Geburtstag die Planetenstände sucht, schlägt zuerst das Geburtsjahr nach. Dann sucht man die Datentafel für den Geburtsmonat. Die Monate sind von Januar bis Dezember mit den Ziffern 1–12 jeweils links oben gekennzeichnet.
Der Geburtstag ergibt sich durch die von 1 bis 31 numerierten Kästchen am Kopf jeder Seite. Wenn man die dem Tag entsprechende Spalte im richtigen Monat gefunden hat, kann man die Positionen der Sonne, des Mondes, von Merkur, Venus und Mars in der Senkrechten ablesen.
Die scheinbar rückläufige Bewegung eines Planeten wird durch den Buchstaben ‹R› angezeigt, der vor dem Tag steht, an dem diese Bewegung beginnt. Wenn der Planet wieder seine rechtläufige (direkte) Bewegung aufnimmt, erscheint ein ‹D›. Die Positionen der langsamen Planeten – Jupiter, Saturn, Uranus, Neptun, Pluto – stehen in der untersten Zeile der betreffenden Monatstafel. Die Positionen dieser Planeten werden nur für die Tage angegeben, an denen der Planet einen Grad überschreitet. Beispiel: Suchen Sie die Planetenposition für eine Geburt am 11. Mai 1936 heraus. Wenn man sich an die vorstehende Anleitung hält (Auffinden des Jahres, Monats und Tages der Geburt), kommt man zu folgenden Ergebnissen: Sonne 21° Stier; Mond 16° Steinbock; Merkur 11° Zwillinge; Venus 7° Stier; Mars 29° Stier; Jupiter 22° Schütze, rückläufig; Saturn 20° Fische; Uranus 6° Stier; Neptun 14° Jungfrau, rückläufig; Pluto 25° Krebs.
Anmerkung: Wenn die Sonne im Lauf des Tages das Zeichen wechselt, stehen zwei Gradwerte in der Tabelle. Welches der beiden Zeichen genau der Geburtszeit entspricht, läßt sich aus Tabelle 1a ersehen.

1A Wechsel der Sonnenzeichen 1910–2001

Einmal im Monat wechselt die Sonne von einem Tierkreiszeichen zum nächsten. In dieser Tabelle steht die auf die nächste volle Minute auf- oder abgerundete Zeit des Übertritts in das neue Zeichen und das Symbol dieses Zeichens.
Beispiel: Am 21. Mai 1936 trat die Sonne um 6.08 Uhr (nach der 24-Stunden-Zählung) in das Zeichen Zwillinge ein. Die korrekte Sonnenzeichen-Lesung für Geburtszeiten vor diesem Zeitpunkt ist 29°, für Zeiten danach 0° Zwillinge.

2 Sternzeiten 1910–2001

Um die Sternzeit zu finden, die Mittag Greenwich-Zeit für einen Geburtstag zwischen 1910 und 2001 entspricht, sucht man in der Tabelle das Geburtsjahr und den Geburtsmonat (1–12 = Januar bis Dezember) am Kopf der jährlichen Tabelle. Die Tage des Monats sind am linken Rand von 1–31 aufgeführt. Die Zahlen in den Spalten stehen für Stunden, Minuten und Sekunden. Beispiel: Die Sternzeit für den 11. Mai 1936 ist 3h 16m 22s.

3 Häuser für nördliche Breitengrade

A = Sternzeit
10 = Himmelsmitte (10. Haus)
B = Aszendent

Diese Tabelle enthält die Zeichen an der Himmelsmitte und den Aszendenten mit Angabe des nächsten Grades und der nächsten Minute. In der Spalte (A) finden Sie die am nächsten kommende Sternzeit. In der Spalte ‹B› wählen Sie dann den Breitengrad, der dem Geburtsort am nächsten kommt.
Diese Breitengrade können bis zu einer Abweichung von 1° nach oben oder unten benutzt werden. Die Anleitungen zur genauen Berechnung des aufgehenden Zeichens stehen auf den Seiten 78 bis 81.
Das Zeichen an der Himmelsmitte ist der Spalte ‹10› zu entnehmen. Bei Geburtsorten in der südlichen Hemisphäre müssen 12 Stunden zur örtlichen Sternzeit bei der Geburt addiert und das entgegengesetzte Zeichen benutzt werden (s. S. 79).
Beispiel (Nordhalbkugel): Eine Person, die in New York (Breite 40° 45′N) geboren wird und deren genaue Sternzeit 3h 13m 15s beträgt, hat als Aszendent 27° 17′ Löwe; Die Himmelsmitte fällt in 21° Stier.
Beispiel (Südhalbkugel): Eine Person mit einem Geburtsort innerhalb 1° der Breite 40° 45′ S und der genauen Sternzeit von 3h 14m 15s hat als Aszendent 27° 17′ Wasserman; die Himmelsmitte fällt hier in 21° Skorpion.

4 Die Mondknoten 1910–2001

Die nördlichen Knoten des Mondes werden für den ersten Tag des Monats angegeben und für die Tage des Monats, an denen er einen neuen Grad auf der Ekliptik einnimmt. In den Tabellen steht zuerst die Ordnungszahl des Tages, an dem der Gradwechsel stattfindet, dann der neue Grad. (Die südlichen Mondknoten erscheinen am gegenüberliegenden oder polaren Punkt der Ekliptik.)

5 Kurz-Ephemeriden 2000–2020

Zweck dieser Tabelle ist es, einen kurzen Überblick über die zukünftigen Positionen der äußeren Planeten Mars, Jupiter, Saturn, Uranus, Neptun und Pluto zu geben. Die Gradangaben gelten für den ersten Tag jedes Monats in den Jahren von 2000 bis 2020.

6 Proportionale Logarithmen

Mit Hilfe dieser Logarithmen läßt sich der exakte Ort eines Planeten berechnen. Die tatsächliche Position wird als Bruchteil der Bewegung zwischen Mittag und Geburtszeit am Tag davor oder danach ausgedrückt.

7 Mittagsdaten

Mit diesen Tabellen berechnet man die Mittagsdaten bei der Ausarbeitung eines Progressionshoroskops. Die Spanne zwischen Geburtszeit und Mittag wird mit Hilfe der unteren Tabelle von Stunden in Tage übertragen. Dieser Betrag wird dann (für Geburtszeiten am Vormittag) zu der Code-Zahl für den entsprechenden Tag in der rechten Tabelle addiert oder (bei Geburtszeiten am Nachmittag) abgezogen.
Beispiel: Wenn die Geburtszeit 9.25 Uhr Weltzeit ist, beträgt die Differenz zu Mittag 2h 35m. Der Tabellenwert für 2 Stunden ist 30,4 Tage, für 35 Minuten 8,9 Tage, insgesamt 39,3 Tage. Das Mittagsdatum liegt also 39 Tage nach dem Geburtstag. Wenn der Geburtstag der 11. Mai ist, der der 131. Tag des Jahres ist, wird 39 dazuaddiert, was 170 ergibt. Der 170. Tag ist der 19. Juni. Dies ist der erforderliche Mittag. Wenn eine größere Zahl von einer kleineren Zahl abgezogen werden muß oder wenn die Zahl für das Mittagsdatum 365 übersteigt, addiert oder substrahiert man 365.

8 Zonenzeiten

Nach dieser Liste lassen sich Ortszeiten in Greenwich-Zeit umrechnen (WZ). Liste 1 enhält Orte, deren Zeit gegenüber der Greenwich-Zeit vorgeht; die Zeiten sollten von der Ortszeit abgezogen werden. Liste 2 enthält Gebiete mit Greenwich-Zeit und Liste 3 Gebiete, deren Zeit gegenüber Greenwich-Zeit nachgeht. Die Stundenzahlen müssen also zur Ortszeit addiert werden.

1 PLANETENPOSITIONEN 1910–2001

1910

1

	1	2	3	4	5	6	7	8	9	10	11	12	13	14	15	16	17	18	19	20	21	22	23	24	25	26	27	28	29	30	31
☉	♑ 10	11	12	13	14	15	16	17	18	19	20	21	22	23	24	25	26	27	28	29 0	♒ 0	1	2	3	4	5	6	7	8	9	10
☽	♍ 17	29	♎ 11	23	♏ 5	17	29	♐ 11	24	♑ 7	20	♒ 4	18	♓ 2	16	♈ 0	14	28	♉ 12	26	♊ 10	24	♋ 8	21	♌ 5	18	♍ 0	13	25	♎ 7	19
☿	♑ 26	28	29 0	♒ 1	2	3	5	6	7	8	9	10	11	11	12	12	12	℞ 12	12	11	10	10	9	8	6	5	4	3	1	0	♑ 29
♀	♒ 23	24	24	25	25	26	27	27	27	28	28	29	29	29	29 0	♓ 0	0	0	1	1	1	1	℞ 1	1	1	1	0	0	♉ 29	♒ 29	29
♂	♈ 18	18	19	20	20	21	21	22	22	23	23	24	24	25	25	26	27	27	28	28	29	29 0	♉ 0	1	1	2	2	3	4	4	5

♃ 1: ♎13 · 10: 14 — ♄ 1: ♈16 · 15: 17 · 31: 18 — ♅ 1: ♑20 · 10: 21 · 25: 22 — ♆ 1 ℞: ♋18 · 25: 17 — ♇ 1: ♊25

2

	1	2	3	4	5	6	7	8	9	10	11	12	13	14	15	16	17	18	19	20	21	22	23	24	25	26	27	28
☉	♒ 11	12	13	14	15	16	17	18	19	20	21	22	23	24	25	26	27	28	29 0	♓ 1	2	3	4	5	6	7	8	9
☽	♏ 1	13	25	♐ 7	19	♑ 2	15	29	♒ 12	27	♓ 11	26	♈ 10	25	♉ 9	23	♊ 7	21	♋ 4	18	♌ 1	14	26	♍ 9	21	♎ 3	15	27
☿	♑ 28	℞ 28	27	27	27	26	26	D 26	27	27	27	28	28	29	29 0	♒ 0	1	2	3	4	5	6	8	9	10	11	12	13
♀	♒ 29	℞ 28	28	27	27	26	26	25	24	24	23	23	22	21	21	20	20	19	19	18	18	17	17	16	16	16	16	15
♂	♉ 5	6	6	7	7	8	9	9	10	11	11	12	12	13	13	14	15	15	16	17	17	18	18	19	19	20	21	21

♃ 1 ℞: ♎14 · 25: 13 — ♄ 1: ♈18 · 15: 19 · 25: 20 — ♅ 1: ♑22 · 10: 23 — ♆ 1 ℞: ♋17 — ♇ 1: ♊25

3

	1	2	3	4	5	6	7	8	9	10	11	12	13	14	15	16	17	18	19	20	21	22	23	24	25	26	27	28	29	30	31
☉	♓ 10	11	12	13	14	15	16	17	18	19	20	21	22	23	24	25	26	27	28	29	29 0	♈ 1	2	3	4	5	6	7	8	9	10
☽	♏ 9	21	♐ 3	15	27	♑ 10	23	♒ 6	21	♓ 5	20	♈ 5	20	♉ 5	19	♊ 4	18	♋ 1	15	28	♌ 10	23	♍ 6	18	♎ 0	12	24	♏ 6	17	29	♐ 11
☿	♒ 15	16	18	19	20	22	23	25	26	28	29 0	♓ 1	2	4	6	7	9	10	12	14	16	17	19	21	23	25	26	28	29 0	♈ 2	4
♀	♒ 15	℞ 15	15	15	D 15	15	15	15	15	15	16	16	16	17	17	17	18	18	19	19	20	20	21	21	22	22	23	24	24	25	26
♂	♉ 22	23	23	24	24	25	26	26	27	27	28	29	29	29 0	♊ 0	1	2	3	3	3	4	5	5	6	7	7	8	9	9	10	10

♃ 1 ℞: ♎13 · 10: 12 · 15: 11 · 25: 10 · 31: 9 — ♄ 1: ♈20 · 5: 21 · 15: 22 · 25: 23 · 31: 24 — ♅ 1: ♑23 · 5: 24 · 31: 25 — ♆ 1 ℞: ♋16 — ♇ 1: ♊25

4

	1	2	3	4	5	6	7	8	9	10	11	12	13	14	15	16	17	18	19	20	21	22	23	24	25	26	27	28	29	30
☉	♈ 11	12	13	14	15	16	17	18	19	20	20	21	22	23	24	25	26	27	28	29 0	♉ 0	1	2	3	4	5	6	7	8	9
☽	♐ 23	♑ 6	18	♒ 1	15	29	♓ 13	28	♈ 13	28	♉ 13	28	♊ 13	27	♋ 11	24	♌ 7	20	♍ 3	15	27	♎ 9	21	♏ 3	14	26	♐ 8	20	♑ 2	15
☿	♈ 6	8	10	12	14	16	18	20	22	25	27	29	♉ 1	3	5	7	9	11	13	15	16	18	20	21	23	24	26	27	28	29 0
♀	♒ 27	27	28	29	29 0	♓ 1	2	2	3	4	5	6	7	8	9	9	10	11	12	13	14	15	16	17	18	19	20	21	22	23
♂	♊ 11	11	12	13	14	14	15	15	16	17	17	18	18	19	20	20	21	22	22	23	23	24	25	25	26	26	27	28	28	29

♃ 1 ℞: ♎9 · 10: 8 · 20: 7 · 26: 6 — ♄ 1: ♈24 · 10: 25 · 15: 26 · 25: 27 · 30: 28 — ♅ 1: ♑24 · 5: 25 — ♆ 1: ♋16 — ♇ 1: ♊25

5

	1	2	3	4	5	6	7	8	9	10	11	12	13	14	15	16	17	18	19	20	21	22	23	24	25	26	27	28	29	30	31
☉	♉ 10	11	12	13	14	15	16	17	18	19	20	21	22	23	24	25	26	27	27	28	29 0	♊ 0	1	2	3	4	5	6	7	8	9
☽	♑ 27	♒ 10	24	♓ 7	22	♈ 6	21	♉ 6	22	♊ 7	21	♋ 6	20	♌ 3	17	29	♍ 12	24	♎ 6	18	29	♏ 11	23	♐ 5	17	29	♑ 12	24	♒ 7	20	♓ 3
☿	♊ 1	2	3	4	4	5	6	6	6	7	7	7	8	8	℞ 8	7	7	7	7	6	6	5	4	4	4	3	3	2	1	1	0
♀	♓ 24	25	26	27	28	29	29 0	♈ 1	2	3	4	5	6	8	9	10	11	12	13	14	15	16	17	18	20	21	22	23	24	25	26
♂	♊ 29	♋ 0	1	1	2	3	3	4	4	5	6	6	7	8	8	9	10	10	11	11	12	12	13	14	15	15	16	16	17	18	18

♃ 1 ℞: ♎6 · 10: 5 · 25: 4 — ♄ 1: ♈28 · 10: 29 · 17: ♉0 · 25: 1 — ♅ 1 ℞: ♑25 — ♆ 1: ♋16 · 10: 17 — ♇ 1: ♊25 · 31: 26

6

	1	2	3	4	5	6	7	8	9	10	11	12	13	14	15	16	17	18	19	20	21	22	23	24	25	26	27	28	29	30
☉	♊ 10	11	12	13	14	15	16	17	18	19	19	20	21	22	23	24	25	26	27	28	29	29 0	♋ 1	2	3	4	5	6	7	8
☽	♓ 17	♈ 1	16	♉ 0	15	♊ 0	15	29	♋ 14	28	♌ 12	25	♍ 8	20	♎ 3	14	26	♏ 8	20	♐ 2	14	26	♑ 9	21	♒ 4	17	♓ 0	14	28	♈ 12
☿	♊ 0	♉ 29	℞ 29	29	29	29	29	D 29	29	29	29	♊ 0	0	1	2	2	3	4	5	5	6	7	9	10	11	12	14	15	17	18
♀	♈ 27	28	29 0	♉ 1	2	3	4	5	6	7	9	10	11	12	13	14	16	17	18	19	20	21	22	24	25	26	27	28	29 0	♊ 0
♂	♋ 19	19	20	21	21	22	23	23	24	24	25	26	26	27	27	28	29	29	♌ 0	0	1	2	2	3	4	4	5	5	6	7

♃ 1: ♎4 · 15: 5 — ♄ 1: ♉1 · 5: 2 · 15: 3 · 25: 4 — ♅ 1 ℞: ♑24 — ♆ 1: ♋17 · 10: 18 — ♇ 1: ♊26

7

	1	2	3	4	5	6	7	8	9	10	11	12	13	14	15	16	17	18	19	20	21	22	23	24	25	26	27	28	29	30	31
☉	♋ 9	10	10	11	12	13	14	15	16	17	18	19	20	21	22	23	24	25	26	27	28	29	29 0	♌ 0	1	2	3	4	5	6	7
☽	♈ 26	♉ 10	25	♊ 9	24	♋ 8	22	♌ 6	20	♍ 3	16	28	♎ 11	23	♏ 4	16	28	♐ 10	22	♑ 5	17	♒ 0	14	27	♓ 11	25	♈ 8	23	♉ 7	21	♊ 3
☿	♊ 20	21	23	25	27	28	29 0	♋ 2	4	6	9	11	13	15	17	19	21	23	25	28	29 0	♌ 2	4	6	8	10	12	14	16	18	20
♀	♊ 2	3	4	5	6	7	9	10	11	12	13	15	16	17	18	19	20	22	23	24	25	27	28	29	29 0	♋ 1	2	4	5	6	7
♂	♌ 7	8	8	9	10	11	11	12	13	13	14	14	15	16	16	17	18	18	19	19	20	21	21	22	22	23	24	24	25	26	26

♃ 1: ♎6 · 15: 7 · 20: 8 · 31: 9 — ♄ 1: ♉4 · 5: 5 · 25: 6 — ♅ 1 ℞: ♑23 · 31: 22 — ♆ 1: ♋18 · 5: 19 — ♇ 1: ♊26 · 31: 27

8

	1	2	3	4	5	6	7	8	9	10	11	12	13	14	15	16	17	18	19	20	21	22	23	24	25	26	27	28	29	30	31
☉	♌ 8	9	10	11	12	13	14	15	16	17	18	19	20	21	22	23	24	25	26	27	27	28	29	29 0	♍ 1	2	3	4	5	6	7
☽	♊ 19	♋ 3	17	♌ 1	15	28	♍ 11	24	♎ 6	19	♏ 1	12	24	♐ 6	18	♑ 0	13	26	♒ 9	23	♓ 6	21	♈ 5	19	♉ 3	18	♊ 2	16	29	♋ 13	27
☿	♌ 21	23	25	27	29	29 0	♍ 2	4	5	7	8	10	12	13	15	16	17	19	20	22	23	24	25	27	28	29	29 0	♎ 1	2	3	4
♀	♋ 8	9	11	12	13	14	15	17	18	19	20	22	23	24	25	26	28	29	29 0	♌ 1	3	4	5	6	7	9	10	11	12	13	15
♂	♌ 27	27	28	29	29	♍ 0	1	1	2	3	3	4	4	5	6	6	7	8	8	9	9	10	11	11	12	13	13	14	15	15	16

♃ 1: ♎9 · 5: 10 · 10: 11 · 15: 12 · 25: 13 · 31: 14 — ♄ 1: ♉6 · 20 ℞: 6 — ♅ 1 ℞: ♑22 · 25: 21 — ♆ 1: ♋19 · 5: 20 — ♇ 1: ♊27

9

	1	2	3	4	5	6	7	8	9	10	11	12	13	14	15	16	17	18	19	20	21	22	23	24	25	26	27	28	29	30
☉	♍ 8	9	10	11	12	13	13	14	15	16	17	18	19	20	21	22	23	24	25	26	27	28	29 0	♎ 0	1	2	3	4	5	6
☽	♌ 11	24	♍ 6	20	♎ 2	15	27	♏ 9	20	♐ 2	14	26	♑ 8	21	♒ 4	17	♓ 1	15	29	♈ 14	29	♉ 14	28	♊ 12	27	♋ 10	24	♌ 7	20	♍ 3
☿	♎ 5	6	6	7	8	9	9	10	10	11	11	11	11	℞ 11	11	10	10	9	9	8	7	6	5	4	3	2	1	♉ 29	♍ 29	28
♀	♌ 16	17	18	20	21	22	23	24	26	27	28	29 0	♍ 1	2	3	4	6	7	8	9	11	12	13	14	15	17	18	19	21	22
♂	♍ 17	17	18	19	19	20	21	21	22	22	23	24	24	25	26	26	27	27	28	29	29	♎ 0	1	1	2	3	3	4	5	5

♃ 1: ♎15 · 5: 16 · 11: 17 · 16: 18 · 21: 19 · 25: 20 · 30: 21 — ♄ 1 ℞: ♉6 · 25: 5 — ♅ 1 ℞: ♑21 — ♆ 1: ♋20 · 5: 21 — ♇ 1: ♊27

10

	1	2	3	4	5	6	7	8	9	10	11	12	13	14	15	16	17	18	19	20	21	22	23	24	25	26	27	28	29	30	31
☉	♎ 7	8	9	10	11	12	13	14	15	16	17	18	19	20	21	22	23	24	25	26	27	28	29	29 0	♏ 1	2	3	4	5	6	7
☽	♍ 16	29	♎ 11	23	♏ 5	17	29	♐ 10	22	♑ 4	16	29	♒ 12	25	♓ 9	23	♈ 8	23	♉ 8	23	♊ 8	22	♋ 7	21	♌ 4	18	♍ 0	13	25	♎ 8	20
☿	♍ 27	℞ 27	26	26	26	D 26	26	27	28	28	29	29 0	♎ 1	2	4	5	7	8	10	11	13	14	16	18	19	21	23	24	26	28	29 0
♀	♍ 23	24	26	27	28	29 0	♎ 0	2	3	4	6	7	8	9	11	12	13	14	16	17	18	19	21	22	23	24	25	27	28	29	♏ 0
♂	♎ 6	7	7	8	9	9	10	11	11	12	13	13	14	15	15	16	17	17	18	18	19	20	20	21	22	22	23	24	24	25	26

♃ 1: ♎21 · 5: 22 · 10: 23 · 15: 24 · 20: 25 · 25: 26 · 31: 27 — ♄ 1 ℞: ♉5 · 10: 4 · 20: 3 — ♅ 1: ♑21 — ♆ 1: ♋21 · 26 ℞: 21 — ♇ 1: ♊27

11

	1	2	3	4	5	6	7	8	9	10	11	12	13	14	15	16	17	18	19	20	21	22	23	24	25	26	27	28	29	30
☉	♏ 8	9	10	11	12	13	14	15	16	17	18	19	20	21	22	23	24	25	26	27	28	29	29 0	♐ 1	2	3	4	5	6	7
☽	♏ 2	14	25	♐ 7	19	♑ 1	13	25	♒ 8	20	♓ 3	17	♈ 1	16	♉ 1	16	♊ 1	16	♋ 0	16	♌ 0	14	27	♍ 10	23	♎ 5	17	29	♏ 11	22
☿	♏ 1	3	4	6	8	9	11	12	14	16	17	19	21	22	24	25	27	29	29 0	♐ 2	3	5	6	8	9	11	13	14	16	17
♀	♏ 2	3	4	5	7	8	9	11	12	13	14	16	17	18	19	21	22	23	24	26	27	28	29 0	♐ 1	2	3	4	6	7	8
♂	♎ 26	27	28	28	29	29 0	♏ 0	1	2	2	3	4	5	5	6	7	7	8	8	9	10	11	11	12	13	13	14	15	15	16

♃ 1: ♎27 · 5: 28 · 10: 29 · 11: ♏0 · 20: 1 · 25: 2 · 30: 3 — ♄ 1 ℞: ♉2 · 15: 1 · 30: ♉0 — ♅ 1: ♑21 · 5: 22 — ♆ 1 ℞: ♋21 — ♇ 1: ♊27

12

	1	2	3	4	5	6	7	8	9	10	11	12	13	14	15	16	17	18	19	20	21	22	23	24	25	26	27	28	29	30	31
☉	♐ 8	9	10	11	12	13	14	15	16	17	18	19	20	21	22	23	24	25	26	27	28	29 0	♑ 0	1	2	3	4	5	6	7	8
☽	♐ 4	16	28	♑ 10	22	♒ 4	17	29	♓ 13	26	♈ 10	24	♉ 9	24	♊ 9	24	♋ 9	24	♌ 8	22	♍ 6	19	♎ 1	14	26	♏ 7	19	♐ 1	13	25	♑ 7
☿	♐ 18	20	22	23	25	26	28	29 0	♑ 1	2	4	5	7	8	10	11	13	14	15	17	18	19	20	21	23	23	24	25	25	26	26
♀	♐ 9	11	12	13	15	16	17	18	20	21	22	23	25	26	27	28	29 0	♑ 1	2	3	5	6	7	8	10	11	12	13	15	16	17
♂	♏ 17	17	18	19	19	20	21	22	22	23	24	24	25	26	26	27	28	28	29	29 0	♐ 0	1	2	2	3	4	5	5	6	7	7

♃ 1: ♏4 · 5: 5 · 10: 6 · 15: 7 · 25: 8 · 31: 9 — ♄ 1 ℞: ♉0 · 15: ♈29 — ♅ 1: ♑22 · 5: 23 · 25: 24 — ♆ 1 ℞: ♋21 · 25: 20 — ♇ 1: ♊27 · 31: 26

1911

1

	1	2	3	4	5	6	7	8	9	10	11	12	13	14	15	16	17	18	19	20	21	22	23	24	25	26	27	28	29
☉	♑ 10	11	12	13	14	15	16	17	18	19	20	21	22	23	24	25	26	27	28	29	29 0	♒ 1	2	3	4	5	6	7	8
☽	♑ 19	♒ 1	14	27	♓ 10	23	♈ 6	20	♉ 4	18	♊ 3	17	♋ 2	17	♌ 2	16	♍ 0	14	27	♎ 9	22	♏ 4	16	27	♐ 9	21	♑ 3	15	28
☿	♑ 26	℞ 26	26	25	25	24	23	21	20	19	17	16	15	14	13	12	11	11	10	10	10	D 10	10	11	11	11	12	13	14
♀	♑ 18	20	21	22	23	25	26	27	28	29 0	♒ 1	2	3	5	6	7	9	10	11	12	13	15	16	17	18	20	21	22	24
♂	♐ 8	9	9	10	11	12	12	13	14	15	15	16	17	17	18	19	20	20	21	22	22	23	24	24	25	26	27	27	28

♃ 1: ♏9 · 5: 10 · 10: 11 · 20: 12 · 25: 13 — ♄ 1: ♈29 · 20: ♉0 — ♅ 1: ♑24 · 10: 25 · 31: 26 — ♆ 1 ℞: ♋20 · 25: 19 — ♇ 1: ♊26

2

	1	2	3	4	5	6	7	8	9	10	11	12	13	14	15	16	17	18	19	20	21	22	23	24	25	26	27	28
☉	♒ 11	12	13	14	15	16	17	18	19	20	21	22	23	24	25	26	27	28	29 0	♓ 0	1	2	3	4	5	6	7	8
☽	♓ 6	20	♈ 3	17	♉ 1	15	29	♊ 13	27	♋ 12	26	♌ 10	24	♍ 8	21	♎ 4	17	29	♏ 12	23	♐ 5	17	29	♑ 11	23	♒ 6	19	♓ 2
☿	♑ 16	17	18	19	20	21	23	24	25	26	28	29	29 0	♒ 1	3	4	6	7	9	10	12	13	15	16	18	19	21	22
♀	♒ 27	28	29 0	♓ 1	2	4	5	6	7	9	10	11	12	14	15	16	17	19	20	21	22	23	25	26	27	28	29 0	♈ 1
♂	♑ 0	1	2	2	3	4	5	5	6	7	7	8	9	10	10	11	12	13	13	14	15	15	16	17	18	18	19	20

♃ 1: ♏13 · 10: 14 — ♄ 1: ♉0 · 10: 1 · 25: 2 — ♅ 1: ♑26 · 15: 27 — ♆ 1 ℞: ♋19 — ♇ 1: ♊26

3

	1	2	3	4	5	6	7	8	9	10	11	12	13	14	15	16	17	18	19	20	21	22	23	24	25	26	27	28	29
☉	♓ 9	10	11	12	13	14	15	16	17	18	19	20	21	22	23	24	25	26	27	28	29 0	♈ 0	1	2	3	4	5	6	7
☽	♓ 16	29	♈ 13	27	♉ 11	25	♊ 10	24	♋ 8	22	♌ 6	20	♍ 3	17	29	♎ 12	25	♏ 7	19	♐ 1	13	25	♑ 7	19	♒ 1	14	27	♓ 10	24
☿	♒ 24	26	28	29 0	♓ 1	3	4	6	8	10	11	13	15	17	19	21	23	25	27	28	29 0	♈ 2	5	6	8	10	13	15	17
♀	♈ 2	3	5	6	7	8	10	11	12	13	14	16	17	18	19	21	22	23	24	25	27	28	29	♉ 0	2	3	4	5	6
♂	♑ 20	21	22	23	23	24	25	26	27	27	28	29	29	♒ 0	1	2	2	3	4	5	5	6	7	8	8	9	10	11	11

♃ 1 ℞: ♏14 · 31: 13 — ♄ 1: ♉2 · 5: 3 · 15: 4 · 25: 5 · 31: 6 — ♅ 1: ♑27 · 10: 28 — ♆ 1 ℞: ♋19 · 31 D: 19 — ♇ 1: ♊26

4

	1	2	3	4	5	6	7	8	9	10	11	12	13	14	15	16	17	18	19	20	21	22	23	24	25	26	27	28	29
☉	♈ 10	11	12	13	14	15	16	17	18	19	20	21	22	23	24	25	26	27	28	29	29 0	♉ 1	2	3	4	5	6	7	8
☽	♉ 7	21	♊ 6	20	♋ 5	19	♌ 3	16	29	♍ 13	26	♎ 9	21	♏ 3	15	27	♐ 9	21	♑ 3	15	27	♒ 9	22	♓ 5	18	♈ 2	16	♉ 1	16
☿	♈ 23	25	26	28	29 0	♉ 2	3	5	6	8	9	11	12	13	14	15	15	16	17	17	18	18	18	18	℞ 18	18	18	18	17
♀	♉ 10	11	13	14	15	16	17	19	20	21	22	23	25	26	27	28	29 0	♊ 1	2	3	4	5	6	8	9	10	11	13	14
♂	♒ 13	14	15	16	16	17	18	19	19	20	21	22	23	23	24	25	25	26	27	28	28	29	29 0	♓ 0	1	2	3	4	4

♃ 1 ℞: ♏13 · 10: 12 · 15: 11 · 25: 10 — ♄ 1: ♉6 · 10: 7 · 20: 8 · 25: 9 — ♅ 1: ♑28 · 5: 29 — ♆ 1: ♋18 · 15: 19 — ♇ 1: ♊26

5

	1	2	3	4	5	6	7	8	9	10	11	12	13	14	15	16	17	18	19	20	21	22	23	24	25	26	27	28	29
☉	♉ 10	11	12	13	14	15	16	17	18	19	19	20	21	22	23	24	25	26	27	28	29	29 0	♊ 1	2	3	4	5	6	7
☽	♊ 16	♋ 0	15	29	♌ 13	27	♍ 10	23	♎ 5	18	♏ 0	18	0	♐ 12	24	6	♑ 18	29	♒ 6	18	♓ 0	13	♈ 27	10	♉ 25	9	♊ 24	9	24
☿	♉ 16	℞ 16	15	15	14	13	13	12	12	11	10	10	10	9	9	9	9	9	D 9	9	9	9	10	10	10	11	12	12	13
♀	♊ 16	17	18	19	21	22	23	24	25	27	28	29	29 0	♋ 1	2	3	5	6	7	8	9	10	11	13	14	15	16	17	18
♂	♓ 6	6	7	8	9	10	10	11	12	13	13	14	15	16	16	17	18	18	19	20	21	21	22	23	24	24	25	26	27

♃ 1 ℞: ♏9 · 10: 8 · 20: 7 · 31: 6 — ♄ 1: ♉10 · 10: 11 · 20: 12 · 25: 13 — ♅ 1: ♑29 · 5 ℞: 29 — ♆ 1: ♋19 — ♇ 1: ♊26 · 25: [illegible]

6

	1	2	3	4	5	6	7	8	9	10	11	12	13	14	15	16	17	18	19	20	21	22	23	24	25	26	27	28	29
☉	♊ 10	11	12	13	14	14	15	16	17	18	19	20	21	22	23	24	25	26	27	28	29	29 0	♋ 1	2	3	4	5	6	7
☽	♌ 9	23	♍ 6	20	♎ 2	15	27	♏ 9	21	♐ 3	15	27	♑ 9	20	♒ 2	15	27	♓ 10	22	♈ 6	19	♉ 3	18	♊ 2	18	♋ 3	18	♌ 3	18
☿	♉ 15	16	17	18	19	21	22	23	25	26	28	29	29 0	♊ 2	4	5	7	9	11	13	14	16	18	20	22	25	26	29	♋ 1
♀	♋ 22	23	24	25	26	27	28	29 0	♌ 1	2	3	4	5	6	7	8	9	10	11	12	13	15	16	17	18	19	20	21	22
♂	♓ 29	29 0	♈ 0	1	2	2	3	4	5	5	6	7	7	8	9	10	10	11	12	12	13	14	15	15	16	17	17	18	19

♃ 1 ℞: ♏6 · 5: 5 · 25: 4 — ♄ 1: ♉13 · 5: 14 · 15: 15 · 20: 16 · 30: 17 — ♅ 1 ℞: ♑29 · 15: 28 — ♆ 1: ♋19 · 5: 20 — ♇ 1: ♊27

7

	1	2	3	4	5	6	7	8	9	10	11	12	13	14	15	16	17	18	19	20	21	22	23	24	25	26	27	28	29
☉	♋ 8	9	10	11	12	13	14	15	16	17	18	19	20	21	22	23	24	25	26	27	28	28	29	29 0	♌ 1	2	3	4	5
☽	♍ 16	29	♎ 12	24	♏ 6	18	♐ 0	12	24	♑ 6	17	29	♒ 12	24	♓ 7	19	♈ 2	15	29	♉ 13	27	♊ 12	26	♋ 11	26	♌ 11	26	♍ 10	24
☿	♋ 5	7	9	12	14	16	18	20	22	25	27	29	♌ 1	3	4	6	8	10	12	14	15	17	19	20	22	24	25	27	28
♀	♌ 24	25	26	27	28	29	29 0	♍ 0	1	2	3	4	5	6	7	8	9	10	10	11	12	13	14	14	15	16	17	18	18
♂	♈ 20	21	22	22	23	23	24	25	26	26	27	28	28	29	29 0	♉ 0	1	2	2	3	4	4	5	6	6	7	8	8	9

♃ 1 ℞: ♏4 · 3 D: 4 · 5: 5 · 31: 6 — ♄ 1: ♉17 · 10: 18 · 26: 19 — ♅ 1 ℞: ♑28 · 15: 27 — ♆ 1: ♋20 · 5: 21 · 31: 22 — ♇ 1: ♊27

8

	1	2	3	4	5	6	7	8	9	10	11	12	13	14	15	16	17	18	19	20	21	22	23	24	25	26	27	28	29
☉	♌ 8	9	10	11	11	12	13	14	15	16	17	18	19	20	21	22	23	24	25	26	27	28	29	29 0	♍ 1	2	3	4	5
☽	♏ 3	15	27	♐ 9	20	♑ 2	14	26	♒ 9	21	♓ 4	16	29	♈ 12	26	♉ 9	23	♊ 7	22	♋ 6	21	♌ 5	20	♍ 4	18	♎ 2	15	28	♏ 11
☿	♍ 3	4	5	7	8	9	10	12	13	14	15	16	17	18	19	19	20	21	22	22	23	23	23	24	24	24	℞ 24	24	24
♀	♍ 20	21	22	22	23	23	24	25	25	26	26	26	27	27	28	28	28	28	29	29	29	29	29	29	℞ 29	29	29	29	29
♂	♉ 10	11	12	13	13	13	14	15	15	16	17	17	18	18	19	19	20	21	21	22	22	23	23	24	24	25	25	26	26

♃ 1: ♏6 · 10: 7 · 20: 8 · 31: 9 — ♄ 1: ♉19 · 15: 20 — ♅ 1 ℞: ♑26 — ♆ 1: ♋22 · 31: 23 — ♇ 1: ♊28

9

	1	2	3	4	5	6	7	8	9	10	11	12	13	14	15	16	17	18	19	20	21	22	23	24	25	26	27	28	29
☉	♍ 8	9	10	11	12	13	14	15	16	17	17	18	19	20	21	22	23	24	25	26	27	28	29	29 0	♎ 1	2	3	4	5
☽	♐ 17	29	♑ 10	22	♒ 5	17	29	♓ 13	26	♈ 9	23	♉ 6	20	♊ 4	18	♋ 2	17	♌ 1	15	29	♍ 13	27	♎ 10	23	♏ 6	18	♐ 1	13	24
☿	♍ 22	℞ 22	21	20	20	19	18	17	16	15	14	13	12	11	11	10	10	10	D 10	10	10	11	12	12	13	14	15	17	18
♀	♍ 28	℞ 28	28	27	27	26	26	25	25	24	24	23	23	22	21	21	20	20	19	18	18	17	17	16	16	15	15	15	14
♂	♉ 28	28	29	29	29 0	♊ 0	1	1	2	2	2	3	3	4	4	4	5	5	5	6	6	6	7	7	7	8	8	8	8

♃ 1: ♏9 · 5: 10 · 10: 11 · 15: 12 · 20: 13 · 25: 14 · 30: 15 — ♄ 1: ♉20 · 3 ℞: 20 · 30: 19 — ♅ 1 ℞: ♑25 — ♆ 1: ♋23 — ♇ 1: ♊28

10

	1	2	3	4	5	6	7	8	9	10	11	12	13	14	15	16	17	18	19	20	21	22	23	24	25	26	27	28	29
☉	♎ 7	8	9	10	11	12	13	14	15	16	17	18	19	20	21	22	23	24	25	26	27	28	29	29 0	♏ 1	2	3	4	5
☽	♑ 18	♒ 0	13	25	♓ 8	21	♈ 4	18	♉ 2	16	♊ 0	15	29	♋ 13	28	♌ 12	25	♍ 9	23	♎ 6	19	♏ 2	14	27	♐ 9	21	♑ 3	14	26
☿	♍ 21	23	24	26	27	29 0	♎ 1	3	4	6	8	10	11	13	15	17	18	20	22	24	25	27	29	29 0	♏ 2	3	5	7	8
♀	♍ 13	℞ 13	13	13	13	13	D 13	13	13	13	14	14	14	14	15	15	15	16	16	17	17	18	18	19	19	20	20	21	22
♂	♊ 9	9	9	9	10	10	10	10	10	10	10	10	11	11	11	11	11	11	℞ 11	11	11	11	11	11	10	10	10	10	10

♃ 1: ♏15 · 5: 16 · 10: 17 · 15: 18 · 20: 19 · 25: 20 · 31: 21 — ♄ 1 ℞: ♉19 · 15: 18 · 31: 17 — ♅ 1 ℞: ♑25 · 6 D: 25 — ♆ 1: ♋23 · 28 ℞: 23 — ♇ 1: ♊28

11

	1	2	3	4	5	6	7	8	9	10	11	12	13	14	15	16	17	18	19	20	21	22	23	24	25	26	27	28	29
☉	♏ 8	9	10	11	12	13	14	15	16	17	18	19	20	21	22	23	24	25	26	27	28	29	29 0	♐ 1	2	3	4	5	6
☽	♓ 3	16	29	♈ 12	26	♉ 11	25	♊ 10	25	♋ 10	24	♌ 8	22	♍ 6	19	♎ 3	15	28	♏ 10	23	♐ 5	17	29	♑ 11	23	♒ 4	16	29	♓ 11
☿	♏ 13	15	16	18	19	21	23	24	26	27	29	29 0	♐ 2	3	5	6	8	9	11	12	14	15	17	18	20	21	22	24	25
♀	♍ 24	25	25	26	27	28	28	29 0	♎ 0	1	2	3	4	5	6	6	7	8	9	10	11	12	13	14	15	16	17	18	19
♂	♊ 9	℞ 9	9	8	8	8	8	7	7	7	7	6	6	6	5	5	4	4	4	4	3	3	2	2	1	1	0	0	0

♃ 1: ♏21 · 5: 22 · 10: 23 · 15: 24 · 20: 25 · 25: 26 · 30: 27 — ♄ 1 ℞: ♉17 · 10: 16 · 25: 15 — ♅ 1: ♑25 · 10: 26 — ♆ 1 ℞: ♋23 — ♇ 1: ♊28

12

	1	2	3	4	5	6	7	8	9	10	11	12	13	14	15	16	17	18	19	20	21	22	23	24	25	26	27	28	29
☉	♐ 8	9	10	11	12	13	14	15	16	17	18	19	20	21	22	23	24	25	26	27	28	29 0	♑ 0	1	2	3	4	5	6
☽	♈ 7	20	♉ 4	19	♊ 3	18	♋ 4	19	♌ 4	18	♍ 2	16	29	♎ 12	25	♏ 7	20	♐ 2	14	26	♑ 8	19	♒ 1	13	25	♓ 7	20	♈ 2	15
☿	♐ 28	29	♑ 0	2	3	4	5	6	7	8	8	9	10	10	10	℞ 10	10	10	9	9	8	7	5	4	3	2	♉ 29	♐ 29	27
♀	♎ 21	22	23	25	26	27	28	29	29 0	♏ 1	2	3	4	5	7	8	9	10	11	12	13	14	16	17	18	19	20	21	23
♂	♉ 29	℞ 29	29	28	28	28	27	27	27	27	26	26	26	26	25	25	25	25	25	25	25	24	24	24	24	24	24	24	24

♃ 1: ♏28 · 5: 29 · 10: ♐0 · 15: 1 · 20: 2 · 25: 3 · 31: 4 — ♄ 1 ℞: ♉15 · 10: 14 · 25: 13 — ♅ 1: ♑26 · 5: 27 · 25: 28 — ♆ 1 ℞: ♋23 — ♇ 1: ♊28

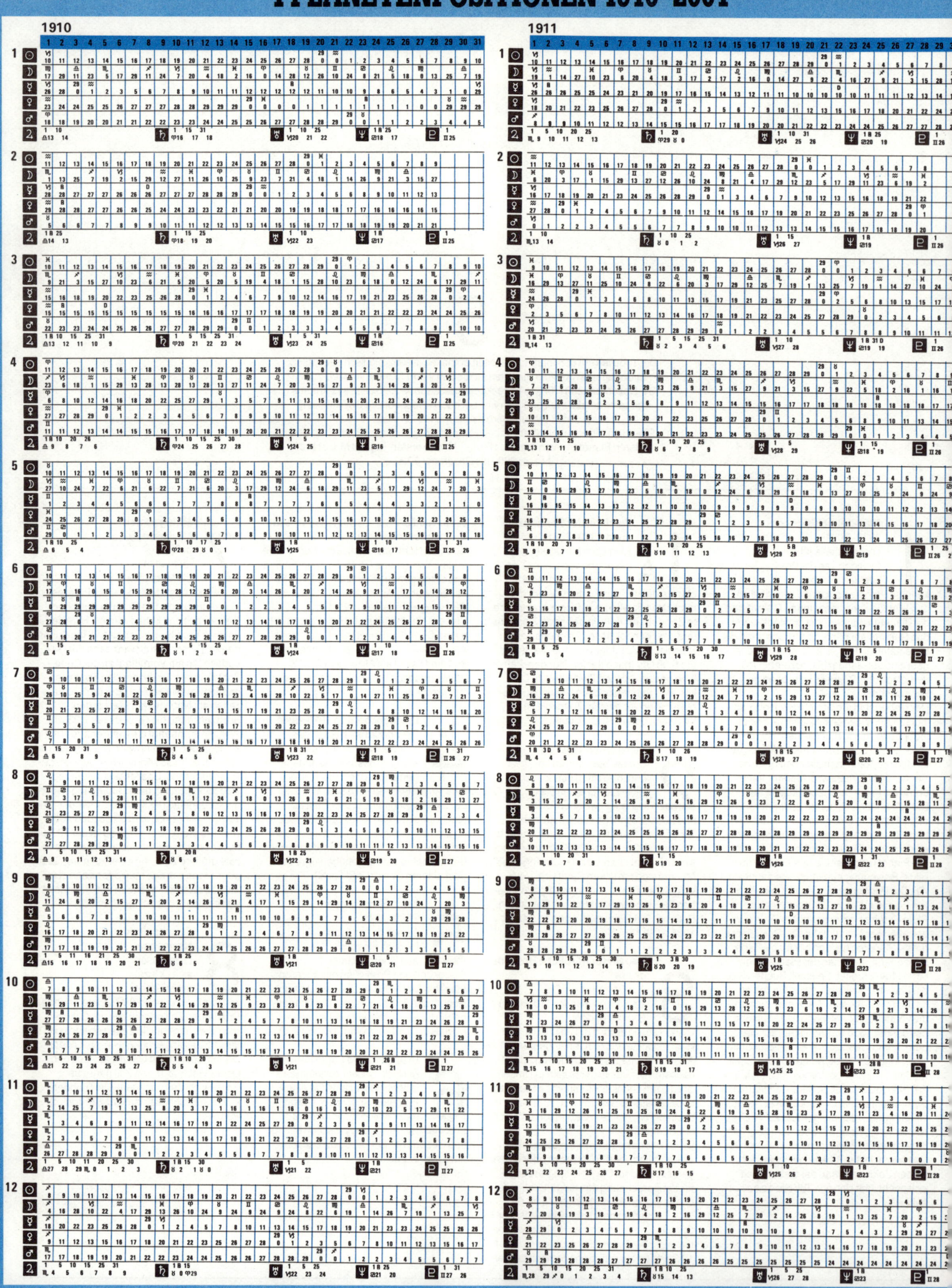

1 PLANETENPOSITIONEN 1910–2001

1912

1	2	3	4	5	6	7	8	9	10	11	12	13	14	15	16	17	18	19	20	21	22	23	24	25	26	27	28	29	30	31
♑ 10	11	12	13	14	15	16	17	18	19	20	21	22	23	24	25	26	27	28	29	29 0	♒ 1	2	3	4	5	6	7	8	9	10
♉ 27	♊ 11	26	♋ 12	27	♌ 12	27	♍ 12	25	♎ 9	22	♏ 4	17	29	♐ 11	23	♑ 5	16	28	♒ 10	22	♓ 4	17	29	♈ 12	24	♉ 8	21	♊ 5	20	♋ 5
♐ 25	R 24	24	24	D 24	24	24	25	25	26	27	27	28	29	29 0	♑ 1	2	3	4	5	7	8	9	11	12	13	14	16	17	19	20
♏ 26	27	28	29 0	♐ 1	2	3	4	5	7	8	9	10	11	13	14	15	16	17	18	20	21	22	23	24	26	27	28	29 0	♑ 0	2
♉ 24	24	24	24	24	25	25	25	25	25	25	25	25	26	26	26	26	26	27	27	27	27	28	28	28	28	29	29	29	29 0	♊ 0

1 5 10 15 20 25 31 / ♐4 5 6 7 8 9 10 — ♄ 1 R 16 D / 13 13 — ♅ 1 15 30 29 31 / ♑28 29 0 ♒ 0 — ♆ 1 / ♋22 — ♇ 1 15 / ♊28 27

1	2	3	4	5	6	7	8	9	10	11	12	13	14	15	16	17	18	19	20	21	22	23	24	25	26	27	28	29	30	31
♒ 11	12	13	14	15	16	17	18	19	20	21	22	23	24	25	26	27	28	29	♓ 0	1	2	3	4	5	6	7	8	9		
♋ 20	♌ 5	20	♍ 5	20	♎ 4	17	♏ 0	13	25	♐ 8	20	♑ 1	13	25	♒ 7	19	♓ 1	0 14	26	♈ 9	21	♉ 5	18	♊ 1	15	29	♋ 14	29		
♑ 21	23	24	26	27	29	29 0	♒ 2	4	5	7	8	10	11	13	15	16	18	20	21	23	25	27	29	29 0	♓ 2	4	6	8		
♑ 3	4	5	7	8	9	10	11	13	14	15	16	17	19	20	21	22	24	25	26	27	28	29 0	♒ 1	2	3	5	6	7		
♊ 0	0	1	1	2	2	2	3	3	3	4	4	5	5	5	6	6	7	7	8	8	9	9	9	10	10	11	11	11		

1 5 15 20 29 / ♐10 11 12 13 14 — ♄ 1 10 29 / ♉13 14 15 — ♅ 1 15 / ♒0 1 — ♆ 1 R 10 / ♋22 21 — ♇ 1 / ♊27

1	2	3	4	5	6	7	8	9	10	11	12	13	14	15	16	17	18	19	20	21	22	23	24	25	26	27	28	29	30	31
♓ 10	11	12	13	14	15	16	17	18	19	20	21	22	23	24	25	26	27	28	29 0	♈ 0	1	2	3	4	5	6	7	8	9	10
♌ 14	28	♍ 13	28	♎ 12	25	♏ 8	21	♐ 4	16	28	♑ 10	22	♒ 3	15	28	♓ 10	22	♈ 5	18	♉ 1	15	28	♊ 12	26	♋ 10	25	♌ 9	23	♍ 8	22
♓ 9	11	13	15	17	19	21	23	25	27	29	29 0	♈ 2	5	6	8	10	12	14	15	17	19	20	21	23	24	25	26	27	28	28
♒ 8	9	11	12	13	14	16	17	18	19	20	22	23	24	25	27	28	29	29 0	♓ 1	3	4	5	6	8	9	10	11	13	14	15
♊ 12	13	13	14	14	14	15	15	16	16	17	17	18	18	19	19	20	20	21	21	22	22	23	23	24	25	25	26	26	27	27

1 15 / ♐14 15 — ♄ 1 10 20 31 / ♉15 16 17 18 — ♅ 1 5 31 / ♒1 2 3 — ♆ 1 R / ♋21 — ♇ 1 / ♊27

1	2	3	4	5	6	7	8	9	10	11	12	13	14	15	16	17	18	19	20	21	22	23	24	25	26	27	28	29	30	31
♈ 11	12	13	14	15	16	17	18	19	20	21	22	23	24	25	26	27	28	29	29 0	♉ 1	2	3	4	5	6	7	8	9	10	
♎ 6	20	♏ 3	16	29	♐ 11	24	♑ 6	18	29	♒ 11	23	♓ 6	18	♈ 1	14	27	♉ 11	25	♊ 9	23	♋ 7	21	♌ 6	20	♍ 4	18	♎ 1	15	28	
♈ 29	29	29	29	29	R 29	29	29	29	28	28	27	26	26	25	24	24	23	22	22	21	20	20	20	19	19	19	19	D 19	19	
♓ 16	17	19	20	21	22	24	25	26	27	28	29 0	♈ 1	2	3	5	6	7	8	10	11	12	13	14	16	17	18	19	21	22	
♊ 28	28	29	29	29 0	♋ 0	1	1	2	2	3	4	4	5	5	6	6	7	8	8	9	9	10	10	11	11	12	12	13	14	

1 R 25 / ♐15 14 — ♄ 1 10 25 / ♉18 19 21 — ♅ 1 / ♒3 — ♆ 1 2 D / ♋21 21 — ♇ 1 / ♊27

1	2	3	4	5	6	7	8	9	10	11	12	13	14	15	16	17	18	19	20	21	22	23	24	25	26	27	28	29	30	31
♉ 11	12	13	13	14	15	16	17	18	19	20	21	22	23	24	25	26	27	28	29	29 0	♊ 1	2	3	4	5	6	7	8	9	10
♏ 12	24	♐ 7	19	♑ 2	14	25	♒ 7	19	♓ 1	13	26	♈ 9	22	♉ 5	19	♊ 4	18	♋ 3	18	♌ 2	16	♍ 1	15	28	♎ 12	25	♏ 8	20	♐ 3	15
♈ 19	19	20	20	20	21	21	22	23	24	24	25	26	27	28	29 0	♉ 0	2	3	4	6	7	8	10	11	13	14	16	18	19	21
♈ 23	24	25	27	28	29	29 0	♉ 1	3	4	5	6	8	9	10	11	13	14	15	16	18	19	20	21	22	24	25	26	27	28	29 0
♋ 14	15	15	16	17	17	18	18	19	20	20	21	21	22	22	23	23	24	25	25	26	26	27	28	28	29	29	29 0	♌ 0	1	2

1 R 10 15 25 31 / ♐14 13 12 11 10 — ♄ 1 10 20 25 / ♉22 23 24 25 — ♅ 1 8 R / ♒3 3 — ♆ 1 25 / ♋21 22 — ♇ 1 31 / ♊27 28

1	2	3	4	5	6	7	8	9	10	11	12	13	14	15	16	17	18	19	20	21	22	23	24	25	26	27	28	29	30	31
♊ 10	11	12	13	14	15	16	17	18	19	20	21	22	23	24	25	26	27	28	29	29 0	♋ 0	1	2	3	4	5	6	7	8	
♐ 28	♑ 10	22	♒ 4	16	27	♓ 9	22	♈ 4	17	♉ 0	14	28	♊ 12	27	♋ 2	27	♌ 12	27	♍ 11	25	♎ 8	22	♏ 5	17	♐ 0	12	24	♑ 6	18	
♉ 23	25	27	28	29 0	♊ 2	4	6	8	10	13	15	17	19	21	23	26	28	29 0	♋ 2	4	7	9	11	13	15	17	19	21	23	
♊ 1	2	3	5	6	7	8	10	11	12	13	15	16	17	18	19	21	22	23	24	26	27	28	29	29 0	♋ 2	3	4	5	7	
♌ 2	3	3	4	5	5	6	6	7	7	8	9	9	10	11	11	12	12	13	14	14	15	15	16	17	17	18	18	19	20	

1 R 10 20 25 / ♐10 9 8 7 — ♄ 1 10 20 30 / ♉26 27 28 29 — ♅ 1 R 20 / ♒3 2 — ♆ 1 30 / ♋22 23 — ♇ 1 / ♊28

1	2	3	4	5	6	7	8	9	10	11	12	13	14	15	16	17	18	19	20	21	22	23	24	25	26	27	28	29	30	31
♋ 9	10	11	12	13	14	15	16	17	18	18	19	20	21	22	23	24	25	26	27	28	29	29 0	♌ 1	2	3	4	5	6	7	8
♒ 0	12	24	♓ 6	18	♈ 0	12	25	♉ 8	22	♊ 6	21	♋ 6	21	♌ 6	21	♍ 6	21	♎ 5	18	♏ 2	14	27	♐ 9	21	♑ 3	15	27	♒ 9	21	♓ 3
♋ 25	26	28	29 0	♌ 2	4	5	7	8	10	12	13	14	16	17	19	20	21	22	24	25	26	27	28	29	29 0	♍ 1	1	2	3	4
♋ 8	9	10	12	13	14	15	16	17	19	20	21	23	24	25	26	28	29	29 0	♌ 1	2	4	5	6	7	9	10	11	12	14	15
♌ 20	21	22	22	23	23	24	25	25	26	26	27	28	28	29	29	♍ 0	0	1	2	3	3	4	4	5	6	6	7	8	8	9

1 R 10 25 / ♐7 6 5 — ♄ 1 7 29 10 15 31 / ♉29 0 ♊ 0 1 2 — ♅ 1 R 20 / ♒2 1 — ♆ 1 25 / ♋23 24 — ♇ 1 15 / ♊28 29

1	2	3	4	5	6	7	8	9	10	11	12	13	14	15	16	17	18	19	20	21	22	23	24	25	26	27	28	29	30	31
♌ 8	9	10	11	12	13	14	15	16	17	18	19	20	21	22	23	24	25	26	27	28	29	29 0	♍ 0	1	2	3	4	5	6	7
♓ 15	27	♈ 9	22	♉ 4	17	♊ 1	15	29	♋ 14	29	♌ 14	29	♍ 15	29	♎ 14	27	♏ 11	24	♐ 6	18	♑ 0	12	24	♒ 6	18	♓ 0	12	24	♈ 6	19
♍ 4	5	5	6	6	6	6	6	R 6	6	6	6	5	5	4	4	3	2	1	0	♌ 29	28	28	27	26	25	25	24	24	24	23
♑ 16	17	18	20	21	22	23	25	26	27	28	29 0	♍ 1	2	3	4	6	7	8	9	11	12	13	14	16	17	18	19	21	22	23
♍ 9	10	11	11	12	13	13	14	14	15	16	16	17	18	18	19	19	20	21	21	22	22	23	24	24	25	26	27	27	28	28

1 R 3 D 20 31 / ♐5 5 6 7 — ♄ 1 10 31 / ♊2 3 4 — ♅ 1 R 10 / ♒1 0 — ♆ 1 25 / ♋24 25 — ♇ 1 / ♊29

1	2	3	4	5	6	7	8	9	10	11	12	13	14	15	16	17	18	19	20	21	22	23	24	25	26	27	28	29	30	31
♍ 8	9	10	11	12	13	14	15	16	17	18	19	20	21	22	23	24	25	26	27	28	29	29 0	♎ 1	2	3	4	5	6	7	
♉ 1	14	27	♊ 11	25	♋ 9	23	♌ 8	23	♍ 8	23	♎ 8	22	♏ 6	19	♐ 2	15	27	♑ 9	21	♒ 3	15	27	♓ 9	21	♈ 3	16	28	♉ 11	24	
♌ 23	D 23	23	24	24	25	26	27	28	29 0	♍ 1	2	3	5	7	9	10	12	14	16	17	19	21	23	25	27	28	29 0	♎ 2	4	
♍ 24	25	27	28	29	29 0	♎ 1	3	4	5	7	8	9	10	12	13	14	15	16	18	19	20	21	23	24	25	26	28	29	29 0	
♍ 29	29 0	♎ 0	1	2	2	3	4	4	5	6	6	7	8	9	9	10	11	11	12	13	13	14	15	15	16	17	17	18		

1 10 20 25 / ♐7 8 9 10 — ♄ 1 17 R / ♊4 4 — ♅ 1 R 5 / ♒0 ♑29 — ♆ 1 / ♋25 — ♇ 1 23 / ♊29 ♋0

1	2	3	4	5	6	7	8	9	10	11	12	13	14	15	16	17	18	19	20	21	22	23	24	25	26	27	28	29	30	31
♎ 7	8	9	10	11	12	13	14	15	16	17	18	19	20	21	22	23	24	25	26	27	28	29 0	♏ 0	1	2	3	4	5	6	7
♊ 8	21	♋ 5	19	♌ 3	18	♍ 2	17	♎ 1	16	29	♏ 14	27	♐ 10	23	♑ 5	17	29	♒ 11	23	♓ 5	17	29	♈ 12	24	♉ 7	21	♊ 4	18	♋ 2	16
♎ 5	7	9	11	12	14	16	18	19	21	23	24	26	28	29 0	♏ 1	3	4	6	7	9	10	12	13	15	17	18	19	21	22	24
♏ 1	2	4	5	6	7	8	10	11	12	14	15	16	17	19	20	21	22	23	24	26	27	28	29 0	♐ 1	2	3	4	6	7	8
♎ 19	19	20	21	21	22	23	23	24	25	25	26	27	27	28	29	29	29 0	♏ 1	1	2	3	3	4	5	5	6	7	7	8	9

1 5 10 15 20 25 31 / ♐10 11 12 13 14 15 16 — ♄ 1 R 5 31 / ♊4 3 2 — ♅ 1 R 10 D / ♑29 29 — ♆ 1 15 30 R / ♋25 26 26 — ♇ 1 5 / ♋0 ♊29

1	2	3	4	5	6	7	8	9	10	11	12	13	14	15	16	17	18	19	20	21	22	23	24	25	26	27	28	29	30	31
♏ 8	9	10	11	12	13	14	15	16	17	18	19	20	21	22	23	24	25	26	27	28	29 0	♐ 1	2	3	4	5	6	7	8	
♌ 0	14	28	♍ 12	27	♎ 11	25	♏ 8	22	♐ 5	18	♑ 0	13	25	♒ 7	19	♓ 1	13	25	♈ 7	20	♉ 2	16	29	♊ 13	28	♋ 12	27	♌ 11	25	
♏ 25	27	28	29 0	♐ 1	2	4	5	7	8	9	11	12	13	14	15	17	18	19	20	21	22	22	23	24	24	24	25	R 24	24	
♐ 9	11	12	13	14	16	17	18	19	20	22	23	24	25	27	28	29	29 0	♑ 1	3	4	5	6	8	9	10	11	12	14	15	
♏ 10	10	11	12	12	13	14	15	15	16	17	17	18	19	19	20	21	22	23	23	24	24	25	26	26	27	28	28	29	29 0	

1 5 10 15 20 25 30 / ♐16 17 18 19 20 21 22 — ♄ 1 R 10 25 / ♊2 1 0 — ♅ 1 12 / ♑29 ♒0 — ♆ 1 R 30 / ♋26 25 — ♇ 1 / ♊29

1	2	3	4	5	6	7	8	9	10	11	12	13	14	15	16	17	18	19	20	21	22	23	24	25	26	27	28	29	30	31
♐ 9	10	11	12	13	14	15	16	17	18	19	20	21	22	23	24	25	26	27	28	29	29 0	♑ 1	2	3	4	5	6	7	8	9
♍ 9	23	♎ 7	21	♏ 4	17	♐ 0	13	26	♑ 9	21	♒ 3	15	27	♓ 8	20	♈ 2	15	27	♉ 10	24	♊ 8	22	♋ 6	21	♌ 6	21	♍ 6	20	♎ 4	18
♐ 24	R 23	23	22	21	20	18	17	16	14	13	12	11	10	9	9	8	8	D 8	8	9	9	10	10	11	12	13	14	15	16	17
♑ 16	17	18	20	21	22	23	25	26	27	28	29 0	♒ 0	2	3	4	5	7	8	9	10	11	13	14	15	16	17	18	19	21	22
♐ 0	1	2	3	4	4	5	6	6	7	8	9	9	10	11	11	12	13	14	14	15	16	17	17	18	19	19	20	21	22	22

1 5 7 11 16 20 25 31 / ♐22 23 24 25 26 27 28 29 — ♄ 1 R 20 / ♉29 28 — ♅ 1 10 25 / ♒0 1 2 — ♆ 1 R / ♋25 — ♇ 1 15 / ♊29 28

1913

1

	1	2	3	4	5	6	7	8	9	10	11	12	13	14	15	16	17	18	19	20	21	22	23	24	25	26	27	28	29	30	31
☉	♑ 10	11	12	13	14	15	16	17	18	19	20	21	22	23	24	25	26	27	28	29 0	♒ 1	2	3	4	5	6	7	8	9	10	11
☽	♏ 1	14	27	♐ 10	22	♑ 5	17	29	♒ 11	23	♓ 5	17	29	♈ 11	23	♉ 5	18	♊ 1	15	29	♋ 14	29	♌ 15	♍ 0	15	29	♎ 14	28	♏ 11	24	♐ 7
☿	♐ 18	19	21	22	23	25	26	27	29	29 0	♑ 2	3	5	6	7	9	10	12	13	15	16	18	19	21	23	24	26	27	29	29 0	♒ 2
♀	♒ 23	24	25	27	28	29	29 0	♓ 1	2	4	5	6	7	8	9	10	12	13	14	15	16	17	18	19	21	22	23	24	25	26	27
♂	♐ 23	24	24	25	26	27	27	28	29	29 0	♑ 0	1	2	3	4	4	5	6	7	7	8	9	9	10	11	12	12	13	14	15	15

♃ 1 3 29 5 10 15 20 26 31 / ♐29 0 ♑0 1 3 4 5 6 — ♄ 1 R 29 D / ♉27 27 — ♅ 1 15 31 / ♒2 3 4 — ♆ 1 R 10 / ♋25 24 — ♇ 1 / ♊28

2

	1	2	3	4	5	6	7	8	9	10	11	12	13	14	15	16	17	18	19	20	21	22	23	24	25	26	27	28	29	30	31
☉	♒ 12	13	14	15	16	17	18	19	20	21	22	23	24	25	26	27	28	29	29 0	♓ 1	2	3	4	5	6	7	8	9			
☽	♐ 20	♑ 2	14	26	♒ 8	20	♓ 2	14	25	♈ 7	19	♉ 1	14	27	♊ 10	24	♋ 8	23	♌ 8	23	♍ 8	23	♎ 8	23	♏ 7	20	♐ 4	16			
☿	♒ 4	5	7	9	10	12	14	16	17	19	21	23	24	26	28	29 0	♓ 2	4	6	7	9	11	13	15	17	18	21	22			
♀	♓ 28	29	♈ 0	1	3	4	5	5	7	8	9	10	11	12	13	14	15	16	17	18	19	19	20	21	22	23	24	25			
♂	♑ 16	17	18	19	19	20	21	21	22	23	24	25	25	26	27	28	28	29	29 0	♒ 0	1	2	3	4	4	5	6	7			

♃ 1 5 10 15 20 25 / ♑6 7 8 9 10 11 — ♄ 1 25 / ♉27 28 — ♅ 1 20 / ♒4 5 — ♆ 1 R 15 / ♋24 23 — ♇ 1 ♌ / ♊28

3

	1	2	3	4	5	6	7	8	9	10	11	12	13	14	15	16	17	18	19	20	21	22	23	24	25	26	27	28	29	30	31
☉	♓ 10	11	12	13	14	15	16	17	18	19	20	21	22	23	24	25	26	27	28	29	29 0	♈ 1	2	3	4	5	6	7	8	9	10
☽	♐ 29	♑ 11	23	♒ 5	17	29	♓ 11	22	♈ 4	16	29	♉ 11	23	♊ 6	20	♋ 3	17	♌ 1	16	♍ 1	16	♎ 1	16	♏ 1	15	29	♐ 12	25	♑ 8	20	♒ 2
☿	♓ 24	26	27	29	29 0	♈ 2	3	5	6	7	8	9	10	10	11	12	12	12	R 12	12	11	11	10	9	9	8	7	6	6	5	4
♀	♈ 25	26	27	28	29	29 0	♉ 0	1	2	3	3	4	5	5	6	6	7	8	8	9	9	10	10	10	11	11	11	12	12	12	12
♂	♒ 7	8	9	10	11	11	12	13	14	14	15	16	17	18	18	19	20	21	22	22	23	24	25	25	26	27	28	28	29	29 0	♓ 1

♃ 1 5 10 15 20 31 / ♑11 12 13 14 15 16 — ♄ 1 15 26 / ♉28 29 ♊ 0 — ♅ 1 10 31 / ♒5 6 7 — ♆ 1 R / ♋23 — ♇ 1 / ♊28

4

	1	2	3	4	5	6	7	8	9	10	11	12	13	14	15	16	17	18	19	20	21	22	23	24	25	26	27	28	29	30	31
☉	♈ 11	12	13	14	15	16	17	18	19	20	21	22	23	24	25	26	27	28	28	29 0	♉ 0	1	2	3	4	5	6	7	8	9	
☽	♒ 14	26	♓ 7	19	♈ 1	13	25	♉ 8	20	♊ 3	16	29	♋ 13	27	♌ 11	26	♍ 10	25	♎ 10	24	♏ 9	23	♐ 7	20	♑ 3	16	28	♒ 10	22	♓ 4	
☿	♈ 3	R 2	2	1	0	0	0 29	♓ 29	29	29	D 29	29	29	29 0	♈ 0	1	1	2	2	3	4	5	6	6	7	8	9	11	12	13	
♀	♉ 12	12	12	R 12	12	12	12	12	12	11	11	11	10	10	10	9	9	8	8	7	6	6	5	4	4	3	3	2	1	1	
♂	♓ 1	2	3	4	5	5	6	7	8	8	9	10	11	12	12	13	14	15	15	16	17	18	18	19	20	21	22	22	23	24	

♃ 1 10 / ♑16 17 — ♄ 1 5 15 25 30 / ♊ 0 1 2 3 4 — ♅ 1 / ♒7 — ♆ 1 R / ♋23 — ♇ 1 / ♊28

5

	1	2	3	4	5	6	7	8	9	10	11	12	13	14	15	16	17	18	19	20	21	22	23	24	25	26	27	28	29	30	31
☉	♉ 10	11	12	13	14	15	16	17	18	19	20	21	22	23	24	25	26	27	28	29	29 0	♊ 0	1	2	3	4	5	6	7	8	9
☽	♓ 16	28	♈ 10	22	♉ 4	17	♊ 0	13	27	♋ 10	24	♌ 8	22	♍ 6	20	♎ 5	19	♏ 3	17	♐ 1	15	28	♑ 11	24	♒ 6	18	♓ 0	12	24	♈ 6	18
☿	♈ 14	15	17	18	20	21	22	24	25	27	28	29 0	♉ 2	4	5	7	9	11	13	14	16	18	20	22	24	26	29	1	3	5	7
♀	♉ 0	R 29	♈ 29	29	28	28	27	27	27	26	26	26	26	26	26	D 26	26	26	26	26	26	26	27	27	27	28	28	29	29	29	29 0
♂	♓ 25	25	26	27	28	28	29	29 0	♈ 1	2	2	3	4	5	5	6	7	8	8	9	10	11	11	12	13	14	14	15	16	17	18

♃ 1 6 R 31 / ♑17 17 16 — ♄ 1 10 20 25 / ♊4 5 6 7 — ♅ 1 13 R / ♒7 7 — ♆ 1 25 / ♋23 24 — ♇ 1 / ♊28

6

	1	2	3	4	5	6	7	8	9	10	11	12	13	14	15	16	17	18	19	20	21	22	23	24	25	26	27	28	29	30	31
☉	♊ 10	11	12	13	14	15	16	17	18	19	19	20	21	22	23	24	25	26	27	28	29	29 0	♋ 1	2	3	4	5	6	7	8	
☽	♉ 0	13	26	♊ 9	23	♋ 6	20	♌ 5	19	♍ 3	17	♎ 1	15	29	♏ 13	27	♐ 10	23	♑ 6	19	♒ 2	14	26	♓ 8	20	♈ 2	13	26	♉ 8	21	
☿	♊ 10	12	14	16	18	21	23	25	27	29 0	♋ 1	3	5	7	9	11	12	14	16	18	19	21	23	24	26	27	29	29 0	♌ 1	3	
♀	♉ 0	1	1	2	3	3	4	5	5	6	6	7	8	9	10	10	11	12	13	14	14	15	16	17	18	19	19	20	21	22	
♂	♈ 18	19	20	21	21	22	23	23	24	25	26	26	27	28	29	29 0	♉ 0	1	1	2	3	4	5	5	6	7	7	8	9	9	

♃ 1 R 15 25 30 / ♑16 15 14 13 — ♄ 1 10 20 25 / ♊8 9 10 11 — ♅ 1 R 30 / ♒7 6 — ♆ 1 25 / ♋24 25 — ♇ 1 / ♊29

7

	1	2	3	4	5	6	7	8	9	10	11	12	13	14	15	16	17	18	19	20	21	22	23	24	25	26	27	28	29	30	31
☉	♋ 9	10	11	12	13	14	14	15	16	17	18	19	20	21	22	23	24	25	26	27	28	29	29 0	♌ 0	1	2	3	4	5	6	7
☽	♊ 4	17	♋ 1	16	♌ 0	15	29	♍ 14	28	♎ 12	26	♏ 10	23	♐ 7	20	♑ 3	15	28	♒ 10	22	♓ 4	16	28	♈ 10	22	♉ 4	16	29	♊ 12	26	♋ 10
☿	♌ 4	5	6	7	9	10	11	12	13	13	14	15	16	16	17	17	18	18	18	18	18	R 18	18	18	17	17	17	16	15	15	14
♀	♉ 23	24	25	26	27	28	29	29 0	♊ 1	2	3	4	5	6	7	8	9	10	11	12	13	14	15	16	17	18	19	21	22	23	24
♂	♉ 10	11	12	12	13	14	15	15	16	17	17	18	19	20	20	21	22	22	23	24	24	25	26	26	27	28	28	29	29 0	♊ 0	1

♃ 1 R 10 15 25 / ♑13 12 11 10 — ♄ 1 10 20 31 / ♊12 13 14 15 — ♅ 1 R 31 / ♒6 5 — ♆ 1 25 / ♋25 26 — ♇ 1 10 / ♊29 ♋0

8

	1	2	3	4	5	6	7	8	9	10	11	12	13	14	15	16	17	18	19	20	21	22	23	24	25	26	27	28	29	30	31
☉	♌ 8	9	10	11	12	13	14	15	16	17	18	19	20	21	22	23	24	25	26	27	28	29	29 0	♍ 0	1	2	3	4	5	6	7
☽	♋ 24	♌ 9	24	♍ 9	24	♎ 8	23	♏ 7	20	♐ 4	17	29	♑ 12	25	♒ 7	19	♓ 1	13	25	♈ 6	18	♉ 0	12	25	♊ 7	20	♋ 4	18	♌ 2	17	♍ 2
☿	♌ 13	R 13	12	11	11	10	9	8	8	7	7	7	D 6	6	6	7	7	7	8	8	9	10	11	12	13	15	16	18	19	21	23
♀	♊ 25	26	27	28	29	♋ 0	1	2	4	5	6	7	8	9	10	11	13	14	15	16	17	18	20	21	22	23	24	25	26	27	29
♂	♊ 2	2	3	4	5	5	6	6	7	8	8	9	10	10	11	12	12	13	14	14	15	15	16	17	17	18	19	19	20	20	21

♃ 1 R 15 / ♑9 8 — ♄ 1 10 25 / ♊15 16 17 — ♅ 1 R 20 / ♒5 4 — ♆ 1 20 / ♋26 27 — ♇ 1 / ♋0

9

	1	2	3	4	5	6	7	8	9	10	11	12	13	14	15	16	17	18	19	20	21	22	23	24	25	26	27	28	29	30	31
☉	♍ 8	9	10	11	12	13	14	15	16	17	18	19	20	21	22	23	24	25	26	27	28	29	29 0	♎ 0	1	2	3	4	5	6	
☽	♍ 17	♎ 2	17	♏ 2	16	♐ 0	14	27	♑ 9	22	♒ 4	16	28	♓ 10	22	♈ 3	15	27	♉ 9	21	♊ 4	16	29	♋ 13	27	♌ 11	25	♍ 10	26	♎ 11	
☿	♌ 24	26	28	29 0	♍ 2	4	6	8	9	11	13	15	17	19	21	23	25	26	28	29 0	♎ 2	3	5	7	9	10	12	14	15	17	
♀	29 0	♌ 1	2	3	5	6	7	8	9	11	12	13	14	15	16	18	19	20	21	22	24	25	26	27	28	29 0	♍ 1	2	3	4	
♂	♊ 21	22	23	23	24	24	25	26	26	27	27	28	28	29	29 0	♋ 0	1	1	2	2	3	3	4	5	5	5	6	6	7	8	

♃ 1 R 4 D 30 / ♑8 8 9 — ♄ 1 15 / ♊17 18 — ♅ 1 R 25 / ♒4 3 — ♆ 1 30 / ♋27 28 — ♇ 1 15 / ♋0 1

10

	1	2	3	4	5	6	7	8	9	10	11	12	13	14	15	16	17	18	19	20	21	22	23	24	25	26	27	28	29	30	31
☉	♎ 7	8	9	10	11	12	13	14	15	16	17	18	19	20	21	22	23	24	25	26	27	28	29	29 0	♏ 1	2	3	4	5	6	7
☽	♎ 25	♏ 11	25	♐ 9	23	♑ 6	18	♒ 1	13	25	♓ 7	18	♈ 0	12	24	♉ 6	18	♊ 1	13	26	♋ 9	23	♌ 6	20	♍ 5	19	♎ 4	19	♏ 4	19	♐ 3
☿	♎ 19	20	22	23	25	27	28	29 0	♏ 1	3	4	5	7	9	10	11	13	14	16	17	18	20	21	22	24	25	26	27	28	29 0	♐ 1
♀	♍ 6	7	8	9	11	12	13	14	15	17	18	19	20	21	23	24	25	26	28	29	29 0	♎ 1	3	4	5	6	8	9	10	11	13
♂	♋ 8	8	9	9	10	10	11	11	12	12	13	13	14	14	14	15	15	16	16	16	17	17	18	18	18	19	19	19	20	20	20

♃ 1 10 20 25 / ♑9 10 11 12 — ♄ 1 R 20 / ♊18 17 — ♅ 1 R 14 D / ♒3 3 — ♆ 1 / ♋28 — ♇ 1 / ♋1

11

	1	2	3	4	5	6	7	8	9	10	11	12	13	14	15	16	17	18	19	20	21	22	23	24	25	26	27	28	29	30	31
☉	♏ 8	9	10	11	12	13	14	15	16	17	18	19	20	21	22	23	24	25	26	27	28	29 0	♐ 0	1	2	3	4	5	6	7	
☽	♐ 17	♑ 1	14	27	♒ 9	21	♓ 3	15	27	♈ 9	21	♉ 3	15	28	♊ 10	23	♋ 6	20	♌ 3	17	♍ 1	15	29	♎ 13	28	♏ 12	27	♐ 11	25	♑ 9	
☿	♐ 2	3	4	5	5	6	7	7	8	8	8	9	R 8	8	8	8	7	6	5	4	2	1	♉ 29	♏ 28	27	26	25	24	23	23	
♀	♎ 14	15	16	17	19	20	21	22	24	25	26	27	29	29 0	♏ 1	2	4	5	6	7	9	10	11	12	14	15	16	17	19	20	
♂	♋ 20	21	21	21	22	22	22	22	22	23	23	23	23	23	24	24	24	24	24	24	24	24	24	24	24	24	R 24	24	24	24	

♃ 1 10 15 20 25 30 / ♑13 14 15 16 17 18 — ♄ 1 R 15 25 / ♊17 16 15 — ♅ 1 10 / ♒3 4 — ♆ 1 / ♋28 — ♇ 1 15 / ♋1 0

12

	1	2	3	4	5	6	7	8	9	10	11	12	13	14	15	16	17	18	19	20	21	22	23	24	25	26	27	28	29	30	31
☉	♐ 8	9	10	11	12	13	14	15	16	17	18	19	20	21	22	23	24	25	27	28	29	29 0	♑ 1	2	3	4	5	6	7	8	9
☽	♑ 22	♒ 5	17	29	♓ 11	23	♈ 5	17	29	♉ 11	23	♊ 6	19	♋ 3	16	29	♌ 14	28	♍ 12	26	♎ 10	24	♏ 8	22	♐ 6	20	♑ 3	17	♒ 0	13	25
☿	♏ 22	R 22	D 22	23	23	23	24	25	26	27	28	29	29 0	♐ 1	2	4	5	6	8	9	10	12	13	15	16	18	19	20	22	23	25
♀	♏ 21	22	24	25	26	27	28	29 0	♐ 1	2	4	5	6	8	9	10	11	13	14	15	16	18	19	20	21	23	24	25	26	28	29
♂	♋ 24	R 24	24	24	24	24	24	23	23	23	23	23	22	22	22	22	21	21	21	20	20	20	20	19	19	18	18	18	17	17	16

♃ 1 5 10 15 20 25 31 / ♑18 19 20 21 22 24 25 — ♄ 1 R 10 20 / ♊15 14 13 — ♅ 1 10 25 / ♒4 5 6 — ♆ 1 R 20 / ♋28 27 — ♇ 1 25 / ♋0 ♊29

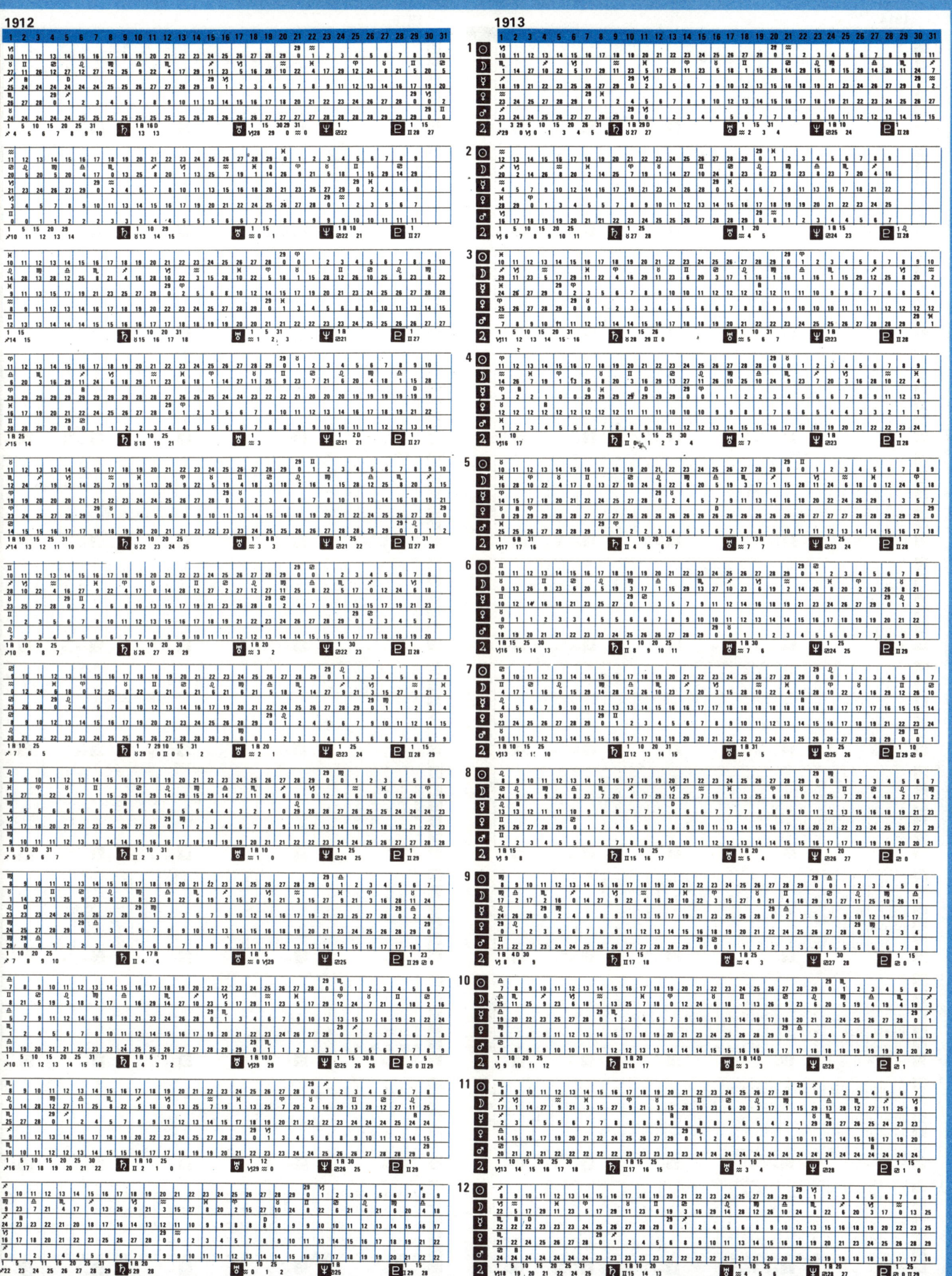

1914

1

	1	2	3	4	5	6	7	8	9	10	11	12	13	14	15	16	17	18	19	20	21	22	23	24	25	26	27	28	29	30	31
☉	♑ 10	11	12	13	14	15	16	17	18	19	20	21	22	23	24	25	26	27	28	29 0	♒ 0	1	2	3	4	5	6	7	8	9	10
☽	♓ 7	19	♈ 1	13	24	♉ 7	19	♊ 1	14	27	♋ 11	25	♌ 9	23	♍ 8	22	♎ 6	21	♏ 5	19	♐ 2	16	29	♑ 12	25	♒ 8	21	♓ 3	15	27	♈ 9
☿	♐ 26	28	29 0	♑ 1	2	4	6	7	9	10	12	13	15	17	18	20	21	23	25	26	28	29 0	♒ 1	3	5	6	8	10	11	13	15
♀	♑ 0	1	3	4	5	6	8	9	10	12	13	14	15	17	18	19	20	21	23	24	25	26	28	29	29 0	♒ 1	3	4	5	7	8
♂	♋ 16	R 16	15	15	15	14	14	13	13	13	12	12	11	11	11	10	10	10	9	9	9	8	8	8	8	8	7	7	7	7	6

♃ 1 5 10 15 21 29 25 31 / ♑25 26 27 28 0 ♒ 1 2 — ♄ 1 R 20 / ♊12 11 — ♅ 1 15 / ♒ 6 7 — ♆ 1 R 25 / ♋27 26 — ♇ 1 / ♊29

2

	1	2	3	4	5	6	7	8	9	10	11	12	13	14	15	16	17	18	19	20	21	22	23	24	25	26	27	28	29	30	31
☉	♒ 11	12	13	14	15	16	17	18	19	20	21	22	23	24	25	26	27	28	29 0	♓ 1	2	3	4	5	6	7	8	9			
☽	♈ 21	♉ 2	14	27	♊ 9	22	♋ 5	19	♌ 3	18	♍ 2	17	♎ 2	17	♏ 1	15	29	♐ 13	26	♑ 9	22	♒ 5	17	29	♓ 11	23	♈ 5	17			
☿	♒ 17	19	20	22	24	26	28	29 0	♓ 1	3	5	6	8	10	11	13	15	16	17	19	20	21	22	23	23	24	[illegible]	24			
♀	♒ 9	10	12	13	14	15	17	18	19	20	22	23	24	25	27	28	29	♓ 0	2	3	4	5	7	8	9	10	12	13			
♂	♋ 6	R 6	6	6	6	6	6	6	6	6	6	6	D 6	6	6	6	6	6	6	6	6	6	6	6	6	6	7	7			

♃ 1 5 10 15 20 25 / ♒ 2 3 4 5 7 8 — ♄ 1 R 12 D / ♊11 11 — ♅ 1 20 / ♒ 8 9 — ♆ 1 R / ♋26 — ♇ 1 / ♊29

3

	1	2	3	4	5	6	7	8	9	10	11	12	13	14	15	16	17	18	19	20	21	22	23	24	25	26	27	28	29	30	31
☉	♓ 10	11	12	13	14	15	16	17	18	19	20	21	22	23	24	25	26	27	28	29	29 0	♈ 1	2	3	4	5	6	7	8	9	10
☽	♈ 29	♉ 11	23	♊ 5	17	♋ 0	13	27	♌ 11	26	♍ 10	25	♎ 11	26	♏ 11	25	♐ 9	23	♑ 6	19	♒ 2	14	26	♓ 8	20	♈ 2	14	26	♉ 8	19	♊ 2
☿	♓ 24	R 24	24	24	23	23	22	21	20	19	18	17	16	15	15	14	13	12	11	11	11	11	11	D 11	11	11	11	12	12	12	13
♀	♓ 14	15	17	18	19	20	22	23	24	25	27	28	29	♈ 0	2	3	4	5	7	8	9	10	12	13	14	15	17	18	19	20	22
♂	♋ 7	7	7	7	8	8	8	9	9	9	9	9	10	10	10	11	11	11	12	12	12	13	13	13	14	14	14	15	15	16	16

♃ 1 6 10 15 20 25 31 / ♒ 9 10 11 12 13 14 15 — ♄ 1 10 25 / ♊11 12 13 — ♅ 1 10 / ♒ 9 10 — ♆ 1 R / ♋25 — ♇ 1 / ♊29

4

	1	2	3	4	5	6	7	8	9	10	11	12	13	14	15	16	17	18	19	20	21	22	23	24	25	26	27	28	29	30	31
☉	♈ 11	11	12	13	14	15	16	17	18	19	20	21	22	23	24	25	26	27	28	29 0	♉ 0	1	2	3	4	5	6	7	8	9	
☽	♊ 14	26	♋ 9	22	♌ 5	19	♍ 4	18	♎ 4	19	♏ 4	19	♐ 4	18	♑ 2	16	29	♒ 11	23	♓ 5	17	29	♈ 11	23	♉ 5	17	29	♊ 11	23	♋ 6	
☿	♓ 14	15	15	16	17	18	19	20	21	22	23	24	26	27	28	29 0	♈ 1	2	4	5	7	8	10	11	13	15	16	18	20	21	
♀	♈ 23	24	25	27	28	29	29 0	♉ 1	3	4	5	6	8	9	10	11	13	14	15	16	17	19	20	21	22	24	25	26	27	28	
♂	♋ 16	17	17	17	18	18	19	19	20	20	20	21	21	22	22	23	23	24	24	24	25	25	26	26	27	27	28	28	29	29	

♃ 1 5 10 20 25 / ♒15 16 17 18 19 — ♄ 1 10 20 30 / ♊13 14 15 16 — ♅ 1 5 / ♒10 11 — ♆ 1 R / ♋25 — ♇ 1 / ♊29

5

	1	2	3	4	5	6	7	8	9	10	11	12	13	14	15	16	17	18	19	20	21	22	23	24	25	26	27	28	29	30	31
☉	♉ 10	11	12	13	14	15	16	17	18	19	20	21	22	23	23	24	25	26	27	28	29 0	♊ 0	1	2	3	4	5	6	7	8	9
☽	♋ 18	♌ 2	15	29	♍ 13	27	♎ 12	27	♏ 12	27	♐ 12	27	♑ 11	24	♒ 7	20	♓ 2	14	26	♈ 8	20	♉ 1	13	25	♊ 8	20	♋ 3	16	29	♌ 12	25
☿	♈ 23	25	27	29 0	♉ 1	3	5	6	8	10	12	15	17	19	21	23	26	28	29 0	♊ 2	4	7	9	11	13	15	17	19	21	23	25
♀	29 0	♊ 1	2	3	5	6	7	8	10	11	12	13	14	16	17	18	19	20	22	23	24	25	27	28	29	29 0	♋ 1	3	4	5	6
♂	29 0	♌ 0	0	1	1	2	3	3	4	4	5	5	6	6	7	7	8	8	9	9	10	10	11	12	12	13	13	14	14	15	15

♃ 1 5 10 25 / ♒19 20 21 22 — ♄ 1 5 15 25 31 / ♊16 17 18 19 20 — ♅ 1 18 R / ♒11 11 — ♆ 1 15 / ♋25 26 — ♇ 1 25 / ♊29 ♋ 0

6

	1	2	3	4	5	6	7	8	9	10	11	12	13	14	15	16	17	18	19	20	21	22	23	24	25	26	27	28	29	30	31
☉	♊ 10	11	12	13	14	15	16	17	18	19	19	20	21	22	23	24	25	26	27	28	29	29 0	♋ 1	2	3	4	5	6	7	8	
☽	♍ 9	23	♎ 7	22	♏ 6	21	♐ 6	20	♑ 5	19	♒ 2	15	28	♓ 10	22	♈ 4	16	28	♉ 10	22	♊ 4	17	29	♋ 12	25	♌ 9	22	♍ 6	20	♎ 4	
☿	♊ 27	28	29 0	♋ 2	4	5	7	8	10	11	13	14	15	17	18	19	20	21	22	23	24	25	25	26	27	27	28	28	28	28	
♀	♋ 7	9	10	11	12	13	15	16	17	18	19	21	22	23	24	25	27	28	29	29 0	♌ 1	3	4	5	6	7	9	10	11	12	
♂	♌ 16	16	17	18	18	19	19	20	20	21	21	22	23	23	24	24	25	25	26	27	27	28	28	29	29	29 0	♍ 0	1	1	2	

♃ 1 12 R 30 / ♒22 22 21 — ♄ 1 10 15 25 30 / ♊20 21 22 23 24 — ♅ 1 R / ♒11 — ♆ 1 20 / ♋26 27 — ♇ 1 / ♋ 0

7

	1	2	3	4	5	6	7	8	9	10	11	12	13	14	15	16	17	18	19	20	21	22	23	24	25	26	27	28	29	30	31
☉	♋ 8	9	10	11	12	13	14	15	16	17	18	19	20	21	22	23	24	25	26	27	28	29	29 0	♌ 0	1	2	3	4	5	6	7
☽	♎ 18	♏ 2	16	♐ 1	15	29	♑ 13	27	♒ 10	23	♓ 6	18	♈ 0	12	24	♉ 6	18	♊ 0	12	25	♋ 8	21	♌ 5	18	♍ 2	16	♎ 0	15	29	♏ 13	27
☿	♋ 29	29	29	R 29	29	29	28	28	28	27	27	26	25	24	24	23	23	22	21	21	20	20	19	19	19	19	D 19	19	19	19	19
♀	♌ 13	14	16	17	18	19	20	22	23	24	25	26	27	28	29 0	♍ 1	2	3	4	5	7	8	9	10	11	12	14	15	16	17	18
♂	♍ 3	4	4	5	5	6	6	7	8	8	9	9	10	11	11	12	12	13	14	14	15	16	16	17	17	18	19	19	20	20	21

♃ 1 R 15 25 31 / ♒21 20 19 18 — ♄ 1 10 15 25 / ♊24 25 26 27 — ♅ 1 R 10 31 / ♒11 10 9 — ♆ 1 20 / ♋27 28 — ♇ 1 10 / ♋ 0 1

8

	1	2	3	4	5	6	7	8	9	10	11	12	13	14	15	16	17	18	19	20	21	22	23	24	25	26	27	28	29	30	31
☉	♌ 8	9	10	11	12	13	14	15	16	17	18	19	20	21	22	22	23	24	25	26	27	28	29	29 0	♍ 1	2	3	4	5	6	7
☽	♐ 11	25	♑ 9	22	♒ 6	19	♓ 1	14	26	♈ 8	20	♉ 2	14	26	♊ 8	20	♋ 3	16	29	♌ 13	27	♍ 12	26	♎ 11	25	♏ 10	24	♐ 8	22	♑ 6	19
☿	♋ 20	21	21	22	23	24	25	26	27	29	29 0	♌ 2	3	5	7	8	10	12	14	16	18	20	22	24	26	28	29 0	♍ 2	4	6	8
♀	♍ 19	21	22	23	24	25	26	27	28	29 0	♎ 1	2	3	4	5	6	7	8	9	11	12	13	14	15	16	17	18	19	20	21	23
♂	♍ 21	22	23	24	24	25	25	26	27	27	28	28	29	29 0	♎ 0	1	2	2	3	3	4	5	6	6	7	7	8	9	9	10	11

♃ 1 R 10 15 25 31 / ♒18 17 16 15 14 — ♄ 1 5 10 24 29 25 / ♊27 28 29 0 ♋ 0 — ♅ 1 R 31 / ♒ 9 8 — ♆ 1 15 / ♋28 29 — ♇ 1 31 / ♋ 1 2

9

	1	2	3	4	5	6	7	8	9	10	11	12	13	14	15	16	17	18	19	20	21	22	23	24	25	26	27	28	29	30	31
☉	♍ 8	9	10	11	12	13	14	15	16	17	18	19	20	21	22	22	23	24	25	26	27	28	29 0	♎ 0	1	2	3	4	5	6	
☽	♒ 2	15	28	♓ 10	22	♈ 4	16	28	♉ 10	22	♊ 4	16	28	♋ 11	24	♌ 7	21	♍ 5	20	♎ 5	20	♏ 5	20	♐ 4	19	♑ 2	16	29	♒ 12	24	
☿	♍ 10	11	13	15	17	19	21	23	24	26	28	29 0	♎ 1	3	5	6	8	9	11	13	14	16	17	19	20	22	23	25	26	27	
♀	♎ 23	25	26	27	28	29	29 0	♏ 1	2	3	4	5	6	7	8	9	10	11	12	13	14	15	16	17	18	18	19	20	21	22	
♂	♎ 11	12	13	13	14	15	15	16	17	17	18	19	19	20	21	21	22	22	23	24	24	25	26	27	27	28	29	29	29 0	♏ 0	

♃ 1 R 10 30 / ♒14 13 12 — ♄ 1 5 20 / ♋ 0 1 2 — ♅ 1 R 30 / ♒ 8 7 — ♆ 1 23 / ♋29 ♌ 0 — ♇ 1 / ♋ 2

10

	1	2	3	4	5	6	7	8	9	10	11	12	13	14	15	16	17	18	19	20	21	22	23	24	25	26	27	28	29	30	31
☉	♎ 7	8	9	10	11	12	13	14	15	16	17	18	19	20	21	22	23	24	25	26	27	28	29	29 0	♏ 1	2	3	4	5	6	7
☽	♓ 7	19	♈ 1	13	25	♉ 7	19	♊ 0	12	25	♋ 7	19	♌ 2	16	29	♍ 13	28	♎ 13	28	♏ 14	29	♐ 14	28	♑ 12	26	♒ 9	21	♓ 4	16	28	♈ 10
☿	♎ 29	29 0	♏ 1	3	4	5	7	8	9	10	12	13	14	15	16	17	18	19	19	20	21	21	22	22	23	23	23	R 23	22	22	21
♀	♏ 23	24	25	25	26	27	28	29	29	29 0	♐ 1	1	2	3	4	4	5	6	6	7	7	8	8	9	9	10	10	10	11	11	11
♂	♏ 1	2	3	3	4	5	5	6	7	7	8	8	9	10	11	11	12	13	14	14	15	16	16	17	18	19	19	20	21	21	22

♃ 1 R 10 D 25 / ♒12 12 13 — ♄ 1 16 R / ♋ 2 2 — ♅ 1 R 19 D 31 / ♒ 7 7 13 — ♆ 1 / ♌ 0 — ♇ 1 / ♋ 2

11

	1	2	3	4	5	6	7	8	9	10	11	12	13	14	15	16	17	18	19	20	21	22	23	24	25	26	27	28	29	30	31
☉	♏ 8	9	10	11	12	13	14	15	16	17	18	19	20	21	22	23	24	25	26	27	28	29	29 0	♐ 1	2	3	4	5	6	7	
☽	♈ 22	♉ 4	16	27	♊ 9	21	♋ 4	16	28	♌ 11	24	♍ 8	22	♎ 6	21	♏ 6	22	♐ 7	22	♑ 7	21	♒ 5	18	♓ 0	13	25	♈ 7	19	♉ 1	13	
☿	♏ 21	R 20	19	18	17	15	14	13	11	10	9	8	8	7	7	7	D 7	7	8	8	9	10	10	11	13	14	15	16	17	19	
♀	♐ 11	12	12	12	12	12	12	R 12	12	12	12	11	11	11	11	10	10	9	9	9	8	8	7	6	6	5	5	4	3	3	
♂	♏ 23	23	24	25	26	26	27	28	28	29	29 0	♐ 0	1	2	3	3	4	5	5	6	7	8	8	9	10	11	11	12	13	14	

♃ 1 10 20 25 / ♒13 14 15 16 — ♄ 1 R 15 30 / ♋ 2 1 0 — ♅ 1 5 / ♒ 7 8 — ♆ 1 4 R / ♌ 0 — ♇ 1 25 / ♋ 2 1

12

	1	2	3	4	5	6	7	8	9	10	11	12	13	14	15	16	17	18	19	20	21	22	23	24	25	26	27	28	29	30	31
☉	♐ 8	9	10	11	12	13	14	15	16	17	18	19	20	21	22	23	24	25	26	27	28	29 0	♑ 1	2	3	4	5	6	7	8	9
☽	♉ 24	♊ 6	18	♋ 1	13	26	♌ 8	21	♍ 4	18	♎ 2	16	♏ 0	15	♐ 0	15	♑ 0	15	29	♒ 13	26	♓ 9	21	♈ 3	15	27	♉ 9	21	♊ 3	15	27
☿	♏ 20	22	23	24	26	27	29	29 0	♐ 2	3	5	6	8	9	11	12	14	15	17	19	20	22	23	25	26	28	29 0	♑ 1	3	4	6
♀	♐ 2	R 2	1	0	0	♉ 29	♏ 29	29	28	28	28	27	27	27	27	27	27	D 27	27	27	27	27	27	28	28	28	28	29	29	29	♐ 0
♂	♐ 14	15	16	17	17	18	19	19	20	21	22	23	23	24	25	26	26	27	28	29	29	29 0	♑ 1	2	2	3	4	5	5	6	7

♃ 1 10 15 20 25 31 / ♒17 18 19 20 21 22 — ♄ 1 R 7 0 10 25 / ♋ 0 29 ♊29 28 — ♅ 1 10 31 / ♒ 8 9 10 — ♆ 1 R 15 / ♌ 0 ♋29 — ♇ 1 / ♋ 1

1915

1

	1	2	3	4	5	6	7	8	9	10	11	12	13	14	15	16	17	18	19	20	21	22	23	24	25	26	27	28	29	30	31
☉	♑ 10	11	12	13	14	15	16	17	18	19	20	21	22	23	24	25	26	27	28	29	29 0	♒ 1	2	3	4	5	6	7	8	[illegible]	[illegible]
☽	♋ 10	22	♌ 5	18	♍ 1	15	28	♎ 12	26	♏ 10	25	♐ 9	24	♑ 8	23	♒ 7	20	♓ 4	16	29	♈ 11	23	♉ 5	17	29	♊ 11	23	♋ 5	18	[illegible]	[illegible]
☿	♑ 7	9	11	12	14	15	17	19	20	22	24	25	27	29	29 0	♒ 2	4	5	7	9	11	12	14	16	17	19	21	22	24	[illegible]	[illegible]
♀	♐ 0	1	2	2	3	3	4	5	5	6	7	7	8	9	10	10	11	12	13	14	15	15	16	17	18	19	20	21	22	[illegible]	[illegible]
♂	♑ 8	8	9	10	11	11	12	13	14	14	15	16	17	17	18	19	20	21	21	22	23	24	24	25	26	27	28	28	29	[illegible]	[illegible]

♃ 1 5 10 15 17 22 26 31 / ♒22 23 24 25 26 27 28 29 — ♄ 1 R 20 / ♊27 26 — ♅ 1 20 / ♒10 11 — ♆ 1 R / ♋29 — ♇ 1 / ♋ 0

2

	1	2	3	4	5	6	7	8	9	10	11	12	13	14	15	16	17	18	19	20	21	22	23	24	25	26	27	28	29	30	31
☉	♒ 11	12	13	14	15	16	17	18	19	20	21	22	23	24	25	26	27	28	29 0	♓ 1	2	3	4	5	6	7	8	9			
☽	♌ 27	♍ 11	25	♎ 9	23	♏ 7	21	♐ 5	20	♑ 4	18	♒ 1	15	28	♓ 11	24	♈ 7	19	♉ 1	13	25	♊ 7	19	♋ 1	13	26	♌ 9	22			
☿	♒ 28	29 0	♓ 1	2	3	5	6	6	7	8	8	8	R 8	8	7	7	6	5	4	3	2	1	♉ 29	♒ 29	28	27	26	25			
♀	♐ 25	26	27	28	29	29 0	♑ 1	2	3	4	5	6	7	8	9	10	11	12	13	14	15	16	18	19	20	21	22	23			
♂	♒ 1	2	3	4	5	5	6	7	8	9	9	10	11	12	13	13	14	15	16	16	17	18	19	20	20	21	22	23			

♃ 1 4 10 15 20 25 28 / ♒29 ♓ 0 1 3 4 5 6 — ♄ 1 R 27 D / ♊25 25 — ♅ 1 5 20 / ♒11 12 13 — ♆ 1 R / ♋28 — ♇ 1 / ♋ 0

3

	1	2	3	4	5	6	7	8	9	10	11	12	13	14	15	16	17	18	19	20	21	22	23	24	25	26	27	28	29	30	31
☉	♓ 9	10	11	12	13	14	15	16	17	18	19	20	21	22	23	24	25	26	27	28	29 0	♈ 0	1	2	3	4	5	6	7	[illegible]	[illegible]
☽	♍ 6	20	♎ 4	19	♏ 3	18	♐ 2	16	♑ 0	14	28	♒ 11	24	♓ 7	20	♈ 2	15	27	♉ 9	21	♊ 3	15	27	♋ 9	21	♌ 4	17	♍ 0	14	[illegible]	[illegible]
☿	♒ 24	R 24	24	23	23	D 23	23	23	23	24	24	25	25	26	27	27	28	29	29 0	♓ 1	2	3	4	5	6	8	9	10	11	[illegible]	[illegible]
♀	♑ 24	25	26	27	28	29 0	♒ 1	2	3	4	5	6	8	9	10	11	12	13	15	16	17	18	19	20	21	23	24	25	26	[illegible]	[illegible]
♂	♒ 23	24	25	26	27	28	28	29	29 0	♓ 0	1	2	3	4	5	5	6	7	8	8	9	10	11	12	12	13	14	15	16	[illegible]	[illegible]

♃ 1 5 10 15 17 22 26 31 / ♓ 6 7 8 9 10 11 12 13 — ♄ 1 20 / ♊25 26 — ♅ 1 15 / ♒13 14 — ♆ 1 R 15 / ♋28 27 — ♇ 1 / ♋ 0

4

	1	2	3	4	5	6	7	8	9	10	11	12	13	14	15	16	17	18	19	20	21	22	23	24	25	26	27	28	29	30	31
☉	♈ 10	11	12	13	14	15	16	17	18	19	20	21	22	23	24	25	26	27	28	29	29 0	♉ 1	2	3	4	5	6	7	8	[illegible]	
☽	♎ 28	♏ 13	28	♐ 13	27	♑ 11	25	♒ 8	21	♓ 4	17	29	♈ 11	23	♉ 6	17	29	♊ 11	23	♋ 5	17	29	♌ 12	25	♍ 8	22	♎ 7	21	♏ 7	[illegible]	
☿	♓ 16	17	18	20	21	23	25	26	28	29 0	♈ 1	3	4	6	8	10	11	13	15	17	19	21	23	25	27	29 0	♉ 1	3	5	[illegible]	
♀	29 0	♓ 1	2	3	4	6	7	8	9	10	11	13	14	15	16	17	19	20	21	22	23	24	26	27	28	29	29 0	♈ 1	3	[illegible]	
♂	♓ 18	18	19	20	21	22	23	23	24	25	26	26	27	28	29	29 0	♈ 0	1	2	3	4	4	5	6	6	7	8	9	10	[illegible]	

♃ 1 5 10 15 20 25 30 / ♓13 14 15 16 17 18 19 — ♄ 1 10 20 / ♊26 27 28 — ♅ 1 5 / ♒14 15 — ♆ 1 10 D / ♋27 27 — ♇ 1 / ♋ 0

5

	1	2	3	4	5	6	7	8	9	10	11	12	13	14	15	16	17	18	19	20	21	22	23	24	25	26	27	28	29	30	31
☉	♉ 10	11	12	13	14	15	16	17	18	19	19	20	21	22	23	24	25	26	27	28	29	29 0	♊ 1	2	3	4	5	6	7	[illegible]	[illegible]
☽	7	22	♑ 7	21	♒ 5	18	♓ 1	14	26	♈ 8	20	♉ 2	14	26	♊ 8	20	♋ 2	14	26	♌ 8	21	♍ 4	17	♎ 1	15	29	♏ 15	♐ 0	16	[illegible]	[illegible]
☿	♉ 10	12	14	16	18	20	23	25	27	29	♊ 1	3	5	7	9	11	12	14	16	18	19	21	22	24	25	26	27	29	29 0	[illegible]	[illegible]
♀	♈ 5	6	7	9	10	11	12	14	15	16	17	18	19	21	22	23	24	25	27	28	29	29 0	♉ 1	3	4	5	6	8	9	[illegible]	[illegible]
♂	♈ 11	12	13	14	14	15	16	17	17	18	19	19	20	21	22	23	23	24	25	26	26	27	28	28	29	29 0	♉ 1	1	2	[illegible]	[illegible]

♃ 1 10 15 20 25 31 / ♓20 21 22 23 24 25 — ♄ 1 11 29 15 20 31 / ♊29 0 ♋ 0 1 2 — ♅ 1 21 R / ♒15 15 — ♆ 1 15 / ♋27 28 — ♇ 1 [illegible] / ♋ 0

6

	1	2	3	4	5	6	7	8	9	10	11	12	13	14	15	16	17	18	19	20	21	22	23	24	25	26	27	28	29	30	31
☉	♊ 10	10	11	12	13	14	15	16	17	18	19	20	21	22	23	24	25	26	27	28	29	29 0	♋ 0	1	2	3	4	5	6	[illegible]	
☽	♒ 0	14	27	♓ 10	23	♈ 5	18	29	♉ 11	23	♊ 5	17	29	♋ 11	23	♌ 5	18	♍ 0	13	27	♎ 10	24	♏ 9	24	♐ 9	24	♑ 9	24	♒ 8	[illegible]	
☿	♋ 3	4	5	5	6	7	7	8	8	8	9	9	9	R 9	9	9	9	9	8	8	7	7	6	6	5	5	4	3	3	[illegible]	
♀	♉ 12	14	15	16	17	18	20	21	22	23	24	26	27	28	29 0	♊ 0	1	3	4	5	6	8	9	10	11	13	14	15	16	[illegible]	
♂	♉ 4	5	6	7	7	8	9	10	11	11	12	13	13	14	15	16	16	17	18	19	19	20	21	21	22	23	24	24	25	[illegible]	

♃ 1 10 15 30 / ♓25 26 27 28 — ♄ 1 5 15 20 30 / ♋ 2 3 4 5 6 — ♅ 1 R / ♒15 — ♆ 1 20 / ♋28 29 — ♇ 1 / ♋ 1

7

	1	2	3	4	5	6	7	8	9	10	11	12	13	14	15	16	17	18	19	20	21	22	23	24	25	26	27	28	29	30	31
☉	♋ 8	9	10	11	12	13	14	15	16	17	18	19	20	21	22	23	24	25	26	27	28	28	29 0	♌ 0	1	2	3	4	5	[illegible]	[illegible]
☽	♓ 6	19	♈ 2	14	26	♉ 8	20	♊ 2	14	26	♋ 8	20	♌ 2	15	28	♍ 10	24	♎ 7	21	♏ 5	19	♐ 3	18	♑ 3	18	♒ 2	16	♓ 0	14	[illegible]	[illegible]
☿	♋ 2	R 1	1	1	0	0	0	D 0	0	0	0	1	1	1	2	3	4	4	5	6	7	9	10	11	13	14	16	17	19	[illegible]	[illegible]
♀	♊ 19	20	21	22	23	25	26	27	28	29 0	♋ 1	2	3	4	6	7	8	9	11	12	13	14	15	17	18	19	20	22	23	[illegible]	[illegible]
♂	♉ 26	27	28	28	29	29 0	♊ 1	1	2	3	4	4	5	6	6	7	8	8	9	10	10	11	12	13	13	14	15	15	16	[illegible]	[illegible]

♃ 1 20 R / ♓28 28 — ♄ 1 5 15 20 31 / ♋ 6 7 8 9 10 — ♅ 1 R 15 / ♒15 14 — ♆ 1 19 / ♋29 ♌ 0 — ♇ 1 [illegible] / ♋ 1

8

	1	2	3	4	5	6	7	8	9	10	11	12	13	14	15	16	17	18	19	20	21	22	23	24	25	26	27	28	29	30	31
☉	♌ 8	9	10	11	12	13	14	15	16	17	17	18	19	20	21	22	23	24	25	26	27	28	29	29 0	♍ 1	2	3	4	5	[illegible]	[illegible]
☽	♈ 22	♉ 5	17	28	♊ 10	22	♋ 4	16	29	♌ 11	24	♍ 7	20	♎ 4	18	♏ 1	15	29	♐ 14	28	♑ 13	27	♒ 11	25	♓ 9	22	♈ 5	18	♉ 0	[illegible]	[illegible]
☿	♋ 24	26	28	29 0	♌ 2	4	6	8	10	12	14	16	18	21	23	25	27	28	29 0	♍ 2	4	6	8	10	12	13	15	17	19	[illegible]	[illegible]
♀	♋ 26	28	29	29 0	♌ 1	3	4	5	6	8	9	10	11	12	14	15	16	17	19	20	21	22	24	25	26	27	28	29 0	♍ 1	[illegible]	[illegible]
♂	♊ 18	19	19	20	21	21	22	23	23	24	25	25	26	27	27	28	29	29	29 0	♋ 1	1	2	3	3	4	4	5	6	6	[illegible]	[illegible]

♃ 1 R 10 25 / ♓28 27 26 — ♄ 1 10 15 25 / ♋10 11 12 13 — ♅ 1 R / ♒13 — ♆ 1 15 / ♌ 0 1 — ♇ 1 31 / ♋ 2

9

	1	2	3	4	5	6	7	8	9	10	11	12	13	14	15	16	17	18	19	20	21	22	23	24	25	26	27	28	29	30	31
☉	♍ 8	9	10	11	12	13	14	14	15	16	17	18	19	20	21	22	23	24	25	26	27	28	29	29 0	♎ 1	2	3	4	5	[illegible]	
☽	♊ 6	18	♋ 0	12	24	♌ 7	20	♍ 3	16	29	♎ 14	28	♏ 12	26	♐ 11	25	♑ 9	23	♒ 7	21	♓ 4	17	♈ 0	13	26	♉ 8	20	♊ 2	14	[illegible]	
☿	♍ 24	25	27	28	29 0	♎ 1	3	5	6	8	9	10	12	13	15	16	17	19	20	21	22	24	25	26	27	28	29	29 0	♏ 1	[illegible]	
♀	♍ 5	6	7	8	10	11	12	13	15	16	17	18	20	21	22	23	25	26	27	28	29 0	♎ 1	2	3	5	6	7	8	10	[illegible]	
♂	♋ 8	9	9	10	11	11	12	13	13	14	14	15	16	16	17	17	18	19	19	20	20	21	22	22	23	23	24	25	25	[illegible]	

♃ 1 R 10 20 25 30 / ♓25 24 23 22 21 — ♄ 1 5 15 / ♋13 14 15 — ♅ 1 R / ♒12 — ♆ 1 15 / ♌ 1 2 — ♇ 1 / ♋ 3

10

	1	2	3	4	5	6	7	8	9	10	11	12	13	14	15	16	17	18	19	20	21	22	23	24	25	26	27	28	29	30	31
☉	♎ 7	8	9	10	11	12	13	14	15	16	17	18	19	20	21	22	23	24	25	26	27	28	29	29 0	♏ 1	2	3	4	5	[illegible]	[illegible]
☽	♋ 8	20	♌ 2	15	28	♍ 11	25	♎ 9	23	♏ 8	22	♐ 7	21	♑ 6	20	♒ 4	17	♓ 1	14	27	♈ 9	22	♉ 4	17	29	♊ 11	23	♋ 4	16	[illegible]	[illegible]
☿	♏ 2	3	4	5	5	6	6	7	7	R 7	7	7	6	6	5	5	4	3	2	1	♎ 29	28	27	26	24	24	22	22	22	[illegible]	[illegible]
♀	♎ 12	13	15	16	17	18	20	21	22	23	25	26	27	28	29 0	♏ 1	2	3	5	6	7	8	10	11	12	13	15	16	17	[illegible]	[illegible]
♂	♋ 26	27	27	28	29	29	29 0	♌ 0	1	1	2	2	3	3	4	5	5	5	6	7	7	8	8	9	9	10	10	11	11	[illegible]	[illegible]

♃ 1 R 10 25 / ♓21 20 19 — ♄ 1 5 30 R / ♋15 16 16 — ♅ 1 R 23 D / ♒11 11 — ♆ 1 / ♌ 2 — ♇ 1 / ♋ 3

11

	1	2	3	4	5	6	7	8	9	10	11	12	13	14	15	16	17	18	19	20	21	22	23	24	25	26	27	28	29	30	31
☉	♏ 8	9	10	11	12	13	14	15	16	17	18	19	20	21	22	23	24	25	26	27	28	29	29 0	♐ 1	2	3	4	5	6	[illegible]	
☽	♌ 23	♍ 5	19	♎ 2	17	♏ 1	16	♐ 1	16	♑ 1	16	♒ 0	14	28	♓ 11	24	♈ 6	19	♉ 1	13	25	♊ 7	19	♋ 1	13	25	♌ 7	19	♍ 1	[illegible]	
☿	♎ 21	21	22	22	23	24	25	26	27	28	29 0	♏ 1	2	4	5	7	8	10	11	13	14	16	17	19	21	22	24	25	27	[illegible]	
♀	♏ 21	22	23	25	26	27	28	29 0	♐ 1	2	3	5	6	7	8	10	11	12	13	15	16	17	18	20	21	22	23	25	26	[illegible]	
♂	♌ 13	13	14	14	14	15	15	16	16	17	17	18	18	18	19	19	20	20	20	21	21	21	22	22	23	23	23	24	24	[illegible]	

♃ 1 R 15 D 30 / ♓18 18 19 — ♄ 1 2 R 30 / ♋16 16 15 — ♅ 1 15 / ♒11 12 — ♆ 1 6 R / ♌ 2 2 — ♇ 1 / ♋ 3

12

	1	2	3	4	5	6	7	8	9	10	11	12	13	14	15	16	17	18	19	20	21	22	23	24	25	26	27	28	29	30	31
☉	♐ 8	9	10	11	12	13	14	15	16	17	18	19	20	21	22	23	24	25	26	27	28	29 0	♑ 0	1	2	3	4	5	6	[illegible]	[illegible]
☽	♍ 27	♎ 11	25	♏ 9	24	♐ 10	25	♑ 10	25	♒ 9	24	♓ 7	20	♈ 3	16	28	♉ 10	22	♊ 4	16	28	♋ 10	22	♌ 4	16	28	♍ 10	23	♎ 6	[illegible]	[illegible]
☿	29 0	♐ 1	3	5	6	8	9	11	13	14	16	17	19	20	22	24	25	27	28	29 0	♑ 1	3	5	6	8	9	11	13	14	[illegible]	[illegible]
♀	♐ 28	29 0	♑ 1	2	3	4	6	7	8	9	11	12	13	14	16	17	18	19	21	22	23	24	26	27	28	29 0	♒ 1	2	3	[illegible]	[illegible]
♂	♌ 24	25	25	25	26	26	26	26	27	27	27	27	27	28	28	28	28	28	29	29	29	29	29	29	29	29	29	29	29	[illegible]	[illegible]

♃ 1 15 25 31 / ♓19 20 21 22 — ♄ 1 R 15 31 / ♋15 14 13 — ♅ 1 15 / ♒12 13 — ♆ 1 R / ♌ 2 — ♇ 1 / ♋ 2

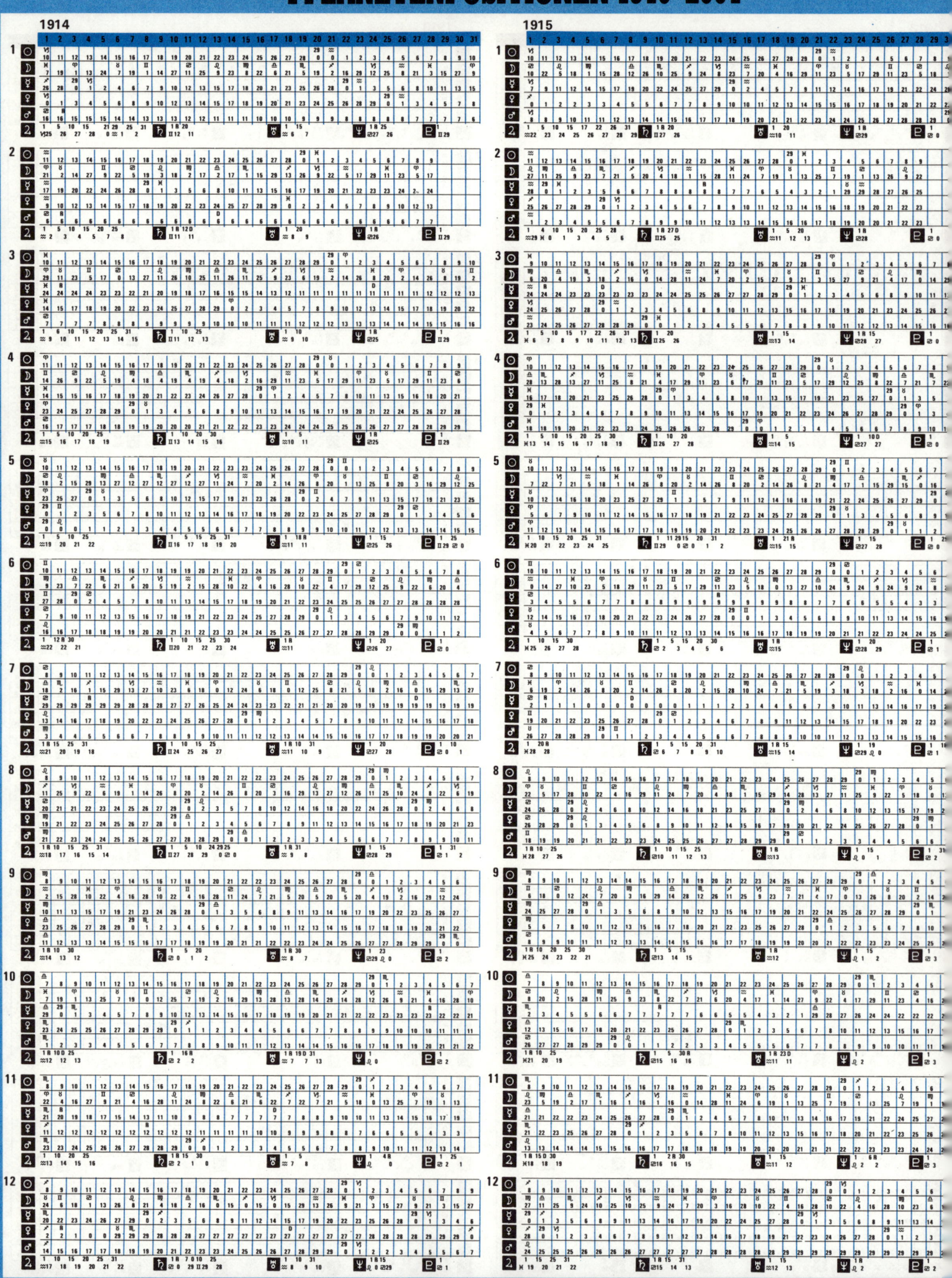

1 PLANETENPOSITIONEN 1910–2001

1916

	1	2	3	4	5	6	7	8	9	10	11	12	13	14	15	16	17	18	19	20	21	22	23	24	25	26	27	28	29	30	31
☉	♑ 10	11	12	13	14	15	16	17	18	19	20	21	22	23	24	25	26	27	28	29	29 0	♒ 1	2	3	4	5	6	7	8	9	10
☽	♏ 18	♐ 2	18	♑ 3	18	♒ 3	18	♓ 2	16	29	♈ 12	25	♉ 7	19	♊ 1	13	25	♋ 7	19	♌ 1	13	25	♍ 7	20	♎ 3	16	29	♏ 13	27	♐ 12	26
☿	♑ 19	21	22	24	26	27	29	29 0	♒ 2	4	5	7	8	10	11	13	14	15	17	18	19	19	20	21	21	22	R 22	22	21	21	20
♀	♒ 7	8	9	11	12	13	14	16	17	18	19	21	22	23	24	25	27	28	29	29 0	♓ 2	3	4	5	7	8	9	10	11	13	14
♂	♌ 29	R 29	29	29	29	29	29	29	29	29	29	29	29	28	28	28	28	28	27	27	27	27	26	26	26	25	25	25	24	24	24

♃ 1 5 10 20 25 31 / ♓22 23 24 25 26 27 — ♄ 1 R 10 25 / ♋13 12 11 — ♅ 1 20 / ♒14 15 — ♆ 1 R 10 / ♌ 2 1 — ♇ 1 31 / ♋ 2 1

	1	2	3	4	5	6	7	8	9	10	11	12	13	14	15	16	17	18	19	20	21	22	23	24	25	26	27	28	29	30	31
☉	♒ 11	12	13	14	15	16	17	18	19	20	21	22	23	24	25	26	27	28	29 0	♓ 0	1	2	3	4	5	6	7	8	9		
☽	♑ 11	26	♒ 11	25	♓ 10	24	♈ 7	20	♉ 3	15	28	♊ 10	21	♋ 3	15	27	♌ 9	21	♍ 4	17	29	♎ 13	26	♏ 10	24	♐ 8	22	♑ 6	21		
☿	♒ 19	R 18	17	16	15	14	12	11	10	9	8	8	7	7	6	6	6	D 6	6	6	7	7	8	8	9	10	11	11	12		
♀	♓ 15	16	18	19	20	21	22	24	25	26	27	28	29 0	♈ 1	2	3	4	6	7	8	9	10	12	13	14	15	16	18	19		
♂	♌ 23	R 23	22	22	21	21	21	21	20	20	19	19	19	18	18	17	17	17	16	16	16	15	15	15	14	14	14	13	13		

♃ 1 10 12 15 20 25 29 / ♓28 29 ♈ 0 1 2 3 4 — ♄ 1 R 5 29 / ♋11 10 9 — ♅ 1 5 25 / ♒15 16 17 — ♆ 1 R 15 / ♌ 1 0 — ♇ 1 / ♋ 1

	1	2	3	4	5	6	7	8	9	10	11	12	13	14	15	16	17	18	19	20	21	22	23	24	25	26	27	28	29	30	31
☉	♓ 10	11	12	13	14	15	16	17	18	19	20	21	22	23	24	25	26	27	28	29 0	♈ 0	1	2	3	4	5	6	7	8	9	10
☽	♒ 5	19	♓ 4	18	♈ 2	15	28	♉ 11	23	♊ 5	17	29	♋ 11	23	♌ 5	17	29	♍ 13	26	♎ 9	23	♏ 7	21	♐ 5	19	♑ 3	17	♒ 1	15	29	♓ 13
☿	♒ 13	14	15	16	18	19	20	21	22	24	25	26	28	29 0	♓ 1	2	3	5	6	8	10	11	13	14	16	18	19	21	23	25	26
♀	♈ 20	21	22	24	25	26	27	28	29 0	♉ 1	2	3	4	5	6	7	9	10	11	12	13	14	15	17	18	19	20	21	22	23	24
♂	♌ 13	R 13	12	12	12	12	11	11	11	11	11	11	11	10	10	10	10	10	10	10	10	D 10	10	10	10	10	10	10	11	11	11

♃ 1 5 10 15 20 25 31 / ♈ 4 5 6 7 8 10 11 — ♄ 1 R 12 D 25 / ♋ 9 9 10 — ♅ 1 15 / ♒17 18 — ♆ 1 R 20 / ♌ 0 ♋29 — ♇ 1 / ♋ 1

	1	2	3	4	5	6	7	8	9	10	11	12	13	14	15	16	17	18	19	20	21	22	23	24	25	26	27	28	29	30	31
☉	♈ 11	12	13	14	15	16	17	18	19	20	21	22	23	24	25	26	27	28	29	29 0	♉ 1	2	3	4	5	6	7	8	9	10	
☽	♓ 27	♈ 10	23	♉ 6	19	♊ 1	13	25	♋ 7	19	♌ 1	13	25	♍ 8	21	♎ 4	18	♏ 2	16	♐ 1	15	29	♑ 14	28	♒ 12	26	♓ 9	23	♈ 6	19	
☿	♓ 28	29 0	♈ 2	4	6	7	9	11	13	15	17	19	22	24	26	28	29 0	♉ 2	4	6	8	11	13	15	17	19	21	22	24	26	
♀	♉ 25	27	28	29	29 0	♊ 1	2	3	4	5	6	7	8	9	10	11	12	13	14	15	16	17	18	19	20	21	22	23	24	25	
♂	♌ 11	11	11	11	12	12	12	12	12	13	13	13	13	14	14	14	14	15	15	15	15	16	16	16	16	17	17	17	18	18	

♃ 1 5 10 15 20 25 30 / ♈11 12 14 15 16 17 18 — ♄ 1 20 30 / ♋10 11 12 — ♅ 1 5 / ♒18 19 — ♆ 1 R 10 D / ♋29 29 — ♇ 1 / ♋ 1

	1	2	3	4	5	6	7	8	9	10	11	12	13	14	15	16	17	18	19	20	21	22	23	24	25	26	27	28	29	30	31
☉	♉ 11	12	13	14	14	15	16	17	18	19	20	21	22	23	24	25	26	27	28	29	29 0	♊ 1	2	3	4	5	6	7	8	9	10
☽	♉ 2	15	27	♊ 9	21	♋ 3	15	27	♌ 9	21	♍ 3	16	29	♎ 12	26	♏ 10	25	♐ 10	25	♑ 9	24	♒ 8	23	♓ 6	20	♈ 3	16	29	♉ 11	24	♊ 6
☿	♉ 28	29 0	♊ 1	3	4	6	7	8	10	11	12	13	14	15	15	16	17	17	18	18	19	19	19	19	R 19	19	19	19	18	18	18
♀	♊ 26	27	28	29	29 0	♋ 0	1	2	3	4	5	5	6	7	8	8	9	10	10	11	12	12	13	14	14	15	15	16	16	17	17
♂	♌ 18	19	19	20	20	20	21	21	21	22	22	23	23	23	24	24	25	25	26	26	27	27	27	28	28	29	29	29 0	♍ 0	1	1

♃ 1 10 15 20 25 31 / ♈19 21 22 23 24 25 — ♄ 1 15 25 31 / ♋12 13 14 15 — ♅ 1 15 25 R / ♒19 20 20 — ♆ 1 2 / ♋29 ♌ 0 — ♇ 1 20 / ♋ 1 2

	1	2	3	4	5	6	7	8	9	10	11	12	13	14	15	16	17	18	19	20	21	22	23	24	25	26	27	28	29	30	31
☉	♊ 10	11	12	13	14	15	16	17	18	19	20	21	22	23	24	25	26	27	28	29	29 0	♋ 1	1	2	3	4	5	6	7	8	
☽	♊ 18	♋ 0	12	24	♌ 5	17	29	♍ 11	24	♎ 7	20	♏ 4	18	♐ 3	18	♑ 3	18	♒ 3	18	♓ 2	16	♈ 0	13	26	♉ 8	21	♊ 3	15	27	♋ 9	
☿	♊ 17	R 17	16	16	15	15	14	13	13	12	12	12	11	11	11	11	11	D 11	11	11	11	11	12	12	13	13	14	15	16	17	
♀	♋ 17	18	18	18	19	19	19	19	19	20	20	R 20	20	19	19	19	19	19	19	18	18	18	17	17	16	16	15	15	14	13	
♂	♍ 2	2	3	3	4	4	5	5	6	6	7	7	8	8	9	9	10	10	11	11	12	12	13	13	14	15	15	16	16	17	

♃ 1 5 10 15 20 26 / ♈25 26 27 28 29 ♉ 0 — ♄ 1 10 20 25 / ♋15 16 17 18 — ♅ 1 R 5 / ♒20 19 — ♆ 1 10 / ♌ 0 1 — ♇ 1 30 / ♋ 2 ♋ 3

	1	2	3	4	5	6	7	8	9	10	11	12	13	14	15	16	17	18	19	20	21	22	23	24	25	26	27	28	29	30	31
☉	♋ 9	10	11	12	13	14	15	16	17	18	19	20	21	22	22	23	24	25	26	27	28	29	29 0	♌ 1	2	3	4	5	6	7	8
☽	♋ 21	♌ 2	14	26	♍ 8	20	♎ 3	16	29	♏ 13	27	♐ 12	26	♑ 12	27	♒ 12	27	♓ 11	25	♈ 9	22	♉ 5	18	♊ 0	12	24	♋ 6	18	29	♌ 11	23
☿	♊ 18	19	20	21	22	23	25	26	28	29 0	♋ 1	3	5	6	8	10	12	14	16	18	20	22	24	27	29	♌ 0	3	5	7	9	11
♀	♋ 13	R 12	12	11	10	10	9	8	8	7	7	6	6	5	5	5	4	4	4	4	3	3	3	3	D 3	3	3	3	3	4	4
♂	♍ 17	18	18	19	20	20	21	21	22	22	23	24	24	25	25	26	26	27	28	28	29	29	29 0	♎ 1	1	2	2	3	4	4	5

♃ 1 10 15 25 / ♉ 1 2 3 4 — ♄ 1 5 10 20 25 / ♋18 19 20 21 22 — ♅ 1 R 20 / ♒19 18 — ♆ 1 10 / ♌ 1 2 — ♇ 1 / ♋ 3

	1	2	3	4	5	6	7	8	9	10	11	12	13	14	15	16	17	18	19	20	21	22	23	24	25	26	27	28	29	30	31
☉	♌ 9	10	11	12	13	13	14	15	16	17	18	19	20	21	22	23	24	25	26	27	28	29	29 0	♍ 1	2	3	4	5	6	7	8
☽	♍ 5	17	♎ 0	13	25	♏ 9	22	♐ 6	21	♑ 5	20	♒ 5	20	♓ 5	20	♈ 4	18	♉ 1	14	27	♊ 9	21	♋ 3	14	26	♌ 8	20	♍ 2	14	27	♎ 10
☿	♌ 13	15	17	19	21	23	25	27	29	29 0	♍ 2	4	6	7	9	11	12	14	16	17	19	20	22	23	25	26	28	29	29 0	♎ 2	3
♀	♋ 4	4	5	5	5	6	6	6	7	7	8	8	9	10	10	11	12	12	13	14	14	15	16	17	17	18	19	20	21	21	22
♂	♎ 5	6	7	7	8	9	9	10	10	11	12	12	13	14	14	15	15	16	17	17	18	19	19	20	21	21	22	22	23	24	24

♃ 1 5 25 R / ♉ 4 5 5 — ♄ 1 5 10 20 31 / ♋22 23 24 25 26 — ♅ 1 R 15 / ♒18 17 — ♆ 1 5 31 / ♌ 2 3 4 — ♇ 1 25 / ♋ 3 4

	1	2	3	4	5	6	7	8	9	10	11	12	13	14	15	16	17	18	19	20	21	22	23	24	25	26	27	28	29	30	31
☉	♍ 9	9	10	11	12	13	14	15	16	17	18	19	20	21	22	23	24	25	26	27	28	29	29 0	♎ 1	2	3	4	5	6	7	
☽	♎ 23	♏ 6	19	♐ 3	16	♑ 1	15	29	♒ 14	29	♓ 13	28	♈ 12	26	♉ 9	22	♊ 5	17	29	♋ 11	23	♌ 4	16	28	♍ 11	23	♎ 6	19	♏ 2	16	
☿	♎ 4	5	7	8	9	10	11	12	13	14	15	16	17	17	18	19	19	20	20	20	20	21	R 21	20	20	20	19	19	18	17	
♀	♋ 23	24	25	26	27	28	29	29 0	♎ 0	1	2	3	4	5	6	7	8	9	10	11	12	13	14	15	16	17	19	20	21	22	
♂	♎ 25	26	26	27	28	28	29	29 0	♏ 0	1	2	2	3	4	4	5	6	6	7	8	8	9	10	10	11	12	13	13	14	15	

♃ 1 R 20 30 / ♉ 5 4 3 — ♄ 1 5 15 30 / ♋26 27 28 29 — ♅ 1 R 10 / ♒17 16 — ♆ 1 / ♌ 4 — ♇ 1 / ♋ 4

	1	2	3	4	5	6	7	8	9	10	11	12	13	14	15	16	17	18	19	20	21	22	23	24	25	26	27	28	29	30	31
☉	♎ 8	9	10	11	12	13	14	15	16	17	18	19	20	21	22	23	24	25	26	27	28	29	29 0	♏ 1	2	3	4	5	6	7	8
☽	♏ 29	♐ 13	27	♑ 11	25	♒ 10	24	♓ 8	22	♈ 6	20	♉ 4	17	♊ 0	13	25	♋ 7	19	♌ 0	12	24	♍ 6	19	♎ 2	15	28	♏ 12	26	♐ 10	24	♑ 8
☿	♎ 16	R 15	14	13	12	10	9	8	7	7	6	6	5	D 5	5	6	6	7	8	8	9	11	12	13	14	16	17	19	20	22	24
♀	♌ 23	24	25	26	27	28	29 0	♍ 0	2	3	4	5	6	7	8	9	11	12	13	14	15	16	18	19	20	21	22	23	25	26	27
♂	♏ 15	16	17	17	18	19	19	20	21	22	22	23	24	24	25	26	27	27	28	29	29	29 0	♐ 1	2	2	3	4	4	5	6	7

♃ 1 R 10 15 25 26 0 27 / ♉ 3 2 1 0 29 ♈29 — ♄ 1 17 / ♋29 ♌ 0 — ♅ 1 R 26 D / ♒16 16 — ♆ 1 10 / ♌ 4 5 — ♇ 1 / ♋ 4

	1	2	3	4	5	6	7	8	9	10	11	12	13	14	15	16	17	18	19	20	21	22	23	24	25	26	27	28	29	30	31
☉	♏ 9	10	11	12	13	14	15	16	17	18	19	20	21	22	23	24	25	26	27	28	29 0	♐ 0	1	2	3	4	5	6	7	8	
☽	♑ 22	♒ 6	20	♓ 4	18	♈ 2	16	29	♉ 12	25	♊ 8	21	♋ 3	15	27	♌ 8	20	♍ 2	14	27	♎ 9	23	♏ 6	20	♐ 5	19	♑ 4	18	♒ 3	17	
☿	♎ 25	27	28	29 0	♏ 1	3	5	6	8	10	11	13	14	16	18	19	21	22	24	26	27	29	29 0	♐ 2	4	5	7	8	10	11	
♀	♍ 28	29	29 0	♎ 2	3	4	5	6	8	9	10	11	12	14	15	16	17	18	20	21	22	23	24	26	27	28	29	29 0	♏ 2	3	
♂	♐ 7	8	9	10	10	11	12	12	13	14	15	15	16	17	18	18	19	20	21	21	22	23	24	24	25	26	27	27	28	29	

♃ 1 R 10 15 25 / ♈29 28 27 26 — ♄ 1 12 R / ♌ 0 0 — ♅ 1 / ♒16 — ♆ 1 7 R / ♌ 5 5 — ♇ 1 / ♋ 4

	1	2	3	4	5	6	7	8	9	10	11	12	13	14	15	16	17	18	19	20	21	22	23	24	25	26	27	28	29	30	31
☉	♐ 9	10	11	12	13	14	15	16	17	18	19	20	21	22	23	24	25	26	27	28	29	29 0	♑ 1	2	3	4	5	6	7	8	9
☽	♓ 1	15	29	♈ 12	26	♉ 9	22	♊ 4	17	29	♋ 11	23	♌ 5	16	28	♍ 10	22	♎ 5	17	♏ 0	14	28	♐ 13	27	♑ 12	27	♒ 12	27	♓ 11	26	♈ 9
☿	♐ 13	15	16	18	19	21	22	24	25	27	29	29 0	♑ 2	3	5	6	8	10	11	13	14	16	17	19	20	22	23	24	26	27	28
♀	♏ 4	5	7	8	9	10	12	13	14	15	16	18	19	20	21	23	24	25	26	28	29	29 0	♐ 1	3	4	5	6	8	9	10	11
♂	29 0	♑ 0	1	2	3	3	4	5	6	7	7	8	9	10	10	11	12	13	13	14	15	16	17	17	18	19	20	20	21	22	23

♃ 1 R 10 21 D / ♈26 25 25 — ♄ 1 R 7 0 10 31 / ♌ 0 29 ♋29 28 — ♅ 1 15 / ♒16 17 — ♆ 1 R 10 / ♌ 5 4 — ♇ 1 20 / ♋ 4 3

1917

1

	1	2	3	4	5	6	7	8	9	10	11	12	13	14	15	16	17	18	19	20	21	22	23	24	25	26	27	28	29	30	31
☉	♑ 10	11	12	13	14	15	16	17	18	19	20	21	22	23	24	25	26	27	28	29 0	♒ 1	2	3	4	5	6	7	8	9	10	11
☽	♈ 23	♉ 6	19	♊ 1	13	26	♋ 8	19	♌ 1	13	25	♍ 7	19	♎ 1	13	26	♏ 9	22	♐ 6	20	♑ 5	20	♒ 5	21	♓ 6	20	♈ 5	19	♉ 2	15	28
☿	29 0	♒ 1	2	3	4	4	5	5	5	R 5	5	5	4	4	3	2	0	♉ 29	♑ 28	27	26	24	23	22	21	21	20	20	20	19	20
♀	♐ 12	14	15	16	17	19	20	21	22	24	25	26	27	29	29 0	♑ 1	2	4	5	6	7	9	10	11	12	14	15	16	17	19	20
♂	♑ 24	24	25	26	27	27	28	29	29 0	♒ 1	1	2	3	4	5	5	6	7	8	8	9	10	11	12	12	13	14	15	16	16	17

♃ 1 5 20 31 / ♈25 26 27 28 — ♄ 1 R 15 25 / ♋28 27 26 — ♅ 1 5 25 / ♒17 18 19 — ♆ 1 R 20 / ♌ 4 3 — ♇ 1 31 / ♋ 3 2

2

	1	2	3	4	5	6	7	8	9	10	11	12	13	14	15	16	17	18	19	20	21	22	23	24	25	26	27	28	29	30	31
☉	♒ 12	13	14	15	16	17	18	19	20	21	22	23	24	25	26	27	28	29	29 0	♓ 1	2	3	4	5	6	7	8	9			
☽	♊ 10	23	♋ 5	16	28	♌ 10	22	♍ 4	16	28	♎ 10	22	♏ 5	18	♐ 1	15	29	♑ 13	28	♒ 13	29	♓ 14	29	♈ 13	27	♉ 11	24	♊ 7			
☿	♑ 20	20	20	21	21	22	23	23	24	25	26	27	28	29	29 0	♒ 1	3	4	5	6	8	9	10	12	13	14	16	17			
♀	♑ 21	22	24	25	26	27	29	29 0	♒ 1	2	4	5	6	7	9	10	11	12	14	15	16	17	19	20	21	22	24	25			
♂	♒ 18	19	20	20	21	22	23	23	24	25	26	27	27	28	29	29 0	♓ 1	1	2	3	4	5	5	6	7	8	8	9			

♃ 1 5 12 29 15 20 25 28 / ♈28 29 0 ♉ 0 1 2 3 — ♄ 1 R 5 20 / ♋26 25 24 — ♅ 1 10 28 / ♒19 20 21 — ♆ 1 R 25 / ♌ 3 2 — ♇ 1 / ♋ 2

3

	1	2	3	4	5	6	7	8	9	10	11	12	13	14	15	16	17	18	19	20	21	22	23	24	25	26	27	28	29	30	31
☉	♓ 10	11	12	13	14	15	16	17	18	19	20	21	22	23	24	25	26	27	28	29	29 0	♈ 1	2	3	4	5	6	7	8	9	10
☽	♊ 19	♋ 1	13	25	♌ 7	19	♍ 1	13	25	♎ 7	19	♏ 2	15	28	♐ 11	25	♑ 9	23	♒ 7	22	♓ 7	22	♈ 7	21	♉ 5	19	♊ 2	15	28	♋ 10	22
☿	♒ 19	20	22	23	25	26	28	29 0	♓ 1	3	5	6	8	10	11	13	15	17	19	20	22	24	26	28	29 0	♈ 2	4	6	8	10	12
♀	♒ 26	27	29	29 0	♓ 1	2	4	5	6	7	9	10	11	12	13	15	16	17	18	20	21	22	23	25	26	27	28	29 0	♈ 1	2	3
♂	♓ 10	11	12	12	13	14	15	16	16	17	18	19	20	20	21	22	23	23	24	25	26	27	27	28	29	29 0	♈ 0	1	2	3	4

♃ 1 5 10 15 20 25 31 / ♉ 3 4 5 6 7 8 9 — ♄ 1 R 25 D 31 / ♋24 23 24 — ♅ 1 20 / ♒21 22 — ♆ 1 R / ♌ 2 — ♇ 1 / ♋ 2

4

	1	2	3	4	5	6	7	8	9	10	11	12	13	14	15	16	17	18	19	20	21	22	23	24	25	26	27	28	29	30	31
☉	♈ 11	12	13	14	15	16	17	18	19	20	21	22	23	24	25	26	27	28	29	29 0	♉ 1	2	3	4	5	6	6	7	8	9	
☽	♌ 3	15	27	♍ 9	21	♎ 4	16	29	♏ 12	25	♐ 8	22	♑ 5	19	♒ 3	18	♓ 2	16	♈ 1	15	29	♉ 13	27	♊ 10	23	♋ 5	18	29	♌ 11	23	
☿	♈ 14	16	18	20	22	24	26	28	29 0	♉ 2	4	6	8	10	11	13	15	16	18	19	20	22	23	24	25	26	26	27	28	28	
♀	♈ 5	6	7	8	10	11	12	13	15	16	17	18	19	21	22	23	24	26	27	28	29 0	♉ 1	2	3	4	6	7	8	9	10	
♂	♈ 4	5	6	7	7	8	9	10	11	11	12	13	14	14	15	16	17	17	18	19	20	20	21	22	23	23	24	25	26	27	

♃ 1 5 10 15 20 25 30 / ♉ 9 10 11 12 14 15 16 — ♄ 1 30 / ♋24 25 — ♅ 1 10 / ♒22 23 — ♆ 1 R 13 D / ♌ 2 2 — ♇ 1 / ♋ 2

5

	1	2	3	4	5	6	7	8	9	10	11	12	13	14	15	16	17	18	19	20	21	22	23	24	25	26	27	28	29	30	31
☉	♉ 10	11	12	13	14	15	16	17	18	19	20	21	22	23	24	25	26	27	28	29	29 0	♊ 1	2	3	4	4	5	6	7	8	9
☽	♍ 5	17	29	♎ 12	25	♏ 8	21	♐ 5	18	♑ 2	16	♒ 0	14	29	♓ 13	27	♈ 11	25	♉ 9	22	♊ 5	18	♋ 1	13	25	♌ 7	19	♍ 1	13	25	♎ 7
☿	♉ 29	29	29	29	29	R 29	29	29	29	28	28	28	27	27	26	25	25	24	24	23	23	22	22	21	21	21	21	20	20	D 20	21
♀	♉ 12	13	14	15	17	18	19	20	22	23	24	25	27	28	29	29 0	♊ 1	3	4	5	6	8	9	10	11	13	14	15	16	17	19
♂	♈ 27	28	29	29 0	♉ 0	1	2	3	3	4	5	6	6	7	8	8	9	10	11	11	12	13	14	14	15	16	17	17	18	19	19

♃ 1 5 10 12 15 20 25 31 / ♉16 17 18 19 20 21 22 23 — ♄ 1 15 25 / ♋25 26 27 — ♅ 1 20 29 R / ♒23 24 24 — ♆ 1 31 / ♌ 2 3 — ♇ 1 / ♋ 3

6

	1	2	3	4	5	6	7	8	9	10	11	12	13	14	15	16	17	18	19	20	21	22	23	24	25	26	27	28	29	30	31
☉	♊ 10	11	12	13	14	15	16	17	18	19	20	21	22	23	24	25	26	26	27	28	29	29 0	♋ 1	2	3	4	5	6	7	8	
☽	♎ 20	♏ 3	16	29	♐ 13	28	♑ 12	26	♒ 11	25	♓ 10	24	♈ 8	21	♉ 5	18	♊ 1	14	27	♋ 9	22	♌ 4	16	27	♍ 9	21	♎ 3	15	28	♏ 11	
☿	♉ 21	21	21	22	22	23	23	24	25	26	27	27	28	29 0	♊ 1	2	3	4	6	7	9	10	12	13	15	17	18	20	22	24	
♀	♊ 20	21	22	24	25	26	27	28	29 0	♋ 1	2	3	5	6	7	8	9	11	12	13	14	16	17	18	19	21	22	23	24	25	
♂	♉ 20	21	22	22	23	24	25	25	26	27	27	28	29	29 0	♊ 0	1	2	2	3	4	5	5	6	7	7	8	9	9	10	11	

♃ 1 7 10 15 20 25 29 29 30 / ♉24 25 26 27 28 29 0 ♊ 0 — ♄ 1 5 15 24 30 / ♋27 28 29 ♌ 0 1 — ♅ 1 R 10 / ♒24 23 — ♆ 1 / ♌ 3 — ♇ 1 20 / ♋ 3 4

7

	1	2	3	4	5	6	7	8	9	10	11	12	13	14	15	16	17	18	19	20	21	22	23	24	25	26	27	28	29	30	31
☉	♋ 9	10	11	12	13	14	15	16	17	17	18	19	20	21	22	23	24	25	26	27	28	29	29 0	♌ 1	2	3	4	5	6	7	8
☽	♏ 24	♐ 8	22	♑ 6	21	♒ 6	21	♓ 5	20	♈ 4	18	♉ 2	15	28	♊ 11	24	♋ 6	18	♌ 0	12	24	♍ 6	18	29	♎ 12	24	♏ 6	19	♐ 2	16	♑ 0
☿	♊ 26	28	29 0	♋ 2	4	6	8	11	13	15	17	19	21	23	26	28	29 0	♌ 2	4	6	8	10	12	14	15	17	19	21	23	24	26
♀	♋ 27	28	29	29 0	♌ 2	3	4	5	6	8	9	10	11	13	14	15	16	17	19	20	21	22	23	25	26	27	28	29 0	♍ 1	2	3
♂	♊ 12	12	13	14	14	15	16	16	17	18	19	19	20	21	21	22	23	23	24	25	25	26	27	27	28	29	29	29 0	♋ 1	1	2

♃ 1 5 10 15 20 25 31 / ♊ 0 1 2 3 4 5 6 — ♄ 1 10 20 25 31 / ♌ 1 2 3 4 5 — ♅ 1 R 25 / ♒23 22 — ♆ 1 5 31 / ♌ 3 4 5 — ♇ 1 / ♋ 4

8

	1	2	3	4	5	6	7	8	9	10	11	12	13	14	15	16	17	18	19	20	21	22	23	24	25	26	27	28	29	30	31
☉	♌ 8	9	10	11	12	13	14	15	16	17	18	19	20	21	22	23	24	25	26	27	28	29	29 0	♍ 1	2	2	3	4	5	6	7
☽	♑ 14	29	♒ 14	29	♓ 15	29	♈ 14	28	♉ 12	25	♊ 8	21	♋ 3	15	27	♌ 9	21	♍ 3	15	27	♎ 8	21	♏ 3	15	28	♐ 11	25	♑ 8	23	♒ 8	23
☿	♌ 28	29 0	♍ 1	3	4	6	7	9	10	11	13	14	16	17	18	19	21	22	23	24	25	26	27	28	29	29 0	♎ 0	1	2	2	3
♀	♍ 4	6	7	8	9	10	12	13	14	15	17	18	19	20	21	23	24	25	26	27	29	29 0	♎ 1	2	3	5	6	7	8	9	11
♂	♋ 3	3	4	5	5	6	7	7	8	9	9	10	11	11	12	13	13	14	15	15	16	17	17	18	18	19	20	20	21	22	22

♃ 1 5 10 15 20 31 / ♊ 6 7 7 8 9 10 — ♄ 1 10 20 25 / ♌ 5 6 7 8 — ♅ 1 R 20 / ♒22 21 — ♆ 1 31 / ♌ 5 6 — ♇ 1 5 / ♋ 4 5

9

	1	2	3	4	5	6	7	8	9	10	11	12	13	14	15	16	17	18	19	20	21	22	23	24	25	26	27	28	29	30	31
☉	♍ 8	9	10	11	12	13	14	15	16	17	18	19	20	21	22	23	24	25	26	27	28	29	29 0	♎ 1	2	3	4	5	6	7	
☽	♓ 8	23	♈ 8	23	♉ 7	21	♊ 5	17	♋ 0	12	24	♌ 6	18	29	♍ 12	24	♎ 6	18	♏ 0	12	25	♐ 8	21	♑ 4	18	♒ 2	16	♓ 1	16	♈ 2	
☿	♎ 3	3	4	4	4	R 4	4	4	3	3	2	1	1	♉ 29	♍ 29	28	27	26	25	24	23	22	21	20	20	20	19	D 19	20	20	
♀	♎ 12	13	14	15	17	18	19	20	21	23	24	25	26	27	29	29 0	♏ 1	2	3	5	6	7	8	9	10	12	13	14	15	16	
♂	♋ 23	24	24	25	25	26	27	27	28	29	29	29 0	♌ 1	1	2	2	3	4	4	5	5	6	7	7	8	8	9	10	10	11	

♃ 1 10 / ♊10 11 — ♄ 1 10 20 30 / ♌ 9 10 11 12 — ♅ 1 R 15 / ♒21 20 — ♆ 1 30 / ♌ 6 7 — ♇ 1 / ♋ 5

10

	1	2	3	4	5	6	7	8	9	10	11	12	13	14	15	16	17	18	19	20	21	22	23	24	25	26	27	28	29	30	31
☉	♎ 8	9	10	11	12	12	13	14	15	16	17	18	19	20	21	22	23	24	25	26	27	28	29 0	♏ 0	1	2	3	4	5	6	7
☽	♈ 17	♉ 1	16	29	♊ 13	26	♋ 9	21	♌ 3	15	27	♍ 8	20	♎ 2	14	27	♏ 9	22	♐ 5	18	♑ 1	14	28	♒ 12	26	♓ 11	25	♈ 10	25	♉ 10	24
☿	♍ 20	21	22	23	24	25	26	27	29	29 0	♎ 2	3	5	7	8	10	12	13	15	17	18	20	22	24	25	27	29	29 0	♏ 2	4	5
♀	♏ 18	19	20	21	22	23	25	26	27	28	29	♐ 0	2	3	4	5	6	7	9	10	11	12	13	14	15	17	18	19	20	21	22
♂	♌ 11	12	13	13	14	14	15	16	16	17	17	18	19	19	20	20	21	21	22	23	23	24	24	25	25	26	27	27	28	28	29

♃ 1 R 25 / ♊11 10 — ♄ 1 15 31 / ♌12 13 14 — ♅ 1 R 30 D / ♒20 20 — ♆ 1 / ♌ 7 — ♇ 1 / ♋ 5

11

	1	2	3	4	5	6	7	8	9	10	11	12	13	14	15	16	17	18	19	20	21	22	23	24	25	26	27	28	29	30	31
☉	♏ 8	9	10	11	12	13	14	15	16	17	18	19	20	21	22	23	24	25	26	27	28	29 0	♐ 0	1	2	3	4	5	6	7	
☽	♊ 8	21	♋ 4	17	29	♌ 11	23	♍ 5	17	29	♎ 11	23	♏ 5	18	♐ 1	14	28	♑ 11	25	♒ 9	23	♓ 7	21	♈ 5	20	♉ 4	18	♊ 2	16	29	
☿	♏ 7	9	10	12	13	15	17	18	20	21	23	25	26	28	29 0	♐ 1	2	4	5	7	9	10	12	13	15	16	18	19	21	22	
♀	♐ 23	25	26	27	28	29	29 0	♑ 1	2	4	5	6	7	8	9	10	11	12	13	14	15	17	18	19	20	21	22	23	24	25	
♂	♌ 29	29 0	♍ 0	1	1	2	3	3	4	4	5	5	6	6	7	7	8	8	9	9	10	10	11	11	12	12	13	13	14	14	

♃ 1 R 5 15 20 30 / ♊10 9 8 7 6 — ♄ 1 26 R / ♌14 14 — ♅ 1 / ♒20 — ♆ 1 10 R / ♌ 7 7 — ♇ 1 / ♋ 5

12

	1	2	3	4	5	6	7	8	9	10	11	12	13	14	15	16	17	18	19	20	21	22	23	24	25	26	27	28	29	30	31
☉	♐ 9	10	11	12	13	14	15	16	17	18	19	20	21	22	23	24	25	26	27	28	29 0	♑ 0	1	2	3	4	5	6	7	8	9
☽	♋ 12	24	♌ 7	19	♍ 1	13	25	♎ 6	19	♏ 1	14	26	♐ 10	23	♑ 7	21	♒ 5	19	♓ 4	18	♈ 2	16	♉ 0	14	28	♊ 11	24	♋ 7	20	♌ 2	15
☿	♐ 24	25	27	28	29 0	♑ 1	2	4	5	7	8	9	11	12	13	14	15	16	17	18	18	19	19	20	R 20	19	19	18	18	17	16
♀	♑ 26	27	28	29	29 0	♒ 1	2	3	4	5	6	6	7	8	9	10	11	12	13	13	14	15	16	17	17	18	19	19	20	21	21
♂	♍ 15	15	16	16	17	17	18	18	19	19	20	20	20	21	21	22	22	22	23	23	24	24	24	24	25	25	25	26	26	26	27

♃ 1 R 5 15 25 31 / ♊ 6 5 4 3 2 — ♄ 1 R 31 / ♌14 13 — ♅ 1 15 / ♒20 21 — ♆ 1 R 25 / ♌ 7 6 — ♇ 1 20 / ♋ 5 4

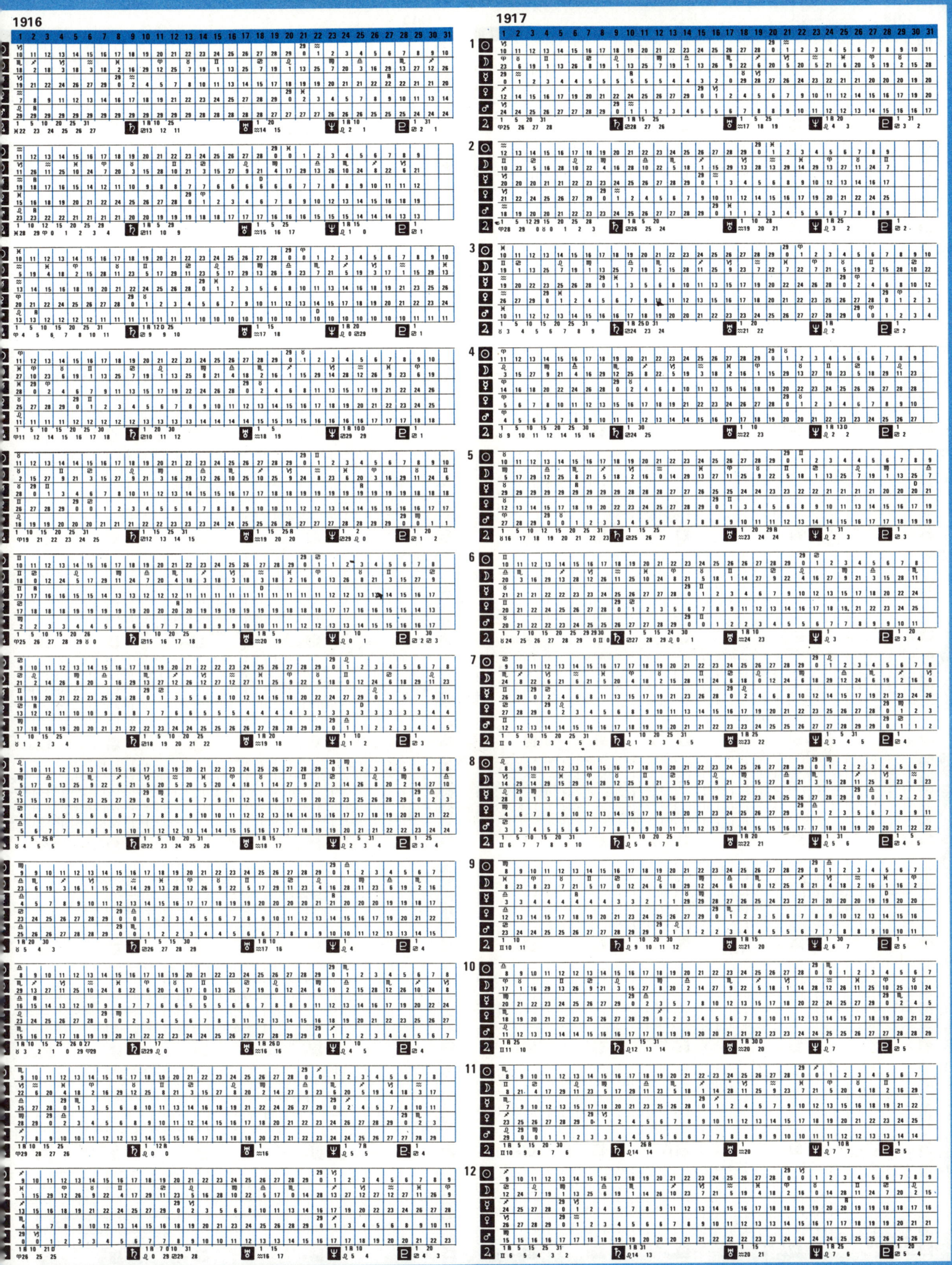

1918

1

	1	2	3	4	5	6	7	8	9	10	11	12	13	14	15	16	17	18	19	20	21	22	23	24	25	26	27	28	29	30	31
☉	♑ 10	11	12	13	14	15	16	17	18	19	20	21	22	23	24	25	26	27	28	29 0	♒ 0	1	2	3	4	5	6	7	8	9	10
☽	♌ 27	♍ 9	20	♎ 2	14	26	♏ 9	21	♐ 4	18	♑ 1	15	♒ 0	15	29	♓ 14	29	♈ 13	27	♉ 11	24	♊ 8	21	♋ 3	16	28	♌ 11	23	♍ 5	17	29
☿	♑ 14	R 13	12	11	9	8	7	6	5	4	4	4	3	D 3	3	4	4	4	5	6	6	7	8	9	10	11	12	13	14	15	17
♀	♒ 22	23	23	24	24	25	25	26	26	26	27	27	27	28	28	28	28	28	28	28	R 28	28	28	28	28	28	27	27	27	26	26
♂	♊ 27	R 27	28	28	29	29	29	29	29	29	29 0	♎ 0	0	1	1	1	1	1	2	2	2	2	2	2	2	2	3	3	3	3	3

♃ 1 R 20 28 D: ♊ 2 1 1 — ♄ 1 R 15 25: ♌ 13 12 11 — ♅ 1 10 31: ♒ 21 22 23 — ♆ 1 R 31: ♌ 6 5 — ♇ 1: ♋ 4

2

	1	2	3	4	5	6	7	8	9	10	11	12	13	14	15	16	17	18	19	20	21	22	23	24	25	26	27	28	29	30	31
☉	♒ 12	13	14	15	16	17	18	19	20	21	22	23	24	25	26	27	28	29	29 0	♓ 1	2	3	4	5	6	7	8	9			
☽	♎ 10	22	♏ 4	17	29	♐ 12	25	♑ 9	23	♒ 8	23	♓ 8	23	♈ 8	23	♉ 7	21	♊ 5	18	♋ 0	13	25	♌ 7	20	♍ 2	13	25	♎ 7			
☿	♑ 18	19	20	22	23	24	26	27	29	29 0	♒ 1	3	4	6	7	9	10	12	13	15	17	18	20	22	23	25	27	28			
♀	♒ 25	R 25	24	24	23	23	22	21	21	20	19	19	18	18	17	17	16	16	15	15	14	14	13	13	13	13	13	13			
♂	♎ 3	3	3	R 3	3	3	3	3	3	3	2	2	2	2	2	2	2	2	1	1	1	1	0	0	♉ 29	♍ 29	29	29			

♃ 1 10 25: ♊ 1 2 3 — ♄ 1 R 10 20: ♌ 11 10 9 — ♅ 1 15: ♒ 23 24 — ♆ 1 R: ♌ 5 — ♇ 1 15: ♋ 4 3

3

	1	2	3	4	5	6	7	8	9	10	11	12	13	14	15	16	17	18	19	20	21	22	23	24	25	26	27	28	29	30	31
☉	♓ 10	11	12	13	14	15	16	17	18	19	20	21	22	23	24	25	26	27	28	29	29 0	♈ 1	2	3	4	5	6	7	8	9	10
☽	♎ 19	♏ 1	13	25	♐ 8	21	♑ 4	17	♒ 1	16	♓ 1	16	♈ 2	17	♉ 2	16	♊ 0	14	27	♋ 10	22	♌ 5	17	29	♍ 10	22	♎ 4	16	28	♏ 10	22
☿	♓ 0	2	4	5	7	9	11	13	15	17	18	20	22	24	26	28	29 0	♈ 2	4	6	8	10	12	14	16	18	20	22	23	25	27
♀	♒ 13	R 13	D 13	13	13	13	13	13	13	14	14	14	15	15	16	16	17	17	18	18	19	19	20	21	21	22	23	23	24	25	26
♂	♍ 29	R 28	28	28	27	27	27	26	26	26	25	25	24	24	24	23	23	22	22	22	21	21	21	20	20	19	19	19	18	18	18

♃ 1 5 15 20 31: ♊ 3 4 5 6 7 — ♄ 1 R 10: ♌ 9 8 — ♅ 1 5 20: ♒ 24 25 26 — ♆ 1 R 10: ♌ 5 4 — ♇ 1: ♋ 3

4

	1	2	3	4	5	6	7	8	9	10	11	12	13	14	15	16	17	18	19	20	21	22	23	24	25	26	27	28	29	30	31
☉	♈ 11	12	13	14	15	16	17	18	19	20	21	22	23	24	25	26	26	27	28	29 0	♉ 0	1	2	3	4	5	6	7	8	9	
☽	♐ 5	17	♑ 0	13	26	♒ 10	25	♓ 9	25	♈ 10	25	♉ 10	25	♊ 9	23	♋ 6	19	♌ 1	13	25	♍ 7	19	♎ 1	13	25	♏ 7	19	♐ 2	14	27	
☿	♈ 28	29 0	♉ 1	2	4	5	6	7	8	8	9	9	10	10	10	10	R 10	10	10	10	9	9	8	8	7	6	6	5	4	4	
♀	♒ 26	27	28	29	29 0	♓ 0	1	2	3	4	5	6	7	8	8	9	10	11	12	13	14	15	16	17	18	19	20	21	22	23	
♂	♍ 17	R 17	17	17	16	16	16	16	15	15	15	15	15	14	14	14	14	14	14	14	14	14	14	14	14	D 14	14	14	14	14	

♃ 1 10 15 20 25 30: ♊ 8 9 10 11 12 13 — ♄ 1 R 5 9 D 20: ♌ 8 7 7 8 — ♅ 1 15: ♒ 26 27 — ♆ 1 R 15 D: ♌ 4 4 — ♇ 1 20: ♋ 3 4

5

	1	2	3	4	5	6	7	8	9	10	11	12	13	14	15	16	17	18	19	20	21	22	23	24	25	26	27	28	29	30	31
☉	♉ 10	11	12	13	14	15	16	17	18	19	20	21	22	23	24	25	26	27	28	29	29 0	♊ 0	1	2	3	4	5	6	7	8	9
☽	♑ 10	23	♒ 7	20	♓ 5	19	♈ 4	19	♉ 3	18	♊ 3	17	♋ 1	14	27	♌ 9	22	♍ 4	16	28	♎ 10	21	♏ 4	16	28	♐ 11	24	♑ 7	20	♒ 3	17
☿	♉ 3	R 3	2	2	1	1	1	0	0	D 0	0	0	1	1	1	2	2	3	3	4	5	6	6	7	8	9	10	12	13	14	15
♀	♓ 24	25	26	27	28	29 0	♈ 1	2	3	4	5	6	7	8	9	10	11	12	13	15	16	17	18	19	20	21	22	23	25	26	27
♂	♍ 14	14	14	14	14	14	15	15	15	15	15	15	16	16	16	16	16	17	17	17	17	18	18	18	18	19	19	19	20	20	20

♃ 1 5 10 15 20 25 31: ♊ 13 14 15 16 18 19 20 — ♄ 1 15 31: ♌ 8 9 10 — ♅ 1 25: ♒ 27 28 — ♆ 1 25: ♌ 4 5 — ♇ 1: ♋ 4

6

	1	2	3	4	5	6	7	8	9	10	11	12	13	14	15	16	17	18	19	20	21	22	23	24	25	26	27	28	29	30	31
☉	♊ 10	11	12	13	14	15	16	17	18	19	20	21	21	22	23	24	25	26	27	28	29	29 0	♋ 1	2	3	4	5	6	7	8	
☽	♓ 1	15	29	♈ 14	28	♉ 13	27	♊ 11	25	♋ 9	22	♌ 5	17	29	♍ 12	24	♎ 6	18	29	♏ 12	24	♐ 7	20	♑ 3	16	29	♒ 14	28	♓ 12	26	
☿	♉ 17	18	19	21	22	24	26	27	29 0	♊ 1	2	4	6	8	10	12	14	16	18	20	22	24	27	29	♋ 1	3	5	8	10	12	
♀	♈ 28	29	29 0	♉ 1	2	4	5	6	7	8	9	10	12	13	14	15	16	17	18	20	21	22	23	24	25	27	28	29	29 0	1	
♂	♍ 21	21	21	22	22	23	23	23	24	24	24	25	25	26	26	27	27	27	28	28	29	29	29 0	♎ 0	1	1	2	2	3	3	

♃ 1 5 10 15 20 25 30: ♊ 20 21 22 24 25 26 27 — ♄ 1 10 20 30: ♌ 10 11 12 13 — ♅ 1 R 15: ♒ 28 27 — ♆ 1 30: ♌ 5 6 — ♇ 1 20: ♋ 4 5

7

	1	2	3	4	5	6	7	8	9	10	11	12	13	14	15	16	17	18	19	20	21	22	23	24	25	26	27	28	29	30	31
☉	♋ 9	10	11	12	13	13	14	15	16	17	18	19	20	21	22	23	24	25	26	27	28	29	29 0	♌ 0	1	2	3	4	5	6	7
☽	♈ 10	25	♉ 9	23	♊ 7	20	♋ 4	17	♌ 0	13	25	♍ 8	20	♎ 2	14	26	♏ 7	20	♐ 2	15	28	♑ 11	25	♒ 9	23	♓ 8	23	♈ 7	21	♉ 6	20
☿	♋ 14	16	18	20	22	24	26	28	29 0	♌ 2	4	6	7	9	11	13	14	16	18	19	21	22	24	25	26	28	29	29 0	♍ 2	3	4
♀	♊ 2	4	5	6	7	8	9	11	12	13	14	15	16	18	19	20	21	22	24	25	26	27	28	29 0	♋ 1	2	3	4	5	7	8
♂	♎ 4	4	5	5	6	6	7	7	8	8	9	9	10	10	11	11	12	12	12	14	14	15	15	16	16	17	17	18	19	19	20

♃ 1 5 10 13 29 15 20 25 31: ♊ 27 28 29 0 ♋ 0 1 3 4 — ♄ 1 10 15 25 31: ♌ 13 14 15 16 — ♅ 1 R 31: ♒ 27 26 — ♆ 1 31: ♌ 6 7 — ♇ 1: ♋ 5

8

	1	2	3	4	5	6	7	8	9	10	11	12	13	14	15	16	17	18	19	20	21	22	23	24	25	26	27	28	29	30	31
☉	♌ 8	9	10	11	12	13	14	15	16	17	18	19	20	21	22	23	24	25	26	26	27	28	29 0	♍ 0	1	2	3	4	5	6	7
☽	♊ 3	17	♋ 0	13	26	♌ 9	21	♍ 4	16	28	♎ 10	22	♏ 4	16	28	♐ 10	23	♑ 6	19	♒ 3	18	♓ 2	17	♈ 2	17	♉ 2	16	♊ 0	14	27	♋ 10
☿	♍ 5	6	7	8	9	10	11	12	13	14	14	15	15	16	16	16	17	17	R 17	17	17	16	16	15	15	14	14	13	12	11	10
♀	♋ 9	10	11	13	14	15	16	17	19	20	21	22	24	25	26	27	28	29 0	♌ 1	2	3	4	6	7	8	9	11	12	13	14	15
♂	♎ 20	21	22	22	23	23	24	25	25	26	26	27	28	28	29	29	29 0	♏ 1	1	2	3	3	4	4	5	6	6	7	8	8	9

♃ 1 5 10 15 20 25 31: ♋ 4 5 6 7 8 9 10 — ♄ 1 10 20 25: ♌ 17 18 19 20 — ♅ 1 R 25: ♒ 26 25 — ♆ 1 25: 7 8 — ♇ 1: ♋ 6

9

	1	2	3	4	5	6	7	8	9	10	11	12	13	14	15	16	17	18	19	20	21	22	23	24	25	26	27	28	29	30	31
☉	♍ 8	9	10	11	12	13	14	15	16	17	18	19	20	21	22	23	24	25	26	27	28	28	29 0	♎ 0	1	2	3	4	5	6	
☽	♋ 23	♌ 6	18	♍ 0	13	25	♎ 6	18	♏ 0	12	24	♐ 6	18	♑ 1	14	27	♒ 11	26	♓ 11	26	♈ 11	26	♉ 11	26	♊ 10	24	♋ 7	20	♌ 3	15	
☿	♍ 9	R 8	7	6	6	5	4	4	3	3	3	D 3	3	4	4	5	6	7	8	9	10	12	13	15	16	18	20	21	23	25	
♀	♌ 17	18	19	20	22	23	24	25	26	28	29	29 0	♍ 1	3	4	5	6	8	9	10	11	13	14	15	16	18	19	20	21	22	
♂	♏ 10	10	11	12	12	13	14	14	15	16	16	17	18	18	19	20	20	21	22	22	23	24	24	25	26	26	27	28	28	29	

♃ 1 5 15 20 30: ♋ 10 11 12 13 14 — ♄ 1 10 20 30: ♌ 21 22 23 24 — ♅ 1 R 20: ♒ 25 24 — ♆ 1 25: ♌ 8 9 — ♇ 1: ♋ 6

10

	1	2	3	4	5	6	7	8	9	10	11	12	13	14	15	16	17	18	19	20	21	22	23	24	25	26	27	28	29	30	31
☉	♎ 7	8	9	10	11	12	13	14	15	16	17	18	19	20	21	22	23	24	25	26	27	28	29	29 0	♏ 1	2	3	4	5	6	7
☽	♌ 27	♍ 10	22	♎ 3	15	27	♏ 9	21	♐ 3	15	27	♑ 10	23	♒ 6	20	♓ 4	19	♈ 4	19	♉ 5	20	♊ 5	19	♋ 3	16	29	♌ 12	24	♍ 7	19	♎ 0
☿	♍ 27	28	29 0	♎ 2	4	5	7	9	11	13	14	16	18	19	21	23	25	26	28	29 0	♏ 1	3	4	6	8	9	11	12	14	16	17
♀	♍ 24	25	26	27	28	29 0	♎ 1	2	4	5	6	7	9	10	11	12	14	15	16	17	19	20	21	23	24	25	26	27	28	29 0	1
♂	29 0	♐ 0	1	2	3	4	4	5	6	6	7	8	9	9	10	11	11	12	13	14	14	15	16	17	17	18	19	19	20	21	22

♃ 1 10 25: ♋ 14 15 16 — ♄ 1 10 20 31: ♌ 24 25 26 27 — ♅ 1 R: ♒ 24 — ♆ 1: ♌ 9 — ♇ 1: ♋ 6

11

	1	2	3	4	5	6	7	8	9	10	11	12	13	14	15	16	17	18	19	20	21	22	23	24	25	26	27	28	29	30	31
☉	♏ 8	9	10	11	12	13	14	15	16	17	18	19	20	21	22	23	24	25	26	27	28	29	29 0	♐ 1	2	3	4	5	6	7	
☽	♎ 12	24	♏ 6	18	♐ 0	12	24	♑ 7	19	♒ 2	16	29	♓ 13	28	♈ 13	28	♉ 13	28	♊ 13	27	♋ 11	25	♌ 8	21	♍ 3	15	27	♎ 9	21	♏ 3	
☿	♏ 19	20	22	23	25	26	28	29 0	♐ 1	2	4	5	7	8	9	11	12	14	15	16	18	19	20	22	23	24	25	27	28	29	
♀	♏ 2	4	5	6	8	9	10	11	13	14	15	16	18	19	20	21	23	24	25	26	28	29	29 0	♐ 1	3	4	5	6	8	9	
♂	♐ 22	23	24	25	25	26	27	28	28	29	29 0	♑ 1	1	2	3	4	4	5	6	7	7	8	9	10	11	11	12	13	14	14	

♃ 1 4 R 15 30: ♋ 16 16 15 14 — ♄ 1 15: ♌ 27 28 — ♅ 1 R 4 D: ♒ 24 24 — ♆ 1 12 R: ♌ 9 9 — ♇ 1: ♋ 6

12

	1	2	3	4	5	6	7	8	9	10	11	12	13	14	15	16	17	18	19	20	21	22	23	24	25	26	27	28	29	30	31
☉	♐ 8	9	10	11	12	13	14	15	16	17	18	19	20	21	22	23	24	25	26	27	28	29 0	♑ 1	2	3	4	5	6	7	8	9
☽	♏ 15	27	♐ 9	21	♑ 4	16	29	♒ 13	26	♓ 10	24	♈ 8	22	♉ 7	21	♊ 6	21	♋ 5	19	♌ 2	16	28	♍ 11	23	♎ 5	17	29	♏ 11	23	♐ 5	17
☿	29 0	♑ 1	1	2	3	3	3	3	R 3	3	3	3	2	1	♉ 29	♐ 29	27	26	25	23	22	21	20	19	18	18	18	17	D 17	18	18
♀	♐ 10	11	13	14	15	16	18	19	20	21	23	24	25	27	28	29	29 0	♑ 2	3	4	5	7	8	9	10	12	13	14	15	17	18
♂	♑ 15	16	17	17	18	19	20	21	21	22	23	24	24	25	26	27	28	28	29	29 0	♒ 1	2	2	3	4	5	5	6	7	8	9

♃ 1 R 10 20 31: ♋ 14 13 12 11 — ♄ 1 10 R: ♌ 28 28 — ♅ 1 20: ♒ 24 25 — ♆ 1 R: 9 — ♇ 1 15: ♋ 6 5

1919

1

	1	2	3	4	5	6	7	8	9	10	11	12	13	14	15	16	17	18	19	20	21	22	23	24	25	26	27	28	29	30	31
☉	♑ 10	11	12	13	14	15	16	17	18	19	20	21	22	23	24	25	26	27	28	29	29 0	♒ 1	2	3	4	5	6	7	8	9	
☽	♐ 29	♑ 13	26	♒ 9	23	♓ 7	20	♈ 5	19	♉ 3	17	♊ 1	15	29	♋ 13	27	♌ 10	23	♍ 6	19	♎ 1	13	25	♏ 7	19	♐ 1	13	25	♑ 8	21	
☿	♐ 18	19	19	20	21	22	23	24	25	26	27	28	29 0	♑ 1	2	3	5	6	7	9	10	11	13	14	16	17	19	20	22	23	
♀	♑ 19	20	22	23	24	25	27	28	29	♒ 0	2	3	4	5	7	8	9	10	12	13	14	16	17	18	19	21	22	23	24	26	
♂	♒ 9	10	11	12	13	13	14	15	16	16	17	18	19	20	20	21	22	23	24	24	25	26	27	28	28	29	29 0	♓ 1	1	2	

♃ 1 R 5 10 20 31: ♋ 11 10 9 8 7 — ♄ 1 R 5 25: ♌ 28 27 26 — ♅ 1 15 31: ♒ 25 26 27 — ♆ 1 R 5: ♌ 9 8 — ♇ 1: ♋ 5

2

	1	2	3	4	5	6	7	8	9	10	11	12	13	14	15	16	17	18	19	20	21	22	23	24	25	26	27	28	29	30	31
☉	♒ 11	12	13	14	15	16	17	18	19	20	21	22	23	24	25	26	27	28	29 0	♓ 1	2	3	4	5	6	7	8	9			
☽	♒ 18	♓ 2	17	♈ 1	15	29	♉ 14	28	♊ 12	25	♋ 9	22	♌ 6	19	♍ 2	14	27	♎ 9	21	♏ 3	15	26	♐ 8	20	♑ 3	16	29	♒ 13			
☿	♑ 26	28	29 0	♒ 1	3	4	6	7	9	11	12	14	16	17	19	21	23	24	26	28	29 0	♓ 2	3	5	7	9	11	13			
♀	♒ 28	29 0	♓ 1	2	3	4	6	7	8	9	11	12	13	14	15	17	18	19	20	22	23	24	25	27	28	29	29 0	♈ 2			
♂	♓ 4	5	5	6	7	8	9	9	10	11	12	12	13	14	15	16	16	17	18	19	20	20	21	22	23	23	24	25			

♃ 1 R 10: ♋ 7 6 — ♄ 1 R 5 20: ♌ 26 25 24 — ♅ 1 20: ♒ 27 28 — ♆ 1 R 10: ♌ 8 7 — ♇ 1 20: ♋ 5 4

3

	1	2	3	4	5	6	7	8	9	10	11	12	13	14	15	16	17	18	19	20	21	22	23	24	25	26	27	28	29	30	31
☉	♓ 10	11	12	13	14	15	16	17	18	19	20	21	22	23	24	25	26	27	28	29	29 0	♈ 1	2	3	4	5	6	7	8	9	
☽	♒ 27	♓ 11	26	♈ 11	25	♉ 10	24	♊ 9	22	♋ 6	19	♌ 2	15	28	♍ 11	23	♎ 5	17	29	♏ 11	23	♐ 5	16	29	♑ 11	24	♒ 7	21	♓ 5	19	
☿	♓ 15	17	19	20	22	24	26	28	29 0	♈ 2	4	5	7	9	10	12	13	15	16	17	18	19	20	21	21	22	22	22	R 22	22	
♀	♈ 3	4	5	7	8	9	10	12	13	14	15	16	18	19	20	21	23	24	25	26	27	29	29 0	♉ 1	2	4	5	6	7	8	
♂	♓ 26	27	27	28	29	29 0	♈ 0	1	2	3	3	4	5	6	7	7	8	9	10	10	11	12	13	14	14	15	16	17	17	18	

♃ 1 R 3 D 31: ♋ 6 6 7 — ♄ 1 R 20: ♌ 23 22 — ♅ 1 10: ♒ 28 29 — ♆ 1 R 31: ♌ 7 6 — ♇ 1: ♋ 4

4

	1	2	3	4	5	6	7	8	9	10	11	12	13	14	15	16	17	18	19	20	21	22	23	24	25	26	27	28	29	30	31
☉	♈ 11	12	13	14	15	15	16	17	18	19	20	21	22	23	24	25	26	27	28	29	29 0	♉ 1	2	3	4	5	6	7	8	9	
☽	♈ 19	♉ 4	19	♊ 4	19	♋ 2	16	29	♌ 12	25	♍ 8	20	♎ 2	14	26	♏ 8	20	♐ 1	13	25	♑ 7	20	♒ 2	16	29	♓ 13	28	♈ 12	28	♉ 13	
☿	♈ 21	R 21	21	20	19	19	18	17	16	16	15	14	13	13	12	12	11	11	11	11	10	D 10	11	11	11	11	12	12	13	14	
♀	♉ 11	12	13	14	16	17	18	19	21	22	23	24	25	27	28	29	29 0	♊ 1	2	4	5	6	7	8	10	11	12	13	14	16	
♂	♈ 20	20	21	22	23	23	24	25	26	26	27	28	29	29	29 0	♉ 1	2	2	3	4	5	5	6	7	7	8	9	10	10	11	

♃ 1 10 15 25 30: ♋ 7 8 9 10 11 — ♄ 1 R 5 24 D: ♌ 22 21 21 — ♅ 1 20: ♓ 0 1 — ♆ 1 R: ♌ 6 — ♇ 1 30: ♋ 4 5

5

	1	2	3	4	5	6	7	8	9	10	11	12	13	14	15	16	17	18	19	20	21	22	23	24	25	26	27	28	29	30	31
☉	♉ 10	11	12	13	14	15	16	17	18	19	20	21	22	22	23	24	25	26	27	28	29	29 0	♊ 1	2	3	4	5	6	7	8	
☽	♉ 28	♊ 13	28	♋ 12	26	♌ 9	22	♍ 5	17	29	♎ 11	23	♏ 5	17	28	♐ 10	22	♑ 4	17	29	♒ 12	25	♓ 8	22	♈ 7	21	♉ 6	21	♊ 6	21	
☿	♈ 14	15	16	16	17	18	19	20	21	23	24	25	26	28	29	29 0	♉ 2	3	5	6	8	10	11	13	15	16	18	20	22	24	
♀	♊ 17	18	19	20	21	23	24	25	26	27	28	29 0	♋ 1	2	3	4	5	6	8	9	10	11	12	13	14	15	17	18	19	20	
♂	♉ 12	13	13	14	15	16	16	17	18	18	19	20	21	21	22	23	23	24	25	26	26	27	28	28	29	29 0	♊ 1	1	2	3	

♃ 1 10 15 20 25 31: ♋ 11 12 13 14 15 16 — ♄ 1 15: ♌ 21 22 — ♅ 1: ♓ 1 — ♆ 1 10: ♌ 6 7 — ♇ 1: ♋ 5

6

	1	2	3	4	5	6	7	8	9	10	11	12	13	14	15	16	17	18	19	20	21	22	23	24	25	26	27	28	29	30	31
☉	♊ 10	11	12	13	14	15	16	16	17	18	19	20	21	22	23	24	25	26	27	28	29	29 0	♋ 1	2	3	4	5	6	7	8	
☽	♋ 20	♌ 4	18	♍ 1	13	26	♎ 8	20	♏ 2	13	25	♐ 7	19	♑ 1	14	26	♒ 9	22	♓ 5	19	♈ 2	16	♉ 1	15	♊ 0	15	29	♋ 14	28	♌ 12	
☿	♉ 28	29 0	♊ 2	4	6	8	10	13	15	17	19	21	24	26	28	29 0	♋ 2	4	6	9	11	13	15	16	18	20	22	24	26	27	
♀	♋ 22	23	24	26	27	28	29	29 0	♌ 1	2	3	4	5	6	7	9	10	11	12	13	14	15	16	17	18	19	20	21	22	23	
♂	♊ 4	5	6	6	7	8	8	9	10	10	11	12	13	13	14	15	15	16	17	17	18	19	19	20	21	22	22	23	24	24	

♃ 1 5 10 15 20 25 30: ♋ 16 17 18 19 20 21 22 — ♄ 1 5 15 30: ♌ 22 23 24 25 — ♅ 1 7 R: ♓ 1 1 — ♆ 1 25: ♌ 7 8 — ♇ 1 20: ♋ 5 6

7

	1	2	3	4	5	6	7	8	9	10	11	12	13	14	15	16	17	18	19	20	21	22	23	24	25	26	27	28	29	30	31
☉	♋ 8	9	10	11	12	13	14	15	16	17	18	19	20	21	22	23	24	25	26	27	28	28	29 0	♌ 0	1	2	3	4	5	6	
☽	♌ 26	♍ 9	22	♎ 4	16	28	♏ 10	22	♐ 4	16	28	♑ 10	23	♒ 6	19	♓ 2	16	29	♈ 13	27	♉ 11	25	♊ 10	24	♋ 9	23	♌ 7	21	♍ 4	17	
☿	♋ 29	29 0	♌ 2	4	5	7	8	10	11	12	14	15	16	17	18	19	20	21	22	23	24	25	26	26	27	27	28	28	28	29	
♀	♌ 24	25	26	27	28	29	29 0	♍ 1	1	2	3	4	5	6	7	8	9	9	10	11	12	13	13	14	15	16	16	17	18	18	
♂	♊ 25	26	26	27	28	28	29	29 0	♋ 0	1	2	2	3	4	4	5	6	6	7	8	8	9	10	10	11	12	12	13	14	14	

♃ 1 5 10 15 20 25 31: ♋ 23 24 25 26 27 28 29 — ♄ 1 10 20 25: ♌ 25 26 27 28 — ♅ 1 R 31: ♓ 1 0 — ♆ 1 25: ♌ 8 9 — ♇ 1 31: ♋ 6 7

8

	1	2	3	4	5	6	7	8	9	10	11	12	13	14	15	16	17	18	19	20	21	22	23	24	25	26	27	28	29	30	31
☉	♌ 8	9	10	11	12	13	14	15	16	17	18	19	20	20	21	22	23	24	25	26	27	28	29	29 0	♍ 1	2	3	4	5	6	
☽	♎ 12	24	♏ 6	18	♐ 0	12	24	♑ 6	19	♒ 1	15	28	♓ 12	26	♈ 10	24	8	22	♊ 6	20	♋ 4	18	♌ 2	16	29	♍ 12	25	♎ 8	20	♏ 2	
☿	♌ 29	R 29	29	28	28	28	27	27	26	26	25	24	23	22	22	21	20	19	18	18	17	17	17	16	D 16	16	17	17	17	18	
♀	♍ 20	20	21	21	22	23	23	24	24	24	25	25	25	26	26	26	27	27	27	27	27	27	R 27	27	27	27	27	26	26	26	
♂	♋ 16	16	17	18	18	19	20	20	21	22	22	23	24	24	25	25	26	27	27	28	29	29	29 0	♌ 1	1	2	3	3	4	4	

♃ 1 2 29 3 5 10 15 20 25: ♋ 29 0 ♌ 0 1 2 3 4 5 — ♄ 1 5 12 29 13 20 31: ♌ 28 29 0 ♍ 0 1 2 — ♅ 1 R 16 0: ♓ 0 ♒ 29 — ♆ 1 20: ♌ 9 10 — ♇ 1: ♋ 7

9

	1	2	3	4	5	6	7	8	9	10	11	12	13	14	15	16	17	18	19	20	21	22	23	24	25	26	27	28	29	30	31
☉	♍ 8	9	10	11	12	13	14	15	16	17	18	18	19	20	21	22	23	24	25	26	27	28	29	29 0	♎ 1	2	3	4	5	6	
☽	♏ 26	♐ 8	20	♑ 2	14	27	♒ 10	23	♓ 7	21	♈ 5	20	♉ 4	19	♊ 3	17	♋ 1	15	29	♌ 12	25	♍ 8	21	♎ 4	16	28	♏ 10	22	♐ 4	16	
☿	♌ 20	21	22	23	24	26	27	29	29 0	♍ 2	4	6	7	9	11	13	15	17	19	20	22	24	26	28	29 0	♎ 1	3	5	7	9	
♀	♍ 25	R 25	24	24	24	23	22	22	21	21	20	19	19	18	18	17	16	16	15	15	14	14	13	13	13	12	12	12	11	11	
♂	♌ 6	6	7	8	8	9	10	10	11	11	12	13	13	14	15	15	16	16	17	18	18	19	20	20	21	21	22	23	23	24	

♃ 1 5 10 15 20 25 30: ♌ 6 7 8 9 10 11 12 — ♄ 1 5 10 20 30: ♍ 2 3 4 5 6 — ♅ 1 R 25: ♒ 29 28 — ♆ 1 20: ♌ 10 11 — ♇ 1: ♋ 7

10

	1	2	3	4	5	6	7	8	9	10	11	12	13	14	15	16	17	18	19	20	21	22	23	24	25	26	27	28	29	30	31
☉	♎ 7	8	9	10	11	12	13	14	15	16	17	18	19	20	21	22	23	24	25	26	27	28	29	29 0	♏ 1	2	3	4	5	6	
☽	♐ 28	♑ 10	22	♒ 5	18	♓ 1	15	29	♈ 14	29	♉ 14	29	♊ 13	28	♋ 12	26	♌ 9	22	♍ 5	18	♎ 0	13	25	♏ 7	19	♐ 1	12	24	♑ 6	18	
☿	♎ 10	12	14	15	17	19	20	22	24	25	27	28	29 0	♏ 2	3	5	6	8	9	11	12	14	15	17	18	20	21	23	24	25	
♀	♍ 11	R 11	11	D 11	11	11	11	11	11	12	12	12	12	13	13	14	14	15	15	16	16	17	17	18	18	19	20	20	21	22	
♂	♌ 25	25	26	26	27	28	28	29	29	29 0	♍ 1	1	2	2	3	4	4	5	6	6	7	7	8	8	9	10	10	11	11	12	

♃ 1 5 15 20 31: ♌ 12 13 14 15 16 — ♄ 1 10 15 25: ♍ 6 7 8 9 — ♅ 1 R: ♒ 28 — ♆ 1: ♌ 11 — ♇ 1: ♋ 7

11

	1	2	3	4	5	6	7	8	9	10	11	12	13	14	15	16	17	18	19	20	21	22	23	24	25	26	27	28	29	30	31
☉	♏ 8	9	10	11	12	13	14	15	16	17	18	19	20	21	22	23	24	25	26	27	28	29	29 0	♐ 1	2	3	4	5	6	7	
☽	♒ 13	26	♓ 9	23	♈ 7	22	♉ 7	22	♊ 7	22	♋ 7	22	♌ 5	19	♍ 2	15	27	♎ 10	22	♏ 4	16	27	♐ 9	21	♑ 3	15	27	♒ 9	22	♓ 5	
☿	♏ 28	29 0	♐ 1	2	3	5	6	7	8	9	10	12	13	13	14	15	16	17	17	17	18	18	R 18	18	17	17	16	15	14	13	
♀	♍ 23	24	25	26	27	27	28	29	29 0	♎ 1	2	3	4	5	5	6	7	8	9	10	11	12	13	14	15	16	17	18	19	20	
♂	♍ 13	14	14	15	16	16	17	17	18	18	19	20	20	21	21	22	23	23	24	24	25	25	26	26	27	28	28	29	29	29 0	

♃ 1 5 20: ♌ 16 17 18 — ♄ 1 5 20: ♍ 9 10 11 — ♅ 1 R 8 D: ♒ 28 28 — ♆ 1 15 R: ♌ 11 11 — ♇ 1: ♋ 7

12

	1	2	3	4	5	6	7	8	9	10	11	12	13	14	15	16	17	18	19	20	21	22	23	24	25	26	27	28	29	30	31
☉	♐ 8	9	10	11	12	13	14	15	16	17	18	19	20	21	22	23	24	25	26	27	28	29 0	♑ 0	1	2	3	4	5	6	7	
☽	♓ 18	♈ 2	16	♉ 0	15	♊ 0	15	♋ 1	16	♌ 0	14	28	♍ 11	24	♎ 7	19	♏ 1	13	24	♐ 6	18	♑ 0	12	24	♒ 6	19	♓ 1	14	28	♈ 11	
☿	♐ 11	R 10	9	7	6	5	4	3	3	2	2	2	D 2	2	2	3	3	4	5	6	7	8	9	10	11	12	14	15	16	18	
♀	♎ 22	23	24	25	26	27	28	29	29 0	♏ 1	2	4	5	6	7	8	9	10	11	13	14	15	16	17	18	19	21	22	23	24	
♂	♎ 0	1	1	2	3	3	4	4	5	5	6	6	7	7	8	8	9	10	10	11	11	12	12	13	13	14	14	15	15	16	

♃ 1 5 R 25: ♌ 18 18 17 — ♄ 1 23 R: ♍ 11 11 — ♅ 1 25: ♒ 28 29 — ♆ 1 R: ♌ 11 — ♇ 1 31: ♋ 7 6

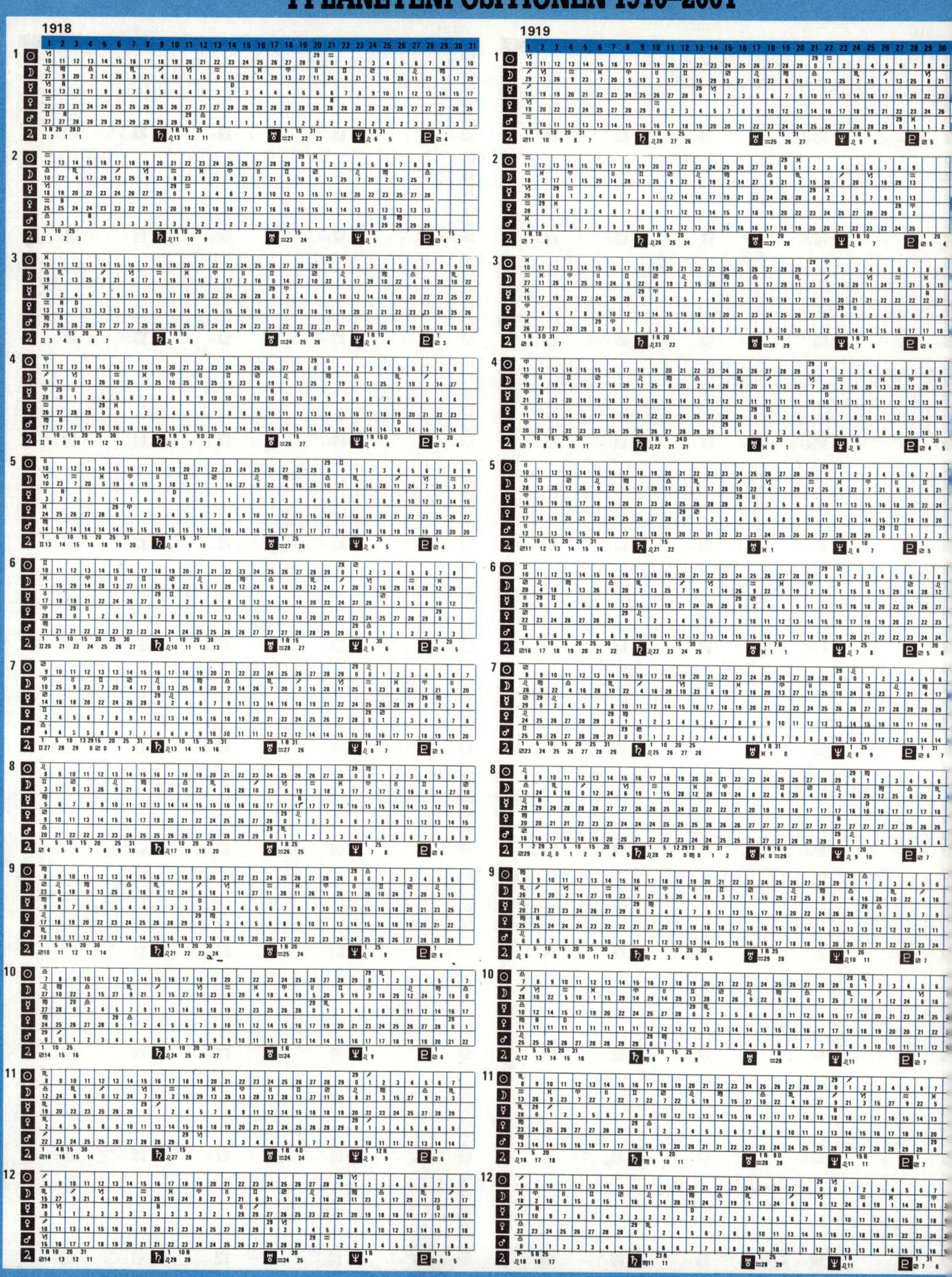

1 PLANETENPOSITIONEN 1910–2001

1920

1921

1

	1	2	3	4	5	6	7	8	9	10	11	12	13	14	15	16	17	18	19	20	21	22	23	24	25	26	27	28	29	30	31
☉	♑ 10	11	12	13	14	15	16	17	19	20	21	22	23	24	25	26	27	28	29	29 0	♒ 1	2	3	4	5	6	7	8	9	10	11
☽	♎ 14	27	♏ 9	22	♐ 4	16	28	♑ 10	22	♒ 3	15	27	♓ 9	21	♈ 4	16	29	♉ 13	27	♊ 14	26	♋ 11	26	♌ 11	27	♍ 11	26	♎ 10	23	♏ 6	19
☿	♑ 1	3	5	6	8	9	11	12	14	16	17	19	21	22	24	26	27	29	29 0	♒ 2	4	6	7	9	11	13	14	16	18	20	21
♀	♒ 24	25	26	27	28	29 0	♓ 1	2	3	4	5	6	7	9	10	11	12	13	14	15	17	18	19	20	21	22	23	24	25	26	27
♂	♒ 27	28	28	29	29 0	♓ 1	2	2	3	4	5	5	6	7	8	9	9	10	11	12	12	13	14	15	15	16	17	18	19	19	20

♃ ♍19 19 18 — ♄ 1 4 R 17 ♍25 25 24 — ♅ 1 26 ♓ 3 4 — ♆ 1 R 23 ♌13 12 — ♇ 1 R 31 ♋ 8 7

2

	1	2	3	4	5	6	7	8	9	10	11	12	13	14	15	16	17	18	19	20	21	22	23	24	25	26	27	28
☉	♒ 12	13	14	15	16	17	18	19	20	21	22	23	24	25	26	27	28	29	29 0	♓ 1	2	3	4	5	6	7	8	9
☽	♐ 1	13	25	♑ 7	18	♒ 0	12	24	♓ 6	19	♈ 1	13	26	♉ 9	23	♊ 6	20	♋ 5	19	♌ 4	20	♍ 5	19	♎ 4	18	♏ 1	14	27
☿	♒ 23	25	27	28	29 0	♓ 2	3	5	6	8	9	11	12	13	14	15	16	17	17	17	17	R 17	17	17	17	16	15	14
♀	♓ 28	29 0	♈ 1	2	3	4	5	6	7	8	9	10	11	12	13	14	15	16	17	17	18	19	20	21	22	23	24	25

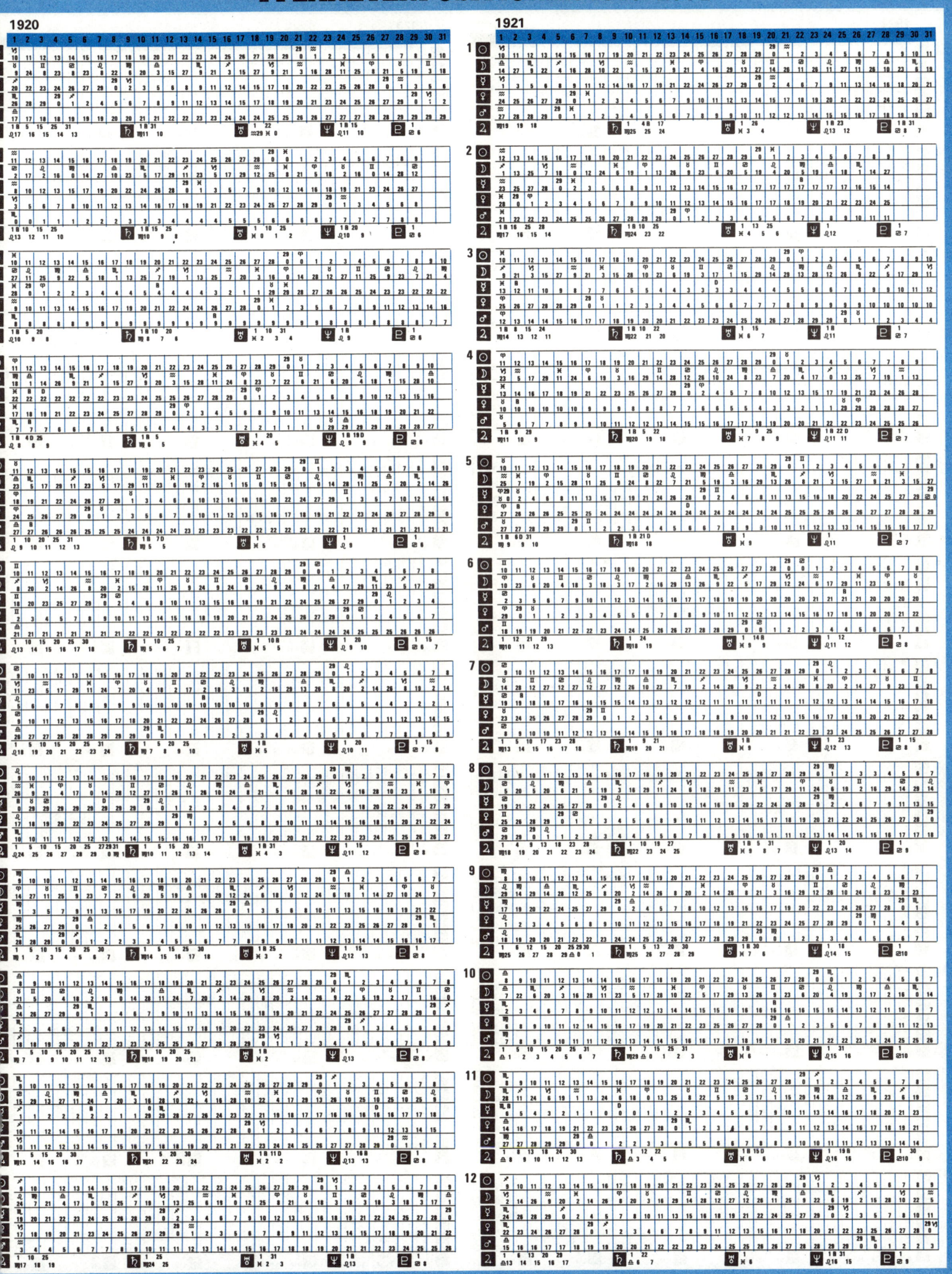

1922

		1	2	3	4	5	6	7	8	9	10	11	12	13	14	15	16	17	18	19	20	21	22	23	24	25	26	27	28	29	30	31
1	☉	♑ 10	11	12	13	14	15	16	17	18	19	20	21	22	23	24	25	26	27	28	29 0	♒ 1	2	3	4	5	6	7	8	9	10	11
	☽	♒ 17	28	♓ 10	22	♈ 4	16	28	♉ 11	24	♊ 8	22	♋ 6	21	♌ 6	21	♍ 6	21	♎ 5	19	♏ 3	16	29	♐ 12	24	♑ 7	19	♒ 1	13	25	♓ 7	19
	☿	♑ 13	15	16	18	20	21	23	25	26	28	29 0	♒ 1	3	5	6	8	10	11	13	14	16	18	19	21	22	23	25	26	27	28	29
	♀	♑ 1	2	3	5	6	7	8	10	11	12	13	15	16	17	18	20	21	22	24	25	26	27	29	29 0	♒ 1	2	4	5	6	7	9
	♂	♏ 3	4	5	5	6	6	7	7	8	9	9	10	10	11	11	12	13	13	14	14	15	15	16	16	17	18	18	19	19	20	20

♃ 1 10 / ♎17 18 — ♄ 1 17R / ♎7 7 — ♅ 1 10 31 / ♓6 7 8 — ♆ 1R / ♌15 — ♇ 1 31 / ♋9 8

		1	2	3	4	5	6	7	8	9	10	11	12	13	14	15	16	17	18	19	20	21	22	23	24	25	26	27	28	29	30	31
2	☉	♒ 12	13	14	15	16	17	18	19	20	21	22	23	24	25	26	27	28	29	29 0	♓ 1	2	3	4	5	6	7	8	9			
	☽	♈ 1	12	24	♉ 7	19	♊ 2	16	29	♋ 14	29	♌ 14	29	♍ 14	29	♎ 14	28	♏ 12	26	♐ 9	21	♑ 4	16	28	♒ 10	22	♓ 4	16	28			
	☿	♒29 ♓0	0	1	1	R 1	1	1	0	♉ 29	♒ 29	28	27	26	25	24	22	21	20	19	18	18	17	17	16	16	16	D 16	16			
	♀	♒ 10	11	12	14	15	16	17	19	20	21	22	24	25	26	27	29	29 0	♓ 1	2	4	5	6	7	9	10	11	12	14			
	♂	♏ 21	21	22	22	23	24	24	25	25	26	26	27	27	28	28	29	29	29 0	♐ 0	1	1	2	2	3	3	4	4	5			

♃ 1 3R / ♎18 18 — ♄ 1R 28 / ♎7 6 — ♅ 1 18 / ♓8 9 — ♆ 1R 25 / ♌15 14 — ♇ 1 / ♋8

		1	2	3	4	5	6	7	8	9	10	11	12	13	14	15	16	17	18	19	20	21	22	23	24	25	26	27	28	29	30	31
3	☉	♓ 10	11	12	13	14	15	16	17	18	19	20	21	22	23	24	25	26	27	28	29	29 0	♈ 1	2	3	4	5	6	7	8	9	10
	☽	♈ 9	21	♉ 3	16	28	♊ 11	25	♋ 8	22	♌ 7	22	♍ 7	22	♎ 8	22	♏ 7	21	♐ 5	18	♑ 1	13	25	♒ 7	19	♓ 1	13	24	♈ 6	18	♉ 1	13
	☿	♒ 16	16	17	17	18	18	19	20	21	22	23	23	24	26	27	28	29	29 0	♓ 1	3	4	5	7	8	9	11	12	14	15	17	18
	♀	♓ 15	16	17	19	20	21	22	24	25	26	27	29	29 0	♈ 1	2	4	5	6	7	9	10	11	12	14	15	16	17	19	20	21	22
	♂	♐ 5	6	6	7	7	8	8	8	9	9	10	10	11	11	12	12	12	13	13	14	14	14	15	15	16	16	16	17	17	17	18

♃ 1R 10 19 27 31 / ♎18 17 16 15 14 — ♄ 1R 16 28 / ♎6 5 4 — ♅ 1 8 25 / ♓9 10 11 — ♆ 1R 31 / ♌14 13 — ♇ 1 / ♋8

		1	2	3	4	5	6	7	8	9	10	11	12	13	14	15	16	17	18	19	20	21	22	23	24	25	26	27	28	29	30	31
4	☉	♈ 11	12	13	14	15	16	17	18	19	20	21	22	23	24	25	26	27	28	28	29 0	♉ 0	1	2	3	4	5	6	7	8	9	
	☽	♉ 25	♊ 8	21	♋ 4	18	♌ 2	16	♍ 1	16	♎ 1	16	♏ 0	15	29	♐ 13	26	♑ 9	21	♒ 4	16	28	♓ 9	21	♈ 3	15	27	♉ 10	22	♊ 5	18	
	☿	♓ 20	22	23	25	27	28	29 0	♈ 2	4	5	7	9	11	13	15	17	19	21	23	25	27	29 0	♉ 1	3	5	7	10	12	14	16	
	♀	♈ 23	25	26	27	28	29 0	♉ 1	2	3	5	6	7	8	10	11	12	13	14	16	17	18	19	21	22	23	24	25	27	28	29	
	♂	♐ 18	18	19	19	19	20	20	20	21	21	21	21	22	22	22	22	23	23	23	23	24	24	24	24	24	24	24	25	25	25	

♃ 1R 12 20 29 / ♎14 13 12 11 — ♄ 1R 11 26 / ♎4 3 2 — ♅ 1 14 / ♓11 12 — ♆ 1R 24D / ♌13 13 — ♇ 1 / ♋8

		1	2	3	4	5	6	7	8	9	10	11	12	13	14	15	16	17	18	19	20	21	22	23	24	25	26	27	28	29	30	31
5	☉	♉ 10	11	12	13	14	15	16	17	18	19	20	21	22	23	24	25	26	27	28	29	29 0	♊ 0	1	2	3	4	5	6	7	8	9
	☽	♋ 1	15	29	♌ 13	27	♍ 11	25	♎ 10	24	♏ 9	23	♐ 7	21	♑ 4	17	29	♒ 12	24	♓ 6	17	29	♈ 11	23	♉ 6	18	♊ 1	14	28	♋ 12	25	♌ 9
	☿	♉ 18	20	22	24	26	28	29 0	♊ 2	4	6	8	9	11	12	14	15	17	18	19	21	22	23	24	25	26	27	27	28	29	29	29
	♀	♊ 0	2	3	4	5	7	8	9	10	11	13	14	15	16	17	19	20	21	22	24	25	26	27	28	29 0	♋ 1	2	3	4	6	7
	♂	♐ 25	25	25	25	25	25	25	R 25	25	25	25	25	25	25	25	25	25	24	24	24	24	24	24	23	23	23	23	23	22	22	22

♃ 1R 10 31 / ♎11 10 9 — ♄ 1R 19 / ♎2 1 — ♅ 1 10 / ♓12 13 — ♆ 1 / ♌13 — ♇ 1 31 / ♋8 9

		1	2	3	4	5	6	7	8	9	10	11	12	13	14	15	16	17	18	19	20	21	22	23	24	25	26	27	28	29	30	31
6	☉	♊ 10	11	12	13	14	15	16	17	18	19	20	21	22	23	24	24	25	26	27	28	29	29 0	♋ 1	2	3	4	5	6	7	8	
	☽	♌ 23	♍ 8	22	♎ 6	20	♏ 4	18	♐ 2	16	29	♑ 12	25	♒ 7	20	♓ 2	13	25	♈ 7	19	♉ 1	14	27	♊ 10	23	♋ 7	21	♌ 6	20	♍ 4	19	
	☿	♋ 0	0	1	1	1	R 1	1	0	0	♉ 29	♊ 29	29	29	28	28	27	27	26	26	25	24	24	23	23	23	22	22	22	22	D 22	
	♀	♋ 8	9	10	12	13	14	15	16	18	19	20	21	22	24	25	26	27	28	29 0	♌ 1	2	3	4	6	7	8	9	10	11	13	
	♂	♐ 21	R 21	21	21	20	20	20	19	19	19	18	18	18	17	17	17	16	16	16	16	15	15	15	14	14	14	14	13	13	13	

♃ 1R 6D 10 30 / ♎9 9 10 — ♄ 1R 3D 18 / ♎1 1 — ♅ 1 19R / ♓13 13 — ♆ 1 19 / ♌13 14 — ♇ 1 / ♋9

		1	2	3	4	5	6	7	8	9	10	11	12	13	14	15	16	17	18	19	20	21	22	23	24	25	26	27	28	29	30	31
7	☉	♋ 9	10	11	12	13	13	14	15	16	17	18	19	20	21	22	23	24	25	26	27	28	29	29 0	♌ 1	2	3	4	5	5	6	7
	☽	♎ 3	17	♏ 1	14	28	♐ 12	25	♑ 8	21	♒ 3	16	28	♓ 10	21	♈ 3	15	27	♉ 9	22	♊ 5	18	♋ 2	16	♌ 0	15	29	♍ 14	29	♎ 13	28	♏ 11
	☿	♊ 22	22	22	23	23	24	24	25	26	27	27	28	29 0	♋ 1	2	3	4	6	7	9	11	12	14	16	18	20	22	24	26	28	29 ♌ 0
	♀	♌ 14	15	16	17	19	20	21	22	23	24	26	27	28	29	29 0	♍ 1	3	4	5	6	7	8	10	11	12	13	14	15	16	18	19
	♂	♐ R 13	12	12	12	12	12	12	11	11	11	11	11	11	11	11	11	D 11	11	11	11	11	11	11	11	11	12	12	12	12	12	12

♃ 1 13 22 30 / ♎10 11 12 12 — ♄ 1 11 25 / ♎1 2 3 — ♅ 1R / ♓13 — ♆ 1 20 / ♌14 15 — ♇ 1 31 / ♋9 10

		1	2	3	4	5	6	7	8	9	10	11	12	13	14	15	16	17	18	19	20	21	22	23	24	25	26	27	28	29	30	31
8	☉	♌ 8	9	10	11	12	13	14	15	16	17	18	19	20	21	22	23	24	25	26	27	27	28	29 0	♍ 0	1	2	3	4	5	6	7
	☽	♏ 25	♐ 8	22	♑ 4	17	29	♒ 12	24	♓ 6	18	29	♈ 12	23	♉ 5	18	♊ 0	13	26	♋ 10	24	♌ 9	23	♍ 8	24	♎ 8	23	♏ 8	22	♐ 5	19	♑ 1
	☿	♌ 2	4	6	8	10	12	14	16	18	20	22	24	26	28	29 0	♍ 2	4	6	7	9	11	13	14	16	18	19	21	23	24	26	27
	♀	♍ 20	21	22	23	24	25	27	27	29	29 0	♎ 1	2	3	4	6	7	8	9	10	11	12	13	14	15	16	17	19	20	21	22	23
	♂	♐ 13	13	13	13	13	14	14	14	15	15	15	15	16	16	16	17	17	18	18	18	19	19	20	20	20	21	21	22	22	23	23

♃ 1 6 12 18 24 29 / ♎13 14 15 16 17 18 — ♄ 1 6 16 26 / ♎3 4 5 6 — ♅ 1R 26 / ♓13 12 — ♆ 1 17 / ♌15 16 — ♇ 1 31 / ♋10 11

		1	2	3	4	5	6	7	8	9	10	11	12	13	14	15	16	17	18	19	20	21	22	23	24	25	26	27	28	29	30	31
9	☉	♍ 8	19	10	11	12	13	14	15	16	17	18	19	20	21	22	23	24	25	26	27	28	29	29 0	♎ 0	1	2	3	4	5	6	
	☽	♑ 14	27	♒ 9	21	♓ 3	15	27	♈ 8	20	♉ 2	14	26	♊ 9	22	♋ 5	18	♌ 2	17	♍ 2	17	♎ 2	17	♏ 2	17	♐ 1	15	28	♑ 11	24	♒ 6	
	☿	♍ 29	29 0	♎ 2	3	5	6	7	9	10	11	13	14	15	16	18	19	20	21	22	23	24	25	26	26	27	28	28	29	29	29	
	♀	♎ 24	25	26	27	28	29	29 0	♏ 1	2	3	4	5	6	7	8	9	10	11	12	13	14	15	16	16	17	18	19	20	21	22	
	♂	♐ 24	24	25	25	26	26	27	27	28	28	29	29	29 0	♑ 0	1	1	2	3	3	4	4	5	6	6	7	7	8	9	9	10	

♃ 1 4 9 14 19 24 29 / ♎18 19 20 21 22 23 24 — ♄ 1 4 12 20 29 / ♎6 7 8 9 10 — ♅ 1R 20 30 / ♓12 11 10 — ♆ 1 14 / ♌16 17 — ♇ 1 / ♋11

		1	2	3	4	5	6	7	8	9	10	11	12	13	14	15	16	17	18	19	20	21	22	23	24	25	26	27	28	29	30	31
10	☉	♎ 7	8	9	10	11	12	13	14	15	16	17	18	19	20	21	22	23	24	25	26	27	28	29	29 0	♏ 1	2	3	4	5	6	7
	☽	♒ 18	♓ 0	12	24	♈ 5	17	29	♉ 11	23	♊ 6	18	♋ 1	14	28	♌ 11	26	♍ 10	25	♎ 10	25	♏ 10	25	♐ 9	23	♑ 7	20	♒ 2	15	27	♓ 9	20
	☿	♎29 0	♏ 0	R 0	0	♎ 29	29	29	28	28	27	26	25	23	22	21	20	19	18	17	16	15	15	15	D 15	15	15	15	16	17	18	19
	♀	♏ 23	23	24	15	26	27	27	28	29	29 0	♐ 0	1	2	2	3	3	4	5	5	6	6	7	7	7	8	8	8	9	9	9	9
	♂	♑ 10	11	12	12	13	14	14	15	16	16	17	17	18	19	19	20	21	21	22	23	23	24	25	26	26	27	28	28	29	29 0	♒ 0

♃ 1 3 8 13 17 22 26 29 31 / ♎24 25 26 27 28 29 ♏0 1 — ♄ 1 7 15 23 31 / ♎10 11 12 13 14 — ♅ 1R / ♓10 — ♆ 1 26 / ♌17 18 — ♇ 1 / ♋11

		1	2	3	4	5	6	7	8	9	10	11	12	13	14	15	16	17	18	19	20	21	22	23	24	25	26	27	28	29	30	31
11	☉	♏ 8	9	10	11	12	13	14	15	16	17	18	19	20	21	22	23	24	25	26	27	28	29	29 0	♐ 1	2	3	4	5	6	7	
	☽	♈ 2	14	26	♉ 8	20	♊ 3	15	28	♋ 11	24	♌ 8	21	♍ 5	20	♎ 4	19	♏ 4	18	♐ 3	17	♑ 1	15	28	♒ 11	23	♓ 5	17	29	♈ 10	22	
	☿	♎ 20	21	22	23	25	26	28	29 0	♏ 1	2	4	5	7	8	10	12	13	15	16	18	20	21	23	24	26	28	29 0	♐ 1	2	4	
	♀	♐ 9	10	10	10	R 10	10	10	9	9	9	9	8	8	8	7	7	6	6	5	5	4	4	3	2	2	1	1	♉ 29	♏ 29	29	
	♂	♒ 1	2	2	3	4	5	5	6	7	7	8	9	1C	10	11	12	12	13	14	15	15	16	17	17	18	19	20	20	21	22	

♃ 1 5 9 14 19 23 28 / ♏1 2 3 4 5 6 7 — ♄ 1 9 19 29 / ♎14 15 16 17 — ♅ 1R 2010 / ♓10 D — ♆ 1 21 / ♌18 18R — ♇ 1 / ♋11

		1	2	3	4	5	6	7	8	9	10	11	12	13	14	15	16	17	18	19	20	21	22	23	24	25	26	27	28	29	30	31
12	☉	♐ 8	9	10	11	12	13	14	15	16	17	18	19	20	21	22	23	24	25	26	27	28	29 0	♑ 1	2	3	4	5	6	7	8	9
	☽	♉ 4	17	29	♊ 12	25	♋ 8	21	♌ 5	18	♍ 2	16	♎ 0	14	28	♏ 13	27	♐ 11	25	♑ 9	23	♒ 6	18	♓ 1	13	25	♈ 7	18	♉ 0	12	25	♊ 7
	☿	♐ 5	7	9	10	12	13	15	16	18	20	21	23	24	26	27	29	29 0	♑ 2	4	5	7	9	10	12	13	15	17	18	20	21	23
	♀	♏ 28	R 28	27	27	26	26	26	25	25	25	25	25	24	24	24	D 24	24	25	25	25	25	25	26	26	26	27	27	27	28	28	29
	♂	♒ 23	23	24	25	25	26	27	28	28	29	29 0	♓ 1	1	2	3	3	4	5	6	6	7	8	9	9	10	11	12	12	13	14	15

♃ 1 3 8 13 19 24 30 / ♏7 8 9 10 11 12 13 — ♄ 1 11 25 / ♎17 18 19 — ♅ 1 / ♓10 — ♆ 1R / ♌18 — ♇ 1 / ♋10

1923

		1	2	3	4	5	6	7	8	9	10	11	12	13	14	15	16	17	18	19	20	21	22	23	24	25	26	27	28	29	30
1	☉	♑ 10	11	12	13	14	15	16	17	18	19	20	21	22	23	24	25	26	27	28	29	29 0	♒ 1	2	3	4	5	6	7	8	9
	☽	♊ 20	♋ 3	17	♌ 1	15	29	♍ 13	27	♎ 11	25	♏ 9	23	♐ 7	21	♑ 4	18	♒ 1	14	26	♓ 9	21	♈ 2	14	26	♉ 8	20	♊ 2	15	28	♋ 11
	☿	♑ 24	26	28	29 0	♒ 1	2	4	5	6	8	9	10	11	12	13	14	14	15	15	R 15	15	14	14	13	12	11	10	9	8	6
	♀	♏ 29	29 0	♐ 1	1	2	2	3	4	5	5	6	7	8	8	9	10	11	12	13	13	14	15	16	17	18	19	20	21	22	23
	♂	♓ 15	16	17	17	18	19	20	20	21	22	23	23	24	25	26	26	27	28	28	29	29 0	♈ 1	1	2	3	4	4	5	6	6

♃ 1 5 12 20 28 / ♏13 14 15 16 17 — ♄ 1 18 30R / ♎19 20 20 — ♅ 1 15 / ♓10 11 — ♆ 1R 31 / ♌18 17 — ♇ 1 31 / ♋10 9

		1	2	3	4	5	6	7	8	9	10	11	12	13	14	15	16	17	18	19	20	21	22	23	24	25	26	27	28	29	30
2	☉	♒ 11	12	13	14	15	16	17	18	19	20	21	22	23	24	25	26	27	28	29 0	♓ 1	2	3	4	5	6	7	8	9		
	☽	♌ 9	24	♍ 8	23	♎ 7	22	♏ 6	20	♐ 4	17	♑ 1	14	27	♒ 10	22	♓ 5	17	29	♈ 11	22	♉ 4	16	28	♊ 10	23	♋ 6	19	♌ 3		
	☿	♒ 4	R 3	2	1	0	♉ 29	♑ 29	29	29	D 29	29	29	29	♒ 0	1	1	2	3	3	4	5	6	7	8	9	10	11	13		
	♀	♐ 25	26	27	28	29	29 0	♑ 1	2	3	4	5	6	7	8	9	10	11	12	13	15	16	17	18	19	20	21	22	23		
	♂	♈ 8	9	9	10	11	12	12	13	14	14	15	16	17	17	18	19	19	20	21	22	22	23	24	24	25	26	27	27		

♃ 1 9 / ♏17 18 — ♄ 1R 28 / ♎20 19 — ♅ 1 5 23 / ♓11 12 13 — ♆ 1R 28 / ♌17 16 — ♇ 1 / ♋9

		1	2	3	4	5	6	7	8	9	10	11	12	13	14	15	16	17	18	19	20	21	22	23	24	25	26	27	28	29	30
3	☉	♓ 10	11	12	13	14	15	16	17	18	19	20	21	22	23	24	25	26	27	28	29	29 0	♈ 1	2	3	4	5	6	7	8	9
	☽	♌ 17	♍ 2	17	♎ 2	17	♏ 2	16	♐ 0	14	28	♑ 11	24	♒ 7	19	♓ 1	13	25	♈ 7	19	♉ 1	13	25	♊ 7	19	♋ 1	14	27	♌ 11	25	♍ 10
	☿	♒ 14	15	16	18	19	20	22	23	25	26	27	29	29 0	♓ 2	4	5	7	8	10	12	13	15	17	18	20	22	24	26	27	29 0
	♀	♑ 25	26	27	28	29	29 0	♒ 1	2	4	5	6	7	8	9	10	12	13	14	15	16	17	19	20	21	22	23	24	25	27	28
	♂	♈ 28	29	29	♉ 0	1	2	2	3	4	4	5	6	7	7	8	9	9	10	11	11	12	13	14	14	15	16	16	17	18	18

♃ 1 6R / ♏18 18 — ♄ 1R 22 31 / ♎19 18 17 — ♅ 1 13 31 / ♓13 14 15 — ♆ 1R 31 / ♌16 15 — ♇ 1 / ♋9

		1	2	3	4	5	6	7	8	9	10	11	12	13	14	15	16	17	18	19	20	21	22	23	24	25	26	27	28	29	30
4	☉	♈ 11	12	13	14	15	16	17	18	19	20	20	21	22	23	24	25	26	27	28	29	29 0	♉ 1	2	3	4	5	6	7	8	9
	☽	♎ 10	25	♏ 10	25	♐ 10	24	♑ 8	21	♒ 4	16	28	♓ 10	22	♈ 4	16	28	♉ 10	22	♊ 4	16	28	♋ 11	23	♌ 7	20	♍ 4	18	♎ 3	18	♏ 3
	☿	♈ 3	5	7	9	11	13	15	17	19	21	23	26	28	29 0	♉ 2	4	6	8	10	12	14	16	18	19	21	23	24	26	27	29
	♀	♒29 ♓0	1	3	4	5	6	7	8	10	11	12	13	14	16	17	18	19	20	21	23	24	25	26	27	29	29 0	♈ 1	2	3	5
	♂	♉ 20	20	21	22	23	23	24	25	25	26	27	27	28	29	29	29 0	♊ 1	1	2	3	4	4	5	6	6	7	8	8	9	10

♃ 1R 10 20 28 / ♏18 17 16 15 — ♄ 1R 17 30 / ♎17 16 15 — ♅ 1 20 / ♓15 16 — ♆ 1R 27D / ♌15 15 — ♇ 1 / ♋9

		1	2	3	4	5	6	7	8	9	10	11	12	13	14	15	16	17	18	19	20	21	22	23	24	25	26	27	28	29	30
5	☉	♉ 10	11	12	13	14	15	16	17	18	19	20	21	22	23	24	24	25	26	27	28	29	29 0	♊ 1	2	3	4	5	6	7	8
	☽	♏ 19	♐ 4	18	♑ 3	16	29	♒ 13	25	♓ 7	19	♈ 1	13	25	♉ 7	19	♊ 1	13	25	♋ 8	20	♌ 3	16	♍ 0	14	28	♎ 12	27	♏ 12	27	♐ 12
	☿	♉29 0	♊ 1	3	4	5	6	7	7	8	9	9	10	10	10	11	11	11	R 11	11	10	10	10	9	9	8	8	7	7	6	6
	♀	♈ 6	7	8	9	11	12	13	14	15	17	18	19	20	21	23	24	25	26	27	29	29 0	♉ 1	2	3	5	6	7	8	9	11
	♂	♊ 10	11	12	12	13	14	14	15	16	16	17	18	18	19	20	20	21	22	22	23	24	24	25	26	26	27	28	28	29	29 0

♃ 1R 14 22 31 / ♏14 13 12 11 — ♄ 1R 19 31 / ♎15 14 13 — ♅ 1 16 / ♓16 17 — ♆ 1 / ♌15 — ♇ 1 31 / ♋9 10

		1	2	3	4	5	6	7	8	9	10	11	12	13	14	15	16	17	18	19	20	21	22	23	24	25	26	27	28	29	30
6	☉	♊ 10	11	12	13	14	15	16	17	18	19	19	20	21	22	23	24	25	26	27	28	29	29 0	♋ 1	2	3	4	5	6	7	7
	☽	♑ 11	25	♒ 8	21	♓ 4	16	28	♈ 10	21	♉ 3	15	27	♊ 9	22	♋ 4	17	♌ 0	13	27	♍ 10	24	♎ 8	22	♏ 7	21	♐ 6	21	♑ 5	19	♒ 3
	☿	♊ 5	R 4	4	3	3	3	2	2	2	D 2	2	2	3	3	3	4	4	5	5	6	7	8	9	10	11	12	13	14	15	17
	♀	♉ 13	14	15	17	18	19	20	21	23	24	25	26	27	29	29 0	♊ 1	2	3	5	6	7	8	10	11	12	13	14	16	17	18
	♂	♋ 1	2	2	3	4	4	5	6	6	7	7	8	9	9	10	11	11	12	13	13	14	15	15	16	17	17	18	19	19	20

♃ 1R 12 30 / ♏11 10 9 — ♄ 1R 17D / ♎13 13 — ♅ 1 23R / ♓17 17 — ♆ 1 14 / ♌15 16 — ♇ 1 / ♋10

		1	2	3	4	5	6	7	8	9	10	11	12	13	14	15	16	17	18	19	20	21	22	23	24	25	26	27	28	29	30
7	☉	♋ 8	9	10	11	12	13	14	15	16	17	18	19	20	21	22	23	24	25	26	27	28	28	29 0	♌ 0	1	2	3	4	5	6
	☽	♒ 16	29	♓ 12	24	♈ 6	18	29	♉ 11	23	♊ 6	18	♋ 1	13	27	♌ 10	23	♍ 7	21	♎ 5	19	♏ 3	18	♐ 2	16	♑ 0	14	28	♒ 11	24	♊ 7
	☿	♊ 18	20	21	23	24	26	28	29 0	♋ 2	4	6	8	10	12	14	16	18	20	22	24	26	29	29 0	♌ 3	5	7	9	11	13	15
	♀	♊ 19	20	22	23	24	25	27	28	29	29 0	♋ 1	3	4	5	6	8	9	10	11	12	14	15	16	17	19	20	21	22	23	[illegible]
	♂	♋ 20	21	22	22	23	24	24	25	26	26	27	28	28	29	29	29 0	♌ 1	1	2	3	3	4	5	5	6	7	7	8	8	9

♃ 1R 7D 31 / ♏9 9 10 — ♄ 1 14 31 / ♎13 14 15 — ♅ 1R / ♓17 — ♆ 1 17 / ♌16 17 — ♇ 1 31 / ♋10 11

		1	2	3	4	5	6	7	8	9	10	11	12	13	14	15	16	17	18	19	20	21	22	23	24	25	26	27	28	29	30
8	☉	♌ 8	9	10	11	12	13	14	15	16	17	18	19	20	20	21	22	23	24	25	26	27	28	29	29 0	♍ 1	2	3	4	5	6
	☽	♈ 2	14	26	♉ 8	19	♊ 1	14	26	♋ 9	22	♌ 5	19	♍ 3	17	♎ 1	16	♏ 0	14	29	♐ 13	26	♑ 10	24	♒ 7	20	♓ 3	15	28	♈ 10	22
	☿	♌ 19	21	23	24	26	28	29 0	♍ 1	3	5	6	8	10	11	13	14	16	17	19	20	22	23	24	26	27	28	29 0	♎ 1	2	3
	♀	♋ 27	28	29 0	♌ 1	2	3	5	6	7	8	9	11	12	13	14	16	17	18	19	21	22	23	24	26	27	28	29	♍ 0	2	3
	♂	♌ 10	11	12	12	13	14	14	15	15	16	17	17	18	19	19	20	21	21	22	23	23	24	24	25	26	26	27	28	28	29

♃ 1 13 21 29 31 / ♏10 11 12 13 13 — ♄ 1 14 25 31 / ♎15 16 17 17 — ♅ 1R 29 31 / ♓17 16 16 — ♆ 1 14 31 / ♌17 18 18 — ♇ 1 31 / ♋11 12

		1	2	3	4	5	6	7	8	9	10	11	12	13	14	15	16	17	18	19	20	21	22	23	24	25	26	27	28	29	30
9	☉	♍ 8	9	10	11	12	13	14	15	16	17	18	19	20	20	21	22	23	24	25	26	27	28	29	29 0	♎ 1	2	3	4	5	6
	☽	♉ 16	27	♊ 9	22	♋ 4	17	♌ 0	13	27	♍ 12	26	♎ 11	26	♏ 10	25	♐ 9	23	♑ 7	21	♒ 4	17	29	♓ 12	24	♈ 6	18	♉ 0	12	24	♊ 6
	☿	♎ 5	6	7	8	9	9	10	11	11	12	13	13	13	13	14	R 13	13	13	13	13	12	11	11	10	9	8	7	6	4	3
	♀	♍ 5	7	8	9	10	12	13	14	15	17	18	19	20	22	23	24	25	27	28	29	29 0	♎ 2	3	4	5	7	8	9	10	12
	♂	♌29 0	♍ 1	1	2	3	3	4	5	5	6	7	7	8	8	9	10	10	11	12	12	13	14	14	15	15	16	17	17	18	19

♃ 1 5 11 17 23 28 / ♏13 14 15 16 17 18 — ♄ 1 4 13 21 30 / ♎17 18 19 20 21 — ♅ 1R 23 / ♓16 15 — ♆ 1 11 / ♌18 19 — ♇ 1 / ♋12

		1	2	3	4	5	6	7	8	9	10	11	12	13	14	15	16	17	18	19	20	21	22	23	24	25	26	27	28	29	30
10	☉	♎ 7	8	9	10	11	12	13	14	15	16	17	18	19	20	21	22	23	24	25	26	27	28	29	29 0	♏ 1	2	3	4	5	6
	☽	♊ 18	♋ 0	12	25	♌ 8	21	♍ 5	20	♎ 4	19	♏ 5	20	♐ 5	19	♑ 4	17	♒ 1	14	26	♓ 9	21	♈ 3	15	27	♉ 9	21	♊ 3	14	26	♋ 9
	☿	♎ 2	R 1	1	♉ 29	♍ 29	29	29	D 29	29	29	29	29 0	♎ 1	2	3	4	5	7	8	9	11	13	14	16	17	19	21	22	24	26
	♀	♎ 13	14	15	16	18	19	20	21	23	24	25	26	27	29	29 0	♏ 1	3	4	5	6	8	9	10	11	13	14	15	16	18	19
	♂	♍ 19	20	20	21	22	22	23	24	24	25	26	26	27	28	28	29	29	29 0	♎ 1	1	2	3	3	4	5	5	6	6	7	8

♃ 1 4 9 14 19 23 28 / ♏18 19 20 21 22 23 24 — ♄ 1 8 17 25 / ♎21 22 23 24 — ♅ 1R 25 / ♓15 14 — ♆ 1 17 / ♌19 20 — ♇ 1 / ♋12

		1	2	3	4	5	6	7	8	9	10	11	12	13	14	15	16	17	18	19	20	21	22	23	24	25	26	27	28	29	30
11	☉	♏ 8	9	10	11	12	13	14	15	16	17	18	19	20	21	22	23	24	25	26	27	28	29	29 0	♐ 1	2	3	4	5	6	7
	☽	♌ 4	16	29	♍ 14	28	♎ 12	28	♏ 13	28	♐ 13	28	♑ 13	27	♒ 10	23	♓ 6	18	♈ 0	12	24	♉ 6	18	29	♊ 12	24	♋ 6	18	♌ 0	13	26
	☿	♎ 29	29 0	♏ 2	4	5	7	9	10	12	14	15	17	18	20	22	23	25	26	28	29 0	♐ 1	3	4	6	7	9	11	12	14	15
	♀	♏ 21	23	24	25	26	28	29	29 0	♐ 1	3	4	5	6	8	9	10	11	13	14	15	16	18	19	20	21	23	24	25	26	28
	♂	♎ 9	10	10	11	12	12	13	13	14	15	15	16	17	17	18	19	19	20	20	21	22	22	23	24	24	25	26	26	27	28

♃ 1 7 11 15 20 24 29 29 / ♏25 26 27 28 29 ♐0 1 — ♄ 1 10 19 29 / ♎25 26 27 28 — ♅ 1R 24D / ♓14 14 — ♆ 1 24R / ♌20 20 — ♇ 1 30 / ♋12 11

		1	2	3	4	5	6	7	8	9	10	11	12	13	14	15	16	17	18	19	20	21	22	23	24	25	26	27	28	29	30
12	☉	♐ 8	9	10	11	12	13	14	15	16	17	18	19	20	21	22	23	24	25	26	27	28	29 0	♑ 0	1	2	3	4	5	6	7
	☽	♍ 9	23	♎ 7	21	♏ 6	21	♐ 6	21	♑ 6	21	♒ 5	19	♓ 2	14	27	♈ 9	21	♉ 3	14	26	♊ 8	20	♋ 3	15	27	♌ 10	23	♍ 6	19	♎ 3
	☿	♐ 17	18	20	21	23	24	26	28	29	29 0	♑ 2	4	5	7	8	10	11	13	14	15	17	18	20	21	22	23	24	25	26	27
	♀	♐ 29	29 0	♑ 1	3	4	5	6	8	9	10	11	13	14	15	16	18	19	20	21	23	24	25	26	28	29	29 0	♒ 1	3	4	5
	♂	♎ 28	29	29	29 0	♏ 1	1	2	3	3	4	5	5	6	7	7	8	8	9	10	10	11	12	12	13	14	14	15	16	16	17

♃ 1 3 8 12 17 22 26 31 / ♐1 2 3 4 5 6 7 8 — ♄ 1 9 20 31 / ♎28 29 ♏0 1 — ♅ 1 / ♓14 — ♆ 1R / ♌20 — ♇ 1 / ♋11

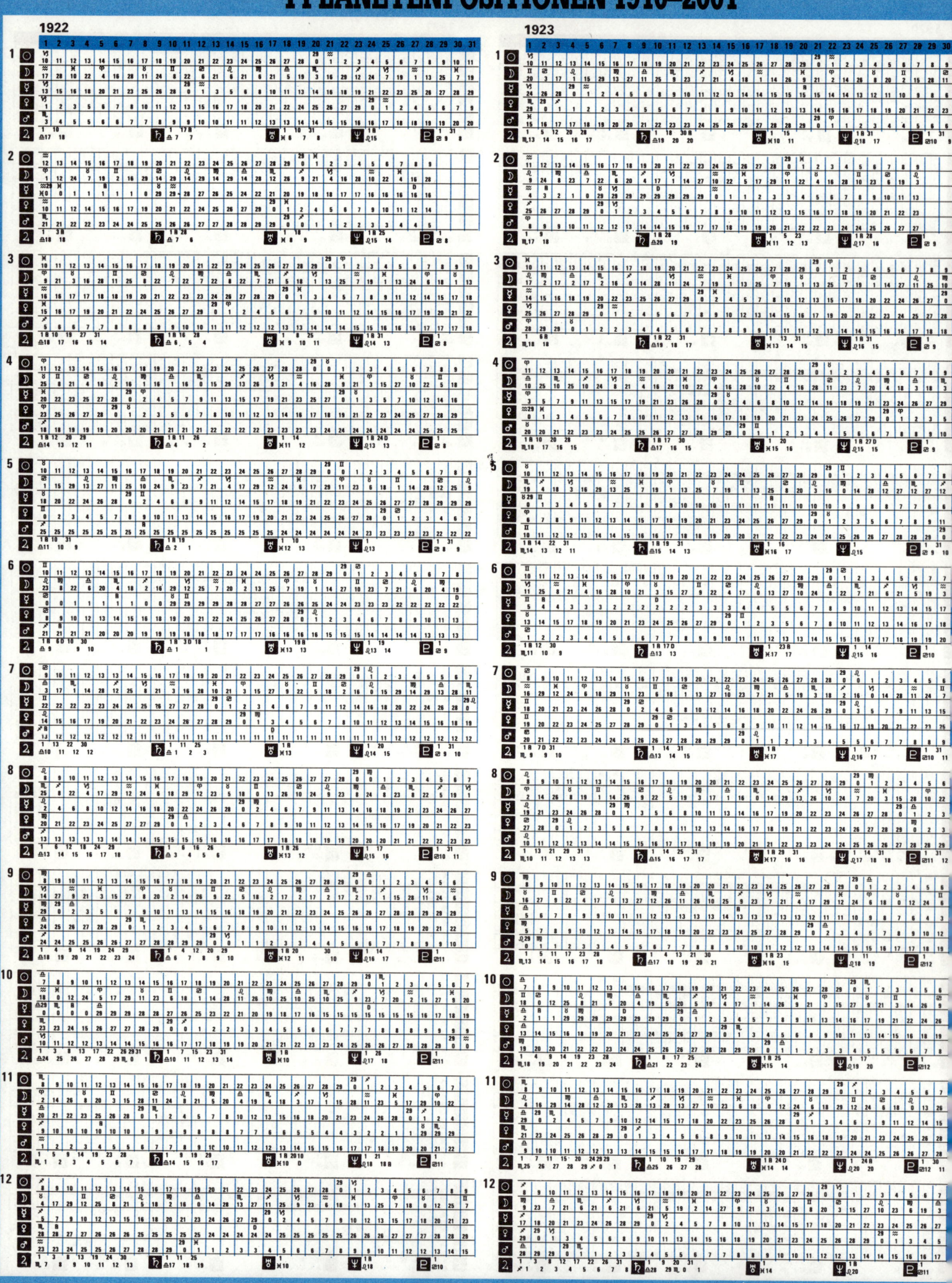

1 PLANETENPOSITIONEN 1910–2001

1924

1

	1	2	3	4	5	6	7	8	9	10	11	12	13	14	15	16	17	18	19	20	21	22	23	24	25	26	27	28	29	30	31
☉	10	11	12	13	14	15	16	17	18	19	20	21	22	23	24	25	26	27	28	29	0	1	2	3	4	5	6	7	8	9	10
☽	1	15	0	15	29	14	29	13	26	10	22	5	17	29	11	23	5	17	29	11	24	6	19	3	16	29	13	27	12	26	10
☿	28	29	29	29	29	28	28	27	26	25	24	22	21	20	19	17	16	15	14	13	13	13	13	13	13	13	14	14	15	15	
♀	8	9	10	11	12	14	15	16	17	19	20	21	22	24	25	26	27	29	0	1	2	3	5	6	7	8	10	11	12	13	14
♂	18	19	19	20	21	21	22	23	23	24	25	25	26	27	28	28	29	0	1	1	2	3	3	4	4	5	5	6	7	7	

♃ 1 5 10 15 20 26 31 ♐8 9 10 11 12 13 14 — ♄ 1 22 ♏1 2 — ♅ ♓14 15 — ♆ 1R 31 ♌20 19 — ♇ ♋11

2

	1	2	3	4	5	6	7	8	9	10	11	12	13	14	15	16	17	18	19	20	21	22	23	24	25	26	27	28	29
☉	11	12	13	14	15	16	17	18	19	20	21	22	23	24	25	26	27	28	29	0	1	2	3	4	5	6	7	8	9
☽	24	9	23	7	21	4	17	0	13	25	7	19	1	12	24	7	19	2	15	28	12	26	10	24	8	23	7	21	5
☿	16	17	18	19	20	21	22	23	24	25	26	28	29	0	2	3	4	6	7	9	10	11	13	14	16	17	19	21	22
♀	16	17	18	19	21	22	23	24	25	27	28	29	0	1	3	4	5	6	7	9	10	11	12	13	15	16	17	18	19
♂	8	9	9	10	11	11	12	12	13	14	14	15	16	16	17	18	18	19	20	20	21	21	22	23	23	24	25	25	26

♃ 1 7 14 21 28 ♐14 15 16 17 18 — ♄ 1 11R ♏2 2 — ♅ 1 10 28 ♓15 16 17 — ♆ 1 5 ♌19 18 — ♇ ♋10

3

	1	2	3	4	5	6	7	8	9	10	11	12	13	14	15	16	17	18	19	20	21	22	23	24	25	26	27	28	29	30	31
☉	11	12	13	14	15	16	17	18	19	20	21	22	23	24	25	26	27	28	29	0	1	2	3	4	5	6	7	8	9	10	
☽	19	3	16	29	13	25	8	20	3	15	27	8	20	2	14	27	10	23	6	20	5	19	4	19	3	18	2	16	29	13	26
☿	24	25	27	29	0	2	4	5	7	9	11	12	14	16	18	20	22	24	26	28	0	2	4	6	8	10	12	14	16	18	20
♀	21	22	23	24	25	26	28	29	0	1	2	3	4	6	7	8	9	10	11	12	13	15	16	17	18	19	20	21	22	24	25
♂	26	27	28	28	29	0	0	1	2	2	3	4	4	5	5	6	7	7	8	9	9	10	11	11	12	12	13	14	14	15	15

♃ 1 12 ♐18 19 — ♄ 1R 22 31 ♏2 1 0 — ♅ 1 17 ♓17 18 — ♆ 1R 31 ♌18 17 — ♇ 1 ♋10

4

	1	2	3	4	5	6	7	8	9	10	11	12	13	14	15	16	17	18	19	20	21	22	23	24	25	26	27	28	29	30
☉	11	12	13	14	15	16	17	18	19	20	21	22	23	24	25	26	27	28	29	0	1	2	3	4	5	6	7	8	9	10
☽	9	22	4	17	29	11	23	5	17	28	10	23	5	18	1	14	28	13	28	13	28	13	28	12	26	10	23	6	19	1
☿	22	24	26	28	0	1	3	5	6	8	10	11	12	14	15	16	17	18	19	20	20	21	21	21	21	21	21	21	21	20
♀	26	27	28	29	0	1	2	3	4	5	6	8	9	10	11	12	13	14	15	16	17	18	19	20	21	22	23	24	25	
♂	16	17	17	18	19	19	20	20	21	21	22	23	23	24	25	25	26	26	27	27	28	29	29	0	0	1	2	2	3	3

♃ 1 6R ♐19 19 — ♄ 1 6D 30 ♏0 ♎29 28 — ♅ 1 4 24 ♓18 19 20 — ♆ 1 9 28D ♌17 17 — ♇ ♋10

5

	1	2	3	4	5	6	7	8	9	10	11	12	13	14	15	16	17	18	19	20	21	22	23	24	25	26	27	28	29	30	31
☉	11	12	13	14	15	16	17	18	19	20	21	22	23	24	25	26	27	28	29	0	1	2	3	4	5	6	7	8	9	10	
☽	13	25	8	20	1	13	25	7	19	1	13	26	9	23	7	21	6	21	7	22	7	21	6	19	3	16	28	10	23	5	17
☿	20	20	20	19	19	18	18	17	17	16	16	15	14	14	14	13	13	12	12	12	12	12	12	12	13	13	14	14	15	15	16
♀	26	27	28	29	29	0	1	2	3	4	5	6	7	8	9	9	10	11	12	12	13	13	13	14	14	15	15	15	15	16	
♂	4	4	5	5	6	7	7	8	8	9	9	10	10	11	11	12	12	13	13	14	14	15	15	16	16	17	17	18	18	19	19

♃ 1R 11 21 29 ♐19 18 17 16 — ♄ 1R 17 31 ♎28 27 26 — ♅ 1 ♓20 21 — ♆ 1 ♌17 18 — ♇ 1 ♋10 11

6

	1	2	3	4	5	6	7	8	9	10	11	12	13	14	15	16	17	18	19	20	21	22	23	24	25	26	27	28	29	30
☉	10	11	12	13	14	15	16	17	18	19	20	21	22	23	24	25	26	27	28	29	0	1	2	3	4	5	6	7	8	9
☽	28	10	22	4	16	28	10	23	5	18	2	16	0	15	29	10	15	0	14	28	12	25	7	20	2	14	25	7	19	1
☿	17	18	18	19	20	21	23	24	25	26	28	29	0	2	3	5	7	8	10	12	14	16	17	19	21	23	26	28	0	2
♀	16	16	17	17	17	17	17	17	17	17	17	17	17	17	17	16	16	16	15	15	14	14	13	13	12	12	11	11	10	10
♂	20	21	21	22	22	23	23	24	24	25	25	26	26	27	27	27	28	28	28	29	29	29	29	29	0	0	0	0	1	1

♃ 1R 14 22 30 ♐15 14 13 12 — ♄ 1R 29D ♎26 25 — ♅ 1 26R ♓21 21 — ♆ 1 ♌18 — ♇ 1 ♋11

7

	1	2	3	4	5	6	7	8	9	10	11	12	13	14	15	16	17	18	19	20	21	22	23	24	25	26	27	28	29	30	31
☉	9	10	11	12	13	14	15	16	17	18	19	20	21	22	23	24	25	26	27	28	29	0	1	2	3	4	5	6	7	8	
☽	13	25	7	20	2	15	28	12	25	10	24	9	24	9	24	8	23	6	20	3	16	28	10	22	4	16	28	10	22	4	
☿	4	6	8	11	13	15	17	19	21	23	25	28	0	2	4	5	7	9	11	13	15	17	18	20	22	23	25	26	28	0	1
♀	9	8	8	7	7	6	6	5	5	4	4	3	3	2	2	2	1	1	1	1	1	1	1	1	1	1	1	2	2	2	
♂	2	2	3	3	3	3	4	4	4	4	4	4	5	5	5	5	5	5	5	5	5	5	5	5	5	5	5	5	5	5	5

♃ 1R 13 ♐12 11 10 — ♄ 1 20 ♎25 26 — ♅ 1R ♓21 — ♆ 1 13 ♌18 19 — ♇ ♋12

8

	1	2	3	4	5	6	7	8	9	10	11	12	13	14	15	16	17	18	19	20	21	22	23	24	25	26	27	28	29	30	31
☉	9	10	11	12	13	14	15	16	17	18	19	20	21	22	23	24	25	26	27	28	29	0	1	2	3	4	5	6	7	8	
☽	17	29	12	25	9	22	6	20	4	19	3	18	2	17	1	14	28	11	24	6	18	0	12	24	6	18	0	13	25	8	22
☿	3	4	5	7	8	9	11	12	13	14	15	17	18	19	20	21	22	23	24	25	25	26	26	27	27	27	27	27	27	27	26
♀	2	3	3	4	4	4	5	5	5	6	7	7	8	8	9	10	10	11	12	12	13	14	15	16	16	17	18	19	20	21	22
♂	5	4	4	4	4	4	4	3	3	3	3	3	2	2	2	2	1	1	1	1	0	0	29	29	29	29	29	28	28	28	28

♃ 1 7D 31 ♐10 10 11 — ♄ 1 9 23 ♎26 27 28 — ♅ 1R 31 ♓21 20 — ♆ 1 ♌19 20 — ♇ 1 31 ♋12 13

9

	1	2	3	4	5	6	7	8	9	10	11	12	13	14	15	16	17	18	19	20	21	22	23	24	25	26	27	28	29	30
☉	8	9	10	11	12	13	14	15	16	17	18	19	20	21	22	23	24	25	26	27	28	29	0	1	2	3	4	5	6	7
☽	5	19	3	17	1	15	29	14	28	12	26	9	23	6	19	1	14	26	8	20	2	14	26	8	21	4	17	0	14	29
☿	26	26	25	25	24	23	22	21	20	19	18	17	16	16	15	14	13	13	13	13	13	13	13	14	14	15	16	17	18	20
♀	23	24	25	26	27	28	29	0	1	2	3	4	5	6	7	8	9	10	11	12	13	14	15	16	17	18	19	20	21	22
♂	28	28	27	27	27	27	27	27	26	26	26	26	26	26	25	25	25	25	25	25	25	25	25	25	25	25	25	25	25	26

♃ 1 12 21 28 ♐11 12 13 14 — ♄ 1 3 13 29 23 30 ♎28 29 ♏0 1 2 — ♅ 1R 26 ♓20 19 — ♆ 1 6 ♌20 21 — ♇ 1 ♋13

10

	1	2	3	4	5	6	7	8	9	10	11	12	13	14	15	16	17	18	19	20	21	22	23	24	25	26	27	28	29	30	31
☉	8	9	10	11	12	13	14	15	16	17	18	19	20	21	22	23	24	25	26	27	28	29	0	1	2	3	4	5	6	7	8
☽	13	27	12	26	10	24	8	22	5	19	2	15	27	10	22	4	16	28	10	22	4	16	28	11	25	8	23	7	22		
☿	21	22	24	25	27	29	0	2	4	6	7	9	11	12	14	16	18	19	21	23	25	26	28	0	1	3	5	6	8	9	11
♀	23	24	25	26	28	29	0	1	2	3	4	5	6	8	9	10	11	12	13	14	16	17	18	19	20	21	23	24	25	26	27
♂	26	26	26	26	26	26	27	27	27	27	28	28	28	28	29	29	29	29	0	0	0	1	1	1	2	2	3	3	3	4	4

♃ 1 5 11 17 22 28 ♐14 15 16 17 18 19 — ♄ 1 10 19 29 ♏2 3 4 5 — ♅ 1 19 26 ♓19 18 — ♆ 1 ♌21 22 — ♇ 1 ♋13

11

	1	2	3	4	5	6	7	8	9	10	11	12	13	14	15	16	17	18	19	20	21	22	23	24	25	26	27	28	29	30
☉	9	10	11	12	13	14	15	16	17	18	19	20	21	22	23	24	25	26	27	28	29	0	1	2	3	4	5	6	7	8
☽	7	21	5	19	2	15	28	11	24	6	18	0	12	24	6	18	0	13	25	8	22	6	20	4	19	3	18	2	16	1
☿	12	14	15	17	19	20	22	23	25	27	28	29	0	2	3	5	6	7	9	10	12	13	14	15	16	17	18	18	19	19
♀	29	0	1	2	3	5	6	7	8	10	11	12	13	15	16	17	18	19	21	22	23	25	26	27	28	29	0	1	2	4
♂	5	5	6	6	7	7	8	8	9	9	10	10	11	11	12	12	13	13	14	14	15	15	16	16	17	17	18	18	19	19

♃ 1 7 12 16 21 26 30 ♐20 21 22 23 24 25 26 — ♄ 1 4 13 21 30 ♏5 6 7 8 9 — ♅ 1 18 27D ♓17 17 — ♆ 1 25R ♌22 22 — ♇ 1 ♋13

12

	1	2	3	4	5	6	7	8	9	10	11	12	13	14	15	16	17	18	19	20	21	22	23	24	25	26	27	28	29	30	31
☉	9	10	11	12	13	14	15	16	17	18	19	20	21	22	23	24	25	26	27	28	29	0	1	2	3	4	5	6	7	8	9
☽	15	29	12	25	8	21	3	15	27	9	21	3	15	27	9	21	3	15	28	11	25	9	24	9	24	9	24	8	22	6	
☿	29	29	29	28	27	26	25	24	22	21	20	19	18	18	17	17	17	17	18	18	18	19	19	20	21	22	23	24	25	26	27
♀	5	6	7	8	10	11	12	13	15	16	17	18	20	21	22	23	25	26	27	28	0	1	2	3	5	6	7	8	10	11	12
♂	20	20	21	21	22	22	23	23	24	24	25	25	26	26	27	28	28	29	29	0	0	1	1	2	2	3	3	4	4	5	5

♃ 1 5 9 13 18 22 26 31 ♐26 27 28 29 ♑0 1 2 3 — ♄ 1 9 19 31 ♏9 10 11 12 — ♅ 1 27 ♓17 18 — ♆ 1R ♌22 — ♇ 1 31 ♋13 12

1925

1

	1	2	3	4	5	6	7	8	9	10	11	12	13	14	15	16	17	18	19	20	21	22	23	24	25	26	27	28	29	30	31
☉	10	11	12	13	14	15	16	17	18	19	20	21	22	23	24	25	26	27	28	29	0	1	2	3	4	5	6	7	8	9	10
☽	5	18	0	12	24	6	18	0	12	24	6	18	0	12	25	8	21	4	18	3	17	2	17	2	17	2	16	0	13	26	9
☿	29	28	28	27	27	27	27	27	27	28	29	29	0	1	2	3	4	5	6	7	8	9	11	12	13	14	16	17	19	20	
♀	13	14	16	17	18	19	21	22	23	24	26	27	28	29	0	2	3	4	5	6	7	8	9	11	12	13	14	16	17	18	21
♂	8	9	10	10	11	11	12	12	13	13	14	15	15	16	17	17	18	18	19	19	20	20	21	22	22	23	23	24	25	25	26

♃ 1 4 9 13 18 22 27 31 ♑3 4 5 6 7 8 9 10 — ♄ 1 13 31 ♏12 13 14 — ♅ 1 21 ♓18 19 — ♆ 1R 31 ♌22 21 — ♇ ♋12

2

	1	2	3	4	5	6	7	8	9	10	11	12	13	14	15	16	17	18	19	20	21	22	23	24	25	26	27	28
☉	12	13	14	15	16	17	18	19	20	21	22	23	24	25	26	27	28	29	0	1	2	3	4	5	6	7	8	9
☽	21	3	15	27	9	20	2	14	27	9	22	5	18	1	15	28	12	27	11	26	11	25	10	24	8	21	4	17
☿	21	23	24	26	27	29	0	2	3	5	6	8	9	11	13	14	16	17	19	21	23	24	26	28	0	1	3	5
♀	22	23	24	26	27	28	29	0	1	2	3	4	6	7	8	9	11	12	13	14	15	17	18	19	20	22	23	24
♂	27	28	29	29	0	1	1	2	3	3	4	5	5	6	6	7	7	8	8	9	10	10	11	11	12	13	13	14

♃ 1 5 10 15 20 25 ♑10 11 12 13 14 15 — ♄ 1 22R ♏14 14 — ♅ 1 14 ♓19 20 — ♆ 1R ♌21 — ♇ 1 28 ♋12 11

3

	1	2	3	4	5	6	7	8	9	10	11	12	13	14	15	16	17	18	19	20	21	22	23	24	25	26	27	28	29	30	31
☉	10	11	12	13	14	15	16	17	18	19	20	21	22	23	24	25	26	27	28	29	0	1	2	3	4	5	6	7	8	9	10
☽	11	23	5	17	29	11	23	5	18	1	14	28	11	25	9	23	7	22	6	20	4	18	2	16	29	12	25	7	19	1	
☿	7	9	10	12	14	16	18	20	22	24	26	28	0	2	4	6	8	10	11	13	15	17	18	20	22	23	24	26	27	28	29
♀	27	28	29	0	2	3	4	5	7	8	9	10	12	13	14	15	17	18	19	20	22	23	24	25	27	28	29	0	2	3	4
♂	15	16	17	17	18	19	19	20	20	21	22	22	23	24	24	25	26	26	27	28	28	29	29	0	1	1	2	3	3	4	5

♃ 1 3 9 15 22 30 ♑15 16 17 18 19 20 — ♄ 1R 31 ♏14 13 — ♅ 1 4 21 ♓20 21 22 — ♆ 1R 31 ♌21 20 — ♇ 1 ♋11

4

	1	2	3	4	5	6	7	8	9	10	11	12	13	14	15	16	17	18	19	20	21	22	23	24	25	26	27	28	29	30
☉	11	12	13	14	15	16	17	18	19	20	21	22	23	24	25	26	27	28	29	0	1	2	3	4	5	6	7	8	9	10
☽	13	25	7	19	1	14	26	10	23	7	21	6	20	4	18	3	17	0	14	28	11	24	7	20	3	15	27	9	21	2
☿	29	0	1	2	2	2	2	2	2	2	2	2	1	1	29	29	28	28	27	27	26	25	25	24	24	23	23	22	22	22
♀	5	7	8	9	10	11	13	14	15	16	18	19	20	21	23	24	25	26	28	29	0	1	3	4	5	6	8	9	10	11
♂	5	6	7	7	8	9	9	10	10	11	12	12	13	13	14	14	15	16	16	17	17	18	19	19	20	21	21	22	23	24

♃ 1 9 22 ♑20 21 22 — ♄ 1R 18 30 ♏13 12 11 — ♅ 1 ♓22 23 24 — ♆ 1 ♌20 — ♇ 1 ♋11

5

	1	2	3	4	5	6	7	8	9	10	11	12	13	14	15	16	17	18	19	20	21	22	23	24	25	26	27	28	29	30	31
☉	10	11	12	13	14	15	16	17	18	19	20	21	22	23	24	25	26	27	28	29	0	1	2	3	4	5	6	7	8	9	
☽	14	26	9	21	5	18	2	16	1	15	0	15	29	13	27	11	25	8	21	4	16	29	11	23	5	17	29	11	23	5	17
☿	22	22	22	22	22	23	23	23	24	25	25	26	27	28	29	0	1	2	4	5	6	7	9	10	11	13	14	16	17	19	
♀	12	14	15	16	17	19	20	21	22	23	25	26	27	28	0	1	2	3	5	6	7	8	9	11	12	13	14	16	17	18	19
♂	24	25	26	26	27	28	28	29	0	0	1	1	2	3	3	4	5	5	6	7	7	8	8	9	10	10	11	12	12	13	14

♃ 1 11R ♑22 22 — ♄ 1R 15 30 ♏11 10 9 — ♅ 1 27 ♓24 25 — ♆ 1 ♌20 — ♇ ♋12

6

	1	2	3	4	5	6	7	8	9	10	11	12	13	14	15	16	17	18	19	20	21	22	23	24	25	26	27	28	29	30
☉	10	11	12	13	14	15	16	17	18	19	20	21	22	23	24	25	26	27	28	29	0	1	2	3	4	5	6	7	8	
☽	29	13	26	10	25	9	24	9	24	8	21	5	18	1	13	26	8	20	2	14	26	7	19	1	13	26	8	21		
☿	21	22	24	26	28	0	1	3	5	7	9	12	14	16	18	20	22	24	27	29	1	3	5	8	10	12	14	16	18	20
♀	21	22	23	24	25	27	28	29	0	2	3	4	5	6	8	9	10	11	13	14	15	16	17	19	20	21	22	24	25	26
♂	14	15	15	16	17	17	18	19	19	20	20	21	22	22	23	24	24	25	26	26	27	27	28	29	29	0	1	1	2	

♃ 1R 11 21 29 ♑22 21 20 19 — ♄ 1R 20 ♏9 8 — ♅ 1 ♓25 — ♆ 1 ♌20 — ♇ 1 30 ♋12 13

7

	1	2	3	4	5	6	7	8	9	10	11	12	13	14	15	16	17	18	19	20	21	22	23	24	25	26	27	28	29	30	31
☉	9	10	11	12	13	14	15	16	17	18	19	20	21	22	23	24	25	26	27	28	29	0	1	2	3	4	5	6	7	8	
☽	5	19	3	18	3	18	3	17	1	15	28	11	24	6	18	0	12	24	6	18	0	12	24	6	18	1	14	28	12	26	
☿	22	24	26	28	0	1	3	5	6	8	10	11	13	14	16	17	19	20	21	23	24	25	26	27	28	29	0	1	2	3	4
♀	27	29	0	1	2	3	5	6	7	8	9	11	12	13	14	16	17	18	19	20	22	23	24	25	27	28	29	0	1	3	4
♂	3	4	4	5	6	6	7	7	8	9	9	10	11	11	12	13	13	14	14	15	16	16	17	18	18	19	19	20	21	21	22

♃ 1R 7 15 23 31 ♑19 18 17 16 15 — ♄ 1R 12D ♏8 8 — ♅ 1R ♓25 — ♆ 1 9 31 ♌20 21 22 — ♇ ♋13

8

	1	2	3	4	5	6	7	8	9	10	11	12	13	14	15	16	17	18	19	20	21	22	23	24	25	26	27	28	29	30	31
☉	8	9	10	11	12	13	14	15	16	17	18	19	20	21	22	23	24	25	26	27	28	29	0	1	2	3	4	5	6	7	
☽	26	11	26	11	26	10	24	7	19	2	14	26	8	20	2	14	26	8	20	2	14	27	10	24	7	21	6	20	5		
☿	5	6	7	7	8	8	9	9	9	9	9	9	9	9	9	8	8	7	6	6	5	5	4	3	2	1	0	29	29	28	27
♀	5	6	7	9	10	11	12	14	15	16	17	18	20	21	22	23	24	26	27	28	29	0	2	3	4	5	6	8	9	10	11
♂	23	23	24	25	25	26	26	27	28	28	29	29	0	1	1	2	3	3	4	5	5	6	7	7	8	9	9	10	11	11	12

♃ 1R 11 26 ♑15 14 13 — ♄ 1 22 ♏8 9 — ♅ 1R 31 ♓25 24 — ♆ 1 31 ♌22 23 — ♇ 1 ♋14

9

	1	2	3	4	5	6	7	8	9	10	11	12	13	14	15	16	17	18	19	20	21	22	23	24	25	26	27	28	29	30
☉	8	9	10	11	12	13	14	15	16	17	18	19	20	21	22	23	24	25	26	27	28	29	0	1	2	3	4	5	6	7
☽	20	5	20	4	18	2	15	28	10	23	5	16	28	10	22	4	16	29	11	24	7	21	4	18	2	16	0	15	29	14
☿	27	26	26	26	26	26	27	27	28	28	29	0	1	2	4	5	7	8	10	11	13	15	17	18	20	22	24	26	28	0
♀	12	14	15	16	17	18	20	21	22	23	24	25	27	28	29	0	2	3	4	5	6	7	9	10	11	12	13	15	16	17
♂	12	13	14	14	15	16	16	17	17	18	19	19	20	21	21	22	23	23	24	25	25	26	26	27	28	28	29	0	0	1

♃ 1 8 9D ♑13 13 — ♄ 1 5 16 26 ♏9 10 11 12 — ♅ 1R 29 ♓24 23 — ♆ 1 30 ♌23 24 — ♇ ♋14

10

	1	2	3	4	5	6	7	8	9	10	11	12	13	14	15	16	17	18	19	20	21	22	23	24	25	26	27	28	29	30	31
☉	8	9	10	11	12	13	14	15	16	17	18	19	20	21	22	23	24	25	26	27	28	29	0	1	2	3	4	5	6	7	
☽	28	12	26	10	23	6	18	1	13	24	6	18	0	12	24	7	20	3	17	1	15	29	13	27	11	25	9	23	7	21	5
☿	3	5	7	8	10	12	13	15	17	19	20	22	24	25	27	28	0	1	3	4	5	7	8	10	11	12	14	15	16	18	19
♀	18	19	20	22	23	24	25	26	27	29	0	1	2	3	4	6	7	8	9	10	11	12	14	15	16	17	18	19	20	22	23
♂	2	2	3	4	4	5	5	6	7	7	8	9	9	10	11	11	12	12	13	14	14	15	16	16	17	17	18	19	19	20	21

♃ 1 6 18 25 ♑13 14 15 16 — ♄ 1 6 15 25 ♏12 13 14 15 16 — ♅ 1R 25 ♓23 22 — ♆ 1 ♌24 — ♇ 1 ♋14

11

	1	2	3	4	5	6	7	8	9	10	11	12	13	14	15	16	17	18	19	20	21	22	23	24	25	26	27	28	29	30
☉	8	9	10	11	12	13	14	15	16	17	18	19	20	21	22	23	24	25	26	27	28	29	0	1	2	3	4	5	6	7
☽	18	1	14	26	8	20	2	14	26	8	20	3	15	29	12	26	10	25	9	23	8	22	6	20	4	17	1	14	27	9
☿	20	21	22	23	23	24	24	24	24	24	24	23	22	21	20	19	17	16	15	14	13	12	12	12	12	12	12	13	14	15
♀	24	25	26	27	28	29	0	1	2	3	4	5	6	7	8	9	10	11	12	13	14	15	16	17	18	19	20	21	22	23
♂	21	22	22	23	24	24	25	25	26	27	27	28	29	29	0	1	1	2	3	3	4	4	5	6	6	7	7	8	9	9

♃ 1 8 14 19 25 30 ♑17 18 19 20 21 22 — ♄ 1 9 18 26 ♏16 17 18 19 — ♅ 1R 30 ♓22 21 — ♆ 1 27R ♌24 24 — ♇ 1 ♋14

12

	1	2	3	4	5	6	7	8	9	10	11	12	13	14	15	16	17	18	19	20	21	22	23	24	25	26	27	28	29	30	31
☉	9	10	11	12	13	14	15	16	17	18	19	20	21	22	23	24	25	26	27	28	29	0	1	2	3	4	5	6	7	8	9
☽	22	4	16	28	10	22	4	16	28	10	23	7	20	4	19	3	18	2	17	1	15	29	13	27	10	23	6	18	1	13	25
☿	27	27	27	26	26	25	24	23	22	22	21	20	19	18	17	16	15	14	13	12	12	11	11	11	11	11	12	12	13	14	14
♀	26	27	28	29	0	1	2	3	4	5	6	7	8	9	10	11	12	13	14	15	16	17	18	19	20	21	22	23	24	25	26
♂	12	13	13	14	14	15	15	16	17	17	18	18	19	20	20	21	21	22	23	23	24	24	25	26	26	27	28	28	29	0	1

♃ 1 5 10 14 19 23 28 31 ♑22 23 24 25 26 27 28 29 — ♄ 1 5 14 23 31 ♏19 20 21 22 23 — ♅ 1 10 31 ♓21 22 — ♆ 1R ♌24 — ♇ 1 ♋14

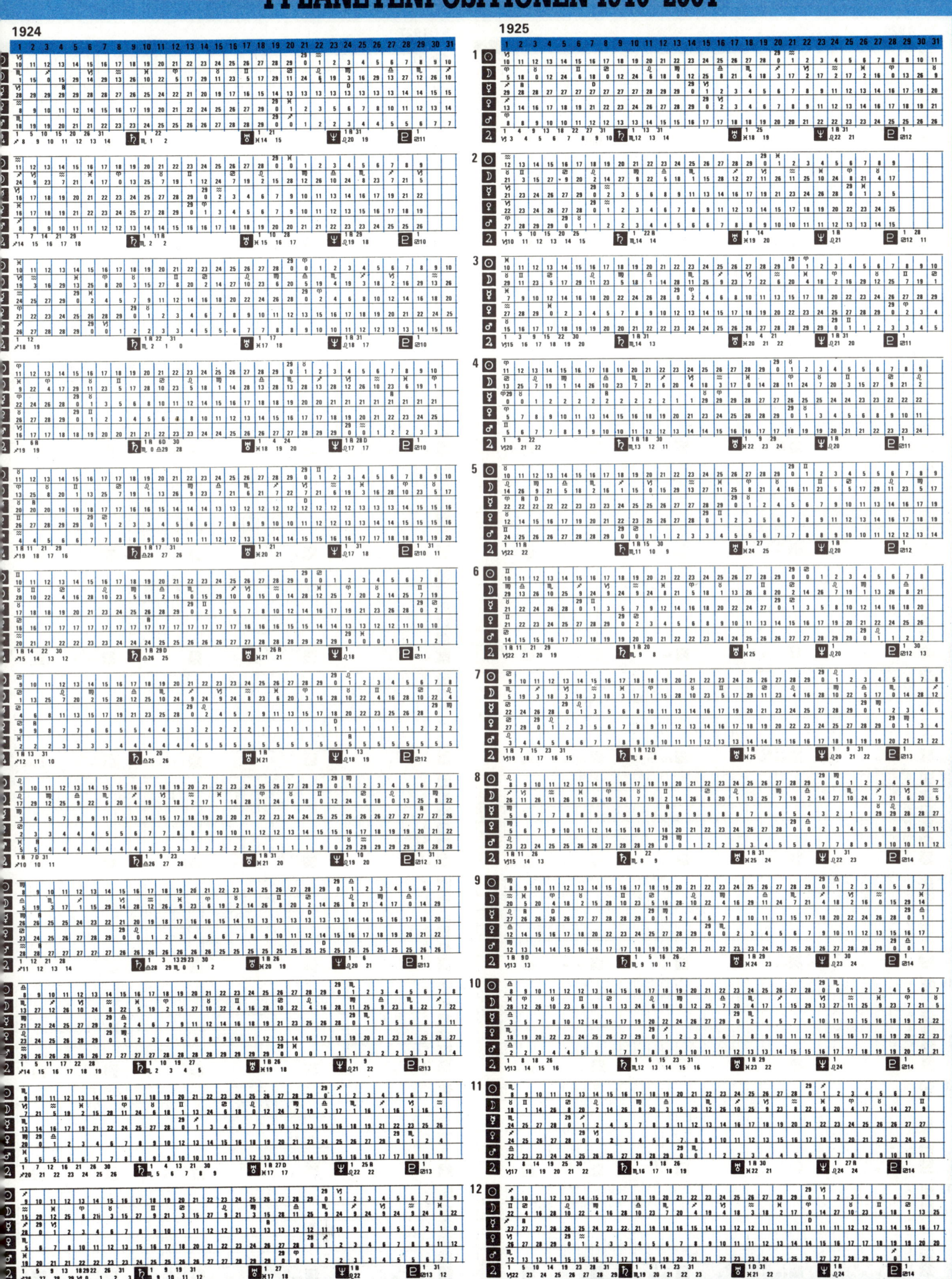

1 PLANETENPOSITIONEN 1910–2001

1926

1

	1	2	3	4	5	6	7	8	9	10	11	12	13	14	15	16	17	18	19	20	21	22	23	24	25	26	27	28	29	30	31
☉	♑ 10	11	12	13	14	15	16	17	18	19	20	21	22	23	24	25	26	27	28	29/0	♒ 1	2	3	4	5	6	7	8	9	10	11
☽	♌ 7	18	♍ 0	12	24	♎ 6	19	♏ 1	14	28	♐ 12	27	♑ 12	27	♒ 12	27	♓ 12	26	♈ 10	24	♉ 7	20	♊ 3	15	28	♋ 10	22	♌ 3	15	27	♍ 9
☿	♐ 18	19	20	21	22	24	25	26	27	29	29/0	♑ 1	3	4	6	7	9	10	12	13	14	16	17	19	21	22	24	25	26	28	29♒/0
♀	♒ 21	22	22	23	23	23	24	24	25	25	25	25	26	26	26	26	26	R 26	26	26	26	25	25	25	25	24	24	24	23	23	22
♂	♐ 3	4	4	5	6	6	7	8	8	9	10	11	11	12	13	13	14	15	15	16	17	17	18	19	20	20	21	22	22	23	24

♃ 1 6 10 14 18 23 27 31 — ♑29 ♒0 1 2 3 4 5 6 · ♄ 1 14 29 — ♏23 24 25 · ♅ 1 31 — ♓22 23 · ♆ 1 R — ♌24 · ♇ 1 — ♋13

2

	1	2	3	4	5	6	7	8	9	10	11	12	13	14	15	16	17	18	19	20	21	22	23	24	25	26	27	28	29	30	31
☉	♒ 12	13	14	15	16	17	18	19	20	21	22	23	24	25	26	27	28	29	29/0	♓ 1	2	3	4	5	6	7	8	9			
☽	♍ 21	♎ 3	15	27	♏ 10	23	♐ 7	20	♑ 5	19	♒ 4	20	♓ 5	20	♈ 5	19	♉ 3	17	29	♊ 12	25	♋ 7	19	♌ 0	12	24	♍ 6	18			
☿	♒ 2	3	5	7	8	10	12	13	15	17	18	20	22	24	25	27	29/0	♓ 1	3	5	7	8	10	12	14	16	18	20			
♀	♒ 22	R 21	20	20	19	19	18	17	17	16	16	15	14	14	13	13	13	12	12	11	11	11	11	10	10	10	10	D 10			
♂	♐ 24	25	26	27	27	28	29	29	29/0	♑ 1	2	2	3	4	4	5	6	6	7	8	9	9	10	11	11	12	13	14			

♃ 1 4 9 13 17 21 26 — ♒6 7 8 9 10 11 12 · ♄ 1 24 — ♏25 26 · ♅ 1 19 — ♓23 24 · ♆ 1 R 28 — ♌24 23 · ♇ 1 — ♋13

3

	1	2	3	4	5	6	7	8	9	10	11	12	13	14	15	16	17	18	19	20	21	22	23	24	25	26	27	28	29	30	31
☉	♓ 10	11	12	13	14	15	16	17	18	19	20	21	22	23	24	25	26	27	28	29	29/0	♈ 1	2	3	4	5	6	7	8	9	10
☽	♍ 29	♎ 12	24	♏ 7	20	♐ 3	16	29	♑ 14	28	♒ 13	28	♓ 13	28	♈ 13	27	♉ 11	25	♊ 8	21	♋ 3	15	27	♌ 9	21	♍ 3	14	27	♎ 9	21	♏ 4
☿	♓ 22	23	25	27	29	29/0	♈ 2	4	5	7	8	9	10	11	12	13	13	14	14	15	15	R 15	14	14	14	13	12	12	11	10	9
♀	♒ 10	10	10	11	11	11	11	11	12	12	13	13	13	14	14	15	15	16	17	17	18	18	19	20	21	21	22	23	24	24	25
♂	♑ 14	15	16	16	17	18	19	19	20	21	21	22	23	24	24	25	26	26	27	28	29	29	29/0	♒ 1	2	2	3	4	4	5	6

♃ 1 2 7 12 16 21 26 31 — ♒12 13 14 15 16 17 18 19 · ♄ 1 6 R 31 — ♏26 26 25 · ♅ 1 9 26 — ♓24 25 26 · ♆ 1 R 31 — ♌23 22 · ♇ 1 31 — ♋13 12

4

	1	2	3	4	5	6	7	8	9	10	11	12	13	14	15	16	17	18	19	20	21	22	23	24	25	26	27	28	29	30	31
☉	♈ 11	12	13	14	15	16	17	18	19	20	21	22	23	24	25	26	27	28	29	29/0	♉ 0	1	2	3	4	5	6	7	8	9	
☽	♏ 17	29	♐ 13	26	♑ 10	24	♒ 8	23	♓ 7	22	♈ 7	21	♉ 5	19	♊ 3	16	29	♋ 11	23	♌ 5	17	29	♍ 11	23	♎ 5	17	♏ 0	13	26	♐ 10	
☿	♈ 9	R 8	7	6	5	5	4	4	3	3	3	2	2	D 2	3	3	3	3	4	4	5	5	6	7	8	8	9	10	11	12	
♀	♒ 26	27	28	28	29	29/0	♓ 1	2	3	4	5	6	6	7	8	9	10	11	12	13	14	15	16	17	18	19	20	21	22	23	
♂	♒ 7	7	8	9	9	10	11	12	12	13	14	15	15	16	17	17	18	19	20	20	21	22	22	23	24	25	25	26	27	28	

♃ 1 6 11 17 24 30 — ♒19 20 21 22 23 24 · ♄ 1 R 27 — ♏25 24 · ♅ 1 14 — ♓26 27 · ♆ 1 R — ♌22 · ♇ 1 — ♋12

5

	1	2	3	4	5	6	7	8	9	10	11	12	13	14	15	16	17	18	19	20	21	22	23	24	25	26	27	28	29	30	31
☉	♉ 10	11	12	13	14	15	16	17	18	19	20	21	22	23	24	25	26	27	28	29	29/0	♊ 0	1	2	3	4	5	6	7	8	9
☽	♐ 23	♑ 7	21	♒ 5	19	♓ 3	17	♈ 2	16	♉ 0	14	28	♊ 11	24	♋ 7	19	♌ 1	13	25	♍ 7	19	♎ 1	13	26	♏ 9	22	♐ 5	19	♑ 3	17	♒ 1
☿	♈ 14	15	16	17	18	20	21	22	24	25	27	28	29/0	♉ 2	3	5	7	8	10	12	14	16	18	19	21	23	26	28	29/0	♊ 2	4
♀	♓ 24	25	27	28	29	29/0	♈ 1	2	3	4	5	6	7	8	9	11	12	13	14	15	16	17	18	19	20	22	23	24	25	26	27
♂	♒ 28	29	29/0	♓ 0	1	2	3	3	4	5	5	6	7	8	8	9	10	10	11	12	13	13	14	15	15	16	17	18	18	19	20

♃ 1 9 20 — ♒24 25 26 · ♄ 1 R 11 24 31 — ♏24 23 22 21 · ♅ 1 31 — ♓28 29 · ♆ 1 R 3 D — ♌22 22 · ♇ 1 — ♋13

6

	1	2	3	4	5	6	7	8	9	10	11	12	13	14	15	16	17	18	19	20	21	22	23	24	25	26	27	28	29	30	31
☉	♊ 10	11	12	13	14	15	16	17	18	19	20	21	22	23	23	24	25	26	27	28	29	29/0	♋ 1	2	3	4	5	6	7	8	
☽	♒ 16	♓ 0	14	28	♈ 12	26	♉ 10	23	♊ 7	20	♋ 2	15	27	♌ 9	21	♍ 3	15	27	♎ 9	21	♏ 4	17	♐ 0	14	28	♑ 12	27	♒ 12	26	♓ 11	
☿	♊ 6	8	11	13	15	17	19	21	24	26	28	29/0	♋ 2	4	6	8	10	12	14	16	17	19	21	23	24	26	27	29	29/0	♌ 2	
♀	♈ 28	29/0	♉ 1	2	3	4	5	6	7	9	10	11	12	13	14	15	17	18	19	20	21	22	24	25	26	27	28	29/0	♊ 1	2	
♂	♓ 20	21	22	23	23	24	25	25	26	27	27	28	29	29	29/0	♈ 1	2	2	3	4	4	5	6	6	7	8	8	9	10	10	

♃ 1 6 16 R 26 — ♒26 27 27 · ♄ 1 R 27 — ♏21 20 · ♅ 1 — ♓29 · ♆ 1 — ♌22 · ♇ 1 30 — ♋13 14

7

	1	2	3	4	5	6	7	8	9	10	11	12	13	14	15	16	17	18	19	20	21	22	23	24	25	26	27	28	29	30	31
☉	♋ 9	10	11	12	13	13	14	15	16	17	18	19	20	21	22	23	24	25	26	27	28	29	29/0	♌ 0	1	2	3	4	5	6	7
☽	♓ 25	♈ 9	23	♉ 7	20	♊ 3	16	29	♋ 11	23	♌ 6	17	29	♍ 11	23	♎ 5	17	29	♏ 12	25	♐ 8	22	♑ 6	21	♒ 6	21	♓ 6	21	♈ 5	19	♉ 3
☿	♌ 3	4	6	7	8	9	11	12	13	14	15	15	16	17	18	18	19	20	20	20	21	21	21	21	R 21	21	21	20	20	20	19
♀	♊ 3	4	5	6	8	9	10	11	12	13	15	16	17	18	19	21	22	23	24	25	27	28	29	29/0	♋ 1	3	4	5	6	7	8
♂	♈ 11	12	12	13	14	14	15	15	16	17	17	18	19	19	20	21	21	22	22	23	24	24	25	25	26	27	27	28	28	29	29

♃ 1 R 13 24 31 — ♒27 26 25 24 · ♄ 1 R 24 D 31 — ♏20 20 19 · ♅ 1 5 R — ♓29 29 · ♆ 1 5 — ♌22 23 · ♇ 1 31 — ♋14 15

8

	1	2	3	4	5	6	7	8	9	10	11	12	13	14	15	16	17	18	19	20	21	22	23	24	25	26	27	28	29	30	31
☉	♌ 8	9	10	11	12	13	14	15	16	17	18	19	20	21	22	23	24	25	26	27	28	28	29/0	♍ 0	1	2	3	4	5	6	7
☽	♉ 17	♊ 0	13	26	♋ 8	20	♌ 2	14	26	♍ 8	20	♎ 2	14	26	♏ 8	20	♐ 3	17	♑ 0	14	29	♒ 14	29	♓ 14	29	♈ 14	29	♉ 13	27	♊ 10	23
☿	♌ 19	R 18	17	17	16	15	14	13	13	12	11	11	10	10	10	9	9	D 9	9	10	10	11	11	12	13	14	15	16	18	19	21
♀	♋ 10	11	12	13	15	16	17	18	19	21	22	23	24	25	27	28	29	29/0	♌ 1	3	4	5	6	8	9	10	11	12	14	15	16
♂	♈ 29/0	♉ 0	1	2	2	3	3	4	4	5	5	6	6	7	7	8	8	9	9	9	10	10	11	11	12	12	12	13	13	13	14

♃ 1 R 9 17 25 31 — ♒24 23 22 21 20 · ♄ 1 20 — ♏19 20 · ♅ 1 R 31 — ♓29 28 · ♆ 1 31 — ♌24 25 · ♇ 1 — ♋15

9

	1	2	3	4	5	6	7	8	9	10	11	12	13	14	15	16	17	18	19	20	21	22	23	24	25	26	27	28	29	30	31
☉	♍ 8	9	10	11	12	13	14	15	16	17	18	19	20	21	22	23	24	25	26	27	28	29	29/0	♎ 0	1	2	3	4	5	6	
☽	♋ 5	17	29	♌ 11	23	♍ 5	17	29	♎ 11	23	♏ 5	17	29	♐ 12	26	♑ 9	23	♒ 7	23	♓ 8	23	♈ 8	23	♉ 8	22	♊ 6	19	♋ 2	14	26	
☿	♌ 22	24	26	27	29/0	♍ 1	3	5	7	9	10	12	14	16	18	20	22	24	26	27	29/0	♎ 1	3	5	6	8	10	11	13	15	
♀	♌ 17	19	20	21	22	23	25	26	27	28	29/0	♍ 1	2	3	5	6	7	8	10	11	12	13	14	16	17	18	19	21	22	23	
♂	♉ 14	15	15	15	15	16	16	16	17	17	17	17	18	18	18	18	18	18	19	19	19	19	19	19	19	19	19	19	R 19	19	

♃ 1 R 11 23 30 — ♒20 19 18 17 · ♄ 1 7 20 30 — ♏20 21 22 23 · ♅ 1 R 30 — ♓28 27 · ♆ 1 30 — ♌25 26 · ♇ 1 — ♋15

10

	1	2	3	4	5	6	7	8	9	10	11	12	13	14	15	16	17	18	19	20	21	22	23	24	25	26	27	28	29	30	31
☉	♎ 7	8	9	10	11	12	13	14	15	16	17	18	19	20	21	22	23	24	25	26	27	28	29	29/0	♏ 1	2	3	4	5	6	7
☽	♌ 8	20	♍ 2	14	26	♎ 8	20	♏ 2	14	27	♐ 9	22	♑ 5	19	♒ 3	17	♓ 1	16	♈ 1	16	♉ 1	16	♊ 0	14	27	♋ 10	22	♌ 5	17	28	♍ 10
☿	♎ 16	18	20	21	23	25	26	28	29/0	♏ 1	2	4	5	7	8	10	11	13	14	15	17	18	20	21	22	23	25	26	27	29	29/0 ♐
♀	♍ 24	26	27	28	29/0	♎ 1	2	3	4	6	7	8	9	11	12	13	14	16	17	18	19	21	22	23	24	26	27	28	29/0	♏ 1	2
♂	♉ 19	R 19	19	19	19	19	19	19	19	18	18	18	18	18	17	17	17	17	16	16	16	15	15	15	14	14	14	13	13	13	12

♃ 1 R 14 D — ♒17 17 · ♄ 1 11 21 29 — ♏23 24 25 26 · ♅ 1 R 31 — ♓27 26 · ♆ 1 — ♌26 · ♇ 1 — ♋15

11

	1	2	3	4	5	6	7	8	9	10	11	12	13	14	15	16	17	18	19	20	21	22	23	24	25	26	27	28	29	30	31
☉	♏ 8	9	10	11	12	13	14	15	16	17	18	19	20	21	22	23	24	25	26	27	28	29	29/0	♐ 1	2	3	4	5	6	7	
☽	♍ 22	♎ 4	16	28	♏ 11	24	♐ 6	19	♑ 2	16	29	♒ 13	27	♓ 11	26	♈ 10	25	♉ 10	24	♊ 8	22	♋ 5	18	♌ 0	13	25	♍ 6	18	♎ 0	12	
☿	♐ 1	2	3	4	5	6	7	8	9	10	10	11	11	11	11	R 11	11	11	10	9	8	7	6	5	3	2	1	♉ 29	♏ 28	27	
♀	♏ 3	4	6	7	8	9	11	12	13	14	16	17	18	19	21	22	23	25	26	27	28	29/0	♐ 1	2	3	5	6	7	8	10	
♂	♉ 12	R 12	11	11	11	10	10	10	9	9	9	8	8	8	7	7	7	6	6	6	6	6	6	5	5	5	5	5	5	5	

♃ 1 15 24 30 — ♒18 19 20 21 · ♄ 1 7 16 24 — ♏26 27 28 29 · ♅ 1 R 30 — ♓26 25 · ♆ 1 30 R — ♌27 27 · ♇ 1 — ♋15

12

	1	2	3	4	5	6	7	8	9	10	11	12	13	14	15	16	17	18	19	20	21	22	23	24	25	26	27	28	29	30	31
☉	♐ 8	9	10	11	12	13	14	15	16	17	18	19	20	21	22	23	24	25	26	27	28	29/0	♑ 1	2	3	4	5	6	7	8	9
☽	♎ 24	♏ 7	19	♐ 2	15	29	♑ 12	26	♒ 10	24	♓ 8	22	♈ 7	21	♉ 5	19	♊ 3	16	29	♋ 13	25	♌ 8	20	♍ 2	14	26	♎ 8	20	♏ 2	15	27
☿	♏ 26	R 26	25	25	D 25	25	25	26	26	27	28	29	29/0	♐ 0	2	3	4	5	6	8	9	10	12	13	14	16	17	19	20	22	23
♀	♐ 11	12	13	15	16	17	18	20	21	22	23	25	26	27	28	29/0	♑ 1	2	3	5	6	7	9	10	11	12	14	15	16	17	19
♂	♉ 5	R 5	4	4	4	4	D 4	4	4	4	4	5	5	5	5	5	5	5	5	5	6	6	6	6	6	7	7	7	7	8	8

♃ 1 8 14 19 25 30 — ♒21 22 23 24 25 26 · ♄ 1 2 29 11 20 29 — ♏29 0 ♐1 2 3 · ♅ 1 R 6 D — ♓25 25 · ♆ 1 R — ♌27 · ♇ 1 — ♋15

1927

1

	1	2	3	4	5	6	7	8	9	10	11	12	13	14	15	16	17	18	19	20	21	22	23	24	25	26	27	28	29	30
☉	♑ 10	11	12	13	14	15	16	17	18	19	20	21	22	23	24	25	26	27	28	29	29/0	♒ 1	2	3	4	5	6	7	8	9
☽	♐ 10	24	♑ 7	21	♒ 6	20	♓ 5	19	♈ 3	18	♉ 2	15	29	♊ 12	26	♋ 8	21	♌ 4	16	28	♍ 10	22	♎ 4	16	28	♏ 10	22	♐ 5	18	♑ 1
☿	♐ 24	26	27	29	29/0	♑ 2	4	5	7	8	10	11	13	14	16	18	19	21	22	24	26	27	29	29/0	♒ 2	4	6	7	9	11
♀	♑ 20	21	22	24	25	26	27	29	29/0	♒ 1	2	4	5	6	7	9	10	11	12	14	15	16	17	19	20	21	22	24	25	26
♂	♉ 8	8	9	9	9	10	10	10	11	11	11	12	12	12	13	13	14	14	14	15	15	16	16	16	17	17	18	18	19	19

♃ 1 4 9 13 18 22 27 31 — ♒26 27 28 29 0 ♓1 2 3 · ♄ 1 8 19 31 — ♐3 4 5 6 · ♅ 1 — ♓26 · ♆ 1 R — ♌26 · ♇ 1 31 — ♋15 14

2

	1	2	3	4	5	6	7	8	9	10	11	12	13	14	15	16	17	18	19	20	21	22	23	24	25	26	27	28	29	30
☉	♒ 11	12	13	14	15	16	17	18	19	20	21	22	23	24	25	26	27	28	29/0	♓ 1	2	3	4	5	6	7	8	9		
☽	♑ 29	♒ 14	29	♓ 14	29	♈ 14	28	♉ 12	26	♊ 9	22	♋ 5	18	♌ 0	13	25	♍ 7	19	♎ 1	12	24	♏ 6	18	♐ 1	13	26	♑ 9	23		
☿	♒ 14	16	18	20	21	23	25	27	29	29/0	♓ 2	4	6	8	9	11	13	14	16	17	19	20	22	23	24	25	26	26		
♀	♒ 29	29/0	♓ 1	2	4	5	6	7	9	10	11	12	13	15	16	17	19	20	21	22	24	25	26	27	29	29/0	♈ 1	2		
♂	♉ 20	20	21	21	22	22	23	23	24	24	25	25	26	26	27	27	28	28	29	29	29	♊ 0	1	1	2	2	3	3		

♃ 1 4 9 13 17 21 25 — ♓3 4 5 6 7 8 9 · ♄ 1 17 — ♐6 7 · ♅ 1 24 — ♓27 28 · ♆ 1 R 28 — ♌26 25 · ♇ 1 — ♋14

3

	1	2	3	4	5	6	7	8	9	10	11	12	13	14	15	16	17	18	19	20	21	22	23	24	25	26	27	28	29	30
☉	♓ 10	11	12	13	14	15	16	17	18	19	20	21	22	23	24	25	26	27	28	29	29/0	♈ 1	2	3	4	5	6	7	8	9
☽	♒ 8	22	♓ 7	23	♈ 8	23	♉ 8	22	♊ 6	19	♋ 2	15	27	♌ 10	22	♍ 4	16	27	♎ 8	21	♏ 3	15	27	♐ 10	22	♑ 5	18	♒ 2	16	♓ 1
☿	♓ 27	27	27	R 27	27	27	27	26	25	25	24	23	22	21	20	19	18	17	17	16	15	15	14	14	14	14	D 14	14	14	14
♀	♈ 3	5	6	7	8	10	11	12	13	15	16	17	18	20	21	22	23	24	26	27	28	29/0	♉ 1	2	3	4	5	7	8	9
♂	♊ 4	4	5	5	6	6	7	7	8	9	9	10	10	11	11	12	12	13	14	14	15	15	16	16	17	17	18	19	19	20

♃ 1 6 10 14 18 22 27 31 — ♓10 11 12 13 14 15 16 17 · ♄ 1 18 R — ♐7 7 · ♅ 1 14 31 — ♓28 29 ♈0 · ♆ 1 R 31 — ♌25 24 · ♇ 1 — ♋14

4

	1	2	3	4	5	6	7	8	9	10	11	12	13	14	15	16	17	18	19	20	21	22	23	24	25	26	27	28	29	30
☉	♈ 11	12	13	14	15	15	16	17	18	19	20	21	22	23	24	25	26	27	28	29	29/0	♉ 1	2	3	4	5	6	7	8	9
☽	♈ 1	16	♉ 1	16	♊ 1	15	28	♋ 11	24	♌ 7	19	♍ 1	13	24	♎ 6	18	♏ 0	12	24	♐ 7	19	♑ 2	15	28	♒ 11	25	♓ 10	24	♈ 9	25
☿	♓ 15	16	16	17	17	18	19	20	21	22	23	24	25	26	27	29	29/0	♈ 1	2	4	5	7	8	10	11	13	14	16	18	19
♀	♉ 11	13	14	15	16	17	19	20	21	22	24	25	26	27	28	29/0	♊ 1	2	3	4	5	7	8	9	10	11	13	14	15	16
♂	♊ 21	21	22	23	23	24	24	25	25	26	27	27	28	28	29	29	♋ 0	1	1	2	2	3	4	4	5	5	6	7	7	8

♃ 1 4 9 13 18 22 27 — ♓17 18 19 20 21 22 23 · ♄ 1 R 30 — ♐7 6 · ♅ 1 18 — ♈0 1 · ♆ 1 R — ♌24 · ♇ 1 — ♋14

5

	1	2	3	4	5	6	7	8	9	10	11	12	13	14	15	16	17	18	19	20	21	22	23	24	25	26	27	28	29	30
☉	♉ 10	11	12	13	14	15	16	17	18	19	20	21	22	23	23	24	25	26	27	28	29	29/0	♊ 1	2	3	4	5	6	7	8
☽	♉ 10	24	♊ 9	23	♋ 7	20	♌ 3	15	27	♍ 9	21	♎ 3	15	27	♏ 9	21	♐ 3	16	29	♑ 12	25	♒ 8	22	♓ 6	20	♈ 4	19	♉ 4	18	♊ 3
☿	♈ 21	23	24	26	28	29/0	♉ 2	4	6	8	10	12	14	16	18	20	22	24	27	29	♊ 1	3	5	8	10	12	14	16	18	20
♀	♊ 17	18	20	21	22	23	24	25	27	28	29	29/0	♋ 1	2	3	5	6	7	8	9	10	11	13	14	15	16	17	18	19	20
♂	♋ 8	9	9	10	11	11	12	12	13	14	14	15	15	16	17	17	18	18	19	20	20	21	21	22	23	23	24	24	25	26

♃ 1 7 12 18 24 30 — ♓24 25 26 27 28 29 · ♄ 1 R 17 31 — ♐6 5 4 · ♅ 1 9 — ♈1 2 · ♆ 1 R 6 D — ♌24 24 · ♇ 1 — ♋14

6

	1	2	3	4	5	6	7	8	9	10	11	12	13	14	15	16	17	18	19	20	21	22	23	24	25	26	27	28	29	30
☉	♊ 10	11	12	13	14	14	15	16	17	18	19	20	21	22	23	24	25	26	27	28	29	29/0	♋ 1	2	3	4	5	6	7	8
☽	♋ 1	15	28	♌ 11	23	♍ 5	17	29	♎ 11	28	♏ 5	17	29	♐ 12	25	♑ 8	21	♒ 5	19	♓ 2	17	♈ 1	15	29	♉ 14	28	♊ 12	26	♋ 9	23
☿	♊ 24	26	28	29/0	♋ 2	3	5	7	8	10	11	13	14	16	17	18	20	21	22	23	24	25	26	27	28	28	29	29/0	♌ 0	1
♀	♋ 23	24	25	26	27	28	29	29/0	♌ 1	2	3	5	6	7	8	9	10	11	12	13	14	15	16	17	18	19	20	21	22	23
♂	♋ 27	27	28	29	29	29/0	♌ 0	1	2	2	3	3	4	5	5	6	7	7	8	8	9	10	10	11	11	12	13	13	14	14

♃ 1 6 29 14 23 — ♓29 0 ♈1 2 · ♄ 1 R 14 30 — ♐4 3 2 · ♅ 1 — ♈3 · ♆ 1 30 — ♌24 25 · ♇ 1 30 — ♋14 1

7

	1	2	3	4	5	6	7	8	9	10	11	12	13	14	15	16	17	18	19	20	21	22	23	24	25	26	27	28	29	30
☉	♋ 8	9	10	11	12	13	14	15	16	17	18	19	20	21	22	23	24	25	26	27	28	29	29/0	♌ 0	1	2	3	4	5	6
☽	♌ 6	19	♍ 1	13	25	♎ 7	19	♏ 1	13	25	♐ 8	21	♑ 4	17	♒ 1	15	29	♓ 13	27	♈ 12	26	♉ 10	24	♊ 8	22	♋ 5	18	♌ 1	14	27
☿	♌ 1	1	2	2	2	R 2	2	2	2	1	1	1	♉ 29	♋ 29	29	28	28	27	26	26	25	24	24	28	23	22	22	22	22	22
♀	♌ 24	25	26	27	28	29	29/0	♍ 0	1	2	3	4	5	6	7	7	8	9	10	11	11	12	13	14	14	15	16	16	17	18
♂	♌ 15	16	16	17	18	18	19	19	20	21	21	22	23	23	24	24	25	26	26	27	27	28	29	29	29/0	♍ 1	1	2	2	3

♃ 1 6 25 R — ♈2 3 3 · ♄ 1 R 31 — ♐2 1 · ♅ 1 9 R — ♈3 3 · ♆ 1 31 — ♌25 26 · ♇ 1 31 — ♋15 1

8

	1	2	3	4	5	6	7	8	9	10	11	12	13	14	15	16	17	18	19	20	21	22	23	24	25	26	27	28	29	30
☉	♌ 8	9	10	11	12	13	14	15	16	17	18	19	20	21	21	22	23	24	25	26	27	28	29	29/0	♍ 1	2	3	4	5	6
☽	♍ 21	♎ 3	15	27	♏ 9	21	♐ 3	16	29	♑ 12	25	♒ 9	24	♓ 8	23	♈ 8	22	♉ 7	21	♊ 5	19	♋ 2	15	28	♌ 11	23	♍ 6	18	29	♎ 12
☿	♋ 22	22	22	23	23	24	25	26	27	28	29	29/0	♌ 2	3	5	6	8	10	11	13	15	17	19	21	23	25	27	29/0	♍ 1	3
♀	♍ 19	19	20	20	21	21	22	22	23	23	23	24	24	24	25	25	25	25	25	R 25	25	25	25	24	24	24	24	24	23	23
♂	♍ 4	5	6	6	7	7	8	9	9	10	11	11	12	13	13	14	14	15	16	16	17	18	18	19	20	20	21	21	22	23

♃ 1 R 24 31 — ♈3 2 1 · ♄ 1 R 6 D — ♐1 1 · ♅ 1 R 31 — ♈3 2 · ♆ 1 28 — ♌26 27 · ♇ 1 — ♋16

9

	1	2	3	4	5	6	7	8	9	10	11	12	13	14	15	16	17	18	19	20	21	22	23	24	25	26	27	28	29	30
☉	♍ 8	9	10	11	12	13	14	15	16	17	18	19	20	21	22	22	23	24	25	26	27	28	29	29/0	♎ 1	2	3	4	5	6
☽	♏ 5	19	29	♐ 11	24	♑ 7	20	♒ 3	18	♓ 2	17	♈ 2	17	♉ 2	17	♊ 1	15	29	♋ 12	25	♌ 8	20	♍ 2	15	27	♎ 9	20	♏ 2	14	26
☿	♍ 7	9	11	13	14	16	18	20	22	24	25	27	29	29/0	♎ 2	4	6	7	9	11	12	14	15	17	18	20	21	23	24	26
♀	♍ 22	R 22	21	21	20	19	19	18	18	17	16	16	15	15	14	13	13	12	12	11	11	11	10	10	10	9	9	9	9	9
♂	♍ 24	25	25	26	27	27	28	28	29	29/0	♎ 0	1	2	2	3	4	4	5	6	6	7	8	8	9	10	10	11	12	12	13

♃ 1 R 11 0 26 30 — ♈1 29 ♓28 27 · ♄ 1 9 25 — ♐1 2 3 · ♅ 1 R 30 — ♈2 1 · ♆ 1 26 — ♌27 28 · ♇ 1 30 — ♋16 1

10

	1	2	3	4	5	6	7	8	9	10	11	12	13	14	15	16	17	18	19	20	21	22	23	24	25	26	27	28	29	30
☉	♎ 7	8	9	10	11	12	13	14	15	16	17	18	19	20	21	22	23	24	25	26	27	28	29	29/0	♏ 1	2	3	4	5	6
☽	♐ 8	20	♑ 2	15	28	♒ 12	26	♓ 10	25	♈ 10	26	♉ 11	26	♊ 11	25	♋ 8	22	♌ 5	17	29	♍ 12	24	♎ 6	17	29	♏ 11	23	♐ 5	17	29
☿	♎ 27	29	29/0	♏ 1	3	4	5	7	8	9	11	12	13	14	15	16	17	18	19	20	21	22	23	23	24	25	25	25	25	R 25
♀	♍ 9	9	D 9	9	9	9	9	9	10	10	10	11	11	11	12	12	13	13	14	15	15	16	16	17	18	18	19	20	21	21
♂	♎ 13	14	15	15	16	17	17	18	19	19	20	21	21	22	23	23	24	25	25	26	27	27	28	29	29	♏ 0	1	2	2	3

♃ 1 R 12 21 31 — ♓27 26 25 24 · ♄ 1 7 17 27 — ♐3 4 5 6 · ♅ 1 R 31 — ♈1 0 · ♆ 1 31 — ♌28 29 · ♇ 1 — ♋17

11

	1	2	3	4	5	6	7	8	9	10	11	12	13	14	15	16	17	18	19	20	21	22	23	24	25	26	27	28	29	30
☉	♏ 8	9	10	11	12	13	14	15	16	17	18	19	20	21	22	23	24	25	26	27	28	29	29/0	♐ 1	2	3	4	5	6	7
☽	♑ 24	♒ 7	21	♓ 5	19	♈ 4	19	♉ 4	19	♊ 4	19	♋ 3	17	♌ 0	13	26	♍ 8	21	♎ 2	14	26	♏ 8	20	♐ 2	14	26	♑ 9	21	♒ 4	17
☿	♏ 25	R 25	24	23	22	21	20	19	18	16	15	14	13	12	11	10	10	9	D 9	9	10	10	11	11	12	13	14	15	16	18
♀	♍ 23	24	25	25	26	27	28	29	29/0	♎ 1	2	3	3	4	5	6	7	8	9	10	11	12	13	14	15	16	18	19	20	21
♂	♏ 4	5	6	6	7	8	8	9	10	10	11	12	12	13	14	15	15	16	17	17	18	19	19	20	21	21	22	23	24	24

♃ 1 R 20 D — ♓24 24 · ♄ 1 6 14 23 30 — ♐6 7 8 9 10 · ♅ 1 R 5 — ♈0 ♓29 · ♆ 1 — ♌29 · ♇ 1 — ♋17

12

	1	2	3	4	5	6	7	8	9	10	11	12	13	14	15	16	17	18	19	20	21	22	23	24	25	26	27	28	29	30
☉	♐ 8	9	10	11	12	13	14	15	16	17	18	19	20	21	22	23	24	25	26	27	28	29/0	♑ 1	2	3	4	5	6	7	8
☽	♓ 1	14	28	♈ 13	28	♉ 12	27	♊ 12	27	♋ 11	25	♌ 9	22	♍ 4	17	29	♎ 11	23	♏ 5	16	28	♐ 10	23	♑ 5	18	♒ 1	14	28	♓ 11	25
☿	♏ 19	20	22	23	24	26	27	29	29/0	♐ 1	3	4	6	7	9	10	12	14	15	17	18	20	21	23	24	26	27	29	29/0	♑ 2
♀	♎ 22	23	24	25	26	27	28	29/0	♏ 1	2	3	4	5	6	7	8	10	11	12	13	14	15	16	18	19	20	21	22	23	25
♂	♏ 25	26	26	27	28	28	29	29/0	♐ 1	1	2	3	3	4	5	6	6	7	8	8	9	10	11	11	12	13	13	14	15	16

♃ 1 18 27 — ♓24 25 26 · ♄ 1 10 18 27 — ♐10 11 12 13 · ♅ 1 R 10 D — ♓29 29 · ♆ 1 R — ♌29 · ♇ 1 31 — ♋17 1

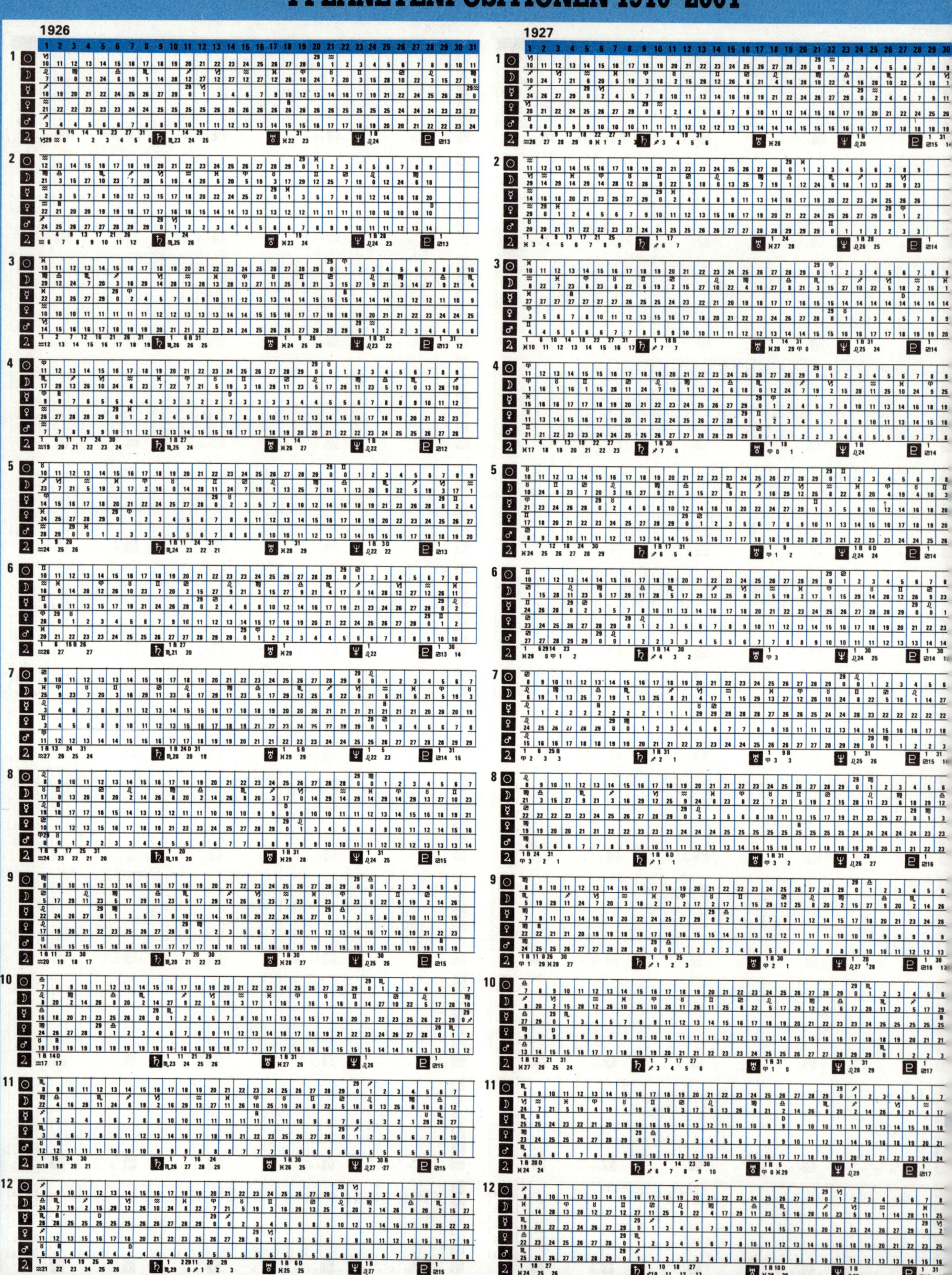

1 PLANETENPOSITIONEN 1910–2001

1928

	1	2	3	4	5	6	7	8	9	10	11	12	13	14	15	16	17	18	19	20	21	22	23	24	25	26	27	28	29	30	31
1 ☉	10	11	12	13	14	15	16	17	18	19	20	21	22	23	24	25	26	27	28	29	0	1	2	3	4	5	6	7	8	9	10
☽	23	7	22	6	21	5	19	3	16	29	12	25	7	19	1	12	24	6	19	1	14	27	10	24	8	22	6	20	4	18	2
☿	5	7	8	10	12	13	15	16	18	20	21	23	25	26	28	0	1	3	5	7	8	10	12	14	15	17	19	20	22	24	25
♀	27	28	29	0	2	3	4	5	6	8	9	10	11	12	14	15	16	17	18	20	21	22	23	24	26	27	28	29	0	2	3
♂	17	18	18	19	20	21	21	22	23	24	24	25	26	27	28	29	29	0	1	2	2	3	4	5	5	6	7	8	8	9	

♃ 1 4 11 17 23 28: 26 27 28 29 0 1 — ♄ 1 5 15 25: 13 14 15 16 — ♅ 1 13: 29 0 — ♆ 1: 28 — ♇ 1 31: 16 15

	1	2	3	4	5	6	7	8	9	10	11	12	13	14	15	16	17	18	19	20	21	22	23	24	25	26	27	28	29	30	31
2 ☉	11	12	13	14	15	16	17	18	19	20	21	22	23	24	25	26	27	28	29	0	1	2	3	4	5	6	7	8	9		
☽	16	0	14	28	11	24	7	20	2	15	27	8	20	2	14	26	9	22	5	19	3	17	2	16	1	15	29	13	17		
☿	27	28	0	1	3	4	5	7	8	9	10	10	11	11	11	11	11	10	9	9	8	7	6	5	4	3	2	1	29		
♀	4	5	6	8	9	10	11	13	14	14	15	16	17	19	20	21	22	24	25	26	27	28	0	1	2	3	5	6	7		
♂	10	11	11	12	13	13	14	15	16	16	17	18	19	19	20	21	22	22	23	24	25	25	26	27	28	28	29	29	0		

♃ 1 7 12 17 21 26 29: 2 3 4 5 6 7 8 — ♄ 1 6 20: 16 17 18 — ♅ 1 8 28: 0 1 2 — ♆ 1R 29: 28 27 — ♇ 1: 15

	1	2	3	4	5	6	7	8	9	10	11	12	13	14	15	16	17	18	19	20	21	22	23	24	25	26	27	28	29	30	31
3 ☉	10	11	12	13	14	15	16	17	18	19	20	21	22	23	24	25	26	27	28	29	0	1	2	3	4	5	6	7	8	9	10
☽	11	24	7	20	3	16	28	11	23	5	16	28	10	22	4	17	29	13	27	11	26	10	25	10	25	10	24	7	21	4	17
☿	29	28	27	27	26	26	26	26	26	26	27	27	28	28	29	29	0	1	2	3	4	5	6	7	8	9	10	12	13	14	
♀	9	11	12	13	14	16	17	18	19	20	22	23	24	25	27	28	29	0	2	3	4	5	6	8	9	10	11	13	14	15	16
♂	1	2	3	4	5	5	6	7	8	9	10	11	11	12	13	14	14	15	16	17	18	19	20	21	21	22	23	24			

♃ 1 5 10 14 18 22 27 31: 8 9 10 11 12 13 14 15 — ♄ 1 16 29R: 18 19 19 — ♅ 1 17: 2 3 — ♆ 1R: 27 — ♇ 1: 15

	1	2	3	4	5	6	7	8	9	10	11	12	13	14	15	16	17	18	19	20	21	22	23	24	25	26	27	28	29	30	31
4 ☉	11	12	13	14	15	16	17	18	19	20	21	22	23	24	25	26	27	28	29	0	1	2	3	4	5	6	7	8	9	10	
☽	0	12	25	7	19	1	13	25	7	18	0	13	25	8	21	5	19	4	19	4	19	4	19	3	17	1	14	27	10	22	
☿	16	17	18	20	21	23	24	26	27	29	0	2	4	6	7	9	11	13	14	16	18	20	22	24	26	28	0	2	4	6	
♀	17	19	20	21	22	24	25	26	27	29	0	1	2	3	5	6	7	8	10	11	12	13	15	16	17	18	19	21	22	23	
♂	25	26	27	27	28	29	0	1	1	2	3	4	4	5	6	7	7	8	9	10	10	11	12	13	13	14	15	16	16	17	

♃ 1 4 8 12 16 20 25 29: 15 16 17 18 19 20 21 22 — ♄ 1R: 19 18 — ♅ 1 22: 4 5 — ♆ 1R: 26 — ♇ 1: 15

	1	2	3	4	5	6	7	8	9	10	11	12	13	14	15	16	17	18	19	20	21	22	23	24	25	26	27	28	29	30	31
5 ☉	11	12	13	14	15	15	16	17	18	19	20	21	22	23	24	25	26	27	28	29	0	1	2	3	4	5	6	7	8	9	10
☽	4	16	28	10	22	4	15	27	9	22	4	17	0	14	28	12	27	12	27	12	26	10	23	7	19	2	14	26	8	20	2
☿	8	10	13	15	17	19	21	23	26	28	0	2	4	6	8	10	12	14	15	17	19	21	22	24	25	27	28	0	1	2	3
♀	24	26	27	28	29	0	2	3	4	5	7	8	9	10	12	13	14	15	16	18	19	20	21	23	24	25	26	28	29	0	1
♂	18	19	20	20	21	22	23	23	24	25	26	26	27	28	29	29	0	1	2	2	3	4	5	5	6	7	8	8	9	10	11

♃ 1 3 7 12 16 21 25 30: 22 23 24 25 26 27 28 29 — ♄ 1R 21 31: 18 17 16 — ♅ 1 13: 5 6 — ♆ 1R: 26 — ♇ 1: 15

	1	2	3	4	5	6	7	8	9	10	11	12	13	14	15	16	17	18	19	20	21	22	23	24	25	26	27	28	29	30	31
6 ☉	10	11	12	13	14	15	16	17	18	19	20	21	22	23	24	25	26	27	28	29	0	1	2	3	4	5	6	7	8	9	
☽	19	1	12	24	6	19	1	14	27	10	24	8	22	7	21	6	21	6	20	5	18	2	15	27	10	22	4	15	27	9	
☿	4	5	6	7	8	8	9	10	10	11	11	11	12	12	12	12	12	12	12	11	11	11	10	10	9	9	8	8	7	7	
♀	2	4	5	6	7	8	10	11	12	13	15	16	17	18	20	20	22	23	24	26	27	28	0	1	2	3	4	5	7	8	
♂	12	12	13	14	14	15	16	17	17	18	19	20	20	21	22	23	23	24	25	26	26	27	28	28	29	0	1	1	2	3	

♃ 1 4 9 14 19 25 30: 29 0 1 2 3 4 5 — ♄ 1R 18 30: 16 15 14 — ♅ 1 11: 6 7 — ♆ 1 24: 26 27 — ♇ 1 30: 15 16

	1	2	3	4	5	6	7	8	9	10	11	12	13	14	15	16	17	18	19	20	21	22	23	24	25	26	27	28	29	30	31
7 ☉	9	10	11	12	13	14	15	16	17	18	19	20	21	22	23	24	25	26	27	28	29	0	1	2	3	4	5	6	7	8	
☽	21	3	15	28	11	24	7	20	4	18	2	16	0	15	29	14	29	13	28	12	26	9	22	5	17	29	11	23	5	17	29
☿	6	6	5	5	4	4	4	4	3	3	3	3	3	4	4	5	5	6	7	8	8	9	10	11	13	14	15	17	18	19	20
♀	9	10	12	13	14	15	17	18	19	20	21	23	24	25	26	28	29	0	1	2	4	5	6	7	9	10	11	12	14	15	16
♂	4	4	5	6	6	7	8	8	9	10	11	11	12	13	13	14	15	15	16	17	18	19	20	21	22	22	23	24			

♃ 1 7 14 22 31: 5 6 7 8 9 — ♄ 1R 22: 14 13 — ♅ 1 17R: 7 7 — ♆ 1: 27 28 — ♇ 1 31: 16 17

	1	2	3	4	5	6	7	8	9	10	11	12	13	14	15	16	17	18	19	20	21	22	23	24	25	26	27	28	29	30	31
8 ☉	9	10	11	12	13	14	15	16	17	18	19	20	21	22	23	24	25	26	27	28	29	0	1	2	3	4	5	6	7	8	
☽	7	20	3	17	1	15	28	13	27	11	25	9	23	7	21	5	18	1	14	26	8	20	2	13	25	7	20	3	16	29	13
☿	24	25	27	0	1	3	5	7	9	11	13	16	17	20	21	24	26	27	29	0	3	5	7	9	11	13	14	16	18	20	21
♀	17	19	20	21	22	24	25	26	27	28	0	1	2	3	5	6	7	8	10	11	12	13	15	16	17	18	20	21	22	23	24
♂	25	26	26	27	27	28	29	29	0	1	1	2	3	3	4	4	5	5	6	7	7	8	8	9	9	10	11	11	12	12	13

♃ 1 14 30R: 9 10 10 — ♄ 1R 17D: 13 13 — ♅ 1R 31: 7 6 — ♆ 1 24: 28 29 — ♇ 1 31: 17 18

	1	2	3	4	5	6	7	8	9	10	11	12	13	14	15	16	17	18	19	20	21	22	23	24	25	26	27	28	29	30	31
9 ☉	9	10	11	12	13	14	15	16	17	18	19	20	21	22	23	24	25	26	27	28	29	0	1	2	3	4	5	6	7	8	
☽	27	11	25	9	23	8	22	6	20	3	17	0	14	27	9	22	4	16	28	10	22	4	16	28	10	24	7	21	6	20	
☿	23	25	26	28	0	1	3	4	6	7	9	10	12	13	15	16	17	19	20	21	23	24	25	26	27	28	29	0	1	2	
♀	26	27	28	0	1	2	3	4	5	7	8	9	10	12	13	14	15	17	18	19	20	22	23	24	25	26	28	29	0	1	
♂	14	15	15	16	16	17	17	18	18	19	19	20	20	21	21	22	22	23	23	24	24	25	25	25	26	26	26	27	27	28	

♃ 1R 28: 10 9 — ♄ 1 29: 13 14 — ♅ 1R 30: 6 5 — ♆ 1 21: 29 0 — ♇ 1: 18

	1	2	3	4	5	6	7	8	9	10	11	12	13	14	15	16	17	18	19	20	21	22	23	24	25	26	27	28	29	30	31
10 ☉	8	9	10	11	12	13	14	15	16	17	18	19	20	21	22	23	24	25	26	27	28	29	0	1	2	3	4	5	6	7	8
☽	5	19	4	18	3	17	1	14	27	10	23	5	18	0	12	24	6	18	0	12	24	6	19	2	15	29	14	28	13	28	13
☿	4	5	6	7	7	8	8	8	9	9	9	9	9	9	8	8	8	7	6	5	5	4	3	2	0	29	28	27	26	25	24
♀	3	4	5	6	7	9	10	11	12	14	15	16	17	18	20	21	22	23	25	26	27	28	0	1	2	3	4	6	7	8	9
♂	29	0	0	1	1	2	2	3	3	3	3	4	4	4	4	5	5	5	5	5	6	6	6	6	7	7	7	7	8	8	8

♃ 1R 8 16 24 31: 9 8 7 6 5 — ♄ 1 13 24: 14 15 16 — ♅ 1R 31: 5 4 — ♆ 1: 0 1 — ♇ 1: 18

	1	2	3	4	5	6	7	8	9	10	11	12	13	14	15	16	17	18	19	20	21	22	23	24	25	26	27	28	29	30	31
11 ☉	9	10	11	12	13	14	15	16	17	18	19	20	21	22	23	24	25	26	27	28	29	0	1	2	3	4	5	6	7	8	
☽	28	13	27	11	24	7	20	2	15	27	9	21	3	14	26	8	20	2	14	27	10	23	7	21	6	22	7	22	6	20	
☿	24	24	24	24	25	25	26	27	28	29	0	1	3	4	5	7	8	10	11	13	14	16	17	19	20	22	23	25	26	28	
♀	11	12	13	14	16	17	18	19	20	22	23	24	25	27	28	29	0	2	3	4	5	6	8	9	10	11	13	14	15	16	
♂	8	8	8	9	9	9	9	9	9	9	9	9	9	9	9	9	9	9	9	9	9	8	8	8	8	8	7	7	7	7	

♃ 1R 8 16 25 30: 5 4 3 2 1 — ♄ 1 12 21 30: 17 18 19 20 — ♅ 1R 30: 4 3 — ♆ 1: 1 — ♇ 1: 18

	1	2	3	4	5	6	7	8	9	10	11	12	13	14	15	16	17	18	19	20	21	22	23	24	25	26	27	28	29	30	31
12 ☉	9	10	11	12	13	14	15	16	17	18	19	20	21	22	23	24	25	26	27	28	29	0	1	2	3	4	5	6	7	8	9
☽	5	20	4	17	29	12	24	6	18	29	11	23	5	17	29	11	24	6	19	2	16	0	15	29	14	29	14	29	12	28	9
☿	29	1	3	4	6	7	9	10	12	14	15	17	18	20	21	23	25	26	28	29	1	2	4	6	7	9	11	12	14	15	17
♀	17	18	20	21	22	23	24	26	27	28	29	1	2	3	4	5	7	8	9	10	11	13	14	15	16	18	19	20	21	23	24
♂	7	6	6	6	5	5	5	4	4	4	3	3	3	3	2	2	2	2	1	1	1	0	0	0	29	29	29	29	28	28	28

♃ 1R 26D: 1 1 0 — ♄ 1 9 17 26: 20 21 22 23 — ♅ 1R 13D: 3 3 — ♆ 1 4R: 1 1 — ♇ 1 31: 18 17

1929

	1	2	3	4	5	6	7	8	9	10	11	12	13	14	15	16	17	18	19	20	21	22	23	24	25	26	27	28	29	30	31
1 ☉	10	11	12	13	14	15	16	17	18	19	20	21	22	23	24	25	26	27	28	29	0	1	2	3	4	5	6	7	8	9	10
☽	25	8	21	3	15	26	8	20	2	14	26	8	21	3	16	29	13	26	10	24	8	23	8	23	8	22	6	20	3	16	29
☿	19	20	22	24	25	27	28	0	2	3	5	7	8	10	11	13	14	16	17	18	19	20	21	22	23	24	24	24	24	24	24
♀	24	25	26	28	29	0	1	2	4	5	6	7	8	9	10	11	12	13	15	16	17	18	19	20	21	22	23	24	25	26	27
♂	25	25	24	24	24	24	23	23	23	23	23	23	22	22	22	22	22	21	21	21	21	21	21	21	21	21	21	21	21	21	21

♃ 1 13 25: 0 1 2 — ♄ 1 12 21 31: 24 25 26 27 — ♅ 1 17: 3 4 — ♆ 1R 31: 1 0 — ♇ 1: 17

	1	2	3	4	5	6	7	8	9	10	11	12	13	14	15	16	17	18	19	20	21	22	23	24	25	26	27	28	29	30	31
2 ☉	12	13	14	15	16	17	18	19	20	21	22	23	24	25	26	27	28	29	0	1	2	3	4	5	6	7	8	9			
☽	11	23	5	17	28	10	22	5	17	0	13	26	9	23	7	21	5	19	3	17	2	16	0	14	28	11	24	7			
☿	23	23	22	21	20	19	17	16	15	14	13	12	11	10	10	9	9	9	9	9	9	10	10	11	11	12	13				
♀	29	0	1	2	3	4	5	6	7	8	9	10	11	12	13	14	15	16	17	18	19	20	21	22	23	23	24				
♂	21	21	21	21	21	22	22	22	22	22	22	23	23	23	23	23	24	24	24	24	24	25	25	25	26	26	26	26			

♃ 1 10 17 23 28: 3 4 5 6 7 — ♄ 1 12 25: 27 28 29 — ♅ 1: 4 5 — ♆ 1R 20: 0 29 — ♇ 1: 16

	1	2	3	4	5	6	7	8	9	10	11	12	13	14	15	16	17	18	19	20	21	22	23	24	25	26	27	28	29	30	31
3 ☉	10	11	12	13	14	15	16	17	18	19	20	21	22	23	24	25	26	27	28	29	0	1	2	3	4	5	6	7	8	9	10
☽	19	1	13	24	6	18	0	13	26	9	22	6	19	3	17	1	15	29	14	28	12	26	10	23	6	19	2	14	27	9	20
☿	14	15	15	16	17	18	19	20	21	23	24	25	26	28	29	0	2	3	5	6	8	9	11	12	14	15	17	19	20	22	24
♀	25	26	26	27	28	28	29	29	0	0	1	1	2	2	3	4	4	4	5	5	5	6	6	6	7	7	7	7	8	8	8
♂	27	27	27	28	28	29	29	29	29	0	0	1	1	1	2	2	2	3	3	3	4	4	4	5	5	5	6	6	7	7	8

♃ 1 6 12 17 21 26 31: 7 8 9 10 11 12 13 — ♄ 1 15: 29 0 — ♅ 1 22: 6 7 — ♆ 1R: 29 — ♇ 1: 16

	1	2	3	4	5	6	7	8	9	10	11	12	13	14	15	16	17	18	19	20	21	22	23	24	25	26	27	28	29	30	31
4 ☉	11	12	13	14	15	16	17	18	19	20	21	22	23	24	25	26	27	28	29	0	1	2	3	4	5	6	7	8	9	10	
☽	2	14	26	8	21	4	17	0	14	28	13	27	12	26	11	25	9	22	6	19	2	15	28	10	23	5	17	28	10	22	
☿	26	27	0	1	3	5	7	8	10	12	14	16	18	20	22	24	25	27	29	1	3	5	7	9	12	14	16	18	20	22	
♀	8	8	7	7	7	7	6	6	6	5	5	5	4	4	3	3	2	2	1	1	0	0	29	29	28	28	27	27	26	25	
♂	9	9	10	10	11	11	12	12	13	13	14	14	14	15	15	16	16	17	17	18	18	19	19	20	20	21	21	22	22	23	

♃ 1 4 9 13 18 22 26 30: 13 14 15 16 17 18 19 20 — ♄ 1 10R: 0 0 — ♅ 1: 7 8 9 — ♆ 1R 30: 29 28 — ♇ 1: 16

	1	2	3	4	5	6	7	8	9	10	11	12	13	14	15	16	17	18	19	20	21	22	23	24	25	26	27	28	29	30	31
5 ☉	10	11	12	13	14	15	16	17	18	19	20	21	22	23	24	25	26	27	28	29	0	1	2	3	4	5	6	7	8	9	
☽	4	16	29	12	25	8	23	7	21	6	21	5	19	3	16	29	12	25	7	19	1	13	25	7	19	1	13	25	7	19	1
☿	26	27	0	1	3	4	6	7	9	10	11	13	14	15	16	17	18	18	19	20	20	21	21	21	22	22	22	22	22	22	22
♀	24	23	23	23	22	22	22	22	22	22	21	21	21	21	21	22	22	22	22	22	23	23	23	23	24	24	24	25	25	26	26
♂	24	24	25	25	26	26	27	27	28	28	29	29	0	0	1	1	2	2	2	3	4	4	5	5	6	6	7	7	8	9	10

♃ 1 5 9 13 17 22 26 30: 20 21 22 23 24 25 26 27 — ♄ 1R 5 31: 0 29 28 — ♅ 1 18: 9 10 — ♆ 1: 28 — ♇ 1 31: 16 17

	1	2	3	4	5	6	7	8	9	10	11	12	13	14	15	16	17	18	19	20	21	22	23	24	25	26	27	28	29	30	31
6 ☉	10	11	12	13	14	15	16	17	18	19	20	21	22	23	24	25	26	27	28	29	0	1	2	3	4	5	6	7	8	9	
☽	20	3	17	1	15	0	15	0	15	0	15	29	13	26	9	22	4	16	28	10	22	4	16	28	10	22	4	16	29	12	
☿	22	21	21	20	20	19	19	18	18	17	17	16	16	15	15	15	14	14	14	14	14	14	14	14	15	15	16	16	17		
♀	29	29	0	1	1	2	3	3	4	5	5	6	7	8	9	9	10	11	12	13	14	15	16	17	18	19	20	21	22		
♂	11	11	12	12	13	13	14	14	15	15	16	16	17	17	18	18	19	19	20	20	21	21	22	22	23	23	24	24	25	26	

♃ 1 3 8 12 16 21 25 30: 27 28 29 0 1 2 3 4 — ♄ 1R 22 30: 28 27 26 — ♅ 1 16: 10 11 — ♆ 1 18: 28 29 — ♇ 1: 17

	1	2	3	4	5	6	7	8	9	10	11	12	13	14	15	16	17	18	19	20	21	22	23	24	25	26	27	28	29	30	31
7 ☉	9	10	11	12	13	14	15	16	17	18	19	20	21	22	23	24	25	26	27	28	29	0	1	2	3	4	5	6	7	8	
☽	26	9	24	8	23	9	24	9	24	8	22	5	18	1	13	25	7	19	1	13	25	7	19	1	13	26	9	22	5	19	3
☿	18	19	19	20	22	23	24	25	26	28	29	1	2	4	6	8	9	11	13	15	17	19	21	23	25	27	29	0	2	4	6
♀	23	24	25	26	27	28	29	0	1	2	3	4	5	6	8	9	10	11	12	13	14	15	16	17	18	19	20	21	22	24	25
♂	28	29	29	0	0	1	2	3	4	4	5	5	6	7	7	8	8	9	10	10	11	11	12	13	13	14	15	15	16	16	17

♃ 1 5 10 15 20 25 30: 4 5 6 7 8 9 10 — ♄ 1R 21 31: 26 25 24 — ♅ 1 17R: 11 11 — ♆ 1 29: 29 0 — ♇ 1: 18

	1	2	3	4	5	6	7	8	9	10	11	12	13	14	15	16	17	18	19	20	21	22	23	24	25	26	27	28	29	30	31
8 ☉	8	9	10	11	12	13	14	15	16	17	18	19	20	21	22	23	24	25	26	27	28	29	0	1	2	3	4	5	6	7	
☽	18	2	17	2	17	2	16	0	14	27	10	22	4	16	28	10	22	4	16	28	10	23	6	19	2	16	29	13	27	12	26
☿	10	12	14	16	18	20	22	24	26	28	0	1	3	5	7	9	10	12	14	15	16	18	19	21	22	24	25	26	27	28	29
♀	26	27	28	29	0	1	2	3	4	5	6	7	8	9	10	11	12	13	14	15	16	17	18	19	20	21	22	23	24	25	26
♂	17	18	18	19	19	20	21	21	22	23	23	24	24	25	26	26	27	27	28	29	29	0	0	1	1	2	2	3	4	5	6

♃ 1 6 12 19 27: 10 11 12 13 14 — ♄ 1R 29D: 24 24 — ♅ 1R 31: 11 10 — ♆ 1 21: 0 1 — ♇ 1 31: 18 19

	1	2	3	4	5	6	7	8	9	10	11	12	13	14	15	16	17	18	19	20	21	22	23	24	25	26	27	28	29	30	31
9 ☉	8	9	10	11	12	13	14	15	16	17	18	19	20	21	22	23	24	25	26	27	28	29	0	1	2	3	4	5	6	7	
☽	11	26	10	25	9	22	5	18	0	12	24	6	18	29	11	24	7	19	2	15	29	12	26	10	24	8	22	7	21	5	
☿	3	4	6	7	8	9	10	12	13	14	15	16	16	17	18	18	19	20	20	21	21	22	22	23	23	23	23	22	22	22	
♀	1	2	3	5	6	7	8	10	11	12	13	15	16	17	18	19	21	22	23	24	26	27	28	0	1	2	3	4	6		
♂	7	7	8	9	9	10	11	11	12	13	13	14	14	15	16	16	17	18	18	19	20	21	21	22	23	23	24	25	25	26	

♃ 1 5 19: 14 15 16 — ♄ 1: 24 — ♅ 1R 30: 10 9 — ♆ 1 17: 1 2 — ♇ 1: 19

	1	2	3	4	5	6	7	8	9	10	11	12	13	14	15	16	17	18	19	20	21	22	23	24	25	26	27	28	29	30	31
10 ☉	8	9	10	11	12	13	14	15	16	17	18	19	20	21	22	23	24	25	26	27	28	0	1	2	3	4	5	6	7		
☽	19	3	17	0	13	26	8	20	2	14	26	8	20	2	15	28	11	24	8	21	5	19	3	18	1	15	29	12	25		
☿	21	20	19	18	16	15	14	13	12	11	10	9	9	8	8	8	8	9	9	10	11	12	13	14	15	17	18	19	20	22	
♀	7	8	9	11	12	13	14	15	16	17	18	19	20	21	22	23	25	26	27	28	29	0	1	2	3	4	5	6	7	8	9
♂	26	27	28	28	29	0	1	1	2	3	3	4	5	5	6	7	7	8	9	9	10	11	11	12	13	13	14	15	16	16	17

♃ 1 5R 31: 16 16 15 — ♄ 1 5 20 31: 24 25 26 27 — ♅ 1R 31: 9 8 — ♆ 1 21: 2 3 — ♇ 1: 19

	1	2	3	4	5	6	7	8	9	10	11	12	13	14	15	16	17	18	19	20	21	22	23	24	25	26	27	28	29	30	31
11 ☉	8	9	10	11	12	13	14	15	16	17	18	19	20	21	22	23	24	25	26	27	28	29	0	1	2	3	4	5	6	7	
☽	8	21	4	16	28	10	22	4	15	28	10	22	5	17	0	13	27	11	25	9	24	8	22	6	20	3	17	29	12	24	
☿	23	25	26	28	0	1	3	4	6	7	9	11	12	14	15	17	19	20	22	23	25	27	28	0	1	3	5	6	8	9	
♀	15	16	18	19	20	21	22	24	25	26	27	29	0	1	2	4	5	6	8	9	10	11	13	14	15	16	18	19	20	21	
♂	18	19	20	20	21	22	23	23	24	25	26	26	27	28	29	29	0	1	2	2	3	4	5	5	6	7	7	8			

♃ 1R 13 21 29 30: 15 14 13 12 12 — ♄ 1 11 21 30: 27 28 29 0 — ♅ 1R 30: 8 7 — ♆ 1: 3 — ♇ 1: 19

	1	2	3	4	5	6	7	8	9	10	11	12	13	14	15	16	17	18	19	20	21	22	23	24	25	26	27	28	29	30	31
12 ☉	8	9	10	11	12	13	14	15	16	17	18	19	20	21	22	23	24	25	26	27	28	29	0	1	2	3	4	5	6	7	8
☽	12	24	6	18	0	12	24	6	18	0	13	27	10	25	9	24	9	24	9	24	8	22	6	19	2	14	27	9	21	3	15
☿	11	12	14	16	17	19	20	22	23	25	27	28	0	1	3	4	6	8	9	11	12	14	15	17	18	20	21	23	24	26	27
♀	23	24	25	26	28	29	0	1	3	4	5	6	8	9	10	11	13	14	15	16	18	19	20	21	23	24	25	26	28	29	0
♂	9	10	11	11	12	13	14	14	15	16	17	17	18	19	20	21	21	22	23	24	24	25	26	27	27	28	29	0	0	1	2

♃ 1R 13 21 30: 11 10 9 8 — ♄ 1 8 17 26: 0 1 2 3 — ♅ 1R 17D: 7 7 — ♆ 1 6R: 3 3 — ♇ 1: 19

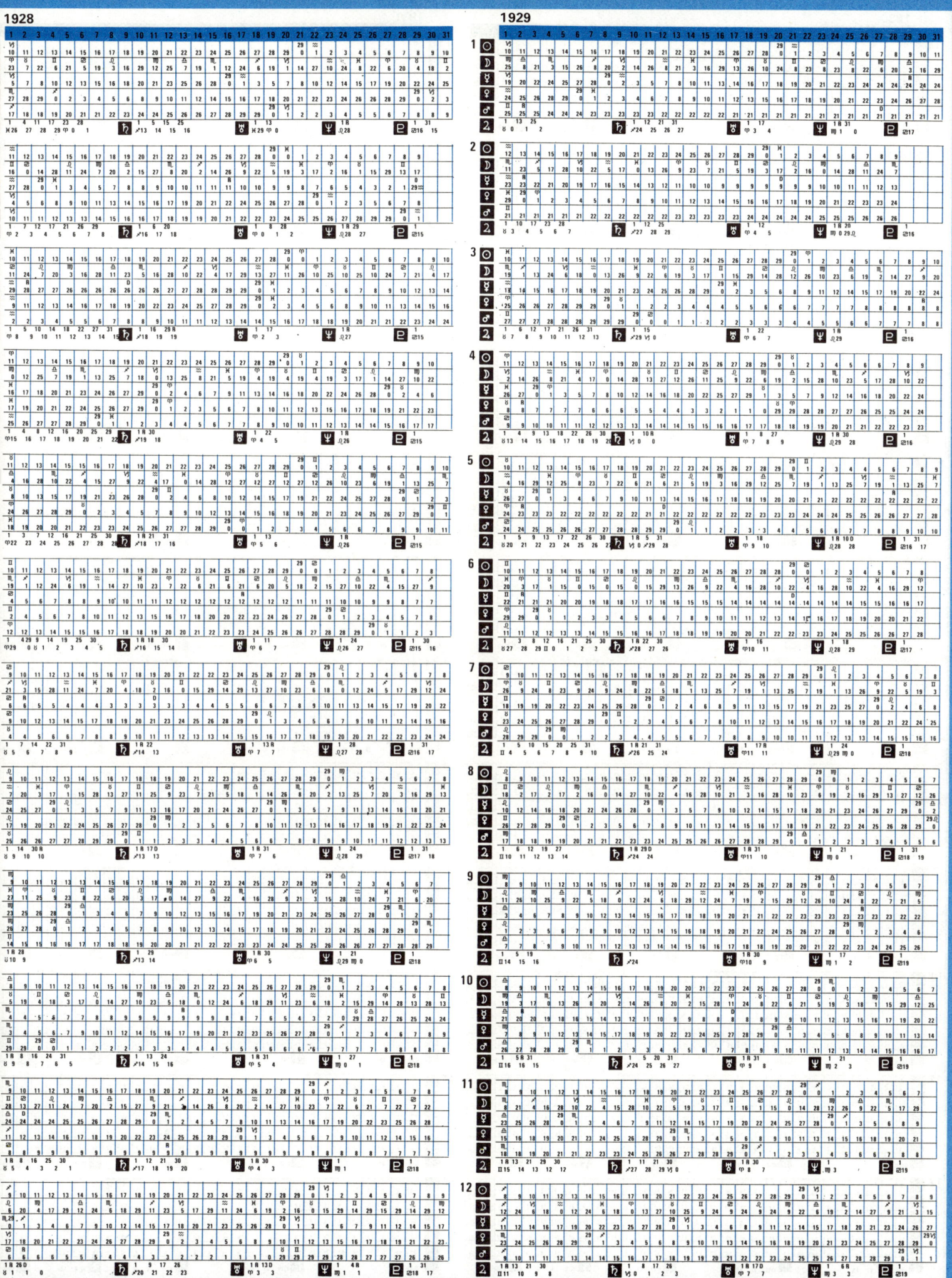

1930

1

	1	2	3	4	5	6	7	8	9	10	11	12	13	14	15	16	17	18	19	20	21	22	23	24	25	26	27	28	29	30	31
☉	♑ 10	11	12	13	14	15	16	17	18	19	20	21	22	23	24	25	26	27	28	29 0	♒ 1	2	3	4	5	6	7	8	9	10	11
☽	♑ 27	♒ 9	20	♓ 2	14	27	♈ 9	22	♉ 5	18	♊ 2	17	♋ 2	17	♌ 3	18	♍ 3	18	♎ 2	15	29	♏ 11	24	♐ 6	18	♑ 0	12	24	♒ 5	17	29
☿	♑ 29	29 0	♒ 1	2	4	5	5	6	7	7	8	8	R 8	8	8	7	6	5	4	3	2	1	♑ 29	28	27	26	25	24	23	23	22
♀	♑ 2	3	4	5	7	8	9	10	12	13	14	15	17	18	19	20	22	23	24	25	27	28	29	♒ 0	2	3	4	5	7	8	9
♂	♑ 2	3	4	4	5	6	7	7	8	9	10	10	11	12	13	14	14	15	16	17	17	18	19	20	20	21	22	23	23	24	25

♃ 1 R, 11, 31 D: ♊ 8, 7, 6 · ♄ 1, 12, 20, 30: ♑ 4, 5, 6, 7 · ♅ 1, 21: ♈ 7, 8 · ♆ 1 R, 31: ♍ 3, 2 · ♇ 1: ♋ 18

2

	1	2	3	4	5	6	7	8	9	10	11	12	13	14	15	16	17	18	19	20	21	22	23	24	25	26	27	28	29	30	31
☉	♒ 12	13	14	15	16	17	18	19	20	21	22	23	24	25	26	27	28	29	29 0	♓ 1	2	3	4	5	6	7	8	9			
☽	♓ 11	24	♈ 6	18	♉ 1	14	27	♊ 11	26	♋ 10	25	♌ 11	26	♍ 11	26	♎ 10	24	♏ 7	20	♐ 3	15	27	♑ 9	20	♒ 2	14	26	♓ 8			
☿	♑ 22	R 22	D 22	22	23	23	23	24	25	25	26	27	28	29	29 0	♒ 1	2	3	4	5	6	8	9	10	12	13	14	16			
♀	♒ 11	12	13	14	16	17	18	19	21	22	23	24	26	27	28	29 0	♓ 1	2	3	4	6	7	8	9	11	12	13	14			
♂	♑ 26	27	27	28	29	29 0	♒ 0	1	2	3	4	4	5	6	7	7	8	9	10	11	11	12	13	14	14	15	16	17			

♃ 1, 20: ♊ 6, 7 · ♄ 1, 8, 19: ♑ 7, 8, 9 · ♅ 1, 17: ♈ 8, 9 · ♆ 1 R: ♍ 2 · ♇ 1, 28: ♋ 18, 17

3

	1	2	3	4	5	6	7	8	9	10	11	12	13	14	15	16	17	18	19	20	21	22	23	24	25	26	27	28	29	30	31
☉	♓ 10	11	12	13	14	15	16	17	18	19	20	21	22	23	24	25	26	27	28	29	29 0	♈ 1	2	3	4	5	6	7	8	9	10
☽	♓ 21	♈ 3	15	28	♉ 11	24	♊ 8	21	♋ 5	20	♌ 4	19	♍ 4	19	♎ 4	18	♏ 2	15	28	♐ 11	23	♑ 5	17	29	♒ 11	23	♓ 5	17	29	♈ 12	25
☿	♒ 17	19	20	21	23	24	26	28	29	29 0	♓ 2	4	6	7	9	11	12	14	16	18	20	21	23	25	27	29 0	♈ 1	3	5	7	9
♀	♓ 16	17	18	19	21	22	23	24	26	27	28	29 0	♈ 1	2	3	4	6	7	8	9	10	12	13	14	15	17	18	19	20	22	23
♂	♒ 18	18	19	20	21	21	22	23	24	25	25	26	27	28	28	29	29 0	♓ 1	2	2	3	4	5	6	6	7	8	9	9	10	11

♃ 1, 13, 20, 27: ♊ 8, 9, 10, 11 · ♄ 1, 19: ♑ 10, 11 · ♅ 1, 8, 26: ♈ 9, 10, 11 · ♆ 1 R, 31: ♍ 2, 1 · ♇ 1: ♋ 17

4

	1	2	3	4	5	6	7	8	9	10	11	12	13	14	15	16	17	18	19	20	21	22	23	24	25	26	27	28	29	30	31
☉	♈ 11	12	13	14	15	16	17	18	19	20	21	22	23	24	25	26	27	28	29	29 0	♉ 0	1	2	3	4	5	6	7	8	9	
☽	♉ 8	21	♊ 5	18	♋ 2	16	♌ 0	15	29	♍ 14	28	♎ 12	26	♏ 10	23	♐ 6	18	♑ 1	13	25	♒ 7	19	♓ 1	13	25	♈ 8	20	♉ 4	17	♊ 1	
☿	♈ 11	13	15	17	19	21	23	25	27	29 0	♉ 1	3	5	7	9	11	13	15	16	18	19	21	22	23	25	26	27	28	29	29	
♀	♈ 24	25	27	28	29	29 0	♉ 1	3	4	5	6	8	9	10	11	13	14	15	16	18	19	20	21	22	24	25	26	27	29	29 ♊ 0	
♂	♓ 12	13	13	14	15	16	16	17	18	19	20	20	21	22	23	23	24	25	26	27	27	28	29	29 0	♈ 0	1	2	3	4	4	

♃ 1, 3, 8, 14, 19, 24, 29: ♊ 11, 12, 13, 14, 15, 16, 17 · ♄ 1, 22 R: ♑ 11, 11 · ♅ 1, 13, 30: ♈ 11, 12, 13 · ♆ 1 R: ♍ 1 · ♇ 1: ♋ 17

5

	1	2	3	4	5	6	7	8	9	10	11	12	13	14	15	16	17	18	19	20	21	22	23	24	25	26	27	28	29	30	31
☉	♉ 10	11	12	13	14	15	16	17	18	19	20	21	22	23	24	25	26	27	28	29	29 0	♊ 0	1	2	3	4	5	6	7	8	9
☽	♊ 15	29	♋ 13	27	♌ 11	26	♍ 10	24	♎ 8	21	♏ 5	18	♐ 1	14	26	♑ 9	21	♒ 3	15	27	♓ 9	21	♈ 3	16	29	♉ 12	26	♊ 10	24	♋ 9	23
☿	♉ 29 0	♊ 1	1	2	2	2	2	2	R 2	2	2	2	2	1	1	0	0 29	♉ 29	29	28	28	27	26	26	25	25	25	24	24	24	24
♀	♊ 1	2	3	5	6	7	8	10	11	12	13	14	16	17	18	19	21	22	23	24	25	27	28	29	29 0	♋ 1	3	4	5	6	7
♂	♈ 5	6	7	7	8	9	10	10	11	12	13	14	14	15	16	17	17	18	19	20	20	21	22	23	23	24	25	26	26	27	28

♃ 1, 4, 9, 13, 18, 22, 27, 31: ♊ 17, 18, 19, 20, 21, 22, 23, 24 · ♄ 1 R: ♑ 11 · ♅ 1, 22: ♈ 13, 14 · ♆ 1 R, 12 D, 31: ♍ 0, 0, 1 · ♇ 1, 31: ♋ 17, 18

6

	1	2	3	4	5	6	7	8	9	10	11	12	13	14	15	16	17	18	19	20	21	22	23	24	25	26	27	28	29	30	31
☉	♊ 10	11	12	13	14	15	16	17	18	19	20	21	22	23	24	24	25	26	27	28	29	29 0	♋ 1	2	3	4	5	6	7	8	
☽	♌ 8	22	♍ 7	21	♎ 4	18	♏ 1	14	27	♐ 10	22	♑ 5	17	29	♒ 11	23	♓ 5	17	29	♈ 11	24	♉ 7	20	♊ 4	18	♋ 3	18	♌ 3	18	♍ 3	
☿	♉ 24	R 24	D 24	24	24	24	25	25	26	26	27	28	29	29 0	♊ 0	1	3	4	5	6	7	9	10	12	13	15	16	18	20	21	
♀	♋ 9	10	11	12	13	15	16	17	18	19	21	22	23	24	25	27	28	29	29 0	♌ 1	3	4	5	6	7	9	10	11	12	13	
♂	♈ 29	29	29 0	♉ 1	2	2	3	4	5	5	6	7	8	8	9	10	10	11	12	13	13	14	15	16	16	17	18	18	19	20	

♃ 1, 5, 9, 13, 18, 22, 27, 30: ♊ 24, 25, 26, 27, 28, 29, ♋ 0, 1 · ♄ 1 R, 25, 30: ♑ 10, 9, 8 · ♅ 1, 20: ♈ 14, 15 · ♆ 1: ♍ 1 · ♇ 1, 30: ♋ 18, 19

7

	1	2	3	4	5	6	7	8	9	10	11	12	13	14	15	16	17	18	19	20	21	22	23	24	25	26	27	28	29	30	31
☉	♋ 9	10	11	12	13	14	14	15	16	17	18	19	20	21	22	23	24	25	26	27	28	29	29 0	♌ 0	1	2	3	4	5	6	7
☽	♍ 17	♎ 1	15	28	♏ 11	24	♐ 7	19	♑ 1	14	26	♒ 8	19	♓ 1	13	25	♈ 7	19	♉ 2	15	28	♊ 12	27	♋ 11	26	♌ 12	27	♍ 12	27	♎ 11	25
☿	♊ 23	25	27	29 0	♋ 1	3	5	7	9	11	14	16	18	20	22	24	26	29	29 0	♌ 3	5	7	9	11	13	15	16	18	20	22	24
♀	♌ 14	16	17	18	19	20	21	23	24	25	26	27	28	29 0	♍ 1	2	3	4	5	7	8	9	10	11	12	13	15	16	17	18	19
♂	♉ 21	21	22	23	23	24	25	26	26	27	28	28	29	20 0	♊ 1	1	2	3	3	4	5	5	6	7	7	8	9	10	10	11	12

♃ 1, 5, 10, 14, 19, 23, 28: ♋ 1, 2, 3, 4, 5, 6, 7 · ♄ 1 R, 23, 31: ♑ 8, 7, 6 · ♅ 1, 22 R: ♈ 15, 15 · ♆ 1, 20: ♍ 1, 2 · ♇ 1: ♋ 19

8

	1	2	3	4	5	6	7	8	9	10	11	12	13	14	15	16	17	18	19	20	21	22	23	24	25	26	27	28	29	30	31
☉	♌ 8	9	10	11	12	13	14	15	16	17	18	19	20	21	22	23	24	25	26	27	28	29	29 0	♍ 0	1	2	3	4	5	6	7
☽	♏ 8	21	♐ 4	16	29	♑ 11	23	♒ 5	16	28	♓ 10	22	♈ 4	16	28	♉ 11	24	♊ 7	21	♋ 5	20	♌ 5	20	♍ 5	21	♎ 5	20	♏ 4	17	♐ 0	13
☿	♌ 25	27	29	29 0	♍ 2	4	5	7	8	10	11	13	14	16	17	18	20	21	22	23	24	26	27	28	29	29 0	♎ 1	1	2	3	4
♀	♍ 20	21	23	24	25	26	27	28	29	29 0	♎ 1	3	4	5	6	7	8	9	10	11	12	13	15	16	17	18	19	20	21	22	23
♂	♊ 12	13	14	14	15	16	16	17	18	18	19	20	20	21	22	22	23	23	24	25	25	26	27	27	28	29	29	29 0	♋ 0	1	2

♃ 1, 6, 11, 16, 21, 27: ♋ 8, 9, 10, 11, 12, 13 · ♄ 1 R, 31: ♑ 6, 5 · ♅ 1 R: ♈ 15 · ♆ 1, 18: ♍ 2, 3 · ♇ 1, 31: ♋ 19, 20

9

	1	2	3	4	5	6	7	8	9	10	11	12	13	14	15	16	17	18	19	20	21	22	23	24	25	26	27	28	29	30	31
☉	♍ 8	9	10	11	12	13	14	15	16	17	18	19	20	21	22	23	24	25	26	27	28	29	29 0	♎ 0	1	2	3	4	5	6	
☽	♐ 25	♑ 8	20	♒ 2	13	25	♓ 7	19	♈ 1	13	26	♉ 8	21	♊ 4	17	♋ 1	15	29	♌ 14	29	♍ 14	29	♎ 14	28	♏ 12	26	♐ 9	22	♑ 4	16	
☿	♎ 4	5	5	6	6	6	7	7	R 7	6	6	6	5	5	4	3	2	1	0	0 29	♍ 29	27	26	25	24	24	23	22	22	22	
♀	♎ 24	25	26	27	28	29	29 0	♏ 1	2	3	4	5	6	7	8	9	10	11	12	13	14	15	15	16	17	18	19	20	21	21	
♂	♋ 2	3	4	4	5	5	6	7	7	8	8	9	10	10	11	11	12	13	13	14	14	15	16	15	17	17	18	18	19	19	

♃ 1, 7, 14, 21, 28: ♋ 14, 15, 16, 17, 18 · ♄ 1 R, 10 D: ♑ 5, 5 · ♅ 1 R, 30: ♈ 14, 13 · ♆ 1, 14: ♍ 3, 4 · ♇ 1: ♋ 20

10

	1	2	3	4	5	6	7	8	9	10	11	12	13	14	15	16	17	18	19	20	21	22	23	24	25	26	27	28	29	30	31
☉	♎ 7	8	9	10	11	12	13	14	15	16	17	18	19	20	21	22	23	24	25	26	27	28	29	29 0	♏ 1	2	3	4	5	6	7
☽	♑ 28	♒ 10	22	♓ 4	16	28	♈ 10	22	♉ 5	18	♊ 1	14	27	♋ 11	25	♌ 9	24	♍ 8	23	♎ 7	22	♏ 6	20	♐ 4	17	29	♑ 12	24	♒ 6	18	♓ 0
☿	♍ 22	22	22	23	24	24	25	26	28	29	29 0	♎ 2	3	5	6	8	9	11	13	14	16	18	20	21	23	25	26	28	29 0	♏ 1	3
♀	♏ 22	23	24	25	25	26	27	27	28	29	29	29 0	♐ 1	1	2	2	3	3	4	4	5	5	5	6	6	6	7	7	7	7	7
♂	♋ 20	21	21	22	22	23	23	24	24	25	25	26	26	27	27	28	28	29	29	29 0	♌ 0	1	1	2	2	3	3	3	4	4	5

♃ 1, 8, 21: ♋ 18, 19, 20 · ♄ 1, 10, 26: ♑ 5, 6, 7 · ♅ 1 R, 31: ♈ 13, 12 · ♆ 1, 15: ♍ 4, 5 · ♇ 1: ♋ 20

11

	1	2	3	4	5	6	7	8	9	10	11	12	13	14	15	16	17	18	19	20	21	22	23	24	25	26	27	28	29	30	31
☉	♏ 8	9	10	11	12	13	14	15	16	17	18	19	20	21	22	23	24	25	26	27	28	29	29 0	♐ 1	2	3	4	5	6	7	
☽	♓ 12	24	♈ 6	18	♉ 1	14	27	♊ 10	24	♋ 8	22	♌ 6	20	♍ 4	18	♎ 3	17	♏ 1	14	28	♐ 12	25	♑ 7	20	♒ 2	14	26	♓ 8	20	♈ 2	
☿	♏ 5	6	8	10	11	13	14	16	18	19	21	22	24	26	27	29	29 0	♐ 2	3	5	6	8	10	11	13	14	16	17	19	20	
♀	♐ 7	R 7	7	7	7	7	7	6	6	6	5	5	5	4	4	3	3	2	2	1	0	0 29	♏ 29	29	28	27	27	26	26	25	
♂	♌ 5	6	6	6	7	7	8	8	8	9	9	10	10	10	11	11	11	12	12	12	12	13	13	13	14	14	14	14	14	15	

♃ 1, 8 R: ♋ 20, 20 · ♄ 1, 8, 19, 29: ♑ 7, 8, 9, 10 · ♅ 1 R, 30: ♈ 12, 11 · ♆ 1: ♍ 5 · ♇ 1: ♋ 20

12

	1	2	3	4	5	6	7	8	9	10	11	12	13	14	15	16	17	18	19	20	21	22	23	24	25	26	27	28	29	30	31
☉	♐ 8	9	10	11	12	13	14	15	16	17	18	19	20	21	22	23	24	25	26	27	28	29	29 0	♑ 1	2	3	4	5	6	7	8	9
☽	♈ 14	26	♉ 9	22	♊ 6	20	♋ 4	18	♌ 2	17	♍ 1	15	29	♎ 13	27	♏ 10	24	♐ 7	20	♑ 3	16	28	♒ 10	22	♓ 4	16	28	♈ 10	22	♉ 4	17
☿	♐ 22	23	25	26	28	29 0	♑ 1	2	4	5	7	8	9	11	12	13	15	16	17	18	19	20	20	21	22	22	22	R 22	22	22	21
♀	♏ 25	R 24	24	23	23	23	23	22	22	22	22	22	D 22	22	22	22	22	22	23	23	23	24	24	24	25	25	26	26	27	27	28
♂	♌ 15	15	15	15	16	16	16	16	16	16	16	16	16	17	17	17	17	17	R 17	17	17	16	16	16	16	16	16	16	16	16	16

♃ 1 R, 18, 26, 31: ♋ 19, 18, 17, 16 · ♄ 1, 8, 17, 26: ♑ 10, 11, 12, 13 · ♅ 1 R, 21 D: ♈ 11, 11 · ♆ 1, 9 R, 31: ♍ 5, 5, 5 · ♇ 1: ♋ 20

1931

1

	1	2	3	4	5	6	7	8	9	10	11	12	13	14	15	16	17	18	19	20	21	22	23	24	25	26	27	28	29
☉	♑ 10	11	12	13	14	15	16	17	18	19	20	21	22	23	24	25	26	27	28	29	29 0	♒ 1	2	3	4	5	6	7	8
☽	♊ 0	14	28	♋ 12	27	♌ 12	27	♍ 11	26	♎ 10	24	♏ 7	21	♐ 4	17	29	♑ 12	24	♒ 6	18	♓ 0	12	24	♈ 6	18	29	♉ 12	25	♊ 8
☿	♑ 20	R 19	18	17	16	14	13	12	10	9	8	8	7	6	6	6	D 6	6	6	7	7	8	8	9	10	11	12	13	14
♀	♏ 28	29	29 0	♐ 0	1	2	2	3	4	5	5	6	7	8	9	10	10	11	12	13	14	15	16	17	18	19	20	21	22
♂	♌ 15	R 15	15	15	14	14	14	14	13	13	13	12	12	12	11	11	11	10	10	10	9	9	8	8	8	7	7	6	6

♃ 1 R, 10, 17, 25: ♋ 16, 15, 14, 13 · ♄ 1, 11, 20, 29: ♑ 14, 15, 16, 17 · ♅ 1, 26: ♈ 11, 12 · ♆ 1 R: ♍ 5 · ♇ 1, 31: ♋ 20

2

	1	2	3	4	5	6	7	8	9	10	11	12	13	14	15	16	17	18	19	20	21	22	23	24	25	26	27	28	29
☉	♒ 11	12	13	14	15	16	17	18	19	20	21	22	23	24	25	26	27	28	29 0	♓ 1	2	3	4	5	6	7	8	9	
☽	♋ 20	♌ 5	20	♍ 6	21	♎ 5	20	♏ 4	17	♐ 1	14	26	♑ 9	21	♒ 3	15	27	♓ 9	21	♈ 3	14	26	♉ 8	21	♊ 3	16	♋ 0	14	
☿	♑ 17	18	19	21	22	23	24	26	27	28	29 0	♒ 1	3	4	6	7	9	10	12	13	15	16	18	19	21	23	24	26	
♀	♐ 25	26	27	28	29	29 0	♑ 1	2	3	4	5	6	7	8	9	10	12	13	14	15	16	17	18	19	20	21	23	24	
♂	♌ 5	R 4	4	4	4	3	3	2	2	2	1	1	1	0	0	0 29	♋ 29	29	29	29	29	29	28	28	28	28	28	28	

♃ 1 R, 16, 28: ♋ 12, 11, 10 · ♄ 1, 7, 16, 26: ♑ 17, 18, 19, 20 · ♅ 1, 21: ♈ 12, 13 · ♆ 1 R, 28: ♍ 5, 4 · ♇ 1: ♋ 19

3

	1	2	3	4	5	6	7	8	9	10	11	12	13	14	15	16	17	18	19	20	21	22	23	24	25	26	27	28	29
☉	♓ 10	11	12	13	14	15	16	17	18	19	20	21	22	23	24	25	26	27	28	29	29 0	♈ 1	2	3	4	5	6	7	8
☽	♋ 28	♌ 13	28	♍ 14	29	♎ 14	29	♏ 13	27	♐ 10	23	♑ 6	18	♒ 0	12	24	♓ 6	18	29	♈ 11	23	♉ 6	18	♊ 0	13	26	♋ 9	23	♌ 7
☿	♒ 28	29 0	♓ 1	3	5	6	8	10	12	14	16	18	19	21	23	25	27	29 0	♈ 1	3	5	7	9	11	13	15	17	19	21
♀	♑ 25	26	27	28	29 0	♒ 0	2	3	4	5	6	7	9	10	11	12	13	14	15	17	18	19	20	21	22	24	25	26	27
♂	♋ 28	R 28	27	27	27	27	27	27	D 27	27	27	27	27	27	28	28	28	28	28	28	28	28	28	29	29	29	29	29	29

♃ 1 R, 7 D, 25: ♋ 10, 11 · ♄ 1, 10, 24: ♑ 20, 21, 22 · ♅ 1, 13, 31: ♈ 13, 14, 15 · ♆ 1 R, 31: ♍ 4, 3 · ♇ 1: ♋ 19

4

	1	2	3	4	5	6	7	8	9	10	11	12	13	14	15	16	17	18	19	20	21	22	23	24	25	26	27	28	29
☉	♈ 10	11	12	13	14	15	16	17	18	19	20	21	22	23	24	25	26	27	28	29	29 0	♉ 1	2	3	4	5	6	7	8
☽	♍ 22	♎ 7	22	♏ 7	21	♐ 5	19	♑ 2	15	27	♒ 9	21	♓ 3	15	26	♈ 8	20	♉ 2	15	27	♊ 10	23	♋ 6	20	♌ 3	17	♍ 2	16	♎ 1
☿	♈ 26	28	29 0	♉ 1	3	4	5	7	8	9	10	10	11	12	12	13	13	13	13	R 13	13	13	13	12	12	11	11	10	10
♀	♓ 1	2	3	4	5	7	8	9	10	11	12	14	15	16	17	18	20	21	22	23	24	26	27	28	29	29 0	♈ 2	3	4
♂	♌ 0	1	1	1	1	2	2	2	3	3	3	3	4	4	4	5	5	6	6	6	7	7	7	8	8	9	9	9	10

♃ 1, 7, 17, 25: ♋ 11, 12, 13, 14 · ♄ 1, 15: ♑ 22, 23 · ♅ 1, 17: ♈ 15, 16 · ♆ 1 R: ♍ 3 · ♇ 1: ♋ 19

5

	1	2	3	4	5	6	7	8	9	10	11	12	13	14	15	16	17	18	19	20	21	22	23	24	25	26	27	28	29
☉	♉ 10	11	12	13	14	15	16	17	18	19	20	21	22	23	24	24	25	26	27	28	29	29 0	♊ 1	2	3	4	5	6	7
☽	♏ 0	15	29	♐ 13	27	♑ 10	23	♒ 5	17	29	♓ 11	23	♈ 5	17	29	♉ 11	24	♊ 7	20	♋ 3	16	♌ 0	14	28	♍ 12	26	♎ 11	25	♏ 9
☿	♉ 8	R 8	7	6	6	5	5	4	4	4	4	3	3	D 3	4	4	4	4	5	5	6	6	7	8	9	9	10	11	12
♀	♈ 6	8	9	10	11	12	13	15	16	17	18	19	21	22	23	24	26	27	28	29	29 0	♉ 1	3	4	5	6	8	9	10
♂	♌ 11	11	11	12	12	13	13	14	14	14	15	15	16	16	17	17	18	18	19	19	20	20	21	21	22	22	23	23	24

♃ 1, 8, 14, 20, 25, 31: ♋ 15, 16, 17, 18, 19, 20 · ♄ 1, 4 R, 31: ♑ 23, 23, 22 · ♅ 1, 6, 26: ♈ 16, 17, 18 · ♆ 1 R, 15 D: ♍ 3, 3 · ♇ 1: ♋ 19

6

	1	2	3	4	5	6	7	8	9	10	11	12	13	14	15	16	17	18	19	20	21	22	23	24	25	26	27	28	29
☉	♊ 10	11	12	13	14	15	16	17	18	18	19	20	21	22	23	24	25	26	27	28	29	29 0	♋ 1	2	3	4	5	6	7
☽	♐ 21	♑ 5	18	♒ 1	13	25	♓ 7	19	♈ 1	13	25	♉ 7	20	♊ 2	15	29	♋ 13	27	♌ 11	25	♍ 9	23	♎ 7	21	♏ 5	19	♐ 3	17	♑ 0
☿	♉ 16	17	18	20	21	22	24	25	27	29	29 0	♊ 2	4	5	7	9	11	13	15	17	19	21	23	25	28	29 0	♋ 2	4	6
♀	♉ 14	15	16	17	18	20	21	22	23	24	26	27	28	29 0	♊ 1	2	3	4	5	7	8	9	10	11	13	14	15	16	17
♂	♌ 25	26	26	27	27	28	28	29	29	29 0	♍ 0	1	1	2	2	3	4	4	5	5	6	6	7	7	8	9	9	10	10

♃ 1, 5, 10, 14, 19, 24, 29: ♋ 20, 21, 22, 23, 24, 25, 26 · ♄ 1 R, 29: ♑ 22, 21 · ♅ 1, 25: ♈ 18, 19 · ♆ 1: ♍ 3 · ♇ 1, 30: ♋ 19

7

	1	2	3	4	5	6	7	8	9	10	11	12	13	14	15	16	17	18	19	20	21	22	23	24	25	26	27	28	29
☉	♋ 8	9	10	11	12	13	14	15	16	17	18	19	20	21	22	23	24	25	26	27	28	29	29 0	♌ 0	1	2	3	4	5
☽	♑ 26	♒ 9	21	♓ 3	15	27	♈ 9	21	♉ 3	15	28	♊ 11	24	♋ 8	22	♌ 6	21	♍ 5	20	♎ 4	18	♏ 2	16	29	♐ 13	26	♑ 9	22	♒ 5
☿	♋ 11	13	15	17	19	21	23	25	27	29 0	♌ 1	3	5	7	9	10	12	14	15	17	19	20	22	23	25	26	28	29 0	♍ 1
♀	♊ 20	21	22	24	25	26	27	28	29 0	♋ 1	2	3	5	6	7	8	9	11	12	13	14	16	17	18	19	20	22	23	24
♂	♍ 11	12	13	13	14	14	15	15	16	17	17	18	18	19	19	20	21	21	22	22	23	24	24	25	25	26	27	27	28

♃ 1, 3, 8, 12, 17 29 21, 26, 31: ♋ 26, 27, 28, 29, 0 ♌ 1, 2, 3 · ♄ 1 R, 12, 26, 31: ♑ 21, 20, 19, 18 · ♅ 1, 26 R: ♈ 19, 19 · ♆ 1, 16: ♍ 3, 4 · ♇ 1, 31: ♋ 20

8

	1	2	3	4	5	6	7	8	9	10	11	12	13	14	15	16	17	18	19	20	21	22	23	24	25	26	27	28	29
☉	♌ 8	9	10	11	12	13	14	15	16	17	18	19	20	21	22	22	23	24	25	26	27	28	29	29 0	♍ 1	2	3	4	5
☽	♓ 11	23	♈ 5	17	29	♉ 11	23	♊ 6	19	♋ 2	16	♌ 0	15	29	♍ 14	29	♎ 14	29	♏ 13	27	♐ 10	23	♑ 6	19	♒ 2	14	26	♓ 8	20
☿	♍ 4	6	7	8	9	10	11	12	13	14	15	16	16	17	18	18	18	19	19	19	19	R 19	19	19	19	19	18	18	17
♀	♋ 28	29	29 0	♌ 2	3	4	5	6	8	9	10	11	13	14	15	16	18	19	20	21	22	24	25	26	27	29	29 0	♍ 1	2
♂	♍ 29 0	♎ 0	1	2	2	3	3	4	5	5	6	7	7	8	8	9	10	10	11	12	12	13	14	14	15	15	16	17	17

♃ 1, 4, 8, 13, 18, 22, 27, 31: ♌ 3, 4, 5, 6, 7, 8, 9, 10 · ♄ 1 R, 31: ♑ 18, 17 · ♅ 1 R: ♈ 19 · ♆ 1, 15: ♍ 4, 5 · ♇ 1: ♋ 21

9

	1	2	3	4	5	6	7	8	9	10	11	12	13	14	15	16	17	18	19	20	21	22	23	24	25	26	27	28	29
☉	♍ 8	9	10	11	12	13	14	15	16	17	18	19	20	21	22	22	23	24	25	26	27	28	29	29 0	♎ 1	2	3	4	5
☽	♈ 25	♉ 7	19	♊ 2	14	27	♋ 10	24	♌ 8	23	♍ 8	23	♎ 8	23	♏ 8	22	♐ 6	20	♑ 3	16	29	♒ 11	23	♓ 5	17	29	♈ 11	22	♉ 4
☿	♍ 15	R 14	13	12	11	10	9	8	7	7	6	6	6	D 6	6	6	6	7	8	9	10	11	12	13	15	16	18	19	21
♀	♍ 6	7	9	10	11	12	14	15	16	17	19	20	21	22	24	25	26	27	28	29 0	♎ 1	2	3	5	6	7	8	10	11
♂	♎ 19	20	21	21	22	23	23	24	25	25	26	27	27	28	29	29	29 0	♏ 1	1	2	3	3	4	5	5	6	7	7	8

♃ 1, 5, 10, 16, 21, 26, 30: ♌ 10, 11, 12, 13, 14, 15, 16 · ♄ 1 R, 22 D: ♑ 17, 17 · ♅ 1 R, 25: ♈ 19, 18 · ♆ 1, 11: ♍ 5, 6 · ♇ 1: ♋ 21

10

	1	2	3	4	5	6	7	8	9	10	11	12	13	14	15	16	17	18	19	20	21	22	23	24	25	26	27	28	29
☉	♎ 7	8	9	10	11	12	13	14	15	16	17	18	19	20	21	22	23	24	25	26	27	28	29	29 0	♏ 1	2	3	4	5
☽	♉ 28	♊ 11	23	♋ 6	19	♌ 3	17	♍ 1	16	♎ 1	16	♏ 2	16	♐ 1	15	29	♑ 12	25	♒ 8	20	♓ 2	14	26	♈ 8	19	♉ 1	13	25	♊ 8
☿	♍ 24	26	28	29 0	♎ 1	3	5	6	8	10	12	14	15	17	19	20	22	24	26	27	29	29 0	♏ 2	4	5	7	9	10	12
♀	♎ 13	15	16	17	18	20	21	22	23	25	26	27	28	29 0	♏ 1	2	3	5	6	7	8	10	11	12	13	14	16	17	18
♂	♏ 9	10	11	12	12	13	14	14	15	16	16	17	18	18	19	20	21	21	22	23	23	24	25	26	26	27	28	28	29

♃ 1, 8, 14, 21, 29: ♌ 16, 17, 18, 19, 20 · ♄ 1, 31: ♑ 17, 18 · ♅ 1 R, 20, 31: ♈ 18, 17, 16 · ♆ 1, 11: ♍ 6, 7 · ♇ 1: ♋ 22

11

	1	2	3	4	5	6	7	8	9	10	11	12	13	14	15	16	17	18	19	20	21	22	23	24	25	26	27	28	29
☉	♏ 8	9	10	11	12	13	14	15	16	17	18	19	20	21	22	23	24	25	26	27	28	29	29 0	♐ 1	2	3	4	5	6
☽	♋ 16	29	♌ 12	26	♍ 10	25	♎ 10	25	♏ 10	25	♐ 9	23	♑ 7	21	♒ 4	16	29	♓ 11	22	♈ 4	16	28	♉ 10	22	♊ 4	17	29	♋ 13	26
☿	♏ 17	18	20	21	23	24	26	27	29	29 0	♐ 2	3	5	6	8	9	11	12	14	15	16	18	19	21	22	23	24	26	27
♀	♏ 22	23	25	26	27	28	29 0	♐ 1	2	3	5	6	7	8	10	11	12	13	15	16	17	18	20	21	22	23	25	26	27
♂	♐ 1	2	3	3	4	5	6	6	7	8	9	9	10	11	11	12	13	14	14	15	16	17	17	18	19	20	20	21	22

♃ 1, 7, 19: ♌ 20, 21, 22 · ♄ 1, 15, 27: ♑ 18, 19, 20 · ♅ 1 R: ♈ 16 · ♆ 1, 30: ♍ 7, 8 · ♇ 1: ♋ 22

12

	1	2	3	4	5	6	7	8	9	10	11	12	13	14	15	16	17	18	19	20	21	22	23	24	25	26	27	28	29
☉	♐ 8	9	10	11	12	13	14	15	16	17	18	19	20	21	22	23	24	25	26	27	28	29 0	♑ 1	2	3	4	5	6	7
☽	♌ 23	♍ 7	21	♎ 5	19	♏ 4	18	♐ 3	17	♑ 1	15	29	♒ 12	24	♓ 7	19	♈ 0	12	24	♉ 6	18	♊ 0	13	26	♋ 9	22	♌ 6	20	♍ 3
☿	♐ 29	♑ 0	1	2	3	4	5	5	6	6	6	R 6	6	6	5	4	3	2	1	0 29	♐ 28	27	26	24	23	22	21	21	20
♀	♐ 29 0	♑ 1	2	3	5	6	7	8	10	11	12	13	15	16	17	18	20	21	22	23	24	26	27	28	29 0	♒ 1	2	3	4
♂	♐ 23	24	25	26	26	27	28	29	29	29 0	♑ 1	2	2	3	4	5	5	6	7	8	9	9	10	11	12	12	13	14	15

♃ 1, 10 R: ♌ 22, 22 · ♄ 1, 7, 16, 25: ♑ 20, 21, 22, 23 · ♅ 1 R, 26 D, 1: ♈ 16, 16, 15 · ♆ 1, 11 R: ♍ 8, 8 · ♇ 1: ♋ 21

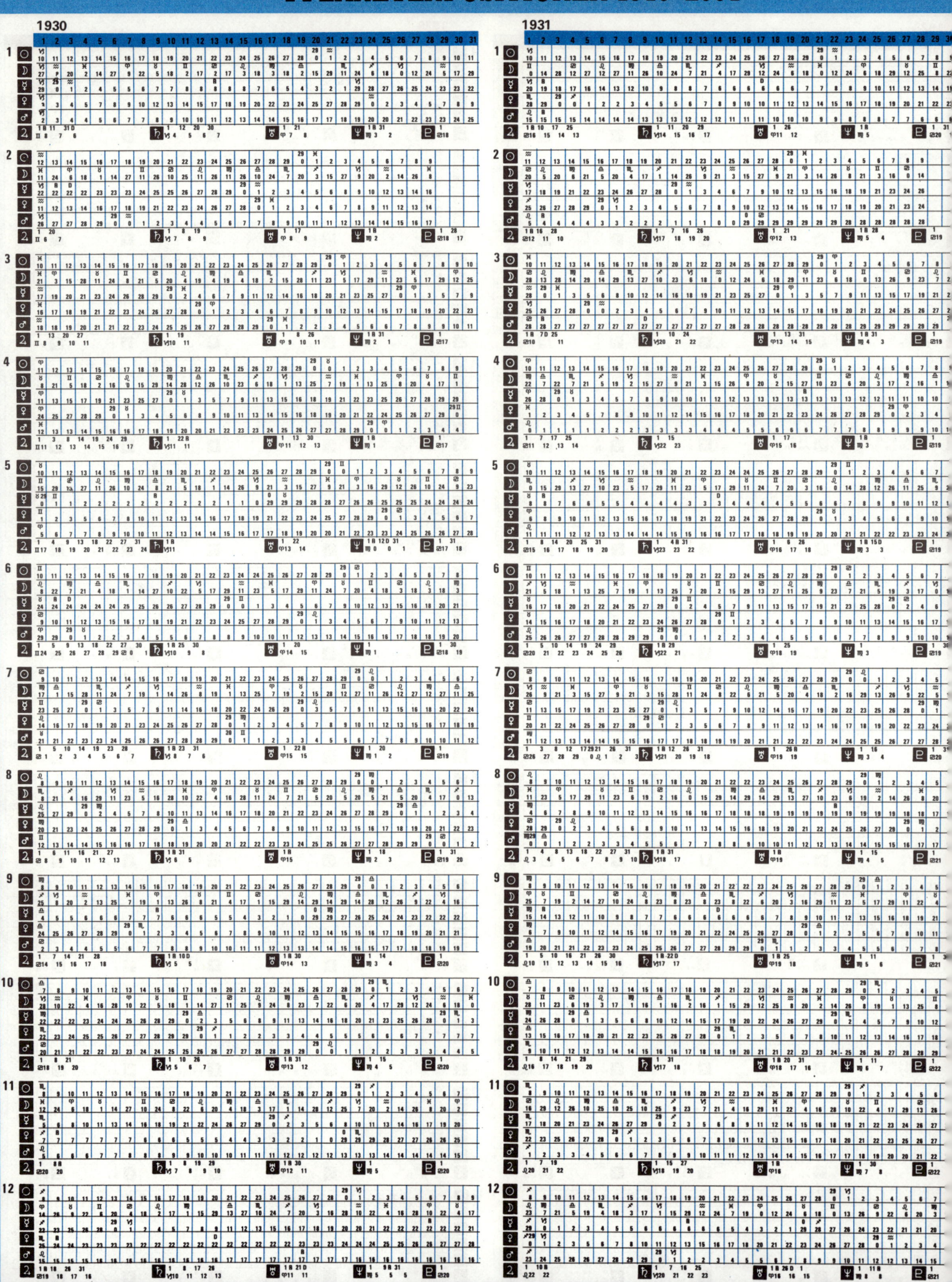

1932

1

	1	2	3	4	5	6	7	8	9	10	11	12	13	14	15	16	17	18	19	20	21	22	23	24	25	26	27	28	29	30	31
☉	♑ 10	11	12	13	14	15	16	17	18	19	20	21	22	23	24	25	26	27	28	29	29 0	♒ 1	2	3	4	5	6	7	8	9	10
☽	♎ 15	29	♏ 14	28	♐ 12	26	♑ 10	23	♒ 7	19	♓ 2	14	26	♈ 8	20	♉ 2	14	26	♊ 8	21	♋ 4	17	♌ 1	15	29	♍ 14	28	♎ 12	26	♏ 11	25
☿	♐ 20	D 20	20	21	21	22	23	24	25	26	27	28	29	29 0	♑ 1	2	3	5	6	7	9	10	11	13	14	16	17	18	20	21	23
♀	♒ 8	9	11	12	13	14	16	17	18	19	21	22	23	24	25	27	28	29	29 0	♓ 2	3	4	5	7	8	9	10	11	13	14	15
♂	♑ 17	18	19	19	20	21	22	22	23	24	25	26	26	27	28	29	29 0	♒ 0	1	2	3	3	4	5	6	6	7	8	9	10	10

♃ 1 R, 20, 28, 31: ♌21 20 19 18 · ♄ 1, 11, 20, 28: ♑24 25 26 27 · ♅ 1, 31: ♈15 16 · ♆ 1 R, 31: ♍ 8 7 · ♇ 1, 31: ♋21 20

2

	1	2	3	4	5	6	7	8	9	10	11	12	13	14	15	16	17	18	19	20	21	22	23	24	25	26	27	28	29	30	31
☉	♒ 11	12	13	14	15	16	17	18	19	20	21	22	23	24	25	26	27	28	29 0	♓ 0	1	2	3	4	5	6	7	8	9		
☽	♐ 8	22	♑ 6	19	♒ 2	15	28	♓ 10	22	♈ 4	16	28	♉ 10	22	♊ 4	16	29	♋ 12	25	♌ 9	24	♍ 8	23	♎ 8	22	♏ 7	21	♐ 5	19		
☿	♑ 24	26	27	29	29 0	♒ 2	4	5	7	8	10	12	13	15	17	18	20	22	24	25	27	29	29 0	♓ 3	4	6	8	10	12		
♀	♓ 16	17	19	20	21	22	24	25	26	27	28	29 0	♈ 1	2	3	4	6	7	8	9	10	12	13	14	15	16	17	19	20		
♂	♒ 11	12	13	14	14	15	16	17	18	18	19	20	21	21	22	23	24	25	25	26	27	28	28	29	29 0	♓ 1	2	3	3		

♃ 1 R, 12, 20, 28: ♌18 17 16 15 · ♄ 1, 6, 14, 24: ♑27 28 29 ♒ 0 · ♅ 1, 25: ♈16 17 · ♆ 1 R, 29: ♍ 7 6 · ♇ 1: ♋20

3

	1	2	3	4	5	6	7	8	9	10	11	12	13	14	15	16	17	18	19	20	21	22	23	24	25	26	27	28	29	30	31
☉	♓ 11	12	13	14	15	16	17	18	19	20	21	22	23	24	25	26	27	28	29	29 0	♈ 0	1	2	3	4	5	6	7	8	9	10
☽	♑ 3	16	29	♒ 12	24	♓ 6	19	♈ 1	12	24	♉ 6	18	29	♊ 12	24	♋ 7	20	♌ 3	17	♍ 1	16	♎ 1	16	♏ 1	16	♐ 1	15	29	♑ 13	26	♒ 9
☿	♓ 14	16	18	20	21	23	25	27	29 0	♈ 1	3	5	7	8	10	12	13	15	16	18	19	20	21	22	23	23	24	24	25	25	R 25
♀	♈ 21	22	23	25	26	27	28	29	29 0	♉ 1	3	4	5	6	7	8	9	11	12	13	14	15	16	17	18	20	21	22	23	24	25
♂	♓ 4	5	6	6	7	8	9	10	10	11	12	13	13	14	15	16	17	18	18	19	20	21	21	22	23	24	25	25	26	27	28

♃ 1 R, 9, 23: ♌15 14 13 · ♄ 1, 16, 28: ♒ 1 2 3 · ♅ 1, 16, 31: ♈17 18 19 · ♆ 1 R: ♍ 6 · ♇ 1: ♋20

4

	1	2	3	4	5	6	7	8	9	10	11	12	13	14	15	16	17	18	19	20	21	22	23	24	25	26	27	28	29	30	31
☉	♈ 11	12	13	14	15	16	17	18	19	20	21	22	23	24	25	26	27	28	29	29 0	♉ 1	2	3	4	5	6	7	8	9	10	
☽	♒ 21	♓ 3	15	27	♈ 9	21	♉ 3	15	27	♊ 9	21	♋ 3	16	29	♌ 12	26	♍ 10	24	♎ 9	24	♏ 10	25	♐ 10	24	♑ 8	22	♒ 5	18	♓ 0	13	
☿	♈ 25	R 25	24	24	23	23	22	22	21	20	19	19	18	17	17	16	15	15	14	14	14	14	14	D 14	14	14	14	14	15	15	
♀	♉ 26	27	28	29	♊ 0	1	2	4	5	6	7	8	9	10	11	12	13	14	15	16	17	17	18	19	20	21	22	23	24	25	
♂	♓ 28	29	29 0	♈ 1	2	2	3	4	5	5	6	7	8	9	9	10	11	12	12	13	14	15	15	16	17	18	19	19	20	21	

♃ 1 R, 9, 24: ♌12 D 13 · ♄ 1, 14: ♒ 3 4 · ♅ 1, 21: ♈19 20 · ♆ 1 R, 30: ♍ 6 5 · ♇ 1: ♋20

5

	1	2	3	4	5	6	7	8	9	10	11	12	13	14	15	16	17	18	19	20	21	22	23	24	25	26	27	28	29	30	31
☉	♉ 11	12	13	14	15	16	17	18	19	19	20	21	22	23	24	25	26	27	28	29	29 0	♊ 1	2	3	4	5	6	7	8	9	10
☽	♓ 25	♈ 6	18	♉ 0	12	24	♊ 6	18	♋ 0	12	25	♌ 8	21	♍ 5	19	♎ 3	18	♏ 3	18	♐ 3	18	♑ 3	17	♒ 1	14	27	♓ 9	21	♈ 3	15	27
☿	♈ 16	16	17	18	19	19	20	21	22	23	24	26	27	28	29 0	♉ 1	2	3	5	6	8	9	11	13	14	16	18	19	21	23	25
♀	♊ 26	27	27	28	29	29 0	♋ 1	2	2	3	4	5	5	6	7	7	8	9	9	10	10	11	11	12	12	13	13	13	14	14	14
♂	♈ 21	22	23	24	25	25	26	27	28	28	29	29 0	♉ 1	1	2	3	4	4	5	6	7	7	8	9	10	10	11	12	13	13	14

♃ 1, 9, 19, 27: ♌13 14 15 16 · ♄ 1, 15 R: ♒ 4 4 · ♅ 1, 9, 30: ♈20 21 22 · ♆ 1 R, 16 D: ♍ 5 5 · ♇ 1: ♋20

6

	1	2	3	4	5	6	7	8	9	10	11	12	13	14	15	16	17	18	19	20	21	22	23	24	25	26	27	28	29	30	31
☉	♊ 10	11	12	13	14	15	16	17	18	19	20	21	22	23	24	25	26	27	28	29	29 0	♋ 0	1	2	3	4	5	6	7	8	
☽	♉ 9	21	♊ 3	15	27	♋ 10	22	♌ 5	18	♍ 1	15	29	♎ 13	27	♏ 12	27	♐ 12	26	♑ 11	25	♒ 9	22	♓ 5	17	29	♈ 12	23	♉ 5	17	29	
☿	♉ 27	29 0	♊ 1	3	5	7	9	11	14	16	18	20	21	24	27	29 0	♋ 1	3	5	7	10	12	14	16	17	19	21	23	25	27	
♀	♋ 15	15	15	15	15	15	15	R 15	15	15	15	15	15	14	14	14	13	13	13	12	12	11	10	10	9	9	8	7	7	6	
♂	♉ 15	15	16	17	18	18	19	20	21	21	22	23	23	24	25	26	26	27	28	29	29	29 0	♊ 1	1	2	3	3	4	5	6	

♃ 1, 3, 10, 16, 22, 27: ♌16 17 18 19 20 21 · ♄ 1 R, 30: ♒ 4 3 · ♅ 1, 28: ♈22 23 · ♆ 1: ♍ 5 · ♇ 1, 30: ♋20 21

7

	1	2	3	4	5	6	7	8	9	10	11	12	13	14	15	16	17	18	19	20	21	22	23	24	25	26	27	28	29	30	31
☉	♋ 9	10	11	12	13	14	15	16	17	18	19	20	21	22	23	23	24	25	26	27	28	29	29 0	♌ 1	2	3	4	5	6	7	8
☽	♊ 11	24	♋ 6	19	♌ 2	15	28	♍ 12	26	♎ 10	24	♏ 8	22	♐ 7	21	♑ 5	20	♒ 3	17	♓ 0	13	25	♈ 7	19	♉ 1	13	25	♊ 7	19	♋ 2	15
☿	♋ 28	29 0	♌ 2	3	5	7	8	10	11	12	14	15	16	18	19	20	21	22	23	24	25	26	27	28	28	29	29 0	♍ 0	1	1	1
♀	♋ 6	R 5	4	4	3	3	2	2	1	1	0	0	0 29	♊ 29	29	29	29	29	29	29	D 29	29	29	29	29	29	29	29 0	♋ 0	0	1
♂	♊ 6	7	8	8	9	10	11	11	12	13	13	14	15	15	16	17	17	18	19	19	20	21	22	22	23	24	24	25	26	26	27

♃ 1, 8, 13, 18, 23, 28, 31: ♌22 23 24 25 26 27 28 · ♄ 1 R, 16, 30: ♒ 3 2 1 · ♅ 1, 29 R: ♈23 23 · ♆ 1, 11: ♍ 5 6 · ♇ 1, 31: ♋21 22

8

	1	2	3	4	5	6	7	8	9	10	11	12	13	14	15	16	17	18	19	20	21	22	23	24	25	26	27	28	29	30	31
☉	♌ 9	10	11	12	13	14	14	15	16	17	18	19	20	21	22	23	24	25	26	27	28	29	29 0	♍ 1	2	3	4	5	6	7	8
☽	♋ 28	♌ 11	25	♍ 8	22	♎ 6	20	♏ 5	19	♐ 3	17	♑ 1	15	29	♒ 12	25	♓ 8	21	♈ 3	15	27	♉ 9	21	♊ 3	15	27	♋ 10	23	♌ 6	19	♍ 3
☿	♍ 2	2	2	R 2	2	1	1	1	0	0 29	♌ 29	28	28	27	26	25	24	24	23	22	21	21	20	20	19	19	D 19	19	19	20	20
♀	♋ 1	2	2	2	3	3	4	5	5	6	6	7	8	8	9	10	10	11	12	13	13	14	15	16	17	18	18	19	20	21	22
♂	♊ 28	28	29	29 0	♋ 0	1	2	2	3	4	4	5	6	6	7	8	8	9	10	10	11	11	12	13	13	14	15	15	16	17	17

♃ 1, 6, 11, 16, 20, 25, 29: ♌28 29 ♍ 0 1 2 3 4 · ♄ 1 R, 14: ♒ 0 ♑29 · ♅ 1 R: ♈23 · ♆ 1, 11: ♍ 6 7 · ♇ 1, 31: ♋22 23

9

	1	2	3	4	5	6	7	8	9	10	11	12	13	14	15	16	17	18	19	20	21	22	23	24	25	26	27	28	29	30	31
☉	♍ 8	9	10	11	12	13	14	15	16	17	18	19	20	21	22	23	24	25	26	27	28	29	29 0	♎ 1	2	3	4	5	6	7	
☽	♍ 18	♎ 2	16	♏ 1	15	♐ 0	14	28	♑ 12	25	♒ 9	22	♓ 4	17	29	♈ 12	24	♉ 6	17	29	♊ 11	23	♋ 5	18	♌ 1	14	27	♍ 12	26	♎ 11	
☿	♌ 21	22	23	24	25	26	27	29	29 0	♍ 2	3	5	7	9	10	12	14	16	18	20	21	23	25	27	29	29 0	♎ 2	4	6	8	
♀	♋ 23	24	25	26	27	28	29	29 0	♌ 1	1	2	3	4	5	6	8	9	10	11	12	13	14	15	16	17	18	19	20	21	22	
♂	♋ 18	18	19	20	20	21	22	22	23	24	24	25	25	26	27	27	28	28	29	29 0	♌ 0	1	1	2	3	3	4	4	5	6	

♃ 1, 3, 7, 12, 17, 21, 26, 30: ♍ 4 5 6 7 8 9 10 11 · ♄ 1 R, 30: ♑29 28 · ♅ 1 R, 30: ♈23 22 · ♆ 1, 7: ♍ 7 8 · ♇ 1: ♋23

10

	1	2	3	4	5	6	7	8	9	10	11	12	13	14	15	16	17	18	19	20	21	22	23	24	25	26	27	28	29	30	31
☉	♎ 8	9	10	11	12	13	14	15	16	17	18	19	20	21	22	23	24	25	26	27	28	29	29 0	♏ 1	2	3	4	5	6	7	8
☽	♎ 26	♏ 11	26	♐ 11	25	♑ 9	22	♒ 5	18	♓ 1	14	26	♈ 8	20	♉ 2	14	26	♊ 8	20	♋ 2	14	26	♌ 9	22	♍ 5	19	♎ 4	19	♏ 4	19	♐ 4
☿	♎ 10	11	13	15	16	18	20	21	23	25	26	28	29 0	♏ 1	3	4	6	7	9	10	12	14	15	16	18	19	21	22	24	25	27
♀	♌ 23	25	26	27	28	29	29 0	♍ 1	2	4	5	6	7	8	9	10	12	13	14	15	16	17	18	20	21	22	23	24	26	27	28
♂	♌ 6	7	7	8	9	9	10	10	11	11	12	13	13	14	14	15	15	16	17	17	18	18	19	19	20	20	21	21	22	23	23

♃ 1, 6, 11, 16, 22, 27: ♍11 12 13 14 15 16 · ♄ 1 R: ♑28 · ♅ 1 R, 24: ♈22 21 · ♆ 1: ♍ 9 · ♇ 1: ♋23

11

	1	2	3	4	5	6	7	8	9	10	11	12	13	14	15	16	17	18	19	20	21	22	23	24	25	26	27	28	29	30	31
☉	♏ 9	10	11	12	13	14	15	16	17	18	19	20	21	22	23	24	25	26	27	28	29	29 0	♐ 1	2	3	4	5	6	7	8	
☽	♐ 19	♑ 4	18	♒ 2	15	28	♓ 11	23	♈ 5	17	29	♉ 11	23	♊ 5	17	29	♋ 11	23	♌ 5	18	♍ 1	14	28	♎ 12	27	♏ 12	27	♐ 13	28	♑ 13	
☿	♏ 28	29 0	♐ 1	2	3	5	6	7	9	10	11	12	13	14	15	16	17	18	19	19	20	20	20	20	R 20	20	20	19	18	17	
♀	♍ 29	29 0	♎ 1	3	4	5	6	7	9	10	11	12	13	15	16	17	18	19	21	22	23	24	26	27	28	29	♏ 0	2	3	4	
♂	♌ 24	24	25	25	26	26	27	27	28	28	29	29	29 0	♍ 0	1	1	2	2	3	3	3	4	4	5	5	6	6	7	7	7	

♃ 1, 8, 15, 22, 30: ♍17 18 19 20 21 · ♄ 1, 20, 30: ♑29 ♒ 0 1 · ♅ 1 R, 21: ♈21 20 · ♆ 1, 16: ♍ 9 10 · ♇ 1: ♋23

12

	1	2	3	4	5	6	7	8	9	10	11	12	13	14	15	16	17	18	19	20	21	22	23	24	25	26	27	28	29	30	31
☉	♐ 9	10	11	12	13	14	15	16	17	18	19	20	21	22	23	24	25	26	27	28	29	29 0	♑ 1	2	3	4	5	6	7	8	9
☽	♑ 27	♒ 11	24	♓ 7	20	♈ 2	14	26	♉ 8	20	♊ 2	14	26	♋ 8	20	♌ 2	15	28	♍ 11	24	♎ 8	22	♏ 6	21	♐ 6	21	♑ 6	21	♒ 5	19	♓ 2
☿	♐ 16	R 15	14	12	11	10	8	7	6	6	5	4	4	D 4	4	4	5	5	6	7	8	8	9	10	12	13	14	15	16	18	19
♀	♏ 5	7	8	9	10	12	13	14	15	16	18	19	20	21	23	24	25	26	28	29	29 0	♐ 1	3	4	5	6	8	9	10	11	13
♂	♍ 8	8	9	9	9	10	10	11	11	11	12	12	12	13	13	14	14	14	14	15	15	15	16	16	16	17	17	17	17	18	18

♃ 1, 10, 26: ♍21 22 23 · ♄ 1, 12, 22, 31: ♒ 1 2 3 4 · ♅ 1 R, 31: ♈20 19 · ♆ 1, 12 R: ♍10 10 · ♇ 1, 31: ♋23 22

1933

1

	1	2	3	4	5	6	7	8	9	10	11	12	13	14	15	16	17	18	19	20	21	22	23	24	25	26	27	28	29	30	31
☉	♑ 10	11	12	13	14	15	16	17	18	19	20	21	22	23	24	25	26	27	28	29 0	♒ 1	2	3	4	5	6	7	8	9	10	11
☽	♓ 16	28	♈ 10	23	♉ 4	16	28	♊ 10	22	♋ 4	17	29	♌ 12	25	♍ 8	21	♎ 4	18	♏ 2	16	♐ 0	15	29	♑ 14	29	♒ 13	27	♓ 10	23	♈ 6	18
☿	♐ 20	22	23	24	26	27	29	29 0	♑ 1	3	4	6	7	9	10	12	13	15	16	18	20	21	23	24	26	28	29 0	♒ 1	2	4	6
♀	♐ 14	15	16	17	19	20	21	22	24	25	26	27	29	29 0	♑ 1	2	4	5	6	7	9	10	11	12	14	15	16	17	19	20	21
♂	♍ 18	18	18	19	19	19	19	19	19	19	20	20	20	20	20	20	20	20	20	20	R 20	20	20	20	20	20	20	20	20	20	19

♃ 1, 8 R, 31: ♍23 23 22 · ♄ 1, 9, 17, 26: ♒ 4 5 6 7 · ♅ 1, 31: ♈19 20 · ♆ 1 R, 31: ♍10 9 · ♇ 1: ♋22

2

	1	2	3	4	5	6	7	8	9	10	11	12	13	14	15	16	17	18	19	20	21	22	23	24	25	26	27	28	29	30	31
☉	♒ 12	13	14	15	16	17	18	19	20	21	22	23	24	25	26	27	28	29	29 0	♓ 1	2	3	4	5	6	7	8	9			
☽	♉ 1	12	24	♊ 6	18	♋ 0	12	25	♌ 8	21	♍ 4	17	♎ 1	15	29	♏ 13	27	♐ 11	25	♑ 10	24	♒ 8	21	♓ 5	18	♈ 1	14	26			
☿	♒ 7	9	11	13	14	16	18	20	21	23	25	27	29	29 0	♓ 2	4	6	8	10	11	13	15	17	19	21	22	24	26			
♀	♑ 22	24	25	26	27	29	29 0	♒ 1	2	4	5	6	7	9	10	11	12	14	15	16	17	19	20	21	22	24	25	26			
♂	♍ 19	R 19	19	19	19	18	18	18	18	17	17	17	17	16	16	16	15	15	15	14	14	14	13	13	12	12	12	11			

♃ 1 R, 15, 24, 28: ♍22 21 20 19 · ♄ 1, 12, 20, 28: ♒ 8 9 10 11 · ♅ 1, 28: ♈20 21 · ♆ 1 R: ♍ 9 · ♇ 1, 28: ♋22 21

3

	1	2	3	4	5	6	7	8	9	10	11	12	13	14	15	16	17	18	19	20	21	22	23	24	25	26	27	28	29	30	31
☉	♓ 10	11	12	13	14	15	16	17	18	19	20	21	22	23	24	25	26	27	28	29	29 0	♈ 1	2	3	4	5	6	7	8	9	10
☽	♉ 8	20	♊ 2	14	26	♋ 8	20	♌ 3	16	29	♍ 12	26	♎ 10	25	♏ 9	24	♐ 8	22	♑ 6	20	♒ 4	18	♓ 1	14	27	♈ 9	22	♉ 4	16	28	♊ 10
☿	♓ 27	29	29 0	♈ 1	2	3	4	5	6	6	7	7	7	R 7	7	7	6	6	5	4	4	3	2	1	0 29	♓ 29	29	28	27	26	26
♀	♒ 27	29	29 0	♓ 1	2	4	5	6	7	9	10	11	12	14	15	16	17	19	20	21	22	24	25	26	27	29	29 0	♈ 1	2	3	5
♂	♍ 11	R 10	10	10	9	9	8	8	8	7	7	7	6	6	6	5	5	5	4	4	4	3	3	3	3	2	2	2	2	2	2

♃ 1 R, 11, 19, 28, 31: ♍19 18 17 16 15 · ♄ 1, 11, 21, 31: ♒11 12 13 14 · ♅ 1, 20: ♈21 22 · ♆ 1 R, 31: ♍ 9 8 · ♇ 1: ♋21

4

	1	2	3	4	5	6	7	8	9	10	11	12	13	14	15	16	17	18	19	20	21	22	23	24	25	26	27	28	29	30	31
☉	♈ 11	12	13	14	15	16	17	18	19	20	21	22	23	24	25	26	27	28	29	29 0	♉ 1	2	3	4	5	6	7	8	9	10	
☽	♊ 22	♋ 4	16	28	♌ 11	24	♍ 7	20	♎ 5	19	♏ 4	19	♐ 4	18	♑ 3	17	♒ 1	14	28	♓ 11	23	♈ 6	18	♉ 1	13	25	♊ 7	18	♋ 0	12	
☿	♓ 25	R 25	25	25	24	D 24	25	25	25	25	26	26	27	27	28	29	29 0	♈ 1	2	2	3	5	6	7	8	9	11	12	13	15	
♀	♈ 6	7	8	10	11	12	13	15	16	17	18	20	21	22	23	25	26	27	28	29 0	♉ 1	2	3	4	6	7	8	9	11	12	
♂	♍ 1	R 1	1	1	1	1	1	1	1	1	1	D 1	1	1	1	1	1	1	1	1	1	1	1	1	2	2	2	2	2	3	

♃ 1 R, 18, 30: ♍15 14 13 · ♄ 1, 15, 30: ♒14 15 16 · ♅ 1, 7, 25: ♈22 23 24 · ♆ 1 R, 30: ♍ 8 7 · ♇ 1: ♋21

5

	1	2	3	4	5	6	7	8	9	10	11	12	13	14	15	16	17	18	19	20	21	22	23	24	25	26	27	28	29	30	31
☉	♉ 10	11	12	13	14	15	16	17	18	19	20	21	22	23	24	25	26	27	28	29	29 0	♊ 1	2	3	4	5	6	7	7	8	9
☽	♋ 24	♌ 6	19	♍ 2	15	29	♎ 13	27	♏ 12	27	♐ 13	28	♑ 13	27	♒ 11	25	♓ 8	21	♈ 3	15	28	♉ 10	22	♊ 4	15	27	♋ 9	21	♌ 3	15	28
☿	♈ 16	17	19	20	22	24	25	27	28	29 0	♉ 2	4	5	7	9	11	13	15	17	19	21	23	25	27	29 0	♊ 2	4	6	8	11	13
♀	♉ 13	14	16	17	18	19	20	22	23	24	25	26	28	29	29 0	♊ 2	3	4	5	6	8	9	10	11	13	14	15	16	18	19	20
♂	♍ 3	3	3	3	4	4	4	4	5	5	5	6	6	6	7	7	7	8	8	8	9	9	9	10	10	10	11	11	12	12	12

♃ 1 R, 10 D, 31: ♍13 13 14 · ♄ 1, 27 R: ♒16 16 · ♅ 1, 13, 31: ♈24 25 26 · ♆ 1 R, 19 D: ♍ 7 7 · ♇ 1, 31: ♋21 22

6

	1	2	3	4	5	6	7	8	9	10	11	12	13	14	15	16	17	18	19	20	21	22	23	24	25	26	27	28	29	30	31
☉	♊ 10	11	12	13	14	15	16	17	18	19	20	21	22	23	24	25	26	27	28	29	29 0	♋ 0	1	2	3	4	5	6	7	8	
☽	♍ 10	24	♎ 7	21	♏ 6	21	♐ 6	21	♑ 6	21	♒ 6	20	♓ 4	17	♈ 0	12	25	♉ 7	19	♊ 1	12	24	♋ 6	18	♌ 0	12	25	♍ 7	20	♎ 3	
☿	♊ 15	17	19	21	24	26	28	29 0	♋ 2	4	5	7	9	11	13	14	16	18	19	21	22	24	25	27	28	29	29 0	♌ 2	3	4	
♀	♊ 21	22	24	25	26	27	29	29 0	♋ 1	2	3	5	6	7	8	10	11	12	13	14	16	17	18	19	21	22	23	24	26	27	
♂	♍ 13	13	14	14	14	15	15	16	16	17	17	18	18	19	19	19	20	20	21	21	22	22	23	23	24	24	25	25	26	26	

♃ 1, 13, 23, 30: ♍14 15 16 17 · ♄ 1 R, 30: ♒16 15 · ♅ 1, 30: ♈26 27 · ♆ 1, 30: ♍ 7 8 · ♇ 1: ♋22

7

	1	2	3	4	5	6	7	8	9	10	11	12	13	14	15	16	17	18	19	20	21	22	23	24	25	26	27	28	29	30	31
☉	♋ 9	10	11	12	13	14	15	16	17	18	18	19	20	21	22	23	24	25	26	27	28	29	29 0	♌ 1	2	3	4	5	6	7	8
☽	♎ 17	♏ 0	15	29	♐ 15	29	♑ 15	29	♒ 14	29	♓ 12	26	♈ 9	21	♉ 3	16	27	♊ 9	21	♋ 3	15	27	♌ 9	22	♍ 4	17	♎ 0	13	27	♏ 11	25
☿	♌ 5	6	7	8	8	9	10	11	11	12	12	12	13	13	13	13	R 13	13	13	13	12	12	11	11	10	10	9	8	7	7	6
♀	♋ 28	29	♌ 0	2	3	4	5	6	8	9	10	11	13	14	15	16	17	19	20	21	22	24	25	26	27	28	29 0	♍ 1	2	3	4
♂	♍ 27	27	28	29	29	29 0	♎ 0	1	1	2	2	3	3	4	5	5	6	6	7	7	8	9	9	10	10	11	11	12	13	13	14

♃ 1, 8, 14, 20, 26, 31: ♍17 18 19 20 21 22 · ♄ 1 R, 23, 31: ♒15 14 13 · ♅ 1: ♈27 · ♆ 1: ♍ 8 · ♇ 1, 31: ♋22 23

8

	1	2	3	4	5	6	7	8	9	10	11	12	13	14	15	16	17	18	19	20	21	22	23	24	25	26	27	28	29	30	31
☉	♌ 8	9	10	11	12	13	14	15	16	17	18	19	20	21	22	23	24	25	26	27	28	29	29 0	♍ 0	1	2	3	4	5	6	7
☽	♐ 9	24	♑ 9	23	♒ 8	23	♓ 7	21	♈ 4	17	29	♉ 12	24	♊ 6	18	29	♋ 12	24	♌ 6	18	♍ 1	14	27	♎ 10	24	♏ 7	21	♐ 6	20	♑ 4	18
☿	♌ 5	R 5	4	3	3	3	2	2	2	D 2	2	2	3	3	4	5	5	6	7	9	10	11	13	14	16	17	19	21	23	25	27
♀	♍ 6	7	8	9	11	12	13	14	15	17	18	19	20	21	23	24	25	26	27	29	29 0	♎ 1	2	3	5	6	7	8	9	11	12
♂	♎ 14	15	16	16	17	17	18	19	19	20	21	21	22	22	23	24	24	25	26	26	27	27	28	29	29	29 0	♏ 1	1	2	3	3

♃ 1, 6, 11, 17, 22, 26, 31: ♍22 23 24 25 26 27 28 · ♄ 1 R, 20, 31: ♒13 12 11 · ♅ 1, 3 R: ♈27 27 · ♆ 1, 8, 31: ♍ 8 9 10 · ♇ 1, 31: ♋23 24

9

	1	2	3	4	5	6	7	8	9	10	11	12	13	14	15	16	17	18	19	20	21	22	23	24	25	26	27	28	29	30	31
☉	♍ 8	9	10	11	12	13	14	15	16	17	18	19	20	21	22	23	24	25	26	27	28	29	29 0	♎ 1	2	3	4	5	6	7	
☽	♒ 3	17	♓ 1	15	29	♈ 12	25	♉ 7	20	♊ 2	14	26	♋ 8	20	♌ 2	14	27	♍ 9	23	♎ 6	20	♏ 4	18	♐ 2	17	♑ 1	15	29	♒ 13	27	
☿	♌ 28	29 0	♍ 2	4	6	8	10	12	14	16	18	20	21	23	25	27	29	29 0	♎ 2	4	6	7	9	11	12	14	16	17	19	20	
♀	♎ 13	14	15	17	18	19	20	21	23	24	25	26	27	29	29 0	♏ 1	2	3	4	6	7	8	9	10	12	13	14	15	16	17	
♂	♏ 4	5	5	6	7	7	8	9	9	10	11	11	12	13	13	14	15	15	16	17	17	18	19	19	20	21	21	22	23	24	

♃ 1, 5, 10 29, 14, 19, 24, 28: ♍28 29 ♎ 0 1 2 3 4 · ♄ 1 R, 26: ♒11 10 · ♅ 1 R, 30: ♈27 26 · ♆ 1, 30: ♍10 11 · ♇ 1, 30: ♋24 23

10

	1	2	3	4	5	6	7	8	9	10	11	12	13	14	15	16	17	18	19	20	21	22	23	24	25	26	27	28	29	30	31
☉	♎ 8	9	10	11	12	13	14	15	16	17	18	19	20	21	22	22	23	24	25	26	27	28	29 0	♏ 0	1	2	3	4	5	6	7
☽	♓ 10	24	♈ 7	20	♉ 3	15	28	♊ 10	22	♋ 4	15	27	♌ 9	22	♍ 4	17	♎ 1	15	29	♏ 13	28	♐ 13	27	♑ 12	26	♒ 10	23	♓ 7	20	♈ 3	16
☿	♎ 22	24	25	27	28	29 0	♏ 1	3	4	6	7	8	10	11	13	14	15	17	18	19	20	22	23	24	25	26	27	28	29	29 0	♐ 1
♀	♏ 19	20	21	22	23	24	26	27	28	29	29 0	♐ 1	3	4	5	6	7	8	9	11	12	13	14	15	16	17	19	20	21	22	23
♂	♏ 24	25	26	26	27	28	28	29	29 0	♐ 1	1	2	3	3	4	5	6	6	7	8	8	9	10	11	11	12	13	14	14	15	16

♃ 1, 3, 8, 12, 17, 22, 26, 31: ♎ 4 5 6 7 8 9 10 11 · ♄ 1 R, 15 D: ♒10 10 · ♅ 1 R, 29: ♈26 25 · ♆ 1, 31: ♍11 12 · ♇ 1, 31: ♋23 24

11

	1	2	3	4	5	6	7	8	9	10	11	12	13	14	15	16	17	18	19	20	21	22	23	24	25	26	27	28	29	30	31
☉	♏ 8	9	10	11	12	13	14	15	16	17	18	19	20	21	22	23	24	25	26	27	28	29 0	♐ 1	2	3	4	5	6	7	8	
☽	♈ 29	♉ 11	24	♊ 6	18	29	♋ 12	23	♌ 5	17	29	♍ 12	25	♎ 9	23	♏ 7	22	♐ 7	22	♑ 7	22	♒ 6	20	♓ 4	17	♈ 0	13	26	♉ 8	20	
☿	♐ 2	2	3	4	4	4	5	R 5	5	4	4	3	3	2	1	0 29	♏ 28	27	25	24	23	22	21	20	19	19	19	D 18	19	19	
♀	♐ 24	25	26	27	29	29 0	♑ 1	2	3	4	5	6	7	8	9	10	12	13	14	15	16	17	18	19	20	21	22	23	24	25	
♂	♐ 17	17	18	19	19	20	21	22	22	23	24	25	25	26	27	28	28	29	29 0	♑ 1	2	2	3	4	5	5	6	7	8	8	

♃ 1, 5, 10, 15, 21, 26: ♎11 12 13 14 15 16 · ♄ 1, 23: ♒10 11 · ♅ 1 R, 26: ♈25 24 · ♆ 1: ♍12 · ♇ 1: ♋24

12

	1	2	3	4	5	6	7	8	9	10	11	12	13	14	15	16	17	18	19	20	21	22	23	24	25	26	27	28	29	30	31
☉	♐ 9	10	11	12	13	14	15	16	17	18	19	20	21	22	23	24	25	26	27	28	29	29 0	♑ 1	2	3	4	5	6	7	8	9
☽	♊ 2	15	26	♋ 8	20	♌ 2	14	26	♍ 8	21	♎ 3	17	♏ 1	15	♐ 0	15	♑ 0	16	♒ 1	15	29	♓ 14	27	♈ 10	23	♉ 5	17	29	♊ 11	23	♋ 5
☿	♏ 19	20	21	21	22	23	24	25	27	28	29	29 0	♐ 2	3	4	6	7	9	10	11	13	14	16	17	19	20	22	23	25	26	28
♀	♑ 26	27	28	29	29 0	♒ 1	1	2	3	4	5	6	7	8	8	9	10	11	12	12	13	14	15	15	16	17	17	18	18	19	19
♂	♑ 9	10	11	11	12	13	14	15	15	16	17	18	18	19	20	21	22	22	23	24	25	25	26	27	28	29	29	29 0	♒ 1	2	2

♃ 1, 8, 15, 22, 31: ♎17 18 19 20 21 · ♄ 1, 6, 18, 28: ♒11 12 13 14 · ♅ 1 R, 31: ♈24 23 · ♆ 1, 15 R: ♍12 12 · ♇ 1: ♋24

1 PLANETENPOSITIONEN 1910–2001

1934

1

	1	2	3	4	5	6	7	8	9	10	11	12	13	14	15	16	17	18	19	20	21	22	23	24	25	26	27	28	29	30	31
☉	♑10	11	12	13	14	15	16	17	18	19	20	21	22	23	24	25	26	27	28	29 ♒0	1	2	3	4	5	6	7	8	9	10	11
☽	17	29	11	23	5	17	29	12	25	8	23	8	23	8	24	9	24	8	22	6	19	2	14	26	8	20	2	14	26	8	20
☿	0	1	3	4	6	7	9	10	12	14	15	17	18	20	22	23	25	27	28	29 0	2	3	5	7	8	10	12	14	15	17	19
♀	20	20	21	21	22	22	22	23	23	23	23	23	23	23	23	23	23	23	23	23	23	22	22	22	21	21	21	20	20	19	18
♂	3	4	5	5	6	7	8	9	10	10	11	12	13	14	14	15	16	17	17	18	19	20	21	21	22	23	24	25	25	26	27

♃ 1 10 27 ♎21 22 23 — ♄ 1 6 15 24 31 ♒14 15 16 17 18 — ♅ 1R 30 31 ♈23 23 24 — ♆ 1R ♍12 — ♇ 1 31 ♋24 23

2

	1	2	3	4	5	6	7	8	9	10	11	12	13	14	15	16	17	18	19	20	21	22	23	24	25	26	27	28
☉	♒12	13	14	15	16	17	18	19	20	21	22	23	24	25	26	27	28	29	♓0	1	2	3	4	5	6	7	8	9
☽	2	14	27	9	22	6	19	3	17	2	17	1	16	0	14	27	10	23	5	17	29	10	22	4	16	28		
☿	21	22	24	26	28	0	1	3	5	6	8	9	11	12	14	15	16	17	18	19	19	20	20	20	20	20	19	
♀	18	17	17	16	15	15	14	13	13	12	12	11	11	11	10	10	9	9	9	8	8	8	8	8	8	8	8	8
♂	28	29	29	0	1	2	2	3	4	5	6	6	7	8	9	10	10	11	12	13	14	14	15	16	17	17	18	19

♃ 1 7R 28 ♎23 23 22 — ♄ 1 9 18 26 ♒18 19 20 21 — ♅ 1 ♈24 — ♆ 1R 28 ♍12 11 — ♇ 1 ♋23

3

	1	2	3	4	5	6	7	8	9	10	11	12	13	14	15	16	17	18	19	20	21	22	23	24	25	26	27	28	29	30	31
☉	♓10	11	12	13	14	15	16	17	18	19	20	21	22	23	24	25	26	27	28	29	♈0	1	2	3	4	5	6	7	8	9	10
☽	11	23	6	19	3	16	0	14	28	12	26	11	25	10	24	8	22	5	18	0	13	25	7	18	0	12	24	7	19	2	15
☿	19	18	17	16	15	14	13	12	11	10	9	9	8	7	7	6	6	6	6	6	7	7	7	8	8	9	10	10	11	12	
♀	8	8	9	9	9	10	10	10	11	11	12	13	13	14	15	16	16	17	18	18	19	20	21	21	22	23	24	25			
♂	20	21	21	22	23	24	24	25	26	27	27	28	29	0	1	1	2	3	4	4	5	6	7	7	8	9	10	11	11	12	13

♃ 1R 17 26 31 ♎22 21 20 19 — ♄ 1 7 16 25 ♒21 22 23 24 — ♅ 1 24 ♈25 26 — ♆ 1R 31 ♍11 10 — ♇ 1 31 ♋23 22

4

	1	2	3	4	5	6	7	8	9	10	11	12	13	14	15	16	17	18	19	20	21	22	23	24	25	26	27	28	29	30
☉	♈11	12	13	14	15	16	17	18	19	20	21	22	23	24	25	26	27	28	29	♉0	1	2	3	4	5	6	7	8	9	
☽	29	13	27	11	25	9	23	7	21	5	19	3	16	0	13	26	8	21	3	14	26	8	20	2	15	27	11	24	8	22
☿	13	14	15	16	17	18	20	21	22	23	25	26	27	29	0	2	3	5	6	8	10	11	13	15	16	18	20	22	24	25
♀	26	26	27	28	29	0	1	2	3	4	5	6	6	7	8	9	10	11	12	13	14	15	16	17	18	19	20	21	22	23
♂	14	15	15	16	17	18	18	19	20	21	21	22	23	24	24	25	26	27	27	28	29	0	0	1	2	3	3	4	5	6

♃ 1R 19 27 ♎19 18 17 16 — ♄ 1 5 17 30 ♒24 25 26 27 — ♅ 1 11 28 ♈26 27 28 — ♆ 1R ♍10 — ♇ 1 ♋22

5

	1	2	3	4	5	6	7	8	9	10	11	12	13	14	15	16	17	18	19	20	21	22	23	24	25	26	27	28	29	30	31
☉	♉10	11	12	13	14	15	16	17	18	19	20	21	22	23	24	25	26	27	28	29	♊0	1	2	3	4	5	6	7	8	9	
☽	6	21	5	20	4	18	2	16	29	13	26	9	22	4	17	29	11	23	4	16	28	10	23	5	19	2	16	1	15	0	15
☿	27	0	1	3	5	7	9	11	14	16	18	20	22	24	27	29	1	3	5	7	10	12	14	16	18	19	21	23	25	27	28
♀	25	26	27	28	29	0	1	2	3	4	5	6	8	9	10	11	12	13	14	15	16	18	19	20	21	22	23	24	25		
♂	6	7	8	9	9	10	11	12	12	13	14	15	15	16	17	18	18	19	20	20	21	22	23	23	24	25	25	26	27	28	28

♃ 1R 19 31 ♎15 14 13 — ♄ 1 24 ♒27 28 — ♅ 1 17 ♈28 29 — ♆ 1R 21D ♍10 10 — ♇ 1 31 ♋22 23

6

	1	2	3	4	5	6	7	8	9	10	11	12	13	14	15	16	17	18	19	20	21	22	23	24	25	26	27	28	29	30
☉	♊10	11	12	13	14	15	16	17	18	19	20	21	22	23	24	25	26	27	28	29 ♋0	1	2	3	4	5	6	7	8		
☽	0	14	29	13	26	10	23	6	18	1	13	25	7	19	1	13	24	6	18	1	14	27	10	25	9	24	9	24	9	24
☿	0	2	3	5	6	8	9	10	12	13	14	15	16	17	18	19	20	20	21	22	22	23	23	23	24	24	24	24	24	
♀	29	0	1	2	3	4	6	7	8	9	10	11	13	14	15	16	17	18	19	20	22	23	24	25	26	28	29	0	1	2
♂	29	0	1	1	2	3	3	4	5	6	6	7	8	8	9	10	11	11	12	13	14	14	15	16	16	17	18	19	19	

♃ 1R 11D ♎13 13 — ♄ 1 9R ♒28 28 — ♅ 1 6 30 ♈29 ♉0 1 — ♆ 1 29 ♍9 10 — ♇ 1 30 ♋23 24

7

	1	2	3	4	5	6	7	8	9	10	11	12	13	14	15	16	17	18	19	20	21	22	23	24	25	26	27	28	29	30	31
☉	♋9	10	11	12	13	14	14	15	16	17	18	19	20	21	22	23	24	25	26	27	28	29	♌0	1	2	3	4	5	6	7	
☽	8	23	6	20	3	15	28	10	22	4	16	28	10	21	3	15	27	10	23	6	19	3	17	2	17	2	17	3	17	2	16
☿	23	23	23	22	22	21	21	20	20	19	19	18	18	17	16	16	15	15	15	14	14	14	14	14	14	15	15	16	16	17	18
♀	3	5	6	7	8	9	11	12	13	14	15	16	18	19	20	21	22	24	25	26	27	28	0	1	2	3	4	6	7	8	9
♂	20	21	21	22	23	23	24	25	26	26	27	28	28	29	0	1	1	2	3	3	4	5	6	6	7	8	8	9	10	10	

♃ 1 15 24 31 ♎14 15 16 17 — ♄ 1R 17 31 ♒28 27 26 — ♅ 1 ♉1 — ♆ 1 31 ♍10 11 — ♇ 1 ♋24

8

	1	2	3	4	5	6	7	8	9	10	11	12	13	14	15	16	17	18	19	20	21	22	23	24	25	26	27	28	29	30	31
☉	♌8	9	10	11	12	13	14	15	16	17	18	19	20	21	22	23	24	25	26	27	28	29	♍0	1	2	3	4	5	6	7	
☽	29	12	25	7	19	1	13	25	7	18	0	12	24	7	19	2	15	29	12	27	11	26	11	25	9	24	8	21	4		
☿	19	20	21	22	24	25	27	28	0	1	3	5	7	9	11	13	15	17	19	21	23	25	27	29	1	3	5	7	8	10	12
♀	10	11	13	14	15	16	18	19	20	21	22	24	25	26	27	28	0	1	2	3	5	6	7	8	9	11	12	13	14	16	17
♂	11	12	12	13	14	14	15	16	16	17	18	18	19	20	20	21	22	22	23	24	24	25	26	26	27	28	28	29	0	0	

♃ 1 8 15 21 27 31 ♎17 18 19 20 21 22 — ♄ 1R 15 29 ♒26 25 24 — ♅ 1 7R ♉1 1 — ♆ 1 31 ♍11 12 — ♇ 1 31 ♋24 25

9

	1	2	3	4	5	6	7	8	9	10	11	12	13	14	15	16	17	18	19	20	21	22	23	24	25	26	27	28	29	30
☉	♍8	9	10	11	12	13	14	15	16	17	18	19	20	21	22	23	24	25	26	27	28	29 ♎0	1	2	3	4	5	6	7	
☽	16	28	10	22	3	15	27	9	21	4	16	29	12	25	9	23	7	21	5	20	4	18	2	16	29	12	24	6		
☿	14	16	18	20	21	23	25	27	28	0	2	3	5	6	8	10	11	13	14	16	17	19	20	22	23	24	26	27	28	29 0
♀	19	20	21	22	23	24	25	27	28	29	0	2	3	4	5	6	8	9	10	11	13	14	15	16	18	19	20	21	22	24
♂	1	2	2	3	4	4	5	6	6	7	7	8	9	9	10	11	11	12	12	13	14	14	15	16	16	17	17	18	19	

♃ 1 7 12 17 22 27 ♎22 23 24 25 26 27 — ♄ 1R 12 30 ♒24 23 22 — ♅ 1R 30 ♉1 0 — ♆ 1 29 ♍12 13 — ♇ 1 30 ♋25 26

10

	1	2	3	4	5	6	7	8	9	10	11	12	13	14	15	16	17	18	19	20	21	22	23	24	25	26	27	28	29	30	31
☉	♎7	8	9	10	11	12	13	14	15	16	17	18	19	20	21	22	23	24	25	26	27	28	29 ♏0	1	2	3	4	5	6	7	
☽	18	0	12	24	6	18	0	13	26	9	22	6	19	3	17	1	15	29	14	28	13	27	10	24	7	20	2	14	26	8	20
☿	1	2	4	5	6	7	8	9	10	11	12	13	14	14	15	16	16	17	17	17	17	17	17	16	15	14	13				
♀	25	26	28	29	0	1	2	3	5	6	7	8	10	11	12	13	15	16	17	18	20	21	22	23	25	26	27	28	0	1	3
♂	20	20	21	22	22	23	23	24	25	25	26	26	27	27	28	29	29	0	1	1	2	2	3	4	4	5	5	6	7	7	8

♃ 1 6 11 15 20 25 29 ♎28 29 ♏0 1 2 3 4 — ♄ 1R 27D 31 ♒22 22 21 — ♅ 1R 10 ♉0 ♈29 — ♆ 1 31 ♍13 14 — ♇ 1 ♋26

11

	1	2	3	4	5	6	7	8	9	10	11	12	13	14	15	16	17	18	19	20	21	22	23	24	25	26	27	28	29	30
☉	♏8	9	10	11	12	13	14	15	16	17	18	19	20	21	22	23	24	25	26	27	28	29 ♐0	1	2	3	4	5	6	7	
☽	2	14	26	8	21	5	18	2	16	0	14	28	13	27	11	25	9	22	6	19	2	15	28	10	22	4	16	27	9	21
☿	11	10	9	8	7	7	6	5	4	4	3	3	3	3	3	3	4	4	5	5	6	7	8	9	10	11	12	14	15	16
♀	4	5	6	8	9	10	11	13	14	15	16	18	19	20	21	23	24	25	26	28	29	0	1	3	4	5	6	8	9	10
♂	9	9	10	10	11	12	12	13	13	14	15	15	16	16	17	18	18	19	19	20	21	21	22	22	23	24	24			

♃ 1 3 7 12 17 21 26 30 ♏4 5 6 7 8 9 10 11 — ♄ 1 20 ♒21 22 — ♅ 1R 30 ♈29 28 — ♆ 1 ♍14 — ♇ 1 ♋26

12

	1	2	3	4	5	6	7	8	9	10	11	12	13	14	15	16	17	18	19	20	21	22	23	24	25	26	27	28	29	30	31
☉	♐8	9	10	11	12	13	14	15	16	17	18	19	20	21	22	23	24	25	26	27	28	29 ♑0	1	2	3	4	5	6	7	8	9
☽	4	16	29	13	26	11	25	9	24	9	23	7	21	5	19	2	15	28	10	22	4	16	28	10	22	4	17	29	12	24	7
☿	23	24	26	27	29	0	2	3	5	6	8	9	11	12	14	15	17	18	20	22	23	25	26	28	29	1	3	4	6	7	
♀	12	13	14	15	17	18	19	20	22	23	24	25	27	28	29	0	2	3	4	5	7	8	9	10	12	13	14	15	17	18	19
♂	25	25	26	26	27	27	28	28	29	29	0	1	1	2	2	3	3	4	5	5	6	6	7	7	8	8	9	9			

♃ 1 6 11 16 21 27 31 ♏11 12 13 14 15 16 17 — ♄ 1 8 21 31 ♒22 23 24 25 — ♅ 1R 31 ♈28 27 — ♆ 1 17R ♍14 14 — ♇ 1 31 ♋26 25

1935

1

	1	2	3	4	5	6	7	8	9	10	11	12	13	14	15	16	17	18	19	20	21	22	23	24	25	26	27	28	29	30	31
☉	♑10	11	12	13	14	15	16	17	18	19	20	21	22	23	24	25	26	27	28	29 ♒0	1	2	3	4	5	6	7	8	9	10	
☽	20	4	18	3	18	3	18	3	17	2	15	29	12	25	8	20	3	15	27	9	20	2	14	26	8	20	3	15	28		
☿	11	12	14	16	17	19	21	22	24	26	27	29	0	2	4	6	7	9	11	12	14	16	17	19	20	22	23	25	26	27	
♀	21	22	23	24	26	27	28	29	0	1	2	3	4	6	7	8	9	11	12	13	14	16	17	18	19	21	22	23	24	26	
♂	10	10	11	11	11	12	12	13	13	14	14	15	15	15	16	16	16	17	17	18	18	18	19	19	19	19	19	20	20		

♃ 1 8 14 21 30 ♏17 18 19 20 21 — ♄ 1 10 20 28 ♒25 26 27 28 — ♅ 1 ♈27 — ♆ 1R ♍14 — ♇ 1 31 ♋25

2

	1	2	3	4	5	6	7	8	9	10	11	12	13	14	15	16	17	18	19	20	21	22	23	24	25	26	27	28
☉	♒11	12	13	14	15	16	17	18	19	20	21	22	23	24	25	26	27	28	29 ♓0	1	2	3	4	5	6	7	8	9
☽	26	11	26	11	26	11	25	9	22	5	17	29	12	24	6	17	29	11	23	5	17	29	12	25	8	21	5	19
☿	0	1	2	2	3	3	4	4	4	3	3	2	1	0	29	28	27	26	25	24	23	22	21	20	20	19	19	19
♀	0	1	2	3	4	6	7	8	9	11	12	13	14	16	17	18	19	20	22	23	24	25	27	28	29	0	2	3
♂	21	21	21	22	22	22	22	22	23	23	23	23	23	23	24	24	24	24	24	24	24	24	24	24	24	24	24	

♃ 1 9 24 ♏21 22 23 — ♄ 1 14 19 22 28 ♒28 ♓0 1 2 — ♅ 1 9 ♈27 28 — ♆ 1R 28 ♍14 13 — ♇ 1 ♋24

3

	1	2	3	4	5	6	7	8	9	10	11	12	13	14	15	16	17	18	19	20	21	22	23	24	25	26	27	28	29	30	31
☉	♓10	11	12	13	14	15	16	17	18	19	20	21	22	23	24	25	26	27	28	29 ♈0	1	2	3	4	5	6	7	8	9	10	
☽	4	19	4	19	4	19	4	17	1	14	26	9	21	3	14	26	8	20	2	14	26	9	22	5	19	2	17	2	17		
☿	19	19	19	19	20	20	21	21	22	23	23	24	25	26	27	28	29	0	1	2	3	4	5	7	8	9	11	12			
♀	4	5	7	8	9	10	12	13	14	15	16	18	19	20	21	23	24	25	26	28	29	0	1	2	4	5	6	7	8		
♂	24	24	24	24	24	24	24	24	23	23	23	23	23	23	22	22	22	22	21	21	21	21	20	20	20	19	19	19			

♃ 1 10R ♏23 22 — ♄ 1 11 20 29 ♓2 3 4 5 — ♅ 1 8 27 ♈28 29 ♉0 — ♆ 1R 31 ♍13 12 — ♇ 1 ♋24

4

	1	2	3	4	5	6	7	8	9	10	11	12	13	14	15	16	17	18	19	20	21	22	23	24	25	26	27	28	29	30
☉	♈11	12	13	14	15	16	17	18	19	20	21	22	23	24	25	26	27	28	29 ♉0	1	2	3	4	5	6	7	8	9	10	
☽	13	28	13	27	12	26	9	22	5	17	29	11	23	4	16	28	11	23	6	18	1	15	28	12	25	9	23	8	22	
☿	18	20	21	23	24	26	28	29	1	3	5	6	8	10	12	14	16	18	20	22	24	26	28	0	2	4	6	8	10	
♀	12	13	14	16	17	18	19	20	22	23	24	25	26	28	29	0	1	2	4	5	6	7	8	10	11	12	13	14	15	
♂	18	17	17	17	16	16	16	15	15	14	14	14	13	13	12	12	12	11	11	11	10	10	10	9	9	9	8	8		

♃ 1R 18 27 30 ♏22 21 20 19 — ♄ 1 7 17 29 ♓5 6 7 8 — ♅ 1 15 30 ♉0 1 2 — ♆ 1R ♍12 — ♇ 1 ♋24

5

	1	2	3	4	5	6	7	8	9	10	11	12	13	14	15	16	17	18	19	20	21	22	23	24	25	26	27	28	29	30	31
☉	♉10	11	12	13	14	15	16	17	18	19	20	21	22	23	24	25	26	27	28	29 ♊0	1	2	3	4	5	6	7	8	9		
☽	21	6	20	4	17	0	13	25	7	19	1	12	24	7	19	2	14	27	11	24	8	22	6	20	4	19	3	17	1		
☿	15	17	19	21	23	25	27	29	1	3	5	7	9	11	12	14	15	17	18	19	21	22	23	25	26	27	28	29	29		
♀	18	19	20	21	22	24	25	26	27	28	0	1	2	3	4	6	7	8	9	10	12	13	14	15	16	17	19	20			
♂	8	7	7	7	7	7	6	6	6	6	6	6	6	6	6	6	6	6	6	6	6	6	6	6	6	6	6	6	7	7	7

♃ 1R 13 21 29 ♏19 18 17 16 — ♄ 1 13 31 ♓8 9 10 — ♅ 1 20 ♉2 3 — ♆ 1R 24D 31 ♍12 12 12 — ♇ 1 ♋24

6

	1	2	3	4	5	6	7	8	9	10	11	12	13	14	15	16	17	18	19	20	21	22	23	24	25	26	27	28	29	30
☉	♊10	11	12	13	14	15	16	17	18	19	20	21	22	23	24	25	26	27	28	29 ♋0	1	2	3	4	5	6	7	8		
☽	25	8	20	3	15	27	9	20	2	14	27	10	23	6	20	4	18	2	17	1	15	29	14	28	11	25	8	21		
☿	0	1	2	3	4	4	4	4	4	4	4	3	3	3	3	2	2	1	0	0	29	29	28	28	27	27	26	26	26	
♀	23	24	25	26	27	28	0	1	2	3	4	5	6	7	8	9	10	11	12	13	14	15	16	17	18	19	20	21	22	
♂	7	7	8	8	8	8	9	9	9	10	10	10	11	11	11	12	12	13	13	13	14	14	14	15	15					

♃ 1R 8 22 30 ♏16 15 14 13 — ♄ 1 22R ♓10 10 — ♅ 1 9 30 ♉3 4 5 — ♆ 1 ♍12 — ♇ 1 ♋24

7

	1	2	3	4	5	6	7	8	9	10	11	12	13	14	15	16	17	18	19	20	21	22	23	24	25	26	27	28	29	30	31
☉	♋8	9	10	11	12	13	14	15	16	17	18	19	20	21	22	23	24	25	26	27	28	29 ♌0	1	2	3	4	5	6	7		
☽	5	18	0	12	23	5	17	28	10	23	5	18	1	14	27	12	26	11	26	11	26	10	24	8	22	5	18	1	13	25	
☿	25	25	25	25	25	26	26	26	27	27	28	29	0	1	2	4	5	7	8	10	12	14	16	18	20	22	24	26	28	0	1
♀	24	25	26	27	28	29	0	1	2	3	4	5	6	7	8	9	10	11	12	13	14	15	16	17	17	18	19	20	21	22	
♂	16	17	17	17	18	18	18	19	19	19	20	20	21	21	21	22	22	23	23	23	24	24	25	25	25	26	26	27	27	28	29

♃ 1 12D 31 ♏13 13 14 — ♄ 1R 31 ♓10 9 — ♅ 1 ♉5 — ♆ 1 31 ♍12 13 — ♇ 1 31 ♋24 25

8

	1	2	3	4	5	6	7	8	9	10	11	12	13	14	15	16	17	18	19	20	21	22	23	24	25	26	27	28	29	30	31
☉	♌8	9	10	11	12	13	14	15	16	17	18	19	20	21	22	23	24	25	26	27	28	29 ♍0	1	2	3	4	5	6	7		
☽	1	13	25	7	19	1	13	26	9	22	6	20	5	20	5	20	5	20	4	18	2	15	28	10	22	4	16	28	10		
☿	0	3	5	7	9	11	13	15	17	19	21	23	25	27	28	0	1	3	5	7	8	10	12	14	15	17	19	21	21	20	
♀	18	19	19	20	21	21	22	22	22	22	22	22	22	22	22	22	23	23	23	23	23	22	22	22	22	22	21	21	20		
♂	1	2	3	3	4	5	5	6	7	7	8	9	9	10	11	11	12	13	13	14	15	15	16	17	17	18					

♃ 1 13 23 31 ♏14 15 16 17 — ♄ 1R 15 29 ♓9 8 7 — ♅ 1 12R ♉5 5 — ♆ 1 29 ♍13 14 — ♇ 1 ♋26

9

	1	2	3	4	5	6	7	8	9	10	11	12	13	14	15	16	17	18	19	20	21	22	23	24	25	26	27	28	29	30
☉	♍8	9	10	11	12	13	14	15	16	17	18	19	20	21	22	23	24	25	26	27	28	29 ♎0	1	2	3	4	5			
☽	16	28	10	22	5	18	1	15	29	13	28	14	29	14	29	14	28	11	25	8	20	2	14	26	7	19	1	13	25	
☿	27	28	29	0	2	3	4	6	7	9	10	11	13	14	15	17	18	19	20	21	22	24	25	26	27	28	29	0		
♀	19	18	18	17	16	16	15	15	14	13	13	12	12	11	11	10	10	9	9	8	8	7	7	7	7	7	6			
♂	20	21	21	22	23	23	24	25	25	26	27	28	28	29	0	1	1	2	3	3	4	5	5	6	7	7	8			

♃ 1 7 13 19 25 30 ♏17 18 19 20 21 22 — ♄ 1R 11 25 ♓7 6 5 — ♅ 1R 30 ♉5 4 — ♆ 1 26 ♍14 15 — ♇ 1 ♋27

10

	1	2	3	4	5	6	7	8	9	10	11	12	13	14	15	16	17	18	19	20	21	22	23	24	25	26	27	28	29	30	31
☉	♎7	8	9	10	11	12	13	14	15	16	17	18	19	20	21	22	23	24	25	26	27	28	29 ♏0	1	2	3	4	5	6	7	
☽	19	2	14	27	10	23	6	20	5	20	5	20	5	20	4	18	1	14	27	9	21	3	15	27	8	20	2	14	26	9	21
☿	1	2	2	2	2	2	2	2	2	2	2	1	1	0	29	28	27	26	25	24	23	22	21	20	19	18	18	17	17	17	17
♀	7	7	7	7	7	7	7	7	8	8	8	9	9	9	10	10	11	11	12	12	13	13	14	15	15	16	17	17	18	19	20
♂	9	9	10	11	11	12	13	13	14	15	16	16	17	18	18	19	20	21	21	22	23	23	24	25	26	26	27	28	29	0	

♃ 1 6 11 16 21 26 31 ♏22 23 24 25 26 27 28 — ♄ 1R 31 ♓4 3 — ♅ 1R 31 ♉4 3 — ♆ 1 27 ♍15 16 — ♇ 1 ♋27

11

	1	2	3	4	5	6	7	8	9	10	11	12	13	14	15	16	17	18	19	20	21	22	23	24	25	26	27	28	29	30
☉	♏8	9	10	11	12	13	14	15	16	17	18	19	20	21	22	23	24	25	26	27	28	29 ♐0	1	2	3	4	5	6	7	
☽	17	0	14	28	13	28	13	28	13	27	11	24	7	19	1	13	25	7	19	1	13	25	7	19	2	15	28	12	26	11
☿	17	18	18	19	20	21	22	24	25	26	28	29	0	2	3	5	6	8	10	11	13	14	16	17	19	20	22	23	25	
♀	23	24	25	26	27	28	29	0	1	2	3	4	5	6	7	8	9	10	11	12	13	14	15	16	17	18	19	20	21	
♂	1	1	2	3	4	4	5	6	6	7	8	9	9	10	11	12	12	13	14	15	15	16	17	17	18	19	20	21	21	22

♃ 1 4 9 13 18 22 27 30 ♏28 29 ♐0 1 2 3 4 — ♄ 1 8 30 ♓3 — ♅ 1R 30 ♉3 2 — ♆ 1 ♍16 — ♇ 1 ♋27

12

	1	2	3	4	5	6	7	8	9	10	11	12	13	14	15	16	17	18	19	20	21	22	23	24	25	26	27	28	29	30	31
☉	♐8	9	10	11	12	13	14	15	16	17	18	19	20	21	22	23	24	25	26	27	28	29 ♑0	1	2	3	4	5	6	7	8	
☽	11	26	11	27	11	26	10	24	8	22	5	19	1	14	26	8	20	2	14	26	8	20	3	16	29	13	27	11	25		
☿	27	28	0	1	3	5	6	8	9	11	13	14	16	17	19	21	22	24	26	27	29	1	2	4	5	6	8	9	10	11	
♀	29	0	1	2	4	5	6	7	9	10	11	12	14	15	16	17	19	20	21	22	24	25	26	27	29	0	1	3	4	5	6
♂	24	25	26	27	28	29	0	1	1	2	3	4	5	6	6	7	8	9	10	11	12	13	13	14	15	16	16	17			

♃ 1 6 10 15 19 24 29 ♐5 6 7 8 9 10 11 — ♄ 1 19 31 ♓4 5 6 — ♅ 1R 31 ♉2 1 — ♆ 1 20R 31 ♍16 16 16 — ♇ 1 ♋27

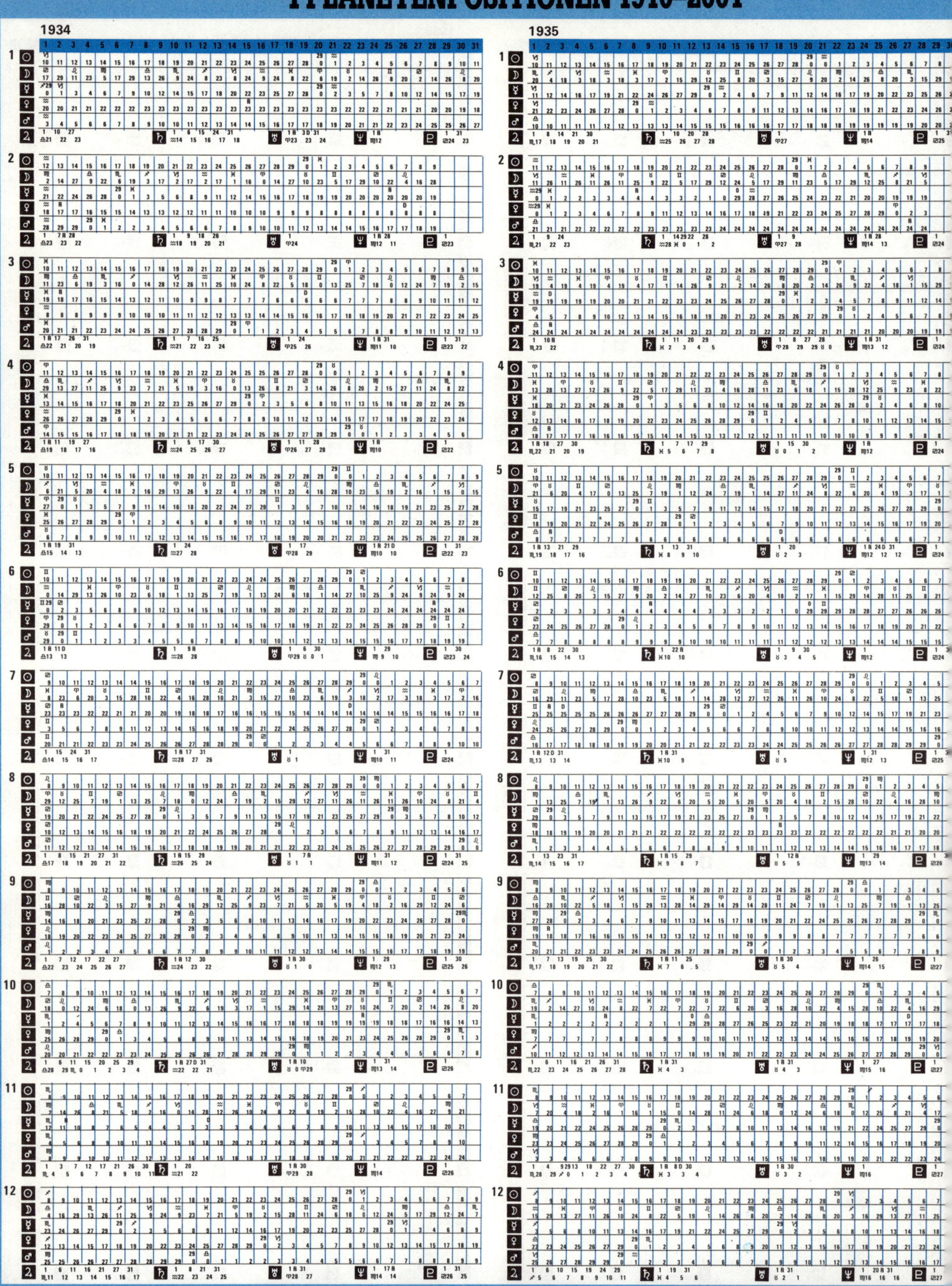

1 PLANETENPOSITIONEN 1910–2001

1936

	1	2	3	4	5	6	7	8	9	10	11	12	13	14	15	16	17	18	19	20	21	22	23	24	25	26	27	28	29	30	31
	♑ 10	11	12	13	14	15	16	17	18	19	20	21	22	23	24	25	26	27	28	29	29 0	♒ 1	2	3	4	5	6	7	8	9	10
	♈ 8	22	♉ 6	20	♊ 4	17	♋ 1	14	27	♌ 9	22	♍ 4	16	28	♎ 10	22	♏ 4	16	28	♐ 11	24	♑ 8	22	♒ 6	20	♓ 5	20	♈ 4	19	♉ 3	17
	♑ 22	24	26	27	29	29 0	♒ 2	3	5	6	8	9	10	12	13	14	15	16	16	17	17	17	℞ 17	17	16	16	15	14	13	12	10
	♏ 27	29	29 0	♐ 1	2	3	4	6	7	8	9	10	12	13	14	15	16	18	19	20	21	22	23	25	26	27	29 0	♑ 0	1	2	3
	♒ 20	20	21	22	23	24	24	25	26	27	27	28	29	29 0	♓ 1	1	2	3	4	4	5	6	7	8	8	9	10	11	12	12	13

♃ 1 2 7 11 17 22 28 / ♐11 12 13 14 15 16 17 — ♄ 1 12 22 31 / ♓ 6 7 8 9 — ♅ 1 / ♉ 1 — ♆ 1 / ♍16 — ♇ 1 ℞ 18 / ♋26 25

	1	2	3	4	5	6	7	8	9	10	11	12	13	14	15	16	17	18	19	20	21	22	23	24	25	26	27	28	29	30	31
	♒ 11	12	13	14	15	16	17	18	19	20	21	22	23	24	25	26	27	29	29 0	♓ 1	2	3	4	5	6	7	8	9	10		
	♊ 1	14	27	♋ 10	23	♌ 5	18	♍ 0	12	24	♎ 6	18	♏ 0	12	24	♐ 6	19	♑ 2	15	29	♒ 14	29	♓ 14	29	♈ 14	29	♉ 13	27	♊ 11		
	♒ ℞ 10	8	7	6	5	4	3	2	2	2	1	1	D 1	2	2	2	3	3	4	5	5	6	7	8	9	10	11	12	13		
	♑ 5	6	7	8	9	11	12	13	14	16	17	18	19	20	22	23	24	25	27	28	29	29 0	♒ 1	3	4	5	6	8	9		
	♓ 14	15	15	16	17	18	19	19	20	21	22	23	24	25	25	26	26	27	28	29	29	29 0	♈ 1	2	2	3	4	5	5		

♃ 1 2 8 15 22 / ♐17 18 19 20 21 — ♄ 1 9 17 25 / ♓ 9 10 11 12 — ♅ 1 11 / ♉ 1 2 — ♆ 1 ℞ 12 / ♍16 15 — ♇ 1 ℞ / ♋25

	1	2	3	4	5	6	7	8	9	10	11	12	13	14	15	16	17	18	19	20	21	22	23	24	25	26	27	28	29	30	31
	♓ 11	12	13	14	15	16	17	18	19	20	21	22	23	24	25	26	27	28	29	29 0	♈ 1	2	3	4	5	6	7	8	9	10	11
	♊ 24	♋ 7	20	♌ 2	15	27	♍ 9	21	♎ 3	14	26	♏ 8	20	♐ 2	15	27	♑ 10	24	♒ 7	22	♓ 7	22	♈ 7	22	♉ 8	22	♊ 7	20	♋ 4	17	29
	♒ 14	15	17	18	19	20	22	23	24	26	27	29	29 0	♓ 2	3	5	6	8	9	11	13	14	16	18	20	21	23	25	27	29	29 0
	♒ 10	11	13	14	15	16	17	19	20	21	22	25	26	27	28	28	29 0	♓ 1	2	3	5	6	7	8	10	11	12	13	14	16	17
	♈ 6	7	8	9	9	10	11	12	12	13	14	15	15	16	17	18	18	19	20	21	21	22	23	24	24	25	26	27	27	28	29

♃ 1 10 24 / ♐22 23 24 — ♄ 1 4 12 21 29 / ♓12 13 14 15 16 — ♅ 1 10 30 / ♉ 2 3 4 — ♆ 1 ℞ 20 / ♍15 14 — ♇ 1 ℞ / ♋25

	1	2	3	4	5	6	7	8	9	10	11	12	13	14	15	16	17	18	19	20	21	22	23	24	25	26	27	28	29	30	31
	♈ 11	12	13	14	15	16	17	18	19	20	21	22	23	24	25	26	27	28	29	29 0	♉ 1	2	3	4	5	6	7	8	9	10	
	♌ 12	24	♍ 6	18	♎ 0	11	23	♏ 5	17	29	♐ 12	24	♑ 7	19	♒ 3	16	♓ 1	15	♈ 0	15	♉ 1	16	♊ 1	15	29	♋ 13	26	♌ 8	21	♍ 3	
	♈ 2	4	6	8	10	12	14	16	18	20	22	24	27	29	29 1	♉ 3	5	7	9	11	13	15	17	19	21	23	24	26	27	29	
	♓ 18	19	21	22	23	24	26	27	28	29	29 0	♈ 2	3	4	5	7	8	9	10	11	13	14	15	16	18	19	20	21	23	24	
	♈ 29	29 0	♉ 1	2	3	3	4	5	5	6	7	8	8	9	10	11	11	12	13	13	14	15	16	16	17	18	19	19	20	21	

♃ 1 11 ℞ 27 / ♐24 24 23 — ♄ 1 7 16 26 / ♓16 17 18 19 — ♅ 1 17 / ♉ 4 5 — ♆ 1 ℞ / ♍14 — ♇ 1 ℞ / ♋25

	1	2	3	4	5	6	7	8	9	10	11	12	13	14	15	16	17	18	19	20	21	22	23	24	25	26	27	28	29	30	31
	♉ 11	12	13	14	15	16	17	18	19	20	21	22	23	23	24	25	26	27	28	29	29 0	♊ 1	2	3	4	5	6	7	8	9	10
	♍ 18	27	♎ 8	20	♏ 2	14	26	♐ 9	21	♑ 3	16	29	♒ 13	26	♓ 10	25	♈ 9	24	♉ 9	24	♊ 9	23	♋ 7	21	♌ 4	17	29	♍ 11	23	♎ 5	17
	29 0	♊ 2	3	4	6	7	8	9	10	10	11	12	12	13	13	13	13	14	14	℞ 13	13	13	13	13	12	12	11	11	10	10	9
	♈ 25	26	27	29	29 0	♉ 1	2	4	5	6	7	9	10	11	12	13	15	16	17	18	20	21	22	23	24	26	27	28	29 0	♊ 1	2
	♉ 21	22	23	24	24	25	26	26	27	28	29	29 0	♊ 0	1	1	2	3	3	4	5	6	6	7	8	8	9	10	10	11	12	13

♃ 1 ℞ 11 21 30 / ♐23 22 21 20 — ♄ 1 8 21 / ♓19 20 21 — ♅ 1 4 22 / ♉ 5 6 7 — ♆ 1 ℞ 21 25 D 29 / ♍14 13 13 14 — ♇ 1 / ♋25

	1	2	3	4	5	6	7	8	9	10	11	12	13	14	15	16	17	18	19	20	21	22	23	24	25	26	27	28	29	30	31
	♊ 11	12	13	14	15	16	17	17	18	19	20	21	22	23	24	25	26	27	28	29	29 0	♋ 1	2	3	4	5	6	7	8	8	
	♎ 29	♏ 11	23	♐ 5	18	♑ 0	13	26	♒ 10	23	♓ 7	21	♈ 5	20	♉ 4	19	♊ 3	17	♋ 1	15	29	♌ 12	24	♍ 7	19	♎ 1	13	25	♏ 7	19	
	♊ ℞ 9	8	7	7	7	6	6	5	5	5	5	5	D 5	5	5	6	6	7	7	8	8	9	10	11	12	12	14	15	16	17	
	♊ 3	4	5	7	8	9	10	12	13	14	15	17	18	19	20	21	23	24	25	26	28	29 0	♋ 0	1	3	4	5	6	7	9	
	♊ 13	14	15	15	16	17	17	18	19	19	20	21	22	22	23	23	24	25	26	26	27	28	28	29	29 0	♋ 0	1	2	2	3	

♃ 1 ℞ 7 15 23 / ♐20 19 18 17 — ♄ 1 8 / ♓21 22 — ♅ 1 11 / ♉ 7 8 — ♆ 1 / ♍14 — ♇ 1 10 / ♋25 26

	1	2	3	4	5	6	7	8	9	10	11	12	13	14	15	16	17	18	19	20	21	22	23	24	25	26	27	28	29	30	31
	♋ 9	10	11	12	13	14	15	16	17	18	19	20	21	22	23	24	25	26	27	28	28	29	29 0	♌ 1	2	3	4	5	6	7	8
	♐ 1	14	26	♑ 9	23	♒ 6	20	♓ 4	18	♈ 2	16	♉ 1	15	29	♊ 13	27	♋ 10	24	♌ 7	20	♍ 2	15	27	♎ 9	21	♏ 3	15	27	♐ 9	22	♑ 4
	♊ 18	20	21	23	24	26	27	29 0	♋ 1	3	5	7	9	11	13	15	17	19	21	23	25	27	29 0	♌ 2	4	6	8	10	12	14	16
	♋ 10	11	12	14	15	16	17	18	20	21	22	23	25	26	27	28	29 0	♌ 1	2	3	4	6	7	8	9	11	12	13	14	16	17
	♋ 4	4	5	6	6	7	8	8	9	10	10	11	12	12	13	14	14	15	16	16	17	18	18	19	20	20	21	21	22	23	23

♃ 1 ℞ 11 26 / ♐16 15 14 — ♄ 1 4 ℞ 29 / ♓22 22 21 — ♅ 1 7 / ♉ 8 9 — ♆ 1 27 / ♍14 15 — ♇ 1 10 / ♋26 27

	1	2	3	4	5	6	7	8	9	10	11	12	13	14	15	16	17	18	19	20	21	22	23	24	25	26	27	28	29	30	31
	♌ 9	10	11	12	13	14	15	16	17	18	19	20	21	21	22	23	24	25	26	27	28	29	29 0	♍ 1	2	3	4	5	6	7	8
	♑ 18	♒ 1	15	29	♓ 14	28	♈ 13	27	♉ 12	26	♊ 10	23	♋ 7	20	♌ 3	16	28	♍ 11	23	♎ 5	17	29	♏ 11	23	♐ 5	17	♑ 0	12	26	♒ 10	24
	♌ 18	20	22	24	25	27	29 0	♍ 1	3	4	6	8	9	11	12	14	16	17	19	20	21	23	24	26	27	28	29 0	♎ 1	2	3	4
	♌ 18	19	20	22	23	24	25	27	28	29	29 0	♍ 2	3	4	5	7	8	9	10	11	13	14	15	16	18	19	20	21	23	24	25
	♋ 24	25	25	26	27	27	28	29	29 0	♌ 0	1	1	2	2	3	4	4	5	6	6	7	8	8	9	10	10	11	11	12	13	13

♃ 1 ℞ 12 D 27 / ♐14 14 15 — ♄ 1 ℞ 17 / ♓21 20 — ♅ 1 15 ℞ / ♉ 9 9 — ♆ 1 26 / ♍15 16 — ♇ 1 12 / ♋27 28

	1	2	3	4	5	6	7	8	9	10	11	12	13	14	15	16	17	18	19	20	21	22	23	24	25	26	27	28	29	30	31
	♍ 9	10	11	12	13	14	15	16	17	18	19	19	20	21	22	23	24	25	26	27	28	29	29 0	♎ 1	2	3	4	5	6	7	
	♓ 8	23	♈ 8	23	♉ 8	22	♊ 6	20	♋ 4	17	♌ 0	12	25	♍ 7	20	♎ 2	14	26	♏ 7	19	♐ 1	13	25	♑ 8	21	♒ 4	18	♓ 2	17	♈ 2	
	♎ 5	7	8	9	10	10	11	12	13	14	14	15	15	16	16	16	16	16	℞ 16	16	15	15	14	13	12	12	11	11	8	7	
	♍ 26	27	29	29 0	♎ 1	2	4	5	6	7	9	10	11	12	14	15	16	17	18	20	21	22	23	25	26	27	28	29 0	♏ 1	2	
	♌ 14	15	15	16	17	17	18	18	19	20	20	21	22	22	23	24	24	25	25	26	27	27	28	29	29	29 0	♍ 0	1	2	2	

♃ 1 11 20 28 / ♐15 16 17 18 — ♄ 1 ℞ 13 26 / ♓19 18 17 — ♅ 1 ℞ 22 / ♉ 9 8 — ♆ 1 22 / ♍16 17 — ♇ 1 / ♋28

	1	2	3	4	5	6	7	8	9	10	11	12	13	14	15	16	17	18	19	20	21	22	23	24	25	26	27	28	29	30	31
	♎ 8	9	10	11	12	13	14	15	16	17	18	19	20	21	22	23	24	25	26	27	28	29	29 0	♏ 1	2	3	4	5	6	7	8
	♈ 17	♉ 2	17	♊ 2	16	♋ 0	14	27	♌ 10	22	♍ 4	17	29	♎ 11	23	♏ 4	16	28	♐ 10	22	♑ 4	17	29	♒ 12	26	♓ 10	25	♈ 10	25	♉ 10	26
	♎ ℞ 6	5	4	3	2	2	1	1	1	D 1	1	2	2	3	4	5	6	7	8	9	11	12	14	15	17	18	20	22	23	25	27
	♏ 3	4	6	7	8	9	11	12	13	14	15	17	18	19	20	22	23	24	25	27	28	29	29 0	♐ 1	3	4	5	6	8	9	10
	♍ 3	4	4	5	5	6	7	7	8	8	9	10	10	11	12	12	13	13	14	15	15	16	16	17	18	18	19	20	20	21	21

♃ 1 6 12 18 24 29 / ♐18 19 20 21 22 23 — ♄ 1 ℞ 11 / ♓17 16 — ♅ 1 ℞ 20 / ♉ 8 7 — ♆ 1 21 / ♍17 18 — ♇ 1 / ♋28

	1	2	3	4	5	6	7	8	9	10	11	12	13	14	15	16	17	18	19	20	21	22	23	24	25	26	27	28	29	30	31
	♏ 9	10	11	12	13	14	15	16	17	18	19	20	21	22	23	24	25	26	27	28	29	29 0	♐ 1	2	3	4	5	6	7	8	
	♊ 11	25	♋ 9	23	♌ 6	19	♍ 1	14	26	♎ 8	20	♏ 1	13	25	♐ 7	19	♑ 1	14	26	♒ 9	22	♓ 5	19	♈ 4	18	♉ 3	18	♊ 3	18	♋ 3	
	♎ 29	29 0	♏ 2	3	5	7	8	10	11	13	15	16	18	19	21	23	24	26	27	29	29 1	♐ 2	4	5	7	8	10	12	13	15	
	♐ 11	12	14	15	16	17	19	20	21	22	23	25	26	27	28	29 0	♑ 1	2	3	4	6	7	8	9	10	12	13	14	15	16	
	♍ 22	23	23	24	24	25	26	26	27	27	28	29	29	29 0	♎ 0	1	2	2	3	3	4	5	5	6	6	7	7	8	9	9	

♃ 1 3 8 13 18 23 27 / ♐23 24 25 26 27 28 29 — ♄ 1 ℞ 3 19 D / ♓16 15 15 — ♅ 1 ℞ 14 / ♉ 7 6 — ♆ 1 / ♍18 — ♇ 1 / ♋28

	1	2	3	4	5	6	7	8	9	10	11	12	13	14	15	16	17	18	19	20	21	22	23	24	25	26	27	28	29	30	31
	♐ 9	10	11	12	13	14	15	16	17	18	19	20	21	22	23	24	25	26	27	28	29	29 0	♑ 2	3	4	5	6	7	8	9	10
	♋ 17	♌ 1	14	27	♍ 10	22	♎ 4	16	28	♏ 10	22	♐ 4	16	28	♑ 10	23	♒ 6	19	♓ 2	16	♈ 0	14	28	♉ 12	27	♊ 12	26	♋ 11	25	♌ 9	22
	♐ 16	18	19	21	22	24	26	27	29	29 0	♑ 2	3	5	6	8	9	11	12	14	15	17	18	20	21	22	24	25	26	27	28	29
	♑ 18	19	20	21	23	24	25	26	27	29	29 0	♒ 1	2	3	4	6	7	8	9	10	12	13	14	15	16	17	19	20	21	22	23
	♎ 10	10	11	12	12	13	13	14	14	15	16	16	17	17	18	19	19	20	20	21	21	22	22	23	24	24	25	25	26	26	27

♃ 1 2 29 3 6 11 15 19 24 / ♐29 0 ♑ 0 1 2 3 4 5 — ♄ 1 4 26 / ♓15 16 17 — ♅ 1 ℞ 14 / ♉ 6 5 — ♆ 1 21 ℞ / ♍18 18 — ♇ 1 ℞ / ♋28

1937

	1	2	3	4	5	6	7	8	9	10	11	12	13	14	15	16	17	18	19	20	21	22	23	24	25	26	27	28	29	30	31
1 ☉	♑ 11	12	13	14	15	16	17	18	19	20	21	22	23	24	25	26	27	28	29	29 0	♒ 1	2	3	4	5	6	7	8	9	10	11
☽	♍ 5	18	♎ 0	12	24	♏ 6	18	♐ 0	12	24	♑ 7	19	♒ 2	16	29	♓ 13	26	♈ 10	24	♉ 9	23	♊ 7	21	♋ 5	19	♌ 3	17	♍ 0	13	26	♎ 8
☿	29 0	♒ 0	1	1	℞ 1	1	1	0	0 29	♑ 29	28	26	25	24	22	21	20	19	18	17	16	16	15	15	15	D 15	15	15	16	16	17
♀	♒ 24	26	27	28	29	29 0	♓ 1	3	4	5	6	7	8	9	10	12	13	14	15	16	17	18	19	20	21	23	24	25	26	27	28
♂	♎ 27	28	29	29	29 0	♏ 0	1	1	2	2	3	3	4	4	5	6	6	7	7	8	8	9	9	10	10	11	11	12	12	13	13

♃ 1 2 6 10 15 19 23 28 / ♑ 6 7 8 9 10 11 12 13 — ♄ 1 9 20 30 / ♓17 18 19 20 — ♅ 1 ℞ 14 D / ♉ 5 5 — ♆ 1 ℞ / ♍18 — ♇ 1 ℞ 15 / ♋28 27

	1	2	3	4	5	6	7	8	9	10	11	12	13	14	15	16	17	18	19	20	21	22	23	24	25	26	27	28	29	30	31
2 ☉	♒ 12	13	14	15	16	17	18	19	20	21	22	23	24	25	26	27	28	29	29 0	♓ 1	2	3	4	5	6	7	8	9			
☽	♎ 20	♏ 2	14	26	♐ 8	20	♑ 2	15	28	♒ 11	25	♓ 8	23	♈ 7	21	♉ 5	20	♊ 4	18	♋ 2	15	29	♌ 12	25	♍ 8	21	♎ 4	16			
☿	♑ 17	18	19	20	21	21	22	24	25	26	27	28	29	29 0	♒ 2	3	4	6	7	8	10	11	13	14	16	17	19	20			
♀	29 0	♈ 0	1	2	3	4	5	6	7	8	9	10	11	12	13	14	15	15	16	17	18	19	20	21	21	22	23	24			
♂	♏ 14	14	15	15	16	16	16	17	17	18	18	18	19	19	20	20	21	21	21	22	23	23	23	24	24	25	25	25			

♃ 1 2 6 11 16 21 26 / ♑13 14 15 16 17 18 19 — ♄ 1 8 17 25 / ♓20 21 22 23 — ♅ 1 12 / ♉ 5 6 — ♆ 1 ℞ 21 / ♍18 17 — ♇ 1 ℞ 13 / ♋27 26

	1	2	3	4	5	6	7	8	9	10	11	12	13	14	15	16	17	18	19	20	21	22	23	24	25	26	27	28	29	30	31
3 ☉	♓ 10	11	12	13	14	15	16	17	18	19	20	21	22	23	24	25	26	27	28	29	29 0	♈ 1	2	3	4	5	6	7	8	9	10
☽	♎ 28	♏ 10	22	♐ 4	16	28	♑ 10	23	♒ 6	19	♓ 3	17	♈ 2	16	♉ 1	16	♊ 0	14	28	♋ 12	26	♌ 9	22	♍ 5	17	♎ 0	12	24	♏ 6	18	♐ 0
☿	♒ 22	23	25	26	28	29 0	♓ 1	3	5	6	8	10	12	14	15	17	19	21	23	25	27	29	29 1	♈ 3	5	7	9	11	13	15	17
♀	♈ 24	25	26	27	27	28	29	29	29 0	♉ 0	1	1	2	2	3	3	4	4	4	5	5	5	5	5	5	5	5	℞ 5	5	5	5
♂	♏ 26	26	27	27	27	28	28	28	29	29	29	29	29 0	♐ 0	0	1	1	1	1	2	2	2	2	3	3	3	3	3	4	4	4

♃ 1 3 9 15 22 29 / ♑19 20 21 22 23 24 — ♄ 1 6 14 22 30 / ♓23 24 25 26 27 — ♅ 1 12 / ♉ 6 7 — ♆ 1 ℞ 30 / ♍17 16 — ♇ 1 ℞ / ♋26

	1	2	3	4	5	6	7	8	9	10	11	12	13	14	15	16	17	18	19	20	21	22	23	24	25	26	27	28	29	30	31
4 ☉	♈ 11	12	13	14	15	16	17	18	19	20	21	22	23	24	25	26	27	28	29	29 0	♉ 1	2	3	4	5	6	7	8	9	10	
☽	♐ 12	24	♑ 6	18	♒ 1	14	27	♓ 11	25	♈ 10	25	♉ 10	25	♊ 10	24	♋ 9	22	♌ 6	19	♍ 2	14	27	♎ 9	21	♏ 3	15	27	♐ 8	20	♑ 2	
☿	♈ 19	21	23	25	27	29	29 1	♉ 3	4	6	8	9	11	13	14	15	16	18	19	20	21	21	22	23	23	24	24	24	24	℞ 24	
♀	♉ ℞ 5	5	4	4	4	3	3	2	2	1	1	0	0	0 29	♈ 28	28	27	26	26	25	25	24	23	23	22	22	21	21	21	20	
♂	♐ 4	4	4	4	5	5	5	5	5	5	5	5	5	5	℞ 5	5	5	5	5	5	5	5	4	4	4	4	4	4	4	3	

♃ 1 6 16 / ♑24 25 26 — ♄ 1 7 16 25 29 26 / ♓27 28 29 0 ♈ 0 — ♅ 1 2 20 / ♉ 7 8 9 — ♆ 1 ℞ / ♍16 — ♇ 1 ℞ 13 D / ♋26 26

	1	2	3	4	5	6	7	8	9	10	11	12	13	14	15	16	17	18	19	20	21	22	23	24	25	26	27	28	29	30	31
5 ☉	♉ 11	12	13	14	15	16	16	17	18	19	20	21	22	23	24	25	26	27	28	29	29 0	♊ 1	2	3	4	5	6	7	8	9	10
☽	♑ 14	27	♒ 9	22	♓ 5	19	♈ 4	18	♉ 3	18	♊ 4	19	♋ 3	18	♌ 2	15	29	♍ 11	24	♎ 6	18	♏ 0	12	24	♐ 6	17	29	♑ 11	24	♒ 6	19
☿	♉ ℞ 24	24	23	23	23	22	22	21	21	20	19	19	18	18	17	17	16	16	15	15	15	15	15	D 15	15	15	15	16	16	16	17
♀	♈ ℞ 20	20	19	19	19	19	19	19	D 19	19	19	19	19	20	20	20	20	21	21	21	22	22	23	23	24	24	25	25	26	27	27
♂	♐ ℞ 3	3	3	2	2	2	2	1	1	1	0	0	0	0 29	♏ 29	29	28	28	28	27	27	27	26	26	26	25	25	25	24	24	24

♃ 1 16 ℞ 29 / ♑27 27 26 — ♄ 1 4 14 26 / ♈ 0 1 2 3 — ♅ 1 7 25 / ♉ 9 10 11 — ♆ 1 ℞ 29 D / ♍16 16 — ♇ 1 14 / ♋26 27

	1	2	3	4	5	6	7	8	9	10	11	12	13	14	15	16	17	18	19	20	21	22	23	24	25	26	27	28	29	30	31
6 ☉	♊ 11	11	12	13	14	15	16	17	18	19	20	21	22	23	24	25	26	27	28	29	29 0	♋ 1	2	3	3	4	5	6	7	8	
☽	♓ 1	15	28	♈ 13	27	♉ 12	27	♊ 12	27	♋ 12	26	♌ 11	24	♍ 8	20	♎ 3	15	27	♏ 9	21	♐ 3	14	26	♑ 8	21	♒ 3	16	28	♓ 11	25	
☿	♉ 18	18	19	20	21	21	22	23	24	26	27	28	29 0	♊ 1	2	3	5	6	8	10	11	13	15	17	19	21	23	25	27	29	
♀	♈ 28	29	29	29 0	♉ 1	1	2	3	4	5	5	6	7	8	9	10	10	11	12	13	14	15	16	17	18	19	20	21	22	23	
♂	♏ ℞ 23	23	23	22	22	22	22	21	21	21	21	20	20	20	20	20	20	20	19	19	19	19	19	19	19	19	D 19	19	19	19	

♃ 1 ℞ 13 24 / ♑26 25 24 — ♄ 1 10 / ♈ 3 4 — ♅ 1 14 / ♉11 12 — ♆ 1 / ♍16 — ♇ 1 / ♋27

	1	2	3	4	5	6	7	8	9	10	11	12	13	14	15	16	17	18	19	20	21	22	23	24	25	26	27	28	29	30	31
7 ☉	♋ 9	10	11	12	13	14	15	16	17	18	19	20	21	22	23	23	24	25	26	27	28	29	29 0	♌ 1	2	3	4	5	6	7	8
☽	♈ 8	22	♉ 7	21	♊ 6	21	♋ 5	20	♌ 5	19	♍ 3	16	29	♎ 11	24	♏ 6	17	29	♐ 11	23	♑ 5	17	♒ 0	12	25	♓ 8	22	♈ 5	19	♉ 3	17
☿	♋ 1	3	5	7	9	11	14	16	18	20	22	24	26	28	29 1	♌ 3	5	6	8	10	12	14	16	18	19	21	23	24	26	28	29
♀	♉ 23	24	25	26	27	28	29	29 0	♊ 1	3	4	5	6	7	8	9	10	11	12	13	14	15	16	17	18	20	21	22	23	24	25
♂	♏ 19	19	19	19	20	20	20	20	20	20	20	21	21	21	21	22	22	22	22	23	23	23	23	24	24	24	25	25	26	26	26

♃ 1 ℞ 2 10 18 26 / ♑24 23 22 21 20 — ♄ 1 4 17 ℞ 29 / ♈ 4 5 5 4 — ♅ 1 8 / ♉12 13 — ♆ 1 23 / ♍16 17 — ♇ 1 15 / ♋27 28

	1	2	3	4	5	6	7	8	9	10	11	12	13	14	15	16	17	18	19	20	21	22	23	24	25	26	27	28	29	30	31
8 ☉	♌ 9	10	11	12	13	14	15	15	16	17	18	19	20	21	22	23	24	25	26	27	28	29	29 0	♍ 1	2	3	4	5	6	7	8
☽	♊ 1	16	♋ 0	15	29	♌ 13	27	♍ 11	24	♎ 7	19	♏ 2	14	25	♐ 7	19	♑ 1	13	26	♒ 8	21	♓ 5	18	♈ 2	16	♉ 0	14	28	♊ 12	26	♋ 10
☿	♍ 1	2	4	5	7	8	9	11	12	13	15	16	17	18	19	20	21	22	23	24	25	26	26	27	28	28	29	29	29	29	29
♀	♊ 26	27	28	29 0	♋ 1	2	3	4	5	6	7	8	10	11	12	13	14	15	16	17	19	20	21	22	23	25	26	27	28	29 0	♌ 1
♂	♏ 27	27	28	28	28	29	29	29 0	♐ 0	1	1	1	2	2	3	3	4	4	5	5	6	6	7	7	8	9	9	10	10	11	11

♃ 1 ℞ 3 13 26 / ♑20 19 18 17 — ♄ 1 ℞ 23 / ♈ 4 3 — ♅ 1 19 ℞ / ♉13 13 — ♆ 1 23 / ♍17 18 — ♇ 1 17 / ♋28 29

	1	2	3	4	5	6	7	8	9	10	11	12	13	14	15	16	17	18	19	20	21	22	23	24	25	26	27	28	29	30	31
9 ☉	♍ 9	10	11	12	12	13	14	15	16	17	18	19	20	21	22	23	24	25	26	27	28	29	29 0	♎ 1	2	3	4	5	6	7	
☽	♋ 24	♌ 8	22	♍ 6	19	♎ 2	15	27	♏ 9	21	♐ 3	15	27	♑ 9	21	♒ 4	16	♓ 0	13	27	♈ 11	26	♉ 10	25	♊ 9	23	♋ 7	21	♌ 5	18	
☿	♍ ℞ 29	29	29	28	28	27	27	26	25	24	23	22	21	20	19	18	17	16	16	15	15	15	15	D 15	15	16	16	17	18	19	
♀	♌ 2	3	4	5	6	8	9	10	11	12	13	15	16	17	18	19	21	22	23	24	25	27	28	29	29 0	♍ 0	1	3	4	5	
♂	♐ 12	12	13	14	14	15	15	16	17	17	18	18	19	20	20	21	22	22	23	23	24	25	25	26	27	27	28	29	29	29 0	

♃ 1 ℞ 14 D / ♑17 17 — ♄ 1 ℞ 7 21 / ♈ 3 2 1 — ♅ 1 ℞ 30 / ♉13 12 — ♆ 1 19 / ♍18 19 — ♇ 1 / ♋29

	1	2	3	4	5	6	7	8	9	10	11	12	13	14	15	16	17	18	19	20	21	22	23	24	25	26	27	28	29	30	31
10 ☉	♎ 8	9	10	11	12	13	14	15	16	17	18	19	20	21	22	23	24	25	26	27	28	29	29 0	♏ 1	2	3	4	5	6	7	8
☽	♍ 2	15	28	♎ 11	23	♏ 5	18	29	♐ 11	23	♑ 5	17	29	♒ 11	24	♓ 8	21	♈ 5	20	♉ 5	20	♊ 4	19	♋ 4	18	♌ 2	15	29	♍ 12	25	♎ 7
☿	♍ 20	21	22	24	25	27	28	29 0	♎ 2	3	5	7	8	10	12	14	15	17	19	20	22	24	26	27	29	29 1	♏ 2	4	6	7	9
♀	♍ 8	9	10	11	12	14	15	16	17	19	20	21	22	23	25	26	27	28	29 0	♎ 1	2	3	5	6	7	8	10	11	12	13	14
♂	♑ 1	1	2	3	3	4	5	5	6	7	7	8	9	9	10	11	12	12	13	14	14	15	16	17	17	18	19	19	20	21	22

♃ 1 2 15 24 / ♑17 18 19 20 — ♄ 1 ℞ 4 17 0 18 / ♈ 1 0 29 ♓29 — ♅ 1 ℞ 27 / ♉12 11 — ♆ 1 18 / ♍19 20 — ♇ 1 / ♋29

	1	2	3	4	5	6	7	8	9	10	11	12	13	14	15	16	17	18	19	20	21	22	23	24	25	26	27	28	29	30	31
11 ☉	♏ 9	10	11	12	13	14	15	16	17	18	19	20	21	22	23	24	25	26	27	28	29	29 0	♐ 1	2	3	4	5	6	7	8	
☽	♎ 20	♏ 2	14	26	♐ 8	20	♑ 1	13	25	♒ 7	20	♓ 2	16	29	♈ 13	28	♉ 13	28	♊ 13	28	♋ 13	27	♌ 12	25	♍ 9	22	♎ 4	17	29	♏ 11	
☿	♏ 11	12	14	15	17	18	20	22	23	25	26	28	29 0	♐ 1	2	4	6	7	9	10	12	13	15	16	18	19	21	22	23	25	
♀	♎ 16	17	18	19	21	22	23	24	26	27	28	29 0	♏ 1	2	3	4	6	7	8	9	11	12	13	14	16	17	18	19	21	22	
♂	♑ 22	23	24	25	25	26	27	27	28	29	29 0	♒ 0	1	2	3	3	4	5	6	6	7	8	9	9	10	11	12	12	13	14	

♃ 1 7 14 20 25 30 / ♑21 22 23 24 25 26 — ♄ 1 ℞ 4 / ♓29 28 — ♅ 1 ℞ 21 / ♉11 10 — ♆ 1 30 / ♍20 21 — ♇ 3 ℞ 14 0 / 0 29

	1	2	3	4	5	6	7	8	9	10	11	12	13	14	15	16	17	18	19	20	21	22	23	24	25	26	27	28	29	30	31
12 ☉	♐ 9	10	11	12	13	14	15	16	17	18	19	20	21	22	23	24	25	26	27	28	29	29 0	♑ 1	2	3	4	5	6	7	8	9
☽	♏ 23	♐ 5	17	28	♑ 10	22	♒ 4	16	29	♓ 11	24	♈ 8	22	♉ 6	21	♊ 6	21	♋ 6	21	♌ 6	21	♍ 4	18	♎ 1	14	26	♏ 8	20	♐ 2	13	25
☿	♐ 26	28	29 0	♑ 1	2	3	5	6	7	8	9	10	11	12	13	14	15	15	15	15	℞ 15	15	14	13	13	12	10	9	8	6	5
♀	♏ 23	25	26	27	28	29 0	♐ 1	2	3	5	6	7	8	10	11	12	13	15	16	17	18	20	21	22	23	25	26	27	28	29 0	♑ 1
♂	♒ 15	15	16	17	18	18	19	20	21	21	22	23	24	24	25	26	27	27	28	29	29 0	♓ 0	1	2	3	3	4	5	6	6	7

♃ 1 5 10 15 20 29 21 24 29 / ♑26 27 28 29 0 ♒ 0 1 2 — ♄ 1 ℞ 2 D 28 / ♓28 28 29 — ♅ 1 ℞ 23 / ♉10 9 — ♆ 1 24 ℞ / ♍21 21 — ♇ 1 ℞ / ♋29

1 PLANETENPOSITIONEN 1910–2001

1938

1

	1	2	3	4	5	6	7	8	9	10	11	12	13	14	15	16	17	18	19	20	21	22	23	24	25	26	27	28	29	30	31
☉	♑ 10	11	12	13	15	16	17	18	19	20	21	22	23	24	25	26	27	28	29	29 0	♒ 1	2	3	4	5	6	7	8	9	10	11
☽	♑ 7	19	♒ 1	13	26	♓ 8	21	♈ 4	17	♉ 1	15	29	♊ 14	29	♋ 14	29	♌ 14	29	♍ 12	26	♎ 9	22	♏ 4	17	28	♐ 10	22	♑ 4	16	28	♒ 10
☿	♑R 5	3	2	1	0	0 29	♐ 29	29	29	D 29	29	29 0	♑ 0	1	1	2	3	4	5	6	7	8	9	10	11	12	13	15	16	17	18
♀	♑ 2	4	5	6	7	9	10	11	12	14	15	16	17	19	20	21	22	24	25	26	27	29	29 0	♒ 1	2	4	5	6	7	9	10
♂	♓ 8	9	10	10	11	12	13	13	14	15	16	16	17	18	19	19	20	21	22	22	23	24	25	25	26	27	28	28	29	29 0	1

♃ 1 2 6 11 15 19 23 28 — ♒2 3 4 5 6 7 8 9 · ♄ 1 14 15 26 — ♓29 0 ♈0 1 · ♅ 1R 18D — ♉9 9 · ♆ 1R 16 — ♍21 20 · ♇ 1R 16 — ♋29 28

2

	1	2	3	4	5	6	7	8	9	10	11	12	13	14	15	16	17	18	19	20	21	22	23	24	25	26	27	28	29	30	31
☉	♒ 12	13	14	15	16	17	18	19	20	21	22	23	24	25	26	27	28	29	29 0	♓ 1	2	3	4	5	6	7	8	9			
☽	♒ 23	♓ 5	18	♈ 1	14	28	♉ 11	25	♊ 9	24	♋ 8	23	♌ 7	22	♍ 6	20	♎ 4	17	♏ 0	12	25	♐ 6	18	♑ 0	12	24	♒ 6	19			
☿	♑ 20	21	23	24	25	27	28	29 0	♒ 1	3	4	6	7	9	10	12	14	15	17	19	20	22	24	25	27	29	29 1	♓ 2			
♀	♒ 11	12	14	15	16	17	19	20	21	22	24	25	26	28	29	29 0	♓ 1	3	4	5	6	8	9	10	11	13	14	15			
♂	♈ 1	2	3	4	4	5	6	7	7	8	9	9	10	11	12	12	13	14	15	15	15	16	17	18	18	19	20	21			

♃ 1 5 9 14 18 22 26 — ♒10 11 12 13 14 15 16 · ♄ 1 6 15 24 — ♈1 2 3 4 · ♅ 1 12 — ♉10 11 · ♆ 1R — ♍20 · ♇ 1R — ♋28

3

	1	2	3	4	5	6	7	8	9	10	11	12	13	14	15	16	17	18	19	20	21	22	23	24	25	26	27	28	29	30	31
☉	♓ 10	11	12	13	14	15	16	17	18	19	20	21	22	23	24	25	26	27	28	29	29 0	♈ 1	2	3	4	5	6	7	8	9	10
☽	♓ 1	14	27	♈ 11	24	♉ 8	22	♊ 6	20	♋ 4	18	♌ 3	17	♍ 1	15	29	♎ 12	25	♏ 8	20	♐ 2	14	26	♑ 8	20	♒ 2	14	27	♓ 10	23	♈ 6
☿	♓ 4	6	8	10	11	13	15	17	19	21	23	25	27	29 0	♈ 1	3	5	7	9	11	13	14	16	18	20	21	23	25	26	27	29
♀	♓ 16	18	19	20	21	23	24	25	26	28	29	29 0	♉ 1	1	2	3	4	4	5	6	6	7	8	9	9	10	11	11	12	13	14
♂	♈ 22	23	23	24	25	26	26	27	28	29	29	29 0	♉ 1	1	2	3	4	4	5	6	6	7	8	9	9	10	11	11	12	13	14

♃ 1 3 7 12 16 21 26 31 — ♒16 17 18 19 20 21 22 23 · ♄ 1 5 13 21 29 — ♈4 5 6 7 8 · ♅ 1 14 — ♉10 11 · ♆ 1R 3 — ♍20 19 · ♇ 1R 19 — ♋28 27

4

	1	2	3	4	5	6	7	8	9	10	11	12	13	14	15	16	17	18	19	20	21	22	23	24	25	26	27	28	29	30	31
☉	♈ 11	12	13	14	15	16	17	18	19	20	21	22	23	24	25	26	27	28	29	29 0	♉ 1	2	3	4	5	6	7	8	9	9	
☽	♈ 20	♉ 4	18	♊ 2	17	♋ 1	15	29	♌ 13	27	♍ 11	24	♎ 8	21	♏ 3	16	28	♐ 10	22	♑ 4	16	28	♒ 10	22	♓ 5	18	♈ 1	15	29	♉ 13	
☿	29 0	♉ 1	2	3	3	4	5	5	5	5	5	R 5	5	5	4	4	3	3	2	1	1	0	0 29	♈ 29	28	27	27	26	26	25	
♀	♈ 25	26	27	28	29 0	♉ 1	2	3	5	6	7	8	10	11	12	13	15	16	17	18	19	21	22	23	24	26	27	28	29 0	♊ 1	
♂	♉ 14	15	16	16	17	18	19	19	20	21	21	22	23	23	24	25	25	26	27	28	28	29	29 0	♊ 0	1	2	2	3	4	4	

♃ 1 5 10 16 22 29 — ♒23 24 25 26 27 28 · ♄ 1 6 14 22 — ♈8 9 10 11 · ♅ 1 4 22 — ♉11 12 13 · ♆ 1R 9 — ♍19 18 · ♇ 1R 27D — ♋27 27

5

	1	2	3	4	5	6	7	8	9	10	11	12	13	14	15	16	17	18	19	20	21	22	23	24	25	26	27	28	29	30	31
☉	♉ 10	11	12	13	14	15	16	17	18	19	20	21	22	23	24	25	26	27	28	29	29 0	♊ 1	2	3	4	5	6	7	7	8	9
☽	♉ 28	♊ 12	27	♋ 11	26	♌ 10	24	♍ 8	21	♎ 4	17	♏ 0	12	24	♐ 7	19	♑ 0	12	24	♒ 6	18	♓ 0	13	26	♈ 9	23	♉ 7	21	♊ 6	21	♋ 6
☿	♈R 25	25	25	25	25	D 25	25	25	26	26	26	27	28	28	29	29 0	♉ 0	1	2	3	4	5	7	8	9	10	12	13	14	16	17
♀	♊ 2	3	4	5	7	8	9	10	11	13	14	15	16	18	19	20	21	22	24	25	26	27	28	29 0	♋ 1	2	3	4	6	7	8
♂	♊ 5	6	7	7	8	9	9	10	11	11	12	13	13	14	15	15	16	17	17	18	19	19	20	21	21	22	23	23	24	25	25

♃ 1 6 14 29 15 24 — ♒28 29 0 ♓0 1 · ♄ 1 10 19 30 — ♈12 13 14 15 · ♅ 1 9 27 — ♉13 14 15 · ♆ 1R 30D — ♍18 18 · ♇ 1 25 — ♋27 28

6

	1	2	3	4	5	6	7	8	9	10	11	12	13	14	15	16	17	18	19	20	21	22	23	24	25	26	27	28	29	30	31
☉	♊ 10	11	12	13	14	15	16	17	18	19	20	21	22	23	24	25	26	27	28	28	29	29 0	♋ 1	2	3	4	5	6	7	8	
☽	♋ 21	♌ 6	20	♍ 4	18	♎ 1	14	27	♏ 9	21	♐ 3	15	27	♑ 9	21	♒ 3	15	27	♓ 9	22	♈ 4	17	♉ 1	15	♊ 0	14	♋ 0	15	♌ 0	15	
☿	♉ 19	20	22	24	25	27	29	29 1	♊ 3	5	6	8	10	13	15	17	19	21	23	25	28	29 0	♋ 2	4	6	8	11	13	15	17	
♀	♋ 9	11	12	13	14	15	17	18	19	20	21	22	24	25	26	27	28	29 0	♌ 1	2	3	4	6	7	8	9	10	11	13	14	
♂	♊ 26	27	27	28	29	29	29 0	♋ 0	1	2	3	3	4	5	5	6	7	7	8	9	9	10	11	11	12	13	13	14	15	15	

♃ 1 8 22R — ♓1 2 2 · ♄ 1 10 25 — ♈15 16 17 · ♅ 1 16 — ♉15 16 · ♆ 1 — ♍18 · ♇ 1 17 — ♋28 29

7

	1	2	3	4	5	6	7	8	9	10	11	12	13	14	15	16	17	18	19	20	21	22	23	24	25	26	27	28	29	30	31
☉	♋ 9	10	11	12	13	14	15	16	17	18	18	19	20	21	22	23	24	25	26	27	28	29	29 0	♌ 1	2	3	4	5	6	7	8
☽	♍ 0	14	28	♎ 11	24	♏ 6	18	♐ 0	12	24	♑ 6	18	♒ 0	12	24	♓ 6	18	♈ 1	14	27	♉ 10	24	♊ 8	23	♋ 8	23	♌ 8	23	♍ 8	23	♎ 6
☿	♋ 19	21	23	25	27	29	29 1	♌ 2	4	6	8	9	11	13	14	16	17	19	20	22	23	24	26	27	28	29 0	♍ 0	2	3	4	5
♀	♌ 15	16	17	19	20	21	22	23	24	26	27	28	29	29 0	♍ 1	2	4	5	6	7	8	9	11	12	13	14	15	16	17	18	20
♂	♋ 16	17	17	18	19	19	20	21	21	22	22	23	24	24	25	26	26	27	28	28	29	29 0	♌ 0	1	2	2	3	3	4	5	5

♃ 1R 3 19 30 0 31 — ♓2 1 0 29 ♒29 · ♄ 1 23 31R — ♈17 18 18 · ♅ 1 9 — ♉16 17 · ♆ 1 18 — ♍18 19 · ♇ 1 — ♋29

8

	1	2	3	4	5	6	7	8	9	10	11	12	13	14	15	16	17	18	19	20	21	22	23	24	25	26	27	28	29	30	31
☉	♌ 9	10	10	11	12	13	14	15	16	17	18	19	20	21	22	23	24	25	26	27	28	29	29 0	♍ 1	2	3	4	4	5	6	7
☽	♎ 20	♏ 3	15	27	♐ 9	21	♑ 3	15	27	♒ 9	21	♓ 3	15	28	♈ 11	24	♉ 7	20	♊ 4	18	♋ 2	17	♌ 2	17	♍ 2	16	♎ 1	15	28	♏ 11	23
☿	♍ 6	6	7	8	9	9	10	11	11	11	12	12	12	12	R 12	12	11	11	10	10	9	9	8	7	6	5	4	3	2	2	1
♀	♍ 21	22	23	24	25	26	27	29	29 0	♎ 1	2	3	4	5	6	7	8	9	11	12	13	14	15	16	17	18	19	20	21	22	23
♂	♌ 6	7	7	8	9	9	10	10	11	12	12	13	14	14	15	16	16	17	18	18	19	19	20	21	21	22	23	23	24	25	25

♃ 1R 7 15 23 30 — ♒29 28 27 26 25 · ♄ 1R 7 — ♈18 17 · ♅ 1 24R — ♉17 17 · ♆ 1 — ♍19 · ♇ 1 3 29 4 — ♋29 0 ♌0

9

	1	2	3	4	5	6	7	8	9	10	11	12	13	14	15	16	17	18	19	20	21	22	23	24	25	26	27	28	29	30	31
☉	♍ 8	9	10	11	12	13	14	15	16	17	18	19	20	21	22	23	24	25	26	27	28	29	29 0	♎ 1	2	3	4	5	6	7	
☽	♐ 6	18	♑ 0	11	23	♒ 5	17	♓ 0	12	25	♈ 8	21	♉ 4	17	♊ 1	15	29	♋ 13	27	♌ 12	26	♍ 11	25	♎ 9	23	♏ 6	19	♐ 1	14	26	
☿	♍R 0	0	0 29	♌ 29	29	29	D 29	29	29	29 0	♍ 0	1	2	3	4	5	7	8	10	11	13	14	16	18	20	21	23	25	27	29	
♀	♎ 24	25	26	27	28	29	29 0	♏ 1	2	3	4	5	6	7	8	9	10	11	12	13	14	14	15	16	17	18	19	19	20	21	
♂	♌ 26	26	27	28	28	29	29 0	♍ 0	1	2	2	3	3	4	5	5	6	7	7	8	9	9	10	10	11	12	12	13	14	14	

♃ 1R 8 17 29 — ♈25 24 23 22 · ♄ 1R 4 20 — ♈17 16 15 · ♅ 1R — ♉17 · ♆ 1 17 — ♍20 21 · ♇ 1 8 — ♌0 1

10

	1	2	3	4	5	6	7	8	9	10	11	12	13	14	15	16	17	18	19	20	21	22	23	24	25	26	27	28	29	30	31
☉	♎ 8	9	10	11	12	13	14	15	16	17	18	18	19	20	21	22	23	24	25	26	27	28	29	29 0	♏ 1	2	3	4	5	6	7
☽	♑ 8	19	♒ 1	13	26	♓ 8	21	♈ 3	17	♉ 0	14	27	♊ 11	25	♋ 10	24	♌ 8	22	♍ 6	20	♎ 4	18	♏ 1	14	27	♐ 9	21	♑ 4	15	27	♒ 9
☿	29 0	♎ 2	4	6	8	9	11	13	15	16	18	20	22	23	25	27	28	29 0	♏ 1	3	5	6	8	9	11	13	14	16	17	19	20
♀	♏ 22	22	23	24	25	25	26	27	27	28	29	29	29 0	♐ 0	1	1	2	2	2	3	3	4	4	4	4	4	4	4	4	4	R 4
♂	♍ 15	15	16	17	17	18	19	19	20	21	21	22	22	23	24	24	25	26	26	27	27	28	29	29	29 0	♎ 1	1	2	3	3	4

♃ 1R 19D — ♒22 22 · ♄ 1R 3 16 29 — ♈15 14 13 12 · ♅ 1R 8 — ♉17 16 · ♆ 1 15 — ♍21 22 · ♇ 1 — ♌1

11

	1	2	3	4	5	6	7	8	9	10	11	12	13	14	15	16	17	18	19	20	21	22	23	24	25	26	27	28	29	30	31
☉	♏ 8	9	10	11	12	13	14	15	16	17	18	19	20	21	22	23	24	25	27	28	29	29 0	♐ 1	2	3	4	5	6	7	8	
☽	♒ 21	♓ 23	16	28	♈ 11	25	♉ 9	23	♊ 7	21	♋ 6	20	♌ 5	19	♍ 3	17	♎ 0	14	27	♏ 10	23	♐ 5	17	♑ 0	12	23	♒ 5	17	19	♓ 11	
☿	♏ 22	23	25	26	28	29 0	♐ 1	2	4	5	6	8	9	11	12	13	15	16	17	19	20	21	22	23	24	25	26	27	28	28	
♀	♐R 4	4	4	4	4	3	3	3	2	2	1	1	0	0	0 29	♏ 29	28	28	27	26	26	25	25	24	23	23	22	22	21	21	
♂	♎ 4	5	6	6	7	8	8	9	9	10	11	11	12	13	13	14	14	15	16	16	17	18	18	19	20	20	21	21	22	23	

♃ 1 7 19 28 — ♒22 23 24 25 · ♄ 1R 15 — ♈12 11 · ♅ 1R 3 28 — ♉16 15 14 · ♆ 1 21 — ♍22 23 · ♇ 1 — ♌1

12

	1	2	3	4	5	6	7	8	9	10	11	12	13	14	15	16	17	18	19	20	21	22	23	24	25	26	27	28	29	30	31
☉	♐ 9	10	11	12	13	14	15	16	17	18	19	20	21	22	23	24	25	26	27	28	29	29 0	♑ 1	2	3	4	5	6	7	8	9
☽	♓ 24	♈ 6	19	♉ 3	17	♊ 1	16	♋ 0	15	♌ 0	15	29	♍ 14	27	♎ 11	24	♏ 7	19	♐ 2	14	26	♑ 8	20	♒ 2	14	26	♓ 7	20	♈ 2	14	27
☿	♐ 29	29	29	29	R 29	29	28	28	27	26	24	23	22	20	19	18	17	16	15	14	14	13	13	D 13	13	13	14	14	15	16	17
♀	♏R 21	20	20	20	20	19	19	19	19	19	D 19	19	19	19	20	20	20	20	21	21	21	22	22	23	23	23	24	24	25	26	27
♂	♎ 23	24	25	25	26	26	27	28	28	29	29 0	♏ 0	1	1	2	3	3	4	5	5	6	6	7	8	8	9	10	10	11	11	12

♃ 1 5 12 18 24 29 29 30 — ♒25 26 27 28 29 0 ♓0 · ♄ 1R 15D — ♈11 11 · ♅ 1R — ♉14 · ♆ 1 26R — ♍23 23 · ♇ 1R — ♌1

1939

1

	1	2	3	4	5	6	7	8	9	10	11	12	13	14	15	16	17	18	19	20	21	22	23	24	25	26	27	28	29
☉	♑ 10	11	12	13	14	15	16	17	18	19	20	21	22	23	24	25	26	28	29	29 0	♒ 1	2	3	4	5	6	7	8	9
☽	♉ 11	24	♊ 9	23	♋ 8	24	♌ 9	24	♍ 9	23	♎ 7	21	♏ 4	16	29	♐ 11	23	♑ 5	17	29	♒ 11	22	♓ 4	16	28	♈ 11	23	♉ 6	19
☿	♐ 17	18	19	20	21	23	24	25	26	27	29	29 0	♑ 1	3	4	6	7	8	10	11	13	14	16	17	19	20	22	23	25
♀	♏ 27	28	29	29 0	♐ 0	1	2	3	3	4	5	6	7	8	8	9	10	11	12	13	14	15	16	17	18	19	20	21	22
♂	♏ 13	13	14	15	15	16	16	17	18	18	19	19	20	21	21	22	23	23	24	24	25	26	26	27	27	28	29	29	29 0

♃ 1 3 8 13 18 22 27 31 — ♓0 1 2 3 4 5 6 7 · ♄ 1 13 28 — ♈11 12 13 · ♅ 1R 2 22D — ♉14 13 13 · ♆ 1R 30 — ♍23 22 · ♇ 1R — ♌0

2

	1	2	3	4	5	6	7	8	9	10	11	12	13	14	15	16	17	18	19	20	21	22	23	24	25	26	27	28	29
☉	♒ 12	13	14	15	16	17	18	19	20	21	22	23	24	25	26	27	28	29	29 0	♓ 1	2	3	4	5	6	7	8	9	
☽	♋ 1	16	♌ 2	17	♍ 2	17	♎ 2	16	♏ 0	13	25	♐ 8	20	♑ 2	14	26	♒ 7	19	♓ 1	13	26	♈ 8	20	♉ 3	16	29	♊ 12	26	
☿	♑ 29	29 1	♒ 3	4	6	8	9	11	13	14	16	18	19	21	23	25	27	28	29 0	♓ 2	4	6	8	9	11	13	15	17	
♀	♐ 25	26	27	28	29	29 0	♑ 1	2	3	4	5	6	7	9	10	11	12	13	14	15	16	17	18	20	21	22	23	24	
♂	♐ 2	2	3	4	4	5	5	6	7	7	8	8	9	10	10	11	11	12	13	13	14	14	15	16	16	17	17	18	

♃ 1 4 9 13 17 21 26 — ♓7 8 9 10 11 12 13 · ♄ 1 9 19 — ♈13 14 15 · ♅ 1 10 — ♉13 14 · ♆ 1R — ♍22 · ♇ 1R — ♌0

3

	1	2	3	4	5	6	7	8	9	10	11	12	13	14	15	16	17	18	19	20	21	22	23	24	25	26	27	28	29
☉	♓ 10	11	12	13	14	15	16	17	18	19	20	21	22	23	24	25	26	27	28	29	29 0	♈ 1	2	3	4	5	6	7	8
☽	♋ 11	25	♌ 10	25	♍ 10	25	♎ 10	24	♏ 8	21	♐ 4	16	29	♑ 11	22	♒ 4	16	28	♓ 10	22	♈ 5	17	♉ 0	13	26	♊ 9	23	♋ 7	21
☿	♓ 19	21	23	25	26	28	29 0	♈ 2	3	5	7	8	10	11	12	13	14	15	16	16	17	17	17	17	R 17	17	16	16	15
♀	♑ 25	26	27	29	29 0	♒ 1	2	3	4	6	7	8	9	10	11	12	14	15	16	17	18	19	21	22	23	24	25	26	28
♂	♐ 18	19	20	20	21	21	22	23	23	24	24	25	25	26	27	27	28	28	29	29	29 0	♑ 1	1	2	2	3	3	4	4

♃ 1 2 6 10 14 18 22 27 — ♓13 14 15 16 17 18 19 20 · ♄ 1 10 18 26 — ♈16 17 18 19 · ♅ 1 16 — ♉14 15 · ♆ 1R 11 — ♍22 21 · ♇ 1R — ♋29

4

	1	2	3	4	5	6	7	8	9	10	11	12	13	14	15	16	17	18	19	20	21	22	23	24	25	26	27	28	29
☉	♈ 11	12	13	14	15	16	17	18	19	20	21	22	23	24	25	26	27	28	29	29 0	♉ 0	1	2	3	4	5	6	7	8
☽	♍ 4	19	♎ 4	18	♏ 2	16	29	♐ 12	24	♑ 7	19	♒ 1	12	24	♓ 6	18	♈ 1	13	26	♉ 9	22	♊ 6	20	♋ 3	18	♌ 2	16	♍ 0	14
☿	♈R 13	12	12	11	10	9	9	8	7	7	6	6	6	5	5	5	D 5	5	6	6	6	7	7	8	8	9	10	11	11
♀	♓ 1	2	4	5	6	7	8	9	11	12	13	14	15	17	18	19	20	21	23	24	25	26	27	29	29 0	♈ 1	2	3	5
♂	♑ 6	7	7	8	8	9	9	10	10	11	11	12	12	13	13	14	14	15	15	16	16	17	17	18	18	19	19	20	20

♃ 1 4 8 13 17 22 26 — ♓21 22 23 24 25 26 27 · ♄ 1 3 11 19 27 — ♈19 20 21 22 23 · ♅ 1 6 24 — ♉15 16 17 · ♆ 1R 20 — ♍21 20 · ♇ 1R 1 — ♋29

5

	1	2	3	4	5	6	7	8	9	10	11	12	13	14	15	16	17	18	19	20	21	22	23	24	25	26	27	28	29
☉	♉ 10	11	12	13	14	15	16	17	18	19	20	21	22	23	24	25	26	27	28	29	29 0	♊ 0	1	2	3	4	5	6	7
☽	♎ 13	27	♏ 10	24	♐ 7	20	♑ 2	14	26	♒ 8	20	♓ 2	14	26	♈ 9	21	♉ 4	18	♊ 1	15	♋ 0	14	28	♌ 13	27	♍ 11	25	♎ 9	23
☿	♈ 13	14	15	16	18	19	20	21	23	24	25	27	28	29 0	♉ 1	3	4	6	8	9	11	13	15	17	19	21	22	24	27
♀	♈ 7	8	9	11	12	13	14	15	17	18	19	20	21	23	24	25	26	27	29	29 0	♉ 1	2	3	5	6	7	8	9	11
♂	♑ 21	21	22	22	23	23	23	24	24	25	25	25	26	26	27	27	27	28	28	28	29	29	29	29	29 0	♒ 0	0	1	1

♃ 1 6 11 29 12 16 22 27 — ♓28 29 0 ♈0 1 2 3 · ♄ 1 5 14 22 — ♈23 24 25 26 · ♅ 1 12 29 — ♉17 18 19 · ♆ 1R — ♍20 · ♇ 1 — ♋29

6

	1	2	3	4	5	6	7	8	9	10	11	12	13	14	15	16	17	18	19	20	21	22	23	24	25	26	27	28	29
☉	♊ 10	11	12	13	14	15	16	17	18	19	20	21	22	23	23	24	25	26	27	28	29	29 0	♋ 1	2	3	4	5	6	7
☽	♐ 2	15	28	♑ 10	22	♒ 5	16	28	♓ 10	22	♈ 4	17	29	♉ 13	26	♊ 10	24	♋ 9	24	♌ 8	23	♍ 8	22	♎ 6	20	♏ 3	16	29	♐ 12
☿	♊ 3	5	7	9	11	14	16	18	20	22	25	27	29	29 1	♋ 3	5	7	9	11	13	15	17	19	20	22	24	25	27	29
♀	♉ 14	15	17	18	19	20	21	23	24	25	26	28	29	29 0	♊ 1	2	4	5	6	7	8	10	11	12	13	15	16	17	18
♂	♒ 2	2	2	2	3	3	3	3	3	3	3	4	4	4	4	4	4	4	4	4	4	4	R 4	4	4	4	4	4	4

♃ 1 3 9 17 26 — ♈3 4 5 6 7 · ♄ 1 11 22 — ♈27 28 29 · ♅ 1 17 — ♉19 20 · ♆ 1R 2D — ♍20 20 · ♇ 1 14 — ♋29

7

	1	2	3	4	5	6	7	8	9	10	11	12	13	14	15	16	17	18	19	20	21	22	23	24	25	26	27	28	29
☉	♋ 9	10	11	12	13	13	14	15	16	17	18	19	20	21	22	23	24	25	26	27	28	29	29 0	♌ 1	2	3	4	4	5
☽	♑ 7	19	♒ 1	13	25	♓ 7	18	♈ 0	13	25	♉ 8	21	♊ 4	18	♋ 3	18	♌ 3	18	♍ 3	18	♎ 2	16	♏ 0	13	26	♐ 9	21	♑ 3	16
☿	♌ 2	3	5	6	7	9	10	11	12	13	15	16	17	17	18	19	20	21	21	22	22	23	24	24	24	24	24	R 24	24
♀	♊ 21	22	23	24	25	27	28	29	29 0	♋ 2	3	4	5	6	8	9	10	11	13	14	15	16	17	19	20	21	22	24	25
♂	♒R 4	4	3	3	3	3	3	2	2	2	2	2	2	1	1	1	1	0	0	0	0 29	♑ 29	29	29	28	28	28	28	27

♃ 1 8 30R — ♈7 8 8 · ♄ 1 5 29 6 27 — ♈29 0 ♉0 1 · ♅ 1 10 — ♉20 21 · ♆ 1 13 — ♍20 21 · ♇ 1 2 — ♌0

8

	1	2	3	4	5	6	7	8	9	10	11	12	13	14	15	16	17	18	19	20	21	22	23	24	25	26	27	28	29
☉	♌ 8	9	10	11	12	13	14	15	16	17	18	19	20	21	22	23	24	25	26	27	28	28	29	29 0	♍ 1	2	3	4	5
☽	♒ 22	♓ 3	15	27	♈ 9	21	♉ 4	16	29	♊ 13	27	♋ 11	26	♌ 11	26	♍ 12	27	♎ 11	26	♏ 9	23	♐ 6	18	♑ 1	13	25	♒ 7	19	♓ 0
☿	♌R 23	22	22	21	20	20	19	18	17	16	16	15	14	14	13	12	12	12	12	12	D 12	12	12	13	13	14	15	16	17
♀	♋ 29	29 0	♌ 1	2	3	5	6	7	8	10	11	12	13	15	16	17	18	19	21	22	23	24	26	27	28	29	29 1	♍ 2	3
♂	♑R 26	26	26	26	26	25	25	25	25	25	24	24	24	24	24	24	24	24	24	23	23	23	23	D 23	23	23	24	24	24

♃ 1R 20 — ♈8 7 · ♄ 1 14R 31 — ♉1 1 0 · ♅ 1 29R — ♉21 21 · ♆ 1 17 — ♍21 22 · ♇ 1 2 — ♌1

9

	1	2	3	4	5	6	7	8	9	10	11	12	13	14	15	16	17	18	19	20	21	22	23	24	25	26	27	28	29
☉	♍ 8	9	10	11	12	13	14	15	16	17	18	19	20	21	22	23	24	25	26	27	28	29	29 0	♎ 1	2	2	3	4	5
☽	♈ 6	18	♉ 0	13	26	♊ 9	22	♋ 6	20	♌ 5	20	♍ 5	20	♎ 5	20	♏ 4	18	♐ 1	14	27	♑ 10	22	♒ 4	16	27	♓ 9	21	♈ 3	15
☿	♌ 21	22	24	25	27	29	29 0	♍ 2	4	6	8	10	12	13	15	17	19	21	23	25	27	28	29 0	♎ 2	4	6	7	9	11
♀	♍ 7	8	9	11	12	13	14	15	17	18	19	20	22	23	24	25	27	28	29	29 0	♎ 2	3	4	5	7	8	9	10	12
♂	♑ 24	24	24	24	25	25	25	25	25	26	26	26	26	27	27	27	27	28	28	28	29	29	29	29 0	♒ 0	1	1	2	2

♃ 1R 10 18 25 — ♈6 5 4 3 · ♄ 1R 22 0 23 0 — ♉0 29 ♈29 · ♅ 1R — ♉21 · ♆ 1 14 — ♍22 23 · ♇ 1 — ♌2

10

	1	2	3	4	5	6	7	8	9	10	11	12	13	14	15	16	17	18	19	20	21	22	23	24	25	26	27	28	29
☉	♎ 7	8	9	10	11	12	13	14	15	16	17	18	19	20	21	22	23	24	25	26	27	28	29	29 0	♏ 1	2	3	4	5
☽	♉ 10	23	♊ 5	19	♋ 2	16	♌ 0	14	29	♍ 14	28	♎ 13	28	♏ 12	26	♐ 10	23	♑ 5	18	♒ 0	12	24	♓ 6	18	♈ 0	12	24	♉ 7	19
☿	♎ 14	16	17	19	21	22	24	26	27	29	29 0	♏ 2	3	5	6	8	9	11	12	14	15	17	18	19	21	22	24	25	26
♀	♎ 14	15	17	18	19	20	22	23	24	25	27	28	29	29 0	♏ 2	3	4	5	7	8	9	10	12	13	14	15	17	18	19
♂	♒ 3	3	4	4	4	5	5	6	6	7	7	8	8	9	9	10	10	11	11	12	13	13	14	14	15	15	16	16	17

♃ 1R 10 19 24 30 0 31 — ♈3 2 1 0 29 ♓29 · ♄ 1R 6 19 — ♈29 28 27 · ♅ 1R 17 — ♉21 20 · ♆ 1 12 — ♍23 24 · ♇ 1 — ♌2

11

	1	2	3	4	5	6	7	8	9	10	11	12	13	14	15	16	17	18	19	20	21	22	23	24	25	26	27	28	29
☉	♏ 8	9	10	11	12	13	14	15	16	17	18	19	20	21	22	23	24	25	26	27	28	29	29 0	♐ 1	2	3	4	5	6
☽	♊ 29	♋ 13	26	♌ 10	25	♍ 9	23	♎ 8	22	♏ 6	20	♐ 4	17	♑ 1	13	26	♒ 8	20	♓ 2	14	26	♈ 8	20	♉ 2	15	28	♊ 11	25	♋ 9
☿	29 0	♐ 1	3	4	5	6	7	8	9	10	11	11	12	13	13	13	13	13	R 13	13	12	12	11	10	9	7	6	5	3
♀	♏ 23	24	25	27	28	29	29 0	♐ 2	3	4	5	7	8	9	10	12	13	14	15	17	18	19	20	21	23	24	25	26	28
♂	♒ 19	19	20	21	21	22	22	23	24	24	25	25	26	27	27	28	28	29	29 0	♓ 0	1	2	2	3	4	4	5	6	6

♃ 1R 16 25D — ♓29 28 28 · ♄ 1R 14 — ♈26 25 · ♅ 1R 11 — ♉20 19 · ♆ 1 15 — ♍24 25 · ♇ 1 — ♌2

12

	1	2	3	4	5	6	7	8	9	10	11	12	13	14	15	16	17	18	19	20	21	22	23	24	25	26	27	28	29
☉	♐ 8	9	10	11	12	13	14	16	17	18	19	20	21	22	23	24	25	26	27	28	29	29 0	♑ 1	2	3	4	5	6	7
☽	♌ 7	21	♍ 6	20	♎ 4	18	♏ 2	15	29	♐ 12	26	♑ 9	21	♒ 4	16	28	♓ 10	21	♈ 3	15	27	♉ 10	23	♊ 6	20	♋ 4	18	♌ 3	17
☿	♐R 1	0	0 29	♏ 28	27	27	27	D 27	27	28	28	29	29 0	♐ 0	1	2	3	4	5	7	8	9	10	12	13	14	16	17	18
♀	29 0	♑ 1	3	4	5	6	8	9	10	11	13	14	15	16	18	19	20	21	23	24	25	26	28	29	29 0	♒ 1	3	4	5
♂	♓ 7	8	9	9	10	11	11	12	13	13	14	15	15	16	17	17	18	19	19	20	21	21	22	23	23	24	25	25	26

♃ 1 3 20 29 21 30 — ♓28 29 0 ♈0 1 · ♄ 1R 2 28D — ♈25 24 24 · ♅ 1R 6 — ♉19 18 · ♆ 1 28R — ♍25 25 · ♇ 1R — ♌2

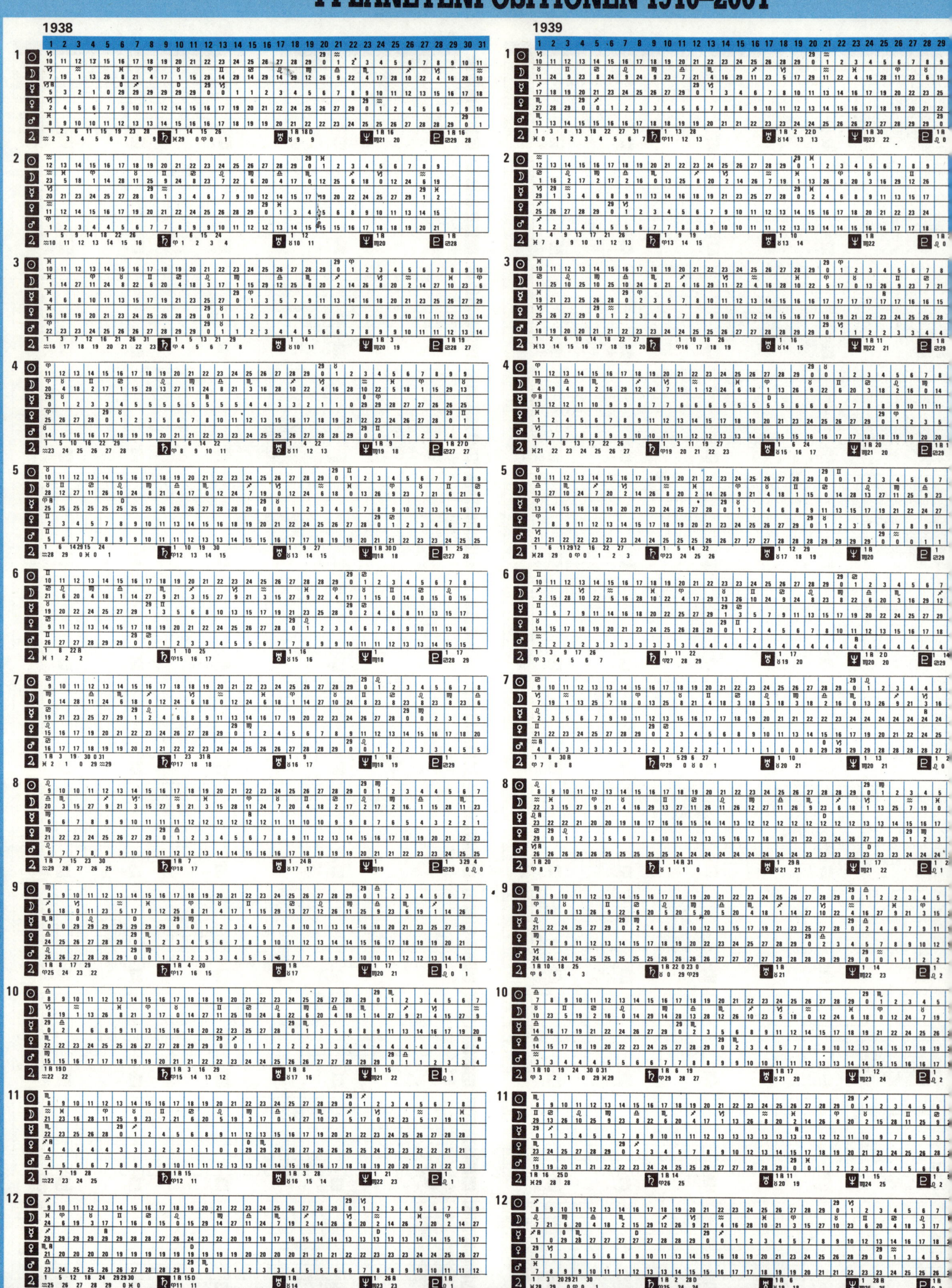

1 PLANETENPOSITIONEN 1910–2001

1940

1

	1	2	3	4	5	6	7	8	9	10	11	12	13	14	15	16	17	18	19	20	21	22	23	24	25	26	27	28	29	30	31
☉	♑ 10	11	12	13	14	15	16	17	18	19	20	21	22	23	24	25	26	27	28	29	29 0	♒ 1	2	3	4	5	6	7	8	9	10
☽	♎ 1	15	28	♏ 12	25	♐ 9	22	♑ 4	17	29	♒ 12	24	♓ 6	18	29	♈ 11	23	♉ 5	18	♊ 1	14	28	♋ 12	27	♌ 12	27	♍ 12	26	♎ 11	25	♏ 9
☿	♐ 23	24	26	27	28	29 0	♑ 2	3	5	6	8	9	11	12	14	15	17	19	20	22	23	25	27	28	29 0	♒ 2	3	5	7	8	10
♀	♒ 9	10	11	12	14	15	16	17	19	20	21	22	24	25	26	27	29	29 0	♓ 1	2	3	5	6	7	8	10	11	12	13	14	16
♂	♓ 28	29	29 0	♈ 0	1	2	2	3	4	4	5	6	6	7	8	8	9	10	10	11	12	12	13	14	14	15	16	17	17	18	19

♃ 1 7 14 20 26 / ♈1 2 3 4 5 — ♄ 1 22 / ♈24 25 — ♅ 1 ℞ 20 27 D / ♉18 17 17 — ♆ 1 ℞ / ♍25 — ♇ 1 ℞ 13 / ♌2 1

2

	1	2	3	4	5	6	7	8	9	10	11	12	13	14	15	16	17	18	19	20	21	22	23	24	25	26	27	28	29	30	31
☉	♒ 11	13	14	15	16	17	18	19	20	21	22	23	24	25	26	27	28	29	29 0	♓ 1	2	3	4	5	6	7	8	9	10		
☽	♏ 22	♐ 6	18	♑ 1	14	26	♒ 8	20	♓ 2	14	26	♈ 8	20	♉ 2	14	26	♊ 9	22	♋ 6	20	♌ 5	20	♍ 5	20	♎ 4	19	♏	19	♐ 2		
☿	♒ 12	14	15	17	19	21	22	24	26	28	29 0	♓ 2	3	5	7	9	11	12	14	16	17	19	20	22	23	24	26	27	28		
♀	♓ 17	18	19	21	22	23	24	25	27	28	29	29 0	♈ 1	3	4	5	6	7	9	10	11	12	13	14	16	17	18	19	20		
♂	♈ 19	20	21	21	22	23	23	24	25	25	26	27	27	28	29	29	29 0	♉ 1	1	2	3	4	4	5	6	6	7	8	8		

♃ 1 6 11 16 21 25 / ♈6 7 8 9 10 11 — ♄ 1 8 20 / ♈25 26 27 — ♅ 1 / ♉18 — ♆ 1 ℞ 10 / ♍25 24 — ♇ 1 ℞ 29 / ♌1 0

3

	1	2	3	4	5	6	7	8	9	10	11	12	13	14	15	16	17	18	19	20	21	22	23	24	25	26	27	28	29	30	31
☉	♓ 11	12	13	14	15	16	17	18	19	20	21	22	23	24	25	26	27	28	29	29 0	♈ 1	2	3	4	5	6	7	8	9	10	11
☽	♐ 15	28	♑ 11	23	♒ 5	17	29	♓ 11	23	♈ 5	17	28	♉ 10	23	♊ 5	18	♋ 1	15	28	♌ 13	28	♍ 13	28	♎ 13	28	♏ 13	27	♐ 11	24	♑ 7	20
☿	♓ 28	29	29	29 0	♈ 0	℞ 0	0	0 29	♓ 29	28	27	27	26	25	24	23	22	21	20	20	19	18	18	17	17	17	16	16	D 16	17	17
♀	♈ 22	23	24	25	26	27	28	29 0	♉ 1	2	3	4	5	7	8	9	10	11	12	13	14	15	17	18	19	20	21	22	23	24	25
♂	♉ 9	10	10	11	12	12	13	14	14	15	16	16	17	18	18	19	20	20	21	22	22	23	24	24	25	26	26	27	28	28	29

♃ 1 5 9 14 18 22 26 31 / ♈12 13 14 15 16 17 18 19 — ♄ 1 2 11 20 29 21 28 / ♈27 28 29 0 ♉ 0 1 — ♅ 1 15 / ♉18 19 — ♆ 1 ℞ 19 / ♍24 23 — ♇ 1 ℞ / ♌0

4

	1	2	3	4	5	6	7	8	9	10	11	12	13	14	15	16	17	18	19	20	21	22	23	24	25	26	27	28	29	30	31
☉	♈ 12	13	14	15	16	17	18	18	19	20	21	22	23	24	25	26	27	28	29	29 0	♉ 1	2	3	4	5	6	7	8	9	10	
☽	♒ 2	14	26	♓ 8	20	♈ 2	14	26	♉ 8	20	♊ 2	15	28	♋ 11	24	♌ 8	22	♍ 7	22	♎ 6	21	♏ 6	21	♐ 5	19	♑ 3	16	28	♒ 11	23	
☿	♓ 17	18	18	18	19	20	20	21	22	23	24	25	26	27	28	29	29 0	♈ 1	3	4	5	7	8	10	11	12	14	16	17	19	
♀	♉ 26	27	29	29 0	♊ 1	2	3	4	5	6	7	8	9	10	11	12	13	14	15	16	17	18	19	20	20	21	22	23	24	25	
♂	29 0	♊ 0	1	2	2	3	4	4	5	6	6	7	8	8	9	10	10	11	12	12	13	14	14	15	15	16	17	17	18	19	

♃ 1 4 8 12 16 20 24 29 / ♈19 20 21 22 23 24 25 26 — ♄ 1 5 13 21 29 / ♉1 2 3 4 5 — ♅ 1 6 25 / ♉19 20 21 — ♆ 1 ℞ / ♍23 — ♇ 1 ℞ 13 D / ♌0 0

5

	1	2	3	4	5	6	7	8	9	10	11	12	13	14	15	16	17	18	19	20	21	22	23	24	25	26	27	28	29	30	31
☉	♉ 11	12	13	14	15	16	17	18	19	20	21	22	23	24	25	25	26	27	28	29	29 0	♊ 1	2	3	4	5	6	7	8	9	10
☽	♓ 5	17	28	♈ 10	22	♉ 4	17	29	♊ 12	25	♋ 8	21	♌ 5	19	♍ 3	17	♎ 1	16	♏ 0	15	29	♐ 13	27	♑ 11	24	♒ 7	19	♓ 1	13	25	♈ 7
☿	♈ 20	22	24	26	27	29 1	♉ 3	5	7	9	11	13	15	17	19	21	23	25	27	28	29 0	♊ 2	4	6	8	11	13	15	17	19	21
♀	♊ 26	26	27	28	29	29 0	♋ 0	1	2	3	3	4	5	5	6	7	7	8	8	9	9	10	10	11	11	11	12	12	12	12	13
♂	♊ 19	20	21	21	22	23	23	24	25	25	26	27	27	28	28	29	29 0	♋ 0	1	2	2	3	4	4	5	6	6	7	8	8	9

♃ 1 3 7 11 16 29 17 20 25 / ♈26 27 28 29 0 ♉ 0 1 2 — ♄ 1 7 15 23 / ♉5 6 7 8 — ♅ 1 12 30 / ♉21 22 23 — ♆ 1 ℞ 2 / ♍23 22 — ♇ 1 25 / ♌0 1

6

	1	2	3	4	5	6	7	8	9	10	11	12	13	14	15	16	17	18	19	20	21	22	23	24	25	26	27	28	29	30	31
☉	♊ 11	12	13	14	15	16	17	18	18	19	20	21	22	23	24	25	26	27	28	29	29 0	♋ 1	2	3	4	5	6	7	8	9	
☽	♈ 18	♉ 0	13	25	♊ 8	21	♋ 4	18	♌ 2	15	29	♍ 14	28	♎ 12	26	♏ 10	24	♐ 8	22	♑ 6	19	♒ 2	14	27	♓ 9	21	♈ 3	14	26	♉ 8	
☿	♊ 23	25	27	29 0	♋ 1	3	5	6	8	10	11	13	14	16	17	19	20	21	22	24	25	26	27	28	29	29 0	♌ 1	1	2	3	
♀	♋ 13	13	13	13	℞ 13	13	13	13	12	12	12	12	11	11	11	10	10	9	9	8	8	7	6	6	5	5	4	3	3	2	
♂	♋ 9	10	11	11	12	13	13	14	15	15	16	16	17	18	18	19	20	20	21	22	22	23	24	24	25	25	26	27	27	28	

♃ 1 3 8 12 18 23 28 / ♉3 4 5 6 7 8 9 — ♄ 1 9 19 30 / ♉9 10 11 12 — ♅ 1 17 / ♉23 24 — ♆ 1 ℞ / ♍22 — ♇ 1 / ♌1

7

	1	2	3	4	5	6	7	8	9	10	11	12	13	14	15	16	17	18	19	20	21	22	23	24	25	26	27	28	29	30	31
☉	♋ 9	10	11	12	13	14	15	16	17	18	19	20	21	22	23	24	25	26	27	28	29	29	29 0	♌ 1	2	3	4	5	6	7	8
☽	♉ 21	♊ 3	16	♋ 0	13	27	♌ 12	26	♍ 10	24	♎ 9	23	♏ 7	21	♐ 4	18	♑ 1	15	28	♒ 10	23	♓ 5	17	29	♈ 11	22	♉ 4	16	29	♊ 11	25
☿	♌ 3	4	4	4	5	5	5	5	℞ 5	5	4	4	4	3	3	2	2	1	0	0	0 29	♋ 28	27	27	26	26	25	24	24	24	24
♀	♋ ℞ 1	1	0	0	0 29	♊ 29	28	28	28	27	27	27	27	27	26	26	26	26	D 26	26	26	27	27	27	27	28	28	28	29	29	29
♂	♋ 29	29	29 0	♌ 1	1	2	2	3	4	4	5	6	6	7	8	8	9	9	10	11	11	12	13	13	14	15	15	16	16	17	18

♃ 1 4 10 17 25 / ♉9 10 11 12 13 — ♄ 1 12 28 / ♉12 13 14 — ♅ 1 9 / ♉24 25 — ♆ 1 5 / ♍22 23 — ♇ 1 8 / ♌1 2

8

	1	2	3	4	5	6	7	8	9	10	11	12	13	14	15	16	17	18	19	20	21	22	23	24	25	26	27	28	29	30	31
☉	♌ 9	10	11	12	13	14	15	16	17	18	19	20	21	22	22	23	24	25	26	27	28	29	29 0	♍ 1	2	3	4	5	6	7	8
☽	♋ 8	22	♌ 6	21	♍ 5	20	♎ 5	19	♏ 4	18	♐ 1	15	28	♑ 11	24	♒ 7	19	♓ 1	13	25	♈ 7	19	♉ 1	13	25	♊ 7	20	♋ 3	16	♌ 0	15
☿	♋ 24	D 24	24	25	25	26	26	27	28	29	29 0	♌ 1	2	3	5	6	8	9	11	13	14	16	18	20	22	24	26	28	29 0	♍ 2	4
♀	29 0	♋ 0	1	1	2	3	3	4	4	5	6	6	7	8	9	9	10	11	12	12	13	14	15	16	17	17	18	19	20	21	22
♂	♌ 18	19	20	20	21	21	22	23	23	24	25	25	26	27	27	28	28	29	29 0	♍ 0	1	2	2	3	4	4	5	5	6	7	7

♃ 1 3 14 / ♉13 14 15 — ♄ 1 28 ℞ / ♉14 14 — ♅ 1 13 / ♉25 26 — ♆ 1 13 / ♍23 24 — ♇ 1 13 / ♌2 3

9

	1	2	3	4	5	6	7	8	9	10	11	12	13	14	15	16	17	18	19	20	21	22	23	24	25	26	27	28	29	30	31
☉	♍ 9	10	11	12	13	14	15	16	17	18	19	20	21	21	22	23	24	25	26	27	28	29	29 0	♎ 1	2	3	4	5	6	7	
☽	♌ 29	♍ 14	29	♎ 14	29	♏ 14	28	♐ 12	25	♑ 8	21	♒ 4	16	28	♓ 10	22	♈ 4	16	27	♉ 9	21	♊ 3	16	28	♋ 11	25	♌ 8	23	♍ 7	22	
☿	♍ 6	8	10	12	14	16	17	19	21	23	25	26	28	29 0	♎ 2	3	5	7	8	10	12	13	15	16	18	19	21	23	24	25	
♀	♋ 23	24	25	26	27	28	29	29 0	♌ 1	2	3	4	5	6	7	8	9	10	11	12	13	14	15	16	17	18	19	21	22	23	
♂	♍ 8	9	9	10	11	11	12	12	13	14	14	15	16	16	17	18	18	19	20	20	21	21	22	23	23	24	25	25	26	27	

♃ 1 5 ℞ 24 / ♉15 15 14 — ♄ 1 ℞ 26 / ♉14 13 — ♅ 1 ℞ 19 / ♉26 25 — ♆ 1 11 / ♍24 25 — ♇ 1 26 / ♌3 4

10

	1	2	3	4	5	6	7	8	9	10	11	12	13	14	15	16	17	18	19	20	21	22	23	24	25	26	27	28	29	30	31
☉	♎ 8	9	10	11	12	13	14	15	16	17	18	19	20	21	22	23	24	25	26	27	28	29	29 0	♏ 1	2	3	4	5	6	7	8
☽	♎ 8	23	♏ 8	23	♐ 7	21	♑ 5	18	♒ 1	13	25	♓ 7	19	♈ 1	13	24	♉ 6	18	♊ 0	13	25	♋ 8	21	♌ 4	17	♍ 2	16	♎ 1	16	♏ 1	16
☿	♎ 27	28	29 0	♏ 1	3	4	5	7	8	9	11	12	13	14	16	17	18	19	20	21	22	23	24	25	25	26	27	27	28	28	28
♀	♌ 24	25	26	27	28	29 0	♍ 1	2	3	4	5	6	7	9	10	11	12	13	14	15	17	18	19	20	21	22	24	25	26	27	28
♂	♍ 27	28	29	29	29 0	♎ 0	1	2	2	3	4	4	5	6	6	7	8	8	9	9	10	11	11	12	13	13	14	15	15	16	17

♃ 1 ℞ 6 15 23 31 / ♉14 13 12 11 10 — ♄ 1 ℞ 12 26 / ♉13 12 11 — ♅ 1 ℞ 25 / ♉25 24 — ♆ 1 8 / ♍25 26 — ♇ 1 / ♌4

11

	1	2	3	4	5	6	7	8	9	10	11	12	13	14	15	16	17	18	19	20	21	22	23	24	25	26	27	28	29	30	31
☉	♏ 9	10	11	12	13	14	15	16	17	18	19	20	21	22	23	24	25	26	27	28	29	29 0	♐ 1	2	3	4	5	6	7	8	
☽	♐ 1	15	♑ 0	13	27	♒ 9	22	♓ 4	16	28	♈ 10	21	♉ 3	15	27	♊ 10	22	♋ 5	18	♌ 1	14	27	♍ 11	25	♎ 10	24	♏ 9	24	♐ 9	23	
☿	♏ ℞ 28	27	27	26	26	25	24	23	22	21	19	18	17	16	14	13	13	12	12	12	D 12	12	12	13	13	14	15	16	17	18	
♀	29 0	♎ 1	2	3	4	6	7	8	9	10	12	13	14	15	16	18	19	20	21	22	24	25	26	27	29	29 0	♏ 1	2	4	5	
♂	♎ 17	18	19	19	20	21	21	22	22	23	24	24	25	26	26	27	28	28	29	29 0	♏ 0	1	2	2	3	4	4	5	6	6	

♃ 1 ℞ 7 15 23 / ♉10 9 8 7 — ♄ 1 ℞ 7 20 / ♉11 10 9 — ♅ 1 ℞ 19 / ♉24 23 — ♆ 1 9 / ♍26 27 — ♇ 1 6 ℞ / ♌4 4

12

	1	2	3	4	5	6	7	8	9	10	11	12	13	14	15	16	17	18	19	20	21	22	23	24	25	26	27	28	29	30	31
☉	♐ 9	10	11	12	13	14	15	16	17	18	19	20	21	22	23	24	25	26	27	28	29 0	♑ 1	2	3	4	5	6	7	8	9	10
☽	♑ 8	21	♒ 5	18	♓ 0	12	24	♈ 6	18	♉ 0	12	24	♊ 6	18	♋ 1	14	27	♌ 11	24	♍ 8	22	♎ 6	20	♏ 4	19	♐ 3	17	♑ 2	16	29	♒ 12
☿	♏ 19	20	22	23	24	26	27	28	29 0	♐ 1	3	4	6	7	9	10	12	13	15	16	18	19	21	22	24	25	27	28	29 0	♑ 2	3
♀	♏ 6	7	8	10	11	12	13	15	16	17	18	20	21	22	23	24	26	27	28	29 0	♐ 1	2	3	4	6	7	8	9	11	12	13
♂	♏ 7	8	8	9	10	10	11	12	12	13	14	14	15	16	16	17	18	18	19	20	20	21	22	22	23	24	24	25	26	26	27

♃ 1 ℞ 3 17 31 D / ♉7 6 5 5 — ♄ 1 ℞ 5 29 / ♉9 8 7 — ♅ 1 ℞ 15 / ♉23 22 — ♆ 1 30 ℞ / ♍27 27 — ♇ 1 ℞ 16 / ♌4 3

1941

1

	1	2	3	4	5	6	7	8	9	10	11	12	13	14	15	16	17	18	19	20	21	22	23	24	25	26	27	28	29	30	31
☉	♑ 11	12	13	14	15	16	17	18	19	20	21	22	23	24	25	26	27	28	29	29 0	♒ 1	2	3	4	5	6	7	8	9	10	11
☽	♒ 25	♓ 8	20	♈ 2	14	26	♉ 8	19	♊ 2	14	27	♋ 10	23	♌ 7	21	♍ 5	19	♎ 3	17	♏ 1	15	29	♐ 13	27	♑ 11	24	♒ 7	21	♓ 3	16	28
☿	♑ 5	6	8	9	11	13	14	16	18	19	21	22	24	26	27	29 0	♒ 1	2	4	6	8	9	11	13	15	16	18	20	21	23	25
♀	♐ 14	16	17	18	19	21	22	23	24	26	27	28	29 0	♑ 1	2	3	4	6	7	8	9	11	12	13	14	16	17	18	19	21	22
♂	♏ 28	28	29	29 0	♐ 0	1	2	2	3	4	4	5	6	6	7	8	8	9	10	10	11	12	12	13	14	15	15	16	17	17	18

♃ 1 13 28 / ♉5 6 7 — ♄ 1 ℞ 9 D 20 / ♉7 7 8 — ♅ 1 ℞ 30 D / ♉22 22 — ♆ 1 ℞ / ♍27 — ♇ 1 ℞ / ♌3

2

	1	2	3	4	5	6	7	8	9	10	11	12	13	14	15	16	17	18	19	20	21	22	23	24	25	26	27	28	29	30	31
☉	♒ 12	13	14	15	16	17	18	19	20	21	22	23	24	25	26	27	28	29	29 0	♓ 1	2	3	4	6	7	8	9	10			
☽	♈ 10	22	♉ 3	15	27	♊ 9	22	♋ 5	18	♌ 1	15	♍ 0	14	29	♎ 13	28	♏ 12	26	♐ 10	24	♑ 7	21	♒ 4	16	29	♓ 12	24	♈ 6			
☿	♒ 27	28	29 0	♓ 1	3	4	6	7	8	9	10	11	12	13	13	13	℞ 13	13	12	12	11	10	10	9	8	7	5	4			
♀	♑ 23	24	26	27	28	29 0	♒ 1	2	3	4	6	7	8	9	11	12	13	14	16	17	18	19	21	22	23	24	26	27			
♂	♐ 19	19	20	21	21	22	23	23	24	25	25	26	27	27	28	29	29 0	♑ 0	1	2	2	3	4	4	5	6	6	7			

♃ 1 6 14 21 27 / ♉7 8 9 10 11 — ♄ 1 13 27 / ♉8 9 10 — ♅ 1 / ♉22 — ♆ 1 ℞ 19 / ♍27 26 — ♇ 1 ℞ 2 / ♌3 2

3

	1	2	3	4	5	6	7	8	9	10	11	12	13	14	15	16	17	18	19	20	21	22	23	24	25	26	27	28	29	30	31
☉	♓ 11	12	13	14	15	16	17	18	19	20	21	22	23	24	25	26	27	27	28	29	29 0	♈ 1	2	3	4	5	6	7	8	9	10
☽	♈ 18	♉ 0	11	23	♊ 5	17	♋ 0	13	26	♌ 9	23	♍ 8	22	♎ 7	22	♏ 7	22	♐ 6	20	♑ 4	18	♒ 1	13	26	♓ 8	20	♈ 2	14	26	♉ 8	20
☿	♓ ℞ 4	3	2	1	0	0	0 29	♒ 29	29	28	28	D 28	29	29	29	29 0	♓ 0	1	2	2	3	4	5	6	7	8	9	10	11	12	13
♀	♒ 28	29 0	♓ 1	2	3	4	6	7	8	9	11	12	13	14	16	17	18	19	20	22	23	24	26	27	28	29	29 0	♈ 1	2	3	4
♂	♑ 8	8	9	10	11	11	12	13	13	14	15	15	16	17	17	18	19	19	20	21	22	22	23	24	24	25	26	26	27	28	28

♃ 1 5 10 16 21 26 30 / ♉11 12 13 14 15 16 17 — ♄ 1 10 20 29 / ♉10 11 12 13 — ♅ 1 15 / ♉22 23 — ♆ 1 ℞ 28 / ♍26 25 — ♇ 1 ℞ / ♌2

4

	1	2	3	4	5	6	7	8	9	10	11	12	13	14	15	16	17	18	19	20	21	22	23	24	25	26	27	28	29	30	31
☉	♈ 11	12	13	14	15	16	17	18	19	20	21	22	23	24	25	26	27	28	29	29 0	♉ 1	2	3	4	5	6	7	8	9	10	
☽	♊ 2	14	26	♋ 8	21	♌ 4	17	♍ 1	16	♎ 1	16	♏ 1	16	♐ 1	16	♑ 0	14	27	♒ 10	23	♓ 5	18	♈ 0	11	23	♉ 5	17	29	♊ 11	23	
☿	♓ 14	16	17	18	20	21	23	24	26	27	29	29 0	♈ 2	3	5	7	8	10	12	14	15	17	19	21	23	25	27	29 0	♉ 1	3	
♀	♈ 7	8	9	10	12	13	14	15	17	18	19	20	22	23	24	25	26	28	29	29 0	♉ 1	3	4	5	6	8	9	10	11	13	
♂	♑ 29	29 0	♒ 1	1	2	3	3	4	5	5	6	7	7	8	9	10	10	11	12	12	13	14	14	15	16	16	17	18	18	19	

♃ 1 4 9 13 17 22 26 / ♉17 18 19 20 21 22 23 — ♄ 1 6 15 23 30 / ♉13 14 15 16 17 — ♅ 1 7 26 / ♉23 24 25 — ♆ 1 ℞ / ♍25 — ♇ 1 ℞ 21 D / ♌2 2

5

	1	2	3	4	5	6	7	8	9	10	11	12	13	14	15	16	17	18	19	20	21	22	23	24	25	26	27	28	29	30	31
☉	♉ 11	12	13	14	15	16	17	17	18	19	20	21	22	23	24	25	26	27	28	29	29 0	♊ 1	2	3	4	5	6	7	8	9	10
☽	♋ 5	17	♌ 0	13	26	♍ 10	24	♎ 9	24	♏ 9	24	♐ 9	24	♑ 9	23	♒ 6	19	♓ 2	14	27	♈ 8	20	♉ 2	14	26	♊ 8	20	♋ 2	14	27	♌ 10
☿	♉ 5	7	9	11	14	16	18	20	22	24	27	29	29 1	♊ 3	5	7	9	11	13	15	17	18	20	22	23	25	27	28	29 0	♋ 1	2
♀	♉ 14	15	16	17	19	20	21	22	24	25	26	27	29	29 0	♊ 1	2	3	5	6	7	8	10	11	12	13	15	16	17	18	19	21
♂	♒ 20	21	21	22	23	23	24	25	25	26	27	27	28	29	29	29 0	♓ 1	1	2	3	3	4	5	5	6	7	7	8	9	9	10

♃ 1 5 9 13 17 22 26 29 27 / ♉24 25 26 27 28 29 0 ♊ 0 — ♄ 1 8 16 24 / ♉17 18 19 20 — ♅ 1 14 31 / ♉25 26 27 — ♆ 1 ℞ 18 / ♍25 24 — ♇ 1 ℞ / ♌2

6

	1	2	3	4	5	6	7	8	9	10	11	12	13	14	15	16	17	18	19	20	21	22	23	24	25	26	27	28	29	30	31
☉	♊ 11	12	13	13	14	15	16	17	18	19	20	21	22	23	24	25	26	27	28	29	29 0	♋ 1	2	3	3	4	5	6	7	8	
☽	♌ 23	♍ 6	20	♎ 4	18	♏ 3	18	♐ 3	18	♑ 3	17	♒ 1	15	28	♓ 11	23	♈ 5	17	29	♉ 11	22	♊ 4	17	29	♋ 11	24	♌ 7	20	♍ 3	17	
☿	♋ 3	5	6	7	8	9	10	11	12	12	13	14	14	14	15	15	15	15	15	℞ 15	15	15	15	14	14	13	13	12	12	11	
♀	♊ 22	23	24	26	27	28	29	29 1	♋ 2	3	4	5	7	8	9	10	11	13	14	15	16	18	19	20	21	22	24	25	26	27	
♂	♓ 11	11	12	13	13	14	15	15	16	17	17	18	18	19	20	20	21	22	22	23	23	24	25	25	26	26	27	28	28	29	

♃ 1 3 8 12 17 21 25 30 / ♊1 2 3 4 5 6 7 8 — ♄ 1 9 18 27 / ♉21 22 23 24 — ♅ 1 18 / ♉27 28 — ♆ 1 D 23 / ♍24 25 — ♇ 1 23 / ♌2 3

7

	1	2	3	4	5	6	7	8	9	10	11	12	13	14	15	16	17	18	19	20	21	22	23	24	25	26	27	28	29	30	31
☉	♋ 9	10	11	12	13	14	15	16	17	18	19	20	21	22	23	24	24	25	26	27	28	29	29 0	♌ 1	2	3	4	5	6	7	8
☽	♎ 0	14	28	♏ 13	27	♐ 12	27	♑ 11	25	♒ 9	23	♓ 6	19	♈ 1	13	25	♉ 7	19	♊ 1	13	25	♋ 8	20	♌ 3	16	♍ 0	13	27	♎ 11	25	♏ 9
☿	♋ ℞ 11	10	9	9	8	8	7	6	6	6	6	6	6	D 6	6	6	6	7	7	8	9	9	10	11	12	13	14	16	17	18	20
♀	♋ 29	29 0	♌ 1	2	3	5	6	7	8	10	11	12	13	14	16	17	18	19	21	22	23	24	25	27	28	29	29 0	♍ 1	3	4	5
♂	♓ 29	29 0	♈ 1	1	2	2	3	3	4	5	5	6	6	7	7	8	8	9	9	10	10	11	11	12	12	13	13	14	14	14	15

♃ 1 5 9 14 19 24 30 / ♊8 9 10 11 12 13 14 — ♄ 1 6 17 30 / ♉24 25 26 27 — ♅ 1 9 / ♉28 29 — ♆ 1 / ♍25 — ♇ 1 30 / ♌3 4

8

	1	2	3	4	5	6	7	8	9	10	11	12	13	14	15	16	17	18	19	20	21	22	23	24	25	26	27	28	29	30	31
☉	♌ 9	10	11	12	13	14	15	16	16	17	18	19	20	21	22	23	24	25	26	27	28	29	29 0	♍ 1	2	3	4	5	6	7	8
☽	♏ 23	♐ 8	22	♑ 6	20	♒ 4	18	♓ 1	14	27	♈ 9	21	♉ 3	15	27	♊ 9	21	♋ 3	16	29	♌ 12	25	♍ 9	23	♎ 7	22	♏ 6	20	♐ 4	19	♑ 3
☿	♋ 22	23	25	27	28	29 0	♌ 2	4	6	8	10	12	14	16	18	20	22	24	26	28	29 0	♍ 2	4	6	8	10	12	14	15	17	19
♀	♍ 6	8	9	10	11	12	14	15	16	17	18	20	21	22	23	24	26	27	28	29	29 0	♎ 2	3	4	5	6	8	9	10	11	12
♂	♈ 15	16	16	16	17	17	18	18	18	18	19	19	19	20	20	20	21	21	21	21	22	22	22	22	22	22	23	23	23	23	23

♃ 1 4 10 17 23 31 / ♊14 15 16 17 18 19 — ♄ 1 16 / ♉27 28 — ♅ 1 7 29 8 / ♉29 0 ♊ 0 — ♆ 1 10 / ♍25 26 — ♇ 1 / ♌4

9

	1	2	3	4	5	6	7	8	9	10	11	12	13	14	15	16	17	18	19	20	21	22	23	24	25	26	27	28	29	30	31
☉	♍ 9	10	11	12	13	13	14	15	16	17	18	19	20	21	22	23	24	25	26	27	28	29	29 0	♎ 1	2	3	4	5	6	7	
☽	♑ 16	♒ 0	13	27	♓ 10	22	♈ 5	17	29	♉ 11	23	♊ 5	17	29	♋ 11	24	♌ 7	20	♍ 4	18	♎ 2	17	♏ 1	16	♐ 1	15	29	♑ 13	27	♒ 10	
☿	♍ 21	22	24	26	27	29	29 1	♎ 2	4	5	7	8	10	11	13	14	16	17	19	20	21	23	24	25	26	28	29	29 0	♏ 1	2	
♀	♎ 14	15	16	17	18	20	21	22	23	24	26	27	28	29	29 0	♏ 1	3	4	5	6	7	9	10	11	12	13	14	16	17	18	
♂	♈ 23	23	23	23	23	23	℞ 23	23	23	23	23	23	23	23	23	22	22	22	22	22	22	21	21	21	21	20	20	20	20	19	

♃ 1 10 23 / ♊19 20 21 — ♄ 1 12 ℞ / ♉28 28 — ♅ 1 6 ℞ / ♊0 0 — ♆ 1 8 / ♍26 27 — ♇ 1 5 / ♌4 5

10

	1	2	3	4	5	6	7	8	9	10	11	12	13	14	15	16	17	18	19	20	21	22	23	24	25	26	27	28	29	30	31
☉	♎ 8	9	10	11	12	13	14	15	16	17	18	19	20	21	22	23	24	25	26	27	28	29	29 0	♏ 1	2	3	4	5	6	7	8
☽	♒ 23	♓ 6	19	♈ 1	13	25	♉ 7	19	♊ 1	13	25	♋ 7	19	♌ 2	15	28	♍ 12	26	♎ 10	25	♏ 10	25	♐ 10	25	♑ 10	24	♒ 7	20	♓ 3	16	28
☿	♏ 3	4	5	6	7	8	9	9	10	11	11	12	12	12	℞ 12	12	11	11	10	10	9	8	7	5	4	3	2	0	0 29	♎ 28	27
♀	♏ 19	20	21	23	24	25	26	27	28	29 0	♐ 1	2	3	4	5	6	8	9	10	11	12	13	14	15	17	18	19	20	21	22	23
♂	♈ ℞ 19	19	18	18	18	17	17	17	16	16	16	16	15	15	15	14	14	14	14	13	13	13	13	12	12	12	12	12	11	11	11

♃ 1 10 ℞ 26 / ♊21 21 20 — ♄ 1 ℞ 5 23 / ♉28 27 26 — ♅ 1 ℞ 4 0 5 / ♊0 29 ♉29 — ♆ 1 5 / ♍27 28 — ♇ 1 / ♌5

11

	1	2	3	4	5	6	7	8	9	10	11	12	13	14	15	16	17	18	19	20	21	22	23	24	25	26	27	28	29	30	31
☉	♏ 9	10	11	12	13	14	15	16	17	18	19	20	21	22	23	24	25	26	27	28	29	29 0	♐ 1	2	3	4	5	6	7	8	
☽	♈ 10	22	♉ 4	16	28	♊ 10	22	♋ 4	16	28	♌ 10	23	♍ 6	20	♎ 4	18	♏ 3	18	♐ 4	19	♑ 4	19	♒ 3	17	♓ 0	13	25	♈ 7	19	♉ 1	
☿	♎ ℞ 27	26	26	26	D 26	26	27	27	28	29	29 0	♏ 1	2	3	4	5	7	8	9	11	12	14	15	17	18	20	21	23	24	26	
♀	♐ 24	26	27	28	29	29 0	♑ 1	2	3	4	5	6	7	9	10	11	12	13	14	15	16	17	18	19	20	21	22	23	24	25	
♂	♈ ℞ 11	11	11	11	11	11	11	11	11	D 11	11	11	11	11	11	11	11	11	11	11	11	12	12	12	12	12	13	13	13	13	

♃ 1 ℞ 8 18 26 / ♊20 19 18 17 — ♄ 1 ℞ 6 18 30 / ♉26 25 24 23 — ♅ 1 ℞ 4 28 / ♉29 28 27 — ♆ 1 5 / ♍28 29 — ♇ 1 7 ℞ / ♌5 5

12

	1	2	3	4	5	6	7	8	9	10	11	12	13	14	15	16	17	18	19	20	21	22	23	24	25	26	27	28	29	30	31
☉	♐ 9	10	11	12	13	14	15	16	17	18	19	20	21	22	23	24	25	26	27	28	29	29 0	♑ 1	2	3	4	5	6	7	8	9
☽	♉ 13	25	♊ 7	19	♋ 1	13	25	♌ 7	20	♍ 2	15	29	♎ 13	27	♏ 12	27	♐ 12	27	♑ 12	27	♒ 11	25	♓ 8	21	♈ 4	16	28	♉ 10	22	♊ 4	15
☿	♏ 28	29	29 1	♐ 2	4	5	7	8	10	12	13	15	16	18	19	21	22	24	26	27	29	29 0	♑ 2	4	5	7	8	10	12	13	15
♀	♑ 26	27	28	29	29 0	♒ 0	1	2	3	4	5	6	6	7	8	9	10	10	11	12	12	13	14	14	15	16	16	17	17	18	18
♂	♈ 13	14	14	14	15	15	15	15	16	16	16	17	17	17	18	18	19	19	19	20	20	20	21	21	22	22	23	23	23	24	24

♃ 1 ℞ 4 11 18 26 / ♊17 16 15 14 13 — ♄ 1 ℞ 14 / ♉23 22 — ♅ 1 ℞ 25 / ♉27 26 — ♆ 1 / ♍29 — ♇ 1 ℞ / ♌5

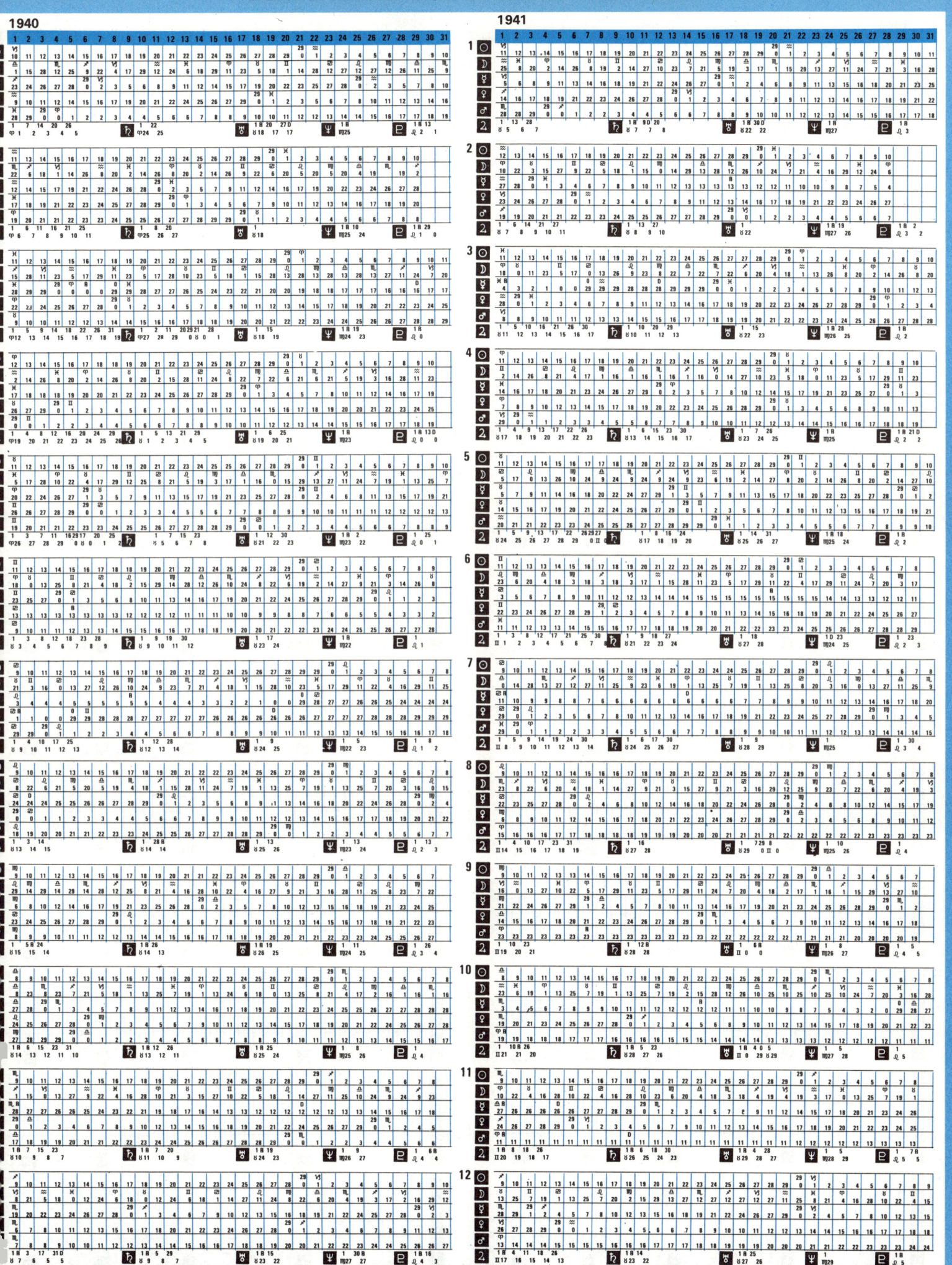

1942

1

	1	2	3	4	5	6	7	8	9	10	11	12	13	14	15	16	17	18	19	20	21	22	23	24	25	26	27	28	29	30	31
☉	♑ 10	11	13	14	15	16	17	18	19	20	21	22	23	24	25	26	27	28	29	29 0	♒ 1	2	3	4	5	6	7	8	9	10	11
☽	♊ 27	♋ 10	22	♌ 4	17	29	♍ 12	26	♎ 9	23	♏ 7	21	♐ 6	20	♑ 5	20	♒ 5	19	♓ 3	16	29	♈ 12	24	♉ 6	18	♊ 0	12	24	♋ 6	18	♌ 1
☿	♑ 17	18	20	21	23	25	26	28	29 0	♒ 1	3	5	6	8	9	11	13	14	16	17	18	20	21	22	23	24	25	26	26	27	27
♀	♒ 18	19	19	19	20	20	20	20	20	21	21	21	R 21	21	21	20	20	20	20	19	19	19	18	18	17	17	16	16	15	14	14
♂	♈ 25	25	26	26	27	27	28	28	29	29	29 0	♉ 0	1	1	2	2	3	3	4	4	5	5	6	6	7	7	8	8	9	9	10

♃ 1R 5 17 / ♊13 12 11 — ♄ 1R 3 23D / ♉22 21 21 — ♅ 1R / ♉26 — ♆ 1R / ♍29 — ♇ 1R 9 / ♌5 4

2

	1	2	3	4	5	6	7	8	9	10	11	12	13	14	15	16	17	18	19	20	21	22	23	24	25	26	27	28	29	30	31
☉	♒ 12	13	14	15	16	17	18	19	20	21	22	23	24	25	26	27	28	29	29 0	♓ 1	2	3	4	5	6	7	8	9			
☽	♌ 13	26	♍ 9	22	♎ 6	20	♏ 3	17	♐ 2	16	♑ 0	15	29	♒ 13	27	♓ 11	24	♈ 7	20	♉ 2	14	26	♊ 8	20	♋ 2	14	26	♌ 9			
☿	♒R 26	26	26	25	24	23	22	21	20	19	18	17	16	15	14	13	12	12	11	11	11	11	D 11	11	12	12	13	13			
♀	♒R 13	13	12	11	11	10	10	9	9	8	8	7	7	6	6	6	6	5	5	5	5	5	D 5	5	5	5	5	6			
♂	♉ 10	11	12	12	13	13	14	14	15	16	16	17	17	18	18	19	20	20	21	21	22	22	23	24	24	25	25	26			

♃ 1R 5D 24 / ♊11 11 12 — ♄ 1 11 / ♉21 22 — ♅ 1R 4D / ♉26 26 — ♆ 1R / ♍29 — ♇ 1R 25 / ♌4 3

3

	1	2	3	4	5	6	7	8	9	10	11	12	13	14	15	16	17	18	19	20	21	22	23	24	25	26	27	28	29	30	31
☉	♓ 10	11	12	13	14	15	16	17	18	19	20	21	22	23	24	25	26	27	28	29	29 0	♈ 1	2	3	4	5	6	7	8	9	10
☽	♌ 22	♍ 5	18	♎ 2	16	♏ 0	14	28	♐ 13	27	♑ 11	25	♒ 9	22	♓ 6	19	♈ 2	15	27	♉ 10	22	♊ 4	16	28	♋ 10	22	♌ 4	17	29	♍ 13	27
☿	♒ 14	15	15	16	17	18	19	20	21	22	23	24	25	27	28	29 0	♓ 1	2	3	4	6	7	9	10	12	13	15	17	18	20	22
♀	♒ 6	6	6	7	7	8	8	8	9	9	10	11	11	12	12	13	14	14	15	16	16	17	18	19	19	20	21	22	23	24	24
♂	♉ 26	27	28	28	29	29	29 0	♊ 0	1	2	2	3	3	4	5	5	6	6	7	8	8	9	9	10	11	11	12	12	13	14	14

♃ 1 8 17 25 / ♊12 13 14 15 — ♄ 1 3 15 26 / ♉22 23 24 25 — ♅ 1 14 / ♉26 27 — ♆ 1R / ♍28 — ♇ 1R / ♌3

4

	1	2	3	4	5	6	7	8	9	10	11	12	13	14	15	16	17	18	19	20	21	22	23	24	25	26	27	28	29	30	31
☉	♈ 11	12	13	14	15	16	17	18	19	20	21	22	23	24	25	26	27	28	29	29 0	♉ 1	2	3	4	5	6	7	8	9	10	
☽	♎ 11	25	♏ 10	24	♐ 9	23	♑ 8	22	♒ 6	19	♓ 2	15	28	♈ 11	23	♉ 6	18	♊ 0	12	24	♋ 6	18	♌ 0	12	25	♍ 7	21	♎ 5	19	♏ 4	
☿	♓ 23	25	27	28	29 0	♈ 2	4	6	8	9	11	13	15	17	19	21	23	26	28	29 0	♉ 2	4	6	8	10	12	15	17	19	21	
♀	♒ 25	26	27	28	29	29 0	♓ 1	2	3	4	5	6	7	8	9	10	11	12	13	14	15	16	17	18	19	20	21	22	23	24	
♂	♊ 15	15	16	17	17	18	18	19	20	20	21	21	22	23	23	24	25	25	26	26	27	28	28	29	29	29 0	♋ 1	1	2	2	

♃ 1 7 13 19 24 29 / ♊16 17 18 19 20 21 — ♄ 1 5 14 22 30 / ♉25 26 27 28 29 — ♅ 1 8 27 / ♉27 28 29 — ♆ 1R 7 / ♍28 27 — ♇ 1R 16D / ♌3 3

5

	1	2	3	4	5	6	7	8	9	10	11	12	13	14	15	16	17	18	19	20	21	22	23	24	25	26	27	28	29	30	31
☉	♉ 10	11	12	13	14	15	16	17	18	19	20	21	22	23	24	25	26	27	28	29	29 0	♊ 1	2	3	4	5	6	6	7	8	9
☽	♏ 18	♐ 4	19	♑ 3	18	♒ 2	16	29	♓ 12	25	♈ 8	20	♉ 2	15	27	♊ 9	21	♋ 2	14	26	♌ 8	20	♍ 3	16	29	♎ 13	27	♏ 12	27	♐ 12	27
☿	♉ 23	25	27	29	29 0	♊ 2	4	6	7	9	10	12	13	14	16	17	18	19	20	21	21	22	23	23	24	24	25	25	25	25	25
♀	♓ 25	26	27	28	29	29 0	♈ 1	2	4	5	6	7	8	9	10	11	12	13	15	16	17	18	19	20	21	22	24	25	26	27	28
♂	♋ 3	4	4	5	5	6	7	7	8	9	9	10	10	11	12	12	13	13	14	15	15	16	17	17	18	18	19	20	20	21	21

♃ 1 4 9 14 18 23 28 / ♊21 22 23 24 25 26 27 — ♄ 1 8 29 9 16 24 31 / ♉29 0 ♊0 1 2 3 — ♅ 1 15 29 16 / ♉29 0 ♊ 0 — ♆ 1R / ♍27 — ♇ 1 / ♌3

6

	1	2	3	4	5	6	7	8	9	10	11	12	13	14	15	16	17	18	19	20	21	22	23	24	25	26	27	28	29	30	31
☉	♊ 10	11	12	13	14	15	16	17	18	19	20	21	22	23	24	25	26	27	28	28	29	29 0	♋ 1	2	3	4	5	6	7	8	
☽	♑ 13	27	♒ 12	26	♓ 9	22	♈ 5	17	♉ 0	12	24	♊ 6	18	♋ 0	11	23	♌ 5	17	♍ 0	12	25	♎ 8	22	♏ 6	20	♐ 5	21	♑ 6	21	♒ 6	
☿	♊R 25	25	25	24	24	24	23	23	22	22	21	21	20	20	19	19	18	18	17	17	17	17	17	17	D 17	17	17	17	18	18	
♀	♈ 29	29 0	♉ 2	3	4	5	6	7	8	10	11	12	13	14	15	17	18	19	20	21	22	23	25	26	27	28	29 0	♊ 1	2	3	
♂	♋ 22	23	23	24	25	25	26	26	27	28	28	29	29	29 0	♌ 1	1	2	2	3	4	4	5	6	6	7	7	8	9	9	10	

♃ 1 5 10 29 11 14 19 23 27 / ♊28 29 0 ♋0 1 2 3 4 — ♄ 1 8 16 24 / ♊3 4 5 6 — ♅ 1 18 / ♊1 2 — ♆ 1R 8D / ♍27 27 — ♇ 1 7 / ♌3 4

7

	1	2	3	4	5	6	7	8	9	10	11	12	13	14	15	16	17	18	19	20	21	22	23	24	25	26	27	28	29	30	31
☉	♋ 9	10	11	12	13	14	15	16	17	18	19	19	20	21	22	23	24	25	26	27	28	29	29 0	♌ 1	2	3	4	5	6	7	8
☽	♒ 21	♓ 5	18	♈ 1	14	27	♉ 9	21	♊ 3	15	26	♋ 8	20	♌ 2	14	27	♍ 9	22	♎ 5	18	♏ 2	16	♐ 0	15	29	♑ 14	29	♒ 14	29	♓ 13	27
☿	♊ 19	19	20	21	22	22	23	24	26	27	28	29 0	♋ 1	2	4	5	7	9	11	12	14	16	18	20	22	24	26	28	29 1	♌ 3	5
♀	♊ 4	5	6	8	9	10	11	12	13	15	16	17	18	19	21	22	23	24	25	27	28	29	29 0	♋ 1	3	4	5	6	7	9	10
♂	♌ 11	11	12	12	13	14	14	15	16	16	17	17	18	19	19	20	21	21	22	22	23	24	24	25	26	26	27	27	28	29	29

♃ 1 2 6 11 15 20 24 29 / ♋4 5 6 7 8 9 10 11 — ♄ 1 3 12 21 / ♊6 7 8 9 — ♅ 1 8 / ♊2 3 — ♆ 1 / ♍27 — ♇ 1 7 / ♌4 5

8

	1	2	3	4	5	6	7	8	9	10	11	12	13	14	15	16	17	18	19	20	21	22	23	24	25	26	27	28	29	30	31
☉	♌ 9	10	10	11	12	13	14	15	16	17	18	19	20	21	22	23	24	25	26	27	28	29	29 0	♍ 1	2	3	4	5	5	6	7
☽	♈ 10	23	♉ 5	17	29	♊ 11	23	♋ 5	17	29	♌ 11	24	♍ 6	19	♎ 2	15	28	♏ 12	26	♐ 10	25	♑ 9	24	♒ 8	23	♓ 7	21	♈ 5	18	♉ 1	13
☿	♌ 7	9	11	13	15	17	19	21	23	25	27	29	29 1	♍ 3	4	6	8	10	11	13	15	16	18	20	21	23	24	26	27	29	29 0
♀	♋ 11	12	13	15	16	17	18	19	21	22	23	24	25	27	28	29	29 0	♌ 2	3	4	5	6	8	9	10	11	13	14	15	16	17
♂	♌ 29 0	♍ 1	1	2	2	3	4	4	5	6	6	7	8	8	9	9	10	11	11	12	13	13	14	14	15	16	16	17	18	18	19

♃ 1 2 7 12 17 22 27 / ♋11 12 13 14 15 16 17 — ♄ 1 14 / ♊10 11 — ♅ 1 3 / ♊3 4 — ♆ 1 6 / ♍27 28 — ♇ 1 21 / ♌5 6

9

	1	2	3	4	5	6	7	8	9	10	11	12	13	14	15	16	17	18	19	20	21	22	23	24	25	26	27	28	29	30	31
☉	♍ 8	9	10	11	12	13	14	15	16	17	18	19	20	21	22	23	24	25	26	27	28	29	29 0	♎ 1	2	3	4	5	6	7	
☽	♉ 25	♊ 8	19	♋ 1	13	25	♌ 7	20	♍ 2	15	28	♎ 11	25	♏ 9	23	♐ 7	21	♑ 5	20	♒ 4	18	♓ 2	16	29	♈ 13	26	♉ 9	21	♊ 3	15	
☿	♎ 1	3	4	6	7	8	9	11	12	13	14	15	16	17	18	19	20	21	22	23	23	24	24	25	25	26	26	R 26	25	25	
♀	♌ 19	20	21	22	24	25	26	27	28	29 0	♍ 1	2	3	5	6	7	8	10	11	12	13	15	16	17	18	20	21	22	23	25	
♂	♍ 20	20	21	22	22	23	23	24	25	25	26	27	27	28	29	29	29 0	♎ 1	1	2	2	3	4	4	5	6	6	7	8	8	

♃ 1 2 7 13 20 27 / ♋17 18 19 20 21 22 — ♄ 1 25R / ♊12 12 — ♅ 1 10R / ♊4 4 — ♆ 1 6 / ♍28 29 — ♇ 1 / ♌6

10

	1	2	3	4	5	6	7	8	9	10	11	12	13	14	15	16	17	18	19	20	21	22	23	24	25	26	27	28	29	30	31
☉	♎ 8	9	10	11	12	13	14	15	16	17	18	19	20	21	22	22	23	24	25	26	27	28	29 0	♏ 0	1	2	3	4	5	6	7
☽	♊ 27	♋ 9	21	♌ 3	15	28	♍ 10	23	♎ 7	21	♏ 5	19	♐ 3	18	♑ 2	16	♒ 0	14	28	♓ 12	25	♈ 8	21	♉ 4	17	29	♊ 11	23	♋ 5	17	29
☿	♎R 25	24	24	23	22	21	20	19	18	17	16	14	13	12	12	11	11	10	D 10	10	10	11	12	12	13	14	15	16	17	19	20
♀	♍ 26	27	28	29	29 1	♎ 2	3	4	6	7	8	9	11	12	13	14	16	17	18	19	21	22	23	24	26	27	28	29 0	♏ 1	2	3
♂	♎ 9	10	10	11	12	12	13	14	14	15	16	16	17	18	18	19	20	20	21	22	22	23	24	24	25	26	26	27	28	28	29

♃ 1 5 15 31 / ♋22 23 24 25 — ♄ 1R 19 / ♊12 11 — ♅ 1R 18 / ♊4 3 — ♆ 1 3 29 4 31 / ♍29 0 ♎ 0 1 — ♇ 1 6 / ♌6 7

11

	1	2	3	4	5	6	7	8	9	10	11	12	13	14	15	16	17	18	19	20	21	22	23	24	25	26	27	28	29	30	31
☉	♏ 8	9	10	11	12	13	14	15	16	17	18	19	20	21	22	24	25	26	27	28	29	29 0	♐ 1	2	3	4	5	6	7	8	
☽	♌ 11	23	♍ 5	18	♎ 1	15	29	♏ 13	28	♐ 13	28	♑ 13	27	♒ 11	25	♓ 9	22	♈ 5	18	♉ 1	13	25	♊ 8	20	♋ 2	14	25	♌ 7	19	♍ 1	
☿	♎ 21	23	24	26	27	29	29 1	♏ 2	4	5	7	9	10	12	13	15	17	18	20	21	23	25	26	28	29 0	♐ 1	2	4	6	7	
♀	♏ 5	6	7	8	10	11	12	13	15	16	17	18	20	21	22	23	25	26	27	28	29 0	♐ 1	2	3	5	6	7	8	10	11	
♂	♎ 29 0	♏ 0	1	2	2	3	4	4	5	6	6	7	8	8	9	10	10	11	12	12	13	14	14	15	16	17	17	18	19	19	

♃ 1 13R 24 / ♋25 25 24 — ♄ 1R 6 19 / ♊11 10 9 — ♅ 1R 14 / ♊3 2 — ♆ 1 / ♎1 — ♇ 1 8R / ♌7 7

12

	1	2	3	4	5	6	7	8	9	10	11	12	13	14	15	16	17	18	19	20	21	22	23	24	25	26	27	28	29	30	31
☉	♐ 9	10	11	12	13	14	15	16	17	18	19	20	21	22	23	24	25	26	27	28	29	29 0	♑ 1	2	3	4	5	6	7	8	9
☽	♍ 13	26	♎ 9	23	♏ 7	21	♐ 6	22	♑ 7	22	♒ 7	21	♓ 5	19	♈ 2	15	28	♉ 10	22	♊ 4	17	28	♋ 10	22	♌ 4	16	28	♍ 10	22	♎ 5	18
☿	♐ 9	10	12	13	15	17	18	20	21	23	24	26	28	29 0	♑ 1	2	4	5	7	9	10	12	13	15	17	18	20	21	23	24	26
♀	♐ 12	13	15	16	17	18	20	21	22	24	25	26	27	29	29 0	♑ 1	2	4	5	6	7	9	10	11	12	14	15	16	17	19	20
♂	♏ 20	21	21	22	23	23	24	25	26	26	27	28	28	29	29 0	♐ 0	1	2	3	3	4	5	5	6	7	7	8	9	10	10	11

♃ 1R 10 20 28 / ♋24 23 22 21 — ♄ 1R 2 14 28 / ♊9 8 7 6 — ♅ 1R 8 / ♊2 1 — ♆ 1 19 / ♎1 2 — ♇ 1R 11 / ♌7 6

1943

1

	1	2	3	4	5	6	7	8	9	10	11	12	13	14	15	16	17	18	19	20	21	22	23	24	25	26	27	28	29	30
☉	♑ 10	11	12	13	14	15	16	17	18	19	20	21	22	23	24	26	27	28	29	29 0	♒ 1	2	3	4	5	6	7	8	9	10
☽	♏ 1	15	29	♐ 14	29	♑ 15	♒ 0	15	♓ 0	14	28	♈ 11	24	♉ 7	19	♊ 2	14	25	♋ 7	19	♌ 1	13	25	♍ 7	19	♎ 2	14	27	♏ 11	24
☿	♑ 27	29	29 0	♒ 1	3	4	5	6	7	8	9	10	10	10	R 11	10	10	9	9	8	7	6	5	3	2	1	0	0 29	♑ 27	26
♀	♑ 21	22	24	25	26	27	29	29 0	♒ 1	2	4	5	6	7	9	10	11	12	14	15	16	18	19	20	21	23	24	25	26	28
♂	♐ 12	12	13	14	15	15	16	17	17	18	19	20	20	21	22	22	23	24	25	25	26	27	27	28	29	29 0	♑ 0	1	2	3

♃ 1R 5 12 20 28 / ♋21 20 19 18 17 — ♄ 1R 16 / ♊6 5 — ♅ 1R 7 / ♊1 0 — ♆ 1 5R 19 / ♎2 2 1 — ♇ 1R / ♌6

2

	1	2	3	4	5	6	7	8	9	10	11	12	13	14	15	16	17	18	19	20	21	22	23	24	25	26	27	28	29	30
☉	♒ 12	13	14	15	16	17	18	19	20	21	22	23	24	25	26	27	28	29	29 0	♓ 1	2	3	4	5	6	7	8	9		
☽	♐ 23	♑ 8	23	♒ 8	23	♓ 8	22	♈ 6	20	♉ 3	16	28	♊ 10	22	♋ 4	16	28	♌ 10	22	♍ 4	16	29	♎ 11	24	♏ 7	21	♐ 4	18		
☿	♑R 25	25	25	24	24	D 25	25	25	26	26	27	27	28	29	29 0	♒ 0	1	2	3	5	6	7	8	9	10	12	13	14		
♀	♒ 29 0	♓ 1	3	4	5	6	7	9	10	11	12	14	15	16	17	19	20	21	22	24	25	26	27	29	29 0	♈ 1	2	4		
♂	♑ 4	5	5	6	7	8	8	9	10	11	11	12	13	14	14	15	16	16	17	18	19	19	20	21	22	22	23	24		

♃ 1R 6 17 / ♋17 16 15 — ♄ 1R 8D 27 / ♊5 5 6 — ♅ 1R 8D / ♊0 0 — ♆ 1R / ♎1 — ♇ 1R / ♌5

3

	1	2	3	4	5	6	7	8	9	10	11	12	13	14	15	16	17	18	19	20	21	22	23	24	25	26	27	28	29	30
☉	♓ 10	11	12	13	14	15	16	17	18	19	20	21	22	23	24	25	26	27	28	29	29 0	♈ 1	2	3	4	5	6	7	8	9
☽	♑ 3	17	♒ 2	16	♓ 1	16	♈ 0	14	28	♉ 11	24	♊ 6	18	♋ 0	12	24	♌ 6	18	♍ 0	12	25	♎ 8	21	♏ 4	18	♐ 1	15	29	♑ 13	27
☿	♒ 16	17	18	20	21	23	24	26	27	29	29 0	♓ 2	3	5	7	8	10	12	13	15	17	19	21	22	24	26	28	29 0	♈ 2	4
♀	♈ 5	6	7	8	10	11	12	13	15	16	17	18	20	21	22	23	24	26	27	28	29 0	♉ 1	2	3	4	5	7	8	9	10
♂	♑ 25	25	26	27	28	28	29	29 0	♒ 1	1	2	3	4	4	5	6	7	7	8	9	10	10	11	12	13	13	14	15	16	16

♃ 1R 12D / ♋15 15 — ♄ 1 17 30 / ♊6 7 8 — ♅ 1 11 / ♊0 1 — ♆ 1R 10 / ♎1 0 — ♇ 1R 30 / ♌5 4

4

	1	2	3	4	5	6	7	8	9	10	11	12	13	14	15	16	17	18	19	20	21	22	23	24	25	26	27	28	29	30
☉	♈ 11	12	13	14	15	16	17	18	19	20	21	22	23	24	25	26	27	28	29	29 0	♉ 0	1	2	3	4	5	6	7	8	9
☽	♒ 26	♓ 10	24	♈ 8	22	♉ 6	19	♊ 2	14	26	♋ 8	20	♌ 2	14	26	♍ 8	20	♎ 3	16	♏ 0	14	28	♐ 12	26	♑ 10	24	♒ 8	22	♓ 6	20
☿	♈ 8	10	12	14	16	18	20	22	24	26	28	29 0	♉ 3	5	7	8	10	12	14	16	18	19	21	22	24	25	26	28	29	29 0
♀	♉ 13	14	15	16	17	19	20	21	22	23	25	26	27	28	29 0	♊ 1	2	3	4	5	7	8	9	10	11	12	14	15	16	17
♂	♒ 18	19	19	20	21	22	22	23	24	25	25	26	27	28	28	29	29 0	♓ 1	1	2	3	4	4	5	6	7	7	8	9	10

♃ 1 3 15 24 / ♋15 16 17 18 — ♄ 1 10 19 28 / ♊8 9 10 11 — ♅ 1 7 27 / ♊1 2 3 — ♆ 1R 17 0 18 / ♎0 29 ♍29 — ♇ 1R 17 / ♌4

5

	1	2	3	4	5	6	7	8	9	10	11	12	13	14	15	16	17	18	19	20	21	22	23	24	25	26	27	28	29	30
☉	♉ 10	11	12	13	14	15	16	17	18	19	20	21	22	23	24	25	26	27	28	29	29 0	♊ 0	1	2	3	4	5	6	7	8
☽	♈ 4	18	♉ 1	14	27	♊ 10	22	♋ 4	16	28	♌ 10	22	♍ 4	16	28	♎ 11	25	♏ 8	22	♐ 7	21	♑ 6	21	♒ 5	19	♓ 3	17	♈ 1	14	27
☿	♊ 1	2	2	3	4	4	4	5	5	5	5	5	R 5	5	5	4	4	4	3	3	2	1	1	0	0	0 29	♉ 29	28	28	27
♀	♊ 18	20	21	22	23	24	25	26	28	29	29 0	♋ 1	2	3	4	6	7	8	9	10	11	12	14	15	16	17	18	19	20	21
♂	♓ 10	11	12	13	13	14	15	16	16	17	18	19	19	20	21	22	22	23	24	25	25	26	27	28	28	29	29 0	♈ 1	1	2

♃ 1 8 15 21 26 / ♋19 20 21 22 23 — ♄ 1 7 15 23 30 / ♊11 12 13 14 15 — ♅ 1 15 31 / ♊3 4 5 — ♆ 1R / ♍29 — ♇ 1 5 / ♌4

6

	1	2	3	4	5	6	7	8	9	10	11	12	13	14	15	16	17	18	19	20	21	22	23	24	25	26	27	28	29	30
☉	♊ 10	11	12	13	14	15	16	17	18	19	20	21	22	23	23	24	25	26	27	28	29	29 0	♋ 1	2	3	4	5	6	7	8
☽	♉ 23	♊ 6	18	♋ 0	12	24	♌ 6	18	♍ 0	12	24	♎ 6	19	♏ 3	16	♐ 1	15	♑ 0	15	♒ 0	15	29	♓ 14	28	♈ 11	24	♉ 7	20	♊ 3	15
☿	♉R 27	27	27	27	D 27	27	27	27	27	28	28	29	29	29 0	♊ 1	2	3	4	5	6	7	8	9	10	12	13	15	16	18	19
♀	♋ 23	24	26	27	28	29	29 0	♌ 1	2	3	4	5	6	7	8	9	10	11	12	13	14	15	16	17	18	19	20	21	22	23
♂	♈ 4	4	5	6	7	7	8	9	10	10	11	12	12	13	14	15	15	16	17	17	18	19	20	20	21	22	22	23	24	25

♃ 1 6 11 16 21 26 30 29 / ♋24 25 26 27 28 29 0 — ♄ 1 7 15 23 30 / ♊15 16 17 18 19 — ♅ 1 19 / ♊5 6 — ♆ 1R 11D / ♍29 29 — ♇ 1 30 / ♌5

7

	1	2	3	4	5	6	7	8	9	10	11	12	13	14	15	16	17	18	19	20	21	22	23	24	25	26	27	28	29	30
☉	♋ 9	10	11	12	13	14	14	15	16	17	18	19	20	21	22	23	24	25	26	27	28	29	29 0	♌ 1	2	3	4	5	5	6
☽	♊ 27	♋ 9	21	♌ 3	15	27	♍ 8	20	♎ 3	15	28	♏ 11	25	♐ 9	24	♑ 9	24	♒ 9	24	♓ 9	23	♈ 7	21	♉ 4	17	♊ 0	12	24	♋ 6	18
☿	♊ 21	23	24	26	28	29 0	♋ 2	4	6	8	10	12	15	17	19	21	23	25	27	29 0	♌ 2	4	6	8	10	12	14	16	17	19
♀	♌ 24	25	26	27	28	29	29 0	♍ 0	1	2	3	4	4	5	6	7	8	8	9	10	10	11	12	12	13	14	14	15	15	16
♂	♈ 25	26	27	27	28	29	29 0	♉ 0	1	2	2	3	4	4	5	6	6	7	8	8	9	10	10	11	12	12	13	14	14	15

♃ 1 5 10 14 19 23 28 / ♌0 1 2 3 4 5 6 — ♄ 1 9 17 26 / ♊19 20 21 22 — ♅ 1 8 31 / ♊6 7 8 — ♆ 1 / ♍29 — ♇ 1 / ♌6

8

	1	2	3	4	5	6	7	8	9	10	11	12	13	14	15	16	17	18	19	20	21	22	23	24	25	26	27	28	29	30
☉	♌ 8	9	10	11	12	13	14	15	16	17	18	19	20	21	22	23	24	25	26	27	28	28	29	29 0	♍ 1	2	3	4	5	6
☽	♌ 12	24	♍ 5	17	29	♎ 12	24	♏ 7	20	♐ 4	18	♑ 2	17	♒ 2	17	♓ 2	17	♈ 2	16	♉ 0	13	26	♊ 9	21	♋ 3	15	27	♌ 9	21	♍ 2
☿	♌ 23	25	27	28	29 0	♍ 2	3	5	6	8	10	11	13	14	15	17	18	20	21	22	23	25	26	27	28	29	29 0	♎ 1	2	3
♀	♍ 17	17	18	18	18	19	19	19	19	20	20	20	20	20	20	R 20	20	20	20	19	19	19	19	18	18	18	17	17	16	16
♂	♉ 16	17	18	18	19	19	20	21	21	22	22	23	24	24	25	25	26	27	27	28	28	29	29 0	♊ 0	1	1	2	2	3	3

♃ 1 6 10 15 20 24 29 / ♌7 8 9 10 11 12 13 — ♄ 1 4 15 27 / ♊22 23 24 25 — ♅ 1 / ♊8 — ♆ 1 2 29 3 / ♍29 0 ♎ 0 — ♇ 1 5 / ♌6

9

	1	2	3	4	5	6	7	8	9	10	11	12	13	14	15	16	17	18	19	20	21	22	23	24	25	26	27	28	29	30
☉	♍ 8	9	10	11	12	13	14	15	16	17	18	19	20	21	22	23	24	25	26	27	28	29	29 0	♎ 1	2	3	3	4	5	6
☽	♍ 27	♎ 9	21	♏ 4	17	♐ 0	14	27	♑ 12	26	♒ 11	26	♓ 11	25	♈ 10	24	♉ 8	22	♊ 5	17	♋ 0	11	24	♌ 5	17	29	♍ 11	23	♎ 6	18
☿	♎ 5	6	6	7	8	8	8	9	9	9	9	R 9	9	8	8	7	7	6	5	4	3	2	1	0	0 29	♍ 28	27	26	25	25
♀	♍R 15	14	13	13	12	11	11	10	10	9	8	8	7	7	6	6	6	5	5	5	4	4	4	4	4	4	D 4	4	4	4
♂	♊ 4	5	5	6	6	7	7	8	8	9	9	10	10	11	11	12	12	12	13	13	14	14	14	15	15	16	16	16	17	17

♃ 1 3 7 12 17 23 28 / ♌13 14 15 16 17 18 19 — ♄ 1 13 / ♊25 26 — ♅ 1 15R / ♊8 8 — ♆ 1 3 30 / ♎0 1 2 — ♇ 1 11 / ♌7

10

	1	2	3	4	5	6	7	8	9	10	11	12	13	14	15	16	17	18	19	20	21	22	23	24	25	26	27	28	29	30
☉	♎ 7	8	9	10	11	12	13	14	15	16	17	18	19	20	21	22	23	24	25	26	27	28	29	29 0	♏ 1	2	3	4	5	6
☽	♏ 1	14	27	♐ 10	24	♑ 8	22	♒ 6	20	♓ 5	19	♈ 4	18	♉ 3	16	♊ 0	13	25	♋ 8	20	♌ 2	14	25	♍ 7	19	♎ 2	14	27	♏ 10	23
☿	♍R 25	24	24	D 24	25	25	26	26	27	28	29 0	♎ 1	2	3	5	6	8	9	11	12	14	16	17	19	21	22	24	26	27	29 0
♀	♍ 4	4	5	5	5	6	6	6	7	7	8	8	9	9	10	10	11	12	12	13	14	14	15	16	17	17	18	19	20	21
♂	♊ 17	18	18	18	19	19	19	19	20	20	20	20	20	20	21	21	21	21	21	21	21	22	22	22	22	22	22	R 22	22	22

♃ 1 3 9 15 22 29 / ♌19 20 21 22 23 24 — ♄ 1 10R / ♊26 26 — ♅ 1R 30 / ♊8 7 — ♆ 1 29 / ♎2 3 — ♇ 1 / ♌8

11

	1	2	3	4	5	6	7	8	9	10	11	12	13	14	15	16	17	18	19	20	21	22	23	24	25	26	27	28	29	30
☉	♏ 8	9	10	11	12	13	14	15	16	17	18	19	20	21	22	23	24	25	26	27	28	29	29 0	♐ 1	2	3	4	5	6	7
☽	♐ 21	♑ 5	19	♒ 3	17	♓ 1	15	29	♈ 13	27	♉ 11	25	♊ 8	21	♋ 3	16	28	♌ 9	21	♍ 3	15	27	♎ 9	22	♏ 5	19	♐ 2	16	♑ 1	15
☿	♏ 2	4	6	7	9	11	12	14	15	17	19	20	22	23	25	27	28	29 0	♐ 1	3	4	6	8	9	11	12	14	15	17	18
♀	♍ 22	23	24	25	26	27	28	29	29 0	♎ 1	2	3	4	5	6	7	8	9	10	11	12	13	14	15	16	17	18	19	20	21
♂	♊R 22	21	21	21	21	21	21	21	21	20	20	20	20	19	19	19	19	18	18	18	17	17	17	16	16	16	15	15	14	14

♃ 1 7 17 / ♌24 25 26 — ♄ 1R 5 22 / ♊26 25 24 — ♅ 1R 25 / ♊7 6 — ♆ 1 / ♎3 — ♇ 1 10 / ♌8

12

	1	2	3	4	5	6	7	8	9	10	11	12	13	14	15	16	17	18	19	20	21	22	23	24	25	26	27	28	29	30
☉	♐ 8	9	10	11	12	14	15	16	17	18	19	20	21	22	23	24	25	26	27	28	29	29 0	♑ 1	2	3	4	5	6	7	8
☽	♑ 29	♒ 14	28	♓ 12	26	♈ 10	23	♉ 7	20	♊ 3	16	29	♋ 11	24	♌ 6	17	29	♍ 11	23	♎ 5	17	♏ 0	13	27	♐ 10	25	♑ 9	24	♒ 9	24
☿	♐ 20	21	23	24	26	27	29	29 0	♑ 2	3	5	6	8	9	11	12	13	15	16	17	18	20	21	22	22	23	24	24	25	R 25
♀	♎ 22	23	24	26	27	28	29	29 0	♏ 1	2	3	5	6	7	8	9	10	11	13	14	15	16	17	18	20	21	22	23	24	25
♂	♊R 14	13	13	13	12	12	11	11	11	10	10	10	9	9	9	8	8	8	7	7	7	7	6	6	6	6	6	5	5	5

♃ 1 7 14R 20 / ♌26 27 27 26 — ♄ 1R 5 17 30 / ♊24 23 22 21 — ♅ 1R 19 / ♊6 5 — ♆ 1 7 / ♎3 4 — ♇ 1R / ♌8

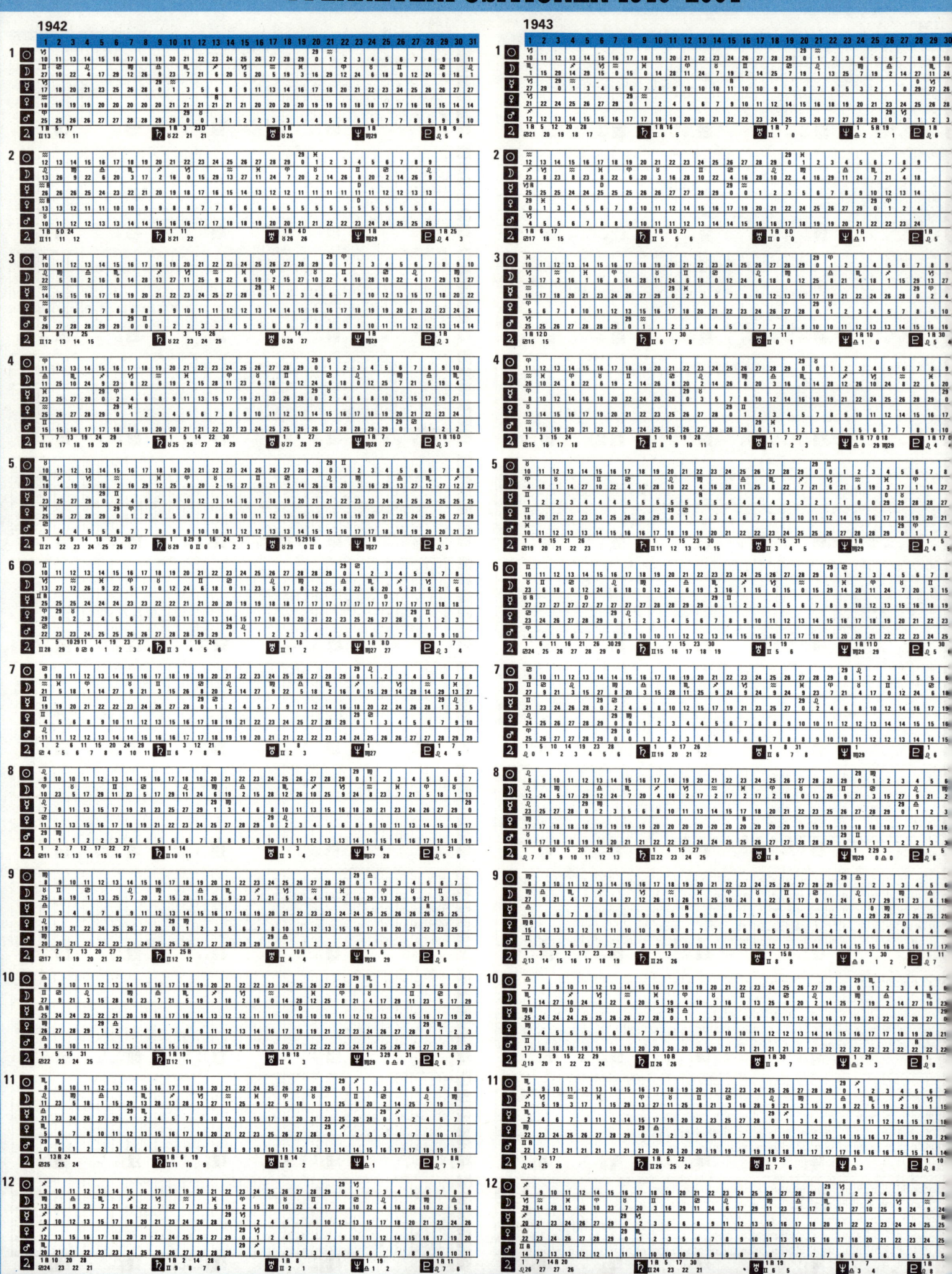

1 PLANETENPOSITIONEN 1910–2001

1944

1

	1	2	3	4	5	6	7	8	9	10	11	12	13	14	15	16	17	18	19	20	21	22	23	24	25	26	27	28	29	30	31
☉	♑ 10	11	12	13	14	15	16	17	18	19	20	21	22	23	24	25	26	27	28	29	29 0	♒ 1	2	3	4	5	6	7	8	9	11
☽	♓ 22	♈ 6	20	♉ 4	17	♊ 0	13	25	♋ 8	20	♌ 2	14	26	♍ 7	19	♎ 1	13	25	♏ 8	21	♐ 4	18	♑ 3	17	♒ 2	17	♓ 2	17	♈ 2	16	♉ 0
☿	♑ R 24	23	23	22	21	19	18	17	15	14	13	12	11	10	9	9	8	8	8	D 8	8	9	9	10	10	11	12	13	13	14	15
♀	♏ 28	29	29 0	♐ 1	3	4	5	6	7	9	10	11	12	13	15	16	17	18	19	21	22	23	24	25	27	28	29	29 0	♑ 2	3	4
♂	♊ R 5	5	5	5	4	4	4	4	4	D 4	4	4	4	4	5	5	5	5	5	5	5	5	6	6	6	6	6	6	7	7	7

♃ 1 R 9 19 — ♌ 26 25 24 | ♄ 1 R 12 — ♊ 21 20 | ♅ 1 R 23 — ♊ 5 4 | ♆ 1 7 R — ♎ 4 4 | ♇ 1 R 10 — ♌ 8 7

2

	1	2	3	4	5	6	7	8	9	10	11	12	13	14	15	16	17	18	19	20	21	22	23	24	25	26	27	28	29	30	31
☉	♒ 12	13	14	15	16	17	18	19	20	21	22	23	24	25	26	27	28	29	29 0	♓ 1	2	3	4	5	6	7	8	9	10		
☽	♉ 14	27	♊ 10	22	♋ 5	17	29	♌ 11	22	♍ 4	16	28	♎ 10	22	♏ 4	17	♐ 0	13	27	♑ 11	25	♒ 10	25	♓ 11	26	♈ 11	25	♉ 9	23		
☿	♑ 16	17	18	20	21	22	23	24	26	27	28	29 0	♒ 1	2	4	5	7	8	10	11	13	14	16	17	19	21	22	24	25		
♀	♑ 5	6	8	9	10	11	12	14	15	16	17	19	20	21	22	23	25	26	27	28	29 0	♒ 1	2	3	5	6	7	8	9		
♂	♊ 7	8	8	8	8	9	9	9	10	10	10	11	11	11	12	12	12	13	13	13	14	14	14	15	15	16	16	16	17		

♃ 1 R 4 12 20 28 — ♊ 23 22 21 20 19 | ♄ 1 R 2 21 D — ♊ 20 19 19 | ♅ 1 R 13 D — ♊ 4 4 | ♆ 1 R 5 — ♎ 4 3 | ♇ 1 R 24 — ♌ 7 6

3

	1	2	3	4	5	6	7	8	9	10	11	12	13	14	15	16	17	18	19	20	21	22	23	24	25	26	27	28	29	30	31
☉	♓ 11	12	13	14	15	16	17	18	19	20	21	22	23	24	25	26	27	28	29	29 0	♈ 1	2	3	4	5	6	7	8	9	10	11
☽	♊ 6	19	♋ 2	14	26	♌ 8	19	♍ 1	13	25	♎ 7	19	♏ 1	14	26	♐ 9	22	♑ 6	20	♒ 4	19	♓ 4	19	♈ 4	19	♉ 4	18	♊ 2	15	28	♋ 10
☿	♒ 27	29	29 0	♓ 2	4	6	7	9	11	13	15	17	19	20	22	24	26	28	29 0	♈ 2	4	6	8	10	12	14	16	18	20	22	24
♀	♒ 11	12	13	14	16	17	18	19	20	22	23	24	25	27	28	29	29 0	♓ 2	3	4	5	6	8	9	10	11	13	14	15	16	18
♂	♊ 17	18	18	19	19	19	20	20	21	21	22	22	23	23	24	24	24	25	25	26	26	27	27	28	28	29	29	29 0	♋ 0	1	1

♃ 1 R 7 19 — ♌ 19 18 17 | ♄ 1 9 29 — ♊ 19 20 21 | ♅ 1 3 — ♊ 4 5 | ♆ 1 R 19 — ♎ 3 2 | ♇ 1 R — ♌ 6

4

	1	2	3	4	5	6	7	8	9	10	11	12	13	14	15	16	17	18	19	20	21	22	23	24	25	26	27	28	29	30	31
☉	♈ 12	13	14	15	16	17	18	19	19	20	21	22	23	24	25	26	27	28	29	29 0	♉ 1	2	3	4	5	6	7	8	9	10	
☽	♋ 22	♌ 4	16	28	♍ 10	22	♎ 4	16	28	♏ 11	23	♐ 6	19	♑ 3	16	♒ 0	14	28	♓ 13	28	♈ 12	27	♉ 12	26	♊ 10	23	♋ 6	18	♌ 1	13	
☿	♈ 26	28	29 0	♉ 1	3	4	6	7	8	10	11	12	13	13	14	15	15	16	16	16	16	R 16	16	16	15	15	14	14	13	13	
♀	♓ 19	20	21	22	24	25	26	27	29	29 0	♈ 1	2	4	5	6	7	8	10	11	12	13	15	16	17	18	20	21	22	23	24	
♂	♋ 2	2	3	3	4	4	5	5	6	6	7	8	8	9	9	10	10	11	11	12	12	13	13	14	15	15	16	16	17	17	

♃ 1 R 13 D — ♌ 17 17 | ♄ 1 11 22 — ♊ 21 22 23 | ♅ 1 5 26 — ♊ 5 6 7 | ♆ 1 R 26 — ♎ 2 1 | ♇ 1 R 20 D — ♌ 6 6

5

	1	2	3	4	5	6	7	8	9	10	11	12	13	14	15	16	17	18	19	20	21	22	23	24	25	26	27	28	29	30	31
☉	♉ 11	12	13	14	15	16	17	18	19	20	21	22	23	24	24	25	26	27	28	29	29 0	♊ 1	2	3	4	5	6	7	8	9	10
☽	♌ 24	♍ 6	18	♎ 0	12	24	♏ 7	20	♐ 3	16	♑ 0	13	27	♒ 11	25	♓ 9	23	♈ 8	22	♉ 6	20	♊ 4	18	♋ 1	14	26	♌ 8	20	♍ 2	14	26
☿	♉ R 12	11	11	10	10	9	9	8	8	7	7	6	6	6	6	D 6	6	7	7	7	8	8	9	9	10	11	12	12	13	14	15
♀	♈ 26	27	28	29 0	♉ 1	2	3	4	5	7	8	9	10	12	13	14	15	17	18	19	20	21	23	24	25	26	28	29	29 0	♊ 1	2
♂	♋ 18	18	19	20	20	21	21	22	22	23	23	24	25	25	26	26	27	28	28	29	29	29 0	♌ 0	1	1	2	3	3	4	4	5

♃ 1 8 19 28 — ♌ 17 18 19 20 | ♄ 1 11 19 27 — ♊ 24 25 26 27 | ♅ 1 14 31 — ♊ 7 8 9 | ♆ 1 R — ♎ 1 | ♇ 1 — ♌ 6

6

	1	2	3	4	5	6	7	8	9	10	11	12	13	14	15	16	17	18	19	20	21	22	23	24	25	26	27	28	29	30	31
☉	♊ 11	12	13	14	15	16	17	18	18	19	20	21	22	23	24	25	26	27	28	29	29 0	♋ 1	2	3	4	5	6	7	8	9	
☽	♎ 8	20	♏ 3	15	28	♐ 12	25	♑ 9	23	♒ 7	22	♓ 6	20	♈ 4	18	♉ 2	16	♊ 0	13	26	♋ 9	22	♌ 4	16	28	♍ 10	22	♎ 4	16	28	
☿	♉ 16	18	19	20	21	23	24	25	27	28	29 0	♊ 1	3	5	7	8	10	12	14	16	18	20	22	24	26	29	29 1	♋ 3	5	7	
♀	♊ 4	5	6	7	9	10	11	12	14	15	16	17	18	20	21	22	23	25	26	27	28	29 0	♋ 1	2	3	4	6	7	8	9	
♂	♌ 6	6	7	7	8	8	9	10	10	11	11	12	13	13	14	14	15	16	16	17	17	18	19	19	20	20	21	22	22	23	

♃ 1 4 11 18 24 30 — ♌ 20 21 22 23 24 25 | ♄ 1 4 12 20 29 21 27 — ♊ 27 28 29 0 ♋ 0 1 | ♅ 1 17 — ♊ 9 10 | ♆ 1 R 13 D — ♎ 1 1 | ♇ 1 11 — ♌ 6 7

7

	1	2	3	4	5	6	7	8	9	10	11	12	13	14	15	16	17	18	19	20	21	22	23	24	25	26	27	28	29	30	31
☉	♋ 9	10	11	12	13	14	15	16	17	18	19	20	21	22	23	24	25	26	27	28	29	29 0	♌ 0	1	2	3	4	5	6	7	8
☽	♏ 11	23	♐ 7	20	♑ 4	18	♒ 3	17	♓ 2	16	♈ 1	15	29	♉ 13	26	♊ 10	23	♋ 5	18	♌ 0	13	25	♍ 7	18	♎ 0	12	24	♏ 6	19	♐ 2	15
☿	♋ 9	11	14	16	18	20	22	24	26	28	29 0	♌ 2	4	6	8	10	11	13	15	17	18	20	22	23	25	26	28	29	29 1	♍ 2	3
♀	♋ 11	12	13	14	15	17	18	19	20	22	23	24	25	27	28	29	29 0	♌ 1	3	4	5	6	8	9	10	11	13	14	15	16	17
♂	♌ 23	24	25	25	26	26	27	28	28	29	29	29 0	♍ 1	1	2	3	3	4	4	5	6	6	7	7	8	9	9	10	11	11	12

♃ 1 5 10 15 21 25 29 26 30 — ♌ 25 26 27 28 29 0 ♍ 0 1 | ♄ 1 5 13 21 29 — ♋ 1 2 3 4 5 | ♅ 1 6 27 — ♊ 10 11 12 | ♆ 1 27 — ♎ 1 2 | ♇ 1 20 — ♌ 7 8

8

	1	2	3	4	5	6	7	8	9	10	11	12	13	14	15	16	17	18	19	20	21	22	23	24	25	26	27	28	29	30	31
☉	♌ 9	10	11	12	13	14	15	16	17	18	19	20	21	22	22	23	24	25	26	27	28	29	29 0	♍ 1	2	3	4	5	6	7	8
☽	♐ 28	♑ 12	27	♒ 11	26	♓ 11	26	♈ 11	25	♉ 10	23	♊ 7	20	♋ 2	15	27	♌ 9	21	♍ 3	15	27	♎ 9	21	♏ 3	15	27	♐ 10	23	♑ 7	20	♒ 5
☿	♍ 5	6	7	8	10	11	12	13	14	15	16	17	18	18	19	20	20	21	21	22	22	22	22	R 22	22	22	21	21	20	20	19
♀	♌ 19	20	21	22	24	25	26	27	29	29 0	♍ 1	2	3	5	6	7	8	10	11	12	13	15	16	17	18	20	21	22	23	24	26
♂	♍ 12	13	14	14	15	16	16	17	17	18	19	19	20	21	21	22	22	23	24	24	25	26	26	27	28	28	29	29 0	♎ 0	1	1

♃ 1 4 9 14 18 23 27 — ♍ 1 2 3 4 5 6 7 | ♄ 1 7 16 27 — ♋ 5 6 7 8 | ♅ 1 31 — ♊ 12 13 | ♆ 1 30 — ♎ 2 3 | ♇ 1 24 — ♌ 8 9

9

	1	2	3	4	5	6	7	8	9	10	11	12	13	14	15	16	17	18	19	20	21	22	23	24	25	26	27	28	29	30	31
☉	♍ 9	10	11	12	13	14	15	16	17	18	19	20	21	22	22	23	24	25	26	27	28	29	29 0	♎ 1	2	3	4	5	6	7	
☽	♒ 20	♓ 5	20	♈ 5	20	♉ 5	19	♊ 3	16	♋ 0	12	♌ 24	6	18	♍ 0	12	24	♎ 6	18	♏ 0	12	24	♐ 6	19	♑ 2	15	29	♒ 13	28	♓ 13	
☿	♍ R 18	17	17	16	15	14	13	12	11	10	9	9	8	8	8	D 8	8	9	9	10	10	11	12	13	15	16	17	19	20	22	
♀	♍ 27	28	29 0	♎ 1	2	3	4	6	7	8	9	11	12	13	14	16	17	18	19	20	22	23	24	25	27	28	29	29 0	♏ 2	3	
♂	♎ 2	3	3	4	5	5	6	7	7	8	9	9	10	11	11	12	13	13	14	14	15	16	16	17	18	18	19	20	20	21	

♃ 1 6 10 15 20 24 29 — ♍ 8 9 10 11 12 13 14 | ♄ 1 8 23 — ♋ 8 9 10 | ♅ 1 19 R — ♊ 13 13 | ♆ 1 27 — ♎ 3 4 | ♇ 1 — ♌ 9

10

	1	2	3	4	5	6	7	8	9	10	11	12	13	14	15	16	17	18	19	20	21	22	23	24	25	26	27	28	29	30	31
☉	♎ 8	9	10	11	12	13	14	15	16	17	18	19	20	21	22	23	24	25	26	27	28	29	29 0	♏ 1	2	3	4	5	6	7	8
☽	♓ 28	♈ 14	29	♉ 14	28	♊ 12	25	♋ 8	21	♌ 3	15	27	♍ 9	21	♎ 3	15	27	♏ 9	21	♐ 4	16	29	♑ 12	25	♒ 9	23	♓ 7	22	♈ 7	22	♉ 7
☿	♍ 24	25	27	29	29 1	♎ 2	4	6	8	9	11	13	15	16	18	20	21	23	25	27	28	29 0	♏ 2	3	5	6	8	10	11	13	14
♀	♏ 4	5	6	8	9	10	11	12	14	15	16	17	19	20	21	22	23	25	26	27	28	29 0	♐ 1	2	3	4	6	7	8	9	11
♂	♎ 22	22	23	24	24	25	26	26	27	28	28	29	29 0	♏ 1	1	2	3	3	4	5	5	6	7	7	8	9	9	10	11	11	12

♃ 1 4 9 14 19 24 30 — ♍ 14 15 16 17 18 19 20 | ♄ 1 23 R — ♋ 10 10 | ♅ 1 R 6 — ♊ 13 12 | ♆ 1 24 — ♎ 4 5 | ♇ 1 8 — ♌ 9 10

11

	1	2	3	4	5	6	7	8	9	10	11	12	13	14	15	16	17	18	19	20	21	22	23	24	25	26	27	28	29	30	31
☉	♏ 9	10	11	12	13	14	15	16	17	18	19	20	21	22	23	24	25	26	27	28	29	29 0	♐ 1	2	3	4	5	6	7	8	
☽	♉ 22	♊ 6	20	♋ 4	17	29	♌ 12	24	♍ 6	18	29	♎ 11	23	♏ 6	18	♐ 0	13	26	♑ 9	22	♒ 6	19	♓ 3	17	♈ 2	16	♉ 1	15	♊ 0	14	
☿	♏ 16	18	19	21	22	24	25	27	28	29 0	♐ 1	3	4	6	7	9	10	12	13	15	16	18	19	20	22	23	25	26	27	28	
♀	♐ 12	13	14	15	17	18	19	20	22	23	24	25	26	28	29	29 0	♑ 1	3	4	5	6	7	9	10	11	12	13	15	16	17	
♂	♏ 13	14	14	15	16	16	17	18	18	19	20	21	21	22	23	23	24	25	25	26	27	28	28	29	29 0	♐ 0	1	2	3	3	

♃ 1 4 11 17 24 — ♍ 20 21 22 23 24 | ♄ 1 R 21 — ♋ 10 9 | ♅ 1 R 11 — ♊ 12 11 | ♆ 1 29 — ♎ 5 6 | ♇ 1 10 R — ♌ 10 10

12

	1	2	3	4	5	6	7	8	9	10	11	12	13	14	15	16	17	18	19	20	21	22	23	24	25	26	27	28	29	30	31
☉	♐ 9	10	11	12	13	14	15	16	17	18	19	20	21	22	23	24	25	26	27	29	29 0	♑ 1	2	3	4	5	6	7	8	9	10
☽	♊ 28	♋ 11	25	♌ 7	20	♍ 2	14	26	♎ 8	19	♏ 2	14	26	♐ 9	22	♑ 5	19	♒ 2	16	♓ 0	14	28	♈ 12	27	♉ 11	25	♊ 9	23	♋ 6	19	♌ 2
☿	29 0	♑ 1	2	3	4	5	6	7	7	8	8	8	8	R 8	8	7	7	6	5	4	2	1	0	0 29	♐ 27	26	25	24	23	23	22
♀	♑ 18	19	21	22	23	24	25	27	28	29	29 0	♒ 1	3	4	5	6	7	9	10	11	12	13	14	16	17	18	19	20	21	23	24
♂	♐ 4	5	5	6	7	8	8	9	10	11	11	12	13	13	14	15	16	16	17	18	19	19	20	21	21	22	23	24	24	25	26

♃ 1 2 11 25 — ♍ 24 25 26 27 | ♄ 1 R 7 20 — ♋ 9 8 7 | ♅ 1 R 5 30 — ♊ 11 10 9 | ♆ 1 — ♎ 6 | ♇ 1 R 15 — ♌ 10 9

1945

1

	1	2	3	4	5	6	7	8	9	10	11	12	13	14	15	16	17	18	19	20	21	22	23	24	25	26	27	28	29	30	31
☉	♑ 11	12	13	14	16	16	17	18	19	20	21	22	23	24	25	26	27	28	29	29 0	♒ 1	2	3	4	5	6	7	8	9	10	11
☽	♌ 15	27	♍ 10	22	♎ 3	15	27	♏ 9	22	♐ 4	17	♑ 0	14	28	♒ 12	26	10	25	♈ 9	23	♉ 8	21	♊ 5	19	♋ 2	15	28	♌ 11	23	♍ 5	17
☿	♐ R 22	22	D 22	23	23	24	24	25	26	26	27	28	29	29 0	♑ 1	2	4	5	6	7	9	10	11	13	14	15	17	18	20	21	23
♀	♒ 25	26	27	29	29 0	♓ 1	2	3	4	5	6	8	9	10	11	12	13	14	15	16	18	19	20	21	22	23	24	25	26	27	28
♂	♐ 27	27	28	29	29 0	♑ 0	1	2	3	3	4	5	6	6	7	8	9	9	10	11	12	12	13	14	15	15	16	17	18	18	19

♃ 1 12 R 29 — ♍ 27 27 26 | ♄ 1 R 14 28 — ♋ 6 5 4 | ♅ 1 R — ♊ 9 | ♆ 1 8 R — ♎ 6 6 | ♇ 1 R — ♌ 9

2

	1	2	3	4	5	6	7	8	9	10	11	12	13	14	15	16	17	18	19	20	21	22	23	24	25	26	27	28	29	30	31
☉	♒ 12	13	14	15	16	17	18	19	20	21	22	23	24	25	26	27	28	29	29 0	♓ 2	3	4	5	6	7	8	9	10			
☽	♍ 29	♎ 11	23	♏ 5	17	29	♐ 12	25	♑ 8	22	♒ 6	20	♓ 5	20	♈ 5	19	♉ 4	18	♊ 2	16	29	♋ 12	25	♌ 7	20	♍ 2	14	26			
☿	♑ 24	25	27	28	29 0	♒ 2	3	5	6	8	9	11	13	14	16	18	19	21	23	25	26	28	29 0	♓ 2	4	5	7	9			
♀	♓ 29	29 0	♈ 1	2	3	4	5	6	7	8	9	10	11	12	13	14	14	15	16	17	18	19	20	20	21	22	22	23			
♂	♑ 20	21	21	22	23	24	25	25	26	27	28	28	29	29 0	♒ 1	1	2	3	4	5	5	6	7	8	8	9	10	11			

♃ 1 R 12 21 — ♍ 26 25 24 | ♄ 1 R 20 — ♋ 4 3 | ♅ 1 R 16 D — ♊ 9 9 | ♆ 1 R 16 — ♎ 6 5 | ♇ 1 R 2 — ♌ 9 8

3

	1	2	3	4	5	6	7	8	9	10	11	12	13	14	15	16	17	18	19	20	21	22	23	24	25	26	27	28	29	30	31
☉	♓ 11	12	13	14	15	16	17	18	19	20	21	22	23	24	25	26	27	28	29	29 0	♈ 1	1	2	3	4	5	6	7	8	9	10
☽	♎ 8	20	♏ 2	13	25	♐ 8	20	♑ 3	16	29	♒ 14	28	♓ 13	28	♈ 13	29	♉ 14	28	♊ 12	26	♋ 9	22	♌ 4	17	29	♍ 11	23	♎ 5	17	28	♏ 10
☿	♓ 11	13	15	17	19	21	23	24	26	28	29 0	♈ 2	4	6	8	10	11	13	15	16	18	19	21	22	23	24	25	26	26	27	27
♀	♈ 24	25	25	26	27	27	28	28	29	29	29 0	♉ 0	1	1	1	2	2	2	2	3	3	3	3	3	R 3	3	3	3	3	2	2
♂	♒ 12	12	13	14	15	15	16	17	18	19	19	20	21	22	22	23	24	25	25	26	27	28	29	29	29 0	♓ 1	2	2	3	4	5

♃ 1 R 2 10 17 25 — ♍ 24 23 22 21 20 | ♄ 1 R 6 D 19 — ♋ 3 3 4 | ♅ 1 — ♊ 9 | ♆ 1 R 28 — ♎ 5 4 | ♇ 1 R 29 — ♌ 8 7

4

	1	2	3	4	5	6	7	8	9	10	11	12	13	14	15	16	17	18	19	20	21	22	23	24	25	26	27	28	29	30	31
☉	♈ 11	12	13	14	15	16	17	18	19	20	21	22	23	24	25	26	27	28	29	29 0	♉ 1	2	3	4	5	6	7	8	9	10	
☽	♏ 22	♐ 4	16	29	♑ 12	25	♒ 8	22	♓ 6	21	♈ 6	22	♉ 7	22	♊ 7	21	♋ 5	18	♌ 1	13	26	♍ 8	20	♎ 2	14	25	♏ 7	19	♐ 1	14	
☿	♈ 27	27	27	R 27	27	27	26	26	25	25	24	23	23	22	21	20	19	19	18	18	17	17	17	17	16	16	D 16	17	17	17	
♀	♉ R 2	2	1	1	0	0	0 29	♈ 29	28	28	27	27	26	25	25	24	23	23	22	22	21	21	20	20	19	19	18	18	18	18	
♂	♓ 6	6	7	8	9	9	10	11	12	13	13	14	15	16	16	17	18	19	20	20	21	22	23	23	24	25	26	26	27	28	

♃ 1 R 3 13 26 — ♍ 20 19 18 17 | ♄ 1 10 24 — ♋ 4 5 6 | ♅ 1 2 25 — ♊ 9 10 11 | ♆ 1 R — ♎ 4 | ♇ 1 R 20 D — ♌ 7 7

5

	1	2	3	4	5	6	7	8	9	10	11	12	13	14	15	16	17	18	19	20	21	22	23	24	25	26	27	28	29	30	31
☉	♉ 11	12	13	14	15	16	17	17	18	19	20	21	22	23	24	25	26	27	28	28	29	29 0	♊ 1	2	3	4	6	7	8	9	10
☽	♐ 26	♑ 8	21	♒ 4	18	♓ 1	16	♈ 0	15	♉ 0	15	♊ 0	15	29	♋ 13	27	♌ 10	22	♍ 4	17	28	♎ 10	22	♏ 4	16	28	♐ 11	23	♑ 5	18	♒ 1
☿	♈ 17	18	18	19	19	20	21	22	22	23	24	25	26	27	29	29 0	♉ 1	2	3	5	6	8	9	11	12	14	15	17	19	21	22
♀	♈ R 17	17	17	17	17	17	D 17	17	17	17	17	17	18	18	18	19	19	19	20	20	21	21	22	22	23	23	24	25	25	26	27
♂	♓ 29	29 0	♈ 0	1	2	3	3	4	5	6	6	7	8	9	10	10	11	12	13	13	14	15	16	16	17	18	19	19	20	21	22

♃ 1 R 15 D — ♍ 17 17 | ♄ 1 5 15 24 — ♋ 6 7 8 9 | ♅ 1 13 31 — ♊ 11 12 13 | ♆ 1 R 8 — ♎ 4 3 | ♇ 1 11 — ♌ 7 8

6

	1	2	3	4	5	6	7	8	9	10	11	12	13	14	15	16	17	18	19	20	21	22	23	24	25	26	27	28	29	30	31
☉	♊ 11	12	13	13	14	15	16	17	18	19	20	21	22	23	24	25	26	27	28	29	29 0	♋ 1	2	3	4	4	5	6	7	8	
☽	♒ 14	28	♓ 12	26	♈ 10	25	♉ 9	24	♊ 9	23	♋ 7	21	♌ 5	18	♍ 0	13	25	♎ 7	19	♏ 1	12	25	♐ 7	19	♑ 2	15	28	♒ 11	25	♓ 9	
☿	♉ 24	26	28	29 0	♊ 2	4	6	8	10	12	14	17	19	21	23	25	28	29 0	♋ 2	4	6	8	10	13	15	17	19	20	22	24	
♀	♈ 27	28	29	29	29 0	♉ 1	2	3	3	4	5	6	7	8	9	9	10	11	12	13	14	15	16	17	18	19	20	21	22	23	
♂	♈ 22	23	24	25	25	26	27	28	28	29	29 0	♉ 1	1	2	3	4	4	5	6	6	7	8	9	9	10	11	12	12	13	14	

♃ 1 15 25 — ♍ 18 19 20 | ♄ 1 2 10 18 26 — ♋ 9 10 11 12 13 | ♅ 1 17 — ♊ 13 14 | ♆ 1 R 15 D — ♎ 3 3 | ♇ 1 — ♌ 8

7

	1	2	3	4	5	6	7	8	9	10	11	12	13	14	15	16	17	18	19	20	21	22	23	24	25	26	27	28	29	30	31
☉	♋ 9	10	11	12	13	14	15	16	17	18	19	20	21	22	23	24	24	25	26	27	28	29	29 0	♌ 1	2	3	4	5	6	7	8
☽	♓ 23	♈ 7	21	♉ 5	19	♊ 4	18	♋ 2	16	29	♌ 13	26	♍ 8	21	♎ 3	15	27	♏ 9	20	♐ 3	15	27	♑ 10	24	♒ 7	21	♓ 5	19	♈ 3	18	♉ 2
☿	♋ 26	28	29 0	♌ 1	3	5	6	8	9	11	12	14	15	17	18	19	20	22	23	24	25	26	27	28	29	29 0	♍ 1	1	2	3	3
♀	♉ 24	25	26	27	28	29	29 0	♊ 1	2	3	4	5	6	7	8	9	10	11	12	13	14	16	17	18	19	20	21	22	23	24	25
♂	♉ 14	15	16	17	17	18	19	19	20	21	22	22	23	24	24	25	26	26	27	28	29	29	29 0	♊ 1	1	2	3	3	4	5	5

♃ 1 3 10 17 23 29 — ♍ 20 21 22 23 24 25 | ♄ 1 3 11 19 27 — ♋ 13 14 15 16 17 | ♅ 1 4 25 — ♊ 14 15 16 | ♆ 1 20 — ♎ 3 4 | ♇ 1 3 — ♌ 8 9

8

	1	2	3	4	5	6	7	8	9	10	11	12	13	14	15	16	17	18	19	20	21	22	23	24	25	26	27	28	29	30	31
☉	♌ 9	10	11	12	13	14	15	16	16	17	18	19	20	21	22	23	24	25	26	27	28	29	29 0	♍ 1	2	3	4	5	6	7	8
☽	♉ 16	♊ 0	14	28	♋ 12	25	♌ 8	21	♍ 4	16	29	♎ 11	23	♏ 5	16	28	♐ 11	23	♑ 5	18	♒ 2	16	♓ 0	14	29	♈ 14	28	♉ 13	27	♊ 11	25
☿	♍ 3	4	4	4	4	4	R 4	4	4	3	3	3	2	1	1	0	0 29	♌ 28	27	26	25	25	24	23	23	22	22	22	22	D 21	22
♀	♊ 27	28	29	29 0	♋ 1	2	3	4	6	7	8	9	10	11	12	14	15	16	17	18	19	20	22	23	24	25	26	28	29	29 0	♌ 1
♂	♊ 6	7	7	8	9	9	10	11	11	12	13	13	14	15	15	16	17	17	18	18	19	20	20	21	22	22	23	24	24	25	25

♃ 1 4 9 15 20 25 29 26 30 — ♍ 25 26 27 28 29 0 ♎ 0 1 | ♄ 1 4 12 21 30 — ♋ 17 18 19 20 21 | ♅ 1 21 — ♊ 16 17 | ♆ 1 27 — ♎ 4 5 | ♇ 1 7 — ♌ 9 10

9

	1	2	3	4	5	6	7	8	9	10	11	12	13	14	15	16	17	18	19	20	21	22	23	24	25	26	27	28	29	30	31
☉	♍ 9	10	11	12	13	14	14	15	16	17	18	19	20	21	22	23	24	25	26	27	28	29	29 0	♎ 1	2	3	4	5	6	7	
☽	♋ 8	21	♌ 5	17	♍ 0	13	25	♎ 7	19	♏ 1	13	25	♐ 6	19	♑ 1	13	26	♒ 10	24	♓ 8	23	♈ 8	23	♉ 8	23	♊ 7	21	♋ 5	19	♌ 2	
☿	♌ 22	22	23	24	24	25	26	28	29	29 0	♍ 2	3	5	6	8	10	12	13	15	17	19	21	22	24	26	28	29 0	♎ 2	3	5	
♀	♌ 2	3	5	6	7	8	9	10	12	13	14	15	16	18	19	20	21	22	24	25	26	27	28	29 0	♍ 1	2	3	4	6	7	
♂	♊ 26	27	27	28	28	29	29 0	♋ 0	1	1	2	3	3	4	4	5	5	6	7	7	8	8	9	9	10	10	11	11	12	12	

♃ 1 3 8 13 18 22 27 — ♎ 1 2 3 4 5 6 7 | ♄ 1 9 21 — ♋ 21 22 23 | ♅ 1 23 R — ♊ 17 17 | ♆ 1 24 — ♎ 5 6 | ♇ 1 12 — ♌ 10 11

10

	1	2	3	4	5	6	7	8	9	10	11	12	13	14	15	16	17	18	19	20	21	22	23	24	25	26	27	28	29	30	31
☉	♎ 8	9	10	11	12	13	14	15	16	17	18	19	20	21	22	23	24	25	26	27	28	29	29 0	♏ 1	2	3	4	5	6	7	8
☽	♌ 14	27	♍ 9	22	♎ 4	16	28	♏ 10	21	♐ 3	15	27	♑ 9	22	♒ 5	18	♓ 2	16	♈ 1	16	♉ 1	17	♊ 2	17	♋ 1	15	28	♌ 11	24	♍ 6	19
☿	♎ 7	9	11	12	14	16	17	19	21	23	24	26	27	29	29 1	♏ 2	4	5	7	9	10	12	13	15	16	18	19	21	22	23	25
♀	♍ 8	9	11	12	13	14	15	17	18	19	20	22	23	24	25	27	28	29	29 0	♎ 1	3	4	5	6	8	9	10	11	13	14	15
♂	♋ 13	14	14	15	15	15	16	16	17	17	18	18	19	19	20	20	21	21	22	22	22	23	23	24	24	24	25	25	25	26	26

♃ 1 2 6 11 15 20 25 30 — ♎ 7 8 9 10 11 12 13 14 | ♄ 1 6 — ♋ 23 24 | ♅ 1 R 25 — 17 16 | ♆ 1 21 — ♎ 6 7 | ♇ 1 — ♌ 11

11

	1	2	3	4	5	6	7	8	9	10	11	12	13	14	15	16	17	18	19	20	21	22	23	24	25	26	27	28	29	30	31
☉	♏ 9	10	11	12	13	14	15	16	17	18	19	20	21	22	23	24	25	26	27	28	29	29 0	♐ 1	2	3	4	5	6	7	8	
☽	♎ 1	13	25	♏ 7	18	♐ 0	11	24	♑ 6	18	♒ 1	14	27	♓ 11	25	♈ 9	24	♉ 9	25	♊ 10	25	♋ 9	23	♌ 7	20	♍ 3	15	28	♎ 10	22	
☿	♏ 26	28	29 0	♐ 1	2	3	5	6	7	9	10	11	12	14	15	16	17	18	19	20	21	21	22	22	23	23	R 23	22	22	22	
♀	♎ 16	18	19	20	21	23	24	25	26	28	29	29 0	♏ 1	3	4	5	6	8	9	10	11	13	14	15	16	18	19	20	21	23	
♂	♋ 26	27	27	27	28	28	28	29	29	29	29 0	♌ 0	0	0	0	1	1	1	1	1	2	2	2	2	2	2	2	2	3	3	

♃ 1 3 8 13 19 24 29 — ♎ 14 15 16 17 18 19 20 | ♄ 1 7 R — ♋ 24 24 | ♅ 1 R 23 — ♊ 16 15 | ♆ 1 23 — ♎ 7 8 | ♇ 1 12 R — ♌ 11 11

12

	1	2	3	4	5	6	7	8	9	10	11	12	13	14	15	16	17	18	19	20	21	22	23	24	25	26	27	28	29	30	31
☉	♐ 9	10	11	12	13	14	15	16	17	18	19	20	21	22	23	24	25	26	27	28	29	29 0	♑ 1	2	3	4	5	6	7	8	9
☽	♏ 3	15	27	♐ 9	21	♑ 3	15	28	♒ 11	24	♓ 7	20	♈ 4	19	♉ 3	18	♊ 3	18	♋ 3	17	♌ 1	15	28	♍ 11	24	♎ 6	18	♏ 0	12	24	♐ 6
☿	♐ R 21	20	19	18	17	16	15	13	12	10	9	8	7	6	6	6	D 6	7	7	7	8	9	9	10	11	12	13	14	15	17	18
♀	♏ 24	25	26	28	29	29 0	♐ 1	3	4	5	6	8	9	10	12	13	14	15	17	18	19	20	22	23	24	25	27	28	29	29 0	♑ 2
♂	♌ 3	3	3	3	R 3	3	3	3	3	2	2	2	2	2	2	2	2	1	1	1	1	0	0	0	0	0 29	♋ 29	28	28	28	28

♃ 1 5 11 18 25 — ♎ 20 21 22 23 24 | ♄ 1 R 7 23 — ♋ 24 23 22 | ♅ 1 R 17 — ♊ 15 14 | ♆ 1 — ♎ 8 | ♇ 1 — ♌ 11

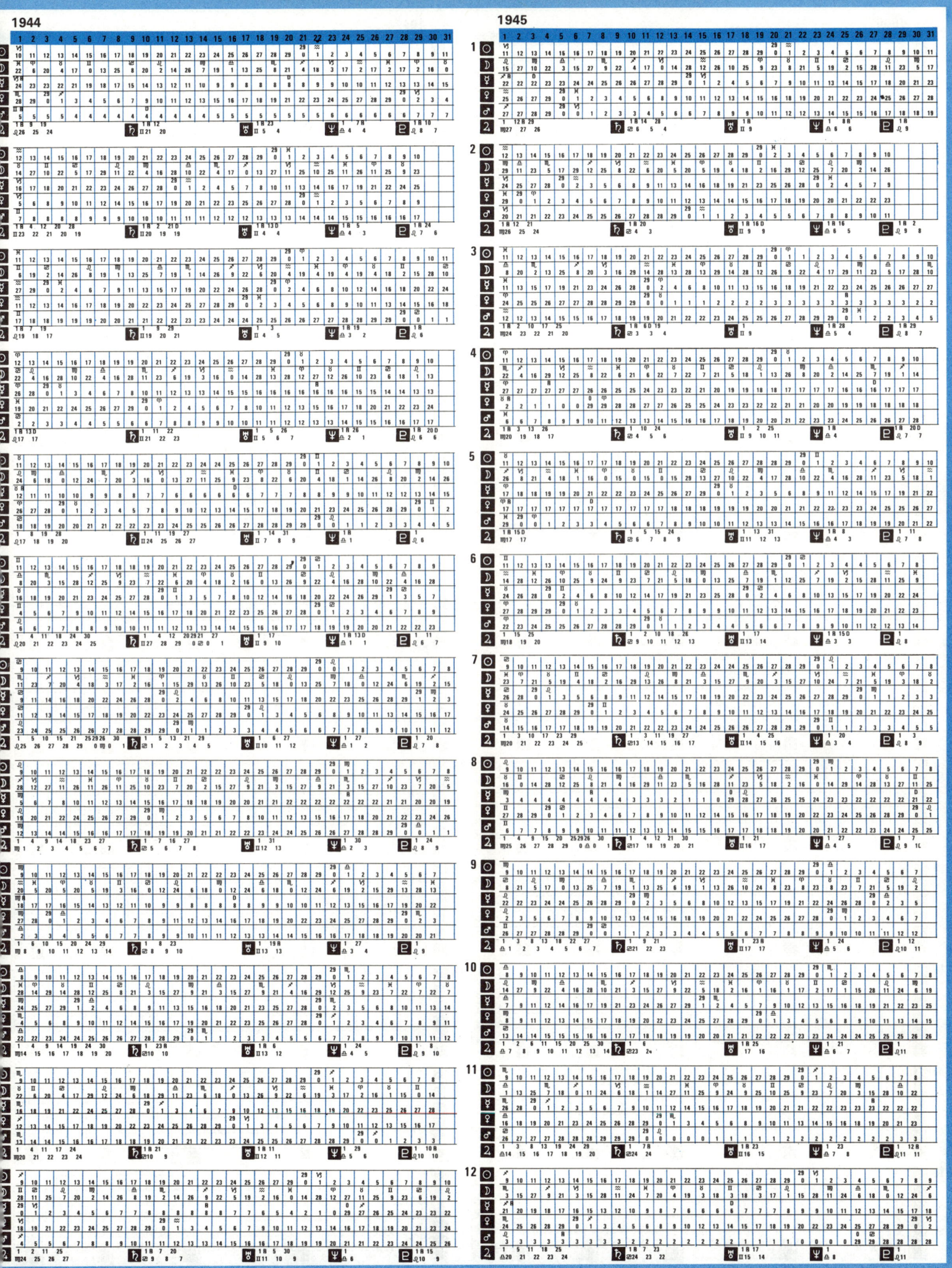

1 PLANETENPOSITIONEN 1910–2001

1946

	1	2	3	4	5	6	7	8	9	10	11	12	13	14	15	16	17	18	19	20	21	22	23	24	25	26	27	28	29	30	31
1 ☉	♑ 10	12	13	14	15	16	17	18	19	20	21	22	23	24	25	26	27	28	29	29 0	♒ 1	2	3	4	5	6	7	8	9	10	11
☽	♐ 18	♑ 0	12	25	♒ 8	21	♓ 4	17	♈ 1	15	29	♉ 13	28	♊ 12	27	♋ 11	25	♌ 9	23	♍ 6	19	♎ 2	14	26	♏ 8	20	♐ 2	14	26	♑ 8	21
☿	♐ 19	20	22	23	24	26	27	28	29 0	♑ 1	3	4	5	7	8	10	11	13	14	16	18	19	21	22	24	25	27	29	29 0	♒ 2	3
♀	♑ 3	4	5	7	8	9	10	12	13	14	15	17	18	19	21	22	23	24	26	27	28	29 0	♒ 1	2	3	4	6	7	8	9	11
♂	♋ R 27	27	27	26	26	26	25	25	24	24	24	23	23	22	22	22	21	21	20	20	20	19	19	19	18	18	18	17	17	17	16

♃ 1 2 12 26 / ♎24 25 26 27 — ♄ 1 R 5 17 30 / ♋22 21 20 19 — ♅ 1 R 13 / ♊14 14 — ♆ 1 10 R / ♎ 8 8 — ♇ 1 R 15 / ♌11 10

	1	2	3	4	5	6	7	8	9	10	11	12	13	14	15	16	17	18	19	20	21	22	23	24	25	26	27	28	29	30	31
2 ☉	♒ 12	13	14	15	16	17	18	19	20	21	22	23	24	25	26	27	28	29	29 0	♓ 1	2	3	4	5	6	7	8	9			
☽	♒ 3	17	♓ 0	14	28	♈ 12	26	♉ 10	24	♊ 8	22	♋ 6	20	♌ 4	18	♍ 1	14	27	♎ 9	22	♏ 4	16	28	♐ 9	21	♑ 3	16	28			
☿	♒ 5	7	8	10	12	14	15	17	19	21	22	24	26	28	29 0	♓ 1	3	5	7	9	11	13	14	16	18	20	22	23			
♀	♒ 12	13	14	16	17	18	19	21	22	23	24	26	27	28	29 0	♓ 1	2	3	4	6	7	8	9	11	12	13	14	16			
♂	♋ R 16	16	16	15	15	15	15	15	15	14	14	14	14	14	14	14	14	14	14	14	14	D 14	14	14	14	14	14	14			

♃ 1 11 R 26 / ♎27 27 26 — ♄ 1 R 13 / ♋19 18 — ♅ 1 R 20 D / ♊13 13 — ♆ 1 R 28 / ♎ 8 7 — ♇ 1 R 28 / ♌10 9

	1	2	3	4	5	6	7	8	9	10	11	12	13	14	15	16	17	18	19	20	21	22	23	24	25	26	27	28	29	30	31
3 ☉	♓ 10	11	12	13	14	15	16	17	18	19	20	21	22	23	24	25	26	27	28	29	29 0	♈ 1	2	3	4	5	6	7	8	9	10
☽	♒ 12	25	♓ 9	23	♈ 7	22	♉ 6	21	♊ 5	19	♋ 3	17	♌ 0	14	27	♍ 10	23	♎ 5	18	♏ 0	12	24	♐ 5	17	29	♑ 11	24	♒ 6	19	♓ 3	17
☿	♓ 25	27	28	29 0	♈ 1	3	4	5	6	7	8	9	9	9	10	10	R 10	9	9	9	8	7	7	6	5	4	3	2	2	1	0
♀	♓ 17	18	19	21	22	23	24	26	27	28	29 0	♈ 1	2	3	4	6	7	8	9	11	12	13	14	16	17	18	19	21	22	23	24
♂	♋ 14	14	14	14	14	15	15	15	15	15	15	16	16	16	16	17	17	17	17	18	18	18	18	19	19	19	20	20	20	21	21

♃ 1 R 13 23 31 / ♎26 25 24 23 — ♄ 1 12 20 D 27 / ♋18 17 17 18 — ♅ 1 28 / ♊13 14 — ♆ 1 R / ♎ 7 — ♇ 1 R / ♌ 9

	1	2	3	4	5	6	7	8	9	10	11	12	13	14	15	16	17	18	19	20	21	22	23	24	25	26	27	28	29	30	31
4 ☉	♈ 11	12	13	14	15	16	17	18	19	20	21	22	23	24	25	26	27	28	29	29 0	♉ 1	2	3	4	5	6	7	8	9	10	
☽	♈ 1	16	♉ 1	16	♊ 1	15	♋ 0	14	27	♌ 11	24	♍ 7	19	♎ 2	14	26	♏ 8	20	♐ 2	14	26	♑ 8	20	♒ 2	15	28	♓ 11	25	♈ 10	25	
☿	♉ R 29	♓ 29	28	28	28	27	27	27	D 27	27	28	28	28	29	29	29 0	♈ 0	1	2	3	3	4	5	6	7	9	10	11	12	13	
♀	♈ 25	27	28	29	29 0	♉ 2	3	4	5	7	8	9	10	12	13	14	15	17	18	19	20	21	23	24	25	26	27	29	29 0	♊ 1	
♂	♋ 21	22	22	22	23	23	23	24	24	25	25	25	26	26	27	27	27	28	28	29	29	29 0	♌ 0	0	1	1	2	2	3	3	

♃ 1 R 8 17 24 / ♎23 22 21 20 — ♄ 1 23 / ♋18 19 — ♅ 1 23 / ♊14 15 — ♆ 1 R 6 / ♎ 7 6 — ♇ 1 R 22 D / ♌ 9 9

	1	2	3	4	5	6	7	8	9	10	11	12	13	14	15	16	17	18	19	20	21	22	23	24	25	26	27	28	29	30	31
5 ☉	♉ 10	11	12	13	14	15	16	17	18	19	20	21	22	23	24	25	26	27	28	29	29 0	♊ 1	2	3	4	5	6	7	7	8	9
☽	♉ 10	25	♊ 10	25	♋ 9	23	♌ 7	21	♍ 4	16	29	♎ 11	23	♏ 5	17	29	♐ 11	23	♑ 4	16	29	♒ 11	24	♓ 7	20	♈ 4	18	♉ 3	18	♊ 3	18
☿	♈ 15	16	17	19	20	22	23	25	26	28	29 0	♉ 1	3	5	7	8	10	12	14	16	18	20	22	24	26	29	29 1	♊ 3	5	7	9
♀	♊ 2	4	5	6	7	8	10	11	12	13	15	16	17	18	19	21	22	23	24	25	27	28	29	29 0	♋ 1	3	4	5	6	7	9
♂	♌ 4	4	5	5	6	6	7	7	8	8	9	9	9	10	10	11	12	12	13	13	14	14	15	15	16	16	17	17	18	18	19

♃ 1 R 3 13 26 / ♎20 19 18 17 — ♄ 1 7 19 29 / ♋19 20 21 22 — ♅ 1 12 30 / ♊15 16 17 — ♆ 1 R 23 / ♎ 6 5 — ♇ 1 / ♌ 9

	1	2	3	4	5	6	7	8	9	10	11	12	13	14	15	16	17	18	19	20	21	22	23	24	25	26	27	28	29	30	31
6 ☉	♊ 10	11	12	13	14	15	16	17	18	19	20	21	22	23	24	25	26	27	28	29	29	29 0	♋ 1	2	3	4	5	6	7	8	
☽	♋ 3	18	♌ 2	16	♍ 0	13	26	♎ 8	20	♏ 2	14	26	♐ 8	20	♑ 1	13	26	♒ 8	20	♓ 3	16	♈ 0	13	27	♉ 12	27	♊ 12	27	♋ 12	26	
☿	♊ 11	14	16	18	20	22	24	27	29	29 1	♋ 3	5	7	8	10	12	14	16	17	19	21	22	24	25	27	28	29 0	♌ 1	2	3	
♀	♋ 10	11	12	14	15	16	17	18	19	21	22	23	24	26	27	28	29	29 0	♌ 1	3	4	5	6	7	8	10	11	12	13	14	
♂	♌ 19	20	21	21	22	22	23	23	24	24	25	25	26	27	27	28	28	29	29	29 0	♍ 0	1	2	2	3	3	4	4	5	6	

♃ 1 R 15 D / ♎17 17 — ♄ 1 7 16 24 / ♋22 23 24 25 — ♅ 1 16 / ♊17 18 — ♆ 1 R 17 D / ♎ 5 5 — ♇ 1 13 / ♌ 9 10

	1	2	3	4	5	6	7	8	9	10	11	12	13	14	15	16	17	18	19	20	21	22	23	24	25	26	27	28	29	30	31
7 ☉	♋ 9	10	11	12	13	14	15	16	17	18	19	19	20	21	22	23	24	25	26	27	28	29	29 0	♌ 1	2	3	4	5	6	7	8
☽	♌ 11	25	♍ 8	22	♎ 4	17	29	♏ 11	23	♐ 5	16	28	♑ 10	22	♒ 5	17	♓ 0	13	26	♈ 10	24	♉ 8	22	♊ 6	21	♋ 6	20	♌ 5	19	♍ 3	17
☿	♌ 4	6	7	8	9	10	11	11	12	13	14	14	15	15	15	15	16	16	16	R 16	16	15	15	15	15	14	13	13	12	11	11
♀	♌ 16	17	18	19	20	21	23	24	25	26	27	29	29 0	♍ 1	2	3	4	5	7	8	9	10	11	12	13	15	16	17	18	19	20
♂	♍ 6	7	7	8	9	9	10	10	11	12	12	13	13	14	14	15	16	16	17	17	18	19	11	12	13	14	15	17	18	19	20

♃ 1 3 17 27 / ♎17 18 19 20 — ♄ 1 2 10 18 25 / ♋25 26 27 28 29 — ♅ 1 3 22 / ♊18 19 20 — ♆ 1 11 / ♎ 5 6 — ♇ 1 22 / ♌10 11

	1	2	3	4	5	6	7	8	9	10	11	12	13	14	15	16	17	18	19	20	21	22	23	24	25	26	27	28	29	30	31
8 ☉	♌ 9	10	11	11	12	13	14	15	16	17	18	19	20	21	22	23	24	25	26	27	28	29	29 0	♍ 1	2	3	4	5	6	6	7
☽	♎ 0	13	25	♏ 7	19	♐ 1	13	25	♑ 7	19	♒ 1	14	27	♓ 10	23	♈ 7	21	♉ 4	18	♊ 3	17	♋ 1	15	29	♌ 14	28	♍ 11	25	♎ 8	21	♏ 3
☿	♌ R 10	10	8	7	7	6	6	5	5	5	4	4	D 4	5	5	5	6	7	7	8	9	10	12	13	14	16	17	19	20	22	24
♀	♍ 21	22	23	25	26	27	28	29	29 0	♎ 1	2	3	5	6	7	8	9	10	11	12	13	14	15	16	17	18	19	20	21	22	23
♂	♍ 25	25	26	27	27	28	29	29	29 0	♎ 0	1	2	2	3	4	4	5	5	6	7	7	8	9	9	10	11	11	12	13	13	14

♃ 1 4 11 18 24 30 / ♎20 21 22 23 24 25 — ♄ 1 2 29 3 10 18 26 / ♋29 0 ♌ 0 1 2 3 — ♅ 1 15 / ♊20 21 — ♆ 1 24 / ♎ 6 7 — ♇ 1 25 / ♌11 12

	1	2	3	4	5	6	7	8	9	10	11	12	13	14	15	16	17	18	19	20	21	22	23	24	25	26	27	28	29	30	31
9 ☉	♍ 8	9	10	11	12	13	14	15	16	17	18	19	20	21	22	23	24	25	26	27	28	29	29 0	♎ 1	2	3	4	5	6	7	
☽	♏ 15	27	♐ 9	21	♑ 3	15	27	♒ 9	22	♓ 6	19	♈ 3	17	♉ 1	15	29	♊ 14	28	♋ 12	26	♌ 10	23	♍ 7	20	♎ 3	16	29	♏ 11	23	♐ 5	
☿	♌ 26	28	29 0	♍ 1	3	5	7	9	11	13	15	17	19	21	22	24	26	28	29 0	♎ 1	3	5	7	8	10	12	13	15	17	18	
♀	♎ 25	26	27	28	29	29 0	♏ 0	1	2	3	4	5	6	7	8	9	10	11	12	12	13	14	15	16	17	17	18	19	20	20	
♂	♎ 14	15	16	16	17	18	18	19	20	20	21	22	22	23	24	24	25	26	26	27	28	28	29	29 0	♏ 0	1	2	3	3	4	

♃ 1 4 10 15 20 25 29 26 30 / ♎25 26 27 28 29 0 ♏ 0 1 — ♄ 1 4 13 23 / ♌ 3 4 5 6 — ♅ 1 28 R / ♊21 21 — ♆ 1 22 / ♎ 7 8 — ♇ 1 / ♌12

	1	2	3	4	5	6	7	8	9	10	11	12	13	14	15	16	17	18	19	20	21	22	23	24	25	26	27	28	29	30	31
10 ☉	♎ 8	9	10	11	12	13	14	15	16	17	18	19	20	21	22	23	24	24	25	26	27	28	29	29 0	♏ 1	2	3	4	5	6	7
☽	♐ 17	29	♑ 10	22	♒ 5	17	♓ 0	14	27	♈ 12	26	♉ 11	25	♊ 10	24	♋ 8	23	♌ 6	20	♍ 3	17	♎ 0	12	25	♏ 7	19	♐ 1	13	25	♑ 7	19
☿	♎ 20	22	23	25	26	28	29 0	♏ 1	2	4	5	7	8	10	11	12	14	15	17	18	19	21	22	23	24	25	27	28	29	29 0	♐ 1
♀	♏ 21	22	23	23	24	25	25	26	26	27	27	28	28	29	29	29 0	♐ 0	0	1	1	1	1	2	2	2	2	2	R 2	2	2	2
♂	♏ 4	5	6	7	7	8	9	9	10	11	11	12	13	13	14	15	16	16	17	18	18	19	20	20	21	22	23	23	24	25	25

♃ 1 5 9 14 19 23 28 / ♏ 1 2 3 4 5 6 7 — ♄ 1 5 20 / ♌ 6 7 8 — ♅ 1 R / ♊21 — ♆ 1 19 / ♎ 8 9 — ♇ 1 5 / ♌12 13

	1	2	3	4	5	6	7	8	9	10	11	12	13	14	15	16	17	18	19	20	21	22	23	24	25	26	27	28	29	30	31
11 ☉	♏ 8	9	10	11	12	13	14	15	16	17	18	20	21	22	23	24	25	26	27	28	29	29 0	♐ 1	2	3	4	5	6	7	8	
☽	♒ 1	13	25	♓ 8	22	♈ 5	20	♉ 4	19	♊ 4	19	♋ 4	19	♌ 3	17	♍ 0	14	27	♎ 9	22	♏ 4	16	28	♐ 10	22	♑ 3	15	27	♒ 9	21	
☿	♐ 2	3	4	4	5	6	6	6	7	7	R 7	7	6	6	5	4	3	2	1	0 29	♏ 28	27	25	24	23	22	22	21	21	21	
♀	♐ R 2	1	1	1	0	0	0	0 29	♏ 29	28	28	27	27	26	25	25	24	23	23	22	22	21	21	20	20	19	19	18	18	18	
♂	♏ 26	27	28	28	29	29 0	♐ 0	1	2	3	3	4	5	5	6	7	8	8	9	10	11	11	12	13	13	14	15	16	16	17	

♃ 1 6 10 15 20 24 29 / ♏ 8 9 10 11 12 13 14 — ♄ 1 21 R / ♌ 8 [illegible] — ♅ 1 10 / ♊21 20 — ♆ 1 18 / ♎ 9 10 — ♇ 1 14 R / ♌13 13

	1	2	3	4	5	6	7	8	9	10	11	12	13	14	15	16	17	18	19	20	21	22	23	24	25	26	27	28	29	30	31
12 ☉	♐ 9	10	11	12	13	14	15	16	17	18	19	20	21	22	23	24	25	26	27	28	29	29 0	♑ 1	2	3	4	5	6	7	8	9
☽	♓ 4	17	♈ 0	13	28	♉ 12	27	♊ 12	27	♋ 13	28	♌ 12	26	♍ 10	23	♎ 6	19	♏ 1	13	25	♐ 7	19	♑ 0	12	24	♒ 6	18	♓ 0	13	26	♈ 9
☿	♏ 21	21	21	22	23	23	24	25	26	27	28	29 0	♐ 1	2	3	4	6	7	8	10	11	13	14	16	17	19	20	21	23	24	26
♀	♏ R 17	17	17	17	17	17	17	D 17	17	17	17	17	17	17	18	18	18	19	19	20	20	21	21	22	22	23	23	24	25	25	26
♂	♐ 18	19	19	20	21	22	22	23	24	25	25	26	27	28	28	29	29 0	♑ 1	1	2	3	4	4	5	6	7	8	8	9	10	11

♃ 1 4 9 14 19 24 29 / ♏14 15 16 17 18 19 20 — ♄ 1 R 21 / ♌ 8 7 — ♅ 1 R 6 30 / ♊20 19 18 — ♆ 1 / ♎10 — ♇ 1 R 25 / ♌13 12

1947

	1	2	3	4	5	6	7	8	9	10	11	12	13	14	15	16	17	18	19	20	21	22	23	24	25	26	27	28	29	30
1 ☉	♑ 10	11	12	13	14	15	16	17	18	19	20	21	22	23	25	26	27	28	29	29 0	♒ 1	2	3	4	5	6	7	8	9	10
☽	♈ 22	♉ 6	20	♊ 5	20	♋ 5	20	♌ 6	20	♍ 5	19	♎ 2	15	28	♏ 10	22	♐ 4	16	27	♑ 9	21	♒ 3	15	28	♓ 10	23	♈ 6	19	♉ 2	16
☿	♐ 27	29	29 1	♑ 2	4	5	7	8	10	11	13	15	16	18	19	21	23	24	26	28	29 0	♒ 1	3	4	6	8	9	11	13	15
♀	♏ 27	27	28	29	29 0	♐ 0	1	2	3	4	5	5	6	7	8	9	10	11	12	13	14	15	16	17	18	19	20	21	22	23
♂	♑ 11	12	13	14	14	15	16	17	17	18	19	20	21	21	22	23	24	24	25	26	27	28	28	29	29 0	♒ 1	1	2	3	4

♃ 1 4 10 17 23 31 / ♏20 21 22 23 24 25 — ♄ 1 R 6 19 31 / ♌ 7 6 5 4 — ♅ 1 R 31 / ♊18 17 — ♆ 1 13 R / ♎10 10 — ♇ 1 R / ♌12

	1	2	3	4	5	6	7	8	9	10	11	12	13	14	15	16	17	18	19	20	21	22	23	24	25	26	27	28	29	30
2 ☉	♒ 12	13	14	15	16	17	18	19	20	21	22	23	24	25	26	27	28	29	29 0	♓ 1	2	3	4	5	6	7	8	9		
☽	♊ 14	29	♋ 14	29	♌ 13	28	♍ 13	27	♎ 10	23	♏ 6	18	♐ 0	12	24	♑ 6	18	♒ 0	12	24	♓ 7	20	♈ 3	16	29	♉ 13	26	♊ 10		
☿	♒ 18	20	22	24	25	27	29	29 1	♓ 2	4	6	8	9	11	12	14	15	17	18	19	20	21	22	22	23	23	23	R 23		
♀	♐ 25	26	27	28	29	29 0	♑ 1	2	3	4	6	7	8	9	10	11	12	13	14	15	17	18	19	20	21	22	23	24		
♂	♒ 5	6	7	8	8	9	10	11	12	12	13	14	15	16	16	17	18	19	20	20	21	22	23	23	24	25	26	27		

♃ 1 10 23 / ♏25 26 27 — ♄ 1 R 13 28 / ♌ 4 3 2 — ♅ 1 R 25 D / ♊17 17 — ♆ 1 R / ♎10 — ♇ 1 R 9 / ♌12 1

	1	2	3	4	5	6	7	8	9	10	11	12	13	14	15	16	17	18	19	20	21	22	23	24	25	26	27	28	29	30
3 ☉	♓ 10	11	12	13	14	15	16	17	18	19	20	21	22	23	24	25	26	27	28	29	29 0	♈ 1	2	3	4	5	6	7	8	9
☽	♊ 25	♋ 9	23	♌ 8	22	♍ 7	21	♎ 4	18	♏ 1	14	26	♐ 8	20	♑ 2	14	26	♒ 8	20	♓ 2	15	29	♈ 12	26	♉ 9	23	♊ 7	21	♋ 5	20
☿	♓ R 22	22	21	21	20	19	18	17	16	15	14	13	12	11	11	10	10	9	9	9	9	D 9	9	9	9	10	10	11	11	12
♀	♑ 26	27	28	29	29 0	♒ 1	2	4	5	6	7	8	9	11	12	13	14	15	16	18	19	20	21	22	23	25	26	27	28	29 0
♂	♒ 27	28	29	29 0	♓ 1	1	2	3	4	4	5	6	7	8	8	9	10	11	12	12	13	14	15	15	16	17	18	19	19	20

♃ 1 14 R / ♏27 27 — ♄ 1 R 27 / ♌ 2 1 — ♅ 1 20 / ♊17 18 — ♆ 1 R 9 / ♎10 9 — ♇ 1 R / ♌11

	1	2	3	4	5	6	7	8	9	10	11	12	13	14	15	16	17	18	19	20	21	22	23	24	25	26	27	28	29	30
4 ☉	♈ 11	12	13	14	15	16	17	18	19	20	21	22	23	24	25	26	27	28	29	29 0	♉ 1	2	2	3	4	5	6	7	8	9
☽	♌ 18	♍ 2	16	29	♎ 13	26	♏ 9	22	♐ 4	16	28	♑ 10	21	3	♒ 16	28	♓ 11	24	♈ 7	21	♉ 5	19	♊ 3	18	♋ 2	16	♌ 1	15	29	♍ 12
☿	♓ 13	14	15	16	17	18	19	20	21	22	24	25	26	28	29	29 0	♈ 2	3	5	6	8	9	11	12	14	16	18	19	21	23
♀	♓ 2	3	4	5	6	8	9	10	11	12	14	15	16	17	18	20	21	22	23	24	26	27	28	29	29 0	♈ 1	3	4	5	6
♂	♓ 22	22	23	24	25	26	26	27	28	29	29 0	♈ 0	1	2	3	3	4	5	6	6	7	8	9	10	10	11	12	13	13	14

♃ 1 R 2 15 25 / ♏27 26 25 24 — ♄ 1 R 4 D 10 / ♌ 1 1 2 — ♅ 1 20 / ♊18 19 — ♆ 1 R 16 / ♎ 9 8 — ♇ 1 R 11 / ♌11 1

	1	2	3	4	5	6	7	8	9	10	11	12	13	14	15	16	17	18	19	20	21	22	23	24	25	26	27	28	29	30
5 ☉	♉ 10	11	12	13	14	15	16	17	18	19	20	21	22	23	24	26	26	27	28	29	29	29 0	♊ 1	2	3	4	5	6	7	8
☽	♍ 26	♎ 9	22	♏ 5	17	♐ 0	12	24	♑ 6	18	29	♒ 11	24	♓ 6	19	♈ 2	15	29	♉ 13	27	♊ 12	27	♋ 12	27	♌ 11	25	♍ 9	23	♎ 6	19
☿	♈ 25	27	28	29 0	♉ 2	4	6	8	10	12	15	17	19	21	23	25	28	29 0	♊ 2	4	6	8	11	13	15	17	19	21	23	25
♀	♈ 7	9	10	11	12	13	15	16	17	18	20	21	22	23	24	26	27	28	29	29 0	♉ 2	3	4	5	6	8	9	10	11	13
♂	♈ 15	16	16	17	18	19	20	20	21	22	23	23	24	25	26	26	27	28	29	29	29 0	♉ 1	2	2	3	4	5	5	6	7

♃ 1 R 3 11 19 27 / ♏24 23 22 21 20 — ♄ 1 7 22 / ♌ 2 3 4 — ♅ 1 11 28 / ♊19 20 21 — ♆ 1 R / ♎ 8 — ♇ 1 4 / ♌10 1

	1	2	3	4	5	6	7	8	9	10	11	12	13	14	15	16	17	18	19	20	21	22	23	24	25	26	27	28	29	30
6 ☉	♊ 10	11	12	13	14	15	16	17	18	19	20	21	22	23	24	24	25	26	27	28	29	29 0	♋ 1	2	3	4	5	6	7	8
☽	♏ 14	26	♐ 8	20	♑ 2	14	26	♒ 8	20	♓ 2	14	27	♈ 10	23	♉ 7	21	♊ 6	21	♋ 6	21	♌ 6	21	♍ 5	19	♎ 3	16	29	♏ 11	23	♐ 5
☿	♊ 28	29 0	♋ 1	3	5	6	8	9	11	12	13	14	16	17	18	19	20	21	22	23	23	24	25	25	26	26	26	26	27	27
♀	♉ 15	16	17	19	20	21	22	23	25	26	27	28	29 0	♊ 1	2	3	4	5	7	8	9	10	12	13	14	15	16	18	19	20
♂	♉ 8	9	10	11	11	12	13	13	14	15	16	16	17	18	19	19	20	21	21	22	23	24	24	25	26	27	27	28	29	29

♃ 1 R 5 16 / ♏20 19 18 — ♄ 1 3 13 22 / ♌ 4 5 6 7 — ♅ 1 14 / ♊21 22 — ♆ 1 R 20 D / ♎ 8 8 — ♇ 1 / ♌11

	1	2	3	4	5	6	7	8	9	10	11	12	13	14	15	16	17	18	19	20	21	22	23	24	25	26	27	28	29	30
7 ☉	♋ 9	10	11	12	13	14	15	16	17	18	19	20	21	22	23	24	25	26	27	28	29	29 0	♌ 1	2	3	4	5	5	6	6
☽	♐ 17	29	♑ 11	23	♒ 5	17	29	♓ 11	23	♈ 6	19	♉ 2	16	♊ 0	14	29	♋ 14	29	♌ 15	♍ 0	14	28	♎ 12	25	♏ 8	20	♐ 3	14	26	♑ 8
☿	♋ R 27	27	26	26	26	25	25	25	24	23	23	22	21	21	20	20	19	18	18	18	17	17	17	17	17	D 17	17	17	18	18
♀	♊ 21	23	24	25	26	27	29	29 0	♋ 1	2	3	5	6	7	8	10	11	12	13	14	16	17	18	19	21	22	23	24	25	27
♂	29 0	♊ 1	2	2	3	4	4	5	6	6	7	8	9	9	10	11	11	12	13	13	14	15	15	16	17	18	18	19	20	20

♃ 1 R 16 D 30 / ♏17 17 18 — ♄ 1 9 17 25 / ♌ 8 9 10 11 — ♅ 1 20 / ♊23 24 — ♆ 1 / ♎ 8 — ♇ 1 4 / ♌11 1

	1	2	3	4	5	6	7	8	9	10	11	12	13	14	15	16	17	18	19	20	21	22	23	24	25	26	27	28	29	30
8 ☉	♌ 8	9	10	11	12	13	14	15	16	17	18	19	20	21	22	23	24	25	26	27	28	29	29	29 0	♍ 1	2	3	4	5	6
☽	♒ 2	14	26	♓ 8	20	♈ 3	15	28	♉ 12	25	♊ 9	23	♋ 8	23	♌ 8	23	♍ 8	23	♎ 7	21	♏ 4	17	29	♐ 11	23	♑ 5	17	29	♒ 11	23
☿	♋ 19	20	21	22	23	24	25	27	28	29 0	♌ 1	3	4	6	8	10	12	14	16	18	20	22	24	26	28	29 0	♍ 2	4	6	8
♀	♋ 29	29 1	♌ 2	3	4	5	7	8	9	10	12	13	14	15	16	18	19	20	21	23	24	25	26	28	29	29 0	♍ 1	3	4	5
♂	♊ 22	22	23	24	24	25	26	26	27	28	28	29	29 0	♋ 0	1	2	2	3	4	4	5	5	6	7	7	8	9	9	10	11

♃ 1 14 24 / ♏18 19 20 — ♄ 1 2 10 17 25 / ♌11 12 13 14 15 — ♅ 1 10 / ♊24 25 — ♆ 1 20 / ♎ 8 9 — ♇ 1 7 / ♌12 1

	1	2	3	4	5	6	7	8	9	10	11	12	13	14	15	16	17	18	19	20	21	22	23	24	25	26	27	28	29	30
9 ☉	♍ 8	9	10	11	12	13	14	15	16	17	18	19	20	21	22	23	24	25	26	27	28	29	29 0	♎ 1	2	3	4	5	6	6
☽	♓ 17	♈ 0	13	25	♉ 8	22	♊ 5	19	♋ 3	18	♌ 2	17	♍ 2	16	♎ 1	15	29	♏ 12	25	♐ 7	19	♑ 1	13	25	♒ 7	19	♓ 1	14	26	♈ 9
☿	♍ 11	13	15	17	19	21	22	24	26	28	29 0	♎ 1	3	4	6	7	9	11	12	14	15	17	18	20	21	23	24	26	27	28
♀	♍ 7	9	10	11	12	14	15	16	17	19	20	21	22	24	25	26	27	29	29 0	♎ 1	2	4	5	6	7	9	10	11	12	14
♂	♋ 12	12	13	14	14	15	16	16	17	17	18	19	19	20	21	21	22	22	23	24	24	25	25	26	27	27	28	28	29	29

♃ 1 2 9 16 22 28 / ♏20 21 22 23 24 25 — ♄ 1 2 11 20 29 / ♌15 16 17 18 19 — ♅ 1 12 / ♊25 26 — ♆ 1 19 / ♎ 9 10 — ♇ 1 12 / ♌13 1

	1	2	3	4	5	6	7	8	9	10	11	12	13	14	15	16	17	18	19	20	21	22	23	24	25	26	27	28	29	30
10 ☉	♎ 7	8	9	10	11	12	13	14	15	16	17	18	19	20	21	22	23	24	25	26	27	28	29	29 0	♏ 1	2	3	4	5	6
☽	♈ 22	♉ 5	19	♊ 2	16	♋ 0	14	28	♌ 13	27	♍ 11	25	♎ 9	23	♏ 7	20	♐ 3	15	27	♑ 9	21	♒ 3	15	27	♓ 9	22	♈ 4	17	♉ 1	14
☿	29 0	♏ 1	2	3	5	6	7	9	10	11	12	13	14	15	16	17	18	18	19	20	20	20	21	21	21	R 21	21	20	20	19
♀	♎ 15	16	17	19	20	21	22	24	25	26	27	29	29 0	♏ 1	2	4	5	6	7	8	10	11	12	13	15	16	17	18	20	21
♂	29 0	♌ 1	1	2	2	3	3	4	5	5	6	6	7	7	8	8	9	10	10	11	11	12	12	13	13	14	14	15	15	16

♃ 1 3 9 14 19 24 29 25 28 / ♏25 26 27 28 29 0 ♐ 0 1 — ♄ 1 9 22 / ♌19 20 21 — ♅ 1 3 R 22 / ♊26 26 25 — ♆ 1 16 / ♎10 11 — ♇ 1 / ♌14

	1	2	3	4	5	6	7	8	9	10	11	12	13	14	15	16	17	18	19	20	21	22	23	24	25	26	27	28	29	30
11 ☉	♏ 8	9	10	11	12	13	14	15	16	17	18	19	20	21	22	23	24	25	26	27	28	29	29 0	♐ 1	2	3	4	5	6	7
☽	♊ 12	27	♋ 11	25	♌ 9	23	♍ 7	21	♎ 5	19	♏ 2	15	28	♐ 11	23	♑ 5	17	29	♒ 11	23	♓ 5	17	29	♈ 12	25	♉ 9	23	♊ 7	22	6
☿	♏ R 17	16	15	13	13	11	10	8	7	7	6	5	5	5	D 5	5	6	6	7	8	9	10	11	12	13	14	16	17	18	20
♀	♏ 23	25	26	27	28	29 0	♐ 1	2	3	5	6	7	8	10	11	12	13	15	16	17	18	20	21	22	23	25	26	27	28	29 0
♂	♌ 17	17	18	18	19	19	20	20	21	21	22	22	23	23	23	24	24	25	25	25	26	26	27	27	27	28	28	29	29	29

♃ 1 2 7 11 16 20 25 29 / ♐ 1 2 3 4 5 6 7 — ♄ 1 7 / ♌21 22 — ♅ 1 R 25 / ♊25 24 — ♆ 1 14 / ♎11 12 — ♇ 1 16 R / ♌14 1

	1	2	3	4	5	6	7	8	9	10	11	12	13	14	15	16	17	18	19	20	21	22	23	24	25	26	27	28	29	30
12 ☉	♐ 8	9	10	11	13	14	15	16	17	18	19	20	21	22	23	24	25	26	27	28	29	29 0	♑ 1	2	3	4	5	6	7	8
☽	♋ 21	♌ 6	28	♍ 4	18	♎ 2	15	29	♏ 11	24	♐ 7	19	♑ 1	13	25	♒ 7	19	♓ 1	13	25	♈ 7	20	♉ 3	17	♊ 1	15	♋ 0	15	♌ 0	15
☿	♏ 21	22	24	25	27	28	29 0	♐ 1	3	4	6	7	9	10	12	14	15	17	18	20	21	23	24	26	28	29 0	♑ 1	2	4	5
♀	♑ 1	2	3	5	6	7	8	10	11	12	13	15	16	17	18	20	21	22	23	25	26	27	28	29 0	♒ 1	2	3	4	6	7
♂	29 0	♍ 0	0	1	1	1	2	2	2	3	3	3	3	4	4	4	4	5	5	5	5	5	6	6	6	6	6	6	7	7

♃ 1 4 8 13 17 22 26 31 / ♐ 8 9 10 11 12 13 14 15 — ♄ 1 4 R 31 / ♌22 22 21 — ♅ 1 R 20 / ♊24 23 — ♆ 1 / ♎12 — ♇ 1 R / ♌14

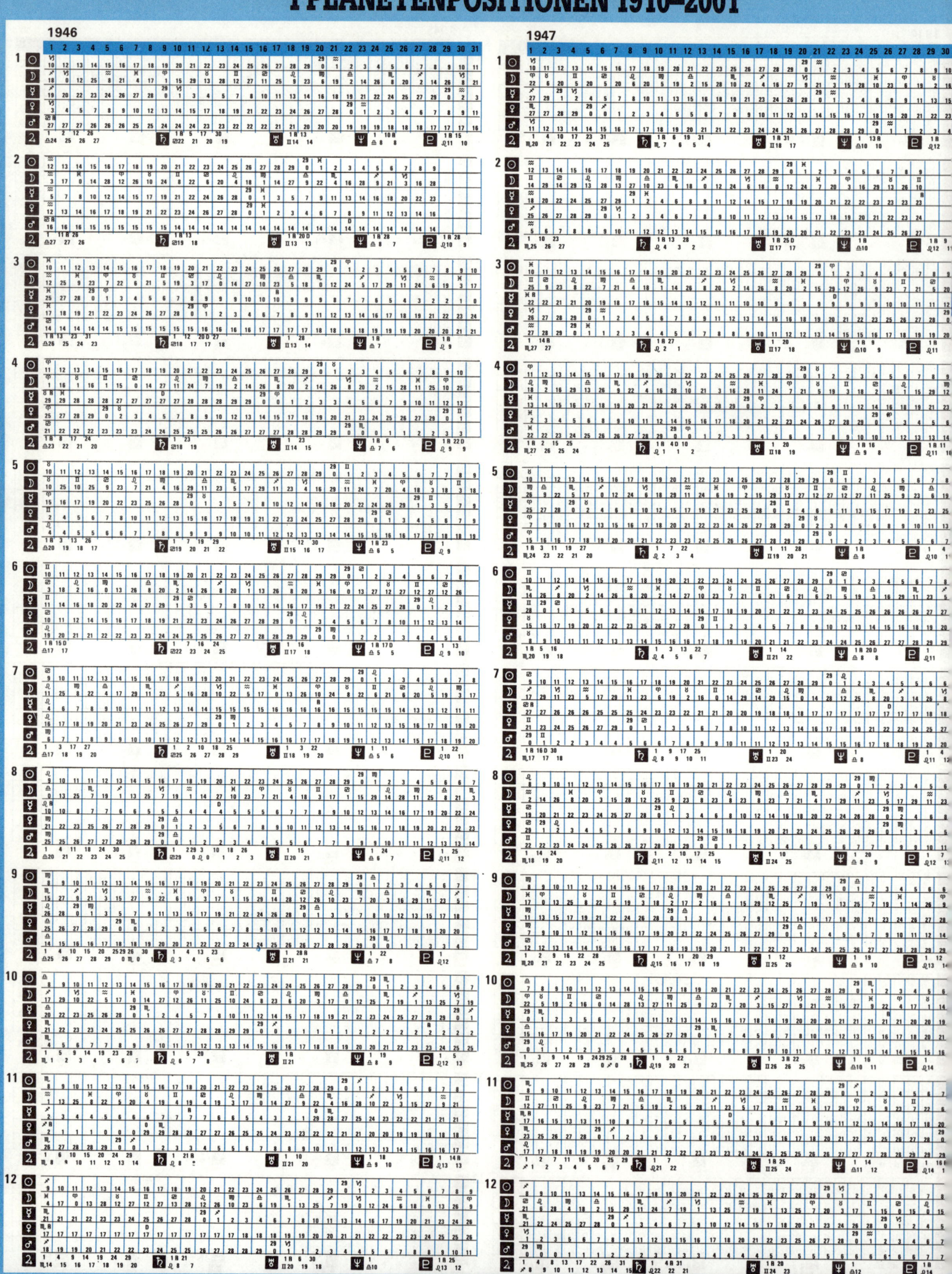

1948

1		1	2	3	4	5	6	7	8	9	10	11	12	13	14	15	16	17	18	19	20	21	22	23	24	25	26	27	28	29	30	31
☉	♑	10	11	12	13	14	15	16	17	18	19	20	21	22	23	24	25	26	27	28	29	0	1	2	3	4	5	6	7	9	10	11
☽		14	29	12	26	9	21	4	16	28	10	22	4	16	28	9	21	4	16	28	11	25	9	23	8	23	8	24	9	24	8	22
☿	♑	9	10	12	13	15	17	18	20	22	23	25	27	28	0	2	3	5	7	8	10	12	14	15	17	19	20	22	23	25	26	28
♀	♒	9	11	12	13	14	16	17	18	19	21	22	23	24	25	27	28	29	0	2	3	4	5	6	8	9	10	11	13	14	15	16
♂	♍	7	7	7	7	7	7	7	7	7	7	7	7	7	7	7	7	7	7	6	6	6	6	6	6	5	5	5	5	4	4	4

♃ 1 4 9 14 19 24 30: ♐15 16 17 18 19 20 21 · ♄ 1R 17 30: ♌21 20 19 · ♅ 1R 13: ♊23 22 · ♆ 1 11 15R 18: ♎12 13 13 12 · ♇ 1R 24: ♌14 13

2		1	2	3	4	5	6	7	8	9	10	11	12	13	14	15	16	17	18	19	20	21	22	23	24	25	26	27	28	29
☉	♒	12	13	14	15	16	17	18	19	20	21	22	23	24	25	26	27	28	29	0	1	2	3	4	5	6	7	8	9	10
☽		5	18	1	13	25	7	19	1	13	25	6	18	1	13	25	8	21	4	17	2	16	1	16	2	17	2	16	0	14
☿	♓	29	0	2	3	4	5	5	6	6	6	6	6	5	5	4	3	2	1	0	29	28	27	26	25	24	23	22	22	22
♀	♓	18	19	20	21	22	23	25	26	27	28	29	0	1	2	3	4	5	7	8	9	10	11	12	13	15	16	17	18	19
♂	♍	3	3	2	2	2	1	1	0	0	0	29	29	28	28	28	27	27	27	26	26	25	25	25	24	24	23	23	23	23

♃ 1 4 10 16 23: ♐21 22 23 24 25 · ♄ 1R 12 24: ♌19 18 17 · ♅ 1R: ♊22 · ♆ 1R: ♎12 · ♇ 1R: ♌13

3		1	2	3	4	5	6	7	8	9	10	11	12	13	14	15	16	17	18	19	20	21	22	23	24	25	26	27	28	29	30	31
☉	♓	11	12	13	14	15	16	17	18	19	20	21	22	23	24	25	26	27	28	29	0	1	2	3	4	5	6	7	8	9	10	11
☽		27	9	22	4	16	28	10	21	3	15	28	10	22	5	18	1	14	27	11	26	10	25	10	25	10	24	8	22	5	18	0
☿	♒	21	21	21	21	21	22	22	22	23	23	24	25	26	26	27	28	29	0	1	2	3	4	6	7	8	10	11	12	14	15	16
♀	♈	22	23	24	25	27	28	29	0	1	2	4	5	6	7	8	9	10	11	13	14	15	16	17	18	19	20	21	22	23	25	26
♂	♌	22	22	22	21	21	21	21	20	20	20	20	19	19	19	19	19	19	18	18	18	18	18	18	18	18	18	18	18	18	18	18

♃ 1 10 21: ♐26 27 28 · ♄ 1R 9 31: ♌17 16 15 · ♅ 1R 2D: ♊22 22 · ♆ 1R 18: ♎12 11 · ♇ 1R 8: ♌13 12

4		1	2	3	4	5	6	7	8	9	10	11	12	13	14	15	16	17	18	19	20	21	22	23	24	25	26	27	28	29	30
☉	♈	12	13	14	15	16	17	18	19	20	21	22	23	24	25	26	27	28	29	0	1	2	3	4	5	6	7	8	9	10	11
☽		12	24	6	18	0	12	24	6	18	0	14	27	11	24	8	22	6	21	5	19	4	18	2	16	0	13	25	8	20	2
☿	♓	18	19	21	22	24	26	27	29	1	2	4	6	7	9	11	13	15	17	19	21	23	25	27	29	1	3	5	7	9	11
♀	♉	27	28	29	0	1	2	3	4	5	6	7	8	9	10	11	12	13	14	15	16	17	18	19	20	21	22	23	24	24	25
♂	♌	18	18	18	18	18	18	18	18	18	19	19	19	19	19	19	19	19	20	20	20	20	21	21	21	21	22	22	22	22	23

♃ 1 15R: ♐28 28 · ♄ 1R 17D: ♌15 15 · ♅ 1 14: ♊22 23 · ♆ 1R 24: ♎11 10 · ♇ 1R 25D: ♌12 12

5		1	2	3	4	5	6	7	8	9	10	11	12	13	14	15	16	17	18	19	20	21	22	23	24	25	26	27	28	29	30	31
☉	♉	11	12	13	14	15	16	17	18	19	20	21	22	23	24	25	26	27	28	29	0	1	2	3	4	5	6	7	8	9	10	10
☽		14	26	8	20	2	15	27	10	23	7	21	5	19	3	17	1	16	0	14	28	11	25	8	21	3	16	28	10	22	4	16
☿	♉	14	16	18	20	22	24	26	28	0	2	4	6	8	10	12	14	15	17	18	20	21	23	24	25	27	28	29	0	1	2	3
♀	♊	25	26	27	28	28	29	0	1	1	2	3	3	4	5	5	6	7	7	8	8	9	9	9	10	10	10	10	10	11	11	11
♂	♌	23	24	24	24	25	25	25	26	26	27	27	27	28	28	28	29	29	0	0	0	1	1	2	2	3	3	3	4	4	5	5

♃ 1R 10 21 30: ♐28 27 26 25 · ♄ 1 3 24: ♌15 16 17 · ♅ 1 7 26: ♊23 24 25 · ♆ 1R: ♎10 · ♇ 1: ♌12

6		1	2	3	4	5	6	7	8	9	10	11	12	13	14	15	16	17	18	19	20	21	22	23	24	25	26	27	28	29	30
☉	♊	11	12	13	14	15	16	17	18	19	19	20	21	22	23	24	25	26	27	28	29	0	1	2	3	4	5	6	7	8	9
☽		28	10	23	5	19	2	16	0	15	29	14	28	12	27	10	24	8	21	4	17	29	12	24	6	18	0	12	24	6	18
☿	♊	3	4	5	5	6	6	6	7	7	7	7	7	6	6	6	5	5	4	4	3	3	2	2	1	1	0	0	29	29	29
♀	♋	11	11	11	11	10	10	10	10	9	9	9	8	8	7	7	6	6	5	5	4	3	3	2	2	1	0	0	29	29	29
♂	♍	6	6	7	7	8	8	9	9	10	10	11	11	12	12	13	13	14	14	15	15	16	16	17	17	18	18	19	19	20	20

♃ 1R 7 15 23: ♐25 24 23 22 · ♄ 1 7 18: ♌17 18 19 20 · ♅ 1 12 29: ♊25 26 27 · ♆ 1R 21D: ♎10 10 · ♇ 1 9: ♌12 13

7		1	2	3	4	5	6	7	8	9	10	11	12	13	14	15	16	17	18	19	20	21	22	23	24	25	26	27	28	29	30	31
☉	♋	10	10	11	12	13	14	15	16	17	18	19	20	21	22	23	24	25	26	27	28	29	0	1	2	3	4	5	6	6	7	8
☽		1	13	27	10	24	9	24	9	24	8	23	7	21	5	18	1	14	26	8	21	3	15	27	9	20	2	14	26	9	22	5
☿	♊	28	28	28	28	28	28	28	28	29	29	0	0	1	2	2	3	4	5	6	8	9	10	12	13	15	17	18	20	22	24	26
♀	♊	28	28	27	27	26	26	25	25	25	24	24	24	24	24	24	24	24	24	24	24	25	25	25	25	26	26	26	27	27	27	28
♂	♍	21	21	22	23	23	24	24	25	25	26	27	27	28	28	29	29	0	1	1	2	3	3	4	4	5	5	6	6	7	8	8

♃ 1R 11 22: ♐21 20 19 · ♄ 1 8 16 25: ♌20 21 22 23 · ♅ 1 16: ♊27 28 · ♆ 1: ♎10 · ♇ 1 19: ♌13 14

8		1	2	3	4	5	6	7	8	9	10	11	12	13	14	15	16	17	18	19	20	21	22	23	24	25	26	27	28	29	30	31
☉	♌	9	10	11	12	13	14	15	16	17	18	19	20	21	22	23	23	24	25	26	27	28	29	0	1	2	3	4	5	6	7	8
☽		18	2	17	2	17	3	18	3	17	1	15	28	11	23	5	18	0	12	24	6	17	29	11	23	5	18	1	14	27	11	26
☿	♋	28	0	2	4	6	8	10	12	14	16	18	20	22	24	26	28	29	0	2	4	6	8	9	11	13	15	17	18	20	22	23
♀	♊	29	29	0	0	1	1	2	2	3	4	4	5	6	7	7	8	9	10	11	12	13	14	15	16	17	18	19	19	20	21	22
♂	♎	9	9	10	10	11	12	12	13	14	14	15	15	16	16	17	18	18	19	20	20	21	22	22	23	24	24	25	26	26	27	28

♃ 1R 16D: ♐19 19 · ♄ 1 2 10 18 25: ♌23 24 25 26 27 · ♅ 1 5 30 29 31: ♊28 29 0 ♋0 ♊29 · ♆ 1 15: ♎10 11 · ♇ 1 21: ♌14 15

9		1	2	3	4	5	6	7	8	9	10	11	12	13	14	15	16	17	18	19	20	21	22	23	24	25	26	27	28	29	30
☉	♍	9	10	11	12	13	14	15	16	17	18	19	20	21	22	23	24	24	25	26	27	28	29	0	1	2	3	4	5	6	7
☽		11	26	11	26	11	26	10	24	7	20	2	15	27	9	21	3	15	27	9	21	3	14	26	8	20	3	15	27	10	24
☿	♍	26	28	0	1	3	4	6	7	9	10	11	13	14	15	16	17	18	19	20	22	23	24	25	26	27	28	29	0	1	2
♀	♌	23	24	25	26	27	28	29	0	1	2	3	4	5	6	7	8	9	10	11	12	13	14	15	16	17	18	19	20	21	23
♂	♎	28	29	29	0	1	2	2	3	4	4	5	6	7	7	8	9	10	10	11	12	13	13	14	15	16	16	17	18	18	19

♃ 1 9 20 29: ♐19 20 21 22 · ♄ 1 2 10 19 29 20 27: ♌27 28 29 0 ♍0 1 · ♅ 1: ♋0 · ♆ 1 15: ♎11 12 · ♇ 1 29: ♌15 16

10		1	2	3	4	5	6	7	8	9	10	11	12	13	14	15	16	17	18	19	20	21	22	23	24	25	26	27	28	29	30	31
☉	♎	8	9	10	11	12	13	14	15	16	17	18	19	20	21	22	23	24	25	26	27	28	29	0	1	2	3	4	5	6	7	8
☽		5	19	4	18	2	16	28	11	23	5	17	29	11	23	5	17	29	12	24	7	20	4	17	1	15	29	14	28	13	27	11
☿	♎	3	4	4	4	5	5	5	5	5	4	4	3	3	2	1	0	29	28	27	26	25	24	23	22	21	20	20	19	19	20	20
♀	♍	24	25	26	28	29	0	1	2	3	4	6	7	8	9	10	11	12	14	15	16	17	18	20	21	22	23	24	26	27	28	29
♂	♏	19	20	21	22	22	23	24	25	26	26	27	28	29	29	0	1	2	3	4	4	5	6	7	7	8	9	9	10	10	11	12

♃ 1 6 13 19 25 31: ♐22 23 24 25 26 27 · ♄ 1 6 16 27: ♍1 2 3 4 · ♅ 1 6R: ♋0 0 · ♆ 1 8: ♎12 13 · ♇ 1: ♌16

11		1	2	3	4	5	6	7	8	9	10	11	12	13	14	15	16	17	18	19	20	21	22	23	24	25	26	27	28	29	30
☉	♏	9	10	11	12	13	14	15	16	17	18	19	20	21	22	23	24	25	26	27	28	29	0	1	2	3	4	5	6	7	8
☽		12	26	10	23	6	19	2	14	26	8	20	2	14	26	8	20	2	14	26	9	22	5	19	3	18	2	17	2	16	0
☿	♎	21	21	22	23	24	25	26	28	29	0	2	3	5	6	8	9	11	12	14	15	17	19	20	22	23	25	27	28	0	1
♀	♎	0	1	3	4	5	6	7	9	10	11	12	13	15	16	17	18	19	21	22	23	24	25	27	28	29	0	1	3	4	5
♂	♐	12	12	13	14	15	15	16	17	18	18	19	20	21	22	22	23	24	25	25	26	27	28	28	29	0	1	2	2	3	4

♃ 1 5 10 15 29 16 20 24 29: ♐27 28 29 0 ♑1 2 3 · ♄ 1 5: ♍4 5 · ♅ 1R 12 0 13: ♋0 0 ♊29 29 · ♆ 1 14: ♎13 14 · ♇ 1 18R: ♌16 16

12		1	2	3	4	5	6	7	8	9	10	11	12	13	14	15	16	17	18	19	20	21	22	23	24	25	26	27	28	29	30	31
☉	♐	9	10	11	12	13	14	15	16	17	18	19	20	21	22	23	24	25	26	27	28	29	0	1	2	3	4	5	6	7	8	10
☽		18	1	14	27	9	21	3	15	27	9	21	3	15	27	9	21	4	16	28	11	24	8	22	7	21	5	19	3	17	0	13
☿	♐	3	4	6	8	9	11	12	14	15	17	18	20	22	23	25	26	28	29	1	2	4	5	6	8	9	11	12	14	15	17	18
♀	♏	6	8	9	10	11	12	14	15	16	18	19	20	21	22	24	25	26	28	29	0	1	3	4	5	6	8	9	10	11	13	14
♂	♑	5	5	6	7	8	9	9	10	11	12	12	13	14	15	16	17	17	18	19	20	20	21	22	23	23	24	25	25	26	27	28

♃ 1 4 8 12 17 21 26 30: ♑3 4 5 6 7 8 9 10 · ♄ 1 17R 31: ♍6 6 5 · ♅ 1R 9: ♊29 28 · ♆ 1 22: ♎14 15 · ♇ 1R: ♌16

1949

1		1	2	3	4	5	6	7	8	9	10	11	12	13	14	15	16	17	18	19	20	21	22	23	24	25	26	27	28	29	30	31
☉	♑	11	12	13	14	15	16	17	18	19	20	21	22	23	24	25	26	27	28	29	0	1	2	3	4	5	6	7	8	9	10	11
☽		5	17	29	11	23	5	17	29	11	24	7	20	4	18	3	18	2	17	2	16	0	14	27	10	23	6	19	1	13	26	8
☿	♑	22	24	25	27	29	0	2	3	5	6	8	9	11	12	13	14	16	17	18	18	19	20	20	20	20	19	19	18	17	16	15
♀	♐	15	16	18	19	20	21	23	24	25	26	28	29	0	1	3	4	5	6	8	9	10	11	13	14	15	16	18	19	20	21	23
♂	♑	27	28	29	0	1	2	3	3	4	5	6	7	8	8	9	10	11	12	12	13	14	15	15	16	17	18	18	19	20	21	21

♃ 1 3 7 12 16 21 25 29: ♑10 11 12 13 14 15 16 17 · ♄ 1R 22: ♍5 4 · ♅ 1R 2 30: ♊28 27 26 · ♆ 1 16R: ♎15 15 · ♇ 1R 6: ♌16 15

2		1	2	3	4	5	6	7	8	9	10	11	12	13	14	15	16	17	18	19	20	21	22	23	24	25	26	27	28
☉	♒	12	13	14	15	16	17	18	19	20	21	22	23	24	25	26	27	28	29	0	1	2	3	4	5	6	7	8	9	10
☽		19	1	13	25	7	19	2	15	28	12	26	11	26	11	26	11	26	10	24	7	20	3	16	28	10	22	4	16
☿	♒	15	13	12	10	9	8	7	6	6	5	5	4	4	4	4	4	5	5	5	6	6	7	7	8	9	10	10	11	12
♀	♑	24	25	26	28	29	0	1	3	4	5	6	8	9	10	11	13	14	15	16	17	19	20	21	22	24	25	26	27
♂	♒	22	23	23	24	25	26	26	27	28	29	29	0	0	1	2	3	3	4	5	6	6	7	8	8	9	10	11	11	12	13

♃ 1 3 7 12 17 22 27: ♑17 18 19 20 21 22 23 · ♄ 1R 6 19: ♍4 3 2 · ♅ 1R: ♊26 · ♆ 1R 10: ♎15 14 · ♇ 1R 19: ♌15 14

3		1	2	3	4	5	6	7	8	9	10	11	12	13	14	15	16	17	18	19	20	21	22	23	24	25	26	27	28	29	30	31
☉	♓	11	12	13	14	15	16	17	18	19	20	21	22	23	24	25	26	27	28	29	0	1	2	3	4	5	6	7	8	9	10
☽		28	10	22	4	16	28	11	23	6	20	4	19	4	19	4	20	4	19	3	17	0	13	25	7	19	1	13	25	7	19	1
☿	♒	14	15	16	17	18	19	20	22	23	24	26	27	29	0	1	3	4	6	7	9	11	12	14	16	17	19	21	22	24	26	28
♀	♒	29	0	1	2	4	5	6	7	9	10	11	12	14	15	16	17	19	20	21	22	24	25	26	27	29	0	1	2	4	5	6
♂	♓	14	15	15	16	17	18	18	19	20	21	22	22	23	24	25	25	26	27	28	28	29	0	0	1	2	3	3	4	5	6	7

♃ 1 4 9 15 21 28: ♑23 24 25 26 27 28 · ♄ 1R 3 16: ♍2 1 0 · ♅ 1R 5D: ♊26 26 · ♆ 1R 27: ♎14 13 · ♇ 1R: ♌14

4		1	2	3	4	5	6	7	8	9	10	11	12	13	14	15	16	17	18	19	20	21	22	23	24	25	26	27	28	29	30
☉	♈	11	12	13	14	15	16	17	18	19	20	21	22	23	24	25	26	27	28	29	0	1	2	3	4	5	6	7	8	9	10
☽		13	25	7	20	2	16	29	13	28	12	27	13	28	13	27	11	25	9	21	4	16	28	10	22	4	16	27	10	22	4
☿	♈	0	1	3	5	7	9	11	13	15	17	19	21	23	25	27	29	0	2	4	6	8	10	12	14	16	18	20	22	24	26
♀	♈	7	9	10	11	12	14	15	16	17	18	20	21	22	23	25	26	27	28	29	1	2	3	5	6	7	8	9	11	12	13
♂	♈	8	9	10	10	11	12	13	13	14	15	16	17	17	18	19	20	20	21	22	23	23	24	25	26	26	27	28	29	29	0

♃ 1 4 12 29 13 23: ♑28 29 0 ♒0 1 · ♄ 1R 3 0 4: ♍0 29 ♌29 · ♅ 1 7: ♊26 27 · ♆ 1R: ♎13 · ♇ 1R 26D: ♌14 14

5		1	2	3	4	5	6	7	8	9	10	11	12	13	14	15	16	17	18	19	20	21	22	23	24	25	26	27	28	29	30	31
☉	♉	11	12	13	14	15	16	17	18	19	19	20	21	22	23	24	25	26	27	28	29	0	1	2	3	4	5	6	7	8	9	10
☽		17	29	12	26	9	23	7	22	6	21	6	21	5	19	3	17	0	12	25	7	19	0	12	24	6	18	1	13	26	9	23
☿	♉	29	0	2	3	5	6	7	9	10	11	12	13	13	14	15	15	16	16	17	17	17	17	17	17	16	16	16	15	15	15	14
♀	♉	14	16	17	18	19	21	22	23	24	26	27	28	29	0	2	3	4	5	7	8	9	10	12	13	14	15	16	18	19	20	21
♂	♉	1	2	3	3	4	5	6	7	7	8	9	10	10	11	12	13	14	14	15	16	17	17	18	19	20	21	21	22	23	24	24

♃ 1 9 21R 30: ♒1 2 2 1 · ♄ 1 8 2D 29 29 30: ♌29 29 0 ♍0 · ♅ 1 3 23: ♊27 28 29 · ♆ 1R 5: ♎13 12 · ♇ 1: ♌14

6		1	2	3	4	5	6	7	8	9	10	11	12	13	14	15	16	17	18	19	20	21	22	23	24	25	26	27	28	29	30
☉	♊	11	12	13	13	14	15	16	17	18	19	20	21	22	23	24	25	26	27	28	29	0	1	2	3	4	5	6	7	8
☽		6	20	4	18	2	17	1	15	0	14	28	11	25	8	20	3	15	27	8	20	2	14	27	9	22	5	19	3	17	1
☿	♊	14	13	13	12	12	11	11	10	10	9	9	9	9	9	8	8	8	9	9	9	10	10	11	11	12	13	14	14	15	16
♀	♊	23	24	25	26	27	29	0	1	2	4	5	6	7	9	10	11	12	13	15	16	17	18	20	21	22	23	24	26	27	28
♂	♊	24	25	26	27	27	28	29	29	0	1	2	2	3	4	5	6	6	7	8	9	9	10	11	11	12	13	13	14	14

♃ 1R 17 0 28: ♒1 0 29 ♑29 · ♄ 1 14 27: ♍0 1 2 · ♅ 1 9 29 10 26: ♊29 0 ♋0 1 · ♆ 1R 24D: ♎12 12 · ♇ 1 29: ♌14 15

7		1	2	3	4	5	6	7	8	9	10	11	12	13	14	15	16	17	18	19	20	21	22	23	24	25	26	27	28	29	30	31
☉	♋	9	10	11	12	13	14	15	16	17	18	19	20	21	22	23	24	25	26	27	28	29	0	1	2	3	4	5	6	7	8
☽		15	29	13	27	11	25	9	23	7	20	3	16	28	11	23	4	16	28	10	22	5	17	0	14	28	12	26	11	25	10	24
☿	♊	18	19	20	21	23	24	26	27	29	0	2	4	6	8	10	12	14	16	18	20	22	24	26	28	0	3	5	7	9	11	13
♀	♋	29	0	1	2	3	4	5	7	8	9	10	11	13	14	15	16	18	19	20	21	22	24	25	26	27	28	29	0	1	3	4	5
♂	♊	15	16	16	17	18	18	19	20	20	21	22	22	23	24	24	25	25	26	27	27	28	29	29	0	1	1	2	3	3	4	5

♃ 1R 6 14 22 30: ♑29 28 27 26 25 · ♄ 1 8 17 26: ♍2 3 4 5 · ♅ 1 13: ♋1 2 · ♆ 1: ♎12 · ♇ 1: ♌15

8		1	2	3	4	5	6	7	8	9	10	11	12	13	14	15	16	17	18	19	20	21	22	23	24	25	26	27	28	29	30	31
☉	♌	9	10	11	12	13	14	15	16	17	17	18	19	20	21	22	23	24	25	26	27	28	29	0	1	2	3	4	5	6	7	8
☽		8	22	6	19	3	16	29	12	24	7	19	1	12	24	6	18	0	13	25	9	22	6	21	5	20	5	20	4	19	3	16
☿	♌	15	17	19	21	23	25	26	28	0	2	4	5	7	9	10	12	14	15	17	18	20	21	23	24	25	26	27	28	0	1	2	3
♀	♌	7	8	9	11	12	13	14	15	17	18	19	20	21	23	24	25	26	28	29	0	1	2	4	5	6	7	8	9	11	12	13
♂	♋	6	7	7	8	9	9	10	11	11	12	13	13	14	14	15	16	16	17	18	18	19	20	20	21	22	22	23	24	24	25	26

♃ 1R 7 16 29: ♑25 24 23 22 · ♄ 1 4 12 20 28: ♍5 6 7 8 9 · ♅ 1 22: ♋3 4 · ♆ 1 10: ♎12 13 · ♇ 1 3: ♌15 16

9		1	2	3	4	5	6	7	8	9	10	11	12	13	14	15	16	17	18	19	20	21	22	23	24	25	26	27	28	29	30
☉	♍	9	10	11	12	13	14	15	15	16	17	18	19	20	21	22	23	24	25	26	27	28	29	0	1	2	3	4	5	6	7
☽		0	13	26	8	21	3	15	27	9	21	3	15	26	9	21	4	17	0	14	29	14	29	14	29	14	28	13	26	10	23
☿	♍	5	6	7	8	9	10	11	12	13	14	15	16	16	17	17	18	18	18	18	18	18	18	18	18	17	17	16	15	14	13
♀	♍	14	15	17	18	19	20	21	22	24	25	26	27	28	29	1	2	3	4	5	7	8	9	10	11	12	13	14	15	16	18
♂	♋	26	27	27	28	29	29	0	1	1	2	3	3	4	4	5	6	6	7	7	8	9	9	10	10	11	11	12	13	13	14

♃ 1R 19D: ♑22 22 · ♄ 1 5 13 21 29: ♍9 10 11 12 13 · ♅ 1: ♋4 · ♆ 1 13: ♎13 14 · ♇ 1 5: ♌16 17

10		1	2	3	4	5	6	7	8	9	10	11	12	13	14	15	16	17	18	19	20	21	22	23	24	25	26	27	28	29	30	31
☉	♎	8	9	10	11	12	13	14	15	16	17	18	19	20	21	22	23	24	25	26	27	28	29	0	1	2	3	4	5	6	7	8
☽		6	18	0	12	24	6	18	0	11	23	5	18	0	13	26	9	23	7	22	7	22	7	22	7	22	6	19	2	15	27	9
☿	♍	12	11	10	9	7	6	5	5	4	4	3	3	4	4	4	5	6	7	8	9	10	12	13	15	16	18	20	21	23	24
♀	♎	20	21	22	23	24	25	26	27	28	29	0	1	2	3	5	6	7	8	9	10	11	12	13	14	15	17	18	19	20	21	22
♂	♌	15	15	16	16	17	17	18	18	19	19	20	20	21	21	22	22	23	23	24	24	25	25	26	26	27	27	28	28	29	29	0	1

♃ 1 8 21 30: ♑22 23 24 25 · ♄ 1 8 17 27: ♍13 14 15 16 · ♅ 1 3 11R 18: ♋4 5 5 4 · ♆ 1 10: ♎14 15 · ♇ 1 22: ♌17 18

11		1	2	3	4	5	6	7	8	9	10	11	12	13	14	15	16	17	18	19	20	21	22	23	24	25	26	27	28	29	30
☉	♏	9	10	11	12	13	14	15	16	17	18	19	20	21	22	23	24	25	26	27	28	29	0	1	2	3	4	5	6	7	8
☽		21	3	15	27	8	20	2	15	27	9	22	5	19	2	16	1	15	0	15	0	15	0	14	27	11	23	6	18	0	11
☿	♎	26	28	0	1	3	4	6	8	9	11	12	14	16	17	19	21	22	24	25	27	28	0	2	3	5	6	8	9	11	13
♀	♐	25	26	27	28	29	0	1	2	3	4	5	6	7	8	9	10	11	12	13	14	15	16	17	18	19	20	21	22	23	24	25
♂	♍	1	2	2	3	3	4	4	5	5	6	6	7	7	8	8	9	9	10	10	11	11	12	12	13	13	14	14	15	15	16	17

♃ 1 6 13 19 25 30 29: ♑25 26 27 28 29 0 · ♄ 1 17 19: ♍16 17 18 · ♅ 1R 29: ♋4 3 · ♆ 1 7: ♎15 16 · ♇ 1 19R: ♌18 18

12		1	2	3	4	5	6	7	8	9	10	11	12	13	14	15	16	17	18	19	20	21	22	23	24	25	26	27	28	29	30	31
☉	♐	9	10	11	12	13	14	15	16	17	18	19	20	21	22	23	24	25	26	27	28	29	0	1	2	3	4	5	6	7	8	10
☽		23	5	17	29	11	24	6	19	2	16	29	13	26	11	25	9	24	8	23	7	21	5	18	1	14	26	8	20	1	13	25
☿	♐	14	16	17	19	20	22	24	25	27	28	0	1	3	4	6	8	9	11	12	14	15	17	18	20	21	22	24	25	26	28	29
♀	♑	26	26	27	28	29	0	1	2	3	4	5	6	7	8	9	10	11	12	13	14	15	16	16	17	17	17	17	17	17	17	17
♂	♍	19	19	20	20	21	21	22	22	22	23	23	24	24	25	25	26	26	26	27	27	28	28	29	29	29	0	0	1	1	1	2

♃ 1 5 10 15 20 25 29: ♒0 1 2 3 4 5 6 · ♄ 1 8: ♍18 19 · ♅ 1R 24: ♋3 2 · ♆ 1 13: ♎16 17 · ♇ 1R 18: ♌18 17

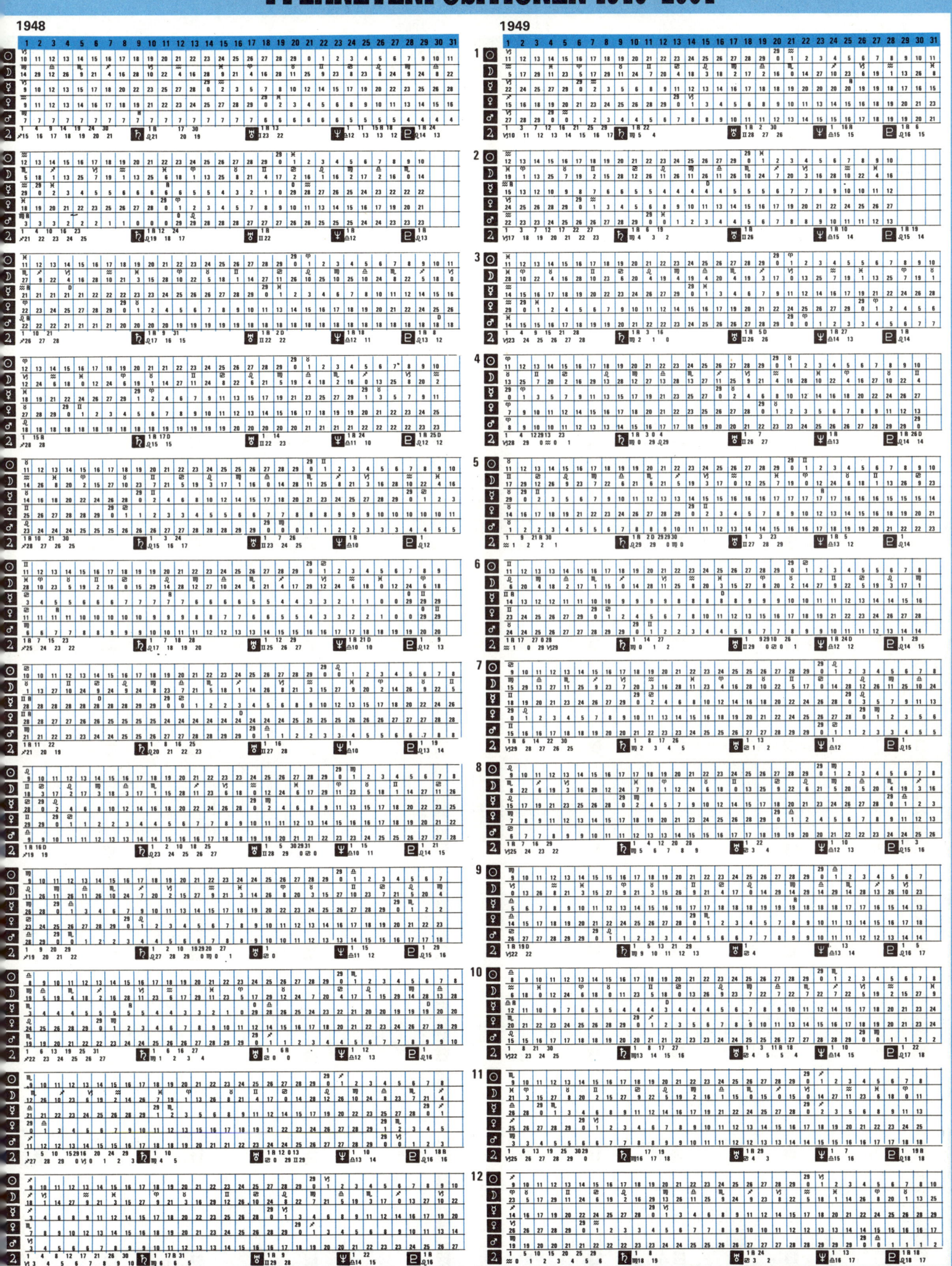

1950

1

	1	2	3	4	5	6	7	8	9	10	11	12	13	14	15	16	17	18	19	20	21	22	23	24	25	26	27	28	29	30	31
☉	♑ 11	12	13	14	15	16	17	18	19	20	21	22	23	24	25	26	27	28	29	29 0	♒ 1	2	3	4	5	6	7	8	9	10	11
☽	♊ 7	20	♋ 3	16	29	♌ 12	26	♍ 10	23	♎ 7	21	♏ 5	20	♐ 4	18	♑ 2	16	♒ 0	13	26	♓ 9	21	♈ 4	15	27	♉ 9	21	♊ 3	15	28	♋ 11
☿	29 0	♒ 1	2	2	3	3	4	R 4	3	3	3	2	1	1	29	27	26	25	24	23	22	21	20	19	18	18	18	18	D 18	18	18
♀	♒ 17	17	17	18	18	18	18	18	18	R 18	18	18	18	18	17	17	17	17	16	16	16	15	15	14	14	13	12	12	11	11	10
♂	♎ 2	2	3	3	3	4	4	4	5	5	5	6	6	6	7	7	7	7	8	8	8	8	8	9	9	9	9	9	10	10	10

♃ 1 3 7 11 16 20 24 28 / ♒6 7 8 9 10 11 12 13 — ♄ 1 R 21 / ♍19 18 — ♅ 1 R 17 / ♋2 1 — ♆ 1 18 R / ♎17 17 — ♇ 1 R / ♌17

2

	1	2	3	4	5	6	7	8	9	10	11	12	13	14	15	16	17	18	19	20	21	22	23	24	25	26	27	28	29	30	31
☉	♒ 12	13	14	15	16	17	18	19	20	21	22	23	24	25	26	27	28	29	29 0	♓ 1	2	3	4	5	6	7	8	9			
☽	♋ 24	♌ 7	21	♍ 5	20	♎ 4	18	♏ 2	16	♐ 1	14	28	♑ 12	25	♒ 9	22	♓ 5	17	29	♈ 11	23	♉ 5	17	29	♊ 11	23	♋ 6	18			
☿	♑ 18	19	19	20	21	22	22	23	24	25	26	27	29	29 0	♒ 1	2	3	5	6	7	8	10	11	12	14	15	17	18			
♀	♒ R 10	9	8	7	7	6	6	5	5	4	4	4	4	3	3	3	3	3	3	D 3	3	3	3	3	3	3	4	4			
♂	♎ 10	10	10	10	10	10	10	10	11	11	11	R 11	11	10	10	10	10	10	10	10	10	10	10	10	9	9	9	9			

♃ 1 2 6 10 14 18 23 27 / ♒13 14 15 16 17 18 19 20 — ♄ 1 R 9 23 / ♍18 17 16 — ♅ 1 R 27 / ♋1 0 — ♆ 1 R 24 / ♎17 16 — ♇ 1 R 6 / ♌7 6

3

	1	2	3	4	5	6	7	8	9	10	11	12	13	14	15	16	17	18	19	20	21	22	23	24	25	26	27	28	29	30	31
☉	♓ 10	11	12	13	14	15	16	17	18	19	20	21	22	23	24	25	26	27	28	29	29 0	♈ 1	2	3	4	5	6	7	8	9	10
☽	♌ 2	16	♍ 0	14	29	♎ 13	28	♏ 13	27	♐ 11	25	♑ 9	22	♒ 5	18	♓ 1	13	26	♈ 8	20	♉ 2	13	25	♊ 7	19	♋ 1	14	27	♌ 10	23	♍ 8
☿	♒ 20	21	23	24	26	28	29 0	♓ 1	2	4	6	8	9	11	13	15	16	18	20	22	24	26	28	29 0	♈ 2	3	5	8	10	12	14
♀	♒ 4	5	5	5	6	6	7	7	8	8	9	10	10	11	12	12	13	14	14	15	16	17	17	18	19	20	21	22	22	23	24
♂	♎ R 9	8	8	8	8	7	7	7	6	6	6	5	5	5	4	4	4	3	3	2	2	2	1	1	0	0	0	0 29	♍ 29	29	28

♃ 1 3 7 12 16 21 26 30 / ♒20 21 22 23 24 25 26 27 — ♄ 1 R 7 20 / ♍16 15 14 — ♅ 1 R 9 D 21 / ♋0 0 1 — ♆ 1 R / ♎16 — ♇ 1 R 27 / ♌16 15

4

	1	2	3	4	5	6	7	8	9	10	11	12	13	14	15	16	17	18	19	20	21	22	23	24	25	26	27	28	29	30	31
☉	♈ 11	12	13	14	15	16	17	18	19	20	21	22	23	24	25	26	27	28	29	29 0	♉ 1	2	3	4	5	6	7	8	9	10	
☽	♍ 22	♎ 7	22	♏ 7	22	♐ 7	21	♑ 5	19	♒ 2	15	28	♓ 10	23	♈ 5	17	28	♉ 10	22	♊ 4	16	28	♋ 10	22	♌ 5	18	♍ 2	16	♎ 0	15	
☿	♈ 16	18	20	22	24	26	28	29 0	♉ 2	4	6	7	9	11	12	14	15	17	18	20	21	22	23	24	24	25	26	26	26	27	
♀	♒ 25	26	27	28	29	29 0	♓ 1	2	3	4	5	6	7	8	9	10	11	12	13	14	15	16	17	18	19	20	21	22	23	24	
♂	♍ R 28	27	27	27	26	26	26	25	25	25	25	24	24	24	24	23	23	23	23	23	22	22	22	22	22	22	22	22	22	22	

♃ 1 4 10 15 29 16 20 26 / ♒27 28 29 0 ♓ 0 1 2 — ♄ 1 R 3 23 / ♍14 13 12 — ♅ 1 28 / ♋1 2 — ♆ 1 R 5 / ♎16 15 — ♇ 1 R 28 D / ♌15 15

5

	1	2	3	4	5	6	7	8	9	10	11	12	13	14	15	16	17	18	19	20	21	22	23	24	25	26	27	28	29	30	31
☉	♉ 11	11	12	13	14	15	16	17	18	19	20	21	22	23	24	25	26	27	28	29	29 0	♊ 1	2	3	4	5	6	7	8	8	9
☽	♏ 0	15	♐ 1	16	♑ 0	15	28	♒ 12	25	♓ 7	20	♈ 2	14	25	♉ 7	19	♊ 1	13	25	♋ 7	19	♌ 2	15	28	♍ 11	25	♎ 9	24	♏ 9	24	♐ 9
☿	♉ 27	27	R 27	27	27	27	26	26	25	25	24	24	23	23	22	22	21	20	20	20	19	19	18	18	18	18	D 18	18	18	18	19
♀	♓ 25	26	27	28	29 0	♈ 1	2	3	4	5	6	7	8	9	11	12	13	14	15	16	17	18	20	21	22	23	24	25	26	28	29
♂	♍ R 22	22	D 22	22	22	22	22	22	22	22	22	22	22	22	22	23	23	23	23	23	23	24	24	24	24	25	25	25	25	26	26

♃ 1 3 10 17 27 / ♓2 3 4 5 6 — ♄ 1 R 15 D / ♍12 12 — ♅ 1 20 / ♋2 3 — ♆ 1 R 16 / ♎15 14 — ♇ 1 29 / ♌15 16

6

	1	2	3	4	5	6	7	8	9	10	11	12	13	14	15	16	17	18	19	20	21	22	23	24	25	26	27	28	29	30	31
☉	♊ 10	11	12	13	14	15	16	17	18	19	20	21	22	23	24	25	26	27	28	29	29 0	♋ 0	1	2	3	4	5	6	7	8	
☽	♐ 24	♑ 9	23	♒ 7	21	♓ 4	16	28	♈ 10	22	♉ 4	16	28	♊ 10	22	♋ 4	16	29	♌ 12	25	♍ 8	21	♎ 5	19	♏ 3	18	♐ 3	18	♑ 2	17	
☿	♉ 19	20	20	21	21	22	23	24	24	25	27	28	29	29 0	♊ 1	2	4	5	6	8	9	11	13	15	16	18	20	22	24	26	
♀	29 0	♉ 1	2	3	4	6	7	8	9	10	11	13	14	15	16	17	18	20	21	22	23	24	25	27	28	29	29 0	♊ 1	2	3	
♂	♍ 26	27	27	27	27	28	28	29	29	29	29	29 0	♎ 0	1	1	1	2	2	3	3	4	4	4	5	5	6	6	7	7	8	

♃ 1 10 26 R / ♓6 7 7 — ♄ 1 6 25 / ♍12 13 14 — ♅ 1 7 24 / ♋3 4 5 — ♆ 1 R 26 D / ♎14 14 — ♇ 1 / ♌16

7

	1	2	3	4	5	6	7	8	9	10	11	12	13	14	15	16	17	18	19	20	21	22	23	24	25	26	27	28	29	30	31
☉	♋ 9	10	11	12	13	14	15	16	17	18	19	20	20	21	22	23	24	25	26	27	28	29	29 0	♌ 1	2	3	4	5	6	7	8
☽	♒ 1	15	29	♓ 12	24	♈ 17	19	♉ 1	13	24	♊ 6	18	♋ 1	13	26	♌ 8	22	♍ 5	18	♎ 2	16	♏ 0	14	28	♐ 13	27	♑ 11	26	♒ 10	24	♓ 7
☿	♊ 28	29 0	♋ 2	4	6	8	10	12	14	17	19	21	23	25	27	29	29 1	♌ 3	5	7	9	11	13	15	17	19	20	22	24	26	27
♀	♊ 5	6	7	8	9	11	12	13	14	15	17	18	19	20	21	22	24	25	26	27	28	29 0	♋ 1	2	3	4	6	7	8	9	10
♂	♎ 8	8	9	9	10	10	11	11	12	12	13	13	14	14	15	16	16	17	18	18	18	19	19	20	20	21	22	22	23	23	24

♃ 1 R 13 27 / ♓7 6 5 — ♄ 1 8 19 29 / ♍14 15 16 17 — ♅ 1 10 28 / ♋5 6 7 — ♆ 1 / ♎14 — ♇ 1 14 / ♌16 17

8

	1	2	3	4	5	6	7	8	9	10	11	12	13	14	15	16	17	18	19	20	21	22	23	24	25	26	27	28	29	30	31
☉	♌ 9	10	11	12	12	13	14	15	16	17	18	19	20	21	22	23	24	25	26	27	28	29	29 0	♍ 1	2	3	4	5	6	7	7
☽	♓ 20	♈ 2	15	27	♉ 9	21	♊ 2	14	27	♋ 9	21	♌ 4	18	♍ 1	15	28	♎ 12	27	♏ 11	25	♐ 9	23	♑ 7	21	♒ 5	19	♓ 2	15	28	♈ 10	23
☿	29	29 0	♍ 2	4	5	7	8	9	11	12	14	15	16	17	19	20	21	22	23	24	25	26	27	28	28	29	29 0	♎ 0	1	1	2
♀	♋ 12	13	14	15	16	18	19	20	21	23	23	25	26	27	29	29 0	♌ 1	2	3	5	6	7	8	10	11	12	13	14	16	17	18
♂	♎ 24	25	26	26	27	27	28	28	29	29 0	♏ 0	1	2	2	3	3	4	5	5	6	6	7	8	8	9	10	10	11	12	12	13

♃ 1 R 6 15 22 29 / ♓5 4 3 2 1 — ♄ 1 8 16 25 / ♍17 18 19 20 — ♅ 1 16 / ♋7 8 — ♆ 1 5 / ♎14 15 — ♇ 1 16 / ♌17 18

9

	1	2	3	4	5	6	7	8	9	10	11	12	13	14	15	16	17	18	19	20	21	22	23	24	25	26	27	28	29	30	31
☉	♍ 8	9	10	11	12	13	14	15	16	17	18	19	20	21	22	23	24	25	26	27	28	29	29 0	♎ 1	2	3	4	5	6	7	
☽	♉ 5	17	28	♊ 10	22	♋ 4	17	♌ 0	13	26	♍ 10	24	♎ 8	22	♏ 7	21	♐ 6	20	♑ 4	18	♒ 2	5	28	♓ 11	24	♈ 6	19	♉ 1	13	25	
☿	♎ 2	2	2	R 2	2	1	1	1	0	0 29	♍ 29	28	27	26	25	24	23	22	21	20	19	18	18	18	17	D 17	18	18	18	19	
♀	♌ 19	21	22	23	24	26	27	28	29	29 1	♍ 2	3	4	5	7	8	9	10	12	13	14	15	16	18	19	20	22	23	24	25	
♂	♏ 13	14	15	15	16	17	17	18	19	19	20	21	21	22	23	23	24	25	25	26	27	28	28	29	29 0	♐ 0	1	2	2	3	

♃ 1 R 6 15 0 16 24 / ♓1 0 29 ♒29 28 — ♄ 1 2 10 18 26 / ♍20 21 22 23 24 — ♅ 1 12 / ♋8 9 — ♆ 1 10 / ♎15 16 — ♇ 1 20 / ♌18 19

10

	1	2	3	4	5	6	7	8	9	10	11	12	13	14	15	16	17	18	19	20	21	22	23	24	25	26	27	28	29	30	31
☉	♎ 8	9	10	11	12	13	14	15	16	17	18	19	20	21	22	23	24	25	26	27	28	29	29 0	♏ 1	2	3	3	4	5	6	7
☽	♊ 7	18	♋ 0	12	25	♌ 7	20	♍ 4	18	♎ 2	17	♏ 1	16	♐ 1	6	♑ 0	15	28	♒ 12	25	♓ 8	21	♈ 3	15	27	♉ 9	21	♊ 3	15	27	♋ 9
☿	♍ 20	21	22	23	24	25	27	28	29 0	♎ 1	3	4	6	8	10	11	13	15	16	18	20	22	23	25	27	28	29 0	♏ 2	3	5	7
♀	♍ 26	28	29	29 0	♎ 2	3	4	5	6	8	9	10	11	13	14	15	16	18	19	20	21	23	24	25	26	28	29	29 0	♏ 2	3	4
♂	♐ 4	5	5	6	7	7	8	9	9	10	11	12	12	13	14	15	15	16	17	17	18	19	20	20	21	22	23	23	24	25	26

♃ 1 R 8 24 D / ♒28 27 27 — ♄ 1 4 13 21 30 / ♍24 25 26 27 28 — ♅ 1 15 R / ♋9 9 — ♆ 1 8 / ♎16 17 — ♇ 1 / ♌19

11

	1	2	3	4	5	6	7	8	9	10	11	12	13	14	15	16	17	18	19	20	21	22	23	24	25	26	27	28	29	30	31
☉	♏ 8	9	10	12	13	14	15	16	17	18	19	20	21	22	23	24	25	26	27	28	29	29 0	♐ 1	2	3	4	5	6	7	8	
☽	♋ 21	♌ 3	16	29	♍ 12	26	♎ 10	25	♏ 10	25	♐ 10	25	♑ 10	24	♒ 8	22	♓ 5	18	♈ 0	12	24	♉ 6	18	♊ 0	12	24	♋ 6	8	♌ 0	12	
☿	♏ 8	10	11	13	15	16	18	20	21	23	24	26	27	29	29 1	♐ 2	4	5	7	8	10	11	13	14	16	17	19	20	22	23	
♀	♏ 5	7	8	9	10	11	13	14	15	17	18	19	20	22	23	24	25	27	28	29	29 1	♐ 2	3	4	5	7	8	9	10	12	
♂	♐ 26	27	28	29	29 0	♑ 1	2	2	3	3	4	5	5	6	7	8	8	9	10	11	11	12	13	14	14	15	16	17	18	18	

♃ 1 8 22 / ♒27 28 29 — ♄ 1 9 20 29 21 / ♍28 29 0 ♎ 0 — ♅ 1 R 18 / ♋9 8 — ♆ 1 4 / ♎17 18 — ♇ 1 21 R / ♌19 19

12

	1	2	3	4	5	6	7	8	9	10	11	12	13	14	15	16	17	18	19	20	21	22	23	24	25	26	27	28	29	30	31
☉	♐ 9	10	11	12	13	14	15	16	17	18	19	20	21	22	23	24	25	26	27	28	29	29 0	♑ 1	2	3	4	5	6	7	8	9
☽	♌ 25	♍ 7	21	♎ 4	18	♏ 3	18	♐ 3	18	♑ 3	18	♒ 3	17	♓ 1	14	27	♈ 9	21	♉ 3	15	27	♊ 9	21	♋ 3	15	27	♌ 9	22	♍ 4	17	♎ 0
☿	♐ 25	26	28	29	29 1	♑ 2	3	5	6	7	9	10	11	12	13	14	15	16	17	17	18	18	R 18	17	17	17	16	15	14	13	12
♀	♐ 13	14	16	17	18	19	21	22	23	24	26	27	28	29 0	♑ 1	2	3	4	6	7	8	9	11	12	13	14	16	17	18	19	21
♂	♑ 19	20	21	21	22	23	24	25	25	26	27	28	28	29	29 0	♒ 1	2	2	3	4	5	5	6	7	8	9	9	10	11	12	13

♃ 1 29 2 9 16 22 28 / 0 ♓ 0 1 2 3 4 — ♄ 1 3 22 / ♎0 1 2 — ♅ 1 R 16 / ♋8 7 — ♆ 1 8 / ♎18 19 — ♇ 1 R / ♌19

1951

1

	1	2	3	4	5	6	7	8	9	10	11	12	13	14	15	16	17	18	19	20	21	22	23	24	25	26	27	28	29	30	31
☉	♑ 10	11	12	13	14	15	16	17	18	19	20	21	23	24	25	26	27	28	29	29 0	♒ 1	2	3	4	5	6	7	8	9	10	
☽	♎ 14	28	♏ 12	26	♐ 11	26	♑ 11	26	♒ 11	25	♓ 9	22	♈ 5	18	♉ 0	12	24	♊ 5	17	29	♋ 11	24	♌ 6	18	♍ 1	14	27	♎ 11	24	♏ 8	
☿	♑ R 22	9	7	6	5	4	3	2	2	2	1	D 1	2	2	2	3	3	4	5	5	6	7	8	9	10	11	13	14	15	16	
♀	♑ 22	23	24	26	27	28	29 0	♒ 1	2	3	5	6	7	8	9	11	12	13	15	16	17	18	20	21	22	23	25	26	27	28	
♂	♒ 13	14	15	16	16	17	18	19	20	20	21	22	23	24	24	25	26	27	28	28	29	29 0	♓ 1	1	2	3	4	5	5	6	

♃ 1 2 7 12 17 22 26 31 / ♓4 5 6 7 8 9 10 11 — ♄ 1 11 R / ♎2 2 — ♅ 1 R 9 / ♋7 6 — ♆ 1 20 R / ♎19 19 — ♇ 1 R 25 / ♌19 1

2

	1	2	3	4	5	6	7	8	9	10	11	12	13	14	15	16	17	18	19	20	21	22	23	24	25	26	27	28	29	30	31
☉	♒ 12	13	14	15	16	17	18	19	20	21	22	23	24	25	26	27	28	29	29 0	♓ 1	2	3	4	5	6	7	8	9			
☽	♐ 6	21	♑ 5	20	♒ 5	19	♓ 3	17	♈ 0	13	25	♉ 8	20	♊ 2	14	25	♋ 7	20	♌ 2	14	27	♍ 10	24	♎ 7	21	♏ 5	19	♐ 3			
☿	♑ 18	20	21	22	24	25	27	28	29 0	♒ 1	2	4	5	7	8	10	12	13	15	16	18	20	21	23	25	26	28	29 0			
♀	♓ 1	2	3	4	6	7	8	10	11	12	13	15	16	17	18	20	21	22	23	24	26	27	28	29 0	♈ 1	2	3	4			
♂	♓ 8	9	9	10	11	12	12	13	14	15	16	16	17	18	19	19	20	21	22	23	23	24	25	26	26	27	28	29			

♃ 1 4 8 13 17 21 25 / ♓11 12 13 14 15 16 17 — ♄ 1 R 21 / ♎1 0 — ♅ 1 R 4 / ♋6 5 — ♆ 1 R / ♎19 — ♇ 1 R / ♌18

3

	1	2	3	4	5	6	7	8	9	10	11	12	13	14	15	16	17	18	19	20	21	22	23	24	25	26	27	28	29	30	31
☉	♓ 10	11	12	13	14	15	16	17	18	19	20	21	22	23	24	25	26	27	28	29	29 0	♈ 1	2	3	4	5	6	7	8	9	
☽	♐ 17	♑ 1	16	♒ 0	14	28	♓ 11	25	♈ 8	21	♉ 3	15	28	♊ 9	21	♋ 3	15	27	♌ 10	22	♍ 5	19	♎ 3	16	♏ 1	15	29	♐ 14	28	♑ 12	
☿	♓ 2	3	5	7	9	11	13	14	16	18	20	22	24	26	28	29 0	♈ 2	4	6	8	10	12	14	16	17	19	21	23	24	26	
♀	♈ 5	7	8	9	10	12	13	14	15	17	18	19	20	21	23	24	25	26	28	29	29 0	♉ 1	3	4	5	6	7	9	10	11	
♂	29 0	♈ 0	1	2	3	3	4	5	6	6	7	8	9	10	10	11	12	13	13	14	15	16	16	17	18	19	19	20	21	22	

♃ 1 2 6 10 14 18 22 26 / ♓17 18 19 20 21 22 23 24 — ♄ 1 R 7 0 8 20 / ♎0 29 ♍29 28 — ♅ 1 R 13 D / ♋5 5 — ♆ 1 R 7 / ♎19 18 — ♇ 1 R 8 / ♌18 1

4

	1	2	3	4	5	6	7	8	9	10	11	12	13	14	15	16	17	18	19	20	21	22	23	24	25	26	27	28	29	30	31
☉	♈ 11	12	13	14	15	16	17	18	19	20	21	22	23	24	25	26	27	28	29	29 0	♉ 1	2	3	3	4	5	6	7	8	9	
☽	♒ 10	24	♓ 7	20	♈ 3	16	29	♉ 11	23	♊ 6	17	29	♋ 11	23	♌ 5	18	♍ 0	13	27	♎ 11	25	♏ 10	24	♐ 9	24	♑ 9	23	♒ 7	21	♓ 4	
☿	29	29 0	♉ 2	3	4	5	6	6	7	7	8	8	8	R 8	8	8	8	7	7	6	6	5	4	4	3	2	2	1	1	0	
♀	♉ 13	15	16	17	18	20	21	22	23	24	26	27	28	29	29 0	♊ 1	3	4	5	6	7	9	10	11	12	13	14	16	17	18	
♂	♈ 23	24	25	25	26	27	28	28	29	29 0	♉ 1	1	2	3	4	4	5	6	7	7	8	9	10	10	11	12	12	13	14	15	

♃ 1 4 8 12 17 21 29 22 26 / ♓25 26 27 28 29 0 ♈ 0 1 — ♄ 1 R 2 16 / ♍28 27 26 — ♅ 1 20 / ♋5 6 — ♆ 1 R 14 / ♎18 17 — ♇ 1 R 30 D / 17 1

5

	1	2	3	4	5	6	7	8	9	10	11	12	13	14	15	16	17	18	19	20	21	22	23	24	25	26	27	28	29	30	31
☉	♉ 10	11	12	13	14	15	16	17	18	19	20	21	22	23	24	25	26	27	28	29	29 0	♊ 1	2	2	3	4	5	6	7	8	
☽	♓ 17	♈ 0	13	25	♉ 8	20	♊ 2	14	26	♋ 8	19	♌ 1	14	26	♍ 8	21	♎ 5	19	♏ 3	18	♐ 3	18	♑ 4	18	♒ 3	17	♓ 1	14	27	♈ 10	
☿	0 R 29	♈ 29	29	28	28	28	28	D 28	28	28	28	29	29	29	29 0	♉ 1	1	2	3	4	4	5	6	7	9	10	11	12	13	14	
♀	♊ 19	20	21	22	24	25	26	27	28	29	29 1	♋ 2	3	4	5	6	7	8	10	11	12	13	14	15	16	17	18	20	21	22	
♂	♉ 15	16	17	18	18	19	20	20	21	22	23	23	24	25	25	26	27	28	28	29	29 0	♊ 0	1	2	3	3	4	5	5	6	

♃ 1 5 10 15 20 25 31 / ♈2 3 4 5 6 7 8 — ♄ 1 R 5 28 D / ♍26 25 25 — ♅ 1 15 / ♋6 7 — ♆ 1 R 29 / ♎17 16 — ♇ 1 / ♌17

6

	1	2	3	4	5	6	7	8	9	10	11	12	13	14	15	16	17	18	19	20	21	22	23	24	25	26	27	28	29	30	31
☉	♊ 10	11	12	13	14	15	16	17	18	19	20	21	22	23	24	25	25	26	27	28	29	29 0	♋ 1	2	3	4	5	6	7	8	
☽	♉ 5	17	29	♊ 11	23	♋ 5	16	28	♌ 10	22	♍ 5	17	♎ 0	13	27	♏ 12	26	♐ 12	27	♑ 12	27	♒ 12	26	♓ 10	24	♈ 7	19	♉ 2	14	26	
☿	♉ 17	19	20	22	23	25	27	28	29 0	♊ 2	4	6	8	10	12	14	16	18	20	22	24	26	28	29 0	♋ 3	5	7	9	12	14	
♀	♋ 24	25	26	27	28	29	29 0	♌ 1	2	3	5	6	7	8	9	10	11	12	13	14	15	16	17	18	18	19	20	21	22	23	
♂	♊ 8	8	9	10	10	11	12	12	13	14	14	15	16	17	17	18	19	19	20	21	21	22	23	23	24	25	25	26	27	27	

♃ 1 6 12 19 27 / ♈8 9 10 11 12 — ♄ 1 21 / ♍25 26 — ♅ 1 3 20 / ♋7 8 9 — ♆ 1 R 28 D / ♎16 16 — ♇ 1 20 / ♌17 1

7

	1	2	3	4	5	6	7	8	9	10	11	12	13	14	15	16	17	18	19	20	21	22	23	24	25	26	27	28	29	30	31
☉	♋ 9	10	11	12	13	14	15	15	16	17	18	19	20	21	22	23	24	25	26	27	28	29	29 0	♌ 1	2	3	4	5	6	6	
☽	♊ 8	20	♋ 2	13	15	♌ 7	19	♍ 2	14	27	♎ 10	23	♏ 7	21	♐ 5	20	♑ 5	21	♒ 6	20	♓ 5	19	♈ 2	16	28	♉ 11	23	♊ 5	17	28	
☿	♋ 16	18	20	22	24	26	28	29 0	♌ 2	3	5	7	9	10	12	14	15	17	19	20	22	23	24	26	27	28	29 0	♍ 1	2	3	
♀	♌ 24	25	26	27	28	28	29	29 0	♍ 1	2	3	3	4	5	6	6	7	8	9	9	10	10	11	12	12	13	13	14	14	15	
♂	♊ 28	29	29 0	♋ 0	1	2	2	3	4	4	5	6	6	7	8	8	9	10	10	11	12	12	13	14	14	15	16	16	17	17	

♃ 1 8 24 / ♈12 13 14 — ♄ 1 10 23 / ♍26 27 28 — ♅ 1 7 24 / ♋9 10 11 — ♆ 1 28 / ♎16 17 — ♇ 1 26 / ♌18 1

8

	1	2	3	4	5	6	7	8	9	10	11	12	13	14	15	16	17	18	19	20	21	22	23	24	25	26	27	28	29	30	31
☉	♌ 8	9	10	11	12	13	14	15	16	17	18	19	20	21	22	23	24	25	26	27	28	29	29 0	♍ 0	1	2	3	4	5	6	
☽	♋ 22	♌ 4	16	29	♍ 11	24	♎ 7	20	♏ 3	17	♐ 1	15	♑ 0	14	29	♒ 14	29	♓ 13	27	♈ 11	24	♉ 6	19	♊ 1	13	25	♋ 7	19	♌ 1	13	
☿	♍ 6	7	8	9	9	10	11	12	12	13	13	14	14	14	15	15	15	R 15	14	14	14	13	13	12	11	11	10	9	8	7	
♀	♍ 16	16	16	17	17	17	17	17	18	18	18	R 18	18	18	18	18	17	17	17	17	16	16	16	15	15	14	14	13	13	12	
♂	♋ 19	19	20	21	21	22	23	23	24	25	25	26	27	27	28	29	29 0	♌ 0	1	1	2	2	3	4	4	5	6	6	7	8	

♃ 1 3 R 14 31 / ♈14 14 13 12 — ♄ 1 3 13 29 14 22 31 / ♍28 29 0 ♎ 0 1 2 — ♅ 1 11 / ♋11 12 — ♆ 1 / ♎17 — ♇ 1 29 / ♌19 20

9

	1	2	3	4	5	6	7	8	9	10	11	12	13	14	15	16	17	18	19	20	21	22	23	24	25	26	27	28	29	30	31
☉	♍ 8	9	10	11	12	13	14	15	16	17	18	19	20	21	22	23	24	25	26	27	28	29	29 0	♎ 1	2	3	4	5	6	7	
☽	♍ 8	20	♎ 3	17	♏ 0	14	27	♐ 11	26	♑ 10	24	♒ 9	23	♓ 7	21	♈ 5	19	♉ 2	14	27	♊ 9	21	♋ 3	15	27	♌ 9	21	♍ 3	16	29	
☿	♍ R 5	4	3	2	2	2	1	1	D 1	1	2	2	2	3	4	5	6	7	8	10	11	12	14	16	17	19	21	23	24	26	
♀	♍ R 11	10	10	9	8	8	7	7	6	5	5	5	4	4	3	3	3	2	2	2	2	2	2	D 2	2	2	2	2	2	2	
♂	♌ 9	9	10	11	11	12	13	13	14	15	15	16	16	17	18	18	19	20	20	21	21	22	23	23	24	25	25	26	26	27	

♃ 1 R 10 18 26 / ♈12 11 10 9 — ♄ 1 9 17 25 / ♎2 3 4 5 — ♅ 1 2 / ♋12 13 — ♆ 1 7 / ♎17 8 — ♇ 1 / ♌20

10

	1	2	3	4	5	6	7	8	9	10	11	12	13	14	15	16	17	18	19	20	21	22	23	24	25	26	27	28	29	30	31
☉	♎ 7	8	9	10	11	12	13	14	15	16	17	18	19	20	21	22	23	24	25	26	27	28	29	29 0	♏ 1	2	3	4	5	6	
☽	♎ 13	26	♏ 10	24	♐ 8	22	♑ 7	21	♒ 5	19	♓ 3	17	♈ 0	14	27	♉ 10	22	♊ 5	17	29	♋ 11	23	♌ 5	17	29	♍ 11	24	♎ 7	21	♏ 5	
☿	♍ 28	29 0	♎ 2	3	5	7	9	10	12	14	16	17	19	21	23	24	26	28	29 0	♏ 1	2	4	6	7	9	10	12	14	15	17	
♀	♍ 3	3	3	3	4	4	5	5	6	6	7	7	8	8	9	10	10	11	12	12	13	14	15	15	16	17	18	19	19	20	
♂	♌ 28	28	29	29 0	♍ 0	1	1	2	3	3	4	4	5	6	6	7	7	8	9	9	10	10	11	12	12	13	13	14	15	15	

♃ 1 R 4 12 20 29 / ♈9 8 7 6 5 — ♄ 1 3 11 20 28 / ♎5 6 7 8 9 — ♅ 1 18 20 R 23 / ♋13 14 14 13 — ♆ 1 5 / ♎18 19 — ♇ 1 6 / ♌20 21

11

	1	2	3	4	5	6	7	8	9	10	11	12	13	14	15	16	17	18	19	20	21	22	23	24	25	26	27	28	29	30	31
☉	♏ 8	9	10	11	12	13	14	15	16	17	18	19	20	21	22	23	24	25	26	27	28	29	29 0	♐ 1	2	3	4	5	6	7	
☽	♐ 4	18	♑ 3	18	♒ 2	16	♓ 0	13	27	♈ 10	23	♉ 6	18	♊ 1	13	25	♋ 7	19	♌ 1	13	25	♍ 7	19	♎ 2	15	29	♏ 13	28	♐ 13	28	
☿	♏ 20	21	23	24	26	27	29	29 0	♐ 2	3	5	6	8	9	10	12	13	15	16	17	19	20	21	22	24	25	26	27	28	29	
♀	♍ 22	23	24	25	26	27	28	29	29 0	♎ 1	2	3	4	5	6	7	8	9	10	11	12	13	14	15	16	17	18	19	21	22	
♂	♍ 17	17	18	18	19	19	20	21	21	22	22	23	24	24	25	25	26	26	27	28	28	29	29	29 0	♎ 1	1	2	2	3	3	

♃ 1 R 9 29 D / ♈5 4 4 — ♄ 1 6 15 25 / ♎9 10 11 12 — ♅ 1 R / ♋13 — ♆ 1 2 / ♎19 20 — ♇ 1 23 R / ♌21 21

12

	1	2	3	4	5	6	7	8	9	10	11	12	13	14	15	16	17	18	19	20	21	22	23	24	25	26	27	28	29	30	31
☉	♐ 8	10	11	12	13	14	15	16	17	18	19	20	21	22	23	24	25	26	27	28	29	29 0	♑ 1	2	3	4	5	6	7	8	
☽	♑ 13	28	♒ 12	26	♓ 10	24	♈ 7	20	♉ 2	15	27	♊ 10	22	♋ 4	16	27	♌ 9	21	♍ 3	15	27	♎ 10	23	♏ 7	21	♐ 6	21	♑ 6	21	♒ 6	
☿	29 0	♑ 0	1	1	2	2	R 2	2	1	1	0	0 29	♐ 28	27	25	25	23	22	21	19	18	17	16	16	16	16	D 16	16	16	17	
♀	♎ 23	24	25	26	27	28	29	29 0	♏ 2	3	4	5	6	7	8	10	11	12	13	14	16	17	18	19	20	21	23	24	25	26	
♂	♎ 4	4	5	6	6	7	7	8	8	9	9	10	11	11	12	12	13	13	14	14	15	15	16	17	17	18	18	19	19	20	

♃ 1 21 / ♈4 5 — ♄ 1 7 22 / ♎12 13 14 — ♅ 1 R 8 / ♋13 12 — ♆ 1 3 / ♎20 21 — ♇ 1 R / ♌21

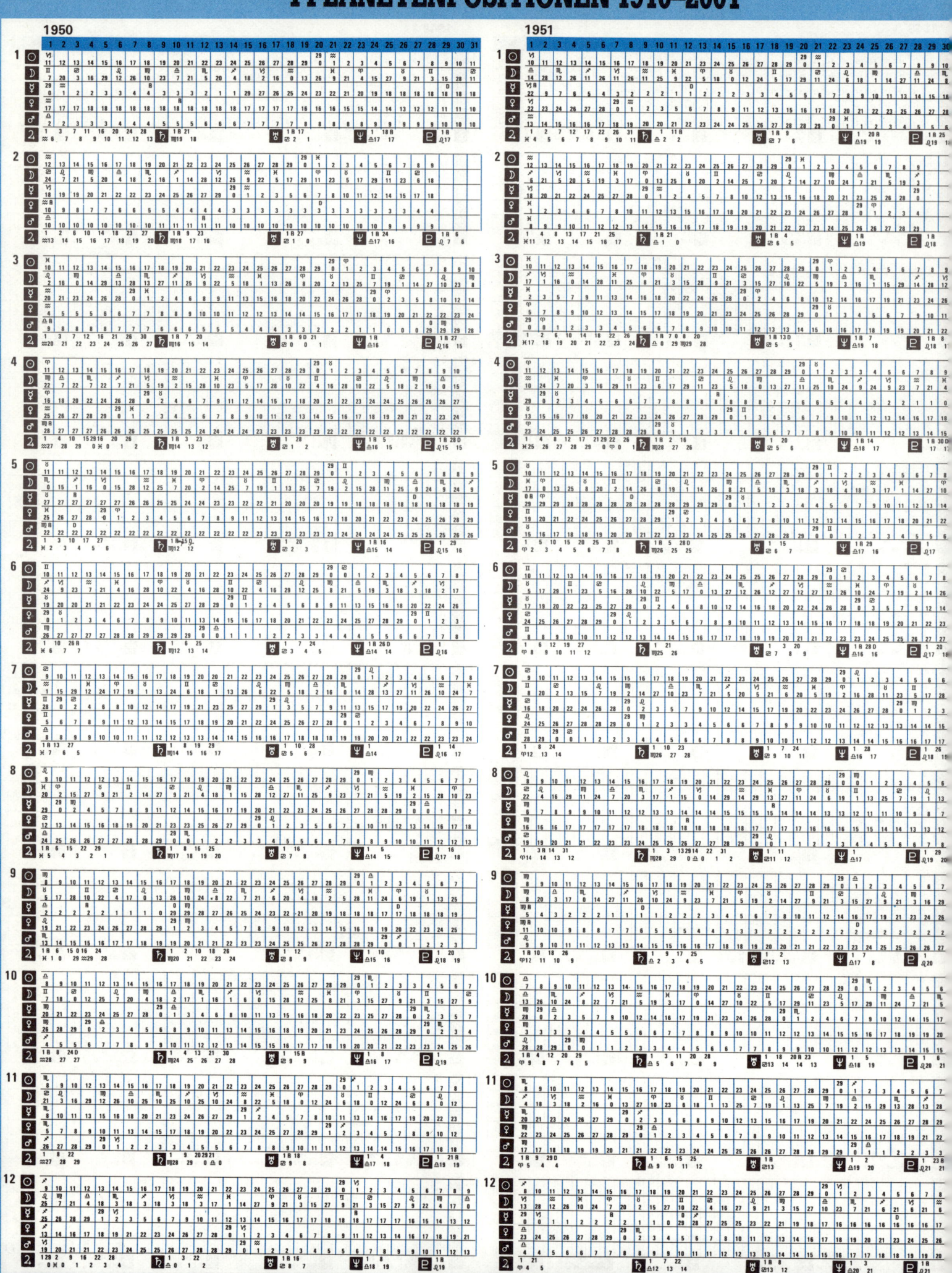

1 PLANETENPOSITIONEN 1910–2001

1952

1

	1	2	3	4	5	6	7	8	9	10	11	12	13	14	15	16	17	18	19	20	21	22	23	24	25	26	27	28	29	30	31
☉	♑ 10	11	12	13	14	15	16	17	18	19	20	21	22	23	24	25	26	27	28	29	29 0	♒ 1	2	3	4	6	7	8	9	10	11
☽	♓ 6	20	♈ 3	17	29	♉ 12	24	♊ 7	19	♋ 1	12	24	♌ 6	18	♍ 0	12	24	♎ 6	19	♏ 2	16	♐ 0	14	29	♑ 14	29	♒ 14	29	♓ 14	28	♈ 12
☿	♐ 18	18	19	20	21	22	23	24	25	27	28	29	29 0	♑ 1	3	4	5	7	8	10	11	13	14	15	17	18	20	21	23	24	26
♀	♏ 20	29 0	♐ 1	2	3	4	5	7	8	9	10	11	13	14	15	16	18	19	20	21	22	24	25	26	27	29	29 0	♑ 1	2	3	5
♂	♎ 21	21	22	22	23	23	24	24	25	25	26	26	27	27	28	28	29	29	29	29 0	♏ 0	1	1	2	2	3	3	4	4	4	5

♃ 1 9 17 23 29 / ♈6 7 8 9 10 — ♄ 1 25℞ / ♎14 14 — ♅ 1℞ 2 26 / ♋12 11 10 — ♆ 1 24℞ / ♎21 21 — ♇ 1℞ 12 / ♌21 20

2

	1	2	3	4	5	6	7	8	9	10	11	12	13	14	15	16	17	18	19	20	21	22	23	24	25	26	27	28	29
☉	♒ 12	13	14	15	16	17	18	19	20	21	22	23	24	25	26	27	28	29	29 0	♓ 1	2	3	4	5	6	7	8	9	10
☽	♈ 26	♉ 9	21	♊ 3	16	27	♋ 9	21	♌ 3	15	27	♍ 9	21	♎ 3	16	29	♏ 12	25	♐ 9	23	♑ 8	23	♒ 7	22	♓ 7	22	♈ 6	20	♉ 4
☿	♑ 27	29	29 1	♒ 2	4	5	7	9	10	12	14	15	17	19	20	22	24	26	28	29 0	♓ 1	3	5	7	9	10	12	14	16
♀	♑ 6	7	8	9	11	12	13	14	16	17	18	19	20	22	23	24	25	27	28	29	29 0	♒ 1	3	4	5	6	8	9	10
♂	♏ 5	6	6	6	7	7	8	8	8	9	9	9	10	10	11	11	11	12	12	12	12	13	13	13	14	14	14	14	15

♃ 1 4 9 14 19 24 29 / ♈10 11 12 13 14 15 16 — ♄ 1℞ 27 / ♎14 13 — ♅ 1℞ / ♋10 — ♆ 1℞ / ♎21 — ♇ 1℞ 23 / ♌20 19

3

	1	2	3	4	5	6	7	8	9	10	11	12	13	14	15	16	17	18	19	20	21	22	23	24	25	26	27	28	29	30	31
☉	♓ 11	12	13	14	15	16	17	18	19	20	21	22	23	24	25	26	27	28	29	29 0	♈ 1	2	3	4	5	6	7	8	9	10	11
☽	♉ 17	♊ 0	12	24	♋ 6	18	♌ 0	11	23	♍ 5	18	♎ 0	13	26	♏ 9	22	♐ 6	20	♑ 4	18	♒ 2	17	♓ 1	16	♈ 0	14	28	♉ 12	25	♊ 7	20
☿	♓ 18	20	22	24	26	28	29 0	♈ 1	3	5	6	8	10	11	13	14	15	16	17	18	19	19	19	20	20	20	℞ 20	20	19	19	18
♀	♒ 11	13	14	15	16	17	19	20	21	22	24	25	26	27	29	29 0	♓ 1	2	3	5	6	7	8	10	11	12	13	15	16	17	18
♂	♏ 15	15	15	16	16	16	16	16	17	17	17	17	17	17	17	18	18	18	18	18	18	18	18	18	℞ 18	18	18	18	18	18	18

♃ 1 4 9 13 17 22 26 30 / ♈16 17 18 19 20 21 22 23 — ♄ 1℞ 14 28 / ♎13 12 11 — ♅ 1℞ 3 18D / ♋10 9 9 — ♆ 1℞ 16 / ♎21 20 — ♇ 1℞ / ♌19

4

	1	2	3	4	5	6	7	8	9	10	11	12	13	14	15	16	17	18	19	20	21	22	23	24	25	26	27	28	29	30
☉	♈ 12	13	14	15	16	17	18	19	20	21	22	23	23	24	25	26	27	28	29	29 0	♉ 1	2	3	4	5	6	7	8	9	10
☽	♋ 2	14	26	♌ 8	20	♍ 2	14	26	♎ 9	22	♏ 5	19	♐ 3	17	♑ 1	15	29	♒ 13	27	♓ 11	25	♈ 9	23	♉ 6	20	♊ 3	15	28	♋ 10	22
☿	♈℞ 18	17	16	16	15	14	13	12	12	11	10	10	9	9	9	8	8	8	D 8	8	9	9	9	10	10	11	11	12	13	14
♀	♓ 20	21	22	23	24	26	27	28	29 0	♈ 1	2	3	4	5	7	8	9	10	12	13	14	15	16	18	19	20	21	23	24	25
♂	♏℞ 18	18	17	17	17	17	17	17	16	16	16	16	16	15	15	15	15	14	14	14	13	13	13	12	12	12	11	11	11	10

♃ 1 3 8 12 16 20 24 28 29 / ♈23 24 25 26 27 28 29 0 — ♄ 1℞ 9 23 / ♎11 10 9 — ♅ 1 / ♋10 — ♆ 1℞ 22 / ♎20 19 — ♇ 1℞ / ♌19

5

	1	2	3	4	5	6	7	8	9	10	11	12	13	14	15	16	17	18	19	20	21	22	23	24	25	26	27	28	29	30	31
☉	♉ 11	12	13	14	15	16	17	18	19	20	21	22	23	24	25	26	26	27	28	29	29 0	♊ 1	2	3	4	5	6	7	8	9	10
☽	♌ 4	15	27	♍ 9	22	♎ 14	17	♏ 1	14	28	♐ 12	27	♑ 11	26	♒ 10	24	♓ 8	22	♈ 5	19	♉ 2	15	28	♊ 11	24	♋ 6	18	♌ 0	12	23	♍ 5
☿	♈ 14	15	16	17	18	20	21	22	23	24	26	27	28	29 0	♉ 1	3	4	6	7	9	11	13	14	16	18	20	22	24	26	28	29 0
♀	♈ 26	28	29	29 0	♉ 1	2	4	5	6	7	9	10	11	12	14	15	16	17	18	20	21	22	23	25	26	27	28	29 0	♊ 1	2	3
♂	♏℞ 10	9	9	9	8	8	8	7	7	7	6	6	5	5	5	5	4	4	4	3	3	3	3	2	2	2	2	2	2	1	1

♃ 1 2 7 11 15 20 24 28 / ♉0 1 2 3 4 5 6 7 — ♄ 1℞ 10 / ♎9 8 — ♅ 1 7 29 / ♋10 11 12 — ♆ 1℞ / ♎19 — ♇ 1 / ♎19

6

	1	2	3	4	5	6	7	8	9	10	11	12	13	14	15	16	17	18	19	20	21	22	23	24	25	26	27	28	29	30
☉	♊ 11	12	13	14	15	16	17	18	19	20	20	21	22	23	24	25	26	27	28	29	29 0	♋ 1	2	3	4	5	6	7	8	9
☽	♍ 17	♎ 0	12	25	♏ 9	23	♐ 7	21	♑ 6	21	♒ 6	20	♓ 5	19	♈ 2	16	29	♉ 12	25	♊ 8	20	♋ 2	14	26	♌ 8	20	♍ 2	14	26	♎ 8
☿	♊ 2	4	6	8	10	12	15	17	19	21	23	26	28	29 0	♋ 2	4	6	8	10	12	14	16	18	20	22	23	25	27	29	29 0
♀	♊ 4	6	7	8	9	11	12	13	14	15	17	18	19	20	22	23	24	25	26	28	29	29 0	♋ 1	3	4	5	6	8	9	10
♂	♏℞ 1	1	1	1	1	1	1	1	1	D 1	1	1	1	1	1	1	1	1	1	1	2	2	2	2	2	2	3	3	3	3

♃ 1 2 7 11 16 21 26 / ♉7 8 9 10 11 12 13 — ♄ 1℞ 11D / ♎8 8 — ♅ 1 15 / ♋12 13 — ♆ 1℞ 14 30D / ♎19 18 18 — ♇ 1 / ♌19

7

	1	2	3	4	5	6	7	8	9	10	11	12	13	14	15	16	17	18	19	20	21	22	23	24	25	26	27	28	29	30	31
☉	♋ 10	10	11	12	13	14	15	16	17	18	19	20	21	22	23	24	25	26	27	28	29	29 0	♌ 1	2	3	4	5	6	7	8	8
☽	♎ 20	♏ 3	17	♐ 1	15	♑ 0	15	♒ 0	15	♓ 0	14	29	♈ 13	26	♉ 9	22	♊ 5	17	29	♋ 11	23	♌ 5	17	29	♍ 10	22	♎ 4	17	29	♏ 12	26
☿	♌ 2	3	5	6	7	9	10	12	13	14	15	16	18	19	20	20	21	22	23	24	24	25	25	26	26	26	27	27	27	℞ 27	26
♀	♋ 11	13	14	15	16	17	19	20	21	22	24	25	26	27	28	29 0	♌ 1	2	3	5	6	7	8	10	11	12	13	14	16	17	18
♂	♏ 4	4	4	5	5	5	5	6	6	6	7	7	7	8	8	8	9	9	10	10	10	11	11	12	12	13	13	14	14	15	15

♃ 1 2 7 14 20 27 / ♉13 14 15 16 17 18 — ♄ 1 11 27 / ♎8 9 10 — ♅ 1 2 19 / ♋13 14 15 — ♆ 1 15 / ♎18 19 — ♇ 1 4 / ♌19 20

8

	1	2	3	4	5	6	7	8	9	10	11	12	13	14	15	16	17	18	19	20	21	22	23	24	25	26	27	28	29	30	31
☉	♌ 9	10	11	12	13	14	15	16	17	18	19	20	21	22	23	24	24	25	26	27	28	29	29 0	♍ 1	2	3	4	5	6	7	8
☽	♐ 9	24	♑ 8	23	♒ 8	23	♓ 9	23	♈ 8	22	♉ 6	19	♊ 2	14	26	♋ 8	20	♌ 2	14	26	♍ 8	19	♎ 2	14	26	♏ 9	22	♐ 5	19	♑ 3	17
☿	♌℞ 26	26	26	25	24	24	23	22	22	21	20	19	18	18	17	16	16	15	15	15	14	14	D 14	15	15	16	16	17	18	19	20
♀	♌ 20	21	22	23	24	26	27	28	29 0	♍ 1	2	3	4	5	7	8	9	10	12	13	14	15	16	18	19	20	21	23	24	25	26
♂	♏ 15	16	16	17	17	18	18	19	20	20	21	21	22	22	23	23	24	24	25	26	26	27	27	28	28	29	29 0	♐ 0	1	1	2

♃ 1 5 16 / ♉18 19 20 — ♄ 1 9 20 29 / ♎10 11 12 13 — ♅ 1 5 25 / ♋15 16 17 — ♆ 1 / ♎19 — ♇ 1 7 / ♌20 21

9

	1	2	3	4	5	6	7	8	9	10	11	12	13	14	15	16	17	18	19	20	21	22	23	24	25	26	27	28	29	30
☉	♍ 9	10	11	12	13	14	15	16	17	18	19	20	21	22	23	24	25	25	26	27	28	29	29 0	♎ 1	2	3	4	5	6	7
☽	♒ 2	17	♓ 2	17	♈ 2	16	♉ 1	14	28	♊ 10	23	♋ 5	17	29	♌ 11	23	♍ 4	16	28	♎ 11	23	♏ 6	19	♐ 2	15	29	♑ 12	27	♒ 11	26
☿	♌ 21	22	24	25	27	28	29 0	♍ 2	3	5	7	9	11	13	14	16	18	20	22	24	26	28	29 0	♎ 3	3	5	7	8	10	12
♀	♍ 28	29	29 0	♎ 1	3	4	5	6	8	9	10	11	12	14	15	16	17	19	20	21	22	24	25	26	27	28	29 0	♏ 1	2	3
♂	♐ 3	3	4	5	5	6	6	7	8	8	9	10	10	11	12	12	13	14	14	15	16	16	17	18	18	19	20	20	21	22

♃ 1 10℞ / ♉20 20 — ♄ 1 8 16 25 / ♎13 14 15 16 — ♅ 1 19 / ♋17 18 — ♆ 1 3 / ♎19 20 — ♇ 1 9 / ♌21 22

10

	1	2	3	4	5	6	7	8	9	10	11	12	13	14	15	16	17	18	19	20	21	22	23	24	25	26	27	28	29	30	31
☉	♎ 8	9	10	11	12	13	14	15	16	17	18	19	20	21	22	23	24	25	26	27	28	29	29 0	♏ 1	2	3	4	5	6	7	8
☽	♓ 10	25	♈ 10	24	♉ 9	22	♊ 6	19	♋ 1	13	25	♌ 7	19	♍ 1	13	25	♎ 7	20	♏ 2	16	29	♐ 12	26	♑ 9	23	♒ 7	21	♓ 6	20	♈ 4	19
☿	♎ 13	15	17	18	20	22	23	25	27	28	29 0	♏ 1	3	4	6	7	9	11	12	13	15	16	18	19	21	22	23	25	26	28	29 0
♀	♏ 4	6	7	8	9	11	12	13	14	16	17	18	19	20	22	23	24	25	27	28	29	29 0	♐ 1	3	4	5	6	8	9	10	11
♂	♐ 22	23	24	24	25	26	27	27	28	29	29	29 0	♑ 1	1	2	3	4	4	5	6	7	7	8	9	9	10	11	12	12	13	14

♃ 1℞ 4 14 23 31 / ♉20 19 18 17 16 — ♄ 1 3 11 19 28 / ♎16 17 18 19 20 — ♅ 1 25℞ / ♋18 18 — ♆ 1 2 29 / ♎20 21 22 — ♇ 1 22 / ♌22 23

11

	1	2	3	4	5	6	7	8	9	10	11	12	13	14	15	16	17	18	19	20	21	22	23	24	25	26	27	28	29	30
☉	♏ 9	10	11	12	13	14	15	16	17	18	19	20	21	22	23	24	25	26	27	28	29	29 0	♐ 1	2	3	4	5	6	7	8
☽	♉ 3	17	♊ 0	14	27	♋ 9	21	♌ 3	15	27	♍ 9	21	♎ 3	15	28	♏ 11	24	♐ 8	22	♑ 6	20	♒ 4	18	♓ 2	16	♈ 0	14	28	♉ 12	25
☿	♐ 0	1	3	4	5	7	8	9	10	11	12	13	13	14	15	15	16	16	℞ 16	16	16	15	15	14	13	12	11	10	9	7
♀	♐ 13	14	15	16	17	19	20	21	22	23	25	26	27	28	29 0	♑ 1	2	3	4	6	7	8	9	11	12	13	14	15	17	18
♂	♑ 15	15	16	17	18	18	19	20	21	21	22	23	24	24	25	26	27	27	28	29	29 0	♒ 0	1	2	3	3	4	5	6	7

♃ 1℞ 7 15 22 / ♉16 15 14 13 — ♄ 1 5 14 23 / ♎20 21 22 23 — ♅ 1℞ 28 / ♋18 17 — ♆ 1 28 / ♎22 23 — ♇ 1 24℞ / ♌23 23

12

	1	2	3	4	5	6	7	8	9	10	11	12	13	14	15	16	17	18	19	20	21	22	23	24	25	26	27	28	29	30	31
☉	♐ 9	10	11	12	13	14	15	16	17	18	19	20	21	22	23	25	26	27	28	29	29 0	♑ 1	2	3	4	5	6	7	8	9	10
☽	♊ 9	22	♋ 5	17	29	♌ 11	23	♍ 5	17	29	♎ 11	23	♏ 6	19	♐ 3	17	♑ 1	15	♒ 0	14	29	♓ 13	27	♈ 11	25	♉ 8	22	♊ 5	18	♋ 0	13
☿	♐℞ 6	5	3	2	1	1	0	0	0	D 0	0	0	1	2	2	3	4	5	6	7	8	9	11	12	13	14	16	17	18	20	21
♀	♑ 19	20	21	22	24	25	26	27	29	29 0	♒ 1	2	3	4	6	7	8	9	10	12	13	14	15	16	17	19	20	21	22	23	24
♂	♒ 7	8	9	10	10	11	12	13	13	14	15	16	16	17	18	19	20	20	21	22	23	23	24	25	26	26	27	28	29	29 0	♓ 0

♃ 1℞ 11 / ♉12 11 — ♄ 1 3 14 28 / ♎23 24 25 26 — ♅ 1℞ 26 / ♋17 16 — ♆ 1 / ♎23 — ♇ 1 29 / ♌23 22

1953

1

	1	2	3	4	5	6	7	8	9	10	11	12	13	14	15	16	17	18	19	20	21	22	23	24	25	26	27	28	29	30	31
☉	♑ 11	12	13	14	15	16	17	18	19	20	21	22	23	24	25	26	27	28	29	29 0	♒ 1	2	3	4	5	6	7	8	9	10	11
☽	♋ 25	♌ 7	19	♍ 1	13	25	♎ 7	19	♏ 1	14	27	♐ 10	25	♑ 9	24	♒ 9	24	♓ 8	23	♈ 8	22	♉ 5	19	♊ 2	15	27	♋ 10	22	♌ 4	16	28
☿	♐ 23	24	25	27	28	29 0	♑ 1	3	4	6	7	9	10	12	13	15	17	18	20	21	23	24	26	28	29 0	♒ 1	3	4	6	8	9
♀	♒ 25	26	28	29	29 0	♓ 1	2	3	5	6	7	8	9	10	11	12	13	15	16	17	18	19	20	21	22	23	24	25	26	27	28
♂	♓ 1	2	3	3	4	5	6	6	7	8	9	10	10	11	12	13	13	14	15	16	16	17	18	19	20	20	21	22	23	23	24

♃ 1℞ 2 4D 8 29 / ♉11 10 10 11 12 — ♄ 1 17 / ♎26 27 — ♅ 1℞ 18 / ♋16 15 — ♆ 1 25℞ / ♎23 23 — ♇ 1℞ / ♌22

2

	1	2	3	4	5	6	7	8	9	10	11	12	13	14	15	16	17	18	19	20	21	22	23	24	25	26	27	28
☉	♒ 12	13	14	15	16	17	18	19	20	21	22	23	25	26	27	28	29	29 0	♓ 1	2	3	4	5	6	7	8	9	10
☽	♍ 9	21	♎ 3	15	27	♏ 9	22	♐ 5	19	♑ 2	17	♒ 2	17	♓ 2	17	♈ 2	17	♉ 1	15	28	♊ 12	24	♋ 7	19	♌ 1	13	24	♍ 6
☿	♒ 11	13	15	16	18	20	22	24	25	27	29 0	♓ 1	3	4	6	8	10	12	13	15	17	19	20	22	23	25	26	27
♀	29	29 0	♈ 1	2	3	4	5	6	7	8	9	10	11	11	12	13	14	15	16	17	17	18	19	20	20	21	22	23
♂	♓ 25	26	26	27	28	29	29	29 0	♈ 1	2	2	3	4	5	5	6	7	8	9	9	10	11	12	12	13	14	14	15

♃ 1 9 17 24 / ♉12 13 14 15 — ♄ 1 5℞ 23 / ♎27 27 26 — ♅ 1℞ 14 / ♋15 14 — ♆ 1℞ / ♎23 — ♇ 1℞ 13 / ♌22 21

3

	1	2	3	4	5	6	7	8	9	10	11	12	13	14	15	16	17	18	19	20	21	22	23	24	25	26	27	28	29	30	31
☉	♓ 11	12	13	14	15	16	17	18	19	20	21	22	23	24	25	26	27	28	29	29 0	♈ 1	2	3	4	5	6	7	8	8	9	10
☽	♍ 18	♎ 0	12	24	♏ 6	19	♐ 1	14	27	♑ 11	25	♒ 10	25	♓ 10	25	♈ 10	25	♉ 10	24	♊ 7	21	♋ 3	16	28	♌ 10	21	♍ 3	15	27	♎ 9	21
☿	♓ 29	29 0	♈ 0	1	2	2	2	2	℞ 2	2	2	1	1	0	0 29	♓ 28	27	26	25	25	24	23	22	22	21	21	20	20	20	19	19
♀	♈ 23	24	24	25	26	26	27	27	28	28	29	29	29	29 0	♉ 0	0	0	1	1	1	1	1	℞ 1	1	1	1	0	0	0	0	0 29
♂	♈ 16	17	17	18	19	20	20	21	22	23	23	24	25	26	26	27	28	29	29	29 0	♉ 1	1	2	3	4	4	5	6	7	7	8

♃ 1 3 8 14 19 25 30 / ♉15 16 17 18 19 20 21 — ♄ 1℞ 16 31 / ♎26 25 24 — ♅ 1℞ 23D / ♋14 14 — ♆ 1℞ 25 / ♎23 22 — ♇ 1℞ / ♌21

4

	1	2	3	4	5	6	7	8	9	10	11	12	13	14	15	16	17	18	19	20	21	22	23	24	25	26	27	28	29	30
☉	♈ 11	12	13	14	15	16	17	18	19	20	21	22	23	24	25	26	27	28	29	29 0	♉ 1	2	3	4	5	6	7	8	9	10
☽	♏ 3	16	28	♐ 11	24	♑ 7	21	♒ 5	19	♓ 4	18	♈ 3	18	♉ 3	18	♊ 2	16	29	♋ 12	24	♌ 6	18	♍ 0	12	24	♎ 5	18	♏ 0	12	25
☿	♓℞ 19	D 19	20	20	20	21	21	22	23	23	24	25	26	27	28	29	29 0	♈ 1	2	3	4	6	7	8	10	11	12	14	15	17
♀	♈℞ 29	28	28	27	27	26	26	25	25	24	23	22	22	21	21	20	20	19	19	18	18	17	17	16	16	16	15	15	15	15
♂	♉ 9	9	10	11	12	12	13	14	14	15	16	17	17	18	19	19	20	21	22	22	23	24	24	25	26	27	27	28	29	29

♃ 1 3 8 13 17 22 26 30 / ♉21 22 23 24 25 26 27 28 — ♄ 1℞ 13 26 / ♎24 23 22 — ♅ 1 27 / ♋14 15 — ♆ 1℞ / ♎22 — ♇ 1℞ 3 / ♌21 20

5

	1	2	3	4	5	6	7	8	9	10	11	12	13	14	15	16	17	18	19	20	21	22	23	24	25	26	27	28	29	30	31
☉	♉ 11	12	13	14	15	16	17	18	19	20	20	21	22	23	24	25	26	27	28	29	29 0	♊ 1	2	3	4	5	6	7	8	9	10
☽	♐ 8	21	♑ 4	18	♒ 1	15	29	♓ 14	28	♈ 13	27	♉ 12	26	♊ 10	24	♋ 7	20	♌ 2	14	26	♍ 8	20	♎ 2	14	26	♏ 8	21	♐ 4	17	♑ 1	14
☿	♈ 18	20	22	23	25	27	28	29 0	♉ 2	4	6	8	10	12	14	16	18	20	22	24	26	28	29 1	♊ 3	5	7	9	12	14	16	18
♀	♈℞ 15	15	14	D 14	15	15	15	15	15	15	16	16	16	16	17	17	18	18	19	19	20	20	21	21	22	23	23	24	25	25	26
♂	29 0	♊ 1	1	2	3	4	4	5	6	6	7	8	8	9	10	10	11	12	12	13	14	15	15	16	17	17	18	19	19	20	21

♃ 1 5 9 29 10 13 18 22 26 / ♉28 29 0 ♊ 0 1 2 3 4 — ♄ 1℞ 11 31 / ♎22 21 20 — ♅ 1 23 / ♋15 16 — ♆ 1℞ 2 / ♎22 21 — ♇ 1℞ 2D / ♌20 20

6

	1	2	3	4	5	6	7	8	9	10	11	12	13	14	15	16	17	18	19	20	21	22	23	24	25	26	27	28	29	30
☉	♊ 11	12	13	14	14	15	16	17	18	19	20	21	22	23	24	25	26	27	28	29	29 0	♋ 1	2	3	4	5	6	7	8	8
☽	♑ 28	♒ 12	26	♓ 10	24	♈ 9	23	♉ 7	21	♊ 5	19	♋ 2	15	28	♌ 10	22	♍ 4	16	28	♎ 10	22	♏ 4	17	29	♐ 13	26	♑ 10	24	♒ 8	23
☿	♊ 20	22	24	26	28	29 0	♋ 2	4	6	7	9	11	13	14	16	17	19	20	22	23	24	26	27	28	29	29 0	♌ 1	2	3	4
♀	♈ 27	28	28	29	29 0	♉ 1	2	2	3	4	5	6	7	8	8	9	10	11	12	13	14	15	16	17	18	19	20	21	22	23
♂	♊ 21	22	23	23	24	25	25	26	27	27	28	29	29	29 0	♋ 1	1	2	3	3	4	5	6	6	7	7	8	9	9	10	11

♃ 1 4 8 12 17 21 25 30 / ♊5 6 7 8 9 10 11 12 — ♄ 1℞ 24D / ♎20 20 — ♅ 1 11 28 / ♋16 17 18 — ♆ 1℞ / ♎21 — ♇ 1 / ♌21

7

	1	2	3	4	5	6	7	8	9	10	11	12	13	14	15	16	17	18	19	20	21	22	23	24	25	26	27	28	29	30	31
☉	♋ 9	10	11	12	13	14	15	16	17	18	19	20	21	22	23	24	25	26	26	27	28	29	29 0	♌ 1	2	3	4	5	6	7	8
☽	♓ 7	21	♈ 6	20	♉ 4	18	♊ 1	15	28	♋ 11	23	♌ 6	18	♍ 0	12	24	♎ 6	18	♏ 0	12	25	♐ 7	21	♑ 4	18	♒ 3	17	♓ 2	17	♈ 2	16
☿	♌ 4	5	6	6	7	7	7	8	8	8	℞ 8	8	8	7	7	7	6	6	5	5	4	3	3	2	1	1	0	0 29	♋ 29	28	28
♀	♉ 24	25	26	27	28	29	29 0	♊ 1	2	3	4	5	6	7	8	10	11	12	13	14	15	16	17	18	19	20	22	23	24	25	26
♂	♋ 11	12	13	13	14	15	15	16	17	17	18	19	19	20	21	21	22	23	23	24	24	25	26	26	27	28	28	29	29 0	♌ 0	1

♃ 1 5 9 14 19 24 29 / ♊12 13 14 15 16 17 18 — ♄ 1 16 / ♎20 21 — ♅ 1 14 31 / ♋18 19 20 — ♆ 1℞ 3D / ♎21 21 — ♇ 1 17 / ♌21 22

8

	1	2	3	4	5	6	7	8	9	10	11	12	13	14	15	16	17	18	19	20	21	22	23	24	25	26	27	28	29	30	31
☉	♌ 9	10	11	12	13	14	15	16	17	18	18	19	20	21	22	23	24	25	26	27	28	29	29 0	♍ 1	2	3	4	5	6	7	8
☽	♉ 0	14	28	♊ 11	24	♋ 7	20	♌ 2	14	27	♍ 9	20	♎ 2	14	26	♏ 8	20	♐ 3	16	29	♑ 12	27	♒ 11	26	♓ 11	26	♈ 11	26	♉ 11	25	♊ 8
☿	♋℞ 27	27	27	27	D 27	27	28	28	28	29	29 0	♌ 1	2	3	4	5	6	8	9	11	12	14	16	17	19	21	23	25	27	29 0	♍ 1
♀	♊ 27	28	29	29 0	♋ 2	3	4	5	6	7	8	10	11	12	13	14	15	16	18	19	20	21	22	23	25	26	27	28	29	29 0	♌ 2
♂	♌ 2	2	3	4	4	5	5	6	7	7	8	9	9	10	11	11	12	13	13	14	14	15	16	16	17	18	18	19	20	20	21

♃ 1 3 9 15 21 28 / ♊18 19 20 21 22 23 — ♄ 1 5 18 29 / ♎21 22 23 24 — ♅ 1 18 / ♋20 21 — ♆ 1 30 / ♎21 22 — ♇ 1 17 / ♌22 23

9

	1	2	3	4	5	6	7	8	9	10	11	12	13	14	15	16	17	18	19	20	21	22	23	24	25	26	27	28	29	30
☉	♍ 9	10	11	12	13	14	15	16	16	17	18	19	20	21	22	23	24	25	26	27	28	29	29 0	♎ 1	2	3	4	5	6	7
☽	♊ 21	♋ 4	17	29	♌ 11	23	♍ 5	17	29	♎ 11	23	♏ 5	17	29	♐ 11	24	♑ 7	21	♒ 5	19	♓ 4	19	♈ 5	20	♉ 5	20	♊ 4	18	♋ 1	14
☿	♍ 3	5	7	9	11	13	15	16	18	20	22	24	26	28	29 0	♎ 1	3	5	6	8	9	11	13	14	16	17	19	21	22	24
♀	♌ 3	4	5	6	7	9	10	11	12	13	15	16	17	18	19	21	22	23	24	25	27	28	29	29 0	♍ 2	3	4	5	6	8
♂	♌ 21	22	23	23	24	25	25	26	27	27	28	28	29	29 0	♍ 0	1	2	2	3	3	4	5	5	6	7	7	8	9	9	10

♃ 1 5 14 28 / ♊23 24 25 26 — ♄ 1 9 18 27 / ♎24 25 26 27 — ♅ 1 8 / ♋21 22 — ♆ 1 30 / ♎22 23 — ♇ 1 20 / ♌23 24

10

	1	2	3	4	5	6	7	8	9	10	11	12	13	14	15	16	17	18	19	20	21	22	23	24	25	26	27	28	29	30	31
☉	♎ 8	9	10	11	12	13	14	15	16	17	18	19	20	21	22	23	24	25	26	27	28	29	29 0	♏ 1	2	3	4	5	6	7	8
☽	♋ 26	♌ 9	21	♍ 2	14	26	♎ 8	20	♏ 2	14	26	♐ 8	21	♑ 4	17	♒ 0	14	28	♓ 13	28	♈ 13	28	♉ 13	28	♊ 12	26	♋ 10	23	♌ 5	17	29
☿	♎ 25	27	28	29 0	♏ 1	2	4	5	7	8	9	11	12	13	15	16	17	18	20	21	22	23	24	25	26	27	27	28	29	29	29 0
♀	♍ 9	10	11	12	14	15	16	18	19	20	21	22	24	25	26	27	28	29 0	♎ 1	2	4	5	6	7	8	10	11	12	13	15	16
♂	♍ 10	11	12	12	13	14	14	15	15	16	17	17	18	19	19	20	20	21	22	22	23	24	24	25	25	26	27	27	28	29	29

♃ 1 15℞ 31 / ♊26 26 25 — ♄ 1 5 14 22 29 23 30 / ♎27 28 29 0 ♏ 0 1 — ♅ 1 13 29℞ / ♋22 23 23 — ♆ 1 27 / ♎23 24 — ♇ 1 / ♌24

11

	1	2	3	4	5	6	7	8	9	10	11	12	13	14	15	16	17	18	19	20	21	22	23	24	25	26	27	28	29	30
☉	♏ 9	10	11	12	13	14	15	16	17	18	19	20	21	22	23	24	25	26	27	28	29	29 0	♐ 1	2	3	4	5	6	7	8
☽	♍ 11	23	♎ 5	17	29	♏ 11	23	♐ 5	18	♑ 1	14	27	♒ 10	24	♓ 8	22	♈ 7	22	♉ 7	21	♊ 6	20	♋ 4	18	♌ 1	13	25	♍ 8	19	♎ 1
☿	♐ 0	0	℞ 0	0	0	0 29	♏ 29	28	27	26	25	24	23	21	20	19	18	17	16	15	14	14	D 14	14	14	15	15	16	17	18
♀	♎ 17	18	20	21	22	23	25	26	27	28	29 0	♏ 1	2	3	5	6	7	8	10	11	12	13	15	16	17	18	20	21	22	23
♂	29 0	♎ 0	1	2	2	3	4	4	5	5	6	7	7	8	8	9	10	10	11	12	12	13	13	14	15	15	16	16	17	18

♃ 1℞ 14 23 / ♊25 24 23 — ♄ 1 8 16 25 / ♏1 2 3 4 — ♅ 1℞ 14 / ♋23 22 — ♆ 1 24 / ♊24 25 — ♇ 1 17 27℞ / ♌24 25 25

12

	1	2	3	4	5	6	7	8	9	10	11	12	13	14	15	16	17	18	19	20	21	22	23	24	25	26	27	28	29	30	31
☉	♐ 9	10	11	12	13	14	15	16	17	18	19	20	21	22	23	24	25	26	27	28	29	29 0	♑ 1	2	3	4	5	6	8	9	10
☽	♎ 13	25	♏ 7	19	♐ 2	15	27	♑ 10	24	♒ 7	21	♓ 5	19	♈ 3	17	♉ 1	16	♊ 0	14	28	♋ 12	25	♌ 8	21	♍ 3	15	27	♎ 9	21	♏ 3	15
☿	♏ 19	20	21	22	23	24	26	27	28	29 0	♐ 1	3	4	6	7	8	10	11	13	14	16	17	19	20	22	23	25	26	28	29 0	♑ 1
♀	♏ 25	26	27	28	29 0	♐ 1	2	4	5	6	7	9	10	11	12	14	15	16	17	18	20	21	22	24	25	26	27	29	29 0	♑ 1	2
♂	♎ 18	19	19	20	21	21	22	23	23	24	24	25	26	26	27	27	28	29	29	29 0	♏ 0	1	2	2	3	3	4	5	5	6	6

♃ 1℞ 9 16 24 / ♊22 21 20 19 — ♄ 1 4 14 25 / ♏4 5 6 7 — ♅ 1℞ 20 / ♋22 21 — ♆ 1 / ♎25 — ♇ 1℞ 2 / ♌25 24

1 PLANETENPOSITIONEN 1910–2001

1954

1

	1	2	3	4	5	6	7	8	9	10	11	12	13	14	15	16	17	18	19	20	21	22	23	24	25	26	27	28	29	30	31
☉	♑ 11	12	13	14	15	16	17	18	19	20	21	22	23	24	25	26	27	28	29	29 0	♒ 1	2	3	4	5	6	7	8	9	10	11
☽	♏ 27	♐ 10	23	♑ 6	19	♒ 3	17	♓ 1	15	♈ 0	14	28	♉ 12	26	♊ 10	24	♋ 7	20	♌ 3	16	29	♍ 11	23	♎ 5	17	29	♏ 11	23	♐ 5	18	♑ 1
☿	♑ 3	4	6	7	9	11	12	14	15	17	19	20	22	23	25	27	28	29 0	♒ 2	4	5	7	9	10	12	14	16	17	19	21	23
♀	♑ 4	5	6	7	9	10	11	12	14	15	16	17	19	20	21	22	24	25	26	27	29	29 0	♒ 1	3	4	5	6	8	9	10	11
♂	♏ 7	8	8	9	9	10	11	11	12	12	13	14	14	15	15	16	16	17	18	18	19	19	20	21	21	22	22	23	23	24	25

♃ 1 R 10 22 — ♊ 18 17 16 ♄ 1 8 27 — ♏ 7 8 9 ♅ 1 R 13 — ♋ 21 20 ♆ 1 11 28 R — ♎ 25 26 26 ♇ 1 R — ♌ 24

2

	1	2	3	4	5	6	7	8	9	10	11	12	13	14	15	16	17	18	19	20	21	22	23	24	25	26	27	28
☉	♒ 12	13	14	15	16	17	18	19	20	21	22	23	24	25	26	27	28	29	29 0	♓ 1	2	3	4	5	6	7	8	9
☽	♑ 14	28	♒ 12	26	♓ 11	25	♈ 10	25	♉ 9	23	♊ 7	20	♋ 4	17	♌ 0	12	25	♍ 7	19	♎ 1	13	25	♏ 7	19	♐ 1	13	26	♑ 8
☿	♒ 24	27	28	29 0	♓ 1	3	4	6	7	9	10	11	12	13	14	15	15	15	16	R 16	15	15	14	14	13	12	11	10
♀	♒ 13	14	15	16	18	19	20	21	23	24	25	26	28	29	29 0	♓ 1	3	4	5	6	8	9	10	12	13	14	15	16

1955

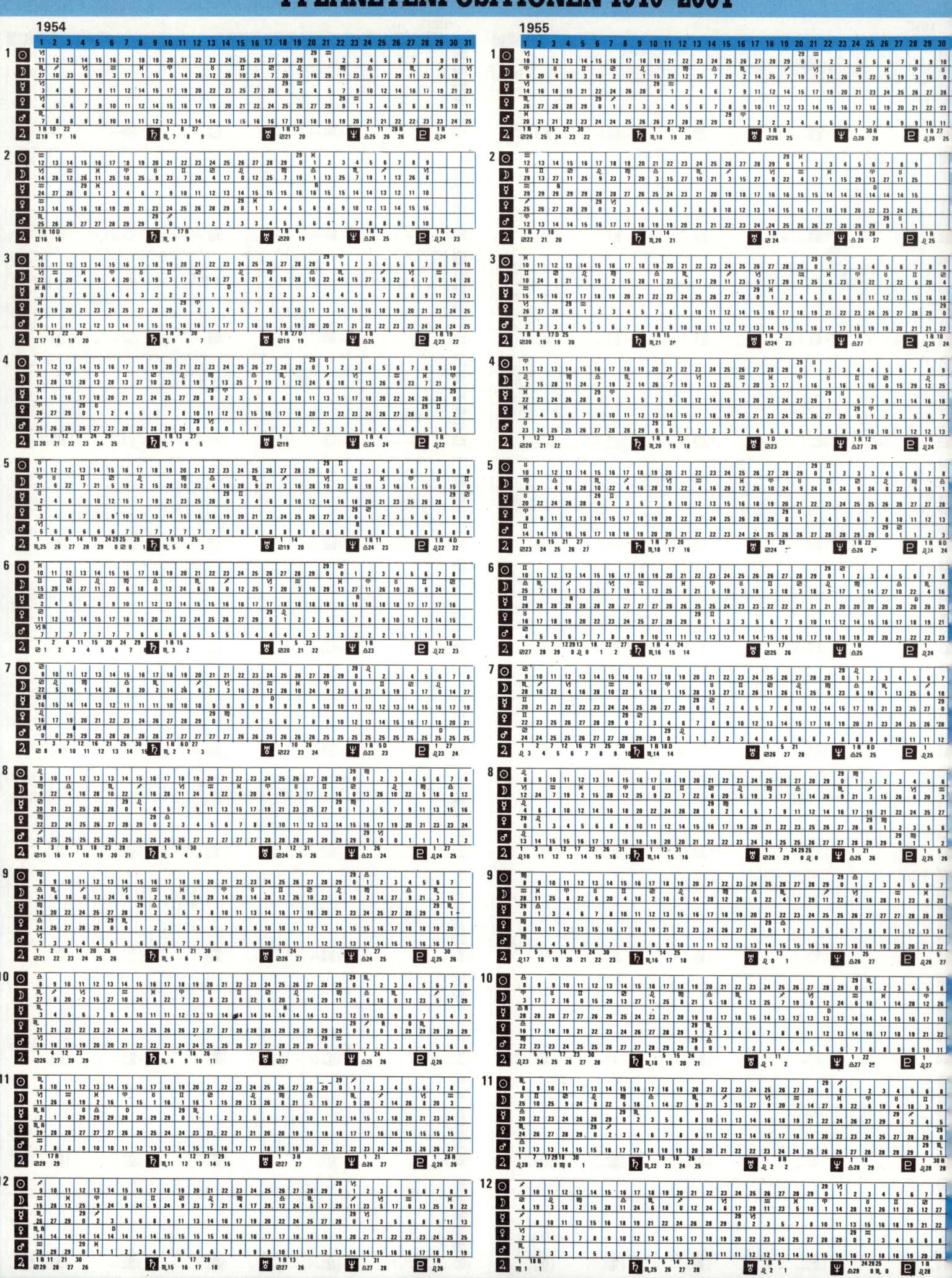

1 PLANETENPOSITIONEN 1910–2001

1956

1

	1	2	3	4	5	6	7	8	9	10	11	12	13	14	15	16	17	18	19	20	21	22	23	24	25	26	27	28	29	30	31
☉	10	11	12	13	14	15	16	17	18	19	20	21	22	23	24	25	26	27	28	29	0	1	2	3	4	5	6	7	8	9	10
☽	27	11	24	8	20	3	15	27	9	21	3	14	26	8	20	3	15	28	10	24	7	21	5	20	5	20	5	20	5	19	3
☿	26	27	29	0	1	3	4	6	7	8	9	10	11	12	13	13	13	13	12	12	11	10	10	9	7	6	5	4	3	1	
♀	10	11	12	14	15	16	17	19	20	21	22	24	25	26	27	29	0	1	2	3	5	6	7	8	9	11	12	13	14	16	17
♂	22	22	23	24	24	25	26	26	27	27	28	29	29	0	1	1	2	3	3	4	5	5	6	7	7	8	9	9	10	11	11

♃ 1 R 18 0 19 27 / ♍1 0 29 ♌29 28 — ♄ 1 2 12 29 13 24 / ♏28 29 0 ♐0 1 — ♅ 1 R 4 28 0 29 / ♌1 0 29 ♋29 — ♆ 1 / ♏0 — ♇ 1 R 22 / ♌28 27

2

	1	2	3	4	5	6	7	8	9	10	11	12	13	14	15	16	17	18	19	20	21	22	23	24	25	26	27	28	29
☉	11	12	13	14	15	16	17	18	19	20	21	22	23	24	25	26	27	28	29	0	1	2	3	4	5	6	7	8	9
☽	16	29	12	24	6	18	29	11	23	5	17	29	12	25	7	21	4	17	1	15	29	14	29	13	28	12	27	11	24
☿	0	29	29	28	28	27	27	27	27	27	28	28	29	0	0	1	1	2	3	4	5	6	7	8	9	10	12	13	14
♀	18	19	20	21	23	24	25	26	28	0	1	2	3	5	6	7	8	10	11	12	13	14	15	17	18	19	20	21	
♂	12	13	13	14	15	15	16	17	17	18	19	20	20	21	22	22	23	24	24	25	26	27	28	28	29	0	0		

♃ 1 R 4 12 20 27 / ♌28 27 26 25 24 — ♄ 1 10 / ♐1 2 — ♅ 1 R 22 / ♋29 28 — ♆ 1 R / ♏0 — ♇ 1 R / ♌27

3

	1	2	3	4	5	6	7	8	9	10	11	12	13	14	15	16	17	18	19	20	21	22	23	24	25	26	27	28	29	30	31
☉	10	11	12	13	14	15	16	17	18	19	20	21	22	23	24	25	26	27	28	29	0	1	2	3	4	5	6	7	8	9	10
☽	7	20	2	14	26	7	19	1	13	26	8	21	4	17	1	14	28	12	26	10	24	8	23	7	21	5	19	2	15	17	10
☿	16	17	18	20	21	23	24	25	27	28	0	1	3	5	6	8	10	11	13	15	16	18	20	22	23	25	27	29	0	1	3
♀	22	24	25	26	27	28	29	0	2	3	4	5	6	7	8	10	11	12	13	14	15	16	17	18	19	21	22	23	24	25	26
♂	1	2	3	3	4	5	5	6	7	7	8	9	9	10	11	11	12	13	13	14	15	15	16	17	17	18	18	19	19	20	21

♃ 1 R 7 16 30 / ♌24 23 22 21 — ♄ 1 12 R / ♐2 2 — ♅ 1 R / ♋28 — ♆ 1 R 11 0 12 / ♏0 29 ♎29 — ♇ 1 R 3 / ♌27 26

4

	1	2	3	4	5	6	7	8	9	10	11	12	13	14	15	16	17	18	19	20	21	22	23	24	25	26	27	28	29	30
☉	11	12	13	14	15	16	17	18	19	20	21	22	23	24	25	26	27	28	29	0	1	2	3	4	5	6	7	8	9	10
☽	22	3	15	27	9	21	4	16	29	13	26	10	24	8	23	7	21	5	19	3	17	1	14	27	10	23	5	17	29	11
☿	7	9	11	13	15	17	19	21	23	25	27	0	2	4	6	8	10	12	13	15	17	19	21	22	24	25	27	28	0	1
♀	27	28	29	0	1	2	3	4	5	6	7	8	9	10	11	12	13	14	15	16	17	17	18	19	20	21	22	22	23	24
♂	21	22	22	23	24	24	25	26	26	27	28	28	29	0	0	1	1	2	3	3	4	5	5	6	7	7	8	8	9	10

♃ 1 R 17 D / ♌21 21 — ♄ 1 R 12 29 / ♐2 1 0 — ♅ 1 R 5 D / ♋28 28 — ♆ 1 R 20 / ♎29 28 — ♇ 1 R / ♌26

5

	1	2	3	4	5	6	7	8	9	10	11	12	13	14	15	16	17	18	19	20	21	22	23	24	25	26	27	28	29	30	31
☉	11	12	13	13	14	15	16	17	18	19	20	21	22	23	24	25	26	27	28	29	0	1	2	3	4	5	6	7	8	9	9
☽	23	5	17	29	12	24	7	21	5	19	3	18	3	17	2	16	0	14	27	11	24	7	19	1	14	26	8	20	1	13	25
☿	2	3	4	5	6	7	7	8	8	8	8	8	8	8	8	8	7	7	6	6	5	5	4	4	3	3	2	2	1	1	1
♀	25	26	27	27	28	29	29	0	1	1	2	2	3	3	4	4	5	5	6	6	7	7	7	8	8	8	8	8	8	8	8
♂	10	11	12	12	13	14	14	15	15	16	16	17	18	18	19	19	20	21	21	22	23	24	24	25	25	26	27	27	28	28	

♃ 1 5 19 29 / ♌21 22 23 24 — ♄ 1 R 14 0 15 27 / ♐0 29 ♏29 28 — ♅ 1 17 / ♋28 29 — ♆ 1 R / ♎28 — ♇ 1 R 7 D / ♌26 26

6

	1	2	3	4	5	6	7	8	9	10	11	12	13	14	15	16	17	18	19	20	21	22	23	24	25	26	27	28	29	30
☉	10	11	12	13	14	15	16	17	18	19	20	21	22	23	24	25	26	27	28	29	0	1	2	3	4	5	6	7	8	
☽	7	20	2	16	29	13	27	12	27	12	27	12	26	10	24	8	21	4	16	28	10	23	4	16	28	10	22	4	16	28
☿	1	0	0	0	0	0	0	0	0	0	0	1	1	2	2	3	3	4	5	5	6	7	8	10	11	12	13	15	16	17
♀	8	8	8	8	8	8	7	7	7	6	6	5	5	4	4	3	2	2	1	1	0	29	28	28	27	27	26	26	25	
♂	29	29	0	0	1	2	2	3	3	4	4	5	5	6	6	7	7	8	8	9	9	10	10	11	11	12	12	13	13	13

♃ 1 6 13 20 26 / ♌24 25 26 27 28 — ♄ 1 R 11 27 / ♏28 27 26 — ♅ 1 9 29 10 28 / ♋29 0 ♌0 1 — ♆ 1 R / ♎27 — ♇ 1 / ♌26

7

	1	2	3	4	5	6	7	8	9	10	11	12	13	14	15	16	17	18	19	20	21	22	23	24	25	26	27	28	29	30	31
☉	9	10	11	12	13	14	15	16	17	18	19	20	21	22	23	24	25	26	27	28	29	0	1	2	3	4	5	6	7	8	
☽	11	24	7	21	6	20	5	20	6	21	6	20	4	17	0	13	25	8	20	1	13	25	7	19	1	13	25	8	20	3	17
☿	21	22	24	26	27	0	1	3	5	7	9	11	13	16	18	20	22	24	26	28	0	3	5	7	9	11	13	15	17	18	20
♀	25	24	24	24	23	23	23	22	22	22	22	22	22	22	22	22	22	22	23	23	23	23	24	24	25	25	25	26	26	27	28
♂	14	14	15	15	16	16	16	17	17	17	18	18	18	19	19	19	20	20	20	21	21	21	21	22	22	22	22	22	22	22	23

♃ 1 2 7 29 8 13 18 23 28 / ♌28 29 0 ♍0 1 2 3 4 — ♄ 1 R 30 D / ♏26 26 — ♅ 1 15 31 / ♌1 2 3 — ♆ 1 R 10 D / ♎27 27 — ♇ 1 9 / ♌26 27

8

	1	2	3	4	5	6	7	8	9	10	11	12	13	14	15	16	17	18	19	20	21	22	23	24	25	26	27	28	29	30	31
☉	9	10	11	12	13	13	14	15	16	17	18	19	20	21	22	23	24	25	26	27	28	29	0	1	2	3	4	5	6	7	8
☽	0	14	29	14	29	14	29	14	29	13	26	9	22	4	17	28	10	22	4	16	28	10	22	5	17	0	13	26	10	24	8
☿	24	24	26	28	0	1	3	4	6	8	9	11	12	14	15	17	18	20	21	22	24	25	26	27	29	0	1	2	3	4	5
♀	28	29	29	0	1	1	2	3	4	5	6	7	8	9	10	11	12	13	14	15	16	17	18	19	20	21	22	23	24	25	26
♂	23	23	23	23	23	23	23	23	23	23	23	23	23	23	22	22	22	22	22	22	22	22	21	21	21	21	21	21	21	20	20

♃ 1 2 7 11 16 21 25 30 / ♍4 5 6 7 8 9 10 11 — ♄ 1 / ♏26 — ♅ 1 17 / ♌3 4 — ♆ 1 14 / ♎27 28 — ♇ 1 12 / ♌27 28

9

	1	2	3	4	5	6	7	8	9	10	11	12	13	14	15	16	17	18	19	20	21	22	23	24	25	26	27	28	29	30
☉	9	10	11	12	13	14	15	16	17	18	19	20	21	22	23	24	25	26	27	28	29	0	1	2	3	4	5	6	7	8
☽	23	8	23	8	23	7	21	5	18	0	13	25	7	19	1	12	25	7	19	2	14	27	10	23	7	21	4	19	3	17
☿	6	7	7	8	9	10	10	11	11	12	12	12	12	12	12	11	11	11	10	10	9	8	7	6	5	4	3	2	1	29
♀	23	24	25	26	27	28	29	0	1	2	3	4	5	6	7	8	9	10	11	13	14	15	16	17	18	19	20	21	22	24
♂	20	20	19	19	19	19	18	18	18	18	18	17	17	17	17	17	17	16	16	16	16	15	15	15	15	15	14	14	14	14

♃ 1 4 8 13 18 22 27 / ♍11 12 13 14 15 16 17 — ♄ 1 17 29 / ♏27 28 29 — ♅ 1 4 25 / ♌4 5 6 — ♆ 1 20 / ♎28 29 — ♇ 1 12 / ♌28 29

10

	1	2	3	4	5	6	7	8	9	10	11	12	13	14	15	16	17	18	19	20	21	22	23	24	25	26	27	28	29	30	31
☉	8	9	10	11	12	13	14	15	16	17	18	19	20	21	22	23	24	25	26	27	28	29	0	1	2	3	4	5	6	7	8
☽	2	17	1	15	29	13	26	8	21	3	15	27	9	21	3	15	27	10	23	6	20	4	17	1	15	0	14	28	12	26	10
☿	28	27	27	27	27	27	27	28	28	29	0	1	2	3	5	6	7	9	10	12	14	15	17	18	20	22	23	25	27	28	0
♀	25	26	27	28	29	0	1	2	4	5	6	7	8	9	11	12	13	14	15	17	18	19	20	21	23	24	25	26	27	28	0
♂	13	13	13	13	13	13	13	13	13	13	13	13	13	13	13	14	14	14	14	14	14	14	14	14	14	15	15	15	15	16	16

♃ 1 2 7 11 16 22 27 / ♍17 18 19 20 21 22 23 — ♄ 1 10 29 11 20 29 / ♏29 0 ♐0 1 2 — ♅ 1 / ♌6 — ♆ 1 18 29 19 / ♎29 0 ♏0 — ♇ 1 20 29 21 / ♌29 0 ♍0

11

	1	2	3	4	5	6	7	8	9	10	11	12	13	14	15	16	17	18	19	20	21	22	23	24	25	26	27	28	29	30
☉	9	10	11	12	13	14	15	16	17	18	19	20	21	22	23	24	25	26	27	28	29	0	1	2	3	4	5	6	7	8
☽	24	7	21	4	16	29	11	23	4	16	28	10	22	4	16	28	10	23	5	18	1	15	29	13	27	11	25	9	23	7
☿	2	3	5	7	8	10	12	13	15	17	18	20	21	23	24	26	28	29	1	2	4	5	7	9	10	11	13	15	16	18
♀	2	3	4	5	7	8	9	10	12	13	14	15	16	17	18	19	20	21	22	24	25	26	27	28	0	1	2	3	4	5
♂	16	16	17	17	17	17	17	17	18	18	18	18	19	19	19	20	20	20	21	21	21	22	22	23	23	24	24	25	26	26

♃ 1 7 13 19 26 / ♍24 25 26 27 28 — ♄ 1 7 16 24 / ♐2 3 4 5 — ♅ 1 12 R / ♌6 6 — ♆ 1 15 / ♏0 1 — ♇ 1 / ♍0

12

	1	2	3	4	5	6	7	8	9	10	11	12	13	14	15	16	17	18	19	20	21	22	23	24	25	26	27	28	29	30	31
☉	9	10	11	12	13	14	15	16	17	18	19	20	21	22	23	24	25	26	27	28	29	0	1	2	3	4	5	6	7	8	9
☽	28	12	24	7	19	1	13	24	6	18	1	13	26	9	23	7	21	6	21	6	21	5	20	3	17	0	13	26	8	20	2
☿	19	21	23	24	26	27	29	0	2	3	5	6	8	9	11	12	13	15	16	17	18	19	19	20	20	21	21	21	21	20	19
♀	7	8	10	11	12	13	15	16	17	18	20	21	22	23	25	26	27	28	0	1	2	3	5	6	7	8	10	11	12	13	14
♂	27	28	28	29	29	0	0	1	1	2	2	3	3	4	4	5	5	6	6	7	7	8	8	9	9	10	10	11	11	12	13

♃ 1 4 13 29 14 24 / ♍28 29 0 ♎0 1 — ♄ 1 3 11 20 29 / ♐5 6 7 8 9 — ♅ 1 R 30 / ♌6 5 — ♆ 1 18 / ♏1 2 — ♇ 1 R / ♍0

1957

1

	1	2	3	4	5	6	7	8	9	10	11	12	13	14	15	16	17	18	19	20	21	22	23	24	25	26	27	28	29	30	31
☉	10	11	12	13	14	15	16	17	18	20	21	22	23	24	25	26	27	28	29	0	1	2	3	4	5	6	7	8	9	10	11
☽	15	27	9	21	3	15	27	9	21	4	17	1	15	29	14	29	15	0	14	29	13	27	10	23	6	18	0	12	24	6	18
☿	27	27	26	26	25	24	24	22	21	20	18	17	16	15	14	13	12	11	11	11	11	11	11	11	12	12	13	14	14	15	16
♀	16	17	18	19	21	22	23	24	26	27	28	29	1	2	3	4	6	7	8	9	11	12	13	14	16	17	18	19	21	22	23
♂	14	14	15	16	16	17	17	18	18	19	20	20	21	21	22	23	23	24	24	25	26	26	27	27	28	29	29	0	0	1	2

♃ 1 1 R / ♎1 1 — ♄ 1 7 17 29 / ♐9 10 11 12 — ♅ 1 R 23 / ♌5 4 — ♆ 1 / ♏2 — ♇ 1 R 15 0 16 / ♍0 29 ♌29

2

	1	2	3	4	5	6	7	8	9	10	11	12	13	14	15	16	17	18	19	20	21	22	23	24	25	26	27	28
☉	12	13	14	15	16	17	18	19	20	21	22	23	24	25	26	27	28	29	0	1	2	3	4	5	6	7	8	9
☽	0	12	23	6	18	0	13	26	9	23	7	22	7	23	8	23	8	22	6	19	2	15	27	9	21	3	15	27
☿	17	18	19	20	21	22	23	25	26	27	28	0	1	2	4	5	7	8	9	11	12	14	15	17	19	20	22	23
♀	24	26	27	28	0	1	2	3	4	6	7	8	9	11	12	13	14	16	17	18	19	21	22	23	24	26	27	28
♂	2	3	3	4	5	5	6	7	7	8	8	9	10	10	11	11	12	13	13	14	15	15	16	16	17	18	18	19

♃ 1 R 7 19 0 20 / ♎1 0 29 ♍29 — ♄ 1 11 / ♐12 13 — ♅ 1 R 16 / ♌4 3 — ♆ 1 R 28 / ♏2 2 — ♇ 1 R 26 / ♌29 28

3

	1	2	3	4	5	6	7	8	9	10	11	12	13	14	15	16	17	18	19	20	21	22	23	24	25	26	27	28	29	30	31
☉	10	11	12	13	14	15	16	17	18	19	20	21	22	23	24	25	26	27	28	29	0	1	2	3	4	5	6	7	8	9	10
☽	9	21	3	15	27	10	22	5	19	2	16	1	16	1	16	1	16	0	14	28	11	23	6	18	0	12	23	5	17	29	12
☿	25	27	28	0	2	3	5	7	9	10	12	14	16	18	20	21	23	25	27	29	1	3	5	7	9	11	13	15	17	19	21
♀	0	1	2	3	4	6	7	8	9	11	12	13	14	16	17	18	19	21	22	23	24	26	27	28	29	0	2	3	4	6	7
♂	20	20	21	21	22	23	23	24	24	25	25	26	27	27	28	28	29	29	0	1	1	2	2	3	4	4	5	5	6	7	8

♃ 1 R 8 16 24 / ♍28 27 26 25 — ♄ 1 4 23 R / ♐13 14 14 — ♅ 1 R 23 / ♌3 2 — ♆ 1 R 22 / ♏2 1 — ♇ 1 R / ♌28

4

	1	2	3	4	5	6	7	8	9	10	11	12	13	14	15	16	17	18	19	20	21	22	23	24	25	26	27	28	29	30
☉	11	12	13	14	15	16	17	18	19	20	21	22	23	24	25	26	27	28	29	0	1	2	3	4	5	5	6	7	8	9
☽	24	6	19	2	15	28	13	27	11	25	10	25	10	24	8	22	6	19	1	14	26	8	20	2	14	26	8	20	3	16
☿	23	25	27	29	0	2	4	6	7	9	10	11	13	14	15	16	16	17	18	18	19	19	19	19	19	19	18	18	18	18
♀	8	9	10	12	13	14	15	17	18	19	20	22	23	24	25	27	28	29	0	2	3	4	5	6	8	9	10	11	13	14
♂	9	10	10	11	12	12	13	13	14	15	15	16	17	17	18	18	19	20	20	21	21	22	23	23	24	24	25	26	27	27

♃ 1 R 10 21 / ♍24 23 22 — ♄ 1 R 12 / ♐14 13 — ♅ 1 R 10 D 27 / ♌2 2 3 — ♆ 1 R 30 / ♏1 0 — ♇ 1 R 22 / ♌28 27

5

	1	2	3	4	5	6	7	8	9	10	11	12	13	14	15	16	17	18	19	20	21	22	23	24	25	26	27	28	29	30	31
☉	10	11	12	13	14	15	16	17	18	19	20	21	22	23	24	25	26	27	28	29	0	1	2	3	4	5	6	7	8	9	10
☽	29	12	26	10	23	8	22	6	20	5	19	3	17	0	14	27	9	22	4	16	28	10	22	4	16	28	11	24	8	22	6
☿	17	16	16	15	15	14	14	13	12	12	11	11	11	10	10	10	10	10	10	10	10	10	10	11	11	11	12	12	13	14	15
♀	15	16	18	19	20	21	22	24	25	26	27	29	0	1	2	4	5	6	7	9	10	11	12	13	15	16	17	18	20	21	22
♂	28	29	0	0	1	2	2	3	4	4	5	5	6	7	7	8	8	9	10	10	11	12	12	13	13	14	15	15	16	17	17

♃ 1 R 8 19 D 29 / ♍22 21 21 22 — ♄ 1 R 4 19 / ♐13 12 11 — ♅ 1 31 / ♌3 4 — ♆ 1 R / ♏0 — ♇ 1 R 9 D 27 / ♌27 27 28

6

	1	2	3	4	5	6	7	8	9	10	11	12	13	14	15	16	17	18	19	20	21	22	23	24	25	26	27	28	29	30
☉	10	11	12	13	14	15	16	17	18	19	20	21	22	23	24	25	26	27	28	29	0	1	2	3	4	5	6	7	8	
☽	20	4	19	3	17	1	15	29	12	26	9	22	5	17	0	12	24	6	18	29	11	23	6	19	3	16	0	15	29	14
☿	16	17	18	19	20	22	23	24	25	27	28	0	1	3	4	6	8	10	11	13	15	17	19	21	23	25	27	0	2	4
♀	23	24	26	27	28	29	1	2	3	4	5	7	8	9	10	12	13	14	15	16	18	19	20	21	23	24	25	26	27	29
♂	17	18	19	19	20	20	21	22	22	23	23	24	24	25	25	26	26	27	27	28	28	29	29	0	1	1	2	3	4	5

♃ 1 16 26 / ♍22 23 24 — ♄ 1 R 15 30 / ♐10 9 8 — ♅ 1 21 / ♌4 5 — ♆ 1 R 16 0 17 / ♏0 29 ♎29 — ♇ 1 / ♌28

7

	1	2	3	4	5	6	7	8	9	10	11	12	13	14	15	16	17	18	19	20	21	22	23	24	25	26	27	28	29	30	31
☉	9	10	11	12	13	14	15	16	17	18	19	20	21	22	23	24	25	26	27	28	29	0	1	2	3	4	5	6	7	7	
☽	29	14	28	12	26	9	23	6	18	1	14	26	8	20	2	14	26	8	20	2	14	27	11	24	9	23	8	24	8		
☿	6	8	10	12	15	17	19	21	23	25	27	29	1	3	5	7	9	11	13	14	16	18	19	21	23	24	26	27	29	0	2
♀	0	1	2	4	5	6	7	8	10	11	12	13	15	16	17	18	19	21	22	23	24	25	27	28	29	0	2	3	4	5	6
♂	6	7	7	8	8	9	9	10	10	11	11	12	12	13	14	14	15	15	16	17	17	18	19	19	20	21	21	22	23	24	25

♃ 1 5 13 20 26 / ♍24 25 26 27 28 — ♄ 1 R 22 / ♐8 7 — ♅ 1 9 25 / ♌5 6 7 — ♆ 1 R 11 D / ♎29 29 — ♇ 1 9 / ♌28 29

8

	1	2	3	4	5	6	7	8	9	10	11	12	13	14	15	16	17	18	19	20	21	22	23	24	25	26	27	28	29	30	31
☉	8	9	10	11	12	13	14	15	16	17	18	19	20	21	22	23	24	25	26	27	28	29	0	1	2	2	3	4	5	6	7
☽	22	6	20	3	15	28	10	23	5	17	29	11	23	4	16	28	11	23	6	19	3	17	2	17	2	17	2	17	2	16	29
☿	3	5	6	7	9	10	11	12	14	15	16	17	18	19	19	20	21	22	23	23	24	24	25	25	25	25	25	24	24	24	24
♀	8	9	10	11	12	14	15	16	17	18	20	21	22	23	24	26	27	28	29	0	2	3	4	5	6	8	9	10	11	12	14
♂	26	26	27	27	28	28	29	29	0	1	1	2	3	3	4	4	5	6	6	7	8	8	9	10	10	11	11	12	13	14	15

♃ 1 7 29 8 12 17 22 28 / ♍29 0 ♎0 1 2 3 4 — ♄ 1 R 18 11 D 31 / ♐7 7 8 — ♅ 1 11 28 / ♌7 8 9 — ♆ 1 5 29 6 / ♎29 0 ♏0 — ♇ 1 18 29 19 / ♌29 0 ♍0

9

	1	2	3	4	5	6	7	8	9	10	11	12	13	14	15	16	17	18	19	20	21	22	23	24	25	26	27	28	29	30
☉	8	9	10	11	12	13	14	15	16	17	18	19	20	21	22	23	24	25	26	27	28	29	0	1	2	3	4	5	6	7
☽	12	25	8	20	2	14	26	8	20	1	13	25	7	20	2	15	28	12	26	10	25	10	26	11	26	10	24	8	21	4
☿	23	23	22	21	20	19	19	18	17	15	14	13	12	11	11	11	11	11	11	11	12	12	13	13	14	15	16	17	19	20
♀	15	16	17	18	19	21	22	23	24	25	27	28	29	0	1	2	4	5	6	7	8	10	11	12	13	14	15	17	18	19
♂	15	16	17	17	18	18	19	20	20	21	22	22	23	24	24	25	26	26	27	28	28	29	0	0	1	2	2	3	4	

♃ 1 2 6 11 16 20 25 30 / ♎4 5 6 7 8 9 10 11 — ♄ 1 21 / ♐8 9 — ♅ 1 15 / ♌9 10 — ♆ 1 18 / ♏0 1 — ♇ 1 19 / ♍0 1

10

	1	2	3	4	5	6	7	8	9	10	11	12	13	14	15	16	17	18	19	20	21	22	23	24	25	26	27	28	29	30	31
☉	8	9	10	11	12	13	14	15	16	17	18	19	20	21	22	23	24	25	26	27	28	29	0	1	2	3	4	5	6	7	
☽	17	29	11	23	5	16	28	10	22	5	17	29	12	25	8	22	6	20	4	19	4	19	4	18	2	16	29	12	25	7	19
☿	22	23	25	27	28	0	2	3	5	7	9	10	12	14	15	17	19	20	22	23	25	26	28	29	1	3	4	6	7	9	10
♀	20	21	22	23	25	26	27	28	29	0	2	3	4	5	6	7	8	9	11	12	13	14	15	16	17	18	19	20	21	22	23
♂	5	5	6	7	7	8	8	9	10	10	11	11	12	13	13	14	15	15	16	17	17	18	18	19	20	20	21	22	23	23	24

♃ 1 4 9 14 18 23 28 / ♎11 12 13 14 15 16 17 — ♄ 1 5 17 27 / ♐9 10 11 12 — ♅ 1 9 / ♌10 11 — ♆ 1 16 / ♏1 2 — ♇ 1 / ♍1 2

11

	1	2	3	4	5	6	7	8	9	10	11	12	13	14	15	16	17	18	19	20	21	22	23	24	25	26	27	28	29	30
☉	8	9	10	11	12	13	14	15	16	17	18	19	20	21	22	23	24	25	26	27	28	29	0	1	2	3	4	5	6	7
☽	1	13	25	7	19	1	13	26	9	22	5	19	2	16	0	14	29	13	28	12	26	10	24	7	20	3	15	27	9	21
☿	14	15	17	19	20	22	23	25	26	28	29	1	3	4	6	7	9	10	12	13	15	16	17	19	20	22	23	25	26	27
♀	25	26	27	28	29	0	1	3	4	5	6	7	8	9	10	11	12	13	14	15	16	17	18	19	20	21	22	23	24	
♂	25	26	26	27	28	28	29	0	1	2	2	3	4	4	5	6	6	7	8	9	9	10	10	11	12	12	13	14	14	

♃ 1 2 6 11 16 21 27 / ♎17 18 19 20 21 22 23 — ♄ 1 6 15 23 / ♐12 13 14 15 — ♅ 1 17 R / ♌11 11 — ♆ 1 12 / ♏2 3 — ♇ 1 / ♍2

12

	1	2	3	4	5	6	7	8	9	10	11	12	13	14	15	16	17	18	19	20	21	22	23	24	25	26	27	28	29	30	31
☉	9	10	11	12	13	14	15	16	17	18	19	20	21	22	23	24	25	26	27	28	29	0	1	2	3	4	5	6	7	8	9
☽	3	15	27	9	22	5	18	1	15	29	13	27	11	26	10	24	8	22	5	19	2	15	28	11	23	5	17	29	11	22	5
☿	28	29	0	1	2	4	5	6	7	8	9	10	11	11	11	11	11	10	10	9	8	7	6	5	3	2	1	29	28	27	27
♀	25	26	27	28	29	0	1	2	3	4	5	5	6	7	8	9	10	10	11	12	12	13	14	14	15	15	16				
♂	15	16	16	17	18	18	19	20	21	21	22	23	23	24	25	25	26	27	27	28	29	29	0	1	1	2	3	3	4	5	6

♃ 1 2 8 14 20 27 / ♎23 24 25 26 27 28 — ♄ 1 2 10 19 28 / ♐15 16 17 18 19 — ♅ 1 R 26 / ♌11 10 — ♆ 1 13 / ♏3 4 — ♇ 1 4 R / ♍2 2

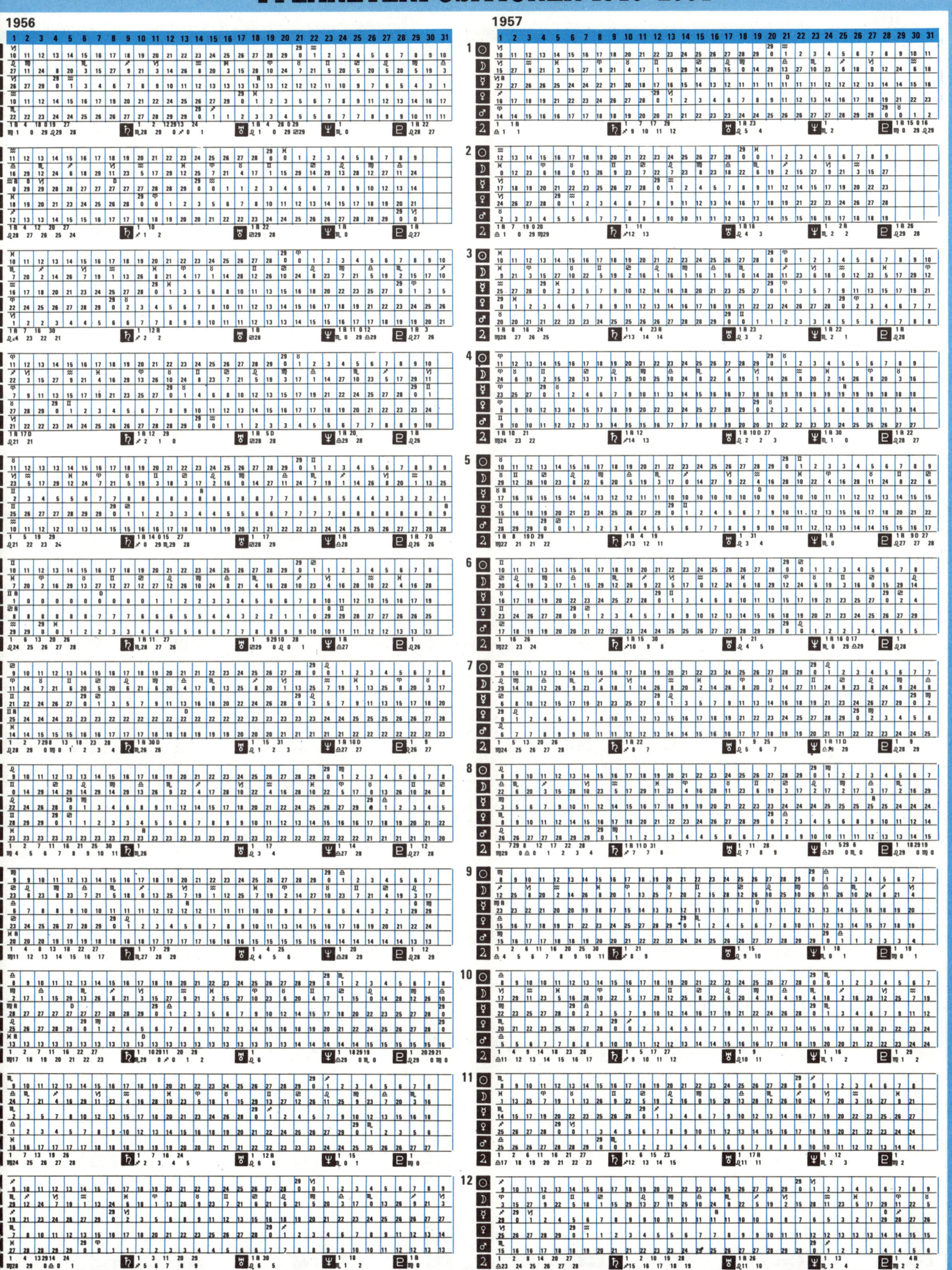

1 PLANETENPOSITIONEN 1910–2001

1958

1

	1	2	3	4	5	6	7	8	9	10	11	12	13	14	15	16	17	18	19	20	21	22	23	24	25	26	27	28	29	30	31
☉	♑ 10	11	12	13	14	15	16	17	18	19	20	21	22	23	24	25	26	27	28	29 0	♒ 0	1	2	4	5	6	7	8	9	10	11
☽	♉ 17	♊ 0	13	26	♋ 10	24	♌ 9	23	♍ 8	22	♎ 6	21	♏ 4	18	♐ 2	15	28	♑ 11	24	♒ 6	19	♓ 1	13	25	♈ 7	18	♉ 0	12	25	♊ 7	20
☿	♐ 26	25	25	25	D 25	25	25	26	26	27	27	28	29	29 0	♑ 1	2	3	4	5	6	8	9	10	11	13	14	15	17	18	19	21
♀	♒ 15	15	15	16	16	16	16	R 16	16	16	15	15	15	15	15	14	14	13	13	13	12	11	11	10	10	9	8	8	7	7	6
♂	♐ 6	7	8	8	9	10	11	11	12	13	13	14	15	15	16	17	18	18	19	20	20	21	22	23	23	24	25	25	26	27	28

♃ 1 4 13 29 14 25 / ♎28 29 0 ♏ 0 1 — ♄ 1 5 15 25 / ♐19 20 21 22 — ♅ 1 R 21 / ♌10 9 — ♆ 1 / ♏ 4 — ♇ 1 R 10 / ♍ 2 1

2

	1	2	3	4	5	6	7	8	9	10	11	12	13	14	15	16	17	18	19	20	21	22	23	24	25	26	27	28	29	30	31
☉	12	13	14	15	16	17	18	19	20	21	22	23	24	25	26	27	28	29	29 0	♓ 1	2	3	4	5	6	7	8	9			
☽	♋ 4	18	♌ 2	17	♍ 2	17	♎ 2	17	♏ 1	15	29	♐ 12	25	♑ 8	21	♒ 3	15	27	♓ 10	21	♈ 3	15	27	♉ 9	21	♊ 3	16	29			
☿	♑ 22	24	25	27	28	29 0	♒ 1	3	4	6	7	9	11	12	14	15	17	19	20	22	24	26	27	29 0	♓ 1	3	5	6			
♀	♒R 5	5	4	4	3	3	2	2	2	1	1	1	1	0	0	0	0	D 0	0	0	0	1	1	1	1	2	2	2			
♂	♐ 28	29	29 0	♑ 0	1	2	3	3	4	5	5	6	7	8	8	9	10	10	11	12	13	13	14	15	15	16	17	18			

♃ 1 15 R / ♏ 1 1 — ♄ 1 4 17 / ♐22 23 24 — ♅ 1 R 13 / ♌ 9 8 — ♆ 1 R / ♏4 — ♇ 1 R 23 / ♍ 1 0

3

	1	2	3	4	5	6	7	8	9	10	11	12	13	14	15	16	17	18	19	20	21	22	23	24	25	26	27	28	29	30	31
☉	♓ 10	11	12	13	14	15	16	17	18	19	20	21	22	23	24	25	26	27	28	29	29 0	♈ 1	2	3	4	5	6	7	8	9	10
☽	♋ 12	26	♌ 10	25	♍ 10	26	♎ 11	26	♏ 10	25	♐ 8	22	♑ 5	18	♒ 0	12	24	♓ 6	18	♈ 0	12	24	♉ 6	18	♊ 0	12	25	♋ 7	21	♌ 5	19
☿	♓ 8	10	12	14	16	18	20	22	24	26	28	29 0	♈ 1	3	5	6	9	11	13	14	16	18	19	21	22	24	25	26	27	28	29
♀	♒ 3	3	4	4	5	5	6	6	7	7	8	9	9	10	11	12	12	13	14	15	15	16	17	18	19	20	20	21	22	23	24
♂	♑ 18	19	20	21	21	22	23	23	24	25	26	26	27	28	29	29	29 0	♒ 1	1	2	3	4	4	5	6	7	7	8	9	10	10

♃ 1 R 8 20 0 21 30 / ♏ 1 0 29 ♎29 28 — ♄ 1 6 / ♐24 25 — ♅ 1 R 13 / ♌ 8 7 — ♆ 1 R / ♏ 4 — ♇ 1 R / ♍ 0

4

	1	2	3	4	5	6	7	8	9	10	11	12	13	14	15	16	17	18	19	20	21	22	23	24	25	26	27	28	29	30	31
☉	♈ 11	12	13	14	15	16	17	18	19	20	21	22	23	24	25	25	26	27	28	29 0	♉ 0	1	2	3	4	5	6	7	8	9	
☽	♍ 4	19	♎ 4	19	♏ 4	19	♐ 3	17	♑ 1	14	27	♒ 9	21	♓ 3	15	27	♈ 9	21	♉ 3	15	27	♊ 9	22	♋ 4	17	♌ 1	14	28	♍ 13	27	
☿	♈ 29	29 0	♉ 0	0	0	R 0	0	0	0	0 29	♈ 29	28	28	27	26	26	25	24	23	23	22	22	21	21	20	20	20	20	20	D 20	
♀	♒ 25	26	27	28	29	29 0	♓ 1	2	3	4	5	6	7	8	9	10	11	12	13	14	15	16	17	18	19	20	21	22	23	24	
♂	♒ 11	12	12	13	14	15	15	16	17	18	18	19	20	21	21	22	23	24	24	25	26	26	27	28	29	29	29 0	♓ 1	2	2	

♃ 1 7 15 23 / ♎28 27 26 25 — ♄ 1 4 R / ♐25 25 — ♅ 1 R 15 D / ♌ 7 7 — ♆ 1 R 2 / ♏ 4 3 — ♇ 1 R 12 0 13 / ♍ 0 29 ♌29

5

	1	2	3	4	5	6	7	8	9	10	11	12	13	14	15	16	17	18	19	20	21	22	23	24	25	26	27	28	29	30	31
☉	♉ 10	11	12	13	14	15	16	17	18	19	20	21	22	23	24	25	26	27	28	28	29 0	♊ 0	1	2	3	4	5	6	7	8	9
☽	♎ 12	27	♏ 12	27	♐ 11	26	♑ 9	23	♒ 5	18	♓ 0	12	24	♈ 6	18	29	♉ 11	24	♊ 6	18	♋ 1	14	27	♌ 11	25	♍ 9	23	♎ 7	22	♏ 6	21
☿	♈ 20	20	20	21	21	21	22	22	23	24	25	25	26	27	28	29	29 0	♉ 1	3	4	5	6	8	9	11	12	14	15	17	18	20
♀	♓ 26	27	28	29	29 0	♈ 1	2	3	4	5	6	8	9	10	11	12	13	14	16	17	18	19	20	21	22	23	25	26	27	28	29
♂	♓ 3	4	5	5	6	7	7	8	9	10	10	11	12	13	13	14	15	16	16	17	18	18	19	20	21	21	22	23	24	24	25

♃ 1 R 10 20 / ♎24 23 22 — ♄ 1 R 4 22 / ♐25 24 23 — ♅ 1 17 / ♌ 7 8 — ♆ 1 R 9 / ♏ 3 2 — ♇ 1 R 11 D / ♌29 29

6

	1	2	3	4	5	6	7	8	9	10	11	12	13	14	15	16	17	18	19	20	21	22	23	24	25	26	27	28	29	30	31
☉	♊ 10	11	12	13	14	15	16	17	18	19	20	21	21	22	23	24	25	26	27	28	29 0	♋ 0	1	2	3	4	5	6	7	8	
☽	♐ 5	20	♑ 4	17	♒ 1	14	26	♓ 8	20	♈ 2	14	26	♉ 8	20	♊ 2	15	28	♋ 11	24	♌ 8	22	♍ 5	19	♎ 4	18	♏ 2	16	♐ 0	14	28	
☿	♉ 22	24	26	28	29 0	♊ 1	3	5	7	9	11	13	15	18	20	22	24	26	29	29 1	♋ 4	6	8	10	12	14	16	18	20	22	
♀	29 0	♉ 2	3	4	5	6	7	8	9	11	12	13	14	15	17	18	19	20	21	23	24	25	26	27	28	29 0	♊ 1	2	3	4	
♂	♓ 26	26	27	28	29	29	29 0	♈ 1	1	2	3	4	4	5	6	6	7	8	9	9	10	11	11	12	13	13	14	15	15	16	

♃ 1 R 6 19 D / ♎22 21 21 — ♄ 1 R 5 19 / ♐23 22 21 — ♅ 1 13 / ♌ 8 9 — ♆ 1 R / ♏ 2 — ♇ 1 10 29 11 / ♌29 0 ♍ 0

7

	1	2	3	4	5	6	7	8	9	10	11	12	13	14	15	16	17	18	19	20	21	22	23	24	25	26	27	28	29	30	31
☉	♋ 9	10	11	11	12	13	14	15	16	17	18	19	20	21	22	23	24	25	26	27	28	29	29 0	♌ 1	2	2	3	4	5	6	7
☽	♑ 12	26	♒ 9	22	♓ 4	16	28	♈ 10	22	♉ 4	16	28	♊ 10	23	♋ 6	20	♌ 4	18	♍ 2	16	♎ 0	15	29	♏ 13	27	♐ 11	24	♑ 8	21	♒ 4	17
☿	♋ 23	25	27	29 0	♌ 1	3	4	6	8	9	11	12	14	15	17	18	19	21	22	23	25	26	27	28	29	29 0	♍ 1	2	3	3	4
♀	♊ 5	7	8	9	10	11	12	13	15	16	17	18	19	21	22	23	24	25	27	28	29	29 0	♋ 1	3	4	5	6	7	9	10	11
♂	♈ 17	17	18	19	20	20	21	22	22	23	24	24	25	25	26	27	27	28	29	29	29 0	♉ 1	1	2	2	3	4	4	5	6	6

♃ 1 2 18 28 / ♎21 22 23 24 — ♄ 1 R 3 20 / ♐21 20 19 — ♅ 1 3 19 / ♌ 9 10 11 — ♆ 1 R 14 / ♏ 2 2 — ♇ 1 24 / ♍ 0 1

8

	1	2	3	4	5	6	7	8	9	10	11	12	13	14	15	16	17	18	19	20	21	22	23	24	25	26	27	28	29	30	31
☉	♌ 8	9	10	11	12	13	14	15	16	17	18	19	20	21	22	23	24	25	25	26	27	28	29 0	♍ 0	1	2	3	4	5	6	7
☽	♓ 0	12	24	♈ 6	18	♉ 0	12	24	♊ 6	18	♋ 1	15	28	♌ 12	27	♍ 11	26	♎ 11	25	♏ 9	24	♐ 7	21	♑ 14	18	♒ 1	13	26	♓ 8	21	♈ 3
☿	♍ 5	5	6	6	7	7	7	7	R 7	7	7	7	6	6	5	5	4	3	3	2	1	0	0 29	♌ 28	27	27	26	25	25	25	24
♀	♋ 12	14	15	16	17	18	20	21	22	23	24	26	27	28	29	29 0	♌ 2	3	4	5	6	8	9	10	11	13	14	15	16	18	19
♂	♉ 7	7	8	9	9	10	10	11	11	12	13	13	14	14	15	15	16	16	17	17	18	18	19	19	20	20	21	21	22	22	23

♃ 1 6 13 20 26 / ♎24 25 26 27 28 — ♄ 1 R 23 D / ♐19 19 — ♅ 1 5 21 / ♌11 12 13 — ♆ 1 / ♏ 2 — ♇ 1 25 / ♍ 1 2

9

	1	2	3	4	5	6	7	8	9	10	11	12	13	14	15	16	17	18	19	20	21	22	23	24	25	26	27	28	29	30	31
☉	♍ 8	9	10	11	12	13	14	15	16	17	18	19	20	21	22	23	24	25	26	27	27	28	29 0	♎ 0	1	2	3	4	5	6	
☽	♈ 14	26	♉ 8	20	♊ 2	14	26	♋ 9	23	♌ 6	21	♍ 5	20	♎ 5	20	♏ 5	20	♐ 4	18	♑ 1	15	28	♒ 10	23	♓ 5	17	29	♈ 11	23	♉ 5	
☿	♌R 24	24	D 24	25	25	26	26	27	28	29	29 0	♍ 2	3	4	6	8	9	11	13	15	16	18	20	22	24	25	27	29 0	♎ 1	3	
♀	♌ 20	21	22	24	25	26	27	29	29 0	♍ 1	2	4	5	6	7	8	10	11	12	13	15	16	17	18	20	21	22	23	25	26	
♂	♉ 23	23	24	24	25	25	25	26	26	27	27	27	28	28	28	29	29	29	29	29 0	♊ 0	0	0	1	1	1	1	1	2	2	

♃ 1 7 29 8 12 17 23 28 / ♎29 0 ♏ 0 1 2 3 4 — ♄ 1 26 / ♐19 20 — ♅ 1 7 27 / ♌13 14 15 — ♆ 1 14 / ♏ 2 3 — ♇ 1 24 / ♍ 2 3

10

	1	2	3	4	5	6	7	8	9	10	11	12	13	14	15	16	17	18	19	20	21	22	23	24	25	26	27	28	29	30	31
☉	♎ 7	8	9	10	11	12	13	14	15	16	17	18	19	20	21	22	23	24	25	26	27	28	29 0	♏ 0	1	2	3	4	5	6	7
☽	♉ 17	28	♊ 10	23	♋ 5	18	♌ 1	15	29	♍ 13	28	♎ 13	28	♏ 14	29	♐ 13	27	♑ 11	24	♒ 7	20	♓ 2	14	26	♈ 8	20	♉ 2	14	25	♊ 7	20
☿	♎ 4	6	8	10	12	13	15	17	18	20	22	24	25	27	28	29 0	♏ 2	3	5	6	8	10	11	13	14	16	17	19	20	22	23
♀	♍ 27	28	29 0	♎ 1	2	3	5	6	7	8	10	11	12	13	15	16	17	18	20	21	22	23	25	26	27	28	29 0	♏ 1	2	3	5
♂	♊ 2	2	2	2	2	2	2	2	2	R 2	2	2	2	2	2	2	2	2	1	1	1	1	1	1	0	0	0	0 29	♉ 29	29	29

♃ 1 2 7 12 17 21 26 30 / ♏ 4 5 6 7 8 9 10 11 — ♄ 1 12 24 / ♐20 21 22 — ♅ 1 24 / ♌15 16 — ♆ 1 14 / ♏ 3 4 — ♇ 1 / ♍ 3

11

	1	2	3	4	5	6	7	8	9	10	11	12	13	14	15	16	17	18	19	20	21	22	23	24	25	26	27	28	29	30	31
☉	♏ 8	9	10	11	12	13	14	15	16	17	18	19	20	21	22	23	24	25	26	27	28	29 0	♐ 0	1	2	3	4	5	6	7	
☽	♋ 2	14	27	♌ 10	24	♍ 8	22	♎ 6	21	♏ 6	22	♐ 7	21	♑ 6	20	♒ 3	16	29	♓ 11	23	♈ 5	17	29	♉ 10	22	♊ 4	17	29	♋ 11	24	
☿	♏ 25	26	28	28	29 0	♐ 2	3	5	6	7	9	10	11	13	14	15	16	17	19	20	21	22	22	23	24	24	25	25	25	R 25	
♀	♏ 6	7	8	10	11	12	13	15	16	17	18	20	21	22	23	25	26	27	28	29 0	♐ 1	2	4	5	6	7	9	10	11	12	
♂	♉R 28	28	28	27	27	27	26	26	26	25	25	25	24	24	23	23	23	22	22	22	21	21	21	20	20	20	19	19	19	19	

♃ 1 4 9 13 18 22 27 / ♏11 12 13 14 15 16 17 — ♄ 1 4 14 23 / ♐22 23 24 25 — ♅ 1 22 R / ♌16 16 — ♆ 1 10 / ♏ 4 5 — ♇ 1 6 / ♍ 3 4

12

	1	2	3	4	5	6	7	8	9	10	11	12	13	14	15	16	17	18	19	20	21	22	23	24	25	26	27	28	29	30	31
☉	♐ 8	9	10	11	12	13	14	15	16	17	18	19	20	21	23	24	25	26	27	28	29	29 0	♑ 1	2	3	4	5	6	7	8	9
☽	♌ 7	20	♍ 4	17	♎ 1	16	♏ 0	15	♐ 0	15	29	♑ 14	28	♒ 11	24	♓ 7	19	♈ 1	13	25	♉ 7	19	♊ 1	13	25	♋ 8	21	♌ 4	17	♍ 1	14
☿	♐R 25	25	24	23	23	22	21	19	18	17	15	14	13	11	11	10	9	9	9	D 9	9	10	10	11	11	12	13	14	15	16	17
♀	♐ 14	15	16	17	19	20	21	22	24	25	26	27	29	29 0	♑ 1	2	4	5	6	7	9	10	11	12	14	15	16	17	19	20	21
♂	♉R 18	18	18	18	17	17	17	17	17	17	17	16	16	16	16	16	16	16	16	D 16	16	16	16	16	16	16	16	17	17	17	17

♃ 1 2 6 11 16 21 26 / ♏17 18 19 20 21 22 23 — ♄ 1 2 10 19 27 / ♐25 26 27 28 29 — ♅ 1 R 20 / ♌16 15 — ♆ 1 9 / ♏ 5 6 — ♇ 1 6 R / ♍ 4 4

1959

1

	1	2	3	4	5	6	7	8	9	10	11	12	13	14	15	16	17	18	19	20	21	22	23	24	25	26	27	28	29
☉	♑ 10	11	12	13	14	15	16	17	18	19	20	21	22	23	24	25	26	27	28	29 0	♒ 0	1	2	3	4	5	6	7	8
☽	♍ 28	♎ 12	26	♏ 10	24	♐ 9	23	♑ 8	22	♒ 6	19	♓ 2	15	27	♈ 9	21	♉ 3	15	27	♊ 9	21	♋ 4	17	♌ 0	13	27	♍ 11	25	♎ 9
☿	♐ 18	19	20	22	23	24	26	27	28	29 0	♑ 1	2	4	5	7	8	10	11	13	14	16	17	19	20	22	23	25	26	28
♀	♑ 23	24	25	26	28	29	29 0	♒ 1	3	4	5	6	8	9	10	11	13	14	15	16	18	19	20	21	23	24	25	26	28
♂	♉ 17	17	17	18	18	18	18	18	19	19	19	19	20	20	20	20	21	21	21	22	22	22	23	23	24	24	24	24	25

♃ 1 7 12 18 25 / ♏24 25 26 27 28 — ♄ 1 5 29 6 14 23 / ♐29 0 ♑ 0 1 2 — ♅ 1 R 18 / ♌15 14 — ♆ 1 / ♏ 6 — ♇ 1 R / ♍ 4

2

	1	2	3	4	5	6	7	8	9	10	11	12	13	14	15	16	17	18	19	20	21	22	23	24	25	26	27	28	29
☉	♒ 11	12	13	14	15	16	17	18	19	21	22	23	24	25	26	27	28	29	29 0	♓ 1	2	3	4	5	6	7	8	9	
☽	♏ 21	♐ 5	19	♑ 3	17	♒ 1	14	27	♓ 10	23	♈ 5	17	29	♉ 11	23	♊ 4	17	29	♋ 12	25	♌ 8	22	♍ 6	20	♎ 4	19	♏ 3	18	
☿	♒ 3	4	6	8	9	11	13	15	16	18	20	22	23	25	27	29	29 1	♓ 2	4	6	8	10	12	14	16	17	19	21	
♀	♓ 1	3	4	5	6	8	9	10	11	13	14	15	16	18	19	20	21	22	24	25	26	27	29	29 0	♈ 1	2	4	5	
♂	♉ 26	26	27	27	28	28	28	29	29	29 0	♊ 0	1	1	1	2	2	3	3	4	4	5	5	6	6	7	7	8	8	

♃ 1 10 29 11 21 / ♏29 0 ♐ 0 1 — ♄ 1 2 12 24 / ♑ 2 3 4 5 — ♅ 1 R 10 / ♌14 13 — ♆ 1 7 R / ♏ 6 6 — ♇ 1 R / ♍ 3

3

	1	2	3	4	5	6	7	8	9	10	11	12	13	14	15	16	17	18	19	20	21	22	23	24	25	26	27	28	29
☉	♓ 10	11	12	13	14	15	16	17	18	19	20	21	22	23	24	25	26	27	28	29	29 0	♈ 1	2	3	4	5	6	7	8
☽	♐ 2	16	♑ 0	13	27	♒ 10	23	♓ 6	19	♈ 1	13	25	♉ 7	19	♊ 1	12	15	♋ 7	19	♌ 2	16	♍ 0	14	28	♎ 13	28	♏ 13	28	♐ 12
☿	♓ 23	25	26	28	29 0	♈ 1	3	4	6	7	8	9	10	11	12	12	12	12	R 13	12	12	11	11	11	10	9	9	8	7
♀	♈ 6	7	9	10	11	12	13	15	16	17	18	20	21	22	23	24	26	27	28	29 0	♉ 1	2	3	4	5	7	8	9	10
♂	♊ 9	9	10	10	11	11	12	12	13	13	14	14	15	15	16	16	17	17	18	18	19	19	20	21	21	22	22	23	23

♃ 1 19 R / ♐ 1 1 — ♄ 1 11 / ♑ 5 6 — ♅ 1 R 8 / ♌13 12 — ♆ 1 R / ♏ 6 — ♇ 1 R / ♍ 2

4

	1	2	3	4	5	6	7	8	9	10	11	12	13	14	15	16	17	18	19	20	21	22	23	24	25	26	27	28	29
☉	♈ 11	11	12	13	14	15	16	17	18	19	20	21	22	23	24	25	26	27	28	29 0	♉ 0	1	2	3	4	5	6	7	8
☽	♑ 24	♒ 7	20	♓ 3	15	28	♈ 10	22	♉ 4	15	27	♊ 9	21	♋ 3	15	28	♌ 11	24	♍ 8	22	♎ 6	21	♏ 6	22	♐ 7	22	♑ 6	20	♒ 4
☿	♈R 5	4	3	2	2	1	1	1	0	0	0	D 0	0	1	1	1	2	2	3	3	4	5	6	6	7	8	9	10	12
♀	♉ 14	15	16	17	19	20	21	22	23	25	26	27	28	29 0	♊ 1	2	3	4	5	6	8	9	10	11	12	14	15	16	17
♂	♊ 25	25	26	26	27	28	28	29	29	29 0	♋ 0	1	2	2	3	3	4	4	5	6	6	7	7	8	8	9	10	10	11

♃ 1 R 13 25 0 26 / ♐ 1 0 29 ♏29 — ♄ 1 7 17 R 25 / ♑ 6 7 7 6 — ♅ 1 R 20 D / ♌12 12 — ♆ 1 R 11 / ♏ 6 5 — ♇ 1 R / ♍ 2

5

	1	2	3	4	5	6	7	8	9	10	11	12	13	14	15	16	17	18	19	20	21	22	23	24	25	26	27	28	29
☉	♉ 10	11	12	13	14	15	16	17	18	19	20	21	21	22	23	24	25	26	27	28	29 0	♊ 0	1	2	3	4	5	6	7
☽	♓ 0	12	25	♈ 7	19	♉ 1	12	24	♊ 6	18	♋ 0	12	24	♌ 7	20	♍ 3	16	♎ 0	15	♏ 0	15	♐ 0	15	♑ 0	15	29	♒ 13	26	♓ 9
☿	♈ 14	15	16	18	19	20	22	23	25	26	28	29 0	♉ 1	3	4	6	8	10	11	13	15	17	19	21	23	25	27	29 0	♊ 1
♀	♊ 19	20	22	23	24	25	26	27	29	29 0	♋ 1	2	3	4	5	6	8	9	10	11	12	13	14	15	16	18	19	20	21
♂	♋ 12	12	13	14	14	15	15	16	17	17	18	18	19	19	20	21	21	22	22	23	24	24	25	25	26	26	27	28	28

♃ 1 R 3 11 19 27 / ♏29 28 27 26 25 — ♄ 1 R 23 / ♑ 6 5 — ♅ 1 / ♌12 — ♆ 1 R 18 / ♏ 5 4 — ♇ 1 R / ♍ 1

6

	1	2	3	4	5	6	7	8	9	10	11	12	13	14	15	16	17	18	19	20	21	22	23	24	25	26	27	28	29
☉	♊ 10	11	12	13	14	15	15	16	17	18	19	20	21	22	23	24	25	26	27	28	29	29 0	♋ 1	2	3	4	5	6	6
☽	♈ 16	28	♉ 9	21	♊ 3	15	27	♋ 9	21	♌ 4	16	29	♍ 13	26	♎ 10	24	♏ 9	23	♐ 8	24	♑ 9	23	♒ 8	21	♓ 5	18	♈ 0	12	24
☿	♊ 8	10	12	15	17	19	21	23	25	28	29 0	♋ 2	4	6	8	10	11	13	15	17	19	20	22	24	25	27	28	29 0	♌ 1
♀	♋ 24	25	26	27	28	29 0	♌ 0	1	3	4	5	6	7	8	9	10	11	12	13	14	15	16	17	17	18	19	20	21	22
♂	♌ 0	1	1	2	2	3	4	4	5	5	6	7	7	8	8	9	10	10	11	12	12	13	13	14	15	15	16	16	17

♃ 1 R 5 14 26 / ♏25 24 23 22 — ♄ 1 R 8 22 / ♑ 5 4 3 — ♅ 1 24 / ♌13 14 — ♆ 1 R / ♏ 4 — ♇ 1 / ♍ 1

7

	1	2	3	4	5	6	7	8	9	10	11	12	13	14	15	16	17	18	19	20	21	22	23	24	25	26	27	28	29
☉	♋ 8	9	10	11	12	13	14	15	16	17	18	19	20	21	22	23	24	25	26	27	27	28	29 0	♌ 0	1	2	3	4	5
☽	♉ 18	♊ 0	12	24	♋ 6	18	♌ 1	14	26	♍ 10	23	♎ 6	20	♏ 4	19	♐ 3	18	♑ 2	17	♒ 2	16	29	♓ 13	26	♈ 8	20	♉ 2	14	26
☿	♌ 4	5	6	7	9	10	11	12	13	14	14	15	16	16	17	18	18	18	19	19	19	R 19	19	18	18	18	18	17	17
♀	♌ 24	25	26	27	27	28	29	29 0	♍ 1	1	2	3	4	4	5	6	7	7	8	8	9	10	10	11	11	12	12	13	13
♂	♌ 18	19	19	20	21	21	22	22	23	24	24	25	26	26	27	27	28	29	29	29 0	♍ 0	1	2	2	3	4	4	5	5

♃ 1 R 20 D / ♏22 22 — ♄ 1 R 7 21 / ♑ 3 2 1 — ♅ 1 13 29 / ♌14 15 16 — ♆ 1 R 17 D / ♏ 4 4 — ♇ 1 / ♍ 2

8

	1	2	3	4	5	6	7	8	9	10	11	12	13	14	15	16	17	18	19	20	21	22	23	24	25	26	27	28	29
☉	♌ 8	9	10	11	12	13	14	15	16	17	18	19	19	20	21	22	23	24	25	26	27	28	29 0	♍ 0	1	2	3	4	5
☽	♋ 2	15	27	♌ 10	23	♍ 6	20	♎ 3	17	♏ 1	15	29	♐ 14	28	♑ 12	26	♒ 10	24	♓ 8	21	♈ 4	16	28	♉ 10	22	♊ 4	16	28	♋ 10
☿	♌R 15	14	13	13	12	11	11	10	9	9	8	8	7	7	7	D 7	7	8	8	9	9	10	11	12	13	14	16	17	19
♀	♍ 14	15	15	15	15	15	15	16	16	16	R 16	16	15	15	15	15	15	14	14	14	13	13	12	12	11	11	10	10	9
♂	♍ 7	8	9	9	10	10	11	12	12	13	14	14	15	16	16	17	17	18	19	19	20	21	21	22	23	23	24	24	25

♃ 1 13 25 / ♏22 23 24 — ♄ 1 R 9 / ♑ 1 0 — ♅ 1 14 31 / ♌16 17 18 — ♆ 1 / ♏ 4 — ♇ 1 / ♍ 3

9

	1	2	3	4	5	6	7	8	9	10	11	12	13	14	15	16	17	18	19	20	21	22	23	24	25	26	27	28	29
☉	♍ 8	9	10	11	12	13	14	15	16	17	18	18	19	20	21	22	23	24	25	26	27	28	29 0	♎ 0	1	2	3	4	5
☽	♌ 18	♍ 2	15	29	♎ 13	28	♏ 12	26	♐ 10	24	♑ 9	23	♒ 6	20	♓ 3	16	29	♈ 12	24	♉ 6	18	♊ 0	12	24	♋ 6	18	♌ 1	13	26
☿	♌ 23	25	27	29	29 1	♍ 2	4	6	8	10	12	14	16	18	20	22	23	25	27	29	29 1	♎ 2	4	6	8	9	11	13	14
♀	♍R 7	7	6	5	5	4	4	3	3	2	2	1	1	1	0	0	0	0	0	0 29	♌ 29	D 29	29	29	29 0	♍ 0	0	0	0
♂	♍ 27	28	28	29	29 0	♎ 0	1	1	2	3	3	4	5	5	6	7	7	8	9	9	10	11	11	12	13	13	14	15	15

♃ 1 3 10 17 23 29 / ♏24 25 26 27 28 29 — ♄ 1 R 5 D 30 / ♑ 0 0 1 — ♅ 1 17 / ♌18 19 — ♆ 1 10 / ♏ 4 5 — ♇ 1 / ♍ 4

10

	1	2	3	4	5	6	7	8	9	10	11	12	13	14	15	16	17	18	19	20	21	22	23	24	25	26	27	28	29
☉	♎ 7	8	9	10	11	12	13	14	15	16	17	18	19	20	21	22	23	24	25	26	27	28	29	29 0	♏ 1	2	3	4	5
☽	♍ 24	♎ 8	23	♏ 7	22	♐ 7	21	♑ 5	19	♒ 3	17	♓ 0	13	25	♈ 8	20	♉ 3	15	27	♊ 8	20	♋ 2	14	26	♌ 9	21	♍ 4	18	♎ 2
☿	♎ 18	19	21	23	24	26	27	29	29 0	♏ 2	3	5	6	8	9	11	12	14	15	16	18	19	20	22	23	24	26	27	28
♀	♍ 1	1	2	2	3	3	4	4	5	5	6	6	7	8	8	9	10	10	11	12	13	13	14	15	16	17	18	18	19
♂	♎ 17	17	18	19	19	20	21	21	22	23	23	24	25	25	26	27	27	28	29	29	29 0	♏ 1	1	2	3	3	4	5	5

♃ 1 5 29 6 10 16 21 26 30 / ♏29 0 ♐ 0 1 2 3 4 5 — ♄ 1 18 / ♑ 1 2 — ♅ 1 8 / ♌19 20 — ♆ 1 11 / ♏ 5 6 — ♇ 1 / ♍ 5

11

	1	2	3	4	5	6	7	8	9	10	11	12	13	14	15	16	17	18	19	20	21	22	23	24	25	26	27	28	29
☉	♏ 8	9	10	11	12	13	14	15	16	17	18	19	20	21	22	23	24	25	26	27	28	29	29 0	♐ 1	2	3	4	5	6
☽	♏ 16	♐ 1	16	♑ 1	16	♒ 0	13	27	♓ 10	22	♈ 5	17	29	♉ 11	23	♊ 5	17	29	♋ 11	23	♌ 5	17	♍ 0	13	26	♎ 10	24	♏ 9	24
☿	♐ 1	3	4	5	5	6	7	8	8	9	9	9	9	R 9	9	9	8	7	6	5	4	3	2	1	0 29	♏ 28	27	25	25
♀	♍ 22	23	24	25	26	27	28	29	29 0	♎ 1	2	3	4	5	6	7	8	9	10	11	12	13	14	15	16	17	18	20	21
♂	♏ 7	8	9	9	10	11	12	12	13	14	14	15	16	16	17	18	18	19	20	21	21	22	23	23	24	25	25	26	27

♃ 1 4 9 13 18 22 27 / ♐ 5 6 7 8 9 10 11 — ♄ 1 12 22 / ♑ 3 4 5 — ♅ 1 13 27 R / ♌20 21 21 — ♆ 1 7 / ♏ 6 7 — ♇ 1 / ♍ 5

12

	1	2	3	4	5	6	7	8	9	10	11	12	13	14	15	16	17	18	19	20	21	22	23	24	25	26	27	28	29
☉	♐ 8	9	10	11	12	13	14	15	16	17	18	19	20	21	22	23	24	25	26	27	28	29 0	♑ 0	1	2	3	4	6	7
☽	♐ 24	♑ 10	25	♒ 9	23	♓ 6	19	♈ 2	14	26	♉ 8	20	♊ 2	14	26	♋ 8	20	♌ 2	14	26	♍ 9	22	♎ 5	19	♏ 3	17	♐ 2	17	♑ 3
☿	♏R 24	23	D 23	23	23	24	25	25	26	27	28	29	29 0	♐ 1	2	3	4	6	7	8	10	11	12	14	15	17	18	20	21
♀	♎ 23	24	25	26	27	28	29 0	♏ 1	2	3	4	5	6	8	9	10	11	12	13	15	16	17	18	19	21	22	23	24	25
♂	♏ 28	29	29 0	♐ 0	1	2	3	3	4	5	5	6	7	8	8	9	10	10	11	12	13	13	14	15	15	16	17	18	18

♃ 1 6 10 15 19 24 28 / ♐12 13 14 15 16 17 18 — ♄ 1 10 19 28 / ♑ 6 7 8 9 — ♅ 1 R 10 / ♌21 20 — ♆ 1 6 / ♏ 7 8 — ♇ 1 / ♍ 6

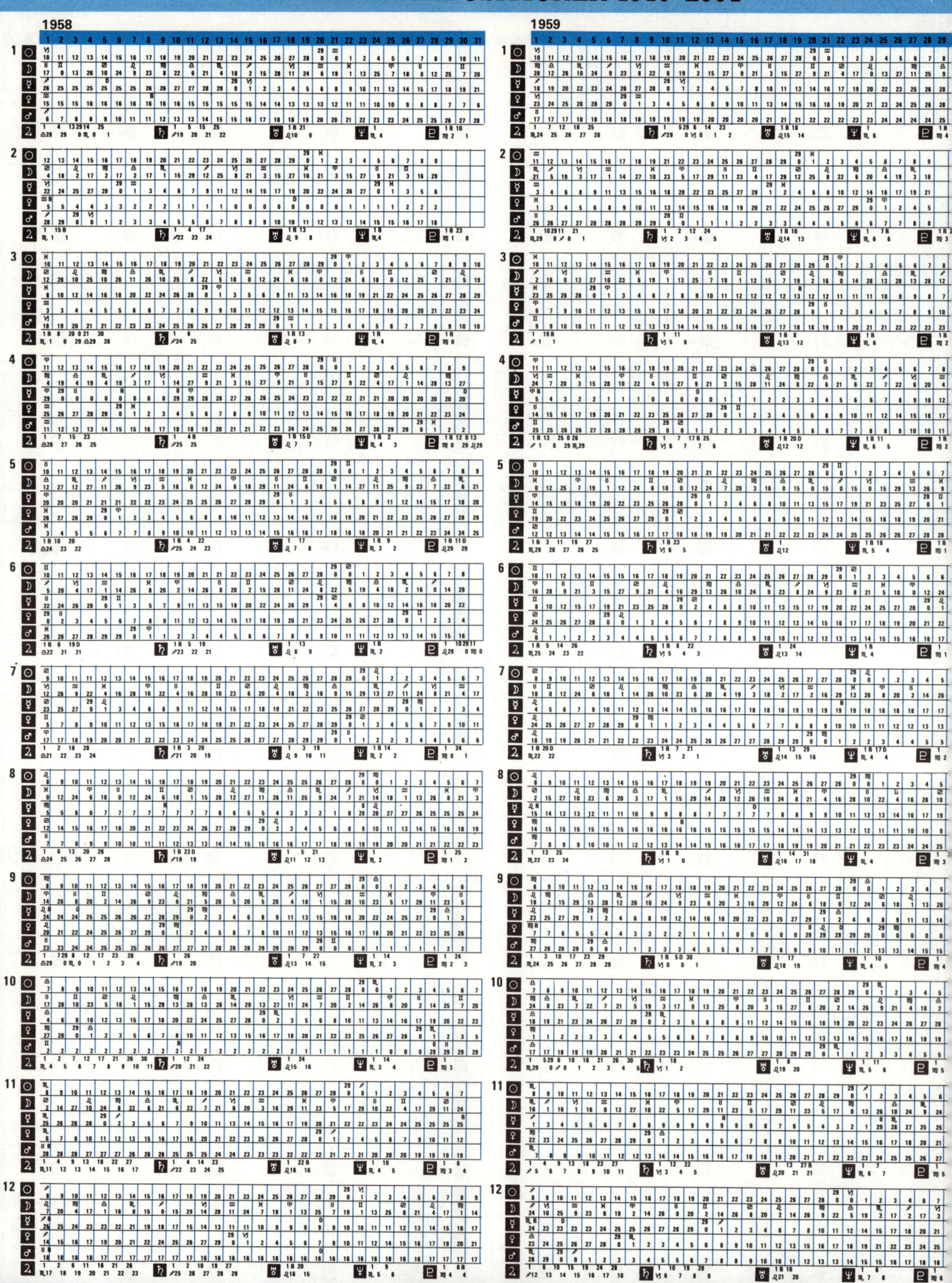

1 PLANETENPOSITIONEN 1910–2001

1960

1

	1	2	3	4	5	6	7	8	9	10	11	12	13	14	15	16	17	18	19	20	21	22	23	24	25	26	27	28	29	30	31
☉	♑ 10	11	12	13	14	15	16	17	18	19	20	21	22	23	24	25	26	27	28	29	29/0	♒ 1	2	3	4	5	6	7	8	9	10
☽	♒ 17	♓ 1	15	28	♈ 11	23	♉ 5	17	29	♊ 11	23	♋ 5	17	29	♌ 11	24	♍ 6	19	♎ 2	15	29	♏ 13	27	♐ 11	26	♑ 11	26	♒ 11	25	♓ 9	23
☿	♐ 26	27	29	29/0	♑ 2	3	5	6	8	9	11	12	14	16	17	19	20	22	24	25	27	29	29/0	♒ 2	4	5	7	9	10	12	14
♀	♏ 29	29/0	♐ 1	2	4	5	6	7	8	10	11	12	13	14	16	17	18	19	20	22	23	24	25	27	28	29	29/0	♑ 1	3	4	5
♂	♐ 21	21	22	23	23	24	25	26	26	27	28	29	29	29/0	♑ 1	2	2	3	4	5	5	6	7	7	8	9	10	10	11	12	13

♃ 1 2 6 11 16 21 26 31 — ♐18 19 20 21 22 23 24 25 | ♄ 1 5 14 22 31 — ♑9 10 11 12 13 | ♅ 1R 16 — ♌20 19 | ♆ 1 18 — ♏8 9 | ♇ 1R 3 — ♍6 5

2

	1	2	3	4	5	6	7	8	9	10	11	12	13	14	15	16	17	18	19	20	21	22	23	24	25	26	27	28	29	30	31
☉	♒ 11	12	13	14	15	16	17	18	19	20	21	22	23	24	25	26	27	28	29/0	♓ 0	1	2	3	4	5	6	7	8	9		
☽	♈ 6	19	♉ 1	13	25	♊ 7	19	♋ 1	13	25	♌ 7	20	♍ 3	16	29	♎ 12	26	♏ 9	23	♐ 7	22	♑ 6	20	♒ 5	19	♓ 3	17	♈ 1	14		
☿	♒ 16	17	19	21	23	25	26	28	29/0	♓ 2	4	5	7	9	10	12	14	15	17	18	19	21	22	23	24	24	25	25	26		
♀	♑ 6	8	9	10	11	12	14	15	16	17	19	20	21	22	23	25	26	27	28	29/0	♒ 1	2	3	5	6	7	8	9	11		
♂	♑ 13	14	15	16	16	17	18	19	19	20	21	22	23	23	24	25	26	26	27	28	29	29	29/0	♒ 1	2	2	3	4	5		

♃ 1 5 11 17 23 — ♐25 26 27 28 29 | ♄ 1 10 20 — ♑13 14 15 | ♅ 1R 9 — ♌19 18 | ♆ 1 10R — ♏9 9 | ♇ 1R 21 — ♍5 4

3

	1	2	3	4	5	6	7	8	9	10	11	12	13	14	15	16	17	18	19	20	21	22	23	24	25	26	27	28	29	30	31
☉	♓ 10	11	12	13	14	15	16	17	18	19	20	21	22	23	24	25	26	27	28	29/0	♈ 0	1	2	3	4	5	6	7	8	9	10
☽	♈ 27	♉ 9	21	♊ 3	15	27	♋ 9	21	♌ 3	16	28	♍ 11	25	♎ 8	22	♏ 6	20	♐ 4	18	♑ 3	17	♒ 1	15	29	♓ 12	26	♈ 9	22	♉ 4	17	29
☿	♓R 25	25	25	24	24	23	22	22	21	20	19	18	17	16	15	14	13	13	13	12	12	12	12	D 12	12	12	12	13	13	14	14
♀	♒ 12	13	14	16	17	18	19	21	22	23	24	25	27	28	29	29/0	♓ 2	3	4	5	7	8	9	10	11	13	14	15	16	18	19
♂	♒ 5	6	7	8	8	9	10	11	12	12	13	14	15	15	16	17	18	18	19	20	21	22	22	23	24	25	25	26	27	28	28

♃ 1 29 2 9 18 31 — 0 ♑0 1 2 3 | ♄ 1 2 16 — ♑15 16 17 | ♅ 1R 4 — ♌18 17 | ♆ 1R 4 — ♏9 8 | ♇ 1R — ♍4

4

	1	2	3	4	5	6	7	8	9	10	11	12	13	14	15	16	17	18	19	20	21	22	23	24	25	26	27	28	29	30	31
☉	♈ 11	12	13	14	15	16	17	18	19	20	21	22	23	24	25	26	27	28	29	29/0	♉ 1	2	3	4	5	6	7	8	9	10	
☽	♊ 11	23	♋ 5	17	29	♌ 11	23	♍ 6	19	♎ 3	17	♏ 1	15	♐ 0	15	29	♑ 14	28	♒ 12	25	♓ 9	22	♈ 5	18	♉ 0	13	25	♊ 7	19	♋ 1	
☿	♓ 15	16	16	17	18	19	20	21	22	23	24	25	27	28	29	29/0	♈ 2	3	5	6	7	9	11	12	14	15	17	19	20	22	
♀	♓ 20	21	23	24	25	26	27	29	29/0	♈ 1	2	4	5	6	7	9	10	11	12	13	15	16	17	18	20	21	22	23	25	26	
♂	♒ 20	29/0	♓ 0	2	2	3	4	5	5	6	7	8	9	9	10	11	12	12	13	14	15	15	16	17	18	19	19	20	21	22	

♃ 1 20R — ♑3 3 | ♄ 1 4 28R — ♑17 18 18 | ♅ 1R 12 25D — ♌17 16 16 | ♆ 1R 19 — ♏8 7 | ♇ 1R 2 — ♍4 3

5

	1	2	3	4	5	6	7	8	9	10	11	12	13	14	15	16	17	18	19	20	21	22	23	24	25	26	27	28	29	30	31
☉	♉ 11	12	13	14	14	15	16	17	18	19	20	21	22	23	24	25	26	27	28	29	29/0	♊ 1	2	3	4	5	6	7	8	9	10
☽	♋ 13	25	♌ 7	19	♍ 1	14	27	♎ 11	25	♏ 9	24	♐ 9	24	♑ 9	24	♒ 8	24	♓ 6	19	♈ 2	15	27	♉ 9	22	♊ 4	16	28	♋ 10	22	♌ 3	15
☿	♈ 24	26	28	29/0	♉ 1	3	5	7	9	11	13	15	18	20	22	24	26	28	29/0	♊ 3	5	7	9	11	14	16	18	20	22	24	26
♀	♈ 27	28	29/0	♉ 1	2	3	4	6	7	8	9	11	12	13	14	15	17	18	19	20	22	23	24	25	26	28	29	29/0	♊ 1	3	4
♂	♓ 22	23	24	25	25	26	27	28	28	29	29/0	♈ 1	2	2	3	4	5	5	6	7	8	8	9	10	11	11	12	13	14	14	15

♃ 1R 10 22 — ♑3 2 1 | ♄ 1R 20 — ♑18 17 | ♅ 1 6 — ♌16 17 | ♆ 1R 27 — ♏7 6 | ♇ 1R 14D — ♍3 3

6

	1	2	3	4	5	6	7	8	9	10	11	12	13	14	15	16	17	18	19	20	21	22	23	24	25	26	27	28	29	30	31
☉	♊ 10	11	12	13	14	15	16	17	18	19	20	21	22	23	24	25	26	27	28	29	29/0	♋ 1	1	2	3	4	5	6	7	8	
☽	♌ 27	♍ 10	23	♎ 6	19	♏ 3	18	♐ 3	18	♑ 3	18	♒ 3	18	♓ 2	16	29	♈ 12	24	♉ 7	19	♊ 1	13	25	♋ 7	19	♌ 0	12	24	♍ 7	19	
☿	♊ 27	29/0	♋ 1	3	4	6	8	9	11	11	14	15	16	17	19	20	21	22	23	24	25	26	26	27	28	28	29	29	29	29	
♀	♊ 5	6	8	9	10	11	12	14	15	16	17	19	20	21	22	23	25	26	27	28	29/0	♋ 1	2	3	5	6	7	8	9	11	
♂	♈ 16	17	17	18	19	20	20	21	22	23	23	24	25	26	26	27	28	28	29	29/0	♉ 1	1	2	3	4	4	5	6	6	7	

♃ 1R 10 0 11 17 25 — ♑0 29 ♐29 28 27 | ♄ 1R 10 25 — ♑17 16 15 | ♅ 1 12 — ♌17 18 | ♆ 1R — ♏6 | ♇ 1 25 — ♍3 4

7

	1	2	3	4	5	6	7	8	9	10	11	12	13	14	15	16	17	18	19	20	21	22	23	24	25	26	27	28	29	30	31
☉	♋ 9	10	11	12	13	14	15	16	17	18	19	20	21	22	22	23	24	25	26	27	28	29/0	♌ 0	1	2	3	4	5	6	7	8
☽	♎ 2	15	28	♏ 12	26	♐ 11	26	♑ 12	27	♒ 12	27	♓ 11	25	♈ 8	21	♉ 4	16	28	♊ 10	22	♋ 4	16	27	♌ 9	21	♍ 4	16	28	♎ 11	24	♏ 8
☿	29/0	♌ 0	0	R 0	0	0/29	♋ 29	29	28	28	27	27	26	25	25	24	23	23	22	22	21	21	20	20	20	20	19	D 19	20	20	20
♀	♋ 12	13	14	16	17	18	19	21	22	23	24	25	27	28	29	29/0	♌ 2	3	4	5	7	8	9	10	11	13	14	15	16	18	19
♂	♉ 8	9	9	10	11	11	12	13	14	14	15	16	16	17	18	18	19	20	21	21	22	23	23	24	25	25	26	27	27	28	29

♃ 1R 3 12 23 — ♐27 26 25 24 | ♄ 1R 8 22 — ♑15 14 13 | ♅ 1 4 21 — ♌18 19 20 | ♆ 1R 18D — ♏6 6 | ♇ 1 — ♍4

8

	1	2	3	4	5	6	7	8	9	10	11	12	13	14	15	16	17	18	19	20	21	22	23	24	25	26	27	28	29	30	31
☉	♌ 9	10	11	12	13	14	14	15	16	17	18	19	20	21	22	23	24	25	26	27	28	29	29/0	♍ 1	2	3	4	5	6	7	8
☽	♏ 22	♐ 6	20	♑ 5	20	♒ 5	20	♓ 5	19	♈ 3	16	♉ 0	12	25	♊ 7	19	♋ 0	12	24	♌ 6	18	♍ 1	13	26	♎ 8	21	♏ 5	18	♐ 2	16	♑ 0
☿	♋ 21	21	22	23	24	25	26	27	28	29/0	♌ 1	2	4	6	7	9	11	13	15	17	19	21	23	25	27	29	29/1	♍ 3	5	6	8
♀	♌ 20	21	23	24	25	26	27	29	29/0	♍ 1	2	4	5	6	7	9	10	11	12	13	15	16	17	18	20	21	22	23	25	26	27
♂	♉ 29	29/0	♊ 1	1	2	3	3	4	5	5	6	7	7	8	9	9	10	10	11	12	12	13	14	14	15	15	16	17	17	18	18

♃ 1R 8 20D — ♐24 23 23 | ♄ 1R 7 — ♑13 12 | ♅ 1 7 23 — ♌20 21 22 | ♆ 1 — ♏6 | ♇ 1 2 — ♍4 5

9

	1	2	3	4	5	6	7	8	9	10	11	12	13	14	15	16	17	18	19	20	21	22	23	24	25	26	27	28	29	30	31
☉	♍ 9	10	10	11	12	13	14	15	16	17	18	19	20	21	22	23	24	25	26	27	28	29	29/0	♎ 1	2	3	4	5	6	7	
☽	♑ 15	29	♒ 14	29	♓ 13	27	♈ 11	24	♉ 8	20	♊ 3	15	27	♋ 9	21	♌ 2	14	27	♍ 9	22	♎ 5	18	♏ 1	15	29	♐ 13	27	♑ 11	25	♒ 10	
☿	♍ 10	12	14	16	18	20	21	23	25	27	29	29/0	♎ 2	4	5	7	9	10	12	13	15	16	18	19	21	22	24	25	27	28	
♀	28	29/0	♎ 1	2	3	4	6	7	8	9	11	12	13	14	15	17	18	19	20	22	23	24	25	27	28	29	29/0	♏ 1	3	4	
♂	♊ 19	20	20	21	21	22	22	23	24	24	25	25	26	26	27	27	28	28	29	29	29/0	♋ 1	1	2	2	3	3	4	4	4	

♃ 1 17 28 — ♐24 25 26 | ♄ 1R 16D 30 — ♑11 11 12 | ♅ 1 9 27 — ♌22 23 24 | ♆ 1 5 — ♏6 7 | ♇ 1 2 — ♍5 6

10

	1	2	3	4	5	6	7	8	9	10	11	12	13	14	15	16	17	18	19	20	21	22	23	24	25	26	27	28	29	30	31
☉	♎ 8	9	10	11	12	13	14	15	16	17	18	19	20	21	22	23	24	25	26	27	28	29	29/0	♏ 1	2	3	4	5	6	7	8
☽	♒ 24	♓ 8	22	♈ 6	19	♉ 2	15	28	♊ 11	23	♋ 5	17	28	♌ 10	22	♍ 5	17	♎ 0	13	27	♏ 11	25	♐ 9	24	♑ 8	22	♒ 6	20	♓ 4	18	♈ 1
☿	29/0	♏ 1	2	4	5	6	7	9	10	11	12	13	15	16	17	18	19	19	20	21	22	22	23	23	24	24	24	R 23	23	23	22
♀	♏ 5	6	8	9	10	11	12	14	15	16	17	19	20	21	22	23	25	26	27	28	29/0	♐ 1	2	3	4	6	7	8	9	11	12
♂	♋ 5	5	6	6	7	7	8	8	8	9	9	10	10	10	11	11	12	12	12	13	13	13	14	14	14	15	15	15	15	16	16

♃ 1 6 13 20 26 29 27 31 — ♐26 27 28 29 0 ♑0 1 | ♄ 1 24 — ♑12 13 | ♅ 1 19 — ♌24 25 | ♆ 1 8 — ♏7 8 | ♇ 1 3 — ♍6 7

11

	1	2	3	4	5	6	7	8	9	10	11	12	13	14	15	16	17	18	19	20	21	22	23	24	25	26	27	28	29	30	31
☉	♏ 9	10	11	12	13	14	15	16	17	18	19	20	21	22	23	24	25	26	27	28	29	29/0	♐ 1	2	3	4	5	6	7	8	
☽	♈ 15	28	♉ 11	24	♊ 6	19	♋ 1	13	24	♌ 6	18	♍ 0	12	25	♎ 8	21	♏ 5	19	♐ 4	19	♑ 4	18	♒ 3	17	♓ 1	15	28	♈ 11	24	♉ 7	
☿	♏R 21	20	19	18	17	16	15	13	12	11	10	9	8	8	8	8	D 8	8	8	9	10	10	11	12	13	15	16	17	18	20	
♀	♐ 13	14	15	17	18	19	20	22	23	24	25	26	28	29	29/0	♑ 1	2	4	5	6	7	8	10	11	12	13	14	16	17	18	
♂	♋ 16	16	16	17	17	17	17	17	17	18	18	18	18	18	18	18	18	18	18	18	R 18	18	18	18	18	18	18	18	18	17	

♃ 1 6 11 16 21 26 30 — ♑1 2 3 4 5 6 7 | ♄ 1 7 19 29 — ♑13 14 15 16 | ♅ 1 — ♌25 | ♆ 1 4 — ♏8 9 | ♇ 1 17 — ♍7 8

12

	1	2	3	4	5	6	7	8	9	10	11	12	13	14	15	16	17	18	19	20	21	22	23	24	25	26	27	28	29	30	31
☉	♐ 9	10	11	12	13	14	15	16	17	18	19	20	21	22	23	24	25	26	27	28	29/0	♑ 0	1	2	3	4	5	6	7	8	9
☽	♉ 20	♊ 2	15	27	♋ 9	21	♌ 3	14	26	♍ 8	20	♎ 3	16	29	♏ 13	27	♐ 12	27	♑ 12	27	♒ 12	27	♓ 11	25	♈ 8	22	♉ 4	17	29	♊ 12	24
☿	♏ 21	22	24	25	27	28	29/0	♐ 1	2	4	5	7	9	10	12	13	15	16	18	19	21	22	24	25	27	29	29/0	♑ 2	3	5	6
♀	♑ 19	20	22	23	24	25	26	28	29	29/0	♒ 1	2	4	5	6	7	8	9	11	12	13	14	15	16	18	19	20	21	22	23	25
♂	♋R 17	17	17	17	17	16	16	16	16	15	15	15	14	14	14	13	13	13	12	12	12	11	11	10	10	10	9	9	8	8	8

♃ 1 5 9 14 18 22 27 31 — ♑7 8 9 10 11 12 13 14 | ♄ 1 9 18 26 — ♑16 17 18 19 | ♅ 1R — ♌25 | ♆ 1 2 — ♏9 10 | ♇ 1 10R — ♍8 8

1961

1

	1	2	3	4	5	6	7	8	9	10	11	12	13	14	15	16	17	18	19	20	21	22	23	24	25	26	27	28	29	30	31
☉	♑ 11	12	13	14	15	16	17	18	19	20	21	22	23	24	25	26	27	28	29	29/0	♒ 1	2	3	4	5	6	7	8	9	10	11
☽	♋ 6	18	29	♌ 11	23	♍ 5	17	29	♎ 11	24	♏ 8	21	♐ 5	20	♑ 5	20	♒ 6	21	♓ 6	20	♈ 4	18	♉ 1	14	26	♊ 9	21	♋ 3	15	26	♌ 8
☿	♑ 8	10	11	13	15	16	18	19	21	23	24	26	28	29/0	♒ 1	3	4	6	8	10	11	13	15	16	18	20	21	23	25	26	28
♀	♒ 26	27	28	29	29/0	♓ 1	2	4	5	6	7	8	9	10	11	12	14	15	16	17	18	19	20	21	22	23	24	25	26	27	28
♂	♋R 7	7	6	6	6	5	5	5	4	4	4	3	3	3	2	2	2	2	1	1	1	1	0	0	0	0	0	0	0	0	0

♃ 1 4 9 13 17 22 26 30 — ♑14 15 16 17 18 19 20 21 | ♄ 1 4 12 21 29 — ♑19 20 21 22 23 | ♅ 1R 12 — ♌25 24 | ♆ 1 8 — ♏10 11 | ♇ 1R 2 — ♍8 7

2

	1	2	3	4	5	6	7	8	9	10	11	12	13	14	15	16	17	18	19	20	21	22	23	24	25	26	27	28	29	30	31
☉	♒ 12	13	14	15	16	17	18	20	21	22	23	24	25	26	27	28	29	29/0	♓ 1	2	3	4	5	6	7	8	9	10			
☽	♌ 20	♍ 2	14	26	♎ 8	21	♏ 4	17	♐ 0	14	29	♑ 13	28	♒ 14	29	♓ 14	28	♈ 12	26	♉ 10	23	♊ 5	17	29	♋ 11	23	♌ 5	17			
☿	29/0	♓ 1	2	3	4	6	6	7	8	8	9	9	R 9	8	8	7	6	6	5	4	3	2	1	0/29	♒ 28	27	26	26			
♀	♓ 29	29/0	♈ 1	2	3	4	5	6	7	8	9	10	10	11	12	13	14	15	15	16	17	18	18	19	20	21	21	22			
♂	♋R 0	0	0	0	0	D 0	0	0	0	0	0	0	0	0	0	0	0	0	1	1	1	1	1	2	2	2	2	2			

♃ 1 4 8 13 18 22 27 — ♑21 22 23 24 25 26 27 | ♄ 1 7 16 26 — ♑23 24 25 26 | ♅ 1R 6 — ♌24 23 | ♆ 1 11R — ♏11 11 | ♇ 1R 19 — ♍7 6

3

	1	2	3	4	5	6	7	8	9	10	11	12	13	14	15	16	17	18	19	20	21	22	23	24	25	26	27	28	29	30	31
☉	♓ 11	12	13	14	15	16	17	18	19	20	21	22	23	24	25	26	27	28	29	29/0	♈ 1	2	3	4	5	6	7	8	9	10	11
☽	♌ 29	♍ 11	23	♎ 5	18	♏ 1	14	27	♐ 11	24	♑ 8	23	♒ 7	22	♓ 7	22	♈ 6	20	♉ 4	18	♊ 1	13	26	♋ 8	20	♌ 1	13	25	♍ 7	19	♎ 2
☿	♒R 25	25	24	24	24	24	D 24	24	24	25	25	26	26	27	27	28	29	29/0	♓ 1	2	3	4	5	6	7	8	10	11	12	14	15
♀	♈ 22	23	24	24	25	25	26	26	27	27	27	28	28	28	28	28	28	29	29	29	R 29	28	28	28	28	28	28	27	27	26	26
♂	♋ 3	3	3	3	4	4	4	5	5	5	5	6	6	6	7	7	8	8	8	9	9	9	10	10	11	11	11	12	12	13	13

♃ 1 4 9 15 29 16 20 27 — ♑27 28 29 0 ♒0 1 2 | ♄ 1 9 21 — ♑26 27 28 | ♅ 1R 2 — ♌23 22 | ♆ 1R 17 — ♏11 10 | ♇ 1R — ♍6

4

	1	2	3	4	5	6	7	8	9	10	11	12	13	14	15	16	17	18	19	20	21	22	23	24	25	26	27	28	29	30	31
☉	♈ 12	13	13	14	15	16	17	18	19	20	21	22	23	24	25	26	27	28	29	29/0	♉ 1	2	3	4	5	6	7	8	9	10	
☽	♎ 14	27	♏ 10	24	♐ 7	21	♑ 5	19	♒ 3	18	♓ 2	16	♈ 0	15	29	♉ 12	26	♊ 8	21	♋ 3	16	28	♌ 9	21	♍ 3	15	27	♎ 10	23	♏ 6	
☿	♓ 16	18	19	21	22	24	25	27	28	29/0	♈ 2	3	5	7	9	10	12	14	16	18	20	22	24	26	28	29/0	♉ 2	4	6	8	
♀	♈R 26	25	25	24	23	23	22	22	21	20	20	19	18	18	17	17	16	16	15	15	14	14	14	13	13	13	13	12	12	12	
♂	♋ 13	14	14	15	15	15	16	17	17	17	18	18	19	19	20	20	21	21	22	22	23	23	24	24	25	25	26	26	27	27	

♃ 1 2 9 18 28 — ♒2 3 4 5 6 | ♄ 1 7 — ♑28 29 | ♅ 1R 29D — ♌21 21 | ♆ 1R 28 — ♏10 9 | ♇ 1R 3 — ♍6 5

5

	1	2	3	4	5	6	7	8	9	10	11	12	13	14	15	16	17	18	19	20	21	22	23	24	25	26	27	28	29	30	31
☉	♉ 11	12	13	14	15	16	17	18	19	20	21	22	22	23	24	25	26	27	28	29	29/0	♊ 1	2	3	4	5	6	7	8	9	10
☽	♏ 20	♐ 4	18	♑ 2	16	♒ 0	14	28	♓ 12	26	♈ 10	24	♉ 7	21	♊ 4	17	29	♋ 11	23	♌ 5	17	29	♍ 11	23	♎ 5	18	♏ 1	15	29	♐ 13	27
☿	♉ 10	12	14	17	19	21	23	25	27	29/0	♊ 2	4	6	7	9	11	13	15	17	18	20	21	23	24	26	27	28	29/0	♋ 1	2	3
♀	♈R 12	D 12	12	12	13	13	13	13	13	14	14	14	15	15	16	16	17	17	18	18	19	19	20	21	21	22	23	23	24	25	26
♂	♋ 28	28	29	29	29	29/0	♌ 0	1	1	2	3	3	4	4	5	5	6	6	7	7	8	9	9	10	10	11	11	12	12	13	14

♃ 1 16 26R — ♒6 7 7 | ♄ 1 10R — ♑29 29 | ♅ 1 27 — ♌21 20 | ♆ 1R — ♏9 | ♇ 1R 17D — ♍5 5

6

	1	2	3	4	5	6	7	8	9	10	11	12	13	14	15	16	17	18	19	20	21	22	23	24	25	26	27	28	29	30	31
☉	♊ 11	12	13	14	15	16	16	17	18	19	20	21	22	23	24	25	26	27	28	29	29/0	♋ 1	2	3	4	5	6	7	7	8	
☽	♑ 12	26	♒ 11	25	♓ 9	23	♈ 7	21	♉ 4	17	♊ 0	13	25	♋ 8	20	♌ 2	14	25	♍ 7	19	♎ 1	13	26	♏ 9	23	♐ 7	21	♑ 6	21	♒ 6	
☿	♋ 4	5	6	6	7	8	8	9	9	10	10	10	10	10	R 10	10	10	9	9	9	8	8	7	7	6	5	5	4	4	3	
♀	♈ 26	27	28	29	29/0	♉ 0	1	2	3	4	5	6	7	7	8	9	10	11	12	13	14	15	16	17	18	19	20	21	22	23	
♂	♌ 14	15	15	16	16	17	17	18	19	19	20	20	21	21	22	23	23	24	24	25	25	26	27	27	28	28	29	29/0	♍ 0	1	

♃ 1R 4 22 — ♒7 6 5 | ♄ 1R 11 28 — ♑29 28 27 | ♅ 1 24 — ♌22 23 | ♆ 1R 7 — ♏9 8 | ♇ 1 28 — ♍5 6

7

	1	2	3	4	5	6	7	8	9	10	11	12	13	14	15	16	17	18	19	20	21	22	23	24	25	26	27	28	29	30	31
☉	♋ 9	10	11	12	13	14	15	16	17	18	19	20	21	22	23	24	25	26	27	28	28	29	29/0	♌ 1	2	3	4	5	6	7	8
☽	♒ 21	♓ 5	20	♈ 4	18	♉ 1	14	27	♊ 10	22	♋ 4	16	28	♌ 10	22	♍ 4	16	28	♎ 10	22	♏ 5	18	♐ 1	15	♑ 0	14	29	♒ 15	0	♊ 15	29
☿	♋R 3	2	2	1	1	1	1	1	D 1	1	1	2	2	3	3	4	4	5	6	7	8	9	11	12	13	15	16	18	20	21	23
♀	♉ 24	25	26	27	28	29	29/0	♊ 1	2	3	4	5	7	8	9	10	11	12	13	14	15	16	17	19	20	21	22	23	24	25	26
♂	♍ 1	2	3	3	4	4	5	5	6	7	7	8	8	9	10	10	11	12	12	13	13	14	15	15	16	16	17	18	18	19	19

♃ 1R 2 11 19 27 — ♒5 4 3 2 1 | ♄ 1R 13 26 — ♑27 26 25 | ♅ 1 14 31 — ♌23 24 25 | ♆ 1R 21D — ♏8 8 | ♇ 1 — ♍6

8

	1	2	3	4	5	6	7	8	9	10	11	12	13	14	15	16	17	18	19	20	21	22	23	24	25	26	27	28	29	30	31
☉	♌ 9	10	11	12	13	14	15	16	17	18	19	20	20	21	22	23	24	25	26	27	28	29	29/0	♍ 1	2	3	4	5	6	7	8
☽	♈ 14	27	♉ 11	24	♊ 7	19	♋ 1	13	25	♌ 7	19	♍ 1	13	24	♎ 6	19	♏ 1	14	27	♐ 10	24	♑ 8	23	♒ 8	23	♓ 8	23	♈ 8	22	♉ 6	20
☿	♋ 25	27	29	29/1	♌ 3	5	7	9	11	13	15	17	19	21	23	25	27	29/0	♍ 1	3	5	7	9	10	12	14	16	18	19	21	23
♀	♊ 27	29	29/0	♋ 1	2	3	4	5	7	8	9	10	11	12	13	15	16	17	18	19	20	22	23	24	25	26	27	29	29/0	♌ 1	2
♂	♍ 20	21	21	22	23	23	24	24	25	26	26	27	28	28	29	29/0	♎ 0	1	1	2	3	3	4	5	5	6	7	7	8	8	9

♃ 1R 4 12 0 13 21 — ♒1 0 29 ♑29 28 | ♄ 1R 9 27 — ♑25 24 23 | ♅ 1 16 — ♌25 26 | ♆ 1 31 — ♏8 9 | ♇ 1 5 — ♍6 7

9

	1	2	3	4	5	6	7	8	9	10	11	12	13	14	15	16	17	18	19	20	21	22	23	24	25	26	27	28	29	30	31
☉	♍ 9	10	11	12	13	14	15	16	17	18	19	19	20	21	22	23	24	25	26	27	28	29	29/0	♎ 1	2	3	4	5	6	7	
☽	♊ 3	16	28	♋ 10	22	♌ 4	16	28	♍ 10	22	♎ 4	16	28	♏ 11	23	♐ 6	20	♑ 3	17	♒ 2	16	♓ 1	16	♈ 1	16	♉ 1	15	28	♊ 12	24	
☿	♍ 24	26	28	29/0	♎ 1	2	4	5	7	8	10	11	13	14	15	17	18	19	21	22	23	24	25	27	28	29	29/0	♏ 1	2	3	
♀	♌ 3	4	6	7	8	9	10	12	13	14	15	16	18	19	20	21	22	24	25	26	27	28	29/0	♍ 1	2	3	5	6	7	8	
♂	♎ 10	10	11	12	12	13	14	14	15	16	16	17	18	18	19	20	20	21	22	22	23	24	24	25	26	26	27	28	28	29	

♃ 1R 3 24D — ♑28 27 27 | ♄ 1R 28D — ♑23 23 | ♅ 1 2 — ♌26 27 | ♆ 1 — ♏9 | ♇ 1 4 — ♍7 8

10

	1	2	3	4	5	6	7	8	9	10	11	12	13	14	15	16	17	18	19	20	21	22	23	24	25	26	27	28	29	30	31
☉	♎ 8	9	10	11	12	13	14	15	16	17	18	19	20	21	22	23	24	25	26	27	28	29	29/0	♏ 1	2	3	4	5	6	7	8
☽	♋ 7	19	♌ 1	13	25	♍ 6	18	♎ 0	13	25	♏ 8	20	♐ 3	17	♑ 0	14	28	♒ 12	26	♓ 11	25	♈ 10	24	♉ 9	23	♊ 6	20	♋ 2	15	27	♌ 9
☿	♏ 4	4	5	6	6	7	7	8	8	8	R 8	8	7	7	6	5	4	3	2	2	0	0/29	♎ 27	26	26	24	23	23	22	22	22
♀	♍ 9	11	12	13	14	16	17	18	19	20	22	23	24	25	27	28	29	29/0	♎ 2	3	4	5	7	8	9	10	11	13	14	15	16
♂	29/0	♏ 0	1	2	2	3	4	4	5	6	6	7	8	8	9	10	11	11	12	13	13	14	15	15	16	17	18	18	19	20	20

♃ 1 14 26 — ♑27 28 29 | ♄ 1 28 — ♑23 24 | ♅ 1 7 — ♌28 29 | ♆ 1 5 — ♏9 10 | ♇ 1 4 — ♍8 9

11

	1	2	3	4	5	6	7	8	9	10	11	12	13	14	15	16	17	18	19	20	21	22	23	24	25	26	27	28	29	30	31
☉	♏ 9	10	11	12	13	14	15	16	17	18	19	20	21	22	23	24	25	26	27	28	29	29/0	♐ 1	2	3	4	5	6	7	8	
☽	♌ 21	♍ 3	14	26	♎ 9	21	♏ 4	17	♐ 0	13	27	♑ 11	25	♒ 9	23	♓ 7	21	♈ 5	19	♉ 3	17	♊ 1	14	27	♋ 10	23	♌ 5	17	29	♍ 10	
☿	♎ 22	22	23	23	24	25	26	27	28	29/0	♏ 0	2	3	5	6	7	9	10	12	14	15	17	18	20	21	23	24	26	28	29	
♀	♎ 18	19	20	21	23	24	25	26	28	29	29/0	♏ 1	3	4	5	6	8	9	10	11	13	14	15	16	18	19	20	21	23	24	
♂	♏ 21	22	22	23	24	25	25	26	27	27	28	29	29/0	♐ 0	1	2	2	3	4	5	5	6	7	7	8	9	10	10	11	12	

♃ 1 4 29 5 11 18 24 30 — ♑29 0 ♒0 1 2 3 4 | ♄ 1 13 26 — ♑24 25 26 | ♅ 1 29 2 — 0 ♍0 | ♆ 1 2 29 — ♏10 11 12 | ♇ 1 20 — ♍9 10

12

	1	2	3	4	5	6	7	8	9	10	11	12	13	14	15	16	17	18	19	20	21	22	23	24	25	26	27	28	29	30	31
☉	♐ 9	10	11	12	13	14	15	16	17	18	19	20	21	22	23	24	25	26	27	28	29	29/0	♑ 1	2	3	4	6	7	8	9	10
☽	♍ 22	♎ 4	17	29	♏ 12	25	♐ 9	23	♑ 7	21	♒ 5	19	♓ 4	18	♈ 2	16	29	♉ 13	27	♊ 10	23	♋ 6	18	♌ 1	13	25	♍ 6	18	♎ 0	12	24
☿	♐ 1	2	4	5	7	9	10	12	13	15	16	18	20	21	23	24	26	27	29	29/1	♑ 2	4	5	7	9	10	12	13	15	17	18
♀	♏ 25	27	28	29	29/0	♐ 2	3	4	5	7	8	9	10	12	13	14	15	17	18	19	20	22	23	24	25	27	28	29/0	♑ 0	2	3
♂	♐ 13	13	14	15	16	17	18	18	18	19	20	21	21	22	23	24	24	25	26	27	28	29	29	29/0	♑ 0	1	2	3	3	4	5

♃ 1 5 10 15 20 25 29 — ♒4 5 6 7 8 9 10 | ♄ 1 7 16 25 — ♑26 27 28 29 | ♅ 1 6R — ♍0 0 | ♆ 1 — ♏12 | ♇ 1 12R — ♍10 10

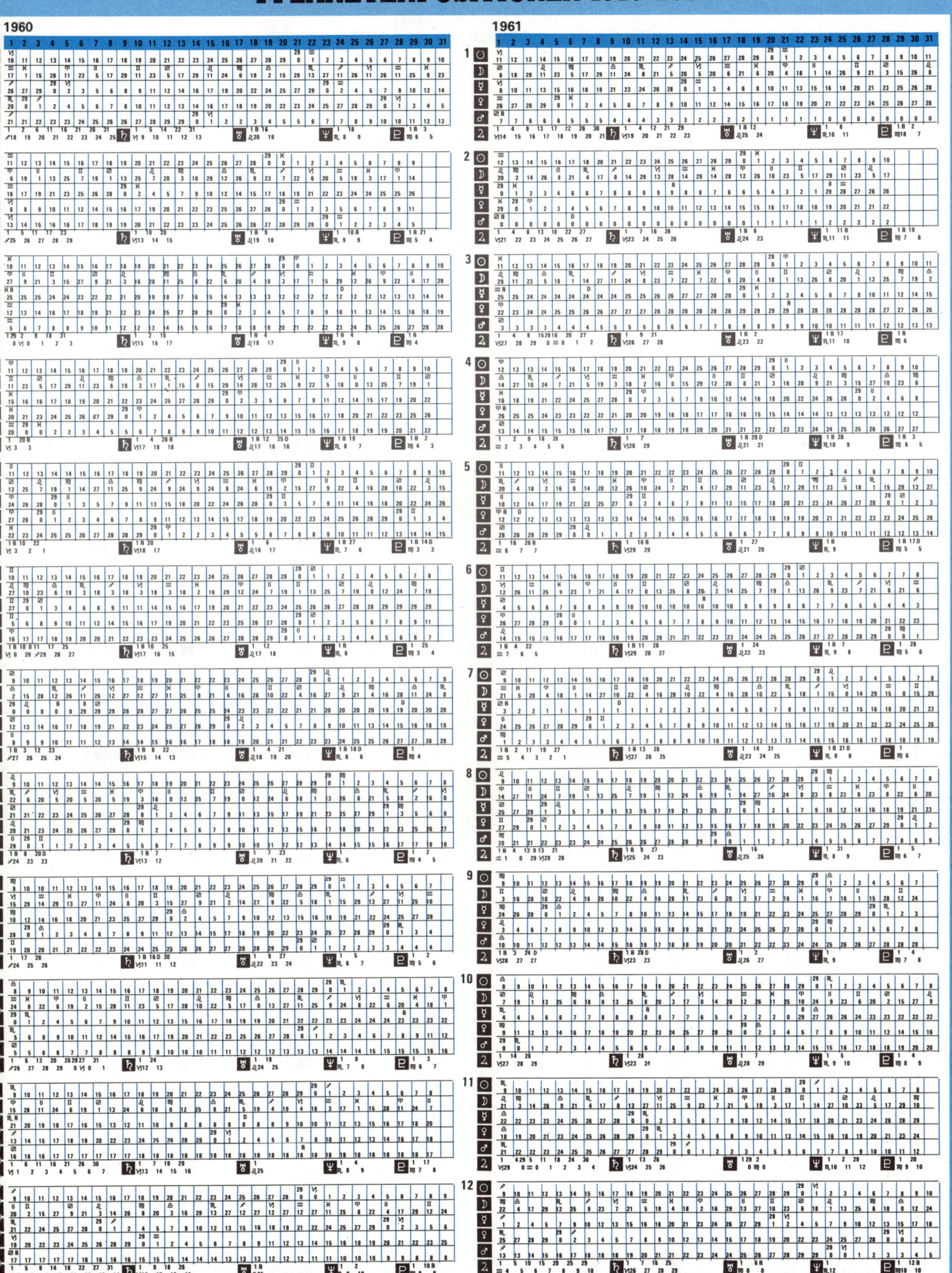

1 PLANETENPOSITIONEN 1910–2001

1962

	1	2	3	4	5	6	7	8	9	10	11	12	13	14	15	16	17	18	19	20	21	22	23	24	25	26	27	28	29	30	31
1 ☉	11	12	13	14	15	16	17	18	19	20	21	22	23	24	25	26	27	28	29	0	1	2	3	4	5	6	7	8	9	10	11
☽	7	20	3	17	1	15	0	15	29	14	28	12	26	10	23	7	19	2	15	27	9	21	3	15	26	8	20	2	15	28	11
☿	20	22	23	25	26	28	0	1	3	4	6	8	9	11	12	13	15	16	17	18	19	20	21	22	22	22	22	22	22	21	20
♀	4	6	7	8	9	11	12	13	14	16	17	18	19	21	22	23	24	26	27	28	0	1	2	3	4	6	7	8	9	11	12
♂	6	7	7	8	9	10	10	11	12	13	13	14	15	16	16	17	18	19	19	20	21	22	23	23	24	25	26	26	27	28	29

♃ 1 3 7 12 16 20 24 29 — ≈10 11 12 13 14 15 16 17 · ♄ 1 3 29 4 12 20 29 — ♑29 0 ≈0 1 2 3 · ♅ 1R 10 11 — ♍10 0 29 ♌29 · ♆ 1 — ♏12 13 · ♇ 1R 3 — ♍10 9

	1	2	3	4	5	6	7	8	9	10	11	12	13	14	15	16	17	18	19	20	21	22	23	24	25	26	27	28
2 ☉	12	13	14	15	16	17	18	19	20	21	22	23	24	25	26	27	28	29	0	1	2	3	4	5	6	7	8	9
☽	25	9	23	8	23	8	23	8	22	6	20	4	16	29	12	24	6	18	0	11	23	5	17	29	11	24	6	19
☿	20	19	18	17	15	14	13	12	11	10	9	8	8	7	7	7	7	7	7	7	8	8	9	9	10	11	11	12
♀	13	14	16	17	18	20	21	22	23	25	26	27	28	0	1	2	3	5	6	7	8	10	11	12	13	15	16	17
♂	0	0	1	2	3	3	4	5	6	7	7	8	9	10	10	11	12	13	14	14	15	16	17	17	18	19	20	21

♃ 1 6 10 14 19 23 27 — ≈18 19 20 21 22 23 24 · ♄ 1 6 15 24 — ≈3 4 5 6 · ♅ 1R 6 28 — ♌28 27 · ♆ 1 13R — ♏13 13 · ♇ 1R 23 — ♍9 8

	1	2	3	4	5	6	7	8	9	10	11	12	13	14	15	16	17	18	19	20	21	22	23	24	25	26	27	28	29	30	31
3 ☉	10	11	12	13	14	15	16	17	18	19	20	21	22	23	24	25	26	27	28	29	0	1	2	3	4	5	6	7	8	9	10
☽	3	17	1	16	1	16	1	16	1	16	29	13	26	8	21	3	15	27	8	20	2	14	26	8	21	3	16	29	12	26	10
☿	13	14	15	16	17	18	20	21	22	23	24	26	27	28	0	1	3	4	6	7	9	10	12	13	15	17	18	20	22	23	25
♀	18	20	21	22	23	25	26	27	28	0	1	2	3	4	6	7	8	9	11	12	13	14	16	17	18	19	21	22	23	24	26
♂	21	22	23	23	24	25	26	27	28	28	29	0	1	2	2	3	4	5	6	6	7	8	9	10	10	11	12	13	14	14	15

♃ 1 3 8 12 16 21 25 29 26 — ≈24 25 26 27 28 29 0 ♓0 · ♄ 1 5 15 27 — ≈6 7 8 9 · ♅ 1R 27 — ♌27 26 · ♆ 1R 29 — ♏13 12 · ♇ 1R — ♍8

	1	2	3	4	5	6	7	8	9	10	11	12	13	14	15	16	17	18	19	20	21	22	23	24	25	26	27	28	29	30
4 ☉	11	12	13	14	15	16	17	18	19	20	21	22	23	24	25	26	27	28	29	0	1	2	3	4	5	6	7	8	9	10
☽	24	9	24	9	24	8	22	5	17	0	12	23	5	17	29	11	23	5	18	0	13	26	9	22	6	20	4	19	[illegible]	[illegible]
☿	27	29	1	2	4	6	8	10	12	14	16	18	20	22	24	26	28	0	3	5	7	9	11	13	15	17	19	21	23	25
♀	27	28	0	1	2	3	4	5	7	8	9	10	12	13	14	15	17	18	19	20	21	23	24	25	26	28	29	0	1	2
♂	16	17	18	19	20	20	21	22	23	24	25	25	26	27	28	29	29	0	1	2	3	3	4	5	6	7	7	8	[illegible]	[illegible]

♃ 1 4 9 14 19 25 30 30 — ♓1 2 3 4 5 6 7 8 · ♄ 1 10 29 — ≈9 10 11 · ♅ 1R — ♌26 · ♆ 1R — ♏12 · ♇ 1R 4 — ♍8 7

	1	2	3	4	5	6	7	8	9	10	11	12	13	14	15	16	17	18	19	20	21	22	23	24	25	26	27	28	29	30	31
5 ☉	11	12	13	14	15	16	17	18	19	20	21	22	23	24	25	26	27	28	29	0	1	2	3	4	5	6	7	8	9	10	10
☽	3	18	3	18	2	16	0	13	25	8	20	2	14	25	7	19	2	14	27	9	23	6	19	3	17	1	15	29	13	28	12
☿	27	29	0	2	3	5	6	8	9	10	12	13	14	15	16	16	17	18	18	19	19	20	20	20	20	20	20	20	19	19	19
♀	4	5	6	7	9	10	11	12	13	15	16	17	18	20	21	22	23	24	25	27	28	29	0	2	3	4	5	6	8	9	10
♂	9	10	11	11	12	13	14	14	15	16	17	17	18	19	20	21	21	22	23	24	24	25	26	27	28	28	29	0	0	1	2

♃ 1 7 13 21 30 — ♓7 8 9 10 11 · ♄ 1 22R — ≈11 11 · ♅ 1R 4D — ♌26 26 · ♆ 1R 7 — ♏12 11 · ♇ 1R 19D — ♍7 7

	1	2	3	4	5	6	7	8	9	10	11	12	13	14	15	16	17	18	19	20	21	22	23	24	25	26	27	28	29	30
6 ☉	11	11	12	13	14	15	16	17	18	19	20	21	22	23	24	25	26	27	28	29	0	1	2	3	4	5	6	7	8	8
☽	26	11	24	8	21	3	16	28	10	22	3	15	27	10	22	5	18	1	15	29	13	27	12	26	10	24	8	22	6	20
☿	18	18	17	16	16	15	15	14	14	14	13	13	12	12	12	11	11	11	11	11	12	12	12	13	13	14	14	15	16	17
♀	11	12	14	15	16	17	18	19	20	22	23	24	25	27	28	29	0	1	3	4	5	6	7	8	10	11	12	13	14	15
♂	2	3	4	5	5	6	7	8	8	9	10	11	11	12	13	14	14	15	16	17	17	18	19	20	21	21	22	23	24	24

♃ 1 11 — ♓11 12 · ♄ 1 10 — ≈11 10 · ♅ 1 — ♌26 27 · ♆ 1R 19 — ♏11 10 · ♇ 1 — ♍7

	1	2	3	4	5	6	7	8	9	10	11	12	13	14	15	16	17	18	19	20	21	22	23	24	25	26	27	28	29	30	31
7 ☉	9	10	11	12	13	14	15	16	17	18	19	20	21	22	23	24	25	26	27	28	29	0	1	2	3	4	5	6	7	8	8
☽	3	16	29	11	24	6	18	29	11	23	5	18	0	13	27	10	24	9	23	8	22	7	21	5	19	3	16	29	12	25	8
☿	17	18	19	21	22	23	24	26	27	29	0	2	3	5	7	9	11	13	15	17	19	21	23	25	27	0	1	3	6	8	10
♀	17	18	19	20	21	22	24	25	26	27	28	0	2	3	4	5	6	8	9	10	11	12	13	15	16	17	18	19	20	21	22
♂	25	26	27	27	28	29	29	0	1	2	2	3	4	5	5	6	7	8	8	9	10	11	11	12	13	14	14	15	16	17	17

♃ 1R 22 — ♓12 11 · ♄ 1R 4 18 — ≈10 9 8 · ♅ 1 5 24 — ♌27 28 29 · ♆ 1R 22D — ♏10 10 · ♇ 1 2 — ♍7 8

	1	2	3	4	5	6	7	8	9	10	11	12	13	14	15	16	17	18	19	20	21	22	23	24	25	26	27	28	29	30	31
8 ☉	9	10	11	12	13	14	14	15	16	17	18	19	20	21	22	23	24	25	26	27	28	29	0	1	2	3	4	5	6	7	8
☽	20	2	14	26	8	19	1	13	26	8	21	5	19	3	17	2	17	2	17	1	16	0	13	26	9	22	4	16	28	10	22
☿	12	14	16	18	20	22	24	26	27	29	1	3	5	6	8	10	11	13	15	16	18	19	21	22	24	25	27	28	29	1	2
♀	22	23	24	25	26	27	29	0	1	2	3	4	5	6	7	8	9	10	11	12	13	14	16	17	18	19	20	21	22	23	24
♂	16	17	17	18	19	19	20	21	22	22	23	24	25	25	26	27	27	28	29	0	0	1	2	3	3	4	5	6	6	7	8

♃ 1R 4 13 21 29 — ♓11 10 9 8 7 · ♄ 1R 15 30 — ≈7 6 5 · ♅ 1 9 29 10 26 — ♌29 0 ♍0 1 · ♆ 1 24 — ♏10 11 · ♇ 1 — ♍8 9

	1	2	3	4	5	6	7	8	9	10	11	12	13	14	15	16	17	18	19	20	21	22	23	24	25	26	27	28	29	30
9 ☉	9	10	11	11	12	13	14	15	16	17	18	19	20	21	22	23	24	25	26	27	28	29	0	1	2	3	4	5	6	7
☽	4	16	28	10	22	4	17	0	13	27	11	25	10	26	11	25	9	23	6	19	1	14	26	8	19	1	13	25	[illegible]	[illegible]
☿	4	5	6	7	9	10	11	12	13	14	15	16	17	17	18	19	20	20	21	21	21	21	21	21	21	20	20	19	19	[illegible]
♀	25	26	26	27	28	29	0	1	2	3	4	5	6	7	8	9	10	11	12	13	14	15	16	16	17	18	18	19	[illegible]	[illegible]
♂	6	7	7	8	9	9	10	11	11	12	12	13	14	14	15	15	16	17	17	18	19	19	20	20	21	21	22	22	[illegible]	[illegible]

♃ 1R 6 13 22 — ♓7 6 5 4 · ♄ 1R 22 — ≈5 4 · ♅ 1 11 28 — ♍1 2 3 · ♆ 1 — ♏11 · ♇ 1 6 — ♍9 10

	1	2	3	4	5	6	7	8	9	10	11	12	13	14	15	16	17	18	19	20	21	22	23	24	25	26	27	28	29	30	31
10 ☉	8	9	10	11	12	13	14	15	16	17	18	19	20	21	22	23	24	25	26	27	28	29	0	1	2	3	4	5	6	7	8
☽	7	19	1	13	26	9	22	5	19	4	19	4	19	4	18	2	15	28	10	23	5	16	28	10	22	4	16	28	10	23	6
☿	18	17	16	15	13	12	11	10	9	8	7	7	6	6	6	6	7	7	8	9	10	11	13	14	15	17	18	20	21	23	24
♀	20	20	21	22	22	23	23	24	24	25	25	25	26	26	26	27	27	27	27	27	27	27	27	27	27	27	27	26	26	26	25
♂	24	25	25	26	26	27	27	28	28	29	29	0	0	1	1	2	2	3	3	4	4	5	5	6	6	7	7	8	8	9	9

♃ 1R 2 18 29D — ♓4 3 2 2 · ♄ 1R 9D 26 — ≈4 4 5 · ♅ 1 17 — ♍3 4 · ♆ 1 3 31 — ♏11 12 13 · ♇ 1 6 — ♍10 11

	1	2	3	4	5	6	7	8	9	10	11	12	13	14	15	16	17	18	19	20	21	22	23	24	25	26	27	28	29	30
11 ☉	9	10	11	12	13	14	15	16	17	18	19	20	21	22	23	24	25	26	27	28	29	0	1	2	3	4	5	6	7	8
☽	25	5	18	1	15	29	13	28	12	27	13	28	12	26	10	24	6	19	1	13	25	7	19	1	13	25	7	20	2	15
☿	24	26	27	0	1	2	4	5	7	9	10	12	13	14	16	17	19	20	22	23	25	26	28	29	1	2	4	5	7	8
♀	25	25	24	24	24	23	23	23	22	22	21	21	20	19	19	18	18	17	16	16	15	15	14	14	13	13	12	12	12	12
♂	10	10	11	11	11	12	12	13	13	14	14	14	15	15	15	16	16	16	17	17	17	18	18	19	19	19	19	20	20	20

♃ 1 8 25 — ♓2 3 4 · ♄ 1 17 — ≈5 6 · ♅ 1 15 — ♍4 5 · ♆ 1 27 — ♏13 14 · ♇ 1 20 — ♍11 12

	1	2	3	4	5	6	7	8	9	10	11	12	13	14	15	16	17	18	19	20	21	22	23	24	25	26	27	28	29	30	31
12 ☉	8	10	11	12	13	14	15	16	17	18	19	20	21	22	23	24	25	26	27	28	29	0	1	2	3	4	5	6	7	8	9
☽	28	12	25	9	23	7	22	7	21	6	20	4	18	1	14	27	9	21	3	15	27	9	21	3	16	29	12	25	8	22	6
☿	12	14	15	17	18	20	21	23	25	26	28	29	0	2	4	5	7	8	10	11	13	15	16	18	19	21	23	24	26	27	29
♀	12	12	12	12	12	12	12	12	12	12	12	13	13	13	14	14	15	15	16	16	17	18	18	19	19	20	21	21	22	23	24
♂	21	21	21	21	22	22	22	22	22	22	23	23	23	23	23	24	24	24	24	24	24	24	24	24	24	24	24	24	24	24	24

♃ 1 4 12 19 26 31 — ♓4 5 6 7 8 9 · ♄ 1 12 23 — ≈7 8 9 · ♅ 1 11R — ♍5 5 · ♆ 1 29 — ♏14 15 · ♇ 1 14R — ♍12 12

1963

	1	2	3	4	5	6	7	8	9	10	11	12	13	14	15	16	17	18	19	20	21	22	23	24	25	26	27	28	29	30
1 ☉	10	11	12	13	14	15	16	17	18	19	20	21	22	23	24	25	26	27	28	29	0	1	2	3	4	5	6	7	8	9
☽	20	4	18	2	17	1	15	29	13	26	9	22	4	17	29	11	23	4	16	29	11	24	7	20	4	18	2	16	1	16
☿	29	0	2	3	4	5	5	6	6	6	6	5	4	3	2	1	0	29	27	26	25	25	24	22	21	21	20	20	20	20
♀	25	26	27	29	29	0	1	2	3	4	5	6	7	8	9	10	11	12	13	14	15	16	17	18	19	20	21	22	23	24
♂	24	24	24	24	24	23	23	23	23	23	22	22	22	22	21	21	21	21	20	20	20	19	19	19	18	18	18	17	17	17

♃ 1 6 11 16 21 26 30 — ♓9 10 11 12 13 14 15 · ♄ 1 10 19 27 — ≈10 11 12 13 · ♅ 1R 5 — ♍5 4 · ♆ 1 — ♏15 · ♇ 1R — ♍12

	1	2	3	4	5	6	7	8	9	10	11	12	13	14	15	16	17	18	19	20	21	22	23	24	25	26	27	28
2 ☉	12	13	14	15	16	17	18	19	20	21	22	23	24	25	26	27	28	29	0	1	2	3	4	5	6	7	8	9
☽	13	27	11	25	8	22	5	17	0	12	25	7	19	1	12	24	6	19	1	14	28	12	26	11	25	10	25	10
☿	20	21	21	22	22	23	23	24	25	26	27	28	29	0	1	2	3	5	6	7	8	10	11	12	14	15	17	[illegible]
♀	25	26	27	28	0	1	2	3	4	5	6	7	8	9	10	12	13	14	15	16	17	18	20	21	22	23	24	25
♂	15	15	15	14	14	14	13	13	13	12	12	11	11	11	10	10	10	9	9	9	8	8	8	7	7	7	6	6

♃ 1 4 8 13 17 21 25 — ♓15 16 17 18 19 20 21 · ♄ 1 4 13 21 — ≈13 14 15 16 · ♅ 1R 5 28 — ♍4 3 2 · ♆ 1 16R — ♏15 15 · ♇ 1R 25 — ♍11

	1	2	3	4	5	6	7	8	9	10	11	12	13	14	15	16	17	18	19	20	21	22	23	24	25	26	27	28	29	30
3 ☉	10	11	12	13	14	15	16	17	18	19	20	21	22	23	24	25	26	27	28	29	0	1	2	3	4	5	6	7	8	9
☽	24	8	22	5	18	1	14	26	9	21	3	15	27	8	21	3	15	27	10	23	6	20	4	19	4	19	4	19	4	18
☿	18	19	21	22	24	26	27	29	0	2	4	5	7	9	10	12	14	16	17	19	21	23	25	27	29	1	2	4	6	[illegible]
♀	26	28	29	0	1	2	3	5	6	7	8	9	10	12	13	14	15	16	17	19	20	21	22	23	24	26	27	28	29	[illegible]
♂	6	6	6	6	6	5	5	5	5	5	5	5	5	5	5	5	5	5	5	5	5	5	5	5	5	5	5	6	6	6

♃ 1 2 6 10 14 18 22 26 — ♓21 22 23 24 25 26 27 28 · ♄ 1 3 12 21 31 — ≈16 17 18 19 20 · ♅ 1R 24 — ♍2 1 · ♆ 1R — ♏15 · ♇ 1R — ♍10

	1	2	3	4	5	6	7	8	9	10	11	12	13	14	15	16	17	18	19	20	21	22	23	24	25	26	27	28	29	30
4 ☉	11	12	13	14	15	16	17	18	19	20	21	22	23	24	25	26	27	28	29	0	1	2	3	4	5	6	7	8	[illegible]	[illegible]
☽	15	28	11	23	6	18	0	12	24	6	18	29	11	23	6	18	1	14	28	12	27	12	27	12	28	13	27	11	25	[illegible]
☿	13	15	17	19	21	23	25	27	0	1	3	5	7	9	10	12	14	15	17	18	20	21	22	24	25	26	27	27	28	29
♀	3	4	5	6	8	9	10	11	12	13	15	16	17	18	19	21	22	23	24	25	27	28	29	0	1	3	4	5	6	[illegible]
♂	6	7	7	7	7	7	8	8	8	8	9	9	9	9	10	10	10	11	11	11	12	12	12	13	13	13	14	14	14	[illegible]

♃ 1 4 29 5 8 12 16 21 25 — ♓29 0 ♈0 1 2 3 4 5 · ♄ 1 12 27 — ≈20 21 22 · ♅ 1R — ♍1 · ♆ 1R 16 — ♏15 14 · ♇ 1R 7 — ♍10

	1	2	3	4	5	6	7	8	9	10	11	12	13	14	15	16	17	18	19	20	21	22	23	24	25	26	27	28	29	30
5 ☉	10	11	12	13	14	15	16	17	18	19	20	21	22	23	24	25	26	27	28	29	0	1	2	3	4	5	6	7	[illegible]	[illegible]
☽	20	3	15	27	9	21	3	15	26	8	21	3	15	28	11	24	8	22	6	21	6	21	6	21	6	20	3	16	29	[illegible]
☿	29	29	0	0	0	0	0	0	0	29	29	29	28	28	27	27	26	26	25	25	25	24	24	23	23	22	22	22	22	[illegible]
♀	9	10	11	12	14	15	16	17	18	20	21	22	23	24	26	27	28	29	0	2	3	4	5	6	8	9	10	11	12	[illegible]
♂	15	15	16	16	17	17	17	18	18	19	19	20	20	20	21	21	22	22	23	23	24	24	25	25	25	26	26	27	27	[illegible]

♃ 1 4 9 13 18 23 29 — ♈6 7 8 9 10 11 12 · ♄ 1 22 — ≈22 23 · ♅ 1R 9D — ♍1 1 · ♆ 1R 16 — ♏14 13 · ♇ 1 — ♍9

	1	2	3	4	5	6	7	8	9	10	11	12	13	14	15	16	17	18	19	20	21	22	23	24	25	26	27	28	29	30
6 ☉	10	11	12	13	14	15	16	17	18	19	20	21	22	23	24	25	26	27	28	29	0	1	2	3	4	5	6	7	[illegible]	[illegible]
☽	8	11	5	17	0	12	25	8	21	4	18	2	16	0	15	29	14	28	11	24	7	20	2	14	26	[illegible]	[illegible]	[illegible]	[illegible]	[illegible]
☿	21	22	22	22	23	23	24	24	25	26	27	28	29	0	2	3	4	5	7	8	9	11	12	14	16	17	19	21	[illegible]	[illegible]
♀	16	17	19	20	21	22	23	25	26	27	28	29	0	2	3	4	5	6	8	9	10	11	12	14	15	16	17	18	19	20
♂	29	0	0	1	1	2	2	3	4	4	5	5	6	6	7	7	8	8	9	9	10	10	11	11	12	12	13	13	14	[illegible]

♃ 1 3 9 16 22 30 — ♈12 13 14 15 16 17 · ♄ 1 3R 14 — ≈23 23 23 · ♅ 1 — ♍1 2 · ♆ 1R — ♏13 · ♇ 1 — ♍9

	1	2	3	4	5	6	7	8	9	10	11	12	13	14	15	16	17	18	19	20	21	22	23	24	25	26	27	28	29	30
7 ☉	9	10	11	12	13	14	15	16	17	18	19	20	21	22	23	24	25	26	27	28	29	0	1	2	3	4	5	6	[illegible]	[illegible]
☽	8	20	2	14	26	9	21	4	18	1	15	29	13	27	11	25	10	4	8	22	6	19	2	15	28	10	22	4	16	[illegible]
☿	25	27	29	1	3	5	7	9	11	13	15	18	20	22	24	26	28	0	2	4	6	8	10	12	14	16	18	20	22	[illegible]
♀	23	24	25	26	28	29	0	1	2	4	5	6	7	8	10	11	12	13	15	16	17	18	19	21	22	23	24	26	27	[illegible]
♂	15	15	16	17	17	18	18	19	19	20	21	21	22	22	23	23	24	25	25	26	26	27	28	28	29	29	0	0	1	[illegible]

♃ 1 10 23 — ♈17 18 19 · ♄ 1R 11 27 — ≈22 21 20 · ♅ 1 15 — ♍2 3 · ♆ 1R 6 26D — ♏13 12 12 · ♇ 1 — ♍9

	1	2	3	4	5	6	7	8	9	10	11	12	13	14	15	16	17	18	19	20	21	22	23	24	25	26	27	28	29	30
8 ☉	9	10	11	12	13	14	15	16	17	18	19	20	21	22	23	24	25	26	27	28	29	0	1	2	3	4	5	6	[illegible]	[illegible]
☽	22	4	17	0	13	27	11	25	9	24	8	22	6	20	4	18	1	15	28	11	23	6	18	0	12	24	6	18	0	[illegible]
☿	27	28	0	2	3	5	6	8	9	11	12	14	15	16	18	19	20	21	22	23	24	25	26	26	27	28	28	29	0	[illegible]
♀	1	2	3	4	5	7	8	9	10	12	13	14	15	16	18	19	20	21	22	24	25	26	27	29	0	1	2	3	[illegible]	[illegible]
♂	3	4	4	5	5	6	6	7	7	8	9	9	10	10	11	11	12	12	13	14	14	15	15	16	16	17	17	18	18	[illegible]

♃ 1 10R 26 — ♈19 19 18 · ♄ 1R — ≈20 19 18 · ♅ 1 — ♍3 4 5 · ♆ 1 14 — ♏12 13 · ♇ 1 — ♍10

	1	2	3	4	5	6	7	8	9	10	11	12	13	14	15	16	17	18	19	20	21	22	23	24	25	26	27	28	29	30
9 ☉	8	9	10	11	12	13	14	15	16	17	18	19	20	21	22	23	24	25	26	27	28	29	0	1	2	3	4	5	6	7
☽	8	22	6	20	5	19	4	18	3	17	1	15	28	11	24	7	19	2	14	26	8	20	2	14	26	8	20	3	16	29
☿	3	4	4	5	5	5	5	5	4	4	4	3	3	2	1	0	0	29	28	27	27	26	25	25	24	23	23	22	22	[illegible]
♀	9	10	11	13	14	15	16	18	19	20	21	22	24	25	26	27	29	0	1	3	4	5	6	7	9	10	11	12	14	[illegible]
♂	23	23	24	24	25	25	26	27	27	28	29	29	0	0	1	2	2	3	3	4	5	5	6	7	7	8	9	9	10	[illegible]

♃ 1R 8 18 26 — ♈18 17 16 15 · ♄ 1R 6 25 — ≈18 17 16 · ♅ 1 3 20 — ♍5 6 7 · ♆ 1 29 — ♏13 14 · ♇ 1 — ♍11

	1	2	3	4	5	6	7	8	9	10	11	12	13	14	15	16	17	18	19	20	21	22	23	24	25	26	27	28	29	30
10 ☉	8	9	10	11	12	13	14	15	16	17	18	19	20	21	22	23	24	25	26	27	28	29	0	1	2	3	4	5	6	7
☽	14	29	14	29	14	29	13	27	11	25	8	21	4	16	29	11	23	5	17	29	11	23	5	17	29	11	24	7	20	[illegible]
☿	21	21	22	23	24	26	27	28	0	1	3	4	6	7	9	11	12	14	16	17	19	21	22	24	26	27	29	0	2	[illegible]
♀	16	17	19	20	21	22	24	25	26	27	29	0	1	2	4	5	6	7	9	10	11	12	14	15	16	17	19	20	21	[illegible]
♂	13	14	14	15	16	16	17	18	18	19	20	20	21	22	23	23	24	25	25	26	27	27	28	29	0	0	1	2	2	[illegible]

♃ 1R 4 11 19 27 — ♈15 14 13 12 11 · ♄ 1R 22D — ≈16 16 · ♅ 1 7 28 — ♍7 8 · ♆ 1 — ♏14 15 · ♇ 1 — ♍12

	1	2	3	4	5	6	7	8	9	10	11	12	13	14	15	16	17	18	19	20	21	22	23	24	25	26	27	28	29	30
11 ☉	8	9	10	11	12	13	14	15	16	17	18	19	20	21	22	23	24	25	26	27	28	29	0	1	2	3	4	5	6	7
☽	7	22	8	22	7	22	7	22	5	18	1	13	26	8	20	2	14	26	7	19	2	14	26	9	22	5	18	2	15	29
☿	6	8	9	11	12	14	16	17	19	20	22	24	25	27	28	0	1	3	5	6	8	9	11	12	14	15	17	18	20	21
♀	25	26	27	29	0	1	2	4	5	6	7	9	10	11	12	14	15	16	17	19	20	21	22	24	25	26	27	28	29	0
♂	5	6	7	7	8	9	10	10	11	12	12	13	14	15	15	16	17	18	18	19	20	21	21	22	23	24	24	25	26	27

♃ 1R 5 18 — ♈11 10 9 · ♄ 1 16 — ≈16 17 · ♅ 1 — ♍9 · ♆ 1 16 — ♏15 16 · ♇ 1 — ♍13

	1	2	3	4	5	6	7	8	9	10	11	12	13	14	15	16	17	18	19	20	21	22	23	24	25	26	27	28	29	30
12 ☉	9	10	11	12	13	14	15	16	17	18	19	20	21	22	23	24	25	26	27	28	29	0	1	2	3	4	5	6	7	[illegible]
☽	16	1	15	0	15	29	13	27	10	23	6	18	0	12	24	6	17	29	11	23	5	18	0	13	27	11	25	9	24	[illegible]
☿	23	24	26	27	29	0	2	3	5	6	7	9	10	11	13	14	15	16	17	18	19	19	20	20	20	20	20	20	19	[illegible]
♀	2	3	5	6	7	8	10	11	12	13	15	16	17	18	20	21	22	23	25	26	27	28	0	1	2	3	5	6	7	[illegible]
♂	27	28	28	29	0	1	1	2	3	4	4	5	6	7	7	8	9	10	10	11	12	13	13	14	15	16	16	17	18	[illegible]

♃ 1R 5D 21 — ♈9 9 10 · ♄ 1 3 16 27 — ≈17 18 19 20 · ♅ 1 3 16R 28 — ♍9 10 10 9 · ♆ 1 14 — ♏16 17 · ♇ 1 17 — ♍14

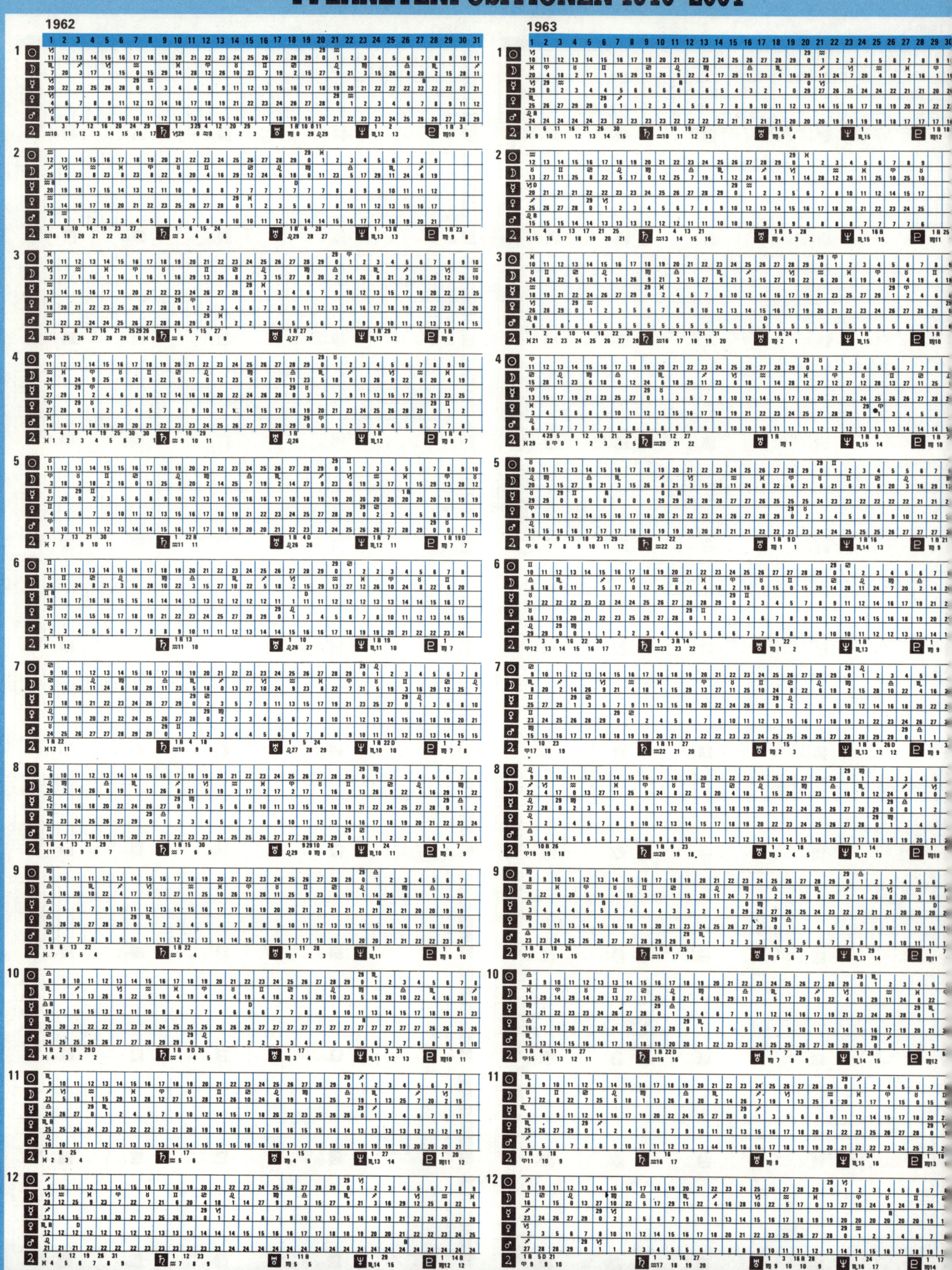

1 PLANETENPOSITIONEN 1910–2001

1964

	1	2	3	4	5	6	7	8	9	10	11	12	13	14	15	16	17	18	19	20	21	22	23	24	25	26	27	28	29	30	31
	♑ 10	11	12	13	14	15	16	17	18	19	20	21	22	23	24	25	26	27	28	29	29 0	♒ 1	3	4	5	6	7	8	9	10	11
	♌ 7	21	♍ 5	18	♎ 1	13	25	♏ 7	19	♐ 1	13	25	♑ 7	19	♒ 2	14	27	♓ 10	24	♈ 7	21	♉ 5	19	♊ 3	18	♋ 2	17	♌ 1	15	29	♍ 13
	♑℞ 16	15	14	12	11	10	8	7	6	6	5	4	4	4	D 4	4	4	5	5	6	7	7	8	9	10	11	12	13	14	15	16
	♒ 11	12	13	14	16	17	18	19	20	22	23	24	25	27	28	29	29 0	♓ 2	3	4	5	6	8	9	10	11	13	14	15	16	17
	♑ 21	21	22	23	24	25	25	26	27	28	28	29	29 0	♒ 1	2	2	3	4	5	6	6	7	8	9	9	10	11	12	13	13	14

	♄	♅	♆	♇
1 3 12 20 27	1 6 15 24	1℞	1	1℞ 15
♈10 11 12 13 14	♒20 21 22 23	♍ 9	♏17	♍14 13

	1	2	3	4	5	6	7	8	9	10	11	12	13	14	15	16	17	18	19	20	21	22	23	24	25	26	27	28	29	30	31
	♒ 12	13	14	15	16	17	18	19	20	21	22	23	24	25	26	27	28	29	29 0	♓ 1	2	3	4	5	6	7	8	9	10		
	♍ 26	♎ 9	21	♏ 3	15	27	♐ 9	21	♑ 3	15	27	♒ 10	23	♓ 6	20	♈ 4	18	♉ 2	16	♊ 0	14	28	♋ 12	26	♌ 10	24	♍ 7	21	♎ 4		
	♑ 18	19	20	21	22	24	25	26	28	29 0	♒ 1	2	4	5	7	8	10	11	13	14	16	17	19	21	22	24	26	27	29 0		
	♓ 19	20	21	22	23	25	26	27	28	29 0	♈ 1	2	3	4	5	7	8	9	10	11	12	14	15	16	17	18	19	21	22		
	♒ 15	16	17	17	18	19	20	21	21	22	23	24	24	25	26	27	28	28	29	29 0	♓ 1	2	2	3	4	5	6	6	7		

	♄	♅	♆	♇
1 2 8 13 18 23 28	1 2 10 18 26	1℞ 4 27	1 18℞	1℞
♈14 15 16 17 18 19 20	♒23 24 25 26 27	♍ 9 8 7	♏17 17	♍13

	1	2	3	4	5	6	7	8	9	10	11	12	13	14	15	16	17	18	19	20	21	22	23	24	25	26	27	28	29	30	31
	♓ 11	12	13	14	15	16	17	18	19	20	21	22	23	24	25	26	27	28	29	29 0	♈ 1	2	3	4	5	6	7	8	9	10	11
	♎ 16	29	♏ 11	23	♐ 5	17	29	♑ 11	23	♒ 5	18	♓ 1	15	29	♈ 13	28	♉ 12	27	♊ 11	25	♋ 9	23	♌ 6	20	♍ 3	16	29	♎ 12	25	♏ 7	19
	♓ 1	3	4	6	8	10	12	13	15	17	19	21	23	25	27	29 0	♈ 1	3	5	7	9	11	13	15	17	19	21	22	24	26	27
	♈ 23	24	25	26	28	29	29 0	♉ 1	2	3	4	5	7	8	9	10	11	12	13	14	15	17	18	19	20	21	22	23	24	25	26
	♓ 8	9	9	10	11	12	13	13	14	15	16	17	17	18	19	20	20	21	22	23	24	24	25	26	27	28	28	29	29 0	♈ 1	1

	♄	♅	♆	♇
1 4 8 13 17 22 26 30	1 6 15 24 29 25	1℞ 22	1℞	1℞
♈20 21 22 23 24 25 26 27	♒27 28 29 0 ♓ 0	♍ 7 6	♏17	♍12

	1	2	3	4	5	6	7	8	9	10	11	12	13	14	15	16	17	18	19	20	21	22	23	24	25	26	27	28	29	30	31
	♈ 12	13	14	15	16	17	18	19	20	21	22	23	24	25	26	27	27	28	29	29 0	♉ 1	2	3	4	5	6	7	8	9	10	
	♐ 1	13	25	♑ 6	18	♒ 1	13	26	♓ 9	23	♈ 8	22	♉ 7	22	♊ 7	21	♋ 7	20	♌ 3	17	♍ 0	13	26	♎ 9	21	♏ 3	15	27	♐ 9	21	
	♈ 29	29 1	♉ 2	3	5	6	7	8	8	9	10	10	11	11	11	℞ 11	11	11	11	10	10	9	9	8	8	7	6	6	5	4	
	♉ 27	28	29	29 0	♊ 1	2	3	4	5	6	7	8	9	10	11	12	13	14	15	16	16	17	18	19	20	21	22	22	23	24	
	♈ 2	3	4	5	5	6	7	8	8	9	10	11	11	12	13	14	15	15	16	17	18	18	19	20	21	21	22	23	24	24	

	♄	♅	♆	♇
1 3 8 12 29 13 16 20 24	1 2 3 25	1℞ 29	1℞ 16	1℞ 12
♈27 28 29 0 ♉ 0 1 2 3	♓ 0 1 2 3	♍ 6 5	♏17 16	♍12 11

	1	2	3	4	5	6	7	8	9	10	11	12	13	14	15	16	17	18	19	20	21	22	23	24	25	26	27	28	29	30	31
	♉ 11	12	13	14	15	16	17	18	19	20	21	22	23	24	25	26	27	28	29	29	29 0	♊ 1	2	3	4	5	6	7	8	9	10
	♑ 3	15	27	♒ 9	21	♓ 4	18	♈ 1	16	♉ 0	15	♊ 0	16	♋ 1	15	♌ 0	13	27	♍ 10	23	♎ 6	18	♏ 0	12	24	♐ 6	18	♑ 0	12	24	♒ 6
	♉℞ 3	3	3	2	2	2	1	1	1	D 1	1	1	1	2	2	3	3	4	4	5	6	6	7	8	9	10	11	12	14	15	16
	♊ 25	25	26	27	27	28	29	29	29 0	♋ 0	1	2	2	3	3	4	4	4	5	5	5	6	6	6	6	6	6	6	℞ 6	6	6
	♈ 25	26	27	28	28	29	29 0	♉ 1	1	2	3	4	4	5	6	7	7	8	9	9	10	11	12	12	13	14	15	15	16	17	18

	♄	♅	♆	♇
1 3 7 11 15 20 24 28	1 10	1℞ 13D 26	1℞ 24	1℞ 22D
♉ 4 5 6 7 8 9 10 11	♓ 3 4	♍ 5 5 6	♏16 15	♍11 11

	1	2	3	4	5	6	7	8	9	10	11	12	13	14	15	16	17	18	19	20	21	22	23	24	25	26	27	28	29	30	31
	♊ 11	12	13	14	15	16	17	18	19	20	21	22	22	23	24	25	26	27	28	29	29 0	♋ 1	2	3	4	5	6	7	8	9	
	♒ 18	♓ 0	13	26	♈ 10	24	♉ 9	24	♊ 9	24	♋ 9	24	♌ 9	23	♍ 6	20	♎ 3	15	27	♏ 9	21	♐ 3	15	27	♑ 9	21	♒ 3	15	27	♓ 10	
	♉ 17	19	20	22	23	25	26	28	29 0	♊ 1	3	5	7	9	11	13	15	17	19	21	23	25	27	29 0	♋ 2	4	6	8	10	12	
	♋℞ 6	6	6	6	5	5	5	4	4	3	3	2	2	1	1	0	0 29	♊ 29	28	27	27	26	26	25	24	24	23	23	22	22	
	♉ 18	19	20	20	21	22	23	23	24	25	26	26	27	28	28	29	29 0	♊ 1	1	2	3	3	4	5	6	6	7	8	8	9	

	♄	♅	♆	♇
1 2 6 11 16 20 25	1 8 15℞ 22	1	1℞	1
♉11 12 13 14 15 16 17	♓ 4 5 5 4	♍ 6	♏15	♍11

	1	2	3	4	5	6	7	8	9	10	11	12	13	14	15	16	17	18	19	20	21	22	23	24	25	26	27	28	29	30	31
	♋ 10	11	12	13	13	14	15	16	17	18	19	20	21	22	23	24	25	26	27	28	29	29 0	♌ 1	2	3	4	4	5	6	7	8
	♓ 23	♈ 6	20	♉ 4	18	♊ 2	17	♋ 2	17	♌ 2	17	♍ 1	15	28	♎ 11	24	♏ 6	18	♐ 0	12	24	♑ 6	17	♒ 0	12	24	♓ 7	20	♈ 3	16	♉ 0
	♋ 15	17	19	21	23	25	27	29	29 1	♌ 3	5	6	8	10	12	13	15	17	18	20	21	23	24	26	27	29	29 0	♍ 1	2	4	5
	♊℞ 22	21	21	21	20	20	20	20	20	20	D 20	20	20	20	20	20	21	21	21	21	22	22	23	23	24	24	25	25	26	26	27
	♊ 10	10	11	12	13	13	14	15	15	16	17	17	18	19	19	20	21	22	22	23	24	24	25	26	26	27	28	28	29	29 0	♋ 0

	♄	♅	♆	♇
1 6 12 18 24 31	1℞ 21	1 2 23	1℞ 27D	1 2
♉18 19 20 21 22 23	♓ 4 3	♍ 6 7 8	♏15 15	♍11 12

	1	2	3	4	5	6	7	8	9	10	11	12	13	14	15	16	17	18	19	20	21	22	23	24	25	26	27	28	29	30	31
	♌ 9	10	11	12	13	14	15	16	17	18	19	20	21	22	23	24	25	26	27	27	28	29	29 0	♍ 1	2	3	4	5	6	7	8
	♉ 14	28	♊ 12	27	♋ 11	26	♌ 11	25	♍ 9	23	♎ 7	20	♏ 2	14	26	♐ 8	20	♑ 2	14	26	♒ 8	21	♓ 3	16	♈ 0	13	27	♉ 11	24	♊ 8	23
	♍ 6	7	8	9	10	11	12	13	14	14	15	16	16	17	17	17	17	17	℞ 17	17	17	17	17	16	15	15	14	13	12	12	11
	♊ 27	28	29	29	29 0	♋ 1	1	2	3	4	4	5	6	7	8	8	9	10	11	12	13	14	15	15	16	17	18	19	20	21	22
	♋ 1	2	2	3	4	4	5	6	6	7	8	8	9	10	10	11	12	12	13	14	14	15	15	16	17	17	18	19	19	20	21

	♄	♅	♆	♇
1 9 19	1℞ 6 20	1 10 26	1	1 8
♉23 24 25	♓ 3 2 1	♍ 8 9 10	♏15	♍12 13

	1	2	3	4	5	6	7	8	9	10	11	12	13	14	15	16	17	18	19	20	21	22	23	24	25	26	27	28	29	30	31
	♍ 9	10	11	12	13	14	15	16	17	18	19	20	21	22	23	24	25	26	27	28	29	29	29 0	♎ 1	2	3	4	5	6	7	
	♋ 7	21	♌ 5	20	♍ 4	18	♎ 1	15	28	♏ 10	22	♐ 4	16	28	♑ 10	22	♒ 4	16	29	♓ 12	25	♈ 9	23	♉ 7	21	♊ 5	19	♋ 4	18	♌ 2	
	♍℞ 10	9	8	7	6	5	5	4	4	4	D 4	4	4	5	5	6	7	8	9	10	11	12	14	15	17	19	20	22	24	25	
	♋ 23	24	25	26	27	28	29	29 0	♌ 1	2	3	4	5	6	7	9	10	11	12	13	14	15	16	17	18	19	21	22	23	24	
	♋ 21	22	23	23	24	24	25	26	26	27	28	28	29	29	29 0	♌ 1	1	2	2	3	4	4	5	6	6	7	7	8	9	9	

	♄	♅	♆	♇
1 5 15℞ 23	1℞ 2 16 0 17	1 11 27	1 25	1 6
♉25 26 26 25	♓ 1 0 29 ♒29	♍10 11 12	♏15 16	♍13 14

	1	2	3	4	5	6	7	8	9	10	11	12	13	14	15	16	17	18	19	20	21	22	23	24	25	26	27	28	29	30	31
	♎ 8	9	10	11	12	13	14	15	16	17	18	19	20	21	22	23	24	25	26	27	28	29	29 0	♏ 1	2	3	4	5	6	7	8
	♌ 16	29	♍ 13	27	♎ 10	23	♏ 5	18	♐ 0	12	24	♑ 6	18	♒ 0	12	24	♓ 7	20	♈ 4	18	♉ 2	16	♊ 1	16	♋ 0	14	28	♌ 12	26	♍ 10	23
	♍ 27	29	29 1	♎ 3	4	6	8	10	11	13	15	17	18	20	22	24	25	27	29	29 0	♏ 2	3	5	7	8	10	11	13	15	16	18
	♌ 25	26	27	28	29 0	♍ 1	2	3	4	5	6	8	9	10	11	12	13	15	16	17	18	19	20	22	23	24	25	26	28	29	29 0
	♌ 10	10	11	12	12	13	13	14	14	15	16	16	17	17	18	18	19	20	20	21	21	22	22	23	24	24	25	25	26	26	27

	♄	♅	♆	♇
1℞ 10 21 29	1℞ 4	1 15	1 25	1 5
♉25 24 23 22	♒29 28	♍12 13	♏16 17	♍14 15

	1	2	3	4	5	6	7	8	9	10	11	12	13	14	15	16	17	18	19	20	21	22	23	24	25	26	27	28	29	30	31
	♏ 9	10	11	12	13	14	15	16	17	18	19	20	21	22	23	24	25	26	27	28	29	29 0	♐ 1	2	3	4	5	6	7	8	
	♎ 6	19	♏ 2	14	26	♐ 9	20	♑ 2	14	26	♒ 8	20	♓ 2	15	28	♈ 12	25	♉ 10	25	♊ 10	25	♋ 10	24	♌ 9	23	♍ 7	20	♎ 3	16	29	
	♏ 19	21	22	24	25	27	28	29 0	♐ 1	3	4	6	7	9	10	12	13	14	16	17	19	20	21	23	24	25	26	27	28	29 0	
	♎ 1	2	4	5	6	7	8	10	11	12	13	14	16	17	18	19	21	22	23	24	25	27	28	29	29 0	♏ 2	3	4	5	7	
	♌ 27	28	28	29	29	29 0	♍ 1	1	2	2	3	3	4	4	5	5	6	6	7	7	8	8	9	9	10	10	10	11	11	12	

	♄	♅	♆	♇
1℞ 6 13 21 28	1D 29	1 6	1 21	1 13
♉22 21 20 19 18	♒28 29	♍13 14	♏17 18	♍15 16

	1	2	3	4	5	6	7	8	9	10	11	12	13	14	15	16	17	18	19	20	21	22	23	24	25	26	27	28	29	30	31
	♐ 9	10	11	12	13	14	15	16	17	18	19	21	22	23	24	25	26	27	28	29	29 0	♑ 1	2	3	4	5	6	7	8	9	10
	♏ 11	23	♐ 5	17	29	♑ 11	22	♒ 4	16	28	♓ 11	23	♈ 6	19	♉ 4	18	♊ 3	18	♋ 3	18	♌ 3	18	♍ 2	16	♎ 0	13	26	♏ 8	20	♐ 2	14
	♑ 1	1	2	3	4	4	4	4	℞ 4	4	4	3	3	2	1	0 29	♐ 28	26	25	24	22	21	20	19	19	19	18	18	D 18	18	19
	♏ 8	9	10	11	13	14	15	16	18	19	20	21	23	24	25	26	28	29	29 0	♐ 1	3	4	5	6	8	9	10	11	13	14	15
	♍ 12	13	13	14	14	14	15	15	16	16	17	17	17	18	18	19	19	19	20	20	20	21	21	21	22	22	22	22	23	23	24

	♄	♅	♆	♇
1℞ 7 18	1 16 29 17 28	1 20℞	1 20	1 18℞
♉18 17 16	♒29 0 ♓ 0 1	♍14 14	♏18 19	♍16 16

1965

1

	1	2	3	4	5	6	7	8	9	10	11	12	13	14	15	16	17	18	19	20	21	22	23	24	25	26	27	28	29	30	31
☉	♑ 11	12	13	14	15	16	17	18	19	20	21	22	23	24	25	26	27	28	29	29 0	♒ 1	2	3	4	5	6	7	8	9	10	11
☽	♐ 26	♑ 8	19	♒ 1	13	25	♓ 7	20	♈ 2	15	29	♉ 12	26	♊ 11	26	♋ 11	26	♌ 11	26	♍ 11	25	♎ 9	22	♏ 5	17	29	♐ 11	23	♑ 5	16	28
☿	♐ 19	20	20	21	22	23	24	25	26	27	28	29	29 0	♑ 2	3	4	5	7	8	9	11	12	14	15	16	18	19	21	22	24	25
♀	♐ 16	18	19	20	21	23	24	25	26	28	29	29 0	♑ 1	3	4	5	6	8	9	10	11	13	14	15	16	18	19	20	21	23	24
♂	♍ 24	24	24	24	25	25	25	25	26	26	26	26	26	26	27	27	27	27	27	27	27	27	27	27	28	28	28	28	℞ 28	28	27

♃	♄	♅	♆	♇
1℞ 10D	1 8 18 27	1℞	1	1℞ 23
♉16 16	♓ 1 2 3 4	♍14	♏19	♍16 15

2

	1	2	3	4	5	6	7	8	9	10	11	12	13	14	15	16	17	18	19	20	21	22	23	24	25	26	27	28	29	30	31
☉	♒ 12	13	14	15	16	18	19	20	21	22	23	24	25	26	27	28	29	29 0	♓ 1	2	3	4	5	6	7	8	9	10			
☽	♒ 10	22	♓ 4	17	29	♈ 12	25	♉ 8	22	♊ 6	20	♋ 4	19	♌ 4	19	♍ 4	19	♎ 3	17	♏ 0	13	25	♐ 7	19	♑ 1	13	25	♒ 7			
☿	♑ 27	28	29 0	♒ 2	3	5	6	8	10	11	13	15	16	18	20	21	23	25	27	29	29 0	♓ 2	4	6	8	10	11	13			
♀	♑ 25	26	28	29	29 0	♒ 1	3	4	5	6	8	9	10	11	13	14	15	16	18	19	20	21	23	24	25	16	28	29			
♂	♍℞ 27	27	27	27	27	27	27	27	27	26	26	26	26	26	25	25	25	25	24	24	24	24	23	23	23	22	22	21			

♃	♄	♅	♆	♇
1 2 13 21 28	1 4 13 21	1℞ 2 27	1 12 20℞ 27	1℞
♉16 17 18 19 20	♓ 4 5 6 7	♍14 13 12	♏19 20 20 19	♍15

3

	1	2	3	4	5	6	7	8	9	10	11	12	13	14	15	16	17	18	19	20	21	22	23	24	25	26	27	28	29	30	31
☉	♓ 11	12	13	14	15	16	17	18	19	20	21	22	23	24	25	26	27	28	29	29 0	♈ 1	2	3	4	5	6	7	8	9	10	11
☽	♒ 19	♓ 1	14	26	♈ 9	22	♉ 5	19	♊ 3	16	♋ 0	15	29	♌ 14	28	♍ 13	27	♎ 11	25	♏ 8	21	♐ 3	15	27	♑ 9	21	♒ 3	15	27	♓ 9	22
☿	♓ 15	17	19	21	23	25	27	29	29 1	♈ 2	4	6	8	9	11	13	14	15	17	18	19	20	21	21	22	22	23	23	℞ 23	23	22
♀	29 0	♓ 1	3	4	5	6	8	9	10	11	13	14	15	16	18	19	20	21	23	24	25	26	27	29	29 0	♈ 1	2	4	5	6	7
♂	♍℞ 21	21	20	20	20	19	19	18	18	18	17	17	17	16	16	15	15	15	14	14	14	13	13	13	12	12	12	11	11	11	10

♃	♄	♅	♆	♇
1 7 13 19 24 29	1 9 18 26	1℞ 22	1℞	1℞ 7
♉20 21 22 23 24 25	♓ 8 9 10 11	♍12 11	♏19	♍15 14

4

	1	2	3	4	5	6	7	8	9	10	11	12	13	14	15	16	17	18	19	20	21	22	23	24	25	26	27	28	29	30	31
☉	♈ 12	13	14	15	15	16	17	18	19	20	21	22	23	24	25	26	27	28	29	29 0	♉ 1	2	3	4	5	6	7	8	9	10	
☽	♈ 5	18	♉ 2	15	29	♊ 13	27	♋ 11	25	♌ 10	24	♍ 8	22	♎ 6	19	♏ 3	16	29	♐ 11	23	♑ 5	17	29	♒ 11	23	♓ 5	17	♈ 0	13	27	
☿	♈℞ 22	22	21	21	20	19	18	18	17	16	15	15	14	13	13	12	12	12	11	11	11	D 11	11	12	12	12	13	13	14	14	
♀	♈ 9	10	11	12	14	15	16	17	19	20	21	22	24	25	26	27	28	29 0	♉ 1	2	3	5	6	7	8	10	11	12	13	15	
♂	♍℞ 10	10	10	10	9	9	9	9	9	9	9	9	8	8	8	8	8	8	8	D 8	8	8	8	8	8	9	9	9	9	9	

♃	♄	♅	♆	♇
1 3 8 13 17 22 29 23 27	1 4 14 24	1℞ 21	1℞ 26	1℞ 18
♉25 26 27 28 29 0 ♊ 0 1	♓11 12 13 14	♍11 10	♏19 18	♍14 13

5

	1	2	3	4	5	6	7	8	9	10	11	12	13	14	15	16	17	18	19	20	21	22	23	24	25	26	27	28	29	30	31
☉	♉ 11	12	13	14	15	16	17	18	19	20	21	22	23	23	24	25	26	27	28	29	29 0	♊ 1	2	3	4	5	6	7	8	9	10
☽	♉ 11	25	♊ 9	23	♋ 8	23	♌ 6	21	♍ 5	18	♎ 2	15	29	♏ 12	24	♐ 7	19	♑ 1	13	25	♒ 7	19	♓ 1	13	25	♈ 8	21	♉ 5	19	♊ 3	18
☿	♈ 15	16	16	17	18	19	20	21	22	23	25	26	27	28	29 0	♉ 1	3	4	6	7	9	10	12	14	15	17	19	21	23	25	27
♀	16	17	18	19	21	22	23	24	26	27	28	29 0	♊ 1	2	3	4	5	7	8	9	10	12	13	14	15	17	18	19	20	21	23
♂	♍ 9	9	9	10	10	10	10	10	11	11	11	11	11	12	12	12	12	13	13	14	14	14	14	15	15	15	16	16	16	17	17

♃	♄	♅	♆	♇
1 5 10 14 18 23 27 31	1 6 20	1℞ 18D	1	1℞ 25D
♊ 2 3 4 5 6 7 8 9	♓14 15 16	♍10 10	♏18	♍13 13

6

	1	2	3	4	5	6	7	8	9	10	11	12	13	14	15	16	17	18	19	20	21	22	23	24	25	26	27	28	29	30	31
☉	♊ 11	12	13	14	15	16	17	17	18	19	20	21	22	23	24	25	26	27	28	29	29 0	♋ 1	2	3	4	5	6	7	8	8	
☽	♋ 3	18	♌ 2	17	♍ 1	15	29	♎ 12	25	♏ 8	21	♐ 3	16	28	♑ 10	22	♒ 3	15	27	♓ 9	21	♈ 4	17	♉ 0	13	27	♊ 12	27	♋ 12	27	
☿	♉ 29	29 1	♊ 3	5	7	9	11	13	15	18	20	22	24	26	29	29 1	♋ 3	5	7	9	11	13	15	17	19	21	23	24	26	28	
♀	♊ 24	25	26	28	29	29 0	♋ 1	2	4	5	6	7	9	10	11	12	13	15	16	17	18	20	21	22	23	24	26	27	28	29 0	
♂	♍ 18	18	18	19	19	20	20	20	21	21	22	22	23	23	23	24	24	25	25	26	26	27	27	28	28	29	29	29 0	♎ 0	1	

♃	♄	♅	♆	♇
1 4 9 13 17 22 26	1 12 28℞	1 13	1℞ 2	1 28
♊ 9 10 11 12 13 14 15	♓16 17 17	♍10 11	♏18 17	♍13 14

7

	1	2	3	4	5	6	7	8	9	10	11	12	13	14	15	16	17	18	19	20	21	22	23	24	25	26	27	28	29	30	31
☉	♋ 9	10	11	12	13	14	15	16	17	18	19	20	21	22	23	24	25	26	27	28	28	29	29 0	♌ 1	2	3	4	5	6	7	8
☽	♌ 12	27	♍ 11	25	♎ 9	22	♏ 5	18	♐ 0	13	25	♑ 7	18	♒ 0	12	24	♓ 6	18	♈ 0	13	25	♉ 8	22	♊ 6	20	♋ 5	20	♌ 5	20	♍ 6	20
☿	29 0	♌ 1	3	4	6	7	9	10	12	13	14	16	17	18	19	20	21	22	23	24	25	26	26	27	28	28	29	29	29	29	29 0
♀	♌ 1	2	3	4	5	7	8	9	10	12	13	14	15	16	18	19	20	21	22	24	25	26	27	28	29 0	♍ 1	2	3	5	6	7
♂	♎ 1	2	2	3	3	4	4	5	5	6	6	7	7	8	8	9	10	10	10	11	12	12	13	14	14	15	15	16	16	17	18

♃	♄	♅	♆	♇
1 5 10 14 19 24 29	1℞ 14	1 13	1℞ 30D	1
♊16 17 18 19 20 21 22	♓17 16	♍11 12	♏17 17	♍14

8

	1	2	3	4	5	6	7	8	9	10	11	12	13	14	15	16	17	18	19	20	21	22	23	24	25	26	27	28	29	30	31
☉	♌ 9	10	11	12	13	14	15	16	17	18	19	20	21	21	22	23	24	25	26	27	28	29	29 0	♍ 1	2	3	4	5	6	7	8
☽	♎ 5	18	♏ 2	15	27	♐ 10	22	♑ 4	15	27	♒ 9	21	♓ 3	15	27	♈ 10	22	♉ 5	18	♊ 1	15	29	♋ 14	29	♌ 14	29	♍ 14	29	♎ 13	27	♏ 10
☿	♍℞ 0	0	29	0 29	♌ 29	28	28	27	27	26	25	25	24	23	22	21	20	20	19	18	18	18	17	17	D 17	17	17	18	18	19	20
♀	♍ 8	9	11	12	13	14	15	17	18	19	20	21	23	24	25	26	27	29	29 0	♎ 1	2	3	5	6	7	8	9	11	12	13	14
♂	♎ 18	19	19	20	21	21	22	22	23	24	24	25	25	26	27	27	28	29	29	29 0	♏ 0	1	2	2	3	4	4	5	6	6	7

♃	♄	♅	♆	♇
1 3 9 14 20 27	1℞ 6 21	1 2 19	1	1 7
♊22 23 24 25 26 27	♊16 15 14	♍12 13 14	♏17	♍14 15

9

	1	2	3	4	5	6	7	8	9	10	11	12	13	14	15	16	17	18	19	20	21	22	23	24	25	26	27	28	29	30	31
☉	♍ 9	10	11	12	13	14	15	16	17	18	19	20	20	21	22	23	24	25	26	27	28	29	29 0	♎ 1	2	3	4	5	6	7	
☽	♏ 23	♐ 6	18	♑ 0	12	24	♒ 6	18	♓ 0	12	24	♈ 7	19	♉ 2	15	28	♊ 12	25	♋ 9	23	♌ 8	23	♍ 8	22	♎ 7	21	♏ 5	19	♐ 2	14	
☿	♌ 21	22	23	24	25	26	28	29 0	♍ 1	3	5	6	8	10	12	14	15	17	19	21	23	25	27	29	29 0	♎ 2	4	6	7	9	
♀	♎ 15	16	18	19	20	21	22	24	25	26	27	28	29 0	♏ 1	2	3	4	5	6	8	9	10	11	12	13	15	16	17	18	19	
♂	♏ 8	8	9	10	10	11	12	12	13	14	14	15	16	16	17	18	18	19	20	20	21	22	22	23	24	24	25	26	26	27	

♃	♄	♅	♆	♇
1 3 11 21 29 22	1℞ 4 17	1 4 20	1 22	1 6
♊27 28 29 0 ♋ 0	♓14 13 12	♍14 15 16	♏17 18	♍15 16

10

	1	2	3	4	5	6	7	8	9	10	11	12	13	14	15	16	17	18	19	20	21	22	23	24	25	26	27	28	29	30	31
☉	♎ 8	9	10	11	12	13	14	15	16	17	18	19	20	21	22	23	24	25	26	27	28	29	29 0	♏ 1	2	3	4	5	6	7	8
☽	♐ 27	♑ 9	21	♒ 2	14	26	♓ 8	21	♈ 3	16	29	♉ 12	25	♊ 8	22	♋ 6	20	♌ 4	18	♍ 3	17	♎ 1	16	♏ 0	13	26	♐ 9	22	♑ 4	16	28
☿	♎ 11	13	14	16	18	19	21	23	24	26	28	29 0	♏ 1	2	4	6	7	9	10	12	13	15	16	18	19	20	22	23	25	26	27
♀	♏ 20	22	23	24	25	26	27	28	29 0	♐ 1	2	3	4	5	6	8	9	10	11	12	13	14	15	16	18	19	20	21	22	23	24
♂	♏ 28	29	29	29 0	♐ 1	1	2	3	4	4	5	6	6	7	8	9	9	10	11	11	12	13	13	14	15	16	17	17	18	19	20

♃	♄	♅	♆	♇
1 5 19℞	1℞ 20	1 6 25	1 23	1 4
♋ 0 1 1	♓11 10	♍16 17 18	♏18 19	♍16 17

11

	1	2	3	4	5	6	7	8	9	10	11	12	13	14	15	16	17	18	19	20	21	22	23	24	25	26	27	28	29	30	31
☉	♏ 9	10	11	12	13	14	15	16	17	18	19	20	21	22	23	24	25	26	27	28	29	29 0	♐ 1	2	3	4	5	6	7	8	
☽	♒ 10	22	♓ 4	16	29	♈ 11	24	♉ 7	21	♊ 4	18	♋ 2	17	♌ 1	15	29	♍ 13	27	♎ 11	25	♏ 8	22	♐ 5	17	♑ 0	12	24	♒ 6	18	♓ 0	
☿	♏ 29	29 0	♐ 2	3	4	5	7	8	9	10	11	12	13	14	15	16	17	17	18	18	18	19	℞ 19	18	18	17	16	16	15	14	
♀	♐ 25	26	27	28	29 0	♑ 1	2	3	4	5	6	7	8	9	10	11	12	13	14	15	16	17	18	19	20	21	21	22	23	24	
♂	♐ 20	21	22	23	23	24	25	25	26	27	28	28	29	29 0	♑ 1	2	2	3	4	5	5	6	7	8	8	9	10	11	11	12	

♃	♄	♅	♆	♇
1℞ 2 17 0 18 26	1℞ 14D	1 17	1 19	1 9
♋ 1 0 29 ♊29 28	♓10 10	♍18 19	♏19 20	♍17 18

12

	1	2	3	4	5	6	7	8	9	10	11	12	13	14	15	16	17	18	19	20	21	22	23	24	25	26	27	28	29	30	31
☉	♐ 9	10	11	12	13	14	15	16	17	18	19	20	21	22	23	24	25	26	27	28	29	29 0	♑ 1	2	3	5	6	7	8	9	10
☽	♓ 12	24	♈ 6	19	♉ 2	15	29	♊ 13	27	♋ 12	27	♌ 11	26	♍ 10	24	♎ 8	22	♏ 5	18	♐ 1	14	26	♑ 8	20	♒ 2	14	26	♓ 8	20	♈ 2	14
☿	♐℞ 12	11	9	8	7	5	4	4	3	3	2	D 2	2	3	3	4	4	5	6	7	8	9	10	11	12	13	14	16	17	18	20
♀	♑ 25	26	27	28	29	29	29 0	♒ 1	2	2	3	4	5	5	6	7	7	8	8	9	9	10	10	11	11	12	12	12	13	13	13
♂	♑ 13	14	15	15	16	17	18	18	19	20	21	21	22	23	24	25	25	26	27	28	28	29	29 0	♒ 1	2	2	3	4	5	6	6

♃	♄	♅	♆	♇
1℞ 5 12 20 27	1 8 25	1 25℞	1 17	1 21℞
♊28 27 26 25 24	♓10 11 12	♍19 19	♏20 21	♍18 18

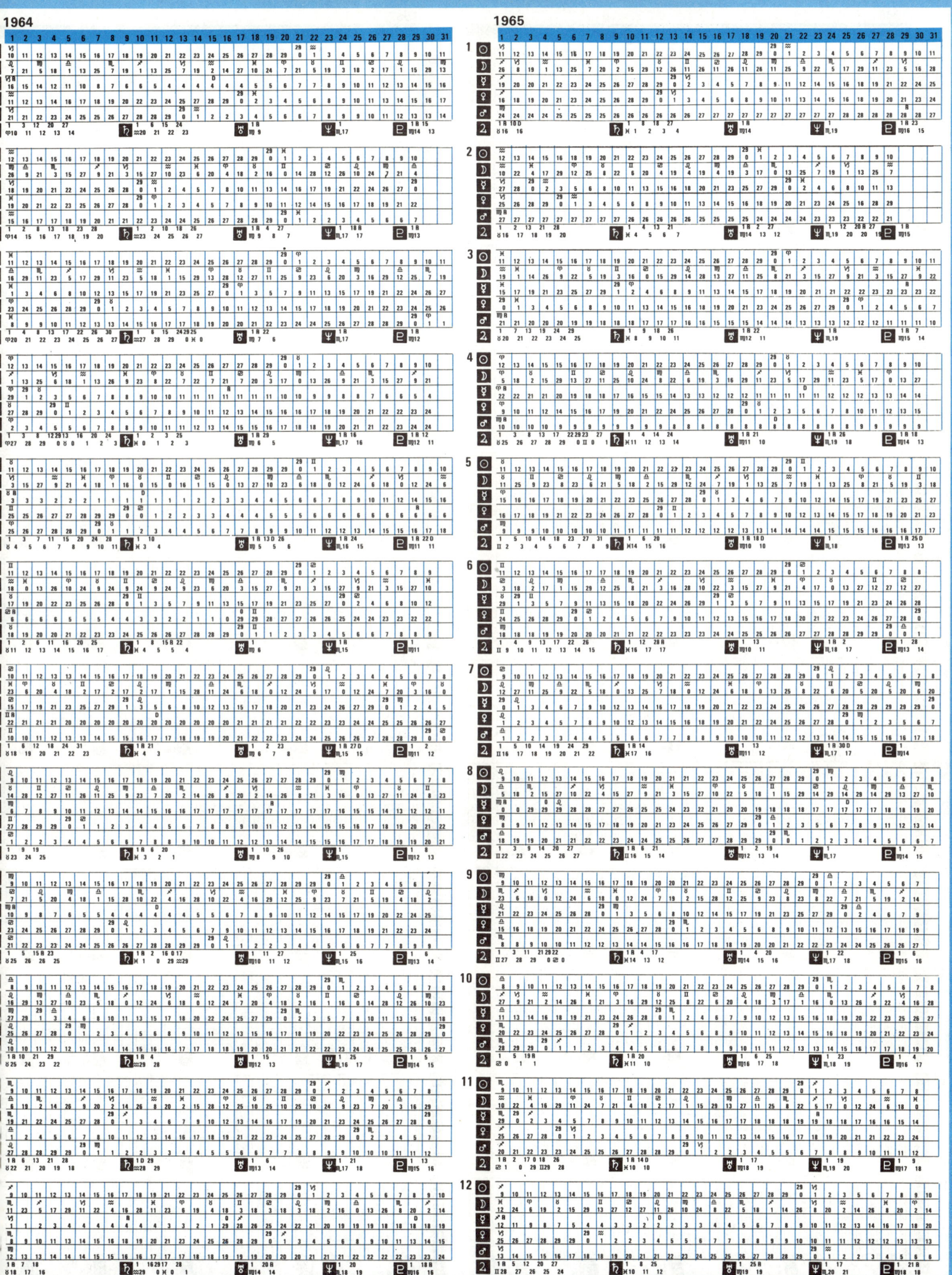

1 PLANETENPOSITIONEN 1910–2001

1966

1

	1	2	3	4	5	6	7	8	9	10	11	12	13	14	15	16	17	18	19	20	21	22	23	24	25	26	27	28	29	30	31
☉	♑ 11	12	13	14	15	16	17	18	19	20	21	22	23	24	25	26	27	28	29	29/0	♒ 1	2	3	4	5	6	7	8	9	10	11
☽	♈ 27	♉ 10	23	♊ 7	21	♋ 6	21	♌ 6	21	♍ 6	20	♎ 5	18	♏ 2	15	28	♐ 10	23	♑ 5	17	29	♒ 11	23	♓ 5	17	29	♈ 11	23	♉ 5	18	♊ 1
☿	♐ 21	22	24	25	27	28	29/0	♑ 1	2	4	5	7	8	10	11	13	14	16	18	19	21	22	24	26	27	29	29/0	♒ 2	4	5	7
♀	♒ 13	13	13	13	R 13	13	13	13	13	13	12	12	12	12	11	11	10	10	9	9	8	7	7	6	6	5	4	4	3	3	2
♂	♒ 7	8	9	9	10	11	12	13	13	14	15	16	17	17	18	19	20	21	21	22	23	24	24	25	26	27	28	28	29	29/0	♓ 1

♃ 1 R: ♊24; 4: 23; 13: 22; 24: 21 — ♄ 1: ♓12; 7: 13; 18: 14; 28: 15 — ♅ 1 R: ♍19 — ♆ 1: ♏21; 27: 22 — ♇ 1 R: ♍18

2

	1	2	3	4	5	6	7	8	9	10	11	12	13	14	15	16	17	18	19	20	21	22	23	24	25	26	27	28	29	30	31
☉	♒ 12	13	14	15	16	17	18	19	20	21	22	23	24	25	26	27	28	29	29/0	♓ 1	2	3	4	5	6	7	8	9			
☽	♊ 15	29	♋ 13	28	♌ 14	29	♍ 14	29	♎ 14	28	♏ 12	25	♐ 7	20	♑ 2	14	26	♒ 8	20	♓ 2	14	26	♈ 8	20	♉ 2	14	27	♊ 10			
☿	♒ 9	10	12	14	16	17	19	21	23	25	26	28	29/0	♓ 2	4	6	7	9	11	13	15	16	18	20	22	23	25	26			
♀	♒ R 2	1	1	0	0	0/29	♑ 29	29	28	28	28	28	28	28	D 28	28	28	27	28	28	29	29	29	29	29/0	♒ 0	0	1			
♂	♓ 2	2	3	4	5	6	6	7	8	9	9	10	11	12	13	13	14	15	16	17	17	18	19	20	20	21	22	23			

♃ 1 R: ♊21; 15 D: 21 — ♄ 1: ♓15; 6: 16; 15: 17; 23: 18 — ♅ 1 R: ♍18; 27: 17 — ♆ 1: ♏22; 22 R: 22 — ♇ 1 R: ♍18; 2: 17

3

	1	2	3	4	5	6	7	8	9	10	11	12	13	14	15	16	17	18	19	20	21	22	23	24	25	26	27	28	29	30	31
☉	♓ 10	11	12	13	14	15	16	17	18	19	20	21	22	23	24	25	26	27	28	29	29/0	♈ 1	2	3	4	5	6	7	8	9	10
☽	♊ 24	♋ 8	22	♌ 7	22	♍ 7	22	♎ 7	22	♏ 6	20	♐ 3	16	29	♑ 11	23	♒ 5	17	29	♓ 11	23	♈ 5	17	29	♉ 11	24	♊ 7	20	♋ 4	17	♌ 1
☿	♓ 28	29	29/0	♈ 1	2	3	4	5	5	5	5	R 5	5	5	4	4	3	2	1	1	0	0/29	♓ 29	28	26	25	25	24	24	23	23
♀	♒ 1	2	2	3	4	4	5	5	6	7	7	8	9	9	10	11	12	13	13	14	15	16	17	18	18	19	20	21	22	23	24
♂	♓ 24	24	25	26	27	27	28	29	29/0	♈ 1	1	2	3	4	4	5	6	7	8	8	9	10	11	11	12	13	14	14	15	16	17

♃ 1: ♊21; 8: 22; 20: 23; 29: 24 — ♄ 1: ♓18; 3: 19; 11: 20; 19: 21; 28: 22 — ♅ 1 R: ♍17; 22: 16 — ♆ 1 R: ♏22; 20: 21 — ♇ 1 R: ♍17; 14: 16

4

	1	2	3	4	5	6	7	8	9	10	11	12	13	14	15	16	17	18	19	20	21	22	23	24	25	26	27	28	29	30	31
☉	♈ 11	12	13	14	15	16	17	18	19	20	21	22	23	24	25	26	27	28	29	29/0	♉ 1	2	3	4	5	6	7	8	9	10	
☽	♌ 16	♍ 1	16	♎ 1	16	♏ 0	14	28	♐ 12	25	♑ 7	19	♒ 1	13	25	♓ 7	19	♈ 1	13	26	♉ 8	21	♊ 4	17	♋ 1	14	28	♌ 12	26	♍ 11	
☿	♓ R 22	22	22	D 22	22	23	23	23	24	24	25	25	26	27	28	29	29/0	♈ 0	1	2	4	5	6	7	9	10	11	12	14	15	
♀	♒ 25	26	27	28	29	29/0	♓ 1	2	3	4	5	6	7	8	9	10	11	12	13	14	15	16	17	18	19	20	21	23	24	25	
♂	♈ 18	18	19	20	21	21	22	23	24	24	25	26	27	27	28	29	29/0	♉ 0	1	2	3	3	4	5	6	6	7	8	9	9	

♃ 1: ♊24; 5: 25; 12: 26; 18: 27; 24: 28; 30: 29 — ♄ 1: ♓22; 5: 23; 14: 24; 23: 25 — ♅ 1 R: ♍16; 19: 15 — ♆ 1 R: ♏21 — ♇ 1 R: ♍16; 29: 15

5

	1	2	3	4	5	6	7	8	9	10	11	12	13	14	15	16	17	18	19	20	21	22	23	24	25	26	27	28	29	30	31
☉	♉ 11	12	13	14	15	16	16	17	18	19	20	21	22	23	24	25	26	27	28	29	29/0	♊ 1	2	3	4	5	6	7	8	9	10
☽	♍ 25	♎ 10	24	♏ 8	22	♐ 6	19	♑ 2	15	27	♒ 9	21	♓ 3	15	27	♈ 9	21	♉ 4	17	♊ 0	13	27	♋ 11	25	♌ 9	23	♍ 7	22	♎ 6	20	♏ 4
☿	♈ 17	18	20	21	23	25	26	28	29/0	♉ 1	3	5	7	9	11	13	15	17	19	21	23	25	27	29/0	♊ 1	4	6	8	10	12	15
♀	♓ 26	27	28	29	29/0	♈ 1	2	4	5	6	7	8	9	10	11	12	14	15	16	17	18	19	20	22	23	24	25	26	27	28	29/0
♂	♉ 10	11	11	12	13	14	14	15	16	17	17	18	19	19	20	21	22	22	23	24	25	25	26	27	27	28	29	29/0	♊ 0	1	2

♃ 1 529 6 10 15 20 25 30 / ♊29 0♋0 1 2 3 4 5 — ♄ 1: ♓25; 3: 26; 14: 27; 26: 28 — ♅ 1 R: ♍15; 24 D: 15 — ♆ 1 R: ♏21; 5: 20 — ♇ 1 R: ♍15; 27 D: 15

6

	1	2	3	4	5	6	7	8	9	10	11	12	13	14	15	16	17	18	19	20	21	22	23	24	25	26	27	28	29	30	31
☉	♊ 11	11	12	13	14	15	16	17	18	19	20	21	22	23	24	25	26	27	28	29	29/0	♋ 1	2	3	3	4	5	6	7	8	
☽	♏ 18	♐ 1	14	28	♑ 10	23	♒ 5	17	29	♓ 11	23	♈ 5	17	♉ 0	12	25	♊ 9	22	♋ 6	21	♌ 5	19	♍ 4	18	♎ 3	17	♏ 0	14	27	♐ 11	
☿	♊ 17	19	21	23	25	27	29/0	♋ 1	3	5	7	9	10	12	14	15	17	19	20	22	23	24	26	27	28	29/0	♌ 1	2	3	4	
♀	♉ 1	2	3	4	5	6	8	9	10	11	12	13	15	16	17	18	19	20	22	23	24	25	26	28	29	29/0	♊ 1	2	3	5	
♂	♊ 2	3	4	5	5	6	7	7	8	9	9	10	11	12	12	13	14	14	15	16	16	17	18	18	19	20	21	21	22	23	

♃ 1: ♋5; 3: 6; 8: 7; 12: 8; 17: 9; 21: 10; 26: 11; 30: 12 — ♄ 1: ♓28; 12: 29 — ♅ 1: ♍15; 26: 16 — ♆ 1 R: ♏20; 12: 19 — ♇ 1: ♍15; 23: 16

7

	1	2	3	4	5	6	7	8	9	10	11	12	13	14	15	16	17	18	19	20	21	22	23	24	25	26	27	28	29	30	31
☉	♋ 9	10	11	12	13	14	15	16	17	18	19	20	21	22	23	23	24	25	26	27	28	29	29/0	♌ 1	2	3	4	5	6	7	8
☽	♐ 23	♑ 6	19	♒ 1	13	26	♓ 7	19	♈ 1	13	25	♉ 8	20	♊ 3	17	♋ 1	15	♌ 0	14	29	♍ 14	29	♎ 13	27	♏ 11	24	♐ 7	20	♑ 3	15	28
☿	♌ 5	6	6	7	8	9	9	10	10	10	11	11	11	R 11	11	11	11	10	10	9	9	8	8	7	6	6	5	4	4	3	2
♀	♊ 6	7	8	9	11	12	13	14	15	16	18	19	20	21	22	24	25	26	27	29	29/0	♋ 1	2	3	4	6	7	8	9	10	12
♂	♊ 23	24	25	25	26	27	27	28	29	29	29/0	♋ 1	1	2	3	3	4	5	5	6	7	7	8	9	9	10	11	11	12	13	13

♃ 1: ♋12; 5: 13; 9: 14; 13: 15; 18: 16; 22: 17; 27: 18; 31: 19 — ♄ 1: ♓29; 11 R: 29 — ♅ 1: ♍16; 22: 17 — ♆ 1 R: ♏19 — ♇ 1: ♍16

8

	1	2	3	4	5	6	7	8	9	10	11	12	13	14	15	16	17	18	19	20	21	22	23	24	25	26	27	28	29	30	31
☉	♌ 9	10	11	12	13	14	15	15	16	17	18	19	20	21	22	23	24	25	26	27	28	29	29/0	♍ 1	2	3	4	5	6	7	8
☽	♒ 10	22	♓ 4	16	28	♈ 10	21	♉ 4	16	28	♊ 11	25	♋ 9	23	♌ 8	23	♍ 8	24	♎ 8	23	♏ 7	21	♐ 4	17	♑ 0	13	25	♒ 7	19	♓ 1	13
☿	♌ R 2	1	1	0	0	0	D 0	0	0	0	1	1	2	3	3	4	5	6	8	9	10	12	14	15	17	19	20	22	24	26	28
♀	♋ 13	14	15	16	18	19	20	21	23	24	25	26	27	29	29/0	♌ 1	2	3	5	6	7	8	10	11	12	13	14	16	17	18	19
♂	♋ 14	15	15	16	17	17	18	19	19	20	21	21	22	23	23	24	25	25	26	27	27	28	28	29	29/0	♌ 0	1	2	2	3	4

♃ 1: ♋19; 5: 20; 10: 21; 14: 22; 19: 23; 24: 24; 29: 25 — ♄ 1 R: ♓29; 9: 28; 26: 27 — ♅ 1: ♍17; 10: 18; 27: 19 — ♆ 1 D: ♏19 — ♇ 1: ♍16; 5: 17

9

	1	2	3	4	5	6	7	8	9	10	11	12	13	14	15	16	17	18	19	20	21	22	23	24	25	26	27	28	29	30	31
☉	♍ 9	10	11	12	12	13	14	15	16	17	18	19	20	21	22	23	24	25	26	27	28	29	29/0	♎ 1	2	3	4	5	6	7	
☽	♓ 25	♈ 7	18	♉ 0	12	25	♊ 7	20	♋ 4	17	♌ 2	16	♍ 1	17	♎ 2	17	♏ 2	16	♐ 0	14	27	♑ 9	22	♒ 4	16	28	♓ 10	22	♈ 4	15	
☿	29/0	♍ 2	4	6	8	10	12	14	16	17	19	21	23	25	27	29	29/0	♎ 2	4	5	7	9	10	12	14	15	17	18	20	22	
♀	♌ 21	22	23	24	26	27	28	29	29/0	♍ 2	3	4	5	7	8	9	10	12	13	14	15	17	18	19	20	22	23	24	25	27	
♂	♌ 4	5	5	6	7	7	8	9	9	10	11	11	12	12	13	14	14	15	16	16	17	17	18	19	19	20	21	21	22	22	

♃ 1 4 9 15 21 27 29 28 / ♋25 26 27 28 29 0 ♌ 0 — ♄ 1 R: ♓27; 10: 26; 22: 25 — ♅ 1: ♍19; 12: 20; 28: 21 — ♆ 1: ♏19; 17: 20 — ♇ 1: ♍17; 4: 18

10

	1	2	3	4	5	6	7	8	9	10	11	12	13	14	15	16	17	18	19	20	21	22	23	24	25	26	27	28	29	30	31
☉	♎ 8	9	10	11	12	13	14	15	16	17	18	19	20	21	22	23	24	25	26	27	28	29	29/0	♏ 1	2	3	4	5	6	7	8
☽	♈ 27	♉ 10	22	♊ 4	17	♋ 0	13	27	♌ 11	25	♍ 10	25	♎ 10	25	♏ 10	25	♐ 9	22	♑ 5	18	♒ 1	13	25	♓ 7	18	♈ 0	12	24	♉ 6	19	♊ 1
☿	♎ 23	25	26	28	29/0	♏ 1	2	4	5	6	8	9	11	12	13	15	16	17	18	20	21	22	23	24	25	26	27	28	29	29/0	♐ 1
♀	♍ 28	29	29/0	♎ 2	3	4	5	7	8	9	10	12	13	14	15	17	18	19	20	22	23	24	25	27	28	29	29/0	♏ 2	3	4	5
♂	♌ 23	24	24	25	25	26	27	27	28	28	29	29/0	♍ 0	1	1	2	3	3	4	4	5	6	6	7	7	8	9	9	10	10	11

♃ 1: ♌0; 4: 1; 12: 2; 21: 3 — ♄ 1 R: ♓25; 6: 24; 21: 23 — ♅ 1: ♍21; 15: 22 — ♆ 1: ♏20; 20: 21 — ♇ 1: ♍18; 2: 19

11

	1	2	3	4	5	6	7	8	9	10	11	12	13	14	15	16	17	18	19	20	21	22	23	24	25	26	27	28	29	30	31
☉	♏ 9	10	11	12	13	14	15	16	17	18	19	20	21	22	23	24	25	26	27	28	29	29/0	♐ 1	2	3	4	5	6	7	8	
☽	♊ 14	27	♋ 10	23	♌ 7	21	♍ 5	20	♎ 4	19	♏ 4	18	♐ 2	16	♑ 0	13	26	♒ 9	21	♓ 3	15	27	♈ 8	20	♉ 3	15	27	♊ 10	23	♋ 7	
☿	♐ 1	2	2	3	3	R 3	3	2	2	1	1	0	0/29	♏ 27	26	25	24	22	21	20	19	18	17	17	17	D 17	17	17	18	18	
♀	♏ 7	8	9	10	12	13	14	15	17	18	19	20	22	23	24	25	27	28	29	29/1	♐ 2	3	4	5	7	8	9	10	12	13	
♂	♍ 12	12	13	13	14	14	15	16	16	17	17	18	18	19	20	20	21	21	22	22	23	24	24	25	25	26	26	27	27	28	

♃ 1: ♌3; 4: 4; 21 R: 4 — ♄ 1 R: ♓23; 16: 22; 26 D: 22 — ♅ 1: ♍22; 3: 23; 29: 24 — ♆ 1: ♏21; 16: 22 — ♇ 1: ♍19; 4: 20

12

	1	2	3	4	5	6	7	8	9	10	11	12	13	14	15	16	17	18	19	20	21	22	23	24	25	26	27	28	29	30	31
☉	♐ 9	10	11	12	13	14	15	16	17	18	19	20	21	22	23	24	25	26	27	28	29	29/0	♑ 1	2	3	4	5	6	7	8	9
☽	♋ 20	♌ 4	18	♍ 1	16	♎ 0	14	28	♏ 13	27	♐ 11	24	♑ 8	21	♒ 4	16	29	♓ 11	23	♈ 4	16	28	♉ 10	23	♊ 6	19	♋ 2	16	♌ 0	14	28
☿	♏ 19	20	20	21	22	23	25	26	27	28	29/0	♐ 1	2	4	5	7	8	9	11	12	14	15	17	18	20	21	23	24	26	27	29
♀	♐ 14	16	17	18	19	21	22	23	24	26	27	28	29/0	♑ 1	2	3	4	6	7	8	9	11	12	13	14	16	17	18	19	21	22
♂	♍ 28	29	29/0	♎ 1	1	1	2	2	3	3	4	4	5	5	6	6	7	7	8	8	9	9	10	10	11	11	12	12	13	13	14

♃ 1 R: ♌4; 8: 3; 21: 2; 31: 1 — ♄ 1: ♓22; 6: 23; 31: 24 — ♅ 1: ♍24; 30 R: 24 — ♆ 1: ♏22; 14: 23 — ♇ 1: ♍20; 23 R: 20

1967

1

	1	2	3	4	5	6	7	8	9	10	11	12	13	14	15	16	17	18	19	20	21	22	23	24	25	26	27	28	29
☉	♑ 10	11	12	13	14	15	16	18	19	20	21	22	23	24	25	26	27	28	29	29/0	♒ 1	2	3	4	5	6	7	8	9
☽	♍ 13	27	♎ 11	25	♏ 9	23	♐ 6	20	♑ 3	16	29	♒ 12	24	♓ 7	19	♈ 0	12	24	♉ 6	18	♊ 1	13	27	♋ 10	24	♌ 9	23	♍ 8	23
☿	29/1	♑ 2	4	5	7	8	10	12	13	15	16	18	20	21	23	25	26	28	29/0	♒ 1	3	5	6	8	10	11	13	15	17
♀	♑ 23	24	26	27	28	29/0	♒ 1	2	3	4	6	7	8	9	11	12	13	14	16	17	18	20	21	22	23	25	26	27	28
♂	♎ 14	15	15	16	16	16	17	17	18	18	19	19	20	20	20	21	21	22	22	22	23	23	24	24	24	25	25	25	26

♃ 1 R 8 16 0 17 23 31 / ♌1 0 29 ♋29 28 27 — ♄ 1: ♓24; 14: 25; 26: 26 — ♅ 1 R: ♍24; 29: 23 — ♆ 1: ♏23; 20: 24 — ♇ 1 R: ♍20

2

	1	2	3	4	5	6	7	8	9	10	11	12	13	14	15	16	17	18	19	20	21	22	23	24	25	26	27	28	29
☉	♒ 12	13	14	15	16	17	18	19	20	21	22	23	24	25	26	27	28	29	29/0	♓ 1	2	3	4	5	6	7	8	9	
☽	♏ 6	20	♐ 3	17	♑ 0	13	25	♒ 8	20	♓ 3	15	27	♈ 9	20	♉ 2	14	26	♊ 8	21	♋ 4	18	♌ 2	17	♍ 2	17	♎ 2	17	♏ 2	
☿	♒ 22	24	25	27	29	29/1	♓ 2	4	6	7	9	10	12	13	14	15	16	17	18	18	18	18	R 18	18	18	17	16	16	
♀	♓ 2	3	4	6	7	8	9	11	12	13	14	16	17	18	20	21	22	23	24	26	27	28	29/0	♈ 1	2	3	4	5	
♂	♎ 27	27	27	27	28	28	28	28	29	29	29	29/0	♏ 0	0	0	1	1	1	1	1	1	2	2	2	2	2	2	3	

♃ 1 R: ♋27; 8: 26; 17: 25 — ♄ 1: ♓26; 5: 27; 14: 28; 23: 29 — ♅ 1 R: ♍23; 27: 22 — ♆ 1: ♏24; 24 R: 24 — ♇ 1 R: ♍20

3

	1	2	3	4	5	6	7	8	9	10	11	12	13	14	15	16	17	18	19	20	21	22	23	24	25	26	27	28	29
☉	♓ 10	11	12	13	14	15	16	17	18	19	20	21	22	23	24	25	26	27	28	29	29/0	♈ 1	2	3	4	5	6	7	8
☽	♏ 16	♐ 0	14	27	♑ 10	22	♒ 5	17	29	♓ 12	23	♈ 5	17	29	♉ 11	23	♊ 5	17	♋ 0	13	26	♌ 10	25	♍ 10	25	♎ 10	25	♏ 10	25
☿	♓ R 15	14	13	12	11	10	9	8	7	6	6	5	5	4	4	4	D 4	4	4	5	5	5	6	7	7	8	9	9	10
♀	♈ 7	8	9	10	12	13	14	15	17	18	19	20	21	23	24	25	26	28	29	29/0	♉ 1	2	4	5	6	7	8	10	11
♂	♏ 2	2	3	3	3	3	3	R 3	3	3	3	3	3	2	2	2	2	2	2	2	2	1	1	1	1	1	0	0	0

♃ 1 R: ♋25; 2: 24; 21 D: 24 — ♄ 1 3 29 4 11 20 28 / ♓29 0 ♈0 1 2 3 — ♅ 1 R: ♍22; 22: 21 — ♆ 1 R: ♏24 — ♇ 1 R: ♍19

4

	1	2	3	4	5	6	7	8	9	10	11	12	13	14	15	16	17	18	19	20	21	22	23	24	25	26	27	28	29
☉	♈ 11	12	13	14	15	16	17	18	19	20	21	22	23	24	25	26	27	28	29	29/0	♉ 1	2	3	4	5	6	7	8	8
☽	♑ 6	19	♒ 2	14	27	♓ 9	20	♈ 2	14	26	♉ 8	20	♊ 2	14	26	♋ 9	22	♌ 6	19	♍ 4	18	♎ 3	18	♏ 3	18	♐ 3	18	♑ 2	15
☿	♓ 13	14	15	16	18	19	20	21	23	24	25	27	28	29/0	♈ 1	3	4	6	7	9	11	12	14	16	18	19	21	23	25
♀	♉ 14	16	17	18	19	20	22	23	24	25	26	28	29	29/0	♊ 1	2	3	5	6	7	8	9	11	12	13	14	15	16	18
♂	♎ R 29	29	28	28	28	27	27	27	26	26	26	25	25	25	24	24	23	23	23	22	22	21	21	21	20	20	20	19	19

♃ 1: ♋24; 9: 25; 22: 26 — ♄ 1: ♈3; 5: 4; 13: 5; 21: 6; 30: 7 — ♅ 1 R: ♍21; 17: 20 — ♆ 1 R: ♏24; 2: 23 — ♇ 1 R: ♍18

5

	1	2	3	4	5	6	7	8	9	10	11	12	13	14	15	16	17	18	19	20	21	22	23	24	25	26	27	28	29
☉	♉ 10	11	12	13	14	15	16	17	18	19	20	21	22	23	24	25	26	27	28	29	29/0	♊ 1	2	3	4	5	6	6	7
☽	♒ 11	23	♓ 5	17	29	♈ 11	23	♉ 5	17	29	♊ 11	23	♋ 6	19	♌ 2	16	29	♍ 13	28	♎ 12	27	♏ 12	27	♐ 11	26	♑ 10	23	♒ 7	19
☿	29/0	♉ 1	3	5	7	9	11	13	15	18	20	22	24	26	29	29/1	♊ 3	5	7	9	11	13	15	17	19	21	23	24	26
♀	♊ 20	21	22	23	24	26	27	28	29	29/0	♋ 1	2	4	5	6	7	8	9	10	11	12	14	15	16	17	18	19	20	21
♂	♎ R 18	18	18	17	17	17	17	16	16	16	16	16	15	15	15	15	15	15	15	15	15	15	15	14	14	D 14	15	15	15

♃ 1 9 16 23 29 24 29 / ♋27 28 29 0 ♌ 0 1 — ♄ 1: ♈7; 9: 8; 19: 9; 30: 10 — ♅ 1 R: ♍20; 28 D: 20 — ♆ 1 R: ♏23; 13: 22 — ♇ 1 R: ♍18

6

	1	2	3	4	5	6	7	8	9	10	11	12	13	14	15	16	17	18	19	20	21	22	23	24	25	26	27	28	29
☉	♊ 10	11	12	13	14	15	16	17	18	19	20	21	22	23	24	25	26	27	28	28	29	29/0	♋ 1	2	3	4	5	6	7
☽	♓ 26	♈ 8	19	♉ 1	13	25	♊ 8	20	♋ 3	16	29	♌ 13	26	♍ 10	24	♎ 8	22	♏ 7	21	♐ 6	20	♑ 4	18	♒ 1	15	27	♓ 10	22	♈ 4
☿	♋ 1	3	4	5	7	8	9	11	12	13	14	15	16	17	18	18	19	20	20	21	21	21	21	21	21	R 21	21	21	21
♀	♋ 24	25	26	28	29	29/0	♌ 1	2	3	4	5	6	7	8	9	10	11	12	13	14	15	16	17	17	18	19	20	21	22
♂	♎ 15	15	15	15	15	15	15	16	16	16	16	16	17	17	17	17	18	18	18	18	19	19	19	20	20	20	20	21	21

♃ 1: ♌1; 4: 2; 9: 3; 14: 4; 20: 5; 25: 6; 30: 7 — ♄ 1: ♈10; 13: 11 — ♅ 1: ♍20 — ♆ 1 R: ♏22; 23: 21 — ♇ 1: ♍17

7

	1	2	3	4	5	6	7	8	9	10	11	12	13	14	15	16	17	18	19	20	21	22	23	24	25	26	27	28	29
☉	♋ 9	10	11	12	13	14	15	16	17	18	19	19	20	21	22	23	24	25	26	27	28	29	29/0	♌ 1	2	3	4	5	6
☽	♈ 28	♉ 9	21	♊ 4	16	29	♋ 12	25	♌ 9	23	♍ 7	21	♎ 5	19	♏ 3	17	♐ 1	15	29	♑ 13	26	♒ 10	23	♓ 5	18	♈ 0	12	24	♉ 5
☿	♋ R 20	20	19	19	18	18	17	16	16	15	15	14	14	13	13	12	12	12	12	D 12	12	12	12	13	13	14	14	15	16
♀	♌ 24	25	25	26	27	28	29	29/0	♍ 0	1	2	3	3	4	5	5	6	7	7	8	8	9	9	10	10	11	11	12	12
♂	♎ 22	22	23	23	24	24	24	25	25	26	26	26	27	27	28	28	29	29	29/0	♏ 0	1	1	2	2	3	3	4	4	5

♃ 1: ♌7; 4: 8; 9: 9; 14: 10; 19: 11; 23: 12; 28: 13 — ♄ 1: ♈12; 25 R: 12 — ♅ 1: ♍20; 8: 21 — ♆ 1 R: ♏21 — ♇ 1: ♍18

8

	1	2	3	4	5	6	7	8	9	10	11	12	13	14	15	16	17	18	19	20	21	22	23	24	25	26	27	28	29
☉	♌ 9	10	10	11	12	13	14	15	16	17	18	19	20	21	22	23	24	25	26	27	28	29	29/0	♍ 1	2	3	4	4	5
☽	♊ 12	24	♋ 7	20	♌ 4	18	♍ 2	17	♎ 1	16	♏ 0	14	28	♐ 12	26	♑ 9	23	♒ 6	19	♓ 1	14	26	♈ 8	20	♉ 2	13	25	♊ 7	20
☿	♋ 19	20	22	23	24	26	27	29/0	♌ 1	3	4	6	8	10	12	14	16	18	20	22	24	26	28	29/0	♍ 2	4	6	8	10
♀	♍ 13	13	13	13	13	13	13	R 13	13	13	13	13	13	13	12	12	12	11	11	10	10	9	9	8	8	7	7	6	5
♂	♏ 6	7	7	8	8	9	9	10	10	11	12	12	13	13	14	15	15	16	16	17	18	18	19	19	20	21	21	22	22

♃ 1: ♌14; 6: 15; 10: 16; 15: 17; 20: 18; 24: 19; 29: 20 — ♄ 1 R: ♈12; 17: 11 — ♅ 1: ♍22; 19: 23 — ♆ 1 R: ♏21; 3 D: 21 — ♇ 1: ♍18

9

	1	2	3	4	5	6	7	8	9	10	11	12	13	14	15	16	17	18	19	20	21	22	23	24	25	26	27	28	29
☉	♍ 8	9	10	11	12	13	14	15	16	17	18	19	20	21	22	23	24	25	26	27	28	29	29/0	♎ 1	2	3	4	5	6
☽	♋ 29	♌ 12	27	♍ 11	26	♎ 11	26	♏ 10	25	♐ 9	23	♑ 6	19	♒ 2	15	28	♓ 10	22	♈ 4	16	28	♉ 10	22	♊ 4	16	28	♋ 10	23	♌ 7
☿	♍ 16	17	19	21	23	24	26	28	29/0	♎ 1	3	4	6	8	9	11	12	14	15	17	18	20	21	22	24	25	27	28	29
♀	♍ R 3	3	2	2	1	1	0	0	0/29	♌ 29	29	28	28	28	28	27	27	27	27	D 27	27	27	27	28	28	28	28	29	29
♂	♏ 24	25	26	26	27	28	28	29	29	29/0	♐ 1	1	2	3	3	4	5	5	6	7	7	8	9	10	10	11	12	12	13

♃ 1: ♌20; 2: 21; 7: 22; 12: 23; 17: 24; 22: 25; 27: 26 — ♄ 1 R: ♈11; 6: 10; 20: 9 — ♅ 1: ♍23; 5: 24; 21: 25 — ♆ 1: ♏21; 12: 22 — ♇ 1: ♍19

10

	1	2	3	4	5	6	7	8	9	10	11	12	13	14	15	16	17	18	19	20	21	22	23	24	25	26	27	28	29
☉	♎ 8	9	10	11	12	13	14	15	16	16	17	18	19	20	21	22	23	24	25	26	27	28	29	29/0	♏ 1	2	3	4	5
☽	♍ 5	20	♎ 4	20	♏ 5	20	♐ 4	19	♑ 3	16	29	♒ 12	25	♓ 7	19	♈ 1	13	25	♉ 7	19	♊ 1	12	25	♋ 7	19	♌ 2	15	29	♍ 13
☿	♏ 2	3	4	5	6	7	9	10	11	11	12	13	14	15	15	16	16	17	17	17	R 17	17	16	16	15	14	14	13	11
♀	29/0	♍ 0	1	1	1	2	3	3	4	4	5	6	6	7	8	8	9	10	11	11	12	13	14	15	16	16	17	18	19
♂	♐ 14	15	16	16	17	18	19	19	20	21	21	22	23	24	24	25	26	26	27	28	29	29	29/0	♑ 1	2	2	3	4	5

♃ 1 2 7 13 19 29 20 25 / ♌26 27 28 29 0 ♍ 0 1 — ♄ 1 R: ♈9; 3: 8; 15: 7; 30: 6 — ♅ 1: ♍25; 7: 26; 24: 27 — ♆ 1: ♏22; 18: 23 — ♇ 1: ♍21

11

	1	2	3	4	5	6	7	8	9	10	11	12	13	14	15	16	17	18	19	20	21	22	23	24	25	26	27	28	29
☉	♏ 8	9	10	11	12	13	14	15	16	17	18	19	20	21	22	23	24	25	26	27	28	29	29/1	♐ 2	3	4	5	6	7
☽	♎ 28	♏ 13	28	♐ 13	28	♑ 12	25	♒ 9	22	♓ 4	16	28	♈ 10	22	♉ 4	16	28	♊ 9	22	♋ 4	16	29	♌ 12	25	♍ 8	22	♎ 7	21	♏ 6
☿	♏ R 8	6	5	4	3	2	2	1	1	D 1	1	1	2	3	3	4	5	6	7	8	9	11	12	13	15	16	18	19	21
♀	♍ 22	23	24	25	26	27	28	29	29/0	♎ 1	2	3	4	5	6	7	8	9	10	11	12	13	14	15	17	18	19	20	21
♂	♑ 7	8	8	9	10	11	11	12	13	14	14	15	16	17	17	18	19	20	20	21	22	23	23	24	25	26	27	27	28

♃ 1: ♍2; 9: 3; 17: 4; 29: 5 — ♄ 1 R: ♈6; 19: 5 — ♅ 1: ♍27; 13: 28 — ♆ 1: ♏23; 14: 24 — ♇ 1: ♍22

12

	1	2	3	4	5	6	7	8	9	10	11	12	13	14	15	16	17	18	19	20	21	22	23	24	25	26	27	28	29
☉	♐ 9	10	11	12	13	14	15	16	17	18	19	20	21	22	23	24	25	26	27	28	29	29/0	♑ 1	2	3	4	5	6	7
☽	♐ 6	21	♑ 6	20	♒ 4	17	♓ 0	13	25	♈ 7	19	♉ 1	12	24	♊ 6	18	♋ 1	13	26	♌ 9	22	♍ 5	19	♎ 2	16	♏ 1	15	♐ 0	14
☿	♏ 24	25	27	28	29/0	♐ 1	3	4	6	7	9	11	12	14	15	17	18	20	21	23	25	26	28	29/0	♑ 1	2	4	6	7
♀	♎ 23	24	25	27	28	29	29/0	♏ 1	2	3	5	6	7	8	9	10	12	13	14	15	16	17	19	20	21	22	23	25	26
♂	29/0	♒ 0	1	2	3	3	4	5	6	7	7	8	9	10	10	11	12	13	14	14	15	16	17	17	18	19	20	21	21

♃ 1 R: ♍5; 22 R: 5 — ♄ 1 R: ♈5; 9 D: 5; 28: 6 — ♅ 1: ♍28; 13: 29 — ♆ 1: ♏24; 11: 25 — ♇ 1: ♍22

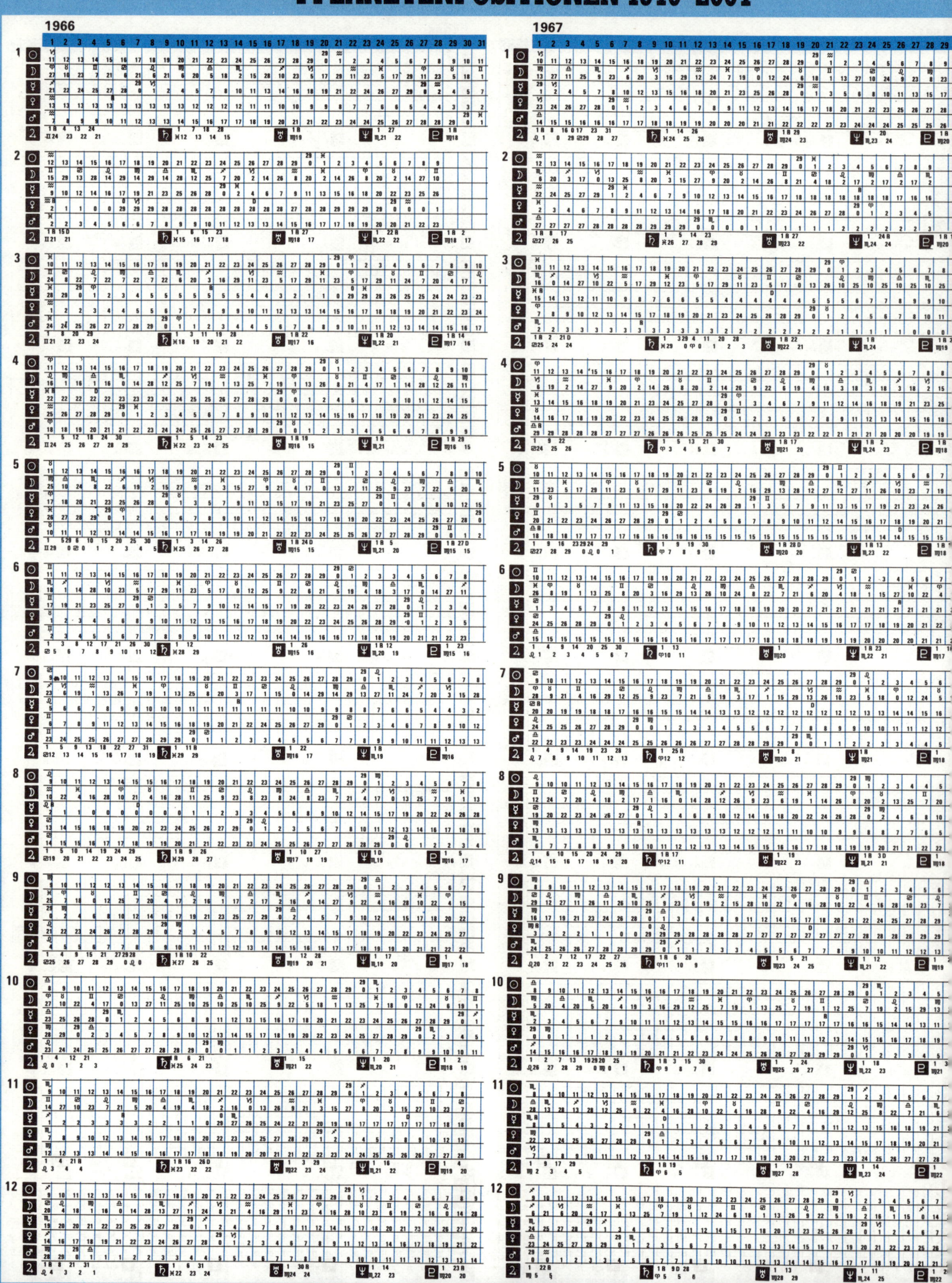

1 PLANETENPOSITIONEN 1910–2001

1968

1

	1	2	3	4	5	6	7	8	9	10	11	12	13	14	15	16	17	18	19	20	21	22	23	24	25	26	27	28	29	30	31
☉	♑ 10	11	12	13	14	15	16	17	18	19	20	21	22	23	24	25	26	27	28	29	29 1	♒ 2	3	4	5	6	7	8	9	10	11
☽	♑ 28	♒ 12	25	♓ 8	21	♈ 3	15	27	♉ 9	20	♊ 2	14	27	♋ 9	22	♌ 5	19	♍ 2	16	29	♎ 13	27	♏ 11	25	♐ 10	24	♑ 8	22	♒ 6	20	♓ 3
☿	♑ 12	14	15	17	19	20	22	24	25	27	29	29 0	♒ 2	4	5	7	9	10	12	13	15	17	18	20	21	23	24	25	27	28	29
♀	29 0	♐ 1	2	3	4	5	7	8	9	10	11	13	14	15	16	17	19	20	21	22	23	25	26	27	28	29 0	♑ 1	2	3	4	6
♂	♒ 24	24	25	26	27	28	28	29	29 0	♓ 1	1	2	3	4	5	5	6	7	8	8	9	10	11	12	12	13	14	15	15	16	17

♃ 1 R 14 25 / ♍ 5 4 3 — ♄ 1 17 30 / ♈ 6 7 8 — ♅ 1 4 R 25 / ♍ 29 29 28 — ♆ 1 14 / ♏ 25 26 — ♇ 1 R / ♍ 22

2

	1	2	3	4	5	6	7	8	9	10	11	12	13	14	15	16	17	18	19	20	21	22	23	24	25	26	27	28	29	30	31
☉	♒ 12	13	14	15	16	17	18	19	20	21	22	23	24	25	26	27	28	29	29 0	♓ 1	2	3	4	5	6	7	8	9	10		
☽	♓ 16	28	♈ 11	23	♉ 5	16	28	♊ 10	22	♋ 5	17	♌ 0	14	28	♍ 11	25	♎ 10	24	♏ 8	22	♐ 6	20	♑ 4	18	♒ 2	15	28	♓ 11	24		
☿	29 0	♓ 1	1	2	2	R 2	2	1	1	0	0 29	♒ 28	27	26	25	24	23	22	21	20	19	18	18	17	17	17	17	D 17	17		
♀	♑ 7	8	9	11	12	13	14	15	17	18	19	20	22	23	24	25	27	28	29	29 0	♒ 1	3	4	5	6	8	9	10	11		
♂	♓ 18	19	19	20	21	22	22	23	24	25	26	26	27	28	29	29	29 0	♈ 1	2	2	3	4	5	5	6	7	8	9	9		

♃ 1 R 3 11 19 27 0 28 / ♍ 3 2 1 0 29 ♌ 29 — ♄ 1 10 20 29 / ♈ 8 9 10 11 — ♅ 1 R 27 / ♍ 28 27 — ♆ 1 27 R / ♏ 26 26 — ♇ 1 R 23 / ♍ 22 21

3

	1	2	3	4	5	6	7	8	9	10	11	12	13	14	15	16	17	18	19	20	21	22	23	24	25	26	27	28	29	30	31
☉	♓ 11	12	13	14	15	16	17	18	19	20	21	22	23	24	25	26	27	28	29	29 0	♈ 1	2	3	4	5	6	7	8	9	10	11
☽	♈ 6	19	♉ 1	12	24	♊ 6	18	♋ 0	13	25	♌ 8	22	♍ 6	20	♎ 4	19	♏ 4	18	♐ 3	17	♑ 1	15	29	♒ 12	25	♓ 8	20	♈ 3	15	27	♉ 9
☿	♒ 17	17	18	18	19	19	20	21	22	22	23	24	25	26	27	29	29 0	♓ 1	2	3	5	6	7	9	10	12	13	14	16	18	19
♀	♒ 13	14	15	16	17	19	20	21	22	24	25	26	27	29	29 0	♓ 1	2	3	5	6	7	8	10	11	12	13	15	16	17	18	19
♂	♈ 10	11	12	12	13	14	15	15	16	17	18	18	19	20	21	21	22	23	24	24	25	26	27	27	28	29	29 0	♉ 0	1	2	2

♃ 1 R 6 14 25 / ♌ 29 28 27 26 — ♄ 1 8 17 25 / ♈ 11 12 13 14 — ♅ 1 R 21 / ♍ 27 26 — ♆ 1 R / ♏ 26 — ♇ 1 R / ♍ 21

4

	1	2	3	4	5	6	7	8	9	10	11	12	13	14	15	16	17	18	19	20	21	22	23	24	25	26	27	28	29	30	31
☉	♈ 12	13	14	15	16	17	18	19	20	21	22	23	24	25	26	27	28	29	29	29 0	♉ 1	2	3	4	5	6	7	8	9	10	
☽	♉ 21	♊ 2	14	26	♋ 8	21	♌ 3	16	♍ 0	14	28	♎ 13	28	♏ 13	28	♐ 13	27	♑ 11	25	♒ 9	22	♓ 5	17	♈ 0	12	24	♉ 6	17	29	♊ 11	
☿	♓ 21	22	24	26	27	29	29 1	♈ 2	4	6	8	10	12	13	15	17	19	21	23	25	27	29 0	♉ 2	4	6	8	10	12	14	17	
♀	♓ 21	22	23	24	26	27	28	29 0	♈ 1	2	3	4	6	7	8	9	10	12	13	14	15	17	18	19	20	22	23	24	25	26	
♂	♉ 3	4	5	5	6	7	8	8	9	10	10	11	12	13	13	14	15	16	16	17	18	18	19	20	21	21	22	23	23	24	

♃ 1 R 11 22 D / ♌ 26 25 25 — ♄ 1 2 10 18 26 / ♈ 14 15 16 17 18 — ♅ 1 R 15 / ♍ 26 25 — ♆ 1 R 12 / ♏ 26 25 — ♇ 1 R 2 / ♍ 21 20

5

	1	2	3	4	5	6	7	8	9	10	11	12	13	14	15	16	17	18	19	20	21	22	23	24	25	26	27	28	29	30	31
☉	♉ 11	12	13	14	15	16	17	18	19	20	21	22	23	24	25	26	27	28	29	29 0	♊ 0	1	2	3	4	5	6	7	8	9	10
☽	♊ 23	♋ 5	17	29	♌ 12	25	♍ 8	22	♎ 6	21	♏ 6	21	♐ 6	21	♑ 6	21	♒ 5	18	♓ 2	14	27	♈ 9	21	♉ 3	14	26	♊ 8	20	♋ 2	14	26
☿	♉ 19	21	23	25	27	29 0	♊ 1	3	5	6	8	10	12	13	15	16	18	19	20	21	23	24	25	26	27	28	28	29	29 0	♋ 0	1
♀	♈ 28	29	29 0	♉ 1	3	4	5	6	7	9	10	11	12	14	15	16	17	19	20	21	22	23	25	26	27	28	29 0	♊ 1	2	3	5
♂	♉ 25	26	26	27	28	28	29	29 0	♊ 0	1	2	3	3	4	5	5	6	7	7	8	9	10	10	11	12	12	13	14	14	15	16

♃ 1 2 19 30 / ♌ 25 26 27 28 — ♄ 1 4 13 22 / ♈ 18 19 20 21 — ♅ 1 R / ♍ 25 — ♆ 1 R 21 / ♏ 25 24 — ♇ 1 R 31 D / ♍ 20 20

6

	1	2	3	4	5	6	7	8	9	10	11	12	13	14	15	16	17	18	19	20	21	22	23	24	25	26	27	28	29	30	31
☉	♊ 11	12	13	14	15	16	17	18	19	20	21	22	23	23	24	25	26	27	28	29	29 0	♋ 1	2	3	4	5	6	7	8	9	
☽	♌ 9	21	♍ 4	17	♎ 1	15	♏ 0	14	29	♐ 15	♑ 0	15	29	♒ 14	27	♓ 10	23	♈ 6	18	♉ 0	11	23	♊ 5	17	29	♋ 11	23	♌ 6	18	♍ 1	
☿	♋ 1	1	1	1	2	R 2	1	1	1	1	0	0	0 29	♊ 29	28	28	27	27	26	26	25	25	24	24	23	23	23	23	23	D 23	
♀	♊ 6	7	8	9	11	12	13	14	16	17	18	19	20	22	23	24	25	27	28	29	29 0	♋ 2	3	4	5	6	8	9	10	11	
♂	♊ 16	17	18	19	19	20	21	21	22	23	23	24	25	25	26	27	27	28	29	29	29 0	♋ 1	1	2	3	3	4	5	5	6	

♃ 1 8 15 29 16 22 28 / ♌ 28 29 0 ♍ 0 1 2 — ♄ 1 12 24 / ♈ 22 23 24 — ♅ 1 R 2 D / ♍ 25 25 — ♆ 1 R / ♏ 24 — ♇ 1 / ♍ 20

7

	1	2	3	4	5	6	7	8	9	10	11	12	13	14	15	16	17	18	19	20	21	22	23	24	25	26	27	28	29	30	31
☉	♋ 10	11	12	13	14	14	15	16	17	18	19	20	21	22	23	24	25	26	27	28	29	29 0	♌ 1	2	3	4	4	5	6	7	8
☽	♍ 14	27	♎ 11	25	♏ 9	24	♐ 8	23	♑ 8	23	♒ 8	22	♓ 5	19	♈ 1	14	26	♉ 8	20	♊ 2	14	26	♋ 8	20	♌ 2	15	28	♍ 11	24	♎ 8	22
☿	♊ 23	23	24	24	24	25	25	26	27	27	28	29	29 0	♋ 1	3	4	5	7	8	10	11	13	15	17	18	20	22	24	26	28	29 0
♀	13	14	15	16	18	19	20	21	22	24	25	26	27	29	29 0	♌ 1	2	3	5	6	7	8	10	11	12	13	15	16	17	18	19
♂	♋ 7	7	8	9	9	10	11	11	12	13	13	14	15	15	16	17	17	18	19	19	20	21	21	22	23	23	24	25	25	26	26

♃ 1 4 10 15 21 26 31 / ♍ 2 3 4 5 6 7 8 — ♄ 1 12 / ♈ 24 25 — ♅ 1 18 / ♍ 25 26 — ♆ 1 R 5 / ♏ 24 23 — ♇ 1 27 / ♍ 20 21

8

	1	2	3	4	5	6	7	8	9	10	11	12	13	14	15	16	17	18	19	20	21	22	23	24	25	26	27	28	29	30	31
☉	♌ 9	10	11	12	13	14	15	16	17	18	19	20	21	22	23	24	25	26	27	28	28	29	29 0	♍ 1	2	3	4	5	6	7	8
☽	♏ 6	20	♐ 4	18	♑ 3	17	♒ 2	16	♓ 0	14	27	♈ 9	22	♉ 4	16	28	♊ 10	22	♋ 4	16	28	♌ 11	24	♍ 7	21	♎ 5	18	♏ 2	16	♐ 1	15
☿	♌ 2	5	7	9	11	13	15	17	19	21	23	25	27	29	29 1	♍ 3	4	6	8	10	12	13	15	17	18	20	22	23	25	26	28
♀	♌ 21	22	23	24	26	27	28	29 0	♍ 10	2	3	4	6	7	8	9	10	12	13	14	15	17	18	19	20	22	23	24	25	26	28
♂	♋ 27	28	28	29	29 0	♌ 0	1	2	2	3	4	4	5	6	6	7	7	8	9	9	10	11	11	12	13	13	14	14	15	16	16

♃ 1 5 10 14 19 24 28 / ♍ 8 9 10 11 12 13 14 — ♄ 1 6 R / ♈ 25 25 — ♅ 1 9 27 / ♍ 26 27 28 — ♆ 1 R 5 D / ♏ 23 23 — ♇ 1 27 / ♍ 21 22

9

	1	2	3	4	5	6	7	8	9	10	11	12	13	14	15	16	17	18	19	20	21	22	23	24	25	26	27	28	29	30	31
☉	♍ 9	10	11	12	13	14	15	16	17	18	19	20	21	22	23	24	25	26	27	28	29	29 0	♎ 1	1	2	3	4	5	6	7	
☽	♐ 29	♑ 13	27	♒ 11	25	♓ 9	22	♈ 5	17	♉ 0	12	24	♊ 6	18	♋ 0	12	24	♌ 6	19	♍ 2	16	♎ 0	14	28	♏ 12	27	♐ 12	26	♑ 10	24	
☿	29 0	♎ 1	3	4	5	7	8	10	11	12	13	15	16	17	18	19	21	22	23	24	25	26	26	27	28	29	29	29 0	♏ 0	1	
♀	♍ 29	♎ 0	1	3	4	5	6	8	9	10	11	12	14	15	16	17	19	20	21	22	23	25	26	27	28	29 0	♏ 1	2	3	5	
♂	♌ 17	18	19	20	20	20	21	21	22	23	23	24	25	25	26	27	27	28	28	29	29 0	♍ 0	1	2	2	3	3	4	5	5	

♃ 1 2 7 11 16 21 25 30 / ♍ 14 15 16 17 18 19 20 21 — ♄ 1 R 19 / ♈ 24 23 — ♅ 1 12 28 29 29 / ♍ 28 29 0 ♎ 0 — ♆ 1 3 / ♏ 23 24 — ♇ 1 24 / ♍ 22 23

10

	1	2	3	4	5	6	7	8	9	10	11	12	13	14	15	16	17	18	19	20	21	22	23	24	25	26	27	28	29	30	31
☉	♎ 8	9	10	11	12	13	14	15	16	17	18	19	20	21	22	23	24	25	26	27	28	29	29 0	♏ 1	2	3	4	5	6	7	8
☽	♒ 8	21	♓ 5	18	♈ 1	13	26	♉ 8	20	♊ 2	14	26	♋ 8	20	♌ 2	14	27	♍ 10	24	♎ 8	22	♏ 7	22	♐ 7	22	♑ 6	21	♒ 5	18	♓ 2	15
☿	♏ 1	1	R 1	1	1	0	0	0 29	♎ 28	27	26	25	24	23	22	20	19	18	17	16	16	15	15	D 15	15	16	16	17	18	18	19
♀	♏ 6	7	8	9	11	12	13	14	16	17	18	19	20	22	23	24	25	27	28	29	29 0	♐ 1	3	4	5	6	8	9	10	11	12
♂	♍ 6	7	7	8	8	9	10	10	11	12	12	13	13	14	15	15	16	17	17	18	18	19	20	20	21	21	22	23	23	24	25

♃ 1 5 9 14 19 24 30 / ♍ 21 22 23 24 25 26 27 — ♄ 1 R 3 16 29 / ♈ 23 22 21 20 — ♅ 1 14 / ♎ 0 1 — ♆ 1 13 / ♏ 24 25 — ♇ 1 23 / ♍ 23 24

11

	1	2	3	4	5	6	7	8	9	10	11	12	13	14	15	16	17	18	19	20	21	22	23	24	25	26	27	28	29	30	31
☉	♏ 9	10	11	12	13	14	15	16	17	18	19	20	21	22	23	24	25	26	27	28	29	29 0	♐ 1	2	3	4	5	6	7	8	
☽	♓ 27	♈ 10	22	♉ 4	16	28	♊ 10	22	♋ 4	16	28	♌ 10	23	♍ 5	18	♎ 2	16	♏ 0	15	♐ 0	16	♑ 1	16	♒ 0	15	28	♓ 11	24	♈ 7	19	
☿	♎ 21	22	23	24	26	27	28	29 0	♏ 1	3	4	6	8	9	11	12	14	16	17	19	20	22	23	25	27	28	29 0	♐ 1	3	5	
♀	♐ 14	15	16	17	18	20	21	22	23	25	26	27	28	29 0	♑ 1	2	3	4	5	7	8	9	10	11	13	14	15	16	17	19	
♂	♍ 25	26	26	27	28	28	29	29	29 0	♎ 1	1	2	2	3	4	4	5	5	6	7	7	8	8	9	10	10	11	11	12	13	

♃ 1 4 10 15 29 16 22 28 / ♍ 27 28 29 0 ♎ 0 1 2 — ♄ 1 R 12 / ♈ 20 19 — ♅ 1 22 / ♎ 2 3 — ♆ 1 11 / ♏ 25 26 — ♇ 1 / ♍ 24

12

	1	2	3	4	5	6	7	8	9	10	11	12	13	14	15	16	17	18	19	20	21	22	23	24	25	26	27	28	29	30	31
☉	♐ 9	10	11	12	13	14	15	16	17	19	20	21	22	23	24	25	26	27	28	29	29 0	♑ 1	2	3	4	5	6	7	8	9	10
☽	♉ 1	13	25	♊ 7	19	♋ 1	13	25	♌ 7	19	♍ 1	14	27	♎ 10	24	♏ 9	23	♐ 8	24	♑ 9	24	♒ 9	23	♓ 7	21	♈ 4	16	28	♉ 10	22	♊ 4
☿	♐ 6	8	9	11	12	14	16	17	19	20	22	23	25	27	28	29 0	♑ 1	3	4	6	8	9	11	12	14	16	17	18	20	22	24
♀	♑ 20	21	22	23	25	26	27	28	29 0	♒ 1	2	3	4	5	6	8	9	10	11	12	13	15	16	17	18	19	20	22	23	24	25
♂	♎ 13	14	14	15	16	16	17	17	18	19	19	20	20	21	22	22	23	23	24	24	25	26	26	27	27	28	28	29	29 0	♏ 0	1

♃ 1 6 14 25 / ♎ 2 3 4 5 — ♄ 1 R 3 21 D / ♈ 19 18 18 — ♅ 1 / ♎ 3 — ♆ 1 8 / ♏ 26 27 — ♇ 1 7 27 R / ♍ 24 25 25

1969

1

	1	2	3	4	5	6	7	8	9	10	11	12	13	14	15	16	17	18	19	20	21	22	23	24	25	26	27	28	29	30	31
☉	♑ 11	12	13	14	15	16	17	18	19	20	21	22	23	24	25	26	27	28	29	29 0	♒ 1	2	3	4	5	6	7	8	9	10	11
☽	♊ 16	28	♋ 10	22	♌ 4	16	28	♍ 11	24	♎ 7	20	♏ 4	18	♐ 2	17	♑ 2	17	♒ 2	17	♓ 1	15	29	♈ 12	25	♉ 7	19	♊ 1	13	25	♋ 6	18
☿	♑ 25	27	28	29 0	♒ 1	3	4	6	7	8	10	11	12	13	14	14	15	15	15	R 16	15	15	14	14	13	12	11	9	8	7	6
♀	♒ 26	27	28	29 0	♓ 1	2	3	4	5	6	7	8	9	11	12	13	14	15	16	17	18	19	20	21	22	23	24	25	26	27	28
♂	♏ 1	2	2	3	4	4	5	5	6	6	7	7	8	9	9	10	10	11	11	12	12	13	13	14	15	15	16	16	17	17	18

♃ 1 14 20 R 26 / ♎ 5 6 6 5 — ♄ 1 8 28 / ♈ 18 19 20 — ♅ 1 2 8 R 13 / ♎ 3 4 4 3 — ♆ 1 8 / ♏ 27 28 — ♇ 1 R 16 / ♍ 25 24

2

	1	2	3	4	5	6	7	8	9	10	11	12	13	14	15	16	17	18	19	20	21	22	23	24	25	26	27	28	29	30	31
☉	♒ 12	13	14	16	17	18	19	20	21	22	23	24	25	26	27	28	29	29 0	♓ 1	2	3	4	5	6	7	8	9	10			
☽	♌ 1	13	25	♍ 8	21	♎ 4	17	♏ 0	14	28	♐ 12	27	♑ 11	26	♒ 11	25	♓ 9	23	♈ 7	20	♉ 2	15	27	♊ 9	21	♋ 3	15	27			
☿	♒ R 5	3	3	2	1	1	0	0	0	D 0	0	0	0	1	1	2	3	3	4	5	6	7	8	9	10	11	12	13			
♀	♓ 29	29 0	♈ 1	2	3	4	5	6	7	8	8	9	10	11	12	13	13	14	15	16	16	17	18	19	19	20	20	21			
♂	♏ 18	19	19	20	20	21	21	22	22	23	23	24	24	25	25	26	26	27	27	28	28	29	29	29	29 0	♐ 0	1	1			

♃ 1 R 15 26 / ♎ 5 4 3 — ♄ 1 10 22 / ♈ 20 21 22 — ♅ 1 R 26 / ♎ 3 2 — ♆ 1 28 R / ♏ 28 28 — ♇ 1 R / ♍ 24

3

	1	2	3	4	5	6	7	8	9	10	11	12	13	14	15	16	17	18	19	20	21	22	23	24	25	26	27	28	29	30	31
☉	♓ 11	12	13	14	15	16	17	18	19	20	21	22	23	24	25	26	27	28	29	29 0	♈ 1	2	3	4	5	6	7	8	9	10	11
☽	♌ 9	21	♍ 4	17	♎ 0	13	27	♏ 11	25	♐ 9	23	♑ 7	21	♒ 6	20	♓ 4	18	♈ 1	15	28	♉ 10	23	♊ 5	17	29	♋ 11	23	♌ 5	17	29	♍ 12
☿	♒ 15	16	17	18	20	21	22	24	25	27	28	29 0	♓ 1	3	4	6	7	9	11	12	14	16	17	19	21	23	24	26	28	29 0	♈ 2
♀	♈ 22	22	23	23	24	24	24	25	25	25	26	26	26	26	26	26	26	R 26	26	26	26	26	26	25	25	25	25	24	24	23	23
♂	♐ 2	2	3	3	3	4	4	5	5	5	6	6	7	7	7	8	8	9	9	9	10	10	10	11	11	11	11	12	12	12	13

♃ 1 R 7 15 23 30 0 31 / ♎ 3 2 1 0 29 ♍ 29 — ♄ 1 3 12 21 29 / ♈ 22 23 24 25 26 — ♅ 1 R 22 / ♎ 2 1 — ♆ 1 R / ♏ 28 — ♇ 1 R 6 / ♍ 24 23

4

	1	2	3	4	5	6	7	8	9	10	11	12	13	14	15	16	17	18	19	20	21	22	23	24	25	26	27	28	29	30	31
☉	♈ 12	13	14	15	16	17	17	18	19	20	21	22	23	24	25	26	27	28	29	29 0	♉ 1	2	3	4	5	6	7	8	9	10	
☽	♍ 25	♎ 9	23	♏ 7	21	♐ 5	20	♑ 4	18	♒ 2	16	♓ 0	14	27	♈ 10	23	♉ 6	18	♊ 1	13	25	♋ 7	18	♌ 0	12	25	♍ 7	20	♎ 3	17	
☿	♈ 4	6	8	10	12	14	16	18	20	22	24	26	28	29 0	♉ 2	5	7	9	11	13	15	17	18	20	22	24	25	27	28	29 0	
♀	♈ R 22	22	21	20	20	19	19	18	17	17	16	15	15	14	14	13	13	12	12	12	11	11	11	10	10	10	10	10	10	D 10	
♂	♐ 13	13	13	13	14	14	14	14	15	15	15	15	15	15	16	16	16	16	16	16	16	16	16	16	16	16	R 16	16	16	16	

♃ 1 R 8 17 29 / ♍ 29 28 27 26 — ♄ 1 6 14 21 29 29 30 / ♈ 26 27 28 29 0 ♉ 0 — ♅ 1 R 15 / ♎ 1 0 — ♆ 1 R 23 / ♏ 28 27 — ♇ 1 R 15 / ♍ 23 22

5

	1	2	3	4	5	6	7	8	9	10	11	12	13	14	15	16	17	18	19	20	21	22	23	24	25	26	27	28	29	30	31
☉	♉ 11	12	13	14	15	16	17	18	19	20	21	22	23	24	24	25	26	27	28	29	29 0	♊ 1	2	3	4	5	6	7	8	9	10
☽	♏ 1	16	♐ 0	15	♑ 0	15	29	♒ 13	27	♓ 10	24	♈ 7	20	♉ 2	15	27	♊ 9	21	♋ 3	15	27	♌ 9	21	♍ 3	15	28	♎ 11	25	♏ 9	24	♐ 9
☿	♊ 1	2	4	5	6	7	7	8	9	10	10	11	11	11	11	11	R 12	11	11	11	11	11	10	10	9	9	8	8	7	6	6
♀	♈ 10	10	10	11	11	11	11	12	12	12	13	13	14	14	15	15	16	16	17	17	18	19	19	20	21	21	22	23	24	24	25
♂	♐ R 16	16	16	16	16	16	16	15	15	15	15	15	15	14	14	14	14	13	13	13	13	12	12	12	11	11	11	10	10	10	9

♃ 1 R 23 D / ♍ 26 26 — ♄ 1 7 16 24 / ♉ 0 1 2 3 — ♅ 1 R 20 0 21 / ♎ 0 29 ♍ 29 — ♆ 1 R 30 / ♏ 27 26 — ♇ 1 R / ♍ 22

6

	1	2	3	4	5	6	7	8	9	10	11	12	13	14	15	16	17	18	19	20	21	22	23	24	25	26	27	28	29	30	31
☉	♊ 11	12	13	14	15	16	17	18	18	19	20	21	22	23	24	25	26	27	28	29	29 0	♋ 1	2	3	4	5	6	7	8	9	
☽	♐ 24	♑ 9	24	♒ 9	23	♓ 7	21	♈ 4	17	29	♉ 12	24	♊ 6	18	♋ 0	12	24	♌ 5	17	29	♍ 12	24	♎ 7	20	♏ 4	18	♐ 2	17	♑ 3	18	
☿	♊ R 5	5	4	4	4	3	3	3	3	D 3	3	3	3	4	4	4	5	6	6	7	8	9	9	10	12	13	14	15	16	18	
♀	♈ 26	27	28	29	29	29 0	♉ 1	2	3	4	5	6	6	7	8	9	10	11	12	13	14	15	16	17	18	19	20	21	22	23	
♂	♐ R 9	9	8	8	8	7	7	7	6	6	6	5	5	5	5	4	4	4	3	3	3	3	3	2	2	2	2	2	2	2	

♃ 1 17 28 / ♍ 26 27 28 — ♄ 1 2 11 22 / ♉ 3 4 5 6 — ♅ 1 R 7 D 24 29 25 / ♍ 29 29 0 ♎ 0 — ♆ 1 R / ♏ 26 — ♇ 1 R 2 D / ♍ 22 22

7

	1	2	3	4	5	6	7	8	9	10	11	12	13	14	15	16	17	18	19	20	21	22	23	24	25	26	27	28	29	30	31
☉	♋ 9	10	11	12	13	14	15	16	17	18	19	20	21	22	23	24	25	26	27	28	29	29	29 0	♌ 1	2	3	4	5	6	7	8
☽	♒ 3	18	♓ 3	17	♈ 0	13	26	♉ 9	21	♊ 3	15	27	♋ 9	21	♌ 3	14	26	♍ 9	21	♎ 3	16	29	♏ 13	27	♐ 11	26	♑ 11	26	♒ 11	26	♓ 11
☿	♊ 19	20	22	24	25	27	29	29 1	♋ 2	4	6	8	10	12	14	16	19	21	23	25	27	29	29 1	♌ 3	6	8	10	12	14	16	18
♀	♉ 24	25	26	27	28	29	29 0	♊ 2	3	4	5	6	7	8	9	10	11	12	13	15	16	17	18	19	20	21	22	23	25	26	27
♂	♐ R 1	1	1	1	1	1	1	D 1	1	1	1	1	1	2	2	2	2	2	2	2	2	3	3	3	3	4	4	4	4	5	5

♃ 1 7 15 29 16 22 29 / ♍ 28 29 0 ♎ 0 1 2 — ♄ 1 4 19 / ♉ 6 7 8 — ♅ 1 28 / ♎ 0 1 — ♆ 1 R 24 / ♏ 26 25 — ♇ 1 20 / 22 23

8

	1	2	3	4	5	6	7	8	9	10	11	12	13	14	15	16	17	18	19	20	21	22	23	24	25	26	27	28	29	30	31
☉	♌ 9	10	11	12	13	14	15	16	17	18	19	20	21	22	22	23	24	25	26	27	28	29	29 0	♍ 1	2	3	4	5	6	7	8
☽	♓ 25	♈ 9	22	♉ 5	18	♊ 0	12	24	♋ 6	18	♌ 0	11	23	♍ 6	18	♎ 0	13	26	♏ 9	23	♐ 7	21	♑ 5	20	♒ 5	20	♓ 5	19	♈ 3	17	♉ 0
☿	♌ 19	21	23	25	27	29	29 0	♍ 2	4	6	7	9	10	12	14	15	17	18	19	21	22	24	25	26	28	29	29 0	♎ 1	2	4	5
♀	♊ 28	29	29 0	♋ 1	2	4	5	6	7	8	9	10	12	13	14	15	16	17	19	20	21	22	23	24	26	27	28	29	29 0	♌ 1	3
♂	♐ 5	6	6	6	7	7	7	8	8	8	9	9	10	10	10	11	11	12	12	13	13	14	14	14	15	15	16	16	17	17	18

♃ 1 4 9 15 20 25 30 / ♎ 2 3 4 5 6 7 8 — ♄ 1 21 R / ♉ 8 8 — ♅ 1 18 / ♎ 1 2 — ♆ 1 R 7 D 21 / ♏ 25 25 26 — ♇ 1 23 / ♍ 23 24

9

	1	2	3	4	5	6	7	8	9	10	11	12	13	14	15	16	17	18	19	20	21	22	23	24	25	26	27	28	29	30	31
☉	♍ 9	10	11	12	13	14	15	16	17	18	19	20	21	21	22	23	24	25	26	27	28	29	29 0	♎ 1	2	3	4	5	6	7	
☽	♉ 13	26	♊ 8	20	♋ 2	14	26	♌ 8	20	♍ 2	15	27	♎ 10	23	♏ 6	20	♐ 3	17	♑ 1	16	♒ 0	15	29	♓ 13	28	♈ 11	25	♉ 8	21	♊ 4	
☿	♎ 6	7	8	9	9	10	11	12	12	13	13	14	14	14	14	R 14	14	14	14	13	13	12	11	10	9	8	7	6	5	4	
♀	♌ 4	5	6	7	9	10	11	12	13	15	16	17	18	19	21	22	23	24	25	27	28	29	29 0	♍ 2	3	4	5	6	8	9	
♂	♐ 18	19	20	20	21	21	22	22	23	23	24	25	25	26	26	27	28	28	29	29	29 0	♑ 1	1	2	2	3	4	4	5	6	

♃ 1 4 9 14 19 24 28 / ♎ 8 9 10 11 12 13 14 — ♄ 1 R 23 / ♉ 8 7 — ♅ 1 5 21 / ♎ 2 3 4 — ♆ 1 / ♏ 26 — ♇ 1 19 / ♍ 24 25

10

	1	2	3	4	5	6	7	8	9	10	11	12	13	14	15	16	17	18	19	20	21	22	23	24	25	26	27	28	29	30	31
☉	♎ 8	9	10	11	12	13	14	15	16	17	18	19	20	21	22	23	24	25	26	27	28	29	29 0	♏ 1	2	3	4	5	6	7	8
☽	♊ 16	28	♋ 10	22	♌ 4	16	28	♍ 10	23	♎ 6	19	♏ 2	16	♐ 0	14	28	♑ 12	27	♒ 11	25	♓ 9	23	♈ 7	20	♉ 3	16	29	♊ 12	24	♋ 6	18
☿	♎ R 3	2	1	0	0	0	0 29	♍ D 29	29 0	♎ 0	1	1	2	3	4	5	6	7	9	10	12	13	15	16	18	20	21	23	25	26	28
♀	♍ 10	11	12	14	15	16	17	19	20	21	22	24	25	26	27	28	29 0	♎ 1	2	3	5	6	7	8	10	11	12	13	15	16	17
♂	♑ 6	7	8	8	9	10	10	11	12	12	13	14	14	15	16	16	17	18	18	19	20	20	21	22	23	23	24	25	25	26	27

♃ 1 3 7 12 17 21 26 31 / ♎ 14 15 16 17 18 19 20 21 — ♄ 1 R 9 22 / ♉ 7 6 5 — ♅ 1 7 23 / ♎ 4 5 6 — ♆ 1 11 / ♏ 26 27 — ♇ 1 17 / ♍ 25 26

11

	1	2	3	4	5	6	7	8	9	10	11	12	13	14	15	16	17	18	19	20	21	22	23	24	25	26	27	28	29	30	31
☉	♏ 9	10	11	12	13	14	15	16	17	18	19	20	21	22	23	24	25	26	27	28	29	29 0	♐ 1	2	3	4	5	6	7	8	
☽	♌ 0	12	24	♍ 6	18	♎ 1	14	27	♏ 11	25	♐ 10	24	♑ 9	23	♒ 8	22	♓ 6	19	♈ 3	16	29	♉ 12	25	♊ 8	20	♋ 2	14	26	♌ 8	20	
☿	29 0	♏ 1	3	4	6	8	9	11	13	14	16	18	19	21	22	24	26	27	29	29 0	♐ 2	3	5	7	8	10	11	13	14	16	
♀	♎ 18	20	21	22	23	25	26	27	28	29 0	♏ 1	2	3	5	6	7	8	10	11	12	13	15	16	17	18	20	21	22	23	25	
♂	♑ 27	28	29	29 0	♒ 0	1	2	3	3	4	5	5	6	7	8	8	9	10	11	11	12	13	13	14	15	16	16	17	18	19	

♃ 1 4 9 14 19 24 29 / ♎ 21 22 23 24 25 26 27 — ♄ 1 R 3 16 / ♉ 5 4 3 — ♅ 1 10 / ♎ 6 7 — ♆ 1 9 / ♏ 27 28 — ♇ 1 22 / ♍ 26 27

12

	1	2	3	4	5	6	7	8	9	10	11	12	13	14	15	16	17	18	19	20	21	22	23	24	25	26	27	28	29	30	31
☉	♐ 9	10	11	12	13	14	15	16	17	18	19	20	21	22	23	24	25	26	27	28	29	29 0	♑ 1	3	4	5	6	7	8	9	10
☽	♍ 2	14	26	♎ 9	22	♏ 5	19	♐ 4	18	♑ 3	18	♒ 3	18	♓ 2	16	♈ 0	13	26	♉ 9	22	♊ 4	17	29	♋ 11	23	♌ 5	16	28	♍ 10	22	♎ 4
☿	♐ 17	19	21	22	24	25	27	28	29 0	♑ 1	3	4	6	7	9	10	12	13	15	16	18	19	20	22	23	24	25	26	27	28	29
♀	♏ 26	27	28	29 0	♐ 1	2	3	5	6	7	9	10	11	12	14	15	16	17	19	20	21	22	24	25	26	27	29	29 0	♑ 1	2	4
♂	♒ 19	20	21	22	22	23	24	25	25	26	27	28	28	29	29 0	♓ 1	1	2	3	4	4	5	6	6	7	8	9	9	10	11	12

♃ 1 5 10 16 29 17 22 29 / ♎ 27 28 29 0 ♏ 0 1 2 — ♄ 1 R 2 / ♉ 3 2 — ♅ 1 3 / ♎ 7 8 — ♆ 1 5 / ♏ 28 29 — ♇ 1 29 R / ♍ 27 27

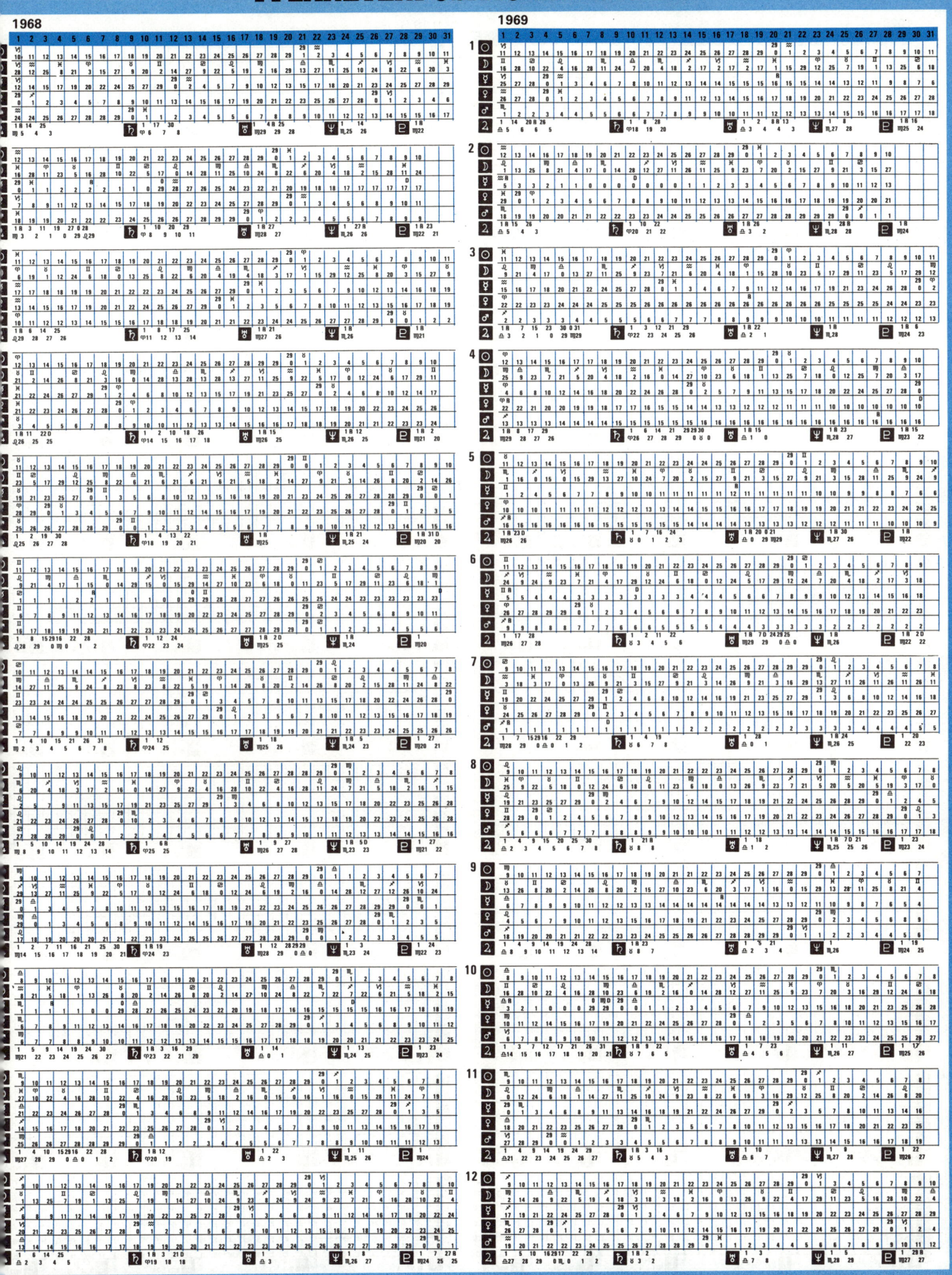

1 PLANETENPOSITIONEN 1910–2001

1970

1

	1	2	3	4	5	6	7	8	9	10	11	12	13	14	15	16	17	18	19	20	21	22	23	24	25	26	27	28	29	30	31
☉	♑ 11	12	13	14	15	16	17	18	19	20	21	22	23	24	25	26	27	28	29	29 0	♒ 1	2	3	4	5	6	7	8	9	10	11
☽	♎ 17	♏ 0	13	27	♐ 12	26	♑ 12	27	♒ 12	27	♓ 12	26	♈ 10	23	♉ 6	19	♊ 1	14	26	♋ 8	20	♌ 1	13	25	♍ 7	19	♎ 1	13	26	♏ 9	22
☿	♑ 29	29 0	♒ 0	R 0	0	0	0 29	♑ 27	26	25	24	23	22	20	19	18	17	16	15	14	14	14	13	D 13	14	14	14	14	15	16	16
♀	♑ 5	6	7	9	10	11	12	14	15	16	18	19	20	21	23	24	25	26	28	29	29 0	♒ 1	3	4	5	6	8	9	10	11	13
♂	♓ 12	13	14	15	15	16	17	18	18	19	20	21	21	22	23	24	24	25	26	27	27	28	29	29 0	♈ 0	1	2	3	3	4	5

♃ 1 6 14 25 — ♏ 2 3 4 5 | ♄ 1 R — ♉ 2 | ♅ 1 13 R — ♎ 8 8 | ♆ 1 4 29 5 — ♏ 29 0 ♐ 0 | ♇ 1 R — ♍ 27

2

	1	2	3	4	5	6	7	8	9	10	11	12	13	14	15	16	17	18	19	20	21	22	23	24	25	26	27	28	29	30	31
☉	♒ 12	13	14	15	16	17	18	19	20	21	22	23	24	25	26	27	28	29	29 0	♓ 1	2	3	4	5	6	7	8	9			
☽	♐ 6	20	♑ 5	20	♒ 5	20	♓ 5	20	♈ 4	18	♉ 2	15	28	♊ 10	23	♋ 5	17	28	♌ 10	22	♍ 4	16	28	♎ 10	23	♏ 5	18	♐ 2			
☿	♑ 17	18	19	20	21	22	23	24	25	26	27	29	29 0	♒ 1	2	4	5	6	8	9	11	12	14	15	17	18	20	21			
♀	♒ 14	15	16	18	19	20	21	23	24	25	26	28	29	29 0	♓ 1	3	4	5	6	8	9	10	11	13	14	15	16	18			
♂	♈ 5	6	7	8	8	9	10	11	11	12	13	14	14	15	16	16	17	18	19	19	20	21	22	22	23	24	24	25			

♃ 1 19 R — ♏ 5 5 | ♄ 1 4 19 — ♉ 2 3 4 | ♅ 1 R 24 — ♎ 8 7 | ♆ 1 — ♐ 0 | ♇ 1 R 5 — ♍ 27 26

3

	1	2	3	4	5	6	7	8	9	10	11	12	13	14	15	16	17	18	19	20	21	22	23	24	25	26	27	28	29	30	31
☉	♓ 10	11	12	13	14	16	17	18	19	20	21	21	22	23	24	25	26	27	28	29	29 0	♈ 1	2	3	4	5	6	7	8	9	10
☽	♐ 15	29	♑ 14	28	♒ 13	28	♓ 13	28	♈ 12	27	♉ 10	24	♊ 6	19	♋ 1	13	25	♌ 7	19	♍ 1	13	25	♎ 7	20	♏ 2	15	29	♐ 12	26	♑ 10	24
☿	♒ 23	24	26	28	29 0	♓ 1	3	4	6	8	10	11	13	15	17	19	21	22	24	26	28	29 0	♈ 2	4	6	8	10	12	14	16	18
♀	♓ 19	20	21	23	24	25	26	28	29	29 0	♈ 1	3	4	5	6	8	9	10	11	13	14	15	16	17	19	20	21	23	24	25	26
♂	♈ 26	27	27	28	29	29	29 0	♉ 1	2	2	3	4	4	5	6	7	7	8	9	9	10	11	12	12	13	14	14	15	16	16	17

♃ 1 R 16 28 — ♏ 5 4 3 | ♄ 1 3 13 22 30 — ♉ 4 5 6 7 8 | ♅ 1 R 22 — ♎ 7 6 | ♆ 1 3 R — ♐ 0 0 | ♇ 1 R 19 — ♍ 26 25

4

	1	2	3	4	5	6	7	8	9	10	11	12	13	14	15	16	17	18	19	20	21	22	23	24	25	26	27	28	29	30	31
☉	♈ 11	12	13	14	15	16	17	18	19	20	21	22	23	24	25	26	27	28	29	29 0	♉ 1	2	3	4	5	6	7	8	9	10	
☽	♒ 8	23	♓ 7	22	♈ 6	20	♉ 4	18	♊ 1	14	27	♋ 9	21	♌ 3	15	27	♍ 9	21	♎ 3	16	29	♏ 12	25	♐ 9	23	♑ 7	21	♒ 5	19	♓ 3	
☿	♈ 20	22	24	26	28	29 0	♉ 2	4	6	7	9	10	12	13	14	16	17	18	19	19	20	21	21	22	22	22	22	R 22	22	22	
♀	♈ 28	29	29 0	♉ 1	3	4	5	6	7	9	10	11	12	13	15	16	17	18	20	21	22	23	25	26	27	28	29 0	♊ 1	2	3	
♂	♉ 18	19	19	20	21	21	22	23	23	24	25	26	26	27	28	28	29	29 0	♊ 0	1	2	2	3	4	4	5	6	6	7	8	

♃ 1 R 6 14 22 29 0 30 — ♏ 3 2 1 0 29 ♎ 29 | ♄ 1 8 16 24 — ♉ 8 9 10 11 | ♅ 1 R 14 — ♎ 6 5 | ♆ 1 R — ♐ 0 | ♇ 1 R 30 — ♍ 25 24

5

	1	2	3	4	5	6	7	8	9	10	11	12	13	14	15	16	17	18	19	20	21	22	23	24	25	26	27	28	29	30	31
☉	♉ 11	12	13	14	15	16	17	17	18	19	20	21	22	23	24	25	26	27	28	29	29 0	♊ 1	2	3	4	5	6	7	8	9	10
☽	♓ 17	♈ 1	15	29	♉ 13	26	♊ 10	22	♋ 5	17	29	♌ 11	23	♍ 5	17	29	♎ 11	24	♏ 7	21	♐ 4	18	♑ 3	17	♒ 1	16	♓ 0	14	28	♈ 12	25
☿	♉ R 21	21	21	20	20	19	19	18	18	17	16	16	15	15	14	14	13	13	13	13	13	D 13	13	13	13	14	14	14	15	15	16
♀	♊ 4	6	7	8	9	10	12	13	14	15	16	18	19	20	21	22	24	25	26	27	29	29 0	♋ 1	2	3	5	6	7	8	9	11
♂	♊ 9	9	10	11	11	12	13	13	14	15	15	16	17	17	18	19	19	20	21	21	22	23	23	24	25	25	26	27	27	28	29

♃ 1 R 8 17 29 — ♎ 29 28 27 26 | ♄ 1 2 9 17 25 — ♉ 11 12 13 14 15 | ♅ 1 R 15 — ♎ 5 4 | ♆ 1 R 3 0 4 — ♐ 0 29 ♏ 29 | ♇ 1 R — ♍ 24

6

	1	2	3	4	5	6	7	8	9	10	11	12	13	14	15	16	17	18	19	20	21	22	23	24	25	26	27	28	29	30	31
☉	♊ 11	12	12	13	14	15	16	17	18	19	20	21	22	23	24	25	26	27	28	29	29 0	♋ 1	2	3	4	4	5	6	7	8	
☽	♉ 9	22	♊ 5	18	♋ 1	13	25	♌ 7	19	♍ 1	13	25	♎ 7	19	♏ 2	15	29	♐ 13	27	♑ 12	27	♒ 11	26	♓ 10	25	♈ 9	22	♉ 6	19	♊ 2	
☿	♉ 17	18	18	19	20	21	22	23	25	26	27	28	29 0	♊ 1	3	4	6	8	9	11	13	14	16	18	20	22	24	26	28	29 0	
♀	♋ 12	13	14	15	17	18	19	20	21	22	24	25	26	27	28	29 0	♌ 1	2	3	4	5	7	8	9	10	11	12	14	15	16	
♂	♊ 29	29 0	♋ 1	1	2	3	3	4	5	5	6	7	7	8	9	9	10	11	11	12	12	13	14	14	15	16	16	17	18	18	

♃ 1 R 23 D — ♎ 26 26 | ♄ 1 2 11 20 29 — ♉ 15 16 17 18 19 | ♅ 1 R 2 D — ♎ 4 4 | ♆ 1 R 9 — ♏ 29 28 | ♇ 1 R 5 D — ♍ 24 24

7

	1	2	3	4	5	6	7	8	9	10	11	12	13	14	15	16	17	18	19	20	21	22	23	24	25	26	27	28	29	30	31
☉	♋ 9	10	11	12	13	14	15	16	17	18	19	20	21	22	23	24	24	25	26	27	28	29	29 0	♌ 1	2	3	4	5	6	7	8
☽	♊ 15	27	♋ 9	22	♌ 4	15	27	♍ 9	21	♎ 3	15	27	♏ 10	23	♐ 7	21	♑ 6	21	♒ 6	21	♓ 6	20	♈ 5	19	♉ 2	16	29	♊ 12	24	♋ 6	18
☿	♋ 2	5	7	9	11	13	15	18	20	22	24	26	28	29 0	♌ 2	4	6	8	10	12	14	15	17	19	21	22	24	26	27	29	29 0
♀	♌ 17	18	19	21	22	23	24	25	26	28	29	29 0	♍ 1	2	3	4	6	7	8	9	10	11	12	13	15	16	17	18	19	20	21
♂	♋ 19	20	20	21	22	22	23	24	24	25	25	26	27	27	28	29	29	29 0	♌ 0	1	2	3	3	4	4	5	6	6	7	8	8

♃ 1 18 29 — ♎ 26 27 28 | ♄ 1 10 22 — ♉ 19 20 21 | ♅ 1 10 — ♎ 4 5 | ♆ 1 R — ♏ 28 | ♇ 1 8 — ♍ 24 25

8

	1	2	3	4	5	6	7	8	9	10	11	12	13	14	15	16	17	18	19	20	21	22	23	24	25	26	27	28	29	30	31
☉	♌ 9	10	11	12	13	14	15	16	16	17	18	19	20	21	22	23	24	25	26	27	28	29	29 0	♍ 1	2	3	4	5	6	7	8
☽	♌ 0	12	24	♍ 6	18	♎ 0	12	24	♏ 6	19	♐ 2	16	♑ 0	14	29	♒ 14	29	♓ 14	29	♈ 14	28	♉ 12	25	♊ 8	21	♋ 3	16	28	♌ 9	21	♍ 3
☿	♍ 2	3	5	6	7	9	10	11	13	14	15	16	17	18	19	20	21	22	23	24	25	25	26	26	27	27	27	27	27	R 27	27
♀	♍ 22	23	25	26	27	28	29	29 0	♎ 1	2	3	4	5	6	7	8	9	11	12	13	14	15	16	17	18	19	20	21	22	23	24
♂	♌ 9	10	10	11	12	12	13	13	14	15	15	16	17	17	18	19	19	20	20	21	22	22	23	24	24	25	26	26	27	27	28

♃ 1 7 15 29 16 22 29 — ♎ 28 29 0 ♏ 0 1 2 | ♄ 1 8 — ♉ 21 22 | ♅ 1 7 27 — ♎ 5 6 7 | ♆ 1 R 10 — ♏ 28 28 | ♇ 1 17 — ♍ 25 26

9

	1	2	3	4	5	6	7	8	9	10	11	12	13	14	15	16	17	18	19	20	21	22	23	24	25	26	27	28	29	30	31
☉	♍ 9	10	11	12	13	13	14	15	16	17	18	19	20	21	22	23	24	25	26	27	28	29	29 0	♎ 1	2	3	4	5	6	7	
☽	♍ 15	27	♎ 9	21	♏ 3	15	28	♐ 11	25	♑ 9	23	♒ 7	22	♓ 7	23	♈ 8	22	♉ 7	21	♊ 4	17	♋ 0	12	24	♌ 6	18	♍ 0	12	24	♎ 6	
☿	♍ R 27	27	26	26	25	24	24	23	22	21	20	19	18	17	16	15	15	14	14	13	13	D 13	14	14	15	15	16	17	18	19	
♀	♎ 25	26	26	27	28	29	29 0	♏ 1	2	3	4	5	6	6	7	8	9	10	11	11	12	13	14	14	15	16	16	17	18	18	
♂	♌ 29	29	29 0	♍ 1	1	2	3	3	4	4	5	6	6	7	8	8	9	10	10	11	11	12	13	13	14	15	15	16	17	17	

♃ 1 4 9 15 20 25 30 — ♏ 2 3 4 5 6 7 8 | ♄ 1 4 R — ♉ 22 22 | ♅ 1 13 29 — ♎ 7 8 9 | ♆ 1 — ♏ 28 | ♇ 1 14 — ♍ 26 27

10

	1	2	3	4	5	6	7	8	9	10	11	12	13	14	15	16	17	18	19	20	21	22	23	24	25	26	27	28	29	30	31
☉	♎ 8	9	10	11	12	13	14	15	16	17	18	19	20	21	22	23	24	25	26	27	28	29	29 0	♏ 1	2	3	4	5	6	7	8
☽	♎ 18	♏ 0	13	25	♐ 8	21	♑ 5	19	♒ 3	17	♓ 1	16	♈ 1	16	♉ 0	15	29	♊ 12	26	♋ 8	21	♌ 3	15	26	♍ 8	20	♎ 2	14	27	♏ 9	22
☿	♍ 20	22	23	25	26	28	29 0	♎ 1	3	4	6	8	10	11	13	15	17	18	20	22	24	25	27	29	29 0	♏ 2	4	5	7	8	10
♀	♏ 19	19	20	21	21	22	22	22	23	23	24	24	24	24	25	25	25	25	25	R 25	25	25	24	24	24	24	24	23	23	23	22
♂	♍ 18	18	19	20	20	21	22	22	23	24	24	25	25	26	27	27	28	29	29	29 0	♎ 1	1	2	2	3	4	4	5	6	6	7

♃ 1 5 10 15 19 24 28 — ♏ 8 9 10 11 12 13 14 | ♄ 1 R 18 — ♉ 21 20 | ♅ 1 15 — ♎ 9 10 | ♆ 1 7 — ♏ 28 29 | ♇ 1 12 — ♍ 27 28

11

	1	2	3	4	5	6	7	8	9	10	11	12	13	14	15	16	17	18	19	20	21	22	23	24	25	26	27	28	29	30	31
☉	♏ 9	10	11	12	13	14	15	16	17	18	19	20	21	22	23	24	25	26	27	28	29	29 0	♐ 1	2	3	4	5	6	7	8	
☽	♐ 5	18	♑ 2	15	29	♒ 13	27	♓ 11	26	♈ 10	25	♉ 9	23	♊ 7	20	♋ 3	16	29	♌ 11	23	♍ 4	16	28	♎ 10	22	♏ 5	18	♐ 1	14	28	
☿	♏ 12	13	15	17	18	20	21	23	24	26	27	29	29 1	♐ 2	4	5	7	8	10	11	13	14	16	17	19	20	22	23	24	26	
♀	♏ R 22	21	21	20	20	19	18	18	17	17	16	15	15	14	14	13	13	12	12	11	11	11	10	10	10	10	9	9	9	9	
♂	♎ 7	8	9	9	10	11	11	12	13	13	14	14	15	16	16	17	18	18	19	20	20	21	21	22	23	23	24	25	25	26	

♃ 1 2 7 11 16 20 25 29 — ♏ 14 15 16 17 18 19 20 21 | ♄ 1 R 13 25 — ♉ 19 18 17 | ♅ 1 19 — ♎ 11 12 | ♆ 1 6 29 7 — ♏ 29 0 ♐ 0 | ♇ 1 12 — ♍ 28 29

12

	1	2	3	4	5	6	7	8	9	10	11	12	13	14	15	16	17	18	19	20	21	22	23	24	25	26	27	28	29	30	31
☉	♐ 9	10	11	12	13	14	15	16	17	18	19	20	21	22	23	24	25	26	27	28	29	29 0	♑ 1	2	3	4	5	6	7	8	9
☽	♑ 12	26	♒ 10	24	♓ 8	22	♈ 6	20	♉ 4	18	♊ 2	15	28	♋ 11	24	♌ 6	18	♍ 0	12	24	♎ 6	18	♏ 0	13	26	♐ 9	23	♑ 7	21	♒ 6	20
☿	♐ 27	29	29 0	♑ 1	3	4	5	6	7	9	10	11	11	12	13	13	14	14	R 14	13	13	12	11	10	9	8	7	6	4	3	2
♀	♏ D 9	9	9	10	10	10	10	11	11	11	12	12	12	13	13	14	15	15	16	16	17	18	18	19	20	20	21	22	23	23	24
♂	♎ 27	27	28	28	29	29 0	♏ 0	1	2	2	3	4	4	5	5	6	7	7	8	9	9	10	11	11	12	12	13	14	14	15	16

♃ 1 4 9 13 18 23 28 — ♏ 21 22 23 24 25 26 27 | ♄ 1 R 9 30 — ♉ 17 16 15 | ♅ 1 14 — ♎ 12 13 | ♆ 1 3 — ♐ 0 1 | ♇ 1 29 R — ♍ 29 29

1971

1

	1	2	3	4	5	6	7	8	9	10	11	12	13	14	15	16	17	18	19	20	21	22	23	24	25	26	27	28	29	30
☉	♑ 10	11	12	13	15	16	17	18	19	20	21	22	23	24	25	26	27	28	29	29 0	♒ 1	2	3	4	5	6	7	8	9	10
☽	♓ 5	19	♈ 3	17	♉ 1	15	28	♊ 11	24	♋ 7	20	♌ 2	14	26	♍ 8	20	♎ 2	14	26	♏ 8	21	♐ 4	17	♑ 1	15	29	♒ 14	29	♓ 14	29
☿	♑ R 1	0	0 29	♐ 28	28	27	27	D 27	28	28	28	29	29	29 0	♑ 1	2	3	4	5	6	7	8	9	10	12	13	14	15	17	18
♀	♏ 25	26	27	28	28	29	29 0	♐ 1	2	3	4	5	6	7	8	9	10	11	12	13	14	15	16	17	18	19	20	21	22	23
♂	♏ 16	17	17	18	19	19	20	21	21	22	23	23	24	24	25	26	26	27	28	28	29	29	29 0	♐ 1	1	2	3	3	4	5

♃ 1 3 8 14 29 15 20 26 — ♏ 27 28 29 0 ♐ 0 1 2 | ♄ 1 R 17 D — ♉ 15 15 | ♅ 1 18 R — ♎ 13 13 | ♆ 1 — ♐ 2 | ♇ 1 R — ♍ 29

2

	1	2	3	4	5	6	7	8	9	10	11	12	13	14	15	16	17	18	19	20	21	22	23	24	25	26	27	28	29	30
☉	♒ 12	13	14	15	16	17	18	19	20	21	22	23	24	25	26	27	28	29	29 0	♓ 1	2	3	4	5	6	7	8	9		
☽	♈ 28	♉ 11	25	♊ 8	21	♋ 4	16	29	♌ 11	23	♍ 5	17	28	♎ 10	22	♏ 4	16	29	♐ 12	25	♑ 9	23	♒ 7	22	♓ 7	23	♈ 8	23		
☿	♑ 21	22	23	25	26	28	29 0	♒ 1	2	4	5	7	8	10	12	13	15	16	18	20	21	23	25	27	28	29 0	♓ 2	4		
♀	♐ 25	26	28	29	29 0	♑ 1	2	3	4	5	6	7	9	10	11	12	13	14	15	16	18	19	20	21	22	23	25	26		
♂	♐ 6	6	7	8	8	9	10	10	11	11	12	13	13	14	15	15	16	16	17	18	18	19	19	20	21	21	22	23		

♃ 1 2 10 20 — ♐ 2 3 4 5 | ♄ 1 4 24 — ♉ 15 16 17 | ♅ 1 R 22 — ♎ 13 12 | ♆ 1 16 — ♐ 2 3 | ♇ 1 23 — ♍ 29 28

3

	1	2	3	4	5	6	7	8	9	10	11	12	13	14	15	16	17	18	19	20	21	22	23	24	25	26	27	28	29	30
☉	♓ 10	11	12	13	14	15	16	17	18	19	20	21	22	23	24	25	26	27	28	29	29 0	♈ 1	2	3	4	5	6	7	8	9
☽	♉ 7	21	♊ 5	18	♋ 1	14	26	♌ 8	20	♍ 2	14	25	♎ 7	19	♏ 1	13	25	♐ 8	21	♑ 4	17	♒ 1	16	♓ 0	15	♈ 1	16	♉ 1	16	♊ 0
☿	♓ 6	7	9	11	13	15	17	19	21	23	25	26	28	29 0	♈ 2	4	6	8	10	12	14	16	17	19	21	22	24	25	26	28
♀	♑ 27	28	29	29 0	♒ 1	3	4	5	6	7	8	10	11	12	13	14	16	17	18	19	20	21	23	24	25	26	27	29	29 0	♓ 1
♂	♐ 23	24	24	25	26	26	27	27	28	29	29	29 0	♑ 0	1	2	2	3	4	4	5	5	6	7	7	8	8	9	9	10	11

♃ 1 6 24 R — ♐ 5 6 6 | ♄ 1 9 20 30 — ♉ 17 18 19 20 | ♅ 1 R 21 — ♎ 12 11 | ♆ 1 5 R 22 — ♐ 3 3 2 | ♇ 1 — ♍ 28

4

	1	2	3	4	5	6	7	8	9	10	11	12	13	14	15	16	17	18	19	20	21	22	23	24	25	26	27	28	29	30
☉	♈ 11	12	13	14	15	16	17	18	19	20	21	22	23	24	25	26	27	28	29	29 0	♉ 1	2	3	4	5	6	7	8	9	9
☽	♊ 27	♋ 10	23	♌ 5	17	29	♍ 11	22	♎ 4	16	28	♏ 10	23	♐ 5	18	♑ 1	14	27	♒ 11	25	♓ 9	24	♈ 9	24	♉ 9	24	♊ 8	22	♋ 6	19
☿	29 0	♉ 1	1	2	3	3	3	3	3	R 3	3	3	2	2	2	1	0	0 29	♈ 29	28	27	27	26	25	25	24	24	23	23	23
♀	♓ 3	5	6	7	8	9	10	12	13	14	15	16	18	19	20	21	22	24	25	26	27	28	29 0	♈ 1	2	3	4	6	7	8
♂	♑ 12	12	13	14	14	15	15	16	16	17	18	18	19	19	20	20	21	22	22	23	23	24	24	25	25	26	26	27	28	28

♃ 1 R 9 23 — ♐ 6 5 4 | ♄ 1 7 16 24 — ♉ 20 21 22 23 | ♅ 1 R 14 — ♎ 11 10 | ♆ 1 R — ♐ 2 | ♇ 1 R 2 — ♍ 28 27

5

	1	2	3	4	5	6	7	8	9	10	11	12	13	14	15	16	17	18	19	20	21	22	23	24	25	26	27	28	29	30
☉	♉ 10	11	12	13	14	15	16	17	18	19	20	21	22	23	24	25	26	27	28	29	29 0	♊ 1	2	3	4	5	6	7	7	8
☽	♌ 1	13	25	♍ 7	19	♎ 1	13	25	♏ 7	19	♐ 2	15	28	♑ 11	24	♒ 8	21	♓ 5	20	♈ 4	19	♉ 3	18	♊ 2	16	♋ 0	14	27	♌ 9	21
☿	♈ R 23	23	23	D 23	23	23	24	24	24	25	25	26	27	28	28	29	29 0	♉ 1	2	3	4	6	7	8	9	11	12	14	15	17
♀	♈ 9	10	12	13	14	15	17	18	19	20	21	23	24	25	26	27	29	29 0	♉ 1	2	3	5	6	7	8	9	11	12	13	14
♂	♑ 29	29	29 0	♒ 0	1	1	2	2	3	3	4	4	5	5	6	6	7	7	8	8	8	9	9	10	10	11	11	11	12	12

♃ 1 R 3 12 20 27 — ♐ 4 3 2 1 0 | ♄ 1 2 10 17 25 — ♉ 23 24 25 26 27 | ♅ 1 R 11 — ♎ 10 9 | ♆ 1 R 13 — ♐ 2 1 | ♇ 1 R 28 — ♍ 27 26

6

	1	2	3	4	5	6	7	8	9	10	11	12	13	14	15	16	17	18	19	20	21	22	23	24	25	26	27	28	29	30
☉	♊ 10	11	12	13	14	15	16	17	18	19	20	21	22	23	24	25	26	27	28	29	29	29 0	♋ 1	2	3	4	5	6	7	8
☽	♍ 15	27	♎ 9	21	♏ 3	15	28	♐ 11	24	♑ 7	21	♒ 4	18	♓ 2	16	♈ 0	15	29	♉ 13	27	♊ 11	25	♋ 9	22	♌ 4	17	29	♍ 11	23	♎ 5
☿	♉ 20	21	23	25	27	28	29 0	♊ 2	4	6	8	10	12	14	16	19	21	23	25	27	29 0	♋ 2	4	6	8	10	12	14	17	19
♀	♉ 17	18	19	20	22	23	24	25	26	28	29	29 0	♊ 1	3	4	5	6	7	9	10	11	12	13	15	16	17	18	20	21	22
♂	♒ 13	13	14	14	14	15	15	16	16	16	17	17	17	18	18	18	18	19	19	19	19	20	20	20	20	20	21	21	21	21

♃ 1 R 5 0 6 13 23 — ♐ 0 29 ♏ 29 28 27 | ♄ 1 2 10 18 29 19 27 — ♉ 27 28 29 0 ♊ 0 1 | ♅ 1 R 17 D — ♎ 9 9 | ♆ 1 R 19 — ♐ 1 0 | ♇ 1 R 7 D — ♍ 26 26

7

	1	2	3	4	5	6	7	8	9	10	11	12	13	14	15	16	17	18	19	20	21	22	23	24	25	26	27	28	29	30
☉	♋ 9	10	11	12	13	14	15	16	17	18	19	19	20	21	22	23	24	25	26	27	28	29	29 0	♌ 1	2	3	4	5	6	7
☽	♎ 17	29	♏ 11	24	♐ 6	19	♑ 3	16	♒ 0	14	28	♓ 13	27	♈ 11	26	♉ 10	24	♊ 7	21	♋ 4	17	♌ 0	13	25	♍ 7	19	♎ 1	13	25	♏ 7
☿	♋ 21	23	24	26	28	29 0	♌ 2	4	5	7	9	10	12	14	15	17	18	19	21	22	24	25	26	27	28	29 0	♍ 1	2	3	4
♀	♊ 23	24	26	27	28	29 0	♋ 1	2	3	4	5	7	8	9	10	12	13	14	15	16	18	19	20	21	23	24	25	26	28	29
♂	♒ 21	21	21	21	21	21	21	21	21	21	R 21	21	21	21	21	21	21	21	21	21	21	21	20	20	20	20	20	20	19	19

♃ 1 R 8 24 D — ♏ 27 26 26 | ♄ 1 6 15 26 — ♊ 1 2 3 4 | ♅ 1 23 — ♎ 9 10 | ♆ 1 R — ♐ 0 | ♇ 1 — ♍ 27

8

	1	2	3	4	5	6	7	8	9	10	11	12	13	14	15	16	17	18	19	20	21	22	23	24	25	26	27	28	29	30
☉	♌ 9	10	11	11	12	13	14	15	16	17	18	19	20	21	22	23	24	25	26	27	28	29	29 0	♍ 1	2	3	4	5	5	6
☽	♐ 1	14	27	♑ 11	25	♒ 9	23	♓ 8	23	♈ 8	22	♉ 6	20	♊ 4	18	♋ 1	14	27	♌ 9	22	♍ 4	16	28	♎ 10	21	♏ 3	15	27	♐ 10	22
☿	♍ 5	6	7	8	8	9	9	10	10	10	10	10	R 10	10	10	9	9	8	7	7	6	5	5	4	3	2	1	0	0 29	♌ 29
♀	♌ 1	2	4	5	6	7	9	10	11	12	14	15	16	17	18	20	21	22	23	25	26	27	28	29 0	♍ 1	2	3-	5	6	7
♂	♒ R 19	18	18	18	18	17	17	17	17	16	16	16	16	15	15	15	15	14	14	14	14	13	13	13	13	13	12	12	12	12

♃ 1 10 24 — ♏ 26 27 28 | ♄ 1 8 25 — ♊ 4 5 6 | ♅ 1 17 — ♎ 10 11 | ♆ 1 — ♐ 0 | ♇ 1 10 — ♍ 27 28

9

	1	2	3	4	5	6	7	8	9	10	11	12	13	14	15	16	17	18	19	20	21	22	23	24	25	26	27	28	29	30
☉	♍ 8	9	10	11	12	13	14	15	16	17	18	19	20	21	22	23	24	25	26	27	28	29	29 0	♎ 1	2	3	4	5	6	7
☽	♑ 19	♒ 3	17	♓ 2	17	♈ 2	17	♉ 2	17	♊ 1	15	28	♋ 11	24	♌ 6	18	♍ 1	13	24	♎ 6	18	♏ 0	12	24	♐ 6	18	♑ 1	14	27	♒ 11
☿	♌ R 28	27	27	27	D 27	27	27	28	28	29	29 0	♍ 1	2	3	5	6	7	9	11	12	14	16	17	19	21	23	25	26	28	29 0
♀	♍ 10	11	12	13	14	16	17	18	19	21	22	23	24	26	27	28	29 0	♎ 1	2	3	4	6	7	8	9	11	12	13	14	16
♂	♒ R 12	12	12	12	11	11	11	11	11	D 11	11	11	12	12	12	12	12	12	12	12	12	13	13	13	13	13	14	14	14	14

♃ 1 3 11 29 12 18 25 — ♏ 28 29 0 ♐ 0 1 2 | ♄ 1 19 R — ♊ 6 6 | ♅ 1 5 22 — ♎ 11 12 13 | ♆ 1 — ♐ 0 | ♇ 1 8 — ♍ 28 29

10

	1	2	3	4	5	6	7	8	9	10	11	12	13	14	15	16	17	18	19	20	21	22	23	24	25	26	27	28	29	30
☉	♎ 8	9	10	11	12	13	14	15	16	17	18	19	19	20	21	22	23	24	25	26	27	28	29	29 0	♏ 1	2	3	4	5	6
☽	♒ 25	♓ 10	25	♈ 10	26	♉ 11	26	♊ 10	24	♋ 8	21	♌ 3	16	28	♍ 10	22	♎ 3	15	27	♏ 9	21	♐ 3	15	28	♑ 10	23	♒ 6	20	♓ 4	18
☿	♎ 2	4	5	7	9	11	13	14	16	18	19	21	23	25	26	28	29 0	♏ 1	3	4	6	7	9	11	12	14	15	17	18	20
♀	♎ 17	18	19	21	22	23	24	26	27	28	29 0	♏ 1	2	3	4	6	7	8	9	11	12	13	14	15	17	18	19	20	22	23
♂	♒ 15	15	15	16	16	16	17	17	17	18	18	18	19	19	19	20	20	21	21	22	22	23	23	23	24	24	25	25	25	26

♃ 1 7 12 17 23 28 — ♐ 3 4 5 6 7 8 | ♄ 1 R 13 31 — ♊ 6 5 4 | ♅ 1 8 24 — ♎ 13 14 15 | ♆ 1 3 — ♐ 0 1 | ♇ 1 5 29 — ♍ 29 0

11

	1	2	3	4	5	6	7	8	9	10	11	12	13	14	15	16	17	18	19	20	21	22	23	24	25	26	27	28	29	30
☉	♏ 8	9	10	11	12	13	14	15	16	17	18	19	20	21	22	23	24	25	26	28	29	29 0	♐ 1	2	3	4	5	6	7	8
☽	♈ 18	♉ 4	19	♊ 4	18	♋ 3	16	29	♌ 12	24	♍ 6	18	♎ 0	12	24	♏ 6	18	♐ 0	12	25	♑ 7	20	♒ 3	16	♓ 0	14	28	♈ 13	27	♉ 12
☿	♏ 23	24	26	27	29	29 0	♐ 2	3	4	6	7	9	10	11	13	14	15	17	18	19	20	21	22	23	24	25	26	27	27	28
♀	♏ 25	27	28	29	29 0	♐ 2	3	4	5	7	8	9	10	12	13	14	15	17	18	19	20	22	23	24	25	27	28	29	29 0	♑ 2
♂	♒ 27	28	28	29	29	29 0	♓ 0	1	1	2	3	3	4	4	5	5	6	6	7	8	8	9	9	10	10	11	12	12	13	13

♃ 1 2 6 11 15 20 24 29 — ♐ 8 9 10 11 12 13 14 15 | ♄ 1 R 13 26 — ♊ 4 3 2 | ♅ 1 10 29 — ♎ 15 16 17 | ♆ 1 4 30 — ♐ 1 2 3 | ♇ 1 3 — ♎ 0 1

12

	1	2	3	4	5	6	7	8	9	10	11	12	13	14	15	16	17	18	19	20	21	22	23	24	25	26	27	28	29	30
☉	♐ 9	10	11	12	13	14	15	16	17	18	19	20	21	22	23	24	25	26	27	28	29	29 0	♑ 1	2	3	4	5	6	7	8
☽	♉ 27	♊ 12	26	♋ 10	24	♌ 7	20	♍ 3	15	27	♎ 9	20	♏ 2	14	26	♐ 9	21	♑ 4	17	♒ 0	13	27	♓ 11	24	♈ 9	23	♉ 7	22	♊ 6	20
☿	♐ 28	28	R 28	28	27	26	26	25	24	22	21	20	18	17	16	14	13	13	12	12	12	D 11	12	12	12	13	13	14	15	16
♀	♑ 3	4	5	7	8	9	10	12	13	14	15	16	18	19	20	21	23	24	25	26	28	29	29 0	♒ 1	3	4	5	6	8	9
♂	♓ 14	15	15	16	16	17	18	18	19	20	20	21	21	22	23	23	24	24	25	26	26	27	28	28	29	29 0	♈ 0	1	2	2

♃ 1 3 8 12 17 21 25 30 — ♐ 15 16 17 18 19 20 21 22 | ♄ 1 R 8 22 — ♊ 2 1 0 | ♅ 1 28 — ♎ 17 18 | ♆ 1 29 — ♐ 3 4 | ♇ 1 23 — ♎ 1 2

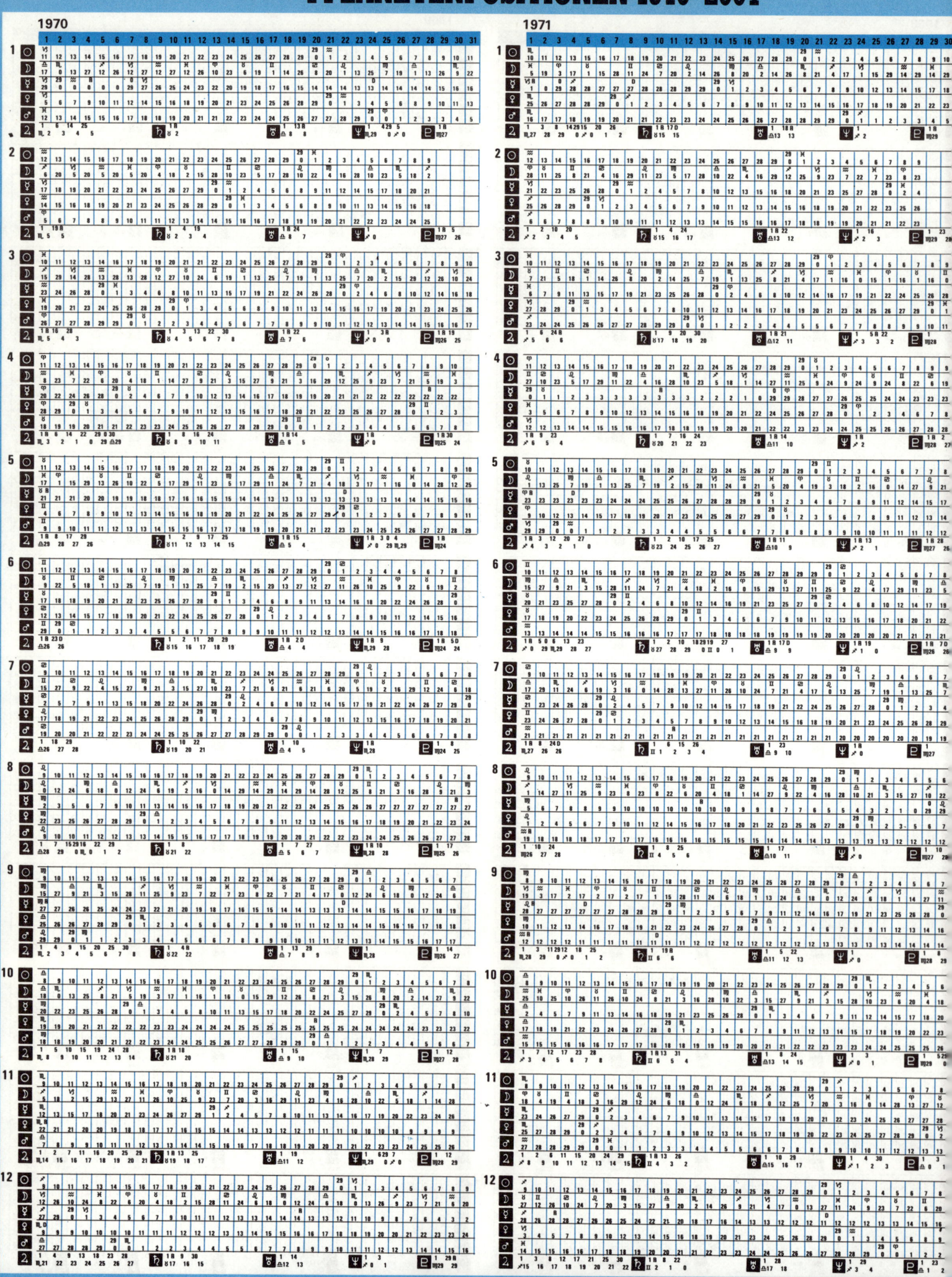

1 PLANETENPOSITIONEN 1910–2001

1972

1

	1	2	3	4	5	6	7	8	9	10	11	12	13	14	15	16	17	18	19	20	21	22	23	24	25	26	27	28	29	30	31
	♑ 10	11	12	13	14	15	16	17	18	19	20	21	22	23	24	25	26	27	28	29 0	♒ 0	1	2	3	4	5	6	7	8	9	10
	♋ 18	♌ 2	15	28	♍ 10	22	♎ 5	17	28	♏ 10	22	♐ 4	17	29	♑ 13	26	♒ 9	23	♓ 7	21	♈ 5	20	♉ 4	18	♊ 2	16	29	♋ 13	27	♌ 10	23
	♐ 17	18	19	20	21	22	24	25	26	28	29 0	♑ 1	2	3	5	6	8	9	11	12	13	15	17	18	20	21	22	24	26	27	29
	♒ 11	12	14	15	16	17	19	20	21	22	24	25	26	27	28	29 0	♓ 1	2	3	5	6	7	8	9	11	12	13	14	15	17	18
	♈ 3	4	4	5	6	7	7	8	9	9	10	11	11	12	13	13	14	15	15	16	17	17	18	19	19	20	21	21	22	23	23

1 4 9 13 18 23 28 / ♐22 23 24 25 26 27 28 — ♄ 1 2 R 10 31 D / ♊ 0 0 0 29 ♉29 — ♅ 1 23 R / ♎18 18 — ♆ 1 / ♐ 4 — ♇ 1 5 R 31 / ♎ 2 2 1

2

	1	2	3	4	5	6	7	8	9	10	11	12	13	14	15	16	17	18	19	20	21	22	23	24	25	26	27	28	29	30	31
	♒ 11	12	13	14	15	16	17	18	19	20	21	22	23	24	25	26	27	28	29 0	♓ 1	2	3	4	5	6	7	8	9	10		
	♍ 6	18	♎ 0	12	24	♏ 6	18	♐ 0	12	25	♑ 8	22	♒ 4	18	♓ 2	17	♈ 1	16	♉ 0	15	29	♊ 13	26	♋ 10	23	♌ 6	19	♍ 2	14		
	♑ 29 0	♒ 2	4	6	7	9	10	12	14	15	17	19	21	22	24	26	28	29 0	♓ 1	3	5	7	9	11	13	15	17	18	20		
	♓ 19	20	22	23	24	25	26	28	29	29 0	♈ 1	2	3	5	6	7	8	9	11	12	13	14	15	16	18	19	20	21	22		
	♈ 24	24	25	26	26	27	28	28	29	29 0	♉ 0	1	2	2	3	4	4	5	6	6	7	8	8	9	10	10	11	12	12		

1 7 12 18 24 / ♐29 29 0 ♑ 1 2 3 — ♄ 1 21 29 / ♉29 29 0 ♊ 0 — ♅ 1 R 29 / ♎18 17 — ♆ 1 / ♐ 5 — ♇ 1 R / ♎ 1

3

	1	2	3	4	5	6	7	8	9	10	11	12	13	14	15	16	17	18	19	20	21	22	23	24	25	26	27	28	29	30	31
	♓ 11	12	13	14	15	16	17	18	19	20	21	22	23	24	25	26	27	28	29	29 0	♈ 1	2	3	4	5	6	7	8	9	10	11
	♍ 26	♎ 8	20	♏ 2	14	26	♐ 8	20	♑ 3	15	28	♒ 12	26	♓ 10	25	♈ 10	25	♉ 10	25	♊ 9	23	♋ 7	20	♌ 3	16	28	♍ 11	23	♎ 5	18	29
	♓ 22	24	26	28	29 0	♈ 1	3	4	6	7	9	10	11	12	13	14	14	15	15	15	15	R 15	15	15	15	14	14	13	12	11	11
	♈ 23	25	26	27	28	29	29 0	♉ 1	2	4	5	6	7	8	9	10	11	12	14	15	16	17	18	19	20	21	22	23	24	25	26
	♉ 13	14	14	15	16	16	17	18	18	19	20	20	21	22	22	23	23	24	25	25	26	27	28	29	29	29	29 0	♊ 1	1	2	3

1 8 16 26 / ♑ 4 5 6 7 — ♄ 1 11 24 / ♊ 0 1 2 — ♅ 1 R 31 / ♎17 16 — ♆ 1 7 R / ♐ 5 5 — ♇ 1 R 31 / ♎ 1 0

4

	1	2	3	4	5	6	7	8	9	10	11	12	13	14	15	16	17	18	19	20	21	22	23	24	25	26	27	28	29	30	31
	♈ 12	13	14	15	16	17	18	19	20	21	22	23	23	24	25	26	27	28	29 0	♉ 0	1	2	3	4	5	6	7	8	9	10	
	♏ 11	23	♐ 5	17	29	♑ 11	24	♒ 7	20	♓ 4	18	♈ 3	18	♉ 4	19	♊ 4	18	♋ 3	16	♌ 0	13	25	♍ 8	20	♎ 2	14	26	♏ 8	20	♐ 2	
	♈ 10	R 9	8	7	7	6	5	5	4	4	3	3	3	D 3	3	4	4	5	5	5	6	6	7	8	8	9	10	11	12	13	
	♉ 27	28	29 0	♊ 0	1	2	3	4	5	6	7	8	9	10	11	12	13	14	15	16	16	17	18	19	20	20	21	22	23	23	
	♊ 3	4	5	5	6	7	8	8	9	9	10	10	11	12	12	13	14	14	15	15	16	16	17	18	19	20	20	21	22	22	

1 11 25 R / ♑ 7 8 8 — ♄ 1 3 13 22 30 / ♊ 2 3 4 5 6 — ♅ 1 R 30 / ♎16 15 — ♆ 1 R 30 / ♐ 5 4 — ♇ 1 R 17 / ♎ 0 ♍29

5

	1	2	3	4	5	6	7	8	9	10	11	12	13	14	15	16	17	18	19	20	21	22	23	24	25	26	27	28	29	30	31
	♉ 11	12	13	14	15	16	17	18	19	20	21	22	23	24	25	26	27	27	28	29 0	♊ 0	1	2	3	4	5	6	7	8	9	10
	♐ 14	26	♑ 8	20	♒ 3	16	29	♓ 13	27	♈ 11	27	♉ 12	27	♊ 12	27	♋ 12	25	♌ 9	22	♍ 5	17	29	♎ 11	22	♏ 5	17	29	♐ 11	23	♑ 5	17
	♈ 14	15	16	18	19	20	21	23	25	26	27	29	♉ 0	2	4	5	7	9	11	12	14	16	18	20	22	24	26	28	29 0	♊ 2	4
	♊ 24	25	26	26	27	27	28	28	29	29 0	♋ 1	1	2	2	2	3	3	3	3	4	4	4	4	4	4	4	R 4	4	4	4	4
	♊ 23	23	24	25	25	26	26	27	28	29	29	29 0	♋ 0	1	2	2	3	3	4	5	5	6	7	7	8	8	9	10	10	11	12

1 R 24 31 / ♑ 8 7 6 — ♄ 1 8 16 24 31 / ♊ 6 7 8 9 10 — ♅ 1 R 31 / ♎15 14 — ♆ 1 R / ♐ 4 — ♇ 1 / ♍29

6

	1	2	3	4	5	6	7	8	9	10	11	12	13	14	15	16	17	18	19	20	21	22	23	24	25	26	27	28	29	30	31
	♊ 11	12	13	14	15	16	17	18	19	20	21	21	22	23	24	25	26	27	28	29	29 0	♋ 1	2	3	4	5	6	7	8	9	
	♑ 29	♒ 12	25	♓ 9	23	♈ 6	21	♉ 6	21	♊ 6	21	♋ 5	19	♌ 4	17	♍ 0	13	25	♎ 8	20	♏ 2	13	25	♐ 7	19	♑ 1	14	27	♒ 10	22	
	♊ 6	9	11	13	15	18	20	22	24	26	28	29 0	♋ 2	5	7	9	11	13	15	16	18	20	22	24	25	26	28	29 0	♌ 1	2	
	♋ 4	R 4	4	3	3	3	2	2	1	1	0 29	♊ 29	29	28	28	27	27	26	26	25	24	24	23	23	22	21	21	21	20	20	
	♋ 13	13	14	14	15	16	17	17	18	19	19	20	20	21	21	22	23	23	24	25	25	26	26	27	28	28	29	29 0	♌ 0	1	

1 R 12 20 28 / ♑ 6 5 4 3 — ♄ 1 8 16 24 / ♊10 11 12 13 — ♅ 1 R 22 D / ♎14 14 — ♆ 1 R 29 / ♐ 4 3 — ♇ 1 9 D / ♍29 29

7

	1	2	3	4	5	6	7	8	9	10	11	12	13	14	15	16	17	18	19	20	21	22	23	24	25	26	27	28	29	30	31
	♋ 10	11	12	13	14	14	15	16	17	18	19	20	21	22	23	24	25	26	27	28	29	29 0	♌ 1	2	3	4	5	6	7	8	9
	♓ 6	19	♈ 3	17	♉ 1	16	♊ 0	15	29	♋ 14	28	♌ 11	25	♍ 9	21	♎ 3	16	28	♏ 10	22	♐ 3	15	28	♑ 10	23	♒ 6	18	♓ 3	16	♈ 0	14
	♌ 4	5	6	7	8	10	12	13	13	14	15	16	17	18	19	19	20	20	20	21	22	22	22	22	R 22	22	22	21	21	21	21
	♊ 19	R 19	19	19	18	18	18	18	18	D 18	18	18	18	18	19	19	19	19	20	20	21	21	21	22	22	23	23	24	24	25	26
	♌ 2	2	3	4	4	5	6	6	7	7	8	8	9	10	10	11	12	12	13	13	14	15	15	16	17	17	18	18	19	20	21

1 R 15 24 31 / ♑ 2 1 0 29 ♐ 29 — ♄ 1 10 19 29 / ♊14 15 16 17 — ♅ 1 31 / ♎14 15 — ♆ 1 R 31 / ♐ 3 2 — ♇ 1 30 31 / ♍29 29 0 ♎ 0

8

	1	2	3	4	5	6	7	8	9	10	11	12	13	14	15	16	17	18	19	20	21	22	23	24	25	26	27	28	29	30	31
	♌ 9	10	11	12	13	14	15	16	17	18	19	20	21	22	23	24	25	26	26	27	28	29	29 0	♍ 1	2	3	4	5	6	7	8
	♈ 28	♉ 12	27	♊ 11	25	♋ 9	23	♌ 6	20	♍ 3	16	29	♎ 11	24	♏ 6	18	29	♐ 11	23	♑ 6	18	♒ 1	14	28	♓ 12	26	♈ 10	25	♉ 9	23	♊ 8
	♌ 20	R 19	19	18	17	16	16	15	14	14	13	12	12	11	11	11	10	D 10	10	11	11	12	12	13	14	15	16	17	18	20	21
	♊ 27	27	28	29	29	29 0	♋ 1	2	2	3	4	5	5	6	7	8	9	10	11	12	13	13	15	16	16	17	18	19	20	21	22
	♌ 21	22	23	24	24	24	25	26	26	27	28	28	29	29	29 0	♍ 1	1	2	3	3	4	5	5	6	6	7	8	8	9	10	10

1 R 26 D 31 / ♐29 29 28 — ♄ 1 8 21 / ♊17 18 19 — ♅ 1 27 / ♎15 16 — ♆ 1 R 14 D 31 / ♐ 2 2 2 — ♇ 1 31 / ♎ 0 1

9

	1	2	3	4	5	6	7	8	9	10	11	12	13	14	15	16	17	18	19	20	21	22	23	24	25	26	27	28	29	30	31
	♍ 9	10	11	12	13	14	15	16	17	18	19	20	21	22	23	24	25	25	26	27	28	29 0	♎ 0	1	2	3	4	5	6	7	
	♊ 22	♋ 6	19	♌ 3	16	29	♍ 12	25	♎ 7	19	♏ 2	14	26	♐ 7	19	♑ 1	14	26	♒ 9	22	♓ 6	20	♈ 5	19	♉ 4	19	♊ 4	18	♋ 2	16	
	♌ 23	24	26	28	29 0	♍ 1	3	5	7	9	11	13	15	16	18	20	22	24	26	28	29 0	♎ 1	3	5	6	8	10	12	13	15	
	♋ 23	24	25	26	27	28	29 0	♌ 0	1	2	3	4	5	6	7	8	9	11	12	13	14	15	16	17	18	19	20	22	23	24	
	♍ 11	12	12	13	14	14	15	15	16	17	17	18	18	19	20	21	21	22	22	23	24	24	25	26	26	27	28	28	29	29	

1 12 25 30 / ♐28 29 29 0 ♑ 0 — ♄ 1 7 / ♊19 20 — ♅ 1 14 30 / ♎16 17 18 — ♆ 1 27 / ♐ 2 3 — ♇ 1 27 / ♎ 1 2

10

	1	2	3	4	5	6	7	8	9	10	11	12	13	14	15	16	17	18	19	20	21	22	23	24	25	26	27	28	29	30	31
	♎ 8	9	10	11	12	13	14	15	16	17	18	19	20	21	22	23	24	25	26	27	28	29	29 0	♏ 1	2	3	4	5	6	7	8
	♋ 29	♌ 13	26	♍ 8	21	♎ 4	16	28	♏ 10	22	♐ 4	16	28	♑ 10	22	♒ 4	17	♓ 0	14	28	♈ 13	28	♉ 13	28	♊ 13	28	♋ 12	26	♌ 10	23	♍ 5
	♎ 17	18	20	22	23	25	26	28	29 0	♏ 1	3	4	5	7	8	10	12	13	14	16	17	18	20	21	22	24	25	26	28	29 0	♐ 1
	♌ 25	26	27	29	29 0	♍ 1	2	3	4	6	7	8	9	10	11	12	14	15	16	17	18	19	20	22	23	25	26	27	28	29 0	♎ 0
	♎ 0	1	2	2	3	4	4	5	5	6	7	7	8	9	9	10	11	11	12	13	13	14	14	15	16	16	17	18	18	19	19

1 5 13 20 26 31 / ♑ 0 1 2 3 4 5 — ♄ 1 3 R / ♊20 20 — ♅ 1 17 31 / ♎18 19 20 — ♆ 1 31 / ♐ 3 4 — ♇ 1 24 / ♎ 3 3

11

	1	2	3	4	5	6	7	8	9	10	11	12	13	14	15	16	17	18	19	20	21	22	23	24	25	26	27	28	29	30	31
	♏ 9	10	11	12	13	14	15	16	17	18	19	20	21	22	23	24	25	26	27	28	29	29 0	♐ 1	2	3	4	5	6	7	8	
	♍ 19	♎ 1	13	25	♏ 7	19	♐ 1	13	25	♑ 6	18	♒ 0	13	26	♓ 9	22	♈ 7	21	♉ 6	21	♊ 6	22	♋ 7	22	♌ 6	20	♍ 2	15	28	♎ 10	
	♐ 2	3	4	5	6	7	8	9	10	10	11	11	12	12	12	R 12	12	12	11	11	10	9	8	7	5	4	3	1	0 29	♏ 29	
	♎ 2	3	4	5	7	8	9	10	11	12	13	15	16	17	19	20	21	22	24	25	26	27	29	29 0	♏ 1	2	3	4	6	7	
	♎ 20	21	22	22	23	24	24	25	26	26	27	28	28	29	29 0	♏ 0	1	1	2	3	3	4	5	5	6	7	8	8	9	9	

1 6 12 17 22 27 / ♑ 5 6 7 8 9 10 — ♄ 1 R 14 28 / ♊20 19 18 — ♅ 1 19 / ♎20 21 — ♆ 1 27 / ♐ 4 5 — ♇ 1 28 / ♎ 3 4

12

	1	2	3	4	5	6	7	8	9	10	11	12	13	14	15	16	17	18	19	20	21	22	23	24	25	26	27	28	29	30	31
	♐ 9	10	11	12	13	14	15	16	17	18	19	20	21	22	23	24	25	26	27	28	29 0	♑ 1	2	3	4	5	6	7	8	9	10
	♎ 22	♏ 4	16	28	♐ 10	22	♑ 3	15	27	♒ 10	22	♓ 5	18	♈ 2	16	♉ 0	14	29	♊ 15	♋ 0	15	29	♌ 14	28	♍ 11	24	♎ 6	19	♏ 1	13	25
	♏ 28	R 27	26	26	26	D 26	26	27	27	28	28	29	♐ 0	1	2	3	4	5	7	8	9	11	12	14	15	16	18	19	21	22	24
	♏ 8	10	11	12	13	15	16	17	18	19	21	22	23	25	26	27	28	29 0	♐ 1	2	3	4	6	7	8	9	11	12	13	15	16
	♏ 10	11	12	12	13	13	14	15	16	16	17	18	18	19	20	20	21	22	23	23	24	24	25	25	26	27	28	28	29	29 0	♐ 0

1 6 11 15 19 24 28 / ♑11 12 13 14 15 16 17 — ♄ 1 R 22 31 / ♊17 16 15 — ♅ 1 10 / ♎21 22 — ♆ 1 25 / ♐ 5 6 — ♇ 1 / ♎ 4

1973

1

	1	2	3	4	5	6	7	8	9	10	11	12	13	14	15	16	17	18	19	20	21	22	23	24	25	26	27	28	29	30	31
☉	♑ 11	12	13	14	15	16	17	18	19	20	21	22	23	24	26	26	27	28	29	29 0	♒ 1	2	3	4	5	6	7	8	9	10	11
☽	♐ 6	18	♑ 0	12	24	♒ 7	20	♓ 2	15	28	♈ 11	26	♉ 10	24	♊ 8	23	♋ 8	23	♌ 7	21	♍ 5	19	♎ 2	14	27	♏ 9	21	♐ 3	15	26	♑ 8
☿	♐ 25	27	28	29 0	♑ 1	3	4	5	7	9	10	12	14	15	17	19	20	21	23	24	26	28	29 0	♒ 1	3	4	6	8	10	11	13
♀	♐ 17	18	19	20	22	23	24	25	27	28	29 0	♑ 1	2	3	4	5	7	8	9	11	12	13	14	16	17	18	19	21	22	23	24
♂	♐ 1	2	2	3	4	4	5	6	6	7	8	8	9	10	10	11	12	13	13	14	15	15	16	17	17	18	19	19	20	21	22

♃ 1 6 10 14 19 23 27 31 / ♑18 19 20 21 22 23 24 25 — ♄ 1 R 24 / ♊15 14 — ♅ 1 15 27 R / ♎22 23 23 — ♆ 1 29 / ♐ 6 7 — ♇ 1 6 R / ♎ 4 4

2

	1	2	3	4	5	6	7	8	9	10	11	12	13	14	15	16	17	18	19	20	21	22	23	24	25	26	27	28	29	30	31
☉	♒ 12	13	14	15	16	17	18	19	20	21	22	23	24	25	26	27	28	29 0	♓ 1	2	3	4	5	6	7	8	9	10			
☽	♑ 21	♒ 3	16	29	♓ 12	25	♈ 9	22	♉ 6	20	♊ 4	18	♋ 3	17	♌ 1	16	29	♍ 12	26	♎ 10	22	♏ 5	17	29	♐ 11	22	♑ 4	16			
☿	♒ 15	17	18	20	22	24	25	27	29 0	♓ 1	3	4	6	8	10	12	13	15	16	18	20	21	22	23	25	26	27	27			
♀	♑ 26	27	28	29 0	♒ 1	2	3	4	5	6	8	9	10	12	13	14	16	17	18	19	20	22	23	24	25	27	28	29 0 ♓			
♂	♐ 22	23	24	24	25	26	26	27	28	29	29	29 0	♑ 1	1	2	3	3	4	5	5	6	7	8	8	9	9	10	11			

♃ 1 5 9 14 18 23 28 / ♑25 26 27 28 29 29 0 ♒ 1 — ♄ 1 R 14 D / ♊14 14 — ♅ 1 R 28 / ♎23 22 — ♆ 1 / ♐ 7 — ♇ 1 R / ♎ 4

3

	1	2	3	4	5	6	7	8	9	10	11	12	13	14	15	16	17	18	19	20	21	22	23	24	25	26	27	28	29	30	31
☉	♓ 11	12	13	14	15	16	17	18	19	20	21	22	23	24	25	26	27	28	29	29 0	♈ 1	2	3	4	5	6	7	8	9	10	11
☽	♑ 29	♒ 11	24	♓ 7	21	♈ 5	19	♉ 3	17	♊ 1	16	29	♋ 14	28	♌ 11	25	♍ 8	22	♎ 5	18	♏ 0	13	25	♐ 7	18	♑ 0	12	24	♒ 6	19	♓ 2
☿	♓ 28	28	28	28	R 28	28	28	27	27	26	25	24	23	22	22	21	20	19	18	17	17	16	16	15	15	15	15	D 15	15	15	16
♀	♓ 1	2	3	4	5	7	8	9	11	12	13	14	16	17	18	19	21	22	23	24	26	27	28	29 0	♈ 1	2	3	4	5	7	8
♂	♑ 12	13	13	14	14	15	16	17	18	18	19	20	20	21	22	22	23	24	25	25	26	27	27	28	29	29 0	♒ 0	1	2	2	3

♃ 1 5 10 15 20 26 31 / ♒ 1 2 3 4 5 6 7 — ♄ 1 24 / ♊14 15 — ♅ 1 R / ♎22 — ♆ 1 9 R 31 / ♐ 7 7 7 — ♇ 1 R / ♎ 3

4

	1	2	3	4	5	6	7	8	9	10	11	12	13	14	15	16	17	18	19	20	21	22	23	24	25	26	27	28	29	30	31
☉	♈ 11	12	13	14	15	16	17	18	19	20	21	22	23	24	25	26	27	28	29	29 0	♉ 1	2	3	4	5	6	7	8	9	10	
☽	♓ 16	29	♈ 14	28	♉ 13	27	♊ 12	26	♋ 10	24	♌ 7	21	♍ 5	18	♎ 1	14	26	♏ 9	21	♐ 3	15	27	♑ 8	20	♒ 2	15	27	♓ 10	24	♈ 7	
☿	♓ 16	16	17	18	19	19	20	21	22	23	24	25	26	27	28	29 0	♈ 1	2	3	4	5	6	8	10	12	13	15	16	18	20	
♀	♈ 9	11	12	13	14	15	17	18	19	20	21	23	24	25	27	28	29	29 0	♉ 2	3	4	5	7	8	9	10	11	13	14	15	
♂	♒ 4	4	5	6	6	7	8	9	9	10	11	12	12	13	14	14	15	16	17	17	18	19	19	20	21	22	22	23	24	24	

♃ 1 8 15 23 / ♒ 7 8 9 10 — ♄ 1 6 17 26 / ♊15 16 17 18 — ♅ 1 R 30 / ♎21 20 — ♆ 1 R / ♐ 7 — ♇ 1 R 30 / ♎ 3 2

5

	1	2	3	4	5	6	7	8	9	10	11	12	13	14	15	16	17	18	19	20	21	22	23	24	25	26	27	28	29	30	31
☉	♉ 11	12	13	14	15	16	17	18	19	20	21	22	22	23	24	25	26	27	28	29	29 0	♊ 1	2	3	4	5	6	7	8	9	10
☽	♈ 22	♉ 7	22	♊ 7	21	♋ 6	21	♌ 5	18	♍ 2	15	28	♎ 11	23	♏ 5	17	29	♐ 11	23	♑ 5	17	29	♒ 11	23	♓ 6	19	♈ 2	16	♉ 0	15	♊ 0
☿	♈ 21	23	25	27	28	29 0	♉ 2	4	6	8	10	12	14	16	18	20	22	24	27	29 0	♊ 1	4	6	8	10	12	14	17	19	21	22
♀	♉ 17	18	19	20	21	23	24	25	26	28	29	29 0	♊ 1	2	3	5	6	7	9	10	11	12	13	15	16	17	18	20	21	22	23
♂	♒ 25	26	27	27	28	28	29	29 0	♓ 1	1	2	3	4	4	5	6	6	7	8	9	9	10	11	11	12	13	13	14	15	15	16

♃ 1 4 21 31 R / ♒10 11 12 12 — ♄ 1 5 14 22 30 / ♊18 19 20 21 22 — ♅ 1 R 31 / ♎20 19 — ♆ 1 R 31 / ♐ 7 6 — ♇ 1 R / ♎ 2

6

	1	2	3	4	5	6	7	8	9	10	11	12	13	14	15	16	17	18	19	20	21	22	23	24	25	26	27	28	29	30	31
☉	♊ 11	12	13	14	15	16	16	17	18	19	20	21	22	23	24	25	26	27	28	29	29 0	♋ 1	2	3	4	5	6	7	8	9	
☽	♊ 15	♋ 0	15	♌ 0	14	28	♍ 11	25	♎ 8	20	♏ 2	15	27	♐ 8	20	♑ 2	14	26	♒ 7	20	♓ 2	15	28	♈ 11	24	♉ 9	22	♊ 8	23	♋ 8	
☿	♊ 24	26	28	29 0	♋ 2	4	5	7	9	10	12	14	15	16	17	19	20	21	23	24	25	26	27	28	29	29	29 0	♌ 1	1	2	
♀	♊ 25	26	27	28	29 0	♋ 1	2	3	4	5	7	8	9	10	11	13	14	15	17	18	19	20	22	23	24	25	26	27	29	29 0 ♌	
♂	♓ 17	17	18	19	19	20	21	22	22	23	24	24	25	26	26	27	28	28	29	29 0	♈ 0	1	2	2	3	4	4	5	6	6	

♃ 1 R 27 / ♒12 11 — ♄ 1 6 14 22 30 / ♊22 23 24 25 26 — ♅ 1 R 27 D / ♎19 19 — ♆ 1 R 30 / ♐ 6 5 — ♇ 1 R 12 D / ♎ 2 2

7

	1	2	3	4	5	6	7	8	9	10	11	12	13	14	15	16	17	18	19	20	21	22	23	24	25	26	27	28	29	30	31
☉	♋ 9	10	11	12	13	14	15	16	17	18	19	20	21	22	23	24	25	26	27	27	28	29	♌ 0	1	2	3	4	5	6	7	8
☽	♋ 24	♌ 9	23	♍ 7	20	♎ 4	17	29	♏ 11	24	♐ 5	17	29	♑ 11	23	♒ 5	17	29	♓ 12	25	♈ 8	21	♉ 5	19	♊ 3	17	♋ 2	17	♌ 2	17	♍ 1
☿	♌ 2	3	3	3	3	3	R 3	3	3	3	2	2	2	1	0	0 29	♋ 29	28	28	28	27	26	25	25	24	24	23	23	22	22	D 22
♀	♌ 1	2	3	5	6	7	8	9	11	12	13	14	16	17	18	19	20	22	23	24	25	26	28	29	29 0	♍ 1	3	4	5	6	7
♂	♈ 7	7	8	8	9	10	10	11	12	12	13	13	14	15	15	16	16	17	17	18	18	19	20	20	21	21	22	22	23	23	24

♃ 1 R 16 24 31 / ♒10 9 8 7 — ♄ 1 7 16 24 / ♊26 27 28 29 — ♅ 1 / ♎19 — ♆ 1 R / ♐ 5 — ♇ 1 / ♎ 2

8

	1	2	3	4	5	6	7	8	9	10	11	12	13	14	15	16	17	18	19	20	21	22	23	24	25	26	27	28	29	30	31
☉	♌ 9	10	11	12	13	14	15	16	17	18	19	19	20	21	22	23	24	25	26	27	28	29	29 0	♍ 1	2	3	4	5	6	7	8
☽	♍ 15	29	♎ 12	25	♏ 8	20	♐ 2	14	25	♑ 8	19	♒ 1	13	26	♓ 9	22	♈ 5	18	♉ 1	15	29	♊ 13	27	♋ 11	26	♌ 11	25	♍ 9	24	♎ 7	20
☿	♋ 23	23	23	24	24	25	26	27	28	29	29 0	♌ 1	2	3	5	7	8	10	12	14	15	17	19	21	23	25	27	29 0	♍ 1	3	5
♀	♍ 9	10	11	12	13	15	16	17	18	20	21	22	23	24	26	27	28	29	29 0	♎ 1	3	4	5	6	7	8	10	11	12	13	14
♂	♈ 24	25	26	26	27	27	27	28	28	29	29	29 0	♉ 0	1	1	1	2	2	3	3	3	4	4	5	5	5	5	6	6	6	7

♃ 1 R 9 17 26 31 / ♒ 7 6 5 4 3 — ♄ 1 2 11 21 31 / ♊29 ♋ 0 1 2 3 — ♅ 1 16 / ♎19 20 — ♆ 1 R 16 D 31 / ♐ 4 4 5 — ♇ 1 23 / ♎ 2 3

9

	1	2	3	4	5	6	7	8	9	10	11	12	13	14	15	16	17	18	19	20	21	22	23	24	25	26	27	28	29	30	31
☉	♍ 9	10	11	12	13	14	15	16	16	17	18	19	20	21	22	23	24	25	26	27	28	29	29 0	♎ 1	2	3	4	5	6	7	
☽	♏ 3	16	28	♐ 10	22	♑ 4	16	28	♒ 10	22	♓ 5	18	♈ 1	15	28	♉ 12	26	♊ 10	24	♋ 8	22	♌ 6	20	♍ 5	18	♎ 2	15	29	♏ 11	24	
☿	♍ 7	9	11	13	15	17	19	21	22	24	26	28	29 0	♎ 1	3	4	6	8	9	11	13	14	16	17	19	20	22	23	25	26	
♀	♎ 16	17	18	19	20	22	23	24	25	26	28	29	29 0	♏ 1	2	3	5	6	7	8	9	10	12	13	14	15	16	17	19	20	
♂	♉ 7	7	7	8	8	8	8	8	8	9	9	9	9	9	9	9	9	9	9	R 9	9	9	9	9	9	9	9	9	8	8	

♃ 1 R 29 D 30 / ♒ 3 3 2 — ♄ 1 18 / ♋ 3 4 — ♅ 1 6 23 / ♎20 21 22 — ♆ 1 21 / ♐ 4 5 — ♇ 1 20 / ♎ 3 4

10

	1	2	3	4	5	6	7	8	9	10	11	12	13	14	15	16	17	18	19	20	21	22	23	24	25	26	27	28	29	30	31
☉	♎ 8	9	10	11	12	13	14	15	16	17	18	19	20	21	22	23	24	25	26	27	28	29	29 0	♏ 1	2	3	4	5	6	7	8
☽	♐ 6	18	♑ 0	12	24	♒ 6	18	♓ 0	13	26	♈ 10	24	♉ 8	22	♊ 6	21	♋ 5	19	♌ 3	16	♍ 1	14	28	♎ 11	24	♏ 7	20	♐ 3	14	26	♑ 8
☿	♎ 28	29 0	♏ 1	2	3	5	6	7	9	10	11	12	14	15	16	18	19	20	21	21	22	23	24	25	25	25	26	26	26	26	R 26
♀	♏ 21	22	23	24	25	27	28	29	29 0	♐ 1	2	3	5	6	7	8	9	10	11	12	13	15	16	17	18	19	20	21	22	23	24
♂	♉ 8	R 8	8	8	8	7	7	7	7	6	6	6	5	5	5	4	4	4	3	3	3	2	2	2	2	1	1	0	0	♈ 29	29

♃ 1 19 31 / ♒ 2 3 4 — ♄ 1 17 R / ♋ 4 4 — ♅ 1 10 31 / ♎22 23 24 — ♆ 1 28 / ♐ 5 6 — ♇ 1 16 / ♎ 4 5

11

	1	2	3	4	5	6	7	8	9	10	11	12	13	14	15	16	17	18	19	20	21	22	23	24	25	26	27	28	29	30	31
☉	♏ 9	10	11	12	13	14	15	16	17	18	19	20	21	22	23	24	25	26	27	28	29	29 0	♐ 1	2	3	4	5	6	7	8	
☽	♑ 20	♒ 1	13	25	♓ 8	21	♈ 4	18	♉ 2	17	♊ 1	16	♋ 1	15	29	♌ 14	28	♍ 11	25	♎ 7	21	♏ 4	16	28	♐ 10	22	♑ 4	16	28	♒ 10	
☿	♏ 26	R 26	25	25	24	23	22	21	20	18	17	16	14	13	12	11	11	11	11	D 11	11	11	12	12	13	14	15	16	17	18	
♀	♐ 25	26	28	29	29 0	♑ 1	2	3	4	5	6	7	8	9	10	11	12	13	14	15	16	17	18	19	20	21	22	23	23	24	
♂	♈ 29	R 29	29	28	28	28	27	27	27	27	27	26	26	26	26	26	26	25	25	25	25	25	25	25	25	D 25	25	25	25	25	

♃ 1 9 16 23 29 / ♒ 4 5 6 7 8 — ♄ 1 R 30 / ♋ 4 3 — ♅ 1 11 29 / ♎24 25 26 — ♆ 1 25 / ♐ 6 7 — ♇ 1 15 / ♎ 5 6

12

	1	2	3	4	5	6	7	8	9	10	11	12	13	14	15	16	17	18	19	20	21	22	23	24	25	26	27	28	29	30	31
☉	♐ 9	10	11	12	13	14	15	16	17	18	19	20	21	22	23	24	25	26	27	28	29	29 0	♑ 1	2	3	4	5	6	7	8	9
☽	♒ 22	♓ 4	16	29	♈ 12	26	♉ 10	24	♊ 9	24	♋ 9	24	♌ 9	24	♍ 8	22	♎ 5	18	♏ 0	13	25	♐ 7	19	♑ 1	13	25	♒ 6	18	♓ 0	12	25
☿	♏ 20	21	22	24	25	26	28	29 0	♐ 1	2	4	5	7	8	9	11	13	14	16	7	19	20	22	23	25	26	28	29 0	♑ 1	2	4
♀	♑ 25	26	26	27	28	29	29 0	♒ 0	1	2	2	3	4	5	5	6	6	7	7	8	8	9	9	9	10	10	10	10	11	11	11
♂	♈ 25	25	25	26	26	26	26	26	26	27	27	27	27	27	27	28	28	28	28	29	29	29	29	29 0	♉ 0	0	1	1	1	2	2

♃ 1 5 10 15 20 25 30 / ♒ 8 9 10 11 12 13 14 — ♄ 1 R 14 26 31 / ♋ 3 2 1 0 — ♅ 1 22 / ♎26 27 — ♆ 1 22 / ♐ 7 8 — ♇ 1 31 / ♎ 6 7

1974

1

	1	2	3	4	5	6	7	8	9	10	11	12	13	14	15	16	17	18	19	20	21	22	23	24	25	26	27	28	29	30	31
☉	♑ 11	12	13	14	15	16	17	18	19	20	21	22	23	24	25	26	27	28	29	29 0	♒ 1	2	3	4	5	6	7	8	9	10	11
☽	♈ 8	21	♉ 4	18	♊ 2	17	♋ 2	17	♌ 2	18	♍ 3	17	♎ 1	14	27	♏ 10	22	♐ 4	16	28	♑ 10	22	♒ 3	15	27	♓ 10	23	♈ 4	17	♉ 0	13
☿	♑ 6	8	9	11	12	14	15	17	19	20	22	24	25	27	29	29 0	♒ 2	4	5	7	9	10	12	14	16	17	19	21	22	24	26
♀	♒ 11	11	11	R 11	11	11	11	11	11	10	10	10	9	9	8	8	7	7	6	6	5	5	4	3	3	2	1	1	0 29	♑ 29	29
♂	♉ 2	3	3	4	4	5	5	5	6	6	6	7	7	8	8	8	9	9	10	10	11	11	12	12	13	13	14	14	14	15	15

♃ 1 3 8 12 17 21 25 29 / ♒14 15 16 17 18 19 20 21 — ♄ 1 R 8 31 / ♋ 0 ♊29 28 — ♅ 1 / ♎27 — ♆ 1 23 / ♐ 8 9 — ♇ 1 10 R / ♎ 7 7

2

	1	2	3	4	5	6	7	8	9	10	11	12	13	14	15	16	17	18	19	20	21	22	23	24	25	26	27	28
☉	♒ 12	13	14	15	16	17	18	19	20	21	22	23	24	25	26	27	28	29	29 0	♓ 1	2	3	4	5	6	7	8	9
☽	♉ 27	♊ 11	25	♋ 9	25	♌ 10	26	♍ 11	25	♎ 9	23	♏ 6	19	♐ 1	13	25	♑ 7	19	♒ 0	12	24	♓ 7	19	♈ 1	14	27	♉ 10	23
☿	♒ 27	29 0	♓ 1	2	3	5	6	7	8	9	10	11	11	12	12	R 12	11	11	11	10	9	9	8	7	6	4	3	2
♀	♑ 28	R 28	28	27	27	27	26	26	26	26	26	26	26	D 26	26	26	26	26	26	27	27	27	27	28	28	29	29	29 ♒ 0
♂	♉ 16	17	17	18	18	19	19	20	20	21	21	22	22	23	23	24	24	25	25	26	26	27	28	28	29	29	29 0	♊ 0

♃ 1 3 7 11 15 19 24 28 / ♒21 22 23 24 25 26 27 28 — ♄ 1 R 28 D / ♊28 28 — ♅ 1 R / ♎27 — ♆ 1 / ♐ 9 — ♇ 1 R 28 / ♎ 7 6

3

	1	2	3	4	5	6	7	8	9	10	11	12	13	14	15	16	17	18	19	20	21	22	23	24	25	26	27	28	29	30	31
☉	♓ 10	11	12	13	14	15	16	17	18	19	20	21	22	23	24	25	26	27	28	29	29 0	♈ 1	2	3	4	5	6	7	8	9	10
☽	♊ 7	21	♋ 5	19	♌ 4	19	♍ 4	18	♎ 3	17	♏ 0	14	27	♐ 9	21	♑ 3	15	27	♒ 8	20	♓ 3	15	28	♈ 11	24	♉ 7	21	♊ 4	18	♋ 2	16
☿	♓ 1	0 R 29	♒ 29	29	28	28	27	27	27	D 27	27	27	27	28	28	29	29 0	♓ 0	1	1	2	3	4	5	6	7	8	9	11	12	13
♀	♒ 0	1	1	2	2	3	4	4	5	6	6	7	8	9	9	10	11	12	13	13	14	15	16	17	18	19	20	21	22	22	23
♂	♊ 1	1	2	2	3	4	4	5	5	6	6	7	7	8	9	9	10	10	11	11	12	13	13	14	14	15	16	16	17	17	18

♃ 1 4 8 29 12 17 21 26 30 / ♒28 . 29 0 ♓ 1 2 3 4 5 — ♄ 1 / ♊28 — ♅ 1 R 31 / ♎27 26 — ♆ 1 12 R / ♐ 9 9 — ♇ 1 R 31 / ♎ 6 5

4

	1	2	3	4	5	6	7	8	9	10	11	12	13	14	15	16	17	18	19	20	21	22	23	24	25	26	27	28	29	30
☉	♈ 11	12	13	14	15	16	17	18	19	20	21	22	23	24	25	26	27	28	29	29 0	♉ 1	2	3	4	5	6	7	8	9	10
☽	♌ 0	14	29	♍ 13	27	♎ 11	25	♏ 8	22	♐ 4	17	29	♑ 11	23	♒ 5	16	28	♓ 11	23	♈ 6	20	♉ 3	17	♊ 0	14	28	♋ 13	27	♌ 11	25
☿	♓ 15	16	17	19	20	22	23	24	26	28	29 0	♈ 1	3	4	6	8	9	11	13	15	17	19	21	22	24	26	28	29 0	♉ 2	4
♀	♒ 25	26	27	28	29	29 0	♓ 1	2	3	4	5	6	7	8	9	10	11	12	13	14	15	16	17	18	19	20	21	22	23	24
♂	♊ 19	19	20	20	21	21	22	23	23	24	24	25	25	26	27	27	28	28	29	29 0	♋ 0	1	1	2	3	3	4	4	5	6

♃ 1 4 9 13 18 24 29 / ♓ 5 6 7 8 9 10 11 — ♄ 1 5 19 30 / ♊28 29 ♋ 0 1 — ♅ 1 R 30 / ♎26 25 — ♆ 1 R / ♐ 9 — ♇ 1 R 30 / ♎ 5 4

5

	1	2	3	4	5	6	7	8	9	10	11	12	13	14	15	16	17	18	19	20	21	22	23	24	25	26	27	28	29	30	31
☉	♉ 11	12	13	14	14	15	16	17	18	19	20	21	22	23	24	25	26	27	28	29	29 0	♊ 1	2	3	4	5	6	7	8	9	10
☽	♍ 9	23	♎ 7	21	♏ 4	17	♐ 0	12	25	♑ 7	19	♒ 1	12	24	♓ 6	19	♈ 1	14	28	♉ 11	25	♊ 9	24	♋ 9	23	♌ 8	22	♍ 6	20	♎ 4	17
☿	♉ 7	9	11	13	15	17	19	22	24	26	28	29 0	♊ 2	5	7	9	11	13	14	16	18	19	21	23	24	25	27	29	29 0	♋ 1	2
♀	♓ 26	27	28	29 0	♈ 1	2	3	4	5	6	7	8	9	10	11	13	14	15	16	17	19	20	21	22	23	24	25	27	28	29	29 0 ♉
♂	♋ 7	7	8	9	9	10	10	11	11	12	12	13	14	14	15	15	16	17	17	18	18	19	20	20	21	21	22	23	23	24	25

♃ 1 5 11 18 25 / ♓11 12 13 14 15 — ♄ 1 9 18 27 / ♋ 1 2 3 4 — ♅ 1 R 31 / ♎25 24 — ♆ 1 R 31 / ♐ 9 8 — ♇ 1 R / ♎ 4

6

	1	2	3	4	5	6	7	8	9	10	11	12	13	14	15	16	17	18	19	20	21	22	23	24	25	26	27	28	29	30
☉	♊ 10	11	12	13	14	15	16	17	18	19	20	21	22	23	24	25	26	27	28	29	29 0	♋ 0	1	2	3	4	5	6	7	8
☽	♏ 0	13	26	♐ 8	21	♑ 3	15	27	♒ 9	21	♓ 2	15	27	♈ 9	23	♉ 7	19	♊ 4	18	♋ 3	18	♌ 3	18	♍ 2	16	♎ 0	14	27	♏ 10	23
☿	♋ 4	5	6	7	8	9	9	10	11	11	12	12	13	13	13	13	13	R 13	13	13	13	13	13	12	12	11	11	10	10	9
♀	♉ 1	2	3	5	6	7	8	9	10	12	13	14	15	16	18	19	20	21	22	23	24	25	27	28	29 0	♊ 0	1	3	4	5
♂	♋ 25	26	26	27	28	28	29	29	29 0	♌ 1	1	2	3	3	4	4	5	6	6	7	7	8	8	9	10	11	11	12	12	13

♃ 1 14 / ♓16 17 — ♄ 1 4 12 20 28 / ♋ 4 5 6 7 8 — ♅ 1 R / ♎24 — ♆ 1 R 30 / ♐ 8 7 — ♇ 1 R 15 D / ♎ 4 4

7

	1	2	3	4	5	6	7	8	9	10	11	12	13	14	15	16	17	18	19	20	21	22	23	24	25	26	27	28	29	30	31
☉	♋ 9	10	11	12	13	14	15	16	17	18	19	20	21	22	22	23	24	25	26	27	28	29	29 0	♌ 1	2	3	4	5	6	7	8
☽	♐ 5	18	29	♑ 12	24	♒ 5	17	29	♓ 11	23	♈ 5	18	♉ 1	14	28	♊ 12	26	♋ 11	26	♌ 11	27	♍ 11	26	♎ 10	24	♏ 7	21	♐ 2	15	27	♑ 9
☿	♋ 8	R 8	7	7	6	6	5	5	5	4	4	D 4	4	4	5	5	5	6	6	7	8	9	10	11	12	13	14	16	17	18	20
♀	♊ 6	7	8	9	11	12	13	14	16	17	18	20	21	22	23	24	25	27	28	29	29 0	♋ 1	3	4	5	6	7	9	10	11	12
♂	♌ 14	14	15	15	16	17	17	18	19	19	20	20	21	22	22	23	24	24	25	25	26	27	27	28	28	29	29 0	♍ 0	1	2	2

♃ 1 8 R / ♓17 17 — ♄ 1 5 13 21 29 / ♋ 8 9 10 11 12 — ♅ 1 D / ♎ 24 — ♆ 1 R / ♐ 7 — ♇ 1 / ♎ 4

8

	1	2	3	4	5	6	7	8	9	10	11	12	13	14	15	16	17	18	19	20	21	22	23	24	25	26	27	28	29	30	31
☉	♌ 9	10	11	12	13	14	15	16	17	17	18	19	20	21	22	23	24	25	26	27	28	29	29 0	♍ 1	2	3	4	5	6	7	8
☽	♑ 21	♒ 2	14	26	♓ 8	20	♈ 2	15	27	♉ 10	23	♊ 7	21	♋ 5	20	♌ 5	20	♍ 5	20	♎ 5	19	♏ 3	16	29	♐ 11	24	♑ 6	18	29	♒ 11	23
☿	♋ 22	24	26	28	29 0	♌ 2	4	6	8	10	12	14	16	18	20	22	24	26	28	29 0	♍ 2	4	6	8	10	11	13	15	17	18	20
♀	♋ 13	15	16	17	18	19	20	22	23	24	26	27	28	29 0	♌ 0	2	3	4	5	6	8	9	10	11	12	14	15	16	17	18	20
♂	♍ 3	4	4	5	5	6	7	7	8	8	9	10	10	11	12	12	13	14	14	15	15	16	17	17	18	19	19	20	21	22	22

♃ 1 R 11 20 28 31 / ♓17 16 15 14 13 — ♄ 1 6 15 24 / ♋12 13 14 15 — ♅ 1 28 / ♎24 25 — ♆ 1 R 19 D / ♐ 7 7 — ♇ 1 13 / ♎ 4 5

9

	1	2	3	4	5	6	7	8	9	10	11	12	13	14	15	16	17	18	19	20	21	22	23	24	25	26	27	28	29	30
☉	♍ 9	10	11	11	12	13	14	15	16	17	18	19	20	21	22	23	24	25	26	27	28	29	29 0	♎ 1	2	3	4	5	6	7
☽	♓ 5	17	29	♈ 12	24	♉ 7	20	♊ 3	16	♋ 0	14	29	♌ 14	28	♍ 13	28	♎ 13	27	♏ 11	24	♐ 7	20	♑ 2	14	26	♒ 8	20	♓ 2	14	26
☿	♍ 22	24	25	27	28	29 0	♎ 2	3	5	6	8	9	11	12	14	15	16	18	19	21	22	23	24	26	27	28	29	29 0	♏ 1	2
♀	♌ 21	23	24	25	26	28	29	29 0	♍ 1	2	4	5	6	7	8	10	11	12	13	15	16	17	18	20	21	22	23	25	26	27
♂	♍ 23	23	24	24	25	26	26	27	28	28	29	29 0	♎ 0	1	2	2	3	3	4	5	5	6	7	7	8	9	9	10	10	11

♃ 1 R 12 20 29 / ♓13 12 11 10 — ♄ 1 3 15 30 / ♋15 16 17 18 — ♅ 1 16 / ♎25 26 — ♆ 1 / ♐ 7 — ♇ 1 11 / ♎ 5 6

10

	1	2	3	4	5	6	7	8	9	10	11	12	13	14	15	16	17	18	19	20	21	22	23	24	25	26	27	28	29	30	31
☉	♎ 8	9	10	11	12	13	14	15	16	17	18	19	20	21	22	23	24	25	26	27	28	29	29 0	♏ 1	2	3	4	5	6	7	8
☽	♈ 8	21	♉ 4	17	♊ 0	13	26	♋ 10	25	♌ 9	23	♍ 8	23	♎ 7	21	♏ 5	20	♐ 2	15	28	♑ 10	22	♒ 4	16	28	♓ 10	22	♈ 4	17	♉ 0	13
☿	♏ 3	4	5	6	7	8	8	9	9	10	10	10	10	R 10	10	10	10	9	9	8	7	6	5	4	2	0 29	♎ 29	29	28	26	26
♀	♍ 28	29 0	♎ 1	2	3	5	6	7	8	10	11	12	13	15	16	17	18	20	21	22	23	25	26	27	28	29 0	♏ 1	2	3	5	6
♂	♎ 12	13	13	14	14	15	16	16	17	18	19	19	20	21	21	22	22	23	23	24	25	26	26	27	28	28	29	29 0	♏ 1	1	2

♃ 1 R 10 31 / ♓10 9 8 — ♄ 1 / ♋18 — ♅ 1 3 19 / ♎26 27 28 — ♆ 1 25 / ♐ 7 8 — ♇ 1 8 / ♎ 6 7

11

	1	2	3	4	5	6	7	8	9	10	11	12	13	14	15	16	17	18	19	20	21	22	23	24	25	26	27	28	29	30
☉	♏ 9	10	11	12	13	14	15	16	17	18	19	20	21	22	23	24	25	26	27	28	29	29 0	♐ 1	2	3	4	5	6	7	8
☽	♉ 26	♊ 9	24	♋ 7	21	♌ 5	20	♍ 4	18	♎ 2	16	♏ 0	13	27	♐ 11	23	♑ 5	18	♒ 0	12	24	♓ 6	18	♈ 0	12	25	♉ 8	21	♊ 5	19
☿	♎ 25	R 25	25	D 25	25	25	26	27	28	29	29 0	♏ 1	2	3	4	5	7	8	10	11	13	14	15	17	19	21	22	24	25	26
♀	♏ 7	8	10	11	12	13	15	16	17	19	20	21	22	24	25	26	27	29	29 0	♐ 1	2	3	5	6	7	9	10	11	12	13
♂	♏ 3	3	4	5	5	6	7	7	8	9	9	10	11	12	12	13	14	14	15	16	16	17	18	18	19	20	20	21	22	23

♃ 1 R 4 28 / ♓ 8 D 9 — ♄ 1 R / ♋18 — ♅ 1 4 21 30 / ♎28 29 29 0 ♏ 0 — ♆ 1 23 / ♐ 8 9 — ♇ 1 / ♎ 8

12

	1	2	3	4	5	6	7	8	9	10	11	12	13	14	15	16	17	18	19	20	21	22	23	24	25	26	27	28	29	30	31
☉	♐ 9	10	11	12	13	14	15	16	17	18	19	20	21	22	23	24	25	26	27	28	29	29 0	♑ 1	2	3	4	5	6	7	8	9
☽	♋ 3	18	♌ 2	16	♍ 0	15	29	♎ 12	26	♏ 10	23	♐ 6	19	♑ 1	14	26	♒ 8	20	♓ 2	14	26	♈ 8	20	♉ 3	16	29	♊ 13	27	♋ 12	27	♌ 12
☿	♏ 29	29 0	♐ 2	3	4	6	8	9	11	13	14	16	17	19	20	22	24	25	27	28	29 0	♑ 1	3	5	6	8	9	11	13	14	16
♀	♐ 15	16	17	18	20	21	22	24	25	26	27	29	29 0	♑ 1	2	4	5	6	8	9	10	11	13	14	15	16	18	19	20	21	22
♂	♏ 23	24	24	25	26	27	27	28	29	29 0	♐ 0	1	2	3	3	4	4	5	6	7	7	8	9	9	10	11	12	12	13	14	14

♃ 1 8 16 23 30 / ♓ 9 10 11 12 13 — ♄ 1 R 17 30 / ♋18 17 16 — ♅ 1 10 / ♏ 0 1 — ♆ 1 19 / ♐ 9 10 — ♇ 1 13 / ♎ 8 9

1975

1

	1	2	3	4	5	6	7	8	9	10	11	12	13	14	15	16	17	18	19	20	21	22	23	24	25	26	27	28	29
☉	♑ 10	11	12	13	14	15	16	17	18	19	20	21	22	23	24	25	26	27	28	29 0	♒ 1	2	3	4	5	6	7	8	9
☽	♌ 26	♍ 11	25	♎ 10	23	♏ 7	20	♐ 3	15	28	♑ 10	22	♒ 4	16	28	♓ 10	22	♈ 4	16	28	♉ 11	24	♊ 7	21	♋ 5	20	♎ 5	20	♍ 5
☿	♑ 18	19	21	23	24	26	27	29 0	♒ 1	2	4	5	7	9	10	12	13	15	16	18	19	20	21	22	23	24	25	25	25
♀	♑ 24	25	26	27	29	29 0	♒ 1	3	4	5	6	8	9	10	11	13	14	15	16	17	19	20	21	23	24	25	26	28	29
♂	♐ 15	16	17	17	18	19	20	20	21	22	22	23	24	25	25	26	27	27	28	29	29 0	♑ 0	1	2	3	3	4	5	6

♃ 1 5 10 16 21 25 30 / ♓13 14 15 16 17 18 19 — ♄ 1 R 11 24 31 / ♋16 15 14 13 — ♅ 1 5 / ♏ 1 2 — ♆ 1 19 / ♐10 11 — ♇ 1 12 / ♎ 9

2

	1	2	3	4	5	6	7	8	9	10	11	12	13	14	15	16	17	18	19	20	21	22	23	24	25	26	27	28
☉	♒ 12	13	14	15	16	17	18	19	20	21	22	23	24	25	26	27	28	29	29 0	♓ 1	2	3	4	5	6	7	8	9
☽	♎ 19	♏ 3	17	29	♐ 13	25	♑ 7	19	♒ 1	13	25	♓ 7	19	♈ 0	13	25	♉ 7	20	♊ 2	15	29	♋ 13	28	♌ 13	28	♍ 13	29	♎ 14
☿	♒ 25	R 25	24	23	22	21	20	19	18	17	16	15	14	13	12	11	10	10	10	10	D 10	10	10	10	11	11	12	12
♀	♓ 3	4	5	6	8	9	10	11	13	14	15	16	18	19	20	21	23	24	25	26	27	29	29 0	♈ 1	2	4	5	6
♂	♑ 8	8	9	10	10	11	12	13	13	14	15	16	17	17	18	19	20	20	21	22	23	23	24	25	25	26	27	28

♃ 1 4 8 13 17 21 26 / ♓19 20 21 22 23 24 25 — ♄ 1 R 28 / ♋13 12 — ♅ 1 6 R 28 / ♏ 2 2 2 — ♆ 1 / ♐11 — ♇ 1 R 28 / ♎ 9

3

	1	2	3	4	5	6	7	8	9	10	11	12	13	14	15	16	17	18	19	20	21	22	23	24	25	26	27	28	29
☉	♓ 10	11	12	13	14	15	16	17	18	19	20	21	22	23	24	25	26	27	28	29	29 0	♈ 1	2	3	4	5	6	7	8
☽	♎ 28	♏ 12	26	♐ 9	22	♑ 4	16	28	♒ 10	22	♓ 4	16	28	♈ 10	22	♉ 4	17	29	♊ 12	25	♋ 8	22	♌ 7	22	♍ 7	21	♎ 7	21	♏ 6
☿	♒ 13	14	15	16	17	18	19	20	21	22	23	24	26	27	28	29 0	♓ 1	3	4	5	7	8	10	11	13	15	16	18	19
♀	♈ 7	9	10	11	12	13	15	16	17	18	20	21	22	23	24	26	27	28	29 0	♉ 0	2	3	4	5	7	8	9	10	11
♂	♑ 28	29	29 0	♒ 1	1	2	3	4	4	5	6	6	7	8	9	10	11	11	12	13	14	14	15	16	16	17	18	19	20

♃ 1 6 10 14 18 23 27 31 / ♓26 27 28 29 0 ♈ 1 2 3 — ♄ 1 R 15 22 / ♋12 D 12 — ♅ 1 R 31 / ♏ 2 1 — ♆ 1 14 R / ♐11 11 — ♇ 1 R / ♎ 8

4

	1	2	3	4	5	6	7	8	9	10	11	12	13	14	15	16	17	18	19	20	21	22	23	24	25	26	27	28	29
☉	♈ 11	12	13	14	15	16	17	18	19	20	21	22	23	24	25	26	27	28	29	29 0	♉ 0	1	2	3	4	5	6	7	8
☽	♐ 17	♑ 0	13	25	♒ 7	19	♓ 1	13	25	♈ 6	19	♉ 1	14	26	♊ 9	22	♋ 5	19	♌ 3	17	♍ 1	16	♎ 1	15	♏ 0	14	29	♐ 12	25
☿	♓ 24	26	28	29 0	♈ 1	3	5	7	9	11	13	15	17	19	21	23	25	27	29 0	♉ 1	3	5	7	10	12	14	16	18	20
♀	♉ 15	16	17	19	20	21	22	23	25	26	27	28	29 0	♊ 0	2	3	4	5	6	8	9	10	11	12	13	15	16	17	18
♂	♒ 22	23	24	24	25	26	27	27	28	29	29 0	♓ 0	1	2	3	3	4	5	6	6	7	8	9	10	10	11	12	13	13

♃ 1 4 8 12 17 21 25 30 / ♈ 3 4 5 6 7 8 9 10 — ♄ 1 17 / ♋12 13 — ♅ 1 R 30 / ♏ 1 0 — ♆ 1 R / ♐11 — ♇ 1 R 30 / ♎ 8

5

	1	2	3	4	5	6	7	8	9	10	11	12	13	14	15	16	17	18	19	20	21	22	23	24	25	26	27	28	29
☉	♉ 10	11	12	13	14	15	16	17	18	19	20	21	22	23	24	25	26	27	28	29	29 0	♊ 1	2	3	4	4	5	6	7
☽	♑ 21	♒ 3	15	27	♓ 9	21	♈ 3	15	27	♉ 10	23	♊ 5	18	♋ 2	16	29	♌ 13	28	♍ 12	26	♎ 11	25	♏ 9	23	♐ 7	20	♑ 3	16	28
☿	♉ 24	26	28	29 0	♊ 1	3	5	6	8	9	11	12	13	15	16	17	18	19	19	20	21	21	22	22	23	23	23	23	23
♀	♊ 20	21	22	23	25	26	27	28	29 0	♋ 1	2	3	4	5	6	7	8	9	11	12	13	14	15	16	17	18	19	20	21
♂	♓ 15	16	16	17	18	19	19	20	21	22	22	23	24	25	25	26	27	28	28	29	29 0	♈ 1	2	2	3	4	4	5	6

♃ 1 4 9 13 18 23 28 / ♈10 11 12 13 14 15 16 — ♄ 1 13 23 31 / ♋14 15 16 17 — ♅ 1 R 2 / ♏ 0 ♎29 — ♆ 1 R 31 / ♐11 10 — ♇ 1 R 31 / ♎ 7

6

	1	2	3	4	5	6	7	8	9	10	11	12	13	14	15	16	17	18	19	20	21	22	23	24	25	26	27	28	29
☉	♊ 10	11	12	13	14	15	16	17	18	19	20	21	22	23	24	25	26	26	27	28	29	29 0	♋ 1	2	3	4	5	6	7
☽	♓ 5	17	29	♈ 11	23	♉ 5	18	♊ 1	15	28	♋ 12	26	♌ 10	24	♍ 9	23	♎ 7	21	♏ 5	19	♐ 2	16	29	♑ 12	24	♒ 7	19	♓ 1	13
☿	♊ 23	R 23	22	22	22	21	21	21	20	20	19	18	18	17	17	16	16	16	15	15	15	15	D 15	15	15	15	16	16	16
♀	♋ 24	25	27	28	29	29 0	♌ 1	2	3	4	5	6	7	8	9	10	11	12	13	14	15	16	17	18	18	19	20	21	22
♂	♈ 8	9	10	10	11	12	13	13	14	15	16	16	17	18	19	19	20	21	21	22	23	23	24	25	26	26	27	28	29

♃ 1 2 8 13 20 26 / ♈16 17 18 19 20 21 — ♄ 1 10 18 26 / ♋17 18 19 20 — ♅ 1 R 30 / ♎29 28 — ♆ 1 R / ♐10 — ♇ 1 R 17 / ♎ 6

7

	1	2	3	4	5	6	7	8	9	10	11	12	13	14	15	16	17	18	19	20	21	22	23	24	25	26	27	28	29
☉	♋ 9	10	11	12	13	14	15	16	17	18	18	19	20	21	22	23	24	25	26	27	28	29	29 0	♌ 1	2	3	4	5	6
☽	♈ 7	19	♉ 1	14	26	♊ 9	23	♋ 7	21	♌ 5	20	♍ 5	19	♎ 4	18	♏ 2	15	29	♐ 12	25	♑ 8	21	♒ 3	15	27	♓ 9	21	♈ 3	15
☿	♊ 18	19	20	20	21	22	23	25	26	27	28	29 0	♋ 1	3	5	6	8	10	12	14	15	17	20	22	24	26	28	29 0	♌ 2
♀	♌ 24	24	25	26	27	28	28	29	29 0	♍ 1	1	2	3	3	4	5	5	6	6	7	7	8	8	9	9	9	10	10	10
♂	♈29 ♉ 0	♉ 1	2	2	3	3	4	4	5	6	7	7	8	9	10	11	11	12	13	13	14	15	15	16	17	17	18	19	19

♃ 1 4 13 25 / ♈21 22 23 24 — ♄ 1 4 12 19 27 / ♋20 21 22 23 24 — ♅ 1 R 8 D / ♎28 28 — ♆ 1 R 31 / ♐10 9 — ♇ 1 31 / ♎ 6

8

	1	2	3	4	5	6	7	8	9	10	11	12	13	14	15	16	17	18	19	20	21	22	23	24	25	26	27	28	29
☉	♌ 8	9	10	11	12	13	14	15	16	17	18	19	20	21	22	23	24	25	26	27	28	29	29 0	♍ 0	1	2	3	4	5
☽	♉ 22	♊ 4	17	♋ 1	15	29	♌ 14	29	♍ 14	29	♎ 14	28	♏ 12	26	♐ 9	22	♑ 5	18	29	♒ 12	24	♓ 6	18	♈ 0	12	24	♉ 5	19	♊ 0
☿	♌ 8	10	12	15	17	19	21	23	25	27	28	29 0	♍ 2	4	6	8	10	11	13	14	16	17	19	21	22	24	25	27	28
♀	♍ 11	11	11	11	11	R 11	11	11	11	11	11	11	11	10	10	10	9	9	8	8	7	7	6	6	5	4	4	3	3
♂	♉ 21	22	22	23	24	25	25	26	26	27	28	28	29	29 0	♊ 0	1	1	2	2	3	4	4	5	5	6	7	7	8	8

♃ 1 15 R / ♈24 24 — ♄ 1 4 12 20 29 / ♋24 25 26 27 28 — ♅ 1 15 / ♎28 29 — ♆ 1 R 21 D / ♐ 9 9 — ♇ 1 31 / ♎ 7

9

	1	2	3	4	5	6	7	8	9	10	11	12	13	14	15	16	17	18	19	20	21	22	23	24	25	26	27	28	29
☉	♍ 8	9	10	11	12	13	14	15	16	17	18	19	20	21	22	23	24	25	26	27	28	29	29 0	♎ 1	2	3	4	5	6
☽	♋ 9	23	♌ 8	23	♍ 8	23	♎ 8	23	♏ 8	22	♐ 6	19	♑ 2	14	27	♒ 9	21	♓ 3	15	27	♈ 9	21	♉ 2	15	27	♊ 9	22	♋ 5	18
☿	♎ 2	4	5	6	8	9	10	11	12	14	15	16	17	18	19	19	20	21	22	22	23	23	23	24	24	24	R 24	24	24
♀	♍ 0	R 0 29	♌ 29	29	29	28	28	27	27	26	26	26	26	25	25	25	25	D 25	25	25	25	26	26	26	26	26	27	27	27
♂	♊ 10	11	11	12	12	13	13	14	14	15	15	16	17	17	18	18	18	19	19	20	20	21	21	22	22	23	23	23	24

♃ 1 R 16 25 30 / ♈24 23 22 21 — ♄ 1 7 17 28 / ♋28 29 ♌ 0 1 — ♅ 1 8 29 27 / ♎29 0 ♏ 1 — ♆ 1 / ♐ 9 — ♇ 1 29 / ♎ 8

10

	1	2	3	4	5	6	7	8	9	10	11	12	13	14	15	16	17	18	19	20	21	22	23	24	25	26	27	28	29
☉	♎ 8	9	9	10	11	12	13	14	15	16	17	18	19	20	21	22	23	24	25	26	27	28	29	29 0	♏ 1	2	3	4	5
☽	♌ 16	♍ 1	16	♎ 1	16	♏ 1	16	♐ 0	14	28	♑ 11	24	♒ 6	18	♓ 0	12	23	♈ 6	18	29	♉ 12	24	♊ 6	19	♋ 2	15	28	♌ 12	25
☿	♎ 23	R 23	22	21	20	19	18	17	16	15	14	13	12	11	10	9	9	9	D 9	9	10	10	11	12	13	14	15	16	17
♀	♌ 28	29	29	29 0	♍ 0	1	2	2	3	4	4	5	5	6	7	7	8	9	10	11	12	12	13	14	15	16	17	18	19
♂	♊ 25	25	25	26	26	26	27	27	27	28	28	28	29	29	29	29	29 0	♋ 0	0	0	1	1	1	1	1	1	2	2	2

♃ 1 R 11 18 26 31 / ♈21 20 19 18 17 — ♄ 1 13 / ♌ 1 2 — ♅ 1 13 29 / ♏ 1 2 3 — ♆ 1 22 / ♐ 9 10 — ♇ 1 25 / ♎ 9

11

	1	2	3	4	5	6	7	8	9	10	11	12	13	14	15	16	17	18	19	20	21	22	23	24	25	26	27	28	29
☉	♏ 8	9	10	11	12	13	14	15	16	17	18	19	20	21	22	23	24	25	26	27	28	29 0	♐ 0	1	2	3	4	5	6
☽	♎ 10	25	♏ 10	24	♐ 9	22	♑ 6	20	♒ 2	14	26	♓ 8	20	♈ 2	14	26	♉ 8	20	♊ 3	16	29	♋ 12	25	♌ 9	22	♍ 6	21	♎ 5	19
☿	♎ 22	24	25	27	28	29 0	♏ 1	3	5	6	8	10	11	13	14	16	18	19	21	22	24	26	27	29	29 0	♐ 2	4	5	7
♀	♍ 22	23	24	25	26	27	28	29	29 0	♎ 1	2	3	4	5	6	7	8	9	10	11	13	14	15	16	17	18	19	20	21
♂	♋ 2	2	2	2	2	3	R 3	2	2	2	2	2	2	2	2	2	2	1	1	1	1	0	0	0 29	♊ 29	29	29	29	29

♃ 1 R 13 28 / ♈17 16 15 — ♄ 1 15 R / ♌ 2 2 — ♅ 1 14 / ♏ 3 4 — ♆ 1 20 / ♐10 11 — ♇ 1 25 / ♎10

12

	1	2	3	4	5	6	7	8	9	10	11	12	13	14	15	16	17	18	19	20	21	22	23	24	25	26	27	28	29
☉	♐ 8	9	10	11	12	13	14	15	16	17	18	19	20	21	22	23	24	25	26	27	28	29 0	♑ 1	2	3	4	5	6	7
☽	♏ 18	♐ 2	17	♑ 0	14	27	♒ 10	22	♓ 4	16	28	♈ 10	22	♉ 4	16	29	♊ 12	25	♋ 8	21	♌ 5	19	♍ 3	17	♎ 1	15	29	♏ 14	28
☿	♐ 10	11	13	15	16	18	19	21	22	24	26	27	29	29 0	♑ 2	3	5	7	8	10	11	13	14	16	17	19	21	22	24
♀	♎ 24	25	26	27	28	29	29 0	♏ 2	3	4	5	6	7	8	9	11	12	13	14	16	17	18	19	20	22	23	24	25	26
♂	♊ 28	R 28	28	27	27	27	26	26	25	25	24	24	24	23	23	22	22	22	21	21	21	20	20	19	19	19	19	18	18

♃ 1 R 11 D / ♈15 15 — ♄ 1 R 31 / ♌ 2 1 — ♅ 1 22 / ♏ 5 6 — ♆ 1 17 / ♐11 12 — ♇ 1 / ♎11

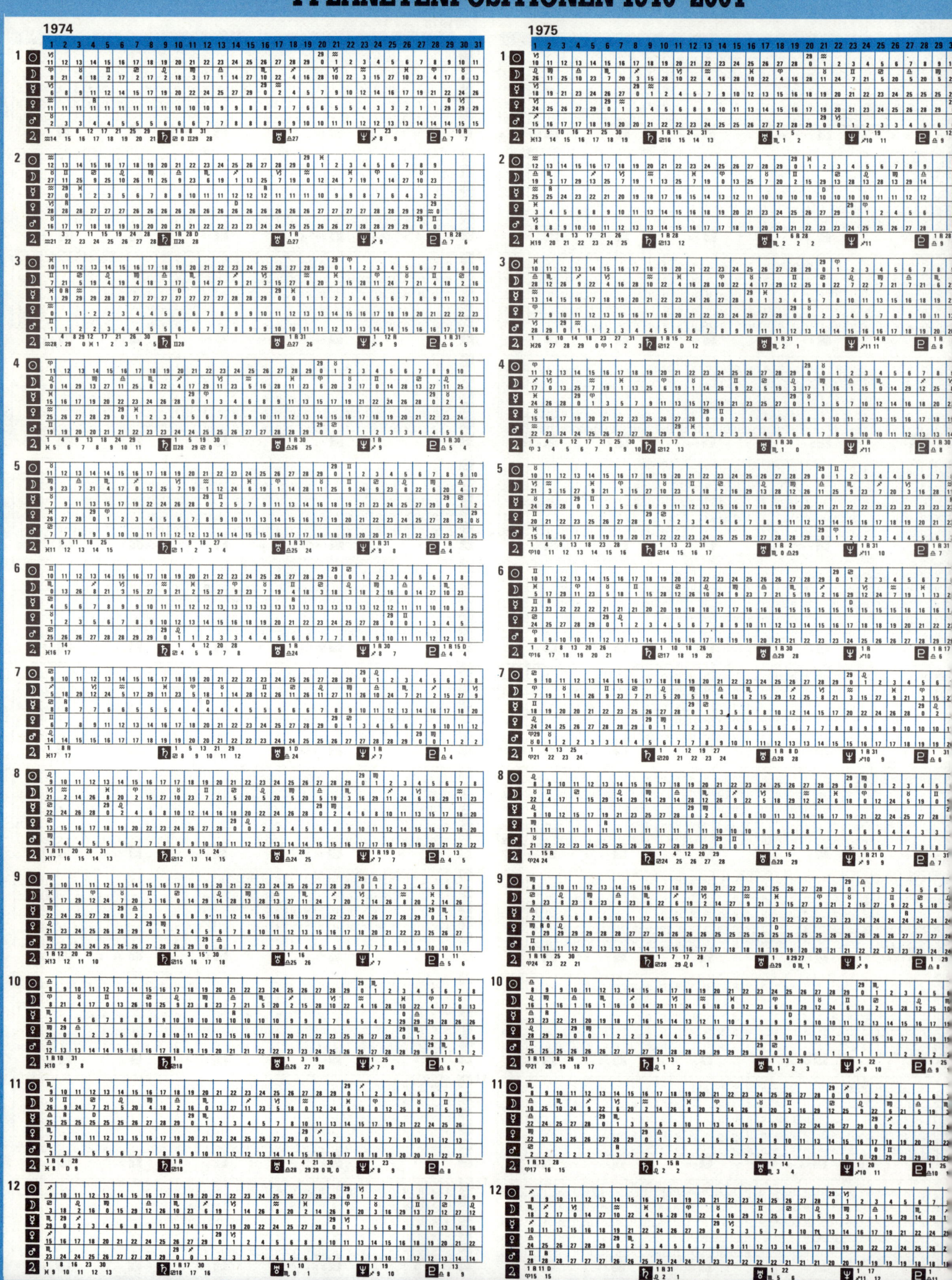

1976

1

	1	2	3	4	5	6	7	8	9	10	11	12	13	14	15	16	17	18	19	20	21	22	23	24	25	26	27	28	29	30	31
	♑ 10	11	12	13	14	15	16	17	18	19	20	21	22	23	24	25	26	27	28	29 0	♒ 0	1	2	3	4	5	6	7	8	9	10
	♑ 9	22	♒ 5	18	♓ 0	12	24	♈ 6	18	29	♉ 12	23	♊ 7	19	♋ 3	16	♌ 0	15	29	♍ 13	28	♎ 12	26	♏ 10	24	♐ 8	21	♑ 4	18	♒ 0	13
	♑ 27	29 0	♒ 0	1	3	4	5	6	7	8	8	9	9	9	R 9	9	8	8	7	6	5	4	2	1	29 0	♑ 29	27	26	25	25	24
	♏29 0	♐ 1	2	3	4	5	6	8	9	10	11	12	14	15	16	17	19	20	21	22	24	25	26	27	28	29 0	♑ 1	2	3	4	6
	♊R 17	17	17	16	16	16	16	16	16	16	15	15	15	15	15	15	15	15	15	15	D 15	15	15	15	15	15	15	15	15	15	15

1 7 16 24 31 / ♈15 16 17 18 19 — ♄ 1R 14 29 15 31 / ♌1 0 ♋29 28 — ♅ 1 24 31 / ♏6 7 7 — ♆ 1 16 31 / ♐12 13 13 — ♇ 1 15R 31 / ♎11 11 11

2

	1	2	3	4	5	6	7	8	9	10	11	12	13	14	15	16	17	18	19	20	21	22	23	24	25	26	27	28	29	30	31
	♒ 11	12	13	14	15	16	17	18	19	20	21	22	23	24	25	26	27	28	29 0	♓ 1	1	2	3	4	5	6	7	8	9		
	♒ 26	♓ 8	20	♈ 2	14	26	♉ 8	20	♊ 2	14	27	♋ 10	24	♌ 8	23	♍ 8	23	♎ 8	22	♏ 7	21	♐ 5	18	♑ 1	14	27	♒ 10	22	♓ 4		
	♑R 24	23	23	D 23	23	23	24	24	25	25	26	27	27	28	29 0	♒ 0	1	2	3	4	6	7	8	9	10	12	13	14	16		
	♑ 7	8	9	11	12	13	14	16	17	18	19	21	22	23	24	25	27	28	29 0	♒ 0	1	3	4	5	7	8	9	10	11		
	♊ 15	15	16	16	16	16	16	16	17	17	17	17	18	18	18	18	19	19	19	20	20	20	20	21	21	21	22	22	22		

1 6 12 17 23 28 29 / ♈19 20 21 22 23 24 24 — ♄ 1R 8 24 29 / ♋28 28 27 27 — ♅ 1 11R 29 / ♏7 7 7 — ♆ 1 29 / ♐13 14 — ♇ 1R 29 / ♎11 11

3

	1	2	3	4	5	6	7	8	9	10	11	12	13	14	15	16	17	18	19	20	21	22	23	24	25	26	27	28	29	30	31
	♓ 10	11	12	13	14	15	16	17	18	19	20	21	22	23	24	25	26	27	28	29 0	♈ 0	1	2	3	4	5	6	7	8	9	10
	♓ 17	29	♈ 11	22	♉ 4	16	28	♊ 10	22	♋ 5	19	♌ 2	16	♍ 1	16	♎ 1	16	♏ 1	16	♐ 1	14	28	♑ 11	24	♒ 7	19	♓ 1	14	26	♈ 8	19
	♒ 17	19	20	21	23	24	26	28	29 0	♓ 1	2	4	5	7	9	11	12	14	16	18	19	21	23	25	27	29 0	♈ 1	2	4	6	8
	♒ 13	14	15	16	18	19	20	21	22	24	25	26	27	29	29 0	♓ 1	2	3	5	6	7	9	10	11	12	13	15	16	17	18	20
	♊ 23	23	24	24	24	25	25	25	26	26	27	27	27	28	28	29	29	29 0	♋ 0	0	1	1	2	2	3	3	4	4	5	5	6

1 3 8 13 17 22 26 29 27 31 / ♈24 25 26 29 28 29 0 ♉0 1 — ♄ 1R 28D 31 / ♋26 26 26 — ♅ 1R 31 / ♏7 6 — ♆ 1 16R 31 / ♐14 14 14 — ♇ 1R 31 / ♎11 10

4

	1	2	3	4	5	6	7	8	9	10	11	12	13	14	15	16	17	18	19	20	21	22	23	24	25	26	27	28	29	30	31
	♈ 11	12	13	14	15	16	17	18	19	20	21	22	23	24	25	26	27	28	29 0	♉ 0	1	2	3	4	5	6	7	8	9	10	
	♉ 1	13	25	♊ 7	19	♋ 1	14	27	♌ 11	25	♍ 9	24	♎ 9	25	♏ 10	25	♐ 9	24	♑ 7	21	♒ 4	16	29	♓ 11	23	♈ 5	16	28	♉ 10	22	
	♈ 10	12	15	17	19	21	23	25	27	29 0	♉ 1	3	5	7	9	11	13	15	16	18	19	21	22	24	25	26	27	28	29 0	♊ 0	
	♓ 21	22	23	24	26	27	28	29 0	♈ 1	2	3	4	6	7	8	9	11	12	13	14	15	17	18	19	20	22	23	24	25	26	
	♋ 6	7	7	7	8	8	9	9	10	10	11	11	12	12	13	13	14	14	15	16	16	17	17	18	18	19	19	20	20	21	

1 4 8 12 16 21 25 29 / ♉1 2 3 4 5 6 7 8 — ♄ 1 30 / ♋26 27 — ♅ 1R 28 / ♏6 5 — ♆ 1R 30 / ♐14 13 — ♇ 1R 30 / ♎10 9

5

	1	2	3	4	5	6	7	8	9	10	11	12	13	14	15	16	17	18	19	20	21	22	23	24	25	26	27	28	29	30	31
	♉ 11	12	13	14	15	16	17	18	19	20	21	22	23	24	25	26	27	28	29	29 0	♊ 0	1	2	3	4	5	6	7	8	9	10
	♊ 4	16	28	♋ 11	24	♌ 7	20	♍ 4	19	♎ 3	18	♏ 3	18	♐ 3	18	♑ 2	16	29	♒ 12	25	♓ 7	19	♈ 1	13	25	♉ 7	19	♊ 1	13	25	♋ 8
	♊ 1	1	2	2	3	3	3	4	4	R 4	3	3	3	3	2	2	1	1	29 0	♉ 29	29	29	28	27	27	26	26	26	25	25	25
	♈ 28	29 0	♉ 0	1	3	4	5	6	8	9	10	11	13	14	15	16	18	19	20	21	22	24	25	26	27	28	29 0	♊ 1	2	3	5
	♋ 21	22	22	23	24	24	25	25	26	26	27	27	28	28	29	29 0	♌ 0	1	1	2	2	3	4	4	5	5	6	6	7	7	8

1 3 7 11 16 20 24 29 31 / ♉8 9 10 11 12 13 14 15 15 — ♄ 1 14 26 31 / ♋27 28 29 29 — ♅ 1R 23 31 / ♏5 4 4 — ♆ 1R 31 / ♐13 13 — ♇ 1R 31 / ♎9 9

6

	1	2	3	4	5	6	7	8	9	10	11	12	13	14	15	16	17	18	19	20	21	22	23	24	25	26	27	28	29	30	31
	♊ 11	12	13	14	15	16	17	18	18	19	20	21	22	23	24	25	26	27	28	29	29 0	♋ 1	2	3	4	5	6	7	8	9	
	♋ 21	♌ 4	17	♍ 1	15	29	♎ 13	28	♏ 12	27	♐ 11	26	♑ 10	24	♒ 7	20	♓ 3	15	28	♈ 10	21	♉ 3	15	27	♊ 9	22	♋ 4	17	♌ 1	14	
	♉R 25	D 25	25	25	25	25	26	26	27	27	28	28	29 0	♊ 0	1	2	3	4	5	6	7	9	10	12	13	15	16	18	19	21	
	♊ 6	7	8	9	11	12	13	14	16	17	18	19	21	22	23	24	25	27	28	29 0	♋ 1	2	3	4	5	7	8	9	10	11	
	♌ 9	9	10	10	11	11	12	13	13	14	14	15	16	16	17	17	18	19	19	20	20	21	21	22	22	23	24	24	25	26	

1 2 6 11 16 20 25 30 / ♉15 16 17 18 19 20 21 22 — ♄ 1 5 29 6 14 23 30 / ♋29 0 ♌0 1 2 2 — ♅ 1R 30 / ♏4 3 — ♆ 1R 30 / ♐12 12 — ♇ 1R 19D 30 / ♎9 9 9

7

	1	2	3	4	5	6	7	8	9	10	11	12	13	14	15	16	17	18	19	20	21	22	23	24	25	26	27	28	29	30	31
	♋ 9	10	11	12	13	14	15	16	17	18	19	20	21	22	23	24	25	26	27	28	29	29 0	♌ 0	1	2	3	4	5	6	7	8
	♌ 28	♍ 12	25	♎ 10	24	♏ 8	22	♐ 6	21	♑ 5	19	♒ 2	15	28	♓ 11	23	♈ 6	17	29	♉ 11	23	♊ 5	17	♋ 0	13	26	♌ 10	24	♍ 8	22	♎ 6
	♊ 23	25	27	29 0	♋ 1	3	5	7	9	11	13	15	18	20	22	24	26	29 0	♌ 1	2	4	6	8	10	12	14	16	18	20	22	24
	♋ 13	14	15	16	18	19	20	21	22	24	25	26	27	29 0	♌ 0	1	2	4	5	6	7	8	10	11	12	13	15	16	17	18	20
	♌ 26	27	27	28	29	29	♍ 0	0	1	2	2	3	3	4	5	5	6	7	7	8	8	9	10	10	11	11	12	13	13	14	15

1 5 11 16 22 29 31 / ♉22 23 24 25 26 27 27 — ♄ 1 9 17 25 31 / ♌3 4 5 6 6 — ♅ 1R 11D 31 / ♏3 3 — ♆ 1R 31 / ♐12 11 — ♇ 1 31 / ♎9 9

8

	1	2	3	4	5	6	7	8	9	10	11	12	13	14	15	16	17	18	19	20	21	22	23	24	25	26	27	28	29	30	31
	♌ 9	10	11	12	13	14	15	16	17	18	19	20	21	22	23	24	25	26	27	28	28	29	29 0	♍ 1	2	3	4	5	6	7	8
	♎ 20	♏ 5	19	♐ 3	17	♑ 0	14	28	♒ 11	24	♓ 7	19	♈ 1	13	25	♉ 7	19	♊ 1	13	25	♋ 8	21	♌ 5	19	♍ 3	17	♎ 2	16	♏ 1	15	29
	♌ 25	27	29 0	♍ 1	2	4	5	7	8	10	11	13	14	16	17	18	20	21	22	23	25	26	27	28	29 0	♎ 0	1	2	3	4	4
	♌ 21	22	23	24	26	27	28	29 0	♍ 1	2	3	4	6	7	8	9	10	12	13	14	15	17	18	19	20	22	23	24	25	26	28
	♍ 15	16	16	17	18	18	19	20	20	21	21	22	23	23	24	25	25	26	26	27	28	28	29	29 0	♎ 0	1	2	2	3	4	4

1 5 13 23 29 24 31 / ♉27 28 29 0 ♊0 0 — ♄ 1 9 17 25 31 / ♌7 8 9 10 10 — ♅ 1 28 31 / ♏3 4 4 — ♆ 1R 23D 31 / ♐11 11 — ♇ 1 22 31 / ♎9 10 10

9

	1	2	3	4	5	6	7	8	9	10	11	12	13	14	15	16	17	18	19	20	21	22	23	24	25	26	27	28	29	30	31
	♍ 9	10	11	12	13	14	15	16	17	18	19	20	21	22	23	24	25	26	27	28	28	29 0	♎ 0	1	2	3	4	5	6	7	
	♐ 14	27	♑ 11	24	♒ 7	20	♓ 3	15	28	♈ 10	22	♉ 4	16	28	♊ 9	21	♋ 3	16	29	♌ 13	27	♍ 11	26	♎ 11	26	♏ 11	25	♐ 10	24	♑ 8	
	♎ 5	6	6	7	7	7	8	8	R 8	8	7	7	7	6	6	5	4	3	2	1	29 0	♍ 29	28	27	26	25	24	24	23	23	
	♍29 0	♎ 0	1	3	4	5	6	8	9	10	11	12	14	15	16	17	19	20	21	22	23	25	26	27	28	29 0	♏ 1	2	3	5	
	♎ 5	5	6	7	7	8	9	9	10	11	11	12	13	13	14	15	15	16	17	17	18	19	19	20	21	21	22	23	23	24	

1 8 20R 30 / ♊0 1 1 1 — ♄ 1 12 21 30 / ♌11 12 13 14 — ♅ 1 19 30 / ♏4 5 5 — ♆ 1 30 / ♐11 11 — ♇ 1 19 30 / ♎10 11 11

10

	1	2	3	4	5	6	7	8	9	10	11	12	13	14	15	16	17	18	19	20	21	22	23	24	25	26	27	28	29	30	31
	♎ 8	9	10	11	12	13	14	15	16	17	18	19	20	21	22	23	24	25	26	27	28	29	29 0	♏ 1	2	3	4	5	6	7	8
	♑ 21	♒ 4	17	29	♓ 12	24	♈ 6	18	♉ 0	12	24	♊ 6	18	29	♋ 12	25	♌ 8	21	♍ 5	19	♎ 4	19	♏ 4	19	♐ 4	19	♑ 3	17	♒ 1	14	27
	♍R 23	D 23	23	24	24	25	26	27	28	29 0	♎ 0	2	3	5	6	8	9	11	13	14	16	18	19	21	23	24	26	28	29 0	♏ 1	3
	♏ 6	7	8	9	11	12	13	14	16	17	18	19	20	22	23	24	25	27	28	29 0	♐ 0	1	3	4	5	6	7	9	10	11	12
	♎ 25	25	26	26	27	28	28	29 0	♏ 0	1	1	2	3	3	4	5	5	6	7	7	8	9	9	10	11	12	12	13	14	14	15

1R 16 17 31 / ♊1 ♊0 ♊29 28 — ♄ 1 13 28 31 / ♌14 15 16 16 — ♅ 1 7 23 31 / ♏5 6 7 7 — ♆ 1 17 31 / ♐11 12 12 — ♇ 1 15 31 / ♎11 12 12

11

	1	2	3	4	5	6	7	8	9	10	11	12	13	14	15	16	17	18	19	20	21	22	23	24	25	26	27	28	29	30	31
	♏ 9	10	11	12	13	14	15	16	17	18	19	20	21	22	23	24	25	26	27	28	29	29 0	♐ 1	2	3	4	5	6	7	8	
	♓ 9	21	♈ 3	15	27	♉ 9	21	♊ 3	15	27	♋ 9	21	♌ 4	17	♍ 0	14	28	♎ 12	27	♏ 12	27	♐ 12	27	♑ 12	26	♒ 9	23	♓ 6	18	♈ 0	
	♏ 4	6	8	9	11	13	14	16	18	19	21	22	24	25	27	29 0	♐ 0	2	3	5	6	8	9	11	13	14	16	17	19	20	
	♐ 14	15	16	17	18	20	21	22	23	24	26	27	28	29 0	♑ 1	2	3	4	5	7	8	9	10	11	13	14	15	16	17	19	
	♏ 16	16	17	18	19	19	20	21	21	22	23	23	24	25	26	26	27	28	29	29	♐ 0	1	1	2	3	3	4	5	6	6	

1R 12 19 26 30 / ♉28 27 26 25 25 — ♄ 1 28R 30 / ♌16 16 16 — ♅ 1 8 24 30 / ♏7 8 9 9 — ♆ 1 17 30 / ♐12 13 13 — ♇ 1 11 30 / ♎12 13 13

12

	1	2	3	4	5	6	7	8	9	10	11	12	13	14	15	16	17	18	19	20	21	22	23	24	25	26	27	28	29	30	31
	♐ 9	10	11	12	13	14	15	16	17	18	19	20	21	22	23	24	25	26	27	28	29 0	♑ 1	2	3	4	5	6	7	8	9	10
	♈ 12	24	♉ 6	18	29	♊ 11	24	♋ 6	18	♌ 1	14	27	♍ 10	24	♎ 7	21	♏ 6	21	♐ 6	20	♑ 5	20	♒ 4	18	♓ 1	14	26	♈ 9	21	♉ 3	14
	♐ 22	23	25	26	28	29 0	♑ 1	2	4	5	7	8	9	11	12	13	15	16	17	18	19	20	21	22	22	23	23	R 23	23	23	22
	♑ 20	21	22	23	24	26	27	28	29 0	♒ 1	2	3	4	5	6	7	9	10	11	12	13	14	16	17	18	19	20	21	22	24	25
	♐ 7	8	8	9	10	11	11	12	13	14	14	15	16	16	17	18	19	20	20	21	22	22	23	24	25	25	26	27	28	28	29

1R 13 24 31 / ♉24 23 22 21 — ♄ 1R 31 / ♌16 16 — ♅ 1 12 31 / ♏9 10 11 — ♆ 1 14 31 / ♐13 14 14 — ♇ 1 22 31 / ♎13 14 14

1977

1

	1	2	3	4	5	6	7	8	9	10	11	12	13	14	15	16	17	18	19	20	21	22	23	24	25	26	27	28	29	30	31
☉	♑ 11	12	13	14	15	16	17	18	19	20	21	22	23	24	25	26	27	28	29	29 0	♒ 1	2	3	4	5	6	7	8	9	10	11
☽	♉ 26	♊ 8	20	♋ 2	15	28	♌ 10	23	♍ 7	20	♎ 4	18	♏ 2	16	♐ 0	15	29	♑ 14	28	♒ 12	25	♓ 9	22	♈ 4	17	29	♉ 10	22	♊ 4	16	28
☿	♑R 22	21	20	19	18	17	15	14	12	11	10	9	8	8	7	7	7	D 7	7	7	8	8	9	10	10	11	12	13	14	15	16
♀	♒ 26	27	28	29 0	♓ 1	2	3	4	5	6	7	8	9	10	11	12	13	14	16	17	18	19	20	21	22	23	24	25	26	27	28
♂	♐29 0	♑ 1	2	2	3	4	4	5	6	7	7	8	9	10	10	11	12	13	13	14	15	16	16	17	18	19	19	20	21	22	23

♃ 1R 16D 31 / ♉21 21 21 — ♄ 1R 13 26 31 / ♌16 15 14 14 — ♅ 1 31 / ♏11 11 — ♆ 1 11 31 / ♐14 15 15 — ♇ 1 16R 31 / ♎14 14 14

2

	1	2	3	4	5	6	7	8	9	10	11	12	13	14	15	16	17	18	19	20	21	22	23	24	25	26	27	28	29	30	31
☉	♒ 12	13	14	15	16	17	18	19	20	21	22	23	24	25	26	27	28	29 0	♓ 0	1	2	3	4	5	6	7	8	9			
☽	♋ 11	23	♌ 6	20	♍ 3	17	♎ 1	15	29	♏ 13	27	♐ 11	25	♑ 9	23	♒ 7	20	♓ 4	17	29	♈ 12	24	♉ 6	18	♊ 0	12	24	♋ 6			
☿	♑ 17	18	19	21	22	23	24	26	27	28	♒ 0	1	3	4	6	7	8	10	12	13	15	16	18	19	21	23	24	26			
♀	♓ 29	29 0	♈ 1	2	3	3	4	5	6	7	8	9	10	10	11	12	13	13	14	15	15	16	17	17	18	19	19	20			
♂	♑ 23	24	25	26	26	27	28	29	29 0	♒ 1	1	2	3	3	4	5	6	6	7	8	9	10	10	11	12	13	13	14			

♃ 1 6 17 26 28 / ♉21 22 23 24 24 — ♄ 1R 20 28 / ♌13 12 11 — ♅ 1 15R 28 / ♏11 11 — ♆ 1 23 28 / ♐15 16 16 — ♇ 1R 28 / ♎14 14

3

	1	2	3	4	5	6	7	8	9	10	11	12	13	14	15	16	17	18	19	20	21	22	23	24	25	26	27	28	29	30	31
☉	♓ 10	11	12	13	14	15	16	17	18	19	20	21	22	23	24	25	26	27	28	29 0	♈ 0	1	2	3	4	5	6	7	8	9	10
☽	♋ 19	♌ 1	14	28	♍ 12	26	♎ 10	25	♏ 9	23	♐ 8	22	♑ 6	19	♒ 4	16	29	♓ 13	25	♈ 8	20	♉ 2	14	26	♊ 8	20	♋ 2	14	26	♌ 9	22
☿	♒ 28	29 0	♓ 1	3	5	6	8	10	12	13	15	17	19	21	23	25	27	29 0	♈ 1	3	5	7	9	11	13	15	17	19	21	23	24
♀	♈ 20	21	21	22	22	22	23	23	23	24	24	24	24	24	24	24	R 24	24	24	24	24	24	24	23	23	22	22	22	21	21	20
♂	♒ 15	16	17	17	18	19	20	20	21	22	23	24	24	25	26	27	27	28	29	29 0	♓ 1	1	2	3	4	4	5	6	7	7	8

♃ 1 5 12 18 24 29 31 / ♉24 25 26 27 28 29 29 — ♄ 1R 31 / ♌11 10 — ♅ 1R 31 / ♏11 11 — ♆ 1 19R 31 / ♐16 16 16 — ♇ 1R 27 31 / ♎14 13 13

4

	1	2	3	4	5	6	7	8	9	10	11	12	13	14	15	16	17	18	19	20	21	22	23	24	25	26	27	28	29	30	31
☉	♈ 11	12	13	14	15	16	17	18	19	20	21	22	23	24	25	26	27	28	29	29 0	♉ 1	2	3	4	5	6	7	8	9	10	
☽	♍ 6	20	♎ 4	19	♏ 4	19	♐ 3	18	♑ 2	16	♒ 0	13	21	♓ 9	22	♈ 5	17	29	♉ 11	23	♊ 4	16	28	♋ 10	22	♌ 5	17	♍ 1	14	28	
☿	♈ 26	28	29 0	♉ 1	3	4	6	7	8	9	10	11	12	13	13	14	14	14	14	R 14	14	14	14	14	13	13	12	12	11	11	
♀	♈R 19	19	18	18	17	16	16	15	14	14	13	13	12	12	11	11	10	10	10	9	9	9	8	8	8	8	8	D 8	8	8	
♂	♓ 9	10	11	11	12	13	14	15	15	16	17	17	18	19	20	21	22	23	23	24	25	25	26	27	28	29	29 0	♈ 0	1	2	

♃ 1 3 29 4 8 13 18 23 27 30 / ♉29 0 ♊0 1 2 3 4 5 5 — ♄ 1R 11D 30 / ♌10 10 10 — ♅ 1R 24 30 / ♏11 10 10 — ♆ 1R 30 / ♐16 16 — ♇ 1R 30 / ♎13 12

5

	1	2	3	4	5	6	7	8	9	10	11	12	13	14	15	16	17	18	19	20	21	22	23	24	25	26	27	28	29	30	31
☉	♉ 11	12	13	14	15	16	17	18	19	20	21	22	23	24	24	25	26	27	28	29	29 0	♊ 1	2	3	4	5	6	7	8	9	10
☽	♎ 12	27	♏ 12	27	♐ 12	27	♑ 12	26	♒ 10	24	♓ 7	19	♈ 2	14	26	♉ 8	20	♊ 1	13	25	♋ 7	19	♌ 1	14	26	♍ 9	23	♎ 7	21	♏ 5	20
☿	♉R 10	9	9	8	7	7	6	6	5	5	5	5	5	D 5	5	5	5	5	6	6	6	7	8	8	9	10	11	12	13	14	15
♀	♈ 8	8	9	9	9	9	10	10	11	11	11	12	12	13	13	14	15	15	16	16	17	18	18	19	20	21	21	22	23	24	25
♂	♈ 3	3	4	5	5	6	7	8	9	9	10	11	12	12	13	14	15	15	16	17	18	18	19	20	21	22	22	23	24	25	25

♃ 1 6 11 15 19 24 28 31 / ♊6 7 8 9 10 11 12 12 — ♄ 1 15 30 31 / ♌10 11 12 12 — ♅ 1R 18 31 / ♏10 9 8 — ♆ 1R 28 31 / ♐16 15 15 — ♇ 1R 31 / ♎12 11

6

	1	2	3	4	5	6	7	8	9	10	11	12	13	14	15	16	17	18	19	20	21	22	23	24	25	26	27	28	29	30	31
☉	♊ 11	12	13	14	15	16	17	18	18	19	20	21	22	23	24	25	26	27	28	29	29 0	♋ 1	2	3	4	5	6	7	8	9	
☽	♐ 6	21	♑ 6	21	♒ 5	19	♓ 3	16	28	♈ 11	23	♉ 5	17	28	♊ 10	22	♋ 4	16	28	♌ 11	23	♍ 6	19	♎ 2	16	♏ 0	14	29	♐ 14	29	
☿	♉ 16	17	18	20	21	22	24	25	27	28 0	♊ 0	2	3	5	7	9	11	13	15	17	19	21	23	25	27	29 0	♋ 2	4	6	8	
♀	♈ 26	26	27	28	29	29 0	♉ 1	1	2	3	4	5	6	7	8	9	10	11	12	13	14	15	16	17	18	19	20	21	22	23	
♂	♈ 26	27	28	28	29	29 0	♉ 1	1	2	3	3	4	5	6	6	7	8	9	9	10	11	11	12	13	14	14	15	16	17	17	

♃ 1 6 10 14 18 23 27 30 / ♊13 14 15 16 17 18 19 19 — ♄ 1 10 21 30 / ♌12 13 14 15 — ♅ 1R 30 / ♏8 8 — ♆ 1R 30 / ♐15 14 — ♇ 1R 21D 30 / ♎11 11 11

7

	1	2	3	4	5	6	7	8	9	10	11	12	13	14	15	16	17	18	19	20	21	22	23	24	25	26	27	28	29	30	31
☉	♋ 9	10	11	12	13	14	15	16	17	18	19	20	21	22	23	24	25	26	27	28	29	29 0	♌ 0	1	2	3	4	5	6	7	8
☽	♑ 14	29	♒ 14	28	♓ 12	24	♈ 7	19	♉ 2	14	25	♊ 7	19	♋ 1	13	25	♌ 8	20	♍ 3	16	29	♎ 13	26	♏ 10	24	♐ 9	24	♑ 8	23	♒ 8	22
☿	♋ 10	13	15	17	19	21	23	25	27	29 0	♌ 1	3	5	6	8	10	12	14	15	17	19	20	22	24	25	27	28	29 0	♍ 1	2	4
♀	♉ 24	25	26	27	28	29 0	♊ 1	2	3	4	5	6	7	8	9	10	11	12	13	14	16	17	18	19	20	21	22	23	25	26	27
♂	♉ 18	19	20	20	21	22	22	23	24	24	25	26	27	27	28	29	29 0	♊ 0	1	2	2	3	4	4	5	6	6	7	8	8	9

♃ 1 6 11 15 20 25 30 31 / ♊20 21 22 23 24 25 26 26 — ♄ 1 9 17 25 31 / ♌15 16 17 18 18 — ♅ 1R 17D 31 / ♏8 8 8 — ♆ 1R 31 / ♐14 13 — ♇ 1 31 / ♎11 12

8

	1	2	3	4	5	6	7	8	9	10	11	12	13	14	15	16	17	18	19	20	21	22	23	24	25	26	27	28	29	30	31
☉	♌ 9	10	11	12	13	14	15	16	17	18	19	20	21	22	22	23	24	25	26	27	28	29	29 0	♍ 1	2	3	4	5	6	7	8
☽	♓ 6	19	♈ 3	15	28	♉ 10	22	♊ 4	15	27	♋ 9	22	♌ 4	17	29	♍ 13	26	♎ 9	23	♏ 7	21	♐ 5	19	♑ 4	18	♒ 2	17	♓ 0	14	27	♈ 10
☿	♍ 5	6	7	8	9	11	12	13	14	15	15	16	17	18	18	19	19	20	20	20	21	21	R 21	21	20	20	20	19	19	18	17
♀	♊ 28	29 0	♋ 1	2	2	3	5	6	7	8	9	10	12	13	14	15	16	17	19	20	21	22	23	24	26	27	28	29 0	♌ 1	2	3
♂	♊ 10	10	11	12	12	13	14	14	15	16	16	17	18	18	19	20	20	21	22	22	23	24	24	25	25	26	27	27	28	29	29

♃ 1 4 9 14 20 29 21 26 31 / ♊26 27 28 29 0 ♋0 1 1 — ♄ 1 10 18 26 31 / ♌19 20 21 22 22 — ♅ 1 31 / ♏8 8 — ♆ 1R 26D 31 / ♐13 13 13 — ♇ 1 31 / ♎12 12

9

	1	2	3	4	5	6	7	8	9	10	11	12	13	14	15	16	17	18	19	20	21	22	23	24	25	26	27	28	29	30	31
☉	♍ 9	10	11	12	13	14	15	16	17	18	19	20	21	22	22	23	24	25	26	27	28	29	29 0	♎ 1	2	3	4	5	6	7	
☽	♈ 23	♉ 6	18	29	♊ 12	23	♋ 5	17	29	♌ 12	25	♍ 8	22	♎ 6	19	♏ 4	18	♐ 2	16	♑ 0	15	29	♒ 12	26	♓ 10	23	♈ 6	19	♉ 1	14	
☿	♍R 16	15	15	14	13	12	11	10	9	8	8	7	7	7	D 7	7	7	8	8	9	10	11	12	13	15	16	17	19	21	22	
♀	♌ 4	5	6	7	9	10	11	12	14	15	16	17	18	20	21	22	23	24	26	27	28	29 0	♍ 1	2	3	4	5	7	8	9	
♂	♊29 0	♋ 0	1	2	2	3	4	4	5	5	6	7	7	8	8	9	9	10	11	11	12	12	13	13	14	15	15	16	16	17	

♃ 1 9 17 28 30 / ♋2 3 4 5 5 — ♄ 1 11 19 28 30 / ♌23 24 25 26 26 — ♅ 1 10 30 / ♏8 9 10 — ♆ 1 30 / ♐13 13 — ♇ 1 30 / ♎13 13

10

	1	2	3	4	5	6	7	8	9	10	11	12	13	14	15	16	17	18	19	20	21	22	23	24	25	26	27	28	29	30	31
☉	♎ 8	9	10	11	12	13	14	15	16	17	18	19	20	21	22	23	24	25	26	27	28	29	29 0	♏ 1	2	3	4	5	6	7	8
☽	♉ 26	♊ 8	19	♋ 1	13	25	♌ 8	20	♍ 3	16	♎ 0	14	29	♏ 13	28	♐ 12	27	♑ 11	25	♒ 9	23	♓ 6	19	♈ 2	15	27	♉ 10	22	♊ 4	16	28
☿	♍ 24	26	28	29 0	♎ 1	3	5	6	8	10	12	14	15	17	19	20	22	24	26	28	29 0	♏ 1	2	4	5	7	9	10	12	14	15
♀	♍ 10	12	13	14	15	16	18	19	20	21	23	24	25	26	28	29	29 0	♎ 1	3	4	5	6	7	9	10	11	13	14	15	16	17
♂	♋ 17	18	18	19	19	20	20	21	21	22	22	23	23	24	24	25	25	26	26	27	27	28	28	29	29	29 0	♌ 0	0	1	1	2

♃ 1 15 25R 31 / ♋5 6 6 6 — ♄ 1 8 18 31 / ♌26 27 28 29 — ♅ 1 18 31 / ♏10 11 12 — ♆ 1 13 31 / ♐13 14 14 — ♇ 1 31 / ♎14 15

11

	1	2	3	4	5	6	7	8	9	10	11	12	13	14	15	16	17	18	19	20	21	22	23	24	25	26	27	28	29	30	31
☉	♏ 9	10	11	12	13	14	15	16	17	18	19	20	21	22	23	24	25	26	27	28	29	29 0	♐ 1	2	3	4	5	6	7	8	
☽	♋ 9	21	♌ 3	16	28	♍ 11	24	♎ 8	22	♏ 7	22	♐ 7	22	♑ 7	21	♒ 6	19	♓ 3	16	29	♈ 12	24	♉ 6	18	♊ 0	12	24	♋ 6	18	♌ 0	
☿	♏ 16	18	20	21	23	25	26	28	29 0	♐ 1	2	4	5	7	8	10	11	12	14	15	17	18	20	21	23	24	25	26	27	28	
♀	♎ 19	20	21	22	24	25	26	27	29	29 0	♏ 1	2	4	5	6	8	9	10	11	13	14	15	16	18	19	20	21	23	24	25	
♂	♌ 2	3	3	3	4	4	4	5	5	5	6	6	6	7	7	7	7	8	8	8	9	9	9	9	10	10	10	10	10	10	

♃ 1R 20 30 / ♋6 5 4 — ♄ 1 16 17 30 / ♌29 29 ♍0 0 — ♅ 1 19 30 / ♏12 13 13 — ♆ 1 15 30 / ♐14 15 15 — ♇ 1 30 / ♎15 16

12

	1	2	3	4	5	6	7	8	9	10	11	12	13	14	15	16	17	18	19	20	21	22	23	24	25	26	27	28	29	30	31
☉	♐ 9	10	11	12	13	14	15	16	17	18	19	20	21	22	23	24	25	26	27	28	29 0	♑ 0	1	2	3	4	5	6	7	8	9
☽	♌ 12	24	♍ 7	19	♎ 2	16	♏ 0	15	29	♐ 15	♑ 0	15	♒ 0	15	29	♓ 13	26	♈ 9	21	♉ 3	15	27	♊ 9	21	♋ 3	15	27	♌ 9	21	♍ 3	16
☿	♐29 0	♑ 1	2	3	4	5	5	6	7	7	7	R 7	7	7	7	6	5	4	3	2	29 0	♐ 29	28	26	25	24	23	22	22	21	21
♀	♏ 26	27	29	29 0	♐ 1	3	4	5	6	8	9	10	11	13	14	15	16	18	19	20	21	23	24	25	27	28	29 0	♑ 0	1	3	4
♂	♌ 10	10	11	11	11	11	11	11	11	11	11	11	R 11	11	11	11	11	11	11	11	11	11	11	11	11	10	10	10	10	9	9

♃ 1R 8 16 23 31 29 / ♋4 3 2 1 ♊0 — ♄ 1 12R 31 / ♍0 0 0 — ♅ 1 25 31 / ♏14 15 15 — ♆ 1 12 31 / ♐15 16 16 — ♇ 1 31 / ♎16 16

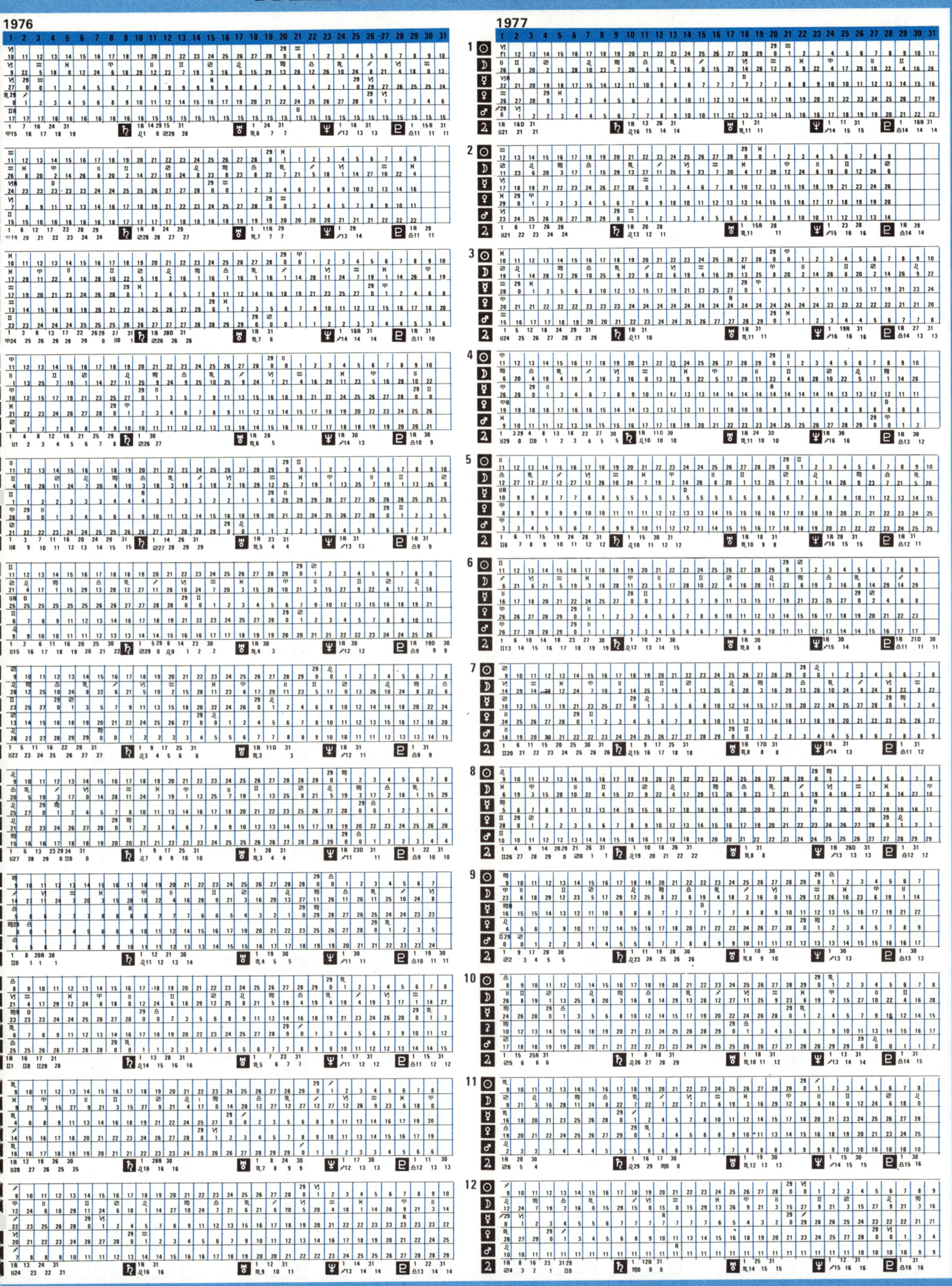

1978

1

	1	2	3	4	5	6	7	8	9	10	11	12	13	14	15	16	17	18	19	20	21	22	23	24	25	26	27	28	29	30	31
☉	♑ 10	11	12	13	14	15	16	17	18	19	20	21	22	23	24	25	26	27	28	29 0	♒ 1	2	3	4	5	6	7	8	9	10	11
☽	♍ 29	♎ 12	25	♏ 9	23	♐ 8	23	♑ 8	23	♒ 8	23	♓ 8	21	♈ 5	18	♉ 0	12	24	♊ 6	18	♋ 0	12	24	♌ 6	18	♍ 0	13	26	♎ 8	21	♏ 5
☿	♐℞ 21	D 21	21	22	22	23	23	24	25	26	27	28	29 0	♑ 0	1	3	4	5	6	7	9	10	12	13	14	16	17	19	20	21	23
♀	♑ 5	7	8	9	10	11	13	14	15	16	18	19	20	21	23	24	25	27	28	29 0	♒ 0	1	3	4	5	7	8	9	10	12	13
♂	♌℞ 9	9	9	8	8	8	7	7	7	6	6	6	5	5	4	4	4	3	3	2	2	1	1	1	0	29 0	♋ 29	29	29	29	28

♃ 1℞ 16 27 31 / ♊29 28 27 27
♄ 1℞ 5 29 6 31 / ♍0 0 ♌29 28
♅ 1 21 31 / ♏15 16 16
♆ 1 8 31 / ♐16 17 17
♇ 1 19℞ 31 / ♎16 16 16

2

	1	2	3	4	5	6	7	8	9	10	11	12	13	14	15	16	17	18	19	20	21	22	23	24	25	26	27	28
☉	♒ 12	13	14	15	16	17	18	19	20	21	22	23	24	25	26	27	28	29	29 0	♓ 1	2	3	4	5	6	7	8	9
☽	♏ 19	♐ 3	17	♑ 2	17	♒ 2	17	♓ 1	15	29	♈ 13	26	♉ 8	21	♊ 3	15	26	♋ 8	20	♌ 2	15	27	♍ 10	24	♎ 5	18	♏ 2	15
☿	♑ 25	26	28	29 0	♒ 1	2	4	5	7	9	10	12	13	15	17	19	21	23	24	26	28	29 0	♓ 1	3	5	7	8	10
♀	♒ 14	16	17	18	19	21	22	23	24	26	27	28	29 0	♓ 1	2	3	4	6	7	8	9	10	12	13	14	15	17	18
♂	♋℞ 28	27	27	27	26	26	26	25	25	25	25	24	24	24	24	23	23	23	23	23	23	23	23	22	22	22	22	22

♃ 1℞ 20D 28 / ♊27 26 26
♄ 1℞ 18 28 / ♌28 27 26
♅ 1 20℞ 28 / ♏16 16 16
♆ 1 15 28 / ♐17 18 18
♇ 1℞ 28 / ♎16 16

3

	1	2	3	4	5	6	7	8	9	10	11	12	13	14	15	16	17	18	19	20	21	22	23	24	25	26	27	28	29	30	31
☉	♓ 10	11	12	13	14	15	16	17	18	19	20	21	22	23	24	25	26	27	28	29 0	♈ 0	1	2	3	4	5	6	7	8	9	10
☽	♏ 29	♐ 13	28	♑ 12	26	♒ 11	25	♓ 10	23	♈ 7	20	♉ 3	16	28	♊ 10	23	♋ 4	16	28	♌ 10	23	♍ 5	18	♎ 1	14	28	♏ 12	26	♐ 10	24	♑ 9
☿	♓ 12	14	16	18	20	22	24	26	28	29 0	♈ 1	3	5	7	9	10	12	14	15	17	18	19	20	21	23	23	24	25	25	25	26
♀	♓ 19	21	22	23	24	25	26	28	29 0	♈ 1	2	3	4	5	7	8	9	11	12	13	14	15	17	18	19	20	22	23	24	25	26
♂	♋℞ 22	22	D 22	22	22	22	22	22	22	22	22	22	23	23	23	23	23	24	24	24	24	24	24	25	25	25	25	26	26	26	26

♃ 1 16 27 31 / ♊26 27 28 28
♄ 1℞ 16 31 / ♌26 25 24
♅ 1℞ 31 / ♏16 16
♆ 1 21℞ 31 / ♐18 18 18
♇ 1℞ 31 / ♎16 15

4

	1	2	3	4	5	6	7	8	9	10	11	12	13	14	15	16	17	18	19	20	21	22	23	24	25	26	27	28	29	30
☉	♈ 11	12	13	14	15	16	17	18	19	20	21	22	23	24	25	26	27	28	29	29 0	♉ 1	2	3	4	5	6	7	8	9	10
☽	♑ 23	♒ 7	21	♓ 5	18	♈ 2	15	29	♉ 11	24	♊ 6	18	♋ 0	12	24	♌ 6	18	♍ 1	13	26	♎ 9	23	♏ 7	21	♐ 6	20	♑ 5	19	♒ 4	18
☿	♈ 26	℞ 26	26	26	25	25	24	24	23	23	22	21	20	20	19	18	17	17	16	16	15	15	15	15	15	D 15	15	15	15	16
♀	♈ 28	29 0	♉ 0	2	3	4	5	6	8	9	10	11	12	14	15	16	18	19	20	21	22	24	25	26	27	29	29 0	♊ 1	2	3
♂	♋ 27	27	27	28	28	28	29	29	29	29 0	♌ 0	0	1	1	1	2	2	2	3	3	4	4	4	5	5	6	6	7	7	7

♃ 1 4 11 12 18 24 30 / ♊28 29 29 ♋0 1 2 3
♄ 1℞ 26D 30 / ♌24 24
♅ 1℞ 30 / ♏15 14
♆ 1℞ 30 / ♐18 18
♇ 1℞ 30 / ♎15 14

5

	1	2	3	4	5	6	7	8	9	10	11	12	13	14	15	16	17	18	19	20	21	22	23	24	25	26	27	28	29	30	31
☉	♉ 10	11	12	13	14	15	16	17	18	19	20	21	22	23	24	25	26	27	28	29	29 0	♊ 1	2	3	4	5	6	7	8	9	10
☽	♓ 2	15	28	♈ 12	25	♉ 7	20	♊ 2	14	26	♋ 8	20	♌ 2	14	26	♍ 9	21	♎ 4	17	♏ 1	16	♐ 0	15	♑ 0	15	29	♒ 14	28	♓ 12	25	♈ 9
☿	♈ 16	17	17	18	18	19	20	21	22	23	24	25	26	27	28	29 0	♉ 1	2	4	5	6	8	9	11	12	14	16	18	19	21	23
♀	♊ 5	6	7	8	10	11	12	13	14	15	17	18	19	20	22	23	24	25	26	28	29	29 0	♋ 1	2	4	5	6	7	8	10	11
♂	♌ 8	8	9	9	10	10	11	11	11	12	12	13	13	14	14	15	15	16	16	17	17	18	18	19	19	20	20	21	21	22	22

♃ 1 6 11 16 21 26 31 / ♋3 4 5 6 7 8 9
♄ 1 31 / ♌24 24
♅ 1℞ 31 / ♏14 13
♆ 1℞ 31 / ♐18 17
♇ 1℞ 31 / ♎14 14

6

	1	2	3	4	5	6	7	8	9	10	11	12	13	14	15	16	17	18	19	20	21	22	23	24	25	26	27	28	29	30
☉	♊ 10	11	12	13	14	15	16	17	18	19	20	21	22	23	24	25	26	27	28	29	29 0	♋ 1	2	3	4	4	5	6	7	8
☽	♈ 21	♉ 4	17	29	♊ 12	23	♋ 5	17	29	♌ 11	23	♍ 5	17	29	♎ 12	26	♏ 9	24	♐ 9	23	♑ 9	24	♒ 9	24	♓ 8	22	♈ 5	18	♉ 1	14
☿	♉ 25	27	29 0	♊ 2	4	6	8	10	12	14	16	18	21	23	25	27	29 0	♋ 2	4	6	8	10	12	14	16	18	20	22	24	25
♀	♋ 12	14	15	16	17	18	19	20	21	23	24	25	26	28	29	29 0	♌ 1	2	3	5	6	7	8	9	10	11	13	14	15	16
♂	♌ 23	23	24	24	25	25	26	27	27	28	28	29	29	29 0	♍ 0	1	2	2	3	3	4	4	5	5	6	6	7	8	8	9

♃ 1 5 9 14 18 23 28 30 / ♋9 10 11 12 13 14 15 15
♄ 1 17 28 30 / ♌25 26 27 27
♅ 1℞ 30 / ♏13 12
♆ 1℞ 30 / ♐17 16
♇ 1℞ 24D 30 / ♎14 14 14

7

	1	2	3	4	5	6	7	8	9	10	11	12	13	14	15	16	17	18	19	20	21	22	23	24	25	26	27	28	29	30	31
☉	♋ 9	10	11	12	13	14	15	16	17	18	19	20	21	22	23	23	24	25	26	27	28	29	29 0	♌ 1	2	3	4	5	6	7	8
☽	♉ 26	♊ 8	20	♋ 2	14	26	♌ 8	20	♍ 2	14	26	♎ 9	21	♏ 4	18	♐ 2	17	♑ 2	17	♒ 2	18	♓ 3	17	♈ 1	15	28	♉ 11	23	♊ 5	18	29
☿	♋ 27	29 0	♌ 1	2	4	5	7	8	10	12	13	14	16	17	18	19	20	22	23	24	25	26	27	28	29	29	29 0	♍ 1	1	1	2
♀	♌ 17	19	20	21	22	23	24	25	27	28	29	29 0	♍ 1	2	4	5	6	7	8	9	10	11	12	13	15	16	17	18	19	20	21
♂	♍ 9	10	10	11	12	12	13	13	14	15	16	17	17	17	18	18	19	19	20	21	21	22	22	23	24	24	25	25	26	27	27

♃ 1 6 11 15 20 24 29 31 / ♋16 17 18 19 20 21 22 22
♄ 1 8 18 26 29 27 31 / ♌27 28 29 0 ♍0 0
♅ 1℞ 21D 31 / ♏12 12 12
♆ 1℞ 31 / ♐16 16
♇ 1 31 / ♎14 14

8

	1	2	3	4	5	6	7	8	9	10	11	12	13	14	15	16	17	18	19	20	21	22	23	24	25	26	27	28	29	30	31
☉	♌ 9	10	11	12	13	14	15	15	16	17	18	19	20	21	22	23	24	25	26	27	28	29	29 0	♍ 1	2	3	4	5	6	7	8
☽	♋ 11	23	♌ 5	17	29	♍ 11	23	♎ 5	18	♏ 1	14	27	♐ 12	26	♑ 11	26	♒ 11	26	♓ 11	25	♈ 9	23	♉ 6	19	♊ 2	14	26	♋ 8	20	♌ 1	13
☿	♍ 2	3	3	3	℞ 3	3	3	2	2	2	1	1	29 0	♌ 29	29	28	27	26	25	24	24	23	22	22	21	21	20	20	D 20	20	21
♀	♍ 22	24	25	26	27	28	29	29 0	♎ 1	2	3	4	5	6	7	8	9	10	12	13	14	15	16	17	18	19	20	21	22	23	24
♂	♍ 28	29	29	29 0	♎ 0	1	2	2	3	3	4	5	5	6	6	7	8	9	9	10	10	11	12	12	13	13	14	15	15	16	17

♃ 1 2 7 11 16 21 26 31 / ♋22 23 24 25 26 27 28 29
♄ 1 4 12 20 28 31 / ♍0 1 2 3 4 4
♅ 1 31 / ♏12 13
♆ 1℞ 28D 31 / ♐16 15 15
♇ 1 28 31 / ♎14 15 15

9

	1	2	3	4	5	6	7	8	9	10	11	12	13	14	15	16	17	18	19	20	21	22	23	24	25	26	27	28	29	30
☉	♍ 9	10	11	12	13	13	14	15	16	17	18	19	20	21	22	23	24	25	26	27	28	29	29 0	♎ 1	2	3	4	5	6	7
☽	♌ 25	♍ 8	20	♎ 2	15	28	♏ 11	24	♐ 8	22	♑ 6	21	♒ 5	20	♓ 5	19	♈ 3	18	♉ 1	14	27	♊ 10	22	♋ 4	16	28	♌ 10	22	♍ 4	16
☿	♌ 21	22	22	23	24	25	26	27	29 0	♍ 0	2	4	6	7	9	11	13	14	16	18	20	22	24	26	27	29 0	♎ 1	3	5	6
♀	♎ 24	25	26	27	28	29	29 0	♏ 1	2	3	4	4	5	6	7	7	8	9	10	10	11	12	13	13	14	15	15	16	16	17
♂	♎ 17	18	19	19	20	21	21	22	23	23	24	25	25	26	27	27	28	29	29 0	♏ 0	1	1	2	3	3	4	5	5	6	7

♃ 1 5 29 6 10 16 22 28 30 / ♋29 0 ♌0 1 2 3 4 4
♄ 1 4 12 20 29 30 / ♍4 5 6 7 8 8
♅ 1 23 30 / ♏13 14 14
♆ 1 30 / ♐15 16
♇ 1 25 30 / ♎15 16 16

10

	1	2	3	4	5	6	7	8	9	10	11	12	13	14	15	16	17	18	19	20	21	22	23	24	25	26	27	28	29	30	31
☉	♎ 8	9	10	11	12	13	14	15	16	17	18	19	20	21	22	23	24	25	26	27	28	29	29 0	♏ 1	2	3	4	5	6	7	8
☽	♍ 29	♎ 11	24	♏ 8	22	♐ 5	19	♑ 3	17	♒ 1	15	29	♓ 14	28	♈ 12	26	♉ 9	22	♊ 5	18	♋ 0	12	24	♌ 6	18	29	♍ 12	24	♎ 7	20	♏ 3
☿	♎ 8	10	12	14	15	17	19	20	22	24	26	27	28	29 0	♏ 2	3	5	6	8	9	11	13	14	16	17	19	20	22	23	24	25
♀	♏ 18	18	19	19	20	20	20	21	21	22	22	22	22	22	22	22	22	22	℞ 22	22	22	22	22	22	22	21	21	21	20	20	19
♂	♏ 8	8	9	10	10	11	12	12	13	14	14	15	16	16	17	18	18	19	20	21	21	22	23	23	24	25	26	26	27	28	28

♃ 1 4 12 20 31 / ♌4 5 6 7 8
♄ 1 8 17 27 31 / ♍8 9 10 11 11
♅ 1 12 29 31 / ♏14 15 16 16
♆ 1 31 / ♐16 16
♇ 1 20 31 / ♎16 17 17

11

	1	2	3	4	5	6	7	8	9	10	11	12	13	14	15	16	17	18	19	20	21	22	23	24	25	26	27	28	29	30
☉	♏ 9	10	11	12	13	14	15	16	17	18	19	20	21	22	23	24	25	26	27	28	29	29 0	♐ 1	2	3	4	5	6	7	8
☽	♏ 17	♐ 1	15	29	♑ 14	28	♒ 12	26	♓ 10	24	♈ 8	21	♉ 4	18	♊ 0	13	26	♋ 8	20	♌ 2	14	25	♍ 7	19	♎ 2	15	28	♏ 11	25	♐ 10
☿	♏ 27	29	29 0	♐ 2	3	4	5	7	8	9	11	12	13	14	15	16	17	18	19	19	20	20	21	21	21	℞ 21	21	21	21	20
♀	♏℞ 19	18	18	17	17	16	16	15	14	14	13	13	12	11	11	10	10	9	9	9	8	8	8	8	7	7	7	7	D 7	7
♂	♏ 29	29 0	♐ 1	2	2	3	3	4	5	6	6	7	8	8	9	10	11	11	12	13	14	14	15	16	17	17	18	19	20	20

♃ 1 20 26℞ 30 / ♌8 9 9 9
♄ 1 8 23 30 / ♍11 12 13 13
♅ 1 14 30 / ♏16 17 18
♆ 1 12 30 / ♐16 17 17
♇ 1 17 30 / ♎17 18 18

12

	1	2	3	4	5	6	7	8	9	10	11	12	13	14	15	16	17	18	19	20	21	22	23	24	25	26	27	28	29	30	31
☉	♐ 9	10	11	12	13	14	15	16	17	18	19	20	21	22	23	24	25	26	27	28	29	29 0	♑ 1	2	3	4	5	6	7	8	9
☽	♐ 24	♑ 9	24	♒ 9	23	♓ 7	21	♈ 4	17	♉ 1	14	27	♊ 9	22	♋ 4	16	28	♌ 10	22	♍ 4	15	27	♎ 10	23	♏ 6	19	♐ 3	18	♑ 3	18	♒ 3
☿	♐℞ 19	18	17	16	14	13	12	10	9	8	7	6	6	5	5	D 5	5	6	6	7	7	8	9	10	11	12	13	14	15	16	18
♀	♏ 7	7	8	8	8	8	9	9	9	10	10	11	11	11	12	13	13	14	14	15	16	16	17	18	19	19	20	21	22	23	24
♂	♐ 21	22	23	23	24	25	26	26	27	28	29	29 0	♑ 0	1	2	2	3	4	5	5	6	7	8	8	9	10	11	12	12	13	14

♃ 1℞ 21 31 / ♌9 8 7
♄ 1 25℞ 31 / ♍13 13 13
♅ 1 18 31 / ♏18 19 19
♆ 1 10 31 / ♐17 18 19
♇ 1 25 31 / ♎18 19 19

1979

1

	1	2	3	4	5	6	7	8	9	10	11	12	13	14	15	16	17	18	19	20	21	22	23	24	25	26	27	28	29
☉	♑ 10	11	12	13	14	15	16	17	18	19	20	21	22	23	24	25	26	27	28	29 0	♒ 1	2	3	4	5	6	7	8	9
☽	♒ 18	♓ 3	17	♈ 1	15	28	♉ 11	24	♊ 6	19	♋ 1	13	25	♌ 7	18	♍ 0	12	24	♎ 6	18	♏ 1	14	27	♐ 12	26	♑ 11	26	♒ 11	26
☿	♐ 19	21	22	23	25	26	28	29 0	♑ 1	2	3	4	6	8	9	11	12	14	15	17	19	20	22	23	25	26	28	29 0	♒ 1
♀	♏ 24	25	26	27	28	29	29 0	♐ 1	2	3	4	5	6	7	8	9	10	11	12	13	14	15	16	17	18	19	20	21	22
♂	♑ 15	15	16	17	18	18	19	20	21	22	22	23	24	25	25	26	27	28	29	29 0	♒ 0	1	2	3	3	4	5	6	6

♃ 1℞ 9 17 25 31 / ♌7 6 5 4 3
♄ 1℞ 31 / ♍13 13
♅ 1 31 / ♏20 20
♆ 1 31 / ♐19 19
♇ 1 / ♎19

2

	1	2	3	4	5	6	7	8	9	10	11	12	13	14	15	16	17	18	19	20	21	22	23	24	25	26	27	28
☉	♒ 12	13	14	15	16	17	18	19	20	21	22	23	24	25	26	27	28	29	29 0	♓ 1	2	3	4	5	6	7	8	9
☽	♈ 10	24	♉ 7	21	♊ 3	16	28	♋ 10	22	♌ 4	15	27	♍ 9	21	♎ 3	15	28	♏ 10	23	♐ 6	20	♑ 5	19	♒ 4	19	♓ 4	19	♈ 4
☿	♒ 6	8	10	11	13	15	16	18	20	22	24	25	27	29 0	♓ 1	3	4	6	8	10	12	14	16	17	19	21	23	24
♀	♐ 25	27	28	29	29 0	♑ 1	2	3	4	5	6	7	9	10	11	12	13	14	16	17	18	19	20	21	22	23	25	26
♂	♒ 9	10	11	11	12	13	14	14	15	16	17	18	18	19	20	21	21	22	23	24	24	25	26	27	28	28	29 0	♓ 0

♃ 1℞ 9 18 28 / ♌3 2 1 0
♄ 1℞ 11 24 28 / ♍13 12 11 11
♅ 1 20 25℞ 28 / ♏20 21 21 21
♆ 1 28 / ♐20 20
♇ 1℞ / ♎19

3

	1	2	3	4	5	6	7	8	9	10	11	12	13	14	15	16	17	18	19	20	21	22	23	24	25	26	27	28	29
☉	♓ 10	11	12	13	14	15	16	17	18	19	20	21	22	23	24	25	26	27	28	29	29 0	♈ 1	2	3	4	5	6	7	8
☽	♈ 19	♉ 2	16	29	♊ 12	25	♋ 7	19	♌ 0	12	24	♍ 6	18	♎ 0	12	25	♏ 7	20	♐ 3	17	♑ 0	14	29	♒ 13	28	♓ 13	27	♈ 12	26
☿	♓ 26	28	29 0	♈ 0	2	3	4	5	6	7	7	8	8	8	℞ 8	8	8	8	7	7	6	5	5	4	3	2	1	29 0	♓ 29
♀	♑ 27	28	29 0	♒ 1	2	3	4	5	6	7	8	10	11	12	13	14	16	17	18	19	20	22	23	24	25	26	28	29	29 0
♂	♓ 1	2	3	4	4	5	6	7	7	8	9	9	10	11	12	13	14	14	15	16	17	17	18	19	20	21	21	22	23

♃ 1℞ 1 2 26D 31 / ♌0 ♋29 ♋29 29 29
♄ 1℞ 22 31 / ♍10 9 8
♅ 1℞ 31 / ♏21 20
♆ 1 24℞ 31 / ♐20 20 20
♇ 1℞ / ♎19

4

	1	2	3	4	5	6	7	8	9	10	11	12	13	14	15	16	17	18	19	20	21	22	23	24	25	26	27	28	29
☉	♈ 11	12	13	14	15	16	17	18	19	20	21	22	23	24	25	26	27	28	29	29 0	♉ 1	2	3	4	5	6	7	8	8
☽	♊ 7	20	♋ 4	15	27	♌ 9	21	♍ 2	14	26	♎ 9	21	♏ 4	17	♐ 0	14	27	♑ 11	25	♒ 9	23	♓ 8	22	♈ 6	21	♉ 5	18	♊ 2	15
☿	♓℞ 27	27	26	26	26	26	25	D 25	26	26	26	27	27	28	28	29	29 0	♈ 1	2	2	3	4	5	6	7	8	10	11	12
♀	♓ 4	5	6	7	8	9	11	12	13	15	16	17	18	19	20	22	23	24	25	27	28	29	29 0	♈ 1	2	4	5	6	7
♂	♓ 26	26	27	28	28	29	29 0	♈ 1	2	2	3	4	5	5	6	7	8	9	9	10	11	12	13	13	14	15	15	16	17

♃ 1 20 29 21 30 / ♋29 0 ♌0 1
♄ 1℞ 30 / ♍8 7
♅ 1℞ 30 / ♏20 19
♆ 1℞ 30 / ♐20 20
♇ 1℞ / ♎18

5

	1	2	3	4	5	6	7	8	9	10	11	12	13	14	15	16	17	18	19	20	21	22	23	24	25	26	27	28	29
☉	♉ 10	11	12	13	14	15	16	17	18	19	20	21	22	23	24	25	26	27	28	29	29 0	♊ 1	2	3	4	5	6	7	8
☽	♋ 11	23	♌ 5	17	29	♍ 11	22	♎ 5	17	29	♏ 13	26	♐ 10	24	♑ 8	22	♒ 6	20	♓ 4	18	♈ 2	16	♉ 0	14	27	♊ 10	23	♋ 6	19
☿	♈ 15	16	18	19	21	22	24	25	27	29 0	♉ 1	2	4	5	7	9	11	13	15	17	19	21	23	26	28	29 0	♊ 2	4	6
♀	♈ 10	11	12	13	15	16	17	18	20	21	22	23	24	25	27	28	29	29 0	♉ 2	3	4	5	6	8	9	10	11	12	14
♂	♈ 19	20	20	21	22	22	23	24	25	26	26	27	28	28	29	29 0	♉ 1	2	2	3	4	4	5	6	7	7	8	9	10

♃ 1 10 17 24 30 / ♌1 2 3 4 5
♄ 1℞ 10D 31 / ♍7 7 7
♅ 1℞ 31 / ♏19 18
♆ 1℞ 31 / ♐20 19
♇ 1℞ / ♎17

6

	1	2	3	4	5	6	7	8	9	10	11	12	13	14	15	16	17	18	19	20	21	22	23	24	25	26	27	28	29
☉	♊ 10	11	12	13	14	15	16	17	18	19	20	21	22	23	24	25	26	27	28	28	29	♋ 0	1	2	3	4	5	6	7
☽	♌ 24	♍ 6	18	♎ 0	13	25	♏ 8	21	♐ 5	19	♑ 3	18	♒ 2	17	♓ 1	15	29	♈ 13	27	♉ 10	23	♊ 7	20	♋ 2	15	27	♌ 9	21	♍ 3
☿	♊ 13	15	17	19	22	24	26	28	29 0	♋ 2	4	6	8	10	11	13	15	17	18	20	21	23	24	26	27	29	29 0	♌ 1	2
♀	♉ 17	18	20	21	22	23	25	26	27	28	29 0	♊ 1	2	3	4	5	7	8	9	10	12	13	14	15	16	18	19	20	21
♂	♉ 12	13	13	14	15	15	16	17	18	18	19	20	20	21	22	23	23	24	25	26	27	27	28	28	29	29 0	♊ 1	2	2

♃ 1 5 11 16 22 27 30 / ♌5 6 7 8 9 10 10
♄ 1 11 26 30 / ♍7 8 9 9
♅ 1℞ 30 / ♏18 17
♆ 1℞ 30 / ♐19 18
♇ 1℞ / ♎16

7

	1	2	3	4	5	6	7	8	9	10	11	12	13	14	15	16	17	18	19	20	21	22	23	24	25	26	27	28	29
☉	♋ 9	10	11	12	13	14	15	16	17	18	18	19	20	21	22	23	24	25	26	27	28	29	29 0	♌ 1	2	3	4	5	6
☽	♍ 27	♎ 8	21	♏ 3	16	29	♐ 13	27	♑ 12	27	♒ 12	27	♓ 11	26	♈ 10	24	♉ 7	20	♊ 4	16	29	♋ 11	24	♌ 6	18	29	♍ 12	23	♎ 5
☿	♌ 4	6	7	8	8	9	10	11	12	12	12	13	13	13	14	14	14	℞ 14	14	14	14	14	13	13	13	12	11	10	10
♀	♊ 24	25	26	27	28	29 0	♋ 1	2	3	5	6	7	8	9	10	12	13	14	15	17	18	19	21	22	23	24	25	26	28
♂	♊ 4	4	5	6	6	7	8	8	9	10	10	11	12	12	13	14	15	15	16	17	17	18	19	19	20	21	22	22	23

♃ 1 7 11 16 21 26 30 31 / ♌11 12 13 14 15 16 17 17
♄ 1 9 19 28 31 / ♍9 10 11 12 12
♅ 1℞ 31 / ♏17 17
♆ 1℞ 31 / ♐18 18
♇ 1 / ♎16

8

	1	2	3	4	5	6	7	8	9	10	11	12	13	14	15	16	17	18	19	20	21	22	23	24	25	26	27	28	29
☉	♌ 9	10	11	12	12	13	14	15	16	17	18	19	20	21	22	23	24	25	26	27	28	29	29 0	♍ 1	2	3	4	5	6
☽	♏ 11	24	♐ 8	21	♑ 6	20	♒ 5	20	♓ 5	20	♈ 5	20	♉ 4	17	♊ 1	13	26	♋ 8	21	♌ 3	15	26	♍ 8	20	♎ 2	14	26	♏ 8	20
☿	♌℞ 7	7	6	5	5	4	4	4	3	3	D 3	3	3	4	4	4	5	6	7	8	9	10	11	13	14	16	17	19	21
♀	♌ 2	3	4	5	6	8	9	10	11	13	14	15	16	17	19	20	21	23	24	25	26	28	29	29 0	♍ 1	3	4	5	6
♂	♊ 25	26	26	27	27	28	29	29 0	♋ 0	1	2	2	3	4	4	5	5	6	7	8	8	9	9	10	11	11	12	13	13

♃ 1 4 8 13 17 22 27 31 / ♌17 18 19 20 21 22 23 24
♄ 1 6 15 23 31 / ♍12 13 14 15 16
♅ 1 31 / ♏17 17
♆ 1℞ 31D / ♐18 18
♇ 1 / ♎16

9

	1	2	3	4	5	6	7	8	9	10	11	12	13	14	15	16	17	18	19	20	21	22	23	24	25	26	27	28	29
☉	♍ 8	9	10	11	12	13	14	15	16	17	18	19	20	21	22	23	24	25	26	27	28	29	29 0	♎ 1	2	3	4	5	6
☽	♑ 0	14	29	♒ 13	29	♓ 13	29	♈ 14	29	♉ 13	26	♊ 10	23	♋ 5	18	29	♌ 12	23	♍ 5	17	29	♎ 11	23	♏ 5	18	♐ 0	13	26	♑ 10
☿	♌ 27	28 0	♍ 1	3	5	7	8	10	12	14	16	18	20	22	24	25	27	28 0	♎ 1	3	4	6	8	10	11	13	15	16	18
♀	♍ 10	11	13	15	15	16	18	19	20	21	22	24	25	26	27	29	29 0	♎ 1	3	4	5	6	8	9	10	11	12	13	15
♂	♋ 15	16	16	17	18	18	19	19	20	21	21	22	23	23	24	24	25	26	26	27	28	28	29	29 0	♌ 0	1	1	2	2

♃ 1 5 10 14 19 24 29 29 30 / ♌24 25 26 27 28 29 0 ♍0
♄ 1 8 16 24 30 / ♍16 17 18 19 19
♅ 1 15 30 / ♏17 18 18
♆ 1 30 / ♐18 18
♇ 1 / ♎17

10

	1	2	3	4	5	6	7	8	9	10	11	12	13	14	15	16	17	18	19	20	21	22	23	24	25	26	27	28	29
☉	♎ 8	9	10	11	12	12	13	14	15	16	17	18	19	20	21	22	23	24	25	26	27	28	29	29 0	♏ 1	2	3	4	5
☽	♒ 8	22	♓ 7	22	♈ 7	22	♉ 7	21	♊ 5	18	♋ 1	14	26	♌ 8	20	♍ 2	14	26	♎ 8	20	♏ 2	15	27	♐ 10	23	♑ 6	20	♒ 4	18
☿	♎ 21	23	24	26	27	29	29 0	♏ 2	3	5	6	8	9	10	12	13	15	16	17	18	19	21	22	23	24	26	27	28	29
♀	♎ 17	18	20	21	22	24	25	26	27	28	29 0	♏ 1	2	4	5	6	7	8	10	11	12	13	15	16	17	18	20	21	22
♂	♌ 4	4	5	5	6	6	7	8	8	9	9	10	10	11	12	12	13	13	14	14	15	15	16	17	17	18	18	19	19

♃ 1 4 10 15 21 27 31 / ♍0 1 2 3 4 5 5
♄ 1 2 11 20 29 31 / ♍19 20 21 22 23 23
♅ 1 6 20 31 / ♏18 19 20 20
♆ 1 31 / ♐18 18
♇ 1 / ♎18

11

	1	2	3	4	5	6	7	8	9	10	11	12	13	14	15	16	17	18	19	20	21	22	23	24	25	26	27	28	29
☉	♏ 8	9	10	11	12	13	14	15	16	17	18	19	20	21	22	23	24	25	26	27	28	29 0	♐ 0	1	2	3	4	5	6
☽	♈ 1	16	♉ 0	15	29	♊ 13	26	♋ 9	22	♌ 4	16	28	♍ 10	22	♎ 4	16	28	♏ 11	23	♐ 6	20	♑ 3	17	♒ 1	15	29	♓ 13	27	♈ 11
☿	♐ 2	3	3	4	4	5	5	5	5	℞ 5	5	5	5	4	3	2	1	29 0	♏ 29	27	26	25	24	23	22	21	20	20	20
♀	♏ 26	27	28	29 0	♐ 1	2	3	4	5	7	8	9	11	12	13	15	16	17	18	19	21	22	23	25	26	27	28	29 0	♑ 1
♂	♌ 21	21	22	22	23	23	24	24	25	25	26	26	27	27	28	28	29	29	29 0	♍ 0	0	1	1	2	2	3	3	3	4

♃ 1 3 10 18 28 30 / ♍5 6 7 8 9 9
♄ 1 8 20 30 / ♍23 24 25 25
♅ 1 9 25 30 / ♏20 21 22 22
♆ 1 10 30 / ♐18 19 19
♇ 1 / ♎20

12

	1	2	3	4	5	6	7	8	9	10	11	12	13	14	15	16	17	18	19	20	21	22	23	24	25	26	27	28	29
☉	♐ 8	9	10	11	12	13	14	15	16	17	18	19	20	21	22	23	24	25	26	27	28	29 0	♑ 1	2	3	4	5	6	7
☽	♉ 9	23	♊ 7	21	♋ 4	17	29	♌ 12	24	♍ 6	18	29	♎ 12	24	♏ 6	19	♐ 2	15	29	♑ 13	27	♒ 11	25	♓ 10	24	♈ 8	22	♉ 6	19
☿	♏ 20	20	20	21	22	23	24	25	26	27	28	29 0	♐ 1	2	3	5	6	8	9	11	12	13	15	16	18	19	21	22	24
♀	♑ 3	5	6	7	9	10	11	12	13	15	16	17	18	20	21	22	23	24	26	27	28	29 0	♒ 1	2	3	4	5	6	8
♂	♍ 5	5	6	6	6	6	7	7	8	8	8	9	9	9	10	10	10	11	11	11	11	12	12	12	12	13	13	13	13

♃ 1 14 27℞ 31 / ♍9 10 10 10
♄ 1 4 31 / ♍25 26 27
♅ 1 12 31 / ♏22 23 24
♆ 1 31 / ♐20 21
♇ 1 / ♎21

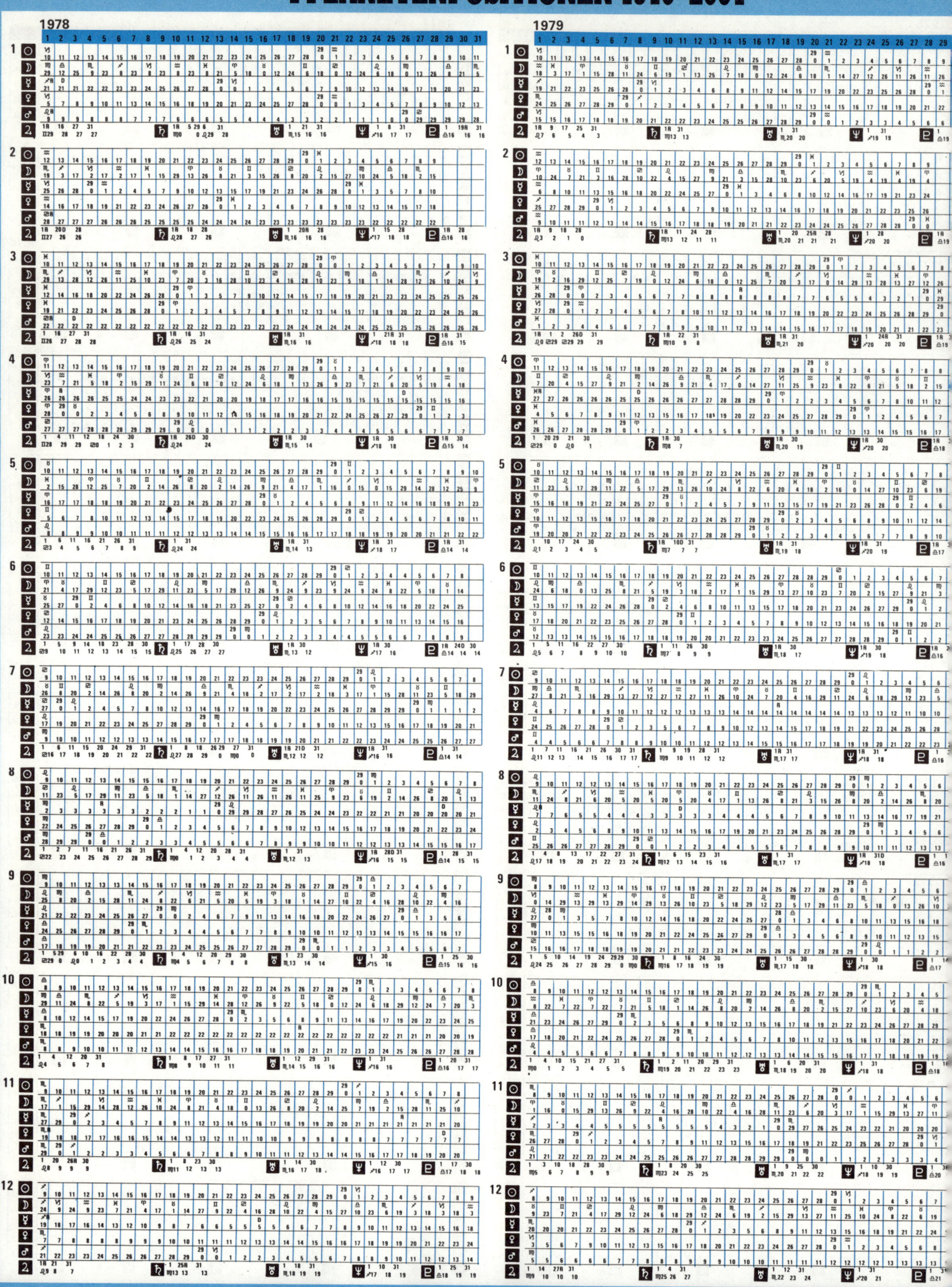

1 PLANETENPOSITIONEN 1910–2001

1980

1

	1	2	3	4	5	6	7	8	9	10	11	12	13	14	15	16	17	18	19	20	21	22	23	24	25	26	27	28	29	30	31
☉	♑ 10	11	12	13	14	15	16	17	18	19	20	21	22	23	24	25	26	27	28	29	♒ 0	1	2	3	4	5	6	7	8	9	10
☽	♊ 29	♋ 12	25	♌ 8	20	♍ 2	14	25	♎ 7	19	♏ 1	14	26	♐ 9	23	♑ 7	21	♒ 5	20	♓ 5	19	♈ 4	18	♉ 2	16	29	♊ 13	26	♋ 9	21	♌ 4
☿	♐ 28	♑ 0	2	3	5	6	8	9	11	13	14	16	17	19	21	22	24	26	27	29 0	♒ 1	2	4	6	7	9	11	12	14	16	18
♀	♒ 12	13	14	16	17	18	19	20	22	23	24	25	27	28	29	♓ 0	1	3	4	5	6	8	9	10	11	12	14	15	16	17	18
♂	♍ 14	14	14	14	14	14	14	15	15	15	15	15	15	15	15	R 15	15	15	15	15	15	15	15	15	15	15	14	14	14	14	14

♃ 1R 23 31 / ♍10 9 8 — ♄ 1 7R 31 / ♍27 26 — ♅ 1 24 31 / ♏24 25 25 — ♆ 1 31 / ♐21 21 — ♇ 1 25R 31 / ♎21 21 21

2

	1	2	3	4	5	6	7	8	9	10	11	12	13	14	15	16	17	18	19	20	21	22	23	24	25	26	27	28	29	30	31
☉	♒ 12	13	14	15	16	17	18	19	20	21	22	23	24	25	26	27	28	29	29 0	♓ 1	2	3	4	5	6	7	8	9	10		
☽	♌ 16	28	♍ 10	22	♎ 4	15	27	♏ 9	22	♐ 4	17	♑ 1	15	29	♒ 14	28	♓ 14	29	♈ 13	28	♉ 12	26	♊ 10	23	♋ 6	18	♌ 1	13	25		
☿	♒ 20	21	23	25	27	28	29 0	♓ 2	4	5	7	8	10	12	13	14	16	17	18	19	20	20	21	21	21	21R	21	21	20		
♀	♓ 20	21	22	23	24	26	27	28	29 0	♈ 1	2	3	4	5	6	8	9	10	11	12	13	15	16	17	18	19	20	22	23		
♂	♍ 13R	13	13	13	13	12	12	12	11	11	11	10	10	10	9	9	9	8	8	7	7	7	6	6	6	5	5	4	4		

♃ 1R 11 19 25 29 / ♍8 7 6 5 5 — ♄ 1R 25 29 / ♍26 25 25 — ♅ 1 29 / ♏25 ♏25 — ♆ 1 29 / ♐22 22 — ♇ 1R 29 / ♎21 21

3

	1	2	3	4	5	6	7	8	9	10	11	12	13	14	15	16	17	18	19	20	21	22	23	24	25	26	27	28	29	30	31
☉	♓ 11	12	13	14	15	16	17	18	19	20	21	22	23	24	25	26	27	28	29	29 0	♈ 1	2	3	4	5	6	7	8	9	10	11
☽	♍ 7	19	♎ 0	12	24	♏ 6	18	♐ 1	13	26	♑ 9	23	♒ 7	22	♓ 6	22	♈ 7	22	♉ 7	21	♊ 6	19	♋ 2	15	28	♌ 10	22	♍ 4	15	27	♎ 9
☿	♓ 19R	19	18	17	16	15	14	13	12	11	10	10	9	9	8	8	7	7	7	D 7	7	8	8	8	9	9	10	11	11	12	13
♀	♈ 24	25	26	27	28	29 0	♉ 1	2	3	4	5	6	7	8	10	11	12	13	14	15	16	17	18	19	20	21	22	23	24	25	26
♂	♍ 3R	3	3	2	2	2	1	1	1	0	0	♌ 29	29	29	29	28	28	28	28	28	27	27	27	27	27	26	26	26	26	26	26

♃ 1R 13 22 31 / ♍4 3 2 1 — ♄ 1R 22 31 / ♍24 23 22 — ♅ 1R 31 / ♏25 25 — ♆ 1 25R 31 / ♐22 22 22 — ♇ 1R 31 / ♎21 21

4

	1	2	3	4	5	6	7	8	9	10	11	12	13	14	15	16	17	18	19	20	21	22	23	24	25	26	27	28	29	30	31
☉	♈ 12	13	14	15	16	17	18	19	20	21	22	23	24	25	26	27	27	28	29 0	♉ 0	1	2	3	4	5	6	7	8	9	10	
☽	♎ 21	♏ 3	15	27	♐ 10	22	♑ 5	18	♒ 2	16	♓ 0	15	♈ 0	15	♉ 0	15	♊ 0	14	28	♋ 11	24	♌ 6	19	♍ 1	12	24	♎ 6	18	♏ 0	12	
☿	♓ 14	15	16	17	18	19	20	22	23	24	25	27	28	29 0	♈ 1	3	4	6	7	9	10	12	14	15	17	19	21	22	24	26	
♀	♉ 28	28	29 0	♊ 1	1	2	3	4	5	6	7	8	9	10	11	12	13	14	14	15	16	17	18	18	19	20	21	22	22	23	
♂	♌ 26R	26	26	26	26	D 26	26	26	26	26	26	26	26	26	26	26	26	27	27	27	27	27	27	27	28	28	28	28	28	29	

♃ 1R 26D 30 / ♍1 0 0 — ♄ 1R 21 30 / ♍22 21 20 — ♅ 1R 30 / ♏25 24 — ♆ 1R 30 / ♐22 22 — ♇ 1R 30 / ♎20 20

5

	1	2	3	4	5	6	7	8	9	10	11	12	13	14	15	16	17	18	19	20	21	22	23	24	25	26	27	28	29	30	31
☉	♉ 11	12	13	14	15	16	17	18	19	20	21	22	23	24	25	26	27	28	28	29 0	♊ 0	1	2	3	4	5	6	7	8	9	10
☽	♏ 24	♐ 7	19	♑ 2	15	29	♒ 12	26	♓ 10	24	♈ 9	24	♉ 9	23	♊ 8	22	♋ 6	19	♌ 2	15	27	♍ 9	21	♎ 3	14	26	♏ 8	21	♐ 3	16	29
☿	♈ 28	♉ 0	2	4	6	8	10	12	14	16	18	21	23	25	27	29 0	♊ 2	4	6	8	10	12	14	16	18	20	22	24	26	27	29 0♋
♀	♊ 24	24	25	26	26	27	27	28	28	29	29	29 0	♋ 0	0	1	1	1	1	2	2	2	2	2	2	2R	2	2	2	2	2	1
♂	♌ 29	29	29	29 0	♍ 0	0	1	1	1	2	2	2	3	3	3	4	4	4	5	5	6	6	6	7	7	8	8	8	9	9	10

♃ 1 19 30 31 / ♍0 1 2 2 — ♄ 1R 22D 31 / ♍20 20 20 — ♅ 1R 27 31 / ♏24 23 23 — ♆ 1R 31 / ♐22 21 — ♇ 1 31 / ♎19 19

6

	1	2	3	4	5	6	7	8	9	10	11	12	13	14	15	16	17	18	19	20	21	22	23	24	25	26	27	28	29	30	31
☉	♊ 11	12	13	14	15	16	17	18	19	20	21	22	22	23	24	25	26	27	28	29	29 0	♋ 1	2	3	4	5	6	7	8	9	
☽	♑ 12	25	♒ 9	23	♓ 7	21	♈ 5	19	♉ 4	18	♊ 2	17	♋ 1	14	27	♌ 10	23	♍ 5	17	29	♎ 11	22	♏ 4	17	29	♐ 12	25	♑ 8	22	♒ 5	
☿	♋ 1	2	4	5	7	8	10	11	12	13	15	16	17	18	19	20	20	21	22	23	23	24	24	24	25	25	25	25R	25	25	
♀	♋ 1	1R	1	0	♊ 29	29	29	28	28	27	26	26	25	25	24	23	23	22	21	21	20	20	19	19	18	18	18	17	17	17	
♂	♍ 10	10	11	11	12	12	13	13	14	14	15	15	16	16	17	17	18	18	19	19	20	20	21	21	21	22	23	23	24	24	

♃ 1 9 17 24 30 / ♍2 3 4 5 6 — ♄ 1 22 30 / ♍20 21 21 — ♅ 1R 30 / ♏22 22 — ♆ 1R 30 / ♐21 21 — ♇ 1R 29D 30 / ♎19 19 19

7

	1	2	3	4	5	6	7	8	9	10	11	12	13	14	15	16	17	18	19	20	21	22	23	24	25	26	27	28	29	30	31
☉	♋ 10	11	12	13	13	14	15	16	17	18	19	20	21	22	23	24	25	26	27	28	29	29 0	♌ 1	2	3	4	5	6	6	7	8
☽	♒ 19	♓ 3	17	♈ 2	16	♉ 0	14	28	♊ 12	26	♋ 9	23	♌ 6	18	♍ 1	13	25	♎ 7	18	♏ 0	12	25	♐ 7	20	♑ 3	17	♒ 0	15	29	♓ 13	28
☿	♋ 24	24R	24	24	23	23	22	22	21	20	20	19	18	18	17	17	16	16	15	15	15	15	D 15	15	15	16	16	17	17	18	19
♀	♊ 16	16R	16	16	16	16	D 16	16	16	16	16	16	17	17	17	18	18	18	19	19	20	20	20	21	22	22	23	23	24	25	25
♂	♍ 25	25	26	26	27	27	28	29	29	29 0	♎ 0	1	1	2	2	3	4	4	5	5	6	7	7	8	8	9	9	10	11	11	12

♃ 1 6 12 17 23 28 31 / ♍6 7 8 9 10 11 11 — ♄ 1 8 21 31 / ♍21 22 23 24 — ♅ 1R 30D 31 / ♏21 21 21 — ♆ 1R 15 31 / ♐21 20 20 — ♇ 1 31 / ♎19 19

8

	1	2	3	4	5	6	7	8	9	10	11	12	13	14	15	16	17	18	19	20	21	22	23	24	25	26	27	28	29	30	31
☉	♌ 9	10	11	12	13	14	15	16	17	18	19	20	21	22	23	24	25	26	26	27	28	29 0	♍ 0	1	2	3	4	5	6	7	8
☽	♈ 12	27	♉ 11	25	♊ 9	22	♋ 6	19	♌ 2	14	27	♍ 9	21	♎ 3	15	27	♏ 8	20	♐ 3	15	28	♑ 11	25	♒ 9	23	♓ 8	23	♈ 8	22	♉ 7	22
☿	♋ 20	21	22	23	24	26	27	29	29 0	♌ 2	4	6	7	9	11	13	15	17	19	21	23	25	27	29 0	♍ 1	3	5	7	9	11	13
♀	♊ 26	27	27	28	29	29 0	♋ 1	1	2	3	4	5	5	6	7	8	9	10	11	12	13	14	15	16	16	17	18	19	20	21	22
♂	♎ 13	13	14	14	15	15	16	17	17	18	19	19	20	20	21	22	22	23	24	24	25	26	26	27	27	28	29	29	29 0	♏ 1	1

♃ 1 2 7 12 17 22 27 31 / ♍12 12 13 14 15 16 17 18 — ♄ 1 10 19 27 31 / ♍24 25 26 27 27 — ♅ 1 31 / ♏21 22 — ♆ 1R 31 / ♐20 20 — ♇ 1 30 31 / ♎19 20 20

9

	1	2	3	4	5	6	7	8	9	10	11	12	13	14	15	16	17	18	19	20	21	22	23	24	25	26	27	28	29	30	31
☉	♍ 9	10	11	12	13	14	15	16	17	18	19	20	21	22	23	24	25	26	27	28	28	29 0	♎ 0	1	2	3	4	5	6	7	
☽	♊ 6	19	♋ 3	16	28	♌ 11	23	♍ 5	18	29	♎ 11	23	♏ 5	17	29	♐ 11	23	♑ 6	19	♒ 3	17	♓ 1	16	♈ 1	16	♉ 2	17	♊ 1	15	29	
☿	♍ 15	17	18	20	22	24	25	27	29	29 0	♎ 2	4	5	7	9	10	12	13	15	16	18	19	21	22	24	25	26	28	29	29 ♏0	
♀	♋ 23	24	25	26	27	28	29 0	♌ 1	2	3	4	5	6	7	8	9	10	11	12	14	15	16	17	18	19	20	21	22	24	25	
♂	♏ 2	3	3	4	5	5	6	7	7	8	9	9	10	11	11	12	13	13	14	15	15	16	17	17	18	19	19	20	21	22	

♃ 1 5 10 14 19 23 28 30 / ♍18 19 20 21 22 23 24 24 — ♄ 1 5 13 21 29 30 / ♍27 28 29 ♎0 1 1 — ♅ 1 29 30 / ♏22 23 23 — ♆ 1 20D 30 / ♐20 20 — ♇ 1 27 30 / ♎20 21 21

10

	1	2	3	4	5	6	7	8	9	10	11	12	13	14	15	16	17	18	19	20	21	22	23	24	25	26	27	28	29	30	31
☉	♎ 8	9	10	11	12	13	14	15	16	17	18	19	20	21	22	23	24	25	26	27	28	29	29 0	♏ 1	2	3	4	5	6	7	8
☽	♋ 13	25	♌ 8	20	♍ 3	15	26	♎ 8	20	♏ 2	14	26	♐ 8	20	♑ 3	15	28	♒ 11	25	♓ 10	24	♈ 9	25	♉ 10	25	♊ 10	24	♋ 8	22	♌ 5	17
☿	♏ 2	3	4	5	7	8	9	10	11	12	13	14	15	16	17	17	18	19	19	19	20	20	20R	20	19	19	18	17	17	16	15
♀	♌ 26	27	28	29 0	♍ 0	1	3	4	5	6	7	8	10	11	12	13	14	16	17	18	19	20	22	23	24	25	26	28	29	29 0	♎ 1
♂	♏ 22	23	24	24	25	26	26	27	28	28	29	29 0	♐ 1	1	2	3	4	4	5	6	6	7	8	9	9	10	11	11	12	13	14

♃ 1 3 8 12 17 22 27 28 31 / ♍24 25 26 27 28 29 29 0 ♎0 0 — ♄ 1 7 15 24 31 / ♎1 2 3 4 5 — ♅ 1 18 31 / ♏23 24 24 — ♆ 1 31 / ♐20 20 — ♇ 1 22 31 / ♎21 22 22

11

	1	2	3	4	5	6	7	8	9	10	11	12	13	14	15	16	17	18	19	20	21	22	23	24	25	26	27	28	29	30	31
☉	♏ 9	10	11	12	13	14	15	16	17	18	19	20	21	22	23	24	25	26	27	28	29	29 0	♐ 1	2	3	4	5	6	7	8	
☽	♌ 29	♍ 12	23	♎ 5	17	29	♏ 11	23	♐ 5	17	29	♑ 12	25	♒ 8	21	♓ 5	19	♈ 3	18	♉ 3	18	♊ 3	18	♋ 2	16	♌ 0	13	26	♍ 8	20	
☿	♏ 13R	12	11	10	8	7	6	5	5	4	4	D 4	4	4	5	5	6	7	8	9	10	11	12	14	15	16	18	19	20	22	
♀	♎ 2	4	5	6	7	8	9	11	12	13	14	16	17	18	19	21	22	23	24	25	27	28	29	29 0	♏ 2	3	4	5	7	8	
♂	♐ 14	15	16	17	17	18	19	20	20	21	22	23	23	24	25	26	26	27	28	29	29	29 0	♑ 1	2	2	3	4	5	5	6	

♃ 1 7 12 18 24 30 / ♎1 2 3 4 5 6 — ♄ 1 11 22 30 / ♎5 6 7 7 — ♅ 1 4 20 30 / ♏24 25 26 26 — ♆ 1 5 30 / ♐20 21 21 — ♇ 1 18 30 / ♎22 23 23

12

	1	2	3	4	5	6	7	8	9	10	11	12	13	14	15	16	17	18	19	20	21	22	23	24	25	26	27	28	29	30	31
☉	♐ 9	10	11	12	13	14	15	16	17	18	19	20	21	22	23	24	25	26	27	28	29 0	♑ 1	2	3	4	5	6	7	8	9	10
☽	♎ 2	14	26	♏ 8	20	♐ 2	14	26	♑ 9	22	♒ 5	18	♓ 1	15	29	♈ 13	27	♉ 12	27	♊ 11	26	♋ 10	24	♌ 8	21	♍ 4	16	28	♎ 10	22	♏ 4
☿	♏ 23	25	26	28	29 0	♐ 1	2	4	5	7	9	10	12	13	15	16	18	19	21	22	24	26	27	29	29 0	♑ 2	3	5	7	8	10
♀	♏ 9	10	11	13	14	15	16	18	19	20	21	23	24	25	26	28	29	29 0	♐ 1	3	4	5	6	8	9	10	11	13	14	15	16
♂	♑ 7	8	8	9	10	11	12	12	13	14	15	15	16	17	18	18	19	20	21	22	22	23	24	25	25	26	27	28	29	29 0	♒ 0

♃ 1 7 16 25 31 / ♎6 7 8 9 9 — ♄ 1 4 20 31 / ♎7 8 9 9 — ♅ 1 6 24 31 / ♏26 27 28 28 — ♆ 1 4 30 31 / ♐21 22 23 23 — ♇ 1 23 31 / ♎23 24 24

1981

1

	1	2	3	4	5	6	7	8	9	10	11	12	13	14	15	16	17	18	19	20	21	22	23	24	25	26	27	28	29	30	31
☉	♑ 11	12	13	14	15	16	17	18	19	20	21	22	23	24	25	26	27	28	29	29 0	♒ 1	2	3	4	5	6	7	8	9	10	11
☽	♏ 16	28	♐ 10	22	♑ 5	18	♒ 1	15	28	♓ 12	26	♈ 10	24	♉ 8	22	♊ 6	21	♋ 5	18	♌ 2	15	29	♍ 11	23	♎ 6	18	♏ 0	12	23	♐ 6	18
☿	♑ 11	12	14	16	17	19	21	22	24	26	27	29	29 0	♒ 2	4	6	7	9	11	12	14	16	17	19	21	22	24	25	27	28	29
♀	♐ 17	18	19	21	22	23	24	26	27	28	29 0	♑ 1	2	3	4	6	7	8	9	11	12	13	15	16	17	18	20	21	22	23	24
♂	♒ 1	2	2	3	4	5	5	6	7	8	9	9	10	11	12	12	13	14	15	16	16	17	18	19	20	21	21	22	23	24	24

♃ 1 9 25R 31 / ♎9 10 10 — ♄ 1 20R 31 / ♎9 9 — ♅ 1 13 31 / ♏28 29 29 — ♆ 1 29 31 / ♐23 24 24 — ♇ 1 28R 31 / ♎24 24

2

	1	2	3	4	5	6	7	8	9	10	11	12	13	14	15	16	17	18	19	20	21	22	23	24	25	26	27	28	29	30	31
☉	♒ 12	13	14	15	16	17	18	19	20	21	22	23	24	25	26	27	28	29 0	♓ 0	1	2	3	4	5	6	7	8	9			
☽	♑ 0	13	27	♒ 10	24	♓ 8	22	♈ 6	21	♉ 5	19	♊ 3	17	♋ 1	14	28	♌ 11	24	♍ 7	19	♎ 2	14	26	♏ 8	19	♐ 2	14	26			
☿	♓ 0	1	2	3	4	4	4	5	5	4R	4	4	3	2	1	0 29	♒ 29	28	27	26	25	24	23	22	21	21	20	20			
♀	♑ 26	27	28	29 0	♒ 1	2	3	5	6	7	8	10	11	12	13	15	16	17	18	20	21	22	23	25	26	27	28	29 0♓			
♂	♒ 25	26	27	27	28	29	♓ 0	1	1	2	3	4	5	5	6	7	8	9	9	10	11	12	12	13	14	15	15	16			

♃ 1R 23 28 / ♎10 9 8 — ♄ 1R 28 / ♎9 8 — ♅ 1 17 18 28 / ♏29 29 0 ♐0 0 — ♆ 1 28 / ♐24 24 — ♇ 1R 28 / ♎24 24

3

	1	2	3	4	5	6	7	8	9	10	11	12	13	14	15	16	17	18	19	20	21	22	23	24	25	26	27	28	29	30	31
☉	♓ 10	11	12	13	14	15	16	17	18	19	20	21	22	23	24	25	26	27	28	29 0	♈ 0	1	2	3	4	5	6	7	8	9	10
☽	♑ 8	21	♒ 4	18	♓ 2	15	♈ 1	16	♉ 1	15	♊ 0	14	28	♋ 11	25	♌ 7	21	♍ 3	16	28	♎ 10	22	♏ 4	16	28	♐ 10	22	♑ 4	16	29	♒ 12
☿	♒ 20R	20	D 20	20	20	20	21	21	22	22	23	24	25	26	27	28	29	29 0	♓ 1	2	3	4	6	7	8	9	11	12	14	15	17
♀	♓ 1	2	3	5	6	7	8	10	11	12	13	15	16	17	18	20	21	22	23	24	25	27	28	29 0	♈ 1	2	3	4	6	7	8
♂	♓ 17	18	19	20	20	21	22	23	23	24	25	26	27	27	28	29	29 0	♈ 1	1	2	3	4	4	5	6	7	8	8	9	10	11

♃ 1R 14 22 30 31 / ♎8 7 6 5 5 — ♄ 1R 20 31 / ♎8 7 6 — ♅ 1 6R 20 21 31 / ♐0 0 ♏29 29 — ♆ 1 30R 31 / ♐24 24 — ♇ 1R 31 / ♎24 23

4

	1	2	3	4	5	6	7	8	9	10	11	12	13	14	15	16	17	18	19	20	21	22	23	24	25	26	27	28	29	30	31
☉	♈ 11	12	13	14	15	16	17	18	19	20	21	22	23	24	25	26	27	28	29	29 0	♉ 1	2	3	4	5	6	7	8	9	10	
☽	♒ 26	♓ 10	25	♈ 10	25	♉ 10	25	♊ 10	24	♋ 8	22	♌ 5	18	♍ 0	13	25	♎ 7	19	♏ 1	13	24	♐ 7	18	♑ 1	13	25	♒ 7	21	♓ 5	18	
☿	♓ 18	20	21	23	24	26	28	29 0	♈ 1	3	5	6	8	10	12	14	16	17	19	22	24	26	28	29 0	♉ 2	4	6	8	10	12	
♀	♈ 10	11	12	13	14	16	17	18	19	21	22	23	24	26	27	28	29 0	♉ 1	2	3	4	6	7	8	9	11	12	13	14	15	
♂	♈ 12	12	13	14	15	16	16	17	18	18	19	20	21	21	22	23	24	24	25	26	27	27	28	29	29 0	♉ 1	1	2	3	4	

♃ 1R 15 25 30 / ♎4 3 2 1 — ♄ 1R 15 30 / ♎6 5 4 — ♅ 1R 30 / ♏29 29 — ♆ 1R 30 / ♐24 24 — ♇ 1R 30 / ♎23 22

5

	1	2	3	4	5	6	7	8	9	10	11	12	13	14	15	16	17	18	19	20	21	22	23	24	25	26	27	28	29	30	31
☉	♉ 11	12	13	14	15	16	17	18	19	20	21	21	22	23	24	25	26	27	28	29	29 0	♊ 1	2	3	4	5	6	7	8	9	10
☽	♈ 3	18	♉ 3	18	♊ 4	19	♋ 3	17	♌ 1	14	27	♍ 10	22	♎ 4	16	28	♏ 10	22	♐ 4	16	28	♑ 10	22	♒ 5	18	♓ 1	14	28	♈ 12	27	♉ 12
☿	♉ 15	17	19	21	23	26	28	29 0	♊ 1	3	5	7	9	11	12	14	16	17	19	20	21	23	24	25	26	27	28	29 0	♋ 1	1	2
♀	♉ 17	18	19	20	22	23	24	25	27	28	29 0	♊ 1	2	3	4	5	7	8	9	10	11	13	14	15	16	18	19	20	21	23	24
♂	♉ 4	5	6	7	7	8	9	9	10	11	12	12	13	14	15	15	16	17	18	18	19	20	20	21	22	23	23	24	25	25	26

♃ 1R 21 29D 31 / ♎1 0 0 — ♄ 1R 31 / ♎4 3 — ♅ 1R 22 31 / ♏29 28 27 — ♆ 1R 31 / ♐24 24 — ♇ 1R 31 / ♎22 22

6

	1	2	3	4	5	6	7	8	9	10	11	12	13	14	15	16	17	18	19	20	21	22	23	24	25	26	27	28	29	30	31
☉	♊ 11	12	13	14	15	16	17	18	18	19	20	21	22	23	24	25	26	27	28	29	29 0	♋ 1	2	3	4	5	6	7	8	8	
☽	♉ 27	♊ 12	27	♋ 12	26	♌ 10	23	♍ 6	18	♎ 1	13	25	♏ 7	19	♐ 1	12	25	♑ 7	19	♒ 2	14	27	♓ 10	24	♈ 8	22	♉ 6	21	♊ 6	21	
☿	♋ 2	3	4	4	4	5	5	5	5	5R	5	5	5	4	4	4	3	3	2	2	1	0	♊ 29	29	29	28	28	27	27	27	
♀	♊ 25	26	27	28	29 0	♋ 1	2	3	4	6	7	8	9	11	12	13	14	16	17	18	19	20	22	23	24	25	26	28	29 0	♌ 0	
♂	♉ 27	28	28	29	29 0	♊ 1	1	2	3	3	4	5	5	6	7	8	8	9	10	11	11	12	12	13	14	15	15	16	17	17	

♃ 1 16 29 30 / ♎0 1 2 2 — ♄ 1R 6D 30 / ♎3 3 3 — ♅ 1R 30 / ♏27 26 — ♆ 1R 30 / ♐24 23 — ♇ 1 30 / ♎22 21

7

	1	2	3	4	5	6	7	8	9	10	11	12	13	14	15	16	17	18	19	20	21	22	23	24	25	26	27	28	29	30	31
☉	♋ 9	10	11	12	13	14	15	16	17	18	19	20	21	22	23	24	25	26	27	28	29	29 0	♌ 1	1	2	3	4	5	6	7	8
☽	♋ 5	20	♌ 4	18	♍ 1	14	27	♎ 9	21	♏ 3	15	27	♐ 9	21	♑ 3	15	28	♒ 11	24	♓ 7	21	♈ 5	19	♉ 3	17	♊ 1	15	♋ 0	14	28	♌ 12
☿	♊ 26R	26	26	26	D 26	26	27	27	28	28	29	29 0	♋ 0	1	2	3	4	5	6	8	9	10	12	14	15	17	19	21	23	25	27
♀	♌ 2	3	4	5	7	8	9	10	12	13	14	15	16	17	19	20	21	22	23	25	26	27	28	29 0	♍ 0	2	3	4	5	7	8
♂	♊ 18	19	20	20	21	22	22	23	24	24	25	26	27	28	28	28	29	29 0	♋ 0	1	2	2	3	4	4	5	6	6	7	8	8

♃ 1 9 17 24 31 / ♎2 3 4 5 6 — ♄ 1 9 25 31 / ♎3 4 5 5 — ♅ 1R 31 / ♏26 26 — ♆ 1R 31 / ♐23 22 — ♇ 1R 4D 31 / ♎21 21

8

	1	2	3	4	5	6	7	8	9	10	11	12	13	14	15	16	17	18	19	20	21	22	23	24	25	26	27	28	29	30	31
☉	♌ 9	10	11	12	13	14	15	16	17	18	19	20	20	21	22	23	24	25	26	27	28	29	29 0	♍ 1	2	3	4	5	6	7	8
☽	♌ 28	♍ 9	22	♎ 5	18	29	♏ 11	23	♐ 5	17	29	♑ 11	24	♒ 7	19	♓ 3	17	♈ 1	15	29	♉ 13	28	♊ 12	26	♋ 10	24	♌ 7	21	♍ 4	18	♎ 0
☿	♋29 ♌0	♌ 1	3	5	7	9	11	13	15	18	20	22	24	26	28	29 0	♍ 1	3	5	7	9	11	12	14	16	18	19	21	23	24	26
♀	♍ 9	10	12	13	14	15	16	18	19	20	21	22	24	25	26	27	28	29 0	♎ 1	2	3	4	5	7	8	9	10	11	12	14	15
♂	♋ 9	10	11	11	12	13	13	14	15	15	16	17	17	18	19	19	19	20	21	22	22	23	24	24	25	25	26	27	27	28	29

♃ 1 6 12 18 23 28 31 / ♎6 7 8 9 10 11 11 — ♄ 1 6 16 26 31 / ♎5 6 7 8 8 — ♅ 1R 7D 31 / ♏26 26 — ♆ 1R 31 / ♐22 22 — ♇ 1 11 31 / ♎21 22 22

9

	1	2	3	4	5	6	7	8	9	10	11	12	13	14	15	16	17	18	19	20	21	22	23	24	25	26	27	28	29	30	31
☉	♍ 9	10	11	12	13	14	15	16	17	18	19	19	20	21	22	23	24	25	26	27	28	29	29 0	♎ 1	2	3	4	5	6	7	
☽	♎ 13	25	♏ 7	19	♐ 1	13	25	♑ 7	19	♒ 2	15	28	♓ 12	26	♈ 11	25	♉ 10	24	♊ 9	23	♋ 7	21	♌ 4	17	♍ 1	13	27	♎ 9	21	♏ 3	
☿	♍ 27	29 0	♎ 1	2	3	5	6	8	9	11	12	13	15	16	17	18	20	21	22	23	24	25	26	27	28	29	29 0	♏ 0	1	2	
♀	♎ 16	17	19	20	21	22	23	24	26	27	28	29	♏ 0	1	2	4	5	6	7	8	10	11	12	13	14	15	16	18	19	20	
♂	♋ 29	29 0	♌ 1	1	2	2	3	4	4	5	6	7	7	8	8	9	9	10	11	11	12	12	13	14	14	15	16	16	17	17	

♃ 1 2 8 12 17 22 27 30 / ♎11 12 13 14 15 16 17 17 — ♄ 1 4 13 21 29 30 / ♎8 9 10 11 12 12 — ♅ 1 20 30 / ♏26 27 27 — ♆ 1 6D 30 / ♐22R 22 — ♇ 2 14 30 / ♎22 23 23

10

	1	2	3	4	5	6	7	8	9	10	11	12	13	14	15	16	17	18	19	20	21	22	23	24	25	26	27	28	29	30	31
☉	♎ 8	9	10	11	12	13	14	15	16	17	18	19	20	21	22	23	24	25	26	27	28	29	29 0	♏ 1	2	3	4	5	6	7	8
☽	♏ 15	27	♐ 9	21	♑ 3	15	27	♒ 10	23	♓ 6	20	♈ 5	19	♉ 4	18	♊ 4	19	♋ 3	17	♌ 1	14	28	♍ 11	23	♎ 5	18	♏ 0	12	24	♐ 6	18
☿	♏ 2	3	3	3	4	4	4R	4	3	3	2	2	1	0 29	♎ 29	28	27	26	24	23	22	21	20	19	19	18	18	D 18	18	19	19
♀	♏ 21	22	23	24	25	27	28	29	♐ 0	1	2	3	4	6	7	8	9	10	11	12	13	15	16	17	18	19	20	21	22	23	24
♂	♌ 18	19	19	20	20	21	22	22	23	23	24	25	25	26	26	27	28	28	29	29	29 0	♍ 0	1	2	2	3	3	4	4	5	6

♃ 1 6 10 15 20 24 29 31 / ♎18 19 20 21 22 23 24 24 — ♄ 1 7 15 23 31 / ♎12 13 14 15 15 — ♅ 1 12 30 31 / ♏27 28 29 29 — ♆ 1R 31 / ♐22 22 — ♇ 1 10 31 / ♎23 24 24

11

	1	2	3	4	5	6	7	8	9	10	11	12	13	14	15	16	17	18	19	20	21	22	23	24	25	26	27	28	29	30	31
☉	♏ 9	10	11	12	13	14	15	16	17	18	19	20	21	22	23	24	25	26	27	28	29	29 0	♐ 1	2	3	4	5	6	7	8	
☽	♐ 29	♑ 11	23	♒ 5	18	♓ 1	14	28	♈ 13	28	♉ 13	28	♊ 13	28	♋ 13	27	♌ 11	24	♍ 7	20	♎ 2	15	27	♏ 9	21	♐ 3	14	27	♑ 8	20	
☿	♎ 20	21	22	23	24	25	27	28	29 0	♏ 1	2	4	5	7	9	10	11	13	15	16	18	19	21	23	24	26	27	29 0	♐ 1	2	
♀	♐ 25	26	27	29	29 0	♑ 1	2	3	4	5	6	7	8	9	10	11	12	13	14	15	15	16	17	18	19	20	21	22	23	23	
♂	♍ 6	7	8	8	9	9	10	10	11	11	12	12	13	14	14	15	15	16	16	17	17	18	18	19	19	20	20	21	21	22	

♃ 1 3 7 12 17 22 27 28 30 / ♎24 25 26 27 28 29 29 0 ♏0 0 — ♄ 1 10 19 29 30 / ♎16 17 18 19 19 — ♅ 1 16 17 30 / ♏29 29 0 ♐0 1 — ♆ 1 30 / ♐23 24 — ♇ 1 5 30 / ♎24 25 25

12

	1	2	3	4	5	6	7	8	9	10	11	12	13	14	15	16	17	18	19	20	21	22	23	24	25	26	27	28	29	30	31
☉	♐ 9	10	11	12	13	14	15	16	17	18	19	20	21	22	23	24	25	26	27	28	29 0	♑ 0	1	2	3	4	5	6	7	8	9
☽	♒ 2	14	27	♓ 10	24	♈ 7	21	♉ 6	21	♊ 6	21	♋ 6	21	♌ 6	20	♍ 4	17	29	♎ 12	24	♏ 6	18	29	♐ 11	23	♑ 5	17	29	♒ 12	24	♓ 7
☿	♐ 3	5	7	8	10	12	13	15	16	18	19	21	23	24	26	27	29 0	♑ 0	1	3	5	7	9	10	12	13	15	16	18	20	21
♀	♑ 24	25	26	27	27	28	29	29 0	♒ 0	1	2	2	3	3	4	4	5	5	6	6	7	7	7	7	8	8	8	8	8	8	8
♂	♍ 22	23	23	24	25	25	26	26	27	27	28	28	28	29	29	29 0	♎ 0	1	1	2	2	3	3	4	4	4	5	5	6	6	6

♃ 1 3 7 13 19 24 31 / ♏0 1 2 3 4 5 6 — ♄ 1 11 24 31 / ♎19 20 21 21 — ♅ 1 19 31 / ♐1 2 2 — ♆ 1 27 31 / ♐24 25 25 — ♇ 1 3 31 / ♎25 26 26

1 PLANETENPOSITIONEN 1910–2001

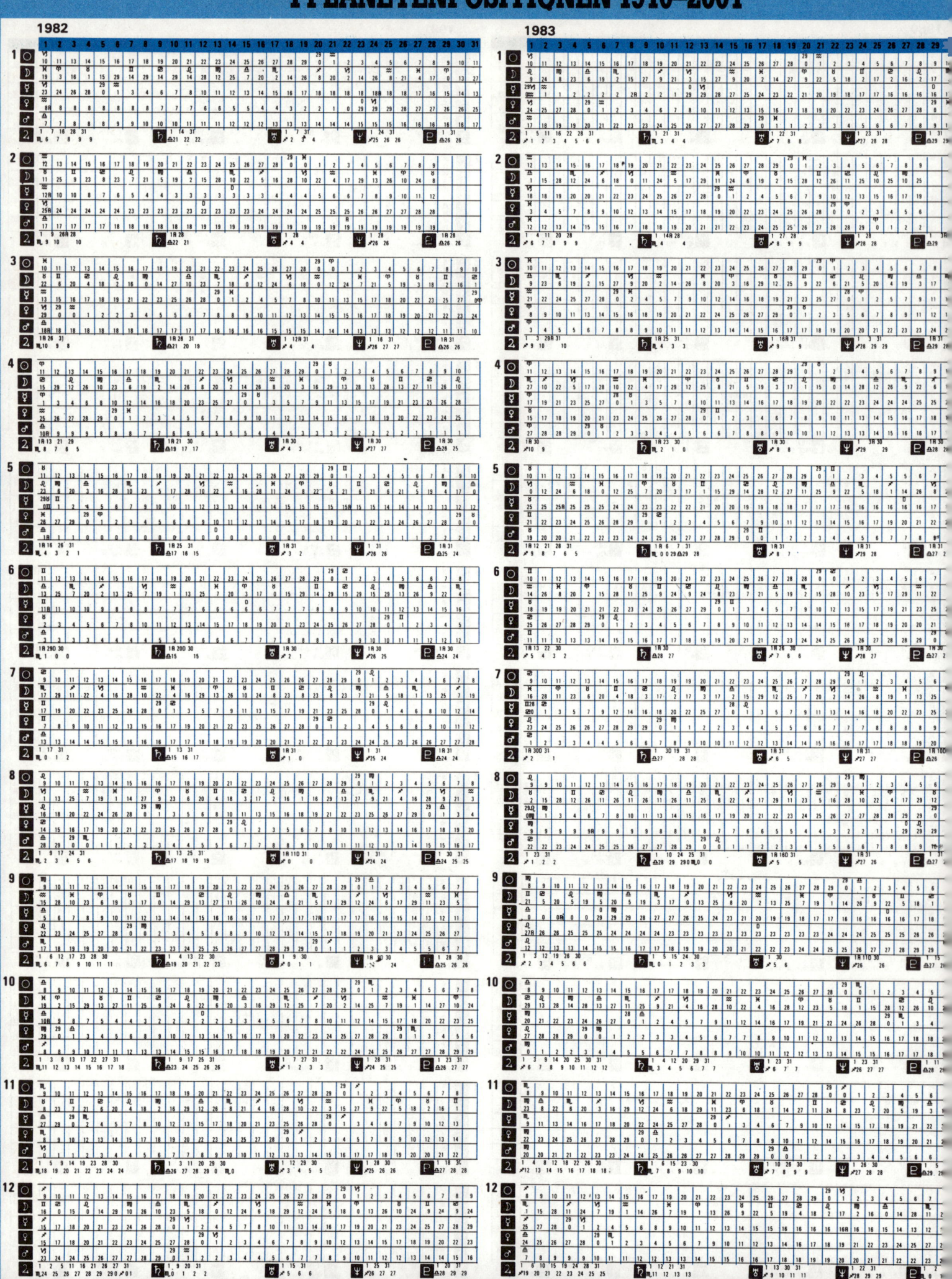

1982

Monat	Planet	1	2	3	4	5	6	7	8	9	10	11	12	13	14	15	16	17	18	19	20	21	22	23	24	25	26	27	28	29	30	31
1	☉	10	11	12	13	14	15	16	17	18	19	20	21	22	23	24	25	26	27	28	29	0	1	2	3	4	5	6	7	8	9	10
1	☽ ☿ ♀ ♂ ♃ ♄ ♅ ♆ ♇	[illegible]																														
2–12	☉ ☽ ☿ ♀ ♂ ♃ ♄ ♅ ♆ ♇	[illegible]																														

1983

Monat	Planet	1	2	3	4	5	6	7	8	9	10	11	12	13	14	15	16	17	18	19	20	21	22	23	24	25	26	27	28	29
1–12	☉ ☽ ☿ ♀ ♂ ♃ ♄ ♅ ♆ ♇	[illegible]																												

1984

	1	2	3	4	5	6	7	8	9	10	11	12	13	14	15	16	17	18	19	20	21	22	23	24	25	26	27	28	29	30	31
	♑ 10	11	12	13	14	15	16	17	18	19	20	21	22	23	24	25	26	27	28	29 0	♒ 0	1	2	3	4	5	6	7	8	9	10
	♐ 20	♑ 3	15	28	♒ 10	22	♓ 4	15	27	♈ 9	21	♉ 4	16	29	♊ 13	27	♋ 12	26	♌ 11	26	♍ 11	26	♎ 11	24	♏ 8	22	♐ 5	18	29	♑ 12	24
	♑ 8R	7	5	4	3	2	1	1	0	0	0	D 0	0	1	1	2	3	3	4	5	6	7	8	9	10	11	12	13	15	16	17
	29♏ 0♐	1	2	4	5	6	7	8	10	11	12	13	15	16	17	18	20	21	22	23	24	26	27	28	29 0	♑ 1	2	3	4	5	6
	♎ 25	25	26	26	27	27	28	28	29	29	29 0	♏ 0	1	1	2	2	3	3	4	4	5	5	6	6	7	7	8	8	9	9	10

1 6 11 15 19 20 25 29 31 / ♐26 27 28 29 29 0 ♑0 1 2 2 — ♄ 1 15 31 / ♏14 15 15 — ♅ 1 17 31 / ♐11 12 12 — ♆ 1 18 19 31 / ♐29 29 0 ♑0 0 — ♇ 1 14 31 / ♏1 2 2

	1	2	3	4	5	6	7	8	9	10	11	12	13	14	15	16	17	18	19	20	21	22	23	24	25	26	27	28	29	30	31
	♒ 11	12	13	14	15	16	17	18	19	20	22	23	24	25	26	27	28	29	29 0	♓ 1	2	3	4	5	6	7	8	9	10		
	♒ 6	18	♓ 0	12	24	♈ 6	18	♉ 0	12	25	♊ 8	21	♋ 5	20	♌ 4	19	♍ 5	20	♎ 5	20	♏ 4	18	♐ 1	14	27	♑ 9	21	♒ 3	15		
	♑ 19	20	22	23	24	26	27	29	29 0	♒ 1	3	5	6	8	9	11	12	14	16	17	19	21	22	24	25	27	29 0	♓ 1	3		
	♑ 8	9	10	12	13	14	15	17	18	19	20	21	23	24	25	26	28	29	29 0	♒ 1	2	4	5	6	7	8	10	11	12		
	♏ 10	11	11	11	12	12	13	13	14	14	14	15	15	16	16	16	17	17	18	18	19	19	19	20	20	20	21	21	21		

1 3 8 13 19 25 29 / ♑2 3 4 5 6 7 7 — ♄ 1 4 26R 29 / ♏15 16 16 — ♅ 1 11 29 / ♐12 13 13 — ♆ 1 24 29 / ♑0 1 1 — ♇ 1 6R 29 / ♏2 2

	1	2	3	4	5	6	7	8	9	10	11	12	13	14	15	16	17	18	19	20	21	22	23	24	25	26	27	28	29	30	31
	♓ 11	12	13	14	15	16	17	18	19	20	21	22	23	24	25	26	27	28	29	29 0	♈ 1	2	3	4	5	6	7	8	9	10	11
	♒ 27	♓ 9	21	♈ 3	15	27	♉ 9	21	♊ 4	17	♋ 0	14	28	♌ 13	28	♍ 12	28	♎ 13	28	♏ 13	26	♐ 10	23	♑ 6	18	♒ 0	12	24	♓ 6	18	29
	♓ 4	6	8	10	12	14	16	17	19	21	23	25	27	29 0	♈ 1	3	5	7	9	11	13	15	17	18	20	22	23	25	27	28	29 0♉
	♒ 14	15	16	17	18	20	21	22	24	25	26	27	28	29 0	♓ 1	2	3	5	6	7	8	10	11	12	13	15	16	17	18	19	21
	♏ 22	22	22	23	23	23	24	24	24	25	25	25	25	25	26	26	26	26	26	27	27	27	27	27	27	28	28	28	28	28	28

1 9 16 25 31 / ♑8 9 10 11 11 — ♄ 1R 31 / ♏16 15 — ♅ 1 20R 31 / ♐13 13 — ♆ 1 31 / ♑1 1 — ♇ 1R 31 / ♏2 1

	1	2	3	4	5	6	7	8	9	10	11	12	13	14	15	16	17	18	19	20	21	22	23	24	25	26	27	28	29	30	31
	♈ 12	13	14	15	16	17	18	19	20	21	22	23	24	25	25	26	27	28	29 0	♉ 0	1	2	3	4	5	6	7	8	9	10	
	♈ 12	24	♉ 6	19	♊ 0	14	27	♋ 10	24	♌ 8	22	♍ 7	21	♎ 6	22	♏ 6	21	♐ 5	18	♑ 1	14	27	♒ 9	21	♓ 3	15	26	♈ 8	20	♉ 3	
	♉ 0	2	3	4	4	5	5	6	6	6	6	6	6R	6	6	6	5	4	4	3	3	2	1	1	0 29	♈ 29	29	28	27	27	
	♓ 22	23	24	26	27	28	29 0	♈ 0	2	3	4	5	7	8	9	10	12	13	14	15	16	18	19	20	21	23	24	25	26	27	
	♏ 28	28	28	28	28	28	28R	28	28	28	28	28	28	28	28	27	27	27	27	27	26	26	26	26	25	25	25	25	25	24	

1 4 30 / ♑11 12 12 — ♄ 1 21 30 / ♏15 14 13 — ♅ 1R 30 / ♐13 13 — ♆ 1 5R 30 / ♑1 1 — ♇ 1R 30 / ♏1 0

	1	2	3	4	5	6	7	8	9	10	11	12	13	14	15	16	17	18	19	20	21	22	23	24	25	26	27	28	29	30	31
	♉ 11	12	13	14	15	16	17	18	19	20	21	22	23	24	25	26	27	28	29	29 0	♊ 0	1	2	3	4	5	6	7	8	9	10
	♉ 15	28	♊ 11	23	♋ 7	20	♌ 4	18	♍ 2	17	♎ 1	15	♏ 0	14	29	♐ 13	26	♑ 9	22	♒ 5	17	29	♓ 11	23	♈ 5	17	29	♉ 11	24	♊ 7	20
	♈ 27R	26	26	26	26	26	D 26	26	27	27	27	28	28	29	29 0	♉ 1	1	2	3	4	5	6	7	8	10	11	12	13	15	16	18
	♈ 29	29 0	♉ 1	2	4	5	6	7	9	10	11	12	14	15	16	17	18	20	21	22	23	25	26	27	28	29 0	♊ 1	2	3	4	6
	♏ 24R	24	23	23	23	22	22	22	21	21	21	20	20	20	19	19	18	18	18	17	17	17	16	16	16	16	15	15	15	14	14

1R 25 31 / ♑13 12 11 — ♄ 1R 18 31 / ♏13 12 11 — ♅ 1R 31 / ♐12 11 — ♆ 1R 31 / ♑1 0 — ♇ 1R 18 19 31 / ♏0 0 ♎29 29

	1	2	3	4	5	6	7	8	9	10	11	12	13	14	15	16	17	18	19	20	21	22	23	24	25	26	27	28	29	30	31
	♊ 11	12	13	14	15	16	17	18	19	20	21	22	23	24	25	25	26	27	28	29	29 0	♋ 1	2	3	4	5	6	7	8	9	
	♋ 3	17	♌ 1	15	29	♍ 13	28	♎ 12	26	♏ 10	24	♐ 7	21	♑ 4	17	♒ 0	12	25	♓ 7	19	♈ 1	13	25	♉ 7	19	♊ 2	15	28	♋ 12	26	
	♉ 19	21	22	24	26	27	29 0	♊ 1	3	5	7	9	11	13	15	17	19	21	23	26	28	29 0	♋ 2	4	6	9	11	13	15	17	
	♊ 7	8	9	10	12	13	14	15	17	18	19	20	22	23	24	25	27	28	29	29 0	♋ 1	3	4	5	6	7	9	10	11	12	
	♏ 14R	14	13	13	13	13	12	12	12	12	12	12	12	12	11	11	11	11	11	11	D 11	11	11	11	11	12	12	12	12	12	

1R 14 22 30 / ♑11 10 9 8 — ♄ 1R 22 30 / ♏11 10 10 — ♅ 1R 30 / ♐11 10 — ♆ 1R 22 23 30 / ♑0 ♑0 ♐29 29 — ♇ 1R 30 / ♎29 29

	1	2	3	4	5	6	7	8	9	10	11	12	13	14	15	16	17	18	19	20	21	22	23	24	25	26	27	28	29	30	31
	♋ 10	11	12	13	14	15	16	17	18	19	19	20	21	22	23	24	25	26	27	28	29	29 0	♌ 1	2	3	4	5	6	6	7	8
	♌ 11	25	♍ 10	24	♎ 9	23	♏ 7	21	♐ 4	17	♑ 0	13	26	♒ 9	21	♓ 3	15	27	♈ 9	20	♉ 3	15	27	♊ 10	23	♋ 7	21	♌ 5	19	♍ 5	20
	♋ 19	21	23	25	27	28 0	♌ 1	3	4	6	8	9	11	13	15	16	18	19	21	22	23	25	26	28	29	29 0	♍ 1	2	3	4	5
	♋ 14	15	16	18	19	20	21	22	23	25	26	27	28	29 0	♌ 1	2	3	5	6	7	8	9	11	12	13	15	16	17	18	19	21
	♏ 12	12	13	13	13	13	13	14	14	14	14	15	15	15	15	16	16	16	17	17	17	18	18	18	19	19	20	20	20	21	21

1R 8 16 25 31 / ♑8 7 6 5 4 — ♄ 1R 15D 31 / ♏9 10 — ♅ 1R 31 / ♐10 10 — ♆ 1R 31 / ♐29 29 — ♇ 1R 11D 31 / ♎29 29

	1	2	3	4	5	6	7	8	9	10	11	12	13	14	15	16	17	18	19	20	21	22	23	24	25	26	27	28	29	30	31
	♌ 9	10	11	12	13	14	15	16	17	18	19	20	21	22	23	24	25	26	27	28	28	29 0	♍ 0	1	2	3	4	5	6	7	8
	♎ 5	19	♏ 3	17	♐ 1	14	27	♑ 10	22	♒ 5	17	29	♓ 11	23	♈ 5	17	29	♉ 11	23	♊ 6	18	♋ 2	15	29	♌ 14	29	♍ 14	29	♎ 14	29	♏ 13
	♍ 6	7	8	9	10	10	11	11	12	12	13	13	13	13	13	13R	13	13	12	12	11	11	10	9	8	7	7	6	5	4	3
	♌ 22	23	24	25	27	28	29 0	♍ 0	2	3	4	6	7	8	9	10	11	13	14	15	16	18	19	20	22	23	24	25	26	28	29
	♏ 22	22	23	23	23	24	24	25	25	26	26	27	27	28	28	29	29 0	♐ 0	0	1	2	2	3	3	4	4	5	5	6	7	7

1R 31D / ♑4 3 — ♄ 1 23 31 / ♏10 11 11 — ♅ 1R 19D 31 / ♐9 9 — ♆ 1 31 / ♐29 29 — ♇ 1 28 29 31 / ♎29 29 ♏0 0

	1	2	3	4	5	6	7	8	9	10	11	12	13	14	15	16	17	18	19	20	21	22	23	24	25	26	27	28	29	30	31
	♍ 9	10	11	12	13	14	15	16	17	18	19	20	21	22	23	24	25	26	27	28	29	29 0	♎ 0	1	2	3	4	5	6	7	
	♏ 27	♐ 11	24	♑ 7	20	♒ 2	14	26	♓ 8	20	♈ 2	14	25	♉ 7	20	♊ 2	14	27	♋ 10	24	♌ 8	23	♍ 7	22	♎ 7	23	♏ 8	22	♐ 7	20	
	♍ 2R	1	1	0	0	0	0	D 0	0	0	1	2	3	4	5	6	6	7	10	12	13	15	16	18	20	22	24	25	27	28 0♎	
	♍29 ♎0	♎ 1	3	4	5	6	7	9	10	11	12	14	15	16	17	18	20	21	22	23	25	26	27	28	29 0	♏ 1	2	3	4	6	
	♐ 8	8	9	10	10	11	11	12	13	13	14	15	15	16	16	17	18	18	19	20	20	21	22	22	23	24	24	25	26	26	

1 23 30 / ♑3 4 4 — ♄ 1 6 17 28 30 / ♏11 12 13 14 14 — ♅ 1 20 30 / ♐9 10 10 — ♆ 1R 13D 30 / ♐28 28 — ♇ 1 28 30 / ♏0 1 1

	1	2	3	4	5	6	7	8	9	10	11	12	13	14	15	16	17	18	19	20	21	22	23	24	25	26	27	28	29	30	31
	♎ 8	9	10	11	12	13	14	15	16	17	18	19	20	21	22	23	24	25	26	27	28	29	29 0	♏ 1	2	3	4	5	6	7	8
	♑ 3	16	29	♒ 11	23	♓ 5	17	29	♈ 11	23	♉ 5	17	29	♊ 11	24	♋ 6	19	♌ 3	17	♍ 1	16	♎ 1	16	♏ 1	16	♐ 1	15	28	♑ 12	25	♒ 8
	♎ 1	3	4	6	8	10	12	13	15	17	18	20	22	24	25	27	29	29 0	♏ 2	4	5	7	8	10	11	13	14	16	18	19	21
	♏ 6	8	9	10	12	13	14	15	17	18	19	20	22	23	24	25	26	28	29	29 0	♐ 1	2	4	5	6	7	9	10	11	12	13
	♐ 27	28	28	29	29 0	♑ 1	1	2	2	3	4	5	5	6	7	7	8	9	9	10	11	12	12	13	14	15	15	16	17	17	18

1 4 13 20 27 31 / ♑4 5 6 7 8 8 — ♄ 1 7 16 25 31 / ♏14 15 16 17 17 — ♅ 1 17 31 / ♐10 11 11 — ♆ 1 15 31 / ♐28 29 29 — ♇ 1 24 31 / ♏1 2 2

	1	2	3	4	5	6	7	8	9	10	11	12	13	14	15	16	17	18	19	20	21	22	23	24	25	26	27	28	29	30	31
	♏ 9	10	11	12	13	14	15	16	17	18	19	20	21	22	23	24	25	26	27	28	29	29 0	♐ 1	2	3	4	5	6	7	8	
	♒ 20	♓ 2	14	26	♈ 8	19	♉ 1	14	26	♊ 8	21	♋ 4	16	29	♌ 13	27	♍ 11	25	♎ 10	25	♏ 9	24	♐ 9	23	♑ 7	20	♒ 3	16	29	♓ 10	
	♏ 22	24	25	26	28	29 0	♐ 1	3	4	6	7	8	9	11	12	14	15	17	18	19	20	22	23	24	25	26	27	28	29	29	
	♐ 14	16	17	18	20	21	22	23	24	26	27	28	29 0	♑ 0	2	3	4	5	6	8	9	10	11	12	14	15	16	17	18	20	
	♑ 19	20	21	21	22	23	23	24	25	26	26	27	28	29	29 0	♒ 0	1	2	2	3	4	5	5	6	7	8	8	9	10	11	

1 8 13 18 23 28 30 / ♑9 10 11 12 13 14 14 — ♄ 1 11 19 27 30 / ♏18 19 20 21 21 — ♅ 1 6 23 30 / ♐11 12 13 13 — ♆ 1 21 22 30 / ♐29 29 ♑0 0 — ♇ 1 18 30 / ♏2 3 3

	1	2	3	4	5	6	7	8	9	10	11	12	13	14	15	16	17	18	19	20	21	22	23	24	25	26	27	28	29	30	31
	♐ 9	10	11	12	13	14	15	16	17	18	19	20	21	22	23	24	25	26	27	28	29 0	♑ 1	2	3	4	5	6	7	8	9	10
	♓ 22	♈ 4	16	28	♉ 10	22	♊ 4	17	♋ 0	13	26	♌ 10	24	♍ 8	22	♎ 6	20	♏ 5	19	♐ 3	17	♑ 1	14	28	♒ 11	24	♓ 6	18	29	♈ 12	24
	♐29 ♑0	♑ 0	0	0	0	0R	0 29	♐ 29	29	28	27	26	25	23	22	21	19	18	17	16	15	15	14	14	14	D 14	15	15	16	16	17
	♑ 21	22	23	24	25	27	28	29	29 0	♒ 1	3	4	5	6	7	8	10	11	12	13	14	15	16	18	19	20	21	22	23	24	26
	♒ 12	12	13	14	14	15	16	17	17	18	19	20	20	21	22	23	24	24	25	26	27	27	28	29	29 0	♓ 1	2	2	3	4	4

1 3 8 13 17 21 26 30 31 / ♑14 15 16 17 18 19 20 21 21 — ♄ 1 6 15 25 31 / ♏21 22 23 24 24 — ♅ 1 9 26 31 / ♐13 14 15 15 — ♆ 1 19 31 / ♑0 1 1 — ♇ 1 17 31 / ♏3 4 4

1985

1

	1	2	3	4	5	6	7	8	9	10	11	12	13	14	15	16	17	18	19	20	21	22	23	24	25	26	27	28	29	30	31
☉	♑ 11	12	13	14	15	16	17	18	19	20	21	22	23	24	25	26	27	28	29	29 0	♒ 1	2	3	4	5	6	7	8	9	10	11
☽	♉ 5	17	29	♊ 12	25	♋ 8	22	♌ 6	20	♍ 4	18	♎ 3	17	♏ 1	15	29	♐ 12	26	♑ 9	23	♒ 6	18	♓ 1	14	26	♈ 8	19	♉ 1	13	25	♊ 7
☿	♐ 18	19	20	21	22	23	24	25	27	28	29 0	♑ 1	2	3	5	6	7	9	10	12	13	15	16	18	19	21	22	24	25	27	28
♀	♒ 27	28	29	29 0	♓ 1	2	3	4	5	6	7	9	10	11	12	13	14	15	16	17	18	19	20	21	22	23	24	25	26	27	28
♂	♓ 5	6	7	8	8	9	10	11	12	12	13	14	14	15	16	17	17	18	19	20	21	21	22	23	23	24	25	26	27	27	28

♃ 1 3 7 12 16 20 24 29 31 / ♑21 22 23 24 25 26 27 28 28 — ♄ 1 4 15 30 31 / ♏24 25 26 27 27 — ♅ 1 13 31 / ♐15 16 17 — ♆ 1 14 31 / ♑1 2 2 — ♇ 1 31 / ♏4 4

2

	1	2	3	4	5	6	7	8	9	10	11	12	13	14	15	16	17	18	19	20	21	22	23	24	25	26	27	28	29	30	31
☉	♒ 12	13	14	15	16	17	18	19	20	21	22	23	24	25	26	27	28	29 0	♓ 0	1	2	3	4	5	6	7	8	9			
☽	♊ 20	♋ 3	16	♌ 0	14	29	♍ 14	28	♎ 13	27	♏ 12	25	♐ 9	23	♑ 6	19	♒ 2	15	27	♓ 10	22	♈ 4	16	27	♉ 9	21	♊ 3	15			
☿	29 0	♒ 2	3	5	6	8	10	12	13	15	17	18	20	22	23	25	27	29	♓ 1	3	4	6	8	10	12	14	16	18			
♀	♓ 29	29 0	♈ 1	2	3	3	4	5	6	7	8	8	9	10	11	12	12	13	14	14	15	15	16	17	17	18	18	19			
♂	♓ 29	29 0	♈ 0	1	2	3	3	4	5	6	6	7	8	9	9	10	11	11	12	13	14	14	15	16	17	17	18	19			

♃ 1 7 11 15 20 24 28 / ♑29 ♒0 1 2 3 4 5 — ♄ 1 23 28 / ♏27 28 28 — ♅ 1 3 28 / ♐16 17 17 — ♆ 1 16 28 / ♑2 3 3 — ♇ 1 6R 28 / ♏4 4 4

3

	1	2	3	4	5	6	7	8	9	10	11	12	13	14	15	16	17	18	19	20	21	22	23	24	25	26	27	28	29	30	31
☉	♓ 10	11	12	13	14	15	16	17	18	19	20	21	22	23	24	25	26	27	28	29 0	♈ 1	2	3	4	5	6	7	8	9	10	11
☽	♊ 28	♋ 11	24	♌ 8	22	♍ 7	22	♎ 8	22	♏ 7	22	♐ 6	19	♑ 3	16	29	♒ 12	24	♓ 7	18	♈ 0	12	24	♉ 6	18	29	♊ 12	24	♋ 7	19	♌ 2
☿	♓ 19	21	23	25	27	29	♈ 0	2	4	6	7	9	10	12	13	14	15	16	17	17	18	18	18	R 18	18	18	18	18	17	16	16
♀	♈ 19	20	20	20	21	21	21	21	22	22	22	22	R 22	22	22	22	22	21	21	21	21	20	20	20	19	19	18	18	17	17	16
♂	♈ 19	21	21	22	23	23	24	25	26	26	27	28	28	29	29 0	♉ 1	2	2	3	4	4	5	6	6	7	8	9	9	10	11	11

♃ 1 6 11 16 21 27 31 / ♒5 6 7 8 9 10 11 — ♄ 1 7R 31 / ♏28 28 27 — ♅ 1 22R 31 / ♐17 18 18 — ♆ 1 31 / ♑3 3 — ♇ 1 31 / ♏4 4

4

	1	2	3	4	5	6	7	8	9	10	11	12	13	14	15	16	17	18	19	20	21	22	23	24	25	26	27	28	29	30	31
☉	♈ 12	13	14	15	15	16	17	18	19	20	21	22	23	24	25	26	27	28	29	29 0	♉ 1	2	3	4	5	6	7	8	9	10	
☽	♌ 17	♍ 0	15	♎ 1	16	♏ 1	16	♐ 1	15	29	♑ 13	26	♒ 9	21	♓ 3	15	28	♈ 9	21	♉ 3	15	27	♊ 8	21	♋ 3	15	28	♌ 12	25	♍ 10	
☿	♈ 15	14	14	13	12	11	10	10	9	9	8	8	7	7	7	6	D 6	7	7	7	7	8	8	9	9	10	10	11	12	13	
♀	♈ 15	15	14	14	13	12	12	11	11	10	9	9	8	8	7	7	7	7	6	6	6	6	6	6	D 6	6	6	6	6	6	
♂	♉ 12	13	14	14	15	16	16	17	18	19	19	20	21	21	22	23	23	24	25	26	26	27	28	28	29	♊ 0	1	1	2	3	

♃ 1 7 14 21 30 / ♒11 12 13 14 15 — ♄ 1 20 30 / ♏27 26 26 — ♅ 1 30 / ♐17 17 — ♆ 1 5R 30 / ♑3 3 3 — ♇ 1 30 / ♏4 3

5

	1	2	3	4	5	6	7	8	9	10	11	12	13	14	15	16	17	18	19	20	21	22	23	24	25	26	27	28	29	30	31
☉	♉ 11	12	13	14	15	16	17	18	19	20	21	22	22	23	24	25	26	27	28	29	29 0	♊ 1	2	3	4	5	6	7	8	9	10
☽	♍ 24	♎ 9	24	♏ 9	24	♐ 9	23	♑ 8	22	♒ 5	18	♓ 0	12	24	♈ 7	18	♉ 0	12	24	♊ 6	18	♋ 0	12	25	♌ 8	22	♍ 5	19	♎ 4	18	♏ 3
☿	♈ 14	15	16	17	18	19	21	22	23	25	26	27	29	29 0	♉ 2	4	5	7	8	10	12	14	15	17	19	21	23	25	27	29 0	♊ 1
♀	♈ 7	7	7	7	8	8	9	9	10	10	10	11	11	12	13	13	14	15	15	16	17	17	18	19	20	20	21	22	23	24	25
♂	♊ 3	4	5	5	6	7	7	8	9	9	10	11	11	12	13	14	14	15	16	16	17	18	18	19	20	20	21	22	22	23	24

♃ 1 11 31 / ♒15 16 16 — ♄ 1 20 31 / ♏25 24 23 — ♅ 1 31 / ♐17 16 — ♆ 1 31 / ♑3 3 — ♇ 1 31 / ♏3 2

6

	1	2	3	4	5	6	7	8	9	10	11	12	13	14	15	16	17	18	19	20	21	22	23	24	25	26	27	28	29	30	31
☉	♊ 11	12	13	14	15	16	17	18	18	19	20	21	22	23	24	25	26	27	28	29	29 0	♋ 1	2	3	4	5	6	7	8	9	
☽	♏ 17	♐ 2	17	♑ 2	16	♒ 0	13	26	♓ 9	21	♈ 3	15	27	♉ 9	20	♊ 2	14	27	♋ 10	23	♌ 5	19	♍ 2	16	♎ 0	14	28	♏ 13	27	♐ 12	
☿	♊ 3	5	8	10	12	14	16	19	21	23	25	27	29 0	♋ 2	4	6	8	10	12	13	16	17	19	22	23	24	26	28	29 0	♌ 1	
♀	♈ 25	26	27	28	29	29 0	♉ 1	2	3	3	4	5	6	7	8	9	10	11	12	13	14	15	16	17	18	19	21	22	23	24	
♂	♊ 24	25	26	26	27	28	28	29	29 0	♋ 0	1	2	2	3	4	4	5	6	7	7	8	8	9	10	10	11	12	12	13	14	

♃ 1 30 / ♒16 16 — ♄ 1 29 30 / ♏23 22 22 — ♅ 1 18 30 / ♐16 15 15 — ♆ 1 30 / ♑2 2 — ♇ 1 30 / ♏2 2

7

	1	2	3	4	5	6	7	8	9	10	11	12	13	14	15	16	17	18	19	20	21	22	23	24	25	26	27	28	29	30	31
☉	♋ 9	10	11	12	13	14	15	16	17	18	19	20	21	22	23	24	25	26	27	28	28	29 0	♌ 0	1	2	3	4	5	6	7	8
☽	♐ 26	♑ 10	24	♒ 8	21	♓ 4	17	29	♈ 11	23	♉ 5	17	29	♊ 11	23	♋ 6	19	♌ 2	15	29	♍ 13	27	♎ 11	25	♏ 9	23	♐ 7	21	♑ 5	19	♒ 3
☿	♌ 2	4	5	7	8	9	11	12	13	14	15	16	17	18	19	20	21	21	22	23	23	24	24	24	25	25	25	R 25	25	25	25
♀	♉ 25	26	27	28	29	29 0	♊ 1	2	3	4	5	6	7	9	10	11	12	13	14	15	16	17	18	20	21	22	23	24	25	26	28
♂	♋ 14	15	16	16	17	18	18	19	19	20	21	21	22	23	23	24	25	25	26	27	27	28	29	29	29 0	♌ 1	1	2	2	3	4

♃ 1 10 20 27 31 / ♒16 15 14 13 12 — ♄ 1 20 25D 31 / ♏22 21 21 21 — ♅ 1 20 31 / ♐15 14 14 — ♆ 1 31 / ♑2 1 — ♇ 1 12D 31 / ♏2 2 2

8

	1	2	3	4	5	6	7	8	9	10	11	12	13	14	15	16	17	18	19	20	21	22	23	24	25	26	27	28	29	30	31
☉	♌ 9	10	11	12	13	14	15	16	17	18	19	20	20	21	22	23	24	25	26	27	28	29	29 0	♍ 1	2	3	4	5	6	7	8
☽	♒ 16	29	♓ 12	25	♈ 7	19	♉ 1	13	24	♊ 6	19	♋ 1	14	27	♌ 11	24	♍ 9	23	♎ 7	22	♏ 6	20	♐ 4	18	♑ 2	16	29	♒ 12	25	♓ 8	20
☿	♌ 24	24	23	23	22	21	21	20	19	18	17	17	16	15	15	14	14	13	13	D 13	13	13	13	14	14	15	16	17	18	19	20
♀	♊ 29	29 0	♋ 1	2	3	4	6	7	8	9	10	11	12	14	15	16	17	18	20	21	22	23	24	26	27	28	29	29 0	♌ 1	3	4
♂	♌ 4	5	6	6	7	8	8	9	10	10	11	11	12	13	13	14	15	15	16	17	17	18	18	19	20	20	21	22	22	23	24

♃ 1 11 20 29 31 / ♒12 11 10 9 8 — ♄ 1 21 31 / ♏21 22 22 — ♅ 1 23D 31 / ♐14 14 14 — ♆ 1 31 / ♑1 1 — ♇ 1 31 / ♏2 2

9

	1	2	3	4	5	6	7	8	9	10	11	12	13	14	15	16	17	18	19	20	21	22	23	24	25	26	27	28	29	30	31
☉	9 9	♍ 10	11	12	13	14	15	16	17	18	19	20	20	21	22	23	24	25	26	27	28	29	29 0	♎ 1	2	3	4	5	6	7	
☽	♈ 3	15	27	♉ 9	20	♊ 3	14	27	♋ 9	22	♌ 5	19	♍ 3	17	♎ 2	17	♏ 2	16	♐ 1	15	29	♑ 12	26	♒ 9	22	♓ 5	17	29	♈ 11	24	
☿	♌ 21	23	24	26	28	29 0	♍ 1	3	5	6	8	10	12	14	16	18	20	22	23	25	27	29 0	♎ 1	2	4	6	8	10	11	13	
♀	♌ 5	6	7	9	10	11	12	13	14	16	17	18	19	21	22	23	24	25	27	28	29	29 0	♍ 2	3	4	5	6	8	9	10	
♂	♌ 24	25	25	26	27	27	28	29	29	29 0	♍ 1	1	2	2	3	4	4	5	6	6	7	8	8	9	9	10	11	11	12	13	

♃ 1 30 / ♒8 7 — ♄ 1 8 21 30 / ♏22 23 24 24 — ♅ 1 30 / ♐14 14 — ♆ 1 30 / ♑1 1 — ♇ 1 13 30 / ♏2 3 3

10

	1	2	3	4	5	6	7	8	9	10	11	12	13	14	15	16	17	18	19	20	21	22	23	24	25	26	27	28	29	30	31
☉	♎ 8	9	10	11	12	13	14	15	16	17	18	19	20	21	22	23	24	25	26	27	28	29	29 0	♏ 1	2	3	4	5	6	7	8
☽	♉ 5	17	29	♊ 11	23	♋ 5	17	♌ 0	13	27	♍ 11	25	♎ 10	25	♏ 10	25	♐ 10	25	♑ 9	23	♒ 6	19	♓ 2	14	26	♈ 8	20	♉ 2	14	26	♊ 8
☿	♎ 15	16	18	20	21	23	25	26	28	29 0	♏ 1	2	4	6	7	8	10	12	13	14	16	17	19	20	22	23	24	26	27	28	29 ♐ 0
♀	♍ 11	12	14	15	16	17	19	20	21	22	24	25	26	27	28	29 0	♎ 1	2	3	5	6	7	8	10	11	12	13	15	16	17	18
♂	♍ 13	14	14	15	16	16	17	18	18	19	20	20	21	21	22	23	23	24	25	25	26	26	27	28	28	29	29 0	♎ 0	1	1	2

♃ 1 26 31 / ♒7 8 8 — ♄ 1 2 12 22 31 / ♏24 25 26 27 28 — ♅ 1 12 31 / ♐14 15 15 — ♆ 1 31 / ♑1 1 — ♇ 1 11 31 / ♏3 4 4

11

	1	2	3	4	5	6	7	8	9	10	11	12	13	14	15	16	17	18	19	20	21	22	23	24	25	26	27	28	29	30	31
☉	♏ 9	10	11	12	13	14	15	16	17	18	19	20	21	22	23	24	25	26	27	28	29	29 0	♐ 1	2	3	4	5	6	7	8	
☽	♊ 20	♋ 2	14	26	♌ 9	22	♍ 5	19	♎ 4	18	♏ 3	18	♐ 4	19	♑ 4	18	♒ 2	15	28	♓ 11	23	♈ 6	17	29	♉ 11	23	♊ 5	17	29	♋ 11	
☿	♐ 1	2	3	4	5	7	8	9	10	11	12	12	13	14	14	14	15	R 15	15	14	14	14	13	12	11	10	8	7	6	4	
♀	♎ 20	21	22	23	25	26	27	28	29 0	♏ 1	2	3	5	6	7	8	10	11	12	13	15	16	17	18	20	21	22	23	25	26	
♂	♎ 3	4	4	5	5	6	7	7	8	9	9	10	10	11	12	12	13	14	14	15	15	16	17	17	18	18	19	20	20	21	

♃ 1 6 15 22 30 / ♒8 9 10 11 12 — ♄ 1 8 17 30 / ♏28 29 ♐0 1 — ♅ 1 20 30 / ♐16 17 17 — ♆ 1 18 30 / ♑1 2 2 — ♇ 1 5 30 / ♏4 5 6

12

	1	2	3	4	5	6	7	8	9	10	11	12	13	14	15	16	17	18	19	20	21	22	23	24	25	26	27	28	29	30	31
☉	♐ 9	10	11	12	13	14	15	16	17	18	19	20	21	22	23	24	25	26	27	28	29 0	♑ 1	1	2	3	4	5	6	7	8	9
☽	♋ 23	♌ 5	18	♍ 1	15	28	♎ 12	26	♏ 11	26	♐ 12	27	♑ 11	26	♒ 10	24	♓ 7	19	♈ 2	14	26	♉ 8	19	♊ 1	13	25	♋ 7	20	♌ 2	15	28
☿	♐ 3	2	1	0 29	♏ 29	28	D 28	28	29	29	29	0 29	♐ 0	1	2	3	4	5	6	7	9	10	11	12	13	15	16	18	19	21	22
♀	♏ 27	28	0 29	♐ 1	2	3	5	6	7	8	10	11	12	14	15	16	18	19	20	21	22	24	25	26	27	29	0 29	♑ 1	3	4	5
♂	♎ 22	22	23	23	24	25	25	26	26	27	28	28	29	0 29	♏ 0	1	1	2	3	3	4	4	5	6	6	7	7	8	9	9	10

♃ 1 5 10 15 20 25 31 / ♒12 13 14 15 16 17 18 — ♄ 1 3 12 21 30 / ♐1 2 3 4 5 — ♅ 1 7 23 31 / ♐17 18 19 19 — ♆ 1 16 31 / ♑2 3 3 — ♇ 1 31 / ♏6 6

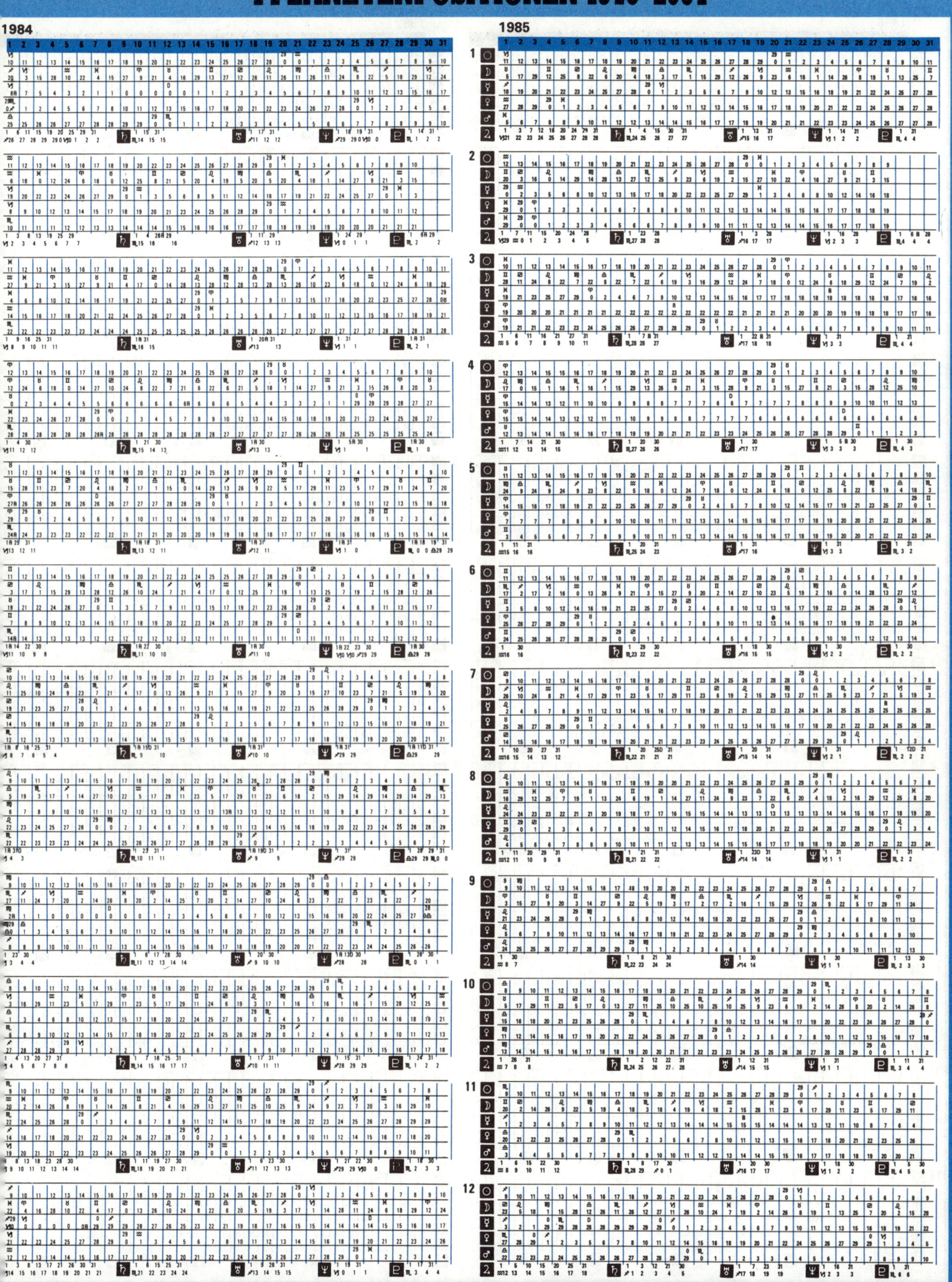

1986

1

	1	2	3	4	5	6	7	8	9	10	11	12	13	14	15	16	17	18	19	20	21	22	23	24	25	26	27	28	29	30	31
☉	♑ 10	11	12	13	14	15	16	17	19	20	21	22	23	24	25	26	27	28	29	29 0	♒ 1	2	3	4	5	6	7	8	9	10	11
☽	♍ 11	25	♎ 9	22	♏ 6	21	♐ 5	20	♑ 5	20	♒ 4	18	♓ 2	15	27	♈ 10	22	♉ 4	16	28	♊ 10	21	♋ 4	16	29	♌ 12	25	♍ 8	22	♎ 5	19
☿	♐ 23	25	26	28	29 0	♑ 1	2	4	5	7	8	10	11	13	14	16	18	19	21	22	24	26	27	29	29 0	♒ 2	4	5	7	9	11
♀	♑ 6	7	9	10	11	12	14	15	16	18	19	20	21	23	24	25	26	27	29	29 0	♒ 1	3	4	5	6	8	9	10	11	13	14
♂	♏ 11	11	12	12	13	14	14	15	15	16	17	17	18	18	19	20	20	21	21	22	23	23	24	24	25	26	26	27	27	28	29

♃	1 4 9 13 18 22 26 31	♒18 19 20 21 22 23 24 25
♄	1 9 20 31	♐5 6 7 7
♅	1 10 31	♐19 20 21
♆	1 12 31	♑3 4 4
♇	1 31	♏7 7

2

	1	2	3	4	5	6	7	8	9	10	11	12	13	14	15	16	17	18	19	20	21	22	23	24	25	26	27	28
☉	♒ 12	13	14	15	16	17	18	19	20	21	22	23	24	25	26	27	28	29 0	♓ 0	1	2	3	4	5	6	7	8	9
☽	♏ 3	17	♐ 1	16	29	♑ 14	28	♒ 12	26	♓ 10	23	♈ 5	18	♉ 0	12	24	♊ 6	17	29	♋ 12	24	♌ 7	20	♍ 4	18	♎ 2	16	29
☿	♒ 12	14	16	18	20	21	23	25	27	29	29 0	♓ 2	4	6	8	9	11	13	15	17	18	20	21	23	24	25	26	27
♀	♒ 15	16	18	19	20	21	23	24	25	27	28	29	29 0	♓ 2	3	4	5	6	8	9	10	11	13	14	15	16	18	19
♂	♏ 29	29 0	♐ 0	1	2	2	3	3	4	5	5	6	6	7	7	8	9	9	10	10	11	11	12	13	13	14	14	15

♃	1 4 8 12 16 21 28	♒25 26 27 28 29 ♓0 1
♄	1 18 28	♐8 9 9
♅	1 28	♐21 22
♆	1 11 28	♑4 5 5
♇	1 8R 28	♏7 7 7

3

	1	2	3	4	5	6	7	8	9	10	11	12	13	14	15	16	17	18	19	20	21	22	23	24	25	26	27	28	29	30	31
☉	♓ 10	11	12	13	14	15	16	17	18	19	20	21	22	23	24	25	26	27	28	29 0	♈ 0	1	2	3	4	5	6	7	8	9	10
☽	♏ 14	28	♐ 12	26	♑ 10	24	♒ 8	22	♓ 5	18	♈ 1	13	26	♉ 8	20	♊ 2	13	25	♋ 7	20	♌ 2	15	28	♍ 12	26	♎ 10	25	♏ 10	24	♐ 9	23
☿	♓ 28	29	29 0	♈ 0	1	1	R 1	1	1	0	0 29	♓ 29	28	28	27	26	25	24	23	22	21	21	20	19	19	18	18	18	18	D 17	17
♀	♓ 20	22	23	24	25	27	28	29	29 0	♈ 2	3	4	5	6	8	9	10	11	13	14	15	16	17	19	20	21	23	24	25	26	27
♂	♐ 15	16	17	17	18	18	19	19	20	20	21	22	22	23	23	24	24	25	25	26	26	27	27	28	28	29	29	29 0	♑ 0	1	1

♃	1 4 9 13 17 22 26 31	♓2 3 4 5 6 7 8 9
♄	1 19R 31	♐9 9 9
♅	1 27R 31	♐22 22 22
♆	1 31	♑5 5
♇	1 31	♏7 7

4

	1	2	3	4	5	6	7	8	9	10	11	12	13	14	15	16	17	18	19	20	21	22	23	24	25	26	27	28	29	30
☉	♈ 11	12	13	14	15	16	17	18	19	20	21	22	23	24	25	26	27	28	29	29 0	♉ 1	2	3	4	5	6	7	8	9	10
☽	♑ 7	21	♒ 5	18	♓ 1	14	27	♈ 9	22	♉ 4	16	28	♊ 10	21	♋ 3	15	28	♌ 10	23	♍ 6	20	♎ 4	19	♏ 3	18	♐ 3	18	♑ 3	17	♒ 2
☿	♓ 18	18	18	19	19	20	21	21	22	23	23	24	25	26	27	28	29 0	♈ 1	2	3	5	6	7	9	10	12	13	15	16	18
♀	♈ 29	29 0	♉ 1	2	4	5	6	7	9	10	11	12	13	15	16	17	18	20	21	22	23	24	26	27	28	29 0	♊ 1	2	3	4
♂	♑ 2	2	3	4	4	4	5	5	6	6	7	7	8	8	8	9	9	10	10	11	11	11	12	12	13	13	13	14	14	14

♃	1 4 9 14 19 24 30	♓9 10 11 12 13 14 15
♄	1 30	♐9 8
♅	1 30	♐22 22
♆	1 7R 30	♑5 5 5
♇	1 30	♏6 6

5

	1	2	3	4	5	6	7	8	9	10	11	12	13	14	15	16	17	18	19	20	21	22	23	24	25	26	27	28	29	30	31
☉	♉ 10	11	12	13	14	15	16	17	18	19	20	21	22	23	24	25	26	27	28	29	29 0	♊ 1	2	3	4	5	6	7	8	9	10
☽	♒ 15	28	♓ 11	24	♈ 7	19	♉ 1	12	24	♊ 7	18	♋ 1	12	24	♌ 6	19	♍ 2	15	28	♎ 12	27	♏ 11	27	♐ 12	27	♑ 12	27	♒ 11	25	♓ 8	21
☿	♈ 19	21	23	24	26	28	29 0	♉ 2	3	5	7	9	11	13	15	17	19	22	24	26	28	29 0	♊ 2	4	7	9	11	13	15	17	20
♀	♊ 6	7	8	9	10	11	13	14	15	16	18	19	20	21	22	24	25	26	27	28	29 0	♋ 1	2	3	4	6	7	8	9	10	12
♂	♑ 15	15	16	16	16	17	17	17	18	18	18	19	19	19	19	20	20	20	20	21	21	21	21	21	22	22	22	22	22	22	22

♃	1 4 10 16 23 31	♓15 16 17 18 19 20
♄	1 19 31	♐8 7 6
♅	1 31	♐21 21
♆	1 31	♑5 5
♇	1 31	♏5 5

6

	1	2	3	4	5	6	7	8	9	10	11	12	13	14	15	16	17	18	19	20	21	22	23	24	25	26	27	28	29	30
☉	♊ 10	11	12	13	14	15	16	17	18	19	20	21	22	23	24	25	26	27	28	29	29 0	♋ 0	1	2	3	4	5	6	7	8
☽	♈ 4	16	28	♉ 10	22	♊ 4	15	27	♋ 9	21	♌ 3	16	28	♍ 11	24	♎ 7	21	♏ 5	20	♐ 5	20	♑ 6	21	♒ 5	20	♓ 4	17	♈ 0	13	25
☿	♊ 22	24	26	28	29 0	♋ 1	3	5	7	9	10	12	13	15	17	18	19	21	22	23	24	26	27	28	29	29 0	♌ 1	1	2	3
♀	♋ 13	14	15	16	18	19	20	21	22	24	25	26	27	28	29 0	♌ 1	2	3	4	5	6	8	9	10	11	12	13	15	16	17
♂	♑ 22	23	23	23	23	23	23	R 23	23	23	23	23	23	23	23	23	22	22	22	22	22	22	22	22	21	21	21	21	20	20

♃	1 8 19 30	♓20 21 22 22
♄	1 16 30	♐6 5 4
♅	1 30	♐20 19
♆	1 30	♑5 4
♇	1 30	♏5 4

7

	1	2	3	4	5	6	7	8	9	10	11	12	13	14	15	16	17	18	19	20	21	22	23	24	25	26	27	28	29	30	31
☉	♋ 9	10	11	12	13	14	15	16	17	18	19	20	21	22	23	24	25	25	26	27	28	29	29 0	♌ 1	2	3	4	5	6	7	8
☽	♉ 7	19	♊ 1	12	24	♋ 6	18	♌ 0	13	25	♍ 8	21	♎ 4	17	♏ 1	15	29	♐ 14	29	♑ 14	29	♒ 14	28	♓ 12	25	♈ 8	21	♉ 3	15	27	♊ 9
☿	♌ 3	4	5	5	5	6	6	6	R 6	6	6	6	6	6	5	5	4	3	3	2	2	1	0 29	♋ 29	29	28	28	27	27	26	26
♀	♌ 18	19	20	22	23	24	25	26	27	28	29 0	♍ 1	2	3	4	5	6	7	8	10	11	12	13	14	15	16	18	19	20	21	22
♂	♑ 20	20	19	19	19	19	18	18	18	17	17	17	17	16	16	16	15	15	15	14	14	14	14	13	13	13	13	13	13	12	12

♃	1 12R 31	♓22 22 22
♄	1 31	♐4 3
♅	1 31	♐19 18
♆	1 31	♑4 3
♇	1 15D 31	♏4 4 4

8

	1	2	3	4	5	6	7	8	9	10	11	12	13	14	15	16	17	18	19	20	21	22	23	24	25	26	27	28	29	30	31
☉	♌ 9	10	11	12	13	14	15	16	17	17	18	19	20	21	22	23	24	25	26	27	28	29	29 0	♍ 1	2	3	4	5	6	7	8
☽	♊ 21	♋ 3	15	27	♌ 9	22	♍ 5	18	♎ 1	14	28	♏ 12	26	♐ 10	24	♑ 9	23	♒ 8	22	♓ 6	20	♈ 3	16	29	♉ 11	23	♊ 5	17	29	♋ 11	23
☿	♋ 26	25	D 25	25	26	26	26	27	28	28	29 0	♌ 0	1	3	4	5	7	8	10	12	13	15	17	19	21	23	24	26	28	29 0	♍ 2
♀	♍ 23	24	25	26	27	28	29 0	♎ 0	1	3	4	5	6	7	8	9	10	11	12	13	14	15	16	17	18	19	20	21	22	23	24
♂	♑ 12	12	12	12	12	11	11	11	11	11	11	D 11	11	11	11	11	11	11	12	12	12	12	12	12	12	13	13	13	13	13	13

♃	1 16 31	♓22 21 20
♄	1 7D 31	♐3 3 3
♅	1 27D 31	♐18 18 18
♆	1	♑3
♇	1 31	♏4 5

9

	1	2	3	4	5	6	7	8	9	10	11	12	13	14	15	16	17	18	19	20	21	22	23	24	25	26	27	28	29	30
☉	♍ 9	10	11	12	13	14	15	15	16	17	18	19	20	21	22	23	24	25	26	27	28	29	29 0	♎ 1	2	3	4	5	6	7
☽	♌ 5	18	♍ 1	14	27	♎ 11	24	♏ 8	22	♐ 6	21	♑ 5	19	♒ 3	17	♓ 1	15	28	♈ 12	24	♉ 7	19	♊ 1	13	25	♋ 7	19	♌ 1	13	26
☿	♍ 4	6	8	10	12	14	16	18	20	22	23	25	27	29	29 0	♎ 2	4	5	7	9	10	12	14	15	17	19	20	22	23	25
♀	♎ 24	25	26	27	28	29	29 0	♏ 1	1	2	3	4	5	6	6	7	8	9	9	10	11	11	12	13	13	14	14	15	16	16
♂	♑ 14	14	14	15	15	15	16	16	16	16	17	17	18	18	19	19	19	20	20	21	21	22	22	22	23	23	24	24	25	25

♃	1 9 17 25 30	♓19 18 17 16 15
♄	1 10 26 30	♐3 4 5 5
♅	1 30	♐18 18
♆	1 14D 30	♑3 3 3
♇	1 30	♏5 6

10

	1	2	3	4	5	6	7	8	9	10	11	12	13	14	15	16	17	18	19	20	21	22	23	24	25	26	27	28	29	30	31
☉	♎ 8	9	10	11	12	13	14	15	16	17	18	19	20	21	22	23	24	25	26	27	28	29	29 0	♏ 1	2	3	4	5	6	7	8
☽	♍ 9	22	♎ 6	20	♏ 4	18	♐ 3	17	♑ 2	16	♒ 0	14	28	♓ 11	24	♈ 7	20	♉ 3	15	27	♊ 9	21	♋ 3	15	27	♌ 9	21	♍ 4	17	♎ 0	14
☿	♎ 26	28	29	29 0	♏ 2	3	5	6	7	9	10	11	13	14	15	16	18	19	20	21	22	23	24	25	26	26	27	28	28	28	29
♀	♏ 17	17	17	18	18	19	19	19	19	20	20	20	20	20	R 20	20	20	20	20	20	20	19	19	19	18	18	17	17	17	16	15
♂	♑ 26	26	27	27	28	28	29	29	29 0	♒ 1	1	2	2	3	3	4	4	5	6	6	7	7	8	9	9	10	10	11	12	12	13

♃	1 14 31	♓15 14 13
♄	1 8 19 29 31	♐5 6 7 8 8
♅	1 5 31	♐18 19 20
♆	1 31	♑3 3
♇	1 24 31	♏6 7 7

11

	1	2	3	4	5	6	7	8	9	10	11	12	13	14	15	16	17	18	19	20	21	22	23	24	25	26	27	28	29	30
☉	♏ 9	10	11	12	13	14	15	16	17	18	19	20	21	22	23	24	25	26	27	28	29	29 0	♐ 1	2	3	4	5	6	7	8
☽	♎ 28	♏ 13	27	♐ 13	27	♑ 12	27	♒ 11	24	♓ 8	21	♈ 4	17	29	♉ 11	24	♊ 6	17	29	♋ 11	23	♌ 5	17	29	♍ 12	25	♎ 8	22	♏ 6	21
☿	♏ 29	29	29	29	28	28	27	26	25	24	23	21	20	18	17	16	15	14	13	13	13	D 13	13	13	14	14	15	16	17	18
♀	♏ 15	14	14	13	12	12	11	11	10	10	9	8	8	7	7	6	6	6	6	5	5	5	5	5	5	D 5	5	5	5	5
♂	♒ 14	14	15	16	16	17	18	18	19	19	20	21	21	22	23	23	24	25	26	26	27	27	28	29	29	29 0	♓ 1	1	2	3

♃	1 8D 30	♓13 13 13
♄	1 7 16 24 30	♐8 9 10 11 11
♅	1 18 30	♐20 21 21
♆	1 14 30	♑3 4 4
♇	1 17 30	♏7 8 8

12

	1	2	3	4	5	6	7	8	9	10	11	12	13	14	15	16	17	18	19	20	21	22	23	24	25	26	27	28	29	30	31
☉	♐ 9	10	11	12	13	14	15	16	17	18	19	20	21	22	23	24	25	26	27	28	29	29 0	♑ 1	2	3	4	5	6	7	8	9
☽	♐ 6	21	♑ 7	21	♒ 6	21	♓ 5	18	♈ 1	14	26	♉ 8	20	♊ 2	14	26	♋ 8	20	♌ 2	14	26	♍ 8	20	♎ 4	17	♏ 0	14	29	♐ 14	29	♑ 14
☿	♏ 19	20	21	22	23	25	26	27	29	29 0	♐ 2	3	5	6	8	9	11	12	14	15	17	18	20	21	23	24	26	28	29	♑ 0	2
♀	♏ 5	6	6	6	6	7	7	7	8	9	9	10	10	11	11	12	13	13	14	15	15	16	17	18	18	19	20	21	22	23	23
♂	♓ 3	4	5	5	6	7	8	8	9	10	10	11	12	12	13	14	14	15	16	17	17	18	19	19	20	21	21	22	23	24	24

♃	1 13 21 29 31	♓14 15 16 17 17
♄	1 3 11 20 28 31	♐11 12 13 14 15 15
♅	1 5 22 31	♐21 22 23 23
♆	1 14 31	♑4 5 5
♇	1 15 31	♏8 9 9

1987

1

	1	2	3	4	5	6	7	8	9	10	11	12	13	14	15	16	17	18	19	20	21	22	23	24	25	26	27	28	29	30
☉	♑ 10	11	12	13	14	15	16	17	18	19	20	21	22	23	24	25	26	27	28	29 0	♒ 1	2	3	4	5	6	7	8	9	10
☽	♒ 0	15	29	♓ 13	27	♈ 10	23	♉ 5	17	29	♊ 11	23	♋ 5	17	29	♌ 11	23	♍ 5	17	♎ 0	13	26	♏ 9	23	♐ 8	22	♑ 8	22	♒ 8	23
☿	♑ 4	5	7	9	10	12	13	15	16	18	20	21	23	25	26	28	29 0	♒ 1	3	5	7	8	10	12	13	15	17	19	20	22
♀	♏ 24	25	26	27	28	29	29 0	♐ 1	2	3	4	5	6	7	8	9	10	11	12	13	14	15	16	17	18	19	20	21	22	24
♂	♓ 25	25	26	27	28	28	29	29 0	♈ 0	1	2	3	3	4	5	5	6	7	8	8	9	10	10	11	12	13	13	14	14	15

♃	1 4 10 15 20 25 31	♓17 18 19 20 21 22 23
♄	1 6 15 26 31	♐15 16 17 18 18
♅	1 8 26 31	♐23 24 25 25
♆	1 9 31	♑5 6 6
♇	1 31	♏9 9

2

	1	2	3	4	5	6	7	8	9	10	11	12	13	14	15	16	17	18	19	20	21	22	23	24	25	26	27	28
☉	♒ 12	13	14	15	16	17	18	19	20	21	22	23	24	25	26	27	28	29	29 0	♓ 1	2	3	4	5	6	7	8	9
☽	♓ 21	♈ 5	18	♉ 1	14	26	♊ 8	20	♋ 2	14	25	♌ 8	20	♍ 2	15	27	♎ 10	23	♏ 6	20	♐ 4	18	♑ 2	17	♒ 1	16	♓ 1	15
☿	♒ 26	27	29	29 0	♓ 2	3	5	6	8	9	10	11	12	13	13	14	14	R 14	14	14	14	13	12	12	11	10	9	8
♀	♐ 26	27	28	29	29 0	♑ 1	2	4	5	6	7	8	9	10	12	13	14	15	16	17	18	20	21	22	23	24	25	26
♂	♈ 16	17	18	19	19	20	21	21	22	23	23	24	25	26	26	27	28	28	29	29 0	♉ 0	1	2	2	3	4	4	5

♃	1 4 9 13 18 22 28	♓23 24 25 26 27 28 29
♄	1 7 21 28	♐18 19 20 20
♅	1 19 28	♐25 26 26
♆	1 7 28	♑6 7 7
♇	1 28	♏9 9

3

	1	2	3	4	5	6	7	8	9	10	11	12	13	14	15	16	17	18	19	20	21	22	23	24	25	26	27	28	29	30
☉	♓ 10	11	12	13	14	15	16	17	18	19	20	21	22	23	24	25	26	27	28	29	29 0	♈ 1	2	3	4	5	6	7	8	9
☽	♓ 29	♈ 13	26	♉ 9	22	♊ 4	16	28	♋ 10	22	♌ 4	16	28	♍ 11	24	♎ 6	20	♏ 3	17	♐ 1	15	28	♑ 13	27	♒ 12	26	♓ 10	24	♈ 8	21
☿	♓ 6	5	4	3	3	2	1	1	0	0	0 29	♒ 29	29 0	♓ 0	0	0	1	1	2	2	3	4	4	5	6	7	8	9	10	11
♀	♑ 27	29	29 0	♒ 1	2	4	5	6	7	8	9	10	12	13	14	15	17	18	19	20	21	22	23	25	26	27	28	29 0	♓ 1	2
♂	♉ 6	6	7	8	9	9	10	11	11	12	13	13	14	15	16	16	17	18	18	19	20	20	21	22	22	23	24	24	25	26

♃	1 2 2 7 11 15 19 23 28 31	♓29 29 0 ♈1 2 3 4 5 6 7
♄	1 17 31R	♐20 21 21
♅	1 31	♐26 26
♆	1 31	♑7 7
♇	1 31	♏9 9

4

	1	2	3	4	5	6	7	8	9	10	11	12	13	14	15	16	17	18	19	20	21	22	23	24	25	26	27	28	29	30
☉	♈ 11	12	13	14	15	16	17	18	19	20	21	22	23	24	25	26	27	28	29	29 0	♉ 1	2	3	4	5	6	7	8	9	10
☽	♉ 17	29	♊ 12	24	♋ 6	18	29	♌ 12	24	♍ 6	19	♎ 2	15	29	♏ 12	27	♐ 11	25	♑ 9	24	♒ 8	22	♓ 6	20	♈ 3	17	29	♉ 12	25	♊ 8
☿	♓ 14	15	16	18	19	21	22	23	25	26	28	29 0	♈ 1	2	4	6	7	9	11	13	14	16	18	20	22	24	26	27	29 0	♉ 1
♀	♓ 4	6	7	8	9	10	11	13	14	15	16	18	19	20	21	22	23	25	26	27	28	29 0	♈ 1	2	3	4	6	7	8	9
♂	♉ 27	28	28	29	29 0	♊ 0	1	2	2	3	4	4	5	6	6	7	8	8	9	10	10	11	12	12	13	14	14	15	16	16

♃	1 5 8 13 17 22 26 30	♈7 8 9 10 11 12 13 14
♄	1 30	♐21 20
♅	1 30	♐26 26
♆	1 10R 30	♑8 8 8
♇	1 30	♏9 8

5

	1	2	3	4	5	6	7	8	9	10	11	12	13	14	15	16	17	18	19	20	21	22	23	24	25	26	27	28	29	30
☉	♉ 10	11	12	13	14	15	16	17	18	19	20	21	22	23	24	25	26	27	28	29	29 0	♊ 1	2	3	4	5	6	7	8	8
☽	♊ 20	♋ 2	14	26	♌ 8	20	♍ 2	14	27	♎ 10	23	♏ 7	22	♐ 6	21	♑ 6	20	♒ 5	19	♓ 3	17	♈ 0	13	26	♉ 9	21	♊ 4	16	28	♋ 10
☿	♉ 4	6	8	10	12	14	16	18	21	23	25	27	29 0	♊ 1	4	6	8	10	12	14	15	17	19	21	23	24	26	27	29	29 0
♀	♈ 10	12	13	14	15	17	18	19	20	21	22	24	25	26	27	29	29 0	♉ 1	2	3	5	6	7	8	10	11	12	13	14	16
♂	♊ 17	18	18	19	20	20	21	22	22	23	24	24	25	26	26	27	27	28	29	29	29 0	♋ 1	1	2	3	3	4	5	5	6

♃	1 5 9 14 18 23 28 31	♈14 15 16 17 18 19 20 20
♄	1 24 31	♐20 19 18
♅	1 31	♐26 25
♆	1 31	♑8 7
♇	1 31	♏8 7

6

	1	2	3	4	5	6	7	8	9	10	11	12	13	14	15	16	17	18	19	20	21	22	23	24	25	26	27	28	29	30
☉	♊ 10	11	12	13	14	15	16	17	18	19	20	21	22	23	24	25	26	27	28	29	29 0	♋ 0	1	2	3	4	5	6	7	8
☽	♌ 4	16	28	♍ 10	22	♎ 5	18	♏ 1	15	♐ 0	15	29	♑ 15	♒ 0	15	29	♓ 13	27	♈ 10	23	♉ 6	18	♊ 1	13	25	♋ 7	19	♌ 1	13	25
☿	♋ 3	4	6	7	8	9	10	11	12	12	13	14	14	15	15	16	16	16	17	17	R 17	16	16	16	16	16	15	15	14	14
♀	♉ 18	19	20	22	23	24	25	27	28	29	29 0	♊ 1	3	4	5	6	7	9	10	11	12	14	15	16	17	18	20	21	22	23
♂	♋ 7	8	9	9	10	10	11	12	12	13	14	14	15	16	16	17	18	18	19	19	20	21	21	22	23	23	24	25	25	26

♃	1 7 13 19 25 30	♈21 22 23 24 25 26
♄	1 20 30	♐18 17 16
♅	1 30	♐25 24
♆	1 30	♑7 6
♇	1 30	♏7 7

7

	1	2	3	4	5	6	7	8	9	10	11	12	13	14	15	16	17	18	19	20	21	22	23	24	25	26	27	28	29	30
☉	♋ 9	10	11	12	13	14	15	16	17	18	19	20	21	21	22	23	24	25	26	27	28	29	29 0	♌ 1	2	3	4	5	6	7
☽	♍ 6	19	♎ 1	14	26	♏ 10	24	♐ 8	23	♑ 8	24	♒ 9	24	♓ 8	23	♈ 6	20	♉ 3	16	28	♊ 10	22	♋ 4	16	28	♌ 10	22	♍ 4	16	28
☿	♋ 13	13	12	11	11	10	10	9	9	8	8	8	7	7	D 7	7	7	8	8	8	9	10	10	11	12	13	14	15	16	18
♀	♊ 25	26	27	28	29 0	♋ 1	2	3	4	6	7	8	9	10	12	13	14	15	17	18	19	20	21	23	24	25	26	28	29	29 0
♂	♋ 27	27	28	28	29	29 0	♌ 0	1	2	2	3	4	4	5	5	6	7	7	8	9	9	10	11	11	12	12	13	14	14	15

♃	1 8 18 30 31	♈26 27 28 29 29
♄	1 12 31	♐16 15 15
♅	1 18 31	♐24 23 23
♆	1 31	♑6 6
♇	1 18D	♏7 7

8

	1	2	3	4	5	6	7	8	9	10	11	12	13	14	15	16	17	18	19	20	21	22	23	24	25	26	27	28	29	30
☉	♌ 9	10	11	12	13	14	14	15	16	17	18	19	20	21	22	23	24	25	26	27	28	29	29 0	♍ 1	2	3	4	5	6	7
☽	♎ 23	♏ 6	19	♐ 3	17	♑ 2	17	♒ 2	17	♓ 2	17	♈ 2	15	29	♉ 12	25	♊ 7	19	♋ 1	13	25	♌ 6	19	♍ 0	13	25	♎ 7	20	♏ 3	16
☿	♋ 21	22	24	26	27	29 0	♌ 1	3	5	7	9	11	13	15	17	19	21	23	25	27	29 0	♍ 1	3	5	7	9	11	12	14	16
♀	♌ 3	4	5	6	7	9	10	11	12	13	15	16	17	19	20	21	22	24	25	26	27	28	29 0	♍ 1	2	3	5	6	7	8
♂	♌ 16	17	18	18	19	19	20	21	21	22	23	23	24	25	25	26	26	27	28	28	29	29 0	♍ 0	1	2	2	3	3	4	5

♃	1 19R 31	♈29 29 29
♄	1 19D 31	♐14 14 14
♅	1 31	♐23 23
♆	1 31	♑6 5
♇	1 31	♏7 8

9

	1	2	3	4	5	6	7	8	9	10	11	12	13	14	15	16	17	18	19	20	21	22	23	24	25	26	27	28	29	30
☉	♍ 8	9	10	11	12	13	14	15	16	17	18	19	20	21	22	23	24	25	26	27	28	29	29 0	♎ 1	2	3	4	5	6	7
☽	♐ 13	27	♑ 11	26	♒ 11	26	♓ 11	25	♈ 10	24	♉ 7	20	♊ 3	15	28	♋ 10	22	♌ 3	15	27	♍ 9	22	♎ 4	17	29	♏ 13	26	♐ 10	23	♑ 7
☿	♍ 20	21	23	25	26	28	29 0	♎ 1	3	5	6	8	9	11	12	14	15	16	18	19	21	22	23	25	26	27	28	29 0	♏ 1	2
♀	♍ 11	12	13	15	16	17	18	20	21	22	23	25	26	27	28	29 0	♎ 1	2	3	4	6	7	8	9	11	12	13	14	16	17
♂	♍ 6	7	7	8	9	9	10	10	11	12	12	13	14	14	15	16	16	17	17	18	19	19	20	21	21	22	23	23	24	25

♃	1 21 30	♈29 28 27
♄	1 12 30	♐14 15 16
♅	1 27 30	♐22 23 23
♆	1 17D 30	♑5 5 5
♇	1 12	♏7 8

10

	1	2	3	4	5	6	7	8	9	10	11	12	13	14	15	16	17	18	19	20	21	22	23	24	25	26	27	28	29	30
☉	♎ 8	9	10	11	12	13	14	15	16	17	18	19	20	21	22	23	24	25	26	27	27	28	29 0	♏ 0	1	2	3	4	5	6
☽	♑ 22	♒ 6	20	♓ 5	19	♈ 4	18	♉ 2	15	28	♊ 11	23	♋ 6	18	29	♌ 11	23	♍ 5	17	♎ 0	13	26	♏ 9	22	♐ 6	20	♑ 4	18	♒ 3	17
☿	♏ 3	4	5	6	7	8	9	10	10	11	12	12	12	13	13	R 13	13	13	13	12	12	11	10	9	8	7	5	4	3	2
♀	♎ 18	19	21	22	23	24	26	27	28	29 0	♏ 1	2	3	4	6	7	8	9	11	12	13	14	15	17	18	19	21	22	23	24
♂	♍ 25	26	26	27	28	28	29	29 0	♎ 0	1	2	2	3	3	4	5	5	6	7	7	8	9	9	10	11	11	12	13	13	14

♃	1 8 15 23 31	♈27 26 25 24 23
♄	1 15 26 31	♐16 17 18 18
♅	1 27 31	♐23 24 24
♆	1 31	♑5 5
♇	1 11	♏8 9

11

	1	2	3	4	5	6	7	8	9	10	11	12	13	14	15	16	17	18	19	20	21	22	23	24	25	26	27	28	29	30
☉	♏ 8	9	10	11	12	13	14	15	16	17	18	19	20	21	22	23	24	25	26	27	28	29 0	♐ 1	2	3	4	5	6	7	8
☽	♓ 15	29	♈ 13	26	♉ 10	23	♊ 6	19	♋ 1	13	25	♌ 7	19	♍ 1	13	25	♎ 8	21	♏ 4	17	♐ 1	16	♑ 0	15	29	♒ 13	28	♓ 12	26	♈ 9
☿	♎ 29	29	28	28	27	D 27	27	27	28	29	29 0	♏ 0	1	2	4	5	6	7	9	10	12	13	14	16	17	19	20	22	24	25
♀	♏ 27	28	29 0	♐ 1	2	3	4	5	7	8	9	10	12	13	14	15	17	18	19	20	22	23	24	25	27	28	29	29 0	♑ 2	3
♂	♎ 15	16	16	17	18	18	19	20	20	21	22	22	23	24	24	25	26	26	27	27	28	29	29	29 0	♏ 0	1	1	2	3	4

♃	1 8 17 30	♈23 22 21 20
♄	1 5 15 24 30	♐18 19 20 21 21
♅	1 17 30	♐24 25 25
♆	1 10 30	♑5 6 6
♇	1 5	♏9 10

12

	1	2	3	4	5	6	7	8	9	10	11	12	13	14	15	16	17	18	19	20	21	22	23	24	25	26	27	28	29	30
☉	♐ 9	10	11	12	13	14	15	16	17	18	19	20	21	22	23	24	25	26	27	28	29	29 0	♑ 1	2	3	4	5	6	7	8
☽	♈ 23	♉ 6	19	♊ 2	15	27	♋ 9	22	♌ 3	15	27	♍ 9	21	♎ 3	16	28	♏ 12	25	♐ 10	24	♑ 9	24	♒ 9	24	♓ 8	22	♈ 6	20	♉ 3	16
☿	♏ 27	28	29 0	♐ 1	3	4	6	8	9	11	12	14	15	17	18	20	22	23	25	26	28	29 0	♑ 1	3	4	6	7	9	11	12
♀	♑ 4	5	7	8	9	10	12	13	14	15	16	18	19	20	21	23	24	25	26	28	29	29 0	♒ 1	3	4	5	6	8	9	10
♂	♏ 5	5	6	7	7	8	9	9	10	11	11	12	13	13	14	15	15	16	16	17	18	18	19	20	20	21	22	22	23	24

♃	1 15D 31	♈20 20 20
♄	1 11 20 28 31	♐22 23 24 25 25
♅	1 4 21 31	♐25 26 27 27
♆	1 11 31	♑6 7 8
♇	1 31	♏11 12

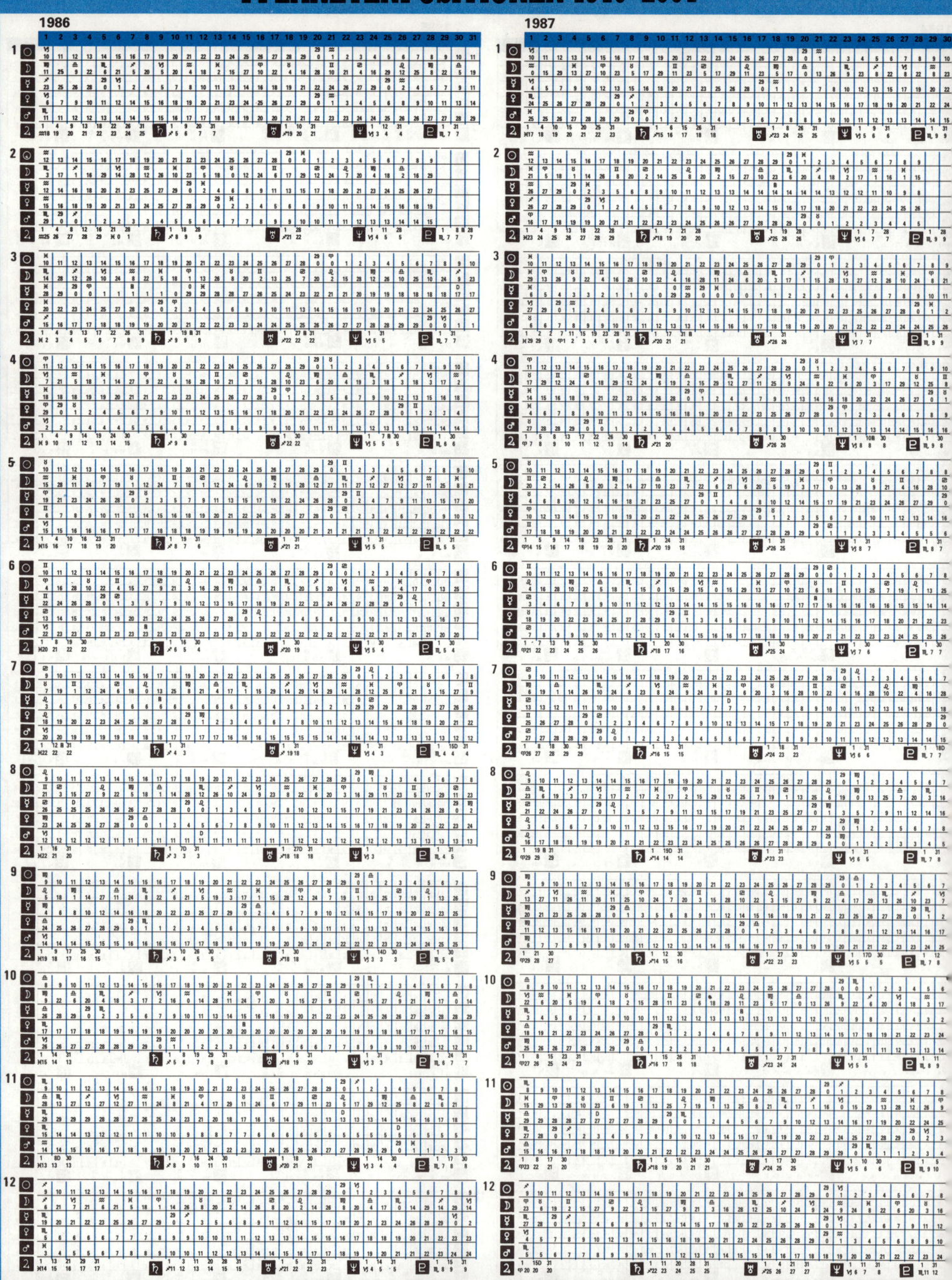

1 PLANETENPOSITIONEN 1910–2001

1988

1

	1	2	3	4	5	6	7	8	9	10	11	12	13	14	15	16	17	18	19	20	21	22	23	24	25	26	27	28	29	30	31
☉	♑ 10	11	12	13	14	15	16	17	18	19	20	21	22	23	24	25	26	27	28	29/0	♒ 1	2	3	4	5	6	7	8	9	10	11
☽	♊ 11	24	♋ 6	18	♌ 0	12	24	♍ 5	17	29	♎ 11	24	♏ 6	20	♐ 3	18	♑ 2	17	♒ 2	18	♓ 3	17	♈ 2	16	29	♉ 13	26	♊ 8	21	♋ 3	15
☿	♑ 15	17	19	20	22	24	25	27	29	29/0	♒ 2	4	5	7	8	10	12	13	15	16	18	19	21	22	23	24	25	26	27	27	28
♀	♒ 12	14	15	16	17	19	20	21	23	24	25	26	27	28	29/0	♓ 1	2	3	5	6	7	8	9	11	12	13	14	15	17	18	19
♂	♏ 25	26	26	27	28	28	29	29/0	♐ 0	1	2	2	3	4	4	5	6	6	7	8	8	9	10	10	11	12	12	13	14	14	15

♃ 1: ♈20, 11: 21, 21: 22, 29: 23, 31: 23 — ♄ 1: ♐25, 5: 26, 14: 27, 24: 28, 31: 28 — ♅ 1: ♐27, 6: 28, 24: 29, 31: 29 — ♆ 1: ♑7, 6: 8, 31: 8 — ♇ 1: ♏12, 31: 12

2

	1	2	3	4	5	6	7	8	9	10	11	12	13	14	15	16	17	18	19	20	21	22	23	24	25	26	27	28	29	30	31
☉	♒ 12	13	14	15	16	17	18	19	20	21	22	23	24	25	26	27	28	29	29/0	♓ 1	2	3	4	5	6	7	8	9	10		
☽	♋ 27	♌ 9	21	♍ 2	14	26	♎ 8	20	♏ 3	15	28	♐ 12	26	♑ 10	25	♒ 10	26	♓ 11	26	♈ 10	25	♉ 8	22	♊ 5	17	29	♋ 12	24	♌ 6		
☿	♒ 28	R 28	28	27	27	26	25	24	23	22	21	20	19	18	17	16	15	14	14	13	13	13	D 13	13	13	13	13	14	14		
♀	♓ 20	21	23	24	25	26	27	29	29/0	♈ 1	2	3	5	6	7	8	9	10	12	13	14	15	16	17	19	20	21	22	23		
♂	♐ 16	16	17	18	18	19	20	20	21	22	22	23	24	24	25	26	27	27	28	29	29	29/0	♑ 0	1	2	3	3	4	5		

♃ 1: ♈23, 5: 24, 11: 25, 17: 26, 22: 27, 29: 28 — ♄ 1: ♐28, 3: 29, 13: 29, 14: ♑0, 29: 1 — ♅ 1: ♐29, 14: 29, 15: ♑0, 29: 0 — ♆ 1: ♑9, 29: 9 — ♇ 1: ♏12, 14R: 12, 29: 12

3

	1	2	3	4	5	6	7	8	9	10	11	12	13	14	15	16	17	18	19	20	21	22	23	24	25	26	27	28	29	30	31
☉	♓ 11	12	13	14	15	16	17	18	19	20	21	22	23	24	25	26	27	28	29	29/0	♈ 1	2	3	4	5	6	7	8	9	10	11
☽	♌ 17	29	♍ 11	23	♎ 5	17	29	♏ 12	25	♐ 8	22	♑ 5	20	♒ 4	19	♓ 4	19	♈ 4	18	♉ 3	17	♊ 0	13	26	♋ 8	20	♌ 2	14	26	♍ 8	20
☿	♒ 15	15	16	17	18	19	20	21	22	23	24	25	26	27	28	29/0	♓ 1	3	4	5	7	8	10	11	13	14	16	17	19	21	22
♀	♈ 24	25	26	28	29	29/0	♉ 1	2	3	4	5	7	8	9	10	11	12	13	14	15	16	17	18	19	21	22	23	24	25	26	27
♂	♑ 5	6	6	7	8	8	9	10	11	11	12	13	13	14	15	15	16	17	17	18	19	19	20	21	21	22	23	23	24	25	25

♃ 1: ♈28, 4: 29, 7: 29, 8: ♉0, 13: 1, 18: 2, 22: 3, 27: 4, 31: 5 — ♄ 1: ♑1, 16: 2, 31: 2 — ♅ 1: ♑0, 25: 1, 31: 1 — ♆ 1: ♑9, 16: 10, 31: 10 — ♇ 1: ♏12, 31: 12

4

	1	2	3	4	5	6	7	8	9	10	11	12	13	14	15	16	17	18	19	20	21	22	23	24	25	26	27	28	29	30	31
☉	♈ 12	13	14	15	16	17	18	19	20	21	22	23	24	25	26	27	28	29	29/0	♉ 0	1	2	3	4	5	6	7	8	9	10	
☽	♎ 2	14	26	♏ 9	22	♐ 5	18	♑ 2	16	29	♒ 14	28	♓ 13	28	♈ 12	27	♉ 11	25	♊ 8	21	♋ 4	16	29	♌ 10	22	♍ 4	16	28	♎ 10	23	
☿	♓ 24	26	27	29/0	♈ 1	3	4	6	8	10	12	14	16	18	20	22	24	26	28	29/0	♉ 2	5	7	9	11	13	15	17	19	21	
♀	♉ 28	29	29/0	♊ 1	2	3	3	4	5	6	7	8	9	10	11	12	12	13	14	15	16	17	17	18	19	20	20	21	21	22	
♂	♑ 26	27	28	28	29	29/0	♒ 0	1	1	2	3	3	4	5	6	6	7	8	8	9	10	10	11	12	12	13	14	14	15	15	

♃ 1: ♉5, 5: 6, 9: 7, 13: 8, 17: 9, 21: 10, 25: 11, 30: 12 — ♄ 1: ♑2, 11R: 2, 30: 2 — ♅ 1: ♑1, 4R: 1, 30: 0 — ♆ 1: ♑10, 11R: 10, 30: 10 — ♇ 1: ♏12, 30: 11

5

	1	2	3	4	5	6	7	8	9	10	11	12	13	14	15	16	17	18	19	20	21	22	23	24	25	26	27	28	29	30	31
☉	♉ 11	12	13	14	15	16	17	18	19	20	21	22	23	24	25	26	27	28	29	29/0	♊ 0	1	2	3	4	5	6	7	8	9	10
☽	♏ 5	18	♐ 2	15	29	♑ 13	27	♒ 11	25	♓ 9	23	♈ 7	21	♉ 5	19	♊ 3	16	29	♋ 12	24	♌ 6	18	♍ 0	12	24	♎ 6	18	♏ 1	14	27	♐ 11
☿	♉ 23	25	27	29/0	♊ 1	3	5	6	8	9	11	12	14	15	16	18	19	20	20	21	22	23	24	24	25	25	26	26	26	26	R 26
♀	♊ 23	24	24	25	25	26	26	27	27	28	28	28	29	29	29	29	29/0	♋ 0	0	0	0	R 0	0	0	0	0	0/29	♊ 29	29	29	28
♂	♒ 16	17	18	18	19	19	20	21	22	22	23	23	24	25	25	26	27	27	28	29	29	29/0	♓ 0	1	2	2	3	4	4	5	6

♃ 1: ♉12, 4: 13, 8: 14, 12: 15, 17: 16, 21: 17, 25: 18, 29: 19, 31: 19 — ♄ 1: ♑2, 26: 1, 31: 1 — ♅ 1: ♑0, 26: 0, 27: ♐29, 31: 29 — ♆ 1: ♑10, 31: 9 — ♇ 1: ♏11, 31: 10

6

	1	2	3	4	5	6	7	8	9	10	11	12	13	14	15	16	17	18	19	20	21	22	23	24	25	26	27	28	29	30	31
☉	♊ 11	12	13	14	15	16	17	18	19	20	21	22	23	24	25	26	26	27	28	29	29/0	♋ 1	2	3	4	5	6	7	8	9	
☽	♐ 24	♑ 9	23	♒ 7	22	♓ 6	20	♈ 4	18	♉ 2	15	29	♊ 12	25	♋ 8	20	♌ 2	14	26	♍ 8	20	♎ 2	14	26	♏ 9	22	♐ 5	19	♑ 3	18	
☿	♊ 26	26	26	26	26	25	25	25	24	24	23	23	22	21	21	20	20	19	19	19	18	18	18	D 18	18	18	18	18	19	19	
♀	♊ 28	28	27	27	26	26	25	25	24	24	23	22	22	21	20	20	19	19	18	18	17	17	16	16	15	15	15	14	14	14	
♂	♓ 6	7	7	8	9	9	10	11	11	12	12	13	14	14	15	15	16	16	17	18	18	19	19	20	20	21	22	22	23	23	

♃ 1: ♉19, 3: 20, 7: 21, 12: 22, 17: 23, 21: 24, 26: 25, 30: 26 — ♄ 1: ♑0, 9: 0, 10: ♐29, 30: 29 — ♅ 1: ♐29, 30: 28 — ♆ 1: ♑9, 30: 9 — ♇ 1: ♏10, 30: 9

7

	1	2	3	4	5	6	7	8	9	10	11	12	13	14	15	16	17	18	19	20	21	22	23	24	25	26	27	28	29	30	31
☉	♋ 10	11	12	13	14	15	16	17	17	18	19	20	21	22	23	24	25	26	27	28	29	29/0	♌ 1	2	3	4	5	6	7	8	8
☽	♒ 3	17	♓ 2	16	♈ 0	15	28	♉ 12	25	♊ 8	21	♋ 4	16	29	♌ 11	23	♍ 5	16	28	♎ 10	22	♏ 4	17	♐ 0	13	27	♑ 12	26	♒ 11	26	♓ 11
☿	♊ 20	20	21	22	22	23	24	25	26	27	29	29/0	♋ 1	3	4	6	8	9	11	13	15	17	19	21	23	25	27	29/0	♌ 1	3	5
♀	♊ 14	14	14	D 14	14	14	14	14	14	14	15	15	15	16	16	16	17	17	18	18	19	19	20	20	21	21	22	23	23	24	25
♂	♓ 24	24	25	25	26	26	27	27	28	28	29	29	29/0	♈ 0	1	1	2	2	3	3	4	4	4	5	5	5	6	6	6	7	7

♃ 1: ♉26, 6: 27, 11: 28, 16: 29, 21: 29, 22: ♊0, 28: 1, 31: 1 — ♄ 1: ♐28, 23: 27, 31: 26 — ♅ 1: ♐28, 31: 27 — ♆ 1: ♑8, 31: 8 — ♇ 1: ♏9, 20D: 9, 31: 9

8

	1	2	3	4	5	6	7	8	9	10	11	12	13	14	15	16	17	18	19	20	21	22	23	24	25	26	27	28	29	30	31
☉	♌ 9	10	11	12	13	14	15	16	17	18	19	20	21	22	23	24	25	26	27	28	29	29/0	♍ 0	1	2	3	4	5	6	7	8
☽	♓ 26	♈ 11	25	♉ 9	22	♊ 5	18	♋ 1	13	26	♌ 8	19	♍ 1	13	25	♎ 7	19	♏ 1	13	26	♐ 9	22	♑ 6	20	♒ 5	20	♓ 5	20	♈ 5	20	♉ 4
☿	♌ 7	10	12	14	16	18	20	22	24	26	27	29/0	♍ 1	3	5	7	8	10	12	13	15	17	19	20	22	23	25	26	28	29/0	♎ 1
♀	♊ 26	26	27	28	28	29/0	♋ 0	1	2	3	4	4	5	6	7	8	9	10	11	12	13	14	15	16	17	18	19	20	21	22	23
♂	♈ 7	7	8	8	8	9	9	9	9	10	10	10	10	10	10	11	11	11	11	11	11	11	11	11	11	R 11	11	11	11	11	11

♃ 1: ♊1, 3: 2, 10: 3, 18: 4, 29: 5, 31: 5 — ♄ 1: ♐26, 31: 26 — ♅ 1: ♐27, 31: 27 — ♆ 1: ♑8, 31: 7 — ♇ 1: ♏9, 18: 10, 31: 10

9

	1	2	3	4	5	6	7	8	9	10	11	12	13	14	15	16	17	18	19	20	21	22	23	24	25	26	27	28	29	30	31
☉	♍ 9	10	11	12	13	14	15	16	17	18	19	20	21	22	23	24	25	26	27	28	29	29/0	♎ 0	1	2	3	4	5	6	7	
☽	♉ 18	♊ 2	15	28	♋ 10	23	♌ 5	17	28	♍ 10	22	♎ 4	16	28	♏ 10	22	♐ 5	18	♑ 1	15	29	♒ 13	28	♓ 13	28	♈ 13	28	♉ 13	27	♊ 11	
☿	♎ 2	4	5	6	8	9	10	11	13	14	15	16	17	18	19	20	21	22	23	24	24	25	25	26	26	26	27	R 27	27	27	
♀	♋ 24	25	26	27	28	29	29/0	♌ 1	2	3	4	5	6	7	8	10	11	12	13	14	15	16	17	18	20	21	22	23	24	25	
♂	♈ 11	11	11	11	11	10	10	10	10	10	10	9	9	9	9	8	8	8	8	7	7	7	7	6	6	6	5	5	5	4	

♃ 1: ♊5, 16: 6, 24R: 6, 30: 6 — ♄ 1: ♐26, 30: 26 — ♅ 1: ♐27, 5D: 27, 30: 27 — ♆ 1: ♑7, 18D: 7, 30: 7 — ♇ 1: ♏10, 25: 11, 30: 11

10

	1	2	3	4	5	6	7	8	9	10	11	12	13	14	15	16	17	18	19	20	21	22	23	24	25	26	27	28	29	30	31
☉	♎ 8	9	10	11	12	13	14	15	16	17	18	19	20	21	22	23	24	25	26	27	28	29	29/0	♏ 1	2	3	4	5	6	7	8
☽	♊ 24	♋ 7	19	♌ 2	14	25	♍ 7	19	♎ 1	13	25	♏ 7	19	♐ 2	15	28	♑ 11	25	♒ 8	23	♓ 7	22	♈ 7	22	♉ 6	21	♊ 5	19	♋ 2	15	28
☿	♎ 26	26	26	25	24	23	22	21	20	19	18	17	15	14	13	13	12	12	12	D 11	12	12	12	13	14	15	16	17	18	19	21
♀	♌ 26	27	28	29/0	♍ 1	2	3	4	6	7	8	9	10	11	13	14	15	16	17	19	20	21	22	23	24	26	27	28	29	♎ 0	2
♂	♈ 4	4	4	3	3	3	2	2	2	2	2	1	1	1	1	1	0	0	0	0	0	0	0/29	♓ 29	29	29	29	D 29	29	29	29

♃ 1: ♊6, 20: 5, 31: 4 — ♄ 1: ♐26, 6: 27, 21: 28, 31: 28 — ♅ 1: ♐27, 23: 28, 31: 28 — ♆ 1: ♑7, 31: 8 — ♇ 1: ♏11, 23: 12, 31: 12

11

	1	2	3	4	5	6	7	8	9	10	11	12	13	14	15	16	17	18	19	20	21	22	23	24	25	26	27	28	29	30	31
☉	♏ 9	10	11	12	13	14	15	16	17	18	19	20	21	22	23	24	25	26	27	28	29	29/0	♐ 1	2	3	4	5	6	7	8	
☽	♌ 10	22	♍ 4	16	27	♎ 9	21	♏ 4	16	29	♐ 12	25	♑ 8	21	♒ 5	19	♓ 3	17	♈ 2	16	♉ 0	15	29	♊ 13	27	♋ 10	23	♌ 6	18	♍ 9	
☿	♎ 22	24	25	27	28	29/0	♏ 1	3	4	6	8	9	11	12	14	16	17	19	20	22	24	25	27	28	29/0	♐ 2	3	5	6	8	
♀	♎ 3	4	5	7	8	9	10	11	13	14	15	16	17	19	20	21	22	24	25	26	27	28	29/0	♏ 1	2	3	5	6	7	8	
♂	29♓/0	♈ 0	0	0	0	0	0	0	1	1	1	1	1	2	2	2	2	3	3	3	3	4	4	4	4	5	5	5	6	6	

♃ 1: ♊3, 15: 2, 22: 1, 30: 0, 30: ♉29 — ♄ 1: ♐29, 11: 29, 12: ♑0, 21: 1, 30: 2 — ♅ 1: ♐28, 14: 29, 30: 29 — ♆ 1: ♑8, 30: 8 — ♇ 1: ♏12, 17: 13, 30: 13

12

	1	2	3	4	5	6	7	8	9	10	11	12	13	14	15	16	17	18	19	20	21	22	23	24	25	26	27	28	29	30	31
☉	♐ 9	10	11	12	13	14	15	16	17	18	19	20	21	22	23	24	25	26	27	28	29/0	♑ 1	2	3	4	5	6	7	8	9	10
☽	♍ 12	23	♎ 5	17	29	♏ 12	24	♐ 7	21	♑ 4	18	♒ 2	16	♓ 0	14	28	♈ 12	26	♉ 10	24	♊ 8	22	♋ 5	18	♌ 1	13	26	♍ 8	19	♎ 1	13
☿	♐ 9	10	13	14	16	17	19	20	22	24	25	27	28	29/0	♑ 1	3	5	6	8	9	11	12	14	16	17	19	20	22	23	25	26
♀	♏ 10	11	12	13	15	16	17	18	20	21	22	23	25	26	27	28	29/0	♐ 1	2	3	5	6	7	8	10	11	12	13	15	16	17
♂	♈ 7	7	7	8	8	8	9	9	10	10	10	11	11	12	12	13	13	13	14	14	15	15	16	16	17	17	18	18	19	19	20

♃ 1: ♉29, 16: 28, 27: 27, 31: 27 — ♄ 1: ♑2, 10: 3, 18: 4, 27: 5, 31: 5 — ♅ 1: ♐29, 2: ♑0, 19: 1, 31: 1 — ♆ 1: ♑8, 7: 9, 31: 10 — ♇ 1: ♏13, 13: 14, 31: 14

1989

1

	1	2	3	4	5	6	7	8	9	10	11	12	13	14	15	16	17	18	19	20	21	22	23	24	25	26	27	28	29	30	31
☉	♑ 11	12	13	14	15	16	17	18	19	20	21	22	23	24	25	26	27	28	29	29/0	♒ 1	2	3	4	5	6	7	8	9	10	11
☽	♎ 25	♏ 7	20	♐ 2	16	29	♑ 13	27	♒ 11	26	♓ 10	25	♈ 9	23	♉ 7	21	♊ 4	18	♋ 1	14	27	♌ 9	21	♍ 4	16	27	♎ 9	21	♏ 3	15	27
☿	♑ 28	29/0	♒ 1	2	4	5	6	7	8	9	10	11	11	11	12	R 12	12	11	11	10	9	8	7	6	4	3	2	0	0/29	♑ 28	28
♀	♐ 18	20	21	22	23	25	26	27	28	29/0	♑ 1	2	3	5	6	7	8	10	11	12	13	15	16	17	18	20	21	22	23	25	26
♂	♈ 20	21	21	22	22	23	23	24	24	25	26	26	27	27	28	28	29	29	29/0	♉ 0	1	2	2	3	3	4	4	5	6	6	7

♃ 1: ♉26, 20D: 26, 31: 26 — ♄ 1: ♑5, 4: 6, 13: 7, 22: 8, 31: 9 — ♅ 1: ♑1, 5: 2, 23: 3, 31: 3 — ♆ 1: ♑10, 31: 11 — ♇ 1: ♏14, 22: 15, 31: 15

2

	1	2	3	4	5	6	7	8	9	10	11	12	13	14	15	16	17	18	19	20	21	22	23	24	25	26	27	28	29	30	31
☉	♒ 12	13	14	15	16	17	18	19	20	21	22	23	24	25	26	27	28	29/0	♓ 1	2	3	4	5	6	7	8	9	10			
☽	♐ 10	23	♑ 7	21	♒ 5	20	♓ 5	20	♈ 5	19	♉ 4	18	♊ 1	15	28	♋ 11	23	♌ 6	18	♍ 0	12	24	♎ 6	18	29	♏ 11	23	♐ 6			
☿	♑ 27	27	26	26	D 26	26	26	26	27	28	28	29	29	29/0	♒ 0	1	2	3	4	5	6	8	9	10	11	12	14	15			
♀	♑ 27	28	29/0	♒ 1	2	3	5	6	7	8	10	11	12	13	15	16	17	18	20	21	22	23	25	26	27	28	29/0	♓ 1			
♂	♉ 7	8	8	9	10	10	11	11	12	13	13	14	14	15	15	16	17	17	18	18	19	20	20	21	21	22	23	23			

♃ 1: ♉26, 13: 27, 23: 28, 28: 28 — ♄ 1: ♑9, 10: 10, 20: 11, 28: 11 — ♅ 1: ♑3, 12: 4, 28: 4 — ♆ 1: ♑11, 28: 11 — ♇ 1: ♏15, 16R: 15, 28: 15

3

	1	2	3	4	5	6	7	8	9	10	11	12	13	14	15	16	17	18	19	20	21	22	23	24	25	26	27	28	29	30	31
☉	♓ 11	12	13	14	15	16	17	18	19	20	21	22	23	24	25	26	27	28	29	29/0	♈ 1	2	3	4	5	6	7	8	9	10	11
☽	♐ 19	♑ 2	15	29	♒ 13	28	♓ 13	28	♈ 13	28	♉ 13	27	♊ 11	25	♋ 8	20	♌ 3	15	27	♍ 9	21	♎ 3	14	26	♏ 8	20	♐ 2	15	27	♑ 10	24
☿	♒ 16	18	19	21	22	23	25	26	28	29/0	♓ 1	3	4	6	7	9	11	12	14	16	18	19	21	23	25	27	29	29/0	♈ 2	4	6
♀	♓ 2	3	5	6	7	8	10	11	12	13	15	16	17	18	20	21	22	23	25	26	27	28	29/0	♈ 1	2	3	4	6	7	8	9
♂	♉ 24	24	25	26	26	27	27	28	29	29	29/0	♊ 0	1	2	2	3	4	4	5	5	6	7	7	8	8	9	10	10	11	12	12

♃ 1: ♉28, 4: 29, 10: 29, 11: ♊0, 18: 1, 24: 2, 29: 3, 31: 3 — ♄ 1: ♑12, 20: 13, 31: 13 — ♅ 1: ♑4, 13: 5, 31: 5 — ♆ 1: ♑12, 31: 12 — ♇ 1: ♏15, 31: 15

4

	1	2	3	4	5	6	7	8	9	10	11	12	13	14	15	16	17	18	19	20	21	22	23	24	25	26	27	28	29	30	31
☉	♈ 12	13	14	15	16	17	18	19	20	21	22	23	24	25	26	26	27	28	29	29/0	♉ 1	2	3	4	5	6	7	8	9	10	
☽	♒ 7	22	♓ 6	21	♈ 6	22	♉ 7	22	♊ 6	20	♋ 4	17	29	♌ 12	24	♍ 6	18	29	♎ 11	23	♏ 5	17	29	♐ 12	24	♑ 7	20	♒ 3	17	♓ 1	
☿	♈ 8	10	12	14	17	19	21	23	25	27	29/0	♉ 1	3	5	7	9	11	13	15	17	18	20	21	23	24	26	27	28	29/0	♊ 1	
♀	♈ 11	12	13	14	16	17	18	19	21	22	23	24	26	27	28	29/0	♉ 1	2	3	4	5	7	8	9	10	12	13	14	15	17	
♂	♊ 13	13	14	15	15	16	16	17	18	18	19	20	20	21	21	22	23	23	24	24	25	26	26	27	28	28	29	29	29/0	♋ 1	

♃ 1: ♊3, 4: 4, 9: 5, 14: 6, 19: 7, 24: 8, 28: 9, 30: 9 — ♄ 1: ♑13, 22R: 13, 30: 13 — ♅ 1: ♑5, 9R: 5, 30: 5 — ♆ 1: ♑12, 13R: 12, 30: 12 — ♇ 1: ♏14, 30: 14

5

	1	2	3	4	5	6	7	8	9	10	11	12	13	14	15	16	17	18	19	20	21	22	23	24	25	26	27	28	29	30	31
☉	♉ 11	12	13	14	15	16	17	18	19	20	21	22	23	24	25	25	26	27	28	29	29/0	♊ 1	2	3	4	5	6	7	8	9	10
☽	♓ 15	♈ 0	15	♉ 0	15	29	♊ 14	28	♋ 12	25	♌ 8	20	♍ 3	15	26	♎ 8	20	♏ 2	14	26	♐ 9	21	♑ 4	17	♒ 0	14	27	♓ 11	25	♈ 10	24
☿	♊ 2	2	3	4	5	5	6	6	6	7	7	R 7	7	7	6	6	6	6	5	4	4	3	3	2	2	1	1	0/29	♉ 29	29	29
♀	♉ 18	19	20	21	23	24	25	26	27	29	29/0	♊ 1	3	4	5	6	7	9	10	11	12	14	15	16	17	19	20	21	22	23	25
♂	♋ 1	2	2	3	4	4	5	5	6	7	7	8	9	9	10	11	11	12	12	13	14	14	15	16	16	17	17	18	19	19	20

♃ 1: ♊9, 3: 10, 7: 11, 12: 12, 16: 13, 21: 14, 25: 15, 29: 16, 31: 16 — ♄ 1: ♑14, 27: 13, 31: 13 — ♅ 1: ♑5, 31: 4 — ♆ 1: ♑12, 31: 12 — ♇ 1: ♏13, 31: 13

6

	1	2	3	4	5	6	7	8	9	10	11	12	13	14	15	16	17	18	19	20	21	22	23	24	25	26	27	28	29	30	31
☉	♊ 11	12	13	14	15	16	17	18	19	20	20	21	22	23	24	25	26	27	28	29	29/0	♋ 1	2	3	4	5	6	7	8	9	
☽	♉ 9	24	♊ 8	23	♋ 7	20	♌ 3	16	29	♍ 11	23	♎ 5	16	28	♏ 10	22	♐ 5	18	♑ 1	14	27	♒ 11	24	♓ 8	22	♈ 6	20	♉ 5	19	♊ 3	
☿	♉ 29	28	28	28	D 28	28	28	28	28	29	29	29/0	♊ 0	1	2	3	4	4	5	6	7	9	10	11	12	14	15	17	18	20	
♀	♊ 26	27	28	29/0	♋ 1	2	3	4	6	7	8	9	11	12	13	14	15	17	18	19	20	22	23	24	25	26	28	29	29/0	♌ 1	
♂	♋ 20	21	22	22	23	24	24	25	25	26	27	27	28	29	29	29/0	♌ 0	1	2	2	3	4	4	5	5	6	7	7	8	8	

♃ 1: ♊17, 7: 18, 11: 19, 16: 20, 20: 21, 24: 22, 30: 23 — ♄ 1: ♑12, 26: 11, 30: 10 — ♅ 1: ♑4, 18: 3, 30: 3 — ♆ 1: ♑11, 30: 11 — ♇ 1: ♏13, 30: 12

7

	1	2	3	4	5	6	7	8	9	10	11	12	13	14	15	16	17	18	19	20	21	22	23	24	25	26	27	28	29	30	31
☉	♋ 9	10	11	12	13	14	15	16	17	18	19	20	21	22	23	24	25	26	27	28	29	29/0	♌ 0	1	2	3	4	5	6	7	8
☽	♊ 17	♋ 1	15	28	♌ 11	24	♍ 6	19	♎ 1	12	24	♏ 6	18	♐ 1	13	26	♑ 9	23	♒ 6	20	♓ 4	18	♈ 3	17	♉ 2	16	29	♊ 14	27	♋ 10	24
☿	♊ 22	23	25	27	29	29/0	♋ 3	5	7	9	11	13	15	17	19	22	24	26	28	29/0	♌ 2	4	6	8	10	12	14	16	18	20	22
♀	♌ 3	4	5	6	7	9	10	11	12	13	14	16	17	18	19	21	22	23	24	26	27	28	29	29/0	♍ 2	3	4	5	6	8	9
♂	♌ 9	10	10	11	12	12	13	13	14	15	15	16	17	17	18	18	19	20	20	21	22	22	23	24	24	25	25	26	27	27	28

♃ 1: ♊23, 3: 24, 8: 25, 12: 26, 17: 27, 21: 28, 26: 29, 31: ♋0 — ♄ 1: ♑10, 24: 9, 31: 8 — ♅ 1: ♑3, 31: 2 — ♆ 1: ♑11, 31: 10 — ♇ 1: ♏12, 23D: 12, 31: 12

8

	1	2	3	4	5	6	7	8	9	10	11	12	13	14	15	16	17	18	19	20	21	22	23	24	25	26	27	28	29	30	31
☉	♌ 9	10	11	12	13	14	15	16	17	18	19	20	21	22	23	24	25	26	26	27	28	29	29/0	♍ 1	2	3	4	5	6	7	8
☽	♌ 7	20	♍ 2	15	27	♎ 9	20	♏ 2	14	26	♐ 9	21	♑ 4	17	♒ 1	15	29	♓ 14	28	♈ 13	28	♉ 12	27	♊ 10	24	♋ 7	21	♌ 3	16	29	♍ 11
☿	♌ 24	25	27	29	29/0	♍ 2	4	6	7	9	10	12	13	15	16	18	19	20	22	23	24	25	27	28	29	29/0	♎ 1	2	3	4	5
♀	♍ 10	11	12	14	15	16	17	18	20	21	22	23	24	26	27	28	29	29/0	♎ 2	3	4	5	6	7	9	10	11	12	13	15	16
♂	♌ 28	29	29/0	♍ 0	1	2	2	3	4	4	5	5	6	7	7	8	9	9	10	11	11	12	12	13	14	14	15	16	16	17	18

♃ 1: ♋0, 5: 1, 10: 2, 15: 3, 21: 4, 27: 5, 31: 5 — ♄ 1: ♑8, 31: 7 — ♅ 1: ♑2, 31: 1 — ♆ 1: ♑10, 31: 10 — ♇ 1: ♏12, 31: 12

9

	1	2	3	4	5	6	7	8	9	10	11	12	13	14	15	16	17	18	19	20	21	22	23	24	25	26	27	28	29	30	31
☉	♍ 9	10	11	12	13	14	15	16	17	18	19	20	21	22	23	23	24	25	26	27	28	29	29/0	♎ 1	2	3	4	5	6	7	
☽	♍ 23	♎ 5	17	28	♏ 11	22	♐ 4	17	29	♑ 12	25	♒ 9	23	♓ 8	23	♈ 8	23	♉ 8	22	♊ 7	21	♋ 4	18	♌ 1	13	25	♍ 8	20	♎ 2	14	
☿	♎ 6	7	7	8	9	9	9	10	10	10	R 10	10	10	10	10	9	9	8	7	6	5	4	3	2	1	0/29	♍ 29	28	27	26	
♀	♎ 17	18	19	20	22	23	24	25	26	27	29	29/0	♏ 1	2	3	4	6	7	8	9	10	11	13	14	15	16	17	18	19	21	
♂	♍ 18	19	19	20	21	21	22	23	23	24	25	25	26	27	27	28	28	29	29/0	♎ 0	1	2	2	3	4	4	5	6	6	7	

♃ 1: ♋6, 9: 7, 16: 8, 25: 9, 30: 9 — ♄ 1: ♑7, 11D: 7, 30: 7 — ♅ 1: ♑1, 10D: 1, 30: 1 — ♆ 1: ♑9, 21D: 9, 30: 9 — ♇ 1: ♏12, 8: 13, 30: 13

10

	1	2	3	4	5	6	7	8	9	10	11	12	13	14	15	16	17	18	19	20	21	22	23	24	25	26	27	28	29	30	31
☉	♎ 8	9	10	11	12	13	14	15	16	17	18	19	20	21	22	23	24	25	26	27	28	29	29/0	♏ 1	2	3	4	5	6	7	8
☽	♎ 25	♏ 7	19	♐ 1	13	25	♑ 8	21	♒ 4	17	♓ 1	16	♈ 1	16	♉ 1	16	♊ 1	16	♋ 0	14	27	♌ 10	23	♍ 5	17	29	♎ 11	22	♏ 4	16	28
☿	♍ 26	26	D 26	26	26	26	26	27	28	29	29/0	♎ 1	3	4	5	7	8	10	11	13	15	16	18	20	21	23	25	26	28	29/0	♏ 1
♀	♏ 22	23	24	25	26	27	28	29/0	♐ 1	2	3	4	5	6	7	9	10	11	12	13	14	15	16	17	18	19	20	22	23	24	25
♂	♎ 8	8	9	10	10	11	11	12	13	13	14	15	15	16	17	17	18	19	19	20	21	21	22	23	23	24	25	25	26	27	27

♃ 1: ♋9, 6: 10, 31: 10 — ♄ 1: ♑7, 11: 8, 28: 9, 31: 9 — ♅ 1: ♑1, 20: 2, 31: 2 — ♆ 1: ♑9, 29: 10, 31: 10 — ♇ 1: ♏13, 10: 14, 31: 14

11

	1	2	3	4	5	6	7	8	9	10	11	12	13	14	15	16	17	18	19	20	21	22	23	24	25	26	27	28	29	30	31
☉	♏ 9	10	11	12	13	14	15	16	17	18	19	20	21	22	23	24	25	26	27	28	29	29/0	♐ 1	2	3	4	5	6	7	8	
☽	♐ 10	22	♑ 5	17	29	♒ 13	26	♓ 10	24	♈ 9	24	♉ 9	25	♊ 10	24	♋ 9	23	♌ 6	19	♍ 1	14	26	♎ 8	19	♏ 1	13	25	♐ 7	19	♑ 2	
☿	♏ 3	5	6	8	10	11	13	15	16	18	20	21	23	24	26	27	29	29/0	♐ 2	4	5	7	8	10	11	13	14	16	17	19	
♀	♐ 26	27	28	29	29/0	♑ 1	2	3	4	5	6	7	8	9	10	11	12	13	14	14	15	16	17	18	19	20	21	21	22	23	
♂	♎ 28	29	29	29/0	♏ 1	1	2	3	3	4	5	5	6	7	7	8	9	9	10	11	11	12	13	14	14	15	16	16	17	18	

♃ 1: ♋10, 30: 9 — ♄ 1: ♑9, 9: 10, 20: 11, 30: 12 — ♅ 1: ♑2, 13: 3, 30: 3 — ♆ 1: ♑10, 30: 10 — ♇ 1: ♏14, 5: 15, 30: 16

12

	1	2	3	4	5	6	7	8	9	10	11	12	13	14	15	16	17	18	19	20	21	22	23	24	25	26	27	28	29	30	31
☉	♐ 9	10	11	12	13	14	15	16	17	18	19	20	21	22	23	24	25	26	27	28	29/0	♑ 1	2	3	4	5	6	7	8	9	10
☽	♑ 14	27	♒ 10	23	♓ 6	20	♈ 4	18	♉ 3	18	♊ 3	18	♋ 2	17	♌ 1	14	27	♍ 10	22	♎ 4	16	28	♏ 10	21	♐ 3	16	28	♑ 11	24	♒ 7	20
☿	♐ 21	22	24	25	27	28	29/0	♑ 1	3	4	6	7	9	10	11	13	14	16	17	18	19	20	21	22	23	24	25	25	R 26	26	26
♀	♑ 24	25	25	26	27	27	28	29	29	29/0	♒ 1	1	2	2	3	3	4	4	4	5	5	5	6	6	6	6	6	6	R 6	6	6
♂	♏ 18	19	20	20	21	22	22	23	24	24	25	26	27	27	28	28	29	29/0	♐ 1	2	2	3	4	4	5	6	6	7	8	8	9

♃ 1: ♋9, 10: 8, 18: 7, 25: 6, 31: 5 — ♄ 1: ♑12, 9: 13, 18: 14, 27: 15, 31: 15 — ♅ 1: ♑3, 2: 4, 19: 5, 31: 5 — ♆ 1: ♑11, 31: 12 — ♇ 1: ♏16, 31: 17

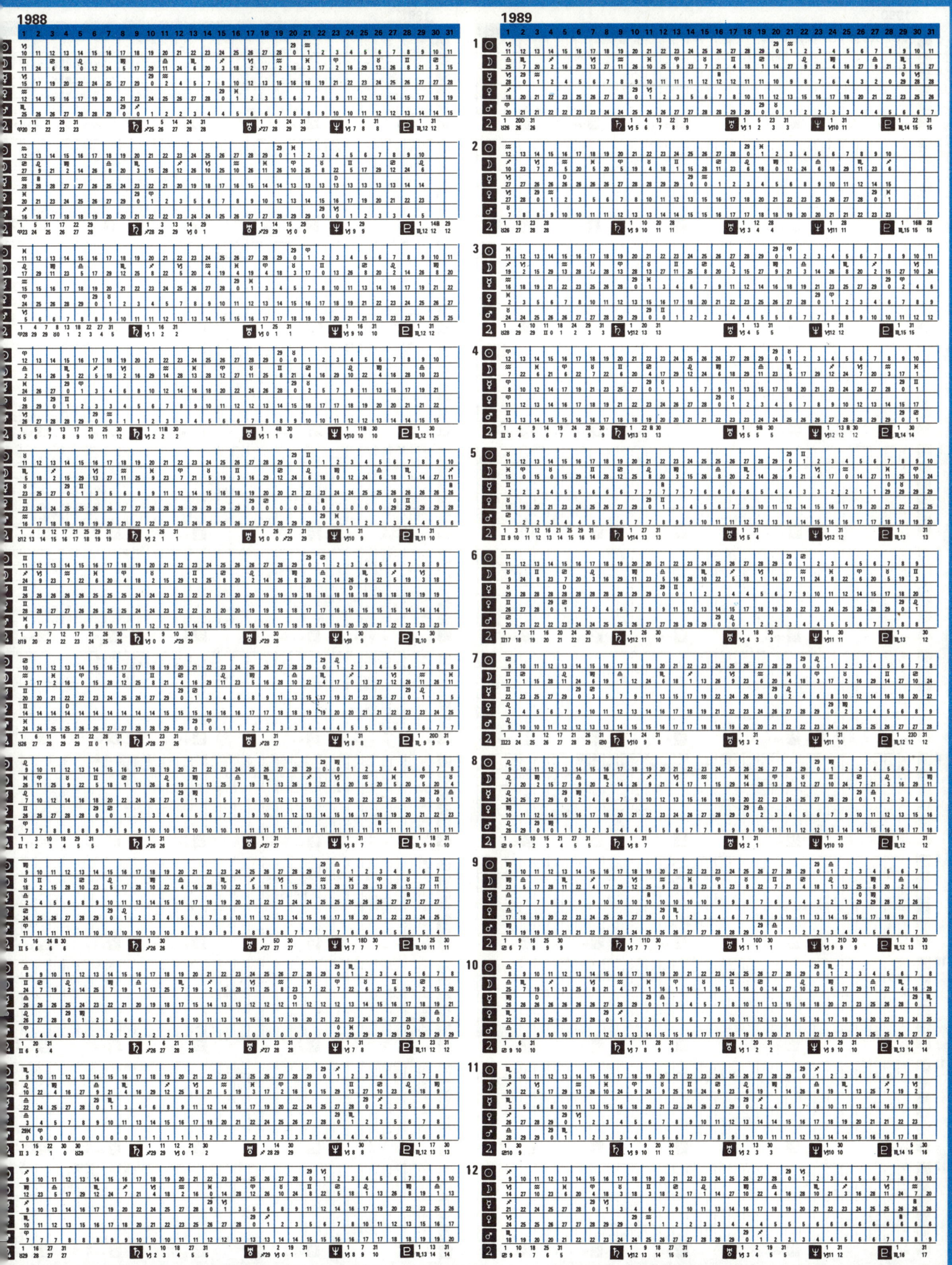

1 PLANETENPOSITIONEN 1910–2001

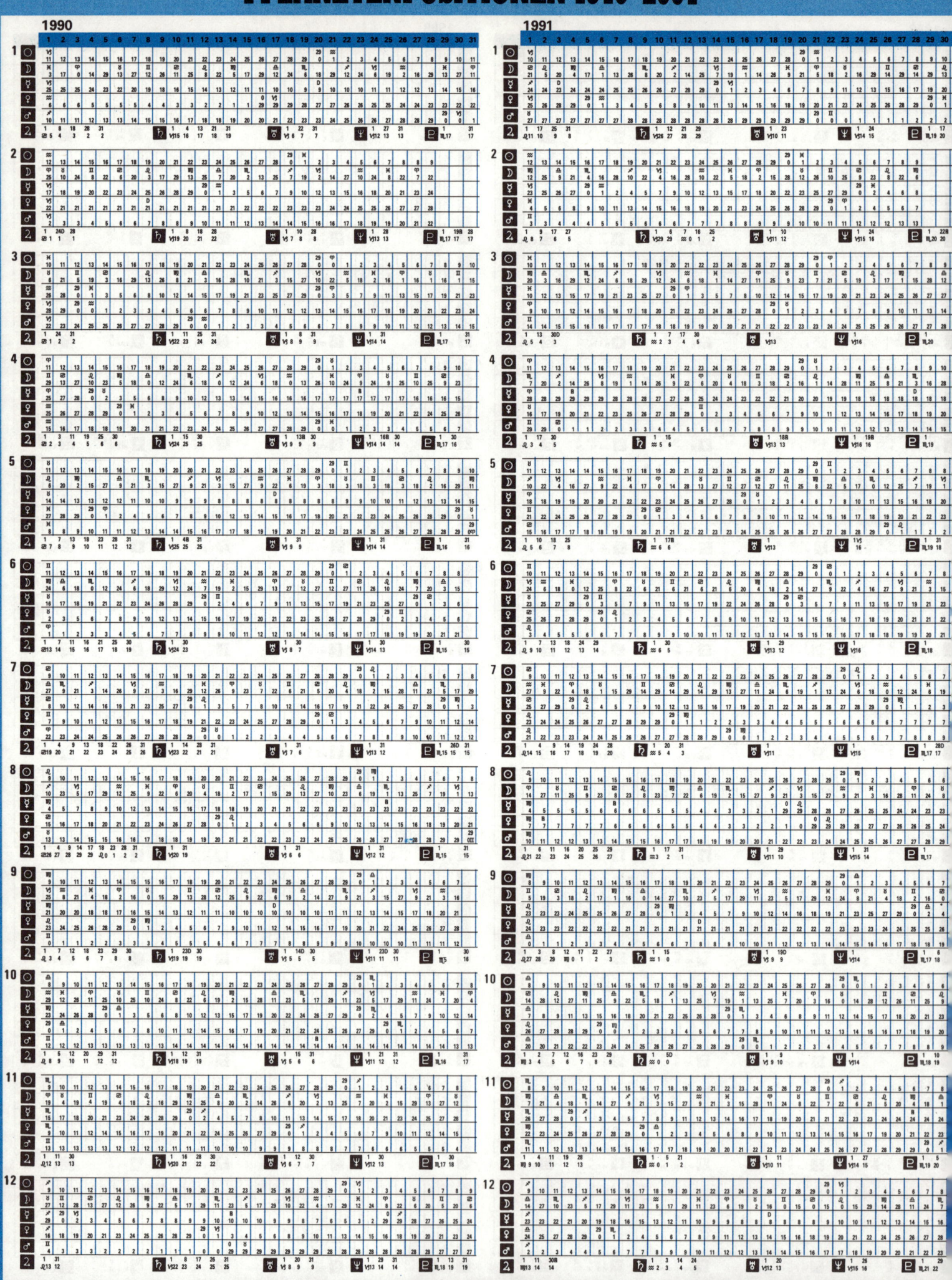

1990

1

	1	2	3	4	5	6	7	8	9	10	11	12	13	14	15	16	17	18	19	20	21	22	23	24	25	26	27	28	29	30	31
☉	♑ 11	12	13	14	15	16	17	18	19	20	21	22	23	24	25	26	27	28	29	29 0	♒ 1	2	3	4	5	6	7	8	9	10	11
☽	♓ 3	17	♈ 0	14	29	♉ 13	27	♊ 12	26	♋ 11	25	♌ 8	22	♍ 5	17	29	♎ 12	24	♏ 6	18	29	♐ 12	24	♑ 6	19	♒ 2	16	29	♓ 13	27	♈ 11
☿	♑ 25	25	25	24	23	22	20	19	18	16	15	14	13	12	11	11	10	10	9	D 9	10	10	10	11	11	12	12	13	14	15	16
♀	♒ 6	6	6	5	5	5	5	4	4	3	3	2	2	1	1	0 29	♑ 29	29	28	27	27	26	26	25	25	24	24	23	23	22	22
♂	♐ 10	11	11	12	13	13	14	15	15	16	17	18	18	19	20	20	21	22	23	23	24	25	26	26	27	28	28	29	29 0	♑ 0	1

♃ 1: ♋ 5, 8: 4, 18: 3, 28: 2, 31: 2 — ♄ 1: ♑ 15, 4: 16, 13: 17, 21: 18, 31: 19 — ♅ 1: ♑ 6, 22: 7, 31: 7 — ♆ 1: ♑ 12, 27: 13, 31: 13 — ♇ 1: ♏ 17, 31: 17

2

	1	2	3	4	5	6	7	8	9	10	11	12	13	14	15	16	17	18	19	20	21	22	23	24	25	26	27	28	29	30	31
☉	♒ 12	13	14	15	16	17	18	19	20	21	22	23	24	25	26	27	28	29 0	♓ 1	2	3	4	5	6	7	8	8	9			
☽	♈ 25	♉ 10	24	♊ 8	22	♋ 6	20	♌ 3	17	29	♍ 13	25	♎ 7	20	♏ 2	13	25	♐ 7	19	♑ 2	14	27	♒ 10	24	♓ 8	22	♈ 7	22			
☿	♑ 17	18	19	20	22	23	24	25	26	28	29	29 0	♒ 1	3	5	6	7	9	10	12	13	15	16	18	20	21	23	24			
♀	♑ 22	21	21	21	21	21	21	D 21	21	21	21	21	21	21	22	22	22	23	23	23	24	24	25	25	26	27	27	28			
♂	♑ 2	3	3	4	5	6	6	7	8	8	9	10	11	11	12	13	14	14	15	16	16	17	18	19	19	20	21	22			

♃ 1: ♋ 1, 24D: 1, 28: 1 — ♄ 1: ♑ 19, 8: 20, 18: 21, 28: 22 — ♅ 1: ♑ 7, 10: 8, 28: 8 — ♆ 1: ♑ 13, 28: 13 — ♇ 1: ♏ 17, 19R: 17, 28: 17

3

	1	2	3	4	5	6	7	8	9	10	11	12	13	14	15	16	17	18	19	20	21	22	23	24	25	26	27	28	29	30	31
☉	♓ 10	11	12	13	14	15	16	17	18	19	20	21	22	23	24	25	26	27	28	29 0	♈ 0	1	2	3	4	5	6	7	8	9	10
☽	♉ 6	21	♊ 5	19	♋ 3	16	29	♌ 13	26	♍ 8	21	♎ 3	16	28	♏ 10	21	♐ 3	15	27	♑ 10	22	♒ 5	18	♓ 2	16	♈ 1	16	♉ 1	16	♊ 1	15
☿	♒ 26	28	29 0	♓ 1	3	5	6	8	10	12	14	15	17	19	21	23	25	27	29	29 0	♈ 3	5	7	9	11	13	15	17	19	21	23
♀	♑ 28	29	29 0	♒ 0	1	2	3	3	4	5	6	6	7	8	9	10	11	12	12	13	14	15	16	17	18	19	20	21	22	23	24
♂	♑ 22	23	24	25	25	26	27	27	28	29	29 0	♒ 0	1	2	3	3	4	5	6	6	7	8	9	9	10	11	12	12	13	14	15

♃ 1: ♋ 1, 24: 2, 31: 2 — ♄ 1: ♑ 22, 11: 23, 25: 24, 31: 24 — ♅ 1: ♑ 8, 8: 9, 31: 9 — ♆ 1: ♑ 14, 31: 14 — ♇ 1: ♏ 17, 31: 17

4

	1	2	3	4	5	6	7	8	9	10	11	12	13	14	15	16	17	18	19	20	21	22	23	24	25	26	27	28	29	30	31
☉	♈ 11	12	13	14	15	16	17	18	19	20	21	22	23	24	25	26	27	28	29	29 0	♉ 1	2	3	4	5	6	7	8	9	10	
☽	♊ 29	♋ 13	27	♌ 10	23	♍ 5	18	♎ 0	12	24	♏ 6	18	♐ 0	12	24	♑ 6	18	♒ 0	13	26	♓ 10	24	♈ 9	24	♉ 9	25	♊ 10	25	♋ 9	23	
☿	♈ 25	27	28	29 0	♉ 2	3	5	6	8	9	10	12	13	13	14	15	16	16	16	17	17	17	R 17	17	17	17	16	16	16	15	
♀	♒ 25	26	27	28	29	29 0	♓ 1	2	3	4	5	6	7	8	9	10	12	13	14	15	16	17	18	19	20	21	22	24	25	26	
♂	♒ 15	16	17	18	18	19	20	21	21	22	23	24	24	25	26	27	27	28	29	29 0	♓ 0	1	2	3	3	4	5	5	6	7	

♃ 1: ♋ 2, 3: 3, 11: 4, 19: 5, 25: 6, 30: 6 — ♄ 1: ♑ 24, 15: 25, 30: 25 — ♅ 1: ♑ 9, 13R: 9, 30: 9 — ♆ 1: ♑ 14, 16R: 14, 30: 14 — ♇ 1: ♏ 17, 30: 16

5

	1	2	3	4	5	6	7	8	9	10	11	12	13	14	15	16	17	18	19	20	21	22	23	24	25	26	27	28	29	30	31
☉	♉ 11	12	13	14	15	16	17	18	19	20	20	21	22	23	24	25	26	27	28	29	29 0	♊ 1	2	3	4	5	6	7	8	9	10
☽	♌ 6	20	♍ 2	15	27	♎ 9	21	♏ 3	15	27	♐ 9	21	♑ 3	15	27	♒ 9	22	♓ 6	19	♈ 3	18	♉ 3	18	♊ 3	18	♋ 3	18	♌ 2	16	29	♍ 11
☿	♉ 14	14	13	13	12	12	11	10	10	9	9	9	8	8	8	8	D 8	8	8	8	8	9	9	10	10	11	12	13	13	14	15
♀	♓ 27	28	29	29 0	♈ 1	2	4	5	6	7	8	9	10	12	13	14	15	16	17	18	20	21	22	23	24	25	26	28	29	29 0	♉ 1
♂	♓ 8	8	9	10	11	11	12	13	14	14	15	16	17	17	18	19	19	20	21	22	23	23	24	25	25	26	27	28	28	29	29 0♈

♃ 1: ♋ 7, 7: 8, 13: 9, 18: 10, 23: 11, 28: 12, 31: 12 — ♄ 1: ♑ 25, 4R: 25, 31: 25 — ♅ 1: ♑ 9, 31: 9 — ♆ 1: ♑ 14, 31: 14 — ♇ 1: ♏ 16, 31: 16

6

	1	2	3	4	5	6	7	8	9	10	11	12	13	14	15	16	17	18	19	20	21	22	23	24	25	26	27	28	29	30	31
☉	♊ 11	12	13	14	15	16	17	18	18	19	20	21	22	23	24	25	26	27	28	29	29 0	♋ 1	2	3	4	5	6	7	8	8	
☽	♍ 24	♎ 6	18	♏ 0	12	24	♐ 6	18	29	♑ 12	24	♒ 7	19	♓ 2	15	29	♈ 13	27	♉ 12	27	♊ 12	27	♋ 11	26	♌ 10	24	♍ 7	20	♎ 3	15	
☿	♉ 16	17	18	19	21	22	23	24	26	28	29	29 0	♊ 2	4	6	7	9	11	13	15	17	19	21	23	25	27	29 0	♋ 1	3	6	
♀	♉ 2	3	5	6	7	8	9	10	12	13	14	15	16	17	19	20	21	22	23	25	26	27	28	29	29 0	♊ 2	3	4	5	6	
♂	♈ 1	1	2	3	3	4	5	6	7	7	8	9	9	10	11	12	12	13	14	14	15	16	17	17	18	19	19	20	21	21	

♃ 1: ♋ 13, 7: 14, 11: 15, 16: 16, 21: 17, 25: 18, 30: 19 — ♄ 1: ♑ 24, 30: 23 — ♅ 1: ♑ 8, 30: 7 — ♆ 1: ♑ 14, 30: 13 — ♇ 1: ♏ 15, 30: 15

7

	1	2	3	4	5	6	7	8	9	10	11	12	13	14	15	16	17	18	19	20	21	22	23	24	25	26	27	28	29	30	31
☉	♋ 9	10	11	12	13	14	15	16	17	18	19	20	21	22	23	24	25	26	27	28	28	29	29 0	♌ 1	2	3	4	5	6	7	8
☽	♎ 27	♏ 9	21	♐ 3	14	26	♑ 9	21	♒ 3	16	29	♓ 12	26	♈ 9	23	♉ 7	22	♊ 6	21	♋ 5	20	♌ 4	18	♍ 2	15	28	♎ 11	23	♏ 5	17	29
☿	♋ 8	10	12	14	16	19	21	23	25	27	29 0	♌ 1	3	5	7	8	10	12	14	16	17	19	21	22	24	25	27	28	29 0	♍ 1	3
♀	♊ 7	9	10	11	12	13	15	16	17	18	19	21	22	23	24	25	27	28	29	29 0	♋ 1	3	4	5	6	7	9	10	11	12	14
♂	♈ 22	23	24	24	25	26	26	27	28	28	29	29 0	♉ 0	1	2	2	3	4	4	5	6	6	7	8	8	9	10	10	11	12	12

♃ 1: ♋ 19, 4: 20, 9: 21, 13: 22, 18: 23, 22: 24, 26: 25, 31: 26 — ♄ 1: ♑ 23, 14: 22, 28: 21, 31: 21 — ♅ 1: ♑ 7, 31: 6 — ♆ 1: ♑ 13, 31: 12 — ♇ 1: ♏ 15, 26D: 15, 31: 15

8

	1	2	3	4	5	6	7	8	9	10	11	12	13	14	15	16	17	18	19	20	21	22	23	24	25	26	27	28	29	30	31
☉	♌ 9	10	11	12	13	14	15	16	17	18	19	20	20	21	22	23	24	25	26	27	28	29	29 0	♍ 1	2	3	4	5	6	7	8
☽	♐ 10	23	♑ 5	17	29	♒ 12	25	♓ 9	22	♈ 6	20	♉ 4	18	♊ 2	17	♋ 1	15	29	♌ 13	27	♍ 10	23	♎ 6	19	♏ 1	13	25	♐ 7	19	♑ 1	13
☿	♍ 4	5	7	8	9	10	12	13	14	15	16	17	18	18	19	20	21	21	22	22	23	23	23	23	R 23	23	23	23	23	22	22
♀	♋ 15	16	17	18	20	21	22	23	24	26	27	28	29 0	♌ 1	2	3	4	5	6	8	9	10	12	13	14	15	16	18	19	20	21
♂	♉ 13	13	14	15	15	16	16	17	18	18	19	19	20	21	21	22	22	23	23	24	25	25	26	26	27	27	28	28	29	29	29 0♊

♃ 1: ♋ 26, 4: 27, 9: 28, 14: 29, 17: 29, 18: ♌ 0, 23: 1, 28: 2, 31: 2 — ♄ 1: ♑ 20, 31: 19 — ♅ 1: ♑ 6, 31: 6 — ♆ 1: ♑ 12, 31: 12 — ♇ 1: ♏ 15, 31: 15

9

	1	2	3	4	5	6	7	8	9	10	11	12	13	14	15	16	17	18	19	20	21	22	23	24	25	26	27	28	29	30	31
☉	♍ 9	10	11	12	13	14	15	15	16	17	18	19	20	21	22	23	24	25	26	27	28	29	29 0	♎ 1	2	3	4	5	6	7	
☽	♑ 25	♒ 8	21	♓ 4	18	♈ 2	16	♉ 0	15	29	♊ 13	28	♋ 12	25	♌ 9	22	♍ 6	19	♎ 2	14	27	♏ 9	21	♐ 3	15	27	♑ 9	21	♒ 3	16	
☿	♍ 21	20	20	18	18	17	16	15	14	13	12	11	11	10	10	10	D 10	10	10	10	11	11	12	13	14	15	17	18	20	21	
♀	♌ 23	24	25	26	28	29	29 0	♍ 1	2	4	5	6	7	9	10	11	12	14	15	16	17	19	20	21	22	24	25	26	27	28	
♂	♊ 0	1	1	2	2	3	3	3	4	5	5	5	6	6	7	7	7	8	8	9	9	9	10	10	10	10	11	11	11	12	

♃ 1: ♌ 3, 7: 4, 12: 5, 18: 6, 23: 7, 29: 8, 30: 8 — ♄ 1: ♑ 19, 23D: 19, 30: 19 — ♅ 1: ♑ 5, 14D: 5, 30: 5 — ♆ 1: ♑ 11, 23D: 11, 30: 11 — ♇ 1: ♏ 15, 30: 16

10

	1	2	3	4	5	6	7	8	9	10	11	12	13	14	15	16	17	18	19	20	21	22	23	24	25	26	27	28	29	30	31
☉	♎ 8	9	10	11	12	13	14	15	16	17	18	19	20	21	22	23	24	25	26	27	28	29	29 0	♏ 1	2	3	4	5	6	7	8
☽	♒ 29	♓ 12	26	♈ 11	25	♉ 10	25	♊ 10	24	♋ 8	22	♌ 6	19	♍ 2	15	28	♎ 11	23	♏ 5	17	29	♐ 11	23	♑ 5	17	29	♒ 11	24	♓ 7	20	♈ 4
☿	♍ 23	24	26	28	29 0	♎ 1	3	5	6	8	10	12	13	15	17	19	20	22	24	26	27	29	29 0	♏ 2	4	5	7	9	10	12	14
♀	29 0	♎ 1	2	4	5	6	7	8	10	11	12	14	15	16	17	19	20	21	22	24	25	26	27	29	29 0	♏ 1	2	4	5	6	7
♂	♊ 12	12	12	13	13	13	13	13	13	14	14	14	14	14	14	14	14	14	14	R 14	14	14	14	14	14	14	14	14	14	13	13

♃ 1: ♌ 8, 5: 9, 12: 10, 20: 11, 29: 12, 31: 12 — ♄ 1: ♑ 18, 12: 19, 31: 19 — ♅ 1: ♑ 5, 15: 6, 31: 6 — ♆ 1: ♑ 11, 21: 12, 31: 12 — ♇ 1: ♏ 16, 31: 17

11

	1	2	3	4	5	6	7	8	9	10	11	12	13	14	15	16	17	18	19	20	21	22	23	24	25	26	27	28	29	30	31
☉	♏ 9	10	11	12	13	14	15	16	17	18	19	20	21	22	23	24	25	26	27	28	29	29 0	♐ 1	2	3	4	5	6	7	8	
☽	♈ 19	♉ 4	19	♊ 4	19	♋ 4	18	♌ 2	16	29	♍ 12	25	♎ 8	20	♏ 2	14	26	♐ 8	20	♑ 2	13	25	♒ 7	20	♓ 2	15	29	♈ 13	27	♉ 12	
☿	♏ 15	17	18	20	21	23	24	26	28	29	29 0	♐ 2	4	5	7	8	10	11	13	14	15	17	18	20	21	23	24	25	27	28	
♀	♏ 9	10	11	12	14	15	16	17	19	20	21	22	24	25	26	27	29	29 0	♐ 1	2	4	5	6	7	9	10	11	12	14	15	
♂	♊ 13	13	13	13	13	12	12	12	12	11	11	11	10	10	10	9	9	9	8	8	8	7	7	6	6	6	5	5	5	4	

♃ 1: ♌ 12, 11: 13, 30: 13 — ♄ 1: ♑ 20, 16: 21, 28: 22, 30: 22 — ♅ 1: ♑ 6, 12: 7, 30: 7 — ♆ 1: ♑ 12, 30: 13 — ♇ 1: ♏ 17, 30: 18

12

	1	2	3	4	5	6	7	8	9	10	11	12	13	14	15	16	17	18	19	20	21	22	23	24	25	26	27	28	29	30	31
☉	♐ 9	10	11	12	13	14	15	16	17	18	19	20	21	22	23	24	25	26	27	28	29	29 0	♑ 1	2	3	4	5	6	7	8	9
☽	♉ 27	♊ 12	28	♋ 13	27	♌ 12	26	♍ 9	22	♎ 5	17	29	♏ 11	23	♐ 5	17	29	♑ 10	22	♒ 4	17	29	♓ 12	24	♈ 8	22	♉ 6	20	♊ 5	20	♋ 6
☿	♐ 29	29 0	♑ 2	3	4	5	6	7	8	8	9	9	10	R 10	10	10	9	9	8	7	6	5	3	2	0 29	♐ 29	28	27	26	25	24
♀	♐ 16	18	19	20	21	23	24	25	26	28	29	29 0	♑ 1	3	4	5	6	8	9	10	11	13	14	15	16	18	19	20	21	23	24
♂	♊ 4	3	3	3	2	2	2	2	1	1	1	0	0	0 29	♉ 29	29	29	29	29	29	28	28	28	28	28	28	28	28	27	27	27

♃ 1: ♌ 13, 31: 12 — ♄ 1: ♑ 22, 8: 23, 17: 24, 26: 25, 31: 25 — ♅ 1: ♑ 8, 20: 9, 31: 9 — ♆ 1: ♑ 13, 29: 14, 31: 14 — ♇ 1: ♏ 18, 13: 19, 31: 19

1991

1

	1	2	3	4	5	6	7	8	9	10	11	12	13	14	15	16	17	18	19	20	21	22	23	24	25	26	27	28	29	30
☉	♑ 10	11	12	13	14	15	16	17	18	19	20	21	22	23	24	25	26	27	28	29 0	♒ 1	2	3	4	5	6	7	8	9	10
☽	♋ 21	♌ 5	20	♍ 4	17	♎ 1	13	26	♏ 8	20	♐ 2	14	25	♑ 7	19	♒ 1	14	26	♓ 9	21	♈ 5	18	♉ 2	16	29	♊ 14	29	♋ 14	29	♌ 13
☿	♐ 24	24	D 23	24	24	24	25	25	26	26	27	28	29	29 0	♑ 1	2	3	4	6	7	8	9	11	12	13	15	16	17	19	20
♀	♑ 25	26	28	29	29 0	♒ 1	3	4	5	6	8	9	10	11	13	14	15	16	18	19	20	21	23	24	25	26	28	29	29 0	♓ 1
♂	♉ 27	27	27	27	27	27	27	28	28	28	28	28	28	28	28	29	29	29	29	29	29 0	♊ 0	0	1	1	1	1	2	2	2

♃ 1: ♌ 11, 17: 10, 25: 9, 31: 8 — ♄ 1: ♑ 26, 12: 27, 21: 28, 29: 29 — ♅ 1: ♑ 10, 23: 11 — ♆ 1: ♑ 14, 24: 15 — ♇ 1: ♏ 19, 17: 20

2

	1	2	3	4	5	6	7	8	9	10	11	12	13	14	15	16	17	18	19	20	21	22	23	24	25	26	27	28	29	30
☉	♒ 12	13	14	15	16	17	18	19	20	21	22	23	24	25	26	27	28	29	29 0	♓ 1	2	3	4	5	6	7	8	9		
☽	♍ 12	25	♎ 9	21	♏ 4	16	28	♐ 10	22	♑ 4	16	28	♒ 10	22	♓ 5	18	♈ 2	15	28	♉ 12	26	♊ 10	25	♋ 9	23	♌ 8	22	♍ 6		
☿	♑ 23	25	26	27	29 0	♒ 1	2	4	5	7	9	10	12	13	15	17	18	20	22	23	25	27	29	29 0	♓ 2	4	6	8		
♀	♓ 4	5	6	8	9	10	11	13	14	15	16	18	19	20	21	23	24	25	26	28	29	29 0	♈ 1	2	4	5	6	7		
♂	♊ 3	3	4	4	4	5	5	5	6	6	6	7	7	7	8	8	9	9	9	10	10	11	11	12	12	12	13	13		

♃ 1: ♌ 8, 9: 7, 17: 6, 27: 5 — ♄ 1: ♑ 29, 6: 29, 7: ♒ 0, 16: 1, 25: 2 — ♅ 1: ♑ 11, 10: 12 — ♆ 1: ♑ 15, 24: 16 — ♇ 1: ♏ 20, 22R: 20

3

	1	2	3	4	5	6	7	8	9	10	11	12	13	14	15	16	17	18	19	20	21	22	23	24	25	26	27	28	29	30
☉	♓ 10	11	12	13	14	15	16	17	18	19	20	21	22	23	24	25	26	27	28	29	29 0	♈ 1	2	3	4	5	6	7	8	9
☽	♍ 20	♎ 3	16	29	♏ 12	24	♐ 6	18	29	♑ 12	24	♒ 6	18	♓ 1	14	27	♈ 11	25	♉ 9	23	♊ 7	21	♋ 5	19	♌ 3	17	♍ 1	15	28	♎ 12
☿	♓ 10	12	13	15	17	19	21	23	25	27	29 0	♈ 1	3	5	7	8	10	12	14	15	17	19	20	21	23	24	25	26	27	27
♀	♈ 9	10	11	12	14	15	16	17	18	20	21	22	23	24	26	27	28	29 0	♉ 1	2	3	4	5	7	8	9	10	11	13	14
♂	♊ 14	14	15	15	16	16	17	17	17	18	18	19	19	20	20	21	21	22	22	23	23	24	24	25	25	26	26	27	27	28

♃ 1: ♌ 5, 13: 4, 30D: 3 — ♄ 1: ♒ 2, 7: 3, 17: 4, 30: 5 — ♅ 1: ♑ 13 — ♆ 1: ♑ 16 — ♇ 1: ♏ 20

4

	1	2	3	4	5	6	7	8	9	10	11	12	13	14	15	16	17	18	19	20	21	22	23	24	25	26	27	28	29	30
☉	♈ 11	12	13	14	15	16	17	18	19	20	21	22	23	24	25	26	27	28	29	29 0	♉ 1	2	3	4	5	6	7	8	9	10
☽	♏ 7	20	♐ 2	14	26	♑ 8	19	♒ 1	14	26	♓ 9	22	♈ 6	20	♉ 4	18	♊ 3	18	♋ 2	16	♌ 1	14	28	♍ 11	25	♎ 8	21	♏ 3	16	28
☿	♈ 28	28	29	R 29	29	29	28	28	28	27	27	26	25	24	24	23	22	22	21	20	20	19	19	18	18	18	18	D 18	18	18
♀	♉ 16	17	19	20	21	22	23	25	26	27	28	29	♊ 0	2	3	4	5	6	7	9	10	11	12	13	14	16	17	18	19	20
♂	♊ 29	29	♋ 0	1	1	2	2	3	3	4	4	5	5	6	7	7	8	8	9	9	10	10	11	12	12	13	13	14	14	15

♃ 1: ♌ 3, 17: 4, 30: 5 — ♄ 1: ♒ 5, 15: 6 — ♅ 1: ♑ 13, 18R: 13 — ♆ 1: ♑ 16, 19R: 16 — ♇ 1: ♏ 19

5

	1	2	3	4	5	6	7	8	9	10	11	12	13	14	15	16	17	18	19	20	21	22	23	24	25	26	27	28	29	30
☉	♉ 11	12	13	14	14	15	16	17	18	19	20	21	22	23	24	25	26	27	28	29	29 0	♊ 1	2	3	4	5	6	7	8	8
☽	♐ 10	22	♑ 4	16	27	♒ 9	22	♓ 4	17	♈ 0	14	28	♉ 13	27	♊ 12	27	♋ 12	27	♌ 11	25	♍ 8	22	♎ 5	17	♏ 0	12	25	♐ 7	19	♑ 1
☿	♈ 18	18	19	19	20	20	21	22	22	23	24	25	26	27	28	29 0	♉ 1	2	3	4	6	7	8	10	11	13	15	16	18	20
♀	♊ 21	22	24	25	26	27	28	29	29 0	♋ 1	3	4	5	6	7	8	9	10	11	12	14	15	16	17	18	19	20	21	22	23
♂	♋ 15	16	17	17	18	18	19	19	20	21	21	22	22	23	23	24	25	25	26	26	27	27	28	28	29	29 0	♌ 1	1	2	2

♃ 1: ♌ 5, 10: 6, 18: 7, 25: 8 — ♄ 1: ♒ 6, 17R: 6 — ♅ 1: ♑ 13 — ♆ 1: ♑ 16 — ♇ 1: ♏ 19, 31: 18

6

	1	2	3	4	5	6	7	8	9	10	11	12	13	14	15	16	17	18	19	20	21	22	23	24	25	26	27	28	29	30
☉	♊ 10	11	12	13	14	15	16	17	18	19	20	21	22	23	24	25	26	27	28	29	29 0	♋ 0	1	2	3	4	5	6	7	8
☽	♑ 24	♒ 6	18	♓ 0	12	25	♈ 8	22	♉ 6	21	♊ 6	21	♋ 6	21	♌ 6	20	♍ 4	18	♎ 2	14	27	♏ 9	22	♐ 4	16	27	♑ 9	21	♒ 3	15
☿	♉ 23	25	27	29	29 0	♊ 3	5	7	9	11	13	15	17	19	22	24	26	28	29 0	♋ 3	5	7	9	11	13	15	17	19	21	23
♀	♋ 25	26	27	28	29	29 0	♌ 1	2	3	4	5	6	7	8	9	10	11	12	13	14	15	15	16	17	18	19	20	21	21	22
♂	♌ 3	4	5	5	6	6	7	7	8	9	9	10	10	11	12	12	13	13	14	15	15	16	16	17	18	18	19	19	20	21

♃ 1: ♌ 9, 7: 10, 13: 11, 18: 12, 24: 13, 29: 14 — ♄ 1: ♒ 6, 30: 5 — ♅ 1: ♑ 13, 29: 12 — ♆ 1: ♑ 16 — ♇ 1: ♏ 18

7

	1	2	3	4	5	6	7	8	9	10	11	12	13	14	15	16	17	18	19	20	21	22	23	24	25	26	27	28	29	30
☉	♋ 9	10	11	12	13	14	15	16	17	18	19	20	21	22	23	23	24	25	26	27	28	29	29 0	♌ 1	2	3	4	5	6	7
☽	♒ 27	♓ 9	22	♈ 4	18	♉ 1	15	29	♊ 14	29	♋ 14	29	♌ 14	29	♍ 13	27	♎ 11	24	♏ 6	19	♐ 1	13	24	♑ 6	18	♒ 0	12	24	♓ 6	19
☿	♋ 25	27	29	29 0	♌ 2	4	5	7	9	10	12	13	15	16	17	19	20	21	22	24	25	26	27	28	29	29 0	♍ 1	1	2	3
♀	♌ 23	24	24	25	26	27	27	28	29	29	29 0	♍ 1	1	2	2	3	3	4	4	5	5	5	6	6	6	6	7	7	7	7
♂	♌ 21	22	23	23	24	24	25	26	26	27	27	28	28	29	29 0	♍ 0	1	2	2	3	4	4	5	5	6	7	7	8	8	9

♃ 1: ♌ 14, 4: 15, 9: 16, 14: 17, 19: 18, 24: 19, 28: 20 — ♄ 1: ♒ 5, 20: 4, 31: 3 — ♅ 1: ♑ 11 — ♆ 1: ♑ 15 — ♇ 1: ♏ 17, 28D: 17

8

	1	2	3	4	5	6	7	8	9	10	11	12	13	14	15	16	17	18	19	20	21	22	23	24	25	26	27	28	29	30
☉	♌ 9	10	11	12	13	14	15	15	16	17	18	19	20	21	22	23	24	25	26	27	28	29	29 0	♍ 1	2	3	4	5	6	6
☽	♈ 14	27	♉ 11	25	♊ 9	23	♋ 8	23	♌ 8	23	♍ 7	22	♎ 6	19	♏ 2	15	27	♐ 9	21	♑ 3	15	27	♒ 9	21	♓ 3	16	28	♈ 11	24	♉ 8
☿	♍ 4	5	5	5	5	6	R 6	6	6	5	5	5	4	4	3	3	2	1	0 29	♌ 29	28	28	27	26	25	25	24	24	23	23
♀	♍ 7	R 7	7	7	7	7	6	6	6	6	5	5	4	4	3	3	2	2	1	0	0 29	♌ 29	29	28	27	27	26	26	25	24
♂	♍ 10	11	12	12	13	13	14	15	15	16	17	17	18	19	19	20	20	21	22	22	23	24	24	25	25	26	27	27	28	29

♃ 1: ♌ 21, 6: 22, 11: 23, 16: 24, 20: 25, 25: 26, 29: 27 — ♄ 1: ♒ 3, 17: 2, 31: 1 — ♅ 1: ♑ 11, 29: 10 — ♆ 1: ♑ 15, 31: 14 — ♇ 1: ♏ 17

9

	1	2	3	4	5	6	7	8	9	10	11	12	13	14	15	16	17	18	19	20	21	22	23	24	25	26	27	28	29	30
☉	♍ 8	9	10	11	12	13	14	15	16	17	18	19	20	21	22	23	24	25	26	27	28	29	29 0	♎ 1	2	3	4	5	6	7
☽	♊ 5	19	♋ 3	18	♌ 2	17	♍ 1	16	♎ 0	14	27	♏ 10	23	♐ 5	17	29	♑ 11	23	♒ 5	17	29	♓ 12	24	♈ 8	21	♉ 4	18	♊ 2	16	♋ 0
☿	♌ 23	23	23	24	25	25	26	27	28	29 0	♍ 1	2	4	5	7	9	10	12	14	16	18	19	21	23	25	27	29	29 0	♎ 2	4
♀	♌ 24	23	23	22	22	22	22	21	21	21	21	21	D 21	21	21	21	21	21	22	22	22	22	23	23	23	24	24	25	25	26
♂	♎ 0	1	1	2	3	3	4	4	5	6	6	7	8	8	9	10	10	11	12	12	13	14	14	15	16	16	17	18	18	19

♃ 1: ♌ 27, 3: 28, 8: 29, 12: ♍ 0, 17: 1, 22: 2, 27: 3 — ♄ 1: ♒ 1, 15: 0 — ♅ 1: ♑ 9, 19D: 9 — ♆ 1: ♑ 14 — ♇ 1: ♏ 17, 6: 18

10

	1	2	3	4	5	6	7	8	9	10	11	12	13	14	15	16	17	18	19	20	21	22	23	24	25	26	27	28	29	30
☉	♎ 8	9	10	11	12	13	14	15	16	17	18	19	20	20	21	22	23	24	25	26	27	28	29 0	♏ 0	1	2	3	4	5	6
☽	♋ 14	28	♌ 12	27	♍ 11	25	♎ 9	22	♏ 5	18	♐ 1	13	25	♑ 7	19	♒ 1	13	25	♓ 7	20	♈ 3	16	♉ 0	14	28	♊ 12	26	♋ 11	25	♌ 9
☿	♎ 7	8	9	11	13	15	16	18	20	21	23	25	26	28	29 0	♏ 1	3	4	6	8	9	11	12	14	15	17	18	20	21	23
♀	♌ 26	27	28	28	29	29 0	♍ 0	1	2	3	3	4	5	6	7	7	8	9	10	11	11	12	13	14	15	16	17	18	19	20
♂	♎ 20	20	21	22	22	23	24	24	25	26	26	27	28	28	29	29 0	♏ 0	1	2	2	3	4	4	5	6	7	7	8	8	9

♃ 1: ♍ 3, 2: 4, 7: 5, 12: 6, 16: 7, 23: 8, 29: 9 — ♄ 1: ♒ 0, 5D: 0 — ♅ 1: ♑ 9, 9: 10 — ♆ 1: ♑ 14 — ♇ 1: ♏ 18, 10: 19

11

	1	2	3	4	5	6	7	8	9	10	11	12	13	14	15	16	17	18	19	20	21	22	23	24	25	26	27	28	29	30
☉	♏ 8	9	10	11	12	13	14	15	16	17	18	19	20	21	22	23	24	25	26	27	28	29 0	♐ 1	2	3	4	5	6	7	8
☽	♍ 7	21	♎ 4	18	♏ 1	14	27	♐ 9	21	♑ 3	15	27	♒ 9	21	♓ 3	15	28	♈ 11	24	♉ 8	22	♊ 7	22	♋ 6	21	♌ 5	20	♍ 4	18	♎ 1
☿	♏ 26	27	28	29 0	♐ 1	3	4	5	7	8	9	11	12	13	14	16	17	18	19	20	21	21	22	23	23	24	24	R 24	24	24
♀	♍ 22	23	24	25	26	27	28	29	29 0	♎ 1	2	3	4	5	6	8	9	10	11	12	13	14	15	16	17	19	20	21	22	23
♂	♏ 11	11	12	13	13	14	15	15	16	17	17	18	19	20	20	21	22	22	23	24	24	25	26	27	27	28	29	29	29 0	♐ 1

♃ 1: ♍ 9, 4: 10, 11: 11, 19: 12, 28: 13 — ♄ 1: ♒ 0, 5: 1, 21: 2 — ♅ 1: ♑ 10, 11: 11 — ♆ 1: ♑ 14, 27: 15 — ♇ 1: ♏ 19, 5: 20

12

	1	2	3	4	5	6	7	8	9	10	11	12	13	14	15	16	17	18	19	20	21	22	23	24	25	26	27	28	29	30
☉	♐ 9	10	11	12	13	14	15	16	17	18	19	20	21	22	23	24	25	26	27	28	29	29 0	♑ 1	2	3	4	5	6	7	8
☽	♎ 14	27	♏ 10	23	♐ 5	17	29	♑ 11	23	♒ 5	17	29	♓ 11	23	♈ 6	19	♉ 2	16	♊ 0	15	♋ 0	15	♌ 0	15	29	♍ 14	28	♎ 11	24	♏ 7
☿	♐ 23	23	22	21	20	19	18	16	15	13	12	11	10	9	9	8	8	D 8	8	8	8	9	10	10	11	12	13	14	15	16
♀	♎ 24	25	27	28	29	29 0	♏ 1	2	4	5	6	7	8	9	11	12	13	14	15	16	18	19	20	21	22	24	25	26	27	28
♂	♐ 2	2	3	4	4	5	6	7	7	8	9	9	10	11	12	12	13	14	14	15	16	17	17	18	19	20	20	21	22	23

♃ 1: ♍ 13, 11: 14, 30R: 14 — ♄ 1: ♒ 2, 3: 3, 14: 4, 24: 5 — ♅ 1: ♑ 12, 20: 13 — ♆ 1: ♑ 15, 26: 16 — ♇ 1: ♏ 21, 29: 22

1 PLANETENPOSITIONEN 1910–2001

1992

1

	1	2	3	4	5	6	7	8	9	10	11	12	13	14	15	16	17	18	19	20	21	22	23	24	25	26	27	28	29	30	31
☉	♑ 10	11	12	13	14	15	16	17	18	19	20	21	22	23	24	25	26	27	28	29 0	♒ 1	2	3	4	5	6	7	8	9	10	11
☽	♐ 2	14	26	♑ 8	20	♒ 2	14	25	♓ 7	19	♈ 2	14	27	♉ 10	24	♊ 8	23	♋ 8	23	♌ 8	23	♍ 8	23	♎ 7	21	♏ 4	17	29	♐ 11	23	♑ 5
☿	♐ 18	20	21	22	24	25	26	28	29	29 0	♑ 2	3	5	6	8	9	11	12	14	15	17	18	20	21	23	24	26	28	29 0	♒ 1	2
♀	♐ 1	2	3	4	6	7	8	9	11	12	13	14	15	17	18	19	20	22	23	24	25	26	28	29	29 0	♑ 1	3	4	5	6	7
♂	♐ 24	25	25	26	27	28	28	29	29 0	♑ 1	1	2	3	4	4	5	6	7	7	8	9	10	10	11	12	13	13	14	15	16	16

♃ 1: ♍14, 26: 13 — ♄ 1: ♒ 6, 11: 7, 20: 8, 28: 9 — ♅ 1: ♑13, 6: 14, 23: 15 — ♆ 1: ♑16, 22: 17 — ♇ 1: ♏22

2

	1	2	3	4	5	6	7	8	9	10	11	12	13	14	15	16	17	18	19	20	21	22	23	24	25	26	27	28	29	30	31
☉	♒ 12	13	14	15	16	17	18	19	20	21	22	23	24	25	26	27	28	29	29 0	♓ 1	2	3	4	5	6	7	8	9	10		
☽	♑ 17	29	♒ 11	22	♓ 4	16	29	♈ 11	24	♉ 7	20	♊ 3	17	♋ 1	16	♌ 1	16	♍ 1	16	♎ 1	15	29	♏ 13	25	♐ 8	20	♑ 2	14	26		
☿	♒ 4	6	7	9	11	12	14	16	18	19	21	23	25	27	28	29 0	♓ 2	4	6	8	9	11	13	15	17	19	21	22	24		
♀	♑ 8	10	11	12	14	15	16	17	19	20	21	22	23	24	26	27	28	29 0	♒ 1	2	3	5	6	7	8	9	11	12	13		
♂	♑ 17	18	19	19	20	21	22	23	23	24	25	25	26	27	28	28	29	29 0	♒ 1	2	2	3	4	5	5	6	7	8	9		

♃ 1: ♍12, 18: 11, 26: 10 — ♄ 1: ♒ 9, 5: 10, 14: 11, 22: 12 — ♅ 1: ♑15, 10: 16 — ♆ 1: ♑17, 20: 18 — ♇ 1: ♏22

3

	1	2	3	4	5	6	7	8	9	10	11	12	13	14	15	16	17	18	19	20	21	22	23	24	25	26	27	28	29	30	31
☉	♓ 11	12	13	14	15	16	17	18	19	20	21	22	23	24	25	26	27	28	29	29 0	♈ 1	2	3	4	5	6	7	8	9	10	11
☽	♒ 7	19	♓ 1	13	26	♈ 8	21	♉ 4	17	29	♊ 13	27	♋ 11	25	♌ 10	25	♍ 10	24	♎ 9	23	♏ 7	20	♐ 3	16	28	♑ 10	22	♒ 4	16	28	♓ 10
☿	♓ 26	28	29 0	♈ 1	2	4	5	6	7	8	9	10	10	11	11	11	B 11	11	11	10	10	9	9	8	7	6	5	4	4	3	2
♀	♒ 14	16	17	18	19	21	22	23	24	26	27	28	29	♓ 0	2	3	4	5	7	8	9	10	12	13	14	15	17	18	19	20	21
♂	♒ 9	10	11	12	12	13	14	15	15	16	17	18	19	19	20	21	22	22	23	24	25	26	26	27	28	29	29	29 0	♓ 1	2	2

♃ 1: ♍ 9, 12: 8, 21: 7, 31: 6 — ♄ 1: ♒13, 11: 14, 21: 15 — ♅ 1: ♑17 — ♆ 1: ♑18 — ♇ 1: ♏23

4

	1	2	3	4	5	6	7	8	9	10	11	12	13	14	15	16	17	18	19	20	21	22	23	24	25	26	27	28	29	30	31
☉	♈ 12	13	14	15	16	17	18	19	20	21	22	23	24	25	26	27	28	29	29 0	♉ 0	1	2	3	4	5	6	7	8	9	10	
☽	♓ 22	♈ 5	17	♉ 0	13	27	♊ 10	24	♋ 8	22	♌ 6	20	♍ 5	19	♎ 3	18	♏ 1	15	28	♐ 11	24	♑ 6	18	♒ 0	12	24	♓ 6	18	♈ 0	13	
☿	♈ 1	0	0	♓ 29	29	29	29	29	D 29	29	29	29	29	29 0	♈ 0	1	1	2	3	4	4	5	6	7	8	9	11	12	13	14	
♀	♓ 23	24	25	26	28	29	29 0	♈ 1	3	4	5	6	7	9	10	11	12	14	15	16	17	19	20	21	22	23	25	26	27	28	
♂	♓ 3	4	5	6	6	7	8	9	9	10	11	12	13	13	14	15	16	16	17	18	19	20	20	21	22	23	23	24	25	26	

♃ 1: ♍ 6, 14: 5 — ♄ 1: ♒16, 15: 17 — ♅ 1: ♑18, 21B: 18 — ♆ 1: ♑18, 20B: 18 — ♇ 1: ♏22

5

	1	2	3	4	5	6	7	8	9	10	11	12	13	14	15	16	17	18	19	20	21	22	23	24	25	26	27	28	29	30	31
☉	♉ 11	12	13	14	15	16	17	18	19	20	21	22	23	24	25	26	27	28	29	29 0	♊ 0	1	2	3	4	5	6	7	8	9	10
☽	♈ 26	♉ 9	23	♊ 6	20	♋ 4	19	♌ 3	17	♍ 1	15	29	♎ 13	27	♏ 10	24	♐ 7	19	♑ 2	14	26	♒ 8	20	♓ 2	14	26	♈ 8	21	♉ 4	18	♊ 1
☿	♈ 15	17	18	20	21	22	24	26	27	29	29 0	♉ 2	4	6	7	9	11	13	15	17	19	21	23	25	27	29 0	♊ 1	3	5	8	10
♀	29 0	♉ 1	2	3	5	6	7	8	9	11	12	13	14	16	17	18	19	21	22	23	24	25	27	28	29	29 0	♊ 2	3	4	6	7
♂	♓ 26	27	28	29	29 0	♈ 0	1	2	2	3	4	5	6	6	7	8	9	9	10	11	12	12	13	14	15	16	16	17	18	19	19

♃ 1: ♍ 4, 16: 5, 31: 6 — ♄ 1: ♒18, 28B: 18 — ♅ 1: ♑17 — ♆ 1: ♑18 — ♇ 1: ♏21

6

	1	2	3	4	5	6	7	8	9	10	11	12	13	14	15	16	17	18	19	20	21	22	23	24	25	26	27	28	29	30	31
☉	♊ 11	12	13	14	15	16	17	18	19	20	21	22	23	24	25	26	26	27	28	29	29 0	♋ 1	2	3	4	5	6	7	8	9	
☽	♊ 16	♋ 0	14	29	♌ 13	28	♍ 12	26	♎ 10	23	♏ 7	20	♐ 3	15	28	♑ 10	22	♒ 4	16	28	♓ 10	22	♈ 4	16	29	♉ 12	26	♊ 10	24	♋ 9	
☿	♊ 12	14	16	19	21	23	25	27	29 0	♋ 1	3	5	7	9	11	13	15	16	18	20	21	23	24	26	27	29	29 0	♌ 2	3	4	
♀	♊ 8	9	10	11	13	14	15	16	18	19	20	21	22	24	25	26	27	29	29 0	♋ 1	2	4	5	6	7	8	10	11	12	13	
♂	♈ 20	21	22	22	23	24	25	25	26	27	27	28	29	29 0	♉ 0	1	2	3	3	4	5	6	6	7	8	8	9	10	11	11	

♃ 1: ♍ 6, 10: 7, 19: 8, 26: 9 — ♄ 1: ♒18 — ♅ 1: ♑17, 25: 16 — ♆ 1: ♑18 — ♇ 1: ♏21, 25: 20

7

	1	2	3	4	5	6	7	8	9	10	11	12	13	14	15	16	17	18	19	20	21	22	23	24	25	26	27	28	29	30	31
☉	♋ 10	11	12	13	14	15	16	17	17	18	19	20	21	22	23	24	25	26	27	28	29	29 0	♌ 0	1	2	3	4	5	6	7	8
☽	♋ 23	♌ 8	23	♍ 8	22	♎ 7	20	♏ 4	17	29	♐ 12	25	♑ 7	19	♒ 1	13	25	♓ 6	18	♈ 0	12	25	♉ 7	21	♊ 4	18	♋ 2	17	♌ 2	17	♍ 2
☿	♌ 5	6	8	9	10	11	11	12	13	14	14	15	16	16	16	17	17	17	17	B 17	17	17	17	16	16	16	15	14	14	13	12
♀	♋ 15	16	17	18	20	21	22	23	24	26	27	28	29 0	♌ 1	2	3	4	6	7	8	9	10	11	13	14	15	17	18	19	20	22
♂	♉ 12	13	14	14	15	16	16	17	18	19	19	20	21	21	22	23	23	24	25	26	26	27	28	28	29	29 0	♊ 0	1	2	2	3

♃ 1: ♍10, 9: 11, 15: 12, 20: 13, 26: 14, 31: 15 — ♄ 1: ♒17, 26: 16 — ♅ 1: ♑16, 20: 15 — ♆ 1: ♑17 — ♇ 1: ♏20, 30D: 20

8

	1	2	3	4	5	6	7	8	9	10	11	12	13	14	15	16	17	18	19	20	21	22	23	24	25	26	27	28	29	30	31
☉	♌ 9	10	11	12	13	14	15	16	17	18	19	20	21	22	23	24	25	26	27	28	29	29 0	♍ 0	1	2	3	4	5	6	7	8
☽	♍ 17	♎ 2	16	♏ 0	14	27	♐ 9	22	♑ 4	16	28	♒ 10	22	♓ 3	15	27	♈ 9	22	♉ 4	17	29	♊ 13	27	♋ 11	25	♌ 10	26	♍ 11	26	♎ 11	25
☿	♌ 12	11	10	9	9	8	7	7	7	6	6	6	D 6	6	6	6	7	8	8	9	10	11	12	13	15	16	18	19	21	23	25
♀	♌ 23	24	25	26	28	29	29 0	♍ 1	3	4	5	6	7	9	10	11	12	14	15	16	17	19	20	21	22	23	25	26	27	28	29 0♎
♂	♊ 4	4	5	6	6	7	8	8	9	10	10	11	12	12	13	14	14	15	15	16	17	17	18	19	19	20	20	21	22	22	23

♃ 1: ♍15, 5: 16, 10: 17, 15: 18, 20: 19, 25: 20, 30: 21 — ♄ 1: ♒15, 22: 14, 31: 13 — ♅ 1: ♑15, 20: 14 — ♆ 1: ♑17, 23: 16 — ♇ 1: ♏20

9

	1	2	3	4	5	6	7	8	9	10	11	12	13	14	15	16	17	18	19	20	21	22	23	24	25	26	27	28	29	30	31
☉	♍ 9	10	11	12	13	14	15	16	17	18	19	20	21	22	23	24	25	26	27	28	29	29 0	♎ 0	1	2	3	4	5	6	7	
☽	♏ 9	23	♐ 6	18	♑ 1	13	25	♒ 7	19	♓ 0	12	24	♈ 6	19	♉ 1	14	26	♊ 9	23	♋ 6	20	♌ 5	19	♍ 4	19	♎ 4	19	♏ 4	18	♐ 1	
☿	♌ 26	28	29 0	♍ 2	4	6	8	10	12	14	16	17	19	21	23	25	27	29	29 0	♎ 2	4	6	7	9	11	12	14	16	17	19	
♀	♎ 1	2	3	5	6	7	8	9	11	12	13	14	16	17	18	19	20	22	23	24	25	27	28	29	29 0	♏ 1	3	4	5	6	
♂	♊ 24	24	25	25	26	26	27	28	28	29	29	29 0	♋ 1	1	2	2	3	3	4	4	5	6	6	7	7	8	8	9	9	10	

♃ 1: ♍21, 3: 22, 8: 23, 12: 24, 17: 25, 22: 26, 26: 27 — ♄ 1: ♒13, 15: 12 — ♅ 1: ♑14, 22D: 14 — ♆ 1: ♑16, 27D: 16 — ♇ 1: ♏20, 24: 21

10

	1	2	3	4	5	6	7	8	9	10	11	12	13	14	15	16	17	18	19	20	21	22	23	24	25	26	27	28	29	30	31
☉	♎ 8	9	10	11	12	13	14	15	16	17	18	19	20	21	22	23	24	25	26	27	28	29	29 0	♏ 1	2	3	4	5	6	7	8
☽	♐ 14	27	♑ 9	21	♒ 3	15	27	♓ 9	21	♈ 3	15	28	♉ 10	23	♊ 6	19	♋ 3	17	♌ 1	15	29	♍ 14	28	♎ 13	27	♏ 12	26	♐ 9	22	♑ 5	17
☿	♎ 21	22	24	25	27	29	29 0	♏ 1	3	4	6	7	9	10	12	13	14	16	17	19	20	21	22	24	25	26	27	28	29 0	♐ 1	2
♀	♏ 8	9	10	11	12	14	15	16	17	19	20	21	22	23	25	26	27	28	29 0	♐ 1	2	3	4	6	7	8	9	10	12	13	14
♂	♋ 10	11	11	12	12	13	13	14	14	14	15	15	16	16	17	17	17	18	18	19	19	19	20	20	21	21	21	22	22	22	23

♃ 1: ♍28, 6: 29, 10: ♎ 0, 15: 1, 20: 2, 25: 3, 30: 4 — ♄ 1: ♒12, 16D: 12 — ♅ 1: ♑14 — ♆ 1: ♑16 — ♇ 1: ♏21, 24: 22

11

	1	2	3	4	5	6	7	8	9	10	11	12	13	14	15	16	17	18	19	20	21	22	23	24	25	26	27	28	29	30	31
☉	♏ 9	10	11	12	13	14	15	16	17	18	19	20	21	22	23	24	25	26	27	28	29	29 0	♐ 1	2	3	4	5	6	7	8	
☽	♑ 29	♒ 11	23	♓ 5	17	29	♈ 11	24	♉ 7	20	♊ 3	16	29	♋ 13	27	♌ 11	25	♍ 10	24	♎ 8	22	♏ 6	20	♐ 4	17	♑ 0	13	25	♒ 7	19	
☿	♐ 3	4	4	5	6	7	7	8	8	8	B 8	8	8	7	7	6	5	4	3	2	0 29	♏ 29	28	26	25	24	23	23	22	22	
♀	♐ 15	16	18	19	20	21	23	24	25	26	27	29	29 0	♑ 1	2	3	5	6	7	8	9	11	12	13	14	15	17	18	19	20	
♂	♋ 23	23	24	24	24	24	25	25	25	25	26	26	26	26	26	26	27	27	27	27	27	27	27	27	27	27	27	B 27	27	27	

♃ 1: ♎ 4, 4: 5, 9: 6, 15: 7, 21: 8, 27: 9 — ♄ 1: ♒12, 22: 13 — ♅ 1: ♑14, 10: 15 — ♆ 1: ♑16, 22: 17 — ♇ 1: ♏22, 18: 23

12

	1	2	3	4	5	6	7	8	9	10	11	12	13	14	15	16	17	18	19	20	21	22	23	24	25	26	27	28	29	30	31
☉	♐ 9	10	11	12	13	14	15	16	17	18	19	20	21	22	23	24	25	26	27	28	29 0	♑ 1	2	3	4	5	6	7	8	9	10
☽	♓ 1	13	25	♈ 7	19	♉ 2	15	28	♊ 11	25	♋ 9	23	♌ 8	22	♍ 6	21	♎ 5	19	♏ 2	16	29	♐ 13	26	♑ 8	21	♒ 3	15	27	♓ 9	21	♈ 3
☿	♏ 22	D 22	22	23	23	24	25	26	27	28	29	29 0	♐ 1	2	4	5	6	8	9	11	12	13	15	16	18	19	21	22	24	25	27
♀	♑ 21	23	24	25	26	27	28	29 0	♒ 1	2	3	4	6	7	8	9	10	11	12	13	15	16	17	18	19	20	22	23	24	25	26
♂	♋ 27	27	27	27	27	27	27	27	27	27	26	26	26	26	26	25	25	25	25	24	24	24	23	23	23	22	22	22	21	21	20

♃ 1: ♎ 9, 3: 10, 10: 11, 17: 12, 26: 13 — ♄ 1: ♒13, 6: 14, 18: 15, 28: 16 — ♅ 1: ♑16, 20: 17 — ♆ 1: ♑17, 22: 18 — ♇ 1: ♏23, 14: 24

1993

1

	1	2	3	4	5	6	7	8	9	10	11	12	13	14	15	16	17	18	19	20	21	22	23	24	25	26	27	28	29	30	31
☉	♑ 11	12	13	14	15	16	17	18	19	20	21	22	23	24	25	26	27	28	29	29 0	♒ 1	2	3	4	5	6	7	8	9	10	11
☽	♈ 15	27	♉ 9	22	♊ 6	19	♋ 3	18	♌ 2	17	♍ 2	17	♎ 1	16	29	♏ 13	26	♐ 9	22	♑ 5	17	29	♒ 11	23	♓ 6	17	29	♈ 11	23	♉ 5	18
☿	♐ 28	29 0	♑ 1	3	4	6	7	9	10	12	14	15	17	18	20	22	23	25	27	28	29 0	♒ 2	3	5	7	8	10	12	14	15	17
♀	♒ 27	28	29	♓ 0	1	3	4	5	6	7	8	9	10	11	12	13	14	15	16	17	18	19	20	21	22	23	24	25	26	27	28
♂	♋ 20	20	19	19	18	18	18	17	17	16	16	16	15	15	15	14	14	14	13	13	13	12	12	12	11	11	11	11	10	10	10

♃ 1: ♎13, 8: 14, 28B: 14 — ♄ 1: ♒16, 7: 17, 16: 18, 24: 19 — ♅ 1: ♑17, 6: 18, 23: 19 — ♆ 1: ♑18, 18: 19 — ♇ 1: ♏24, 15: 25

2

	1	2	3	4	5	6	7	8	9	10	11	12	13	14	15	16	17	18	19	20	21	22	23	24	25	26	27	28	29	30	31
☉	♒ 12	13	14	15	16	17	18	19	20	21	22	23	24	25	26	27	28	29 0	♓ 1	2	3	4	5	6	7	8	9	10			
☽	♊ 0	13	27	♋ 11	26	♌ 11	26	♍ 11	26	♎ 11	25	♏ 10	23	♐ 6	19	♑ 2	14	26	♒ 8	20	♓ 2	14	26	♈ 8	20	♉ 2	14	26			
☿	♒ 19	21	22	24	26	28	29 0	♓ 1	3	5	7	8	10	11	13	15	16	17	19	20	21	22	22	23	24	24	B 24	24			
♀	♓ 29	29 0	♈ 1	2	2	3	4	5	6	7	7	8	9	10	10	11	12	12	13	14	14	15	15	16	16	17	17	18			
♂	♋ 10	10	9	9	9	9	9	9	9	9	9	9	9	9	D 9	9	9	9	9	9	9	9	9	9	9	9	9	10			

♃ 1: ♎14, 28: 13 — ♄ 1: ♒20, 10: 21, 18: 22, 27: 23 — ♅ 1: ♑19, 10: 20 — ♆ 1: ♑19, 15: 20 — ♇ 1: ♏25, 26B: 25

3

	1	2	3	4	5	6	7	8	9	10	11	12	13	14	15	16	17	18	19	20	21	22	23	24	25	26	27	28	29	30	31
☉	♓ 11	12	13	14	15	16	17	18	19	20	21	22	23	24	25	26	27	28	29	29 0	♈ 1	2	3	4	5	6	7	8	9	10	11
☽	♊ 9	22	♋ 5	19	♌ 4	19	♍ 4	19	♎ 4	20	♏ 4	19	♐ 2	16	29	♑ 11	22	♒ 5	17	29	♓ 11	23	♈ 5	17	29	♉ 11	23	♊ 6	18	♋ 1	15
☿	♓ 24	24	23	22	22	21	20	19	18	17	16	15	14	13	13	12	11	11	11	10	10	D 10	10	10	11	11	11	12	12	13	14
♀	♈ 18	18	18	19	19	19	19	20	20	20	B 20	20	20	20	20	19	19	19	19	18	18	17	17	16	16	15	15	14	13	13	12
♂	♋ 10	10	10	10	10	11	11	11	11	11	12	12	12	13	13	13	13	14	14	14	15	15	15	16	16	16	17	17	17	18	18

♃ 1: ♎13, 12: 12, 20: 11, 28: 10 — ♄ 1: ♒23, 7: 24, 16: 25, 26: 26 — ♅ 1: ♑21 — ♆ 1: ♑20, 30: 21 — ♇ 1: ♏25

4

	1	2	3	4	5	6	7	8	9	10	11	12	13	14	15	16	17	18	19	20	21	22	23	24	25	26	27	28	29	30	31
☉	♈ 12	13	14	15	16	17	18	19	20	21	22	23	24	25	26	26	27	28	29	29 0	♉ 1	2	3	4	5	6	7	8	9	10	
☽	♋ 28	♌ 13	27	♍ 12	27	♎ 13	28	♏ 12	27	♐ 11	24	♑ 7	20	♒ 2	14	26	♓ 8	20	♈ 2	14	26	♉ 8	20	♊ 3	15	28	♋ 11	25	♌ 9	23	
☿	♓ 14	15	16	17	18	19	20	21	22	23	24	26	27	28	29 0	♈ 1	2	4	5	7	8	10	12	13	15	16	18	20	22	24	
♀	♈ 12	11	10	10	9	9	8	8	7	7	6	6	5	5	5	4	4	4	4	4	4	D 4	4	4	4	4	4	4	4	5	
♂	♋ 18	19	19	20	20	20	21	21	22	22	22	23	23	24	24	25	25	25	26	26	27	27	28	28	29	29	29	♌ 0	1	1	

♃ 1: ♎ 9, 13: 8, 22: 7, 30: 6 — ♄ 1: ♒26, 5: 27, 17: 28, 30: 29 — ♅ 1: ♑22 — ♆ 1: ♑21, 22B: 21 — ♇ 1: ♏25

5

	1	2	3	4	5	6	7	8	9	10	11	12	13	14	15	16	17	18	19	20	21	22	23	24	25	26	27	28	29	30	31
☉	♉ 11	12	13	14	15	16	17	18	19	20	21	22	23	24	25	26	27	28	29	29	29 0	♊ 1	2	3	4	5	6	7	8	9	10
☽	♍ 7	22	♎ 6	21	♏ 6	21	♐ 5	19	♑ 2	15	28	♒ 10	22	♓ 4	16	28	♈ 10	22	♉ 4	17	29	♊ 12	25	♋ 8	22	♌ 6	19	♍ 4	18	♎ 2	16
☿	♈ 25	27	29 0	♉ 1	3	5	7	9	11	13	15	17	19	22	24	26	28	29 0	♊ 2	5	7	9	11	13	15	17	19	21	23	25	27
♀	♈ 5	5	6	6	7	7	7	8	8	9	10	10	11	11	12	13	13	14	15	16	16	17	18	19	19	20	21	22	23	24	25
♂	♌ 2	2	2	3	3	4	4	5	5	6	6	7	8	8	9	9	10	10	11	11	12	12	13	13	14	14	15	15	16	16	17

♃ 1: ♎ 6, 19: 5 — ♄ 1: ♒29, 20: 29, 21: ♓ 0 — ♅ 1: ♑22 — ♆ 1: ♑21 — ♇ 1: ♏24

6

	1	2	3	4	5	6	7	8	9	10	11	12	13	14	15	16	17	18	19	20	21	22	23	24	25	26	27	28	29	30	31
☉	♊ 11	12	13	14	15	16	17	18	19	20	21	22	23	23	24	25	26	27	28	29	29 0	♋ 1	2	3	4	5	6	7	8	9	
☽	♏ 1	15	29	♐ 13	27	♑ 10	23	♒ 6	18	♓ 0	12	24	♈ 6	18	♉ 0	12	25	♊ 8	21	♋ 4	18	♌ 2	16	♍ 0	15	29	♎ 13	27	♏ 11	25	
☿	♊ 29	29 0	♋ 2	4	5	7	8	10	11	13	14	15	16	18	19	20	21	22	23	23	24	25	26	26	27	27	27	28	28	28	
♀	♈ 25	26	27	28	29	29 0	♉ 1	2	3	4	5	6	7	8	9	10	11	12	13	14	15	16	17	18	19	20	21	22	23	24	
♂	♌ 18	18	19	19	20	20	21	21	22	23	23	24	24	25	25	26	27	27	28	28	29	29	29 0	♍ 1	1	2	2	3	3	4	

♃ 1: ♎ 5, 30: 6 — ♄ 1: ♓ 0, 10B: 0, 30: ♒29 — ♅ 1: ♑22, 22: 21 — ♆ 1: ♑21, 15: 20 — ♇ 1: ♏23

7

	1	2	3	4	5	6	7	8	9	10	11	12	13	14	15	16	17	18	19	20	21	22	23	24	25	26	27	28	29	30	31
☉	♋ 9	10	11	12	13	14	15	16	17	18	19	20	21	22	23	24	25	26	27	28	29	29 0	♌ 0	1	2	3	4	5	6	7	8
☽	♐ 9	22	♑ 5	18	♒ 1	14	26	♓ 8	20	♈ 2	14	26	♉ 8	20	♊ 3	16	29	♋ 13	27	♌ 11	26	♍ 11	25	♎ 10	24	♏ 8	22	♐ 5	19	♑ 2	15
☿	♋ 28	28	28	28	28	27	27	26	26	25	25	24	23	23	22	21	21	20	20	19	19	19	18	18	D 18	18	18	18	19	19	20
♀	♉ 25	26	27	28	29	♊ 0	1	3	4	5	6	7	8	9	10	11	12	14	15	16	17	18	19	20	21	23	24	25	26	27	28
♂	♍ 5	5	6	6	7	8	8	9	9	10	10	11	12	12	13	13	14	15	15	16	17	17	18	18	19	20	20	21	21	22	23

♃ 1: ♎ 6, 10: 7, 19: 8, 26: 9 — ♄ 1: ♒29 — ♅ 1: ♑20, 31: 19 — ♆ 1: ♑20, 31: 19 — ♇ 1: ♏23

8

	1	2	3	4	5	6	7	8	9	10	11	12	13	14	15	16	17	18	19	20	21	22	23	24	25	26	27	28	29	30	31
☉	♌ 9	10	11	12	13	14	15	16	17	18	19	20	21	22	23	24	25	26	27	28	28	29	29 0	♍ 1	2	3	4	5	6	7	8
☽	♑ 27	♒ 10	22	♓ 5	17	29	♈ 10	22	♉ 4	16	28	♊ 11	24	♋ 7	21	♌ 5	20	♍ 5	20	♎ 5	20	♏ 4	18	♐ 2	16	29	♑ 12	24	♒ 7	19	♓ 1
☿	♋ 20	21	22	23	24	25	26	27	29	29 0	♌ 2	3	5	7	9	10	12	14	16	18	20	22	24	26	28	29 0	♍ 2	4	6	8	10
♀	♊ 29	♋ 0	2	3	4	5	6	7	9	10	11	12	13	14	16	17	18	19	20	21	23	24	25	26	27	28	29 0	♌ 1	2	3	4
♂	♍ 23	24	24	25	26	26	27	28	28	29	29	29 0	♎ 1	1	2	3	3	4	5	5	6	6	7	8	8	9	10	10	11	12	12

♃ 1: ♎10, 9: 11, 15: 12, 20: 13, 25: 14, 31: 15 — ♄ 1: ♒28, 19: 27, 31: 26 — ♅ 1: ♑19 — ♆ 1: ♑19 — ♇ 1: ♏23

9

	1	2	3	4	5	6	7	8	9	10	11	12	13	14	15	16	17	18	19	20	21	22	23	24	25	26	27	28	29	30	31
☉	♍ 9	10	11	12	13	14	15	16	17	18	19	20	21	22	23	24	25	26	27	28	28	29	29 0	♎ 1	2	3	4	5	6	7	
☽	♓ 13	25	♈ 7	19	♉ 1	13	25	♊ 7	19	♋ 2	16	29	♌ 14	28	♍ 13	29	♎ 14	29	♏ 14	28	♐ 12	25	♑ 9	21	♒ 4	16	28	♓ 10	22	♈ 4	
☿	♍ 12	14	16	18	19	21	23	25	26	28	29 0	♎ 2	3	5	7	8	10	11	13	14	16	18	19	20	22	23	25	26	28	29	
♀	♌ 6	7	8	9	10	12	13	14	15	16	18	19	20	21	22	23	25	26	27	28	29 0	♍ 1	2	3	5	6	7	8	9	11	
♂	♎ 13	14	14	15	16	16	17	17	18	19	19	20	21	21	22	23	23	24	25	25	26	27	27	28	29	29	29 0	♏ 1	1	2	

♃ 1: ♎15, 5: 16, 10: 17, 15: 18, 20: 19, 25: 20, 30: 21 — ♄ 1: ♒26, 16: 25, 30: 24 — ♅ 1: ♑18, 27D: 18 — ♆ 1: ♑18 — ♇ 1: ♏23

10

	1	2	3	4	5	6	7	8	9	10	11	12	13	14	15	16	17	18	19	20	21	22	23	24	25	26	27	28	29	30	31
☉	♎ 8	9	10	11	12	13	14	15	16	17	18	19	20	21	22	23	24	25	26	27	28	29	29 0	♏ 1	2	3	4	5	6	7	8
☽	♈ 16	28	♉ 10	22	♊ 4	16	28	♋ 11	24	♌ 8	22	♍ 7	21	♎ 7	22	♏ 7	22	♐ 7	21	♑ 4	18	♒ 0	13	25	♓ 7	19	♈ 1	13	25	♉ 7	19
☿	♏ 0	2	3	4	6	7	8	9	10	12	13	14	15	16	17	18	19	19	20	21	21	22	22	22	B 22	22	22	22	21	21	20
♀	♍ 12	13	14	16	17	18	19	21	22	23	24	25	27	28	29	♎ 0	2	3	4	5	7	8	9	10	12	13	14	15	17	18	19
♂	♏ 3	3	4	5	6	6	7	8	8	9	10	10	11	12	12	13	14	14	15	16	17	17	18	19	19	20	21	21	22	23	24

♃ 1: ♎21, 4: 22, 9: 23, 13: 24, 18: 25, 23: 26, 27: 27 — ♄ 1: ♒24, 28D: 24 — ♅ 1: ♑18 — ♆ 1: ♑18 — ♇ 1: ♏23, 11: 24

11

	1	2	3	4	5	6	7	8	9	10	11	12	13	14	15	16	17	18	19	20	21	22	23	24	25	26	27	28	29	30	31
☉	♏ 9	10	11	12	13	14	15	16	17	18	19	20	21	22	23	24	25	26	27	28	29	29 0	♐ 1	2	3	4	5	6	7	8	
☽	♊ 1	13	25	♋ 8	21	♌ 4	18	♍ 2	16	♎ 1	15	♏ 1	15	♐ 0	15	29	♑ 13	26	♒ 9	21	♓ 4	16	28	♈ 10	21	♉ 3	15	27	♊ 10	22	
☿	♏ 19	18	17	16	14	13	12	11	9	9	8	7	7	6	D 6	7	7	7	8	9	9	10	11	13	14	15	16	18	19	20	
♀	♎ 20	22	23	24	25	27	28	29	29 0	♏ 2	3	4	5	7	8	9	10	12	13	14	15	17	18	19	20	22	23	24	25	27	
♂	♏ 24	25	26	26	27	28	28	29	29 0	♐ 1	1	2	3	4	4	5	6	7	7	8	9	9	10	11	12	12	13	14	15	15	

♃ 1: ♎28, 5: 29, 10: ♏ 0, 14: 1, 20: 2, 25: 3, 30: 4 — ♄ 1: ♒23, 18: 24 — ♅ 1: ♑19 — ♆ 1: ♑19 — ♇ 1: ♏25

12

	1	2	3	4	5	6	7	8	9	10	11	12	13	14	15	16	17	18	19	20	21	22	23	24	25	26	27	28	29	30	31
☉	♐ 9	10	11	12	13	14	15	16	17	18	19	20	21	22	23	24	25	26	27	28	29 0	♑ 1	2	3	4	5	6	7	8	9	10
☽	♋ 5	18	♌ 1	15	28	♍ 12	26	♎ 11	25	♏ 9	24	♐ 8	23	♑ 7	21	♒ 4	17	29	♓ 12	24	♈ 6	17	29	♉ 11	23	♊ 6	18	♋ 1	14	28	♌ 11
☿	♏ 22	23	25	26	28	29	♐ 0	2	4	5	7	8	10	11	13	14	16	17	19	20	22	24	25	27	28	29 0	♑ 1	3	5	6	8
♀	♏ 28	29	♐ 0	2	3	4	5	7	8	9	11	12	13	14	16	17	18	19	21	22	23	24	26	27	28	29 0	♑ 1	2	3	4	6
♂	♐ 16	17	18	18	19	20	20	21	22	23	23	24	25	26	26	27	28	29	29	♑ 0	1	2	2	3	4	5	5	6	7	8	9

♃ 1: ♏ 4, 5: 5, 10: 6, 15: 7, 21: 8, 27: 9 — ♄ 1: ♒24, 7: 25, 21: 26, 31: 27 — ♅ 1: ♑20, 22: 21 — ♆ 1: ♑19, 19: 20 — ♇ 1: ♏26, 29: 27

1994

1

	1	2	3	4	5	6	7	8	9	10	11	12	13	14	15	16	17	18	19	20	21	22	23	24	25	26	27	28	29	30	31
☉	♑ 11	12	13	14	15	16	17	18	19	20	21	22	23	24	25	26	27	28	29	29 / 0	♒ 1	2	3	4	5	6	7	8	9	10	11
☽	♌ 25	♍ 9	23	♎ 7	21	♏ 5	20	♐ 4	18	♑ 1	15	28	♒ 12	25	♓ 7	19	♈ 2	13	25	♉ 7	19	♊ 1	13	26	♋ 9	23	♌ 6	21	♍ 5	19	♎ 4
☿	♑ 9	11	13	14	16	17	19	21	22	24	26	27	29	♒ 1	2	4	6	7	9	11	13	14	16	18	19	21	22	24	26	27	29
♀	♑ 7	8	9	11	12	13	15	16	17	18	20	21	22	23	25	26	27	28	29 / 0	♒ 1	2	3	5	6	7	8	10	11	12	13	15
♂	♑ 9	10	11	11	12	13	14	14	15	16	17	18	18	19	20	21	22	22	23	24	25	25	26	27	28	28	29	29 / 0	♒ 1	2	2

♃ 1: ♏10, 10: 11, 17: 12, 26: 13, 31: 13 — ♄ 1: ♒27, 11: 28, 20: 29, 29: ♓0, 31: 0 — ♅ 1: ♑21, 8: 22, 25: 23, 31: 23 — ♆ 1: ♑20, 16: 21, 31: 21 — ♇ 1: ♏27, 31: 27

2

	1	2	3	4	5	6	7	8	9	10	11	12	13	14	15	16	17	18	19	20	21	22	23	24	25	26	27	28	29	30	31
☉	♒ 12	13	14	15	16	17	18	19	20	21	22	23	24	25	26	27	28	29 / 0	♓ 1	2	3	4	5	6	7	8	9	10			
☽	♎ 18	♏ 2	16	♐ 0	14	28	♑ 11	24	♒ 7	20	♓ 3	15	27	♈ 9	21	♉ 3	15	27	♊ 9	21	♋ 4	17	♌ 1	15	29	♍ 14	29	♎ 13			
☿	♓ 0	1	2	4	5	5	6	7	7	7	R 7	7	7	7	6	5	4	3	2	1	0 / 29	♒ 29	28	27	26	25	24	24			
♀	♒ 16	17	18	20	21	22	23	25	26	27	28	29 / 0	♓ 1	2	3	5	6	7	8	10	11	12	13	15	16	17	18	20			
♂	♒ 3	4	5	6	6	7	8	9	9	10	11	12	12	13	14	15	16	17	17	18	19	20	20	21	22	23	24	24			

♃ 1: ♏13, 8: 14, 28: 14 — ♄ 1: ♓0, 6: 1, 15: 2, 23: 3, 28: 3 — ♅ 1: ♑23, 12: 24, 28: 24 — ♆ 1: ♑21, 12: 22, 28: 22 — ♇ 1: ♏27, 15: 28, 28: 28

3

	1	2	3	4	5	6	7	8	9	10	11	12	13	14	15	16	17	18	19	20	21	22	23	24	25	26	27	28	29	30	31
☉	♓ 11	12	13	14	15	16	17	18	19	20	21	22	23	24	25	26	27	28	29	29 / 0	♈ 1	2	3	4	5	6	7	8	9	10	11
☽	♎ 28	♏ 13	27	♐ 11	25	♑ 8	21	♒ 4	17	29	♓ 12	24	♈ 6	18	29	♉ 11	23	♊ 5	17	29	♋ 12	25	♌ 9	23	♍ 7	22	♎ 7	22	♏ 7	22	♐ 7
☿	♒ 23	23	23	22	D 22	23	23	23	23	24	24	25	26	26	27	28	29	29 / 0	♓ 1	2	3	4	5	6	8	9	10	12	13	14	16
♀	♓ 21	22	23	25	26	27	28	29 / 0	♈ 1	2	3	5	6	7	8	9	11	12	13	15	16	17	18	20	21	22	23	24	26	27	28
♂	♒ 25	26	27	27	28	29	29 / 0	♓ 0	1	2	3	4	5	5	6	7	8	9	9	10	11	12	12	13	14	15	16	16	17	18	19

♃ 1: ♏14, 31: 13 — ♄ 1: ♓4, 11: 5, 20: 6, 29: 7, 31: 7 — ♅ 1: ♑24, 4: 25, 31: 25 — ♆ 1: ♑22, 20: 23, 31: 23 — ♇ 1: ♏28, 31: 28

4

	1	2	3	4	5	6	7	8	9	10	11	12	13	14	15	16	17	18	19	20	21	22	23	24	25	26	27	28	29	30	31
☉	♈ 12	13	14	15	16	16	17	18	19	20	21	22	23	24	25	26	27	28	29	29 / 0	♉ 1	2	3	4	5	6	7	8	9	10	
☽	♐ 21	♑ 5	18	♒ 1	14	26	♓ 9	21	♈ 3	15	26	♉ 8	20	♊ 2	14	26	♋ 8	21	♌ 4	17	♍ 1	15	♎ 0	15	♏ 0	16	♐ 1	15	29	♑ 14	
☿	♓ 17	19	20	22	23	25	26	28	29 / 0	♈ 1	3	5	6	8	10	12	14	15	17	19	21	23	25	27	29 / 0	♉ 1	3	6	8	10	
♀	♈ 29	♉ 1	2	3	4	6	7	8	9	11	12	13	14	15	17	18	19	20	22	23	24	25	26	28	29	29 / 0	♊ 1	3	4	5	
♂	♓ 19	20	21	22	23	23	24	25	26	27	27	28	29	29 / 0	♈ 0	1	2	3	4	4	5	6	7	7	8	9	10	11	11	12	

♃ 1: ♏13, 12: 12, 28: 10, 30: 10 — ♄ 1: ♓7, 7: 8, 17: 9, 30: 10 — ♅ 1: ♑26, 30: 26 — ♆ 1: ♑23, 25R: 23, 30: 23 — ♇ 1: ♏28, 30: 27

5

	1	2	3	4	5	6	7	8	9	10	11	12	13	14	15	16	17	18	19	20	21	22	23	24	25	26	27	28	29	30	31
☉	♉ 11	12	13	14	15	16	17	18	19	20	21	22	23	23	24	25	26	27	28	29	29 / 0	♊ 1	2	3	4	5	6	7	8	9	10
☽	♑ 27	♒ 10	23	♓ 6	18	29	♈ 12	24	♉ 5	17	29	♊ 11	23	♋ 5	18	♌ 0	13	27	♍ 10	25	♎ 9	24	♏ 9	24	♐ 9	24	♑ 8	22	♒ 6	19	♓ 2
☿	♉ 12	14	16	18	21	23	25	27	29 / 0	♊ 1	3	5	7	9	11	13	14	16	18	19	21	22	24	25	26	27	28	29 / 0	♋ 1	2	3
♀	♊ 6	7	9	10	11	12	13	15	16	17	18	20	21	22	23	24	26	27	28	29	29 / 0	♋ 2	3	4	5	6	8	9	10	11	12
♂	♈ 13	14	14	15	16	17	17	18	19	20	20	21	22	23	23	24	25	26	26	27	28	29	29 / 0	♉ 0	1	2	3	3	4	5	5

♃ 1: ♏9, 14: 8, 23: 7, 31: 6 — ♄ 1: ♓10, 12: 11, 31: 12 — ♅ 1: ♑26, 31: 26 — ♆ 1: ♑23, 31: 23 — ♇ 1: ♏27, 31: 26

6

	1	2	3	4	5	6	7	8	9	10	11	12	13	14	15	16	17	18	19	20	21	22	23	24	25	26	27	28	29	30	31
☉	♊ 11	12	13	14	15	16	17	17	18	19	20	21	22	23	24	25	26	27	28	29	29 / 0	♋ 1	2	3	4	5	6	7	8	8	
☽	♓ 15	27	♈ 9	20	♉ 2	14	26	♊ 8	20	♋ 2	15	27	♌ 11	24	♍ 7	21	♎ 5	19	♏ 3	18	♐ 3	17	♑ 2	16	♒ 0	14	27	♓ 10	23	♈ 5	
☿	♋ 4	4	5	6	6	7	7	8	8	8	8	R 8	8	8	8	8	7	7	7	6	6	5	4	4	3	3	2	2	1	1	
♀	♋ 14	15	16	17	18	19	21	22	23	24	25	27	28	29	29 / 0	♌ 1	2	4	5	6	7	8	9	11	12	13	14	15	16	18	
♂	♉ 6	7	8	8	9	10	11	11	12	13	14	14	15	16	17	17	18	19	19	20	21	22	22	23	24	25	25	26	27	27	

♃ 1: ♏6, 19: 5, 30: 5 — ♄ 1: ♓12, 23R: 12, 30: 12 — ♅ 1: ♑26, 30: 25 — ♆ 1: ♑23, 30: 22 — ♇ 1: ♏26, 30: 25

7

	1	2	3	4	5	6	7	8	9	10	11	12	13	14	15	16	17	18	19	20	21	22	23	24	25	26	27	28	29	30	31
☉	♋ 9	10	11	12	13	14	15	16	17	18	19	20	21	22	23	24	25	26	27	27	28	29	29 / 0	♌ 1	2	3	4	5	6	7	8
☽	♈ 17	29	♉ 10	22	♊ 4	16	29	♋ 11	24	♌ 7	20	♍ 4	18	♎ 1	15	29	♏ 14	28	♐ 12	27	♑ 11	25	♒ 9	22	♓ 5	18	♈ 1	13	25	♉ 7	19
☿	♋ 0	0 / 29	♊ 29	29	D 29	29	29	29	29	29 / 0	♋ 0	1	1	2	2	3	4	5	6	7	8	10	11	13	14	16	17	19	21	23	24
♀	♌ 19	20	21	22	23	24	26	27	28	29	29 / 0	♍ 1	2	3	5	6	7	8	9	10	11	12	14	15	16	17	18	19	20	21	22
♂	♉ 28	29	29 / 0	♊ 0	1	2	2	3	4	4	5	6	7	7	8	9	9	10	11	11	12	13	14	14	15	16	16	17	18	18	19

♃ 1: ♏5, 31: 6 — ♄ 1: ♓12, 31: 11 — ♅ 1: ♑25, 25: 24, 31: 24 — ♆ 1: ♑22, 31: 21 — ♇ 1: ♏25, 31: 25

8

	1	2	3	4	5	6	7	8	9	10	11	12	13	14	15	16	17	18	19	20	21	22	23	24	25	26	27	28	29	30	31
☉	♌ 9	10	11	12	13	14	15	16	17	18	19	20	20	21	22	23	24	25	26	27	28	29	29 / 0	♍ 1	2	3	4	5	6	7	8
☽	♊ 0	12	24	♋ 7	20	♌ 3	16	♍ 0	14	28	♎ 12	26	♏ 10	25	♐ 9	23	♑ 7	20	♒ 4	17	♓ 1	14	26	♈ 9	21	♉ 3	15	26	♊ 8	20	♋ 2
☿	♋ 26	28	29 / 0	♌ 2	4	6	8	11	13	15	17	19	21	23	25	27	29	♍ 0	3	5	7	8	10	12	14	15	17	19	21	22	24
♀	♍ 23	24	25	27	28	29	29 / 0	♎ 1	2	3	4	5	6	7	8	9	10	11	12	13	14	15	16	17	18	19	20	21	22	23	24
♂	♊ 20	20	21	22	22	23	24	24	25	26	26	27	27	28	29	29 / 0	♋ 0	1	2	2	3	4	4	5	5	6	7	7	8	9	9

♃ 1: ♏6, 10: 7, 19: 8, 26: 9, 31: 9 — ♄ 1: ♓11, 19: 10, 31: 9 — ♅ 1: ♑24, 22: 23, 31: 23 — ♆ 1: ♑21, 31: 21 — ♇ 1: ♏25, 5D: 25, 31: 25

9

	1	2	3	4	5	6	7	8	9	10	11	12	13	14	15	16	17	18	19	20	21	22	23	24	25	26	27	28	29	30	31
☉	♍ 9	10	11	12	13	14	15	16	17	18	18	19	20	21	22	23	24	25	26	27	28	29	29 / 0	♎ 1	2	3	4	5	6	7	
☽	♋ 15	28	♌ 11	25	♍ 9	23	♎ 8	22	♏ 7	21	♐ 6	20	♑ 4	17	♒ 1	14	27	♓ 10	22	♈ 5	17	29	♉ 11	23	♊ 4	16	28	♋ 10	23	♌ 6	
☿	♍ 25	27	29	29 / 0	♎ 2	3	5	6	8	9	11	12	13	15	16	17	19	20	21	22	24	25	26	27	28	29	29 / 0	♏ 1	2	3	
♀	♎ 24	25	26	27	28	29	29 / 0	♏ 0	1	2	3	4	4	5	6	7	7	8	9	9	10	11	11	12	12	13	13	14	15	15	
♂	♋ 10	11	11	12	12	13	14	14	15	16	16	17	17	18	19	19	20	20	21	22	22	23	23	24	25	25	26	26	27	27	

♃ 1: ♏10, 8: 11, 14: 12, 20: 13, 25: 14, 30: 15 — ♄ 1: ♓9, 15: 8, 30: 7 — ♅ 1: ♑23, 15: 22, 30: 22 — ♆ 1: ♑21, 30: 20 — ♇ 1: ♏25, 30: 26

10

	1	2	3	4	5	6	7	8	9	10	11	12	13	14	15	16	17	18	19	20	21	22	23	24	25	26	27	28	29	30	31
☉	♎ 8	9	10	11	12	13	14	15	16	17	18	19	20	21	22	23	24	25	26	27	28	29	29 / 0	♏ 1	2	3	4	5	6	7	8
☽	♌ 19	♍ 3	17	♎ 2	17	♏ 1	16	♐ 1	16	♑ 0	14	28	♒ 11	24	♓ 7	19	♈ 1	14	26	♉ 7	19	♊ 1	13	25	♋ 7	19	♌ 1	14	27	♍ 11	25
☿	♏ 3	4	5	5	6	6	6	6	R 6	6	6	6	5	5	4	3	2	1	0 / 29	♎ 28	27	26	25	24	23	22	21	21	21	D 21	21
♀	♏ 15	16	16	16	17	17	17	17	18	18	18	18	R 18	18	18	18	17	17	17	17	17	16	16	15	15	14	14	13	13	12	12
♂	♋ 28	29	29	29 / 0	♌ 0	1	1	2	3	3	4	4	5	5	6	6	7	7	8	8	9	9	10	11	11	12	12	13	13	14	14

♃ 1: ♏15, 5: 16, 10: 17, 15: 18, 20: 19, 25: 20, 31: 21 — ♄ 1: ♓7, 21: 6, 31: 5 — ♅ 1: ♑22, 31: 22 — ♆ 1: ♑20, 31: 20 — ♇ 1: ♏26, 26: 27, 31: 27

11

	1	2	3	4	5	6	7	8	9	10	11	12	13	14	15	16	17	18	19	20	21	22	23	24	25	26	27	28	29	30	31
☉	♏ 9	10	11	12	13	14	15	16	17	18	19	20	21	22	23	24	25	26	27	28	29	29 / 0	♐ 1	2	3	4	5	6	7	8	
☽	♎ 10	25	♏ 10	25	♐ 10	25	♑ 9	24	♒ 7	21	♓ 4	16	28	♈ 11	23	♉ 4	16	28	♊ 10	22	♋ 4	16	28	♌ 11	23	♍ 7	20	♎ 4	18	♏ 3	
☿	♎ 21	22	22	23	24	25	26	27	28	29 / 0	♏ 1	3	4	5	7	8	10	12	13	15	16	18	19	21	22	24	26	27	29	29 / 0	♐
♀	♏ 11	10	10	9	9	8	7	7	6	6	5	5	4	4	4	3	3	3	3	3	2	2	D 2	2	2	2	3	3	3	3	
♂	♌ 14	15	16	16	16	17	17	18	18	19	19	20	20	20	21	21	22	22	22	23	23	24	24	24	25	25	25	26	26	26	

♃ 1: ♏21, 3: 22, 7: 23, 12: 24, 17: 25, 21: 26, 25: 27, 30: 28 — ♄ 1: ♓5, 9D: 5, 30: 6 — ♅ 1: ♑22, 9: 23, 30: 23 — ♆ 1: ♑20, 11: 21, 30: 21 — ♇ 1: ♏27, 30: 28

12

	1	2	3	4	5	6	7	8	9	10	11	12	13	14	15	16	17	18	19	20	21	22	23	24	25	26	27	28	29	30	31
☉	♐ 9	10	11	12	13	14	15	16	17	18	19	20	21	22	23	24	25	26	27	28	29	29 / 0	♑ 1	2	3	4	5	6	7	8	9
☽	♏ 18	♐ 3	18	♑ 3	18	♒ 2	16	29	♓ 13	25	♈ 7	19	♉ 1	13	25	♊ 7	19	♋ 1	13	25	♌ 8	20	♍ 3	16	29	♎ 13	27	♏ 12	26	♐ 11	26
☿	♐ 2	3	5	7	8	10	11	13	14	16	18	19	21	22	24	25	27	29	29 / 0	♑ 2	3	5	7	8	10	11	13	15	16	18	19
♀	♏ 3	4	4	5	5	5	6	6	7	7	8	9	9	10	10	11	12	13	13	14	15	16	16	17	18	19	20	21	21	22	23
♂	♌ 27	27	27	28	28	28	28	29	29	29	29	29 / 0	♍ 0	0	0	1	1	1	1	1	1	2	2	2	2	2	2	2	2	2	2

♃ 1: ♏28, 5: 29, 9: ♐0, 14: 1, 19: 2, 23: 3, 28: 4, 31: 4 — ♄ 1: ♓6, 18: 7, 31: 8 — ♅ 1: ♑23, 4: 24, 23: 25, 31: 25 — ♆ 1: ♑21, 16: 22, 31: 22 — ♇ 1: ♏28, 31: 29

1995

1

	1	2	3	4	5	6	7	8	9	10	11	12	13	14	15	16	17	18	19	20	21	22	23	24	25	26	27	28	29	30	31
☉	♑ 10	11	12	13	14	15	16	17	18	19	20	21	22	23	24	25	26	27	28	29 / 0	♒ 1	2	3	4	5	6	7	8	9	10	[illegible]
☽	♑ 11	26	♒ 10	24	♓ 8	21	♈ 4	16	28	♉ 10	22	♊ 3	15	27	♋ 9	22	♌ 4	17	♍ 0	13	27	♎ 10	24	♏ 8	22	♐ 6	20	♑ 5	20	♒ 4	[illegible]
☿	♑ 21	23	24	26	28	29 / 0	♒ 1	2	4	5	7	8	10	11	13	14	15	16	18	18	19	20	21	21	21	R 21	21	21	20	19	[illegible]
♀	♏ 24	25	26	27	28	29	29 / 0	♐ 1	2	3	4	5	6	7	8	9	10	11	12	13	14	15	16	17	18	20	21	22	23	24	[illegible]
♂	♍ 2	R 2	2	2	2	2	2	2	2	2	2	2	2	2	1	1	1	1	1	0	0	0	♌ 29	29	29	29	29	28	28	28	[illegible]

♃ 1: ♐5, 7: 6, 12: 7, 18: 8, 24: 9, 31: 10 — ♄ 1: ♓8, 12: 9, 22: 10, 31: 11 — ♅ 1: ♑25, 10: 26, 27: 27, 31: 27 — ♆ 1: ♑22, 12: 23, 31: 23 — ♇ 1: ♏29, 16: ♐ [illegible]

2

	1	2	3	4	5	6	7	8	9	10	11	12	13	14	15	16	17	18	19	20	21	22	23	24	25	26	27	28	29	30	31
☉	♒ 12	13	14	15	16	17	18	19	20	21	22	23	24	25	26	27	28	29	29 / 0	♓ 1	2	3	4	5	6	7	8	9			
☽	♓ 2	16	29	♈ 11	24	♉ 6	18	29	♊ 11	23	♋ 5	18	♌ 0	13	26	♍ 9	23	♎ 7	21	♏ 5	19	♐ 3	17	♑ 1	15	29	♒ 13	27			
☿	♒ 17	16	15	14	13	11	10	9	8	8	7	6	6	6	5	D 5	6	6	6	6	7	7	8	9	10	10	11	12			
♀	♐ 26	27	28	29 / 0	♑ 1	2	3	4	5	6	7	8	10	11	12	13	14	15	17	18	19	20	21	22	23	25	26	27			
♂	♌ 27	26	26	26	25	25	25	24	24	23	23	23	22	22	21	21	21	20	20	19	19	19	18	18	18	17	17	17			

♃ 1: ♐10, 5: 11, 12: 12, 20: 13, 28: 13 — ♄ 1: ♓11, 9: 12, 17: 13, 26: 14, 28: 14 — ♅ 1: ♑27, 13: 28, 28: 28 — ♆ 1: ♑23, 8: 24, 28: 24 — ♇ 1: ♐0, 28: 0

3

	1	2	3	4	5	6	7	8	9	10	11	12	13	14	15	16	17	18	19	20	21	22	23	24	25	26	27	28	29	30	31
☉	♓ 10	11	12	13	14	15	16	17	18	19	20	21	22	23	24	25	26	27	28	29	29 / 0	♈ 1	2	3	4	5	6	7	8	9	[illegible]
☽	♓ 10	24	♈ 7	19	♉ 1	14	25	♊ 7	19	♋ 1	13	25	♌ 8	21	♍ 5	18	♎ 2	16	♏ 1	15	29	♐ 14	28	♑ 12	26	♒ 10	23	♓ 6	19	♈ 2	[illegible]
☿	♒ 13	14	15	16	18	19	20	21	23	24	25	26	28	29 / 0	♓ 1	2	4	5	7	8	10	11	13	15	16	18	20	21	23	25	[illegible]
♀	♑ 28	29 / 0	♒ 1	2	3	4	5	6	8	9	10	11	12	13	15	16	17	18	19	21	22	23	24	25	27	28	29	29 / 0	♓ 1	3	[illegible]
♂	♌ 16	16	16	16	15	15	15	15	14	14	14	14	14	13	13	13	13	13	13	13	13	13	13	D 13	13	13	13	13	13	13	[illegible]

♃ 1: ♐14, 17: 15, 31: 15 — ♄ 1: ♓14, 6: 15, 14: 16, 22: 17, 31: 18 — ♅ 1: ♑28, 6: 29, 31: 29 — ♆ 1: ♑24, 14: 25, 31: 25 — ♇ 1: ♐0, 4R: 0

4

	1	2	3	4	5	6	7	8	9	10	11	12	13	14	15	16	17	18	19	20	21	22	23	24	25	26	27	28	29	30	31
☉	♈ 11	12	13	14	15	16	17	18	19	20	21	22	23	24	25	26	27	28	29	29 / 0	♉ 1	2	3	4	5	6	7	7	8	9	
☽	♈ 27	♉ 9	21	♊ 3	15	27	♋ 9	21	♌ 3	16	29	♍ 12	26	♎ 10	25	♏ 10	24	♐ 9	24	♑ 8	22	♒ 6	20	♓ 3	16	29	♈ 12	24	♉ 6	18	
☿	♓ 28	29 / 0	♈ 2	4	6	8	10	12	14	16	18	20	22	24	26	28	29 / 0	♉ 2	4	7	9	11	13	15	17	19	21	23	24	26	
♀	♓ 5	6	7	9	10	11	12	13	15	16	17	18	19	21	22	23	24	25	27	28	29	29 / 0	♈ 1	3	4	5	6	7	9	10	
♂	♌ 13	13	14	14	14	14	14	14	14	14	15	15	15	15	16	16	16	16	16	17	17	17	18	18	18	19	19	19	20	20	

♃ 1: ♐15, 30: 14 — ♄ 1: ♓18, 8: 19, 17: 20, 27: 21, 30: 21 — ♅ 1: ♑29, 1: ♒0, 30: 0 — ♆ 1: ♑25, 27R: 25, 30: 25 — ♇ 1: ♐0, 21: ♏ [illegible]

5

	1	2	3	4	5	6	7	8	9	10	11	12	13	14	15	16	17	18	19	20	21	22	23	24	25	26	27	28	29	30	31
☉	♉ 10	11	12	13	14	15	16	17	18	19	20	21	22	23	24	25	26	27	28	29	29 / 0	♊ 1	2	3	4	5	6	7	7	8	[illegible]
☽	♊ 0	12	24	♋ 6	17	29	♌ 12	24	♍ 7	20	♎ 4	18	♏ 3	18	♐ 3	18	♑ 3	18	♒ 2	17	♓ 0	13	26	♈ 9	21	♉ 3	15	27	♊ 9	20	[illegible]
☿	♉ 28	29 / 0	♊ 1	3	4	6	7	8	9	11	12	13	13	14	15	16	16	17	17	18	18	18	18	R 18	18	18	18	18	17	17	[illegible]
♀	♈ 11	12	14	15	16	17	18	20	21	22	23	24	26	27	28	29	♉ 0	2	3	4	5	7	8	9	10	11	13	14	15	16	[illegible]
♂	♌ 20	21	21	21	22	22	22	23	23	23	24	24	25	25	25	26	26	27	27	28	28	28	29	29	29 / 0	♍ 0	1	1	2	2	[illegible]

♃ 1: ♐14, 10: 13, 20: 12, 28: 11, 31: 10 — ♄ 1: ♓21, 8: 22, 20: 23, 31: 23 — ♅ 1: ♒0, 5R: 0, 31: 0 — ♆ 1: ♑25, 31: 25 — ♇ 1: ♏29, 31: 29

6

	1	2	3	4	5	6	7	8	9	10	11	12	13	14	15	16	17	18	19	20	21	22	23	24	25	26	27	28	29	30	31
☉	♊ 10	11	12	13	14	15	16	17	18	19	20	21	22	23	24	25	26	27	28	29	29 / 0	♋ 0	1	2	3	4	5	6	7	8	
☽	♋ 14	26	♌ 8	21	♍ 3	16	29	♎ 13	27	♏ 11	26	♐ 11	27	♑ 12	27	♒ 11	26	♓ 9	23	♈ 5	18	♉ 0	12	24	♊ 6	18	29	♋ 11	23	♌ 5	
☿	♊ 16	15	15	14	14	13	13	12	12	11	11	10	10	10	10	10	D 10	10	10	10	10	11	11	12	12	13	13	14	15	16	
♀	♉ 19	20	21	22	24	25	26	27	28	29 / 0	♊ 1	2	3	4	6	7	8	9	11	12	13	14	15	17	18	19	20	22	23	24	
♂	♍ 3	3	4	4	5	5	6	6	7	7	8	8	9	9	10	10	11	11	12	13	13	14	14	15	15	16	16	17	17	18	

♃ 1: ♐10, 13: 9, 22: 8, 30: 7 — ♄ 1: ♓23, 6: 24, 30: 24 — ♅ 1: ♒0, 9: ♑29, 30: 29 — ♆ 1: ♑25, 30: 24 — ♇ 1: ♏28, 30: 28

7

	1	2	3	4	5	6	7	8	9	10	11	12	13	14	15	16	17	18	19	20	21	22	23	24	25	26	27	28	29	30	31
☉	♋ 9	10	11	12	13	14	15	16	17	18	19	20	21	21	22	23	24	25	26	27	28	29	29 / 0	♌ 1	2	3	4	5	6	7	[illegible]
☽	♌ 18	♍ 0	13	26	♎ 9	22	♏ 6	20	♐ 5	20	♑ 5	20	♒ 5	20	♓ 4	18	♈ 1	14	27	♉ 9	21	♊ 3	14	26	♋ 8	20	♌ 2	15	27	♍ 10	[illegible]
☿	♊ 17	18	20	21	22	23	25	26	28	29 / 0	♋ 1	3	5	6	8	10	12	14	16	18	20	23	25	27	29 / 0	♌ 1	3	5	7	[illegible]	[illegible]
♀	♊ 25	26	28	29	29 / 0	♋ 1	3	4	5	6	7	9	10	11	12	14	15	16	17	18	20	21	22	23	25	26	27	28	29 / 0	♌ [illegible]	[illegible]
♂	♍ 18	19	20	20	21	21	22	22	23	24	24	25	25	26	26	27	28	28	29	29	29 / 0	♎ 0	1	2	2	3	3	4	5	[illegible]	[illegible]

♃ 1: ♐7, 15: 6, 31: 5 — ♄ 1: ♓24, 6R: 24, 31: 24 — ♅ 1: ♑29, 31: 28 — ♆ 1: ♑24, 31: 24 — ♇ 1: ♏28, 31: 28

8

	1	2	3	4	5	6	7	8	9	10	11	12	13	14	15	16	17	18	19	20	21	22	23	24	25	26	27	28	29	30	31
☉	♌ 9	10	11	12	13	14	15	16	17	17	18	19	20	21	22	23	24	25	26	27	28	29	29 / 0	♍ 1	2	3	4	5	6	[illegible]	[illegible]
☽	♎ 6	19	♏ 2	16	♐ 1	15	29	♑ 14	29	♒ 14	28	♓ 12	26	♈ 9	22	♉ 5	17	29	♊ 11	23	♋ 5	17	29	♌ 11	24	♍ 6	19	♎ 2	16	[illegible]	[illegible]
☿	♌ 14	16	18	19	21	23	25	27	29	29 / 0	♍ 3	4	6	8	9	11	13	14	16	18	19	20	22	23	25	26	28	29	29 / 0	♎ [illegible]	[illegible]
♀	♌ 3	4	6	7	8	9	11	12	13	14	16	17	18	19	21	22	23	24	25	27	28	29	♍ 0	2	3	4	5	7	8	[illegible]	[illegible]
♂	♎ 6	7	8	8	9	10	10	11	11	12	13	13	14	15	15	16	16	17	18	18	19	20	20	21	21	22	23	23	24	[illegible]	[illegible]

♃ 1: ♐5, 2D: 5, 20: 6, 31: 6 — ♄ 1: ♓24, 22: 23, 31: 22 — ♅ 1: ♑28, 31: 27 — ♆ 1: ♑23, 31: 23 — ♇ 1: ♏28, 8D: 28

9

	1	2	3	4	5	6	7	8	9	10	11	12	13	14	15	16	17	18	19	20	21	22	23	24	25	26	27	28	29	30	31
☉	♍ 8	9	10	11	12	13	14	15	16	17	18	19	20	21	22	23	24	25	26	27	28	29	29 / 0	♎ 1	2	3	4	5	6	[illegible]	
☽	♏ 27	♐ 11	25	♑ 10	24	♒ 8	23	♓ 7	21	♈ 4	17	♉ 0	13	25	♊ 7	19	♋ 1	13	25	♌ 7	19	♍ 2	15	28	♎ 12	26	♏ 10	24	♐ 8	[illegible]	
☿	♎ 4	5	7	8	9	10	11	12	13	14	15	16	16	17	18	18	19	19	20	20	20	R 20	20	20	19	19	18	18	17	[illegible]	
♀	♍ 12	13	14	15	17	18	19	20	22	23	24	25	26	28	29	29 / 0	♎ 1	3	4	5	6	7	9	10	11	13	14	15	16	[illegible]	
♂	♎ 26	27	27	28	28	29	29 / 0	♏ 1	1	2	3	3	4	5	5	6	7	7	8	9	9	10	11	11	12	13	13	14	15	[illegible]	

♃ 1: ♐7, 13: 8, 20: 9, 28: 10, 30: 10 — ♄ 1: ♓22, 18: 21, 30: 20 — ♅ 1: ♑27, 30: 26 — ♆ 1: ♑23, 30: 23 — ♇ 1: ♏28, 30: 28

10

	1	2	3	4	5	6	7	8	9	10	11	12	13	14	15	16	17	18	19	20	21	22	23	24	25	26	27	28	29	30	31
☉	♎ 8	9	10	11	12	13	14	15	16	17	18	19	20	21	22	23	24	25	26	27	28	29	29 / 0	♏ 0	1	2	3	4	5	[illegible]	[illegible]
☽	♑ 6	20	♒ 5	19	♓ 2	16	29	♈ 13	26	♉ 8	20	♊ 3	15	26	♋ 9	20	♌ 2	15	27	♍ 10	23	♎ 6	20	♏ 5	19	♐ 4	18	♑ 3	17	[illegible]	[illegible]
☿	♎ 15	14	13	12	11	10	8	7	6	6	5	5	5	D 5	5	5	6	7	7	8	9	11	12	13	14	16	17	19	20	[illegible]	[illegible]
♀	♎ 19	20	21	23	24	25	26	28	29	29 / 0	♏ 1	2	4	5	6	8	9	10	11	12	14	15	16	17	19	20	21	22	24	[illegible]	[illegible]
♂	♏ 16	17	18	18	19	20	20	21	22	22	23	24	25	25	26	27	27	28	29	29 / 0	♐ 0	1	2	2	3	4	5	5	6	[illegible]	[illegible]

♃ 1: ♐10, 4: 11, 10: 12, 16: 13, 22: 14, 27: 15, 31: 16 — ♄ 1: ♓20, 18: 19, 31: 18 — ♅ 1: ♑26, 6D: 26, 31: 26 — ♆ 1: ♑23, 5D: 23, 31: 23 — ♇ 1: ♏28, 14: 29

11

	1	2	3	4	5	6	7	8	9	10	11	12	13	14	15	16	17	18	19	20	21	22	23	24	25	26	27	28	29	30	31
☉	♏ 8	9	10	11	12	13	14	15	16	17	18	19	20	21	22	23	24	25	26	27	28	29 / 0	♐ 1	2	3	4	5	6	7	[illegible]	
☽	♒ 29	♓ 13	26	♈ 9	22	♉ 4	17	29	♊ 11	23	♋ 5	17	29	♌ 11	23	♍ 5	18	♎ 1	14	28	♏ 13	27	♐ 12	27	♑ 12	27	♒ 12	25	♓ 10	[illegible]	
☿	♎ 25	27	29	29 / 0	♏ 2	3	5	7	8	10	11	13	15	16	18	20	21	23	24	26	28	29 / 0	♐ 1	2	4	5	7	9	10	[illegible]	
♀	♏ 27	29	29 / 0	♐ 1	2	4	5	6	7	9	10	11	12	14	15	16	17	19	20	21	22	24	25	26	27	29	29 / 0	♑ 1	2	[illegible]	
♂	♐ 8	9	10	10	11	12	13	13	14	15	16	16	17	18	19	19	20	21	22	22	23	24	24	25	26	27	28	28	29	[illegible]	

♃ 1: ♐16, 6: 17, 10: 18, 15: 19, 20: 20, 25: 21, 30: 22 — ♄ 1: ♓18, 30: 18 — ♅ 1: ♑26, 9: 27, 30: 27 — ♆ 1: ♑23, 30: 23 — ♇ 1: ♏29, 10: ♐ [illegible]

12

	1	2	3	4	5	6	7	8	9	10	11	12	13	14	15	16	17	18	19	20	21	22	23	24	25	26	27	28	29	30	31
☉	♐ 9	10	11	12	13	14	15	16	17	18	19	20	21	22	23	24	25	26	27	28	29	29 / 0	♑ 1	2	3	4	5	6	7	[illegible]	[illegible]
☽	♈ 6	19	♉ 1	13	26	♊ 8	20	♋ 1	13	25	♌ 7	19	♍ 1	13	26	♎ 9	22	♏ 6	21	♐ 5	20	♑ 6	21	♒ 6	21	♓ 5	19	♈ 3	15	28	[illegible]
☿	♐ 13	15	16	18	20	21	23	24	26	27	29	29 / 0	♑ 2	4	5	7	8	10	11	13	14	16	17	19	20	22	23	25	26	27	[illegible]
♀	♑ 5	6	7	8	10	11	12	13	14	16	17	18	20	21	22	23	25	26	27	28	29 / 0	♒ 1	2	3	4	6	7	8	9	[illegible]	[illegible]
♂	♑ 1	1	2	3	4	4	5	6	7	7	8	9	10	10	11	12	13	14	14	15	16	17	17	18	19	20	21	21	22	23	[illegible]

♃ 1: ♐22, 3: 23, 8: 24, 12: 25, 17: 26, 21: 27, 25: 28, 31: 29 — ♄ 1: ♓18, 25: 19, 31: 19 — ♅ 1: ♑27, 5: 28, 25: 29, 31: 29 — ♆ 1: ♑23, 13: 24, 31: 24 — ♇ 1: ♐0, 6: 1

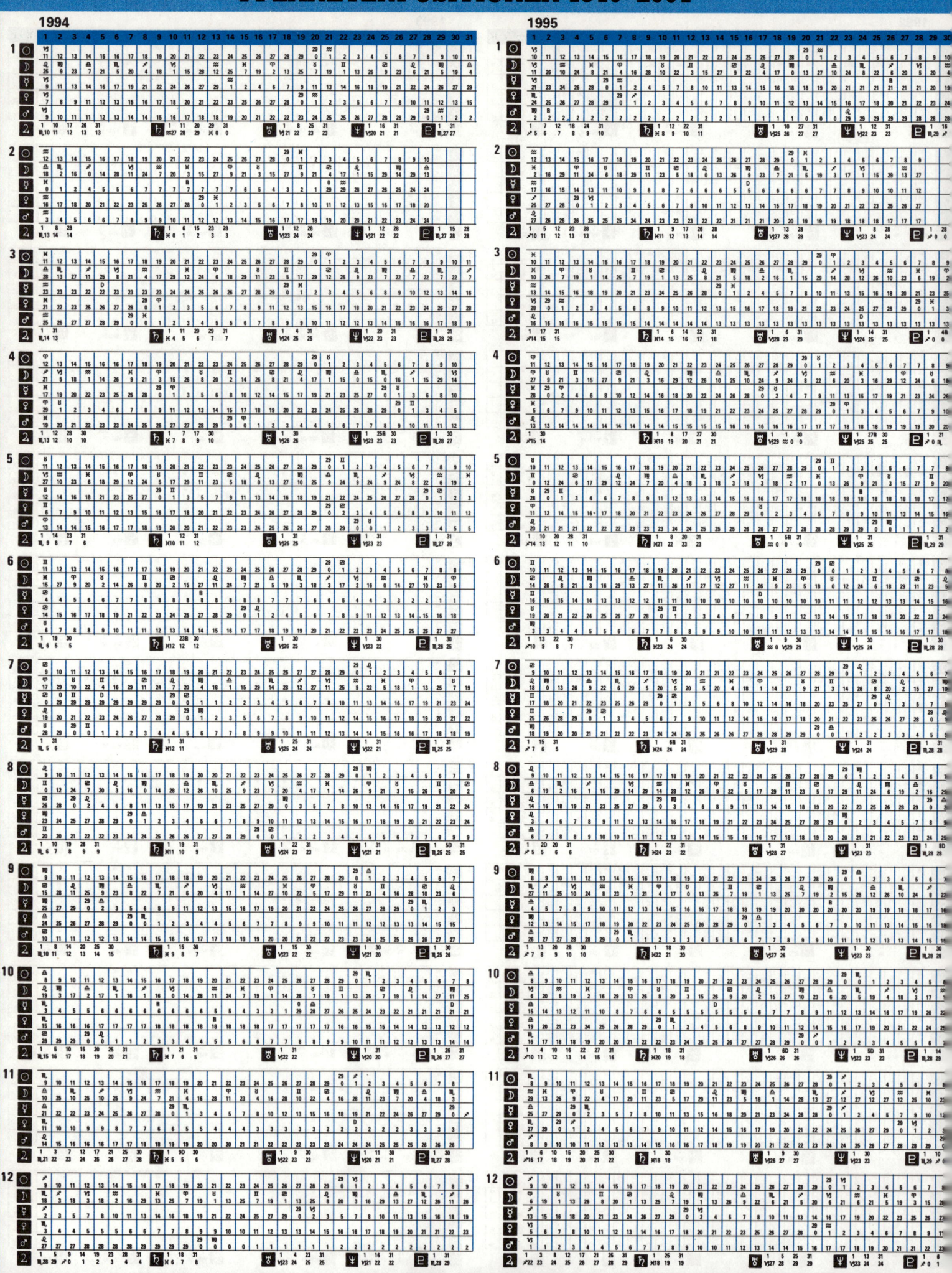

1996

1

	1	2	3	4	5	6	7	8	9	10	11	12	13	14	15	16	17	18	19	20	21	22	23	24	25	26	27	28	29	30	31
☉	♑ 10	11	12	13	14	15	16	17	18	19	20	21	22	23	24	25	26	27	28	29 0	♒ 1	2	3	4	5	6	7	8	9	10	11
☽	♉ 23	♊ 5	17	28	♋ 10	22	♌ 4	16	28	♍ 10	23	♎ 5	18	♏ 1	15	29	♐ 14	28	♑ 14	29	♒ 14	29	♓ 14	28	♈ 11	24	♉ 7	19	♊ 1	13	25
☿	♑ 29	♒ 1	2	3	3	4	4	5	R 5	5	5	4	4	3	2	1	0 29	♑ 28	27	26	25	23	22	21	21	20	20	19	19	D 19	19
♀	♒ 13	14	16	17	18	19	20	22	23	24	25	27	28	29	29 0	♓ 1	2	4	5	6	8	9	10	11	12	14	15	16	17	18	20
♂	♑ 24	25	26	27	27	28	29	29 0	♒ 1	1	2	3	4	5	5	6	7	8	9	9	10	11	12	12	13	14	15	16	16	17	18

♃ 1 ♐29 · 3 ♑0 · 7 1 · 12 2 · 17 3 · 21 4 · 26 5 · 31 6 — ♄ 1 ♓19 · 9 20 · 21 21 · 31 22 — ♅ 1 ♑29 · 12 ♒0 · 31 1 — ♆ 1 ♑24 · 9 25 · 31 25 — ♇ 1 ♐2 · 31 2

2

	1	2	3	4	5	6	7	8	9	10	11	12	13	14	15	16	17	18	19	20	21	22	23	24	25	26	27	28	29	30	31
☉	♒ 12	13	14	15	16	17	18	19	20	21	22	23	24	25	26	27	28	29	29 0	♓ 1	2	3	4	5	6	7	8	9	10		
☽	♋ 7	19	♌ 1	13	25	♍ 7	20	♎ 2	15	28	♏ 11	25	♐ 9	23	♑ 7	22	♒ 7	22	♓ 7	22	♈ 6	19	♉ 2	15	28	♊ 10	22	♋ 4	16		
☿	♑ 19	20	20	20	21	22	22	23	24	25	26	27	28	29	29 0	♒ 1	3	4	5	6	8	9	10	12	13	15	16	17	19		
♀	♓ 21	22	23	24	26	27	28	29	29 0	♈ 1	3	4	5	6	7	9	10	11	12	13	14	16	17	18	19	20	21	22	24		
♂	♒ 19	19	20	21	22	23	24	24	25	26	27	27	28	29	29 0	♓ 0	1	2	3	4	5	5	6	7	8	9	9	10	11		

♃ 1 ♑6 · 4 7 · 9 8 · 15 9 · 20 10 · 25 11 · 29 11 — ♄ 1 ♓22 · 9 23 · 18 24 · 29 25 — ♅ 1 ♒1 · 15 2 · 29 2 — ♆ 1 ♑26 · 29 26 — ♇ 1 ♐2 · 14 3 · 29 3

3

	1	2	3	4	5	6	7	8	9	10	11	12	13	14	15	16	17	18	19	20	21	22	23	24	25	26	27	28	29	30	31
☉	♓ 11	12	13	14	15	16	17	18	19	20	21	22	23	24	25	26	27	28	29	29 0	♈ 1	2	3	4	5	6	7	8	9	10	11
☽	♋ 27	♌ 9	22	♍ 4	16	29	♎ 12	25	♏ 8	22	♐ 5	19	♑ 3	18	♒ 2	17	♓ 1	16	29	♈ 14	27	♉ 10	23	♊ 6	18	29	♋ 12	24	♌ 5	18	29
☿	♒ 20	22	24	25	27	29	29 0	♓ 2	3	5	6	8	10	12	13	15	17	19	21	22	24	26	28	29 0	♈ 2	4	6	8	10	12	14
♀	♈ 25	26	27	28	29	29 0	♉ 1	3	4	5	6	7	8	9	10	11	12	13	14	16	17	18	19	20	21	22	23	24	25	26	27
♂	♓ 12	12	13	14	15	16	16	17	18	19	20	20	21	22	23	23	24	25	26	27	28	28	29	29 0	♈ 1	1	2	3	4	4	5

♃ 1 ♑12 · 9 13 · 16 14 · 23 15 · 31 16 — ♄ 1 ♓25 · 5 26 · 14 27 · 22 28 · 31 29 — ♅ 1 ♒3 · 31 4 — ♆ 1 ♑27 · 31 27 — ♇ 1 ♐3 · 31 3

4

	1	2	3	4	5	6	7	8	9	10	11	12	13	14	15	16	17	18	19	20	21	22	23	24	25	26	27	28	29	30	31
☉	♈ 12	13	14	15	16	17	18	19	20	21	22	23	24	25	26	27	28	29	29 0	♉ 0	1	2	3	4	5	6	7	8	9	10	
☽	♍ 12	25	♎ 8	21	♏ 4	18	♐ 2	16	♑ 0	14	29	♒ 13	27	♓ 11	25	♈ 9	22	♉ 5	18	♊ 1	13	26	♋ 8	20	♌ 1	13	25	♍ 8	20	♎ 3	
☿	♈ 16	18	20	22	25	27	29	29 0	♉ 3	4	6	8	10	12	13	15	16	18	19	20	21	23	24	25	25	26	27	27	28	28	
♀	♉ 28	29	29 0	♊ 1	2	3	3	4	5	6	7	8	9	10	11	11	12	13	14	15	15	16	17	18	18	19	20	20	21	22	
♂	♈ 6	7	7	8	9	10	11	11	12	13	14	14	15	16	17	17	18	19	20	21	21	22	23	24	24	25	26	27	27	28	

♃ 1 ♑16 · 14 17 · 30 17 — ♄ 1 ♓29 · 7 ♈0 · 16 1 · 24 2 · 30 2 — ♅ 1 ♒4 · 30 4 — ♆ 1 ♑27 · 30 27 — ♇ 1 ♐3 · 30 2

5

	1	2	3	4	5	6	7	8	9	10	11	12	13	14	15	16	17	18	19	20	21	22	23	24	25	26	27	28	29	30	31
☉	♉ 11	12	13	14	15	16	17	18	19	20	21	22	23	24	25	26	27	28	29	29 0	♊ 0	1	2	3	4	5	6	7	8	9	10
☽	♎ 16	29	♏ 13	27	♐ 12	26	♑ 11	25	♒ 10	24	♓ 8	21	♈ 5	18	♉ 1	14	27	♊ 9	22	♋ 4	16	28	♌ 9	21	♍ 3	16	28	♎ 11	24	♏ 8	22
☿	♉ 28	28	R 28	28	28	28	28	28	27	27	26	26	25	25	24	23	23	22	22	21	21	20	20	20	20	20	D 20	20	20	20	20
♀	♊ 22	23	23	24	24	25	25	26	26	26	27	27	27	28	28	28	28	28	28	R 28	28	28	28	28	28	27	27	27	26	26	26
♂	♈ 29	29 0	♉ 0	1	2	3	3	4	5	6	6	7	8	9	9	10	11	11	12	13	14	15	15	16	17	17	18	19	20	20	21

♃ 1 ♑17 · 4R 17 · 31 16 — ♄ 1 ♈2 · 4 3 · 14 4 · 25 5 · 31 5 — ♅ 1 ♒4 · 8R 4 · 31 4 — ♆ 1 ♑27 · 31 27 — ♇ 1 ♐2 · 31 1

6

	1	2	3	4	5	6	7	8	9	10	11	12	13	14	15	16	17	18	19	20	21	22	23	24	25	26	27	28	29	30	31
☉	♊ 11	12	13	14	15	16	17	18	19	20	21	22	23	24	25	25	26	27	28	29	29 0	♋ 1	2	3	4	5	6	7	8	9	
☽	♐ 6	21	♑ 6	21	♒ 6	20	♓ 4	18	♈ 2	15	28	♉ 11	23	♊ 6	18	♋ 0	12	24	♌ 6	18	29	♍ 12	24	♎ 6	19	♏ 2	16	29	♐ 14	29	
☿	♉ 20	21	21	22	22	23	24	24	25	26	27	28	29 0	♊ 1	2	3	4	6	7	9	10	12	13	15	17	19	20	22	24	26	
♀	♊ 25	25	24	24	23	22	22	21	21	20	19	19	18	18	17	16	16	15	15	14	14	13	13	13	13	12	12	12	12	12	
♂	♉ 22	23	23	24	25	25	26	27	28	28	29	29 0	♊ 0	1	2	3	3	4	5	5	6	7	8	8	9	10	10	11	12	12	

♃ 1 ♑16 · 15 15 · 24 14 · 30 13 — ♄ 1 ♈5 · 7 6 · 27 7 · 30 7 — ♅ 1 ♒4 · 30 3 — ♆ 1 ♑27 · 30 26 — ♇ 1 ♐1 · 30 0

7

	1	2	3	4	5	6	7	8	9	10	11	12	13	14	15	16	17	18	19	20	21	22	23	24	25	26	27	28	29	30	31
☉	♋ 10	11	12	13	14	15	16	17	18	18	19	20	21	22	23	24	25	26	27	28	29	29 0	♌ 1	2	3	4	5	6	7	7	8
☽	♑ 15	29	♒ 15	29	♓ 14	28	♈ 12	25	♉ 8	21	♊ 3	15	27	♋ 9	21	♌ 3	15	27	♍ 9	21	♎ 3	15	28	♏ 11	24	♐ 8	23	♑ 8	23	♒ 8	24
☿	♊ 28	29 0	♋ 2	4	6	9	11	13	15	17	19	22	24	26	28	29 0	♌ 2	4	6	8	10	12	14	16	18	19	21	23	25	26	28
♀	♊ 12	12	12	12	12	12	12	12	13	13	13	13	14	14	15	15	16	16	17	17	18	18	19	20	20	21	22	22	23	24	24
♂	♊ 13	14	15	15	16	17	17	18	19	19	20	21	21	22	23	24	24	25	26	26	27	28	28	29	29 0	♋ 0	1	2	2	3	4

♃ 1 ♑13 · 10 12 · 18 11 · 27 10 · 31 9 — ♄ 1 ♈7 · 18R 7 · 31 7 — ♅ 1 ♒3 · 31 2 — ♆ 1 ♑26 · 31 26 — ♇ 1 ♐0 · 31 0

8

	1	2	3	4	5	6	7	8	9	10	11	12	13	14	15	16	17	18	19	20	21	22	23	24	25	26	27	28	29	30	31
☉	♌ 9	10	11	12	13	14	15	16	17	18	19	20	21	22	23	24	25	26	27	28	29	29 0	♍ 0	1	2	3	4	5	6	7	8
☽	♓ 9	23	♈ 8	21	♉ 4	17	♊ 0	12	24	♋ 6	18	♌ 0	12	24	♍ 6	18	♎ 0	12	25	♏ 7	20	♐ 4	18	♑ 2	17	♒ 2	17	♓ 2	17	♈ 1	16
☿	♌ 29	♍ 1	3	4	6	7	9	10	12	13	14	16	17	18	19	21	22	23	24	25	26	27	28	29	29	29 0	♎ 1	1	2	2	2
♀	♊ 25	26	27	28	28	29	29 0	♋ 1	2	3	3	4	5	6	7	8	9	10	11	12	13	14	15	16	17	18	19	20	21	22	23
♂	♋ 4	5	6	6	7	8	8	9	10	10	11	12	12	13	14	14	15	16	16	17	18	18	19	19	20	21	21	22	23	23	24

♃ 1 ♑9 · 23 8 · 31 8 — ♄ 1 ♈7 · 31 6 — ♅ 1 ♒2 · 31 1 — ♆ 1 ♑26 · 31 25 — ♇ 1 ♐0 · 10D 0 · 31 0

9

	1	2	3	4	5	6	7	8	9	10	11	12	13	14	15	16	17	18	19	20	21	22	23	24	25	26	27	28	29	30	31
☉	♍ 9	10	11	12	13	14	15	16	17	18	19	20	21	22	23	24	25	26	27	28	29	29 0	♎ 0	1	2	3	4	5	6	7	
☽	♈ 29	♉ 13	26	♊ 9	21	♋ 3	15	27	♌ 9	21	♍ 3	15	27	♎ 9	22	♏ 4	17	♐ 1	14	28	♑ 12	26	♒ 11	26	♓ 10	25	♈ 10	24	♉ 8	21	
☿	♎ 3	3	3	R 3	3	3	3	2	2	1	0	0 29	♍ 29	28	27	26	25	24	23	22	21	20	20	19	19	D 19	19	19	19	20	
♀	♋ 24	25	26	27	28	29	29 0	♌ 1	2	3	4	6	7	8	9	10	11	12	13	14	15	17	18	19	20	21	22	23	24	26	
♂	♋ 25	25	26	26	27	28	28	29	29 0	♌ 0	1	2	2	3	3	4	5	5	6	6	7	8	8	9	10	10	11	11	12	13	

♃ 1 ♑8 · 3D 8 · 30 9 — ♄ 1 ♈6 · 12 5 · 26 4 · 30 4 — ♅ 1 ♒1 · 30 0 — ♆ 1 ♑25 · 30 25 — ♇ 1 ♐0 · 28 1 · 30 1

10

	1	2	3	4	5	6	7	8	9	10	11	12	13	14	15	16	17	18	19	20	21	22	23	24	25	26	27	28	29	30	31
☉	♎ 8	9	10	11	12	13	14	15	16	17	18	19	20	21	22	23	24	25	26	27	28	29	29 0	♏ 1	2	3	4	5	6	7	8
☽	♊ 4	17	29	♋ 11	23	♌ 5	17	29	♍ 11	23	♎ 6	18	♏ 1	14	28	♐ 11	25	♑ 9	23	♒ 7	21	♓ 6	20	♈ 4	18	♉ 2	16	29	♊ 12	25	♋ 7
☿	♍ 21	22	23	24	25	26	27	29	29 0	♎ 2	4	5	7	8	10	12	14	15	17	19	20	22	24	26	27	29	29 0	♏ 2	4	6	7
♀	♌ 27	28	29	29 0	♍ 1	3	4	5	6	7	8	10	11	12	13	14	15	17	18	19	20	21	23	24	25	26	27	29	29 0	♎ 1	2
♂	♌ 13	14	14	15	16	16	17	17	18	18	19	20	20	21	21	22	23	23	24	24	25	25	26	27	27	28	28	29	29	29 0	♍ 0

♃ 1 ♑9 · 11 10 · 20 11 · 27 12 · 31 12 — ♄ 1 ♈3 · 23 2 · 31 1 — ♅ 1 ♒0 · 10D 0 · 31 1 — ♆ 1 ♑25 · 6D 25 · 31 25 — ♇ 1 ♐1 · 31 2

11

	1	2	3	4	5	6	7	8	9	10	11	12	13	14	15	16	17	18	19	20	21	22	23	24	25	26	27	28	29	30	31
☉	♏ 9	10	11	12	13	14	15	16	17	18	19	20	21	22	23	24	25	26	27	28	29	29 0	♐ 1	2	3	4	5	6	7	8	
☽	♋ 19	♌ 1	13	25	♍ 7	19	♎ 1	14	27	♏ 10	23	♐ 7	21	♑ 5	20	♒ 4	18	♓ 2	16	♈ 0	14	27	♉ 11	24	♊ 7	20	♋ 3	15	27	♌ 9	
☿	♏ 9	10	12	14	15	17	19	20	22	23	25	26	28	29 0	♐ 1	3	4	6	7	9	10	12	13	15	16	18	19	21	22	24	
♀	♎ 4	5	6	7	8	10	11	12	13	14	16	17	18	19	21	22	23	24	25	27	28	29	29 0	♏ 1	3	4	5	7	8	9	
♂	♍ 1	2	2	3	3	4	4	5	5	6	6	7	8	8	9	9	10	10	11	11	12	12	13	13	14	14	15	15	16	16	

♃ 1 ♑13 · 8 14 · 14 15 · 19 16 · 24 17 · 30 18 — ♄ 1 ♈1 · 30 0 — ♅ 1 ♒1 · 30 1 — ♆ 1 ♑25 · 30 25 — ♇ 1 ♐2 · 25 3 · 30 3

12

	1	2	3	4	5	6	7	8	9	10	11	12	13	14	15	16	17	18	19	20	21	22	23	24	25	26	27	28	29	30	31
☉	♐ 9	10	11	12	13	14	15	16	17	18	19	20	21	22	23	24	25	26	27	28	29 0	♑ 1	2	3	4	5	6	7	8	9	10
☽	♌ 21	♍ 3	15	27	♎ 9	21	♏ 4	18	♐ 2	16	♑ 0	15	29	♒ 14	29	♓ 13	27	♈ 11	24	♉ 7	21	♊ 3	16	29	♋ 11	23	♌ 5	17	29	♍ 11	23
☿	♐ 25	27	28	29 0	♑ 1	3	4	5	7	8	9	11	12	13	14	15	16	17	18	18	19	19	R 19	19	19	18	18	17	16	15	14
♀	♏ 10	12	13	14	15	16	18	19	20	21	23	24	25	26	28	29	29 0	♐ 1	3	4	5	6	8	9	10	11	13	14	15	16	18
♂	♍ 16	17	17	18	18	19	19	20	20	21	21	22	22	22	23	23	24	24	24	25	25	26	26	26	27	27	27	28	28	29	29

♃ 1 ♑18 · 4 19 · 9 20 · 14 21 · 18 22 · 23 23 · 27 24 · 31 25 — ♄ 1 ♈0 · 24 1 · 31 1 — ♅ 1 ♒1 · 7 2 · 27 3 · 31 3 — ♆ 1 ♑25 · 8 26 · 31 26 — ♇ 1 ♐3 · 20 4 · 31 4

1997

1

	1	2	3	4	5	6	7	8	9	10	11	12	13	14	15	16	17	18	19	20	21	22	23	24	25	26	27	28	29	30	31
☉	♑ 11	12	13	14	15	16	17	18	19	20	21	22	23	24	25	26	27	28	29	29 0	♒ 1	2	3	4	5	6	7	8	9	10	11
☽	♎ 5	17	29	♏ 12	26	♐ 9	24	♑ 9	24	♒ 9	24	♓ 9	23	♈ 7	21	♉ 5	18	♊ 0	13	25	♋ 8	20	♌ 2	14	26	♍ 7	19	♎ 1	13	25	♏ 8
☿	♑ 12	11	10	8	7	6	5	4	4	3	3	D 3	3	3	3	4	4	5	5	6	7	8	9	10	11	12	13	14	16	17	18
♀	♐ 19	20	21	23	24	25	26	28	29	29 0	♑ 1	3	4	5	6	8	9	10	11	13	14	15	16	18	19	20	21	23	24	25	26
♂	♍ 29	29	29 0	♎ 0	1	1	1	1	1	2	2	2	3	3	3	3	3	4	4	4	4	4	5	5	5	5	5	5	5	5	5

♃ 1 ♑25 · 5 26 · 9 27 · 13 28 · 17 29 · 21 ♒0 · 26 1 · 31 2 — ♄ 1 ♈1 · 12 2 · 25 3 · 31 3 — ♅ 1 ♒3 · 14 4 · 31 5 — ♆ 1 ♑27 · 31 28 — ♇ 1 ♐4 · 21 5 · 31 5

2

	1	2	3	4	5	6	7	8	9	10	11	12	13	14	15	16	17	18	19	20	21	22	23	24	25	26	27	28	29	30	31
☉	♒ 12	13	14	15	16	17	18	19	20	21	22	23	24	25	26	27	28	29 0	♓ 1	2	3	4	5	6	7	8	9	10			
☽	♏ 21	♐ 4	18	♑ 2	16	♒ 2	17	♓ 2	17	♈ 2	16	♉ 1	14	27	♊ 10	23	♋ 5	17	29	♌ 11	23	♍ 4	16	28	♎ 10	22	♏ 4	17			
☿	♑ 19	21	22	23	25	26	27	29	29 0	♒ 1	3	5	6	8	9	11	12	14	15	17	19	20	22	24	25	27	29	29 0♓			
♀	♑ 28	29	29 0	♒ 1	3	4	5	6	8	9	10	11	13	14	15	16	18	19	20	22	23	24	25	27	28	29	29 0	♓ 1			
♂	♎ 5	5	5	5	5	R 5	5	5	5	5	5	5	5	5	5	5	5	5	4	4	4	4	4	4	3	3	3	2			

♃ 1 ♒2 · 3 3 · 8 4 · 12 5 · 16 6 · 21 7 · 25 8 · 28 8 — ♄ 1 ♈3 · 5 4 · 15 5 · 24 6 · 28 6 — ♅ 1 ♒5 · 17 6 · 28 6 — ♆ 1 ♑28 · 28 28 — ♇ 1 ♐5 · 28 5

3

	1	2	3	4	5	6	7	8	9	10	11	12	13	14	15	16	17	18	19	20	21	22	23	24	25	26	27	28	29	30	31
☉	♓ 11	12	13	14	15	16	17	18	19	20	21	22	23	24	25	26	27	28	29	29 0	♈ 1	2	3	4	5	6	7	8	9	10	11
☽	♏ 29	♐ 13	27	♑ 11	25	♒ 10	25	♓ 10	25	♈ 10	25	♉ 9	23	♊ 6	19	♋ 1	14	26	♌ 8	20	♍ 1	13	25	♎ 7	19	♏ 2	14	27	♐ 10	23	♑ 7
☿	♓ 2	4	6	8	9	11	13	15	17	19	21	23	25	27	28	29 0	♈ 2	4	6	8	10	12	14	16	18	20	22	23	25	27	28
♀	♓ 3	4	5	6	8	9	10	11	13	14	15	16	18	19	20	21	23	24	25	26	28	29	29 0	♈ 1	3	4	5	6	8	9	10
♂	♎ 2	2	2	1	1	1	0	0 29	♍ 29	29	29	28	28	28	27	27	27	26	26	25	25	25	24	24	23	23	23	22	22	21	21

♃ 1 ♒9 · 5 10 · 11 11 · 16 12 · 21 13 · 26 14 · 31 15 — ♄ 1 ♈6 · 5 7 · 12 8 · 21 9 · 29 10 · 31 10 — ♅ 1 ♒6 · 9 7 · 31 7 — ♆ 1 ♑29 · 31 29 — ♇ 1 ♐5 · 8R 5 · 31 5

4

	1	2	3	4	5	6	7	8	9	10	11	12	13	14	15	16	17	18	19	20	21	22	23	24	25	26	27	28	29	30	31
☉	♈ 12	13	14	15	16	17	18	19	20	21	22	23	24	25	25	26	27	28	29	29 0	♉ 1	2	3	4	5	6	7	8	9	10	
☽	♑ 20	♒ 5	19	♓ 4	19	♈ 3	18	♉ 3	17	♊ 1	14	27	♋ 10	22	♌ 4	16	28	♍ 10	22	♎ 4	16	28	♏ 11	24	♐ 7	20	♑ 3	17	♒ 1	15	
☿	♈ 29	♉ 1	2	4	5	6	6	7	8	8	9	9	9	9	R 9	9	9	9	9	8	8	7	6	6	5	4	4	3	2	2	
♀	♈ 11	13	14	15	16	18	19	20	21	23	24	25	26	27	29	29 0	♉ 1	2	4	5	6	7	9	10	11	12	14	15	16	17	
♂	♍ 21	21	20	20	20	19	19	19	19	18	18	18	18	18	18	17	17	17	17	17	17	17	17	17	17	17	D 17	17	17	17	

♃ 1 ♒15 · 6 16 · 13 17 · 19 18 · 27 19 · 30 19 — ♄ 1 ♈10 · 6 11 · 13 12 · 22 13 · 30 14 — ♅ 1 ♒8 · 30 8 — ♆ 1 ♑29 · 30 29 — ♇ 1 ♐5 · 30 5

5

	1	2	3	4	5	6	7	8	9	10	11	12	13	14	15	16	17	18	19	20	21	22	23	24	25	26	27	28	29	30	31
☉	♉ 11	12	13	14	15	16	17	18	19	20	21	22	23	24	25	26	27	28	29	29	♊ 0	1	2	3	4	5	6	7	8	9	10
☽	♒ 29	♓ 14	28	♈ 12	27	♉ 11	25	♊ 9	22	♋ 5	18	♌ 0	12	24	♍ 6	18	29	♎ 12	24	♏ 7	19	♐ 3	16	♑ 0	14	28	♒ 12	26	♓ 10	24	♈ 8
☿	♉ 1	1	0	0	0 29	♈ 29	29	D 29	29	29	29	29 0	♉ 0	1	1	2	2	3	4	4	5	6	7	8	9	10	11	12	14	15	17
♀	♉ 18	20	21	22	23	25	26	27	28	29 0	♊ 1	2	3	4	6	7	8	9	11	12	13	14	16	17	18	19	20	22	23	24	25
♂	♍ 16	17	17	17	17	17	17	17	17	18	18	18	18	18	18	18	19	19	19	19	20	20	20	21	21	21	21	22	22	22	23

♃ 1 ♒19 · 5 20 · 17 21 · 31 21 — ♄ 1 ♈14 · 9 15 · 18 16 · 28 17 · 31 17 — ♅ 1 ♒8 · 13R 8 · 31 8 — ♆ 1 ♑29 · 31 29 — ♇ 1 ♐4 · 31 4

6

	1	2	3	4	5	6	7	8	9	10	11	12	13	14	15	16	17	18	19	20	21	22	23	24	25	26	27	28	29	30	31
☉	♊ 11	12	13	14	15	16	17	18	19	20	21	22	22	23	24	25	26	27	28	29	29 0	♋ 1	2	3	4	5	6	7	8	9	
☽	♈ 23	♉ 6	20	♊ 4	17	♋ 0	13	26	♌ 8	20	♍ 2	14	26	♎ 8	20	♏ 2	15	28	♐ 11	25	♑ 9	24	♒ 8	23	♓ 7	21	♈ 5	19	♉ 3	17	
☿	♉ 18	19	21	22	24	26	27	29	♊ 1	3	4	6	8	10	12	14	16	18	20	23	25	27	29 0	♋ 1	3	6	8	10	12	14	
♀	♊ 27	28	29	29 0	♋ 1	3	4	5	7	8	9	10	11	12	14	15	16	17	19	20	21	22	23	25	26	27	28	29 0	♌ 1	2	
♂	♍ 23	23	24	24	24	25	25	25	26	26	27	27	27	28	28	29	29	29	29 0	♎ 0	1	1	2	2	3	3	4	4	4	5	

♃ 1 ♒21 · 10R 21 · 30 21 — ♄ 1 ♈17 · 9 18 · 22 19 · 30 19 — ♅ 1 ♒8 · 30 8 — ♆ 1 ♑29 · 30 29 — ♇ 1 ♐4 · 30 3

7

	1	2	3	4	5	6	7	8	9	10	11	12	13	14	15	16	17	18	19	20	21	22	23	24	25	26	27	28	29	30	31
☉	♋ 10	11	12	13	14	14	15	16	17	18	19	20	21	22	23	24	25	26	27	28	29	29 0	♌ 0	1	2	3	4	5	6	7	8
☽	♊ 0	13	26	♋ 9	22	♌ 4	16	28	♍ 10	22	♎ 4	16	28	♏ 10	23	♐ 6	19	♑ 4	18	♒ 3	17	♓ 2	17	♈ 2	16	♉ 0	14	27	♊ 10	23	♋ 6
☿	♋ 16	18	20	23	25	27	28	29 0	♌ 2	4	6	8	9	11	D 13	14	16	18	19	21	22	24	25	26	28	29	♍ 0	2	3	4	5
♀	♌ 3	4	6	7	8	9	10	12	13	14	15	16	18	19	20	21	23	24	25	26	27	28	29 0	♍ 1	2	3	5	6	7	8	9
♂	♎ 5	6	6	7	7	8	8	9	9	10	10	11	12	12	13	13	14	14	15	15	16	16	17	18	18	19	19	20	20	21	22

♃ 1 ♒21 · 15 20 · 24 19 · 31 18 — ♄ 1 ♈19 · 12 20 · 31 20 — ♅ 1 ♒8 · 21 7 · 31 6 — ♆ 1 ♑29 · 31 28 — ♇ 1 ♐3 · 31 3

8

	1	2	3	4	5	6	7	8	9	10	11	12	13	14	15	16	17	18	19	20	21	22	23	24	25	26	27	28	29	30	31
☉	♌ 9	10	11	12	13	14	15	16	17	18	19	20	21	22	23	24	25	26	26	27	28	29	29 0	♍ 1	2	3	4	5	6	7	8
☽	♋ 18	♌ 1	13	25	♍ 7	18	♎ 0	12	24	♏ 6	18	♐ 1	14	28	♑ 12	26	♒ 11	26	♓ 11	26	♈ 11	26	♉ 10	24	♊ 7	20	♋ 3	15	28	♌ 10	22
☿	♍ 6	7	8	9	10	11	12	13	13	14	14	15	15	15	16	16	R 16	16	16	16	15	15	15	14	13	13	12	11	10	9	8
♀	♍ 11	12	13	14	15	17	18	19	20	21	23	24	25	26	27	28	29 0	♎ 1	2	3	4	6	7	8	9	10	12	13	14	15	16
♂	♎ 22	23	23	24	24	25	26	26	27	27	28	29	29	29 0	♏ 0	1	2	2	3	4	4	5	6	6	7	7	8	9	9	10	11

♃ 1 ♒18 · 9 17 · 17 16 · 25 15 · 31 14 — ♄ 1 ♈20 · 31 19 — ♅ 1 ♒6 · 31 5 — ♆ 1 ♑28 · 31 27 — ♇ 1 ♐3 · 13D 3 · 31 3

9

	1	2	3	4	5	6	7	8	9	10	11	12	13	14	15	16	17	18	19	20	21	22	23	24	25	26	27	28	29	30	31
☉	♍ 9	10	11	12	13	14	15	16	17	18	19	20	21	22	23	24	25	26	27	28	28	29 0	♎ 0	1	2	3	4	5	6	7	
☽	♍ 4	15	27	♎ 9	21	♏ 3	15	27	♐ 10	23	♑ 6	20	♒ 5	19	♓ 4	19	♈ 5	20	♉ 5	19	♊ 3	17	29	♋ 12	25	♌ 7	19	♍ 1	12	24	
☿	♍ 7	6	5	5	4	3	3	3	3	D 3	3	3	3	4	5	6	7	8	9	10	12	13	15	16	18	20	21	23	25	27	
♀	♎ 17	19	20	21	22	23	24	26	27	28	29	29 0	♏ 1	3	4	5	6	7	8	10	11	12	13	14	15	16	18	19	20	21	
♂	♏ 11	12	13	13	14	15	15	16	17	17	18	19	19	20	21	21	22	23	23	24	25	25	26	27	27	28	29	29 0	♐ 0	1	

♃ 1 ♒14 · 14 13 · 30 12 — ♄ 1 ♈19 · 25 18 · 30 18 — ♅ 1 ♒5 · 30 5 — ♆ 1 ♑27 · 30 27 — ♇ 1 ♐3 · 30 3

10

	1	2	3	4	5	6	7	8	9	10	11	12	13	14	15	16	17	18	19	20	21	22	23	24	25	26	27	28	29	30	31
☉	♎ 8	9	10	11	12	13	14	15	16	17	18	19	20	21	22	23	24	25	26	27	28	29	29 0	♏ 1	2	3	4	5	6	7	8
☽	♎ 6	18	♏ 0	12	24	♐ 7	20	♑ 3	16	29	♒ 14	28	♓ 13	28	♈ 13	28	♉ 13	27	♊ 11	25	♋ 8	21	♌ 3	15	27	♍ 9	21	♎ 3	15	27	♏ 9
☿	♍ 29	29 0	♎ 2	4	6	7	9	11	13	15	16	18	20	21	23	25	27	28	29 0	♏ 1	3	5	6	8	10	11	13	14	16	17	19
♀	♏ 22	23	24	26	27	28	29	29 0	♐ 1	2	3	4	6	7	8	9	10	11	12	13	14	15	16	17	19	20	21	22	23	24	25
♂	♐ 2	2	3	4	4	5	6	7	7	8	9	9	10	11	12	12	13	14	14	15	16	17	17	18	19	20	20	21	22	23	23

♃ 1 ♒12 · 8D 12 · 31 13 — ♄ 1 ♈17 · 21 16 · 31 15 — ♅ 1 ♒5 · 14D 5 · 31 5 — ♆ 1 ♑27 · 9D 27 · 31 27 — ♇ 1 ♐3 · 31 4

11

	1	2	3	4	5	6	7	8	9	10	11	12	13	14	15	16	17	18	19	20	21	22	23	24	25	26	27	28	29	30	31
☉	♏ 9	10	11	12	13	14	15	16	17	18	19	20	21	22	23	24	25	26	27	28	29	29 0	♐ 1	2	3	4	5	6	7	8	
☽	♏ 21	♐ 4	17	29	♑ 13	26	♒ 10	23	♓ 8	22	♈ 7	21	♉ 6	21	♊ 5	19	♋ 3	16	29	♌ 11	24	♍ 6	17	29	♎ 11	23	♏ 5	17	♐ 0	13	
☿	♏ 20	22	23	25	26	28	29 0	♐ 1	2	4	5	7	8	10	11	13	14	15	17	18	19	21	22	23	24	25	27	27	28	29 0	♑
♀	♐ 26	27	28	29	29 0	♑ 1	2	3	4	5	6	7	8	9	10	11	12	12	13	14	15	16	17	18	18	19	20	21	22	22	
♂	♐ 24	25	26	26	27	28	28	29	29 0	♑ 1	1	2	3	4	5	5	6	7	8	8	9	10	11	11	12	13	14	14	15	16	

♃ 1 ♒13 · 12 14 · 20 15 · 27 16 · 30 16 — ♄ 1 ♈15 · 23 14 · 30 14 — ♅ 1 ♒5 · 30 5 — ♆ 1 ♑27 · 30 27 — ♇ 1 ♐4 · 15 5 · 30 5

12

	1	2	3	4	5	6	7	8	9	10	11	12	13	14	15	16	17	18	19	20	21	22	23	24	25	26	27	28	29	30	31
☉	♐ 9	10	11	12	13	14	15	16	17	18	19	20	21	22	23	24	25	26	27	28	29 0	♑ 1	2	3	4	5	6	7	8	9	10
☽	♐ 26	♑ 10	23	♒ 7	21	♓ 4	18	♈ 3	17	♉ 1	15	29	♊ 14	27	♋ 11	24	♌ 7	19	♍ 1	13	25	♎ 7	19	♏ 1	13	26	♐ 8	22	♑ 5	19	♒ 3
☿	♑ 0	1	2	2	3	3	R 3	3	3	3	2	1	0 29	♐ 29	28	26	25	24	22	21	20	19	18	18	17	17	D 17	17	17	18	18
♀	♑ 23	24	25	25	26	27	27	28	28	29	29	29 0	♒ 0	1	1	2	2	2	3	3	3	3	4	4	4	R 4	4	4	4	3	3
♂	♑ 17	18	18	19	20	21	21	22	23	24	24	25	26	27	28	28	29	29 0	♒ 1	2	2	3	4	5	5	6	7	8	9	9	10

♃ 1 ♒16 · 4 17 · 10 18 · 15 19 · 21 20 · 26 21 · 31 22 — ♄ 1 ♈14 · 16D 13 · 31 13 — ♅ 1 ♒5 · 9 6 · 31 7 — ♆ 1 ♑27 · 3 28 · 31 29 — ♇ 1 ♐5 · 11 6 · 31 6

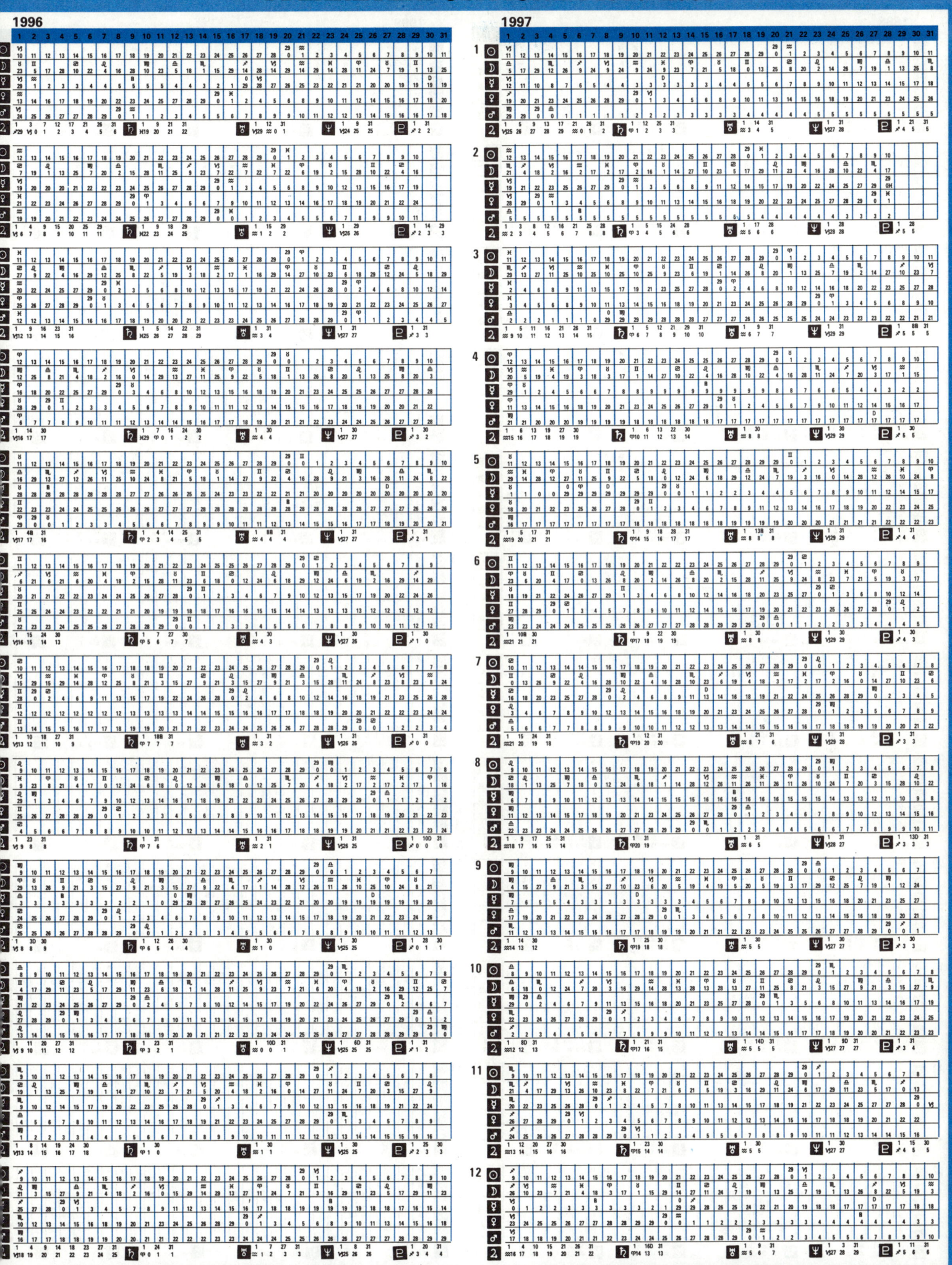

1 PLANETENPOSITIONEN 1910–2001

1998

1

	1	2	3	4	5	6	7	8	9	10	11	12	13	14	15	16	17	18	19	20	21	22	23	24	25	26	27	28	29	30	31
☉	♑ 11	12	13	14	15	16	17	18	19	20	21	22	23	24	25	26	27	28	29	29 0	♒ 1	2	3	4	5	6	7	8	9	10	11
☽	♒ 17	♓ 1	15	29	♈ 14	28	♉ 12	25	♊ 9	23	♋ 6	19	♌ 2	15	27	♍ 9	21	♎ 3	15	27	♏ 9	21	♐ 3	16	29	♑ 13	27	♒ 12	26	♓ 11	25
☿	♐ 19	19	20	21	22	23	24	25	26	27	28	29 0	♑ 1	2	3	5	6	7	9	10	12	13	15	16	17	19	20	22	23	25	27
♀	♒ 3	3	3	2	2	1	1	0	0 29	♑ 29	29	28	28	27	27	26	25	25	24	23	23	22	22	21	21	21	20	20	19	19	19
♂	♒ 11	12	13	13	14	15	16	17	17	18	19	20	20	21	22	23	24	24	25	26	27	28	28	29	29 0	♓ 1	1	2	3	4	5

♃	1 4 9 14 18 23 27 31	♒22 23 24 25 26 27 28 29
♄	1 8 26 31	♈13 14 15 15
♅	1 16 31	♒7 8 9
♆	1 29 31	♑29 ♒0 0
♇	1 31	♐7 7

2

	1	2	3	4	5	6	7	8	9	10	11	12	13	14	15	16	17	18	19	20	21	22	23	24	25	26	27	28	29	30	31
☉	♒ 12	13	14	15	16	17	18	19	20	21	22	23	24	25	26	27	28	29 0	♓ 0	1	2	3	4	5	6	7	8	9			
☽	♈ 10	24	♉ 8	22	♊ 6	19	♋ 3	16	28	♌ 11	23	♍ 5	17	29	♎ 11	23	♏ 5	17	29	♐ 11	24	♑ 7	21	♒ 5	20	♓ 4	19	♈ 4			
☿	♑ 28	29 0	♒ 1	3	4	6	8	9	11	13	14	16	18	19	21	23	25	26	28	29 0	♓ 2	4	5	7	9	11	13	15			
♀	♑ 19	19	18	18	D 18	18	18	18	19	19	19	19	19	20	20	20	20	21	22	22	23	23	24	24	25	26	26	27			
♂	♓ 5	6	7	8	9	9	10	11	12	13	13	14	15	16	16	17	18	19	20	20	21	22	23	23	24	25	26	26			

♃	1 4 9 13 17 21 25 28	♒29 ♓0 1 2 3 4 5 5
♄	1 8 19 28	♈15 16 17 18
♅	1 20 28	♒9 10 10
♆	1 26 28	♒0 1 1
♇	1 28	♐7 8

3

	1	2	3	4	5	6	7	8	9	10	11	12	13	14	15	16	17	18	19	20	21	22	23	24	25	26	27	28	29	30	31
☉	♓ 10	11	12	13	14	15	16	17	18	19	20	21	22	23	24	25	26	27	28	29 0	♈ 0	1	2	3	4	5	6	7	8	9	10
☽	♈ 19	♉ 4	19	♊ 3	16	29	♋ 13	25	♌ 8	20	♍ 2	14	26	♎ 8	20	♏ 1	13	25	♐ 8	20	♑ 3	16	29	♒ 13	28	♓ 12	27	♈ 13	28	♉ 13	28
☿	♓ 17	19	21	23	24	26	28	29 0	♈ 2	4	5	7	9	10	12	13	15	16	17	18	19	20	20	21	21	21	R 21	21	21	21	21
♀	♑ 27	28	29	29 0	♒ 0	1	2	3	4	4	5	6	7	8	9	9	10	11	12	13	14	15	16	17	18	19	20	21	22	23	24
♂	♓ 27	28	29	29 0	♈ 0	1	2	3	4	4	5	6	7	7	8	9	10	10	11	12	13	14	14	15	16	17	17	18	19	20	20

♃	1 5 10 14 18 22 27 31	♓6 7 8 9 10 11 12 13
♄	1 9 17 26 31	♈18 19 20 21 21
♅	1 12 31	♒10 11 11
♆	1 31	♒1 1
♇	1 11R 31	♐8 8 8

4

	1	2	3	4	5	6	7	8	9	10	11	12	13	14	15	16	17	18	19	20	21	22	23	24	25	26	27	28	29	30	31
☉	♈ 11	12	13	14	15	16	17	18	19	20	21	22	23	24	25	26	27	28	29	29 0	♉ 1	2	3	4	5	6	7	8	9	10	
☽	♊ 12	26	♋ 9	22	♌ 5	17	29	♍ 11	23	♎ 5	17	28	♏ 10	22	♐ 4	17	29	♑ 12	25	♒ 8	22	♓ 6	21	♈ 6	21	♉ 6	21	♊ 6	20	♋ 4	
☿	♈ 20	20	19	18	17	17	16	15	14	14	13	12	12	11	11	10	10	10	10	D 10	10	10	10	10	11	11	12	12	13	14	
♀	♒ 25	26	27	28	29	29 0	♓ 1	2	3	4	5	6	7	9	10	11	12	13	14	15	16	17	18	19	21	22	23	24	25	26	
♂	♈ 21	22	23	23	24	25	26	26	27	28	29	29	29 0	♉ 1	2	2	3	4	5	5	6	7	8	8	9	10	11	11	12	13	

♃	1 5 9 14 18 23 28 30	♓13 14 15 16 17 18 19 19
♄	1 3 10 19 26 30	♈21 22 23 24 25 25
♅	1 30	♒12 12
♆	1 30	♒2 2
♇	1 30	♐8 7

5

	1	2	3	4	5	6	7	8	9	10	11	12	13	14	15	16	17	18	19	20	21	22	23	24	25	26	27	28	29	30	31
☉	♉ 11	12	13	14	15	16	17	18	19	20	20	21	22	23	24	25	26	27	28	29	29 0	♊ 1	2	3	4	5	6	7	8	9	10
☽	♋ 18	♌ 1	14	26	♍ 8	20	♎ 2	13	25	♏ 7	19	♐ 1	14	26	♑ 9	22	♒ 5	18	♓ 2	16	♈ 0	15	29	♉ 15	29	♊ 14	29	♋ 13	26	♌ 9	22
☿	♈ 14	15	16	17	18	19	20	21	23	24	25	26	28	29	29 0	♉ 2	3	5	6	8	10	11	13	15	17	18	20	22	24	26	28
♀	♓ 27	28	29 0	♈ 1	2	3	4	5	6	7	9	10	11	12	13	14	15	17	18	19	20	21	22	23	25	26	27	28	29	♉ 0	2
♂	♉ 13	14	15	16	16	17	18	19	19	20	21	21	22	23	24	24	25	26	27	27	28	29	29	29 0	♊ 1	2	2	3	4	4	5

♃	1 3 9 14 21 27 31	♓19 20 21 22 23 24 24
♄	1 5 13 21 31	♈25 26 27 28 29
♅	1 17R 31	♒12 12 12
♆	1 31	♒2 2
♇	1 31	♐7 6

6

	1	2	3	4	5	6	7	8	9	10	11	12	13	14	15	16	17	18	19	20	21	22	23	24	25	26	27	28	29	30	31
☉	♊ 11	12	13	14	15	16	17	17	18	19	20	21	22	23	24	25	26	27	28	29	29 0	♋ 0	1	2	3	4	5	6	7	8	
☽	♍ 4	16	28	♎ 10	22	♏ 4	16	28	♐ 10	23	♑ 6	19	♒ 2	15	29	♓ 13	27	♈ 11	25	♉ 10	24	♊ 9	23	♋ 7	21	♌ 4	17	♍ 0	12	24	
☿	♊ 0	2	4	6	9	11	13	15	17	20	22	24	26	28	29 0	♋ 3	5	7	9	11	13	15	17	19	20	22	24	26	27	29	
♀	♉ 3	4	5	6	7	9	10	11	12	13	14	16	17	18	19	20	21	23	24	25	26	27	29	29 0	♊ 1	2	3	5	6	7	
♂	♋ 6	6	7	8	9	9	10	11	11	12	13	13	14	15	16	16	17	18	18	19	20	20	21	22	22	23	24	24	25	26	

♃	1 3 12 22 30	♓24 25 26 27 27
♄	1 9 20 30	♈29 ♉0 1 2
♅	1 30	♒12 12
♆	1 30	♒2 1
♇	1 30	♐6 6

7

	1	2	3	4	5	6	7	8	9	10	11	12	13	14	15	16	17	18	19	20	21	22	23	24	25	26	27	28	29	30	31
☉	♋ 9	10	11	12	13	14	15	16	17	18	19	20	21	22	23	24	25	26	27	28	28	29	29 0	♌ 1	2	3	4	5	6	7	8
☽	♎ 6	18	♏ 0	12	24	♐ 6	19	♑ 2	15	28	♒ 12	26	♓ 9	24	♈ 8	22	♉ 6	20	♊ 4	18	♋ 2	16	29	♌ 13	25	♍ 8	20	♎ 2	14	26	♏ 8
☿	♌ 1	2	4	5	7	8	10	11	12	14	15	16	17	18	19	20	21	22	23	24	25	25	26	26	27	27	28	28	28	28	R 28
♀	♊ 8	9	11	12	13	14	15	16	18	19	20	21	22	24	25	26	27	28	29 0	♋ 1	2	3	4	6	7	8	9	11	12	13	14
♂	♊ 27	27	28	29	29	29 0	♋ 1	1	2	3	3	4	5	5	6	7	7	8	9	9	10	11	11	12	13	13	14	15	15	16	17

♃	1 12 18R 31	♓27 28 28 27
♄	1 19 31	♉2 3 3
♅	1 28 31	♒12 11 11
♆	1 31	♒1 0
♇	1 31	♐6 5

8

	1	2	3	4	5	6	7	8	9	10	11	12	13	14	15	16	17	18	19	20	21	22	23	24	25	26	27	28	29	30	31
☉	♌ 9	10	11	12	13	14	15	16	17	18	19	20	20	21	22	23	24	25	26	27	28	29	29 0	♍ 1	2	3	4	5	6	7	8
☽	♏ 20	♐ 2	14	27	♑ 10	23	♒ 7	21	♓ 5	20	♈ 4	18	♉ 3	17	♊ 1	15	29	♋ 12	25	♌ 9	21	♍ 4	16	28	♎ 10	22	♏ 4	16	28	♐ 10	22
☿	♌ 28	28	28	27	27	26	26	25	24	24	23	22	21	20	20	19	18	18	17	17	16	16	D 16	16	16	16	17	17	18	19	20
♀	♋ 15	17	18	19	20	21	23	24	25	26	28	29	29 0	♌ 1	2	4	5	6	7	9	10	11	12	13	15	16	17	18	20	21	22
♂	♋ 17	18	19	19	20	21	21	22	23	23	24	24	25	26	26	27	28	28	29	29 0	♌ 0	1	2	2	3	3	4	5	5	6	7

♃	1 23 31	♓27 26 25
♄	1 15R 31	♉3 3 3
♅	1 22 31	♒11 10 10
♆	1 23 31	♒0 ♑29 29
♇	1 16D 31	♐5 5 5

9

	1	2	3	4	5	6	7	8	9	10	11	12	13	14	15	16	17	18	19	20	21	22	23	24	25	26	27	28	29	30	31
☉	♍ 9	10	11	12	13	14	15	15	16	17	18	19	20	21	22	23	24	25	26	27	28	29	29 0	♎ 1	2	3	4	5	6	7	
☽	♑ 5	18	♒ 1	15	29	♓ 14	29	♈ 14	28	♉ 13	28	♊ 12	26	♋ 9	22	♌ 5	18	♍ 1	13	25	♎ 7	19	♏ 1	12	24	♐ 6	18	♑ 1	13	26	
☿	♌ 21	22	23	24	26	27	29	29 0	♍ 2	4	6	8	9	11	13	15	17	19	21	23	24	26	28	29 0	♎ 2	4	5	7	9	11	
♀	♌ 23	25	26	27	28	29 0	♍ 1	2	3	4	6	7	8	9	11	12	13	14	16	17	18	19	21	22	23	24	26	27	28	29	
♂	♌ 7	8	9	9	10	11	11	12	12	13	14	14	15	16	16	17	17	18	19	19	20	21	21	22	22	23	23	24	25	25	

♃	1 8 16 23 30	♓25 24 23 22 21
♄	1 30	♉3 2
♅	1 26 30	♒10 9 9
♆	1 30	♑29 29
♇	1 30	♐5 5

10

	1	2	3	4	5	6	7	8	9	10	11	12	13	14	15	16	17	18	19	20	21	22	23	24	25	26	27	28	29	30	31
☉	♎ 8	9	10	11	12	13	14	15	16	17	18	19	20	21	22	23	24	25	26	27	28	29	29 0	♏ 1	2	3	4	5	6	7	8
☽	♒ 9	23	♓ 7	22	♈ 7	22	♉ 8	23	♊ 7	22	♋ 6	19	♌ 2	15	28	♍ 10	22	♎ 4	16	28	♏ 10	21	♐ 3	15	27	♑ 10	22	♒ 5	18	♓ 2	16
☿	♎ 12	14	16	17	19	21	22	24	26	27	29	29 0	♏ 2	4	5	7	8	10	11	13	14	16	17	19	20	21	23	24	26	27	28
♀	♎ 0	2	3	4	5	7	8	9	10	12	13	14	15	17	18	19	20	22	23	24	25	27	28	29 0	♏ 1	2	3	4	6	7	8
♂	♌ 26	27	27	28	29	29	29 0	♍ 0	1	2	2	3	3	4	5	5	6	7	7	8	8	9	10	10	11	11	12	13	13	14	14

♃	1 10 21 31	♓21 20 19 18
♄	1 12 24 25 31	♉2 1 0 ♈29 29
♅	1 18D 31	♒9 9 9
♆	1 11D 31	♑29 29 29
♇	1 5 31	♐5 6 6

11

	1	2	3	4	5	6	7	8	9	10	11	12	13	14	15	16	17	18	19	20	21	22	23	24	25	26	27	28	29	30	31
☉	♏ 9	10	11	12	13	14	15	16	17	18	19	20	21	22	23	24	25	26	27	28	29	29 0	♐ 1	2	3	4	5	6	7	8	
☽	♈ 0	15	♉ 0	16	♊ 1	16	♋ 1	15	28	♌ 12	24	♍ 7	19	♎ 1	13	25	♏ 6	18	♐ 0	12	24	♑ 7	19	♒ 2	14	27	♓ 11	25	♈ 9	24	
☿	29 0	♐ 1	2	3	5	6	7	8	9	10	12	12	13	14	15	16	16	17	17	17	R 17	17	17	17	16	15	14	13	12	11	
♀	♏ 9	11	12	13	14	16	17	18	19	21	22	23	24	26	27	28	29 0	♐ 1	2	3	4	6	7	8	9	11	12	13	14	16	
♂	♍ 15	15	16	17	17	18	18	19	20	20	21	21	22	22	23	24	24	25	25	26	26	27	28	28	29	29	29 0	♎ 0	1	2	

♃	1 13D 30	♓18 18 18
♄	1 21 30	♈29 28 27
♅	1 30	♒9 9
♆	1 28 30	♑29 ♒0 0
♇	1 30	♐7 8

12

	1	2	3	4	5	6	7	8	9	10	11	12	13	14	15	16	17	18	19	20	21	22	23	24	25	26	27	28	29	30	31
☉	♐ 9	10	11	12	13	14	15	16	17	18	19	20	21	22	23	24	25	26	27	28	29	29 0	♑ 1	2	3	4	5	6	7	8	9
☽	♉ 9	24	♊ 9	24	♋ 9	23	♌ 7	20	♍ 3	15	27	♎ 9	21	♏ 3	15	27	♐ 9	21	♑ 3	16	29	♒ 11	24	♓ 8	21	♈ 5	19	♉ 3	18	♊ 3	17
☿	♐ 9	8	7	5	4	3	2	2	1	1	D 1	1	2	2	3	3	4	5	6	7	8	9	10	11	12	14	15	16	18	19	20
♀	♐ 17	18	19	21	22	23	24	26	27	28	29 0	♑ 1	2	3	5	6	7	8	10	11	12	13	15	16	17	18	20	21	22	23	25
♂	♎ 2	3	3	4	4	5	5	6	7	7	8	8	9	9	10	10	11	11	12	12	13	13	14	14	15	15	16	16	17	17	18

♃	1 6 17 25 31	♓18 19 20 21 22
♄	1 29D 31	♈27 27 27
♅	1 12 31	♒9 10 11
♆	1 31	♒0 1
♇	1 31	♐8 9

1999

1

	1	2	3	4	5	6	7	8	9	10	11	12	13	14	15	16	17	18	19	20	21	22	23	24	25	26	27	28	29	30
☉	♑ 10	11	12	13	14	15	16	17	18	19	20	21	22	23	24	25	26	27	28	29 0	♒ 1	2	3	4	5	6	7	8	9	10
☽	♋ 2	17	♌ 1	14	28	♍ 11	23	♎ 5	18	29	♏ 11	23	♐ 5	17	29	♑ 12	25	♒ 8	21	♓ 5	18	♈ 2	16	♉ 0	14	28	♊ 13	27	♋ 11	25
☿	♐ 22	23	25	26	28	29	29 0	♑ 2	3	5	6	8	9	11	13	14	16	17	19	20	22	24	25	27	28	29 0	♒ 2	3	5	7
♀	♑ 26	27	28	29 0	♒ 1	2	3	5	6	7	8	10	11	12	13	15	16	17	18	20	21	22	23	25	26	27	28	29 0	♓ 1	2
♂	♎ 18	19	19	20	20	21	21	22	22	23	23	24	24	25	25	26	26	26	27	27	28	28	28	29	29	29 0	♏ 0	1	1	1

♃	1 8 14 19 25 31	♓22 23 24 25 26 27
♄	1 31	♈27 27
♅	1 20 31	♒11 12 12
♆	1 26 31	♒1 2 2
♇	1 31	♐9 10

2

	1	2	3	4	5	6	7	8	9	10	11	12	13	14	15	16	17	18	19	20	21	22	23	24	25	26	27	28	29	30
☉	♒ 12	13	14	15	16	17	18	19	20	21	22	23	24	25	26	27	28	29	29 0	♓ 1	2	3	4	5	6	7	8	9		
☽	♌ 22	♍ 5	18	♎ 1	13	25	♏ 7	19	♐ 1	13	25	♑ 8	20	♒ 3	16	♓ 0	14	28	♈ 12	27	♉ 11	25	♊ 9	23	♋ 7	21	♌ 4	18		
☿	♒ 10	12	14	15	17	19	21	22	24	26	28	29 0	♓ 1	3	5	7	9	11	12	14	16	18	19	21	23	24	26	27		
♀	♓ 5	6	7	8	10	11	12	13	15	16	17	18	19	21	22	23	24	26	27	28	29 0	♈ 1	2	3	4	6	7	8		
♂	♏ 2	3	3	3	4	4	4	5	5	5	6	6	6	7	7	7	8	8	8	8	9	9	9	9	10	10	10	10		

♃	1 4 8 13 18 22 26 28	♓27 28 29 ♈0 1 2 3 3
♄	1 5 18 28	♈27 28 29 29
♅	1 6 23 28	♒12 13 14 14
♆	1 28	♒2 3
♇	1 28	♐10 10

3

	1	2	3	4	5	6	7	8	9	10	11	12	13	14	15	16	17	18	19	20	21	22	23	24	25	26	27	28	29	30
☉	♓ 10	11	12	13	14	15	16	17	18	19	20	21	22	23	24	25	26	27	28	29	29 0	♈ 1	2	3	4	5	6	7	8	9
☽	♍ 1	14	26	♎ 9	21	♏ 3	15	27	♐ 9	21	♑ 3	15	28	♒ 11	24	♓ 8	22	♈ 7	22	♉ 7	21	♊ 6	20	♋ 4	18	♌ 1	15	27	♍ 10	23
☿	♓ 28	29 0	♈ 0	1	2	3	3	4	4	R 4	4	4	3	3	2	1	0	0 29	♓ 29	28	27	26	25	24	23	23	22	22	21	21
♀	♈ 9	10	12	13	14	15	17	18	19	20	21	23	24	25	26	28	29	29 0	♉ 1	2	4	5	6	7	8	10	11	12	13	14
♂	♏ 10	11	11	11	11	11	11	11	11	11	12	12	12	12	12	12	12	R 12	12	12	12	12	12	12	12	12	12	12	11	11

♃	1 7 11 15 19 23 28 31	♈4 5 6 7 8 9 10 11
♄	1 11 20 28 31	♉0 1 2 3 3
♅	1 15 31	♒14 15 15
♆	1 31	♒3 4
♇	1 13R	♐10 10

4

	1	2	3	4	5	6	7	8	9	10	11	12	13	14	15	16	17	18	19	20	21	22	23	24	25	26	27	28	29	30
☉	♈ 11	12	13	14	15	16	17	18	19	20	21	22	23	24	25	26	27	28	29	29 0	♉ 1	2	3	4	5	6	7	8	9	10
☽	♎ 17	29	♏ 11	23	♐ 5	17	29	♑ 11	23	♒ 6	19	♓ 2	16	♈ 1	15	♉ 1	16	♊ 1	16	♋ 0	14	28	♌ 11	24	♍ 7	20	♎ 2	14	26	♏ 8
☿	♓ 21	D 21	21	21	21	21	22	22	23	23	24	25	26	27	27	28	29 0	♈ 0	2	3	4	5	6	8	9	10	12	13	15	16
♀	♉ 17	18	19	20	22	23	24	25	26	27	29	29 0	♊ 1	2	3	4	6	7	8	9	10	11	13	14	15	16	17	18	19	21
♂	♏ 10	10	10	10	10	10	10	9	9	9	8	8	8	8	7	7	7	6	6	5	5	5	4	4	4	3	3	3	2	2

♃	1 5 9 13 17 22 26 30	♈11 12 13 14 15 16 17 18
♄	1 5 14 21 30	♉3 4 5 6 7
♅	1 8 30	♒15 16 16
♆	1 30	♒4 4
♇	1 30	♐10 10

5

	1	2	3	4	5	6	7	8	9	10	11	12	13	14	15	16	17	18	19	20	21	22	23	24	25	26	27	28	29	30
☉	♉ 11	12	13	14	15	15	16	17	18	19	20	21	22	23	24	25	26	27	28	29	29 0	♊ 1	2	3	4	5	6	7	8	8
☽	♏ 20	♐ 2	14	26	♑ 8	20	♒ 2	15	27	♓ 11	25	♈ 9	23	♉ 9	24	♊ 9	25	♋ 9	24	♌ 8	21	♍ 4	17	29	♎ 11	23	♏ 5	17	29	♐ 11
☿	♈ 18	19	21	22	24	26	27	29 0	♉ 1	3	5	6	8	10	12	14	16	18	20	23	25	27	29 0	♊ 1	3	6	8	10	12	14
♀	♊ 22	23	24	25	26	27	28	29 0	♋ 1	2	3	4	5	6	7	8	9	11	12	13	14	15	16	17	18	19	20	21	22	23
♂	♏ 1	1	1	0	0 29	♎ 29	29	29	29	28	28	28	27	27	27	27	26	26	26	26	26	25	25	25	25	25	25	25	24	24

♃	1 5 9 13 18 22 27 31	♈18 19 20 21 22 23 24 25
♄	1 7 15 23 31	♉7 8 9 10 11
♅	1 21R 31	♒16 16 16
♆	1 7R 31	♒4 4 4
♇	1 31	♐9 9

6

	1	2	3	4	5	6	7	8	9	10	11	12	13	14	15	16	17	18	19	20	21	22	23	24	25	26	27	28	29	30
☉	♊ 10	11	12	13	14	15	16	17	18	19	20	21	22	23	24	25	26	27	28	29	29 0	♋ 0	1	2	3	4	5	6	7	8
☽	♑ 5	17	29	♒ 11	24	♓ 7	20	♈ 10	18	♉ 3	17	♊ 2	18	♋ 3	18	♌ 2	16	29	♍ 13	26	♎ 8	20	♏ 2	14	26	♐ 8	20	♑ 2	14	26
☿	♊ 19	21	23	25	27	29	29 0	♋ 3	5	6	8	10	12	13	15	16	18	19	21	22	24	25	26	27	28	29 0	♌ 1	2	3	4
♀	♋ 25	26	27	28	29 0	♌ 0	1	2	3	4	5	6	7	8	9	10	11	12	13	14	14	15	16	17	18	19	19	20	21	22
♂	♎ 24	24	24	D 24	24	24	24	24	24	24	24	24	25	25	25	25	25	25	26	26	26	26	26	27	27	27	28	28	28	28

♃	1 6 11 17 22 28 30	♈25 26 27 28 29 ♉0 0
♄	1 9 18 30	♉11 12 13 14
♅	1 30	♒16 16
♆	1 30	♒4 4
♇	1 30	♐9 8

7

	1	2	3	4	5	6	7	8	9	10	11	12	13	14	15	16	17	18	19	20	21	22	23	24	25	26	27	28	29	30
☉	♋ 9	10	11	12	13	14	15	16	17	18	19	20	20	21	22	23	24	25	26	27	28	29	29 0	♌ 1	2	3	4	5	6	7
☽	♒ 9	21	♓ 4	17	♈ 0	14	28	♉ 12	27	♊ 12	26	♋ 11	26	♌ 10	24	♍ 8	21	♎ 4	16	29	♏ 11	23	♐ 4	16	28	♑ 10	23	♒ 5	18	♓ 1
☿	♌ 4	5	6	7	7	8	8	9	9	9	9	R 9	9	9	9	9	9	8	8	7	7	6	5	5	4	3	2	2	1	0
♀	♌ 23	23	24	25	25	26	27	27	28	29	29	29 0	♍ 0	1	1	2	2	3	3	3	4	4	4	4	5	5	5	5	5	R 5
♂	♎ 29	29	29	29	29 0	♏ 0	1	1	1	2	2	2	3	3	4	4	4	5	5	6	6	7	7	8	8	9	9	9	10	10

♃	1 5 12 21 31	♉0 1 2 3 4
♄	1 10 24 31	♉14 15 16 16
♅	1 31	♒16 15
♆	1 31	♒3 3
♇	1 31	♐8 8

8

	1	2	3	4	5	6	7	8	9	10	11	12	13	14	15	16	17	18	19	20	21	22	23	24	25	26	27	28	29	30
☉	♌ 9	10	11	12	13	14	14	15	16	17	18	19	20	21	22	23	24	25	26	27	28	29	29 0	♍ 0	1	2	3	4	5	6
☽	♓ 27	♈ 11	25	♉ 9	23	♊ 7	21	♋ 6	20	♌ 5	19	♍ 3	16	29	♎ 12	24	♏ 7	19	♐ 1	12	24	♑ 6	19	♒ 1	14	27	♓ 10	23	♈ 7	21
☿	♋ 29	29	29	28	28	D 28	28	29	29	29	29 0	♌ 1	1	2	3	4	6	7	8	10	11	13	15	16	18	20	22	24	26	28
♀	♍ 5	5	4	4	4	4	3	3	3	2	2	1	1	0	0 29	♌ 29	29	28	27	27	26	26	25	24	24	23	23	22	22	21
♂	♏ 11	12	12	13	13	14	15	15	16	16	17	17	18	18	19	19	20	21	21	22	22	23	24	24	25	25	26	26	27	28

♃	1 25R 31	♉4 4 4
♄	1 16 31R	♉16 17 17
♅	1 28 31	♒15 14 14
♆	1 31	♒2 2
♇	1 19D	♐8 8

9

	1	2	3	4	5	6	7	8	9	10	11	12	13	14	15	16	17	18	19	20	21	22	23	24	25	26	27	28	29	30
☉	♍ 8	9	10	11	12	13	14	15	16	17	18	19	20	21	22	23	24	25	26	27	28	29	29 0	♎ 1	2	3	4	5	6	7
☽	♉ 20	♊ 4	18	♋ 2	16	♌ 0	14	28	♍ 11	24	♎ 7	20	♏ 2	15	27	♐ 8	20	♑ 2	14	26	♒ 9	22	♓ 5	18	♈ 3	17	♉ 1	16	♊ 0	15
☿	♍ 2	3	5	7	9	11	13	15	17	19	21	23	24	26	28	29 0	♎ 2	3	5	7	8	10	12	13	15	17	18	20	21	23
♀	♌ 20	20	20	19	19	19	19	19	19	19	D 19	19	19	19	19	19	19	19	20	20	21	21	21	22	22	23	23	24	24	25
♂	♏ 29	29 0	♐ 0	1	2	2	3	3	4	5	5	6	7	7	8	9	9	10	11	11	12	13	13	14	15	15	16	17	17	18

♃	1 30	♉4 3
♄	1 30	♉17 16
♅	1 30	♒14 13
♆	1 30	♒2 1
♇	1 18	♐7 8

10

	1	2	3	4	5	6	7	8	9	10	11	12	13	14	15	16	17	18	19	20	21	22	23	24	25	26	27	28	29	30
☉	♎ 8	9	10	11	12	13	14	15	16	17	18	19	20	21	22	23	24	25	26	27	28	29	29 0	♏ 0	1	2	3	4	5	6
☽	♊ 29	♋ 13	27	♌ 11	24	♍ 7	20	♎ 3	16	28	♏ 11	23	♐ 5	17	28	♑ 10	22	♒ 4	17	29	♓ 13	27	♈ 11	25	♉ 10	25	♊ 10	25	♋ 9	24
☿	♎ 24	26	27	29	29 0	♏ 2	3	5	6	7	9	10	11	13	14	15	17	18	19	20	21	22	24	25	26	26	27	28	29	29 0
♀	♌ 26	26	27	28	28	29	29 0	♍ 0	1	2	3	4	4	5	6	7	8	9	10	10	11	12	13	14	15	16	17	18	19	20
♂	♐ 19	19	20	21	22	22	23	24	24	25	26	27	27	28	29	29	29 0	♑ 1	1	2	3	4	5	5	6	7	7	8	9	10

♃	1 15 22 23 31	♉2 1 0 ♈29 29
♄	1 20 31	♉16 15 14
♅	1 23D 31	♒13 13 13
♆	1 14D 31	♒1 1 1
♇	1 31	♐8 9

11

	1	2	3	4	5	6	7	8	9	10	11	12	13	14	15	16	17	18	19	20	21	22	23	24	25	26	27	28	29	30
☉	♏ 8	9	10	11	12	13	14	15	16	17	18	19	20	21	22	23	24	25	26	27	28	29 0	♐ 1	2	3	4	5	6	7	8
☽	♌ 21	♍ 4	17	♎ 0	12	25	♏ 7	19	♐ 1	13	25	♑ 7	19	♒ 0	13	25	♓ 8	21	♈ 4	19	♉ 3	18	♊ 4	19	♋ 4	19	♌ 3	17	♍ 1	14
☿	♐ 1	1	1	2	R 2	1	1	1	0 29	♏ 29	28	27	26	25	23	22	21	20	18	18	17	16	16	15	D 15	16	16	16	17	18
♀	♍ 22	23	24	25	26	27	28	29	29 0	♎ 1	2	3	5	6	7	8	9	10	11	12	13	14	16	17	18	19	20	21	22	24
♂	♑ 11	12	13	13	14	15	16	16	17	18	19	19	20	21	22	22	23	24	25	25	26	27	28	28	29	29 0	♒ 1	2	2	3

♃	1 15 26 30	♈28 27 26 26
♄	1 15 28 30	♉14 13 12 12
♅	1 30	♒13 13
♆	1 21 30	♒1 2 2
♇	1 24	♐9 10

12

	1	2	3	4	5	6	7	8	9	10	11	12	13	14	15	16	17	18	19	20	21	22	23	24	25	26	27	28	29	30
☉	♐ 9	10	11	12	13	14	15	16	17	18	19	20	21	22	23	24	25	26	27	28	29	29 0	♑ 1	2	3	4	5	6	7	8
☽	♍ 27	♎ 10	22	♏ 4	16	28	♐ 10	22	♑ 4	15	27	♒ 9	21	♓ 4	17	29	♈ 13	27	♉ 11	26	♊ 11	27	♋ 12	27	♌ 12	26	♍ 10	23	♎ 6	19
☿	♏ 19	19	20	22	23	24	25	26	28	29	29 0	♐ 2	3	5	6	8	9	10	12	13	15	16	18	19	21	22	24	26	27	28
♀	♎ 25	26	27	28	29 0	♏ 0	1	3	4	5	6	8	9	10	11	12	13	15	16	17	18	19	21	22	23	24	25	27	28	29
♂	♒ 4	5	5	6	7	8	8	9	10	11	12	12	13	14	15	15	16	17	18	18	19	20	21	22	22	23	24	25	25	26

♃	1 20D 31	♈25 25 25
♄	1 15 31	♉12 11 10
♅	1 15 31	♒13 14 14
♆	1 26 31	♒2 3 3
♇	1 20	♐10 11

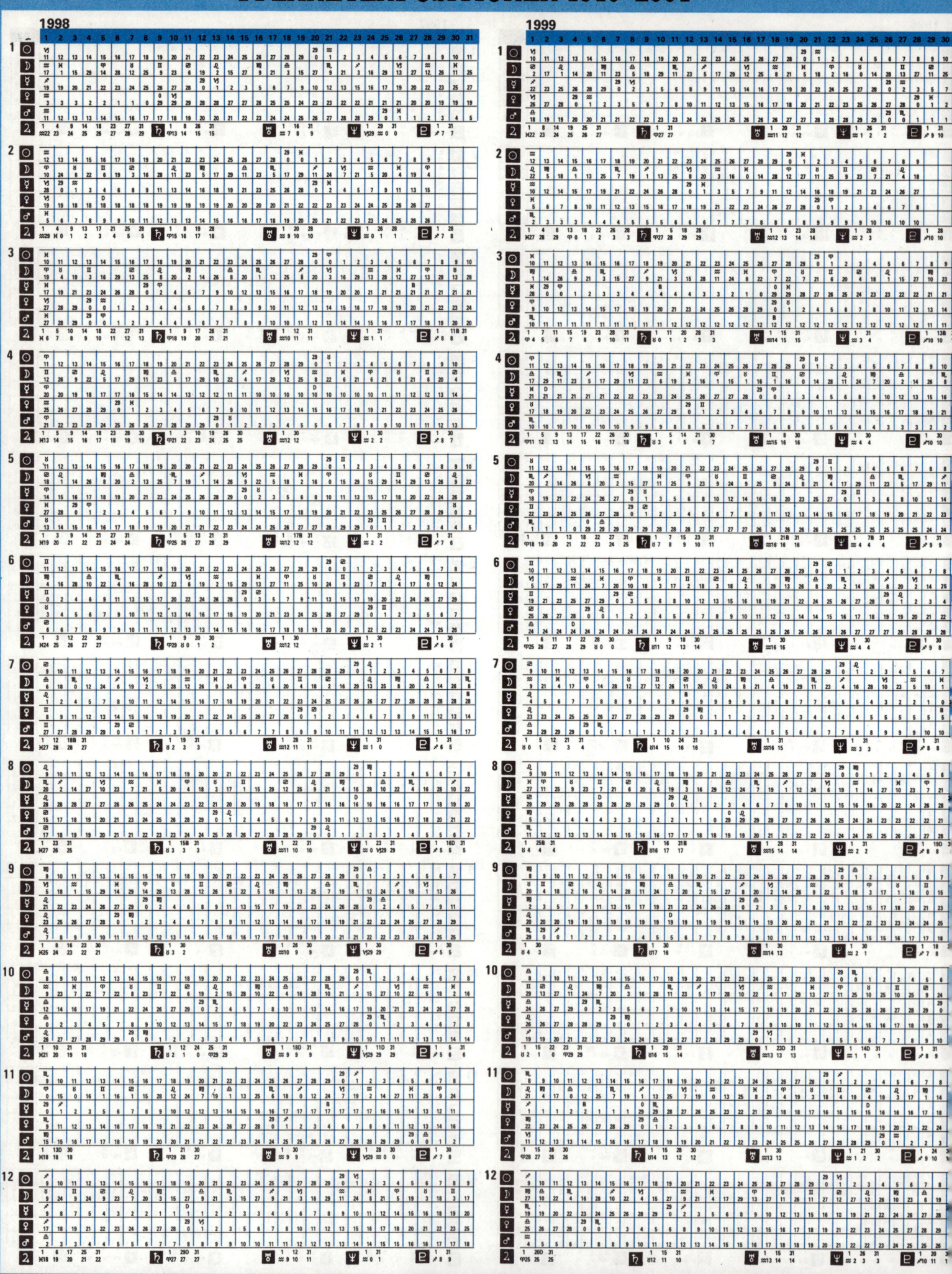

1 PLANETENPOSITIONEN 1910–2001

2000

1

	1	2	3	4	5	6	7	8	9	10	11	12	13	14	15	16	17	18	19	20	21	22	23	24	25	26	27	28	29	30	31
☉	♑ 10	11	12	13	14	15	16	17	18	19	20	21	22	23	24	25	26	27	28	29 / 0	♒ 1	2	3	4	5	6	7	8	9	10	11
☽	♏ 13	25	♐ 7	19	♑ 1	12	24	♒ 6	19	♓ 1	13	26	♈ 9	23	♉ 6	21	♊ 5	20	♋ 5	20	♌ 5	20	♍ 4	18	♎ 1	15	27	♏ 10	22	♐ 4	15
☿	♑ 2	3	5	6	8	10	11	13	14	16	18	19	21	22	24	26	27	29 / 0	♒ 1	2	4	6	8	9	11	13	15	16	18	20	22
♀	♐ 1	3	4	5	6	7	9	10	11	12	14	15	16	17	18	20	21	22	23	25	26	27	28	29 / 0	♑ 1	2	3	4	6	7	8
♂	♒ 28	29	29	29 / 0	♓ 1	2	2	3	4	5	6	6	7	8	9	9	10	11	12	13	13	14	15	16	16	17	18	19	20	20	21

♃ 1 14 24 31 / ♈25 26 27 28 — ♄ 1 12D 31 / ♉10 10 10 — ♅ 1 5 23 31 / ♒14 15 16 16 — ♆ 1 23 31 / ♒3 4 4 — ♇ 1 31 / ♐11 12

2

	1	2	3	4	5	6	7	8	9	10	11	12	13	14	15	16	17	18	19	20	21	22	23	24	25	26	27	28	29	30	31
☉	♒ 12	13	14	15	16	17	18	19	20	21	22	23	24	25	26	27	28	29	29 / 0	♓ 1	2	3	4	5	6	7	8	9	10		
☽	♐ 27	♑ 9	21	♒ 3	15	28	♓ 10	23	♈ 6	20	♉ 3	17	♊ 1	15	29	♋ 14	29	♌ 13	28	♍ 12	26	♎ 9	22	♏ 5	18	29	♐ 12	24	♑ 5		
☿	♒ 23	25	27	28	29 / 0	♓ 2	3	5	7	8	9	11	12	13	14	15	16	16	17	17	R 17	17	17	16	16	15	14	13	12		
♀	♑ 9	10	12	13	14	15	17	18	19	20	22	23	24	25	27	28	29	29 / 0	♒ 1	3	4	5	6	8	9	10	11	13	14		
♂	♓ 22	23	23	24	25	26	26	27	28	28	29	29 / 0	♈ 1	2	3	3	4	5	6	6	7	8	9	9	10	11	12	12	13		

♃ 1 8 14 21 26 29 / ♈28 29 ♉0 1 2 2 — ♄ 1 9 25 29 / ♉10 11 12 12 — ♅ 1 10 27 29 / ♒16 17 18 18 — ♆ 1 19 29 / ♒4 5 5 — ♇ 1 29 / ♐12 12

3

	1	2	3	4	5	6	7	8	9	10	11	12	13	14	15	16	17	18	19	20	21	22	23	24	25	26	27	28	29	30	31
☉	♓ 11	12	13	14	15	16	17	18	19	20	21	22	23	24	25	26	27	28	29	29 / 0	♈ 1	2	3	4	5	6	7	8	9	10	11
☽	♑ 17	29	♒ 11	24	♓ 6	19	♈ 3	16	29	♉ 14	28	♊ 12	26	♋ 10	24	♌ 6	22	♍ 6	20	♎ 4	17	♏ 0	13	25	♐ 8	20	♑ 1	13	25	♒ 7	19
☿	♓ 11	10	9	8	7	6	6	5	4	4	3	3	3	D 3	3	3	3	3	4	4	5	5	6	7	7	8	9	10	11	12	13
♀	♒ 15	16	17	19	20	21	22	24	25	26	27	29	29 / 0	♓ 1	2	4	5	6	7	9	10	11	12	13	15	16	17	18	20	21	22
♂	♈ 14	15	15	16	17	18	18	19	20	21	21	22	23	23	24	25	26	26	27	28	29	29	29 / 0	♉ 1	2	2	3	4	5	5	6

♃ 1 8 13 18 22 27 31 / ♉3 4 5 6 7 8 9 — ♄ 1 8 18 27 31 / ♉12 13 14 15 15 — ♅ 1 17 31 / ♒18 19 19 — ♆ 1 23 31 / ♒5 6 6 — ♇ 1 31 / ♐12 12

4

	1	2	3	4	5	6	7	8	9	10	11	12	13	14	15	16	17	18	19	20	21	22	23	24	25	26	27	28	29	30	31
☉	♈ 12	13	14	15	16	17	18	19	20	21	22	23	24	25	26	27	28	29	29 / 0	♉ 0	1	2	3	4	5	6	7	8	9	10	
☽	♓ 2	15	28	♈ 12	26	♉ 10	24	♊ 8	23	♋ 7	21	♌ 5	19	♍ 3	16	29	♎ 13	26	♏ 9	21	♐ 3	16	27	♑ 9	21	♒ 3	15	27	♓ 10	23	
☿	♓ 14	16	17	18	19	21	22	23	25	26	27	29	♈ 0	2	4	5	7	9	10	12	14	15	17	19	21	23	25	27	29	29 / 0	♉
♀	♓ 23	25	26	27	28	29 / 0	♈ 1	2	3	4	6	7	8	9	11	12	13	14	16	17	18	19	20	22	23	24	25	27	28	29	
♂	♉ 7	7	8	9	10	10	11	12	13	13	14	15	15	16	17	18	18	19	20	20	21	22	23	23	24	25	25	26	27	28	

♃ 1 4 9 13 17 22 25 30 / ♉9 10 11 12 13 14 15 16 — ♄ 1 5 15 21 30 / ♉15 16 17 18 19 — ♅ 1 10 30 / ♒19 20 20 — ♆ 1 30 / ♒6 6 — ♇ 1 30 / ♐12 12

5

	1	2	3	4	5	6	7	8	9	10	11	12	13	14	15	16	17	18	19	20	21	22	23	24	25	26	27	28	29	30	31
☉	♉ 11	12	13	14	15	16	17	18	19	20	21	22	23	24	25	26	27	28	29	29 / 0	♊ 1	2	3	4	5	5	6	7	8	9	10
☽	♈ 6	20	♉ 4	19	♊ 3	18	♋ 3	17	♌ 2	16	29	♍ 13	26	♎ 9	22	♏ 5	18	29	♐ 12	24	♑ 6	18	29	♒ 11	23	♓ 5	18	♈ 1	14	28	♉ 12
☿	♉ 3	5	7	9	11	13	15	17	19	22	24	26	28	29 / 0	♊ 2	5	7	9	11	13	15	17	18	20	22	24	26	27	29	29 / 0	♋ 2
♀	♉ 0	2	3	4	5	6	8	9	10	11	13	14	15	16	18	19	20	21	22	24	25	26	27	29	29 / 0	♊ 1	2	4	5	6	7
♂	♉ 28	29	29 / 0	♊ 0	1	2	2	3	4	5	5	6	7	7	8	9	9	10	11	11	12	13	14	14	15	16	16	17	18	18	19

♃ 1 4 9 13 17 21 25 31 / ♉16 17 18 19 20 21 22 23 — ♄ 1 7 15 23 31 / ♉19 20 21 22 23 — ♅ 1 25R 31 / ♒20 20 20 — ♆ 1 31 / ♒6 6 — ♇ 1 31 / ♐12 11

6

	1	2	3	4	5	6	7	8	9	10	11	12	13	14	15	16	17	18	19	20	21	22	23	24	25	26	27	28	29	30	31
☉	♊ 11	12	13	14	15	16	17	18	19	20	21	22	23	24	25	26	27	28	28	29	29 / 0	♋ 1	2	3	4	5	6	7	8	9	
☽	♉ 27	♊ 12	27	♋ 12	27	♌ 12	26	♍ 10	23	♎ 6	19	♏ 2	14	27	♐ 9	21	♑ 3	15	26	♒ 8	20	♓ 2	14	27	♈ 10	23	♉ 7	21	♊ 5	20	
☿	♋ 3	5	6	7	8	10	11	12	13	14	15	15	16	17	17	18	18	19	19	19	20	20	R 20	20	20	19	19	19	18	18	
♀	♊ 8	10	11	12	13	15	16	17	18	19	21	22	23	24	26	27	28	29 / 0	♋ 1	2	3	4	5	7	8	9	10	12	13	14	
♂	♊ 20	20	21	22	22	23	24	24	25	26	26	27	28	28	29	29 / 0	♋ 0	1	2	3	3	4	5	5	6	7	7	8	8	9	

♃ 1 3 7 12 16 21 25 30 / ♉23 24 25 26 27 28 29 ♊0 — ♄ 1 8 16 25 30 / ♉23 24 25 26 26 — ♅ 1 30 / ♒20 20 — ♆ 1 30 / ♒6 6 — ♇ 1 30 / ♐11 11

7

	1	2	3	4	5	6	7	8	9	10	11	12	13	14	15	16	17	18	19	20	21	22	23	24	25	26	27	28	29	30	31
☉	♋ 10	11	12	13	14	15	16	17	18	19	20	20	21	22	23	24	25	26	27	28	29	29 / 0	♌ 1	2	3	4	5	6	7	8	9
☽	♋ 5	21	♌ 6	21	♍ 5	19	♎ 3	16	29	♏ 11	24	♐ 6	18	29	♑ 11	23	♒ 5	17	29	♓ 11	23	♈ 6	19	♉ 2	16	29	♊ 14	29	♋ 14	29	♌ 14
☿	♋ 17	17	16	16	15	15	14	13	13	12	12	11	11	11	10	10	D 10	10	10	11	11	11	12	12	13	14	15	16	17	18	19
♀	♋ 15	17	18	19	20	21	23	24	25	26	28	29	29 / 0	♌ 1	2	4	5	6	7	9	10	11	12	14	15	16	17	18	20	21	22
♂	♋ 10	10	11	12	12	13	14	14	15	16	16	17	18	18	19	20	20	21	22	22	23	24	24	25	26	26	27	28	28	29	29

♃ 1 5 10 15 21 26 31 / ♊0 1 2 3 4 5 6 — ♄ 1 4 15 26 31 / ♉26 27 28 29 29 — ♅ 1 31 / ♒20 19 — ♆ 1 31 / ♒6 5 — ♇ 1 31 / ♐10 10

8

	1	2	3	4	5	6	7	8	9	10	11	12	13	14	15	16	17	18	19	20	21	22	23	24	25	26	27	28	29	30	31
☉	♌ 10	10	11	12	13	14	15	16	17	18	19	20	21	22	23	24	25	26	27	28	29	29 / 0	♍ 0	1	2	3	4	5	6	7	8
☽	♌ 29	♍ 14	28	♎ 12	25	♏ 8	20	♐ 3	14	27	♑ 8	20	♒ 2	14	26	♓ 8	21	♈ 3	16	29	♉ 12	26	♊ 10	24	♋ 8	23	♌ 8	22	♍ 7	22	♎ 6
☿	♋ 21	22	24	25	27	28	29 / 0	♌ 2	4	6	8	10	12	14	16	18	20	22	24	26	28	29 / 0	♍ 2	4	6	8	10	12	13	15	17
♀	♌ 23	25	26	27	28	29 / 0	♍ 1	2	3	4	6	7	8	9	11	12	13	14	16	17	18	19	20	22	23	24	25	27	28	29	29 / 0 ♎
♂	♌ 0	1	1	2	3	3	4	5	5	6	7	7	8	9	9	10	10	11	12	12	13	14	14	15	16	16	17	17	18	19	19

♃ 1 8 15 23 31 / ♊6 7 8 9 10 — ♄ 1 10 31 / ♉29 ♊0 0 — ♅ 1 31 / ♒19 18 — ♆ 1 31 / ♒5 4 — ♇ 1 20D 31 / ♐10 10 10

9

	1	2	3	4	5	6	7	8	9	10	11	12	13	14	15	16	17	18	19	20	21	22	23	24	25	26	27	28	29	30	31
☉	♍ 9	10	11	12	13	14	15	16	17	18	19	20	21	22	23	24	25	26	27	28	29	29 / 0	♎ 0	1	2	3	4	5	6	7	
☽	♎ 20	♏ 3	16	29	♐ 11	23	♑ 5	17	28	♒ 10	22	♓ 5	17	29	♈ 13	26	♉ 9	23	♊ 6	20	♋ 4	19	♌ 3	17	♍ 2	16	♎ 0	14	28	♏ 11	
☿	♍ 19	21	22	24	26	27	29 / 0	♎ 1	2	4	6	7	9	10	12	13	15	16	18	19	20	22	23	25	26	27	29	29 / 0	♏ 1	2	
♀	♎ 1	3	4	5	6	8	9	10	11	13	14	15	16	17	19	20	21	22	24	25	26	27	28	29 / 0	♏ 1	2	3	5	6	7	
♂	♌ 20	21	21	22	23	23	24	24	25	26	26	27	28	28	29	29	♍ 0	1	1	2	3	3	4	4	5	6	6	7	8	8	

♃ 1 18 29R 30 / ♊10 11 11 11 — ♄ 1 12R 30 / ♊0 0 0 — ♅ 1 30 / ♒18 17 — ♆ 1 30 / ♒4 4 — ♇ 1 30 / ♐10 10

10

	1	2	3	4	5	6	7	8	9	10	11	12	13	14	15	16	17	18	19	20	21	22	23	24	25	26	27	28	29	30	31
☉	♎ 8	9	10	11	12	13	14	15	16	17	18	19	20	21	22	23	24	25	26	27	28	29	29 / 0	♏ 1	2	3	4	5	6	7	8
☽	♏ 24	♐ 7	19	♑ 1	13	25	♒ 6	18	♓ 1	13	26	♈ 9	22	♉ 5	19	♊ 3	17	♋ 1	15	29	♌ 14	28	♍ 12	26	♎ 9	23	♏ 6	19	♐ 2	15	27
☿	♏ 3	5	6	7	8	9	10	11	11	12	13	14	14	15	15	15	16	R 16	16	15	15	14	14	13	12	11	10	9	8	6	5
♀	♏ 8	9	11	12	13	14	16	17	18	19	20	22	23	24	25	26	28	29	29 / 0	♐ 1	3	4	5	6	7	9	10	11	12	13	15
♂	♍ 9	10	10	11	11	12	13	13	14	15	15	16	16	17	18	18	19	20	20	21	21	22	23	23	24	25	25	26	26	27	28

♃ 1 26 31 / ♊11 10 9 — ♄ 1 16 31 / ♊0 ♉29 29 — ♅ 1 26D 31 / ♒17 17 17 — ♆ 1 15D 31 / ♒4 4 4 — ♇ 1 16 31 / ♐10 11 11

11

	1	2	3	4	5	6	7	8	9	10	11	12	13	14	15	16	17	18	19	20	21	22	23	24	25	26	27	28	29	30	31
☉	♏ 9	10	11	12	13	14	15	16	17	18	19	20	21	22	23	24	25	26	27	28	29	29 / 0	♐ 1	2	3	4	5	6	7	8	
☽	♑ 9	21	♒ 2	14	26	♓ 8	21	♈ 4	17	♉ 0	14	28	♊ 13	27	♋ 12	26	♌ 10	24	♍ 8	22	♎ 6	19	♏ 2	15	28	♐ 10	23	♑ 5	17	29	
☿	♏ 4	3	2	1	0	0	0 / 29	♎ 29	♏ 0	0	1	1	2	3	4	5	6	7	9	10	11	13	14	16	17	19	20	22	23	25	
♀	♐ 16	17	18	19	21	22	23	24	26	27	28	29	29 / 0	♑ 2	3	4	5	6	8	9	10	11	12	13	15	16	17	18	19	21	
♂	♍ 28	29	29	29 / 0	♎ 1	1	2	3	3	4	4	5	6	6	7	7	8	9	9	10	11	11	12	12	13	14	14	15	15	16	

♃ 1 13 21 28 30 / ♊9 8 7 6 5 — ♄ 1 12 25 30 / ♉29 28 27 26 — ♅ 1 30 / ♒17 17 — ♆ 1 30 / ♒4 4 — ♇ 1 15 30 / ♐11 12 12

12

	1	2	3	4	5	6	7	8	9	10	11	12	13	14	15	16	17	18	19	20	21	22	23	24	25	26	27	28	29	30	31
☉	♐ 9	10	11	12	13	14	15	16	17	18	19	20	21	22	23	24	25	26	27	28	29 / 0	♑ 1	2	3	4	5	6	7	8	9	10
☽	♒ 10	22	♓ 4	16	29	♈ 11	25	♉ 8	22	♊ 7	21	♋ 6	21	♌ 6	21	♍ 5	19	♎ 3	16	29	♏ 12	25	♐ 7	19	♑ 1	13	25	♒ 7	19	♓ 1	13
☿	♏ 26	28	29 / 0	♐ 1	2	4	5	7	9	10	12	13	15	16	18	19	21	23	24	26	27	29	29 / 0	♑ 2	4	5	7	8	10	12	13
♀	♑ 22	23	24	25	26	28	29	29 / 0	♒ 1	2	3	5	6	7	8	9	10	12	13	14	15	16	17	18	20	21	22	23	24	25	26
♂	♎ 17	17	18	18	19	20	20	21	21	22	23	23	24	24	25	26	26	27	27	28	28	29	29 / 0	♏ 0	1	2	2	3	3	4	4

♃ 1 14 22 31 / ♊5 4 3 2 — ♄ 1 23 31 / ♉26 25 24 — ♅ 1 17 31 / ♒17 18 18 — ♆ 1 22 31 / ♒4 5 5 — ♇ 1 10 31 / ♐12 13 13

2001

1

	1	2	3	4	5	6	7	8	9	10	11	12	13	14	15	16	17	18	19	20	21	22	23	24	25	26	27	28	29	30	31
☉	♑ 11	12	13	14	15	16	17	18	19	20	21	22	23	24	25	26	27	28	29	♒ 0	1	2	3	4	5	6	7	8	9	10	11
☽	♓ 24	♈ 7	20	♉ 3	16	♊ 0	14	29	♋ 14	29	♌ 15	29	♍ 14	29	♎ 12	26	♏ 9	22	♐ 4	16	28	♑ 10	22	♒ 4	16	28	♓ 9	21	♈ 4	16	29
☿	♑ 15	17	18	20	21	23	25	26	28	29 / 0	♒ 1	3	5	6	8	10	11	13	15	16	18	19	21	22	23	25	26	27	28	29	29
♀	♒ 27	28	29 / 0	♓ 1	2	3	4	5	6	7	8	9	10	11	12	13	14	15	16	17	18	19	20	21	22	23	24	25	26	27	28
♂	♏ 5	6	6	7	7	8	9	9	10	10	11	11	12	13	13	14	14	15	15	16	16	17	18	18	19	19	20	20	21	22	22

♃ 1 26D 31 / ♊2 1 1 — ♄ 1 25D 31 / ♉24 24 24 — ♅ 1 8 26 31 / ♒18 19 20 20 — ♆ 1 19 31 / ♒5 6 6 — ♇ 1 8 31 / ♐13 14 14

2

	1	2	3	4	5	6	7	8	9	10	11	12	13	14	15	16	17	18	19	20	21	22	23	24	25	26	27	28	29	30	31
☉	♒ 12	13	14	15	16	17	18	19	20	21	22	23	24	25	26	27	28	29 / 0	♓ 1	2	3	4	5	6	7	8	9	10			
☽	♉ 12	25	♊ 9	23	♋ 7	22	♌ 7	22	♍ 8	23	♎ 7	21	♏ 5	18	♐ 1	13	25	♑ 7	19	♒ 1	13	24	♓ 6	18	♈ 1	13	26	♉ 8			
☿	♓ 0	0	0	0	R 0	0 / 29	♒ 29	29	28	27	26	25	24	22	21	20	19	18	18	17	16	16	15	15	15	D 15	15	16			
♀	♓ 29	29 / 0	♈ 0	1	2	3	4	5	5	6	7	8	8	9	10	10	11	11	12	13	13	14	14	15	15	15	16	16			
♂	♏ 23	23	24	24	25	25	26	26	27	28	28	29	29	29	♐ 0	1	1	2	2	3	3	4	4	5	5	6	6	7			

♃ 1 16 28 / ♊1 2 3 — ♄ 1 26 28 / ♉24 25 25 — ♅ 1 12 28 / ♒20 21 22 — ♆ 1 16 28 / ♒6 7 7 — ♇ 1 15 28 / ♐14 15 15

3

	1	2	3	4	5	6	7	8	9	10	11	12	13	14	15	16	17	18	19	20	21	22	23	24	25	26	27	28	29	30	31
☉	♓ 11	12	13	14	15	16	17	18	19	20	21	22	23	24	25	26	27	28	29	29 / 0	♈ 1	2	3	4	5	6	7	8	9	10	11
☽	♉ 21	♊ 4	18	♋ 2	16	♌ 1	16	♍ 1	16	♎ 1	15	29	♏ 13	26	♐ 9	22	♑ 4	16	28	♒ 9	21	♓ 3	15	27	♈ 10	22	♉ 5	18	♊ 1	15	28
☿	♒ 16	16	17	18	18	19	20	21	21	22	23	24	25	26	28	29	29 / 0	♓ 1	3	4	5	7	8	10	11	12	14	15	17	19	20
♀	♈ 16	17	17	17	17	17	18	18	18	R 18	17	17	17	17	17	16	16	16	15	15	14	14	13	13	12	12	11	10	10	9	9
♂	♐ 7	8	8	9	9	10	10	11	11	12	12	12	13	13	14	14	15	15	16	16	16	17	17	18	18	18	19	19	20	20	20

♃ 1 8 15 22 28 31 / ♊3 4 5 6 7 7 — ♄ 1 12 24 31 / ♉25 26 27 27 — ♅ 1 21 31 / ♒22 23 23 — ♆ 1 18 31 / ♒7 8 8 — ♇ 1 31 / ♐15 15

4

	1	2	3	4	5	6	7	8	9	10	11	12	13	14	15	16	17	18	19	20	21	22	23	24	25	26	27	28	29	30	31
☉	♈ 12	13	14	15	16	17	18	19	20	21	22	23	23	24	25	26	27	28	29	♉ 0	1	2	3	4	5	6	7	8	9	10	
☽	♋ 12	26	♌ 11	25	♍ 10	24	♎ 9	23	♏ 7	21	♐ 4	17	29	♑ 12	24	♒ 6	17	29	♓ 11	23	♈ 6	19	♉ 1	15	28	♊ 12	25	♋ 9	23	♌ 7	
☿	♓ 22	23	25	27	28	29 / 0	♈ 2	4	6	7	9	11	13	15	17	19	21	23	25	27	29 / 0	♉ 1	3	5	8	10	12	14	16	18	
♀	♈ 8	7	7	6	6	5	5	4	4	3	3	2	2	2	2	1	1	1	1	1	D 1	1	2	2	2	2	2	3	3	3	
♂	♐ 21	21	21	22	22	22	23	23	23	24	24	24	25	25	25	25	26	26	26	26	26	27	27	27	27	27	28	28	28	28	

♃ 1 3 8 14 19 24 28 30 / ♊7 8 9 10 11 12 13 13 — ♄ 1 12 21 30 / ♉28 29 ♊0 1 — ♅ 1 14 30 / ♒23 24 24 — ♆ 1 30 / ♒8 8 — ♇ 1 30 / ♐15 14

5

	1	2	3	4	5	6	7	8	9	10	11	12	13	14	15	16	17	18	19	20	21	22	23	24	25	26	27	28	29	30	31
☉	♉ 11	12	13	14	15	16	17	18	19	20	21	22	23	24	25	26	27	27	28	29 / 29	♊ 0	1	2	3	4	5	6	7	8	9	10
☽	♌ 21	♍ 6	20	♎ 4	18	♏ 2	16	29	♐ 12	25	♑ 7	20	♒ 2	14	25	♓ 7	19	♈ 2	14	27	♉ 10	23	♊ 7	21	♋ 5	20	♌ 4	18	♍ 2	17	♎ 1
☿	♉ 20	22	24	26	28	29 / 0	♊ 2	4	6	8	9	11	12	14	15	17	18	19	20	22	23	24	25	25	26	27	27	28	29	29	29
♀	♈ 4	4	4	5	5	6	6	7	8	8	9	9	10	11	11	12	13	14	14	15	16	17	17	18	19	20	21	22	23	23	24
♂	♐ 28	28	28	28	28	28	28	28	29	29	29	R 29	29	29	29	29	29	29	28	28	28	28	28	28	28	27	27	27	27	26	26

♃ 1 3 8 13 17 21 26 30 / ♊13 14 15 16 17 18 19 20 — ♄ 1 7 15 23 30 / ♊1 2 3 4 5 — ♅ 1 31R / ♒24 24 — ♆ 1 12R 31 / ♒8 8 8 — ♇ 1 31 / ♐14 14

6

	1	2	3	4	5	6	7	8	9	10	11	12	13	14	15	16	17	18	19	20	21	22	23	24	25	26	27	28	29	30	31
☉	♊ 11	12	13	14	15	16	17	18	19	20	21	22	23	23	24	25	26	27	28	29	29 / 0	♋ 1	2	3	4	5	6	7	8	9	
☽	♎ 14	28	♏ 12	25	♐ 8	21	♑ 3	16	28	♒ 10	21	♓ 3	15	27	♈ 10	22	♉ 5	18	♊ 2	16	♋ 0	15	29	♌ 14	29	♍ 13	27	♎ 11	25	♏ 8	
☿	♊ 29	29	29	29	R 29	29	29	29	29	28	28	28	27	26	26	25	25	24	24	23	23	22	22	22	21	21	21	21	D 21	21	
♀	♈ 25	26	27	28	29	29 / 0	♉ 1	2	3	4	5	6	7	8	9	10	11	12	13	14	15	16	17	18	19	20	21	22	23	24	
♂	♐ 26	26	26	25	25	25	24	24	24	24	23	23	23	22	22	22	21	21	21	20	20	20	19	19	19	19	18	18	18	17	

♃ 1 3 8 12 16 21 25 30 / ♊20 21 22 23 24 25 26 27 — ♄ 1 7 15 23 30 / ♊5 6 7 8 9 — ♅ 1 30 / ♒24 24 — ♆ 1 30 / ♒8 8 — ♇ 1 30 / ♐14 13

7

	1	2	3	4	5	6	7	8	9	10	11	12	13	14	15	16	17	18	19	20	21	22	23	24	25	26	27	28	29	30	31
☉	♋ 9	10	11	12	13	14	15	16	17	18	19	20	21	22	23	24	25	26	27	28	29	29 / 0	♌ 0	1	2	3	4	5	6	7	8
☽	♏ 22	♐ 5	17	29	♑ 12	24	♒ 6	18	29	♓ 12	24	♈ 6	18	♉ 0	13	26	♊ 10	24	♋ 8	23	♌ 8	23	♍ 8	23	♎ 8	22	♏ 5	19	♐ 2	14	27
☿	♊ 22	22	22	23	23	24	24	25	26	27	28	29 / 0	♋ 0	2	3	4	6	7	9	11	12	14	16	18	20	22	24	26	28	29 / 0	♌ 2
♀	♉ 25	26	27	28	29	♊ 1	2	3	4	5	6	7	8	9	11	12	13	14	15	16	17	18	20	21	22	23	24	25	26	28	29
♂	♐ 17	17	17	17	16	16	16	16	16	15	15	15	15	15	15	15	15	15	15	D 15	15	15	15	15	15	15	15	15	15	16	16

♃ 1 4 8 13 17 22 27 31 / ♊27 28 29 ♋ 1 2 3 4 — ♄ 1 10 19 29 31 / ♊9 10 11 12 12 — ♅ 1 31 / ♒24 23 — ♆ 1 31 / ♒8 7 — ♇ 1 31 / ♐13 12

8

	1	2	3	4	5	6	7	8	9	10	11	12	13	14	15	16	17	18	19	20	21	22	23	24	25	26	27	28	29	30	31
☉	♌ 9	10	11	12	13	14	15	16	17	18	19	20	21	22	23	24	25	26	26	27	28	29	29 / 0	♍ 1	2	3	4	5	6	7	8
☽	♑ 9	21	♒ 3	15	27	♓ 8	20	♈ 2	14	27	♉ 9	22	♊ 5	18	♋ 2	17	♌ 1	17	♍ 2	17	♎ 2	17	♏ 1	15	28	♐ 11	24	♑ 6	18	♒ 0	12
☿	♌ 4	6	8	10	13	15	17	18	21	23	25	26	28	29 / 0	♍ 2	4	6	8	10	11	13	15	16	18	20	21	23	24	26	28	29
♀	♊ 29	♋ 1	2	3	4	6	7	8	9	10	11	12	14	15	16	17	18	20	21	22	23	24	25	27	28	29	29 / 0	♌ 1	3	4	5
♂	♐ 16	16	16	16	17	17	17	17	18	18	18	18	19	19	19	20	20	21	21	21	21	22	22	23	23	24	24	25	25	25	26

♃ 1 5 10 15 21 26 31 / ♋4 5 6 7 8 9 10 — ♄ 1 10 25 31 / ♊12 13 14 14 — ♅ 1 31 / ♒23 22 — ♆ 1 31 / ♒7 6 — ♇ 1 24D 31 / ♐12 12 12

9

	1	2	3	4	5	6	7	8	9	10	11	12	13	14	15	16	17	18	19	20	21	22	23	24	25	26	27	28	29	30	31
☉	♍ 9	10	11	12	13	14	15	16	17	18	19	20	21	22	23	24	25	26	26	27	28	29 / 0	♎ 0	1	2	3	4	5	6	7	
☽	♒ 24	♓ 5	17	29	♈ 11	24	♉ 6	18	♊ 1	14	27	♋ 11	25	♌ 10	25	♍ 10	25	♎ 11	25	♏ 10	24	♐ 7	20	♑ 3	15	27	♒ 9	21	♓ 2	14	
☿	♎ 0	2	3	5	6	8	9	10	12	13	14	15	16	18	19	20	21	22	23	24	25	25	26	27	27	28	28	29	29	29	
♀	♌ 6	7	9	10	11	12	13	15	16	17	18	19	20	22	23	24	25	27	28	29	29 / 0	♍ 2	3	4	5	6	8	9	10	11	
♂	♐ 26	27	27	28	28	29	29	29 / 0	♑ 0	1	1	2	2	3	3	4	5	5	6	6	7	7	8	9	9	10	10	11	12	12	

♃ 1 7 14 22 30 / ♋10 11 12 13 14 — ♄ 1 27R 30 / ♊14 14 14 — ♅ 1 30 / ♒22 21 — ♆ 1 30 / ♒6 6 — ♇ 1 30 / ♐12 13

10

	1	2	3	4	5	6	7	8	9	10	11	12	13	14	15	16	17	18	19	20	21	22	23	24	25	26	27	28	29	30	31
☉	♎ 8	9	10	11	12	13	14	15	16	17	18	19	20	21	22	23	24	25	26	27	28	29	29 / 0	♏ 1	2	3	4	5	6	7	8
☽	♓ 26	♈ 8	21	♉ 3	15	28	♊ 11	24	♋ 7	21	♌ 5	20	♍ 4	19	♎ 4	19	♏ 3	18	♐ 2	15	28	♑ 11	23	♒ 5	17	29	♓ 11	23	♈ 5	17	29
☿	♎ 29	R 29	29	29	29	28	27	27	26	25	24	23	22	20	19	18	17	16	15	15	14	14	14	D 14	14	15	16	17	18	19	20
♀	♍ 13	14	15	16	18	19	20	21	22	24	25	26	27	29	29 / 0	♎ 1	2	4	5	6	7	9	10	11	12	14	15	16	17	19	20
♂	♑ 13	13	14	15	15	16	16	17	18	18	19	20	20	21	21	22	23	24	24	25	26	26	27	28	28	29	29 / 0	♒ 0	1	2	2

♃ 1 13 31 / ♋14 15 15 — ♄ 1 31 / ♊14 14 — ♅ 1 31 / ♒21 21 — ♆ 1 19D 31 / ♒6 6 6 — ♇ 1 31 / ♐13 13

11

	1	2	3	4	5	6	7	8	9	10	11	12	13	14	15	16	17	18	19	20	21	22	23	24	25	26	27	28	29	30	31
☉	♏ 9	10	11	12	13	14	15	16	17	18	19	20	21	22	23	24	25	26	27	28	29	29 / 0	♐ 1	2	3	4	5	6	7	8	
☽	♉ 12	25	♊ 8	21	♋ 4	18	♌ 2	16	♍ 0	14	29	♎ 13	28	♏ 12	26	♐ 10	23	♑ 6	19	♒ 1	13	25	♓ 7	19	♈ 1	13	25	♉ 8	21	♊ 4	
☿	♎ 21	22	23	25	26	28	29 / 0	♏ 1	2	4	6	7	9	10	12	14	15	17	18	20	21	23	25	26	28	29 / 0	♐ 1	3	4	6	
♀	♎ 21	22	24	25	26	27	29	29 / 0	♏ 1	2	4	5	6	7	9	10	11	12	14	15	16	17	19	20	21	22	24	25	26	27	
♂	♒ 3	4	5	5	6	7	7	8	9	9	10	11	11	12	13	14	14	15	16	17	17	18	19	19	20	21	22	22	23	24	

♃ 1 30 / ♋15 14 — ♄ 1 13 26 30 / ♊14 13 12 11 — ♅ 1 30 / ♒21 21 — ♆ 1 30 / ♒6 6 — ♇ 1 7 30 / ♐13 14 14

12

	1	2	3	4	5	6	7	8	9	10	11	12	13	14	15	16	17	18	19	20	21	22	23	24	25	26	27	28	29	30	31
☉	♐ 9	10	11	12	13	14	15	16	17	18	19	20	21	22	23	24	25	26	27	28	29 / 0	♑ 1	2	3	4	5	6	7	8	9	10
☽	♊ 17	♋ 1	15	29	♌ 13	27	♍ 11	25	♎ 9	23	♏ 7	21	♐ 5	18	♑ 1	14	26	♒ 9	21	♓ 3	15	26	♈ 8	21	♉ 3	15	28	♊ 12	25	♋ 9	24
☿	♐ 7	9	10	12	14	15	17	18	20	21	23	25	26	28	29 / 0	♑ 1	2	4	6	7	9	10	12	14	15	17	18	20	21	23	25
♀	♏ 29	29 / 0	♐ 1	2	4	5	6	7	9	10	11	12	14	15	16	18	19	20	21	23	24	25	26	27	29	29 / 0	♑ 1	3	4	5	6
♂	♒ 24	25	26	27	27	28	29	29	♓ 0	1	2	2	3	4	5	5	6	7	7	8	9	10	10	11	12	13	13	14	15	16	16

♃ 1 13 21 29 31 / ♋14 13 12 11 11 — ♄ 1 21 31 / ♊11 10 9 — ♅ 1 21 31 / ♒21 22 22 — ♆ 1 17 31 / ♒6 7 7 — ♇ 1 4 31 / ♐14 15 16

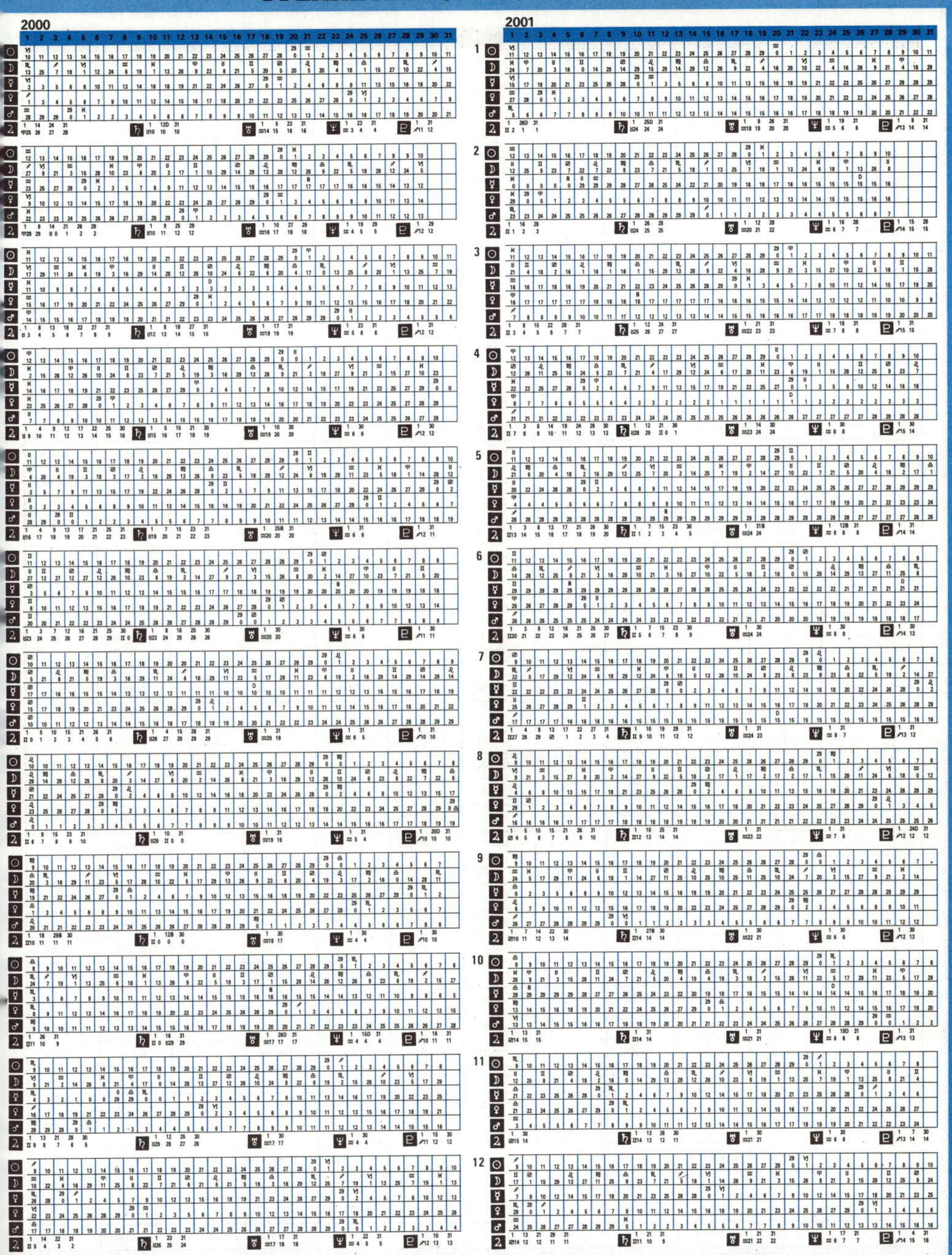

1A WECHSEL DES SONNENZEICHENS 1910–2001

	1	2	3	4	5	6	7	8	9	10	11	12
1910	20♒21·59	19♓12·28	21♈12·03	20♉23·46	21♊23·30	22♋ 7·49	23♌18·43	24♍ 1·27	23♎22·30	24♏ 7·11	23♐ 4·11	22♑17·12
1911	21♒ 3·52	19♓18·21	21♈17·55	21♉ 5·36	22♊ 5·19	22♋13·36	24♌ 0·29	24♍ 7·13	24♎ 4·17	24♏12·59	23♐ 9·57	22♑22·53
1912	21♒ 9·29	19♓23·56	20♈23·29	20♉11·12	21♊10·57	21♋20·26	23♌ 6·14	23♍13·02	23♎10·08	23♏18·50	22♐15·48	22♑ 4·45
1913	20♒15·19	19♓ 5·45	21♈ 5·18	20♉17·03	21♊16·50	22♋ 1·09	23♌12·04	23♍18·48	23♎15·53	24♏ 0·35	22♐21·36	22♑10·35
1914	20♒21·12	19♓11·38	21♈11·11	20♉22·54	21♊22·38	22♋ 6·55	23♌17·47	24♍ 0·30	23♎21·35	24♏ 6·18	23♐ 3·21	22♑16·24
1915	21♒ 3·00	19♓17·23	21♈16·51	21♉ 4·28	22♊ 4·10	22♋12·29	23♌23·27	24♍ 6·16	24♎ 3·24	24♏12·10	23♐ 9·14	22♑22·16
1916	21♒ 8·54	19♓23·18	20♈22·47	20♉10·25	21♊10·06	21♋18·25	23♌ 5·21	23♍12·09	23♎ 9·15	23♏17·58	21♐14·58	22♑ 3·59
1917	20♒14·37	19♓ 5·05	21♈ 4·37	20♉16·17	21♊15·59	22♋ 0·15	23♌11·08	23♍17·54	23♎15·00	23♏23·44	22♐20·45	21♑ 9·46
1918	20♒20·24	19♓10·53	21♈10·26	20♉22·06	21♊21·46	22♋ 6·00	23♌16·52	23♍23·37	23♎20·45	24♏ 5·33	23♐ 2·38	22♑15·42
1919	21♒ 2·21	19♓16·48	21♈16·19	21♉ 3·59	22♊ 3·39	22♋11·54	23♌22·45	24♍ 5·28	24♎ 2·35	24♏11·21	23♐ 8·25	22♑21·27
1920	21♒ 9·05	19♓22·29	20♈22·00	20♉ 9·39	21♊ 9·22	21♋17·40	23♌ 4·35	23♍11·22	23♎ 8·28	23♏17·13	22♐14·16	22♑ 3·17
1921	20♒13·55	19♓ 4·21	21♈ 3·51	20♉15·32	21♊15·17	21♋23·36	23♌10·31	23♍17·15	23♎14·20	23♏23·03	22♐20·21	22♑ 9·08
1922	20♒19·48	19♓10·16	21♈ 9·49	20♉21·29	21♊21·11	22♋ 5·27	23♌16·20	23♍23·04	23♎10·10	24♏ 4·53	23♐ 1·55	22♑14·57
1923	21♒ 1·35	19♓16·00	21♈15·29	21♉ 3·06	22♊ 2·45	22♋11·03	23♌22·01	24♍ 4·52	24♎ 2·04	24♏10·51	23♐ 7·54	22♑20·53
1924	21♒ 7·29	19♓21·51	20♈21·20	20♉ 8·59	21♊ 8·41	21♋17·00	23♌ 3·58	23♍10·48	23♎ 7·58	23♏16·44	22♐13·46	22♑ 2·45
1925	20♒13·20	19♓ 3·43	21♈ 3·13	20♉14·51	21♊14·33	21♋22·50	23♌ 9·45	23♍16·33	23♎13·43	23♏22·31	22♐19·36	22♑ 8·37
1926	20♒19·13	19♓ 9·35	21♈ 9·01	20♉20·36	21♊20·15	22♋ 4·30	23♌15·25	23♍22·14	23♎19·26	24♏ 4·18	23♐ 1·28	22♑14·34
1927	21♒ 1·12	19♓15·35	21♈14·59	21♉ 2·32	22♊ 2·08	22♋10·21	23♌21·17	24♍ 4·06	24♎ 1·17	24♏10·07	23♐ 7·14	22♑20·18
1928	21♒ 6·57	19♓21·20	20♈20·44	20♉ 8·17	21♊ 7·53	21♋16·07	23♌ 3·02	23♍ 9·53	23♎ 7·06	23♏15·55	22♐13·00	22♑ 2·04
1929	20♒12·42	19♓ 3·07	21♈ 2·35	20♉14·11	21♊13·48	21♋22·01	23♌ 8·54	23♍15·41	23♎12·52	23♏21·41	22♐18·48	22♑ 7·53
1930	20♒18·33	19♓ 9·00	21♈ 8·30	20♉20·06	21♊19·42	22♋ 3·53	23♌14·42	23♍21·27	23♎18·36	24♏ 3·26	23♐ 0·34	22♑13·40
1931	21♒ 0·18	19♓14·40	21♈14·06	21♉ 1·40	22♊ 1·15	22♋ 9·28	23♌20·21	24♍ 3·10	24♎ 0·23	24♏ 9·15	23♐ 6·25	22♑19·30
1932	21♒ 6·07	19♓20·29	20♈19·54	20♉ 7·28	21♊ 7·07	21♋15·23	23♌ 2·18	23♍ 9·06	23♎ 6·16	23♏15·04	22♐12·10	22♑ 1·14
1933	20♒11·53	19♓ 2·16	21♈ 1·43	20♉13·19	21♊12·57	21♋21·12	23♌ 8·06	23♍14·53	23♎12·01	23♏20·48	22♐17·53	22♑ 6·58
1934	20♒17·37	19♓ 8·02	21♈ 7·28	20♉19·00	21♊18·35	22♋ 2·48	23♌13·42	23♍20·32	23♎17·45	24♏ 2·36	22♐23·44	22♑12·49
1935	20♒23·29	19♓13·52	21♈13·18	21♉ 0·50	22♊ 0·25	22♋ 8·38	23♌19·33	24♍ 2·24	23♎23·38	24♏ 8·29	23♐ 5·35	22♑18·37
1936	21♒ 5·12	19♓19·33	20♈18·58	20♉ 6·31	21♊ 6·08	21♋14·22	23♌ 1·18	23♍ 8·11	23♎ 5·26	23♏14·18	22♐11·25	22♑ 0·27
1937	20♒11·01	19♓ 1·21	21♈ 0·45	20♉12·20	21♊11·57	21♋20·12	23♌ 7·07	23♍13·58	23♎11·13	23♏20·06	22♐17·17	22♑ 6·22
1938	20♒16·59	19♓ 7·20	21♈ 6·43	20♉18·15	21♊17·51	22♋ 2·04	23♌12·57	23♍19·46	23♎17·00	24♏ 1·54	22♐23·06	22♑12·13
1939	20♒22·51	19♓13·10	21♈12·29	20♉23·55	21♊23·27	22♋ 7·40	23♌18·37	24♍ 1·31	23♎22·50	24♏ 7·46	23♐ 4·59	22♑18·06
1940	21♒ 4·44	19♓19·04	20♈18·24	20♉ 5·51	21♊ 5·23	21♋13·37	23♌ 0·34	23♍ 7·29	23♎ 4·46	23♏13·39	22♐10·49	21♑23·55
1941	20♒10·34	19♓ 0·59	21♈ 0·21	20♉11·51	21♊11·23	21♋19·33	23♌ 6·26	23♍13·30	23♎10·33	23♏19·27	22♐16·38	22♑ 5·44
1942	20♒16·16	19♓ 6·39	21♈ 6·03	20♉17·30	21♊17·01	22♋ 1·08	23♌11·59	23♍18·50	23♎16·10	23♏ 1·01	22♐22·23	22♑11·31
1943	20♒22·20	19♓12·41	21♈12·03	20♉23·32	21♊23·03	22♋ 7·13	23♌18·05	24♍ 0·55	23♎22·12	24♏ 7·09	23♐ 4·22	22♑17·30
1944	21♒ 4·09	19♓18·28	21♈17·49	20♉ 5·18	21♊ 4·51	21♋13·03	22♌23·55	23♍ 6·47	23♎ 4·02	23♏12·57	22♐10·09	21♑23·15
1945	20♒ 9·55	19♓ 0·15	20♈23·38	20♉11·08	22♊10·41	21♋18·52	23♌ 5·46	23♍12·36	23♎ 9·50	23♏18·45	22♐15·56	22♑ 5·04
1946	20♒15·44	19♓ 6·10	21♈ 5·34	20♉17·03	21♊16·34	22♋ 0·46	23♌11·37	23♍18·26	23♎15·41	24♏ 0·37	22♐21·47	22♑10·54
1947	20♒21·32	19♓11·53	21♈11·13	20♉22·40	21♊22·09	22♋ 6·19	23♌17·12	24♍ 0·09	23♎21·29	24♏ 6·27	23♐ 3·38	22♑16·44
1948	21♒ 3·18	19♓17·37	20♈16·57	20♉ 4·25	21♊ 3·58	21♋12·11	22♌23·08	23♍ 6·03	23♎ 3·22	23♏12·19	22♐ 9·29	21♑22·33
1949	20♒ 9·11	18♓23·27	20♈22·49	20♉10·18	21♊ 9·51	21♋18·03	23♌ 4·58	23♍11·49	23♎ 9·06	23♏18·04	22♐15·17	22♑ 4·24
1950	20♒15·00	19♓ 5·16	21♈ 4·36	20♉16·00	21♊15·27	21♋23·37	23♌10·30	23♍17·24	23♎14·44	23♏23·48	22♐21·03	22♑10·14
1951	20♒20·53	19♓11·10	21♈10·26	20♉21·49	21♊21·15	22♋ 5·25	23♌16·21	23♍23·22	23♎20·38	23♏ 5·37	23♐ 2·52	22♑16·01
1952	21♒ 2·38	19♓16·57	20♈16·14	20♉ 3·37	21♊ 3·04	21♋11·13	22♌22·08	23♍ 5·03	23♎ 2·24	23♏11·22	22♐ 8·36	21♑21·44
1953	20♒ 8·22	18♓22·41	20♈22·01	20♉ 9·26	21♊ 8·53	21♋17·00	23♌ 3·53	23♍10·46	23♎ 8·07	23♏17·07	22♐14·23	22♑ 3·32
1954	20♒14·14	19♓ 4·33	21♈ 3·54	20♉15·20	21♊14·48	21♋22·55	23♌ 9·45	23♍16·37	23♎13·56	23♏22·58	22♐20·14	22♑ 9·25
1955	20♒20·03	19♓10·19	21♈ 9·36	20♉20·58	21♊20·25	22♋ 4·32	23♌15·25	23♍22·19	23♎19·42	23♏ 4·44	23♐ 2·02	22♑15·12

1A WECHSEL DES SONNENZEICHENS 1910–2001

	1	2	3	4	5	6	7	8	9	10	11	12
1956	21 ♒ 1·49	19 ♓ 16·05	20 ♈ 15·21	20 ♉ 2·44	21 ♊ 2·13	21 ♋ 10·24	22 ♌ 21·20	23 ♍ 4·15	23 ♎ 1·36	23 ♏ 10·35	22 ♐ 7·51	21 ♑ 21·00
1957	20 ♒ 7·43	18 ♓ 22·01	20 ♈ 21·17	20 ♉ 8·45	21 ♊ 8·09	21 ♋ 16·21	23 ♌ 3·13	23 ♍ 10·07	23 ♎ 7·27	23 ♏ 16·33	22 ♐ 13·45	22 ♑ 2·49
1958	20 ♒ 13·17	19 ♓ 3·49	21 ♈ 3·06	20 ♉ 14·28	21 ♊ 13·52	21 ♋ 21·57	23 ♌ 8·51	23 ♍ 15·47	23 ♎ 13·10	23 ♏ 22·12	22 ♐ 19·30	22 ♑ 8·40
1959	20 ♒ 19·20	19 ♓ 9·38	21 ♈ 8·55	20 ♉ 20·17	21 ♊ 19·36	22 ♋ 3·50	23 ♌ 14·46	23 ♍ 21·44	23 ♎ 19·09	24 ♏ 4·12	23 ♐ 1·23	22 ♑ 14·35
1960	21 ♒ 1·11	19 ♓ 15·26	20 ♈ 14·43	20 ♉ 2·06	21 ♊ 1·33	21 ♋ 9·43	22 ♌ 20·38	23 ♍ 3·35	23 ♎ 1·00	23 ♏ 10·03	22 ♐ 7·19	21 ♑ 20·27
1961	20 ♒ 7·02	18 ♓ 21·27	20 ♈ 20·27	20 ♉ 7·33	21 ♊ 6·51	21 ♋ 15·12	23 ♌ 2·12	23 ♍ 8·40	23 ♎ 6·26	23 ♏ 15·46	22 ♐ 13·10	22 ♑ 2·25
1962	20 ♒ 12·49	19 ♓ 3·16	21 ♈ 2·30	20 ♉ 13·51	21 ♊ 13·17	21 ♋ 21·24	23 ♌ 8·19	23 ♍ 15·13	23 ♎ 12·35	23 ♏ 21·41	22 ♐ 19·02	22 ♑ 8·15
1963	20 ♒ 18·55	19 ♓ 9·09	21 ♈ 8·20	20 ♉ 19·37	21 ♊ 18·59	22 ♋ 3·04	23 ♌ 14·00	23 ♍ 20·58	23 ♎ 18·24	24 ♏ 3·30	23 ♐ 0·50	22 ♑ 14·02
1964	20 ♒ 0·43	19 ♓ 15·26	20 ♈ 14·43	20 ♉ 2·06	21 ♊ 1·33	21 ♋ 9·43	22 ♌ 20·38	23 ♍ 3·35	23 ♎ 1·00	23 ♏ 10·03	22 ♐ 7·19	21 ♑ 20·27
1965	20 ♒ 6·30	18 ♓ 20·49	20 ♈ 20·05	20 ♉ 7·27	21 ♊ 6·51	21 ♋ 14·56	23 ♌ 1·49	23 ♍ 8·43	23 ♎ 6·06	23 ♏ 15·11	22 ♐ 12·30	22 ♑ 1·41
1966	20 ♒ 12·21	19 ♓ 2·39	21 ♈ 1·53	20 ♉ 13·12	21 ♊ 12·33	21 ♋ 20·33	23 ♌ 7·24	23 ♍ 14·18	23 ♎ 11·43	23 ♏ 20·52	22 ♐ 18·15	22 ♑ 7·29
1967	20 ♒ 18·08	19 ♓ 8·25	21 ♈ 7·37	20 ♉ 18·56	21 ♊ 18·19	22 ♋ 2·23	23 ♌ 13·16	23 ♍ 20·13	23 ♎ 17·38	24 ♏ 2·44	23 ♐ 0·05	22 ♑ 13·17
1968	20 ♒ 23·54	19 ♓ 14·11	20 ♈ 13·22	20 ♉ 0·42	21 ♊ 0·07	21 ♋ 8·13	22 ♌ 19·13	23 ♍ 2·02	22 ♎ 23·26	23 ♏ 8·30	22 ♐ 5·49	21 ♑ 19·00
1969	20 ♒ 5·30	18 ♓ 19·47	20 ♈ 19·08	20 ♉ 6·18	21 ♊ 5·41	21 ♋ 13·55	23 ♌ 1·05	23 ♍ 7·36	23 ♎ 5·07	23 ♏ 14·03	22 ♐ 11·23	22 ♑ 0·44
1970	20 ♒ 11·25	19 ♓ 1·43	21 ♈ 0·57	20 ♉ 12·16	21 ♊ 11·32	21 ♋ 19·43	23 ♌ 6·38	23 ♍ 13·35	23 ♎ 10·59	23 ♏ 20·05	22 ♐ 17·25	22 ♑ 6·36
1971	20 ♒ 17·14	19 ♓ 7·28	21 ♈ 6·38	20 ♉ 17·54	21 ♊ 17·16	22 ♋ 1·21	23 ♌ 12·15	23 ♍ 19·16	23 ♎ 16·47	23 ♏ 1·53	22 ♐ 23·15	22 ♑ 12·26
1972	20 ♒ 23·00	19 ♓ 13·12	20 ♈ 12·22	19 ♉ 23·38	20 ♊ 23·00	21 ♋ 7·07	22 ♌ 18·03	23 ♍ 1·04	22 ♎ 22·34	23 ♏ 7·42	22 ♐ 5·04	21 ♑ 18·14
1973	20 ♒ 4·49	18 ♓ 19·02	20 ♈ 18·13	20 ♉ 5·31	21 ♊ 4·54	21 ♋ 13·01	22 ♌ 23·56	23 ♍ 6·55	23 ♎ 4·22	23 ♏ 13·31	22 ♐ 10·55	22 ♑ 0·09
1974	20 ♒ 10·47	19 ♓ 1·00	21 ♈ 0·08	20 ♉ 11·19	21 ♊ 10·37	21 ♋ 18·38	23 ♌ 5·31	23 ♍ 12·29	23 ♎ 9·59	23 ♏ 19·12	22 ♐ 16·39	22 ♑ 5·57
1975	20 ♒ 16·37	19 ♓ 6·51	21 ♈ 5·58	20 ♉ 17·08	21 ♊ 16·25	22 ♋ 0·27	23 ♌ 11·23	23 ♍ 18·24	23 ♎ 15·56	24 ♏ 1·07	22 ♐ 22·32	22 ♑ 11·47
1976	20 ♒ 22·26	19 ♓ 12·41	20 ♈ 11·51	19 ♉ 23·04	20 ♊ 22·22	21 ♋ 6·25	22 ♌ 17·19	23 ♍ 0·19	22 ♎ 21·49	23 ♏ 6·59	22 ♐ 4·23	21 ♑ 17·36
1977	20 ♒ 4·15	18 ♓ 18·31	20 ♈ 17·43	20 ♉ 4·58	21 ♊ 4·15	21 ♋ 12·15	22 ♌ 23·05	23 ♍ 6·01	23 ♎ 3·30	23 ♏ 12·42	22 ♐ 10·08	21 ♑ 23·24
1978	20 ♒ 10·05	19 ♓ 0·22	20 ♈ 23·35	20 ♉ 10·51	21 ♊ 10·09	21 ♋ 18·10	23 ♌ 5·01	23 ♍ 11·58	23 ♎ 9·26	23 ♏ 18·38	22 ♐ 16·06	22 ♑ 5·22
1979	20 ♒ 16·01	19 ♓ 6·14	21 ♈ 5·23	20 ♉ 16·36	21 ♊ 15·55	21 ♋ 23·57	23 ♌ 10·50	23 ♍ 17·48	23 ♎ 15·18	24 ♏ 0·29	22 ♐ 21·55	22 ♑ 11·11
1980	20 ♒ 21·49	19 ♓ 12·2	20 ♈ 11·10	19 ♉ 22·24	20 ♊ 21·43	21 ♋ 5·48	22 ♌ 16·43	22 ♍ 23·42	22 ♎ 21·10	23 ♏ 6·18	22 ♐ 3·43	21 ♑ 16·57
1981	20 ♒ 3·36	18 ♓ 17·52	20 ♈ 17·3	20 ♉ 4·19	21 ♊ 3·39	21 ♋ 11·45	22 ♌ 22·40	23 ♍ 5·38	23 ♎ 3·5	23 ♏ 12·13	22 ♐ 9·36	21 ♑ 22·51
1982	20 ♒ 9·31	19 ♓ 23·47	20 ♈ 22·56	20 ♉ 10·8	21 ♊ 9·23	21 ♋ 17·23	23 ♌ 4·15	23 ♍ 11·15	23 ♎ 8·46	23 ♏ 17·58	22 ♐ 15·24	22 ♑ 4·39
1983	20 ♒ 15·17	19 ♓ 5·31	21 ♈ 4·39	20 ♉ 15·50	21 ♊ 15·7	21 ♋ 23·9	23 ♌ 10·5	23 ♍ 17·8	23 ♎ 14·42	23 ♏ 23·54	22 ♐ 21·18	22 ♑ 10·30
1984	20 ♒ 21·5	19 ♓ 11·16	20 ♈ 10·25	19 ♉ 21·38	20 ♊ 20·58	21 ♋ 5·2	22 ♌ 15·58	22 ♍ 23·0	22 ♎ 20·33	23 ♏ 5·46	22 ♐ 3·11	21 ♑ 16·23
1985	20 ♒ 02·58	18 ♓ 17·08	20 ♈ 16·14	20 ♉ 03·26	21 ♊ 02·43	21 ♋ 10·44	22 ♌ 21·36	23 ♍ 04·36	23 ♎ 02·08	23 ♏ 11·22	22 ♐ 08·51	21 ♑ 22·08
1986	20 ♒ 08·47	18 ♓ 22·58	20 ♈ 22·03	20 ♉ 09·12	21 ♊ 08·28	21 ♋ 16·30	23 ♌ 03·24	23 ♍ 10·26	23 ♎ 07·59	23 ♏ 17·14	22 ♐ 14·45	22 ♑ 04·02
1987	20 ♒ 14·41	19 ♓ 04·50	21 ♈ 03·52	20 ♉ 14·58	21 ♊ 14·10	21 ♋ 22·11	23 ♌ 09·06	23 ♍ 16·10	23 ♎ 13·45	23 ♏ 23·01	22 ♐ 20·29	22 ♑ 09·46
1988	20 ♒ 20·25	19 ♓ 10·35	20 ♈ 09·39	19 ♉ 20·45	20 ♊ 19·57	21 ♋ 03·57	22 ♌ 14·51	22 ♍ 21·54	22 ♎ 19·29	23 ♏ 04·44	22 ♐ 02·12	21 ♑ 15·28
1989	20 ♒ 02·08	18 ♓ 16·21	20 ♈ 15·29	20 ♉ 02·39	21 ♊ 01·54	21 ♋ 09·53	22 ♌ 20·45	23 ♍ 03·46	23 ♎ 01·20	23 ♏ 10·35	22 ♐ 08·05	21 ♑ 21·22
1990	20 ♒ 08·02	18 ♓ 22·14	20 ♈ 21·20	20 ♉ 08·27	21 ♊ 07·37	21 ♋ 15·33	23 ♌ 02·22	23 ♍ 09·21	23 ♎ 06·56	23 ♏ 16·14	22 ♐ 13·47	22 ♑ 03·07
1991	20 ♒ 13·47	19 ♓ 03·58	21 ♈ 03·02	20 ♉ 14·09	21 ♊ 13·20	21 ♋ 21·19	23 ♌ 08·11	23 ♍ 15·13	23 ♎ 12·48	23 ♏ 22·05	22 ♐ 19·36	22 ♑ 08·54
1992	20 ♒ 19·33	19 ♓ 09·44	20 ♈ 08·48	19 ♉ 19·57	20 ♊ 19·12	21 ♋ 03·14	22 ♌ 14·09	22 ♍ 21·10	22 ♎ 18·43	23 ♏ 03·57	22 ♐ 01·26	21 ♑ 14·43
1993	20 ♒ 01·23	18 ♓ 15·35	20 ♈ 14·41	20 ♉ 01·49	21 ♊ 01·02	21 ♋ 9·00	22 ♌ 19·51	23 ♍ 02·50	23 ♎ 00·23	23 ♏ 09·37	22 ♐ 07·07	21 ♑ 20·26
1994	20 ♒ 07·08	18 ♓ 21·22	20 ♈ 20·28	20 ♉ 07·36	21 ♊ 06·49	21 ♋ 14·48	23 ♌ 01·41	23 ♍ 08·44	23 ♎ 06·19	23 ♏ 15·36	22 ♐ 13·06	22 ♑ 02·23
1995	20 ♒ 13·01	19 ♓ 03·11	21 ♈ 02·15	20 ♉ 13·22	21 ♊ 12·34	21 ♋ 20·34	23 ♌ 07·30	23 ♍ 14·35	23 ♎ 12·13	23 ♏ 21·32	22 ♐ 19·02	22 ♑ 08·17
1996	20 ♒ 18·53	19 ♓ 09·01	20 ♈ 08·03	19 ♉ 19·10	20 ♊ 18·23	21 ♋ 02·24	22 ♌ 13·19	22 ♍ 20·23	22 ♎ 18·00	23 ♏ 03·19	22 ♐ 00·50	21 ♑ 14·06
1997	20 ♒ 00·43	18 ♓ 14·52	20 ♈ 13·55	20 ♉ 01·03	21 ♊ 00·18	21 ♋ 08·20	22 ♌ 19·16	23 ♍ 02·19	22 ♎ 23·56	23 ♏ 09·15	22 ♐ 06·48	21 ♑ 20·07
1998	20 ♒ 06·47	18 ♓ 20·56	20 ♈ 19·55	20 ♉ 06·57	21 ♊ 06·06	21 ♋ 14·03	23 ♌ 00·56	23 ♍ 07·59	23 ♎ 05·38	23 ♏ 14·59	22 ♐ 12·34	22 ♑ 01·57
1999	20 ♒ 12·38	19 ♓ 02·48	21 ♈ 01·46	20 ♉ 12·46	21 ♊ 11·53	21 ♋ 19·49	23 ♌ 06·44	23 ♍ 13·51	23 ♎ 11·32	23 ♏ 20·53	22 ♐ 18·25	22 ♑ 07·44
2000	20 ♒ 18·23	19 ♓ 08·34	20 ♈ 07·36	19 ♉ 18·40	20 ♊ 17·49	21 ♋ 01·48	22 ♌ 12·43	22 ♍ 19·49	22 ♎ 17·28	23 ♏ 02·48	22 ♐ 00·20	21 ♑ 13·38
2001	20 ♒ 00·09	18 ♓ 14·19	20 ♈ 13·24	20 ♉ 00·29	20 ♊ 23·36	21 ♋ 07·31	22 ♌ 18·10	23 ♍ 01·20	22 ♎ 22·57	23 ♏ 08·18	22 ♐ 05·54	21 ♑ 19·10

2 STERNZEIT 1910–2001

Jahr	Tag	1	2	3	4	5	6	7	8	9	10	11	12
1910	1	18 41 2	20 43 15	22 33 38	0 35 52	2 34 8	4 36 22	6 34 38	8 36 52	10 39 5	12 37 21	14 39 35	16 37 51
	2	18 44 58	20 47 11	22 37 35	0 39 48	2 38 5	4 40 18	6 38 35	8 40 48	10 43 1	12 41 18	14 43 31	16 41 48
	3	18 48 55	20 51 8	22 41 32	0 43 45	2 42 1	4 44 15	6 42 31	8 44 45	10 46 58	12 45 14	14 47 28	16 45 44
	4	18 52 51	20 55 5	22 45 28	0 47 41	2 45 58	4 48 11	6 46 28	8 48 41	10 50 54	12 49 11	14 51 24	16 49 41
	5	18 56 48	20 59 1	22 49 25	0 51 38	2 49 54	4 52 8	6 50 24	8 52 38	10 54 51	12 53 8	14 55 21	16 53 37
	6	19 0 44	21 2 58	22 53 21	0 55 34	2 53 51	4 56 4	6 54 21	8 56 34	10 58 48	12 57 4	14 59 17	16 57 34
	7	19 4 41	21 6 54	22 57 18	0 59 31	2 57 48	5 0 1	6 58 18	9 0 31	11 2 44	13 1 1	15 3 14	17 1 31
	8	19 8 38	21 10 51	23 1 14	1 3 27	3 1 44	5 3 57	7 2 14	9 4 27	11 6 41	13 4 57	15 7 10	17 5 27
	9	19 12 34	21 14 47	23 5 11	1 7 24	3 5 41	5 7 54	7 6 11	9 8 24	11 10 37	13 8 54	15 11 7	17 9 24
	10	19 16 31	21 18 44	23 9 7	1 11 21	3 9 37	5 11 51	7 10 7	9 12 21	11 14 34	13 12 50	15 15 4	17 13 20
	11	19 20 27	21 22 40	23 13 4	1 15 17	3 13 34	5 15 47	7 14 4	9 16 17	11 18 30	13 16 47	15 19 0	17 17 17
	12	19 24 24	21 26 37	23 17 1	1 19 14	3 17 30	5 19 44	7 18 0	9 20 14	11 22 27	13 20 43	15 22 57	17 21 13
	13	19 28 20	21 30 34	23 20 57	1 23 10	3 21 27	5 23 40	7 21 57	9 24 10	11 26 23	13 24 40	15 26 53	17 25 10
	14	19 32 17	21 34 30	23 24 54	1 27 7	3 25 23	5 27 37	7 25 54	9 28 7	11 30 20	13 28 37	15 30 50	17 29 6
	15	19 36 13	21 38 27	23 28 50	1 31 3	3 29 20	5 31 33	7 29 50	9 32 3	11 34 16	13 32 33	15 34 46	17 33 3
	16	19 40 10	21 42 23	23 32 47	1 35 0	3 33 17	5 35 30	7 33 47	9 36 0	11 38 13	13 36 30	15 38 43	17 37 0
	17	19 44 7	21 46 20	23 36 43	1 38 56	3 37 13	5 39 26	7 37 43	9 39 56	11 42 10	13 40 26	15 42 39	17 40 56
	18	19 48 3	21 50 16	23 40 40	1 42 53	3 41 10	5 43 23	7 41 40	9 43 53	11 46 6	13 44 23	15 46 36	17 44 53
	19	19 52 0	21 54 13	23 44 36	1 46 50	3 45 6	5 47 20	7 45 36	9 47 50	11 50 3	13 48 19	15 50 33	17 48 49
	20	19 55 56	21 58 9	23 48 33	1 50 46	3 49 3	5 51 16	7 49 33	9 51 46	11 53 59	13 52 16	15 54 29	17 52 46
	21	19 59 53	22 2 6	23 52 30	1 54 43	3 52 59	5 55 13	7 53 29	9 55 43	11 57 56	13 56 12	15 58 26	17 56 42
	22	20 3 49	22 6 3	23 56 26	1 58 39	3 56 56	5 59 9	7 57 26	9 59 39	12 1 52	14 0 9	16 2 22	18 0 39
	23	20 7 46	22 9 59	0 0 23	2 2 36	4 0 52	6 3 6	8 1 23	10 3 36	12 5 49	14 4 6	16 6 19	18 4 36
	24	20 11 42	22 13 56	0 4 19	2 6 32	4 4 49	6 7 2	8 5 19	10 7 32	12 9 45	14 8 2	16 10 15	18 8 32
	25	20 15 39	22 17 52	0 8 16	2 10 29	4 8 46	6 10 59	8 9 16	10 11 29	12 13 42	14 11 59	16 14 12	18 12 29
	26	20 19 36	22 21 49	0 12 12	2 14 25	4 12 42	6 14 55	8 13 12	10 15 25	12 17 39	14 15 55	16 18 8	18 16 25
	27	20 23 32	22 25 45	0 16 9	2 18 22	4 16 39	6 18 52	8 17 9	10 19 22	12 21 35	14 19 52	16 22 5	18 20 22
	28	20 27 29	22 29 42	0 20 5	2 22 19	4 20 35	6 22 49	8 21 5	10 23 19	12 25 32	14 23 48	16 26 2	18 24 18
	29	20 31 25		0 24 2	2 26 15	4 24 32	6 26 45	8 25 2	10 27 15	12 29 28	14 27 45	16 29 58	18 28 15
	30	20 35 22		0 27 59	2 30 12	4 28 28	6 30 42	8 28 58	10 31 12	12 33 25	14 31 41	16 33 55	18 32 11
	31	20 39 18		0 31 55		4 32 25		8 32 55	10 35 8		14 35 38		18 36 8
1911	1	18 40 5	20 42 18	22 32 41	0 34 55	2 33 11	4 35 24	6 33 41	8 35 54	10 38 8	12 36 24	14 38 37	16 36 54
	2	18 44 1	20 46 14	22 36 38	0 38 51	2 37 8	4 39 21	6 37 38	8 39 51	10 42 4	12 40 21	14 42 34	16 40 51
	3	18 47 58	20 50 11	22 40 34	0 42 48	2 41 4	4 43 18	6 41 34	8 43 48	10 46 1	12 44 17	14 46 31	16 44 47
	4	18 51 54	20 54 8	22 44 31	0 46 44	2 45 1	4 47 14	6 45 31	8 47 44	10 49 57	12 48 14	14 50 27	16 48 44
	5	18 55 51	20 58 4	22 48 28	0 50 41	2 48 57	4 51 11	6 49 27	8 51 41	10 53 54	12 52 11	14 54 24	16 52 40
	6	18 59 47	21 2 1	22 52 24	0 54 37	2 52 54	4 55 7	6 53 24	8 55 37	10 57 50	12 56 7	14 58 20	16 56 37
	7	19 3 44	21 5 57	22 56 21	0 58 34	2 56 51	4 59 4	6 57 21	8 59 34	11 1 47	13 0 4	15 2 17	17 0 34
	8	19 7 40	21 9 54	23 0 17	1 2 30	3 0 47	5 3 0	7 1 17	9 3 30	11 5 44	13 4 0	15 6 13	17 4 30
	9	19 11 37	21 13 50	23 4 14	1 6 27	3 4 44	5 6 57	7 5 14	9 7 27	11 9 40	13 7 57	15 10 10	17 8 27
	10	19 15 34	21 17 47	23 8 10	1 10 24	3 8 40	5 10 53	7 9 10	9 11 23	11 13 37	13 11 53	15 14 7	17 12 23
	11	19 19 30	21 21 43	23 12 7	1 14 20	3 12 37	5 14 50	7 13 7	9 15 20	11 17 33	13 15 50	15 18 3	17 16 20
	12	19 23 27	21 25 40	23 16 3	1 18 17	3 16 33	5 18 47	7 17 3	9 19 17	11 21 30	13 19 46	15 22 0	17 20 16
	13	19 27 23	21 29 37	23 20 0	1 22 13	3 20 30	5 22 43	7 21 0	9 23 13	11 25 26	13 23 43	15 25 56	17 24 13
	14	19 31 20	21 33 33	23 23 57	1 26 10	3 24 26	5 26 40	7 24 56	9 27 10	11 29 23	13 27 40	15 29 53	17 28 9
	15	19 35 16	21 37 30	23 27 53	1 30 6	3 28 23	5 30 36	7 28 53	9 31 6	11 33 19	13 31 36	15 33 49	17 32 6
	16	19 39 13	21 41 26	23 31 50	1 34 3	3 32 20	5 34 33	7 32 50	9 35 3	11 37 16	13 35 33	15 37 46	17 36 3
	17	19 43 9	21 45 23	23 35 46	1 37 59	3 36 16	5 38 29	7 36 46	9 38 59	11 41 13	13 39 29	15 41 42	17 39 59
	18	19 47 6	21 49 19	23 39 43	1 41 56	3 40 13	5 42 26	7 40 43	9 42 56	11 45 9	13 43 26	15 45 39	17 43 56
	19	19 51 3	21 53 16	23 43 39	1 45 53	3 44 9	5 46 23	7 44 39	9 46 52	11 49 6	13 47 22	15 49 36	17 47 52
	20	19 54 59	21 57 12	23 47 36	1 49 49	3 48 6	5 50 19	7 48 36	9 50 49	11 53 2	13 51 19	15 53 32	17 51 49
	21	19 58 56	22 1 9	23 51 32	1 53 46	3 52 2	5 54 16	7 52 32	9 54 46	11 56 59	13 55 15	15 57 29	17 55 45
	22	20 2 52	22 5 6	23 55 29	1 57 42	3 55 59	5 58 12	7 56 29	9 58 42	12 0 55	13 59 12	16 1 25	17 59 42
	23	20 6 49	22 9 2	23 59 26	2 1 39	3 59 55	6 2 9	8 0 25	0 2 39	12 4 52	14 3 9	16 5 22	18 3 39
	24	20 10 45	22 12 59	0 3 22	2 5 35	4 3 52	6 6 5	8 4 22	0 6 35	12 8 48	14 7 5	16 9 18	18 7 35
	25	20 14 42	22 16 55	0 7 19	2 9 32	4 7 49	6 10 2	8 8 19	0 10 32	12 12 45	14 11 2	16 13 15	18 11 32
	26	20 18 39	22 20 52	0 11 15	2 13 28	4 11 45	6 13 58	8 12 15	0 14 28	12 16 42	14 14 58	16 17 11	18 15 28
	27	20 22 35	22 24 48	0 15 12	2 17 25	4 15 42	6 17 55	8 16 12	0 18 25	12 20 38	14 18 55	16 21 8	18 19 25
	28	20 26 32	22 28 45	0 19 8	2 21 22	4 19 38	6 21 52	8 20 8	0 22 21	12 24 35	14 22 51	16 25 5	18 23 21
	29	20 30 28		0 23 5	2 25 18	4 23 35	6 25 48	8 24 5	0 26 18	12 28 31	14 26 48	16 29 1	18 27 18
	30	20 34 25		0 27 1	2 29 15	4 27 31	6 29 45	8 28 1	0 30 15	12 32 28	14 30 44	16 32 58	18 31 14
	31	20 38 21		0 30 58		4 31 28		8 31 58	0 34 11		14 34 41		18 35 11
1912	1	18 39 8	20 41 21	22 35 41	0 37 54	2 36 11	4 38 24	6 36 41	8 38 54	10 41 7	12 39 24	14 41 37	16 39 54
	2	18 43 4	20 45 17	22 39 38	0 41 51	2 40 7	4 42 21	6 40 37	8 42 51	10 45 4	12 43 20	14 45 34	16 43 50
	3	18 47 1	20 49 14	22 43 34	0 45 47	2 44 4	4 46 17	6 44 34	8 46 47	10 49 0	12 47 17	14 49 30	16 47 47
	4	18 50 57	20 53 11	22 47 31	0 49 44	2 48 0	4 50 14	6 48 30	8 50 44	10 52 57	12 51 14	14 53 27	16 51 43
	5	18 54 54	20 57 7	22 51 27	0 53 40	2 51 57	4 54 10	6 52 27	8 54 40	10 56 53	12 55 10	14 57 23	16 55 40
	6	18 58 50	21 1 4	22 55 24	0 57 37	2 55 54	4 58 7	6 56 24	8 58 37	11 0 50	12 59 7	15 1 20	16 59 37
	7	19 2 47	21 5 0	22 59 20	1 1 33	2 59 50	5 2 3	7 0 20	9 2 33	11 4 47	13 3 3	15 5 16	17 3 33
	8	19 6 43	21 8 57	23 3 17	1 5 30	3 3 47	5 6 0	7 4 17	9 6 30	11 8 43	13 7 0	15 9 13	17 7 30
	9	19 10 40	21 12 53	23 7 13	1 9 27	3 7 43	5 9 56	7 8 13	9 10 27	11 12 40	13 10 56	15 13 10	17 11 26
	10	19 14 37	21 16 50	23 11 10	1 13 23	3 11 40	5 13 53	7 12 10	9 14 23	11 16 36	13 14 53	15 17 6	17 15 23
	11	19 18 33	21 20 46	23 15 6	1 17 20	3 15 36	5 17 50	7 16 6	9 18 20	11 20 33	13 18 49	15 21 3	17 19 19
	12	19 22 30	21 24 43	23 19 3	1 21 16	3 19 33	5 21 46	7 20 3	9 22 16	11 24 29	13 22 46	15 24 59	17 23 16
	13	19 26 26	21 28 40	23 23 0	1 25 13	3 23 29	5 25 43	7 23 59	9 26 13	11 28 26	13 26 43	15 28 56	17 27 13
	14	19 30 23	21 32 36	23 26 56	1 29 9	3 27 26	5 29 39	7 27 56	9 30 9	11 32 22	13 30 39	15 32 52	17 31 9
	15	19 34 19	21 36 33	23 30 53	1 33 6	3 31 23	5 33 36	7 31 53	9 34 6	11 36 19	13 34 36	15 36 49	17 35 6
	16	19 38 16	21 40 29	23 34 49	1 37 2	3 35 19	5 37 32	7 35 49	9 38 2	11 40 16	13 38 32	15 40 45	17 39 2
	17	19 42 12	21 44 26	23 38 46	1 40 59	3 39 16	5 41 29	7 39 46	9 41 59	11 44 12	13 42 29	15 44 42	17 42 59
	18	19 46 9	21 48 22	23 42 42	1 44 56	3 43 12	5 45 26	7 43 42	9 45 56	11 48 9	13 46 25	15 48 39	17 46 55
	19	19 50 6	21 52 19	23 46 39	1 48 52	3 47 9	5 49 22	7 47 39	9 49 52	11 52 5	13 50 22	15 52 35	17 50 52
	20	19 54 2	21 56 15	23 50 35	1 52 49	3 51 5	5 53 19	7 51 35	9 53 49	11 56 2	13 54 18	15 56 32	17 54 48
	21	19 57 59	22 0 12	23 54 32	1 56 45	3 55 2	5 57 15	7 55 32	9 57 45	11 59 58	13 58 15	16 0 28	17 58 45
	22	20 1 55	22 4 9	23 58 29	2 0 42	3 58 58	6 1 12	7 59 29	10 1 42	12 3 55	14 2 12	16 4 25	18 2 42
	23	20 5 52	22 8 5	0 2 25	2 4 38	4 2 55	6 5 8	8 3 25	10 5 38	12 7 51	14 6 8	16 8 21	18 6 38
	24	20 9 48	22 12 2	0 6 22	2 8 35	4 6 52	6 9 5	8 7 22	10 9 35	12 11 48	14 10 5	16 12 18	18 10 35
	25	20 13 45	22 15 58	0 10 18	2 12 31	4 10 48	6 13 1	8 11 18	10 13 31	12 15 45	14 14 1	16 16 14	18 14 31
	26	20 17 41	22 19 55	0 14 15	2 16 28	4 14 45	6 16 58	8 15 15	10 17 28	12 19 41	14 17 58	16 20 11	18 18 28
	27	20 21 38	22 23 51	0 18 11	2 20 25	4 18 41	6 20 55	8 19 11	10 21 25	12 23 38	14 21 54	16 24 8	18 22 24
	28	20 25 35	22 27 48	0 22 8	2 24 21	4 22 38	6 24 51	8 23 8	10 25 21	12 27 34	14 25 51	16 28 4	18 26 21
	29	20 29 31	22 31 44	0 26 4	2 28 18	4 26 34	6 28 48	8 27 4	10 29 18	12 31 31	14 29 47	16 32 1	18 30 17
	30	20 33 28		0 30 1	2 32 14	4 30 31	6 32 44	8 31 1	10 33 14	12 35 27	14 33 44	16 35 57	18 34 14
	31	20 37 24		0 33 58		4 34 27		8 34 58	10 37 11		14 37 41		18 38 11
1913	1	18 42 7	20 44 20	22 34 44	0 36 57	2 35 14	4 37 27	6 35 44	8 37 57	10 40 10	12 38 27	14 40 40	16 38 57
	2	18 46 4	20 48 17	22 38 41	0 40 54	2 39 10	4 41 24	6 39 40	8 41 54	10 44 7	12 42 24	14 44 37	16 42 53
	3	18 50 0	20 52 14	22 42 37	0 44 50	2 43 7	4 45 20	6 43 37	8 45 50	10 48 3	12 46 20	14 48 33	16 46 50
	4	18 53 57	20 56 10	22 46 34	0 48 47	2 47 3	4 49 17	6 47 34	8 49 47	10 52 0	12 50 17	14 52 30	16 50 47
	5	18 57 53	21 0 7	22 50 30	0 52 43	2 51 0	4 53 13	6 51 30	8 53 43	10 55 57	12 54 13	14 56 26	16 54 43
	6	19 1 50	21 4 3	22 54 27	0 56 40	2 54 57	4 57 10	6 55 27	8 57 40	10 59 53	12 58 10	15 0 23	16 58 40
	7	19 5 46	21 8 0	22 58 23	1 0 36	2 58 53	5 1 6	6 59 23	9 1 36	11 3 50	13 2 6	15 4 19	17 2 36
	8	19 9 43	21 11 56	23 2 20	1 4 33	3 2 50	5 5 3	7 3 20	9 5 33	11 7 46	13 6 3	15 8 16	17 6 33
	9	19 13 40	21 15 53	23 6 16	1 8 30	3 6 46	5 9 0	7 7 16	9 9 30	11 11 43	13 9 59	15 12 13	17 10 29
	10	19 17 36	21 19 49	23 10 13	1 12 26	3 10 43	5 12 56	7 11 13	9 13 26	11 15 39	13 13 56	15 16 9	17 14 26
	11	19 21 33	21 23 46	23 14 10	1 16 23	3 14 39	5 16 53	7 15 9	9 17 23	11 19 36	13 17 52	15 20 6	17 18 22
	12	19 25 29	21 27 43	23 18 6	1 20 19	3 18 36	5 20 49	7 19 6	9 21 19	11 23 32	13 21 49	15 24 2	17 22 19
	13	19 29 26	21 31 39	23 22 3	1 24 16	3 22 32	5 24 46	7 23 3	9 25 16	11 27 29	13 25 46	15 27 59	17 26 16
	14	19 33 22	21 35 36	23 25 59	1 28 12	3 26 29	5 28 45	7 26 59	9 29 12	11 31 26	13 29 42	15 31 55	17 30 12
	15	19 37 19	21 39 32	23 29 56	1 32 9	3 30 26	5 32 39	7 30 56	9 33 9	11 35 22	13 33 39	15 35 52	17 34 9
	16	19 41 16	21 43 29	23 33 52	1 36 5	3 34 22	5 36 35	7 34 52	9 37 5	11 39 19	13 37 35	15 39 48	17 38 5
	17	19 45 12	21 47 25	23 37 49	1 40 2	3 38 19	5 40 32	7 38 49	9 41 2	11 43 15	13 41 32	15 43 45	17 42 2
	18	19 49 9	21 51 22	23 41 45	1 43 59	3 42 15	5 44 29	7 42 45	9 44 59	11 47 12	13 45 28	15 47 42	17 45 58
	19	19 53 5	21 55 18	23 45 42	1 47 55	3 46 12	5 48 25	7 46 42	9 48 55	11 51 8	13 49 25	15 51 38	17 49 55
	20	19 57 2	21 59 15	23 49 39	1 51 52	3 50 8	5 52 22	7 50 38	9 52 52	11 55 5	13 53 21	15 55 35	17 53 51
	21	20 0 58	22 3 12	23 53 35	1 55 48	3 54 5	5 56 18	7 54 35	9 56 48	11 59 1	13 57 18	15 59 31	17 57 48
	22	20 4 55	22 7 8	23 57 32	1 59 45	3 58 1	6 0 15	7 58 32	10 0 45	12 2 58	14 1 15	16 3 28	18 1 45
	23	20 8 51	22 11 5	0 1 28	2 3 41	4 1 58	6 4 11	8 2 28	10 4 41	12 6 55	14 5 11	16 7 24	18 5 41
	24	20 12 48	22 15 1	0 5 25	2 7 38	4 5 55	6 8 8	8 6 25	10 8 38	12 10 51	14 9 8	16 11 21	18 9 38
	25	20 16 45	22 18 58	0 9 21	2 11 34	4 9 51	6 12 4	8 10 21	10 12 34	12 14 48	14 13 4	16 15 18	18 13 34
	26	20 20 41	22 22 54	0 13 18	2 15 31	4 13 48	6 16 1	8 14 18	10 16 31	12 18 44	14 17 1	16 19 14	18 17 31
	27	20 24 38	22 26 51	0 17 14	2 19 28	4 17 44	6 19 58	8 18 14	10 20 28	12 22 41	14 20 57	16 23 11	18 21 27
	28	20 28 34	22 30 47	0 21 11	2 23 24	4 21 41	6 23 54	8 22 11	10 24 24	12 26 37	14 24 54	16 27 7	18 25 24
	29	20 32 31		0 25 7	2 27 21	4 25 37	6 27 51	8 26 7	10 28 21	12 30 34	14 28 50	16 31 4	18 29 21
	30	20 36 27		0 29 4	2 31 17	4 29 34	6 31 47	8 30 4	10 32 17	12 34 30	14 32 47	16 35 0	18 33 17
	31	20 40 24		0 33 1		4 33 31		8 34 1	10 36 14		14 36 44		18 37 14
1914	1	18 41 10	20 43 23	22 33 47	0 36 0	2 34 17	4 36 30	6 34 47	8 37 0	10 39 13	12 37 30	14 39 43	16 38 0
	2	18 45 7	20 47 20	22 37 44	0 39 57	2 38 13	4 40 27	6 38 43	8 40 57	10 43 10	12 41 27	14 43 40	16 41 56
	3	18 49 3	20 51 17	22 41 40	0 43 53	2 42 10	4 44 23	6 42 40	8 44 53	10 47 6	12 45 23	14 47 36	16 45 53
	4	18 53 0	20 55 13	22 45 37	0 47 50	2 46 7	4 48 20	6 46 37	8 48 50	10 51 3	12 49 20	14 51 33	16 49 50
	5	18 56 56	20 59 10	22 49 33	0 51 46	2 50 3	4 52 16	6 50 33	8 52 46	10 55 0	12 53 16	14 55 29	16 53 46
	6	19 0 53	21 3 6	22 53 30	0 55 43	2 54 0	4 56 13	6 54 30	8 56 43	10 58 56	12 57 13	14 59 26	16 57 43
	7	19 4 50	21 7 3	22 57 26	0 59 40	2 57 56	5 0 9	6 58 26	9 0 39	11 2 53	13 1 9	15 3 23	17 1 39
	8	19 8 46	21 10 59	23 1 23	1 3 36	3 1 53	5 4 6	7 2 23	9 4 36	11 6 49	13 5 6	15 7 19	17 5 36
	9	19 12 43	21 14 56	23 5 19	1 7 33	3 5 49	5 8 3	7 6 19	9 8 33	11 10 46	13 9 2	15 11 16	17 9 32
	10	19 16 39	21 18 52	23 9 16	1 11 29	3 9 46	5 11 59	7 10 16	9 12 29	11 14 42	13 12 59	15 15 12	17 13 29
	11	19 20 36	21 22 49	23 13 13	1 15 26	3 13 42	5 15 56	7 14 12	9 16 26	11 18 39	13 16 56	15 19 9	17 17 25
	12	19 24 32	21 26 46	23 17 9	1 19 22	3 17 39	5 19 52	7 18 9	9 20 22	11 22 35	13 20 52	15 23 5	17 21 22
	13	19 28 29	21 30 42	23 21 6	1 23 19	3 21 36	5 23 49	7 22 6	9 24 19	11 26 32	13 24 49	15 27 2	17 25 19
	14	19 32 25	21 34 39	23 25 2	1 27 15	3 25 32	5 27 45	7 26 2	9 28 15	11 30 29	13 28 45	15 30 58	17 29 15
	15	19 36 22	21 38 35	23 28 59	1 31 12	3 29 29	5 31 42	7 29 59	9 32 12	11 34 25	13 32 42	15 34 55	17 33 12
	16	19 40 19	21 42 32	23 32 55	1 35 9	3 33 25	5 35 38	7 33 55	9 36 9	11 38 22	13 36 38	15 38 52	17 37 8
	17	19 44 15	21 46 28	23 36 52	1 39 5	3 37 22	5 39 35	7 37 52	9 40 5	11 42 18	13 40 35	15 42 48	17 41 5
	18	19 48 12	21 50 25	23 40 48	1 43 2	3 41 18	5 43 32	7 41 48	9 44 2	11 46 15	13 44 31	15 46 45	17 45 1
	19	19 52 8	21 54 21	23 44 45	1 46 58	3 45 15	5 47 28	7 45 45	9 47 58	11 50 11	13 48 28	15 50 41	17 48 58
	20	19 56 5	21 58 18	23 48 42	1 50 55	3 49 11	5 51 25	7 49 41	9 51 55	11 54 8	13 52 25	15 54 38	17 52 55
	21	20 0 1	22 2 15	23 52 38	1 54 51	3 53 8	5 55 21	7 53 38	9 55 51	11 58 4	13 56 21	15 58 34	17 56 51
	22	20 3 58	22 6 11	23 56 35	1 58 48	3 57 5	5 59 18	7 57 35	9 59 48	12 2 1	14 0 18	16 2 31	18 0 48
	23	20 7 54	22 10 8	0 0 31	2 2 44	4 1 1	6 3 14	8 1 31	10 3 44	12 5 58	14 4 14	16 6 27	18 4 44
	24	20 11 51	22 14 4	0 4 28	2 6 41	4 4 58	6 7 11	8 5 28	10 7 41	12 9 54	14 8 11	16 10 24	18 8 41
	25	20 15 48	22 18 1	0 8 24	2 10 38	4 8 54	6 11 8	8 9 24	10 11 37	12 13 51	14 12 7	16 14 21	18 12 37
	26	20 19 44	22 21 57	0 12 21	2 14 34	4 12 51	6 15 4	8 13 21	10 15 34	12 17 47	14 16 4	16 18 17	18 16 34
	27	20 23 41	22 25 54	0 16 17	2 18 31	4 16 47	6 19 1	8 17 17	10 19 31	12 21 44	14 20 0	16 22 14	18 20 30
	28	20 27 37	22 29 50	0 20 14	2 22 27	4 20 44	6 22 57	8 21 14	10 23 27	12 25 40	14 23 57	16 26 10	18 24 27
	29	20 31 34		0 24 11	2 26 24	4 24 40	6 26 54	8 25 10	10 27 24	12 29 37	14 27 54	16 30 7	18 28 24
	30	20 35 30		0 28 7	2 30 20	4 28 37	6 30 50	8 29 7	10 31 20	12 33 33	14 31 50	16 34 3	18 32 20
	31	20 39 27		0 32 4		4 32 34		8 33 4	10 35 17		14 35 47		18 36 17
1915	1	18 40 13	20 42 27	22 32 50	0 35 3	2 33 20	4 35 33	6 33 50	8 36 3	10 38 16	12 36 33	14 38 46	16 37 3
	2	18 44 10	20 46 23	22 36 47	0 39 0	2 37 16	4 39 30	6 37 46	8 40 0	10 42 13	12 40 30	14 42 43	16 40 59
	3	18 48 6	20 50 20	22 40 43	0 42 56	2 41 13	4 43 26	6 41 43	8 43 56	10 46 9	12 44 26	14 46 39	16 44 56
	4	18 52 3	20 54 16	22 44 40	0 46 53	2 45 10	4 47 23	6 45 40	8 47 53	10 50 6	12 48 23	14 50 36	16 48 53
	5	18 55 59	20 58 13	22 48 36	0 50 49	2 49 6	4 51 19	6 49 36	8 51 49	10 54 3	12 52 19	14 54 32	16 52 49
	6	18 59 56	21 2 9	22 52 33	0 54 46	2 53 2	4 55 16	6 53 33	8 55 46	10 57 59	12 56 16	14 58 29	16 56 46
	7	19 3 53	21 6 6	22 56 29	0 58 43	2 56 59	4 59 12	6 57 29	8 59 42	11 1 56	13 0 12	15 2 26	17 0 42
	8	19 7 49	21 10 2	23 0 26	1 2 39	3 0 56	5 3 9	7 1 26	9 3 39	11 5 52	13 4 9	15 6 22	17 4 39
	9	19 11 46	21 13 59	23 4 22	1 6 36	3 4 52	5 7 6	7 5 22	9 7 36	11 9 49	13 8 5	15 10 19	17 8 35
	10	19 15 42	21 17 56	23 8 19	1 10 32	3 8 49	5 11 2	7 9 19	9 11 32	11 13 45	13 12 2	15 14 15	17 12 32
	11	19 19 39	21 21 52	23 12 16	1 14 29	3 12 45	5 14 59	7 13 15	9 15 29	11 17 42	13 15 59	15 18 12	17 16 28
	12	19 23 35	21 25 49	23 16 12	1 18 25	3 16 42	5 18 55	7 17 12	9 19 25	11 21 38	13 19 55	15 22 8	17 20 25
	13	19 27 32	21 29 45	23 20 9	1 22 22	3 20 39	5 22 52	7 21 9	9 23 22	11 25 35	13 23 52	15 26 5	17 24 22
	14	19 31 28	21 33 42	23 24 5	1 26 18	3 24 35	5 26 48	7 25 5	9 27 18	11 29 32	13 27 48	15 30 1	17 28 18
	15	19 35 25	21 37 38	23 28 2	1 30 15	3 28 32	5 30 45	7 29 2	9 31 15	11 33 28	13 31 45	15 33 58	17 32 15
	16	19 39 22	21 41 35	23 31 58	1 34 12	3 32 28	5 34 42	7 32 58	9 35 12	11 37 25	13 35 41	15 37 55	17 36 11
	17	19 43 18	21 45 31	23 35 55	1 38 8	3 36 25	5 38 38	7 36 55	9 39 8	11 41 21	13 39 38	15 41 51	17 40 8
	18	19 47 15	21 49 28	23 39 51	1 42 5	3 40 21	5 42 35	7 40 51	9 43 5	11 45 18	13 43 34	15 45 48	17 44 4
	19	19 51 11	21 53 25	23 43 48	1 46 1	3 44 18	5 46 31	7 44 48	9 47 1	11 49 14	13 47 31	15 49 44	17 48 1
	20	19 55 8	21 57 21	23 47 45	1 49 58	3 48 14	5 50 28	7 48 44	9 50 58	11 53 11	13 51 28	15 53 41	17 51 57
	21	19 59 4	22 1 18	23 51 41	1 53 54	3 52 11	5 54 24	7 52 41	9 54 54	11 57 7	13 55 24	15 57 37	17 55 54
	22	20 3 1	22 5 14	23 55 38	1 57 51	3 56 8	5 58 21	7 56 38	9 58 51	12 1 4	13 59 21	16 1 34	17 59 51
	23	20 6 58	22 9 11	23 59 34	2 1 47	4 0 4	6 2 17	8 0 34	10 2 47	12 5 1	14 3 17	16 5 30	18 3 47
	24	20 10 54	22 13 7	0 3 31	2 5 44	4 4 1	6 6 14	8 4 31	10 6 44	12 8 57	14 7 14	16 9 27	18 7 44
	25	20 14 51	22 17 4	0 7 27	2 9 41	4 7 57	6 10 11	8 8 27	10 10 40	12 12 54	14 11 10	16 13 24	18 11 40
	26	20 18 47	22 21 0	0 11 24	2 13 37	4 11 54	6 14 7	8 12 24	10 14 37	12 16 50	14 15 7	16 17 20	18 15 37
	27	20 22 44	22 24 57	0 15 21	2 17 34	4 15 50	6 18 4	8 16 20	10 18 34	12 20 47	14 19 3	16 21 17	18 19 33
	28	20 26 40	22 28 54	0 19 17	2 21 30	4 19 47	6 22 0	8 20 17	10 22 30	12 24 43	14 23 0	16 25 13	18 23 30
	29	20 30 37		0 23 14	2 25 27	4 23 43	6 25 57	8 24 13	10 26 27	12 28 40	14 26 57	16 29 10	18 27 27
	30	20 34 33		0 27 10	2 29 23	4 27 40	6 29 53	8 28 10	10 30 23	12 32 36	14 30 53	16 33 6	18 31 23
	31	20 38 30		0 31 7		4 31 37		8 32 7	10 34 20		14 34 50		18 35 20
1916	1	18 39 16	20 41 29	22 35 50	0 38 3	2 36 19	4 38 33	6 36 49	8 39 3	10 41 16	12 39 32	14 41 46	16 40 2
	2	18 43 13	20 45 26	22 39 46	0 41 59	2 40 16	4 42 29	6 40 46	8 42 59	10 45 12	12 43 29	14 45 42	16 43 59
	3	18 47 9	20 49 23	22 43 43	0 45 56	2 44 12	4 46 26	6 44 42	8 46 56	10 49 9	12 47 26	14 49 39	16 47 55
	4	18 51 6	20 53 19	22 47 39	0 49 52	2 48 9	4 50 22	6 48 39	8 50 52	10 53 6	12 51 22	14 53 35	16 51 52
	5	18 55 2	20 57 16	22 51 36	0 53 49	2 52 6	4 54 19	6 52 36	8 54 49	10 57 2	12 55 19	14 57 32	16 55 49
	6	18 58 59	21 1 12	22 55 32	0 57 46	2 56 2	4 58 15	6 56 32	8 58 45	11 0 59	12 59 15	15 1 28	16 59 45
	7	19 2 56	21 5 9	22 59 29	1 1 42	2 59 59	5 2 12	7 0 29	9 2 42	11 4 55	13 3 12	15 5 25	17 3 42
	8	19 6 52	21 9 5	23 3 25	1 5 39	3 3 55	5 6 9	7 4 25	9 6 39	11 8 52	13 7 8	15 9 22	17 7 38
	9	19 10 49	21 13 2	23 7 22	1 9 35	3 7 52	5 10 5	7 8 22	9 10 35	11 12 48	13 11 5	15 13 18	17 11 35
	10	19 14 45	21 16 58	23 11 19	1 13 32	3 11 48	5 14 2	7 12 18	9 14 32	11 16 45	13 15 1	15 17 15	17 15 31
	11	19 18 42	21 20 55	23 15 15	1 17 28	3 15 45	5 17 58	7 16 15	9 18 28	11 20 41	13 18 58	15 21 11	17 19 28
	12	19 22 38	21 24 52	23 19 12	1 21 25	3 19 41	5 21 55	7 20 12	9 22 25	11 24 38	13 22 55	15 25 8	17 23 24
	13	19 26 35	21 28 48	23 23 8	1 25 21	3 23 38	5 25 51	7 24 8	9 26 21	11 28 34	13 26 51	15 29 4	17 27 21
	14	19 30 31	21 32 45	23 27 5	1 29 18	3 27 35	5 29 48	7 28 5	9 30 18	11 32 31	13 30 48	15 33 1	17 31 18
	15	19 34 28	21 36 41	23 31 1	1 33 14	3 31 31	5 33 44	7 32 1	9 34 14	11 36 28	13 34 44	15 36 57	17 35 14
	16	19 38 25	21 40 38	23 34 58	1 37 11	3 35 28	5 37 41	7 35 58	9 38 11	11 40 23	13 38 41	15 40 54	17 39 11
	17	19 42 21	21 44 34	23 38 54	1 41 8	3 39 24	5 41 38	7 39 54	9 42 8	11 44 21	13 42 37	15 44 51	17 43 7
	18	19 46 18	21 48 31	23 42 51	1 45 4	3 43 21	5 45 34	7 43 51	9 46 4	11 48 17	13 46 34	15 48 47	17 47 4
	19	19 50 14	21 52 27	23 46 48	1 49 1	3 47 17	5 49 31	7 47 47	9 50 1	11 52 14	13 50 30	15 52 44	17 51 0
	20	19 54 11	21 56 24	23 50 44	1 52 57	3 51 14	5 53 27	7 51 44	9 53 57	11 56 10	13 54 27	15 56 40	17 54 57
	21	19 58 7	22 0 21	23 54 41	1 56 54	3 55 10	5 57 24	7 55 41	9 57 54	12 0 7	13 58 24	16 0 37	17 58 53
	22	20 2 4	22 4 17	23 58 37	2 0 50	3 59 7	6 1 20	7 59 37	10 1 50	12 4 3	14 2 20	16 4 33	18 2 50
	23	20 6 0	22 8 14	0 2 34	2 4 47	4 3 4	6 5 17	8 3 34	10 5 47	12 8 0	14 6 17	16 8 30	18 6 47
	24	20 9 57	22 12 10	0 6 30	2 8 43	4 7 0	6 9 13	8 7 30	10 9 43	12 11 57	14 10 13	16 12 26	18 10 43
	25	20 13 54	22 16 7	0 10 27	2 12 40	4 10 57	6 13 10	8 11 27	10 13 40	12 15 53	14 14 10	16 16 23	18 14 40
	26	20 17 50	22 20 3	0 14 23	2 16 37	4 14 53	6 17 7	8 15 23	10 17 37	12 19 50	14 18 6	16 20 20	18 18 36
	27	20 21 47	22 24 0	0 18 20	2 20 33	4 18 50	6 21 3	8 19 20	10 21 33	12 23 46	14 22 3	16 24 16	18 22 33
	28	20 25 43	22 27 56	0 22 17	2 24 30	4 22 46	6 25 0	8 23 16	10 25 30	12 27 43	14 25 59	16 28 13	18 26 29
	29	20 29 40	22 31 53	0 26 13	2 28 26	4 26 43	6 28 56	8 27 13	10 29 26	12 31 39	14 29 56	16 32 9	18 30 26
	30	20 33 36		0 30 10	2 32 23	4 30 40	6 32 53	8 31 10	10 33 23	12 35 36	14 33 53	16 36 6	18 34 23
	31	20 37 33		0 34 6		4 34 36		8 35 6	10 37 19		14 37 49		18 38 19
1917	1	18 42 16	20 44 29	22 34 52	0 37 6	2 35 22	4 37 35	6 35 52	8 38 5	10 40 19	12 38 35	14 40 48	16 39 5
	2	18 46 12	20 48 25	22 38 49	0 41 2	2 39 19	4 41 32	6 39 49	8 42 2	10 44 15	12 42 32	14 44 45	16 43 2
	3	18 50 9	20 52 22	22 42 46	0 44 59	2 43 15	4 45 29	6 43 45	8 45 59	10 48 12	12 46 28	14 48 42	16 46 58
	4	18 54 5	20 56 19	22 46 42	0 48 55	2 47 12	4 49 25	6 47 42	8 49 55	10 52 8	12 50 25	14 52 38	16 50 55
	5	18 58 2	21 0 15	22 50 39	0 52 52	2 51 8	4 53 22	6 51 38	8 53 52	10 56 5	12 54 21	14 56 35	16 54 51
	6	19 1 58	21 4 12	22 54 35	0 56 48	2 55 5	4 57 18	6 55 35	8 57 48	11 0 1	12 58 18	15 0 31	16 58 48
	7	19 5 55	21 8 8	22 58 32	1 0 45	2 59 2	5 1 15	6 59 32	9 1 45	11 3 58	13 2 15	15 4 28	17 2 44
	8	19 9 52	21 12 5	23 2 28	1 4 41	3 2 58	5 5 11	7 3 28	9 5 41	11 7 55	13 6 11	15 8 24	17 6 41
	9	19 13 48	21 16 1	23 6 25	1 8 38	3 6 55	5 9 8	7 7 25	9 9 38	11 11 51	13 10 8	15 12 21	17 10 38
	10	19 17 45	21 19 58	23 10 21	1 12 35	3 10 51	5 13 4	7 11 21	9 13 34	11 15 48	13 14 4	15 16 17	17 14 34
	11	19 21 41	21 23 54	23 14 18	1 16 31	3 14 48	5 17 1	7 15 18	9 17 31	11 19 44	13 18 1	15 20 14	17 18 31
	12	19 25 38	21 27 51	23 18 15	1 20 28	3 18 44	5 20 58	7 19 14	9 21 28	11 23 41	13 21 57	15 24 11	17 22 27
	13	19 29 34	21 31 48	23 22 11	1 24 24	3 22 41	5 24 54	7 23 11	9 25 24	11 27 37	13 25 54	15 28 7	17 26 24
	14	19 33 31	21 35 44	23 26 8	1 28 21	3 26 37	5 28 51	7 27 7	9 29 21	11 31 34	13 29 50	15 32 4	17 30 20
	15	19 37 27	21 39 41	23 30 4	1 32 17	3 30 34	5 32 47	7 31 4	9 33 17	11 35 30	13 33 47	15 36 0	17 34 17
	16	19 41 24	21 43 37	23 34 1	1 36 14	3 34 31	5 36 44	7 35 1	9 37 14	11 39 27	13 37 44	15 39 57	17 38 13
	17	19 45 21	21 47 34	23 37 57	1 40 10	3 38 27	5 40 40	7 38 57	9 41 10	11 43 24	13 41 40	15 43 53	17 42 10
	18	19 49 17	21 51 30	23 41 54	1 44 7	3 42 24	7 42 54	5 44 37	9 45 7	11 47 20	13 45 37	15 47 50	17 46 7
	19	19 53 14	21 55 27	23 45 50	1 48 4	3 46 20	5 48 34	7 46 50	9 49 3	11 51 17	13 49 33	15 51 46	17 50 3
	20	19 57 10	21 59 23	23 49 47	1 52 0	3 50 17	5 52 30	7 50 47	9 53 0	11 55 13	13 53 30	15 55 43	17 54 0
	21	20 1 7	22 3 20	23 53 44	1 55 57	3 54 13	5 56 27	7 54 43	9 56 57	11 59 10	13 57 26	15 59 40	17 57 56
	22	20 5 3	22 7 17	23 57 40	1 59 53	3 58 10	6 0 23	7 58 40	10 0 53	12 3 6	14 1 23	16 3 36	18 1 53
	23	20 9 0	22 11 13	0 1 37	2 3 50	4 2 6	6 4 20	8 2 36	10 4 50	12 7 3	14 5 19	16 7 33	18 5 49
	24	20 12 56	22 15 10	0 5 33	2 7 46	4 6 3	6 8 16	8 6 33	10 8 46	12 10 59	14 9 16	16 11 29	18 9 46
	25	20 16 53	22 19 6	0 9 30	2 11 43	4 10 0	6 12 13	8 10 30	10 12 43	12 14 56	14 13 13	16 15 26	18 13 43
	26	20 20 50	22 23 3	0 13 26	2 15 39	4 13 56	6 16 9	8 14 26	10 16 39	12 18 53	14 17 9	16 19 22	18 17 39
	27	20 24 46	22 26 59	0 17 23	2 19 36	4 17 53	6 20 6	8 18 23	10 20 36	12 22 49	14 21 6	16 23 19	18 21 36
	28	20 28 43	22 30 56	0 21 19	2 23 33	4 21 49	6 24 3	8 22 19	10 24 32	12 26 46	14 25 2	16 27 15	18 25 32
	29	20 32 39		0 25 16	2 27 29	4 25 46	6 27 59	8 26 16	10 28 29	12 30 42	14 28 59	16 31 12	18 29 29
	30	20 36 36		0 29 12	2 31 26	4 29 42	6 31 56	8 30 12	10 32 26	12 34 39	14 32 55	16 35 9	18 33 25
	31	20 40 32		0 33 9		4 33 39		8 34 9	10 36 22		14 36 52		18 37 22

2 STERNZEIT 1910–2001

		1	2	3	4	5	6	7	8	9	10	11	12
8	1	18 41 18	20 43 32	22 33 55	0 36 8	2 34 25	4 36 38	6 34 55	8 37 8	10 39 21	12 37 38	14 39 51	16 38 8
	2	18 45 15	20 47 28	22 37 52	0 40 5	2 38 22	4 40 35	6 38 51	8 41 5	10 43 18	12 41 35	14 43 48	16 42 4
	3	18 49 12	20 51 25	22 41 48	0 44 1	2 42 18	4 44 31	6 42 48	8 45 1	10 47 14	12 45 31	14 47 44	16 46 1
	4	18 53 8	20 55 21	22 45 45	0 47 58	2 46 15	4 48 28	6 46 45	8 48 58	10 51 11	12 49 28	14 51 41	16 49 57
	5	18 57 5	20 59 18	22 49 41	0 51 55	2 50 11	4 52 24	6 50 41	8 52 54	10 55 8	12 53 24	14 55 37	16 53 54
	6	19 1 1	21 3 15	22 53 38	0 55 51	2 54 8	4 56 21	6 54 38	8 56 51	10 59 4	12 57 21	14 59 34	16 57 51
	7	19 4 58	21 7 11	22 57 35	0 59 48	2 58 4	5 0 18	6 58 34	9 0 48	11 3 1	13 1 17	15 3 30	17 1 47
	8	19 8 54	21 11 8	23 1 31	1 3 44	3 2 1	5 4 14	7 2 31	9 4 44	11 6 57	13 5 14	15 7 27	17 5 44
	9	19 12 51	21 15 4	23 5 28	1 7 41	3 5 57	5 8 11	7 6 27	9 8 41	11 10 54	13 9 10	15 11 24	17 9 40
	10	19 16 47	21 19 1	23 9 24	1 11 37	3 9 54	5 12 7	7 10 24	9 12 37	11 14 50	13 13 7	15 15 20	17 13 37
	11	19 20 44	21 22 57	23 13 21	1 15 34	3 13 51	5 16 4	7 14 20	9 16 34	11 18 47	13 17 3	15 19 17	17 17 33
	12	19 24 41	21 26 54	23 17 17	1 19 30	3 17 47	5 20 0	7 18 17	9 20 30	11 22 43	13 21 0	15 23 13	17 21 30
	13	19 28 37	21 30 50	23 21 14	1 23 27	3 21 44	5 23 57	7 22 14	9 24 27	11 26 40	13 24 57	15 27 10	17 25 26
	14	19 32 34	21 34 47	23 25 10	1 27 24	3 25 40	5 27 53	7 26 10	9 28 23	11 30 37	13 28 53	15 31 6	17 29 23
	15	19 36 30	21 38 43	23 29 7	1 31 20	3 29 37	5 31 50	7 30 7	9 32 20	11 34 33	13 32 50	15 35 3	17 33 20
	16	19 40 27	21 42 40	23 33 4	1 35 17	3 33 33	5 35 47	7 34 3	9 36 17	11 38 30	13 36 46	15 38 59	17 37 16
	17	19 44 23	21 46 37	23 37 0	1 39 13	3 37 30	5 39 43	7 38 0	9 40 13	11 42 26	13 40 43	15 42 56	17 41 13
	18	19 48 20	21 50 33	23 40 57	1 43 10	3 41 26	5 43 40	7 41 56	9 44 10	11 46 23	13 44 39	15 46 53	17 45 9
	19	19 52 16	21 54 30	23 44 53	1 47 6	3 45 23	5 47 36	7 45 53	9 48 6	11 50 19	13 48 36	15 50 49	17 49 6
	20	19 56 13	21 58 26	23 48 50	1 51 3	3 49 20	5 51 33	7 49 50	9 52 3	11 54 16	13 52 32	15 54 46	17 53 2
	21	20 0 10	22 2 23	23 52 46	1 54 59	3 53 16	5 55 29	7 53 46	9 55 59	11 58 12	13 56 29	15 58 42	17 56 59
	22	20 4 6	22 6 19	23 56 43	1 58 56	3 57 13	5 59 26	7 57 43	9 59 56	12 2 9	14 0 26	16 2 39	18 0 56
	23	20 8 3	22 10 16	0 0 39	2 2 53	4 1 9	6 3 22	8 1 39	10 3 52	12 6 6	14 4 22	16 6 35	18 4 52
	24	20 11 59	22 14 12	0 4 36	2 6 49	4 5 6	6 7 19	8 5 36	10 7 49	12 10 2	14 8 19	16 10 32	18 8 49
	25	20 15 56	22 18 9	0 8 32	2 10 46	4 9 2	6 11 16	8 9 32	10 11 45	12 13 59	14 12 15	16 14 28	18 12 45
	26	20 19 52	22 22 6	0 12 29	2 14 42	4 12 59	6 15 12	8 13 29	10 15 42	12 17 55	14 16 12	16 18 25	18 16 42
	27	20 23 49	22 26 2	0 16 26	2 18 39	4 16 55	6 19 9	8 17 25	10 19 39	12 21 52	14 20 8	16 22 22	18 20 38
	28	20 27 45	22 29 59	0 20 22	2 22 35	4 20 52	6 23 5	8 21 22	10 23 35	12 25 48	14 25 4	16 26 18	18 24 35
	29	20 31 42		0 24 19	2 26 32	4 24 49	6 27 2	8 25 19	10 27 32	12 29 45	14 28 1	16 30 15	18 28 31
	30	20 35 39		0 28 15	2 30 28	4 28 45	6 30 58	8 29 15	10 31 28	12 33 41	14 31 58	16 34 11	18 32 28
	31	20 39 35		0 32 12		4 32 42		8 33 12	10 35 25		14 35 55		18 36 25
9	1	18 40 21	20 42 34	22 32 58	0 35 11	2 33 28	4 35 41	6 33 58	8 36 11	10 38 24	12 36 41	14 38 54	16 37 10
	2	18 44 18	20 46 31	22 36 54	0 39 8	2 37 24	4 39 37	6 37 54	8 40 7	10 42 21	12 40 37	14 42 50	16 41 7
	3	18 48 14	20 50 27	22 40 51	0 43 4	2 41 21	4 43 34	6 41 51	8 44 4	10 46 17	12 44 34	14 46 47	16 45 3
	4	18 52 11	20 54 24	22 44 48	0 47 1	2 45 17	4 47 30	6 45 47	8 48 0	10 50 14	12 48 30	14 50 43	16 49 0
	5	18 56 7	20 58 21	22 48 44	0 50 57	2 49 14	4 51 27	6 49 44	8 51 57	10 54 10	12 52 27	14 54 40	16 52 57
	6	19 0 4	21 2 17	22 52 41	0 54 54	2 53 10	4 55 24	6 53 40	8 55 54	10 58 7	12 56 23	14 58 36	16 56 53
	7	19 4 0	21 6 14	22 56 37	0 58 50	2 57 7	4 59 20	6 57 37	8 59 50	11 2 3	13 0 20	15 2 33	17 0 50
	8	19 7 57	21 10 10	23 0 34	1 2 47	3 1 3	5 3 17	7 1 33	9 3 47	11 6 0	13 4 16	15 6 30	17 4 46
	9	19 11 54	21 14 7	23 4 30	1 6 43	3 5 0	5 7 13	7 5 30	9 7 43	11 9 56	13 8 13	15 10 26	17 8 43
	10	19 15 50	21 18 3	23 8 27	1 10 40	3 8 57	5 11 10	7 9 27	9 11 40	11 13 53	13 12 10	15 14 23	17 12 39
	11	19 19 47	21 22 0	23 12 23	1 14 37	3 12 53	5 15 6	7 13 23	9 15 36	11 17 49	13 16 6	15 18 19	17 16 36
	12	19 23 43	21 25 56	23 16 20	1 18 33	3 16 50	5 19 3	7 17 20	9 19 33	11 21 46	13 20 3	15 22 16	17 20 32
	13	19 27 40	21 29 53	23 20 16	1 22 30	3 20 46	5 22 59	7 21 16	9 23 29	11 25 43	13 23 59	15 26 12	17 24 29
	14	19 31 36	21 33 50	23 24 13	1 26 26	3 24 43	5 26 56	7 25 13	9 27 26	11 29 39	13 27 56	15 30 9	17 28 26
	15	19 35 33	21 37 46	23 28 10	1 30 23	3 28 39	5 30 53	7 29 9	9 31 23	11 33 36	13 31 52	15 34 5	17 32 22
	16	19 39 29	21 41 43	23 32 6	1 34 19	3 32 36	5 34 49	7 33 6	9 35 19	11 37 32	13 35 49	15 38 2	17 36 19
	17	19 43 26	21 45 39	23 36 3	1 38 16	3 36 32	5 38 46	7 37 2	9 39 16	11 41 29	13 39 45	15 41 59	17 40 15
	18	19 47 23	21 49 36	23 39 59	1 42 12	3 40 29	5 42 42	7 40 59	9 43 12	11 45 25	13 43 42	15 45 55	17 44 12
	19	19 51 19	21 53 32	23 43 56	1 46 9	3 44 26	5 46 39	7 44 56	9 47 9	11 49 22	13 47 38	15 49 52	17 48 8
	20	19 55 16	21 57 29	23 47 52	1 50 5	3 48 22	5 50 35	7 48 52	9 51 5	11 53 18	13 51 35	15 53 48	17 52 5
	21	19 59 12	22 1 25	23 51 49	1 54 2	3 52 19	5 54 32	7 52 49	9 55 2	11 57 15	13 55 32	15 57 45	17 56 1
	22	20 3 9	22 5 22	23 55 45	1 57 59	3 56 15	5 58 29	7 56 45	9 58 58	12 1 12	13 59 28	16 1 41	17 59 58
	23	20 7 5	22 9 19	23 59 42	2 1 55	4 0 12	6 2 25	8 0 42	10 2 55	12 5 8	14 3 25	16 5 38	18 3 55
	24	20 11 2	22 13 15	0 3 39	2 5 52	4 4 8	6 6 22	8 4 38	10 6 52	12 9 5	14 7 21	16 9 34	18 7 51
	25	20 14 58	22 17 12	0 7 35	2 9 48	4 8 5	6 10 18	8 8 35	10 10 48	12 13 1	14 11 18	16 13 31	18 11 48
	26	20 18 55	22 21 8	0 11 32	2 13 45	4 12 1	6 14 15	8 12 31	10 14 45	12 16 58	14 15 14	16 17 28	18 15 44
	27	20 22 52	22 25 5	0 15 28	2 17 41	4 15 58	6 18 11	8 16 28	10 18 41	12 20 54	14 19 11	16 21 24	18 19 41
	28	20 26 48	22 29 1	0 19 25	2 21 38	4 19 55	6 22 8	8 20 25	10 22 38	12 24 51	14 23 7	16 25 21	18 23 37
	29	20 30 45		0 23 21	2 25 34	4 23 51	6 26 4	8 24 21	10 26 34	12 28 47	14 27 4	16 29 17	18 27 34
	30	20 34 41		0 27 18	2 29 31	4 27 48	6 30 1	8 28 18	10 30 31	12 32 44	14 31 1	16 33 14	18 31 31
	31	20 38 38		0 31 14		4 31 44		8 32 14	10 34 27		14 34 57		18 35 27
0	1	18 39 24	20 41 37	22 35 57	0 38 10	2 36 27	4 38 40	6 36 57	8 39 10	10 41 23	12 39 40	14 41 53	16 40 9
	2	18 43 20	20 45 33	22 39 53	0 42 7	2 40 23	4 42 36	6 40 53	8 43 6	10 45 20	12 43 36	14 45 49	16 44 6
	3	18 47 17	20 49 30	22 43 50	0 46 3	2 44 20	4 46 33	6 44 50	8 47 3	10 49 16	12 47 33	14 49 46	16 48 2
	4	18 51 13	20 53 27	22 47 47	0 50 0	2 48 16	4 50 30	6 48 46	8 50 59	10 53 13	12 51 29	14 53 42	16 51 59
	5	18 55 10	20 57 23	22 51 43	0 53 56	2 52 13	4 54 26	6 52 43	8 54 56	10 57 9	12 55 26	14 57 39	16 55 56
	6	18 59 6	21 1 20	22 55 40	0 57 53	2 56 9	4 58 23	6 56 39	8 58 53	11 1 6	12 59 22	15 1 35	16 59 52
	7	19 3 3	21 5 16	22 59 36	1 1 49	3 0 6	5 2 19	7 0 36	9 2 49	11 5 2	13 3 19	15 5 32	17 3 49
	8	19 7 0	21 9 13	23 3 33	1 5 46	3 4 3	5 6 16	7 4 32	9 6 46	11 8 59	13 7 15	15 9 29	17 7 45
	9	19 10 56	21 13 9	23 7 29	1 9 42	3 7 59	5 10 12	7 8 29	9 10 42	11 12 56	13 11 12	15 13 25	17 11 42
	10	19 14 53	21 17 6	23 11 26	1 13 39	3 11 56	5 14 9	7 12 26	9 14 39	11 16 52	13 15 9	15 17 22	17 15 38
	11	19 18 49	21 21 2	23 15 22	1 17 36	3 15 52	5 18 5	7 16 22	9 18 35	11 20 49	13 19 5	15 21 18	17 19 35
	12	19 22 46	21 24 59	23 19 19	1 21 32	3 19 49	5 22 2	7 20 19	9 22 32	11 24 45	13 23 2	15 25 15	17 23 31
	13	19 26 42	21 28 56	23 23 16	1 25 29	3 23 45	5 25 59	7 24 15	9 26 28	11 28 42	13 26 58	15 29 11	17 27 28
	14	19 30 39	21 32 52	23 27 12	1 29 25	3 27 42	5 29 55	7 28 12	9 30 25	11 32 38	13 30 55	15 33 8	17 31 25
	15	19 34 35	21 36 49	23 31 9	1 33 22	3 31 38	5 33 52	7 32 8	9 34 22	11 36 35	13 34 51	15 37 4	17 35 21
	16	19 38 32	21 40 45	23 35 5	1 37 18	3 35 35	5 37 48	7 36 5	9 38 18	11 40 31	13 38 48	15 41 1	17 39 18
	17	19 42 29	21 44 42	23 39 2	1 41 15	3 39 32	5 41 45	7 40 1	9 42 15	11 44 28	13 42 44	15 44 58	17 43 14
	18	19 46 25	21 48 38	23 42 58	1 45 11	3 43 28	5 45 41	7 43 58	9 46 11	11 48 24	13 46 41	15 48 54	17 47 11
	19	19 50 22	21 52 35	23 46 55	1 49 8	3 47 25	5 49 38	7 47 55	9 50 8	11 52 21	13 50 37	15 52 51	17 51 7
	20	19 54 18	21 56 31	23 50 51	1 53 5	3 51 21	5 53 34	7 51 51	9 54 4	11 56 17	13 54 34	15 56 47	17 55 4
	21	19 58 15	22 0 28	23 54 48	1 57 1	3 55 18	5 57 31	7 55 48	9 58 1	12 0 14	13 58 31	16 0 44	17 59 0
	22	20 2 11	22 4 25	23 58 45	2 0 58	3 59 14	6 1 28	7 59 44	10 1 57	12 4 11	14 2 27	16 4 40	18 2 57
	23	20 6 8	22 8 21	0 2 41	2 4 54	4 3 11	6 5 24	8 3 41	10 5 54	12 8 7	14 6 24	16 8 37	18 6 54
	24	20 10 4	22 12 18	0 6 38	2 8 51	4 7 7	6 9 21	8 7 37	10 9 51	12 12 4	14 10 20	16 12 33	18 10 50
	25	20 14 1	22 16 14	0 10 34	2 12 47	4 11 4	6 13 17	8 11 34	10 13 47	12 16 0	14 14 17	16 16 30	18 14 47
	26	20 17 58	22 20 11	0 14 31	2 16 44	4 15 1	6 17 14	8 15 30	10 17 44	12 19 57	14 18 13	16 20 27	18 18 43
	27	20 21 54	22 24 7	0 18 27	2 20 40	4 18 57	6 21 10	8 19 27	10 21 40	12 23 53	14 22 10	16 24 23	18 22 40
	28	20 25 51	22 28 4	0 22 24	2 24 37	4 22 54	6 25 7	8 23 24	10 25 37	12 27 50	14 26 6	16 28 20	18 26 36
	29	20 29 47	22 32 0	0 26 20	2 28 34	4 26 50	6 29 3	8 27 20	10 29 33	12 31 46	14 30 3	16 32 16	18 30 33
	30	20 33 44		0 30 17	2 32 30	4 30 47	6 33 0	8 31 17	10 33 30	12 35 43	14 34 0	16 36 13	18 34 30
	31	20 37 40		0 34 14		4 34 43		8 35 13	10 37 26		14 37 56		18 38 26
1	1	18 42 23	20 44 36	22 34 59	0 37 12	2 35 29	4 37 42	6 35 59	8 38 12	10 40 25	12 38 42	14 40 55	16 39 12
	2	18 46 19	20 48 32	22 38 56	0 41 9	2 39 26	4 41 39	6 39 56	8 42 9	10 44 22	12 42 38	14 44 52	16 43 8
	3	18 50 16	20 52 29	22 42 52	0 45 6	2 43 22	4 45 35	6 43 52	8 46 5	10 48 18	12 46 35	14 48 48	16 47 5
	4	18 54 12	20 56 26	22 46 49	0 49 2	2 47 19	4 49 32	6 47 49	8 50 2	10 52 15	12 50 32	14 52 45	16 51 1
	5	18 58 9	21 0 22	22 50 46	0 52 59	2 51 15	4 53 29	6 51 45	8 53 58	10 56 12	12 54 28	14 56 41	16 54 58
	6	19 2 5	21 4 19	22 54 42	0 56 55	2 55 12	4 57 25	6 55 42	8 57 55	11 0 8	12 58 25	15 0 38	16 58 55
	7	19 6 2	21 8 15	22 58 39	1 0 52	2 59 8	5 1 22	6 59 38	9 1 52	11 4 5	13 2 21	15 4 34	17 2 51
	8	19 9 59	21 12 12	23 2 35	1 4 48	3 3 5	5 5 18	7 3 35	9 5 48	11 8 1	13 6 18	15 8 31	17 6 48
	9	19 13 55	21 16 8	23 6 32	1 8 45	3 7 1	5 9 15	7 7 31	9 9 45	11 11 58	13 10 14	15 12 28	17 10 44
	10	19 17 52	21 20 5	23 10 28	1 12 41	3 10 58	5 13 11	7 11 28	9 13 41	11 15 54	13 14 11	15 16 24	17 14 41
	11	19 21 48	21 24 1	23 14 25	1 16 38	3 14 55	5 17 8	7 15 25	9 17 38	11 19 51	13 18 7	15 20 21	17 18 37
	12	19 25 45	21 27 58	23 18 21	1 20 35	3 18 51	5 21 4	7 19 21	9 21 34	11 23 47	13 22 4	15 24 17	17 22 34
	13	19 29 41	21 31 55	23 22 18	1 24 31	3 22 48	5 25 1	7 23 18	9 25 31	11 27 44	13 16 1	15 28 14	17 26 30
	14	19 33 38	21 35 51	23 26 15	1 28 28	3 26 44	5 28 58	7 27 14	9 29 27	11 31 41	13 29 57	15 32 10	17 30 27
	15	19 37 34	21 39 48	23 30 11	1 32 24	3 30 41	5 32 54	7 31 11	9 33 24	11 35 37	13 33 54	15 36 7	17 34 24
	16	19 41 31	21 43 44	23 34 8	1 36 21	3 34 37	5 36 51	7 35 7	9 37 21	11 39 34	13 37 50	15 40 3	17 38 20
	17	19 45 28	21 47 41	23 38 4	1 40 17	3 38 34	5 40 47	7 39 4	9 41 17	11 43 30	13 41 47	15 44 0	17 42 17
	18	19 49 24	21 51 37	23 42 1	1 44 14	3 42 30	5 44 44	7 43 0	9 45 14	11 47 27	13 45 43	15 47 57	17 46 13
	19	19 53 21	21 55 34	23 45 57	1 48 10	3 46 27	5 48 40	7 46 57	9 49 10	11 51 23	13 49 40	15 51 53	17 50 10
	20	19 57 17	21 59 30	23 49 54	1 52 7	3 50 24	5 52 37	7 50 54	9 53 7	11 55 20	13 53 36	15 55 50	17 54 6
	21	20 1 14	22 3 27	23 53 50	1 56 4	3 54 20	5 56 33	7 54 50	9 57 3	11 59 16	13 57 33	15 59 46	17 58 3
	22	20 5 10	22 7 24	23 57 47	2 0 0	3 58 17	6 0 30	7 58 47	10 1 0	12 3 13	14 1 30	16 3 43	18 1 59
	23	20 9 7	22 11 20	0 1 44	2 3 57	4 2 13	6 4 27	8 2 43	10 4 56	12 7 10	14 5 26	16 7 39	18 5 56
	24	20 13 3	22 15 17	0 5 40	2 7 53	4 6 10	6 8 23	8 6 40	10 8 53	12 11 6	14 9 23	16 11 36	18 9 53
	25	20 17 0	22 19 13	0 9 37	2 11 50	4 10 6	6 12 20	8 10 36	10 12 50	12 15 3	14 13 19	16 15 32	18 13 49
	26	20 20 57	22 23 10	0 13 33	2 15 46	4 14 3	6 16 16	8 14 33	10 16 46	12 18 59	14 17 16	16 19 29	18 17 46
	27	20 24 53	22 27 6	0 17 30	2 19 43	4 17 60	6 20 13	8 18 29	10 20 43	12 22 56	14 21 12	16 23 26	18 21 42
	28	20 28 50	22 31 3	0 21 26	2 23 39	4 21 56	6 24 9	8 22 26	10 24 39	12 26 52	14 25 9	16 27 22	18 25 39
	29	20 32 46		0 25 23	2 27 36	4 25 53	6 28 6	8 26 23	10 28 36	12 30 49	14 29 5	16 31 19	18 29 35
	30	20 36 43		0 29 19	2 31 33	4 29 49	6 32 2	8 30 19	10 32 32	12 34 45	14 33 2	16 35 15	18 33 32
	31	20 40 39		0 33 16		4 33 46		8 34 16	10 36 29		14 36 59		18 37 28

		1	2	3	4	5	6	7	8	9	10	11	12
1922	1	18 41 25	20 43 38	22 34 2	0 36 15	2 34 31	4 36 45	6 35 1	8 37 15	10 39 28	12 37 44	14 39 57	16 38 14
	2	18 45 22	20 47 35	22 37 58	0 40 11	2 38 28	4 40 41	6 38 58	8 41 11	10 43 24	12 41 41	14 43 54	16 42 11
	3	18 49 18	20 51 31	22 41 55	0 44 8	2 42 25	4 44 38	6 42 54	8 45 8	10 47 21	12 45 37	14 47 51	16 46 7
	4	18 53 15	20 55 28	22 45 51	0 48 5	2 46 21	4 48 34	6 46 51	8 49 4	10 51 17	12 49 34	14 51 47	16 50 4
	5	18 57 11	20 59 24	22 49 48	0 62 1	2 50 18	4 52 31	6 50 48	8 53 1	10 55 14	12 53 30	14 55 44	16 54 0
	6	19 1 8	21 3 21	22 53 45	0 55 58	2 54 14	4 56 27	6 54 44	8 56 57	10 59 10	12 57 27	14 59 40	16 57 57
	7	19 5 4	21 7 18	22 57 41	0 59 54	2 58 11	5 0 24	6 58 41	9 0 54	11 3 7	13 1 24	15 3 37	17 1 53
	8	19 9 1	21 11 14	23 1 38	1 3 51	3 2 7	5 4 21	7 2 37	9 4 50	11 7 4	13 5 20	15 7 33	17 5 50
	9	19 12 57	21 15 11	23 5 34	1 7 47	3 6 4	5 8 17	7 6 34	9 8 47	11 11 0	13 9 17	15 11 30	17 9 47
	10	19 16 54	21 19 7	23 9 31	1 11 44	3 10 0	5 12 14	7 10 30	9 12 44	11 14 57	13 13 13	15 15 26	17 13 43
	11	19 20 51	21 23 4	23 13 27	1 15 40	3 13 57	5 16 10	7 14 27	9 16 40	11 18 53	13 17 10	15 19 23	17 17 40
	12	19 24 47	21 27 0	23 17 24	1 19 37	3 17 54	5 20 7	7 18 23	9 20 37	11 22 50	13 21 6	15 23 20	17 21 36
	13	19 28 44	21 30 57	23 21 20	1 23 33	3 21 50	5 24 3	7 22 20	9 24 33	11 26 46	13 25 3	15 27 16	17 25 33
	14	19 32 40	21 34 53	23 25 17	1 27 30	3 25 47	5 28 0	7 26 17	9 28 30	11 30 43	13 28 59	15 31 13	17 29 29
	15	19 36 37	21 38 50	23 29 13	1 31 27	3 29 43	5 31 56	7 30 13	9 32 26	11 34 39	13 32 56	15 35 9	17 33 26
	16	19 40 33	21 42 47	23 33 10	1 35 23	3 33 40	5 35 53	7 34 10	9 36 23	11 38 36	13 36 53	15 39 6	17 37 22
	17	19 44 30	21 46 43	23 37 7	1 39 20	3 37 36	5 39 50	7 38 6	9 40 19	11 42 33	13 40 49	15 43 2	17 41 19
	18	19 48 26	21 50 40	23 41 3	1 43 16	3 41 33	5 43 46	7 42 3	9 44 16	11 46 29	13 44 46	15 46 59	17 45 16
	19	19 52 23	21 54 36	23 45 0	1 47 13	3 45 29	5 47 43	7 45 59	9 48 13	11 50 26	13 48 42	15 50 55	17 49 12
	20	19 56 20	21 58 33	23 48 56	1 51 9	3 49 26	5 51 39	7 49 56	9 52 9	11 54 22	13 52 39	15 54 52	17 53 9
	21	20 0 16	22 2 29	23 52 53	1 55 6	3 53 23	5 55 36	7 53 52	9 56 6	11 58 19	13 56 35	15 58 49	17 57 5
	22	20 4 13	22 6 26	23 56 49	1 59 2	3 57 19	5 59 32	7 57 49	10 0 2	12 2 15	14 0 32	16 2 45	18 1 2
	23	20 8 9	22 10 22	0 0 46	2 2 59	4 1 16	6 3 29	8 1 46	10 3 59	12 6 12	14 4 28	16 6 42	18 4 58
	24	20 12 6	22 14 19	0 4 42	2 6 56	4 5 12	6 7 25	8 5 42	10 7 55	12 10 8	14 8 25	16 10 38	18 8 55
	25	20 16 2	22 18 16	0 8 39	2 10 52	4 9 9	6 11 22	8 9 39	10 11 52	12 14 5	14 12 22	16 14 35	18 12 51
	26	20 19 59	22 22 12	0 12 36	2 14 49	4 13 5	6 15 19	8 13 35	10 15 48	12 18 2	14 16 18	16 18 31	18 16 48
	27	20 23 55	22 26 9	0 16 32	2 18 45	4 17 2	6 19 15	8 17 32	10 19 45	12 21 58	14 20 15	16 22 28	18 20 45
	28	20 27 52	22 30 5	0 20 29	2 22 42	4 20 58	6 23 12	8 21 28	10 23 42	12 25 55	14 24 11	16 26 24	18 24 41
	29	20 31 49		0 24 25	2 26 38	4 24 55	6 27 8	8 25 25	10 27 38	12 29 51	14 28 8	16 30 21	18 28 38
	30	20 35 45		0 28 22	2 30 35	4 28 52	6 31 5	8 29 21	10 31 35	12 33 48	14 32 4	16 34 18	18 32 34
	31	20 39 42		0 32 18		4 32 48		8 33 18	10 35 31		14 36 1		18 36 31
1923	1	18 40 27	20 42 41	22 33 4	0 35 17	2 33 34	4 35 47	6 34 4	8 36 17	10 38 30	12 36 47	14 39 0	16 37 16
	2	18 44 24	20 46 37	22 37 1	0 39 14	2 37 30	4 39 44	6 38 0	8 40 13	10 42 27	12 40 43	14 42 56	16 41 13
	3	18 48 20	20 50 34	22 40 57	0 43 10	2 41 27	4 43 40	6 41 57	8 44 10	10 46 23	12 44 40	14 46 53	16 45 10
	4	18 52 17	20 54 30	22 44 54	0 47 7	2 45 23	4 47 37	6 45 53	8 48 7	10 50 20	12 48 36	14 50 49	16 49 6
	5	18 56 14	20 58 27	22 48 50	0 51 3	2 49 20	4 51 33	6 49 50	8 52 3	10 54 16	12 52 33	14 54 46	16 53 3
	6	19 0 10	21 2 23	22 52 47	0 55 0	2 53 17	4 55 30	6 53 46	8 56 0	10 58 13	12 56 29	14 58 43	16 56 59
	7	19 4 7	21 6 20	22 56 43	0 58 57	2 57 13	4 59 26	6 57 43	8 59 56	11 2 9	13 0 26	15 2 39	17 0 56
	8	19 8 3	21 10 16	23 0 40	1 2 53	3 1 10	5 3 23	7 1 40	9 3 53	11 6 6	13 4 23	15 6 36	17 4 52
	9	19 12 0	21 14 13	23 4 37	1 6 50	3 5 6	5 7 19	7 5 36	9 7 49	11 10 3	13 8 19	15 10 32	17 8 49
	10	19 15 56	21 18 10	23 8 33	1 10 46	3 9 3	5 11 16	7 9 33	9 11 46	11 13 59	13 12 16	15 14 29	17 12 45
	11	19 19 53	21 22 6	23 12 30	1 14 43	3 12 59	5 15 13	7 13 29	9 15 42	11 17 56	13 16 12	15 18 25	17 16 42
	12	19 23 49	21 26 3	23 16 26	1 18 39	3 16 56	5 19 9	7 17 26	9 19 39	11 21 52	13 20 9	15 22 22	17 20 39
	13	19 27 46	21 29 59	23 20 23	1 22 36	3 20 52	5 23 6	7 21 22	9 23 36	11 25 49	13 24 5	15 26 18	17 24 35
	14	19 31 43	21 33 56	23 24 19	1 26 32	3 24 49	5 27 2	7 25 19	9 27 32	11 29 45	13 28 2	15 30 15	17 28 32
	15	19 35 39	21 37 52	23 28 16	1 30 29	3 28 46	5 30 59	7 29 15	9 31 29	11 33 42	13 31 58	15 34 12	17 32 28
	16	19 39 36	21 41 49	23 32 12	1 34 25	3 32 42	5 34 55	7 33 12	9 35 25	11 37 38	13 35 55	15 38 8	17 36 25
	17	19 43 32	21 45 45	23 36 9	1 38 22	3 36 39	5 38 52	7 37 9	9 39 22	11 41 35	13 39 51	15 42 5	17 40 21
	18	19 47 29	21 49 42	23 40 5	1 42 19	3 40 35	5 42 48	7 41 5	9 43 18	11 45 31	13 43 48	15 46 1	17 44 18
	19	19 51 25	21 53 39	23 44 2	1 46 15	3 44 32	5 46 45	7 45 2	9 47 15	11 49 28	13 47 45	15 49 58	17 48 14
	20	19 55 22	21 57 35	23 47 59	1 50 12	3 48 28	5 50 42	7 48 58	9 51 11	11 53 25	13 51 41	15 53 54	17 52 11
	21	19 59 18	22 1 32	23 51 55	1 54 8	3 52 25	5 54 38	7 52 55	9 55 8	11 57 21	13 55 38	15 57 51	17 56 8
	22	20 3 15	22 5 28	23 55 52	1 58 5	3 56 21	5 58 35	7 56 51	9 59 5	12 1 18	13 59 34	16 1 47	18 0 4
	23	20 7 12	22 9 25	23 59 48	2 2 1	4 0 18	6 2 31	8 0 48	10 3 1	12 5 14	14 3 31	16 5 44	18 4 1
	24	20 11 8	22 13 21	0 3 45	2 5 58	4 4 15	6 6 28	8 4 44	10 6 58	12 9 11	14 7 27	16 9 41	18 7 57
	25	20 15 5	22 17 18	0 7 41	2 9 54	4 8 11	6 10 24	8 8 41	10 10 54	12 13 7	14 11 24	16 13 37	18 11 54
	26	20 19 1	22 21 14	0 11 38	2 13 51	4 12 8	6 14 21	8 12 38	10 14 51	12 17 4	14 15 20	16 17 34	18 15 50
	27	20 22 58	22 25 11	0 15 34	2 17 48	4 16 4	6 18 17	8 16 34	10 18 47	12 21 0	14 19 17	16 21 30	18 19 47
	28	20 26 54	22 29 8	0 19 31	2 21 44	4 20 1	6 22 14	8 20 31	10 22 44	12 24 57	14 23 14	16 25 27	18 23 43
	29	20 30 51		0 23 28	2 25 41	4 23 57	6 26 11	8 24 27	10 26 40	12 28 54	14 27 10	16 29 23	18 27 40
	30	20 34 47		0 27 24	2 29 37	4 27 54	6 30 7	8 28 24	10 30 37	12 32 50	14 31 7	16 33 20	18 31 37
	31	20 38 44		0 31 21		4 31 50		8 32 20	10 34 34		14 35 3		18 35 33
1924	1	18 39 30	20 41 43	22 36 3	0 38 16	2 36 33	4 38 46	6 37 3	8 39 16	10 41 29	12 39 46	14 41 59	16 40 15
	2	18 43 26	20 45 40	22 40 0	0 42 13	2 40 29	4 42 42	6 40 59	8 43 12	10 45 26	12 43 42	14 45 55	16 44 12
	3	18 47 23	20 49 36	22 43 56	0 46 9	2 44 26	4 46 39	6 44 56	8 47 9	10 49 22	12 47 39	14 49 52	16 48 9
	4	18 51 19	20 53 33	22 47 53	0 50 6	2 48 22	4 50 36	6 48 52	8 51 6	10 53 19	12 51 35	14 53 48	16 52 5
	5	18 55 16	20 57 29	22 51 49	0 54 2	2 52 19	4 54 32	6 52 49	8 55 2	10 57 15	12 55 32	14 57 45	16 56 2
	6	18 59 12	21 1 26	22 55 46	0 57 59	2 56 15	4 58 29	6 56 45	8 58 59	11 1 12	12 59 28	15 1 42	16 59 58
	7	19 3 9	21 5 22	22 59 42	1 1 55	3 0 12	5 2 25	7 0 42	9 2 55	11 5 8	13 3 25	15 5 38	17 3 55
	8	19 7 6	21 9 19	23 3 39	1 5 52	3 4 9	5 6 22	7 4 39	9 6 52	11 9 5	13 7 21	15 9 35	17 7 51
	9	19 11 2	21 13 15	23 7 35	1 9 49	3 8 5	5 10 18	7 8 35	9 10 48	11 13 1	13 11 18	15 13 31	17 11 48
	10	19 14 59	21 17 12	23 11 32	1 13 45	3 12 2	5 14 15	7 12 32	9 14 45	11 16 58	13 15 15	15 17 28	17 15 44
	11	19 18 55	21 21 8	23 15 29	1 17 42	3 15 58	5 18 11	7 16 28	9 18 41	11 20 55	13 19 11	15 21 24	17 19 41
	12	19 22 52	21 25 5	23 19 25	1 21 38	3 19 55	5 22 8	7 20 25	9 22 38	11 24 51	13 23 8	15 25 21	17 23 38
	13	19 26 48	21 29 2	23 23 22	1 25 35	3 23 51	5 26 5	7 24 21	9 26 35	11 28 48	13 27 4	15 29 17	17 27 34
	14	19 30 45	21 32 58	23 27 18	1 29 31	3 27 48	5 30 1	7 28 18	9 30 31	11 32 44	13 31 1	15 33 14	17 31 31
	15	19 34 42	21 36 55	23 31 15	1 33 28	3 31 44	5 33 58	7 32 14	9 34 28	11 36 41	13 34 57	15 37 10	17 35 27
	16	19 38 38	21 40 51	23 35 11	1 37 24	3 35 41	5 37 54	7 36 11	9 38 24	11 40 37	13 38 54	15 41 7	17 39 24
	17	19 42 35	21 44 48	23 39 8	1 41 21	3 39 38	5 41 51	7 40 8	9 42 21	11 44 34	13 42 50	15 45 4	17 43 20
	18	19 46 31	21 48 44	23 43 4	1 45 18	3 43 34	5 45 47	7 44 4	9 46 17	11 48 30	13 46 47	15 49 0	17 47 17
	19	19 50 28	21 52 41	23 47 1	1 49 14	3 47 31	5 49 44	7 48 1	9 50 14	11 52 27	13 50 44	15 52 57	17 51 13
	20	19 54 24	21 56 37	23 50 57	1 53 11	3 51 27	5 53 40	7 51 57	9 54 10	11 56 24	13 54 40	15 56 53	17 55 10
	21	19 58 21	22 0 34	23 54 54	1 57 7	3 55 24	5 57 37	7 55 54	9 58 7	12 0 20	13 58 37	16 0 50	17 59 7
	22	20 2 17	22 4 31	23 58 51	2 1 4	3 59 20	6 1 34	7 59 50	10 2 4	12 4 17	14 2 33	16 4 46	18 3 3
	23	20 6 14	22 8 27	0 2 47	2 5 0	4 3 17	6 5 30	8 3 47	10 6 0	12 8 13	14 6 30	16 8 43	18 7 0
	24	20 10 11	22 12 24	0 6 44	2 8 57	4 7 13	6 9 27	8 7 43	10 9 57	12 12 10	14 10 26	16 12 40	18 10 56
	25	20 14 7	22 16 20	0 10 40	2 12 53	4 11 10	6 13 23	8 11 40	10 13 53	12 16 6	14 14 23	16 16 36	18 14 53
	26	20 18 4	22 20 17	0 14 37	2 16 50	4 15 7	6 17 20	8 15 37	10 17 50	12 20 3	14 18 19	16 20 33	18 18 49
	27	20 22 0	22 24 13	0 18 33	2 20 46	4 19 3	6 21 16	8 19 33	10 21 46	12 23 59	14 22 16	16 24 29	18 22 46
	28	20 25 57	22 28 10	0 22 30	2 24 43	4 23 0	6 25 13	8 23 30	10 25 43	12 27 56	14 26 13	16 28 26	18 26 42
	29	20 29 53	22 32 6	0 26 26	2 28 40	4 26 56	6 29 10	8 27 26	10 29 39	12 31 52	14 30 9	16 32 22	18 30 39
	30	20 33 50		0 30 23	2 32 36	4 30 53	6 33 6	8 31 23	10 33 36	12 35 49	14 34 6	16 36 19	18 34 36
	31	20 37 46		0 34 20		4 34 49		8 35 19	10 37 32		14 38 2		18 38 32
1925	1	18 42 29	20 44 42	22 35 5	0 37 19	2 35 35	4 37 48	6 36 5	8 38 18	10 40 31	12 38 48	14 41 1	16 39 18
	2	18 46 25	20 48 38	22 39 2	0 41 15	2 39 32	4 41 45	6 40 2	8 42 15	10 44 28	12 42 45	14 44 58	16 43 14
	3	18 50 22	20 52 35	22 42 59	0 45 12	2 43 28	4 45 41	6 43 58	8 46 11	10 48 25	12 46 41	14 48 54	16 47 11
	4	18 54 18	20 56 32	22 46 55	0 49 8	2 47 25	4 49 38	6 47 55	8 50 8	10 52 21	12 50 38	14 52 51	16 51 8
	5	18 58 15	21 0 28	22 50 52	0 53 5	2 51 22	4 53 35	6 51 51	8 54 5	10 56 18	12 54 34	14 56 47	16 55 4
	6	19 2 11	21 4 25	22 54 48	0 57 1	2 55 18	4 57 31	6 55 48	8 58 1	11 0 14	12 58 31	15 0 44	16 59 1
	7	19 6 8	21 8 21	22 58 45	1 0 58	2 59 14	5 1 28	6 59 44	9 1 58	11 4 11	13 2 27	15 4 41	17 2 57
	8	19 10 5	21 12 18	23 2 41	1 4 54	3 3 11	5 5 24	7 3 41	9 5 54	11 8 7	13 6 24	15 8 37	17 6 54
	9	19 14 1	21 16 14	23 6 38	1 8 51	3 7 8	5 9 21	7 7 38	9 9 51	11 12 4	13 10 20	15 12 34	17 10 50
	10	19 17 58	21 20 11	23 10 34	1 12 48	3 11 4	5 13 17	7 11 34	9 13 47	11 16 0	13 14 17	15 16 30	17 14 47
	11	19 21 54	21 24 7	23 14 31	1 16 44	3 15 1	5 17 14	7 15 31	9 17 44	11 19 57	13 18 14	15 20 27	17 18 43
	12	19 25 51	21 28 4	23 18 28	1 20 41	3 18 57	5 21 10	7 19 27	9 21 40	11 23 54	13 22 10	15 24 23	17 22 40
	13	19 29 47	21 32 1	23 22 24	1 24 37	3 22 54	5 25 7	7 23 24	9 25 37	11 27 50	13 26 7	15 28 20	17 26 37
	14	19 33 44	21 35 57	23 26 21	1 28 34	3 26 50	5 29 4	7 27 20	9 29 34	11 31 47	13 30 3	15 32 16	17 30 33
	15	19 37 40	21 39 54	23 30 17	1 32 30	3 30 47	5 33 0	7 31 17	9 33 30	11 35 43	13 34 0	15 36 13	17 34 30
	16	19 41 37	21 43 50	23 34 14	1 36 27	3 34 43	5 36 57	7 35 13	9 37 27	11 39 40	13 37 56	15 40 10	17 38 26
	17	19 45 34	21 47 47	23 38 10	1 40 23	3 38 40	5 40 53	7 39 10	9 41 23	11 43 36	13 41 53	15 44 6	17 42 23
	18	19 49 30	21 51 43	23 42 7	1 44 20	3 42 37	5 44 50	7 43 7	9 45 20	11 47 33	13 45 49	15 48 3	17 46 19
	19	19 53 27	21 55 40	23 46 3	1 48 16	3 46 33	5 48 46	7 47 3	9 49 16	11 51 29	13 49 46	15 51 59	17 50 16
	20	19 57 23	21 59 36	23 50 0	1 52 13	3 50 30	5 52 43	7 51 0	9 53 13	11 55 26	13 53 43	15 55 56	17 54 12
	21	20 1 20	22 3 33	23 53 56	1 56 10	3 54 26	5 56 40	7 54 56	9 57 9	11 59 23	13 57 39	15 59 52	17 58 9
	22	20 5 16	22 7 30	23 57 53	2 0 6	3 58 23	6 0 36	7 58 53	10 1 6	12 3 19	14 1 36	16 3 49	18 2 6
	23	20 9 13	22 11 26	0 1 50	2 4 3	4 2 19	6 4 33	8 2 49	10 5 3	12 7 16	14 5 32	16 7 45	18 6 2
	24	20 13 9	22 15 23	0 5 46	2 7 59	4 6 16	6 8 29	8 6 46	10 8 59	12 11 12	14 9 29	16 11 42	18 9 59
	25	20 17 6	22 19 19	0 9 43	2 11 56	4 10 12	6 12 26	8 10 42	10 12 56	12 15 9	14 13 25	16 15 39	18 13 55
	26	20 21 3	22 23 16	0 13 39	2 15 52	4 14 9	6 16 22	8 14 39	10 16 52	12 19 5	14 17 22	16 19 35	18 17 52
	27	20 24 59	22 27 12	0 17 36	2 19 49	4 18 6	6 20 19	8 18 36	10 20 49	12 23 2	14 21 18	16 23 32	18 21 48
	28	20 28 56	22 31 9	0 21 32	2 23 45	4 22 2	6 24 15	8 22 32	10 24 45	12 26 58	14 25 15	16 27 28	18 25 45
	29	20 32 52		0 25 29	2 27 42	4 25 59	6 28 12	8 26 29	10 28 42	12 30 55	14 29 12	16 31 25	18 29 42
	30	20 36 49		0 29 25	2 31 39	4 29 55	6 32 9	8 30 25	10 32 38	12 34 52	14 33 8	16 35 21	18 33 38
	31	20 40 45		0 33 22		4 33 52		8 34 22	10 36 35		14 37 5		18 37 35

		1	2	3	4	5	6	7	8	9	10	11	12
1926	1	18 41 31	20 43 44	22 34 8	0 36 21	2 34 38	4 36 51	6 35 8	8 37 21	10 39 34	12 37 51	14 40 4	16 38 20
	2	18 45 28	20 47 41	22 38 5	0 40 18	2 38 34	4 40 47	6 39 4	8 41 17	10 43 31	12 41 47	14 44 0	16 42 17
	3	18 49 24	20 51 38	22 42 1	0 44 14	2 42 31	4 44 44	6 43 1	8 45 14	10 47 27	12 45 44	14 47 57	16 46 14
	4	18 53 21	20 55 34	22 45 58	0 48 11	2 46 27	4 48 41	6 46 57	8 49 11	10 51 24	12 49 40	14 51 53	16 50 10
	5	18 57 17	20 59 31	22 49 54	0 52 7	2 50 24	4 52 37	6 50 54	8 53 7	10 55 20	12 53 37	14 55 50	16 54 7
	6	19 1 14	21 3 27	22 53 51	0 56 4	2 54 20	4 56 34	6 54 50	8 57 4	10 59 17	12 57 33	14 59 47	16 58 3
	7	19 5 11	21 7 24	22 57 47	1 0 0	2 58 17	5 0 30	6 58 47	9 1 0	11 3 13	13 1 30	15 3 43	17 2 0
	8	19 9 7	21 11 20	23 1 44	1 3 57	3 2 14	5 4 27	7 2 44	9 4 57	11 7 10	13 5 27	15 7 40	17 5 56
	9	19 13 4	21 15 17	23 5 40	1 7 53	3 6 10	5 8 23	7 6 40	9 8 53	11 11 6	13 9 23	15 11 36	17 9 53
	10	19 17 0	21 19 13	23 9 37	1 11 50	3 10 7	5 12 20	7 10 37	9 12 50	11 15 3	13 13 20	15 15 33	17 13 50
	11	19 20 57	21 23 10	23 13 33	1 15 47	3 14 3	5 16 16	7 14 33	9 16 46	11 19 0	13 17 16	15 19 29	17 17 46
	12	19 24 53	21 27 7	23 17 30	1 19 43	3 18 0	5 20 13	7 18 30	9 20 43	11 22 56	13 21 13	15 23 26	17 21 43
	13	19 28 50	21 31 3	23 21 27	1 23 40	3 21 56	5 24 10	7 22 26	9 24 40	11 26 53	13 25 9	15 27 22	17 25 39
	14	19 32 46	21 35 0	23 25 23	1 27 36	3 25 53	5 28 6	7 26 23	9 28 36	11 30 49	13 29 6	15 31 19	17 29 36
	15	19 36 43	21 38 56	23 29 20	1 31 33	3 29 49	5 32 3	7 30 19	9 32 33	11 34 46	13 33 2	15 35 16	17 33 32
	16	19 40 40	21 42 53	23 33 16	1 35 29	3 33 46	5 35 59	7 34 16	9 36 29	11 38 42	13 36 59	15 39 12	17 37 29
	17	19 44 36	21 46 49	23 37 13	1 39 26	3 37 43	5 39 56	7 38 13	9 40 26	11 42 39	13 40 56	15 43 9	17 41 25
	18	19 48 33	21 50 46	23 41 9	1 43 22	3 41 39	5 43 52	7 42 9	9 44 22	11 46 35	13 44 52	15 47 5	17 45 22
	19	19 52 29	21 54 42	23 45 6	1 47 19	3 45 36	5 47 49	7 46 6	9 48 19	11 50 32	13 48 49	15 51 2	17 49 19
	20	19 56 26	21 58 39	23 49 2	1 51 16	3 49 32	5 51 46	7 50 2	9 52 15	11 54 29	13 52 45	15 54 58	17 53 15
	21	20 0 22	22 2 36	23 52 59	1 55 12	3 53 29	5 55 42	7 53 59	9 56 12	11 58 25	13 56 42	15 58 55	17 57 12
	22	20 4 19	22 6 32	23 56 56	1 59 9	3 57 25	5 59 39	7 57 55	10 0 9	12 2 22	14 0 38	16 2 51	18 1 8
	23	20 8 15	22 10 29	0 0 52	2 3 5	4 1 22	6 3 35	8 1 52	10 4 5	12 6 18	14 4 35	16 6 48	18 5 5
	24	20 12 12	22 14 25	0 4 49	2 7 2	4 5 18	6 7 32	8 5 48	10 8 2	12 10 15	14 8 31	16 10 45	18 9 1
	25	20 16 9	22 18 22	0 8 45	2 10 58	4 9 15	6 11 28	8 9 45	10 11 58	12 14 11	14 12 28	16 14 41	18 12 58
	26	20 20 5	22 22 18	0 12 42	2 14 55	4 13 12	6 15 25	8 13 42	10 15 55	12 18 8	14 16 24	16 18 38	18 16 54
	27	20 24 2	22 26 15	0 16 38	2 18 51	4 17 8	6 19 21	8 17 38	10 19 51	12 22 4	14 20 21	16 22 34	18 20 51
	28	20 27 58	22 30 11	0 20 35	2 22 48	4 21 5	6 23 18	8 21 35	10 23 48	12 26 1	14 24 18	16 26 31	18 24 48
	29	20 31 55		0 24 31	2 26 45	4 25 1	6 27 15	8 25 31	10 27 44	12 29 58	14 28 14	16 30 27	18 28 44
	30	20 35 51		0 28 28	2 30 41	4 28 58	6 31 11	8 29 28	10 31 41	12 33 54	14 32 11	16 34 24	18 32 41
	31	20 39 48		0 32 25		4 32 54		8 33 24	10 35 38		14 36 7		18 36 37
1927	1	18 40 34	20 42 47	22 33 11	0 35 24	2 33 40	4 35 54	6 34 10	8 36 24	10 38 37	12 36 53	14 39 7	16 37 23
	2	18 44 30	20 46 44	22 37 7	0 39 20	2 37 37	4 39 50	6 38 7	8 40 20	10 42 33	12 40 50	14 43 3	16 41 20
	3	18 48 27	20 50 40	22 41 4	0 43 17	2 41 33	4 43 47	6 42 3	8 44 17	10 46 30	12 44 46	14 47 0	16 45 16
	4	18 52 23	20 54 37	22 45 0	0 47 13	2 45 30	4 47 43	6 46 0	8 48 13	10 50 26	12 48 43	14 50 56	16 49 13
	5	18 56 20	20 58 33	22 48 57	0 51 10	2 49 27	4 51 40	6 49 57	8 52 10	10 54 23	12 52 40	14 54 53	16 53 9
	6	19 0 17	21 2 30	22 52 53	0 55 6	2 53 23	4 55 36	6 53 53	8 56 6	10 58 20	12 56 36	14 58 49	16 57 6
	7	19 4 13	21 6 26	22 56 50	0 59 3	2 57 20	4 59 33	6 57 50	9 0 3	11 2 16	13 0 33	15 2 46	17 1 3
	8	19 8 10	21 10 23	23 0 46	1 3 0	3 1 16	5 3 29	7 1 46	9 3 59	11 6 13	13 4 29	15 6 42	17 4 59
	9	19 12 6	21 14 20	23 4 43	1 6 56	3 5 13	5 7 26	7 5 43	9 7 56	11 10 9	13 8 26	15 10 39	17 8 56
	10	19 16 3	21 18 16	23 8 40	1 10 53	3 9 9	5 11 23	7 9 39	9 11 53	11 14 6	13 12 22	15 14 36	17 12 52
	11	19 19 59	21 22 13	23 12 36	1 14 49	3 13 6	5 15 19	7 13 36	9 15 49	11 18 2	13 16 19	15 18 32	17 16 49
	12	19 23 56	21 26 9	23 16 33	1 18 46	3 17 2	5 19 16	7 17 32	9 19 46	11 21 59	13 20 15	15 22 29	17 20 45
	13	19 27 52	21 30 6	23 20 29	1 22 42	3 20 59	5 23 12	7 21 29	9 23 42	11 25 55	13 24 12	15 26 25	17 24 42
	14	19 31 49	21 34 2	23 24 26	1 26 39	3 24 56	5 27 9	7 25 26	9 27 39	11 29 52	13 28 9	15 30 22	17 28 38
	15	19 35 46	21 37 59	23 28 22	1 30 35	3 28 52	5 31 5	7 29 22	9 31 35	11 33 49	13 32 5	15 34 18	17 32 35
	16	19 39 42	21 41 55	23 32 19	1 34 32	3 32 49	5 35 2	7 33 19	9 35 32	11 37 45	13 36 2	15 38 15	17 36 32
	17	19 43 39	21 45 52	23 36 15	1 38 29	3 36 45	5 38 58	7 37 15	9 39 28	11 41 42	13 39 58	15 42 11	17 40 28
	18	19 47 35	21 49 48	23 40 12	1 42 25	3 40 42	5 42 55	7 41 12	9 43 25	11 45 38	13 43 55	15 46 8	17 44 25
	19	19 51 32	21 53 45	23 44 9	1 46 22	3 44 38	5 46 52	7 45 8	9 47 22	11 49 35	13 47 51	15 50 5	17 48 21
	20	19 55 28	21 57 42	23 48 5	1 50 18	3 48 35	5 50 48	7 49 5	9 51 18	11 53 31	13 51 48	15 54 1	17 52 18
	21	19 59 25	22 1 38	23 52 2	1 54 15	3 52 31	5 54 45	7 53 1	9 55 15	11 57 28	13 55 44	15 57 58	17 56 14
	22	20 3 21	22 5 35	23 55 58	1 58 11	3 56 28	5 58 41	7 56 58	9 59 11	12 1 24	13 59 41	16 1 54	18 0 11
	23	20 7 18	22 9 31	23 59 55	2 2 8	4 0 25	6 2 38	8 0 55	10 3 8	12 5 21	14 3 38	16 5 51	18 4 7
	24	20 11 15	22 13 28	0 3 51	2 6 4	4 4 21	6 6 34	8 4 51	10 7 4	12 9 17	14 7 34	16 9 47	18 8 4
	25	20 15 11	22 17 24	0 7 48	2 10 1	4 8 18	6 10 31	8 8 48	10 11 1	12 13 14	14 11 31	16 13 44	18 12 1
	26	20 19 8	22 21 21	0 11 44	2 13 58	4 12 14	6 14 28	8 12 44	10 14 57	12 17 11	14 15 27	16 17 40	18 15 57
	27	20 23 4	22 25 17	0 15 41	2 17 54	4 16 11	6 18 24	8 16 41	10 18 54	12 21 7	14 19 24	16 21 37	18 19 54
	28	20 27 1	22 29 14	0 19 38	2 21 51	4 20 7	6 22 21	8 20 37	10 22 51	12 25 4	14 23 20	16 25 34	18 23 50
	29	20 30 57		0 23 34	2 25 47	4 24 4	6 26 17	8 24 34	10 26 47	12 29 0	14 27 17	16 29 30	18 27 47
	30	20 34 54		0 27 31	2 29 44	4 28 0	6 30 14	8 28 30	10 30 44	12 32 57	14 31 13	16 33 27	18 31 43
	31	20 38 51		0 31 27		4 31 57		8 32 27	10 34 40		14 35 10		18 35 40
1928	1	18 39 37	20 41 50	22 36 10	0 38 23	2 36 40	4 38 53	6 37 10	8 39 23	10 41 36	12 39 53	14 42 6	16 40 23
	2	18 43 33	20 45 46	22 40 6	0 42 20	2 40 36	4 42 49	6 41 6	8 43 19	10 45 33	12 43 49	14 46 2	16 44 19
	3	18 47 30	20 49 43	22 44 3	0 46 16	2 44 33	4 46 46	6 45 3	8 47 16	10 49 29	12 47 46	14 49 59	16 48 16
	4	18 51 26	20 53 39	22 48 0	0 50 13	2 48 29	4 50 43	6 48 59	8 51 13	10 53 26	12 51 42	14 53 56	16 52 12
	5	18 55 23	20 57 36	22 51 56	0 54 9	2 52 26	4 54 39	6 52 56	8 55 9	10 57 22	12 55 39	14 57 52	16 56 9
	6	18 59 19	21 1 33	22 55 53	0 58 6	2 56 22	4 58 36	6 56 52	8 59 6	11 1 19	12 59 35	15 1 49	17 0 5
	7	19 3 16	21 5 29	22 59 49	1 2 2	3 0 19	5 2 32	7 0 49	9 3 2	11 5 15	13 3 32	15 5 45	17 4 2
	8	19 7 12	21 9 26	23 3 46	1 5 59	3 4 16	5 6 29	7 4 46	9 6 59	11 9 12	13 7 29	15 9 42	17 7 59
	9	19 11 9	21 13 22	23 7 42	1 9 55	3 8 12	5 10 25	7 8 42	9 10 55	11 13 9	13 11 25	15 13 38	17 11 55
	10	19 15 6	21 17 19	23 11 39	1 13 52	3 12 9	5 14 22	7 12 39	9 14 52	11 17 5	13 15 22	15 17 35	17 15 52
	11	19 19 2	21 21 15	23 15 35	1 17 49	3 16 5	5 18 18	7 16 35	9 18 48	11 21 2	13 19 18	15 21 31	17 19 48
	12	19 22 59	21 25 12	23 19 32	1 21 45	3 20 2	5 22 15	7 20 32	9 22 45	11 24 58	13 23 15	15 25 28	17 23 45
	13	19 26 55	21 29 8	23 23 29	1 25 42	3 23 58	5 26 12	7 24 28	9 26 42	11 28 55	13 27 11	15 29 25	17 27 41
	14	19 30 52	21 33 5	23 27 25	1 29 38	3 27 55	5 30 8	7 28 25	9 30 38	11 32 51	13 31 8	15 33 21	17 31 38
	15	19 34 48	21 37 2	23 31 22	1 33 35	3 31 51	5 34 5	7 32 21	9 34 35	11 36 48	13 35 4	15 37 18	17 35 34
	16	19 38 45	21 40 58	23 35 18	1 37 31	3 35 48	5 38 1	7 36 18	9 38 31	11 40 44	13 39 1	15 41 14	17 39 31
	17	19 42 41	21 44 55	23 39 15	1 41 28	3 39 45	5 41 58	7 40 15	9 42 28	11 44 41	13 42 58	15 45 11	17 43 28
	18	19 46 38	21 48 51	23 43 11	1 45 24	3 43 41	5 45 54	7 44 11	9 46 24	11 48 38	13 46 54	15 49 7	17 47 24
	19	19 50 35	21 52 48	23 47 8	1 49 21	3 47 38	5 49 51	7 48 8	9 50 21	11 52 34	13 50 51	15 53 4	17 51 21
	20	19 54 31	21 56 44	23 51 4	1 53 18	3 51 34	5 53 48	7 52 4	9 54 17	11 56 31	13 54 47	15 57 0	17 55 17
	21	19 58 28	22 0 41	23 55 1	1 57 14	3 55 31	5 57 44	7 56 1	9 58 14	12 0 27	13 58 44	16 0 57	17 59 14
	22	20 2 24	22 4 37	23 58 58	2 1 11	3 59 27	6 1 41	7 59 57	10 2 11	12 4 24	14 2 40	16 4 54	18 3 10
	23	20 6 21	22 8 34	0 2 54	2 5 7	4 3 24	6 5 37	8 3 54	10 6 7	12 8 20	14 6 37	16 8 50	18 7 7
	24	20 10 17	22 12 31	0 6 51	2 9 4	4 7 20	6 9 34	8 7 50	10 10 4	12 12 17	14 10 33	16 12 47	18 11 3
	25	20 14 14	22 16 27	0 10 47	2 13 0	4 11 17	6 13 30	8 11 47	10 14 0	12 16 13	14 14 30	16 16 43	18 15 0
	26	20 18 10	22 20 24	0 14 44	2 16 57	4 15 14	6 17 27	8 15 44	10 17 57	12 20 10	14 18 27	16 20 40	18 18 57
	27	20 22 7	22 24 20	0 18 40	2 20 53	4 19 10	6 21 23	8 19 40	10 21 53	12 24 7	14 22 23	16 24 36	18 22 53
	28	20 26 4	22 28 17	0 22 37	2 24 50	4 23 7	6 25 20	8 23 37	10 25 50	12 28 3	14 26 20	16 28 33	18 26 50
	29	20 30 0	22 32 13	0 26 33	2 28 47	4 27 3	6 29 17	8 27 33	10 29 46	12 32 0	14 30 16	16 32 29	18 30 46
	30	20 33 57		0 30 30	2 32 43	4 31 0	6 33 13	8 31 30	10 33 43	12 35 56	14 34 13	16 36 26	18 34 43
	31	20 37 53		0 34 26		4 34 56		8 35 26	10 37 40		14 38 9		18 38 39
1929	1	18 42 36	20 44 49	22 35 13	0 37 26	2 35 43	4 37 56	6 36 13	8 38 26	10 40 39	12 38 56	14 41 9	16 39 26
	2	18 46 32	20 48 46	22 39 9	0 41 22	2 39 39	4 41 52	6 40 9	8 42 22	10 44 36	12 42 52	14 45 5	16 43 22
	3	18 50 29	20 52 42	22 43 6	0 45 19	2 43 36	4 45 49	6 44 6	8 46 19	10 48 32	12 46 49	14 49 2	16 47 19
	4	18 54 26	20 56 39	22 47 2	0 49 16	2 47 32	4 49 45	6 48 2	8 50 15	10 52 29	12 50 45	14 52 59	16 51 15
	5	18 58 22	21 0 35	22 50 59	0 53 12	2 51 29	4 53 42	6 51 59	8 54 12	10 56 25	12 54 42	14 56 55	16 55 12
	6	19 2 19	21 4 32	22 54 56	0 57 9	2 55 25	4 57 39	6 55 55	8 58 9	11 0 22	12 58 38	15 0 52	16 59 8
	7	19 6 15	21 8 29	22 58 52	1 1 5	2 59 22	5 1 35	6 59 52	9 2 5	11 4 18	13 2 35	15 4 48	17 3 5
	8	19 10 12	21 12 25	23 2 49	1 5 2	3 3 18	5 5 32	7 3 48	9 6 2	11 8 15	13 6 32	15 8 45	17 7 1
	9	19 14 8	21 16 22	23 6 45	1 8 58	3 7 15	5 9 28	7 7 45	9 9 58	11 12 11	13 10 28	15 12 41	17 10 58
	10	19 18 5	21 20 18	23 10 42	1 12 55	3 11 12	5 13 25	7 11 42	9 13 55	11 16 8	13 14 25	15 16 38	17 14 55
	11	19 22 2	21 24 15	23 14 38	1 16 51	3 15 8	5 17 21	7 15 38	9 17 51	11 20 5	13 18 21	15 20 34	17 18 51
	12	19 25 58	21 28 11	23 18 35	1 20 48	3 19 5	5 21 18	7 19 35	9 21 48	11 24 1	13 22 18	15 24 31	17 22 48
	13	19 29 55	21 32 8	23 22 31	1 24 45	3 23 1	5 25 14	7 23 31	9 25 44	11 27 58	13 26 14	15 28 28	17 26 44
	14	19 33 51	21 36 4	23 26 28	1 28 41	3 26 58	5 29 11	7 27 28	9 29 41	11 31 54	13 30 11	15 32 24	17 30 41
	15	19 37 48	21 40 1	23 30 24	1 32 38	3 30 54	5 33 8	7 31 24	9 33 38	11 35 51	13 34 7	15 36 21	17 34 37
	16	19 41 44	21 43 58	23 34 21	1 36 34	3 34 51	5 37 4	7 35 21	9 37 34	11 39 47	13 38 4	15 40 17	17 38 34
	17	19 45 41	21 47 54	23 38 18	1 40 31	3 38 47	5 41 1	7 39 17	9 41 31	11 43 44	13 42 1	15 44 14	17 42 30
	18	19 49 37	21 51 51	23 42 14	1 44 27	3 42 44	5 44 57	7 43 14	9 45 27	11 47 40	13 45 57	15 48 10	17 46 27
	19	19 53 34	21 55 47	23 46 11	1 48 24	3 46 41	5 48 54	7 47 11	9 49 24	11 51 37	13 49 54	15 52 7	17 50 24
	20	19 57 31	21 59 44	23 50 7	1 52 20	3 50 37	5 52 50	7 51 7	9 53 20	11 55 34	13 53 50	15 56 3	17 54 20
	21	20 1 27	22 3 40	23 54 4	1 56 17	3 54 34	5 56 47	7 55 4	9 57 17	11 59 30	13 57 47	16 0 0	17 58 17
	22	20 5 24	22 7 37	23 58 0	2 0 14	3 58 30	6 0 44	7 59 0	10 1 13	12 3 27	14 1 43	16 3 57	18 2 13
	23	20 9 20	22 11 33	0 1 57	2 4 10	4 2 27	6 4 40	8 2 57	10 5 10	12 7 23	14 5 40	16 7 53	18 6 10
	24	20 13 17	22 15 30	0 5 53	2 8 7	4 6 23	6 8 37	8 6 53	10 9 7	12 11 20	14 9 36	16 11 50	18 10 6
	25	20 17 13	22 19 27	0 9 50	2 12 3	4 10 20	6 12 33	8 10 50	10 13 3	12 15 16	14 13 33	16 15 46	18 14 3
	26	20 21 10	22 23 23	0 13 47	2 16 0	4 14 16	6 16 30	8 14 46	10 17 0	12 19 13	14 17 30	16 19 43	18 18 0
	27	20 25 6	22 27 20	0 17 43	2 19 56	4 18 13	6 20 26	8 18 43	10 20 56	12 23 9	14 21 26	16 23 39	18 21 56
	28	20 29 3	22 31 16	0 21 40	2 23 53	4 22 10	6 24 23	8 22 40	10 24 53	12 27 6	14 25 23	16 27 36	18 25 53
	29	20 33 0		0 25 36	2 27 49	4 26 6	6 28 19	8 26 36	10 28 49	12 31 3	14 29 19	16 31 32	18 29 49
	30	20 36 56		0 29 33	2 31 46	4 30 3	6 32 16	8 30 33	10 32 46	12 34 59	14 33 16	16 35 29	18 33 46
	31	20 40 53		0 33 29		4 33 59		8 34 29	10 36 42		14 37 12		18 37 42
1930	1	18 41 39	20 43 52	22 34 16	0 36 29	2 34 46	4 36 59	6 35 16	8 37 29	10 39 42	12 37 59	14 40 12	16 38 29
	2	18 45 35	20 47 49	22 38 12	0 40 25	2 38 42	4 40 55	6 39 12	8 41 25	10 43 39	12 41 55	14 44 8	16 42 25
	3	18 49 32	20 51 45	22 42 9	0 44 22	2 42 39	4 44 52	6 43 9	8 45 22	10 47 35	12 45 52	14 48 5	16 46 22
	4	18 53 29	20 55 42	22 46 5	0 48 19	2 46 35	4 48 48	6 47 5	8 49 18	10 51 32	12 49 48	14 52 2	16 50 18
	5	18 57 25	20 59 38	22 50 2	0 52 15	2 50 32	4 52 45	6 51 2	8 53 15	10 55 28	12 53 45	14 55 58	16 54 15
	6	19 1 22	21 3 35	22 53 58	0 56 12	2 54 28	4 56 42	6 54 58	8 57 12	10 59 25	12 57 41	14 59 55	16 58 11
	7	19 5 18	21 7 31	22 57 55	1 0 8	2 58 25	5 0 38	6 58 55	9 1 8	11 3 21	13 1 38	15 3 51	17 2 8
	8	19 9 15	21 11 28	23 1 52	1 4 5	3 2 22	5 4 35	7 2 51	9 5 5	11 7 18	13 5 35	15 7 48	17 6 4
	9	19 13 11	21 15 25	23 5 48	1 8 1	3 6 18	5 8 31	7 6 48	9 9 1	11 11 14	13 9 31	15 11 44	17 10 1
	10	19 17 8	21 19 21	23 9 45	1 11 58	3 10 15	5 12 28	7 10 45	9 12 58	11 15 11	13 13 28	15 15 41	17 13 58
	11	19 21 4	21 23 18	23 13 41	1 15 54	3 14 11	5 16 24	7 14 41	9 16 54	11 19 8	13 17 24	15 19 37	17 17 54
	12	19 25 1	21 27 14	23 17 38	1 19 51	3 18 8	5 20 21	7 18 38	9 20 51	11 23 4	13 21 21	15 23 34	17 21 51
	13	19 28 58	21 31 11	23 21 34	1 23 48	3 22 4	5 24 17	7 22 34	9 24 47	11 27 1	13 25 17	15 27 31	17 25 47
	14	19 32 54	21 35 7	23 25 31	1 27 44	3 26 1	5 28 14	7 26 31	9 28 44	11 30 57	13 29 14	15 31 27	17 29 44
	15	19 36 51	21 39 4	23 29 27	1 31 41	3 29 57	5 32 11	7 30 27	9 32 41	11 34 54	13 33 10	15 35 24	17 33 40
	16	19 40 47	21 43 0	23 33 24	1 35 37	3 33 54	5 36 7	7 34 24	9 36 37	11 38 50	13 37 7	15 39 20	17 37 37
	17	19 44 44	21 46 57	23 37 21	1 39 34	3 37 50	5 40 4	7 38 20	9 40 34	11 42 47	13 41 4	15 43 17	17 41 33
	18	19 48 40	21 50 54	23 41 17	1 43 30	3 41 47	5 44 0	7 42 17	9 44 30	11 46 43	13 45 0	15 47 13	17 45 30
	19	19 52 37	21 54 50	23 45 14	1 47 27	3 45 44	5 47 57	7 46 14	9 48 27	11 50 40	13 48 57	15 51 10	17 49 27
	20	19 56 33	21 58 47	23 49 10	1 51 23	3 49 40	5 51 53	7 50 10	9 52 23	11 54 37	13 52 53	15 55 6	17 53 23
	21	20 0 30	22 2 43	23 53 7	1 55 20	3 53 37	5 55 50	7 54 7	9 56 20	11 58 33	13 56 50	15 59 3	17 57 20
	22	20 4 27	22 6 40	23 57 3	1 59 17	3 57 33	5 59 47	7 58 3	10 0 16	12 2 30	14 0 46	16 3 0	18 1 16
	23	20 8 23	22 10 36	0 1 0	2 3 13	4 1 30	6 3 43	8 2 0	10 4 13	12 6 26	14 4 43	16 6 56	18 5 13
	24	20 12 20	22 14 33	0 4 56	2 7 10	4 5 26	6 7 40	8 5 56	10 8 10	12 10 23	14 8 39	16 10 53	18 9 9
	25	20 16 16	22 18 29	0 8 53	2 11 6	4 9 23	6 11 36	8 9 53	10 12 6	12 14 19	14 12 36	16 14 49	18 13 6
	26	20 20 13	22 22 26	0 12 50	2 15 3	4 13 19	6 15 33	8 13 49	10 16 3	12 18 16	14 16 33	16 18 46	18 17 3
	27	20 24 9	22 26 23	0 16 46	2 18 59	4 17 16	6 19 29	8 17 46	10 19 59	12 22 12	14 20 29	16 22 42	18 20 59
	28	20 28 6	22 30 19	0 20 43	2 22 56	4 21 13	6 23 26	8 21 43	10 23 56	12 26 9	14 24 26	16 26 39	18 24 56
	29	20 32 2		0 24 39	2 26 52	4 25 9	6 27 22	8 25 39	10 27 52	12 30 6	14 28 22	16 30 35	18 28 52
	30	20 35 59		0 28 36	2 30 49	4 29 6	6 31 19	8 29 36	10 31 49	12 34 2	14 32 19	16 34 32	18 32 49
	31	20 39 56		0 32 32		4 33 2		8 33 32	10 35 45		14 36 15		18 36 45
1931	1	18 40 42	20 42 55	22 33 19	0 35 32	2 33 48	4 36 2	6 34 18	8 36 32	10 38 45	12 37 1	14 39 15	16 37 31
	2	18 44 38	20 46 51	22 37 15	0 39 28	2 37 45	4 39 58	6 38 15	8 40 28	10 42 41	12 40 58	14 43 11	16 41 28
	3	18 48 35	20 50 48	22 41 12	0 43 25	2 41 41	4 43 55	6 42 11	8 44 25	10 46 38	12 44 55	14 47 8	16 45 24
	4	18 52 31	20 54 45	22 45 8	0 47 21	2 45 38	4 47 51	6 46 8	8 48 21	10 50 34	12 48 51	14 51 4	16 49 21
	5	18 56 28	20 58 41	22 49 5	0 51 18	2 49 34	4 51 48	6 50 4	8 52 18	10 54 31	12 52 48	14 55 1	16 53 18
	6	19 0 24	21 2 38	22 53 1	0 55 14	2 53 31	4 55 44	6 54 1	8 56 14	10 58 28	12 56 44	14 58 57	16 57 14
	7	19 4 21	21 6 35	22 56 58	0 59 11	2 57 28	4 59 41	6 57 58	9 0 11	11 2 24	13 0 41	15 2 54	17 1 11
	8	19 8 18	21 10 31	23 0 54	1 3 7	3 1 24	5 3 37	7 1 54	9 4 7	11 6 21	13 4 37	15 6 50	17 5 7
	9	19 12 14	21 14 27	23 4 51	1 7 4	3 5 21	5 7 34	7 5 51	9 8 4	11 10 17	13 8 34	15 10 47	17 9 4
	10	19 16 11	21 18 24	23 8 47	1 11 1	3 9 17	5 11 31	7 9 47	9 12 1	11 14 14	13 12 30	15 14 44	17 13 0
	11	19 20 7	21 22 20	23 12 44	1 14 57	3 13 14	5 15 27	7 13 44	9 15 57	11 18 10	13 16 27	15 18 10	17 16 57
	12	19 24 4	21 26 17	23 16 40	1 18 54	3 17 10	5 19 24	7 17 40	9 19 54	11 22 7	13 20 24	15 22 37	17 20 53
	13	19 28 0	21 30 14	23 20 37	1 22 50	3 21 7	5 23 20	7 21 37	9 23 50	11 26 3	13 24 20	15 26 33	17 24 50
	14	19 31 57	21 34 10	23 24 34	1 26 47	3 25 3	5 27 17	7 25 34	9 27 47	11 30 0	13 28 17	15 30 30	17 28 47
	15	19 35 53	21 38 7	23 28 30	1 30 43	3 29 0	5 31 13	7 29 30	9 31 43	11 33 57	13 32 13	15 34 26	17 32 43
	16	19 39 50	21 42 3	23 32 27	1 34 40	3 32 57	5 35 10	7 33 27	9 35 40	11 37 53	13 36 10	15 38 23	17 36 40
	17	19 43 47	21 46 0	23 36 23	1 38 36	3 36 53	5 39 6	7 37 23	9 39 37	11 41 50	13 40 6	15 42 20	17 40 36
	18	19 47 43	21 49 56	23 40 20	1 42 33	3 40 50	5 43 3	7 41 20	9 43 33	11 45 46	13 44 3	15 46 16	17 44 33
	19	19 51 40	21 53 53	23 44 16	1 46 30	3 44 46	5 47 0	7 45 16	9 47 30	11 49 43	13 47 59	15 50 13	17 48 29
	20	19 55 36	21 57 49	23 48 13	1 50 26	3 48 43	5 50 56	7 49 13	9 51 26	11 53 39	13 51 56	15 54 9	17 52 26
	21	19 59 33	22 1 46	23 52 10	1 54 23	3 52 39	5 54 53	7 53 9	9 55 23	11 57 36	13 55 52	15 58 6	17 56 22
	22	20 3 29	22 5 43	23 56 6	1 58 19	3 56 36	5 58 49	7 57 6	9 59 19	12 1 32	13 59 49	16 2 8	18 0 19
	23	20 7 26	22 9 39	0 0 3	2 2 16	4 0 33	6 2 46	8 1 3	10 3 16	12 5 29	14 3 46	16 5 59	18 4 16
	24	20 11 22	22 13 36	0 3 59	2 6 12	4 4 29	6 6 42	8 4 59	10 7 12	12 9 26	14 7 42	16 9 55	18 8 12
	25	20 15 19	22 17 32	0 7 55	2 10 9	4 8 26	6 10 39	8 8 56	10 11 9	12 13 22	14 11 39	16 13 52	18 12 9
	26	20 19 16	22 21 29	0 11 53	2 14 5	4 12 22	6 14 36	8 12 52	10 15 5	12 17 19	14 15 35	16 17 49	18 16 5
	27	20 23 12	22 25 25	0 15 49	2 18 2	4 16 19	6 18 32	8 16 49	10 19 2	12 21 15	14 19 32	16 21 45	18 20 2
	28	20 27 9	22 29 22	0 19 45	2 21 59	4 20 15	6 22 29	8 20 45	10 22 59	12 25 12	14 23 28	16 25 42	18 23 58
	29	20 31 5		0 23 42	2 25 55	4 24 12	6 26 25	8 24 42	10 26 55	12 29 8	14 27 25	16 29 38	18 27 55
	30	20 35 2		0 27 39	2 29 52	4 28 8	6 30 22	8 28 38	10 30 52	12 33 5	14 31 21	16 33 35	18 31 52
	31	20 38 58		0 31 35		4 32 5		8 32 35	10 34 48		14 35 18		18 35 48
1932	1	18 39 45	20 41 58	22 36 18	0 38 31	2 36 48	4 39 1	6 37 18	8 39 31	10 41 44	12 40 1	14 42 14	16 40 31
	2	18 43 41	20 45 55	22 40 15	0 42 28	2 40 44	4 42 58	6 41 14	8 43 28	10 45 41	12 43 58	14 46 11	16 44 27
	3	18 47 38	20 49 51	22 44 11	0 46 24	2 44 41	4 46 54	6 45 11	8 47 24	10 49 38	12 47 54	14 50 7	16 48 24
	4	18 51 34	20 53 48	22 48 8	0 50 21	2 48 37	4 50 51	6 49 8	8 51 21	10 53 34	12 51 51	14 54 4	16 52 21
	5	18 55 31	20 57 44	22 52 4	0 54 17	2 52 34	4 54 47	6 53 4	8 55 17	10 57 31	12 55 47	14 58 0	16 56 17
	6	18 59 27	21 1 41	22 56 1	0 58 14	2 56 31	4 58 44	6 57 1	8 59 14	11 1 27	12 59 44	15 1 57	17 0 14
	7	19 3 24	21 5 37	22 59 57	1 2 10	3 0 27	5 2 40	7 0 57	9 3 10	11 5 24	13 3 40	15 5 54	17 4 10
	8	19 7 21	21 9 34	23 3 54	1 6 7	3 4 24	5 6 37	7 4 54	9 7 7	11 9 20	13 7 37	15 9 50	17 8 7
	9	19 11 17	21 13 30	23 7 50	1 10 4	3 8 20	5 10 34	7 8 50	9 11 4	11 13 17	13 11 33	15 13 47	17 12 3
	10	19 15 14	21 17 27	23 11 47	1 14 0	3 12 17	5 14 30	7 12 47	9 15 0	11 17 13	13 15 30	15 17 43	17 16 0
	11	19 19 10	21 21 24	23 15 44	1 17 57	3 16 13	5 18 27	7 16 43	9 18 57	11 21 10	13 19 27	15 21 40	17 19 57
	12	19 23 7	21 25 20	23 19 40	1 21 53	3 20 10	5 22 23	7 20 40	9 22 53	11 25 6	13 23 23	15 25 36	17 23 53
	13	19 27 3	21 29 17	23 23 37	1 25 50	3 24 7	5 26 20	7 24 37	9 26 50	11 29 3	13 27 20	15 29 33	17 27 49
	14	19 31 0	21 33 13	23 27 33	1 29 46	3 28 3	5 30 16	7 28 33	9 30 46	11 33 0	13 31 16	15 33 29	17 31 46
	15	19 34 56	21 37 10	23 31 30	1 33 43	3 32 0	5 34 13	7 32 30	9 34 43	11 36 56	13 35 13	15 37 26	17 35 43
	16	19 38 53	21 41 6	23 35 26	1 37 40	3 35 56	5 38 10	7 36 26	9 38 40	11 40 53	13 39 9	15 41 23	17 39 39
	17	19 42 50	21 45 3	23 39 23	1 41 36	3 39 53	5 42 6	7 40 23	9 42 36	11 44 49	13 43 6	15 45 19	17 43 36
	18	19 46 46	21 48 59	23 43 19	1 45 33	3 43 49	5 46 3	7 44 19	9 46 33	11 48 46	13 47 2	15 49 16	17 47 32
	19	19 50 43	21 52 56	23 47 16	1 49 29	3 47 46	5 49 59	7 48 16	9 50 29	11 52 42	13 50 59	15 53 12	17 51 29
	20	19 54 39	21 56 53	23 51 13	1 53 26	3 51 42	5 53 56	7 52 12	9 54 26	11 56 39	13 54 56	15 57 9	17 55 26
	21	19 58 36	22 0 49	23 55 9	1 57 22	3 53 39	5 57 52	7 56 9	9 58 22	12 0 35	13 58 52	16 1 5	17 59 22
	22	20 2 32	22 4 46	23 59 6	2 1 19	3 59 36	6 1 49	8 0 6	10 2 19	12 4 32	14 2 49	16 5 2	18 3 19
	23	20 6 29	22 8 42	0 3 2	2 5 15	4 3 32	6 5 45	8 4 2	10 6 15	12 8 29	14 6 45	16 8 58	18 7 15
	24	20 10 25	22 12 39	0 6 59	2 9 12	4 7 29	6 9 42	8 7 59	10 10 12	12 12 25	14 10 42	16 12 55	18 11 12
	25	20 14 22	22 16 35	0 10 55	2 13 9	4 11 25	6 13 39	8 11 55	10 14 9	12 16 22	14 14 38	16 16 52	18 15 8
	26	20 18 19	22 20 32	0 14 52	2 17 5	4 15 22	6 17 35	8 15 52	10 18 5	12 20 18	14 18 35	16 20 48	18 19 5
	27	20 22 15	22 24 28	0 18 48	2 21 2	4 19 18	6 21 32	8 19 48	10 22 2	12 24 15	14 22 31	16 24 45	18 23 1
	28	20 26 12	22 28 25	0 22 45	2 24 58	4 23 15	6 25 28	8 23 45	10 25 58	12 28 11	14 26 28	16 28 41	18 26 58
	29	20 30 8	22 32 22	0 26 42	2 28 55	4 27 11	6 29 25	8 27 42	10 29 55	12 32 8	14 30 25	16 32 38	18 30 55
	30	20 34 5		0 30 38	2 32 51	4 31 8	6 33 21	8 31 38	10 33 51	12 36 4	14 34 21	16 36 34	18 34 51
	31	20 38 1		0 34 35		4 35 5		8 35 35	10 37 48		14 38 18		18 38 47
1933	1	18 42 44	20 44 58	22 35 21	0 37 34	2 35 51	4 38 4	6 36 21	8 38 34	10 40 47	12 39 4	14 41 17	16 39 34
	2	18 46 41	20 48 54	22 39 18	0 41 31	2 39 47	4 42 1	6 40 17	8 42 31	10 44 44	12 43 1	14 45 14	16 43 30
	3	18 50 37	20 52 51	22 43 14	0 45 27	2 43 44	4 45 57	6 44 14	8 46 27	10 48 41	12 46 57	14 49 10	16 47 27
	4	18 54 34	20 56 47	22 47 11	0 49 24	2 47 41	4 49 54	6 48 11	8 50 24	10 52 37	12 50 54	14 53 7	16 51 24
	5	18 58 30	21 0 44	22 51 7	0 53 20	2 51 37	4 53 50	6 52 7	8 54 20	10 56 34	12 54 50	14 57 3	16 55 20
	6	19 2 27	21 4 40	22 55 4	0 57 17	2 55 34	4 57 47	6 56 4	8 58 17	11 0 30	12 58 47	15 1 0	16 59 17
	7	19 6 24	21 8 37	22 59 0	1 1 14	2 59 30	5 1 44	7 0 0	9 2 14	11 4 27	13 2 43	15 4 57	17 3 13
	8	19 10 20	21 12 33	23 2 57	1 5 10	3 3 27	5 5 40	7 3 57	9 6 10	11 8 23	13 6 40	15 8 53	17 7 10
	9	19 14 17	21 16 30	23 6 54	1 9 7	3 7 23	5 9 37	7 7 53	9 10 7	11 12 20	13 10 36	15 12 50	17 11 6
	10	19 18 13	21 20 27	23 10 50	1 13 3	3 11 20	5 13 33	7 11 50	9 14 3	11 16 16	13 14 33	15 16 46	17 15 3
	11	19 22 10	21 24 23	23 14 47	1 17 0	3 15 16	5 17 30	7 15 47	9 18 0	11 20 13	13 18 30	15 20 43	17 19 0
	12	19 26 6	21 28 20	23 18 43	1 20 56	3 19 13	5 21 26	7 19 43	9 21 56	11 24 10	13 22 26	15 24 39	17 22 56
	13	19 30 3	21 32 16	23 22 40	1 24 53	3 23 10	5 25 23	7 23 40	9 25 53	11 28 6	13 26 23	15 28 36	17 26 53
	14	19 34 0	21 36 13	23 26 36	1 28 49	3 27 6	5 29 19	7 27 36	9 29 49	11 32 3	13 30 19	15 32 32	17 30 49
	15	19 37 56	21 40 9	23 30 33	1 32 46	3 31 3	5 33 16	7 31 33	9 33 46	11 35 59	13 34 16	15 36 29	17 34 46
	16	19 41 53	21 44 6	23 34 29	1 36 43	3 34 59	5 37 13	7 35 29	9 37 43	11 39 56	13 38 12	15 40 26	17 38 42
	17	19 45 49	21 48 2	23 38 26	1 40 39	3 38 56	5 41 9	7 39 26	9 41 39	11 43 52	13 42 9	15 44 22	17 42 39
	18	19 49 45	21 51 59	23 42 23	1 44 36	3 42 52	5 45 6	7 43 22	9 45 36	11 47 49	13 46 5	15 48 19	17 46 35
	19	19 53 42	21 55 56	23 46 19	1 48 32	3 46 49	5 49 2	7 47 19	9 49 32	11 51 45	13 50 2	15 52 15	17 50 32
	20	19 57 39	21 59 52	23 50 16	1 52 29	3 50 45	5 52 59	7 51 16	9 53 29	11 55 42	13 53 59	15 56 12	17 54 29
	21	20 1 35	22 3 49	23 54 12	1 56 25	3 54 42	5 56 55	7 55 12	9 57 25	11 59 38	13 57 55	16 0 8	17 58 25
	22	20 5 32	22 7 45	23 58 9	2 0 22	3 58 39	6 0 52	7 59 9	10 1 22	12 3 35	14 1 52	16 4 5	18 2 22
	23	20 9 29	22 11 42	0 2 5	2 4 18	4 2 35	6 4 48	8 3 5	10 5 18	12 7 32	14 5 48	16 8 1	18 6 18
	24	20 13 25	22 15 38	0 6 2	2 8 15	4 6 32	6 8 45	8 7 2	10 9 15	12 11 28	14 9 45	16 11 58	18 10 15
	25	20 17 22	22 19 35	0 9 58	2 12 12	4 10 28	6 12 42	8 10 58	10 13 12	12 15 25	14 13 41	16 15 55	18 14 11
	26	20 21 18	22 23 31	0 13 55	2 16 8	4 14 25	6 16 38	8 14 55	10 17 8	12 19 21	14 17 38	16 19 51	18 18 8
	27	20 25 15	22 27 28	0 17 51	2 20 5	4 18 21	6 20 35	8 18 51	10 21 5	12 23 18	14 21 34	16 23 48	18 22 4
	28	20 29 11	22 31 25	0 21 48	2 24 1	4 22 18	6 24 31	8 22 48	10 25 1	12 27 14	14 25 31	16 27 44	18 26 1
	29	20 33 8		0 25 45	2 27 58	4 26 15	6 28 28	8 26 45	10 28 58	12 31 11	14 29 28	16 31 41	18 29 58
	30	20 37 4		0 29 41	2 31 54	4 30 11	6 32 24	8 30 41	10 32 54	12 35 8	14 33 24	16 35 37	18 33 54
	31	20 41 1		0 33 38		4 34 8		8 34 38	10 36 51		14 37 21		18 37 51

2 STERNZEIT 1910–2001

		1	2	3	4	5	6	7	8	9	10	11	12
34	1	18 41 47	20 44 1	22 34 24	0 36 37	2 34 54	4 37 7	6 35 24	8 37 37	10 39 50	12 38 7	14 40 20	16 38 37
	2	18 45 44	20 47 57	22 38 21	0 40 34	2 38 50	4 41 4	6 39 20	8 41 34	10 43 47	12 42 4	14 44 17	16 42 33
	3	18 49 40	20 51 54	22 42 17	0 44 30	2 42 47	4 45 0	6 43 17	8 45 30	10 47 44	12 46 0	14 48 13	16 46 30
	4	18 53 37	20 55 50	22 46 14	0 48 27	2 46 44	4 48 57	6 47 14	8 49 27	10 51 40	12 49 57	14 52 10	16 50 27
	5	18 57 33	20 59 47	22 50 10	0 52 23	2 50 40	4 52 53	6 51 10	8 53 23	10 55 37	12 53 53	14 56 6	16 54 23
	6	19 1 30	21 3 43	22 54 7	0 56 20	2 54 37	4 56 50	6 55 7	8 57 20	10 59 33	12 57 50	15 0 3	16 58 20
	7	19 5 27	21 7 40	22 58 3	1 0 17	2 58 33	5 0 47	6 59 3	9 1 17	11 3 30	13 1 46	15 4 0	17 2 16
	8	19 9 23	21 11 36	23 2 0	1 4 13	3 2 30	5 4 43	7 3 0	9 5 13	11 7 26	13 5 43	15 7 56	17 6 13
	9	19 13 20	21 15 33	23 5 57	1 8 10	3 6 26	5 8 40	7 6 56	9 9 10	11 11 23	13 9 39	15 11 53	17 10 9
	10	19 17 16	21 19 30	23 9 53	1 12 6	3 10 23	5 12 36	7 10 53	9 13 6	11 15 19	13 13 36	15 15 49	17 14 6
	11	19 21 13	21 23 26	23 13 50	1 16 3	3 14 19	5 16 33	7 14 49	9 17 3	11 19 16	13 17 33	15 19 46	17 18 2
	12	19 25 9	21 27 23	23 17 46	1 19 59	3 18 16	5 20 29	7 18 46	9 20 59	11 23 12	13 21 29	15 23 42	17 21 59
	13	19 29 6	21 31 19	23 21 43	1 23 56	3 22 13	5 24 26	7 22 43	9 24 56	11 27 9	13 25 26	15 27 39	17 25 56
	14	19 33 3	21 35 16	23 25 39	1 27 52	3 26 9	5 28 22	7 26 39	9 28 52	11 31 6	13 29 22	15 31 35	17 29 52
	15	19 36 59	21 39 12	23 29 36	1 31 49	3 30 6	5 32 19	7 30 36	9 32 49	11 35 2	13 33 19	15 35 32	17 33 49
	16	19 40 56	21 43 9	23 33 32	1 35 46	3 34 2	5 36 16	7 34 32	9 36 46	11 38 59	13 37 15	15 39 29	17 37 45
	17	19 44 52	21 47 5	23 37 29	1 39 42	3 37 59	5 40 12	7 38 29	9 40 42	11 42 55	13 41 12	15 43 25	17 41 42
	18	19 48 49	21 51 2	23 41 26	1 43 39	3 41 55	5 44 9	7 42 25	9 44 39	11 46 52	13 45 8	15 47 22	17 45 38
	19	19 52 45	21 54 59	23 45 22	1 47 35	3 45 52	5 48 5	7 46 22	9 48 35	11 50 48	13 49 5	15 51 18	17 49 35
	20	19 56 42	21 58 55	23 49 19	1 51 32	3 49 48	5 52 2	7 50 18	9 52 32	11 54 45	13 53 2	15 55 15	17 53 31
	21	20 0 38	22 2 52	23 53 15	1 55 28	3 53 45	5 55 58	7 54 15	9 56 28	11 58 41	13 56 58	15 59 11	17 57 28
	22	20 4 35	22 6 48	23 57 12	1 59 25	3 57 42	5 59 55	7 58 12	10 0 25	12 2 38	14 0 55	16 3 8	18 1 25
	23	20 8 32	22 10 45	0 1 8	2 3 21	4 1 38	6 3 51	8 2 8	10 4 21	12 6 35	14 4 51	16 7 4	18 5 21
	24	20 12 28	22 14 41	0 5 5	2 7 18	4 5 35	6 7 48	8 6 5	10 8 18	12 10 31	14 8 48	16 11 1	18 9 18
	25	20 16 25	22 18 38	0 9 1	2 11 15	4 9 31	6 11 45	8 10 1	10 12 15	12 14 28	14 12 44	16 14 58	18 13 14
	26	20 20 21	22 22 34	0 12 58	2 15 11	4 13 28	6 15 41	8 13 58	10 16 11	12 18 24	14 16 41	16 18 54	18 17 11
	27	20 24 18	22 26 31	0 16 55	2 19 8	4 17 24	6 19 38	8 17 54	10 20 8	12 22 21	14 20 37	16 22 51	18 21 7
	28	20 28 14	22 30 28	0 20 51	2 23 4	4 21 21	6 23 34	8 21 51	10 24 4	12 26 17	14 24 34	16 26 47	18 25 4
	29	20 32 11		0 24 48	2 27 1	4 25 17	6 27 31	8 25 48	10 28 1	12 30 14	14 28 31	16 30 44	18 29 1
	30	20 36 7		0 28 44	2 30 57	4 29 14	6 31 27	8 29 44	10 31 57	12 34 10	14 32 27	16 34 40	18 32 57
	31	20 40 4		0 32 41		4 33 11		8 33 41	10 35 54		14 36 24		18 36 54
35	1	18 40 50	20 43 3	22 33 27	0 35 40	2 33 57	4 36 10	6 34 27	8 36 40	10 38 53	12 37 10	14 39 23	16 37 40
	2	18 44 47	20 47 0	22 37 24	0 39 37	2 37 53	4 40 7	6 38 23	8 40 37	10 42 50	12 41 6	14 43 20	16 41 36
	3	18 48 43	20 50 57	22 41 20	0 43 33	2 41 50	4 44 3	6 42 20	8 44 33	10 46 46	12 45 3	14 47 16	16 45 33
	4	18 52 40	20 54 53	22 45 17	0 47 30	2 45 46	4 48 0	6 46 16	8 48 30	10 50 43	12 49 0	14 51 13	16 49 29
	5	18 56 36	20 58 50	22 49 13	0 51 26	2 49 43	4 51 56	6 50 13	8 52 26	10 54 39	12 52 56	14 55 9	16 53 26
	6	19 0 33	21 2 46	22 53 10	0 55 23	2 53 40	4 55 53	6 54 10	8 56 23	10 58 36	12 56 53	14 59 6	16 57 23
	7	19 4 30	21 6 43	22 57 6	0 59 20	2 57 36	4 59 49	6 58 6	9 0 20	11 2 33	13 0 49	15 3 2	17 1 19
	8	19 8 26	21 10 39	23 1 3	1 3 16	3 1 33	5 3 46	7 2 3	9 4 16	11 6 29	13 4 46	15 6 59	17 5 16
	9	19 12 23	21 14 26	23 4 59	1 7 13	3 5 30	5 7 43	7 6 0	9 8 13	11 10 26	13 8 42	15 10 55	17 9 12
	10	19 16 19	21 18 32	23 8 56	1 11 9	3 9 26	5 11 39	7 9 56	9 12 9	11 14 22	13 12 39	15 14 52	17 13 9
	11	19 20 16	21 22 29	23 12 53	1 15 6	3 13 22	5 15 36	7 13 52	9 16 6	11 18 19	13 16 35	15 18 49	17 17 5
	12	19 24 12	21 26 26	23 16 49	1 19 2	3 17 19	5 19 32	7 17 49	9 20 2	11 22 15	13 20 32	15 22 45	17 21 2
	13	19 28 9	21 30 22	23 20 46	1 22 59	3 21 16	5 23 29	7 21 45	9 23 59	11 26 12	13 24 29	15 26 42	17 24 58
	14	19 32 5	21 34 19	23 24 42	1 26 55	3 25 12	5 27 25	7 25 42	9 27 55	11 30 8	13 28 25	15 30 38	17 28 55
	15	19 36 2	21 38 15	23 28 39	1 30 52	3 29 9	5 31 22	7 29 39	9 31 52	11 34 5	13 32 22	15 34 35	17 32 52
	16	19 39 59	21 42 12	23 32 35	1 34 48	3 33 5	5 35 18	7 33 35	9 35 48	11 38 2	13 36 18	15 38 31	17 36 48
	17	19 43 55	21 46 8	23 36 32	1 38 45	3 37 2	5 39 15	7 37 32	9 39 45	11 41 58	13 40 15	15 42 28	17 40 45
	18	19 47 52	21 50 5	23 40 28	1 42 42	3 40 58	5 43 12	7 41 28	9 43 42	11 45 55	13 44 11	15 46 25	17 44 41
	19	19 51 48	21 54 1	23 44 25	1 46 38	3 44 55	5 47 8	7 45 25	9 47 38	11 49 51	13 48 8	15 50 21	17 48 38
	20	19 55 45	21 57 58	23 48 22	1 50 35	3 48 51	5 51 5	7 49 21	9 51 35	11 53 48	13 52 4	15 54 18	17 52 34
	21	19 59 41	22 1 55	23 52 18	1 54 31	3 52 48	5 55 1	7 53 18	9 55 31	11 57 44	13 56 1	15 58 14	17 56 31
	22	20 3 38	22 5 51	23 56 15	1 58 28	3 56 44	5 58 58	7 57 15	9 59 28	12 1 41	13 59 58	16 2 11	18 0 27
	23	20 7 34	22 9 48	0 0 11	2 2 25	4 0 41	6 2 54	8 1 11	10 3 24	12 5 37	14 3 54	16 6 7	18 4 24
	24	20 11 31	22 13 44	0 4 8	2 6 21	4 4 38	6 6 51	8 5 8	10 7 21	12 9 34	14 7 51	16 10 4	18 8 21
	25	20 15 28	22 17 41	0 8 4	2 10 17	4 8 34	6 10 47	8 9 4	10 11 17	12 13 31	14 11 47	16 14 0	18 12 17
	26	20 19 24	22 21 37	0 12 1	2 14 14	4 12 31	6 14 44	8 13 1	10 15 14	12 17 27	14 15 44	16 17 57	18 16 14
	27	20 23 21	22 25 34	0 15 57	2 18 11	4 16 27	6 18 41	8 16 57	10 19 11	12 21 24	14 19 40	16 21 54	18 20 10
	28	20 27 17	22 29 30	0 19 54	2 22 7	4 20 24	6 22 37	8 20 54	10 23 7	12 25 20	14 23 37	16 25 50	18 24 7
	29	20 31 14		0 23 51	2 26 4	4 24 20	6 26 34	8 24 50	10 27 4	12 29 17	14 27 33	16 29 47	18 28 3
	30	20 35 10		0 27 47	2 30 0	4 28 17	6 30 30	8 28 47	10 31 0	12 33 13	14 31 30	16 33 43	18 32 0
	31	20 39 7		0 31 44		4 32 13		8 32 44	10 34 57		14 35 26		18 35 56
36	1	18 39 53	20 42 6	22 36 26	0 38 40	2 36 56	4 39 9	6 37 26	8 39 39	10 41 53	12 40 9	14 42 22	16 40 39
	2	18 43 50	20 46 3	22 40 23	0 42 36	2 40 53	4 43 6	6 41 23	8 43 36	10 45 49	12 44 6	14 46 19	16 44 36
	3	18 47 46	20 49 59	22 44 20	0 46 33	2 44 49	4 47 3	6 45 19	8 47 32	10 49 46	12 48 2	14 50 15	16 48 32
	4	18 51 43	20 53 56	22 48 16	0 50 29	2 48 46	4 50 59	6 49 16	8 51 29	10 53 42	12 51 59	14 54 12	16 52 29
	5	18 55 39	20 57 53	22 52 13	0 54 26	2 52 42	4 54 56	6 53 12	8 55 26	10 57 39	12 55 55	14 58 9	16 56 25
	6	18 59 36	21 1 49	22 56 9	0 58 22	2 56 39	4 58 52	6 57 9	8 59 22	11 1 35	12 59 52	15 2 5	17 0 22
	7	19 3 32	21 5 46	23 0 6	1 2 19	3 0 35	5 2 49	7 1 6	9 3 19	11 5 32	13 3 49	15 6 2	17 4 18
	8	19 7 29	21 9 42	23 4 2	1 6 15	3 4 32	5 6 45	7 5 2	9 7 15	11 9 28	13 7 45	15 9 58	17 8 15
	9	19 11 26	21 13 39	23 7 59	1 10 12	3 8 29	5 10 42	7 8 59	9 11 12	11 13 25	13 11 42	15 13 55	17 12 12
	10	19 15 22	21 17 35	23 11 55	1 14 9	3 12 25	5 14 39	7 12 55	9 15 8	11 17 22	13 15 38	15 17 51	17 16 8
	11	19 19 19	21 21 32	23 15 52	1 18 5	3 16 22	5 18 35	7 16 52	9 19 5	11 21 18	13 19 35	15 21 48	17 20 5
	12	19 23 15	21 25 28	23 19 48	1 22 2	3 20 18	5 22 32	7 20 48	9 23 2	11 25 15	13 23 31	15 25 44	17 24 1
	13	19 27 12	21 29 25	23 23 45	1 25 58	3 24 15	5 26 28	7 24 45	9 26 58	11 29 11	13 27 28	15 29 41	17 27 58
	14	19 31 8	21 33 22	23 27 42	1 29 55	3 28 11	5 30 25	7 28 41	9 30 55	11 33 8	13 31 24	15 33 38	17 31 54
	15	19 35 5	21 37 18	23 31 38	1 33 51	3 32 8	5 34 21	7 32 38	9 34 51	11 37 4	13 35 21	15 37 34	17 35 51
	16	19 39 1	21 41 15	23 35 35	1 37 48	3 36 5	5 38 18	7 36 35	9 38 48	11 41 1	13 39 17	15 41 31	17 39 47
	17	19 42 58	21 45 11	23 39 31	1 41 44	3 40 1	5 42 14	7 40 31	9 42 44	11 44 57	13 43 14	15 45 27	17 43 44
	18	19 46 55	21 49 8	23 43 28	1 45 41	3 43 58	5 46 11	7 44 28	9 46 41	11 48 54	13 47 11	15 49 24	17 47 41
	19	19 50 50	21 53 4	23 47 24	1 49 38	3 47 54	5 50 7	7 48 24	9 50 37	11 52 51	13 51 7	15 53 20	17 51 37
	20	19 54 48	21 57 0	23 51 21	1 53 34	3 51 51	5 54 4	7 52 21	9 54 34	11 56 47	13 55 4	15 57 17	17 55 34
	21	19 58 44	22 0 57	23 55 17	1 57 31	3 55 47	5 58 1	7 56 17	9 58 31	12 0 44	13 59 0	16 1 13	17 59 30
	22	20 2 41	22 4 54	23 59 14	2 1 27	3 59 44	6 1 57	8 0 14	10 2 27	12 4 40	14 2 57	16 5 10	18 3 27
	23	20 6 38	22 8 51	0 3 11	2 5 24	4 3 40	6 5 54	8 4 10	10 6 24	12 8 37	14 6 53	16 9 7	18 7 23
	24	20 10 34	22 12 47	0 7 7	2 9 20	4 7 37	6 9 50	8 8 7	10 10 20	12 12 33	14 10 50	16 13 3	18 11 20
	25	20 14 30	22 16 44	0 11 4	2 13 17	4 11 34	6 13 47	8 12 4	10 14 17	12 16 30	14 14 46	16 17 0	18 15 16
	26	20 18 27	22 20 40	0 15 0	2 17 13	4 15 30	6 17 43	8 16 0	10 18 13	12 20 26	14 18 43	16 20 56	18 19 13
	27	20 22 24	22 24 37	0 18 57	2 21 10	4 19 27	6 21 40	8 19 57	10 22 10	12 24 23	14 22 40	16 24 53	18 23 10
	28	20 26 20	22 28 33	0 22 53	2 25 7	4 23 23	6 25 36	8 23 53	10 26 6	12 28 20	14 26 36	16 28 49	18 27 6
	29	20 30 17	22 32 31	0 26 50	2 29 3	4 27 20	6 29 33	8 27 50	10 30 3	12 32 16	14 30 33	16 32 46	18 31 3
	30	20 34 13		0 30 46	2 33 0	4 31 16	6 33 30	8 31 46	10 34 0	12 36 13	14 34 29	16 36 42	18 34 59
	31	20 38 10		0 34 43		4 35 13		8 35 43	10 37 56		14 38 26		18 38 56
37	1	18 42 52	20 45 6	22 35 29	0 37 42	2 35 59	4 38 12	6 36 29	8 38 42	10 40 55	12 39 12	14 41 25	16 39 42
	2	18 46 49	20 49 2	22 39 26	0 41 39	2 39 55	4 42 9	6 40 25	8 42 39	10 44 52	12 43 8	14 45 22	16 43 38
	3	18 50 45	20 52 59	22 43 22	0 45 35	2 43 52	4 46 5	6 44 22	8 46 35	10 48 48	12 47 5	14 49 18	16 47 35
	4	18 54 42	20 56 55	22 47 19	0 49 32	2 47 49	4 50 2	6 48 18	8 50 32	10 52 45	12 51 1	14 53 15	16 51 31
	5	18 58 39	21 0 52	22 51 15	0 53 28	2 51 45	4 53 58	6 52 15	8 54 28	10 56 41	12 54 58	14 57 11	16 55 28
	6	19 2 35	21 4 48	22 55 12	0 57 25	2 55 42	4 57 55	6 56 12	8 58 25	11 0 38	12 58 55	15 1 8	16 59 24
	7	19 6 32	21 8 45	22 59 8	1 1 22	2 59 38	5 1 51	7 0 8	9 2 21	11 4 35	13 2 51	15 5 4	17 3 21
	8	19 10 28	21 12 42	23 3 5	1 5 18	3 3 35	5 5 48	7 4 5	9 6 18	11 8 31	13 6 48	15 9 1	17 7 18
	9	19 14 25	21 16 38	23 7 2	1 9 15	3 7 31	5 9 45	7 8 1	9 10 15	11 12 28	13 10 44	15 12 57	17 11 14
	10	19 18 21	21 20 35	23 10 58	1 13 11	3 11 28	5 13 41	7 11 58	9 14 11	11 16 24	13 14 41	15 16 54	17 15 11
	11	19 22 18	21 24 31	23 14 55	1 17 8	3 15 24	5 17 38	7 15 54	9 18 8	11 20 21	13 18 37	15 20 51	17 19 7
	12	19 26 14	21 28 28	23 18 51	1 21 4	3 19 21	5 21 34	7 19 51	9 22 4	11 24 17	13 22 34	15 24 47	17 23 4
	13	19 30 11	21 32 24	23 22 48	1 25 1	3 23 18	5 25 31	7 23 48	9 26 1	11 28 14	13 26 30	15 28 44	17 27 0
	14	19 34 8	21 36 21	23 26 44	1 28 57	3 27 14	5 29 27	7 27 44	9 29 57	11 32 10	13 30 27	15 32 40	17 30 57
	15	19 38 4	21 40 17	23 30 41	1 32 54	3 31 11	5 33 24	7 31 41	9 33 54	11 36 7	13 34 24	15 36 37	17 34 53
	16	19 42 1	21 44 14	23 34 37	1 36 51	3 35 7	5 37 20	7 35 37	9 37 50	11 40 4	13 38 20	15 40 33	17 38 50
	17	19 45 57	21 48 10	23 38 34	1 40 47	3 39 4	5 41 17	7 39 34	9 41 47	11 44 0	13 42 17	15 44 30	17 42 47
	18	19 49 54	21 52 7	23 42 31	1 44 44	3 43 0	5 45 14	7 43 30	9 45 44	11 47 57	13 46 14	15 48 26	17 46 43
	19	19 53 50	21 56 4	23 46 27	1 48 40	3 46 57	5 49 10	7 47 27	9 49 40	11 51 53	13 50 10	15 52 23	17 50 40
	20	19 57 47	22 0 0	23 50 24	1 52 37	3 50 53	5 53 7	7 51 23	9 53 37	11 55 50	13 54 6	15 56 20	17 54 36
	21	20 1 43	22 3 57	23 54 20	1 56 33	3 54 50	5 57 3	7 55 20	9 57 33	11 59 46	13 58 3	16 0 16	17 58 33
	22	20 5 40	22 7 53	23 58 17	2 0 30	3 58 47	6 1 0	7 59 17	10 1 30	12 3 43	14 2 0	16 4 13	18 2 29
	23	20 9 37	22 11 50	0 2 13	2 4 26	4 2 43	6 4 56	8 3 13	10 5 26	12 7 39	14 5 56	16 8 9	18 6 26
	24	20 13 33	22 15 46	0 6 10	2 8 23	4 6 40	6 8 53	8 7 10	10 9 23	12 11 36	14 9 53	16 12 6	18 10 23
	25	20 17 30	22 19 43	0 10 6	2 12 20	4 10 36	6 12 49	8 11 6	10 13 19	12 15 33	14 13 49	16 16 2	18 14 19
	26	20 21 26	22 23 39	0 14 3	2 16 16	4 14 33	6 16 46	8 15 3	10 17 16	12 19 29	14 17 46	16 19 59	18 18 16
	27	20 25 23	22 27 36	0 18 0	2 20 13	4 18 29	6 20 43	8 18 59	10 21 12	12 23 26	14 21 42	16 23 55	18 22 12
	28	20 29 19	22 31 33	0 21 56	2 24 9	4 22 26	6 24 39	8 22 56	10 25 9	12 27 22	14 25 39	16 27 52	18 26 9
	29	20 33 16		0 25 53	2 28 6	4 26 22	6 28 36	8 26 52	10 29 6	12 31 19	14 29 35	16 31 49	18 30 5
	30	20 37 13		0 29 49	2 32 2	4 30 19	6 32 32	8 30 49	10 33 2	12 35 15	14 33 32	16 35 45	18 34 2
	31	20 41 9		0 33 46		4 34 16		8 34 46	10 36 59		14 37 28		18 37 58

		1	2	3	4	5	6	7	8	9	10	11	12
1938	1	18 41 55	20 44 8	22 34 32	0 36 45	2 35 1	4 37 15	6 35 32	8 37 45	10 39 58	12 38 14	14 40 28	16 38 44
	2	18 45 52	20 48 5	22 38 28	0 40 41	2 38 58	4 41 11	6 39 28	8 41 41	10 43 54	12 42 11	14 44 24	16 42 41
	3	18 49 48	20 52 1	22 42 25	0 44 38	2 42 55	4 45 8	6 43 25	8 45 38	10 47 51	12 46 7	14 48 21	16 46 37
	4	18 53 45	20 55 58	22 46 22	0 48 35	2 46 51	4 49 4	6 47 21	8 49 34	10 51 47	12 50 4	14 52 17	16 50 34
	5	18 57 41	20 59 54	22 50 18	0 52 31	2 50 48	4 53 1	6 51 18	8 53 31	10 55 44	12 54 1	14 56 14	16 54 30
	6	19 1 38	21 3 51	22 54 14	0 56 28	2 54 44	4 56 57	6 55 14	8 57 27	10 59 41	12 57 57	15 0 10	16 58 27
	7	19 5 34	21 7 48	22 58 11	1 0 24	2 58 41	5 0 54	6 59 11	9 1 24	11 3 37	13 1 54	15 4 7	17 2 24
	8	19 9 31	21 11 44	23 2 8	1 4 21	3 2 37	5 4 51	7 3 7	9 5 21	11 7 34	13 5 50	15 8 3	17 6 20
	9	19 13 27	21 15 41	23 6 4	1 8 17	3 6 34	5 8 47	7 7 4	9 9 17	11 11 30	13 9 47	15 12 0	17 10 17
	10	19 17 24	21 19 37	23 10 1	1 12 14	3 10 30	5 12 44	7 11 0	9 13 14	11 15 27	13 13 43	15 15 57	17 14 13
	11	19 21 21	21 23 34	23 13 57	1 16 10	3 14 27	5 16 40	7 14 57	9 17 10	11 19 23	13 17 40	15 19 53	17 18 10
	12	19 25 17	21 27 31	23 17 54	1 20 7	3 18 24	5 20 37	7 18 54	9 21 7	11 23 20	13 21 36	15 23 50	17 22 6
	13	19 29 14	21 31 27	23 21 50	1 24 3	3 22 20	5 24 33	7 22 50	9 25 3	11 27 16	13 25 33	15 27 46	17 26 3
	14	19 33 10	21 35 23	23 25 47	1 28 0	3 26 17	5 28 30	7 26 47	9 29 0	11 31 13	13 29 30	15 31 43	17 29 59
	15	19 37 7	21 39 20	23 29 43	1 31 57	3 30 13	5 32 26	7 30 43	9 32 56	11 35 10	13 33 26	15 35 39	17 33 56
	16	19 41 3	21 43 17	23 33 40	1 35 53	3 34 10	5 36 23	7 34 40	9 36 52	11 39 6	13 37 22	15 39 36	17 37 53
	17	19 45 0	21 47 13	23 37 37	1 39 50	3 38 6	5 40 20	7 38 36	9 40 49	11 43 3	13 41 19	15 43 32	17 41 49
	18	19 48 56	21 51 10	23 41 33	1 43 46	3 42 3	5 44 16	7 42 33	9 44 46	11 46 59	13 45 16	15 47 29	17 45 46
	19	19 52 53	21 55 6	23 45 30	1 47 43	3 45 59	5 48 13	7 46 29	9 48 43	11 50 56	13 49 12	15 51 26	17 49 42
	20	19 56 50	21 59 3	23 49 26	1 51 39	3 49 56	5 52 9	7 50 26	9 52 39	11 54 52	13 53 9	15 55 22	17 53 39
	21	20 0 46	22 3 0	23 53 23	1 55 36	3 53 53	5 56 6	7 54 23	9 56 36	11 58 49	13 57 5	15 59 19	17 57 35
	22	20 4 43	22 6 56	23 57 19	1 59 32	3 57 49	6 0 2	7 58 19	10 0 32	12 2 46	14 1 2	16 3 15	18 1 32
	23	20 8 39	22 10 52	0 1 16	2 3 29	4 1 46	6 3 59	8 2 16	10 4 29	12 6 42	14 4 59	16 7 12	18 5 28
	24	20 12 36	22 14 49	0 5 12	2 7 26	4 5 42	6 7 55	8 6 12	10 8 25	12 10 39	14 8 55	16 11 8	18 9 25
	25	20 16 32	22 18 46	0 9 9	2 11 22	4 9 39	6 11 52	8 10 9	10 12 22	12 14 35	14 12 52	16 15 5	18 13 22
	26	20 20 29	22 22 42	0 13 6	2 15 19	4 13 35	6 15 49	8 14 5	10 16 19	12 18 32	14 16 48	16 19 1	18 17 18
	27	20 24 25	22 26 39	0 17 2	2 19 15	4 17 32	6 19 45	8 18 2	10 20 15	12 22 28	14 20 45	16 22 58	18 21 15
	28	20 28 22	22 30 35	0 20 59	2 23 12	4 21 28	6 23 42	8 21 58	10 24 12	12 26 25	14 24 41	16 26 55	18 25 11
	29	20 32 19		0 24 55	2 27 8	4 25 25	6 27 38	8 25 55	10 28 8	12 30 22	14 28 38	16 30 51	18 29 8
	30	20 36 15		0 28 52	2 31 5	4 29 22	6 31 35	8 29 52	10 32 5	12 34 18	14 32 34	16 34 48	18 33 4
	31	20 40 12		0 32 48		4 33 18		8 33 48	10 36 1		14 36 31		18 37 1
1939	1	18 40 57	20 43 11	22 33 34	0 35 47	2 34 4	4 36 17	6 34 34	8 36 47	10 39 0	12 37 17	14 39 30	16 37 47
	2	18 44 54	20 47 7	22 37 31	0 39 44	2 38 0	4 40 14	6 38 30	8 40 44	10 42 57	12 41 13	14 43 27	16 41 43
	3	18 48 51	20 51 4	22 41 27	0 43 40	2 41 57	4 44 10	6 42 27	8 44 40	10 46 53	12 45 10	14 47 23	16 45 40
	4	18 52 47	20 55 0	22 45 24	0 47 37	2 45 54	4 48 7	6 46 24	8 48 37	10 50 50	12 59 6	14 51 20	16 49 36
	5	18 56 44	20 58 57	22 49 20	0 51 34	2 49 50	4 52 3	6 50 20	8 52 33	10 54 46	12 53 3	14 55 16	16 53 33
	6	19 0 40	21 2 54	22 53 17	0 55 30	2 53 47	4 56 0	6 54 17	8 56 30	10 58 43	12 57 0	14 59 13	16 57 29
	7	19 4 37	21 6 50	22 57 14	0 59 27	2 57 43	4 59 56	6 58 13	9 0 26	11 2 40	13 0 56	15 3 9	17 1 26
	8	19 8 33	21 10 47	23 1 10	1 3 23	3 1 40	5 3 53	7 2 10	9 4 23	11 6 36	13 4 53	15 7 6	17 5 22
	9	19 12 30	21 14 44	23 5 7	1 7 20	3 5 36	5 7 50	7 6 6	9 8 20	11 10 33	13 8 49	15 11 2	17 9 19
	10	19 16 26	21 18 40	23 9 3	1 11 16	3 9 33	5 11 46	7 10 3	9 12 16	11 14 29	13 12 46	15 14 59	17 13 16
	11	19 20 23	21 22 36	23 13 0	1 15 13	3 13 29	5 15 43	7 13 59	9 16 13	11 18 26	13 16 42	15 18 55	17 17 12
	12	19 24 20	21 26 33	23 16 56	1 19 9	3 17 26	5 19 39	7 17 56	9 20 9	11 22 22	13 20 39	15 22 52	17 21 9
	13	19 28 16	21 30 29	23 20 53	1 23 6	3 21 23	5 23 36	7 21 53	9 24 6	11 26 19	13 24 35	15 26 49	17 25 5
	14	19 32 13	21 34 26	23 24 49	1 27 3	3 25 19	5 27 32	7 25 49	9 28 2	11 30 15	13 28 32	15 30 45	17 29 2
	15	19 36 9	21 38 22	23 28 46	1 30 59	3 29 16	5 31 29	7 29 46	9 31 59	11 34 12	13 32 29	15 34 42	17 32 58
	16	19 40 6	21 42 19	23 32 43	1 34 56	3 33 12	5 35 25	7 33 42	9 35 55	11 38 9	13 36 25	15 38 38	17 36 55
	17	19 44 2	21 46 16	23 36 39	1 38 52	3 37 9	5 39 22	7 37 39	9 39 52	11 42 5	13 40 22	15 42 35	17 40 52
	18	19 47 59	21 50 12	23 40 36	1 42 49	3 41 5	5 43 19	7 41 35	9 43 49	11 46 2	13 44 18	15 46 31	17 44 48
	19	19 51 55	21 54 9	23 44 32	1 46 45	3 45 2	5 47 15	7 45 32	9 47 45	11 49 58	13 48 15	15 50 28	17 48 45
	20	19 55 52	21 58 5	23 48 29	1 50 42	3 48 58	5 51 12	7 49 28	9 51 42	11 53 55	13 52 11	15 54 24	17 52 41
	21	19 59 49	22 2 2	23 52 25	1 54 38	3 52 55	5 55 8	7 53 25	9 55 38	11 57 51	13 56 8	15 58 21	17 56 38
	22	20 3 45	22 5 58	23 56 22	1 58 35	3 56 52	5 59 5	7 57 22	9 59 35	12 1 48	14 0 4	16 2 18	18 0 34
	23	20 7 42	22 9 55	0 0 18	2 2 31	4 0 48	6 3 1	8 1 18	10 3 31	12 5 44	14 4 1	16 6 14	18 4 31
	24	20 11 38	22 13 51	0 4 15	2 6 28	4 4 45	6 6 58	8 5 15	10 7 28	12 9 41	14 7 58	16 10 11	18 8 27
	25	20 15 35	22 17 48	0 8 11	2 10 25	4 8 41	6 10 55	8 9 11	10 11 24	12 13 38	14 11 54	16 14 7	18 12 24
	26	20 19 31	22 21 45	0 12 8	2 14 21	4 12 38	6 14 51	8 13 8	10 15 21	12 17 34	14 15 51	16 18 4	18 16 21
	27	20 23 28	22 25 41	0 16 5	2 18 18	4 16 34	6 18 48	8 17 4	10 19 18	12 21 31	14 19 47	16 22 0	18 20 17
	28	20 27 24	22 29 38	0 20 1	2 22 14	4 20 31	6 22 44	8 21 1	10 23 14	12 25 27	14 23 44	16 25 57	18 24 14
	29	20 31 21		0 23 58	2 26 11	4 24 27	6 26 41	8 24 57	10 27 11	12 29 24	14 27 40	16 29 53	18 28 10
	30	20 35 18		0 27 54	2 30 7	4 28 24	6 30 37	8 28 54	10 31 7	12 33 20	14 31 37	16 33 50	18 32 7
	31	20 39 14		0 31 51		4 32 21		8 32 51	10 35 4		14 35 33		18 36 3
1940	1	18 40 0	20 42 13	22 36 33	0 38 46	2 37 3	4 39 16	6 37 33	8 39 46	10 41 59	12 40 16	14 42 29	16 40 46
	2	18 43 56	20 46 10	22 40 30	0 42 43	2 40 59	4 43 13	6 41 29	8 43 43	10 45 56	12 44 12	14 46 25	16 44 42
	3	18 47 53	20 50 6	22 44 26	0 46 39	2 44 56	4 47 9	6 45 26	8 47 39	10 49 52	12 48 9	14 50 22	16 48 39
	4	18 51 50	20 54 3	22 48 23	0 50 36	2 48 53	4 51 6	6 49 22	8 51 36	10 53 49	12 52 5	14 54 19	16 52 35
	5	18 55 46	20 57 59	22 52 19	0 54 33	2 52 49	4 55 2	6 53 19	8 55 32	10 57 45	12 56 2	14 58 15	16 56 32
	6	18 59 43	21 1 56	22 56 16	0 58 29	2 56 46	4 58 59	6 57 16	8 59 29	11 1 42	12 59 58	15 2 12	17 0 28
	7	19 3 39	21 5 52	23 0 13	1 2 26	3 0 42	5 2 55	7 1 12	9 3 25	11 5 38	13 3 55	15 6 8	17 4 25
	8	19 7 36	21 9 49	23 4 9	1 6 22	3 4 39	5 6 52	7 5 9	9 7 22	11 9 35	13 7 52	15 10 5	17 8 21
	9	19 11 32	21 13 46	23 8 6	1 10 19	3 8 35	5 10 49	7 9 5	9 11 18	11 13 32	13 11 48	15 14 1	17 12 18
	10	19 15 29	21 17 42	23 12 2	1 14 15	3 12 32	5 14 45	7 13 2	9 15 15	11 17 28	13 15 45	15 17 58	17 16 15
	11	19 19 25	21 21 39	23 15 59	1 18 12	3 16 28	5 18 42	7 16 58	9 19 12	11 21 25	13 19 41	15 21 54	17 20 11
	12	19 23 22	21 25 35	23 19 55	1 22 8	3 20 25	5 22 38	7 20 55	9 23 8	11 25 21	13 23 38	15 25 51	17 24 8
	13	19 27 19	21 29 32	23 23 52	1 26 5	3 24 22	5 26 35	7 24 51	9 27 5	11 29 18	13 27 34	15 29 48	17 28 4
	14	19 31 15	21 33 28	23 27 48	1 30 1	3 28 18	5 30 31	7 28 48	9 31 1	11 33 14	13 31 31	15 33 44	17 32 1
	15	19 35 12	21 37 25	23 31 45	1 33 58	3 32 15	5 34 28	7 32 45	9 34 58	11 37 11	13 35 27	15 37 41	17 35 57
	16	19 39 8	21 41 21	23 35 41	1 37 55	3 36 11	5 38 24	7 36 41	9 38 54	11 41 7	13 39 24	15 41 37	17 39 54
	17	19 43 5	21 45 18	23 39 38	1 41 51	3 40 8	5 42 21	7 40 38	9 41 51	11 45 4	13 43 21	15 45 34	17 43 50
	18	19 47 1	21 49 15	23 43 35	1 45 48	3 44 4	5 46 18	7 44 34	9 46 47	11 49 1	13 47 17	15 49 30	17 47 47
	19	19 50 58	21 53 11	23 47 31	1 49 44	3 48 1	5 50 14	7 48 31	9 50 44	11 52 57	13 51 14	15 53 27	17 51 44
	20	19 54 54	21 57 8	23 51 28	1 53 41	3 51 57	5 54 11	7 52 27	9 54 41	11 56 54	13 55 10	15 57 23	17 55 40
	21	19 58 51	22 1 4	23 55 24	1 57 37	3 55 54	5 58 7	7 56 24	9 58 37	12 0 50	13 59 7	16 1 20	17 59 37
	22	20 2 48	22 5 1	23 59 21	2 1 34	3 59 51	6 2 4	8 0 20	10 2 34	12 4 47	14 3 3	16 5 17	18 3 33
	23	20 6 44	22 8 57	0 3 17	2 5 30	4 3 47	6 6 0	8 4 17	10 6 30	12 8 43	14 7 0	16 9 13	18 7 30
	24	20 10 41	22 12 54	0 7 14	2 9 27	4 7 44	6 9 57	8 8 14	10 10 27	12 12 40	14 10 56	16 13 10	18 11 26
	25	20 14 37	22 16 50	0 11 10	2 13 24	4 11 40	6 13 53	8 12 10	10 14 23	12 16 36	14 14 53	16 17 6	18 15 23
	26	20 18 34	22 20 47	0 15 7	2 17 20	4 15 37	6 17 50	8 16 7	10 18 20	12 20 33	14 18 50	16 21 3	18 19 19
	27	20 22 30	22 24 44	0 19 4	2 21 17	4 19 33	6 21 47	8 20 3	10 22 16	12 24 30	14 22 46	16 24 59	18 23 16
	28	20 26 27	22 28 40	0 23 0	2 25 13	4 23 30	6 25 43	8 24 0	10 26 13	12 28 26	14 26 43	16 28 56	18 27 13
	29	20 30 23	22 32 37	0 26 57	2 29 10	4 27 26	6 29 40	8 27 56	10 30 10	12 32 23	14 30 39	16 32 52	18 31 9
	30	20 34 20		0 30 53	2 33 6	4 31 23	6 33 36	8 31 53	10 34 6	12 36 19	14 34 36	16 36 49	18 35 6
	31	20 38 17		0 34 50		4 35 20		8 35 49	10 38 3		14 38 32		18 39 2
1941	1	18 42 59	20 45 12	22 35 36	0 37 49	2 36 5	4 38 18	6 36 35	8 38 48	10 41 2	12 39 18	14 41 31	16 39 48
	2	18 46 55	20 49 9	22 39 32	0 41 45	2 40 2	4 42 15	6 40 32	8 42 45	10 44 58	12 43 15	14 45 28	16 43 44
	3	18 50 52	20 53 5	22 43 29	0 45 42	2 43 58	4 46 12	6 44 28	8 46 41	10 48 55	12 47 11	14 49 24	16 47 41
	4	18 54 48	20 57 2	22 47 25	0 49 38	2 47 55	4 50 8	6 48 25	8 50 38	10 52 51	12 51 8	14 53 21	16 51 38
	5	18 58 45	21 0 58	22 51 22	0 53 35	2 51 51	4 54 5	6 52 21	8 54 35	10 56 48	12 55 4	14 57 17	16 55 34
	6	19 2 42	21 4 55	22 55 18	0 57 31	2 55 48	4 58 1	6 56 18	8 58 31	11 0 44	12 59 1	15 1 14	16 59 31
	7	19 6 38	21 8 51	22 59 15	1 1 28	2 59 45	5 1 58	7 0 14	9 2 28	11 4 41	13 2 57	15 5 11	17 3 27
	8	19 10 35	21 12 48	23 3 11	1 5 25	3 3 41	5 5 54	7 4 11	9 6 24	11 8 37	13 6 54	15 9 7	17 7 24
	9	19 14 31	21 16 44	23 7 8	1 9 21	3 7 38	5 9 51	7 8 8	9 10 21	11 12 34	13 10 50	15 13 4	17 11 20
	10	19 18 28	21 20 41	23 11 5	1 13 18	3 11 34	5 13 47	7 12 4	9 14 17	11 16 30	13 14 47	15 17 0	17 15 17
	11	19 22 24	21 24 38	23 15 1	1 17 14	3 15 31	5 17 44	7 16 1	9 18 14	11 20 27	13 18 44	15 20 57	17 19 13
	12	19 26 21	21 28 34	23 18 58	1 21 11	3 19 27	5 21 41	7 19 57	9 22 10	11 24 24	13 22 40	15 24 53	17 23 10
	13	19 30 17	21 32 31	23 22 54	1 25 7	3 23 24	5 25 37	7 23 54	9 26 7	11 28 20	13 26 37	15 28 50	17 27 7
	14	19 34 14	21 36 27	23 26 51	1 29 4	3 27 20	5 29 34	7 27 50	9 30 4	11 32 17	13 30 33	15 32 46	17 31 3
	15	19 38 11	21 40 24	23 30 47	1 33 0	3 31 17	5 33 30	7 31 47	9 34 0	11 36 13	13 34 30	15 36 43	17 35 0
	16	19 42 7	21 44 20	23 34 44	1 36 57	3 35 14	5 37 27	7 35 43	9 37 57	11 40 10	13 38 26	15 40 40	17 38 56
	17	19 46 4	21 48 17	23 38 40	1 40 53	3 39 10	5 41 23	7 39 40	9 41 53	11 44 6	13 42 23	15 44 36	17 42 53
	18	19 50 0	21 52 13	23 42 37	1 44 50	3 43 7	5 45 20	7 43 37	9 45 50	11 48 3	13 46 19	15 48 33	17 46 49
	19	19 53 57	21 56 10	23 46 33	1 48 47	3 47 3	5 49 16	7 47 33	9 49 46	11 51 59	13 50 16	15 52 29	17 50 46
	20	19 57 54	22 0 7	23 50 30	1 52 43	3 51 0	5 53 13	7 51 30	9 53 43	11 55 56	13 54 13	15 56 26	17 54 42
	21	20 1 50	22 4 3	23 54 27	1 56 40	3 54 56	5 57 10	7 55 26	9 57 39	11 59 53	13 58 9	16 0 22	17 58 39
	22	20 5 47	22 8 0	23 58 23	2 0 36	3 58 53	6 1 6	7 59 23	10 1 36	12 3 49	14 2 6	16 4 19	18 2 36
	23	20 9 43	22 11 56	0 2 20	2 4 33	4 2 49	6 5 3	8 3 19	10 5 33	12 7 46	14 6 2	16 8 15	18 6 32
	24	20 13 40	22 15 53	0 6 16	2 8 29	4 6 46	6 8 59	8 7 16	10 9 29	12 11 42	14 9 59	16 12 12	18 10 29
	25	20 17 36	22 19 49	0 10 13	2 12 26	4 10 43	6 12 56	8 11 12	10 13 26	12 15 39	14 13 55	16 16 9	18 14 25
	26	20 21 33	22 23 46	0 14 9	2 16 22	4 14 39	6 16 52	8 15 9	10 17 22	12 19 35	14 17 52	16 20 5	18 18 22
	27	20 25 29	22 27 42	0 18 6	2 20 19	4 18 36	6 20 49	8 19 6	10 21 19	12 23 32	14 21 48	16 24 2	18 22 18
	28	20 29 26	22 31 39	0 22 2	2 24 16	4 22 32	6 24 45	8 23 2	10 25 15	12 27 28	14 25 45	16 27 58	18 26 15
	29	20 33 22		0 25 59	2 28 12	4 26 29	6 28 42	8 26 59	10 29 12	12 31 25	14 29 42	16 31 55	18 30 11
	30	20 37 19		0 29 56	2 32 9	4 30 25	6 32 39	8 30 55	10 33 8	12 35 22	14 33 38	16 35 51	18 34 8
	31	20 41 15		0 33 52		4 34 22		8 34 52	10 37 5		14 37 35		18 38 5

2 STERNZEIT 1910–2001

		1	2	3	4	5	6	7	8	9	10	11	12
1942	1	18 42 1	20 44 14	22 34 38	0 36 51	2 35 8	4 37 21	6 35 38	8 37 51	10 40 4	12 38 20	14 40 34	16 38 50
	2	18 45 58	20 48 11	22 38 34	0 40 48	2 39 4	4 41 17	6 39 34	8 41 47	10 44 0	12 42 17	14 44 30	16 42 47
	3	18 49 54	20 52 8	22 42 31	0 44 44	2 43 1	4 45 14	6 43 31	8 45 44	10 47 57	12 46 14	14 48 27	16 46 43
	4	18 53 51	20 56 4	22 56 28	0 48 41	2 46 57	4 49 10	6 47 27	8 49 40	10 51 54	12 50 10	14 52 23	16 50 40
	5	18 57 47	21 0 1	22 50 24	0 52 37	2 50 54	4 53 7	6 51 24	8 53 37	10 55 50	12 54 7	14 56 20	16 54 36
	6	19 1 44	21 3 57	22 54 21	0 56 34	2 54 50	4 57 4	6 55 20	8 57 33	10 59 47	13 58 3	15 0 16	16 58 33
	7	19 5 40	21 7 54	22 58 17	1 0 30	2 58 47	5 1 0	6 59 17	9 1 30	11 3 43	13 2 0	15 4 13	17 2 30
	8	19 9 37	21 11 50	23 2 14	1 4 27	3 2 43	5 4 57	7 3 13	9 5 27	11 7 40	13 5 56	15 8 9	17 6 26
	9	19 13 34	21 15 47	23 6 10	1 8 23	3 6 40	5 8 53	7 7 10	9 9 23	11 11 36	13 9 53	15 12 6	17 10 23
	10	19 17 30	21 19 43	23 10 7	1 12 20	3 10 37	5 12 50	7 11 6	9 13 20	11 15 33	13 13 49	15 16 3	17 14 19
	11	19 21 27	21 23 40	23 14 3	1 16 17	3 14 33	5 16 46	7 15 3	9 17 16	11 19 29	13 17 46	15 19 59	17 18 16
	12	19 25 23	21 27 36	23 18 0	1 20 13	3 18 30	5 20 43	7 19 0	9 21 13	11 23 26	13 21 43	15 23 56	17 22 12
	13	19 29 20	21 31 33	23 21 57	1 24 10	3 22 26	5 24 39	7 22 56	9 25 9	11 27 23	13 25 39	15 27 52	17 26 9
	14	19 33 16	21 35 30	23 25 53	1 28 6	3 26 23	5 28 36	7 26 53	9 29 6	11 31 19	13 29 36	15 31 49	17 30 5
	15	19 37 13	21 39 26	23 29 50	1 32 3	3 30 19	5 32 33	7 30 49	9 33 2	11 35 16	13 33 32	15 35 45	17 34 2
	16	19 41 9	21 43 23	23 33 46	1 35 59	3 34 16	5 36 29	7 34 46	9 36 59	11 39 12	13 37 29	15 39 42	17 37 59
	17	19 45 6	21 47 19	23 37 43	1 39 56	3 38 12	5 40 26	7 38 42	9 40 56	11 43 9	13 41 25	15 43 38	17 41 55
	18	19 49 3	21 51 16	23 41 39	1 43 52	3 42 9	5 44 22	7 42 39	9 44 52	11 47 5	13 45 22	15 47 35	17 45 52
	19	19 52 59	21 55 12	23 45 36	1 47 49	3 46 6	5 48 19	7 46 36	9 48 49	11 51 2	13 49 18	15 51 32	17 49 48
	20	19 56 56	21 59 9	23 49 32	1 51 45	3 50 2	5 52 15	7 50 32	9 52 45	11 54 58	13 53 15	15 55 28	17 53 45
	21	20 0 52	22 3 5	23 53 29	1 55 42	3 53 59	5 56 12	7 54 29	9 56 42	11 58 55	13 57 12	15 59 25	17 57 41
	22	20 4 49	22 7 2	23 57 25	1 59 39	3 57 55	6 0 8	7 58 25	10 0 38	12 2 51	14 1 8	16 3 21	18 1 38
	23	20 8 45	22 10 59	0 1 22	2 3 35	4 1 52	6 4 5	8 2 22	10 4 35	12 6 48	14 5 5	16 7 18	18 5 35
	24	20 12 42	22 14 55	0 5 19	2 7 32	4 5 48	6 8 2	8 6 18	10 8 31	12 10 45	14 9 1	16 11 14	18 9 31
	25	20 16 38	22 18 52	0 9 15	2 11 28	4 9 45	6 11 58	8 10 15	10 12 28	12 14 41	14 12 58	16 15 11	18 13 28
	26	20 20 35	22 22 48	0 13 12	2 15 25	4 13 41	6 15 55	8 14 11	10 16 25	12 18 38	14 16 54	16 19 7	18 17 24
	27	20 24 32	22 26 45	0 17 8	2 19 21	4 17 38	6 19 51	8 18 8	10 20 21	12 22 34	14 20 51	16 23 4	18 21 21
	28	20 28 28	22 30 41	0 21 5	2 23 18	4 21 35	6 23 48	8 22 5	10 24 18	12 26 31	14 24 47	16 27 1	18 25 17
	29	20 32 25		0 25 1	2 27 14	4 25 31	6 27 44	8 26 1	10 28 14	12 30 27	14 28 44	16 30 57	18 29 14
	30	20 36 21		0 28 58	2 31 11	4 29 28	6 31 41	8 29 58	10 32 11	12 34 24	14 32 40	16 34 54	18 33 10
	31	20 40 18		0 32 54		4 33 24		8 33 54	10 36 7		14 36 37		18 37 7
1943	1	18 41 4	20 43 17	22 33 40	0 35 53	2 34 10	4 36 23	6 34 40	8 36 53	10 39 6	12 37 23	14 39 36	16 37 53
	2	18 45 0	20 47 13	22 37 37	0 39 50	2 38 7	4 40 20	6 38 36	8 40 50	10 43 3	12 41 19	14 43 33	16 41 49
	3	18 48 57	20 51 10	22 41 33	0 43 46	2 42 3	4 44 16	6 42 33	8 44 46	10 46 59	12 45 16	14 47 29	16 45 46
	4	18 52 53	20 55 6	22 45 30	0 47 43	2 46 0	4 48 13	6 46 30	8 48 43	10 50 56	12 49 13	14 51 26	16 49 42
	5	18 56 50	20 59 3	22 49 26	0 51 40	2 49 56	4 52 9	6 50 26	8 52 39	10 54 53	12 53 9	14 55 22	16 53 39
	6	19 0 46	21 3 0	22 53 23	0 55 36	2 53 53	4 56 6	6 54 23	8 56 36	10 58 49	12 57 6	14 59 19	16 57 35
	7	19 4 43	21 6 56	22 57 20	0 59 33	2 57 49	5 0 3	6 58 19	9 0 32	11 2 46	13 1 2	15 3 15	17 1 33
	8	19 8 39	21 10 53	23 1 16	1 3 29	3 1 46	5 3 59	7 2 16	9 4 29	11 6 42	13 4 59	15 7 12	17 5 29
	9	19 12 36	21 14 49	23 5 13	1 7 26	3 5 42	5 7 56	7 6 12	9 8 26	11 10 39	13 8 55	15 11 8	17 9 25
	10	19 16 33	21 18 46	23 9 9	1 11 22	3 9 39	5 11 52	7 10 9	9 12 22	11 14 36	13 12 52	15 15 5	17 13 22
	11	19 20 29	21 22 42	23 13 6	1 15 19	3 13 36	5 15 49	7 14 5	9 16 19	11 18 32	13 16 48	15 19 2	17 17 18
	12	19 24 26	21 26 39	23 17 2	1 19 15	3 17 32	5 19 45	7 18 2	9 20 15	11 22 28	13 20 45	15 22 58	17 21 15
	13	19 28 22	21 30 35	23 20 59	1 23 12	3 21 29	5 23 42	7 21 59	9 24 12	11 26 25	13 24 41	15 26 55	17 25 11
	14	19 32 19	21 34 32	23 24 55	1 27 9	3 25 25	5 27 38	7 25 55	9 28 8	11 30 21	13 28 38	15 30 51	17 29 8
	15	19 36 15	21 38 29	23 28 52	1 31 5	3 29 22	5 31 35	7 29 52	9 32 5	11 34 18	13 32 35	15 34 48	17 33 4
	16	19 40 12	21 42 25	23 32 49	1 35 2	3 33 18	5 35 32	7 33 48	9 36 1	11 38 15	13 36 31	15 38 44	17 37 1
	17	19 44 8	21 46 22	23 36 45	1 38 58	3 37 15	5 39 28	7 37 45	9 39 58	11 42 11	13 40 28	15 42 41	17 40 58
	18	19 48 5	21 50 18	23 40 42	1 42 55	3 41 11	5 43 25	7 41 41	9 43 55	11 46 8	13 44 24	15 46 37	17 44 55
	19	19 52 2	21 54 15	23 44 38	1 46 51	3 45 8	5 47 21	7 45 38	9 47 51	11 50 4	13 48 21	15 50 34	17 48 51
	20	19 55 58	21 58 11	23 48 35	1 50 48	3 49 4	5 51 18	7 49 34	9 51 48	11 54 1	13 52 17	15 54 31	17 52 47
	21	19 59 55	22 2 8	23 52 31	1 54 44	3 53 1	5 55 14	7 53 31	9 55 44	11 57 57	13 56 14	15 58 27	17 56 44
	22	20 3 51	22 6 4	23 56 28	1 58 41	3 56 58	5 59 11	7 57 28	9 59 41	12 1 54	14 0 10	16 2 24	18 0 40
	23	20 7 48	22 10 1	0 0 24	2 2 38	4 0 54	6 3 7	8 1 24	10 3 37	12 5 50	14 4 7	16 6 20	18 4 37
	24	20 11 44	22 13 57	0 4 21	2 6 34	4 4 51	6 7 4	8 5 21	10 7 34	12 9 47	14 8 4	16 10 17	18 8 33
	25	20 15 41	22 17 54	0 8 18	2 10 31	4 8 47	6 11 1	8 9 17	10 11 30	12 13 44	14 12 0	16 14 13	18 12 30
	26	20 19 37	22 21 51	0 12 14	2 14 27	4 12 44	6 14 57	8 13 14	10 15 27	12 17 40	14 15 57	16 18 10	18 16 27
	27	20 23 34	22 25 47	0 16 11	2 18 24	4 16 40	6 18 54	8 17 10	10 19 24	12 21 37	14 19 53	16 22 6	18 20 24
	28	20 27 31	22 29 44	0 20 7	2 22 20	4 20 37	6 22 50	8 21 7	10 23 20	12 25 33	14 23 50	16 26 3	18 24 20
	29	20 31 27		0 24 4	2 26 17	4 24 34	6 26 47	8 25 3	10 27 17	12 29 30	14 27 46	16 30 0	18 28 16
	30	20 35 24		0 28 0	2 30 13	4 28 30	6 30 43	8 29 0	10 31 14	12 33 26	14 31 43	16 33 56	18 32 13
	31	20 39 20		0 31 57		4 32 27		8 32 57	10 35 10		14 35 39		18 36 9
1944	1	18 40 6	20 42 20	22 36 39	0 38 52	2 37 9	4 39 22	6 37 39	8 39 52	10 42 5	12 40 22	14 42 35	16 40 52
	2	18 44 3	20 46 13	22 40 36	0 42 49	2 41 6	4 43 19	6 41 35	8 43 49	10 46 2	12 44 18	14 46 32	16 44 48
	3	18 47 59	20 50 12	22 44 32	0 46 46	2 45 2	4 47 15	6 45 32	8 47 45	10 49 58	12 48 15	14 50 28	16 48 45
	4	18 51 56	20 54 9	22 48 29	0 50 42	2 48 59	4 51 12	6 49 29	8 51 42	10 53 55	12 52 12	14 54 25	16 52 41
	5	18 55 52	20 58 5	22 52 25	0 54 39	2 52 55	4 55 8	6 53 25	8 55 38	10 57 52	12 56 8	14 58 21	16 56 38
	6	18 59 49	21 2 2	22 56 22	0 58 35	2 56 52	4 59 5	6 57 22	8 59 35	11 1 48	13 0 5	15 2 18	17 0 35
	7	19 3 45	21 5 59	23 0 19	1 2 32	3 0 48	5 3 2	7 1 18	9 3 32	11 5 45	13 4 1	15 6 14	17 4 31
	8	19 7 42	21 9 55	23 4 16	1 6 28	3 4 45	5 6 58	7 5 15	9 7 28	11 9 41	13 7 58	15 10 11	17 8 28
	9	19 11 38	21 13 52	23 8 12	1 10 25	3 8 41	5 10 55	7 9 11	9 11 25	11 13 38	13 11 54	15 14 8	17 12 24
	10	19 15 35	21 17 48	23 12 8	1 14 21	3 12 38	5 14 51	7 13 8	9 15 21	11 17 34	13 15 51	15 18 4	17 16 21
	11	19 19 32	21 21 45	23 16 5	1 18 18	3 16 35	5 18 48	7 17 5	9 19 18	11 21 31	13 19 47	15 22 1	17 20 17
	12	19 23 28	21 25 41	23 20 1	1 22 14	3 20 31	5 22 44	7 21 1	9 23 14	11 25 27	13 23 44	15 25 57	17 24 14
	13	19 27 25	21 29 38	23 23 58	1 26 11	3 24 28	5 26 41	7 24 58	9 27 11	11 29 24	13 27 41	15 29 54	17 28 10
	14	19 31 21	21 33 34	23 27 54	1 30 8	3 28 24	5 30 37	7 28 54	9 31 7	11 33 21	13 31 37	15 33 50	17 32 7
	15	19 35 18	21 37 31	23 31 51	1 34 4	3 32 21	5 34 34	7 32 51	9 35 4	11 37 17	13 35 34	15 37 47	17 36 4
	16	19 39 14	21 41 28	23 35 48	1 38 1	3 36 17	5 38 31	7 36 47	9 39 1	11 41 14	13 39 30	15 41 43	17 40 0
	17	19 43 11	21 45 24	23 39 44	1 41 57	3 40 14	5 42 27	7 40 44	9 42 57	11 45 10	13 43 27	15 45 40	17 43 57
	18	19 47 7	21 49 21	23 43 41	1 45 54	3 44 10	5 46 24	7 44 40	9 46 54	11 49 7	13 47 23	15 49 37	17 47 53
	19	19 51 4	21 53 18	23 47 37	1 49 50	3 48 7	5 50 20	7 48 37	9 50 50	11 53 3	13 51 20	15 53 33	17 51 50
	20	19 55 0	21 57 14	23 51 34	1 53 47	3 52 4	5 54 17	7 52 34	9 54 47	11 57 0	13 55 16	15 57 30	17 55 46
	21	19 58 57	22 1 10	23 55 30	1 57 43	3 56 0	5 58 13	7 56 30	9 58 43	12 0 56	13 59 13	16 1 26	17 59 43
	22	20 2 51	22 5 7	23 59 27	2 1 40	3 59 57	5 2 10	8 0 27	10 2 40	12 4 53	14 3 10	16 5 23	18 3 39
	23	20 6 50	22 9 3	0 3 23	2 5 37	4 3 53	6 6 6	8 4 23	10 6 36	12 8 50	14 7 6	16 9 20	18 7 36
	24	20 10 47	22 13 0	0 7 20	2 9 33	4 7 50	6 10 3	8 8 20	10 10 33	12 12 46	14 11 3	16 13 16	18 11 33
	25	20 14 43	22 16 57	0 11 17	2 13 30	4 11 46	6 14 0	8 12 16	10 14 29	12 16 43	14 14 59	16 17 12	18 15 29
	26	20 18 40	22 20 53	0 15 13	2 17 26	4 15 43	6 17 56	8 16 13	10 18 26	12 20 39	14 18 56	16 21 9	18 19 26
	27	20 22 36	22 24 50	0 19 10	2 21 23	4 19 39	6 21 53	8 20 9	10 22 23	12 24 36	14 22 52	16 25 6	18 23 22
	28	20 26 33	22 28 46	0 23 6	2 25 19	4 23 36	6 25 49	8 24 6	10 26 19	12 28 32	14 26 49	16 29 2	18 27 19
	29	20 30 30	22 32 43	0 27 3	2 29 16	4 27 33	6 29 46	8 28 3	10 30 16	12 32 29	14 30 45	16 32 59	18 31 15
	30	20 34 26		0 30 59	2 33 12	4 31 29	6 33 42	8 31 59	10 34 12	12 36 25	14 34 42	16 36 55	18 35 12
	31	20 38 23		0 34 56		4 35 26		8 35 56	10 38 9		14 38 39		18 39 9
1945	1	18 43 5	20 45 18	22 35 42	0 37 55	2 36 12	4 38 25	6 36 42	8 38 55	10 41 8	12 39 25	14 41 38	16 39 54
	2	18 47 2	20 49 15	22 39 38	0 41 52	2 40 8	4 42 21	6 40 38	8 42 51	10 45 5	12 43 21	14 45 34	16 43 51
	3	18 50 58	20 53 11	22 43 35	0 45 48	2 44 5	4 46 18	6 44 35	8 46 48	10 49 1	12 47 18	14 49 31	16 47 48
	4	18 54 55	20 57 8	22 47 31	0 49 45	2 48 1	4 50 14	6 48 31	8 50 44	10 52 58	12 51 14	14 53 27	16 51 44
	5	18 58 51	21 1 5	22 51 28	0 53 41	2 51 58	4 54 11	6 52 28	8 54 41	10 56 54	12 55 11	14 57 24	16 55 41
	6	19 2 48	21 5 1	22 55 25	0 57 38	2 55 54	4 58 8	6 56 24	8 58 38	11 0 51	12 59 7	15 1 20	16 59 38
	7	19 6 44	21 8 58	22 59 21	1 1 34	2 59 51	5 2 4	7 0 21	9 2 34	11 4 47	13 3 4	15 5 17	17 3 34
	8	19 10 41	21 12 54	23 3 18	1 5 31	3 3 47	5 6 1	7 4 17	9 6 31	11 8 44	13 7 0	15 9 14	17 7 30
	9	19 14 38	21 16 51	23 7 14	1 9 27	3 7 44	5 9 57	7 8 14	9 10 27	11 12 40	13 10 57	15 13 10	17 11 27
	10	19 18 34	21 20 47	23 11 11	1 13 24	3 11 40	5 13 54	7 12 11	9 14 24	11 16 37	13 14 54	15 17 7	17 15 23
	11	19 22 31	21 24 44	23 15 7	1 17 21	3 15 37	5 17 50	7 16 7	9 18 20	11 20 34	13 18 50	15 21 3	17 19 20
	12	19 26 28	21 28 40	23 19 4	1 21 17	3 19 33	5 21 47	7 20 4	9 22 17	11 24 30	13 22 47	15 25 0	17 23 17
	13	19 30 24	21 32 37	23 23 0	1 25 14	3 23 30	5 25 44	7 24 0	9 26 13	11 28 27	13 26 44	15 28 56	17 27 13
	14	19 34 20	21 36 34	23 26 57	1 29 10	3 27 27	5 29 40	7 27 57	9 30 10	11 32 24	13 30 40	15 32 53	17 31 10
	15	19 38 17	21 40 30	23 30 54	1 33 7	3 31 23	5 33 37	7 31 53	9 34 7	11 36 20	13 34 36	15 36 50	17 35 6
	16	19 42 13	21 44 27	23 34 50	1 37 3	3 35 20	5 37 33	7 35 50	9 38 3	11 40 16	13 38 33	15 40 46	17 39 3
	17	19 46 10	21 48 24	23 38 47	1 41 0	3 39 16	5 41 30	7 39 47	9 42 0	11 44 13	13 42 29	15 44 43	17 42 59
	18	19 50 7	21 52 20	23 42 43	1 44 56	3 43 13	5 45 26	7 43 43	9 45 56	11 48 9	13 46 26	15 48 40	17 46 56
	19	19 54 3	21 56 16	23 46 40	1 48 53	3 47 10	5 49 23	7 47 40	9 49 53	11 52 6	13 50 23	15 52 36	17 50 52
	20	19 58 0	22 0 13	23 50 36	1 52 49	3 51 6	5 53 19	7 51 36	9 53 49	11 56 2	13 54 19	15 56 32	17 54 49
	21	20 1 56	22 4 9	23 54 33	1 56 46	3 55 3	5 57 16	7 55 33	9 57 46	11 59 59	13 58 16	16 0 29	17 58 46
	22	20 5 53	22 8 6	23 58 29	2 0 43	3 58 59	6 1 13	7 59 29	10 1 42	12 3 56	14 2 12	16 4 25	18 2 42
	23	20 9 49	22 12 3	0 2 26	2 4 39	4 2 56	6 5 9	8 3 26	10 5 39	12 7 52	14 6 9	16 8 22	18 6 39
	24	20 13 46	22 15 59	0 6 23	2 8 36	4 6 52	6 9 6	8 7 22	10 9 36	12 11 49	14 10 5	16 12 19	18 10 35
	25	20 17 42	22 19 56	0 10 19	2 12 32	4 10 49	6 13 2	8 11 19	10 13 32	12 15 45	14 14 2	16 16 15	18 14 32
	26	20 21 39	22 23 52	0 14 16	2 16 29	4 14 45	6 16 59	8 15 15	10 17 29	12 19 42	14 17 58	16 20 12	18 18 28
	27	20 25 36	22 27 49	0 18 12	2 20 25	4 18 42	6 20 55	8 19 12	10 21 25	12 23 38	14 21 55	16 24 8	18 22 25
	28	20 29 32	22 31 45	0 22 9	2 24 22	4 22 39	6 24 52	8 23 9	10 25 22	12 27 35	14 25 52	16 28 5	18 26 21
	29	20 33 29		0 26 5	2 28 18	4 26 35	6 28 48	8 27 5	10 29 18	12 31 31	14 29 48	16 32 1	18 30 18
	30	20 37 25		0 30 2	2 32 15	4 30 32	6 32 45	8 31 2	10 33 15	12 35 28	14 33 45	16 35 58	18 34 15
	31	20 41 22		0 33 58		4 34 28		8 34 58	10 37 11		14 37 42		18 38 11

		1	2	3	4	5	6	7	8	9	10	11	12
1946	1	18 42 8	20 44 21	22 34 45	0 36 58	2 35 14	4 37 28	6 35 44	8 37 58	10 40 11	12 38 27	14 40 40	16 38 57
	2	18 46 4	20 48 18	22 38 41	0 40 54	2 39 11	4 41 24	6 39 41	8 41 54	10 44 7	12 42 24	14 44 37	16 42 54
	3	18 50 1	20 52 14	22 42 38	0 44 51	2 43 7	4 45 21	6 43 37	8 45 51	10 48 4	12 46 20	14 48 34	16 46 50
	4	18 53 57	20 56 11	22 46 34	0 48 47	2 47 4	4 49 17	6 47 34	8 49 47	10 52 0	12 50 17	14 52 30	16 50 47
	5	18 57 54	21 0 7	22 50 31	0 52 44	2 51 0	4 53 14	6 51 30	8 53 44	10 55 57	12 54 14	14 56 27	16 54 43
	6	19 1 51	21 4 4	22 54 27	0 56 40	2 54 57	4 57 10	6 55 27	8 57 40	10 59 53	12 58 10	15 0 23	16 58 40
	7	19 5 47	21 8 0	22 58 24	1 0 37	2 58 54	5 1 7	6 59 24	9 1 37	11 3 50	13 2 7	15 4 20	17 2 37
	8	19 9 44	21 11 57	23 2 20	1 4 34	3 2 50	5 5 3	7 3 20	9 5 33	11 7 47	13 6 3	15 8 16	17 6 33
	9	19 13 40	21 15 53	23 6 17	1 8 30	3 6 47	5 9 0	7 7 17	8 9 30	11 11 43	13 10 0	15 12 13	17 10 30
	10	19 17 37	21 19 50	23 10 13	1 12 27	3 10 43	5 12 57	7 11 13	9 13 27	11 15 40	13 13 56	15 16 9	17 14 26
	11	19 21 33	21 23 47	23 14 10	1 16 23	3 14 40	5 16 53	7 15 10	9 17 23	11 19 36	13 17 53	15 20 6	17 18 23
	12	19 25 30	21 27 43	23 18 7	1 20 20	3 18 36	5 20 50	7 19 6	9 21 20	11 23 33	13 21 49	15 24 3	17 22 19
	13	19 29 26	21 31 40	23 22 3	1 24 16	3 22 33	5 24 46	7 23 3	9 25 16	11 27 29	13 25 46	15 27 59	17 26 16
	14	19 33 23	21 35 36	23 26 0	1 28 13	3 26 29	5 28 43	7 27 0	9 29 13	11 31 26	13 29 42	15 31 56	17 30 12
	15	19 37 20	21 39 33	23 29 56	1 32 9	3 30 26	5 32 39	7 30 56	9 33 9	11 35 22	13 33 39	15 35 52	17 34 9
	16	19 41 16	21 43 29	23 33 53	1 36 6	3 34 23	5 36 36	7 34 53	9 37 6	11 39 19	13 37 36	15 39 49	17 38 6
	17	19 45 13	21 47 26	23 37 49	1 40 3	3 38 19	5 40 32	7 38 49	9 41 2	11 43 16	13 41 32	15 43 45	17 42 2
	18	19 49 9	21 51 22	23 41 46	1 43 59	3 42 16	5 44 29	7 42 46	9 44 59	11 47 12	13 45 29	15 47 42	17 45 59
	19	19 43 6	21 55 19	23 45 42	1 47 56	3 46 12	5 48 26	7 46 42	9 48 56	11 51 9	13 49 25	15 51 39	17 49 55
	20	19 57 2	21 59 16	23 49 39	1 51 52	3 50 9	5 52 22	7 50 39	9 52 52	11 55 5	13 53 22	15 55 35	17 53 52
	21	20 0 59	22 3 12	23 53 36	1 55 49	3 54 5	5 56 19	7 54 35	9 56 49	11 59 2	13 57 18	15 59 32	17 57 49
	22	20 4 55	22 7 9	23 57 32	1 59 45	3 58 2	6 0 15	7 58 32	10 0 45	12 2 58	14 1 15	16 3 28	18 1 45
	23	20 8 52	22 11 5	0 1 29	2 3 42	4 1 59	6 4 12	8 2 29	10 4 42	12 6 55	14 5 12	16 7 25	18 5 42
	24	20 12 48	22 15 2	0 5 25	2 7 38	4 5 55	6 8 8	8 6 25	10 8 38	12 10 51	14 9 8	16 11 21	18 9 38
	25	20 16 45	22 18 58	0 9 22	2 11 35	4 9 52	6 12 5	8 10 22	10 12 35	12 14 48	14 13 5	16 15 18	18 13 35
	26	20 20 42	22 22 55	0 13 18	2 15 32	4 13 48	6 16 1	8 14 18	10 16 31	12 18 45	14 17 1	16 19 14	18 17 31
	27	20 24 38	22 26 51	0 17 15	2 19 28	4 17 45	6 19 58	8 18 15	10 20 28	12 22 41	14 20 58	16 23 11	18 21 28
	28	20 28 35	22 30 48	0 21 11	2 23 25	4 21 41	6 23 55	8 22 11	10 24 25	12 26 38	14 24 54	16 27 8	18 25 24
	29	20 32 31		0 25 8	2 27 21	4 25 38	6 27 51	8 26 8	10 28 21	12 30 35	14 28 51	16 31 4	18 29 21
	30	20 36 28		0 29 5	2 31 18	4 29 34	6 31 48	8 30 5	10 32 18	12 34 31	14 32 47	16 35 1	18 33 17
	31	20 40 24		0 33 1		4 33 31		8 34 1	10 36 14		14 36 44		18 37 14
1947	1	18 41 10	20 43 24	22 33 47	0 36 0	2 34 17	4 36 30	6 34 47	8 37 0	10 39 14	12 37 30	14 39 43	16 38 0
	2	18 45 7	20 47 20	22 37 44	0 39 57	2 38 14	4 40 27	6 38 44	8 40 57	10 43 10	12 41 27	14 43 40	16 41 57
	3	18 49 4	20 51 17	22 41 40	0 43 54	2 42 10	4 44 23	6 42 40	8 44 53	10 47 7	12 45 24	14 47 38	16 45 53
	4	18 53 0	20 55 13	22 45 37	0 47 50	2 46 7	4 48 20	6 46 37	8 48 50	10 51 3	12 49 20	14 51 33	16 49 50
	5	18 56 57	20 59 10	22 49 34	0 51 47	2 50 3	4 52 17	6 50 33	8 52 47	10 55 0	12 53 16	14 55 30	16 53 46
	6	19 0 53	21 3 7	22 53 30	0 55 43	2 54 0	4 56 13	6 54 30	8 56 43	10 58 56	12 57 13	14 59 26	16 57 43
	7	19 4 50	21 7 3	22 57 27	0 59 40	2 57 56	5 0 10	6 58 26	9 0 40	11 2 53	13 1 10	15 3 23	17 1 39
	8	19 8 46	21 11 0	23 1 23	1 3 36	3 1 53	5 4 6	7 2 23	9 4 36	11 6 49	13 5 6	15 7 19	17 5 36
	9	19 12 43	21 14 56	23 5 20	1 7 33	3 5 50	5 8 3	7 6 20	9 8 33	11 10 46	13 9 3	15 11 16	17 9 33
	10	19 16 40	21 18 53	23 9 16	1 11 29	3 9 46	5 11 59	7 10 16	9 12 30	11 14 43	13 12 59	15 15 12	17 13 29
	11	19 20 36	21 22 49	23 13 13	1 15 26	3 13 43	5 15 56	7 14 13	9 16 26	11 18 39	13 16 56	15 19 9	17 17 26
	12	19 24 33	21 26 46	23 17 9	1 19 23	3 17 39	5 19 52	7 18 9	9 20 22	11 22 36	13 20 52	15 23 5	17 21 22
	13	19 28 29	21 30 42	23 21 6	1 23 19	3 21 36	5 23 49	7 22 6	9 24 19	11 26 32	13 24 49	15 27 2	17 25 19
	14	19 32 26	21 34 39	23 25 3	1 27 16	3 25 32	5 27 46	7 26 2	9 28 16	11 30 29	13 28 45	15 30 59	17 29 15
	15	19 36 22	21 38 36	23 28 59	1 31 12	3 29 29	5 31 42	7 29 59	9 32 12	11 34 25	13 32 42	15 34 55	17 33 12
	16	19 40 19	21 42 32	23 32 56	1 35 9	3 33 25	5 35 39	7 33 55	9 36 9	11 38 22	13 36 38	15 38 52	17 37 8
	17	19 44 15	21 46 29	23 36 52	1 39 5	3 37 22	5 39 35	7 37 52	9 40 5	11 42 18	13 40 35	15 42 48	17 41 5
	18	19 48 12	21 50 25	23 40 49	1 43 2	3 41 19	5 43 32	7 41 49	9 44 2	11 46 15	13 44 32	15 46 45	17 45 2
	19	19 52 9	21 54 22	23 44 45	1 46 59	3 45 15	5 47 28	7 45 45	9 47 59	11 50 12	13 48 28	15 50 41	17 48 58
	20	19 56 5	21 58 18	23 48 42	1 50 55	3 49 12	5 51 25	7 49 42	9 51 55	11 54 8	13 52 25	15 54 38	17 52 55
	21	20 0 2	22 2 15	23 52 38	1 54 52	3 53 8	5 55 22	7 53 38	9 55 51	11 58 5	13 56 21	15 58 34	17 56 51
	22	20 3 58	22 6 11	23 56 35	1 58 48	3 57 5	5 59 18	7 57 35	9 59 48	12 2 1	14 0 18	16 2 31	18 0 48
	23	20 7 55	22 10 8	0 0 31	2 2 45	4 1 1	6 3 15	8 1 31	10 3 45	12 5 58	14 4 14	16 6 28	18 4 44
	24	20 11 51	22 14 5	0 4 28	2 6 41	4 4 58	6 7 11	8 5 28	10 7 41	12 9 54	14 8 11	16 10 24	18 8 41
	25	20 15 48	22 18 1	0 8 25	2 10 38	4 8 54	6 11 8	8 9 24	10 11 38	12 13 51	14 12 7	16 14 21	18 12 37
	26	20 19 44	22 21 58	0 12 21	2 14 34	4 12 51	6 15 4	8 13 21	10 15 34	12 17 47	14 16 4	16 18 17	18 16 34
	27	20 23 41	22 25 54	0 16 18	2 18 31	4 16 48	6 19 1	8 17 18	10 19 31	12 21 44	14 20 1	16 22 14	18 20 31
	28	20 27 38	22 29 51	0 20 14	2 22 27	4 20 44	6 22 57	8 21 14	10 23 27	12 25 41	14 23 57	16 26 10	18 24 27
	29	20 31 34		0 24 11	2 26 24	4 24 41	6 26 54	8 25 11	10 27 24	12 29 37	14 27 54	16 30 7	18 28 24
	30	20 35 31		0 28 7	2 30 21	4 28 37	6 30 51	8 29 7	10 31 20	12 33 34	14 31 51	16 34 3	18 32 20
	31	20 39 27		0 32 4		4 32 34		8 33 4	10 35 17		14 35 47		18 36 17
1948	1	18 40 13	20 42 27	22 36 47	0 39 0	2 37 17	4 39 30	6 37 47	8 40 0	10 42 13	12 40 30	14 42 43	16 41 0
	2	18 44 10	20 46 23	22 40 43	0 42 56	2 41 13	4 43 26	6 41 43	8 43 56	10 46 10	12 44 26	14 46 39	16 44 56
	3	18 48 7	20 50 20	22 44 40	0 46 53	2 45 10	4 47 23	6 45 40	8 47 53	10 50 6	12 48 23	14 50 36	16 48 53
	4	18 52 3	20 54 16	22 48 36	0 50 50	2 49 6	4 51 19	6 49 36	8 51 50	10 54 3	12 52 19	14 54 33	16 52 49
	5	18 56 0	20 58 13	22 52 33	0 54 46	2 53 3	4 55 16	6 53 33	8 55 46	10 57 59	12 56 16	14 58 29	16 56 46
	6	18 59 56	21 2 9	22 56 30	0 58 43	2 56 59	4 59 13	6 57 29	8 59 43	11 1 56	13 0 12	15 2 26	17 0 42
	7	19 3 53	21 6 6	23 0 26	1 2 39	3 0 56	5 3 9	7 1 26	9 3 39	11 5 52	13 4 9	15 6 22	17 4 39
	8	19 7 49	21 10 3	23 4 23	1 6 36	3 4 52	5 7 6	7 5 22	9 7 36	11 9 49	13 8 6	15 10 19	17 8 36
	9	19 11 46	21 13 59	23 8 19	1 10 32	3 8 49	5 11 2	7 9 19	9 11 32	11 13 46	13 12 2	15 14 15	17 12 32
	10	19 15 42	21 17 56	23 12 16	1 14 29	3 12 46	5 14 59	7 13 16	9 15 29	11 17 42	13 15 59	15 18 12	17 16 29
	11	19 19 39	21 21 53	23 16 12	1 18 25	3 16 42	5 18 55	7 17 12	9 19 26	11 21 39	13 19 55	15 22 8	17 20 25
	12	19 23 36	21 25 49	23 20 9	1 22 22	3 20 39	5 22 52	7 21 9	9 23 22	11 25 35	13 23 52	15 26 5	17 24 22
	13	19 27 32	21 29 46	23 24 5	1 26 19	3 24 35	5 26 49	7 25 5	9 27 19	11 29 32	13 27 48	15 30 2	17 28 18
	14	19 31 29	21 33 42	23 28 2	1 30 15	3 28 32	5 30 45	7 29 2	9 31 15	11 33 28	13 31 45	15 33 58	17 32 15
	15	19 35 25	21 37 38	23 31 59	1 34 12	3 32 28	5 34 42	7 32 59	9 35 12	11 37 25	13 35 41	15 37 55	17 36 11
	16	19 39 22	21 41 35	23 35 55	1 38 8	3 36 25	5 38 38	7 36 55	9 39 8	11 41 21	13 39 38	15 41 51	17 40 8
	17	19 43 18	21 45 32	23 39 52	1 42 5	3 40 21	5 42 35	7 40 52	9 43 5	11 45 18	13 43 35	15 45 48	17 44 5
	18	19 47 15	21 49 28	23 43 48	1 46 1	3 44 18	5 46 32	7 44 48	9 47 1	11 49 14	13 47 31	15 49 44	17 48 1
	19	19 51 11	21 53 25	23 47 45	1 49 58	3 48 15	5 50 28	7 48 45	9 50 58	11 53 11	13 51 28	15 53 41	17 51 58
	20	19 55 8	21 57 21	23 51 41	1 53 54	3 52 11	5 54 24	7 52 41	9 54 54	11 57 8	13 55 24	15 57 37	17 55 54
	21	19 59 5	22 1 18	23 55 38	1 57 51	3 56 8	5 58 21	7 56 38	9 58 51	12 1 4	13 59 21	16 1 34	17 59 51
	22	20 3 1	22 5 14	23 59 34	2 1 48	4 0 4	6 2 18	8 0 34	10 2 48	12 5 1	14 3 17	16 5 31	18 3 47
	23	20 6 58	22 9 11	0 3 31	2 5 44	4 4 1	6 6 14	8 4 31	10 6 44	12 8 57	14 7 14	16 9 27	18 7 44
	24	20 10 54	22 13 7	0 7 28	2 9 41	4 7 58	6 10 11	8 8 27	10 10 41	12 12 54	14 11 10	16 13 24	18 11 40
	25	20 14 51	22 17 4	0 11 24	2 13 37	4 11 54	6 14 7	8 12 24	10 14 37	12 16 50	14 15 7	16 17 20	18 15 37
	26	20 18 47	22 21 1	0 15 21	2 17 34	4 15 50	6 18 4	8 16 21	10 18 34	12 20 47	14 19 4	16 21 17	18 19 34
	27	20 22 44	22 24 57	0 19 17	2 21 30	4 19 47	6 22 0	8 20 17	10 22 30	12 24 43	14 23 0	16 25 13	18 23 30
	28	20 26 40	22 28 54	0 23 14	2 25 27	4 23 44	6 25 57	8 24 14	10 26 27	12 28 40	14 26 57	16 29 10	18 27 27
	29	20 30 37	22 32 50	0 27 10	2 29 23	4 27 40	6 29 53	8 28 10	10 30 23	12 32 37	14 30 53	16 33 6	18 31 23
	30	20 34 34		0 31 7	2 33 20	4 31 37	6 33 50	8 32 7	10 34 20	12 36 33	14 34 50	16 37 3	18 35 20
	31	20 38 30		0 35 3		4 35 33		8 36 3	10 38 17		14 38 46		18 39 16
1949	1	18 43 13	20 45 26	22 35 50	0 38 3	2 36 20	4 38 33	6 36 50	8 39 3	10 41 16	12 39 33	14 41 46	16 40 3
	2	18 47 9	20 49 23	22 39 46	0 41 9	2 40 16	4 42 29	6 40 46	8 42 59	10 45 13	12 43 29	14 45 42	16 43 59
	3	18 51 6	20 53 19	22 43 43	0 45 56	2 44 13	4 46 26	6 44 43	8 46 56	10 49 9	12 47 26	14 49 39	16 47 56
	4	18 55 3	20 57 16	22 47 39	0 49 53	2 48 9	4 50 23	6 48 39	8 50 53	10 53 6	12 51 22	14 53 36	16 51 52
	5	18 58 59	21 1 12	22 51 36	0 53 49	2 52 6	4 54 19	6 52 36	8 54 49	10 57 2	12 55 19	14 57 32	16 55 49
	6	19 2 56	21 5 9	22 55 33	0 57 46	2 56 2	4 58 16	6 56 32	8 58 46	11 0 59	12 59 15	15 1 29	16 59 45
	7	19 6 52	21 9 6	22 59 29	1 1 42	2 59 59	5 2 12	7 0 29	9 2 42	11 4 55	13 3 12	15 5 25	17 3 42
	8	19 10 49	21 13 2	23 3 26	1 5 39	3 3 55	5 6 9	7 4 25	9 6 39	11 8 52	13 7 9	15 9 22	17 7 39
	9	19 14 45	21 16 59	23 7 22	1 9 35	3 7 52	5 10 5	7 8 22	9 10 35	11 12 49	13 11 5	15 13 18	17 11 35
	10	19 18 42	21 20 55	23 11 19	1 13 32	3 11 49	5 14 2	7 12 19	9 14 32	11 16 45	13 15 2	15 17 15	17 15 32
	11	19 22 38	21 24 52	23 15 15	1 17 28	3 15 45	5 17 58	7 16 15	9 18 28	11 20 42	13 18 58	15 21 11	17 19 28
	12	19 26 35	21 28 48	23 19 12	1 21 25	3 19 42	5 21 55	7 20 12	9 22 25	11 24 38	13 22 55	15 25 8	17 23 25
	13	19 30 32	21 32 45	23 23 8	1 25 22	3 23 38	5 25 52	7 24 8	9 26 22	11 28 35	13 26 51	15 29 5	17 27 21
	14	19 34 28	21 36 41	23 27 5	1 29 18	3 27 35	5 29 48	7 28 5	9 30 18	11 32 31	13 30 48	15 33 1	17 31 18
	15	19 38 25	21 40 38	23 31 2	1 33 15	3 31 31	5 33 45	7 32 1	9 34 15	11 36 28	13 34 44	15 36 58	17 35 14
	16	19 42 21	21 44 35	23 34 58	1 37 11	3 35 28	5 37 41	7 35 58	9 38 11	11 40 24	13 38 41	15 40 54	17 39 11
	17	19 46 18	21 48 31	23 38 55	1 41 8	3 39 24	5 41 38	7 39 55	9 42 8	11 44 21	13 42 38	15 44 51	17 43 8
	18	19 50 14	21 52 28	23 42 51	1 45 4	3 43 21	5 45 34	7 43 51	9 46 4	11 48 18	13 46 34	15 48 47	17 47 4
	19	19 54 11	21 56 24	23 46 48	1 49 1	3 47 18	5 49 31	7 47 48	9 50 1	11 52 14	13 50 31	15 52 44	17 51 1
	20	19 58 8	22 0 21	23 50 44	1 52 57	3 51 14	5 53 27	7 51 44	9 53 57	11 56 11	13 54 27	15 56 40	17 54 57
	21	20 2 4	22 4 17	23 54 41	1 56 54	3 55 11	5 57 24	7 55 41	9 57 54	12 0 7	13 58 24	16 0 37	17 58 54
	22	20 6 1	22 8 14	23 58 37	2 0 51	3 59 7	6 1 21	7 59 37	10 1 51	12 4 4	14 2 20	16 4 34	18 2 50
	23	20 9 57	22 12 10	0 2 34	2 4 47	4 3 4	6 5 17	8 3 34	10 5 47	12 8 0	14 6 17	16 8 30	18 6 47
	24	20 13 54	22 16 7	0 6 31	2 8 44	4 7 0	6 9 14	8 7 30	10 9 44	12 11 57	14 10 13	16 12 27	18 10 43
	25	20 17 50	22 20 4	0 10 27	2 12 40	4 10 57	6 13 10	8 11 27	10 13 40	12 15 53	14 14 10	16 16 23	18 14 40
	26	20 21 47	22 24 0	0 14 24	2 16 37	4 14 53	6 17 7	8 15 24	10 17 37	12 19 50	14 18 7	16 20 20	18 18 37
	27	20 25 43	22 27 57	0 18 20	2 20 33	4 18 50	6 21 3	8 19 20	10 21 33	12 23 46	14 22 3	16 24 16	18 22 33
	28	20 29 40	22 31 53	0 22 17	2 24 30	4 22 47	6 25 0	8 23 17	10 25 30	12 27 43	14 26 0	16 28 13	18 26 30
	29	20 33 37		0 26 13	2 28 26	4 26 43	6 28 56	8 27 13	10 29 26	12 31 40	14 29 56	16 32 10	18 30 26
	30	20 37 33		0 30 10	2 32 23	4 30 40	6 32 53	8 31 10	10 33 23	12 35 36	14 33 53	16 36 6	18 34 23
	31	20 41 30		0 34 6		4 34 36		8 35 6	10 37 20		14 37 49		18 38 19

Jahr	Tag	1	2	3	4	5	6	7	8	9	10	11	12
	1	18 42 16	20 44 29	22 34 53	0 37 6	2 35 23	4 37 36	6 35 53	8 38 6	10 40 19	12 38 36	14 40 49	16 39 6
	2	18 46 12	20 48 26	22 38 49	0 41 3	2 39 19	4 41 32	6 39 49	8 42 2	10 44 16	12 42 32	14 44 46	16 43 2
	3	18 50 9	20 52 22	22 42 46	0 44 59	2 43 16	4 45 29	6 43 46	8 45 59	10 48 12	12 46 29	14 48 42	16 46 59
	4	18 54 6	20 56 19	22 46 42	0 48 56	2 47 12	4 49 26	6 47 42	8 49 56	10 52 9	12 50 25	14 52 39	16 50 55
	5	18 58 2	21 0 15	22 50 39	0 52 52	2 51 9	4 53 22	6 51 39	8 53 52	10 56 5	12 54 22	14 56 35	16 54 52
	6	19 1 59	21 4 12	22 54 36	0 56 49	2 55 5	4 57 19	6 55 35	8 57 49	11 0 2	12 58 19	15 0 32	16 58 48
	7	19 5 55	21 8 9	22 58 32	1 0 45	2 59 2	5 1 15	6 59 32	9 1 45	11 3 58	13 2 15	15 4 28	17 2 45
	8	19 9 52	21 12 5	23 2 29	1 4 42	3 2 59	5 5 12	7 3 29	9 5 42	11 7 55	13 6 12	15 8 25	17 6 42
	9	19 13 48	21 16 2	23 6 25	1 8 38	3 6 55	5 9 8	7 7 25	9 9 38	11 11 52	13 10 8	15 12 21	17 10 38
	10	19 17 45	21 19 58	23 10 22	1 12 35	3 10 52	5 13 5	7 11 22	9 13 35	11 15 48	13 14 5	15 16 18	17 14 35
	11	19 21 42	21 23 55	23 14 18	1 16 32	3 14 48	5 17 1	7 15 18	9 17 31	11 19 45	13 18 1	15 20 14	17 18 31
	12	19 25 38	21 27 51	23 18 15	1 20 28	3 18 45	5 20 58	7 19 15	9 21 28	11 23 41	13 21 58	15 24 11	17 22 28
	13	19 29 35	21 31 48	23 22 11	1 24 25	3 22 41	5 24 55	7 23 11	9 25 25	11 27 38	13 25 54	15 28 8	17 26 24
	14	19 33 31	21 35 44	23 26 8	1 28 21	3 26 38	5 28 51	7 27 8	9 29 21	11 31 34	13 29 51	15 32 4	17 30 21
	15	19 37 28	21 39 41	23 30 5	1 32 18	3 30 34	5 32 48	7 31 4	9 33 18	11 35 31	13 33 48	15 36 1	17 34 18
	16	19 41 24	21 43 38	23 34 1	1 36 14	3 34 31	5 36 44	7 35 1	9 37 14	11 39 27	13 37 44	15 39 57	17 38 14
	17	19 45 21	21 47 34	23 37 58	1 40 11	3 38 27	5 40 41	7 38 58	9 41 11	11 43 24	13 41 41	15 43 54	17 42 11
	18	19 49 17	21 51 31	23 41 54	1 44 7	3 42 24	5 44 37	7 42 54	9 45 7	11 47 21	13 45 37	15 47 50	17 46 7
	19	19 53 14	21 55 27	23 45 51	1 48 4	3 46 21	5 48 34	7 46 51	9 49 4	11 51 17	13 49 34	15 51 47	17 50 4
	20	19 57 11	21 59 24	23 49 47	1 52 0	3 50 17	5 52 30	7 50 47	9 53 0	11 55 14	13 53 30	15 55 44	17 54 0
	21	20 1 7	22 3 20	23 53 44	1 55 57	3 54 14	5 56 27	7 54 44	9 56 57	11 59 10	13 57 27	15 59 40	17 57 57
	22	20 5 4	22 7 17	23 57 40	1 59 54	3 58 10	6 0 24	7 58 40	10 0 54	12 3 7	14 1 23	16 3 37	18 1 53
	23	20 9 0	22 11 13	0 1 37	2 3 50	4 2 7	6 4 20	8 2 37	10 4 50	12 7 3	14 5 20	16 7 33	18 5 50
	24	20 12 57	22 15 10	0 5 34	2 7 47	4 6 3	6 8 17	8 6 33	10 8 47	12 11 0	14 9 17	16 11 30	18 9 47
	25	20 16 53	22 19 7	0 9 30	2 11 43	4 10 0	6 12 13	8 10 30	10 12 43	12 14 56	14 13 13	16 15 26	18 13 43
	26	20 20 50	22 23 3	0 13 27	2 15 40	4 13 57	6 16 10	8 14 27	10 16 40	12 18 53	14 17 10	16 19 23	18 17 40
	27	20 24 46	22 27 0	0 17 23	2 19 36	4 17 53	6 20 6	8 18 23	10 20 36	12 22 50	14 21 6	16 23 19	18 21 36
	28	20 28 43	22 30 56	0 21 20	2 23 33	4 21 50	6 24 3	8 22 20	10 24 33	12 26 46	14 25 3	16 27 16	18 25 33
	29	20 32 40		0 25 16	2 27 29	4 25 46	6 28 0	8 26 16	10 28 29	12 30 43	14 28 59	16 31 13	18 29 29
	30	20 36 36		0 29 13	2 31 26	4 29 43	6 31 56	8 30 13	10 32 26	12 34 39	14 32 56	16 35 9	18 33 26
	31	20 40 33		0 33 9		4 33 39		8 34 9	10 36 23		14 36 52		18 37 22
	1	18 41 19	20 43 32	22 33 56	0 36 9	2 34 26	4 36 39	6 34 56	8 37 9	10 39 22	12 37 39	14 39 52	16 38 9
	2	18 45 16	20 47 29	22 37 52	0 40 6	2 38 22	4 40 35	6 38 52	8 41 6	10 43 19	12 41 35	14 43 49	16 42 5
	3	18 49 12	20 51 25	22 41 49	0 44 2	2 42 19	4 44 32	6 42 49	8 45 2	10 47 15	12 45 32	14 47 45	16 46 2
	4	18 53 9	20 55 22	22 45 46	0 47 59	2 46 15	4 48 29	6 46 45	8 48 59	10 51 12	12 49 28	14 51 42	16 49 58
	5	18 57 5	20 59 19	22 49 42	0 51 55	2 50 12	4 52 25	6 50 42	8 52 55	10 55 8	12 53 25	14 55 38	16 53 55
	6	19 1 2	21 3 15	22 53 39	0 55 52	2 54 8	4 56 22	6 54 38	8 56 52	10 59 5	12 57 22	14 59 35	16 57 52
	7	19 4 58	21 7 12	22 57 35	0 59 49	2 58 5	5 0 18	6 58 35	9 0 48	11 3 1	13 1 18	15 3 31	17 1 48
	8	19 8 55	21 11 8	23 1 32	1 3 45	3 2 2	5 4 15	7 2 32	9 4 45	11 6 58	13 5 15	15 7 28	17 5 45
	9	19 12 51	21 15 5	23 5 28	1 7 41	3 5 58	5 8 11	7 6 28	9 8 41	11 10 55	13 9 11	15 11 24	17 9 41
	10	19 16 48	21 19 1	23 9 25	1 11 38	3 9 55	5 12 8	7 10 25	9 12 38	11 14 51	13 13 8	15 15 21	17 13 38
	11	19 20 45	21 22 58	23 13 21	1 15 35	3 13 51	5 16 5	7 14 21	9 16 35	11 18 48	13 17 4	15 19 18	17 17 34
	12	19 24 41	21 26 54	23 17 18	1 19 31	3 17 48	5 20 1	7 18 18	9 20 31	11 22 44	13 21 1	15 23 14	17 21 31
	13	19 28 38	21 30 51	23 21 14	1 23 28	3 21 44	5 23 58	7 22 14	9 24 28	11 26 41	13 24 57	15 27 11	17 25 27
	14	19 32 34	21 34 48	23 25 11	1 27 24	3 25 41	5 27 54	7 26 11	9 28 24	11 30 37	13 28 54	15 31 7	17 29 24
	15	19 36 31	21 38 44	23 29 8	1 31 21	3 29 37	5 31 51	7 30 7	9 32 21	11 34 34	13 32 51	15 35 4	17 33 21
	16	19 40 27	21 42 41	23 33 4	1 35 17	3 33 34	5 35 47	7 34 4	9 36 17	11 38 31	13 36 47	15 39 0	17 37 17
	17	19 44 24	21 46 37	23 37 1	1 39 14	3 37 31	5 39 44	7 38 1	9 40 14	11 42 27	13 40 44	15 42 57	17 41 14
	18	19 48 20	21 50 34	23 40 57	1 43 10	3 41 27	5 43 40	7 41 57	9 44 10	11 46 24	13 44 40	15 46 53	17 45 10
	19	19 52 17	21 54 30	23 44 54	1 47 7	3 45 24	5 47 37	7 45 54	9 48 7	11 50 20	13 48 37	15 50 50	17 49 7
	20	19 56 14	21 58 27	23 48 50	1 51 4	3 49 20	5 51 34	7 49 50	9 52 4	11 54 17	13 52 33	15 54 47	17 53 3
	21	20 0 10	22 2 23	23 52 47	1 55 0	3 53 17	5 55 30	7 53 47	9 56 0	11 58 13	13 56 30	15 58 43	17 57 0
	22	20 4 7	22 6 20	23 56 43	1 58 57	3 57 13	5 59 27	7 57 43	9 59 57	12 2 10	14 0 26	16 2 40	18 0 56
	23	20 8 3	22 10 17	0 0 40	2 2 53	4 1 10	6 3 23	8 1 40	10 3 53	12 6 6	14 4 23	16 6 36	18 4 53
	24	20 12 0	22 14 13	0 4 37	2 6 50	4 5 6	6 7 20	8 5 37	10 7 50	12 10 3	14 8 20	16 10 33	18 8 50
	25	20 15 56	22 18 10	0 8 33	2 10 46	4 9 3	6 11 16	8 9 33	10 11 46	12 13 59	14 12 16	16 14 29	18 12 46
	26	20 19 53	22 22 6	0 12 30	2 14 43	4 13 0	6 15 13	8 13 30	10 15 43	12 17 56	14 16 13	16 18 26	18 16 43
	27	20 23 50	22 26 3	0 16 26	2 18 39	4 16 56	6 19 9	8 17 26	10 19 39	12 21 53	14 20 9	16 22 22	18 20 39
	28	20 27 46	22 29 59	0 20 23	2 22 36	4 20 53	6 23 6	8 21 23	10 23 36	12 25 49	14 24 6	16 26 19	18 24 36
	29	20 31 43		0 24 19	2 26 33	4 24 49	6 27 3	8 25 19	10 27 33	12 29 46	14 28 2	16 30 16	18 28 32
	30	20 35 39		0 28 16	2 30 29	4 28 46	6 30 59	8 29 16	10 31 29	12 33 42	14 31 59	16 34 12	18 32 29
	31	20 39 36		0 32 12		4 32 42		8 33 12	10 35 26		14 35 55		18 36 25
	1	18 40 22	20 42 35	22 36 57	0 39 9	2 37 25	4 39 39	6 37 55	8 40 9	10 42 22	12 40 38	14 42 52	16 41 8
	2	18 44 19	20 46 32	22 40 52	0 43 5	2 41 22	4 43 35	6 41 52	8 44 5	10 46 18	12 44 35	14 46 48	16 45 5
	3	18 48 15	20 50 28	22 44 49	0 47 2	2 45 18	4 47 32	6 45 48	8 48 2	10 50 15	12 48 31	14 50 45	16 49 1
	4	18 52 12	20 54 25	22 48 45	0 50 58	2 49 15	4 51 28	6 49 45	8 51 58	10 54 11	12 52 28	14 54 41	16 52 58
	5	18 56 8	20 58 22	22 52 42	0 54 55	2 53 11	4 55 25	6 53 41	8 55 55	10 58 8	12 56 25	14 58 38	16 56 55
	6	19 0 5	21 2 18	22 56 38	0 58 51	2 57 8	4 59 21	6 57 38	8 59 51	11 2 5	13 0 21	15 2 34	17 0 51
	7	19 4 1	21 6 15	23 0 35	1 2 48	3 1 5	5 3 18	7 1 35	9 3 48	11 6 1	13 4 18	15 6 31	17 4 48
	8	19 7 58	21 10 11	23 4 31	1 6 44	3 5 1	5 7 14	7 5 31	9 7 44	11 9 58	13 8 14	15 10 27	17 8 44
	9	19 11 54	21 14 8	23 8 28	1 10 41	3 8 58	5 11 11	7 9 28	9 11 41	11 13 54	13 12 11	15 14 24	17 12 41
	10	19 15 51	21 18 4	23 12 24	1 14 38	3 12 54	5 15 8	7 13 24	9 15 38	11 17 51	13 16 7	15 18 21	17 16 37
	11	19 19 48	21 22 1	23 16 21	1 18 34	3 16 51	5 19 4	7 17 21	9 19 34	11 21 47	13 20 4	15 22 17	17 20 34
	12	19 23 44	21 25 57	23 20 18	1 22 31	3 20 47	5 23 1	7 21 17	9 23 31	11 25 44	13 24 0	15 26 14	17 24 30
	13	19 27 41	21 29 54	23 24 14	1 26 27	3 24 44	5 26 57	7 25 14	9 27 27	11 29 40	13 27 57	15 30 10	17 28 27
	14	19 31 37	21 33 51	23 28 11	1 30 24	3 28 40	5 30 54	7 29 11	9 31 24	11 33 37	13 31 54	15 34 7	17 32 24
	15	19 35 34	21 37 47	23 32 7	1 34 20	3 32 37	5 34 50	7 33 7	9 35 20	11 37 34	13 35 50	15 38 3	17 36 20
	16	19 39 30	21 41 44	23 36 4	1 38 17	3 36 34	5 38 47	7 37 4	9 39 17	11 41 30	13 39 47	15 42 0	17 40 17
	17	19 43 27	21 45 40	23 40 0	1 42 13	3 40 30	5 42 43	7 41 0	9 43 13	11 45 27	13 43 43	15 45 56	17 44 13
	18	19 47 24	21 49 37	23 43 57	1 46 10	3 44 27	5 46 40	7 44 57	9 47 10	11 49 23	13 47 40	15 49 53	17 48 10
	19	19 51 20	21 53 33	23 47 53	1 50 7	3 48 23	5 50 37	7 48 53	9 51 7	11 53 20	13 51 36	15 53 50	17 52 6
	20	19 55 17	21 57 30	23 51 50	1 54 3	3 52 20	5 54 33	7 52 50	9 55 3	11 57 16	13 55 33	15 57 46	17 56 3
	21	19 59 13	22 1 26	23 55 47	1 58 0	3 56 16	5 58 30	7 56 46	9 59 0	12 1 13	13 59 29	16 1 43	17 59 59
	22	20 3 10	22 5 23	23 59 43	2 1 56	4 0 13	6 2 26	8 0 43	10 2 56	12 5 9	14 3 26	16 5 39	18 3 56
	23	20 7 6	22 9 20	0 3 40	2 5 53	4 4 9	6 6 23	8 4 40	10 6 53	12 9 6	14 7 23	16 9 36	18 7 53
	24	20 11 3	22 13 16	0 7 36	2 9 49	4 8 6	6 10 19	8 8 36	10 10 49	12 13 2	14 11 19	16 13 32	18 11 49
	25	20 14 59	22 17 13	0 11 33	2 13 46	4 12 3	6 14 16	8 12 33	10 14 46	12 16 59	14 15 16	16 17 29	18 15 46
	26	20 18 56	22 21 9	0 15 29	2 17 42	4 15 59	6 18 12	8 16 29	10 18 42	12 20 56	14 19 12	16 21 25	18 19 42
	27	20 22 53	22 25 6	0 19 26	2 21 39	4 19 56	6 22 9	8 20 26	10 22 39	12 24 52	14 23 9	16 25 22	18 23 39
	28	20 26 49	22 29 2	0 23 22	2 25 36	4 23 52	6 26 6	8 24 22	10 26 36	12 28 49	14 27 5	16 29 19	18 27 35
	29	20 30 46	22 32 59	0 27 19	2 29 32	4 27 49	6 30 2	8 28 19	10 30 32	12 32 45	14 31 2	16 33 15	18 31 32
	30	20 34 42		0 31 15	2 33 29	4 31 45	6 33 59	8 32 15	10 34 29	12 36 42	14 34 58	16 37 12	18 35 28
	31	20 38 39		0 35 12		4 35 42		8 36 12	10 38 25		14 38 55		18 39 25
	1	18 43 22	20 45 35	22 35 58	0 38 12	2 36 28	4 38 41	6 36 58	8 39 11	10 41 25	12 39 41	14 41 55	16 40 11
	2	18 47 18	20 49 31	22 39 55	0 42 8	2 40 25	4 42 38	6 40 55	8 43 8	10 45 21	12 43 38	14 45 51	16 44 8
	3	18 51 15	20 53 28	22 43 52	0 46 5	2 44 21	4 46 35	6 44 51	8 47 5	10 49 18	12 47 34	14 49 48	16 48 4
	4	18 55 11	20 57 25	22 47 48	0 50 1	2 48 18	4 50 31	6 48 48	8 51 1	10 53 14	12 51 31	14 53 44	16 52 1
	5	18 59 8	21 1 21	22 51 45	0 53 58	2 52 14	4 54 28	6 52 44	8 54 58	10 57 11	12 55 28	14 57 41	16 55 57
	6	19 3 4	21 5 18	22 55 41	0 57 54	2 56 11	4 58 24	6 56 41	8 58 54	11 1 7	12 59 24	15 1 37	16 59 54
	7	19 7 1	21 9 14	22 59 38	1 1 51	3 0 8	5 2 21	7 0 38	9 2 51	11 5 4	13 3 21	15 5 34	17 3 51
	8	19 10 57	21 13 11	23 3 34	1 5 47	3 4 4	5 6 17	7 4 34	9 6 47	11 9 1	13 7 17	15 9 30	17 7 47
	9	19 14 54	21 17 7	23 7 31	1 9 44	3 8 1	5 10 14	7 8 31	9 10 44	11 12 57	13 11 14	15 13 27	17 11 44
	10	19 18 51	21 21 4	23 11 27	1 13 41	3 11 57	5 14 10	7 12 27	9 14 41	11 16 54	13 15 10	15 17 23	17 15 40
	11	19 22 47	21 25 0	23 15 24	1 17 37	3 15 54	5 18 7	7 16 24	9 18 37	11 20 50	13 19 7	15 21 20	17 19 37
	12	19 26 44	21 28 57	23 19 21	1 21 34	3 19 50	5 22 4	7 20 20	9 22 34	11 24 47	13 23 3	15 25 17	17 23 33
	13	19 30 40	21 32 54	23 23 17	1 25 30	3 23 47	5 26 0	7 24 17	9 26 30	11 28 43	13 27 0	15 29 13	17 27 30
	14	19 34 37	21 36 50	23 27 14	1 29 27	3 27 43	5 29 57	7 28 13	9 30 27	11 32 40	13 30 56	15 33 10	17 31 26
	15	19 38 33	21 40 47	23 31 10	1 33 23	3 31 40	5 33 53	7 32 10	9 34 23	11 36 36	13 34 53	15 37 6	17 35 23
	16	19 42 30	21 44 43	23 35 7	1 37 20	3 35 37	5 37 50	7 36 7	9 38 20	11 40 33	13 38 50	15 41 3	17 39 20
	17	19 46 27	21 48 40	23 39 3	1 41 16	3 39 33	5 41 46	7 40 3	9 42 16	11 44 30	13 42 46	15 44 59	17 43 16
	18	19 50 23	21 52 36	23 43 0	1 45 13	3 43 30	5 45 43	7 44 0	9 46 13	11 48 26	13 46 43	15 48 56	17 47 13
	19	19 54 20	21 56 33	23 46 56	1 49 10	3 47 26	5 49 40	7 47 56	9 50 9	11 52 23	13 50 39	15 52 52	17 51 9
	20	19 58 16	22 0 29	23 50 53	1 53 6	3 51 23	5 53 36	7 51 53	9 54 6	11 56 19	13 54 36	15 56 49	17 55 6
	21	20 2 13	22 4 26	23 54 49	1 57 3	3 55 19	5 57 33	7 55 49	9 58 3	12 0 16	13 58 32	16 0 46	17 59 2
	22	20 6 9	22 8 23	23 58 46	2 0 59	3 59 16	6 1 29	7 59 46	10 1 59	12 4 12	14 2 29	16 4 2	18 2 59
	23	20 10 6	22 12 19	0 2 43	2 4 56	4 3 12	6 5 26	8 3 43	10 5 56	12 8 9	14 6 25	16 8 39	18 6 55
	24	20 14 2	22 16 16	0 6 39	2 8 52	4 7 9	6 9 22	8 7 39	10 9 52	12 12 5	14 10 22	16 12 35	18 10 52
	25	20 17 59	22 20 12	0 10 36	2 12 49	4 11 6	6 13 19	8 11 36	10 13 49	12 16 2	14 14 19	16 16 32	18 14 49
	26	20 21 56	22 24 9	0 14 32	2 16 45	4 15 2	6 17 15	8 15 32	10 17 45	12 19 59	14 18 15	16 20 28	18 18 45
	27	20 25 52	22 28 5	0 18 29	2 20 42	4 18 59	6 21 12	8 19 29	10 21 42	12 23 55	14 22 12	16 24 25	18 22 42
	28	20 29 49	22 32 2	0 22 25	2 24 39	4 22 55	6 25 9	8 23 25	10 25 38	12 27 52	14 26 8	16 28 22	18 26 38
	29	20 33 45		0 26 22	2 28 35	4 26 52	6 29 5	8 27 22	10 29 35	12 31 48	14 30 5	16 32 18	18 30 35
	30	20 37 42		0 30 18	2 32 32	4 30 48	6 33 2	8 31 18	10 33 32	12 35 45	14 34 1	16 36 15	18 34 31
	31	20 41 38		0 34 15		4 34 45		8 35 15	10 37 28		14 37 58		18 38 28

Jahr	Tag	1	2	3	4	5	6	7	8	9	10	11	12
1954	1	18 42 24	20 44 38	22 35 1	0 37 14	2 35 31	4 37 44	6 36 1	8 38 14	10 40 28	12 38 44	14 40 57	16 39 14
	2	18 46 21	20 48 34	22 38 58	0 41 11	2 39 28	4 41 41	6 39 58	8 42 11	10 44 24	12 42 41	14 44 54	16 43 11
	3	18 50 18	20 52 31	22 42 54	0 45 8	2 43 24	4 45 37	6 43 54	8 46 7	10 48 21	12 46 37	14 48 50	16 47 7
	4	18 54 14	20 56 27	22 46 51	0 49 4	2 47 21	4 49 34	6 47 51	8 50 4	10 52 17	12 50 34	14 52 47	16 51 4
	5	18 58 11	21 0 24	22 50 48	0 53 1	2 51 17	4 53 31	6 51 47	8 54 1	10 56 14	12 54 30	14 56 44	16 55 0
	6	19 2 7	21 4 21	22 54 44	0 56 57	2 55 14	4 57 27	6 55 44	8 57 57	11 0 10	12 58 27	15 0 40	16 58 57
	7	19 6 4	21 8 17	22 58 41	1 0 54	2 59 10	5 1 24	6 59 40	9 1 54	11 4 7	13 2 23	15 4 37	17 2 53
	8	19 10 0	21 12 14	23 2 37	1 4 50	3 3 7	5 5 20	7 3 37	9 5 50	11 8 3	13 6 20	15 8 33	17 6 50
	9	19 13 57	21 16 10	23 6 34	1 8 47	3 7 4	5 9 17	7 7 34	9 9 47	11 12 0	13 10 17	15 12 30	17 10 46
	10	19 17 54	21 20 7	23 10 30	1 12 43	3 11 0	5 13 13	7 11 30	9 13 43	11 15 57	13 14 13	15 16 26	17 14 43
	11	19 21 50	21 24 3	23 14 27	1 16 40	3 14 57	5 17 10	7 15 27	9 17 40	11 19 53	13 18 10	15 20 23	17 18 40
	12	19 25 47	21 28 0	23 18 23	1 20 37	3 18 53	5 21 6	7 19 23	9 21 36	11 23 50	13 22 6	15 24 19	17 22 36
	13	19 29 43	21 31 56	23 22 20	1 24 33	3 22 50	5 25 3	7 23 20	9 25 33	11 27 46	13 26 3	15 28 16	17 26 33
	14	19 33 40	21 35 53	23 26 17	1 28 30	3 26 46	5 29 0	7 27 16	9 29 30	11 31 43	13 29 59	15 32 13	17 30 29
	15	19 37 36	21 39 50	23 30 13	1 32 26	3 30 43	5 32 56	7 31 13	9 33 26	11 35 39	13 33 56	15 36 9	17 34 26
	16	19 41 33	21 43 46	23 34 10	1 36 23	3 34 39	5 36 53	7 35 9	9 37 23	11 39 36	13 37 52	15 40 6	17 38 22
	17	19 45 29	21 47 43	23 38 6	1 40 19	3 38 36	5 40 49	7 39 6	9 41 19	11 43 32	13 41 49	15 44 2	17 42 19
	18	19 49 26	21 51 39	23 42 3	1 44 16	3 42 33	5 44 46	7 43 3	9 45 16	11 47 29	13 45 46	15 47 59	17 46 15
	19	19 53 23	21 55 36	23 45 59	1 48 12	3 46 29	5 48 42	7 46 59	9 49 12	11 51 26	13 49 42	15 51 55	17 50 12
	20	19 57 19	21 59 32	23 49 56	1 52 9	3 50 26	5 52 39	7 50 56	9 53 9	11 55 22	13 53 39	15 55 52	17 54 9
	21	20 1 16	22 3 29	23 53 52	1 56 6	3 54 22	5 56 35	7 54 52	9 57 5	11 59 19	13 57 35	15 59 48	17 58 5
	22	20 5 12	22 7 25	23 57 49	2 0 2	3 58 19	6 0 32	7 58 49	10 1 2	12 3 15	14 1 32	16 3 45	18 2 2
	23	20 9 9	22 11 22	0 1 45	2 3 59	4 2 15	6 4 29	8 2 45	10 4 59	12 7 12	14 5 28	16 7 42	18 5 58
	24	20 13 5	22 15 19	0 5 42	2 7 55	4 6 12	6 8 25	8 6 42	10 8 55	12 11 8	14 9 25	16 11 38	18 9 55
	25	20 17 2	22 19 15	0 9 39	2 11 52	4 10 8	6 12 22	8 10 38	10 12 52	12 15 5	14 13 21	16 15 35	18 13 51
	26	20 20 58	22 23 12	0 13 35	2 15 48	4 14 5	6 16 18	8 14 35	10 16 48	12 19 1	14 17 18	16 19 31	18 17 48
	27	20 24 55	22 27 8	0 17 32	2 19 45	4 18 2	6 20 15	8 18 32	10 20 45	12 22 58	14 21 15	16 23 28	18 21 45
	28	20 28 52	22 31 5	0 21 28	2 23 41	4 21 58	6 24 11	8 22 28	10 24 41	12 26 54	14 25 11	16 27 24	18 25 41
	29	20 32 48		0 25 25	2 27 38	4 25 55	6 28 8	8 26 25	10 28 38	12 30 51	14 29 8	16 31 21	18 29 38
	30	20 36 45		0 29 21	2 31 35	4 29 51	6 32 5	8 30 21	10 32 34	12 34 48	14 33 4	16 35 17	18 33 34
	31	20 40 41		0 33 18		4 33 48		8 34 18	10 36 31		14 37 1		18 37 31
1955	1	18 41 27	20 43 41	22 34 4	0 36 17	2 34 34	4 36 47	6 35 4	8 37 17	10 39 30	12 37 47	14 40 0	16 38 17
	2	18 45 24	20 47 47	22 38 1	0 40 14	2 38 30	4 40 44	6 39 0	8 41 14	10 43 27	12 41 43	14 43 57	16 42 13
	3	18 49 20	20 51 34	22 41 57	0 44 10	2 42 27	4 44 40	6 42 57	8 45 10	10 47 23	12 45 40	14 47 53	16 46 10
	4	18 53 17	20 55 30	22 45 54	0 48 7	2 46 24	4 48 37	6 46 53	8 49 7	10 51 20	12 49 36	14 51 50	16 50 6
	5	18 57 14	20 59 27	22 49 50	0 52 3	2 50 20	4 52 33	6 50 50	8 53 3	10 55 16	12 53 33	14 55 46	16 54 3
	6	19 1 10	21 3 23	22 53 47	0 56 0	2 54 17	4 56 30	6 54 47	8 57 0	10 59 13	12 57 30	14 59 43	16 57 59
	7	19 5 7	21 7 20	22 57 43	0 59 57	2 58 13	5 0 26	6 58 43	9 0 56	11 3 10	13 1 26	15 3 39	17 1 56
	8	19 9 3	21 11 16	23 1 40	1 3 53	3 2 10	5 4 23	7 2 40	9 4 53	11 7 6	13 5 23	15 7 36	17 5 53
	9	19 13 0	21 15 13	23 5 37	1 7 50	3 6 6	5 8 20	7 6 36	9 8 50	11 11 3	13 9 19	15 11 32	17 9 49
	10	19 16 56	21 19 10	23 9 33	1 11 46	3 10 3	5 12 16	7 10 33	9 12 46	11 14 59	13 13 16	15 15 29	17 13 46
	11	19 20 53	21 23 6	23 13 30	1 15 43	3 13 59	5 16 13	7 14 29	9 16 43	11 18 56	13 17 12	15 19 26	17 17 42
	12	19 24 49	21 27 3	23 17 26	1 19 39	3 17 56	5 20 9	7 18 26	9 20 39	11 22 52	13 21 9	15 23 22	17 21 39
	13	19 28 46	21 30 59	23 21 23	1 23 36	3 21 53	5 24 6	7 22 22	9 24 36	11 26 49	13 25 5	15 27 19	17 25 35
	14	19 32 43	21 34 56	23 25 19	1 27 32	3 25 49	5 28 2	7 26 19	9 28 32	11 30 45	13 29 2	15 31 15	17 29 32
	15	19 36 39	21 38 52	23 29 16	1 31 29	3 29 46	5 31 59	7 30 16	9 32 29	11 34 42	13 32 59	15 35 12	17 33 29
	16	19 40 36	21 42 49	23 33 12	1 35 26	3 33 42	5 35 55	7 34 12	9 36 25	11 38 39	13 36 55	15 39 8	17 37 25
	17	19 44 32	21 46 45	23 37 9	1 39 22	3 37 39	5 39 52	7 38 9	9 40 22	11 42 35	13 40 52	15 43 5	17 41 22
	18	19 48 29	21 50 42	23 41 6	1 43 19	3 41 35	5 43 49	7 42 5	9 44 19	11 46 32	13 44 48	15 47 1	17 45 18
	19	19 52 25	21 54 39	23 45 2	1 47 15	3 45 32	5 47 45	7 46 2	9 48 15	11 50 28	13 48 45	15 50 58	17 49 15
	20	19 56 22	21 58 35	23 48 59	1 51 12	3 49 28	5 51 42	7 49 58	9 52 12	11 54 25	13 52 41	15 54 55	17 53 11
	21	20 0 18	22 2 32	23 52 55	1 55 8	3 53 25	5 55 38	7 53 55	9 56 8	11 58 21	13 56 38	15 58 51	17 57 8
	22	20 4 15	22 6 28	23 56 52	1 59 5	3 57 22	5 59 35	7 57 52	10 0 5	12 2 18	14 0 34	16 2 48	18 1 4
	23	20 8 12	22 10 25	0 0 48	2 3 1	4 1 18	6 3 31	8 1 48	10 4 1	12 6 14	14 4 31	16 6 44	18 5 1
	24	20 12 8	22 14 21	0 4 45	2 6 58	4 5 15	6 7 28	8 5 45	10 7 58	12 10 11	14 8 28	16 10 41	18 8 58
	25	20 16 5	22 18 18	0 8 41	2 10 55	4 9 11	6 11 24	8 9 41	10 11 54	12 14 8	14 12 24	16 14 37	18 12 54
	26	20 20 1	22 22 14	0 12 38	2 14 51	4 13 8	6 15 21	8 13 38	10 15 51	12 18 4	14 16 21	16 18 34	18 16 51
	27	20 23 58	22 26 11	0 16 34	2 18 48	4 17 4	6 19 18	8 17 34	10 19 48	12 22 1	14 20 17	16 22 30	18 20 47
	28	20 27 54	22 30 8	0 20 31	2 22 44	4 21 1	6 23 14	8 21 31	10 23 44	12 25 57	14 24 14	16 26 27	18 24 44
	29	20 31 51		0 24 28	2 26 41	4 24 57	6 27 11	8 25 27	10 27 41	12 29 54	14 28 10	16 30 24	18 28 40
	30	20 35 47		0 28 24	2 30 37	4 28 54	6 31 7	8 29 24	10 31 37	12 33 50	14 32 7	16 34 20	18 32 37
	31	20 39 44		0 32 21		4 32 51		8 33 21	10 35 34		14 36 3		18 36 33
1956	1	18 40 30	20 42 43	22 37 3	0 39 16	2 37 33	4 39 46	6 38 3	8 40 16	10 42 29	12 40 46	14 42 59	16 41 16
	2	18 44 27	20 46 40	22 41 0	0 43 13	2 41 30	4 43 43	6 42 0	8 44 13	10 46 26	12 44 43	14 46 56	16 45 12
	3	18 48 23	20 50 36	22 44 56	0 47 10	2 45 26	4 47 39	6 45 56	8 48 9	10 50 23	12 48 39	14 50 52	16 49 9
	4	18 52 20	20 54 33	22 48 53	0 51 6	2 49 23	4 51 36	6 49 53	8 52 6	10 54 19	12 52 36	14 54 49	16 53 6
	5	18 56 16	20 58 29	22 52 50	0 55 3	2 53 19	4 55 33	6 53 49	8 56 2	10 58 16	12 56 32	14 58 45	16 57 2
	6	19 0 13	21 2 26	22 56 46	0 58 59	2 57 16	4 59 29	6 57 46	8 59 59	11 2 12	13 0 29	15 2 42	17 0 59
	7	19 4 9	21 6 23	23 0 43	1 2 56	3 1 12	5 3 26	7 1 42	9 3 56	11 6 9	13 4 25	15 6 38	17 4 55
	8	19 8 6	21 10 19	23 4 39	1 6 52	3 5 9	5 7 22	7 5 39	9 7 52	11 10 5	13 8 22	15 10 35	17 8 52
	9	19 12 2	21 14 16	23 8 36	1 10 49	3 9 5	5 11 19	7 9 35	9 11 49	11 14 2	13 12 18	15 14 32	17 12 48
	10	19 15 59	21 18 12	23 12 32	1 14 45	3 13 2	5 15 15	7 13 32	9 15 45	11 17 58	13 16 15	15 18 28	17 16 45
	11	19 19 56	21 22 9	23 16 29	1 18 42	3 16 59	5 19 12	7 17 29	9 19 42	11 21 55	13 20 12	15 22 25	17 20 41
	12	19 23 52	21 26 5	23 20 25	1 22 39	3 20 55	5 23 8	7 21 25	9 23 38	11 25 52	13 24 8	15 26 21	17 24 38
	13	19 27 49	21 30 2	23 24 22	1 26 35	3 24 52	5 27 5	7 25 22	9 27 35	11 29 48	13 28 5	15 30 18	17 28 35
	14	19 31 45	21 33 58	23 28 19	1 30 32	3 28 48	5 31 2	7 29 18	9 31 31	11 33 45	13 32 1	15 34 14	17 32 31
	15	19 35 42	21 37 55	23 32 15	1 34 28	3 32 45	5 34 58	7 33 15	9 35 28	11 37 41	13 35 58	15 38 11	17 36 28
	16	19 39 38	21 41 52	23 36 12	1 38 25	3 36 41	5 38 55	7 37 11	9 39 25	11 41 38	13 39 54	15 42 7	17 40 24
	17	19 43 35	21 45 48	23 40 8	1 42 21	3 40 38	5 42 51	7 41 8	9 43 21	11 45 34	13 43 51	15 46 4	17 44 21
	18	19 47 31	21 49 45	23 44 5	1 46 18	3 44 35	5 46 48	7 45 4	9 47 18	11 49 31	13 47 47	15 50 1	17 48 17
	19	19 51 28	21 53 41	23 48 1	1 50 14	3 48 31	5 50 44	7 49 1	9 51 14	11 53 27	13 51 44	15 53 57	17 52 14
	20	19 55 25	21 57 38	23 51 58	1 54 11	3 52 28	5 54 41	7 52 58	9 55 11	11 57 24	13 55 40	15 57 54	17 56 10
	21	19 59 21	22 1 34	23 55 54	1 58 8	3 56 24	5 58 37	7 56 54	9 59 7	12 1 20	13 59 37	16 1 50	18 0 7
	22	20 3 18	22 5 31	23 59 51	2 2 4	4 0 21	6 2 34	8 0 51	10 3 4	12 5 17	14 3 34	16 5 47	18 4 4
	23	20 7 14	22 9 27	0 3 47	2 6 1	4 4 17	6 6 31	8 4 47	10 7 0	12 9 14	14 7 30	16 9 43	18 8 0
	24	20 11 11	22 13 24	0 7 44	2 9 57	4 8 14	6 10 27	8 8 44	10 10 57	12 13 10	14 11 27	16 13 40	18 11 57
	25	20 15 7	22 17 21	0 11 41	2 13 54	4 12 10	6 14 24	8 12 40	10 14 54	12 17 7	14 15 23	16 17 36	18 15 53
	26	20 19 4	22 21 17	0 15 37	2 17 50	4 16 7	6 18 20	8 16 37	10 18 50	12 21 3	14 19 20	16 21 33	18 19 50
	27	20 23 0	22 25 14	0 19 34	2 21 47	4 20 4	6 22 17	8 20 33	10 22 47	12 25 0	14 23 16	16 25 30	18 23 46
	28	20 26 57	22 29 10	0 23 30	2 25 43	4 24 0	6 26 13	8 24 30	10 26 43	12 28 56	14 27 13	16 29 26	18 27 43
	29	20 30 54	22 33 7	0 27 27	2 29 40	4 27 57	6 30 10	8 28 27	10 30 40	12 32 53	14 31 10	16 33 23	18 31 39
	30	20 34 50		0 31 23	2 33 37	4 31 53	6 34 6	8 32 23	10 34 36	12 36 49	14 35 6	16 37 19	18 35 36
	31	20 38 47		0 35 20		4 35 50		8 36 20	10 38 33		14 39 3		18 39 33
1957	1	18 43 29	20 45 42	22 36 6	0 38 19	2 36 36	4 38 49	6 37 6	8 39 19	10 41 32	12 39 49	14 42 2	16 40 18
	2	18 47 26	20 49 39	22 40 2	0 42 16	2 40 32	4 42 45	6 41 2	8 43 15	10 45 28	12 43 45	14 45 58	16 44 15
	3	18 51 22	20 53 35	22 43 59	0 46 12	2 44 29	4 46 42	6 44 59	8 47 12	10 49 25	12 47 42	14 49 55	16 48 11
	4	18 55 19	20 57 32	22 47 56	0 50 9	2 48 25	4 50 38	6 48 55	8 51 8	10 53 22	12 51 38	14 53 51	16 52 8
	5	18 59 15	21 1 29	22 51 52	0 54 5	2 52 22	4 54 35	6 52 52	8 55 5	10 57 18	12 55 35	14 57 48	16 56 5
	6	19 3 12	21 5 25	22 55 49	0 58 2	2 56 18	4 58 32	6 56 48	8 59 2	11 1 15	12 59 31	15 1 44	17 0 1
	7	19 7 8	21 9 22	22 59 45	1 1 58	3 0 15	5 2 28	7 0 45	9 2 58	11 5 11	13 3 28	15 5 41	17 3 58
	8	19 11 5	21 13 18	23 3 42	1 5 55	3 4 11	5 6 25	7 4 41	9 6 55	11 9 8	13 7 24	15 9 38	17 7 54
	9	19 15 2	21 17 15	23 7 38	1 9 51	3 8 8	5 10 21	7 8 38	9 10 51	11 13 4	13 11 21	15 13 34	17 11 51
	10	19 18 58	21 21 11	23 11 35	1 13 48	3 12 5	5 14 18	7 12 35	9 14 48	11 17 1	13 15 17	15 17 31	17 15 47
	11	19 22 55	21 25 8	23 15 31	1 17 45	3 16 1	5 18 14	7 16 31	9 18 44	11 20 57	13 19 14	15 21 27	17 19 44
	12	19 26 51	21 29 4	23 19 28	1 21 41	3 19 58	5 22 11	7 20 28	9 22 41	11 24 54	13 23 11	15 25 24	17 23 40
	13	19 30 48	21 33 1	23 23 25	1 25 38	3 23 54	5 26 8	7 24 24	9 26 37	11 28 51	13 27 7	15 29 20	17 27 37
	14	19 34 44	21 36 58	23 27 21	1 29 34	3 27 51	5 30 4	7 28 21	9 30 34	11 32 47	13 31 4	15 33 17	17 31 34
	15	19 38 41	21 40 54	23 31 18	1 33 31	3 31 47	5 34 1	7 32 17	9 34 31	11 36 44	13 35 0	15 37 13	17 35 30
	16	19 42 37	21 44 51	23 35 14	1 37 27	3 35 44	5 37 57	7 36 14	9 38 27	11 40 40	13 38 57	15 41 10	17 39 27
	17	19 46 34	21 48 47	23 39 11	1 41 24	3 39 40	5 41 54	7 40 10	9 42 24	11 44 37	13 42 53	15 45 7	17 43 23
	18	19 50 31	21 52 44	23 43 7	1 45 20	3 43 37	5 45 50	7 44 7	9 46 20	11 48 33	13 46 50	15 49 3	17 47 20
	19	19 54 27	21 56 40	23 47 4	1 49 17	3 47 34	5 49 47	7 48 4	9 50 17	11 52 30	13 50 46	15 53 0	17 51 16
	20	19 58 24	22 0 37	23 51 0	1 53 14	3 51 30	5 53 43	7 52 0	9 54 13	11 56 26	13 54 43	15 56 56	17 55 13
	21	20 2 20	22 4 33	23 54 57	1 57 10	3 55 27	5 57 40	7 55 57	9 58 10	12 0 23	13 58 40	16 0 53	17 59 9
	22	20 6 17	22 8 30	23 58 53	2 1 7	3 59 23	6 1 36	7 59 53	10 2 6	12 4 20	14 2 36	16 4 49	18 3 6
	23	20 10 13	22 12 27	0 2 50	2 5 3	4 3 20	6 5 33	8 3 50	10 6 3	12 8 16	14 6 33	16 8 46	18 7 3
	24	20 14 10	22 16 23	0 6 47	2 9 0	4 7 16	6 9 30	8 7 46	10 10 0	12 12 13	14 10 29	16 12 42	18 10 59
	25	20 18 6	22 20 20	0 10 43	2 12 56	4 11 13	6 13 26	8 11 43	10 13 56	12 16 9	14 14 26	16 16 39	18 14 56
	26	20 22 3	22 24 16	0 14 40	2 16 53	4 15 9	6 17 23	8 15 39	10 17 53	12 20 6	14 18 22	16 20 36	18 18 52
	27	20 26 0	22 28 13	0 18 36	2 20 49	4 19 6	6 21 19	8 19 36	10 21 49	12 24 2	14 22 19	16 24 32	18 22 49
	28	20 29 56	22 32 9	0 22 33	2 24 46	4 23 3	6 25 16	8 23 33	10 25 46	12 27 59	14 26 15	16 28 29	18 26 45
	29	20 33 53		0 26 29	2 28 42	4 26 59	6 29 12	8 27 29	10 29 42	12 31 55	14 30 12	16 32 25	18 30 42
	30	20 37 49		0 30 26	2 32 39	4 30 56	6 33 9	8 31 26	10 33 39	12 35 52	14 34 9	16 36 22	18 34 38
	31	20 41 46		0 34 22		4 34 52		8 35 22	10 37 35		14 38 5		18 38 35

2 STERNZEIT 1910–2001

Jahr	Tag	1	2	3	4	5	6	7	8	9	10	11	12
1958	1	18 42 32	20 44 45	22 35 8	0 37 21	2 35 38	4 37 51	6 36 8	8 38 21	10 40 34	12 38 51	14 41 4	16 39 21
	2	18 46 28	20 48 41	22 39 5	0 41 18	2 39 35	4 41 48	6 40 5	8 42 18	10 44 31	12 42 48	14 45 1	16 43 17
	3	18 50 25	20 52 38	22 43 1	0 45 15	2 43 31	4 45 44	6 44 1	8 46 14	10 48 27	12 46 44	14 48 57	16 47 14
	4	18 54 21	20 56 35	22 46 58	0 49 11	2 47 28	4 49 41	6 47 58	8 50 11	10 52 24	12 50 41	14 52 54	16 51 10
	5	18 58 18	21 0 31	22 50 55	0 53 8	2 51 24	4 53 37	6 51 54	8 54 7	10 56 21	12 54 37	14 56 50	16 55 7
	6	19 2 14	21 4 28	22 54 51	0 57 4	2 55 21	4 57 34	6 55 51	8 58 4	11 0 17	12 58 34	15 0 47	16 59 3
	7	19 6 11	21 8 24	22 58 48	1 1 1	2 59 17	5 1 31	6 59 47	9 2 1	11 4 14	13 2 30	15 4 43	17 3 0
	8	19 10 7	21 12 21	23 2 44	1 4 57	3 3 14	5 5 27	7 3 44	9 5 57	11 8 10	13 6 27	15 8 40	17 6 57
	9	19 14 4	21 16 17	23 6 41	1 8 54	3 7 10	5 9 24	7 7 40	9 9 54	11 12 7	13 10 24	15 12 36	17 10 53
	10	19 18 1	21 20 14	23 10 37	1 12 50	3 11 7	5 13 20	7 11 37	9 13 50	11 16 3	13 14 20	15 16 33	17 14 50
	11	19 21 57	21 24 10	23 14 34	1 16 47	3 15 4	5 17 17	7 15 34	9 17 47	11 20 0	13 18 16	15 20 30	17 18 46
	12	19 25 54	21 28 7	23 18 30	1 20 44	3 19 0	5 21 13	7 19 30	9 21 43	11 23 56	13 22 13	15 24 26	17 22 43
	13	19 29 50	21 32 3	23 22 27	1 24 40	3 22 57	5 25 10	7 23 27	9 25 40	11 27 53	13 26 10	15 28 23	17 26 39
	14	19 33 47	21 36 0	23 26 24	1 28 37	3 26 53	5 29 6	7 27 23	9 29 36	11 31 50	13 30 6	15 32 19	17 30 36
	15	19 37 43	21 39 57	23 30 20	1 32 33	3 30 50	5 33 3	7 31 20	9 33 33	11 35 46	13 34 3	15 36 16	17 34 33
	16	19 41 40	21 43 53	23 34 17	1 36 30	3 34 46	5 37 0	7 35 16	9 37 30	11 39 43	13 37 59	15 40 12	17 38 29
	17	19 45 36	21 47 50	23 38 13	1 40 26	3 38 43	5 40 56	7 39 13	9 41 26	11 43 39	13 41 56	15 44 9	17 42 26
	18	19 49 33	21 51 46	23 42 10	1 44 23	3 42 39	5 44 53	7 43 9	9 45 23	11 47 36	13 45 52	15 48 5	17 46 22
	19	19 53 30	21 55 43	23 46 6	1 48 19	3 46 36	5 48 49	7 47 6	9 49 19	11 51 32	13 49 49	15 52 2	17 50 19
	20	19 57 26	21 59 39	23 50 3	1 52 16	3 50 33	5 52 46	7 51 3	9 53 16	11 55 29	13 53 45	15 55 59	17 54 15
	21	20 1 23	22 3 36	23 53 59	1 56 12	3 54 29	5 56 42	7 54 59	9 57 12	11 59 25	13 57 42	15 59 55	17 58 12
	22	20 5 19	22 7 32	23 57 56	2 0 9	3 58 26	6 0 39	7 58 56	10 1 9	12 3 22	14 1 39	16 3 52	18 2 8
	23	20 9 16	22 11 29	0 1 53	2 4 6	4 2 23	6 4 35	8 2 52	10 5 5	12 7 19	14 5 35	16 7 48	18 6 5
	24	20 13 12	22 15 26	0 5 49	2 8 2	4 6 19	6 8 32	8 6 49	10 9 2	12 11 15	14 9 32	16 11 45	18 10 2
	25	20 17 9	22 19 22	0 9 46	2 11 59	4 10 15	6 12 29	8 10 45	10 12 59	12 15 12	14 13 28	16 15 42	18 13 58
	26	20 21 5	22 23 19	0 13 42	2 15 55	4 14 12	6 16 25	8 14 42	10 16 55	12 19 8	14 17 25	16 19 38	18 17 55
	27	20 25 2	22 27 15	0 17 39	2 19 52	4 18 8	6 20 22	8 18 38	10 20 52	12 23 5	14 21 22	16 23 34	18 21 51
	28	20 28 59	22 31 12	0 21 35	2 23 48	4 22 5	6 24 18	8 22 35	10 24 48	12 27 1	14 25 18	16 27 31	18 25 48
	29	20 32 55		0 25 32	2 27 45	4 26 2	6 28 15	8 26 32	10 28 45	12 30 58	14 29 14	16 31 28	18 29 44
	30	20 36 52		0 29 28	2 31 41	4 29 58	6 32 11	8 30 28	10 32 41	12 34 54	14 33 11	16 35 24	18 33 41
	31	20 40 48		0 33 25		4 33 55		8 34 25	10 36 38		14 37 7		18 37 37
1959	1	18 41 34	20 43 47	22 34 11	0 36 24	2 34 40	4 36 54	6 35 10	8 37 24	10 39 37	12 37 53	14 40 6	16 38 23
	2	18 45 31	20 47 44	22 38 7	0 40 20	2 38 37	4 40 50	6 39 7	8 41 20	10 43 33	12 41 50	14 44 3	16 42 20
	3	18 49 27	20 51 40	22 42 4	0 44 17	2 42 34	4 44 47	6 43 3	8 45 17	10 47 30	12 45 46	14 47 59	16 46 16
	4	18 53 24	20 55 37	22 46 0	0 48 13	2 46 30	4 48 43	6 47 0	8 49 13	10 51 26	12 49 43	14 51 56	16 50 13
	5	18 57 20	20 59 33	22 49 57	0 52 10	2 50 27	4 52 40	6 50 57	8 53 10	10 55 23	12 53 39	14 55 53	16 54 9
	6	19 1 17	21 3 30	22 53 53	0 56 7	2 54 23	4 56 36	6 54 53	8 57 6	10 59 19	12 57 36	14 59 49	16 58 6
	7	19 5 13	21 7 27	22 57 50	1 0 3	2 58 20	5 0 33	6 58 50	9 1 3	11 3 16	13 1 33	15 3 46	17 2 2
	8	19 9 10	21 11 23	23 1 47	1 4 0	3 2 16	5 4 30	7 2 46	9 4 59	11 7 13	13 5 29	15 7 42	17 5 59
	9	19 13 6	21 15 20	23 5 43	1 7 56	3 6 13	5 8 26	7 6 43	9 8 56	11 11 9	13 9 26	15 11 39	17 9 56
	10	19 17 3	21 19 16	23 9 40	1 11 53	3 10 9	5 12 23	7 10 39	9 12 53	11 15 6	13 13 22	15 15 35	17 13 52
	11	19 21 0	21 23 13	23 13 36	1 15 49	3 14 6	5 16 19	7 14 36	9 16 49	11 19 2	13 17 19	15 19 32	17 17 49
	12	19 24 56	21 27 9	23 17 33	1 19 46	3 18 2	5 20 16	7 18 32	9 20 46	11 22 59	13 21 15	15 23 28	17 21 45
	13	19 28 53	21 31 6	23 21 29	1 23 42	3 21 59	5 24 12	7 22 29	9 24 42	11 26 55	13 25 12	15 27 25	17 25 42
	14	19 32 49	21 35 2	23 25 26	1 27 39	3 25 56	5 28 9	7 26 26	9 28 39	11 30 52	13 29 8	15 31 22	17 29 38
	15	19 36 46	21 38 59	23 29 22	1 31 36	3 29 52	5 32 5	7 30 22	9 32 35	11 34 48	13 33 5	15 35 18	17 33 35
	16	19 40 42	21 42 56	23 33 19	1 35 32	3 33 49	5 36 2	7 34 19	9 36 32	11 38 45	13 37 2	15 39 15	17 37 31
	17	19 44 39	21 46 52	23 37 16	1 39 29	3 37 45	5 39 59	7 38 15	9 40 28	11 42 42	13 40 58	15 43 11	17 41 28
	18	19 48 35	21 50 49	23 41 12	1 43 25	3 41 42	5 43 55	7 42 12	9 44 25	11 46 38	13 44 55	15 47 8	17 45 25
	19	19 52 32	21 54 45	23 45 9	1 47 22	3 45 38	5 47 52	7 46 8	9 48 22	11 50 35	13 48 51	15 51 4	17 49 21
	20	19 56 29	21 58 42	23 49 5	1 51 18	3 49 35	5 51 48	7 50 5	9 52 18	11 54 31	13 52 48	15 55 1	17 53 18
	21	20 0 25	22 2 38	23 53 2	1 55 15	3 52 31	5 55 45	7 54 1	9 56 15	11 58 28	13 56 44	15 58 57	17 57 14
	22	20 4 22	22 6 35	23 56 58	1 59 11	3 57 28	5 59 41	7 57 58	10 0 11	12 2 24	14 0 41	16 2 54	18 1 11
	23	20 8 18	22 10 31	0 0 55	2 3 8	4 1 25	6 3 38	8 1 55	10 4 8	12 6 21	14 4 37	16 6 51	18 5 7
	24	20 12 15	22 14 28	0 4 51	2 7 5	4 5 21	6 7 34	8 5 51	10 8 4	12 10 17	14 8 34	16 10 47	18 9 4
	25	20 16 11	22 18 25	0 8 48	2 11 1	4 9 18	6 11 31	8 9 48	10 12 1	12 14 14	14 12 31	16 14 44	18 13 0
	26	20 20 8	22 22 21	0 12 45	2 14 58	4 13 14	6 15 28	8 13 44	10 15 57	12 18 11	14 16 27	16 18 40	18 16 57
	27	20 24 4	22 26 18	0 16 41	2 18 54	4 17 11	6 19 24	8 17 41	10 19 54	12 22 7	14 20 24	16 22 37	18 20 54
	28	20 28 1	22 30 14	0 20 38	2 22 51	4 21 7	6 23 21	8 21 37	10 23 50	12 26 4	14 24 20	16 26 33	18 24 50
	29	20 31 58		0 24 34	2 26 47	4 25 4	6 27 17	8 25 34	10 27 47	12 30 0	14 28 17	18 30 30	18 28 47
	30	20 35 54		0 28 31	2 30 44	4 29 1	6 31 14	8 29 30	10 31 44	12 33 57	14 32 13	16 34 26	18 32 43
	31	20 39 51		0 32 27		4 32 57		8 33 27	10 35 40		14 36 10		18 36 40
1960	1	18 40 36	20 42 50	22 37 10	0 39 23	2 37 39	4 39 53	6 38 9	8 40 22	10 42 36	12 40 52	14 43 5	16 41 22
	2	18 44 33	20 46 46	22 41 6	0 43 19	2 41 36	4 43 49	6 42 6	8 44 19	10 46 32	12 44 49	14 47 2	16 45 19
	3	18 48 29	20 50 43	22 45 3	0 47 16	2 45 32	4 47 46	6 46 2	8 48 16	10 50 29	12 48 45	14 50 58	16 49 15
	4	18 52 26	20 54 39	22 48 59	0 51 12	2 49 29	4 51 42	6 49 59	8 52 12	10 54 25	12 52 42	14 54 55	16 53 12
	5	18 56 23	20 58 36	22 52 56	0 55 9	2 53 26	4 55 39	6 53 55	8 56 9	10 58 22	12 56 38	14 58 52	16 57 8
	6	19 0 19	21 2 32	22 56 52	0 59 5	2 57 22	4 59 35	6 57 52	9 0 5	11 2 18	13 0 35	15 2 48	17 1 5
	7	19 4 16	21 6 29	23 0 49	1 3 2	3 1 19	5 3 32	7 1 49	9 4 2	11 6 15	13 4 31	15 6 45	17 5 1
	8	19 8 12	21 10 25	23 4 45	1 6 59	3 5 15	5 7 28	7 5 45	9 7 58	11 10 11	13 8 28	15 10 41	17 8 58
	9	19 12 9	21 14 22	23 8 42	1 10 55	3 9 12	5 11 25	7 9 42	9 11 55	11 14 8	13 12 25	15 14 38	17 12 54
	10	19 16 5	21 18 19	23 12 39	1 14 52	3 13 8	5 15 22	7 13 38	9 15 51	11 18 5	13 16 21	15 18 34	17 16 51
	11	19 20 2	21 22 15	23 16 35	1 18 48	3 17 5	5 19 18	7 17 35	9 19 48	11 22 1	13 20 18	15 22 31	17 20 48
	12	19 23 58	21 26 12	23 20 32	1 22 45	3 21 1	5 23 15	7 21 31	9 23 45	11 25 58	13 24 14	15 26 27	17 24 44
	13	19 27 55	21 30 8	23 24 28	1 26 41	3 24 58	5 27 11	7 25 28	9 27 41	11 29 54	13 28 11	15 30 24	17 28 41
	14	19 31 52	21 34 5	23 28 25	1 30 38	3 28 55	5 31 8	7 29 24	9 31 38	11 33 51	13 32 7	15 34 21	17 32 37
	15	19 35 48	21 38 1	23 32 21	1 34 34	3 32 51	5 35 4	7 33 21	9 35 34	11 37 47	13 36 4	15 38 17	17 36 34
	16	19 39 45	21 41 58	23 36 18	1 38 31	3 36 48	5 39 1	7 37 18	9 39 31	11 41 44	13 40 0	15 42 14	17 40 30
	17	19 43 41	21 45 54	23 40 14	1 42 28	3 40 44	5 42 57	7 41 14	9 43 27	11 45 40	13 43 57	15 46 10	17 44 27
	18	19 47 38	21 49 51	23 44 11	1 46 24	3 44 41	5 46 54	7 45 11	9 47 24	11 49 37	13 47 54	15 50 7	17 48 23
	19	19 51 34	21 53 48	23 48 8	1 50 21	3 48 37	5 50 51	7 49 8	9 51 20	11 53 34	13 51 50	15 54 3	17 52 20
	20	19 55 31	21 57 44	23 52 4	1 54 17	3 52 34	5 54 47	7 53 4	9 55 17	11 57 30	13 55 47	15 58 0	17 56 17
	21	19 59 27	22 1 41	23 56 1	1 58 14	3 56 30	5 58 44	7 57 0	9 59 14	12 1 27	13 59 43	16 1 56	18 0 13
	22	20 3 24	22 5 37	23 59 57	2 2 10	4 0 27	6 2 40	8 0 57	10 3 10	12 5 23	14 3 40	16 5 53	18 4 10
	23	20 7 21	22 9 34	0 3 54	2 6 7	4 4 24	6 6 37	8 4 53	10 7 7	12 9 20	14 7 36	16 9 50	18 8 6
	24	20 11 17	22 13 30	0 7 50	2 10 3	4 8 20	6 10 33	8 8 50	10 11 3	12 13 16	14 11 33	16 13 46	18 12 3
	25	20 15 14	22 17 27	0 11 47	2 14 0	4 12 17	6 14 30	8 12 47	10 15 0	12 17 13	14 15 29	16 17 43	18 15 59
	26	20 19 10	22 21 23	0 15 43	2 17 57	4 16 13	6 18 26	8 16 43	10 18 56	12 21 9	14 19 26	16 21 39	18 19 56
	27	20 23 7	22 25 20	0 19 40	2 21 53	4 20 10	6 22 23	8 20 40	10 22 53	12 25 6	14 23 23	16 25 36	18 23 52
	28	20 27 3	22 29 17	0 23 37	2 25 50	4 24 6	6 26 20	8 24 36	10 26 49	12 29 3	14 27 19	16 29 32	18 27 49
	29	20 31 0	22 33 13	0 27 33	2 29 47	4 28 3	6 30 16	8 28 33	10 30 46	12 32 59	14 31 16	16 33 29	18 31 46
	30	20 34 56		0 31 30	2 33 43	4 31 59	6 34 13	8 32 29	10 34 42	12 36 56	14 35 12	16 37 25	18 35 42
	31	20 38 53		0 35 26		4 35 56		8 36 26	10 38 39		14 39 9		18 39 39
1961	1	18 43 35	20 45 48	22 36 12	0 38 25	2 36 42	4 38 55	6 37 12	8 39 25	10 41 38	12 39 55	14 42 8	16 40 24
	2	18 47 32	20 49 45	22 40 9	0 42 22	2 40 38	4 42 51	6 41 8	8 43 21	10 45 35	12 43 51	14 46 4	16 44 21
	3	18 51 28	20 53 42	22 44 5	0 46 18	2 44 35	4 46 48	6 45 5	8 47 18	10 49 31	12 47 48	14 50 1	16 48 17
	4	18 55 25	20 57 38	22 48 2	0 50 15	2 48 31	4 50 45	6 49 1	8 51 14	10 53 28	12 51 44	14 53 57	16 52 14
	5	18 59 21	21 1 35	22 51 58	0 54 11	2 52 28	4 54 41	6 52 58	8 55 11	10 57 24	12 55 41	14 57 54	16 56 11
	6	19 3 18	21 5 31	22 55 55	0 58 8	2 56 24	4 58 38	6 56 54	8 59 8	11 1 21	12 59 37	15 1 50	17 0 7
	7	19 7 15	21 9 28	22 59 51	1 2 4	3 0 21	5 2 34	7 0 51	9 3 4	11 5 17	13 3 34	15 5 47	17 4 4
	8	19 11 11	21 13 24	23 3 48	1 6 1	3 4 18	5 6 31	7 4 47	9 7 1	11 9 14	13 7 30	15 9 44	17 8 0
	9	19 15 8	21 17 21	23 7 44	1 9 58	3 8 14	5 10 27	7 8 44	9 10 57	11 13 10	13 11 27	15 13 40	17 11 57
	10	19 19 4	21 21 17	23 11 41	1 13 54	3 12 11	5 14 24	7 12 41	9 14 54	11 17 7	13 15 24	15 17 37	17 15 53
	11	19 23 1	21 25 14	23 15 37	1 17 51	3 16 7	5 18 20	7 16 37	9 18 50	11 21 4	13 19 20	15 21 33	17 19 50
	12	19 26 57	21 29 11	23 19 34	1 21 47	3 20 4	5 22 17	7 20 34	9 22 47	11 25 0	13 23 17	15 25 30	17 23 46
	13	19 30 54	21 33 7	23 23 31	1 25 44	3 24 0	5 26 14	7 24 30	9 26 43	11 28 57	13 27 13	15 29 26	17 27 43
	14	19 34 50	21 37 4	23 27 27	1 29 40	3 27 57	5 30 10	7 28 27	9 30 40	11 32 53	13 31 10	15 33 23	17 31 40
	15	19 38 47	21 41 0	23 31 24	1 33 37	3 31 53	5 34 7	7 32 23	9 34 37	11 36 50	13 35 6	15 37 19	17 35 36
	16	19 42 44	21 44 57	23 35 20	1 37 33	3 35 50	5 38 3	7 36 20	9 38 33	11 40 45	13 39 3	15 41 16	17 39 33
	17	19 46 40	21 48 53	23 39 17	1 41 30	3 39 47	5 42 0	7 40 16	9 42 30	11 44 43	13 42 59	15 45 13	17 43 29
	18	19 50 37	21 52 50	23 43 13	1 45 26	3 43 43	5 45 56	7 44 13	9 46 26	11 48 39	13 46 56	15 49 9	17 47 26
	19	19 54 33	21 56 46	23 47 10	1 49 23	3 47 40	5 49 53	7 48 10	9 50 23	11 52 36	13 50 52	15 53 6	17 51 22
	20	19 58 30	22 0 43	23 51 6	1 53 20	3 51 36	5 53 49	7 52 6	9 54 19	11 56 32	13 54 49	15 57 2	17 55 19
	21	20 2 26	22 4 40	23 55 3	1 57 16	3 55 33	5 57 46	7 56 3	9 58 16	12 0 29	13 58 46	16 0 59	17 59 15
	22	20 6 23	22 8 36	23 59 0	2 1 13	3 59 29	6 1 43	7 59 59	10 2 12	12 4 26	14 2 42	16 4 55	18 3 12
	23	20 10 19	22 12 33	0 2 56	2 5 9	4 3 26	6 5 39	8 3 56	10 6 9	12 8 22	14 6 39	16 8 52	18 7 9
	24	20 14 16	22 16 29	0 6 53	2 9 6	4 7 22	6 9 36	8 7 52	10 10 6	12 12 19	14 10 35	16 12 48	18 11 5
	25	20 18 13	22 20 26	0 10 49	2 13 2	4 11 19	6 13 32	8 11 49	10 14 2	12 16 15	14 14 32	16 16 45	18 15 2
	26	20 22 9	22 24 22	0 14 46	2 16 59	4 15 16	6 17 29	8 15 45	10 17 59	12 20 12	14 18 28	16 20 42	18 18 58
	27	20 26 6	22 28 19	0 18 42	2 20 55	4 19 12	6 21 25	8 19 42	10 21 55	12 24 8	14 22 25	16 24 38	18 22 55
	28	20 30 2	22 32 15	0 22 39	2 24 52	4 23 9	6 25 22	8 23 39	10 25 52	12 28 5	14 26 21	16 28 35	18 26 51
	29	20 33 59		0 26 35	2 28 49	4 27 5	6 29 18	8 27 35	10 29 48	12 32 1	14 30 18	16 32 31	18 30 48
	30	20 37 55		0 30 32	2 32 45	4 31 2	6 33 15	8 31 32	10 33 45	12 35 58	14 34 15	16 36 28	18 34 45
	31	20 41 52		0 34 29		4 34 58		8 35 28	10 37 41		14 38 11		18 38 41
1962	1	18 42 38	20 44 51	22 35 14	0 37 28	2 35 44	4 37 57	6 36 14	8 38 27	10 40 40	12 38 57	14 41 10	16 39 27
	2	18 46 34	20 48 47	22 39 11	0 41 24	2 39 41	4 41 54	6 40 11	8 42 24	10 44 37	12 42 54	14 45 7	16 43 23
	3	18 50 31	20 52 44	22 43 7	0 45 21	2 43 37	4 45 50	6 44 7	8 46 20	10 48 34	12 46 50	14 49 3	16 47 20
	4	18 54 27	20 56 41	22 47 4	0 49 17	2 47 34	4 49 47	6 48 4	8 50 17	10 52 30	12 50 47	14 53 0	16 51 16
	5	18 58 24	21 0 37	22 51 1	0 53 14	2 51 30	4 53 44	6 52 0	8 54 13	10 56 27	12 54 43	14 56 56	16 55 13
	6	19 2 20	21 4 34	22 54 57	0 57 10	2 55 27	4 57 40	6 55 57	8 58 10	11 0 23	12 58 40	15 0 53	16 59 10
	7	19 6 17	21 8 30	22 58 54	1 1 7	2 59 23	5 1 37	6 59 53	9 2 7	11 4 20	13 2 36	15 4 49	17 3 6
	8	19 10 14	21 12 27	23 2 50	1 5 3	3 3 20	5 5 33	7 3 50	9 6 3	11 8 16	13 6 33	15 8 46	17 7 3
	9	19 14 10	21 16 23	23 6 47	1 9 0	3 7 17	5 9 30	7 7 46	9 10 0	11 12 13	13 10 29	15 12 43	17 10 59
	10	19 18 7	21 20 20	23 10 43	1 12 56	3 11 13	5 13 26	7 11 43	9 13 56	11 16 9	13 14 26	15 16 39	17 14 56
	11	19 22 3	21 24 16	23 14 40	1 16 53	3 15 10	5 17 23	7 15 40	9 17 53	11 20 6	13 18 23	15 20 36	17 18 52
	12	19 26 0	21 28 13	23 18 36	1 20 50	3 19 6	5 21 19	7 19 36	9 21 49	11 24 3	13 22 19	15 24 32	17 22 49
	13	19 29 56	21 32 10	23 22 33	1 24 46	3 23 3	5 25 16	7 23 33	9 25 46	11 27 59	13 26 16	15 28 29	17 26 46
	14	19 33 53	21 36 6	23 26 30	1 28 43	3 26 59	5 29 13	7 27 29	9 29 42	11 31 56	13 30 12	15 32 25	17 30 42
	15	19 37 49	21 40 3	23 30 26	1 32 39	3 30 56	5 33 9	7 31 26	9 33 39	11 35 52	13 34 9	15 36 22	17 34 39
	16	19 41 46	21 43 59	23 34 23	1 36 36	3 34 52	5 37 6	7 35 22	9 37 36	11 39 49	13 38 5	15 40 18	17 38 35
	17	19 45 43	21 47 56	23 38 19	1 40 32	3 38 49	5 41 2	7 39 19	9 41 32	11 43 45	13 42 2	15 44 15	17 42 32
	18	19 49 39	21 51 52	23 42 16	1 44 29	3 42 46	5 44 59	7 43 15	9 45 29	11 47 42	13 45 58	15 48 12	17 46 28
	19	19 53 36	21 55 49	23 46 12	1 48 25	3 46 42	5 48 55	7 47 12	9 49 25	11 51 38	13 49 55	15 52 8	17 50 25
	20	19 57 32	21 59 45	23 50 9	1 52 22	3 50 39	5 52 52	7 51 9	9 53 22	11 55 35	13 53 52	15 56 5	17 54 21
	21	20 1 29	22 3 42	23 54 5	1 56 19	3 54 35	5 56 48	7 55 5	9 57 18	11 59 31	13 57 48	16 0 1	17 58 18
	22	20 5 25	22 7 39	23 58 2	2 0 15	3 58 32	6 0 45	7 59 2	10 1 15	12 3 28	14 1 45	16 3 58	18 2 15
	23	20 9 22	22 11 35	0 1 59	2 4 12	4 2 28	6 4 42	8 2 58	10 5 11	12 7 25	14 5 41	16 7 54	18 6 11
	24	20 13 18	22 15 32	0 5 55	2 8 8	4 6 25	6 8 38	8 6 55	10 9 8	12 11 21	14 9 38	16 11 51	18 10 8
	25	20 17 15	22 19 28	0 9 52	2 12 5	4 10 21	6 12 35	8 10 51	10 13 5	12 15 18	14 13 34	16 15 47	18 14 4
	26	20 21 12	22 23 25	0 13 48	2 16 1	4 14 18	6 16 31	8 14 48	10 17 1	12 19 14	14 17 31	16 19 44	18 18 1
	27	20 25 8	22 27 21	0 17 45	2 19 58	4 18 15	6 20 28	8 18 44	10 20 58	12 23 11	14 21 27	16 23 41	18 21 57
	28	20 29 5	22 31 18	0 21 41	2 23 54	4 22 11	6 24 24	8 22 41	10 24 54	12 27 7	14 25 24	16 27 37	18 25 54
	29	20 33 1		0 25 38	2 27 51	4 26 8	6 28 21	8 26 38	10 28 51	12 31 4	14 29 20	16 31 34	18 29 50
	30	20 36 58		0 29 34	2 31 48	4 30 4	6 32 17	8 30 34	10 32 47	12 35 0	14 33 17	16 35 30	18 33 47
	31	20 40 54		0 33 31		4 34 1		8 34 31	10 36 44		14 37 14		18 37 44
1963	1	18 41 40	20 43 53	22 34 17	0 36 30	2 34 47	4 37 0	6 35 17	8 37 30	10 39 43	12 38 0	14 40 13	16 38 29
	2	18 45 37	20 47 50	22 38 13	0 40 27	2 38 43	4 40 56	6 39 13	8 41 26	10 43 40	12 41 56	14 44 9	16 42 26
	3	18 49 33	20 51 46	22 42 10	0 44 23	2 42 40	4 44 53	6 43 10	8 45 23	10 47 36	12 45 53	14 48 6	16 46 23
	4	18 53 30	20 55 43	22 46 7	0 48 20	2 46 36	4 48 49	6 47 6	8 49 19	10 51 33	12 49 49	14 52 2	16 50 19
	5	18 57 26	20 59 40	22 50 3	0 52 16	2 50 33	4 52 46	6 51 3	8 53 16	10 55 29	12 53 46	14 55 59	16 54 16
	6	19 1 23	21 3 36	22 54 0	0 56 13	2 54 29	4 56 43	6 54 59	8 57 13	10 59 26	12 57 42	14 59 55	16 58 12
	7	19 5 19	21 7 33	22 57 56	1 0 9	2 58 26	5 0 39	6 58 56	9 1 9	11 3 22	13 1 39	15 3 52	17 2 9
	8	19 9 16	21 11 29	23 1 53	1 4 6	3 2 22	5 4 36	7 2 52	9 5 6	11 7 19	13 5 35	15 7 49	17 6 5
	9	19 13 13	21 15 26	23 5 49	1 8 2	3 6 19	5 8 32	7 6 49	9 9 2	11 11 15	13 9 32	15 11 45	17 10 2
	10	19 17 9	21 19 22	23 9 46	1 11 59	3 10 16	5 12 29	7 10 46	9 12 59	11 15 12	13 13 29	15 15 42	17 13 58
	11	19 21 6	21 23 19	23 13 42	1 15 56	3 14 12	5 16 25	7 14 42	9 16 55	11 19 9	13 17 25	15 19 38	17 17 55
	12	19 25 2	21 27 15	23 17 39	1 19 52	3 18 9	5 20 22	7 18 39	9 20 52	11 23 5	13 21 22	15 23 35	17 21 52
	13	19 28 59	21 31 12	23 21 35	1 23 49	3 22 5	5 24 19	7 22 35	9 24 48	11 27 2	13 25 18	15 27 31	17 25 48
	14	19 32 55	21 35 9	23 25 32	1 27 45	3 26 2	5 28 15	7 26 32	9 28 45	11 30 58	13 29 15	15 31 28	17 29 45
	15	19 36 52	21 39 5	23 29 29	1 31 42	3 29 58	5 32 12	7 30 28	9 32 42	11 34 55	13 33 11	15 35 24	17 33 41
	16	19 40 48	21 43 2	23 33 25	1 35 38	3 33 55	5 36 8	7 34 25	9 36 38	11 38 51	13 37 8	15 39 21	17 37 38
	17	19 44 45	21 46 58	23 37 22	1 39 35	3 37 51	5 40 5	7 38 21	9 40 35	11 42 48	13 41 4	15 43 18	17 41 34
	18	19 48 42	21 50 55	23 41 18	1 43 31	3 41 48	5 44 1	7 42 18	9 44 31	11 46 44	13 45 1	15 47 14	17 45 31
	19	19 52 38	21 54 51	23 45 15	1 47 28	3 45 45	5 47 58	7 46 15	9 48 28	11 50 41	13 48 58	15 51 11	17 49 27
	20	19 56 35	21 58 48	23 49 11	1 51 25	3 49 41	5 51 54	7 50 11	9 52 24	11 54 37	13 52 54	15 55 7	17 53 24
	21	20 0 31	22 2 44	23 53 8	1 55 21	3 53 38	5 55 51	7 54 8	9 56 21	11 58 34	13 56 51	15 59 4	17 57 21
	22	20 4 28	22 6 41	23 57 4	1 59 18	3 57 34	5 59 48	7 58 4	10 0 17	12 2 31	14 0 47	16 3 0	18 1 17
	23	20 8 24	22 10 38	0 1 1	2 3 14	4 1 31	6 3 44	8 2 1	10 4 14	12 6 27	14 4 44	16 6 57	18 5 14
	24	20 12 21	22 14 34	0 4 58	2 7 11	4 5 27	6 7 41	8 5 57	10 8 11	12 10 24	14 8 40	16 10 54	18 9 10
	25	20 16 17	22 18 31	0 8 54	2 11 7	4 9 24	6 11 37	8 9 54	10 12 7	12 14 20	14 12 37	16 14 50	18 13 7
	26	20 20 14	22 22 27	0 12 51	2 15 4	4 13 20	6 15 34	8 13 50	10 16 4	12 18 17	14 16 33	16 18 47	18 17 3
	27	20 24 11	22 26 24	0 16 47	2 19 0	4 17 17	6 19 30	8 17 47	10 20 0	12 22 13	14 20 30	16 22 43	18 21 0
	28	20 28 7	22 30 20	0 20 44	2 22 57	4 21 14	6 23 27	8 21 44	10 23 57	12 26 10	14 24 27	16 26 40	18 24 56
	29	20 32 4		0 24 40	2 26 54	4 25 10	6 27 23	8 25 40	10 27 53	12 30 6	14 28 23	16 30 36	18 28 53
	30	20 36 0		0 28 37	2 30 50	4 29 7	6 31 20	8 29 37	10 31 50	12 34 3	14 32 20	16 34 33	18 32 50
	31	20 39 57		0 32 33		4 33 3		8 33 33	10 35 46		14 36 16		18 36 46
1964	1	18 40 43	20 42 56	22 37 16	0 39 29	2 37 46	4 39 59	6 38 16	8 40 29	10 42 42	12 40 59	14 43 12	16 41 29
	2	18 44 39	20 46 53	22 41 13	0 43 26	2 41 42	4 43 56	6 42 12	8 44 26	10 46 39	12 44 55	14 47 9	16 45 25
	3	18 48 36	20 50 49	22 45 9	0 47 22	2 45 39	4 47 52	6 46 9	8 48 22	10 50 35	12 48 52	14 51 5	16 49 22
	4	18 52 32	20 54 46	22 49 6	0 51 19	2 49 36	4 51 49	6 50 5	8 52 19	10 54 32	12 52 48	14 55 2	16 53 18
	5	18 56 29	20 58 42	22 53 2	0 55 15	2 53 32	4 55 45	6 54 2	8 56 15	10 58 28	12 56 45	14 58 58	16 57 15
	6	19 0 26	21 2 39	22 56 59	0 59 12	2 57 29	4 59 42	6 57 59	9 0 12	11 2 25	13 0 42	15 2 55	17 1 11
	7	19 4 22	21 6 35	23 0 55	1 3 8	3 1 25	5 3 38	7 1 55	9 4 8	11 6 22	13 4 38	15 6 51	17 5 8
	8	19 8 19	21 10 32	23 4 52	1 7 5	3 5 22	5 7 35	7 5 52	9 8 5	11 10 18	13 8 35	15 10 48	17 9 5
	9	19 12 15	21 14 28	23 8 48	1 11 2	3 9 18	5 11 31	7 9 48	9 12 1	11 14 15	13 12 31	15 14 44	17 13 1
	10	19 16 12	21 18 25	23 12 45	1 14 58	3 13 15	5 15 28	7 13 45	9 15 58	11 18 11	13 16 28	15 18 41	17 16 58
	11	19 20 8	21 22 22	23 16 42	1 18 55	3 17 11	5 19 25	7 17 42	9 19 55	11 22 8	13 20 24	15 22 38	17 20 54
	12	19 24 5	21 26 18	23 30 38	1 22 51	3 21 8	5 23 21	7 21 38	9 23 51	11 26 4	13 24 21	15 26 34	17 24 51
	13	19 28 1	21 30 15	23 24 35	1 26 48	3 25 4	5 27 18	7 25 35	9 27 48	11 30 1	13 28 17	15 30 31	17 28 47
	14	19 31 58	21 34 11	23 28 31	1 30 44	3 29 1	5 31 14	7 29 31	9 31 44	11 33 57	13 32 14	15 34 27	17 32 44
	15	19 35 55	21 38 8	23 32 28	1 34 41	3 32 58	5 35 11	7 33 28	9 35 41	11 37 54	13 36 11	15 38 24	17 36 40
	16	19 39 51	21 42 4	23 36 24	1 38 37	3 36 54	5 39 7	7 37 24	9 39 37	11 41 51	13 40 7	15 42 20	17 40 37
	17	19 43 48	21 46 1	23 40 21	1 42 34	3 40 51	5 43 4	7 41 21	9 43 34	11 45 47	13 44 4	15 46 17	17 44 34
	18	19 47 44	21 49 57	23 44 17	1 46 31	3 44 47	5 47 1	7 45 17	9 47 30	11 49 44	13 48 0	15 50 13	17 48 30
	19	19 51 41	21 53 54	23 48 14	1 50 27	3 48 44	5 50 57	7 49 14	9 51 27	11 53 40	13 51 57	15 54 10	17 52 27
	20	19 55 37	21 57 50	23 52 11	1 54 24	3 52 40	5 54 54	7 53 10	9 55 24	11 57 37	13 55 53	15 58 7	17 56 23
	21	19 59 34	22 1 47	23 56 7	1 58 20	3 56 37	5 58 50	7 57 7	9 59 20	12 1 33	13 59 50	16 2 3	18 0 20
	22	20 3 30	22 5 44	0 0 4	2 2 17	4 0 33	6 2 47	8 1 3	10 3 17	12 5 30	14 3 46	16 6 0	18 4 16
	23	20 7 27	22 9 40	0 4 0	2 6 13	4 4 30	6 6 43	8 5 0	10 7 13	12 9 27	14 7 43	16 9 56	18 8 13
	24	20 11 23	22 13 37	0 7 57	2 10 10	4 8 27	6 10 40	8 8 57	10 11 10	12 13 23	14 11 40	16 13 53	18 12 10
	25	20 15 20	22 17 33	0 11 53	2 14 6	4 12 23	6 14 36	8 12 53	10 15 6	12 17 19	14 15 36	16 17 49	18 16 6
	26	20 19 17	22 21 30	0 15 50	2 18 3	4 16 20	6 18 33	8 16 50	10 19 3	12 21 16	14 19 33	16 21 46	18 20 3
	27	20 23 13	22 25 26	0 19 46	2 22 0	4 20 16	6 22 30	8 20 46	10 22 59	12 25 13	14 23 29	16 25 42	18 23 59
	28	20 27 10	22 29 23	0 23 43	2 25 56	4 24 13	6 26 26	8 24 43	10 26 56	12 29 9	14 27 26	16 29 39	18 27 56
	29	20 31 6	22 33 19	0 27 40	2 29 53	4 28 9	6 30 23	8 28 40	10 30 53	12 33 6	14 31 22	16 33 36	18 31 52
	30	20 35 3		0 31 36	2 33 49	4 32 6	6 34 19	8 32 36	10 34 49	12 37 2	14 35 19	16 37 32	18 35 49
	31	20 38 59		0 35 33		4 36 2		8 36 32	10 38 46		14 39 15		18 39 45
1965	1	18 43 42	20 45 56	22 36 19	0 38 32	2 36 49	4 39 2	6 37 19	8 39 32	10 41 45	12 40 2	14 42 15	16 40 32
	2	18 47 39	20 49 52	22 40 16	0 42 29	2 40 45	4 42 59	6 41 15	8 43 29	10 45 42	12 43 58	14 46 12	16 44 28
	3	18 51 35	20 53 49	22 44 12	0 46 25	2 44 42	4 46 55	6 45 12	8 47 25	10 49 38	12 47 55	14 50 8	16 48 25
	4	18 55 32	20 57 45	22 48 8	0 50 22	2 48 38	4 50 52	6 49 8	8 51 22	10 53 35	12 51 52	14 54 5	16 52 21
	5	18 59 28	21 1 42	22 52 5	0 54 18	2 52 35	4 54 48	6 53 5	8 55 18	10 57 31	12 55 48	14 58 1	16 56 18
	6	19 3 25	21 5 38	22 56 2	0 58 15	2 56 32	4 58 45	6 57 2	8 59 15	11 1 28	12 59 45	15 1 58	17 0 15
	7	19 7 22	21 9 35	22 59 58	1 2 11	3 0 28	5 2 41	7 0 58	9 3 11	11 5 25	13 3 41	15 5 54	17 4 11
	8	19 11 18	21 13 31	23 3 55	1 6 8	3 4 25	5 6 38	7 4 55	9 7 8	11 9 21	13 7 38	15 9 51	17 8 8
	9	19 15 15	21 17 28	23 7 51	1 10 5	3 8 21	5 10 35	7 8 51	9 11 5	11 13 18	13 11 34	15 13 47	17 12 4
	10	19 19 12	21 21 24	23 11 48	1 14 1	3 12 18	5 14 31	7 12 48	9 15 1	11 17 14	13 15 31	15 17 44	17 16 1
	11	19 23 8	21 25 21	23 15 45	1 17 58	3 16 14	5 18 28	7 16 44	9 18 58	11 21 11	13 19 27	15 21 41	17 19 57
	12	19 27 4	21 29 18	23 19 41	1 21 54	3 20 11	5 22 24	7 20 41	9 22 54	11 25 7	13 23 24	15 25 37	17 23 54
	13	19 31 1	21 33 14	23 23 38	1 25 51	3 24 7	5 26 21	7 24 37	9 26 51	11 29 4	13 27 20	15 29 34	17 27 50
	14	19 34 57	21 37 11	23 27 34	1 29 47	3 28 4	5 30 17	7 28 34	9 30 47	11 33 0	13 31 17	15 33 30	17 31 47
	15	19 38 54	21 41 7	23 31 31	1 33 44	3 32 1	5 34 14	7 32 31	9 34 44	11 36 57	13 35 14	15 37 27	17 35 44
	16	19 42 51	21 45 4	23 35 27	1 37 40	3 35 57	5 38 10	7 36 27	9 38 40	11 40 54	13 39 10	15 41 23	17 39 40
	17	19 46 47	21 49 0	23 39 24	1 41 37	3 39 54	5 42 7	7 40 24	9 42 37	11 44 50	13 43 7	15 45 20	17 43 37
	18	19 50 44	21 52 57	23 43 20	1 45 34	3 43 50	5 46 4	7 44 20	9 46 33	11 48 47	13 47 3	15 49 16	17 47 33
	19	19 54 40	21 56 53	23 47 17	1 49 30	3 47 47	5 50 0	7 48 17	9 50 30	11 52 43	13 51 0	15 53 13	17 51 30
	20	19 58 37	22 0 50	23 51 14	1 53 27	3 51 43	5 53 57	7 52 14	9 54 27	11 56 40	13 54 56	15 57 9	17 55 26
	21	20 2 33	22 4 47	23 55 10	1 57 23	3 55 40	5 57 53	7 56 10	9 58 23	12 0 36	13 58 53	16 1 6	17 59 23
	22	20 6 30	22 8 43	23 59 7	2 1 20	3 59 36	6 1 50	8 0 6	10 2 20	12 4 33	14 2 49	16 5 3	18 3 19
	23	20 10 26	22 12 40	0 3 3	2 5 16	4 3 33	6 5 46	8 4 3	10 6 16	12 8 29	14 6 46	16 8 59	18 7 16
	24	20 14 23	22 16 36	0 7 0	2 9 13	4 7 29	6 9 43	8 8 0	10 10 13	12 12 26	14 10 43	16 12 56	18 11 13
	25	20 18 19	22 20 33	0 10 56	2 13 9	4 11 26	6 13 39	8 11 56	10 14 9	12 16 23	14 14 39	16 16 52	18 15 9
	26	20 22 16	22 24 29	0 14 53	2 17 6	4 15 23	6 17 36	8 15 53	10 18 6	12 20 19	14 18 36	16 20 49	18 19 6
	27	20 26 13	22 28 26	0 18 49	2 21 3	4 19 19	6 21 33	8 19 49	10 22 3	12 24 16	14 22 32	16 24 45	18 23 2
	28	20 30 9	22 32 22	0 22 46	2 24 59	4 23 16	6 25 29	8 23 46	10 25 59	12 28 12	14 26 29	16 28 42	18 26 59
	29	20 34 6		0 26 43	2 28 56	4 27 12	6 29 26	8 27 42	10 29 56	12 32 9	14 30 25	16 32 39	18 30 55
	30	20 38 2		0 30 39	2 32 52	4 31 9	6 33 22	8 31 39	10 33 52	12 36 5	14 34 22	16 36 35	18 34 52
	31	20 41 59		0 34 36		4 35 5		8 35 36	10 37 49		14 38 18		18 38 48

2 STERNZEIT 1910–2001

		1	2	3	4	5	6	7	8	9	10	11	12
6	1	18 42 45	20 44 58	22 35 22	0 37 35	2 35 52	4 38 5	6 36 22	8 38 35	10 40 48	12 39 5	14 41 18	16 39 35
	2	18 46 42	20 48 55	22 39 18	0 41 32	2 39 48	4 42 1	6 40 18	8 42 32	10 44 45	12 43 1	14 45 14	16 43 31
	3	18 50 38	20 52 51	22 43 15	0 45 28	2 43 45	4 45 58	6 44 15	8 46 28	10 48 41	12 46 58	14 49 11	16 47 28
	4	18 54 35	20 56 48	22 47 12	0 49 25	2 47 41	4 49 55	6 48 11	8 50 25	10 52 38	12 50 54	14 53 8	16 51 24
	5	18 58 31	21 0 45	22 51 8	0 53 21	2 51 38	4 53 51	6 52 8	8 54 21	10 56 34	12 54 51	14 57 4	16 55 21
	6	19 2 28	21 4 41	22 55 5	0 57 18	2 55 34	4 57 48	6 56 4	8 58 18	11 0 31	12 58 48	15 1 1	16 59 17
	7	19 6 24	21 8 38	22 59 1	1 1 14	2 59 31	5 1 44	7 0 1	9 2 14	11 4 27	13 2 44	15 4 57	17 3 14
	8	19 10 21	21 12 34	23 2 58	1 5 11	3 3 28	5 5 41	7 3 58	9 6 11	11 8 24	13 6 41	15 8 54	17 7 11
	9	19 14 18	21 16 31	23 6 54	1 9 7	3 7 24	5 9 37	7 7 54	9 10 7	11 12 21	13 10 37	15 12 50	17 11 7
	10	19 18 14	21 20 27	23 10 51	1 13 4	3 11 21	5 13 34	7 11 51	9 14 4	11 16 17	13 14 34	15 16 47	17 15 4
	11	19 22 11	21 24 24	23 14 47	1 17 1	3 15 17	5 17 31	7 15 47	9 18 0	11 20 14	13 18 30	15 20 43	17 19 0
	12	19 26 7	21 28 20	23 18 44	1 20 57	3 19 14	5 21 27	7 19 44	9 21 57	11 24 10	13 22 27	15 24 40	17 22 57
	13	19 30 4	21 32 17	23 22 41	1 24 54	3 23 10	5 25 24	7 23 40	9 25 54	11 28 7	13 26 23	15 28 37	17 26 53
	14	19 34 0	21 36 14	23 26 37	1 28 50	3 27 7	5 29 20	7 27 37	9 29 50	11 32 3	13 30 20	15 32 33	17 30 50
	15	19 37 57	21 40 10	23 30 34	1 32 47	3 31 3	5 33 17	7 31 33	9 33 47	11 36 0	13 34 17	15 36 30	17 34 46
	16	19 41 53	21 44 7	23 34 30	1 36 43	3 35 0	5 37 13	7 35 30	9 37 43	11 39 56	13 38 13	15 40 26	17 38 43
	17	19 45 50	21 48 3	23 38 27	1 40 40	3 38 57	5 41 10	7 39 27	9 41 40	11 43 53	13 42 10	15 44 23	17 42 40
	18	19 49 47	21 52 0	23 42 23	1 44 36	3 42 53	5 45 6	7 43 23	9 45 36	11 47 50	13 46 6	15 48 19	17 46 36
	19	19 53 43	21 55 56	23 46 20	1 48 33	3 46 50	5 49 3	7 47 20	9 49 33	11 51 46	13 50 3	15 52 16	17 50 33
	20	19 57 40	21 59 53	23 50 16	1 52 30	3 50 46	5 53 0	7 51 16	9 53 29	11 55 49	13 53 59	15 56 13	17 54 29
	21	20 1 36	22 3 49	23 54 13	1 56 26	3 54 43	5 56 56	7 55 13	9 57 26	11 59 39	13 57 56	16 0 9	17 58 26
	22	20 5 33	22 7 46	23 58 9	2 0 23	3 58 39	6 0 53	7 59 9	10 1 23	12 3 36	14 1 52	16 4 5	18 2 22
	23	20 9 29	22 11 43	0 2 6	2 4 19	4 2 36	6 4 49	8 3 6	10 5 19	12 7 32	14 5 49	16 8 2	18 6 19
	24	20 13 26	22 15 39	0 6 3	2 8 16	4 6 32	6 8 46	8 7 2	10 9 16	12 11 29	14 9 46	16 11 59	18 10 15
	25	20 17 22	22 19 35	0 9 59	2 12 12	4 10 29	6 12 42	8 10 59	10 13 12	12 15 25	14 13 42	16 15 55	18 14 12
	26	20 21 19	22 23 32	0 13 56	2 16 9	4 14 26	6 16 39	8 14 56	10 17 9	12 19 22	14 17 39	16 19 52	18 18 9
	27	20 25 16	22 27 29	0 17 52	2 20 9	4 48 22	6 20 35	8 18 52	10 21 5	12 23 19	14 21 35	16 23 48	18 22 5
	28	20 29 12	22 31 25	0 21 49	2 24 2	4 22 19	6 24 32	8 22 49	10 25 2	12 27 15	14 25 32	16 27 45	18 26 2
	29	20 33 9		0 25 45	2 27 59	4 26 15	6 28 29	8 26 45	10 28 59	12 31 12	14 29 28	16 31 42	18 29 58
	30	20 37 5		0 29 42	2 31 55	4 30 12	6 32 25	8 30 42	10 32 55	12 35 8	14 33 25	16 35 38	18 33 55
	31	20 41 2		0 33 38		4 34 8		8 34 38	10 36 52		14 37 21		18 37 51
7	1	18 41 48	20 44 1	22 34 25	0 36 38	2 34 55	4 37 8	6 35 25	8 37 38	10 39 51	12 38 8	14 40 21	16 38 38
	2	18 45 45	20 47 58	22 38 21	0 40 35	2 38 51	4 41 4	6 39 21	8 41 34	10 43 48	12 42 4	14 44 17	16 42 34
	3	18 49 41	20 51 54	22 42 18	0 44 31	2 42 48	4 45 1	6 43 18	8 45 31	10 47 44	12 46 1	14 48 14	16 46 31
	4	18 53 38	20 55 51	22 46 14	0 48 28	2 46 44	4 48 58	6 47 14	8 49 28	10 51 41	12 49 57	14 52 11	16 50 27
	5	18 57 34	20 59 47	22 50 11	0 52 24	2 50 41	4 52 54	6 51 11	8 53 24	10 55 37	12 53 54	14 56 7	16 54 24
	6	19 1 31	21 3 44	22 54 8	0 56 21	2 54 37	4 56 51	6 55 7	8 57 21	10 59 34	12 57 51	15 0 4	16 58 20
	7	19 5 27	21 7 41	22 58 4	1 0 17	2 58 34	5 0 47	6 59 4	9 1 17	11 3 30	13 1 47	15 4 0	17 2 17
	8	19 9 24	21 11 37	23 2 1	1 4 14	3 2 30	5 4 44	7 3 1	9 5 14	11 7 27	13 5 44	15 7 57	17 6 14
	9	19 13 20	21 15 34	23 5 57	1 8 10	3 6 27	5 8 40	7 6 57	9 9 10	11 11 24	13 9 40	15 11 53	17 10 10
	10	19 17 17	21 19 30	23 9 54	1 12 7	3 10 24	5 12 37	7 10 54	9 13 7	11 15 20	13 13 37	15 15 50	17 14 7
	11	19 21 14	21 23 27	23 13 50	1 16 4	3 14 20	5 16 33	7 14 50	9 17 3	11 19 17	13 17 33	15 19 47	17 18 3
	12	19 25 10	21 27 23	23 17 47	1 20 0	3 18 17	5 20 30	7 18 47	9 21 0	11 23 13	13 21 30	15 23 43	17 22 0
	13	19 29 7	21 31 20	23 21 43	1 23 57	3 22 13	5 24 27	7 22 43	9 24 57	11 27 10	13 25 26	15 27 40	17 25 56
	14	19 33 3	21 35 16	23 25 40	1 27 53	3 26 10	5 28 23	7 26 40	9 28 53	11 31 6	13 29 23	15 31 36	17 29 53
	15	19 37 0	21 39 13	23 29 37	1 31 50	3 30 6	5 32 20	7 30 36	9 32 50	11 35 3	13 33 20	15 35 33	17 33 49
	16	19 40 56	21 43 10	23 33 33	1 35 46	3 34 3	5 36 16	7 34 33	9 36 46	11 38 59	13 37 16	15 39 29	17 37 46
	17	19 44 53	21 47 6	23 37 30	1 39 43	3 38 0	5 40 13	7 38 30	9 40 43	11 42 56	13 41 13	15 43 26	17 41 43
	18	19 48 49	21 51 3	23 41 26	1 43 39	3 41 56	5 44 9	7 42 26	9 44 39	11 46 53	13 45 9	15 47 22	17 45 39
	19	19 52 46	21 54 59	23 45 23	1 47 36	3 45 53	5 48 6	7 46 23	9 48 36	11 50 49	13 49 6	15 51 19	17 49 36
	20	19 56 43	21 58 56	23 49 19	1 51 33	3 49 49	5 52 2	7 50 19	9 52 32	11 54 46	13 53 2	15 55 16	17 53 32
	21	20 0 39	22 2 52	23 53 16	1 55 29	3 53 46	5 55 59	7 54 16	9 56 29	11 58 42	13 56 59	15 59 12	17 57 29
	22	20 4 36	22 6 49	23 57 12	1 59 26	3 57 42	5 59 56	7 58 12	10 0 26	12 2 39	14 0 55	16 3 9	18 1 25
	23	20 8 32	22 10 46	0 1 9	2 3 22	4 1 39	6 3 52	8 2 9	10 4 22	12 6 35	14 4 52	16 7 5	18 5 22
	24	20 12 29	22 14 42	0 5 6	2 7 19	4 5 35	6 7 49	8 6 5	10 8 19	12 10 32	14 8 48	16 11 2	18 9 18
	25	20 16 25	22 18 39	0 9 2	2 11 15	4 9 32	6 11 45	8 10 2	10 12 15	12 14 28	14 12 45	16 14 58	18 13 15
	26	20 20 22	22 22 35	0 12 59	2 15 12	4 13 29	6 15 42	8 13 59	10 16 12	12 18 25	14 16 42	16 18 55	18 17 12
	27	20 24 18	22 26 32	0 16 55	2 19 8	4 17 25	6 19 38	8 17 55	10 20 8	12 22 22	14 20 38	16 22 51	18 21 8
	28	20 28 15	22 30 28	0 20 52	2 23 5	4 21 22	6 23 35	8 21 52	10 24 5	12 26 18	14 24 35	16 26 48	18 25 5
	29	20 32 12		0 24 48	2 27 2	4 25 18	6 27 32	8 25 48	10 28 1	12 30 15	14 28 31	16 30 45	18 29 1
	30	20 36 8		0 28 45	2 30 58	4 29 15	6 31 28	8 29 45	10 31 58	12 34 11	14 32 28	16 34 41	18 32 58
	31	20 40 5		0 32 41		4 33 11		8 33 41	10 35 55		14 36 24		18 36 54
8	1	18 40 51	20 43 4	22 37 24	0 39 38	2 37 54	4 40 7	6 38 24	8 40 37	10 42 51	12 41 7	14 43 21	16 41 37
	2	18 44 48	20 47 1	22 41 21	0 43 34	2 41 51	4 44 4	6 42 21	8 44 34	10 46 47	12 45 4	14 47 17	16 45 34
	3	18 48 44	20 50 57	22 45 17	0 47 31	2 45 47	4 48 1	6 46 17	8 48 31	10 50 44	12 49 0	14 51 14	16 49 30
	4	18 52 41	20 54 54	22 49 14	0 51 27	2 49 44	4 51 57	6 50 14	8 52 27	10 54 40	12 52 57	14 55 10	16 53 27
	5	18 56 37	20 58 50	22 53 11	0 55 24	2 53 40	4 55 54	6 54 10	8 56 24	10 58 37	12 56 54	14 59 7	16 57 23
	6	19 0 34	21 2 47	22 57 7	0 59 20	2 57 37	4 59 50	6 58 7	9 0 20	11 2 34	13 0 50	15 3 3	17 1 20
	7	19 4 30	21 6 44	23 1 4	1 3 17	3 1 34	5 3 47	7 2 4	9 4 17	11 6 30	13 4 47	15 7 0	17 5 17
	8	19 8 27	21 10 40	23 5 0	1 7 13	3 5 30	5 7 43	7 6 0	9 8 13	11 10 27	13 8 43	15 10 56	17 9 13
	9	19 12 23	21 14 37	23 8 57	1 11 10	3 9 27	5 11 40	7 9 57	9 12 10	11 14 23	13 12 40	15 14 53	17 13 10
	10	19 16 20	21 18 33	23 12 53	1 15 7	3 13 23	5 15 36	7 13 53	9 16 7	11 18 20	13 16 36	15 18 50	17 17 6
	11	19 20 17	21 22 30	23 16 50	1 19 3	3 17 20	5 19 33	7 17 50	9 20 3	11 22 16	13 20 33	15 22 46	17 21 3
	12	19 24 13	21 26 26	23 20 46	1 23 0	3 21 16	5 23 30	7 21 46	9 24 0	11 26 13	13 24 29	15 26 43	17 24 59
	13	19 28 10	21 30 23	23 24 43	1 26 56	3 25 13	5 27 26	7 25 43	9 27 56	11 30 9	13 28 26	15 30 39	17 28 56
	14	19 32 6	21 34 20	23 28 40	1 30 53	3 29 9	5 31 23	7 29 39	9 31 53	11 34 6	13 32 23	15 34 36	17 32 53
	15	19 36 3	21 38 16	23 32 36	1 34 49	3 33 6	5 35 19	7 33 36	9 35 49	11 38 2	13 36 19	15 38 32	17 36 49
	16	19 39 59	21 42 13	23 36 33	1 38 46	3 37 3	5 39 16	7 37 33	9 39 46	11 41 59	13 40 16	15 42 29	17 40 46
	17	19 43 56	21 46 9	23 40 29	1 42 42	3 40 59	5 43 12	7 41 29	9 43 42	11 45 56	13 44 12	15 46 25	17 44 42
	18	19 47 52	21 50 6	23 44 26	1 46 39	3 44 56	5 47 9	7 45 26	9 47 39	11 49 52	13 48 9	15 50 22	17 48 39
	19	19 51 49	21 54 2	23 48 22	1 50 36	3 48 52	5 51 6	7 49 22	9 51 36	11 53 49	13 52 5	15 54 19	17 52 35
	20	19 55 46	21 57 59	23 52 19	1 54 32	3 52 49	5 55 2	7 53 19	9 55 32	11 57 45	13 56 2	15 58 15	17 56 32
	21	19 59 42	22 1 55	23 56 15	1 58 29	3 56 45	5 58 59	7 57 15	9 59 29	12 1 42	13 59 58	16 2 12	18 0 28
	22	20 3 39	22 5 52	0 0 12	2 2 25	4 0 41	6 2 55	8 1 12	10 3 25	12 5 38	14 3 55	16 6 8	18 4 25
	23	20 7 35	22 9 49	0 4 9	2 6 22	4 4 38	6 6 52	8 5 8	10 7 22	12 9 35	14 7 52	16 10 5	18 8 22
	24	20 11 32	22 13 45	0 8 5	2 10 18	4 8 35	6 10 48	8 9 5	10 11 18	12 13 31	14 11 48	16 14 1	18 12 18
	25	20 15 28	22 17 42	0 12 2	2 14 15	4 12 32	6 14 45	8 13 2	10 15 15	12 17 28	14 15 45	16 17 58	18 16 15
	26	20 19 25	22 21 38	0 15 58	2 18 11	4 16 28	6 18 41	8 16 58	10 19 11	12 21 25	14 19 41	16 21 54	18 20 11
	27	20 23 21	22 25 35	0 19 55	2 22 8	4 20 25	6 22 38	8 20 55	10 23 8	12 25 21	14 23 38	16 25 51	18 24 8
	28	20 27 18	22 29 31	0 23 51	2 26 5	4 24 21	6 26 35	8 24 51	10 27 4	12 29 18	14 27 34	16 29 48	18 28 4
	29	20 31 15	22 33 28	0 27 48	2 30 1	4 28 18	6 30 31	8 28 48	10 31 1	12 33 14	14 31 31	16 33 44	18 32 1
	30	20 35 11		0 31 44	2 33 58	4 32 14	6 34 28	8 32 44	10 34 58	12 37 11	14 35 27	16 37 41	18 35 57
	31	20 39 8		0 35 41		4 36 11		8 36 41	10 38 54		14 39 24		18 39 54
9	1	18 43 51	20 46 4	22 36 27	0 38 41	2 36 57	4 39 10	6 37 27	8 39 41	10 41 54	12 40 10	14 42 24	16 40 40
	2	18 47 47	20 50 0	22 40 24	0 42 37	2 40 54	4 43 7	6 41 24	8 43 37	10 45 50	12 44 7	14 46 20	16 44 37
	3	18 51 44	20 53 57	22 44 21	0 46 34	2 44 50	4 47 4	6 45 20	8 47 34	10 49 47	12 48 3	14 50 17	16 48 33
	4	18 55 40	20 57 54	22 48 17	0 50 30	2 48 47	4 51 0	6 49 17	8 51 30	10 53 43	12 52 0	14 54 13	16 52 30
	5	18 59 37	21 1 50	22 52 14	0 54 27	2 52 43	4 54 57	6 53 14	8 55 27	10 57 40	12 55 57	14 58 10	16 56 27
	6	19 3 33	21 5 47	22 56 10	0 58 23	2 56 40	4 58 53	6 57 10	8 59 23	11 1 37	12 59 53	15 2 6	17 0 23
	7	19 7 30	21 9 43	23 0 7	1 2 20	3 0 37	5 2 50	7 1 7	9 3 20	11 5 33	13 3 50	15 6 3	17 4 20
	8	19 11 26	21 13 40	23 4 3	1 6 16	3 4 33	5 6 46	7 5 3	9 7 16	11 9 30	13 7 46	15 9 59	17 8 16
	9	19 15 23	21 17 36	23 8 0	1 10 13	3 8 30	5 10 43	7 9 0	9 11 13	11 13 26	13 11 43	15 13 56	17 12 13
	10	19 19 20	21 21 33	23 11 56	1 14 10	3 12 26	5 14 40	7 12 56	9 15 10	11 17 23	13 15 39	15 17 53	17 16 9
	11	19 23 16	21 25 29	23 15 53	1 18 6	3 16 23	5 18 36	7 16 53	9 19 6	11 21 19	13 19 36	15 21 49	17 20 6
	12	19 27 13	21 29 26	23 19 50	1 22 3	3 20 19	5 22 33	7 20 49	9 23 3	11 25 16	13 23 32	15 25 46	17 24 2
	13	19 31 9	21 33 23	23 23 46	1 25 59	3 24 16	5 26 29	7 24 46	9 26 59	11 29 12	13 27 29	15 29 42	17 27 59
	14	19 35 6	21 37 19	23 27 43	1 29 56	3 28 12	5 30 26	7 28 43	9 30 56	11 33 9	13 31 26	15 33 39	17 31 56
	15	19 39 2	21 41 16	23 31 39	1 33 52	3 32 9	5 34 22	7 32 39	9 34 52	11 37 6	13 35 22	15 37 35	17 35 52
	16	19 42 59	21 45 12	23 35 36	1 37 49	3 36 6	5 38 19	7 36 36	9 38 49	11 41 2	13 39 19	15 41 32	17 39 49
	17	19 46 56	21 49 9	23 39 32	1 41 45	3 40 2	5 42 15	7 40 32	9 42 45	11 44 59	13 43 15	15 45 28	17 43 45
	18	19 50 52	21 53 5	23 43 29	1 45 42	3 43 59	5 46 12	7 44 29	9 46 42	11 48 55	13 47 12	15 49 25	17 47 42
	19	19 54 49	21 57 2	23 47 25	1 49 39	3 47 55	5 50 9	7 48 25	9 50 39	11 52 52	13 51 8	15 53 22	17 51 38
	20	19 58 45	22 0 58	23 51 22	1 53 35	3 51 52	5 54 5	7 52 22	9 54 35	11 56 48	13 55 5	15 57 18	17 55 35
	21	20 2 42	22 4 55	23 55 18	1 57 32	3 55 48	5 58 2	7 56 18	9 58 32	12 0 45	13 59 1	16 1 15	17 59 31
	22	20 6 38	22 8 52	23 59 15	2 1 28	3 59 45	6 1 58	8 0 15	10 2 28	12 4 41	14 2 58	16 5 11	18 3 28
	23	20 10 35	22 12 48	0 3 12	2 5 25	4 3 41	6 5 55	8 4 12	10 6 25	12 8 38	14 6 55	16 9 8	18 7 25
	24	20 14 31	22 16 45	0 7 8	2 9 21	4 7 38	6 9 51	8 8 8	10 10 21	12 12 35	14 10 51	16 13 4	18 11 21
	25	20 18 28	22 20 41	0 11 5	2 13 18	4 11 35	6 13 48	8 12 5	10 14 18	12 16 31	14 14 48	16 17 1	18 15 18
	26	20 22 25	22 24 38	0 15 1	2 17 14	4 15 31	6 17 44	8 16 1	10 18 14	12 20 28	14 18 44	16 20 58	18 19 14
	27	20 26 21	22 28 34	0 18 58	2 21 11	4 19 28	6 21 41	8 19 58	10 22 11	12 24 24	14 22 41	16 24 54	18 23 11
	28	20 30 18	22 32 31	0 22 54	2 25 8	4 23 24	6 25 38	8 23 54	10 26 8	12 28 21	14 26 37	16 28 51	18 27 7
	29	20 34 14		0 26 51	2 29 4	4 27 21	6 29 34	8 27 51	10 30 4	12 32 17	14 30 34	16 32 47	18 31 4
	30	20 38 11		0 30 47	2 33 1	4 31 17	6 33 31	8 31 47	10 34 1	12 36 14	14 34 30	16 36 44	18 35 1
	31	20 42 7		0 34 44		4 35 14		8 35 44	10 37 57		14 38 27		18 38 57

		1	2	3	4	5	6	7	8	9	10	11	12
1970	1	18 42 54	20 45 7	22 35 30	0 37 44	2 36 0	4 38 14	6 36 30	8 38 44	10 40 57	12 39 13	14 41 27	16 39 43
	2	18 46 50	20 49 3	22 39 27	0 41 40	2 39 57	4 42 10	6 40 26	8 42 40	10 44 53	12 43 10	14 45 23	16 43 40
	3	18 50 47	20 53 0	22 43 24	0 45 37	2 43 53	4 46 7	6 44 24	8 46 37	10 48 50	12 47 5	14 49 20	16 47 36
	4	18 54 43	20 56 57	22 47 20	0 49 33	2 47 50	4 50 3	6 48 20	8 50 33	10 52 46	12 51 3	14 53 16	16 51 33
	5	18 58 40	21 0 53	22 51 17	0 53 30	2 51 46	4 54 0	6 52 17	8 54 30	10 56 43	12 55 0	14 57 13	16 55 30
	6	19 2 36	21 4 50	22 55 13	0 57 26	2 55 43	4 57 56	6 56 13	8 58 26	11 0 40	12 58 56	15 1 9	16 59 26
	7	19 6 33	21 8 46	22 59 10	1 1 23	2 59 40	5 1 53	7 0 10	9 2 23	11 4 36	13 2 53	15 5 6	17 3 23
	8	19 10 30	21 12 43	23 3 6	1 5 20	3 3 36	5 5 49	7 4 6	9 6 19	11 8 33	13 6 49	15 9 3	17 7 19
	9	19 14 26	21 16 39	23 7 3	1 9 16	3 7 33	5 9 46	7 8 3	9 10 16	11 12 29	13 10 46	15 12 59	17 11 16
	10	19 18 23	21 20 36	23 10 59	1 13 13	3 11 29	5 13 43	7 11 59	9 14 13	11 16 26	13 14 42	15 16 56	17 15 12
	11	19 22 19	21 24 32	23 14 56	1 17 9	3 15 26	5 17 39	7 15 56	9 18 9	11 20 22	13 18 39	15 20 52	17 19 9
	12	19 26 16	21 28 29	23 18 53	1 21 6	3 19 22	5 21 36	7 19 52	9 22 6	11 24 19	13 22 36	15 24 49	17 23 5
	13	19 30 12	21 32 26	23 22 49	1 25 2	3 23 19	5 25 32	7 23 49	9 26 2	11 28 15	13 26 32	15 28 45	17 27 2
	14	19 34 9	21 36 22	23 26 46	1 28 59	3 27 16	5 29 29	7 27 46	9 29 59	11 32 12	13 30 29	15 32 42	17 30 59
	15	19 38 5	21 40 19	23 30 42	1 32 55	3 31 12	5 33 25	7 31 42	9 33 55	11 36 9	13 34 25	15 36 38	17 34 55
	16	19 42 2	21 44 15	23 34 39	1 36 52	3 35 9	5 37 22	7 35 39	9 37 52	11 40 5	13 38 22	15 40 35	17 38 52
	17	19 45 59	21 48 12	23 38 35	1 40 49	3 39 5	5 41 18	7 39 35	9 41 49	11 44 2	13 42 18	15 44 32	17 42 48
	18	19 49 55	21 52 8	23 42 32	1 44 45	3 43 2	5 45 15	7 43 32	9 45 45	11 47 58	13 46 15	15 48 28	17 46 45
	19	19 53 52	21 56 5	23 46 28	1 48 42	3 46 58	5 49 12	7 47 28	9 49 42	11 51 55	13 50 11	15 52 25	17 50 41
	20	19 57 48	22 0 1	23 50 25	1 52 38	3 50 55	5 53 8	7 51 25	9 53 38	11 55 51	13 54 8	15 56 21	17 54 38
	21	20 1 45	22 3 58	23 54 22	1 56 35	3 54 51	5 57 5	7 55 21	9 57 35	11 59 48	13 58 5	16 0 18	17 58 34
	22	20 5 41	22 7 55	23 58 18	2 0 31	3 58 48	6 1 1	7 59 18	10 1 31	12 3 44	14 2 1	16 4 14	18 2 31
	23	20 9 38	22 11 51	0 2 15	2 4 28	4 2 45	6 4 58	8 3 15	10 5 28	12 7 41	14 5 58	16 8 11	18 6 28
	24	20 13 34	22 15 48	0 6 11	2 8 24	4 6 41	6 8 54	8 7 11	10 9 24	12 11 38	14 9 54	16 12 7	18 10 24
	25	20 17 31	22 19 44	0 10 8	2 12 21	4 10 38	6 12 51	8 11 8	10 13 21	12 15 34	14 13 51	16 16 4	18 14 21
	26	20 21 28	22 23 41	0 14 4	2 16 18	4 14 34	6 16 48	8 15 4	10 17 17	12 19 31	14 17 47	16 20 1	18 18 17
	27	20 25 24	22 27 37	0 18 1	2 20 14	4 18 31	6 20 44	8 19 1	10 21 14	12 23 27	14 21 44	16 23 57	18 22 14
	28	20 29 21	22 31 34	0 21 57	2 24 11	4 22 27	6 24 41	8 22 57	10 25 11	12 27 24	14 25 40	16 27 54	18 26 10
	29	20 33 17		0 25 54	2 28 7	4 26 24	6 28 37	8 26 54	10 29 7	12 31 20	14 29 37	16 31 50	18 30 7
	30	20 37 14		0 29 51	2 32 4	4 30 20	6 32 34	8 30 50	10 33 4	12 35 17	14 33 33	16 35 47	18 34 4
	31	20 41 10		0 33 47		4 34 17		8 34 47	10 37 0		14 37 30		18 38 0
1971	1	18 41 57	20 44 10	22 34 33	0 36 47	2 35 3	4 37 17	6 35 33	8 37 47	10 40 0	12 38 16	14 40 30	16 38 46
	2	18 45 53	20 48 6	22 38 30	0 40 43	2 39 0	4 41 13	6 39 30	8 41 43	10 43 56	12 42 13	14 44 26	16 42 43
	3	18 49 50	20 52 3	22 42 27	0 44 40	2 42 56	4 45 10	6 43 26	8 45 40	10 47 53	12 46 10	14 48 23	16 46 39
	4	18 53 46	20 56 0	22 46 23	0 48 36	2 46 53	4 49 6	6 47 23	8 49 36	10 51 49	12 50 6	14 52 19	16 50 36
	5	18 57 43	20 59 56	22 50 20	0 52 33	2 50 50	4 53 3	6 51 20	8 53 33	10 55 46	12 54 3	14 56 16	16 54 33
	6	19 1 39	21 3 53	22 54 16	0 56 29	2 54 46	4 56 59	6 55 16	8 57 29	10 59 43	12 57 59	15 0 12	16 58 29
	7	19 5 36	21 7 49	22 58 13	1 0 26	2 58 43	5 0 56	6 59 13	9 1 26	11 3 39	13 1 56	15 4 9	17 2 26
	8	19 9 33	21 11 46	23 2 9	1 4 23	3 2 39	5 4 52	7 3 9	9 5 22	11 7 36	13 5 52	15 8 5	17 6 22
	9	19 13 29	21 15 42	23 6 6	1 8 19	3 6 36	5 8 49	7 7 6	9 9 19	11 11 32	13 9 49	15 12 2	17 10 19
	10	19 17 26	21 19 39	23 10 2	1 12 16	3 10 32	5 12 46	7 11 2	9 13 16	11 15 29	13 13 45	15 15 59	17 14 15
	11	19 21 22	21 23 36	23 13 59	1 16 12	3 14 29	5 16 42	7 14 59	9 17 12	11 19 25	13 17 42	15 19 55	17 18 12
	12	19 25 19	21 27 32	23 17 56	1 20 9	3 18 25	5 20 39	7 18 55	9 21 9	11 23 22	13 21 39	15 23 52	17 22 8
	13	19 29 15	21 31 29	23 21 52	1 24 5	3 22 22	5 24 35	7 22 52	9 25 5	11 27 18	13 25 35	15 27 48	17 26 5
	14	19 33 12	21 35 25	23 25 49	1 28 2	3 26 19	5 28 32	7 26 49	9 29 2	11 31 15	13 29 32	15 31 45	17 30 2
	15	19 37 8	21 39 22	23 29 45	1 31 58	3 30 15	5 32 28	7 30 45	9 32 58	11 35 12	13 33 28	15 35 41	17 33 58
	16	19 41 5	21 43 18	23 33 42	1 35 55	3 34 12	5 36 25	7 34 42	9 36 55	11 39 8	13 37 25	15 39 38	17 37 55
	17	19 45 2	21 47 15	23 37 38	1 39 52	3 38 8	5 40 21	7 38 38	9 40 51	11 43 5	13 41 21	15 43 34	17 41 51
	18	19 48 58	21 51 11	23 41 35	1 43 48	3 42 5	5 44 18	7 42 35	9 44 48	11 47 1	13 45 18	15 47 31	17 45 48
	19	19 52 55	21 55 8	23 45 31	1 47 45	3 46 1	5 48 15	7 46 31	9 48 45	11 50 58	13 49 14	15 51 28	17 49 44
	20	19 56 51	21 59 4	23 49 28	1 51 41	3 49 58	5 52 11	7 50 28	9 52 41	11 54 54	13 53 11	15 55 24	17 53 41
	21	20 0 48	22 3 1	23 53 24	1 55 38	3 53 54	5 56 8	7 54 24	9 56 38	11 58 51	13 57 7	15 59 21	17 57 37
	22	20 4 44	22 6 58	23 57 21	1 59 34	3 57 51	6 0 4	7 58 21	10 0 34	12 2 47	14 1 4	16 3 17	18 1 34
	23	20 8 41	22 10 54	0 1 18	2 3 31	4 1 48	6 4 1	8 2 18	10 4 31	12 6 44	14 5 1	16 7 14	18 5 31
	24	20 12 37	22 14 51	0 5 14	2 7 27	4 5 44	6 7 57	8 6 14	10 8 27	12 10 41	14 8 57	16 11 10	18 9 27
	25	20 16 34	22 18 47	0 9 11	2 11 24	4 9 41	6 11 54	8 10 11	10 12 24	12 14 37	14 12 54	16 15 7	18 13 24
	26	20 20 31	22 22 44	0 13 7	2 15 21	4 13 37	6 15 51	8 14 7	10 16 20	12 18 34	14 26 50	16 19 4	18 17 20
	27	20 24 27	22 26 40	0 17 4	2 19 17	4 17 34	6 19 47	8 18 4	10 20 17	12 22 30	14 20 47	16 23 0	18 21 17
	28	20 28 24	22 30 37	0 21 0	2 23 14	4 21 30	6 23 44	8 22 0	10 24 14	12 26 27	14 24 43	16 26 57	18 25 13
	29	20 32 20		0 24 57	2 27 10	4 25 27	6 27 40	8 25 57	10 28 10	12 30 23	14 28 40	16 30 53	18 29 10
	30	20 36 17		0 28 54	2 31 7	4 29 23	6 31 37	8 29 53	10 32 7	12 34 20	14 32 36	16 34 50	18 33 6
	31	20 40 13		0 32 50		4 33 20		8 33 50	10 36 3		14 36 33		18 37 3
1972	1	18 40 59	20 43 13	22 37 33	0 39 46	2 38 2	4 40 16	6 38 33	8 40 46	10 42 59	12 41 16	14 43 29	16 41 45
	2	18 44 56	20 47 9	22 41 29	0 43 42	2 41 59	4 44 12	6 42 29	8 44 42	10 46 56	12 45 12	14 47 25	16 45 42
	3	18 48 52	20 51 6	22 45 26	0 47 39	2 45 56	4 48 9	6 46 26	8 48 39	10 50 52	12 49 9	14 51 22	16 49 39
	4	18 52 49	20 55 2	22 49 22	0 51 36	2 49 52	4 52 5	6 50 22	8 52 35	10 54 49	12 53 5	14 55 18	16 53 35
	5	18 56 45	21 58 59	22 53 19	0 55 32	2 53 49	4 56 2	6 54 19	8 56 32	10 58 45	12 57 2	14 59 15	16 57 32
	6	19 0 42	21 2 55	22 57 15	0 59 29	2 57 45	4 59 59	6 58 15	9 0 29	11 2 42	13 0 58	15 3 12	17 1 28
	7	19 4 39	21 6 52	23 1 12	1 3 25	3 1 42	5 3 55	7 2 12	9 4 25	11 6 38	13 4 55	15 7 8	17 5 25
	8	19 8 35	21 10 49	23 5 9	1 7 22	3 5 38	5 7 52	7 6 8	9 8 22	11 10 35	13 8 51	15 11 5	17 9 21
	9	19 12 32	21 14 45	23 9 5	1 11 18	3 9 35	5 11 48	7 10 5	9 12 18	11 14 31	13 12 48	15 15 1	17 13 18
	10	19 16 28	21 18 42	23 13 2	1 15 15	3 13 32	5 15 45	7 14 2	9 16 15	11 18 28	13 16 45	15 18 58	17 17 14
	11	19 20 25	21 22 38	23 16 58	1 19 11	3 17 28	5 19 41	7 17 58	9 20 11	11 22 25	13 20 41	15 22 54	17 21 11
	12	19 24 21	21 26 35	23 20 55	1 23 8	3 21 25	5 23 38	7 21 55	9 24 8	11 26 21	13 24 38	15 26 51	17 25 8
	13	19 28 18	21 30 31	23 24 51	1 27 5	3 25 21	5 27 34	7 25 51	9 28 4	11 30 18	13 28 34	15 30 47	17 29 4
	14	19 32 15	21 34 28	23 28 48	1 31 1	3 29 18	5 31 31	7 29 49	9 32 1	11 34 14	13 32 31	15 34 44	17 33 1
	15	19 36 11	21 38 24	23 32 44	1 34 58	3 33 14	5 35 28	7 33 44	9 35 58	11 38 11	13 36 27	15 38 41	17 36 57
	16	19 40 8	21 42 21	23 36 41	1 38 54	3 37 11	5 39 24	7 37 41	9 39 54	11 42 7	13 40 24	15 42 37	17 40 54
	17	19 44 4	21 46 18	23 40 38	1 42 51	3 41 7	5 43 21	7 41 37	9 43 51	11 46 4	13 44 20	15 46 34	17 44 50
	18	19 48 1	21 50 14	23 44 34	1 46 47	3 45 4	5 47 17	7 45 34	9 47 47	11 50 0	13 48 17	15 50 30	17 48 47
	19	19 51 57	21 54 11	23 48 31	1 50 44	3 49 1	5 51 14	7 49 31	9 51 44	11 53 57	13 52 14	15 54 27	17 52 43
	20	19 55 54	21 58 7	23 52 27	1 54 40	3 52 57	5 55 10	7 53 27	9 55 40	11 57 54	13 56 10	15 58 23	17 56 40
	21	19 59 50	22 2 4	23 56 24	1 58 37	3 56 54	5 59 7	7 57 24	9 59 37	12 1 50	14 0 7	16 2 20	18 0 37
	22	20 3 47	22 6 0	0 0 20	2 2 34	4 0 50	6 3 3	8 1 20	10 3 33	12 5 47	14 4 3	16 6 16	18 4 33
	23	20 7 44	22 9 57	0 4 17	2 6 30	4 4 47	6 7 0	8 5 17	10 7 30	12 9 43	14 8 0	16 10 13	18 8 30
	24	20 11 40	22 13 53	0 8 13	2 10 27	4 8 43	6 10 57	8 9 13	10 11 27	12 13 40	14 11 56	16 14 10	18 12 26
	25	20 15 37	22 17 50	0 12 10	2 14 23	4 12 40	6 14 53	8 13 10	10 15 23	12 17 36	14 15 53	16 18 6	18 16 23
	26	20 19 33	22 21 47	0 16 7	2 18 20	4 16 36	6 18 50	8 17 6	10 19 20	12 21 33	14 19 49	16 22 3	18 20 19
	27	20 23 30	22 25 43	0 20 3	2 22 16	4 20 33	6 22 46	8 21 3	10 23 16	12 25 29	14 23 46	16 25 59	18 24 16
	28	20 27 26	22 29 40	0 24 0	2 26 13	4 24 30	6 26 43	8 25 0	10 27 13	12 29 26	14 27 43	16 29 56	18 28 13
	29	20 31 23	22 33 36	0 27 56	2 30 9	4 28 26	6 30 39	8 28 56	10 31 9	12 33 22	14 31 39	16 33 52	18 32 9
	30	20 35 20		0 31 53	2 34 6	4 32 23	6 34 36	8 32 53	10 35 6	12 37 19	14 35 36	16 37 49	18 36 6
	31	20 39 16		0 35 49		4 36 19		8 36 49	10 39 2		14 39 32		18 40 2
1973	1	18 43 59	20 46 12	22 36 36	0 38 49	2 37 5	4 39 19	6 37 35	8 39 49	10 42 2	12 40 18	14 42 32	16 40 48
	2	18 47 55	20 50 9	22 40 32	0 42 45	2 41 2	4 43 15	6 41 32	8 43 45	10 45 58	12 44 15	14 46 28	16 44 45
	3	18 51 52	20 54 5	22 44 29	0 46 42	2 44 58	4 47 12	6 45 28	8 47 42	10 49 55	12 48 11	14 50 25	16 48 41
	4	18 55 48	20 58 2	22 48 25	0 50 38	2 48 55	4 51 8	6 49 25	8 51 38	10 53 51	12 52 8	14 54 21	16 52 38
	5	18 59 45	21 1 58	22 52 22	0 54 35	2 52 52	4 55 5	6 53 22	8 55 35	10 57 48	12 56 5	14 58 18	16 56 34
	6	19 3 42	21 5 55	22 56 18	0 58 31	2 56 48	4 59 1	6 57 18	8 59 31	11 1 45	13 0 1	15 2 14	17 0 31
	7	19 7 38	21 9 51	23 0 15	1 2 28	3 0 45	5 2 58	7 1 15	9 3 28	11 5 41	13 3 58	15 6 11	17 4 28
	8	19 11 35	21 13 48	23 4 11	1 6 25	3 4 41	5 6 55	7 5 11	9 7 24	11 9 38	13 7 54	15 10 7	17 8 24
	9	19 15 31	21 17 44	23 8 8	1 10 21	3 8 38	5 10 51	7 9 8	9 11 21	11 13 34	13 11 51	15 14 4	17 12 21
	10	19 19 28	21 21 41	23 12 5	1 14 18	3 12 34	5 14 48	7 13 4	9 15 18	11 17 31	13 15 47	15 18 1	17 16 17
	11	19 23 24	21 25 38	23 16 1	1 18 14	3 16 31	5 18 44	7 17 1	9 19 14	11 21 27	13 19 44	15 21 57	17 20 14
	12	19 27 21	21 29 34	23 19 58	1 22 11	3 20 27	5 22 41	7 20 57	9 23 11	11 25 24	13 23 40	15 25 54	17 24 10
	13	19 31 17	21 33 31	23 23 54	1 26 7	3 24 24	5 26 37	7 24 54	9 27 7	11 29 20	13 27 37	15 29 50	17 28 7
	14	19 35 14	21 37 27	23 27 51	1 30 4	3 28 21	5 30 34	7 28 51	9 31 4	11 33 17	13 31 34	15 33 47	17 32 3
	15	19 39 11	21 41 24	23 31 47	1 34 0	3 32 17	5 34 30	7 32 47	9 35 0	11 37 14	13 35 30	15 37 43	17 36 0
	16	19 43 7	21 45 20	23 35 44	1 37 57	3 36 14	5 38 27	7 36 44	9 38 57	11 41 12	13 39 27	15 41 40	17 39 57
	17	19 47 4	21 49 17	23 39 40	1 41 54	3 40 10	5 42 24	7 40 40	9 42 53	11 45 7	13 43 23	15 45 36	17 43 53
	18	19 51 0	21 53 13	23 43 37	1 45 50	3 44 7	5 46 20	7 44 37	9 46 50	11 49 3	13 47 20	15 49 33	17 47 50
	19	19 54 57	21 57 10	23 47 34	1 49 47	3 48 3	5 50 17	7 48 33	9 50 47	11 53 0	13 51 16	15 53 30	17 51 46
	20	19 58 53	22 1 7	23 51 30	1 53 43	3 52 0	5 54 13	7 52 30	9 54 43	11 56 56	13 55 13	15 57 26	17 55 43
	21	20 2 50	22 5 3	23 55 27	1 57 40	3 55 56	5 58 10	7 56 26	9 58 40	12 0 53	13 59 9	16 1 23	17 59 39
	22	20 6 46	22 9 0	23 59 23	2 1 36	3 59 53	6 2 6	8 0 23	10 2 36	12 4 49	14 3 6	16 5 19	18 3 36
	23	20 10 43	22 12 56	0 3 20	2 5 33	4 3 50	6 6 3	8 4 20	10 6 33	12 8 46	14 7 3	16 9 16	18 7 33
	24	20 14 40	22 16 53	0 7 16	2 9 29	4 7 46	6 9 59	8 8 16	10 10 29	12 12 43	14 10 59	16 13 12	18 11 29
	25	20 18 36	22 20 49	0 11 13	2 13 26	4 11 43	6 13 56	8 12 13	10 14 26	12 16 39	14 14 56	16 17 9	18 15 26
	26	20 22 33	22 24 46	0 15 9	2 17 23	4 15 39	6 17 53	8 16 9	10 18 22	12 20 36	14 18 52	16 21 5	18 19 22
	27	20 26 29	22 28 42	0 19 6	2 21 19	4 19 36	6 21 49	8 20 6	10 22 19	12 24 32	14 22 49	16 25 2	18 23 19
	28	20 30 26	22 32 39	0 23 3	2 25 16	4 23 32	6 25 46	8 24 2	10 26 16	12 28 29	14 26 45	16 28 59	18 27 15
	29	20 34 22		0 26 59	2 29 12	4 27 29	6 29 42	8 27 59	10 30 12	12 32 25	14 30 42	16 32 55	18 31 12
	30	20 38 19		0 30 56	2 33 9	4 31 25	6 33 39	8 31 55	10 34 9	12 36 22	14 34 38	16 36 52	18 35 8
	31	20 42 15		0 34 52		4 35 22		8 35 52	10 38 5		14 38 35		18 39 5

		1	2	3	4	5	6	7	8	9	10	11	12
1974	1	18 43 2	20 45 15	22 35 38	0 37 51	2 36 8	4 38 21	6 36 38	8 38 51	10 41 4	12 39 21	14 41 34	16 39 51
	2	18 46 58	20 49 11	22 39 35	0 41 48	2 40 5	4 42 18	6 40 35	8 42 48	10 45 1	12 43 18	14 45 31	16 43 47
	3	18 50 55	20 53 8	22 43 31	0 45 45	2 44 1	4 46 14	6 44 31	8 46 44	10 48 58	12 47 14	14 49 27	16 47 44
	4	18 54 51	20 57 4	22 47 28	0 49 41	2 47 58	4 50 11	6 48 28	8 50 41	10 52 54	12 51 11	14 53 24	16 51 41
	5	18 58 48	21 1 1	22 51 25	0 53 38	2 51 54	4 54 8	6 52 24	8 54 38	10 56 51	12 55 7	14 57 20	16 55 37
	6	19 2 44	21 4 58	22 55 21	0 57 34	2 55 51	4 58 4	6 56 21	8 58 34	11 0 47	12 59 4	15 1 17	16 59 34
	7	19 6 41	21 8 54	22 59 18	1 1 31	2 59 47	5 2 1	7 0 17	9 2 31	11 4 44	13 3 0	15 5 14	17 3 30
	8	19 10 37	21 12 51	23 3 14	1 5 27	3 3 44	5 5 57	7 4 14	9 6 27	11 8 40	13 6 57	15 9 10	17 7 27
	9	19 14 34	21 16 47	23 7 11	1 9 24	3 7 41	5 9 54	7 8 10	9 10 24	11 12 37	13 10 53	15 13 7	17 11 23
	10	19 18 31	21 20 44	23 11 7	1 13 20	3 11 37	5 13 50	7 12 7	9 14 20	11 16 33	13 14 50	15 17 3	17 15 20
	11	19 22 27	21 24 40	23 15 4	1 17 17	3 15 34	5 17 47	7 16 4	9 18 17	11 20 30	13 18 47	15 21 0	17 19 16
	12	19 26 24	21 28 37	23 19 0	1 21 14	3 19 30	5 21 43	7 20 0	9 22 13	11 24 27	13 22 43	15 24 56	17 23 13
	13	19 30 20	21 32 33	23 22 57	1 25 10	3 23 27	5 25 40	7 23 57	9 26 10	11 28 23	13 26 40	15 28 53	17 27 10
	14	19 34 17	21 36 30	23 26 54	1 29 7	3 27 23	5 29 37	7 27 53	9 30 7	11 32 20	13 30 36	15 32 49	17 31 6
	15	19 38 13	21 40 27	23 30 50	1 33 3	3 31 20	5 33 33	7 31 50	9 34 3	11 36 16	13 34 33	15 36 46	17 35 3
	16	19 42 10	21 44 23	23 34 47	1 37 0	3 35 16	5 37 30	7 35 46	9 38 0	11 40 13	13 38 29	15 40 43	17 38 59
	17	19 46 6	21 48 20	23 38 43	1 40 56	3 39 13	5 41 26	7 39 43	9 41 56	11 44 9	13 42 26	15 44 39	17 42 56
	18	19 50 3	21 52 16	23 42 40	1 44 53	3 43 10	5 45 23	7 43 40	9 45 53	11 48 6	13 46 22	15 48 36	17 46 52
	19	19 54 0	21 56 13	23 46 36	1 48 49	3 47 6	5 49 19	7 47 36	9 49 49	11 52 2	13 50 19	15 52 32	17 50 49
	20	19 57 56	22 0 9	23 50 33	1 52 46	3 51 3	5 53 16	7 51 33	9 53 46	11 55 59	13 54 16	15 56 29	17 54 45
	21	20 1 53	22 4 6	23 54 29	1 56 43	3 54 59	5 57 12	7 55 29	9 57 42	11 59 56	13 58 12	16 0 25	17 58 42
	22	20 5 49	22 8 2	23 58 26	2 0 39	3 58 56	6 1 9	7 59 26	10 1 39	12 3 52	14 2 9	16 4 22	18 2 39
	23	20 9 46	22 11 59	0 2 22	2 4 36	4 2 52	6 5 6	8 3 22	10 5 35	12 7 49	14 6 5	16 8 18	18 6 35
	24	20 13 42	22 15 56	0 6 19	2 8 32	4 6 49	6 9 2	8 7 19	10 9 32	12 11 45	14 10 2	16 12 15	18 10 32
	25	20 17 39	22 19 52	0 10 16	2 12 29	4 10 45	6 12 59	8 11 15	10 13 29	12 15 42	14 13 58	16 16 12	18 14 28
	26	20 21 35	22 23 49	0 14 12	2 16 25	4 14 42	6 16 55	8 15 12	10 17 25	12 19 38	14 17 55	16 20 8	18 18 25
	27	20 25 32	22 27 45	0 18 9	2 20 22	4 18 39	6 20 52	8 19 9	10 21 22	12 23 35	14 21 51	16 24 5	18 22 21
	28	20 29 29	22 31 42	0 22 5	2 24 18	4 22 35	6 24 48	8 23 5	10 25 18	12 27 31	14 25 48	16 28 1	18 26 18
	29	20 33 25		0 26 2	2 28 15	4 26 32	6 28 45	8 27 2	10 29 15	12 31 28	14 29 45	16 31 58	18 30 15
	30	20 37 22		0 29 58	2 32 12	4 30 28	6 32 41	8 30 58	10 33 11	12 35 25	14 33 41	16 35 54	18 34 11
	31	20 41 18		0 33 55		4 34 25		8 34 55	10 37 8		14 37 38		18 38 8
1975	1	18 42 4	20 44 17	22 34 41	0 36 54	2 35 11	4 37 24	6 35 40	8 37 54	10 40 7	12 38 24	14 40 37	16 38 53
	2	18 46 1	20 48 14	22 38 37	0 40 51	2 39 7	4 41 20	6 39 37	8 41 50	10 44 4	12 42 20	14 44 33	16 42 50
	3	18 49 57	20 52 11	22 42 34	0 44 47	2 43 4	4 45 17	6 43 34	8 45 47	10 48 0	12 46 17	14 48 30	16 46 47
	4	18 53 54	20 56 7	22 46 31	0 48 44	2 47 0	4 49 14	6 47 30	8 49 44	10 51 57	12 50 13	14 52 26	16 50 43
	5	18 57 50	21 0 4	22 50 27	0 52 40	2 50 57	4 53 10	6 51 27	8 53 40	10 55 53	12 54 10	14 56 23	16 54 40
	6	19 1 47	21 4 0	22 54 24	0 56 37	2 54 53	4 57 7	6 55 23	8 57 37	10 59 50	12 58 6	15 0 20	16 58 36
	7	19 5 44	21 7 57	22 58 20	1 0 33	2 58 50	5 1 3	6 59 20	9 1 33	11 3 46	13 2 3	15 4 16	17 2 33
	8	19 9 40	21 11 53	23 2 17	1 4 30	3 2 47	5 5 0	7 3 17	9 5 30	11 7 43	13 5 59	15 8 13	17 6 29
	9	19 13 37	21 15 50	23 6 13	1 8 26	3 6 43	5 8 56	7 7 13	9 9 26	11 11 39	13 9 56	15 12 9	17 10 26
	10	19 17 33	21 19 46	23 10 10	1 12 23	3 10 40	5 12 53	7 11 10	9 13 23	11 15 36	13 13 53	15 16 6	17 14 22
	11	19 21 30	21 23 43	23 14 6	1 16 20	3 14 36	5 16 49	7 15 6	9 17 19	11 19 33	13 17 49	15 20 2	17 18 19
	12	19 25 26	21 27 40	23 18 3	1 20 16	3 18 33	5 20 46	7 19 3	9 21 16	11 23 29	13 21 46	15 23 59	17 22 16
	13	19 29 23	21 31 36	23 22 0	1 24 13	3 22 29	5 24 43	7 22 59	9 25 13	11 27 26	13 25 42	15 27 55	17 26 12
	14	19 33 19	21 35 33	23 25 56	1 28 9	3 26 26	5 28 39	7 26 56	9 29 9	11 31 22	13 29 39	15 31 52	17 30 9
	15	19 37 16	21 39 29	23 29 53	1 32 6	3 30 22	5 32 36	7 30 52	9 33 6	11 35 19	13 33 35	15 35 49	17 34 5
	16	19 41 13	21 43 26	23 33 49	1 36 2	3 34 19	5 36 32	7 34 49	9 37 2	11 39 15	13 37 32	15 39 45	17 38 2
	17	19 45 9	21 47 22	23 37 46	1 39 59	3 38 16	5 40 29	7 38 46	9 40 59	11 43 12	13 41 28	15 43 42	17 41 58
	18	19 49 6	21 51 19	23 41 42	1 43 55	3 42 12	5 44 25	7 42 42	9 44 55	11 47 8	13 45 25	15 47 38	17 45 55
	19	19 53 2	21 55 15	23 45 39	1 47 52	3 46 9	5 48 22	7 46 39	9 48 52	11 51 5	13 49 22	15 51 35	17 49 51
	20	19 56 59	21 59 12	23 49 35	1 51 49	3 50 5	5 52 18	7 50 35	9 52 48	11 55 2	13 53 18	15 55 31	17 53 48
	21	20 0 55	22 3 9	23 53 32	1 55 45	3 54 2	5 56 15	7 54 32	9 56 45	11 58 58	13 57 15	15 59 28	17 57 45
	22	20 4 52	22 7 5	23 57 29	1 59 42	3 57 58	6 0 12	7 58 28	10 0 42	12 2 55	14 1 11	16 3 24	18 1 41
	23	20 8 48	22 11 2	0 1 25	2 3 38	4 1 55	6 4 8	8 2 25	10 4 38	12 6 51	14 5 8	16 7 21	18 5 38
	24	20 12 45	22 14 58	0 5 22	2 7 35	4 5 51	6 8 5	8 6 21	10 8 35	12 10 48	14 9 4	16 11 18	18 9 34
	25	20 16 42	22 18 55	0 9 18	2 11 31	4 9 48	6 12 1	8 10 18	10 12 31	12 14 44	14 13 1	16 15 14	18 13 31
	26	20 20 38	22 22 51	0 13 15	2 15 28	4 13 45	6 15 58	8 14 15	10 16 28	12 18 41	14 16 57	16 19 11	18 17 27
	27	20 24 35	22 26 48	0 17 11	2 19 24	4 17 41	6 19 54	8 18 11	10 20 24	12 22 37	14 20 54	16 23 7	18 21 24
	28	20 28 31	22 30 44	0 21 8	2 23 21	4 21 38	6 23 51	8 22 8	10 24 21	12 26 34	14 24 50	16 27 4	18 25 20
	29	20 32 28		0 25 4	2 27 18	4 25 34	6 27 48	8 26 4	10 28 17	12 30 31	14 28 47	16 31 0	18 29 17
	30	20 36 24		0 29 1	2 31 14	4 29 31	6 31 44	8 30 1	10 32 14	12 34 27	14 32 44	16 34 57	18 33 14
	31	20 40 21		0 32 58		4 33 27		8 33 57	10 36 10		14 36 40		18 37 10
1976	1	18 41 7	20 43 20	22 37 40	0 39 53	2 38 10	4 40 23	6 38 40	8 40 53	10 43 6	12 41 23	14 43 36	16 41 52
	2	18 45 3	20 47 17	22 41 37	0 43 50	2 42 6	4 44 20	6 42 36	8 44 49	10 47 3	12 45 19	14 47 32	16 45 49
	3	18 49 0	20 51 13	22 45 33	0 47 46	2 46 3	4 48 16	6 46 33	8 48 46	10 50 59	12 49 16	14 51 29	16 49 46
	4	18 52 56	20 55 10	22 49 30	0 51 43	2 49 59	4 52 13	6 50 29	8 52 43	10 54 56	12 53 12	14 55 25	16 53 42
	5	18 56 53	20 59 6	22 53 26	0 55 39	2 53 56	4 56 9	6 54 26	8 56 39	10 58 52	12 57 9	14 59 22	16 57 39
	6	19 0 49	21 3 3	22 57 23	0 59 36	2 57 53	5 0 6	6 58 22	9 0 36	11 2 49	13 1 5	15 3 19	17 1 35
	7	19 4 46	21 6 59	21 1 19	1 3 32	3 1 49	5 4 2	7 2 19	9 4 32	11 6 45	13 5 2	15 7 15	17 5 32
	8	19 8 43	21 10 56	23 5 16	1 7 29	3 5 46	5 7 59	7 6 16	9 8 29	11 10 42	13 8 58	15 11 12	17 9 28
	9	19 12 39	21 14 53	23 9 12	1 11 26	3 9 42	5 11 55	7 10 12	9 12 25	11 14 38	13 12 55	15 15 8	17 13 25
	10	19 16 36	21 18 49	23 13 9	1 15 22	3 13 39	5 15 52	7 14 9	9 16 22	11 18 35	13 16 52	15 19 5	17 17 21
	11	19 20 32	21 22 45	23 17 6	1 19 19	3 17 35	5 19 49	7 18 5	9 20 18	11 22 32	13 20 48	15 23 1	17 21 18
	12	19 24 29	21 26 42	23 21 2	1 23 15	3 21 32	5 23 45	7 22 2	9 24 15	11 26 28	13 24 45	15 26 58	17 25 15
	13	19 28 25	21 30 39	23 24 59	1 27 12	3 25 28	5 27 42	7 25 58	9 28 12	11 30 25	13 28 41	15 30 54	17 29 11
	14	19 32 22	21 34 35	23 28 55	1 31 8	3 29 25	5 31 38	7 29 55	9 32 8	11 34 21	13 32 38	15 34 51	17 33 8
	15	19 36 18	21 38 32	23 32 52	1 35 5	3 33 21	5 35 35	7 33 51	9 36 5	11 38 18	13 36 34	15 38 48	17 37 4
	16	19 40 15	21 42 28	23 36 48	1 39 1	3 37 18	5 39 31	7 37 48	9 40 1	11 42 14	13 40 31	15 42 44	17 41 1
	17	19 44 12	21 46 25	23 40 45	1 42 58	3 41 15	5 43 28	7 41 45	9 43 58	11 46 11	13 44 27	15 46 41	17 44 57
	18	19 48 8	21 50 21	23 44 41	1 46 54	3 45 11	5 47 24	7 45 41	9 47 54	11 50 7	13 48 24	15 50 37	17 48 54
	19	19 52 5	21 54 18	23 48 38	1 50 51	3 49 8	5 51 21	7 49 38	9 51 51	11 54 4	13 52 21	15 54 34	17 52 50
	20	19 56 2	21 58 14	23 52 34	1 54 48	3 53 4	5 55 18	7 53 34	9 55 47	11 58 1	13 56 17	15 58 30	17 56 47
	21	19 59 58	22 2 11	23 56 31	1 58 44	3 57 1	5 59 14	7 57 31	9 59 44	12 1 57	14 0 14	16 2 27	18 0 44
	22	20 3 54	22 6 8	0 0 28	2 2 41	4 0 57	6 3 11	8 1 27	10 3 41	12 5 54	14 4 10	16 6 23	18 4 40
	23	20 7 51	22 10 4	0 4 24	2 6 37	4 4 54	6 7 7	8 5 24	10 7 37	12 9 50	14 8 7	16 10 20	18 8 37
	24	20 11 48	22 14 1	0 8 21	2 10 34	4 8 50	6 11 4	8 9 20	10 11 34	12 13 47	14 12 3	16 14 17	18 12 33
	25	20 15 44	22 17 57	0 12 17	2 14 30	4 12 47	6 15 0	8 13 17	10 15 30	12 17 43	14 16 0	16 18 13	18 16 30
	26	20 19 41	22 21 54	0 16 14	2 18 27	4 16 44	6 18 57	8 17 14	10 19 27	12 12 40	14 19 56	16 22 10	18 20 26
	27	20 23 37	22 25 50	0 20 10	2 22 24	4 20 40	6 22 53	8 21 10	10 23 23	12 25 36	14 23 53	16 26 6	18 24 23
	28	20 27 34	22 29 47	0 24 7	2 26 20	4 24 37	6 26 50	8 25 7	10 27 20	12 29 33	14 27 50	16 30 3	18 28 19
	29	20 31 30	22 33 43	0 28 3	2 30 17	4 28 33	6 30 47	8 29 3	10 31 16	12 33 30	14 31 46	16 33 59	18 32 16
	30	20 35 27		0 32 0	2 34 13	4 32 30	6 34 43	8 33 0	10 35 13	12 37 26	14 35 43	16 37 56	18 36 13
	31	20 39 23		0 35 57		4 36 26		8 36 56	10 39 9		14 39 39		18 40 9
1977	1	18 44 6	20 46 19	22 36 42	0 38 56	2 37 12	4 39 25	6 37 42	8 39 55	10 42 8	12 40 25	14 42 38	16 40 55
	2	18 48 2	20 50 15	22 40 39	0 42 52	2 41 9	4 43 22	6 41 39	8 43 52	10 46 5	12 44 22	14 46 35	16 44 51
	3	18 51 59	20 54 12	22 44 36	0 46 49	2 45 5	4 47 18	6 45 35	8 47 48	10 50 2	12 48 18	14 50 31	16 48 48
	4	18 55 55	20 58 9	22 48 32	0 50 45	2 49 2	4 51 15	6 49 32	8 51 45	10 53 58	12 52 15	14 54 28	16 52 44
	5	18 59 52	21 2 5	22 52 29	0 54 42	2 52 58	4 55 12	6 53 28	8 55 41	10 57 55	12 56 11	14 58 24	16 56 41
	6	19 3 48	21 6 2	22 56 25	0 58 38	2 56 55	4 59 8	6 57 25	8 59 38	11 1 51	13 0 8	15 2 21	17 0 38
	7	19 7 45	21 9 58	23 0 22	1 2 35	3 0 51	5 3 5	7 1 21	9 3 35	11 5 48	13 4 4	15 6 17	17 4 34
	8	19 11 42	21 13 55	23 4 18	1 6 31	3 4 48	5 7 1	7 5 18	9 7 31	11 9 44	13 8 1	15 10 14	17 8 31
	9	19 15 38	21 17 51	23 8 15	1 10 28	3 8 45	5 10 58	7 9 14	9 11 28	11 13 41	13 11 57	15 14 11	17 12 27
	10	19 19 35	21 21 48	23 12 11	1 14 25	3 12 41	5 14 54	7 13 11	9 15 24	11 17 37	13 15 54	15 18 7	17 16 24
	11	19 23 31	21 25 44	23 16 8	1 18 21	3 16 38	5 18 51	7 17 8	9 19 21	11 21 34	13 19 51	15 22 4	17 20 20
	12	19 27 28	21 29 41	23 20 5	1 22 18	3 20 34	5 22 47	7 21 4	9 23 17	11 25 31	13 23 47	15 26 0	17 24 17
	13	19 31 24	21 33 38	23 24 1	1 26 14	3 24 31	5 26 44	7 25 1	9 27 14	11 29 27	13 27 44	15 29 57	17 28 13
	14	19 35 21	21 37 34	23 27 58	1 30 11	3 28 27	5 30 41	7 28 57	9 31 10	11 33 24	13 31 40	15 33 53	17 32 10
	15	19 39 17	21 41 31	23 31 54	1 34 7	3 32 24	5 34 37	7 32 54	9 35 7	11 37 20	13 35 37	15 37 50	17 36 7
	16	19 43 14	21 45 27	23 35 51	1 38 4	3 36 20	5 38 34	7 36 50	9 39 4	11 41 17	13 39 33	15 41 46	17 40 3
	17	19 47 11	21 49 24	23 39 47	1 42 0	3 40 17	5 42 30	7 40 47	9 43 0	11 45 13	13 43 30	15 45 43	17 44 0
	18	19 51 7	21 53 20	23 43 44	1 45 57	3 44 14	5 46 27	7 44 44	9 46 57	11 49 10	13 47 26	15 49 40	17 47 56
	19	19 55 4	21 57 17	23 47 40	1 49 53	3 48 10	5 50 23	7 48 40	9 50 53	11 53 6	13 51 23	15 53 36	17 51 53
	20	19 59 0	22 1 13	23 51 37	1 53 50	3 52 7	5 54 20	7 52 37	9 54 50	11 57 3	13 55 20	15 57 33	17 55 49
	21	20 2 57	22 5 10	23 55 33	1 57 47	3 56 3	5 58 16	7 56 33	9 58 46	12 0 59	13 59 16	16 1 29	17 59 46
	22	20 6 53	22 9 7	23 59 30	2 1 43	4 0 0	6 2 13	8 0 30	10 2 43	12 4 56	14 3 13	16 5 26	18 3 42
	23	20 10 50	22 13 3	0 3 27	2 5 40	4 3 56	6 6 10	8 4 26	10 6 39	12 8 53	14 7 9	16 9 22	18 7 39
	24	20 14 46	22 17 0	0 7 23	2 9 36	4 7 53	6 10 6	8 8 23	10 10 36	12 12 49	14 11 6	16 13 19	18 11 36
	25	20 18 43	22 20 56	0 11 20	2 13 33	4 11 49	6 14 3	8 12 19	10 14 33	12 16 46	14 15 2	16 17 15	18 15 32
	26	20 22 40	22 24 53	0 15 16	2 17 29	4 15 46	6 17 59	8 16 16	10 18 29	12 20 42	14 18 59	16 21 12	18 19 29
	27	20 26 36	22 28 49	0 19 13	2 21 26	4 19 43	6 21 56	8 20 13	10 22 26	12 24 39	14 22 55	16 25 9	18 23 25
	28	20 30 33	22 32 46	0 23 9	2 25 22	4 23 39	6 25 52	8 24 9	10 26 22	12 28 35	14 26 52	16 29 5	18 27 22
	29	20 34 29		0 27 6	2 29 19	4 27 36	6 29 49	8 28 6	10 30 19	12 32 32	14 30 48	16 33 2	18 31 18
	30	20 38 26		0 31 2	2 33 16	4 31 32	6 33 45	8 32 2	10 34 15	12 36 28	14 34 45	16 36 58	18 35 15
	31	20 42 22		0 34 59		4 35 29		8 35 59	10 38 12		14 38 42		18 39 12
1978	1	18 43 8	20 45 21	22 35 45	0 37 58	2 36 15	4 38 28	6 36 44	8 38 58	10 41 11	12 39 27	14 41 40	16 39 57
	2	18 47 5	20 49 18	22 39 41	0 41 54	2 40 11	4 42 24	6 40 41	8 42 54	10 45 7	12 43 24	14 45 37	16 43 54
	3	18 51 1	20 53 14	22 43 38	0 45 51	2 44 8	4 46 21	6 44 38	8 46 51	10 49 4	12 47 20	14 49 34	16 47 50
	4	18 54 58	20 57 11	22 47 34	0 49 48	2 48 4	4 50 17	6 48 34	8 50 47	10 53 0	12 51 17	14 53 30	16 51 47
	5	18 58 54	21 1 8	22 51 31	0 53 44	2 52 1	4 54 14	6 52 31	8 54 44	10 56 57	12 55 14	14 57 27	16 55 43
	6	19 2 51	21 5 4	22 55 28	0 57 41	2 55 57	4 58 10	6 56 27	8 58 40	11 0 54	12 59 10	15 1 23	16 59 40
	7	19 6 47	21 9 1	22 59 24	1 1 37	2 59 54	5 2 7	7 0 24	9 2 37	11 4 50	13 3 7	15 5 20	17 3 36
	8	19 10 44	21 12 57	23 3 21	1 5 34	3 3 50	5 6 4	7 4 20	9 6 34	11 8 47	13 7 3	15 9 16	17 7 33
	9	19 14 41	21 16 54	23 7 17	1 9 30	3 7 47	5 10 0	7 8 17	9 10 30	11 12 43	13 11 0	15 13 13	17 11 30
	10	19 18 37	21 20 50	23 11 14	1 13 27	3 11 44	5 13 57	7 12 13	9 14 27	11 16 40	13 14 56	15 17 9	17 15 26
	11	19 22 34	21 24 47	23 15 10	1 17 23	3 15 40	5 17 53	7 16 10	9 18 23	11 20 36	13 18 53	15 21 6	17 19 23
	12	19 26 30	21 28 43	23 19 7	1 21 20	3 19 37	5 21 50	7 20 7	9 22 20	11 24 33	13 22 49	15 25 3	17 23 19
	13	19 30 27	21 32 40	23 23 3	1 25 17	3 23 33	5 25 46	7 24 3	9 26 16	11 28 29	13 26 46	15 28 59	17 27 16
	14	19 34 23	21 36 36	23 27 0	1 29 13	3 27 30	5 29 43	7 28 0	9 30 13	11 32 26	13 30 43	15 32 56	17 31 12
	15	19 38 20	21 40 33	23 30 57	1 33 10	3 31 26	5 33 39	7 31 56	9 34 9	11 36 23	13 34 39	15 36 52	17 35 9
	16	19 42 16	21 44 30	23 34 53	1 37 6	3 35 23	5 37 36	7 35 53	9 38 6	11 40 19	13 38 36	15 40 49	17 39 5
	17	19 46 13	21 48 26	23 38 50	1 41 3	3 39 19	5 41 33	7 39 49	9 42 3	11 44 16	13 42 32	15 44 45	17 43 2
	18	19 50 10	21 52 23	23 42 46	1 44 59	3 43 16	5 45 29	7 43 46	9 45 59	11 48 12	13 46 29	15 48 42	17 46 59
	19	19 54 6	21 56 19	23 46 43	1 48 56	3 47 12	5 49 26	7 47 42	9 49 56	11 52 9	13 50 25	15 52 38	17 50 55
	20	19 58 3	22 0 16	23 50 39	1 52 52	3 51 9	5 53 22	7 51 39	9 53 52	11 56 5	13 54 22	15 56 35	17 54 52
	21	20 1 59	22 4 12	23 54 36	1 56 49	3 55 6	5 57 19	7 55 36	9 57 49	12 0 2	13 58 18	16 0 32	17 58 48
	22	20 5 56	22 8 9	23 58 32	2 0 45	3 59 2	6 1 15	7 59 32	10 1 45	12 3 58	14 2 15	16 4 28	18 2 45
	23	20 9 52	22 12 5	0 2 29	2 4 42	4 2 59	6 5 12	8 3 29	10 5 42	12 7 55	14 6 12	16 8 25	18 6 41
	24	20 13 49	22 16 2	0 6 25	2 8 39	4 6 55	6 9 9	8 7 25	10 9 38	12 11 51	14 10 8	16 12 21	18 10 38
	25	20 17 45	22 19 59	0 10 22	2 12 35	4 10 52	6 13 5	8 11 22	10 13 35	12 15 48	14 14 5	16 16 18	18 14 34
	26	20 21 42	22 23 55	0 14 19	2 16 32	4 14 48	6 17 2	8 15 18	10 17 31	12 19 45	14 18 1	16 20 14	18 18 31
	27	20 25 39	22 27 52	0 18 15	2 20 28	4 18 45	6 20 58	8 19 15	10 21 28	12 23 41	14 21 58	16 24 11	18 22 28
	28	29 29 35	22 31 48	0 22 12	2 24 25	4 22 41	6 24 55	8 23 11	10 25 25	12 27 38	14 25 54	16 28 7	18 26 24
	29	20 33 32		0 26 8	2 28 21	4 26 38	6 28 51	8 27 8	10 29 21	12 31 34	14 29 51	16 32 4	18 30 21
	30	20 37 28		0 30 5	2 32 18	4 30 35	6 32 48	8 31 5	10 33 18	12 35 31	14 33 47	16 36 1	18 34 17
	31	20 41 25		0 34 1		4 34 31		8 35 1	10 37 14		14 37 44		18 38 14
1979	1	18 42 10	20 44 24	22 34 47	0 37 0	2 35 17	4 37 30	6 35 47	8 38 0	10 40 13	12 38 30	14 40 43	16 38 59
	2	18 46 7	20 48 20	22 38 44	0 40 57	2 39 13	4 41 27	6 39 43	8 41 57	10 44 10	12 42 26	14 44 39	16 42 56
	3	18 50 4	20 52 17	22 42 40	0 44 53	2 43 10	4 45 23	6 43 40	8 45 53	10 48 6	12 46 23	14 48 36	16 46 53
	4	18 54 0	20 56 13	22 46 37	0 48 50	2 47 7	4 49 20	6 47 36	8 49 50	10 52 3	12 50 19	14 52 32	16 50 49
	5	18 57 57	21 0 10	22 50 33	0 52 46	2 51 3	4 53 16	6 51 33	8 53 46	10 55 59	12 54 16	14 56 29	16 54 46
	6	19 1 53	21 4 6	22 54 30	0 56 43	2 55 0	4 57 13	6 55 30	8 57 43	10 59 56	12 58 12	15 0 26	16 58 42
	7	19 5 50	21 8 3	22 58 26	1 0 40	2 58 56	5 1 9	6 59 26	9 1 39	11 3 52	13 2 9	15 4 22	17 2 39
	8	19 9 46	21 12 0	23 2 23	1 4 36	3 2 53	5 5 6	7 3 23	9 5 36	11 7 49	13 6 6	15 8 19	17 6 35
	9	19 13 43	21 15 56	23 6 20	1 8 33	3 6 49	5 9 2	7 7 19	9 9 32	11 11 46	13 10 2	15 12 15	17 10 32
	10	19 17 39	21 19 53	23 10 16	1 12 29	3 10 46	5 12 59	7 11 16	9 13 29	11 15 42	13 13 59	15 16 12	17 14 29
	11	19 21 36	21 23 49	23 14 13	1 16 26	3 14 42	5 16 56	7 15 12	9 17 26	11 19 39	13 17 55	15 20 8	17 18 25
	12	19 25 33	21 27 46	23 18 9	1 20 22	3 18 39	5 20 52	7 19 9	9 21 22	11 23 35	13 21 52	15 24 5	17 22 22
	13	19 29 29	21 31 42	23 22 6	1 24 19	3 22 35	5 24 49	7 23 5	9 25 19	11 27 32	13 25 48	15 28 1	17 26 18
	14	19 33 26	21 35 39	23 26 2	1 28 15	3 26 32	5 28 45	7 27 2	9 29 15	11 31 28	13 29 45	15 31 58	17 30 15
	15	19 37 22	21 39 35	23 29 59	1 32 12	3 30 29	5 32 42	7 30 59	9 33 12	11 35 25	13 33 41	15 35 54	17 34 11
	16	19 41 19	21 43 32	23 33 55	1 36 9	3 34 25	5 36 38	7 34 55	9 37 8	11 39 21	13 37 38	15 39 51	17 38 8
	17	19 45 15	21 47 29	23 37 52	1 40 5	3 38 22	5 40 35	7 38 52	9 41 5	11 43 18	13 41 35	15 43 48	17 42 4
	18	19 49 12	21 51 25	23 41 49	1 44 2	3 42 18	5 44 32	7 42 48	9 45 1	11 47 15	13 45 31	15 47 44	17 46 1
	19	19 53 8	21 55 22	23 45 45	1 47 58	3 46 15	5 48 28	7 46 45	9 48 58	11 51 11	13 49 28	15 51 41	17 49 58
	20	19 57 5	21 59 18	23 49 42	1 51 55	3 50 11	5 52 25	7 50 41	9 52 55	11 55 8	13 53 24	15 55 37	17 53 54
	21	20 1 2	22 3 15	23 53 38	1 55 51	3 54 8	5 56 21	7 54 38	9 56 51	11 59 4	13 57 21	15 59 34	17 57 51
	22	20 4 58	22 7 11	23 57 35	1 59 48	3 58 4	6 0 18	7 58 34	10 0 48	12 3 1	14 1 17	16 3 30	18 1 47
	23	20 8 55	22 11 8	0 1 31	2 3 44	4 2 1	6 4 14	8 2 31	10 4 44	12 6 57	14 5 14	16 7 27	18 5 44
	24	20 12 51	22 15 4	0 5 28	2 7 41	4 5 58	6 8 11	8 6 28	10 8 41	12 10 54	14 9 10	16 11 24	18 9 40
	25	20 16 48	22 19 1	0 9 24	2 11 38	4 9 54	6 12 7	8 10 24	10 12 37	12 14 50	14 13 7	16 15 20	18 13 37
	26	20 20 44	22 22 58	0 13 21	2 15 34	4 13 51	6 16 4	8 14 21	10 16 34	12 18 47	14 17 4	16 19 17	18 17 33
	27	20 24 41	22 26 54	0 17 18	2 19 31	4 17 47	6 20 1	8 18 17	10 20 30	12 22 44	14 21 0	16 23 13	18 21 30
	28	20 28 37	22 30 51	0 21 14	2 23 27	4 21 44	6 23 57	8 22 14	10 24 27	12 26 40	14 24 57	16 27 10	18 25 27
	29	20 32 34		0 25 11	2 27 24	4 25 40	6 27 54	8 26 10	10 28 23	12 30 37	14 28 53	16 31 6	18 29 23
	30	20 36 31		0 29 7	2 31 20	4 29 37	6 31 50	8 30 7	10 32 20	12 34 33	14 32 50	16 35 3	18 33 20
	31	20 40 27		0 33 4		4 33 34		8 34 3	10 36 17		14 36 46		18 37 16
1980	1	18 41 13	20 43 26	22 37 46	0 39 59	2 38 16	4 40 29	6 38 46	8 40 59	10 43 12	12 41 29	14 43 42	16 41 59
	2	18 45 10	20 47 23	22 41 43	0 43 56	2 42 13	4 44 26	6 42 43	8 44 56	10 47 9	12 45 26	14 47 39	16 45 55
	3	18 49 6	20 51 19	22 45 39	0 47 53	2 46 9	4 48 22	6 46 39	8 48 52	10 51 5	12 49 22	14 51 35	16 49 52
	4	18 53 3	20 55 16	22 49 36	0 51 49	2 50 6	4 52 19	6 50 36	8 52 49	10 55 2	12 53 19	14 55 32	16 53 48
	5	18 56 59	20 59 13	22 53 33	0 55 46	2 54 2	4 56 16	6 54 32	8 56 45	10 58 59	12 57 15	14 59 28	16 57 45
	6	19 0 56	21 3 9	22 57 29	0 59 42	2 57 59	5 0 12	6 58 29	9 0 42	11 2 55	13 1 12	15 3 25	17 1 42
	7	19 4 52	21 7 6	23 1 26	1 3 39	3 1 55	5 4 9	7 2 25	9 4 39	11 6 52	13 5 8	15 7 21	17 5 38
	8	19 8 49	21 11 2	23 5 22	1 7 35	3 5 52	5 8 5	7 6 22	9 8 35	11 10 48	13 9 5	15 11 18	17 9 35
	9	19 12 46	21 14 59	23 9 19	1 11 32	3 9 48	5 12 2	7 10 18	9 12 32	11 14 45	13 13 1	15 15 15	17 13 31
	10	19 16 42	21 18 55	23 13 15	1 15 28	3 13 45	5 15 58	7 14 15	9 16 28	11 18 41	13 16 58	15 19 11	17 17 28
	11	19 20 39	21 22 52	23 17 12	1 19 25	3 17 42	5 19 55	7 18 12	9 20 25	11 22 38	13 20 54	15 23 8	17 21 24
	12	19 24 35	21 26 48	23 21 8	1 23 22	3 21 38	5 23 51	7 22 8	9 24 21	11 26 34	13 24 51	15 27 4	17 25 21
	13	19 28 32	21 30 45	23 25 5	1 27 18	3 25 35	5 27 48	7 26 5	9 28 18	11 30 31	13 28 48	15 31 1	17 29 17
	14	19 32 28	21 34 42	23 29 2	1 31 15	3 29 31	5 31 45	7 30 1	9 32 14	11 34 28	13 32 44	15 34 57	17 33 14
	15	19 36 25	21 38 38	23 32 58	1 35 11	3 33 28	5 35 41	7 33 58	9 36 11	11 38 24	13 36 41	15 38 54	17 37 11
	16	19 40 21	21 42 35	23 36 55	1 39 8	3 37 24	5 39 38	7 37 54	9 40 8	11 42 21	13 40 37	15 42 50	17 41 7
	17	19 44 18	21 46 31	23 40 51	1 43 4	3 41 21	5 43 34	7 41 51	9 44 4	11 46 17	13 44 34	15 46 47	17 45 4
	18	19 48 15	21 50 28	23 44 48	1 47 1	3 45 17	5 47 31	7 45 47	9 48 1	11 50 14	13 48 30	15 50 44	17 49 0
	19	19 52 11	21 54 24	23 48 44	1 50 57	3 49 14	5 51 27	7 49 44	9 51 57	11 54 10	13 52 27	15 54 40	17 52 57
	20	19 56 8	21 58 21	23 52 41	1 54 54	3 53 11	5 55 24	7 53 41	9 55 54	11 58 7	13 56 23	15 58 37	17 56 53
	21	20 0 4	22 2 17	23 56 37	1 58 51	3 57 7	5 59 20	7 57 37	9 59 50	12 2 3	14 0 20	16 2 33	18 0 50
	22	20 4 1	22 6 14	0 0 34	2 2 47	4 1 4	6 3 17	8 1 34	10 3 47	12 6 0	14 4 17	16 6 30	18 4 46
	23	20 7 57	22 10 10	0 4 30	2 6 44	4 5 0	6 7 14	8 5 30	10 7 43	12 9 57	14 8 13	16 10 26	18 8 43
	24	20 11 54	22 14 7	0 8 27	2 10 40	4 8 57	6 11 10	8 9 27	10 11 40	12 13 53	14 12 10	16 14 23	18 12 40
	25	20 15 50	22 18 4	0 12 24	2 14 37	4 12 53	6 15 7	8 13 23	10 15 37	12 17 50	14 16 6	16 18 19	18 16 36
	26	20 19 47	22 22 0	0 16 20	2 18 33	4 16 50	6 19 3	8 17 20	10 19 33	12 21 46	14 20 3	16 22 16	18 20 33
	27	20 23 44	22 25 57	0 20 17	2 22 30	4 20 46	6 23 0	8 21 16	10 23 30	12 25 43	14 23 59	16 26 13	18 24 29
	28	20 27 40	22 29 53	0 24 13	2 26 26	4 24 43	6 26 56	8 25 13	10 27 26	12 29 39	14 27 56	16 30 9	18 28 26
	29	20 31 37	22 33 50	0 28 10	2 30 23	4 28 40	6 30 53	8 29 10	10 31 23	12 33 36	14 31 52	16 34 6	18 32 22
	30	20 35 33		0 32 6	2 34 19	4 32 36	6 34 49	8 33 6	10 35 19	12 37 32	14 35 49	16 38 2	18 36 19
	31	20 39 30		0 36 3		4 36 33		8 37 3	10 39 16		14 39 46		18 40 15
1981	1	18 44 11	20 46 25	22 36 49	0 39 2	2 37 18	4 39 32	6 37 48	8 40 1	10 42 15	12 40 31	14 42 44	16 41 1
	2	18 48 8	20 50 22	22 40 45	0 42 58	2 41 15	4 43 28	6 41 45	8 43 58	10 46 11	12 44 28	14 46 41	16 46 58
	3	18 52 5	20 54 18	22 44 42	0 46 55	2 45 11	4 47 25	6 45 41	8 47 55	10 50 8	12 48 24	14 50 37	16 48 54
	4	18 56 1	20 58 15	22 48 38	0 50 51	2 49 8	4 51 21	6 49 38	8 51 51	10 54 4	12 52 21	14 54 34	16 52 51
	5	18 59 58	21 2 11	22 52 35	0 54 48	2 53 4	4 55 18	6 53 34	8 55 47	10 58 1	12 56 17	14 58 31	16 56 47
	6	19 3 54	21 6 8	22 56 31	0 58 44	2 57 1	4 59 14	6 57 31	8 59 44	11 1 57	13 0 14	15 2 27	17 0 44
	7	19 7 51	21 10 4	23 0 28	1 2 41	3 0 58	5 3 11	7 1 27	9 3 41	11 5 54	13 4 11	15 6 24	17 4 40
	8	19 11 47	21 14 1	23 4 24	1 6 38	3 4 54	5 7 7	7 5 24	9 7 37	11 9 51	13 8 7	15 10 20	17 8 37
	9	19 15 44	21 17 57	23 8 21	1 10 34	3 8 51	5 11 4	7 9 21	9 11 34	11 13 47	13 12 4	15 14 17	17 12 34
	10	19 19 41	21 21 54	23 12 17	1 14 30	3 12 47	5 15 0	7 13 17	9 15 30	11 17 44	13 16 0	15 18 13	17 16 30
	11	19 23 37	21 25 51	23 16 14	1 18 27	3 16 44	5 18 57	7 17 14	9 19 27	11 21 40	13 19 57	15 22 10	17 20 27
	12	19 27 34	21 29 47	23 20 11	1 22 24	3 20 40	5 22 54	7 21 10	9 23 24	11 25 37	13 23 53	15 26 6	17 24 23
	13	19 31 30	21 33 44	23 24 7	1 26 20	3 24 37	5 26 50	7 25 7	9 27 20	11 29 33	13 27 50	15 30 3	17 28 20
	14	19 35 27	21 37 40	23 28 4	1 30 17	3 28 33	5 30 47	7 29 3	9 31 17	11 33 30	13 31 46	15 34 0	17 32 16
	15	19 39 24	21 41 37	23 32 0	1 34 13	3 32 30	5 34 43	7 33 0	9 35 13	11 37 26	13 35 43	15 37 56	17 36 13
	16	19 43 20	21 45 33	23 35 57	1 38 10	3 36 27	5 38 40	7 36 56	9 39 10	11 41 23	13 39 40	15 41 53	17 40 9
	17	19 47 16	21 49 29	23 39 53	1 42 6	3 40 23	5 42 36	7 40 53	9 43 6	11 45 19	13 43 36	15 45 49	17 44 6
	18	19 51 13	21 53 26	23 43 50	1 46 3	3 44 20	5 46 33	7 44 50	9 47 3	11 49 16	13 47 33	15 49 46	17 48 2
	19	19 55 10	21 57 23	23 47 46	1 49 59	3 48 16	5 50 30	7 48 46	9 51 0	11 53 13	13 51 29	15 53 42	17 51 59
	20	19 59 6	22 1 19	23 51 43	1 53 56	3 52 13	5 54 26	7 52 43	9 54 56	11 57 9	13 55 26	15 57 39	17 55 56
	21	20 3 2	22 5 16	23 55 40	1 57 53	3 56 9	5 58 23	7 56 39	9 58 53	12 1 6	13 59 22	16 1 35	17 59 52
	22	20 7 0	22 9 13	23 59 36	2 1 49	4 0 6	6 2 19	8 0 36	10 2 49	12 5 2	14 3 19	16 5 32	18 3 49
	23	20 10 56	22 13 9	0 3 33	2 5 46	4 4 2	6 6 16	8 4 32	10 6 46	12 8 59	14 7 15	16 9 29	18 7 45
	24	20 14 52	22 17 6	0 7 29	2 9 42	4 7 59	6 10 12	8 8 29	10 10 42	12 12 55	14 11 12	16 13 25	18 11 42
	25	20 18 49	22 21 2	0 11 26	2 13 39	4 11 56	6 14 9	8 12 26	10 14 39	12 16 52	14 15 8	16 17 22	18 15 38
	26	20 22 46	22 24 58	0 15 22	2 17 35	4 15 52	6 18 5	8 16 22	10 18 35	12 20 48	14 19 5	16 21 18	18 19 35
	27	20 26 42	22 28 55	0 19 19	2 21 32	4 19 49	6 22 2	8 20 19	10 22 32	12 24 45	14 23 1	16 25 15	18 23 31
	28	20 30 39	22 32 52	0 23 15	2 25 29	4 23 45	6 25 59	8 24 15	10 26 28	12 28 42	14 26 58	16 29 11	18 27 28
	29	20 34 35		0 27 12	2 29 25	4 27 42	6 29 55	8 28 12	10 30 25	12 32 38	14 30 55	16 33 8	18 31 25
	30	20 38 32		0 31 9	2 33 22	4 31 38	6 33 52	8 32 8	10 34 22	12 36 35	14 34 51	16 37 4	18 35 21
	31	20 42 28		0 35 5		4 35 35		8 36 5	10 38 18		14 38 48		18 39 18

2 STERNZEIT 1910–2001

	1	2	3	4	5	6	7	8	9	10	11	12
1	18 43 14	20 45 28	22 35 51	0 38 4	2 36 21	4 38 34	6 36 51	8 39 4	10 41 17	12 39 34	14 41 47	16 40 4
2	18 47 11	20 49 24	22 39 48	0 42 1	2 40 17	4 42 31	6 40 47	8 43 1	10 45 14	12 43 30	14 45 44	16 44 0
3	18 51 7	20 53 21	22 43 44	0 45 57	2 44 14	4 46 27	6 44 44	8 46 57	10 49 10	12 47 27	14 49 40	16 47 57
4	18 55 4	20 57 17	22 47 41	0 49 54	2 48 10	4 50 24	6 48 40	8 50 54	10 53 7	12 51 23	14 53 37	16 51 53
5	18 59 1	21 1 14	22 51 37	0 53 50	2 52 6	4 54 20	6 52 37	8 54 50	10 57 3	12 55 20	14 57 33	16 55 50
6	19 2 57	21 5 10	22 55 34	0 57 47	2 56 3	4 58 17	6 56 33	8 58 47	11 1 0	12 59 17	15 1 30	16 59 46
7	19 6 54	21 9 7	22 59 30	1 2 44	3 0 0	5 2 13	7 0 30	9 2 43	11 4 57	13 3 13	15 5 26	17 3 43
8	19 10 50	21 13 3	23 3 27	1 5 40	3 3 57	5 6 10	7 4 27	9 6 40	11 8 53	13 7 10	15 9 23	17 7 40
9	19 14 47	21 17 0	23 7 23	1 9 37	3 7 53	5 10 6	7 8 23	9 10 36	11 12 50	13 11 6	15 13 19	17 11 36
10	19 18 43	21 20 56	23 11 20	1 13 33	3 11 50	5 14 3	7 12 20	9 14 33	11 16 46	13 15 3	15 17 16	17 15 33
11	19 22 40	21 24 53	23 15 17	1 17 30	3 15 46	5 18 0	7 16 16	9 18 30	11 20 43	13 19 0	15 21 12	17 19 29
12	19 26 36	21 28 50	23 19 13	1 21 26	3 19 43	5 21 56	7 20 13	9 22 26	11 24 39	13 22 57	15 25 9	17 23 26
13	19 30 33	21 32 46	23 23 10	1 25 23	3 23 39	5 25 53	7 24 9	9 26 23	11 28 36	13 26 53	15 29 6	17 27 22
14	19 34 30	21 36 43	23 27 6	1 29 19	3 27 36	5 29 49	7 28 6	9 30 19	11 32 32	13 30 49	15 33 2	17 31 19
15	19 38 26	21 40 39	23 31 3	1 33 16	3 31 33	5 33 46	7 32 3	9 34 16	11 36 29	13 34 46	15 36 58	17 35 15
16	19 42 23	21 44 36	23 35 0	1 37 13	3 35 29	5 37 42	7 36 0	9 38 12	11 40 25	13 38 42	15 40 55	17 39 12
17	19 46 19	21 48 32	23 38 56	1 41 9	3 39 26	5 41 39	7 39 56	9 42 9	11 44 22	13 42 38	15 44 52	17 43 8
18	19 50 16	21 52 29	23 42 52	1 45 5	3 43 22	5 45 35	7 43 52	9 46 5	11 48 19	13 46 35	15 48 48	17 47 5
19	19 54 12	21 56 26	23 46 49	1 49 2	3 47 19	5 49 32	7 47 49	9 50 2	11 52 15	13 50 32	15 52 45	17 51 1
20	19 58 9	22 0 22	23 50 46	1 52 58	3 51 15	5 53 28	7 51 45	9 53 58	11 56 12	13 54 28	15 56 42	17 54 58
21	20 2 5	22 4 19	23 54 42	1 56 55	3 55 12	5 57 25	7 55 42	9 57 55	12 0 8	13 58 25	16 0 38	17 58 55
22	20 6 2	22 8 15	23 58 39	2 0 52	3 59 8	6 1 22	7 59 38	10 1 52	12 4 5	14 2 21	16 4 35	18 2 51
23	20 9 58	22 12 12	0 2 35	2 4 48	4 3 5	6 5 18	8 3 35	10 5 48	12 8 1	14 6 18	16 8 31	18 6 48
24	20 13 55	22 16 8	0 6 32	2 8 45	4 7 2	6 9 15	8 7 32	10 9 45	12 11 58	14 10 14	16 12 28	18 10 44
25	20 17 52	22 20 5	0 10 28	2 12 41	4 10 58	6 13 11	8 11 28	10 13 41	12 15 54	14 14 11	16 16 24	18 14 41
26	20 21 48	22 24 1	0 14 25	2 16 38	4 14 55	6 17 8	8 15 25	10 17 38	12 19 51	14 18 8	16 20 21	18 18 38
27	20 25 45	22 27 58	0 18 21	2 20 35	4 18 51	6 21 5	8 19 21	10 21 34	12 23 48	14 22 4	16 24 17	18 22 34
28	20 29 41	22 31 54	0 22 18	2 24 31	4 22 48	6 25 1	8 23 18	10 25 31	12 27 44	14 26 1	16 28 14	18 26 31
29	20 33 38		0 26 14	2 28 28	4 26 44	6 28 58	8 27 14	10 29 28	12 31 41	14 29 57	16 32 11	18 30 27
30	20 37 34		0 30 11	2 32 24	4 30 41	6 32 54	8 31 11	10 33 24	12 35 37	14 33 54	16 36 7	18 34 24
31	20 41 31		0 34 8		4 34 38		8 35 7	10 37 21		14 37 50		18 38 20
1	18 42 17	20 44 30	22 34 54	0 37 7	2 35 23	4 37 37	6 35 53	8 38 7	10 40 20	12 38 37	14 40 49	16 39 6
2	18 46 13	20 48 27	22 38 50	0 41 3	2 39 20	4 41 33	6 39 50	8 42 3	10 44 16	12 42 33	14 44 46	16 43 3
3	18 50 10	20 52 23	22 42 47	0 45 0	2 43 17	4 45 30	6 43 46	8 46 0	10 48 13	12 46 30	14 48 43	16 47 0
4	18 54 7	20 56 20	22 46 43	0 48 56	2 47 13	4 49 26	6 47 43	8 49 56	10 52 10	12 50 26	14 52 39	16 50 56
5	18 58 3	21 0 16	22 50 40	0 52 53	2 51 10	4 53 23	6 51 40	8 53 53	10 56 6	12 54 23	14 56 36	16 54 53
6	19 2 0	21 4 13	22 54 37	0 56 50	2 55 6	4 57 20	6 55 36	8 57 49	11 0 3	12 58 19	15 0 32	16 58 49
7	19 5 56	21 8 10	22 58 33	1 0 46	2 59 3	5 1 16	6 59 33	9 1 46	11 4 0	13 2 16	15 4 29	17 2 46
8	19 9 53	21 12 6	23 2 30	1 4 43	3 3 0	5 5 13	7 3 29	9 5 43	11 7 57	13 6 12	15 8 26	17 6 42
9	19 13 49	21 16 3	23 6 26	1 8 39	3 6 56	5 9 9	7 7 26	9 9 39	11 11 53	13 10 9	15 12 22	17 10 39
10	19 17 46	21 19 59	23 10 23	1 12 36	3 10 52	5 13 6	7 11 22	9 13 36	11 15 49	13 14 5	15 16 19	17 14 35
11	19 21 42	21 23 56	23 14 19	1 16 32	3 14 49	5 17 2	7 15 19	9 17 32	11 19 45	13 18 2	15 20 15	17 18 32
12	19 25 39	21 27 52	23 18 16	1 20 29	3 18 46	5 20 58	7 19 16	9 21 29	11 23 42	13 21 58	15 24 12	17 22 28
13	19 29 36	21 31 49	23 22 12	1 24 25	3 22 42	5 24 55	7 23 12	9 25 25	11 27 39	13 25 55	15 28 8	17 26 25
14	19 33 32	21 35 45	23 26 9	1 28 22	3 26 39	5 28 52	7 27 9	9 29 22	11 31 35	13 29 52	15 32 5	17 30 22
15	19 37 29	21 39 42	23 30 5	1 32 19	3 30 35	5 32 48	7 31 5	9 33 18	11 35 32	13 33 48	15 36 1	17 34 18
16	19 41 25	21 33 38	23 34 2	1 36 15	3 34 32	5 36 45	7 35 2	9 37 15	11 39 28	13 37 45	15 39 58	17 38 15
17	19 45 22	21 47 35	23 37 58	1 40 12	3 38 28	5 40 42	7 38 58	9 41 12	11 43 25	13 41 41	15 43 54	17 42 11
18	19 49 18	21 51 32	23 41 55	1 44 8	3 42 25	5 44 38	7 42 55	9 45 8	11 47 21	13 45 38	15 47 51	17 46 8
19	19 53 15	21 55 28	23 45 52	1 48 5	3 46 21	5 48 35	7 46 51	9 49 5	11 51 18	13 49 34	15 51 48	17 50 4
20	19 57 12	21 59 25	23 49 48	1 52 1	3 50 18	5 52 31	7 50 48	9 53 1	11 55 14	13 53 31	15 55 44	17 54 1
21	20 1 8	22 3 21	23 53 45	1 55 58	3 54 15	5 56 28	7 54 45	9 56 58	11 59 11	13 57 28	15 59 41	17 57 57
22	20 5 5	22 7 18	23 57 41	1 59 54	3 58 11	6 0 24	7 58 41	10 0 54	12 3 7	14 1 24	16 3 37	18 1 54
23	20 9 1	22 11 14	0 1 38	2 3 51	4 2 8	6 4 21	8 2 38	10 4 51	12 7 4	14 5 21	16 7 34	18 5 51
24	20 12 58	22 15 11	0 5 34	2 7 48	4 6 4	6 8 17	8 6 34	10 8 47	12 11 1	14 9 17	16 11 30	18 9 47
25	20 16 54	22 19 7	0 9 31	2 11 44	4 10 1	6 12 14	8 10 31	10 12 44	12 14 57	14 13 14	16 15 27	18 13 44
26	20 20 51	22 23 4	0 13 28	2 15 41	4 13 57	6 16 11	8 14 27	10 16 41	12 18 54	14 17 10	16 19 23	18 17 40
27	20 24 47	22 27 1	0 17 24	2 19 37	4 17 54	6 20 7	8 18 24	10 20 37	12 22 50	14 21 7	16 23 20	18 21 37
28	20 28 44	22 30 57	0 21 21	2 23 34	4 21 50	6 24 4	8 22 20	10 24 34	12 26 47	14 25 3	16 27 17	18 25 33
29	20 32 41		0 25 17	2 27 30	4 25 47	6 28 0	8 26 17	10 28 30	12 30 43	14 29 0	16 31 13	18 29 30
30	20 36 37		0 29 14	2 31 27	4 29 44	6 31 58	8 30 14	10 32 27	12 34 40	14 32 58	16 35 10	18 33 26
31	20 40 34		0 33 10		4 33 40		8 34 10	10 36 23		14 36 53		18 37 23
1	18 41 20	20 43 33	22 37 53	0 40 6	2 38 23	4 40 36	6 38 53	8 41 6	10 43 19	12 41 36	14 43 49	16 42 6
2	18 45 16	20 47 30	22 41 50	0 44 3	2 42 19	4 44 33	6 42 49	8 45 2	10 47 16	12 45 33	14 47 46	16 46 2
3	18 49 13	20 51 26	22 45 46	0 48 0	2 46 16	4 48 29	6 46 46	8 48 59	10 51 12	12 49 29	14 51 42	16 49 59
4	18 53 9	20 55 23	22 49 43	0 51 57	2 50 12	4 52 26	6 50 43	8 52 56	10 55 9	12 53 25	14 55 39	16 53 55
5	18 57 6	20 59 19	22 53 39	0 55 53	2 54 9	4 56 22	6 54 39	8 56 53	10 59 5	12 57 22	14 59 35	16 57 52
6	19 1 2	21 3 16	22 57 36	0 59 49	2 58 6	5 0 19	6 58 36	9 0 49	11 3 2	13 1 19	15 3 32	17 1 48
7	19 4 59	21 7 12	23 1 32	1 3 45	3 2 2	5 4 15	7 2 32	9 4 45	11 6 58	13 5 15	15 7 28	17 5 45
8	19 8 56	21 11 9	23 5 29	1 7 42	3 5 58	5 8 12	7 6 29	9 8 42	11 10 55	13 9 12	15 11 25	17 9 42
9	19 12 52	21 15 5	23 9 25	1 11 38	3 9 55	5 12 8	7 10 25	9 12 38	11 14 52	13 13 8	15 15 22	17 13 38
10	19 16 49	21 19 2	23 13 22	1 15 35	3 13 52	5 16 5	7 14 22	9 16 35	11 18 48	13 17 5	15 19 18	17 17 35
11	19 20 45	21 22 58	23 17 18	1 19 32	3 17 48	5 20 2	7 18 18	9 20 32	11 22 46	13 21 1	15 23 15	17 21 31
12	19 24 42	21 26 55	23 21 15	1 23 28	3 21 45	5 23 58	7 22 15	9 24 28	11 26 41	13 24 58	15 27 11	17 25 28
13	19 28 38	21 30 52	23 25 12	1 27 27	3 25 41	5 27 55	7 26 11	9 28 25	11 30 38	13 28 54	15 31 8	17 29 24
14	19 32 35	21 34 48	23 29 8	1 31 21	3 29 38	5 31 51	7 30 8	9 32 21	11 34 34	13 32 51	15 35 4	17 33 21
15	19 36 32	21 38 45	23 33 5	1 35 18	3 33 34	5 35 48	7 34 5	9 36 18	11 38 31	13 36 48	15 39 1	17 37 18
16	19 40 28	21 42 41	23 37 1	1 39 14	3 37 31	5 39 44	7 38 1	9 40 14	11 42 27	13 40 44	15 42 57	17 41 14
17	19 44 25	21 46 38	23 40 58	1 43 11	3 41 28	5 43 41	7 41 58	9 44 11	11 46 24	13 44 41	15 46 54	17 45 11
18	19 48 21	21 50 34	23 44 54	1 47 7	3 45 24	5 47 37	7 45 54	9 48 7	11 50 21	13 48 37	15 50 50	17 49 7
19	19 52 18	21 54 31	23 48 51	1 51 4	3 49 21	5 51 34	7 49 51	9 52 4	11 54 17	13 52 34	15 54 47	17 53 4
20	19 56 14	21 5 27	23 52 48	1 55 1	3 53 17	5 55 31	7 53 57	9 56 1	11 58 14	13 56 30	15 58 43	17 57 0
21	20 0 11	22 2 24	23 56 44	1 58 57	3 57 14	5 59 27	7 57 44	9 59 57	12 2 10	14 0 27	16 2 40	18 0 57
22	20 4 7	22 6 21	0 0 41	2 2 54	4 1 10	6 3 24	8 1 40	10 3 54	12 6 7	14 4 23	16 6 37	18 4 53
23	20 8 4	22 10 17	0 4 37	2 6 50	4 5 7	6 7 20	8 5 37	10 7 52	12 10 3	14 8 20	16 10 33	18 8 50
24	20 12 0	22 14 14	0 8 34	2 10 47	4 9 3	6 11 17	8 9 33	10 11 47	12 14 0	14 12 17	16 14 30	18 12 47
25	20 15 57	22 18 10	0 12 30	2 14 43	4 13 0	6 15 13	8 13 31	10 15 43	12 17 56	14 16 13	16 18 26	18 16 43
26	20 19 54	22 22 7	0 16 27	2 18 40	4 16 57	6 19 10	8 17 27	10 19 40	12 21 53	14 20 10	16 22 23	18 20 40
27	20 23 50	22 26 3	0 20 23	2 22 37	4 20 53	6 23 7	8 21 23	10 23 36	12 25 50	14 24 6	16 26 20	18 24 36
28	20 27 47	22 30 0	0 24 20	2 26 33	4 24 50	6 27 3	8 25 20	10 27 33	12 29 46	14 28 3	16 30 16	18 28 33
29	20 31 43	22 33 57	0 28 16	2 30 30	4 28 46	6 30 59	8 29 16	10 31 30	12 33 43	14 32 0	16 34 13	18 32 29
30	20 35 40		0 32 13	2 34 26	4 32 43	6 34 56	8 33 13	10 35 26	12 37 39	14 35 57	16 38 9	18 36 26
31	20 39 36		0 36 10		4 36 39		8 37 10	10 39 23		14 39 53		18 40 22
1	18 44 19	20 46 33	22 36 56	0 39 9	2 37 26	4 39 39	6 37 56	8 40 9	10 42 22	12 40 39	14 42 52	16 41 9
2	18 48 16	20 50 29	22 40 53	0 43 6	2 41 23	4 43 36	6 41 53	8 44 6	10 46 19	12 44 36	14 46 49	16 45 6
3	18 52 12	20 54 26	22 44 49	0 47 2	2 45 19	4 47 32	6 45 49	8 48 2	10 50 16	12 48 32	14 50 45	16 49 2
4	18 56 9	20 58 22	22 48 46	0 50 59	2 49 16	4 51 29	6 49 46	8 51 59	10 54 12	12 52 29	14 54 42	16 52 59
5	19 0 6	21 2 19	22 52 42	0 54 56	2 53 12	4 55 25	6 53 42	8 55 55	10 58 9	12 56 25	14 58 38	16 56 55
6	19 4 2	21 6 15	22 56 39	0 58 52	2 57 9	4 59 22	6 57 39	8 59 52	11 2 5	13 0 22	15 2 35	17 0 52
7	19 7 59	21 10 12	23 0 36	1 2 49	3 1 5	5 3 19	7 1 35	9 3 49	11 6 2	13 4 18	15 6 32	17 4 48
8	19 11 55	21 14 9	23 4 32	1 6 45	3 5 2	5 7 15	7 5 32	9 7 45	11 9 58	13 8 15	15 10 28	17 8 45
9	19 15 52	21 18 5	23 8 29	1 10 42	3 8 58	5 11 12	7 9 28	9 11 42	11 13 55	13 12 12	15 14 25	17 12 41
10	19 19 48	21 22 2	23 12 25	1 14 38	3 12 55	5 15 8	7 13 25	9 15 38	11 17 51	13 16 8	15 18 21	17 16 38
11	19 23 45	21 25 58	23 16 22	1 18 35	3 16 52	5 19 5	7 17 22	9 19 35	11 21 48	13 20 5	15 22 18	17 20 35
12	19 27 41	21 29 55	23 20 18	1 22 31	3 20 48	5 23 1	7 21 18	9 23 31	11 25 45	13 24 1	15 26 14	17 24 31
13	19 31 38	21 33 51	23 24 15	1 26 28	3 24 45	5 26 58	7 25 15	9 27 28	11 29 41	13 27 58	15 30 11	17 28 28
14	19 35 35	21 37 48	23 28 11	1 30 25	3 28 41	5 30 54	7 29 11	9 31 24	11 33 38	13 31 54	15 34 7	17 32 24
15	19 39 31	21 41 44	23 32 8	1 34 21	3 32 38	5 34 51	7 33 8	9 35 21	11 37 34	13 35 51	15 38 4	17 36 21
16	19 43 28	21 45 41	23 36 4	1 38 18	3 36 34	5 38 48	7 37 4	9 39 18	11 41 31	13 39 47	15 42 1	17 40 17
17	19 47 24	21 49 38	23 40 1	1 42 14	3 40 31	5 42 44	7 41 1	9 43 14	11 45 27	13 43 44	15 45 57	17 44 14
18	19 51 21	21 53 34	23 43 58	1 46 11	3 44 27	5 46 41	7 44 57	9 47 11	11 49 24	13 47 40	15 49 54	17 48 10
19	19 55 17	21 57 31	23 47 54	1 50 7	3 48 24	5 50 37	7 48 54	9 51 7	11 53 20	13 51 37	15 53 50	17 52 7
20	19 59 14	22 1 27	23 51 51	1 54 4	3 52 21	5 54 34	7 52 51	9 55 4	11 57 17	13 55 34	15 57 47	17 56 4
21	20 3 11	22 5 24	23 55 47	1 58 0	3 56 17	5 58 30	7 56 47	9 59 0	12 1 14	13 59 30	16 1 43	18 0 0
22	20 7 7	22 9 20	23 59 44	2 1 57	4 0 14	6 2 27	8 0 44	10 2 57	12 5 10	14 3 27	16 5 40	18 3 57
23	20 11 4	22 13 17	0 3 40	2 5 54	4 4 10	6 6 24	8 4 40	10 6 53	12 9 7	14 7 23	16 9 37	18 7 53
24	20 15 0	22 17 13	0 7 37	2 9 50	4 8 7	6 10 20	8 8 37	10 10 50	12 13 3	14 11 20	16 13 33	18 11 50
25	20 18 57	22 21 10	0 11 33	2 13 47	4 12 3	6 14 17	8 12 23	10 14 47	12 17 0	14 15 16	16 17 30	18 15 46
26	20 22 53	22 25 7	0 15 30	2 17 43	4 16 0	6 18 13	8 16 30	10 18 43	12 20 56	14 19 13	16 21 26	18 19 43
27	20 26 50	22 29 3	0 19 27	2 21 40	4 19 56	6 22 10	8 20 26	10 22 40	12 24 53	14 23 9	16 25 23	18 23 40
28	20 30 46	22 33 0	0 23 23	2 25 36	4 23 53	6 26 6	8 24 23	10 26 36	12 28 49	14 27 6	16 29 19	18 27 36
29	20 34 43		0 27 20	2 29 33	4 27 50	6 30 3	8 28 20	10 30 33	12 32 46	14 31 3	16 33 16	18 31 33
30	20 38 40		0 31 16	2 33 29	4 31 46	6 33 59	8 32 16	10 34 29	12 36 43	14 34 59	16 37 12	18 35 29
31	20 42 36		0 35 13		4 35 43		8 36 13	10 38 26		14 38 56		18 39 26

	1	2	3	4	5	6	7	8	9	10	11	12
1986 1	18 43 22	20 45 36	22 35 59	0 38 12	2 36 29	4 38 42	6 36 59	8 39 12	10 41 25	12 39 42	14 41 55	16 40 12
2	18 47 19	20 49 32	22 39 56	0 42 9	2 40 26	4 42 39	6 40 56	8 43 9	10 45 22	12 43 39	14 45 52	16 44 9
3	18 51 15	20 53 29	22 43 52	0 46 5	2 44 22	4 46 35	6 44 52	8 47 5	10 49 19	12 47 35	14 49 48	16 48 5
4	18 55 12	20 57 25	22 47 49	0 50 2	2 48 19	4 50 32	6 48 49	8 51 2	10 53 15	12 51 32	14 53 45	16 52 2
5	18 59 9	21 1 22	22 51 45	0 53 59	2 52 15	4 54 28	6 52 45	8 54 58	10 57 12	12 55 28	14 57 41	16 55 58
6	19 3 5	21 5 18	22 55 42	0 57 55	2 56 12	4 58 25	6 56 42	8 58 55	11 1 8	12 59 25	15 1 38	16 59 55
7	19 7 2	21 9 15	22 59 38	1 1 52	3 0 8	5 2 22	7 0 38	9 2 52	11 5 5	13 3 21	15 5 35	17 3 51
8	19 10 58	21 13 12	23 3 35	1 5 48	3 4 5	5 6 18	7 4 35	9 6 48	11 9 1	13 7 18	15 9 31	17 7 48
9	19 14 55	21 17 8	23 7 32	1 9 45	3 8 1	5 10 15	7 8 31	9 10 45	11 12 58	13 11 15	15 13 28	17 11 44
10	19 18 51	21 21 5	23 11 28	1 13 41	3 11 58	5 14 11	7 12 28	9 14 41	11 16 54	13 15 11	15 17 24	17 15 41
11	19 22 48	21 25 1	23 15 25	1 17 38	3 15 55	5 18 8	7 16 25	9 18 38	11 20 51	13 19 8	15 21 21	17 19 38
12	19 26 44	21 28 58	23 19 21	1 21 34	3 19 51	5 22 4	7 20 21	9 22 34	11 24 48	13 23 4	15 25 17	17 23 34
13	19 30 41	21 32 54	23 23 18	1 25 31	3 23 48	5 26 1	7 24 18	9 26 31	11 28 44	13 27 1	15 29 14	17 27 31
14	19 34 38	21 36 51	23 27 14	1 29 28	3 27 44	5 29 57	7 28 14	9 30 27	11 32 41	13 30 57	15 33 11	17 31 27
15	19 38 34	21 40 47	23 31 11	1 33 24	3 31 41	5 33 54	7 32 11	9 34 24	11 36 37	13 34 54	15 37 7	17 35 24
16	19 42 31	21 44 44	23 35 7	1 37 21	3 35 37	5 37 51	7 36 7	9 38 21	11 40 34	13 38 50	15 41 4	17 39 20
17	19 46 27	21 48 40	23 39 4	1 41 17	3 39 34	5 41 47	7 40 4	9 42 17	11 44 30	13 42 47	15 45 0	17 43 17
18	19 50 24	21 52 37	23 43 1	1 45 14	3 43 30	5 45 44	7 44 0	9 46 14	11 48 27	13 46 44	15 48 57	17 47 14
19	19 54 20	21 56 34	23 46 57	1 49 10	3 47 27	5 49 40	7 47 57	9 50 10	11 52 23	13 50 40	15 52 53	17 51 10
20	19 58 17	22 0 30	23 50 54	1 53 7	3 51 24	5 53 37	7 51 54	9 54 7	11 56 20	13 54 37	15 56 50	17 55 7
21	20 2 13	22 4 27	23 54 50	1 57 3	3 55 20	5 57 33	7 55 50	9 58 3	12 0 17	13 58 33	16 0 46	17 59 3
22	20 6 10	22 8 23	23 58 47	2 1 0	3 59 17	6 1 30	7 59 47	10 2 0	12 4 13	14 2 30	16 4 43	18 3 0
23	20 10 7	22 12 20	0 2 43	2 4 57	4 3 13	6 5 27	8 3 43	10 5 56	12 8 10	14 6 26	16 8 40	18 6 56
24	20 14 3	22 16 16	0 6 40	2 8 53	4 7 10	6 9 23	8 7 40	10 9 53	12 12 6	14 10 23	16 12 36	18 10 53
25	20 18 0	22 20 13	0 10 36	2 12 50	4 11 6	6 13 20	8 11 36	10 13 50	12 16 3	14 14 19	16 16 33	18 14 49
26	20 21 56	22 24 9	0 14 33	2 16 46	4 15 3	6 17 16	8 15 33	10 17 46	12 19 59	14 18 16	16 20 29	18 18 46
27	20 25 53	22 28 6	0 18 30	2 20 43	4 18 59	6 21 13	8 19 29	10 21 43	12 23 56	14 22 13	16 24 26	18 22 43
28	20 29 49	22 32 3	0 22 26	2 24 39	4 22 56	6 25 9	8 23 26	10 25 39	12 27 52	14 26 9	16 28 22	18 26 39
29	20 33 46		0 26 23	2 28 36	4 26 53	6 29 6	8 27 23	10 29 36	12 31 49	14 30 6	16 32 19	18 30 36
30	20 37 42		0 30 19	2 32 32	4 30 49	6 33 2	8 31 19	10 33 32	12 35 46	14 34 2	16 36 15	18 34 32
31	20 41 39		0 34 16		4 34 46		8 35 16	10 37 29		14 37 59		18 38 29
1987 1	18 42 25	20 44 39	22 35 2	0 37 15	2 35 32	4 37 45	6 36 2	8 38 15	10 40 29	12 38 45	14 40 58	16 39 15
2	18 46 22	20 48 35	22 38 59	0 41 12	2 39 29	4 41 42	6 39 59	8 42 12	10 44 25	12 42 42	14 44 55	16 43 12
3	18 50 18	20 52 32	22 42 55	0 45 8	2 43 25	4 45 38	6 43 55	8 46 8	10 48 22	12 46 38	14 48 51	16 47 8
4	18 54 15	20 56 28	22 46 52	0 49 5	2 47 22	4 49 35	6 47 52	8 50 5	10 52 18	12 50 35	14 52 48	16 51 5
5	18 58 12	21 0 25	22 50 48	0 53 2	2 51 18	4 53 31	6 51 48	8 54 2	10 56 15	12 54 31	14 56 45	16 55 1
6	19 2 8	21 4 21	22 54 45	0 56 58	2 55 15	4 57 28	6 55 45	8 57 58	11 0 11	12 58 28	15 0 41	16 58 58
7	19 6 5	21 8 18	22 58 41	1 0 55	2 59 11	5 1 25	6 59 41	9 1 55	11 4 8	13 2 24	15 4 38	17 2 54
8	19 10 1	21 12 15	23 2 38	1 4 51	3 3 8	5 5 21	7 3 38	9 5 51	11 8 4	13 6 21	15 8 34	17 6 51
9	19 13 58	21 16 11	23 6 35	1 8 48	3 7 4	5 9 18	7 7 34	9 9 48	11 12 1	13 10 18	15 12 31	17 10 48
10	19 17 54	21 20 8	23 10 31	1 12 44	3 11 1	5 13 14	7 11 31	9 13 44	11 15 58	13 14 14	15 16 27	17 14 44
11	19 21 51	21 24 4	23 14 28	1 16 41	3 14 58	5 17 11	7 15 28	9 17 41	11 19 54	13 18 11	15 20 24	17 18 41
12	19 25 47	21 28 1	23 18 24	1 20 37	3 18 54	5 21 7	7 19 24	9 21 37	11 23 51	13 22 7	15 24 20	17 22 37
13	19 29 44	21 31 57	23 22 21	1 24 34	3 22 51	5 25 4	7 23 21	9 25 34	11 27 47	13 26 4	15 28 17	17 26 34
14	19 33 41	21 35 54	23 26 17	1 28 31	3 26 47	5 29 1	7 27 17	9 29 31	11 31 44	13 30 0	15 32 14	17 30 30
15	19 37 37	21 39 50	23 30 14	1 32 27	3 30 44	5 32 57	7 31 14	9 33 27	11 35 40	13 33 57	15 36 10	17 34 27
16	19 41 34	21 43 47	23 34 10	1 36 24	3 34 40	5 36 54	7 35 10	9 37 24	11 39 37	13 37 53	15 40 7	17 38 23
17	19 45 30	21 47 44	23 38 7	1 40 20	3 38 37	5 40 50	7 39 7	9 41 20	11 43 33	13 41 50	15 44 3	17 42 20
18	19 49 27	21 51 40	23 42 4	1 44 17	3 42 33	5 44 47	7 43 4	9 45 17	11 47 30	13 45 47	15 48 0	17 46 17
19	19 53 23	21 55 37	23 46 0	1 48 13	3 46 30	5 48 43	7 47 0	9 49 13	11 51 27	13 49 43	15 51 56	17 50 13
20	19 57 20	21 59 33	23 49 57	1 52 10	3 50 27	5 52 40	7 50 57	9 53 10	11 55 23	13 53 40	15 55 53	17 54 10
21	20 1 16	22 3 30	23 53 53	1 56 6	3 54 23	5 56 36	7 54 53	9 57 6	11 59 20	13 57 36	15 59 49	17 58 6
22	20 5 13	22 7 26	23 57 50	2 0 3	3 58 20	6 0 33	7 58 50	10 1 3	12 3 16	14 1 33	16 3 46	18 2 3
23	20 9 10	22 11 23	0 1 46	2 4 0	4 2 16	6 4 30	8 2 46	10 5 0	12 7 13	14 5 29	16 7 43	18 5 59
24	20 13 6	22 15 19	0 5 43	2 7 56	4 6 13	6 8 26	8 6 43	10 8 56	12 11 9	14 9 26	16 11 39	18 9 56
25	20 17 3	22 19 16	0 9 39	2 11 53	4 10 9	6 12 23	8 10 39	10 12 53	12 15 6	14 13 22	16 15 36	18 13 52
26	20 20 59	22 23 13	0 13 36	2 15 49	4 14 6	6 16 19	8 14 36	10 16 49	12 19 2	14 17 19	16 19 32	18 17 49
27	20 24 56	22 27 9	0 17 33	2 19 46	4 18 2	6 20 16	8 18 33	10 20 46	12 22 59	14 21 16	16 23 29	18 21 46
28	20 28 52	22 31 6	0 21 29	2 23 42	4 21 59	6 24 12	8 22 29	10 24 42	12 26 55	14 25 12	16 27 25	18 25 42
29	20 32 49		0 25 26	2 27 39	4 25 56	6 28 9	8 26 26	10 28 39	12 30 52	14 29 9	16 31 22	18 29 39
30	20 36 46		0 29 22	2 31 35	4 29 52	6 32 5	8 30 22	10 32 35	12 34 49	14 33 5	16 35 18	18 33 35
31	20 40 42		0 33 19		4 33 49		8 34 19	10 36 32		14 37 2		18 37 32
1988 1	18 41 28	20 43 42	22 38 2	0 40 15	2 38 32	4 40 45	6 39 2	8 41 15	10 43 28	12 41 45	14 43 58	16 42 15
2	18 45 25	20 47 38	22 41 58	0 44 12	2 42 28	4 44 41	6 42 58	8 45 11	10 47 25	12 45 41	14 47 55	16 46 11
3	18 49 21	20 51 35	22 45 55	0 48 8	2 46 25	4 48 38	6 46 55	8 49 8	10 51 21	12 49 38	14 51 51	16 50 8
4	18 53 18	20 55 31	22 49 51	0 52 5	2 50 21	4 52 35	6 50 51	8 53 5	10 55 18	12 53 34	14 55 48	16 54 4
5	18 57 15	20 59 28	22 53 48	0 56 1	2 54 18	4 56 31	6 54 48	8 57 1	10 59 14	12 57 31	14 59 44	16 58 1
6	19 1 11	21 3 24	22 57 45	0 59 58	2 58 14	5 0 28	6 58 44	9 0 58	11 3 11	13 1 28	15 3 41	17 1 57
7	19 5 8	21 7 21	23 1 41	1 3 54	3 2 11	5 4 24	7 2 41	9 4 54	11 7 7	13 5 24	15 7 37	17 5 54
8	19 9 4	21 11 18	23 5 38	1 7 51	3 6 8	5 8 21	7 6 38	9 8 51	11 11 4	13 9 21	15 11 34	17 9 51
9	19 13 1	21 15 14	23 9 34	1 11 47	3 10 4	5 12 17	7 10 34	9 12 47	11 15 1	13 13 17	15 15 30	17 13 47
10	19 16 57	21 19 11	23 13 31	1 15 44	3 14 1	5 16 14	7 14 31	9 16 44	11 18 57	13 17 14	15 19 27	17 17 44
11	19 20 54	21 23 7	23 17 27	1 19 41	3 17 57	5 20 10	7 18 27	9 20 40	11 22 54	13 21 10	15 23 23	17 21 40
12	19 24 51	21 27 4	23 21 24	1 23 37	3 21 54	5 24 7	7 22 24	9 24 37	11 26 50	13 25 7	15 27 20	17 25 37
13	19 28 47	21 31 0	23 25 20	1 27 34	3 25 50	5 28 4	7 26 20	9 28 34	11 30 47	13 29 3	15 31 17	17 29 33
14	19 32 44	21 34 57	23 29 17	1 31 30	3 29 47	5 32 0	7 30 17	9 32 30	11 34 43	13 33 0	15 35 13	17 33 30
15	19 36 40	21 38 53	23 33 14	1 35 27	3 33 43	5 35 57	7 34 13	9 36 27	11 38 40	13 36 56	15 39 10	17 37 26
16	19 40 37	21 42 50	23 37 10	1 39 23	3 37 40	5 39 53	7 38 10	9 40 23	11 42 36	13 40 53	15 43 6	17 41 23
17	19 44 33	21 46 47	23 41 7	1 43 20	3 41 36	5 43 50	7 42 7	9 44 20	11 46 33	13 44 50	15 47 3	17 45 20
18	19 48 30	21 50 43	23 45 3	1 47 16	3 45 33	5 47 46	7 46 3	9 48 16	11 50 30	13 48 46	15 50 59	17 49 16
19	19 52 26	21 54 40	23 49 0	1 51 13	3 49 30	5 51 43	7 50 0	9 52 13	11 54 26	13 52 43	15 54 56	17 53 13
20	19 56 23	21 58 36	23 52 56	1 55 9	3 53 26	5 55 39	7 53 56	9 56 9	11 58 23	13 56 39	15 58 53	17 57 9
21	20 0 20	22 2 33	23 56 53	1 59 6	3 57 23	5 59 36	7 57 53	10 0 6	12 2 19	14 0 36	16 2 49	18 1 6
22	20 4 16	22 6 29	0 0 49	2 3 3	4 1 19	6 3 33	8 1 49	10 4 3	12 6 16	14 4 32	16 6 46	18 5 2
23	20 8 13	22 10 26	0 4 46	2 6 59	4 5 16	6 7 29	8 5 46	10 7 59	12 10 12	14 8 29	16 10 42	18 8 59
24	20 12 9	22 14 22	0 8 43	2 10 56	4 9 12	6 11 26	8 9 42	10 11 56	12 14 9	14 12 25	16 14 39	18 12 56
25	20 16 6	22 18 19	0 12 39	2 14 52	4 13 9	6 15 22	8 13 39	10 15 52	12 18 5	14 16 22	16 18 35	18 16 52
26	20 20 2	22 22 16	0 16 36	2 18 49	4 17 6	6 19 19	8 17 36	10 19 49	12 22 2	14 20 19	16 22 32	18 20 49
27	20 23 59	22 26 12	0 20 32	2 22 45	4 21 2	6 23 15	8 21 32	10 23 45	12 25 59	14 24 15	16 26 28	18 24 45
28	20 27 55	22 30 9	0 24 29	2 26 42	4 24 59	6 27 12	8 25 29	10 27 42	12 29 55	14 28 12	16 30 25	18 28 42
29	20 31 52	22 34 5	0 28 25	2 30 38	4 28 55	6 31 8	8 29 25	10 31 38	12 33 52	14 32 8	16 34 22	18 32 38
30	20 35 49		0 32 22	2 34 35	4 32 52	6 35 5	8 33 22	10 35 35	12 37 48	14 36 5	16 38 18	18 36 35
31	20 39 45		0 36 18		4 36 48		8 37 18	10 39 32		14 40 1		18 40 31
1989 1	18 44 28	20 46 41	22 37 5	0 39 18	2 37 35	4 39 48	6 38 5	8 40 18	10 42 31	12 40 48	14 43 1	16 41 18
2	18 48 25	20 50 38	22 41 1	0 43 15	2 41 31	4 43 44	6 42 1	8 44 15	10 46 28	12 44 44	14 46 57	16 45 14
3	18 52 21	20 54 34	22 44 58	0 47 11	2 45 28	4 47 41	6 45 58	8 48 11	10 50 24	12 48 41	14 50 54	16 49 11
4	18 56 18	20 58 31	22 48 54	0 51 8	2 49 24	4 51 38	6 49 54	8 52 8	10 54 21	12 52 37	14 54 51	16 53 7
5	19 0 14	21 2 28	22 52 51	0 55 4	2 53 21	4 55 34	6 53 51	8 56 4	10 58 17	12 56 34	14 58 47	16 57 4
6	19 4 11	21 6 24	22 56 48	0 59 1	2 57 17	4 59 31	6 57 47	9 0 1	11 2 14	13 0 31	15 2 44	17 1 0
7	19 8 7	21 10 21	23 0 44	1 2 57	3 1 14	5 3 27	7 1 44	9 3 57	11 6 10	13 4 27	15 6 40	17 4 57
8	19 12 4	21 14 17	23 4 41	1 6 54	3 5 11	5 7 24	7 5 41	9 7 54	11 10 7	13 8 24	15 10 37	17 8 54
9	19 16 0	21 18 14	23 8 37	1 10 50	3 9 7	5 11 20	7 9 37	9 11 50	11 14 4	13 12 20	15 14 33	17 12 50
10	19 19 57	21 22 10	23 12 34	1 14 47	3 13 4	5 15 17	7 13 34	9 15 47	11 18 0	13 16 17	15 18 30	17 16 47
11	19 23 54	21 26 7	23 16 30	1 18 44	3 17 0	5 19 13	7 17 30	9 19 43	11 21 57	13 20 13	15 22 26	17 20 43
12	19 27 50	21 30 3	23 20 27	1 22 40	3 20 57	5 23 10	7 21 27	9 23 40	11 25 53	13 24 10	15 26 23	17 24 40
13	19 31 47	21 34 0	23 24 23	1 26 37	3 24 53	5 27 7	7 25 23	9 27 37	11 29 50	13 28 6	15 30 20	17 28 36
14	19 35 43	21 37 56	23 28 20	1 30 33	3 28 50	5 31 3	7 29 20	9 31 33	11 33 46	13 32 3	15 34 16	17 32 33
15	19 39 40	21 41 53	23 32 17	1 34 30	3 32 46	5 35 0	7 33 16	9 35 30	11 37 43	13 36 0	15 38 13	17 36 30
16	19 43 36	21 45 50	23 36 13	1 38 26	3 36 43	5 38 56	7 37 13	9 39 26	11 41 39	13 39 56	15 42 9	17 40 26
17	19 47 33	21 49 46	23 40 10	1 42 23	3 40 40	5 42 53	7 41 10	9 43 23	11 45 36	13 43 53	15 46 6	17 44 23
18	19 51 29	21 53 43	23 44 6	1 46 19	3 44 36	5 46 49	7 45 6	9 47 19	11 49 33	13 47 49	15 50 2	17 48 19
19	19 55 26	21 57 39	23 48 3	1 50 16	3 48 33	5 50 46	7 49 3	9 51 16	11 53 29	13 51 46	15 53 59	17 52 16
20	19 59 23	22 1 36	23 51 59	1 54 13	3 52 29	5 54 43	7 52 59	9 55 12	11 57 26	13 55 42	15 57 56	17 56 12
21	20 3 19	22 5 32	23 55 56	1 58 9	3 56 26	5 58 39	7 56 56	9 59 9	12 1 22	13 59 39	16 1 52	18 0 9
22	20 7 16	22 9 29	23 59 52	2 2 6	4 0 22	6 2 36	8 0 52	10 3 6	12 5 19	14 3 35	16 5 49	18 4 5
23	20 11 12	22 13 26	0 3 49	2 6 2	4 4 19	6 6 32	8 4 49	10 7 2	12 9 15	14 7 32	16 9 45	18 8 2
24	20 15 9	22 17 22	0 7 46	2 9 59	4 8 15	6 10 29	8 8 45	10 10 59	12 13 12	14 11 29	16 13 42	18 11 59
25	20 19 5	22 21 19	0 11 42	2 13 55	4 12 12	6 14 25	8 12 42	10 14 55	12 17 8	14 15 25	16 17 38	18 15 55
26	20 23 2	22 25 15	0 15 39	2 17 52	4 16 9	6 18 22	8 16 39	10 18 52	12 21 5	14 19 22	16 21 35	18 19 52
27	20 26 58	22 29 12	0 19 35	2 21 48	4 20 5	6 22 18	8 20 35	10 22 48	12 25 2	14 23 18	16 25 31	18 23 48
28	20 30 55	22 33 8	0 23 32	2 25 45	4 24 2	6 26 15	8 24 32	10 26 45	12 28 58	14 27 15	16 29 28	18 27 45
29	20 34 52		0 27 28	2 29 42	4 27 58	6 30 12	8 28 28	10 30 42	12 32 55	14 31 11	16 33 25	18 31 41
30	20 38 48		0 31 25	2 33 38	4 31 55	6 34 8	8 32 25	10 34 38	12 36 51	14 35 8	16 37 21	18 35 38
31	20 42 45		0 35 21		4 35 51		8 36 21	10 38 35		14 39 4		18 39 34

		1	2	3	4	5	6	7	8	9	10	11	12
1990	1	18 43 31	20 45 44	22 36 8	0 38 21	2 36 38	4 38 51	6 37 8	8 39 21	10 41 34	12 39 51	14 42 4	16 40 21
	2	18 47 28	20 49 41	22 40 4	0 42 18	2 40 34	4 42 47	6 41 4	8 43 17	10 45 31	12 43 47	14 46 0	16 44 17
	3	18 51 24	20 53 37	22 44 1	0 46 14	2 44 31	4 46 44	6 45 1	8 47 14	10 49 27	12 47 44	14 49 57	16 48 14
	4	18 55 21	20 57 34	22 47 57	0 50 11	2 48 27	4 50 41	6 48 57	8 51 11	10 53 24	12 51 40	14 53 54	16 52 10
	5	18 59 17	21 1 30	22 51 54	0 54 7	2 52 24	4 54 37	6 52 54	8 55 7	10 57 20	12 55 37	14 57 50	16 56 7
	6	19 3 14	21 5 27	22 55 51	0 58 4	2 56 20	4 58 34	6 56 50	8 59 4	11 1 17	12 59 33	15 1 47	17 0 3
	7	19 7 10	21 9 24	22 59 47	1 2 0	3 0 17	5 2 30	7 0 47	9 3 0	11 5 13	13 3 30	15 5 43	17 4 0
	8	19 11 7	21 13 20	23 3 44	1 5 57	3 4 14	5 6 27	7 4 44	9 6 57	11 9 10	13 7 27	15 9 40	17 7 57
	9	19 15 3	21 17 17	23 7 40	1 9 53	3 8 10	5 10 23	7 8 40	9 10 53	11 13 7	13 11 23	15 13 36	17 11 53
	10	19 19 0	21 21 13	23 11 37	1 13 50	3 12 7	5 14 20	7 12 37	9 14 50	11 17 3	13 15 20	15 17 33	17 15 50
	11	19 22 57	21 25 10	23 15 33	1 17 47	3 16 3	5 18 16	7 16 33	9 18 46	11 21 0	13 19 16	15 21 29	17 19 46
	12	19 26 53	21 29 6	23 19 30	1 21 43	3 20 0	5 22 13	7 20 30	9 22 43	11 24 56	13 23 13	15 25 26	17 23 43
	13	19 30 50	21 33 3	23 23 26	1 25 40	3 23 56	5 26 10	7 24 26	9 26 40	11 28 53	13 27 9	15 29 23	17 27 39
	14	19 34 46	21 37 0	23 27 23	1 29 36	3 27 53	5 30 6	7 28 23	9 30 36	11 32 49	13 31 6	15 33 19	17 31 36
	15	19 38 43	21 40 56	23 31 20	1 33 33	3 31 49	5 34 3	7 32 19	9 34 33	11 36 46	13 35 2	15 37 16	17 35 32
	16	19 42 39	21 44 53	23 35 16	1 37 29	3 35 46	5 37 59	7 36 16	9 38 29	11 40 42	13 38 59	15 41 12	17 39 29
	17	19 46 36	21 48 49	23 39 13	1 41 26	3 39 43	5 41 56	7 40 13	9 42 26	11 44 39	13 42 56	15 45 9	17 43 26
	18	19 50 32	21 52 46	23 43 9	1 45 22	3 43 39	5 45 52	7 44 9	9 46 22	11 48 36	13 46 52	15 49 5	17 47 22
	19	19 54 29	21 56 42	23 47 6	1 49 19	3 47 36	5 49 49	7 48 6	9 50 19	11 52 32	13 50 49	15 53 2	17 51 19
	20	19 58 26	22 0 39	23 51 2	1 53 16	3 51 32	5 53 45	7 52 2	9 54 15	11 56 29	13 54 45	15 56 8	17 55 15
	21	20 2 22	22 4 35	23 54 59	1 57 12	3 55 29	5 57 42	7 55 59	9 58 12	12 0 25	13 58 42	16 0 55	17 59 12
	22	20 6 19	22 8 32	23 58 55	2 1 9	3 59 25	6 1 39	7 59 55	10 2 9	12 4 22	14 2 38	16 4 52	18 3 8
	23	20 10 15	22 12 29	0 2 52	2 5 5	4 3 22	6 5 35	8 3 52	10 6 5	12 8 18	14 6 35	16 8 48	18 7 5
	24	20 14 12	22 16 25	0 6 49	2 9 2	4 7 18	6 9 32	8 7 48	10 10 2	12 12 15	14 10 31	16 12 45	18 11 1
	25	20 18 8	22 20 22	0 10 45	2 12 58	4 11 15	6 13 28	8 11 45	10 13 58	12 16 11	14 14 28	16 16 41	18 14 58
	26	20 22 5	22 24 18	0 14 42	2 16 55	4 15 12	6 17 25	8 15 42	10 17 55	12 20 8	14 18 25	16 20 38	18 18 55
	27	20 26 2	22 28 15	0 18 38	2 20 51	4 19 8	6 21 21	8 19 38	10 21 51	12 24 5	14 22 21	16 24 34	18 22 51
	28	20 29 58	22 32 11	0 22 35	2 24 48	4 23 5	6 25 18	8 23 35	10 25 48	12 28 1	14 26 18	16 28 31	18 26 48
	29	20 33 55		0 26 31	2 28 45	4 27 1	6 29 15	8 27 31	10 29 44	12 31 58	14 30 14	16 32 27	18 30 44
	30	20 37 51		0 30 28	2 32 41	4 30 58	6 33 11	8 31 28	10 33 41	12 35 54	14 34 11	16 36 24	18 34 41
	31	20 41 48		0 34 24		4 34 54		8 35 24	10 37 38		14 38 7		18 38 37
1991	1	18 42 34	20 44 47	22 35 11	0 37 24	2 35 41	4 37 54	6 36 11	8 38 24	10 40 37	12 38 54	14 41 7	16 39 23
	2	18 46 30	20 48 44	22 39 7	0 41 20	2 39 37	4 41 50	6 40 7	8 42 20	10 44 34	12 42 50	14 45 3	16 43 20
	3	18 50 27	20 52 40	22 43 4	0 45 17	2 43 34	4 45 47	6 44 4	8 46 17	10 48 30	12 46 47	14 49 0	16 47 17
	4	18 54 24	20 56 37	22 47 0	0 49 14	2 47 30	4 49 43	6 48 0	8 50 13	10 52 27	12 50 43	14 52 56	16 51 13
	5	18 58 20	21 0 33	22 50 57	0 53 10	2 51 27	4 53 40	6 51 57	8 54 10	10 56 23	12 54 40	14 56 53	16 55 10
	6	19 2 17	21 4 30	22 54 53	0 57 7	2 55 23	4 57 37	6 55 53	8 58 7	11 0 20	12 58 36	15 0 50	16 59 6
	7	19 6 13	21 8 27	22 58 50	1 1 3	2 59 20	5 1 33	6 59 50	9 2 3	11 4 16	13 2 33	15 4 46	17 3 3
	8	19 10 10	21 12 23	23 2 47	1 5 0	3 3 16	5 5 30	7 3 46	9 6 0	11 8 13	13 6 29	15 8 43	17 6 59
	9	19 14 6	21 16 20	23 6 43	1 8 56	3 7 13	5 9 26	7 7 43	9 9 56	11 12 9	13 10 26	15 12 39	17 10 56
	10	19 18 3	21 20 16	23 10 40	1 12 53	3 11 10	5 13 23	7 11 40	9 13 53	11 16 6	13 14 23	15 16 36	17 14 52
	11	19 21 59	21 24 13	23 14 36	1 16 49	3 15 6	5 17 19	7 15 36	9 17 49	11 20 3	13 18 19	15 20 32	17 18 49
	12	19 25 56	21 28 9	23 18 33	1 20 46	3 19 3	5 21 16	7 19 33	9 21 46	11 23 59	13 22 16	15 24 29	17 22 46
	13	19 29 53	21 32 6	23 22 29	1 24 43	3 22 59	5 25 12	7 23 29	9 25 42	11 27 56	13 26 12	15 28 25	17 26 42
	14	19 33 49	21 36 2	23 26 26	1 28 39	3 26 56	5 29 9	7 27 26	9 29 39	11 31 52	13 30 9	15 32 22	17 30 39
	15	19 37 46	21 39 59	23 30 23	1 32 36	3 30 52	5 33 6	7 31 22	9 33 36	11 35 49	13 34 5	15 36 19	17 34 35
	16	19 41 42	21 43 56	23 34 19	1 36 32	3 34 49	5 37 2	7 35 19	9 37 32	11 39 45	13 38 2	15 40 15	17 38 32
	17	19 45 39	21 47 52	23 38 16	1 40 29	3 38 45	5 40 59	7 39 15	9 41 29	11 43 42	13 41 58	15 44 12	17 42 28
	18	19 49 35	21 51 49	23 42 12	1 44 25	3 42 42	5 44 55	7 43 12	9 45 25	11 47 38	13 45 55	15 48 8	17 46 25
	19	19 53 32	21 55 45	23 46 9	1 48 22	3 46 39	5 48 52	7 47 9	9 49 22	11 51 35	13 49 52	15 52 5	17 50 21
	20	19 57 29	22 59 42	23 50 5	1 52 18	3 50 35	5 52 48	7 51 5	9 53 18	11 55 32	13 53 48	15 56 1	17 54 18
	21	20 1 25	22 3 38	23 54 2	1 56 15	3 54 32	5 56 45	7 55 2	9 57 15	11 59 28	13 57 45	15 59 58	17 58 15
	22	20 5 22	22 7 35	23 57 58	2 0 12	3 58 28	6 0 41	7 58 58	10 1 11	12 3 25	14 1 41	16 3 54	18 2 11
	23	20 9 18	22 11 31	0 1 55	2 4 8	4 2 25	6 4 38	8 2 55	10 5 8	12 7 21	14 5 38	16 7 51	18 6 8
	24	20 13 15	22 15 28	0 5 51	2 8 5	4 6 21	6 8 35	8 6 51	10 9 5	12 11 18	14 9 34	16 11 48	18 10 4
	25	20 17 11	22 19 25	0 9 48	2 12 1	4 10 18	6 12 31	8 10 48	10 13 1	12 15 14	14 13 31	16 15 44	18 14 1
	26	20 21 8	22 23 21	0 13 45	2 15 58	4 14 14	6 16 28	8 14 44	10 16 58	12 19 11	14 17 27	16 19 41	18 17 57
	27	20 25 4	22 27 18	0 17 41	2 19 54	4 18 11	6 20 24	8 18 41	10 20 54	12 23 7	14 21 24	16 23 37	18 21 54
	28	20 29 1	22 31 14	0 21 38	2 23 51	4 22 8	6 24 21	8 22 38	10 24 51	12 27 4	14 25 21	16 27 34	18 25 51
	29	20 32 58		0 25 34	2 27 47	4 26 4	6 28 17	8 26 34	10 28 47	12 31 0	14 29 17	16 31 30	18 29 47
	30	20 36 54		0 29 31	2 31 44	4 30 1	6 32 14	8 30 31	10 32 44	12 34 57	14 33 14	16 35 27	18 33 44
	31	20 40 51		0 33 27		4 33 57		8 34 27	10 36 40		14 37 10		18 37 40
1992	1	18 41 37	20 43 50	22 38 10	0 40 23	2 38 40	4 40 53	6 39 10	8 41 23	10 43 36	12 41 53	14 44 6	16 42 23
	2	18 45 33	20 47 47	22 42 7	0 44 20	2 42 36	4 44 50	6 43 6	8 45 20	10 47 33	12 45 49	14 48 3	16 46 19
	3	18 49 30	20 51 43	22 46 3	0 48 16	2 46 33	4 48 46	6 47 3	8 49 16	10 51 29	12 49 46	14 51 59	16 50 16
	4	18 53 26	20 55 40	22 50 0	0 52 13	2 50 30	4 52 43	6 51 0	8 53 13	10 55 26	12 53 43	14 55 56	16 54 12
	5	18 57 23	20 59 36	22 53 56	0 56 9	2 54 26	4 56 39	6 54 56	8 57 9	10 59 23	12 57 39	14 59 52	16 58 9
	6	19 1 20	21 3 33	22 57 53	1 0 6	2 58 23	5 0 36	6 58 53	9 1 6	11 3 19	13 1 36	15 3 49	17 2 5
	7	19 5 16	21 7 29	23 1 49	1 4 3	3 2 19	5 4 32	7 2 49	9 5 2	11 7 16	13 5 32	15 7 45	17 6 2
	8	19 9 13	21 11 26	23 5 46	1 7 59	3 6 16	5 8 29	7 6 46	9 8 59	11 11 12	13 9 29	15 11 42	17 9 59
	9	19 13 9	21 15 22	23 9 43	1 11 56	3 10 12	5 12 26	7 10 42	9 12 56	11 15 9	13 13 25	15 15 38	17 13 55
	10	19 17 6	21 19 19	23 13 39	1 15 52	3 14 9	5 16 22	7 14 39	9 16 52	11 19 5	13 17 22	15 19 35	17 17 52
	11	19 21 2	21 23 16	23 17 36	1 19 49	3 18 5	5 20 19	7 18 35	9 20 49	11 23 2	13 21 18	15 23 32	17 21 48
	12	19 24 59	21 27 12	23 21 32	1 23 45	3 22 2	5 24 15	7 22 32	9 24 45	11 26 58	13 25 15	15 27 28	17 25 45
	13	19 28 55	21 31 9	23 25 29	1 27 42	3 25 59	5 28 12	7 26 29	9 28 42	11 30 55	13 29 11	15 31 25	17 29 41
	14	19 32 52	21 35 5	23 29 25	1 31 38	3 29 55	5 32 8	7 30 25	9 32 38	11 34 51	13 33 8	15 35 21	17 33 38
	15	19 36 49	21 39 2	23 33 22	1 35 35	3 33 52	5 36 5	7 34 22	9 36 35	11 38 48	13 37 5	15 39 18	17 37 35
	16	19 40 45	21 42 58	23 37 18	1 39 32	3 37 48	5 40 1	7 38 18	9 40 31	11 42 45	13 41 1	15 43 14	17 41 31
	17	19 44 42	21 46 55	23 41 15	1 43 28	3 41 45	5 43 58	7 42 15	9 44 28	11 46 41	13 44 58	15 47 11	17 45 28
	18	19 48 38	21 50 51	23 45 12	1 47 25	3 45 41	5 47 55	7 46 11	9 48 25	11 50 38	13 48 54	15 51 8	17 49 24
	19	19 52 35	21 54 48	23 49 8	1 51 21	3 49 38	5 51 51	7 50 8	9 52 21	11 54 34	13 52 51	15 55 4	17 53 21
	20	19 56 31	21 58 45	23 53 5	1 55 18	3 53 34	5 55 48	7 54 4	9 56 18	11 58 31	13 56 47	15 59 1	17 57 17
	21	20 0 28	22 2 41	23 57 1	1 59 14	3 57 31	5 59 44	7 58 1	10 0 14	12 2 27	14 0 44	16 2 57	18 1 14
	22	20 4 24	22 6 38	0 0 58	2 3 11	4 1 28	6 3 41	8 1 58	10 4 11	12 6 24	14 4 41	16 6 54	18 5 10
	23	20 8 21	22 10 34	0 4 54	2 7 7	4 5 24	6 7 37	8 5 54	10 8 7	12 10 20	14 8 37	16 10 50	18 9 7
	24	20 12 18	22 14 31	0 8 51	2 11 4	4 9 21	6 11 34	8 9 51	10 12 4	12 14 17	14 12 34	16 14 47	18 13 4
	25	20 16 14	22 18 27	0 12 47	2 15 1	4 13 17	6 15 30	8 13 47	10 16 0	12 18 14	14 16 30	16 18 43	18 17 0
	26	20 20 11	22 22 24	0 16 44	2 18 57	4 17 14	6 19 27	8 17 44	10 19 57	12 22 10	14 20 27	16 22 40	18 20 57
	27	20 24 7	22 26 20	0 20 41	2 22 54	4 21 10	6 23 24	8 21 40	10 23 54	12 26 7	14 24 23	16 26 37	18 24 53
	28	20 28 4	22 30 17	0 24 37	2 26 50	4 25 7	6 27 20	8 25 37	10 27 50	12 30 3	14 28 20	16 30 33	18 28 50
	29	20 32 0	22 34 14	0 28 34	2 30 47	4 29 3	6 31 17	8 29 33	10 31 47	12 34 0	14 32 16	16 34 30	18 32 46
	30	20 35 57		0 32 30	2 34 43	4 33 0	6 35 13	8 33 30	10 35 43	12 37 56	14 36 13	16 38 26	18 36 43
	31	20 39 53		0 36 27		4 36 57		8 37 27	10 39 40		14 40 9		18 40 39
1993	1	18 44 36	20 46 49	22 37 13	0 39 26	2 37 43	4 39 56	6 38 12	8 40 26	10 42 39	12 40 56	14 43 9	16 41 25
	2	18 48 33	20 50 46	22 41 9	0 43 23	2 41 39	4 43 52	6 42 9	8 44 22	10 46 35	12 44 52	14 47 5	16 45 22
	3	18 52 29	20 54 42	22 45 6	0 47 19	2 45 36	4 47 49	6 46 6	8 48 19	10 50 32	12 48 49	14 51 2	16 49 18
	4	18 56 26	20 58 39	22 49 2	0 51 16	2 49 32	4 51 45	6 50 2	8 52 15	10 54 29	12 52 45	14 54 58	16 53 15
	5	19 0 22	21 2 36	22 52 59	0 55 12	2 53 29	4 55 42	6 53 59	8 56 12	10 58 25	12 56 42	14 58 55	16 57 12
	6	19 4 19	21 6 32	22 56 56	0 59 9	2 57 25	4 59 39	6 57 55	9 0 9	11 2 22	13 0 38	15 2 51	17 1 8
	7	19 8 15	21 10 29	23 0 52	1 3 5	3 1 22	5 3 35	7 1 52	9 4 5	11 6 18	13 4 35	15 6 48	17 5 5
	8	19 12 12	21 14 25	23 4 49	1 7 2	3 5 18	5 7 32	7 5 48	9 8 2	11 10 15	13 8 31	15 10 45	17 9 1
	9	19 16 8	21 18 22	23 8 45	1 10 58	3 9 15	5 11 28	7 9 45	9 11 58	11 14 11	13 12 28	15 14 41	17 12 58
	10	19 20 5	21 22 18	23 12 42	1 14 55	3 13 12	5 15 25	7 13 42	9 15 55	11 18 8	13 16 24	15 18 38	17 16 54
	11	19 24 2	21 26 15	23 16 38	1 18 51	3 17 8	5 19 21	7 17 38	9 19 51	11 22 4	13 20 21	15 22 34	17 20 51
	12	19 27 58	21 30 11	23 20 35	1 22 48	3 21 5	5 23 18	7 21 35	9 23 48	11 26 1	13 24 18	15 26 31	17 24 47
	13	19 31 55	21 34 8	23 24 31	1 26 45	3 25 1	5 27 14	7 25 31	9 27 44	11 29 58	13 28 14	15 30 27	17 28 44
	14	19 35 51	21 38 4	23 28 28	1 30 41	3 28 58	5 31 11	7 29 28	9 31 41	11 33 54	13 32 11	15 34 24	17 32 41
	15	19 39 48	21 42 1	23 32 25	1 34 38	3 32 54	5 35 8	7 33 24	9 35 38	11 37 51	13 36 7	15 38 20	17 36 37
	16	19 43 44	21 45 58	23 36 21	1 38 34	3 36 51	5 39 4	7 37 21	9 39 34	11 41 47	13 40 4	15 42 17	17 40 34
	17	19 47 41	21 49 54	23 40 18	1 42 31	3 40 47	5 43 1	7 41 17	9 43 31	11 45 44	13 44 0	15 46 14	17 44 30
	18	19 51 38	21 53 51	23 44 14	1 46 27	3 44 44	5 46 57	7 45 14	9 47 27	11 49 40	13 47 57	15 50 10	17 48 27
	19	19 55 34	21 57 47	23 48 11	1 50 24	3 48 41	5 50 54	7 49 11	9 51 24	11 53 37	13 51 53	15 54 7	17 52 23
	20	19 59 31	22 1 44	23 52 7	1 54 20	3 52 37	5 54 50	7 53 7	9 55 20	11 57 33	13 55 50	15 58 3	17 56 20
	21	20 3 27	22 5 40	23 56 4	1 58 17	3 56 34	5 58 47	7 57 4	9 59 17	12 1 30	13 59 47	16 2 0	18 0 16
	22	20 7 24	22 9 37	0 0 0	2 2 14	4 0 30	6 2 43	8 1 0	10 3 13	12 5 27	14 3 43	16 5 56	18 4 13
	23	20 11 20	22 13 33	0 3 57	2 6 10	4 4 27	6 6 40	8 4 57	10 7 10	12 9 23	14 7 40	16 9 53	18 8 10
	24	20 15 17	22 17 30	0 7 54	2 10 7	4 8 23	6 10 37	8 8 53	10 11 7	12 13 20	14 11 36	16 13 49	18 12 6
	25	20 19 13	22 21 27	0 11 50	2 14 3	4 12 20	6 14 33	8 12 50	10 15 3	12 17 16	14 15 33	16 17 46	18 16 3
	26	20 23 10	22 25 23	0 15 47	2 18 0	4 16 16	6 18 30	8 16 46	10 19 0	12 21 13	14 19 29	16 21 43	18 19 59
	27	20 27 7	22 29 20	0 19 43	2 21 56	4 20 13	6 22 26	8 20 43	10 22 56	12 25 9	14 23 26	16 25 39	18 23 56
	28	20 31 3	22 33 16	0 23 40	2 25 53	4 24 10	6 26 23	8 24 40	10 26 53	12 29 6	14 27 22	16 29 36	18 27 52
	29	20 35 0		0 27 36	2 29 49	4 28 6	6 30 19	8 28 36	10 30 49	12 33 2	14 31 19	16 33 32	18 31 49
	30	20 38 56		0 31 33	2 33 46	4 32 3	6 34 16	8 32 33	10 34 46	12 36 59	14 35 16	16 37 29	18 35 46
	31	20 42 53		0 35 29		4 35 59		8 36 29	10 38 42		14 39 12		18 39 42
1994	1	18 43 39	20 45 52	22 36 15	0 38 29	2 36 45	4 38 58	6 37 15	8 39 28	10 41 41	12 39 58	14 42 11	16 40 28
	2	18 47 35	20 49 48	22 40 12	0 42 25	2 40 42	4 42 55	6 41 12	8 43 25	10 45 38	12 43 55	14 46 8	16 44 24
	3	18 51 32	20 53 45	22 44 8	0 46 22	2 44 38	4 46 51	6 45 8	8 47 21	10 49 35	12 47 51	14 50 4	16 48 21
	4	18 55 28	20 57 42	22 48 5	0 50 18	2 48 35	4 50 48	6 49 5	8 51 18	10 53 31	12 51 48	14 54 1	16 52 18
	5	18 59 25	21 1 38	22 52 2	0 54 15	2 52 31	4 54 45	6 53 1	8 55 15	10 57 28	12 55 44	14 57 57	16 56 14
	6	19 3 21	21 5 35	22 55 58	0 58 11	2 56 28	4 58 41	6 56 58	8 59 11	11 1 24	12 59 41	15 1 54	17 0 11
	7	19 7 18	21 9 31	22 59 55	1 2 8	3 0 24	5 2 38	7 0 54	9 3 8	11 5 21	13 3 37	15 5 50	17 4 7
	8	19 11 15	21 13 28	23 3 51	1 6 4	3 4 41	5 6 34	7 4 51	9 7 4	11 9 17	13 7 34	15 9 47	17 8 4
	9	19 15 11	21 17 24	23 7 48	1 10 1	3 8 18	5 10 31	7 8 48	9 11 1	11 13 14	13 11 30	15 13 44	17 12 0
	10	19 19 8	21 21 21	23 11 44	1 13 57	3 12 14	5 14 27	7 12 44	9 14 57	11 17 10	13 15 27	15 17 40	17 15 57
	11	19 23 4	21 25 17	23 15 41	1 17 54	3 16 11	5 18 24	7 16 41	9 18 54	11 21 7	13 19 24	15 21 37	17 19 53
	12	19 27 1	21 29 14	23 19 37	1 21 51	3 20 7	5 22 20	7 20 37	9 22 50	11 25 4	13 23 20	15 25 33	17 23 50
	13	19 30 57	21 33 11	23 23 34	1 25 47	3 24 4	5 26 17	7 24 34	9 26 47	11 29 0	13 27 17	15 29 30	17 27 47
	14	19 34 54	21 37 7	23 27 31	1 29 44	3 28 0	5 30 14	7 28 30	9 30 43	11 32 57	13 31 13	15 33 26	17 31 43
	15	19 38 50	21 41 4	23 31 27	1 33 40	3 31 57	5 34 10	7 32 27	9 34 40	11 36 53	13 35 10	15 37 23	17 35 40
	16	19 42 47	21 45 0	23 35 24	1 37 37	3 35 53	5 38 7	7 36 23	9 38 37	11 40 50	13 39 6	15 41 19	17 39 36
	17	19 46 44	21 48 57	23 39 20	1 41 33	3 39 50	5 42 3	7 40 20	9 42 33	11 44 46	13 43 3	15 45 16	17 43 33
	18	19 50 40	21 52 53	23 43 17	1 45 30	3 43 47	5 46 0	7 44 16	9 46 30	11 48 43	13 46 59	15 49 13	17 47 29
	19	19 54 37	21 56 50	23 47 13	1 49 26	3 47 43	5 49 56	7 48 13	9 50 26	11 52 39	13 50 56	15 53 9	17 51 26
	20	19 58 33	22 0 46	23 51 10	1 53 23	3 51 40	5 53 53	7 52 10	9 54 23	11 56 36	13 54 53	15 57 6	17 55 22
	21	20 2 30	22 4 43	23 55 6	1 57 20	3 55 36	5 57 49	7 56 6	9 58 19	12 0 33	13 58 49	16 1 2	17 59 19
	22	20 6 26	22 8 40	23 59 3	2 1 16	3 59 33	6 1 46	8 0 3	10 2 16	12 4 29	14 2 46	16 4 59	18 3 16
	23	20 10 23	22 12 36	0 3 0	2 5 13	4 3 29	6 5 43	8 3 59	10 6 12	12 8 26	14 6 42	16 8 55	18 7 12
	24	20 14 19	22 16 33	0 6 56	2 9 9	4 7 26	6 9 39	8 7 56	10 10 9	12 12 22	14 10 39	16 12 52	18 11 9
	25	20 18 16	22 20 29	0 10 53	2 13 6	4 11 22	6 13 36	8 11 52	10 14 6	12 16 19	14 14 35	16 16 49	18 15 5
	26	20 22 13	22 24 26	0 14 49	2 17 2	4 15 19	6 17 32	8 15 49	10 18 2	12 20 15	14 18 32	16 20 45	18 19 2
	27	20 26 9	22 28 22	0 18 46	2 20 59	4 19 16	6 21 29	8 19 46	10 21 59	12 24 12	14 22 28	16 24 42	18 22 58
	28	20 30 6	22 32 19	0 22 42	2 24 55	4 23 12	6 25 25	8 23 42	10 25 55	12 28 8	14 26 25	16 28 38	18 26 55
	29	20 34 2		0 26 39	2 28 52	4 27 9	6 29 22	8 27 39	10 29 52	12 32 5	14 30 22	16 32 35	18 30 51
	30	20 37 59		0 30 35	2 32 49	4 31 5	6 33 18	8 31 35	10 33 48	12 36 1	14 34 18	16 36 31	18 34 48
	31	20 41 55		0 34 32		4 35 2		8 35 32	10 37 45		14 38 15		18 38 45
1995	1	18 42 41	20 44 54	22 35 18	0 37 31	2 35 48	4 38 1	6 36 17	8 38 31	10 40 44	12 39 0	14 41 14	16 39 30
	2	18 46 38	20 48 51	22 39 14	0 41 28	2 39 44	4 41 57	6 40 14	8 42 27	10 44 40	12 42 57	14 45 10	16 43 27
	3	18 50 34	20 52 47	22 43 11	0 45 24	2 43 41	4 45 54	6 44 11	8 46 24	10 48 37	12 46 54	14 49 7	16 47 23
	4	18 54 31	20 56 44	22 47 8	0 49 21	2 47 37	4 49 50	6 48 7	8 50 20	10 52 34	12 50 50	14 53 3	16 51 20
	5	18 58 27	21 0 41	22 51 4	0 53 17	2 51 34	4 53 47	6 52 4	8 54 17	10 56 30	12 54 47	14 57 0	16 55 16
	6	19 2 24	21 4 37	22 55 1	0 57 14	2 55 30	4 57 44	6 56 0	8 58 13	11 0 27	12 58 43	15 0 56	16 59 13
	7	19 6 20	21 8 34	22 58 57	1 1 10	2 59 27	5 1 40	6 59 57	9 2 10	11 4 23	13 2 40	15 4 53	17 3 10
	8	19 10 17	21 12 30	23 2 54	1 5 7	3 3 23	5 5 37	7 3 53	9 6 7	11 8 20	13 6 36	15 8 49	17 7 6
	9	19 14 14	21 16 27	23 6 50	1 9 3	3 7 20	5 9 33	7 7 50	9 10 3	11 12 16	13 10 33	15 12 46	17 11 3
	10	19 18 10	21 20 23	23 10 47	1 13 0	3 11 17	5 13 30	7 11 46	9 14 0	11 16 13	13 14 29	15 16 43	17 14 59
	11	19 22 7	21 24 20	23 14 43	1 16 57	3 15 13	5 17 26	7 15 43	9 17 56	11 20 9	13 18 26	15 20 39	17 18 56
	12	19 26 3	21 28 16	23 18 40	1 20 53	3 19 10	5 21 23	7 19 40	9 21 53	11 24 6	13 22 23	15 24 36	17 22 52
	13	19 30 0	21 32 13	23 22 37	1 24 50	3 23 6	5 25 19	7 23 36	9 25 49	11 28 3	13 26 19	15 28 32	17 26 49
	14	19 33 56	21 36 10	23 26 33	1 28 46	3 27 3	5 29 16	7 27 33	9 29 46	11 31 59	13 30 16	15 32 29	17 30 45
	15	19 37 53	21 40 6	23 30 30	1 32 43	3 30 59	5 33 13	7 31 29	9 33 42	11 35 56	13 34 12	15 36 25	17 34 42
	16	19 41 49	21 44 3	23 34 26	1 36 39	3 34 56	5 37 9	7 35 26	9 37 39	11 39 52	13 38 9	15 40 22	17 38 39
	17	19 45 46	21 47 59	23 38 23	1 40 36	3 38 52	5 41 6	7 39 22	9 41 36	11 43 49	13 42 5	15 44 18	17 42 35
	18	19 49 43	21 51 56	23 42 19	1 44 32	3 42 49	5 45 2	7 43 19	9 45 32	11 47 45	13 46 2	15 48 15	17 46 32
	19	19 53 39	21 55 52	23 46 16	1 48 29	3 46 46	5 48 59	7 47 15	9 49 29	11 51 42	13 49 58	15 52 12	17 50 28
	20	19 57 36	21 59 49	23 50 12	1 52 25	3 50 42	5 52 55	7 51 12	9 53 25	11 55 38	13 53 55	15 56 8	17 54 25
	21	20 1 32	22 3 45	23 54 9	1 56 22	3 54 39	5 56 52	7 55 9	9 57 22	11 59 35	13 57 51	16 0 5	17 58 21
	22	20 5 29	22 7 42	23 58 5	2 0 19	3 58 35	6 0 48	7 59 5	10 1 18	12 3 31	14 1 48	16 4 1	18 2 18
	23	20 9 25	22 11 39	0 2 2	2 4 15	4 2 32	6 4 45	8 3 2	10 5 15	12 7 28	14 5 45	16 7 58	18 6 15
	24	20 13 22	22 15 35	0 5 59	2 8 12	4 6 28	6 8 42	8 6 58	10 9 11	12 11 25	14 9 41	16 11 54	18 10 11
	25	20 17 18	22 19 32	0 9 55	2 12 8	4 10 25	6 12 38	8 10 55	10 13 8	12 15 21	14 13 38	16 15 51	18 14 8
	26	20 21 15	22 23 28	0 13 52	2 16 5	4 14 21	6 16 35	8 14 41	10 17 5	12 19 18	14 17 34	16 19 47	18 18 4
	27	20 25 12	22 27 25	0 17 48	2 20 1	4 18 18	6 20 31	8 18 48	10 21 1	12 23 14	14 21 31	16 23 44	18 22 1
	28	20 29 8	22 31 21	0 21 45	2 23 58	4 22 15	6 24 28	8 22 45	10 24 58	12 27 11	14 25 27	16 27 41	18 25 57
	29	20 33 5		0 25 41	2 27 54	4 26 11	6 28 24	8 26 41	10 28 54	12 31 7	14 29 24	16 31 37	18 29 54
	30	20 37 1		0 29 38	2 31 51	4 30 8	6 32 21	8 30 38	10 32 51	12 35 4	14 33 20	16 35 34	18 33 50
	31	20 40 58		0 33 34		4 34 4		8 34 34	10 36 47		14 37 17		18 37 47
1996	1	18 41 44	20 43 57	22 38 17	0 40 30	2 38 47	4 41 0	6 39 16	8 41 30	10 43 43	12 41 59	14 44 12	16 42 29
	2	18 45 40	20 47 53	22 42 13	0 44 26	2 42 43	4 44 56	6 43 13	8 45 26	10 47 39	12 45 56	14 48 9	16 46 26
	3	18 49 37	20 51 50	22 46 10	0 48 23	2 46 40	4 48 53	6 47 10	8 49 23	10 51 36	12 49 52	14 52 6	16 50 22
	4	18 53 33	20 55 46	22 50 6	0 52 20	2 50 36	4 52 49	6 51 6	8 53 19	10 55 32	12 53 49	14 56 2	16 54 19
	5	18 57 30	20 59 43	22 54 3	0 56 16	2 54 33	4 56 46	6 55 3	8 57 16	10 59 29	12 57 46	14 59 59	16 58 15
	6	19 1 26	21 3 40	22 58 0	1 0 13	2 58 29	5 0 43	6 58 59	9 1 12	11 3 26	13 1 42	15 3 55	17 2 12
	7	19 5 23	21 7 36	23 1 56	1 4 9	3 2 26	5 4 39	7 2 56	9 5 9	11 7 22	13 5 39	15 7 52	17 6 8
	8	19 9 19	21 11 33	23 5 53	1 8 6	3 6 22	5 8 36	7 6 52	9 9 6	11 11 19	13 9 35	15 11 48	17 10 5
	9	19 13 16	21 15 29	23 9 49	1 12 2	3 10 19	5 12 32	7 10 49	9 13 2	11 15 15	13 13 32	15 15 45	17 14 2
	10	19 17 13	21 19 26	23 13 46	1 15 59	3 14 16	5 16 29	7 14 45	9 16 59	11 19 12	13 17 28	15 19 41	17 17 58
	11	19 21 9	21 23 22	23 17 42	1 19 55	3 18 12	5 20 25	7 18 42	9 20 55	11 23 8	13 21 25	15 23 38	17 21 55
	12	19 25 6	21 27 19	23 21 39	1 23 52	3 22 9	5 24 22	7 22 39	9 24 52	11 27 5	13 25 21	15 27 35	17 25 51
	13	19 29 2	21 31 15	23 25 35	1 27 49	3 26 5	5 28 18	7 26 35	9 28 48	11 31 1	13 29 18	15 31 31	17 29 48
	14	19 32 59	21 35 12	23 29 32	1 31 45	3 30 2	5 32 15	7 30 32	9 32 45	11 34 58	13 33 15	15 35 28	17 33 44
	15	19 36 55	21 39 9	23 33 29	1 35 42	3 33 58	5 36 11	7 34 28	9 36 41	11 38 55	13 37 11	15 39 24	17 37 41
	16	19 40 52	21 43 5	23 37 25	1 39 38	3 37 55	5 40 8	7 38 25	9 40 38	11 42 51	13 41 8	15 43 21	17 41 38
	17	19 44 48	21 47 2	23 41 22	1 43 35	3 41 51	5 44 5	7 42 21	9 44 35	11 46 48	13 45 4	15 47 17	17 45 34
	18	19 48 45	21 50 58	23 45 18	1 47 31	3 45 48	5 48 1	7 46 18	9 48 31	11 50 44	13 49 1	15 51 14	17 49 31
	19	19 52 42	21 54 55	23 49 15	1 51 28	3 49 44	5 51 58	7 50 14	9 52 28	11 54 41	13 52 57	15 55 10	17 53 27
	20	19 56 38	21 58 51	23 53 11	1 55 24	3 53 41	5 55 54	7 54 11	9 56 24	11 58 37	13 56 54	15 59 7	17 57 24
	21	20 0 35	22 2 48	23 57 8	1 59 21	3 57 38	5 59 51	7 58 8	10 0 21	12 2 34	14 0 50	16 3 4	18 1 20
	22	20 4 31	22 6 44	0 1 4	2 3 18	4 1 34	6 3 47	8 2 4	10 4 17	12 6 30	14 4 47	16 7 0	18 5 17
	23	20 8 28	22 10 41	0 5 1	2 7 14	4 5 31	6 7 44	8 6 1	10 8 14	12 10 27	14 8 44	16 10 57	18 9 13
	24	20 12 24	22 14 37	0 8 58	2 11 11	4 9 27	6 11 41	8 9 57	10 12 10	12 14 24	14 12 40	16 14 53	18 13 10
	25	20 16 21	22 18 34	0 12 54	2 15 7	4 13 24	6 15 37	8 13 54	10 16 7	12 18 20	14 16 37	16 18 50	18 17 7
	26	20 20 17	22 22 31	0 16 51	2 19 4	4 17 20	6 19 34	8 17 50	10 20 4	12 22 17	14 20 33	16 22 46	18 21 3
	27	20 24 14	22 26 27	0 20 47	2 23 0	4 21 17	6 23 30	8 21 47	10 24 0	12 26 13	14 24 30	16 26 43	18 25 0
	28	20 28 11	22 30 24	0 24 44	2 26 57	4 25 13	6 27 27	8 25 43	10 27 57	12 30 10	14 28 26	16 30 39	18 28 56
	29	20 32 7	22 34 20	0 28 40	2 30 53	4 29 10	6 31 23	8 29 40	10 31 53	12 34 6	14 32 23	16 34 36	18 32 53
	30	20 36 4		0 32 37	2 34 50	4 33 7	6 35 20	8 33 37	10 35 50	12 38 3	14 36 19	16 38 33	18 36 49
	31	20 40 0		0 36 33		4 37 3		8 37 33	10 39 46		14 40 16		18 40 46
1997	1	18 44 42	20 46 56	22 37 19	0 39 32	2 37 49	4 40 2	6 38 19	8 40 32	10 42 45	12 41 2	14 43 15	16 41 31
	2	18 48 39	20 50 52	22 41 16	0 43 29	2 41 45	4 43 59	6 42 15	8 44 29	10 46 42	12 44 58	14 47 11	16 45 28
	3	18 52 36	20 54 49	22 45 12	0 47 25	2 45 42	4 47 55	6 46 12	8 48 25	10 50 38	12 48 55	14 51 8	16 49 25
	4	18 56 32	20 58 45	22 49 9	0 51 22	2 49 39	4 51 52	6 50 8	8 52 22	10 54 35	12 52 51	14 55 4	16 53 21
	5	19 0 29	21 2 42	22 53 5	0 55 18	2 53 35	4 55 48	6 54 5	8 56 18	10 58 31	12 56 48	14 59 1	16 57 18
	6	19 4 25	21 6 38	22 57 2	0 59 15	2 57 32	4 59 45	6 58 2	9 0 15	11 2 28	13 0 44	15 2 58	17 1 14
	7	19 8 22	21 10 35	23 0 58	1 3 12	3 1 28	5 3 41	7 1 58	9 4 11	11 6 24	13 4 41	15 6 54	17 5 11
	8	19 12 18	21 14 32	23 4 55	1 7 8	3 5 25	5 7 38	7 5 55	9 8 8	11 10 21	13 8 38	15 10 51	17 9 7
	9	19 16 15	21 18 28	23 8 52	1 11 5	3 9 21	5 11 35	7 9 51	9 12 4	11 14 18	13 12 34	15 14 47	17 13 4
	10	19 20 11	21 22 25	23 12 48	1 15 1	3 13 18	5 15 31	7 13 48	9 16 1	11 18 14	13 16 31	15 18 44	17 17 0
	11	19 24 8	21 26 21	23 16 45	1 18 58	3 17 14	5 19 28	7 17 44	9 19 58	11 22 11	13 20 27	15 22 40	17 20 57
	12	19 28 5	21 30 18	23 20 41	1 22 54	3 21 11	5 23 24	7 21 41	9 23 54	11 26 7	13 24 24	15 26 37	17 24 54
	13	19 32 1	21 34 14	23 24 38	1 26 51	3 25 8	5 27 21	7 25 37	9 27 51	11 30 4	13 28 20	15 30 33	17 28 50
	14	19 35 58	21 38 11	23 28 34	1 30 47	3 29 4	5 31 17	7 29 34	9 31 47	11 34 0	13 32 17	15 34 30	17 32 47
	15	19 39 54	21 42 7	23 32 31	1 34 44	3 33 1	5 35 14	7 33 31	9 35 44	11 37 57	13 36 13	15 38 27	17 36 43
	16	19 43 51	21 46 4	23 36 27	1 38 41	3 36 57	5 39 10	7 37 27	9 39 40	11 41 53	13 40 10	15 42 23	17 40 40
	17	19 47 47	21 50 1	23 40 24	1 42 37	3 40 54	5 43 7	7 41 24	9 43 37	11 45 50	13 44 7	15 46 20	17 44 36
	18	19 51 44	21 53 57	23 44 21	1 46 34	3 44 50	5 47 4	7 45 20	9 47 33	11 49 47	13 48 3	15 50 16	17 48 33
	19	19 55 40	21 57 54	23 48 17	1 50 30	3 48 47	5 51 0	7 49 17	9 51 30	11 53 43	13 52 0	15 54 13	17 52 30
	20	19 59 37	22 1 50	23 52 14	1 54 27	3 52 43	5 54 57	7 53 13	9 55 27	11 57 40	13 55 56	15 58 9	17 56 26
	21	20 3 34	22 5 47	23 56 10	1 58 23	3 56 40	5 58 53	7 57 10	9 59 23	12 1 36	13 59 53	16 2 6	18 0 23
	22	20 7 30	22 9 43	0 0 7	2 2 20	4 0 36	6 2 50	8 1 6	10 3 20	12 5 33	14 3 49	16 6 3	18 4 19
	23	20 11 27	22 13 40	0 4 3	2 6 16	4 4 33	6 6 46	8 5 3	10 7 16	12 9 29	14 7 46	16 9 59	18 8 16
	24	20 15 23	22 17 36	0 8 0	2 10 13	4 8 30	6 10 43	8 9 0	10 11 13	12 13 26	14 11 42	16 13 56	18 12 12
	25	20 19 20	22 21 33	0 11 56	2 14 10	4 12 26	6 14 39	8 12 56	10 15 9	12 17 22	14 15 39	16 17 52	18 16 9
	26	20 23 16	22 25 30	0 15 53	2 18 6	4 16 23	6 18 36	8 16 53	10 19 6	12 21 19	14 19 36	16 21 49	18 20 5
	27	20 27 13	22 29 26	0 19 50	2 22 3	4 20 19	6 22 33	8 20 49	10 23 2	12 25 16	14 23 32	16 25 45	18 24 2
	28	20 31 9	22 33 23	0 23 46	2 25 59	4 24 16	6 26 29	8 24 46	10 26 59	12 29 12	14 27 29	16 29 42	18 27 59
	29	20 35 6		0 27 43	2 29 56	4 28 12	6 30 26	8 28 42	10 30 56	12 33 9	14 31 25	16 33 38	18 31 55
	30	20 39 3		0 31 39	2 33 52	4 32 9	6 34 22	8 32 39	10 34 52	12 37 5	14 35 22	16 37 35	18 35 52
	31	20 42 59		0 35 36		4 36 6		8 36 35	10 38 49		14 39 18		18 39 48

	1	2	3	4	5	6	7	8	9	10	11	12
1998 1	18 43 45	20 45 58	22 36 22	0 38 35	2 36 51	4 39 4	6 37 21	8 39 34	10 41 48	12 40 4	14 42 17	16 40 34
2	18 47 41	20 49 55	22 40 18	0 42 31	2 40 48	4 43 1	6 41 18	8 43 31	10 45 44	12 44 1	14 46 14	16 44 30
3	18 51 38	20 53 51	22 44 15	0 46 28	2 44 44	4 46 58	6 45 14	8 47 27	10 49 41	12 47 57	14 50 10	16 48 27
4	18 55 34	20 57 48	22 48 11	0 50 24	2 48 41	4 50 54	6 49 11	8 51 24	10 53 37	12 51 54	14 54 7	16 52 24
5	18 59 31	21 1 44	22 52 8	0 54 21	2 52 37	4 54 51	6 53 7	8 55 21	10 57 34	12 55 50	14 58 3	16 56 20
6	19 3 28	21 5 41	22 56 4	0 58 17	2 56 34	4 58 47	6 57 4	8 59 17	11 1 30	12 59 47	15 2 0	17 0 17
7	19 7 24	21 9 37	23 0 1	1 2 14	3 0 31	5 2 44	7 1 0	9 3 14	11 5 27	13 3 43	15 5 57	17 4 13
8	19 11 21	21 13 34	23 3 57	1 6 11	3 4 27	5 6 40	7 4 57	9 7 10	11 9 23	13 7 40	15 9 53	17 8 10
9	19 15 17	21 17 30	23 7 54	1 10 7	3 8 24	5 10 37	7 8 54	9 11 7	11 13 20	13 11 36	15 13 50	17 12 6
10	19 19 14	21 21 27	23 11 50	1 14 4	3 12 20	5 14 33	7 12 50	9 15 3	11 17 16	13 15 33	15 17 46	17 16 3
11	19 23 10	21 25 24	23 15 47	1 18 0	3 16 17	5 18 30	7 16 47	9 19 0	11 21 13	13 19 30	15 21 43	17 19 59
12	19 27 7	21 29 20	23 19 44	1 21 57	3 20 13	5 22 27	7 20 43	9 22 56	11 25 10	13 23 26	15 25 39	17 23 56
13	19 31 3	21 33 17	23 23 40	1 25 53	3 24 10	5 26 23	7 24 40	9 26 53	11 29 6	13 27 23	15 29 36	17 27 53
14	19 35 0	21 37 13	23 27 37	1 29 50	3 28 6	5 30 20	7 28 36	9 30 50	11 33 3	13 31 19	15 33 32	17 31 49
15	19 38 57	21 41 10	23 31 33	1 33 46	3 32 3	5 34 16	7 32 33	9 34 46	11 36 59	13 35 16	15 37 29	17 35 46
16	19 42 53	21 45 6	23 35 30	1 37 43	3 36 0	5 38 13	7 36 29	9 38 43	11 40 56	13 39 12	15 41 26	17 39 42
17	19 46 50	21 49 3	23 39 26	1 41 39	3 39 56	5 42 9	7 40 26	9 42 39	11 44 52	13 43 9	15 45 22	17 43 39
18	19 50 46	21 52 59	23 43 23	1 45 36	3 43 53	5 46 6	7 44 23	9 46 36	11 48 49	13 47 5	15 49 19	17 47 35
19	19 54 43	21 56 56	23 47 19	1 49 33	3 47 49	5 50 2	7 48 19	9 50 32	11 52 45	13 51 2	15 53 15	17 51 32
20	19 58 39	22 0 53	23 51 16	1 53 29	3 51 46	5 53 59	7 52 16	9 54 29	11 56 42	13 54 59	15 57 12	17 55 28
21	20 2 36	22 4 49	23 55 13	1 57 26	3 55 42	5 57 56	7 56 12	9 58 25	12 0 39	13 58 55	16 1 8	17 59 25
22	20 6 32	22 8 46	23 59 9	2 1 22	3 59 39	6 1 52	8 0 9	10 2 22	12 4 35	14 2 52	16 5 5	18 3 22
23	20 10 29	22 12 42	0 3 6	2 5 19	4 3 35	6 5 49	8 4 5	10 6 19	12 8 32	14 6 48	16 9 1	18 7 18
24	20 14 26	22 16 39	0 7 2	2 9 15	4 7 32	6 9 45	8 8 2	10 10 15	12 12 28	14 10 45	16 12 58	18 11 15
25	20 18 22	22 20 35	0 10 59	2 13 12	4 11 29	6 13 42	8 11 58	10 14 12	12 16 25	14 14 41	16 16 55	18 15 11
26	20 22 19	22 24 32	0 14 55	2 17 8	4 15 25	6 17 38	8 15 55	10 18 8	12 20 21	14 18 38	16 20 51	18 19 8
27	20 26 15	22 28 28	0 18 52	2 21 5	4 19 22	6 21 35	8 19 52	10 22 5	12 24 18	14 22 34	16 24 48	18 23 4
28	20 30 12	22 32 25	0 22 48	2 25 2	4 23 18	6 25 31	8 23 48	10 26 1	12 28 14	14 26 31	16 28 44	18 27 1
29	20 34 8		0 26 45	2 28 58	4 27 15	6 29 28	8 27 45	10 29 58	12 32 11	14 30 28	16 32 41	18 30 57
30	20 38 5		0 30 42	2 32 55	4 31 11	6 33 25	8 31 41	10 33 54	12 36 8	14 34 24	16 36 37	18 34 54
31	20 42 1		0 34 38		4 35 8		8 35 38	10 37 51		14 38 21		18 38 51
1999 1	18 42 47	20 45 0	22 35 24	0 37 37	2 35 54	4 38 7	6 36 24	8 38 37	10 40 50	12 39 7	14 41 20	16 39 36
2	18 46 44	20 48 57	22 39 20	0 41 34	2 39 50	4 42 3	6 40 20	8 42 33	10 44 46	12 43 3	14 45 16	16 43 33
3	18 50 40	20 52 54	22 43 17	0 45 30	2 43 47	4 46 0	6 44 17	8 46 30	10 48 43	12 47 0	14 49 13	16 47 29
4	18 54 37	20 56 50	22 47 14	0 49 27	2 47 43	4 49 56	6 48 13	8 50 26	10 52 40	12 50 56	14 53 9	16 51 26
5	18 58 33	21 0 47	22 51 10	0 53 23	2 51 40	4 53 53	6 52 10	8 54 23	10 56 36	12 54 53	14 57 6	16 55 23
6	19 2 30	21 4 43	22 55 7	0 57 20	2 55 36	4 57 50	6 56 6	8 58 20	11 0 33	12 58 49	15 1 2	16 59 19
7	19 6 27	21 8 40	22 59 3	1 1 16	2 59 33	5 1 46	7 0 3	9 2 16	11 4 29	13 2 46	15 4 59	17 3 16
8	19 10 23	21 12 36	23 3 0	1 5 13	3 3 30	5 5 43	7 3 59	9 6 13	11 8 26	13 6 42	15 8 56	17 7 12
9	19 14 20	21 16 33	23 6 56	1 9 9	3 7 26	5 9 39	7 7 56	9 10 9	11 12 22	13 10 39	15 12 52	17 11 9
10	19 18 16	21 20 29	23 10 53	1 13 6	3 11 23	5 13 36	7 11 53	9 14 6	11 16 19	13 14 35	15 16 49	17 15 5
11	19 22 13	21 24 26	23 14 49	1 17 3	3 15 19	5 17 32	7 15 49	9 18 2	11 20 15	13 18 32	15 20 45	17 19 2
12	19 26 9	21 28 23	23 18 46	1 20 59	3 19 16	5 21 29	7 19 46	9 21 59	11 24 12	13 22 29	15 24 42	17 22 58
13	19 30 6	21 32 19	23 22 43	1 24 56	3 23 12	5 25 26	7 23 42	9 25 55	11 28 9	13 26 25	15 28 38	17 26 55
14	19 34 2	21 36 16	23 26 39	1 28 52	3 27 9	5 29 22	7 27 39	9 29 52	11 32 5	13 30 22	15 32 35	17 30 52
15	19 37 59	21 40 12	23 30 36	1 32 49	3 31 5	5 33 19	7 31 35	9 33 49	11 36 2	13 34 18	15 36 31	17 34 48
16	19 41 56	21 44 9	23 34 32	1 36 45	3 35 2	5 37 15	7 35 32	9 37 45	11 39 58	13 38 15	15 40 28	17 38 45
17	19 45 52	21 48 5	23 38 29	1 40 42	3 38 58	5 41 12	7 39 28	9 41 42	11 43 55	13 42 11	15 44 25	17 42 41
18	19 49 49	21 52 2	23 42 25	1 44 38	3 42 55	5 45 8	7 43 25	9 45 38	11 47 51	13 46 8	15 48 21	17 46 38
19	19 53 45	21 55 58	23 46 22	1 48 35	3 46 52	5 49 5	7 47 22	9 49 35	11 51 48	13 50 4	15 52 18	17 50 34
20	19 57 42	21 59 55	23 50 18	1 52 32	3 50 48	5 53 1	7 51 18	9 53 31	11 55 44	13 54 1	15 56 14	17 54 31
21	20 1 38	22 3 51	23 54 15	1 56 28	3 54 45	5 56 58	7 55 15	9 57 28	11 59 41	13 57 58	16 0 11	17 58 27
22	20 5 35	22 7 48	23 58 11	2 0 25	3 58 41	6 0 55	7 59 11	10 1 24	12 3 38	14 1 54	16 4 7	18 2 24
23	20 9 31	22 11 45	0 2 8	2 4 21	4 2 38	6 4 51	8 3 8	10 5 21	12 7 34	14 5 51	16 8 4	18 6 21
24	20 13 28	22 15 41	0 6 5	2 8 18	4 6 34	6 8 48	8 7 4	10 9 18	12 11 31	14 9 47	16 12 0	18 10 17
25	20 17 25	22 19 38	0 10 1	2 12 14	4 10 31	6 12 44	8 11 1	10 13 14	12 15 27	14 13 44	16 15 57	18 14 14
26	20 21 21	22 23 34	0 13 58	2 16 11	4 14 27	6 16 41	8 14 57	10 17 11	12 19 24	14 17 40	16 19 54	18 18 10
27	20 25 18	22 27 31	0 17 54	2 20 7	4 18 24	6 20 37	8 18 54	10 21 7	12 23 20	14 21 37	16 23 50	18 22 7
28	20 29 14	22 31 27	0 21 51	2 24 4	4 22 21	6 24 34	8 22 51	10 25 4	12 27 17	14 25 33	16 27 47	18 26 3
29	20 33 11		0 25 47	2 28 1	4 26 17	6 28 30	8 26 47	10 29 0	12 31 13	14 29 30	16 31 43	18 30 0
30	20 37 7		0 29 44	2 31 57	4 30 14	6 32 27	8 30 44	10 32 57	12 35 10	14 33 27	16 35 40	18 33 56
31	20 41 4		0 33 40		4 34 10		8 34 40	10 36 53		14 37 23		18 37 53
2000 1	18 41 50	20 44 3	22 38 23	0 40 36	2 38 53	4 41 6	6 39 23	8 41 36	10 43 49	12 42 6	14 44 19	16 42 35
2	18 45 46	20 47 59	22 42 19	0 44 33	2 42 49	4 45 2	6 43 19	8 45 32	10 47 46	12 46 2	14 48 15	16 46 32
3	18 49 43	20 51 56	22 46 16	0 48 29	2 46 46	4 48 59	6 47 16	8 49 29	10 51 42	12 49 59	14 52 12	16 50 29
4	18 53 39	20 55 53	22 50 13	0 52 26	2 50 42	4 52 56	6 51 12	8 53 26	10 55 39	12 53 55	14 56 8	16 54 25
5	18 57 36	20 59 49	22 54 9	0 56 22	2 54 39	4 56 52	6 55 9	8 57 22	10 59 35	12 57 52	15 0 5	16 58 22
6	19 1 32	21 3 46	22 58 6	1 0 19	2 58 35	5 0 49	6 59 5	9 1 19	11 3 32	13 1 48	15 4 2	17 2 18
7	19 5 29	21 7 42	23 2 2	1 4 15	3 2 32	5 4 45	7 3 2	9 5 15	11 7 28	13 5 45	15 7 58	17 6 15
8	19 9 26	21 11 39	23 5 59	1 8 12	3 6 29	5 8 42	7 6 59	9 9 12	11 11 25	13 9 41	15 11 55	17 10 11
9	19 13 22	21 15 35	23 9 55	1 12 8	3 10 25	5 12 38	7 10 55	9 13 8	11 15 21	13 13 38	15 15 51	17 14 8
10	19 17 19	21 19 32	23 13 52	1 16 5	3 14 22	5 16 35	7 14 52	9 17 5	11 19 18	13 17 35	15 19 48	17 18 4
11	19 21 15	21 23 28	23 17 48	1 20 2	3 18 18	5 20 31	7 18 48	9 21 1	11 23 15	13 21 31	15 23 44	17 22 1
12	19 25 12	21 27 25	23 21 45	1 23 58	3 22 15	5 24 28	7 22 45	9 24 58	11 27 11	13 25 28	15 27 41	17 25 58
13	19 29 8	21 31 22	23 25 42	1 27 55	3 26 11	5 28 25	7 26 41	9 28 55	11 31 8	13 29 24	15 31 37	17 29 54
14	19 33 5	21 35 18	23 29 38	1 31 51	3 30 8	5 32 21	7 30 38	9 32 51	11 35 4	13 33 21	15 35 34	17 33 51
15	19 37 1	21 39 15	23 33 35	1 35 48	3 34 4	5 36 18	7 34 34	9 36 48	11 39 1	13 37 17	15 39 31	17 37 47
16	19 40 58	21 43 11	23 37 31	1 39 44	3 38 1	5 40 14	7 38 31	9 40 44	11 42 57	13 41 14	15 43 27	17 41 44
17	19 44 55	21 47 8	23 41 28	1 43 41	3 41 58	5 44 11	7 42 28	9 44 41	11 46 54	13 45 10	15 47 24	17 45 40
18	19 48 51	21 51 4	23 45 24	1 47 37	3 45 54	5 48 7	7 46 24	9 48 37	11 50 50	13 49 7	15 51 20	17 49 37
19	19 52 48	21 55 1	23 49 21	1 51 34	3 49 51	5 52 4	7 50 21	9 52 34	11 54 47	13 53 4	15 55 17	17 53 33
20	19 56 44	21 58 57	23 53 17	1 55 31	3 53 47	5 56 0	7 54 17	9 56 30	11 58 44	13 57 0	15 59 13	17 57 30
21	20 0 41	22 2 54	23 57 14	1 59 27	3 57 44	5 59 57	7 58 14	10 0 27	12 2 40	14 0 57	16 3 10	18 1 27
22	20 4 37	22 6 51	0 1 11	2 3 24	4 1 40	6 3 54	8 2 10	10 4 23	12 6 37	14 4 53	16 7 6	18 5 23
23	20 8 34	22 10 47	0 5 7	2 7 20	4 5 37	6 7 50	8 6 7	10 8 20	12 10 33	14 8 50	16 11 3	18 9 20
24	20 12 30	22 14 44	0 9 4	2 11 17	4 9 33	6 11 47	8 10 3	10 12 17	12 14 30	14 12 46	16 15 0	18 13 16
25	20 16 27	22 18 40	0 13 0	2 15 13	4 13 30	6 15 43	8 14 0	10 16 13	12 18 26	14 16 43	16 18 56	18 17 13
26	20 20 24	22 22 37	0 16 57	2 19 10	4 17 27	6 19 40	8 17 56	10 20 10	12 22 23	14 20 39	16 22 53	18 21 9
27	20 24 20	22 26 33	0 20 53	2 23 6	4 21 23	6 23 36	8 21 53	10 24 6	12 26 19	14 24 36	16 26 49	18 25 6
28	20 28 17	22 30 30	0 24 50	2 27 3	4 25 20	6 27 33	8 25 50	10 28 3	12 30 16	14 28 33	16 30 46	18 29 3
29	20 32 13	22 34 26	0 28 46	2 31 0	4 29 16	6 31 29	8 29 46	10 31 59	12 34 12	14 32 29	16 34 42	18 32 59
30	20 36 10		0 32 43	2 34 56	4 33 13	6 35 26	8 33 43	10 35 56	12 38 9	14 36 26	16 38 39	18 36 56
31	20 40 6		0 36 40		4 37 9		8 37 39	10 39 52		14 40 22		18 40 52
2001 1	18 44 48	20 47 2	22 37 25	0 39 38	2 37 55	4 40 8	6 38 25	8 40 38	10 42 52	12 41 8	14 43 21	16 41 38
2	18 48 45	20 50 58	22 41 22	0 43 35	2 41 52	4 44 5	6 42 22	8 44 35	10 46 48	12 45 5	14 47 18	16 45 34
3	18 52 41	20 54 55	22 45 19	0 47 32	2 45 48	4 48 2	6 46 18	8 48 31	10 50 45	12 49 1	14 51 14	16 49 31
4	18 56 38	20 58 51	22 49 15	0 51 28	2 49 45	4 51 58	6 50 15	8 52 28	10 54 41	12 52 58	14 55 11	16 53 28
5	19 0 35	21 2 48	22 53 12	0 55 25	2 53 41	4 55 55	6 54 11	8 56 25	10 58 38	12 56 54	14 59 8	16 57 24
6	19 4 31	21 6 44	22 57 8	0 59 21	2 57 38	4 59 51	6 58 8	9 0 21	11 2 34	13 0 51	15 3 4	17 1 21
7	19 8 28	21 10 41	23 1 4	1 3 18	3 1 34	5 3 48	7 2 4	9 4 18	11 6 31	13 4 48	15 7 1	17 5 17
8	19 12 25	21 14 38	23 5 1	1 7 14	3 5 31	5 7 44	7 6 1	9 8 14	11 10 27	13 8 44	15 10 57	17 9 14
9	19 16 21	21 18 34	23 8 58	1 11 11	3 9 27	5 11 41	7 9 57	9 12 11	11 14 24	13 12 41	15 14 54	17 13 11
10	19 20 18	21 22 31	23 12 54	1 15 8	3 13 24	5 15 37	7 13 54	9 16 8	11 18 21	13 16 37	15 18 50	17 17 7
11	19 24 14	21 26 27	23 16 51	1 19 4	3 17 21	5 19 34	7 17 51	9 20 4	11 22 17	13 20 34	15 22 47	17 21 4
12	19 28 11	21 30 24	23 20 48	1 23 1	3 21 17	5 23 31	7 21 47	9 24 0	11 26 14	13 24 30	15 26 43	17 25 0
13	19 32 7	21 34 21	23 24 44	1 26 57	3 25 14	5 27 27	7 25 44	9 27 57	11 30 10	13 28 27	15 30 40	17 28 57
14	19 36 4	21 38 17	23 28 41	1 30 54	3 29 10	5 31 24	7 29 40	9 31 54	11 34 7	13 32 23	15 34 36	17 32 53
15	19 40 0	21 42 13	23 32 37	1 34 50	3 33 7	5 35 20	7 33 37	9 35 50	11 38 3	13 36 20	15 38 33	17 36 50
16	19 43 57	21 46 10	23 36 34	1 38 47	3 37 4	5 39 17	7 37 33	9 39 47	11 41 59	13 40 16	15 42 30	17 40 46
17	19 47 53	21 50 7	23 40 30	1 42 43	3 41 0	5 43 13	7 41 30	9 43 43	11 45 56	13 44 13	15 46 26	17 44 43
18	19 51 50	21 54 3	23 44 27	1 46 40	3 44 57	5 47 10	7 45 26	9 47 40	11 49 53	13 48 9	15 50 23	17 48 40
19	19 55 46	21 57 59	23 48 23	1 50 37	3 48 53	5 51 6	7 49 23	9 51 36	11 53 49	13 52 6	15 54 19	17 52 36
20	19 59 43	22 1 56	23 52 20	1 54 33	3 52 50	5 55 3	7 53 19	9 55 33	12 57 46	13 56 3	15 58 16	17 56 33
21	20 3 39	22 5 53	23 56 16	1 58 30	3 56 46	5 58 59	7 57 16	9 59 29	12 1 43	13 59 59	16 2 13	18 0 29
22	20 7 36	22 9 49	0 0 13	2 2 26	4 0 43	6 2 56	8 1 13	10 3 26	12 5 39	14 3 56	16 6 9	18 4 26
23	20 11 33	22 13 46	0 4 10	2 6 23	4 4 40	6 6 53	8 5 9	10 7 23	12 9 36	14 7 52	16 10 6	18 8 22
24	20 15 29	22 17 43	0 8 6	2 10 19	4 8 36	6 10 49	8 9 6	10 11 19	12 13 32	14 11 49	16 14 2	18 12 19
25	20 19 26	22 21 39	0 12 3	2 14 16	4 12 33	6 14 46	8 13 2	10 15 16	12 17 29	14 15 46	16 17 58	18 16 15
26	20 23 22	22 25 36	0 15 59	2 18 13	4 16 29	6 18 42	8 16 59	10 19 12	12 21 25	14 19 42	16 21 55	18 20 12
27	20 27 19	22 29 32	0 19 56	2 22 9	4 20 26	6 22 39	8 20 56	10 23 9	12 25 22	14 23 48	16 25 52	18 24 9
28	20 31 15	22 33 29	0 23 53	2 26 6	4 24 22	6 26 35	8 24 52	10 27 5	12 29 19	14 27 35	16 29 48	18 28 5
29	20 35 12		0 27 49	2 30 2	4 28 19	6 30 32	8 28 49	10 31 2	12 33 16	14 31 32	16 33 45	18 32 2
30	20 39 9		0 31 45	2 33 58	4 32 15	6 34 29	8 32 45	10 34 58	12 37 12	14 35 28	16 37 41	18 35 58
31	20 43 5		0 35 42		4 36 12		8 36 42	10 38 55		14 39 25		18 39 55

3 HÄUSER FÜR NÖRDLICHE BREITENGRADE

A = Sternzeiten
10 = Himmelsmitte (Zehntes Haus)
B = Aszendent

		2° 0'	4° 0'	7° 0'	11° 0'	14° 0'	18° 0'	21° 59'	25° 19'	28° 40'	30° 2'	31° 46'	33° 20'	35° 39'	37° 58'	40° 43'	41° 54'	45° 30'	48° 50'	50° 22'	51° 32'	52° 57'	54° 34'	56° 28'	57° 29'	59° 00'	59° 56'
A	10	B	B	B	B	B	B	B	B	B	B	B	B	B	B	B	B	B	B	B	B	B	B	B	B	B	B
	°	° '	° '	° '	° '	° '	° '	° '	° '	° '	° '	° '	° '	° '	° '	° '	° '	° '	° '	° '	° '	° '	° '	° '	° '	° '	° '
0 0 0	0♈	0♋48	1♋36	2♋48	4♋25	5♋40	7♋22	9♋ 8	10♋40	12♋16	12♋57	13♋50	14♋40	15♋56	17♋15	18♋53	19♋39	22♋ 3	24♋28	25♋40	26♋36	27♋48	29♋13	0♌59	1♌58	3♌31	4♌31
0 3 40	1	1 38	2 26	3 38	5 16	6 30	8 12	9 57	11 28	13 5	13 45	14 38	15 28	16 42	18 1	19 38	20 24	22 46	25 10	26 21	27 17	28 27	29 51	1 36	2 35	4 6	5 5
0 7 20	2	2 29	3 16	4 29	6 6	7 20	9 1	10 46	12 17	13 53	14 33	15 26	16 15	17 29	18 47	20 23	21 8	23 29	25 52	27 2	27 56	29 7	0♌30	2 13	3 11	4 41	5 39
0 11 0	3	3 19	4 7	5 19	6 56	8 9	9 51	11 35	13 5	14 41	15 21	16 13	17 1	18 15	19 33	21 12	21 53	24 12	26 33	27 42	28 42	29 46	1 8	2 50	3 47	5 16	6 14
0 14 41	4	4 10	4 58	6 9	7 46	8 59	10 40	12 24	13 54	15 29	16 8	17 0	17 48	19 2	20 19	21 55	22 37	24 55	27 15	28 23	29 17	0♌25	1 46	3 27	4 23	5 51	6 48
0 18 21	5	5 0	5 48	6 59	8 36	9 49	11 29	13 13	14 42	16 16	16 56	17 47	18 35	19 48	21 4	22 40	23 22	25 38	27 56	29 3	29 55	1 4	2 24	4 4	4 59	6 26	7 22
0 22 2	6	5 51	6 39	7 50	9 26	10 39	12 19	14 2	15 31	17 4	17 43	18 34	19 22	20 34	21 50	23 24	24 6	26 21	28 37	29 44	0♌34	1 43	3 2	4 40	5 35	7 1	7 56
0 25 42	7	6 41	7 29	8 41	10 16	11 29	13 8	14 51	16 19	17 52	18 31	19 22	20 9	21 20	22 35	24 8	24 50	27 3	29 19	0♌24	1 14	2 22	3 40	5 17	6 11	7 35	8 30
0 29 23	8	7 32	8 20	9 31	11 6	12 19	13 57	15 40	17 7	18 40	19 18	20 9	20 55	22 6	23 20	24 54	25 34	27 46	0♌ 0	1 5	1 55	3 1	4 18	5 54	6 47	8 10	9 4
0 33 4	9	8 23	9 10	10 21	11 56	13 9	14 47	16 29	17 56	19 28	20 6	20 56	21 42	22 52	24 6	25 37	26 18	28 29	0 41	1 45	2 33	3 40	4 56	6 30	7 23	8 45	9 38
0 36 45	10	9 14	10 1	11 11	12 46	13 58	15 36	17 18	18 44	20 15	20 53	21 42	22 28	23 38	24 51	26 22	27 6	29 11	1 22	2 25	3 14	4 19	5 34	7 7	7 59	9 20	10 12
0 40 26	11	10 5	10 51	12 2	13 37	14 48	16 26	18 7	19 32	21 3	21 40	22 29	23 15	24 24	25 36	27 5	27 46	29 54	2 3	3 5	3 54	4 57	6 12	7 43	8 35	9 54	10 46
0 44 8	12	10 56	11 42	12 53	14 27	15 38	17 15	18 55	20 20	21 50	22 27	23 16	24 1	25 9	26 21	27 50	28 29	0♌36	2 44	3 46	4 33	5 36	6 49	8 20	9 11	10 29	11 20
0 47 50	13	11 47	12 33	13 44	15 18	16 29	18 5	19 44	21 8	22 37	23 15	24 2	24 48	25 55	27 6	28 33	29 13	1 19	3 25	4 26	5 12	6 15	7 27	8 57	9 47	11 4	11 54
0 51 32	14	12 39	13 24	14 35	16 8	17 19	18 54	20 33	21 57	23 25	24 2	24 49	25 34	26 41	27 51	29 18	29 57	2 1	4 5	5 6	5 52	6 54	8 5	9 33	10 22	11 39	12 28
0 55 14	15	13 30	14 16	15 26	16 59	18 9	19 44	21 22	22 45	24 12	24 49	25 36	26 20	27 27	28 36	0♌ 3	0♌41	2 43	4 46	5 56	6 30	7 32	8 43	10 10	10 58	12 13	13 2
0 58 57	16	14 21	15 7	16 16	17 49	18 59	20 33	22 10	23 33	25 0	25 36	26 23	27 6	28 13	29 22	0 46	1 24	3 26	5 27	6 26	7 9	8 11	9 10	10 46	11 34	12 48	13 36
1 2 40	17	15 13	15 58	17 7	18 39	19 49	21 23	22 59	24 22	25 47	26 24	27 9	27 53	28 59	0♌ 6	1 31	2 8	4 8	6 8	7 6	7 50	8 50	9 48	11 23	12 10	13 23	14 10
1 6 23	18	16 4	16 50	17 58	19 30	20 40	22 13	23 49	25 10	26 35	27 11	27 56	28 39	29 44	0 52	2 14	2 52	4 50	6 49	7 46	8 30	9 29	10 36	12 0	12 46	13 58	14 45
1 10 7	19	15 56	17 41	18 50	20 21	21 30	23 3	24 38	25 58	27 23	27 58	28 44	29 26	0♌30	1 37	2 58	3 36	5 33	7 30	8 26	9 9	10 7	11 14	12 36	13 22	14 33	15 19
1 13 51	20	17 48	18 33	19 41	21 12	22 20	23 53	25 27	26 47	28 11	28 46	29 31	0♌13	1 6	2 22	3 43	4 20	6 15	8 11	9 6	9 48	10 46	11 52	13 13	13 58	15 8	15 53
1 17 35	21	18 40	19 25	20 33	22 3	23 11	24 43	26 16	27 35	28 59	29 13	0♌18	0 59	2 2	3 7	4 27	5 3	6 57	8 51	9 47	10 28	11 25	12 29	13 49	14 34	15 43	16 27
1 21 20	22	19 32	20 17	21 25	22 54	24 2	25 33	27 5	28 24	29 47	0♌21	1 5	1 46	2 48	3 52	5 12	5 47	7 40	9 32	10 27	11 8	12 4	13 7	14 26	15 10	16 18	17 2
1 25 6	23	20 25	21 9	22 17	23 46	24 53	26 23	27 55	29 13	0♌35	1 8	1 52	2 33	3 34	4 37	5 56	6 31	8 22	10 13	11 7	11 48	12 42	13 45	15 3	15 46	16 53	17 36
1 28 52	24	21 18	22 2	23 9	24 37	25 44	27 13	28 45	0♌ 2	1 23	1 56	2 39	3 20	4 21	5 23	6 40	7 15	9 5	10 54	11 47	12 28	13 21	14 23	15 40	16 22	17 28	18 11
1 32 38	25	22 11	22 55	24 1	25 29	26 35	28 4	29 34	0 51	2 11	2 44	3 26	4 6	5 7	6 8	7 25	7 59	9 47	11 35	12 28	13 8	14 0	15 1	16 17	16 59	18 3	18 45
1 36 25	26	23 4	23 48	24 53	26 20	27 26	28 54	0♌24	1 40	2 59	3 32	4 14	4 53	5 53	6 54	8 9	8 43	10 30	12 17	13 8	13 48	14 39	15 39	16 54	17 35	18 39	19 20
1 40 12	27	23 57	24 41	25 46	27 13	28 18	29 45	1 14	2 29	3 47	4 20	5 1	5 40	6 39	7 39	8 53	9 27	11 13	12 58	13 48	14 28	15 18	16 18	17 31	18 11	19 14	19 55
1 44 0	28	24 50	25 34	26 39	28 5	29 9	0♌36	2 4	3 18	4 35	5 8	5 49	6 27	7 25	8 25	9 38	10 11	11 56	13 39	14 29	15 8	15 58	16 56	18 8	18 48	19 49	20 29
1 47 48	29	25 44	26 28	27 32	28 57	0♌ 1	1 27	2 54	4 7	5 23	5 56	6 36	7 14	8 11	9 11	10 24	10 56	12 38	14 20	15 10	15 48	16 37	17 34	18 45	19 24	20 25	21 4
1 51 37	30	26 38	27 21	28 25	29 49	0 53	2 18	3 44	4 57	6 12	6 44	7 24	8 2	8 58	9 56	11 8	11 40	13 21	15 2	15 50	16 28	17 16	18 13	19 22	20 1	21 1	21 39
1 51 37	0♉	26♋38	27♋21	28♋25	29♋49	0♌53	2♌18	3♌44	4♌57	6♌12	6♌44	7♌24	8♌ 2	8♌58	9♌56	11♌ 8	11♌40	13♌21	15♌ 2	15 50	16♌28	17♌16	18♌13	19♌22	20♌ 1	21♌ 1	21♌39
1 55 27	1	27 32	28 15	29 19	0♌43	1 45	3 9	4 35	5 47	7 1	7 32	8 13	8 49	9 45	10 42	11 53	12 25	14 4	15 43	16 31	17 8	17 56	18 51	19 59	20 38	21 36	22 14
1 59 17	2	28 27	29 9	0♌13	1 35	2 37	4 1	5 25	6 36	7 50	8 21	9 1	9 37	10 32	11 28	12 38	13 9	14 47	16 25	17 12	17 48	18 35	19 30	20 37	21 14	22 12	22 49
2 3 8	3	29 22	0♌ 4	1 7	2 29	3 30	4 53	6 16	7 26	8 40	9 10	9 49	10 25	11 19	12 14	13 22	13 54	15 31	17 6	17 53	18 28	19 15	20 8	21 14	21 51	22 48	23 25
2 6 59	4	0♌17	0 59	2 1	3 22	4 23	5 45	7 7	8 16	9 29	9 58	10 37	11 13	12 6	13 1	14 8	14 39	16 14	17 48	18 34	19 9	19 54	20 47	21 52	22 28	23 24	24 0
2 10 51	5	1 13	1 54	2 55	4 16	5 16	6 37	7 58	9 7	10 18	10 47	11 26	12 0	12 53	13 47	14 53	15 23	16 57	18 30	19 15	19 49	20 34	21 26	22 30	23 5	24 0	24 36
2 14 44	6	2 8	2 49	3 50	5 10	6 9	7 29	8 49	9 57	11 7	11 36	12 14	12 48	13 40	14 33	15 39	16 8	17 41	19 12	19 56	20 29	21 14	22 5	23 8	23 42	24 36	25 11
2 18 37	7	3 4	3 44	4 44	6 4	7 3	8 21	9 41	10 48	11 57	12 25	13 3	13 36	14 27	15 20	16 24	16 54	18 25	19 54	20 37	21 10	21 54	22 44	23 45	24 20	25 13	25 47
2 22 31	8	4 1	4 40	5 39	5 58	7 57	9 14	10 33	11 38	12 47	13 15	13 51	14 25	15 15	16 7	17 10	17 39	19 8	20 36	21 19	21 51	22 34	23 23	24 23	24 57	25 49	26 22
2 26 25	9	4 57	5 37	6 35	7 52	8 50	10 7	11 25	12 29	13 36	14 4	14 40	15 13	16 3	16 54	17 56	18 24	19 52	21 18	22 0	22 32	23 14	24 2	25 2	25 35	26 26	26 58
2 30 20	10	5 54	6 33	7 31	8 47	9 44	11 0	12 17	13 20	14 26	14 54	15 29	16 2	16 51	17 40	18 41	19 10	20 36	22 1	22 42	23 14	23 54	24 42	25 40	26 12	27 2	27 34
2 34 16	11	6 51	7 29	8 27	9 42	10 38	11 53	13 9	14 12	15 17	15 44	16 18	16 50	17 39	18 28	19 27	19 55	21 20	22 43	23 24	23 55	24 35	25 21	26 18	26 50	27 39	28 10
2 38 13	12	7 48	8 26	9 24	10 38	11 33	12 47	14 1	15 3	16 7	16 34	17 8	17 39	18 27	19 15	20 14	20 41	22 4	23 26	24 5	24 36	25 15	26 1	26 57	27 28	28 16	28 47
2 42 10	13	8 46	9 24	10 20	11 34	12 28	13 41	14 54	15 55	16 58	17 24	17 57	18 28	19 15	20 2	21 0	21 27	22 48	24 9	24 47	25 17	25 56	26 40	27 35	28 6	28 53	29 23
2 46 8	14	9 44	10 22	11 17	12 29	13 23	14 35	15 47	16 47	17 49	18 15	18 47	19 17	20 3	20 50	21 47	22 13	23 33	24 52	25 30	25 58	26 37	27 20	28 14	28 44	29 30	29 59
2 50 7	15	10 43	11 20	12 14	13 26	14 19	15 29	16 40	17 39	18 40	19 5	19 31	20 6	20 52	21 37	22 33	22 59	24 17	25 35	26 12	26 40	27 17	28 0	28 53	29 22	0♍ 7	0♍36
2 54 7	16	11 42	12 19	13 12	14 22	15 14	16 23	17 33	18 31	19 31	19 56	20 28	20 56	21 40	22 25	23 20	23 45	25 2	26 18	26 54	27 22	27 58	28 40	29 32	0♍ 0	0 45	1 13
2 58 7	17	12 41	13 17	14 10	15 19	16 10	17 18	18 27	19 24	20 22	20 47	21 18	21 46	22 29	23 13	24 7	24 32	25 47	27 1	27 37	28 4	28 40	29 21	0♍11	0 39	1 22	1 50
3 2 8	18	13 40	14 15	15 8	16 16	17 6	18 13	19 20	20 16	21 14	21 38	22 8	22 36	23 19	24 2	24 54	25 18	26 32	27 45	28 19	28 46	29 21	0♍ 1	0 50	1 18	2 0	2 27
3 6 9	19	14 40	15 14	16 6	17 13	18 2	19 8	20 14	21 9	22 6	22 29	22 59	23 27	24 8	24 50	25 42	26 5	27 17	28 28	29 2	29 29	0♍ 2	0 41	1 29	1 56	2 37	3 4
3 10 12	20	15 40	16 13	17 5	18 11	18 59	20 4	21 8	22 2	22 58	23 21	23 50	24 17	24 58	25 38	26 29	26 52	28 3	29 12	29 45	0♍12	0 44	1 22	2 9	2 35	3 15	3 41
3 14 15	21	16 41	17 14	18 4	19 8	19 56	21 0	22 3	22 56	23 50	24 13	24 41	25 8	25 47	26 27	27 17	27 39	28 48	29 56	0♍28	0 54	1 25	2 3	2 49	3 14	3 53	4 18
3 18 19	22	17 42	18 15	19 3	20 7	20 54	21 56	22 58	23 49	24 43	25 4	25 32	25 59	26 37	27 16	28 4	28 26	29 33	0♍40	1 11	1 36	2 7	2 44	3 28	3 53	4 31	4 56
3 22 23	23	18 43	19 16	20 3	21 5	21 51	22 52	23 53	24 43	25 35	25 57	26 24	26 49	27 27	28 5	28 52	29 14	0♍19	1 24	1 55	2 20	2 49	3 25	4 8	4 32	5 10	5 34
3 26 29	24	19 44	20 17	21 3	22 4	22 49	23 48	24 48	25 37	26 28	26 49	27 16	27 40	28 17	28 54	29 40	0♍ 1	1 5	2 8	2 38	3 2	3 31	4 6	4 48	5 12	5 48	6 11
3 30 35	25	20 46	21 18	22 4	23 3	23 47	24 45	25 43	26 31	27 21	27 41	28 8	28 31	29 7	29 44	0♍29	0 49	1 51	2 53	3 22	3 45	4 14	4 47	5 28	5 51	6 27	6 49
3 34 41	26	21 49	22 19	23 4	24 2	24 45	25 42	26 39	27 26	28 14	28 34	29 0	29 23	29 58	0♍34	1 17	1 37	2 37	3 37	4 6	4 28	4 56	5 29	6 9	6 31	7 5	7 27
3 38 49	27	22 51	23 21	24 5	25 2	25 44	26 39	27 35	28 20	29 7	29 27	29 52	0♍14	0♍49	1 24	2 6	2 25	3 24	4 22	4 50	5 11	5 38	6 10	6 49	7 11	7 44	8 5
3 42 57	28	23 54	24 23	25 6	26 1	26 42	27 36	28 31	29 15	0♍ 1	0♍20	0♍44	1 6	1 39	2 14	2 55	3 13	4 10	5 7	5 34	5 54	6 21	6 52	7 30	7 51	8 23	8 44
3 47 6	29	24 57	25 26	26 8	27 1	27 41	28 34	29 27	0♍10	0 55	1 13	1 37	1 58	2 31	3 4	3 43	4 1	4 57	5 52	6 18	6 38	7 4	7 34	8 10	8 31	9 2	9 22
3 51 15	30	26 0	26 29	27 10	28 3	28 41	29 33	0♍23	1 6	1 49	2 7	2 30	2 50	3 21	3 54	4 32	4 50	5 44	6 37	7 2	7 21	7 47	8 16	8 51	9 11	9 41	10 1
3 51 15	0♊	26♌ 0	26♌29	27♌10	28♌ 3	28♌41	29♌33	0♍23	1♍ 6	1♍49	2♍ 7	2♍30	2♍50	3♍21	3♍54	4♍32	4♍50	5♍44	6♍37	7♍ 2	7♍21	7♍47	8♍16	8♍51	9♍11	9♍41	10♍ 1
3 55 25	1	27 5	27 32	28 12	29 3	29 41	0♍31	1 20	2 1	2 43	3 0	3 23	3 42	4 13	4 44	5 22	5 39	6 30	7 22	7 47	8 5	8 30	8 58	9 32	9 51	10 20	10 39
3 59 36	2	28 10	28 36	29 14	0♍ 4	0♍41	1 29	2 17	2 57	3 38	3 54	4 16	4 35	5 4	5 35	6 10	6 27	7 17	8 7	8 31	8 49	9 13	9 40	10 13	10 32	11 0	11 18
4 3 48	3	29 15	29 40	0♍17	1 6	1 41	2 28	3 14	3 53	4 32	4 48	5 9	5 28	5 56	6 26	7 0	7 16	8 5	8 53	9 16	9 33	9 56	10 22	10 54	11 12	11 39	11 57
4 8 0	4	0♍20	0♍44	1 20	2 7	2 41	3 27	4 11	4 49	5 27	5 43	6 2	6 21	6 48	7 17	7 49	8 5	8 52	9 39	10 1	10 17	10 39	11 5	11 36	11 53	12 19	12 36
4 12 13	5	1 25	1 49	2 24	3 9	3 42	4 26	5 9	5 45	6 22	6 37	6 56	7 14	7 40	8 8	8 40	8 55	9 40	10 24	10 46	11 2	11 23	11 47	12 17	12 33	12 59	13 15
4 16 26	6	2 31	2 54	3 28	4 11	4 43	5 25	6 7	6 42	7 17	7 32	7 50	8 7	8 33	8 59	9 30	9 44	10 27	11 10	11 31	11 46	12 7	12 30	12 58	13 14	13 39	13 54
4 20 40	7	3 37	3 59	4 32	5 13	5 44	6 25	7 5	7 38	8 13	8 26	8 44	9 0	9 25	9 50	10 19	10 34	11 15	11 56	12 16	12 30	12 50	13 13	13 40	13 55	14 19	14 34
4 24 55	8	4 43	5 5	5 36	6 16	6 46	7 25	8 3	8 35	9 8	9 21	9 39	9 54	10 18	10 42	11 10	11 23	12 3	12 43	13 1	13 15	13 34	13 56	14 22	14 36	14 59	15 13
4 29 10	9	5 50	6 11	6 41	7 20	7 48	8 25	9 2	9 32	10 4	10 16	10 33	10 47	11 10	11 33	12 0	12 13	12 51	13 29	13 47	14 0	14 18	14 39	15 4	15 18	15 39	15 53
4 33 26	10	6 56	7 16	7 45	8 23	8 50	9 25	10 0	10 30	10 59	11 12	11 27	11 41	12 3	12 25	12 51	13 3	13 39	14 15	14 32	14 45	15 2	15 22	15 46	15 59	16 19	16 32
4 37 42	11	8 3	8 22	8 50	9 26	9 52	10 25	10 59	11 27	11 55	12 7	12 22	12 35	12 56	13 17	13 41	13 53	14 28	15 2	15 18	15 30	15 46	16 5	16 28	16 40	17 0	17 12
4 41 59	12	9 11	9 29	9 56	10 29	10 54	11 26	11 58	12 24	12 51	13 3	13 16	13 29	13 49	14 9	14 32	14 43	15 16	15 48	16 4	16 15	16 31	16 48	17 10	17 22	17 40	17 52
4 46 16	13	10 19	10 36	11 1	11 33	11 56	12 27	12 57	13 22	13 48	13 58	14 11	14 23	14 42	15 1	15 23	15 33	16 4	16 35	16 50	17 0	17 15	17 32	17 52	18 3	18 21	18 32
4 50 34	14	11 27	11 43	12 7	12 38	12 59	13 28	13 56	14 20	14 44	14 54	15 6	15 18	15 35	15 53	16 14	16 24	16 53	17 22	17 36	17 45	18 0	18 15	18 34	18 45	19 1	19 12
4 54 52	15	12 36	12 51	13 13	13 41	14 2	14 29	14 56	15 18	15 41	15 50	16 1	16 12	16 28	16 45	17 5	17 14	17 42	18 9	18 22	18 30	18 44	18 59	19 17	19 27	19 42	19 52
4 59 10	16	13 44	13 58	14 19	14 46	15 5	15 30	15 56	16 16	16 37	16 46	16 57	17 7	17 22	17 38	17 56	18 5	18 30	18 56	19 8	19 16	19 29	19 43	19 59	20 9	20 23	20 32
5 3 29	17	14 52	15 6	15 25	15 50	16 8	16 31	16 55	17 15	17 34	17 42	17 53	18 2	18 16	18 30	18 47	18 55	19 19	19 43	19 54	20 3	20 14	20 26	20 42	20 51	21 4	21 12
5 7 49	18	16 1	16 14	16 32	16 55	17 11	17 33	17 55	18 13	18 31	18 39	18 48	18 57	19 10	19 23	19 39	19 46	20 8	20 30	20 40	20 49	20 58	21 10	21 24	21 33	21 45	21 53
5 12 9	19	17 10	17 22	17 39	18 0	18 15	18 35	18 55	19 11	19 28	19 35	19 44	19 52	20 3	20 16	20 30	20 37	20 57	21 17	21 27	21 35	21 43	21 54	22 7	22 15	22 26	22 33
5 16 29	20	18 20	18 30	18 46	19 5	19 19	19 37	19 55	20 10	20 25	20 32	20 40	20 47	20 57	21 9	21 22	21 28	21 46	22 5	22 13	22 20	22 28	22 38	22 50	22 57	23 7	23 13
5 20 49	21	19 30	19 39	19 53	20 10	20 22	20 39	20 55	21 9	21 23	21 28	21 35	21 42	21 52	22 2	22 13	22 19	22 35	22 52	23 0	23 6	23 13	23 22	23 33	23 39	23 48	23 54
5 25 9	22	20 40	20 48	21 0	21 15	21 26	21 41	21 55	22 8	22 20	22 25	22 31	22 37	22 46	22 55	23 5	23 10	23 25	23 39	23 46	23 51	23 58	24 6	24 16	24 21	24 29	24 35
5 29 30	23	21 50	21 57	22 7	22 21	22 30	22 44	22 56	23 6	23 17	23 22	23 27	23 32	23 40	23 48	23 57	24 1	24 14	24 27	24 33	24 37	24 43	24 50	24 59	25 3	25 10	25 15
5 33 51	24	23 0	23 5	23 15	23 26	23 34	23 46	23 56	24 5	24 14	24 18	24 23	24 27	24 34	24 41	24 49	24 52	25 3	25 14	25 20	25 23	25 29	25 34	25 42	25 46	25 52	25 56
5 38 12	25	24 9	24 14	24 22	24 31	24 38	24 48	24 57	25 4	25 12	25 15	25 19	25 22	25 28	25 34	25 40	25 44	25 52	26 2	26 6	26 9	26 14	26 19	26 25	26 28	26 33	26 36
5 42 34	26	25 19	25 23	25 29	25 37	25 42	25 50	25 57	26 3	26 9	26 12	26 16	16 17	26 22	26 27	26 32	26 35	26 42	26 49	26 53	26 55	26 59	27 3	27 8	27 10	27 14	27 17
5 46 55	27	26 29	26 32	26 36	26 43	26 47	26 52	26 58	27 3	27 7	27 9	27 12	27 13	27 16	27 20	27 25	27 26	27 31	27 37	27 40	27 41	27 44	27 47	27 51	27 53	27 56	27 58
5 51 17	28	27 39	27 42	27 44	27 49	27 51	27 55	27 58	28 2	28 5	28 6	28 8	28 9	28 11	28 13	28 16	28 17	28 20	28 25	28 26	28 27	28 29	28 31	28 34	28 35	28 37	28 39
5 55 38	29	28 50	28 51	28 52	28 55	28 56	28 58	28 59	29 1	29 2	29 3	29 4	29 4	29 6	29 7	29 8	29 9	29 10	29 12	29 13	29 13	29 15	29 16	29 17	29 18	29 19	29 19
6 0 0	30	30 0	30 0	30 0	30 0	30 0	30 0	30 0	30 0	30 0	30 0	30 0	30 0	30 0	30 0	30 0	30 0	30 0	30 0	30 0	30 0	30 0	30 0	30 0	30 0	30 0	30 0

3 HÄUSER FÜR NÖRDLICHE BREITENGRADE

A = Sternzeiten
10 = Himmelsmitte (Zehntes Haus)
B = Aszendent

A	10	B 2° 0′	B 4° 0′	B 7° 0′	B 11° 0′	B 14° 0′	B 18° 0′	B 21° 59′	B 25° 19′	B 28° 40′	B 30° 2′	B 31° 46′	B 33° 20′	B 35° 39′	B 37° 58′	B 40° 43′	B 41° 54′	B 45° 30′	B 48° 50′	B 50° 22′	B 51° 32′	B 52° 57′	B 54° 34′	B 56° 28′	B 57° 29′	B 59° 00′	B 59° 56′
	°	° ′	° ′	° ′	° ′	° ′	° ′	° ′	° ′	° ′	° ′	° ′	° ′	° ′	° ′	° ′	° ′	° ′	° ′	° ′	° ′	° ′	° ′	° ′	° ′	° ′	° ′
6 0 0	0♋	0♎ 0	0♎ 0	0♎ 0	0♎ 0	0♎ 0	0♎ 0	0♎ 0	0♎ 0	0♎ 0	0♎ 0	0♎ 0	0♎ 0	0♎ 0	0♎ 0	0♎ 0	0♎ 0	0♎ 0	0♎ 0	0♎ 0	0♎ 0	0♎ 0	0♎ 0	0♎ 0	0♎ 0	0♎ 0	0♎ 0
6 4 22	1	1 10	1 9	1 8	1 5	1 4	1 2	1 1	0 59	0 58	0 57	0 56	0 56	0 54	0 53	0 52	0 51	0 50	0 48	0 47	0 47	0 45	0 44	0 43	0 42	0 41	0 41
6 8 43	2	2 21	2 18	2 16	2 11	2 9	2 5	2 2	1 58	1 55	1 54	1 52	1 51	1 49	1 47	1 44	1 43	1 40	1 35	1 34	1 33	1 31	1 29	1 26	1 25	1 23	1 21
6 13 5	3	3 31	3 28	3 24	3 17	3 13	3 8	3 2	2 57	2 53	2 51	2 48	2 47	2 44	2 40	2 35	2 34	2 29	2 23	2 20	2 19	2 16	2 13	2 9	2 7	2 4	2 2
6 17 26	4	4 41	4 37	4 31	4 23	4 18	4 10	4 3	3 57	3 51	3 48	3 44	3 43	3 38	3 33	3 28	3 25	3 18	3 11	3 7	3 5	3 1	2 57	2 52	2 50	2 46	2 43
6 21 48	5	5 51	5 46	5 38	5 29	5 22	5 12	5 3	4 56	4 48	4 45	4 41	4 38	4 32	4 26	4 20	4 16	4 8	3 58	3 54	3 51	3 46	3 41	3 35	3 32	3 27	3 24
6 26 9	6	7 0	6 55	6 45	6 34	6 26	6 14	6 4	5 55	5 46	5 42	5 37	5 33	5 26	5 19	5 11	5 8	4 57	4 46	4 40	4 37	4 31	4 26	4 18	4 14	4 8	4 4
6 30 30	7	8 10	8 3	7 53	7 39	7 30	7 16	7 4	6 54	6 43	6 38	6 33	6 28	6 20	6 12	6 3	5 59	5 46	5 33	5 27	5 23	5 17	5 10	5 1	4 57	4 50	4 45
6 34 51	8	9 20	9 12	9 0	8 45	8 34	8 19	8 5	7 52	7 40	7 35	7 29	7 23	7 14	7 5	6 55	6 50	6 35	6 21	6 14	6 9	6 2	5 54	5 44	5 39	5 31	5 26
6 39 11	9	10 30	10 21	10 7	9 50	9 38	9 21	9 5	8 51	8 37	8 32	8 25	8 18	8 8	7 58	7 47	7 41	7 25	7 8	7 0	6 55	6 47	6 38	6 27	6 21	6 12	6 6
6 43 31	10	11 40	11 30	11 14	10 55	10 41	10 23	10 5	9 50	9 35	9 28	9 20	9 13	9 3	8 51	8 38	8 32	8 14	7 55	7 47	7 40	7 32	7 22	7 10	7 3	6 53	6 47
6 47 51	11	12 50	12 38	12 21	12 0	11 45	11 25	11 5	10 49	10 32	10 25	10 16	10 8	9 57	9 44	9 30	9 23	9 3	8 43	8 33	8 26	8 17	8 6	7 53	7 45	7 34	7 27
6 52 11	12	13 59	13 46	13 28	13 5	12 49	12 27	12 5	11 47	11 29	11 21	11 12	11 3	10 50	10 37	10 21	10 14	9 52	9 30	9 20	9 12	9 2	8 50	8 36	8 27	8 15	8 8
6 56 31	13	15 8	14 54	14 35	14 10	13 52	13 29	13 5	12 45	12 26	12 18	12 7	11 58	11 44	11 30	11 13	11 5	10 41	10 17	10 6	9 58	9 46	9 34	9 18	9 9	8 56	8 48
7 0 50	14	16 16	16 2	15 41	15 14	14 55	14 30	14 4	13 44	13 23	13 14	13 3	12 53	12 38	12 22	12 4	11 55	11 30	11 4	10 52	10 43	10 31	10 17	10 1	9 51	9 37	9 28
7 5 8	15	17 24	17 9	16 47	16 19	15 58	15 31	15 4	14 42	14 19	14 10	13 59	13 48	13 32	13 15	12 55	12 46	12 18	11 51	11 38	11 28	11 16	11 1	10 43	10 33	10 18	10 8
7 9 26	16	18 33	18 17	17 53	17 22	17 1	16 32	16 3	15 40	15 16	15 6	14 54	14 42	14 25	14 7	13 46	13 36	13 7	12 38	12 24	12 14	12 0	11 45	11 26	11 15	10 59	10 48
7 13 44	17	19 41	19 24	18 59	18 27	18 4	17 33	17 3	16 38	16 12	16 2	15 49	15 37	15 18	14 59	14 37	14 27	13 56	13 25	13 10	12 59	12 45	12 28	12 8	11 57	11 39	11 28
7 18 1	18	20 49	20 31	20 4	19 31	19 6	18 34	18 2	17 36	17 9	16 57	16 44	16 31	16 11	15 51	15 28	15 17	14 44	14 12	13 56	13 45	13 29	13 12	12 50	12 38	12 20	12 8
7 22 18	19	21 57	21 38	21 10	20 34	20 8	19 35	19 1	18 33	18 5	17 53	17 38	17 25	17 4	16 43	16 19	16 7	15 32	14 58	14 42	14 30	14 14	13 55	13 32	13 20	13 0	12 48
7 26 34	20	23 4	22 44	22 15	21 37	21 10	20 35	20 0	19 30	19 1	18 48	18 33	18 19	17 57	17 35	17 9	16 57	16 21	15 45	15 28	15 15	14 58	14 38	14 14	14 1	13 41	13 28
7 30 50	21	24 10	23 49	23 19	22 40	22 12	21 35	20 58	20 28	19 56	19 44	19 27	19 13	18 50	18 27	18 0	17 47	17 9	16 31	16 13	16 0	15 42	15 21	14 56	14 42	14 21	14 7
7 35 5	22	25 17	24 55	24 24	23 44	23 14	22 35	21 57	21 25	20 52	20 39	20 21	20 6	19 42	19 18	18 50	18 37	17 57	17 17	16 59	16 45	16 26	16 4	15 38	15 24	15 1	14 47
7 39 20	23	26 23	26 1	25 28	24 47	24 16	23 35	22 55	22 22	21 47	21 34	21 16	21 0	20 35	20 10	19 41	19 26	18 45	18 4	17 14	17 30	17 10	16 47	16 20	16 5	15 41	15 27
7 43 34	24	27 29	27 6	26 32	25 49	25 17	24 35	23 53	23 18	22 43	22 28	22 10	21 53	21 27	21 1	20 30	20 16	19 33	18 50	18 29	18 15	17 53	17 30	17 2	16 46	16 21	16 6
7 47 47	25	28 35	28 11	27 36	26 51	26 18	25 34	24 51	24 15	23 38	23 23	23 4	22 46	22 20	21 52	21 20	21 5	20 20	19 36	19 14	18 59	18 37	18 13	17 43	17 27	17 1	16 45
7 52 0	26	29 40	29 16	28 40	27 53	27 19	26 33	25 49	25 11	24 33	24 17	23 58	23 39	23 12	22 43	22 11	21 55	21 8	20 21	19 59	19 43	19 21	18 55	18 24	18 7	17 41	17 24
7 56 12	27	0♏45	0♏20	29 43	28 54	28 19	27 32	26 46	26 7	25 28	25 12	24 51	24 32	24 4	23 34	23 0	22 44	21 55	21 7	20 44	20 27	20 4	19 38	19 6	18 48	18 21	18 3
8 0 24	28	1 50	1 24	0♏46	29 56	29 19	28 31	27 43	27 3	26 22	26 6	25 44	25 25	24 56	24 25	23 50	23 33	22 43	21 53	21 29	21 11	20 47	20 20	19 47	19 28	19 0	18 42
8 4 35	29	2 55	2 28	1 48	0♏57	0♏19	29 29	28 40	27 59	27 17	27 0	26 37	26 18	25 47	25 16	24 38	24 21	23 30	22 38	22 13	21 56	21 30	21 2	20 28	20 9	19 40	19 21
8 8 45	30	4 0	3 31	2 50	1 57	1 19	0♏27	29 37	28 54	28 11	27 53	27 30	27 10	26 39	26 6	25 28	25 10	24 16	23 23	22 58	22 40	22 13	21 44	21 9	20 49	20 19	19 59
8 8 45	0♌	4♏ 0	3♏31	2♏50	1♏57	1♏19	0♏27	29♎37	28♎54	28♎11	27♎53	27♎30	27♎10	26♎39	26♎ 6	25♎28	25♎10	24♎16	23♎23	22♎58	22♎40	22♎13	21♎44	21♎ 9	20♎49	20♎19	19♎59
8 12 54	1	5 3	4 34	3 52	2 59	2 19	1 26	0♏33	29 50	29 5	28 47	28 23	28 2	27 29	26 56	26 17	25 59	25 3	24 8	23 42	23 24	22 56	22 26	21 50	21 29	20 58	20 38
8 17 3	2	6 6	5 37	4 54	3 59	3 18	2 24	1 29	0♏45	29 59	29 40	29 16	28 54	28 21	27 46	27 5	26 47	25 50	24 53	24 26	24 7	23 39	23 8	22 30	22 9	21 37	21 16
8 21 11	3	7 9	6 39	5 55	4 58	4 16	3 21	2 25	1 40	0♏53	0♏33	0♏ 8	29 46	29 11	28 36	27 54	27 35	26 36	25 38	25 10	24 50	24 22	23 50	23 11	22 49	22 16	21 55
8 25 19	4	8 11	7 41	6 56	5 58	5 15	4 18	3 21	2 34	1 46	1 26	1 0	0♏37	0♏ 2	29 26	28 43	28 23	27 23	26 23	25 54	25 34	25 4	24 31	23 51	23 29	22 55	22 33
8 29 26	5	9 14	8 42	7 56	6 57	6 13	5 15	4 17	3 39	2 39	2 19	1 52	1 29	0 53	0♏16	29 31	29 11	28 9	27 7	26 38	26 18	25 46	25 13	24 32	24 9	23 33	23 11
8 33 31	6	10 16	9 43	8 57	7 56	7 11	6 12	5 12	4 23	3 32	3 11	2 44	2 20	1 43	1 6	0♏20	29 59	28 55	27 52	27 22	27 1	26 29	25 54	25 12	24 48	24 12	23 49
8 37 37	7	11 17	10 44	9 57	8 55	8 9	7 8	6 7	5 17	4 25	4 3	3 36	3 11	2 33	1 55	1 8	0♏46	29 41	28 36	28 5	27 44	27 11	26 35	25 52	25 28	24 50	24 26
8 41 41	8	12 18	11 45	10 57	9 53	9 6	8 4	7 2	6 11	5 17	4 56	4 28	4 1	3 28	2 44	1 56	1 34	0♏27	29 20	28 49	28 26	27 53	27 16	26 32	26 7	25 29	25 4
8 45 45	9	13 19	12 46	11 56	10 52	10 4	9 0	7 57	7 4	6 10	5 47	5 19	4 52	4 13	3 33	2 43	2 21	1 12	0♏ 4	29 32	29 8	28 35	27 57	27 11	26 46	26 7	25 42
8 49 48	10	14 20	13 47	12 55	11 49	11 1	9 56	8 51	7 58	7 2	6 39	6 10	5 43	5 2	4 22	3 31	3 8	1 57	0 48	0♏15	29 50	29 16	28 38	27 51	27 25	26 45	26 19
8 53 51	11	15 20	14 46	13 54	12 47	11 58	10 52	9 46	8 51	7 54	7 31	7 1	6 33	5 52	5 10	4 18	3 55	2 43	1 32	0 58	0♏32	29 58	29 19	28 31	28 4	27 23	26 56
8 57 52	12	16 20	15 45	14 52	13 44	12 54	11 47	10 40	9 44	8 46	8 22	7 52	7 24	6 41	5 58	5 6	4 42	3 28	2 15	1 41	1 15	0♏39	29 59	29 10	28 42	28 0	27 33
9 1 53	13	17 19	16 43	15 50	14 41	13 50	12 42	11 33	10 36	9 38	9 13	8 42	8 14	7 31	6 47	5 53	5 28	4 13	2 59	2 23	1 58	1 20	0♏39	29 49	29 21	28 38	28 10
9 5 53	14	18 18	17 41	16 48	15 38	14 46	13 37	12 27	11 29	10 29	10 4	9 32	9 4	8 20	7 35	6 40	6 15	4 58	3 42	3 6	2 39	2 2	1 20	0♏28	0♏ 0	29 15	28 47
9 9 53	15	19 17	18 40	17 46	16 34	15 41	14 31	13 20	12 21	11 20	10 55	10 23	9 54	9 8	8 23	7 27	7 1	5 43	4 25	3 48	3 21	2 43	2 0	1 7	0 38	29 53	29 24
9 13 52	16	20 16	19 38	18 43	17 31	16 37	15 25	14 13	13 13	12 11	11 45	11 13	10 43	9 57	9 10	8 13	7 47	6 27	5 8	4 30	4 3	3 23	2 40	1 46	1 16	0♏30	0♏ 1
9 17 50	17	21 14	20 36	19 40	18 26	17 32	16 19	15 6	14 5	13 2	12 36	12 3	11 32	10 45	9 58	9 0	8 33	7 12	5 51	5 13	4 44	4 4	3 20	2 25	1 54	1 7	0 37
9 21 47	18	22 12	21 34	20 36	19 22	18 27	17 13	15 59	14 57	13 53	13 26	12 52	12 21	11 33	10 45	9 46	9 19	7 56	6 34	5 55	5 56	4 45	3 59	3 3	2 32	1 44	1 13
9 25 44	19	23 9	22 31	21 33	20 18	19 22	18 7	16 51	15 48	14 43	14 16	13 42	13 10	12 21	11 32	10 33	10 5	8 40	7 17	6 36	6 7	5 25	4 39	3 42	3 10	2 21	1 50
9 29 40	20	24 6	23 27	22 29	21 13	20 16	19 0	17 43	16 40	15 34	15 6	14 31	13 58	13 9	12 20	11 19	10 50	9 24	7 59	7 18	6 48	6 6	5 18	4 20	3 48	2 58	2 26
9 33 35	21	25 3	24 23	23 25	22 8	21 10	19 53	18 35	17 31	16 24	15 56	15 20	14 47	13 57	13 6	12 4	11 37	10 8	8 42	8 0	7 29	6 46	5 58	4 58	4 25	3 34	3 2
9 37 29	22	25 59	25 20	24 21	23 2	22 3	20 46	19 27	18 22	17 13	16 45	16 9	15 35	14 45	13 53	12 50	12 21	10 52	9 24	8 41	8 9	7 26	6 37	5 37	5 3	4 11	3 38
9 41 23	23	26 56	26 16	25 16	23 56	22 57	21 39	20 19	19 12	18 3	17 35	16 57	16 24	15 33	14 40	13 36	13 6	11 35	10 6	9 23	8 50	8 6	7 16	6 15	5 40	4 47	4 13
9 45 16	24	27 52	27 11	26 10	24 50	23 51	22 31	21 11	20 3	18 53	18 24	17 46	17 12	16 20	15 27	14 21	13 52	12 19	10 48	10 4	9 31	8 46	7 55	6 52	6 18	5 34	4 49
9 49 9	25	28 47	28 6	27 5	25 44	24 44	23 23	22 2	20 53	19 42	19 13	18 34	18 0	17 7	16 13	15 7	14 37	13 3	11 30	10 45	10 11	9 26	8 34	7 30	6 55	6 0	5 24
9 53 1	26	29 43	29 1	27 59	26 38	25 37	24 15	22 53	21 44	20 31	20 2	19 23	18 47	17 54	16 59	15 52	15 21	13 46	12 12	11 26	10 51	10 6	9 13	8 8	7 32	6 36	6 0
9 56 52	27	0♐38	29 56	28 53	27 31	26 30	25 7	23 44	22 34	21 20	20 50	20 11	19 35	18 41	17 46	16 38	16 6	14 29	12 54	12 7	11 32	10 45	9 52	8 46	8 9	7 12	6 35
10 0 42	28	1 33	0♐51	29 47	28 25	27 23	25 59	24 35	23 24	22 10	21 39	20 59	20 23	19 28	18 32	17 22	16 51	15 13	13 35	12 48	12 12	11 25	10 30	9 23	8 46	7 48	7 11
10 4 33	29	2 28	1 45	0♐41	29 17	28 15	26 51	25 25	24 13	22 59	22 28	21 47	21 11	20 15	19 18	18 7	17 35	15 56	14 17	13 29	12 53	12 4	11 9	10 1	9 22	8 24	7 46
10 8 23	30	3 22	2 39	1 35	0♐11	29 7	27 42	26 16	25 3	23 48	23 16	22 36	21 58	21 2	20 4	18 52	18 20	16 39	14 58	14 10	13 33	12 44	11 47	10 38	9 59	8 59	8 21
10 8 23	0♍	3♐22	2 39	1♐35	0♐11	29♐ 7	27♏42	26♏16	25♏ 3	23♏48	26♏16	22♏36	21♏58	21♏ 2	20♏ 4	18♏52	18♏20	16♏39	14♏58	14♏10	13♏33	12♏44	11♏47	10♏38	9♏59	8♏59	8♏21
10 12 12	1	4 16	3 32	2 28	1 3	29 59	28 33	27 6	25 53	24 37	24 4	23 24	22 46	21 49	20 49	19 36	19 4	17 22	15 40	14 50	14 13	13 23	12 26	11 15	10 36	9 35	8 56
10 16 0	2	5 10	4 26	3 21	1 55	0♐51	29 24	27 56	26 42	25 25	24 52	24 11	23 33	22 35	21 35	20 22	19 49	18 4	16 21	15 31	14 53	14 2	13 4	11 52	11 12	10 11	9 31
10 19 48	3	6 3	5 19	4 14	2 47	1 42	0♐15	28 46	27 31	26 13	25 40	24 59	24 20	23 21	22 21	21 7	20 33	18 47	17 2	16 12	15 33	14 42	13 42	12 29	11 49	10 46	10 5
10 23 35	4	6 56	6 12	5 7	3 40	2 34	1 6	29 36	28 20	27 1	26 28	25 46	25 7	24 7	23 6	21 51	21 17	19 30	17 43	16 52	16 13	15 21	14 21	13 6	12 25	11 21	10 40
10 27 22	5	7 49	7 5	5 59	4 31	3 25	1 56	0♐26	29 9	27 49	27 16	26 34	25 54	24 53	23 52	22 35	22 1	20 13	18 25	17 32	16 52	16 0	14 59	13 43	13 1	11 57	11 15
10 31 8	6	8 42	7 58	6 51	5 23	4 16	2 47	1 15	29 58	28 37	28 4	27 21	26 40	25 39	24 37	23 20	22 45	20 55	19 6	18 13	17 32	16 39	15 37	14 20	13 38	12 32	11 49
10 34 54	7	9 35	8 51	7 43	6 14	5 7	3 37	2 5	0♐47	29 25	28 52	28 8	27 27	26 26	25 23	24 4	23 29	21 38	19 47	18 53	18 12	17 18	16 15	14 57	14 14	13 7	12 24
10 38 40	8	10 28	9 43	8 35	7 6	5 58	4 27	2 55	1 36	0♐13	29 39	28 55	28 14	27 12	26 8	24 48	24 13	22 20	20 28	19 33	18 52	17 56	16 53	15 34	14 50	13 42	12 58
10 42 25	9	11 20	10 35	9 27	7 57	6 49	5 17	3 44	2 25	1 1	0♐27	29 42	29 1	27 58	26 53	25 33	24 57	23 3	21 9	20 13	19 31	18 35	17 31	16 11	15 26	14 17	13 33
10 46 9	10	12 12	11 27	10 19	8 48	7 40	6 7	4 33	3 13	1 49	1 14	0♐29	29 47	28 44	27 38	26 17	25 40	23 45	21 50	20 54	20 11	19 14	18 8	16 47	16 2	14 52	14 7
10 49 53	11	13 4	12 19	11 10	9 39	8 30	6 57	5 22	4 2	2 37	2 2	1 16	0♐34	29 30	28 23	27 2	26 24	24 27	22 30	21 34	20 50	19 53	18 46	17 23	16 38	15 27	14 41
10 53 37	12	13 56	13 10	12 2	10 30	9 20	7 47	6 11	4 50	3 25	2 49	2 4	1 21	0♐16	29 8	27 46	27 8	25 10	23 11	22 14	21 30	20 32	19 24	18 0	17 14	16 2	15 15
10 57 20	13	14 47	14 2	12 53	11 21	10 11	8 37	7 1	5 38	4 13	3 36	2 51	2 7	1 1	29 54	28 29	27 52	25 52	23 52	22 54	22 9	21 10	20 2	18 37	17 50	16 37	15 50
11 1 3	14	15 39	14 53	13 44	12 11	11 1	9 27	7 50	6 27	5 0	4 24	3 37	2 54	1 47	1♐38	29 14	28 36	26 34	24 33	23 34	22 49	21 49	20 40	19 14	18 26	17 12	16 24
11 4 46	15	16 30	15 44	14 34	13 1	11 51	10 16	8 38	7 15	5 48	5 11	4 24	3 40	2 33	1 24	29 57	29 19	27 17	25 14	4 14	23 28	22 28	21 17	19 50	19 2	17 47	16 58
11 8 28	16	17 21	16 36	15 25	13 52	12 41	11 6	9 27	8 3	6 35	5 58	5 11	4 26	3 19	2 9	0♐42	0♐ 3	27 59	25 55	24 54	24 8	23 6	21 55	20 27	19 38	18 21	17 32
11 12 10	17	18 13	17 27	16 16	14 42	13 31	11 55	10 16	8 52	7 23	6 45	5 58	5 12	4 5	2 54	1 27	0 47	28 41	26 36	25 34	24 47	23 45	22 33	21 3	20 13	18 56	18 6
11 15 52	18	19 4	18 18	17 7	15 33	14 22	12 45	11 5	9 40	8 10	7 23	6 44	5 59	4 51	3 39	2 10	1 31	29 24	27 16	26 14	25 27	24 24	23 11	21 40	20 49	19 31	18 40
11 19 34	19	19 55	19 9	17 58	16 23	15 12	13 34	11 53	10 28	8 57	8 20	7 31	6 45	5 30	4 24	2 55	2 14	0♐ 6	27 57	26 55	26 6	25 3	23 48	22 17	21 25	20 6	19 14
11 23 15	20	20 46	19 59	18 49	17 14	16 2	14 24	12 42	11 16	9 45	9 7	8 18	7 32	6 22	5 9	3 38	2 58	0 49	28 38	27 35	26 45	25 41	24 26	22 53	22 1	20 40	19 48
11 26 56	21	21 37	20 50	19 39	18 4	16 51	15 13	13 31	12 4	10 32	9 54	9 4	8 18	7 8	5 54	4 23	3 32	1 31	29 19	28 15	27 25	26 20	25 4	23 30	22 37	21 15	20 22
11 30 37	22	22 28	21 40	20 29	18 54	17 41	16 3	14 20	12 53	11 20	10 42	9 51	9 5	7 54	6 40	5 6	4 26	2 14	0♐ 0	28 55	28 5	26 59	25 42	24 6	23 13	21 50	20 56
11 34 18	23	23 19	22 31	21 19	19 44	18 31	16 52	15 9	13 41	12 8	11 29	10 38	9 51	8 40	7 25	5 52	5 10	2 57	0 41	29 36	28 44	27 38	26 20	24 43	23 49	22 25	21 30
11 37 58	24	24 9	23 21	22 10	20 34	19 21	17 41	15 58	14 29	12 56	12 17	11 26	10 38	9 26	8 10	6 36	5 54	3 39	1 23	0♐16	29 24	28 17	26 58	25 20	24 25	22 59	22 4
11 41 39	25	25 0	24 12	23 1	21 24	20 11	18 31	16 47	15 18	13 44	13 4	12 13	11 25	10 12	8 56	7 20	6 38	4 22	2 4	0 57	0♐ 3	28 56	27 36	25 56	25 1	23 34	22 38
11 45 19	26	25 50	25 2	23 51	22 14	21 1	19 20	17 36	16 6	14 31	13 52	13 0	12 12	10 58	9 41	8 5	7 23	5 5	2 45	1 37	0 43	29 35	28 14	26 33	25 37	24 9	23 12
11 49 0	27	26 41	25 53	24 41	23 4	21 51	20 9	18 24	16 55	15 19	14 39	13 47	12 59	11 45	10 27	8 48	8 7	5 48	3 27	2 18	1 23	0♐14	28 52	27 10	26 13	24 44	23 46
11 52 40	28	27 31	26 44	25 31	23 54	22 40	20 59	19 14	17 43	16 7	15 27	14 34	13 45	12 31	11 13	9 37	8 52	6 31	4 8	2 58	2 3	0 53	29 30	27 47	26 49	25 19	24 21
11 56 20	29	28 22	27 34	26 22	24 44	23 30	21 48	20 3	18 32	16 55	16 15	15 22	14 32	13 18	11 59	10 22	9 36	7 14	4 50	3 39	2 43	1 33	0♐ 9	28 24	27 25	25 54	24 55
12 0 0	30	29 12	28 24	27 12	25 35	24 20	22 38	20 52	19 20	17 44	17 3	16 10	15 20	14 4	12 45	11 7	10 21	7 57	5 32	4 20	3 13	2 12	0 47	29 1	28 2	26 29	25 29

3 HÄUSER FÜR NÖRDLICHE BREITENGRADE

A = Sternzeiten
10 = Himmelsmitte (Zehntes Haus)
B = Aszendent

A	10	B 2° 0′	B 4° 0′	B 7° 0′	B 11° 0′	B 14° 0′	B 18° 0′	B 21° 59′	B 25° 19′	B 28° 40′	B 30° 2′	B 31° 46′	B 33° 20′	B 35° 39′	B 37° 58′	B 40° 43′	B 41° 54′	B 45° 30′	B 48° 50′	B 50° 22′	B 51° 32′	B 52° 57′	B 54° 34′	B 56° 28′	B 57° 29′	B 59° 00′	B 59° 56′
	°	° ′	° ′	° ′	° ′	° ′	° ′	° ′	° ′	° ′	° ′	° ′	° ′	° ′	° ′	° ′	° ′	° ′	° ′	° ′	° ′	° ′	° ′	° ′	° ′	° ′	° ′
12 0 0	0♎	29♐12	28♐24	27♐12	25♐25	24♐20	22♐38	20♐52	19♐20	17♐44	17♐ 3	16♐10	15♐20	14♐ 4	12♐45	11♐ 7	10♐21	7♐57	5♐32	4♐20	3♐23	2♐12	0♐47	29♏ 1	28♏ 2	26♏29	25♏29
12 3 40	1	0♑ 3	29 15	28 2	26 25	25 10	23 27	21 41	20 9	18 32	17 51	16 57	16 7	14 51	13 31	11 52	11 6	8 40	6 13	5 1	4 4	2 52	1 25	29 38	28 38	27 4	26 3
12 7 20	2	0 53	0♑ 5	28 53	27 15	26 0	24 17	22 31	20 58	19 20	18 39	17 44	16 54	15 38	14 17	12 37	11 51	9 24	6 55	5 43	4 45	3 31	2 4	0♐15	29 14	27 39	26 38
12 11 0	3	1 44	0 56	29 43	28 5	26 50	25 7	23 20	21 47	20 9	19 27	18 32	17 42	16 25	15 3	13 19	12 36	10 8	7 38	6 24	5 26	4 11	2 43	0 53	29 51	28 15	27 12
12 14 41	4	2 34	1 46	0♑34	28 56	27 40	25 57	24 10	22 36	20 57	20 15	19 21	18 30	17 12	15 50	14 7	13 21	10 52	8 20	7 5	6 7	4 51	3 22	1 30	0♐28	28 50	27 47
12 18 21	5	3 25	2 37	1 24	29 46	28 31	26 47	24 59	23 26	21 46	21 4	20 9	19 18	17 59	16 37	14 52	14 7	11 36	9 3	7 47	6 48	5 31	4 1	2 8	1 4	29 25	28 21
12 22 2	6	4 15	3 27	2 15	0♑37	29 21	27 39	25 49	24 15	22 35	21 53	20 57	20 6	18 47	17 24	15 38	14 52	12 20	9 45	8 29	7 29	6 12	4 40	2 46	1 41	0♐ 1	28 56
12 25 42	7	5 6	4 18	3 5	1 28	0♑12	28 27	26 40	25 5	23 24	22 42	21 46	20 54	19 34	18 11	16 23	15 38	13 5	10 28	9 11	8 10	6 52	5 19	3 24	2 18	0 37	29 31
12 29 23	8	5 57	5 9	3 56	2 19	1 3	29 18	27 29	25 55	24 13	23 31	22 35	21 43	20 22	18 58	17 11	16 24	13 50	11 11	9 53	8 51	7 33	5 59	4 2	2 56	1 13	0♐ 6
12 33 4	9	6 48	6 0	4 47	3 9	1 53	0♑ 8	28 20	26 45	25 3	24 20	23 24	22 32	21 10	19 46	17 58	17 11	14 35	11 55	10 36	9 33	8 13	6 39	4 40	3 33	1 49	0 41
12 36 45	10	7 39	6 51	5 38	4 0	2 44	0 58	29 10	27 35	25 52	25 10	24 13	23 21	21 59	20 33	18 45	17 57	15 19	12 38	11 18	10 15	8 55	7 19	5 18	4 11	2 25	1 16
12 40 26	11	8 30	7 43	6 30	4 52	3 35	1 50	0♑ 1	28 25	26 42	25 59	25 2	24 10	22 48	21 21	19 32	18 44	16 5	13 22	12 1	10 57	9 36	7 59	5 57	4 48	3 1	1 51
12 44 8	12	9 21	8 34	7 21	5 43	4 27	2 42	0 52	29 16	27 33	26 49	25 52	24 59	23 37	22 10	20 20	19 31	16 51	14 6	12 45	11 40	10 17	8 39	6 36	5 26	3 37	2 27
12 47 50	13	10 13	9 26	8 13	6 35	5 19	3 34	1 43	0♑ 7	28 23	27 40	26 42	25 49	24 26	22 58	21 8	20 19	17 37	14 50	13 28	12 22	10 59	9 19	7 15	6 4	4 14	3 2
12 51 32	14	11 4	10 17	9 4	7 26	6 10	4 25	2 34	0 58	29 14	28 30	27 32	26 39	25 15	23 47	21 57	21 6	18 22	15 35	14 12	13 4	11 41	10 0	7 54	6 42	4 51	3 38
12 55 14	15	11 56	11 9	9 56	8 18	7 2	5 17	3 26	1 49	0♑ 5	29 21	28 23	27 29	26 4	24 36	22 43	21 54	19 9	16 20	14 56	13 47	12 23	10 41	8 33	7 21	5 28	4 14
12 58 57	16	12 47	12 0	10 48	9 10	7 54	6 9	4 18	2 41	0 56	0♑12	29 14	28 19	26 54	25 25	23 33	22 43	19 56	17 5	15 40	14 30	13 6	11 23	9 13	8 0	6 5	4 50
13 2 40	17	13 39	12 52	11 40	10 2	8 46	7 1	5 10	3 32	1 48	1 3	0♑ 5	29 10	27 45	26 16	24 22	23 31	20 43	17 50	16 25	15 14	13 49	12 4	9 53	8 39	6 42	5 27
13 6 23	18	14 31	13 44	12 33	10 55	9 39	7 53	6 1	4 24	2 39	1 55	0 56	0♑ 1	28 35	27 5	25 11	24 20	21 31	18 37	17 10	15 59	14 32	12 46	10 33	9 18	7 20	6 3
13 10 7	19	15 23	14 36	13 25	11 47	10 32	8 46	6 54	5 17	3 32	2 47	1 48	0 52	29 26	27 56	26 1	25 10	22 19	19 23	17 55	16 44	15 16	13 28	11 14	9 57	7 58	6 40
13 13 51	20	16 16	15 29	14 18	12 40	11 25	9 39	7 47	6 10	4 24	3 39	2 39	1 44	0♑18	28 47	26 51	25 59	23 7	20 9	18 41	17 29	15 59	14 11	11 54	10 57	8 36	7 17
13 17 35	21	17 8	16 22	15 10	13 33	12 18	10 32	8 41	7 3	5 17	4 31	3 32	2 36	1 10	29 38	27 40	26 49	23 56	20 56	19 27	18 14	16 44	14 54	12 35	11 17	9 14	7 54
13 21 20	22	18 1	17 15	16 3	14 26	13 11	11 26	9 34	7 56	6 10	5 24	4 24	3 29	2 2	0♑30	28 32	27 40	24 45	21 44	20 13	19 0	17 28	15 37	13 17	11 57	9 53	8 32
13 25 6	23	18 54	18 8	16 57	15 21	14 5	12 20	10 28	8 50	7 3	6 18	5 18	4 22	2 55	1 22	29 23	28 31	25 34	22 31	21 0	19 45	18 13	16 21	13 59	12 38	10 32	9 9
13 28 52	24	19 47	19 1	17 51	16 14	14 59	13 14	11 22	9 44	7 57	7 11	6 11	5 15	3 48	2 14	0♑14	29 22	26 24	23 20	21 47	20 31	18 59	17 5	14 41	13 19	11 11	9 47
13 32 38	25	20 41	19 55	18 45	17 8	15 53	14 8	12 16	10 38	8 51	8 6	7 5	6 9	4 41	3 7	1 7	0♑14	27 15	24 8	22 35	21 18	19 44	17 49	15 23	14 1	11 51	10 26
13 36 25	26	21 34	20 49	19 38	18 2	16 48	15 3	13 11	11 33	9 46	9 0	7 59	7 3	5 35	4 1	2 0	1 6	28 6	24 58	23 23	22 6	20 31	18 34	16 6	14 43	12 31	11 4
13 40 12	27	22 28	21 43	20 33	18 57	17 43	15 58	14 6	12 28	10 41	9 55	8 54	7 58	6 30	4 55	2 52	1 59	28 57	25 47	24 12	22 54	21 18	19 19	16 50	15 25	13 11	11 43
13 44 0	28	23 22	22 37	21 28	19 52	18 38	16 53	15 2	13 24	11 36	10 50	9 49	8 53	7 24	5 49	3 46	2 52	29 49	26 38	25 1	23 42	22 5	20 5	17 34	16 7	13 52	12 23
13 47 48	29	24 16	23 31	22 22	20 47	19 33	17 49	15 58	14 20	12 32	11 46	10 45	9 49	8 19	6 44	4 41	3 46	0♑42	27 28	25 51	24 31	22 53	20 51	18 18	16 50	14 33	13 2
13 51 37	30	25 10	24 26	23 17	21 43	20 29	18 45	16 54	15 16	13 28	12 43	11 41	10 45	9 15	7 39	5 35	4 41	1 35	28 20	26 42	25 20	23 41	21 38	19 3	17 34	15 14	13 42

A	10	B 2° 0′	B 4° 0′	B 7° 0′	B 11° 0′	B 14° 0′	B 18° 0′	B 21° 59′	B 25° 19′	B 28° 40′	B 30° 2′	B 31° 46′	B 33° 20′	B 35° 39′	B 37° 58′	B 40° 43′	B 41° 54′	B 45° 30′	B 48° 50′	B 50° 22′	B 51° 32′	B 52° 57′	B 54° 34′	B 56° 28′	B 57° 29′	B 59° 00′	B 59° 56′
13 51 37	0♏	25♑10	24♑26	23♑17	21♑43	20♑29	18♑45	16♑54	15♑16	13♑28	12♑43	11♑41	10♑45	9♑15	7♑39	5♑35	4♑41	1♑35	28♐20	26♐42	25♐20	23♐41	21♐38	19♐ 3	17♐34	15♐14	13♐42
13 55 27	1	26 5	25 22	24 13	22 39	21 26	19 42	17 51	16 13	14 25	13 39	12 38	11 41	10 11	8 35	6 30	5 36	2 28	29 12	27 33	26 10	24 30	22 26	19 48	18 18	15 56	14 23
13 59 17	2	27 0	26 17	25 9	23 35	22 23	20 39	18 48	17 10	15 23	14 37	13 35	12 38	11 8	9 32	7 27	6 31	3 23	0♑ 4	28 24	27 2	25 19	23 14	20 34	19 2	16 38	15 4
14 3 8	3	27 56	27 13	26 5	24 32	23 20	21 36	19 46	18 8	16 20	15 34	14 33	13 36	12 6	10 29	8 23	7 27	4 18	0 57	29 16	27 53	26 10	24 2	21 20	19 47	17 21	15 45
14 6 59	4	28 52	28 9	27 2	25 29	24 17	22 34	20 44	19 6	17 19	16 33	15 31	14 34	13 4	11 26	9 20	8 24	5 14	1 51	0♑ 9	28 45	27 0	24 51	22 7	20 33	18 4	16 27
14 10 51	5	29 48	29 5	27 59	26 27	25 14	23 32	21 43	20 5	18 18	17 32	16 30	15 33	14 2	12 24	10 18	9 22	6 10	2 46	1 3	29 36	27 52	25 41	22 55	21 19	18 48	17 9
14 14 44	6	0♒45	0♒ 2	28 56	27 24	26 12	24 31	22 42	21 4	19 17	18 31	17 30	16 33	15 1	13 23	11 16	10 20	7 7	3 41	1 57	0♑29	28 44	26 32	23 43	22 6	19 33	17 52
14 18 31	7	1 41	0 59	29 53	28 22	27 11	25 30	23 41	22 4	20 17	19 31	18 30	17 33	16 1	14 23	12 15	11 19	8 4	4 37	2 52	1 23	29 37	27 23	24 32	22 54	20 18	18 35
14 22 31	8	2 38	1 56	0♒51	29 21	28 10	26 30	24 41	23 4	21 18	20 32	19 30	18 33	17 1	15 23	13 15	12 19	9 3	5 34	3 48	2 18	0♑31	28 15	25 21	23 42	21 4	19 19
14 26 25	9	3 35	2 54	1 49	0♒20	29 9	27 30	25 42	24 5	22 19	21 33	20 31	19 34	18 3	16 24	14 16	13 19	10 2	6 32	4 45	3 14	1 25	29 8	26 12	24 30	21 50	20 4
14 30 20	10	4 33	3 52	2 48	1 19	0♒ 9	28 30	26 43	25 7	23 21	22 35	21 33	20 36	19 4	17 26	15 17	14 20	11 2	7 30	5 42	4 11	2 20	0♑ 1	27 3	25 20	22 37	20 49
14 34 16	11	5 31	4 51	3 47	2 19	1 10	29 31	27 44	26 9	24 23	23 37	22 35	21 39	20 7	18 29	16 19	15 22	12 3	8 30	6 41	5 9	3 17	0 56	27 55	26 11	23 25	21 35
14 38 13	12	6 30	5 50	4 47	3 19	2 11	0♒33	28 46	27 11	25 26	24 40	23 39	22 42	21 10	19 32	17 23	16 25	13 5	9 30	7 40	6 7	4 14	1 51	28 48	27 2	24 13	22 21
14 42 10	13	7 29	6 49	5 47	4 20	3 12	1 35	29 49	28 15	26 29	25 44	24 43	23 46	22 15	20 36	18 27	17 29	14 8	10 32	8 40	7 6	5 12	2 48	29 41	27 54	25 2	23 9
14 46 8	14	8 28	7 48	6 47	5 21	4 13	2 37	0♒52	29 18	27 34	26 49	25 47	24 51	23 19	21 41	19 32	18 33	15 12	11 34	9 42	8 6	6 11	3 45	0♑36	28 48	25 53	23 57
14 50 7	15	9 27	8 48	7 47	6 23	5 15	3 40	1 56	0♒23	28 39	27 54	26 53	25 57	24 25	22 47	20 37	19 39	16 17	12 37	10 44	9 8	7 11	4 43	1 32	29 41	26 44	24 46
14 54 7	16	10 27	9 49	8 48	7 25	6 18	4 44	3 1	1 28	29 45	29 0	27 59	27 3	25 32	23 53	21 44	20 45	17 22	13 42	11 48	10 11	8 13	5 43	2 29	0♑36	27 36	25 36
14 58 7	17	11 27	10 50	9 50	8 27	7 22	5 48	4 6	2 34	0♒51	0♒ 6	29 6	28 10	26 39	25 1	22 51	21 53	18 29	14 47	12 52	11 15	9 15	6 44	3 27	1 32	28 29	26 27
14 2 8	18	12 27	11 50	10 51	9 30	8 25	6 52	5 11	4 0	1 58	1 14	0♒14	29 18	27 48	26 9	23 59	23 1	19 37	15 54	13 58	12 20	10 19	7 46	4 24	2 30	29 23	27 18
15 6 9	19	13 28	12 51	11 53	10 33	9 29	7 57	6 17	4 47	3 6	2 22	1 22	0♒27	28 56	27 18	25 9	24 11	20 46	17 2	15 5	13 27	11 24	8 49	5 26	3 28	0♑18	28 11
15 10 12	20	14 29	13 53	12 56	11 37	10 34	9 3	7 24	5 55	4 14	3 30	2 31	1 36	0♒ 7	28 29	26 19	25 21	21 56	18 11	16 14	14 35	12 30	9 53	6 28	4 28	1 15	29 5
15 14 15	21	15 31	14 55	13 59	12 40	11 39	10 10	8 32	7 3	5 23	4 40	3 42	2 46	1 18	29 41	27 31	26 33	23 8	19 22	17 24	15 43	13 38	10 59	7 31	5 29	2 12	0♑ 0
15 18 19	22	16 33	15 58	15 3	13 46	12 45	11 17	9 40	8 12	6 33	5 51	4 53	3 57	2 30	0♒53	28 43	27 46	24 21	20 34	18 35	16 52	14 47	12 7	8 36	6 32	3 11	0 57
15 22 23	23	17 36	17 1	16 7	14 51	13 51	12 24	10 49	9 22	7 44	7 2	6 4	5 9	3 43	2 6	29 57	29 0	25 34	21 47	19 48	18 3	15 58	13 16	9 42	7 36	4 12	1 55
15 26 29	24	18 38	18 5	17 12	15 57	14 58	13 32	11 59	10 32	8 56	8 14	7 17	6 23	4 57	3 21	1♒14	0♒15	26 50	23 2	21 2	19 16	17 11	14 27	10 49	8 42	5 14	2 54
15 30 35	25	19 42	19 9	18 17	17 4	16 5	14 41	13 9	11 44	10 8	9 27	8 31	7 37	6 11	4 36	2 28	1 31	28 7	24 19	22 18	20 32	18 25	15 39	11 59	9 49	6 18	3 55
15 34 41	26	20 45	20 13	19 22	18 10	17 12	15 49	14 19	12 55	11 22	10 40	9 45	8 52	7 27	5 53	3 46	2 49	29 25	25 37	23 35	21 48	19 41	16 53	13 10	10 58	7 23	4 58
15 38 49	27	21 49	21 17	20 27	19 17	18 21	16 59	15 30	14 8	12 36	11 55	11 0	10 8	8 44	7 11	5 5	4 8	0♒45	26 56	24 54	23 8	20 59	18 9	14 24	12 10	8 31	6 2
15 42 57	28	22 54	22 22	21 33	20 25	19 29	18 10	16 42	15 21	13 50	13 10	12 16	11 25	10 1	8 29	6 25	5 28	2 6	28 18	26 15	24 29	22 19	19 28	15 39	13 23	9 40	7 8
15 47 6	29	23 59	23 28	22 40	21 32	20 38	19 21	17 55	16 36	15 6	14 27	13 33	12 43	11 20	9 49	7 46	6 50	3 28	29 41	27 39	25 51	23 40	20 48	16 57	14 39	10 52	8 17
15 51 15	30	25 4	24 34	23 48	22 42	21 49	20 33	19 8	17 50	16 22	15 44	14 51	14 1	12 40	11 10	9 8	8 13	4 53	1♒ 6	29 4	27 15	25 4	22 11	18 17	15 57	12 6	9 28

A	10	B 2° 0′	B 4° 0′	B 7° 0′	B 11° 0′	B 14° 0′	B 18° 0′	B 21° 59′	B 25° 19′	B 28° 40′	B 30° 2′	B 31° 46′	B 33° 20′	B 35° 39′	B 37° 58′	B 40° 43′	B 41° 54′	B 45° 30′	B 48° 50′	B 50° 22′	B 51° 32′	B 52° 57′	B 54° 34′	B 56° 28′	B 57° 29′	B 59° 00′	B 59° 56′
15 51 15	0♐	25♒ 4	24♒34	23♒48	22♒42	21♒49	20♒33	19♒ 8	17♒50	16♒22	15♒44	14♒51	14♒ 1	12♒40	11♒10	9♒ 8	8♒13	4♒53	1♒ 6	29♑ 4	27♑15	25♑ 4	22♑11	18♑17	15♑57	12♑ 6	9♑28
15 55 25	1	26 10	25 41	24 55	23 50	22 59	21 45	20 22	19 6	17 40	17 2	16 10	15 21	14 1	12 32	10 31	9 37	6 19	2 33	0♒31	28 42	26 31	23 36	19 39	17 17	13 22	10 41
15 59 36	2	27 16	26 48	26 3	25 0	24 10	22 58	21 36	20 22	18 58	18 20	17 30	16 42	15 23	13 56	11 56	11 3	7 47	4 1	2 0	0♒11	27 59	25 3	21 4	18 40	14 41	11 56
16 3 48	3	28 22	27 55	27 11	26 11	25 22	24 11	22 51	21 39	20 17	19 40	18 51	18 4	16 46	15 20	13 23	12 30	9 16	5 32	3 31	1 42	29 30	26 34	22 32	20 6	16 3	13 15
16 8 0	4	29 28	29 2	28 20	27 21	26 33	25 25	24 7	22 57	21 36	21 1	20 13	19 26	18 10	16 46	14 50	13 59	10 47	7 5	5 4	3 16	1♒ 4	28 7	24 3	21 36	17 28	14 36
16 12 13	5	0♓35	0♓ 9	29 29	28 32	27 45	26 39	25 24	24 15	22 56	22 22	21 35	20 49	19 36	18 13	16 9	15 29	12 20	8 40	6 40	4 53	2 40	29 42	25 37	23 8	18 56	16 1
16 16 26	6	1 43	1 18	0♓39	29 44	28 59	27 54	26 41	25 35	24 18	23 44	22 58	22 14	21 2	19 41	17 50	17 0	13 54	10 17	8 18	6 32	4 19	1♒21	27 15	24 44	20 28	17 30
16 20 40	7	2 51	2 27	1 49	0♓55	0♓12	29 9	27 59	26 55	25 40	25 7	24 23	23 39	22 29	21 11	19 22	18 33	15 31	11 57	9 59	8 13	6 1	3 4	28 56	26 23	22 5	19 2
16 24 55	8	3 59	3 36	3 0	2 8	1 26	0♓26	29 18	28 15	27 3	26 31	25 48	25 6	23 58	22 41	20 56	20 8	17 9	13 39	11 42	9 57	7 47	4 49	0♒41	28 7	23 45	20 39
16 29 10	9	5 8	4 45	4 10	3 21	2 41	1 43	0♓37	29 36	28 27	27 56	27 14	26 33	25 28	24 13	22 30	21 43	18 49	15 23	13 28	11 44	9 35	6 38	2 29	29 55	25 29	22 20
16 33 26	10	6 17	5 55	5 21	4 34	3 56	3 0	1 57	0♓58	29 51	29 22	28 41	28 2	26 58	25 46	24 7	23 21	20 31	17 9	15 16	13 34	11 26	8 31	4 22	1♒47	27 19	24 7
16 37 42	11	7 26	7 5	6 33	5 48	5 11	4 17	3 17	2 20	1♓17	0♓48	0♓ 9	29 32	28 30	27 21	25 44	25 0	22 14	18 58	17 7	15 26	13 21	10 27	6 20	3 44	29 14	25 58
16 41 59	12	8 35	8 15	7 45	7 2	6 26	5 35	4 38	3 44	2 43	2 15	1 38	1♓ 2	0♓ 3	28 56	27 23	26 40	24 0	20 49	19 1	17 20	15 19	12 28	8 22	5 46	1♒14	27 56
16 46 16	13	9 44	9 26	8 57	8 16	7 42	6 54	5 59	5 8	4 9	3 43	3 8	2 33	1 36	0♓33	29 4	28 22	25 48	22 43	20 58	19 18	17 20	14 32	10 29	7 54	3 21	0♒ 1
16 50 34	14	10 54	10 37	10 9	9 31	8 59	8 13	7 21	6 32	5 37	5 12	4 38	4 5	3 11	2 10	0♓45	0♓ 5	27 37	24 38	22 57	21 22	19 26	16 41	12 41	10 7	5 34	2 13
16 54 52	15	12 4	11 48	11 22	10 45	10 16	9 32	8 43	7 57	7 4	6 41	6 9	5 38	4 46	3 49	2 27	1 50	29 28	26 37	24 59	23 29	21 34	18 54	14 58	12 26	7 54	4 32
16 59 10	16	13 14	13 0	12 35	2 1	11 33	10 52	10 6	9 23	8 33	8 11	7 40	7 12	6 23	5 28	4 11	3 36	1♓21	28 38	27 4	25 36	23 47	21 11	17 22	14 52	10 22	7 0
17 3 29	17	14 25	14 11	13 48	13 16	12 50	12 12	11 29	10 49	10 2	9 42	9 13	8 46	8 0	7 9	5 56	5 23	3 16	0♓41	29 11	27 46	26 3	23 33	19 50	17 24	12 58	9 37
17 7 49	18	15 36	15 23	15 2	14 32	14 8	13 22	12 53	12 16	11 32	11 13	10 46	10 21	9 39	8 51	7 43	7 11	5 12	2 46	1♓21	0♓ 0	28 22	25 59	22 25	20 3	15 43	12 23
17 12 9	19	16 47	16 35	16 16	15 49	15 26	14 53	14 17	13 43	13 2	12 45	12 20	11 57	11 37	10 33	9 30	9 1	7 10	4 53	3 34	2 19	0♓45	28 30	25 5	22 48	18 36	15 21
17 16 29	20	17 59	17 48	17 30	17 5	16 45	16 15	15 42	15 10	14 34	14 17	13 54	13 33	12 57	12 16	11 18	10 52	9 10	7 3	5 49	4 40	3 12	1♓ 5	27 52	25 42	21 39	18 29
17 20 49	21	19 11	19 1	18 44	18 22	18 3	17 37	17 6	16 38	16 5	15 50	15 30	15 10	14 37	14 0	13 8	12 43	11 10	9 14	8 7	7 2	5 42	3 44	0♓44	28 42	24 52	21 49
17 25 9	22	20 23	20 14	19 58	19 39	19 22	18 59	18 32	18 6	17 36	17 23	17 5	16 47	16 19	15 44	14 57	14 36	13 13	11 28	10 27	9 26	8 15	6 27	3 42	1♓49	28 14	25 21
17 29 30	23	21 35	21 27	21 14	20 57	20 42	20 21	19 57	19 35	19 9	18 57	18 41	18 25	18 0	17 30	16 48	16 29	15 16	13 43	12 49	11 54	10 51	9 14	6 45	5 3	1♓46	29 6
17 33 51	24	22 46	22 40	22 29	22 14	22 2	21 43	21 23	21 3	20 41	20 31	20 18	20 4	19 42	19 16	18 41	18 24	17 20	16 0	15 13	14 24	13 30	12 5	9 54	8 23	5 27	3♓ 2
17 38 12	25	23 58	23 53	23 44	23 31	23 21	23 6	22 49	22 32	22 14	22 5	21 54	21 43	21 24	21 2	20 33	20 19	19 25	18 17	17 38	17 0	16 11	14 59	13 7	11 49	9 17	7 10
17 42 34	26	25 11	25 6	24 59	24 48	24 40	24 28	24 15	24 2	23 47	23 40	23 31	23 22	23 6	22 49	22 25	22 14	21 31	20 37	20 4	19 33	18 54	17 56	16 24	15 20	13 15	11 30
17 46 55	27	26 23	26 20	26 14	26 7	26 1	25 51	25 41	25 31	25 20	25 15	25 8	25 1	24 50	24 37	24 19	24 10	23 38	22 57	22 32	22 6	21 39	20 55	19 45	18 56	17 20	15 58
17 51 17	28	27 35	27 33	27 29	27 24	27 20	27 14	27 7	27 1	26 53	26 50	26 45	26 40	26 33	26 24	26 12	26 7	25 45	25 17	25 1	24 40	24 25	23 56	23 9	22 35	21 30	20 34
17 55 38	29	28 48	28 46	28 45	28 43	28 41	28 37	28 33	28 30	28 26	28 25	28 22	28 20	28 17	28 12	28 7	28 3	27 53	27 39	27 30	27 20	27 12	26 58	26 34	26 17	25 44	25 16
18 0 0	30	30 0	30 0	30 0	30 0	30 0	30 0	30 0	30 0	30 0	30 0	30 0	30 0	30 0	30 0	30 0	30 0	30 0	30 0	30 0	30 0	30 0	30 0	30 0	30 0	30 0	30 0

3 HÄUSER FÜR NÖRDLICHE BREITENGRADE

A = Sternzeiten
10 = Himmelsmitte (Zehntes Haus)
B = Aszendent

A	10	B 2° 0′	B 4° 0′	B 7° 0′	B 11° 0′	B 14° 0′	B 18° 0′	B 21° 59′	B 25° 19′	B 28° 40′	B 30° 2′	B 31° 46′	B 33° 20′	B 35° 39′	B 37° 58′	B 40° 43′	B 41° 54′	B 45° 30′	B 48° 50′	B 50° 22′	B 51° 32′	B 52° 57′	B 54° 34′	B 56° 28′	B 57° 29′	B 59° 00′	B 59° 56′
	°	° ′	° ′	° ′	° ′	° ′	° ′	° ′	° ′	° ′	° ′	° ′	° ′	° ′	° ′	° ′	° ′	° ′	° ′	° ′	° ′	° ′	° ′	° ′	° ′	° ′	° ′
18 0 0	0 ♑	0 ♈ 0	0 ♈ 0	0 ♈ 0	0 ♈ 0	0 ♈ 0	0 ♈ 0	0 ♈ 0	0 ♈ 0	0 ♈ 0	0 ♈ 0	0 ♈ 0	0 ♈ 0	0 ♈ 0	0 ♈ 0	0 ♈ 0	0 ♈ 0	0 ♈ 0	0 ♈ 0	0 ♈ 0	0 ♈ 0	0 ♈ 0	0 ♈ 0	0 ♈ 0	0 ♈ 0	0 ♈ 0	0 ♈ 0
18 4 22	1	1 12	1 14	1 15	1 17	1 19	1 23	1 27	1 30	1 34	1 35	1 38	1 40	1 43	1 48	1 53	1 57	2 7	2 21	2 30	2 39	2 48	3 2	3 36	3 43	4 16	4 44
18 8 43	2	2 25	2 27	2 31	2 36	2 40	2 46	2 53	2 59	3 7	3 10	3 15	3 20	3 27	3 36	3 48	3 53	4 15	4 43	4 59	5 19	5 35	6 4	6 51	7 25	8 30	9 26
18 13 5	3	3 37	3 40	3 46	3 53	3 59	4 9	4 19	4 29	4 40	4 45	4 52	4 59	5 10	5 23	5 41	5 50	6 22	7 3	7 28	7 55	8 21	9 5	10 15	11 4	12 40	14 2
18 17 26	4	4 49	4 54	5 1	5 12	5 20	5 32	5 45	5 58	6 13	6 20	6 29	6 38	6 54	7 11	7 35	7 46	8 29	9 23	9 56	10 29	11 6	12 4	13 36	14 40	16 45	18 30
18 21 48	5	6 2	6 7	6 16	6 29	6 39	6 54	7 11	7 28	7 46	7 55	8 6	8 17	8 36	8 58	9 27	9 41	10 35	11 43	12 22	13 2	13 49	15 1	16 53	18 11	20 43	22 50
18 26 9	6	7 14	7 20	7 31	7 46	7 56	8 17	8 37	8 57	9 19	9 29	9 42	9 56	10 18	10 44	11 19	11 36	12 40	14 0	14 47	15 36	16 30	17 55	20 6	21 37	24 33	26 58
18 30 30	7	8 25	8 33	8 46	9 3	9 18	9 39	10 3	10 25	10 51	11 3	11 19	11 35	12 0	12 30	13 12	13 31	14 44	16 17	17 11	18 6	19 9	20 46	23 15	24 57	28 14	0 ♉ 54
18 34 51	8	9 37	9 46	10 1	10 21	10 38	11 1	11 28	11 54	12 24	12 37	12 55	13 13	13 41	14 16	15 3	15 24	16 47	18 32	19 33	20 34	21 45	23 33	26 18	28 11	1 ♉ 46	4 39
18 39 11	9	10 49	10 59	11 16	11 38	11 57	12 23	12 54	13 22	13 55	14 10	14 30	14 50	15 23	16 0	16 52	17 17	18 50	20 46	21 53	22 59	24 18	26 16	29 16	1 ♉ 18	5 8	8 11
18 43 31	10	12 1	12 12	12 30	12 55	13 15	13 45	14 18	14 50	15 26	15 43	16 6	16 27	17 3	17 44	18 42	19 8	20 50	22 57	24 11	25 22	26 48	28 55	2 ♉ 8	4 18	8 21	11 31
18 47 51	11	13 13	13 25	13 44	14 11	14 34	15 7	15 43	16 17	16 58	17 15	17 40	18 3	18 43	19 27	20 30	20 59	22 50	25 7	26 26	27 42	29 15	1 ♉ 30	4 55	7 12	11 24	14 39
18 52 11	12	14 24	14 37	14 58	15 28	15 52	16 28	17 7	17 44	18 28	18 47	18 14	19 39	20 21	21 9	22 17	22 49	24 48	27 14	28 39	29 58	1 ♉ 38	4 1	7 35	9 57	14 17	17 37
18 56 31	13	15 35	15 49	16 12	16 44	17 10	17 48	18 31	19 11	19 58	20 18	20 47	21 14	22 0	22 51	24 4	24 37	26 44	29 19	0 ♉ 19	2 ♉ 13	3 57	6 27	10 10	12 36	17 2	20 23
19 0 50	14	16 46	17 0	17 25	17 59	18 27	19 8	19 54	20 37	21 27	21 49	22 20	22 48	23 37	24 32	25 49	26 24	28 39	1 ♉ 22	2 56	4 24	6 13	8 49	12 38	15 8	19 38	23 0
19 5 8	15	17 56	18 12	18 38	19 15	19 44	20 28	21 17	22 3	22 56	23 19	23 51	24 22	25 14	26 11	27 33	28 10	0 ♉ 32	3 23	5 1	6 30	8 26	11 6	15 2	17 34	22 6	25 28
19 9 26	16	19 6	19 23	19 51	20 29	21 1	21 47	22 39	23 28	24 23	24 48	25 22	25 55	26 49	27 50	29 15	29 55	2 23	5 22	7 3	8 36	10 34	13 19	17 19	19 53	24 26	27 48
19 13 44	17	20 16	20 34	21 3	21 44	22 18	23 6	24 1	24 52	25 51	26 17	26 52	27 27	28 24	29 27	0 ♉ 56	1 ♉ 38	4 12	7 17	9 2	10 40	12 40	15 28	19 31	22 6	26 39	29 59
19 18 1	18	21 25	21 45	22 15	22 58	23 34	24 25	25 22	26 16	27 17	27 45	28 22	28 58	29 57	1 ♉ 4	2 37	3 20	6 0	9 11	10 59	12 39	14 41	17 32	21 38	24 14	28 46	2 ♊ 4
19 22 18	29	22 34	22 55	23 27	24 12	24 49	25 43	26 43	27 39	28 43	29 12	29 51	0 ♉ 28	1 ♉ 30	2 39	4 16	5 0	7 46	11 2	12 53	14 35	16 39	19 33	23 40	26 16	0 ♊ 46	4 2
19 26 34	20	23 43	24 5	24 39	25 26	26 4	27 0	28 3	29 2	0 ♉ 9	0 ♉ 38	1 ♉ 19	1 58	3 2	4 14	5 53	6 39	9 29	12 51	14 44	16 28	18 34	21 29	25 38	28 13	2 41	5 53
19 30 50	21	24 52	25 15	25 50	26 39	27 19	28 17	29 23	0 ♉ 24	1 33	2 4	2 46	3 27	4 32	5 47	7 30	8 17	11 11	14 37	16 32	18 17	20 25	23 22	27 31	0 ♊ 5	4 31	7 40
19 35 5	22	26 1	26 24	27 0	27 52	28 34	29 34	0 ♉ 42	1 45	2 57	3 29	4 12	4 54	6 2	7 19	9 4	9 52	12 51	16 21	18 18	20 3	22 13	25 11	29 19	1 53	6 15	9 21
19 39 20	23	27 9	27 33	28 11	29 5	29 48	0 ♉ 51	2 1	3 5	4 20	4 53	5 37	6 21	7 31	8 49	10 38	11 27	14 29	18 3	20 1	21 48	23 59	26 56	1 ♊ 4	3 37	7 55	10 58
19 43 34	24	28 17	28 42	29 21	0 ♉ 16	1 ♉ 1	2 6	3 19	4 25	5 42	6 16	7 2	7 46	8 58	10 19	12 10	13 0	16 6	19 43	21 42	23 29	25 41	28 39	3 45	5 16	9 32	12 30
19 47 47	25	29 25	29 51	0 ♉ 31	1 28	2 15	3 21	4 36	5 45	7 4	7 38	8 25	9 11	10 24	11 47	13 41	14 31	17 40	21 20	23 20	25 9	27 20	0 ♊ 18	4 23	6 52	11 4	13 59
19 52 0	26	0 ♉ 32	0 ♉ 58	1 40	2 39	3 27	4 35	5 53	7 3	8 24	8 59	9 47	10 34	11 50	13 14	15 10	16 1	19 13	22 55	24 56	26 45	28 56	1 53	5 57	8 24	12 32	15 24
19 56 12	27	1 38	2 5	2 49	3 49	4 38	5 49	7 9	8 21	9 43	10 20	11 9	11 56	13 14	14 40	16 37	17 30	20 44	24 28	26 29	28 18	0 ♊ 30	3 26	7 28	9 54	13 57	16 45
20 0 24	28	2 44	3 12	3 57	5 0	5 50	7 2	8 24	9 38	11 2	11 40	12 30	13 18	14 37	16 4	18 4	18 57	22 13	25 59	28 0	29 49	2 1	4 57	8 56	11 20	15 19	18 4
20 4 35	29	3 50	4 19	5 5	6 10	7 1	8 15	9 38	10 54	12 20	12 58	13 50	14 39	15 59	17 28	19 29	20 23	23 41	27 27	29 29	1 ♊ 19	3 29	6 24	10 21	12 43	16 38	19 19
20 8 45	30	4 56	5 26	6 12	7 18	8 11	9 27	10 52	12 10	13 38	14 16	15 9	15 59	17 20	18 50	20 52	21 47	25 7	28 54	0 ♊ 56	2 45	4 56	7 49	11 43	14 3	17 54	20 32

A	10	B 2° 0′	B 4° 0′	B 7° 0′	B 11° 0′	B 14° 0′	B 18° 0′	B 21° 59′	B 25° 19′	B 28° 40′	B 30° 2′	B 31° 46′	B 33° 20′	B 35° 39′	B 37° 58′	B 40° 43′	B 41° 54′	B 45° 30′	B 48° 50′	B 50° 22′	B 51° 32′	B 52° 57′	B 54° 34′	B 56° 28′	B 57° 29′	B 59° 00′	B 59° 56′
20 8 45	0 ♒	4 ♉ 56	5 ♉ 26	6 ♉ 12	7 ♉ 18	8 ♉ 11	9 ♉ 27	10 ♉ 52	12 ♉ 10	13 ♉ 38	14 ♉ 16	15 ♉ 9	15 ♉ 59	17 ♉ 20	18 ♉ 50	20 ♉ 52	21 ♉ 47	25 ♉ 7	28 ♉ 54	0 ♊ 56	2 ♊ 45	4 ♊ 56	7 ♊ 49	11 ♊ 43	14 ♊ 3	17 ♊ 54	20 32
20 12 54	1	6 1	6 32	7 20	8 28	9 22	10 39	12 5	13 24	14 54	15 33	16 27	17 17	18 40	20 11	22 14	23 10	26 32	0 ♊ 19	2 21	4 9	6 20	9 12	13 3	15 21	19 8	21 43
20 17 3	2	7 6	7 38	8 27	9 35	10 31	11 50	13 18	14 39	16 10	16 50	17 44	18 35	19 59	21 31	23 35	24 32	27 54	1 42	3 45	5 32	7 41	10 32	14 21	16 37	20 20	22 52
20 21 11	3	8 11	8 43	9 33	10 43	11 39	13 1	14 30	15 52	17 24	18 5	19 0	19 52	21 16	22 49	24 55	25 52	29 15	3 4	5 6	6 53	9 1	11 51	15 36	17 50	21 29	23 58
20 25 19	4	9 15	9 47	10 38	11 50	12 48	14 11	15 41	17 5	18 38	19 20	20 15	21 8	22 33	24 7	26 14	27 11	0 ♊ 35	4 23	6 25	8 12	10 19	13 7	16 50	19 2	22 37	25 2
20 29 26	5	10 18	10 51	11 43	12 56	13 55	15 19	16 51	18 16	19 52	20 33	21 29	22 23	23 49	25 24	27 32	28 29	1 53	5 41	7 42	9 27	11 35	14 21	18 1	20 11	23 42	26 5
20 33 31	6	11 22	11 55	12 48	14 3	15 2	16 28	18 1	19 28	21 4	21 46	22 43	23 37	25 3	26 39	28 46	29 45	3 10	6 58	8 58	10 43	12 49	15 33	19 11	21 18	24 46	27 6
20 37 37	7	12 24	12 59	13 53	15 9	16 9	17 36	19 11	20 38	22 16	22 58	23 56	24 51	26 17	27 54	0 ♊ 3	1 ♊ 0	4 26	8 13	10 12	11 58	14 2	16 44	20 18	22 24	25 48	28 5
20 41 41	8	13 27	14 2	14 57	16 14	17 15	18 43	20 20	21 48	23 27	24 9	25 7	26 3	27 30	29 7	1 17	2 14	5 39	9 26	11 25	13 9	15 12	17 53	21 24	23 28	26 49	29 3
20 45 45	9	14 29	15 5	16 1	17 20	18 21	19 50	21 28	22 57	24 37	25 20	26 18	27 14	28 42	0 ♊ 19	2 29	3 27	6 52	10 38	12 36	14 18	16 22	19 1	22 29	24 31	27 48	0 ♋ 0
20 49 48	10	15 31	16 7	17 4	18 23	19 26	20 57	22 36	24 5	25 46	26 30	27 29	28 24	29 53	1 31	3 41	4 39	8 4	11 49	13 46	15 25	17 30	20 7	23 32	25 32	28 45	0 55
20 53 51	11	16 32	17 9	18 7	19 27	20 31	22 3	23 43	25 13	26 54	27 38	28 38	29 33	1 ♊ 4	2 42	4 51	5 49	9 14	12 58	14 55	16 32	18 36	21 11	24 34	26 32	29 42	1 49
20 57 52	12	17 33	18 10	19 9	20 30	21 35	23 8	24 49	26 20	28 2	28 46	29 46	0 ♊ 42	2 12	3 51	6 1	6 59	10 23	14 6	16 2	17 39	19 41	22 14	25 35	27 30	0 ♋ 37	2 42
21 1 53	13	18 33	19 10	20 10	21 33	22 38	24 12	25 54	27 26	29 9	29 54	0 ♊ 54	1 50	3 21	4 59	7 9	8 7	11 31	15 13	17 8	18 44	20 45	23 16	26 33	28 28	1 31	3 33
21 5 53	14	19 33	20 11	21 12	22 35	23 42	25 16	26 59	28 32	0 ♊ 15	1 ♊ 0	2 1	2 57	4 28	6 7	8 16	9 15	12 38	16 18	18 12	19 48	21 47	24 17	27 31	29 34	2 24	4 24
21 9 53	15	20 33	21 12	22 13	23 37	24 45	26 20	28 4	29 37	1 21	2 6	3 7	4 3	5 35	7 13	9 23	10 21	13 43	17 23	19 16	20 51	22 49	25 17	28 28	0 ♋ 19	3 16	5 14
21 13 52	16	21 32	22 12	23 13	24 39	25 47	27 23	29 8	0 ♊ 42	2 26	3 11	4 13	5 9	6 41	8 19	10 30	11 27	14 48	18 26	20 18	21 53	23 49	26 15	29 24	1 12	4 7	6 3
21 17 50	17	22 31	23 11	24 13	25 40	26 48	28 25	0 ♊ 11	1 45	3 31	4 16	5 17	6 14	7 45	9 24	11 33	12 31	15 52	19 29	21 20	22 53	24 48	27 12	0 ♋ 19	2 6	4 58	6 51
21 21 47	18	23 30	24 10	25 13	26 41	27 49	29 27	1 14	2 49	4 34	5 20	6 21	7 18	8 50	10 28	12 37	13 35	16 55	20 30	22 20	23 52	25 46	28 9	1 12	2 58	5 47	7 39
21 25 44	19	24 29	25 9	26 13	27 41	28 50	0 ♊ 29	2 16	3 51	5 37	6 23	7 25	8 21	9 53	11 31	13 41	14 38	17 57	21 30	23 19	24 51	26 43	29 4	2 5	3 49	6 35	8 25
21 29 40	20	25 27	26 8	27 12	28 41	29 51	1 30	3 17	4 53	6 39	7 25	8 27	9 24	10 56	12 34	14 43	15 40	18 58	22 30	24 18	25 48	27 40	29 59	2 57	4 40	7 23	9 11
21 33 35	21	26 25	27 6	28 11	29 40	0 ♊ 51	2 30	4 18	5 55	7 41	8 27	9 29	10 26	11 57	13 36	15 44	16 41	19 58	23 28	25 15	26 44	28 35	0 ♋ 52	3 48	5 30	8 10	9 56
21 37 29	22	27 22	28 4	29 9	0 ♊ 39	1 50	3 30	5 19	6 56	8 42	9 28	10 30	11 27	12 59	14 37	16 45	17 41	20 57	24 26	26 12	27 40	29 29	1 45	4 39	6 18	8 56	10 41
21 41 23	23	28 19	29 1	0 ♊ 7	1 38	2 49	4 30	6 19	7 56	9 43	10 29	11 30	12 27	13 59	15 37	17 45	18 41	21 56	25 23	27 8	28 34	0 ♋ 23	2 37	5 28	7 6	9 42	11 25
21 45 16	24	29 15	29 58	1 4	2 36	3 48	5 29	7 18	8 56	10 43	11 29	12 30	13 27	14 59	16 37	18 44	19 40	22 53	26 19	28 3	29 29	1 16	3 29	6 17	7 54	10 27	12 8
21 49 9	25	0 ♊ 12	0 ♊ 55	2 1	3 33	4 46	6 28	8 17	9 55	11 42	12 28	13 30	14 27	15 58	17 36	19 42	20 38	23 50	28 14	28 51	0 ♋ 22	2 8	4 19	7 5	8 41	11 12	12 51
21 53 1	26	1 8	1 51	2 58	4 31	5 43	7 26	9 16	10 54	12 41	13 27	14 29	15 26	16 56	18 34	20 40	21 36	24 46	28 9	29 51	1 15	3 0	5 0	7 53	9 27	11 56	13 33
21 56 52	27	2 4	2 47	3 55	5 28	6 40	8 24	10 14	11 52	13 40	14 26	15 27	16 24	17 54	19 31	21 37	22 33	25 42	29 3	0 ♋ 44	2 7	3 50	5 58	8 40	10 13	12 39	14 15
22 0 43	78	3 0	3 43	4 51	6 25	7 37	9 21	11 12	12 50	14 37	15 23	16 25	17 22	18 52	20 28	23 33	23 29	26 37	29 56	1 36	2 57	4 41	6 46	9 26	10 58	13 22	14 56
22 4 33	29	3 55	4 38	5 47	7 21	8 34	10 18	12 9	13 47	15 35	16 21	17 22	18 19	19 49	21 25	23 30	24 24	27 32	0 ♋ 48	2 27	3 48	5 30	7 34	10 12	11 42	14 4	15 37
22 8 23	30	4 50	5 34	6 43	8 17	9 31	11 15	13 6	14 44	16 32	17 17	18 19	19 15	20 45	22 21	24 25	25 19	28 25	1 40	3 18	4 38	6 19	8 22	10 57	12 26	14 46	16 18

A	10	B 2° 0′	B 4° 0′	B 7° 0′	B 11° 0′	B 14° 0′	B 18° 0′	B 21° 59′	B 25° 19′	B 28° 40′	B 30° 2′	B 31° 46′	B 33° 20′	B 35° 39′	B 37° 58′	B 40° 43′	B 41° 54′	B 45° 30′	B 48° 50′	B 50° 22′	B 51° 32′	B 52° 57′	B 54° 34′	B 56° 28′	B 57° 29′	B 59° 00′	B 59° 56′
22 8 23	0 ♓	4 ♊ 50	5 ♊ 34	6 ♊ 43	8 ♊ 17	9 ♊ 31	11 ♊ 15	13 ♊ 6	14 ♊ 44	16 ♊ 32	17 ♊ 17	18 ♊ 19	19 ♊ 15	20 ♊ 45	22 ♊ 21	24 ♊ 25	25 ♊ 19	28 ♊ 25	1 ♋ 40	3 ♋ 18	4 ♋ 38	6 ♋ 19	8 ♋ 22	10 ♋ 57	12 ♋ 26	14 ♋ 46	16 ♋ 18
22 12 12	1	5 44	6 29	7 38	9 13	10 27	12 11	14 2	15 40	17 28	18 14	19 15	20 11	21 41	23 16	25 19	26 14	29 18	2 32	4 9	2 28	7 7	9 9	11 42	13 10	15 27	16 58
22 16 0	2	6 38	7 23	8 32	10 8	11 22	13 7	14 58	16 36	18 24	19 10	20 11	21 7	22 36	24 11	26 14	27 8	0 ♋ 11	3 22	4 59	6 17	7 55	9 55	12 26	13 53	16 8	17 37
22 19 48	3	7 32	8 17	9 27	11 3	12 17	14 2	15 54	17 32	19 19	20 5	21 6	22 2	23 30	25 5	27 8	28 1	1 3	4 13	5 48	7 5	8 42	10 41	13 10	14 35	16 49	18 17
22 23 35	4	8 26	9 11	10 22	11 58	13 12	14 57	16 49	18 27	20 14	21 0	22 1	22 57	24 25	25 59	28 0	28 54	1 54	5 2	6 37	7 53	9 29	11 26	13 54	15 17	17 29	18 56
22 27 22	5	9 19	10 5	11 15	12 52	14 7	15 52	17 44	19 22	21 9	21 54	22 55	23 51	25 19	26 53	28 53	29 46	2 45	5 52	7 25	8 42	10 16	12 11	14 37	15 59	18 9	19 34
22 31 8	6	10 13	10 59	12 9	13 46	15 1	16 46	18 38	20 16	22 3	22 49	23 49	24 45	26 12	27 46	29 46	0 ♋ 38	3 36	6 40	8 13	9 29	11 1	12 55	15 19	16 41	18 49	20 13
22 34 54	7	11 6	11 52	13 3	14 39	15 55	17 40	19 32	21 10	22 57	23 42	24 42	25 38	27 5	28 38	0 ♋ 37	1 29	4 26	7 29	9 0	10 16	11 47	13 39	16 1	17 22	19 28	20 51
22 38 40	8	11 59	12 45	13 57	15 34	16 49	18 34	20 26	22 4	23 50	24 36	25 36	26 31	27 58	29 30	1 28	2 20	5 15	8 16	9 47	11 2	12 32	14 23	16 43	18 3	20 7	21 28
22 42 25	9	12 52	13 38	14 50	16 27	17 42	19 28	21 19	22 57	24 43	25 29	26 28	27 24	28 50	0 ♋ 22	2 20	3 11	6 4	9 4	10 33	11 47	13 16	15 6	17 25	18 43	20 46	22 6
22 46 9	10	13 44	14 31	15 42	17 20	18 35	20 21	22 13	23 50	25 36	26 21	27 21	28 16	29 42	1 13	3 39	4 1	6 53	9 51	11 19	12 31	14 1	15 47	18 6	19 23	21 24	22 43
22 49 53	11	14 37	15 24	16 35	18 13	19 28	21 14	23 6	24 43	26 28	27 13	28 12	29 8	0 ♋ 34	2 4	3 59	4 50	7 41	10 37	12 5	13 16	14 44	16 32	18 46	20 3	22 2	23 20
22 53 37	12	15 29	16 16	17 27	19 5	20 21	22 7	23 59	25 36	27 21	28 5	29 4	29 59	1 25	2 55	4 49	5 40	8 29	11 23	12 50	14 1	15 28	17 14	19 27	20 42	22 40	23 57
22 57 20	13	16 21	17 8	18 20	19 58	21 14	22 59	24 50	26 28	28 12	28 57	29 55	0 ♋ 50	2 15	3 44	5 38	6 29	9 17	12 10	13 35	14 45	16 11	17 56	20 7	21 21	23 18	24 33
23 1 3	14	17 13	18 0	19 12	20 50	22 6	23 51	25 42	27 19	29 4	29 48	0 ♋ 46	1 41	3 6	4 35	6 27	7 17	10 4	12 55	14 20	15 28	16 54	18 37	20 47	22 0	23 55	25 10
23 4 46	15	18 4	18 51	20 4	21 42	22 58	24 43	26 34	28 11	29 55	0 ♋ 39	1 37	2 31	3 56	5 24	7 17	8 6	10 51	13 40	15 4	16 11	17 37	19 19	21 27	22 39	24 32	25 46
23 8 28	16	18 56	19 43	20 56	22 34	23 50	25 35	27 26	29 2	0 ♋ 46	1 30	2 28	3 21	4 45	6 13	8 3	8 54	11 38	14 25	15 48	16 54	18 19	20 0	22 6	23 18	25 9	26 22
23 12 10	17	19 47	20 34	21 47	23 25	24 41	26 26	28 17	29 53	1 37	2 20	3 18	4 11	5 34	7 2	8 52	9 41	12 23	15 10	16 32	17 37	19 1	20 41	22 45	23 56	25 46	26 58
23 15 52	18	20 39	21 26	22 39	24 17	25 33	27 18	29 8	0 ♋ 44	2 27	3 11	4 8	5 1	6 23	7 50	9 40	10 29	13 9	15 54	17 15	18 20	19 43	21 21	23 24	24 34	26 23	27 33
23 19 34	19	21 30	22 17	23 30	25 8	26 25	28 10	29 59	1 35	3 18	4 1	4 58	5 50	7 12	8 39	10 28	11 16	13 55	16 38	17 59	19 3	20 24	22 1	24 3	25 12	26 59	28 9
23 23 15	20	22 21	23 9	24 22	26 0	27 16	29 2	0 ♋ 50	2 25	4 8	4 50	5 47	6 39	8 1	9 27	11 15	12 3	14 41	17 22	18 42	19 45	21 5	22 41	24 42	25 49	27 35	28 44
23 26 56	21	23 12	24 0	25 13	26 51	28 7	29 52	1 40	3 15	4 57	5 40	6 36	7 28	8 50	10 14	12 2	12 49	15 25	18 5	19 24	20 26	22 47	23 21	25 20	26 27	28 11	29 19
23 30 37	22	24 3	24 51	26 4	27 41	28 57	0 ♋ 42	2 31	4 5	5 47	6 29	7 25	8 17	9 38	11 2	12 49	13 36	16 10	18 49	20 7	21 8	22 27	24 1	25 58	27 4	28 47	29 54
23 34 18	23	24 54	25 42	26 55	28 32	29 48	1 33	3 20	4 55	6 36	7 18	8 14	9 6	10 36	11 49	13 37	14 22	16 55	19 32	20 49	21 50	23 8	24 41	26 36	27 42	29 23	0 ♌ 29
23 37 58	24	25 45	26 33	27 45	29 23	0 ♋ 39	2 23	4 11	5 45	7 25	8 7	9 3	9 54	11 13	12 36	14 22	15 8	17 40	20 15	21 31	22 31	23 48	25 20	27 14	28 19	29 59	1 4
23 41 39	25	26 35	27 23	28 36	0 ♋ 14	1 29	3 13	5 1	6 34	8 14	8 56	9 51	10 42	12 1	13 23	15 8	15 53	18 24	20 57	22 13	23 12	24 29	25 59	27 52	28 56	0 ♌ 35	1 39
23 45 19	26	27 26	28 14	29 26	1 4	2 20	4 3	5 50	7 24	9 3	9 45	10 39	11 30	12 48	14 10	15 53	16 39	19 8	21 40	22 55	23 53	25 9	26 38	28 30	29 32	1 10	2 13
23 49 0	27	28 16	29 4	0 ♋ 17	1 55	3 10	4 53	6 40	8 13	9 51	10 33	11 28	12 18	13 35	14 57	16 41	17 24	19 52	22 22	23 36	24 32	25 48	27 17	29 7	0 ♌ 9	1 45	2 48
23 52 40	28	29 7	29 55	1 7	2 45	4 0	5 43	7 29	9 2	10 40	11 21	12 16	13 6	14 22	15 43	17 23	18 9	20 36	23 5	24 17	25 15	26 29	27 56	29 45	0 46	2 21	3 22
23 56 20	29	29 57	0 ♋ 45	1 58	3 35	4 50	6 33	8 19	9 51	11 28	12 9	13 3	13 53	15 9	16 29	18 8	18 54	21 20	23 47	24 59	25 56	27 8	28 35	0 ♌ 22	1 22	2 56	3 57
24 0 0	30	0 ♋ 48	1 36	2 48	4 25	5 40	7 22	9 8	10 40	12 16	12 57	13 50	14 40	15 56	17 15	18 53	19 39	22 3	24 28	25 40	26 36	27 48	29 13	0 59	1 58	3 31	4 31

4 MONDKNOTEN 1910–2001

	1910	1911	1912	1913	1914	1915	1916	1917	1918	1919	1920	1921	1922	1923	1924	1925	1926	1927	1928	1929	1930	1931	1932
1	1 ♊ 6	1 ♉ 16	1 ♈ 27	1 ♈ 8	1 ♓ 18	1 ♒ 29	1 ♒ 10	1 ♑ 20	1 ♑ 1	1 ♐ 12	1 ♏ 22	1 ♏ 3	1 ♎ 14	1 ♍ 24	1 ♍ 5	1 ♌ 16	1 ♋ 26	1 ♋ 7	1 ♊ 18	1 ♉ 28	1 ♉ 9	1 ♈ 20	1 ♈ 0
	6 5	19 15	12 26	5 7	18 17	12 28	6 9	17 19	11 ♑ 0	5 11	18 21	10 2	4 13	17 23	11 4	3 15	16 25	10 6	4 17	15 27	9 8	3 19	16 ♓ 29
	25 4		31 25	24 6		31 27	24 8		30 ♐ 29	24 10		29 1	23 12		29 3	22 14		29 5	23 16		28 7	22 18	
2	1 ♊ 4	1 ♉ 15	1 ♈ 25	1 ♈ 6	1 ♓ 17	1 ♒ 27	1 ♒ 8	1 ♑ 19	1 ♐ 29	1 ♐ 10	1 ♏ 21	1 ♏ 1	1 ♎ 12	1 ♍ 23	1 ♍ 3	1 ♌ 14	1 ♋ 25	1 ♋ 5	1 ♊ 16	1 ♉ 27	1 ♉ 7	1 ♈ 18	1 ♓ 29
	13 3	7 14	19 24	12 5	6 16	19 26	12 7	5 18	18 28	12 9	5 20	17 0	11 11	5 22	17 2	10 13	4 24	17 4	11 15	3 26	16 6	10 17	4 28
		25 13			25 15			24 17			24 19			24 21			23 23		29 14	22 25			22 27
3	1 ♊ 3	1 ♉ 13	1 ♈ 24	1 ♈ 5	1 ♓ 15	1 ♒ 26	1 ♒ 7	1 ♐ 28	1 ♐ 17	1 ♐ 9	1 ♏ 19	1 ♏ 0	1 ♎ 11	1 ♍ 21	1 ♍ 2	1 ♌ 12	1 ♋ 23	1 ♋ 4	1 ♊ 14	1 ♉ 25	1 ♉ 6	1 ♈ 16	1 ♓ 27
	4 2	16 12	9 23	3 4	16 14	9 25	2 6	15 16	9 27	3 8	14 18	8 ♎ 29	2 10	15 20	7 1	20 11	14 22	8 3	19 13	13 24	7 5	20 15	12 26
	22 1		28 22	22 3		28 24	21 5		28 26	21 7		27 28	21 9		26 0			26 2			26 4		31 25
4	1 ♊ 1	1 ♉ 12	1 ♈ 22	1 ♈ 3	1 ♓ 14	1 ♒ 24	1 ♒ 5	1 ♑ 16	1 ♐ 26	1 ♐ 7	1 ♏ 18	1 ♎ 28	1 ♎ 9	1 ♍ 20	1 ♍ 0	1 ♌ 11	1 ♋ 22	1 ♋ 2	1 ♊ 13	1 ♉ 23	1 ♉ 4	1 ♈ 15	1 ♓ 25
	10 ♊ 0	4 11	16 21	10 2	3 13	16 23	9 4	3 15	15 25	9 6	2 17	15 27	9 8	2 19	14 ♌ 29	8 10	2 21	14 1	7 12	20 22	14 3	7 14	19 24
	29 ♉ 29	23 10		29 1	22 12		28 3	22 14		28 5	21 16		27 7	21 18		27 9	21 20		26 11			26 13	
5	1 ♉ 29	1 ♉ 10	1 ♈ 21	1 ♈ 1	1 ♓ 12	1 ♒ 23	1 ♒ 3	1 ♑ 14	1 ♐ 25	1 ♐ 5	1 ♏ 16	1 ♎ 27	1 ♎ 7	1 ♍ 18	1 ♌ 28	1 ♌ 9	1 ♋ 20	1 ♋ 1	1 ♊ 11	1 ♉ 22	1 ♉ 3	1 ♈ 13	1 ♓ 24
	18 28	10 9	5 20	17 0	11 11	5 22	17 2	11 13	4 24	17 4	10 15	4 26	16 6	10 17	22 27	16 8	9 19	3 ♋ 0	15 10	28 21	3 2	15 12	8 23
		31 8	24 19		30 10	24 21		29 12	23 23		29 14	23 25		29 16			28 18	22 ♊ 29			21 1		27 22
6	1 ♉ 28	1 ♉ 8	1 ♈ 19	1 ♈ 0	1 ♓ 10	1 ♒ 21	1 ♒ 2	1 ♑ 12	1 ♐ 23	1 ♐ 4	1 ♏ 14	1 ♎ 25	1 ♎ 6	1 ♍ 16	1 ♌ 27	1 ♌ 8	1 ♋ 18	1 ♊ 29	1 ♊ 10	1 ♉ 20	1 ♉ 1	1 ♈ 12	1 ♓ 22
	6 27	19 7	11 18	5 ♓ 29	18 9	12 20	5 1	17 11	11 22	5 3	17 13	10 24	4 5	17 15	10 26	3 7	16 17	10 28	3 9	15 19	9 ♉ 0	3 11	15 21
	25 26		30 17	24 28			23 0		30 21	24 2		29 23	23 4		28 25	22 6		29 27	22 8		28 ♈ 29	22 10	
7	1 ♉ 26	1 ♉ 7	1 ♈ 17	1 ♓ 28	1 ♓ 9	1 ♒ 19	1 ♒ 0	1 ♑ 11	1 ♐ 21	1 ♐ 2	1 ♏ 13	1 ♎ 23	1 ♎ 4	1 ♍ 15	1 ♌ 25	1 ♌ 6	1 ♋ 17	1 ♊ 27	1 ♊ 8	1 ♉ 19	1 ♈ 29	1 ♈ 10	1 ♓ 21
	14 25	8 6	19 16	13 27	7 8	20 18	12 ♑ 29	6 10	19 20	13 1	5 12	18 22	12 3	6 14	17 24	11 5	5 16	18 26	11 7	4 18	17 28	11 9	4 20
		26 5			26 7		31 28	25 9			24 11		31 21	25 13		30 4	24 15		29 6	23 17		30 8	23 19
8	1 ♉ 25	1 ♉ 5	1 ♈ 16	1 ♓ 26	1 ♓ 7	1 ♒ 18	1 ♑ 28	1 ♑ 9	1 ♐ 20	1 ♐ 0	1 ♏ 11	1 ♎ 22	1 ♎ 2	1 ♍ 13	1 ♌ 24	1 ♌ 4	1 ♋ 15	1 ♊ 26	1 ♊ 6	1 ♉ 17	1 ♈ 28	1 ♈ 8	1 ♓ 19
	2 24	14 4	7 15	20 25	14 6	7 17	19 27	13 8	7 19	19 ♏ 29	12 10	6 21	19 1	13 12	5 23	18 3	12 14	6 25	17 5	11 16	5 27	18 7	11 18
	21 23		26 14			26 16			26 18		31 9	25 20		31 11	24 22		31 13	25 24		30 15	24 26		29 17
9	1 ♉ 23	1 ♉ 4	1 ♈ 14	1 ♓ 25	1 ♓ 6	1 ♒ 16	1 ♑ 27	1 ♑ 7	1 ♐ 18	1 ♏ 29	1 ♏ 9	1 ♎ 20	1 ♎ 1	1 ♍ 11	1 ♌ 22	1 ♌ 3	1 ♋ 13	1 ♊ 24	1 ♊ 5	1 ♉ 15	1 ♈ 26	1 ♈ 7	1 ♓ 17
	8 22	2 3	14 13	8 24	2 5	14 15	7 26	20 6	13 17	7 28	19 8	13 19	7 0	19 10	12 21	6 2	19 12	12 23	5 4	18 14	12 25	5 6	17 16
	27 21	21 2		27 23	20 4		26 25			26 27			25 ♍ 29			25 1			24 3			24 5	
10	1 ♉ 21	1 ♉ 2	1 ♈ 13	1 ♓ 23	1 ♓ 4	1 ♒ 15	1 ♑ 25	1 ♑ 6	1 ♐ 17	1 ♏ 27	1 ♏ 8	1 ♎ 19	1 ♍ 29	1 ♍ 10	1 ♌ 20	1 ♌ 1	1 ♋ 12	1 ♊ 22	1 ♊ 3	1 ♉ 14	1 ♈ 24	1 ♈ 5	1 ♓ 16
	17 20	10 1	3 12	15 22	9 3	2 14	15 24	9 5	2 16	15 26	8 7	2 18	14 28	8 9	20 19	14 0	7 11	20 21	13 2	7 13	19 23	13 4	6 15
		29 0	22 11		28 2	22 13		27 4	21 15		27 6	21 17		27 8			26 10			26 12			25 14
11	1 ♉ 20	1 ♉ 0	1 ♈ 11	1 ♓ 22	1 ♓ 2	1 ♒ 13	1 ♑ 24	1 ♑ 4	1 ♐ 15	1 ♏ 26	1 ♏ 6	1 ♎ 17	1 ♍ 28	1 ♍ 8	1 ♌ 19	1 ♌ 0	1 ♋ 10	1 ♊ 21	1 ♊ 1	1 ♉ 12	1 ♈ 23	1 ♈ 3	1 ♓ 14
	4 19	17 ♈ 29	10 10	3 21	16 1	10 12	3 23	15 3	9 14	3 25	15 5	9 16	2 27	15 7	8 18	2 ♋ 29	14 9	8 20	20 0	14 11	7 22	20 2	13 13
	23 18		28 9	22 20		29 11	22 22		28 13	22 24		27 15	21 26		27 17	20 28		26 19			26 21		
12	1 ♉ 18	1 ♈ 9	1 ♈ 9	1 ♓ 20	1 ♓ 1	1 ♒ 11	1 ♑ 22	1 ♑ 3	1 ♐ 13	1 ♏ 24	1 ♏ 5	1 ♎ 15	1 ♍ 26	1 ♍ 7	1 ♌ 17	1 ♋ 28	1 ♋ 9	1 ♊ 19	1 ♊ 0	1 ♉ 11	1 ♈ 21	1 ♈ 2	1 ♓ 13
	12 17	6 28	17 8	11 19	5 0	18 10	10 21	4 2	17 12	11 23	4 4	16 14	10 25	4 6	16 16	9 27	3 8	16 18	9 ♉ 29	2 10	15 20	9 1	3 12
	31 16	25 27		30 18	24 ♒ 29		29 20	23 1		30 22	22 3		29 24	23 5		28 26	22 7		27 28	21 9		28 0	21 11

	1933	1934	1935	1936	1937	1938	1939	1940	1941	1942	1943	1944	1945	1946	1947	1948	1949	1950	1951	1952	1953	1954	1955
1	1 ♓ 11	1 ♒ 22	1 ♒ 2	1 ♑ 13	1 ♐ 24	1 ♐ 4	1 ♏ 15	1 ♎ 26	1 ♎ 6	1 ♍ 17	1 ♌ 27	1 ♌ 8	1 ♋ 19	1 ♊ 29	1 ♊ 10	1 ♉ 21	1 ♉ 1	1 ♈ 12	1 ♓ 23	1 ♓ 3	1 ♒ 14	1 ♑ 25	1 ♑ 5
	9 10	2 21	15 1	9 12	2 23	14 3	8 14	2 25	14 5	7 16	20 26	14 7	7 18	19 28	13 9	7 20	19 0	12 11	6 22	19 2	12 13	6 24	18 4
	27 9	21 20		28 11	11 22		27 13	21 24		26 15			26 17			26 19		31 10	25 21		31 12	24 23	
2	1 ♓ 9	1 ♒ 20	1 ♒ 1	1 ♑ 11	1 ♐ 22	1 ♐ 3	1 ♏ 13	1 ♎ 24	1 ♎ 4	1 ♍ 15	1 ♌ 26	1 ♌ 7	1 ♋ 17	1 ♊ 28	1 ♊ 8	1 ♉ 19	1 ♉ 0	1 ♈ 10	1 ♓ 21	1 ♓ 2	1 ♒ 12	1 ♑ 23	1 ♑ 4
	15 8	9 19	3 0	16 10	8 21	2 2	15 12	9 23	20 3	14 14	8 25	2 6	13 16	7 27	20 7	14 18	7 ♈ 29	19 9	13 20	7 1	19 11	12 22	6 3
		28 18	22 ♑ 29		27 20	21 1		27 22			27 24	21 5		26 26			25 28			26 0			25 2
3	1 ♓ 8	1 ♒ 18	1 ♑ 29	1 ♑ 10	1 ♐ 20	1 ♐ 1	1 ♏ 12	1 ♎ 22	1 ♎ 3	1 ♍ 14	1 ♌ 24	1 ♌ 5	1 ♋ 16	1 ♊ 26	1 ♊ 7	1 ♉ 18	1 ♈ 28	1 ♈ 9	1 ♓ 20	1 ♓ 0	1 ♒ 11	1 ♑ 22	1 ♑ 2
	6 7	19 17	13 28	5 9	18 19	12 ♐ 0	6 11	17 21	11 2	5 13	18 23	11 4	4 15	17 25	11 6	4 17	16 27	10 8	4 19	16 ♒ 29	9 10	3 21	16 1
	25 6		31 27	24 8		31 ♏ 29	25 10		30 1	24 12		29 3	23 14		30 5	23 16		29 7	23 18		28 9	22 20	
4	1 ♓ 6	1 ♒ 17	1 ♑ 27	1 ♑ 8	1 ♐ 19	1 ♏ 29	1 ♏ 10	1 ♎ 21	1 ♎ 1	1 ♍ 12	1 ♌ 23	1 ♌ 3	1 ♋ 14	1 ♊ 15	1 ♊ 5	1 ♉ 16	1 ♈ 27	1 ♈ 7	1 ♓ 18	1 ♒ 29	1 ♒ 9	1 ♑ 20	1 ♑ 1
	13 5	7 16	19 26	12 7	6 18	19 28	13 9	5 20	18 0	12 11	6 22	17 2	11 13	5 24	18 4	10 15	4 26	17 6	11 17	3 28	16 8	10 19	4 0
		26 15			24 17			24 19			25 21		30 12	24 23		29 14	23 25		30 16	22 27		29 18	23 ♐ 29
5	1 ♓ 5	1 ♒ 15	1 ♑ 26	1 ♑ 6	1 ♐ 17	1 ♏ 28	1 ♏ 8	1 ♎ 19	1 ♎ 0	1 ♍ 10	1 ♌ 21	1 ♌ 2	1 ♋ 12	1 ♊ 23	1 ♊ 4	1 ♉ 14	1 ♈ 25	1 ♈ 6	1 ♓ 16	1 ♒ 27	1 ♒ 8	1 ♑ 18	1 ♐ 29
	2 4	15 14	8 25	20 5	14 16	8 27	19 7	13 18	7 ♍ 29	20 9	13 20	6 1	19 11	13 22	6 3	18 13	12 24	6 5	18 15	11 26	5 7	18 17	12 28
	21 3		27 24			26 26			26 28			25 0			25 2		31 23	25 4		30 25	24 6		30 27
6	1 ♓ 3	1 ♒ 14	1 ♑ 24	1 ♑ 5	1 ♐ 16	1 ♏ 26	1 ♏ 7	1 ♎ 17	1 ♍ 28	1 ♍ 9	1 ♌ 19	1 ♌ 0	1 ♋ 11	1 ♊ 21	1 ♊ 2	1 ♉ 13	1 ♈ 23	1 ♈ 4	1 ♓ 15	1 ♒ 25	1 ♒ 6	1 ♑ 17	1 ♐ 27
	9 2	2 13	15 23	8 4	2 15	14 25	8 6	20 16	14 27	7 8	20 18	13 ♋ 29	7 10	19 20	13 1	6 12	19 22	13 3	6 14	18 24	12 5	6 16	18 26
	27 1	21 12		27 3	21 14		27 5			26 7			26 9			25 11			25 13			25 15	
7	1 ♒ 1	1 ♒ 12	1 ♑ 23	1 ♑ 3	1 ♐ 14	1 ♏ 25	1 ♏ 5	1 ♎ 16	1 ♍ 27	1 ♍ 7	1 ♌ 18	1 ♋ 29	1 ♋ 9	11 ♊ 20	1 ♊ 1	1 ♉ 11	1 ♈ 22	1 ♈ 2	1 ♓ 13	1 ♒ 24	1 ♒ 4	1 ♑ 15	1 ♐ 26
	16 0	10 11	4 22	16 2	9 13	4 24	16 4	9 15	3 26	15 6	9 17	2 28	15 8	8 19	21 ♉ 29	14 10	8 21	20 1	14 12	7 23	20 3	13 14	7 25
		29 10	23 21		28 12	22 23		28 14	21 25		28 16	21 27		27 18			27 20			26 22			26 24
8	1 ♓ 0	1 ♒ 10	1 ♑ 21	1 ♑ 2	1 ♐ 12	1 ♏ 23	1 ♏ 4	1 ♎ 14	1 ♍ 25	1 ♍ 6	1 ♌ 16	1 ♋ 27	1 ♋ 8	1 ♊ 18	1 ♉ 29	1 ♉ 10	1 ♈ 20	1 ♈ 1	1 ♓ 12	1 ♒ 22	1 ♒ 3	1 ♑ 12	1 ♐ 24
	4 ♒ 29	17 9	11 20	3 1	16 11	10 22	4 3	15 13	9 24	3 5	16 15	9 26	2 7	15 17	9 28	2 9	14 19	8 0	2 11	14 21	7 2	20 11	14 23
	23 28		30 19	22 0		29 21	23 2		28 23	22 4		27 25	21 6		28 27	21 8		27 ♓ 29	21 10		26 1		
9	1 ♒ 28	1 ♒ 9	1 ♑ 19	1 ♑ 0	1 ♐ 11	1 ♏ 21	1 ♏ 2	1 ♎ 13	1 ♍ 23	1 ♍ 4	1 ♌ 15	1 ♋ 25	1 ♋ 6	1 ♊ 17	1 ♉ 27	1 ♉ 8	1 ♈ 19	1 ♓ 29	1 ♓ 10	1 ♒ 21	1 ♒ 1	1 ♑ 12	1 ♐ 23
	11 27	5 8	17 18	10 ♐ 29	4 10	17 20	11 1	3 12	16 22	10 3	4 14	15' 24	9 5	3 16	16 26	8 7	2 18	15 28	9 9	2 20	14 0	8 11	2 22
	30 26	24 7		29 28	23 9		29 0	22 11		29 2	23 13		28 4	22 15		27 6	27 17		28 8	20 19		27 10	21 21
10	1 ♒ 26	1 ♒ 7	1 ♑ 18	1 ♐ 28	1 ♐ 9	1 ♏ 20	1 ♏ 0	1 ♎ 11	1 ♍ 22	1 ♍ 2	1 ♌ 13	1 ♋ 24	1 ♋ 4	1 ♊ 15	1 ♉ 26	1 ♉ 6	1 ♈ 17	1 ♓ 28	1 ♓ a	1 ♒ 19	1 ♒ 0	1 ♑ 10	1 ♐ 21
	19 25	13 6	6 17	18 27	12 8	6 19	18 ♎ 29	11 10	24 21	18 1	11 12	4 23	17 3	11 14	5 25	16 5	10 16	4 27	17 7	9 18	3 ♑ 29	16 9	10 20
		31 5	25 16		31 7	25 18		30 9			30 11	23 22		30 13	23 24		29 15	23 26		28 17	22 28		29 19
11	1 ♒ 25	1 ♒ 5	1 ♑ 16	1 ♐ 27	1 ♐ 7	1 ♏ 18	1 ♎ 29	1 ♎ 9	1 ♍ 20	1 ♍ 1	1 ♌ 11	1 ♋ 22	1 ♋ 3	1 ♊ 13	1 ♉ 24	1 ♉ 5	1 ♈ 15	1 ♓ 26	1 ♓ 7	1 ♒ 17	1 ♑ 28	1 ♑ 9	1 ♐ 19
	7 24	19 4	13 15	6 26	19 6	12 17	6 28	18 8	12 19	5 0	18 10	11 21	5 2	17 12	11 23	4 4	17 14	11 25	4 6	16 16	10 27	4 8	16 18
	25 23			25 25			25 27			24 ♌ 29		30 20	24 1		30 22	23 3		29 24	23 5		29 26	23 7	
12	1 ♒ 23	1 ♒ 4	1 ♑ 15	1 ♐ 25	1 ♐ 6	1 ♏ 16	1 ♎ 27	1 ♎ 8	1 ♍ 18	1 ♌ 29	1 ♌ 10	1 ♋ 20	1 ♋ 1	1 ♓ 12	1 ♉ 22	1 ♉ 3	1 ♈ 14	1 ♓ 24	1 ♓ 5	1 ♒ 16	1 ♑ 26	1 ♑ 7	1 ♐ 18
	14 22	8 3	2 14	14 24	7 5	20 15	14 26	7 7	19 17	13 28	7 9	19 19	13 0	6 11	19 21	12 2	6 13	18 23	12 4	5 15	18 25	11 6	5 17
		27 2	21 13		26 4			26 6			26 8		31 ♊ 29	25 10		31 1	25 12		31 3	24 14		30 5	24 16

4 MONDKNOTEN 1910–2001

	1956	1957	1958	1959	1960	1961	1962	1963	1964	1965	1966	1967
1	1 ♐16	1 ♏27	1 ♏7	1 ♎18	1 ♍29	1 ♍9	1 ♌20	1 ♌1	1 ♋11	1 ♊22	1 ♊3	1 ♉13
	12 15	5 26	17 6	11 17	5 28	17 8	11 19	4 0	17 10	10 21	4 2	16 12
	31 14	24 25		30 16	24 27		25 18	24 ♋29		29 20	23 1	
2	1 ♐14	1 ♏25	1 ♏6	1 ♎16	1 ♍27	1 ♎8	1 ♌18	1 ♋29	1 ♋10	1 ♊20	1 ♊1	1 ♉12
	19 13	12 24	5 5	18 15	12 26	5 7	17 17	11 28	5 9	17 19	11 0	4 11
			24 4			24 6			24 8			23 10
3	1 ♐13	1 ♏24	1 ♏4	1 ♎15	1 ♍26	1 ♍6	1 ♌17	1 ♋28	1 ♋8	1 ♊19	1 ♉29	1 ♉10
	9 12	3 23	15 3	9 14	2 25	14 5	8 16	2 27	14 7	8 18	20 28	14 9
	28 11	21 22		28 13	21 24		27 15	21 26		26 17		
4	1 ♐11	1 ♏22	1 ♏3	1 ♎13	1 ♍24	1 ♍5	1 ♌15	1 ♋26	1 ♋7	1 ♊17	1 ♉18	1 ♉9
	15 10	9 21	3 2	16 12	9 23	2 4	15 14	9 25	2 6	14 16	8 27	2 8
		28 20	22 1		27 22	21 3		28 24	21 5		27 26	21 7
5	1 ♐10	1 ♏20	1 ♏1	1 ♎12	1 ♍22	1 ♍3	1 ♌14	1 ♋24	1 ♋5	1 ♊16	1 ♉26	1 ♉7
	4 9	17 19	11 0	5 11	16 21	10 2	4 13	17 23	9 4	3 15	16 25	10 6
	23 8		30 ♎29	23 10		29 1	23 12		28 3	22 14		29 5
6	1 ♐8	1 ♏19	1 ♎29	1 ♎10	1 ♍21	1 ♍1	1 ♌12	1 ♋23	1 ♋3	1 ♊14	1 ♉25	1 ♉5
	11 7	5 18	18 28	11 9	4 20	17 0	11 11	5 22	16 2	10 13	4 24	17 4
	30 6	24 17		30 8	23 19		30 10	23 21		29 12	23 23	
7	1 ♐6	1 ♏17	1 ♎28	1 ♎8	1 ♍19	1 ♍0	1 ♌10	1 ♋21	1 ♋2	1 ♊12	1 ♉23	1 ♉4
	19 5	13 16	7 27	19 7	12 18	6 ♌29	18 9	12 20	4 1	18 11	12 22	5 3
			25 26		31 17	25 28		31 19	24 0		30 21	24 2
8	1 ♐5	1 ♏15	1 ♎26	1 ♎7	1 ♍17	1 ♌28	1 ♌9	1 ♋19	1 ♋0	1 ♊11	1 ♉21	1 ♉2
	7 4	19 14	13 25	7 6	19 16	13 27	6 8	19 18	12 ♊29	6 10	18 20	12 1
	26 3			26 5		31 26	25 7		31 28	25 9		31 0
9	1 ♐3	1 ♏14	1 ♎24	1 ♎5	1 ♍16	1 ♌26	1 ♌7	1 ♋18	1 ♊28	1 ♊9	1 ♉20	1 ♉0
	13 2	7 13	20 23	14 4	7 15	19 25	13 6	7 17	19 27	12 8	6 19	19 ♈29
		26 12			25 14			26 16			25 18	
10	1 ♐2	1 ♏12	1 ♎23	1 ♎4	1 ♍14	1 ♌25	1 ♌6	1 ♋16	1 ♊27	1 ♊7	1 ♉18	1 ♈29
	2 1	15 11	9 22	3 3	14 13	8 24	2 5	15 15	7 26	20 6	14 17	8 28
	21 0		28 21	22 2		27 23	21 4		26 25			27 27
11	1 ♐0	1 ♏11	1 ♎21	1 ♎2	1 ♍13	1 ♌23	1 ♌4	1 ♋15	1 ♊25	1 ♊6	1 ♉17	1 ♈27
	9 ♏29	3 10	16 20	9 1	2 12	15 22	9 3	3 14	14 24	8 5	2 16	15 26
	28 28	22 9		28 0	21 11		28 2	21 13		27 4	21 15	
12	1 ♏28	1 ♏9	1 ♎20	1 ♎0	1 ♍11	1 ♌22	1 ♌2	1 ♋13	1 ♊24	1 ♊4	1 ♉15	1 ♈26
	17 27	11 8	5 19	17 ♍29	10 10	4 21	17 1	10 12	3 23	16 3	10 14	3 25
		30 7	23 18		29 9	23 20		29 11	23 22		29 13	22 24

	1968	1969	1970	1971	1972	1973	1974	1975	1976	1977	1978
1	1 ♈24	1 ♈5	1 ♓15	1 ♒26	1 ♒6	5 ♑17	18 ♐27	12 ♐8	6 ♏19	1 ♎29	11 ♎10
	10 23	31 4	16 14	9 25	31 5	25 16		31 7	25 18		30 9
	29 22	22 3		28 24							
2	1 ♈22	1 ♈3	1 ♓14	1 ♒24	21 ♒4	12 ♑15	6 ♐26	19 ♐6	13 ♏17	5 ♎28	18 ♎8
	17 21	10 2	4 13	16 23			25 25			24 27	
			22 12								
3	1 ♈21	1 ♈1	1 ♓12	1 ♒23	9 ♒3	3 ♑14	16 ♐24	10 ♐5	3 ♏16	15 ♎26	9 ♎7
	7 20	20 0	13 11	7 22	29 2	22 13		29 4	21 15		28 6
		26 19			26 21						
4	1 ♈19	1 ♈0	1 ♓10	1 ♒21	16 ♒1	10 ♑12	4 ♐23	17 ♐3	9 ♏14	3 ♎25	16 ♎5
	14 18	7 ♓29	20 9	14 20		29 11	23 22		28 13	22 24	
		26 28									
5	1 ♈18	1 ♓28	1 ♓9	1 ♒20	5 ♒0	18 ♑10	12 ♐21	6 ♐2	17 ♏12	11 ♎23	4 ♎4
	3 17	15 17	9 8	2 19	6 ♑29		30 20	24 1		30 22	23 3
	21 16		28 7	22 18							
6	1 ♈16	1 ♓27	1 ♓7	1 ♒18	12 ♑28	6 ♑9	18 ♐19	12 ♐0	5 ♏11	17 ♎21	11 ♎2
	9 15	3 26	16 6	10 17		25 8		12 ♏29	24 10		30 1
	28 14	22 25		28 16							
7	1 ♈14	1 ♓25	1 ♓6	1 ♒16	1 ♑27	14 ♑7	7 ♐18	1 ♏29	13 ♏9	7 ♎20	19 ♎0
	17 13	11 24	5 5	17 15	19 26		26 17	20 28			19 ♍29
		30 23	24 4							25 19	
8	1 ♈13	1 ♓23	1 ♓4	1 ♒15	7 ♑25	1 ♑6	14 ♐16	8 ♏27	19 ♏7	13 ♎18	7 ♍29
	4 12	18 22	11 3	5 14	26 24	20 5		27 26			26 28
	24 11		30 2	24 13							
9	1 ♈11	1 ♓22	1 ♓2	1 ♒13	14 ♑23	8 ♑4	2 ♐15	15 ♏25	7 ♏6	1 ♎17	14 ♍27
	12 10	5 21	18 1	12 12		27 3	21 14		26 5	20 16	
		24 20									
10	1 ♈9	1 ♓20	1 ♓1	1 ♒11	3 ♑22	16 ♑2	10 ♐13	4 ♏24	15 ♏4	9 ♎15	3 ♍26
	19 8	13 19	7 0	20 10	22 21		29 12	22 23		28 14	22 25
			26 ♒29								
11	1 ♈8	1 ♓18	1 ♒29	1 ♒10	10 ♑20	4 ♑1	17 ♐11	10 ♏22	3 ♏3	16 ♎13	10 ♍24
	7 7	20 17	14 28	8 9	29 19	22 0		29 21	22 2		29 23
	26 6			27 8		22 ♐29					
12	1 ♈6	1 ♓17	1 ♒28	1 ♒8	18 ♑18	29 ♐28	5 ♐10	18 ♏20	11 ♏1	4 ♎12	17 ♍22
	15 5	9 16	3 27	15 7			24 9		30 0	23 11	
		28 15	22 26						31 ♎29		

	1979	1980	1981	1982	1983	1984	1985	1986	1987	1988	1989	1990
1	5 ♍21	17 ♍1	10 ♌12	4 ♋23	17 ♋3	11 ♊14	1 ♉25	16 ♉5	10 ♈16	4 ♓27	15 ♓7	10 ♒18
	24 20		29 11	23 22		30 13	23 24		29 15	23 26		28 17
2	12 ♍19	5 ♍0	17 ♌10	12 ♋21	5 ♋2	18 ♊12	10 ♉23	4 ♉4	17 ♈14	11 ♓25	4 ♓6	16 ♒16
		6 ♌29		28 20	24 1			23 3			22 5	
3	3 ♍18	14 ♌28	8 ♌9	16 ♋20	14 ♋0	7 ♊11	1 ♉22	14 ♉2	8 ♈13	1 ♓24	13 ♓4	7 ♒15
	22 17		27 8	21 19	15 ♊29	26 10	20 21		27 12	20 23		26 14
4	10 ♍16	2 ♌27	15 ♌7	9 ♋18	21 ♊28	14 ♊9	8 ♉20	2 ♉1	15 ♈11	7 ♓22	1 ♓3	14 ♒13
	29 15	21 26		28 17			27 19	20 0		26 21	20 2	
								21 ♈29				
5	17 ♍14	10 ♌25	3 ♌6	16 ♋16	10 ♊27	3 ♊8	16 ♉18	29 ♈28	3 ♈10	15 ♓20	9 ♓1	3 ♒12
		29 24			29 26	22 7			22 9		28 0	22 11
											29 ♒29	
6	5 ♍13	16 ♌23	11 ♌4	5 ♋15	18 ♊25	10 ♊6	3 ♉17	16 ♈27	10 ♈8	3 ♓19	1 ♒29	10 ♒10
	24 12		30 3	23 14		29 5	23 16		29 7	22 18		28 9
7	13 ♍11	5 ♌22	19 ♌2	12 ♋13	7 ♊24	18 ♊4	11 ♉15	5 ♈26	18 ♈6	11 ♓17	4 ♒28	17 ♒8
		24 21		31 12	25 23		30 14	24 25		29 16	24 27	
8	1 ♍10	12 ♌20	6 ♌1	19 ♋11	13 ♊22	6 ♊3	18 ♉13	12 ♈24	6 ♈5	18 ♓15	11 ♒26	5 ♒7
	20 9	31 19	25 0			24 2		31 23	24 4		30 25	24 6
			26 ♋29									
9	7 ♍8	19 ♌18	13 ♋29	7 ♋10	1 ♊21	12 ♊1	7 ♉12	19 ♈22	13 ♈3	5 ♓14	18 ♒24	12 ♒5
	26 7			26 9	20 20	30 0	25 11			24 13		
10	15 ♍6	8 ♌17	2 ♋28	15 ♋8	8 ♊19	1 ♉29	15 ♉10	8 ♈21	2 ♈2	13 ♓12	7 ♒23	1 ♒4
		27 16	21 27		27 18			26 20	20 1		26 22	20 3
11	3 ♍5	15 ♌15	9 ♋26	2 ♋7	15 ♊17	8 ♉28	2 ♉9	15 ♈19	8 ♈0	1 ♓11	14 ♒21	8 ♒2
	22 4		28 25	21 6		27 27	21 8		9 ♓29	20 10		27 1
12	11 ♍3	3 ♌14	16 ♌24	10 ♌5	4 ♊16	16 ♉26	10 ♉7	3 ♈18	16 ♓28	9 ♓9	2 ♒20	15 ♒0
	30 2	22 13	31 23	30 4	23 15	31 25	28 6	22 17		28 8	22 19	16 ♑29

	1991	1992	1993	1994	1995	1996	1997	1998	1999	2000	2001
1	22 ♑28	16 ♑9	9 ♐20	2 ♐1	15 ♏11	9 ♎22	2 ♎3	15 ♍13	8 ♌24	1 ♌5	13 ♋15
			28 19	21 0		28 21	21 2		27 23	20 4	
				22 ♏29							
2	10 ♑27	4 ♑8	16 ♐18	28 ♏28	3 ♏10	16 ♎20	8 ♎1	2 ♍12	15 ♌22	8 ♌3	1 ♋14
		23 7			22 9		27 0	21 11		27 2	20 13
							28 ♍29				
3	1 ♑26	13 ♑6	7 ♐17	19 ♏27	13 ♏8	6 ♎19	1 ♍29	12 ♍10	6 ♌21	17 ♌1	11 ♋12
	20 25		25 16			24 18		31 9	25 20		30 11
4	8 ♑24	1 ♑5	13 ♐15	7 ♏26	1 ♏7	12 ♎17	6 ♍28	19 ♍8	13 ♌19	5 ♌0	18 ♋10
	27 23	19 4		26 25	20 6		25 27			6 ♋29	
5	16 ♑22	8 ♑3	2 ♐14	15 ♏24	8 ♏5	1 ♎16	14 ♍26	7 ♍7	1 ♌18	13 ♋28	6 ♋9
		27 2	21 13		27 4	20 15		26 6	21 17		25 8
6	3 ♑21	15 ♑1	9 ♐12	2 ♏23	15 ♏3	8 ♎14	2 ♍25	14 ♍5	8 ♌16	1 ♋27	13 ♋7
	22 20		27 11	22 22		27 13	21 24		27 15	19 26	
7	11 ♑19	4 ♑0	16 ♐10	10 ♏21	4 ♏2	16 ♎12	10 ♍23	3 ♍4	16 ♌14	8 ♋25	2 ♋6
	30 18	5 ♐29		29 20	23 1		29 22	22 3		27 24	21 5
8	18 ♑17	10 ♐28	5 ♐9	17 ♏19	11 ♏0	3 ♎11	16 ♍21	10 ♍2	4 ♌13	15 ♋23	9 ♋4
		29 27	23 8		12 ♎29	23 10		29 1	23 12		28 3
9	6 ♑16	18 ♐26	11 ♐7	5 ♏18	18 ♎28	11 ♎9	4 ♍20	17 ♍0	10 ♌11	3 ♋22	16 ♋2
	25 15		30 6	24 17		29 8	23 19	18 ♌29	29 10	22 21	
10	13 ♑14	6 ♐25	19 ♐5	13 ♏16	7 ♎27	18 ♎7	12 ♍18	24 ♌28	18 ♌9	11 ♋20	4 ♋1
		25 24			26 26		31 17			30 19	23 0
											24 ♊29
11	2 ♑13	14 ♐23	7 ♐4	1 ♏15	13 ♎25	6 ♎6	19 ♍16	12 ♌27	6 ♌8	17 ♋18	30 ♊28
	20 12		26 3	20 14		25 5			25 7		
12	9 ♑11	2 ♐22	15 ♐2	9 ♏13	2 ♎24	14 ♎4	8 ♍15	1 ♌26	14 ♌6	6 ♋17	19 ♊27
	28 10	21 21		28 12	21 23		27 14	20 25		25 16	

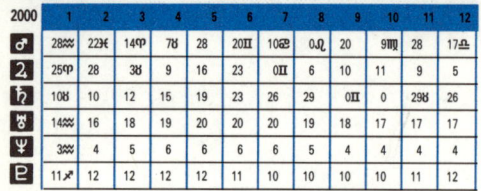

2000	1	2	3	4	5	6	7	8	9	10	11	12
♂	28♒	22♓	14♈	7♉	28	20♊	10♋	0♌	20	9♍	28	17♎
♃	25♈	28	3♉	9	16	23	0♊	6	10	11	9	5
♄	10♉	10	12	15	19	23	26	29	0♊	0	29♉	26
♅	14♒	16	18	19	20	20	20	19	18	17	17	17
♆	3♒	4	5	6	6	6	6	5	4	4	4	4
♇	11♐	12	12	12	12	11	10	10	10	10	11	12

2001	1	2	3	4	5	6	7	8	9	10	11	12
♂	5♏	23	7♐	21	28	26	17	16	26	13♑	3♒	24
♃	2♊	1	3	7	13	20	27	4♋	10	14	15	14
♄	24♉	24	25	28	1♊	5	9	12	14	14	14	11
♅	18♒	20	22	23	24	24	24	23	22	21	21	21
♆	5♒	6	7	8	8	8	8	7	6	6	6	6
♇	13♐	14	15	15	14	14	13	12	12	13	13	14

2002	1	2	3	4	5	6	7	8	9	10	11	12
♂	17♓	10♈	29	21♉	12♊	2♋	22	12♌	2♍	21	10♎	29
♃	10♋	6	5	7	11	16	23	29	6♌	12	16	18
♄	9♊	8	8	10	13	17	21	25	27	29	28	26
♅	22♒	24	25	27	28	28	28	27	26	25	24	25
♆	7♒	8	9	10	10	10	10	9	8	8	8	8
♇	16♐	17	17	17	17	16	15	15	14	15	16	17

2003	1	2	3	4	5	6	7	8	9	10	11	12
♂	20♏	10♐	27	17♑	5♒	22	5♓	10	4	0♓	7♓	21
♃	16♌	13	9	8	9	13	18	24	1♍	7	13	17
♄	24♊	22	22	23	26	29	3♋	7	10	12	13	12
♅	26♒	27	29	1♓	2	2	2	1	0	29♒	28	29
♆	9♒	10	11	12	13	13	12	12	11	10	10	10
♇	18♐	19	19	19	19	18	18	17	17	17	18	19

2004	1	2	3	4	5	6	7	8	9	10	11	12
♂	9♈	28	17♉	7♊	26	16♋	4♌	24	14♍	3♎	23	13♏
♃	18♍	17	14	10	8	10	13	18	25	1♎	8	13
♄	9♋	7	6	7	9	12	16	20	23	26	27	26
♅	0♓	1	3	5	6	6	6	5	4	3	2	3
♆	11♒	12	14	14	15	15	14	14	13	12	12	13
♇	20♐	21	22	22	21	21	20	19	19	19	20	21

2005	1	2	3	4	5	6	7	8	9	10	11	12
♂	4♐	26	16♑	8♒	0♓	22	13♈	2♉	17	23	17	8
♃	17♎	18	17	14	10	8	10	13	18	24	1♏	7
♄	24♋	22	20	20	21	24	28	2♌	6	9	11	11
♅	4♓	5	7	8	10	10	10	9	8	7	6	6
♆	13♒	15	16	17	17	17	17	16	15	14	14	15
♇	22♐	23	24	24	24	23	22	22	21	22	22	23

2006	1	2	3	4	5	6	7	8	9	10	11	12
♂	11♉	22	6♊	23	10♋	28	16♌	6♍	25	15♎	5♏	26
♃	13♏	17	18	17	14	10	9	10	13	18	25	1♐
♄	9♌	7	5	4	5	7	10	14	18	21	24	25
♅	7♓	9	10	12	13	14	14	14	12	11	10	10
♆	16♒	17	18	19	19	19	19	18	17	17	17	17
♇	24♐	25	26	26	26	25	25	24	24	24	24	25

2007	1	2	3	4	5	6	7	8	9	10	11	12
♂	19♐	11♑	2♒	26	19♓	13♈	5♉	26	15♊	1♋	11	10
♃	8♐	14	18	19	18	15	11	9	11	14	19	26
♄	24♌	22	20	18	18	19	22	26	29	3♍	6	8
♅	11♓	12	14	16	17	18	18	18	17	15	14	14
♆	18♒	19	20	21	21	22	21	20	20	19	19	19
♇	27♐	28	28	28	28	28	27	26	26	26	27	28

2008	1	2	3	4	5	6	7	8	9	10	11	12
♂	29♊	24	29	11♋	25	12♌	29	18♍	8♎	28	19♏	11♐
♃	3♑	10	15	20	22	21	18	14	12	13	17	22
♄	8♍	6	4	2	1	2	4	7	11	15	18	21
♅	15♓	16	18	20	21	22	22	22	21	19	19	18
♆	20♒	21	22	23	24	24	23	23	22	21	21	21
♇	29♐	0♑	0	1	0	0	29♐	28	28	28	29	0♑

2009	1	2	3	4	5	6	7	8	9	10	11	12
♂	4♑	27	19♒	13♓	7♈	0♉	22	14♊	4♋	21	7♌	17
♃	29♑	6♒	12	19	24	26	26	23	19	17	17	21
♄	21♍	20	19	16	15	15	16	19	23	26	0♎	3
♅	19♓	20	21	23	25	26	26	26	25	24	23	22
♆	22♒	23	24	25	26	26	26	25	24	24	23	23
♇	1♑	2	3	3	3	2	1	1	0	0	1	2

2010	1	2	3	4	5	6	7	8	9	10	11	12
♂	18♌	8	0♌	3	13	27	13♍	1♎	21	11♏	3♐	25
♃	26♒	3♓	10	17	24	29	2♈	3	0	27♓	24	23
♄	4♎	4	2	0	28♍	27	28	1♎	4	7	11	14
♅	23♓	24	25	27	29	0♈	0	0	29♓	28	27	26
♆	24♒	25	26	27	28	28	28	27	27	26	26	26
♇	3♑	4	5	5	5	4	3	3	2	2	3	4

2011	1	2	3	4	5	6	7	8	9	10	11	12
♂	19♑	13♒	5♓	29	22♈	15♉	7♊	28	19♋	7♌	25	9♍
♃	26♓	2♈	8	15	22	29	5♉	9	10	8	4	1
♄	16♎	17	16	14	11	10	10	12	15	18	22	25
♅	27♓	28	29	1♈	2	4	4	4	3	2	1	0
♆	26♒	27	28	29	0♓	0	0	0	29♒	28	28	28
♇	5♑	6	7	7	7	6	6	5	4	4	5	6

2012	1	2	3	4	5	6	7	8	9	10	11	12
♂	20♍	22	14	4	5	14	29	16♎	5♏	26	18♐	11♑
♃	0♉	2	7	13	20	27	4♊	10	14	16	15	11
♄	28♎	29	29	27	25	23	22	23	26	29	3♏	6
♅	0♈	1	3	5	6	7	8	8	7	6	5	4
♆	28♒	29	1♓	2	3	3	2	2	1	0	0	0
♇	7♑	8	9	9	9	8	8	7	7	7	7	8

2013	1	2	3	4	5	6	7	8	9	10	11	12
♂	5♒	29	21♓	15♈	8♉	1♊	21	12♋	3♌	21	10♍	26
♃	7♊	6	8	12	17	24	1♋	8	14	18	20	19
♄	9♏	11	11	10	7	5	4	5	7	10	13	17
♅	4♈	5	7	8	10	11	12	12	11	10	9	8
♆	1♓	2	3	4	5	5	5	4	3	3	2	2
♇	9♑	10	11	11	11	11	10	9	9	9	9	10

2014	1	2	3	4	5	6	7	8	9	10	11	12
♂	12♎	23	27	21	11	10	18	3♏	21	12♐	4♑	27
♃	16♋	12	10	11	15	20	26	3♌	10	16	20	22
♄	20♏	22	23	22	20	18	16	16	18	20	24	27
♅	8♈	9	10	12	14	15	16	16	15	14	13	12
♆	3♓	4	5	6	7	7	7	6	6	5	4	4
♇	11♑	12	13	13	13	13	12	11	11	11	11	12

2015	1	2	3	4	5	6	7	8	9	10	11	12
♂	21♒	15♓	7♈	0♉	22	14♊	4♋	25	15♌	4♍	23	11♎
♃	21♌	18	14	12	13	16	21	28	4♍	11	16	21
♄	1♐	3	4	4	3	1	29♏	28	29	1♐	4	7
♅	12♈	13	14	16	17	19	20	20	19	18	17	16
♆	5♓	6	7	8	9	9	9	9	8	7	7	7
♇	13♑	14	15	15	15	15	14	13	13	13	13	14

2016	1	2	3	4	5	6	7	8	9	10	11	12
♂	29♎	15♏	28	7♐	7	28♏	23	29	14♐	3♑	24	16♒
♃	23♍	22	19	15	13	14	17	22	28	4♎	11	17
♄	11♐	14	16	16	15	13	11	9	10	11	14	17
♅	16♈	17	18	20	21	23	24	24	24	23	21	20
♆	7♓	8	9	10	11	12	11	11	10	9	9	9
♇	15♑	16	17	17	17	17	16	15	15	14	15	16

2017	1	2	3	4	5	6	7	8	9	10	11	12
♂	10♓	3♈	24	16♉	7♊	27	18♋	7♌	27	16♍	6♎	25
♃	21♎	23	22	19	15	13	14	17	22	28	5♏	11
♄	21♐	24	26	27	27	25	23	21	21	22	24	27
♅	20♈	21	22	23	25	27	28	28	28	27	26	25
♆	9♓	10	11	12	13	14	14	13	12	12	11	11
♇	17♑	18	18	19	19	19	18	17	17	16	17	17

2018	1	2	3	4	5	6	7	8	9	10	11	12
♂	14♏	3♐	20	8♑	23	5♒	9	2	28♑	6♒	21	9♓
♃	17♏	21	23	22	19	15	13	14	17	22	28	5♐
♄	1♑	5	7	9	9	7	5	3	2	3	5	8
♅	24♈	25	26	27	29	0♉	2	2	2	1	0	29♈
♆	11♓	12	13	15	16	16	16	16	15	14	13	13
♇	18♑	19	20	21	21	20	20	19	18	18	19	19

2019	1	2	3	4	5	6	7	8	9	10	11	12
♂	0♈	21	10♉	0♊	20	10♋	29	19♌	9♍	28	18♎	8♏
♃	12♐	18	22	24	23	20	17	14	15	18	23	29
♄	11♑	15	17	20	20	19	17	15	14	14	15	18
♅	28♈	28	29	1♉	3	4	6	6	6	5	4	3
♆	14♓	15	16	17	18	18	18	18	17	16	16	16
♇	20♑	21	22	23	23	22	22	21	20	20	20	21

2020	1	2	3	4	5	6	7	8	9	10	11	12
♂	28♏	20♐	9♑	1♒	22	13♓	2♈	18	27	24	16	17
♃	7♑	14	19	24	27	26	24	20	17	18	21	26
♄	21♑	25	28	0♒	1	1	0	27♑	25	25	26	28
♅	2♉	3	3	5	7	8	10	10	10	9	8	7
♆	16♓	17	18	19	20	20	20	20	19	19	18	18
♇	22♑	23	24	24	24	24	24	23	22	22	22	23

6 PROPORTIONALE LOGARITHMEN

Grade oder Stunden

MIN.	0	1	2	3	4	5	6	7	8	9	10	11	12	13	14	15
0	3·1584	1·3802	1·0792	9031	7781	6812	6021	5351	4771	4260	3802	3388	3010	2663	2341	2041
1	3·1584	1·3730	1·0756	9007	7763	6798	6009	5341	4762	4252	3795	3382	3004	2657	2386	2036
2	2·8573	1·3660	1·0720	8983	7745	6784	5997	5330	4753	4244	3788	3375	2998	2652	2330	2032
3	2·6812	1·3590	1·0685	8959	7728	6769	5985	5320	4744	4236	3780	3368	2992	2646	2325	2027
4	2·5563	1·3522	1·0649	8935	7710	6755	5973	5310	4735	4228	3773	3362	2986	2640	2320	2022
5	2·4594	1·3454	1·0614	8912	7692	6741	5961	5300	4726	4220	3766	3355	2980	2635	2315	2017
6	2·3802	1·3388	1·0580	8888	7674	6726	5949	5280	4717	4212	3759	3349	2974	2629	2310	2012
7	2·3133	1·3323	1·0546	8865	7657	6712	5937	5279	4708	4204	3752	3342	2968	2624	2305	2008
8	2·2553	1·3258	1·0511	8842	7639	6698	5925	5269	4699	4196	3745	3336	2962	2618	2300	2003
9	2·2041	1·3195	1·0478	8819	7622	6684	5913	5259	4690	4188	3737	3329	2956	2613	2295	1998
10	2·1584	1·3133	1·0444	8796	7604	6670	5902	5249	4682	4180	3730	3323	2950	2607	2280	1993
11	2·1170	1·3071	1·0411	8773	7587	6656	5890	5239	4673	4172	3723	3316	2944	2602	2284	1988
12	2·0792	1·3010	1·0378	8751	7570	6642	5878	5229	4664	4164	3716	3310	2938	2596	2279	1984
13	2·0444	1·2950	1·0345	8728	7552	6628	5866	5219	4655	4156	3709	3303	2933	2591	2274	1979
14	2·0122	1·2891	1·0313	8706	7535	6614	5855	5209	4646	4148	3702	3297	2927	2585	2269	1974
15	1·9823	1·2833	1·0280	8683	7518	6600	5843	5199	4638	4141	3695	3291	2921	2580	2264	1969
16	1·9542	1·2775	1·0248	8661	7501	6587	5832	5189	4629	4133	3688	3284	2915	2574	2259	1965
17	1·9279	1·2719	1·0216	8639	7484	6573	5820	5179	4620	4125	3681	3278	2909	2569	2254	1960
18	1·9031	1·2663	1·0185	8617	7467	6559	5809′	5169	4611	4117	3674	3271	2903	2564	2249	1955
19	1·8796	1·2607	1·0153	8595	7451	6546	5797	5159	4603	4109	3667	3265	2897	2558	2244	1950
20	1·8573	1·2553	1·0122	8573	7434	6532	5786	5149	4594	4102	3660	3258	2891	2553	2239	1946
21	1·8361	1·2499	1·0091	8552	7417	6519	5774	5139	4585	4094	3653	3252	2885	2547	2234	1941
22	1·8159	1·2445	1·0061	8530	7401	6505	5763	5129	4577	4086	3646	3246	2880	2542	2229	1936
23	1·7966	1·2393	1·0030	8509	7384	6492	5752	5120	4568	4079	3639	3239	2874	2536	2223	1932
24	1·7781	1·2341	1·0000	8487	7368	6478	5740	5110	4559	4071	3632	3233	2868	2531	2218	1927
25	1·7604	1·2289	0·9970	8466	7351	6465	5729	5100	4551	4063	3625	3227	2862	2526	2213	1922
26	1·7434	1·2239	0·9940	8445	7335	6451	5718	5090	4542	4055	3618	3220	2856	2520	2208	1917
27	1·7270	1·2188	0·9910	8424	7318	6438	5706	5081	4534	4048	3611	3214	2850	2515	2203	1913
28	1·7112	1·2139	0·9881	8403	7302	6425	5695	5071	4525	4040	3604	3208	2845	2509	2198	1908
29	1·6960	1·2090	0·9852	8382	7286	6412	5684	5061	4516	4032	3597	3201	2839	2504	2193	1903
30	1·6812	1·2041	0·9823	8361	7270	6398	5673	5051	4508	4025	3590	3195	2833	2499	2188	1890
31	1·6670	1·1993	0·9794	8341	7254	6385	5662	5042	4499	4017	3583	3189	2827	2493	2183	1894
32	1·6532	1·1946	0·9765	8320	7238	6372	5651	5032	4491	4010	3576	3183	2821	2488	2178	1889
33	1·6398	1·1899	0·9737	8300	7222	6359	5640	5023	4482	4002	3570	3176	2816	2483	2173	1885
34	1·6269	1·1852	0·9708	8279	7206	6346	5629	5013	4474	3994	3563	3170	2810	2477	2168	1880
35	1·6143	1·1806	0·9680	8259	7190	6333	5618	5003	4466	3987	3556	3164	2804	2472	2164	1875
36	1·6021	1·1761	0·9652	8239	7174	6320	5607	4994	4457	3979	3549	3157	2798	2467	2159	1871
37	1·5902	1·1716	0·9625	8219	7159	6307	5596	4984	4449	3972	3542	3151	2793	2461	2154	1866
38	1·5786	1·1671	0·9597	8199	7143	6294	5585	4975	4440	3964	3535	3145	2787	2456	2149	1862
39	1·5673	1·1627	0·9570	8179	7128	6282	5574	4965	4432	3957	3529	3139	2781	2451	2144	1857
40	1·5563	1·1584	0·9542	8159	7112	6269	5563	4956	4424	3949	3522	3133	2775	2445	2139	1852
41	1·5456	1·1540	0·9515	8140	7097	6256	5552	4947	4415	3942	3515	3126	2770	2440	2134	1848
42	1·5351	1·1498	0·9488	8120	7081	6243	5541	4937	4407	3934	3508	3120	2764	2435	2129	1843
43	1·5249	1·1455	0·9462	8101	7066	6231	5531	4928	4399	3927	3501	3114	2758	2430	2124	1838
44	1·5149	1·1413	0·9435	8081	7050	6218	5520	4918	4390	3919	3495	3108	2753	2424	2119	1834
45	1·5051	1·1372	0·9409	8062	7035	6205	5509	4909	4382	3912	3488	3102	2747	2419	2114	1829
46	1·4956	1·1331	0·9383	8043	7020	6193	5498	4900	4374	3905	3481	3096	2741	2414	2109	1825
47	1·4863	1·1290	0·9356	8023	7005	6180	5488	4890	4365	3897	3475	3089	2736	2409	2104	1820
48	1·4771	1·1249	0·9330	8004	6990	6168	5477	4881	1357	3890	3468	3083	2730	2403	2099	1816
49	1·4682	1·1209	0·9305	7985	6975	6155	5466	4872	4349	3882	3461	3077	2724	2398	2095	1811
50	1·4594	1·1170	0·9279	7966	6960	6143	5456	4863	4341	3875	3454	3071	2719	2393	2090	1806
51	1·4508	1·1130	0·9254	7947	6945	6131	5445	4853	4333	3868	3448	3065	2713	2388	2085	1802
52	1·4424	1·1091	0·9228	7929	6930	6118	5435	4844	4324	3860	3441	3059	2707	2382	2080	1797
53	1·4341	1·1053	0·9203	7910	6915	6106	5424	4835	4316	3853	3434	3053	2702	2377	2075	1793
54	1·4260	1·1015	0·9178	7891	6900	6094	5414	4826	4308	3846	3428	3047	2696	2372	2070	1788
55	1·4180	1·0977	0·9153	7873	6885	6081	5403	4817	4300	3838	3421	3041	2691	2367	2065	1784
56	1·4102	1·0939	0·9128	7854	6871	6069	5393	4808	4292	3831	3415	3034	2685	2362	2061	1779
57	1·4025	1·0902	0·9104	7836	6856	6057	5382	4798	4284	3824	3408	3028	2679	2356	2056	1774
58	1·3949	1·0865	0·9079	7818	6841	6045	5372	4789	4276	3817	3401	3022	2674	2351	2051	1770
59	1·3875	1·0828	0·9055	7800	6827	6033	536b	4780	4268	3809	3395	3016	2668	2346	2046	1765

7 MITTAGSDATEN

Berichtigtes Mittagsdatum

Das berichtigte Mittagsdatum beruht auf der Zeitgleichung 24 Stunden = 1 Tag = 1 Jahr. Jeder Teil eines Tages entspricht also dem Teil eines Jahres.

Bei der Progression des Geburtshoroskops um «x» Tage nach der Geburt – entsprechend dem Alter des Horoskopträgers – wird zugrunde gelegt, daß ein Tag im Horoskop einem Jahr im Leben entspricht.

Um zu vermeiden, daß das Progressionshoroskop fälschlicherweise für den Geburtszeitpunkt berechnet wird, gibt die Tabelle die Planetenstände für Mittag. Diese Stände entsprechen jedoch einem anderen Tag im Jahr, der von der Geburtszeit abhängt.

Die Exaktheit des berichtigten Mittagsdatums läßt sich bei der Aufstellung der Mondprogressionen prüfen: Der Mond sollte beim berichtigten Mittagsdatum genau die Position einnehmen, die er bei der Progression des Geburtszeitpunktes einnimmt.

	1	2	3	4	5	6	7	8	9	10	11	12
1	1	32	60	91	121	152	182	213	244	274	305	335
2	2	33	61	92	122	153	183	214	245	275	306	336
3	3	34	62	93	123	154	184	215	246	276	307	337
4	4	35	63	94	124	155	185	216	247	277	308	338
5	5	36	64	95	125	156	186	217	248	278	309	339
6	6	37	65	96	126	157	187	218	249	279	310	340
7	7	38	66	97	127	158	188	219	250	280	311	341
8	8	39	67	98	128	159	189	220	251	281	312	342
9	9	40	68	99	129	160	190	221	252	282	313	343
10	10	41	69	100	130	161	191	222	253	283	314	344
11	11	42	70	101	131	162	192	223	254	284	315	345
12	12	43	71	102	132	163	193	224	255	285	316	346
13	13	44	72	103	133	164	194	225	256	286	317	347
14	14	45	73	104	134	165	195	226	257	287	318	348
15	15	46	74	105	135	166	196	227	258	288	319	349
16	16	47	75	106	136	167	197	228	259	289	320	350
17	17	48	76	107	137	168	198	229	260	290	321	351
18	18	49	77	108	138	169	199	230	261	291	322	352
19	19	50	78	109	139	170	200	231	262	292	323	353
20	20	51	79	110	140	171	201	232	263	293	324	354
21	21	52	80	111	141	172	202	233	264	294	325	355
22	22	53	81	112	142	173	203	234	265	295	326	356
23	23	54	82	113	143	174	204	235	266	296	327	357
24	24	55	83	114	144	175	205	236	267	297	328	358
25	25	56	84	115	145	176	206	237	268	298	329	359
26	26	57	85	116	146	177	207	238	269	299	330	360
27	27	58	86	117	147	178	208	239	270	300	331	361
28	28	59	87	118	148	179	209	240	271	301	332	362
29	29		88	119	149	180	210	241	272	302	333	363
30	30		89	120	150	181	211	242	273	303	334	364
31	31		90		151		212	243		304		365

Stunden und Minuten

Stunden	Tage	Minuten	Tage	Minuten	Tage	Minuten	Tage
1	15·2	1	0·2	24	6·1	35	8·9
2	30·4	2	0·5	25	6·3	40	10·1
3	45·6	3	0·7	26	6·6	45	11·4
4	60·8	4	1·0	27	6·8	50	12·7
5	76·0	5	1·3	28	7·1	55	13·9
6	91·2	6	1·5	29	7·3		
7	106·5	7	1·8	30	7·6		
8	121·6	8	2·0				
9	136·8	9	2·3				
10	152·1	10	2·5				
11	167·3	11	2·8				
12	182·5	12	3·0				
13	197·7	13	3·3				
14	212·9	14	3·5				
15	228·1	15	3·8				
16	243·3	16	4·0				
17	258·5	17	4·3				
18	273·7	18	4·6				
19	288·9	19	4·8				
20	304·2	20	5·1				
21	319·4	21	5·3				
22	334·6	22	5·6				
23	349·8	23	5·8				

Wenn Ephemeriden auf der Basis der Greenwich-Zeit (Weltzeit) benutzt werden, muß in allen Fällen Weltzeit verwendet werden.

Geburten vor Mittag: Addieren

Geburten nach Mittag: Subtrahieren

Ein Tag muß abgezogen werden, wenn in Schaltjahren der 29. Februar dazukommt.

8 ZONENZEITEN

Gebiete mit Zonenzeiten früher als Mittlere Greenwich-Zeit

Die Stundenzahlen müssen zur Weltzeit addiert werden, wenn die Zonenzeit errechnet werden soll, und von der Zonenzeit abgezogen werden, wenn die Weltzeit gesucht wird.

	h	m
Aden (Südjemen)	03	
Admiralitäts-Inseln	10	
Afghanistan	04	30
Ägypten	02	
Albanien	01	
Andamanen	05	30
Angola	01	
Annobon-Insel	01	
Äquatorial-Guinea	01	
Arabische Emirate	04	
Äthiopien	03	
Australien		
Australian Capital		
Territory	10	
New South Wales[2]	10	
Northern Territory	09	30
Queensland	10	
South Australia	09	30
Tasmanien	10	
Victoria	10	
Western Australia	08	
Balearen	01	
Belgien	01	
Botswana	02	
Brunei	08	
Bulgarien	02	
Burma	06	30
Ceylon	05	30
Chatham-Inseln	12	45
China, Volksrepublik	08	
Dahomey	01	
Dänemark	01	
Deutschland	01	

	h	m
Ellice-Inseln	12	
Estland	03	
Fernando Poo	01	
Fidschi-Inseln	12	
Finnland	02	
Formosa (Taiwan)	08	
Frankreich	01	
Französische Afar-		
und Issaküste	03	
Freundschafts-Inseln	13	
Gabun	01	
Gibraltar **	01	
Gilbert- und		
Ellice-Inseln	12	
Griechenland	02	
Großbritannien[1]	01	
Hong Kong *	08	
Indien	05	30
Indonesien		
Bali, Bangka,		
Baliton, Java,		
Madura, Sumatra	07	
Borneo, Celebes,		
Flores, Lombok,		
Sumba, Sumbawa,		
Timor	08	
Aru, Kei, Moluk-		
ken, Tanimbar,		
West-Irian	09	
Irak	03	
Iran	03	30
Irland (Eire)	01	

	h	m
Israel	02	
Italien *	01	
Japan	09	
Jordanien	02	
Jugoslawien	01	
Kambodscha	07	
Kamerun	01	
Kanal-Inseln *	01	
Kenia	03	
Kongo (Brazzaville)	01	
Kongo (Kinshasa)		
östlicher Teil	02	
westlicher Teil	01	
Korea	09	
Korsika **	01	
Kreta	02	
Kuweit	03	
Laos	07	
Lesotho	02	
Lettland	03	
Libanon *	02	
Libyen	02	
Liechtenstein	01	
Litauen	03	
Luxemburg **	09	
Moçambique	02	
Macao *	08	
Madagaskar	03	
Malawi	02	
Malaysia		
Malaya	07	30
Sabah, Sarawak	08	

	h	m
Malediven	05	
Malta	01	
Mandschurei	09	
Maskat und Oman,		
Sultanate von	04	
Mauritius	04	
Monaco **	01	
Neue Hebriden	11	
Neukaledonien	11	
Neuseeland	12	
Niederlande	01	
Nigeria	01	
Nordirland[1]	01	
Nordvietnam	07	
Norfolk-Inseln	11	30
Norwegen *	01	
Okinawa	09	
Österreich	01	
Pakistan		
Osten	06	
Westen	05	
Papua	10	
Philippinen	08	
Polen *	01	
Portugal	01	
Réunion	04	
Rhodesien	02	
Rumänien	02	
Salomon-Inseln	11	
Sambia	02	

	h	m
Santa-Cruz-Inseln	11	
Sardinien	01	
Saudi-Arabien	04	
Dharan, Hedschas	03	
Schweden	01	
Schweiz	01	
Seychellen	04	
Singapur	07	30
Sizilien	01	
Somalia	03	
Spanien **	01	
Spitzbergen	01	
Südafrika	02	
Südjemen	03	
Südvietnam	08	
Südwestafrika	02	
Sudan	02	
Swasiland	02	
Syrien	02	
Taiwan * (Formosa)	08	
Thailand (Siam)	07	
Timor	08	
Tonga-Inseln	13	
Tschad	01	
Tschechoslowakei	01	
Türkei *	02	
Tunesien	01	
UdSSR[4]		
westl. von 40°		
Länge	03	
von 40° östl. Länge		
bis 52°30′ östl.		
Länge	04	

	h
von 52°30′ östl.	
Länge bis 67°30′	
östl. Länge	05
von 67°80′ östl.	
Länge bis 82°30′	
östl. Länge	06
von 82°30′ östl.	
Länge bis 97°30′	
östl. Länge	07
von 97°30′ östl.	
Länge bis 112°30′	
östl. Länge	08
von 112°30′ östl.	
Länge bis 127°30′	
östl. Länge	09
von 127°30′ östl.	
Länge bis 142°30′	
östl. Länge	10
von 142°30′ östl.	
Länge bis 157°30′	
östl. Länge	11
von 157°30′ östl.	
Länge bis 172°30′	
östl. Länge	12
östl. von 172°30′	
östl. Länge	13
Uganda	03
Ungarn	01
Weihnachts-Insel	07
Westirian	09
Zentralafrikanische	
Republik **	01
Zypern	02

* In diesen Ländern herrscht teilweise Sommerzeit.
** Diese Zeit ist meist das ganze Jahr über gebräuchlich. Sie kann jedoch von der gesetzlichen Zeit abweichen.
[1] Großbritannien kehrte am 31. Oktober 1971 zur Mittleren Greenwich-Zeit zurück.
[2] Außer Gebiet um Broken Hill mit 9h 30m.
[3] Die ganze Küste, einige Gebiete mit Sommerzeit.
[4] Die Grenzen zwischen den Zonen verlaufen unregelmäßig; die Längengrade sind nur Näherungswerte.

Gebiete mit Mittlerer Greenwich-Zeit

Algerien	Guinea (Republik)	Madeira	Obervolta	Spanisch Westafrika **
Ascension-Insel	Ifni	Mali	Principe	St Helena
Elfenbeinküste	Island	Marokko *	Sambia	Tanger
Färöer-Inseln	Kanalinseln[1]	Niger	São Tomé	Togo
Großbritannien	Kanarische Inseln **	Nordirland[1]	Sierra Leone	Tristan de Cunha

* In diesen Gebieten herrscht teilweise Sommerzeit.
** Mittlere Greenwich-Zeit ist zwar das ganze Jahr über gebräuchlich, aber die gesetzliche Zeit kann davon abweichen.
[1] Der «British Standard Time Act» von 1968 setzt zwar die Ortszeit mit einer Stunde vor Mittlerer Greenwich-Zeit fest, sieht aber eine Angleichung an Mittlere Greenwich-Zeit für den 31. Oktober 1971 vor.

Gebiete mit Zonenzeiten später als Mittlere Greenwich-Zeit (Weltzeit)
Die Stundenzahlen müssen von der Weltzeit abgezogen werden, um Zonenzeit zu ergeben, und zur Zonenzeit addiert werden, wenn die Weltzeit gesucht wird.

	h	m
Argentinien *	04	
Azoren	01	
Bahama-Inseln *	05	
Barbados	04	
Bermuda	04	
Bolivien	04	
Brasilien		
Acre	05	
östliche Teile[1]	03	
westliche Teile	04	
Britisch-Honduras **	06	
Cayman-Inseln	05	
Chile *	04	
Costa Rica	06	
Curaçao	04	
Dominikanische		
Republik **	05	
Ekuador	05	
Falkland-Inseln	04	
Französisch-Guayana	04	
Grenada *	04	
Guadeloupe	04	
Guatemala	06	
Guayana	3	45
Haiti	05	

	h	m
Honduras	06	
Jamaica	05	
Jungfern-Inseln	04	
Kanada		
Alberta	07	
Columbia *	08	
Labrador *	03	30
Manitoba *	06	
New Brunswick *	04	
New Foundland *	03	30
Northwestern		
Territories		
östl. von 68°		
westl. Länge	04	
von 68° westl.		
Länge bis 85°		
westl. Länge	05	
von 85° westl.		
Länge bis 102°		
westl. Länge	06	
von 102° westl.		
Länge bis 120°		
westl. Länge	07	
westl. von 120°		
westl. Länge	05	
Nova Scotia	04	
Ontario *		
östl. von 90°		

	h	m	s
westl. Länge	05		
westl. von 90°			
westl. Länge	06		
Prince Edward			
Island *	04		
Quebec *			
östl. von 68°			
westl. Länge	04		
westl. von 68°			
westl. Länge	05		
Saskatchewan	07		
Yukon	09		
Kapverdische Inseln	02		
Kolumbien	05		
Kuba *	05		
Leeward Islands	04		
Liberia	00	44	30
Marquesas-Inseln[3]	09	30	
Martinique	04		
Mexiko[4]	06		
Midway	11		
Nicaragua	06		
Panama			
Kanalzone	05		
Republik	05		
Paraguay	04		

	h	m
Peru	05	
Portugiesisch-Guinea	01	
Puerto Rico	04	
Salvador, El	06	
Samoa	11	
Suriname	03	30
St. Pierre et		
Miquelon	03	
Tobago	04	
Trinidad	04	
Turks and Caicos		
Islands	05	
Uruguay *	03	30
USA		
Alabama[5]	06	
Alaska[5]		
östl. von 137°		
westl. Länge	08	
von 137° westl.		
Länge bis 141°		
westl. Länge	09	
von 141° westl.		
Länge bis 161°		
westl. Länge[1]	10	
von 161° westl.		
Länge bis		
172°30′ westl.		
Länge	11	

	h
Arizona	07
Arkansas[5]	06
California[5]	08
Colorado[5]	07
Connecticut[5]	05
Delaware[5]	05
District of	
Columbia[5]	05
Florida[5, 6]	05
Georgia[5]	05
Hawaii	10
Idaho[5, 6]	07
Illinois[5]	06
Indiana[6]	06
Iowa[5]	06
Kansas[5, 6]	06
Kentucky[5, 6]	05
Louisiana[5]	06
Maine[5]	05
Maryland[5]	05
Massachusetts[5]	05
Michigan[5, 6]	05
Minnesota[5]	06
Mississippi[5]	06
Missouri[5]	06
Montana[5]	07
Nebraska[5, 6]	06
Nevada[5]	08
New Hampshire[5]	05
New Jersey[5]	05
New Mexico[5]	07

	h
New York[5]	05
North Carolina[5]	05
North Dakota[5, 6]	06
Ohio[5]	05
Oklahoma[5]	06
Oregon[5, 6]	08
Pennsylvania[5]	05
Rhode Island[5]	05
South Carolina[5]	05
South Dakota[5]	
östlicher Teil	06
westlicher Teil	07
Tennessee[5, 6]	06
Texas[5]	06
Utah[5, 6]	07
Vermont[5]	05
Virginia[5]	05
Washington D.C.[5]	05
Washington[5]	08
West Virginia[5]	05
Wisconsin[5]	06
Wyoming[5]	07
Venezuela	04
Windward Islands	04

* In diesen Ländern herrscht zum Teil Sommerzeit.
** In diesen Ländern herrscht zum Teil Winterzeit.
[1] Küstengebiete eingeschlossen.
[2] Port Stanley hat von September bis März Sommerzeit.
[3] Dies ist gesetzliche Zonenzeit, jedoch wird allgemein eine mittlere Ortszeit benutzt.
[4] Außer den Staaten Sonora, Sinaloa, Nayarit und dem südlichsten Teil von Niederkalifornien mit 07h Abweichung von dem nördlichen Niederkalifornien mit 08h.
[5] Die Sommerzeit dauert in diesen Staaten vom letzten Sonntag im April bis zum letzten Sonntag im Oktober, 02h 00m Ortszeit.
[6] Diese Stundenzahl gilt für den größeren Teil des Staates.

RECHNER UND COMPUTER

VERWENDUNG EINES TASCHENRECHNERS

Mit einem Taschenrechner können die notwendigen Berechnungen zur Erstellung eines Geburtshoroskops wesentlich verkürzt werden. Es gibt viele Modelle auf dem Markt, man sollte jedoch einen Rechner mit Speicher wählen, der die Möglichkeit der Umwandlung von Grad, Minuten und Sekunden hat. Das folgende Beispiel gilt für einen Casio Fx 110; bei anderen Fabrikaten können die Tasten anders beschriftet sein. Es sollte jedoch möglich sein, anhand der folgenden Beschreibung auch andere Rechner zu benutzen.

Ermittlung der Mondposition für 17.00 Uhr Greenwich-Zeit am 1. Februar 1984:

Teilen Sie 5 durch 24, um die Dezimale für den Tag zu erhalten:

5 : 24 = 0,20833. Das ist die ‹Konstante›, die Sie für die weiteren Berechnungen anwenden. Drükken Sie also die Taste M, um die Konstante zu speichern.

Jetzt multiplizieren Sie die tägliche Bewegung (aus den Ephemeriden zu entnehmen) mit der Konstanten. Drücken Sie die Taste 0,,, nach jeder Eingabe von Grad, Minuten und Sekunden, also ll-Taste 0,,,-58-Taste 0,,, -32-Taste 0,,, dann Taste =, und sie erhalten das Produkt:

11° 58′ 32″ × 0,20833 = 2,49490.

Wandeln Sie diesen Grad und seine Dezimalstellen in Grad und Minuten um. Auf dem vorliegenden Rechner drücken Sie die Tasten INV und 0,,, und erhalten das Ergebnis 2° 29′ 41.67″, das heißt, die Bewegung in fünf Stunden. Addieren Sie dies zur Mittagsposition (den Ephemeriden zu entnehmen), und Sie erhalten wie gewünscht die Position um 17.00 Uhr. Die Mittagsposition ist 6° 25′ 17″, also:

6° 25′ 17″ + 2° 29′ 41″ = 8° 54′ 58″ um 17.00 Uhr

Für die Sonne gilt: die tägliche Bewegung beträgt 1° 0′ 56″. Multiplizieren Sie dies mit der Konstanten:

1° 0′ 56″ × 0,20833 = 0,21157

Wandeln Sie diesen Wert in Grad, Minuten und Sekunden um = 0° 12′ 41″, das ist die Bewegung in fünf Stunden. Addieren Sie dieses Ergebnis zur Mittagsposition der Sonne.

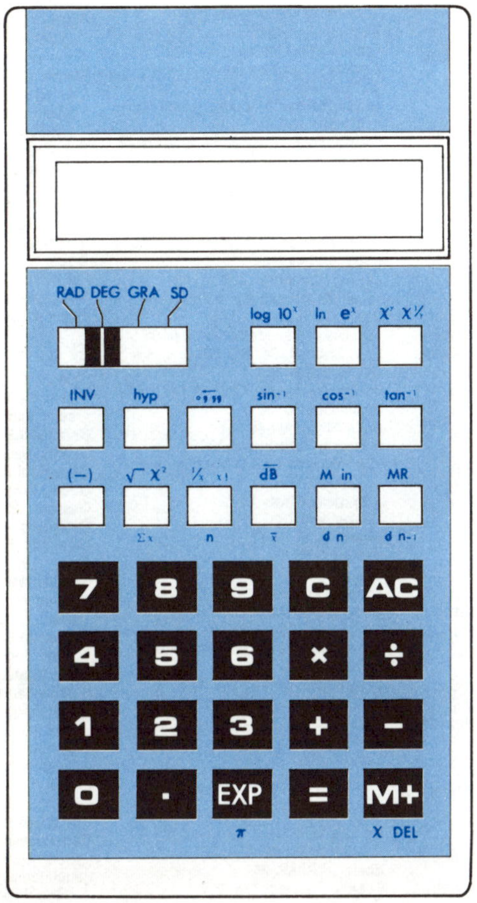

Horoskopberechnungen können mit Hilfe eines Taschenrechners, zum Beispiel mit dem hier gezeigten Modell, durchgeführt werden.

ASTROLOGISCHE SOFTWARE FÜR COMPUTER

Wie bereits an anderer Stelle vermerkt, ist die Astrologie mit Hilfe von Computern höchst verdächtig, da es bisher noch keinem Programmierer gelungen ist, ein Programm zu entwerfen, in dem alle Faktoren eines Geburtshoroskops sorgfältig abgewogen und richtig zueinander in Beziehung gesetzt sind.

Dies bedeutet jedoch nicht, daß ein Computer einem Astrologen nicht sehr nützlich sein könnte, wenn es darum geht, Rechnungen abzukürzen. Nachstehend geben wir eine Auswahl der Software an, die zur Zeit in England und den USA erhältlich ist. Da die Computer-Technologie und besonders die Software einer ständigen Weiterentwicklung unterliegt, sollte der Markt sorgfältig untersucht werden und beim Händler vor der Bestellung das Produkt geprüft werden. Die Software muß natürlich mit Ihrem Computer kompatibel sein; denken Sie auch daran, daß es keinen Sinn hat, ein System zu bestellen, das Ausdrucke liefert, sofern sie keinen passenden Drucker besitzen! Schließlich ist es wahrscheinlich immer ratsam – besonders wenn Sie ziemlich am Anfang stehen –, die Horoskope selbst zu zeichnen, auch wenn Ihr Computer einen wunderbaren Ausdruck liefert: Sie bekommen dabei eine viel bessere Vorstellung von den Planetenbeziehungen und darüber, wie das Horoskop funktioniert.

ALLGEMEINES REGISTER

Kursive Seitenzahlen beziehen sich auf Abbildungen und den dazugehörigen Text auf derselben Seite.

SACHWORTREGISTER

Dieses kürzere Register soll eine Hilfe für die Berechnung und Deutung von Geburtshoroskopen und Progressionshoroskopen sein. Kursive Seitenzahlen beziehen sich auf bildliche Darstellungen und den zugehörigen Text auf derselben Seite.